W0248381

[Wissen für die Praxis]

Ausländerrecht, Migrations- und Flüchtlingsrecht

Ihre Vorteile im Abonnement

- Sie zahlen kein Porto mehr.
- Sie erhalten die aktuelle Ausgabe automatisch.
- Sie sind zuverlässig über die gesetzlichen Neuerungen informiert.

Jetzt bestellen unter

Tel.: 0941 5684-0
www.WALHALLA.de
WALHALLA@WALHALLA.de

WALHALLA Fachverlag
Haus an der Eisernen Brücke
93042 Regensburg

WALHALLA

Ausländerrecht
Migrations- und
Flüchtlingsrecht

WALHALLA

Bibliografische Information der Deutschen Nationalbibliothek
Die Deutsche Nationalbibliothek verzeichnet diese Publikation in der Deutschen Nationalbibliografie; detaillierte bibliografische Daten sind im Internet über http://dnb.dnb.de abrufbar.

Zitiervorschlag:
Ausländerrecht, Migrations- und Flüchtlingsrecht
in der Reihe WALHALLA Textausgaben
Walhalla Fachverlag, Regensburg 2019

MIX
Papier aus verantwortungsvollen Quellen
FSC
www.fsc.org
FSC® C083411

Bearbeitungsstand: 1. September 2019. Berücksichtigt sind sämtliche Änderungen, die bis dahin im Bundesgesetzblatt veröffentlicht wurden.

© Walhalla u. Praetoria Verlag GmbH & Co. KG, Regensburg
Alle Rechte, insbesondere das Recht der Vervielfältigung und Verbreitung sowie der Übersetzung, vorbehalten. Kein Teil des Werkes darf in irgendeiner Form (durch Fotokopie, Datenübertragung oder ein anderes Verfahren) ohne schriftliche Genehmigung des Verlages reproduziert oder unter Verwendung elektronischer Systeme gespeichert, verarbeitet, vervielfältigt oder verbreitet werden.
Produktion Walhalla Fachverlag, 93042 Regensburg
Umschlaggestaltung: grubergrafik, Augsburg
Printed in Germany
ISBN: 978-3-8029-5265-4

P3WP-CPI-1019-9373-Q

Ausländerrecht im Wandel

Mit diesem übersichtlich gegliederten Band geben wir Ihnen ein Arbeitsmittel zur Hand, das bestens geeignet ist zum schnellen Nachschlagen in Ausbildung und Fortbildung. Die handliche Form eignet sich zur Mitnahme in Besprechungen und bei Außenterminen.

Die Leitziffernsystematik am oberen Seitenrand funktioniert ganz einfach:

Die erste Zahl entspricht der Abschnittsnummer.

Die zweite Zahl stellt die Ordnungsnummer innerhalb des Abschnitts dar.

VI.3 **ARB 1/80: Abkommen EWG/TÜRKEI**

Migrationspaket 2019/2020

In dieser aktualisierten Ausgabe sind alle Änderungen der Einzelgesetze des sog. Migrationspakets berücksichtigt:

- Gesetz zur Entfristung des Integrationsgesetzes vom 04.07.2019 (BGBl. I, S. 914), in Kraft ab 12.07.2019
- Zweites Gesetz zur besseren Durchsetzung der Ausreisepflicht (sog. „Geordnete-Rückkehr-Gesetz") vom 15.08.2019 (BGBl. I, S. 1294), in Kraft ab 21.08.2019/01.07.2022
- Zweites Gesetz zur Verbesserung der Registrierung und des Datenaustausches zu aufenthalts- und asylrechtlichen Zwecken vom 04.08.2019 (BGBl. I, S. 1131), in Kraft ab 09.08.2019/01.11.2019
- Drittes Gesetz zur Änderung des Asylbewerberleistungsgesetzes vom 13.08.2019 (BGBl. I, S. 1290), in Kraft ab 01.09.2019
- Gesetz gegen illegale Beschäftigung und Sozialleistungsmissbrauch vom 11.07.2019 (BGBl. I S. 1066), in Kraft ab 18.07.2019
- Drittes Gesetz zur Änderung des Staatsangehörigkeitsgesetzes vom 04.08.2019 (BGBl. I S. 1124), in Kraft ab 09.08.2019
- Gesetz zur Förderung der Ausbildung und Beschäftigung von Ausländerinnen und Ausländern (Ausländerbeschäftigungsförderungsgesetz) vom 08.07.2019 (BGBl. I, S. 1029), in Kraft ab 01.08.2019
- Gesetz über Duldung bei Ausbildung und Beschäftigung vom 08.07.2019 (BGBl. I, S. 1021), in Kraft ab 01.01.2020
- Fachkräfteeinwanderungsgesetz (FKEG) vom 15.08.2019 (BGBl. I, S. 1307), in Kraft überwiegend ab 01.03.2020

Aufgrund dieser unterschiedlichen Inkrafttretenszeitpunkte und aufgrund der Fülle der Änderungen war es notwendig, einige Vorschriften doppelt abzudrucken:

Aufenthaltsgesetz

- Fassung ab 01.11.2019 in Leitziffer I.1:
  Berücksichtigt sind hier die Änderungen durch das Gesetz zur Entfristung des Integrati-

onsgesetzes, das Ausländerbeschäftigungsförderungsgesetz, das Gesetz gegen illegale Beschäftigung und Sozialleistungsmissbrauch, das Zweite Gesetz zur Verbesserung der Registrierung und des Datenaustausches zu aufenthalts- und asylrechtlichen Zwecken sowie das Zweite Gesetz zur besseren Durchsetzung der Ausreisepflicht (sog. „Geordnete-Rückkehr-Gesetz")

- Fassung ab 01.03.2020 in Leitziffer VI.0:
  Über die eben genannten Änderungen sind hier die Neuerungen durch das Gesetz über Duldung bei Ausbildung und Beschäftigung sowie das Fachkräfteeinwanderungsgesetz berücksichtigt

Beschäftigungsverordnung

Die aktuell geltende Fassung finden Sie in Leitziffer VI.2a, die ab 01.03.2020 geltende Fassung ist in Leitziffer VI.2b abgedruckt.

Wir wünschen erfolgreiches Arbeiten mit der Walhalla Textausgabe „Ausländerrecht, Migrations- und Flüchtlingsrecht".

Ihr Walhalla Fachverlag

Schnellübersicht

I Aufenthalts- und Freizügigkeitsrecht

---

* Berücksichtigt sind hier die Änderungen durch das Migrationspaket, soweit diese bis zum **1. November 2019** in Kraft traten. Zur Vorbereitung auf die umfangreichen Änderungen durch das Fachkräfteeinwanderungsgesetz steht das Aufenhaltsgesetz im Abschnitt VI in der Leitziffer VI.0 in der Fassung ab **1. März 2020** zur Verfügung.

II Asylrecht und internationaler Schutz

III Staatsangehörigkeitsrecht

IV Schengen-Recht

V EU-Visarecht

VI Arbeitserlaubnis, Beschäftigung, Fachkräfteeinwanderung

I Aufenthalts- und Freizügigkeitsrecht

* Berücksichtigt sind hier die Änderungen durch das Migrationspaket, soweit diese bis zum **1. November 2019** in Kraft traten. Zur Vorbereitung auf die umfangreichen Änderungen durch das Fachkräfteeinwanderungsgesetz steht das Aufenhaltsgesetz im Abschnitt VI in der Leitziffer VI.0 in der Fassung ab **1. März 2020** zur Verfügung.

I

Gesetz über den Aufenthalt, die Erwerbstätigkeit und die Integration von Ausländern im Bundesgebiet (Aufenthaltsgesetz – AufenthG)

in der Fassung der Bekanntmachung vom 25. Februar 2008 (BGBl. I S. 162)

Zuletzt geändert durch
Zweites Gesetz zur besseren Durchsetzung der Ausreisepflicht
vom 15. August 2019 (BGBl. I S. 1294)[1]

Inhaltsübersicht

[1]) Bitte beachten Sie: Abgedruckt ist hier der Rechtsstand 1. November 2019 inklusive der Änderungen durch das

- Gesetz zur Entfristung des Integrationsgesetzes vom 04.07.2019 (BGBl. I S. 914), In-Kraft-Treten 12.07.2019
- Ausländerbeschäftigungsförderungsgesetz vom 08.07.2019 (BGBl. I S. 1029), In-Kraft-Treten 01.08.2019
- Gesetz gegen illegale Beschäftigung und Sozialleistungsmissbrauch vom 11.07.2019 (BGBl. I S. 1066), In-Kraft-Treten 18.07.2019
- Zweites Gesetz zur Verbesserung der Registrierung und des Datenaustausches zu aufenthalts- und asylrechtlichen Zwecken vom 04.08.2019 (BGBl. I S. 1131), In-Kraft-Treten 09.08.2019 / 01.11.2019 / 01.04.2021
- Zweites Gesetz zur besseren Durchsetzung der Ausreisepflicht vom 15.08.2019 (BGBl. I S. 1294), In-Kraft-Treten 21.08.2019

Hier noch nicht berücksichtigt sind die Änderungen durch das Gesetz über Duldung bei Ausbildung und Beschäftigung vom 08.07.2019 (BGBl. I S. 1021, In-Kraft-Treten 01.01.2020 / 02.10.2020 / 31.12.2023) sowie die Änderungen durch das Fachkräfteeinwanderungsgesetz vom 15.08.2019 (BGBl. I S. 1307, In-Kraft-Treten 01.03.2020). **Den Wortlaut des Aufenthaltsgesetzes inklusive dieser Änderungen (Stand: 01.03.2020) finden Sie im Abschnitt VI unter der Leitziffer VI.0.**

Abschnitt 4
Aufenthalt zum Zweck der Erwerbstätigkeit

Abschnitt 5
Aufenthalt aus völkerrechtlichen, humanitären oder politischen Gründen

Abschnitt 6
Aufenthalt aus familiären Gründen

Abschnitt 7
Besondere Aufenthaltsrechte

Kapitel 1
Allgemeine Bestimmungen

§ 1 Zweck des Gesetzes; Anwendungsbereich

(1) 1Das Gesetz dient der Steuerung und Begrenzung des Zuzugs von Ausländern in die Bundesrepublik Deutschland. 2Es ermöglicht und gestaltet Zuwanderung unter Berücksichtigung der Aufnahme- und Integrationsfähigkeit sowie der wirtschaftlichen und arbeitsmarktpolitischen Interessen der Bundesrepublik Deutschland. 3Das Gesetz dient zugleich der Erfüllung der humanitären Verpflichtungen der Bundesrepublik Deutschland. 4Es regelt hierzu die Einreise, den Aufenthalt, die Erwerbstätigkeit und die Integration von Ausländern. 5Die Regelungen in anderen Gesetzen bleiben unberührt.

(2) Dieses Gesetz findet keine Anwendung auf Ausländer,

1. deren Rechtsstellung von dem Gesetz über die allgemeine Freizügigkeit von Unionsbürgern geregelt ist, soweit nicht durch Gesetz etwas anderes bestimmt ist,
2. die nach Maßgabe der §§ 18 bis 20 des Gerichtsverfassungsgesetzes nicht der deutschen Gerichtsbarkeit unterliegen,
3. soweit sie nach Maßgabe völkerrechtlicher Verträge für den diplomatischen und konsularischen Verkehr und für die Tätigkeit internationaler Organisationen und Einrichtungen von Einwanderungsbeschränkungen, von der Verpflichtung, ihren Aufenthalt der Ausländerbehörde anzuzeigen und dem Erfordernis eines Aufenthaltstitels befreit sind und wenn Gegenseitigkeit besteht, sofern die Befreiungen davon abhängig gemacht werden können.

§ 2 Begriffsbestimmungen

(1) Ausländer ist jeder, der nicht Deutscher im Sinne des Artikels 116 Abs. 1 des Grundgesetzes ist.

(2) Erwerbstätigkeit ist die selbständige Tätigkeit, die Beschäftigung im Sinne von § 7 des Vierten Buches Sozialgesetzbuch und die Tätigkeit als Beamter.

(3) 1Der Lebensunterhalt eines Ausländers ist gesichert, wenn er ihn einschließlich ausreichenden Krankenversicherungsschutzes ohne Inanspruchnahme öffentlicher Mittel bestreiten kann. 2Nicht als Inanspruchnahme öffentlicher Mittel gilt der Bezug von:

1. Kindergeld,
2. Kinderzuschlag,
3. Erziehungsgeld,
4. Elterngeld,
5. Leistungen der Ausbildungsförderung nach dem Dritten Buch Sozialgesetzbuch, dem Bundesausbildungsförderungsgesetz und dem Aufstiegsfortbildungsförderungsgesetz,
6. öffentlichen Mitteln, die auf Beitragsleistungen beruhen oder die gewährt werden, um den Aufenthalt im Bundesgebiet zu ermöglichen und
7. Leistungen nach dem Unterhaltsvorschussgesetz.

3Ist der Ausländer in einer gesetzlichen Krankenversicherung krankenversichert, hat er ausreichenden Krankenversicherungsschutz. 4Bei der Erteilung oder Verlängerung einer Aufenthaltserlaubnis zum Familiennachzug werden Beiträge der Familienangehörigen zum Haushaltseinkommen berücksichtigt. 5Der Lebensunterhalt gilt für die Erteilung einer Aufenthaltserlaubnis nach § 16 als gesichert, wenn der Ausländer über monatliche Mittel in Höhe des monatlichen Bedarfs, der nach den §§ 13 und 13a Abs. 1 des Bundesausbildungsförderungsgesetzes bestimmt wird, verfügt. 6Das Bundesministerium des Innern gibt die Mindestbeträge nach Satz 5 für jedes Kalenderjahr jeweils bis zum 31. August des Vorjahres im Bundesanzeiger bekannt.

(4) 1Als ausreichender Wohnraum wird nicht mehr gefordert, als für die Unterbringung eines Wohnungssuchenden in einer öffentlich geförderten Sozialmietwohnung genügt. 2Der Wohnraum ist nicht ausreichend, wenn er den auch für Deutsche geltenden Rechtsvorschriften hinsichtlich Beschaffenheit und Belegung nicht genügt. 3Kinder bis zur Vollendung des zweiten Lebensjahres werden bei

der Berechnung des für die Familienunterbringung ausreichenden Wohnraumes nicht mitgezählt.

(5) Schengen-Staaten sind die Staaten, in denen folgende Rechtsakte in vollem Umfang Anwendung finden:

1. Übereinkommen zur Durchführung des Übereinkommens von Schengen vom 14. Juni 1985 zwischen den Regierungen der Staaten der Benelux-Wirtschaftsunion, der Bundesrepublik Deutschland und der Französischen Republik betreffend den schrittweisen Abbau der Kontrollen an den gemeinsamen Grenzen (ABl. L 239 vom 22. 9. 2000, S. 19),
2. die Verordnung (EU) 2016/399 des Europäischen Parlaments und des Rates vom 9. März 2016 über einen Gemeinschaftskodex für das Überschreiten der Grenzen durch Personen (Schengener Grenzkodex) (ABl. L 77 vom 23. 3. 2016, S. 1) und
3. die Verordnung (EG) Nr. 810/2009 des Europäischen Parlaments und des Rates vom 13. Juli 2009 über einen Visakodex der Gemeinschaft (ABl. L 243 vom 15. 9. 2009, S. 1).

(6) Vorübergehender Schutz im Sinne dieses Gesetzes ist die Aufenthaltsgewährung in Anwendung der Richtlinie 2001/55/EG des Rates vom 20. Juli 2001 über Mindestnormen für die Gewährung vorübergehenden Schutzes im Falle eines Massenzustroms von Vertriebenen und Maßnahmen zur Förderung einer ausgewogenen Verteilung der Belastungen, die mit der Aufnahme dieser Personen und den Folgen dieser Aufnahme verbunden sind, auf die Mitgliedstaaten (ABl. EG Nr. L 212 S. 12).

(7) Langfristig Aufenthaltsberechtigter ist ein Ausländer, dem in einem Mitgliedstaat der Europäischen Union die Rechtsstellung nach Artikel 2 Buchstabe b der Richtlinie 2003/109/EG des Rates vom 25. November 2003 betreffend die Rechtsstellung der langfristig aufenthaltsberechtigten Drittstaatsangehörigen (ABl. EU 2004 Nr. L 16 S. 44), die zuletzt durch die Richtlinie 2011/51/EU (ABl. L 132 vom 19. 5. 2011, S. 1) geändert worden ist, verliehen und nicht entzogen wurde.

(8) Langfristige Aufenthaltsberechtigung – EU ist der einem langfristig Aufenthaltsberechtigten durch einen anderen Mitgliedstaat der Europäischen Union ausgestellte Aufenthaltstitel nach Artikel 8 der Richtlinie 2003/109/EG.

(9) Einfache deutsche Sprachkenntnisse entsprechen dem Niveau A 1 des Gemeinsamen Europäischen Referenzrahmens für Sprachen (Empfehlungen des Ministerkomitees des Europarates an die Mitgliedstaaten Nr. R (98) 6 vom 17. März 1998 zum Gemeinsamen Europäischen Referenzrahmen für Sprachen – GER).

(10) Hinreichende deutsche Sprachkenntnisse entsprechen dem Niveau A 2 des Gemeinsamen Europäischen Referenzrahmens für Sprachen.

(11) Ausreichende deutsche Sprachkenntnisse entsprechen dem Niveau B 1 des Gemeinsamen Europäischen Referenzrahmens für Sprachen.

(12) Die deutsche Sprache beherrscht ein Ausländer, wenn seine Sprachkenntnisse dem Niveau C 1 des Gemeinsamen Europäischen Referenzrahmens für Sprachen entsprechen.

(13) International Schutzberechtigter ist ein Ausländer, der internationalen Schutz genießt im Sinne der

1. Richtlinie 2004/83/EG des Rates vom 29. April 2004 über Mindestnormen für die Anerkennung und den Status von Drittstaatsangehörigen oder Staatenlosen als Flüchtlinge oder als Personen, die anderweitig internationalen Schutz benötigen, und über den Inhalt des zu gewährenden Schutzes (ABl. L 304 vom 30. 9. 2004, S. 12) oder
2. Richtlinie 2011/95/EU des Europäischen Parlaments und des Rates vom 13. Dezember 2011 über Normen für die Anerkennung von Drittstaatsangehörigen oder Staatenlosen als Personen mit Anspruch auf internationalen Schutz, für einen einheitlichen Status für Flüchtlinge oder für Personen mit Anrecht auf subsidiären

Schutz und für den Inhalt des zu gewährenden Schutzes (ABl. L 337 vom 20. 12. 2011, S. 9).

(14) 1Soweit Artikel 28 der Verordnung (EU) Nr. 604/2013 des Europäischen Parlaments und des Rates vom 26. Juni 2013 zur Festlegung der Kriterien und Verfahren zur Bestimmung des Mitgliedstaats, der für die Prüfung eines von einem Drittstaatsangehörigen oder Staatenlosen in einem Mitgliedstaat gestellten Antrags auf internationalen Schutz zuständig ist (ABl. L 180 vom 29. 6. 2013, S. 31), der die Inhaftnahme zum Zwecke der Überstellung betrifft, maßgeblich ist, gelten § 62 Absatz 3a für die widerlegliche Vermutung einer Fluchtgefahr im Sinne von Artikel 2 Buchstabe n der Verordnung (EU) Nr. 604/2013 und § 62 Absatz 3b Nummer 1 bis 5 als objektive Anhaltspunkte für die Annahme einer Fluchtgefahr im Sinne von Artikel 2 Buchstabe n der Verordnung (EU) Nr. 604/2013 entsprechend; im Anwendungsbereich der Verordnung (EU) Nr. 604/2013 bleibt Artikel 28 Absatz 2 im Übrigen maßgeblich. 2Ferner kann ein Anhaltspunkt für Fluchtgefahr vorliegen, wenn

1. der Ausländer einen Mitgliedstaat vor Abschluss eines dort laufenden Verfahrens zur Zuständigkeitsbestimmung oder zur Prüfung eines Antrags auf internationalen Schutz verlassen hat und die Umstände der Feststellung im Bundesgebiet konkret darauf hindeuten, dass er den zuständigen Mitgliedstaat in absehbarer Zeit nicht aufsuchen will,
2. der Ausländer zuvor mehrfach einen Asylantrag in anderen Mitgliedstaaten als der Bundesrepublik Deutschland im Geltungsbereich der Verordnung (EU) Nr. 604/2013 gestellt und den jeweiligen anderen Mitgliedstaat der Asylantragstellung wieder verlassen hat, ohne den Ausgang des dort laufenden Verfahrens zur Zuständigkeitsbestimmung oder zur Prüfung eines Antrags auf internationalen Schutz abzuwarten.

3Die für den Antrag auf Inhaftnahme zum Zwecke der Überstellung zuständige Behörde kann einen Ausländer ohne vorherige richterliche Anordnung festhalten und vorläufig in Gewahrsam nehmen, wenn

a) der dringende Verdacht für das Vorliegen der Voraussetzungen nach Satz 1 oder 2 besteht,
b) die richterliche Entscheidung über die Anordnung der Überstellungshaft nicht vorher eingeholt werden kann und
c) der begründete Verdacht vorliegt, dass sich der Ausländer der Anordnung der Überstellungshaft entziehen will.

4Der Ausländer ist unverzüglich dem Richter zur Entscheidung über die Anordnung der Überstellungshaft vorzuführen. 5Auf das Verfahren auf Anordnung von Haft zur Überstellung nach der Verordnung (EU) Nr. 604/2013 finden die Vorschriften des Gesetzes über das Verfahren in Familiensachen und in den Angelegenheiten der freiwilligen Gerichtsbarkeit entsprechend Anwendung, soweit das Verfahren in der Verordnung (EU) Nr. 604/2013 nicht abweichend geregelt ist.

Bekanntmachung zu § 2 Absatz 3 Satz 6 des Aufenthaltsgesetzes über den Mindestbetrag zur Sicherung des Lebensunterhalts
Vom 22. Januar 2019
(BAnz. AT 07.02.2019 B2)

Gemäß § 2 Absatz 3 Satz 6 des Aufenthaltsgesetzes (AufenthG) gibt das Bundesministerium des Innern, für Bau und Heimat den Mindestbetrag zur Sicherung des Lebensunterhalts nach § 2 Absatz 3 Satz 5 AufenthG für das Jahr 2019 bekannt:

Der Lebensunterhalt eines Ausländers gilt nach § 2 Absatz 3 Satz 5 AufenthG für die Erteilung einer Aufenthaltserlaubnis nach § 16 AufenthG als gesichert, wenn der Ausländer über monatliche Mittel in Höhe des monatlichen Bedarfs, der nach den §§ 13 und 13a Absatz 1 des Bundesausbildungsförderungsgesetzes (BAföG) bestimmt wird, verfügt.

Daraus ergibt sich ein Betrag für den monatlichen Bedarf in Höhe von 720 Euro. Bei Nachweis einer Unterkunft, deren Miet- und Nebenkosten geringer sind als 250 Euro (Betrag nach § 13 Absatz 2 Nummer 2 BAföG), mindert sich der nachzuweisende Betrag entsprechend.

Kapitel 2
Einreise und Aufenthalt im Bundesgebiet

Abschnitt 1
Allgemeines

§ 3 Passpflicht

(1) $_{1}$Ausländer dürfen nur in das Bundesgebiet einreisen oder sich darin aufhalten, wenn sie einen anerkannten und gültigen Pass oder Passersatz besitzen, sofern sie von der Passpflicht nicht durch Rechtsverordnung befreit sind. $_{2}$Für den Aufenthalt im Bundesgebiet erfüllen sie die Passpflicht auch durch den Besitz eines Ausweisersatzes (§ 48 Abs. 2).

(2) Das Bundesministerium des Innern oder die von ihm bestimmte Stelle kann in begründeten Einzelfällen vor der Einreise des Ausländers für den Grenzübertritt und einen anschließenden Aufenthalt von bis zu sechs Monaten Ausnahmen von der Passpflicht zulassen.

§ 4 Erfordernis eines Aufenthaltstitels

(1) $_{1}$Ausländer bedürfen für die Einreise und den Aufenthalt im Bundesgebiet eines Aufenthaltstitels, sofern nicht durch Recht der Europäischen Union oder durch Rechtsverordnung etwas anderes bestimmt ist oder auf Grund des Abkommens vom 12. September 1963 zur Gründung einer Assoziation zwischen der Europäischen Wirtschaftsgemeinschaft und der Türkei (BGBl. 1964 II S. 509) (Assoziationsabkommen EWG/Türkei) ein Aufenthaltsrecht besteht. $_{2}$Die Aufenthaltstitel werden erteilt als

1. Visum im Sinne des § 6 Absatz 1 Nummer 1 und Absatz 3,
2. Aufenthaltserlaubnis (§ 7),

2a. Blaue Karte EU (§ 19a),

2b. ICT-Karte (§ 19b),

2c. Mobiler-ICT-Karte (§ 19d),

3. Niederlassungserlaubnis (§ 9) oder
4. Erlaubnis zum Daueraufenthalt – EU (§ 9a).

$_{3}$Die für die Aufenthaltserlaubnis geltenden Rechtsvorschriften werden auch auf die Blaue Karte EU, die ICT-Karte und die Mobiler-ICT-Karte angewandt, sofern durch Gesetz oder Rechtsverordnung nichts anderes bestimmt ist.

(2) $_{1}$Ein Aufenthaltstitel berechtigt zur Ausübung einer Erwerbstätigkeit, sofern es nach diesem Gesetz bestimmt ist oder der Aufenthaltstitel die Ausübung der Erwerbstätigkeit ausdrücklich erlaubt. $_{2}$Jeder Aufenthaltstitel muss erkennen lassen, ob die Ausübung einer Erwerbstätigkeit erlaubt ist. $_{3}$Einem Ausländer, der keine Aufenthaltserlaubnis zum Zweck der Beschäftigung besitzt, kann die Ausübung einer Beschäftigung nur erlaubt werden, wenn die Bundesagentur für Arbeit zugestimmt hat oder durch Rechtsverordnung bestimmt ist, dass die Ausübung der Beschäftigung ohne Zustimmung der Bundesagentur für Arbeit zulässig ist. $_{4}$Beschränkungen bei der Erteilung der Zustimmung durch die Bundesagentur für Arbeit sind in den Aufenthaltstitel zu übernehmen.

(3) $_{1}$Ausländer dürfen eine Erwerbstätigkeit nur ausüben, wenn der Aufenthaltstitel sie dazu berechtigt. $_{2}$Ausländer dürfen nur beschäftigt oder mit anderen entgeltlichen Dienst- oder Werkleistungen beauftragt werden, wenn sie einen solchen Aufenthaltstitel besitzen. $_{3}$Dies gilt nicht für Saisonbeschäftigungen, wenn der Ausländer eine Arbeitserlaubnis zum Zweck der Saisonbeschäftigung besitzt, oder für andere Erwerbstätigkeiten, wenn dem Ausländer auf Grund einer zwischenstaatlichen Vereinbarung, eines Gesetzes oder einer Rechtsverordnung die Erwerbstätigkeit gestattet ist, ohne dass er hierzu durch einen Aufenthaltstitel berechtigt sein muss. $_{4}$Wer im Bundesgebiet einen Ausländer beschäftigt oder mit nachhaltigen entgeltlichen Dienst- oder Werkleistungen beauftragt, die der Ausländer auf Gewinnerzielung gerichtet ausübt, muss prüfen, ob die Voraussetzungen nach Satz 2 oder Satz 3 vorliegen. $_{5}$Wer im Bundesgebiet einen Ausländer beschäftigt, muss für die Dauer der Beschäftigung eine Kopie des Aufenthaltstitels, der Arbeitserlaubnis zum Zweck der Saisonbeschäftigung oder der Bescheinigung über die Aufenthaltsgestattung oder über die Aussetzung der Ab-

schiebung des Ausländers in elektronischer Form oder in Papierform aufbewahren.

(4) (weggefallen)

(5) 1Ein Ausländer, dem nach dem Assoziationsabkommen EWG/Türkei ein Aufenthaltsrecht zusteht, ist verpflichtet, das Bestehen des Aufenthaltsrechts durch den Besitz einer Aufenthaltserlaubnis nachzuweisen, sofern er weder eine Niederlassungserlaubnis noch eine Erlaubnis zum Daueraufenthalt – EU besitzt. 2Die Aufenthaltserlaubnis wird auf Antrag ausgestellt.

§ 5 Allgemeine Erteilungsvoraussetzungen

(1) Die Erteilung eines Aufenthaltstitels setzt in der Regel voraus, dass

1. der Lebensunterhalt gesichert ist,

1a. die Identität und, falls er nicht zur Rückkehr in einen anderen Staat berechtigt ist, die Staatsangehörigkeit des Ausländers geklärt ist,

2. kein Ausweisungsinteresse besteht,

3. soweit kein Anspruch auf Erteilung eines Aufenthaltstitels besteht, der Aufenthalt des Ausländers nicht aus einem sonstigen Grund Interessen der Bundesrepublik Deutschland beeinträchtigt oder gefährdet und

4. die Passpflicht nach § 3 erfüllt wird.

(2) 1Des Weiteren setzt die Erteilung einer Aufenthaltserlaubnis, einer ICT-Karte, einer Niederlassungserlaubnis oder einer Erlaubnis zum Daueraufenthalt – EU voraus, dass der Ausländer

1. mit dem erforderlichen Visum eingereist ist und
2. die für die Erteilung maßgeblichen Angaben bereits im Visumantrag gemacht hat.

2Hiervon kann abgesehen werden, wenn die Voraussetzungen eines Anspruchs auf Erteilung erfüllt sind oder es auf Grund besonderer Umstände des Einzelfalls nicht zumutbar ist, das Visumverfahren nachzuholen. 3Satz 2 gilt nicht für die Erteilung einer ICT-Karte.

(3) 1In den Fällen der Erteilung eines Aufenthaltstitels nach § 24 oder § 25 Absatz 1 bis 3 ist von der Anwendung der Absätze 1 und 2, in den Fällen des § 25 Absatz 4a und 4b von der Anwendung des Absatzes 1 Nr. 1 bis 2 und 4 sowie des Absatzes 2 abzusehen. 2In den übrigen Fällen der Erteilung eines Aufenthaltstitels nach Kapitel 2 Abschnitt 5 kann von der Anwendung der Absätze 1 und 2 abgesehen werden. 3Wird von der Anwendung des Absatzes 1 Nr. 2 abgesehen, kann die Ausländerbehörde darauf hinweisen, dass eine Ausweisung wegen einzeln zu bezeichnender Ausweisungsinteressen, die Gegenstand eines noch nicht abgeschlossenen Straf- oder anderen Verfahrens sind, möglich ist. 4In den Fällen der Erteilung eines Aufenthaltstitels nach § 26 Absatz 3 ist von der Anwendung des Absatzes 2 abzusehen.

(4) Die Erteilung eines Aufenthaltstitels ist zu versagen, wenn ein Ausweisungsinteresse im Sinne von § 54 Absatz 1 Nummer 2 oder 4 besteht oder eine Abschiebungsanordnung nach § 58a erlassen wurde.

§ 6 Visum

(1) Einem Ausländer können nach Maßgabe der Verordnung (EG) Nr. 810/2009 folgende Visa erteilt werden:

1. ein Visum für die Durchreise durch das Hoheitsgebiet der Schengen-Staaten oder für geplante Aufenthalte in diesem Gebiet von bis zu 90 Tagen je Zeitraum von 180 Tagen (Schengen-Visum),
2. ein Flughafentransitvisum für die Durchreise durch die internationalen Transitzonen der Flughäfen.

(2) 1Schengen-Visa können nach Maßgabe der Verordnung (EG) Nr. 810/2009 bis zu einer Gesamtaufenthaltsdauer von 90 Tagen je Zeitraum von 180 Tagen verlängert werden. 2Für weitere 90 Tage innerhalb des betreffenden Zeitraums von 180 Tagen kann ein Schengen-Visum aus den in Artikel 33 der Verordnung (EG) Nr. 810/2009/EG genannten Gründen, zur Wahrung politischer Interessen der Bundesrepublik Deutschland oder aus völkerrechtlichen Gründen als nationales Visum verlängert werden.

(3) 1Für längerfristige Aufenthalte ist ein Visum für das Bundesgebiet (nationales Visum)

erforderlich, das vor der Einreise erteilt wird. 2Die Erteilung richtet sich nach den für die Aufenthaltserlaubnis, die Blaue Karte EU, die ICT-Karte, die Niederlassungserlaubnis und die Erlaubnis zum Daueraufenthalt – EU geltenden Vorschriften. 3Die Dauer des rechtmäßigen Aufenthalts mit einem nationalen Visum wird auf die Zeiten des Besitzes einer Aufenthaltserlaubnis, Blauen Karte EU, Niederlassungserlaubnis oder Erlaubnis zum Daueraufenthalt – EU angerechnet.

(4) Ein Ausnahme-Visum im Sinne des § 14 Absatz 2 wird als Visum im Sinne des Absatzes 1 Nummer 1 oder des Absatzes 3 erteilt.

§ 7 Aufenthaltserlaubnis

(1) 1Die Aufenthaltserlaubnis ist ein befristeter Aufenthaltstitel. 2Sie wird zu den in den nachfolgenden Abschnitten genannten Aufenthaltszwecken erteilt. 3In begründeten Fällen kann eine Aufenthaltserlaubnis auch für einen von diesem Gesetz nicht vorgesehenen Aufenthaltszweck erteilt werden.

(2) 1Die Aufenthaltserlaubnis ist unter Berücksichtigung des beabsichtigten Aufenthaltszwecks zu befristen. 2Ist eine für die Erteilung, die Verlängerung oder die Bestimmung der Geltungsdauer wesentliche Voraussetzung entfallen, so kann die Frist auch nachträglich verkürzt werden.

§ 8 Verlängerung der Aufenthaltserlaubnis

(1) Auf die Verlängerung der Aufenthaltserlaubnis finden dieselben Vorschriften Anwendung wie auf die Erteilung.

(2) Die Aufenthaltserlaubnis kann in der Regel nicht verlängert werden, wenn die zuständige Behörde dies bei einem seiner Zweckbestimmung nach nur vorübergehenden Aufenthalt bei der Erteilung oder der zuletzt erfolgten Verlängerung der Aufenthaltserlaubnis ausgeschlossen hat.

(3) 1Vor der Verlängerung der Aufenthaltserlaubnis ist festzustellen, ob der Ausländer einer etwaigen Pflicht zur ordnungsgemäßen Teilnahme am Integrationskurs nachgekommen ist. 2Verletzt ein Ausländer seine Verpflichtung nach § 44a Abs. 1 Satz 1 zur ordnungsgemäßen Teilnahme an einem Integrationskurs, ist dies bei der Entscheidung über die Verlängerung der Aufenthaltserlaubnis zu berücksichtigen. 3Besteht kein Anspruch auf Erteilung der Aufenthaltserlaubnis, soll bei wiederholter und gröblicher Verletzung der Pflichten nach Satz 1 die Verlängerung der Aufenthaltserlaubnis abgelehnt werden. 4Besteht ein Anspruch auf Verlängerung der Aufenthaltserlaubnis nur nach diesem Gesetz, kann die Verlängerung abgelehnt werden, es sei denn, der Ausländer erbringt den Nachweis, dass seine Integration in das gesellschaftliche und soziale Leben anderweitig erfolgt ist. 5Bei der Entscheidung sind die Dauer des rechtmäßigen Aufenthalts, schutzwürdige Bindung des Ausländers an das Bundesgebiet und die Folgen einer Aufenthaltsbeendigung für seine rechtmäßig im Bundesgebiet lebenden Familienangehörigen zu berücksichtigen. 6War oder ist ein Ausländer zur Teilnahme an einem Integrationskurs nach § 44a Absatz 1 Satz 1 verpflichtet, soll die Verlängerung der Aufenthaltserlaubnis jeweils auf höchstens ein Jahr befristet werden, solange er den Integrationskurs noch nicht erfolgreich abgeschlossen oder noch nicht den Nachweis erbracht hat, dass seine Integration in das gesellschaftliche und soziale Leben anderweitig erfolgt ist.

(4) Absatz 3 ist nicht anzuwenden auf die Verlängerung einer nach § 25 Absatz 1, 2 oder Absatz 3 erteilten Aufenthaltserlaubnis.

§ 9 Niederlassungserlaubnis

(1) 1Die Niederlassungserlaubnis ist ein unbefristeter Aufenthaltstitel. 2Sie berechtigt zur Ausübung einer Erwerbstätigkeit und kann nur in den durch dieses Gesetz ausdrücklich zugelassenen Fällen mit einer Nebenbestimmung versehen werden. 3§ 47 bleibt unberührt.

(2) 1Einem Ausländer ist die Niederlassungserlaubnis zu erteilen, wenn

1. er seit fünf Jahren die Aufenthaltserlaubnis besitzt,
2. sein Lebensunterhalt gesichert ist,
3. er mindestens 60 Monate Pflichtbeiträge oder freiwillige Beiträge zur gesetzlichen Rentenversicherung geleistet hat oder

Aufwendungen für einen Anspruch auf vergleichbare Leistungen einer Versicherungs- oder Versorgungseinrichtung oder eines Versicherungsunternehmens nachweist; berufliche Ausfallzeiten auf Grund von Kinderbetreuung oder häuslicher Pflege werden entsprechend angerechnet,

4. Gründe der öffentlichen Sicherheit oder Ordnung unter Berücksichtigung der Schwere oder der Art des Verstoßes gegen die öffentliche Sicherheit oder Ordnung oder der vom Ausländer ausgehenden Gefahr unter Berücksichtigung der Dauer des bisherigen Aufenthalts und dem Bestehen von Bindungen im Bundesgebiet nicht entgegenstehen,
5. ihm die Beschäftigung erlaubt ist, sofern er Arbeitnehmer ist,
6. er im Besitz der sonstigen für eine dauernde Ausübung seiner Erwerbstätigkeit erforderlichen Erlaubnisse ist,
7. er über ausreichende Kenntnisse der deutschen Sprache verfügt,
8. er über Grundkenntnisse der Rechts- und Gesellschaftsordnung und der Lebensverhältnisse im Bundesgebiet verfügt und
9. er über ausreichenden Wohnraum für sich und seine mit ihm in häuslicher Gemeinschaft lebenden Familienangehörigen verfügt.

$_2$Die Voraussetzungen des Satzes 1 Nr. 7 und 8 sind nachgewiesen, wenn ein Integrationskurs erfolgreich abgeschlossen wurde. $_3$Von diesen Voraussetzungen wird abgesehen, wenn der Ausländer sie wegen einer körperlichen, geistigen oder seelischen Krankheit oder Behinderung nicht erfüllen kann. $_4$Im Übrigen kann zur Vermeidung einer Härte von den Voraussetzungen des Satzes 1 Nr. 7 und 8 abgesehen werden. $_5$Ferner wird davon abgesehen, wenn der Ausländer sich auf einfache Art in deutscher Sprache mündlich verständigen kann und er nach § 44 Abs. 3 Nr. 2 keinen Anspruch auf Teilnahme am Integrationskurs hatte oder er nach § 44a Abs. 2 Nr. 3 nicht zur Teilnahme am Integrationskurs verpflichtet war. $_6$Darüber hinaus wird von den Voraussetzungen des Satzes 1 Nr. 2 und 3 abgesehen, wenn der Ausländer diese aus den in Satz 3 genannten Gründen nicht erfüllen kann.

(3) $_1$Bei Ehegatten, die in ehelicher Lebensgemeinschaft leben, genügt es, wenn die Voraussetzungen nach Absatz 2 Satz 1 Nr. 3, 5 und 6 durch einen Ehegatten erfüllt werden. $_2$Von der Voraussetzung nach Absatz 2 Satz 1 Nr. 3 wird abgesehen, wenn sich der Ausländer in einer Ausbildung befindet, die zu einem anerkannten schulischen oder beruflichen Bildungsabschluss oder einem Hochschulabschluss führt. $_3$Satz 1 gilt in den Fällen des § 26 Abs. 4 entsprechend.

(4) Auf die für die Erteilung einer Niederlassungserlaubnis erforderlichen Zeiten des Besitzes einer Aufenthaltserlaubnis werden folgende Zeiten angerechnet:

1. die Zeit des früheren Besitzes einer Aufenthaltserlaubnis oder Niederlassungserlaubnis, wenn der Ausländer zum Zeitpunkt seiner Ausreise im Besitz einer Niederlassungserlaubnis war, abzüglich der Zeit der dazwischen liegenden Aufenthalte außerhalb des Bundesgebiets, die zum Erlöschen der Niederlassungserlaubnis führten; angerechnet werden höchstens vier Jahre,
2. höchstens sechs Monate für jeden Aufenthalt außerhalb des Bundesgebiets, der nicht zum Erlöschen der Aufenthaltserlaubnis führte,
3. die Zeit eines rechtmäßigen Aufenthalts zum Zweck des Studiums oder der Berufsausbildung im Bundesgebiet zur Hälfte.

§ 9a Erlaubnis zum Daueraufenthalt – EU

(1) $_1$Die Erlaubnis zum Daueraufenthalt – EU ist ein unbefristeter Aufenthaltstitel. $_2$§ 9 Abs. 1 Satz 2 und 3 gilt entsprechend. $_3$Soweit dieses Gesetz nichts anderes regelt, ist die Erlaubnis zum Daueraufenthalt – EU der Niederlassungserlaubnis gleichgestellt.

(2) $_1$Einem Ausländer ist eine Erlaubnis zum Daueraufenthalt – EU nach Artikel 2 Buchstabe b der Richtlinie 2003/109/EG zu erteilen, wenn

1. er sich seit fünf Jahren mit Aufenthaltstitel im Bundesgebiet aufhält,

2. sein Lebensunterhalt und derjenige seiner Angehörigen, denen er Unterhalt zu leisten hat, durch feste und regelmäßige Einkünfte gesichert ist,
3. er über ausreichende Kenntnisse der deutschen Sprache verfügt,
4. er über Grundkenntnisse der Rechts- und Gesellschaftsordnung und der Lebensverhältnisse im Bundesgebiet verfügt,
5. Gründe der öffentlichen Sicherheit oder Ordnung unter Berücksichtigung der Schwere oder der Art des Verstoßes gegen die öffentliche Sicherheit oder Ordnung oder der vom Ausländer ausgehenden Gefahr unter Berücksichtigung der Dauer des bisherigen Aufenthalts und dem Bestehen von Bindungen im Bundesgebiet nicht entgegenstehen und
6. er über ausreichenden Wohnraum für sich und seine mit ihm in familiärer Gemeinschaft lebenden Familienangehörigen verfügt.

$_2$Für Satz 1 Nr. 3 und 4 gilt § 9 Abs. 2 Satz 2 bis 5 entsprechend.

(3) Absatz 2 ist nicht anzuwenden, wenn der Ausländer

1. einen Aufenthaltstitel nach Abschnitt 5 besitzt, der nicht auf Grund des § 23 Abs. 2 erteilt wurde, oder eine vergleichbare Rechtsstellung in einem anderen Mitgliedstaat der Europäischen Union innehat und weder in der Bundesrepublik Deutschland noch in einem anderen Mitgliedstaat der Europäischen Union als international Schutzberechtigter anerkannt ist; Gleiches gilt, wenn er einen solchen Titel oder eine solche Rechtsstellung beantragt hat und über den Antrag noch nicht abschließend entschieden worden ist,
2. in einem Mitgliedstaat der Europäischen Union einen Antrag auf Anerkennung als international Schutzberechtigter gestellt oder vorübergehenden Schutz im Sinne des § 24 beantragt hat und über seinen Antrag noch nicht abschließend entschieden worden ist,
3. in einem anderen Mitgliedstaat der Europäischen Union eine Rechtsstellung besitzt, die der in § 1 Abs. 2 Nr. 2 beschriebenen entspricht,
4. sich mit einer Aufenthaltserlaubnis nach § 16 oder § 17 oder
5. sich zu einem sonstigen seiner Natur nach vorübergehenden Zweck im Bundesgebiet aufhält, insbesondere
   a) auf Grund einer Aufenthaltserlaubnis nach § 18, wenn die Befristung der Zustimmung der Bundesagentur für Arbeit auf einer Verordnung nach § 42 Abs. 1 bestimmten Höchstbeschäftigungsdauer beruht,
   b) wenn die Verlängerung seiner Aufenthaltserlaubnis nach § 8 Abs. 2 ausgeschlossen wurde oder
   c) wenn seine Aufenthaltserlaubnis der Herstellung oder Wahrung der familiären Lebensgemeinschaft mit einem Ausländer dient, der sich selbst nur zu einem seiner Natur nach vorübergehenden Zweck im Bundesgebiet aufhält, und bei einer Aufhebung der Lebensgemeinschaft kein eigenständiges Aufenthaltsrecht entstehen würde.

§ 9b Anrechnung von Aufenthaltszeiten

(1) $_1$Auf die erforderlichen Zeiten nach § 9a Abs. 2 Satz 1 Nr. 1 werden folgende Zeiten angerechnet:

1. Zeiten eines Aufenthalts außerhalb des Bundesgebiets, in denen der Ausländer einen Aufenthaltstitel besaß und
   a) sich wegen einer Entsendung aus beruflichen Gründen im Ausland aufgehalten hat, soweit deren Dauer jeweils sechs Monate oder eine von der Ausländerbehörde nach § 51 Abs. 1 Nr. 7 bestimmte längere Frist nicht überschritten hat, oder
   b) die Zeiten sechs aufeinanderfolgende Monate und innerhalb des in § 9a Abs. 2 Satz 1 Nr. 1 genannten Zeitraums insgesamt zehn Monate nicht überschreiten,

2. Zeiten eines früheren Aufenthalts im Bundesgebiet mit Aufenthaltserlaubnis, Niederlassungserlaubnis oder Erlaubnis zum Daueraufenthalt – EU, wenn der Ausländer zum Zeitpunkt seiner Ausreise im Besitz einer Niederlassungserlaubnis oder einer Erlaubnis zum Daueraufenthalt – EU war und die Niederlassungserlaubnis oder die Erlaubnis zum Daueraufenthalt – EU allein wegen eines Aufenthalts außerhalb von Mitgliedstaaten der Europäischen Union oder wegen des Erwerbs der Rechtsstellung eines langfristig Aufenthaltsberechtigten in einem anderen Mitgliedstaat der Europäischen Union erloschen ist, bis zu höchstens vier Jahre,
3. Zeiten, in denen der Ausländer freizügigkeitsberechtigt war,
4. Zeiten eines rechtmäßigen Aufenthalts zum Zweck des Studiums oder der Berufsausbildung im Bundesgebiet zur Hälfte,
5. bei international Schutzberechtigten der Zeitraum zwischen dem Tag der Beantragung internationalen Schutzes und dem Tag der Erteilung eines aufgrund der Zuerkennung internationalen Schutzes gewährten Aufenthaltstitels.

$_{2}$Nicht angerechnet werden Zeiten eines Aufenthalts nach § 9a Abs. 3 Nr. 5 und Zeiten des Aufenthalts, in denen der Ausländer auch die Voraussetzungen des § 9a Abs. 3 Nr. 3 erfüllte. $_{3}$Zeiten eines Aufenthalts außerhalb des Bundesgebiets unterbrechen den Aufenthalt nach § 9a Abs. 2 Satz 1 Nr. 1 nicht, wenn der Aufenthalt außerhalb des Bundesgebiets nicht zum Erlöschen des Aufenthaltstitels geführt hat; diese Zeiten werden bei der Bestimmung der Gesamtdauer des Aufenthalts nach § 9a Abs. 2 Satz 1 Nr. 1 nicht angerechnet. $_{4}$In allen übrigen Fällen unterbricht die Ausreise aus dem Bundesgebiet den Aufenthalt nach § 9a Abs. 2 Satz 1 Nr. 1.

(2) $_{1}$Auf die erforderlichen Zeiten nach § 9a Absatz 2 Satz 1 Nummer 1 werden die Zeiten angerechnet, in denen der Ausländer eine Blaue Karte EU besitzt, die von einem anderen Mitgliedstaat der Europäischen Union erteilt wurde, wenn sich der Ausländer

1. in diesem anderen Mitgliedstaat der Europäischen Union mit einer Blauen Karte EU mindestens 18 Monate aufgehalten hat und
2. bei Antragstellung seit mindestens zwei Jahren als Inhaber der Blauen Karte EU im Bundesgebiet aufhält.

$_{2}$Nicht angerechnet werden Zeiten, in denen sich der Ausländer nicht in der Europäischen Union aufgehalten hat. $_{3}$Diese Zeiten unterbrechen jedoch den Aufenthalt nach § 9a Absatz 2 Satz 1 Nummer 1 nicht, wenn sie zwölf aufeinanderfolgende Monate nicht überschreiten und innerhalb des Zeitraums nach § 9a Absatz 2 Satz 1 Nummer 1 insgesamt 18 Monate nicht überschreiten. $_{4}$Die Sätze 1 bis 3 sind entsprechend auf Familienangehörige des Ausländers anzuwenden, denen eine Aufenthaltserlaubnis nach den §§ 30 oder 32 erteilt wurde.

§ 9c Lebensunterhalt

$_{1}$Feste und regelmäßige Einkünfte im Sinne des § 9a Absatz 2 Satz 1 Nummer 2 liegen in der Regel vor, wenn

1. der Ausländer seine steuerlichen Verpflichtungen erfüllt hat,
2. der Ausländer oder sein mit ihm in familiärer Gemeinschaft lebender Ehegatte im In- oder Ausland Beiträge oder Aufwendungen für eine angemessene Altersversorgung geleistet hat, soweit er hieran nicht durch eine körperliche, geistige oder seelische Krankheit oder Behinderung gehindert war,
3. der Ausländer und seine mit ihm in familiärer Gemeinschaft lebenden Angehörigen gegen das Risiko der Krankheit und der Pflegebedürftigkeit durch die gesetzliche Krankenversicherung oder einen im Wesentlichen gleichwertigen, unbefristeten oder sich automatisch verlängernden Versicherungsschutz abgesichert sind und
4. der Ausländer, der seine regelmäßigen Einkünfte aus einer Erwerbstätigkeit bezieht, zu der Erwerbstätigkeit berechtigt ist und auch über die anderen dafür erforderlichen Erlaubnisse verfügt.

$_{2}$Bei Ehegatten, die in ehelicher Lebensgemeinschaft leben, genügt es, wenn die Voraussetzung nach Satz 1 Nr. 4 durch einen Ehegatten erfüllt wird. $_{3}$Als Beiträge oder Aufwendungen, die nach Satz 1 Nr. 2 erforderlich sind, werden keine höheren Beiträge oder Aufwendungen verlangt, als es in § 9 Abs. 2 Satz 1 Nr. 3 vorgesehen ist.

§ 10 Aufenthaltstitel bei Asylantrag

(1) Einem Ausländer, der einen Asylantrag gestellt hat, kann vor dem bestandskräftigen Abschluss des Asylverfahrens ein Aufenthaltstitel außer in den Fällen eines gesetzlichen Anspruchs nur mit Zustimmung der obersten Landesbehörde und nur dann erteilt werden, wenn wichtige Interessen der Bundesrepublik Deutschland es erfordern.

(2) Ein nach der Einreise des Ausländers von der Ausländerbehörde erteilter oder verlängerter Aufenthaltstitel kann nach den Vorschriften dieses Gesetzes ungeachtet des Umstandes verlängert werden, dass der Ausländer einen Asylantrag gestellt hat.

(3) $_{1}$Einem Ausländer, dessen Asylantrag unanfechtbar abgelehnt worden ist oder der seinen Asylantrag zurückgenommen hat, darf vor der Ausreise ein Aufenthaltstitel nur nach Maßgabe des Abschnitts 5 erteilt werden. $_{2}$Sofern der Asylantrag nach § 30 Abs. 3 Nummer 1 bis 6 des Asylgesetzes abgelehnt wurde, darf vor der Ausreise kein Aufenthaltstitel erteilt werden. $_{3}$Die Sätze 1 und 2 finden im Falle eines Anspruchs auf Erteilung eines Aufenthaltstitels keine Anwendung; Satz 2 ist ferner nicht anzuwenden, wenn der Ausländer die Voraussetzungen für die Erteilung einer Aufenthaltserlaubnis nach § 25 Abs. 3 erfüllt.

§ 11 Einreise- und Aufenthaltsverbot

(1) $_{1}$Gegen einen Ausländer, der ausgewiesen, zurückgeschoben oder abgeschoben worden ist, ist ein Einreise- und Aufenthaltsverbot zu erlassen. $_{2}$Infolge des Einreise- und Aufenthaltsverbots darf der Ausländer weder erneut in das Bundesgebiet einreisen noch sich darin aufhalten noch darf ihm, selbst im Falle eines Anspruchs nach diesem Gesetz, ein Aufenthaltstitel erteilt werden.

(2) $_{1}$Im Falle der Ausweisung ist das Einreise- und Aufenthaltsverbot gemeinsam mit der Ausweisungsverfügung zu erlassen. $_{2}$Ansonsten soll das Einreise- und Aufenthaltsverbot mit der Abschiebungsandrohung oder Abschiebungsanordnung nach § 58a unter der aufschiebenden Bedingung der Ab- oder Zurückschiebung und spätestens mit der Ab- oder Zurückschiebung erlassen werden. $_{3}$Das Einreise- und Aufenthaltsverbot ist bei seinem Erlass von Amts wegen zu befristen. $_{4}$Die Frist beginnt mit der Ausreise. $_{5}$Die Befristung kann zur Abwehr einer Gefahr für die öffentliche Sicherheit und Ordnung mit einer Bedingung versehen werden, insbesondere einer nachweislichen Straf- oder Drogenfreiheit. $_{6}$Tritt die Bedingung bis zum Ablauf der Frist nicht ein, gilt eine von Amts wegen zusammen mit der Befristung nach Satz 5 angeordnete längere Befristung.

(3) $_{1}$Über die Länge der Frist des Einreise- und Aufenthaltsverbots wird nach Ermessen entschieden. $_{2}$Sie darf außer in den Fällen der Absätze 5 bis 5b fünf Jahre nicht überschreiten.

(4) $_{1}$Das Einreise- und Aufenthaltsverbot kann zur Wahrung schutzwürdiger Belange des Ausländers oder, soweit es der Zweck des Einreise- und Aufenthaltsverbots nicht mehr erfordert, aufgehoben oder die Frist des Einreise- und Aufenthaltsverbots verkürzt werden. $_{2}$Das Einreise- und Aufenthaltsverbot soll aufgehoben werden, wenn die Voraussetzungen für die Erteilung eines Aufenthaltstitels nach Kapitel 2 Abschnitt 5 vorliegen. $_{3}$Bei der Entscheidung über die Verkürzung der Frist oder die Aufhebung des Einreise- und Aufenthaltsverbots, das zusammen mit einer Ausweisung erlassen wurde, ist zu berücksichtigen, ob der Ausländer seiner Ausreisepflicht innerhalb der ihm gesetzten Ausreisefrist nachgekommen ist, es sei denn, der Ausländer war unverschuldet an der Ausreise gehindert oder die Überschreitung der Ausreisefrist war nicht erheblich. $_{4}$Die Frist des Einreise- und Aufenthaltsverbots kann aus Gründen der öffentlichen Si-

cherheit und Ordnung verlängert werden. ₅Absatz 3 gilt entsprechend.

(5) ₁Die Frist des Einreise- und Aufenthaltsverbots soll zehn Jahre nicht überschreiten, wenn der Ausländer auf Grund einer strafrechtlichen Verurteilung ausgewiesen worden ist oder wenn von ihm eine schwerwiegende Gefahr für die öffentliche Sicherheit und Ordnung ausgeht. ₂Absatz 4 gilt in diesen Fällen entsprechend.

(5a) ₁Die Frist des Einreise- und Aufenthaltsverbots soll 20 Jahre betragen, wenn der Ausländer wegen eines Verbrechens gegen den Frieden, eines Kriegsverbrechens oder eines Verbrechens gegen die Menschlichkeit oder zur Abwehr einer Gefahr für die Sicherheit der Bundesrepublik Deutschland oder einer terroristischen Gefahr ausgewiesen wurde. ₂Absatz 4 Satz 4 und 5 gilt in diesen Fällen entsprechend. ₃Eine Verkürzung der Frist oder Aufhebung des Einreise- und Aufenthaltsverbots ist grundsätzlich ausgeschlossen. ₄Die oberste Landesbehörde kann im Einzelfall Ausnahmen hiervon zulassen.

(5b) ₁Wird der Ausländer auf Grund einer Abschiebungsanordnung nach § 58a aus dem Bundesgebiet abgeschoben, soll ein unbefristetes Einreise- und Aufenthaltsverbot erlassen werden. ₂In den Fällen des Absatzes 5a oder wenn der Ausländer wegen eines in § 54 Absatz 1 Nummer 1 genannten Ausweisungsinteresses ausgewiesen worden ist, kann im Einzelfall ein unbefristetes Einreise- und Aufenthaltsverbot erlassen werden. ₃Absatz 5a Satz 3 und 4 gilt entsprechend.

(5c) Die Behörde, die die Ausweisung, die Abschiebungsandrohung oder die Abschiebungsanordnung nach § 58a erlässt, ist auch für den Erlass und die erstmalige Befristung des damit zusammenhängenden Einreise- und Aufenthaltsverbots zuständig.

(6) ₁Gegen einen Ausländer, der seiner Ausreisepflicht nicht innerhalb einer ihm gesetzten Ausreisefrist nachgekommen ist, kann ein Einreise- und Aufenthaltsverbot angeordnet werden, es sei denn, der Ausländer ist unverschuldet an der Ausreise gehindert oder die Überschreitung der Ausreisefrist ist nicht erheblich. ₂Absatz 1 Satz 2, Absatz 2 Satz 3 bis 6, Absatz 3 Satz 1 und Absatz 4 Satz 1, 2 und 4 gelten entsprechend. ₃Das Einreise- und Aufenthaltsverbot ist mit seiner Anordnung nach Satz 1 zu befristen. ₄Bei der ersten Anordnung des Einreise- und Aufenthaltsverbots nach Satz 1 soll die Frist ein Jahr nicht überschreiten. ₅Im Übrigen soll die Frist drei Jahre nicht überschreiten. ₆Ein Einreise- und Aufenthaltsverbot wird nicht angeordnet, wenn Gründe für eine vorübergehende Aussetzung der Abschiebung nach § 60a vorliegen, die der Ausländer nicht verschuldet hat.

(7) ₁Gegen einen Ausländer,

1. dessen Asylantrag nach § 29a Absatz 1 des Asylgesetzes als offensichtlich unbegründet abgelehnt wurde, dem kein subsidiärer Schutz zuerkannt wurde, das Vorliegen der Voraussetzungen für ein Abschiebungsverbot nach § 60 Absatz 5 oder 7 nicht festgestellt wurde und der keinen Aufenthaltstitel besitzt oder
2. dessen Antrag nach § 71 oder § 71a des Asylgesetzes wiederholt nicht zur Durchführung eines weiteren Asylverfahrens geführt hat,

kann das Bundesamt für Migration und Flüchtlinge ein Einreise- und Aufenthaltsverbot anordnen. ₂Das Einreise- und Aufenthaltsverbot wird mit Bestandskraft der Entscheidung über den Asylantrag wirksam. ₃Absatz 1 Satz 2, Absatz 2 Satz 3 bis 6, Absatz 3 Satz 1 und Absatz 4 Satz 1, 2 und 4 gelten entsprechend. ₄Das Einreise- und Aufenthaltsverbot ist mit seiner Anordnung nach Satz 1 zu befristen. ₅Bei der ersten Anordnung des Einreise- und Aufenthaltsverbots nach Satz 1 soll die Frist ein Jahr nicht überschreiten. ₆Im Übrigen soll die Frist drei Jahre nicht überschreiten. ₇Über die Aufhebung, Verlängerung oder Verkürzung entscheidet die zuständige Ausländerbehörde.

(8) ₁Vor Ablauf des Einreise- und Aufenthaltsverbots kann dem Ausländer ausnahmsweise erlaubt werden, das Bundesgebiet kurzfristig zu betreten, wenn zwingende Gründe seine Anwesenheit erfordern oder die Versagung der Erlaubnis eine unbillige Härte bedeuten würde. ₂Im Falle der Absätze 5a

I

und 5b ist für die Entscheidung die oberste Landesbehörde zuständig.

(9) 1Reist ein Ausländer entgegen einem Einreise- und Aufenthaltsverbot in das Bundesgebiet ein, wird der Ablauf einer festgesetzten Frist für die Dauer des Aufenthalts im Bundesgebiet gehemmt. 2Die Frist kann in diesem Fall verlängert werden, längstens jedoch um die Dauer der ursprünglichen Befristung. 3Der Ausländer ist auf diese Möglichkeit bei der erstmaligen Befristung hinzuweisen. 4Für eine nach Satz 2 verlängerte Frist gelten die Absätze 3 und 4 Satz 1 entsprechend.

§ 12 Geltungsbereich; Nebenbestimmungen

(1) 1Der Aufenthaltstitel wird für das Bundesgebiet erteilt. 2Seine Gültigkeit nach den Vorschriften des Schengener Durchführungsübereinkommens für den Aufenthalt im Hoheitsgebiet der Vertragsparteien bleibt unberührt.

(2) 1Das Visum und die Aufenthaltserlaubnis können mit Bedingungen erteilt und verlängert werden. 2Sie können, auch nachträglich, mit Auflagen, insbesondere einer räumlichen Beschränkung, verbunden werden. 3Insbesondere kann die Aufenthaltserlaubnis mit einer räumlichen Beschränkung versehen werden, wenn ein Ausweisungsinteresse nach § 54 Absatz 1 Nummer 1 oder 1a besteht und dies erforderlich ist, um den Ausländer aus einem Umfeld zu lösen, welches die wiederholte Begehung erheblicher Straftaten begünstigt.

(3) Ein Ausländer hat den Teil des Bundesgebiets, in dem er sich ohne Erlaubnis der Ausländerbehörde einer räumlichen Beschränkung zuwider aufhält, unverzüglich zu verlassen.

(4) Der Aufenthalt eines Ausländers, der keines Aufenthaltstitels bedarf, kann zeitlich und räumlich beschränkt sowie von Bedingungen und Auflagen abhängig gemacht werden.

(5) 1Die Ausländerbehörde kann dem Ausländer das Verlassen des auf der Grundlage dieses Gesetzes beschränkten Aufenthaltsbereichs erlauben. 2Die Erlaubnis ist zu erteilen, wenn hieran ein dringendes öffentliches Interesse besteht, zwingende Gründe es erfordern oder die Versagung der Erlaubnis eine unbillige Härte bedeuten würde. 3Der Ausländer kann Termine bei Behörden und Gerichten, bei denen sein persönliches Erscheinen erforderlich ist, ohne Erlaubnis wahrnehmen.

§ 12a Wohnsitzregelung

(1) 1Zur Förderung seiner nachhaltigen Integration in die Lebensverhältnisse der Bundesrepublik Deutschland ist ein Ausländer, der als Asylberechtigter, Flüchtling im Sinne von § 3 Absatz 1 des Asylgesetzes oder subsidiär Schutzberechtigter im Sinne von § 4 Absatz 1 des Asylgesetzes anerkannt worden ist oder dem nach § 22, § 23 oder § 25 Absatz 3 erstmalig eine Aufenthaltserlaubnis erteilt worden ist, verpflichtet, für den Zeitraum von drei Jahren ab Anerkennung oder Erteilung der Aufenthaltserlaubnis in dem Land seinen gewöhnlichen Aufenthalt (Wohnsitz) zu nehmen, in das er zur Durchführung seines Asylverfahrens oder im Rahmen seines Aufnahmeverfahrens zugewiesen worden ist. 2Satz 1 findet keine Anwendung, wenn der Ausländer, sein Ehegatte, eingetragener Lebenspartner oder ein minderjähriges lediges Kind, mit dem er verwandt ist und in familiärer Lebensgemeinschaft lebt, eine sozialversicherungspflichtige Beschäftigung mit einem Umfang von mindestens 15 Stunden wöchentlich aufnimmt oder aufgenommen hat, durch die diese Person mindestens über ein Einkommen in Höhe des monatlichen durchschnittlichen Bedarfs nach den §§ 20 und 22 des Zweiten Buches Sozialgesetzbuch für eine Einzelperson verfügt, oder eine Berufsausbildung aufnimmt oder aufgenommen hat oder in einem Studien- oder Ausbildungsverhältnis steht. 3Die Frist nach Satz 1 kann um den Zeitraum verlängert werden, für den der Ausländer seiner nach Satz 1 bestehenden Verpflichtung nicht nachkommt. 4Fallen die Gründe nach Satz 2 innerhalb von drei Monaten weg, wirkt die Verpflichtung zur Wohnsitznahme nach Satz 1 in dem Land fort,

in das der Ausländer seinen Wohnsitz verlegt hat.

(1a) 1Wird ein Ausländer, dessen gewöhnlicher Aufenthalt durch eine Verteilungs- oder Zuweisungsentscheidung nach dem Achten Buch Sozialgesetzbuch bestimmt wird, volljährig, findet ab Eintritt der Volljährigkeit Absatz 1 Anwendung; die Wohnsitzverpflichtung erwächst in dem Land, in das er zuletzt durch Verteilungs- oder Zuweisungsentscheidung zugewiesen wurde. 2Die bis zur Volljährigkeit verbrachte Aufenthaltszeit ab Anerkennung als Asylberechtigter, Flüchtling im Sinne von § 3 Absatz 1 des Asylgesetzes oder subsidiär Schutzberechtigter im Sinne von § 4 Absatz 1 des Asylgesetzes oder nach erstmaliger Erteilung eines Aufenthaltstitels nach den §§ 22, 23 oder 25 Absatz 3 wird auf die Frist nach Absatz 1 Satz 1 angerechnet.

(2) 1Ein Ausländer, der der Verpflichtung nach Absatz 1 unterliegt und der in einer Aufnahmeeinrichtung oder anderen vorübergehenden Unterkunft wohnt, kann innerhalb von sechs Monaten nach Anerkennung oder Aufnahme längstens bis zum Ablauf der nach Absatz 1 geltenden Frist zu seiner Versorgung mit angemessenem Wohnraum verpflichtet werden, seinen Wohnsitz an einem bestimmten Ort zu nehmen, wenn dies der Förderung seiner nachhaltigen Integration in die Lebensverhältnisse der Bundesrepublik Deutschland nicht entgegensteht. 2Soweit im Einzelfall eine Zuweisung angemessenen Wohnraums innerhalb von sechs Monaten nicht möglich war, kann eine Zuweisung nach Satz 1 innerhalb von einmalig weiteren sechs Monaten erfolgen.

(3) 1Zur Förderung seiner nachhaltigen Integration in die Lebensverhältnisse der Bundesrepublik Deutschland kann ein Ausländer, der der Verpflichtung nach Absatz 1 unterliegt, innerhalb von sechs Monaten nach Anerkennung oder erstmaliger Erteilung der Aufenthaltserlaubnis verpflichtet werden, längstens bis zum Ablauf der nach Absatz 1 geltenden Frist seinen Wohnsitz an einem bestimmten Ort zu nehmen, wenn dadurch

1. seine Versorgung mit angemessenem Wohnraum,
2. sein Erwerb hinreichender mündlicher Deutschkenntnisse im Sinne des Niveaus A2 des Gemeinsamen Europäischen Referenzrahmens für Sprachen und
3. unter Berücksichtigung der örtlichen Lage am Ausbildungs- und Arbeitsmarkt die Aufnahme einer Erwerbstätigkeit

erleichtert werden kann. 2Bei der Entscheidung nach Satz 1 können zudem besondere örtliche, die Integration fördernde Umstände berücksichtigt werden, insbesondere die Verfügbarkeit von Bildungs- und Betreuungsangeboten für minderjährige Kinder und Jugendliche.

(4) 1Ein Ausländer, der der Verpflichtung nach Absatz 1 unterliegt, kann zur Vermeidung von sozialer und gesellschaftlicher Ausgrenzung bis zum Ablauf der nach Absatz 1 geltenden Frist auch verpflichtet werden, seinen Wohnsitz nicht an einem bestimmten Ort zu nehmen, insbesondere wenn zu erwarten ist, dass der Ausländer Deutsch dort nicht als wesentliche Verkehrssprache nutzen wird. 2Die Situation des dortigen Ausbildungs- und Arbeitsmarktes ist bei der Entscheidung zu berücksichtigen.

(5) 1Eine Verpflichtung oder Zuweisung nach den Absätzen 1 bis 4 ist auf Antrag des Ausländers aufzuheben,

1. wenn der Ausländer nachweist, dass in den Fällen einer Verpflichtung oder Zuweisung nach den Absätzen 1 bis 3 an einem anderen Ort, oder im Falle einer Verpflichtung nach Absatz 4 an dem Ort, an dem er seinen Wohnsitz nicht nehmen darf,
   a) ihm oder seinem Ehegatten, eingetragenen Lebenspartner oder einem minderjährigen ledigen Kind, mit dem er verwandt ist und in familiärer Lebensgemeinschaft lebt, eine sozialversicherungspflichtige Beschäftigung im Sinne von Absatz 1 Satz 2, ein den Lebensunterhalt sicherndes Einkommen oder ein Ausbildungs- oder Studienplatz zur Verfügung steht oder
   b) der Ehegatte, eingetragene Lebenspartner oder ein minderjähriges lediges

Kind, mit dem er verwandt ist und mit dem er zuvor in familiärer Lebensgemeinschaft gelebt hat, an einem anderen Wohnort leben,

2. zur Vermeidung einer Härte; eine Härte liegt insbesondere vor, wenn
   a) nach Einschätzung des zuständigen Jugendamtes Leistungen und Maßnahmen der Kinder- und Jugendhilfe nach dem Achten Buch Sozialgesetzbuch mit Ortsbezug beeinträchtigt würden,
   b) aus anderen dringenden persönlichen Gründen die Übernahme durch ein anderes Land zugesagt wurde oder
   c) für den Betroffenen aus sonstigen Gründen vergleichbare unzumutbare Einschränkungen entstehen.

₂Fallen die Aufhebungsgründe nach Satz 1 Nummer 1 Buchstabe a innerhalb von drei Monaten ab Bekanntgabe der Aufhebung weg, wirkt die Verpflichtung zur Wohnsitznahme nach Absatz 1 Satz 1 in dem Land fort, in das der Ausländer seinen Wohnsitz verlegt hat. ₃Im Fall einer Aufhebung nach Satz 1 Nummer 2 ist dem Ausländer, längstens bis zum Ablauf der nach Absatz 1 geltenden Frist, eine Verpflichtung nach Absatz 3 oder 4 aufzuerlegen, die seinem Interesse Rechnung trägt.

(6) ₁Bei einem Familiennachzug zu einem Ausländer, der einer Verpflichtung oder Zuweisung nach den Absätzen 1 bis 4 unterliegt, gilt die Verpflichtung oder Zuweisung längstens bis zum Ablauf der nach Absatz 1 für den Ausländer geltenden Frist auch für den nachziehenden Familienangehörigen, soweit die zuständige Behörde nichts anderes angeordnet hat. ₂Absatz 5 gilt für die nachziehenden Familienangehörigen entsprechend.

(7) Die Absätze 1 bis 6 gelten nicht für Ausländer, deren Anerkennung oder erstmalige Erteilung der Aufenthaltserlaubnis im Sinne des Absatzes 1 vor dem 1. Januar 2016 erfolgte.

(8) Widerspruch und Klage gegen Verpflichtungen nach den Absätzen 2 bis 4 haben keine aufschiebende Wirkung.

(9) Die Länder können im Hinblick auf Ausländer, die der Verpflichtung nach Absatz 1 unterliegen, hinsichtlich Organisation, Verfahren und angemessenen Wohnraums durch Rechtsverordnung der Landesregierung oder andere landesrechtliche Regelungen Näheres bestimmen zu

1. der Verteilung innerhalb des Landes nach Absatz 2,
2. dem Verfahren für Zuweisungen und Verpflichtungen nach den Absätzen 2 bis 4,
3. den Anforderungen an den angemessenen Wohnraum im Sinne der Absätze 2, 3 Nummer 1 und von Absatz 5 Satz 1 Nummer 1 Buchstabe a sowie der Form seines Nachweises,
4. der Art und Weise des Belegs einer sozialversicherungspflichtigen Beschäftigung nach Absatz 1 Satz 2, eines den Lebensunterhalt sichernden Einkommens sowie eines Ausbildungs- oder Studienplatzes im Sinne der Absätze 1 und 5 Satz 1 Nummer 1 Buchstabe a,
5. der Verpflichtung zur Aufnahme durch die zum Wohnort bestimmte Gemeinde und zu dem Aufnahmeverfahren.

(10) § 12 Absatz 2 Satz 2 bleibt für wohnsitzbeschränkende Auflagen in besonders begründeten Einzelfällen unberührt.

Abschnitt 2
Einreise

§ 13 Grenzübertritt

(1) ₁Die Einreise in das Bundesgebiet und die Ausreise aus dem Bundesgebiet sind nur an den zugelassenen Grenzübergangsstellen und innerhalb der festgesetzten Verkehrsstunden zulässig, soweit nicht auf Grund anderer Rechtsvorschriften oder zwischenstaatlicher Vereinbarungen Ausnahmen zugelassen sind. ₂Ausländer sind verpflichtet, bei der Einreise und der Ausreise einen anerkannten und gültigen Pass oder Passersatz gemäß § 3 Abs. 1 mitzuführen und sich der polizeilichen Kontrolle des grenzüberschreitenden Verkehrs zu unterziehen.

(2) 1An einer zugelassenen Grenzübergangsstelle ist ein Ausländer erst eingereist, wenn er die Grenze überschritten und die Grenzübergangsstelle passiert hat. 2Lassen die mit der polizeilichen Kontrolle des grenzüberschreitenden Verkehrs beauftragten Behörden einen Ausländer vor der Entscheidung über die Zurückweisung (§ 15 dieses Gesetzes, §§ 18, 18a des Asylgesetzes) oder während der Vorbereitung, Sicherung oder Durchführung dieser Maßnahmen die Grenzübergangsstelle zu einem bestimmten vorübergehenden Zweck passieren, so liegt keine Einreise im Sinne des Satzes 1 vor, solange ihnen eine Kontrolle des Aufenthalts des Ausländers möglich bleibt. 3Im Übrigen ist ein Ausländer eingereist, wenn er die Grenze überschritten hat.

§ 14 Unerlaubte Einreise; Ausnahme-Visum

(1) Die Einreise eines Ausländers in das Bundesgebiet ist unerlaubt, wenn er

1. einen erforderlichen Pass oder Passersatz gemäß § 3 Abs. 1 nicht besitzt,
2. den nach § 4 erforderlichen Aufenthaltstitel nicht besitzt,

2a. zwar ein nach § 4 erforderliches Visum bei Einreise besitzt, dieses aber durch Drohung, Bestechung oder Kollusion erwirkt oder durch unrichtige oder unvollständige Angaben erschlichen wurde und deshalb mit Wirkung für die Vergangenheit zurückgenommen oder annulliert wird, oder

3. nach § 11 Absatz 1, 6 oder 7 nicht einreisen darf, es sei denn, er besitzt eine Betretenserlaubnis nach § 11 Absatz 8.

(2) Die mit der polizeilichen Kontrolle des grenzüberschreitenden Verkehrs beauftragten Behörden können Ausnahme-Visa und Passersatzpapiere ausstellen.

§ 15 Zurückweisung

(1) Ein Ausländer, der unerlaubt einreisen will, wird an der Grenze zurückgewiesen.

(2) Ein Ausländer kann an der Grenze zurückgewiesen werden, wenn

1. ein Ausweisungsinteresse besteht,
2. der begründete Verdacht besteht, dass der Aufenthalt nicht dem angegebenen Zweck dient,

2a. er nur über ein Schengen-Visum verfügt oder für einen kurzfristigen Aufenthalt von der Visumpflicht befreit ist und beabsichtigt, entgegen § 4 Abs. 3 Satz 1 eine Erwerbstätigkeit auszuüben oder

3. er die Voraussetzungen für die Einreise in das Hoheitsgebiet der Vertragsparteien nach Artikel 6 des Schengener Grenzkodex nicht erfüllt.

(3) Ein Ausländer, der für einen vorübergehenden Aufenthalt im Bundesgebiet vom Erfordernis eines Aufenthaltstitels befreit ist, kann zurückgewiesen werden, wenn er nicht die Voraussetzungen des § 3 Abs. 1 und des § 5 Abs. 1 erfüllt.

(4) 1§ 60 Abs. 1 bis 3, 5 und 7 bis 9 ist entsprechend anzuwenden. 2Ein Ausländer, der einen Asylantrag gestellt hat, darf nicht zurückgewiesen werden, solange ihm der Aufenthalt im Bundesgebiet nach den Vorschriften des Asylgesetzes gestattet ist.

(5) 1Ein Ausländer soll zur Sicherung der Zurückweisung auf richterliche Anordnung in Haft (Zurückweisungshaft) genommen werden, wenn eine Zurückweisungsentscheidung ergangen ist und diese nicht unmittelbar vollzogen werden kann. 2Im Übrigen ist § 62 Absatz 4 entsprechend anzuwenden. 3In den Fällen, in denen der Richter die Anordnung oder die Verlängerung der Haft ablehnt, findet Absatz 1 keine Anwendung.

(6) 1Ist der Ausländer auf dem Luftweg in das Bundesgebiet gelangt und nicht nach § 13 Abs. 2 eingereist, sondern zurückgewiesen worden, ist er in den Transitbereich eines Flughafens oder in eine Unterkunft zu verbringen, von wo aus seine Abreise aus dem Bundesgebiet möglich ist, wenn Zurückweisungshaft nicht beantragt wird. 2Der Aufenthalt des Ausländers im Transitbereich eines Flughafens oder in einer Unterkunft nach Satz 1 bedarf spätestens 30 Tage nach Ankunft am Flughafen oder, sollte deren Zeitpunkt nicht feststellbar sein, nach Kenntnis der zuständigen Behörden von der Ankunft,

der richterlichen Anordnung. $_{3}$Die Anordnung ergeht zur Sicherung der Abreise. $_{4}$Sie ist nur zulässig, wenn die Abreise innerhalb der Anordnungsdauer zu erwarten ist. $_{5}$Absatz 5 ist entsprechend anzuwenden.

§ 15a Verteilung unerlaubt eingereister Ausländer

(1) $_{1}$Unerlaubt eingereiste Ausländer, die weder um Asyl nachsuchen oder unmittelbar nach der Feststellung der unerlaubten Einreise in Abschiebungshaft genommen und aus der Haft abgeschoben oder zurückgeschoben werden können, werden vor der Entscheidung über die Aussetzung der Abschiebung oder die Erteilung eines Aufenthaltstitels auf die Länder verteilt. $_{2}$Sie haben keinen Anspruch darauf, in ein bestimmtes Land oder an einen bestimmten Ort verteilt zu werden. $_{3}$Die Verteilung auf die Länder erfolgt durch eine vom Bundesministerium des Innern bestimmte zentrale Verteilungsstelle. $_{4}$Solange die Länder für die Verteilung keinen abweichenden Schlüssel vereinbart haben, gilt der für die Verteilung von Asylbewerbern festgelegte Schlüssel. $_{5}$Jedes Land bestimmt bis zu sieben Behörden, die die Verteilung durch die nach Satz 3 bestimmte Stelle veranlassen und verteilte Ausländer aufnehmen. $_{6}$Weist der Ausländer vor Veranlassung der Verteilung nach, dass eine Haushaltsgemeinschaft zwischen Ehegatten oder Eltern und ihren minderjährigen Kindern oder sonstige zwingende Gründe bestehen, die der Verteilung an einen bestimmten Ort entgegenstehen, ist dem bei der Verteilung Rechnung zu tragen.

(2) $_{1}$Die Ausländerbehörden können die Ausländer verpflichten, sich zu der Behörde zu begeben, die die Verteilung veranlasst. $_{2}$Dies gilt nicht, wenn dem Vorbringen nach Absatz 1 Satz 6 Rechnung zu tragen ist. $_{3}$Gegen eine nach Satz 1 getroffene Verpflichtung findet kein Widerspruch statt. $_{4}$Die Klage hat keine aufschiebende Wirkung.

(3) $_{1}$Die zentrale Verteilungsstelle benennt der Behörde, die die Verteilung veranlasst hat, die nach den Sätzen 2 und 3 zur Aufnahme verpflichtete Aufnahmeeinrichtung. $_{2}$Hat das Land, dessen Behörde die Verteilung veranlasst hat, seine Aufnahmequote nicht erfüllt, ist die dieser Behörde nächstgelegene aufnahmefähige Aufnahmeeinrichtung des Landes aufnahmepflichtig. $_{3}$Andernfalls ist die von der zentralen Verteilungsstelle auf Grund der Aufnahmequote nach § 45 des Asylgesetzes und der vorhandenen freien Unterbringungsmöglichkeiten bestimmte Aufnahmeeinrichtung zur Aufnahme verpflichtet. $_{4}$§ 46 Abs. 4 und 5 des Asylgesetzes sind entsprechend anzuwenden.

(4) $_{1}$Die Behörde, die die Verteilung nach Absatz 3 veranlasst hat, ordnet in den Fällen des Absatzes 3 Satz 3 an, dass der Ausländer sich zu der durch die Verteilung festgelegten Aufnahmeeinrichtung zu begeben hat; in den Fällen des Absatzes 3 Satz 2 darf sie dies anordnen. $_{2}$Die Ausländerbehörde übermittelt das Ergebnis der Anhörung an die die Verteilung veranlassende Stelle, die die Zahl der Ausländer unter Angabe der Herkunftsländer und das Ergebnis der Anhörung der zentralen Verteilungsstelle mitteilt. $_{3}$Ehegatten sowie Eltern und ihre minderjährigen ledigen Kinder sind als Gruppe zu melden und zu verteilen. $_{4}$Der Ausländer hat in dieser Aufnahmeeinrichtung zu wohnen, bis er innerhalb des Landes weiterverteilt wird, längstens jedoch bis zur Aussetzung der Abschiebung oder bis zur Erteilung eines Aufenthaltstitels; die §§ 12 und 61 Abs. 1 bleiben unberührt. $_{5}$Die Landesregierungen werden ermächtigt, durch Rechtsverordnung die Verteilung innerhalb des Landes zu regeln, soweit dies nicht auf der Grundlage dieses Gesetzes durch Landesgesetz geregelt wird; § 50 Abs. 4 des Asylgesetzes findet entsprechende Anwendung. $_{6}$Die Landesregierungen können die Ermächtigung auf andere Stellen des Landes übertragen. $_{7}$Gegen eine nach Satz 1 getroffene Anordnung findet kein Widerspruch statt. $_{8}$Die Klage hat keine aufschiebende Wirkung. $_{9}$Die Sätze 7 und 8 gelten entsprechend, wenn eine Verteilungsanordnung auf Grund eines Landesgesetzes oder einer Rechtsverordnung nach Satz 5 ergeht.

(5) $_{1}$Die zuständigen Behörden können dem Ausländer nach der Verteilung erlauben, sei-

ne Wohnung in einem anderen Land zu nehmen. 2Nach erlaubtem Wohnungswechsel wird der Ausländer von der Quote des abgebenden Landes abgezogen und der des aufnehmenden Landes angerechnet.

(6) Die Regelungen der Absätze 1 bis 5 gelten nicht für Personen, die nachweislich vor dem 1. Januar 2005 eingereist sind.

Abschnitt 3
Aufenthalt zum Zweck der Ausbildung

§ 16 Studium

(1) 1Einem Ausländer wird zum Zweck des Vollzeitstudiums an einer staatlichen Hochschule, an einer staatlich anerkannten Hochschule oder an einer vergleichbaren Ausbildungseinrichtung eine Aufenthaltserlaubnis nach der Richtlinie (EU) 2016/801 des Europäischen Parlaments und des Rates vom 11. Mai 2016 über die Bedingungen für die Einreise und den Aufenthalt von Drittstaatsangehörigen zu Forschungs- oder Studienzwecken, zur Absolvierung eines Praktikums, zur Teilnahme an einem Freiwilligendienst, Schüleraustauschprogrammen oder Bildungsvorhaben und zur Ausübung einer Aupair-Tätigkeit (ABl. L 132 vom 21. 5. 2016, S. 21) erteilt, wenn der Ausländer von der Ausbildungseinrichtung zugelassen worden ist. 2Der Aufenthaltszweck des Studiums umfasst auch studienvorbereitende Maßnahmen und das Absolvieren eines Pflichtpraktikums. 3Studienvorbereitende Maßnahmen sind

1. der Besuch eines studienvorbereitenden Sprachkurses, wenn der Ausländer zu einem Vollzeitstudium zugelassen worden ist und die Zulassung an den Besuch eines studienvorbereitenden Sprachkurses gebunden ist, und
2. der Besuch eines Studienkollegs oder einer vergleichbaren Einrichtung, wenn die Annahme zu einem Studienkolleg oder einer vergleichbaren Einrichtung nachgewiesen ist.

4Ein Nachweis hinreichender Kenntnisse der Ausbildungssprache wird verlangt, wenn die Sprachkenntnisse weder bei der Zulassungsentscheidung geprüft worden sind noch durch die studienvorbereitende Maßnahme erworben werden sollen.

(2) 1Die Geltungsdauer der Aufenthaltserlaubnis beträgt bei der Ersterteilung und bei der Verlängerung mindestens ein Jahr und soll zwei Jahre nicht überschreiten. 2Sie beträgt mindestens zwei Jahre, wenn der Ausländer an einem Unions- oder multilateralen Programm mit Mobilitätsmaßnahmen teilnimmt oder wenn für ihn eine Vereinbarung zwischen zwei oder mehr Hochschuleinrichtungen gilt. 3Dauert das Studium weniger als zwei Jahre, so wird die Aufenthaltserlaubnis nur für die Dauer des Studiums erteilt. 4Die Aufenthaltserlaubnis wird verlängert, wenn der Aufenthaltszweck noch nicht erreicht ist und in einem angemessenen Zeitraum noch erreicht werden kann. 5Zur Prüfung der Frage, ob der Aufenthaltszweck noch erreicht werden kann, kann die aufnehmende Ausbildungseinrichtung beteiligt werden.

(3) 1Die Aufenthaltserlaubnis berechtigt zur Ausübung einer Beschäftigung, die insgesamt 120 Tage oder 240 halbe Tage im Jahr nicht überschreiten darf, sowie zur Ausübung studentischer Nebentätigkeiten. 2Dies gilt nicht während des Aufenthalts zu studienvorbereitenden Maßnahmen im ersten Jahr des Aufenthalts, ausgenommen in der Ferienzeit.

(4) 1Die Aufenthaltserlaubnis darf zu einem anderen Aufenthaltszweck als dem in Absatz 1 genannten Aufenthaltszweck erteilt oder verlängert werden, wenn das Studium erfolgreich abgeschlossen wurde. 2Wenn das Studium ohne Abschluss beendet wurde, darf eine Aufenthaltserlaubnis zu einem anderen als dem in Absatz 1 genannten Zweck erteilt oder verlängert werden, wenn die Voraussetzungen für die Erteilung einer Aufenthaltserlaubnis für die in § 16b Absatz 2 genannten Fälle oder nach § 17 vorliegen und die Berufsausbildung in einem Beruf erfolgt, für den die Bundesagentur für Arbeit die Feststellung nach § 39 Absatz 2 Satz 1 Nummer 2 getroffen hat, oder wenn ein gesetzlicher Anspruch besteht. 3Während des Studiums soll in der

Regel eine Aufenthaltserlaubnis zu einem anderen Aufenthaltszweck als dem in Absatz 1 genannten Aufenthaltszweck nur erteilt oder verlängert werden, sofern ein gesetzlicher Anspruch besteht. 4§ 9 findet keine Anwendung.

(5) 1Nach erfolgreichem Abschluss des Studiums wird die Aufenthaltserlaubnis bis zu 18 Monate zur Suche einer diesem Abschluss angemessenen Erwerbstätigkeit verlängert, sofern diese Erwerbstätigkeit nach den Bestimmungen der §§ 18, 19, 19a, 20 und 21 von einem Ausländer aufgenommen werden darf. 2Die Aufenthaltserlaubnis berechtigt während dieses Zeitraums zur Ausübung einer Erwerbstätigkeit. 3§ 9 findet keine Anwendung.

(6) 1Einem Ausländer kann eine Aufenthaltserlaubnis erteilt werden, wenn

1. er von einer staatlichen Hochschule, einer staatlich anerkannten Hochschule oder einer vergleichbaren Ausbildungseinrichtung
   a) zum Zweck des Vollzeitstudiums zugelassen worden ist und die Zulassung mit einer Bedingung verbunden ist, die nicht auf den Besuch einer studienvorbereitenden Maßnahme gerichtet ist,
   b) zum Zweck des Vollzeitstudiums zugelassen worden ist und die Zulassung mit der Bedingung des Besuchs eines Studienkollegs oder einer vergleichbaren Einrichtung verbunden ist, der Ausländer aber den Nachweis über die Annahme zu einem Studienkolleg oder einer vergleichbaren Einrichtung nach Absatz 1 Satz 3 Nummer 2 nicht erbringen kann oder
   c) zum Zweck des Teilzeitstudiums zugelassen worden ist,
2. er zur Teilnahme an einem studienvorbereitenden Sprachkurs angenommen worden ist, ohne dass eine Zulassung zum Zweck eines Studiums an einer staatlichen Hochschule, einer staatlich anerkannten Hochschule oder einer vergleichbaren Ausbildungseinrichtung vorliegt, oder
3. ihm die Zusage eines Betriebs für das Absolvieren eines studienvorbereitenden Praktikums vorliegt.

2In den Fällen des Satzes 1 Nummer 1 sind Absatz 1 Satz 2 bis 4 und die Absätze 2 bis 5 entsprechend anzuwenden. 3In den Fällen des Satzes 1 Nummer 2 und 3 sind die Absätze 2, 4 und 5 entsprechend anzuwenden; die Aufenthaltserlaubnis berechtigt zur Beschäftigung nur in der Ferienzeit sowie zur Ausübung des Praktikums.

(7) 1Einem Ausländer kann auch zum Zweck der Studienbewerbung eine Aufenthaltserlaubnis erteilt werden. 2Der Aufenthalt als Studienbewerber darf höchstens neun Monate betragen. 3Die Aufenthaltserlaubnis berechtigt nicht zur Ausübung einer Beschäftigung und nicht zur Ausübung studentischer Nebentätigkeiten. 4Absatz 4 Satz 3 ist entsprechend anzuwenden.

(8) Bevor die Aufenthaltserlaubnis nach Absatz 1 oder Absatz 6 aus Gründen, die in der Verantwortung der Ausbildungseinrichtung liegen und die der Ausländer nicht zu vertreten hat, zurückgenommen wird, widerrufen wird oder gemäß § 7 Absatz 2 Satz 2 nachträglich befristet wird, ist dem Ausländer die Möglichkeit zu gewähren, die Zulassung bei einer anderen Ausbildungseinrichtung zu beantragen.

(9) 1Einem Ausländer, der in einem Mitgliedstaat der Europäischen Union internationalen Schutz im Sinne der Richtlinie 2011/95/EU genießt, kann eine Aufenthaltserlaubnis zum Zweck des Studiums erteilt werden, wenn er

1. in einem anderen Mitgliedstaat der Europäischen Union ein Studium begonnen hat,
2. von einer staatlichen Hochschule, einer staatlich anerkannten Hochschule oder einer vergleichbaren Ausbildungseinrichtung im Bundesgebiet zum Zweck des Studiums zugelassen worden ist und
3. einen Teil seines Studiums an dieser Ausbildungseinrichtung durchführen möchte, und er
   a) im Rahmen seines Studienprogramms verpflichtet ist, einen Teil seines Studi-

ums an einer Bildungseinrichtung eines anderen Mitgliedstaates der Europäischen Union durchzuführen,

b) an einem Austauschprogramm zwischen den Mitgliedstaaten der Europäischen Union oder an einem Austauschprogramm der Europäischen Union teilnimmt oder

c) vor seinem Wechsel an die Ausbildungseinrichtung im Bundesgebiet das nach Nummer 1 begonnene Studium mindestens zwei Jahre in dem anderen Mitgliedstaat der Europäischen Union betrieben hat sowie der Aufenthalt zum Zweck des Studiums im Bundesgebiet 360 Tage nicht überschreiten wird.

2Ein Ausländer, der einen Aufenthaltstitel nach Satz 1 beantragt, hat der zuständigen Behörde Unterlagen zu seiner akademischen Vorbildung und zum beabsichtigten Studium in Deutschland vorzulegen, die die Fortführung des bisherigen Studiums durch das Studium im Bundesgebiet belegen. 3Die Aufenthaltserlaubnis wird für die Dauer des Studienteils, der in Deutschland durchgeführt wird, erteilt. 4Absatz 3 gilt entsprechend. 5§ 9 findet keine Anwendung.

(10) Sofern der Ausländer das 18. Lebensjahr noch nicht vollendet hat, müssen die zur Personensorge berechtigten Personen dem geplanten Aufenthalt zustimmen.

(11) Eine Aufenthaltserlaubnis zum Zweck des Studiums oder der Studienbewerbung nach den Absätzen 1, 6 und 7 wird nicht erteilt, wenn eine der in § 20 Absatz 6 Nummer 1 bis 3 und 6 bis 8 genannten Voraussetzungen vorliegt.

§ 16a Mobilität im Rahmen des Studiums

(1) 1Für einen Aufenthalt zum Zweck des Studiums, der 360 Tage nicht überschreitet, bedarf ein Ausländer abweichend von § 4 Absatz 1 keines Aufenthaltstitels, wenn die aufnehmende Ausbildungseinrichtung im Bundesgebiet dem Bundesamt für Migration und Flüchtlinge mitgeteilt hat, dass der Ausländer beabsichtigt, einen Teil seines Studiums im Bundesgebiet durchzuführen, und mit der Mitteilung vorlegt:

1. den Nachweis, dass der Ausländer einen von einem anderen Mitgliedstaat der Europäischen Union für die Dauer des geplanten Aufenthalts gültigen Aufenthaltstitel zum Zweck des Studiums besitzt, der in den Anwendungsbereich der Richtlinie (EU) 2016/801 fällt,
2. den Nachweis, dass der Ausländer einen Teil seines Studiums an einer Ausbildungseinrichtung im Bundesgebiet durchführen möchte, weil er an einem Unions- oder multilateralen Programm mit Mobilitätsmaßnahmen teilnimmt oder für ihn eine Vereinbarung zwischen zwei oder mehr Hochschulen gilt,
3. den Nachweis, dass der Ausländer von der aufnehmenden Ausbildungseinrichtung zugelassen wurde,
4. die Kopie eines anerkannten und gültigen Passes oder Passersatzes des Ausländers und
5. den Nachweis, dass der Lebensunterhalt des Ausländers gesichert ist.

2Die aufnehmende Ausbildungseinrichtung hat die Mitteilung zu dem Zeitpunkt zu machen, zu dem der Ausländer in einem anderen Mitgliedstaat der Europäischen Union den Antrag auf Erteilung eines Aufenthaltstitels im Anwendungsbereich der Richtlinie (EU) 2016/801 stellt. 3Ist der aufnehmenden Ausbildungseinrichtung zu diesem Zeitpunkt die Absicht des Ausländers, einen Teil des Studiums im Bundesgebiet durchzuführen, noch nicht bekannt, so hat sie die Mitteilung zu dem Zeitpunkt zu machen, zu dem ihr die Absicht bekannt wird. 4Bei der Erteilung des Aufenthaltstitels nach Satz 1 Nummer 1 durch einen Staat, der nicht Schengen-Staat ist, und bei der Einreise über einen Staat, der nicht Schengen-Staat ist, hat der Ausländer eine Kopie der Mitteilung mitzuführen und den zuständigen Behörden auf deren Verlangen vorzulegen.

(2) 1Erfolgt die Mitteilung zu dem in Absatz 1 Satz 2 genannten Zeitpunkt und wurden die Einreise und der Aufenthalt nicht nach § 20c

Absatz 3 abgelehnt, so darf der Ausländer jederzeit innerhalb der Gültigkeitsdauer des in Absatz 1 Satz 1 Nummer 1 genannten Aufenthaltstitels des anderen Mitgliedstaates in das Bundesgebiet einreisen und sich dort zum Zweck des Studiums aufhalten. 2Erfolgt die Mitteilung zu dem in Absatz 1 Satz 3 genannten Zeitpunkt und wurden die Einreise und der Aufenthalt nicht nach § 20c Absatz 3 abgelehnt, so darf der Ausländer in das Bundesgebiet einreisen und sich dort zum Zweck des Studiums aufhalten. 3Der Ausländer ist zur Ausübung einer Beschäftigung, die insgesamt ein Drittel der Aufenthaltsdauer nicht überschreiten darf, sowie zur Ausübung studentischer Nebentätigkeiten berechtigt.

(3) Der Ausländer und die aufnehmende Ausbildungseinrichtung sind verpflichtet, der Ausländerbehörde Änderungen in Bezug auf die in Absatz 1 genannten Voraussetzungen anzuzeigen.

(4) Wenn im Rahmen des Aufenthalts nach § 16a ein Abschluss an einer deutschen Hochschule erworben wurde, gilt für die Erteilung einer Aufenthaltserlaubnis § 16 Absatz 4 Satz 1 und Absatz 5 entsprechend.

(5) 1Werden die Einreise und der Aufenthalt nach § 20c Absatz 3 abgelehnt, so hat der Ausländer das Studium unverzüglich einzustellen. 2Die bis dahin nach Absatz 1 Satz 1 bestehende Befreiung vom Erfordernis eines Aufenthaltstitels entfällt.

(6) Sofern innerhalb von 30 Tagen nach Zugang der in Absatz 1 Satz 1 genannten Mitteilung keine Ablehnung der Einreise und des Aufenthalts des Ausländers nach § 20c Absatz 3 erfolgt, ist dem Ausländer durch das Bundesamt für Migration und Flüchtlinge eine Bescheinigung über die Berechtigung zur Einreise und zum Aufenthalt zum Zweck des Studiums im Rahmen der kurzfristigen Mobilität auszustellen.

§ 16b Teilnahme an Sprachkursen und Schulbesuch

(1) 1Einem Ausländer kann eine Aufenthaltserlaubnis zur Teilnahme an Sprachkursen, die nicht der Studienvorbereitung dienen, zur Teilnahme an einem Schüleraustausch und in Ausnahmefällen für den Schulbesuch erteilt werden. 2Eine Aufenthaltserlaubnis zur Teilnahme an einem Schüleraustausch kann auch erteilt werden, wenn kein unmittelbarer Austausch erfolgt. 3Sofern der Ausländer das 18. Lebensjahr noch nicht vollendet hat, müssen die zur Personensorge berechtigten Personen dem geplanten Aufenthalt zustimmen.

(2) Dient der Schulbesuch nach Absatz 1 Satz 1 einer qualifizierten Berufsausbildung, so berechtigt die Aufenthaltserlaubnis zur Ausübung einer von dieser Ausbildung unabhängigen Beschäftigung bis zu zehn Stunden je Woche.

(3) 1Nach erfolgreichem Abschluss der qualifizierten Berufsausbildung kann die Aufenthaltserlaubnis bis zu zwölf Monate zur Suche eines diesem Abschluss angemessenen Arbeitsplatzes verlängert werden, sofern dieser Arbeitsplatz nach den Bestimmungen der §§ 18 und 21 von einem Ausländer besetzt werden darf. 2Die Aufenthaltserlaubnis berechtigt während dieses Zeitraums zur Ausübung einer Erwerbstätigkeit. 3§ 9 findet keine Anwendung.

(4) 1In den Fällen, in denen die Aufenthaltserlaubnis zur Teilnahme an einem Sprachkurs, der nicht der Studienvorbereitung dient, oder für den Schulbesuch erteilt wurde, gilt § 16 Absatz 4 Satz 1 und 3 entsprechend. 2In den Fällen, in denen die Aufenthaltserlaubnis zur Teilnahme an einem Schüleraustausch erteilt wurde, gilt § 16 Absatz 4 Satz 3 entsprechend.

§ 17 Sonstige Ausbildungszwecke

(1) 1Einem Ausländer kann eine Aufenthaltserlaubnis zum Zweck der betrieblichen Aus- und Weiterbildung erteilt werden, wenn die Bundesagentur für Arbeit nach § 39 zugestimmt hat oder durch Rechtsverordnung nach § 42 oder zwischenstaatliche Vereinbarung bestimmt ist, dass die Aus- und Weiterbildung ohne Zustimmung der Bundesagentur für Arbeit zulässig ist. 2Beschränkungen bei der Erteilung der Zustimmung durch die Bundesagentur für Arbeit sind in die Aufent-

haltserlaubnis zu übernehmen. 3§ 16 Absatz 4 Satz 1 und 3 gilt entsprechend.

(2) Handelt es sich um eine qualifizierte Berufsausbildung, berechtigt die Aufenthaltserlaubnis zur Ausübung einer von der Berufsausbildung unabhängigen Beschäftigung bis zu zehn Stunden je Woche.

(3) 1Nach erfolgreichem Abschluss der qualifizierten Berufsausbildung kann die Aufenthaltserlaubnis bis zu einem Jahr zur Suche eines diesem Abschluss angemessenen Arbeitsplatzes, sofern er nach den Bestimmungen der §§ 18 und 21 von Ausländern besetzt werden darf, verlängert werden. 2Die Aufenthaltserlaubnis berechtigt während dieses Zeitraums zur Ausübung einer Erwerbstätigkeit. 3§ 9 findet keine Anwendung.

§ 17a Anerkennung ausländischer Berufsqualifikationen

(1) 1Einem Ausländer kann zum Zweck der Anerkennung seiner im Ausland erworbenen Berufsqualifikation eine Aufenthaltserlaubnis für die Durchführung einer Bildungsmaßnahme und einer sich daran anschließenden Prüfung für die Dauer von bis zu 18 Monaten erteilt werden, wenn von einer nach den Regelungen des Bundes oder der Länder für die berufliche Anerkennung zuständigen Stelle festgestellt wurde, dass Anpassungsmaßnahmen oder weitere Qualifikationen

1. für die Feststellung der Gleichwertigkeit der Berufsqualifikation mit einer inländischen Berufsqualifikation oder
2. in einem im Inland reglementierten Beruf für die Erteilung der Befugnis zur Berufsausübung oder für die Erteilung der Erlaubnis zum Führen der Berufsbezeichnung

erforderlich sind. 2Die Bildungsmaßnahme muss geeignet sein, dem Ausländer die Anerkennung der Berufsqualifikation oder den Berufszugang zu ermöglichen. 3Wird die Bildungsmaßnahme überwiegend betrieblich durchgeführt, setzt die Erteilung voraus, dass die Bundesagentur für Arbeit nach § 39 zugestimmt hat oder durch Rechtsverordnung nach § 42 oder zwischenstaatliche Vereinbarung bestimmt ist, dass die Teilnahme an der Bildungsmaßnahme ohne Zustimmung der Bundesagentur für Arbeit zulässig ist. 4Beschränkungen bei der Erteilung der Zustimmung durch die Bundesagentur für Arbeit sind in die Aufenthaltserlaubnis zu übernehmen.

(2) Die Aufenthaltserlaubnis berechtigt zur Ausübung einer von der Bildungsmaßnahme unabhängigen Beschäftigung bis zu zehn Stunden je Woche.

(3) 1Die Aufenthaltserlaubnis berechtigt zur Ausübung einer zeitlich nicht eingeschränkten Beschäftigung, deren Anforderungen in einem engen Zusammenhang mit den in der späteren Beschäftigung verlangten berufsfachlichen Kenntnissen stehen, wenn ein konkretes Arbeitsplatzangebot für eine spätere Beschäftigung in dem anzuerkennenden oder von der beantragten Befugnis zur Berufsausübung oder von der beantragten Erlaubnis zum Führen der Berufsbezeichnung erfassten Beruf vorliegt, dieser Arbeitsplatz nach den Bestimmungen der §§ 18 bis 20 von Ausländern besetzt werden darf und die Bundesagentur für Arbeit nach § 39 zugestimmt hat oder durch Rechtsverordnung nach § 42 oder zwischenstaatliche Vereinbarung bestimmt ist, dass die Beschäftigung ohne Zustimmung der Bundesagentur für Arbeit zulässig ist. 2Beschränkungen bei der Erteilung der Zustimmung durch die Bundesagentur für Arbeit sind in die Aufenthaltserlaubnis zu übernehmen.

(4) 1Nach der Feststellung der Gleichwertigkeit der Berufsqualifikation, der Erteilung der Befugnis zur Berufsausübung oder der Erteilung der Erlaubnis zum Führen der Berufsbezeichnung kann die Aufenthaltserlaubnis bis zu einem Jahr zur Suche eines der anerkannten Berufsqualifikation entsprechenden Arbeitsplatzes, sofern er nach den Bestimmungen der §§ 18 bis 20 von Ausländern besetzt werden darf, verlängert werden. 2Die Aufenthaltserlaubnis berechtigt während dieser Zeit zur Ausübung einer Erwerbstätigkeit. 3§ 9 findet keine Anwendung.

(5) 1Einem Ausländer kann zum Ablegen einer Prüfung zur Anerkennung seiner ausländischen Berufsqualifikation eine Aufenthalts-

erlaubnis erteilt werden, wenn ein konkretes Arbeitsplatzangebot für eine spätere Beschäftigung in dem anzuerkennenden oder von der beantragten Befugnis zur Berufsausübung oder zum Führen der Berufsbezeichnung erfassten Beruf vorliegt, dieser Arbeitsplatz nach den Bestimmungen der §§ 18 bis 20 von Ausländern besetzt werden darf und die Bundesagentur für Arbeit nach § 39 zugestimmt hat oder durch Rechtsverordnung nach § 42 oder zwischenstaatliche Vereinbarung bestimmt ist, dass die Beschäftigung ohne Zustimmung der Bundesagentur für Arbeit zulässig ist. ₂Beschränkungen bei der Erteilung der Zustimmung durch die Bundesagentur für Arbeit sind in die Aufenthaltserlaubnis zu übernehmen. ₃Die Absätze 2 bis 4 finden keine Anwendung.

§ 17b Studienbezogenes Praktikum EU

(1) Einem Ausländer wird eine Aufenthaltserlaubnis zum Zweck eines Praktikums nach der Richtlinie (EU) 2016/801 erteilt, wenn die Bundesagentur für Arbeit nach § 39 zugestimmt hat oder durch Rechtsverordnung nach § 42 Absatz 1 Nummer 1 oder durch zwischenstaatliche Vereinbarung bestimmt ist, dass das Praktikum ohne Zustimmung der Bundesagentur für Arbeit zulässig ist, und

1. das Praktikum dazu dient, dass sich der Ausländer Wissen, praktische Kenntnisse und Erfahrungen in einem beruflichen Umfeld aneignet,
2. der Ausländer eine Vereinbarung mit einer aufnehmenden Einrichtung über die Teilnahme an einem Praktikum vorlegt, die theoretische und praktische Schulungsmaßnahmen vorsieht, und Folgendes enthält:
   a) eine Beschreibung des Programms für das Praktikum einschließlich des Bildungsziels oder der Lernkomponenten,
   b) die Angabe der Dauer des Praktikums,
   c) die Bedingungen der Tätigkeit und der Betreuung des Ausländers,
   d) die Arbeitszeiten des Ausländers und
   e) das Rechtsverhältnis zwischen dem Ausländer und der aufnehmenden Einrichtung,
3. der Ausländer nachweist, dass er in den letzten zwei Jahren vor der Antragstellung einen Hochschulabschluss erlangt hat, oder nachweist, dass er ein Studium absolviert, das zu einem Hochschulabschluss führt,
4. das Praktikum fachlich und im Niveau dem in Nummer 3 genannten Hochschulabschluss oder Studium entspricht und
5. die aufnehmende Einrichtung sich schriftlich zur Übernahme der Kosten verpflichtet hat, die öffentlichen Stellen bis zu sechs Monate nach der Beendigung der Praktikumsvereinbarung entstehen für
   a) den Lebensunterhalt des Ausländers während eines unerlaubten Aufenthalts im Bundesgebiet und
   b) eine Abschiebung des Ausländers.

(2) Die Aufenthaltserlaubnis wird für die vereinbarte Dauer des Praktikums, höchstens jedoch für sechs Monate erteilt.

(3) Sofern der Ausländer das 18. Lebensjahr noch nicht vollendet hat, müssen die zur Personensorge berechtigten Personen dem geplanten Aufenthalt zustimmen.

(4) Einem Ausländer wird eine Aufenthaltserlaubnis zum Zweck eines Praktikums nach der Richtlinie (EU) 2016/801 nicht erteilt, wenn eine der in § 20 Absatz 6 Nummer 1 bis 3 und 6 bis 8 genannten Voraussetzungen vorliegt.

Abschnitt 4
Aufenthalt zum Zweck der Erwerbstätigkeit

§ 18 Beschäftigung

(1) ₁Die Zulassung ausländischer Beschäftigter orientiert sich an den Erfordernissen des Wirtschaftsstandortes Deutschland unter Berücksichtigung der Verhältnisse auf dem Arbeitsmarkt und dem Erfordernis, die Arbeitslosigkeit wirksam zu bekämpfen. ₂Internationale Verträge bleiben unberührt.

(2) ₁Einem Ausländer kann ein Aufenthaltstitel zur Ausübung einer Beschäftigung erteilt werden, wenn die Bundesagentur für Arbeit nach § 39 zugestimmt hat oder durch

Rechtsverordnung nach § 42 oder zwischenstaatlicher Vereinbarung bestimmt ist, dass die Ausübung der Beschäftigung ohne Zustimmung der Bundesagentur für Arbeit zulässig ist. 2Beschränkungen bei der Erteilung der Zustimmung durch die Bundesagentur für Arbeit sind in den Aufenthaltstitel zu übernehmen.

(3) Eine Aufenthaltserlaubnis zur Ausübung einer Beschäftigung nach Absatz 2, die keine qualifizierte Berufsausbildung voraussetzt, darf nur erteilt werden, wenn dies durch zwischenstaatliche Vereinbarung bestimmt ist oder wenn auf Grund einer Rechtsverordnung nach § 42 die Erteilung der Zustimmung zu einer Aufenthaltserlaubnis für diese Beschäftigung zulässig ist.

(4) 1Ein Aufenthaltstitel zur Ausübung einer Beschäftigung nach Absatz 2, die eine qualifizierte Berufsausbildung voraussetzt, darf nur für eine Beschäftigung in einer Berufsgruppe erteilt werden, die durch Rechtsverordnung nach § 42 zugelassen worden ist. 2Im begründeten Einzelfall kann eine Aufenthaltserlaubnis für eine Beschäftigung erteilt werden, wenn an der Beschäftigung ein öffentliches, insbesondere ein regionales, wirtschaftliches oder arbeitsmarktpolitisches Interesse besteht.

(4a) 1Einem Ausländer, der in einem Beamtenverhältnis zu einem deutschen Dienstherrn steht, wird eine Aufenthaltserlaubnis zur Erfüllung seiner Dienstpflichten im Bundesgebiet erteilt. 2Die Aufenthaltserlaubnis wird für die Dauer von drei Jahren erteilt, wenn das Dienstverhältnis nicht auf einen kürzeren Zeitraum befristet ist. 3Nach drei Jahren wird eine Niederlassungserlaubnis abweichend von § 9 Absatz 2 Satz 1 Nummer 1 und 3 erteilt.

(5) Ein Aufenthaltstitel nach Absatz 2, § 19, § 19a, § 19b oder § 19d darf nur erteilt werden, wenn ein konkretes Arbeitsplatzangebot vorliegt und eine Berufsausübungserlaubnis, soweit diese vorgeschrieben ist, erteilt wurde oder ihre Erteilung zugesagt ist.

(6) Die Erteilung oder Verlängerung eines Aufenthaltstitels nach Absatz 2, den §§ 17b, 18d, 19, 19a, 19b, 19d, 20, oder 20b der auf Grund dieses Gesetzes, einer Rechtsverordnung oder einer zwischenstaatlichen Vereinbarung nicht der Zustimmung der Bundesagentur für Arbeit bedarf, kann versagt werden, wenn ein Sachverhalt vorliegt, der bei zustimmungspflichtigen Beschäftigungen zur Versagung der Zustimmung nach § 40 Absatz 2 Nummer 3 oder Absatz 3 berechtigen würde.

§ 18a Aufenthaltserlaubnis für qualifizierte Geduldete zum Zweck der Beschäftigung

(1) Einem geduldeten Ausländer kann eine Aufenthaltserlaubnis zur Ausübung einer der beruflichen Qualifikation entsprechenden Beschäftigung erteilt werden, wenn die Bundesagentur für Arbeit nach § 39 zugestimmt hat und der Ausländer

1. im Bundesgebiet
   a) eine qualifizierte Berufsausbildung in einem staatlich anerkannten oder vergleichbar geregelten Ausbildungsberuf oder ein Hochschulstudium abgeschlossen hat oder
   b) mit einem anerkannten oder einem deutschen Hochschulabschluss vergleichbaren ausländischen Hochschulabschluss seit zwei Jahren ununterbrochen eine dem Abschluss angemessene Beschäftigung ausgeübt hat, oder
   c) als Fachkraft seit drei Jahren ununterbrochen eine Beschäftigung ausgeübt hat, die eine qualifizierte Berufsausbildung voraussetzt, und innerhalb des letzten Jahres vor Beantragung der Aufenthaltserlaubnis für seinen Lebensunterhalt und den seiner Familienangehörigen oder anderen Haushaltsangehörigen nicht auf öffentliche Mittel mit Ausnahme von Leistungen zur Deckung der notwendigen Kosten für Unterkunft und Heizung angewiesen war, und
2. über ausreichenden Wohnraum verfügt,
3. über ausreichende Kenntnisse der deutschen Sprache verfügt,

4. die Ausländerbehörde nicht vorsätzlich über aufenthaltsrechtlich relevante Umstände getäuscht hat,
5. behördliche Maßnahmen zur Aufenthaltsbeendigung nicht vorsätzlich hinausgezögert oder behindert hat,
6. keine Bezüge zu extremistischen oder terroristischen Organisationen hat und diese auch nicht unterstützt und
7. nicht wegen einer im Bundesgebiet begangenen vorsätzlichen Straftat verurteilt wurde, wobei Geldstrafen von insgesamt bis zu 50 Tagessätzen oder bis zu 90 Tagessätzen wegen Straftaten, die nach dem Aufenthaltsgesetz oder dem Asylgesetz nur von Ausländern begangen werden können, grundsätzlich außer Betracht bleiben.

(1a) Wurde die Duldung nach § 60a Absatz 2 Satz 4 erteilt, ist nach erfolgreichem Abschluss dieser Berufsausbildung für eine der erworbenen beruflichen Qualifikation entsprechenden Beschäftigung eine Aufenthaltserlaubnis für die Dauer von zwei Jahren zu erteilen, wenn die Voraussetzungen des Absatzes 1 Nummer 2 bis 7 vorliegen und die Bundesagentur für Arbeit nach § 39 zugestimmt hat.

(1b) Eine Aufenthaltserlaubnis nach Absatz 1a wird widerrufen, wenn das der Erteilung dieser Aufenthaltserlaubnis zugrunde liegende Arbeitsverhältnis aus Gründen, die in der Person des Ausländers liegen, aufgelöst wird oder der Ausländer wegen einer im Bundesgebiet begangenen vorsätzlichen Straftat verurteilt wurde, wobei Geldstrafen von insgesamt bis zu 50 Tagessätzen oder bis zu 90 Tagessätzen wegen Straftaten, die nach dem Aufenthaltsgesetz oder dem Asylgesetz nur von Ausländern begangen werden können, grundsätzlich außer Betracht bleiben.

(2) $_1$Über die Zustimmung der Bundesagentur für Arbeit nach den Absätzen 1 und 1a wird ohne Vorrangprüfung nach § 39 Abs. 2 Satz 1 Nr. 1 entschieden. $_2$§ 18 Abs. 2 Satz 2 und Abs. 5 gilt entsprechend. $_3$Die Aufenthaltserlaubnis berechtigt nach Ausübung einer zweijährigen der beruflichen Qualifikation entsprechenden Beschäftigung zu jeder Beschäftigung.

(3) Die Aufenthaltserlaubnis kann abweichend von § 5 Abs. 2 und § 10 Abs. 3 Satz 1 erteilt werden.

§ 18b Niederlassungserlaubnis für Absolventen deutscher Hochschulen

Einem Ausländer, der sein Studium an einer staatlichen oder staatlich anerkannten Hochschule oder vergleichbaren Ausbildungseinrichtung im Bundesgebiet erfolgreich abgeschlossen hat, wird eine Niederlassungserlaubnis erteilt, wenn

1. er seit zwei Jahren einen Aufenthaltstitel nach den §§ 18, 18a, 19a oder § 21 besitzt,
2. er einen seinem Abschluss angemessenen Arbeitsplatz innehat,
3. er mindestens 24 Monate Pflichtbeiträge oder freiwillige Beiträge zur gesetzlichen Rentenversicherung geleistet hat oder Aufwendungen für einen Anspruch auf vergleichbare Leistungen einer Versicherungs- oder Versorgungseinrichtung oder eines Versicherungsunternehmens nachweist und
4. die Voraussetzungen des § 9 Absatz 2 Satz 1 Nummer 2 und 4 bis 9 vorliegen; § 9 Absatz 2 Satz 2 bis 6 gilt entsprechend.

§ 18c Aufenthaltserlaubnis zur Arbeitsplatzsuche für qualifizierte Fachkräfte

(1) $_1$Einem Ausländer, der über einen deutschen oder anerkannten oder einem deutschen Hochschulabschluss vergleichbaren ausländischen Hochschulabschluss verfügt und dessen Lebensunterhalt gesichert ist, kann eine Aufenthaltserlaubnis zur Suche nach einem der Qualifikation angemessenen Arbeitsplatz für bis zu sechs Monate erteilt werden. $_2$Die Aufenthaltserlaubnis berechtigt nicht zur Erwerbstätigkeit.

(2) $_1$Eine Verlängerung der Aufenthaltserlaubnis, über den in Absatz 1 genannten Höchstzeitraum hinaus ist ausgeschlossen. $_2$Eine Aufenthaltserlaubnis nach Absatz 1 kann erneut nur erteilt werden, wenn sich der

Ausländer nach seiner Ausreise mindestens so lange im Ausland aufgehalten hat, wie er sich zuvor auf der Grundlage einer Aufenthaltserlaubnis nach Absatz 1 im Bundesgebiet aufgehalten hat.

(3) Auf Ausländer, die sich bereits im Bundesgebiet aufhalten, findet Absatz 1 nur Anwendung, wenn diese unmittelbar vor der Erteilung der Aufenthaltserlaubnis nach Absatz 1 im Besitz eines Aufenthaltstitels zum Zweck der Erwerbstätigkeit waren.

§ 18d Teilnahme am europäischen Freiwilligendienst

(1) Einem Ausländer wird eine Aufenthaltserlaubnis zum Zweck der Teilnahme an einem europäischen Freiwilligendienst nach der Richtlinie (EU) 2016/801 erteilt, wenn die Bundesagentur für Arbeit nach § 39 zugestimmt hat oder durch Rechtsverordnung nach § 42 Absatz 1 Nummer 1 oder durch zwischenstaatliche Vereinbarung bestimmt ist, dass die Teilnahme an einem europäischen Freiwilligendienst ohne Zustimmung der Bundesagentur für Arbeit zulässig ist und der Ausländer eine Vereinbarung mit der aufnehmenden Einrichtung vorlegt, die Folgendes enthält:

1. eine Beschreibung des Freiwilligendienstes,
2. Angaben über die Dauer des Freiwilligendienstes und über die Dienstzeiten des Ausländers,
3. Angaben über die Bedingungen der Tätigkeit und der Betreuung des Ausländers,
4. Angaben über die dem Ausländer zur Verfügung stehenden Mittel für Lebensunterhalt und Unterkunft sowie Angaben über Taschengeld, das ihm für die Dauer des Aufenthalts mindestens zur Verfügung steht, und
5. Angaben über die Ausbildung, die der Ausländer gegebenenfalls erhält, damit er die Aufgaben des Freiwilligendienstes ordnungsgemäß durchführen kann.

(2) Der Aufenthaltstitel für den Ausländer wird für die vereinbarte Dauer der Teilnahme am europäischen Freiwilligendienst, höchstens jedoch für ein Jahr erteilt.

(3) Sofern der Ausländer das 18. Lebensjahr noch nicht vollendet hat, müssen die zur Personensorge berechtigten Personen dem geplanten Aufenthalt zustimmen.

(4) Einem Ausländer wird eine Aufenthaltserlaubnis zum Zweck der Teilnahme an einem europäischen Freiwilligendienst nach der Richtlinie (EU) 2016/801 nicht erteilt, wenn eine der in § 20 Absatz 6 Nummer 1 bis 3 und 6 bis 8 genannten Voraussetzungen vorliegt.

§ 19 Niederlassungserlaubnis für Hochqualifizierte

(1) 1Einem hoch qualifizierten Ausländer kann in besonderen Fällen eine Niederlassungserlaubnis erteilt werden, wenn die Bundesagentur für Arbeit nach § 39 zugestimmt hat oder durch Rechtsverordnung nach § 42 oder zwischenstaatliche Vereinbarung bestimmt ist, dass die Niederlassungserlaubnis ohne Zustimmung der Bundesagentur für Arbeit nach § 39 erteilt werden kann und die Annahme gerechtfertigt ist, dass die Integration in die Lebensverhältnisse der Bundesrepublik Deutschland und die Sicherung des Lebensunterhalts ohne staatliche Hilfe gewährleistet sind. 2Die Landesregierung kann bestimmen, dass die Erteilung der Niederlassungserlaubnis nach Satz 1 der Zustimmung der obersten Landesbehörde oder einer von ihr bestimmten Stelle bedarf.

(2) Hoch qualifiziert nach Absatz 1 sind insbesondere

1. Wissenschaftler mit besonderen fachlichen Kenntnissen oder
2. Lehrpersonen in herausgehobener Funktion oder wissenschaftliche Mitarbeiter in herausgehobener Funktion.

§ 19a Blaue Karte EU

(1) Einem Ausländer wird eine Blaue Karte EU nach der Richtlinie 2009/50/EG des Rates vom 25. Mai 2009 über die Bedingungen für die Einreise und den Aufenthalt von Drittstaatsangehörigen zur Ausübung einer hochqualifizierten Beschäftigung (ABl. L 155 vom

18. 6. 2009, S. 17) zum Zweck einer seiner Qualifikation angemessenen Beschäftigung erteilt, wenn

1. er
   a) einen deutschen, einen anerkannten ausländischen oder einen einem deutschen Hochschulabschluss vergleichbaren ausländischen Hochschulabschluss besitzt oder
   b) soweit durch Rechtsverordnung nach Absatz 2 bestimmt, eine durch eine mindestens fünfjährige Berufserfahrung nachgewiesene vergleichbare Qualifikation besitzt,
2. die Bundesagentur für Arbeit nach § 39 zugestimmt hat oder durch Rechtsverordnung nach § 42 oder zwischenstaatliche Vereinbarung bestimmt ist, dass die Blaue Karte EU ohne Zustimmung der Bundesagentur für Arbeit nach § 39 erteilt werden kann, und
3. er ein Gehalt erhält, das mindestens dem Betrag entspricht, der durch Rechtsverordnung nach Absatz 2 bestimmt ist.

(2) 1Das Bundesministerium für Arbeit und Soziales kann durch Rechtsverordnung Folgendes bestimmen:

1. die Höhe des Gehalts nach Absatz 1 Nummer 3,
2. Berufe, in denen die einem Hochschulabschluss vergleichbare Qualifikation durch mindestens fünfjährige Berufserfahrung nachgewiesen werden kann, und
3. Berufe, in denen für Angehörige bestimmter Staaten die Erteilung einer Blauen Karte EU zu versagen ist, weil im Herkunftsland ein Mangel an qualifizierten Arbeitnehmern in diesen Berufsgruppen besteht.

2Rechtsverordnungen nach den Nummern 1 und 2 bedürfen der Zustimmung des Bundesrates.

(3) 1Die Blaue Karte EU wird bei erstmaliger Erteilung auf höchstens vier Jahre befristet. 2Beträgt die Dauer des Arbeitsvertrags weniger als vier Jahre, wird die Blaue Karte EU für die Dauer des Arbeitsvertrags zuzüglich dreier Monate ausgestellt oder verlängert.

(4) Für jeden Arbeitsplatzwechsel eines Inhabers einer Blauen Karte EU ist in den ersten zwei Jahren der Beschäftigung die Erlaubnis durch die Ausländerbehörde erforderlich; die Erlaubnis wird erteilt, wenn die Voraussetzungen nach Absatz 1 vorliegen.

(5) Eine Blaue Karte EU wird nicht erteilt an Ausländer,

1. die die Voraussetzungen nach § 9a Absatz 3 Nummer 1 oder 2 erfüllen,
2. die einen Antrag auf Feststellung der Voraussetzungen nach § 60 Absatz 5 oder 7 Satz 1 oder nach § 60a Absatz 2 Satz 1 gestellt haben,
3. deren Einreise in einen Mitgliedstaat der Europäischen Union Verpflichtungen unterliegt, die sich aus internationalen Abkommen zur Erleichterung der Einreise und des vorübergehenden Aufenthalts bestimmter Kategorien von natürlichen Personen, die handels- und investitionsbezogene Tätigkeiten ausüben, herleiten,
4. die in einem Mitgliedstaat der Europäischen Union als Saisonarbeitnehmer zugelassen wurden,
5. die im Besitz einer Duldung nach § 60a sind,
6. die unter die Richtlinie 96/71/EG des Europäischen Parlaments und des Rates vom 16. Dezember 1996 über die Entsendung von Arbeitnehmern im Rahmen der Erbringung von Dienstleistungen (ABl. L 18 vom 21. 1. 1997, S. 1) fallen, für die Dauer ihrer Entsendung nach Deutschland, oder
7. die auf Grund von Übereinkommen zwischen der Europäischen Union und ihren Mitgliedstaaten einerseits und Drittstaaten anderseits ein Recht auf freien Personenverkehr genießen, das dem der Unionsbürger gleichwertig ist.

(6) 1Dem Inhaber einer Blauen Karte EU ist eine Niederlassungserlaubnis zu erteilen, wenn er mindestens 33 Monate eine Beschäftigung nach Absatz 1 ausgeübt hat und für diesen Zeitraum Pflichtbeiträge oder freiwillige Beiträge zur gesetzlichen Rentenver-

sicherung geleistet hat oder Aufwendungen für einen Anspruch auf vergleichbare Leistungen einer Versicherungs- oder Versorgungseinrichtung oder eines Versicherungsunternehmens nachweist und die Voraussetzungen des § 9 Absatz 2 Satz 1 Nummer 2, 4 bis 6, 8 und 9 vorliegen und er über einfache Kenntnisse der deutschen Sprache verfügt vorliegen. ₂§ 9 Absatz 2 Satz 2 bis 6 gilt entsprechend. ₃Die Frist nach Satz 1 verkürzt sich auf 21 Monate, wenn der Ausländer über ausreichende Kenntnisse der deutschen Sprache verfügt.

§ 19b ICT-Karte für unternehmensintern transferierte Arbeitnehmer

(1) ₁Eine ICT-Karte ist ein Aufenthaltstitel nach der Richtlinie 2014/66/EU des Europäischen Parlaments und des Rates vom 15. Mai 2014 über die Bedingungen für die Einreise und den Aufenthalt von Drittstaatsangehörigen im Rahmen eines unternehmensinternen Transfers (ABl. L 157 vom 27. 5. 2014, S. 1) zum Zweck eines unternehmensinternen Transfers eines Ausländers. ₂Ein unternehmensinterner Transfer ist die vorübergehende Abordnung eines Ausländers

1. in eine inländische Niederlassung des Unternehmens, dem der Ausländer angehört, wenn das Unternehmen seinen Sitz außerhalb der Europäischen Union hat, oder
2. in eine inländische Niederlassung eines anderen Unternehmens der Unternehmensgruppe, zu der auch dasjenige Unternehmen mit Sitz außerhalb der Europäischen Union gehört, dem der Ausländer angehört.

(2) ₁Einem Ausländer wird die ICT-Karte erteilt, wenn

1. er in der aufnehmenden Niederlassung als Führungskraft oder Spezialist tätig wird,
2. er dem Unternehmen oder der Unternehmensgruppe unmittelbar vor Beginn des unternehmensinternen Transfers seit mindestens sechs Monaten und für die Zeit des Transfers ununterbrochen angehört,
3. der unternehmensinterne Transfer mehr als 90 Tage dauert,
4. die Bundesagentur für Arbeit nach § 39 zugestimmt hat, oder durch Rechtsverordnung nach § 42 Absatz 1 Nummer 1 oder durch zwischenstaatliche Vereinbarung bestimmt ist, dass die ICT-Karte ohne Zustimmung der Bundesagentur für Arbeit erteilt werden kann,
5. der Ausländer einen für die Dauer des unternehmensinternen Transfers gültigen Arbeitsvertrag und erforderlichenfalls ein Abordnungsschreiben vorweist, worin enthalten sind:
   a) Einzelheiten zu Ort, Art, Entgelt und zu sonstigen Arbeitsbedingungen für die Dauer des unternehmensinternen Transfers sowie
   b) der Nachweis, dass der Ausländer nach Beendigung des unternehmensinternen Transfers in eine außerhalb der Europäischen Union ansässige Niederlassung des gleichen Unternehmens oder der gleichen Unternehmensgruppe zurückkehren kann und
6. er seine berufliche Qualifikation nachweist.

₂Führungskraft im Sinne dieses Gesetzes ist eine in einer Schlüsselposition beschäftigte Person, die in erster Linie die aufnehmende Niederlassung leitet und die hauptsächlich unter der allgemeinen Aufsicht des Leitungsorgans oder der Anteilseigner oder gleichwertiger Personen steht oder von ihnen allgemeine Weisungen erhält. ₃Diese Position schließt die Leitung der aufnehmenden Niederlassung oder einer Abteilung oder Unterabteilung der aufnehmenden Niederlassung, die Überwachung und Kontrolle der Arbeit des sonstigen Aufsicht führenden Personals und der Fach- und Führungskräfte sowie die Befugnis zur Empfehlung einer Anstellung, Entlassung oder sonstigen personellen Maßnahme ein. ₄Spezialist im Sinne dieses Gesetzes ist, wer über unerlässliche Spezialkenntnisse über die Tätigkeitsbereiche, die Verfahren oder die Verwaltung der aufnehmenden Niederlassung, ein hohes Qualifikationsniveau sowie angemessene Berufserfahrung verfügt.

(3) 1Die ICT-Karte wird einem Ausländer auch erteilt, wenn

1. er als Trainee im Rahmen eines unternehmensinternen Transfers tätig wird und
2. die in Absatz 2 Satz 1 Nummer 2 bis 5 genannten Voraussetzungen vorliegen.

2Trainee im Sinne dieses Gesetzes ist, wer über einen Hochschulabschluss verfügt, ein Traineeprogramm absolviert, das der beruflichen Entwicklung oder der Fortbildung in Bezug auf Geschäftstechniken und -methoden dient, und entlohnt wird.

(4) 1Die ICT-Karte wird erteilt

1. bei Führungskräften und bei Spezialisten für die Dauer des Transfers, höchstens jedoch für drei Jahre und
2. bei Trainees für die Dauer des Transfers, höchstens jedoch für ein Jahr.

2Durch eine Verlängerung der ICT-Karte dürfen die in Satz 1 genannten Höchstfristen nicht überschritten werden.

(5) Die ICT-Karte wird nicht erteilt, wenn der Ausländer

1. auf Grund von Übereinkommen zwischen der Europäischen Union und ihren Mitgliedstaaten einerseits und Drittstaaten andererseits ein Recht auf freien Personenverkehr genießt, das dem der Unionsbürger gleichwertig ist,
2. in einem Unternehmen mit Sitz in einem dieser Drittstaaten beschäftigt ist oder
3. im Rahmen seines Studiums ein Praktikum absolviert.

(6) Die ICT-Karte wird darüber hinaus nicht erteilt, wenn

1. die aufnehmende Niederlassung hauptsächlich zu dem Zweck gegründet wurde, die Einreise von unternehmensintern transferierten Arbeitnehmern zu erleichtern,
2. sich der Ausländer im Rahmen der in der Richtlinie 2014/66/EU vorgesehenen Möglichkeiten der Einreise und des Aufenthalts in mehreren Mitgliedstaaten der Europäischen Union im Rahmen des Transfers länger in einem anderen Mitgliedstaat aufhalten wird als im Bundesgebiet oder
3. der Antrag vor Ablauf von sechs Monaten seit dem Ende des letzten Aufenthalts des Ausländers zum Zweck des unternehmensinternen Transfers im Bundesgebiet gestellt wird.

§ 19c Kurzfristige Mobilität für unternehmensintern transferierte Arbeitnehmer

(1) 1Für einen Aufenthalt zum Zweck eines unternehmensinternen Transfers, der eine Dauer von bis zu 90 Tagen innerhalb eines Zeitraums von 180 Tagen nicht überschreitet, bedarf ein Ausländer abweichend von § 4 Absatz 1 keines Aufenthaltstitels, wenn die ihn aufnehmende Niederlassung in dem anderen Mitgliedstaat dem Bundesamt für Migration und Flüchtlinge mitgeteilt hat, dass der Ausländer die Ausübung einer Beschäftigung im Bundesgebiet beabsichtigt, und mit der Mitteilung vorlegt

1. den Nachweis, dass der Ausländer einen gültigen nach der Richtlinie 2014/66/EU erteilten Aufenthaltstitel eines anderen Mitgliedstaates der Europäischen Union besitzt,
2. den Nachweis, dass die inländische aufnehmende Niederlassung demselben Unternehmen oder derselben Unternehmensgruppe angehört wie dasjenige Unternehmen mit Sitz außerhalb der Europäischen Union, dem der Ausländer angehört,
3. einen Arbeitsvertrag und erforderlichenfalls ein Abordnungsschreiben gemäß den Vorgaben in § 19b Absatz 2 Satz 1 Nummer 5, der oder das bereits den zuständigen Behörden des anderen Mitgliedstaates vorgelegt wurde, und
4. die Kopie eines anerkannten und gültigen Passes oder Passersatzes des Ausländers.

2Die aufnehmende Niederlassung in dem anderen Mitgliedstaat hat die Mitteilung zu dem Zeitpunkt zu machen, zu dem der Ausländer in dem anderen Mitgliedstaat der Europäischen Union den Antrag auf Erteilung eines Aufenthaltstitels im Anwendungsbereich der Richtlinie 2014/66/EU stellt. 3Ist der aufnehmenden Niederlassung in dem anderen Mitgliedstaat zu diesem Zeitpunkt die

Absicht des Transfers in eine Niederlassung im Bundesgebiet noch nicht bekannt, so hat sie die Mitteilung zu dem Zeitpunkt zu machen, zu dem ihr die Absicht bekannt wird. 4Bei der Erteilung des Aufenthaltstitels nach Satz 1 Nummer 1 durch einen Staat, der nicht Schengen-Staat ist, und bei der Einreise über einen Staat, der nicht Schengen-Staat ist, hat der Ausländer eine Kopie der Mitteilung mitzuführen und den zuständigen Behörden auf deren Verlangen vorzulegen.

(2) 1Erfolgt die Mitteilung zu dem in Absatz 1 Satz 2 genannten Zeitpunkt und wurden die Einreise und der Aufenthalt nicht nach Absatz 4 abgelehnt, so darf der Ausländer jederzeit innerhalb der Gültigkeitsdauer des in Absatz 1 Satz 1 Nummer 1 genannten Aufenthaltstitels des anderen Mitgliedstaates in das Bundesgebiet einreisen und sich dort zum Zweck des unternehmensinternen Transfers aufhalten. 2Erfolgt die Mitteilung zu dem in Absatz 1 Satz 3 genannten Zeitpunkt, so darf der Ausländer nach Zugang der Mitteilung innerhalb der Gültigkeitsdauer des in Absatz 1 Satz 1 Nummer 1 genannten Aufenthaltstitels des anderen Mitgliedstaates in das Bundesgebiet einreisen und sich dort zum Zweck des unternehmensinternen Transfers aufhalten.

(3) Der Ausländer hat der Ausländerbehörde unverzüglich mitzuteilen, wenn der Aufenthaltstitel nach Absatz 1 Satz 1 Nummer 1 durch den anderen Mitgliedstaat verlängert wurde.

(4) 1Die Einreise und der Aufenthalt werden durch die Ausländerbehörde abgelehnt, wenn

1. das Arbeitsentgelt, das dem Ausländer während des unternehmensinternen Transfers im Bundesgebiet gewährt wird, ungünstiger ist als das Arbeitsentgelt vergleichbarer deutscher Arbeitnehmer,
2. die Voraussetzungen des Absatzes 1 Satz 1 Nummer 1, 2 und 4 nicht vorliegen,
3. die nach Absatz 1 vorgelegten Unterlagen in betrügerischer Weise erworben oder gefälscht oder manipuliert wurden,
4. der Ausländer sich schon länger als drei Jahre in der Europäischen Union aufhält oder, falls es sich um einen Trainee handelt, länger als ein Jahr in der Europäischen Union aufhält oder
5. ein Ausweisungsinteresse besteht; § 73 Absatz 2 und 3 ist entsprechend anzuwenden.

2Eine Ablehnung hat in den Fällen des Satzes 1 Nummer 1 bis 4 spätestens 20 Tage nach Zugang der vollständigen Mitteilung nach Absatz 1 Satz 1 beim Bundesamt für Migration und Flüchtlinge zu erfolgen. 3Im Fall der Nummer 5 ist eine Ablehnung jederzeit während des Aufenthalts des Ausländers möglich. 4Die Ablehnung ist neben dem Ausländer auch der zuständigen Behörde des anderen Mitgliedstaates sowie der aufnehmenden Niederlassung in dem anderen Mitgliedstaat bekannt zu geben. 5Bei fristgerechter Ablehnung hat der Ausländer die Erwerbstätigkeit unverzüglich einzustellen; die bis dahin nach Absatz 1 Satz 1 bestehende Befreiung vom Erfordernis eines Aufenthaltstitels entfällt.

(5) Sofern innerhalb von 20 Tagen nach Zugang der in Absatz 1 Satz 1 genannten Mitteilung keine Ablehnung der Einreise und des Aufenthalts des Ausländers nach Absatz 4 erfolgt, ist dem Ausländer durch das Bundesamt für Migration und Flüchtlinge eine Bescheinigung über die Berechtigung zur Einreise und zum Aufenthalt zum Zweck des unternehmensinternen Transfers im Rahmen der kurzfristigen Mobilität auszustellen.

§ 19d Mobiler-ICT-Karte

(1) Eine Mobiler-ICT-Karte ist ein Aufenthaltstitel nach der Richtlinie 2014/66/EU zum Zweck eines unternehmensinternen Transfers im Sinne des § 19b Absatz 1 Satz 2, wenn der Ausländer einen für die Dauer des Antragsverfahrens gültigen nach der Richtlinie 2014/66/EU erteilten Aufenthaltstitel eines anderen Mitgliedstaates besitzt.

(2) Einem Ausländer wird die Mobiler-ICT-Karte erteilt, wenn

1. er als Führungskraft, Spezialist oder Trainee tätig wird,

2. der unternehmensinterne Transfer mehr als 90 Tage dauert,
3. er einen für die Dauer des Transfers gültigen Arbeitsvertrag und erforderlichenfalls ein Abordnungsschreiben vorweist, worin enthalten sind:
   a) Einzelheiten zu Ort, Art, Entgelt und zu sonstigen Arbeitsbedingungen für die Dauer des Transfers sowie
   b) der Nachweis, dass der Ausländer nach Beendigung des Transfers in eine außerhalb der Europäischen Union ansässige Niederlassung des gleichen Unternehmens oder der gleichen Unternehmensgruppe zurückkehren kann, und
4. die Bundesagentur für Arbeit nach § 39 zugestimmt hat oder durch Rechtsverordnung nach § 42 Absatz 1 Nummer 1 oder zwischenstaatliche Vereinbarung bestimmt ist, dass die Mobiler-ICT-Karte ohne Zustimmung der Bundesagentur für Arbeit erteilt werden kann.

(3) Wird der Antrag auf Erteilung der Mobiler-ICT-Karte mindestens 20 Tage vor Beginn des Aufenthalts im Bundesgebiet gestellt und ist der Aufenthaltstitel des anderen Mitgliedstaates weiterhin gültig, so gelten bis zur Entscheidung der Ausländerbehörde der Aufenthalt und die Beschäftigung des Ausländers für bis zu 90 Tage innerhalb eines Zeitraums von 180 Tagen als erlaubt.

(4) 1Der Antrag wird abgelehnt, wenn er parallel zu einer Mitteilung nach § 19c Absatz 1 Satz 1 gestellt wurde. 2Abgelehnt wird ein Antrag auch, wenn er zwar während des Aufenthalts nach § 19c, aber nicht mindestens 20 Tage vor Ablauf dieses Aufenthalts vollständig gestellt wurde.

(5) Die Mobiler-ICT-Karte wird nicht erteilt, wenn sich der Ausländer im Rahmen des unternehmensinternen Transfers im Bundesgebiet länger aufhalten wird als in anderen Mitgliedstaaten.

(6) Der Antrag kann abgelehnt werden, wenn

1. die Höchstdauer des unternehmensinternen Transfers nach § 19b Absatz 4 erreicht wurde oder
2. der in § 19b Absatz 6 Nummer 3 genannte Ablehnungsgrund vorliegt.

(7) Die inländische aufnehmende Niederlassung ist verpflichtet, der zuständigen Ausländerbehörde Änderungen in Bezug auf die in Absatz 2 genannten Voraussetzungen unverzüglich, in der Regel innerhalb einer Woche, anzuzeigen.

§ 20 Forschung

(1) 1Einem Ausländer wird eine Aufenthaltserlaubnis nach der Richtlinie (EU) 2016/801 zum Zweck der Forschung erteilt, wenn

1. er
   a) eine wirksame Aufnahmevereinbarung oder einen entsprechenden Vertrag zur Durchführung eines Forschungsvorhabens mit einer Forschungseinrichtung abgeschlossen hat, die für die Durchführung des besonderen Zulassungsverfahrens für Forscher im Bundesgebiet anerkannt ist, oder
   b) eine wirksame Aufnahmevereinbarung oder einen entsprechenden Vertrag mit einer Forschungseinrichtung abgeschlossen hat, die Forschung betreibt, und
2. die Forschungseinrichtung sich schriftlich zur Übernahme der Kosten verpflichtet hat, die öffentlichen Stellen bis zu sechs Monate nach der Beendigung der Aufnahmevereinbarung entstehen für
   a) den Lebensunterhalt des Ausländers während eines unerlaubten Aufenthalts in einem Mitgliedstaat der Europäischen Union und
   b) eine Abschiebung des Ausländers.

2In den Fällen des Satzes 1 Nummer 1 Buchstabe a ist die Aufenthaltserlaubnis innerhalb von 60 Tagen nach Antragstellung zu erteilen.

(2) 1Von dem Erfordernis des Absatzes 1 Nr. 2 soll abgesehen werden, wenn die Tätigkeit der Forschungseinrichtung überwiegend aus öffentlichen Mitteln finanziert wird. 2Es kann davon abgesehen werden, wenn an dem Forschungsvorhaben ein besonderes öffentliches Interesse besteht. 3Auf die nach Absatz 1 Nr. 2 abgegebenen Erklärungen sind

§ 66 Abs. 5, § 67 Abs. 3 sowie § 68 Abs. 2 Satz 2 und 3 und Abs. 4 entsprechend anzuwenden.

(3) Die Forschungseinrichtung kann die Erklärung nach Absatz 1 Nr. 2 auch gegenüber der für ihre Anerkennung zuständigen Stelle allgemein für sämtliche Ausländer abgeben, denen auf Grund einer mit ihr geschlossenen Aufnahmevereinbarung eine Aufenthaltserlaubnis erteilt wird.

(4) 1Die Aufenthaltserlaubnis wird für mindestens ein Jahr erteilt. 2Nimmt der Ausländer an einem Unions- oder multilateralen Programm mit Mobilitätsmaßnahmen teil, so wird die Aufenthaltserlaubnis für mindestens zwei Jahre erteilt. 3Wenn das Forschungsvorhaben in einem kürzeren Zeitraum durchgeführt wird, wird die Aufenthaltserlaubnis abweichend von den Sätzen 1 und 2 auf die Dauer des Forschungsvorhabens befristet; die Frist beträgt in den Fällen des Satzes 2 mindestens ein Jahr.

(5) 1Eine Aufenthaltserlaubnis nach Absatz 1 berechtigt zur Aufnahme der Forschungstätigkeit bei der in der Aufnahmevereinbarung bezeichneten Forschungseinrichtung und zur Ausübung von Tätigkeiten in der Lehre. 2Änderungen des Forschungsvorhabens während des Aufenthalts führen nicht zum Wegfall dieser Berechtigung.

(6) Absatz 1 gilt nicht für Ausländer,

1. die sich in einem Mitgliedstaat der Europäischen Union aufhalten, weil sie einen Antrag auf Zuerkennung der Flüchtlingseigenschaft oder auf Gewährung subsidiären Schutzes im Sinne der Richtlinie 2004/83/EG oder auf Zuerkennung internationalen Schutzes im Sinne der Richtlinie 2011/95/EU gestellt haben, oder die in einem Mitgliedstaat internationalen Schutz im Sinne der Richtlinie 2011/95/EU genießen,
2. die sich im Rahmen einer Regelung zum vorübergehenden Schutz in einem Mitgliedstaat der Europäischen Union aufhalten,
3. deren Abschiebung in einem Mitgliedstaat der Europäischen Union aus tatsächlichen oder rechtlichen Gründen ausgesetzt wurde,
4. deren Forschungstätigkeit Bestandteil eines Promotionsstudiums ist,
5. die von einer Forschungseinrichtung in einem anderen Mitgliedstaat der Europäischen Union an eine deutsche Forschungseinrichtung als Arbeitnehmer entsandt werden,
6. die eine Erlaubnis zum Daueraufenthalt – EU oder einen Aufenthaltstitel, der durch einen anderen Mitgliedstaat der Europäischen Union auf der Grundlage der Richtlinie 2003/109/EG erteilt wurde, besitzen,
7. die auf Grund von Übereinkommen zwischen der Europäischen Union und ihren Mitgliedstaaten einerseits und Drittstaaten andererseits ein Recht auf freien Personenverkehr genießen, das dem der Unionsbürger gleichwertig ist, oder
8. die eine Blaue Karte EU nach § 19a oder einen Aufenthaltstitel, der durch einen anderen Mitgliedstaat der Europäischen Union auf Grundlage der Richtlinie 2009/50/EG erteilt wurde, besitzen.

(7) 1Nach Abschluss der Forschungstätigkeit wird die Aufenthaltserlaubnis um bis zu neun Monate zur Suche einer der Qualifikation des Forschers entsprechenden Erwerbstätigkeit verlängert, sofern der Abschluss von der aufnehmenden Einrichtung bestätigt wurde und diese Erwerbstätigkeit nach den Bestimmungen der §§ 18, 19, 19a, 20 und 21 von einem Ausländer aufgenommen werden darf. 2Die Aufenthaltserlaubnis berechtigt während dieses Zeitraums zur Ausübung einer Erwerbstätigkeit.

(8) 1Einem Ausländer, der in einem Mitgliedstaat der Europäischen Union internationalen Schutz im Sinne der Richtlinie 2011/95/EU genießt, kann eine Aufenthaltserlaubnis zum Zweck der Forschung erteilt werden, wenn die Voraussetzungen des Absatzes 1 erfüllt sind und er sich mindestens zwei Jahre nach Erteilung der Schutzberechtigung in diesem Mitgliedstaat aufgehalten hat. 2Absatz 5 gilt entsprechend.

I

§ 20a Kurzfristige Mobilität für Forscher

(1) 1Für einen Aufenthalt zum Zweck der Forschung, der eine Dauer von 180 Tagen innerhalb eines Zeitraums von 360 Tagen nicht überschreitet, bedarf ein Ausländer abweichend von § 4 Absatz 1 keines Aufenthaltstitels, wenn die aufnehmende Forschungseinrichtung im Bundesgebiet dem Bundesamt für Migration und Flüchtlinge mitgeteilt hat, dass der Ausländer beabsichtigt, einen Teil seiner Forschungstätigkeit im Bundesgebiet durchzuführen, und mit der Mitteilung vorlegt

1. den Nachweis, dass der Ausländer einen gültigen nach der Richtlinie (EU) 2016/801 erteilten Aufenthaltstitel eines anderen Mitgliedstaates zum Zweck der Forschung besitzt,
2. die Aufnahmevereinbarung oder den entsprechenden Vertrag, die oder der mit der aufnehmenden Forschungseinrichtung im Bundesgebiet geschlossen wurde,
3. die Kopie eines anerkannten und gültigen Passes oder Passersatzes des Ausländers und
4. den Nachweis, dass der Lebensunterhalt des Ausländers gesichert ist.

2Die aufnehmende Forschungseinrichtung hat die Mitteilung zu dem Zeitpunkt zu machen, zu dem der Ausländer in einem anderen Mitgliedstaat der Europäischen Union den Antrag auf Erteilung eines Aufenthaltstitels im Anwendungsbereich der Richtlinie (EU) 2016/801 stellt. 3Ist der aufnehmenden Forschungseinrichtung zu diesem Zeitpunkt die Absicht des Ausländers, einen Teil der Forschungstätigkeit im Bundesgebiet durchzuführen, noch nicht bekannt, so hat sie die Mitteilung zu dem Zeitpunkt zu machen, zu dem ihr die Absicht bekannt wird. 4Bei der Erteilung des Aufenthaltstitels nach Satz 1 Nummer 1 durch einen Staat, der nicht Schengen-Staat ist, und bei der Einreise über einen Staat, der nicht Schengen-Staat ist, hat der Ausländer eine Kopie der Mitteilung mitzuführen und den zuständigen Behörden auf deren Verlangen vorzulegen.

(2) 1Erfolgt die Mitteilung zu dem in Absatz 1 Satz 2 genannten Zeitpunkt und wurden die Einreise und der Aufenthalt nicht nach § 20c Absatz 3 abgelehnt, so darf der Ausländer jederzeit innerhalb der Gültigkeitsdauer des Aufenthaltstitels in das Bundesgebiet einreisen und sich dort zum Zweck der Forschung aufhalten. 2Erfolgt die Mitteilung zu dem in Absatz 1 Satz 3 genannten Zeitpunkt, so darf der Ausländer nach Zugang der Mitteilung innerhalb der Gültigkeitsdauer des in Absatz 1 Satz 1 Nummer 1 genannten Aufenthaltstitels des anderen Mitgliedstaates in das Bundesgebiet einreisen und sich dort zum Zweck der Forschung aufhalten.

(3) Ein Ausländer, der die Voraussetzungen nach Absatz 1 erfüllt, ist berechtigt, in der aufnehmenden Forschungseinrichtung die Forschungstätigkeit aufzunehmen und Tätigkeiten in der Lehre aufzunehmen.

(4) Der Ausländer und die aufnehmende Forschungseinrichtung sind verpflichtet, der zuständigen Ausländerbehörde Änderungen in Bezug auf die in Absatz 1 genannten Voraussetzungen anzuzeigen.

(5) 1Werden die Einreise und der Aufenthalt nach § 20c Absatz 3 abgelehnt, so hat der Ausländer die Forschungstätigkeit unverzüglich einzustellen. 2Die bis dahin nach Absatz 1 Satz 1 bestehende Befreiung vom Erfordernis eines Aufenthaltstitels entfällt.

(6) Sofern keine Ablehnung der Einreise und des Aufenthalts nach § 20c Absatz 3 erfolgt, wird dem Ausländer durch das Bundesamt für Migration und Flüchtlinge eine Bescheinigung über die Berechtigung zur Einreise und zum Aufenthalt zum Zweck der Forschung im Rahmen der kurzfristigen Mobilität ausgestellt.

§ 20b Aufenthaltserlaubnis für mobile Forscher

(1) Für einen Aufenthalt zum Zweck der Forschung, der mehr als 180 Tage und höchstens ein Jahr dauert, wird einem Ausländer eine Aufenthaltserlaubnis erteilt, wenn

1. er einen für die Dauer des Verfahrens gültigen nach der Richtlinie (EU) 2016/801

erteilten Aufenthaltstitel eines anderen Mitgliedstaates besitzt,

2. die Kopie eines anerkannten und gültigen Passes oder Passersatzes vorgelegt wird und
3. die Aufnahmevereinbarung oder der entsprechende Vertrag, die oder der mit der aufnehmenden Forschungseinrichtung im Bundesgebiet geschlossen wurde, vorgelegt wird.

(2) Wird der Antrag auf Erteilung der Aufenthaltserlaubnis mindestens 30 Tage vor Beginn des Aufenthalts im Bundesgebiet gestellt und ist der Aufenthaltstitel des anderen Mitgliedstaates weiterhin gültig, so gelten, bevor über den Antrag entschieden wird, der Aufenthalt und die Erwerbstätigkeit des Ausländers für bis zu 180 Tage innerhalb eines Zeitraums von 360 Tagen als erlaubt.

(3) Für die Berechtigung zur Ausübung der Forschungstätigkeit und einer Tätigkeit in der Lehre gilt § 20 Absatz 5 entsprechend.

(4) Der Ausländer und die aufnehmende Forschungseinrichtung sind verpflichtet, der Ausländerbehörde Änderungen in Bezug auf die in Absatz 1 genannten Voraussetzungen anzuzeigen.

(5) Für die Verlängerung der Aufenthaltserlaubnis nach Abschluss der Forschungstätigkeit gilt § 20 Absatz 7.

(6) $_1$Der Antrag wird abgelehnt, wenn er parallel zu einer Mitteilung nach § 20a Absatz 1 Satz 1 gestellt wurde. $_2$Abgelehnt wird ein Antrag auch, wenn er zwar während eines Aufenthalts nach § 20a Absatz 1, aber nicht mindestens 30 Tage vor Ablauf dieses Aufenthalts vollständig gestellt wurde.

§ 20c Ablehnungsgründe bei Forschern, Studenten, Schülern, Praktikanten, Teilnehmern an Sprachkursen und Teilnehmern am europäischen Freiwilligendienst

(1) Eine Aufenthaltserlaubnis nach den §§ 16, 16b, 17b, 18d, 20 oder 20b wird nicht erteilt, wenn die aufnehmende Einrichtung hauptsächlich zu dem Zweck gegründet wurde, die Einreise und den Aufenthalt von Ausländern zu dem in der jeweiligen Vorschrift genannten Zweck zu erleichtern.

(2) Der Antrag auf Erteilung einer Aufenthaltserlaubnis nach den §§ 16, 16b, 17b, 18d, 20 oder 20b kann abgelehnt werden, wenn

1. über das Vermögen der aufnehmenden Einrichtung ein Insolvenzverfahren eröffnet wurde, das auf Auflösung der Einrichtung und Abwicklung des Geschäftsbetriebs gerichtet ist,
2. die aufnehmende Einrichtung im Rahmen der Durchführung eines Insolvenzverfahrens aufgelöst wurde und der Geschäftsbetrieb abgewickelt wurde,
3. die Eröffnung eines Insolvenzverfahrens über das Vermögen der aufnehmenden Einrichtung mangels Masse abgelehnt wurde und der Geschäftsbetrieb eingestellt wurde,
4. die aufnehmende Einrichtung keine Geschäftstätigkeit ausübt oder
5. Beweise oder konkrete Anhaltspunkte dafür bestehen, dass der Ausländer den Aufenthalt zu anderen Zwecken nutzen wird als zu jenen, für die er die Erteilung der Aufenthaltserlaubnis beantragt.

(3) $_1$Die Einreise und der Aufenthalt nach § 16a oder § 20a werden durch die Ausländerbehörde abgelehnt, wenn

1. die jeweiligen Voraussetzungen von § 16a Absatz 1 oder § 20a Absatz 1 nicht vorliegen,
2. über das Vermögen der aufnehmenden Einrichtung ein Insolvenzverfahren eröffnet wurde, das auf Auflösung der Einrichtung und Abwicklung des Geschäftsbetriebs gerichtet ist,
3. die aufnehmende Einrichtung im Rahmen der Durchführung eines Insolvenzverfahrens aufgelöst wurde und der Geschäftsbetrieb abgewickelt wurde,
4. die Eröffnung eines Insolvenzverfahrens über das Vermögen der aufnehmenden Einrichtung mangels Masse abgelehnt wurde und der Geschäftsbetrieb eingestellt wurde,

5. die aufnehmende Einrichtung keine Geschäftstätigkeit ausübt,
6. die nach § 16a Absatz 1 oder § 20a Absatz 1 vorgelegten Unterlagen in betrügerischer Weise erworben, gefälscht oder manipuliert wurden,
7. die aufnehmende Einrichtung hauptsächlich zu dem Zweck gegründet wurde oder betrieben wird, die Einreise und den Aufenthalt von Ausländern zu dem in § 16a oder § 20a genannten Zweck zu erleichtern,
8. Beweise oder konkrete Anhaltspunkte dafür bestehen, dass der Ausländer seinen Aufenthalt zu anderen Zwecken nutzt oder nutzen wird als zu jenen, die in der Mitteilung nach § 16a Absatz 1 oder § 20a Absatz 1 angegeben wurden, oder
9. ein Ausweisungsinteresse besteht; § 73 Absatz 2 und 3 ist entsprechend anzuwenden.

2Eine Ablehnung nach Satz 1 Nummer 1 bis 8 hat innerhalb von 30 Tagen nach Zugang der vollständigen Mitteilung nach § 16a Absatz 1 Satz 1 oder § 20a Absatz 1 Satz 1 beim Bundesamt für Migration und Flüchtlinge zu erfolgen. 3Im Fall des Satzes 1 Nummer 9 ist eine Ablehnung jederzeit während des Aufenthalts des Ausländers möglich. 4Die Ablehnung ist neben dem Ausländer auch der zuständigen Behörde des anderen Mitgliedstaates und der mitteilenden Einrichtung schriftlich bekannt zu geben.

§ 21 Selbständige Tätigkeit

(1) 1Einem Ausländer kann eine Aufenthaltserlaubnis zur Ausübung einer selbständigen Tätigkeit erteilt werden, wenn

1. ein wirtschaftliches Interesse oder ein regionales Bedürfnis besteht,
2. die Tätigkeit positive Auswirkungen auf die Wirtschaft erwarten lässt und
3. die Finanzierung der Umsetzung durch Eigenkapital oder durch eine Kreditzusage gesichert ist.

2Die Beurteilung der Voraussetzungen nach Satz 1 richtet sich insbesondere nach der Tragfähigkeit der zu Grunde liegenden Geschäftsidee, den unternehmerischen Erfahrungen des Ausländers, der Höhe des Kapitaleinsatzes, den Auswirkungen auf die Beschäftigungs- und Ausbildungssituation und dem Beitrag für Innovation und Forschung. 3Bei der Prüfung sind die für den Ort der geplanten Tätigkeit fachkundigen Körperschaften, die zuständigen Gewerbebehörden, die öffentlich-rechtlichen Berufsvertretungen und die für die Berufszulassung zuständigen Behörden zu beteiligen.

(2) Eine Aufenthaltserlaubnis zur Ausübung einer selbständigen Tätigkeit kann auch erteilt werden, wenn völkerrechtliche Vergünstigungen auf der Grundlage der Gegenseitigkeit bestehen.

(2a) 1Einem Ausländer, der sein Studium an einer staatlichen oder staatlich anerkannten Hochschule oder vergleichbaren Ausbildungseinrichtung im Bundesgebiet erfolgreich abgeschlossen hat oder der als Forscher oder Wissenschaftler eine Aufenthaltserlaubnis nach § 18 oder § 20 besitzt, kann eine Aufenthaltserlaubnis zur Ausübung einer selbständigen Tätigkeit abweichend von Absatz 1 erteilt werden. 2Die beabsichtigte selbständige Tätigkeit muss einen Zusammenhang mit den in der Hochschulausbildung erworbenen Kenntnissen oder der Tätigkeit als Forscher oder Wissenschaftler erkennen lassen.

(3) Ausländern, die älter sind als 45 Jahre, soll die Aufenthaltserlaubnis nur erteilt werden, wenn sie über eine angemessene Altersversorgung verfügen.

(4) 1Die Aufenthaltserlaubnis wird auf längstens drei Jahre befristet. 2Nach drei Jahren kann abweichend von § 9 Abs. 2 eine Niederlassungserlaubnis erteilt werden, wenn der Ausländer die geplante Tätigkeit erfolgreich verwirklicht hat und der Lebensunterhalt des Ausländers und seiner mit ihm in familiärer Gemeinschaft lebenden Angehörigen, denen er Unterhalt zu leisten hat, durch ausreichende Einkünfte gesichert ist.

(5) 1Einem Ausländer kann eine Aufenthaltserlaubnis zur Ausübung einer freiberuflichen Tätigkeit abweichend von Absatz 1 erteilt werden. 2Eine erforderliche Erlaubnis zur

Ausübung des freien Berufes muss erteilt worden oder ihre Erteilung zugesagt sein. ₃Absatz 1 Satz 3 ist entsprechend anzuwenden. ₄Absatz 4 ist nicht anzuwenden.

(6) Einem Ausländer, dem eine Aufenthaltserlaubnis zu einem anderen Zweck erteilt wird oder erteilt worden ist, kann unter Beibehaltung dieses Aufenthaltszwecks die Ausübung einer selbständigen Tätigkeit erlaubt werden, wenn die nach sonstigen Vorschriften erforderlichen Erlaubnisse erteilt wurden oder ihre Erteilung zugesagt ist.

Abschnitt 5 Aufenthalt aus völkerrechtlichen, humanitären oder politischen Gründen

§ 22 Aufnahme aus dem Ausland

₁Einem Ausländer kann für die Aufnahme aus dem Ausland aus völkerrechtlichen oder dringenden humanitären Gründen eine Aufenthaltserlaubnis erteilt werden. ₂Eine Aufenthaltserlaubnis ist zu erteilen, wenn das Bundesministerium des Innern oder die von ihm bestellte Stelle zur Wahrung politischer Interessen der Bundesrepublik Deutschland die Aufnahme erklärt hat. ₃Im Falle des Satzes 2 berechtigt die Aufenthaltserlaubnis zur Ausübung einer Erwerbstätigkeit.

§ 23 Aufenthaltsgewährung durch die obersten Landesbehörden; Aufnahme bei besonders gelagerten politischen Interessen; Neuansiedlung von Schutzsuchenden

(1) ₁Die oberste Landesbehörde kann aus völkerrechtlichen oder humanitären Gründen oder zur Wahrung politischer Interessen der Bundesrepublik Deutschland anordnen, dass Ausländern aus bestimmten Staaten oder in sonstiger Weise bestimmten Ausländergruppen eine Aufenthaltserlaubnis erteilt wird. ₂Die Anordnung kann unter der Maßgabe erfolgen, dass eine Verpflichtungserklärung nach § 68 abgegeben wird. ₃Zur Wahrung der Bundeseinheitlichkeit bedarf die Anordnung des Einvernehmens mit dem Bundesministerium des Innern.

(2) ₁Das Bundesministerium des Innern kann zur Wahrung besonders gelagerter politischer Interessen der Bundesrepublik Deutschland im Benehmen mit den obersten Landesbehörden anordnen, dass das Bundesamt für Migration und Flüchtlinge Ausländern aus bestimmten Staaten oder in sonstiger Weise bestimmten Ausländergruppen eine Aufnahmezusage erteilt. ₂Ein Vorverfahren nach § 68 der Verwaltungsgerichtsordnung findet nicht statt. ₃Den betroffenen Ausländern ist entsprechend der Aufnahmezusage eine Aufenthaltserlaubnis oder Niederlassungserlaubnis zu erteilen. ₄Die Niederlassungserlaubnis kann mit einer wohnsitzbeschränkenden Auflage versehen werden. ₅Die Aufenthaltserlaubnis berechtigt zur Ausübung einer Erwerbstätigkeit.

(3) Die Anordnung kann vorsehen, dass § 24 ganz oder teilweise entsprechende Anwendung findet.

(4) ₁Das Bundesministerium des Innern kann im Rahmen der Neuansiedlung von Schutzsuchenden im Benehmen mit den obersten Landesbehörden anordnen, dass das Bundesamt für Migration und Flüchtlinge bestimmten, für eine Neuansiedlung ausgewählten Schutzsuchenden (Resettlement-Flüchtlinge) eine Aufnahmezusage erteilt. ₂Absatz 2 Satz 2 bis 5 und § 24 Absatz 3 bis 5 gelten entsprechend.

§ 23a Aufenthaltsgewährung in Härtefällen

(1) ₁Die oberste Landesbehörde darf anordnen, dass einem Ausländer, der vollziehbar ausreisepflichtig ist, abweichend von den in diesem Gesetz festgelegten Erteilungs- und Verlängerungsvoraussetzungen für einen Aufenthaltstitel sowie von den §§ 10 und 11 eine Aufenthaltserlaubnis erteilt wird, wenn eine von der Landesregierung durch Rechtsverordnung eingerichtete Härtefallkommission darum ersucht (Härtefallersuchen). ₂Die Anordnung kann im Einzelfall unter Berücksichtigung des Umstandes erfolgen, ob der Lebensunterhalt des Ausländers gesichert ist oder eine Verpflichtungserklärung nach § 68 abgegeben wird. ₃Die Annahme eines Härte-

I

falls ist in der Regel ausgeschlossen, wenn der Ausländer Straftaten von erheblichem Gewicht begangen hat oder wenn ein Rückführungstermin bereits konkret feststeht. 4Die Befugnis zur Aufenthaltsgewährung steht ausschließlich im öffentlichen Interesse und begründet keine eigenen Rechte des Ausländers.

(2) 1Die Landesregierungen werden ermächtigt, durch Rechtsverordnung eine Härtefallkommission nach Absatz 1 einzurichten, das Verfahren, Ausschlussgründe und qualifizierte Anforderungen an eine Verpflichtungserklärung nach Absatz 1 Satz 2 einschließlich vom Verpflichtungsgeber zu erfüllender Voraussetzungen zu bestimmen sowie die Anordnungsbefugnis nach Absatz 1 Satz 1 auf andere Stellen zu übertragen. 2Die Härtefallkommissionen werden ausschließlich im Wege der Selbstbefassung tätig. 3Dritte können nicht verlangen, dass eine Härtefallkommission sich mit einem bestimmten Einzelfall befasst oder eine bestimmte Entscheidung trifft. 4Die Entscheidung für ein Härtefallersuchen setzt voraus, dass nach den Feststellungen der Härtefallkommission dringende humanitäre oder persönliche Gründe die weitere Anwesenheit des Ausländers im Bundesgebiet rechtfertigen.

(3) 1Verzieht ein sozialhilfebedürftiger Ausländer, dem eine Aufenthaltserlaubnis nach Absatz 1 erteilt wurde, in den Zuständigkeitsbereich eines anderen Leistungsträgers, ist der Träger der Sozialhilfe, in dessen Zuständigkeitsbereich eine Ausländerbehörde die Aufenthaltserlaubnis erteilt hat, längstens für die Dauer von drei Jahren ab Erteilung der Aufenthaltserlaubnis dem nunmehr zuständigen örtlichen Träger der Sozialhilfe zur Kostenerstattung verpflichtet. 2Dies gilt entsprechend für die in § 6 Abs. 1 Satz 1 Nr. 2 des Zweiten Buches Sozialgesetzbuch genannten Leistungen zur Sicherung des Lebensunterhalts.

§ 24 Aufenthaltsgewährung zum vorübergehenden Schutz

(1) Einem Ausländer, dem auf Grund eines Beschlusses des Rates der Europäischen Union gemäß der Richtlinie 2001/55/EG vorübergehender Schutz gewährt wird und der seine Bereitschaft erklärt hat, im Bundesgebiet aufgenommen zu werden, wird für die nach den Artikeln 4 und 6 der Richtlinie bemessene Dauer des vorübergehenden Schutzes eine Aufenthaltserlaubnis erteilt.

(2) Die Gewährung von vorübergehendem Schutz ist ausgeschlossen, wenn die Voraussetzungen des § 3 Abs. 2 des Asylgesetzes oder des § 60 Abs. 8 Satz 1 vorliegen; die Aufenthaltserlaubnis ist zu versagen.

(3) 1Die Ausländer im Sinne des Absatzes 1 werden auf die Länder verteilt. 2Die Länder können Kontingente für die Aufnahme zum vorübergehenden Schutz und die Verteilung vereinbaren. 3Die Verteilung auf die Länder erfolgt durch das Bundesamt für Migration und Flüchtlinge. 4Solange die Länder für die Verteilung keinen abweichenden Schlüssel vereinbart haben, gilt der für die Verteilung von Asylbewerbern festgelegte Schlüssel.

(4) 1Die oberste Landesbehörde oder die von ihr bestimmte Stelle erlässt eine Zuweisungsentscheidung. 2Die Landesregierungen werden ermächtigt, die Verteilung innerhalb der Länder durch Rechtsverordnung zu regeln, sie können die Ermächtigung durch Rechtsverordnung auf andere Stellen übertragen; § 50 Abs. 4 des Asylgesetzes findet entsprechende Anwendung. 3Ein Widerspruch gegen die Zuweisungsentscheidung findet nicht statt. 4Die Klage hat keine aufschiebende Wirkung.

(5) 1Der Ausländer hat keinen Anspruch darauf, sich in einem bestimmten Land oder an einem bestimmten Ort aufzuhalten. 2Er hat seine Wohnung und seinen gewöhnlichen Aufenthalt an dem Ort zu nehmen, dem er nach den Absätzen 3 und 4 zugewiesen wurde.

(6) 1Die Ausübung einer selbständigen Tätigkeit darf nicht ausgeschlossen werden. 2Für die Ausübung einer Beschäftigung gilt § 4 Abs. 2.

(7) Der Ausländer wird über die mit dem vorübergehenden Schutz verbundenen Rechte

und Pflichten schriftlich in einer ihm verständlichen Sprache unterrichtet.

§ 25 Aufenthalt aus humanitären Gründen

(1) 1Einem Ausländer ist eine Aufenthaltserlaubnis zu erteilen, wenn er als Asylberechtigter anerkannt ist. 2Dies gilt nicht, wenn der Ausländer auf Grund eines besonders schwerwiegenden Ausweisungsinteresses nach § 54 Absatz 1 ausgewiesen worden ist. 3Bis zur Erteilung der Aufenthaltserlaubnis gilt der Aufenthalt als erlaubt. 4Die Aufenthaltserlaubnis berechtigt zur Ausübung einer Erwerbstätigkeit.

(2) 1Einem Ausländer ist eine Aufenthaltserlaubnis zu erteilen, wenn das Bundesamt für Migration und Flüchtlinge die Flüchtlingseigenschaft im Sinne des § 3 Absatz 1 des Asylgesetzes oder subsidiären Schutz im Sinne des § 4 Absatz 1 des Asylgesetzes zuerkannt hat. 2Absatz 1 Satz 2 bis 4 gilt entsprechend.

(3) 1Einem Ausländer soll eine Aufenthaltserlaubnis erteilt werden, wenn ein Abschiebungsverbot nach § 60 Absatz 5 oder 7 vorliegt. 2Die Aufenthaltserlaubnis wird nicht erteilt, wenn die Ausreise in einen anderen Staat möglich und zumutbar ist oder der Ausländer wiederholt oder gröblich gegen entsprechende Mitwirkungspflichten verstößt. 3Sie wird ferner nicht erteilt, wenn schwerwiegende Gründe die Annahme rechtfertigen, dass der Ausländer

1. ein Verbrechen gegen den Frieden, ein Kriegsverbrechen oder ein Verbrechen gegen die Menschlichkeit im Sinne der internationalen Vertragswerke begangen hat, die ausgearbeitet worden sind, um Bestimmungen bezüglich dieser Verbrechen festzulegen,
2. eine Straftat von erheblicher Bedeutung begangen hat,
3. sich Handlungen zuschulden kommen ließ, die den Zielen und Grundsätzen der Vereinten Nationen, wie sie in der Präambel und den Artikeln 1 und 2 der Charta der Vereinten Nationen verankert sind, zuwiderlaufen, oder
4. eine Gefahr für die Allgemeinheit oder eine Gefahr für die Sicherheit der Bundesrepublik Deutschland darstellt.

(4) 1Einem nicht vollziehbar ausreisepflichtigen Ausländer kann für einen vorübergehenden Aufenthalt eine Aufenthaltserlaubnis erteilt werden, solange dringende humanitäre oder persönliche Gründe oder erhebliche öffentliche Interessen seine vorübergehende weitere Anwesenheit im Bundesgebiet erfordern. 2Eine Aufenthaltserlaubnis kann abweichend von § 8 Abs. 1 und 2 verlängert werden, wenn auf Grund besonderer Umstände des Einzelfalls das Verlassen des Bundesgebiets für den Ausländer eine außergewöhnliche Härte bedeuten würde.

(4a) 1Einem Ausländer, der Opfer einer Straftat nach den §§ 232 bis 233a des Strafgesetzbuches wurde, soll, auch wenn er vollziehbar ausreisepflichtig ist, für einen Aufenthalt eine Aufenthaltserlaubnis erteilt werden. 2Die Aufenthaltserlaubnis darf nur erteilt werden, wenn

1. seine Anwesenheit im Bundesgebiet für ein Strafverfahren wegen dieser Straftat von der Staatsanwaltschaft oder dem Strafgericht für sachgerecht erachtet wird, weil ohne seine Angaben die Erforschung des Sachverhalts erschwert wäre,
2. er jede Verbindung zu den Personen, die beschuldigt werden, die Straftat begangen zu haben, abgebrochen hat und
3. er seine Bereitschaft erklärt hat, in dem Strafverfahren wegen der Straftat als Zeuge auszusagen.

3Nach Beendigung des Strafverfahrens soll die Aufenthaltserlaubnis verlängert werden, wenn humanitäre oder persönliche Gründe oder öffentliche Interessen die weitere Anwesenheit des Ausländers im Bundesgebiet erfordern.

(4b) 1Einem Ausländer, der Opfer einer Straftat nach § 10 Absatz 1 oder § 11 Absatz 1 Nummer 3 des Schwarzarbeitsbekämpfungsgesetzes oder nach § 15a des Arbeitnehmerüberlassungsgesetzes wurde, kann, auch wenn er vollziehbar ausreisepflichtig ist, für einen vorübergehenden Aufenthalt eine Aufenthaltserlaubnis erteilt werden. ₂Die Aufenthaltserlaubnis darf nur erteilt werden, wenn

1. die vorübergehende Anwesenheit des Ausländers im Bundesgebiet für ein Strafverfahren wegen dieser Straftat von der Staatsanwaltschaft oder dem Strafgericht für sachgerecht erachtet wird, weil ohne seine Angaben die Erforschung des Sachverhalts erschwert wäre, und
2. der Ausländer seine Bereitschaft erklärt hat, in dem Strafverfahren wegen der Straftat als Zeuge auszusagen.

₃Die Aufenthaltserlaubnis kann verlängert werden, wenn dem Ausländer von Seiten des Arbeitgebers die zustehende Vergütung noch nicht vollständig geleistet wurde und es für den Ausländer eine besondere Härte darstellen würde, seinen Vergütungsanspruch aus dem Ausland zu verfolgen.

(5) ₁Einem Ausländer, der vollziehbar ausreisepflichtig ist, kann eine Aufenthaltserlaubnis erteilt werden, wenn seine Ausreise aus rechtlichen oder tatsächlichen Gründen unmöglich ist und mit dem Wegfall der Ausreisehindernisse in absehbarer Zeit nicht zu rechnen ist. ₂Die Aufenthaltserlaubnis soll erteilt werden, wenn die Abschiebung seit 18 Monaten ausgesetzt ist. ₃Eine Aufenthaltserlaubnis darf nur erteilt werden, wenn der Ausländer unverschuldet an der Ausreise gehindert ist. ₄Ein Verschulden des Ausländers liegt insbesondere vor, wenn er falsche Angaben macht oder über seine Identität oder Staatsangehörigkeit täuscht oder zumutbare Anforderungen zur Beseitigung der Ausreisehindernisse nicht erfüllt.

§ 25a Aufenthaltsgewährung bei gut integrierten Jugendlichen und Heranwachsenden

(1) ₁Einem jugendlichen oder heranwachsenden geduldeten Ausländer soll eine Aufenthaltserlaubnis erteilt werden, wenn

1. er sich seit vier Jahren ununterbrochen erlaubt, geduldet oder mit einer Aufenthaltsgestattung im Bundesgebiet aufhält,
2. er im Bundesgebiet in der Regel seit vier Jahren erfolgreich eine Schule besucht oder einen anerkannten Schul- oder Berufsabschluss erworben hat,
3. der Antrag auf Erteilung der Aufenthaltserlaubnis vor Vollendung des 21. Lebensjahres gestellt wird,
4. es gewährleistet erscheint, dass er sich auf Grund seiner bisherigen Ausbildung und Lebensverhältnisse in die Lebensverhältnisse der Bundesrepublik Deutschland einfügen kann und
5. keine konkreten Anhaltspunkte dafür bestehen, dass der Ausländer sich nicht zur freiheitlichen demokratischen Grundordnung der Bundesrepublik Deutschland bekennt.

₂Solange sich der Jugendliche oder der Heranwachsende in einer schulischen oder beruflichen Ausbildung oder einem Hochschulstudium befindet, schließt die Inanspruchnahme öffentlicher Leistungen zur Sicherstellung des eigenen Lebensunterhalts die Erteilung der Aufenthaltserlaubnis nicht aus. ₃Die Erteilung einer Aufenthaltserlaubnis ist zu versagen, wenn die Abschiebung aufgrund eigener falscher Angaben des Ausländers oder aufgrund seiner Täuschung über seine Identität oder Staatsangehörigkeit ausgesetzt ist.

(2) ₁Den Eltern oder einem personensorgeberechtigten Elternteil eines minderjährigen Ausländers, der eine Aufenthaltserlaubnis nach Absatz 1 besitzt, kann eine Aufenthaltserlaubnis erteilt werden, wenn

1. die Abschiebung nicht aufgrund falscher Angaben oder aufgrund von Täuschungen über die Identität oder Staatsangehörigkeit oder mangels Erfüllung zumutbarer Anforderungen an die Beseitigung von Ausreisehindernissen verhindert oder verzögert wird und
2. der Lebensunterhalt eigenständig durch Erwerbstätigkeit gesichert ist.

₂Minderjährigen Kindern eines Ausländers, der eine Aufenthaltserlaubnis nach Satz 1 besitzt, kann eine Aufenthaltserlaubnis erteilt werden, wenn sie mit ihm in familiärer Lebensgemeinschaft leben. 3Dem Ehegatten oder Lebenspartner, der mit einem Begünstigten nach Absatz 1 in familiärer Lebensgemeinschaft lebt, soll unter den Voraussetzungen nach Satz 1 eine Aufenthaltserlaubnis erteilt werden. 4§ 31 gilt entsprechend. 5Dem minderjährigen ledigen Kind, das mit einem Begünstigten nach Absatz 1 in familiärer Lebensgemeinschaft lebt, soll eine Aufenthaltserlaubnis erteilt werden.

(3) Die Erteilung einer Aufenthaltserlaubnis nach Absatz 2 ist ausgeschlossen, wenn der Ausländer wegen einer im Bundesgebiet begangenen vorsätzlichen Straftat verurteilt wurde, wobei Geldstrafen von insgesamt bis zu 50 Tagessätzen oder bis zu 90 Tagessätzen wegen Straftaten, die nach diesem Gesetz oder dem Asylgesetz nur von Ausländern begangen werden können, grundsätzlich außer Betracht bleiben.

(4) Die Aufenthaltserlaubnis kann abweichend von § 10 Absatz 3 Satz 2 erteilt werden und berechtigt zur Ausübung einer Erwerbstätigkeit.

§ 25b Aufenthaltsgewährung bei nachhaltiger Integration

(1) 1Einem geduldeten Ausländer soll abweichend von § 5 Absatz 1 Nummer 1 und Absatz 2 eine Aufenthaltserlaubnis erteilt werden, wenn er sich nachhaltig in die Lebensverhältnisse der Bundesrepublik Deutschland integriert hat. 2Dies setzt regelmäßig voraus, dass der Ausländer

1. sich seit mindestens acht Jahren oder, falls er zusammen mit einem minderjährigen ledigen Kind in häuslicher Gemeinschaft lebt, seit mindestens sechs Jahren ununterbrochen geduldet, gestattet oder mit einer Aufenthaltserlaubnis im Bundesgebiet aufgehalten hat,
2. sich zur freiheitlichen demokratischen Grundordnung der Bundesrepublik Deutschland bekennt und über Grundkenntnisse der Rechts- und Gesellschaftsordnung und der Lebensverhältnisse im Bundesgebiet verfügt,
3. seinen Lebensunterhalt überwiegend durch Erwerbstätigkeit sichert oder bei der Betrachtung der bisherigen Schul-, Ausbildungs-, Einkommens- sowie der familiären Lebenssituation zu erwarten ist, dass er seinen Lebensunterhalt im Sinne von § 2 Absatz 3 sichern wird, wobei der Bezug von Wohngeld unschädlich ist,
4. über hinreichende mündliche Deutschkenntnisse im Sinne des Niveaus A2 des Gemeinsamen Europäischen Referenzrahmens für Sprachen verfügt und
5. bei Kindern im schulpflichtigen Alter deren tatsächlichen Schulbesuch nachweist.

3Ein vorübergehender Bezug von Sozialleistungen ist für die Lebensunterhaltssicherung in der Regel unschädlich bei

1. Studierenden an einer staatlichen oder staatlich anerkannten Hochschule sowie Auszubildenden in anerkannten Lehrberufen oder in staatlich geförderten Berufsvorbereitungsmaßnahmen,
2. Familien mit minderjährigen Kindern, die vorübergehend auf ergänzende Sozialleistungen angewiesen sind,
3. Alleinerziehenden mit minderjährigen Kindern, denen eine Arbeitsaufnahme nach § 10 Absatz 1 Nummer 3 des Zweiten Buches Sozialgesetzbuch nicht zumutbar ist oder
4. Ausländern, die pflegebedürftige nahe Angehörige pflegen.

(2) Die Erteilung einer Aufenthaltserlaubnis nach Absatz 1 ist zu versagen, wenn

1. der Ausländer die Aufenthaltsbeendigung durch vorsätzlich falsche Angaben, durch Täuschung über die Identität oder Staatsangehörigkeit oder Nichterfüllung zumutbarer Anforderungen an die Mitwirkung bei der Beseitigung von Ausreisehindernissen verhindert oder verzögert oder
2. ein Ausweisungsinteresse im Sinne von § 54 Absatz 1 oder Absatz 2 Nummer 1 und 2 besteht.

(3) Von den Voraussetzungen des Absatzes 1 Satz 2 Nummer 3 und 4 wird abgesehen, wenn der Ausländer sie wegen einer körperlichen, geistigen oder seelischen Krankheit

I

oder Behinderung oder aus Altersgründen nicht erfüllen kann.

(4) 1Dem Ehegatten, dem Lebenspartner und minderjährigen ledigen Kindern, die mit einem Begünstigten nach Absatz 1 in familiärer Lebensgemeinschaft leben, soll unter den Voraussetzungen des Absatzes 1 Satz 2 Nummer 2 bis 5 eine Aufenthaltserlaubnis erteilt werden. 2Die Absätze 2, 3 und 5 finden Anwendung. 3§ 31 gilt entsprechend.

(5) 1Die Aufenthaltserlaubnis wird abweichend von § 26 Absatz 1 Satz 1 längstens für zwei Jahre erteilt und verlängert. 2Sie kann abweichend von § 10 Absatz 3 Satz 2 erteilt werden und berechtigt zur Ausübung einer Erwerbstätigkeit. 3§ 25a bleibt unberührt.

§ 26 Dauer des Aufenthalts

(1) 1Die Aufenthaltserlaubnis nach diesem Abschnitt kann für jeweils längstens drei Jahre erteilt und verlängert werden, in den Fällen des § 25 Abs. 4 Satz 1 und Abs. 5 jedoch für längstens sechs Monate, solange sich der Ausländer noch nicht mindestens 18 Monate rechtmäßig im Bundesgebiet aufgehalten hat. 2Asylberechtigten und Ausländern, denen die Flüchtlingseigenschaft im Sinne des § 3 Absatz 1 des Asylgesetzes zuerkannt worden ist, wird die Aufenthaltserlaubnis für drei Jahre erteilt. 3Subsidiär Schutzberechtigten im Sinne des § 4 Absatz 1 des Asylgesetzes wird die Aufenthaltserlaubnis für ein Jahr erteilt, bei Verlängerung für zwei weitere Jahre. 4Ausländern, die die Voraussetzungen des § 25 Absatz 3 erfüllen, wird die Aufenthaltserlaubnis für mindestens ein Jahr erteilt. 5Die Aufenthaltserlaubnisse nach § 25 Absatz 4a Satz 1 und Absatz 4b werden jeweils für ein Jahr, Aufenthaltserlaubnisse nach § 25 Absatz 4a Satz 3 jeweils für zwei Jahre erteilt und verlängert; in begründeten Einzelfällen ist eine längere Geltungsdauer zulässig.

(2) Die Aufenthaltserlaubnis darf nicht verlängert werden, wenn das Ausreisehindernis oder die sonstigen einer Aufenthaltsbeendigung entgegenstehenden Gründe entfallen sind.

(3) 1Einem Ausländer, der eine Aufenthaltserlaubnis nach § 25 Absatz 1 oder 2 Satz 1 erste Alternative besitzt, ist eine Niederlassungserlaubnis zu erteilen, wenn

1. er die Aufenthaltserlaubnis seit fünf Jahren besitzt, wobei die Aufenthaltszeit des der Erteilung der Aufenthaltserlaubnis vorangegangenen Asylverfahrens abweichend von § 55 Absatz 3 des Asylgesetzes auf die für die Erteilung der Niederlassungserlaubnis erforderliche Zeit des Besitzes einer Aufenthaltserlaubnis angerechnet wird,
2. das Bundesamt für Migration und Flüchtlinge nicht nach § 73 Absatz 2a des Asylgesetzes mitgeteilt hat, dass die Voraussetzungen für den Widerruf oder die Rücknahme vorliegen; ist der Erteilung der Aufenthaltserlaubnis eine Entscheidung des Bundesamtes vorausgegangen, die im Jahr 2015, 2016 oder 2017 unanfechtbar geworden ist, muss das Bundesamt mitgeteilt haben, dass die Voraussetzungen für den Widerruf oder die Rücknahme nicht vorliegen,
3. sein Lebensunterhalt überwiegend gesichert ist,
4. er über hinreichende Kenntnisse der deutschen Sprache verfügt und
5. die Voraussetzungen des § 9 Absatz 2 Satz 1 Nummer 4 bis 6, 8 und 9 vorliegen.

2§ 9 Absatz 2 Satz 2 bis 6, § 9 Absatz 3 Satz 1 und § 9 Absatz 4 finden entsprechend Anwendung; von der Voraussetzung in Satz 1 Nummer 3 wird auch abgesehen, wenn der Ausländer die Regelaltersgrenze nach § 35 Satz 2 oder § 235 Absatz 2 des Sechsten Buches Sozialgesetzbuch erreicht hat. 3Abweichend von Satz 1 und 2 ist einem Ausländer, der eine Aufenthaltserlaubnis nach § 25 Absatz 1 oder 2 Satz 1 erste Alternative besitzt, eine Niederlassungserlaubnis zu erteilen, wenn

1. er die Aufenthaltserlaubnis seit drei Jahren besitzt, wobei die Aufenthaltszeit des der Erteilung der Aufenthaltserlaubnis vorangegangenen Asylverfahrens abweichend von § 55 Absatz 3 des Asylgesetzes auf die

für die Erteilung der Niederlassungserlaubnis erforderliche Zeit des Besitzes einer Aufenthaltserlaubnis angerechnet wird,

2. das Bundesamt für Migration und Flüchtlinge nicht nach § 73 Absatz 2a des Asylgesetzes mitgeteilt hat, dass die Voraussetzungen für den Widerruf oder die Rücknahme vorliegen; ist der Erteilung der Aufenthaltserlaubnis eine Entscheidung des Bundesamtes vorausgegangen, die im Jahr 2015, 2016 oder 2017 unanfechtbar geworden ist, muss das Bundesamt mitgeteilt haben, dass die Voraussetzungen für den Widerruf oder die Rücknahme nicht vorliegen,
3. er die deutsche Sprache beherrscht,
4. sein Lebensunterhalt weit überwiegend gesichert ist und
5. die Voraussetzungen des § 9 Absatz 2 Satz 1 Nummer 4 bis 6, 8 und 9 vorliegen.

$_4$In den Fällen des Satzes 3 finden § 9 Absatz 3 Satz 1 und § 9 Absatz 4 entsprechend Anwendung. $_5$Für Kinder, die vor Vollendung des 18. Lebensjahres nach Deutschland eingereist sind, kann § 35 entsprechend angewandt werden. $_6$Die Sätze 1 bis 5 gelten auch für einen Ausländer, der eine Aufenthaltserlaubnis nach § 23 Absatz 4 besitzt, es sei denn, es liegen die Voraussetzungen für eine Rücknahme vor.

(4) $_1$Im Übrigen kann einem Ausländer, der eine Aufenthaltserlaubnis nach diesem Abschnitt besitzt, eine Niederlassungserlaubnis erteilt werden, wenn die in § 9 Abs. 2 Satz 1 bezeichneten Voraussetzungen vorliegen. $_2$§ 9 Abs. 2 Satz 2 bis 6 gilt entsprechend. $_3$Die Aufenthaltszeit des der Erteilung der Aufenthaltserlaubnis vorangegangenen Asylverfahrens wird abweichend von § 55 Abs. 3 des Asylgesetzes auf die Frist angerechnet. $_4$Für Kinder, die vor Vollendung des 18. Lebensjahres nach Deutschland eingereist sind, kann § 35 entsprechend angewandt werden.

Abschnitt 6
Aufenthalt aus familiären Gründen

§ 27 Grundsatz des Familiennachzugs

(1) Die Aufenthaltserlaubnis zur Herstellung und Wahrung der familiären Lebensgemeinschaft im Bundesgebiet für ausländische Familienangehörige (Familiennachzug) wird zum Schutz von Ehe und Familie gemäß Artikel 6 des Grundgesetzes erteilt und verlängert.

(1a) Ein Familiennachzug wird nicht zugelassen, wenn

1. feststeht, dass die Ehe oder das Verwandtschaftsverhältnis ausschließlich zu dem Zweck geschlossen oder begründet wurde, dem Nachziehenden die Einreise in das und den Aufenthalt im Bundesgebiet zu ermöglichen, oder
2. tatsächliche Anhaltspunkte die Annahme begründen, dass einer der Ehegatten zur Eingehung der Ehe genötigt wurde.

(2) Für die Herstellung und Wahrung einer lebenspartnerschaftlichen Gemeinschaft im Bundesgebiet finden die Absätze 1a und 3, § 9 Abs. 3, § 9c Satz 2, die §§ 28 bis 31, 36a, 51 Absatz 2 und 10 Satz 2 entsprechende Anwendung.

(3) $_1$Die Erteilung der Aufenthaltserlaubnis zum Zweck des Familiennachzugs kann versagt werden, wenn derjenige, zu dem der Familiennachzug stattfindet, für den Unterhalt von anderen Familienangehörigen oder anderen Haushaltsangehörigen auf Leistungen nach dem Zweiten oder Zwölften Buch Sozialgesetzbuch angewiesen ist. $_2$Von § 5 Abs. 1 Nr. 2 kann abgesehen werden.

(3a) Die Erteilung der Aufenthaltserlaubnis zum Zweck des Familiennachzugs ist zu versagen, wenn derjenige, zu dem der Familiennachzug stattfinden soll,

1. die freiheitliche demokratische Grundordnung oder die Sicherheit der Bundesrepublik Deutschland gefährdet; hiervon ist auszugehen, wenn Tatsachen die Schlussfolgerung rechtfertigen, dass er einer Vereinigung angehört oder angehört hat, die den Terrorismus unterstützt oder er eine

derartige Vereinigung unterstützt oder unterstützt hat oder er eine in § 89a Absatz 1 des Strafgesetzbuches bezeichnete schwere staatsgefährdende Gewalttat nach § 89a Absatz 2 des Strafgesetzbuches vorbereitet oder vorbereitet hat,

2. zu den Leitern eines Vereins gehörte, der unanfechtbar verboten wurde, weil seine Zwecke oder seine Tätigkeit den Strafgesetzen zuwiderlaufen oder er sich gegen die verfassungsmäßige Ordnung oder den Gedanken der Völkerverständigung richtet,
3. sich zur Verfolgung politischer oder religiöser Ziele an Gewalttätigkeiten beteiligt oder öffentlich zur Gewaltanwendung aufruft oder mit Gewaltanwendung droht oder
4. zu Hass gegen Teile der Bevölkerung aufruft; hiervon ist auszugehen, wenn er auf eine andere Person gezielt und andauernd einwirkt, um Hass auf Angehörige bestimmter ethnischer Gruppen oder Religionen zu erzeugen oder zu verstärken oder öffentlich, in einer Versammlung oder durch Verbreiten von Schriften in einer Weise, die geeignet ist, die öffentliche Sicherheit und Ordnung zu stören,
   a) gegen Teile der Bevölkerung zu Willkürmaßnahmen aufstachelt,
   b) Teile der Bevölkerung böswillig verächtlich macht und dadurch die Menschenwürde anderer angreift oder
   c) Verbrechen gegen den Frieden, gegen die Menschlichkeit, ein Kriegsverbrechen oder terroristische Taten von vergleichbarem Gewicht billigt oder dafür wirbt.

(4) 1Eine Aufenthaltserlaubnis zum Zweck des Familiennachzugs darf längstens für den Gültigkeitszeitraum der Aufenthaltserlaubnis des Ausländers erteilt werden, zu dem der Familiennachzug stattfindet. 2Sie ist für diesen Zeitraum zu erteilen, wenn der Ausländer, zu dem der Familiennachzug stattfindet, eine Aufenthaltserlaubnis nach § 20, § 20b oder § 38a besitzt, eine Blaue Karte EU, eine ICT-Karte oder eine Mobiler-ICT-Karte besitzt oder sich gemäß § 20a berechtigt im Bundesgebiet aufhält. 3Die Aufenthaltserlaubnis darf jedoch nicht länger gelten als der Pass oder Passersatz des Familienangehörigen. 4Im Übrigen ist die Aufenthaltserlaubnis erstmals für mindestens ein Jahr zu erteilen.

(5) Der Aufenthaltstitel nach diesem Abschnitt berechtigt zur Ausübung einer Erwerbstätigkeit.

§ 28 Familiennachzug zu Deutschen

(1) 1Die Aufenthaltserlaubnis ist dem ausländischen

1. Ehegatten eines Deutschen,
2. minderjährigen ledigen Kind eines Deutschen,
3. Elternteil eines minderjährigen ledigen Deutschen zur Ausübung der Personensorge

zu erteilen, wenn der Deutsche seinen gewöhnlichen Aufenthalt im Bundesgebiet hat. 2Sie ist abweichend von § 5 Abs. 1 Nr. 1 in den Fällen des Satzes 1 Nr. 2 und 3 zu erteilen. 3Sie soll in der Regel abweichend von § 5 Abs. 1 Nr. 1 in den Fällen des Satzes 1 Nr. 1 erteilt werden. 4Sie kann abweichend von § 5 Abs. 1 Nr. 1 dem nicht personensorgeberechtigten Elternteil eines minderjährigen ledigen Deutschen erteilt werden, wenn die familiäre Gemeinschaft schon im Bundesgebiet gelebt wird. 5§ 30 Abs. 1 Satz 1 Nr. 1 und 2, Satz 3 und Abs. 2 Satz 1 ist in den Fällen des Satzes 1 Nr. 1 entsprechend anzuwenden.

(2) 1Dem Ausländer ist in der Regel eine Niederlassungserlaubnis zu erteilen, wenn er drei Jahre im Besitz einer Aufenthaltserlaubnis ist, die familiäre Lebensgemeinschaft mit dem Deutschen im Bundesgebiet fortbesteht, kein Ausweisungsinteresse besteht und er über ausreichende Kenntnisse der deutschen Sprache verfügt. 2§ 9 Absatz 2 Satz 2 bis 5 gilt entsprechend. 3Im Übrigen wird die Aufenthaltserlaubnis verlängert, solange die familiäre Lebensgemeinschaft fortbesteht.

(3) 1Die §§ 31 und 34 finden mit der Maßgabe Anwendung, dass an die Stelle des Aufenthaltstitels des Ausländers der gewöhnliche Aufenthalt des Deutschen im Bundesgebiet

tritt. $_{2}$Die einem Elternteil eines minderjährigen ledigen Deutschen zur Ausübung der Personensorge erteilte Aufenthaltserlaubnis ist auch nach Eintritt der Volljährigkeit des Kindes zu verlängern, solange das Kind mit ihm in familiärer Lebensgemeinschaft lebt und das Kind sich in einer Ausbildung befindet, die zu einem anerkannten schulischen oder beruflichen Bildungsabschluss oder Hochschulabschluss führt.

(4) Auf sonstige Familienangehörige findet § 36 entsprechende Anwendung.

§ 29 Familiennachzug zu Ausländern

(1) Für den Familiennachzug zu einem Ausländer muss

1. der Ausländer eine Niederlassungserlaubnis, Erlaubnis zum Daueraufenthalt – EU, Aufenthaltserlaubnis, eine Blaue Karte EU, eine ICT-Karte oder eine Mobiler-ICT-Karte besitzen oder sich gemäß § 20a berechtigt im Bundesgebiet aufhalten und
2. ausreichender Wohnraum zur Verfügung stehen.

(2) $_{1}$Bei dem Ehegatten und dem minderjährigen ledigen Kind eines Ausländers, der eine Aufenthaltserlaubnis nach § 23 Absatz 4, § 25 Absatz 1 oder 2, eine Niederlassungserlaubnis nach § 26 Absatz 3 oder nach Erteilung einer Aufenthaltserlaubnis nach § 25 Absatz 2 Satz 1 zweite Alternative eine Niederlassungserlaubnis nach § 26 Absatz 4 besitzt, kann von den Voraussetzungen des § 5 Absatz 1 Nummer 1 und des Absatzes 1 Nummer 2 abgesehen werden. $_{2}$In den Fällen des Satzes 1 ist von diesen Voraussetzungen abzusehen, wenn

1. der im Zuge des Familiennachzugs erforderliche Antrag auf Erteilung eines Aufenthaltstitels innerhalb von drei Monaten nach unanfechtbarer Anerkennung als Asylberechtigter oder unanfechtbarer Zuerkennung der Flüchtlingseigenschaft oder subsidiären Schutzes oder nach Erteilung einer Aufenthaltserlaubnis nach § 23 Absatz 4 gestellt wird und
2. die Herstellung der familiären Lebensgemeinschaft in einem Staat, der nicht Mitgliedstaat der Europäischen Union ist und zu dem der Ausländer oder seine Familienangehörigen eine besondere Bindung haben, nicht möglich ist.

$_{3}$Die in Satz 2 Nr. 1 genannte Frist wird auch durch die rechtzeitige Antragstellung des Ausländers gewahrt.

(3) $_{1}$Die Aufenthaltserlaubnis darf dem Ehegatten und dem minderjährigen Kind eines Ausländers, der eine Aufenthaltserlaubnis nach den §§ 22, 23 Absatz 1 oder Absatz 2 oder § 25 Absatz 3 oder Absatz 4a Satz 1, § 25a Absatz 1 oder § 25b Absatz 1 besitzt, nur aus völkerrechtlichen oder humanitären Gründen oder zur Wahrung politischer Interessen der Bundesrepublik Deutschland erteilt werden. $_{2}$§ 26 Abs. 4 gilt entsprechend. $_{3}$Ein Familiennachzug wird in den Fällen des § 25 Absatz 4, 4b und 5, § 25a Absatz 2, § 25b Absatz 4, § 104a Abs. 1 Satz 1 und § 104b nicht gewährt.

(4) $_{1}$Die Aufenthaltserlaubnis wird dem Ehegatten und dem minderjährigen ledigen Kind eines Ausländers oder dem minderjährigen ledigen Kind seines Ehegatten abweichend von § 5 Abs. 1 und § 27 Abs. 3 erteilt, wenn dem Ausländer vorübergehender Schutz nach § 24 Abs. 1 gewährt wurde und

1. die familiäre Lebensgemeinschaft im Herkunftsland durch die Fluchtsituation aufgehoben wurde und
2. der Familienangehörige aus einem anderen Mitgliedstaat der Europäischen Union übernommen wird oder sich außerhalb der Europäischen Union befindet und schutzbedürftig ist.

$_{2}$Die Erteilung einer Aufenthaltserlaubnis an sonstige Familienangehörige eines Ausländers, dem vorübergehender Schutz nach § 24 Abs. 1 gewährt wurde, richtet sich nach § 36. $_{3}$Auf die nach diesem Absatz aufgenommenen Familienangehörigen findet § 24 Anwendung.

§ 30 Ehegattennachzug

(1) $_{1}$Dem Ehegatten eines Ausländers ist eine Aufenthaltserlaubnis zu erteilen, wenn

1. beide Ehegatten das 18. Lebensjahr vollendet haben,

2. der Ehegatte sich zumindest auf einfache Art in deutscher Sprache verständigen kann und
3. der Ausländer
   a) eine Niederlassungserlaubnis besitzt,
   b) eine Erlaubnis zum Daueraufenthalt – EU besitzt,
   c) eine Aufenthaltserlaubnis nach § 20, § 20b oder § 25 Absatz 1 oder Absatz 2 Satz 1 erste Alternative besitzt, dies gilt nicht für eine Aufenthaltserlaubnis nach § 25 Absatz 2 Satz 1 zweite Alternative,
   d) seit zwei Jahren eine Aufenthaltserlaubnis besitzt und die Aufenthaltserlaubnis nicht mit einer Nebenbestimmung nach § 8 Abs. 2 versehen oder die spätere Erteilung einer Niederlassungserlaubnis nicht auf Grund einer Rechtsnorm ausgeschlossen ist; dies gilt nicht für eine Aufenthaltserlaubnis nach § 25 Absatz 2 Satz 1 zweite Alternative,
   e) eine Aufenthaltserlaubnis nach § 7 Absatz 1 Satz 3 oder nach den Abschnitten 3, 4, 5 oder 6 oder § 37 oder § 38 besitzt, die Ehe bei deren Erteilung bereits bestand und die Dauer seines Aufenthalts im Bundesgebiet voraussichtlich über ein Jahr betragen wird; dies gilt nicht für eine Aufenthaltserlaubnis nach § 25 Absatz 2 Satz 1 zweite Alternative,
   f) eine Aufenthaltserlaubnis nach § 38a besitzt und die eheliche Lebensgemeinschaft bereits in dem Mitgliedstaat der Europäischen Union bestand, in dem der Ausländer die Rechtsstellung eines langfristig Aufenthaltsberechtigten innehat, oder
   g) eine Blaue Karte EU, eine ICT-Karte oder eine Mobiler-ICT-Karte besitzt.

$_2$Satz 1 Nummer 1 und 2 ist für die Erteilung der Aufenthaltserlaubnis unbeachtlich, wenn die Voraussetzungen des Satzes 1 Nummer 3 Buchstabe f vorliegen. $_3$Satz 1 Nummer 2 ist für die Erteilung der Aufenthaltserlaubnis unbeachtlich, wenn

1. der Ausländer, der einen Aufenthaltstitel nach § 23 Absatz 4, § 25 Absatz 1 oder 2, § 26 Absatz 3 oder nach Erteilung einer Aufenthaltserlaubnis nach § 25 Absatz 2 Satz 1 zweite Alternative eine Niederlassungserlaubnis nach § 26 Absatz 4 besitzt und die Ehe bereits bestand, als der Ausländer seinen Lebensmittelpunkt in das Bundesgebiet verlegt hat,
2. der Ehegatte wegen einer körperlichen, geistigen oder seelischen Krankheit oder Behinderung nicht in der Lage ist, einfache Kenntnisse der deutschen Sprache nachzuweisen,
3. bei dem Ehegatten ein erkennbar geringer Integrationsbedarf im Sinne einer nach § 43 Absatz 4 erlassenen Rechtsverordnung besteht oder dieser aus anderen Gründen nach der Einreise keinen Anspruch nach § 44 auf Teilnahme am Integrationskurs hätte,
4. der Ausländer wegen seiner Staatsangehörigkeit auch für einen Aufenthalt, der kein Kurzaufenthalt ist, visumfrei in das Bundesgebiet einreisen und sich darin aufhalten darf,
5. der Ausländer im Besitz einer Blauen Karte EU, einer ICT-Karte oder einer Mobiler-ICT-Karte oder einer Aufenthaltserlaubnis nach § 20 oder § 20b ist,
6. es dem Ehegatten auf Grund besonderer Umstände des Einzelfalles nicht möglich oder nicht zumutbar ist, vor der Einreise Bemühungen zum Erwerb einfacher Kenntnisse der deutschen Sprache zu unternehmen,
7. der Ausländer einen Aufenthaltstitel nach den §§ 19 bis 21 besitzt und die Ehe bereits bestand, als er seinen Lebensmittelpunkt in das Bundesgebiet verlegt hat, oder
8. der Ausländer unmittelbar vor der Erteilung einer Niederlassungserlaubnis oder einer Erlaubnis zum Daueraufenthalt – EU Inhaber einer Aufenthaltserlaubnis nach § 20 war.

(2) $_1$Die Aufenthaltserlaubnis kann zur Vermeidung einer besonderen Härte abweichend

von Absatz 1 Satz 1 Nr. 1 erteilt werden. 2Besitzt der Ausländer eine Aufenthaltserlaubnis, kann von den anderen Voraussetzungen des Absatzes 1 Satz 1 Nr. 3 Buchstabe e abgesehen werden.

(3) Die Aufenthaltserlaubnis kann abweichend von § 5 Abs. 1 Nr. 1 und § 29 Abs. 1 Nr. 2 verlängert werden, solange die eheliche Lebensgemeinschaft fortbesteht.

(4) Ist ein Ausländer gleichzeitig mit mehreren Ehegatten verheiratet und lebt er gemeinsam mit einem Ehegatten im Bundesgebiet, wird keinem weiteren Ehegatten eine Aufenthaltserlaubnis nach Absatz 1 oder Absatz 3 erteilt.

(5) 1Hält sich der Ausländer gemäß § 20a berechtigt im Bundesgebiet auf, so bedarf der Ehegatte keines Aufenthaltstitels, wenn nachgewiesen wird, dass sich der Ehegatte in dem anderen Mitgliedstaat der Europäischen Union rechtmäßig als Angehöriger des Ausländers aufgehalten hat. 2Die Voraussetzungen nach § 20a Absatz 1 Satz 1 Nummer 1, 3 und 4 und die Ablehnungsgründe nach § 20c gelten für den Ehegatten entsprechend.

§ 31 Eigenständiges Aufenthaltsrecht der Ehegatten

(1) 1Die Aufenthaltserlaubnis des Ehegatten wird im Falle der Aufhebung der ehelichen Lebensgemeinschaft als eigenständiges, vom Zweck des Familiennachzugs unabhängiges Aufenthaltsrecht für ein Jahr verlängert, wenn

1. die eheliche Lebensgemeinschaft seit mindestens drei Jahren rechtmäßig im Bundesgebiet bestanden hat oder
2. der Ausländer gestorben ist, während die eheliche Lebensgemeinschaft im Bundesgebiet bestand

und der Ausländer bis dahin im Besitz einer Aufenthaltserlaubnis, Niederlassungserlaubnis oder Erlaubnis zum Daueraufenthalt – EU war, es sei denn, er konnte die Verlängerung aus von ihm nicht zu vertretenden Gründen nicht rechtzeitig beantragen. 2Satz 1 ist nicht anzuwenden, wenn die Aufenthaltserlaubnis des Ausländers nicht verlängert oder dem Ausländer keine Niederlassungserlaubnis oder Erlaubnis zum Daueraufenthalt – EU erteilt werden darf, weil dies durch eine Rechtsnorm wegen des Zwecks des Aufenthalts oder durch eine Nebenbestimmung zur Aufenthaltserlaubnis nach § 8 Abs. 2 ausgeschlossen ist.

(2) 1Von der Voraussetzung des dreijährigen rechtmäßigen Bestandes der ehelichen Lebensgemeinschaft im Bundesgebiet nach Absatz 1 Satz 1 Nr. 1 ist abzusehen, soweit es zur Vermeidung einer besonderen Härte erforderlich ist, dem Ehegatten den weiteren Aufenthalt zu ermöglichen, es sei denn, für den Ausländer ist die Verlängerung der Aufenthaltserlaubnis ausgeschlossen. 2Eine besondere Härte liegt insbesondere vor, wenn die Ehe nach deutschem Recht wegen Minderjährigkeit des Ehegatten im Zeitpunkt der Eheschließung unwirksam ist oder aufgehoben worden ist, wenn dem Ehegatten wegen der aus der Auflösung der ehelichen Lebensgemeinschaft erwachsenden Rückkehrverpflichtung eine erhebliche Beeinträchtigung seiner schutzwürdigen Belange droht oder wenn dem Ehegatten wegen der Beeinträchtigung seiner schutzwürdigen Belange das weitere Festhalten an der ehelichen Lebensgemeinschaft unzumutbar ist; dies ist insbesondere anzunehmen, wenn der Ehegatte Opfer häuslicher Gewalt ist. 3Zu den schutzwürdigen Belangen zählt auch das Wohl eines mit dem Ehegatten in familiärer Lebensgemeinschaft lebenden Kindes. 4Zur Vermeidung von Missbrauch kann die Verlängerung der Aufenthaltserlaubnis versagt werden, wenn der Ehegatte aus einem von ihm zu vertretenden Grund auf Leistungen nach dem Zweiten oder Zwölften Buch Sozialgesetzbuch angewiesen ist.

(3) Wenn der Lebensunterhalt des Ehegatten nach Aufhebung der ehelichen Lebensgemeinschaft durch Unterhaltsleistungen aus eigenen Mitteln des Ausländers gesichert ist und dieser eine Niederlassungserlaubnis oder eine Erlaubnis zum Daueraufenthalt – EU besitzt, ist dem Ehegatten abweichend von § 9 Abs. 2 Satz 1 Nr. 3, 5 und 6 ebenfalls eine Niederlassungserlaubnis zu erteilen.

(4) 1Die Inanspruchnahme von Leistungen nach dem Zweiten oder Zwölften Buch Sozialgesetzbuch steht der Verlängerung der Aufenthaltserlaubnis unbeschadet des Absatzes 2 Satz 4 nicht entgegen. 2Danach kann die Aufenthaltserlaubnis verlängert werden, solange die Voraussetzungen für die Erteilung der Niederlassungserlaubnis oder Erlaubnis zum Daueraufenthalt – EU nicht vorliegen.

§ 32 Kindernachzug

(1) Dem minderjährigen ledigen Kind eines Ausländers ist eine Aufenthaltserlaubnis zu erteilen, wenn beide Eltern oder der allein personensorgeberechtigte Elternteil einen der folgenden Aufenthaltstitel besitzt:

1. Aufenthaltserlaubnis nach § 7 Absatz 1 Satz 3 oder nach Abschnitt 3 oder 4,
2. Aufenthaltserlaubnis nach § 25 Absatz 1 oder Absatz 2 Satz 1 erste Alternative,
3. Aufenthaltserlaubnis nach § 28, § 30, § 31, § 36 oder § 36a,
4. Aufenthaltserlaubnis nach den übrigen Vorschriften mit Ausnahme einer Aufenthaltserlaubnis nach § 25 Absatz 2 Satz 1 zweite Alternative,
5. Blaue Karte EU, ICT-Karte, Mobiler-ICT-Karte,
6. Niederlassungserlaubnis oder
7. Erlaubnis zum Daueraufenthalt – EU.

(2) 1Hat das minderjährige ledige Kind bereits das 16. Lebensjahr vollendet und verlegt es seinen Lebensmittelpunkt nicht zusammen mit seinen Eltern oder dem allein personensorgeberechtigten Elternteil in das Bundesgebiet, gilt Absatz 1 nur, wenn es die deutsche Sprache beherrscht oder gewährleistet erscheint, dass es sich auf Grund seiner bisherigen Ausbildung und Lebensverhältnisse in die Lebensverhältnisse in der Bundesrepublik Deutschland einfügen kann. 2Satz 1 gilt nicht, wenn

1. der Ausländer eine Aufenthaltserlaubnis nach § 23 Absatz 4, § 25 Absatz 1 oder 2, eine Niederlassungserlaubnis nach § 26 Absatz 3 oder nach Erteilung einer Aufenthaltserlaubnis nach § 25 Absatz 2 Satz 1 zweite Alternative eine Niederlassungserlaubnis nach § 26 Absatz 4 besitzt oder
2. der Ausländer oder sein mit ihm in familiärer Lebensgemeinschaft lebender Ehegatte eine Niederlassungserlaubnis nach § 19, eine Blaue Karte EU, eine ICT-Karte oder eine Mobiler-ICT-Karte oder eine Aufenthaltserlaubnis nach § 20 oder § 20b besitzt.

(3) Bei gemeinsamem Sorgerecht soll eine Aufenthaltserlaubnis nach den Absätzen 1 und 2 auch zum Nachzug zu nur einem sorgeberechtigten Elternteil erteilt werden, wenn der andere Elternteil sein Einverständnis mit dem Aufenthalt des Kindes im Bundesgebiet erklärt hat oder eine entsprechende rechtsverbindliche Entscheidung einer zuständigen Stelle vorliegt.

(4) 1Im Übrigen kann dem minderjährigen ledigen Kind eines Ausländers eine Aufenthaltserlaubnis erteilt werden, wenn es auf Grund der Umstände des Einzelfalls zur Vermeidung einer besonderen Härte erforderlich ist. 2Hierbei sind das Kindeswohl und die familiäre Situation zu berücksichtigen. 3Für minderjährige ledige Kinder von Ausländern, die eine Aufenthaltserlaubnis nach § 25 Absatz 2 Satz 1 zweite Alternative besitzen, gilt § 36a.

(5) 1Hält sich der Ausländer gemäß § 20a berechtigt im Bundesgebiet auf, so bedarf das minderjährige ledige Kind keines Aufenthaltstitels, wenn nachgewiesen wird, dass sich das Kind in dem anderen Mitgliedstaat der Europäischen Union rechtmäßig als Angehöriger des Ausländers aufgehalten hat. 2Die Voraussetzungen nach § 20a Absatz 1 Satz 1 Nummer 1, 3 und 4 und die Ablehnungsgründe nach § 20c gelten für das minderjährige Kind entsprechend.

§ 33 Geburt eines Kindes im Bundesgebiet

1Einem Kind, das im Bundesgebiet geboren wird, kann abweichend von den §§ 5 und 29 Abs. 1 Nr. 2 von Amts wegen eine Aufenthaltserlaubnis erteilt werden, wenn ein Elternteil eine Aufenthaltserlaubnis, eine Niederlassungserlaubnis oder eine Erlaubnis zum Daueraufenthalt – EU besitzt. 2Wenn zum Zeitpunkt der Geburt beide Elternteile oder der allein personensorgeberechtigte Elternteil eine Aufenthaltserlaubnis, eine Niederlassungserlaubnis oder eine Erlaubnis zum Daueraufenthalt – EU besitzen, wird dem im Bundesgebiet geborenen Kind die Aufenthaltserlaubnis von Amts wegen erteilt. 3Der Aufenthalt eines im Bundesgebiet geborenen Kindes, dessen Mutter oder Vater zum Zeitpunkt der Geburt im Besitz eines Visums ist oder sich visumfrei aufhalten darf, gilt bis zum Ablauf des Visums oder des rechtmäßigen visumfreien Aufenthalts als erlaubt.

§ 34 Aufenthaltsrecht der Kinder

(1) Die einem Kind erteilte Aufenthaltserlaubnis ist abweichend von § 5 Abs. 1 Nr. 1 und § 29 Abs. 1 Nr. 2 zu verlängern, solange ein personensorgeberechtigter Elternteil eine Aufenthaltserlaubnis, Niederlassungserlaubnis oder eine Erlaubnis zum Daueraufenthalt – EU besitzt und das Kind mit ihm in familiärer Lebensgemeinschaft lebt oder das Kind im Falle seiner Ausreise ein Wiederkehrrecht gemäß § 37 hätte.

(2) 1Mit Eintritt der Volljährigkeit wird die einem Kind erteilte Aufenthaltserlaubnis zu einem eigenständigen, vom Familiennachzug unabhängigen Aufenthaltsrecht. 2Das Gleiche gilt bei Erteilung einer Niederlassungserlaubnis und der Erlaubnis zum Daueraufenthalt – EU oder wenn die Aufenthaltserlaubnis in entsprechender Anwendung des § 37 verlängert wird.

(3) Die Aufenthaltserlaubnis kann verlängert werden, solange die Voraussetzungen für die Erteilung der Niederlassungserlaubnis und der Erlaubnis zum Daueraufenthalt – EU noch nicht vorliegen.

§ 35 Eigenständiges, unbefristetes Aufenthaltsrecht der Kinder

(1) 1Einem minderjährigen Ausländer, der eine Aufenthaltserlaubnis nach diesem Abschnitt besitzt, ist abweichend von § 9 Abs. 2 eine Niederlassungserlaubnis zu erteilen, wenn er im Zeitpunkt der Vollendung seines 16. Lebensjahres seit fünf Jahren im Besitz der Aufenthaltserlaubnis ist. 2Das Gleiche gilt, wenn

1. der Ausländer volljährig und seit fünf Jahren im Besitz der Aufenthaltserlaubnis ist,
2. er über ausreichende Kenntnisse der deutschen Sprache verfügt und
3. sein Lebensunterhalt gesichert ist oder er sich in einer Ausbildung befindet, die zu einem anerkannten schulischen oder beruflichen Bildungsabschluss oder einem Hochschulabschluss führt.

(2) Auf die nach Absatz 1 erforderliche Dauer des Besitzes der Aufenthaltserlaubnis werden in der Regel nicht die Zeiten angerechnet, in denen der Ausländer außerhalb des Bundesgebiets die Schule besucht hat.

(3) 1Ein Anspruch auf Erteilung einer Niederlassungserlaubnis nach Absatz 1 besteht nicht, wenn

1. ein auf dem persönlichen Verhalten des Ausländers beruhendes Ausweisungsinteresse besteht,
2. der Ausländer in den letzten drei Jahren wegen einer vorsätzlichen Straftat zu einer Jugendstrafe von mindestens sechs oder einer Freiheitsstrafe von mindestens drei Monaten oder einer Geldstrafe von mindestens 90 Tagessätzen verurteilt worden oder wenn die Verhängung einer Jugendstrafe ausgesetzt ist oder
3. der Lebensunterhalt nicht ohne Inanspruchnahme von Leistungen nach dem Zweiten oder Zwölften Buch Sozialgesetzbuch oder Jugendhilfe nach dem Achten Buch Sozialgesetzbuch gesichert ist, es sei denn, der Ausländer befindet sich in einer Ausbildung, die zu einem anerkannten schulischen oder beruflichen Bildungsabschluss führt.

2In den Fällen des Satzes 1 kann die Niederlassungserlaubnis erteilt oder die Aufenthaltserlaubnis verlängert werden. 3Ist im Falle des Satzes 1 Nr. 2 die Jugend- oder Freiheitsstrafe zur Bewährung oder die Verhängung einer Jugendstrafe ausgesetzt, wird die Aufenthaltserlaubnis in der Regel bis zum Ablauf der Bewährungszeit verlängert.

(4) Von den in Absatz 1 Satz 2 Nr. 2 und 3 und Absatz 3 Satz 1 Nr. 3 bezeichneten Voraussetzungen ist abzusehen, wenn sie von dem Ausländer wegen einer körperlichen, geistigen oder seelischen Krankheit oder Behinderung nicht erfüllt werden können.

§ 36 Nachzug der Eltern und sonstiger Familienangehöriger

(1) Den Eltern eines minderjährigen Ausländers, der eine Aufenthaltserlaubnis nach § 23 Absatz 4, § 25 Absatz 1 oder Absatz 2 Satz 1 erste Alternative, eine Niederlassungserlaubnis nach § 26 Absatz 3 oder nach Erteilung einer Aufenthaltserlaubnis nach § 25 Absatz 2 Satz 1 zweite Alternative eine Niederlassungserlaubnis nach § 26 Absatz 4 besitzt, ist abweichend von § 5 Absatz 1 Nummer 1 und § 29 Absatz 1 Nummer 2 eine Aufenthaltserlaubnis zu erteilen, wenn sich kein personensorgeberechtigter Elternteil im Bundesgebiet aufhält.

(2) $_1$Sonstigen Familienangehörigen eines Ausländers kann zum Familiennachzug eine Aufenthaltserlaubnis erteilt werden, wenn es zur Vermeidung einer außergewöhnlichen Härte erforderlich ist. $_2$Auf volljährige Familienangehörige sind § 30 Abs. 3 und § 31, auf minderjährige Familienangehörige ist § 34 entsprechend anzuwenden.

§ 36a Familiennachzug zu subsidiär Schutzberechtigten

(1) $_1$Dem Ehegatten oder dem minderjährigen ledigen Kind eines Ausländers, der eine Aufenthaltserlaubnis nach § 25 Absatz 2 Satz 1 zweite Alternative besitzt, kann aus humanitären Gründen eine Aufenthaltserlaubnis erteilt werden. $_2$Gleiches gilt für die Eltern eines minderjährigen Ausländers, der eine Aufenthaltserlaubnis nach § 25 Absatz 2 Satz 1 zweite Alternative besitzt, wenn sich kein personensorgeberechtigter Elternteil im Bundesgebiet aufhält; § 5 Absatz 1 Nummer 1 und § 29 Absatz 1 Nummer 2 finden keine Anwendung. $_3$Ein Anspruch auf Familiennachzug besteht für den genannten Personenkreis nicht. $_4$Die §§ 22, 23 bleiben unberührt.

(2) $_1$Humanitäre Gründe im Sinne dieser Vorschrift liegen insbesondere vor, wenn

1. die Herstellung der familiären Lebensgemeinschaft seit langer Zeit nicht möglich ist,
2. ein minderjähriges lediges Kind betroffen ist,
3. Leib, Leben oder Freiheit des Ehegatten, des minderjährigen ledigen Kindes oder der Eltern eines minderjährigen Ausländers im Aufenthaltsstaat ernsthaft gefährdet sind oder
4. der Ausländer, der Ehegatte oder das minderjährige ledige Kind oder ein Elternteil eines minderjährigen Ausländers schwerwiegend erkrankt oder pflegebedürftig im Sinne schwerer Beeinträchtigungen der Selbstständigkeit oder der Fähigkeiten ist oder eine schwere Behinderung hat. $_2$Die Erkrankung, die Pflegebedürftigkeit oder die Behinderung sind durch eine qualifizierte Bescheinigung glaubhaft zu machen, es sei denn, beim Familienangehörigen im Ausland liegen anderweitige Anhaltspunkte für das Vorliegen der Erkrankung, der Pflegebedürftigkeit oder der Behinderung vor.

$_3$Monatlich können 1000 nationale Visa für eine Aufenthaltserlaubnis nach Absatz 1 Satz 1 und 2 erteilt werden. $_4$Das Kindeswohl ist besonders zu berücksichtigen. $_5$Bei Vorliegen von humanitären Gründen sind Integrationsaspekte besonders zu berücksichtigen.

(3) Die Erteilung einer Aufenthaltserlaubnis nach Absatz 1 Satz 1 oder Satz 2 ist in der Regel ausgeschlossen, wenn

1. im Fall einer Aufenthaltserlaubnis nach Absatz 1 Satz 1 erste Alternative die Ehe nicht bereits vor der Flucht geschlossen wurde,
2. der Ausländer, zu dem der Familiennachzug stattfinden soll,
   a) wegen einer oder mehrerer vorsätzlicher Straftaten rechtskräftig zu einer Freiheitsstrafe von mindestens einem Jahr verurteilt worden ist,

b) wegen einer oder mehrerer vorsätzlicher Straftaten gegen das Leben, die körperliche Unversehrtheit, die sexuelle Selbstbestimmung, das Eigentum oder wegen Widerstands gegen Vollstreckungsbeamte rechtskräftig zu einer Freiheits- oder Jugendstrafe verurteilt worden ist, sofern die Straftat mit Gewalt, unter Anwendung von Drohung mit Gefahr für Leib oder Leben oder mit List begangen worden ist oder eine Straftat nach § 177 des Strafgesetzbuches ist; bei serienmäßiger Begehung von Straftaten gegen das Eigentum gilt dies auch, wenn der Täter keine Gewalt, Drohung oder List angewendet hat,

c) wegen einer oder mehrerer vorsätzlicher Straftaten rechtskräftig zu einer Jugendstrafe von mindestens einem Jahr verurteilt und die Vollstreckung der Strafe nicht zur Bewährung ausgesetzt worden ist, oder

d) wegen einer oder mehrerer vorsätzlicher Straftaten nach § 29 Absatz 1 Satz 1 Nummer 1 des Betäubungsmittelgesetzes rechtskräftig verurteilt worden ist,

3. hinsichtlich des Ausländers, zu dem der Familiennachzug stattfinden soll, die Verlängerung der Aufenthaltserlaubnis und die Erteilung eines anderen Aufenthaltstitels nicht zu erwarten ist, oder
4. der Ausländer, zu dem der Familiennachzug stattfinden soll, eine Grenzübertrittsbescheinigung beantragt hat.

(4) § 30 Absatz 1 Satz 1 Nummer 1, Absatz 2 Satz 1 und Absatz 4 sowie § 32 Absatz 3 gelten entsprechend.

(5) § 27 Absatz 3 Satz 2 und § 29 Absatz 2 Satz 2 Nummer 1 finden keine Anwendung.

Abschnitt 7
Besondere Aufenthaltsrechte

§ 37 Recht auf Wiederkehr

(1) $_1$Einem Ausländer, der als Minderjähriger rechtmäßig seinen gewöhnlichen Aufenthalt im Bundesgebiet hatte, ist eine Aufenthaltserlaubnis zu erteilen, wenn

1. der Ausländer sich vor seiner Ausreise acht Jahre rechtmäßig im Bundesgebiet aufgehalten und sechs Jahre im Bundesgebiet eine Schule besucht hat,
2. sein Lebensunterhalt aus eigener Erwerbstätigkeit oder durch eine Unterhaltsverpflichtung gesichert ist, die ein Dritter für die Dauer von fünf Jahren übernommen hat, und
3. der Antrag auf Erteilung der Aufenthaltserlaubnis nach Vollendung des 15. und vor Vollendung des 21. Lebensjahres sowie vor Ablauf von fünf Jahren seit der Ausreise gestellt wird.

$_2$Die Aufenthaltserlaubnis berechtigt zur Ausübung einer Erwerbstätigkeit.

(2) $_1$Zur Vermeidung einer besonderen Härte kann von den in Absatz 1 Satz 1 Nr. 1 und 3 bezeichneten Voraussetzungen abgewichen werden. $_2$Von den in Absatz 1 Satz 1 Nr. 1 bezeichneten Voraussetzungen kann abgesehen werden, wenn der Ausländer im Bundesgebiet einen anerkannten Schulabschluss erworben hat.

(2a) $_1$Von den in Absatz 1 Satz 1 Nummer 1 bis 3 bezeichneten Voraussetzungen kann abgewichen werden, wenn der Ausländer rechtswidrig mit Gewalt oder Drohung mit einem empfindlichen Übel zur Eingehung der Ehe genötigt und von der Rückkehr nach Deutschland abgehalten wurde, er den Antrag auf Erteilung einer Aufenthaltserlaubnis innerhalb von drei Monaten nach Wegfall der Zwangslage, spätestens jedoch vor Ablauf von fünf Jahren seit der Ausreise, stellt, und gewährleistet erscheint, dass er sich aufgrund seiner bisherigen Ausbildung und Lebensverhältnisse in die Lebensverhältnisse der Bundesrepublik Deutschland einfügen kann. $_2$Erfüllt der Ausländer die Voraussetzungen des Absatzes 1 Satz 1 Nummer 1, soll ihm eine Aufenthaltserlaubnis erteilt werden, wenn er rechtswidrig mit Gewalt oder Drohung mit einem empfindlichen Übel zur Eingehung der Ehe genötigt und von der Rückkehr nach Deutschland abgehalten wurde und er den Antrag auf Erteilung einer Aufenthaltserlaubnis innerhalb von drei Monaten nach Wegfall der Zwangslage, spätestens jedoch vor Ablauf von zehn Jahren seit der Ausreise, stellt. ₃Absatz 2 bleibt unberührt.

(3) Die Erteilung einer Aufenthaltserlaubnis kann versagt werden,

1. wenn der Ausländer ausgewiesen worden war oder ausgewiesen werden konnte, als er das Bundesgebiet verließ,
2. wenn ein Ausweisungsinteresse besteht oder
3. solange der Ausländer minderjährig und seine persönliche Betreuung im Bundesgebiet nicht gewährleistet ist.

(4) Der Verlängerung der Aufenthaltserlaubnis steht nicht entgegen, dass der Lebensunterhalt nicht mehr aus eigener Erwerbstätigkeit gesichert oder die Unterhaltsverpflichtung wegen Ablaufs der fünf Jahre entfallen ist.

(5) Einem Ausländer, der von einem Träger im Bundesgebiet Rente bezieht, wird in der Regel eine Aufenthaltserlaubnis erteilt, wenn er sich vor seiner Ausreise mindestens acht Jahre rechtmäßig im Bundesgebiet aufgehalten hat.

§ 38 Aufenthaltstitel für ehemalige Deutsche

(1) ₁Einem ehemaligen Deutschen ist

1. eine Niederlassungserlaubnis zu erteilen, wenn er bei Verlust der deutschen Staatsangehörigkeit seit fünf Jahren als Deutscher seinen gewöhnlichen Aufenthalt im Bundesgebiet hatte,
2. eine Aufenthaltserlaubnis zu erteilen, wenn er bei Verlust der deutschen Staatsangehörigkeit seit mindestens einem Jahr seinen gewöhnlichen Aufenthalt im Bundesgebiet hatte.

₂Der Antrag auf Erteilung eines Aufenthaltstitels nach Satz 1 ist innerhalb von sechs Monaten nach Kenntnis vom Verlust der deutschen Staatsangehörigkeit zu stellen. ₃§ 81 Abs. 3 gilt entsprechend.

(2) Einem ehemaligen Deutschen, der seinen gewöhnlichen Aufenthalt im Ausland hat, kann eine Aufenthaltserlaubnis erteilt werden, wenn er über ausreichende Kenntnisse der deutschen Sprache verfügt.

(3) In besonderen Fällen kann der Aufenthaltstitel nach Absatz 1 oder 2 abweichend von § 5 erteilt werden.

(4) ₁Die Aufenthaltserlaubnis nach Absatz 1 oder 2 berechtigt zur Ausübung einer Erwerbstätigkeit. ₂Die Ausübung einer Erwerbstätigkeit ist innerhalb der Antragsfrist des Absatzes 1 Satz 2 und im Falle der Antragstellung bis zur Entscheidung der Ausländerbehörde über den Antrag erlaubt.

(5) Die Absätze 1 bis 4 finden entsprechende Anwendung auf einen Ausländer, der aus einem nicht von ihm zu vertretenden Grund bisher von deutschen Stellen als Deutscher behandelt wurde.

§ 38a Aufenthaltserlaubnis für in anderen Mitgliedstaaten der Europäischen Union langfristig Aufenthaltsberechtigte

(1) ₁Einem Ausländer, der in einem anderen Mitgliedstaat der Europäischen Union die Rechtsstellung eines langfristig Aufenthaltsberechtigten innehat, wird eine Aufenthaltserlaubnis erteilt, wenn er sich länger als 90 Tage im Bundesgebiet aufhalten will. ₂§ 8 Abs. 2 ist nicht anzuwenden.

(2) Absatz 1 ist nicht anzuwenden auf Ausländer, die

1. von einem Dienstleistungserbringer im Rahmen einer grenzüberschreitenden Dienstleistungserbringung entsandt werden,
2. sonst grenzüberschreitende Dienstleistungen erbringen wollen oder
3. sich zur Ausübung einer Beschäftigung als Saisonarbeitnehmer im Bundesgebiet aufhalten oder im Bundesgebiet eine Tätigkeit als Grenzarbeitnehmer aufnehmen wollen.

(3) ₁Die Aufenthaltserlaubnis berechtigt zur Ausübung einer Beschäftigung, wenn die Bundesagentur für Arbeit der Ausübung der Beschäftigung nach § 39 Absatz 2 zugestimmt hat oder durch Rechtsverordnung

nach § 42 oder durch zwischenstaatliche Vereinbarung bestimmt ist, dass die Ausübung der Beschäftigung ohne Zustimmung der Bundesagentur für Arbeit zulässig ist. 2Die Aufenthaltserlaubnis berechtigt zur Ausübung einer selbständigen Tätigkeit, wenn die in § 21 genannten Voraussetzungen erfüllt sind. 3Wird der Aufenthaltstitel nach Absatz 1 für ein Studium oder für sonstige Ausbildungszwecke erteilt, sind die §§ 16 und 17 entsprechend anzuwenden. 4In den Fällen des § 17 wird der Aufenthaltstitel ohne Zustimmung der Bundesagentur für Arbeit erteilt.

(4) 1Eine nach Absatz 1 erteilte Aufenthaltserlaubnis darf nur für höchstens zwölf Monate mit einer Nebenbestimmung nach § 39 Abs. 4 versehen werden. 2Der in Satz 1 genannte Zeitraum beginnt mit der erstmaligen Erlaubnis einer Beschäftigung bei der Erteilung der Aufenthaltserlaubnis nach Absatz 1. 3Nach Ablauf dieses Zeitraums berechtigt die Aufenthaltserlaubnis zur Ausübung einer Erwerbstätigkeit.

Abschnitt 8 Beteiligung der Bundesagentur für Arbeit

§ 39 Zustimmung zur Ausländerbeschäftigung

(1) 1Ein Aufenthaltstitel, der einem Ausländer die Ausübung einer Beschäftigung erlaubt, kann nur mit Zustimmung der Bundesagentur für Arbeit erteilt werden, soweit durch Rechtsverordnung nicht etwas anderes bestimmt ist. 2Die Zustimmung kann erteilt werden, wenn dies in zwischenstaatlichen Vereinbarungen, durch ein Gesetz oder durch Rechtsverordnung bestimmt ist.

(2) 1Die Bundesagentur für Arbeit kann der Erteilung einer Aufenthaltserlaubnis zur Ausübung einer Beschäftigung nach § 18 oder einer Blauen Karte EU nach § 19a zustimmen, wenn

1. a) sich durch die Beschäftigung von Ausländern nachteilige Auswirkungen auf den Arbeitsmarkt, insbesondere hinsichtlich der Beschäftigungsstruktur, der Regionen und der Wirtschaftszweige, nicht ergeben und
   b) für die Beschäftigung deutsche Arbeitnehmer sowie Ausländer, die diesen hinsichtlich der Arbeitsaufnahme rechtlich gleichgestellt sind oder andere Ausländer, die nach dem Recht der Europäischen Union einen Anspruch auf vorrangigen Zugang zum Arbeitsmarkt haben, nicht zur Verfügung stehen oder
2. sie durch Prüfung nach Satz 1 Nr. 1 Buchstabe a und b für einzelne Berufsgruppen oder für einzelne Wirtschaftszweige festgestellt hat, dass die Besetzung der offenen Stellen mit ausländischen Bewerbern arbeitsmarkt- und integrationspolitisch verantwortbar ist,

und der Ausländer nicht zu ungünstigeren Arbeitsbedingungen als vergleichbare deutsche Arbeitnehmer beschäftigt wird. 2Für die Beschäftigung stehen deutsche Arbeitnehmer und diesen gleichgestellte Ausländer auch dann zur Verfügung, wenn sie nur mit Förderung der Agentur für Arbeit vermittelt werden können. 3Der Arbeitgeber, bei dem ein Ausländer beschäftigt werden soll oder beschäftigt ist, der dafür eine Zustimmung benötigt oder erhalten hat, hat der Bundesagentur für Arbeit Auskunft über Arbeitsentgelt, Arbeitszeiten und sonstige Arbeitsbedingungen zu erteilen.

(3) Absatz 2 gilt auch, wenn bei Aufenthalten zu anderen Zwecken nach den Abschnitten 3, 5 oder 7 eine Zustimmung der Bundesagentur für Arbeit zur Ausübung einer Beschäftigung erforderlich ist.

(4) Die Zustimmung kann die Dauer und die berufliche Tätigkeit festlegen sowie die Beschäftigung auf bestimmte Betriebe oder Bezirke beschränken.

(5) Die Bundesagentur für Arbeit kann der Erteilung einer Niederlassungserlaubnis nach § 19 zustimmen, wenn sich durch die Beschäftigung des Ausländers nachteilige Auswirkungen auf den Arbeitsmarkt nicht ergeben.

(6) 1Die Absätze 2 und 4 gelten für die Erteilung einer Arbeitserlaubnis zum Zweck der Saisonbeschäftigung entsprechend. 2Im Übrigen sind die für die Zustimmung der Bundesagentur für Arbeit geltenden Rechtsvorschriften auf die Arbeitserlaubnis anzuwenden, soweit durch Gesetz oder Rechtsverordnung nichts anderes bestimmt ist. 3Die Bundesagentur für Arbeit kann für die Zustimmung zur Erteilung eines Aufenthaltstitels zum Zweck der Saisonbeschäftigung und für die Erteilung einer Arbeitserlaubnis zum Zweck der Saisonbeschäftigung am Bedarf orientierte Zulassungszahlen festlegen.

§ 40 Versagungsgründe

(1) Die Zustimmung nach § 39 ist zu versagen, wenn

1. das Arbeitsverhältnis auf Grund einer unerlaubten Arbeitsvermittlung oder Anwerbung zustande gekommen ist oder
2. der Ausländer als Leiharbeitnehmer (§ 1 Abs. 1 des Arbeitnehmerüberlassungsgesetzes) tätig werden will.

(2) Die Zustimmung kann versagt werden, wenn

1. der Ausländer gegen § 404 Abs. 1 oder 2 Nr. 2 bis 13 des Dritten Buches Sozialgesetzbuch, §§ 10, 10a oder § 11 des Schwarzarbeitsbekämpfungsgesetzes oder gegen die §§ 15, 15a oder § 16 Abs. 1 Nr. 2 des Arbeitnehmerüberlassungsgesetzes schuldhaft verstoßen hat,
2. wichtige Gründe in der Person des Ausländers vorliegen oder
3. die Beschäftigung bei einem Arbeitgeber erfolgen soll, der oder dessen nach Satzung oder Gesetz Vertretungsberechtigter innerhalb der letzten fünf Jahre wegen eines Verstoßes gegen § 404 Absatz 1 oder Absatz 2 Nummer 3 des Dritten Buches Sozialgesetzbuch rechtskräftig mit einer Geldbuße belegt oder wegen eines Verstoßes gegen die §§ 10, 10a oder 11 des Schwarzarbeitsbekämpfungsgesetzes oder gegen die §§ 15, 15a oder 16 Absatz 1 Nummer 2 des Arbeitnehmerüberlassungsgesetzes rechtskräftig zu einer Geld- oder Freiheitsstrafe verurteilt worden ist; dies gilt bei einem unternehmensinternen Transfer gemäß § 19b oder § 19d entsprechend für die aufnehmende Niederlassung.

(3) Die Zustimmung zur Erteilung einer ICT-Karte nach § 19b oder einer Mobiler-ICT-Karte nach § 19d kann versagt werden, wenn

1. der Arbeitgeber oder die aufnehmende Niederlassung seinen oder ihren sozialversicherungsrechtlichen, steuerrechtlichen oder arbeitsrechtlichen Pflichten nicht nachgekommen ist,
2. über das Vermögen des Unternehmens, dem der Ausländer angehört, oder über das Vermögen der aufnehmenden Niederlassung ein Insolvenzverfahren eröffnet wurde, das auf Auflösung des Unternehmens oder der Niederlassung und Abwicklung des Geschäftsbetriebs gerichtet ist,
3. das Unternehmen, dem der Ausländer angehört, oder die aufnehmende Niederlassung im Rahmen der Durchführung eines Insolvenzverfahrens aufgelöst wurde und der Geschäftsbetrieb abgewickelt wurde,
4. die Eröffnung eines Insolvenzverfahrens über das Vermögen des Unternehmens, dem der Ausländer angehört, oder über das Vermögen der aufnehmenden Niederlassung mangels Masse abgelehnt wurde und der Geschäftsbetrieb eingestellt wurde,
5. das Unternehmen, dem der Ausländer angehört, oder die aufnehmende Niederlassung keine Geschäftstätigkeit ausübt oder
6. durch die Präsenz des unternehmensintern transferierten Arbeitnehmers eine Einflussnahme auf arbeitsrechtliche oder betriebliche Auseinandersetzungen oder Verhandlungen bezweckt oder bewirkt wird.

§ 41 Widerruf der Zustimmung und Entzug der Arbeitserlaubnis

Die Zustimmung kann widerrufen und die Arbeitserlaubnis zum Zweck der Saisonbeschäftigung kann entzogen werden, wenn der Ausländer zu ungünstigeren Arbeitsbedingungen als vergleichbare deutsche Arbeitnehmer beschäftigt wird oder der Tatbestand des § 40 erfüllt ist.

§ 42 Verordnungsermächtigung und Weisungsrecht

(1) Das Bundesministerium für Arbeit und Soziales kann durch Rechtsverordnung mit Zustimmung des Bundesrates Folgendes bestimmen:

1. Beschäftigungen, für die eine Zustimmung der Bundesagentur für Arbeit (§ 17 Satz 1, § 17a Absatz 1 Satz 3, § 17b Absatz 1, § 18 Abs. 2 Satz 1, § 18d Absatz 1, § 19 Abs. 1, § 19a Absatz 1 Nummer 2, § 19b Absatz 2, § 19d Absatz 2) nicht erforderlich ist,
2. Berufsgruppen, bei denen nach Maßgabe des § 18 eine Beschäftigung ausländischer Erwerbstätiger zugelassen werden kann, und erforderlichenfalls nähere Voraussetzungen für deren Zulassung auf dem deutschen Arbeitsmarkt,
3. Ausnahmen für Angehörige bestimmter Staaten,
4. Tätigkeiten, die für die Durchführung dieses Gesetzes stets oder unter bestimmten Voraussetzungen nicht als Beschäftigung anzusehen sind.

(2) Das Bundesministerium für Arbeit und Soziales kann durch Rechtsverordnung ohne Zustimmung des Bundesrates Folgendes bestimmen:

1. die Voraussetzungen und das Verfahren zur Erteilung der Zustimmung der Bundesagentur für Arbeit; dabei kann auch ein alternatives Verfahren zur Vorrangprüfung geregelt werden,
2. Einzelheiten über die zeitliche, betriebliche, berufliche und regionale Beschränkung der Zustimmung nach § 39 Abs. 4,
3. Ausnahmen, in denen eine Zustimmung abweichend von § 39 Abs. 2 erteilt werden darf,
4. Beschäftigungen, für die eine Zustimmung der Bundesagentur für Arbeit nach § 4 Abs. 2 Satz 3 nicht erforderlich ist,
5. Fälle, in denen geduldeten Ausländern abweichend von § 4 Abs. 3 Satz 1 eine Beschäftigung erlaubt werden kann,
6. die Voraussetzungen und das Verfahren zur Erteilung einer Arbeitserlaubnis zum Zweck der Saisonbeschäftigung an Staatsangehörige der in Anhang II zu der Verordnung (EG) Nr. 539/2001 genannten Staaten.

(3) Das Bundesministerium für Arbeit und Soziales kann der Bundesagentur für Arbeit zur Durchführung der Bestimmungen dieses Gesetzes und der hierzu erlassenen Rechtsverordnungen sowie der von der Europäischen Union erlassenen Bestimmungen über den Zugang zum Arbeitsmarkt und der zwischenstaatlichen Vereinbarungen über die Beschäftigung von Arbeitnehmern Weisungen erteilen.

Kapitel 3
Integration

§ 43 Integrationskurs

(1) Die Integration von rechtmäßig auf Dauer im Bundesgebiet lebenden Ausländern in das wirtschaftliche, kulturelle und gesellschaftliche Leben in der Bundesrepublik Deutschland wird gefördert und gefordert.

(2) $_1$Eingliederungsbemühungen von Ausländern werden durch ein Grundangebot zur Integration (Integrationskurs) unterstützt. $_2$Ziel des Integrationskurses ist, den Ausländern die Sprache, die Rechtsordnung, die Kultur und die Geschichte in Deutschland erfolgreich zu vermitteln. $_3$Ausländer sollen dadurch mit den Lebensverhältnissen im Bundesgebiet so weit vertraut werden, dass sie ohne die Hilfe oder Vermittlung Dritter in allen Angelegenheiten des täglichen Lebens selbständig handeln können.

(3) $_1$Der Integrationskurs umfasst einen Basis- und einen Aufbausprachkurs von jeweils gleicher Dauer zur Erlangung ausreichender Sprachkenntnisse sowie einen Orientierungskurs zur Vermittlung von Kenntnissen der Rechtsordnung, der Kultur und der Geschichte in Deutschland. $_2$Der Integrationskurs wird vom Bundesamt für Migration und Flüchtlinge koordiniert und durchgeführt, das sich hierzu privater oder öffentlicher Träger be-

dienen kann. 3Für die Teilnahme am Integrationskurs sollen Kosten in angemessenem Umfang unter Berücksichtigung der Leistungsfähigkeit erhoben werden. 4Zur Zahlung ist auch derjenige verpflichtet, der dem Ausländer zur Gewährung des Lebensunterhalts verpflichtet ist.

(4) 1Die Bundesregierung wird ermächtigt, nähere Einzelheiten des Integrationskurses, insbesondere die Grundstruktur, die Dauer, die Lerninhalte und die Durchführung der Kurse, die Vorgaben bezüglich der Auswahl und Zulassung der Kursträger sowie die Voraussetzungen und die Rahmenbedingungen für die ordnungsgemäße und erfolgreiche Teilnahme und ihre Bescheinigung einschließlich der Kostentragung sowie die erforderliche Datenübermittlung zwischen den beteiligten Stellen und die Datenverarbeitung durch das Bundesamt für Migration und Flüchtlinge nach § 88a Absatz 1 und 1a durch eine Rechtsverordnung ohne Zustimmung des Bundesrates zu regeln. 2Hiervon ausgenommen sind die Prüfungs- und Nachweismodalitäten der Abschlusstests zu den Integrationskursen, die das Bundesministerium des Innern durch Rechtsverordnung ohne Zustimmung des Bundesrates regelt.

§ 44 Berechtigung zur Teilnahme an einem Integrationskurs

(1) 1Einen Anspruch auf die einmalige Teilnahme an einem Integrationskurs hat ein Ausländer, der sich dauerhaft im Bundesgebiet aufhält, wenn ihm

1. erstmals eine Aufenthaltserlaubnis
   a) zu Erwerbszwecken (§§ 18, 21),
   b) zum Zweck des Familiennachzugs (§§ 28, 29, 30, 32, 36, 36a),
   c) aus humanitären Gründen nach § 25 Absatz 1, 2, 4a Satz 3 oder § 25b,
   d) als langfristig Aufenthaltsberechtigter nach § 38a oder
2. ein Aufenthaltstitel nach § 23 Abs. 2 oder Absatz 4

erteilt wird. 2Von einem dauerhaften Aufenthalt ist in der Regel auszugehen, wenn der Ausländer eine Aufenthaltserlaubnis von mindestens einem Jahr erhält oder seit über 18 Monaten eine Aufenthaltserlaubnis besitzt, es sei denn, der Aufenthalt ist vorübergehender Natur.

(2) 1Der Teilnahmeanspruch nach Absatz 1 erlischt ein Jahr nach Erteilung des den Anspruch begründenden Aufenthaltstitels oder bei dessen Wegfall. 2Dies gilt nicht, wenn sich der Ausländer bis zu diesem Zeitpunkt aus von ihm nicht zu vertretenden Gründen nicht zu einem Integrationskurs anmelden konnte.

(3) 1Der Anspruch auf Teilnahme am Integrationskurs besteht nicht

1. bei Kindern, Jugendlichen und jungen Erwachsenen, die eine schulische Ausbildung aufnehmen oder ihre bisherige Schullaufbahn in der Bundesrepublik Deutschland fortsetzen,
2. bei erkennbar geringem Integrationsbedarf oder
3. wenn der Ausländer bereits über ausreichende Kenntnisse der deutschen Sprache verfügt.

2Die Berechtigung zur Teilnahme am Orientierungskurs bleibt im Falle des Satzes 1 Nr. 3 hiervon unberührt.

(4) 1Ein Ausländer, der einen Teilnahmeanspruch nicht oder nicht mehr besitzt, kann im Rahmen verfügbarer Kursplätze zur Teilnahme zugelassen werden. 2Diese Regelung findet entsprechend auf deutsche Staatsangehörige Anwendung, wenn sie nicht über ausreichende Kenntnisse der deutschen Sprache verfügen und in besonderer Weise integrationsbedürftig sind, sowie auf Ausländer, die

1. eine Aufenthaltsgestattung besitzen und
   a) bei denen ein rechtmäßiger und dauerhafter Aufenthalt zu erwarten ist oder
   b) die vor dem 1. August 2019 in das Bundesgebiet eingereist sind, sich seit mindestens drei Monaten gestattet im Bundesgebiet aufhalten, nicht aus einem sicheren Herkunftsstaat nach § 29a des Asylgesetzes stammen und bei der Agentur für Arbeit ausbildungsuchend, arbeitsuchend oder arbeitslos gemeldet sind oder beschäftigt sind oder in einer Berufsausbildung im Sin-

ne von § 57 Absatz 1 des Dritten Buches Sozialgesetzbuch stehen oder in Maßnahmen nach dem Zweiten Unterabschnitt des Dritten Abschnitts des Dritten Kapitels oder § 130 Absatz 1 Satz 2 des Dritten Buches Sozialgesetzbuch gefördert werden oder bei denen die Voraussetzungen des § 11 Absatz 4 Satz 2 und 3 des Zwölften Buches Sozialgesetzbuch vorliegen oder

2. eine Duldung nach § 60a Absatz 2 Satz 3 besitzen oder
3. eine Aufenthaltserlaubnis nach § 25 Absatz 5 besitzen.

3Bei einem Asylbewerber, der aus einem sicheren Herkunftsstaat nach § 29a des Asylgesetzes stammt, wird vermutet, dass ein rechtmäßiger und dauerhafter Aufenthalt nicht zu erwarten ist.

§ 44a Verpflichtung zur Teilnahme an einem Integrationskurs

(1) 1Ein Ausländer ist zur Teilnahme an einem Integrationskurs verpflichtet, wenn

1. er nach § 44 einen Anspruch auf Teilnahme hat und
   a) sich nicht zumindest auf einfache Art in deutscher Sprache verständigen kann oder
   b) zum Zeitpunkt der Erteilung eines Aufenthaltstitels nach § 23 Abs. 2, § 28 Abs. 1 Satz 1 Nr. 1, § 30 oder § 36a Absatz 1 Satz 1 erste Alternative nicht über ausreichende Kenntnisse der deutschen Sprache verfügt oder
2. er Leistungen nach dem Zweiten Buch Sozialgesetzbuch bezieht und die Teilnahme am Integrationskurs in einer Eingliederungsvereinbarung nach dem Zweiten Buch Sozialgesetzbuch vorgesehen ist,
3. er in besonderer Weise integrationsbedürftig ist und die Ausländerbehörde ihn zur Teilnahme am Integrationskurs auffordert oder
4. er zu dem in § 44 Absatz 4 Satz 2 Nummer 1 bis 3 genannten Personenkreis gehört, Leistungen nach dem Asylbewerberleistungsgesetz bezieht und die zuständige Leistungsbehörde ihn zur Teilnahme an einem Integrationskurs auffordert.

2In den Fällen des Satzes 1 Nr. 1 stellt die Ausländerbehörde bei der Erteilung des Aufenthaltstitels fest, dass der Ausländer zur Teilnahme verpflichtet ist. 3In den Fällen des Satzes 1 Nr. 2 ist der Ausländer auch zur Teilnahme verpflichtet, wenn der Träger der Grundsicherung für Arbeitsuchende ihn zur Teilnahme auffordert. 4Der Träger der Grundsicherung für Arbeitsuchende soll in den Fällen des Satzes 1 Nr. 1 und 3 beim Bezug von Leistungen nach dem Zweiten Buch Sozialgesetzbuch für die Maßnahmen nach § 15 des Zweiten Buches Sozialgesetzbuch der Verpflichtung durch die Ausländerbehörde im Regelfall folgen. 5Sofern der Träger der Grundsicherung für Arbeitsuchende im Einzelfall eine abweichende Entscheidung trifft, hat er dies der Ausländerbehörde mitzuteilen, die die Verpflichtung widerruft. 6Die Verpflichtung ist zu widerrufen, wenn einem Ausländer neben seiner Erwerbstätigkeit eine Teilnahme auch an einem Teilzeitkurs nicht zuzumuten ist. 7Darüber hinaus können die Ausländerbehörden einen Ausländer bei der Erteilung eines Aufenthaltstitels nach § 25 Absatz 1 oder 2 zur Teilnahme an einem Integrationskurs verpflichten, wenn er sich lediglich auf einfache Art in deutscher Sprache verständigen kann.

(1a) Die Teilnahmeverpflichtung nach Absatz 1 Satz 1 Nummer 1 erlischt außer durch Rücknahme oder Widerruf nur, wenn der Ausländer ordnungsgemäß am Integrationskurs teilgenommen hat.

(2) Von der Teilnahmeverpflichtung ausgenommen sind Ausländer,

1. die sich im Bundesgebiet in einer beruflichen oder sonstigen Ausbildung befinden,
2. die die Teilnahme an vergleichbaren Bildungsangeboten im Bundesgebiet nachweisen oder
3. deren Teilnahme auf Dauer unmöglich oder unzumutbar ist.

(2a) Von der Verpflichtung zur Teilnahme am Orientierungskurs sind Ausländer ausgenommen, die eine Aufenthaltserlaubnis nach

§ 38a besitzen, wenn sie nachweisen, dass sie bereits in einem anderen Mitgliedstaat der Europäischen Union zur Erlangung ihrer Rechtsstellung als langfristig Aufenthaltsberechtigte an Integrationsmaßnahmen teilgenommen haben.

(3) $_{1}$Kommt ein Ausländer seiner Teilnahmepflicht aus von ihm zu vertretenden Gründen nicht nach oder legt er den Abschlusstest nicht erfolgreich ab, weist ihn die zuständige Ausländerbehörde vor der Verlängerung seiner Aufenthaltserlaubnis auf die möglichen Auswirkungen seines Handelns (§ 8 Abs. 3, § 9 Abs. 2 Satz 1 Nr. 7 und 8, § 9a Absatz 2 Satz 1 Nummer 3 und 4 dieses Gesetzes, § 10 Abs. 3 des Staatsangehörigkeitsgesetzes) hin. $_{2}$Die Ausländerbehörde kann den Ausländer mit Mitteln des Verwaltungszwangs zur Erfüllung seiner Teilnahmepflicht anhalten. $_{3}$Bei Verletzung der Teilnahmepflicht kann der voraussichtliche Kostenbeitrag auch vorab in einer Summe durch Gebührenbescheid erhoben werden.

§ 45 Integrationsprogramm

$_{1}$Der Integrationskurs soll durch weitere Integrationsangebote des Bundes und der Länder, insbesondere sozialpädagogische und migrationsspezifische Beratungsangebote, ergänzt werden. $_{2}$Das Bundesministerium des Innern oder die von ihm bestimmte Stelle entwickelt ein bundesweites Integrationsprogramm, in dem insbesondere die bestehenden Integrationsangebote von Bund, Ländern, Kommunen und privaten Trägern für Ausländer und Spätaussiedler festgestellt und Empfehlungen zur Weiterentwicklung der Integrationsangebote vorgelegt werden. $_{3}$Bei der Entwicklung des bundesweiten Integrationsprogramms sowie der Erstellung von Informationsmaterialien über bestehende Integrationsangebote werden die Länder, die Kommunen und die Ausländerbeauftragten von Bund, Ländern und Kommunen sowie der Beauftragte der Bundesregierung für Aussiedlerfragen beteiligt. $_{4}$Darüber hinaus sollen Religionsgemeinschaften, Gewerkschaften, Arbeitgeberverbände, die Träger der freien Wohlfahrtspflege sowie sonstige gesellschaftliche Interessenverbände beteiligt werden.

§ 45a Berufsbezogene Deutschsprachförderung; Verordnungsermächtigung

(1) $_{1}$Die Integration in den Arbeitsmarkt kann durch Maßnahmen der berufsbezogenen Deutschsprachförderung unterstützt werden. $_{2}$Diese Maßnahmen bauen in der Regel auf der allgemeinen Sprachförderung der Integrationskurse auf. $_{3}$Die berufsbezogene Deutschsprachförderung wird vom Bundesamt für Migration und Flüchtlinge koordiniert und durchgeführt. $_{4}$Das Bundesamt für Migration und Flüchtlinge bedient sich zur Durchführung der Maßnahmen privater oder öffentlicher Träger.

(2) $_{1}$Ein Ausländer ist zur Teilnahme an einer Maßnahme der berufsbezogenen Deutschsprachförderung verpflichtet, wenn er Leistungen nach dem Zweiten Buch Sozialgesetzbuch bezieht und die Teilnahme an der Maßnahme in einer Eingliederungsvereinbarung nach dem Zweiten Buch Sozialgesetzbuch vorgesehen ist. $_{2}$Leistungen zur Eingliederung in Arbeit nach dem Zweiten Buch Sozialgesetzbuch und Leistungen der aktiven Arbeitsförderung nach dem Dritten Buch Sozialgesetzbuch bleiben unberührt. $_{3}$Die Teilnahme an der berufsbezogenen Deutschsprachförderung setzt für Ausländer mit einer Aufenthaltsgestattung nach dem Asylgesetz voraus, dass

1. bei dem Ausländer ein rechtmäßiger und dauerhafter Aufenthalt zu erwarten ist oder
2. der Ausländer vor dem 1. August 2019 in das Bundesgebiet eingereist ist, er sich seit mindestens drei Monaten gestattet im Bundesgebiet aufhält, nicht aus einem sicheren Herkunftsstaat nach § 29a des Asylgesetzes stammt und bei der Agentur für Arbeit ausbildungsuchend, arbeitsuchend oder arbeitslos gemeldet ist oder beschäftigt ist oder in einer Berufsausbildung im Sinne von § 57 Absatz 1 des Dritten Buches Sozialgesetzbuch steht oder in Maßnahmen nach dem Zweiten Unterabschnitt des Dritten Abschnitts des Dritten Kapitels oder § 130 Absatz 1 Satz 2 des Dritten Buches Sozialgesetzbuch ge-

fördert wird oder bei dem die Voraussetzungen des § 11 Absatz 4 Satz 2 und 3 des Zwölften Buches Sozialgesetzbuch vorliegen.

4Bei einem Asylbewerber, der aus einem sicheren Herkunftsstaat nach § 29a des Asylgesetzes stammt, wird vermutet, dass ein rechtmäßiger und dauerhafter Aufenthalt nicht zu erwarten ist.

(3) Das Bundesministerium für Arbeit und Soziales wird ermächtigt, durch Rechtsverordnung ohne Zustimmung des Bundesrates im Einvernehmen mit dem Bundesministerium des Innern nähere Einzelheiten der berufsbezogenen Deutschsprachförderung, insbesondere die Grundstruktur, die Zielgruppen, die Dauer, die Lerninhalte und die Durchführung der Kurse, die Vorgaben bezüglich der Auswahl und Zulassung der Kursträger sowie die Voraussetzungen und die Rahmenbedingungen für den Zugang und die ordnungsgemäße und erfolgreiche Teilnahme einschließlich ihrer Abschlusszertifikate und der Kostentragung sowie die erforderliche Datenübermittlung zwischen den beteiligten Stellen und die Datenverarbeitung durch das Bundesamt für Migration und Flüchtlinge nach § 88a Absatz 3 zu regeln.

Kapitel 4 Ordnungsrechtliche Vorschriften

§ 46 Ordnungsverfügungen

(1) Die Ausländerbehörde kann gegenüber einem vollziehbar ausreisepflichtigen Ausländer Maßnahmen zur Förderung der Ausreise treffen, insbesondere kann sie den Ausländer verpflichten, den Wohnsitz an einem von ihr bestimmten Ort zu nehmen.

(2) 1Einem Ausländer kann die Ausreise in entsprechender Anwendung des § 10 Abs. 1 und 2 des Passgesetzes untersagt werden. 2Im Übrigen kann einem Ausländer die Ausreise aus dem Bundesgebiet nur untersagt werden, wenn er in einen anderen Staat einreisen will, ohne im Besitz der dafür erforderlichen Dokumente und Erlaubnisse zu sein. 3Das Ausreiseverbot ist aufzuheben, sobald der Grund seines Erlasses entfällt.

§ 47 Verbot und Beschränkung der politischen Betätigung

(1) 1Ausländer dürfen sich im Rahmen der allgemeinen Rechtsvorschriften politisch betätigen. 2Die politische Betätigung eines Ausländers kann beschränkt oder untersagt werden, soweit sie

1. die politische Willensbildung in der Bundesrepublik Deutschland oder das friedliche Zusammenleben von Deutschen und Ausländern oder von verschiedenen Ausländergruppen im Bundesgebiet, die öffentliche Sicherheit und Ordnung oder sonstige erhebliche Interessen der Bundesrepublik Deutschland beeinträchtigt oder gefährdet,
2. den außenpolitischen Interessen oder den völkerrechtlichen Verpflichtungen der Bundesrepublik Deutschland zuwiderlaufen kann,
3. gegen die Rechtsordnung der Bundesrepublik Deutschland, insbesondere unter Anwendung von Gewalt, verstößt oder
4. bestimmt ist, Parteien, andere Vereinigungen, Einrichtungen oder Bestrebungen außerhalb des Bundesgebiets zu fördern, deren Ziele oder Mittel mit den Grundwerten einer die Würde des Menschen achtenden staatlichen Ordnung unvereinbar sind.

(2) Die politische Betätigung eines Ausländers wird untersagt, soweit sie

1. die freiheitliche demokratische Grundordnung oder die Sicherheit der Bundesrepublik Deutschland gefährdet oder den kodifizierten Normen des Völkerrechts widerspricht,
2. Gewaltanwendung als Mittel zur Durchsetzung politischer, religiöser oder sonstiger Belange öffentlich unterstützt, befürwortet oder hervorzurufen bezweckt oder geeignet ist oder
3. Vereinigungen, politische Bewegungen oder Gruppen innerhalb oder außerhalb des Bundesgebiets unterstützt, die im Bundesgebiet Anschläge gegen Personen

oder Sachen oder außerhalb des Bundesgebiets Anschläge gegen Deutsche oder deutsche Einrichtungen veranlasst, befürwortet oder angedroht haben.

§ 47a Mitwirkungspflichten; Lichtbildabgleich

$_{1}$Ein Ausländer ist verpflichtet, seinen Pass, seinen Passersatz oder seinen Ausweisersatz auf Verlangen einer zur Identitätsfeststellung befugten Behörde vorzulegen und es ihr zu ermöglichen, sein Gesicht mit dem Lichtbild im Dokument abzugleichen. $_{2}$Dies gilt auch für die Bescheinigung über die Aufenthaltsgestattung nach § 63 Absatz 1 Satz 1 des Asylgesetzes. $_{3}$Ein Ausländer, der im Besitz eines Ankunftsnachweises im Sinne des § 63a Absatz 1 Satz 1 des Asylgesetzes oder eines der in § 48 Absatz 1 Nummer 2 genannten Dokumente ist, ist verpflichtet, den Ankunftsnachweis oder das Dokument auf Verlangen einer zur Überprüfung der darin enthaltenen Angaben befugten Behörde vorzulegen und es ihr zu ermöglichen, sein Gesicht mit dem Lichtbild im Dokument abzugleichen.

§ 48 Ausweisrechtliche Pflichten

(1) $_{1}$Ein Ausländer ist verpflichtet,

1. seinen Pass, seinen Passersatz oder seinen Ausweisersatz und
2. seinen Aufenthaltstitel oder eine Bescheinigung über die Aussetzung der Abschiebung

auf Verlangen den mit dem Vollzug des Ausländerrechts betrauten Behörden vorzulegen, auszuhändigen und vorübergehend zu überlassen, soweit dies zur Durchführung oder Sicherung von Maßnahmen nach diesem Gesetz erforderlich ist. $_{2}$Ein deutscher Staatsangehöriger, der zugleich eine ausländische Staatsangehörigkeit besitzt, ist verpflichtet, seinen ausländischen Pass oder Passersatz auf Verlangen den mit dem Vollzug des Ausländerrechts betrauten Behörden vorzulegen, auszuhändigen und vorübergehend zu überlassen, wenn

1. ihm nach § 7 Absatz 1 des Passgesetzes der deutsche Pass versagt, nach § 8 des Passgesetzes der deutsche Pass entzogen worden ist oder gegen ihn eine Anordnung nach § 6 Absatz 7 des Personalausweisgesetzes ergangen ist, wenn Anhaltspunkte die Annahme rechtfertigen, dass der Ausländer beabsichtigt, das Bundesgebiet zu verlassen oder
2. die Voraussetzungen für eine Untersagung der Ausreise nach § 10 Absatz 1 des Passgesetzes vorliegen und die Vorlage, Aushändigung und vorübergehende Überlassung des ausländischen Passes oder Passersatzes zur Durchführung oder Sicherung des Ausreiseverbots erforderlich sind.

(2) Ein Ausländer, der einen Pass oder Passersatz weder besitzt noch in zumutbarer Weise erlangen kann, genügt der Ausweispflicht mit der Bescheinigung über einen Aufenthaltstitel oder die Aussetzung der Abschiebung, wenn sie mit den Angaben zur Person und einem Lichtbild versehen und als Ausweisersatz bezeichnet ist.

(3) $_{1}$Besitzt der Ausländer keinen gültigen Pass oder Passersatz, ist er verpflichtet, an der Beschaffung des Identitätspapiers mitzuwirken sowie alle Urkunden, sonstigen Unterlagen und Datenträger, die für die Feststellung seiner Identität und Staatsangehörigkeit und für die Feststellung und Geltendmachung einer Rückführungsmöglichkeit in einen anderen Staat von Bedeutung sein können und in deren Besitz er ist, den mit der Ausführung dieses Gesetzes betrauten Behörden auf Verlangen vorzulegen, auszuhändigen und zu überlassen. $_{2}$Kommt der Ausländer seiner Verpflichtung nicht nach und bestehen tatsächliche Anhaltspunkte, dass er im Besitz solcher Unterlagen oder Datenträger ist, können er und die von ihm mitgeführten Sachen durchsucht werden. $_{3}$Der Ausländer hat die Maßnahme zu dulden.

(3a) $_{1}$Die Auswertung von Datenträgern ist nur zulässig, soweit dies für die Feststellung der Identität und Staatsangehörigkeit des Ausländers und für die Feststellung und Geltendmachung einer Rückführungsmöglichkeit in einen anderen Staat nach Maßgabe von Absatz 3 erforderlich ist und der Zweck der Maßnahme nicht durch mildere Mittel erreicht werden kann. 2Liegen tatsächliche Anhaltspunkte für die Annahme vor, dass durch die Auswertung von Datenträgern allein Erkenntnisse aus dem Kernbereich privater Lebensgestaltung erlangt würden, ist die Maßnahme unzulässig. 3Der Ausländer hat die notwendigen Zugangsdaten für eine zulässige Auswertung von Datenträgern zur Verfügung zu stellen. 4Die Datenträger dürfen nur von einem Bediensteten ausgewertet werden, der die Befähigung zum Richteramt hat. 5Erkenntnisse aus dem Kernbereich privater Lebensgestaltung, die durch die Auswertung von Datenträgern erlangt werden, dürfen nicht verwertet werden. 6Aufzeichnungen hierüber sind unverzüglich zu löschen. 7Die Tatsache ihrer Erlangung und Löschung ist aktenkundig zu machen. 8Sind die durch die Auswertung der Datenträger erlangten personenbezogenen Daten für die Zwecke nach Satz 1 nicht mehr erforderlich, sind sie unverzüglich zu löschen.

(4) 1Wird nach § 5 Abs. 3 oder § 33 von der Erfüllung der Passpflicht (§ 3 Abs. 1) abgesehen, wird ein Ausweisersatz ausgestellt. 2Absatz 3 bleibt hiervon unberührt.

§ 48a Erhebung von Zugangsdaten

(1) Soweit der Ausländer die notwendigen Zugangsdaten für die Auswertung von Endgeräten, die er für telekommunikative Zwecke eingesetzt hat, nicht zur Verfügung stellt, darf von demjenigen, der geschäftsmäßig Telekommunikationsdienste erbringt oder daran mitwirkt, Auskunft über die Daten, mittels derer der Zugriff auf Endgeräte oder auf Speichereinrichtungen, die in diesen Endgeräten oder hiervon räumlich getrennt eingesetzt werden, geschützt wird (§ 113 Absatz 1 Satz 2 des Telekommunikationsgesetzes), verlangt werden, wenn die gesetzlichen Voraussetzungen für die Nutzung der Daten vorliegen.

(2) Der Ausländer ist von dem Auskunftsverlangen vorher in Kenntnis zu setzen.

(3) 1Auf Grund eines Auskunftsverlangens nach Absatz 1 hat derjenige, der geschäftsmäßig Telekommunikationsdienste erbringt oder daran mitwirkt, die zur Auskunftserteilung erforderlichen Daten unverzüglich zu übermitteln. 2Für die Entschädigung der Diensteanbieter ist § 23 Absatz 1 des Justizvergütungs- und -entschädigungsgesetzes entsprechend anzuwenden.

§ 49 Überprüfung, Feststellung und Sicherung der Identität

(1) 1Die mit dem Vollzug dieses Gesetzes betrauten Behörden dürfen unter den Voraussetzungen des § 48 Abs. 1 die auf dem elektronischen Speicher- und Verarbeitungsmedium eines Dokuments nach § 48 Abs. 1 Nr. 1 und 2 gespeicherten biometrischen und sonstigen Daten auslesen, die benötigten biometrischen Daten beim Inhaber des Dokuments erheben und die biometrischen Daten miteinander vergleichen. 2Darüber hinaus sind auch alle anderen Behörden, an die Daten aus dem Ausländerzentralregister nach den §§ 15 bis 20 des AZR-Gesetzes übermittelt werden, und die Meldebehörden befugt, Maßnahmen nach Satz 1 zu treffen, soweit sie die Echtheit des Dokuments oder die Identität des Inhabers überprüfen dürfen. 3Biometrische Daten nach Satz 1 sind nur die Fingerabdrücke und das Lichtbild.

(2) Jeder Ausländer ist verpflichtet, gegenüber den mit dem Vollzug des Ausländerrechts betrauten Behörden auf Verlangen die erforderlichen Angaben zu seinem Alter, seiner Identität und Staatsangehörigkeit zu machen und die von der Vertretung des Staates, dessen Staatsangehörigkeit er besitzt oder vermutlich besitzt, geforderten und mit dem deutschen Recht in Einklang stehenden Erklärungen im Rahmen der Beschaffung von Heimreisedokumenten abzugeben.

(3) Bestehen Zweifel über die Person, das Lebensalter oder die Staatsangehörigkeit des Ausländers, so sind die zur Feststellung seiner Identität, seines Lebensalters oder seiner Staatsangehörigkeit erforderlichen Maßnahmen zu treffen, wenn

1. dem Ausländer die Einreise erlaubt, ein Aufenthaltstitel erteilt oder die Abschiebung ausgesetzt werden soll oder

I

2. es zur Durchführung anderer Maßnahmen nach diesem Gesetz erforderlich ist.

(4) Die Identität eines Ausländers ist durch erkennungsdienstliche Maßnahmen zu sichern, wenn eine Verteilung gemäß § 15a stattfindet.

(5) Zur Feststellung und Sicherung der Identität sollen die erforderlichen Maßnahmen durchgeführt werden,

1. wenn der Ausländer mit einem gefälschten oder verfälschten Pass oder Passersatz einreisen will oder eingereist ist;
2. wenn sonstige Anhaltspunkte den Verdacht begründen, dass der Ausländer nach einer Zurückweisung oder Beendigung des Aufenthalts erneut unerlaubt ins Bundesgebiet einreisen will;
3. bei Ausländern, die vollziehbar ausreisepflichtig sind, sofern die Zurückschiebung oder Abschiebung in Betracht kommt;
4. wenn der Ausländer in einen in § 26a Abs. 2 des Asylgesetzes genannten Drittstaat zurückgewiesen oder zurückgeschoben wird;
5. bei der Beantragung eines nationalen Visums;
6. bei Ausländern, die für ein Aufnahmeverfahren nach § 23, für die Gewährung von vorübergehendem Schutz nach § 24 oder für ein Umverteilungsverfahren auf Grund von Maßnahmen nach Artikel 78 Absatz 3 des Vertrags über die Arbeitsweise der Europäischen Union vorgeschlagen und vom Bundesamt für Migration und Flüchtlinge in die Prüfung über die Erteilung einer Aufnahmezusage einbezogen wurden, sowie in den Fällen des § 29 Absatz 3;
7. wenn ein Versagungsgrund nach § 5 Abs. 4 festgestellt worden ist.

(6) $_1$Maßnahmen im Sinne der Absätze 3 bis 5 mit Ausnahme des Absatzes 5 Nr. 5 sind das Aufnehmen von Lichtbildern, das Abnehmen von Fingerabdrücken, sowie Messungen und ähnliche Maßnahmen, einschließlich körperlicher Eingriffe, die von einem Arzt nach den Regeln der ärztlichen Kunst zum Zweck der Feststellung des Alters vorgenommen werden, wenn kein Nachteil für die Gesundheit des Ausländers zu befürchten ist. $_2$Die Maßnahmen sind zulässig bei Ausländern, die das 14. Lebensjahr vollendet haben; Zweifel an der Vollendung des 14. Lebensjahres gehen dabei zu Lasten des Ausländers. $_3$Zur Feststellung der Identität sind diese Maßnahmen nur zulässig, wenn die Identität in anderer Weise, insbesondere durch Anfragen bei anderen Behörden nicht oder nicht rechtzeitig oder nur unter erheblichen Schwierigkeiten festgestellt werden kann.

(6a) Maßnahmen im Sinne des Absatzes 5 Nr. 5 sind das Aufnehmen von Lichtbildern und das Abnehmen von Fingerabdrücken.

(7) $_1$Zur Bestimmung des Herkunftsstaates oder der Herkunftsregion des Ausländers kann das gesprochene Wort des Ausländers auf Ton- oder Datenträger aufgezeichnet werden. $_2$Diese Erhebung darf nur erfolgen, wenn der Ausländer vorher darüber in Kenntnis gesetzt wurde.

(8) $_1$Die Identität eines Ausländers, der in Verbindung mit der unerlaubten Einreise aufgegriffen und nicht zurückgewiesen wird, ist durch erkennungsdienstliche Maßnahmen zu sichern. $_2$Nach Satz 1 dürfen nur Lichtbilder und Abdrucke aller zehn Finger aufgenommen werden. $_3$Die Identität eines Ausländers, der das 14. Lebensjahr noch nicht vollendet hat, ist unter den Voraussetzungen des Satzes 1 nur durch das Aufnehmen eines Lichtbildes zu sichern.

(9) $_1$Die Identität eines Ausländers, der sich ohne erforderlichen Aufenthaltstitel im Bundesgebiet aufhält, ist durch erkennungsdienstliche Maßnahmen zu sichern. $_2$Nach Satz 1 dürfen nur Lichtbilder und Abdrucke aller zehn Finger aufgenommen werden. $_3$Die Identität eines Ausländers, der das 14. Lebensjahr noch nicht vollendet hat, ist unter den Voraussetzungen des Satzes 1 nur durch das Aufnehmen eines Lichtbildes zu sichern.

(10) Der Ausländer hat die Maßnahmen nach den Absätzen 1 und 3 bis 9 zu dulden.

Kapitel 5
Beendigung des Aufenthalts

Abschnitt 1
Begründung der Ausreisepflicht

§ 50 Ausreisepflicht

(1) Ein Ausländer ist zur Ausreise verpflichtet, wenn er einen erforderlichen Aufenthaltstitel nicht oder nicht mehr besitzt und ein Aufenthaltsrecht nach dem Assoziationsabkommen EWG/Türkei nicht oder nicht mehr besteht.

(2) Der Ausländer hat das Bundesgebiet unverzüglich oder, wenn ihm eine Ausreisefrist gesetzt ist, bis zum Ablauf der Frist zu verlassen.

(3) 1Durch die Einreise in einen anderen Mitgliedstaat der Europäischen Union oder in einen anderen Schengen-Staat genügt der Ausländer seiner Ausreisepflicht nur, wenn ihm Einreise und Aufenthalt dort erlaubt sind. 2Liegen diese Voraussetzungen vor, ist der ausreisepflichtige Ausländer aufzufordern, sich unverzüglich in das Hoheitsgebiet dieses Staates zu begeben.

(4) Ein ausreisepflichtiger Ausländer, der seine Wohnung wechseln oder den Bezirk der Ausländerbehörde für mehr als drei Tage verlassen will, hat dies der Ausländerbehörde vorher anzuzeigen.

(5) Der Pass oder Passersatz eines ausreisepflichtigen Ausländers soll bis zu dessen Ausreise in Verwahrung genommen werden.

(6) 1Ein Ausländer kann zum Zweck der Aufenthaltsbeendigung in den Fahndungshilfsmitteln der Polizei zur Aufenthaltsermittlung und Festnahme ausgeschrieben werden, wenn sein Aufenthalt unbekannt ist. 2Ein Ausländer, gegen den ein Einreise- und Aufenthaltsverbot nach § 11 besteht, kann zum Zweck der Einreiseverweigerung zur Zurückweisung und für den Fall des Antreffens im Bundesgebiet zur Festnahme ausgeschrieben werden. 3Für Ausländer, die gemäß § 15a verteilt worden sind, gilt § 66 des Asylgesetzes entsprechend.

§ 51 Beendigung der Rechtmäßigkeit des Aufenthalts; Fortgeltung von Beschränkungen

(1) Der Aufenthaltstitel erlischt in folgenden Fällen:

1. Ablauf seiner Geltungsdauer,
2. Eintritt einer auflösenden Bedingung,
3. Rücknahme des Aufenthaltstitels,
4. Widerruf des Aufenthaltstitels,
5. Ausweisung des Ausländers,

5a. Bekanntgabe einer Abschiebungsanordnung nach § 58a,

6. wenn der Ausländer aus einem seiner Natur nach nicht vorübergehenden Grunde ausreist,
7. wenn der Ausländer ausgereist und nicht innerhalb von sechs Monaten oder einer von der Ausländerbehörde bestimmten längeren Frist wieder eingereist ist,
8. wenn ein Ausländer nach Erteilung eines Aufenthaltstitels gemäß der §§ 22, 23 oder § 25 Abs. 3 bis 5 einen Asylantrag stellt;

ein für mehrere Einreisen oder mit einer Geltungsdauer von mehr als 90 Tagen erteiltes Visum erlischt nicht nach den Nummern 6 und 7.

(1a) 1Die Gültigkeit einer nach § 19b erteilten ICT-Karte erlischt nicht nach Absatz 1 Nummer 6 und 7, wenn der Ausländer von der in der Richtlinie 2014/66/EU vorgesehenen Möglichkeit Gebrauch macht, einen Teil des unternehmensinternen Transfers in einem anderen Mitgliedstaat der Europäischen Union durchzuführen. 2Die Gültigkeit einer nach § 16 oder § 20 erteilten Aufenthaltserlaubnis erlischt nicht nach Absatz 1 Nummer 6 und 7, wenn der Ausländer von der in der Richtlinie (EU) 2016/801 vorgesehenen Möglichkeit Gebrauch macht, einen Teil des Studiums oder des Forschungsvorhabens in einem anderen Mitgliedstaat der Europäischen Union durchzuführen.

(2) 1Die Niederlassungserlaubnis eines Ausländers, der sich mindestens 15 Jahre rechtmäßig im Bundesgebiet aufgehalten hat sowie die Niederlassungserlaubnis seines mit

ihm in ehelicher Lebensgemeinschaft lebenden Ehegatten erlöschen nicht nach Absatz 1 Nr. 6 und 7, wenn deren Lebensunterhalt gesichert ist und kein Ausweisungsinteresse nach § 54 Absatz 1 Nummer 2 bis 5 oder Absatz 2 Nummer 5 bis 7 besteht. ₂Die Niederlassungserlaubnis eines mit einem Deutschen in ehelicher Lebensgemeinschaft lebenden Ausländers erlischt nicht nach Absatz 1 Nr. 6 und 7, wenn kein Ausweisungsinteresse nach § 54 Absatz 1 Nummer 2 bis 5 oder Absatz 2 Nummer 5 bis 7 besteht. ₃Zum Nachweis des Fortbestandes der Niederlassungserlaubnis stellt die Ausländerbehörde am Ort des letzten gewöhnlichen Aufenthalts auf Antrag eine Bescheinigung aus.

(3) Der Aufenthaltstitel erlischt nicht nach Absatz 1 Nr. 7, wenn die Frist lediglich wegen Erfüllung der gesetzlichen Wehrpflicht im Heimatstaat überschritten wird und der Ausländer innerhalb von drei Monaten nach der Entlassung aus dem Wehrdienst wieder einreist.

(4) ₁Nach Absatz 1 Nr. 7 wird in der Regel eine längere Frist bestimmt, wenn der Ausländer aus einem seiner Natur nach vorübergehenden Grunde ausreisen will und eine Niederlassungserlaubnis besitzt oder wenn der Aufenthalt außerhalb des Bundesgebiets Interessen der Bundesrepublik Deutschland dient. ₂Abweichend von Absatz 1 Nummer 6 und 7 erlischt der Aufenthaltstitel eines Ausländers nicht, wenn er die Voraussetzungen des § 37 Absatz 1 Satz 1 Nummer 1 erfüllt, rechtswidrig mit Gewalt oder Drohung mit einem empfindlichen Übel zur Eingehung der Ehe genötigt und von der Rückkehr nach Deutschland abgehalten wurde und innerhalb von drei Monaten nach Wegfall der Zwangslage, spätestens jedoch innerhalb von zehn Jahren seit der Ausreise, wieder einreist.

(5) Die Befreiung vom Erfordernis des Aufenthaltstitels entfällt, wenn der Ausländer ausgewiesen, zurückgeschoben oder abgeschoben wird; § 11 Absatz 2 bis 5 findet entsprechende Anwendung.

(6) Räumliche und sonstige Beschränkungen und Auflagen nach diesem und nach anderen Gesetzen bleiben auch nach Wegfall des Aufenthaltstitels oder der Aussetzung der Abschiebung in Kraft, bis sie aufgehoben werden oder der Ausländer seiner Ausreisepflicht nachgekommen ist.

(7) ₁Im Falle der Ausreise eines Asylberechtigten oder eines Ausländers, dem das Bundesamt für Migration und Flüchtlinge unanfechtbar die Flüchtlingseigenschaft zuerkannt hat, erlischt der Aufenthaltstitel nicht, solange er im Besitz eines gültigen, von einer deutschen Behörde ausgestellten Reiseausweises für Flüchtlinge ist. ₂Der Ausländer hat auf Grund seiner Anerkennung als Asylberechtigter oder der unanfechtbaren Zuerkennung der Flüchtlingseigenschaft durch das Bundesamt für Migration und Flüchtlinge keinen Anspruch auf erneute Erteilung eines Aufenthaltstitels, wenn er das Bundesgebiet verlassen hat und die Zuständigkeit für die Ausstellung eines Reiseausweises für Flüchtlinge auf einen anderen Staat übergegangen ist.

(8) ₁Vor der Aufhebung einer Aufenthaltserlaubnis nach § 38a Abs. 1, vor einer Ausweisung eines Ausländers, der eine solche Aufenthaltserlaubnis besitzt und vor dem Erlass einer gegen ihn gerichteten Abschiebungsanordnung nach § 58a gibt die zuständige Behörde in dem Verfahren nach § 91c Absatz 2 über das Bundesamt für Migration und Flüchtlinge dem Mitgliedstaat der Europäischen Union, in dem der Ausländer die Rechtsstellung eines langfristig Aufenthaltsberechtigten besitzt, Gelegenheit zur Stellungnahme, wenn die Abschiebung in ein Gebiet erwogen wird, in dem diese Rechtsstellung nicht erworben werden kann. ₂Geht die Stellungnahme des anderen Mitgliedstaates rechtzeitig ein, wird sie von der zuständigen Behörde berücksichtigt.

(8a) ₁Soweit die Behörden anderer Schengen-Staaten über Entscheidungen nach Artikel 34 der Verordnung (EG) Nr. 810/2009, die durch die Ausländerbehörden getroffen wurden, zu unterrichten sind, erfolgt dies über das Bundesamt für Migration und Flüchtlinge. ₂Die mit der polizeilichen Kontrolle des grenzüberschreitenden Verkehrs beauftragten Behörden unterrichten die Behörden anderer Schengen-Staaten unmittelbar über ihre Entscheidungen nach Artikel 34 der Verordnung (EG) Nr. 810/2009.

(9) 1Die Erlaubnis zum Daueraufenthalt – EU erlischt nur, wenn

1. ihre Erteilung wegen Täuschung, Drohung oder Bestechung zurückgenommen wird,
2. der Ausländer ausgewiesen oder ihm eine Abschiebungsanordnung nach § 58a bekannt gegeben wird,
3. sich der Ausländer für einen Zeitraum von zwölf aufeinander folgenden Monaten außerhalb des Gebiets aufhält, in dem die Rechtsstellung eines langfristig Aufenthaltsberechtigten erworben werden kann; der Zeitraum beträgt 24 aufeinanderfolgende Monate bei einem Ausländer, der zuvor im Besitz einer Blauen Karte EU war, und bei seinen Familienangehörigen, die zuvor im Besitz einer Aufenthaltserlaubnis nach den §§ 30, 32, 33 oder 36 waren,
4. sich der Ausländer für einen Zeitraum von sechs Jahren außerhalb des Bundesgebiets aufhält oder
5. der Ausländer die Rechtsstellung eines langfristig Aufenthaltsberechtigten in einem anderen Mitgliedstaat der Europäischen Union erwirbt.

2Auf die in Satz 1 Nr. 3 und 4 genannten Fälle sind die Absätze 2 bis 4 entsprechend anzuwenden.

(10) 1Abweichend von Absatz 1 Nummer 7 beträgt die Frist für die Blaue Karte EU und die Aufenthaltserlaubnisse nach den §§ 30, 32, 33 oder 36, die den Familienangehörigen eines Inhabers einer Blauen Karte EU erteilt worden sind, zwölf Monate. 2Gleiches gilt für die Niederlassungserlaubnis eines Ausländers, der sich mindestens 15 Jahre rechtmäßig im Bundesgebiet aufgehalten hat sowie die Niederlassungserlaubnis eines mit ihm in ehelicher Lebensgemeinschaft lebenden Ehegatten, wenn sie das 60. Lebensjahr vollendet haben.

§ 52 Widerruf

(1) 1Der Aufenthaltstitel des Ausländers nach § 4 Absatz 1 Satz 2 Nummer 1 zweite Alternative, Nummer 2, 2a, 2b, 2c, 3 und 4 kann außer in den Fällen der Absätze 2 bis 6 nur widerrufen werden, wenn

1. er keinen gültigen Pass oder Passersatz mehr besitzt,
2. er seine Staatsangehörigkeit wechselt oder verliert,
3. er noch nicht eingereist ist,
4. seine Anerkennung als Asylberechtigter oder seine Rechtsstellung als Flüchtling oder als subsidiär Schutzberechtigter erlischt oder unwirksam wird oder
5. die Ausländerbehörde nach Erteilung einer Aufenthaltserlaubnis nach § 25 Abs. 3 Satz 1 feststellt, dass
   a) die Voraussetzungen des § 60 Absatz 5 oder 7 nicht oder nicht mehr vorliegen,
   b) der Ausländer einen der Ausschlussgründe nach § 25 Abs. 3 Satz 2 Nummer 1 bis 4 erfüllt oder
   c) in den Fällen des § 42 Satz 1 des Asylgesetzes die Feststellung aufgehoben oder unwirksam wird.

2In den Fällen des Satzes 1 Nr. 4 und 5 kann auch der Aufenthaltstitel der mit dem Ausländer in familiärer Gemeinschaft lebenden Familienangehörigen widerrufen werden, wenn diesen kein eigenständiger Anspruch auf den Aufenthaltstitel zusteht.

(2) 1Ein nationales Visum, eine Aufenthaltserlaubnis und eine Blaue Karte EU, die zum Zweck der Beschäftigung erteilt wurden, sind zu widerrufen, wenn die Bundesagentur für Arbeit nach § 41 die Zustimmung zur Ausübung der Beschäftigung widerrufen hat. 2Ein nationales Visum und eine Aufenthaltserlaubnis, die nicht zum Zweck der Beschäftigung erteilt wurden, sind im Falle des Satzes 1 in dem Umfang zu widerrufen, in dem sie die Beschäftigung gestatten.

(2a) 1Eine nach § 19b erteilte ICT-Karte, eine nach § 19d erteilte Mobiler-ICT-Karte oder ein Aufenthaltstitel zum Zweck des Familiennachzugs zu einem Inhaber einer ICT-Karte oder Mobiler-ICT-Karte kann widerrufen werden, wenn der Ausländer

1. nicht mehr die Voraussetzungen der Erteilung erfüllt oder

I

2. gegen Vorschriften eines anderen Mitgliedstaates der Europäischen Union über die Mobilität von unternehmensintern transferierten Arbeitnehmern im Anwendungsbereich der Richtlinie 2014/66/EU verstoßen hat.

2Wird die ICT-Karte oder die Mobiler-ICT-Karte widerrufen, so ist zugleich der dem Familienangehörigen erteilte Aufenthaltstitel zu widerrufen, es sei denn, dem Familienangehörigen steht ein eigenständiger Anspruch auf einen Aufenthaltstitel zu.

(3) 1Eine nach § 16 Absatz 1, 6 oder 9 zum Zweck des Studiums erteilte Aufenthaltserlaubnis kann widerrufen werden, wenn

1. der Ausländer ohne die erforderliche Erlaubnis eine Erwerbstätigkeit ausübt,
2. der Ausländer unter Berücksichtigung der durchschnittlichen Studiendauer an der betreffenden Hochschule im jeweiligen Studiengang und seiner individuellen Situation keine ausreichenden Studienfortschritte macht oder
3. der Ausländer nicht mehr die Voraussetzungen erfüllt, unter denen ihm eine Aufenthaltserlaubnis nach § 16 Absatz 1, 6 oder 9 erteilt werden könnte.

2Zur Prüfung der Voraussetzungen von Satz 1 Nummer 2 kann die Ausbildungseinrichtung beteiligt werden.

(4) Eine nach § 20 oder § 20b erteilte Aufenthaltserlaubnis kann widerrufen werden, wenn

1. die Forschungseinrichtung, mit welcher der Ausländer eine Aufnahmevereinbarung abgeschlossen hat, ihre Anerkennung verliert, sofern er an einer Handlung beteiligt war, die zum Verlust der Anerkennung geführt hat,
2. der Ausländer bei der Forschungseinrichtung keine Forschung mehr betreibt oder betreiben darf oder
3. der Ausländer nicht mehr die Voraussetzungen erfüllt, unter denen ihm eine Aufenthaltserlaubnis nach § 20 oder § 20b erteilt werden könnte oder eine Aufnahmevereinbarung mit ihm abgeschlossen werden dürfte.

(4a) Eine nach § 17b oder § 18d erteilte Aufenthaltserlaubnis kann widerrufen werden, wenn der Ausländer nicht mehr die Voraussetzungen erfüllt, unter denen ihm die Aufenthaltserlaubnis erteilt werden könnte.

(5) 1Eine Aufenthaltserlaubnis nach § 25 Absatz 4a Satz 1 oder Absatz 4b Satz 1 soll widerrufen werden, wenn

1. der Ausländer nicht bereit war oder nicht mehr bereit ist, im Strafverfahren auszusagen,
2. die Angaben des Ausländers, auf die in § 25 Absatz 4a Satz 2 Nummer 1 oder Absatz 4b Satz 2 Nummer 1 Bezug genommen wird, nach Mitteilung der Staatsanwaltschaft oder des Strafgerichts mit hinreichender Wahrscheinlichkeit als falsch anzusehen sind oder
3. der Ausländer auf Grund sonstiger Umstände nicht mehr die Voraussetzungen für die Erteilung eines Aufenthaltstitels nach § 25 Absatz 4a oder Absatz 4b erfüllt.

2Eine Aufenthaltserlaubnis nach § 25 Absatz 4a Satz 1 soll auch dann widerrufen werden, wenn der Ausländer freiwillig wieder Verbindung zu den Personen nach § 25 Absatz 4a Satz 2 Nummer 2 aufgenommen hat.

(6) Eine Aufenthaltserlaubnis nach § 38a soll widerrufen werden, wenn der Ausländer seine Rechtsstellung als langfristig Aufenthaltsberechtigter in einem anderen Mitgliedstaat der Europäischen Union verliert.

§ 53 Ausweisung

(1) Ein Ausländer, dessen Aufenthalt die öffentliche Sicherheit und Ordnung, die freiheitliche demokratische Grundordnung oder sonstige erhebliche Interessen der Bundesrepublik Deutschland gefährdet, wird ausgewiesen, wenn die unter Berücksichtigung aller Umstände des Einzelfalles vorzunehmende Abwägung der Interessen an der Ausreise mit den Interessen an einem weiteren Verbleib des Ausländers im Bundesgebiet ergibt, dass das öffentliche Interesse an der Ausreise überwiegt.

(2) Bei der Abwägung nach Absatz 1 sind nach den Umständen des Einzelfalles insbesondere die Dauer seines Aufenthalts, seine persönlichen, wirtschaftlichen und sonstigen Bindungen im Bundesgebiet und im Herkunftsstaat oder in einem anderen zur Aufnahme bereiten Staat, die Folgen der Ausweisung für Familienangehörige und Lebenspartner sowie die Tatsache, ob sich der Ausländer rechtstreu verhalten hat, zu berücksichtigen.

(3) Ein Ausländer, dem nach dem Assoziationsabkommen EWG/Türkei ein Aufenthaltsrecht zusteht oder der eine Erlaubnis zum Daueraufenthalt – EU besitzt, darf nur ausgewiesen werden, wenn das persönliche Verhalten des Betroffenen gegenwärtig eine schwerwiegende Gefahr für die öffentliche Sicherheit und Ordnung darstellt, die ein Grundinteresse der Gesellschaft berührt und die Ausweisung für die Wahrung dieses Interesses unerlässlich ist.

(3a) Ein Ausländer, der als Asylberechtigter anerkannt ist, der im Bundesgebiet die Rechtsstellung eines ausländischen Flüchtlings genießt oder der einen von einer Behörde der Bundesrepublik Deutschland ausgestellten Reiseausweis nach dem Abkommen vom 28. Juli 1951 über die Rechtsstellung der Flüchtlinge (BGBl. 1953 II S. 559) besitzt, darf nur ausgewiesen werden, wenn er aus schwerwiegenden Gründen als eine Gefahr für die Sicherheit der Bundesrepublik Deutschland oder eine terroristische Gefahr anzusehen ist oder er eine Gefahr für die Allgemeinheit darstellt, weil er wegen einer schweren Straftat rechtskräftig verurteilt wurde.

(3b) Ein Ausländer, der die Rechtsstellung eines subsidiär Schutzberechtigten im Sinne des § 4 Absatz 1 des Asylgesetzes genießt, darf nur ausgewiesen werden, wenn er eine schwere Straftat begangen hat oder er eine Gefahr für die Allgemeinheit oder die Sicherheit der Bundesrepublik Deutschland darstellt.

(4) $_1$Ein Ausländer, der einen Asylantrag gestellt hat, kann nur unter der Bedingung ausgewiesen werden, dass das Asylverfahren unanfechtbar ohne Anerkennung als Asylberechtigter oder ohne die Zuerkennung internationalen Schutzes (§ 1 Absatz 1 Nummer 2 des Asylgesetzes) abgeschlossen wird. $_2$Von der Bedingung wird abgesehen, wenn

1. ein Sachverhalt vorliegt, der nach Absatz 3 eine Ausweisung rechtfertigt oder
2. eine nach den Vorschriften des Asylgesetzes erlassene Abschiebungsandrohung vollziehbar geworden ist.

§ 54 Ausweisungsinteresse

(1) Das Ausweisungsinteresse im Sinne von § 53 Absatz 1 wiegt besonders schwer, wenn der Ausländer

1. wegen einer oder mehrerer vorsätzlicher Straftaten rechtskräftig zu einer Freiheits- oder Jugendstrafe von mindestens zwei Jahren verurteilt worden ist oder bei der letzten rechtskräftigen Verurteilung Sicherungsverwahrung angeordnet worden ist,

1a. rechtskräftig zu einer Freiheits- oder Jugendstrafe von mindestens einem Jahr verurteilt worden ist wegen einer oder mehrerer vorsätzlicher Straftaten
   a) gegen das Leben,
   b) gegen die körperliche Unversehrtheit,
   c) gegen die sexuelle Selbstbestimmung nach den §§ 174, 176 bis 178, 181a, 184b, 184d und 184e jeweils in Verbindung mit § 184b des Strafgesetzbuches,
   d) gegen das Eigentum, sofern das Gesetz für die Straftat eine im Mindestmaß erhöhte Freiheitsstrafe vorsieht oder die Straftaten serienmäßig begangen wurden oder
   e) wegen Widerstands gegen Vollstreckungsbeamte oder tätlichen Angriffs gegen Vollstreckungsbeamte,

1b. wegen einer oder mehrerer Straftaten nach § 263 des Strafgesetzbuchs zu Lasten eines Leistungsträgers oder Sozialversicherungsträgers nach dem Sozialgesetzbuch oder nach dem Gesetz über den Verkehr mit Betäubungsmitteln rechtskräftig zu einer Freiheits- oder Jugendstrafe von mindestens einem Jahr verurteilt worden ist,

2. die freiheitliche demokratische Grundordnung oder die Sicherheit der Bundesrepublik Deutschland gefährdet; hiervon ist auszugehen, wenn Tatsachen die Schlussfolgerung rechtfertigen, dass er einer Vereinigung angehört oder angehört hat, die den Terrorismus unterstützt oder er eine derartige Vereinigung unterstützt oder unterstützt hat oder er eine in § 89a Absatz 1 des Strafgesetzbuchs bezeichnete schwere staatsgefährdende Gewalttat nach § 89a Absatz 2 des Strafgesetzbuchs vorbereitet oder vorbereitet hat, es sei denn, der Ausländer nimmt erkennbar und glaubhaft von seinem sicherheitsgefährdenden Handeln Abstand,

3. zu den Leitern eines Vereins gehörte, der unanfechtbar verboten wurde, weil seine Zwecke oder seine Tätigkeit den Strafgesetzen zuwiderlaufen oder er sich gegen die verfassungsmäßige Ordnung oder den Gedanken der Völkerverständigung richtet,

4. sich zur Verfolgung politischer oder religiöser Ziele an Gewalttätigkeiten beteiligt oder öffentlich zur Gewaltanwendung aufruft oder mit Gewaltanwendung droht oder

5. zu Hass gegen Teile der Bevölkerung aufruft; hiervon ist auszugehen, wenn er auf eine andere Person gezielt und andauernd einwirkt, um Hass auf Angehörige bestimmter ethnischer Gruppen oder Religionen zu erzeugen oder zu verstärken oder öffentlich, in einer Versammlung oder durch Verbreiten von Schriften in einer Weise, die geeignet ist, die öffentliche Sicherheit und Ordnung zu stören,
   a) gegen Teile der Bevölkerung zu Willkürmaßnahmen aufstachelt,
   b) Teile der Bevölkerung böswillig verächtlich macht und dadurch die Menschenwürde anderer angreift oder
   c) Verbrechen gegen den Frieden, gegen die Menschlichkeit, ein Kriegsverbrechen oder terroristische Taten von vergleichbarem Gewicht billigt oder dafür wirbt,

   es sei denn, der Ausländer nimmt erkennbar und glaubhaft von seinem Handeln Abstand.

(2) Das Ausweisungsinteresse im Sinne von § 53 Absatz 1 wiegt schwer, wenn der Ausländer

1. wegen einer oder mehrerer vorsätzlicher Straftaten rechtskräftig zu einer Freiheitsstrafe von mindestens sechs Monaten verurteilt worden ist,
2. wegen einer oder mehrerer vorsätzlicher Straftaten rechtskräftig zu einer Jugendstrafe von mindestens einem Jahr verurteilt und die Vollstreckung der Strafe nicht zur Bewährung ausgesetzt worden ist,
3. als Täter oder Teilnehmer den Tatbestand des § 29 Absatz 1 Satz 1 Nummer 1 des Betäubungsmittelgesetzes verwirklicht oder dies versucht,
4. Heroin, Kokain oder ein vergleichbar gefährliches Betäubungsmittel verbraucht und nicht zu einer erforderlichen seiner Rehabilitation dienenden Behandlung bereit ist oder sich ihr entzieht,
5. eine andere Person in verwerflicher Weise, insbesondere unter Anwendung oder Androhung von Gewalt, davon abhält, am wirtschaftlichen, kulturellen oder gesellschaftlichen Leben in der Bundesrepublik Deutschland teilzuhaben,
6. eine andere Person zur Eingehung der Ehe nötigt oder dies versucht oder wiederholt eine Handlung entgegen § 11 Absatz 2 Satz 1 und 2 des Personenstandsgesetzes vornimmt, die einen schwerwiegenden Verstoß gegen diese Vorschrift darstellt; ein schwerwiegender Verstoß liegt vor, wenn eine Person, die das 16. Lebensjahr noch nicht vollendet hat, beteiligt ist,
7. in einer Befragung, die der Klärung von Bedenken gegen die Einreise oder den weiteren Aufenthalt dient, der deutschen Auslandsvertretung oder der Ausländer-

behörde gegenüber frühere Aufenthalte in Deutschland oder anderen Staaten verheimlicht oder in wesentlichen Punkten vorsätzlich keine, falsche oder unvollständige Angaben über Verbindungen zu Personen oder Organisationen macht, die der Unterstützung des Terrorismus oder der Gefährdung der freiheitlichen demokratischen Grundordnung oder der Sicherheit der Bundesrepublik Deutschland verdächtig sind; die Ausweisung auf dieser Grundlage ist nur zulässig, wenn der Ausländer vor der Befragung ausdrücklich auf den sicherheitsrechtlichen Zweck der Befragung und die Rechtsfolgen verweigerter, falscher oder unvollständiger Angaben hingewiesen wurde,

8. in einem Verwaltungsverfahren, das von Behörden eines Schengen-Staates durchgeführt wurde, im In- oder Ausland
   a) falsche oder unvollständige Angaben zur Erlangung eines deutschen Aufenthaltstitels, eines Schengen-Visums, eines Flughafentransitvisums, eines Passersatzes, der Zulassung einer Ausnahme von der Passpflicht oder der Aussetzung der Abschiebung gemacht hat oder
   b) trotz bestehender Rechtspflicht nicht an Maßnahmen der für die Durchführung dieses Gesetzes oder des Schengener Durchführungsübereinkommens zuständigen Behörden mitgewirkt hat, soweit der Ausländer zuvor auf die Rechtsfolgen solcher Handlungen hingewiesen wurde oder
9. einen nicht nur vereinzelten oder geringfügigen Verstoß gegen Rechtsvorschriften oder gerichtliche oder behördliche Entscheidungen oder Verfügungen begangen oder außerhalb des Bundesgebiets eine Handlung begangen hat, die im Bundesgebiet als vorsätzliche schwere Straftat anzusehen ist.

§ 55 Bleibeinteresse

(1) Das Bleibeinteresse im Sinne von § 53 Absatz 1 wiegt besonders schwer, wenn der Ausländer

1. eine Niederlassungserlaubnis besitzt und sich seit mindestens fünf Jahren rechtmäßig im Bundesgebiet aufgehalten hat,
2. eine Aufenthaltserlaubnis besitzt und im Bundesgebiet geboren oder als Minderjähriger in das Bundesgebiet eingereist ist und sich seit mindestens fünf Jahren rechtmäßig im Bundesgebiet aufgehalten hat,
3. eine Aufenthaltserlaubnis besitzt, sich seit mindestens fünf Jahren rechtmäßig im Bundesgebiet aufgehalten hat und mit einem der in den Nummern 1 und 2 bezeichneten Ausländer in ehelicher oder lebenspartnerschaftlicher Lebensgemeinschaft lebt,
4. mit einem deutschen Familienangehörigen oder Lebenspartner in familiärer oder lebenspartnerschaftlicher Lebensgemeinschaft lebt, sein Personensorgerecht für einen minderjährigen ledigen Deutschen oder mit diesem sein Umgangsrecht ausübt oder
5. eine Aufenthaltserlaubnis nach § 23 Absatz 4, den §§ 24, 25 Absatz 4a Satz 3 oder nach § 29 Absatz 2 oder 4 besitzt.

(2) Das Bleibeinteresse im Sinne von § 53 Absatz 1 wiegt insbesondere schwer, wenn

1. der Ausländer minderjährig ist und eine Aufenthaltserlaubnis besitzt,
2. der Ausländer eine Aufenthaltserlaubnis besitzt und sich seit mindestens fünf Jahren im Bundesgebiet aufhält,
3. der Ausländer sein Personensorgerecht für einen im Bundesgebiet rechtmäßig sich aufhaltenden ledigen Minderjährigen oder mit diesem sein Umgangsrecht ausübt,
4. der Ausländer minderjährig ist und sich die Eltern oder ein personensorgeberechtigter Elternteil rechtmäßig im Bundesgebiet aufhalten beziehungsweise aufhält,
5. die Belange oder das Wohl eines Kindes zu berücksichtigen sind beziehungsweise ist oder
6. der Ausländer eine Aufenthaltserlaubnis nach § 25 Absatz 4a Satz 1 besitzt.

(3) Aufenthalte auf der Grundlage von § 81 Absatz 3 Satz 1 und Absatz 4 Satz 1 werden

I

als rechtmäßiger Aufenthalt im Sinne der Absätze 1 und 2 nur berücksichtigt, wenn dem Antrag auf Erteilung oder Verlängerung des Aufenthaltstitels entsprochen wurde.

§ 56 Überwachung ausreisepflichtiger Ausländer aus Gründen der inneren Sicherheit

(1) 1Ein Ausländer, gegen den eine Ausweisungsverfügung auf Grund eines Ausweisungsinteresses nach § 54 Absatz 1 Nummer 2 bis 5 oder eine Abschiebungsanordnung nach § 58a besteht, unterliegt der Verpflichtung, sich mindestens einmal wöchentlich bei der für seinen Aufenthaltsort zuständigen polizeilichen Dienststelle zu melden, soweit die Ausländerbehörde nichts anderes bestimmt. 2Eine dem Satz 1 entsprechende Meldepflicht kann angeordnet werden, wenn der Ausländer

1. vollziehbar ausreisepflichtig ist und ein in Satz 1 genanntes Ausweisungsinteresse besteht oder
2. auf Grund anderer als der in Satz 1 genannten Ausweisungsinteressen vollziehbar ausreisepflichtig ist und die Anordnung der Meldepflicht zur Abwehr einer Gefahr für die öffentliche Sicherheit und Ordnung erforderlich ist.

(2) Sein Aufenthalt ist auf den Bezirk der Ausländerbehörde beschränkt, soweit die Ausländerbehörde keine abweichenden Festlegungen trifft.

(3) Er kann verpflichtet werden, in einem anderen Wohnort oder in bestimmten Unterkünften auch außerhalb des Bezirks der Ausländerbehörde zu wohnen, wenn dies geboten erscheint, um

1. die Fortführung von Bestrebungen, die zur Ausweisung geführt haben, zu erschweren oder zu unterbinden und die Einhaltung vereinsrechtlicher oder sonstiger gesetzlicher Auflagen und Verpflichtungen besser überwachen zu können oder
2. die wiederholte Begehung erheblicher Straftaten, die zu einer Ausweisung nach § 54 Absatz 1 Nummer 1 geführt haben, zu unterbinden.

(4) 1Um die Fortführung von Bestrebungen, die zur Ausweisung nach § 54 Absatz 1 Nummer 2 bis 5, zu einer Anordnung nach Absatz 1 Satz 2 Nummer 1 oder zu einer Abschiebungsanordnung nach § 58a geführt haben, zu erschweren oder zu unterbinden, kann der Ausländer auch verpflichtet werden, zu bestimmten Personen oder Personen einer bestimmten Gruppe keinen Kontakt aufzunehmen, mit ihnen nicht zu verkehren, sie nicht zu beschäftigen, auszubilden oder zu beherbergen und bestimmte Kommunikationsmittel oder Dienste nicht zu nutzen, soweit ihm Kommunikationsmittel verbleiben und die Beschränkungen notwendig sind, um eine erhebliche Gefahr für die innere Sicherheit oder für Leib und Leben Dritter abzuwehren. 2Um die wiederholte Begehung erheblicher Straftaten, die zu einer Ausweisung nach § 54 Absatz 1 Nummer 1 geführt haben, zu unterbinden, können Beschränkungen nach Satz 1 angeordnet werden, soweit diese notwendig sind, um eine erhebliche Gefahr für die innere Sicherheit oder für Leib und Leben Dritter abzuwenden.

(5) 1Die Verpflichtungen nach den Absätzen 1 bis 4 ruhen, wenn sich der Ausländer in Haft befindet. 2Eine Anordnung nach den Absätzen 3 und 4 ist sofort vollziehbar.

§ 56a Elektronische Aufenthaltsüberwachung; Verordnungsermächtigung

(1) Um eine erhebliche Gefahr für die innere Sicherheit oder für Leib und Leben Dritter abzuwehren, kann ein Ausländer, der einer räumlichen Beschränkung des Aufenthaltes nach § 56 Absatz 2 und 3 oder einem Kontaktverbot nach § 56 Absatz 4 unterliegt, auf richterliche Anordnung verpflichtet werden,

1. die für eine elektronische Überwachung seines Aufenthaltsortes erforderlichen technischen Mittel ständig in betriebsbereitem Zustand am Körper bei sich zu führen und
2. deren Funktionsfähigkeit nicht zu beeinträchtigen.

(2) 1Die Anordnung ergeht für längstens drei Monate. 2Sie kann um jeweils höchstens drei

Monate verlängert werden, wenn die Voraussetzungen weiterhin vorliegen. 3Liegen die Voraussetzungen der Anordnung nicht mehr vor, ist die Maßnahme unverzüglich zu beenden.

(3) 1Die Ausländerbehörde erhebt und speichert mit Hilfe der vom Ausländer mitgeführten technischen Mittel automatisiert Daten über

1. dessen Aufenthaltsort sowie
2. über etwaige Beeinträchtigungen der Datenerhebung.

2Soweit es technisch möglich ist, ist sicherzustellen, dass innerhalb der Wohnung des Ausländers keine über den Umstand seiner Anwesenheit hinausgehenden Aufenthaltsdaten erhoben werden. 3Die Landesregierungen können durch Rechtsverordnung bestimmen, dass eine andere Stelle als die Ausländerbehörde die in Satz 1 genannten Daten erhebt und speichert. 4Die Ermächtigung nach Satz 3 kann durch Rechtsverordnung von den Landesregierungen auf die für den Vollzug dieses Gesetzes zuständigen obersten Landesbehörden übertragen werden.

(4) Die Daten dürfen ohne Einwilligung der betroffenen Person nur verwendet werden, soweit dies erforderlich ist

1. zur Feststellung von Verstößen gegen eine räumliche Beschränkung des Aufenthaltes nach § 56 Absatz 2 und 3 oder ein Kontaktverbot nach § 56 Absatz 4,
2. zur Verfolgung einer Ordnungswidrigkeit nach § 98 Absatz 3 Nummer 5a oder einer Straftat nach § 95 Absatz 1 Nummer 6a,
3. zur Feststellung eines Verstoßes gegen eine vollstreckbare gerichtliche Anordnung nach Absatz 1 und zur Verfolgung einer Straftat nach § 95 Absatz 2 Nummer 1a,
4. zur Abwehr einer erheblichen gegenwärtigen Gefahr für Leib, Leben oder Freiheit einer dritten Person,
5. zur Verfolgung von erheblichen Straftaten gegen Leib und Leben einer dritten Person oder von Straftaten nach § 89a oder § 129a des Strafgesetzbuches oder
6. zur Aufrechterhaltung der Funktionsfähigkeit der technischen Mittel.

(5) 1Zur Einhaltung der Zweckbindung nach Absatz 4 hat die Verarbeitung der Daten automatisiert zu erfolgen und sind die Daten gegen unbefugte Kenntnisnahme besonders zu sichern. 2Die in Absatz 3 Satz 1 genannten Daten sind spätestens zwei Monate nach ihrer Erhebung zu löschen, soweit sie nicht für die in Absatz 4 genannten Zwecke verwendet werden. 3Jeder Abruf der Daten ist zu protokollieren. 4Die Protokolldaten sind nach zwölf Monaten zu löschen. 5Werden innerhalb der Wohnung der betroffenen Person über den Umstand ihrer Anwesenheit hinausgehende Aufenthaltsdaten erhoben, dürfen diese nicht verwertet werden und sind unverzüglich nach Kenntnisnahme zu löschen. 6Die Tatsache ihrer Kenntnisnahme und Löschung ist zu dokumentieren. 7Die Dokumentation darf ausschließlich für Zwecke der Datenschutzkontrolle verwendet werden. 8Sie ist nach Abschluss der Datenschutzkontrolle zu löschen.

(6) Zur Durchführung der Maßnahme nach Absatz 1 hat die zuständige Stelle im Sinne des Absatzes 3:

1. eingehende Systemmeldungen über Verstöße nach Absatz 4 Nummer 1 entgegenzunehmen und zu bewerten,
2. Daten des Aufenthaltsortes der betroffenen Person an die zuständigen Behörden weiterzugeben, sofern dies zur Durchsetzung von Maßnahmen nach Absatz 4 Nummer 1 erforderlich ist,
3. Daten des Aufenthaltsortes der betroffenen Person an die zuständige Bußgeldbehörde zur Verfolgung einer Ordnungswidrigkeit nach § 98 Absatz 3 Nummer 5a oder an die zuständige Strafverfolgungsbehörde zur Verfolgung einer Straftat nach § 95 Absatz 1 Nummer 6a oder Absatz 2 Nummer 1a weiterzugeben,
4. Daten des Aufenthaltsortes der betroffenen Person an zuständige Polizeibehörden weiterzugeben, sofern dies zur Abwehr einer erheblichen gegenwärtigen Gefahr im Sinne von Absatz 4 Nummer 4 erforderlich ist,

5. Daten des Aufenthaltsortes der betroffenen Person an die zuständigen Polizei- und Strafverfolgungsbehörden weiterzugeben, wenn dies zur Verhütung oder zur Verfolgung einer in Absatz 4 Nummer 5 genannten Straftat erforderlich ist,
6. die Ursache einer Meldung zu ermitteln; hierzu kann die zuständige Stelle Kontakt mit der betroffenen Person aufnehmen, sie befragen, sie auf den Verstoß hinweisen und ihr mitteilen, wie sie dessen Beendigung bewirken kann,
7. eine Überprüfung der bei der betroffenen Person vorhandenen technischen Geräte auf ihre Funktionsfähigkeit oder Manipulation und die zu der Behebung einer Funktionsbeeinträchtigung erforderlichen Maßnahmen, insbesondere des Austausches der technischen Mittel oder von Teilen davon, einzuleiten,
8. Anfragen der betroffenen Person zum Umgang mit den technischen Mitteln zu beantworten.

(7) Im Antrag auf Anordnung einer Maßnahme nach Absatz 1 sind anzugeben

1. die Person, gegen die sich die Maßnahme richtet, mit Name und Anschrift,
2. Art, Umfang und Dauer der Maßnahme,
3. die Angabe, ob gegenüber der Person, gegen die sich die Maßnahme richtet, eine räumliche Beschränkung nach § 56 Absatz 2 und 3 oder ein Kontaktverbot nach § 56 Absatz 4 besteht,
4. der Sachverhalt sowie
5. eine Begründung.

(8) Die Anordnung ergeht schriftlich. In ihr sind anzugeben

1. die Person, gegen die sich die Maßnahme richtet, mit Name und Anschrift,
2. Art, Umfang und Dauer der Maßnahme sowie
3. die wesentlichen Gründe.

(9) 1Für richterliche Anordnungen nach Absatz 1 ist das Amtsgericht zuständig, in dessen Bezirk die zuständige Stelle im Sinne des Absatzes 3 ihren Sitz hat. 2Für das Verfahren gelten die Vorschriften des Gesetzes über das Verfahren in Familiensachen und in den Angelegenheiten der freiwilligen Gerichtsbarkeit entsprechend.

(10) § 56 Absatz 5 Satz 1 findet entsprechend Anwendung.

Abschnitt 2
Durchsetzung der Ausreisepflicht

§ 57 Zurückschiebung

(1) Ein Ausländer, der in Verbindung mit der unerlaubten Einreise über eine Grenze im Sinne des Artikels 2 Nummer 2 der Verordnung (EU) 2016/399 (Außengrenze) aufgegriffen wird, soll zurückgeschoben werden.

(2) Ein vollziehbar ausreisepflichtiger Ausländer, der durch einen anderen Mitgliedstaat der Europäischen Union, Norwegen oder die Schweiz auf Grund einer am 13. Januar 2009 geltenden zwischenstaatlichen Übernahmevereinbarung wieder aufgenommen wird, soll in diesen Staat zurückgeschoben werden; Gleiches gilt, wenn der Ausländer von der Grenzbehörde im grenznahen Raum in unmittelbarem zeitlichen Zusammenhang mit einer unerlaubten Einreise angetroffen wird und Anhaltspunkte dafür vorliegen, dass ein anderer Staat auf Grund von Rechtsvorschriften der Europäischen Union oder eines völkerrechtlichen Vertrages für die Durchführung des Asylverfahrens zuständig ist und ein Auf- oder Wiederaufnahmeverfahren eingeleitet wird.

(3) § 58 Absatz 1b, § 59 Absatz 8, § 60 Absatz 1 bis 5 und 7 bis 9, die §§ 62 und 62a sind entsprechend anzuwenden.

§ 58 Abschiebung

(1) 1Der Ausländer ist abzuschieben, wenn die Ausreisepflicht vollziehbar ist, eine Ausreisefrist nicht gewährt wurde oder diese abgelaufen ist, und die freiwillige Erfüllung der Ausreisepflicht nicht gesichert ist oder aus Gründen der öffentlichen Sicherheit und Ordnung eine Überwachung der Ausreise erforderlich erscheint. 2Bei Eintritt einer der in § 59 Absatz 1 Satz 2 genannten Voraussetzungen innerhalb der Ausreisefrist soll der Ausländer vor deren Ablauf abgeschoben werden.

(1a) Vor der Abschiebung eines unbegleiteten minderjährigen Ausländers hat sich die Behörde zu vergewissern, dass dieser im Rückkehrstaat einem Mitglied seiner Familie, einer zur Personensorge berechtigten Person oder einer geeigneten Aufnahmeeinrichtung übergeben wird.

(1b) 1Ein Ausländer, der eine Erlaubnis zum Daueraufenthalt – EU besitzt oder eine entsprechende Rechtsstellung in einem anderen Mitgliedstaat der Europäischen Union innehat und in einem anderen Mitgliedstaat der Europäischen Union international Schutzberechtigter ist, darf außer in den Fällen des § 60 Absatz 8 Satz 1 nur in den schutzgewährenden Mitgliedstaat abgeschoben werden. 2§ 60 Absatz 2, 3, 5 und 7 bleibt unberührt.

(2) 1Die Ausreisepflicht ist vollziehbar, wenn der Ausländer

1. unerlaubt eingereist ist,
2. noch nicht die erstmalige Erteilung des erforderlichen Aufenthaltstitels oder noch nicht die Verlängerung beantragt hat oder trotz erfolgter Antragstellung der Aufenthalt nicht nach § 81 Abs. 3 als erlaubt oder der Aufenthaltstitel nach § 81 Abs. 4 nicht als fortbestehend gilt oder
3. auf Grund einer Rückführungsentscheidung eines anderen Mitgliedstaates der Europäischen Union gemäß Artikel 3 der Richtlinie 2001/40/EG des Rates vom 28. Mai 2001 über die gegenseitige Anerkennung von Entscheidungen über die Rückführung von Drittstaatsangehörigen (ABl. EG Nr. L 149 S. 34) ausreisepflichtig wird, sofern diese von der zuständigen Behörde anerkannt wird.

2Im Übrigen ist die Ausreisepflicht erst vollziehbar, wenn die Versagung des Aufenthaltstitels oder der sonstige Verwaltungsakt, durch den der Ausländer nach § 50 Abs. 1 ausreisepflichtig wird, vollziehbar ist.

(3) Die Überwachung der Ausreise ist insbesondere erforderlich, wenn der Ausländer

1. sich auf richterliche Anordnung in Haft oder in sonstigem öffentlichen Gewahrsam befindet,
2. innerhalb der ihm gesetzten Ausreisefrist nicht ausgereist ist,
3. auf Grund eines besonders schwerwiegenden Ausweisungsinteresses nach § 54 Absatz 1 in Verbindung mit § 53 ausgewiesen worden ist,
4. mittellos ist,
5. keinen Pass oder Passersatz besitzt,
6. gegenüber der Ausländerbehörde zum Zweck der Täuschung unrichtige Angaben gemacht oder die Angaben verweigert hat oder
7. zu erkennen gegeben hat, dass er seiner Ausreisepflicht nicht nachkommen wird.

(4) 1Die die Abschiebung durchführende Behörde ist befugt, zum Zweck der Abschiebung den Ausländer zum Flughafen oder Grenzübergang zu verbringen und ihn zu diesem Zweck kurzzeitig festzuhalten. 2Das Festhalten ist auf das zur Durchführung der Abschiebung unvermeidliche Maß zu beschränken.

(5) 1Soweit der Zweck der Durchführung der Abschiebung es erfordert, kann die die Abschiebung durchführende Behörde die Wohnung des abzuschiebenden Ausländers zu dem Zweck seiner Ergreifung betreten, wenn Tatsachen vorliegen, aus denen zu schließen ist, dass sich der Ausländer dort befindet. 2Die Wohnung umfasst die Wohn- und Nebenräume, Arbeits-, Betriebs- und Geschäftsräume sowie anderes befriedetes Besitztum.

(6) 1Soweit der Zweck der Durchführung der Abschiebung es erfordert, kann die die Abschiebung durchführende Behörde eine Durchsuchung der Wohnung des abzuschiebenden Ausländers zu dem Zweck seiner Ergreifung vornehmen. 2Bei anderen Personen sind Durchsuchungen nur zur Ergreifung des abzuschiebenden Ausländers zulässig, wenn Tatsachen vorliegen, aus denen zu schließen ist, dass der Ausländer sich in den zu durchsuchenden Räumen befindet. 3Absatz 5 Satz 2 gilt entsprechend.

(7) 1Zur Nachtzeit darf die Wohnung nur betreten oder durchsucht werden, wenn Tatsachen vorliegen, aus denen zu schließen ist, dass die Ergreifung des Ausländers zum

Zweck seiner Abschiebung andernfalls vereitelt wird. $_{2}$Die Organisation der Abschiebung ist keine Tatsache im Sinne von Satz 1.

(8) $_{1}$Durchsuchungen nach Absatz 6 dürfen nur durch den Richter, bei Gefahr im Verzug auch durch die die Abschiebung durchführende Behörde angeordnet werden. $_{2}$Die Annahme von Gefahr im Verzug kann nach Betreten der Wohnung nach Absatz 5 nicht darauf gestützt werden, dass der Ausländer nicht angetroffen wurde.

(9) $_{1}$Der Inhaber der zu durchsuchenden Räume darf der Durchsuchung beiwohnen. $_{2}$Ist er abwesend, so ist, wenn möglich, sein Vertreter oder ein erwachsener Angehöriger, Hausgenosse oder Nachbar hinzuzuziehen. $_{3}$Dem Inhaber oder der in dessen Abwesenheit hinzugezogenen Person ist in den Fällen des Absatzes 6 Satz 2 der Zweck der Durchsuchung vor deren Beginn bekannt zu machen. $_{4}$Über die Durchsuchung ist eine Niederschrift zu fertigen. $_{5}$Sie muss die verantwortliche Dienststelle, Grund, Zeit und Ort der Durchsuchung und, falls keine gerichtliche Anordnung ergangen ist, auch Tatsachen, welche die Annahme einer Gefahr im Verzug begründet haben, enthalten. $_{6}$Dem Wohnungsinhaber oder seinem Vertreter ist auf Verlangen eine Abschrift der Niederschrift auszuhändigen. $_{7}$Ist die Anfertigung der Niederschrift oder die Aushändigung einer Abschrift nach den besonderen Umständen des Falles nicht möglich oder würde sie den Zweck der Durchsuchung gefährden, so sind dem Wohnungsinhaber oder der hinzugezogenen Person lediglich die Durchsuchung unter Angabe der verantwortlichen Dienststelle sowie Zeit und Ort der Durchsuchung schriftlich zu bestätigen.

(10) Weitergehende Regelungen der Länder, die den Regelungsgehalt der Absätze 5 bis 9 betreffen, bleiben unberührt.

§ 58a Abschiebungsanordnung

(1) $_{1}$Die oberste Landesbehörde kann gegen einen Ausländer auf Grund einer auf Tatsachen gestützten Prognose zur Abwehr einer besonderen Gefahr für die Sicherheit der Bundesrepublik Deutschland oder einer terroristischen Gefahr ohne vorhergehende Ausweisung eine Abschiebungsanordnung erlassen. $_{2}$Die Abschiebungsanordnung ist sofort vollziehbar; einer Abschiebungsandrohung bedarf es nicht.

(2) $_{1}$Das Bundesministerium des Innern kann die Übernahme der Zuständigkeit erklären, wenn ein besonderes Interesse des Bundes besteht. $_{2}$Die oberste Landesbehörde ist hierüber zu unterrichten. $_{3}$Abschiebungsanordnungen des Bundes werden von der Bundespolizei vollzogen.

(3) $_{1}$Eine Abschiebungsanordnung darf nicht vollzogen werden, wenn die Voraussetzungen für ein Abschiebungsverbot nach § 60 Abs. 1 bis 8 gegeben sind. $_{2}$§ 59 Abs. 2 und 3 ist entsprechend anzuwenden. $_{3}$Die Prüfung obliegt der über die Abschiebungsanordnung entscheidenden Behörde, die nicht an hierzu getroffene Feststellungen aus anderen Verfahren gebunden ist.

(4) $_{1}$Dem Ausländer ist nach Bekanntgabe der Abschiebungsanordnung unverzüglich Gelegenheit zu geben, mit einem Rechtsbeistand seiner Wahl Verbindung aufzunehmen, es sei denn, er hat sich zuvor anwaltlichen Beistands versichert; er ist hierauf, auf die Rechtsfolgen der Abschiebungsanordnung und die gegebenen Rechtsbehelfe hinzuweisen. $_{2}$Ein Antrag auf Gewährung vorläufigen Rechtsschutzes nach der Verwaltungsgerichtsordnung ist innerhalb von sieben Tagen nach Bekanntgabe der Abschiebungsanordnung zu stellen. $_{3}$Die Abschiebung darf bis zum Ablauf der Frist nach Satz 2 und im Falle der rechtzeitigen Antragstellung bis zur Entscheidung des Gerichts über den Antrag auf vorläufigen Rechtsschutz nicht vollzogen werden.

§ 59 Androhung der Abschiebung

(1) $_{1}$Die Abschiebung ist unter Bestimmung einer angemessenen Frist zwischen sieben und 30 Tagen für die freiwillige Ausreise anzudrohen. $_{2}$Ausnahmsweise kann eine kürzere Frist gesetzt oder von einer Fristsetzung abgesehen werden, wenn dies im Einzelfall zur Wahrung überwiegender öffentlicher Be-

lange zwingend erforderlich ist, insbesondere wenn

1. der begründete Verdacht besteht, dass der Ausländer sich der Abschiebung entziehen will, oder
2. von dem Ausländer eine erhebliche Gefahr für die öffentliche Sicherheit oder Ordnung ausgeht.

3Unter den in Satz 2 genannten Voraussetzungen kann darüber hinaus auch von einer Abschiebungsandrohung abgesehen werden, wenn

1. der Aufenthaltstitel nach § 51 Absatz 1 Nummer 3 bis 5 erloschen ist oder
2. der Ausländer bereits unter Wahrung der Erfordernisse des § 77 auf das Bestehen seiner Ausreisepflicht hingewiesen worden ist.

4Die Ausreisefrist kann unter Berücksichtigung der besonderen Umstände des Einzelfalls angemessen verlängert oder für einen längeren Zeitraum festgesetzt werden. 5§ 60a Absatz 2 bleibt unberührt. 6Wenn die Vollziehbarkeit der Ausreisepflicht oder der Abschiebungsandrohung entfällt, wird die Ausreisefrist unterbrochen und beginnt nach Wiedereintritt der Vollziehbarkeit erneut zu laufen. 7Einer erneuten Fristsetzung bedarf es nicht. 8Nach Ablauf der Frist zur freiwilligen Ausreise darf der Termin der Abschiebung dem Ausländer nicht angekündigt werden.

(2) 1In der Androhung soll der Staat bezeichnet werden, in den der Ausländer abgeschoben werden soll, und der Ausländer darauf hingewiesen werden, dass er auch in einen anderen Staat abgeschoben werden kann, in den er einreisen darf oder der zu seiner Übernahme verpflichtet ist. 2Gebietskörperschaften im Sinne der Anhänge I und II der Verordnung (EU) 2018/1806 des Europäischen Parlaments und des Rates vom 14. November 2018 zur Aufstellung der Liste der Drittländer, deren Staatsangehörige beim Überschreiten der Außengrenzen im Besitz eines Visums sein müssen, sowie der Liste der Drittländer, deren Staatsangehörige von dieser Visumpflicht befreit sind (ABl. L 303 vom 28. 11. 2018, S. 39), sind Staaten gleichgestellt.

(3) 1Dem Erlass der Androhung steht das Vorliegen von Abschiebungsverboten und Gründen für die vorübergehende Aussetzung der Abschiebung nicht entgegen. 2In der Androhung ist der Staat zu bezeichnen, in den der Ausländer nicht abgeschoben werden darf. 3Stellt das Verwaltungsgericht das Vorliegen eines Abschiebungsverbots fest, so bleibt die Rechtmäßigkeit der Androhung im Übrigen unberührt.

(4) 1Nach dem Eintritt der Unanfechtbarkeit der Abschiebungsandrohung bleiben für weitere Entscheidungen der Ausländerbehörde über die Abschiebung oder die Aussetzung der Abschiebung Umstände unberücksichtigt, die einer Abschiebung in den in der Abschiebungsandrohung bezeichneten Staat entgegenstehen und die vor dem Eintritt der Unanfechtbarkeit der Abschiebungsandrohung eingetreten sind; sonstige von dem Ausländer geltend gemachte Umstände, die der Abschiebung oder der Abschiebung in diesen Staat entgegenstehen, können unberücksichtigt bleiben. 2Die Vorschriften, nach denen der Ausländer die im Satz 1 bezeichneten Umstände gerichtlich im Wege der Klage oder im Verfahren des vorläufigen Rechtsschutzes nach der Verwaltungsgerichtsordnung geltend machen kann, bleiben unberührt.

(5) 1In den Fällen des § 58 Abs. 3 Nr. 1 bedarf es keiner Fristsetzung; der Ausländer wird aus der Haft oder dem öffentlichen Gewahrsam abgeschoben. 2Die Abschiebung soll mindestens eine Woche vorher angekündigt werden.

(6) Über die Fristgewährung nach Absatz 1 wird dem Ausländer eine Bescheinigung ausgestellt.

(7) 1Liegen der Ausländerbehörde konkrete Anhaltspunkte dafür vor, dass der Ausländer Opfer einer in § 25 Absatz 4a Satz 1 oder in § 25 Absatz 4b Satz 1 genannten Straftat wurde, setzt sie abweichend von Absatz 1 Satz 1 eine Ausreisefrist, die so zu bemessen ist, dass er eine Entscheidung über seine Aussagebereitschaft nach § 25 Absatz 4a

Satz 2 Nummer 3 oder nach § 25 Absatz 4b Satz 2 Nummer 2 treffen kann. 2Die Ausreisefrist beträgt mindestens drei Monate. 3Die Ausländerbehörde kann von der Festsetzung einer Ausreisefrist nach Satz 1 absehen, diese aufheben oder verkürzen, wenn

1. der Aufenthalt des Ausländers die öffentliche Sicherheit und Ordnung oder sonstige erhebliche Interessen der Bundesrepublik Deutschland beeinträchtigt oder
2. der Ausländer freiwillig nach der Unterrichtung nach Satz 4 wieder Verbindung zu den Personen nach § 25 Absatz 4a Satz 2 Nummer 2 aufgenommen hat.

4Die Ausländerbehörde oder eine durch sie beauftragte Stelle unterrichtet den Ausländer über die geltenden Regelungen, Programme und Maßnahmen für Opfer von in § 25 Absatz 4a Satz 1 genannten Straftaten.

(8) Ausländer, die ohne die nach § 4 Absatz 3 erforderliche Berechtigung zur Erwerbstätigkeit beschäftigt waren, sind vor der Abschiebung über die Rechte nach Artikel 6 Absatz 2 und Artikel 13 der Richtlinie 2009/52/EG des Europäischen Parlaments und des Rates vom 18. Juni 2009 über Mindeststandards für Sanktionen und Maßnahmen gegen Arbeitgeber, die Drittstaatsangehörige ohne rechtmäßigen Aufenthalt beschäftigen (ABl. L 168 vom 30. 6. 2009, S. 24), zu unterrichten.

§ 60 Verbot der Abschiebung

(1) 1In Anwendung des Abkommens vom 28. Juli 1951 über die Rechtsstellung der Flüchtlinge (BGBl. 1953 II S. 559) darf ein Ausländer nicht in einen Staat abgeschoben werden, in dem sein Leben oder seine Freiheit wegen seiner Rasse, Religion, Nationalität, seiner Zugehörigkeit zu einer bestimmten sozialen Gruppe oder wegen seiner politischen Überzeugung bedroht ist. 2Dies gilt auch für Asylberechtigte und Ausländer, denen die Flüchtlingseigenschaft unanfechtbar zuerkannt wurden oder die aus einem anderen Grund im Bundesgebiet die Rechtsstellung ausländischer Flüchtlinge genießen oder die außerhalb des Bundesgebiets als ausländische Flüchtlinge nach dem Abkommen über die Rechtsstellung der Flüchtlinge anerkannt sind. 3Wenn der Ausländer sich auf das Abschiebungsverbot nach diesem Absatz beruft, stellt das Bundesamt für Migration und Flüchtlinge außer in den Fällen des Satzes 2 in einem Asylverfahren fest, ob die Voraussetzungen des Satzes 1 vorliegen und dem Ausländer die Flüchtlingseigenschaft zuzuerkennen ist. 4Die Entscheidung des Bundesamtes kann nur nach den Vorschriften des Asylgesetzes angefochten werden.

(2) 1Ein Ausländer darf nicht in einen Staat abgeschoben werden, in dem ihm der in § 4 Absatz 1 des Asylgesetzes bezeichnete ernsthafte Schaden droht. 2Absatz 1 Satz 3 und 4 gilt entsprechend.

(3) Darf ein Ausländer nicht in einen Staat abgeschoben werden, weil dieser Staat den Ausländer wegen einer Straftat sucht und die Gefahr der Verhängung oder der Vollstreckung der Todesstrafe besteht, finden die Vorschriften über die Auslieferung entsprechende Anwendung.

(4) Liegt ein förmliches Auslieferungsersuchen oder ein mit der Ankündigung eines Auslieferungsersuchens verbundenes Festnahmeersuchen eines anderen Staates vor, darf der Ausländer bis zur Entscheidung über die Auslieferung nur mit Zustimmung der Behörde, die nach § 74 des Gesetzes über die internationale Rechtshilfe in Strafsachen für die Bewilligung der Auslieferung zuständig ist, in diesen Staat abgeschoben werden.

(5) Ein Ausländer darf nicht abgeschoben werden, soweit sich aus der Anwendung der Konvention vom 4. November 1950 zum Schutze der Menschenrechte und Grundfreiheiten (BGBl. 1952 II S. 685) ergibt, dass die Abschiebung unzulässig ist.

(6) Die allgemeine Gefahr, dass einem Ausländer in einem anderen Staat Strafverfolgung und Bestrafung drohen können und, soweit sich aus den Absätzen 2 bis 5 nicht etwas anderes ergibt, die konkrete Gefahr einer nach der Rechtsordnung eines anderen Staates gesetzmäßigen Bestrafung stehen der Abschiebung nicht entgegen.

(7) 1Von der Abschiebung eines Ausländers in einen anderen Staat soll abgesehen werden,

wenn dort für diesen Ausländer eine erhebliche konkrete Gefahr für Leib, Leben oder Freiheit besteht. 2§ 60a Absatz 2c Satz 2 und 3 gilt entsprechend. 3Eine erhebliche konkrete Gefahr aus gesundheitlichen Gründen liegt nur vor bei lebensbedrohlichen oder schwerwiegenden Erkrankungen, die sich durch die Abschiebung wesentlich verschlechtern würden. 4Es ist nicht erforderlich, dass die medizinische Versorgung im Zielstaat mit der Versorgung in der Bundesrepublik Deutschland gleichwertig ist. 5Eine ausreichende medizinische Versorgung liegt in der Regel auch vor, wenn diese nur in einem Teil des Zielstaats gewährleistet ist. 6Gefahren nach Satz 1, denen die Bevölkerung oder die Bevölkerungsgruppe, der der Ausländer angehört, allgemein ausgesetzt ist, sind bei Anordnungen nach § 60a Abs. 1 Satz 1 zu berücksichtigen.

(8) 1Absatz 1 findet keine Anwendung, wenn der Ausländer aus schwerwiegenden Gründen als eine Gefahr für die Sicherheit der Bundesrepublik Deutschland anzusehen ist oder eine Gefahr für die Allgemeinheit bedeutet, weil er wegen eines Verbrechens oder besonders schweren Vergehens rechtskräftig zu einer Freiheitsstrafe von mindestens drei Jahren verurteilt worden ist. 2Das Gleiche gilt, wenn der Ausländer die Voraussetzungen des § 3 Abs. 2 des Asylgesetzes erfüllt. 3Von der Anwendung des Absatzes 1 kann abgesehen werden, wenn der Ausländer eine Gefahr für die Allgemeinheit bedeutet, weil er wegen einer oder mehrerer vorsätzlicher Straftaten gegen das Leben, die körperliche Unversehrtheit, die sexuelle Selbstbestimmung, das Eigentum oder wegen Widerstands gegen Vollstreckungsbeamte rechtskräftig zu einer Freiheits- oder Jugendstrafe von mindestens einem Jahr verurteilt worden ist, sofern die Straftat mit Gewalt, unter Anwendung von Drohung mit Gefahr für Leib oder Leben oder mit List begangen worden ist oder eine Straftat nach § 177 des Strafgesetzbuches ist.

(9) 1In den Fällen des Absatzes 8 kann einem Ausländer, der einen Asylantrag gestellt hat, abweichend von den Vorschriften des Asylgesetzes die Abschiebung angedroht und diese durchgeführt werden. 2Die Absätze 2 bis 7 bleiben unberührt.

(10) 1Soll ein Ausländer abgeschoben werden, bei dem die Voraussetzungen des Absatzes 1 vorliegen, kann nicht davon abgesehen werden, die Abschiebung anzudrohen und eine angemessene Ausreisefrist zu setzen. 2In der Androhung sind die Staaten zu bezeichnen, in die der Ausländer nicht abgeschoben werden darf.

§ 60a Vorübergehende Aussetzung der Abschiebung (Duldung)

(1) 1Die oberste Landesbehörde kann aus völkerrechtlichen oder humanitären Gründen oder zur Wahrung politischer Interessen der Bundesrepublik Deutschland anordnen, dass die Abschiebung von Ausländern aus bestimmten Staaten oder von in sonstiger Weise bestimmten Ausländergruppen allgemein oder in bestimmte Staaten für längstens drei Monate ausgesetzt wird. 2Für einen Zeitraum von länger als sechs Monaten gilt § 23 Abs. 1.

(2) 1Die Abschiebung eines Ausländers ist auszusetzen, solange die Abschiebung aus tatsächlichen oder rechtlichen Gründen unmöglich ist und keine Aufenthaltserlaubnis erteilt wird. 2Die Abschiebung eines Ausländers ist auch auszusetzen, wenn seine vorübergehende Anwesenheit im Bundesgebiet für ein Strafverfahren wegen eines Verbrechens von der Staatsanwaltschaft oder dem Strafgericht für sachgerecht erachtet wird, weil ohne seine Angaben die Erforschung des Sachverhalts erschwert wäre. 3Einem Ausländer kann eine Duldung erteilt werden, wenn dringende humanitäre oder persönliche Gründe oder erhebliche öffentliche Interessen seine vorübergehende weitere Anwesenheit im Bundesgebiet erfordern. 4Eine Duldung wegen dringender persönlicher Gründe im Sinne von Satz 3 ist zu erteilen, wenn der Ausländer eine qualifizierte Berufsausbildung in einem staatlich anerkannten oder vergleichbar geregelten Ausbildungsberuf in Deutschland aufnimmt oder aufgenommen hat, die Voraussetzungen nach Absatz 6 nicht vorliegen und konkrete Maßnahmen zur Aufenthaltsbeendigung nicht bevorstehen. 5In den Fällen nach Satz 4 wird die Duldung für die im Ausbildungsvertrag be-

stimmte Dauer der Berufsausbildung erteilt. $_6$Eine Duldung nach Satz 4 wird nicht erteilt und eine nach Satz 4 erteilte Duldung erlischt, wenn der Ausländer wegen einer im Bundesgebiet begangenen vorsätzlichen Straftat verurteilt wurde, wobei Geldstrafen von insgesamt bis zu 50 Tagessätzen oder bis zu 90 Tagessätzen wegen Straftaten, die nach dem Aufenthaltsgesetz oder dem Asylgesetz nur von Ausländern begangen werden können, grundsätzlich außer Betracht bleiben. $_7$Wird die Ausbildung nicht betrieben oder abgebrochen, ist der Ausbildungsbetrieb verpflichtet, dies unverzüglich, in der Regel innerhalb einer Woche, der zuständigen Ausländerbehörde schriftlich mitzuteilen. $_8$In der Mitteilung sind neben den mitzuteilenden Tatsachen und dem Zeitpunkt ihres Eintritts die Namen, Vornamen und die Staatsangehörigkeit des Ausländers anzugeben. $_9$Die nach Satz 4 erteilte Duldung erlischt, wenn die Ausbildung nicht mehr betrieben oder abgebrochen wird. $_{10}$Wird das Ausbildungsverhältnis vorzeitig beendigt oder abgebrochen, wird dem Ausländer einmalig eine Duldung für sechs Monate zum Zweck der Suche nach einer weiteren Ausbildungsstelle zur Aufnahme einer Berufsausbildung nach Satz 4 erteilt. $_{11}$Eine nach Satz 4 erteilte Duldung wird für sechs Monate zum Zweck der Suche nach einer der erworbenen beruflichen Qualifikation entsprechenden Beschäftigung verlängert, wenn nach erfolgreichem Abschluss der Berufsausbildung, für die die Duldung erteilt wurde, eine Weiterbeschäftigung im Ausbildungsbetrieb nicht erfolgt; die zur Arbeitsplatzsuche erteilte Duldung darf für diesen Zweck nicht verlängert werden. $_{12}$§ 60a bleibt im Übrigen unberührt. $_{13}$Soweit die Beurkundung der Anerkennung einer Vaterschaft oder der Zustimmung der Mutter für die Durchführung eines Verfahrens nach § 85a ausgesetzt wird, wird die Abschiebung des ausländischen Anerkennenden, der ausländischen Mutter oder des ausländischen Kindes ausgesetzt, solange das Verfahren nach § 85a nicht durch vollziehbare Entscheidung abgeschlossen ist.

(2a) $_1$Die Abschiebung eines Ausländers wird für eine Woche ausgesetzt, wenn seine Zurückschiebung oder Abschiebung gescheitert ist, Abschiebungshaft nicht angeordnet wird und die Bundesrepublik Deutschland auf Grund einer Rechtsvorschrift, insbesondere des Artikels 6 Abs. 1 der Richtlinie 2003/110/EG des Rates vom 25. November 2003 über die Unterstützung bei der Durchbeförderung im Rahmen von Rückführungsmaßnahmen auf dem Luftweg (ABl. EU Nr. L 321 S. 26), zu seiner Rückübernahme verpflichtet ist. $_2$Die Aussetzung darf nicht nach Satz 1 verlängert werden. $_3$Die Einreise des Ausländers ist zuzulassen.

(2b) Solange ein Ausländer, der eine Aufenthaltserlaubnis nach § 25a Absatz 1 besitzt, minderjährig ist, soll die Abschiebung seiner Eltern oder eines allein personensorgeberechtigten Elternteils sowie der minderjährigen Kinder, die mit den Eltern oder dem allein personensorgeberechtigten Elternteil in familiärer Lebensgemeinschaft leben, ausgesetzt werden.

(2c) $_1$Es wird vermutet, dass der Abschiebung gesundheitliche Gründe nicht entgegenstehen. $_2$Der Ausländer muss eine Erkrankung, die die Abschiebung beeinträchtigen kann, durch eine qualifizierte ärztliche Bescheinigung glaubhaft machen. $_3$Diese ärztliche Bescheinigung soll insbesondere die tatsächlichen Umstände, auf deren Grundlage eine fachliche Beurteilung erfolgt ist, die Methode der Tatsachenerhebung, die fachlich-medizinische Beurteilung des Krankheitsbildes (Diagnose), den Schweregrad der Erkrankung, den lateinischen Namen oder die Klassifizierung der Erkrankung nach ICD 10 sowie die Folgen, die sich nach ärztlicher Beurteilung aus der krankheitsbedingten Situation voraussichtlich ergeben, enthalten. $_4$Zur Behandlung der Erkrankung erforderliche Medikamente müssen mit der Angabe ihrer Wirkstoffe und diese mit ihrer international gebräuchlichen Bezeichnung aufgeführt sein.

(2d) $_1$Der Ausländer ist verpflichtet, der zuständigen Behörde die ärztliche Bescheinigung nach Absatz 2c unverzüglich vorzulegen. $_2$Verletzt der Ausländer die Pflicht zur unverzüglichen Vorlage einer solchen ärztlichen Bescheinigung, darf die zuständige Behörde das Vorbringen des Ausländers zu seiner Erkrankung nicht berücksichtigen, es sei denn, der Ausländer war unverschuldet an der Einholung einer solchen Bescheinigung gehindert oder es liegen anderweitig tatsächliche Anhaltspunkte für das Vorliegen einer lebensbedrohlichen oder schwerwiegenden Erkrankung, die sich durch die Abschiebung wesentlich verschlechtern würde, vor. 3Legt der Ausländer eine Bescheinigung vor und ordnet die Behörde daraufhin eine ärztliche Untersuchung an, ist die Behörde berechtigt, die vorgetragene Erkrankung nicht zu berücksichtigen, wenn der Ausländer der Anordnung ohne zureichenden Grund nicht Folge leistet. 4Der Ausländer ist auf die Verpflichtungen und auf die Rechtsfolgen einer Verletzung dieser Verpflichtungen nach diesem Absatz hinzuweisen.

(3) Die Ausreisepflicht eines Ausländers, dessen Abschiebung ausgesetzt ist, bleibt unberührt.

(4) Über die Aussetzung der Abschiebung ist dem Ausländer eine Bescheinigung auszustellen.

(5) 1Die Aussetzung der Abschiebung erlischt mit der Ausreise des Ausländers. 2Sie wird widerrufen, wenn die der Abschiebung entgegenstehenden Gründe entfallen. 3Der Ausländer wird unverzüglich nach dem Erlöschen ohne erneute Androhung und Fristsetzung abgeschoben, es sei denn, die Aussetzung wird erneuert. 4Ist die Abschiebung länger als ein Jahr ausgesetzt, ist die durch Widerruf vorgesehene Abschiebung mindestens einen Monat vorher anzukündigen; die Ankündigung ist zu wiederholen, wenn die Aussetzung für mehr als ein Jahr erneuert wurde. 5Satz 4 findet keine Anwendung, wenn der Ausländer die der Abschiebung entgegenstehenden Gründe durch vorsätzlich falsche Angaben oder durch eigene Täuschung über seine Identität oder Staatsangehörigkeit selbst herbeiführt oder zumutbare Anforderungen an die Mitwirkung bei der Beseitigung von Ausreisehindernissen nicht erfüllt.

(6) 1Einem Ausländer, der eine Duldung besitzt, darf die Ausübung einer Erwerbstätigkeit nicht erlaubt werden, wenn

1. er sich in das Inland begeben hat, um Leistungen nach dem Asylbewerberleistungsgesetz zu erlangen,
2. aufenthaltsbeendende Maßnahmen bei ihm aus Gründen, die er selbst zu vertreten hat, nicht vollzogen werden können oder
3. er Staatsangehöriger eines sicheren Herkunftsstaates nach § 29a des Asylgesetzes ist und sein nach dem 31. August 2015 gestellter Asylantrag abgelehnt wurde.

2Zu vertreten hat ein Ausländer die Gründe nach Satz 1 Nummer 2 insbesondere, wenn er das Abschiebungshindernis durch eigene Täuschung über seine Identität oder Staatsangehörigkeit oder durch eigene falsche Angaben selbst herbeiführt.

§ 60b Duldung für Personen mit ungeklärter Identität

(1) 1Einem vollziehbar ausreisepflichtigen Ausländer wird die Duldung im Sinne des § 60a als „Duldung für Personen mit ungeklärter Identität" erteilt, wenn die Abschiebung aus von ihm selbst zu vertretenden Gründen nicht vollzogen werden kann, weil er das Abschiebungshindernis durch eigene Täuschung über seine Identität oder Staatsangehörigkeit oder durch eigene falsche Angaben selbst herbeiführt oder er zumutbare Handlungen zur Erfüllung der besonderen Passbeschaffungspflicht nach Absatz 2 Satz 1 und Absatz 3 Satz 1 nicht vornimmt. 2Dem Ausländer ist die Bescheinigung über die Duldung nach § 60a Absatz 4 mit dem Zusatz „für Personen mit ungeklärter Identität" auszustellen.

(2) 1Besitzt der vollziehbar ausreisepflichtige Ausländer keinen gültigen Pass oder Passersatz, ist er unbeschadet des § 3 verpflichtet, alle ihm unter Berücksichtigung der Umstände des Einzelfalls zumutbaren Handlungen zur Beschaffung eines Passes oder Passersatzes selbst vorzunehmen. 2Dies gilt nicht für Ausländer ab der Stellung eines Asylantrages (§ 13 des Asylgesetzes) oder eines Asylgesuches (§ 18 des Asylgesetzes) bis zur rechtskräftigen Ablehnung des Asylantrages sowie für Ausländer, wenn ein Abschiebungsverbot nach § 60 Absatz 5 oder 7 vorliegt, es sei

denn, das Abschiebungsverbot nach § 60 Absatz 7 beruht allein auf gesundheitlichen Gründen.

(3) $_{1}$Im Sinne des Absatzes 2 Satz 1 ist dem Ausländer regelmäßig zumutbar,

1. in der den Bestimmungen des deutschen Passrechts, insbesondere den §§ 6 und 15 des Passgesetzes in der jeweils geltenden Fassung, entsprechenden Weise an der Ausstellung oder Verlängerung mitzuwirken und die Behandlung eines Antrages durch die Behörden des Herkunftsstaates nach dem Recht des Herkunftsstaates zu dulden, sofern dies nicht zu einer unzumutbaren Härte führt,
2. bei Behörden des Herkunftsstaates persönlich vorzusprechen, an Anhörungen teilzunehmen, Lichtbilder nach Anforderung anzufertigen und Fingerabdrücke abzugeben, nach der Rechts- und Verwaltungspraxis des Herkunftsstaates erforderliche Angaben oder Erklärungen abzugeben oder sonstige nach der dortigen Rechts- und Verwaltungspraxis erforderliche Handlungen vorzunehmen, soweit dies nicht unzumutbar ist,
3. eine Erklärung gegenüber den Behörden des Herkunftsstaates, aus dem Bundesgebiet freiwillig im Rahmen seiner rechtlichen Verpflichtung nach dem deutschen Recht auszureisen, abzugeben, sofern hiervon die Ausstellung des Reisedokumentes abhängig gemacht wird,
4. sofern hiervon die Ausstellung des Reisedokumentes abhängig gemacht wird, zu erklären, die Wehrpflicht zu erfüllen, sofern die Erfüllung der Wehrpflicht nicht aus zwingenden Gründen unzumutbar ist, und andere zumutbare staatsbürgerliche Pflichten zu erfüllen,
5. die vom Herkunftsstaat für die behördlichen Passbeschaffungsmaßnahmen allgemein festgelegten Gebühren zu zahlen, sofern es nicht für ihn unzumutbar ist und
6. erneut um die Ausstellung des Passes oder Passersatzes im Rahmen des Zumutbaren nachzusuchen und die Handlungen nach den Nummern 1 bis 5 vorzunehmen, sofern auf Grund einer Änderung der Sach- und Rechtslage mit der Ausstellung des Passes oder Passersatzes durch die Behörden des Herkunftsstaates mit hinreichender Wahrscheinlichkeit gerechnet werden kann und die Ausländerbehörde ihn zur erneuten Vornahme der Handlungen auffordert.

$_{2}$Der Ausländer ist auf diese Pflichten hinzuweisen. $_{3}$Sie gelten als erfüllt, wenn der Ausländer glaubhaft macht, dass er die Handlungen nach Satz 1 vorgenommen hat. $_{4}$Weist die Ausländerbehörde den Ausländer darauf hin, dass seine bisherigen Darlegungen und Nachweise zur Glaubhaftmachung der Erfüllung einer bestimmten Handlung oder mehrerer bestimmter Handlungen nach Satz 1 nicht ausreichen, kann die Ausländerbehörde ihn mit Fristsetzung dazu auffordern, die Vornahme der Handlungen nach Satz 1 durch Erklärung an Eides statt glaubhaft zu machen. $_{5}$Die Ausländerbehörde ist hierzu zuständige Behörde im Sinne des § 156 des Strafgesetzbuches.

(4) $_{1}$Hat der Ausländer die zumutbaren Handlungen nach Absatz 2 Satz 1 und Absatz 3 Satz 1 unterlassen, kann er diese jederzeit nachholen. $_{2}$In diesem Fall ist die Verletzung der Mitwirkungspflicht geheilt und dem Ausländer die Bescheinigung über die Duldung nach § 60a Absatz 4 ohne den Zusatz „für Personen mit ungeklärter Identität" auszustellen. $_{3}$Absatz 5 Satz 1 bleibt unberührt.

(5) $_{1}$Die Zeiten, in denen dem Ausländer die Duldung mit dem Zusatz „für Personen mit ungeklärter Identität" ausgestellt worden ist, werden nicht als Vorduldungszeiten angerechnet. $_{2}$Dem Inhaber einer Duldung mit dem Zusatz „für Personen mit ungeklärter Identität" darf die Ausübung einer Erwerbstätigkeit nicht erlaubt werden. $_{3}$Er unterliegt einer Wohnsitzauflage nach § 61 Absatz 1d.

(6) § 84 Absatz 1 Satz 1 Nummer 3 und Absatz 2 Satz 1 und 3 findet Anwendung.

§ 61 Räumliche Beschränkung, Wohnsitzauflage, Ausreiseeinrichtungen

(1) $_{1}$Der Aufenthalt eines vollziehbar ausreisepflichtigen Ausländers ist räumlich auf das

Gebiet des Landes beschränkt. 2Von der räumlichen Beschränkung nach Satz 1 kann abgewichen werden, wenn der Ausländer zur Ausübung einer Beschäftigung ohne Prüfung nach § 39 Abs. 2 Satz 1 Nr. 1 berechtigt ist oder wenn dies zum Zwecke des Schulbesuchs, der betrieblichen Aus- und Weiterbildung oder des Studiums an einer staatlichen oder staatlich anerkannten Hochschule oder vergleichbaren Ausbildungseinrichtung erforderlich ist. 3Das Gleiche gilt, wenn dies der Aufrechterhaltung der Familieneinheit dient.

(1a) 1In den Fällen des § 60a Abs. 2a wird der Aufenthalt auf den Bezirk der zuletzt zuständigen Ausländerbehörde im Inland beschränkt. 2Der Ausländer muss sich nach der Einreise unverzüglich dorthin begeben. 3Ist eine solche Behörde nicht feststellbar, gilt § 15a entsprechend.

(1b) Die räumliche Beschränkung nach den Absätzen 1 und 1a erlischt, wenn sich der Ausländer seit drei Monaten ununterbrochen erlaubt, geduldet oder gestattet im Bundesgebiet aufhält.

(1c) 1Eine räumliche Beschränkung des Aufenthalts eines vollziehbar ausreisepflichtigen Ausländers kann unabhängig von den Absätzen 1 bis 1b angeordnet werden, wenn

1. der Ausländer wegen einer Straftat, mit Ausnahme solcher Straftaten, deren Tatbestand nur von Ausländern verwirklicht werden kann, rechtskräftig verurteilt worden ist,
2. Tatsachen die Schlussfolgerung rechtfertigen, dass der Ausländer gegen Vorschriften des Betäubungsmittelgesetzes verstoßen hat, oder
3. konkrete Maßnahmen zur Aufenthaltsbeendigung gegen den Ausländer bevorstehen.

2Eine räumliche Beschränkung auf den Bezirk der Ausländerbehörde soll angeordnet werden, wenn der Ausländer die der Abschiebung entgegenstehenden Gründe durch vorsätzlich falsche Angaben oder durch eigene Täuschung über seine Identität oder Staatsangehörigkeit selbst herbeiführt oder zumutbare Anforderungen an die Mitwirkung bei der Beseitigung von Ausreisehindernissen nicht erfüllt.

(1d) 1Ein vollziehbar ausreisepflichtiger Ausländer, dessen Lebensunterhalt nicht gesichert ist, ist verpflichtet, an einem bestimmten Ort seinen gewöhnlichen Aufenthalt zu nehmen (Wohnsitzauflage). 2Soweit die Ausländerbehörde nichts anderes angeordnet hat, ist das der Wohnort, an dem der Ausländer zum Zeitpunkt der Entscheidung über die vorübergehende Aussetzung der Abschiebung gewohnt hat. 3Die Ausländerbehörde kann die Wohnsitzauflage von Amts wegen oder auf Antrag des Ausländers ändern; hierbei sind die Haushaltsgemeinschaft von Familienangehörigen oder sonstige humanitäre Gründe von vergleichbarem Gewicht zu berücksichtigen. 4Der Ausländer kann den durch die Wohnsitzauflage festgelegten Ort ohne Erlaubnis vorübergehend verlassen.

(1e) 1Auflagen können zur Sicherung und Durchsetzung der vollziehbaren Ausreisepflicht angeordnet werden, wenn konkrete Maßnahmen der Aufenthaltsbeendigung unmittelbar bevorstehen. 2Insbesondere kann ein Ausländer verpflichtet werden, sich einmal wöchentlich oder in einem längeren Intervall bei der für den Aufenthaltsort des Ausländers zuständigen Ausländerbehörde zu melden.

(1f) Weitere Bedingungen und Auflagen können angeordnet werden.

(2) 1Die Länder können Ausreiseeinrichtungen für vollziehbar ausreisepflichtige Ausländer schaffen. 2In den Ausreiseeinrichtungen soll durch Betreuung und Beratung die Bereitschaft zur freiwilligen Ausreise gefördert und die Erreichbarkeit für Behörden und Gerichte sowie die Durchführung der Ausreise gesichert werden.

§ 62 Abschiebungshaft

(1) 1Die Abschiebungshaft ist unzulässig, wenn der Zweck der Haft durch ein milderes Mittel erreicht werden kann. 2Die Inhaftnahme ist auf die kürzest mögliche Dauer zu beschränken. 3Minderjährige und Familien mit Minderjährigen dürfen nur in besonderen

Ausnahmefällen und nur so lange in Abschiebungshaft genommen werden, wie es unter Berücksichtigung des Kindeswohls angemessen ist.

(2) $_{1}$Ein Ausländer ist zur Vorbereitung der Ausweisung oder der Abschiebungsanordnung nach § 58a auf richterliche Anordnung in Haft zu nehmen, wenn über die Ausweisung oder die Abschiebungsanordnung nach § 58a nicht sofort entschieden werden kann und die Abschiebung ohne die Inhaftnahme wesentlich erschwert oder vereitelt würde (Vorbereitungshaft). $_{2}$Die Dauer der Vorbereitungshaft soll sechs Wochen nicht überschreiten. $_{3}$Im Falle der Ausweisung bedarf es für die Fortdauer der Haft bis zum Ablauf der angeordneten Haftdauer keiner erneuten richterlichen Anordnung.

(3) $_{1}$Ein Ausländer ist zur Sicherung der Abschiebung auf richterliche Anordnung in Haft zu nehmen (Sicherungshaft), wenn

1. Fluchtgefahr besteht,
2. der Ausländer auf Grund einer unerlaubten Einreise vollziehbar ausreisepflichtig ist oder
3. eine Abschiebungsanordnung nach § 58a ergangen ist, diese aber nicht unmittelbar vollzogen werden kann.

$_{2}$Von der Anordnung der Sicherungshaft nach Satz 1 Nummer 2 kann ausnahmsweise abgesehen werden, wenn der Ausländer glaubhaft macht, dass er sich der Abschiebung nicht entziehen will. $_{3}$Die Sicherungshaft ist unzulässig, wenn feststeht, dass aus Gründen, die der Ausländer nicht zu vertreten hat, die Abschiebung nicht innerhalb der nächsten drei Monate durchgeführt werden kann. $_{4}$Abweichend von Satz 3 ist die Sicherungshaft bei einem Ausländer, von dem eine erhebliche Gefahr für Leib und Leben Dritter oder bedeutende Rechtsgüter der inneren Sicherheit ausgeht, auch dann zulässig, wenn die Abschiebung nicht innerhalb der nächsten drei Monate durchgeführt werden kann.

(3a) Fluchtgefahr im Sinne von Absatz 3 Satz 1 Nummer 1 wird widerleglich vermutet, wenn

1. der Ausländer gegenüber den mit der Ausführung dieses Gesetzes betrauten Behörden über seine Identität täuscht oder in einer für ein Abschiebungshindernis erheblichen Weise und in zeitlichem Zusammenhang mit der Abschiebung getäuscht hat und die Angabe nicht selbst berichtigt hat, insbesondere durch Unterdrückung oder Vernichtung von Identitäts- oder Reisedokumenten oder das Vorgeben einer falschen Identität,
2. der Ausländer unentschuldigt zur Durchführung einer Anhörung oder ärztlichen Untersuchung nach § 82 Absatz 4 Satz 1 nicht an dem von der Ausländerbehörde angegebenen Ort angetroffen wurde, sofern der Ausländer bei der Ankündigung des Termins auf die Möglichkeit seiner Inhaftnahme im Falle des Nichtantreffens hingewiesen wurde,
3. die Ausreisefrist abgelaufen ist und der Ausländer seinen Aufenthaltsort trotz Hinweises auf die Anzeigepflicht gewechselt hat, ohne der zuständigen Behörde eine Anschrift anzugeben, unter der er erreichbar ist,
4. der Ausländer sich entgegen § 11 Absatz 1 Satz 2 im Bundesgebiet aufhält und er keine Betretenserlaubnis nach § 11 Absatz 8 besitzt,
5. der Ausländer sich bereits in der Vergangenheit der Abschiebung entzogen hat oder
6. der Ausländer ausdrücklich erklärt hat, dass er sich der Abschiebung entziehen will.

(3b) Konkrete Anhaltspunkte für Fluchtgefahr im Sinne von Absatz 3 Satz 1 Nummer 1 können sein:

1. der Ausländer hat gegenüber den mit der Ausführung dieses Gesetzes betrauten Behörden über seine Identität in einer für ein Abschiebungshindernis erheblichen Weise getäuscht und hat die Angabe nicht selbst berichtigt, insbesondere durch Unterdrückung oder Vernichtung von Identitäts- oder Reisedokumenten oder das Vorgeben einer falschen Identität,

2. der Ausländer hat zu seiner unerlaubten Einreise erhebliche Geldbeträge, insbesondere an einen Dritten für dessen Handlung nach § 96, aufgewandt, die nach den Umständen derart maßgeblich sind, dass daraus geschlossen werden kann, dass er die Abschiebung verhindern wird, damit die Aufwendungen nicht vergeblich waren,
3. von dem Ausländer geht eine erhebliche Gefahr für Leib und Leben Dritter oder bedeutende Rechtsgüter der inneren Sicherheit aus,
4. der Ausländer ist wiederholt wegen vorsätzlicher Straftaten rechtskräftig zu mindestens einer Freiheitsstrafe verurteilt worden,
5. der Ausländer hat die Passbeschaffungspflicht nach § 60b Absatz 3 Satz 1 Nummer 1, 2 und 6 nicht erfüllt oder der Ausländer hat andere als die in Absatz 3a Nummer 2 genannten gesetzlichen Mitwirkungshandlungen zur Feststellung der Identität, insbesondere die ihm nach § 48 Absatz 3 Satz 1 obliegenden Mitwirkungshandlungen, verweigert oder unterlassen und wurde vorher auf die Möglichkeit seiner Inhaftnahme im Falle der Nichterfüllung der Passersatzbeschaffungspflicht nach § 60b Absatz 3 Satz 1 Nummer 1, 2 und 6 oder der Verweigerung oder Unterlassung der Mitwirkungshandlung hingewiesen,
6. der Ausländer hat nach Ablauf der Ausreisefrist wiederholt gegen eine Pflicht nach § 61 Absatz 1 Satz 1, Absatz 1a, 1c Satz 1 Nummer 3 oder Satz 2 verstoßen oder eine zur Sicherung und Durchsetzung der Ausreisepflicht verhängte Auflage nach § 61 Absatz 1e nicht erfüllt,
7. der Ausländer, der erlaubt eingereist und vollziehbar ausreisepflichtig geworden ist, ist dem behördlichen Zugriff entzogen, weil er keinen Aufenthaltsort hat, an dem er sich überwiegend aufhält.

(4) $_{1}$Die Sicherungshaft kann bis zu sechs Monaten angeordnet werden. $_{2}$Sie kann in Fällen, in denen die Abschiebung aus von dem Ausländer zu vertretenden Gründen nicht vollzogen werden kann, um höchstens zwölf Monate verlängert werden. $_{3}$Eine Verlängerung um höchstens zwölf Monate ist auch möglich, soweit die Haft auf der Grundlage des Absatzes 3 Satz 1 Nummer 3 angeordnet worden ist und sich die Übermittlung der für die Abschiebung erforderlichen Unterlagen oder Dokumente durch den zur Aufnahme verpflichteten oder bereiten Drittstaat verzögert. $_{4}$Die Gesamtdauer der Sicherungshaft darf 18 Monate nicht überschreiten. $_{5}$Eine Vorbereitungshaft ist auf die Gesamtdauer der Sicherungshaft anzurechnen.

(4a) Ist die Abschiebung gescheitert, bleibt die Anordnung bis zum Ablauf der Anordnungsfrist unberührt, sofern die Voraussetzungen für die Haftanordnung unverändert fortbestehen.

(5) $_{1}$Die für den Haftantrag zuständige Behörde kann einen Ausländer ohne vorherige richterliche Anordnung festhalten und vorläufig in Gewahrsam nehmen, wenn

1. der dringende Verdacht für das Vorliegen der Voraussetzungen nach Absatz 3 Satz 1 besteht,
2. die richterliche Entscheidung über die Anordnung der Sicherungshaft nicht vorher eingeholt werden kann und
3. der begründete Verdacht vorliegt, dass sich der Ausländer der Anordnung der Sicherungshaft entziehen will.

$_{2}$Der Ausländer ist unverzüglich dem Richter zur Entscheidung über die Anordnung der Sicherungshaft vorzuführen.

(6) $_{1}$Ein Ausländer kann auf richterliche Anordnung zum Zwecke der Abschiebung für die Dauer von längstens 14 Tagen zur Durchführung einer Anordnung nach § 82 Absatz 4 Satz 1, bei den Vertretungen oder ermächtigten Bediensteten des Staates, dessen Staatsangehörigkeit er vermutlich besitzt, persönlich zu erscheinen, oder eine ärztliche Untersuchung zur Feststellung seiner Reisefähigkeit durchführen zu lassen, in Haft genommen werden, wenn er

1. einer solchen erstmaligen Anordnung oder

2. einer Anordnung nach § 82 Absatz 4 Satz 1, zu einem Termin bei der zuständigen Behörde persönlich zu erscheinen,

unentschuldigt ferngeblieben ist und der Ausländer zuvor auf die Möglichkeit einer Inhaftnahme hingewiesen wurde (Mitwirkungshaft). 2Eine Verlängerung der Mitwirkungshaft ist nicht möglich. 3Eine Mitwirkungshaft ist auf die Gesamtdauer der Sicherungshaft anzurechnen. 4§ 62a Absatz 1 findet entsprechende Anwendung.

§ 62a Vollzug der Abschiebungshaft

(1) 1Abschiebungsgefangene sind getrennt von Strafgefangenen unterzubringen. 2Werden mehrere Angehörige einer Familie inhaftiert, so sind diese getrennt von den übrigen Abschiebungsgefangenen unterzubringen. 3Ihnen ist ein angemessenes Maß an Privatsphäre zu gewährleisten.

(2) Den Abschiebungsgefangenen wird gestattet, mit Rechtsvertretern, Familienangehörigen, den zuständigen Konsularbehörden und einschlägig tätigen Hilfs- und Unterstützungsorganisationen Kontakt aufzunehmen.

(3) 1Bei minderjährigen Abschiebungsgefangenen sind unter Beachtung der Maßgaben in Artikel 17 der Richtlinie 2008/115/EG des Europäischen Parlaments und des Rates vom 16. Dezember 2008 über gemeinsame Normen und Verfahren in den Mitgliedstaaten zur Rückführung illegal aufhältiger Drittstaatsangehöriger (ABl. L 348 vom 24. 12. 2008, S. 98) alterstypische Belange zu berücksichtigen. 2Der Situation schutzbedürftiger Personen ist besondere Aufmerksamkeit zu widmen.

(4) Mitarbeitern von einschlägig tätigen Hilfs- und Unterstützungsorganisationen soll auf Antrag gestattet werden, Abschiebungsgefangene zu besuchen.

(5) Abschiebungsgefangene sind über ihre Rechte und Pflichten und über die in der Einrichtung geltenden Regeln zu informieren.

§ 62b Ausreisegewahrsam

(1) 1Unabhängig von den Voraussetzungen der Sicherungshaft nach § 62 Absatz 3, insbesondere vom Vorliegen der Fluchtgefahr, kann ein Ausländer zur Sicherung der Durchführbarkeit der Abschiebung auf richterliche Anordnung bis zu zehn Tage in Gewahrsam genommen werden, wenn

1. die Ausreisefrist abgelaufen ist, es sei denn, der Ausländer ist unverschuldet an der Ausreise gehindert oder die Überschreitung der Ausreisefrist ist nicht erheblich,
2. feststeht, dass die Abschiebung innerhalb dieser Frist durchgeführt werden kann und
3. der Ausländer ein Verhalten gezeigt hat, das erwarten lässt, dass er die Abschiebung erschweren oder vereiteln wird. 2Das wird vermutet, wenn er
   a) seine gesetzlichen Mitwirkungspflichten verletzt hat,
   b) über seine Identität oder Staatsangehörigkeit getäuscht hat,
   c) wegen einer im Bundesgebiet begangenen vorsätzlichen Straftat verurteilt wurde, wobei Geldstrafen von insgesamt bis zu 50 Tagessätzen außer Betracht bleiben oder
   d) die Frist zur Ausreise um mehr als 30 Tage überschritten hat.

3Von der Anordnung des Ausreisegewahrsams ist abzusehen, wenn der Ausländer glaubhaft macht oder wenn offensichtlich ist, dass er sich der Abschiebung nicht entziehen will.

(2) Der Ausreisegewahrsam wird im Transitbereich eines Flughafens oder in einer Unterkunft, von der aus die Ausreise des Ausländers ohne Zurücklegen einer größeren Entfernung zu einer Grenzübergangsstelle möglich ist, vollzogen.

(3) § 62 Absatz 1 und 4a sowie § 62a finden entsprechend Anwendung.

(4) 1Die für den Antrag nach Absatz 1 zuständige Behörde kann einen Ausländer ohne vorherige richterliche Anordnung festhalten und vorläufig in Gewahrsam nehmen, wenn

1. der dringende Verdacht für das Vorliegen der Voraussetzungen nach Absatz 1 Satz 1 besteht,

2. die richterliche Entscheidung über die Anordnung des Ausreisegewahrsams nach Absatz 1 nicht vorher eingeholt werden kann und
3. der begründete Verdacht vorliegt, dass sich der Ausländer der Anordnung des Ausreisegewahrsams entziehen will.

2Der Ausländer ist unverzüglich dem Richter zur Entscheidung über die Anordnung des Ausreisegewahrsams vorzuführen.

Kapitel 6 Haftung und Gebühren

§ 63 Pflichten der Beförderungsunternehmer

(1) Ein Beförderungsunternehmer darf Ausländer nur in das Bundesgebiet befördern, wenn sie im Besitz eines erforderlichen Passes und eines erforderlichen Aufenthaltstitels sind.

(2) 1Das Bundesministerium des Innern oder die von ihm bestimmte Stelle kann im Einvernehmen mit dem Bundesministerium für Verkehr und digitale Infrastruktur einem Beförderungsunternehmer untersagen, Ausländer entgegen Absatz 1 in das Bundesgebiet zu befördern und für den Fall der Zuwiderhandlung ein Zwangsgeld androhen. 2Widerspruch und Klage haben keine aufschiebende Wirkung; dies gilt auch hinsichtlich der Festsetzung des Zwangsgeldes.

(3) 1Das Zwangsgeld gegen den Beförderungsunternehmer beträgt für jeden Ausländer, den er einer Verfügung nach Absatz 2 zuwider befördert, mindestens 1000 und höchstens 5000 Euro. 2Das Zwangsgeld kann durch das Bundesministerium des Innern oder die von ihm bestimmte Stelle festgesetzt und beigetrieben werden.

(4) Das Bundesministerium des Innern oder die von ihm bestimmte Stelle kann mit Beförderungsunternehmern Regelungen zur Umsetzung der in Absatz 1 genannten Pflicht vereinbaren.

§ 64 Rückbeförderungspflicht der Beförderungsunternehmer

(1) Wird ein Ausländer zurückgewiesen, so hat ihn der Beförderungsunternehmer, der ihn an die Grenze befördert hat, unverzüglich außer Landes zu bringen.

(2) 1Die Verpflichtung nach Absatz 1 besteht für die Dauer von drei Jahren hinsichtlich der Ausländer, die ohne erforderlichen Pass, Passersatz oder erforderlichen Aufenthaltstitel in das Bundesgebiet befördert werden und die bei der Einreise nicht zurückgewiesen werden, weil sie sich auf politische Verfolgung, Verfolgung im Sinne des § 3 Absatz 1 des Asylgesetzes oder die Gefahr eines ernsthaften Schadens im Sinne des § 4 Absatz 1 des Asylgesetzes oder die in § 60 Abs. 2, 3, 5 oder Abs. 7 bezeichneten Umstände berufen. 2Sie erlischt, wenn dem Ausländer ein Aufenthaltstitel nach diesem Gesetz erteilt wird.

(3) Der Beförderungsunternehmer hat den Ausländer auf Verlangen der mit der polizeilichen Kontrolle des grenzüberschreitenden Verkehrs beauftragten Behörden in den Staat, der das Reisedokument ausgestellt hat oder aus dem er befördert wurde, oder in einen sonstigen Staat zu bringen, in dem seine Einreise gewährleistet ist.

§ 65 Pflichten der Flughafenunternehmer

Der Unternehmer eines Verkehrsflughafens ist verpflichtet, auf dem Flughafengelände geeignete Unterkünfte zur Unterbringung von Ausländern, die nicht im Besitz eines erforderlichen Passes oder eines erforderlichen Visums sind, bis zum Vollzug der grenzpolizeilichen Entscheidung über die Einreise bereitzustellen.

§ 66 Kostenschuldner; Sicherheitsleistung

(1) Kosten, die durch die Durchsetzung einer räumlichen Beschränkung, die Zurückweisung, Zurückschiebung oder Abschiebung entstehen, hat der Ausländer zu tragen.

(2) Neben dem Ausländer haftet für die in Absatz 1 bezeichneten Kosten, wer sich ge-

genüber der Ausländerbehörde oder der Auslandsvertretung verpflichtet hat, für die Ausreisekosten des Ausländers aufzukommen.

(3) $_{1}$In den Fällen des § 64 Abs. 1 und 2 haftet der Beförderungsunternehmer neben dem Ausländer für die Kosten der Rückbeförderung des Ausländers und für die Kosten, die von der Ankunft des Ausländers an der Grenzübergangsstelle bis zum Vollzug der Entscheidung über die Einreise entstehen. $_{2}$Ein Beförderungsunternehmer, der schuldhaft einer Verfügung nach § 63 Abs. 2 zuwiderhandelt, haftet neben dem Ausländer für sonstige Kosten, die in den Fällen des § 64 Abs. 1 durch die Zurückweisung und in den Fällen des § 64 Abs. 2 durch die Abschiebung entstehen.

(4) $_{1}$Für die Kosten der Abschiebung oder Zurückschiebung haftet:

1. wer als Arbeitgeber den Ausländer als Arbeitnehmer beschäftigt hat, dem die Ausübung der Erwerbstätigkeit nach den Vorschriften dieses Gesetzes nicht erlaubt war;
2. ein Unternehmer, für den ein Arbeitgeber als unmittelbarer Auftragnehmer Leistungen erbracht hat, wenn ihm bekannt war oder er bei Beachtung der im Verkehr erforderlichen Sorgfalt hätte erkennen müssen, dass der Arbeitgeber für die Erbringung der Leistung den Ausländer als Arbeitnehmer eingesetzt hat, dem die Ausübung der Erwerbstätigkeit nach den Vorschriften dieses Gesetzes nicht erlaubt war;
3. wer als Generalunternehmer oder zwischengeschalteter Unternehmer ohne unmittelbare vertragliche Beziehungen zu dem Arbeitgeber Kenntnis von der Beschäftigung des Ausländers hat, dem die Ausübung der Erwerbstätigkeit nach den Vorschriften dieses Gesetzes nicht erlaubt war;
4. wer eine nach § 96 strafbare Handlung begeht;
5. der Ausländer, soweit die Kosten von den anderen Kostenschuldnern nicht beigetrieben werden können.

$_{2}$Die in Satz 1 Nummer 1 bis 4 genannten Personen haften als Gesamtschuldner im Sinne von § 421 des Bürgerlichen Gesetzbuchs.

(4a) Die Haftung nach Absatz 4 Nummer 1 entfällt, wenn der Arbeitgeber seinen Verpflichtungen nach § 4 Absatz 3 Satz 4 und 5 sowie seiner Meldepflicht nach § 28a des Vierten Buches Sozialgesetzbuch in Verbindung mit den §§ 6, 7 und 13 der Datenerfassungs- und -übermittlungsverordnung oder nach § 18 des Arbeitnehmer-Entsendegesetzes nachgekommen ist, es sei denn, er hatte Kenntnis davon, dass der Aufenthaltstitel oder die Bescheinigung über die Aufenthaltsgestattung oder die Aussetzung der Abschiebung des Ausländers gefälscht war.

(5) $_{1}$Von dem Kostenschuldner kann eine Sicherheitsleistung verlangt werden. $_{2}$Die Anordnung einer Sicherheitsleistung des Ausländers oder des Kostenschuldners nach Absatz 4 Satz 1 und 2 kann von der Behörde, die sie erlassen hat, ohne vorherige Vollstreckungsanordnung und Fristsetzung vollstreckt werden, wenn andernfalls die Erhebung gefährdet wäre. $_{3}$Zur Sicherung der Ausreisekosten können Rückflugscheine und sonstige Fahrausweise beschlagnahmt werden, die im Besitz eines Ausländers sind, der zurückgewiesen, zurückgeschoben, ausgewiesen oder abgeschoben werden soll oder dem Einreise und Aufenthalt nur wegen der Stellung eines Asylantrages gestattet wird.

§ 67 Umfang der Kostenhaftung

(1) Die Kosten der Abschiebung, Zurückschiebung, Zurückweisung und der Durchsetzung einer räumlichen Beschränkung umfassen

1. die Beförderungs- und sonstigen Reisekosten für den Ausländer innerhalb des Bundesgebiets und bis zum Zielort außerhalb des Bundesgebiets,
2. die bei der Vorbereitung und Durchführung der Maßnahme entstehenden Verwaltungskosten einschließlich der Kosten für die Abschiebungshaft und der Übersetzungs- und Dolmetscherkosten und die Ausgaben für die Unterbringung, Verpfle-

gung und sonstige Versorgung des Ausländers sowie

3. sämtliche durch eine erforderliche Begleitung des Ausländers entstehenden Kosten einschließlich der Personalkosten.

(2) Die Kosten, für die der Beförderungsunternehmer nach § 66 Abs. 3 Satz 1 haftet, umfassen

1. die in Absatz 1 Nr. 1 bezeichneten Kosten,
2. die bis zum Vollzug der Entscheidung über die Einreise entstehenden Verwaltungskosten und Ausgaben für die Unterbringung, Verpflegung und sonstige Versorgung des Ausländers und Übersetzungs- und Dolmetscherkosten und
3. die in Absatz 1 Nr. 3 bezeichneten Kosten, soweit der Beförderungsunternehmer nicht selbst die erforderliche Begleitung des Ausländers übernimmt.

(3) 1Die in den Absätzen 1 und 2 genannten Kosten werden von der nach § 71 zuständigen Behörde durch Leistungsbescheid in Höhe der tatsächlich entstandenen Kosten erhoben. 2Hinsichtlich der Berechnung der Personalkosten gelten die allgemeinen Grundsätze zur Berechnung von Personalkosten der öffentlichen Hand.

§ 68 Haftung für Lebensunterhalt

(1) 1Wer sich der Ausländerbehörde oder einer Auslandsvertretung gegenüber verpflichtet hat, die Kosten für den Lebensunterhalt eines Ausländers zu tragen, hat für einen Zeitraum von fünf Jahren sämtliche öffentlichen Mittel zu erstatten, die für den Lebensunterhalt des Ausländers einschließlich der Versorgung mit Wohnraum sowie der Versorgung im Krankheitsfalle und bei Pflegebedürftigkeit aufgewendet werden, auch soweit die Aufwendungen auf einem gesetzlichen Anspruch des Ausländers beruhen. 2Aufwendungen, die auf einer Beitragsleistung beruhen, sind nicht zu erstatten. 3Der Zeitraum nach Satz 1 beginnt mit der durch die Verpflichtungserklärung ermöglichten Einreise des Ausländers. 4Die Verpflichtungserklärung erlischt vor Ablauf des Zeitraums von fünf Jahren ab Einreise des Ausländers nicht durch Erteilung eines Aufenthaltstitels nach Abschnitt 5 des Kapitels 2 oder durch Anerkennung nach § 3 oder § 4 des Asylgesetzes.

(2) 1Die Verpflichtung nach Absatz 1 Satz 1 bedarf der Schriftform. 2Sie ist nach Maßgabe des Verwaltungsvollstreckungsgesetzes vollstreckbar. 3Der Erstattungsanspruch steht der öffentlichen Stelle zu, die die öffentlichen Mittel aufgewendet hat.

(3) Die Auslandsvertretung unterrichtet unverzüglich die Ausländerbehörde über eine Verpflichtung nach Absatz 1 Satz 1.

(4) 1Die Ausländerbehörde unterrichtet, wenn sie Kenntnis von der Aufwendung nach Absatz 1 zu erstattender öffentlicher Mittel erlangt, unverzüglich die öffentliche Stelle, der der Erstattungsanspruch zusteht, über die Verpflichtung nach Absatz 1 Satz 1 und erteilt ihr alle für die Geltendmachung und Durchsetzung des Erstattungsanspruchs erforderlichen Auskünfte. 2Der Empfänger darf die Daten nur zum Zweck der Erstattung der für den Ausländer aufgewendeten öffentlichen Mittel sowie der Versagung weiterer Leistungen verwenden.

§ 68a Übergangsvorschrift zu Verpflichtungserklärungen

1§ 68 Absatz 1 Satz 1 bis 3 gilt auch für vor dem 6. August 2016 abgegebene Verpflichtungserklärungen, jedoch mit der Maßgabe, dass an die Stelle des Zeitraums von fünf Jahren ein Zeitraum von drei Jahren tritt. 2Sofern die Frist nach Satz 1 zum 6. August 2016 bereits abgelaufen ist, endet die Verpflichtung zur Erstattung öffentlicher Mittel mit Ablauf des 31. August 2016.

§ 69 Gebühren

(1) 1Für individuell zurechenbare öffentliche Leistungen nach diesem Gesetz und den zur Durchführung dieses Gesetzes erlassenen Rechtsverordnungen werden Gebühren und Auslagen erhoben. 2Die Gebührenfestsetzung kann auch mündlich erfolgen. 3Satz 1 gilt nicht für individuell zurechenbare öffentliche Leistungen der Bundesagentur für Arbeit nach den §§ 39 bis 42. 4§ 287 des Dritten Buches Sozialgesetzbuch bleibt unberührt.

5Satz 1 gilt zudem nicht für das Mitteilungsverfahren im Zusammenhang mit der kurzfristigen Mobilität von Studenten nach § 16a, von unternehmensintern transferierten Arbeitnehmern nach § 19c und von Forschern nach § 20a.

(2) 1Die Gebühr soll die mit der individuell zurechenbaren öffentlichen Leistung verbundenen Kosten aller an der Leistung Beteiligten decken. 2In die Gebühr sind die mit der Leistung regelmäßig verbundenen Auslagen einzubeziehen. 3Zur Ermittlung der Gebühr sind die Kosten, die nach betriebswirtschaftlichen Grundsätzen als Einzel- und Gemeinkosten zurechenbar und ansatzfähig sind, insbesondere Personal- und Sachkosten sowie kalkulatorische Kosten, zu Grunde zu legen. 4Zu den Gemeinkosten zählen auch die Kosten der Rechts- und Fachaufsicht. 5Grundlage der Gebührenermittlung nach den Sätzen 1 bis 4 sind die in der Gesamtheit der Länder und des Bundes mit der jeweiligen Leistung verbundenen Kosten.

(3) 1Die Bundesregierung bestimmt durch Rechtsverordnung mit Zustimmung des Bundesrates die gebührenpflichtigen Tatbestände und die Gebührensätze sowie Gebührenbefreiungen und -ermäßigungen, insbesondere für Fälle der Bedürftigkeit. 2Soweit dieses Gesetz keine abweichenden Vorschriften enthält, finden § 3 Absatz 1 Nummer 1 und 4, Absatz 2 und 4 bis 6, die §§ 4 bis 7 Nummer 1 bis 10, die §§ 8, 9 Absatz 3, die §§ 10 bis 12 Absatz 1 Satz 1 und Absatz 3 sowie die §§ 13 bis 21 des Bundesgebührengesetzes vom 7. August 2013 (BGBl. I S. 3154) in der jeweils geltenden Fassung entsprechende Anwendung.

(4) 1Abweichend von § 4 Absatz 1 des Bundesgebührengesetzes können die von den Auslandsvertretungen zu erhebenden Gebühren bereits bei Beantragung der individuell zurechenbaren öffentlichen Leistung erhoben werden. 2Für die von den Auslandsvertretungen zu erhebenden Gebühren legt das Auswärtige Amt fest, ob die Erhebung bei den jeweiligen Auslandsvertretungen in Euro, zum Gegenwert in Landeswährung oder in einer Drittwährung erfolgt. 3Je nach allgemeiner Verfügbarkeit von Einheiten der festgelegten Währung kann eine Rundung auf die nächste verfügbare Einheit erfolgen.

(5) Die in der Rechtsverordnung bestimmten Gebühren dürfen folgende Höchstsätze nicht übersteigen:

1. für die Erteilung einer Aufenthaltserlaubnis: 140 Euro,
1a. für die Erteilung einer Blauen Karte EU: 140 Euro,
1b. für die Erteilung einer ICT-Karte: 140 Euro,
1c. für die Erteilung einer Mobiler-ICT-Karte: 100 Euro,
2. für die Erteilung einer Niederlassungserlaubnis: 200 Euro,
2a. für die Erteilung einer Erlaubnis zum Daueraufenthalt – EU: 200 Euro,
3. für die Verlängerung einer Aufenthaltserlaubnis, einer Blauen Karte EU oder einer ICT-Karte: 100 Euro,
3a. für die Verlängerung einer Mobiler-ICT-Karte: 80 Euro,
4. für die Erteilung eines nationalen Visums und die Ausstellung eines Passersatzes und eines Ausweisersatzes: 100 Euro,
5. für die Anerkennung einer Forschungseinrichtung zum Abschluss von Aufnahmevereinbarungen oder einem entsprechenden Vertrag nach § 20: 220 Euro,
6. für sonstige individuell zurechenbare öffentliche Leistungen: 80 Euro,
7. für individuell zurechenbare öffentliche Leistungen zu Gunsten Minderjähriger: die Hälfte der für die öffentliche Leistung bestimmten Gebühr,
8. für die Neuausstellung eines Dokuments nach § 78 Absatz 1, die auf Grund einer Änderung der Angaben nach § 78 Absatz 1 Satz 3, auf Grund des Ablaufs der technischen Kartennutzungsdauer, auf Grund des Verlustes des Dokuments oder auf Grund des Verlustes der technischen Funktionsfähigkeit des Dokuments notwendig wird: 70 Euro,
9. für die Aufhebung, Verkürzung oder Verlängerung der Befristung eines Einreise- und Aufenthaltsverbotes: 200 Euro.

(6) 1Für die Erteilung eines nationalen Visums und eines Passersatzes an der Grenze darf ein Zuschlag von höchstens 25 Euro erhoben werden. 2Für eine auf Wunsch des Antragstellers außerhalb der Dienstzeit vorgenommene individuell zurechenbare öffentliche Leistung darf ein Zuschlag von höchstens 30 Euro erhoben werden. 3Gebührenzuschläge können auch für die individuell zurechenbaren öffentlichen Leistungen gegenüber einem Staatsangehörigen festgesetzt werden, dessen Heimatstaat von Deutschen für entsprechende öffentliche Leistungen höhere Gebühren als die nach Absatz 3 festgesetzten Gebühren erhebt. 4Die Sätze 2 und 3 gelten nicht für die Erteilung oder Verlängerung eines Schengen-Visums. 5Bei der Festsetzung von Gebührenzuschlägen können die in Absatz 5 bestimmten Höchstsätze überschritten werden.

(7) 1Die Rechtsverordnung nach Absatz 3 kann vorsehen, dass für die Beantragung gebührenpflichtiger individuell zurechenbarer öffentlicher Leistungen eine Bearbeitungsgebühr erhoben wird. 2Die Bearbeitungsgebühr für die Beantragung einer Niederlassungserlaubnis oder einer Erlaubnis zum Daueraufenthalt – EU darf höchstens die Hälfte der für ihre Erteilung zu erhebenden Gebühr betragen. 3Die Gebühr ist auf die Gebühr für die individuell zurechenbare öffentliche Leistung anzurechnen. 4Sie wird auch im Falle der Rücknahme des Antrages und der Versagung der beantragten individuell zurechenbaren öffentlichen Leistung nicht zurückgezahlt.

(8) 1Die Rechtsverordnung nach Absatz 3 kann für die Einlegung eines Widerspruchs Gebühren vorsehen, die höchstens betragen dürfen:

1. für den Widerspruch gegen die Ablehnung eines Antrages auf Vornahme einer gebührenpflichtigen individuell zurechenbaren öffentlichen Leistung: die Hälfte der für diese vorgesehenen Gebühr,
2. für den Widerspruch gegen eine sonstige individuell zurechenbare öffentliche Leistung: 55 Euro.

2Soweit der Widerspruch Erfolg hat, ist die Gebühr auf die Gebühr für die vorzunehmende individuell zurechenbare öffentliche Leistung anzurechnen und im Übrigen zurückzuzahlen.

§ 70 Verjährung

(1) Die Ansprüche auf die in § 67 Abs. 1 und 2 genannten Kosten verjähren sechs Jahre nach Eintritt der Fälligkeit.

(2) Die Verjährung von Ansprüchen nach den §§ 66 und 69 wird auch unterbrochen, solange sich der Schuldner nicht im Bundesgebiet aufhält oder sein Aufenthalt im Bundesgebiet deshalb nicht festgestellt werden kann, weil er einer gesetzlichen Meldepflicht oder Anzeigepflicht nicht nachgekommen ist.

Kapitel 7
Verfahrensvorschriften

Abschnitt 1
Zuständigkeiten

§ 71 Zuständigkeit

(1) 1Für aufenthalts- und passrechtliche Maßnahmen und Entscheidungen nach diesem Gesetz und nach ausländerrechtlichen Bestimmungen in anderen Gesetzen sind die Ausländerbehörden zuständig. 2Die Landesregierung oder die von ihr bestimmte Stelle kann bestimmen, dass für einzelne Aufgaben nur eine oder mehrere bestimmte Ausländerbehörden zuständig sind. 3Nach Satz 2 kann durch die zuständigen Stellen der betroffenen Länder auch geregelt werden, dass den Ausländerbehörden eines Landes für die Bezirke von Ausländerbehörden verschiedener Länder Aufgaben zugeordnet werden. 4Für die Vollziehung von Abschiebungen ist in den Ländern jeweils eine zentral zuständige Stelle zu bestimmen.

(2) Im Ausland sind für Pass- und Visaangelegenheiten die vom Auswärtigen Amt ermächtigten Auslandsvertretungen zuständig.

(3) Die mit der polizeilichen Kontrolle des grenzüberschreitenden Verkehrs beauftragten Behörden sind zuständig für

1. die Zurückweisung und die Zurückschiebung an der Grenze, einschließlich der

Überstellung von Drittstaatsangehörigen auf Grundlage der Verordnung (EU) Nr. 604/2013, wenn der Ausländer von der Grenzbehörde im grenznahen Raum in unmittelbarem zeitlichen Zusammenhang mit einer unerlaubten Einreise angetroffen wird,

1a. Abschiebungen an der Grenze, sofern der Ausländer bei oder nach der unerlaubten Einreise über eine Grenze im Sinne des Artikels 2 Nummer 1 der Verordnung (EU) 2016/399 (Binnengrenze) aufgegriffen wird,

1b. Abschiebungen an der Grenze, sofern der Ausländer bereits unerlaubt eingereist ist, sich danach weiter fortbewegt hat und in einem anderen Grenzraum oder auf einem als Grenzübergangsstelle zugelassenen oder nicht zugelassenen Flughafen, Flug- oder Landeplatz oder See- oder Binnenhafen aufgegriffen wird,

1c. die Befristung der Wirkungen auf Grund der von ihnen vorgenommenen Ab- und Zurückschiebungen nach § 11 Absatz 2, 4 und 8,

1d. die Rückführungen von Ausländern aus anderen und in andere Staaten; die Zuständigkeit besteht neben derjenigen der in Absatz 1 und in Absatz 5 bestimmten Stellen,

1e. die Beantragung von Haft und die Festnahme, soweit es zur Vornahme der in den Nummern 1 bis 1d bezeichneten Maßnahmen erforderlich ist,

2. die Erteilung eines Visums und die Ausstellung eines Passersatzes nach § 14 Abs. 2 sowie die Aussetzung der Abschiebung nach § 60a Abs. 2a,

3. die Rücknahme und den Widerruf eines nationalen Visums sowie die Entscheidungen nach Artikel 34 der Verordnung (EG) Nr. 810/2009
   a) im Fall der Zurückweisung, Zurückschiebung oder Abschiebung, soweit die Voraussetzungen der Nummer 1a oder 1b erfüllt sind,
   b) auf Ersuchen der Auslandsvertretung, die das Visum erteilt hat, oder
   c) auf Ersuchen der Ausländerbehörde, die der Erteilung des Visums zugestimmt hat, sofern diese ihrer Zustimmung bedurfte,

4. das Ausreiseverbot und die Maßnahmen nach § 66 Abs. 5 an der Grenze,

5. die Prüfung an der Grenze, ob Beförderungsunternehmer und sonstige Dritte die Vorschriften dieses Gesetzes und die auf Grund dieses Gesetzes erlassenen Verordnungen und Anordnungen beachtet haben,

6. sonstige ausländerrechtliche Maßnahmen und Entscheidungen, soweit sich deren Notwendigkeit an der Grenze ergibt und sie vom Bundesministerium des Innern hierzu allgemein oder im Einzelfall ermächtigt sind,

7. die Beschaffung von Heimreisedokumenten im Wege der Amtshilfe in Einzelfällen für Ausländer,

8. die Erteilung von in Rechtsvorschriften der Europäischen Union vorgesehenen Vermerken und Bescheinigungen vom Datum und Ort der Einreise über die Außengrenze eines Mitgliedstaates, der den Schengen-Besitzstand vollständig anwendet; die Zuständigkeit der Ausländerbehörden oder anderer durch die Länder bestimmter Stellen wird hierdurch nicht ausgeschlossen.

(4) $_1$Für die erforderlichen Maßnahmen nach den §§ 48, 48a und 49 Absatz 2 bis 9 sind die Ausländerbehörden, die Polizeivollzugsbehörden der Länder sowie bei Wahrnehmung ihrer gesetzlichen Aufgaben die Bundespolizei und andere mit der polizeilichen Kontrolle des grenzüberschreitenden Verkehrs beauftragte Behörden zuständig. $_2$In den Fällen des § 49 Abs. 4 sind auch die Behörden zuständig, die die Verteilung nach § 15a veranlassen. $_3$In den Fällen des § 49 Absatz 5 Nummer 5 und 6 sind die vom Auswärtigen Amt ermächtigten Auslandsvertretungen zuständig. $_4$In den Fällen des § 49 Absatz 8 und 9 sind auch die Aufnahmeeinrichtungen im Sinne des § 44 des Asylgesetzes und die Außenstellen des Bundesamtes für Migration und Flüchtlinge

befugt, bei Tätigwerden in Amtshilfe die erkennungsdienstlichen Maßnahmen bei ausländischen Kindern oder Jugendlichen, die unbegleitet in das Bundesgebiet eingereist sind, vorzunehmen; diese Maßnahmen sollen im Beisein des zuvor zur vorläufigen Inobhutnahme verständigten Jugendamtes und in kindgerechter Weise durchgeführt werden.

(5) Für die Zurückschiebung sowie die Durchsetzung der Verlassenspflicht des § 12 Abs. 3 und die Durchführung der Abschiebung und, soweit es zur Vorbereitung und Sicherung dieser Maßnahmen erforderlich ist, die Festnahme und Beantragung der Haft sind auch die Polizeien der Länder zuständig.

(6) Das Bundesministerium des Innern oder die von ihm bestimmte Stelle entscheidet im Benehmen mit dem Auswärtigen Amt über die Anerkennung von Pässen und Passersatzpapieren (§ 3 Abs. 1); die Entscheidungen ergehen als Allgemeinverfügung und können im Bundesanzeiger bekannt gegeben werden.

§ 71a Zuständigkeit und Unterrichtung

(1) 1Verwaltungsbehörden im Sinne des § 36 Abs. 1 Nr. 1 des Gesetzes über Ordnungswidrigkeiten sind in den Fällen des § 98 Absatz 2a Nummer 1 und Absatz 3 Nummer 1 die Behörden der Zollverwaltung. 2Sie arbeiten bei der Verfolgung und Ahndung mit den in § 2 Absatz 4 des Schwarzarbeitsbekämpfungsgesetzes genannten Behörden zusammen.

(2) 1Die Behörden der Zollverwaltung unterrichten das Gewerbezentralregister über ihre einzutragenden rechtskräftigen Bußgeldbescheide nach § 98 Absatz 2a Nummer 1 und 3 Nummer 1. 2Dies gilt nur, sofern die Geldbuße mehr als 200 Euro beträgt.

(3) 1Gerichte, Strafverfolgungs- und Strafvollstreckungsbehörden sollen den Behörden der Zollverwaltung Erkenntnisse aus sonstigen Verfahren, die aus ihrer Sicht zur Verfolgung von Ordnungswidrigkeiten nach § 98 Absatz 2a Nummer 1 und Absatz 3 Nummer 1 erforderlich sind, übermitteln, soweit nicht für die übermittelnde Stelle erkennbar ist, dass schutzwürdige Interessen des Betroffenen oder anderer Verfahrensbeteiligter an dem Ausschluss der Übermittlung überwiegen. 2Dabei ist zu berücksichtigen, wie gesichert die zu übermittelnden Erkenntnisse sind.

§ 72 Beteiligungserfordernisse

(1) 1Eine Betretenserlaubnis (§ 11 Absatz 8) darf nur mit Zustimmung der für den vorgesehenen Aufenthaltsort zuständigen Ausländerbehörde erteilt werden. 2Die Behörde, die den Ausländer ausgewiesen, abgeschoben oder zurückgeschoben hat, ist in der Regel zu beteiligen.

(2) Über das Vorliegen eines zielstaatsbezogenen Abschiebungsverbots nach § 60 Absatz 5 oder 7 und das Vorliegen eines Ausschlusstatbestandes nach § 25 Absatz 3 Satz 3 Nummer 1 bis 4 entscheidet die Ausländerbehörde nur nach vorheriger Beteiligung des Bundesamtes für Migration und Flüchtlinge.

(3) 1Räumliche Beschränkungen, Auflagen und Bedingungen, Befristungen nach § 11 Absatz 2 Satz 1, Anordnungen nach § 47 und sonstige Maßnahmen gegen einen Ausländer, der nicht im Besitz eines erforderlichen Aufenthaltstitels ist, dürfen von einer anderen Behörde nur im Einvernehmen mit der Behörde geändert oder aufgehoben werden, die die Maßnahme angeordnet hat. 2Satz 1 findet keine Anwendung, wenn der Aufenthalt des Ausländers nach den Vorschriften des Asylgesetzes auf den Bezirk der anderen Ausländerbehörde beschränkt ist.

(3a) 1Die Aufhebung einer Wohnsitzverpflichtung nach § 12a Absatz 5 darf nur mit Zustimmung der Ausländerbehörde des geplanten Zuzugsorts erfolgen. 2Die Zustimmung ist zu erteilen, wenn die Voraussetzungen des § 12a Absatz 5 vorliegen; eine Ablehnung ist zu begründen. 3Die Zustimmung gilt als erteilt, wenn die Ausländerbehörde am Zuzugsort nicht innerhalb von vier Wochen ab Zugang des Ersuchens widerspricht. 4Die Erfüllung melderechtlicher Verpflichtungen begründet keine Zuständigkeit einer Ausländerbehörde.

(4) 1Ein Ausländer, gegen den öffentliche Klage erhoben oder ein strafrechtliches Ermittlungsverfahren eingeleitet ist, darf nur im Einvernehmen mit der zuständigen Staatsanwaltschaft ausgewiesen und abgeschoben werden. 2Ein Ausländer, der zu schützende Person im Sinne des Zeugenschutz-Harmonisierungsgesetzes ist, darf nur im Einvernehmen mit der Zeugenschutzdienststelle ausgewiesen oder abgeschoben werden. 3Des Einvernehmens der Staatsanwaltschaft nach Satz 1 bedarf es nicht, wenn nur ein geringes Strafverfolgungsinteresse besteht. 4Dies ist der Fall, wenn die Erhebung der öffentlichen Klage oder die Einleitung eines Ermittlungsverfahrens wegen einer Straftat nach § 95 dieses Gesetzes oder nach § 9 des Gesetzes über die allgemeine Freizügigkeit von Unionsbürgern oder Straftaten nach dem Strafgesetzbuch mit geringem Unrechtsgehalt erfolgt ist. 5Insoweit sind Straftaten mit geringem Unrechtsgehalt Straftaten nach § 113 Absatz 1, § 115 des Strafgesetzbuches, soweit er die entsprechende Geltung des § 113 Absatz 1 des Strafgesetzbuches vorsieht, den §§ 123, 166, 167, 169, 185, 223, 240 Absatz 1, den §§ 242, 246, 248b, 263 Absatz 1, 2 und 4, den §§ 265a, 267 Absatz 1 und 2, § 271 Absatz 1, 2 und 4, den §§ 273, 274, 276 Absatz 1, den §§ 279, 281, 303 des Strafgesetzbuches, dem § 21 des Straßenverkehrsgesetzes in der Fassung der Bekanntmachung vom 5. März 2003 (BGBl. I S. 310, 919), das zuletzt durch Artikel 1 des Gesetzes vom 8. April 2019 (BGBl. I S. 430) geändert worden ist, in der jeweils geltenden Fassung, und dem § 6 des Pflichtversicherungsgesetzes vom 5. April 1965 (BGBl. I S. 213), das zuletzt durch Artikel 1 der Verordnung vom 6. Februar 2017 (BGBl. I S. 147) geändert worden ist, in der jeweils geltenden Fassung, es sei denn, diese Strafgesetze werden durch verschiedene Handlungen mehrmals verletzt oder es wird ein Strafantrag gestellt.

(5) § 45 des Achten Buches Sozialgesetzbuch gilt nicht für Ausreiseeinrichtungen und Einrichtungen, die der vorübergehenden Unterbringung von Ausländern dienen, denen aus völkerrechtlichen, humanitären oder politischen Gründen eine Aufenthaltserlaubnis erteilt oder bei denen die Abschiebung ausgesetzt wird.

(6) 1Vor einer Entscheidung über die Erteilung, die Verlängerung oder den Widerruf eines Aufenthaltstitels nach § 25 Abs. 4a oder 4b und die Festlegung, Aufhebung oder Verkürzung einer Ausreisefrist nach § 59 Absatz 7 ist die für das in § 25 Abs. 4a oder 4b in Bezug genommene Strafverfahren zuständige Staatsanwaltschaft oder das mit ihm befasste Strafgericht zu beteiligen, es sei denn, es liegt ein Fall des § 87 Abs. 5 Nr. 1 vor. 2Sofern der Ausländerbehörde die zuständige Staatsanwaltschaft noch nicht bekannt ist, beteiligt sie vor einer Entscheidung über die Festlegung, Aufhebung oder Verkürzung einer Ausreisefrist nach § 59 Absatz 7 die für den Aufenthaltsort zuständige Polizeibehörde.

(7) Zur Prüfung des Vorliegens der Voraussetzungen der §§ 17a, 17b, 18, 18b, 19, 19a, 19b, 19c und 19d kann die Ausländerbehörde die Bundesagentur für Arbeit auch dann beteiligen, wenn sie deren Zustimmung nicht bedarf.

§ 72a Abgleich von Visumantragsdaten zu Sicherheitszwecken

(1) 1Daten, die im Visumverfahren von der deutschen Auslandsvertretung zur visumantragstellenden Person, zum Einlader und zu Personen, die durch Abgabe einer Verpflichtungserklärung oder in anderer Weise die Sicherung des Lebensunterhalts garantieren oder zu sonstigen Referenzpersonen im Inland erhoben werden, werden zur Durchführung eines Abgleichs zu Sicherheitszwecken an das Bundesverwaltungsamt übermittelt. 2Das Gleiche gilt für Daten nach Satz 1, die eine Auslandsvertretung eines anderen Schengen-Staates nach Artikel 8 Absatz 2 der Verordnung (EG) Nr. 810/2009 des Europäischen Parlaments und des Rates vom 13. Juli 2009 über einen Visakodex der Gemeinschaft (Visakodex) (ABl. L 243 vom 15. 9. 2009, S. 1) an eine deutsche Auslandsvertretung zur Entscheidung über den Visumantrag übermittelt hat. 3Eine Übermittlung nach Satz 1

oder Satz 2 erfolgt nicht, wenn eine Datenübermittlung nach § 73 Absatz 1 Satz 1 erfolgt.

(2) 1Die Daten nach Absatz 1 Satz 1 und 2 werden in einer besonderen Organisationseinheit des Bundesverwaltungsamtes in einem automatisierten Verfahren mit Daten aus der Datei im Sinne von § 1 Absatz 1 des Antiterrordateigesetzes (Antiterrordatei) zu Personen abgeglichen, bei denen Tatsachen die Annahme rechtfertigen, dass sie

1. einer terroristischen Vereinigung nach § 129a des Strafgesetzbuchs, die einen internationalen Bezug aufweist, oder einer terroristischen Vereinigung nach § 129a in Verbindung mit § 129b Absatz 1 Satz 1 des Strafgesetzbuchs mit Bezug zur Bundesrepublik Deutschland angehören oder diese unterstützen oder
2. einer Gruppierung, die eine solche Vereinigung unterstützt, angehören oder diese willentlich in Kenntnis der den Terrorismus unterstützenden Aktivität der Gruppierung unterstützen oder
3. rechtswidrig Gewalt als Mittel zur Durchsetzung international ausgerichteter politischer oder religiöser Belange anwenden oder eine solche Gewaltanwendung unterstützen, vorbereiten oder durch ihre Tätigkeiten, insbesondere durch Befürworten solcher Gewaltanwendungen, vorsätzlich hervorrufen oder
4. mit den in Nummer 1 oder Nummer 3 genannten Personen nicht nur flüchtig oder in zufälligem Kontakt in Verbindung stehen und durch sie weiterführende Hinweise für die Aufklärung oder Bekämpfung des internationalen Terrorismus zu erwarten sind, soweit Tatsachen die Annahme rechtfertigen, dass sie von der Planung oder Begehung einer in Nummer 1 genannten Straftat oder der Ausübung, Unterstützung oder Vorbereitung von rechtswidriger Gewalt im Sinne von Nummer 3 Kenntnis haben.

2Die Daten der in Satz 1 genannten Personen werden nach Kennzeichnung durch die Behörde, welche die Daten in der Antiterrordatei gespeichert hat, vom Bundeskriminalamt an die besondere Organisationseinheit im Bundesverwaltungsamt für den Abgleich mit den Daten nach Absatz 1 Satz 1 und 2 übermittelt und dort gespeichert. 3Durch geeignete technische und organisatorische Maßnahmen ist sicherzustellen, dass kein unberechtigter Zugriff auf den Inhalt der Daten erfolgt.

(3) 1Im Fall eines Treffers werden zur Feststellung von Versagungsgründen nach § 5 Absatz 4 oder zur Prüfung von sonstigen Sicherheitsbedenken gegen die Erteilung des Visums die Daten nach Absatz 1 Satz 1 und 2 an die Behörden übermittelt, welche Daten zu dieser Person in der Antiterrordatei gespeichert haben. 2Diese übermitteln der zuständigen Auslandsvertretung über das Bundesverwaltungsamt unverzüglich einen Hinweis, wenn Versagungsgründe nach § 5 Absatz 4 oder sonstige Sicherheitsbedenken gegen die Erteilung des Visums vorliegen.

(4) 1Die bei der besonderen Organisationseinheit im Bundesverwaltungsamt gespeicherten Daten nach Absatz 1 Satz 1 und 2 werden nach Durchführung des Abgleichs nach Absatz 2 Satz 1 unverzüglich gelöscht; wenn der Abgleich einen Treffer ergibt, bleibt nur das Visumaktenzeichen gespeichert. 2Dieses wird gelöscht, sobald bei der besonderen Organisationseinheit im Bundesverwaltungsamt feststeht, dass eine Mitteilung nach Absatz 3 Satz 2 an die Auslandsvertretung nicht zu erfolgen hat, andernfalls dann, wenn die Mitteilung erfolgt ist.

(5) 1Die in Absatz 3 Satz 1 genannten Behörden dürfen die ihnen übermittelten Daten speichern und nutzen, soweit dies zur Erfüllung ihrer gesetzlichen Aufgaben erforderlich ist. 2Übermittlungsregelungen nach anderen Gesetzen bleiben unberührt.

(6) 1Das Bundesverwaltungsamt stellt sicher, dass im Fall eines Treffers der Zeitpunkt des Datenabgleichs, die Angaben, die die Feststellung der abgeglichenen Datensätze ermöglichen, das Ergebnis des Datenabgleichs, die Weiterleitung des Datensatzes und die Verarbeitung des Datensatzes zum Zwecke der Datenschutzkontrolle protokolliert werden. 2Die Protokolldaten sind durch geeigne-

te Maßnahmen gegen unberechtigten Zugriff zu sichern und am Ende des Kalenderjahres, das dem Jahr ihrer Erstellung folgt, zu vernichten, sofern sie nicht für ein bereits eingeleitetes Kontrollverfahren benötigt werden.

(7) Das Bundesverwaltungsamt hat dem jeweiligen Stand der Technik entsprechende technische und organisatorische Maßnahmen zur Sicherung von Datenschutz und Datensicherheit zu treffen, die insbesondere die Vertraulichkeit und die Unversehrtheit der in der besonderen Organisationseinheit gespeicherten und übermittelten Daten gewährleisten.

(8) 1Die datenschutzrechtliche Verantwortung für das Vorliegen der Voraussetzungen nach Absatz 2 Satz 1 trägt die Behörde, die die Daten in die Antiterrordatei eingegeben hat. 2Die datenschutzrechtliche Verantwortung für die Durchführung des Abgleichs trägt das Bundesverwaltungsamt. 3Das Bundeskriminalamt ist datenschutzrechtlich dafür verantwortlich, dass die übermittelten Daten den aktuellen Stand in der Antiterrordatei widerspiegeln.

(9) 1Die Daten nach Absatz 2 Satz 2 werden berichtigt, wenn sie in der Antiterrordatei berichtigt werden. 2Sie werden gelöscht, wenn die Voraussetzungen ihrer Speicherung nach Absatz 2 Satz 1 entfallen sind oder die Daten in der Antiterrordatei gelöscht wurden. 3Für die Prüfung des weiteren Vorliegens der Voraussetzungen für die Speicherung der Daten nach Absatz 2 Satz 2 gilt § 11 Absatz 4 des Antiterrordateigesetzes entsprechend.

§ 73 Sonstige Beteiligungserfordernisse im Visumverfahren, im Registrier- und Asylverfahren und bei der Erteilung von Aufenthaltstiteln

(1) 1Daten, die im Visumverfahren von der deutschen Auslandsvertretung oder von der für die Entgegennahme des Visumantrags zuständigen Auslandsvertretung eines anderen Schengen-Staates zur visumantragstellenden Person, zum Einlader und zu Personen, die durch Abgabe einer Verpflichtungserklärung oder in anderer Weise die Sicherung des Lebensunterhalts garantieren, oder zu sonstigen Referenzpersonen im Inland erhoben werden, können über das Bundesverwaltungsamt zur Feststellung von Versagungsgründen nach § 5 Absatz 4, § 27 Absatz 3a oder zur Prüfung von sonstigen Sicherheitsbedenken an den Bundesnachrichtendienst, das Bundesamt für Verfassungsschutz, den Militärischen Abschirmdienst, das Bundeskriminalamt, die Bundespolizei und das Zollkriminalamt übermittelt werden. 2Das Verfahren nach § 21 des Ausländerzentralregistergesetzes bleibt unberührt. 3In den Fällen des § 14 Abs. 2 kann die jeweilige mit der polizeilichen Kontrolle des grenzüberschreitenden Verkehrs beauftragte Behörde die im Visumverfahren erhobenen Daten an die in Satz 1 genannten Behörden übermitteln.

(1a) 1Daten, die zur Sicherung, Feststellung und Überprüfung der Identität nach § 16 Absatz 1 Satz 1 des Asylgesetzes und § 49 zu Personen im Sinne des § 2 Absatz 1a, 2 Nummer 1 des AZR-Gesetzes erhoben werden oder bereits gespeichert wurden, können über das Bundesverwaltungsamt zur Feststellung von Versagungsgründen nach § 3 Absatz 2, § 4 Absatz 2 des Asylgesetzes, § 60 Absatz 8 Satz 1 sowie § 5 Absatz 4 oder zur Prüfung von sonstigen Sicherheitsbedenken an den Bundesnachrichtendienst, das Bundesamt für Verfassungsschutz, den Militärischen Abschirmdienst, das Bundeskriminalamt, die Bundespolizei und das Zollkriminalamt übermittelt werden. 2Die in Satz 1 genannten Daten können über das Bundesverwaltungsamt zur Feststellung der in Satz 1 genannten Versagungsgründe oder zur Prüfung sonstiger Sicherheitsbedenken auch für die Prüfung, ob die Voraussetzungen für einen Widerruf oder eine Rücknahme nach den §§ 73 bis 73b des Asylgesetzes vorliegen, an die in Satz 1 genannten Sicherheitsbehörden und Nachrichtendienste übermittelt werden. 3Ebenso können Daten, die zur Sicherung, Feststellung und Überprüfung der Identität

1. nach § 16 Absatz 1 Satz 1 des Asylgesetzes, § 49 Absatz 5 Nummer 5, Absatz 8 und 9 erhoben oder nach Artikel 21 der

Verordnung (EU) Nr. 604/2013 von einem anderen Mitgliedstaat an die Bundesrepublik Deutschland übermittelt wurden zu Personen, für die ein Aufnahme- oder Wiederaufnahmegesuch eines anderen Mitgliedstaates an die Bundesrepublik Deutschland nach der Verordnung (EU) Nr. 604/2013 gestellt wurde,

2. nach § 49 Absatz 5 Nummer 6 zu Personen erhoben wurden, die für ein Aufnahmeverfahren nach § 23 oder die Gewährung von vorübergehendem Schutz nach § 24 vorgeschlagen und von dem Bundesamt für Migration und Flüchtlinge in die Prüfung über die Erteilung einer Aufnahmezusage einbezogen wurden, oder
3. nach § 49 Absatz 5 Nummer 6 erhoben oder von einem anderen Mitgliedstaat an die Bundesrepublik Deutschland übermittelt wurden zu Personen, die auf Grund von Maßnahmen nach Artikel 78 Absatz 3 des Vertrags über die Arbeitsweise der Europäischen Union (AEUV) in das Bundesgebiet umverteilt werden sollen und vom Bundesamt für Migration und Flüchtlinge in die Prüfung über die Erteilung einer Aufnahmezusage einbezogen wurden,

über das Bundesverwaltungsamt zur Feststellung von Versagungsgründen oder zur Prüfung sonstiger Sicherheitsbedenken an die in Satz 1 benannten Behörden übermittelt werden. $_4$Zusammen mit den Daten nach Satz 1 können zu den dort genannten Personen dem Bundeskriminalamt für die Erfüllung seiner gesetzlichen Aufgaben die Daten nach § 3 Absatz 1 Nummer 1 und 3 des AZR-Gesetzes, Angaben zum Zuzug oder Fortzug und zum aufenthaltsrechtlichen Status sowie Daten nach § 3 Absatz 2 Nummer 6 und 9 des AZR-Gesetzes übermittelt werden. $_5$Zu den Zwecken nach den Sätzen 1 bis 3 ist auch ein Abgleich mit weiteren Datenbeständen beim Bundesverwaltungsamt zulässig.

(2) $_1$Die Ausländerbehörden können zur Feststellung von Versagungsgründen gemäß § 5 Abs. 4 oder zur Prüfung von sonstigen Sicherheitsbedenken vor der Erteilung oder Verlängerung eines Aufenthaltstitels oder einer Duldung oder Aufenthaltsgestattung die bei ihnen gespeicherten personenbezogenen Daten zu den betroffenen Personen über das Bundesverwaltungsamt an den Bundesnachrichtendienst, das Bundesamt für Verfassungsschutz, den Militärischen Abschirmdienst, das Bundeskriminalamt, die Bundespolizei und das Zollkriminalamt sowie an das Landesamt für Verfassungsschutz und das Landeskriminalamt oder die zuständigen Behörden der Polizei übermitteln. $_2$Das Bundesamt für Verfassungsschutz kann bei Übermittlungen an die Landesämter für Verfassungsschutz technische Unterstützung leisten.

(3) $_1$Die in den Absätzen 1 und 2 genannten Sicherheitsbehörden und Nachrichtendienste teilen dem Bundesverwaltungsamt unverzüglich mit, ob Versagungsgründe nach § 5 Abs. 4 oder sonstige Sicherheitsbedenken vorliegen; bei der Übermittlung von Mitteilungen der Landesämter für Verfassungsschutz zu Anfragen der Ausländerbehörden nach Absatz 2 kann das Bundesamt für Verfassungsschutz technische Unterstützung leisten. $_2$Die deutschen Auslandsvertretungen und Ausländerbehörden übermitteln den in Satz 1 genannten Sicherheitsbehörden und Nachrichtendiensten unverzüglich die Gültigkeitsdauer der erteilten und verlängerten Aufenthaltstitel; werden den in Satz 1 genannten Behörden während des Gültigkeitszeitraums des Aufenthaltstitels Versagungsgründe nach § 5 Abs. 4 oder sonstige Sicherheitsbedenken bekannt, teilen sie dies der zuständigen Ausländerbehörde oder der zuständigen Auslandsvertretung unverzüglich mit. $_3$Die in Satz 1 genannten Behörden dürfen die übermittelten Daten speichern und nutzen, soweit dies zur Erfüllung ihrer gesetzlichen Aufgaben erforderlich ist. $_4$Übermittlungsregelungen nach anderen Gesetzen bleiben unberührt.

(3a) $_1$Die in Absatz 1a genannten Sicherheitsbehörden und Nachrichtendienste teilen dem Bundesverwaltungsamt unverzüglich mit, ob Versagungsgründe nach § 3 Absatz 2, § 4 Absatz 2 des Asylgesetzes, § 60 Absatz 8 Satz 1 sowie nach § 5 Absatz 4 oder sonstige Sicherheitsbedenken vorliegen. $_2$Das Bundesverwaltungsamt stellt den für das Asylverfahren sowie für aufenthaltsrechtliche Entscheidungen zuständigen Behörden diese Information umgehend zur Verfügung. 3Die infolge der Übermittlung nach Absatz 1a und den Sätzen 1 und 2 erforderlichen weiteren Übermittlungen zwischen den in Satz 1 genannten Behörden und den für das Asylverfahren sowie für die aufenthaltsrechtlichen Entscheidungen zuständigen Behörden dürfen über das Bundesverwaltungsamt erfolgen. 4Die in Satz 1 genannten Behörden dürfen die ihnen übermittelten Daten speichern und nutzen, soweit dies zur Erfüllung ihrer gesetzlichen Aufgaben erforderlich ist. 5Das Bundesverwaltungsamt speichert die übermittelten Daten, solange es für Zwecke des Sicherheitsabgleiches erforderlich ist. 6Das Bundeskriminalamt prüft unverzüglich, ob die nach Absatz 1a Satz 4 übermittelten Daten der betroffenen Person den beim Bundeskriminalamt gespeicherten personenbezogenen Daten zu einer Person zugeordnet werden können, die zur Fahndung ausgeschrieben ist. 7Ist dies nicht der Fall, hat das Bundeskriminalamt die nach Absatz 1a Satz 4 übermittelten Daten der betroffenen Person unverzüglich zu löschen. 8Ergebnisse zu Abgleichen nach Absatz 1a Satz 5, die der Überprüfung, Feststellung oder Sicherung der Identität dienen, können neben den für das Registrier- und Asylverfahren sowie für die aufenthaltsrechtliche Entscheidung zuständigen Behörden auch der Bundespolizei, dem Bundeskriminalamt und den zuständigen Behörden der Polizei übermittelt werden. 9Übermittlungsregelungen nach anderen Gesetzen bleiben unberührt.

(3b) 1Die in Absatz 1 genannten Sicherheitsbehörden und Nachrichtendienste teilen dem Bundesverwaltungsamt unverzüglich mit, ob Versagungsgründe nach § 27 Absatz 3a vorliegen. Werden den in Satz 1 genannten Behörden während des nach Absatz 3 Satz 2 mitgeteilten Gültigkeitszeitraums des Aufenthaltstitels Versagungsgründe nach § 27 Absatz 3a bekannt, teilen sie dies der zuständigen Ausländerbehörde oder der zuständigen Auslandsvertretung unverzüglich mit. 2Die in Satz 1 genannten Behörden dürfen die übermittelten Daten verarbeiten, soweit dies zur Erfüllung ihrer gesetzlichen Aufgaben erforderlich ist. 3Übermittlungsregelungen nach anderen Gesetzen bleiben unberührt.

(4) 1Das Bundesministerium des Innern, für Bau und Heimat bestimmt unter Berücksichtigung der aktuellen Sicherheitslage durch allgemeine Verwaltungsvorschriften, in welchen Fällen gegenüber Staatsangehörigen bestimmter Staaten sowie Angehörigen von in sonstiger Weise bestimmten Personengruppen von der Ermächtigung der Absätze 1 und 1a Gebrauch gemacht wird. 2In den Fällen des Absatzes 1 erfolgt dies im Einvernehmen mit dem Auswärtigen Amt.

§ 73a Unterrichtung über die Erteilung von Visa

(1) 1Unterrichtungen der anderen Schengen-Staaten über erteilte Visa gemäß Artikel 31 der Verordnung (EG) Nr. 810/2009 können über die zuständige Stelle an den Bundesnachrichtendienst, das Bundesamt für Verfassungsschutz, den Militärischen Abschirmdienst, das Bundeskriminalamt und das Zollkriminalamt zur Prüfung übermittelt werden, ob der Einreise und dem Aufenthalt des Visuminhabers die in § 5 Absatz 4 genannten Gründe oder sonstige Sicherheitsbedenken entgegenstehen. 2Unterrichtungen der deutschen Auslandsvertretungen über erteilte Visa, deren Erteilung nicht bereits eine Datenübermittlung gemäß § 73 Absatz 1 vorangegangen ist, können zu dem in Satz 1 genannten Zweck über die zuständige Stelle an die in Satz 1 genannten Behörden übermittelt werden; Daten zu anderen Personen als dem Visuminhaber werden nicht übermittelt. 3§ 73 Absatz 3 Satz 3 und 4 gilt entsprechend.

(2) Das Bundesministerium des Innern bestimmt im Benehmen mit dem Auswärtigen Amt und unter Berücksichtigung der aktuellen Sicherheitslage durch allgemeine Verwaltungsvorschrift, in welchen Fällen gegenüber Staatsangehörigen bestimmter Staaten sowie Angehörigen von in sonstiger Weise bestimmten Personengruppen von der Ermäch-

tigung des Absatzes 1 Gebrauch gemacht wird.

§ 73b Überprüfung der Zuverlässigkeit von im Visumverfahren tätigen Personen und Organisationen

(1) 1Das Auswärtige Amt überprüft die Zuverlässigkeit von Personen auf Sicherheitsbedenken, denen im Visumverfahren die Erfüllung einer oder mehrerer Aufgaben, insbesondere die Erfassung der biometrischen Identifikatoren, anvertraut ist oder werden soll und die nicht entsandte Angehörige des Auswärtigen Dienstes sind (Betroffene). 2Anlassbezogen und in regelmäßigen Abständen unterzieht das Auswärtige Amt die Zuverlässigkeit des in Satz 1 genannten Personenkreises einer Wiederholungsprüfung. 3Die Überprüfung der Zuverlässigkeit erfolgt nach vorheriger schriftlicher Zustimmung des Betroffenen.

(2) 1Zur Überprüfung der Zuverlässigkeit erhebt die deutsche Auslandsvertretung Namen, Vornamen, Geburtsnamen und sonstige Namen, Geschlecht, Geburtsdatum und -ort, Staatsangehörigkeit, Wohnsitz und Angaben zum Identitätsdokument (insbesondere Art und Nummer) des Betroffenen und übermittelt diese über das Auswärtige Amt zur Prüfung von Sicherheitsbedenken an die Polizeivollzugs- und Verfassungsschutzbehörden des Bundes, den Bundesnachrichtendienst, den Militärischen Abschirmdienst, das Bundeskriminalamt und das Zollkriminalamt. 2Die in Satz 1 genannten Sicherheitsbehörden und Nachrichtendienste teilen dem Auswärtigen Amt unverzüglich mit, ob Sicherheitsbedenken vorliegen.

(3) 1Die in Absatz 2 genannten Sicherheitsbehörden und Nachrichtendienste dürfen die übermittelten Daten nach den für sie geltenden Gesetzen für andere Zwecke verarbeiten, soweit dies zur Erfüllung ihrer gesetzlichen Aufgaben erforderlich ist. 2Übermittlungsregelungen nach anderen Gesetzen bleiben unberührt.

(4) Ohne eine abgeschlossene Zuverlässigkeitsüberprüfung, bei der keine Erkenntnisse über eine mögliche Unzuverlässigkeit zutage treten, darf der Betroffene seine Tätigkeit im Visumverfahren nicht aufnehmen.

(5) 1Ist der Betroffene für eine juristische Person, insbesondere einen externen Dienstleistungserbringer tätig, überprüft das Auswärtige Amt auch die Zuverlässigkeit der juristischen Person anhand von Firma, Bezeichnung, Handelsregistereintrag der juristischen Person nebst vollständiger Anschrift (lokale Niederlassung und Hauptsitz). 2Das Auswärtige Amt überprüft auch die Zuverlässigkeit des Inhabers und der Geschäftsführer der juristischen Person in dem für die Zusammenarbeit vorgesehenen Land. 3Absatz 1 Satz 2 und 3 und die Absätze 2 bis 4 gelten entsprechend.

§ 73c Zusammenarbeit mit externen Dienstleistungserbringern

Die deutschen Auslandsvertretungen können im Verfahren zur Beantragung nationaler Visa nach Kapitel 2 Abschnitt 3 und 4 mit einem externen Dienstleistungserbringer entsprechend Artikel 43 der Verordnung (EG) Nr. 810/2009 zusammenarbeiten.

§ 74 Beteiligung des Bundes; Weisungsbefugnis

(1) Ein Visum kann zur Wahrung politischer Interessen des Bundes mit der Maßgabe erteilt werden, dass die Verlängerung des Visums und die Erteilung eines anderen Aufenthaltstitels nach Ablauf der Geltungsdauer des Visums sowie die Aufhebung und Änderung von Auflagen, Bedingungen und sonstigen Beschränkungen, die mit dem Visum verbunden sind, nur im Benehmen oder Einvernehmen mit dem Bundesministerium des Innern oder der von ihm bestimmten Stelle vorgenommen werden dürfen.

(2) Die Bundesregierung kann Einzelweisungen zur Ausführung dieses Gesetzes und der auf Grund dieses Gesetzes erlassenen Rechtsverordnungen erteilen, wenn

1. die Sicherheit der Bundesrepublik Deutschland oder sonstige erhebliche Interessen der Bundesrepublik Deutschland es erfordern,

2. durch ausländerrechtliche Maßnahmen eines Landes erhebliche Interessen eines anderen Landes beeinträchtigt werden,
3. eine Ausländerbehörde einen Ausländer ausweisen will, der zu den bei konsularischen und diplomatischen Vertretungen vom Erfordernis eines Aufenthaltstitels befreiten Personen gehört.

Abschnitt 1a
Durchbeförderung

§ 74a Durchbeförderung von Ausländern

1Ausländische Staaten dürfen Ausländer aus ihrem Hoheitsgebiet über das Bundesgebiet in einen anderen Staat zurückführen oder aus einem anderen Staat über das Bundesgebiet wieder in ihr Hoheitsgebiet zurückübernehmen, wenn ihnen dies von den zuständigen Behörden gestattet wurde (Durchbeförderung). 2Die Durchbeförderung erfolgt auf der Grundlage zwischenstaatlicher Vereinbarungen und Rechtsvorschriften der Europäischen Union. 3Zentrale Behörde nach Artikel 4 Abs. 5 der Richtlinie 2003/110/EG ist die in der Rechtsverordnung nach § 58 Abs. 1 des Bundespolizeigesetzes bestimmte Bundespolizeibehörde. 4Der durchbeförderte Ausländer hat die erforderlichen Maßnahmen im Zusammenhang mit seiner Durchbeförderung zu dulden.

Abschnitt 2
Bundesamt für Migration und Flüchtlinge

§ 75 Aufgaben

Das Bundesamt für Migration und Flüchtlinge hat unbeschadet der Aufgaben nach anderen Gesetzen folgende Aufgaben:

1. Koordinierung der Informationen über den Aufenthalt zum Zweck der Erwerbstätigkeit zwischen den Ausländerbehörden, der Bundesagentur für Arbeit und der für Pass- und Visaangelegenheiten vom Auswärtigen Amt ermächtigten deutschen Auslandsvertretungen;
2. a) Entwicklung von Grundstruktur und Lerninhalten des Integrationskurses nach § 43 Abs. 3 und der berufsbezogenen Deutschsprachförderung nach § 45a,
   b) deren Durchführung und
   c) Maßnahmen nach § 9 Abs. 5 des Bundesvertriebenengesetzes;
3. fachliche Zuarbeit für die Bundesregierung auf dem Gebiet der Integrationsförderung und der Erstellung von Informationsmaterial über Integrationsangebote von Bund, Ländern und Kommunen für Ausländer und Spätaussiedler;
4. Betreiben wissenschaftlicher Forschungen über Migrationsfragen (Begleitforschung) zur Gewinnung analytischer Aussagen für die Steuerung der Zuwanderung;

4a. Betreiben wissenschaftlicher Forschungen über Integrationsfragen;

5. Zusammenarbeit mit den Verwaltungsbehörden der Mitgliedstaaten der Europäischen Union als Nationale Kontaktstelle und zuständige Behörde nach Artikel 27 der Richtlinie 2001/55/EG, Artikel 25 der Richtlinie 2003/109/EG, Artikel 22 Absatz 1 der Richtlinie 2009/50/EG, Artikel 26 der Richtlinie 2014/66/EU und Artikel 37 der Richtlinie (EU) 2016/801 sowie für Mitteilungen nach § 51 Absatz 8a;
6. Führung des Registers nach § 91a;
7. Koordinierung der Programme und Mitwirkung an Projekten zur Förderung der freiwilligen Rückkehr sowie Auszahlung hierfür bewilligter Mittel;
8. die Durchführung des Aufnahmeverfahrens nach § 23 Abs. 2 und 4 und die Verteilung der nach § 23 sowie der nach § 22 Satz 2 aufgenommenen Ausländer auf die Länder;
9. Durchführung einer migrationsspezifischen Beratung nach § 45 Satz 1, soweit sie nicht durch andere Stellen wahrgenommen wird; hierzu kann es sich privater oder öffentlicher Träger bedienen;

10. Anerkennung von Forschungseinrichtungen zum Abschluss von Aufnahmevereinbarungen nach § 20; hierbei wird das Bundesamt für Migration und Flüchtlinge durch einen Beirat für Forschungsmigration unterstützt;
11. Koordinierung der Informationsübermittlung und Auswertung von Erkenntnissen der Bundesbehörden, insbesondere des Bundeskriminalamtes und des Bundesamtes für Verfassungsschutz, zu Ausländern, bei denen wegen Gefährdung der öffentlichen Sicherheit ausländer-, asyl- oder staatsangehörigkeitsrechtliche Maßnahmen in Betracht kommen;
12. Anordnung eines Einreise- und Aufenthaltsverbots nach § 11 Absatz 1 im Fall einer Abschiebungsandrohung nach den §§ 34, 35 des Asylgesetzes oder einer Abschiebungsanordnung nach § 34a des Asylgesetzes sowie die Anordnung und Befristung eines Einreise- und Aufenthaltsverbots nach § 11 Absatz 7;
13. unbeschadet des § 71 Absatz 3 Nummer 7 die Beschaffung von Heimreisedokumenten für Ausländer im Wege der Amtshilfe.

§ 76 (weggefallen)

Abschnitt 3
Verwaltungsverfahren

§ 77 Schriftform; Ausnahme von Formerfordernissen

(1) $_1$Die folgenden Verwaltungsakte bedürfen der Schriftform und sind mit Ausnahme der Nummer 5 mit einer Begründung zu versehen:

1. der Verwaltungsakt,
   a) durch den ein Passersatz, ein Ausweisersatz oder ein Aufenthaltstitel versagt, räumlich oder zeitlich beschränkt oder mit Bedingungen und Auflagen versehen wird oder
   b) mit dem die Änderung oder Aufhebung einer Nebenbestimmung zum Aufenthaltstitel versagt wird, sowie
2. die Ausweisung,
3. die Abschiebungsanordnung nach § 58a Absatz 1 Satz 1,
4. die Androhung der Abschiebung,
5. die Aussetzung der Abschiebung,
6. Beschränkungen des Aufenthalts nach § 12 Absatz 4,
7. die Anordnungen nach den §§ 47 und 56,
8. die Rücknahme und der Widerruf von Verwaltungsakten nach diesem Gesetz sowie
9. die Entscheidung über die Anordnung eines Einreise- und Aufenthaltsverbots nach § 11.

$_2$Einem Verwaltungsakt, mit dem ein Aufenthaltstitel versagt oder mit dem ein Aufenthaltstitel zum Erlöschen gebracht wird, sowie der Entscheidung über einen Antrag auf Befristung nach § 11 Absatz 1 Satz 3 ist eine Erklärung beizufügen. $_3$Mit dieser Erklärung wird der Ausländer über den Rechtsbehelf, der gegen den Verwaltungsakt gegeben ist, und über die Stelle, bei der dieser Rechtsbehelf einzulegen ist, sowie über die einzuhaltende Frist belehrt; in anderen Fällen ist die vorgenannte Erklärung der Androhung der Abschiebung beizufügen.

(1a) $_1$Im Zusammenhang mit der Erteilung einer ICT-Karte oder einer Mobiler-ICT-Karte sind zusätzlich der aufnehmenden Niederlassung oder dem aufnehmenden Unternehmen schriftlich mitzuteilen

1. die Versagung der Verlängerung einer ICT-Karte oder einer Mobiler-ICT-Karte,
2. die Rücknahme oder der Widerruf einer ICT-Karte oder einer Mobiler-ICT-Karte,
3. die Versagung der Verlängerung eines Aufenthaltstitels zum Zweck des Familiennachzugs zu einem Inhaber einer ICT-Karte oder einer Mobiler-ICT-Karte oder
4. die Rücknahme oder der Widerruf eines Aufenthaltstitels zum Zweck des Familiennachzugs zu einem Inhaber einer ICT-Karte oder einer Mobiler-ICT-Karte.

$_2$In der Mitteilung nach Satz 1 Nummer 1 und 2 sind auch die Gründe für die Entscheidung anzugeben.

(2) $_1$Die Versagung und die Beschränkung eines Visums und eines Passersatzes vor der

Einreise bedürfen keiner Begründung und Rechtsbehelfsbelehrung; die Versagung an der Grenze bedarf auch nicht der Schriftform. $_{2}$Formerfordernisse für die Versagung von Schengen-Visa richten sich nach der Verordnung (EG) Nr. 810/2009.

(3) $_{1}$Dem Ausländer ist auf Antrag eine Übersetzung der Entscheidungsformel des Verwaltungsaktes, mit dem der Aufenthaltstitel versagt oder mit dem der Aufenthaltstitel zum Erlöschen gebracht oder mit dem eine Befristungsentscheidung nach § 11 getroffen wird, und der Rechtsbehelfsbelehrung kostenfrei in einer Sprache zur Verfügung zu stellen, die der Ausländer versteht oder bei der vernünftigerweise davon ausgegangen werden kann, dass er sie versteht. $_{2}$Besteht die Ausreisepflicht aus einem anderen Grund, ist Satz 1 auf die Androhung der Abschiebung sowie auf die Rechtsbehelfsbelehrung, die dieser nach Absatz 1 Satz 3 beizufügen ist, entsprechend anzuwenden. $_{3}$Die Übersetzung kann in mündlicher oder in schriftlicher Form zur Verfügung gestellt werden. $_{4}$Eine Übersetzung muss dem Ausländer dann nicht vorgelegt werden, wenn er unerlaubt in das Bundesgebiet eingereist ist oder auf Grund einer strafrechtlichen Verurteilung ausgewiesen worden ist. $_{5}$In den Fällen des Satzes 4 erhält der Ausländer ein Standardformular mit Erläuterungen, die in mindestens fünf der am häufigsten verwendeten oder verstandenen Sprachen bereitgehalten werden. $_{6}$Die Sätze 1 bis 3 sind nicht anzuwenden, wenn der Ausländer noch nicht eingereist oder bereits ausgereist ist.

§ 78 Dokumente mit elektronischem Speicher- und Verarbeitungsmedium

(1) $_{1}$Aufenthaltstitel nach § 4 Absatz 1 Satz 2 Nummer 2 bis 4 werden als eigenständige Dokumente mit elektronischem Speicher- und Verarbeitungsmedium ausgestellt. $_{2}$Aufenthaltserlaubnisse, die nach Maßgabe des Abkommens zwischen der Europäischen Gemeinschaft und ihren Mitgliedstaaten einerseits und der Schweizerischen Eidgenossenschaft andererseits über die Freizügigkeit vom 21. Juni 1999 (ABl. L 114 vom 30. 4. 2002, S. 6) auszustellen sind, werden auf Antrag als Dokumente mit elektronischem Speicher- und Verarbeitungsmedium ausgestellt. $_{3}$Dokumente nach den Sätzen 1 und 2 enthalten folgende sichtbar aufgebrachte Angaben:

1. Name und Vornamen,
2. Doktorgrad,
3. Lichtbild,
4. Geburtsdatum und Geburtsort,
5. Anschrift,
6. Gültigkeitsbeginn und Gültigkeitsdauer,
7. Ausstellungsort,
8. Art des Aufenthaltstitels oder Aufenthaltsrechts und dessen Rechtsgrundlage,
9. Ausstellungsbehörde,
10. Seriennummer des zugehörigen Passes oder Passersatzpapiers,
11. Gültigkeitsdauer des zugehörigen Passes oder Passersatzpapiers,
12. Anmerkungen,
13. Unterschrift,
14. Seriennummer,
15. Staatsangehörigkeit,
16. Geschlecht,
17. Größe und Augenfarbe,
18. Zugangsnummer.

$_{4}$Dokumente nach Satz 1 können unter den Voraussetzungen des § 48 Absatz 2 oder 4 als Ausweisersatz bezeichnet und mit dem Hinweis versehen werden, dass die Personalien auf den Angaben des Inhabers beruhen. $_{5}$Die Unterschrift durch den Antragsteller nach Satz 3 Nummer 13 ist zu leisten, wenn er zum Zeitpunkt der Beantragung des Dokuments zehn Jahre oder älter ist.

(2) $_{1}$Dokumente mit elektronischem Speicher- und Verarbeitungsmedium nach Absatz 1 enthalten eine Zone für das automatische Lesen. $_{2}$Diese darf lediglich die folgenden sichtbar aufgedruckten Angaben enthalten:

1. die Abkürzungen
   a) „AR" für den Aufenthaltstiteltyp nach § 4 Absatz 1 Nummer 2 bis 4,

b) „AS" für den Aufenthaltstiteltyp nach § 28 Satz 2 der Aufenthaltsverordnung,

2. die Abkürzung „D" für Bundesrepublik Deutschland,
3. die Seriennummer des Aufenthaltstitels, die sich aus der Behördenkennzahl der Ausländerbehörde und einer zufällig zu vergebenden Aufenthaltstitelnummer zusammensetzt und die neben Ziffern auch Buchstaben enthalten kann,
4. das Geburtsdatum,
5. die Abkürzung „F" für Personen weiblichen Geschlechts und „M" für Personen männlichen Geschlechts,
6. die Gültigkeitsdauer des Aufenthaltstitels oder im Falle eines unbefristeten Aufenthaltsrechts die technische Kartennutzungsdauer,
7. die Abkürzung der Staatsangehörigkeit,
8. den Namen,
9. den oder die Vornamen,
10. die Prüfziffern und
11. Leerstellen.

3Die Seriennummer und die Prüfziffern dürfen keine Daten über den Inhaber oder Hinweise auf solche Daten enthalten. 4Jedes Dokument erhält eine neue Seriennummer.

(3) 1Das in dem Dokument nach Absatz 1 enthaltene elektronische Speicher- und Verarbeitungsmedium enthält folgende Daten:

1. die Daten nach Absatz 1 Satz 3 Nummer 1 bis 5 sowie den im amtlichen Gemeindeverzeichnis verwendeten eindeutigen Gemeindeschlüssel,
2. die Daten der Zone für das automatische Lesen nach Absatz 2 Satz 2,
3. Nebenbestimmungen,
4. zwei Fingerabdrücke, die Bezeichnung der erfassten Finger sowie die Angaben zur Qualität der Abdrücke sowie
5. den Geburtsnamen.

2Die gespeicherten Daten sind gegen unbefugtes Verändern, Löschen und Auslesen zu sichern. 3Die Erfassung von Fingerabdrücken erfolgt ab Vollendung des sechsten Lebensjahres.

(4) 1Das elektronische Speicher- und Verarbeitungsmedium eines Dokuments nach Absatz 1 kann ausgestaltet werden als qualifizierte elektronische Signaturerstellungseinheit nach Artikel 3 Nummer 23 der Verordnung (EU) Nr. 910/2014 des Europäischen Parlaments und des Rates vom 23. Juli 2014 über elektronische Identifizierung und Vertrauensdienste für elektronische Transaktionen im Binnenmarkt und zur Aufhebung der Richtlinie 1999/93/EG (ABl. L 257 vom 28. 8. 2014, S. 73). 2Die Zertifizierung nach Artikel 30 der Verordnung (EU) Nr. 910/2014 erfolgt durch das Bundesamt für Sicherheit in der Informationstechnik. 3Die Vorschriften des Vertrauensdienstegesetzes bleiben unberührt.

(5) 1Das elektronische Speicher- und Verarbeitungsmedium eines Dokuments nach Absatz 1 kann auch für die Zusatzfunktion eines elektronischen Identitätsnachweises genutzt werden. 2Insoweit sind § 2 Absatz 3 bis 7, 10 und 12, § 4 Absatz 3, § 7 Absatz 4 und 5, § 10 Absatz 1, 2 Satz 1, Absatz 3 bis 5, 6 Satz 1, Absatz 7, 8 Satz 1 und Absatz 9, § 11 Absatz 1 bis 5 und 7, § 12 Absatz 2 Satz 2, die §§ 13, 16, 18, 18a, 19 Absatz 1 und 3 bis 6, die §§ 19a, 20 Absatz 2 und 3, die §§ 21, 21a, 21b, 27 Absatz 2 und 3, § 32 Absatz 1 Nummer 5 und 6 mit Ausnahme des dort angeführten § 19 Absatz 2, Nummer 6a bis 8, Absatz 2 und 3 sowie § 33 Nummer 1, 2 und 4 des Personalausweisgesetzes mit der Maßgabe entsprechend anzuwenden, dass die Ausländerbehörde an die Stelle der Personalausweisbehörde tritt. 3Neben den in § 18 Absatz 3 Satz 2 des Personalausweisgesetzes aufgeführten Daten können im Rahmen des elektronischen Identitätsnachweises unter den Voraussetzungen des § 18 Absatz 4 des Personalausweisgesetzes auch die nach Absatz 3 Nummer 3 gespeicherten Nebenbestimmungen sowie die Abkürzung der Staatsangehörigkeit übermittelt werden. 4Für das Sperrkennwort und die Sperrmerkmale gilt Absatz 2 Satz 3 entsprechend.

(6) Die mit der Ausführung dieses Gesetzes betrauten oder zur hoheitlichen Identitätsfeststellung befugten Behörden dürfen die in der Zone für das automatische Lesen enthaltenen Daten zur Erfüllung ihrer gesetzlichen Aufgaben erheben, verarbeiten und nutzen.

(7) 1Öffentliche Stellen dürfen die im elektronischen Speicher- und Verarbeitungsmedium eines Dokuments nach Absatz 1 gespeicherten Daten mit Ausnahme der biometrischen Daten erheben, verarbeiten und nutzen, soweit dies zur Erfüllung ihrer jeweiligen gesetzlichen Aufgaben erforderlich ist. 2Die im elektronischen Speicher- und Verarbeitungsmedium gespeicherte Anschrift und die nach Absatz 1 Satz 3 Nummer 5 aufzubringende Anschrift dürfen durch die Ausländerbehörden sowie durch andere durch Landesrecht bestimmte Behörden geändert werden.

(8) 1Die durch technische Mittel vorgenommene Erhebung und Verwendung personenbezogener Daten aus Dokumenten nach Absatz 1 dürfen nur im Wege des elektronischen Identitätsnachweises nach Absatz 5 erfolgen, soweit nicht durch Gesetz etwas anderes bestimmt ist. 2Gleiches gilt für die Erhebung und Verwendung personenbezogener Daten mit Hilfe eines Dokuments nach Absatz 1.

§ 78a Vordrucke für Aufenthaltstitel in Ausnahmefällen, Ausweisersatz und Bescheinigungen

(1) 1Aufenthaltstitel nach § 4 Absatz 1 Satz 2 Nummer 2 bis 4 können abweichend von § 78 nach einem einheitlichen Vordruckmuster ausgestellt werden, wenn

1. der Aufenthaltstitel zum Zwecke der Verlängerung der Aufenthaltsdauer um einen Monat erteilt werden soll oder
2. die Ausstellung zur Vermeidung außergewöhnlicher Härten geboten ist.

2Das Vordruckmuster enthält folgende Angaben:

1. Name und Vornamen des Inhabers,
2. Gültigkeitsdauer,
3. Ausstellungsort und -datum,
4. Art des Aufenthaltstitels oder Aufenthaltsrechts,
5. Ausstellungsbehörde,
6. Seriennummer des zugehörigen Passes oder Passersatzpapiers,
7. Anmerkungen,
8. Lichtbild.

3Auf dem Vordruckmuster ist kenntlich zu machen, dass es sich um eine Ausstellung im Ausnahmefall handelt.

(2) Vordrucke nach Absatz 1 Satz 1 enthalten eine Zone für das automatische Lesen mit folgenden Angaben:

1. Name und Vornamen,
2. Geburtsdatum,
3. Geschlecht,
4. Staatsangehörigkeit,
5. Art des Aufenthaltstitels,
6. Seriennummer des Vordrucks,
7. ausstellender Staat,
8. Gültigkeitsdauer,
9. Prüfziffern,
10. Leerstellen.

(3) Öffentliche Stellen können die in der Zone für das automatische Lesen nach Absatz 2 enthaltenen Daten zur Erfüllung ihrer gesetzlichen Aufgaben speichern, übermitteln und nutzen.

(4) 1Das Vordruckmuster für den Ausweisersatz enthält eine Seriennummer und eine Zone für das automatische Lesen. 2In dem Vordruckmuster können neben der Bezeichnung von Ausstellungsbehörde, Ausstellungsort und -datum, Gültigkeitszeitraum oder -dauer, Name und Vornamen des Inhabers, Aufenthaltsstatus sowie Nebenbestimmungen folgende Angaben über die Person des Inhabers vorgesehen sein:

1. Geburtsdatum und Geburtsort,
2. Staatsangehörigkeit,
3. Geschlecht,
4. Größe,
5. Farbe der Augen,
6. Anschrift,
7. Lichtbild,
8. eigenhändige Unterschrift,
9. zwei Fingerabdrücke,

10. Hinweis, dass die Personalangaben auf den Angaben des Ausländers beruhen.

3Sofern Fingerabdrücke nach Satz 2 Nummer 9 erfasst werden, müssen diese in mit Sicherheitsverfahren verschlüsselter Form auf einem elektronischen Speicher- und Verarbeitungsmedium in den Ausweisersatz eingebracht werden. 4Das Gleiche gilt, sofern Lichtbilder in elektronischer Form eingebracht werden. 5Die Absätze 2 und 3 gelten entsprechend. 6§ 78 Absatz 1 Satz 4 bleibt unberührt.

(5) 1Die Bescheinigungen nach § 60a Absatz 4 und § 81 Absatz 5 werden nach einheitlichem Vordruckmuster ausgestellt, das eine Seriennummer sowie die AZR-Nummer enthält und mit einer Zone für das automatische Lesen versehen sein kann. 2Die Bescheinigung darf im Übrigen nur die in Absatz 4 bezeichneten Daten enthalten sowie den Hinweis, dass der Ausländer mit ihr nicht der Passpflicht genügt. 3Die Absätze 2 und 3 gelten entsprechend.

§ 79 Entscheidung über den Aufenthalt

(1) 1Über den Aufenthalt von Ausländern wird auf der Grundlage der im Bundesgebiet bekannten Umstände und zugänglichen Erkenntnisse entschieden. 2Über das Vorliegen der Voraussetzungen des § 60 Absatz 5 und 7 entscheidet die Ausländerbehörde auf der Grundlage der ihr vorliegenden und im Bundesgebiet zugänglichen Erkenntnisse und, soweit es im Einzelfall erforderlich ist, der den Behörden des Bundes außerhalb des Bundesgebiets zugänglichen Erkenntnisse.

(2) Beantragt ein Ausländer, gegen den wegen des Verdachts einer Straftat oder einer Ordnungswidrigkeit ermittelt wird, die Erteilung oder Verlängerung eines Aufenthaltstitels, ist die Entscheidung über den Aufenthaltstitel bis zum Abschluss des Verfahrens, im Falle einer gerichtlichen Entscheidung bis zu deren Rechtskraft auszusetzen, es sei denn, über den Aufenthaltstitel kann ohne Rücksicht auf den Ausgang des Verfahrens entschieden werden.

(3) 1Wird ein Aufenthaltstitel gemäß § 36a Absatz 1 zum Zwecke des Familiennachzugs zu einem Ausländer beantragt,

1. gegen den ein Strafverfahren oder behördliches Verfahren wegen einer der in § 27 Absatz 3a genannten Tatbestände eingeleitet wurde,
2. gegen den ein Strafverfahren wegen einer oder mehrerer der in § 36a Absatz 3 Nummer 2 genannten Straftaten eingeleitet wurde, oder
3. bei dem ein Widerrufsverfahren nach § 73b Absatz 1 Satz 1 des Asylgesetzes oder ein Rücknahmeverfahren nach § 73b Absatz 3 des Asylgesetzes eingeleitet wurde,

ist die Entscheidung über die Erteilung des Aufenthaltstitels gemäß § 36a Absatz 1 bis zum Abschluss des jeweiligen Verfahrens, im Falle einer gerichtlichen Entscheidung bis zu ihrer Rechtskraft, auszusetzen, es sei denn, über den Aufenthaltstitel gemäß § 36a Absatz 1 kann ohne Rücksicht auf den Ausgang des Verfahrens entschieden werden. 2Im Fall von Satz 1 Nummer 3 ist bei einem Widerruf oder einer Rücknahme der Zuerkennung des subsidiären Schutzes auf das Verfahren zur Entscheidung über den Widerruf des Aufenthaltstitels des Ausländers nach § 52 Absatz 1 Satz 1 Nummer 4 abzustellen.

§ 80 Handlungsfähigkeit

(1) Fähig zur Vornahme von Verfahrenshandlungen nach diesem Gesetz ist ein Ausländer, der volljährig ist, sofern er nicht nach Maßgabe des Bürgerlichen Gesetzbuchs geschäftsunfähig oder in dieser Angelegenheit zu betreuen und einem Einwilligungsvorbehalt zu unterstellen wäre.

(2) 1Die mangelnde Handlungsfähigkeit eines Minderjährigen steht seiner Zurückweisung und Zurückschiebung nicht entgegen. 2Das Gleiche gilt für die Androhung und Durchführung der Abschiebung in den Herkunftsstaat, wenn sich sein gesetzlicher Vertreter nicht im Bundesgebiet aufhält oder dessen Aufenthaltsort im Bundesgebiet unbekannt ist.

(3) 1Bei der Anwendung dieses Gesetzes sind die Vorschriften des Bürgerlichen Gesetzbuchs dafür maßgebend, ob ein Ausländer als minderjährig oder volljährig anzusehen ist.

[2]Die Geschäftsfähigkeit und die sonstige rechtliche Handlungsfähigkeit eines nach dem Recht seines Heimatstaates volljährigen Ausländers bleiben davon unberührt.

(4) Die gesetzlichen Vertreter eines Ausländers, der minderjährig ist, und sonstige Personen, die an Stelle der gesetzlichen Vertreter den Ausländer im Bundesgebiet betreuen, sind verpflichtet, für den Ausländer die erforderlichen Anträge auf Erteilung und Verlängerung des Aufenthaltstitels und auf Erteilung und Verlängerung des Passes, des Passersatzes und des Ausweisersatzes zu stellen.

§ 81 Beantragung des Aufenthaltstitels

(1) Ein Aufenthaltstitel wird einem Ausländer nur auf seinen Antrag erteilt, soweit nichts anderes bestimmt ist.

(2) [1]Ein Aufenthaltstitel, der nach Maßgabe der Rechtsverordnung nach § 99 Abs. 1 Nr. 2 nach der Einreise eingeholt werden kann, ist unverzüglich nach der Einreise oder innerhalb der in der Rechtsverordnung bestimmten Frist zu beantragen. [2]Für ein im Bundesgebiet geborenes Kind, dem nicht von Amts wegen ein Aufenthaltstitel zu erteilen ist, ist der Antrag innerhalb von sechs Monaten nach der Geburt zu stellen.

(3) [1]Beantragt ein Ausländer, der sich rechtmäßig im Bundesgebiet aufhält, ohne einen Aufenthaltstitel zu besitzen, die Erteilung eines Aufenthaltstitels, gilt sein Aufenthalt bis zur Entscheidung der Ausländerbehörde als erlaubt. [2]Wird der Antrag verspätet gestellt, gilt ab dem Zeitpunkt der Antragstellung bis zur Entscheidung der Ausländerbehörde die Abschiebung als ausgesetzt.

(4) [1]Beantragt ein Ausländer vor Ablauf seines Aufenthaltstitels dessen Verlängerung oder die Erteilung eines anderen Aufenthaltstitels, gilt der bisherige Aufenthaltstitel vom Zeitpunkt seines Ablaufs bis zur Entscheidung der Ausländerbehörde als fortbestehend. [2]Dies gilt nicht für ein Visum nach § 6 Absatz 1. [3]Wurde der Antrag auf Erteilung oder Verlängerung eines Aufenthaltstitels verspätet gestellt, kann die Ausländerbehörde zur Vermeidung einer unbilligen Härte die Fortgeltungswirkung anordnen.

(5) Dem Ausländer ist eine Bescheinigung über die Wirkung seiner Antragstellung (Fiktionsbescheinigung) auszustellen.

(6) Wenn der Antrag auf Erteilung einer Aufenthaltserlaubnis zum Familiennachzug zu einem Inhaber einer ICT-Karte oder einer Mobiler-ICT-Karte gleichzeitig mit dem Antrag auf Erteilung einer ICT-Karte oder einer Mobiler-ICT-Karte gestellt wird, so wird über den Antrag auf Erteilung einer Aufenthaltserlaubnis zum Zweck des Familiennachzugs gleichzeitig mit dem Antrag auf Erteilung einer ICT-Karte oder einer Mobiler-ICT-Karte entschieden.

§ 82 Mitwirkung des Ausländers

(1) [1]Der Ausländer ist verpflichtet, seine Belange und für ihn günstige Umstände, soweit sie nicht offenkundig oder bekannt sind, unter Angabe nachprüfbarer Umstände unverzüglich geltend zu machen und die erforderlichen Nachweise über seine persönlichen Verhältnisse, sonstige erforderliche Bescheinigungen und Erlaubnisse sowie sonstige erforderliche Nachweise, die er erbringen kann, unverzüglich beizubringen. [2]Die Ausländerbehörde kann ihm dafür eine angemessene Frist setzen. [3]Sie setzt ihm eine solche Frist, wenn sie die Bearbeitung eines Antrags auf Erteilung eines Aufenthaltstitels wegen fehlender oder unvollständiger Angaben aussetzt, und benennt dabei die nachzuholenden Angaben. [4]Nach Ablauf der Frist geltend gemachte Umstände und beigebrachte Nachweise können unberücksichtigt bleiben. [5]Der Ausländer, der eine ICT-Karte nach § 19b beantragt hat, ist verpflichtet, der zuständigen Ausländerbehörde jede Änderung mitzuteilen, die während des Antragsverfahrens eintritt und die Auswirkungen auf die Voraussetzungen der Erteilung der ICT-Karte hat.

(2) Absatz 1 findet im Widerspruchsverfahren entsprechende Anwendung.

(3) [1]Der Ausländer soll auf seine Pflichten nach Absatz 1 sowie seine wesentlichen Rechte und Pflichten nach diesem Gesetz, insbesondere die Verpflichtungen aus den §§ 44a, 48, 49 und 81 hingewiesen werden.

2Im Falle der Fristsetzung ist er auf die Folgen der Fristversäumung hinzuweisen.

(4) 1Soweit es zur Vorbereitung und Durchführung von Maßnahmen nach diesem Gesetz und nach ausländerrechtlichen Bestimmungen in anderen Gesetzen erforderlich ist, kann angeordnet werden, dass ein Ausländer bei der zuständigen Behörde sowie den Vertretungen oder ermächtigten Bediensteten des Staates, dessen Staatsangehörigkeit er vermutlich besitzt, persönlich erscheint sowie eine ärztliche Untersuchung zur Feststellung der Reisefähigkeit durchgeführt wird. 2Kommt der Ausländer einer Anordnung nach Satz 1 nicht nach, kann sie zwangsweise durchgesetzt werden. 3§ 40 Abs. 1 und 2, die §§ 41, 42 Abs. 1 Satz 1 und 3 des Bundespolizeigesetzes finden entsprechende Anwendung.

(5) 1Der Ausländer, für den nach diesem Gesetz, dem Asylgesetz oder den zur Durchführung dieser Gesetze erlassenen Bestimmungen ein Dokument ausgestellt werden soll, hat auf Verlangen

1. ein aktuelles Lichtbild nach Maßgabe einer nach § 99 Abs. 1 Nr. 13 und 13a erlassenen Rechtsverordnung vorzulegen oder bei der Aufnahme eines solchen Lichtbildes mitzuwirken und
2. bei der Abnahme seiner Fingerabdrücke nach Maßgabe einer nach § 99 Absatz 1 Nr. 13 und 13a erlassenen Rechtsverordnung mitzuwirken.

2Das Lichtbild und die Fingerabdrücke dürfen in Dokumente nach Satz 1 eingebracht und von den zuständigen Behörden zur Sicherung und einer späteren Feststellung der Identität verarbeitet und genutzt werden.

(6) 1Ausländer, die im Besitz einer Aufenthaltserlaubnis nach den §§ 18 oder 18a oder im Besitz einer Blauen Karte EU oder einer ICT-Karte sind, sind verpflichtet, der zuständigen Ausländerbehörde mitzuteilen, wenn die Beschäftigung, für die der Aufenthaltstitel erteilt wurde, vorzeitig beendet wird. 2Dies gilt nicht, wenn der Ausländer eine Beschäftigung aufnehmen darf, ohne einer Erlaubnis zu bedürfen, die nur mit einer Zustimmung nach § 39 Absatz 2 erteilt werden kann. 3Der Ausländer ist bei Erteilung des Aufenthaltstitels über seine Verpflichtung nach Satz 1 zu unterrichten.

§ 83 Beschränkung der Anfechtbarkeit

(1) 1Die Versagung eines nationalen Visums und eines Passersatzes an der Grenze sind unanfechtbar. 2Der Ausländer wird bei der Versagung eines nationalen Visums und eines Passersatzes an der Grenze auf die Möglichkeit einer Antragstellung bei der zuständigen Auslandsvertretung hingewiesen.

(2) Gegen die Versagung der Aussetzung der Abschiebung findet kein Widerspruch statt.

(3) Gegen die Anordnung und Befristung eines Einreise- und Aufenthaltsverbots durch das Bundesamt für Migration und Flüchtlinge findet kein Widerspruch statt.

§ 84 Wirkungen von Widerspruch und Klage

(1) 1Widerspruch und Klage gegen

1. die Ablehnung eines Antrages auf Erteilung oder Verlängerung des Aufenthaltstitels,

1a. Maßnahmen nach § 49,

2. die Auflage nach § 61 Absatz 1e, in einer Ausreiseeinrichtung Wohnung zu nehmen,

2a. Auflagen zur Sicherung und Durchsetzung der vollziehbaren Ausreisepflicht nach § 61 Absatz 1e,

3. die Änderung oder Aufhebung einer Nebenbestimmung, die die Ausübung einer Erwerbstätigkeit betrifft,
4. den Widerruf des Aufenthaltstitels des Ausländers nach § 52 Abs. 1 Satz 1 Nr. 4 in den Fällen des § 75 Absatz 2 Satz 1 des Asylgesetzes,
5. den Widerruf oder die Rücknahme der Anerkennung von Forschungseinrichtungen für den Abschluss von Aufnahmevereinbarungen nach § 20,
6. die Ausreiseuntersagung nach § 46 Absatz 2 Satz 1,
7. die Befristung eines Einreise- und Aufenthaltsverbots nach § 11,

8. die Anordnung eines Einreise- und Aufenthaltsverbots nach § 11 Absatz 6 sowie
9. die Feststellung nach § 85a Absatz 1 Satz 2,

haben keine aufschiebende Wirkung. 2Die Klage gegen die Anordnung eines Einreise- und Aufenthaltsverbots nach § 11 Absatz 7 hat keine aufschiebende Wirkung.

(2) 1Widerspruch und Klage lassen unbeschadet ihrer aufschiebenden Wirkung die Wirksamkeit der Ausweisung und eines sonstigen Verwaltungsaktes, der die Rechtmäßigkeit des Aufenthalts beendet, unberührt. 2Für Zwecke der Aufnahme oder Ausübung einer Erwerbstätigkeit gilt der Aufenthaltstitel als fortbestehend, solange die Frist zur Erhebung des Widerspruchs oder der Klage noch nicht abgelaufen ist, während eines gerichtlichen Verfahrens über einen zulässigen Antrag auf Anordnung oder Wiederherstellung der aufschiebenden Wirkung oder solange der eingelegte Rechtsbehelf aufschiebende Wirkung hat. 3Eine Unterbrechung der Rechtmäßigkeit des Aufenthalts tritt nicht ein, wenn der Verwaltungsakt durch eine behördliche oder unanfechtbare gerichtliche Entscheidung aufgehoben wird.

§ 85 Berechnung von Aufenthaltszeiten

Unterbrechungen der Rechtmäßigkeit des Aufenthalts bis zu einem Jahr können außer Betracht bleiben.

§ 85a Verfahren bei konkreten Anhaltspunkten einer missbräuchlichen Anerkennung der Vaterschaft

(1) 1Wird der Ausländerbehörde von einer beurkundenden Behörde oder einer Urkundsperson mitgeteilt, dass konkrete Anhaltspunkte für eine missbräuchliche Anerkennung der Vaterschaft im Sinne von § 1597a Absatz 1 des Bürgerlichen Gesetzbuchs bestehen, prüft die Ausländerbehörde, ob eine solche vorliegt. 2Ergibt die Prüfung, dass die Anerkennung der Vaterschaft missbräuchlich ist, stellt die Ausländerbehörde dies durch schriftlichen oder elektronischen Verwaltungsakt fest. Ergibt die Prüfung, dass die Anerkennung der Vaterschaft nicht missbräuchlich ist, stellt die Ausländerbehörde das Verfahren ein.

(2) 1Eine missbräuchliche Anerkennung der Vaterschaft wird regelmäßig vermutet, wenn

1. der Anerkennende erklärt, dass seine Anerkennung gezielt gerade einem Zweck im Sinne von § 1597a Absatz 1 des Bürgerlichen Gesetzbuchs dient,
2. die Mutter erklärt, dass ihre Zustimmung gezielt gerade einem Zweck im Sinne von § 1597a Absatz 1 des Bürgerlichen Gesetzbuchs dient,
3. der Anerkennende bereits mehrfach die Vaterschaft von Kindern verschiedener ausländischer Mütter anerkannt hat und jeweils die rechtlichen Voraussetzungen für die erlaubte Einreise oder den erlaubten Aufenthalt des Kindes oder der Mutter durch die Anerkennung geschaffen hat, auch wenn das Kind durch die Anerkennung die deutsche Staatsangehörigkeit erworben hat,
4. dem Anerkennenden oder der Mutter ein Vermögensvorteil für die Anerkennung der Vaterschaft oder die Zustimmung hierzu gewährt oder versprochen worden ist

und die Erlangung der rechtlichen Voraussetzungen für die erlaubte Einreise oder den erlaubten Aufenthalt des Kindes, des Anerkennenden oder der Mutter ohne die Anerkennung der Vaterschaft und die Zustimmung hierzu nicht zu erwarten ist. 2Dies gilt auch, wenn die rechtlichen Voraussetzungen für die erlaubte Einreise oder den erlaubten Aufenthalt des Kindes durch den Erwerb der deutschen Staatsangehörigkeit des Kindes nach § 4 Absatz 1 oder Absatz 3 Satz 1 des Staatsangehörigkeitsgesetzes geschaffen werden sollen.

(3) 1Ist die Feststellung nach Absatz 1 Satz 2 unanfechtbar, gibt die Ausländerbehörde der beurkundenden Behörde oder der Urkundsperson und dem Standesamt eine beglaubigte Abschrift mit einem Vermerk über den Eintritt der Unanfechtbarkeit zur Kenntnis. 2Stellt die Behörde das Verfahren ein, teilt sie dies der beurkundenden Behörde oder der

Urkundsperson, den Beteiligten und dem Standesamt schriftlich oder elektronisch mit.

(4) Im Ausland sind für die Maßnahmen und Feststellungen nach den Absätzen 1 und 3 die deutschen Auslandsvertretungen zuständig.

Abschnitt 4 Datenschutz

§ 86 Erhebung personenbezogener Daten

1Die mit der Ausführung dieses Gesetzes betrauten Behörden dürfen zum Zweck der Ausführung dieses Gesetzes und ausländerrechtlicher Bestimmungen in anderen Gesetzen personenbezogene Daten erheben, soweit dies zur Erfüllung ihrer Aufgaben nach diesem Gesetz und nach ausländerrechtlichen Bestimmungen in anderen Gesetzen erforderlich ist. 2Daten im Sinne von § 3 Abs. 9 des Bundesdatenschutzgesetzes sowie entsprechender Vorschriften der Datenschutzgesetze der Länder dürfen erhoben werden, soweit dies im Einzelfall zur Aufgabenerfüllung erforderlich ist.

§ 86a Erhebung personenbezogener Daten zu Förderungen der freiwilligen Ausreise und Reintegration

(1) 1Die Ausländerbehörden und alle sonstigen öffentlichen Stellen sowie privaten Träger, die staatlich finanzierte rückkehr- und reintegrationsfördernde Maßnahmen selbst oder im Auftrag der öffentlichen Hand durchführen oder den dafür erforderlichen Antrag entgegennehmen, erheben personenbezogene Daten, soweit diese Daten erforderlich sind, zum Zweck der Durchführung der rückkehr- und reintegrationsfördernden Maßnahmen, der Koordinierung der Programme zur Förderung der freiwilligen Rückkehr durch das Bundesamt für Migration und Flüchtlinge sowie zur Sicherstellung einer zweckgemäßen Verwendung der Förderung und erforderlichenfalls zu deren Rückforderung. 2Dabei handelt es sich um folgende Daten:

1. Familienname, Geburtsname, Vornamen, Schreibweise der Namen nach deutschem Recht, Familienstand, Geburtsdatum, Geburtsort und -bezirk, Geschlecht, Staatsangehörigkeiten,
2. Angaben zum Zielstaat,
3. Angaben zur Art der Förderung und
4. Angaben, ob die Person freiwillig ausgereist ist oder abgeschoben wurde.

3Angaben zum Umfang und zur Begründung der Förderung müssen ebenfalls erhoben werden.

(2) Die Ausländerbehörden und die mit grenzpolizeilichen Aufgaben betrauten Behörden erheben zur Feststellung der Wirksamkeit der Förderung der Ausreisen Angaben zum Nachweis der Ausreise, zum Staat der Ausreise und zum Zielstaat.

§ 87 Übermittlungen an Ausländerbehörden

(1) Öffentliche Stellen mit Ausnahme von Schulen sowie Bildungs- und Erziehungseinrichtungen haben ihnen bekannt gewordene Umstände den in § 86 Satz 1 genannten Stellen auf Ersuchen mitzuteilen, soweit dies für die dort genannten Zwecke erforderlich ist.

(2) 1Öffentliche Stellen im Sinne von Absatz 1 haben unverzüglich die zuständige Ausländerbehörde zu unterrichten, wenn sie im Zusammenhang mit der Erfüllung ihrer Aufgaben Kenntnis erlangen von

1. dem Aufenthalt eines Ausländers, der keinen erforderlichen Aufenthaltstitel besitzt und dessen Abschiebung nicht ausgesetzt ist,
2. dem Verstoß gegen eine räumliche Beschränkung,

2a. der Inanspruchnahme oder Beantragung von Sozialleistungen durch einen Ausländer, für sich selbst, seine Familienangehörigen oder für sonstige Haushaltsangehörige in den Fällen des § 7 Absatz 1 Satz 2 Nummer 2 oder Satz 4 des Zweiten Buches Sozialgesetzbuch oder in den Fällen des § 23 Absatz 3 Satz 1 Num-

I

mer 2, 3 oder 4, Satz 3, 6 oder 7 des Zwölften Buches Sozialgesetzbuch oder

3. einem sonstigen Ausweisungsgrund;

in den Fällen der Nummern 1 und 2 und sonstiger nach diesem Gesetz strafbarer Handlungen kann statt der Ausländerbehörde die zuständige Polizeibehörde unterrichtet werden, wenn eine der in § 71 Abs. 5 bezeichneten Maßnahmen in Betracht kommt; die Polizeibehörde unterrichtet unverzüglich die Ausländerbehörde. $_2$Öffentliche Stellen sollen unverzüglich die zuständige Ausländerbehörde unterrichten, wenn sie im Zusammenhang mit der Erfüllung ihrer Aufgaben Kenntnis erlangen von einer besonderen Integrationsbedürftigkeit im Sinne einer nach § 43 Abs. 4 erlassenen Rechtsverordnung. $_3$Die Auslandsvertretungen übermitteln der zuständigen Ausländerbehörde personenbezogene Daten eines Ausländers, die geeignet sind, dessen Identität oder Staatsangehörigkeit festzustellen, wenn sie davon Kenntnis erlangen, dass die Daten für die Durchsetzung der vollziehbaren Ausreisepflicht gegenüber dem Ausländer gegenwärtig von Bedeutung sein können.

(3) $_1$Die Beauftragte der Bundesregierung für Migration, Flüchtlinge und Integration ist nach den Absätzen 1 und 2 zu Mitteilungen über einen diesem Personenkreis angehörenden Ausländer nur verpflichtet, soweit dadurch die Erfüllung der eigenen Aufgaben nicht gefährdet wird. $_2$Die Landesregierungen können durch Rechtsverordnung bestimmen, dass Ausländerbeauftragte des Landes und Ausländerbeauftragte von Gemeinden nach den Absätzen 1 und 2 zu Mitteilungen über einen Ausländer, der sich rechtmäßig in dem Land oder der Gemeinde aufhält oder der sich bis zum Erlass eines die Rechtmäßigkeit des Aufenthalts beendenden Verwaltungsaktes rechtmäßig dort aufgehalten hat, nur nach Maßgabe des Satzes 1 verpflichtet sind.

(4) $_1$Die für die Einleitung und Durchführung eines Straf- oder eines Bußgeldverfahrens zuständigen Stellen haben die zuständige Ausländerbehörde unverzüglich über die Einleitung des Strafverfahrens sowie die Erledigung des Straf- oder Bußgeldverfahrens bei der Staatsanwaltschaft, bei Gericht oder bei der für die Verfolgung und Ahndung der Ordnungswidrigkeit zuständigen Verwaltungsbehörde unter Angabe der gesetzlichen Vorschriften zu unterrichten. $_2$Satz 1 gilt entsprechend für die Einleitung eines Auslieferungsverfahrens gegen einen Ausländer. $_3$Satz 1 gilt nicht für Verfahren wegen einer Ordnungswidrigkeit, die nur mit einer Geldbuße bis zu eintausend Euro geahndet werden kann, sowie für Verfahren wegen einer Zuwiderhandlung im Sinne des § 24 des Straßenverkehrsgesetzes oder wegen einer fahrlässigen Zuwiderhandlung im Sinne des § 24a des Straßenverkehrsgesetzes. $_4$Die Zeugenschutzdienststelle unterrichtet die zuständige Ausländerbehörde unverzüglich über Beginn und Ende des Zeugenschutzes für einen Ausländer.

(5) Die nach § 72 Abs. 6 zu beteiligenden Stellen haben den Ausländerbehörden

1. von Amts wegen Umstände mitzuteilen, die einen Widerruf eines nach § 25 Abs. 4a oder 4b erteilten Aufenthaltstitels oder die Verkürzung oder Aufhebung einer nach § 59 Absatz 7 gewährten Ausreisefrist rechtfertigen und
2. von Amts wegen Angaben zur zuständigen Stelle oder zum Übergang der Zuständigkeit mitzuteilen, sofern in einem Strafverfahren eine Beteiligung nach § 72 Abs. 6 erfolgte oder eine Mitteilung nach Nummer 1 gemacht wurde.

(6) Öffentliche Stellen sowie private Träger, die staatlich finanzierte rückkehr- und reintegrationsfördernde Maßnahmen selbst oder im Auftrag der öffentlichen Hand durchführen oder den hierfür erforderlichen Antrag entgegennehmen, haben nach § 86a Absatz 1 erhobene Daten an die zuständige Ausländerbehörde zu übermitteln, soweit dies für die in § 86a genannten Zwecke erforderlich ist.

§ 88 Übermittlungen bei besonderen gesetzlichen Verwendungsregelungen

(1) Eine Übermittlung personenbezogener Daten und sonstiger Angaben nach § 87 un-

terbleibt, soweit besondere gesetzliche Verwendungsregelungen entgegenstehen.

(2) Personenbezogene Daten, die von einem Arzt oder anderen in § 203 Absatz 1 Nummer 1, 2, 4 bis 7 und Absatz 4 des Strafgesetzbuches genannten Personen einer öffentlichen Stelle zugänglich gemacht worden sind, dürfen von dieser übermittelt werden,

1. wenn dies zur Abwehr von erheblichen Gefahren für Leib und Leben des Ausländers oder von Dritten erforderlich ist, der Ausländer die öffentliche Gesundheit gefährdet und besondere Schutzmaßnahmen zum Ausschluss der Gefährdung nicht möglich sind oder von dem Ausländer nicht eingehalten werden oder
2. soweit die Daten für die Feststellung erforderlich sind, ob die in § 54 Absatz 2 Nummer 4 bezeichneten Voraussetzungen vorliegen.

(3) $_{1}$Personenbezogene Daten, die nach § 30 der Abgabenordnung dem Steuergeheimnis unterliegen, dürfen übermittelt werden, wenn der Ausländer gegen eine Vorschrift des Steuerrechts einschließlich des Zollrechts und des Monopolrechts oder des Außenwirtschaftsrechts oder gegen Einfuhr-, Ausfuhr-, Durchfuhr- oder Verbringungsverbote oder -beschränkungen verstoßen hat und wegen dieses Verstoßes ein strafrechtliches Ermittlungsverfahren eingeleitet oder eine Geldbuße von mindestens fünfhundert Euro verhängt worden ist. $_{2}$In den Fällen des Satzes 1 dürfen auch die mit der polizeilichen Kontrolle des grenzüberschreitenden Verkehrs beauftragten Behörden unterrichtet werden, wenn ein Ausreiseverbot nach § 46 Abs. 2 erlassen werden soll.

(4) Auf die Übermittlung durch die mit der Ausführung dieses Gesetzes betrauten Behörden und durch nichtöffentliche Stellen finden die Absätze 1 bis 3 entsprechende Anwendung.

§ 88a Verarbeitung von Daten im Zusammenhang mit Integrationsmaßnahmen

(1) $_{1}$Bei der Durchführung von Integrationskursen ist eine Übermittlung von teilnehmerbezogenen Daten, insbesondere von Daten der Bestätigung der Teilnahmeberechtigung, der Zulassung zur Teilnahme nach § 44 Absatz 4 sowie der Anmeldung zu und der Teilnahme an einem Integrationskurs, durch die Ausländerbehörde, die Bundesagentur für Arbeit, die Träger der Leistungen nach dem Asylbewerberleistungsgesetz, das Bundesverwaltungsamt und die für die Durchführung der Integrationskurse zugelassenen privaten und öffentlichen Träger an das Bundesamt für Migration und Flüchtlinge zulässig, soweit sie für die Erteilung einer Zulassung oder Berechtigung zum Integrationskurs, die Feststellung der ordnungsgemäßen Teilnahme, die Feststellung der Erfüllung der Teilnahmeverpflichtung nach § 44a Absatz 1 Satz 1, die Bescheinigung der erfolgreichen Teilnahme oder die Abrechnung und Durchführung der Integrationskurse erforderlich ist. $_{2}$Die für die Durchführung der Integrationskurse zugelassenen privaten und öffentlichen Träger dürfen die zuständige Ausländerbehörde, die Bundesagentur für Arbeit, den zuständigen Träger der Grundsicherung für Arbeitsuchende oder den zuständigen Träger der Leistungen nach dem Asylbewerberleistungsgesetz über eine nicht ordnungsgemäße Teilnahme eines nach § 44a Absatz 1 Satz 1 zur Teilnahme verpflichteten Ausländers informieren. $_{3}$Das Bundesamt für Migration und Flüchtlinge darf die nach Satz 1 übermittelten Daten auf Ersuchen an Ausländerbehörden, die Bundesagentur für Arbeit, Träger der Grundsicherung für Arbeitsuchende oder Träger der Leistungen nach dem Asylbewerberleistungsgesetz und Staatsangehörigkeitsbehörden weitergeben, soweit dies für die Erteilung einer Zulassung oder Berechtigung zum Integrationskurs, zur Kontrolle der Erfüllung der Teilnahmeverpflichtung, für die Verlängerung einer Aufenthaltserlaubnis, für die Erteilung einer Niederlassungserlaubnis oder einer Erlaubnis zum Daueraufenthalt – EU, zur Überwachung der Eingliederungsvereinbarung oder zur Durchführung des Einbürgerungsverfahrens erforderlich ist. $_{4}$Darüber hinaus ist eine Verarbeitung und Nutzung von personenbezogenen Daten durch das Bundesamt für Migration und Flüchtlinge nur für die

Durchführung und Abrechnung der Integrationskurse sowie für die Durchführung eines wissenschaftlichen Forschungsvorhabens nach § 75 Nummer 4a unter den Voraussetzungen des § 8 Absatz 7 und 8 der Integrationskursverordnung zulässig.

(1a) 1Absatz 1 gilt entsprechend für die Nutzung von Daten aus dem Asylverfahren beim Bundesamt für Migration und Flüchtlinge, soweit die Nutzung für die Entscheidung über die Zulassung zum Integrationskurs erforderlich ist. 2Zur Feststellung der Voraussetzungen des § 44 Absatz 4 Satz 2 im Rahmen der Entscheidung über die Zulassung zum Integrationskurs gilt dies entsprechend auch für die Nutzung von Daten aus dem Ausländerzentralregister.

(2) Bedient sich das Bundesamt für Migration und Flüchtlinge gemäß § 75 Nummer 9 privater oder öffentlicher Träger, um ein migrationsspezifisches Beratungsangebot durchzuführen, ist eine Übermittlung von aggregierten Daten über das Beratungsgeschehen von den Trägern an das Bundesamt für Migration und Flüchtlinge zulässig.

(3) 1Bei der Durchführung von Maßnahmen der berufsbezogenen Deutschsprachförderung nach § 45a ist eine Übermittlung teilnehmerbezogener Daten über die Anmeldung, die Dauer der Teilnahme und die Art des Abschlusses der Maßnahme durch die Ausländerbehörde, die Bundesagentur für Arbeit, den Träger der Grundsicherung für Arbeitsuchende, das Bundesverwaltungsamt und die mit der Durchführung der Maßnahmen betrauten privaten und öffentlichen Träger an das Bundesamt für Migration und Flüchtlinge zulässig, soweit dies für die Erteilung einer Zulassung zur Maßnahme, die Feststellung und Bescheinigung der ordnungsgemäßen Teilnahme oder die Durchführung und Abrechnung der Maßnahme erforderlich ist. 2Das Bundesamt für Migration und Flüchtlinge darf die nach Satz 1 übermittelten Daten auf Ersuchen an die Ausländerbehörde, die Bundesagentur für Arbeit, den Träger der Grundsicherung für Arbeitsuchende und die Staatsangehörigkeitsbehörden weitergeben, soweit dies für die Erteilung einer Zulassung oder Berechtigung zur Maßnahme, zur Kontrolle der ordnungsgemäßen Teilnahme, für die Erteilung einer Niederlassungserlaubnis oder einer Erlaubnis zum Daueraufenthalt-EU, zur Überwachung der Eingliederungsvereinbarung oder zur Durchführung des Einbürgerungsverfahrens erforderlich ist. 3Die mit der Durchführung der berufsbezogenen Deutschsprachförderung betrauten privaten und öffentlichen Träger dürfen die zuständige Ausländerbehörde, die Bundesagentur für Arbeit oder den zuständigen Träger der Grundsicherung für Arbeitsuchende über eine nicht ordnungsgemäße Teilnahme informieren.

§ 89 Verfahren bei identitätsüberprüfenden, -feststellenden und -sichernden Maßnahmen

(1) 1Das Bundeskriminalamt leistet Amtshilfe bei der Auswertung der nach § 49 von den mit der Ausführung dieses Gesetzes betrauten Behörden erhobenen und nach § 73 übermittelten Daten. 2Es darf hierfür auch von ihm zur Erfüllung seiner Aufgaben gespeicherte erkennungsdienstliche Daten verwenden. 3Die nach § 49 Abs. 3 bis 5 sowie 8 und 9 erhobenen Daten werden getrennt von anderen erkennungsdienstlichen Daten gespeichert. 4Die Daten nach § 49 Abs. 7 werden bei der aufzeichnenden Behörde gespeichert.

(1a) 1Im Rahmen seiner Amtshilfe nach Absatz 1 Satz 1 darf das Bundeskriminalamt die erkennungsdienstlichen Daten nach Absatz 1 Satz 1 zum Zwecke der Identitätsfeststellung auch an die für die Überprüfung der Identität von Personen zuständigen öffentlichen Stellen von Drittstaaten mit Ausnahme des Herkunftsstaates der betroffenen Person sowie von Drittstaaten, in denen die betroffene Person eine Verfolgung oder einen ernsthaften Schaden zu befürchten hat, übermitteln. 2Die Verantwortung für die Zulässigkeit der Übermittlung trägt das Bundeskriminalamt. 3Das Bundeskriminalamt hat die Übermittlung und ihren Anlass aufzuzeichnen. 4Die empfangende Stelle personenbezogener Daten ist darauf hinzuweisen, dass sie nur zu dem Zweck genutzt werden dürfen, zu dem sie übermittelt worden sind. 5Ferner ist ihr der beim Bundeskriminalamt vorgesehene Löschungszeitpunkt mitzuteilen. 6Die Übermittlung unterbleibt, wenn tatsächliche Anhaltspunkte dafür vorliegen, dass

1. unter Berücksichtigung der Art der Daten und ihrer Erhebung die schutzwürdigen Interessen der betroffenen Person, insbesondere ihr Interesse, Schutz vor Verfolgung zu erhalten, das Allgemeininteresse an der Übermittlung überwiegen oder
2. die Übermittlung der Daten zu den Grundrechten, dem Abkommen vom 28. Juli 1951 über die Rechtsstellung der Flüchtlinge sowie der Konvention zum Schutz der Menschenrechte und Grundfreiheiten in Widerspruch stünde, insbesondere dadurch, dass durch die Nutzung der übermittelten Daten im Empfängerstaat Verletzungen von elementaren rechtsstaatlichen Grundsätzen oder Menschenrechtsverletzungen drohen.

(2) 1Die Nutzung der nach § 49 Absatz 3 bis 5 oder Absatz 7 bis 9 erhobenen Daten ist auch zulässig zur Feststellung der Identität oder der Zuordnung von Beweismitteln im Rahmen der Strafverfolgung oder zur polizeilichen Gefahrenabwehr. 2Sie dürfen, soweit und solange es erforderlich ist, den für diese Maßnahmen zuständigen Behörden übermittelt oder überlassen werden.

(3) 1Die nach § 49 Abs. 1 erhobenen Daten sind von allen Behörden unmittelbar nach Beendigung der Prüfung der Echtheit des Dokuments oder der Identität des Inhabers zu löschen. 2Die nach § 49 Abs. 3 bis 5, 7, 8 oder 9 erhobenen Daten sind von allen Behörden, die sie speichern, zu löschen, wenn

1. dem Ausländer ein gültiger Pass oder Passersatz ausgestellt und von der Ausländerbehörde ein Aufenthaltstitel erteilt worden ist,
2. seit der letzten Ausreise, der versuchten unerlaubten Einreise oder der Beendigung des unerlaubten Aufenthalts zehn Jahre vergangen sind,
3. in den Fällen des § 49 Abs. 5 Nr. 3 und 4 seit der Zurückweisung oder Zurückschiebung drei Jahre vergangen sind oder
4. im Falle des § 49 Abs. 5 Nr. 5 seit der Beantragung des Visums sowie im Falle des § 49 Abs. 7 seit der Sprachaufzeichnung zehn Jahre vergangen sind.

3Die Löschung ist zu protokollieren.

(4) Absatz 3 gilt nicht, soweit und solange die Daten im Rahmen eines Strafverfahrens oder zur Abwehr einer Gefahr für die öffentliche Sicherheit oder Ordnung benötigt werden.

§ 90 Übermittlungen durch Ausländerbehörden

(1) Ergeben sich im Einzelfall konkrete Anhaltspunkte für

1. eine Beschäftigung oder Tätigkeit von Ausländern ohne erforderlichen Aufenthaltstitel nach § 4,
2. Verstöße gegen die Mitwirkungspflicht nach § 60 Abs. 1 Satz 1 Nr. 2 des Ersten Buches Sozialgesetzbuch gegenüber einer Dienststelle der Bundesagentur für Arbeit, einem Träger der gesetzlichen Kranken-, Pflege-, Unfall- oder Rentenversicherung, einem Träger der Grundsicherung für Arbeitsuchende oder der Sozialhilfe oder Verstöße gegen die Meldepflicht nach § 8a des Asylbewerberleistungsgesetzes,
3. die in § 6 Absatz 4 Nummer 1 bis 4, 7, 12 und 13 des Schwarzarbeitsbekämpfungsgesetzes bezeichneten Verstöße,

unterrichten die mit der Ausführung dieses Gesetzes betrauten Behörden die für die Verfolgung und Ahndung der Verstöße nach den Nummern 1 bis 3 zuständigen Behörden, die Träger der Grundsicherung für Arbeitsuchende oder der Sozialhilfe sowie die nach § 10 des Asylbewerberleistungsgesetzes zuständigen Behörden.

(2) Bei der Verfolgung und Ahndung von Verstößen gegen dieses Gesetz arbeiten die mit der Ausführung dieses Gesetzes betrauten Behörden insbesondere mit den anderen in § 2 Absatz 4 des Schwarzarbeitsbekämpfungsgesetzes genannten Behörden zusammen.

(3) Die mit der Ausführung dieses Gesetzes betrauten Behörden teilen Umstände und Maßnahmen nach diesem Gesetz, deren

Kenntnis für Leistungen nach dem Asylbewerberleistungsgesetz erforderlich ist, sowie die ihnen mitgeteilten Erteilungen von Zustimmungen zur Aufnahme einer Beschäftigung an Leistungsberechtigte nach dem Asylbewerberleistungsgesetz und Angaben über das Erlöschen, den Widerruf oder die Rücknahme von erteilten Zustimmungen zur Aufnahme einer Beschäftigung den nach § 10 des Asylbewerberleistungsgesetzes zuständigen Behörden mit.

(4) Die Ausländerbehörden unterrichten die nach § 72 Abs. 6 zu beteiligenden Stellen unverzüglich über

1. die Erteilung oder Versagung eines Aufenthaltstitels nach § 25 Abs. 4a oder 4b,
2. die Festsetzung, Verkürzung oder Aufhebung einer Ausreisefrist nach § 59 Absatz 7 oder
3. den Übergang der Zuständigkeit der Ausländerbehörde auf eine andere Ausländerbehörde; hierzu ist die Ausländerbehörde verpflichtet, die zuständig geworden ist.

(5) Zu den in § 755 der Zivilprozessordnung genannten Zwecken übermittelt die Ausländerbehörde dem Gerichtsvollzieher auf Ersuchen den Aufenthaltsort einer Person.

(6) (weggefallen)

(7) 1Zur Durchführung eines Vollstreckungsverfahrens übermittelt die Ausländerbehörde der Vollstreckungsbehörde auf deren Ersuchen die Angabe über den Aufenthaltsort des Vollstreckungsschuldners. 2Die Angabe über den Aufenthaltsort darf von der Ausländerbehörde nur übermittelt werden, wenn sich die Vollstreckungsbehörde die Angabe nicht durch Abfrage bei der Meldebehörde beschaffen kann und dies in ihrem Ersuchen gegenüber der Ausländerbehörde bestätigt.

§ 90a Mitteilungen der Ausländerbehörden an die Meldebehörden

(1) 1Die Ausländerbehörden unterrichten unverzüglich die zuständigen Meldebehörden, wenn sie Anhaltspunkte dafür haben, dass die im Melderegister zu meldepflichtigen Ausländern gespeicherten Daten unrichtig oder unvollständig sind. 2Sie teilen den Meldebehörden insbesondere mit, wenn ein meldepflichtiger Ausländer

1. sich im Bundesgebiet aufhält, der nicht gemeldet ist,
2. dauerhaft aus dem Bundesgebiet ausgereist ist.

3Die Ausländerbehörde unterrichtet die zuständige Meldebehörde über die Erteilung einer Niederlassungserlaubnis oder einer Erlaubnis zum Daueraufenthalt-EU.

(2) Die Mitteilungen nach Absatz 1 sollen folgende Angaben zum meldepflichtigen Ausländer enthalten:

1. Familienname, Geburtsname und Vornamen,
2. Tag, Ort und Staat der Geburt,
3. Staatsangehörigkeiten,
4. letzte Anschrift im Inland,
5. Datum und Zielstaat der Ausreise sowie
6. zum Zweck der eindeutigen Zuordnung die AZR-Nummer in den Fällen und nach Maßgabe des § 10 Absatz 4 Satz 2 Nummer 4 des AZR-Gesetzes.

§ 90b Datenabgleich zwischen Ausländer- und Meldebehörden

1Die Ausländer- und Meldebehörden übermitteln einander jährlich die in § 90a Abs. 2 genannten Daten zum Zweck der Datenpflege, soweit sie denselben örtlichen Zuständigkeitsbereich haben. 2Die empfangende Behörde gleicht die übermittelten Daten mit den bei ihr gespeicherten Daten ab, ein automatisierter Abgleich ist zulässig. 3Die übermittelten Daten dürfen nur für die Durchführung des Abgleichs sowie die Datenpflege verwendet werden und sind sodann unverzüglich zu löschen; überlassene Datenträger sind unverzüglich zurückzugeben oder zu vernichten.

§ 90c Datenübermittlungen im Visumverfahren über das Auswärtige Amt

(1) 1Die Übermittlung von Daten im Visumverfahren von den Auslandsvertretungen an die im Visumverfahren beteiligten Behörden

und von diesen zurück an die Auslandsvertretungen erfolgt automatisiert über eine vom Auswärtigen Amt betriebene technische Vorrichtung zur Unterstützung des Visumverfahrens. 2Die technische Vorrichtung stellt die vollständige, korrekte und fristgerechte Übermittlung der Daten nach Satz 1 sicher. 3Zu diesem Zweck werden die Daten nach Satz 1 in der technischen Vorrichtung gespeichert.

(2) In der technischen Vorrichtung dürfen personenbezogene Daten nur erhoben, verarbeitet oder genutzt werden, soweit dies für den in Absatz 1 Satz 1 und 2 genannten Zweck erforderlich ist.

(3) Die nach Absatz 1 Satz 3 gespeicherten Daten sind unverzüglich zu löschen, wenn die Daten nicht mehr zu dem in Absatz 1 Satz 1 und 2 genannten Zweck benötigt werden, spätestens nach Erteilung oder Versagung des Visums oder Rücknahme des Visumantrags.

§ 91 Speicherung und Löschung personenbezogener Daten

(1) 1Die Daten über die Ausweisung, Zurückschiebung und die Abschiebung sind zehn Jahre nach dem Ablauf der in § 11 Abs. 1 Satz 3 bezeichneten Frist zu löschen. 2Sie sind vor diesem Zeitpunkt zu löschen, soweit sie Erkenntnisse enthalten, die nach anderen gesetzlichen Bestimmungen nicht mehr gegen den Ausländer verwertet werden dürfen.

(2) Mitteilungen nach § 87 Abs. 1, die für eine anstehende ausländerrechtliche Entscheidung unerheblich sind und voraussichtlich auch für eine spätere ausländerrechtliche Entscheidung nicht erheblich werden können, sind unverzüglich zu vernichten.

(3) § 20 Abs. 5 des Bundesdatenschutzgesetzes sowie entsprechende Vorschriften in den Datenschutzgesetzen der Länder finden keine Anwendung.

§ 91a Register zum vorübergehenden Schutz

(1) Das Bundesamt für Migration und Flüchtlinge führt ein Register über die Ausländer nach § 24 Abs. 1, die ein Visum oder eine Aufenthaltserlaubnis beantragt haben, und über deren Familienangehörige im Sinne des Artikels 15 Abs. 1 der Richtlinie 2001/55/EG zum Zweck der Aufenthaltsgewährung, der Verteilung der aufgenommenen Ausländer im Bundesgebiet, der Wohnsitzverlegung aufgenommener Ausländer in andere Mitgliedstaaten der Europäischen Union, der Familienzusammenführung und der Förderung der freiwilligen Rückkehr.

(2) Folgende Daten werden in dem Register gespeichert:

1. zum Ausländer:
   a) die Personalien, mit Ausnahme der früher geführten Namen und der Wohnanschrift im Inland, sowie der letzte Wohnort im Herkunftsland, die Herkunftsregion und freiwillig gemachte Angaben zur Religionszugehörigkeit,
   b) Angaben zum Beruf und zur beruflichen Ausbildung,
   c) das Eingangsdatum seines Antrages auf Erteilung eines Visums oder einer Aufenthaltserlaubnis, die für die Bearbeitung seines Antrages zuständige Stelle und Angaben zur Entscheidung über den Antrag oder den Stand des Verfahrens,
   d) Angaben zum Identitäts- und Reisedokument,
   e) die AZR-Nummer und die Visadatei-Nummer,
   f) Zielland und Zeitpunkt der Ausreise,
2. die Personalien nach Nummer 1 Buchstabe a mit Ausnahme der freiwillig gemachten Angaben zur Religionszugehörigkeit der Familienangehörigen des Ausländers nach Absatz 1,
3. Angaben zu Dokumenten zum Nachweis der Ehe, der Lebenspartnerschaft oder der Verwandtschaft.

(3) Die Ausländerbehörden und die Auslandsvertretungen sind verpflichtet, die in Absatz 2 bezeichneten Daten unverzüglich an die Registerbehörde zu übermitteln, wenn

1. eine Aufenthaltserlaubnis nach § 24 Abs. 1 oder

2. ein Visum zur Inanspruchnahme vorübergehenden Schutzes im Bundesgebiet

beantragt wurden.

(4) Die §§ 8 und 9 des AZR-Gesetzes gelten entsprechend.

(5) Die Daten dürfen auf Ersuchen an die Ausländerbehörden, Auslandsvertretungen und andere Organisationseinheiten des Bundesamtes für Migration und Flüchtlinge einschließlich der dort eingerichteten nationalen Kontaktstelle nach Artikel 27 Abs. 1 der Richtlinie 2001/55/EG zum Zweck der Erfüllung ihrer ausländer- und asylrechtlichen Aufgaben im Zusammenhang mit der Aufenthaltsgewährung, der Verteilung der aufgenommenen Ausländer im Bundesgebiet, der Wohnsitzverlegung aufgenommener Ausländer in andere Mitgliedstaaten der Europäischen Union, der Familienzusammenführung und der Förderung der freiwilligen Rückkehr übermittelt werden.

(6) 1Die Registerbehörde hat über Datenübermittlungen nach Absatz 5 Aufzeichnungen zu fertigen. 2§ 13 des AZR-Gesetzes gilt entsprechend.

(7) 1Die Datenübermittlungen nach den Absätzen 3 und 5 erfolgen schriftlich, elektronisch oder im automatisierten Verfahren. 2§ 22 Abs. 2 bis 4 des AZR-Gesetzes gilt entsprechend.

(8) 1Die Daten sind spätestens zwei Jahre nach Beendigung des vorübergehenden Schutzes des Ausländers zu löschen. 2Für die Auskunft an den Betroffenen und die Sperrung der Daten gelten § 34 Abs. 1 und 2 und § 37 des AZR-Gesetzes entsprechend.

§ 91b Datenübermittlung durch das Bundesamt für Migration und Flüchtlinge als nationale Kontaktstelle

Das Bundesamt für Migration und Flüchtlinge als nationale Kontaktstelle nach Artikel 27 Abs. 1 der Richtlinie 2001/55/EG darf die Daten des Registers nach § 91a zum Zweck der Verlegung des Wohnsitzes aufgenommener Ausländer in andere Mitgliedstaaten der Europäischen Union oder zur Familienzusammenführung an folgende Stellen übermitteln:

1. nationale Kontaktstellen anderer Mitgliedstaaten der Europäischen Union,
2. Organe und Einrichtungen der Europäischen Union,
3. sonstige ausländische oder über- und zwischenstaatliche Stellen, wenn bei diesen Stellen ein angemessenes Datenschutzniveau nach Maßgabe des § 4b Abs. 3 des Bundesdatenschutzgesetzes gewährleistet ist.

§ 91c Innergemeinschaftliche Auskünfte zur Durchführung der Richtlinie 2003/109/EG

(1) 1Das Bundesamt für Migration und Flüchtlinge unterrichtet als nationale Kontaktstelle im Sinne des Artikels 25 der Richtlinie 2003/109/EG die zuständige Behörde eines anderen Mitgliedstaates der Europäischen Union, in dem der Ausländer die Rechtsstellung eines langfristig Aufenthaltsberechtigten besitzt, über den Inhalt und den Tag einer Entscheidung über die Erteilung oder Verlängerung einer Aufenthaltserlaubnis nach § 38a Abs. 1 oder über die Erteilung einer Erlaubnis zum Daueraufenthalt – EU. 2Die Behörde, die die Entscheidung getroffen hat, übermittelt dem Bundesamt für Migration und Flüchtlinge unverzüglich die hierfür erforderlichen Angaben. 3Der nationalen Kontaktstelle können die für Unterrichtungen nach Satz 1 erforderlichen Daten aus dem Ausländerzentralregister unter Nutzung der AZR-Nummer automatisiert übermittelt werden.

(1a) 1Das Bundesamt für Migration und Flüchtlinge leitet von Amts wegen Auskunftsersuchen der Ausländerbehörden über das Fortbestehen des internationalen Schutzes im Sinne von § 2 Absatz 13 in einem anderen Mitgliedstaat an die zuständigen Stellen des betroffenen Mitgliedstaates der Europäischen Union weiter. 2Hierzu übermittelt die jeweils zuständige Ausländerbehörde dem Bundesamt für Migration und Flüchtlinge die erforderlichen Angaben. 3Das Bundesamt für Migration und Flüchtlinge leitet die auf die Anfragen eingehenden Antworten an die jeweils zuständige Ausländerbehörde weiter.

(2) $_{1}$Das Bundesamt für Migration und Flüchtlinge leitet von Amts wegen an die zuständigen Stellen des betroffenen Mitgliedstaates der Europäischen Union Anfragen im Verfahren nach § 51 Absatz 8 unter Angabe der vorgesehenen Maßnahme und der von der Ausländerbehörde mitgeteilten wesentlichen tatsächlichen und rechtlichen Gründe der vorgesehenen Maßnahme weiter. $_{2}$Hierzu übermittelt die Ausländerbehörde dem Bundesamt für Migration und Flüchtlinge die erforderlichen Angaben. $_{3}$Das Bundesamt für Migration und Flüchtlinge leitet an die zuständige Ausländerbehörde die in diesem Zusammenhang eingegangenen Antworten von Stellen anderer Mitgliedstaaten der Europäischen Union weiter.

(3) $_{1}$Das Bundesamt für Migration und Flüchtlinge teilt der zuständigen Behörde eines anderen Mitgliedstaates der Europäischen Union von Amts wegen mit, dass einem Ausländer, der dort die Rechtsstellung eines langfristig Aufenthaltsberechtigten besitzt, die Abschiebung oder Zurückschiebung

1. in den Mitgliedstaat der Europäischen Union, in dem der Ausländer langfristig aufenthaltsberechtigt ist, oder
2. in ein Gebiet außerhalb der Europäischen Union

angedroht oder eine solche Maßnahme durchgeführt wurde oder dass eine entsprechende Abschiebungsanordnung nach § 58a erlassen oder durchgeführt wurde. $_{2}$In der Mitteilung wird der wesentliche Grund der Aufenthaltsbeendigung angegeben. $_{3}$Die Auskunft wird erteilt, sobald die deutsche Behörde, die nach § 71 die betreffende Maßnahme anordnet, dem Bundesamt für Migration und Flüchtlinge die beabsichtigte oder durchgeführte Maßnahme mitteilt. $_{4}$Die in Satz 3 genannten Behörden übermitteln hierzu dem Bundesamt für Migration und Flüchtlinge unverzüglich die erforderlichen Angaben.

(4) $_{1}$Zur Identifizierung des Ausländers werden bei Mitteilungen nach den Absätzen 1 bis 3 seine Personalien übermittelt. $_{2}$Sind in den Fällen des Absatzes 3 Familienangehörige ebenfalls betroffen, die mit dem langfristig Aufenthaltsberechtigten in familiärer Lebensgemeinschaft leben, werden auch ihre Personalien übermittelt.

(5) $_{1}$Das Bundesamt für Migration und Flüchtlinge leitet an die zuständigen Ausländerbehörden Anfragen von Stellen anderer Mitgliedstaaten der Europäischen Union im Zusammenhang mit der nach Artikel 22 Abs. 3 zweiter Unterabsatz der Richtlinie 2003/109/EG vorgesehenen Beteiligung weiter. $_{2}$Die zuständige Ausländerbehörde teilt dem Bundesamt für Migration und Flüchtlinge folgende ihr bekannte Angaben mit:

1. Personalien des betroffenen langfristig aufenthaltsberechtigten Ausländers,
2. aufenthalts- und asylrechtliche Entscheidungen, die gegen oder für diesen getroffen worden sind,
3. Interessen für oder gegen die Rückführung in das Bundesgebiet oder einen Drittstaat oder
4. sonstige Umstände, von denen anzunehmen ist, dass sie für die aufenthaltsrechtliche Entscheidung des konsultierenden Mitgliedstaates von Bedeutung sein können.

$_{3}$Anderenfalls teilt sie mit, dass keine sachdienlichen Angaben bekannt sind. $_{4}$Diese Angaben leitet das Bundesamt für Migration und Flüchtlinge von Amts wegen an die zuständige Stelle des konsultierenden Mitgliedstaates der Europäischen Union weiter.

(5a) Das Bundesamt für Migration und Flüchtlinge gibt den zuständigen Stellen der anderen Mitgliedstaaten der Europäischen Union auf Ersuchen innerhalb eines Monats nach Eingang des Ersuchens Auskunft darüber, ob ein Ausländer in der Bundesrepublik Deutschland weiterhin die Rechtsstellung eines international Schutzberechtigten genießt.

(5b) Enthält die durch einen anderen Mitgliedstaat der Europäischen Union ausgestellte langfristige Aufenthaltsberechtigung – EU eines international Schutzberechtigten den Hinweis, dass dieser Staat dieser Person internationalen Schutz gewährt, und ist die Verantwortung für den internationalen Schutz im Sinne von § 2 Absatz 13 nach Maßgaben der einschlägigen Rechtsvorschriften auf Deutschland übergegangen, bevor dem international Schutzberechtigten eine Erlaubnis zum Daueraufenthalt – EU nach § 9a erteilt wurde, so ersucht das Bundesamt für Migration und Flüchtlinge die zuständige Stelle des anderen Mitgliedstaates, den Hinweis in der langfristigen Aufenthaltsberechtigung – EU entsprechend zu ändern.

(5c) Wird einem in einem anderen Mitgliedstaat der Europäischen Union langfristig Aufenthaltsberechtigten in Deutschland internationaler Schutz im Sinne von § 2 Absatz 13 gewährt, bevor ihm eine Erlaubnis zum Daueraufenthalt – EU nach § 9a erteilt wurde, so ersucht das Bundesamt für Migration und Flüchtlinge die zuständige Stelle des anderen Mitgliedstaates, in die dort ausgestellte langfristige Aufenthaltsberechtigung – EU den Hinweis aufzunehmen, dass Deutschland dieser Person internationalen Schutz gewährt.

(6) Das Bundesamt für Migration und Flüchtlinge teilt der jeweils zuständigen Ausländerbehörde von Amts wegen den Inhalt von Mitteilungen anderer Mitgliedstaaten der Europäischen Union mit,

1. wonach der andere Mitgliedstaat der Europäischen Union aufenthaltsbeendende Maßnahmen beabsichtigt oder durchführt, die sich gegen einen Ausländer richten, der eine Erlaubnis zum Daueraufenthalt – EU besitzt,
2. wonach ein Ausländer, der eine Erlaubnis zum Daueraufenthalt – EU besitzt, in einem anderen Mitgliedstaat der Europäischen Union langfristig Aufenthaltsberechtigter geworden ist oder ihm in einem anderen Mitgliedstaat der Europäischen Union ein Aufenthaltstitel erteilt oder sein Aufenthaltstitel verlängert wurde.

§ 91d Auskünfte zur Durchführung der Richtlinie (EU) 2016/801

(1) 1Das Bundesamt für Migration und Flüchtlinge nimmt als nationale Kontaktstelle nach Artikel 37 Absatz 1 der Richtlinie (EU) 2016/801 Mitteilungen nach § 16a Absatz 1 und § 20a Absatz 1 entgegen. 2Das Bundesamt für Migration und Flüchtlinge

1. prüft die Mitteilungen hinsichtlich der Vollständigkeit der nach § 16a Absatz 1 oder § 20a Absatz 1 vorzulegenden Nachweise,
2. leitet die Mitteilungen unverzüglich an die zuständige Ausländerbehörde weiter und teilt das Datum des Zugangs der vollständigen Mitteilung mit und
3. teilt der aufnehmenden Ausbildungseinrichtung oder der aufnehmenden Forschungseinrichtung die zuständige Ausländerbehörde mit.

3Die Zuständigkeit der Ausländerbehörde bleibt unberührt.

(2) 1Das Bundesamt für Migration und Flüchtlinge nimmt Anträge nach § 20b entgegen und leitet diese Anträge an die zuständige Ausländerbehörde weiter. 2Es teilt dem Antragsteller die zuständige Ausländerbehörde mit.

(3) 1Das Bundesamt für Migration und Flüchtlinge erteilt der zuständigen Behörde eines anderen Mitgliedstaates der Europäischen Union auf Ersuchen die erforderlichen Auskünfte, um den zuständigen Behörden des anderen Mitgliedstaates der Europäischen Union eine Prüfung zu ermöglichen, ob die Voraussetzungen für die Mobilität des Ausländers nach den Artikeln 28 bis 31 der Richtlinie (EU) 2016/801 vorliegen. 2Die Auskünfte umfassen

1. die Personalien des Ausländers und Angaben zum Identitäts- und Reisedokument,
2. Angaben zu seinem gegenwärtigen und früheren Aufenthaltsstatus in Deutschland,
3. Angaben zu abgeschlossenen oder der Ausländerbehörde bekannten strafrechtlichen Ermittlungsverfahren,
4. sonstige den Ausländer betreffende Daten, sofern sie im Ausländerzentralregister gespeichert werden oder die aus der Ausländer- oder Visumakte hervorgehen und der andere Mitgliedstaat der Europäischen Union um ihre Übermittlung ersucht hat.

3Die Ausländerbehörden und die Auslandsvertretungen übermitteln hierzu dem Bundesamt für Migration und Flüchtlinge auf dessen Ersuchen die für die Erteilung der Auskunft erforderlichen Angaben.

(4) 1Die Auslandsvertretungen und die Ausländerbehörden können über das Bundesamt für Migration und Flüchtlinge Ersuchen um Auskunft an zuständige Stellen anderer Mitgliedstaaten der Europäischen Union richten, soweit dies erforderlich ist, um die Voraussetzungen der Mobilität nach den §§ 16a und 20a und der Erteilung einer Aufenthaltserlaubnis nach § 20b oder eines entsprechenden Visums zu prüfen. 2Sie können hierzu

1. die Personalien des Ausländers,
2. Angaben zu seinem Identitäts- und Reisedokument und zu seinem im anderen Mitgliedstaat der Europäischen Union ausgestellten Aufenthaltstitel sowie
3. Angaben zum Gegenstand des Antrags auf Erteilung des Aufenthaltstitels und zum Ort der Antragstellung

übermitteln und aus besonderem Anlass den Inhalt der erwünschten Auskünfte genauer bezeichnen. 3Das Bundesamt für Migration und Flüchtlinge leitet eingegangene Auskünfte an die zuständigen Ausländerbehörden und Auslandsvertretungen weiter. 4Die Daten, die in den Auskünften der zuständigen Stellen anderer Mitgliedstaaten der Europäischen Union übermittelt werden, dürfen die Ausländerbehörden und Auslandsvertretungen zu diesem Zweck nutzen.

(5) 1Das Bundesamt für Migration und Flüchtlinge unterrichtet die zuständige Behörde eines anderen Mitgliedstaates der Europäischen Union, in dem der Ausländer einen Aufenthaltstitel nach der Richtlinie (EU) 2016/801 besitzt, über den Inhalt und den Tag einer Entscheidung über

1. die Ablehnung der nach § 16a Absatz 1 und § 20a Absatz 1 mitgeteilten Mobilität nach § 20c Absatz 3 sowie
2. die Erteilung einer Aufenthaltserlaubnis nach § 20b.

2Die Ausländerbehörde, die die Entscheidung getroffen hat, übermittelt dem Bundesamt für Migration und Flüchtlinge unverzüglich die hierfür erforderlichen Angaben. 3Die Ausländerbehörden können der nationalen Kontaktstelle die für die Unterrichtungen nach Satz 1 erforderlichen Daten aus dem Ausländerzentralregister unter Nutzung der AZR-Nummer automatisiert übermitteln.

(6) 1Wird ein Aufenthaltstitel nach § 16 Absatz 1, den §§ 17b, 18d oder § 20 widerrufen, zurückgenommen, nicht verlängert oder läuft er nach einer Verkürzung der Frist gemäß § 7 Absatz 2 Satz 2 ab, so unterrichtet das Bundesamt für Migration und Flüchtlinge unverzüglich die zuständigen Behörden des anderen Mitgliedstaates, sofern sich der Ausländer dort im Rahmen des Anwendungsbereichs der Richtlinie (EU) 2016/801 aufhält und dies dem Bundesamt für Migration und Flüchtlinge bekannt ist. 2Die Ausländerbehörde, die die Entscheidung getroffen hat, übermittelt dem Bundesamt für Migration und Flüchtlinge unverzüglich die hierfür erforderlichen Angaben. 3Die Ausländerbehörden können der nationalen Kontaktstelle die für die Unterrichtungen nach Satz 1 erforderlichen Daten aus dem Ausländerzentralregister unter Nutzung der AZR-Nummer automatisiert übermitteln.

§ 91e Gemeinsame Vorschriften für das Register zum vorübergehenden Schutz und zu innergemeinschaftlichen Datenübermittlungen

Im Sinne der §§ 91a bis 91d sind

1. Personalien: Namen, insbesondere Familienname, Geburtsname, Vornamen und früher geführte Namen, Geburtsdatum, Geburtsort, Geschlecht, Staatsangehörigkeiten und Wohnanschrift im Inland,
2. Angaben zum Identitäts- und Reisedokument: Art, Nummer, ausgebende Stelle, Ausstellungsdatum und Gültigkeitsdauer.

§ 91f Auskünfte zur Durchführung der Richtlinie 2009/50/EG innerhalb der Europäischen Union

(1) 1Das Bundesamt für Migration und Flüchtlinge unterrichtet als nationale Kontaktstelle im Sinne des Artikels 22 Absatz 1

der Richtlinie 2009/50/EG die zuständige Behörde eines anderen Mitgliedstaates der Europäischen Union, in dem der Ausländer eine Blaue Karte EU besitzt, über den Inhalt und den Tag einer Entscheidung über die Erteilung einer Blauen Karte EU. ₂Die Behörde, die die Entscheidung getroffen hat, übermittelt der nationalen Kontaktstelle unverzüglich die hierfür erforderlichen Angaben. ₃Der nationalen Kontaktstelle können die für Unterrichtungen nach Satz 1 erforderlichen Daten aus dem Ausländerzentralregister durch die Ausländerbehörden unter Nutzung der AZR-Nummer automatisiert übermittelt werden.

(2) Das Bundesamt für Migration und Flüchtlinge übermittelt den zuständigen Organen der Europäischen Union jährlich

1. die Daten, die nach der Verordnung (EG) Nr. 862/2007 des Europäischen Parlaments und des Rates vom 11. Juli 2007 zu Gemeinschaftsstatistiken über Wanderung und internationalen Schutz und zur Aufhebung der Verordnung (EWG) Nr. 311/76 des Rates über die Erstellung von Statistiken über ausländische Arbeitnehmer (ABl. L 199 vom 31. 7. 2007, S. 23) im Zusammenhang mit der Erteilung von Blauen Karten EU zu übermitteln sind, sowie
2. ein Verzeichnis der Berufe, für die durch Rechtsverordnung nach § 19a Absatz 2 Nummer 1 ein Gehalt nach Artikel 5 Absatz 5 der Richtlinie 2009/50/EG bestimmt wurde.

§ 91g Auskünfte zur Durchführung der Richtlinie 2014/66/EU

(1) ₁Das Bundesamt für Migration und Flüchtlinge nimmt als nationale Kontaktstelle nach Artikel 26 Absatz 1 der Richtlinie 2014/66/EU Mitteilungen nach § 19c entgegen. ₂Das Bundesamt für Migration und Flüchtlinge

1. prüft die Mitteilungen hinsichtlich der Vollständigkeit der nach § 19c Absatz 1 vorzulegenden Nachweise,
2. leitet die Mitteilungen unverzüglich an die zuständige Ausländerbehörde weiter und teilt das Datum des Zugangs der vollständigen Mitteilung mit und
3. teilt der aufnehmenden Niederlassung in dem anderen Mitgliedstaat die zuständige Ausländerbehörde mit.

₃Die Zuständigkeit der Ausländerbehörde bleibt unberührt.

(2) ₁Das Bundesamt für Migration und Flüchtlinge nimmt Anträge nach § 19d entgegen und leitet diese Anträge an die zuständige Ausländerbehörde weiter. ₂Es teilt dem Antragsteller die zuständige Ausländerbehörde mit.

(3) ₁Das Bundesamt für Migration und Flüchtlinge erteilt der zuständigen Behörde eines anderen Mitgliedstaates der Europäischen Union auf Ersuchen die erforderlichen Auskünfte, um den zuständigen Behörden des anderen Mitgliedstaates der Europäischen Union eine Prüfung zu ermöglichen, ob die Voraussetzungen für die Mobilität des Ausländers nach der Richtlinie 2014/66/EU vorliegen. ₂Die Auskünfte umfassen

1. die Personalien des Ausländers und Angaben zum Identitäts- und Reisedokument,
2. Angaben zu seinem gegenwärtigen und früheren Aufenthaltsstatus in Deutschland,
3. Angaben zu abgeschlossenen oder der Ausländerbehörde bekannten strafrechtlichen Ermittlungsverfahren,
4. sonstige den Ausländer betreffende Daten, sofern sie im Ausländerzentralregister gespeichert werden oder sie aus der Ausländer- oder Visumakte hervorgehen und der andere Mitgliedstaat der Europäischen Union um ihre Übermittlung ersucht hat.

₃Die Ausländerbehörden und die Auslandsvertretungen übermitteln hierzu dem Bundesamt für Migration und Flüchtlinge auf dessen Ersuchen die für die Erteilung der Auskunft erforderlichen Angaben.

(4) ₁Die Auslandsvertretungen und die Ausländerbehörden können über das Bundesamt für Migration und Flüchtlinge Ersuchen um Auskunft an zuständige Stellen anderer Mitgliedstaaten der Europäischen Union richten, soweit dies erforderlich ist, um die Voraussetzungen der Mobilität nach § 19c oder der

Erteilung einer Mobiler-ICT-Karte zu prüfen. 2Sie können hierzu

1. die Personalien des Ausländers,
2. Angaben zu seinem Identitäts- und Reisedokument und zu seinem im anderen Mitgliedstaat der Europäischen Union ausgestellten Aufenthaltstitel sowie
3. Angaben zum Gegenstand des Antrags auf Erteilung des Aufenthaltstitels und zum Ort der Antragstellung

übermitteln und aus besonderem Anlass den Inhalt der erwünschten Auskünfte genauer bezeichnen.

3Das Bundesamt für Migration und Flüchtlinge leitet eingegangene Auskünfte an die zuständigen Ausländerbehörden und Auslandsvertretungen weiter. 4Die Daten, die in den Auskünften der zuständigen Stellen anderer Mitgliedstaaten der Europäischen Union übermittelt werden, dürfen die Ausländerbehörden und Auslandsvertretungen zu diesem Zweck nutzen.

(5) 1Das Bundesamt für Migration und Flüchtlinge unterrichtet die zuständige Behörde eines anderen Mitgliedstaates der Europäischen Union, in dem der Ausländer eine ICT-Karte besitzt, über den Inhalt und den Tag einer Entscheidung über

1. die Ablehnung der nach § 19c Absatz 1 mitgeteilten Mobilität gemäß § 19c Absatz 4 sowie
2. die Erteilung einer Mobiler-ICT-Karte nach § 19d.

2Wird eine ICT-Karte nach § 19b widerrufen, zurückgenommen oder nicht verlängert oder läuft sie nach einer Verkürzung der Frist gemäß § 7 Absatz 2 Satz 2 ab, so unterrichtet das Bundesamt für Migration und Flüchtlinge unverzüglich die Behörde des anderen Mitgliedstaates, in dem der Ausländer von der in der Richtlinie 2014/66/EU vorgesehenen Möglichkeit, einen Teil des unternehmensinternen Transfers in einem anderen Mitgliedstaat der Europäischen Union durchzuführen, Gebrauch gemacht hat, sofern dies der Ausländerbehörde bekannt ist. 3Die Behörde, die die Entscheidung getroffen hat, übermittelt dem Bundesamt für Migration und Flüchtlinge unverzüglich die hierfür erforderlichen Angaben. 4Die Ausländerbehörden können der nationalen Kontaktstelle die für die Unterrichtungen nach Satz 1 erforderlichen Daten aus dem Ausländerzentralregister unter Nutzung der AZR-Nummer automatisiert übermitteln.

(6) Das Bundesamt für Migration und Flüchtlinge übermittelt den zuständigen Organen der Europäischen Union jährlich

1. die Zahl
   a) der erstmals erteilten ICT-Karten,
   b) der erstmals erteilten Mobiler-ICT-Karten und
   c) der Mitteilungen nach § 19c Absatz 1,
2. jeweils die Staatsangehörigkeit des Ausländers und
3. jeweils die Gültigkeitsdauer oder die Dauer des geplanten Aufenthalts.

Kapitel 8
Beauftragte für Migration, Flüchtlinge und Integration

§ 92 Amt der Beauftragten

(1) Die Bundesregierung bestellt eine Beauftragte oder einen Beauftragten für Migration, Flüchtlinge und Integration.

(2) 1Das Amt der Beauftragten wird bei einer obersten Bundesbehörde eingerichtet und kann von einem Mitglied des Deutschen Bundestages bekleidet werden. 2Ohne dass es einer Genehmigung (§ 5 Abs. 2 Satz 2 des Bundesministergesetzes, § 7 des Gesetzes über die Rechtsverhältnisse der Parlamentarischen Staatssekretäre) bedarf, kann die Beauftragte zugleich ein Amt nach dem Gesetz über die Rechtsverhältnisse der Parlamentarischen Staatssekretäre innehaben. 3Die Amtsführung der Beauftragten bleibt in diesem Falle von der Rechtsstellung nach dem Gesetz über die Rechtsverhältnisse der Parlamentarischen Staatssekretäre unberührt.

(3) 1Die für die Erfüllung der Aufgaben notwendige Personal- und Sachausstattung ist zur Verfügung zu stellen. 2Der Ansatz ist im Einzelplan der obersten Bundesbehörde nach

Absatz 2 Satz 1 in einem eigenen Kapitel auszuweisen.

(4) Das Amt endet, außer im Falle der Entlassung, mit dem Zusammentreten eines neuen Bundestages.

§ 93 Aufgaben

Die Beauftragte hat die Aufgaben,

1. die Integration der dauerhaft im Bundesgebiet ansässigen Migranten zu fördern und insbesondere die Bundesregierung bei der Weiterentwicklung ihrer Integrationspolitik auch im Hinblick auf arbeitsmarkt- und sozialpolitische Aspekte zu unterstützen sowie für die Weiterentwicklung der Integrationspolitik auch im europäischen Rahmen Anregungen zu geben;
2. die Voraussetzungen für ein möglichst spannungsfreies Zusammenleben zwischen Ausländern und Deutschen sowie unterschiedlichen Gruppen von Ausländern weiterzuentwickeln, Verständnis füreinander zu fördern und Fremdenfeindlichkeit entgegenzuwirken;
3. nicht gerechtfertigten Ungleichbehandlungen, soweit sie Ausländer betreffen, entgegenzuwirken;
4. den Belangen der im Bundesgebiet befindlichen Ausländer zu einer angemessenen Berücksichtigung zu verhelfen;
5. über die gesetzlichen Möglichkeiten der Einbürgerung zu informieren;
6. auf die Wahrung der Freizügigkeitsrechte der im Bundesgebiet lebenden Unionsbürger zu achten und zu deren weiterer Ausgestaltung Vorschläge zu machen;
7. Initiativen zur Integration der dauerhaft im Bundesgebiet ansässigen Migranten auch bei den Ländern und kommunalen Gebietskörperschaften sowie bei den gesellschaftlichen Gruppen anzuregen und zu unterstützen;
8. die Zuwanderung ins Bundesgebiet und in die Europäische Union sowie die Entwicklung der Zuwanderung in anderen Staaten zu beobachten;
9. in den Aufgabenbereichen der Nummern 1 bis 8 mit den Stellen der Gemeinden, der Länder, anderer Mitgliedstaaten der Europäischen Union und der Europäischen Union selbst, die gleiche oder ähnliche Aufgaben haben wie die Beauftragte, zusammenzuarbeiten;
10. die Öffentlichkeit zu den in den Nummern 1 bis 9 genannten Aufgabenbereichen zu informieren.

§ 94 Amtsbefugnisse

(1) $_{1}$Die Beauftragte wird bei Rechtsetzungsvorhaben der Bundesregierung oder einzelner Bundesministerien sowie bei sonstigen Angelegenheiten, die ihren Aufgabenbereich betreffen, möglichst frühzeitig beteiligt. $_{2}$Sie kann der Bundesregierung Vorschläge machen und Stellungnahmen zuleiten. $_{3}$Die Bundesministerien unterstützen die Beauftragte bei der Erfüllung ihrer Aufgaben.

(2) Die Beauftragte für Migration, Flüchtlinge und Integration erstattet dem Deutschen Bundestag mindestens alle zwei Jahre einen Bericht.

(3) $_{1}$Liegen der Beauftragten hinreichende Anhaltspunkte vor, dass öffentliche Stellen des Bundes Verstöße im Sinne des § 93 Nr. 3 begehen oder sonst die gesetzlichen Rechte von Ausländern nicht wahren, so kann sie eine Stellungnahme anfordern. $_{2}$Sie kann diese Stellungnahme mit einer eigenen Bewertung versehen und der öffentlichen und deren vorgesetzter Stelle zuleiten. $_{3}$Die öffentlichen Stellen des Bundes sind verpflichtet, Auskunft zu erteilen und Fragen zu beantworten. $_{4}$Personenbezogene Daten übermitteln die öffentlichen Stellen nur, wenn sich der Betroffene selbst mit der Bitte, in seiner Sache gegenüber der öffentlichen Stelle tätig zu werden, an die Beauftragte gewandt hat oder die Einwilligung des Ausländers anderweitig nachgewiesen ist.

Kapitel 9
Straf- und Bußgeldvorschriften

§ 95 Strafvorschriften

(1) Mit Freiheitsstrafe bis zu einem Jahr oder mit Geldstrafe wird bestraft, wer

1. entgegen § 3 Abs. 1 in Verbindung mit § 48 Abs. 2 sich im Bundesgebiet aufhält,
2. ohne erforderlichen Aufenthaltstitel nach § 4 Absatz 1 Satz 1 sich im Bundesgebiet aufhält, wenn
   a) er vollziehbar ausreisepflichtig ist,
   b) ihm eine Ausreisefrist nicht gewährt wurde oder diese abgelaufen ist und
   c) dessen Abschiebung nicht ausgesetzt ist,
3. entgegen § 14 Abs. 1 Nr. 1 oder 2 in das Bundesgebiet einreist,
4. einer vollziehbaren Anordnung nach § 46 Abs. 2 Satz 1 oder 2 oder § 47 Abs. 1 Satz 2 oder Abs. 2 zuwiderhandelt,
5. entgegen § 49 Abs. 2 eine Angabe nicht, nicht richtig oder nicht vollständig macht, sofern die Tat nicht in Absatz 2 Nr. 2 mit Strafe bedroht ist,
6. entgegen § 49 Abs. 10 eine dort genannte Maßnahme nicht duldet,

6a. entgegen § 56 wiederholt einer Meldepflicht nicht nachkommt, wiederholt gegen räumliche Beschränkungen des Aufenthalts oder sonstige Auflagen verstößt oder trotz wiederholten Hinweises auf die rechtlichen Folgen einer Weigerung der Verpflichtung zur Wohnsitznahme nicht nachkommt oder entgegen § 56 Abs. 4 bestimmte Kommunikationsmittel nutzt oder bestimmte Kontaktverbote nicht beachtet,

7. wiederholt einer räumlichen Beschränkung nach § 61 Abs. 1 oder Absatz 1c zuwiderhandelt oder
8. im Bundesgebiet einer überwiegend aus Ausländern bestehenden Vereinigung oder Gruppe angehört, deren Bestehen, Zielsetzung oder Tätigkeit vor den Behörden geheim gehalten wird, um ihr Verbot abzuwenden.

(1a) Ebenso wird bestraft, wer vorsätzlich eine in § 404 Abs. 2 Nr. 4 des Dritten Buches Sozialgesetzbuch oder in § 98 Abs. 3 Nr. 1 bezeichnete Handlung begeht, für den Aufenthalt im Bundesgebiet nach § 4 Abs. 1 Satz 1 eines Aufenthaltstitels bedarf und als Aufenthaltstitel nur ein Schengen-Visum nach § 6 Abs. 1 Nummer 1 besitzt.

(2) Mit Freiheitsstrafe bis zu drei Jahren oder mit Geldstrafe wird bestraft, wer

1. entgegen § 11 Absatz 1 oder in Zuwiderhandlung einer vollziehbaren Anordnung nach § 11 Absatz 6 Satz 1 oder Absatz 7 Satz 1
   a) in das Bundesgebiet einreist oder
   b) sich darin aufhält,

1a. einer vollstreckbaren gerichtlichen Anordnung nach § 56a Absatz 1 zuwiderhandelt und dadurch die kontinuierliche Feststellung seines Aufenthaltsortes durch eine in § 56a Absatz 3 genannte zuständige Stelle verhindert oder

2. unrichtige oder unvollständige Angaben macht oder benutzt, um für sich oder einen anderen einen Aufenthaltstitel oder eine Duldung zu beschaffen oder das Erlöschen oder die nachträgliche Beschränkung des Aufenthaltstitels oder der Duldung abzuwenden oder eine so beschaffte Urkunde wissentlich zur Täuschung im Rechtsverkehr gebraucht.

(3) In den Fällen des Absatzes 1 Nr. 3 und der Absätze 1a und 2 Nr. 1 Buchstabe a ist der Versuch strafbar.

(4) Gegenstände, die sich auf eine Straftat nach Absatz 2 Nr. 2 bezieht, können eingezogen werden.

(5) Artikel 31 Abs. 1 des Abkommens über die Rechtsstellung der Flüchtlinge bleibt unberührt.

(6) In den Fällen des Absatzes 1 Nr. 2 und 3 steht einem Handeln ohne erforderlichen Aufenthaltstitel ein Handeln auf Grund eines durch Drohung, Bestechung oder Kollusion erwirkten oder durch unrichtige oder unvollständige Angaben erschlichenen Aufenthaltstitels gleich.

(7) In Fällen des Absatzes 2 Nummer 1a wird die Tat nur auf Antrag einer dort genannten zuständigen Stelle verfolgt.

§ 96 Einschleusen von Ausländern

(1) Mit Freiheitsstrafe von drei Monaten bis zu fünf Jahren, in minder schweren Fällen mit

Freiheitsstrafe bis zu fünf Jahren oder mit Geldstrafe wird bestraft, wer einen anderen anstiftet oder ihm dazu Hilfe leistet, eine Handlung

1. nach § 95 Abs. 1 Nr. 3 oder Abs. 2 Nr. 1 Buchstabe a zu begehen und
   a) dafür einen Vorteil erhält oder sich versprechen lässt oder
   b) wiederholt oder zugunsten von mehreren Ausländern handelt oder
2. nach § 95 Abs. 1 Nr. 1 oder Nr. 2, Abs. 1a oder Abs. 2 Nr. 1 Buchstabe b oder Nr. 2 zu begehen und dafür einen Vermögensvorteil erhält oder sich versprechen lässt.

(2) 1Mit Freiheitsstrafe von sechs Monaten bis zu zehn Jahren wird bestraft, wer in den Fällen des Absatzes 1

1. gewerbsmäßig handelt,
2. als Mitglied einer Bande, die sich zur fortgesetzten Begehung solcher Taten verbunden hat, handelt,
3. eine Schusswaffe bei sich führt, wenn sich die Tat auf eine Handlung nach § 95 Abs. 1 Nr. 3 oder Abs. 2 Nr. 1 Buchstabe a bezieht,
4. eine andere Waffe bei sich führt, um diese bei der Tat zu verwenden, wenn sich die Tat auf eine Handlung nach § 95 Abs. 1 Nr. 3 oder Abs. 2 Nr. 1 Buchstabe a bezieht, oder
5. den Geschleusten einer das Leben gefährdenden, unmenschlichen oder erniedrigenden Behandlung oder der Gefahr einer schweren Gesundheitsschädigung aussetzt.

2Ebenso wird bestraft, wer in den Fällen des Absatzes 1 Nummer 1 Buchstabe a zugunsten eines minderjährigen ledigen Ausländers handelt, der ohne Begleitung einer personensorgeberechtigten Person oder einer dritten Person, die die Fürsorge oder Obhut für ihn übernommen hat, in das Bundesgebiet einreist.

(3) Der Versuch ist strafbar.

(4) Absatz 1 Nr. 1 Buchstabe a, Nr. 2, Absatz 2 Satz 1 Nummer 1, 2 und 5 und Absatz 3 sind auf Zuwiderhandlungen gegen Rechtsvorschriften über die Einreise und den Aufenthalt von Ausländern in das Hoheitsgebiet der Mitgliedstaaten der Europäischen Union oder eines Schengen-Staates anzuwenden, wenn

1. sie den in § 95 Abs. 1 Nr. 2 oder 3 oder Abs. 2 Nr. 1 bezeichneten Handlungen entsprechen und
2. der Täter einen Ausländer unterstützt, der nicht die Staatsangehörigkeit eines Mitgliedstaates der Europäischen Union oder eines anderen Vertragsstaates des Abkommens über den Europäischen Wirtschaftsraum besitzt.

(5) § 74a des Strafgesetzbuchs ist anzuwenden.

§ 97 Einschleusen mit Todesfolge; gewerbs- und bandenmäßiges Einschleusen

(1) Mit Freiheitsstrafe nicht unter drei Jahren wird bestraft, wer in den Fällen des § 96 Abs. 1, auch in Verbindung mit § 96 Abs. 4, den Tod des Geschleusten verursacht.

(2) Mit Freiheitsstrafe von einem Jahr bis zu zehn Jahren wird bestraft, wer in den Fällen des § 96 Abs. 1, auch in Verbindung mit § 96 Abs. 4, als Mitglied einer Bande, die sich zur fortgesetzten Begehung solcher Taten verbunden hat, gewerbsmäßig handelt.

(3) In minder schweren Fällen des Absatzes 1 ist die Strafe Freiheitsstrafe von einem Jahr bis zu zehn Jahren, in minder schweren Fällen des Absatzes 2 Freiheitsstrafe von sechs Monaten bis zu zehn Jahren.

(4) Die § 74a des Strafgesetzbuchs sind anzuwenden.

§ 97a Geheimhaltungspflichten

1Informationen zum konkreten Ablauf einer Abschiebung, insbesondere Informationen nach § 59 Absatz 1 Satz 8 sind Geheimnisse oder Nachrichten nach § 353b Absatz 1 oder Absatz 2 des Strafgesetzbuches. 2Gleiches gilt für Informationen zum konkreten Ablauf, insbesondere zum Zeitpunkt von Anordnungen nach § 82 Absatz 4 Satz 1.

§ 98 Bußgeldvorschriften

(1) Ordnungswidrig handelt, wer eine in § 95 Abs. 1 Nr. 1 oder 2 oder Abs. 2 Nr. 1 Buchstabe b bezeichnete Handlung fahrlässig begeht.

(2) Ordnungswidrig handelt, wer

1. entgegen § 4 Abs. 5 Satz 1 einen Nachweis nicht führt,
2. entgegen § 13 Abs. 1 Satz 2 sich der polizeilichen Kontrolle des grenzüberschreitenden Verkehrs nicht unterzieht,

2a. entgegen § 47a Satz 1, auch in Verbindung mit Satz 2, oder entgegen § 47a Satz 3, ein dort genanntes Dokument nicht oder nicht rechtzeitig vorlegt oder einen Abgleich mit dem Lichtbild nicht oder nicht rechtzeitig ermöglicht,

3. entgegen § 48 Abs. 1 oder 3 Satz 1 eine dort genannte Urkunde oder Unterlage oder einen dort genannten Datenträger nicht oder nicht rechtzeitig vorlegt, nicht oder nicht rechtzeitig aushändigt oder nicht oder nicht rechtzeitig überlässt oder
4. einer vollziehbaren Anordnung nach § 44a Abs. 1 Satz 1 Nr. 3, Satz 2 oder 3 zuwiderhandelt.

(2a) Ordnungswidrig handelt, wer vorsätzlich oder leichtfertig

1. entgegen § 4 Absatz 3 Satz 2 einen Ausländer mit einer nachhaltigen entgeltlichen Dienst- oder Werkleistung beauftragt, die der Ausländer auf Gewinnerzielung gerichtet ausübt,
2. entgegen § 19c Absatz 1 Satz 2 oder 3 eine Mitteilung nicht, nicht richtig oder nicht rechtzeitig macht,
3. entgegen § 19d Absatz 7 eine Anzeige nicht, nicht richtig, nicht vollständig oder nicht rechtzeitig erstattet oder
4. entgegen § 60a Absatz 2 Satz 7 eine Mitteilung nicht, nicht richtig, nicht vollständig, nicht in vorgeschriebener Weise oder nicht rechtzeitig macht.

(3) Ordnungswidrig handelt, wer vorsätzlich oder fahrlässig

1. entgegen § 4 Abs. 3 Satz 1 eine selbständige Tätigkeit ausübt,
2. einer vollziehbaren Auflage nach § 12 Abs. 2 Satz 2 oder Abs. 4 zuwiderhandelt,

2a. entgegen § 12a Absatz 1 Satz 1 den Wohnsitz nicht oder nicht für die vorgeschriebene Dauer in dem Land nimmt, in dem er zu wohnen verpflichtet ist,

2b. einer vollziehbaren Anordnung nach § 12a Absatz 2, 3 oder 4 Satz 1 oder § 61 Absatz 1c zuwiderhandelt,

3. entgegen § 13 Abs. 1 außerhalb einer zugelassenen Grenzübergangsstelle oder außerhalb der festgesetzten Verkehrsstunden einreist oder ausreist oder einen Pass oder Passersatz nicht mitführt,
4. einer vollziehbaren Anordnung nach § 46 Abs. 1, § 56 Absatz 1 Satz 2 oder Abs. 3 oder § 61 Absatz 1e zuwiderhandelt,
5. entgegen § 56 Absatz 1 Satz 1 eine Meldung nicht, nicht richtig oder nicht rechtzeitig macht,

5a. einer räumlichen Beschränkung nach § 56 Absatz 2 oder § 61 Absatz 1 Satz 1 zuwiderhandelt,

5b. entgegen § 60b Absatz 1 Satz 2 nicht alle zumutbaren Handlungen vornimmt, um einen anerkannten und gültigen Pass oder Passersatz zu erlangen,

6. entgegen § 80 Abs. 4 einen der dort genannten Anträge nicht stellt oder
7. einer Rechtsverordnung nach § 99 Absatz 1 Nummer 3a Buchstabe d, Nummer 7, 10 oder 13a Satz 1 Buchstabe j zuwiderhandelt, soweit sie für einen bestimmten Tatbestand auf diese Bußgeldvorschrift verweist.

(4) In den Fällen des Absatzes 2 Nr. 2 und des Absatzes 3 Nr. 3 kann der Versuch der Ordnungswidrigkeit geahndet werden.

(5) Die Ordnungswidrigkeit kann in den Fällen des Absatzes 2a Nummer 1 mit einer Geldbuße bis zu fünfhunderttausend Euro, in den Fällen des Absatzes 2a Nummer 2, 3 und 4 mit einer Geldbuße bis zu dreißigtausend Euro, in den Fällen des Absatzes 2 Nr. 2 und des Absatzes 3 Nr. 1 und 5b mit einer Geldbuße bis zu fünftausend Euro, in den Fällen der Absätze 1 und 2 Nr. 1, 2a und 3 und des Absatzes 3 Nr. 3 mit einer Geldbuße bis zu dreitausend Euro und in den übrigen Fällen mit einer Geldbuße bis zu tausend Euro geahndet werden.

(6) Artikel 31 Abs. 1 des Abkommens über die Rechtsstellung der Flüchtlinge bleibt unberührt.

Kapitel 9a Rechtsfolgen bei illegaler Beschäftigung

§ 98a Vergütung

(1) 1Der Arbeitgeber ist verpflichtet, dem Ausländer, den er ohne die nach § 284 Absatz 1 des Dritten Buches Sozialgesetzbuch erforderliche Genehmigung oder ohne die nach § 4 Absatz 3 erforderliche Berechtigung zur Erwerbstätigkeit beschäftigt hat, die vereinbarte Vergütung zu zahlen. 2Für die Vergütung wird vermutet, dass der Arbeitgeber den Ausländer drei Monate beschäftigt hat.

(2) Als vereinbarte Vergütung ist die übliche Vergütung anzusehen, es sei denn, der Arbeitgeber hat mit dem Ausländer zulässigerweise eine geringere oder eine höhere Vergütung vereinbart.

(3) Ein Unternehmer, der einen anderen Unternehmer mit der Erbringung von Werk- oder Dienstleistungen beauftragt, haftet für die Erfüllung der Verpflichtung dieses Unternehmers nach Absatz 1 wie ein Bürge, der auf die Einrede der Vorausklage verzichtet hat.

(4) Für den Generalunternehmer und alle zwischengeschalteten Unternehmer ohne unmittelbare vertragliche Beziehung zu dem Arbeitgeber gilt Absatz 3 entsprechend, es sei denn, dem Generalunternehmer oder dem zwischengeschalteten Unternehmer war nicht bekannt, dass der Arbeitgeber Ausländer ohne die nach § 284 Absatz 1 des Dritten Buches Sozialgesetzbuch erforderliche Genehmigung oder ohne die nach § 4 Absatz 3 erforderliche Berechtigung zur Erwerbstätigkeit beschäftigt hat.

(5) Die Haftung nach den Absätzen 3 und 4 entfällt, wenn der Unternehmer nachweist, dass er auf Grund sorgfältiger Prüfung davon ausgehen konnte, dass der Arbeitgeber keine Ausländer ohne die nach § 284 Absatz 1 des Dritten Buches Sozialgesetzbuch erforderliche Genehmigung oder ohne die nach § 4 Absatz 3 erforderliche Berechtigung zur Erwerbstätigkeit beschäftigt hat.

(6) Ein Ausländer, der im Geltungsbereich dieses Gesetzes ohne die nach § 284 Absatz 1 des Dritten Buches Sozialgesetzbuch erforderliche Genehmigung oder ohne die nach § 4 Absatz 3 erforderliche Berechtigung zur Erwerbstätigkeit beschäftigt worden ist, kann Klage auf Erfüllung der Zahlungsverpflichtungen nach Absatz 3 und 4 auch vor einem deutschen Gericht für Arbeitssachen erheben.

(7) Die Vorschriften des Arbeitnehmer-Entsendegesetzes bleiben unberührt.

§ 98b Ausschluss von Subventionen

(1) 1Die zuständige Behörde kann Anträge auf Subventionen im Sinne des § 264 des Strafgesetzbuches ganz oder teilweise ablehnen, wenn der Antragsteller oder dessen nach Satzung oder Gesetz Vertretungsberechtigter

1. nach § 404 Absatz 2 Nummer 3 des Dritten Buches Sozialgesetzbuch mit einer Geldbuße von wenigstens Zweitausendfünfhundert Euro rechtskräftig belegt worden ist oder
2. nach den §§ 10, 10a oder 11 des Schwarzarbeitsbekämpfungsgesetzes zu einer Freiheitsstrafe von mehr als drei Monaten oder einer Geldstrafe von mehr als 90 Tagessätzen rechtskräftig verurteilt worden ist.

2Ablehnungen nach Satz 1 können je nach Schwere des der Geldbuße oder der Freiheits- oder der Geldstrafe zugrunde liegenden Verstoßes in einem Zeitraum von bis zu fünf Jahren ab Rechtskraft der Geldbuße, der Freiheits- oder der Geldstrafe erfolgen.

(2) Absatz 1 gilt nicht, wenn

1. auf die beantragte Subvention ein Rechtsanspruch besteht,
2. der Antragsteller eine natürliche Person ist und die Beschäftigung, durch die der Verstoß nach Absatz 1 Satz 1 begangen wurde, seinen privaten Zwecken diente, oder
3. der Verstoß nach Absatz 1 Satz 1 darin bestand, dass ein Unionsbürger rechtswidrig beschäftigt wurde.

§ 98c Ausschluss von der Vergabe öffentlicher Aufträge

(1) 1Öffentliche Auftraggeber nach § 99 des Gesetzes gegen Wettbewerbsbeschränkungen können einen Bewerber oder einen Bieter vom Wettbewerb um einen Liefer-, Bau- oder Dienstleistungsauftrag ausschließen, wenn dieser oder dessen nach Satzung oder Gesetz Vertretungsberechtigter

1. nach § 404 Absatz 2 Nummer 3 des Dritten Buches Sozialgesetzbuch mit einer Geldbuße von wenigstens Zweitausendfünfhundert Euro rechtskräftig belegt worden ist oder
2. nach den §§ 10, 10a oder 11 des Schwarzarbeitsbekämpfungsgesetzes zu einer Freiheitsstrafe von mehr als drei Monaten oder einer Geldstrafe von mehr als 90 Tagessätzen rechtskräftig verurteilt worden ist.

2Ausschlüsse nach Satz 1 können bis zur nachgewiesenen Wiederherstellung der Zuverlässigkeit, je nach Schwere des der Geldbuße, der Freiheits- oder der Geldstrafe zugrunde liegenden Verstoßes in einem Zeitraum von bis zu fünf Jahren ab Rechtskraft der Geldbuße, der Freiheits- oder der Geldstrafe erfolgen.

(2) Absatz 1 gilt nicht, wenn der Verstoß nach Absatz 1 Satz 1 darin bestand, dass ein Unionsbürger rechtswidrig beschäftigt wurde.

(3) Macht ein öffentlicher Auftraggeber von der Möglichkeit nach Absatz 1 Gebrauch, gilt § 21 Absatz 2 bis 5 des Arbeitnehmer-Entsendegesetzes entsprechend.

Kapitel 10 Verordnungsermächtigungen; Übergangs- und Schlussvorschriften

§ 99 Verordnungsermächtigung

(1) Das Bundesministerium des Innern wird ermächtigt, durch Rechtsverordnung mit Zustimmung des Bundesrates

1. zur Erleichterung des Aufenthalts von Ausländern Befreiungen vom Erfordernis des Aufenthaltstitels vorzusehen, das Verfahren für die Erteilung von Befreiungen und die Fortgeltung und weitere Erteilung von Aufenthaltstiteln nach diesem Gesetz bei Eintritt eines Befreiungsgrundes zu regeln sowie zur Steuerung der Erwerbstätigkeit von Ausländern im Bundesgebiet Befreiungen einzuschränken,
2. zu bestimmen, dass der Aufenthaltstitel vor der Einreise bei der Ausländerbehörde oder nach der Einreise eingeholt werden kann,
3. zu bestimmen, in welchen Fällen die Erteilung eines Visums der Zustimmung der Ausländerbehörde bedarf, um die Mitwirkung anderer beteiligter Behörden zu sichern,

3a. Näheres zum Verfahren zur Erteilung von Aufenthaltstiteln an Forscher nach § 20 zu bestimmen, insbesondere
   a) die Voraussetzungen und das Verfahren sowie die Dauer der Anerkennung von Forschungseinrichtungen, die Aufhebung der Anerkennung einer Forschungseinrichtung und die Voraussetzungen und den Inhalt des Abschlusses von Aufnahmevereinbarungen nach § 20 Abs. 1 Nr. 1 zu regeln,
   b) vorzusehen, dass die für die Anerkennung zuständige Behörde die Anschriften der anerkannten Forschungseinrichtungen veröffentlicht und in den Veröffentlichungen auf Erklärungen nach § 20 Abs. 3 hinweist,
   c) Ausländerbehörden und Auslandsvertretungen zu verpflichten, der für die Anerkennung zuständigen Behörde Erkenntnisse über anerkannte Forschungseinrichtungen mitzuteilen, die die Aufhebung der Anerkennung begründen können,
   d) anerkannte Forschungseinrichtungen zu verpflichten, den Wegfall von Voraussetzungen für die Anerkennung, den Wegfall von Vorausset-

zungen für Aufnahmevereinbarungen, die abgeschlossen worden sind, oder die Änderung sonstiger bedeutsamer Umstände mitzuteilen,

e) beim Bundesamt für Migration und Flüchtlinge einen Beirat für Forschungsmigration einzurichten, der es bei der Anerkennung von Forschungseinrichtungen unterstützt und die Anwendung des § 20 beobachtet und bewertet,

f) den Zeitpunkt des Beginns der Bearbeitung von Anträgen auf Anerkennung von Forschungseinrichtungen,

3b. selbständige Tätigkeiten zu bestimmen, für deren Ausübung stets oder unter bestimmten Voraussetzungen keine Erlaubnis nach § 4 Abs. 3 Satz 1 erforderlich ist,

4. Ausländer, die im Zusammenhang mit der Hilfeleistung in Rettungs- und Katastrophenfällen einreisen, von der Passpflicht zu befreien,

5. andere amtliche deutsche Ausweise als Passersatz einzuführen oder zuzulassen,

6. amtliche Ausweise, die nicht von deutschen Behörden ausgestellt worden sind, allgemein als Passersatz zuzulassen,

7. zu bestimmen, dass zur Wahrung von Interessen der Bundesrepublik Deutschland Ausländer, die vom Erfordernis des Aufenthaltstitels befreit sind und Ausländer, die mit einem Visum einreisen, bei oder nach der Einreise der Ausländerbehörde oder einer sonstigen Behörde den Aufenthalt anzuzeigen haben,

8. zur Ermöglichung oder Erleichterung des Reiseverkehrs zu bestimmen, dass Ausländern die bereits bestehende Berechtigung zur Rückkehr in das Bundesgebiet in einem Passersatz bescheinigt werden kann,

9. zu bestimmen, unter welchen Voraussetzungen ein Ausweisersatz ausgestellt werden kann und wie lange er gültig ist,

10. die ausweisrechtlichen Pflichten von Ausländern, die sich im Bundesgebiet aufhalten, zu regeln hinsichtlich der Ausstellung und Verlängerung, des Verlustes und des Wiederauffindens sowie der Vorlage und der Abgabe eines Passes, Passersatzes und Ausweisersatzes sowie der Eintragungen über die Einreise, die Ausreise, das Antreffen im Bundesgebiet und über Entscheidungen der zuständigen Behörden in solchen Papieren,

11. Näheres zum Register nach § 91a sowie zu den Voraussetzungen und dem Verfahren der Datenübermittlung zu bestimmen,

12. zu bestimmen, wie der Wohnsitz von Ausländern, denen vorübergehend Schutz gemäß § 24 Abs. 1 gewährt worden ist, in einen anderen Mitgliedstaat der Europäischen Union verlegt werden kann,

13. Näheres über die Anforderungen an Lichtbilder und Fingerabdrücke sowie für die Muster und Ausstellungsmodalitäten für die bei der Ausführung dieses Gesetzes zu verwendenden Vordrucke sowie die Aufnahme und die Einbringung von Merkmalen in verschlüsselter Form nach § 78a Absatz 4 und 5 festzulegen,

13a.. Regelungen für Reiseausweise für Ausländer, Reiseausweise für Flüchtlinge und Reiseausweise für Staatenlose mit elektronischem Speicher- und Verarbeitungsmedium nach Maßgabe der Verordnung (EG) Nr. 2252/2004 des Rates vom 13. Dezember 2004 über Normen für Sicherheitsmerkmale und biometrische Daten in von den Mitgliedstaaten ausgestellten Pässen und Reisedokumenten (ABl. L 385 vom 29. 12. 2004, S. 1) und der Verordnung (EG) Nr. 444/2009 des Europäischen Parlaments und des Rates vom 28. Mai 2009 zur Änderung der Verordnung (EG) Nr. 2252/2004 des Rates über Normen für Sicherheitsmerkmale und biometrische Daten in von den Mitgliedstaaten ausgestellten Pässen und Reisedokumenten (ABl. L 142 vom 6. 6. 2009, S. 1) zu treffen sowie Näheres über die Ausfertigung von Dokumenten mit elektronischem Speicher- und Verarbeitungsmedium nach § 78 nach Maßgabe der Verordnung (EG) Nr. 1030/2002 des Rates vom 13. Juni 2002 zur einheitlichen Gestaltung des Aufenthaltstitels für Drittstaatenangehörige (ABl. L 157 vom 15. 6. 2002, S. 1) sowie der Verordnung (EG) Nr. 380/2008 des Rates vom 18. April 2008 zur Änderung der Verordnung (EG) Nr. 1030/2002 zur einheitlichen Gestaltung des Aufenthaltstitels für Drittstaatenangehörige (ABl. L 115 vom 29. 4. 2008, S. 1) zu bestimmen und insoweit für Reiseausweise und Dokumente nach § 78 Folgendes festzulegen:

a). das Verfahren und die technischen Anforderungen für die Erfassung und Qualitätssicherung des Lichtbildes und der Fingerabdrücke sowie den Zugriffsschutz auf die im elektronischen Speicher- und Verarbeitungsmedium abgelegten Daten,

b). Altersgrenzen für die Erhebung von Fingerabdrücken und Befreiungen von der Pflicht zur Abgabe von Fingerabdrücken und Lichtbildern,

c). die Reihenfolge der zu speichernden Fingerabdrücke bei Fehlen eines Zeigefingers, ungenügender Qualität des Fingerabdrucks oder Verletzungen der Fingerkuppe,

d). die Form des Verfahrens und die Einzelheiten über das Verfahren der Übermittlung sämtlicher Antragsdaten von den Ausländerbehörden an den Hersteller der Dokumente sowie zur vorübergehenden Speicherung der Antragsdaten bei der Ausländerbehörde und beim Hersteller,

e). die Speicherung der Fingerabdrücke und des Lichtbildes in der Ausländerbehörde bis zur Aushändigung des Dokuments,

f). das Einsichtsrecht des Dokumenteninhabers in die im elektronischen Speichermedium gespeicherten Daten,

g). die Anforderungen an die zur elektronischen Erfassung des Lichtbildes und der Fingerabdrücke, deren Qualitätssicherung sowie zur Übermittlung der Antragsdaten von der Ausländerbehörde an den Hersteller der Dokumente einzusetzenden technischen Systeme und Bestandteile sowie das Verfahren zur Überprüfung der Einhaltung dieser Anforderungen,

h). Näheres zur Verarbeitung der Fingerabdruckdaten und des digitalen Lichtbildes,

i). Näheres zur Seriennummer und zur maschinenlesbaren Personaldatenseite,

j). die Pflichten von Ausländern, die sich im Bundesgebiet aufhalten, hinsichtlich der Ausstellung, Neubeantragung und Verlängerung, des Verlustes und Wiederauffindens sowie der Vorlage und Abgabe von Dokumenten nach § 78.

Das Bundesministerium des Innern wird ferner ermächtigt, durch Rechtsverordnung mit Zustimmung des Bundesrates Einzelheiten des Prüfverfahrens entsprechend § 34 Nummer 4 des Personalausweisgesetzes und Einzelheiten zum elektronischen Identitätsnachweis entsprechend § 34 Nummer 5 bis 7 des Personalausweisgesetzes festzulegen,

14. zu bestimmen, dass die
    a) Meldebehörden,
    b) Staatsangehörigkeits- und Bescheinigungsbehörden nach § 15 des Bundesvertriebenengesetzes,
    c) Pass- und Personalausweisbehörden,
    d) Sozial- und Jugendämter,
    e) Justiz-, Polizei- und Ordnungsbehörden,

f) Bundesagentur für Arbeit,
g) Finanz- und Hauptzollämter,
h) Gewerbebehörden,
i) Auslandsvertretungen und
j) Träger der Grundsicherung für Arbeitsuchende

ohne Ersuchen den Ausländerbehörden personenbezogene Daten zu Ausländern, Amtshandlungen und sonstige Maßnahmen gegenüber Ausländern sowie sonstige Erkenntnisse über Ausländer mitzuteilen haben, soweit diese Angaben zur Erfüllung der Aufgaben der Ausländerbehörden nach diesem Gesetz und nach ausländerrechtlichen Bestimmungen in anderen Gesetzen erforderlich sind; die Rechtsverordnung bestimmt Art und Umfang der Daten, die Maßnahmen und die sonstigen Erkenntnisse, die mitzuteilen sind; Datenübermittlungen dürfen nur insoweit vorgesehen werden, als die Daten zur Erfüllung der Aufgaben der Ausländerbehörden nach diesem Gesetz oder nach ausländerrechtlichen Bestimmungen in anderen Gesetzen erforderlich sind.

15. Regelungen über die fachbezogene elektronische Datenübermittlung zwischen den mit der Ausführung dieses Gesetzes beauftragten Behörden zu treffen, die sich auf Folgendes beziehen:
    a) die technischen Grundsätze des Aufbaus der verwendeten Standards,
    b) das Verfahren der Datenübermittlung und
    c) die an der elektronischen Datenübermittlung im Ausländerwesen beteiligten Behörden,

16. Regelungen für die Qualitätssicherung der nach § 49 Absatz 6, 8 und 9 erhobenen Lichtbilder und Fingerabdruckdaten festzulegen.

(2) $_1$Das Bundesministerium des Innern wird ferner ermächtigt, durch Rechtsverordnung mit Zustimmung des Bundesrates zu bestimmen, dass

1. jede Ausländerbehörde eine Datei über Ausländer führt, die sich in ihrem Bezirk aufhalten oder aufgehalten haben, die bei ihr einen Antrag gestellt oder Einreise und Aufenthalt angezeigt haben und für und gegen die sie eine ausländerrechtliche Maßnahme oder Entscheidung getroffen hat,
2. jede Auslandsvertretung eine Datei über beantragte, erteilte, versagte, zurückgenommene, annullierte, widerrufene und aufgehobene Visa sowie zurückgenommene Visumanträge führen darf und die Auslandsvertretungen die jeweils dort gespeicherten Daten untereinander austauschen dürfen sowie
3. die mit der Ausführung dieses Gesetzes betrauten Behörden eine sonstige zur Erfüllung ihrer Aufgaben erforderliche Datei führen.

$_2$Nach Satz 1 Nr. 1 werden erfasst die Personalien einschließlich der Staatsangehörigkeit und der Anschrift des Ausländers, Angaben zum Pass, über ausländerrechtliche Maßnahmen und über die Erfassung im Ausländerzentralregister sowie über frühere Anschriften des Ausländers, die zuständige Ausländerbehörde und die Abgabe von Akten an eine andere Ausländerbehörde. $_3$Erfasst werden ferner Angaben zur Nutzung eines Dokuments nach § 78 Absatz 1 zum elektronischen Identitätsnachweis einschließlich dessen Ein- und Ausschaltung sowie Sperrung und Entsperrung. $_4$Die Befugnis der Ausländerbehörden, weitere personenbezogene Daten zu speichern, richtet sich nach den datenschutzrechtlichen Bestimmungen der Länder.

(3) Das Bundesministerium des Innern wird ermächtigt, durch Rechtsverordnung im Einvernehmen mit dem Auswärtigen Amt ohne Zustimmung des Bundesrates die zuständige Stelle im Sinne des § 73 Absatz 1 und des § 73a Absatz 1 zu bestimmen.

(3a) Das Bundesministerium des Innern wird ermächtigt, durch Rechtsverordnung im Einvernehmen mit dem Auswärtigen Amt ohne Zustimmung des Bundesrates nach Maßgabe von Artikel 3 Absatz 2 der Verordnung (EG) Nr. 810/2009 die Staaten festzulegen, deren Staatsangehörige zur Durchreise durch die internationalen Transitzonen deutscher Flughäfen im Besitz eines Visums für den Flughafentransit sein müssen.

(4) 1Das Bundesministerium des Innern kann Rechtsverordnungen nach Absatz 1 Nr. 1 und 2, soweit es zur Erfüllung einer zwischenstaatlichen Vereinbarung oder zur Wahrung öffentlicher Interessen erforderlich ist, ohne Zustimmung des Bundesrates erlassen und ändern. 2Eine Rechtsverordnung nach Satz 1 tritt spätestens drei Monate nach ihrem Inkrafttreten außer Kraft. 3Ihre Geltungsdauer kann durch Rechtsverordnung mit Zustimmung des Bundesrates verlängert werden.

§ 100 Sprachliche Anpassung

1Das Bundesministerium des Innern kann durch Rechtsverordnung ohne Zustimmung des Bundesrates die in diesem Gesetz verwendeten Personenbezeichnungen, soweit dies ohne Änderung des Regelungsinhalts möglich und sprachlich sachgerecht ist, durch geschlechtsneutrale oder durch maskuline und feminine Personenbezeichnungen ersetzen und die dadurch veranlassten sprachlichen Anpassungen vornehmen. 2Das Bundesministerium des Innern kann nach Erlass einer Verordnung nach Satz 1 den Wortlaut dieses Gesetzes im Bundesgesetzblatt bekannt machen.

§ 101 Fortgeltung bisheriger Aufenthaltsrechte

(1) 1Eine vor dem 1. Januar 2005 erteilte Aufenthaltsberechtigung oder unbefristete Aufenthaltserlaubnis gilt fort als Niederlassungserlaubnis entsprechend dem ihrer Erteilung zu Grunde liegenden Aufenthaltszweck und Sachverhalt. 2Eine unbefristete Aufenthaltserlaubnis, die nach § 1 Abs. 3 des Gesetzes über Maßnahmen für im Rahmen humanitärer Hilfsaktionen aufgenommene Flüchtlinge vom 22. Juli 1980 (BGBl. I S. 1057) oder in entsprechender Anwendung des vorgenannten Gesetzes erteilt worden ist, und eine anschließend erteilte Aufenthaltsberechtigung gelten fort als Niederlassungserlaubnis nach § 23 Abs. 2.

(2) Die übrigen Aufenthaltsgenehmigungen gelten fort als Aufenthaltserlaubnisse entsprechend dem ihrer Erteilung zu Grunde liegenden Aufenthaltszweck und Sachverhalt.

(3) Ein Aufenthaltstitel, der vor dem 28. August 2007 mit dem Vermerk „Daueraufenthalt-EG" versehen wurde, gilt als Erlaubnis zum Daueraufenthalt-EU fort.

§ 102 Fortgeltung ausländerrechtlicher Maßnahmen und Anrechnung

(1) 1Die vor dem 1. Januar 2005 getroffenen sonstigen ausländerrechtlichen Maßnahmen, insbesondere zeitliche und räumliche Beschränkungen, Bedingungen und Auflagen, Verbote und Beschränkungen der politischen Betätigung sowie Ausweisungen, Abschiebungsandrohungen, Aussetzungen der Abschiebung und Abschiebungen einschließlich ihrer Rechtsfolgen und der Befristung ihrer Wirkungen sowie begünstigende Maßnahmen, die Anerkennung von Pässen und Passersatzpapieren und Befreiungen von der Passpflicht, Entscheidungen über Kosten und Gebühren, bleiben wirksam. 2Ebenso bleiben die Maßnahmen und Vereinbarungen im Zusammenhang mit Sicherheitsleistungen wirksam, auch wenn sie sich ganz oder teilweise auf Zeiträume nach Inkrafttreten dieses Gesetzes beziehen. 3Entsprechendes gilt für die kraft Gesetzes eingetretenen Wirkungen der Antragstellung nach § 69 des Ausländergesetzes.

(2) Auf die Frist für die Erteilung einer Niederlassungserlaubnis nach § 26 Abs. 4 wird die Zeit des Besitzes einer Aufenthaltsbefugnis oder einer Duldung vor dem 1. Januar 2005 angerechnet.

§ 103 Anwendung bisherigen Rechts

1Für Personen, die vor dem Inkrafttreten dieses Gesetzes gemäß § 1 des Gesetzes über Maßnahmen für im Rahmen humanitärer Hilfsaktionen aufgenommene Flüchtlinge vom 22. Juli 1980 (BGBl. I S. 1057) die

Rechtsstellung nach den Artikeln 2 bis 34 des Abkommens über die Rechtsstellung der Flüchtlinge genießen, finden die §§ 2a und 2b des Gesetzes über Maßnahmen für im Rahmen humanitärer Hilfsaktionen aufgenommene Flüchtlinge in der bis zum 1. Januar 2005 geltenden Fassung weiter Anwendung. 2In diesen Fällen gilt § 52 Abs. 1 Satz 1 Nr. 4 entsprechend.

§ 104 Übergangsregelungen

(1) 1Über vor dem 1. Januar 2005 gestellte Anträge auf Erteilung einer unbefristeten Aufenthaltserlaubnis oder einer Aufenthaltsberechtigung ist nach dem bis zu diesem Zeitpunkt geltenden Recht zu entscheiden. 2§ 101 Abs. 1 gilt entsprechend.

(2) 1Bei Ausländern, die vor dem 1. Januar 2005 im Besitz einer Aufenthaltserlaubnis oder Aufenthaltsbefugnis sind, ist es bei der Entscheidung über die Erteilung einer Niederlassungserlaubnis oder einer Erlaubnis zum Daueraufenthalt – EU hinsichtlich der sprachlichen Kenntnisse nur erforderlich, dass sie sich auf einfache Art in deutscher Sprache mündlich verständigen können. 2§ 9 Abs. 2 Satz 1 Nr. 3 und 8 findet keine Anwendung.

(3) Bei Ausländern, die sich vor dem 1. Januar 2005 rechtmäßig in Deutschland aufhalten, gilt hinsichtlich der vor diesem Zeitpunkt geborenen Kinder für den Nachzug § 20 des Ausländergesetzes in der zuletzt gültigen Fassung, es sei denn, das Aufenthaltsgesetz gewährt eine günstigere Rechtsstellung.

(4) (weggefallen)

(5) Auch für Ausländer, die bis zum Ablauf des 31. Juli 2015 im Rahmen des Programms zur dauerhaften Neuansiedlung von Schutzsuchenden einen Aufenthaltstitel nach § 23 Absatz 2 erhalten haben, sind die Regelungen über den Familiennachzug, das Bleibeinteresse, die Teilnahme an Integrationskursen und die Aufenthaltsverfestigung auf Grund des § 23 Absatz 4 entsprechend anzuwenden.

(6) 1§ 23 Abs. 2 in der bis zum 24. Mai 2007 geltenden Fassung findet in den Fällen weiter Anwendung, in denen die Anordnung der obersten Landesbehörde, die auf Grund der bis zum 24. Mai 2007 geltenden Fassung getroffen wurde, eine Erteilung einer Niederlassungserlaubnis bei besonders gelagerten politischen Interessen der Bundesrepublik Deutschland vorsieht. 2§ 23 Abs. 2 Satz 5 und § 44 Abs. 1 Nr. 2 sind auf die betroffenen Ausländer und die Familienangehörigen, die mit ihnen ihren Wohnsitz in das Bundesgebiet verlegen, entsprechend anzuwenden.

(7) Eine Niederlassungserlaubnis kann auch Ehegatten, Lebenspartnern und minderjährigen ledigen Kindern eines Ausländers erteilt werden, die vor dem 1. Januar 2005 im Besitz einer Aufenthaltsbefugnis nach § 31 Abs. 1 des Ausländergesetzes oder einer Aufenthaltserlaubnis nach § 35 Abs. 2 des Ausländergesetzes waren, wenn die Voraussetzungen des § 26 Abs. 4 erfüllt sind und sie weiterhin die Voraussetzungen erfüllen, wonach eine Aufenthaltsbefugnis nach § 31 des Ausländergesetzes oder eine Aufenthaltserlaubnis nach § 35 Abs. 2 des Ausländergesetzes erteilt werden durfte.

(8) § 28 Absatz 2 in der bis zum 5. September 2013 geltenden Fassung findet weiter Anwendung auf Familienangehörige eines Deutschen, die am 5. September 2013 bereits einen Aufenthaltstitel nach § 28 Absatz 1 innehatten.

(9) 1Ausländer, die eine Aufenthaltserlaubnis nach § 25 Absatz 3 besitzen, weil das Bundesamt oder die Ausländerbehörde festgestellt hat, dass Abschiebungsverbote nach § 60 Absatz 2, 3 oder 7 Satz 2 in der vor dem 1. Dezember 2013 gültigen Fassung vorliegen, gelten als subsidiär Schutzberechtigte im Sinne des § 4 Absatz 1 des Asylgesetzes und erhalten von Amts wegen eine Aufenthaltserlaubnis nach § 25 Absatz 2 Satz 1 zweite Alternative, es sei denn, das Bundesamt hat die Ausländerbehörde über das Vorliegen von Ausschlusstatbeständen im Sinne des § 25 Absatz 3 Satz 2 Buchstabe a bis d in der vor dem 1. Dezember 2013 gültigen Fassung unterrichtet. 2Die Zeiten des Besitzes der Aufenthaltserlaubnis nach § 25 Absatz 3 Satz 1 in der vor dem 1. Dezember 2013 gültigen Fassung stehen Zeiten des Besitzes ei-

ner Aufenthaltserlaubnis nach § 25 Absatz 2 Satz 1 zweite Alternative gleich. 3§ 73b des Asylgesetzes gilt entsprechend.

(10) Für Betroffene nach § 73b Absatz 1, die als nicht entsandte Mitarbeiter des Auswärtigen Amts in einer Auslandsvertretung tätig sind, findet § 73b Absatz 4 ab dem 1. Februar 2016 Anwendung.

(11) Für Ausländer, denen zwischen dem 1. Januar 2011 und dem 31. Juli 2015 subsidiärer Schutz nach der Richtlinie 2011/95/EU oder der Richtlinie 2004/38/EG unanfechtbar zuerkannt wurde, beginnt die Frist nach § 29 Absatz 2 Satz 2 Nummer 1 mit Inkrafttreten dieses Gesetzes zu laufen.

(12) Im Falle einer Abschiebungsandrohung nach den §§ 34 und 35 des Asylgesetzes oder einer Abschiebungsanordnung nach § 34a des Asylgesetzes, die bereits vor dem 1. August 2015 erlassen oder angeordnet worden ist, sind die Ausländerbehörden für die Anordnung eines Einreise- und Aufenthaltsverbots nach § 11 zuständig.

(13) 1Die Vorschriften von Kapitel 2 Abschnitt 6 in der bis zum 31. Juli 2018 geltenden Fassung finden weiter Anwendung auf den Familiennachzug zu Ausländern, denen bis zum 17. März 2016 eine Aufenthaltserlaubnis nach § 25 Absatz 2 Satz 1 zweite Alternative erteilt worden ist, wenn der Antrag auf erstmalige Erteilung eines Aufenthaltstitels zum Zwecke des Familiennachzugs zu dem Ausländer bis zum 31. Juli 2018 gestellt worden ist. 2§ 27 Absatz 3a findet Anwendung.

§ 104a Altfallregelung

(1) 1Einem geduldeten Ausländer soll abweichend von § 5 Abs. 1 Nr. 1 und Abs. 2 eine Aufenthaltserlaubnis erteilt werden, wenn er sich am 1. Juli 2007 seit mindestens acht Jahren oder, falls er zusammen mit einem oder mehreren minderjährigen ledigen Kindern in häuslicher Gemeinschaft lebt, seit mindestens sechs Jahren ununterbrochen geduldet, gestattet oder mit einer Aufenthaltserlaubnis aus humanitären Gründen im Bundesgebiet aufgehalten hat und er

1. über ausreichenden Wohnraum verfügt,
2. über hinreichende mündliche Deutschkenntnisse im Sinne des Niveaus A2 des Gemeinsamen Europäischen Referenzrahmens für Sprachen verfügt,
3. bei Kindern im schulpflichtigen Alter den tatsächlichen Schulbesuch nachweist,
4. die Ausländerbehörde nicht vorsätzlich über aufenthaltsrechtlich relevante Umstände getäuscht oder behördliche Maßnahmen zur Aufenthaltsbeendigung nicht vorsätzlich hinausgezögert oder behindert hat,
5. keine Bezüge zu extremistischen oder terroristischen Organisationen hat und diese auch nicht unterstützt und
6. nicht wegen einer im Bundesgebiet begangenen vorsätzlichen Straftat verurteilt wurde, wobei Geldstrafen von insgesamt bis zu 50 Tagessätzen oder bis zu 90 Tagessätzen wegen Straftaten, die nach dem Aufenthaltsgesetz oder dem Asylgesetz nur von Ausländern begangen werden können, grundsätzlich außer Betracht bleiben.

2Wenn der Ausländer seinen Lebensunterhalt eigenständig durch Erwerbstätigkeit sichert, wird die Aufenthaltserlaubnis nach § 23 Abs. 1 Satz 1 erteilt. 3Im Übrigen wird sie nach Satz 1 erteilt; sie gilt als Aufenthaltstitel nach Kapitel 2 Abschnitt 5; die §§ 9 und 26 Abs. 4 finden keine Anwendung. 4Von der Voraussetzung des Satzes 1 Nr. 2 kann bis zum 1. Juli 2008 abgesehen werden. 5Von der Voraussetzung des Satzes 1 Nr. 2 wird abgesehen, wenn der Ausländer sie wegen einer körperlichen, geistigen oder seelischen Krankheit oder Behinderung oder aus Altersgründen nicht erfüllen kann.

(2) 1Dem geduldeten volljährigen ledigen Kind eines geduldeten Ausländers, der sich am 1. Juli 2007 seit mindestens acht Jahren oder, falls er zusammen mit einem oder mehreren minderjährigen ledigen Kindern in häuslicher Gemeinschaft lebt, seit mindestens sechs Jahren ununterbrochen geduldet, gestattet oder mit einer Aufenthaltserlaubnis aus humanitären Gründen im Bundesgebiet aufgehalten hat, kann eine Aufenthaltser-

I

laubnis nach § 23 Abs. 1 Satz 1 erteilt werden, wenn es bei der Einreise minderjährig war und gewährleistet erscheint, dass es sich auf Grund seiner bisherigen Ausbildung und Lebensverhältnisse in die Lebensverhältnisse der Bundesrepublik Deutschland einfügen kann. 2Das Gleiche gilt für einen Ausländer, der sich als unbegleiteter Minderjähriger seit mindestens sechs Jahren ununterbrochen geduldet, gestattet oder mit einer Aufenthaltserlaubnis aus humanitären Gründen im Bundesgebiet aufgehalten hat und bei dem gewährleistet erscheint, dass er sich auf Grund seiner bisherigen Ausbildung und Lebensverhältnisse in die Lebensverhältnisse der Bundesrepublik Deutschland einfügen kann.

(3) 1Hat ein in häuslicher Gemeinschaft lebendes Familienmitglied Straftaten im Sinne des Absatzes 1 Satz 1 Nr. 6 begangen, führt dies zur Versagung der Aufenthaltserlaubnis nach dieser Vorschrift für andere Familienmitglieder. 2Satz 1 gilt nicht für den Ehegatten eines Ausländers, der Straftaten im Sinne des Absatzes 1 Satz 1 Nr. 6 begangen hat, wenn der Ehegatte die Voraussetzungen des Absatzes 1 im Übrigen erfüllt und es zur Vermeidung einer besonderen Härte erforderlich ist, ihm den weiteren Aufenthalt zu ermöglichen. 3Sofern im Ausnahmefall Kinder von ihren Eltern getrennt werden, muss ihre Betreuung in Deutschland sichergestellt sein.

(4) 1Die Aufenthaltserlaubnis kann unter der Bedingung erteilt werden, dass der Ausländer an einem Integrationsgespräch teilnimmt oder eine Integrationsvereinbarung abgeschlossen wird. 2Die Aufenthaltserlaubnis berechtigt zur Ausübung einer Erwerbstätigkeit.

(5) 1Die Aufenthaltserlaubnis wird mit einer Gültigkeit bis zum 31. Dezember 2009 erteilt. 2Sie soll um weitere zwei Jahre als Aufenthaltserlaubnis nach § 23 Abs. 1 Satz 1 verlängert werden, wenn der Lebensunterhalt des Ausländers bis zum 31. Dezember 2009 überwiegend eigenständig durch Erwerbstätigkeit gesichert war oder wenn der Ausländer mindestens seit dem 1. April 2009 seinen Lebensunterhalt nicht nur vorübergehend eigenständig sichert. 3Für die Zukunft müssen in beiden Fällen Tatsachen die Annahme rechtfertigen, dass der Lebensunterhalt überwiegend gesichert sein wird. 4Im Fall des Absatzes 1 Satz 4 wird die Aufenthaltserlaubnis zunächst mit einer Gültigkeit bis zum 1. Juli 2008 erteilt und nur verlängert, wenn der Ausländer spätestens bis dahin nachweist, dass er die Voraussetzung des Absatzes 1 Satz 1 Nr. 2 erfüllt. 5§ 81 Abs. 4 findet keine Anwendung.

(6) 1Bei der Verlängerung der Aufenthaltserlaubnis kann zur Vermeidung von Härtefällen von Absatz 5 abgewichen werden. 2Dies gilt bei

1. Auszubildenden in anerkannten Lehrberufen oder in staatlich geförderten Berufsvorbereitungsmaßnahmen,
2. Familien mit Kindern, die nur vorübergehend auf ergänzende Sozialleistungen angewiesen sind,
3. Alleinerziehenden mit Kindern, die vorübergehend auf Sozialleistungen angewiesen sind, und denen eine Arbeitsaufnahme nach § 10 Abs. 1 Nr. 3 des Zweiten Buches Sozialgesetzbuch nicht zumutbar ist,
4. erwerbsunfähigen Personen, deren Lebensunterhalt einschließlich einer erforderlichen Betreuung und Pflege in sonstiger Weise ohne Leistungen der öffentlichen Hand dauerhaft gesichert ist, es sei denn, die Leistungen beruhen auf Beitragszahlungen,
5. Personen, die am 31. Dezember 2009 das 65. Lebensjahr vollendet haben, wenn sie in ihrem Herkunftsland keine Familie, dafür aber im Bundesgebiet Angehörige (Kinder oder Enkel) mit dauerhaftem Aufenthalt bzw. deutscher Staatsangehörigkeit haben und soweit sichergestellt ist, dass für diesen Personenkreis keine Sozialleistungen in Anspruch genommen werden.

(7) 1Die Länder dürfen anordnen, dass aus Gründen der Sicherheit der Bundesrepublik Deutschland eine Aufenthaltserlaubnis nach den Absätzen 1 und 2 Staatsangehörigen bestimmter Staaten zu versagen ist. 2Zur Wah-

rung der Bundeseinheitlichkeit bedarf die Anordnung des Einvernehmens mit dem Bundesministerium des Innern.

§ 104b Aufenthaltsrecht für integrierte Kinder von geduldeten Ausländern

Einem minderjährigen ledigen Kind kann im Fall der Ausreise seiner Eltern oder des allein personensorgeberechtigten Elternteils, denen oder dem eine Aufenthaltserlaubnis nicht nach § 104a erteilt oder verlängert wird, abweichend von § 5 Abs. 1 Nr. 1, Abs. 2 und § 10 Abs. 3 Satz 1 eine eigenständige Aufenthaltserlaubnis nach § 23 Abs. 1 Satz 1 erteilt werden, wenn

1. es am 1. Juli 2007 das 14. Lebensjahr vollendet hat,
2. es sich seit mindestens sechs Jahren rechtmäßig oder geduldet in Deutschland aufhält,
3. es die deutsche Sprache beherrscht,
4. es sich auf Grund seiner bisherigen Schulausbildung und Lebensführung in die Lebensverhältnisse der Bundesrepublik Deutschland eingefügt hat und gewährleistet ist, dass es sich auch in Zukunft in die Lebensverhältnisse der Bundesrepublik Deutschland einfügen wird und
5. seine Personensorge sichergestellt ist.

§ 105 Übergangsregelung zur Duldung für Personen mit ungeklärter Identität

(1) Die Ausländerbehörde entscheidet bei geduldeten Ausländern über die Ausstellung einer Bescheinigung über die Duldung nach § 60a Absatz 4 mit dem Zusatz „für Personen mit ungeklärter Identität" frühestens aus Anlass der Prüfung einer Verlängerung der Duldung oder der Erteilung der Duldung aus einem anderen Grund.

(2) Auf geduldete Ausländer findet § 60b bis zum 1. Juli 2020 keine Anwendung, wenn sie sich in einem Ausbildungs- oder Beschäftigungsverhältnis befinden.

(3) Ist ein Ausländer Inhaber einer Ausbildungsduldung oder einer Beschäftigungsduldung oder hat er diese beantragt und erfüllt er die Voraussetzungen für ihre Erteilung, findet § 60b keine Anwendung.

§ 105a Bestimmungen zum Verwaltungsverfahren

Von den in § 4 Abs. 2 Satz 2 und 4, Abs. 5 Satz 2, § 15a Abs. 4 Satz 2 und 3, § 23 Abs. 1 Satz 3, § 23a Abs. 1 Satz 1, Abs. 2 Satz 2, § 43 Abs. 4, § 44a Abs. 1 Satz 2, Abs. 3 Satz 1, § 61 Absatz 1d, § 72 Absatz 2, § 73 Abs. 2, Abs. 3 Satz 1 und 2, den §§ 78, 78a, § 79 Abs. 2, § 81 Abs. 5, § 82 Abs. 1 Satz 3, Abs. 3, § 87 Absatz 1, 2 Satz 1 und 2, Absatz 4 Satz 1, 2 und 4 und Abs. 5, § 89 Abs. 1 Satz 2 und 3, Abs. 3 und 4, §§ 90, 90a, 90b, 91 Abs. 1 und 2, § 91a Abs. 3, 4 und 7, § 91c Abs. 1 Satz 2, Abs. 2 Satz 2, Abs. 3 Satz 4 und Abs. 4 Satz 2, §§ 99 und 104a Abs. 7 Satz 2 getroffenen Regelungen und von den auf Grund von § 43 Abs. 4 und § 99 getroffenen Regelungen des Verwaltungsverfahrens kann durch Landesrecht nicht abgewichen werden.

§ 105b Übergangsvorschrift für Aufenthaltstitel nach einheitlichem Vordruckmuster

$_1$Aufenthaltstitel nach § 4 Absatz 1 Satz 2 Nummer 2 bis 4, die bis zum Ablauf des 31. August 2011 nach einheitlichem Vordruckmuster gemäß § 78 in der bis zu diesem Zeitpunkt geltenden Fassung dieses Gesetzes ausgestellt wurden, sind bei Neuausstellung, spätestens aber bis zum Ablauf des 31. August 2021 als eigenständige Dokumente mit elektronischem Speicher- und Verarbeitungsmedium nach § 78 auszustellen. $_2$Unbeschadet dessen können Inhaber eines Aufenthaltstitels nach § 4 Absatz 1 Satz 2 Nummer 2 bis 4 ein eigenständiges Dokument mit elektronischem Speicher- und Verarbeitungsmedium nach § 78 beantragen, wenn sie ein berechtigtes Interesse an der Neuausstellung darlegen.

§ 105c Überleitung von Maßnahmen zur Überwachung ausgewiesener Ausländer aus Gründen der inneren Sicherheit

Maßnahmen und Verpflichtungen nach § 54a Absatz 1 bis 4 in der bis zum 31. Dezember

2015 geltenden Fassung, die vor dem 1. Januar 2016 bestanden, gelten nach dem 1. Januar 2016 als Maßnahmen und Verpflichtungen im Sinne von § 56 in der ab dem 1. Januar 2016 geltenden Fassung.

§ 106 Einschränkung von Grundrechten

(1) Die Grundrechte der körperlichen Unversehrtheit (Artikel 2 Abs. 2 Satz 1 des Grundgesetzes) und der Freiheit der Person (Artikel 2 Abs. 2 Satz 2 des Grundgesetzes) werden nach Maßgabe dieses Gesetzes eingeschränkt.

(2) $_1$Das Verfahren bei Freiheitsentziehungen richtet sich nach Buch 7 des Gesetzes über das Verfahren in Familiensachen und in den Angelegenheiten der freiwilligen Gerichtsbarkeit. $_2$Ist über die Fortdauer der Zurückweisungshaft oder der Abschiebungshaft zu entscheiden, so kann das Amtsgericht das Verfahren durch unanfechtbaren Beschluss an das Gericht abgeben, in dessen Bezirk die Zurückweisungshaft oder Abschiebungshaft jeweils vollzogen wird.

§ 107 Stadtstaatenklausel

Die Senate der Länder Berlin, Bremen und Hamburg werden ermächtigt, die Vorschriften dieses Gesetzes über die Zuständigkeit von Behörden dem besonderen Verwaltungsaufbau ihrer Länder anzupassen.

I

Aufenthaltsverordnung (AufenthV)

Vom 25. November 2004 (BGBl. I S. 2945)

Zuletzt geändert durch
Fachkräfteeinwanderungsgesetz
vom 15. August 2019 (BGBl. I S. 1307)[1])

Inhaltsübersicht

---

[1]) Die Änderungen durch das Fachkräfteeinwanderungsgesetz treten am 01.03.2020 in Kraft; sie sind als Anmerkungen berücksichtigt (siehe den neuen § 31a unter dem Wortlaut von § 31 sowie die Änderung in § 47). Ebenfalls berücksichtigt sind die Änderungen durch das Zweite Gesetz zur Verbesserung der Registrierung und des Datenaustausches zu aufenthalts- und asylrechtlichen Zwecken vom 04.08.2019 (BGBl. I S. 1131, In-Kraft-Treten 09.08.2019 / 01.11.2019) sowie die Änderungen durch die Siebzehnte Verordnung zur Änderung der Aufenthaltsverordnung vom 14.01.2019 (BGBl. I S. 10, In-Kraft-Treten 23.01.2019).

[1]) § 31a gilt ab 01.03.2020 (Einfügung durch Fachkräfteeinwanderungsgesetz).

Kapitel 1
Allgemeine Bestimmungen

§ 1 Begriffsbestimmungen

(1) Schengen-Staaten sind die Staaten im Sinne des § 2 Absatz 5 des Aufenthaltsgesetzes.

(2) Ein Kurzaufenthalt ist ein Aufenthalt im gemeinsamen Gebiet der Schengen-Staaten von höchstens 90 Tagen je Zeitraum von 180 Tagen, wobei der Zeitraum von 180 Tagen, der jedem Tag des Aufenthalts vorangeht, berücksichtigt wird.

(3) Reiseausweise für Flüchtlinge und Ausweise auf Grund

1. des Abkommens vom 15. Oktober 1946 betreffend die Ausstellung eines Reiseausweises an Flüchtlinge, die unter die Zuständigkeit des zwischenstaatlichen Ausschusses für die Flüchtlinge fallen (BGBl. 1951 II S. 160) oder
2. des Artikels 28 in Verbindung mit dem Anhang des Abkommens vom 28. Juli 1951 über die Rechtsstellung der Flüchtlinge (BGBl. 1953 II S. 559).

(4) Reiseausweise für Staatenlose sind Ausweise auf Grund des Artikels 28 in Verbindung mit dem Anhang des Übereinkommens vom 28. September 1954 über die Rechtsstellung der Staatenlosen (BGBl. 1976 II S. 473).

(5) Schülersammellisten sind Listen nach Artikel 2 des Beschlusses des Rates vom 30. November 1994 über die vom Rat auf Grund von Artikel K.3 Absatz 2 Buchstabe b des Vertrages über die Europäische Union beschlossene gemeinsame Maßnahme über Reiseerleichterungen für Schüler von Drittstaaten mit Wohnsitz in einem Mitgliedstaat (ABl. EG Nr. L 327 S. 1).

(6) Flugbesatzungsausweise sind „Airline Flight Crew Licenses" und „Crew Member Certificates" nach der Anlage des Anhangs 9 in der jeweils geltenden Fassung zum Abkommen vom 7. Dezember 1944 über die Internationale Zivilluftfahrt (BGBl. 1956 II S. 411).

(7) Binnenschifffahrtsausweise sind in zwischenstaatlichen Vereinbarungen für den Grenzübertritt vorgesehene Ausweise für ziviles Personal, das internationale Binnenwasserstraßen befährt, sowie dessen Familienangehörige, soweit die Geltung für Familienangehörige in den jeweiligen Vereinbarungen vorgesehen ist.

(8) Europäische Reisedokumente für die Rückkehr illegal aufhältiger Drittstaatsangehöriger (Europäische Reisedokumente für die Rückkehr) sind Dokumente nach der Verordnung (EU) 2016/1953 des Europäischen Parlaments und des Rates vom 26. Oktober 2016 (ABl. L 311 vom 17. 11. 2016, S. 13).

Kapitel 2
Einreise und Aufenthalt im Bundesgebiet

Abschnitt 1
Passpflicht für Ausländer

§ 2 Erfüllung der Passpflicht durch Eintragung in den Pass eines gesetzlichen Vertreters

Minderjährige Ausländer, die das 16. Lebensjahr noch nicht vollendet haben, erfüllen die Passpflicht auch durch Eintragung in einem anerkannten und gültigen Pass oder Passersatz eines gesetzlichen Vertreters. Für einen minderjährigen Ausländer, der das zehnte Lebensjahr vollendet hat, gilt dies nur, wenn im Pass oder Passersatz sein eigenes Lichtbild angebracht ist.

§ 3 Zulassung nichtdeutscher amtlicher Ausweise als Passersatz

(1) Von anderen Behörden als von deutschen Behörden ausgestellte amtliche Ausweise sind als Passersatz zugelassen, ohne dass es einer Anerkennung nach § 71 Abs. 6 des Aufenthaltsgesetzes bedarf, soweit die Bundesrepublik Deutschland

1. auf Grund zwischenstaatlicher Vereinbarungen oder
2. auf Grund des Rechts der Europäischen Union

I

verpflichtet ist, dem Inhaber unter den dort festgelegten Voraussetzungen den Grenzübertritt zu gestatten. Dies gilt nicht, wenn der ausstellende Staat aus dem Geltungsbereich des Ausweises ausgenommen oder wenn der Inhaber nicht zur Rückkehr in diesen Staat berechtigt ist.

(2) Die Zulassung entfällt, wenn das Bundesministerium des Innern in den Fällen des Absatzes 1 Satz 1 Nr. 1 feststellt, dass

1. die Gegenseitigkeit, soweit diese vereinbart wurde, nicht gewahrt ist oder
2. der amtliche Ausweis
   a) keine hinreichenden Angaben zur eindeutigen Identifizierung des Inhabers oder der ausstellenden Behörde enthält,
   b) keine Sicherheitsmerkmale aufweist, die in einem Mindestmaß vor Fälschung oder Verfälschung schützen, oder
   c) die Angaben nicht in einer germanischen oder romanischen Sprache enthält.

(3) Zu den Ausweisen im Sinne des Absatzes 1 zählen insbesondere:

1. Reiseausweise für Flüchtlinge (§ 1 Abs. 3),
2. Reiseausweise für Staatenlose (§ 1 Abs. 4),
3. Ausweise für Mitglieder und Bedienstete der Organe der Europäischen Gemeinschaften,
4. Ausweise für Abgeordnete der Parlamentarischen Versammlung des Europarates,
5. amtliche Personalausweise der Mitgliedstaaten der Europäischen Union, der anderen Vertragsstaaten des Abkommens über den Europäischen Wirtschaftsraum und der Schweiz für deren Staatsangehörige,
6. Schülersammellisten (§ 1 Abs. 5),
7. Flugbesatzungsausweise, soweit sie für einen Aufenthalt nach § 23 gebraucht werden, und
8. Binnenschifffahrtsausweise, soweit sie für einen Aufenthalt nach § 25 gebraucht werden.

§4 Deutsche Passersatzpapiere für Ausländer

(1) Durch deutsche Behörden ausgestellte Passersatzpapiere für Ausländer sind:

1. der Reiseausweis für Ausländer (§ 5 Absatz 1),
2. der Notreiseausweis (§ 13 Absatz 1),
3. der Reiseausweis für Flüchtlinge (§ 1 Absatz 3),
4. der Reiseausweis für Staatenlose (§ 1 Absatz 4),
5. die Schülersammelliste (§ 1 Absatz 5),
6. die Bescheinigung über die Wohnsitzverlegung (§ 43 Absatz 2),
7. das Europäische Reisedokument für die Rückkehr (§ 1 Absatz 8).

Passersatzpapiere nach Satz 1 Nummer 3 und 4 werden mit einer Gültigkeitsdauer von bis zu drei Jahren ausgestellt; eine Verlängerung ist nicht zulässig. Passersatzpapiere nach Satz 1 Nummer 1, 3 und 4 werden abweichend von Absatz 4 Satz 1 auch als vorläufige Dokumente ohne elektronisches Speicher- und Verarbeitungsmedium ausgegeben, deren Gültigkeit, auch nach Verlängerungen, ein Jahr nicht überschreiten darf. An Kinder bis zum vollendeten zwölften Lebensjahr werden abweichend von Absatz 4 Satz 1 Passersatzpapiere nach Satz 1 Nummer 1, 3 und 4 ohne elektronisches Speicher- und Verarbeitungsmedium ausgegeben; in begründeten Fällen können sie auch mit elektronischem Speicher- und Verarbeitungsmedium ausgegeben werden. Passersatzpapiere nach Satz 4 ohne elektronisches Speicher- und Verarbeitungsmedium sind höchstens sechs Jahre gültig, längstens jedoch bis zur Vollendung des zwölften Lebensjahres. Eine Verlängerung dieser Passersatzpapiere ist vor Ablauf der Gültigkeit bis zur Vollendung des zwölften Lebensjahres zulässig; es ist jeweils ein aktuelles Lichtbild einzubringen. Passersatzpapiere nach Satz 1 Nummer 3 und 4, die an heimatlose Ausländer nach dem Gesetz über die Rechtsstellung heimatloser Ausländer im Bundesgebiet ausgestellt werden, können mit einer Gültigkeitsdauer von bis zu zehn Jahren ausgestellt werden.

(2) Passersatzpapiere nach Absatz 1 Satz 1 Nummer 1, 3 und 4 enthalten neben der Angabe der ausstellenden Behörde, dem Tag der Ausstellung, dem letzten Tag der Gültigkeitsdauer und der Seriennummer sowie dem Lichtbild und der Unterschrift des Inhabers des Passersatzpapiers ausschließlich folgende sichtbar aufgebrachte Angaben über den Inhaber des Passersatzpapiers:

1. Familienname und ggf. Geburtsname,
2. den oder die Vornamen,
3. Doktorgrad,
4. Tag und Ort der Geburt,
5. Geschlecht,
6. Größe,
7. Farbe der Augen,
8. Wohnort,
9. Staatsangehörigkeit.

(3) Passersatzpapiere nach Absatz 1 Satz 1 Nummer 1, 3 und 4 enthalten eine Zone für das automatische Lesen. Diese darf lediglich enthalten:

1. die Abkürzung „PT" für Passtyp von Passersatzpapieren nach Absatz 1 Satz 1 Nummer 1, 3 und 4 einschließlich vorläufiger Passersatzpapiere,
2. die Abkürzung „D" für Bundesrepublik Deutschland,
3. den Familiennamen,
4. den oder die Vornamen,
5. die Seriennummer des Passersatzes, die sich aus der Behördenkennzahl der Ausländerbehörde und einer zufällig zu vergebenden Passersatznummer zusammensetzt, die neben Ziffern auch Buchstaben enthalten kann und bei vorläufigen Passersatzpapieren aus einem Serienbuchstaben und sieben Ziffern besteht,
6. die Abkürzung der Staatsangehörigkeit,
7. den Tag der Geburt,
8. die Abkürzung „F" für Passersatzpapierinhaber weiblichen Geschlechts und „M" für Passersatzpapierinhaber männlichen Geschlechts,
9. die Gültigkeitsdauer des Passersatzes,
10. die Prüfziffern und
11. Leerstellen.

Die Seriennummer und die Prüfziffern dürfen keine Daten über die Person des Passersatzpapierinhabers oder Hinweise auf solche Daten enthalten. Jedes Passersatzpapier erhält eine neue Seriennummer.

(4) Auf Grund der Verordnung (EG) Nr. 2252/2004 des Rates vom 13. Dezember 2004 über Normen für Sicherheitsmerkmale und biometrische Daten in von den Mitgliedstaaten ausgestellten Pässen und Reisedokumenten (ABl. L 385 vom 29. 12. 2004, S. 1) sind Passersatzpapiere nach Absatz 1 Satz 1 Nummer 1, 3 und 4 mit Ausnahme der in § 6 Satz 2 und § 7 genannten Reiseausweise für Ausländer mit einem elektronischen Speicher- und Verarbeitungsmedium zu versehen, auf dem das Lichtbild, die Fingerabdrücke, die Bezeichnung der erfassten Finger, die Angaben zur Qualität der Abdrücke und die in Absatz 3 Satz 2 genannten Angaben gespeichert werden. Die gespeicherten Daten sind mittels geeigneter technischer und organisatorischer Maßnahmen nach Artikel 24, 25 und 32 der Verordnung (EU) 2016/679 des Europäischen Parlaments und des Rates vom 27. April 2016 zum Schutz natürlicher Personen bei der Verarbeitung personenbezogener Daten, zum freien Datenverkehr und zur Aufhebung der Richtlinie 95/46/EG (Datenschutz-Grundverordnung) (ABl. L 119 vom 4. 5. 2016, S. 1; L 314 vom 22. 11. 2016, S. 72; L 127 vom 23. 5. 2018, S. 2) in der jeweils geltenden Fassung gegen unbefugtes Auslesen, Verändern und Löschen zu sichern. Eine bundesweite Datenbank der biometrischen Daten nach Satz 1 wird nicht errichtet.

(5) Abweichend von Absatz 4 Satz 1 werden in Passersatzpapieren mit elektronischem Speicher- und Verarbeitungsmedium bei Antragstellern, die das sechste Lebensjahr noch nicht vollendet haben, keine Fingerabdrücke gespeichert. Die Unterschrift durch den Antragsteller ist zu leisten, wenn er zum Zeit-

punkt der Beantragung des Passersatzes das zehnte Lebensjahr vollendet hat.

(6) Passersatzpapiere nach Absatz 1 Satz 1 Nummer 1 können mit dem Hinweis ausgestellt werden, dass die Personendaten auf den eigenen Angaben des Antragstellers beruhen. Das Gleiche gilt für Passersatzpapiere nach Absatz 1 Nummer 3 und 4, wenn ernsthafte Zweifel an den Identitätsangaben des Antragstellers bestehen.

(7) Ein Passersatz für Ausländer wird in der Regel entzogen, wenn die Ausstellungsvoraussetzungen nicht mehr vorliegen. Er ist zu entziehen, wenn der Ausländer auf Grund besonderer Vorschriften zur Rückgabe verpflichtet ist und die Rückgabe nicht unverzüglich erfolgt.

(8) Deutsche Auslandsvertretungen entziehen einen Passersatz im Benehmen mit der zuständigen oder zuletzt zuständigen Ausländerbehörde im Inland. Ist eine solche Behörde nicht vorhanden oder feststellbar, ist das Benehmen mit der Behörde herzustellen, die den Passersatz ausgestellt hat, wenn er verlängert wurde, mit der Behörde, die ihn verlängert hat.

§ 5 Allgemeine Voraussetzungen der Ausstellung des Reiseausweises für Ausländer

(1) Einem Ausländer, der nachweislich keinen Pass oder Passersatz besitzt und ihn nicht auf zumutbare Weise erlangen kann, kann nach Maßgabe der nachfolgenden Bestimmungen ein Reiseausweis für Ausländer ausgestellt werden.

(2) Als zumutbar im Sinne des Absatzes 1 gilt es insbesondere,

1. derart rechtzeitig vor Ablauf der Gültigkeit eines Passes oder Passersatzes bei den zuständigen Behörden im In- und Ausland die erforderlichen Anträge für die Neuerteilung oder Verlängerung zu stellen, dass mit der Neuerteilung oder Verlängerung innerhalb der Gültigkeitsdauer des bisherigen Passes oder Passersatzes gerechnet werden kann,
2. in der den Bestimmungen des deutschen Passrechts, insbesondere den §§ 6 und 15 des Passgesetzes in der jeweils geltenden Fassung, entsprechenden Weise an der Ausstellung oder Verlängerung mitzuwirken und die Behandlung eines Antrages durch die Behörden des Herkunftsstaates nach dem Recht des Herkunftsstaates zu dulden, sofern dies nicht zu einer unzumutbaren Härte führt,
3. die Wehrpflicht, sofern deren Erfüllung nicht aus zwingenden Gründen unzumutbar ist, und andere zumutbare staatsbürgerliche Pflichten zu erfüllen oder
4. für die behördlichen Maßnahmen die vom Herkunftsstaat allgemein festgelegten Gebühren zu zahlen.

(3) Ein Reiseausweis für Ausländer wird in der Regel nicht ausgestellt, wenn der Herkunftsstaat die Ausstellung eines Passes oder Passersatzes aus Gründen verweigert, auf Grund derer auch nach deutschem Passrecht, insbesondere nach § 7 des Passgesetzes oder wegen unterlassener Mitwirkung nach § 6 des Passgesetzes, der Pass versagt oder sonst die Ausstellung verweigert werden kann.

(4) Ein Reiseausweis für Ausländer soll nicht ausgestellt werden, wenn der Antragsteller bereits einen Reiseausweis für Ausländer missbräuchlich verwendet hat oder tatsächliche Anhaltspunkte dafür vorliegen, dass der Reiseausweis für Ausländer missbräuchlich verwendet werden soll. Ein Missbrauch liegt insbesondere vor bei einem im Einzelfall erheblichen Verstoß gegen im Reiseausweis für Ausländer eingetragene Beschränkungen oder beim Gebrauch des Reiseausweises für Ausländer zur Begehung oder Vorbereitung einer Straftat. Als Anhaltspunkt für die Absicht einer missbräuchlichen Verwendung kann insbesondere auch gewertet werden, dass der wiederholte Verlust von Passersatzpapieren des Antragstellers geltend gemacht wird.

(5) Der Reiseausweis für Ausländer ohne elektronisches Speicher- und Verarbeitungsmedium darf, soweit dies zulässig ist, nur verlängert werden, wenn die Ausstellungsvoraussetzungen weiterhin vorliegen.

§ 6 Ausstellung des Reiseausweises für Ausländer im Inland

Im Inland darf ein Reiseausweis für Ausländer nach Maßgabe des § 5 ausgestellt werden,

1. wenn der Ausländer eine Aufenthaltserlaubnis, Niederlassungserlaubnis oder Erlaubnis zum Daueraufenthalt – EU besitzt,
2. wenn dem Ausländer eine Aufenthaltserlaubnis, Niederlassungserlaubnis oder Erlaubnis zum Daueraufenthalt – EU erteilt wird, sobald er als Inhaber des Reiseausweises für Ausländer die Passpflicht erfüllt,
3. um dem Ausländer die endgültige Ausreise aus dem Bundesgebiet zu ermöglichen oder,
4. wenn der Ausländer Asylbewerber ist, für die Ausstellung des Reiseausweises für Ausländer ein dringendes öffentliches Interesse besteht, zwingende Gründe es erfordern oder die Versagung des Reiseausweises für Ausländer eine unbillige Härte bedeuten würde und die Durchführung des Asylverfahrens nicht gefährdet wird.

In den Fällen des Satzes 1 Nummer 3 und 4 wird der Reiseausweis für Ausländer ohne elektronisches Speicher- und Verarbeitungsmedium ausgestellt. Die ausstellende Behörde darf in den Fällen des Satzes 1 Nummer 3 und 4 Ausnahmen von § 5 Absatz 2 und 3 sowie in den Fällen des Satzes 1 Nummer 3 Ausnahmen von § 5 Absatz 4 zulassen. Bei Ausländern, denen nach einer Aufnahmezusage nach § 23 Absatz 4 des Aufenthaltsgesetzes eine Aufenthaltserlaubnis erteilt worden ist, ist die Erlangung eines Passes oder Passersatzes regelmäßig nicht zumutbar. Dies gilt entsprechend für Ausländer, die bis zum Ablauf des 31. Juli 2015 im Rahmen des Programms zur dauerhaften Neuansiedlung von Schutzsuchenden (Resettlement-Flüchtlinge) einen Aufenthaltstitel nach § 23 Absatz 2 des Aufenthaltsgesetzes erhalten haben.

§ 7 Ausstellung des Reiseausweises für Ausländer im Ausland

(1) Im Ausland darf ein Reiseausweis für Ausländer ohne elektronisches Speicher- und Verarbeitungsmedium nach Maßgabe des § 5 ausgestellt werden, um dem Ausländer die Einreise in das Bundesgebiet zu ermöglichen, sofern die Voraussetzungen für die Erteilung eines hierfür erforderlichen Aufenthaltstitels vorliegen.

(2) Im Ausland darf ein Reiseausweis für Ausländer ohne elektronisches Speicher- und Verarbeitungsmedium zudem nach Maßgabe des § 5 einem in § 28 Abs. 1 Satz 1 Nr. 1 bis 3 des Aufenthaltsgesetzes bezeichneten ausländischen Familienangehörigen oder dem Lebenspartner eines Deutschen erteilt werden, wenn dieser im Ausland mit dem Deutschen in familiärer Lebensgemeinschaft lebt.

§ 8 Gültigkeitsdauer des Reiseausweises für Ausländer

(1) Die Gültigkeitsdauer des Reiseausweises für Ausländer darf die Gültigkeitsdauer des Aufenthaltstitels oder der Aufenthaltsgestattung des Ausländers nicht überschreiten. Der Reiseausweis für Ausländer darf im Übrigen ausgestellt werden bis zu einer Gültigkeitsdauer von

1. zehn Jahren, wenn der Inhaber im Zeitpunkt der Ausstellung das 24. Lebensjahr vollendet hat,
2. sechs Jahren, wenn der Inhaber im Zeitpunkt der Ausstellung das 24. Lebensjahr noch nicht vollendet hat.

(2) In den Fällen des § 6 Satz 1 Nr. 3 und 4 und des § 7 Abs. 1 darf der Reiseausweis für Ausländer abweichend von Absatz 1 nur für eine Gültigkeitsdauer von höchstens einem Monat ausgestellt werden. In Fällen, in denen der Staat, in oder durch den die beabsichtigte Reise führt, die Einreise nur mit einem Reiseausweis für Ausländer gestattet, der über den beabsichtigten Zeitpunkt der Einreise oder Ausreise hinaus gültig ist, kann der Reiseausweis für Ausländer abweichend von Satz 1 für einen entsprechend längeren Gültigkeitszeitraum ausgestellt werden der auch nach Verlängerung zwölf Monate nicht überschreiten darf.

(3) Ein nach § 6 Satz 1 Nr. 3 und 4 ausgestellter Reiseausweis für Ausländer darf nicht verlängert werden. Der Ausschluss der Verlängerung ist im Reiseausweis für Ausländer zu vermerken.

§ 9 Räumlicher Geltungsbereich des Reiseausweises für Ausländer

(1) Der Reiseausweis für Ausländer kann für alle Staaten oder mit einer Beschränkung des Geltungsbereichs auf bestimmte Staaten oder Erdteile ausgestellt werden. Der Staat, dessen Staatsangehörigkeit der Ausländer besitzt, ist aus dem Geltungsbereich auszunehmen, wenn nicht in Ausnahmefällen die Erstreckung des Geltungsbereichs auf diesen Staat gerechtfertigt ist.

(2) In den Fällen des § 6 Satz 1 Nr. 4 ist der Geltungsbereich des Reiseausweises für Ausländer auf die den Zweck der Reise betreffenden Staaten zu beschränken. Abweichend von Absatz 1 Satz 2 ist eine Erstreckung des Geltungsbereichs auf den Herkunftsstaat unzulässig.

(3) Abweichend von Absatz 1 Satz 2 soll der Geltungsbereich eines Reiseausweises für Ausländer im Fall des § 6 Satz 1 Nr. 3 den Staat einschließen, dessen Staatsangehörigkeit der Ausländer besitzt.

(4) Der Geltungsbereich des im Ausland ausgestellten Reiseausweises für Ausländer ist in den Fällen des § 7 Abs. 1 räumlich auf die Bundesrepublik Deutschland, den Ausreisestaat, den Staat der Ausstellung sowie die im Reiseausweis für Ausländer einzeln aufzuführenden, auf dem geplanten Reiseweg zu durchreisenden Staaten zu beschränken.

§ 10 Sonstige Beschränkungen im Reiseausweis für Ausländer

In den Reiseausweis für Ausländer können zur Vermeidung von Missbrauch bei oder nach der Ausstellung sonstige Beschränkungen aufgenommen werden, insbesondere die Bezeichnung der zur Einreise in das Bundesgebiet zu benutzenden Grenzübergangsstelle oder die Bezeichnung der Person, in deren Begleitung sich der Ausländer befinden muss. § 46 Abs. 2 des Aufenthaltsgesetzes bleibt unberührt.

§ 11 Verfahren der Ausstellung oder Verlängerung des Reiseausweises für Ausländer im Ausland

(1) Im Ausland darf ein Reiseausweis für Ausländer nur mit Zustimmung des Bundesministeriums des Innern oder der von ihm bestimmten Stelle ausgestellt werden. Dasselbe gilt für die zulässige Verlängerung eines nach Satz 1 ausgestellten Reiseausweises für Ausländer im Ausland.

(2) Im Ausland darf ein im Inland ausgestellter oder verlängerter Reiseausweis für Ausländer nur mit Zustimmung der zuständigen oder zuletzt zuständigen Ausländerbehörde verlängert werden. Ist eine solche Behörde nicht vorhanden oder feststellbar, ist die Zustimmung bei der Behörde einzuholen, die den Reiseausweis ausgestellt hat, wenn er verlängert wurde, bei der Behörde, die ihn verlängert hat.

(3) Die Aufhebung von Beschränkungen nach den §§ 9 und 10 im Ausland bedarf der Zustimmung der zuständigen oder zuletzt zuständigen Ausländerbehörde. Ist eine solche Behörde nicht vorhanden oder feststellbar, ist die Zustimmung bei der Behörde einzuholen, die die Beschränkung eingetragen hat.

§ 12 Grenzgängerkarte

(1) Einem Ausländer, der sich in einem an das Bundesgebiet angrenzenden Staat rechtmäßig aufhält und der mindestens einmal wöchentlich dorthin zurückkehrt, kann eine Grenzgängerkarte für die Ausübung einer Erwerbstätigkeit oder eines Studiums im Bundesgebiet erteilt werden, wenn er

1. in familiärer Lebensgemeinschaft mit seinem deutschen Ehegatten oder Lebenspartner lebt,
2. in familiärer Lebensgemeinschaft mit seinem Ehegatten oder Lebenspartner lebt, der Unionsbürger ist und als Grenzgänger im Bundesgebiet eine Erwerbstätigkeit ausübt oder ohne Grenzgänger zu sein seinen Wohnsitz vom Bundesgebiet in einen an Deutschland angrenzenden Staat verlegt hat, oder
3. die Voraussetzungen für die Erteilung eines Aufenthaltstitels zur Ausübung einer Erwerbstätigkeit oder eines Studiums nur deshalb nicht erfüllt, weil er Grenzgänger ist.

Eine Grenzgängerkarte zur Ausübung einer Beschäftigung im Bundesgebiet darf nur erteilt werden, wenn die Bundesagentur für Arbeit der Ausübung der Beschäftigung zugestimmt hat oder die Ausübung der Beschäftigung ohne Zustimmung der Bundesagentur für Arbeit zulässig ist. Im Fall der selbständigen Tätigkeit kann die Grenzgängerkarte unabhängig vom Vorliegen der Voraussetzungen des § 21 des Aufenthaltsgesetzes erteilt werden. Für eine Grenzgängerkarte zur Ausübung eines Studiums gilt § 16 Absatz 3 des Aufenthaltsgesetzes entsprechend. Einem Ausländer, der Beamter ist, in einem an das Bundesgebiet angrenzenden Staat wohnt und mindestens einmal wöchentlich dorthin zurückkehrt, wird eine Grenzgängerkarte zur Erfüllung seiner Dienstpflichten im Bundesgebiet erteilt. Die Grenzgängerkarte kann bei der erstmaligen Erteilung bis zu einer Gültigkeitsdauer von zwei Jahren ausgestellt werden. Sie kann für jeweils zwei Jahre verlängert werden, solange die Ausstellungsvoraussetzungen weiterhin vorliegen.

(2) Staatsangehörigen der Schweiz wird unter den Voraussetzungen und zu den Bedingungen eine Grenzgängerkarte ausgestellt und verlängert, die in Artikel 7 Abs. 2, Artikel 13 Abs. 2, Artikel 28 Abs. 1 und Artikel 32 Abs. 2 des Anhangs I zum Abkommen vom 21. Juni 1999 zwischen der Europäischen Gemeinschaft und ihren Mitgliedstaaten einerseits und der Schweizerischen Eidgenossenschaft andererseits über die Freizügigkeit (BGBl. 2001 II S. 810) genannt sind.

§ 13 Notreiseausweis

(1) Zur Vermeidung einer unbilligen Härte, oder soweit ein besonderes öffentliches Interesse besteht, darf einem Ausländer ein Notreiseausweis ausgestellt werden, wenn der Ausländer seine Identität glaubhaft machen kann und er

1. Unionsbürger oder Staatsangehöriger eines anderen Vertragsstaates des Abkommens über den Europäischen Wirtschaftsraum, der Schweiz oder eines Staates ist, der in Anhang II der Verordnung (EG) Nr. 539/2001 aufgeführt ist, oder
2. aus sonstigen Gründen zum Aufenthalt im Bundesgebiet, einem anderen Mitgliedstaat der Europäischen Union, einem anderen Vertragsstaat des Abkommens über den Europäischen Wirtschaftsraum oder in der Schweiz oder zur Rückkehr dorthin berechtigt ist.

(2) Die mit der polizeilichen Kontrolle des grenzüberschreitenden Verkehrs beauftragten Behörden können nach Maßgabe des Absatzes 1 an der Grenze einen Notreiseausweis ausstellen, wenn der Ausländer keinen Pass oder Passersatz mitführt.

(3) Die Ausländerbehörde kann nach Maßgabe des Absatzes 1 einen Notreiseausweis ausstellen, wenn die Beschaffung eines anderen Passes oder Passersatzes, insbesondere eines Reiseausweises für Ausländer, im Einzelfall nicht in Betracht kommt.

(4) Die ausstellende Behörde kann die bereits bestehende Berechtigung zur Rückkehr in das Bundesgebiet auf dem Notreiseausweis bescheinigen, sofern die Bescheinigung der beabsichtigten Auslandsreise dienlich ist. Die in Absatz 2 genannten Behörden bedürfen hierfür der Zustimmung der Ausländerbehörde.

(5) Abweichend von Absatz 1 können die mit der polizeilichen Kontrolle des grenzüberschreitenden Verkehrs beauftragten Behörden

1. zivilem Schiffspersonal eines in der See- oder Küstenschifffahrt oder in der Rhein-Seeschifffahrt verkehrenden Schiffes für den Aufenthalt im Hafenort während der Liegezeit des Schiffes und
2. zivilem Flugpersonal für einen in § 23 Abs. 1 genannten Aufenthalt

sowie die jeweils mit einem solchen Aufenthalt verbundene Ein- und Ausreise einen Notreiseausweis ausstellen, wenn es keinen Pass oder Passersatz, insbesondere keinen der in § 3 Abs. 3 genannten Passersatzpapiere, mitführt. Absatz 4 findet keine Anwendung.

(6) Die Gültigkeitsdauer des Notreiseausweises darf längstens einen Monat betragen.

I

§ 14 Befreiung von der Passpflicht in Rettungsfällen

Von der Passpflicht sind befreit

1. Ausländer, die aus den Nachbarstaaten, auf dem Seeweg oder im Wege von Rettungsflügen aus anderen Staaten einreisen und bei Unglücks- oder Katastrophenfällen Hilfe leisten oder in Anspruch nehmen wollen, und
2. Ausländer, die zum Flug- oder Begleitpersonal von Rettungsflügen gehören.

Die Befreiung endet, sobald für den Ausländer die Beschaffung oder Beantragung eines Passes oder Passersatzes auch in Anbetracht der besonderen Umstände des Falles und des Vorranges der Leistung oder Inanspruchnahme von Hilfe zumutbar wird.

Abschnitt 2
Befreiung vom Erfordernis eines Aufenthaltstitels

Unterabschnitt 1
Allgemeine Regelungen

§ 15 Gemeinschaftsrechtliche Regelung der Kurzaufenthalte

Die Befreiung vom Erfordernis eines Aufenthaltstitels für die Einreise und den Aufenthalt von Ausländern für Kurzaufenthalte richtet sich nach dem Recht der Europäischen Union, insbesondere dem Schengener Durchführungsübereinkommen und der Verordnung (EG) Nr. 539/2001 in Verbindung mit den nachfolgenden Bestimmungen.

§ 16 Vorrang älterer Sichtvermerksabkommen

Die Inhaber der in Anlage A zu dieser Verordnung genannten Dokumente sind für die Einreise und den Aufenthalt im Bundesgebiet, auch bei Überschreitung der zeitlichen Grenze eines Kurzaufenthalts, vom Erfordernis eines Aufenthaltstitels befreit, soweit völkerrechtliche Verpflichtungen, insbesondere aus einem Sichtvermerksabkommen, die vor dem 1. September 1993 gegenüber den in Anlage A aufgeführten Staaten eingegangen wurden, dem Erfordernis des Aufenthaltstitels oder dieser zeitlichen Begrenzung entgegenstehen.

§ 17 Nichtbestehen der Befreiung bei Erwerbstätigkeit während eines Kurzaufenthalts

(1) Für die Einreise und den Kurzaufenthalt sind die Personen nach Artikel 1 Absatz 2 der Verordnung (EG) Nr. 539/2001 in der jeweils geltenden Fassung und die Inhaber eines von einem Schengen-Staat ausgestellten Aufenthaltstitels oder nationalen Visums für den längerfristigen Aufenthalt vom Erfordernis eines Aufenthaltstitels nicht befreit, sofern sie im Bundesgebiet eine Erwerbstätigkeit ausüben.

(2) Absatz 1 findet keine Anwendung, soweit der Ausländer im Bundesgebiet bis zu 90 Tage innerhalb von zwölf Monaten lediglich Tätigkeiten ausübt, die nach § 30 Nummer 2 und 3 der Beschäftigungsverordnung nicht als Beschäftigung gelten, oder diesen entsprechende selbständige Tätigkeiten ausübt. Die zeitliche Beschränkung des Satzes 1 gilt nicht für Kraftfahrer im grenzüberschreitenden Straßenverkehr, die lediglich Güter oder Personen durch das Bundesgebiet hindurchbefördern, ohne dass die Güter oder Personen das Transportfahrzeug wechseln. Die Frist nach Satz 1 beträgt für Tätigkeiten nach § 15a und § 30 Nummer 1 der Beschäftigungsverordnung 90 Tage innerhalb von 180 Tagen. Selbständige Tätigkeiten nach den Sätzen 1 und 2 dürfen unter den dort genannten Voraussetzungen ohne den nach § 4 Abs. 3 Satz 1 des Aufenthaltsgesetzes erforderlichen Aufenthaltstitel ausgeübt werden.

§ 17a Befreiung zur Dienstleistungserbringung für langfristig Aufenthaltsberechtigte

Ausländer, die in einem anderen Mitgliedstaat der Europäischen Union die Rechtsstellung eines langfristig Aufenthaltsberechtigten innehaben, sind für die Einreise und den Aufenthalt im Bundesgebiet zum Zweck einer Beschäftigung nach § 30 Nummer 3 der Beschäftigungsverordnung für einen Zeitraum von bis zu 90 Tagen innerhalb von zwölf Monaten vom Erfordernis eines Aufenthaltstitels befreit.

Unterabschnitt 2
Befreiungen für Inhaber bestimmter Ausweise

§ 18 Befreiung für Inhaber von Reiseausweisen für Flüchtlinge und Staatenlose

Inhaber von Reiseausweisen für Flüchtlinge oder für Staatenlose sind für die Einreise und den Kurzaufenthalt vom Erfordernis eines Aufenthaltstitels befreit, sofern

1. der Reiseausweis von einem Mitgliedstaat der Europäischen Union, einem anderen Vertragsstaat des Abkommens über den Europäischen Wirtschaftsraum, der Schweiz oder von einem in Anhang II der Verordnung (EG) Nr. 539/2001 aufgeführten Staat ausgestellt wurde,
2. der Reiseausweis eine Rückkehrberechtigung enthält, die bei der Einreise noch mindestens vier Monate gültig ist und
3. sie keine Erwerbstätigkeit mit Ausnahme der in § 17 Abs. 2 bezeichneten ausüben.

Satz 1 Nr. 2 gilt nicht für Inhaber von Reiseausweisen für Flüchtlinge, die von einem der in Anlage A Nr. 3 genannten Staaten ausgestellt wurden.

§ 19 Befreiung für Inhaber dienstlicher Pässe

Für die Einreise und den Kurzaufenthalt sind Staatsangehörige der in Anlage B zu dieser Verordnung aufgeführten Staaten vom Erfordernis eines Aufenthaltstitels befreit, wenn sie einen der in Anlage B genannten dienstlichen Pässe besitzen und keine Erwerbstätigkeit mit Ausnahme der in § 17 Abs. 2 bezeichneten ausüben.

§ 20 Befreiung für Inhaber von Ausweisen der Europäischen Union und zwischenstaatlicher Organisationen und der Vatikanstadt

Vom Erfordernis eines Aufenthaltstitels befreit sind Inhaber

1. von Ausweisen für Mitglieder und Bedienstete der Organe der Europäischen Gemeinschaften,
2. von Ausweisen für Abgeordnete der Parlamentarischen Versammlung des Europarates,
3. von vatikanischen Pässen, wenn sie sich nicht länger als 90 Tage im Bundesgebiet aufhalten,
4. von Passierscheinen zwischenstaatlicher Organisationen, die diese den in ihrem Auftrag reisenden Personen ausstellen, soweit die Bundesrepublik Deutschland auf Grund einer Vereinbarung mit der ausstellenden Organisation verpflichtet ist, dem Inhaber die Einreise und den Aufenthalt zu gestatten.

§ 21 Befreiung für Inhaber von Grenzgängerkarten

Inhaber von Grenzgängerkarten sind für die Einreise, den Aufenthalt und für die in der Grenzgängerkarte bezeichnete Erwerbstätigkeit im Bundesgebiet vom Erfordernis eines Aufenthaltstitels befreit.

§ 22 Befreiung für Schüler auf Sammellisten

(1) Schüler, die als Mitglied einer Schülergruppe in Begleitung einer Lehrkraft einer allgemein bildenden oder berufsbildenden Schule an einer Reise in oder durch das Bundesgebiet teilnehmen, sind für die Einreise, Durchreise und einen Kurzaufenthalt im Bundesgebiet vom Erfordernis eines Aufenthaltstitels befreit, wenn sie

1. Staatsangehörige eines in Anhang I der Verordnung (EG) Nr. 539/2001 aufgeführten Staates sind,
2. ihren Wohnsitz innerhalb der Europäischen Union, in einem anderen Vertragsstaat des Abkommens über den Europäischen Wirtschaftsraum oder in einem in Anhang II der Verordnung (EG) Nr. 539/2001 aufgeführten Staat oder der Schweiz haben,
3. in einer Sammelliste eingetragen sind, die den Voraussetzungen entspricht, die in Artikel 1 Buchstabe b in Verbindung mit dem Anhang des Beschlusses des Rates vom 30. November 1994 über die vom Rat auf Grund von Artikel K.3 Abs. 2 Buchstabe b des Vertrages über die Europäische

Union beschlossene gemeinsame Maßnahme über Reiseerleichterungen für Schüler von Drittstaaten mit Wohnsitz in einem Mitgliedstaat festgelegt sind, und
4. keine Erwerbstätigkeit ausüben.

(2) Schüler mit Wohnsitz im Bundesgebiet, die für eine Reise in das Ausland in einer Schülergruppe in Begleitung einer Lehrkraft einer allgemeinbildenden oder berufsbildenden inländischen Schule auf einer von deutschen Behörden ausgestellten Schülersammelliste aufgeführt sind, sind für die Wiedereinreise in das Bundesgebiet vom Erfordernis eines Aufenthaltstitels befreit, wenn die Ausländerbehörde angeordnet hat, dass die Abschiebung nach der Wiedereinreise ausgesetzt wird. Diese Anordnung ist auf der Schülersammelliste zu vermerken.

Unterabschnitt 3 Befreiungen im grenzüberschreitenden Beförderungswesen

§ 23 Befreiung für ziviles Flugpersonal

(1) Ziviles Flugpersonal, das im Besitz eines Flugbesatzungsausweises ist, ist vom Erfordernis eines Aufenthaltstitels befreit, sofern es

1. sich nur auf dem Flughafen, auf dem das Flugzeug zwischengelandet ist oder seinen Flug beendet hat, aufhält,
2. sich nur im Gebiet einer in der Nähe des Flughafens gelegenen Gemeinde aufhält oder
3. zu einem anderen Flughafen wechselt.

(2) Ziviles Flugpersonal, das nicht im Besitz eines Flugbesatzungsausweises ist, kann für einen in Absatz 1 genannten Aufenthalt vom Erfordernis eines Aufenthaltstitels befreit werden, sofern es die Passpflicht erfüllt. Zuständig sind die mit der Kontrolle des grenzüberschreitenden Verkehrs beauftragten Behörden. Zum Nachweis der Befreiung wird ein Passierschein ausgestellt.

§ 24 Befreiung für Seeleute

(1) Seelotsen, die in Ausübung ihres Berufes handeln und sich durch amtliche Papiere über ihre Person und Seelotseneigenschaft ausweisen, benötigen für ihre Einreise und ihren Aufenthalt keinen Aufenthaltstitel.

(2) Ziviles Schiffspersonal eines in der See- oder Küstenschifffahrt oder in der Rhein-Seeschifffahrt verkehrenden Schiffes kann, sofern es nicht unter Absatz 1 fällt, für den Aufenthalt im Hafenort während der Liegezeit des Schiffes vom Erfordernis eines Aufenthaltstitels befreit werden, sofern es die Passpflicht erfüllt. Zuständig sind die mit der Kontrolle des grenzüberschreitenden Verkehrs beauftragten Behörden. Zum Nachweis der Befreiung wird ein Passierschein ausgestellt.

(3) Ziviles Schiffspersonal im Sinne der vorstehenden Absätze sind der Kapitän eines Schiffes, die Besatzungsmitglieder, die angemustert und auf der Besatzungsliste verzeichnet sind, sowie sonstige an Bord beschäftigte Personen, die auf einer Besatzungsliste verzeichnet sind.

§ 25 Befreiung in der internationalen zivilen Binnenschifffahrt

(1) Ausländer, die

1. auf einem von einem Unternehmen mit Sitz im Hoheitsgebiet eines Schengen-Staates betriebenen Schiff in der grenzüberschreitenden Binnenschifffahrt tätig sind,
2. im Besitz eines gültigen Aufenthaltstitels des Staates sind, in dem das Unternehmen seinen Sitz hat und dort der Aufenthaltstitel die Tätigkeit in der Binnenschifffahrt erlaubt und
3. in die Besatzungsliste dieses Schiffes eingetragen sind,

sind für die Einreise und für Aufenthalte bis zu sechs Monaten innerhalb eines Zeitraums von zwölf Monaten seit der ersten Einreise vom Erfordernis eines Aufenthaltstitels befreit.

(2) Ausländer, die

1. auf einem von einem Unternehmen mit Sitz im Ausland betriebenen Schiff in der Donauschifffahrt einschließlich der Schiff-

fahrt auf dem Main-Donau-Kanal tätig sind,
2. in die Besatzungsliste dieses Schiffes eingetragen sind und
3. einen Binnenschifffahrtsausweis besitzen,

sind für die Einreise und für Aufenthalte bis zu 90 Tagen innerhalb eines Zeitraumes von zwölf Monaten seit der ersten Einreise vom Erfordernis eines Aufenthaltstitels befreit.

(3) Die Befreiung nach Absatz 1 und 2 gilt für die Einreise und den Aufenthalt

1. an Bord,
2. im Gebiet eines Liegehafens und einer nahe gelegenen Gemeinde und
3. bei Reisen zwischen dem Grenzübergang und dem Schiffsliegeort oder zwischen Schiffsliegeorten auf dem kürzesten Wege

im Zusammenhang mit der grenzüberschreitenden Beförderung von Personen oder Sachen sowie in der Donauschifffahrt zur Weiterbeförderung derselben Personen oder Sachen.

(4) Die Absätze 2 und 3 gelten entsprechend für die in Binnenschifffahrtsausweisen eingetragenen Familienangehörigen.

§ 26 Transit ohne Einreise; Flughafentransitvisum

(1) Ausländer, die sich im Bundesgebiet befinden, ohne im Sinne des § 13 Abs. 2 des Aufenthaltsgesetzes einzureisen, sind vom Erfordernis eines Aufenthaltstitels befreit.

(2) Das Erfordernis einer Genehmigung für das Betreten des Transitbereichs eines Flughafens während einer Zwischenlandung oder zum Umsteigen (Flughafentransitvisum) gilt für Personen, die auf Grund von Artikel 3 Absatz 1 in Verbindung mit Absatz 5 der Verordnung (EG) Nr. 810/2009 des Europäischen Parlaments und des Rates vom 13. Juli 2009 über einen Visakodex der Gemeinschaft (ABl. L 243 vom 15. 9. 2009, S. 1) ein Flughafentransitvisum benötigen, sowie für Staatsangehörige der in Anlage C genannten Staaten, sofern diese nicht nach Artikel 3 Absatz 5 der Verordnung (EG) Nr. 810/2009 von der Flughafentransitvisumpflicht befreit sind. Soweit danach das Erfordernis eines Flughafentransitvisums besteht, gilt die Befreiung nach Absatz 1 nur, wenn der Ausländer ein Flughafentransitvisum besitzt. Das Flughafentransitvisum ist kein Aufenthaltstitel.

Unterabschnitt 4
Sonstige Befreiungen

§ 27 Befreiung für Personen bei Vertretungen ausländischer Staaten

(1) Vom Erfordernis eines Aufenthaltstitels befreit sind, wenn Gegenseitigkeit besteht,

1. die in die Bundesrepublik Deutschland amtlich entsandten Mitglieder des dienstlichen Hauspersonals berufskonsularischer Vertretungen im Bundesgebiet und ihre mit ihnen im gemeinsamen Haushalt lebenden, nicht ständig im Bundesgebiet ansässigen Familienangehörigen,
2. die nicht amtlich entsandten, mit Zustimmung des Auswärtigen Amtes örtlich angestellten Mitglieder des diplomatischen und berufskonsularischen, des Verwaltungs- und technischen Personals sowie des dienstlichen Hauspersonals diplomatischer und berufskonsularischer Vertretungen im Bundesgebiet und ihre mit Zustimmung des Auswärtigen Amtes zugezogenen, mit ihnen im gemeinsamen Haushalt lebenden Ehegatten oder Lebenspartner, minderjährigen ledigen Kinder und volljährigen ledigen Kinder, die bei der Verlegung ihres ständigen Aufenthalts in das Bundesgebiet das 21. Lebensjahr noch nicht vollendet haben, sich in der Ausbildung befinden und wirtschaftlich von ihnen abhängig sind,
3. die mit Zustimmung des Auswärtigen Amtes beschäftigten privaten Hausangestellten von Mitgliedern diplomatischer und berufskonsularischer Vertretungen im Bundesgebiet,
4. die mitreisenden Familienangehörigen von Repräsentanten anderer Staaten und deren Begleitung im Sinne des § 20 des Gerichtsverfassungsgesetzes,

5. Personen, die dem Haushalt eines entsandten Mitgliedes einer diplomatischen oder berufskonsularischen Vertretung im Bundesgebiet angehören, die mit dem entsandten Mitglied mit Rücksicht auf eine rechtliche oder sittliche Pflicht oder bereits zum Zeitpunkt seiner Entsendung ins Bundesgebiet in einer Haushalts- oder Betreuungsgemeinschaft leben, die nicht von dem entsandten Mitglied beschäftigt werden, deren Unterhalt einschließlich eines angemessenen Schutzes vor Krankheit und Pflegebedürftigkeit ohne Inanspruchnahme von Leistungen nach dem Sozialgesetzbuch gesichert ist und deren Aufenthalt das Auswärtige Amt zum Zweck der Wahrung der auswärtigen Beziehungen der Bundesrepublik Deutschland im Einzelfall zugestimmt hat.

(2) Die nach Absatz 1 als Familienangehörige oder Haushaltsmitglieder vom Erfordernis des Aufenthaltstitels befreiten sowie die von § 1 Abs. 2 Nr. 2 oder 3 des Aufenthaltsgesetzes erfassten Familienangehörigen sind auch im Fall der erlaubten Aufnahme und Ausübung einer Erwerbstätigkeit oder Ausbildung vom Erfordernis eines Aufenthaltstitels befreit, wenn Gegenseitigkeit besteht.

(3) Der Eintritt eines Befreiungsgrundes nach Absatz 1 oder 2 lässt eine bestehende Aufenthaltserlaubnis oder Niederlassungserlaubnis unberührt und steht der Verlängerung einer Aufenthaltserlaubnis oder der Erteilung einer Niederlassungserlaubnis an einen bisherigen Inhaber einer Aufenthaltserlaubnis nach den Vorschriften des Aufenthaltsgesetzes nicht entgegen.

§ 28 Befreiung für freizügigkeitsberechtigte Schweizer

Staatsangehörige der Schweiz sind nach Maßgabe des Abkommens vom 21. Juni 1999 zwischen der Europäischen Gemeinschaft und ihren Mitgliedstaaten einerseits und der Schweizerischen Eidgenossenschaft andererseits über die Freizügigkeit vom Erfordernis eines Aufenthaltstitels befreit. Soweit in dem Abkommen vorgesehen ist, dass das Aufenthaltsrecht durch eine Aufenthaltserlaubnis bescheinigt wird, wird diese wie folgt ausgestellt:

1. auf einem Vordruckmuster nach § 58 Satz 1 Nummer 13 oder
2. auf Antrag als Dokument mit elektronischem Speicher- und Verarbeitungsmedium nach § 78 Absatz 1 des Aufenthaltsgesetzes.

§ 29 Befreiung in Rettungsfällen

Für die Einreise und den Aufenthalt im Bundesgebiet sind die in § 14 Satz 1 genannten Ausländer vom Erfordernis eines Aufenthaltstitels befreit. Die Befreiung nach Satz 1 endet, sobald für den Ausländer die Beantragung eines erforderlichen Aufenthaltstitels auch in Anbetracht der besonderen Umstände des Falles und des Vorranges der Leistung oder Inanspruchnahme von Hilfe zumutbar wird.

§ 30 Befreiung für die Durchreise und Durchbeförderung

Für die Einreise in das Bundesgebiet aus einem anderen Schengen-Staat und einen anschließenden Aufenthalt von bis zu drei Tagen sind Ausländer vom Erfordernis eines Aufenthaltstitels befreit, wenn sie

1. auf Grund einer zwischenstaatlichen Vereinbarung über die Gestattung der Durchreise durch das Bundesgebiet reisen, oder
2. auf Grund einer zwischenstaatlichen Vereinbarung oder mit Einwilligung des Bundesministeriums des Innern oder der von ihm beauftragten Stelle durch das Bundesgebiet durchbefördert werden; in diesem Fall gilt die Befreiung auch für die sie begleitenden Aufsichtspersonen.

Abschnitt 3
Visumverfahren

§ 31 Zustimmung der Ausländerbehörde zur Visumerteilung

(1) Ein Visum bedarf der vorherigen Zustimmung der für den vorgesehenen Aufenthaltsort zuständigen Ausländerbehörde, wenn

1. der Ausländer sich zu anderen Zwecken als zur Erwerbstätigkeit oder zur Arbeitsplatzsuche länger als 90 Tage im Bundesgebiet aufhalten will,

2. der Ausländer im Bundesgebiet
   a) eine selbständige Tätigkeit ausüben will,
   b) eine Beschäftigung nach § 18 Absatz 4 Satz 2 des Aufenthaltsgesetzes ausüben will oder
   c) eine sonstige Beschäftigung ausüben will und wenn er sich entweder bereits zuvor auf der Grundlage einer Aufenthaltserlaubnis, die nicht der Saisonbeschäftigung diente, einer Blauen Karte EU, einer ICT-Karte, einer Mobiler-ICT-Karte, einer Niederlassungserlaubnis, einer Erlaubnis zum Daueraufenthalt-EG, einer Duldung oder einer Aufenthaltsgestattung im Bundesgebiet aufgehalten hat oder wenn gegen ihn aufenthaltsbeendende Maßnahmen erfolgt sind oder
3. die Daten des Ausländers nach § 73 Absatz 1 Satz 1 des Aufenthaltsgesetzes an die Sicherheitsbehörden übermittelt werden, soweit das Bundesministerium des Innern die Zustimmungsbedürftigkeit unter Berücksichtigung der aktuellen Sicherheitslage angeordnet hat.

Das Visum des Ehegatten oder Lebenspartners und der minderjährigen Kinder eines Ausländers, der eine sonstige Beschäftigung ausüben will, bedarf in der Regel nicht der Zustimmung der Ausländerbehörde, wenn

1. das Visum des Ausländers nicht der Zustimmungspflicht der Ausländerbehörde nach Satz 1 Nummer 2 Buchstabe c unterliegt,
2. das Visum des Ehegatten oder Lebenspartners nicht selbst der Zustimmungspflicht der Ausländerbehörde nach Satz 1 Nummer 2 Buchstabe a bis c unterliegt,
3. die Visumanträge in zeitlichem Zusammenhang gestellt werden und
4. die Ehe oder Lebenspartnerschaft bereits bei der Visumbeantragung des Ausländers besteht.

Im Fall des Satzes 1 Nr. 3 gilt die Zustimmung als erteilt, wenn nicht die Ausländerbehörde der Erteilung des Visums binnen zehn Tagen nach Übermittlung der Daten des Visumantrages an sie widerspricht oder die Ausländerbehörde im Einzelfall innerhalb dieses Zeitraums der Auslandsvertretung mitgeteilt hat, dass die Prüfung nicht innerhalb dieser Frist abgeschlossen wird. Dasselbe gilt im Fall eines Ausländers, der eine sonstige Beschäftigung ausüben will, und seiner Familienangehörigen nach Satz 2, wenn das Visum nur auf Grund eines Voraufenthalts im Sinne von Satz 1 Nummer 2 Buchstabe c der Zustimmung der Ausländerbehörde bedarf. Dasselbe gilt bei Anträgen auf Erteilung eines Visums zu einem Aufenthalt nach § 16 Absatz 1, 6 oder Absatz 7 oder nach § 20 des Aufenthaltsgesetzes, soweit das Visum nicht nach § 34 Nummer 3 bis 5 zustimmungsfrei ist, mit der Maßgabe, dass die Frist drei Wochen und zwei Werktage beträgt.

(2) Wird der Aufenthalt des Ausländers von einer öffentlichen Stelle mit Sitz im Bundesgebiet vermittelt, kann die Zustimmung zur Visumerteilung auch von der Ausländerbehörde erteilt werden, die für den Sitz der vermittelnden Stelle zuständig ist. Im Visum ist ein Hinweis auf diese Vorschrift aufzunehmen und die Ausländerbehörde zu bezeichnen.

(3) Die Ausländerbehörde kann insbesondere im Fall eines Anspruchs auf Erteilung eines Aufenthaltstitels, eines öffentlichen Interesses, in den Fällen der §§ 18, 19, 19a, 19b, 19d oder 21 des Aufenthaltsgesetzes, in denen auf Grund von Absatz 1 Satz 1 Nummer 2 eine Zustimmung der Ausländerbehörde vorgesehen ist, oder in dringenden Fällen der Visumerteilung vor der Beantragung des Visums bei der Auslandsvertretung zustimmen (Vorabzustimmung).

Aufgrund des Fachkräfteeinwanderungsgesetzes tritt am 01.03.2020 folgender § 31a in Kraft (der Wortlaut des am 01.03.2020 geltenden § 81a Aufenthaltsgesetzes ist in der Leitziffer VI.0 zu finden):

§ 31a Beschleunigtes Fachkräfteverfahren

(1) Im Fall des § 81a des Aufenthaltsgesetzes vergibt die Auslandsvertretung einen Termin zur Visumantragstellung innerhalb von drei Wochen nach Vorlage der Vorabzustimmung der Ausländerbehörde durch die Fachkraft.

(2) Die Bescheidung des Visumantrags erfolgt in der Regel innerhalb von drei Wochen ab Stellung des vollständigen Visumantrags.

§ 32 Zustimmung der obersten Landesbehörde

Ein Visum bedarf nicht der Zustimmung der Ausländerbehörde nach § 31, wenn die oberste Landesbehörde der Visumerteilung zugestimmt hat.

§ 33 Zustimmungsfreiheit bei Spätaussiedlern

Abweichend von § 31 bedarf das Visum nicht der Zustimmung der Ausländerbehörde bei Inhabern von Aufnahmebescheiden nach dem Bundesvertriebenengesetz und den nach § 27 Abs. 1 Satz 2 bis 4 des Bundesvertriebenengesetzes in den Aufnahmebescheid einbezogenen Ehegatten und Abkömmlingen.

§ 34 Zustimmungsfreiheit bei Wissenschaftlern und Studenten

Abweichend von § 31 bedarf das Visum nicht der Zustimmung der Ausländerbehörde bei

1. Wissenschaftlern, die für eine wissenschaftliche Tätigkeit von deutschen Wissenschaftsorganisationen oder einer deutschen öffentlichen Stelle vermittelt werden und in diesem Zusammenhang in der Bundesrepublik Deutschland ein Stipendium aus öffentlichen Mitteln erhalten,
2. a) Gastwissenschaftlern,
   b) Ingenieuren und Technikern als technischen Mitarbeitern im Forschungsteam eines Gastwissenschaftlers und
   c) Lehrpersonen und wissenschaftlichen Mitarbeitern,

   die auf Einladung an einer Hochschule oder einer öffentlich-rechtlichen, überwiegend aus öffentlichen Mitteln finanzierten oder als öffentliches Unternehmen in privater Rechtsform geführten Forschungseinrichtung tätig werden,
3. Ausländern, die für ein Studium von einer deutschen Wissenschaftsorganisation oder einer deutschen öffentlichen Stelle vermittelt werden, die Stipendien auch aus öffentlichen Mitteln vergibt, und in diesem Zusammenhang in der Bundesrepublik Deutschland ein Stipendium auf Grund eines auch für öffentliche Mittel verwendeten Vergabeverfahrens erhalten,
4. Forschern, die eine Aufnahmevereinbarung nach § 38f mit einer vom Bundesamt für Migration und Flüchtlinge anerkannten Forschungseinrichtung abgeschlossen haben,
5. Ausländern, die als Absolventen deutscher Auslandsschulen über eine deutsche Hochschulzugangsberechtigung verfügen und ein Studium (§ 16 Absatz 1 und 6 des Aufenthaltsgesetzes) im Bundesgebiet aufnehmen,
6. Ausländern, die an einer deutschen Auslandsschule eine internationale Hochschulzugangsberechtigung oder eine nationale Hochschulzugangsberechtigung in Verbindung mit dem Deutschen Sprachdiplom der Kultusministerkonferenz erlangt haben und ein Studium (§ 16 Absatz 1 und 6 des Aufenthaltsgesetzes) im Bundesgebiet aufnehmen, oder
7. Ausländern, die an einer mit deutschen Mitteln geförderten Schule im Ausland eine nationale Hochschulzugangsberechtigung in Verbindung mit dem Deutschen Sprachdiplom der Kultusministerkonferenz erlangt haben und ein Studium (§ 16 Absatz 1 und 6 des Aufenthaltsgesetzes) im Bundesgebiet aufnehmen.

Satz 1 gilt entsprechend, wenn der Aufenthalt aus Mitteln der Europäischen Union gefördert wird. Satz 1 gilt in den Fällen der Nummern 1 bis 4 entsprechend für den mit- oder nacheinreisenden Ehegatten oder Lebenspartner des Ausländers, wenn die Ehe oder Lebenspartnerschaft bereits bei der Einreise des Ausländers in das Bundesgebiet bestand, sowie für die minderjährigen ledigen Kinder des Ausländers.

§ 35 Zustimmungsfreiheit bei bestimmten Arbeitsaufenthalten und Praktika

Abweichend von § 31 bedarf das Visum nicht der Zustimmung der Ausländerbehörde bei Ausländern, die

1. auf Grund einer zwischenstaatlichen Vereinbarung als Gastarbeitnehmer oder als Werkvertragsarbeitnehmer tätig werden,
2. eine von der Bundesagentur für Arbeit vermittelte Beschäftigung bis zu einer Höchstdauer von neun Monaten ausüben,
3. ohne Begründung eines gewöhnlichen Aufenthalts im Bundesgebiet als Besatzungsmitglieder eines Seeschiffes tätig werden, das berechtigt ist, die Bundesflagge zu führen, und das in das internationale Seeschifffahrtsregister eingetragen ist (§ 12 des Flaggenrechtsgesetzes),
4. auf Grund einer zwischenstaatlichen Vereinbarung im Rahmen eines Ferienaufenthalts von bis zu einem Jahr eine Erwerbstätigkeit ausüben dürfen oder
5. eine Tätigkeit bis zu längstens drei Monaten ausüben wollen, für die sie nur ein Stipendium erhalten, das ausschließlich aus öffentlichen Mitteln gezahlt wird.

§ 36 Zustimmungsfreiheit bei dienstlichen Aufenthalten von Mitgliedern ausländischer Streitkräfte

Abweichend von § 31 bedarf das Visum nicht der Zustimmung der Ausländerbehörde, das einem Mitglied ausländischer Streitkräfte für einen dienstlichen Aufenthalt im Bundesgebiet erteilt wird, der auf Grund einer zwischenstaatlichen Vereinbarung stattfindet. Zwischenstaatliche Vereinbarungen, die eine Befreiung von der Visumpflicht vorsehen, bleiben unberührt.

§ 37 Zustimmungsfreiheit in sonstigen Fällen

Abweichend von § 31 Abs. 1 Satz 1 Nr. 1 und 2 bedarf das Visum nicht der Zustimmung der Ausländerbehörde für Ausländer, die im Bundesgebiet lediglich Tätigkeiten, die nach § 30 Nummer 1 bis 3 der Beschäftigungsverordnung nicht als Beschäftigung gelten, oder diesen entsprechende selbständige Tätigkeiten ausüben wollen.

§ 38 Ersatzzuständigkeit der Ausländerbehörde

Ein Ausländer kann ein nationales Visum bei der am Sitz des Auswärtigen Amtes zuständigen Ausländerbehörde einholen, soweit die Bundesrepublik Deutschland in dem Staat seines gewöhnlichen Aufenthalts keine Auslandsvertretung unterhält oder diese vorübergehend keine Visa erteilen kann und das Auswärtige Amt keine andere Auslandsvertretung zur Visumerteilung ermächtigt hat.

Abschnitt 3a
Anerkennung von Forschungseinrichtungen und Abschluss von Aufnahmevereinbarungen

§ 38a Voraussetzungen für die Anerkennung von Forschungseinrichtungen

(1) Eine öffentliche oder private Einrichtung soll auf Antrag zum Abschluss von Aufnahmevereinbarungen oder von entsprechenden Verträgen nach § 20 Abs. 1 Nr. 1 des Aufenthaltsgesetzes anerkannt werden, wenn sie im Inland Forschung betreibt. Forschung ist jede systematisch betriebene schöpferische und rechtlich zulässige Tätigkeit, die den Zweck verfolgt, den Wissensstand zu erweitern, einschließlich der Erkenntnisse über den Menschen, die Kultur und die Gesellschaft, oder solches Wissen einzusetzen, um neue Anwendungsmöglichkeiten zu finden.

(2) Der Antrag auf Anerkennung ist schriftlich beim Bundesamt für Migration und Flüchtlinge zu stellen. Er hat folgende Angaben zu enthalten:

1. Name, Rechtsform und Anschrift der Forschungseinrichtung,
2. Namen und Vornamen der gesetzlichen Vertreter der Forschungseinrichtung,
3. die Anschriften der Forschungsstätten, in denen Ausländer, mit denen Aufnahmevereinbarungen oder entsprechende Verträge abgeschlossen werden, tätig werden sollen,
4. einen Abdruck der Satzung, des Gesellschaftsvertrages, des Stiftungsgeschäfts,

eines anderen Rechtsgeschäfts oder der Rechtsnormen, aus denen sich Zweck und Gegenstand der Tätigkeit der Forschungseinrichtung ergeben, sowie

5. Angaben zur Tätigkeit der Forschungseinrichtung, aus denen hervorgeht, dass sie im Inland Forschung betreibt.

Bei öffentlichen Einrichtungen sind die Angaben zu Satz 2 Nummer 4 und 5 nicht erforderlich. Im Antragsverfahren sind amtlich vorgeschriebene Vordrucke, Eingabemasken im Internet oder Dateiformate, die mit allgemein verbreiteten Datenverarbeitungsprogrammen erzeugt werden können, zu verwenden. Das Bundesamt für Migration und Flüchtlinge stellt die jeweils gültigen Vorgaben nach Satz 3 auch im Internet zur Verfügung.

(3) Die Anerkennung kann von der Abgabe einer allgemeinen Erklärung nach § 20 Abs. 3 des Aufenthaltsgesetzes und dem Nachweis der hinreichenden finanziellen Leistungsfähigkeit zur Erfüllung einer solchen Verpflichtung abhängig gemacht werden, wenn die Tätigkeit der Forschungseinrichtung nicht überwiegend aus öffentlichen Mitteln finanziert wird. Das Bundesamt für Migration und Flüchtlinge kann auf Antrag feststellen, dass eine Forschungseinrichtung überwiegend aus öffentlichen Mitteln finanziert wird oder dass die Durchführung eines bestimmten Forschungsprojekts im öffentlichen Interesse liegt. Eine Liste der wirksamen Feststellungen nach Satz 2 kann das Bundesamt für Migration und Flüchtlinge im Internet veröffentlichen.

(4) Die Anerkennung soll auf mindestens fünf Jahre befristet werden.

(4a) Die Absätze 1 bis 4 gelten weder für staatliche oder staatlich anerkannte Hochschulen noch für andere Forschungseinrichtungen, deren Tätigkeit überwiegend aus öffentlichen Mitteln finanziert wird. Diese Hochschulen und Forschungseinrichtungen gelten als anerkannte Forschungseinrichtungen.

(5) Eine anerkannte Forschungseinrichtung ist verpflichtet, dem Bundesamt für Migration und Flüchtlinge unverzüglich Änderungen der in Absatz 2 Satz 2 Nr. 1 bis 3 genannten Verhältnisse oder eine Beendigung des Betreibens von Forschung anzuzeigen.

§ 38b Aufhebung der Anerkennung

(1) Die Anerkennung ist zu widerrufen oder die Verlängerung ist abzulehnen, wenn die Forschungseinrichtung

1. keine Forschung mehr betreibt,
2. erklärt, eine nach § 20 Abs. 1 Nr. 2 des Aufenthaltsgesetzes abgegebene Erklärung nicht mehr erfüllen zu wollen oder
3. eine Verpflichtung nach § 20 Abs. 1 Nr. 2 des Aufenthaltsgesetzes nicht mehr erfüllen kann, weil sie nicht mehr leistungsfähig ist, insbesondere weil über ihr Vermögen das Insolvenzverfahren eröffnet, die Eröffnung des Insolvenzverfahrens mangels Masse abgelehnt wird oder eine vergleichbare Entscheidung ausländischen Rechts getroffen wurde.

Hat die Forschungseinrichtung ihre Anerkennung durch arglistige Täuschung, Drohung, Gewalt oder Bestechung erlangt, ist die Anerkennung zurückzunehmen.

(2) Die Anerkennung kann widerrufen werden, wenn die Forschungseinrichtung schuldhaft Aufnahmevereinbarungen unterzeichnet hat, obwohl die in § 38f genannten Voraussetzungen nicht vorlagen.

(3) Zusammen mit der Entscheidung über die Aufhebung der Anerkennung aus den in Absatz 1 Satz 1 Nr. 2 oder 3, in Absatz 1 Satz 2 oder in Absatz 2 genannten Gründen wird ein Zeitraum bestimmt, währenddessen eine erneute Anerkennung der Forschungseinrichtung nicht zulässig ist (Sperrfrist). Die Sperrfrist darf höchstens fünf Jahre betragen. Sie gilt auch für abhängige Einrichtungen oder Nachfolgeeinrichtungen der Forschungseinrichtung.

(4) Die Ausländerbehörden und die Auslandsvertretungen haben dem Bundesamt für Migration und Flüchtlinge alle ihnen bekannten Tatsachen mitzuteilen, die Anlass für die Aufhebung der Anerkennung einer Forschungseinrichtung geben könnten.

§ 38c Mitteilungspflichten von Forschungseinrichtungen gegenüber den Ausländerbehörden

Eine Forschungseinrichtung ist verpflichtet, der zuständigen Ausländerbehörde schriftlich oder elektronisch mitzuteilen, wenn

1. Umstände vorliegen, die dazu führen können, dass eine Aufnahmevereinbarung nicht erfüllt werden kann oder die Voraussetzungen ihres Abschlusses nach § 38f Abs. 2 entfallen oder
2. ein Ausländer seine Tätigkeit für ein Forschungsvorhaben, für das sie eine Aufnahmevereinbarung abgeschlossen hat, beendet.

Die Mitteilung nach Satz 1 Nr. 1 muss unverzüglich, die Mitteilung nach Satz 1 Nr. 2 innerhalb von zwei Monaten nach Eintritt der zur Mitteilung verpflichtenden Tatsachen gemacht werden. In der Mitteilung sind neben den mitzuteilenden Tatsachen und dem Zeitpunkt ihres Eintritts die Namen, Vornamen und Staatsangehörigkeiten des Ausländers anzugeben sowie die Aufnahmevereinbarung näher zu bezeichnen.

§ 38d Beirat für Forschungsmigration

(1) Beim Bundesamt für Migration und Flüchtlinge wird ein Beirat für Forschungsmigration gebildet, der es bei der Wahrnehmung seiner Aufgaben nach diesem Abschnitt unterstützt. Die Geschäftsstelle des Beirats für Forschungsmigration wird beim Bundesamt für Migration und Flüchtlinge eingerichtet.

(2) Der Beirat für Forschungsmigration hat insbesondere die Aufgaben,

1. Empfehlungen für allgemeine Richtlinien zur Anerkennung von Forschungseinrichtungen abzugeben,
2. das Bundesamt für Migration und Flüchtlinge allgemein und bei der Prüfung einzelner Anträge zu Fragen der Forschung zu beraten,
3. festzustellen, ob ein Bedarf an ausländischen Forschern durch die Anwendung des in § 20 des Aufenthaltsgesetzes und in diesem Abschnitt geregelten Verfahrens angemessen gedeckt wird,
4. im Zusammenhang mit dem in § 20 des Aufenthaltsgesetzes und in diesem Abschnitt geregelten Verfahren etwaige Fehlentwicklungen aufzuzeigen und dabei auch Missbrauchsphänomene oder verwaltungstechnische und sonstige mit Migrationsfragen zusammenhängende Hindernisse bei der Anwerbung von ausländischen Forschern darzustellen.

(3) Der Beirat für Forschungsmigration berichtet dem Präsidenten des Bundesamtes für Migration und Flüchtlinge mindestens einmal im Kalenderjahr über die Erfüllung seiner Aufgaben.

(4) Die Mitglieder des Beirats für Forschungsmigration dürfen zur Erfüllung ihrer Aufgaben Einsicht in Verwaltungsvorgänge nehmen, die beim Bundesamt für Migration und Flüchtlinge geführt werden.

(5) Der Beirat hat neun Mitglieder. Der Präsident des Bundesamtes für Migration und Flüchtlinge beruft den Vorsitzenden und jeweils ein weiteres Mitglied des Beirats für Forschungsmigration auf Vorschlag

1. des Bundesministeriums für Bildung und Forschung oder einer von ihm bestimmten Stelle,
2. des Bundesrates,
3. der Hochschulrektorenkonferenz,
4. der Deutschen Forschungsgemeinschaft e. V.,
5. des Auswärtigen Amts oder einer von ihm bestimmten Stelle,
6. des Bundesverbandes der Deutschen Industrie und der Bundesvereinigung der Deutschen Arbeitgeberverbände,
7. des Deutschen Gewerkschaftsbundes und
8. des Deutschen Industrie- und Handelskammertags.

(6) Die Mitglieder des Beirats für Forschungsmigration werden für drei Jahre berufen.

(7) Die Tätigkeit im Beirat für Forschungsmigration ist ehrenamtlich. Den Mitgliedern werden Reisekosten entsprechend den Be-

stimmungen des Bundesreisekostengesetzes erstattet. Das Bundesamt für Migration und Flüchtlinge kann jedem Mitglied zudem Büromittelkosten in einer Höhe von jährlich nicht mehr als 200 Euro gegen Einzelnachweis erstatten.

(8) Der Beirat für Forschungsmigration gibt sich eine Geschäftsordnung, die der Genehmigung des Präsidenten des Bundesamtes für Migration und Flüchtlinge bedarf.

§ 38e Veröffentlichungen durch das Bundesamt für Migration und Flüchtlinge

Das Bundesamt für Migration und Flüchtlinge veröffentlicht im Internet eine aktuelle Liste der Bezeichnungen und Anschriften der anerkannten Forschungseinrichtungen und über den Umstand der Abgabe oder des Endes der Wirksamkeit von Erklärungen nach § 20 Abs. 3 des Aufenthaltsgesetzes. Die genaue Fundstelle der Liste gibt das Bundesamt für Migration und Flüchtlinge auf seiner Internetseite bekannt.

§ 38f Inhalt und Voraussetzungen der Unterzeichnung der Aufnahmevereinbarung oder eines entsprechenden Vertrages

(1) Eine Aufnahmevereinbarung oder ein entsprechender Vertrag muss folgende Angaben enthalten:

1. die Verpflichtung des Ausländers, sich darum zu bemühen, das Forschungsvorhaben abzuschließen,
2. die Verpflichtung der Forschungseinrichtung, den Ausländer zur Durchführung des Forschungsvorhabens aufzunehmen,
3. die Angaben zum wesentlichen Inhalt des Rechtsverhältnisses, das zwischen der Forschungseinrichtung und dem Ausländer begründet werden soll, wenn ihm eine Aufenthaltserlaubnis nach § 20 des Aufenthaltsgesetzes erteilt wird, insbesondere zum Umfang der Tätigkeit des Ausländers und zum Gehalt,
4. eine Bestimmung, wonach die Aufnahmevereinbarung oder der entsprechende Vertrag unwirksam wird, wenn dem Ausländer keine Aufenthaltserlaubnis nach § 20 des Aufenthaltsgesetzes erteilt wird,
5. Beginn und voraussichtlichen Abschluss des Forschungsvorhabens sowie
6. Angaben zum beabsichtigten Aufenthalt zum Zweck der Forschung in einem oder mehreren weiteren Mitgliedstaaten der Europäischen Union im Anwendungsbereich der Richtlinie (EU) 2016/801, soweit diese Absicht bereits zum Zeitpunkt der Antragstellung besteht.

(2) Eine Forschungseinrichtung kann eine Aufnahmevereinbarung oder einen entsprechenden Vertrag nur wirksam abschließen, wenn

1. feststeht, dass das Forschungsvorhaben durchgeführt wird, insbesondere, dass über seine Durchführung von den zuständigen Stellen innerhalb der Forschungseinrichtung nach Prüfung seines Zwecks, seiner Dauer und seiner Finanzierung abschließend entschieden worden ist,
2. der Ausländer, der das Forschungsvorhaben durchführen soll, dafür geeignet und befähigt ist, über den in der Regel hierfür notwendigen Hochschulabschluss verfügt, der Zugang zu Doktoratsprogrammen ermöglicht, und
3. der Lebensunterhalt des Ausländers gesichert ist.

Abschnitt 4
Einholung des Aufenthaltstitels im Bundesgebiet

§ 39 Verlängerung eines Aufenthalts im Bundesgebiet für längerfristige Zwecke

Über die im Aufenthaltsgesetz geregelten Fälle hinaus kann ein Ausländer einen Aufenthaltstitel im Bundesgebiet einholen oder verlängern lassen, wenn

1. er ein nationales Visum (§ 6 Absatz 3 des Aufenthaltsgesetzes) oder eine Aufenthaltserlaubnis besitzt,
2. er vom Erfordernis des Aufenthaltstitels befreit ist und die Befreiung nicht auf einen Teil des Bundesgebiets oder auf ei-

nen Aufenthalt bis zu längstens sechs Monaten beschränkt ist,

3. er Staatsangehöriger eines in Anhang II der Verordnung (EG) Nr. 539/2001 aufgeführten Staates ist und sich rechtmäßig im Bundesgebiet aufhält oder ein gültiges Schengen-Visum für kurzfristige Aufenthalte (§ 6 Absatz 1 Nummer 1 des Aufenthaltsgesetzes) besitzt, sofern die Voraussetzungen eines Anspruchs auf Erteilung eines Aufenthaltstitels nach der Einreise entstanden sind, es sei denn, es handelt sich um einen Anspruch nach den §§ 16, 17b oder 18d des Aufenthaltsgesetzes,
4. er eine Aufenthaltsgestattung nach dem Asylgesetz besitzt und die Voraussetzungen des § 10 Abs. 1 oder 2 des Aufenthaltsgesetzes vorliegen,
5. seine Abschiebung nach § 60a des Aufenthaltsgesetzes ausgesetzt ist und er auf Grund einer Eheschließung oder der Begründung einer Lebenspartnerschaft im Bundesgebiet oder der Geburt eines Kindes während seines Aufenthalts im Bundesgebiet einen Anspruch auf Erteilung einer Aufenthaltserlaubnis erworben hat,
6. er einen von einem anderen Schengen-Staat ausgestellten Aufenthaltstitel besitzt und auf Grund dieses Aufenthaltstitels berechtigt ist, sich im Bundesgebiet aufzuhalten, sofern die Voraussetzungen eines Anspruchs auf Erteilung eines Aufenthaltstitels erfüllt sind; § 41 Abs. 3 findet Anwendung,
7. er seit mindestens 18 Monaten eine Blaue Karte EU besitzt, die von einem anderen Mitgliedstaat der Europäischen Union ausgestellt wurde, und er für die Ausübung einer hochqualifizierten Beschäftigung eine Blaue Karte EU beantragt. Gleiches gilt für seine Familienangehörigen, die im Besitz eines Aufenthaltstitels zum Familiennachzug sind, der von demselben Staat ausgestellt wurde wie die Blaue Karte EU des Ausländers. Die Anträge auf die Blaue Karte EU sowie auf die Aufenthaltserlaubnisse zum Familiennachzug sind innerhalb eines Monats nach Einreise in das Bundesgebiet zu stellen,
8. er die Verlängerung einer ICT-Karte nach § 19b des Aufenthaltsgesetzes beantragt,
9. er
   a) einen gültigen Aufenthaltstitel eines anderen Mitgliedstaates besitzt, der ausgestellt worden ist nach der Richtlinie 2014/66/EU des Europäischen Parlaments und des Rates vom 15. Mai 2014 über die Bedingungen für die Einreise und den Aufenthalt von Drittstaatsangehörigen im Rahmen eines unternehmensinternen Transfers (ABl. L 157 vom 27. 5. 2014, S. 1), und
   b) eine Mobiler-ICT-Karte nach § 19d des Aufenthaltsgesetzes beantragt oder eine Aufenthaltserlaubnis zum Zweck des Familiennachzugs zu einem Inhaber einer Mobiler-ICT-Karte nach § 19d des Aufenthaltsgesetzes beantragt,
10. er
   a) einen gültigen Aufenthaltstitel eines anderen Mitgliedstaates besitzt, der ausgestellt worden ist nach der Richtlinie (EU) 2016/801 des Europäischen Parlaments und des Rates vom 11. Mai 2016 über die Bedingungen für die Einreise und den Aufenthalt von Drittstaatsangehörigen zu Forschungs- oder Studienzwecken, zur Absolvierung eines Praktikums, zur Teilnahme an einem Freiwilligendienst, Schüleraustauschprogrammen oder Bildungsvorhaben und zur Ausübung einer Au-pair-Tätigkeit (ABl. L 132 vom 21. 5. 2016, S. 21), und
   b) eine Aufenthaltserlaubnis nach § 20b des Aufenthaltsgesetzes beantragt oder eine Aufenthaltserlaubnis zum Zweck des Familiennachzugs zu einem Inhaber einer Aufenthaltserlaubnis nach § 20b des Aufenthaltsgesetzes beantragt oder
11. er vor Ablauf der Arbeitserlaubnis oder der Arbeitserlaubnisse zum Zweck der Saisonbeschäftigung, die ihm nach § 15a Absatz 1 Satz 1 Nummer 1 der Beschäf-

tigungsverordnung erteilt wurde oder wurden, einen Aufenthaltstitel zum Zweck der Saisonbeschäftigung bei demselben oder einem anderen Arbeitgeber beantragt; dieser Aufenthaltstitel gilt bis zur Entscheidung der Ausländerbehörde als erteilt.

Satz 1 gilt nicht, wenn eine ICT-Karte nach § 19b des Aufenthaltsgesetzes beantragt wird.

§ 40 Verlängerung eines visumfreien Kurzaufenthalts

Staatsangehörige der in Anhang II der Verordnung (EG) Nr. 539/2001 aufgeführten Staaten können nach der Einreise eine Aufenthaltserlaubnis für einen weiteren Aufenthalt von längstens 90 Tagen, der sich an einen Kurzaufenthalt anschließt, einholen, wenn

1. ein Ausnahmefall im Sinne des Artikels 20 Abs. 2 des Schengener Durchführungsübereinkommens vorliegt und
2. der Ausländer im Bundesgebiet keine Erwerbstätigkeit mit Ausnahme der in § 17 Abs. 2 genannten Tätigkeiten ausübt.

§ 41 Vergünstigung für Angehörige bestimmter Staaten

(1) Staatsangehörige von Australien, Israel, Japan, Kanada, der Republik Korea, von Neuseeland und der Vereinigten Staaten von Amerika können auch für einen Aufenthalt, der kein Kurzaufenthalt ist, visumfrei in das Bundesgebiet einreisen und sich darin aufhalten. Ein erforderlicher Aufenthaltstitel kann im Bundesgebiet eingeholt werden.

(2) Dasselbe gilt für Staatsangehörige von Andorra, Brasilien, El Salvador, Honduras, Monaco und San Marino, die keine Erwerbstätigkeit mit Ausnahme der in § 17 Abs. 2 genannten Tätigkeiten ausüben wollen.

(3) Ein erforderlicher Aufenthaltstitel ist innerhalb von 90 Tagen nach der Einreise zu beantragen. Die Antragsfrist endet vorzeitig, wenn der Ausländer ausgewiesen wird oder sein Aufenthalt nach § 12 Abs. 4 des Aufenthaltsgesetzes zeitlich beschränkt wird.

(4) Die Absätze 1 bis 3 gelten nicht, wenn eine ICT-Karte nach § 19b des Aufenthaltsgesetzes beantragt wird.

Abschnitt 5
Aufenthalt aus völkerrechtlichen, humanitären oder politischen Gründen

§ 42 Antragstellung auf Verlegung des Wohnsitzes

Ein Ausländer, der auf Grund eines Beschlusses des Rates der Europäischen Union gemäß der Richtlinie 2001/55/EG des Rates vom 20. Juli 2001 über Mindestnormen für die Gewährung vorübergehenden Schutzes im Falle eines Massenzustroms von Vertriebenen und Maßnahmen zur Förderung einer ausgewogenen Verteilung der Belastungen, die mit der Aufnahme dieser Personen und den Folgen dieser Aufnahme verbunden sind, auf die Mitgliedstaaten (ABl. EG Nr. L 212 S. 12) nach § 24 Abs. 1 des Aufenthaltsgesetzes im Bundesgebiet aufgenommen wurde, kann bei der zuständigen Ausländerbehörde einen Antrag auf die Verlegung seines Wohnsitzes in einen anderen Mitgliedstaat der Europäischen Union stellen. Die Ausländerbehörde leitet den Antrag an das Bundesamt für Migration und Flüchtlinge weiter. Dieses unterrichtet den anderen Mitgliedstaat, die Europäische Kommission und den Hohen Flüchtlingskommissar der Vereinten Nationen über den gestellten Antrag.

§ 43 Verfahren bei Zustimmung des anderen Mitgliedstaates zur Wohnsitzverlegung

(1) Sobald der andere Mitgliedstaat sein Einverständnis mit der beantragten Wohnsitzverlegung erklärt hat, teilt das Bundesamt für Migration und Flüchtlinge unverzüglich der zuständigen Ausländerbehörde mit,

1. wo und bei welcher Behörde des anderen Mitgliedstaates sich der aufgenommene Ausländer melden soll und
2. welcher Zeitraum für die Ausreise zur Verfügung steht.

(2) Die Ausländerbehörde legt nach Anhörung des aufgenommenen Ausländers einen Zeitpunkt für die Ausreise fest und teilt diesen dem Bundesamt für Migration und Flüchtlinge mit. Dieses unterrichtet den anderen Mitgliedstaat über die Einzelheiten der

Ausreise und stellt dem Ausländer die hierfür vorgesehene Bescheinigung über die Wohnsitzverlegung aus, die der zuständigen Ausländerbehörde zur Aushändigung an den Ausländer übersandt wird.

Kapitel 3
Gebühren

§ 44 Gebühren für die Niederlassungserlaubnis

An Gebühren sind zu erheben

1. für die Erteilung einer Niederlassungserlaubnis für Hochqualifizierte (§ 19 Abs. 1 des Aufenthaltsgesetzes) 147 Euro,
2. für die Erteilung einer Niederlassungserlaubnis zur Ausübung einer selbständigen Tätigkeit (§ 21 Abs. 4 des Aufenthaltsgesetzes) 124 Euro,
3. für die Erteilung einer Niederlassungserlaubnis in allen übrigen Fällen 113 Euro.

§ 44a Gebühren für die Erlaubnis zum Daueraufenthalt – EU

An Gebühren sind zu erheben 109 Euro.

§ 45 Gebühren für die Aufenthaltserlaubnis, die Blaue Karte EU, die ICT-Karte und die Mobiler-ICT-Karte

An Gebühren sind zu erheben

1. für die Erteilung einer Aufenthaltserlaubnis, einer Blauen Karte EU oder einer ICT-Karte
   a) mit einer Geltungsdauer von bis zu einem Jahr 100 Euro,
   b) mit einer Geltungsdauer von mehr als einem Jahr 100 Euro,
2. für die Verlängerung einer Aufenthaltserlaubnis, einer Blauen Karte EU oder einer ICT-Karte
   a) für einen weiteren Aufenthalt von bis zu drei Monaten 96 Euro,
   b) für einen weiteren Aufenthalt von mehr als drei Monaten 93 Euro,
3. für die durch einen Wechsel des Aufenthaltszwecks veranlasste Änderung der Aufenthaltserlaubnis einschließlich deren Verlängerung 98 Euro,
4. für die Erteilung einer Mobiler-ICT-Karte 80 Euro,
5. für die Verlängerung einer Mobiler-ICT-Karte 70 Euro.

§ 45a Gebühren für den elektronischen Identitätsnachweis

(1) Für die Einschaltung des elektronischen Identitätsnachweises in einem Dokument nach § 78 des Aufenthaltsgesetzes ist eine Gebühr von 6 Euro zu erheben. Dies gilt nicht, wenn der elektronische Identitätsnachweis bei Aushändigung des Dokuments erstmals eingeschaltet wird.

(2) Für die Einleitung der Neusetzung der Geheimnummer ist eine Gebühr von 6 Euro zu erheben. Sie ist nicht zu erheben, wenn die Einleitung der Neusetzung mit einer gebührenpflichtigen Amtshandlung nach Absatz 1 zusammenfällt.

(3) Für die Entsperrung des elektronischen Identitätsnachweises in einem Dokument nach § 78 des Aufenthaltsgesetzes ist eine Gebühr von 6 Euro zu erheben.

(4) Gebührenfrei sind

1. die erstmalige Einschaltung des elektronischen Identitätsnachweises nach Vollendung des 16. Lebensjahres,
2. die Ausschaltung des elektronischen Identitätsnachweises,
3. die Sperrung des elektronischen Identitätsnachweises und
4. die Änderung der Anschrift im elektronischen Speicher- und Verarbeitungsmedium sowie das Aufbringen eines Aufklebers zur Anschriftenänderung.

§ 45b Gebühren für Aufenthaltstitel in Ausnahmefällen

(1) Für die Ausstellung eines Aufenthaltstitels in den Fällen des § 78a Absatz 1 Satz 1 Nummer 1 des Aufenthaltsgesetzes ist eine Gebühr in Höhe von 50 Euro zu erheben.

I

(2) Für die Ausstellung eines Aufenthaltstitels in den Fällen des § 78a Absatz 1 Satz 1 Nummer 2 des Aufenthaltsgesetzes ermäßigt sich die nach den §§ 44, 44a oder § 45 zu erhebende Gebühr um 44 Euro.

§ 45c Gebühr bei Neuausstellung

(1) Für die Neuausstellung eines Dokuments nach § 78 Absatz 1 des Aufenthaltsgesetzes beträgt die Gebühr 67 Euro, wenn die Neuausstellung notwendig wird auf Grund

1. des Ablaufs der Gültigkeitsdauer des bisherigen Pass- oder Passersatzpapiers,
2. des Ablaufs der technischen Kartennutzungsdauer oder einer sonstigen Änderung der in § 78 Absatz 1 Satz 3 Nummer 1 bis 18 des Aufenthaltsgesetzes aufgeführten Angaben,
3. des Verlustes des Dokuments nach § 78 Absatz 1 des Aufenthaltsgesetzes,
4. des Verlustes der technischen Funktionsfähigkeit des elektronischen Speicher- und Verarbeitungsmediums oder
5. der Beantragung nach § 105b Satz 2 des Aufenthaltsgesetzes.

(2) Die Gebühr nach Absatz 1 Nummer 4 entfällt, wenn der Ausländer den Defekt nicht durch einen unsachgemäßen Gebrauch oder eine unsachgemäße Verwendung herbeigeführt hat.

§ 46 Gebühren für das Visum

(1) Die Erhebung von Gebühren für die Erteilung und Verlängerung von Schengen-Visa und Flughafentransitvisa richtet sich nach der Verordnung (EG) Nr. 810/2009. Ehegatten, Lebenspartner und minderjährige ledige Kinder Deutscher sowie die Eltern minderjähriger Deutscher sind von den Gebühren befreit.

(2) Die Gebührenhöhe beträgt

1. für die Erteilung eines nationalen Visums (Kategorie „D"), auch für mehrmalige Einreisen — 75 Euro,
2. für die Verlängerung eines nationalen Visums (Kategorie „D") — 25 Euro,
3. für die Verlängerung eines Schengen-Visums im Bundesgebiet über 90 Tage hinaus als nationales Visum (§ 6 Absatz 2 des Aufenthaltsgesetzes) — 60 Euro.

§ 47 Gebühren für sonstige aufenthaltsrechtliche Amtshandlungen

(1) An Gebühren sind zu erheben

1a. für die nachträgliche Aufhebung oder Verkürzung der Befristung eines Einreise- und Aufenthaltsverbots nach § 11 Absatz 4 Satz 1 des Aufenthaltsgesetzes — 169 Euro,
1b. für die nachträgliche Verlängerung der Frist für ein Einreise- und Aufenthaltsverbot nach § 11 Absatz 4 Satz 3 des Aufenthaltsgesetzes — 169 Euro,
2. für die Erteilung einer Betretenserlaubnis (§ 11 Absatz 8 des Aufenthaltsgesetzes) — 100 Euro,
3. für die Aufhebung oder Änderung einer Auflage zum Aufenthaltstitel auf Antrag — 50 Euro,
4. für einen Hinweis nach § 44a Abs. 3 Satz 1 des Aufenthaltsgesetzes in Form einer Beratung, die nach einem erfolglosen schriftlichen Hinweis zur Vermeidung der in § 44a Abs. 3 Satz 1 des Aufenthaltsgesetzes genannten Maßnahmen erfolgt, — 21 Euro,
5. für die Ausstellung einer Bescheinigung über die Aussetzung der Abschiebung (§ 60a Abs. 4 des Aufenthaltsgesetzes)
   a) nur als Klebeetikett — 58 Euro,
   b) mit Trägervordruck — 62 Euro,
6. für die Erneuerung einer Bescheinigung nach § 60a Abs. 4 des Aufenthaltsgesetzes
   a) nur als Klebeetikett — 33 Euro,
   b) mit Trägervordruck — 37 Euro,

7. für die Aufhebung oder Änderung einer Auflage zur Aussetzung der Abschiebung auf Antrag 50 Euro,
8. für die Ausstellung einer Fiktionsbescheinigung nach § 81 Abs. 5 des Aufenthaltsgesetzes 13 Euro,
9. für die Ausstellung einer Bescheinigung über das Aufenthaltsrecht oder sonstiger Bescheinigungen auf Antrag 18 Euro,
10. für die Ausstellung eines Aufenthaltstitels auf besonderem Blatt 18 Euro,
11. für die Übertragung von Aufenthaltstiteln in ein anderes Dokument in den Fällen des § 78a Absatz 1 des Aufenthaltsgesetzes 12 Euro,
12. für die Anerkennung einer Verpflichtungserklärung (§ 68 des Aufenthaltsgesetzes) 29 Euro,
13. für die Ausstellung eines Passierscheins (§ 23 Abs. 2, § 24 Abs. 2) 10 Euro,
14. für die Anerkennung einer Forschungseinrichtung (§ 38a Abs. 1), deren Tätigkeit nicht überwiegend aus öffentlichen Mitteln finanziert wird 219 Euro.

(2) Keine Gebühren sind zu erheben für Änderungen des Aufenthaltstitels, sofern diese eine Nebenbestimmung zur Ausübung einer Beschäftigung betreffen.

(3) Für die Ausstellung einer Aufenthaltskarte (§ 5 Absatz 1 Satz 1 des Freizügigkeitsgesetzes/EU) und die Ausstellung einer Daueraufenthaltskarte (§ 5 Absatz 5 Satz 2 des Freizügigkeitsgesetzes/EU) ist jeweils eine Gebühr in Höhe von 28,80 Euro zu erheben. Wird die Aufenthaltskarte oder die Daueraufenthaltskarte für eine Person ausgestellt, die

1. zum Zeitpunkt der Mitteilung der erforderlichen Angaben nach § 5 Absatz 1 Satz 1 des Freizügigkeitsgesetzes/EU oder

2. zum Zeitpunkt der Antragstellung nach § 5 Absatz 5 Satz 2 des Freizügigkeitsgesetzes/EU

noch nicht 24 Jahre alt ist, beträgt die Gebühr jeweils 22,80 Euro. Die Gebühren nach Satz 1 oder Satz 2 sind auch zu erheben, wenn eine Neuausstellung der Aufenthaltskarte oder Daueraufenthaltskarte aus den in § 45c Absatz 1 genannten Gründen notwendig wird; § 45c Absatz 2 gilt entsprechend. Für die Ausstellung einer Bescheinigung des Daueraufenthalts (§ 5 Absatz 5 Satz 1 des Freizügigkeitsgesetzes/EU) ist eine Gebühr in Höhe von 10 Euro zu erheben.

(4) Sollen eine Aufenthaltskarte (§ 5 Absatz 1 Satz 1 des Freizügigkeitsgesetzes/EU) oder eine Daueraufenthaltskarte (§ 5 Absatz 5 Satz 2 des Freizügigkeitsgesetzes/EU) in den Fällen des § 78a Absatz 1 des Aufenthaltsgesetzes auf einheitlichem Vordruckmuster ausgestellt werden, ist jeweils eine Gebühr in Höhe von 10 Euro zu erheben.

Mit Geltung ab 01.03.2020 wird durch das Fachkräfteeinwanderungsgesetz in § 47 Absatz 1 eine Ziffer 15 mit folgendem Inhalt angefügt (Wortlaut des am 01.03.2020 geltenden § 81a AufenthG ist in Leitziffer VI.0 zu finden):

15 für die Durchführung des beschleunigten Fachkräfteverfahrens nach § 81a des Aufenthaltsgesetzes 411 Euro

§ 48 Gebühren für pass- und ausweisrechtliche Maßnahmen

(1) An Gebühren sind zu erheben

1a. für die Ausstellung eines Reiseausweises für Ausländer (§ 4 Absatz 1 Satz 1 Nummer 1) 100 Euro,
1b. für die Ausstellung eines Reiseausweises für Ausländer (§ 4 Absatz 1 Satz 1 Nummer 1) bis zum vollendeten 24. Lebensjahr 97 Euro,
1c. für die Ausstellung eines Reiseausweises für Flüchtlinge, eines Reiseausweises für Staatenlose (§ 4 Absatz 1 Satz 1 Nummer 3 und 4) oder eines Reiseausweises für Ausländer (§ 4 Absatz 1 Satz 1 Nummer 1), die subsidiär Schutzberechtigte im Sinne des § 4 Absatz 1 des Asylgesetzes oder Resettlement-Flüchtlinge im Sinne 60 Euro,

I

von § 23 Absatz 4 Satz 1 des Aufenthaltsgesetzes sind,

1d. für die Ausstellung eines Reiseausweises für Flüchtlinge, eines Reiseausweises für Staatenlose (§ 4 Absatz 1 Satz 1 Nummer 3 und 4) oder eines Reiseausweises für Ausländer (§ 4 Absatz 1 Satz 1 Nummer 1), die subsidiär Schutzberechtigte im Sinne des § 4 Absatz 1 des Asylgesetzes oder Resettlement-Flüchtlinge im Sinne von § 23 Absatz 4 Satz 1 des Aufenthaltsgesetzes sind, bis zum vollendeten 24. Lebensjahr 38 Euro,

1e. für die Ausstellung eines vorläufigen Reiseausweises für Ausländer (§ 4 Absatz 1 Satz 1 Nummer 1) 67 Euro,

1f. für die Ausstellung eines vorläufigen Reiseausweises für Flüchtlinge, eines vorläufigen Reiseausweises für Staatenlose (§ 4 Absatz 1 Satz 1 Nummer 3 und 4) oder eines Reiseausweises für Ausländer (§ 4 Absatz 1 Satz 1 Nummer 1), die subsidiär Schutzberechtigte im Sinne des § 4 Absatz 1 des Asylgesetzes oder Resettlement-Flüchtlinge im Sinne von § 23 Absatz 4 Satz 1 des Aufenthaltsgesetzes sind, 26 Euro,

1g. für die Ausstellung eines Reiseausweises ohne Speichermedium für Ausländer (§ 4 Absatz 1 Satz 1 Nummer 1), für Flüchtlinge, für Staatenlose (§ 4 Absatz 1 Satz 1 Nummer 3 und 4) oder für subsidiär Schutzberechtigte im Sinne des § 4 Absatz 1 des Asylgesetzes oder Resettlement-Flüchtlinge im Sinne von § 23 Absatz 4 Satz 1 des Aufenthaltsgesetzes bis zur Vollendung des zwölften Lebensjahres 14 Euro,

2. für die Verlängerung eines als vorläufiges Dokument (§ 4 Abs. 1 Satz 2) ausgestellten Reiseausweises für Ausländer, eines Reiseausweises für Flüchtlinge oder eines Reiseausweises für Staatenlose 20 Euro,

3. für die Ausstellung einer Grenzgängerkarte (§ 12) mit einer Gültigkeitsdauer von
   a) bis zu einem Jahr 61 Euro,
   b) bis zu zwei Jahren 61 Euro,

4. für die Verlängerung einer Grenzgängerkarte um
   a) bis zu einem Jahr 35 Euro,
   b) bis zu zwei Jahren 35 Euro,

5. für die Ausstellung eines Notreiseausweises (§ 4 Abs. 1 Nr. 2, § 13) 18 Euro,

6. für die Bescheinigung der Rückkehrberechtigung in das Bundesgebiet auf dem Notreiseausweis (§ 13 Abs. 4) 1 Euro,

7. für die Bestätigung auf einer Schülersammelliste (§ 4 Abs. 1 Nr. 5) 12 Euro pro Person, auf die sich die Bestätigung jeweils bezieht,

8. für die Ausstellung einer Bescheinigung über die Wohnsitzverlegung (§ 4 Abs. 1 Nr. 6, § 43 Abs. 2) 99 Euro,

9. für die Ausnahme von der Passpflicht (§ 3 Abs. 2 des Aufenthaltsgesetzes) 76 Euro,

10. für die Erteilung eines Ausweisersatzes (§ 48 Abs. 2 in Verbindung mit § 78a Absatz 4 des Aufenthaltsgesetzes) 32 Euro,

11. für die Erteilung eines Ausweisersatzes (§ 48 Absatz 2 in Verbindung mit § 78a Absatz 4 des Aufenthaltsgesetzes) im Fall des § 55 Abs. 2 21 Euro,

12. für die Verlängerung eines Ausweisersatzes (§ 48 Absatz 16 Euro,

2 in Verbindung mit § 78a Absatz 4 des Aufenthaltsgesetzes)
13. für die Änderung eines der in den Nummern 1 bis 12 bezeichneten Dokumente 15 Euro,
14. für die Umschreibung eines der in den Nummern 1 bis 12 bezeichneten Dokumente 34 Euro,
15. für die Neuausstellung eines Dokuments nach § 78 Absatz 1 Satz 1 des Aufenthaltsgesetzes mit dem Zusatz Ausweisersatz (§ 78 Absatz 1 Satz 4 des Aufenthaltsgesetzes) 72 Euro.

Wird der Notreiseausweis zusammen mit dem Passierschein (§ 23 Abs. 2 Satz 3, § 24 Abs. 2 Satz 3) ausgestellt, so wird die Gebühr nach § 47 Abs. 1 Nr. 13 auf die für den Notreiseausweis zu erhebende Gebühr angerechnet.

(2) Keine Gebühren sind zu erheben

1. für die Änderung eines der in Absatz 1 bezeichneten Dokumente, wenn die Änderung von Amts wegen eingetragen wird,
2. für die Berichtigung der Wohnortangaben in einem der in Absatz 1 bezeichneten Dokumente und
3. für die Eintragung eines Vermerks über die Eheschließung in einem Reiseausweis für Ausländer, einem Reiseausweis für Flüchtlinge oder einem Reiseausweis für Staatenlose.

§ 49 Bearbeitungsgebühren

(1) Für die Bearbeitung eines Antrages auf Erteilung einer Niederlassungserlaubnis und einer Erlaubnis zum Daueraufenthalt – EU sind Gebühren in Höhe der Hälfte der in den §§ 44, 44a und 52a Absatz 2 Nummer 1 jeweils bestimmten Gebühr zu erheben.

(2) Für die Beantragung aller übrigen gebührenpflichtigen Amtshandlungen sind Bearbeitungsgebühren in Höhe der in den §§ 45 bis 48 Abs. 1 und § 52a jeweils bestimmten Gebühr zu erheben.

(3) Eine Bearbeitungsgebühr wird nicht erhoben, wenn ein Antrag

1. ausschließlich wegen Unzuständigkeit der Behörde oder der mangelnden Handlungsfähigkeit des Antragstellers abgelehnt wird oder
2. vom Antragsteller zurückgenommen wird, bevor mit der sachlichen Bearbeitung begonnen wurde.

§ 50 Gebühren für Amtshandlungen zugunsten Minderjähriger

(1) Für individuell zurechenbare öffentliche Leistungen zugunsten Minderjähriger und die Bearbeitung von Anträgen Minderjähriger sind Gebühren in Höhe der Hälfte der in den §§ 44, 45, 45a, 45b, 45c, 46 Absatz 2, § 47 Absatz 1 und 4, § 48 Abs. 1 Satz 1 Nr. 3 bis 14 und § 49 Abs. 1 und 2 bestimmten Gebühren zu erheben. Die Gebühr für die Erteilung der Niederlassungserlaubnis nach § 35 Abs. 1 Satz 1 des Aufenthaltsgesetzes beträgt 55 Euro.

(2) Für die Verlängerung eines vorläufigen Reiseausweises für Ausländer, für Flüchtlinge oder für Staatenlose an Kinder bis zum vollendeten zwölften Lebensjahr sind jeweils 6 Euro an Gebühren zu erheben.

§ 51 Widerspruchsgebühr

(1) An Gebühren sind zu erheben für den Widerspruch gegen

1. die Ablehnung einer gebührenpflichtigen Amtshandlung die Hälfte der für die Amtshandlung nach den §§ 44 bis 48 Abs. 1, §§ 50 und 52a zu erhebenden Gebühr,
2. eine Bedingung oder eine Auflage des Visums, der Aufenthaltserlaubnis oder der Aussetzung der Abschiebung 50 Euro,
3. die Feststellung der Ausländerbehörde über die Verpflichtung zur Teilnahme an einem Integrationskurs (§ 44a Abs. 1 Satz 2 des Aufenthaltsgesetzes) 20 Euro,

3a. die verpflichtende Aufforderung zur Teilnahme an einem Integrationskurs (§ 44a Abs. 1 Satz 1 Nr. 2 des Aufenthaltsgesetzes) 50 Euro,

4. die Ausweisung 55 Euro,
5. die Abschiebungsandrohung 55 Euro,
6. eine Rückbeförderungsverfügung (§ 64 des Aufenthaltsgesetzes) 55 Euro,
7. eine Untersagungs- oder Zwangsgeldverfügung (§ 63 Abs. 2 und 3 des Aufenthaltsgesetzes) 55 Euro,
8. die Anordnung einer Sicherheitsleistung (§ 66 Abs. 5 des Aufenthaltsgesetzes) 55 Euro,
9. einen Leistungsbescheid (§ 67 Abs. 3 des Aufenthaltsgesetzes) 55 Euro,
10. den Widerruf oder die Rücknahme der Anerkennung einer Forschungseinrichtung (§ 38b Abs. 1 oder 2), deren Tätigkeit nicht überwiegend aus öffentlichen Mitteln finanziert wird 55 Euro,
11. die Zurückschiebung (§ 57 des Aufenthaltsgesetzes) 55 Euro.

(2) Eine Gebühr nach Absatz 1 Nr. 5 wird nicht erhoben, wenn die Abschiebungsandrohung nur mit der Begründung angefochten wird, dass der Verwaltungsakt aufzuheben ist, auf dem die Ausreisepflicht beruht.

(3) § 49 Abs. 3 gilt entsprechend.

§ 52 Befreiungen und Ermäßigungen

(1) Ehegatten, Lebenspartner und minderjährige ledige Kinder Deutscher sowie die Eltern minderjähriger Deutscher sind von den Gebühren für die Erteilung eines nationalen Visums befreit.

(2) Bei Staatsangehörigen der Schweiz ermäßigt sich die Gebühr nach § 45 für die Erteilung oder Verlängerung einer Aufenthaltserlaubnis, die auf Antrag als Dokument mit elektronischem Speicher- und Verarbeitungsmedium nach § 78 Absatz 1 Satz 2 des Aufenthaltsgesetzes ausgestellt wird, auf 28,80 Euro. Wird die Aufenthaltserlaubnis für eine Person ausgestellt, die zum Zeitpunkt der Antragstellung noch nicht 24 Jahre alt ist, ermäßigt sich die Gebühr auf 22,80 Euro. Die Gebühren nach den Sätzen 1 und 2 sind auch zu erheben, wenn eine Neuausstellung der Aufenthaltserlaubnis aus den in § 45c Absatz 1 genannten Gründen notwendig wird; § 45c Absatz 2 gilt entsprechend. Für die Erteilung oder Verlängerung einer Aufenthaltserlaubnis, die Staatsangehörigen der Schweiz auf einem Vordruckmuster nach § 58 Satz 1 Nummer 13 ausgestellt wird, ermäßigt sich die Gebühr auf 8 Euro. Die Gebühr für die Ausstellung oder Verlängerung einer Grenzgängerkarte nach § 48 Absatz 1 Satz 1 Nummer 3 und 4 ermäßigt sich bei Staatsangehörigen der Schweiz auf 8 Euro. Die Gebühren nach § 47 Absatz 1 Nummer 8 für die Ausstellung einer Fiktionsbescheinigung und nach § 49 Absatz 2 für die Bearbeitung von Anträgen auf Vornahme der in den Sätzen 1 bis 5 genannten Amtshandlungen entfallen bei Staatsangehörigen der Schweiz.

(3) Asylberechtigte, Resettlement-Flüchtlinge im Sinne von § 23 Absatz 4 Satz 1 des Aufenthaltsgesetzes und sonstige Ausländer, die im Bundesgebiet die Rechtsstellung ausländischer Flüchtlinge oder subsidiär Schutzberechtigter im Sinne des § 4 Absatz 1 des Asylgesetzes genießen, sind von den Gebühren nach

1. § 44 Nr. 3, § 45c Absatz 1 Nummer 1 und 2, § 45b und § 47 Abs. 1 Nr. 11 für die Erteilung, Neuausstellung sowie Ausstellung und Übertragung der Niederlassungserlaubnis in Ausnahmefällen,
2. § 45 Nr. 1 und 2, § 45c Absatz 1 Nummer 1 und 2, § 45b und § 47 Abs. 1 Nr. 11 für die Erteilung, Verlängerung, Neuausstellung sowie Ausstellung und Übertragung der Aufenthaltserlaubnis in Ausnahmefällen,
3. § 47 Abs. 1 Nr. 8 für die Ausstellung einer Fiktionsbescheinigung,
4. § 49 Abs. 1 und 2 für die Bearbeitung von Anträgen auf Vornahme der in den Nummern 1 und 2 genannten Amtshandlungen sowie
5. § 45a für die Vornahme der den elektronischen Identitätsnachweis betreffenden Amtshandlungen

befreit.

(4) Personen, die aus besonders gelagerten politischen Interessen der Bundesrepublik Deutschland ein Aufenthaltsrecht nach § 23

Abs. 2 des Aufenthaltsgesetzes erhalten, sind von den Gebühren nach

1. § 44 Nr. 3, § 45c Absatz 1 Nummer 1 und 2, § 45b und § 47 Abs. 1 Nr. 11 für die Erteilung, Neuausstellung sowie Ausstellung und Übertragung der Niederlassungserlaubnis in Ausnahmefällen,
2. § 49 Abs. 1 und 2 für die Bearbeitung von Anträgen auf Vornahme der in Nummer 1 genannten Amtshandlungen sowie
3. § 45a für die Vornahme der den elektronischen Identitätsnachweis betreffenden Amtshandlungen

befreit.

(5) Ausländer, die für ihren Aufenthalt im Bundesgebiet ein Stipendium aus öffentlichen Mitteln erhalten, sind von den Gebühren nach

1. § 46 Absatz 2 Nummer 1 für die Erteilung eines nationalen Visums,
2. § 45 Nr. 1 und 2, § 45c Absatz 1 Nummer 1 und 2, § 45b und § 47 Abs. 1 Nr. 11 für die Erteilung, Verlängerung, Neuausstellung sowie Ausstellung und Übertragung der Aufenthaltserlaubnis in Ausnahmefällen,
3. § 47 Abs. 1 Nr. 8 für die Erteilung einer Fiktionsbescheinigung,
4. § 49 Abs. 2 für die Bearbeitung von Anträgen auf Vornahme der in Nummer 2 genannten Amtshandlungen sowie
5. § 45a für die Vornahme der den elektronischen Identitätsnachweis betreffenden Amtshandlungen

befreit. Satz 1 Nr. 1 gilt auch für die Ehegatten oder Lebenspartner und minderjährigen ledigen Kinder, soweit diese in die Förderung einbezogen sind.

(6) Zugunsten von Ausländern, die im Bundesgebiet kein Arbeitsentgelt beziehen und nur eine Aus-, Fort- oder Weiterbildung oder eine Umschulung erhalten, können die in Absatz 5 bezeichneten Gebühren ermäßigt oder kann von ihrer Erhebung abgesehen werden.

(7) Die zu erhebende Gebühr kann in Einzelfällen erlassen oder ermäßigt werden, wenn dies der Förderung kultureller oder sportlicher Interessen, außenpolitischer, entwicklungspolitscher oder sonstiger erheblicher öffentlicher Interessen dient oder humanitäre Gründe hat.

(8) Schüler, Studenten, postgraduierte Studenten und begleitende Lehrer im Rahmen einer Reise zu Studien- oder Ausbildungszwecken und Forscher aus Drittstaaten im Sinne der Empfehlung 2005/761/EG des Europäischen Parlaments und des Rates vom 28. September 2005 zur Erleichterung der Ausstellung einheitlicher Visa durch die Mitgliedstaaten für den kurzfristigen Aufenthalt an Forscher aus Drittstaaten, die sich zu Forschungszwecken innerhalb der Gemeinschaft bewegen (ABl. EU Nr. L 289 S. 23), sind von den Gebühren nach § 46 Nr. 1 und 2 befreit.

§ 52a Befreiung und Ermäßigung bei Assoziationsberechtigung

(1) Assoziationsberechtigte im Sinne dieser Vorschrift sind Ausländer, für die das Assoziationsrecht EU-Türkei auf Grund des Abkommens vom 12. September 1963 zur Gründung einer Assoziation zwischen der Europäischen Wirtschaftsgemeinschaft und der Türkei (BGBl. 1964 II S. 509, 510) Anwendung findet.

(2) Für Assoziationsberechtigte sind die §§ 44 bis 50 mit folgenden Maßgaben anzuwenden. Die Gebühr beträgt:

1. für Aufenthaltstitel nach den §§ 44 bis 45, 45c Absatz 1 und § 48 Absatz 1 Satz 1 Nummer 15,
   a) die für eine Person ausgestellt werden, die zum Zeitpunkt der Antragstellung 24 Jahre oder älter ist, 28,80 Euro,
   b) die für eine Person ausgestellt werden, die zum Zeitpunkt der Antragstellung noch nicht 24 Jahre alt ist, wobei § 50 Absatz 1 nicht anzuwenden ist, 22,80 Euro,
2. in den Fällen des § 45b Absatz 2 und des § 47 Absatz 1 Nummer 11 jeweils in Verbindung mit § 44 oder mit § 44a 8 Euro.

(3) Von folgenden Gebühren sind die in Absatz 1 genannten Ausländer befreit:

1. von der nach § 45b Absatz 1 und der nach § 45b Absatz 2 in Verbindung mit § 45 jeweils zu erhebenden Gebühr,
2. von der nach § 47 Absatz 1 Nummer 3 und 8 bis 10 und der nach § 47 Absatz 1 Nummer 11 in Verbindung mit § 45 jeweils zu erhebenden Gebühr,
3. von der nach § 48 Absatz 1 Satz 1 Nummer 3, 4, 8 und 10 bis 12 jeweils zu erhebenden Gebühr und
4. von der nach § 48 Absatz 1 Satz 1 Nummer 13 und 14 jeweils zu erhebenden Gebühr, soweit sie sich auf die Änderung oder Umschreibung der in § 48 Absatz 1 Satz 1 Nummer 3, 4, 8 und 10 bis 12 genannten Dokumente bezieht.

§ 53 Befreiung und Ermäßigung aus Billigkeitsgründen

(1) Ausländer, die ihren Lebensunterhalt nicht ohne Inanspruchnahme von Leistungen nach dem Zweiten oder Zwölften Buch Sozialgesetzbuch oder dem Asylbewerberleistungsgesetz bestreiten können, sind von den Gebühren nach

1. § 45 Nr. 1 und 2 für die Erteilung oder Verlängerung der Aufenthaltserlaubnis,
2. § 47 Abs. 1 Nr. 5 und 6 für die Ausstellung oder Erneuerung der Bescheinigung über die Aussetzung der Abschiebung (§ 60a Abs. 4 des Aufenthaltsgesetzes),
3. § 47 Abs. 1 Nr. 3 und 7 für die Aufhebung oder Änderung einer Auflage zur Aufenthaltserlaubnis oder zur Aussetzung der Abschiebung,
4. § 47 Abs. 1 Nr. 4 für den Hinweis in Form der Beratung,
5. § 47 Abs. 1 Nr. 8 für die Ausstellung einer Fiktionsbescheinigung,
6. § 47 Abs. 1 Nr. 10 für die Ausstellung des Aufenthaltstitels auf besonderem Blatt,
7. § 47 Abs. 1 Nr. 11 für die Übertragung eines Aufenthaltstitels in ein anderes Dokument und § 45c Absatz 1 Nummer 1 und 2 für die Neuausstellung eines Dokuments nach § 78 Absatz 1 des Aufenthaltsgesetzes,
8. § 48 Abs. 1 Nr. 10 und 12 für die Erteilung und Verlängerung eines Ausweisersatzes,
9. § 49 Abs. 2 für die Bearbeitung von Anträgen auf Vornahme der in den Nummern 1 bis 3 und 6 bis 8 bezeichneten Amtshandlungen und
10. § 45a für die Vornahme der den elektronischen Identitätsnachweis betreffenden Amtshandlungen

befreit; sonstige Gebühren können ermäßigt oder von ihrer Erhebung kann abgesehen werden.

(2) Gebühren können ermäßigt oder von ihrer Erhebung kann abgesehen werden, wenn es mit Rücksicht auf die wirtschaftlichen Verhältnisse des Gebührenpflichtigen in Deutschland geboten ist.

§ 54 Zwischenstaatliche Vereinbarungen

Zwischenstaatliche Vereinbarungen über die Befreiung oder die Höhe von Gebühren werden durch die Regelungen in diesem Kapitel nicht berührt.

Kapitel 4 Ordnungsrechtliche Vorschriften

§ 55 Ausweisersatz

(1) Einem Ausländer,

1. der einen anerkannten und gültigen Pass oder Passersatz nicht besitzt und nicht in zumutbarer Weise erlangen kann oder
2. dessen Pass oder Passersatz einer inländischen Behörde vorübergehend überlassen wurde,

wird auf Antrag ein Ausweisersatz (§ 48 Abs. 2 in Verbindung mit § 78 Absatz 1 Satz 4 oder § 78a Absatz 4 des Aufenthaltsgesetzes) ausgestellt, sofern er einen Aufenthaltstitel besitzt oder seine Abschiebung ausgesetzt ist. Eines Antrages bedarf es nicht, wenn ein Antrag des Ausländers auf Ausstellung eines Reiseausweises für Ausländer, eines Reiseausweises für Flüchtlinge oder eines Reiseausweises für Staatenlose abgelehnt wird und die Voraussetzungen des Satzes 1 erfüllt sind. § 5 Abs. 2 gilt entsprechend.

(2) Einem Ausländer, dessen Pass oder Passersatz der im Inland belegenen oder für das Bundesgebiet konsularisch zuständigen Vertretung eines auswärtigen Staates zur Durchführung eines Visumverfahrens vorübergehend überlassen wurde, kann auf Antrag ein Ausweisersatz ausgestellt werden, wenn dem Ausländer durch seinen Herkunftsstaat kein weiterer Pass oder Passersatz ausgestellt wird.

(3) Die Gültigkeitsdauer des Ausweisersatzes richtet sich nach der Gültigkeit des Aufenthaltstitels oder der Dauer der Aussetzung der Abschiebung, sofern keine kürzere Gültigkeitsdauer eingetragen ist.

§ 56 Ausweisrechtliche Pflichten

(1) Ein Ausländer, der sich im Bundesgebiet aufhält, ist verpflichtet,

1. in Fällen, in denen er keinen anerkannten und gültigen Pass oder Passersatz besitzt, unverzüglich, ansonsten so rechtzeitig vor Ablauf der Gültigkeitsdauer seines Passes oder Passersatzes die Verlängerung oder Neuausstellung eines Passes oder Passersatzes zu beantragen, dass mit der Neuerteilung oder Verlängerung innerhalb der Gültigkeitsdauer des bisherigen Passes oder Passersatzes gerechnet werden kann,
2. unverzüglich einen neuen Pass oder Passersatz zu beantragen, wenn der bisherige Pass oder Passersatz aus anderen Gründen als wegen Ablaufs der Gültigkeitsdauer ungültig geworden oder abhanden gekommen ist,
3. unverzüglich einen neuen Pass oder Passersatz oder die Änderung seines bisherigen Passes oder Passersatzes zu beantragen, sobald im Pass oder Passersatz enthaltene Angaben unzutreffend sind,
4. unverzüglich einen Ausweisersatz zu beantragen, wenn die Ausstellungsvoraussetzungen nach § 55 Abs. 1 oder 2 erfüllt sind und keine deutscher Passersatz beantragt wurde,
5. der für den Wohnort, ersatzweise den Aufenthaltsort im Inland zuständigen Ausländerbehörde oder einer anderen nach Landesrecht zuständigen Stelle unverzüglich den Verlust und das Wiederauffinden seines Passes, seines Passersatzes oder seines Ausweisersatzes anzuzeigen; bei Verlust im Ausland kann die Anzeige auch gegenüber einer deutschen Auslandsvertretung erfolgen, welche die zuständige oder zuletzt zuständige Ausländerbehörde unterrichtet,
6. einen wiederaufgefundenen Pass oder Passersatz unverzüglich zusammen mit sämtlichen nach dem Verlust ausgestellten Pässen oder in- oder ausländischen Passersatzpapieren der für den Wohnort, ersatzweise den Aufenthaltsort im Inland zuständigen Ausländerbehörde vorzulegen, selbst wenn er den Verlust des Passes oder Passersatzes nicht angezeigt hat; bei Verlust im Ausland kann die Vorlage auch bei einer deutschen Auslandsvertretung erfolgen, welche die zuständige oder zuletzt zuständige Ausländerbehörde unterrichtet,
7. seinen deutschen Passersatz unverzüglich nach Ablauf der Gültigkeitsdauer oder, sofern eine deutsche Auslandsvertretung dies durch Eintragung im Passersatz angeordnet hat, nach der Einreise der zuständigen Ausländerbehörde vorzulegen; dies gilt nicht für Bescheinigungen über die Wohnsitzverlegung (§ 43 Abs. 2), Europäische Reisedokumente für die Rückkehr (§ 1 Abs. 8) und für Schülersammellisten (§ 1 Abs. 5), und
8. seinen Pass oder Passersatz zur Anbringung von Vermerken über Ort und Zeit der Ein- und Ausreise, des Antreffens im Bundesgebiet sowie über Maßnahmen und Entscheidungen nach dem Aufenthaltsgesetz in seinem Pass oder Passersatz durch die Ausländerbehörden oder die Polizeibehörden des Bundes oder der Länder sowie die sonstigen mit der polizeilichen Kontrolle des grenzüberschreitenden Ver-

kehrs beauftragten Behörden auf Verlangen vorzulegen und die Vornahme einer solchen Eintragung zu dulden.

(2) Ausländer, denen nach dem Abkommen vom 21. Juni 1999 zwischen der Europäischen Gemeinschaft und ihren Mitgliedstaaten einerseits und der Schweizerischen Eidgenossenschaft andererseits über die Freizügigkeit zum Nachweis ihres Aufenthaltsrechts eine Aufenthaltserlaubnis oder eine Grenzgängerkarte auszustellen ist, haben innerhalb von drei Monaten nach der Einreise ihren Aufenthalt der Ausländerbehörde anzuzeigen. Die Anzeige muss folgende Daten des Ausländers enthalten:

1. Namen,
2. Vornamen,
3. frühere Namen,
4. Geburtsdatum und -ort,
5. Anschrift im Inland,
6. frühere Anschriften,
7. gegenwärtige und frühere Staatsangehörigkeiten,
8. Zweck, Beginn und Dauer des Aufenthalts und
9. das eheliche oder Verwandtschaftsverhältnis zu der Person, von der er ein Aufenthaltsrecht ableitet.

§ 57 Vorlagepflicht beim Vorhandensein mehrerer Ausweisdokumente

Besitzt ein Ausländer mehr als einen Pass, Passersatz oder deutschen Ausweisersatz, so hat er der zuständigen Ausländerbehörde jedes dieser Papiere unverzüglich vorzulegen.

§ 57a Pflichten der Inhaber von Dokumenten mit elektronischem Speicher- und Verarbeitungsmedium nach § 78 des Aufenthaltsgesetzes

Ein Ausländer, dem ein Aufenthaltstitel nach § 4 Absatz 1 Satz 2 Nummer 2 bis 4 des Aufenthaltsgesetzes als Dokument mit elektronischem Speicher- und Verarbeitungsmedium ausgestellt worden ist, ist verpflichtet, unverzüglich

1. der für den Wohnort, ersatzweise der für den Aufenthaltsort im Inland zuständigen Ausländerbehörde oder einer anderen nach Landesrecht zuständigen Stelle den Verlust und das Wiederauffinden des Dokuments anzuzeigen und das Dokument vorzulegen, wenn es wiederaufgefunden wurde; bei Verlust im Ausland können die Anzeige und die Vorlage auch gegenüber einer deutschen Auslandsvertretung erfolgen, welche die zuständige oder zuletzt zuständige Ausländerbehörde unterrichtet,
2. nach Kenntnis vom Verlust der technischen Funktionsfähigkeit des elektronischen Speicher- und Verarbeitungsmediums der zuständigen Ausländerbehörde das Dokument vorzulegen und die Neuausstellung zu beantragen.

Kapitel 5 Verfahrensvorschriften

Abschnitt 1 Muster für Aufenthaltstitel, Pass- und Ausweisersatz und sonstige Dokumente

§ 58 Vordruckmuster

Für die Ausstellung der Vordrucke sind als Vordruckmuster zu verwenden:

1. für den Ausweisersatz (§ 78a Absatz 4 des Aufenthaltsgesetzes) das in Anlage D1 abgedruckte Muster,
2. für die Bescheinigung über die Aussetzung der Abschiebung (Duldung; § 60a Abs. 4 des Aufenthaltsgesetzes) das in Anlage D2a abgedruckte Muster (Klebeetikett), sofern ein anerkannter und gültiger Pass oder Passersatz nicht vorhanden ist und die Voraussetzungen für die Ausstellung eines Ausweisersatzes nach § 55 nicht vorliegen, in Verbindung mit dem in Anlage D2b abgedruckten Muster (Trägervordruck),
3. für die Fiktionsbescheinigung (§ 81 Abs. 5 des Aufenthaltsgesetzes) das in Anlage D3 abgedruckte Muster,

4. für den Reiseausweis für Ausländer (§ 4 Abs. 1 Satz 1 Nr. 1)
   a) das in Anlage D4c abgedruckte Muster,
   b) für die Ausstellung als vorläufiges Dokument (§ 4 Abs. 1 Satz 2) das in Anlage D4d abgedruckte Muster,
5. für die Grenzgängerkarte (§ 12) das in Anlage D5a abgedruckte Muster,
6. für den Notreiseausweis (§ 4 Abs. 1 Nr. 2) das in Anlage D6 abgedruckte Muster,
7. für den Reiseausweis für Flüchtlinge (§ 4 Abs. 1 Satz 1 Nr. 3)
   a) das in Anlage D7a abgedruckte Muster,
   b) für die Ausstellung als vorläufiges Dokument (§ 4 Abs. 1 Satz 2) das in Anlage D7b abgedruckte Muster,
8. für den Reiseausweis für Staatenlose (§ 4 Abs. 1 Satz 1 Nr. 4)
   a) das in Anlage D8a abgedruckte Muster,
   b) für die Ausstellung als vorläufiges Dokument (§ 4 Abs. 1 Satz 2) das in Anlage D8b abgedruckte Muster,
9. für die Bescheinigung über die Wohnsitzverlegung (§ 4 Abs. 1 Nr. 6) das in Anlage D9 abgedruckte Muster,
10. für das Europäische Reisedokument für die Rückkehr (§ 4 Abs. 1 Nr. 7) das in Anlage D10 abgedruckte Muster,
11. für das Zusatzblatt
    a) zur Bescheinigung der Aussetzung der Abschiebung das in Anlage D11 abgedruckte Muster,
    b) zum Aufenthaltstitel in Ausnahmefällen (§ 78a Absatz 1 des Aufenthaltsgesetzes) das in Anlage D11 abgedruckte Muster,
    c) zum Aufenthaltstitel mit elektronischem Speicher- und Verarbeitungsmedium (§ 78 Absatz 1 des Aufenthaltsgesetzes) das in Anlage D11a abgedruckte Muster,
12. für die Bescheinigung über die Aufenthaltsgestattung (§ 63 des Asylgesetzes) das in Anlage D12 abgedruckte Muster,
13. für die Aufenthaltskarte für Familienangehörige eines Unionsbürgers oder eines Staatsangehörigen eines EWR-Staates (§ 5 Absatz 1 des Freizügigkeitsgesetzes/EU) in den Fällen des § 11 Absatz 1 Satz 6 des Freizügigkeitsgesetzes/EU und die Aufenthaltserlaubnis, die Ausländern ausgestellt wird, die auf Grund des Abkommens vom 21. Juni 1999 zwischen der Europäischen Gemeinschaft und ihren Mitgliedstaaten einerseits und der Schweizerischen Eidgenossenschaft andererseits über die Freizügigkeit ein Aufenthaltsrecht besitzen, das in Anlage D15 abgedruckte Muster,
14. für die Bescheinigung des Daueraufenthalts für Unionsbürger oder Staatsangehörige eines EWR-Staates und die Daueraufenthaltskarte für Familienangehörige von Unionsbürgern oder von Staatsangehörigen eines EWR-Staates (§ 5 Absatz 5 des Freizügigkeitsgesetzes/EU) in den Fällen des § 11 Absatz 1 Satz 6 des Freizügigkeitsgesetzes/EU das in Anlage D16 abgedruckte Muster und
15. für die Änderung der Anschrift auf Dokumenten mit elektronischem Speicher- und Verarbeitungsmedium (§ 78 Absatz 7 Satz 2 des Aufenthaltsgesetzes) das in Anlage D17 abgedruckte Muster.

Die nach den Mustern in den Anlagen D4c, D7a, D8a ausgestellten Passersatzpapiere werden nicht verlängert.

§ 59 Muster der Aufenthaltstitel

(1) Das Muster des Aufenthaltstitels nach § 4 Abs. 1 Satz 2 Nr. 1 des Aufenthaltsgesetzes (Visum) richtet sich nach der Verordnung (EG) Nr. 1683/95 des Rates vom 29. Mai 1995 über eine einheitliche Visagestaltung (ABl. EG Nr. L 164 S. 1), zuletzt geändert durch die Verordnung (EG) Nr. 856/2008 (ABl. L 235 vom 2. 9. 2008, S. 1), in der jeweils geltenden Fassung. Es ist in Anlage D13a abgedruckt. Für die Verlängerung im Inland ist das in Anlage D13b abgedruckte Muster zu verwenden.

(2) Die Muster der Aufenthaltstitel, die nach § 78 Absatz 1 des Aufenthaltsgesetzes als ei-

genständige Dokumente mit elektronischem Speicher- und Verarbeitungsmedium auszustellen sind, sowie die Muster der Aufenthalts- und Daueraufenthaltskarten, die nach § 11 Absatz 1 des Freizügigkeitsgesetzes/EU in Verbindung mit § 78 Absatz 1 des Aufenthaltsgesetzes als Dokumente mit elektronischem Speicher- und Verarbeitungsmedium auszustellen sind, richten sich nach der Verordnung (EG) Nr. 380/2008 des Rates vom 18. April 2008 zur Änderung der Verordnung (EG) Nr. 1030/2002 zur einheitlichen Gestaltung des Aufenthaltstitels für Drittstaatenangehörige (ABl. L 115 vom 29. 4. 2008, S. 1) in der jeweils geltenden Fassung. Gleiches gilt für Aufenthaltserlaubnisse, die nach Maßgabe des Abkommens vom 21. Juni 1999 zwischen der Europäischen Gemeinschaft und ihren Mitgliedstaaten einerseits und der Schweizerischen Eidgenossenschaft andererseits auf Antrag als Dokumente mit elektronischem Speicher- und Verarbeitungsmedium ausgestellt werden. Die Muster für Dokumente nach den Sätzen 1 und 2 sind in Anlage D14a abgedruckt. Aufenthaltstitel nach § 78 Absatz 1 in Verbindung mit § 4 Absatz 1 Satz 2 Nummer 4 des Aufenthaltsgesetzes, die gemäß dem bis zum 1. Dezember 2013 zu verwendenden Muster der Anlage D14a ausgestellt wurden, behalten ihre Gültigkeit.

(3) Die Muster für Vordrucke der Aufenthaltstitel nach § 4 Absatz 1 Nummer 2 bis 4 des Aufenthaltsgesetzes richten sich im Fall des § 78a Absatz 1 Satz 1 des Aufenthaltsgesetzes nach der Verordnung (EG) Nr. 1030/2002 des Rates vom 13. Juni 2002 zur einheitlichen Gestaltung des Aufenthaltstitels für Drittstaatenangehörige (ABl. L 157 vom 15. 6. 2002, S. 1). Sie sind in Anlage D14 abgedruckt. Bei der Niederlassungserlaubnis, der Erlaubnis zum Daueraufenthalt – EU, der Blauen Karte EU, der ICT-Karte, der Mobiler-ICT-Karte und der Aufenthaltserlaubnis ist im Feld für Anmerkungen die für die Erteilung maßgebliche Rechtsgrundlage einzutragen. Bei Inhabern der Blauen Karte EU ist bei Erteilung der Erlaubnis zum Daueraufenthalt – EU im Feld für Anmerkungen „Ehem. Inh. der Blauen Karte EU“ einzutragen. Für die Erlaubnis zum Daueraufenthalt – EU kann im Falle des § 78a Absatz 1 Satz 1 des Aufenthaltsgesetzes der Vordruck der Anlage D14 mit der Bezeichnung „Daueraufenthalt-EG“ weiterverwendet werden.

(4) In einer Aufenthaltserlaubnis, die nach § 20 Absatz 1 des Aufenthaltsgesetzes erteilt wird, oder in einem zu dieser Aufenthaltserlaubnis gehörenden Zusatzblatt nach den Anlagen D11 und D 11a oder in dem Trägervordruck nach der Anlage D1 wird der Vermerk „Forscher“ eingetragen. In einer Aufenthaltserlaubnis, die nach § 20b des Aufenthaltsgesetzes erteilt wird, oder in einem zu dieser Aufenthaltserlaubnis gehörenden Zusatzblatt nach den Anlagen D11 und D11a oder in dem Trägervordruck nach der Anlage D1 wird der Vermerk „Forscher-Mobilität“ eingetragen.

(4a) In einer Aufenthaltserlaubnis, die nach § 16 Absatz 1 des Aufenthaltsgesetzes erteilt wird, oder in einem zu dieser Aufenthaltserlaubnis gehörenden Zusatzblatt nach den Anlagen D11 und D11a oder in dem Trägervordruck nach der Anlage D1 wird der Vermerk „Student“ eingetragen.

(4b) In einer Aufenthaltserlaubnis, die nach § 17b des Aufenthaltsgesetzes erteilt wird, oder in einem zu dieser Aufenthaltserlaubnis gehörenden Zusatzblatt nach den Anlagen D11 und D11a oder in dem Trägervordruck nach der Anlage D1 wird der Vermerk „Praktikant“ eingetragen.

(4c) In einer Aufenthaltserlaubnis, die nach § 18d des Aufenthaltsgesetzes erteilt wird, oder in einem zu dieser Aufenthaltserlaubnis gehörenden Zusatzblatt nach den Anlagen D11 und D11a oder in dem Trägervordruck nach der Anlage D1 wird der Vermerk „Freiwilliger“ eingetragen.

(4d) Bei Forschern oder Studenten, die im Rahmen eines bestimmten Programms mit Mobilitätsmaßnahmen oder im Rahmen einer Vereinbarung zwischen zwei oder mehr anerkannten Hochschuleinrichtungen in die Europäische Union reisen, wird das betreffende Programm oder die Vereinbarung auf dem Aufenthaltstitel angegeben.

(4e) In einem Aufenthaltstitel, der für eine Saisonbeschäftigung gemäß § 15a der Beschäftigungsverordnung erteilt wird, oder in einem zu diesem Aufenthaltstitel gehörenden Zusatzblatt nach Anlage D11 oder in dem Trägervordruck nach Anlage D13a wird im Feld Anmerkungen der Vermerk „Saisonbeschäftigung" eingetragen.

(5) Ist in einem Aufenthaltstitel die Nebenbestimmung eingetragen, wonach die Ausübung einer Erwerbstätigkeit nicht gestattet ist, bezieht sich diese Nebenbestimmung nicht auf die in § 17 Abs. 2 genannten Tätigkeiten, sofern im Aufenthaltstitel nicht ausdrücklich etwas anderes bestimmt ist.

(6) Wenn die Grenzbehörde die Einreise nach § 60a Abs. 2a Satz 1 des Aufenthaltsgesetzes zulässt und eine Duldung ausstellt, vermerkt sie dies auf dem nach § 58 Nr. 2 vorgesehenen Vordruck.

§ 59a Hinweis auf Gewährung internationalen Schutzes

(1) Wird einem Ausländer, dem in der Bundesrepublik Deutschland die Rechtsstellung eines international Schutzberechtigten im Sinne von § 2 Absatz 13 des Aufenthaltsgesetzes zuerkannt wurde, eine Erlaubnis zum Daueraufenthalt – EU nach § 9a des Aufenthaltsgesetzes erteilt, so ist in dem Feld für Anmerkungen folgender Hinweis aufzunehmen: „Durch DEU am [Datum] internationaler Schutz gewährt".

(2) Wird einem Ausländer, der im Besitz einer langfristigen Aufenthaltsberechtigung – EU eines anderen Mitgliedstaates der Europäischen Union ist, die den Hinweis enthält, dass dieser Staat dieser Person internationalen Schutz gewährt, eine Erlaubnis zum Daueraufenthalt – EU nach § 9a des Aufenthaltsgesetzes erteilt, so ist in dem Feld für Anmerkungen der Erlaubnis zum Daueraufenthalt – EU ein entsprechender Hinweis aufzunehmen. Vor Aufnahme des Hinweises ist der betreffende Mitgliedstaat in dem Verfahren nach § 91c Absatz 1a des Aufenthaltsgesetzes um Auskunft darüber zu ersuchen, ob der Ausländer dort weiterhin internationalen Schutz genießt. Wurde der internationale Schutz in dem anderen Mitgliedstaat durch eine rechtskräftige Entscheidung aberkannt, wird der Hinweis nach Satz 1 nicht aufgenommen.

(3) Ist ein Ausländer im Besitz einer Erlaubnis zum Daueraufenthalt – EU nach § 9a des Aufenthaltsgesetzes, die den Hinweis nach Absatz 2 Satz 1 enthält, und ist die Verantwortung für den internationalen Schutz im Sinne von § 2 Absatz 13 des Aufenthaltsgesetzes nach Maßgabe der einschlägigen Rechtsvorschriften auf Deutschland übergegangen, so ist der Hinweis durch den in Absatz 1 genannten Hinweis zu ersetzen. Die Aufnahme dieses Hinweises hat spätestens drei Monate nach Übergang der Verantwortung auf Deutschland zu erfolgen.

(4) Ist der Ausländer im Besitz einer Erlaubnis zum Daueraufenthalt – EU nach § 9a des Aufenthaltsgesetzes und wird ihm in einem anderen Mitgliedstaat der Europäischen Union internationaler Schutz im Sinne von § 2 Absatz 13 des Aufenthaltsgesetzes gewährt, bevor er dort eine langfristige Aufenthaltsberechtigung – EU erhält, so ist durch die zuständige Ausländerbehörde in das Feld für Anmerkungen der Erlaubnis zum Daueraufenthalt – EU folgender Hinweis aufzunehmen: „Durch [Abkürzung des Mitgliedstaates] am [Datum] internationaler Schutz gewährt". Die Aufnahme dieses Hinweises hat spätestens drei Monate, nachdem ein entsprechendes Ersuchen der zuständigen Stelle des anderen Mitgliedstaates beim Bundesamt für Migration und Flüchtlinge eingegangen ist, zu erfolgen.

§ 60 Lichtbild

(1) Lichtbilder müssen den in § 5 der Passverordnung vom 19. Oktober 2007 in der jeweils geltenden Fassung festgelegten Anforderungen entsprechen und den Ausländer zweifelsfrei erkennen lassen. Sie müssen die Person ohne Gesichts- und Kopfbedeckung zeigen. Die zuständige Behörde kann hinsichtlich der Kopfbedeckung Ausnahmen zulassen oder anordnen, sofern gewährleistet ist, dass die Person hinreichend identifiziert werden kann.

(2) Der Ausländer, für den ein Dokument nach § 58 oder § 59 ausgestellt werden soll, hat der zuständigen Behörde auf Verlangen ein aktuelles Lichtbild nach Absatz 1 vorzulegen oder bei der Anfertigung eines Lichtbildes mitzuwirken.

(3) Das Lichtbild darf von den zuständigen Behörden zum Zweck des Einbringens in ein Dokument nach § 58 oder § 59 und zum späteren Abgleich mit dem tatsächlichen Aussehen des Dokumenteninhabers verarbeitet werden.

§ 61 Sicherheitsstandards, Ausstellungstechnik

(1) Die produktions- und sicherheitstechnischen Spezifikationen für die nach dieser Verordnung bestimmten Vordruckmuster werden vom Bundesministerium des Innern festgelegt. Sie werden nicht veröffentlicht.

(2) Einzelheiten zum technischen Verfahren für das Ausfüllen der bundeseinheitlichen Vordrucke werden vom Bundesministerium des Innern festgelegt und bekannt gemacht.

Abschnitt 2 Datenerfassung, Datenverarbeitung und Datenschutz

Unterabschnitt 1 Erfassung und Übermittlung von Antragsdaten zur Herstellung von Dokumenten mit elektronischem Speicher- und Verarbeitungsmedium nach § 4 sowie nach § 78 des Aufenthaltsgesetzes

§ 61a Fingerabdruckerfassung bei der Beantragung von Dokumenten mit elektronischem Speicher- und Verarbeitungsmedium

(1) Die Fingerabdrücke werden in Form des flachen Abdrucks des linken und rechten Zeigefingers des Antragstellers im elektronischen Speicher- und Verarbeitungsmedium des Dokuments gespeichert. Bei Fehlen eines Zeigefingers, ungenügender Qualität des Fingerabdrucks oder Verletzungen der Fingerkuppe wird ersatzweise der flache Abdruck entweder des Daumens, des Mittelfingers oder des Ringfingers gespeichert. Fingerabdrücke sind nicht zu speichern, wenn die Abnahme der Fingerabdrücke aus medizinischen Gründen, die nicht nur vorübergehender Art sind, unmöglich ist.

(2) Auf Verlangen hat die Ausländerbehörde dem Dokumenteninhaber Einsicht in die im elektronischen Speicher- und Verarbeitungsmedium gespeicherten Daten zu gewähren. Die bei der Ausländerbehörde gespeicherten Fingerabdrücke sind spätestens nach Aushändigung des Dokuments zu löschen.

§ 61b Form und Verfahren der Datenerfassung, -prüfung sowie der dezentralen Qualitätssicherung

(1) Die Ausländerbehörde hat durch technische und organisatorische Maßnahmen die erforderliche Qualität der Erfassung des Lichtbildes und der Fingerabdrücke sicherzustellen.

(2) Zur elektronischen Erfassung des Lichtbildes und der Fingerabdrücke sowie zu deren Qualitätssicherung dürfen ausschließlich solche technischen Systeme und Bestandteile eingesetzt werden, die dem Stand der Technik entsprechen.

(3) Die Einhaltung des Standes der Technik wird vermutet, wenn die eingesetzten Systeme und Bestandteile den für die Produktionsdatenerfassung, -qualitätsprüfung und -übermittlung maßgeblichen Technischen Richtlinien des Bundesamtes für Sicherheit in der Informationstechnik in der jeweils geltenden Fassung entsprechen. Diese Technischen Richtlinien sind vom Bundesamt für Sicherheit in der Informationstechnik im Bundesanzeiger zu veröffentlichen.

(4) Beantragung, Ausstellung und Ausgabe von Dokumenten mit elektronischem Speicher- und Verarbeitungsmedium dürfen nicht zum Anlass genommen werden, die dafür erforderlichen Angaben und die biometrischen Merkmale außer bei den zuständigen Ausländerbehörden zu speichern. Entsprechendes gilt für die zur Ausstellung erforderlichen Antragsunterlagen sowie für personenbezogene fotografische Datenträger (Mikrofilme).

(5) Eine zentrale, alle Seriennummern umfassende Speicherung darf nur bei dem Dokumentenhersteller und ausschließlich zum Nachweis des Verbleibs der Dokumente mit elektronischem Speicher- und Verarbeitungsmedium erfolgen. Die Speicherung weiterer Angaben einschließlich der biometrischen Daten bei dem Dokumentenhersteller ist unzulässig, soweit sie nicht ausschließlich und vorübergehend der Herstellung der Dokumente dient; die Angaben sind anschließend zu löschen.

(6) Die Seriennummern dürfen nicht so verwendet werden, dass mit ihrer Hilfe ein Abruf personenbezogener Daten aus Dateisystemen oder eine Verknüpfung von Dateisystemen möglich ist. Abweichend von Satz 1 dürfen die Seriennummern verwendet werden:

1. durch die Ausländerbehörden für den Abruf personenbezogener Daten aus ihren Dateisystemen,
2. durch die Polizeibehörden und -dienststellen des Bundes und der Länder für den Abruf der in Dateisystemen gespeicherten Seriennummern solcher Dokumente mit elektronischem Speicher- und Verarbeitungsmedium, die für ungültig erklärt worden sind, abhanden gekommen sind oder bei denen der Verdacht einer Benutzung durch Nichtberechtigte besteht.

(7) Die Absätze 4 bis 6 sowie § 4 Absatz 3 Satz 2 und 3 und § 61a Absatz 2 Satz 2 gelten entsprechend für alle übrigen, durch deutsche Behörden ausgestellten Passersatzpapiere für Ausländer.

§ 61c Übermittlung der Daten an den Dokumentenhersteller

(1) Nach der Erfassung werden sämtliche Antragsdaten in den Ausländerbehörden zu einem digitalen Datensatz zusammengeführt und an den Dokumentenhersteller übermittelt. Die Datenübermittlung umfasst auch die Qualitätswerte zu den erhobenen Fingerabdrücken und – soweit vorhanden – zu den Lichtbildern, die Behördenkennzahl, die Versionsnummern der Qualitätssicherungssoftware und der Qualitätssollwerte, den Zeitstempel des Antrags sowie die Speichergröße der biometrischen Daten. Die Datenübermittlung erfolgt durch elektronische Datenübertragung über verwaltungseigene Kommunikationsnetze oder über das Internet. Sie erfolgt unmittelbar zwischen Ausländerbehörde und Dokumentenhersteller oder über Vermittlungsstellen. Die zu übermittelnden Daten sind mittels geeigneter technischer und organisatorischer Maßnahmen nach Artikel 24, 25 und 32 der Verordnung (EU) 2016/679 elektronisch zu signieren und zu verschlüsseln.

(2) Zum Signieren und Verschlüsseln der nach Absatz 1 zu übermittelnden Daten sind gültige Zertifikate nach den Anforderungen der vom Bundesamt für Sicherheit in der Informationstechnik erstellten Sicherheitsleitlinien der Wurzelzertifizierungsinstanz der Verwaltung zu nutzen. Der Dokumentenhersteller hat geeignete technische und organisatorische Regelungen zu treffen, die eine Weiterverarbeitung von ungültig signierten Antragsdaten ausschließen.

(3) Die Datenübertragung nach Absatz 1 Satz 3 erfolgt unter Verwendung eines XML-basierten Datenaustauschformats gemäß den für die Produktionsdatenerfassung, -qualitätsprüfung und -übermittlung maßgeblichen Technischen Richtlinien des Bundesamtes für Sicherheit in der Informationstechnik und auf der Grundlage des Übermittlungsprotokolls OSCI-Transport in der jeweils gültigen Fassung. § 61b Absatz 3 Satz 2 gilt entsprechend.

(4) Soweit die Datenübermittlung über Vermittlungsstellen erfolgt, finden die Absätze 1 bis 3 auf die Datenübermittlung zwischen Vermittlungsstelle und Dokumentenhersteller entsprechende Anwendung. Die Datenübermittlung zwischen Ausländerbehörde und Vermittlungsstelle muss hinsichtlich Datensicherheit und Datenschutz ein den in Absatz 1 Satz 5 genannten Anforderungen entsprechendes Niveau aufweisen. Die Anforderungen an das Verfahren zur Datenübermittlung zwischen Ausländerbehörde und Vermittlungsstelle richten sich nach dem jeweiligen Landesrecht.

§ 61d Nachweis der Erfüllung der Anforderungen

(1) Die Einhaltung der Anforderungen nach den Technischen Richtlinien ist vom Bundesamt für Sicherheit in der Informationstechnik vor dem Einsatz der Systeme und Bestandteile festzustellen (Konformitätsbescheid). Hersteller und Lieferanten von technischen Systemen und Bestandteilen, die in den Ausländerbehörden zum Einsatz bei den in § 61b Absatz 1 und 2 geregelten Verfahren bestimmt sind, beantragen spätestens drei Monate vor der voraussichtlichen Inbetriebnahme beim Bundesamt für Sicherheit in der Informationstechnik einen Konformitätsbescheid nach Satz 1.

(2) Die Prüfung der Konformität erfolgt durch eine vom Bundesamt für Sicherheit in der Informationstechnik anerkannte und für das Verfahren nach dieser Vorschrift speziell autorisierte Prüfstelle. Die Prüfstelle dokumentiert Ablauf und Ergebnis der Prüfung in einem Prüfbericht. Das Bundesamt für Sicherheit in der Informationstechnik stellt auf Grundlage des Prüfberichtes einen Konformitätsbescheid aus. Die Kosten des Verfahrens, die sich nach der BSI-Kostenverordnung vom 3. März 2005 (BGBl. I S. 519) in der jeweils gültigen Fassung richten, und die Kosten, die von der jeweiligen Prüfstelle erhoben werden, trägt der Antragsteller.

§ 61e Qualitätsstatistik

Der Dokumentenhersteller erstellt eine Qualitätsstatistik. Sie enthält anonymisierte Qualitätswerte zu Lichtbildern und Fingerabdrücken, die sowohl in der Ausländerbehörde als auch beim Dokumentenhersteller ermittelt und vom Dokumentenhersteller ausgewertet werden. Der Dokumentenhersteller stellt die Ergebnisse der Auswertung dem Bundesministerium des Innern und dem Bundesamt für Sicherheit in der Informationstechnik zur Verfügung. Die Einzelheiten der Auswertung der Statistikdaten bestimmen sich nach den Technischen Richtlinien des Bundesamtes für Sicherheit in der Informationstechnik hinsichtlich der Vorgaben zur zentralen Qualitätssicherungsstatistik.

§ 61f Automatischer Abruf aus Dateisystemen und automatische Speicherung im öffentlichen Bereich

(1) Behörden und sonstige öffentliche Stellen dürfen Dokumente mit elektronischem Speicher- und Verarbeitungsmedium nicht zum automatischen Abruf personenbezogener Daten verwenden. Abweichend von Satz 1 dürfen die Polizeibehörden und -dienststellen des Bundes und der Länder sowie, soweit sie Aufgaben der Grenzkontrolle wahrnehmen, die Zollbehörden Dokumente mit elektronischem Speicher- und Verarbeitungsmedium im Rahmen ihrer Aufgaben und Befugnisse zum automatischen Abruf personenbezogener Daten verwenden, die für Zwecke

1. der Grenzkontrolle,
2. der Fahndung oder Aufenthaltsfeststellung aus Gründen der Strafverfolgung, Strafvollstreckung oder der Abwehr von Gefahren für die öffentliche Sicherheit

im polizeilichen Fahndungsbestand geführt werden. Über Abrufe, die zu keiner Feststellung geführt haben, dürfen vorbehaltlich gesetzlicher Regelungen nach Absatz 2 keine personenbezogenen Aufzeichnungen gefertigt werden.

(2) Personenbezogene Daten dürfen, soweit gesetzlich nichts anderes bestimmt ist, beim automatischen Lesen des Dokuments mit elektronischem Speicher- und Verarbeitungsmedium nicht in Dateisystemen gespeichert werden; dies gilt auch für Abrufe aus dem polizeilichen Fahndungsbestand, die zu einer Feststellung geführt haben.

§ 61g Verwendung im nichtöffentlichen Bereich

(1) Das Passersatzpapier kann auch im nichtöffentlichen Bereich als Ausweis und Legitimationspapier benutzt werden.

(2) Die Seriennummern dürfen nicht so verwendet werden, dass mit ihrer Hilfe ein Abruf personenbezogener Daten aus Dateisystemen oder eine Verknüpfung von Dateisystemen möglich ist.

(3) Das Passersatzpapier darf weder zum automatischen Abruf personenbezogener Daten noch zur automatischen Speicherung personenbezogener Daten verwendet werden.

(4) Beförderungsunternehmen dürfen personenbezogene Daten aus der maschinenlesbaren Zone des Passersatzes elektronisch nur verarbeiten, soweit sie auf Grund internationaler Abkommen oder Einreisebestimmungen zur Mitwirkung an Kontrolltätigkeiten im internationalen Reiseverkehr und zur Übermittlung personenbezogener Daten verpflichtet sind. Biometrische Daten dürfen nicht ausgelesen werden. Die Daten sind unverzüglich zu löschen, wenn sie für die Erfüllung dieser Pflichten nicht mehr erforderlich sind.

§ 61h Anwendung der Personalausweisverordnung

(1) Hinsichtlich des elektronischen Identitätsnachweises gemäß § 78 Absatz 5 des Aufenthaltsgesetzes sind die §§ 1 bis 4, 5 Absatz 2, 3 und 4 Satz 1 bis 4, die §§ 10, 13 bis 17, 18 Absatz 1, 2 und 4, die §§ 20, 21, 22 Absatz 1 Satz 1, Absatz 2 Satz 1 und 4, Absatz 3, die §§ 23, 24, 25 Absatz 1, 2 Satz 1, Absatz 3, § 26 Absatz 1 und 3 sowie die §§ 27 bis 36 der Personalausweisverordnung mit der Maßgabe entsprechend anzuwenden, dass die Ausländerbehörde an die Stelle der Personalausweisbehörde tritt.

(2) Die Nutzung des elektronischen Identitätsnachweises ist ausgeschlossen, wenn die Identität des Ausländers durch die Ausländerbehörde nicht zweifelsfrei festgestellt ist.

Unterabschnitt 2
Führung von Ausländerdateien durch die Ausländerbehörden und die Auslandsvertretungen

§ 62 Dateisystemführungspflicht der Ausländerbehörden

Die Ausländerbehörden führen zwei Dateisysteme unter den Bezeichnungen „Ausländerdatei A" und „Ausländerdatei B".

§ 63 Ausländerdatei A

(1) In die Ausländerdatei A werden die Daten eines Ausländers aufgenommen,

1. der bei der Ausländerbehörde
   a) die Erteilung oder Verlängerung eines Aufenthaltstitels beantragt oder
   b) einen Asylantrag einreicht,
2. dessen Aufenthalt der Ausländerbehörde von der Meldebehörde oder einer sonstigen Behörde mitgeteilt wird oder
3. für oder gegen den die Ausländerbehörde eine ausländerrechtliche Maßnahme oder Entscheidung trifft.

(2) Die Daten sind unverzüglich in dem Dateisystem zu speichern, sobald die Ausländerbehörde mit dem Ausländer befasst wird oder ihr eine Mitteilung über den Ausländer zugeht.

§ 64 Datensatz der Ausländerdatei A

(1) In die Ausländerdatei A sind über jeden Ausländer, der in dem Dateisystem geführt wird, folgende Daten aufzunehmen:

1. Familienname,
2. Geburtsname,
3. Vornamen,
4. Tag und Ort mit Angabe des Staates der Geburt,
5. Geschlecht,
6. Doktorgrad,
7. Staatsangehörigkeiten,
8. Aktenzeichen der Ausländerakte,
9. Hinweis auf andere Datensätze, unter denen der Ausländer in dem Dateisystem geführt wird,
10. das Sperrkennwort und die Sperrsumme für die Sperrung oder Entsperrung des elektronischen Identitätsnachweises eines Dokuments nach § 78 Absatz 1 des Aufenthaltsgesetzes und
11. Angaben zur Ausschaltung und Einschaltung sowie Sperrung und Entsperrung des elektronischen Identitätsnachweises eines Dokuments nach § 78 Absatz 1 des Aufenthaltsgesetzes.

(2) Aufzunehmen sind ferner frühere Namen, abweichende Namensschreibweisen, Alias-

I

personalien und andere von dem Ausländer geführte Namen wie Ordens- oder Künstlernamen oder der Familienname nach deutschem Recht, der von dem im Pass eingetragenen Familiennamen abweicht.

(3) Die Ausländerbehörde kann den Datensatz auf die in Absatz 1 genannten Daten beschränken und für die in Absatz 2 genannten Daten jeweils einen zusätzlichen Datensatz nach Maßgabe des Absatzes 1 einrichten.

§65 Erweiterter Datensatz

In die Ausländerdatei A sollen, soweit die dafür erforderlichen technischen Einrichtungen bei der Ausländerbehörde vorhanden sind, zusätzlich zu den in § 64 genannten Daten folgende Daten aufgenommen werden:

1. Familienstand,
2. gegenwärtige Anschrift und Einzugsdatum,
3. frühere Anschriften und Auszugsdatum,
4. Ausländerzentralregister-Nummer,
5. Angaben zum Pass, Passersatz oder Ausweisersatz:
   a) Art des Dokuments,
   b) Seriennummer,
   c) ausstellender Staat und ausstellende Behörde,
   d) Gültigkeitsdauer,
6. freiwillig gemachte Angaben zur Religionszugehörigkeit,
7. Lichtbild,
8. Visadatei-Nummer,
9. folgende ausländerrechtliche Maßnahmen jeweils mit Erlassdatum:
   a) Erteilung und Verlängerung eines Aufenthaltstitels unter Angabe der Rechtsgrundlage des Aufenthaltstitels und einer Befristung,
   b) Ablehnung eines Antrages auf Erteilung oder Verlängerung eines Aufenthaltstitels,
   c) Erteilung einer Bescheinigung über die Aufenthaltsgestattung unter Angabe der Befristung,
   d) Anerkennung als Asylberechtigter oder die Feststellung, dass die Voraussetzungen des § 25 Abs. 2 des Aufenthaltsgesetzes vorliegen, sowie Angaben zur Bestandskraft,
   e) Ablehnung eines Asylantrags oder eines Antrages auf Anerkennung als heimatloser Ausländer und Angaben zur Bestandskraft,
   f) Widerruf und Rücknahme der Anerkennung als Asylberechtigter oder der Feststellung, dass die Voraussetzungen des § 25 Abs. 2 des Aufenthaltsgesetzes vorliegen,
   g) Bedingungen, Auflagen und räumliche Beschränkungen,
   h) nachträgliche zeitliche Beschränkungen,
   i) Widerruf und Rücknahme eines Aufenthaltstitels oder Feststellung des Verlusts des Freizügigkeitsrechts nach § 2 Absatz 7, § 5 Absatz 4 oder § 6 Abs. 1 des Freizügigkeitsgesetzes/EU,
   j) sicherheitsrechtliche Befragung nach § 54 Absatz 2 Nummer 7 des Aufenthaltsgesetzes,
   k) Ausweisung,
   l) Ausreiseaufforderung unter Angabe der Ausreisefrist,
   m) Androhung der Abschiebung unter Angabe der Ausreisefrist,
   n) Anordnung und Vollzug der Abschiebung einschließlich der Abschiebungsanordnung nach § 58a des Aufenthaltsgesetzes,
   o) Verlängerung der Ausreisefrist,
   p) Erteilung und Erneuerung einer Bescheinigung über die Aussetzung der Abschiebung (Duldung) nach § 60a des Aufenthaltsgesetzes unter Angabe der Befristung,
   q) Untersagung oder Beschränkung der politischen Betätigung unter Angabe einer Befristung,
   r) Überwachungsmaßnahmen nach § 56 des Aufenthaltsgesetzes,

s) Erlass eines Ausreiseverbots,
t) Zustimmung der Ausländerbehörde zur Visumserteilung,
u) Befristung nach § 11 Absatz 2 des Aufenthaltsgesetzes,
v) Erteilung einer Betretenserlaubnis nach § 11 Absatz 8 des Aufenthaltsgesetzes unter Angabe der Befristung,
w) Übermittlung von Einreisebedenken im Hinblick auf § 5 des Aufenthaltsgesetzes an das Ausländerzentralregister,
x) Übermittlung einer Verurteilung nach § 95 Abs. 1 Nr. 3 oder Abs. 2 Nr. 1 des Aufenthaltsgesetzes,
y) Berechtigung oder Verpflichtung zur Teilnahme an Integrationskursen nach den §§ 43 bis 44a des Aufenthaltsgesetzes, Beginn und erfolgreicher Abschluss der Teilnahme an Integrationskursen nach den §§ 43 bis 44a des Aufenthaltsgesetzes sowie, bis zum Abschluss des Kurses, gemeldete Fehlzeiten, Abgabe eines Hinweises nach § 44a Abs. 3 Satz 1 des Aufenthaltsgesetzes sowie Kennziffern, die von der Ausländerbehörde für die anonymisierte Mitteilung der vorstehend genannten Ereignisse an das Bundesamt für Migration und Flüchtlinge zur Erfüllung seiner Koordinierungs- und Steuerungsfunktion verwendet werden,
z) Zustimmung der Bundesagentur für Arbeit nach § 39 des Aufenthaltsgesetzes mit räumlicher Beschränkung und weiteren Nebenbestimmungen, deren Rücknahme sowie deren Versagung nach § 40 des Aufenthaltsgesetzes, deren Widerruf nach § 41 des Aufenthaltsgesetzes oder von der Ausländerbehörde festgestellte Zustimmungsfreiheit,

10. Geschäftszeichen des Bundesverwaltungsamtes für Meldungen zu einer laufenden Beteiligungsanfrage oder einem Nachberichtsfall (BVA-Verfahrensnummer).

§ 66 Dateisystem über Passersatzpapiere

Über die ausgestellten Reiseausweise für Ausländer, Reiseausweise für Flüchtlinge, Reiseausweise für Staatenlose und Notreiseausweise hat die ausstellende Behörde oder Dienststelle ein Dateisystem zu führen. Die Vorschriften über das Passregister für deutsche Pässe gelten entsprechend.

§ 67 Ausländerdatei B

(1) Die nach § 64 in die Ausländerdatei A aufgenommenen Daten sind in die Ausländerdatei B zu übernehmen, wenn der Ausländer

1. gestorben,
2. aus dem Bezirk der Ausländerbehörde fortgezogen ist oder
3. die Rechtsstellung eines Deutschen im Sinne des Artikels 116 Absatz 1 des Grundgesetzes erworben hat.

(2) Der Grund für die Übernahme der Daten in die Ausländerdatei B ist in dem Dateisystem zu vermerken. In dem Dateisystem ist auch die Abgabe der Ausländerakte an eine andere Ausländerbehörde unter Angabe der Empfängerbehörde zu vermerken.

(3) Im Fall des Absatzes 1 Nr. 2 können auch die in § 65 genannten Daten in die Ausländerdatei B übernommen werden.

§ 68 Löschung

(1) In der Ausländerdatei A sind die Daten eines Ausländers zu löschen, wenn sie nach § 67 Abs. 1 in die Ausländerdatei B übernommen werden. Die nur aus Anlass der Zustimmung zur Visumerteilung aufgenommenen Daten eines Ausländers sind zu löschen, wenn der Ausländer nicht innerhalb von zwei Jahren nach Ablauf der Geltungsdauer der Zustimmung eingereist ist.

(2) Die Daten eines Ausländers, der ausgewiesen, zurückgeschoben oder abgeschoben wurde, sind in der Ausländerdatei B zu löschen, wenn die Unterlagen über die Ausweisung und die Abschiebung nach § 91 Abs. 1 des Aufenthaltsgesetzes zu vernichten

sind. Im Übrigen sind die Daten eines Ausländers in der Ausländerdatei B zehn Jahre nach Übernahme der Daten zu löschen. Im Fall des § 67 Absatz 1 Nummer 1 und 3 sollen die Daten fünf Jahre nach Übernahme des Datensatzes gelöscht werden.

§ 69 Visadateien der Auslandsvertretungen

(1) Jede Auslandsvertretung, die mit Visumangelegenheiten betraut ist, führt ein Dateisystem über Visumanträge, die Rücknahme von Visumanträgen und die Erteilung, Versagung, Rücknahme, Annullierung und Aufhebung sowie den Widerruf von Visa.

(2) In der Visadatei werden folgende Daten automatisiert gespeichert, soweit die Speicherung für die Erfüllung der gesetzlichen Aufgaben der Auslandsvertretung erforderlich ist:

1. über den Ausländer
   a) Nachname,
   b) Geburtsname,
   c) Vornamen,
   d) abweichende Namensschreibweisen, andere Namen und frühere Namen,
   e) Datum, Ort und Land der Geburt,
   f) Geschlecht,
   g) Familienstand,
   h) derzeitige Staatsangehörigkeiten sowie Staatsangehörigkeiten zum Zeitpunkt der Geburt,
   i) nationale Identitätsnummer,
   j) bei Minderjährigen Vor- und Nachnamen der Inhaber der elterlichen Sorge oder der Vormünder,
   k) Heimatanschrift und Wohnanschrift,
   l) Art, Seriennummer und Gültigkeitsdauer von Aufenthaltstiteln für andere Staaten als den Heimatstaat,
   m) Angaben zur derzeitigen Beschäftigung und Name, Anschrift und Telefonnummer des Arbeitgebers; bei Studenten Name und Anschrift der Bildungseinrichtung,
   n) Lichtbild,
   o) Fingerabdrücke oder Gründe für die Befreiung von der Pflicht zur Abgabe von Fingerabdrücken und
   p) Vor- und Nachnamen, Geburtsdatum, Nationalität, Nummer des Reisedokuments oder des Personalausweises des Ehegatten, der Kinder, Enkelkinder oder abhängigen Verwandten in aufsteigender Linie, soweit es sich bei diesen Personen um Unionsbürger, Staatsangehörige eines Staates des Europäischen Wirtschaftsraums oder der Schweiz handelt, und das Verwandtschaftsverhältnis des Ausländers zu der betreffenden Person,
   q) bei beabsichtigten Aufenthalten zur Beschäftigung Angaben zum beabsichtigten Beschäftigungsverhältnis und zur Qualifikation,
2. über die Reise:
   a) Zielstaaten im Schengen-Raum,
   b) Hauptzwecke der Reise,
   c) Schengen-Staat der ersten Einreise,
   d) Art, Seriennummer, ausstellende Behörde, Ausstellungsdatum und Gültigkeitsdauer des Reisedokuments oder Angaben zu einer Ausnahme von der Passpflicht,
   e) das Vorliegen einer Verpflichtungserklärung nach § 66 Absatz 2 oder § 68 Absatz 1 des Aufenthaltsgesetzes und die Stelle, bei der sie vorliegt, sowie das Ausstellungsdatum,
   f) Angaben zu Aufenthaltsadressen des Antragstellers und
   g) Vornamen, Nachname, abweichende Namensschreibweisen, andere Namen und frühere Namen, Anschrift, Geburtsdatum, Geburtsort, Staatsangehörigkeiten, Geschlecht, Telefonnummer und E-Mail-Adresse
      aa) eines Einladers,
      bb) einer Person, die durch Abgabe einer Verpflichtungserklärung oder in anderer Weise die Sicherung des Lebensunterhalts garantiert, und
      cc) einer sonstigen Referenzperson;

soweit eine Organisation an die Stelle einer in Doppelbuchstabe aa bis cc genannten Person tritt: Name, Anschrift, Telefonnummer und E-Mail-Adresse der Organisation, Sitz, Aufgabenstellung oder Wirkungsbereich und Bezeichnung und der Ort des Registers, in das die Organisation eingetragen ist, die Registernummer der Organisation sowie Vornamen und Nachname von deren Kontaktperson,

3. sonstige Angaben:
   a) Antragsnummer,
   b) Angaben, ob der Antrag in Vertretung für einen anderen Schengen-Staat bearbeitet wurde,
   c) Datum der Antragstellung,
   d) Anzahl der beantragten Aufenthaltstage,
   e) beantragte Geltungsdauer,
   f) Visumgebühr und Auslagen,
   g) Visadatei-Nummer des Ausländerzentralregisters,
   h) Seriennummer des vorhergehenden Visums,
   i) Informationen zum Bearbeitungsstand des Visumantrags,
   j) Angabe, ob ge- oder verfälschte Dokumente vorgelegt wurden, und Art und Nummer der Dokumente, Angaben zum Aussteller, Ausstellungsdatum und Geltungsdauer,
   k) Rückmeldungen der am Visumverfahren beteiligten Behörden und
   l) bei Visa für Ausländer, die sich länger als 90 Tage im Bundesgebiet aufhalten oder im Bundesgebiet eine Erwerbstätigkeit ausüben wollen, die Angabe der Rechtsgrundlage,

4. über das Visum:
   a) Nummer der Visummarke,
   b) Datum der Erteilung,
   c) Kategorie des Visums,
   d) Geltungsdauer,
   e) Anzahl der Aufenthaltstage,
   f) Geltungsbereich des Visums sowie Anzahl der erlaubten Einreisen in das Gebiet des Geltungsbereichs und
   g) Bedingungen, Auflagen und sonstige Beschränkungen,

5. über die Versagung, die Rücknahme, die Annullierung, den Widerruf und die Aufhebung des Visums:
   a) Datum der Entscheidung und
   b) Angaben zu den Gründen der Entscheidung.

(3) Die nach Absatz 2 gespeicherten Daten sind spätestens zu löschen:

1. bei Erteilung des Visums zwei Jahre nach Ablauf der Geltungsdauer des Visums,
2. bei Rücknahme des Visumantrags zwei Jahre nach der Rücknahme und
3. bei Versagung, Rücknahme, Annullierung, Widerruf oder Aufhebung des Visums fünf Jahre nach diesen Entscheidungen.

Die nach Absatz 2 Nummer 1 Buchstabe o gespeicherten Fingerabdrücke sind unverzüglich zu löschen, sobald

1. das Visum ausgehändigt wurde,
2. der Antrag durch den Antragsteller zurückgenommen wurde,
3. die Versagung eines Visums zugegangen ist oder
4. nach Antragstellung ein gesetzlicher Ausnahmegrund von der Pflicht zur Abgabe von Fingerabdrücken vorliegt.

Die nach Absatz 2 Nummer 3 Buchstabe d und e gespeicherten Daten sind unverzüglich bei Erteilung des Visums zu löschen. Die nach Absatz 2 Nummer 5 gespeicherten Daten sind unverzüglich zu löschen, wenn der Grund für die Versagung, die Rücknahme, die Annullierung, die Aufhebung oder den Widerruf wegfällt und das Visum erteilt wird.

(4) Die Auslandsvertretungen dürfen die in den Visadateien gespeicherten Daten im Einzelfall einander übermitteln, soweit dies für die Erfüllung der gesetzlichen Aufgaben der Auslandsvertretungen erforderlich ist.

§ 70 (weggefallen)

Unterabschnitt 3 Datenübermittlungen an die Ausländerbehörden

§ 71 Übermittlungspflicht

(1) Die

1. Meldebehörden,
2. Passbehörden,
3. Ausweisbehörden,
4. Staatsangehörigkeitsbehörden,
5. Justizbehörden,
6. Bundesagentur für Arbeit und
7. Gewerbebehörden

sind unbeschadet der Mitteilungspflichten nach § 87 Abs. 2, 4 und 5 des Aufenthaltsgesetzes verpflichtet, den Ausländerbehörden zur Erfüllung ihrer Aufgaben ohne Ersuchen die in den folgenden Vorschriften bezeichneten erforderlichen Angaben über personenbezogene Daten von Ausländern, Amtshandlungen, sonstige Maßnahmen gegenüber Ausländern und sonstige Erkenntnisse über Ausländer mitzuteilen. Die Daten sind an die für den Wohnort des Ausländers zuständige Ausländerbehörde, im Fall mehrerer Wohnungen an die für die Hauptwohnung zuständige Ausländerbehörde zu übermitteln. Ist die Hauptwohnung unbekannt, sind die Daten an die für den Sitz der mitteilenden Behörde zuständige Ausländerbehörde zu übermitteln.

(2) Bei Mitteilungen nach den §§ 71 bis 76 dieser Verordnung sind folgende Daten des Ausländers, soweit sie bekannt sind, zu übermitteln:

1. Familienname,
2. Geburtsname,
3. Vornamen,
4. Tag, Ort und Staat der Geburt,
5. Geschlecht,
6. Staatsangehörigkeiten,
7. Anschrift,
8. zum Zweck der eindeutigen Zuordnung die AZR-Nummer in den Fällen und nach Maßgabe des § 10 Absatz 4 Satz 2 Nummer 4 des AZR-Gesetzes.

§ 72 Mitteilungen der Meldebehörden

(1) Die Meldebehörden teilen den Ausländerbehörden mit

1. die Anmeldung,
2. die Abmeldung,
3. die Änderung der Hauptwohnung,
4. die Eheschließung oder die Begründung einer Lebenspartnerschaft, die Scheidung, Nichtigerklärung oder Aufhebung der Ehe, die Aufhebung der Lebenspartnerschaft,
5. die Namensänderung,
6. die Änderung oder Berichtigung des staatsangehörigkeitsrechtlichen Verhältnisses,
7. die Geburt,
8. den Tod,
9. den Tod des Ehegatten oder des Lebenspartners,
10. die eingetragenen Auskunftssperren gemäß § 51 des Bundesmeldegesetzes und deren Wegfall und
11. das Ordnungsmerkmal der Meldebehörde

eines Ausländers.

(2) In den Fällen des Absatzes 1 sind zusätzlich zu den in § 71 Abs. 2 bezeichneten Daten zu übermitteln:

1. bei einer Anmeldung
   a) Doktorgrad,
   b) Familienstand,
   c) die gesetzlichen Vertreter mit Vor- und Familiennamen, Geschlecht, Tag der Geburt und Anschrift,
   d) Tag des Einzugs,
   e) frühere Anschrift und bei Zuzug aus dem Ausland auch der Staat,
   f) Pass, Passersatz oder Ausweisersatz mit Seriennummer, Angabe der ausstellenden Behörde und Gültigkeitsdauer,
2. bei einer Abmeldung
   a) Tag des Auszugs,
   b) neue Anschrift,
3. bei einer Änderung der Hauptwohnung

a) die bisherige Hauptwohnung,
b) das Einzugsdatum,

4. bei einer Eheschließung oder Begründung einer Lebenspartnerschaft Vor- und Familiennamen des Ehe- oder des Lebenspartners,
   der Tag der Eheschließung oder der Begründung der Lebenspartnerschaft sowie
4a. bei einer Scheidung, Nichtigerklärung oder Aufhebung einer Ehe oder bei einer Aufhebung der Lebenspartnerschaft
   der Tag und Grund der Beendigung der Ehe oder der Lebenspartnerschaft,
5. bei einer Namensänderung
   der bisherige und der neue Name,
6. bei einer Änderung des staatsangehörigkeitsrechtlichen Verhältnisses
   a) die neue oder weitere Staatsangehörigkeit und
   b) bei Aufgabe oder einem sonstigen Verlust der deutschen Staatsangehörigkeit zusätzlich die in Nummer 1 bezeichneten Daten,
7. bei Geburt
   die gesetzlichen Vertreter mit Vor- und Familiennamen, Geschlecht, Tag der Geburt und Anschrift,
8. bei Tod
   der Sterbetag,
9. bei Tod des Ehegatten oder des Lebenspartners
   der Sterbetag,
10. bei einer eingetragenen Auskunftssperre nach § 51 des Bundesmeldegesetzes
   die Auskunftssperre und deren Wegfall.

§ 72a Mitteilungen der Pass- und Ausweisbehörden

(1) Die Passbehörden teilen den Ausländerbehörden die Einziehung eines Passes nach § 12 Abs. 1 in Verbindung mit § 11 Absatz 1 Nr. 2 des Passgesetzes wegen des Verlustes der deutschen Staatsangehörigkeit mit.

(2) Die Ausweisbehörden teilen den Ausländerbehörden die Einziehung eines Personalausweises nach dem Personalausweisgesetz wegen des Verlustes der deutschen Staatsangehörigkeit mit.

§ 73 Mitteilungen der Staatsangehörigkeits- und Bescheinigungsbehörden nach § 15 des Bundesvertriebenengesetzes

(1) Die Staatsangehörigkeitsbehörden teilen den Ausländerbehörden mit

1. den Erwerb der deutschen Staatsangehörigkeit durch den Ausländer,
2. die Feststellung der Rechtsstellung als Deutscher ohne deutsche Staatsangehörigkeit,
3. den Verlust der Rechtsstellung als Deutscher und
4. die Feststellung, dass eine Person zu Unrecht als Deutscher, fremder Staatsangehöriger oder Staatenloser geführt worden ist.

Die Mitteilung nach Satz 1 Nr. 2 entfällt bei Personen, die mit einem Aufnahmebescheid nach dem Bundesvertriebenengesetz eingereist sind.

(2) Die Bescheinigungsbehörden nach § 15 des Bundesvertriebenengesetzes teilen den Ausländerbehörden die Ablehnung der Ausstellung einer Bescheinigung nach § 15 Abs. 1 oder 2 des Bundesvertriebenengesetzes mit.

§ 74 Mitteilungen der Justizbehörden

(1) Die Strafvollstreckungsbehörden teilen den Ausländerbehörden mit

1. den Widerruf einer Strafaussetzung zur Bewährung,
2. den Widerruf der Zurückstellung der Strafvollstreckung.

(2) Die Strafvollzugsbehörden teilen den Ausländerbehörden mit

1. den Antritt der Auslieferungs-, Untersuchungs- und Strafhaft,
2. die Verlegung in eine andere Justizvollzugsanstalt,
3. die vorgesehenen und festgesetzten Termine für die Entlassung aus der Haft.

§ 75 (weggefallen)

I

§ 76 Mitteilungen der Gewerbebehörden

Die für die Gewerbeüberwachung zuständigen Behörden teilen den Ausländerbehörden mit

1. Gewerbeanzeigen,
2. die Erteilung einer gewerberechtlichen Erlaubnis,
3. die Rücknahme und den Widerruf einer gewerberechtlichen Erlaubnis,
4. die Untersagung der Ausübung eines Gewerbes sowie die Untersagung der Tätigkeit als Vertretungsberechtigter eines Gewerbetreibenden oder als mit der Leitung eines Gewerbebetriebes beauftragte Person.

§ 76a Form und Verfahren der Datenübermittlung im Ausländerwesen

(1) Für die Datenübermittlung zwischen den mit der Ausführung des Aufenthaltsgesetzes beauftragten Behörden werden der Datenübermittlungsstandard „XAusländer" und das Übermittlungsprotokoll OSCI-Transport in der im Bundesanzeiger bekannt gemachten jeweils gültigen Fassung verwendet. Die Möglichkeiten des OSCI-Standards zur sicheren Verschlüsselung und Signatur sind bei der Übertragung zu nutzen.

(2) Absatz 1 ist auf die Datenübermittlung über Vermittlungsstellen entsprechend anzuwenden. Erfolgt die Datenübermittlung zwischen den mit der Ausführung des Aufenthaltsgesetzes beauftragten Behörden über Vermittlungsstellen in verwaltungseigenen Kommunikationsnetzen, kann auch ein dem jeweiligen Landesrecht entsprechendes vom OSCI-Transport abweichendes Übermittlungsprotokoll eingesetzt werden, soweit dies hinsichtlich der Datensicherheit und des Datenschutzes ein den genannten Anforderungen entsprechendes Niveau aufweist. Die Gleichwertigkeit ist durch den Verantwortlichen zu dokumentieren.

Unterabschnitt 4
Erkennungsdienstliche Behandlung nach § 49 Absatz 6, 8 und 9 des Aufenthaltsgesetzes

§ 76b Technische Richtlinien des Bundesamtes für Sicherheit in der Informationstechnik

(1) Die nach § 49 Absatz 6, 8 und 9 des Aufenthaltsgesetzes zuständigen Behörden haben das Folgende dem Stand der Technik entsprechend zu gewährleisten:

1. die Überprüfung des Standards und der Aktualität des bereits im Ausländerzentralregister gespeicherten Lichtbildes,
2. die Erfassung und Verarbeitung der von ihnen im Rahmen einer erkennungsdienstlichen Maßnahme zu erhebenden Fingerabdruckdaten und des in den Ankunftsnachweis zu übernehmenden Lichtbildes.

(2) Die Einhaltung des Stands der Technik wird vermutet, wenn nach der Technischen Richtlinie BSI-TR-03121 – Biometrics for Public Sector Applications – des Bundesamtes für Sicherheit in der Informationstechnik in der jeweils geltenden Fassung verfahren wurde, die im Bundesanzeiger bekannt gemacht worden ist.

§ 76c Qualitätssicherung des Lichtbildes und der Fingerabdruckdaten

(1) Die nach § 49 Absatz 6, 8 und 9 des Aufenthaltsgesetzes zuständigen Behörden stellen durch geeignete technische und organisatorische Maßnahmen die erforderliche Qualität der Erfassung und Verarbeitung des Lichtbildes und der Fingerabdruckdaten, insbesondere die Einhaltung der in § 76b genannten technischen Anforderungen, sicher. Dazu haben sie das Lichtbild und die Fingerabdruckdaten mit einer zertifizierten Qualitätssicherungssoftware zu prüfen. Darüber hinaus hat auch die Erfassung der Fingerabdruckdaten mit zertifizierter Hardware zu erfolgen. Soweit die Technischen Richtlinien eine Zertifizierung der zur Erfassung und Überprüfungen erforderlichen Komponenten vorsieht, gilt dieses Erfordernis für folgende Systemkomponenten:

1. Erfassungsstation zur Fertigung des Lichtbildes,
2. Fingerabdruckscanner,
3. Software zur Erfassung und Qualitätssicherung des Lichtbildes und
4. Software zur Erfassung und Qualitätssicherung der Fingerabdruckdaten.

Bis zum 30. Juni 2020 ist die Nutzung nicht zertifizierter Geräte zur Erfassung und Überprüfung des Standards und der Aktualität des Lichtbildes und der Fingerabdruckdaten zulässig.

(2) Das Bundesverwaltungsamt erstellt eine Qualitätsstatistik mit anonymisierten Qualitätswerten zu Lichtbildern, die von den nach § 49 Absatz 6, 8 und 9 des Aufenthaltsgesetzes zuständigen Behörden erhoben und übermittelt werden.

(3) Das Bundesverwaltungsamt stellt die Ergebnisse der Qualitätsstatistik und auf Ersuchen die in der Statistik erfassten anonymisierten Einzeldaten dem Bundesministerium des Innern, für Bau und Heimat, dem Bundesamt für Sicherheit in der Informationstechnik und dem Bundeskriminalamt zur Verfügung.

Kapitel 6
Ordnungswidrigkeiten

§ 77 Ordnungswidrigkeiten

Ordnungswidrig im Sinne des § 98 Abs. 3 Nr. 7 des Aufenthaltsgesetzes handelt, wer vorsätzlich oder fahrlässig

1. entgegen § 38c eine Mitteilung nicht, nicht richtig, nicht vollständig, nicht in der vorgeschriebenen Weise oder nicht rechtzeitig macht,
2. entgegen § 56 Abs. 1 Nr. 1 bis 3 oder 4 einen Antrag nicht oder nicht rechtzeitig stellt,
3. entgegen § 56 Abs. 1 Nr. 5 oder Abs. 2 Satz 1 eine Anzeige nicht, nicht richtig, nicht vollständig oder nicht rechtzeitig erstattet,
4. entgegen § 56 Abs. 1 Nr. 6 oder 7 oder § 57 eine dort genannte Urkunde nicht oder nicht rechtzeitig vorlegt,
5. entgegen § 57a Nummer 1 eine Anzeige nicht, nicht richtig, nicht vollständig oder nicht rechtzeitig erstattet oder ein Dokument nicht oder nicht rechtzeitig vorlegt oder
6. entgegen § 57a Nummer 2 ein Dokument nicht oder nicht rechtzeitig vorlegt oder die Neuausstellung nicht oder nicht rechtzeitig beantragt.

§ 78 Verwaltungsbehörden im Sinne des Gesetzes über Ordnungswidrigkeiten

Die Zuständigkeit für die Verfolgung und Ahndung von Ordnungswidrigkeiten wird bei Ordnungswidrigkeiten nach § 98 Abs. 2 des Aufenthaltsgesetzes, wenn sie bei der Einreise oder der Ausreise begangen werden, und nach § 98 Abs. 3 Nr. 3 des Aufenthaltsgesetzes auf die in der Rechtsverordnung nach § 58 Abs. 1 des Bundespolizeigesetzes bestimmte Bundespolizeibehörde übertragen, soweit nicht die Länder im Einvernehmen mit dem Bund Aufgaben des grenzpolizeilichen Einzeldienstes mit eigenen Kräften wahrnehmen.

Kapitel 7
Übergangs- und Schlussvorschriften

§ 79 Anwendung auf Freizügigkeitsberechtigte

Die in Kapitel 2 Abschnitt 1, Kapitel 3, § 56, Kapitel 5 sowie in den §§ 81 und 82 enthaltenen Regelungen finden auch Anwendung auf Ausländer, deren Rechtsstellung durch das Freizügigkeitsgesetz/EU geregelt ist.

§ 80 Übergangsregelung für die Verwendung von Mustern

(1) Europäische Reisedokumente für die Rückkehr dürfen bis einschließlich 31. Dezember 2019 auch nach dem Muster ausgestellt werden, das in dem bis zum 22. Januar 2019 geltenden Recht vorgesehen war.

(2) Die Klebeetiketten „Visum" sowie „Verlängerung des Visums im Inland" dürfen bis einschließlich 21. Dezember 2019 auch nach den Mustern ausgestellt werden, die in dem bis zum 22. Januar 2019 geltenden Recht vorgesehen waren.

§ 81 Weitergeltung von nach bisherigem Recht ausgestellten Passersatzpapieren

(1) Es behalten die auf Grund des zum Zeitpunkt der Ausstellung geltenden Rechts ausgestellten

1. Reiseausweise für Flüchtlinge nach § 14 Abs. 2 Nr. 1 der Verordnung zur Durchführung des Ausländergesetzes und Reiseausweise für Staatenlose nach § 14 Abs. 2 Nr. 2 der Verordnung zur Durchführung des Ausländergesetzes,
2. Grenzgängerkarten nach § 14 Abs. 1 Nr. 2 der Verordnung zur Durchführung des Ausländergesetzes in Verbindung mit § 19 der Verordnung zur Durchführung des Ausländergesetzes,
3. Eintragungen in Schülersammellisten (§ 1 Abs. 5) und Standardreisedokumente für die Rückführung nach § 1 Absatz 8 in der bis einschließlich 7. April 2017 geltenden Fassung,
4. Reiseausweise für Ausländer, die nach dem in Anlage D4b abgedruckten Muster ausgestellt wurden,
5. Reiseausweise für Ausländer, die nach dem in Anlage D4a abgedruckten Muster mit einem Gültigkeitszeitraum von mehr als einem Jahr ausgestellt wurden,
6. Reiseausweise für Staatenlose, die nach dem in Anlage D8 abgedruckten Muster mit einem Gültigkeitszeitraum von mehr als einem Jahr ausgestellt wurden,
7. Reiseausweise für Flüchtlinge, die nach dem in Anlage D7 abgedruckten Muster mit einem Gültigkeitszeitraum von mehr als einem Jahr ausgestellt wurden, und
8. Grenzgängerkarten, die nach dem in Anlage D5 abgedruckten Muster ausgestellt wurden,

für den jeweiligen Gültigkeitszeitraum ihre Geltung.

(2) Zudem gelten weiter die auf Grund des vor dem Inkrafttreten dieser Verordnung geltenden Rechts ausgestellten oder erteilten

1. Reisedokumente nach § 14 Abs. 1 Nr. 1 der Verordnung zur Durchführung des Ausländergesetzes in Verbindung mit den §§ 15 bis 18 der Verordnung zur Durchführung des Ausländergesetzes als Reiseausweise für Ausländer nach dieser Verordnung,
2. Reiseausweise als Passersatz, die Ausländern nach § 14 Abs. 1 Nr. 3 der Verordnung zur Durchführung des Ausländergesetzes in Verbindung mit § 20 der Verordnung zur Durchführung des Ausländergesetzes ausgestellt wurden, als Notreiseausweise nach dieser Verordnung,
3. Befreiungen von der Passpflicht in Verbindung mit der Bescheinigung der Rückkehrberechtigung nach § 24 der Verordnung zur Durchführung des Ausländergesetzes auf dem Ausweisersatz nach § 39 Abs. 1 des Ausländergesetzes als Notreiseausweise nach dieser Verordnung, auf denen nach dieser Verordnung die Rückkehrberechtigung bescheinigt wurde,
4. Passierscheine nach § 14 Abs. 1 Nr. 4 der Verordnung zur Durchführung des Ausländergesetzes, die nach § 21 Abs. 1 der Verordnung zur Durchführung des Ausländergesetzes an Flugpersonal ausgestellt wurden, und Landgangsausweise nach § 14 Abs. 1 Nr. 5 der Verordnung zur Durchführung des Ausländergesetzes, die nach § 21 Abs. 1 Satz 1 der Verordnung zur Durchführung des Ausländergesetzes an Besatzungsmitglieder eines in der See- oder Küstenschifffahrt oder in der Rhein-Seeschifffahrt verkehrenden Schiffes ausgestellt wurden, als Passierscheine und zugleich als Notreiseausweise nach dieser Verordnung und
5. Grenzkarten, die bisher nach den Voraussetzungen ausgestellt wurden, die in Artikel 7 Abs. 2, Artikel 13 Abs. 2, Artikel 28 Abs. 1 und Artikel 32 Abs. 2 des Anhangs I zum Abkommen vom 21. Juni 1999 zwischen der Europäischen Gemeinschaft und

ihren Mitgliedstaaten einerseits und der Schweizerischen Eidgenossenschaft andererseits über die Freizügigkeit genannt sind, als Grenzgängerkarten nach dieser Verordnung.

(3) Der Gültigkeitszeitraum, der räumliche Geltungsbereich und der Berechtigungsgehalt der in den Absätzen 1 und 2 genannten Ausweise bestimmt sich nach den jeweils in ihnen enthaltenen Einträgen sowie dem Recht, das zum Zeitpunkt der Ausstellung des jeweiligen Ausweises galt.

(4) Die Entziehung der in den Absätzen 1 und 2 genannten Ausweise und die nachträgliche Eintragung von Beschränkungen richten sich ausschließlich nach den Vorschriften dieser Verordnung. Hat ein Vordruck nach Absatz 1 Nr. 1 und 2 sowie nach Absatz 2 seine Gültigkeit behalten, darf er dennoch nicht mehr für eine Verlängerung verwendet werden.

(5) Die in den Absätzen 1 und 2 genannten Ausweise können von Amts wegen entzogen werden, wenn dem Ausländer anstelle des bisherigen Ausweises ein Passersatz oder Ausweisersatz nach dieser Verordnung ausgestellt wird, dessen Berechtigungsgehalt demjenigen des bisherigen Ausweises zumindest entspricht, und die Voraussetzungen für die Ausstellung des neuen Passersatzes oder Ausweisersatzes vorliegen. Anstelle der Einziehung eines Ausweisersatzes, auf dem die Rückkehrberechtigung bescheinigt war, kann bei der Neuausstellung eines Notreiseausweises die Bescheinigung der Rückkehrberechtigung auf dem Ausweisersatz amtlich als ungültig vermerkt und der Ausweisersatz dem Ausländer belassen werden. Absatz 4 bleibt unberührt.

(6) Andere als die in den Absätzen 1 und 2 genannten, von deutschen Behörden ausgestellten Passersatzpapiere verlieren nach Ablauf von einem Monat nach Inkrafttreten dieser Verordnung ihre Gültigkeit.

§ 82 Übergangsregelung zur Führung von Ausländerdateien

(1) Bis zum 31. Dezember 2004 gespeicherte Angaben zu ausländerrechtlichen Maßnahmen und Entscheidungen bleiben auch nach Inkrafttreten des Aufenthaltsgesetzes und des Freizügigkeitsgesetzes/EU in der Ausländerdatei gespeichert. Nach dem Aufenthaltsgesetz und dem Freizügigkeitsgesetz/EU zulässige neue Maßnahmen und Entscheidungen sind erst zu speichern, wenn diese im Einzelfall getroffen werden.

(2) Ausländerbehörden können bis zum 31. Dezember 2005 Maßnahmen und Entscheidungen, für die noch keine entsprechenden Kennungen eingerichtet sind, unter bestehenden Kennungen speichern. Es dürfen nur Kennungen genutzt werden, die sich auf Maßnahmen und Entscheidungen beziehen, die ab dem 1. Januar 2005 nicht mehr getroffen werden.

(3) Die Ausländerbehörden haben beim Datenabruf der jeweiligen Maßnahme oder Entscheidung festzustellen, ob diese nach dem bisherigen Recht oder auf Grund des Aufenthaltsgesetzes oder des Freizügigkeitsgesetzes/EU erfolgt ist.

(4) Die Ausländerbehörden sind verpflichtet, die nach Absatz 2 gespeicherten Daten spätestens am 31. Dezember 2005 auf die neuen Speichersachverhalte umzuschreiben.

§ 82a Übergangsregelung aus Anlass des Inkrafttretens des Gesetzes zur Umsetzung aufenthalts- und asylrechtlicher Richtlinien der Europäischen Union

Angaben zu den mit dem Gesetz zur Umsetzung aufenthalts- und asylrechtlicher Richtlinien der Europäischen Union neu geschaffenen Speichersachverhalten werden in den Ausländerdateien gespeichert, sobald hierfür die informationstechnischen Voraussetzungen geschaffen worden sind, spätestens jedoch sechs Monate nach Inkrafttreten dieses Gesetzes. Soweit bis dahin die Angaben noch nicht gespeichert worden sind, sind die Ausländerbehörden verpflichtet, unverzüglich ihre Speicherung nachzuholen.

§ 82b Übergangsregelung zu § 31 Absatz 1 Satz 1 Nummer 1 und 2

Bis zur vollständigen Umsetzung des § 31 Absatz 1 Satz 1 Nummer 1 und 2 im automatisierten Visumverfahren des Bundesverwaltungsamtes, längstens jedoch bis zum 30. Juni 2013, können die Ausländerbehörden auch in den Fällen am Visumverfahren beteiligt werden, in denen auf Grund von § 31 Absatz 1 Satz 1 Nummer 1 und 2 in der Fassung vom 27. Februar 2013 (BGBl. I S. 351) ein Visum nicht der Zustimmung der Ausländerbehörde bedarf.

§ 83 Erfüllung ausweisrechtlicher Verpflichtungen

Sofern die Voraussetzungen der Pflicht zur Vorlage nach § 57 zum Zeitpunkt des Inkrafttretens dieser Verordnung erfüllt sind, hat der Ausländer die genannten Papiere, die er zu diesem Zeitpunkt bereits besaß, nach dieser Vorschrift nur auf Verlangen der Ausländerbehörde oder dann vorzulegen, wenn er bei der Ausländerbehörde einen Aufenthaltstitel, eine Duldung oder einen deutschen Passersatz beantragt oder erhält oder eine Anzeige nach § 56 Nr. 5 erstattet. Auf Grund anderer Vorschriften bestehende Rechtspflichten bleiben unberührt.

§ 84 Beginn der Anerkennung von Forschungseinrichtungen

Anträge auf die Anerkennung von Forschungseinrichtungen werden ab dem 1. Dezember 2007 bearbeitet.

Anlage A
(zu § 16)

1. Inhaber von Nationalpässen und/oder Reiseausweisen für Flüchtlinge sowie sonstiger in den jeweiligen Abkommen genannten Reisedokumente von

Staat	Zugehörige Fundstelle
Australien	GMBl. 1953 S. 575
Brasilien	BGBl. 2008 II S. 1179
Chile	GMBl. 1955 S. 22
El Salvador	BAnz. 1998 S. 12 778
Honduras	GMBl. 1963 S. 363
Japan	BAnz. 1998 S. 12 778
Kanada	GMBl. 1953 S. 575
Korea (Republik Korea)	BGBl. 1974 II S. 682; BGBl. 1998 II S. 1390
Monaco	GMBl. 1959 S. 287
Neuseeland	BGBl. 1972 II S. 1550
Panama	BAnz. 1967 Nr. 171, S. 1
San Marino	BGBl. 1969 II S. 203

2. Inhaber dienstlicher Pässe von

Staat	Zugehörige Fundstelle
Ghana	BGBl. 1998 II S. 2909
Philippinen	BAnz. 1968 Nr. 135, S. 2

3. Inhaber von Reiseausweisen für Flüchtlinge von
Belgien,
Dänemark,
Finnland,
Irland,
Island,
Italien,
Liechtenstein,
Luxemburg,
Malta,
Niederlande,
Norwegen,
Polen,
Portugal,
Rumänien,
Schweden,
Schweiz,
Slowakei,
Spanien,
Tschechische Republik,
Ungarn
nach Maßgabe des Europäischen Übereinkommens über die Aufhebung des Sichtvermerkszwangs für Flüchtlinge vom 20. April 1959 (BGBl. 1961 II S. 1097, 1098) sowie hinsichtlich der Inhaber von Reiseausweisen für Flüchtlinge der Schweiz auch nach Maßgabe des Abkommens zwischen der Regierung der Bundesrepublik Deutschland und dem Schweizerischen Bundesrat über die Abschaffung des Sichtvermerkszwangs für Flüchtlinge vom 4. Mai 1962 (BGBl. 1962 II S. 2331, 2332).

I

Anlage B
(zu § 19)

1. Inhaber dienstlicher Pässe (Dienst-, Ministerial-, Diplomaten- und anderer Pässe für in amtlicher Funktion oder im amtlichen Auftrag Reisende) von
   Bolivien,
   Ghana,
   Kolumbien,
   Philippinen,
   Thailand,
   Tschad,
   Türkei.
2. Inhaber von Diplomatenpässen von
   Albanien,
   Algerien,
   Armenien,
   Aserbaidschan,
   Bosnien und Herzegowina,
   Ecuador,
   Georgien,
   Indien,
   Jamaika,
   Kasachstan,
   Malawi,
   Marokko,
   Mazedonien, ehemalige Jugoslawische Republik,
   Moldau,
   Montenegro,
   Namibia,
   Pakistan,
   Peru,
   Russische Föderation,
   Serbien,
   Südafrika,
   Tunesien,
   Ukraine,
   Vereinigte Arabische Emirate,
   Vietnam.
3. Inhaber von Spezialpässen der Vereinigten Arabischen Emirate.
4. Inhaber von Dienstpässen von Ecuador.
5. Inhaber biometrischer Dienstpässe von
   Moldau,
   Ukraine.
6. Inhaber biometrischer Diplomatenpässe von
   Gabun,
   Kuwait,
   Mongolei.
7. Inhaber biometrischer Offizialpässe (Diplomaten-, Dienst- und Spezialpässe) von
   Katar,
   Oman.
8. Inhaber biometrischer Spezialpässe von Kuwait.

Anlage C
(zu § 26 Absatz 2 Satz 1)

Indien

Jordanien

Ausgenommen von der Flughafentransitvisumpflicht sind Staatsangehörige Jordaniens, sofern sie

a) im Besitz eines gültigen Visums Australiens, Israels oder Neuseelands sowie eines bestätigten Flugscheins oder einer gültigen Bordkarte für einen Flug sind, der in den betreffenden Staat führt, oder
b) nach Beendigung eines erlaubten Aufenthalts in einem der vorstehend genannten Staaten nach Jordanien reisen und hierzu im Besitz eines bestätigten Flugscheins oder einer gültigen Bordkarte für einen Flug sind, der nach Jordanien führt.

Der Weiterflug muss innerhalb von zwölf Stunden nach der Ankunft in Deutschland von demjenigen Flughafen ausgehen, in dessen Transitbereich sich der Ausländer ausschließlich befindet.

Libanon

Mali

Sudan

Südsudan

Syrien

Türkei

Ausgenommen von der Flughafentransitvisumpflicht sind Staatsangehörige der Türkei, die Inhaber von Dienstpässen, Ministerialpässen und anderen Pässen für in amtlicher Funktion oder im amtlichen Auftrag Reisende sind.

I

Verordnung über die Durchführung von Integrationskursen für Ausländer und Spätaussiedler (Integrationskursverordnung – IntV)

Vom 13. Dezember 2004 (BGBl. I S. 3370)

Zuletzt geändert durch
Dritte Verordnung zur Änderung der Integrationsverordnung
vom 21. Juni 2017 (BGBl. I S. 1875)

Inhaltsübersicht

Es verordnen

- auf Grund des § 43 Abs. 4 des Aufenthaltsgesetzes vom 30. Juli 2004 (BGBl. I S. 1950) die Bundesregierung und
- auf Grund des § 9 Abs. 1 Satz 5 des Bundesvertriebenengesetzes in der Fassung der Bekanntmachung vom 2. Juni 1993 (BGBl. I S. 829), der durch Artikel 6 Nr. 3 Buchstabe a des Gesetzes vom 30. Juli 2004 (BGBl. I S. 1950) eingefügt worden ist, das Bundesministerium des Innern:

Abschnitt 1
Allgemeine Bestimmungen

§ 1 Durchführung der Integrationskurse

1Das Bundesamt für Migration und Flüchtlinge (Bundesamt) führt die Integrationskurse in Zusammenarbeit mit Ausländerbehörden, dem Bundesverwaltungsamt, Kommunen, Migrationsdiensten und Trägern der Grundsicherung für Arbeitsuchende nach dem Zweiten Buch Sozialgesetzbuch durch und gewährleistet ein ausreichendes Kursangebot. 2Das Bundesamt lässt die Kurse in der Regel von privaten oder öffentlichen Trägern durchführen.

§ 2 Anwendungsbereich der Verordnung

Die Verordnung findet Anwendung auf Ausländer, deren Rechtsstellung sich nach dem Freizügigkeitsgesetz/EU bestimmt.

§ 3 Ziel des Integrationskurses

(1) Der Kurs dient der erfolgreichen Vermittlung

1. von ausreichenden Kenntnissen der deutschen Sprache nach § 43 Abs. 3 des Aufenthaltsgesetzes und § 9 Abs. 1 Satz 1 des Bundesvertriebenengesetzes und
2. von Alltagswissen sowie von Kenntnissen der Rechtsordnung, der Kultur und der Geschichte Deutschlands, insbesondere auch der Werte des demokratischen Staatswesens der Bundesrepublik Deutschland und der Prinzipien der Rechtsstaatlichkeit, Gleichberechtigung, Toleranz und Religionsfreiheit.

(2) Über ausreichende Kenntnisse der deutschen Sprache nach Absatz 1 Nr. 1 verfügt, wer sich im täglichen Leben in seiner Umgebung selbständig sprachlich zurechtfinden und entsprechend seinem Alter und Bildungsstand ein Gespräch führen und sich schriftlich ausdrücken kann (Niveau B1 des Gemeinsamen Europäischen Referenzrahmens für Sprachen).

Abschnitt 2
Rahmenbedingungen für die Teilnahme, Datenverarbeitung und Kursgebühren

§ 4 Teilnahmeberechtigung

(1) 1Teilnahmeberechtigte im Sinne dieser Verordnung sind

1. Ausländer, die einen gesetzlichen Teilnahmeanspruch nach § 44 Abs. 1 des Aufenthaltsgesetzes haben,
2. Spätaussiedler nach § 4 Abs. 1 oder 2 des Bundesvertriebenengesetzes sowie deren Familienangehörige nach § 7 Abs. 2 Satz 1 des Bundesvertriebenengesetzes, die einen gesetzlichen Teilnahmeanspruch nach § 9 Abs. 1 Satz 1 des Bundesvertriebenengesetzes haben,
3. Personen, die nach § 44 Abs. 4 des Aufenthaltsgesetzes zur Teilnahme zugelassen worden sind,
4. Ausländer, die nach § 44a Abs. 1 Satz 1 Nr. 2 oder Satz 3 des Aufenthaltsgesetzes zur Teilnahme verpflichtet worden sind,
5. Ausländer, die nach § 44a Abs. 1 Satz 1 Nr. 3 des Aufenthaltsgesetzes zur Teilnahme verpflichtet worden sind und
6. Ausländer, die nach § 44a Absatz 1 Satz 1 Nummer 4 des Aufenthaltsgesetzes zur Teilnahme verpflichtet worden sind.

2Teilnahmeberechtigte sind zur einmaligen Teilnahme am Integrationskurs berechtigt. 3Die Berechtigung zur Teilnahme am Integrationskurs erlischt, wenn der Teilnahmeberechtigte aus von ihm zu vertretenden Gründen nicht spätestens ein Jahr nach der Anmeldung beim Integrationskursträger mit dem Integrationskurs beginnt oder die Kursteilnahme länger als ein Jahr unterbricht.

(2) $_{1}$Ein Teilnahmeanspruch nach Absatz 1 Satz 1 Nr. 1 besteht nicht bei erkennbar geringem Integrationsbedarf (§ 44 Abs. 3 Satz 1 Nr. 2 des Aufenthaltsgesetzes). $_{2}$Ein solcher ist in der Regel anzunehmen, wenn

1. ein Ausländer
   a) einen Hochschul- oder Fachhochschulabschluss oder eine entsprechende Qualifikation besitzt, es sei denn, er kann wegen mangelnder Sprachkenntnisse innerhalb eines angemessenen Zeitraums keine seiner Qualifikation entsprechende Erwerbstätigkeit im Bundesgebiet erlaubt aufnehmen, oder
   b) eine Erwerbstätigkeit ausübt, die regelmäßig eine Qualifikation nach Buchstabe a erfordert, und
2. die Annahme gerechtfertigt ist, dass sich der Ausländer ohne staatliche Hilfe in das wirtschaftliche, gesellschaftliche und kulturelle Leben der Bundesrepublik Deutschland integrieren wird.

(3) Von einer besonderen Integrationsbedürftigkeit im Sinne von § 44a Abs. 1 Satz 1 Nr. 3 des Aufenthaltsgesetzes kann insbesondere dann ausgegangen werden, wenn der Ausländer als Inhaber der Personensorge für ein in Deutschland lebendes minderjähriges Kind nicht über ausreichende Kenntnisse der deutschen Sprache verfügt und es ihm deshalb bisher nicht gelungen ist, sich ohne staatliche Hilfe in das wirtschaftliche, kulturelle und gesellschaftliche Leben der Bundesrepublik Deutschland zu integrieren.

§ 4a Fahrtkostenerstattung, Kinderbetreuung

(1) $_{1}$Das Bundesamt gewährt Teilnahmeberechtigten, die nach § 9 Absatz 2 von der Kostenbeitragspflicht befreit worden sind, auf Antrag einen Zuschuss zu den Fahrtkosten, sofern sie am Kurs teilnehmen und soweit ein Bedarf besteht. $_{2}$Der Fahrtkostenzuschuss wird in Form einer Pauschale gewährt.

(2) Das Bundesamt kann die Teilnahme am Integrationskurs durch Förderung von Maßnahmen zur Ermöglichung und Sicherstellung einer integrationskursbegleitenden Kinderbetreuung unterstützen, soweit für betreuungsbedürftige und nicht der Schulpflicht unterliegende Kinder eines Teilnehmers kein anderweitiges örtliches Betreuungsangebot besteht.

§ 5 Zulassung zum Integrationskurs

(1) $_{1}$Die Zulassung zur Teilnahme am Integrationskurs nach § 44 Absatz 4 des Aufenthaltsgesetzes erfolgt durch das Bundesamt auf Antrag. $_{2}$Der Antrag nach Satz 1 kann über einen zugelassenen Kursträger gestellt werden. $_{4}$Ein Antrag auf Kostenbefreiung nach § 9 Abs. 2 kann mit dem Antrag auf Zulassung gestellt werden.

(2) Eine gleichberechtigte Teilhabe von Frauen an den Integrationskursen ist sicherzustellen.

(3) $_{1}$Die Zulassung ist auf ein Jahr zu befristen. $_{2}$Sie ergeht schriftlich und gilt als Bestätigung der Teilnahmeberechtigung. $_{3}$Die Zulassung für Teilnehmer nach § 44 Absatz 4 Satz 2 Nummer 1 des Aufenthaltsgesetzes ist auf drei Monate zu befristen. $_{4}$Die Zulassung erlischt nicht, wenn sich der Ausländer bis zu dem in Satz 1 genannten Zeitpunkt aus von ihm nicht zu vertretenden Gründen nicht zu einem Integrationskurs anmelden konnte.

(4) $_{1}$Bei der Entscheidung über die Zulassung ist die Integrationsbedürftigkeit des Antragstellers zu beachten. $_{2}$Vorrangig zu berücksichtigen sind:

1. Ausländer, die an einem Integrationskurs teilnehmen möchten, um die erforderlichen Kenntnisse für die Erteilung einer Niederlassungserlaubnis, einer Erlaubnis zum Daueraufenthalt – EU oder für eine Einbürgerung zu erwerben,
2. Ausländer, die einen gesetzlichen Anspruch auf Teilnahme an einem Integrationskurs hatten, aber aus Gründen, die sie nicht zu vertreten haben, an einer Teilnahme gehindert waren,
3. Inhaber eines Aufenthaltstitels nach § 23 Abs. 1 Satz 1 in Verbindung mit § 104a Abs. 1 Satz 2, §§ 23a, 25 Absatz 3, § 25a Absatz 2 oder nach § 104a Abs. 1 Satz 1 des Aufenthaltsgesetzes,

4. deutsche Staatsangehörige sowie Unionsbürger und deren Familienangehörige, die nicht über ausreichende deutsche Sprachkenntnisse verfügen und denen es bisher nicht gelungen ist, sich ohne staatliche Hilfe in das wirtschaftliche, kulturelle und gesellschaftliche Leben der Bundesrepublik Deutschland zu integrieren,
5. Personen, die eine Aufenthaltsgestattung besitzen und bei denen ein rechtmäßiger und dauerhafter Aufenthalt zu erwarten ist.

(5) $_{1}$Teilnahmeberechtigte, die ordnungsgemäß am Integrationskurs teilgenommen haben, können zur einmaligen Wiederholung von maximal 300 Unterrichtsstunden des Sprachkurses zugelassen werden, wenn sie in dem Sprachtest nach § 17 Abs. 1 Satz 1 Nr. 1 nicht erfolgreich waren. $_{2}$Sie sind zuzulassen, wenn sie nach § 44a Absatz 1 Satz 1 des Aufenthaltsgesetzes zur Teilnahme verpflichtet sind. $_{3}$Teilnahmeberechtigte, die am 8. Dezember 2007 den Integrationskurs noch nicht erfolgreich abgeschlossen hatten, kann das Bundesamt abweichend von § 4 Absatz 1 Satz 2 zur Wiederholung zulassen, auch wenn sie nicht an dem Abschlusstest nach § 17 Absatz 1 Satz 1 teilgenommen haben.

§ 6 Bestätigung der Teilnahmeberechtigung

(1) $_{1}$Die Ausländerbehörde bestätigt Teilnahmeberechtigten nach § 4 Abs. 1 Satz 1 Nr. 1 und 5 das Recht auf Teilnahme. $_{2}$Der Träger der Grundsicherung für Arbeitsuchende bestätigt Teilnahmeberechtigten nach § 4 Abs. 1 Satz 1 Nr. 4 das Recht auf Teilnahme. $_{3}$Der Träger der Leistungen nach dem Asylbewerberleistungsgesetz bestätigt Leistungsberechtigten nach § 4 Absatz 1 Satz 1 Nummer 6 das Recht auf Teilnahme. $_{4}$In der Bestätigung sind der Zeitpunkt des Erlöschens der Teilnahmeberechtigung sowie eine Verpflichtung nach § 44a des Aufenthaltsgesetzes zu vermerken.

(2) $_{1}$Das Bundesverwaltungsamt bestätigt Spätaussiedlern und ihren Familienangehörigen nach § 4 Abs. 1 Satz 1 Nr. 2 die Teilnahmeberechtigung. $_{2}$Die Bestätigung soll bereits vor Ausstellung der Bescheinigung nach § 15 Abs. 1 oder Abs. 2 des Bundesvertriebenengesetzes zusammen mit dem Registrierschein erteilt werden. $_{3}$Soweit das Bundesverwaltungsamt nicht für die Bescheinigung nach § 15 Abs. 1 oder 2 des Bundesvertriebenengesetzes zuständig ist, zeigt es der nach § 100b Abs. 2 des Bundesvertriebenengesetzes zuständigen Behörde an, dass die Teilnahmeberechtigung bestätigt wurde.

(3) Das Bundesamt legt einen einheitlichen Vordruck für die Bestätigung fest, in dem Angaben zu Namen, Vornamen, Geburtsdatum und Anschrift des Teilnahmeberechtigten sowie die Angaben nach Absatz 1 vorgesehen sind.

(4) Mit der Bestätigung werden die Teilnahmeberechtigten in einem Merkblatt in einer für sie verständlichen Sprache über die Ziele und Inhalte des Integrationskurses, über die Kursangebote der zugelassenen Träger, über die Modalitäten der Anmeldung und Teilnahme sowie über mögliche Folgen der Nichtteilnahme informiert.

§ 7 Anmeldung zum Integrationskurs

(1) $_{1}$Teilnahmeberechtigte können sich bei jedem zugelassenen Kursträger zu einem Integrationskurs anmelden. $_{2}$Bei der Anmeldung haben sie ihre Bestätigung der Teilnahmeberechtigung vorzulegen. $_{3}$Mit der Anmeldung kann ein Antrag auf Kostenbefreiung nach § 9 Abs. 2 beim Bundesamt gestellt werden. $_{4}$Der Antrag auf Kostenbefreiung ist im Anmeldeformular zu vermerken. $_{5}$Das Anmeldeformular enthält darüber hinaus folgende Angaben zum Teilnahmeberechtigten: Namen, Vornamen, Geburtsdatum, Geburtsort, Anschrift, Staatsangehörigkeiten, Geschlecht, Angaben zur Schreibkundigkeit, zum Bildungsstand sowie zu den Kenntnissen der deutschen Sprache. $_{6}$Das Bundesamt legt einen einheitlichen Vordruck für das Anmeldeformular fest.

(2) Ausländer, die zur Teilnahme an einem Integrationskurs verpflichtet sind, haben sich unverzüglich zu einem Integrationskurs anzumelden und der Ausländerbehörde, dem Träger der Grundsicherung für Arbeitsuchende oder dem Träger der Leistungen nach dem

I

Asylbewerberleistungsgesetz einen Nachweis über ihre Anmeldung zu übermitteln.

(3) 1Zur Sicherstellung einer zeitnahen Kursteilnahme soll das Bundesamt abweichend von Absatz 2 einen Ausländer, der zur Teilnahme an einem Integrationskurs verpflichtet ist, einem bestimmten Kursträger mit einem dem Ergebnis des Einstufungstests entsprechenden Kursangebot zuweisen. 2Teilnahmeberechtigte kann das Bundesamt zur Sicherstellung einer zeitnahen Kursteilnahme an einen bestimmten Kursträger mit einem dem Ergebnis des Einstufungstests entsprechenden Kursangebot verweisen. 3Zuweisungen nach Satz 1 und Verweisungen nach Satz 2 erfolgen unter Beachtung der zeitlichen Nähe des Kursbeginns sowie der örtlichen Nähe und Erreichbarkeit des Kursträgers für den Teilnahmeverpflichteten oder Teilnahmeberechtigten.

(4) 1Mit der Anmeldung bestätigt der Kursträger dem Teilnahmeberechtigten den voraussichtlichen Zeitpunkt des Kursbeginns. 2Der Kurs soll nicht später als sechs Wochen nach der Anmeldung beginnen. 3Kommt ein Kurs innerhalb dieser Frist nicht zustande, so ist der Kursträger verpflichtet, die Teilnehmer und das Bundesamt hierüber unverzüglich zu informieren. 4Teilnahmeberechtigte nach § 4 Absatz 1 Satz 1 Nummer 4 sind bei der Vergabe von Kursplätzen vorrangig zu berücksichtigen.

(5) 1Kommt ein Kurs innerhalb von sechs Wochen nach der Anmeldung oder Zuweisung nach den Absätzen 1 bis 3 nicht zustande, soll das Bundesamt den Teilnahmeverpflichteten einem anderen Kursträger mit einem entsprechenden Kursangebot zuweisen. 2Einen Teilnahmeberechtigten kann das Bundesamt an einen anderen Kursträger mit einem entsprechenden Kursangebot verweisen, wenn ein Kurs innerhalb von sechs Wochen nach der Anmeldung oder Verweisung nach den Absätzen 1 und 3 nicht zustande kommt.

§ 8 Datenverarbeitung

(1) 1Die Ausländerbehörde, die Träger der Grundsicherung für Arbeitsuchende, die Träger der Leistungen nach dem Asylbewerberleistungsgesetz und das Bundesverwaltungsamt übermitteln dem Bundesamt zur Erfüllung seiner gesetzlichen Koordinierungs- und Durchführungsaufgaben die Daten nach § 6 Absatz 1 oder 2 sowie Angaben zum Aufenthaltstitel und zum Herkunftsland. 2Auf Ersuchen der Ausländerbehörde, des Trägers der Grundsicherung für Arbeitsuchende oder des Trägers der Leistungen nach dem Asylbewerberleistungsgesetz übermittelt das Bundesamt die Daten nach § 5 Absatz 3 sowie § 6 Absatz 1 oder 2 zur Feststellung, ob eine andere zuständige Stelle eine Berechtigung ausgestellt oder zum Integrationskurs verpflichtet hat.

(2) 1Der Kursträger übermittelt dem Bundesamt zur Erfüllung seiner gesetzlichen Koordinierungs- und Durchführungsaufgaben unverzüglich nach Anmeldung die im Anmeldeformular angegebenen Daten und informiert das Bundesamt über den tatsächlichen Beginn eines Kurses sowie der jeweiligen Kursabschnitte. 2Der Kursträger übermittelt dem Bundesamt

1. zum Zweck der Abrechnung Angaben zur tatsächlichen Teilnahme des Teilnahmeberechtigten und
2. zum Zweck der Teilnahmeförderung die Testergebnisse des Teilnahmeberechtigten beim Einstufungstest nach § 11 Absatz 2.

3Die Daten werden elektronisch übermittelt. 4Dabei sind die nach § 9 des Bundesdatenschutzgesetzes erforderlichen technischen und organisatorischen Maßnahmen zu treffen.

(3) 1Der Kursträger hat die zuständige Ausländerbehörde, den zuständigen Träger der Grundsicherung für Arbeitsuchende oder den zuständigen Träger der Leistungen nach dem Asylbewerberleistungsgesetz zu unterrichten, wenn er feststellt, dass ein zur Teilnahme verpflichteter Ausländer nicht ordnungsgemäß im Sinne von § 14 Absatz 6 Satz 2 am Integrationskurs teilnimmt. 2Das Bundesamt übermittelt der Ausländerbehörde, dem Träger der Grundsicherung für Arbeitsuchende oder dem Träger der Leistungen nach dem Asylbewerberleistungsgesetz auf Ersuchen

die Daten zur Kursanmeldung und zur Kursteilnahme des zur Teilnahme verpflichteten Ausländers.

(4) 1Die Übermittlungen nach Absatz 1 Satz 2 und Absatz 3 Satz 2 können auch im automatisierten Abrufverfahren nach § 10 des Bundesdatenschutzgesetzes erfolgen, wenn der automatische Datenabruf wegen der Vielzahl oder der besonderen Eilbedürftigkeit der zu erwartenden Übermittlungsersuchen unter Berücksichtigung der schutzwürdigen Interessen des Betroffenen angemessen ist. 2Im automatisierten Verfahren dürfen Daten nur von Bediensteten abgerufen werden, die von ihrer Behördenleitung hierzu besonders ermächtigt sind. 3Das Bundesamt stellt sicher, dass im automatisierten Verfahren nur Daten abgerufen werden können, wenn die abrufende Stelle einen Verwendungszweck angibt, der ihr den Abruf der Daten erlaubt.

(5) 1Das Bundesamt erstellt bei Datenübermittlungen im automatisierten Abrufverfahren nach Absatz 4 Protokolle, aus denen Folgendes hervorgeht:

1. der Tag und die Uhrzeit des Abrufs,
2. die abrufende Stelle,
3. die übermittelten Daten und
4. der Anlass und Zweck der Übermittlung.

2Die Auswertung der Protokolldaten ist nach dem Stand der Technik zu gewährleisten. 3Die protokollierten Daten dürfen nur für Zwecke der Datenschutzkontrolle und Datensicherheit oder zur Sicherstellung eines ordnungsgemäßen Betriebes der Datenverarbeitungsanlage verwendet werden. 4Die Protokolldaten sind gegen unberechtigten Zugriff zu sichern. 5Die Protokolldaten sind nach sechs Monaten zu löschen, sofern sie nicht für ein bereits eingeleitetes Kontrollverfahren benötigt werden.

(6) Namen, Vornamen und Geburtsdatum der Teilnahmeberechtigten sind nach spätestens zehn Jahren, die übrigen personenbezogenen Daten nach spätestens fünf Jahren zu löschen.

(7) 1Das Bundesamt darf die nach den §§ 5, 6, 7, 8 und 17 gespeicherten Daten zu Integrationskursteilnehmern verarbeiten und nutzen, soweit dies für wissenschaftliche Forschungsvorhaben nach § 75 Nummer 4a des Aufenthaltsgesetzes erforderlich ist. 2Die Daten dürfen in personalisierter Form verwendet werden, soweit

1. eine Verwendung anonymisierter Daten zu diesem Zweck nicht möglich oder die Anonymisierung mit einem unverhältnismäßigen Aufwand verbunden ist und
2. schutzwürdige Interessen der Betroffenen nicht beeinträchtigt werden oder das öffentliche Interesse an dem Forschungsvorhaben das Geheimhaltungsinteresse der Betroffenen erheblich überwiegt und der Forschungszweck auf andere Weise nicht erreicht werden kann.

3Bei der Abwägung nach Satz 2 Nummer 2 ist im Rahmen des öffentlichen Interesses das wissenschaftliche Interesse an dem Forschungsvorhaben besonders zu berücksichtigen. 4Personenbezogene Daten sind zu pseudonymisieren, wenn der Forschungszweck unter Verwendung pseudonymisierter Daten erreicht werden kann und keinen im Verhältnis zu dem angestrebten Schutzzweck unverhältnismäßigen Aufwand erfordert. 5Die Merkmale, mit denen ein Personenbezug hergestellt werden kann, sind gesondert zu speichern. 6Sie dürfen mit den Einzelangaben nur zusammengeführt werden, soweit der Forschungszweck dies erfordert. 7Die Zuordnungsmöglichkeit ist aufzuheben, sobald der Forschungszweck dies erlaubt, spätestens mit der Beendigung des Forschungsvorhabens, sofern ausnahmsweise eine Löschung der Daten noch nicht in Betracht kommt.

(8) Die Speicherung, Veränderung und Nutzung personenbezogener Daten zu dem in Absatz 7 genannten Zweck hat räumlich und organisatorisch getrennt von der Verarbeitung und Nutzung personenbezogener Daten für die Erfüllung anderer Aufgaben des Bundesamtes zu erfolgen.

§ 9 Kostenbeitrag

(1) 1Für die Teilnahme am Integrationskurs haben Teilnahmeberechtigte einen Kostenbeitrag an das Bundesamt zu leisten, der 50 Prozent des geltenden Kostenerstattungssatzes nach § 20 Absatz 6 beträgt. 2Zur Zahlung ist nach § 43 Abs. 3 Satz 4 des Aufent-

I

haltsgesetzes auch derjenige verpflichtet, der dem Teilnahmeberechtigten zur Gewährung des Lebensunterhalts verpflichtet ist.

(2) 1Das Bundesamt befreit auf Antrag Teilnahmeberechtigte, die Leistungen nach dem Zweiten Buch Sozialgesetzbuch, Hilfe zum Lebensunterhalt nach dem Zwölften Buch Sozialgesetzbuch oder nach dem Asylbewerberleistungsgesetz beziehen, gegen Vorlage eines aktuellen Nachweises von der Pflicht, einen Kostenbeitrag zu leisten. 2Das Bundesamt kann Teilnahmeberechtigte auf Antrag von der Kostenbeitragspflicht befreien, wenn diese für den Teilnahmeberechtigten unter Berücksichtigung seiner persönlichen Umstände und wirtschaftlichen Situation eine unzumutbare Härte darstellen würde. 3Teilnahmeberechtigte, die von der Kostenbeitragspflicht befreit wurden, sind verpflichtet, dem Bundesamt unverzüglich mitzuteilen, wenn ihnen die Leistungen oder Hilfen nach Satz 1 nicht mehr gewährt werden oder die Umstände weggefallen sind, die zur Annahme einer unzumutbaren Härte nach Satz 2 geführt haben.

(3) Der Kostenbeitrag für einen Kursabschnitt ist über die Träger des Integrationskurses zum Beginn des Kursabschnitts zu entrichten.

(4) Teilnahmeberechtigte, die einen Kurs innerhalb eines Kursabschnitts abbrechen oder an Unterrichtsterminen nicht teilnehmen, bleiben zur Leistung des Kostenbeitrags für den gesamten Kursabschnitt verpflichtet.

(5) Eine Kostenbeitragspflicht besteht nicht für Teilnahmeberechtigte nach § 4 Abs. 1 Satz 1 Nr. 2.

(6) Das Bundesamt kann Teilnahmeberechtigten, die innerhalb von zwei Jahren nach Ausstellung der Teilnahmeberechtigung nach § 5 Absatz 3 und § 6 Abs. 1 die erfolgreiche Teilnahme (§ 17 Abs. 2) nachweisen, 50 Prozent des Kostenbeitrags nach Absatz 1 erstatten.

Abschnitt 3
Struktur, Dauer und Inhalt des Integrationskurses

§ 10 Grundstruktur des Integrationskurses

(1) 1Der Integrationskurs umfasst 700 Unterrichtsstunden. 2Er findet in Deutsch statt und ist in einen Sprachkurs sowie einen Orientierungskurs unterteilt.

(2) Das Bundesamt legt die Lerninhalte und Lernziele für die einzelnen Kursabschnitte des Sprachkurses und für den Orientierungskurs fest unter Berücksichtigung der methodisch-didaktischen Erkenntnisse und Erfahrungen bei der Vermittlung von Deutsch als Zweitsprache.

§ 11 Grundstruktur des Sprachkurses

(1) 1Der Sprachkurs umfasst 600 Unterrichtsstunden. 2Er ist in einen Basis- und in einen Aufbausprachkurs unterteilt. 3Basis- und Aufbausprachkurs bestehen aus jeweils drei Kursabschnitten mit unterschiedlichen Leistungsstufen. 4Am Ende des Basis- und des Aufbausprachkurses ermittelt der Kursträger den erreichten Leistungsstand des Teilnehmers. 5Die Teilnahme am Aufbausprachkurs setzt in der Regel eine Teilnahme am Basissprachkurs voraus. 6Das gilt nicht, wenn das Sprachniveau eines Teilnahmeberechtigten durch die Teilnahme am Basissprachkurs nicht mehr wesentlich gefördert werden kann. 7Teilnehmer können mit Zustimmung des Kursträgers die Leistungsstufen bei Neubeginn eines Kursabschnitts wechseln, überspringen oder wiederholen.

(2) 1Um eine Zusammensetzung der Kursgruppe sicherzustellen, die bedarfsgerecht und an die Lernvoraussetzungen und speziellen Bedürfnisse der Teilnehmer angepasst ist, absolvieren die Teilnehmer vor Beginn des Sprachkurses einen Test zur Einstufung ihres Sprachniveaus und zur Ermittlung, ob eine Teilnahme an einem Integrationskurs nach § 13 zu empfehlen ist (Einstufungstest). 2Der Einstufungstest wird bei einer nach § 18 zugelassenen Stelle durchgeführt, solange das Bundesamt nicht von seiner nach § 20a Ab-

satz 5 eingeräumten Befugnis Gebrauch macht. 3Für die Abnahme des Einstufungstests dürfen nur Personen eingesetzt werden, die nach § 15 Absatz 1 oder 2 als Lehrkraft zugelassen sind. 4Die Kosten des Einstufungstests übernimmt das Bundesamt. 5Eine dem Ergebnis des Einstufungstests nicht entsprechende Kurszuweisung des Kursteilnehmers darf nur aus berechtigten Gründen erfolgen; die Gründe sind vom Kursträger nachvollziehbar zu dokumentieren.

(3) 1Während des Aufbausprachkurses kann der Teilnehmer auf Anregung des Kursträgers und in Abstimmung mit dem Bundesamt an einem Praktikum zum interaktiven Sprachgebrauch teilnehmen. 2Hierzu kann der Sprachunterricht unterbrochen werden. 3Für den Zeitraum der Unterbrechung wird kein Kostenbeitrag erhoben.

§ 12 Grundstruktur des Orientierungskurses

1Der Orientierungskurs umfasst 100 Unterrichtsstunden. 2Er findet im Anschluss an den Sprachkurs statt und wird grundsätzlich von dem Kursträger durchgeführt, der für den Integrationskurs zugelassen ist. 3In Ausnahmefällen kann der Kursträger mit Zustimmung des Bundesamtes einen anderen zugelassenen Kursträger beauftragen, den Orientierungskurs durchzuführen.

§ 13 Integrationskurse für spezielle Zielgruppen, Intensivkurs

(1) 1Bei Bedarf können Integrationskurse für spezielle Zielgruppen vorgesehen werden, wenn ein besonderer Unterricht oder ein erhöhter Betreuungsaufwand erforderlich ist. 2Integrationskurse für spezielle Zielgruppen umfassen bis zu 900 Unterrichtsstunden im Sprachkurs und 100 Unterrichtsstunden im Orientierungskurs. 3Sie können insbesondere eingerichtet werden für Teilnahmeberechtigte,

1. die nicht mehr schulpflichtig sind und das 27. Lebensjahr noch nicht vollendet haben, zur Vorbereitung auf den Besuch weiterführender Schulen oder Hochschulen oder auf eine andere Ausbildung (Jugendintegrationskurs),
2. die aus familiären oder kulturellen Gründen keinen allgemeinen Integrationskurs besuchen können (Eltern- beziehungsweise Frauenintegrationskurs),
3. die nicht oder nicht ausreichend lesen oder schreiben können (Alphabetisierungskurs),
4. die einen besonderen sprachpädagogischen Förderbedarf haben (Förderkurs).

(2) 1Bei Bedarf kann der Integrationskurs als Intensivkurs, der 430 Unterrichtsstunden umfasst, durchgeführt werden. 2Der Sprachkurs umfasst 400 Unterrichtsstunden und besteht aus vier Kursabschnitten. 3Auf den Orientierungskurs entfallen 30 Unterrichtsstunden. 4Für die Teilnahme an einem Intensivkurs ist erforderlich, dass das Ergebnis des Einstufungstests die erfolgreiche Teilnahme am Sprachtest (§ 17 Abs. 1 Satz 1 Nr. 1) innerhalb des Unterrichtsumfangs nach Satz 2 erwarten lässt.

(3) Das Bundesamt stellt in Abstimmung mit den Kommunen, dem Bundesverwaltungsamt, anderen nach Bundes- oder Landesrecht zuständigen Stellen, den Trägern migrationsspezifischer Beratungsangebote sowie mit den zugelassenen Kursträgern den örtlichen Bedarf für die Integrationskurse nach den Absätzen 1 und 2 fest.

§ 14 Organisation der Integrationskurse, Ordnungsmäßigkeit der Teilnahme

(1) 1Der Integrationskurs wird in der Regel als ganztägiger Unterricht angeboten. 2Das Angebot von Teilzeitkursen soll auf einen zügigen Abschluss des Kurses ausgerichtet sein.

(2) 1Die Zahl der Kursteilnehmer darf in einer Kursgruppe 25 Personen nicht überschreiten. 2Die Kursgruppe soll möglichst Teilnehmer mit unterschiedlichen Muttersprachen umfassen. 3Das Bundesamt kann Ausnahmen von Satz 1 zulassen. 4Für Integrationskurse nach § 13 können vom Bundesamt kleinere Kursgruppen vorgesehen werden.

(3) 1Bei Bedarf können Integrationskurse nach § 10 Absatz 1 und § 13 Absatz 2 auch in Form von Online-Kursen durchgeführt werden. 2Das Bundesamt kann bei diesen Kursen Abweichungen von den Regelungen in Absatz 1 Satz 1 und Absatz 2 Satz 1 und 2 zulassen. 3Das Bundesamt legt fest, welches Angebot

an Online-Kursen konzeptionell den Anforderungen der Integrationskursverordnung entspricht.

(4) $_1$Der Wechsel eines Kursträgers ist bei Vorliegen besonderer Umstände, insbesondere im Falle eines Umzugs, eines Wechsels zwischen Teilzeit- und Vollzeitkursen, zur Ermöglichung der Kinderbetreuung oder zur Aufnahme einer Ausbildung oder Erwerbstätigkeit möglich. $_2$Bei einem Wechsel des Kursträgers innerhalb eines Kursabschnitts werden im Falle eines Umzugs, eines Wechsels zwischen Teilzeit- und Vollzeitkursen, zur Ermöglichung der Kinderbetreuung oder zur Aufnahme einer Ausbildung oder Erwerbstätigkeit die nicht mehr besuchten Unterrichtsstunden des Kursabschnitts nicht auf die Förderdauer angerechnet.

(5) Der Teilnehmer kann einzelne Kursabschnitte des Sprachkurses auf eigene Kosten wiederholen oder den Kurs auf eigene Kosten fortsetzen, auch nachdem er die Höchstförderdauer von 1200 Unterrichtsstunden erreicht hat.

(6) $_1$Der Kursträger hat jedem Teilnehmer auf Verlangen eine Bescheinigung über die ordnungsgemäße Teilnahme auszustellen. $_2$Ordnungsgemäß ist die Teilnahme, wenn ein Teilnehmer so regelmäßig am Kurs teilnimmt, dass ein Kurserfolg möglich ist und der Lernerfolg insbesondere nicht durch Kursabbruch oder häufige Nichtteilnahme gefährdet ist, und er am Abschlusstest nach § 17 Abs. 1 teilnimmt. $_3$Die Ausländerbehörde, der Träger der Grundsicherung für Arbeitsuchende und der Träger der Leistungen nach dem Asylbewerberleistungsgesetz können auch vor Abschluss des Integrationskurses den zur Teilnahme an einem Integrationskurs verpflichteten Ausländer auffordern, die bis dahin ordnungsgemäße Teilnahme nachzuweisen. $_4$Sofern der Ausländer dieser Aufforderung nicht nachkommt, hat auf Verlangen des Bundesamtes, der Ausländerbehörde, des Trägers der Grundsicherung für Arbeitsuchende oder des Trägers der Leistungen nach dem Asylbewerberleistungsgesetz der Kursträger bei der Feststellung der ordnungsgemäßen Teilnahme mitzuwirken.

§ 15 Lehrkräfte und Prüfer

(1) Lehrkräfte, die im Integrationskurs Deutsch als Zweitsprache unterrichten, müssen ein erfolgreich abgeschlossenes Studium Deutsch als Fremdsprache oder Deutsch als Zweitsprache vorweisen.

(2) Soweit diese fachlichen Qualifikationen nicht vorliegen, ist eine Zulassung zur Lehrtätigkeit nur möglich, wenn die Lehrkraft an einer vom Bundesamt vorgegebenen Qualifizierung teilgenommen hat.

(3) $_1$Lehrkräfte im Orientierungskurs müssen eine für die Vermittlung der Ziele nach § 3 Abs. 1 Nr. 2 ausreichende fachliche Qualifikation und Eignung nachweisen. $_2$Für die Unterrichtung von Alphabetisierungskursen muss eine ausreichende fachliche Qualifikation und Eignung nachgewiesen werden.

(4) Das Bundesamt kann die methodisch-didaktische Fortbildung von Lehrkräften fördern.

(5) $_1$Prüfer, die Prüfungen gemäß § 17 Absatz 1 Nummer 1 abnehmen, müssen Kenntnisse zur Bewertung von Sprachkompetenzen und Unterrichtserfahrung mit der Zielgruppe nachweisen. $_2$Es wird vermutet, dass ein Prüfer über diese Qualifikationen verfügt, wenn er im Besitz einer gültigen Prüferlizenz „Deutsch-Test für Zuwanderer" des vom Bundesamt nach § 17 Absatz 1 Satz 5 beauftragten Testinstituts ist. $_3$Voraussetzung für den Einsatz als Prüfer ist die Zulassung als Lehrkraft nach Absatz 1 oder 2.

§ 16 Zulassung der Lehr- und Lernmittel

Lehr- und Lernmittel für den Integrationskurs werden vom Bundesamt zugelassen.

§ 17 Abschlusstest, Zertifikat Integrationskurs

(1) $_1$Der Integrationskurs wird abgeschlossen durch

1. den skalierten Sprachtest „Deutsch-Test für Zuwanderer" des Bundesamtes, der die Sprachkompetenzen in den Fertigkeiten Hören, Lesen, Schreiben und Sprechen auf den Stufen A2 bis B1 des Gemeinsamen Europäischen Referenzrahmens für Sprachen nachweist, und

2. den skalierten Test „Leben in Deutschland".

$_{2}$Diese Tests werden bei hierfür zugelassenen Stellen (§ 20a) abgelegt. $_{3}$Diese Stellen müssen hierbei zur Gewährleistung der ordnungsgemäßen Durchführung der Prüfung und eines Höchstmaßes an Prüfungssicherheit mindestens einen trägerunabhängigen Prüfer einsetzen. $_{4}$Das Bundesamt kann im Wege der Ausschreibung ein Testinstitut mit der Organisation und Auswertung dieser Tests beauftragen.

(2) Die Teilnahme am Integrationskurs ist erfolgreich im Sinne von § 43 Absatz 2 Satz 2 des Aufenthaltsgesetzes, wenn im Sprachtest das Sprachniveau B1 des Gemeinsamen Europäischen Referenzrahmens für Sprachen nachgewiesen und im Test „Leben in Deutschland" die für das Bestehen des Orientierungskurses notwendige Punktzahl erreicht ist.

(3) $_{1}$Das Bundesamt trägt die Kosten für die einmalige Teilnahme an den Abschlusstests nach Absatz 1. $_{2}$Bei nicht erfolgreicher Teilnahme am Test nach Absatz 1 Satz 1 Nummer 1 vor Ausschöpfung der Unterrichtsstunden gemäß § 11 Absatz 1 Satz 1 oder § 13 Absatz 1 Satz 2 oder Absatz 2 Satz 2 trägt das Bundesamt die Kosten für die zweite Teilnahme an diesem Test. $_{3}$Im Rahmen der Wiederholung nach § 5 Absatz 5 werden die Kosten für die Teilnahme am Test nach Absatz 1 Satz 1 Nummer 1 einmalig getragen.

(4) $_{1}$Das Bundesamt bescheinigt die erfolgreiche Teilnahme am Integrationskurs nach Absatz 2 mit dem „Zertifikat Integrationskurs" und bewahrt einen Abdruck auf. $_{2}$Das Zertifikat enthält Namen, Vornamen, Geburtsdatum und die Nummer des Passes, Personalausweises oder eines vergleichbaren, zu bezeichnenden Ausweises des Kursteilnehmers. $_{3}$War die Teilnahme am Integrationskurs nicht erfolgreich, wird das tatsächlich erreichte Ergebnis der Abschlusstests durch eine Bescheinigung bestätigt. $_{4}$Die nach Absatz 1 Satz 2 zugelassene Stelle übermittelt dem Bundesamt die für die Ausstellung der Bescheinigungen nach den Sätzen 1 bis 3 erforderlichen Angaben. $_{5}$Das Bundesamt unterrichtet die Kursträger, soweit erforderlich, über die Ergebnisse ihrer Teilnehmer in den Tests nach Absatz 1.

(5) $_{1}$Mit dem skalierten Test „Leben in Deutschland" können nach Maßgabe der Einbürgerungstestverordnung auch die nach § 10 Absatz 1 Satz 1 Nummer 7 des Staatsangehörigkeitsgesetzes erforderlichen Kenntnisse nachgewiesen werden. $_{2}$§ 2 Absatz 1 Satz 2 der Einbürgerungstestverordnung findet keine Anwendung.

Abschnitt 4
Kursträger, Prüfstellen, Bewertungskommission

§ 18 Kursträger

(1) Das Bundesamt kann auf Antrag zur Durchführung der Integrationskurse und des Einstufungstests nach § 11 Absatz 2 private oder öffentliche Kursträger zulassen, wenn sie

1. zuverlässig und gesetzestreu sind,
2. in der Lage sind, Integrationskurse ordnungsgemäß durchzuführen (Leistungsfähigkeit), und
3. ein Verfahren zur Qualitätssicherung und -entwicklung anwenden.

(2) $_{1}$Im Antrag ist anzugeben, ob eine Zulassung für einen Standort oder für mehrere Standorte beantragt wird. $_{2}$Die Angaben nach § 19 sind für jeden Standort zu machen. $_{3}$Die Zulassung als Träger von Integrationskursen für spezielle Zielgruppen (§ 13 Absatz 1), Intensivkursen (§ 13 Absatz 2) oder Online-Kursen (§ 14 Absatz 3) ist gesondert zu beantragen.

(3) $_{1}$Durch das Zulassungsverfahren ist vom Bundesamt ein flächendeckendes und am Bedarf orientiertes Angebot an Integrationskursen im gesamten Bundesgebiet sicherzustellen. $_{2}$§ 13 Abs. 3 gilt entsprechend.

(4) $_{1}$Kursträger, die nach Absatz 1 zugelassen sind, können im Wege des Vergabeverfahrens mit der Durchführung von Integrationskursen beauftragt werden, insbesondere wenn dies zur Sicherstellung eines bedarfsgerechten Angebots an Maßnahmen, bei denen der Integ-

rationskurs mit Maßnahmen der aktiven Arbeitsmarktpolitik kombiniert wird, erforderlich ist oder wenn anderenfalls kein ausreichendes Kursangebot in einzelnen Regionen gewährleistet werden kann. ₂Das Bundesamt kann das Vergabeverfahren durch eine andere Behörde durchführen lassen. ₃Die Regelungen über die Leistungen zur Eingliederung in Arbeit nach dem Zweiten Buch Sozialgesetzbuch und der aktiven Arbeitsförderung nach dem Dritten Buch Sozialgesetzbuch bleiben unberührt.

§ 19 Anforderungen an den Zulassungsantrag

(1) Zur Beurteilung der Zuverlässigkeit und Gesetzestreue des Antragstellers oder der zur Führung seiner Geschäfte bestellten Personen muss der Antrag Folgendes enthalten:

1. bei natürlichen Personen Angaben zu Namen, Vornamen, Geburtsdatum, Geburtsort, zustellungsfähiger Anschrift, Anschrift des Geschäftssitzes und der Zweigstellen, von denen aus der Integrationskurs angeboten werden soll, sowie bei juristischen Personen und Personengesellschaften Angaben zu Namen, Vornamen, Geburtsdatum, Geburtsort der Vertreter nach Gesetz, Satzung oder Gesellschaftsvertrag, Anschrift des Geschäftssitzes und der Zweigstellen, von denen aus der Integrationskurs angeboten werden soll; soweit eine Eintragung in das Vereins- oder Handelsregister erfolgt ist, ist ein entsprechender Auszug vorzulegen,
2. eine Erklärung des Antragstellers oder des gesetzlichen Vertreters oder, bei juristischen Personen oder nicht rechtsfähigen Personenvereinigungen, der nach Gesetz, Satzung oder Gesellschaftsvertrag zur Vertretung oder Geschäftsführung Berechtigten
   a) über Insolvenzverfahren, Vorstrafen, anhängige Strafverfahren, staatsanwaltschaftliche Ermittlungsverfahren und Gewerbeuntersagungen innerhalb der letzten fünf Jahre oder
   b) zu entsprechenden ausländischen Verfahren und Strafen, wenn sie ihren Wohnsitz oder gewöhnlichen Aufenthalt während dieser Zeit überwiegend im Ausland hatten,
3. eine Übersicht über bislang durchgeführte oder laufende Förderprogramme oder vergleichbare Maßnahmen und
4. eine Erklärung dazu, ob innerhalb der letzten drei Jahre ein Zulassungsantrag des Antragstellers oder seines gesetzlichen Vertreters oder des zur Vertretung oder Geschäftsführung Berechtigten abgelehnt oder die Zulassung widerrufen wurde.

(2) Zur Beurteilung der Leistungsfähigkeit des Antragstellers muss der Antrag Angaben zu Folgendem enthalten:

1. der mindestens zweijährigen praktischen Erfahrung im Bereich der Organisation und Durchführung von Sprachvermittlungskursen in der Erwachsenenbildung, den sonstigen speziellen Erfahrungen mit Sprachvermittlungskursen sowie dazu, ob der Antragsteller bereits von staatlichen oder zertifizierten Stellen als Kursträger für vergleichbare Bildungsmaßnahmen zugelassen ist,
2. der Lehrorganisation,
3. der Einrichtung und Gestaltung der Unterrichtsräume sowie der technischen Ausstattung und dem System der Datenübermittlung (§ 8 Absatz 2 Satz 3),
4. dem Einsatz neuer Medien bei der Vermittlung von Lerninhalten,
5. der personellen Ausstattung einschließlich der für die Durchführung des Einstufungstests vorgesehenen Personen, wobei für die Lehrkräfte auch Angaben zu deren Erfahrungen in der Durchführung von Sprachvermittlungs- und Integrationskursen und ihren über die allgemeinen fachlichen Qualifikationen hinausgehenden und für die Tätigkeit in Integrationskursen relevanten Qualifikationen zu machen sind,
6. der Höhe der Vergütung der eingesetzten Honorarlehrkräfte,
7. der Erreichung spezieller Zielgruppen,
8. der Bewältigung spezieller regionaler Bedarfslagen,

9. der Zusammenarbeit vor Ort mit anderen Integrationsträgern, insbesondere den Trägern migrationsspezifischer Beratungsangebote nach § 45 Satz 1 des Aufenthaltsgesetzes, den Agenturen für Arbeit, den Trägern der Grundsicherung für Arbeitsuchende und Anbietern im Bereich der Erwachsenenbildung, insbesondere solchen mit Angeboten für Personen mit Migrationshintergrund, und
10. der Zusammenarbeit mit anderen Kursträgern, insbesondere Angaben zur organisatorischen Fähigkeit, gemeinsam Integrationskurse durchzuführen.

(3) Zur Beurteilung der vom Antragsteller eingesetzten Instrumente zur Qualitätssicherung und -entwicklung muss der Antrag eine Dokumentation zu den Maßnahmen in den Bereichen Führung, Personal, Kundenkommunikation, Unterrichtsorganisation und -durchführung, Evaluation und Controlling enthalten.

(4) $_1$Für die Zulassung als Träger von Integrationskursen für spezielle Zielgruppen sind Angaben über die Erfüllung besonderer vom Bundesamt vorgegebener Qualitätsmerkmale und Rahmenbedingungen zu machen. $_2$Entsprechende Angaben sind zu machen, wenn das Bundesamt von seiner Ermächtigung nach § 20a Absatz 5 Gebrauch macht, eine gesonderte Zulassung zur Durchführung von Einstufungstests vorzusehen.

(5) Für den Antrag ist das vom Bundesamt festgelegte Antragsformular zu verwenden.

§ 20 Prüfung und Entscheidung des Bundesamtes

(1) $_1$Das Bundesamt entscheidet über den Zulassungsantrag nach Prüfung der eingereichten Unterlagen und im Regelfall nach örtlicher Prüfung. $_2$Bei der Entscheidung über die Erteilung der Zulassung und ihre Dauer sind die nach § 19 gemachten Angaben und die Erfahrungen mit der bisherigen Kooperation des Trägers mit dem Bundesamt zu berücksichtigen.

(2) $_1$Die Zulassung wird durch ein Zertifikat „Zugelassener Träger zur Durchführung von Integrationskursen nach dem Zuwanderungsgesetz" bescheinigt. $_2$Sie wird für längstens fünf Jahre erteilt. $_3$Die Dauer der Zulassung wird anhand eines Punktesystems festgesetzt, das das Erreichen von Standards bei den in Absatz 1 genannten Kriterien abbildet. $_4$Zudem kann das Bundesamt die Dauer der Zulassung verkürzen, wenn eine vom Bundesamt festzulegende Vergütungsgrenze für die Lehrkräfte unterschritten wird.

(3) $_1$Wenn der Träger eine Zertifizierung innerhalb der letzten drei Jahre vor Antragstellung nachweist, die der Zertifizierung nach Absatz 2 gleichwertig ist, kann das Bundesamt von den Anforderungen an die Zulassung nach § 19 absehen. $_2$Bei Wiederholungsanträgen kann das Bundesamt ein vereinfachtes Verfahren vorsehen.

(4) Die Zulassung als Träger von Integrationskursen für spezielle Zielgruppen (§ 13 Absatz 1) ist im Zertifikat für die Zulassung gesondert zu bescheinigen.

(5) $_1$Bei der Erteilung der Zulassung weist das Bundesamt den Träger auf die Rechte von angestellten und freiberuflich tätigen Lehrkräften hin. $_2$Die Zulassung kann mit Auflagen erteilt werden, insbesondere zur Wochenstundenzahl der Kurse. $_3$Das Bundesamt ist berechtigt, zur Erfüllung seiner Aufgaben bei den Kursträgern Prüfungen durchzuführen, Unterlagen einzusehen und unangemeldet Kurse zu besuchen. $_4$Der Kursträger ist verpflichtet, dem Bundesamt auf Verlangen Auskünfte zu erteilen. $_5$Der Kursträger hat dem Bundesamt Änderungen, die Auswirkungen auf die Zulassung haben können, unverzüglich anzuzeigen. $_6$Der Kursträger ist verpflichtet, sein Kursangebot sowie verfügbare Kursplätze nach den Vorgaben des Bundesamtes zu veröffentlichen.

(6) Das Bundesamt setzt nach Ermittlung der bundesweiten Preisentwicklung angemessene, den Grundsätzen der Sachgerechtigkeit und Wirtschaftlichkeit genügende Kostenerstattungssätze fest.

§ 20a Zulassung von Prüfungsstellen

(1) $_1$Für die Durchführung des „Deutsch-Tests für Zuwanderer" nach § 17 Absatz 1 Nummer 1 sowie des Tests „Leben in Deutschland" nach § 17 Absatz 1 Nummer 2 ist je-

weils eine gesonderte Zulassung erforderlich. $_2$Das Bundesamt kann die nach den §§ 18 bis 20 zur Durchführung von Integrationskursen zugelassenen Kursträger als Prüfungsstellen zulassen, wenn sie zuverlässig und leistungsfähig sind und die Prüfungssicherheit gewährleisten. $_3$Antragstellern, die nicht als Integrationskursträger zugelassen sind, kann das Bundesamt eine Zulassung erteilen, wenn ein örtlicher Bedarf besteht.

(2) Der Zulassungsantrag muss Angaben zu Folgendem enthalten:

1. zur einschlägigen, mindestens zweijährigen Prüfungserfahrung des Antragstellers,
2. zum Einsatz von Prüfern,
3. zum Vorhandensein ausreichender räumlicher Kapazitäten, insbesondere zur Gesamtfläche der Prüfungsräume und zur maximalen Teilnehmeranzahl pro Prüfungstermin, und
4. zur Einhaltung der vom Bundesministerium des Innern nach § 43 Absatz 4 Satz 2 des Aufenthaltsgesetzes geregelten Prüfungs- und Nachweismodalitäten.

(3) Die Zulassung wird durch ein Zertifikat „Zugelassener Träger zur Durchführung von Integrationskurstests" bescheinigt.

(4) $_1$Die Zulassung wird für längstens fünf Jahre erteilt. $_2$§ 20 Absatz 5 und 6 gilt entsprechend.

(5) Das Bundesamt kann private oder öffentliche Stellen mit einer regional zentralisierten Durchführung von Einstufungstests nach § 11 Absatz 2 beauftragen.

§ 20b Widerruf und Erlöschen der Zulassung

(1)$_1$Die Zulassung soll mit Wirkung für die Zukunft widerrufen werden, wenn ihre Voraussetzungen nicht mehr vorliegen, insbesondere wenn

1. der Kursträger seine Mitwirkungspflichten nach § 8 Absatz 3 und § 14 Absatz 6 Satz 4 bei der Feststellung der ordnungsgemäßen Kursteilnahme Teilnahmeverpflichteter wiederholt verletzt,
2. das Insolvenzverfahren über das Vermögen des Kursträgers eröffnet worden ist oder unmittelbar droht,
3. der Kursträger wiederholt und trotz vorheriger Abmahnung gegen Auflagen und Nebenbestimmungen, die Bestandteil des Zulassungsbescheids sind, verstößt,
4. der Kursträger die Rechte seiner Mitarbeiter verletzt,
5. im Einstufungsverfahren wiederholt eine falsche Kurszuweisung erfolgte oder
6. bei der Durchführung der Tests nach § 17 Absatz 1 das vorgeschriebene Verfahren wiederholt nicht eingehalten wurde.

$_2$Im Übrigen gelten die §§ 48 und 49 des Verwaltungsverfahrensgesetzes.

(2) Die Zulassung erlischt, wenn der Kursträger die Tätigkeit auf Dauer einstellt oder über einen Zeitraum von mehr als einem Jahr keinen Integrationskurs durchgeführt hat, es sei denn, das Nichtzustandekommen von Kursen beruht darauf, dass die zunächst bei dem Kursträger angemeldeten Teilnehmer nach § 7 Absatz 5 einem anderen Kursträger zugewiesen oder an einen anderen Kursträger verwiesen wurden.

(3) Mit Ablauf, Rücknahme oder Widerruf der Zulassung als Kursträger erlischt die Zulassung als Prüfungsstelle ebenfalls.

§ 21 Bewertungskommission

Zur Bewertung von Lehrplänen, Lehr- und Lernmitteln und der Inhalte der Tests, zur Entwicklung von Verfahren der Qualitätskontrolle sowie zur Fortentwicklung des Integrationskurskonzepts wird eine Bewertungskommission beim Bundesamt eingerichtet.

(2) Die Mitglieder der Bewertungskommission werden für die Dauer von drei Jahren durch das Bundesministerium des Innern berufen.

Abschnitt 5
Übergangsregelung

§ 22 Übergangsregelung

(1) Das Bundesamt kann die Fahrtkosten bis zum Ablauf des 31. Dezember 2017 nach dem

bis zum 28. Oktober 2015 geltenden Kostenvergütungsverfahren erstatten.

(2) 1Teilnehmer, die sich vor dem 1. Juli 2012 zu einem Integrationskurs angemeldet haben, müssen abweichend von § 9 Absatz 1 Satz 1 nur einen Kostenbeitrag in Höhe von 1 Euro pro Unterrichtseinheit an das Bundesamt leisten. 2Teilnehmer, die sich nach dem 30. Juni 2012 und vor dem 1. Januar 2016 zu einem Integrationskurs angemeldet haben, müssen abweichend von § 9 Absatz 1 Satz 1 nur einen Kostenbeitrag in Höhe von 1,20 Euro pro Unterrichtseinheit an das Bundesamt leisten.

I

Verordnung über die Prüfungs- und Nachweismodalitäten für die Abschlusstests des Integrationskurses (Integrationskurstestverordnung – IntTestV)

Vom 9. April 2013 (BGBl. I S. 801)

Inhaltsübersicht

Auf Grund des § 43 Absatz 4 Satz 2 des Aufenthaltsgesetzes, der durch Artikel 2 des Gesetzes vom 21. Januar 2013 (BGBl. I S. 86) eingefügt worden ist, und des § 10 Absatz 7 des Staatsangehörigkeitsgesetzes, der durch Artikel 5 Nummer 7 Buchstabe c des Gesetzes vom 19. August 2007 (BGBl. I S. 1970) eingefügt worden ist, verordnet das Bundesministerium des Innern:

§ 1 Anwendungsbereich

Die Verordnung gilt für die skalierten Tests „Deutsch-Test für Zuwanderer" und „Leben in Deutschland" nach § 17 Absatz 1 der Integrationskursverordnung.

§ 2 Anmeldung und Teilnahme

Anmeldung und Teilnahme erfolgen bei den nach § 20a der Integrationskursverordnung zugelassenen Prüfungsstellen.

§ 3 Prüfungsumfang und Prüfungsdauer

(1) Der „Deutsch-Test für Zuwanderer" setzt sich aus einer schriftlichen Prüfung von 100 Minuten und einer mündlichen Paarprüfung von circa 15 Minuten zusammen. Die Prüfungen bestehen aus Aufgaben aus den Fertigkeitsbereichen Hören, Lesen, Schreiben und Sprechen der Kompetenzstufen A2 und B1 des Gemeinsamen Europäischen Referenzrahmens für Sprachen.

(2) Der Test „Leben in Deutschland" ist eine schriftliche Prüfung. Der Prüfungsumfang und die Prüfungsdauer entsprechen § 1 Absatz 1 bis 3 der Einbürgerungstestverordnung in Verbindung mit deren Anlage 1.

§ 4 Prüfungsunterlagen

Die Prüfungsunterlagen werden den Prüfungsstellen durch das Bundesamt für Migration und Flüchtlinge (Bundesamt) oder durch das nach § 17 Absatz 1 Satz 5 der Integrationskursverordnung beauftragte Testinstitut zur Verfügung gestellt.

Redaktionelle Anmerkung:
Mit dem Verweis ist wohl § 17 Absatz 1 **Satz 4** gemeint.

§ 5 Ausschluss der Öffentlichkeit

Die Prüfungen sind nicht öffentlich.

§ 6 Überprüfung der Identität

(1) Die Prüfungsstelle ist verpflichtet, vor Beginn des Tests die Identität jedes Prüflings anhand eines gültigen amtlichen Ausweisdokuments mit Lichtbild festzustellen. Bei Zweifeln an der Identität des Prüflings wird dieser nicht zum Test zugelassen.

(2) Während des schriftlichen Tests muss das amtliche Ausweisdokument einsehbar am Platz des Prüflings liegen. Das Aufsichtspersonal stellt sicher, dass die persönlichen Angaben auf dem Antwortbogen mit denen im Ausweisdokument übereinstimmen.

§ 7 Aufsicht und Protokoll

(1) Die Prüfungsstelle stellt sicher, dass mindestens zwei Aufsichtspersonen die ordnungsgemäße Durchführung der schriftlichen Prüfung überwachen. Beim „Deutsch-Test für Zuwanderer" sorgt sie darüber hinaus dafür, dass die mündliche Prüfung von zwei Prüfern, die über die Qualifikation nach § 15 Absatz 5 der Integrationskursverordnung verfügen, durchgeführt wird.

(2) Mindestens einer der jeweils eingesetzten Prüfer und eine der jeweils eingesetzten Aufsichtspersonen dürfen in keinem Honorar- oder Abhängigkeitsverhältnis zur Prüfungsstelle stehen, das über die Abnahme der Prüfung hinausgeht.

(3) Eine Lehrkraft, die einen Prüfling in den letzten sechs Monaten vor der Testteilnahme unterrichtet hat, darf nicht als dessen Prüfer eingesetzt werden.

(4) Über den Verlauf der Prüfung ist ein Protokoll anzufertigen, in dem die Daten zur Prüfung festgehalten werden, insbesondere

1. die Daten zum Prüfling,
2. die Daten zur Prüfungsstelle,
3. der Prüfungstermin und die Uhrzeit sowie
4. gegebenenfalls besondere Vorkommnisse.

§ 8 Ausschluss von der Prüfung

(1) Von der Prüfung wird ausgeschlossen, wer vor oder während der Prüfung

1. täuscht oder zu täuschen versucht,
2. unerlaubte Hilfsmittel einsetzt oder sie gewährt oder
3. durch sein Verhalten den ordnungsgemäßen Prüfungsablauf stört oder zu stören versucht.

(2) Stellt sich erst nach Beendigung der Tests heraus, dass Voraussetzungen für einen Ausschluss vorgelegen haben, so wird der Prüfling durch das Bundesamt oder im Fall der Beauftragung nach § 17 Absatz 1 Satz 5 der Integrationskursverordnung durch das beauftragte Testinstitut rückwirkend von der Prüfung ausgeschlossen.

§ 9 Rücktritt, Abbruch und Wiederholung der Prüfung

(1) Vor Beginn der Prüfung kann der Prüfling jederzeit von der Prüfung zurücktreten.

(2) Bricht der Prüfling durch eigenes Verschulden die Prüfung nach Beginn ab, so gilt sie als nicht bestanden. Bereits abgelegte Prüfungsteile werden nicht gewertet.

(3) Die Prüfungen können unbegrenzt häufig wiederholt werden.

§ 10 Bewertung der Prüfungsergebnisse

(1) Die Bedingungen für das Bestehen des „Deutsch-Tests für Zuwanderer" richten sich nach § 17 Absatz 2 der Integrationskursverordnung. Dabei ist die Kompetenzstufe B1 des Gemeinsamen Europäischen Referenzrahmens für Sprachen erreicht, wenn in dem Fertigkeitsbereich „Sprechen" sowie in mindestens einem der Bereiche „Hören/Lesen" oder „Schreiben" die Kompetenzstufe B1 erreicht ist.

(2) Für das Bestehen des Orientierungskurses nach § 17 Absatz 2 der Integrationskursverordnung müssen im Test „Leben in Deutschland" mindestens 15 der 33 Fragen eines Fragebogens richtig beantwortet worden sein.

(3) Besteht zwischen dem Land, in dem der Prüfling seinen rechtmäßigen Aufenthalt hat, und dem Bundesamt eine Verwaltungsvereinbarung nach § 2 Absatz 1 der Einbürgerungstestverordnung, so wird eine Bescheinigung nach § 1 Absatz 4 der Einbürgerungstestverordnung ausgestellt, wenn im Test „Leben in Deutschland" 17 der 33 Fragen eines Fragebogens richtig beantwortet wurden.

§ 11 Einsichtnahme

Die Prüfungsunterlagen können innerhalb von drei Monaten nach Mitteilung des Ergebnisses vom Prüfling eingesehen werden.

§ 12 Verschwiegenheit

Alle mit der Testdurchführung und -auswertung beauftragten Personen haben über Prüfungsvorgänge und Prüfungsergebnisse Verschwiegenheit gegenüber Dritten zu wahren. Alle Prüfungsunterlagen unterliegen der Geheimhaltung und sind unter Verschluss zu halten.

§ 13 Archivierung

(1) Die Prüfungsunterlagen werden, nach Ablauf des Tages, an dem das Prüfungsergebnis mitgeteilt worden ist, ein Jahr lang aufbewahrt.

(2) Das Prüfungsergebnis, insbesondere das Gesamtergebnis, die Teilergebnisse, die jeweils erreichte Punktzahl und Kompetenzstufe, sowie das Prüfungsdatum, die Kennziffer der Prüfungsstelle, die Personenkennziffer und das Geburtsdatum des Prüflings werden fünf Jahre nach Ablauf des Tages, an dem das Prüfungsergebnis mitgeteilt worden ist, gelöscht.

§ 14 Inkrafttreten

Diese Verordnung tritt am Tag nach der Verkündung in Kraft.

I

Verordnung über die berufsbezogene Deutschsprachförderung (Deutschsprachförderverordnung – DeuFöV)

Vom 4. Mai 2016 (BAnz. AT 04.05.2016 Nr. V1)

Zuletzt geändert durch
Fachkräfteeinwanderungsgesetz
vom 15. August 2019 (BGBl. I S. 1307)[1])

Inhaltsübersicht

---

[1]) Die Änderungen in § 4 und § 6 durch das Fachkräfteeinwanderungsgesetz treten am 01.03.2020 in Kraft; sie sind als Anmerkungen bei § 4 und § 6 dargestellt.
Ebenfalls berücksichtigt: Ausländerbeschäftigungsförderungsgesetz vom 08.07.2019 (BGBl. I S. 1029, In-Kraft-Treten 01.08.2019)

Auf Grund des § 45a Absatz 3 des Aufenthaltsgesetzes, der durch Artikel 3 Nummer 7 des Gesetzes vom 20. Oktober 2015 (BGBl. I S. 1722) eingefügt worden ist, verordnet das Bundesministerium für Arbeit und Soziales im Einvernehmen mit dem Bundesministerium des Innern:

Teil 1 Allgemeine Bestimmungen

§ 1 Durchführung der berufsbezogenen Deutschsprachförderung

(1) Die Durchführung der berufsbezogenen Deutschsprachförderung ist Aufgabe des Bundesamtes für Migration und Flüchtlinge (Bundesamt). Zur Durchführung der berufsbezogenen Deutschsprachförderung lässt das Bundesamt private und öffentliche Träger zu. Das Bundesamt berücksichtigt die von der Bundesagentur für Arbeit und von den für die Durchführung der Grundsicherung für Arbeitsuchende zuständigen Stellen ermittelten Bedarfe an berufsbezogener Deutschsprachförderung.

(2) Bei der Teilnahme an der berufsbezogenen Deutschsprachförderung sollen die Belange von Menschen mit Behinderungen und die Barrierefreiheit besonders berücksichtigt werden.

§ 2 Persönlicher Anwendungsbereich der Verordnung

(1) Die Verordnung ist anwendbar auf Ausländerinnen und Ausländer im Sinne von § 2 Absatz 1 des Aufenthaltsgesetzes und auf Ausländerinnen und Ausländer, deren Rechtsstellung sich nach dem Freizügigkeitsgesetz/EU bestimmt.

(2) Die Verordnung ist entsprechend auf deutsche Staatsangehörige mit Migrationshintergrund anwendbar.

§ 3 Ziel der berufsbezogenen Deutschsprachförderung

Die berufsbezogene Deutschsprachförderung dient dem Spracherwerb, um die Chancen auf dem Arbeits- und Ausbildungsmarkt zu verbessern.

Teil 2 Rahmenbedingungen für die Teilnahme

§ 4 Teilnahme an der berufsbezogenen Deutschsprachförderung

(1) Personen nach § 2 können eine Teilnahmeberechtigung für die berufsbezogene Deutschsprachförderung erhalten, wenn die berufsbezogene Deutschsprachförderung notwendig ist,

1. um ihre Chancen auf dem Arbeits- oder Ausbildungsmarkt zu verbessern und sie zum Zeitpunkt der Erteilung der Teilnahmeberechtigung
   a) bei der Agentur für Arbeit ausbildungsuchend, arbeitsuchend oder arbeitslos gemeldet sind oder in Maßnahmen nach dem Zweiten Unterabschnitt des Dritten Abschnitts des Dritten Kapitels oder § 130 Absatz 1 Satz 2 des Dritten Buches Sozialgesetzbuch gefördert werden,
   b) Leistungen nach dem Zweiten Buch Sozialgesetzbuch beziehen oder
   c) beschäftigt sind, ohne zum Personenkreis nach den Buchstaben a oder b zu gehören.
2. weil sie begleitend zur Anerkennung ausländischer Berufsabschlüsse oder für den Zugang zum Beruf ein bestimmtes Sprachniveau erreichen müssen oder
3. um sie als Auszubildende während einer Berufsausbildung im Sinne von § 57 Absatz 1 des Dritten Buches Sozialgesetzbuch bei der Durchführung und dem erfolgreichen Ausbildungsabschluss zu unterstützen.

Geduldete können eine Teilnahmeberechtigung für die berufsbezogene Deutschsprachförderung nur erhalten, wenn

1. die Duldung nach § 60a Absatz 2 Satz 3 des Aufenthaltsgesetzes erteilt worden ist oder
2. die Voraussetzungen nach Absatz 1 Satz 1 Nummer 1 Buchstabe a oder c oder Nummer 3 vorliegen und sie sich seit mindes-

tens sechs Monaten geduldet im Bundesgebiet aufhalten.

Für Personen, die eine Aufenthaltsgestattung nach dem Asylgesetz besitzen, ist § 45a Absatz 2 Satz 3 und 4 des Aufenthaltsgesetzes zu beachten. Personen, deren Wohnsitz oder gewöhnlicher Aufenthalt in Grenzgebieten zur Bundesrepublik Deutschland liegt, können eine Teilnahmeberechtigung für die berufsbezogene Deutschsprachförderung erhalten, wenn die Voraussetzungen nach Satz 1 Nummer 1 Buchstabe a vorliegen. Satz 4 gilt nur, wenn die Teilnahmeberechtigung im Rahmen eines gemeinsamen Projekts der Bundesagentur für Arbeit mit dem Nachbarstaat, in dem der Wohnsitz oder gewöhnliche Aufenthalt der Person liegt, erteilt wird, bei dem der Nachbarstaat auch für Personen mit Wohnsitz oder gewöhnlichem Aufenthalt in der Bundesrepublik Deutschland vergleichbare Sprachfördermaßnahmen anbietet.

(2) Personen nach § 2, die in einer Eingliederungsvereinbarung nach dem Zweiten Buch Sozialgesetzbuch oder aufgrund eines diese ersetzenden Verwaltungsaktes zur Teilnahme an der berufsbezogenen Deutschsprachförderung verpflichtet sind, sind nach § 8 Absatz 3 vorrangig zu berücksichtigen. In gleicher Weise vorrangig zu berücksichtigen sind Personen, die eine Aufenthaltsgestattung nach dem Asylgesetz besitzen und bei denen ein rechtmäßiger und dauerhafter Aufenthalt zu erwarten ist.

(3) Die Teilnahme an der berufsbezogenen Deutschsprachförderung setzt ausreichende deutsche Sprachkenntnisse entsprechend dem Niveau B 1 des Gemeinsamen Europäischen Referenzrahmens für Sprachen voraus (§ 2 Absatz 11 des Aufenthaltsgesetzes). Dies gilt nicht für die Teilnahme an Spezialberufssprachkursen nach § 13 Absatz 1 Satz 1 Nummer 3 und 4.

(4) Für die Teilnahme an der berufsbezogenen Deutschsprachförderung haben beschäftigte Teilnehmende einen Kostenbeitrag an das Bundesamt zu leisten. Dies gilt nicht für

1. Beschäftigte, die neben der Beschäftigung Leistungen nach dem Asylbewerberleistungsgesetz, dem Zweiten Buch Sozialgesetzbuch oder Hilfen zum Lebensunterhalt nach dem Zwölften Buch Sozialgesetzbuch beziehen oder einen Anspruch auf Arbeitslosengeld haben,
2. Auszubildende, die eine Berufsausbildung im Sinne des § 57 Absatz 1 des Dritten Buches Sozialgesetzbuch oder eine Einstiegsqualifizierung im Sinne des § 54a des Dritten Buches Sozialgesetzbuch absolvieren,
3. Beschäftigte, deren zu versteuerndes Jahreseinkommen den Betrag von 20 000 Euro oder bei gemeinsam Veranlagten 40 000 Euro nicht übersteigt.

Personen nach Satz 2 Nummer 3, die die Teilnahme an einem Berufssprachkurs abbrechen, haben einen Kostenbeitrag an das Bundesamt zu leisten, es sei denn, sie haben den Abbruch nicht zu vertreten.

(5) Der Kostenbeitrag nach Absatz 4 beträgt 50 Prozent des Kostenerstattungssatzes nach § 25 Absatz 1 Satz 1 und ist für einen Berufssprachkurs zu dessen Beginn über den Kursträger zu entrichten. Teilnahmeberechtigte, die an einem Berufssprachkurs nicht teilnehmen oder die Teilnahme abbrechen, bleiben zur Leistung des Kostenbeitrags für den Berufssprachkurs verpflichtet, es sei denn, sie haben die Nichtteilnahme oder den Abbruch nicht zu vertreten. Der Arbeitgeber kann dem Teilnehmenden die Kosten ersetzen.

(6) Das Bundesamt erstattet Teilnahmeberechtigten, die innerhalb von zwei Jahren nach Ausstellung der Teilnahmeberechtigung nach § 6 Absatz 1 das Bestehen der Zertifikatsprüfung nach § 15 Absatz 1 nachweisen, auf Antrag 50 Prozent des Kostenbeitrags nach Absatz 5.

Durch das Fachkräfteeinwanderungsgesetz wird in § 4 Absatz 1 mit Geltung ab 01.03.2020 folgende Ziffer 4 eingefügt:

4. um sie bei der Vorbereitung auf eine Berufsausbildung im Sinne von § 57 Absatz 1 des Dritten Buches Sozialgesetzbuch zu unterstützen und sie einen Ausbildungsvertrag abgeschlossen haben.

Zudem wird durch das Fachkräfteeinwanderungsgesetz, ebenfalls mit Geltung ab 01.03.2020, folgende Sätze an Absatz 1 angefügt:

„Personen, deren Wohnsitz oder gewöhnlicher Aufenthalt nicht in der Bundesrepublik Deutschland liegt, können eine Teilnahmeberechtigung für die berufsbezogene Deutschsprachförderung erhalten, wenn die Voraussetzungen nach Satz 1 Nummer 4 vorliegen und der Ausbildungsvertrag in das Verzeichnis der Berufsausbildungsverhältnisse bei der zuständigen Stelle eingetragen wurde oder, soweit eine solche Eintragung nicht erforderlich ist, der Ausbildungsvertrag mit einer staatlichen oder staatlich anerkannten Ausbildungseinrichtung geschlossen wurde oder die Zustimmung einer staatlichen oder staatlich anerkannten Ausbildungseinrichtung zu dem Ausbildungsvertrag vorliegt. Bei Drittstaatsangehörigen ist zudem erforderlich, dass die Bundesagentur für Arbeit die Zustimmung nach § 39 des Aufenthaltsgesetzes zur Erteilung eines Aufenthaltstitels nach § 16a des Aufenthaltsgesetzes erteilt hat, soweit diese erforderlich ist."

Den Wortlaut der in diesem neuen Satz genannten § 39 und § 16a AufenthG – beide ebenfalls ab 01.03.2020 neu gefasst – finden Sie in Leitziffer VI.0 abgedruckt.

§ 5 Zuständigkeit für die Entscheidung über die Teilnahmeberechtigung

(1) Über die Teilnahmeberechtigung von Personen nach § 4 Absatz 1 Satz 1 Nummer 1 Buchstabe a entscheiden die Agenturen für Arbeit.

(2) Über die Teilnahmeberechtigung von Personen nach § 4 Absatz 1 Satz 1 Nummer 1 Buchstabe b entscheiden die für die Durchführung der Grundsicherung für Arbeitsuchende zuständigen Stellen.

(3) Über die Teilnahmeberechtigung von Personen nach § 4 Absatz 1 Satz 1 Nummer 1 Buchstabe c entscheiden auf Antrag bei Teilnehmerinnen und Teilnehmern an Maßnahmen des Dritten Buches Sozialgesetzbuch die Agenturen für Arbeit, ansonsten das Bundesamt.

(4) Über die Teilnahmeberechtigung von Personen nach § 4 Absatz 1 Satz 1 Nummer 2 entscheidet das Bundesamt auf Antrag, wenn die Voraussetzungen nach § 4 Absatz 1 Satz 1 Nummer 1 nicht erfüllt sind.

(5) Über die Teilnahmeberechtigung von Personen nach § 4 Absatz 1 Satz 1 Nummer 3 entscheidet das Bundesamt auf Antrag.

(6) Über die Teilnahmeberechtigung von Personen nach § 4 Absatz 1 Satz 4 und 5 entscheiden die Agenturen für Arbeit.

Durch das Fachkräfteeinwanderungsgesetz wird mit Geltung ab 01.03.2020 folgender Absatz 7 und Absatz 8 angefügt:

(7) Über die Teilnahmeberechtigung von Personen nach § 4 Absatz 1 Satz 1 Nummer 4 entscheidet das Bundesamt auf Antrag.

(8) Über die Teilnahmeberechtigung von Personen nach § 4 Absatz 1 Satz 6 entscheidet das Bundesamt auf Antrag.

§ 6 Erteilung, Form und Inhalt der Teilnahmeberechtigung

(1) Die Teilnahmeberechtigung wird von der nach § 5 zuständigen Stelle in schriftlicher Form unter Angabe der ausstellenden Stelle und des Ausstellungsdatums erteilt. Sie berechtigt zur Anmeldung für die Teilnahme an einem Berufssprachkurs bei einem zur Durchführung der berufsbezogenen Deutschsprachförderung nach dieser Verordnung zugelassenen Träger (Kursträger).

(2) In die Teilnahmeberechtigung sind folgende Angaben aufzunehmen: Namen, Vornamen, Geburtsdatum, Geschlecht, Anschrift, Staatsangehörigkeiten, Kundennummer der Jobcenter nach § 51a des Zweiten Buches Sozialgesetzbuch oder der Bundesagentur für Arbeit, Aufenthaltsstatus und Vorliegen einer Beschäftigung. Bei Beschäftigten sind Angaben dazu aufzunehmen, ob die Voraussetzungen nach § 4 Absatz 4 Satz 2 vorliegen. In der Teilnahmeberechtigung wird darauf hingewiesen, dass die Erteilung der Teilnahmeberechtigung und die Teilnahme an einem Berufssprachkurs bei Personen nach § 4 Absatz 1 Satz 2 das Ermessen der Ausländerbehörde bei der Erteilung einer Erlaubnis zur Beschäftigung und die Vollziehbarkeit der Ausreisepflicht unberührt lassen. Bei Personen nach § 4 Absatz 2 Satz 1 ist die Erklärung in die Teilnahmeberechtigung aufzunehmen, dass die Teilnahme aufgrund einer Eingliederungsvereinbarung oder aufgrund

eines diese ersetzenden Verwaltungsaktes verpflichtend ist. Telefonnummer und E-Mail-Adresse sind aufzunehmen, wenn die oder der Teilnahmeberechtigte zugestimmt hat. Im Übrigen sollen Angaben zum Bildungsstand und zum geeigneten Berufssprachkurs aufgenommen werden.

(3) Die Teilnahmeberechtigung erlischt drei Monate ab dem Ausstellungsdatum, wenn der oder die Teilnehmende sich nicht bei einem Kursträger angemeldet hat. Bei Personen nach § 4 Absatz 2 Satz 1 erlischt sie mit Ablauf der in der Teilnahmeberechtigung bestimmten Frist, wenn diese kürzer ist als die Frist nach Satz 1. Die Teilnahmeberechtigung kann regional beschränkt werden.

(4) Der Teilnahmeberechtigung ist ein Merkblatt beizufügen, das über das Angebot an Berufssprachkursen, über das Anmeldeverfahren und die Modalitäten der Teilnahme einschließlich der zu beachtenden Fristen informiert. Das Merkblatt muss in geeigneten Übersetzungen zur Verfügung gestellt werden.

(5) Das Bundesamt legt einen einheitlichen Vordruck für die Teilnahmeberechtigung und das Merkblatt nach Absatz 4 fest.

(6) Die die Teilnahmeberechtigung erteilende Stelle nach § 5 Absatz 1 und 2 übermittelt eine Kopie der Teilnahmeberechtigung oder die in der Teilnahmeberechtigung enthaltenen Daten an das Bundesamt.

§ 7 Anmeldung zur berufsbezogenen Deutschsprachförderung

(1) Teilnahmeberechtigte melden sich innerhalb des sich aus § 6 Absatz 3 Satz 1 und 2 ergebenden Zeitraums bei einem Kursträger an. Bei der Anmeldung ist die schriftliche Teilnahmeberechtigung vorzulegen.

(2) Der Kursträger erfasst die Anmeldung und die in der Teilnahmeberechtigung aufgeführten Daten und bestätigt schriftlich den voraussichtlichen Zeitpunkt des Beginns des Berufssprachkurses (Anmeldebestätigung). Das Original der Teilnahmeberechtigung verbleibt bei dem Kursträger.

(3) Nach der Anmeldung von Personen nach § 4 Absatz 2 Satz 1 übermittelt der Kursträger unverzüglich die Anmeldebestätigung an die die Teilnahmeberechtigung erteilende Stelle.

§ 8 Allgemeine Pflichten des Kursträgers

(1) Der Kursträger nimmt Teilnahmeberechtigte entsprechend ihrem Sprachstand in den geeigneten Berufssprachkurs auf. Der Sprachstand ist so zu ermitteln, dass eine Zuordnung zum Berufssprachkurs ermöglicht wird (Einstufungstest). Vorhandene Zertifikate nach dem Gemeinsamen Europäischen Referenzrahmen für Sprachen sowie Teilnahmebescheinigungen nach § 15 Absatz 4 Satz 1 werden dabei berücksichtigt, soweit sie nicht älter als sechs Monate sind.

(2) Mit Anmeldung von 15 Teilnahmeberechtigten für einen Berufssprachkurs soll dieser Berufssprachkurs durchgeführt werden.

(3) Der Kursträger muss Personen nach § 4 Absatz 2 vorrangig aufnehmen.

(4) Der Kursträger und die oder der Teilnahmeberechtigte schließen eine vertragliche Vereinbarung über die Teilnahmebedingungen nach Vorgaben des Bundesamts ab.

(5) Der Kursträger veröffentlicht sein Kursangebot sowie die verfügbaren Kursplätze nach den Vorgaben des Bundesamts.

§ 9 Meldepflichten des Kursträgers; Nichtzustandekommen des Berufssprachkurses

(1) Der Kursträger meldet dem Bundesamt vierzehntägig die Zahl der Anmeldungen für die einzelnen Berufssprachkurse und deren voraussichtlichen Beginn sowie den Sprachstand der Teilnahmeberechtigten.

(2) Der Kursträger meldet der oder dem Teilnahmeberechtigten und der die Teilnahmeberechtigung erteilenden Stelle zeitnah den ermittelten Sprachstand und den Zeitpunkt des Beginns des Berufssprachkurses.

(3) Kommt ein Kurs innerhalb von vier Wochen nach einer Anmeldung nicht zustande, so ist der Kursträger verpflichtet, den betroffenen angemeldeten Teilnahmeberechtigten, das Bundesamt und die die Teilnahmeberechtigung erteilende Stelle unverzüglich zu informieren.

(4) In den Fällen des Absatzes 3 vermittelt das Bundesamt die oder den Teilnahmeberechtigten an einen anderen Kursträger.

(5) Abbrüche von Berufssprachkursen von Teilnehmenden meldet der Kursträger unverzüglich dem Bundesamt und der die Teilnahmeberechtigung erteilenden Stelle. Darüber hinaus hat der Kursträger die für die Durchführung der Grundsicherung für Arbeitsuchende zuständige Stelle unverzüglich zu informieren, wenn bei Personen nach § 4 Absatz 2 Satz 1 aufgrund unregelmäßiger Teilnahme der erfolgreiche Abschluss des Berufssprachkurses gefährdet ist.

§ 10 Fahrkostenerstattung und Kinderbetreuung

(1) Teilnahmeberechtigte, die Leistungen nach dem Zweiten Buch Sozialgesetzbuch, nach dem Zwölften Buch Sozialgesetzbuch, nach dem Asylbewerberleistungsgesetz, nach § 56 oder § 136 Absatz 1 Nummer 1 des Dritten Buches Sozialgesetzbuch beziehen, erhalten vom Bundesamt bei Bedarf auf Antrag einen pauschalen Zuschuss zu den notwendigen Fahrkosten. Dies gilt auch für Teilnahmeberechtigte, die nur deshalb keine Leistungen nach dem Asylbewerberleistungsgesetz beziehen, weil sie Leistungen nach dem Achten Buch Sozialgesetzbuch beziehen.Besteht am Kursort kein öffentliches Nahverkehrssystem, kann das Bundesamt den Kursträgern die erforderlichen Fahrkosten erstatten, die diesen im Einzelfall für die Sicherstellung der Teilnahme an der berufsbezogenen Deutschsprachförderung entstehen.

(2) Das Bundesamt soll die Teilnahme an der berufsbezogenen Deutschsprachförderung durch ein Kinderbetreuungsangebot unterstützen, soweit in der Regel für mindestens drei betreuungsbedürftige Kinder der Teilnehmenden kein örtliches Betreuungsangebot verfügbar ist. Für Teilnahmeberechtigte, die Kinder zu erziehen haben, sollen die Berufssprachkurse nach § 12 und § 13 in der Regel als Elternkurse angeboten werden. Die Elternkurse sollen auch Informationen zur Vereinbarkeit von Familie und Beruf beinhalten.

Teil 3
Struktur, Dauer und Inhalte der berufsbezogenen Deutschsprachförderung

§ 11 Grundstruktur der berufsbezogenen Deutschsprachförderung und Berufssprachkurse

(1) Die berufsbezogene Deutschsprachförderung baut auf dem Integrationskurs nach § 43 des Aufenthaltsgesetzes auf. Sie wird in Berufssprachkursen nach § 12 und nach § 13 angeboten.

(2) Der Unterricht findet in Deutsch statt. Eine Unterrichtseinheit ist eine Lehrveranstaltung von 45 Minuten Dauer.

(3) Die Zahl der Teilnehmenden an einem Berufssprachkurs darf 25 nicht überschreiten. Das Bundesamt kann in Einzelfällen Ausnahmen von Satz 1 zulassen.

(4) Die Berufssprachkurse können in Vollzeit oder in Teilzeit durchgeführt werden. Die Durchführung ist bei Bedarf auch online oder in virtuellen Klassenzimmern möglich. Die zeitliche und mediale Ausgestaltung soll gewährleisten, dass bei Bedarf der Spracherwerb berufs- oder ausbildungsbegleitend sowie eine Kombination mit Maßnahmen der aktiven Arbeitsmarktpolitik nach § 16 möglich ist. Ein Berufssprachkurs in Vollzeit umfasst in der Regel nicht mehr als 25 Unterrichtseinheiten in der Woche.

(5) Das Bundesamt legt die Rahmenbedingungen für die Durchführung von Online-Berufssprachkursen oder Berufssprachkursen in virtuellen Klassenzimmern fest. Es kann für diese Angebote Abweichungen von der Regelung in Absatz 3 Satz 1 zulassen.

(6) Die Berufssprachkurse können um betriebliche Lernphasen ergänzt werden.

§ 12 Basisberufssprachkurse

(1) Die Basisberufssprachkurse dienen der Erreichung

1. des Sprachniveaus B 2, ausgehend vom Niveau B 1 oder
2. des Sprachniveaus C 1, ausgehend vom Niveau B 2 oder
3. des Sprachniveaus C 2, ausgehend vom Niveau C 1

des Gemeinsamen Europäischen Referenzrahmens für Sprachen.

(2) Ein Basisberufssprachkurs umfasst in der Regel 400 Unterrichtseinheiten. Für Personen, bei denen nicht davon auszugehen ist, dass sie ohne besondere Vorbereitung die Zertifikatsprüfung gemäß § 15 Absatz 1 Satz 1 bestehen, umfassen Basisberufssprachkurse nach Absatz 1 Nummer 1 in der Regel 500 Unterrichtseinheiten.

§ 13 Spezialberufssprachkurse

(1) Ergänzend werden Spezialberufssprachkurse angeboten, die auf

1. einzelne Berufsgruppen im Zusammenhang mit Verfahren zur Berufsanerkennung oder zum Berufszugang,
2. fachspezifischen Unterricht,
3. die Erreichung des Sprachniveaus B 1, ausgehend vom Niveau A 2 des Gemeinsamen Europäischen Referenzrahmens für Sprachen oder
4. die Erreichung des Sprachniveaus A 2, ausgehend von darunter liegenden Sprachniveaus des Gemeinsamen Europäischen Referenzrahmens für Sprachen

ausgerichtet sind. Spezialberufssprachkurse nach Satz 1 Nummer 1 haben sich an den Vorgaben der für die berufliche Anerkennung zuständigen Stellen zu orientieren und sollen in der Regel je 600 Unterrichtseinheiten nicht überschreiten. Der Stundenumfang der Spezialberufssprachkurse nach Satz 1 Nummer 2 beträgt in der Regel je 300 Unterrichtseinheiten. Der Stundenumfang der Spezialberufssprachkurse nach Satz 1 Nummer 3 und 4 beträgt in der Regel je 400 Unterrichtseinheiten.

(2) Die Spezialberufssprachkurse nach Absatz 1 Satz 1 Nummer 3 und 4 richten sich nur an

1. Teilnahmeberechtigte, die trotz der ordnungsgemäßen Teilnahme an einem Integrationskurs nach § 43 des Aufenthaltsgesetzes das Sprachniveau B 1 nicht erreicht haben und
2. Geduldete nach § 4 Absatz 1 Satz 2 Nummer 2, die keinen Zugang zum Integrationskurs nach § 43 des Aufenthaltsgesetzes haben.

§ 14 Lerninhalte und Lernziele

Das Bundesamt legt die Lerninhalte und Lernziele für die Basisberufssprachkurse nach § 12 und die Spezialberufssprachkurse nach § 13 fest. Dies erfolgt entsprechend den berufsspezifischen Bedarfen und unter Berücksichtigung der methodisch-didaktischen Erkenntnisse sowie Erfahrungen bei der Vermittlung von Deutsch als Zweitsprache in einem pädagogischen Rahmenkonzept.

§ 15 Zertifikatsprüfungen nach dem Gemeinsamen Europäischen Referenzrahmen für Sprachen

(1) Die Basisberufssprachkurse nach § 12 und die Spezialberufssprachkurse nach § 13 Absatz 1 Satz 1 Nummer 3 und 4 enden mit der entsprechenden Zertifikatsprüfung nach dem Gemeinsamen Europäischen Referenzrahmen für Sprachen. Die Spezialberufssprachkurse nach § 13 Absatz 1 Satz 1 Nummer 1 enden mit den für die Berufsanerkennung oder den Berufszugang vorgeschriebenen Zertifikatsprüfungen.

(2) Der Kursträger ermöglicht den Teilnehmenden das Ablegen der Zertifikatsprüfung nach dem Gemeinsamen Europäischen Referenzrahmen für Sprachen. Bei Nichtbestehen kann die jeweilige Zertifikatsprüfung einmal wiederholt werden. Der Berufssprachkurs kann auf Antrag der oder des Teilnehmenden bei der die Teilnahmeberechtigung erteilenden Stelle einmal wiederholt werden, wenn ohne die erneute Teilnahme das Bestehen der Prüfung nicht zu erwarten ist. Die Ergebnisse der Zertifikatsprüfung sind dem Bundesamt und der die Teilnahmeberechtigung erteilenden Stelle mitzuteilen.

(3) Die Kosten für die Durchführung und Auswertung der Zertifikatsprüfungen übernimmt das Bundesamt. Die Kostenübernahme erstreckt sich auf die einmalige Wiederholung der Zertifikatsprüfung.

(4) Teilnehmende, die keine Zertifikatsprüfung ablegen oder die Prüfung auch bei der Wiederholung nicht bestehen, erhalten vom Kursträger eine Teilnahmebescheinigung, die Angaben zu den erreichten Lernfortschritten enthält. Der Kursträger übermittelt dem Bundesamt und der die Teilnahmeberechtigung erteilenden Stelle eine Kopie der Teilnahmebescheinigung.

§ 16 Kombination der berufsbezogenen Deutschsprachförderung mit Maßnahmen der aktiven Arbeitsmarktpolitik

Berufssprachkurse können mit Maßnahmen nach dem Zweiten Abschnitt, dem Zweiten und Vierten Unterabschnitt des Dritten Abschnitts, dem Vierten Abschnitt oder dem Siebten Abschnitt des Dritten Kapitels oder § 130 des Dritten Buches Sozialgesetzbuch oder mit den Maßnahmen zur Eingliederung nach dem Zweiten Buch Sozialgesetzbuch oder mit arbeitsmarktpolitischen Bundes- und Landesprogrammen kombiniert werden. Bei Durchführung dieser kombinierten Maßnahmen arbeitet der Kursträger mit den beteiligten Leistungs- und Maßnahmeträgern zusammen. Dazu kann zwischen den beteiligten Trägern sowie der zuständigen Agentur für Arbeit und der zur Durchführung der Grundsicherung für Arbeitsuchende zuständigen Stelle eine Vereinbarung über die nähere Ausgestaltung und Abstimmung abgeschlossen werden.

§ 17 Lehr- und Lernmittel

(1) Die Lehr- und Lernmittel für Basisberufssprachkurse nach § 12 und für Spezialberufssprachkurse nach § 13 Absatz 1 Satz 1 Nummer 3 und 4 müssen die Inhalte der Zertifikatsprüfungen nach dem Gemeinsamen Europäischen Referenzrahmen für Sprachen abbilden. Für Spezialberufssprachkurse nach § 13 Absatz 1 Satz 1 Nummer 1 müssen sie die für die berufsbezogene Sprachprüfung jeweils vorgegebenen Inhalte abbilden. Für Spezialberufssprachkurse nach § 13 Absatz 1 Satz 1 Nummer 2 müssen die Lehr- und Lernmittel geeignet sein, die Zielerreichung dieser Berufssprachkurse zu fördern.

(2) Die Lehr- und Lernmittel werden von dem Kursträger unentgeltlich zur Verfügung gestellt.

(3) Das Nähere zur Verwendung der Lehr- und Lernmittel kann das Bundesamt in der Abrechnungsrichtlinie nach § 25 Absatz 1 Satz 2 und in dem pädagogischen Rahmenkonzept nach § 14 festlegen.

§ 18 Lehrkräfte

(1) Lehrkräfte der berufsbezogenen Deutschsprachförderung müssen ein abgeschlossenes Hochschulstudium, das Sprachniveau C 1 nach dem Gemeinsamen Europäischen Referenzrahmen für Sprachen und die erforderliche Eignung vorweisen. Das Bundesamt legt fest, unter welchen Voraussetzungen Lehrkräfte zusätzlich eine Zusatzqualifikation Deutsch als Fremdsprache oder Deutsch als Zweitsprache oder eine gleichwertige Qualifikation vorweisen müssen.

(2) Die Zulassung zur Lehrtätigkeit nach § 15 Absatz 1 und 2 der Integrationskursverordnung gilt als Nachweis einer ausreichenden fachlichen Qualifikation und Eignung nach Absatz 1.

(3) Das Bundesamt kann in dem pädagogischen Rahmenkonzept nach § 14 festlegen, dass die Lehrkräfte ein höheres Sprachniveau als das Sprachniveau C 1 nach dem Gemeinsamen Europäischen Referenzrahmen für Sprachen vorweisen müssen.

(4) Das Bundesamt kann in dem pädagogischen Rahmenkonzept nach § 14 festlegen, dass die Lehrkräfte in den Spezialberufssprachkursen nach § 13 Absatz 1 Satz 1 Nummer 1 und 2 Kenntnisse in der Vermittlung von Sprachkenntnissen in den jeweiligen Berufsfeldern vorweisen müssen.

(5) Ab dem 1. Januar 2022 müssen Lehrkräfte eine Qualifikation zur Vermittlung berufsbezogener deutscher Sprachkenntnisse vorweisen. Das Nähere bestimmt das Bundesamt in

dem pädagogischen Rahmenkonzept nach § 14.

(6) Das Bundesamt kann in der Abrechnungsrichtlinie nach § 25 Absatz 1 Satz 2 und in dem pädagogischen Rahmenkonzept nach § 14 festlegen, unter welchen Voraussetzungen Sozialpädagoginnen und Sozialpädagogen und andere entsprechend geeignete Fachkräfte sowie Fachdozentinnen und Fachdozenten die Lehrkräfte nach Absatz 1 unterstützen dürfen.

(7) Das Bundesamt kann die methodisch-didaktische Fortbildung von Lehrkräften fördern.

Teil 4
Zulassung der Kursträger; Beauftragung von Prüfstellen

§ 19 Zulassung der Träger der berufsbezogenen Deutschsprachförderung

(1) Das Bundesamt erteilt auf Antrag zur Durchführung der berufsbezogenen Deutschsprachförderung und des Einstufungstests privaten oder öffentlichen Kursträgern die Zulassung, wenn sie

1. zuverlässig und gesetzestreu sind,
2. in der Lage sind, berufsbezogene Deutschsprachförderung ordnungsgemäß durchzuführen (Leistungsfähigkeit) und insbesondere die Kontinuität des Lehrpersonals gewährleisten,
3. die notwendige Fachkunde besitzen,
4. ein Verfahren zur Qualitätssicherung und -entwicklung anwenden und
5. sich bereit erklären, Kooperationsvereinbarungen mit dem Bundesamt, mit anderen zugelassenen Kursträgern und anderen für die erfolgreiche Durchführung der berufsbezogenen Deutschsprachförderung erforderlichen Akteuren abzuschließen.

(2) Im Antrag ist anzugeben, ob eine Zulassung für einen Standort oder für mehrere Standorte beantragt wird. Die Angaben nach § 20 sind für jeden Standort zu machen. Die Zulassung als Träger für Berufssprachkurse in der Form des § 11 Absatz 5 Satz 1 ist gesondert zu beantragen.

(3) Das Bundesamt stellt mit dem Zulassungsverfahren ein flächendeckendes und am Bedarf orientiertes Angebot an berufsbezogener Deutschsprachförderung im gesamten Bundesgebiet sicher.

(4) Nach dieser Verordnung zugelassene Maßnahmeträger können im Wege des Vergabeverfahrens mit der Durchführung von Maßnahmen nach dieser Verordnung beauftragt werden, wenn

1. dies zur Sicherstellung eines bedarfsgerechten Angebots an Kombinationsmaßnahmen nach § 16 erforderlich ist oder
2. durch die nach dieser Verordnung zugelassenen Maßnahmeträger ein ausreichendes Kursangebot in einzelnen Regionen nicht gewährleistet ist und ein bedarfsgerechtes Angebot anders nicht sichergestellt werden kann.

Das Bundesamt kann das Vergabeverfahren durch eine andere Behörde durchführen lassen. Die Regelungen über die Leistungen zur Eingliederung in Arbeit nach dem Zweiten Buch Sozialgesetzbuch und der aktiven Arbeitsförderung nach dem Dritten Buch Sozialgesetzbuch bleiben unberührt.

§ 20 Anforderungen an den Zulassungsantrag

(1) Zur Beurteilung der Zuverlässigkeit und Gesetzestreue der antragstellenden Person oder der zur Führung ihrer Geschäfte bestellten Personen muss der Antrag unter Beifügung der erforderlichen Unterlagen Folgendes enthalten:

1. bei natürlichen Personen Angaben zu Namen, Vornamen, Geburtsdatum, Geburtsort, zustellungsfähiger Anschrift, Anschrift des Geschäftssitzes und der Zweigstellen, von denen aus die Berufssprachkurse angeboten werden sollen,
2. bei juristischen Personen und Personengesellschaften Angaben zu Namen, Vornamen, Geburtsdatum, Geburtsort der Vertreter nach Gesetz, Satzung oder Gesell-

schaftsvertrag, Anschrift des Geschäftssitzes und der Zweigstellen, von denen aus die Berufssprachkurse angeboten werden sollen; soweit eine Eintragung in das Vereins- oder Handelsregister erfolgt ist, ist ein entsprechender Auszug vorzulegen,

3. eine Erklärung der antragstellenden Person oder ihrer gesetzlichen Vertretung oder, bei juristischen Personen oder nicht rechtsfähigen Personenvereinigungen, der nach Gesetz, Satzung oder Gesellschaftsvertrag zur Vertretung oder Geschäftsführung Berechtigten
   a) über Insolvenzverfahren, Vorstrafen, anhängige Strafverfahren, staatsanwaltschaftliche Ermittlungsverfahren und Gewerbeuntersagungen innerhalb der letzten fünf Jahre oder
   b) zu entsprechenden ausländischen Verfahren und Strafen, wenn sie ihren Wohnsitz oder gewöhnlichen Aufenthalt während dieser Zeit überwiegend im Ausland hatten,
4. eine Übersicht über bislang durchgeführte oder laufende Förderprogramme oder vergleichbare Maßnahmen,
5. eine Erklärung dazu, ob innerhalb der letzten drei Jahre ein Zulassungsantrag der antragstellenden Person oder ihrer gesetzlichen Vertretung oder der zur Vertretung oder Geschäftsführung Berechtigten abgelehnt oder die Zulassung widerrufen wurde.

(2) Zur Beurteilung der Leistungsfähigkeit der antragstellenden Person muss der Antrag unter Beifügung der erforderlichen Unterlagen Angaben zu Folgendem enthalten:

1. der praktischen Erfahrung im Bereich der Organisation und Durchführung von Sprachvermittlungskursen, insbesondere mit berufsbezogenen Maßnahmen der Sprachförderung sowie zu Ergebnissen, Erfolgen und Referenzen,
2. der bereits für den Antragsteller für vergleichbare Maßnahmen erteilten Zulassungen als Kursträger von staatlichen oder zertifizierten Stellen,
3. der Erfahrung mit Kompetenzfeststellungsverfahren in der berufsbezogenen Sprachförderung Deutsch als Zweitsprache,
4. der Qualitätssicherung der Lehrorganisation,
5. der Erfolgsbeurteilung der berufsbezogenen Deutschsprachförderung,
6. der Verwaltungsstruktur bezogen auf die Standorte,
7. der Einrichtung und Gestaltung der Unterrichtsräume, der Sachausstattung sowie der technischen Ausstattung und dem System der Datenübermittlung,
8. dem Einsatz neuer Medien bei der Vermittlung von Lerninhalten,
9. der personellen Ausstattung, einschließlich der Qualifikation der Lehrkräfte nach § 18 Absatz 1 bis 5 sowie der Fachkräfte und Fachdozentinnen und Fachdozenten nach § 18 Absatz 6, der Höhe der Vergütung der eingesetzten Honorarkräfte und der Kontinuität des vorhandenen Lehrpersonals,
10. zu den Kenntnissen über den örtlichen Arbeitsmarkt und dem Bedarf an Maßnahmen zur berufsbezogenen Deutschsprachförderung,
11. der Zusammenarbeit vor Ort mit Betrieben, anderen Trägern, insbesondere mit den Agenturen für Arbeit, den für die Durchführung der Grundsicherung für Arbeitsuchende zuständigen Stellen sowie Beratungsstellen für Migrantinnen und Migranten und Flüchtlinge sowie zur Bereitschaft, Kooperationsvereinbarungen nach § 19 Absatz 1 Nummer 5 abzuschließen, und
12. der Zusammenarbeit mit anderen Sprachkursträgern, insbesondere Angaben zur organisatorischen Fähigkeit, gemeinsam Sprachkurse in der Region durchzuführen.

(3) Zur Beurteilung der vom Antragsteller eingesetzten Instrumente zur Qualitätssicherung und -entwicklung muss der Antrag eine Dokumentation zu den Maßnahmen in den Bereichen Führung, Personal, Kundenkom-

munikation, Unterrichtsorganisation und -durchführung, Evaluation und Controlling enthalten.

(4) Die Zulassung als Kursträger der Spezialberufssprachkurse nach § 13 Absatz 1 Satz 1 Nummer 1 und 2 erfordert Angaben über die Erfüllung besonderer vom Bundesamt vorgegebener Qualitätsmerkmale und Rahmenbedingungen.

(5) Für den Antrag ist das vom Bundesamt festgelegte Antragsformular zu verwenden.

§ 21 Prüfung und Entscheidung des Bundesamts

(1) Das Bundesamt entscheidet über den Zulassungsantrag nach Prüfung der eingereichten Unterlagen und im Regelfall nach örtlicher Prüfung durch Bescheid. Bei der Entscheidung über die Erteilung der Zulassung und ihre Dauer sind neben den Angaben nach § 20 die Erfahrungen mit der bisherigen Kooperation des Kursträgers mit dem Bundesamt zu berücksichtigen.

(2) Die Zulassung wird durch ein Zertifikat „Zugelassener Träger zur Durchführung von berufsbezogener Deutschsprachförderung nach dem Aufenthaltsgesetz" bescheinigt. Aus dem Zertifikat muss hervorgehen, für welche Berufssprachkurse der Träger zugelassen ist. Es wird für längstens fünf Jahre erteilt. Die Dauer der Zulassung wird anhand eines Punktesystems festgesetzt, das das Erreichen von Standards bei den in Absatz 1 genannten Kriterien abbildet. Zudem kann das Bundesamt die Dauer der Zulassung verkürzen, wenn eine vom Bundesamt festzulegende Vergütungsgrenze für die Lehrkräfte unterschritten wird.

(3) Bei Wiederholungsanträgen kann das Bundesamt ein vereinfachtes Verfahren vorsehen.

(4) Das Bundesamt ist berechtigt, zur Erfüllung seiner Aufgaben bei den Kursträgern Prüfungen durchzuführen, Unterlagen einzusehen und unangemeldet Kurse zu besuchen. Der Kursträger ist verpflichtet, dem Bundesamt auf Verlangen Auskünfte zu erteilen. Der Kursträger hat dem Bundesamt Änderungen, die Auswirkungen auf die Zulassung haben können, unverzüglich anzuzeigen.

§ 22 Widerruf und Erlöschen der Zulassung

(1) Die Zulassung der Kursträger nach § 21 soll mit Wirkung für die Zukunft widerrufen werden, wenn ihre Voraussetzungen nicht mehr vorliegen, insbesondere wenn

1. der Kursträger seine Mitwirkungspflichten bei der Feststellung der ordnungsgemäßen Kursteilnahme Teilnahmeverpflichteter wiederholt verletzt,
2. das Insolvenzverfahren über das Vermögen des Kursträgers eröffnet worden ist oder unmittelbar droht oder der Antrag auf Eröffnung des Insolvenzverfahrens mangels Masse abgewiesen worden ist,
3. der Kursträger wiederholt und trotz vorheriger Abmahnung gegen Auflagen und Nebenbestimmungen, die Bestandteil des Bescheids über den Zulassungsantrag sind, verstößt,
4. der Kursträger die Rechte seiner Mitarbeiterinnen und Mitarbeiter verletzt,
5. im Einstufungsverfahren wiederholt eine falsche Zuordnung zu einem Berufssprachkurs erfolgte oder
6. bei der Durchführung der Zertifikatsprüfungen nach § 15 das vorgeschriebene Verfahren wiederholt nicht eingehalten wurde.

(2) Die Zulassung erlischt, wenn der Kursträger die Tätigkeit auf Dauer einstellt oder über einen Zeitraum von mehr als einem Jahr keinen Berufssprachkurs im Sinne der §§ 12, 13 durchgeführt hat, es sei denn, das Nichtzustandekommen von Berufssprachkursen beruht auf der Vermittlung von zunächst nur bei dem Kursträger angemeldeten Teilnehmenden nach § 9 Absatz 4 an einen anderen Kursträger.

(3) Im Übrigen gelten die §§ 48 und 49 des Verwaltungsverfahrensgesetzes.

§ 23 Beauftragung von Prüfungsstellen

Das Bundesamt kann unter Anwendung des Vergaberechts eine geeignete Stelle mit der

Entwicklung, Durchführung und Auswertung der Zertifikatsprüfung nach dem Gemeinsamen Europäischen Referenzrahmen für Sprachen und der Einstufungstests beauftragen. Das Bundesamt stellt sicher, dass die Zertifikatsprüfung bundesweit einheitlich durch anerkannte Institutionen durchgeführt wird.

Teil 5 Expertengremium; Kostenerstattung

§ 24 Expertengremium

Zur Bewertung von Lehrplänen, Lehr- und Lernmitteln, zur Entwicklung von Verfahren der Qualitätskontrolle sowie Fortentwicklung der berufsbezogenen Deutschsprachförderung richtet das Bundesministerium für Arbeit und Soziales ein Expertengremium ein.

§ 25 Kostenerstattung

(1) Das Bundesamt setzt nach Ermittlung der bundesweiten Preisentwicklung angemessene, den Grundsätzen der Wirtschaftlichkeit und Sparsamkeit genügende Kostenerstattungssätze fest. Die Einzelheiten regelt das Bundesamt in einer Abrechnungsrichtlinie.

(2) Der Bund erstattet die Verwaltungskosten, die dem Bundesamt im Zusammenhang mit der Organisation und der Durchführung der berufsbezogenen Deutschsprachförderung entstehen, in angemessener Höhe. Die Einzelheiten werden in einer Verwaltungsvereinbarung zwischen dem Bundesministerium für Arbeit und Soziales und dem Bundesamt geregelt.

Teil 6 Datenverarbeitung; Monitoring

§ 26 Datenverarbeitung

(1) Das Bundesamt verarbeitet zur Erfüllung seiner gesetzlichen Koordinierungs- und Durchführungsaufgaben folgende teilnehmerbezogene Daten:

1. Namen, Vornamen,
2. Geburtsdatum,
3. Anschrift, Telefonnummer, E-Mail-Adresse,
4. Staatsangehörigkeiten,
5. Kundennummer der Jobcenter nach § 51a des Zweiten Buches Sozialgesetzbuch oder der Bundesagentur für Arbeit,
6. Aufenthaltsstatus,
7. Geschlecht,
8. Angaben zum Bildungsstand, zur beruflichen Qualifikation, zum Vorliegen einer Beschäftigung, und Angaben dazu, ob die Voraussetzungen nach § 4 Absatz 4 Satz 2 und Absatz 6 vorliegen,
9. Angaben zum Sprachstand nach dem Gemeinsamen Europäischen Referenzrahmen für Sprachen und
10. die die Teilnahmeberechtigung erteilende Stelle.

(2) Die Kursträger übermitteln dem Bundesamt die in Absatz 1 genannten Daten nach dessen Vorgaben.

(3) Die personenbezogenen Daten nach Absatz 1 sind nach spätestens fünf Jahren zu löschen.

§ 27 Monitoring-Bericht

Das Bundesamt erstellt einen Monitoring-Bericht nach den Vorgaben des Bundesministeriums für Arbeit und Soziales und übermittelt ihm diesen Bericht. Der Bericht enthält ausschließlich aggregierte statistische Auswertungen, die zur Steuerung und Auswertung der Maßnahmen der berufsbezogenen Deutschsprachförderung notwendig sind.

Teil 7 Übergangsregelungen; Inkrafttreten

§ 28 Inkrafttreten

Diese Verordnung tritt am 1. Juli 2016 in Kraft.

I

Richtlinie 2003/109/EG des Rates betreffend die Rechtsstellung der langfristig aufenthaltsberechtigten Drittstaatsangehörigen

Vom 25. November 2003 (ABl. 2004 S. 16/44)

Zuletzt geändert durch
Richtlinie 2011/51/EU des Europäischen Parlaments und des Rates
zur Änderung der Richtlinie 2003/109/EG des Rates zur Erweiterung
ihres Anwendungsbereichs auf Personen, die internationalen Schutz genießen
vom 11. Mai 2011 (ABl. S. 132/1)

Inhaltsübersicht

Der Rat der Europäischen Union –

gestützt auf den Vertrag zur Gründung der Europäischen Gemeinschaft, insbesondere Artikel 63 Nummern 3 und 4,

auf Vorschlag der Kommission,[1]

nach Stellungnahme des Europäischen Parlaments,[2]

nach Stellungnahme des Europäischen Wirtschafts- und Sozialausschusses,[3]

nach Stellungnahme des Ausschusses der Regionen,[4]

in Erwägung nachstehender Gründe:

(1) Für den schrittweisen Aufbau eines Raums der Freiheit, der Sicherheit und des Rechts sieht der Vertrag zur Gründung der Europäischen Gemeinschaft sowohl den Erlass von Maßnahmen zur Gewährleistung des freien Personenverkehrs in Verbindung mit flankierenden Maßnahmen in Bezug auf die Kontrollen an den Außengrenzen, das Asyl und die Einwanderung als auch den Erlass von Maßnahmen in Bezug auf Asyl, Einwanderung und Schutz der Rechte von Drittstaatsangehörigen vor.

(2) Der Europäische Rat hat auf seiner Sondertagung in Tampere am 15. und 16. Oktober 1999 erklärt, dass die Rechtsstellung von Drittstaatsangehörigen an diejenige der Staatsangehörigen der Mitgliedstaaten angenähert werden sollte und einer Person, die sich während eines noch zu bestimmenden Zeitraums in einem Mitgliedstaat rechtmäßig aufgehalten hat und einen langfristigen Aufenthaltstitel besitzt, in diesem Mitgliedstaat eine Reihe einheitlicher Rechte gewährt werden sollte, die denjenigen der Unionsbürger so nah wie möglich sind.

(3) Diese Richtlinie steht im Einklang mit den Grundrechten und berücksichtigt die Grundsätze, die insbesondere durch die Europäische Konvention zum Schutze der Menschenrechte und Grundfreiheiten und der Charta der Grundrechte der Europäischen Union anerkannt wurden.

(4) Die Integration von Drittstaatsangehörigen, die in den Mitgliedstaaten langfristig ansässig sind, trägt entscheidend zur Förderung des wirtschaftlichen und sozialen Zusammenhalts bei, der als eines der Hauptziele der Gemeinschaft im Vertrag angegeben ist.

(5) Die Mitgliedstaaten sollten diese Richtlinie ohne Diskriminierung aufgrund des Geschlechts, der Rasse, der Hautfarbe, der ethnischen oder sozialen Herkunft, der genetischen Merkmale, der Sprache, der Religion oder der Weltanschauung, der politischen oder sonstigen Meinung, der Zugehörigkeit zu einer nationalen Minderheit, des Vermögens, der Geburt, einer Behinderung, des Alters oder der sexuellen Ausrichtung durchführen.

(6) Die Dauer des Aufenthalts im Hoheitsgebiet eines Mitgliedstaats sollte das Hauptkriterium für die Erlangung der Rechtsstellung eines langfristig Aufenthaltsberechtigten sein. Der Aufenthalt sollte rechtmäßig und ununterbrochen sein, um die Verwurzelung der betreffenden Person im Land zu belegen. Eine gewisse Flexibilität sollte vorgesehen werden, damit Umstände berücksichtigt werden können, die eine Person veranlassen können, das Land zeitweilig zu verlassen.

(7) Um die Rechtsstellung eines langfristig Aufenthaltsberechtigten zu erlangen, sollten Drittstaatsangehörige ausreichende Einkünfte und einen Krankenversicherungsschutz nachweisen, damit sie keine Last für den betreffenden Mitgliedstaat werden. Bei der Beurteilung der Frage, ob der Drittstaatsangehörige über feste und regelmäßige Einkünfte verfügt, können die Mitgliedstaaten Faktoren wie die Entrichtung von Beiträgen in ein Alterssicherungssystem und die Erfüllung der steuerlichen Verpflichtungen berücksichtigen.

---

[1] ABl. C 240 E vom 28.8.2001, S. 79.

[2] ABl. C 284 E vom 21.11.2002, S. 102.

[3] ABl. C 36 vom 8.2.2002, S. 59.

[4] ABl. C 19 vom 22.1.2002, S. 18.

(8) Darüber hinaus sollten Drittstaatsangehörige, die die Rechtsstellung eines langfristig Aufenthaltsberechtigten erlangen und behalten möchten, keine Gefahr für die öffentliche Sicherheit und Ordnung darstellen. Der Begriff der öffentlichen Ordnung kann die Verurteilung wegen der Begehung einer schwerwiegenden Straftat umfassen.

(9) Wirtschaftliche Erwägungen sollten nicht als Grund dafür herangezogen werden, die Zuerkennung der Rechtsstellung eines langfristig Aufenthaltsberechtigten zu versagen, und dürfen nicht so aufgefasst werden, dass sie die entsprechenden Bedingungen berühren.

(10) Für die Prüfung des Antrags auf Gewährung der Rechtsstellung eines langfristig Aufenthaltsberechtigten sollte ein System von Verfahrensregeln festgelegt werden. Diese Verfahren sollten effizient und angemessen sein, wobei die normale Arbeitsbelastung der mitgliedstaatlichen Verwaltungen zu berücksichtigen sind; sie sollten auch transparent und gerecht sein, um den betreffenden Personen angemessene Rechtssicherheit zu bieten. Sie sollten nicht dazu eingesetzt werden, um die betreffenden Personen in der Ausübung ihres Aufenthaltsrechts zu behindern.

(11) Die Erlangung der Rechtsstellung eines langfristig Aufenthaltsberechtigten sollte durch einen Aufenthaltstitel bescheinigt werden, mit dem die betreffende Person ohne weiteres und unverzüglich ihre Rechtsstellung nachweisen kann. Solche Aufenthaltstitel sollten auch strengen technischen Normen, insbesondere hinsichtlich der Fälschungssicherheit, genügen, um Missbräuchen in dem Mitgliedstaat, in dem diese Rechtsstellung erlangt wurde, und in den Mitgliedstaaten, in denen das Aufenthaltsrecht ausgeübt wird, vorzubeugen.

(12) Um ein echtes Instrument zur Integration von langfristig Aufenthaltsberechtigten in die Gesellschaft, in der sie leben, darzustellen, sollten langfristig Aufenthaltsberechtigte nach Maßgabe der entsprechenden, in dieser Richtlinie festgelegten Bedingungen, in vielen wirtschaftlichen und sozialen Bereichen wie die Bürger des Mitgliedstaats behandelt werden.

(13) Hinsichtlich der Sozialhilfe ist die Möglichkeit, die Leistungen für langfristig Aufenthaltsberechtigte auf Kernleistungen zu beschränken, so zu verstehen, dass dieser Begriff zumindest ein Mindesteinkommen sowie Unterstützung bei Krankheit, bei Schwangerschaft, bei Elternschaft und bei Langzeitpflege erfasst. Die Modalitäten der Gewährung dieser Leistungen sollten durch das nationale Recht bestimmt werden.

(14) Die Mitgliedstaaten sollten verpflichtet bleiben, minderjährigen Kindern in ähnlicher Weise wie ihren eigenen Staatsangehörigen den Zugang zum Bildungssystem zu gestatten.

(15) Das Konzept der Stipendien und Ausbildungsbeihilfen im Bereich der Berufsbildung umfasst keine im Rahmen von Sozialhilferegelungen finanzierten Maßnahmen. Außerdem kann der Zugang zu Stipendien und Ausbildungsbeihilfen davon abhängen, dass die Person, die solche Stipendien und Ausbildungsbeihilfen beantragt, die Voraussetzungen für die Erlangung der Rechtsstellung eines langfristig Aufenthaltsberechtigten selbst erfüllt. Bei der Gewährung von Stipendien und Ausbildungsbeihilfen können die Mitgliedstaaten den Umstand berücksichtigen, dass die Unionsbürger im Herkunftsland denselben Vorteil in Anspruch nehmen können.

(16) Langfristig Aufenthaltsberechtigte sollten verstärkten Ausweisungsschutz genießen. Dieser Schutz orientiert sich an den Kriterien, die der Europäische Gerichtshof für Menschenrechte in seiner Rechtsprechung entwickelt hat. Um den Ausweisungsschutz sicherzustellen, sollten die Mitgliedstaaten wirksamen Rechtsschutz vorsehen.

(17) Die Harmonisierung der Bedingungen für die Erlangung der Rechtsstellung eines langfristig Aufenthaltsberechtigten fördert das gegenseitige Vertrauen der Mitgliedstaaten. In einigen Mitgliedstaaten sind die Bedingungen für die Erteilung dauerhafter oder unbefristeter Aufenthaltstitel günstiger als die in dieser Richtlinie festgelegten Bedin-

gungen. Die Möglichkeit, günstigere nationale Bestimmungen anzuwenden, wird von dem Vertrag nicht ausgeschlossen. Dennoch sollte für die Zwecke dieser Richtlinie vorgesehen werden, dass Aufenthaltstitel, für deren Erteilung günstigere Bedingungen gelten, nicht das Recht auf Aufenthalt in anderen Mitgliedstaaten begründen.

(18) Die Festlegung der Bedingungen, unter denen Drittstaatsangehörige, die langfristig Aufenthaltsberechtigte sind, das Recht erlangen, sich in einem anderen Mitgliedstaat aufzuhalten, trägt dazu bei, dass der Binnenmarkt als Raum, in dem Freizügigkeit für jedermann gewährleistet ist, Realität wird. Es könnte auch einen wesentlichen Mobilitätsfaktor darstellen, insbesondere auf dem Arbeitsmarkt der Union.

(19) Es sollte vorgesehen werden, dass das Recht, sich in einem anderen Mitgliedstaat aufzuhalten, ausgeübt werden kann, um eine unselbstständige oder selbstständige Erwerbstätigkeit auszuüben, ein Studium zu absolvieren oder auch ohne eine wirtschaftliche Tätigkeit auszuüben.

(20) Familienangehörige sollten auch das Recht haben, sich mit dem langfristig Aufenthaltsberechtigten in einem anderen Mitgliedstaat niederzulassen, um die familiäre Lebensgemeinschaft zu wahren und den langfristig Aufenthaltsberechtigten nicht in der Ausübung seines Aufenthaltsrechts zu behindern. Im Zusammenhang mit Familienmitgliedern, denen gestattet werden kann, den langfristig Aufenthaltsberechtigten zu begleiten oder ihm nachzureisen, sollten die Mitgliedstaaten der Lage von erwachsenen Kindern mit Behinderungen und unterhaltsberechtigten Verwandten in gerader aufsteigender Linie ersten Grades besondere Beachtung schenken.

(21) Der Mitgliedstaat, in dem der langfristig Aufenthaltsberechtigte sein Aufenthaltsrecht ausüben möchte, sollte überprüfen können, ob diese Person die Voraussetzungen erfüllt, um sich in seinem Hoheitsgebiet aufzuhalten. Er sollte sich auch vergewissern können, dass die betreffende Person keine Gefahr für die öffentliche Ordnung, die öffentliche Sicherheit oder die öffentliche Gesundheit darstellt.

(22) Langfristig Aufenthaltsberechtigte sollten, damit ihr Recht auf Aufenthalt nicht ohne Wirkung bleibt, nach Maßgabe dieser Richtlinie in dem zweiten Mitgliedstaat die gleiche Behandlung genießen, die sie auch in dem Mitgliedstaat genießen, der ihnen die Rechtsstellung des langfristig Aufenthaltsberechtigten gewährt hat. Die Gewährung von Sozialhilfeleistungen erfolgt unbeschadet der Möglichkeit der Mitgliedstaaten, den Aufenthaltstitel zu entziehen, wenn die betreffende Person die Anforderungen dieser Richtlinie nicht mehr erfüllt.

(23) Drittstaatsangehörigen sollte die Möglichkeit eingeräumt werden, die Rechtsstellung eines langfristig Aufenthaltsberechtigten in dem Mitgliedstaat, in den sie umgezogen sind und in dem sie sich niederlassen wollen, unter Bedingungen zu erwerben, die denen für den Erwerb in dem ersten Mitgliedstaat vergleichbar sind.

(24) Da die Ziele der beabsichtigten Maßnahme, nämlich die Festlegung der Bedingungen für die Gewährung und den Entzug der Rechtsstellung des langfristig Aufenthaltsberechtigten, sowie der damit verbundenen Rechte und die Festlegung der Bedingungen für die Ausübung des Rechts des langfristig Aufenthaltsberechtigten auf Aufenthalt in anderen Mitgliedstaaten auf Ebene der Mitgliedstaaten nicht ausreichend erreicht werden können und daher wegen des Umfangs und der Wirkungen der Maßnahme besser auf Gemeinschaftsebene zu erreichen sind, kann die Gemeinschaft im Einklang mit dem in Artikel 5 des Vertrags niedergelegten Subsidiaritätsprinzip tätig werden. Entsprechend dem in demselben Artikel genannten Verhältnismäßigkeitsprinzip geht diese Richtlinie nicht über das für die Erreichung dieser Ziele erforderliche Maß hinaus.

(25) Gemäß den Artikeln 1 und 2 und unbeschadet des Artikels 4 des dem Vertrag über die Europäische Union und dem Vertrag zur Gründung der Europäischen Gemeinschaft beigefügten Protokolls über die Position des Vereinigten Königreichs und Irlands beteili-

I

gen sich diese Mitgliedstaaten nicht an der Annahme dieser Richtlinie, die für diese Mitgliedstaaten nicht bindend oder anwendbar ist.

(26) Gemäß den Artikeln 1 und 2 des dem Vertrag über die Europäische Union und dem Vertrag zur Gründung der Europäischen Gemeinschaft beigefügten Protokolls über die Position Dänemarks beteiligt sich Dänemark nicht an der Annahme dieser Richtlinie, die für Dänemark nicht bindend oder anwendbar ist –

hat folgende Richtlinie erlassen:

Kapitel I Allgemeine Bestimmungen

Artikel 1 Gegenstand

Ziel dieser Richtlinie ist die Festlegung

a) der Bedingungen, unter denen ein Mitgliedstaat einem Drittstaatsangehörigen, der sich rechtmäßig in seinem Hoheitsgebiet aufhält, die Rechtsstellung eines langfristig Aufenthaltsberechtigten erteilen oder entziehen kann, sowie der mit dieser Rechtsstellung verbundenen Rechte und

b) der Bedingungen für den Aufenthalt eines Drittstaatsangehörigen, der die Rechtsstellung eines langfristig Aufenthaltsberechtigten besitzt, in einem anderen Mitgliedstaat als demjenigen, der ihm diese Rechtsstellung zuerkannt hat.

Artikel 2 Definitionen

Im Sinne dieser Richtlinie bezeichnet der Ausdruck

a) „Drittstaatsangehöriger" jede Person, die nicht Unionsbürger im Sinne des Artikels 17 Absatz 1 des Vertrags ist;

b) „langfristig Aufenthaltsberechtigter" jeden Drittstaatsangehörigen, der die Rechtsstellung eines langfristig Aufenthaltsberechtigten im Sinne der Artikel 4 bis 7 besitzt;

c) „erster Mitgliedstaat" den Mitgliedstaat, der einem Drittstaatsangehörigen erstmals die Rechtsstellung eines langfristig Aufenthaltsberechtigten zuerkannt hat;

d) „zweiter Mitgliedstaat" einen anderen Mitgliedstaat als den, der einem Drittstaatsangehörigen erstmals die Rechtsstellung eines langfristig Aufenthaltsberechtigten zuerkannt hat, und in dem dieser langfristig Aufenthaltsberechtigte sein Aufenthaltsrecht ausübt;

e) „Familienangehöriger" den Drittstaatsangehörigen, der sich in dem betreffenden Mitgliedstaat gemäß der Richtlinie 2003/86/EG des Rates vom 22. September 2003 betreffend das Recht auf Familienzusammenführung[1] aufhält;

f) „internationaler Schutz" den internationalen Schutz im Sinne von Artikel 2 Buchstabe a der Richtlinie 2004/83/EG des Rates vom 29. April 2004 über Mindestnormen für die Anerkennung und den Status von Drittstaatsangehörigen oder Staatenlosen als Flüchtlinge oder als Personen, die anderweitig internationalen Schutz benötigen, und über den Inhalt des zu gewährenden Schutzes[2];

g) „langfristige Aufenthaltsberechtigung-EG" den Aufenthaltstitel, der bei der Erlangung der Rechtsstellung eines langfristig Aufenthaltsberechtigten von dem betreffenden Mitgliedstaat ausgestellt wird.

Artikel 3 Anwendungsbereich

(1) Diese Richtlinie findet auf Drittstaatsangehörige Anwendung, die sich rechtmäßig im Hoheitsgebiet eines Mitgliedstaats aufhalten.

(2) Diese Richtlinie findet keine Anwendung auf Drittstaatsangehörige,

a) die sich zwecks Studiums oder Berufsausbildung aufhalten;

---

[1] ABl. L 251 vom 3.10.2003, S. 12.

[2] ABl. L 304 vom 30.9.2004, S. 12.

b) denen zwecks vorübergehenden Schutzes der Aufenthalt in einem Mitgliedstaat genehmigt wurde oder die aus diesem Grund um eine Aufenthaltsgenehmigung nachgesucht haben und über deren Rechtsstellung noch nicht entschieden ist;

c) denen der Aufenthalt in einem Mitgliedstaat aufgrund einer anderen Form des Schutzes als jenem des internationalen Schutzes genehmigt wurde oder die aus diesem Grund um die Genehmigung des Aufenthalts nachgesucht haben und über deren Rechtsstellung noch nicht entschieden ist;

d) die internationalen Schutz beantragt haben und über deren Antrag noch nicht abschließend entschieden ist;

e) die sich ausschließlich vorübergehend wie etwa als Au-pair oder Saisonarbeitnehmer, als von einem Dienstleistungserbringer im Rahmen der grenzüberschreitenden Erbringung von Dienstleistungen entsendete Arbeitnehmer oder als Erbringer grenzüberschreitender Dienstleistungen aufhalten oder deren Aufenthaltsgenehmigung förmlich begrenzt wurde;

f) deren Rechtsstellung durch das Wiener Übereinkommen von 1961 über diplomatische Beziehungen, das Wiener Übereinkommen von 1963 über konsularische Beziehungen, das Übereinkommen von 1969 über Sondermissionen oder die Wiener Konvention von 1975 über die Vertretung der Staaten in ihren Beziehungen zu internationalen Organisationen universellen Charakters geregelt ist.

(3) Diese Richtlinie findet Anwendung vorbehaltlich günstigerer Bestimmungen

a) der bilateralen und multilateralen Übereinkünfte zwischen der Gemeinschaft oder der Gemeinschaft und ihren Mitgliedstaaten einerseits und Drittländern andererseits;

b) der vor In-Kraft-Treten dieser Richtlinie zwischen einem Mitgliedstaat und einem Drittland abgeschlossenen bilateralen Übereinkünfte;

c) des Europäischen Niederlassungsabkommens vom 13. Dezember 1955, der Europäischen Sozialcharta vom 18. Oktober 1961, der geänderten Europäischen Sozialcharta vom 3. Mai 1987, des Europäischen Übereinkommens über die Rechtsstellung der Wanderarbeitnehmer vom 24. November 1977, des Paragrafen 11 des Anhangs zur Flüchtlingskonvention vom 28. Juli 1951 in der geänderten Fassung des am 31. Januar 1967 in New York unterzeichneten Protokolls, und des Europäischen Übereinkommens über den Übergang der Verantwortung für Flüchtlinge vom 16. Oktober 1980.

Kapitel II
Rechtsstellung eines langfristig Aufenthaltsberechtigten in einem Mitgliedstaat

Artikel 4 Dauer des Aufenthalts

(1) Die Mitgliedstaaten erteilen Drittstaatsangehörigen, die sich unmittelbar vor der Stellung des entsprechenden Antrags fünf Jahre lang ununterbrochen rechtmäßig in ihrem Hoheitsgebiet aufgehalten haben, die Rechtsstellung eines langfristig Aufenthaltsberechtigten.

(1a) Die Mitgliedstaaten erteilen Personen die Rechtsstellung von langfristig Aufenthaltsberechtigten auf Grundlage des internationalen Schutzes nicht, wenn der internationale Schutz gemäß Artikel 14 Absatz 3 bzw. Artikel 19 Absatz 3 der Richtlinie 2004/83/EG aberkannt, beendet oder seine Verlängerung abgelehnt wurde.

(2) In die Berechnung des Zeitraums gemäß Absatz 1 fließen die Zeiten nicht ein, in denen sich der Drittstaatsangehörige aus den in Artikel 3 Absatz 2 Buchstaben e) und f) genannten Gründen im betreffenden Mitgliedstaat aufgehalten hat.

In den in Artikel 3 Absatz 2 Buchstabe a) genannten Fällen, in denen dem betreffenden Drittstaatsangehörigen ein Aufenthaltstitel gewährt wurde, auf dessen Grundlage ihm die Rechtsstellung eines langfristig Aufent-

I

haltsberechtigten zuerkannt werden kann, fließen die Zeiten, in denen er sich zwecks Studiums oder Berufsausbildung in dem Mitgliedstaat aufgehalten hat, nur zur Hälfte in die Berechnung des Zeitraums gemäß Absatz 1 ein.

Im Falle von Personen, denen internationaler Schutz gewährt wurde, wird mindestens die Hälfte des Zeitraums zwischen dem Tag der Einreichung des Antrags, aufgrund dessen dieser internationale Schutz gewährt wurde, und dem Tag der Ausstellung des Aufenthaltstitels gemäß Artikel 24 der Richtlinie 2004/83/EG, oder der gesamte Zeitraum, wenn dieser 18 Monate übersteigt, in die Berechnung des Zeitraums gemäß Absatz 1 einbezogen.

(3) Zeiten, in denen der Drittstaatsangehörige sich nicht im Hoheitsgebiet des Mitgliedstaats aufgehalten hat, unterbrechen die Dauer des Zeitraums gemäß Absatz 1 nicht und fließen in die Berechnung dieses Aufenthalts ein, wenn sie sechs aufeinander folgende Monate nicht überschreiten und innerhalb des Zeitraums gemäß Absatz 1 insgesamt zehn Monate nicht überschreiten.

Liegen spezifische Gründe oder zeitlich begrenzte Ausnahmesituationen vor, so können die Mitgliedstaaten gemäß ihrem nationalen Recht vorsehen, dass längere als die in Unterabsatz 1 genannten Zeiten, in denen der Drittstaatsangehörige sich nicht in ihrem Hoheitsgebiet aufgehalten hat, die Dauer des Zeitraums gemäß Absatz 1 nicht unterbrechen. In diesen Fällen berücksichtigen die Mitgliedstaaten die Zeiten, in denen der Drittstaatsangehörige sich nicht in ihrem Hoheitsgebiet aufgehalten hat, nicht bei der Berechnung der Gesamtdauer des Zeitraums gemäß Absatz 1.

Abweichend von Unterabsatz 2 können die Mitgliedstaaten Zeiten, in denen der Drittstaatsangehörige sich im Zusammenhang mit einer Entsendung aus beruflichen Gründen, einschließlich im Rahmen einer grenzüberschreitenden Erbringung von Dienstleistungen, nicht in ihrem Hoheitsgebiet aufgehalten hat, in die Berechnung des Zeitraums gemäß Absatz 1 einfließen lassen.

Artikel 5 Bedingungen für die Zuerkennung der Rechtsstellung eines langfristig Aufenthaltsberechtigten

(1) Die Mitgliedstaaten verlangen vom Drittstaatsangehörigen den Nachweis, dass er für sich und seine unterhaltsberechtigten Familienangehörigen über Folgendes verfügt:

feste und regelmäßige Einkünfte, die ohne Inanspruchnahme der Sozialhilfeleistungen des betreffenden Mitgliedstaats für seinen eigenen Lebensunterhalt und den seiner Familienangehörigen ausreichen. Die Mitgliedstaaten beurteilen diese Einkünfte anhand ihrer Art und Regelmäßigkeit und können die Höhe der Mindestlöhne und -renten beim Antrag auf Erteilung der Rechtsstellung eines langfristig Aufenthaltsberechtigten berücksichtigen;

eine Krankenversicherung, die im betreffenden Mitgliedstaat sämtliche Risiken abdeckt, die in der Regel auch für die eigenen Staatsangehörigen abgedeckt sind.

(2) Die Mitgliedstaaten können von Drittstaatsangehörigen verlangen, dass sie die Integrationsanforderungen gemäß dem nationalen Recht erfüllen.

Artikel 6 Öffentliche Ordnung und öffentliche Sicherheit

(1) Die Mitgliedstaaten können die Rechtsstellung eines langfristig Aufenthaltsberechtigten aus Gründen der öffentlichen Ordnung oder der öffentlichen Sicherheit versagen.

Trifft ein Mitgliedstaat eine entsprechende Entscheidung, so berücksichtigt er die Schwere oder die Art des Verstoßes gegen die öffentliche Ordnung oder die öffentliche Sicherheit oder die von der betreffenden Person ausgehende Gefahr, wobei er auch der Dauer des Aufenthalts und dem Bestehen von Bindungen im Aufenthaltsstaat angemessen Rechnung trägt.

(2) Die Versagungsentscheidung nach Absatz 1 darf nicht aus wirtschaftlichen Gründen getroffen werden.

Artikel 7 Erlangung der Rechtsstellung eines langfristig Aufenthaltsberechtigten

(1) Um die Rechtsstellung eines langfristig Aufenthaltsberechtigten zu erlangen, reicht der Drittstaatsangehörige bei den zuständigen Behörden des Mitgliedstaats, in dem er sich aufhält, einen Antrag ein. Dem Antrag sind vom nationalen Recht zu bestimmende Unterlagen beizufügen, aus denen hervorgeht, dass er die Voraussetzungen der Artikel 4 und 5 erfüllt, sowie erforderlichenfalls ein gültiges Reisedokument oder eine beglaubigte Abschrift davon.

Die Nachweise nach Unterabsatz 1 können auch Unterlagen in Bezug auf ausreichenden Wohnraum einschließen.

(2) Die zuständigen nationalen Behörden teilen dem Antragsteller ihre Entscheidung unverzüglich, spätestens aber sechs Monate nach Einreichung des Antrags schriftlich mit. Die Entscheidung wird dem Drittstaatsangehörigen nach den Verfahren der entsprechenden nationalen Rechtsvorschriften mitgeteilt.

In Ausnahmefällen kann aufgrund der Schwierigkeit der Antragsprüfung die in Unterabsatz 1 genannte Frist verlängert werden.

Außerdem ist die betreffende Person über ihre Rechte und Pflichten aus dieser Richtlinie zu belehren.

Ist bei Ablauf der in dieser Bestimmung vorgesehenen Frist noch keine Entscheidung ergangen, so richten sich etwaige Folgen nach dem nationalen Recht des betreffenden Mitgliedstaats.

(3) Liegen die Voraussetzungen der Artikel 4 und 5 vor und stellt die Person keine Gefahr im Sinne des Artikels 6 dar, so erkennt der Mitgliedstaat dem Drittstaatsangehörigen die Rechtsstellung eines langfristig Aufenthaltsberechtigten zu.

Artikel 8 Langfristige Aufenthaltsberechtigung-EG

(1) Vorbehaltlich des Artikels 9 ist die Rechtsstellung eines langfristig Aufenthaltsberechtigten dauerhaft.

(2) Die Mitgliedstaaten stellen langfristig Aufenthaltsberechtigten eine „langfristige Aufenthaltsberechtigung-EG" aus. Dieser Aufenthaltstitel ist mindestens fünf Jahre gültig und wird – erforderlichenfalls auf Antrag – ohne weiteres verlängert.

(3) Eine langfristige Aufenthaltsberechtigung-EG kann in Form eines Aufklebers oder eines besonderen Dokuments ausgestellt werden. Sie wird nach Maßgabe der Verordnung (EG) Nr. 1030/2002 des Rates vom 13. Juni 2002 zur einheitlichen Gestaltung des Aufenthaltstitels für Drittstaatsangehörige[(1)] ausgestellt. Im Eintragungsfeld „Art des Aufenthaltstitels" fügen die Mitgliedstaaten die Bezeichnung „Daueraufenthalt – EG" ein.

(4) Stellt ein Mitgliedstaat einem Drittstaatsangehörigen, dem er internationalen Schutz gewährt hat, eine „langfristige Aufenthaltsberechtigung – EU" aus, so muss das Eintragungsfeld „Anmerkungen" dieser langfristigen Aufenthaltsberechtigung – EU den folgenden Hinweis enthalten: „Durch [Name des Mitgliedstaats] am [Datum] internationaler Schutz gewährt".

(5) Stellt ein zweiter Mitgliedstaat einem Drittstaatsangehörigen, der bereits über eine von einem anderen Mitgliedstaat ausgestellte „langfristige Aufenthaltsberechtigung – EU" verfügt, welche den in Absatz 4 genannten Hinweis enthält, ebenfalls eine „langfristige Aufenthaltsberechtigung – EU" aus, so trägt der zweite Mitgliedstaat in die „langfristige Aufenthaltsberechtigung – EU" denselben Hinweis ein.

Vor der Eintragung des in Absatz 4 genannten Hinweises ersucht der zweite Mitgliedstaat den in diesem Hinweis genannten Mitgliedstaat um Auskunft darüber, ob der langfristig Aufenthaltsberechtigte noch internationalen

---

(1) ABl. L 157 vom 15.6.2002, S. 1.

I

Schutz genießt. Der in dem Hinweis genannte Mitgliedstaat antwortet innerhalb eines Monats ab Eingang des Auskunftsersuchens. Wurde der internationale Schutz durch eine rechtskräftige Entscheidung aberkannt, so trägt der zweite Mitgliedstaat den Hinweis nicht ein.

(6) Ist die Verantwortung für den internationalen Schutz des langfristig Aufenthaltsberechtigten nach Maßgabe der einschlägigen internationalen Instrumente oder des nationalen Rechts auf den zweiten Mitgliedstaat übergegangen, nachdem die in Absatz 5 genannte „langfristige Aufenthaltsberechtigung – EU" ausgestellt wurde, so ändert der zweite Mitgliedstaat innerhalb von drei Monaten ab diesem Übergang den Hinweis nach Absatz 4 entsprechend.

Artikel 9 Entzug oder Verlust der Rechtsstellung

(1) Ein Drittstaatsangehöriger ist nicht mehr berechtigt, die Rechtsstellung eines langfristig Aufenthaltsberechtigten zu behalten, wenn

a) er die Rechtsstellung des langfristig Aufenthaltsberechtigten nachweislich auf täuschende Art und Weise erlangt hat;

b) eine Ausweisung nach Maßgabe des Artikels 12 verfügt worden ist;

c) er sich während eines Zeitraums von 12 aufeinander folgenden Monaten nicht im Gebiet der Gemeinschaft aufgehalten hat.

(2) Abweichend von Absatz 1 Buchstabe c) können die Mitgliedstaaten vorsehen, dass eine Abwesenheit von mehr als 12 aufeinander folgenden Monaten oder eine Abwesenheit aus spezifischen Gründen oder in Ausnahmesituationen nicht den Entzug oder den Verlust der Rechtsstellung bewirken.

(3) Die Mitgliedstaaten können vorsehen, dass ein Drittstaatsangehöriger die Rechtsstellung eines langfristig Aufenthaltsberechtigten verliert, wenn er in Anbetracht der Schwere der von ihm begangenen Straftaten eine Bedrohung für die öffentliche Ordnung darstellt, ohne dass diese Bedrohung eine Ausweisung im Sinne von Artikel 12 rechtfertigt.

(3a) Die Mitgliedstaaten können einem Drittstaatsangehörigen die Rechtsstellung eines langfristig Aufenthaltsberechtigten im Falle der Aberkennung, Beendigung oder Nichtverlängerung des internationalen Schutzes gemäß Artikel 14 Absatz 3 bzw. Artikel 19 Absatz 3 der Richtlinie 2004/83/EG entziehen, wenn die Rechtsstellung eines langfristig Aufenthaltsberechtigten aufgrund internationalen Schutzes erworben wurde.

(4) Ein Drittstaatsangehöriger, der sich gemäß Kapitel III in einem anderen Mitgliedstaat aufgehalten hat, verliert die in dem ersten Mitgliedstaat erworbene Rechtsstellung eines langfristig Aufenthaltsberechtigten, wenn ihm diese Rechtsstellung in einem anderen Mitgliedstaat gemäß Artikel 23 zuerkannt wird.

Auf jeden Fall verliert die betreffende Person, die sich sechs Jahre lang nicht im Hoheitsgebiet des Mitgliedstaats aufgehalten hat, der ihr die Rechtsstellung eines langfristig Aufenthaltsberechtigten zuerkannt hat, in diesem Mitgliedstaat die Rechtsstellung eines langfristig Aufenthaltsberechtigten.

Abweichend von Unterabsatz 2 kann der betreffende Mitgliedstaat vorsehen, dass der langfristig Aufenthaltsberechtigte aus besonderen Gründen seine Rechtsstellung in diesem Mitgliedstaat behält, wenn der Zeitraum, in dem er sich nicht im Hoheitsgebiet des Mitgliedstaats aufgehalten hat, sechs Jahre überschreitet.

(5) Im Hinblick auf die Fälle des Absatzes 1 Buchstabe c) und des Absatzes 4 führen die Mitgliedstaaten, die die Rechtsstellung eines langfristig Aufenthaltsberechtigten zuerkannt haben, ein vereinfachtes Verfahren für die Wiedererlangung der Rechtsstellung eines langfristig Aufenthaltsberechtigten ein.

Dieses Verfahren gilt insbesondere für Fälle, in denen sich Personen in einem zweiten Mitgliedstaat zum Studium aufgehalten haben.

Die Voraussetzungen und das Verfahren für die Wiedererlangung der Rechtsstellung eines langfristig Aufenthaltsberechtigten bestimmen sich nach dem nationalen Recht.

(6) Das Ablaufen einer langfristigen Aufenthaltsberechtigung-EG hat auf keinen Fall den Entzug oder den Verlust der Rechtsstellung eines langfristig Aufenthaltsberechtigten zur Folge.

(7) Führt der Entzug oder der Verlust der Rechtsstellung eines langfristig Aufenthaltsberechtigten nicht zu einer Rückführung, so gestattet der Mitgliedstaat der betreffenden Person, in seinem Hoheitsgebiet zu verbleiben, sofern sie die in seinen nationalen Rechtsvorschriften vorgesehenen Bedingungen erfüllt und/oder keine Gefahr für die öffentliche Ordnung oder die öffentliche Sicherheit darstellt.

Artikel 10 Verfahrensgarantien

(1) Die Entscheidung, die Rechtsstellung eines langfristig Aufenthaltsberechtigten zu versagen oder zu entziehen, ist zu begründen. Jede Entscheidung wird dem betreffenden Drittstaatsangehörigen nach den Verfahren der entsprechenden nationalen Rechtsvorschriften mitgeteilt. In dieser Mitteilung ist auf die möglichen Rechtsbehelfe und die entsprechenden Fristen hinzuweisen.

(2) Wird ein Antrag auf Erteilung der Rechtsstellung eines langfristig Aufenthaltsberechtigten zurückgewiesen, diese Rechtsstellung entzogen oder der Aufenthaltstitel nicht verlängert, so kann die betreffende Person in dem betreffenden Mitgliedstaat Rechtsbehelfe einlegen.

Artikel 11 Gleichbehandlung

(1) Langfristig Aufenthaltsberechtigte werden auf folgenden Gebieten wie eigene Staatsangehörige behandelt:

a) Zugang zu einer unselbstständigen oder selbstständigen Erwerbstätigkeit, wenn diese nicht, auch nicht zeitweise, mit der Ausübung öffentlicher Gewalt verbunden ist, sowie Beschäftigungs- und Arbeitsbedingungen, einschließlich Entlassungsbedingungen und Arbeitsentgelt;

b) allgemeine und berufliche Bildung, einschließlich Stipendien und Ausbildungsbeihilfen gemäß dem nationalen Recht;

c) Anerkennung der berufsqualifizierenden Diplome, Prüfungszeugnisse und sonstiger Befähigungsnachweise gemäß den einschlägigen nationalen Verfahren;

d) soziale Sicherheit, Sozialhilfe und Sozialschutz im Sinn des nationalen Rechts;

e) steuerliche Vergünstigungen;

f) Zugang zu Waren und Dienstleistungen sowie zur Lieferung von Waren und Erbringung von Dienstleistungen für die Öffentlichkeit und zu Verfahren für den Erhalt von Wohnraum;

g) Vereinigungsfreiheit sowie Mitgliedschaft und Betätigung in einer Gewerkschaft, einem Arbeitgeberverband oder einer sonstigen Organisation, deren Mitglieder einer bestimmten Berufsgruppe angehören, sowie Inanspruchnahme der von solchen Organisationen angebotenen Leistungen, unbeschadet der nationalen Bestimmungen über die öffentliche Ordnung und die öffentliche Sicherheit;

h) freier Zugang zum gesamten Hoheitsgebiet des betreffenden Mitgliedstaats innerhalb der in den nationalen Rechtsvorschriften aus Gründen der Sicherheit vorgesehenen Grenzen.

(2) In Bezug auf Absatz 1 Buchstaben b), d), e), f) und g) kann der betreffende Mitgliedstaat die Gleichbehandlung auf die Fälle beschränken, in denen der Wohnsitz oder der gewöhnliche Aufenthaltsort des langfristig Aufenthaltsberechtigten oder seiner Familienangehörigen, für die er Leistungen beansprucht, im Hoheitsgebiet des betreffenden Mitgliedstaats liegt.

(3) Die Mitgliedstaaten können die Gleichbehandlung mit eigenen Staatsangehörigen in folgenden Fällen einschränken:

a) Die Mitgliedstaaten können die Zugangsbeschränkungen zu unselbstständigen und selbstständigen Erwerbstätigkeiten, die gemäß den bestehenden nationalen oder gemeinschaftlichen Rechtsvorschriften eigenen Staatsangehörigen und Uni-

I

ons- oder EWR-Bürgern vorbehalten sind, beibehalten;

b) die Mitgliedstaaten können verlangen, dass erforderliche Sprachkenntnisse für den Zugang zur allgemeinen und beruflichen Bildung nachgewiesen werden. Der Hochschulzugang kann von der Erfüllung besonderer Bildungsvoraussetzungen abhängig gemacht werden.

(4) Die Mitgliedstaaten können die Gleichbehandlung bei Sozialhilfe und Sozialschutz auf die Kernleistungen beschränken.

(4a) Für den Mitgliedstaat, der den internationalen Schutz gewährt hat, gelten die Absätze 3 und 4 unbeschadet der Richtlinie 2004/83/EG.

(5) Die Mitgliedstaaten können beschließen, Zugang zu zusätzlichen Leistungen in den in Absatz 1 genannten Bereichen zu gewähren.

Die Mitgliedstaaten können ferner beschließen, Gleichbehandlung in Bezug auf Bereiche zu gewähren, die nicht in Absatz 1 genannt sind.

Artikel 12 Ausweisungsschutz

(1) Die Mitgliedstaaten können nur dann gegen einen langfristig Aufenthaltsberechtigten eine Ausweisung verfügen, wenn er eine gegenwärtige, hinreichend schwere Gefahr für die öffentliche Ordnung oder die öffentliche Sicherheit darstellt.

(2) Die Verfügung nach Absatz 1 darf nicht auf wirtschaftlichen Überlegungen beruhen.

(3) Bevor sie gegen einen langfristig Aufenthaltsberechtigten eine Ausweisung verfügen, berücksichtigen die Mitgliedstaaten Folgendes:

a) Dauer des Aufenthalts in ihrem Hoheitsgebiet,

b) Alter der betreffenden Person,

c) Folgen für die betreffende Person und ihre Familienangehörigen,

d) Bindungen zum Aufenthaltsstaat oder fehlende Bindungen zum Herkunftsstaat.

(3a) Verfügt ein Mitgliedstaat die Ausweisung eines langfristig Aufenthaltsberechtigten, dessen „langfristige Aufenthaltsberechtigung – EU" den in Artikel 8 Absatz 4 genannten Hinweis enthält, so ersucht er den in diesem Hinweis genannten Mitgliedstaat, Auskunft darüber zu erteilen, ob die betreffende Person dort weiterhin internationalen Schutz genießt. Der in dem Hinweis genannte Mitgliedstaat antwortet innerhalb eines Monats ab Eingang des Auskunftsersuchens.

(3b) Genießt der langfristig Aufenthaltsberechtigte in dem in dem Hinweis genannten Mitgliedstaat weiterhin internationalen Schutz, so wird diese Person in diesen Mitgliedstaat ausgewiesen; dieser Mitgliedstaat nimmt die geschützte Person und ihre Familienangehörigen unbeschadet des geltenden Unionsrechts oder nationalen Rechts und des Grundsatzes der Einheit der Familie ohne weitere Formalitäten unverzüglich wieder auf.

(3c) Abweichend von Absatz 3b hat der Mitgliedstaat, der die Ausweisung eines langfristig Aufenthaltsberechtigten verfügt hat, weiterhin das Recht, den langfristig Aufenthaltsberechtigten in ein anderes Land als den Mitgliedstaat, der ihm den internationalen Schutz zuerkannt hat, gemäß seinen völkerrechtlichen Verpflichtungen abzuschieben, wenn diese Person die Voraussetzungen des Artikels 21 Absatz 2 der Richtlinie 2004/83/EG erfüllt.

(4) Wurde eine Ausweisung verfügt, so steht dem langfristig Aufenthaltsberechtigten in dem betreffenden Mitgliedstaat der Rechtsweg offen.

(5) Langfristig Aufenthaltsberechtigten, die nicht über ausreichende Einkünfte verfügen, wird unter den gleichen Voraussetzungen wie Staatsangehörigen des Mitgliedstaats, in dem sie sich aufhalten, Prozesskostenhilfe bewilligt.

(6) Artikel 21 Absatz 1 der Richtlinie 2004/83/EG bleibt hiervon unberührt.

Artikel 13 Günstigere nationale Bestimmungen

Die Mitgliedstaaten können für die Ausstellung dauerhafter oder unbefristeter Aufenthaltstitel günstigere Voraussetzungen als diejenigen dieser Richtlinie vorsehen. Diese Aufenthaltstitel begründen nicht das Recht auf Aufenthalt in anderen Mitgliedstaaten gemäß Kapitel III.

Kapitel III Aufenthalt in den anderen Mitgliedstaaten

Artikel 14 Grundsatz

(1) Ein langfristig Aufenthaltsberechtigter erwirbt das Recht, sich länger als drei Monate im Hoheitsgebiet anderer Mitgliedstaaten als desjenigen, der ihm die Rechtsstellung eines langfristig Aufenthaltsberechtigten zuerkannt hat, aufzuhalten, sofern die in diesem Kapitel festgelegten Bedingungen erfüllt sind.

(2) Ein langfristig Aufenthaltsberechtigter kann sich aus folgenden Gründen in einem zweiten Mitgliedstaat aufhalten:

a) Ausübung einer unselbstständigen oder selbstständigen Erwerbstätigkeit,

b) Absolvierung eines Studiums oder einer Berufsausbildung,

c) für sonstige Zwecke.

(3) In Fällen der Ausübung einer unselbstständigen oder selbstständigen Erwerbstätigkeit nach Absatz 2 Buchstabe a) können die Mitgliedstaaten eine Arbeitsmarktprüfung durchführen, und hinsichtlich der Anforderungen für die Besetzung einer freien Stelle bzw. hinsichtlich der Ausübung einer solchen Tätigkeit ihre nationalen Verfahren anwenden.

Aus Gründen der Arbeitsmarktpolitik können die Mitgliedstaaten Unionsbürger, Drittstaatsangehörige, wenn dies im Gemeinschaftsrecht vorgesehen ist, sowie Drittstaatsangehörige, die sich rechtmäßig in dem betreffenden Mitgliedstaat aufhalten und dort Arbeitslosenunterstützung erhalten, vorrangig berücksichtigen.

(4) Abweichend von Absatz 1 können die Mitgliedstaaten die Gesamtzahl der Personen, denen ein Aufenthaltsrecht gewährt werden kann, begrenzen, sofern solche Begrenzungen bei Annahme dieser Richtlinie bereits in den geltenden Rechtsvorschriften vorgesehen sind.

(5) Dieses Kapitel betrifft nicht den Aufenthalt im Hoheitsgebiet der Mitgliedstaaten von langfristig Aufenthaltsberechtigten, die

a) von einem Dienstleistungserbringer im Rahmen einer grenzüberschreitenden Dienstleistungserbringung entsendet sind;

b) Erbringer grenzüberschreitender Dienstleistungen sind.

Die Mitgliedstaaten können im Einklang mit dem nationalen Recht festlegen, unter welchen Bedingungen sich langfristig Aufenthaltsberechtigte, die sich zur Ausübung einer Erwerbstätigkeit als Saisonarbeitnehmer in einen anderen Mitgliedstaat begeben möchten, in jenem Mitgliedstaat aufhalten dürfen. Auch auf Grenzarbeitnehmer können besondere Bestimmungen des nationalen Rechts angewandt werden.

(6) Dieses Kapitel gilt unbeschadet der einschlägigen gemeinschaftlichen Rechtsvorschriften im Bereich der sozialen Sicherheit in Bezug auf Drittstaatsangehörige.

Artikel 15 Bedingungen für den Aufenthalt in einem zweiten Mitgliedstaat

(1) Der langfristig Aufenthaltsberechtigte beantragt unverzüglich, spätestens jedoch drei Monate nach seiner Einreise in den zweiten Mitgliedstaat, einen Aufenthaltstitel bei den zuständigen Behörden jenes Mitgliedstaats.

Die Mitgliedstaaten können akzeptieren, dass der langfristig Aufenthaltsberechtigte den Antrag auf Erteilung eines Aufenthaltstitels noch während seines Aufenthalts im Hoheitsgebiet des ersten Mitgliedstaats bei den zuständigen Behörden des zweiten Mitgliedstaats einreicht.

(2) Die Mitgliedstaaten können von den betreffenden Personen verlangen, Folgendes nachzuweisen:

a) feste und regelmäßige Einkünfte, die ohne Inanspruchnahme der Sozialhilfeleistungen des betreffenden Mitgliedstaats für ihren eigenen Lebensunterhalt und den ihrer Familienangehörigen ausreichen. Für jede der in Artikel 14 Absatz 2 genannten Kategorien beurteilen die Mitgliedstaaten diese Einkünfte anhand ihrer Art und Regelmäßigkeit und können die Höhe der Mindestlöhne und -renten berücksichtigen;

b) eine Krankenversicherung, die im zweiten Mitgliedstaat sämtliche Risiken abdeckt, die in der Regel auch für die eigenen Staatsangehörigen im betreffenden Mitgliedstaat abgedeckt sind.

(3) Die Mitgliedstaaten können gemäß dem nationalen Recht von Drittstaatsangehörigen verlangen, dass sie Integrationsmaßnahmen nachkommen müssen.

Diese Bedingung gilt nicht, wenn die betreffenden Drittstaatsangehörigen gemäß Artikel 5 Absatz 2 Integrationsanforderungen erfüllen mussten, um die Rechtsstellung eines langfristig Aufenthaltsberechtigten zu erlangen.

Unbeschadet des Unterabsatzes 2 kann von den betreffenden Personen die Teilnahme an Sprachkursen verlangt werden.

(4) Dem Antrag sind vom nationalen Recht zu bestimmende Unterlagen, aus denen hervorgeht, dass die betreffenden Personen die einschlägigen Bedingungen erfüllen beizufügen, sowie ihre langfristige Aufenthaltsberechtigung und ein gültiges Reisedokument oder beglaubigte Abschriften davon.

Die Nachweise nach Unterabsatz 1 können auch Unterlagen in Bezug auf ausreichenden Wohnraum einschließen.

Insbesondere kann der zweite Mitgliedstaat von den betreffenden Personen verlangen, Folgendes nachzuweisen:

a) im Fall der Ausübung einer Erwerbstätigkeit,
   i) sofern sie einer unselbstständigen Erwerbstätigkeit nachgehen, dass sie im Besitz eines Beschäftigungsvertrags, einer Einstellungserklärung des Arbeitgebers oder eines Beschäftigungsvertragsangebots gemäß den im nationalen Recht vorgesehenen Bedingungen sind. Die Mitgliedstaaten legen fest, welche der genannten Arten von Nachweisen erbracht werden müssen;
   ii) sofern sie einer selbstständigen Erwerbstätigkeit nachgehen, dass sie über angemessene Mittel verfügen, die gemäß dem nationalen Recht für die Ausübung einer derartigen Erwerbstätigkeit vorgeschrieben sind, wobei die erforderlichen Unterlagen und Genehmigungen vorzulegen sind;

b) im Fall eines Studiums oder einer Berufsausbildung, dass sie zu Studien- oder Berufsbildungszwecken in einer zugelassenen Einrichtung eingeschrieben sind.

Artikel 16 Familienangehörige

(1) Übt der langfristig Aufenthaltsberechtigte sein Aufenthaltsrecht in einem zweiten Mitgliedstaat aus und bestand die Familie bereits im ersten Mitgliedstaat, so wird den Angehörigen seiner Familie, die die Bedingungen des Artikels 4 Absatz 1 der Richtlinie 2003/86/EG erfüllen, gestattet, den langfristig Aufenthaltsberechtigten zu begleiten oder ihm nachzureisen.

(2) Übt der langfristig Aufenthaltsberechtigte sein Aufenthaltsrecht in einem zweiten Mitgliedstaat aus und bestand die Familie bereits im ersten Mitgliedstaat, so kann den Angehörigen seiner Familie, die nicht als Familienangehörige im Sinne von Artikel 4 Absatz 1 der Richtlinie 2003/86/EG gelten, gestattet werden, den langfristig Aufenthaltsberechtigten zu begleiten oder ihm nachzureisen.

(3) Für die Stellung des Antrags auf Erteilung eines Aufenthaltstitels gelten die Bestimmungen des Artikels 15 Absatz 1.

(4) Der zweite Mitgliedstaat kann von den Familienangehörigen des langfristig Aufenthaltsberechtigten verlangen, ihrem Antrag auf Erteilung eines Aufenthaltstitels Folgendes beizufügen:

a) ihre langfristige Aufenthaltsberechtigung-EG oder ihren Aufenthaltstitel und ein gültiges Reisedokument oder beglaubigte Abschriften davon;

b) den Nachweis, dass sie sich als Familienangehörige des langfristig Aufenthaltsberechtigten im ersten Mitgliedstaat aufgehalten haben;

c) den Nachweis, dass sie über feste und regelmäßige Einkünfte, die ohne Inanspruchnahme der Sozialhilfeleistungen des betreffenden Mitgliedstaats für ihren eigenen Lebensunterhalt ausreichen, sowie über eine Krankenversicherung verfügen, die im zweiten Mitgliedstaat sämtliche Risiken abdeckt, oder den Nachweis, dass der langfristig Aufenthaltsberechtigte für sie über solche Einkünfte und eine solche Versicherung verfügt. Die Mitgliedstaaten beurteilen diese Einkünfte anhand ihrer Art und Regelmäßigkeit und können die Höhe der Mindestlöhne und -renten berücksichtigen.

(5) Bestand die Familie noch nicht im ersten Mitgliedstaat, so findet die Richtlinie 2003/86/EG Anwendung.

Artikel 17 Öffentliche Ordnung und öffentliche Sicherheit

(1) Die Mitgliedstaaten können einem langfristig Aufenthaltsberechtigten oder seinen Familienangehörigen den Aufenthalt versagen, wenn die betreffende Person eine Gefahr für die öffentliche Ordnung oder die öffentliche Sicherheit darstellt.

Trifft ein Mitgliedstaat eine entsprechende Entscheidung, so berücksichtigt er die Schwere oder die Art des von dem langfristig Aufenthaltsberechtigten oder seinem bzw. seinen Familienangehörigen begangenen Verstoßes gegen die öffentliche Ordnung oder die öffentliche Sicherheit bzw. die von der betreffenden Person ausgehende Gefahr.

(2) Die Entscheidung nach Absatz 1 darf nicht aus wirtschaftlichen Gründen getroffen werden.

Artikel 18 Öffentliche Gesundheit

(1) Die Mitgliedstaaten können einem langfristig Aufenthaltsberechtigten oder seinen Familienangehörigen den Aufenthalt versagen, wenn die betreffende Person eine Gefahr für die öffentliche Gesundheit darstellt.

(2) Als Krankheiten, die die Versagung der Einreise oder des Aufenthalts im Hoheitsgebiet eines zweiten Mitgliedstaats rechtfertigen, gelten nur die in den einschlägigen anwendbaren Regeln und Vorschriften der Weltgesundheitsorganisation definierten Krankheiten oder sonstige übertragbare, durch Infektionserreger oder Parasiten verursachte Krankheiten, sofern im Aufnahmestaat Maßnahmen zum Schutz der eigenen Staatsangehörigen gegen diese Krankheiten getroffen werden. Die Mitgliedstaaten dürfen keine neuen restriktiveren Bestimmungen oder Maßnahmen einführen.

(3) Das Auftreten von Krankheiten nach Ausstellung des ersten Aufenthaltstitels im zweiten Mitgliedstaat kann die Verweigerung einer Verlängerung des Aufenthaltstitels oder die Ausweisung aus dem Hoheitsgebiet nicht rechtfertigen.

(4) Die Mitgliedstaaten können für die in den Anwendungsbereich dieser Richtlinie fallenden Personen eine ärztliche Untersuchung verlangen, um feststellen zu lassen, dass sie nicht an einer Krankheit im Sinne des Absatzes 2 leiden. Diese ärztlichen Untersuchungen, die kostenlos durchgeführt werden können, dürfen nicht systematisch durchgeführt werden.

Artikel 19 Prüfung von Anträgen und Erteilung eines Aufenthaltstitels

(1) Die zuständigen nationalen Behörden bearbeiten die Anträge innerhalb von vier Monaten nach ihrer Einreichung.

Sind dem Antrag die Unterlagen gemäß den Artikeln 15 und 16 nicht beigefügt oder in außergewöhnlichen Fällen, die mit der Schwierigkeit der Prüfung des Antrags zusammenhängen, kann die in Unterabsatz 1 genannte Frist um höchstens drei Monate verlängert werden. In diesen Fällen teilen die zuständigen nationalen Behörden dies dem Antragsteller mit.

(2) Sind die Voraussetzungen der Artikel 14, 15 und 16 erfüllt, so stellt der zweite Mitgliedstaat – vorbehaltlich der Bestimmungen der Artikel 17 und 18 über die öffentliche Ordnung, die öffentliche Sicherheit und die öffentliche Gesundheit – dem langfristig

I

Aufenthaltsberechtigten einen verlängerbaren Aufenthaltstitel aus. Dieser Aufenthaltstitel kann – erforderlichenfalls auf Antrag – bei Ablauf verlängert werden. Der zweite Mitgliedstaat teilt dem ersten Mitgliedstaat seine Entscheidung mit.

(3) Der zweite Mitgliedstaat erteilt den Familienangehörigen des langfristig Aufenthaltsberechtigten verlängerbare Aufenthaltstitel mit der gleichen Gültigkeitsdauer wie der Aufenthaltstitel, der dem langfristig Aufenthaltsberechtigten erteilt wurde.

Art. 19a Änderungen von „langfristigen Aufenthaltsberechtigungen – EU"

(1) Enthält eine „langfristige Aufenthaltsberechtigung – EU" den in Artikel 8 Absatz 4 genannten Hinweis und ist die Verantwortung für den internationalen Schutz des langfristig Aufenthaltsberechtigten nach Maßgabe der einschlägigen internationalen Instrumente oder des nationalen Rechts an einen zweiten Mitgliedstaat übergegangen, bevor dieser Mitgliedstaat die „langfristige Aufenthaltsberechtigung – EU" nach Artikel 8 Absatz 5 ausstellt, so ersucht der zweite Mitgliedstaat den Mitgliedstaat, der die „langfristige Aufenthaltsberechtigung – EU" ausgestellt hat, diesen Hinweis entsprechend zu ändern.

(2) Wird einem langfristig Aufenthaltsberechtigten in dem zweiten Mitgliedstaat internationaler Schutz gewährt, bevor dieser Mitgliedstaat die „langfristige Aufenthaltsberechtigung – EU" gemäß Artikel 8 Absatz 5 ausgestellt hat, so ersucht dieser Mitgliedstaat den Mitgliedstaat, der die „langfristige Aufenthaltsberechtigung – EU" ausgestellt hat, diese dahingehend zu ändern, dass der in Artikel 8 Absatz 4 genannte Hinweis darin aufgenommen wird.

(3) Der Mitgliedstaat, der die „langfristige Aufenthaltsberechtigung – EU" ausgestellt hat, stellt die geänderte „langfristige Aufenthaltsberechtigung – EU" innerhalb von drei Monaten nach Eingang des in den Absätzen 1 und 2 genannten Ersuchens des zweiten Mitgliedstaats aus.

Artikel 20 Verfahrensgarantien

(1) Die Entscheidung, einen Aufenthaltstitel zu versagen, ist zu begründen. Sie wird dem betreffenden Drittstaatsangehörigen nach den Verfahren der entsprechenden nationalen Rechtsvorschriften mitgeteilt. In dieser Mitteilung ist auf die möglichen Rechtsbehelfe und die entsprechenden Fristen hinzuweisen.

Ist bei Ablauf der Frist nach Artikel 19 Absatz 1 noch keine Entscheidung ergangen, so bestimmen sich etwaige Folgen nach dem nationalen Recht des betreffenden Mitgliedstaats.

(2) Wird ein Antrag auf einen Aufenthaltstitel zurückgewiesen oder der Aufenthaltstitel nicht verlängert oder entzogen, so kann die betreffende Person in dem betreffenden Mitgliedstaat Rechtsbehelfe einlegen.

Artikel 21 Im zweiten Mitgliedstaat gewährte Behandlung

(1) Sobald die langfristig Aufenthaltsberechtigten im zweiten Mitgliedstaat den Aufenthaltstitel gemäß Artikel 19 erhalten haben, wird ihnen in diesem Mitgliedstaat Gleichbehandlung in den Bereichen und unter den Bedingungen des Artikels 11 gewährt.

(2) Langfristig Aufenthaltsberechtigte haben gemäß Absatz 1 Zugang zum Arbeitsmarkt.

Die Mitgliedstaaten können für die in Artikel 14 Absatz 2 Buchstabe a) genannten Personen nach den im nationalen Recht vorgesehenen Bedingungen für einen Zeitraum von höchstens 12 Monaten beschränkten Zugang zu anderen unselbstständigen Erwerbstätigkeiten als denjenigen, für die ihnen ihr Aufenthaltstitel gewährt wurde, vorsehen.

Die Mitgliedstaaten können gemäß dem nationalen Recht festlegen, unter welchen Bedingungen die in Artikel 14 Absatz 2 Buchstaben b) und c) genannten Personen Zugang zu einer unselbstständigen oder selbstständigen Erwerbstätigkeit haben können.

(3) Sobald die Familienangehörigen des langfristig Aufenthaltsberechtigten im zweiten Mitgliedstaat den Aufenthaltstitel gemäß Artikel 19 erhalten haben, genießen sie in

diesem Mitgliedstaat die in Artikel 14 der Richtlinie 2003/86/EG genannten Rechte.

Artikel 22 Entzug des Aufenthaltstitels und Verpflichtung zur Rückübernahme

(1) Bis der Drittstaatsangehörige die Rechtsstellung eines langfristig Aufenthaltsberechtigten erlangt hat, kann der zweite Mitgliedstaat die Verlängerung des Aufenthaltstitels versagen oder den Aufenthaltstitel entziehen und die betreffende Person und ihre Familienangehörigen gemäß den Verfahren des nationalen Rechts einschließlich der Rückführungsverfahren zur Ausreise aus seinem Hoheitsgebiet verpflichten, wenn

a) Gründe der öffentlichen Ordnung oder der öffentlichen Sicherheit im Sinne des Artikels 17 vorliegen;
b) die Voraussetzungen der Artikel 14, 15 und 16 nicht mehr vorliegen;
c) sich der Drittstaatsangehörige unrechtmäßig im Hoheitsgebiet des betreffenden Mitgliedstaats aufhält.

(2) Trifft der zweite Mitgliedstaat eine der Maßnahmen nach Absatz 1, so nimmt der erste Mitgliedstaat den langfristig Aufenthaltsberechtigten und seine Familienangehörigen unverzüglich und ohne Formalitäten zurück. Der zweite Mitgliedstaat teilt dem ersten Mitgliedstaat seine Entscheidung mit.

(3) Bis der Drittstaatsangehörige die Rechtsstellung eines langfristig Aufenthaltsberechtigten erlangt hat, kann der zweite Mitgliedstaat unbeschadet der Verpflichtung zur Rückübernahme nach Absatz 2 aus schwerwiegenden Gründen der öffentlichen Ordnung oder der öffentlichen Sicherheit die Rückführung des Drittstaatsangehörigen aus dem Gebiet der Union und unter Beachtung der Garantien des Artikels 12 verfügen.

In diesen Fällen konsultiert der zweite Mitgliedstaat beim Erlass dieser Verfügung den ersten Mitgliedstaat.

Fasst der zweite Mitgliedstaat einen Beschluss zur Rückführung des betreffenden Drittstaatsangehörigen, so trifft er alle geeigneten Maßnahmen, um den Beschluss tatsächlich durchzuführen. In diesen Fällen übermittelt der zweite Mitgliedstaat dem ersten Mitgliedstaat geeignete Informationen bezüglich der Durchführung des Rückführungsbeschlusses.

(3a) Sofern der internationale Schutz der langfristig aufenthaltsberechtigten Person nicht zwischenzeitlich aberkannt wurde oder sie nicht unter eine der Kategorien nach Artikel 21 Absatz 2 der Richtlinie 2004/83/EG fällt, gilt Absatz 3 dieses Artikels nicht für Drittstaatsangehörige, deren vom ersten Mitgliedstaat ausgestellte „langfristige Aufenthaltsberechtigung – EU" den in Artikel 8 Absatz 4 dieser Richtlinie genannten Hinweis enthält.

Die Bestimmungen des Artikels 21 Absatz 1 der Richtlinie 2004/83/EG bleiben hiervon unberührt.

(4) In den in Absatz 1 Buchstaben b) und c) genannten Fällen darf die Entscheidung über die Rückführung nicht mit einem dauerhaften Aufenthaltsverbot verbunden werden.

(5) Die in Absatz 2 genannte Verpflichtung zur Rückübernahme lässt die Möglichkeit unberührt, dass sich der langfristig Aufenthaltsberechtigte und seine Familienangehörigen in einen dritten Mitgliedstaat begeben.

Artikel 23 Erlangung der Rechtsstellung eines langfristig Aufenthaltsberechtigten im zweiten Mitgliedstaat

(1) Vorbehaltlich der Artikel 3, 4, 5 und 6 erkennt der zweite Mitgliedstaat einem langfristig Aufenthaltsberechtigten auf Antrag die Rechtsstellung nach Artikel 7 zu. Der zweite Mitgliedstaat teilt dem ersten Mitgliedstaat seine Entscheidung mit.

(2) Auf die Einreichung und die Prüfung des Antrags auf Zuerkennung der Rechtsstellung eines langfristig Aufenthaltsberechtigten im zweiten Mitgliedstaat findet das Verfahren des Artikels 7 Anwendung. Die Ausstellung des Aufenthaltstitels erfolgt nach Maßgabe des Artikels 8. Wird der Antrag abgelehnt, so finden die Verfahrensgarantien des Artikels 10 Anwendung.

Kapitel IV Schlussbestimmungen

Artikel 24 Bericht und Überprüfungsklausel

Die Kommission erstattet dem Europäischen Parlament und dem Rat regelmäßig und zum ersten Mal spätestens am 23. Januar 2011 Bericht über die Anwendung dieser Richtlinie in den Mitgliedstaaten und schlägt gegebenenfalls die erforderlichen Änderungen vor. Diese Änderungsvorschläge betreffen vorzugsweise die Artikel 4, 5, 9 und 11 sowie das Kapitel III.

Artikel 25 Kontaktstellen

Die Mitgliedstaaten benennen Kontaktstellen, die für die Entgegennahme und Übermittlung der Auskünfte und Unterlagen nach den Artikeln 8, 12, 19, 19a, 22 und 23 zuständig sind.

Die Mitgliedstaaten sorgen für die erforderliche Zusammenarbeit bei dem Austausch von Informationen und Dokumentation im Sinne des Absatzes 1.

Artikel 26 Umsetzung

Die Mitgliedstaaten setzen die Rechts- und Verwaltungsvorschriften in Kraft, die erforderlich sind, um dieser Richtlinie spätestens ab dem 23. Januar 2006 nachzukommen. Sie setzen die Kommission unverzüglich davon in Kenntnis.

Wenn die Mitgliedstaaten diese Vorschriften erlassen, nehmen sie in den Vorschriften selbst oder durch einen Hinweis bei der amtlichen Veröffentlichung auf diese Richtlinie Bezug. Die Mitgliedstaaten regeln die Einzelheiten der Bezugnahme.

Artikel 27 In-Kraft-Treten

Diese Richtlinie tritt am Tag ihrer Veröffentlichung im *Amtsblatt der Europäischen Union* in Kraft.

Artikel 28 Adressaten

Diese Richtlinie ist gemäß dem Vertrag zur Gründung der Europäischen Gemeinschaft an die Mitgliedstaaten gerichtet.

Gesetz über die allgemeine Freizügigkeit von Unionsbürgern (Freizügigkeitsgesetz/EU – FreizügG/EU)

Vom 30. Juli 2004 (BGBl. I S. 1950)

Zuletzt geändert durch
Gesetz zur besseren Durchsetzung der Ausreisepflicht
vom 20. Juli 2017 (BGBl. I S. 2780)

Inhaltsübersicht

§ 1 Anwendungsbereich

Dieses Gesetz regelt die Einreise und den Aufenthalt von Staatsangehörigen anderer Mitgliedstaaten der Europäischen Union (Unionsbürger) und ihrer Familienangehörigen.

§ 2 Recht auf Einreise und Aufenthalt

(1) Freizügigkeitsberechtigte Unionsbürger und ihre Familienangehörigen haben das Recht auf Einreise und Aufenthalt nach Maßgabe dieses Gesetzes.

(2) Unionsrechtlich freizügigkeitsberechtigt sind:

1. Unionsbürger, die sich als Arbeitnehmer oder zur Berufsausbildung aufhalten wollen,

1a. Unionsbürger, die sich zur Arbeitsuche aufhalten, für bis zu sechs Monate und darüber hinaus nur, solange sie nachweisen können, dass sie weiterhin Arbeit suchen und begründete Aussicht haben, eingestellt zu werden,

2. Unionsbürger, wenn sie zur Ausübung einer selbständigen Erwerbstätigkeit berechtigt sind (niedergelassene selbständige Erwerbstätige),

3. Unionsbürger, die, ohne sich niederzulassen, als selbständige Erwerbstätige Dienstleistungen im Sinne des Artikels 57 des Vertrages über die Arbeitsweise der Europäischen Union erbringen wollen (Erbringer von Dienstleistungen), wenn sie zur Erbringung der Dienstleistung berechtigt sind,

4. Unionsbürger als Empfänger von Dienstleistungen,

5. nicht erwerbstätige Unionsbürger unter den Voraussetzungen des § 4,

6. Familienangehörige unter den Voraussetzungen der §§ 3 und 4,

7. Unionsbürger und ihre Familienangehörigen, die ein Daueraufenthaltsrecht erworben haben.

(3) $_1$Das Recht nach Absatz 1 bleibt für Arbeitnehmer und selbständig Erwerbstätige unberührt bei

1. vorübergehender Erwerbsminderung infolge Krankheit oder Unfall,

2. unfreiwilliger durch die zuständige Agentur für Arbeit bestätigter Arbeitslosigkeit oder Einstellung einer selbständigen Tätigkeit infolge von Umständen, auf die der Selbständige keinen Einfluss hatte, nach mehr als einem Jahr Tätigkeit,

3. Aufnahme einer Berufsausbildung, wenn zwischen der Ausbildung und der früheren Erwerbstätigkeit ein Zusammenhang besteht; der Zusammenhang ist nicht erforderlich, wenn der Unionsbürger seinen Arbeitsplatz unfreiwillig verloren hat.

$_2$Bei unfreiwilliger durch die zuständige Agentur für Arbeit bestätigter Arbeitslosigkeit nach weniger als einem Jahr Beschäftigung bleibt das Recht aus Absatz 1 während der Dauer von sechs Monaten unberührt.

(4) $_1$Unionsbürger bedürfen für die Einreise keines Visums und für den Aufenthalt keines Aufenthaltstitels. $_2$Familienangehörige, die nicht Unionsbürger sind, bedürfen für die Einreise eines Visums nach den Bestimmungen für Ausländer, für die das Aufenthaltsgesetz gilt. $_3$Der Besitz einer gültigen Aufenthaltskarte, auch der eines anderen Mitgliedstaates der Europäischen Union, entbindet nach Artikel 5 Abs. 2 der Richtlinie 2004/38/EG des Europäischen Parlaments und des Rates vom 29. April 2004 über das Recht der Unionsbürger und ihrer Familienangehörigen, sich im Hoheitsgebiet der Mitgliedstaaten frei zu bewegen und aufzuhalten und zur Änderung der Verordnung (EWG) Nr. 1612/68 und zur Aufhebung der Richtlinien 64/221/EWG, 68/360/EWG, 73/148/EWG, 75/34/EWG, 75/35/EWG, 90/364/EWG, 90/365/EWG und 93/96/EWG (ABl. EU Nr. L 229 S. 35) von der Visumpflicht.

(5) $_1$Für einen Aufenthalt von Unionsbürgern von bis zu drei Monaten ist der Besitz eines gültigen Personalausweises oder Reisepasses ausreichend. $_2$Familienangehörige, die nicht Unionsbürger sind, haben das gleiche Recht, wenn sie im Besitz eines anerkannten oder sonst zugelassenen Passes oder Passersatzes sind und sie den Unionsbürger begleiten oder ihm nachziehen.

(6) Für die Ausstellung des Visums werden keine Gebühren erhoben.

(7) 1Das Nichtbestehen des Rechts nach Absatz 1 kann festgestellt werden, wenn feststeht, dass die betreffende Person das Vorliegen einer Voraussetzung für dieses Recht durch die Verwendung von gefälschten oder verfälschten Dokumenten oder durch Vorspiegelung falscher Tatsachen vorgetäuscht hat. 2Das Nichtbestehen des Rechts nach Absatz 1 kann bei einem Familienangehörigen, der nicht Unionsbürger ist, außerdem festgestellt werden, wenn feststeht, dass er dem Unionsbürger nicht zur Herstellung oder Wahrung der familiären Lebensgemeinschaft nachzieht oder ihn nicht zu diesem Zweck begleitet. 3Einem Familienangehörigen, der nicht Unionsbürger ist, kann in diesen Fällen die Erteilung der Aufenthaltskarte oder des Visums versagt werden oder seine Aufenthaltskarte kann eingezogen werden. 4Entscheidungen nach den Sätzen 1 bis 3 bedürfen der Schriftform.

§ 3 Familienangehörige

(1) 1Familienangehörige der in § 2 Abs. 2 Nr. 1 bis 5 genannten Unionsbürger haben das Recht nach § 2 Abs. 1, wenn sie den Unionsbürger begleiten oder ihm nachziehen. 2Für Familienangehörige der in § 2 Abs. 2 Nr. 5 genannten Unionsbürger gilt dies nach Maßgabe des § 4.

(2) Familienangehörige sind

1. der Ehegatte, der Lebenspartner und die Verwandten in gerader absteigender Linie der in § 2 Abs. 2 Nr. 1 bis 5 und 7 genannten Personen oder ihrer Ehegatten oder Lebenspartner, die noch nicht 21 Jahre alt sind,
2. die Verwandten in gerader aufsteigender und in gerader absteigender Linie der in § 2 Abs. 2 Nr. 1 bis 5 und 7 genannten Personen oder ihrer Ehegatten oder Lebenspartner, denen diese Personen oder ihre Ehegatten oder Lebenspartner Unterhalt gewähren.

(3) 1Familienangehörige, die nicht Unionsbürger sind, behalten beim Tod des Unionsbürgers ein Aufenthaltsrecht, wenn sie die Voraussetzungen des § 2 Abs. 2 Nr. 1 bis 3 oder Nr. 5 erfüllen und sich vor dem Tod des Unionsbürgers mindestens ein Jahr als seine Familienangehörigen im Bundesgebiet aufgehalten haben. 2§ 3 Abs. 1 und 2 sowie die §§ 6 und 7 sind für Personen nach Satz 1 nicht anzuwenden; insoweit ist das Aufenthaltsgesetz anzuwenden.

(4) Die Kinder eines freizügigkeitsberechtigten Unionsbürgers und der Elternteil, der die elterliche Sorge für die Kinder tatsächlich ausübt, behalten auch nach dem Tod oder Wegzug des Unionsbürgers, von dem sie ihr Aufenthaltsrecht ableiten, bis zum Abschluss einer Ausbildung ihr Aufenthaltsrecht, wenn sich die Kinder im Bundesgebiet aufhalten und eine Ausbildungseinrichtung besuchen.

(5) 1Ehegatten oder Lebenspartner, die nicht Unionsbürger sind, behalten bei Scheidung oder Aufhebung der Ehe oder Aufhebung der Lebenspartnerschaft ein Aufenthaltsrecht, wenn sie die für Unionsbürger geltenden Voraussetzungen des § 2 Abs. 2 Nr. 1 bis 3 oder Nr. 5 erfüllen und wenn

1. die Ehe oder die Lebenspartnerschaft bis zur Einleitung des gerichtlichen Scheidungs- oder Aufhebungsverfahrens mindestens drei Jahre bestanden hat, davon mindestens ein Jahr im Bundesgebiet,
2. ihnen durch Vereinbarung der Ehegatten oder der Lebenspartner oder durch gerichtliche Entscheidung die elterliche Sorge für die Kinder des Unionsbürgers übertragen wurde,
3. es zur Vermeidung einer besonderen Härte erforderlich ist, insbesondere weil dem Ehegatten oder dem Lebenspartner wegen der Beeinträchtigung seiner schutzwürdigen Belange ein Festhalten an der Ehe oder der Lebenspartnerschaft nicht zugemutet werden konnte, oder
4. ihnen durch Vereinbarung der Ehegatten oder der Lebenspartner oder durch gerichtliche Entscheidung das Recht zum persönlichen Umgang mit dem minderjährigen Kind nur im Bundesgebiet eingeräumt wurde.

2§ 3 Abs. 1 und 2 sowie die §§ 6 und 7 sind für Personen nach Satz 1 nicht anzuwenden; insoweit ist das Aufenthaltsgesetz anzuwenden.

I

§ 4 Nicht erwerbstätige Freizügigkeitsberechtigte

1Nicht erwerbstätige Unionsbürger und ihre Familienangehörigen, die den Unionsbürger begleiten oder ihm nachziehen, haben das Recht nach § 2 Abs. 1, wenn sie über ausreichenden Krankenversicherungsschutz und ausreichende Existenzmittel verfügen. 2Hält sich der Unionsbürger als Student im Bundesgebiet auf, haben dieses Recht nur sein Ehegatte, Lebenspartner und seine Kinder, denen Unterhalt gewährt wird.

§ 4a Daueraufenthaltsrecht

(1) 1Unionsbürger, die sich seit fünf Jahren ständig rechtmäßig im Bundesgebiet aufgehalten haben, haben unabhängig vom weiteren Vorliegen der Voraussetzungen des § 2 Abs. 2 das Recht auf Einreise und Aufenthalt (Daueraufenthaltsrecht). 2Ihre Familienangehörigen, die nicht Unionsbürger sind, haben dieses Recht, wenn sie sich seit fünf Jahren mit dem Unionsbürger ständig rechtmäßig im Bundesgebiet aufgehalten haben. 3§ 3 Absatz 1 und 2 ist für Personen nach Satz 2 nicht anzuwenden; insoweit sind die Vorschriften des Aufenthaltsgesetzes zum Familiennachzug zu Inhabern einer Erlaubnis zum Daueraufenthalt – EU entsprechend anzuwenden.

(2) 1Abweichend von Absatz 1 haben Unionsbürger nach § 2 Abs. 2 Nr. 1 bis 3 vor Ablauf von fünf Jahren das Daueraufenthaltsrecht, wenn sie

1. sich mindestens drei Jahre ständig im Bundesgebiet aufgehalten und mindestens während der letzten zwölf Monate im Bundesgebiet eine Erwerbstätigkeit ausgeübt haben und
   a) zum Zeitpunkt des Ausscheidens aus dem Erwerbsleben das 65. Lebensjahr erreicht haben oder
   b) ihre Beschäftigung im Rahmen einer Vorruhestandsregelung beenden oder
2. ihre Erwerbstätigkeit infolge einer vollen Erwerbsminderung aufgeben,
   a) die durch einen Arbeitsunfall oder eine Berufskrankheit eingetreten ist und einen Anspruch auf eine Rente gegenüber einem Leistungsträger im Bundesgebiet begründet oder
   b) nachdem sie sich zuvor mindestens zwei Jahre ständig im Bundesgebiet aufgehalten haben oder
3. drei Jahre ständig im Bundesgebiet erwerbstätig waren und anschließend in einem anderen Mitgliedstaat der Europäischen Union erwerbstätig sind, ihren Wohnsitz im Bundesgebiet beibehalten und mindestens einmal in der Woche dorthin zurückkehren; für den Erwerb des Rechts nach den Nummern 1 und 2 gelten die Zeiten der Erwerbstätigkeit in einem anderen Mitgliedstaat der Europäischen Union als Zeiten der Erwerbstätigkeit im Bundesgebiet.

2Soweit der Ehegatte oder der Lebenspartner des Unionsbürgers Deutscher nach Artikel 116 des Grundgesetzes ist oder diese Rechtsstellung durch Eheschließung mit dem Unionsbürger bis zum 31. März 1953 verloren hat, entfallen in Satz 1 Nr. 1 und 2 die Voraussetzungen der Aufenthaltsdauer und der Dauer der Erwerbstätigkeit.

(3) Familienangehörige eines verstorbenen Unionsbürgers nach § 2 Abs. 2 Nr. 1 bis 3, die im Zeitpunkt seines Todes bei ihm ihren ständigen Aufenthalt hatten, haben das Daueraufenthaltsrecht, wenn

1. der Unionsbürger sich im Zeitpunkt seines Todes seit mindestens zwei Jahren im Bundesgebiet ständig aufgehalten hat,
2. der Unionsbürger infolge eines Arbeitsunfalls oder einer Berufskrankheit gestorben ist oder
3. der überlebende Ehegatte oder Lebenspartner des Unionsbürgers Deutscher nach Artikel 116 des Grundgesetzes ist oder diese Rechtsstellung durch Eheschließung mit dem Unionsbürger vor dem 31. März 1953 verloren hat.

(4) Die Familienangehörigen eines Unionsbürgers, der das Daueraufenthaltsrecht nach Absatz 2 erworben hat, haben ebenfalls das Daueraufenthaltsrecht, wenn sie bei dem Unionsbürger ihren ständigen Aufenthalt haben.

(5) Familienangehörige nach § 3 Abs. 3 bis 5 erwerben das Daueraufenthaltsrecht, wenn sie sich fünf Jahre ständig rechtmäßig im Bundesgebiet aufhalten.

(6) Der ständige Aufenthalt wird nicht berührt durch

1. Abwesenheiten bis zu insgesamt sechs Monaten im Jahr oder
2. Abwesenheit zur Ableistung des Wehrdienstes oder eines Ersatzdienstes sowie
3. eine einmalige Abwesenheit von bis zu zwölf aufeinander folgenden Monaten aus wichtigem Grund, insbesondere auf Grund einer Schwangerschaft und Entbindung, schweren Krankheit, eines Studiums, einer Berufsausbildung oder einer beruflichen Entsendung.

(7) Eine Abwesenheit aus einem seiner Natur nach nicht nur vorübergehenden Grund von mehr als zwei aufeinander folgenden Jahren führt zum Verlust des Daueraufenthaltsrechts.

§ 5 Aufenthaltskarten, Bescheinigung über das Daueraufenthaltsrecht

(1) 1Freizügigkeitsberechtigten Familienangehörigen, die nicht Unionsbürger sind, wird von Amts wegen innerhalb von sechs Monaten, nachdem sie die erforderlichen Angaben gemacht haben, eine Aufenthaltskarte für Familienangehörige von Unionsbürgern ausgestellt, die fünf Jahre gültig sein soll. 2Eine Bescheinigung darüber, dass die erforderlichen Angaben gemacht worden sind, erhält der Familienangehörige unverzüglich.

(2) 1Die zuständige Ausländerbehörde kann verlangen, dass die Voraussetzungen des Rechts nach § 2 Abs. 1 drei Monate nach der Einreise glaubhaft gemacht werden. 2Für die Glaubhaftmachung erforderliche Angaben und Nachweise können von der zuständigen Meldebehörde bei der meldebehördlichen Anmeldung entgegengenommen werden. 3Diese leitet die Angaben und Nachweise an die zuständige Ausländerbehörde weiter. 4Eine darüber hinausgehende Verarbeitung oder Nutzung durch die Meldebehörde erfolgt nicht.

(3) Das Vorliegen oder der Fortbestand der Voraussetzungen des Rechts nach § 2 Absatz 1 kann aus besonderem Anlass überprüft werden.

(4) 1Sind die Voraussetzungen des Rechts nach § 2 Abs. 1 innerhalb von fünf Jahren nach Begründung des ständigen rechtmäßigen Aufenthalts im Bundesgebiet entfallen oder liegen diese nicht vor, kann der Verlust des Rechts nach § 2 Abs. 1 festgestellt und bei Familienangehörigen, die nicht Unionsbürger sind, die Aufenthaltskarte eingezogen werden. 2§ 4a Abs. 6 gilt entsprechend.

(5) 1Auf Antrag wird Unionsbürgern unverzüglich ihr Daueraufenthaltsrecht bescheinigt. 2Ihren daueraufenthaltsberechtigten Familienangehörigen, die nicht Unionsbürger sind, wird innerhalb von sechs Monaten nach Antragstellung eine Daueraufenthaltskarte ausgestellt.

(6) Für den Verlust des Daueraufenthaltsrechts nach § 4a Abs. 7 gilt Absatz 4 Satz 1 entsprechend.

§ 5a Vorlage von Dokumenten

(1) 1Die zuständige Behörde darf in den Fällen des § 5 Absatz 2 von einem Unionsbürger den gültigen Personalausweis oder Reisepass und im Fall des

1. § 2 Abs. 2 Nr. 1 eine Einstellungsbestätigung oder eine Beschäftigungsbescheinigung des Arbeitgebers,
2. § 2 Abs. 2 Nr. 2 einen Nachweis über seine selbständige Tätigkeit,
3. § 2 Abs. 2 Nr. 5 einen Nachweis über ausreichenden Krankenversicherungsschutz und ausreichende Existenzmittel

verlangen. 2Ein nicht erwerbstätiger Unionsbürger im Sinne des § 2 Abs. 2 Nr. 5, der eine Bescheinigung vorlegt, dass er im Bundesgebiet eine Hochschule oder andere Ausbildungseinrichtung besucht, muss die Voraussetzungen nach Satz 1 Nr. 3 nur glaubhaft machen.

(2) Die zuständige Behörde darf von Familienangehörigen in den Fällen des § 5 Absatz 2 oder für die Ausstellung der Aufenthaltskarte einen anerkannten oder sonst zugelassenen

gültigen Pass oder Passersatz und zusätzlich Folgendes verlangen:

1. einen Nachweis über das Bestehen der familiären Beziehung, bei Verwandten in absteigender und aufsteigender Linie einen urkundlichen Nachweis über Voraussetzungen des § 3 Abs. 2,
2. eine Meldebestätigung des Unionsbürgers, den die Familienangehörigen begleiten oder dem sie nachziehen.

§ 6 Verlust des Rechts auf Einreise und Aufenthalt

(1) 1Der Verlust des Rechts nach § 2 Abs. 1 kann unbeschadet des § 2 Absatz 7 und des § 5 Absatz 4 nur aus Gründen der öffentlichen Ordnung, Sicherheit oder Gesundheit (Artikel 45 Absatz 3, Artikel 52 Absatz 1 des Vertrages über die Arbeitsweise der Europäischen Union) festgestellt und die Bescheinigung über das Daueraufenthaltsrecht oder die Aufenthaltskarte oder Daueraufenthaltskarte eingezogen werden. 2Aus den in Satz 1 genannten Gründen kann auch die Einreise verweigert werden. 3Die Feststellung aus Gründen der öffentlichen Gesundheit kann nur erfolgen, wenn es sich um Krankheiten mit epidemischem Potenzial im Sinne der einschlägigen Rechtsinstrumente der Weltgesundheitsorganisation und sonstige übertragbare, durch Infektionserreger oder Parasiten verursachte Krankheiten handelt, sofern gegen diese Krankheiten Maßnahmen im Bundesgebiet getroffen werden, und wenn die Krankheit innerhalb der ersten drei Monate nach Einreise auftritt.

(2) 1Die Tatsache einer strafrechtlichen Verurteilung genügt für sich allein nicht, um die in Absatz 1 genannten Entscheidungen oder Maßnahmen zu begründen. 2Es dürfen nur im Bundeszentralregister noch nicht getilgte strafrechtliche Verurteilungen und diese nur insoweit berücksichtigt werden, als die ihnen zu Grunde liegenden Umstände ein persönliches Verhalten erkennen lassen, das eine gegenwärtige Gefährdung der öffentlichen Ordnung darstellt. 3Es muss eine tatsächliche und hinreichend schwere Gefährdung vorliegen, die ein Grundinteresse der Gesellschaft berührt.

(3) Bei der Entscheidung nach Absatz 1 sind insbesondere die Dauer des Aufenthalts des Betroffenen in Deutschland, sein Alter, sein Gesundheitszustand, seine familiäre und wirtschaftliche Lage, seine soziale und kulturelle Integration in Deutschland und das Ausmaß seiner Bindungen zum Herkunftsstaat zu berücksichtigen.

(4) Eine Feststellung nach Absatz 1 darf nach Erwerb des Daueraufenthaltsrechts nur aus schwerwiegenden Gründen getroffen werden.

(5) 1Eine Feststellung nach Absatz 1 darf bei Unionsbürgern und ihren Familienangehörigen, die ihren Aufenthalt in den letzten zehn Jahren im Bundesgebiet hatten, und bei Minderjährigen nur aus zwingenden Gründen der öffentlichen Sicherheit getroffen werden. 2Für Minderjährige gilt dies nicht, wenn der Verlust des Aufenthaltsrechts zum Wohl des Kindes notwendig ist. 3Zwingende Gründe der öffentlichen Sicherheit können nur dann vorliegen, wenn der Betroffene wegen einer oder mehrerer vorsätzlicher Straftaten rechtskräftig zu einer Freiheits- oder Jugendstrafe von mindestens fünf Jahren verurteilt oder bei der letzten rechtskräftigen Verurteilung Sicherungsverwahrung angeordnet wurde, wenn die Sicherheit der Bundesrepublik Deutschland betroffen ist oder wenn vom Betroffenen eine terroristische Gefahr ausgeht.

(6) Die Entscheidungen oder Maßnahmen, die den Verlust des Aufenthaltsrechts oder des Daueraufenthaltsrecht betreffen, dürfen nicht zu wirtschaftlichen Zwecken getroffen werden.

(7) Wird der Pass, Personalausweis oder sonstige Passersatz ungültig, so kann dies die Aufenthaltsbeendigung nicht begründen.

(8) 1Vor der Feststellung nach Absatz 1 soll der Betroffene angehört werden. 2Die Feststellung bedarf der Schriftform.

§ 7 Ausreisepflicht

(1) 1Unionsbürger oder ihre Familienangehörigen sind ausreisepflichtig, wenn die Ausländerbehörde festgestellt hat, dass das Recht auf Einreise und Aufenthalt nicht besteht. 2In dem Bescheid soll die Abschiebung angedroht und eine Ausreisefrist gesetzt

werden. 3Außer in dringenden Fällen muss die Frist mindestens einen Monat betragen. 4Wird ein Antrag nach § 80 Abs. 5 der Verwaltungsgerichtsordnung gestellt, darf die Abschiebung nicht erfolgen, bevor über den Antrag entschieden wurde.

(2) 1Unionsbürger und ihre Familienangehörigen, die ihr Freizügigkeitsrecht nach § 6 Abs. 1 verloren haben, dürfen nicht erneut in das Bundesgebiet einreisen und sich darin aufhalten. 2Unionsbürgern und ihren Familienangehörigen, bei denen das Nichtbestehen des Freizügigkeitsrechts nach § 2 Absatz 7 festgestellt worden ist, kann untersagt werden, erneut in das Bundesgebiet einzureisen und sich darin aufzuhalten. 3Dies soll untersagt werden, wenn ein besonders schwerer Fall, insbesondere ein wiederholtes Vortäuschen des Vorliegens der Voraussetzungen des Rechts auf Einreise und Aufenthalt, vorliegt oder wenn ihr Aufenthalt die öffentliche Ordnung und Sicherheit der Bundesrepublik Deutschland in erheblicher Weise beeinträchtigt. 4Bei einer Entscheidung nach den Sätzen 2 und 3 findet § 6 Absatz 3, 6 und 8 entsprechend Anwendung. 5Das Verbot nach den Sätzen 1 bis 3 wird von Amts wegen befristet. 6Die Frist ist unter Berücksichtigung der Umstände des Einzelfalles festzusetzen und darf fünf Jahre nur in den Fällen des § 6 Absatz 1 überschreiten. 7Die Frist beginnt mit der Ausreise. 8Ein nach angemessener Frist oder nach drei Jahren gestellter Antrag auf Aufhebung oder auf Verkürzung der festgesetzten Frist ist innerhalb von sechs Monaten zu bescheiden.

§ 8 Ausweispflicht

(1) Unionsbürger und ihre Familienangehörigen sind verpflichtet,

1. bei der Einreise in das oder der Ausreise aus dem Bundesgebiet einen Pass oder anerkannten Passersatz
   a) mit sich zu führen und
   b) einem zuständigen Beamten auf Verlangen zur Prüfung vorzulegen,
2. für die Dauer des Aufenthalts im Bundesgebiet den erforderlichen Pass oder Passersatz zu besitzen,
3. den Pass oder Passersatz sowie die Aufenthaltskarte, die Bescheinigung des Daueraufenthalts und die Daueraufenthaltskarte den mit der Ausführung dieses Gesetzes betrauten Behörden auf Verlangen vorzulegen, auszuhändigen und vorübergehend zu überlassen, soweit dies zur Durchführung oder Sicherung von Maßnahmen nach diesem Gesetz erforderlich ist.

(1a) Unionsbürger und ihre Familienangehörigen sind verpflichtet, die in Absatz 1 Nummer 3 genannten Dokumente auf Verlangen einer zur Überprüfung der Identität befugten Behörde vorzulegen und es ihr zu ermöglichen, das Gesicht mit dem Lichtbild im Dokument abzugleichen.

(2) 1Die mit dem Vollzug dieses Gesetzes betrauten Behörden dürfen unter den Voraussetzungen des Absatzes 1 Nr. 3 die auf dem elektronischen Speicher- und Verarbeitungsmedium eines Dokumentes nach Absatz 1 gespeicherten biometrischen und sonstigen Daten auslesen, die benötigten biometrischen Daten beim Inhaber des Dokumentes erheben und die biometrischen Daten miteinander vergleichen. 2Biometrische Daten nach Satz 1 sind nur die Fingerabdrücke, das Lichtbild und die Irisbilder. 3Die Polizeivollzugsbehörden, die Zollverwaltung und die Meldebehörden sind befugt, Maßnahmen nach Satz 1 zu treffen, soweit sie die Echtheit des Dokumentes oder die Identität des Inhabers überprüfen dürfen. 4Die nach den Sätzen 1 und 3 erhobenen Daten sind unverzüglich nach Beendigung der Prüfung der Echtheit des Dokumentes oder der Identität des Inhabers zu löschen.

§ 9 Strafvorschriften

(1) Mit Freiheitsstrafe bis zu drei Jahren oder mit Geldstrafe wird bestraft, wer unrichtige oder unvollständige Angaben macht oder benutzt, um für sich oder einen anderen eine Aufenthaltskarte, eine Daueraufenthaltskarte oder eine Bescheinigung über das Daueraufenthaltsrecht zu beschaffen oder eine so beschaffte Urkunde wissentlich zur Täuschung im Rechtsverkehr gebraucht.

(2) Mit Freiheitsstrafe bis zu einem Jahr oder mit Geldstrafe wird bestraft, wer entgegen § 7 Abs. 2 Satz 1 in das Bundesgebiet einreist oder sich darin aufhält.

(3) Gegenstände, auf die sich eine Straftat nach Absatz 1 bezieht, können eingezogen werden.

§ 10 Bußgeldvorschriften

(1) Ordnungswidrig handelt, wer

1. entgegen § 8 Absatz 1 Nummer 1 Buchstabe b oder Nummer 3 ein dort genanntes Dokument nicht oder nicht rechtzeitig vorlegt oder
2. entgegen § 8 Absatz 1a ein dort genanntes Dokument nicht oder nicht rechtzeitig vorlegt oder einen Abgleich mit dem Lichtbild nicht oder nicht rechtzeitig ermöglicht.

(2) Ordnungswidrig handelt, wer vorsätzlich oder leichtfertig entgegen § 8 Abs. 1 Nr. 2 einen Pass oder Passersatz nicht besitzt.

(3) Ordnungswidrig handelt, wer vorsätzlich oder fahrlässig entgegen § 8 Abs. 1 Nr. 1 Buchstabe a einen Pass oder Passersatz nicht mit sich führt.

(4) Die Ordnungswidrigkeit kann in den Fällen der Absätze 1 und 3 mit einer Geldbuße bis zu dreitausend Euro, in den übrigen Fällen mit einer Geldbuße bis zu tausend Euro geahndet werden.

(5) Verwaltungsbehörde im Sinne des § 36 Abs. 1 Nr. 1 des Gesetzes über Ordnungswidrigkeiten ist in den Fällen der Absätze 1 und 3 die in der Rechtsverordnung nach § 58 Abs. 1 des Bundespolizeigesetzes bestimmte Bundespolizeibehörde.

§ 11 Anwendung des Aufenthaltsgesetzes

(1) $_{1}$Auf Unionsbürger und ihre Familienangehörigen, die nach § 2 Abs. 1 das Recht auf Einreise und Aufenthalt haben, finden § 3 Abs. 2, § 11 Absatz 8, die §§ 13, 14 Abs. 2, die §§ 36, 44 Abs. 4, die §§ 45a, 46 Absatz 2, § 50 Absatz 3 bis 6, § 59 Absatz 1 Satz 6 und 7 die §§ 69, 73, 74 Abs. 2, § 77 Abs. 1, die §§ 80, 82 Abs. 5, die §§ 85 bis 88, 90, 91, 95 Abs. 1 Nr. 4 und 8, Abs. 2 Nr. 2, 4, die §§ 96, 97, 98 Abs. 2 Nr. 2, Abs. 2a, 3 Nr. 3, Abs. 4 und 5 sowie § 99 des Aufenthaltsgesetzes entsprechende Anwendung. $_{2}$§ 73 des Aufenthaltsgesetzes ist zur Feststellung von Gründen gemäß § 6 Abs. 1 anzuwenden. $_{3}$§ 78 des Aufenthaltsgesetzes ist für die Ausstellung von Aufenthaltskarten nach § 5 Absatz 1 Satz 1 und Daueraufenthaltskarten nach § 5 Absatz 5 Satz 2 entsprechend anzuwenden. $_{4}$Aufenthaltskarten nach § 5 Absatz 1 Satz 1 tragen die Bezeichnung „Aufenthaltskarte (Familienangehöriger EU)" und Daueraufenthaltskarten nach § 5 Absatz 5 Satz 2 die Bezeichnung „Daueraufenthaltskarte (Familienangehöriger EU)". $_{5}$Für Aufenthaltskarten nach § 5 Absatz 1 Satz 1 und Daueraufenthaltskarten nach § 5 Absatz 5 Satz 2 wird in der Zone für das automatische Lesen anstelle der Abkürzungen nach § 78 Absatz 2 Satz 2 Nummer 1 des Aufenthaltsgesetzes die Abkürzung „AF" verwandt. $_{6}$Unter den Voraussetzungen des § 78a Absatz 1 Satz 1 des Aufenthaltsgesetzes können Aufenthaltskarten nach § 5 Absatz 1 Satz 1 und Daueraufenthaltskarten nach § 5 Absatz 5 Satz 2 auf einem einheitlichen Vordruck ausgestellt werden. $_{7}$Für Aufenthaltskarten nach § 5 Absatz 1 Satz 1 und Daueraufenthaltskarten nach § 5 Absatz 5 Satz 2 gilt § 105b des Aufenthaltsgesetzes entsprechend. $_{8}$Die Verpflichtungen aus § 82 Abs. 5 Satz 1 Nr. 1 des Aufenthaltsgesetzes gelten entsprechend für Unionsbürger, deren Lichtbilder zur Führung der Ausländerdateien benötigt werden. $_{9}$Die Mitteilungspflichten nach § 87 Absatz 2 Satz 1 Nummer 1 bis 3 des Aufenthaltsgesetzes bestehen insoweit, als die dort genannten Umstände auch für die Feststellung nach § 2 Absatz 7, § 5 Absatz 4 und § 6 Abs. 1 entscheidungserheblich sein können. $_{10}$§ 88a Absatz 1 Satz 1, 3 und 4 des Aufenthaltsgesetzes findet entsprechende Anwendung, soweit die Übermittlung von teilnehmerbezogenen Daten im Rahmen der Durchführung von Integrationskursen nach § 44 Absatz 4 des Aufenthaltsgesetzes, zur Überwachung einer Eingliederungsvereinbarung nach dem Zweiten Buch Sozialgesetzbuch oder zur Durchführung des Einbürgerungsverfahrens erforderlich ist. $_{11}$Das Aufenthaltsgesetz findet auch dann Anwendung,

wenn es eine günstigere Rechtsstellung vermittelt als dieses Gesetz.

(2) Hat die Ausländerbehörde das Nichtbestehen oder den Verlust des Rechts nach § 2 Abs. 1 festgestellt, findet das Aufenthaltsgesetz Anwendung, sofern dieses Gesetz keine besonderen Regelungen trifft.

(3) Zeiten des rechtmäßigen Aufenthalts nach diesem Gesetz unter fünf Jahren entsprechen den Zeiten des Besitzes einer Aufenthaltserlaubnis, Zeiten über fünf Jahren dem Besitz einer Niederlassungserlaubnis.

§ 11a Verordnungsermächtigung

Das Bundesministerium des Innern wird ermächtigt, durch Rechtsverordnung mit Zustimmung des Bundesrates die Einzelheiten der Ausstellung von Aufenthaltskarten nach § 5 Absatz 2 Satz 1 und Daueraufenthaltskarten nach § 5 Absatz 6 Satz 2 entsprechend § 99 Absatz 1 Nummer 13a Satz 1 des Aufenthaltsgesetzes sowie Einzelheiten des Prüfverfahrens entsprechend § 34 Nummer 4 des Personalausweisgesetzes und Einzelheiten zum elektronischen Identitätsnachweis entsprechend § 34 Nummer 5 bis 7 des Personalausweisgesetzes festzulegen.

§ 12 Staatsangehörige der EWR-Staaten

Dieses Gesetz gilt auch für Staatsangehörige der EWR-Staaten und ihre Familienangehörigen im Sinne dieses Gesetzes.

§ 13 Staatsangehörige der Beitrittsstaaten

Soweit nach Maßgabe des Beitrittsvertrages eines Mitgliedstaates zur Europäischen Union abweichende Regelungen anzuwenden sind, findet dieses Gesetz Anwendung, wenn die Beschäftigung durch die Bundesagentur für Arbeit nach § 284 Absatz 1 des Dritten Buches Sozialgesetzbuch genehmigt wurde.

§ 14 Bestimmung zum Verwaltungsverfahren

Von den in § 11 Abs. 1 in Verbindung mit § 87 Absatz 1, 2 Satz 1 und 2, Abs. 4 Satz 1, 2 und 4, §§ 90, 91 Abs. 1 und 2, § 99 Abs. 1 und 2 des Aufenthaltsgesetzes getroffenen Regelungen des Verwaltungsverfahrens kann durch Landesrecht nicht abgewichen werden.

§ 15 Übergangsregelung

Eine vor dem 28. August 2007 ausgestellte Aufenthaltserlaubnis-EU gilt als Aufenthaltskarte für Familienangehörige eines Unionsbürgers fort.

I

Richtlinie 2004/38/EG des Europäischen Parlaments und des Rates über das Recht der Unionsbürger und ihrer Familienangehörigen, sich im Hoheitsgebiet der Mitgliedstaaten frei zu bewegen und aufzuhalten, zur Änderung der Verordnung (EWG) Nr. 1612/68 und zur Aufhebung der Richtlinien 64/221/EWG, 68/360/EWG, 72/194/EWG, 73/148/EWG, 75/34/EWG, 75/35/EWG, 90/364/EWG, 90/365/EWG und 93/96/EWG

Vom 29. April 2004 (ABl. EU S. 158/77, S. 229_35)

Zuletzt geändert durch
Verordnung (EU) Nr. 492/2011 des Europäischen Parlaments und des Rates über die Freizügigkeit der Arbeitnehmer innerhalb der Union vom 5. April 2011 (ABl. EU S. 141/1)

Inhaltsübersicht

I

Das Europäische Parlament und der Rat der Europäischen Union –

gestützt auf den Vertrag zur Gründung der Europäischen Gemeinschaft, insbesondere auf die Artikel 12, 18, 40, 44 und 52,

auf Vorschlag der Kommission[1]),

nach Stellungnahme des Europäischen Wirtschafts- und Sozialausschusses[2]),

nach Stellungnahme des Ausschusses der Regionen[3]),

gemäß dem Verfahren des Artikels 251 des Vertrags[4]),

in Erwägung nachstehender Gründe:

(1) Die Unionsbürgerschaft verleiht jedem Bürger der Union das elementare und persönliche Recht, sich im Hoheitsgebiet der Mitgliedstaaten vorbehaltlich der im Vertrag und in den Durchführungsvorschriften vorgesehenen Beschränkungen und Bedingungen frei zu bewegen und aufzuhalten.

(2) Die Freizügigkeit von Personen stellt eine der Grundfreiheiten des Binnenmarkts dar, der einen Raum ohne Binnengrenzen umfasst, in dem diese Freiheit gemäß den Bestimmungen des Vertrags gewährleistet ist.

(3) Die Unionsbürgerschaft sollte der grundsätzliche Status der Staatsangehörigen der Mitgliedstaaten sein, wenn sie ihr Recht auf Freizügigkeit und Aufenthalt wahrnehmen. Daher müssen die bestehenden Gemeinschaftsinstrumente, die Arbeitnehmer und Selbstständige sowie Studierende und andere beschäftigungslose Personen getrennt behandeln, kodifiziert und überarbeitet werden, um das Freizügigkeits- und Aufenthaltsrecht aller Unionsbürger zu vereinfachen und zu verstärken.

(4) Um diese bereichsspezifischen und fragmentarischen Ansätze des Freizügigkeits- und Aufenthaltsrechts zu überwinden und die Ausübung dieses Rechts zu erleichtern, ist ein einziger Rechtsakt erforderlich, in dem die Verordnung (EWG) Nr. 1612/68 des Rates vom 15. Oktober 1968 über die Freizügigkeit der Arbeitnehmer innerhalb der Gemeinschaft[5]) geändert und die folgenden Rechtsakte aufgehoben werden: die Richtlinie 68/360/EWG des Rates vom 15. Oktober 1968 zur Aufhebung der Reise- und Aufenthaltsbeschränkungen für Arbeitnehmer der Mitgliedstaaten und ihre Familienangehörigen innerhalb der Gemeinschaft[6]), die Richtlinie 73/148/EWG des Rates vom 21. Mai 1973 zur Aufhebung der Reise- und Aufenthaltsbeschränkungen für Staatsangehörige der Mitgliedstaaten innerhalb der Gemeinschaft auf dem Gebiet der Niederlassung und des Dienstleistungsverkehrs[7]), die Richtlinie 90/364/EWG des Rates vom 28. Juni 1990 über das Aufenthaltsrecht[8]), die Richtlinie 90/365/EWG des Rates vom 28. Juni 1990 über das Aufenthaltsrecht der aus dem Erwerbsleben ausgeschiedenen Arbeitnehmer und selbstständig Erwerbstätigen[9]) und die Richtlinie 93/96/EWG des Rates vom 29. Oktober 1993 über das Aufenthaltsrecht der Studenten[10]).

---

[1]) ABl. C 270 E vom 25. 9. 2001, S. 150.

[2]) ABl. C 149 vom 21. 6. 2002, S. 46.

[3]) ABl. C 192 vom 12. 8. 2002, S. 17.

[4]) Stellungnahme des Europäischen Parlaments vom 11. Februar 2003 (ABl. C 43 E vom 19. 2. 2004, S. 42), Gemeinsamer Standpunkt des Rates vom 5. Dezember 2003 (ABl. C 54 E vom 2. 3. 2004, S. 12) und Standpunkt des Europäischen Parlaments vom 10. März 2004 (noch nicht im Amtsblatt veröffentlicht).

[5]) ABl. L 257 vom 19. 10. 1968, S. 2. Zuletzt geändert durch die Verordnung (EWG) Nr. 2434/92 (ABl. L 245 vom 26. 8. 1992, S. 1).

[6]) ABl. L 257 vom 19. 10. 1968, S. 13. Zuletzt geändert durch die Beitrittsakte von 2003.

[7]) ABl. L 172 vom 28. 6. 1973, S. 14.

[8]) ABl. L 180 vom 13. 7. 1990, S. 26.

[9]) ABl. L 180 vom 13. 7. 1990, S. 28.

[10]) ABl. L 317 vom 18. 12. 1993, S. 59.

(5) Das Recht aller Unionsbürger, sich im Hoheitsgebiet der Mitgliedstaaten frei zu bewegen und aufzuhalten, sollte, wenn es unter objektiven Bedingungen in Freiheit und Würde ausgeübt werden soll, auch den Familienangehörigen ungeachtet ihrer Staatsangehörigkeit gewährt werden. Für die Zwecke dieser Richtlinie sollte der Begriff des Familienangehörigen auch den eingetragenen Lebenspartner umfassen, wenn nach den Rechtsvorschriften des Aufnahmemitgliedstaats die eingetragene Partnerschaft der Ehe gleichgestellt wird.

(6) Um die Einheit der Familie im weiteren Sinne zu wahren und unbeschadet des Verbots der Diskriminierung aus Gründen der Staatsangehörigkeit sollte die Lage derjenigen Personen, die nicht als Familienangehörige im Sinne dieser Richtlinie gelten und die daher kein automatisches Einreise- und Aufenthaltsrecht im Aufnahmemitgliedstaat genießen, von dem Aufnahmemitgliedstaat auf der Grundlage seiner eigenen innerstaatlichen Rechtsvorschriften daraufhin geprüft werden, ob diesen Personen die Einreise und der Aufenthalt gestattet werden könnte, wobei ihrer Beziehung zu dem Unionsbürger sowie anderen Aspekten, wie ihre finanzielle oder physische Abhängigkeit von dem Unionsbürger, Rechnung zu tragen ist.

(7) Unbeschadet der für die Kontrollen an den nationalen Grenzen geltenden Vorschriften sollten die Formalitäten im Zusammenhang mit der Freizügigkeit von Unionsbürgern im Hoheitsgebiet der Mitgliedstaaten genau festgelegt werden.

(8) Um die Ausübung der Freizügigkeit für Familienangehörige, die nicht die Staatsangehörigkeit eines Mitgliedstaats besitzen, zu erleichtern, sollten Familienangehörige, die bereits im Besitz einer Aufenthaltskarte sind, von der Pflicht befreit werden, sich ein Einreisevisum gemäß der Verordnung (EG) Nr. 539/2001 des Rates vom 15. März 2001 zur Aufstellung der Liste der Drittländer, deren Staatsangehörige beim Überschreiten der Außengrenzen im Besitz eines Visums sein müssen, sowie der Liste der Drittländer, deren Staatsangehörige von dieser Visumpflicht befreit sind[11]), oder gegebenenfalls gemäß den geltenden einzelstaatlichen Rechtsvorschriften zu beschaffen.

(9) Die Unionsbürger sollten das Aufenthaltsrecht im Aufnahmemitgliedstaat für einen Zeitraum von bis zu drei Monaten haben, ohne jegliche Bedingungen oder Formalitäten außer der Pflicht, im Besitz eines gültigen Personalausweises oder Reisepasses zu sein, unbeschadet einer günstigeren Behandlung für Arbeitssuchende gemäß der Rechtsprechung des Gerichtshofs.

(10) Allerdings sollten Personen, die ihr Aufenthaltsrecht ausüben, während ihres ersten Aufenthalts die Sozialhilfeleistungen des Aufnahmemitgliedstaats nicht unangemessen in Anspruch nehmen. Daher sollte das Aufenthaltsrecht von Unionsbürgern und ihren Familienangehörigen für eine Dauer von über drei Monaten bestimmten Bedingungen unterliegen.

(11) Das elementare und persönliche Recht auf Aufenthalt in einem anderen Mitgliedstaat erwächst den Unionsbürgern unmittelbar aus dem Vertrag und hängt nicht von der Einhaltung von Verwaltungsverfahren ab.

(12) Für Aufenthalte von über drei Monaten sollten die Mitgliedstaaten die Möglichkeit haben, eine – durch eine Anmeldebescheinigung bestätigte – Anmeldung des Unionsbürgers bei der zuständigen Behörde des Aufenthaltsortes vorzuschreiben.

(13) Für Aufenthalte von über drei Monaten sollte das Erfordernis der Aufenthaltskarte auf Familienangehörige von Unionsbürgern beschränkt werden, die nicht die Staatsangehörigkeit eines Mitgliedstaats besitzen.

(14) Um zu vermeiden, dass abweichende Verwaltungspraktiken oder Auslegungen die Ausübung des Aufenthaltsrechts der Unions-

[11]) ABl. L 81 vom 21. 3. 2001, S. 1. Zuletzt geändert durch die Verordnung (EG) Nr. 453/2003 (ABl. L 69 vom 13. 3. 2003, S. 10).

bürger und ihrer Familienangehörigen unangemessen behindern, sollte genau und abschließend festgelegt werden, welche Dokumente erforderlich sind, damit die zuständige Behörde eine Anmeldebescheinigung oder eine Aufenthaltskarte ausstellen kann.

(15) Ferner bedarf es eines rechtlichen Schutzes für die Familienangehörigen, wenn der Unionsbürger verstirbt, die Ehe geschieden oder aufgehoben oder die eingetragene Partnerschaft beendet wird. Daher sollten Maßnahmen getroffen werden, damit unter Achtung des Familienlebens und der menschlichen Würde, aber unter bestimmten Voraussetzungen zum Schutz vor Missbrauch sichergestellt ist, dass in solchen Fällen Familienangehörigen, die sich bereits im Hoheitsgebiet des Aufnahmemitgliedstaats aufhalten, das Aufenthaltsrecht ausschließlich auf persönlicher Grundlage erhalten bleibt.

(16) Solange die Aufenthaltsberechtigten die Sozialhilfeleistungen des Aufnahmemitgliedstaats nicht unangemessen in Anspruch nehmen, sollte keine Ausweisung erfolgen. Die Inanspruchnahme von Sozialhilfeleistungen sollte daher nicht automatisch zu einer Ausweisung führen. Der Aufnahmemitgliedstaat sollte prüfen, ob es sich bei dem betreffenden Fall um vorübergehende Schwierigkeiten handelt, und die Dauer des Aufenthalts, die persönlichen Umstände und den gewährten Sozialhilfebetrag berücksichtigen, um zu beurteilen, ob der Leistungsempfänger die Sozialhilfeleistungen unangemessen in Anspruch genommen hat, und in diesem Fall seine Ausweisung zu veranlassen. In keinem Fall sollte eine Ausweisungsmaßnahme gegen Arbeitnehmer, Selbstständige oder Arbeitssuchende in dem vom Gerichtshof definierten Sinne erlassen werden, außer aus Gründen der öffentlichen Ordnung oder Sicherheit.

(17) Wenn Unionsbürger, die beschlossen haben, sich dauerhaft in dem Aufnahmemitgliedstaat niederzulassen, das Recht auf Daueraufenthalt erhielten, würde dies ihr Gefühl der Unionsbürgerschaft verstärken und entscheidend zum sozialen Zusammenhalt – einem grundlegenden Ziel der Union – beitragen. Es gilt daher, für alle Unionsbürger und ihre Familienangehörigen, die sich gemäß den in dieser Richtlinie festgelegten Bedingungen fünf Jahre lang ununterbrochen in dem Aufnahmemitgliedstaat aufgehalten haben und gegen die keine Ausweisungsmaßnahme angeordnet wurde, ein Recht auf Daueraufenthalt vorzusehen.

(18) Um ein wirksames Instrument für die Integration in die Gesellschaft des Aufnahmemitgliedstaats darzustellen, in dem der Unionsbürger seinen Aufenthalt hat, sollte das einmal erlangte Recht auf Daueraufenthalt keinen Bedingungen unterworfen werden.

(19) Bestimmte für abhängig oder selbstständig erwerbstätige Unionsbürger und ihre Familienangehörigen geltende Vergünstigungen sollten aufrechterhalten werden, die diesen Personen gegebenenfalls gestatten, ein Recht auf Daueraufenthalt zu erwerben, bevor sie einen Aufenthalt von fünf Jahren in dem Aufnahmemitgliedstaat vollendet haben, da sie erworbene Rechte aufgrund der Verordnung (EWG) Nr. 1251/70 der Kommission vom 29. Juni 1970 über das Recht der Arbeitnehmer, nach Beendigung einer Beschäftigung im Hoheitsgebiet eines Mitgliedstaats zu verbleiben[12]), und der Richtlinie 75/34/EWG des Rates vom 17. Dezember 1974 über das Recht der Staatsangehörigen eines Mitgliedstaats, nach Beendigung der Ausübung einer selbstständigen Tätigkeit im Hoheitsgebiet eines anderen Mitgliedstaats zu verbleiben[13]), darstellen.

(20) Das Verbot der Diskriminierung aus Gründen der Staatsangehörigkeit erfordert, dass alle Unionsbürger und ihre Familienangehörigen, die sich aufgrund dieser Richtlinie in einem Mitgliedstaat aufhalten, in diesem Mitgliedstaat in den Anwendungsbereichen des Vertrags die gleiche Behandlung wie In-

---

12) ABl. L 142 vom 30. 6. 1970, S. 24.

13) ABl. L 14 vom 20. 1. 1975, S. 10.

länder genießen; dies gilt vorbehaltlich spezifischer und ausdrücklich im Vertrag und im abgeleiteten Recht vorgesehener Bestimmungen.

(21) Allerdings sollte es dem Aufnahmemitgliedstaat überlassen bleiben, zu bestimmen, ob er anderen Personen als Arbeitnehmern oder Selbstständigen, Personen, die diesen Status beibehalten, und ihren Familienangehörigen Sozialhilfe während der ersten drei Monate des Aufenthalts oder im Falle von Arbeitssuchenden für einen längeren Zeitraum gewährt oder vor Erwerb des Rechts auf Daueraufenthalt Unterhaltsbeihilfen für die Zwecke des Studiums, einschließlich einer Berufsausbildung, gewährt.

(22) Der Vertrag sieht Beschränkungen des Rechts auf Freizügigkeit und Aufenthalt aus Gründen der öffentlichen Ordnung, Sicherheit oder Gesundheit vor. Um eine genauere Definition der Umstände und Verfahrensgarantien sicherzustellen, unter denen Unionsbürgern und ihren Familienangehörigen die Erlaubnis zur Einreise verweigert werden kann oder unter denen sie ausgewiesen werden können, sollte die vorliegende Richtlinie die Richtlinie 64/221/EWG des Rates vom 25. Februar 1964 zur Koordinierung der Sondervorschriften für die Einreise und den Aufenthalt von Ausländern, soweit sie aus Gründen der öffentlichen Ordnung, Sicherheit und Gesundheit gerechtfertigt sind[14]), ersetzen.

(23) Die Ausweisung von Unionsbürgern und ihren Familienangehörigen aus Gründen der öffentlichen Ordnung oder Sicherheit ist eine Maßnahme, die Personen, die ihre Rechte und Freiheiten aus dem Vertrag in Anspruch genommen haben und vollständig in den Aufnahmemitgliedstaat integriert sind, sehr schaden kann. Die Wirkung derartiger Maßnahmen sollte daher gemäß dem Verhältnismäßigkeitsprinzip begrenzt werden, damit der Grad der Integration der Betroffenen, die Dauer des Aufenthalts im Aufnahmemitgliedstaat, ihr Alter, ihr Gesundheitszustand, die familiäre und wirtschaftliche Situation und die Bindungen zum Herkunftsstaat berücksichtigt werden.

(24) Daher sollte der Schutz vor Ausweisung in dem Maße zunehmen, wie die Unionsbürger und ihre Familienangehörigen in den Aufnahmemitgliedstaat stärker integriert sind. Gegen Unionsbürger, die sich viele Jahre im Hoheitsgebiet des Aufnahmemitgliedstaats aufgehalten haben, insbesondere in Fällen, in denen sie dort geboren sind und dort ihr ganzes Leben lang ihren Aufenthalt gehabt haben, sollte nur unter außergewöhnlichen Umständen aus zwingenden Gründen der öffentlichen Sicherheit eine Ausweisung verfügt werden. Gemäß dem Übereinkommen der Vereinten Nationen vom 20. November 1989 über die Rechte des Kindes sollten solche außergewöhnlichen Umstände zudem auch für Ausweisungsmaßnahmen gegen Minderjährige gelten, damit die familiären Bande unter Schutz stehen.

(25) Ferner sollten Verfahrensgarantien festgelegt werden, damit einerseits im Falle eines Verbots, in einen anderen Mitgliedstaat einzureisen oder sich dort aufzuhalten, ein hoher Schutz der Rechte des Unionsbürgers und seiner Familienangehörigen gewährleistet ist und andererseits der Grundsatz eingehalten wird, dass behördliche Handlungen ausreichend begründet sein müssen.

(26) Der Unionsbürger und seine Familienangehörigen, denen untersagt wird, in einen anderen Mitgliedstaat einzureisen oder sich dort aufzuhalten, müssen stets die Möglichkeit haben, den Rechtsweg zu beschreiten.

(27) Im Sinne der Rechtsprechung des Gerichtshofs, wonach die Mitgliedstaaten gegen die Begünstigten dieser Richtlinie kein Aufenthaltsverbot auf Lebenszeit verhängen dürfen, sollte bestätigt werden, dass ein Unionsbürger oder einer seiner Familienangehörigen, gegen den ein Mitgliedstaat ein Aufenthaltsverbot verhängt hat, nach einem

[14]) ABl. 56 vom 4. 4. 1964, S. 850. Zuletzt geändert durch die Richtlinie 75/35/EWG (ABl. L 14 vom 20. 1. 1975, S. 14).

angemessenen Zeitraum, in jedem Fall aber nach Ablauf von drei Jahren nach Vollstreckung des endgültigen Aufenthaltsverbots, einen neuen Antrag auf Aufhebung des Aufenthaltsverbots stellen kann.

(28) Zum Schutz gegen Rechtsmissbrauch oder Betrug, insbesondere Scheinehen oder andere Arten von Bindungen, die lediglich zum Zweck der Inanspruchnahme des Freizügigkeits- und Aufenthaltsrechts geschlossen wurden, sollten die Mitgliedstaaten die Möglichkeit zum Erlass der erforderlichen Maßnahmen haben.

(29) Diese Richtlinie sollte nicht die Anwendung günstigerer einzelstaatlicher Rechtsvorschriften berühren.

(30) Zur Untersuchung der Frage, wie die Ausübung des Freizügigkeits- und Aufenthaltsrechts weiter erleichtert werden kann, sollte von der Kommission ein Bericht erarbeitet werden, aufgrund dessen die Möglichkeit zur Vorlage etwaiger hierfür erforderlicher Vorschläge abschätzbar ist, insbesondere zur Verlängerung des Zeitraums des nicht an Bedingungen geknüpften Aufenthalts.

(31) Diese Richtlinie steht im Einklang mit den Grundrechten und -freiheiten und den Grundsätzen, die insbesondere mit der Charta der Grundrechte der Europäischen Union anerkannt wurden. Dem in der Charta enthaltenen Diskriminierungsverbot zufolge sollten die Mitgliedstaaten diese Richtlinie ohne Diskriminierung zwischen den Begünstigten dieser Richtlinie etwa aufgrund des Geschlechts, der Rasse, der Hautfarbe, der ethnischen oder sozialen Herkunft, der genetischen Merkmale, der Sprache, der Religion oder Weltanschauung, der politischen oder sonstigen Anschauung, der Zugehörigkeit zu einer nationalen Minderheit, des Vermögens, der Geburt, einer Behinderung, des Alters oder der sexuellen Ausrichtung umsetzen –

haben folgende Richtlinie erlassen:

Kapitel I
Allgemeine Bestimmungen

Artikel 1 Gegenstand

Diese Richtlinie regelt

a) die Bedingungen, unter denen Unionsbürger und ihre Familienangehörigen das Recht auf Freizügigkeit und Aufenthalt innerhalb des Hoheitsgebiets der Mitgliedstaaten genießen;
b) das Recht auf Daueraufenthalt der Unionsbürger und ihrer Familienangehörigen im Hoheitsgebiet der Mitgliedstaaten;
c) die Beschränkungen der in den Buchstaben a) und b) genannten Rechte aus Gründen der öffentlichen Ordnung, Sicherheit oder Gesundheit.

Artikel 2 Begriffsbestimmungen

Im Sinne dieser Richtlinie bezeichnet der Ausdruck

1. „Unionsbürger" jede Person, die die Staatsangehörigkeit eines Mitgliedstaats besitzt;
2. „Familienangehöriger"
   a) den Ehegatten;
   b) den Lebenspartner, mit dem der Unionsbürger auf der Grundlage der Rechtsvorschriften eines Mitgliedstaats eine eingetragene Partnerschaft eingegangen ist, sofern nach den Rechtsvorschriften des Aufnahmemitgliedstaats die eingetragene Partnerschaft der Ehe gleichgestellt ist und die in den einschlägigen Rechtsvorschriften des Aufnahmemitgliedstaats vorgesehenen Bedingungen erfüllt sind;
   c) die Verwandten in gerader absteigender Linie des Unionsbürgers und des Ehegatten oder des Lebenspartners im Sinne von Buchstabe b), die das 21. Lebensjahr noch nicht vollendet haben oder denen von diesen Unterhalt gewährt wird;
   d) die Verwandten in gerader aufsteigender Linie des Unionsbürgers und des Ehegatten oder des Lebenspartners im

Sinne von Buchstabe b), denen von diesen Unterhalt gewährt wird;

3. „Aufnahmemitgliedstaat" den Mitgliedstaat, in den sich der Unionsbürger begibt, um dort sein Recht auf Freizügigkeit oder Aufenthalt auszuüben.

Artikel 3 Berechtigte

(1) Diese Richtlinie gilt für jeden Unionsbürger, der sich in einen anderen als den Mitgliedstaat, dessen Staatsangehörigkeit er besitzt, begibt oder sich dort aufhält, sowie für seine Familienangehörigen im Sinne von Artikel 2 Nummer 2, die ihn begleiten oder ihm nachziehen.

(2) Unbeschadet eines etwaigen persönlichen Rechts auf Freizügigkeit und Aufenthalt der Betroffenen erleichtert der Aufnahmemitgliedstaat nach Maßgabe seiner innerstaatlichen Rechtsvorschriften die Einreise und den Aufenthalt der folgenden Personen:

a) jedes nicht unter die Definition in Artikel 2 Nummer 2 fallenden Familienangehörigen ungeachtet seiner Staatsangehörigkeit, dem der primär aufenthaltsberechtigte Unionsbürger im Herkunftsland Unterhalt gewährt oder der mit ihm im Herkunftsland in häuslicher Gemeinschaft gelebt hat, oder wenn schwerwiegende gesundheitliche Gründe die persönliche Pflege des Familienangehörigen durch den Unionsbürger zwingend erforderlich machen;

b) des Lebenspartners, mit dem der Unionsbürger eine ordnungsgemäß bescheinigte dauerhafte Beziehung eingegangen ist.

Der Aufnahmemitgliedstaat führt eine eingehende Untersuchung der persönlichen Umstände durch und begründet eine etwaige Verweigerung der Einreise oder des Aufenthalts dieser Personen.

Kapitel II
Recht auf Ausreise und Einreise

Artikel 4 Recht auf Ausreise

(1) Unbeschadet der für die Kontrollen von Reisedokumenten an den nationalen Grenzen geltenden Vorschriften haben alle Unionsbürger, die einen gültigen Personalausweis oder Reisepass mit sich führen, und ihre Familienangehörigen, die nicht die Staatsangehörigkeit eines Mitgliedstaats besitzen und die einen gültigen Reisepass mit sich führen, das Recht, das Hoheitsgebiet eines Mitgliedstaats zu verlassen und sich in einen anderen Mitgliedstaat zu begeben.

(2) Für die Ausreise von Personen gemäß Absatz 1 darf weder ein Visum noch eine gleichartige Formalität verlangt werden.

(3) Die Mitgliedstaaten stellen ihren Staatsangehörigen gemäß ihren Rechtsvorschriften einen Personalausweis oder einen Reisepass aus, der ihre Staatsangehörigkeit angibt, und verlängern diese Dokumente.

(4) Der Reisepass muss zumindest für alle Mitgliedstaaten und die unmittelbar zwischen den Mitgliedstaaten liegenden Durchreiseländer gelten. Sehen die Rechtsvorschriften eines Mitgliedstaats keinen Personalausweis vor, so ist der Reisepass mit einer Gültigkeit von mindestens fünf Jahren auszustellen oder zu verlängern.

Artikel 5 Recht auf Einreise

(1) Unbeschadet der für die Kontrollen von Reisedokumenten an den nationalen Grenzen geltenden Vorschriften gestatten die Mitgliedstaaten Unionsbürgern, die einen gültigen Personalausweis oder Reisepass mit sich führen, und ihren Familienangehörigen, die nicht die Staatsangehörigkeit eines Mitgliedstaats besitzen und die einen gültigen Reisepass mit sich führen, die Einreise.

Für die Einreise von Unionsbürgern darf weder ein Visum noch eine gleichartige Formalität verlangt werden.

(2) Von Familienangehörigen, die nicht die Staatsangehörigkeit eines Mitgliedstaats besitzen, ist gemäß der Verordnung (EG) Nr. 539/2001 oder gegebenenfalls den einzelstaatlichen Rechtsvorschriften lediglich ein Einreisevisum zu fordern. Für die Zwecke dieser Richtlinie entbindet der Besitz einer gültigen Aufenthaltskarte gemäß Artikel 10 diese Familienangehörigen von der Visumspflicht.

Die Mitgliedstaaten treffen alle erforderlichen Maßnahmen, um diesen Personen die Beschaf-

I

fung der erforderlichen Visa zu erleichtern. Die Visa werden so bald wie möglich nach einem beschleunigten Verfahren unentgeltlich erteilt.

(3) Der Aufnahmemitgliedstaat bringt im Reisepass eines Familienangehörigen, der nicht die Staatsangehörigkeit eines Mitgliedstaats besitzt, keinen Einreise- oder Ausreisestempel an, wenn der Betroffene die Aufenthaltskarte gemäß Artikel 10 mit sich führt.

(4) Verfügt ein Unionsbürger oder ein Familienangehöriger, der nicht die Staatsangehörigkeit eines Mitgliedstaats besitzt, nicht über die erforderlichen Reisedokumente oder gegebenenfalls die erforderlichen Visa, so gewährt der betreffende Mitgliedstaat dieser Person jede angemessene Möglichkeit, sich die erforderlichen Dokumente in einer angemessenen Frist zu beschaffen oder übermitteln zu lassen oder sich mit anderen Mitteln bestätigen zu lassen oder nachzuweisen, dass sie das Recht auf Freizügigkeit und Aufenthalt genießt, bevor er eine Zurückweisung verfügt.

(5) Der Mitgliedstaat kann von dem Betroffenen verlangen, dass er seine Anwesenheit im Hoheitsgebiet dieses Mitgliedstaats innerhalb eines angemessenen und nicht diskriminierenden Zeitraums meldet. Die Nichterfüllung dieser Meldepflicht kann mit verhältnismäßigen und nicht diskriminierenden Sanktionen geahndet werden.

Kapitel III
Aufenthaltsrecht

Artikel 6 Recht auf Aufenthalt bis zu drei Monaten

(1) Ein Unionsbürger hat das Recht auf Aufenthalt im Hoheitsgebiet eines anderen Mitgliedstaats für einen Zeitraum von bis zu drei Monaten, wobei er lediglich im Besitz eines gültigen Personalausweises oder Reisepasses sein muss und ansonsten keine weiteren Bedingungen zu erfüllen oder Formalitäten zu erledigen braucht.

(2) Absatz 1 gilt auch für Familienangehörige im Besitz eines gültigen Reisepasses, die nicht die Staatsangehörigkeit eines Mitgliedstaats besitzen und die den Unionsbürger begleiten oder ihm nachziehen.

Artikel 7 Recht auf Aufenthalt für mehr als drei Monate

(1) Jeder Unionsbürger hat das Recht auf Aufenthalt im Hoheitsgebiet eines anderen Mitgliedstaats für einen Zeitraum von über drei Monaten, wenn er

a) Arbeitnehmer oder Selbstständiger im Aufnahmemitgliedstaat ist oder

b) für sich und seine Familienangehörigen über ausreichende Existenzmittel verfügt, so dass sie während ihres Aufenthalts keine Sozialhilfeleistungen des Aufnahmemitgliedstaats in Anspruch nehmen müssen, und er und seine Familienangehörigen über einen umfassenden Krankenversicherungsschutz im Aufnahmemitgliedstaat verfügen oder

c) – bei einer privaten oder öffentlichen Einrichtung, die von dem Aufnahmemitgliedstaat aufgrund seiner Rechtsvorschriften oder seiner Verwaltungspraxis anerkannt oder finanziert wird, zur Absolvierung einer Ausbildung einschließlich einer Berufsausbildung als Hauptzweck eingeschrieben ist und
   – über einen umfassenden Krankenversicherungsschutz im Aufnahmemitgliedstaat verfügt und der zuständigen nationalen Behörde durch eine Erklärung oder durch jedes andere gleichwertige Mittel seiner Wahl glaubhaft macht, dass er für sich und seine Familienangehörigen über ausreichende Existenzmittel verfügt, so dass sie während ihres Aufenthalts keine Sozialhilfeleistungen des Aufnahmemitgliedstaats in Anspruch nehmen müssen, oder

d) ein Familienangehöriger ist, der den Unionsbürger, der die Voraussetzungen des Buchstabens a), b) oder c) erfüllt, begleitet oder ihm nachzieht.

(2) Das Aufenthaltsrecht nach Absatz 1 gilt auch für Familienangehörige, die nicht die Staatsangehörigkeit eines Mitgliedstaats besitzen und die den Unionsbürger in den Aufnahmemitgliedstaat begleiten oder ihm nach-

ziehen, sofern der Unionsbürger die Voraussetzungen des Absatzes 1 Buchstabe a), b) oder c) erfüllt.

(3) Für die Zwecke des Absatzes 1 Buchstabe a) bleibt die Erwerbstätigeneigenschaft dem Unionsbürger, der seine Erwerbstätigkeit als Arbeitnehmer oder Selbstständiger nicht mehr ausübt, in folgenden Fällen erhalten:

a) Er ist wegen einer Krankheit oder eines Unfalls vorübergehend arbeitsunfähig;
b) er stellt sich bei ordnungsgemäß bestätigter unfreiwilliger Arbeitslosigkeit nach mehr als einjähriger Beschäftigung dem zuständigen Arbeitsamt zur Verfügung;
c) er stellt sich bei ordnungsgemäß bestätigter unfreiwilliger Arbeitslosigkeit nach Ablauf seines auf weniger als ein Jahr befristeten Arbeitsvertrags oder bei im Laufe der ersten zwölf Monate eintretender unfreiwilliger Arbeitslosigkeit dem zuständigen Arbeitsamt zur Verfügung; in diesem Fall bleibt die Erwerbstätigeneigenschaft während mindestens sechs Monaten aufrechterhalten;
d) er beginnt eine Berufsausbildung; die Aufrechterhaltung der Erwerbstätigeneigenschaft setzt voraus, dass zwischen dieser Ausbildung und der früheren beruflichen Tätigkeit ein Zusammenhang besteht, es sei denn, der Betroffene hat zuvor seinen Arbeitsplatz unfreiwillig verloren.

(4) Abweichend von Absatz 1 Buchstabe d) und Absatz 2 haben nur der Ehegatte, der eingetragene Lebenspartner im Sinne von Artikel 2 Nummer 2 Buchstabe b) und Kinder, denen Unterhalt gewährt wird, das Recht auf Aufenthalt als Familienangehörige eines Unionsbürgers, der die Voraussetzungen des Absatzes 1 Buchstabe c) erfüllt. Artikel 3 Absatz 2 findet Anwendung auf die Verwandten in gerader aufsteigender Linie des Unionsbürgers und des Ehegatten oder eingetragenen Lebenspartners, denen Unterhalt gewährt wird.

Artikel 8 Verwaltungsformalitäten für Unionsbürger

(1) Unbeschadet von Artikel 5 Absatz 5 kann der Aufnahmemitgliedstaat von Unionsbürgern für Aufenthalte von über drei Monaten verlangen, dass sie sich bei den zuständigen Behörden anmelden.

(2) Die Frist für die Anmeldung muss mindestens drei Monate ab dem Zeitpunkt der Einreise betragen. Eine Anmeldebescheinigung wird unverzüglich ausgestellt; darin werden Name und Anschrift der die Anmeldung vornehmenden Person sowie der Zeitpunkt der Anmeldung angegeben. Die Nichterfüllung der Anmeldepflicht kann mit verhältnismäßigen und nicht diskriminierenden Sanktionen geahndet werden.

(3) Für die Ausstellung der Anmeldebescheinigung dürfen die Mitgliedstaaten nur Folgendes verlangen:

– von einem Unionsbürger, auf den Artikel 7 Absatz 1 Buchstabe a) Anwendung findet, nur die Vorlage eines gültigen Personalausweises oder Reisepasses, einer Einstellungsbestätigung des Arbeitgebers oder einer Beschäftigungsbescheinigung oder eines Nachweises der Selbstständigkeit;
– von einem Unionsbürger, auf den Artikel 7 Absatz 1 Buchstabe b) Anwendung findet, nur die Vorlage eines gültigen Personalausweises oder Reisepasses sowie einen Nachweis, dass er die dort genannten Voraussetzungen erfüllt;
– von einem Unionsbürger, auf den Artikel 7 Absatz 1 Buchstabe c) Anwendung findet, nur die Vorlage eines gültigen Personalausweises oder Reisepasses, einer Bescheinigung über die Einschreibung bei einer anerkannten Einrichtung und über den umfassenden Krankenversicherungsschutz sowie einer Erklärung oder eines gleichwertigen Mittels nach Artikel 7 Absatz 1 Buchstabe c). Die Mitgliedstaaten dürfen nicht verlangen, dass sich diese Erklärung auf einen bestimmten Existenzmittelbetrag bezieht.

(4) Die Mitgliedstaaten dürfen keinen festen Betrag für die Existenzmittel festlegen, die sie als ausreichend betrachten, sondern müssen die persönliche Situation des Betroffenen berücksichtigen. Dieser Betrag darf in keinem Fall über dem Schwellenbetrag liegen, unter dem der Aufnahmemitgliedstaat seinen

Staatsangehörigen Sozialhilfe gewährt, oder, wenn dieses Kriterium nicht anwendbar ist, über der Mindestrente der Sozialversicherung des Aufnahmemitgliedstaats.

(5) Für die Ausstellung der Anmeldebescheinigung an die Familienangehörigen des Unionsbürgers, die selbst Unionsbürger sind, können die Mitgliedstaaten die Vorlage folgender Dokumente verlangen:

a) gültiger Personalausweis oder Reisepass;
b) Bescheinigung über das Bestehen einer familiären Beziehung oder einer eingetragenen Partnerschaft;
c) gegebenenfalls die Anmeldebescheinigung des Unionsbürgers, den sie begleiten oder dem sie nachziehen;
d) in den Fällen des Artikels 2 Nummer 2 Buchstaben c) und d) der urkundliche Nachweis, dass die dort genannten Voraussetzungen vorliegen;
e) in den Fällen des Artikels 3 Absatz 2 Buchstabe a) ein durch die zuständige Behörde des Ursprungs- oder Herkunftslands ausgestelltes Dokument, aus dem hervorgeht, dass die Betroffenen vom Unionsbürger Unterhalt beziehen oder mit ihm in häuslicher Gemeinschaft gelebt haben, oder der Nachweis schwerwiegender gesundheitlicher Gründe, die die persönliche Pflege des Familienangehörigen durch den Unionsbürger zwingend erforderlich machen;
f) in den Fällen des Artikels 3 Absatz 2 Buchstabe b) der Nachweis über das Bestehen einer dauerhaften Beziehung mit dem Unionsbürger.

Artikel 9 Verwaltungsformalitäten für Familienangehörige, die nicht die Staatsangehörigkeit eines Mitgliedstaats besitzen

(1) Die Mitgliedstaaten stellen den Familienangehörigen eines Unionsbürgers, die nicht die Staatsangehörigkeit eines Mitgliedstaats besitzen, eine Aufenthaltskarte aus, wenn ein Aufenthalt von über drei Monaten geplant ist.

(2) Die Frist für die Einreichung des Antrags auf Ausstellung der Aufenthaltskarte muss mindestens drei Monate ab dem Zeitpunkt der Einreise betragen.

(3) Die Nichterfüllung der Pflicht zur Beantragung einer Aufenthaltskarte kann mit verhältnismäßigen und nicht diskriminierenden Sanktionen geahndet werden.

Artikel 10 Ausstellung der Aufenthaltskarte

(1) Zum Nachweis des Aufenthaltsrechts der Familienangehörigen eines Unionsbürgers, die nicht die Staatsangehörigkeit eines Mitgliedstaats besitzen, wird spätestens sechs Monate nach Einreichung des betreffenden Antrags eine „Aufenthaltskarte für Familienangehörige eines Unionsbürgers" ausgestellt. Eine Bescheinigung über die Einreichung des Antrags auf Ausstellung einer Aufenthaltskarte wird unverzüglich ausgestellt.

(2) Für die Ausstellung der Aufenthaltskarte verlangen die Mitgliedstaaten die Vorlage folgender Dokumente:

a) gültiger Reisepass;
b) Bescheinigung über das Bestehen einer familiären Beziehung oder einer eingetragenen Partnerschaft;
c) Anmeldebescheinigung des Unionsbürgers, den sie begleiten oder dem sie nachziehen, oder, wenn kein Anmeldesystem besteht, ein anderer Nachweis über den Aufenthalt des betreffenden Unionsbürgers im Aufnahmemitgliedstaat;
d) in den Fällen des Artikels 2 Nummer 2 Buchstaben c) und d) der urkundliche Nachweis, dass die dort genannten Voraussetzungen vorliegen;
e) in den Fällen des Artikels 3 Absatz 2 Buchstabe a) ein durch die zuständige Behörde des Ursprungs- oder Herkunftslands ausgestelltes Dokument, aus dem hervorgeht, dass die Betroffenen vom Unionsbürger Unterhalt beziehen oder mit ihm in häuslicher Gemeinschaft gelebt haben, oder der Nachweis schwerwiegender gesundheitlicher Gründe, die die persönliche

Pflege des Familienangehörigen durch den Unionsbürger zwingend erforderlich machen;

f) in den Fällen des Artikels 3 Absatz 2 Buchstabe b) der Nachweis über das Bestehen einer dauerhaften Beziehung mit dem Unionsbürger.

Artikel 11 Gültigkeit der Aufenthaltskarte

(1) Die Aufenthaltskarte gemäß Artikel 10 Absatz 1 gilt für fünf Jahre ab dem Zeitpunkt der Ausstellung oder für die geplante Aufenthaltsdauer des Unionsbürgers, wenn diese weniger als fünf Jahre beträgt.

(2) Die Gültigkeit der Aufenthaltskarte wird weder durch vorübergehende Abwesenheiten von bis zu sechs Monaten im Jahr, noch durch längere Abwesenheiten wegen der Erfüllung militärischer Pflichten, noch durch eine einzige Abwesenheit von höchstens zwölf aufeinander folgenden Monaten aus wichtigen Gründen wie Schwangerschaft und Niederkunft, schwere Krankheit, Studium oder Berufsausbildung oder berufliche Entsendung in einen anderen Mitgliedstaat oder einen Drittstaat berührt.

Artikel 12 Aufrechterhaltung des Aufenthaltsrechts der Familienangehörigen bei Tod oder Wegzug des Unionsbürgers

(1) Unbeschadet von Unterabsatz 2 berührt der Tod des Unionsbürgers oder sein Wegzug aus dem Aufnahmemitgliedstaat nicht das Aufenthaltsrecht seiner Familienangehörigen, die die Staatsangehörigkeit eines Mitgliedstaats besitzen.

Bevor die Betroffenen das Recht auf Daueraufenthalt erwerben, müssen sie die Voraussetzungen des Artikels 7 Absatz 1 Buchstabe a), b), c) oder d) erfüllen.

(2) Unbeschadet von Unterabsatz 2 führt der Tod des Unionsbürgers für Familienangehörige, die nicht die Staatsangehörigkeit eines Mitgliedstaats besitzen und die sich im Aufnahmemitgliedstaat als Familienangehörige vor dem Tod des Unionsbürgers mindestens ein Jahr lang aufgehalten haben, nicht zum Verlust des Aufenthaltsrechts.

Bevor die Betroffenen das Recht auf Daueraufenthalt erwerben, bleibt ihr Aufenthaltsrecht an die Voraussetzung geknüpft, dass sie nachweisen können, dass sie Arbeitnehmer oder Selbstständige sind oder für sich und ihre Familienangehörigen über ausreichende Existenzmittel verfügen, so dass sie während ihres Aufenthalts keine Sozialhilfeleistungen des Aufnahmemitgliedstaats in Anspruch nehmen müssen, und dass sie über einen umfassenden Krankenversicherungsschutz im Aufnahmemitgliedstaat verfügen oder dass sie bereits im Aufnahmemitgliedstaat als Familienangehörige einer Person gelten, die diese Voraussetzungen erfüllt. Als ausreichende Existenzmittel gelten die in Artikel 8 Absatz 4 vorgesehenen Beträge.

Die betreffenden Familienangehörigen behalten ihr Aufenthaltsrecht ausschließlich auf persönlicher Grundlage.

(3) Der Wegzug des Unionsbürgers aus dem Aufnahmemitgliedstaat oder sein Tod führt weder für seine Kinder noch für den Elternteil, der die elterliche Sorge für die Kinder tatsächlich wahrnimmt, ungeachtet ihrer Staatsangehörigkeit, bis zum Abschluss der Ausbildung zum Verlust des Aufenthaltsrechts, wenn sich die Kinder im Aufnahmemitgliedstaat aufhalten und in einer Bildungseinrichtung zu Ausbildungszwecken eingeschrieben sind.

Artikel 13 Aufrechterhaltung des Aufenthaltsrechts der Familienangehörigen bei Scheidung oder Aufhebung der Ehe oder bei Beendigung der eingetragenen Partnerschaft

(1) Unbeschadet von Unterabsatz 2 berührt die Scheidung oder Aufhebung der Ehe des Unionsbürgers oder die Beendigung seiner eingetragenen Partnerschaft im Sinne von Artikel 2 Nummer 2 Buchstabe b) nicht das Aufenthaltsrecht seiner Familienangehörigen, die die Staatsangehörigkeit eines Mitgliedstaats besitzen.

Bevor die Betroffenen das Recht auf Daueraufenthalt erwerben, müssen sie die Voraussetzungen des Artikels 7 Absatz 1 Buchstabe a), b), c) oder d) erfüllen.

(2) Unbeschadet von Unterabsatz 2 führt die Scheidung oder Aufhebung der Ehe oder die Beendigung der eingetragenen Partnerschaft im Sinne von Artikel 2 Nummer 2 Buchstabe b) für Familienangehörige eines Unionsbürgers, die nicht die Staatsangehörigkeit eines Mitgliedstaats besitzen, nicht zum Verlust des Aufenthaltsrechts, wenn

a) die Ehe oder die eingetragene Partnerschaft im Sinne von Artikel 2 Nummer 2 Buchstabe b) bis zur Einleitung des gerichtlichen Scheidungs- oder Aufhebungsverfahrens oder bis zur Beendigung der eingetragenen Partnerschaft mindestens drei Jahre bestanden hat, davon mindestens ein Jahr im Aufnahmemitgliedstaat, oder
b) dem Ehegatten oder dem Lebenspartner im Sinne von Artikel 2 Nummer 2 Buchstabe b), der nicht die Staatsangehörigkeit eines Mitgliedstaats besitzt, aufgrund einer Vereinbarung der Ehegatten oder der Lebenspartner oder durch gerichtliche Entscheidung das Sorgerecht für die Kinder des Unionsbürgers übertragen wird oder
c) es aufgrund besonders schwieriger Umstände erforderlich ist, wie etwa bei Opfern von Gewalt im häuslichen Bereich während der Ehe oder der eingetragenen Partnerschaft, oder
d) dem Ehegatten oder dem Lebenspartner im Sinne von Artikel 2 Nummer 2 Buchstabe b), der nicht die Staatsangehörigkeit eines Mitgliedstaats besitzt, aufgrund einer Vereinbarung der Ehegatten oder der Lebenspartner oder durch gerichtliche Entscheidung das Recht zum persönlichen Umgang mit dem minderjährigen Kind zugesprochen wird, sofern das Gericht zu der Auffassung gelangt ist, dass der Umgang – solange er für nötig erachtet wird – ausschließlich im Aufnahmemitgliedstaat erfolgen darf.

Bevor die Betroffenen das Recht auf Daueraufenthalt erwerben, bleibt ihr Aufenthaltsrecht an die Voraussetzung geknüpft, dass sie nachweisen können, dass sie Arbeitnehmer oder Selbstständige sind oder für sich und ihre Familienangehörigen über ausreichende Existenzmittel verfügen, so dass sie während ihres Aufenthalts keine Sozialhilfeleistungen des Aufnahmemitgliedstaats in Anspruch nehmen müssen, und dass sie über einen umfassenden Krankenversicherungsschutz im Aufnahmemitgliedstaat verfügen oder dass sie bereits im Aufnahmemitgliedstaat als Familienangehörige einer Person gelten, die diese Voraussetzungen erfüllt. Als ausreichende Existenzmittel gelten die in Artikel 8 Absatz 4 vorgesehenen Beträge.

Die betreffenden Familienangehörigen behalten ihr Aufenthaltsrecht ausschließlich auf persönlicher Grundlage.

Artikel 14 Aufrechterhaltung des Aufenthaltsrechts

(1) Unionsbürgern und ihren Familienangehörigen steht das Aufenthaltsrecht nach Artikel 6 zu, solange sie die Sozialhilfeleistungen des Aufnahmemitgliedstaats nicht unangemessen in Anspruch nehmen.

(2) Unionsbürgern und ihren Familienangehörigen steht das Aufenthaltsrecht nach den Artikeln 7, 12 und 13 zu, solange sie die dort genannten Voraussetzungen erfüllen.

In bestimmten Fällen, in denen begründete Zweifel bestehen, ob der Unionsbürger oder seine Familienangehörigen die Voraussetzungen der Artikel 7, 12 und 13 erfüllen, können die Mitgliedstaaten prüfen, ob diese Voraussetzungen erfüllt sind. Diese Prüfung wird nicht systematisch durchgeführt.

(3) Die Inanspruchnahme von Sozialhilfeleistungen durch einen Unionsbürger oder einen seiner Familienangehörigen im Aufnahmemitgliedstaat darf nicht automatisch zu einer Ausweisung führen.

(4) Abweichend von den Absätzen 1 und 2 und unbeschadet der Bestimmungen des Kapitels VI darf gegen Unionsbürger oder ihre Familienangehörigen auf keinen Fall eine Ausweisung verfügt werden, wenn

a) die Unionsbürger Arbeitnehmer oder Selbstständige sind oder
b) die Unionsbürger in das Hoheitsgebiet des Aufnahmemitgliedstaats eingereist sind, um Arbeit zu suchen. In diesem Fall dürfen die Unionsbürger und ihre Familienangehörigen nicht ausgewiesen werden, solange die Unionsbürger nachweisen können, dass sie weiterhin Arbeit suchen und dass sie eine begründete Aussicht haben, eingestellt zu werden.

Artikel 15 Verfahrensgarantien

(1) Die Verfahren der Artikel 30 und 31 finden sinngemäß auf jede Entscheidung Anwendung, die die Freizügigkeit von Unionsbürgern und ihren Familienangehörigen beschränkt und nicht aus Gründen der öffentlichen Ordnung, Sicherheit oder Gesundheit erlassen wird.

(2) Wird der Personalausweis oder Reisepass, der die Einreise des Betroffenen in den Aufnahmemitgliedstaat sowie die Ausstellung der Anmeldebescheinigung oder der Aufenthaltskarte ermöglicht hat, ungültig, so rechtfertigt dies keine Ausweisung aus dem Aufnahmemitgliedstaat.

(3) Eine Entscheidung gemäß Absatz 1, mit der die Ausweisung verfügt wird, darf nicht mit einem Einreiseverbot des Aufnahmemitgliedstaats einhergehen.

Kapitel IV
Recht auf Daueraufenthalt

Abschnitt 1
Erwerb

Artikel 16 Allgemeine Regel für Unionsbürger und ihre Familienangehörigen

(1) Jeder Unionsbürger, der sich rechtmäßig fünf Jahre lang ununterbrochen im Aufnahmemitgliedstaat aufgehalten hat, hat das Recht, sich dort auf Dauer aufzuhalten. Dieses Recht ist nicht an die Voraussetzungen des Kapitels III geknüpft.

(2) Absatz 1 gilt auch für Familienangehörige, die nicht die Staatsangehörigkeit eines Mitgliedstaats besitzen und die sich rechtmäßig fünf Jahre lang ununterbrochen mit dem Unionsbürger im Aufnahmemitgliedstaat aufgehalten haben.

(3) Die Kontinuität des Aufenthalts wird weder durch vorübergehende Abwesenheiten von bis zu insgesamt sechs Monaten im Jahr, noch durch längere Abwesenheiten wegen der Erfüllung militärischer Pflichten, noch durch eine einzige Abwesenheit von höchstens zwölf aufeinander folgenden Monaten aus wichtigen Gründen wie Schwangerschaft und Niederkunft, schwere Krankheit, Studium oder Berufsausbildung oder berufliche Entsendung in einen anderen Mitgliedstaat oder einen Drittstaat berührt.

(4) Wenn das Recht auf Daueraufenthalt erworben wurde, führt nur die Abwesenheit vom Aufnahmemitgliedstaat, die zwei aufeinander folgende Jahre überschreitet, zu seinem Verlust.

Artikel 17 Ausnahmeregelung für Personen, die im Aufnahmemitgliedstaat aus dem Erwerbsleben ausgeschieden sind, und ihre Familienangehörigen

(1) Abweichend von Artikel 16 haben folgende Personen vor Ablauf des ununterbrochenen Zeitraums von fünf Jahren das Recht auf Daueraufenthalt im Aufnahmemitgliedstaat:

a) Arbeitnehmer oder Selbstständige, die zum Zeitpunkt des Ausscheidens aus dem Erwerbsleben das in dem betreffenden Mitgliedstaat für die Geltendmachung einer Altersrente gesetzlich vorgesehene Alter erreicht haben, oder Arbeitnehmer, die ihre abhängige Erwerbstätigkeit im Rahmen einer Vorruhestandsregelung beenden, sofern sie diese Erwerbstätigkeit in dem betreffenden Mitgliedstaat mindestens während der letzten zwölf Monate ausgeübt und sich dort seit mindestens drei Jahren ununterbrochen aufgehalten haben.

Haben bestimmte Kategorien von Selbstständigen nach den Rechtsvorschriften des Aufnahmemitgliedstaats keinen Anspruch auf eine Altersrente, so gilt die Altersvoraussetzung als erfüllt, wenn der Betroffene das 60. Lebensjahr vollendet hat.

b) Arbeitnehmer oder Selbstständige, die sich seit mindestens zwei Jahren ununterbrochen im Aufnahmemitgliedstaat aufgehalten haben und ihre Erwerbstätigkeit infolge einer dauernden Arbeitsunfähigkeit aufgeben.

   Ist die Arbeitsunfähigkeit durch einen Arbeitsunfall oder eine Berufskrankheit eingetreten, aufgrund deren ein Anspruch auf eine Rente entsteht, die ganz oder teilweise zulasten eines Trägers des Aufnahmemitgliedstaats geht, entfällt die Voraussetzung der Aufenthaltsdauer.

c) Arbeitnehmer oder Selbstständige, die nach drei Jahren ununterbrochener Erwerbstätigkeit und ununterbrochenen Aufenthalts im Aufnahmemitgliedstaat eine abhängige oder selbstständige Erwerbstätigkeit in einem anderen Mitgliedstaat ausüben, ihren Wohnsitz jedoch im Aufnahmemitgliedstaat beibehalten und in der Regel jeden Tag oder mindestens einmal in der Woche dorthin zurückkehren.

   Für den Erwerb der in den Buchstaben a) und b) genannten Rechte gelten die Zeiten der Erwerbstätigkeit in dem Mitgliedstaat, in dem der Betroffene seine Erwerbstätigkeit ausübt, als im Aufnahmemitgliedstaat abgeleistet.

Zeiten unfreiwilliger Arbeitslosigkeit, die vom zuständigen Arbeitsamt ordnungsgemäß festgestellt werden, oder vom Willen des Betroffenen unabhängige Arbeitsunterbrechungen sowie krankheits- oder unfallbedingte Fehlzeiten oder Unterbrechungen gelten als Zeiten der Erwerbstätigkeit.

(2) Die Voraussetzungen der Dauer des Aufenthalts und der Dauer der Erwerbstätigkeit in Absatz 1 Buchstabe a) sowie der Aufenthaltsdauer in Absatz 1 Buchstabe b) entfallen, wenn der Ehegatte oder der Lebenspartner im Sinne von Artikel 2 Nummer 2 Buchstabe b) des Arbeitnehmers oder des Selbstständigen die Staatsangehörigkeit des Aufnahmemitgliedstaats besitzt oder die Staatsangehörigkeit jenes Mitgliedstaats durch Eheschließung mit dem Arbeitnehmer oder Selbstständigen verloren hat.

(3) Die Familienangehörigen eines Arbeitnehmers oder eines Selbstständigen, die sich mit ihm im Hoheitsgebiet des Aufnahmemitgliedstaats aufhalten, haben ungeachtet ihrer Staatsangehörigkeit das Recht auf Daueraufenthalt in diesem Mitgliedstaat, wenn der Arbeitnehmer oder Selbstständige für sich das Recht auf Daueraufenthalt gemäß Absatz 1 in diesem Mitgliedstaat erworben hat.

(4) Ist der Arbeitnehmer oder Selbstständige jedoch im Laufe seines Erwerbslebens verstorben, bevor er gemäß Absatz 1 das Recht auf Daueraufenthalt im Aufnahmemitgliedstaat erworben hat, so erwerben seine Familienangehörigen, die sich mit ihm in dem Aufnahmemitgliedstaat aufgehalten haben, das Recht, sich dort dauerhaft aufzuhalten, sofern

a) der Arbeitnehmer oder Selbstständige sich zum Zeitpunkt seines Todes seit zwei Jahren im Hoheitsgebiet dieses Mitgliedstaats ununterbrochen aufgehalten hat oder
b) der Tod infolge eines Arbeitsunfalls oder einer Berufskrankheit eingetreten ist oder
c) sein überlebender Ehegatte die Staatsangehörigkeit dieses Mitgliedstaats durch Eheschließung mit dem Arbeitnehmer oder dem Selbstständigen verloren hat.

Artikel 18 Erwerb des Rechts auf Daueraufenthalt durch bestimmte Familienangehörige, die nicht die Staatsangehörigkeit eines Mitgliedstaats besitzen

Unbeschadet des Artikels 17 erwerben die Familienangehörigen eines Unionsbürgers, auf die Artikel 12 Absatz 2 und Artikel 13 Absatz 2 Anwendung finden und die die dort genannten Voraussetzungen erfüllen, das

Recht auf Daueraufenthalt, wenn sie sich rechtmäßig fünf Jahre lang ununterbrochen im Aufnahmemitgliedstaat aufgehalten haben.

Abschnitt II Verwaltungsformalitäten

Artikel 19 Dokument für Unionsbürger zur Bescheinigung des Daueraufenthalts

(1) Auf Antrag stellen die Mitgliedstaaten den zum Daueraufenthalt berechtigten Unionsbürgern nach Überprüfung der Dauer ihres Aufenthalts ein Dokument zur Bescheinigung ihres Daueraufenthalts aus.

(2) Das Dokument zur Bescheinigung des Daueraufenthalts wird so bald wie möglich ausgestellt.

Artikel 20 Daueraufenthaltskarte für Familienangehörige, die nicht die Staatsangehörigkeit eines Mitgliedstaats besitzen

(1) Die Mitgliedstaaten stellen den Familienangehörigen, die nicht die Staatsangehörigkeit eines Mitgliedstaats besitzen und die zum Daueraufenthalt berechtigt sind, binnen sechs Monaten nach Einreichung des Antrags eine Daueraufenthaltskarte aus. Die Daueraufenthaltskarte ist automatisch alle zehn Jahre verlängerbar.

(2) Der Antrag auf Ausstellung einer Daueraufenthaltskarte muss vor Ablauf der Gültigkeit der Aufenthaltskarte gestellt werden. Die Nichterfüllung der Pflicht zur Beantragung einer Daueraufenthaltskarte kann mit verhältnismäßigen und nicht diskriminierenden Sanktionen geahndet werden.

(3) Aufenthaltsunterbrechungen von bis zu zwei aufeinander folgenden Jahren berühren nicht die Gültigkeit der Daueraufenthaltskarte.

Artikel 21 Kontinuität des Aufenthalts

Für die Zwecke dieser Richtlinie wird die Kontinuität des Aufenthalts durch eines der im Aufenthaltsmitgliedstaat üblichen Beweismittel nachgewiesen. Jede rechtmäßig vollstreckte Ausweisungsverfügung gegen den Betroffenen stellt eine Unterbrechung des Aufenthalts dar.

Kapitel V Gemeinsame Bestimmungen über das Aufenthaltsrecht und das Recht auf Daueraufenthalt

Artikel 22 Räumlicher Geltungsbereich

Das Recht auf Aufenthalt und das Recht auf Daueraufenthalt erstrecken sich auf das gesamte Hoheitsgebiet des Aufnahmemitgliedstaats. Die Mitgliedstaaten können das Aufenthaltsrecht und das Recht auf Daueraufenthalt nur in den Fällen räumlich beschränken, in denen sie dieselben Beschränkungen auch für ihre eigenen Staatsangehörigen vorsehen.

Artikel 23 Verbundene Rechte

Die Familienangehörigen eines Unionsbürgers, die das Recht auf Aufenthalt oder das Recht auf Daueraufenthalt in einem Mitgliedstaat genießen, sind ungeachtet ihrer Staatsangehörigkeit berechtigt, dort eine Erwerbstätigkeit als Arbeitnehmer oder Selbstständiger aufzunehmen.

Artikel 24 Gleichbehandlung

(1) Vorbehaltlich spezifischer und ausdrücklich im Vertrag und im abgeleiteten Recht vorgesehener Bestimmungen genießt jeder Unionsbürger, der sich aufgrund dieser Richtlinie im Hoheitsgebiet des Aufnahmemitgliedstaats aufhält, im Anwendungsbereich des Vertrags die gleiche Behandlung wie die Staatsangehörigen dieses Mitgliedstaats. Das Recht auf Gleichbehandlung erstreckt sich auch auf Familienangehörige, die nicht die Staatsangehörigkeit eines Mitgliedstaats besitzen und das Recht auf Aufenthalt oder das Recht auf Daueraufenthalt genießen.

(2) Abweichend von Absatz 1 ist der Aufnahmemitgliedstaat jedoch nicht verpflichtet, anderen Personen als Arbeitnehmern oder Selbstständigen, Personen, denen dieser Status erhalten bleibt, und ihren Familienange-

hörigen während der ersten drei Monate des Aufenthalts oder gegebenenfalls während des längeren Zeitraums nach Artikel 14 Absatz 4 Buchstabe b) einen Anspruch auf Sozialhilfe oder vor Erwerb des Rechts auf Daueraufenthalt Studienbeihilfen, einschließlich Beihilfen zur Berufsausbildung, in Form eines Stipendiums oder Studiendarlehens, zu gewähren.

Artikel 25 Allgemeine Bestimmungen bezüglich der Aufenthaltsdokumente

(1) Die Ausübung eines Rechts oder die Erledigung von Verwaltungsformalitäten dürfen unter keinen Umständen vom Besitz einer Anmeldebescheinigung nach Artikel 8, eines Dokuments zur Bescheinigung des Daueraufenthalts, einer Bescheinigung über die Beantragung einer Aufenthaltskarte für Familienangehörige, einer Aufenthaltskarte oder einer Daueraufenthaltskarte abhängig gemacht werden, wenn das Recht durch ein anderes Beweismittel nachgewiesen werden kann.

(2) Alle in Absatz 1 genannten Dokumente werden unentgeltlich oder gegen Entrichtung eines Betrags ausgestellt, der die Gebühr für die Ausstellung entsprechender Dokumente an Inländer nicht übersteigt.

Artikel 26 Kontrolle

Die Mitgliedstaaten können kontrollieren, ob der sich gegebenenfalls aus ihren Rechtsvorschriften ergebenden Verpflichtung für fremde Staatsangehörige nachgekommen wird, ständig die Anmeldebescheinigung oder die Aufenthaltskarte mit sich zu führen, sofern sie diese Verpflichtung ihren eigenen Staatsangehörigen in Bezug auf deren Personalausweis auferlegen. Wird dieser Verpflichtung nicht nachgekommen, so können die Mitgliedstaaten die Sanktionen verhängen, die sie auch gegen ihre eigenen Staatsangehörigen verhängen, die ihren Personalausweis nicht mit sich führen.

Kapitel VI
Beschränkungen des Einreise- und Aufenthaltsrechts aus Gründen der öffentlichen Ordnung, Sicherheit oder Gesundheit

Artikel 27 Allgemeine Grundsätze

(1) Vorbehaltlich der Bestimmungen dieses Kapitels dürfen die Mitgliedstaaten die Freizügigkeit und das Aufenthaltsrecht eines Unionsbürgers oder seiner Familienangehörigen, ungeachtet ihrer Staatsangehörigkeit, aus Gründen der öffentlichen Ordnung, Sicherheit oder Gesundheit beschränken. Diese Gründe dürfen nicht zu wirtschaftlichen Zwecken geltend gemacht werden.

(2) Bei Maßnahmen aus Gründen der öffentlichen Ordnung oder Sicherheit ist der Grundsatz der Verhältnismäßigkeit zu wahren und darf ausschließlich das persönliche Verhalten des Betroffenen ausschlaggebend sein. Strafrechtliche Verurteilungen allein können ohne Weiteres diese Maßnahmen nicht begründen.

Das persönliche Verhalten muss eine tatsächliche, gegenwärtige und erhebliche Gefahr darstellen, die ein Grundinteresse der Gesellschaft berührt. Vom Einzelfall losgelöste oder auf Generalprävention verweisende Begründungen sind nicht zulässig.

(3) Um festzustellen, ob der Betroffene eine Gefahr für die öffentliche Ordnung oder Sicherheit darstellt, kann der Aufnahmemitgliedstaat bei der Ausstellung der Anmeldebescheinigung oder – wenn es kein Anmeldesystem gibt – spätestens drei Monate nach dem Zeitpunkt der Einreise des Betroffenen in das Hoheitsgebiet oder nach dem Zeitpunkt, zu dem der Betroffene seine Anwesenheit im Hoheitsgebiet gemäß Artikel 5 Absatz 5 gemeldet hat, oder bei Ausstellung der Aufenthaltskarte den Herkunftsmitgliedstaat und erforderlichenfalls andere Mitgliedstaaten um Auskünfte über das Vorleben des Betroffenen in strafrechtlicher Hinsicht ersuchen, wenn er dies für unerlässlich hält. Diese Anfragen dürfen nicht systematisch erfolgen.

Der ersuchte Mitgliedstaat muss seine Antwort binnen zwei Monaten erteilen.

(4) Der Mitgliedstaat, der den Reisepass oder Personalausweis ausgestellt hat, lässt den Inhaber des Dokuments, der aus Gründen der öffentlichen Ordnung, Sicherheit oder Gesundheit aus einem anderen Mitgliedstaat ausgewiesen wurde, ohne jegliche Formalitäten wieder einreisen, selbst wenn der Personalausweis oder Reisepass ungültig geworden ist oder die Staatsangehörigkeit des Inhabers bestritten wird.

Artikel 28 Schutz vor Ausweisung

(1) Bevor der Aufnahmemitgliedstaat eine Ausweisung aus Gründen der öffentlichen Ordnung oder Sicherheit verfügt, berücksichtigt er insbesondere die Dauer des Aufenthalts des Betroffenen im Hoheitsgebiet, sein Alter, seinen Gesundheitszustand, seine familiäre und wirtschaftliche Lage, seine soziale und kulturelle Integration im Aufnahmemitgliedstaat und das Ausmaß seiner Bindungen zum Herkunftsstaat.

(2) Der Aufnahmemitgliedstaat darf gegen Unionsbürger oder ihre Familienangehörigen, ungeachtet ihrer Staatsangehörigkeit, die das Recht auf Daueraufenthalt in seinem Hoheitsgebiet genießen, eine Ausweisung nur aus schwerwiegenden Gründen der öffentlichen Ordnung oder Sicherheit verfügen.

(3) Gegen Unionsbürger darf eine Ausweisung nicht verfügt werden, es sei denn, die Entscheidung beruht auf zwingenden Gründen der öffentlichen Sicherheit, die von den Mitgliedstaaten festgelegt wurden, wenn sie

a) ihren Aufenthalt in den letzten zehn Jahren im Aufnahmemitgliedstaat gehabt haben oder
b) minderjährig sind, es sei denn, die Ausweisung ist zum Wohl des Kindes notwendig, wie es im Übereinkommen der Vereinten Nationen vom 20. November 1989 über die Rechte des Kindes vorgesehen ist.

Artikel 29 Öffentliche Gesundheit

(1) Als Krankheiten, die eine die Freizügigkeit beschränkende Maßnahme rechtfertigen, gelten ausschließlich die Krankheiten mit epidemischem Potenzial im Sinne der einschlägigen Rechtsinstrumente der Weltgesundheitsorganisation und sonstige übertragbare, durch Infektionserreger oder Parasiten verursachte Krankheiten, sofern gegen diese Krankheiten Maßnahmen zum Schutz der Staatsangehörigen des Aufnahmemitgliedstaats getroffen werden.

(2) Krankheiten, die nach Ablauf einer Frist von drei Monaten ab dem Zeitpunkt der Einreise auftreten, stellen keinen Ausweisungsgrund dar.

(3) Wenn ernsthafte Anhaltspunkte dies rechtfertigen, können die Mitgliedstaaten für die Personen, die zum Aufenthalt berechtigt sind, binnen drei Monaten nach der Einreise eine kostenlose ärztliche Untersuchung anordnen, um feststellen zu lassen, dass sie nicht an einer Krankheit im Sinne von Absatz 1 leiden. Diese ärztlichen Untersuchungen dürfen nicht systematisch angeordnet werden.

Artikel 30 Mitteilung der Entscheidungen

(1) Entscheidungen nach Artikel 27 Absatz 1 müssen dem Betroffenen schriftlich in einer Weise mitgeteilt werden, dass er deren Inhalt und Wirkung nachvollziehen kann.

(2) Dem Betroffenen sind die Gründe der öffentlichen Ordnung, Sicherheit oder Gesundheit, die der ihn betreffenden Entscheidung zugrunde liegen, genau und umfassend mitzuteilen, es sei denn, dass Gründe der Sicherheit des Staates dieser Mitteilung entgegenstehen.

(3) In der Mitteilung ist anzugeben, bei welchem Gericht oder bei welcher Verwaltungsbehörde der Betroffene einen Rechtsbehelf einlegen kann, innerhalb welcher Frist der Rechtsbehelf einzulegen ist und gegebenenfalls binnen welcher Frist er das Hoheitsgebiet des Mitgliedstaats zu verlassen hat. Außer in ordnungsgemäß begründeten dringenden Fällen muss die Frist zum Verlassen des Hoheitsgebiets mindestens einen Monat, gerechnet ab dem Zeitpunkt der Mitteilung, betragen.

Artikel 31 Verfahrensgarantien

(1) Gegen eine Entscheidung aus Gründen der öffentlichen Ordnung, Sicherheit oder Gesundheit müssen die Betroffenen einen Rechtsbehelf bei einem Gericht und gegebenenfalls bei einer Behörde des Aufnahmemitgliedstaats einlegen können.

(2) Wird neben dem Rechtsbehelf gegen die Entscheidung, mit der die Ausweisung verfügt wurde, auch ein Antrag auf vorläufigen Rechtsschutz gestellt, um die Vollstreckung dieser Entscheidung auszusetzen, so darf die Abschiebung aus dem Hoheitsgebiet nicht erfolgen, solange nicht über den Antrag auf vorläufigen Rechtsschutz entschieden wurde, es sei denn,

- die Entscheidung, mit der die Ausweisung verfügt wird, stützt sich auf eine frühere gerichtliche Entscheidung, oder
- die Betroffenen hatten bereits früher die Möglichkeit, eine gerichtliche Überprüfung zu beantragen, oder
- die Entscheidung, mit der die Ausweisung verfügt wird, beruht auf zwingenden Gründen der öffentlichen Sicherheit nach Artikel 28 Absatz 3.

(3) Im Rechtsbehelfsverfahren sind die Rechtmäßigkeit der Entscheidung sowie die Tatsachen und die Umstände, auf denen die Entscheidung beruht, zu überprüfen. Es gewährleistet, dass die Entscheidung insbesondere im Hinblick auf die Erfordernisse gemäß Artikel 28 nicht unverhältnismäßig ist.

(4) Die Mitgliedstaaten können dem Betroffenen verbieten, sich während des anhängigen Rechtsbehelfsverfahrens in ihrem Hoheitsgebiet aufzuhalten, dürfen ihn jedoch nicht daran hindern, sein Verfahren selbst zu führen, es sei denn, die öffentliche Ordnung oder Sicherheit können durch sein persönliches Erscheinen ernsthaft gestört werden oder der Rechtsbehelf richtet sich gegen die Verweigerung der Einreise in das Hoheitsgebiet.

Artikel 32 Zeitliche Wirkung eines Aufenthaltsverbots

(1) Personen, gegen die aus Gründen der öffentlichen Ordnung oder Sicherheit ein Aufenthaltsverbot verhängt worden ist, können nach einem entsprechend den Umständen angemessenen Zeitraum, in jedem Fall aber drei Jahre nach Vollstreckung des nach dem Gemeinschaftsrecht ordnungsgemäß erlassenen endgültigen Aufenthaltsverbots einen Antrag auf Aufhebung des Aufenthaltsverbots unter Hinweis darauf einreichen, dass eine materielle Änderung der Umstände eingetreten ist, die das Aufenthaltsverbot gerechtfertigt haben.

Der betreffende Mitgliedstaat muss binnen sechs Monaten nach Einreichung des Antrags eine Entscheidung treffen.

(2) Die Personen gemäß Absatz 1 sind nicht berechtigt, während der Prüfung ihres Antrags in das Hoheitsgebiet des betreffenden Mitgliedstaats einzureisen.

Artikel 33 Ausweisung als Strafe oder Nebenstrafe

(1) Der Aufnahmemitgliedstaat kann eine Ausweisungsverfügung als Strafe oder Nebenstrafe zu einer Freiheitsstrafe nur erlassen, wenn die Voraussetzungen der Artikel 27, 28 und 29 eingehalten werden.

(2) Wird eine Ausweisungsverfügung nach Absatz 1 mehr als zwei Jahre nach ihrem Erlass vollstreckt, so muss der Mitgliedstaat überprüfen, ob von dem Betroffenen eine gegenwärtige und tatsächliche Gefahr für die öffentliche Ordnung oder Sicherheit ausgeht, und beurteilen, ob seit dem Erlass der Ausweisungsverfügung eine materielle Änderung der Umstände eingetreten ist.

Kapitel VII
Schlussbestimmungen

Artikel 34 Verbreitung von Informationen

Die Mitgliedstaaten verbreiten die Informationen hinsichtlich der Rechte und Pflichten der Unionsbürger und ihrer Familienangehörigen in den von dieser Richtlinie erfassten Bereichen, insbesondere durch Sensibilisierungskampagnen über nationale und lokale Medien und andere Kommunikationsmittel.

Artikel 35 Rechtsmissbrauch

Die Mitgliedstaaten können die Maßnahmen erlassen, die notwendig sind, um die durch diese Richtlinie verliehenen Rechte im Falle von Rechtsmissbrauch oder Betrug – wie z. B. durch Eingehung von Scheinehen – zu verweigern, aufzuheben oder zu widerrufen. Solche Maßnahmen müssen verhältnismäßig sein und unterliegen den Verfahrensgarantien nach den Artikeln 30 und 31.

Artikel 36 Sanktionen

Die Mitgliedstaaten legen Bestimmungen über Sanktionen fest, die bei einem Verstoß gegen die einzelstaatlichen Vorschriften zur Umsetzung dieser Richtlinie zu verhängen sind, und treffen die zu ihrer Durchsetzung erforderlichen Maßnahmen. Die Sanktionen müssen wirksam und verhältnismäßig sein. Die Mitgliedstaaten teilen diese Bestimmungen der Kommission spätestens am 30. April 2004 und eventuelle spätere Änderungen so rasch wie möglich mit.

Artikel 37 Günstigere innerstaatliche Rechtsvorschriften

Diese Richtlinie lässt Rechts- und Verwaltungsvorschriften der Mitgliedstaaten, die für die in den Anwendungsbereich dieser Richtlinie fallenden Personen günstiger sind, unberührt.

Artikel 38 Aufhebung

(1) (weggefallen)

(2) Die Richtlinien 64/221/EWG, 68/360/EWG, 72/194/EWG, 73/148/EWG, 75/34/EWG, 75/35/EWG, 90/364/EWG, 90/365/EWG und 93/96/EWG werden mit Wirkung vom 30. April 2006 aufgehoben.

(3) Bezugnahmen auf die aufgehobenen Bestimmungen oder Richtlinien gelten als Bezugnahmen auf die vorliegende Richtlinie.

Artikel 39 Bericht

Spätestens am 30. April 2008 erstattet die Kommission dem Europäischen Parlament und dem Rat Bericht über die Anwendung dieser Richtlinie und schlägt gegebenenfalls die erforderlichen Änderungen vor, insbesondere bezüglich der Möglichkeit, die Zeitspanne zu verlängern, während der Unionsbürger und ihre Familienangehörigen ohne weitere Bedingungen im Hoheitsgebiet des Aufnahmemitgliedstaats verbleiben können. Die Mitgliedstaaten teilen der Kommission die zur Erstellung des Berichts erforderlichen Informationen mit.

Artikel 40 Umsetzung

(1) Die Mitgliedstaaten setzen die Rechts- und Verwaltungsvorschriften in Kraft, die erforderlich sind, um dieser Richtlinie bis zum 30. April 2006 nachzukommen.

Wenn die Mitgliedstaaten diese Vorschriften erlassen, nehmen sie in den Vorschriften selbst oder durch einen Hinweis bei der amtlichen Veröffentlichung auf diese Richtlinie Bezug. Die Mitgliedstaaten regeln die Einzelheiten der Bezugnahme.

(2) Die Mitgliedstaaten teilen der Kommission den Wortlaut der innerstaatlichen Rechtsvorschriften mit, die sie auf dem unter diese Richtlinie fallenden Gebiet erlassen und übermitteln ihr eine Entsprechungstabelle zwischen den Bestimmungen dieser Richtlinie und den von ihnen erlassenen innerstaatlichen Vorschriften.

Artikel 41 Inkrafttreten

Diese Richtlinie tritt am Tag ihrer Veröffentlichung im *Amtsblatt der Europäischen Union* in Kraft.

Artikel 42 Adressaten

Diese Richtlinie ist an die Mitgliedstaaten gerichtet.

I

Abkommen zwischen der Europäischen Gemeinschaft und ihren Mitgliedstaaten einerseits und der Schweizerischen Eidgenossenschaft andererseits über die Freizügigkeit (Freizügigkeitsabkommen EG-Schweiz)[1])

Vom 21. Juni 1999 (ABl. 2002 S. 114/6)

Inhaltsübersicht

[1]) Das Abkommen ist gemäß seinem Artikel 25 am 1. Juni 2002 in Kraft getreten (ABlEG Nr. L 114, S. 480). Es ist eines von insgesamt sieben sog. Sektorenabkommen zwischen der Europäischen Gemeinschaft und der Schweiz, die die Bereiche Freizügigkeit, Luftverkehr, Güter- und Personenverkehr, öffentliches Beschaffungswesen, wissenschaftliche und technische Zusammenarbeit, gegenseitige Anerkennung von Konformitätsbewertungen und Handel mit landwirtschaftlichen Erzeugnissen betreffen. Alle Abkommen enthalten jeweils eine Klausel, die sicherstellt, dass sie nur parallel in Kraft treten und beendet werden können. Das Abkommen über die Personenfreizügigkeit war als einziges der sieben Sektorenabkommen ein sog. „gemischtes Abkommen", das sowohl in die Zuständigkeit der EG als auch in nationale Kompetenz fiel. Es musste daher als einziges Abkommen sowohl im Namen der Gemeinschaft als auch von den Mitgliedstaaten ratifiziert werden, was von Seiten der Bundesrepublik Deutschland bereits im Herbst 2001 erfolgte (BGBl. II S. 810; BTDrucks. 14/6100).

Anhang II[1])
Koordinierung der Systeme der sozialen Sicherheit

Anhang III[1])
Gegenseitige Anerkennung beruflicher Qualifikationen (Diplome, Prüfungszeugnisse und sonstiger Befähigungsnachweise)

[1]) Die Anhänge 2 und 3 sind hier nicht aufgenommen.

I

Die schweizerische Eidgenossenschaft einerseits

und

die Europäische Gemeinschaft, das Königreich Belgien, das Königreich Dänemark, die Bundesrepublik Deutschland, die griechische Republik, das Königreich Spanien, die französische Republik, Irland, die italienische Republik, das Großherzogtum Luxemburg, das Königreich der Niederlande, die Republik Österreich, die portugiesische Republik, die Republik Finnland, das Königreich Schweden, das Vereinigte Königreich Großbritannien und Nordirland, andererseits

nachstehend „Vertragsparteien" genannt –

in der Überzeugung, dass die Freizügigkeit der Personen im Hoheitsgebiet der anderen Vertragspartei wesentlicher Bestandteil einer harmonischen Entwicklung ihrer Beziehungen ist, entschlossen, diese Freizügigkeit zwischen ihnen auf der Grundlage der in der Europäischen Gemeinschaft geltenden Bestimmungen zu verwirklichen –

sind übereingekommen, folgendes Abkommen zu schließen:

I. Grundbestimmungen

Artikel 1 Ziel

Ziel dieses Abkommens zugunsten der Staatsangehörigen der Mitgliedstaaten der Europäischen Gemeinschaft und der Schweiz ist folgendes:

a) Einräumung eines Rechts auf Einreise, Aufenthalt, Zugang zu einer unselbstständigen Erwerbstätigkeit und Niederlassung als Selbstständiger sowie des Rechts auf Verbleib im Hoheitsgebiet der Vertragsparteien;

b) Erleichterung der Erbringung von Dienstleistungen im Hoheitsgebiet der Vertragsparteien, insbesondere Liberalisierung kurzzeitiger Dienstleistungen;

c) Einräumung eines Rechts auf Einreise und Aufenthalt im Hoheitsgebiet der Vertragsparteien für Personen, die im Aufnahmestaat keine Erwerbstätigkeit ausüben;

d) Einräumung der gleichen Lebens-, Beschäftigungs- und Arbeitsbedingungen wie für Inländer.

Artikel 2 Nichtdiskriminierung

Die Staatsangehörigen einer Vertragspartei, die sich rechtmäßig im Hoheitsgebiet einer anderen Vertragspartei aufhalten, werden bei der Anwendung dieses Abkommens gemäß den Anhängen I, II und III nicht aufgrund ihrer Staatsangehörigkeit diskriminiert.

Artikel 3 Einreiserecht

Den Staatsangehörigen einer Vertragspartei wird das Recht auf Einreise in das Hoheitsgebiet der anderen Vertragspartei gemäß den in Anhang I festgelegten Bestimmungen eingeräumt.

Artikel 4 Recht auf Aufenthalt und Zugang zu einer Erwerbstätigkeit

Das Recht auf Aufenthalt und Zugang zu einer Erwerbstätigkeit wird vorbehaltlich des Artikels 10 nach Maßgabe des Anhangs I eingeräumt.

Artikel 5 Dienstleistungserbringer

1. Unbeschadet besonderer Abkommen über die Erbringung von Dienstleistungen zwischen den Vertragsparteien (einschließlich des Abkommens über das öffentliche Beschaffungswesen, sofern es die Erbringung von Dienstleistungen umfasst) wird einem Dienstleistungserbringer einschließlich Gesellschaften gemäß Anhang I das Recht eingeräumt, Dienstleistungen im Hoheitsgebiet der anderen Vertragspartei zu erbringen, deren tatsächliche Dauer 90 Arbeitstage pro Kalenderjahr nicht überschreitet.

2. Einem Dienstleistungserbringer wird das Einreise- und Aufenthaltsrecht im Hoheitsgebiet der anderen Vertragspartei eingeräumt, sofern
   a) er gemäß Absatz 1 oder aufgrund eines in Absatz 1 genannten Abkommens zur Erbringung einer Dienstleistung berechtigt ist oder,

b) falls die Voraussetzungen unter Buchstabe a nicht erfüllt sind, ihm von den zuständigen Behörden der betreffenden Vertragspartei eine Erlaubnis zur Erbringung einer Dienstleistung erteilt wurde.

3. Natürlichen Personen, die Staatsangehörige eines Mitgliedstaates der Europäischen Gemeinschaft oder der Schweiz sind und sich nur als Empfänger einer Dienstleistung in das Hoheitsgebiet einer Vertragspartei begeben, wird das Einreise- und Aufenthaltsrecht eingeräumt.

4. Die in diesem Artikel genannten Rechte werden gemäß den Bestimmungen der Anhänge I, II und III eingeräumt. Die Höchstzahlen des Artikels 10 können gegenüber den in diesem Artikel genannten Personen nicht geltend gemacht werden.

Artikel 6 Aufenthaltsrecht für Personen, die keine Erwerbstätigkeit ausüben

Das Aufenthaltsrecht im Hoheitsgebiet einer Vertragspartei wird den Personen, die keine Erwerbstätigkeit ausüben, gemäß den Bestimmungen des Anhangs I über Nichterwerbstätige eingeräumt.

Artikel 7 Sonstige Rechte

Die Vertragsparteien regeln insbesondere die folgenden mit der Freizügigkeit zusammenhängenden Rechte gemäß Anhang I:

a) Recht auf Gleichbehandlung mit den Inländern in Bezug auf den Zugang zu einer Erwerbstätigkeit und deren Ausübung sowie auf die Lebens-, Beschäftigungs- und Arbeitsbedingungen;

b) Recht auf berufliche und geographische Mobilität, das es den Staatsangehörigen der Vertragsparteien gestattet, sich im Hoheitsgebiet des Aufnahmestaates frei zu bewegen und den Beruf ihrer Wahl auszuüben;

c) Recht auf Verbleib im Hoheitsgebiet einer Vertragspartei nach Beendigung einer Erwerbstätigkeit;

d) Aufenthaltsrecht der Familienangehörigen, ungeachtet ihrer Staatsangehörigkeit;

e) Recht der Familienangehörigen auf Ausübung einer Erwerbstätigkeit, ungeachtet ihrer Staatsangehörigkeit;

f) Recht auf Erwerb von Immobilien im Zusammenhang mit der Ausübung der im Rahmen dieses Abkommens eingeräumten Rechte;

g) während der Übergangszeit: Recht auf Rückkehr in das Hoheitsgebiet einer Vertragspartei nach Beendigung einer Erwerbstätigkeit oder eines Aufenthalts in diesem Gebiet zwecks Ausübung einer Erwerbstätigkeit sowie Recht auf Umwandlung einer befristeten in eine ständige Aufenthaltserlaubnis.

Artikel 8 Koordinierung der Systeme der sozialen Sicherheit

Die Vertragsparteien regeln die Koordinierung der Systeme der sozialen Sicherheit gemäß Anhang II, um insbesondere folgendes zu gewährleisten:

a) Gleichbehandlung;

b) Bestimmung der anzuwendenden Rechtsvorschriften;

c) Zusammenrechnung aller nach den verschiedenen nationalen Rechtsvorschriften berücksichtigten Versicherungszeiten für den Erwerb und die Aufrechterhaltung des Leistungsanspruchs sowie für die Berechnung der Leistungen;

d) Zahlung der Leistungen an Personen, die ihren Wohnsitz im Hoheitsgebiet der Vertragsparteien haben;

e) Amtshilfe und Zusammenarbeit der Behörden und Einrichtungen.

Artikel 9 Diplome, Zeugnisse und sonstige Befähigungsnachweise

Um den Staatsangehörigen der Mitgliedstaaten der Europäischen Gemeinschaft und der Schweiz den Zugang zu unselbstständigen und selbstständigen Erwerbstätigkeiten und deren Ausübung sowie die Erbringung von

Dienstleistungen zu erleichtern, treffen die Vertragsparteien gemäß Anhang III die erforderlichen Maßnahmen zur gegenseitigen Anerkennung der Diplome, Zeugnisse und sonstigen Befähigungsnachweise und zur Koordinierung ihrer Rechts- und Verwaltungsvorschriften über den Zugang zu unselbstständigen und selbstständigen Erwerbstätigkeiten und deren Ausübung sowie die Erbringung von Dienstleistungen.

II. Allgemeine und Schlussbestimmungen

Artikel 10 Übergangsbestimmungen und Weiterentwicklung dieses Abkommens

1. Während eines Zeitraums von fünf Jahren nach In-Kraft-Treten dieses Abkommens kann die Schweiz für die beiden Kategorien der Aufenthalte von mehr als vier Monaten und weniger als einem Jahr und der Aufenthalte von einem Jahr oder mehr Höchstzahlen für den Zugang zu einer Erwerbstätigkeit aufrechterhalten. Die Aufenthalte von weniger als vier Monaten unterliegen keiner Beschränkung.

   Ab dem sechsten Jahr werden die Höchstzahlen für die Staatsangehörigen der Mitgliedstaaten der Europäischen Gemeinschaft aufgehoben.

2. Die Vertragsparteien können die Kontrolle der Einhaltung des Vorrangs der in den regulären Arbeitsmarkt integrierten Arbeitnehmer und die Kontrolle der Entlohnungs- und Arbeitsbedingungen für die Staatsangehörigen der anderen Vertragspartei einschließlich der in Artikel 5 genannten Dienstleistungserbringer höchstens zwei Jahre lang beibehalten. Vor Ablauf des ersten Jahres prüft der Gemischte Ausschuss, inwieweit diese Beschränkungen noch notwendig sind. Er kann die Höchstdauer von zwei Jahren verkürzen. Die Erbringer der Dienstleistungen, die durch ein besonderes Abkommen über die Erbringung von Dienstleistungen zwischen den Vertragsparteien (einschließlich des Abkommens über bestimmte Aspekte des öffentlichen Beschaffungswesens, sofern es die Erbringung von Dienstleistungen umfasst) liberalisiert wurden, unterliegen nicht der Kontrolle der Einhaltung des Vorrangs der in den regulären Arbeitsmarkt integrierten Arbeitnehmer.

3. Ab In-Kraft-Treten dieses Abkommens und bis zum Ende des fünften Jahres behält die Schweiz innerhalb ihrer Gesamtkontingente mindestens folgende Anzahl neuer Aufenthaltserlaubnisse für Arbeitnehmer und Selbstständige der Europäischen Gemeinschaft vor: 15 000 Aufenthaltserlaubnisse pro Jahr mit einer Gültigkeitsdauer von einem Jahr oder mehr, 115 500 Aufenthaltserlaubnisse pro Jahr mit einer Gültigkeitsdauer von mehr als vier Monaten und weniger als einem Jahr.

4. Ungeachtet des Absatzes 3 vereinbaren die Vertragsparteien folgende Regelung: Ist nach Ablauf eines Zeitraums von fünf Jahren und bis 12 Jahre nach In-Kraft-Treten des Abkommens in einem bestimmten Jahr die Zahl der neuen Aufenthaltserlaubnisse einer der Kategorien nach Absatz 1, die Arbeitnehmern und Selbstständigen der Europäischen Gemeinschaft erteilt wurden, um 10 % höher als der Durchschnitt der drei vorangegangenen Jahre, so kann die Schweiz für das folgende Jahr die Zahl der neuen Aufenthaltserlaubnisse dieser Kategorie für Arbeitnehmer und Selbstständige der Europäischen Gemeinschaft einseitig auf den Durchschnitt der drei vorangegangenen Jahre plus 5 % begrenzen. Im darauf folgenden Jahr kann diese Zahl auf die gleiche Höhe begrenzt werden.

   Ungeachtet des Unterabsatzes 1 darf für Arbeitnehmer und Selbstständige der Europäischen Gemeinschaft die Zahl der neuen Aufenthaltserlaubnisse mit einer Gültigkeitsdauer von einem Jahr oder mehr nicht auf weniger als 15 000 pro Jahr bzw. die Zahl der Aufenthaltserlaubnisse mit einer Gültigkeitsdauer von mehr als vier Monaten und weniger als einem Jahr nicht auf weniger als 115 500 pro Jahr begrenzt werden.

5. Die Übergangsbestimmungen der Absätze 1 bis 4, insbesondere die des Absatzes 2 über den Vorrang der in den regulären Arbeitsmarkt integrierten Arbeitnehmer und die Kontrolle der Entlohnungs- und Arbeitsbedingungen, gelten nicht für Arbeitnehmer und Selbstständige, die zum Zeitpunkt des In-Kraft-Tretens dieses Abkommens zur Ausübung einer Erwerbstätigkeit im Gebiet der Vertragsparteien berechtigt sind. Sie haben insbesondere ein Recht auf geographische und berufliche Mobilität. Inhaber einer Aufenthaltserlaubnis mit einer Gültigkeitsdauer von weniger als einem Jahr haben ein Recht auf Erneuerung ihrer Aufenthaltserlaubnis; die Ausschöpfung der Höchstzahlen kann ihnen gegenüber nicht geltend gemacht werden. Inhaber einer Aufenthaltserlaubnis mit einer Gültigkeitsdauer von einem Jahr oder mehr haben automatisch ein Recht auf Verlängerung ihrer Aufenthaltserlaubnis; diesen Arbeitnehmern und Selbstständigen werden folglich die mit der Freizügigkeit verbundenen Rechte, die in den Grundbestimmungen dieses Abkommens, insbesondere in Artikel 7, festgelegt sind, ab In-Kraft-Treten dieses Abkommens eingeräumt.

6. Die Schweiz teilt dem Gemischten Ausschuss die erforderlichen Statistiken und Angaben einschließlich der zur Durchführung des Absatzes 2 getroffenen Maßnahmen regelmäßig und umgehend mit. Jede Vertragspartei kann im Gemischten Ausschuss eine Prüfung der Lage beantragen.

7. Grenzgänger unterliegen keiner zahlenmäßigen Beschränkung.

8. Die Übergangsbestimmungen über die soziale Sicherheit und die Rückerstattung der Beiträge zur Arbeitslosenversicherung sind in dem Protokoll zu Anhang II festgelegt.

Artikel 11 Behandlung von Beschwerden

1. Die unter dieses Abkommen fallenden Personen haben das Recht, hinsichtlich der Anwendung der Bestimmungen dieses Abkommens bei den zuständigen Behörden Beschwerde einzulegen.
2. Die Beschwerden müssen innerhalb einer angemessenen Frist behandelt werden.
3. Die unter dieses Abkommen fallenden Personen erhalten die Möglichkeit, gegen die Entscheidungen über Beschwerden oder das Nichtergehen einer Entscheidung innerhalb einer angemessenen Frist bei dem zuständigen nationalen Gericht Berufung einzulegen.

Artikel 12 Günstigere Bestimmungen

Dieses Abkommen steht günstigeren innerstaatlichen Bestimmungen, die den Staatsangehörigen der Vertragsparteien bzw. ihren Familienangehörigen eingeräumt werden, nicht entgegen.

Artikel 13 Stand still

Die Vertragsparteien verpflichten sich, in den unter dieses Abkommen fallenden Bereichen keine neuen Beschränkungen für Staatsangehörige der anderen Vertragspartei einzuführen.

Artikel 14 Gemischter Ausschuss

1. Ein aus Vertretern der Vertragsparteien bestehender Gemischter Ausschuss wird eingesetzt, der für die Verwaltung und die ordnungsgemäße Anwendung dieses Abkommens verantwortlich ist. Zu diesem Zweck gibt er Empfehlungen ab. Er fasst Beschlüsse in den in diesem Abkommen vorgesehenen Fällen. Der Gemischte Ausschuss beschließt einvernehmlich.
2. Bei schwerwiegenden wirtschaftlichen oder sozialen Problemen tritt der Gemischte Ausschuss auf Verlangen einer Vertragspartei zusammen, um geeignete Abhilfemaßnahmen zu prüfen. Der Gemischte Ausschuss kann innerhalb von 60 Tagen nach dem Antrag über die zu ergreifenden Maßnahmen beschließen.

Diese Frist kann der Gemischte Ausschuss verlängern. Diese Maßnahmen sind in Umfang und Dauer auf das zur Abhilfe erforderliche Mindestmaß zu beschränken. Es sind solche Maßnahmen zu wählen, die das Funktionieren dieses Abkommens so wenig wie möglich beeinträchtigen.

3. Zur Gewährleistung der ordnungsgemäßen Durchführung dieses Abkommens tauschen die Vertragsparteien regelmäßig Informationen aus und führen auf Verlangen einer der Vertragsparteien Konsultationen im Gemischten Ausschuss.
4. Der Gemischte Ausschuss tritt bei Bedarf, mindestens jedoch einmal jährlich, zusammen. Jede Vertragspartei kann die Einberufung einer Sitzung verlangen. Der Gemischte Ausschuss tritt binnen 15 Tagen zusammen, nachdem ein Antrag gemäß Absatz 2 gestellt wurde.
5. Der Gemischte Ausschuss gibt sich eine Geschäftsordnung, die unter anderem die Verfahren zur Einberufung der Sitzungen, zur Ernennung des Vorsitzenden und zur Festlegung von dessen Mandat enthält.
6. Der Gemischte Ausschuss kann die Einsetzung von Arbeitsgruppen oder Sachverständigengruppen beschließen, die ihn bei der Erfüllung seiner Aufgaben unterstützen.

Artikel 15 Anhänge und Protokolle

Die Anhänge und Protokolle sind Bestandteile dieses Abkommens. Die Erklärungen sind in der Schlussakte enthalten.

Artikel 16 Bezugnahme auf das Gemeinschaftsrecht

1. Zur Erreichung der Ziele dieses Abkommens treffen die Vertragsparteien alle erforderlichen Maßnahmen, damit in ihren Beziehungen gleichwertige Rechte und Pflichten wie in den Rechtsakten der Europäischen Gemeinschaft, auf die Bezug genommen wird, Anwendung finden.
2. Soweit für die Anwendung dieses Abkommens Begriffe des Gemeinschaftsrechts herangezogen werden, wird hierfür die einschlägige Rechtsprechung des Gerichtshofs der Europäischen Gemeinschaften vor dem Zeitpunkt der Unterzeichnung berücksichtigt. Über die Rechtsprechung nach dem Zeitpunkt der Unterzeichnung dieses Abkommens wird die Schweiz unterrichtet. Um das ordnungsgemäße Funktionieren dieses Abkommens sicherzustellen, stellt der Gemischte Ausschuss auf Antrag einer Vertragspartei die Auswirkungen dieser Rechtsprechung fest.

Artikel 17 Entwicklung des Rechts

1. Sobald eine Vertragspartei das Verfahren zur Annahme eines Entwurfs zur Änderung ihrer innerstaatlichen Rechtsvorschriften einleitet oder eine Änderung in der Rechtsprechung der Instanzen, deren Entscheidungen nicht mehr mit Rechtsmitteln des innerstaatlichen Rechts angefochten werden können, in einem unter dieses Abkommen fallenden Bereich eintritt, unterrichtet die betroffene Vertragspartei die andere Vertragspartei im Rahmen des Gemischten Ausschusses hiervon.
2. Der Gemischte Ausschuss führt einen Meinungsaustausch über die Auswirkungen der Änderung auf das ordnungsgemäße Funktionieren dieses Abkommens.

Artikel 18 Revision

Wünscht eine Vertragspartei eine Revision dieses Abkommens, so unterbreitet sie dem Gemischten Ausschuss hierzu einen Vorschlag. Die Änderung dieses Abkommens tritt nach Abschluss der jeweiligen internen Verfahren in Kraft; hiervon ausgenommen sind Änderungen der Anhänge II und III, die vom Gemischten Ausschuss beschlossen werden und sofort nach dessen Beschluss in Kraft treten können.

Artikel 19 Streitbeilegung

1. Die Vertragsparteien können den Gemischten Ausschuss mit allen Streitigkeiten über die Auslegung oder die Anwendung dieses Abkommens befassen.
2. Der Gemischte Ausschuss kann die Streitigkeit beilegen. Dem Gemischten Ausschuss werden alle zweckdienlichen Informationen für eine eingehende Prüfung der

Angelegenheit im Hinblick auf eine annehmbare Lösung zur Verfügung gestellt. Zu diesem Zweck prüft der Gemischte Ausschuss alle Möglichkeiten zur Aufrechterhaltung des ordnungsgemäßen Funktionierens dieses Abkommens.

Artikel 20 Beziehung zu bilateralen Abkommen über die soziale Sicherheit

Sofern in Anhang II nichts Gegenteiliges bestimmt ist, werden die bilateralen Abkommen über die soziale Sicherheit zwischen der Schweiz und den Mitgliedstaaten der Europäischen Gemeinschaft mit In-Kraft-Treten dieses Abkommens insoweit ausgesetzt, als in diesem Abkommen derselbe Sachbereich geregelt wird.

Artikel 21 Beziehung zu den bilateralen Doppelbesteuerungsabkommen

1. Die Bestimmungen der bilateralen Doppelbesteuerungsabkommen zwischen der Schweiz und den Mitgliedstaaten der Europäischen Gemeinschaft bleiben von den Bestimmungen dieses Abkommens unberührt. Insbesondere lassen die Bestimmungen dieses Abkommens die in den Doppelbesteuerungsabkommenfestgelegte Begriffsbestimmung des Grenzgängers unberührt.
2. Keine Bestimmung dieses Abkommens ist so auszulegen, dass sie die Vertragsparteien daran hindert, bei der Anwendung ihrer Steuervorschriften eine Unterscheidung zwischen Steuerpflichtigen zu machen, die sich – insbesondere hinsichtlich ihres Wohnsitzes – nicht in vergleichbaren Situationen befinden.
3. Keine Bestimmung dieses Abkommens hindert die Vertragsparteien daran, Maßnahmen zu beschließen oder anzuwenden, um nach Maßgabe der Bestimmungen der nationalen Steuergesetzgebung einer Vertragspartei oder der zwischen der Schweiz einerseits und einem oder mehreren Mitgliedstaaten der Europäischen Gemeinschaft andererseits geschlossenen Doppelbesteuerungsabkommen oder sonstiger steuerrechtlicher Vereinbarungen die Besteuerung sowie die Zahlung und die tatsächliche Erhebung der Steuern zu gewährleisten oder die Steuerflucht zu verhindern.

Artikel 22 Beziehung zu bilateralen Abkommen in anderen Bereichen als der sozialen Sicherheit und der Doppelbesteuerung

1. Ungeachtet der Artikel 20 und 21 lässt dieses Abkommen die Abkommen zwischen der Schweiz einerseits und einem oder mehreren Mitgliedstaaten der Europäischen Gemeinschaft andererseits, beispielsweise Abkommen betreffend Privatpersonen, Wirtschaftsbeteiligte, die grenzüberschreitende Zusammenarbeit oder den kleinen Grenzverkehr, insoweit unberührt, als sie mit diesem Abkommen vereinbar sind.
2. Sind die betreffenden Abkommen nicht mit diesem Abkommen vereinbar, so ist letzteres maßgebend.

Artikel 23 Erworbene Ansprüche

Im Falle der Kündigung oder der Nichtverlängerung des Abkommens bleiben die erworbenen Ansprüche von Einzelnen unberührt. Die Vertragsparteien treffen im gegenseitigen Einvernehmen eine Regelung für die Anwartschaften.

Artikel 24 Räumlicher Geltungsbereich

Dieses Abkommen gilt für das Hoheitsgebiet der Schweiz einerseits und die Gebiete, in denen der Vertrag zur Gründung der Europäischen Gemeinschaft Anwendung findet, und nach Maßgabe jenes Vertrags andererseits.

Artikel 25 In-Kraft-Treten und Geltungsdauer

1. Dieses Abkommen bedarf der Ratifikation oder Genehmigung durch die Vertragsparteien gemäß ihren eigenen Verfahren. Es tritt am ersten Tag des zweiten Monats in Kraft, der auf die letzte Notifikation der Hinterlegung der Ratifikations- oder Ge-

nehmigungsurkunden aller nachstehenden sieben Abkommen folgt:

Abkommen über die Freizügigkeit

Abkommen über den Luftverkehr

Abkommen über den Güter- und Personenverkehr auf Schiene und Straße

Abkommen über den Handel mit landwirtschaftlichen Erzeugnissen

Abkommen über die gegenseitige Anerkennung von Konformitätsbewertungen

Abkommen über bestimmte Aspekte des öffentlichen Beschaffungswesens

Abkommen über die wissenschaftliche und technologische Zusammenarbeit.

2. Dieses Abkommen wird für eine anfängliche Dauer von sieben Jahren geschlossen. Es verlängert sich für unbestimmte Zeit, sofern die Gemeinschaft oder die Schweiz der anderen Vertragspartei vor Ablauf der anfänglichen Geltungsdauer nichts Gegenteiliges notifiziert. Im Falle einer solchen Notifikation findet Absatz 4 Anwendung.

3. Die Europäische Gemeinschaft oder die Schweiz kann dieses Abkommen durch Notifikation gegenüber der anderen Vertragspartei kündigen. Im Falle einer solchen Notifikation findet Absatz 4 Anwendung.

4. Die in Absatz 1 aufgeführten sieben Abkommen treten sechs Monate nach Erhalt der Notifikation über die Nichtverlängerung gemäß Absatz 2 oder über die Kündigung gemäß Absatz 3 außer Kraft.

Anhang I

Freizügigkeit

I. Allgemeine Bestimmungen

Artikel 1
Einreise und Ausreise

1. Die Vertragsparteien gestatten den Staatsangehörigen der anderen Vertragsparteien, deren Familienangehörigen im Sinne des Artikels 3 dieses Anhangs und den entsandten Arbeitnehmern im Sinne des Artikels 17 dieses Anhangs die Einreise in ihr Hoheitsgebiet gegen Vorlage eines gültigen Personalausweises oder Reisepasses.
Ein Einreisevisum oder ein gleichwertiger Nachweis darf nicht verlangt werden, außer im Fall von Familienangehörigen und entsandten Arbeitnehmern im Sinne des Artikels 17 dieses Anhangs, die nicht die Staatsangehörigkeit einer Vertragspartei besitzen. Die betreffende Vertragspartei gewährt diesen Personen alle Erleichterungen für die Beschaffung der gegebenenfalls benötigten Visa.

2. Die Vertragsparteien erkennen den Staatsangehörigen der Vertragsparteien, ihren Familienangehörigen im Sinne des Artikels 3 dieses Anhangs und den entsandten Arbeitnehmern im Sinne des Artikels 17 dieses Anhangs das Recht zu, ihr Hoheitsgebiet gegen Vorlage eines gültigen Personalausweises oder Reisepasses zu verlassen. Sie dürfen von den Staatsangehörigen der anderen Vertragsparteien kein Ausreisevisum und keinen gleichwertigen Nachweis verlangen.
Die Vertragsparteien stellen ihren Staatsangehörigen gemäß ihren Rechtsvorschriften einen Personalausweis oder einen Reisepass aus, der insbesondere ihre Staatsangehörigkeit angibt, oder verlängern diese Dokumente.
Der Reisepass muss zumindest für alle Vertragsparteien und für die unmittelbar zwischen den Vertragsparteien liegenden Durchreiseländer gültig sein. Ist die Ausreise nur mit dem Reisepass statthaft, so muss dieser mindestens fünf Jahre gültig sein.

Artikel 2
Aufenthalt und Erwerbstätigkeit

1. Unbeschadet der für die Übergangszeit gemäß Artikel 10 dieses Abkommens und Kapitel VII dieses Anhangs geltenden Bestimmungen haben die Staatsangehörigen einer Vertragspartei das Recht, sich nach Maßgabe der Kapitel II bis IV im Hoheitsgebiet der anderen Vertragspartei aufzuhalten und dort eine Erwerbstätigkeit auszuüben. Zum Nachweis dieses Rechts wird eine Aufenthaltserlaubnis erteilt oder eine Sonderbescheinigung für Grenzgänger ausgestellt.
Die Staatsangehörigen der Vertragsparteien haben ferner das Recht, sich in das Hoheitsgebiet einer anderen Vertragspartei zu begeben oder nach Beendigung eines Arbeitsverhältnisses mit einer Dauer von weniger als einem Jahr dort zu bleiben, um sich eine Beschäftigung zu suchen, und sich während eines angemessenen Zeitraums von bis zu sechs Monaten dort aufzuhalten, sofern dies erforderlich ist, um von den ihrer beruflichen Befähigung entsprechenden Stellenangeboten Kenntnis zu nehmen und gegebenenfalls die erforderlichen Maßnahmen im Hinblick auf ihre Einstellung zu treffen. Die Arbeitsuchenden haben im Hoheitsgebiet der betreffenden Vertragspartei Anspruch auf die gleiche Hilfe, wie sie die Arbeitsämter dieses Staates eigenen Staatsangehörigen leisten. Sie können während der Dauer dieses Aufenthalts von der Sozialhilfe ausgeschlossen werden.

2. Den Staatsangehörigen der Vertragsparteien, die im Aufnahmestaat keine Erwerbstätigkeit ausüben und kein Aufenthaltsrecht aufgrund anderer Bestimmungen dieses Abkommens haben, wird das Aufenthaltsrecht eingeräumt, sofern sie die Voraussetzungen des Kapitels V erfüllen. Zum Nachweis dieses Rechts wird eine Aufenthaltserlaubnis erteilt.

3. Die Erteilung und Verlängerung der Aufenthaltserlaubnis oder Sonderbescheinigung für die Staatsangehörigen der Vertragsparteien erfolgen kostenlos oder gegen Entrichtung eines Betrags, der die Ausstellungsgebühr für Personalausweise von Inländern nicht übersteigen darf. Die Vertragsparteien treffen alle erforderlichen Maßnahmen, um die Formalitäten und Verfahren für die Beschaffung dieser Dokumente so weit wie möglich zu vereinfachen.
4. Die Vertragsparteien können von den Staatsangehörigen der anderen Vertragsparteien verlangen, dass sie ihre Anwesenheit in ihrem Hoheitsgebiet anzeigen.

Artikel 3
Familienangehörige

1. Die Familienangehörigen einer Person, die Staatsangehörige einer Vertragspartei ist und ein Aufenthaltsrecht hat, haben das Recht, bei ihr Wohnung zu nehmen. Der Arbeitnehmer muss für seine Familie über eine Wohnung verfügen, die in dem Gebiet, in dem er beschäftigt ist, den für die inländischen Arbeitnehmer geltenden normalen Anforderungen entspricht; diese Bestimmung darf jedoch nicht zu Diskriminierungen zwischen inländischen Arbeitnehmern und Arbeitnehmern aus der anderen Vertragspartei führen.
2. Als Familienangehörige gelten ungeachtet ihrer Staatsangehörigkeit:
   a) der Ehegatte und die Verwandten in absteigender Linie, die noch nicht 21 Jahre alt sind oder denen Unterhalt gewährt wird;
   b) die Verwandten und die Verwandten des Ehegatten in aufsteigender Linie, denen Unterhalt gewährt wird;
   c) im Fall von Studierenden der Ehegatte und die unterhaltsberechtigten Kinder.

   Die Vertragsparteien begünstigen die Aufnahme aller nicht unter den Buchstaben a, b und c genannten Familienangehörigen, denen der Staatsangehörige einer Vertragspartei Unterhalt gewährt oder mit denen er im Herkunftsland in einer häuslichen Gemeinschaft lebt.
3. Für die Erteilung der Aufenthaltserlaubnis für Familienangehörige eines Staatsangehörigen einer Vertragspartei dürfen die Vertragsparteien nur folgende Unterlagen verlangen:
   a) die Ausweise, mit denen sie in ihr Hoheitsgebiet eingereist sind;
   b) eine von der zuständigen Behörde des Heimat- oder Herkunftsstaats ausgestellte Bescheinigung, in der das Verwandtschaftsverhältnis bestätigt wird;
   c) für Personen, denen Unterhalt gewährt wird, eine von der zuständigen Behörde des Heimat- oder Herkunftsstaats ausgestellte Bescheinigung, in der bestätigt wird, dass die in Absatz 1 genannte Person ihnen Unterhalt gewährt oder sie in diesem Staat mit ihr in einer häuslichen Gemeinschaft leben.
4. Die einem Familienangehörigen erteilte Aufenthaltserlaubnis hat die gleiche Gültigkeit wie die der Person, von der das Recht hergeleitet ist.
5. Der Ehegatte und die Kinder einer Person mit Aufenthaltsrecht, die noch nicht 21 Jahre alt oder unterhaltsberechtigt sind, haben ungeachtet ihrer Staatsangehörigkeit das Recht auf Zugang zu einer Erwerbstätigkeit.
6. Die Kinder eines Staatsangehörigen einer Vertragspartei dürfen ungeachtet dessen, ob er im Hoheitsgebiet der anderen Vertragspartei eine Erwerbstätigkeit ausübt oder keine Erwerbstätigkeit ausübt oder eine Erwerbstätigkeit ausgeübt hat, unter den gleichen Bedingungen wie die Staatsangehörigen des Aufnahmestaates, sofern sie in dessen Hoheitsgebiet wohnen, am allgemeinen Unterricht sowie an der Lehrlings- und Berufsausbildung teilnehmen. Die Vertragsparteien unterstützen alle Bemühungen, durch die diesen Kindern ermöglicht werden soll, unter den besten Voraussetzungen an diesem Unterricht bzw. dieser Ausbildung teilzunehmen.

Artikel 4
Verbleiberecht

1. Die Staatsangehörigen einer Vertragspartei und ihre Familienangehörigen haben nach Beendigung ihrer Erwerbstätigkeit ein Recht auf Verbleib im Hoheitsgebiet der anderen Vertragspartei.
2. Gemäß Artikel 16 dieses Abkommens wird auf die Verordnung (EWG) Nr. 1251/70 (ABl. L 142, vom 30. 6. 1970, S. 24)[1]) und auf die Richtlinie 75/34/EWG (ABl. L 14, vom 20. 1. 1975, S. 10)[1]) Bezug genommen.

Artikel 5
Öffentliche Ordnung

(1) Die aufgrund dieses Abkommens eingeräumten Rechte dürfen nur durch Maßnahmen, die aus Gründen der öffentlichen Ordnung, Sicherheit und Gesundheit gerechtfertigt sind, eingeschränkt werden.

(2) Gemäß Artikel 16 dieses Abkommens wird auf die Richtlinien 64/221/EWG (ABl. 56, vom 4. 4. 1964, S. 850)[1]), 72/194/EWG (ABl. L 121, 26. 5. 1972, S. 32)[1]) und 75/35/EWG (ABl. L 14, vom 20. 1. 1975, S. 10)[1]) Bezug genommen.

II. Arbeitnehmer

Artikel 6
Aufenthaltsregelung

1. Ein Arbeitnehmer, der Staatsangehöriger einer Vertragspartei ist (im folgenden „Arbeitnehmer" genannt) und mit einem Arbeitgeber des Aufnahmestaates ein Arbeitsverhältnis mit einer Dauer von mindestens einem Jahr eingegangen ist, erhält eine Aufenthaltserlaubnis mit einer Gültigkeitsdauer von mindestens fünf Jahren, gerechnet ab dem Zeitpunkt der Erteilung der Erlaubnis. Diese wird automatisch um mindestens fünf Jahre verlängert. Bei der ersten Verlängerung kann die Gültigkeitsdauer beschränkt werden, wenn der Inhaber seit mehr als zwölf aufeinander folgenden Monaten unfreiwillig arbeitslos ist; sie darf jedoch ein Jahr nicht unterschreiten.
2. Ein Arbeitnehmer, der mit einem Arbeitgeber des Aufnahmestaates ein Arbeitsverhältnis mit einer Dauer von mehr als drei Monaten und weniger als einem Jahr eingegangen ist, erhält eine Aufenthaltserlaubnis mit einer Gültigkeitsdauer, die der Dauer des Arbeitsvertrags entspricht. Ein Arbeitnehmer, der ein Arbeitsverhältnis mit einer Dauer von höchstens drei Monaten hat, benötigt keine Aufenthaltserlaubnis.
3. Für die Erteilung der Aufenthaltserlaubnis dürfen die Vertragsparteien vom Arbeitnehmer nur die Vorlage folgender Unterlagen verlangen:
   a) den Ausweis, mit dem er in ihr Hoheitsgebiet eingereist ist;
   b) eine Einstellungserklärung des Arbeitgebers oder eine Arbeitsbescheinigung.
4. Die Aufenthaltserlaubnis gilt für das gesamte Hoheitsgebiet des Staates, der sie erteilt hat.
5. Aufenthaltsunterbrechungen, die sechs aufeinander folgende Monate nicht überschreiten, sowie eine durch Militärdienst gerechtfertigte Abwesenheit berühren nicht die Gültigkeit der Aufenthaltserlaubnis.
6. Eine gültige Aufenthaltserlaubnis darf dem Arbeitnehmer nicht allein deshalb entzogen werden, weil er keine Beschäftigung mehr hat, entweder weil er infolge von Krankheit oder Unfall vorübergehend arbeitsunfähig ist oder weil er unfreiwillig arbeitslos geworden ist, sofern letzteres vom zuständigen Arbeitsamt ordnungsgemäß bestätigt wird.
7. Die Erledigung der Formalitäten für die Erteilung der Aufenthaltserlaubnis darf die fristgerechte Erfüllung der von den Antragstellern geschlossenen Arbeitsverträge nicht behindern.

Artikel 7
Abhängig beschäftigte Grenzgänger

1. Ein abhängig beschäftigter Grenzgänger ist ein Staatsangehöriger einer Vertragspartei mit Wohnsitz im Hoheitsgebiet einer Vertragspartei, der eine Erwerbstätigkeit als Arbeitnehmer im Hoheitsgebiet der anderen Vertragspartei ausübt und in der Regel täglich oder mindestens einmal in der Woche an seinen Wohnort zurückkehrt.
2. Die Grenzgänger benötigen keine Aufenthaltserlaubnis.
   Die zuständige Behörde des beschäftigenden Staates kann dem abhängig beschäftigten Grenzgänger jedoch eine Sonderbescheinigung mit einer Gültigkeitsdauer von mindestens fünf Jahren oder mit einer der Dauer der Beschäftigung entsprechenden Gültigkeitsdauer ausstellen, wenn diese mehr als drei Monate und weniger als ein Jahr beträgt. Diese Bescheinigung wird um mindestens fünf Jahre verlängert, sofern der Grenzgänger nachweist, dass er eine Erwerbstätigkeit ausübt.
3. Die Sonderbescheinigung gilt für das gesamte Hoheitsgebiet des Staates, der sie ausgestellt hat.

Artikel 8
Berufliche und geographische Mobilität

1. Die Arbeitnehmer haben das Recht auf berufliche und geographische Mobilität im gesamten Hoheitsgebiet des Aufnahmestaates.
2. Die berufliche Mobilität umfasst den Wechsel des Arbeitgebers, der Arbeitsstelle, des Berufs und den Übergang von einer unselbstständigen zu einer selbstständigen Erwerbstätigkeit. Die geographische Mobilität umfasst den Wechsel des Arbeits- und des Aufenthaltsortes.

Artikel 9
Gleichbehandlung

1. Ein Arbeitnehmer, der Staatsangehöriger einer Vertragspartei ist, darf aufgrund seiner Staatsangehörigkeit im Hoheitsgebiet der anderen Vertragspartei hinsichtlich der Beschäftigungs- und Arbeitsbedingungen, insbesondere im Hinblick auf Entlohnung, Kündigung und, falls er arbeitslos geworden ist, im Hinblick auf berufliche Wiedereingliederung oder Wiedereinstellung nicht anders behandelt werden als die inländischen Arbeitnehmer.
2. Ein Arbeitnehmer und seine in Artikel 3 dieses Anhangs genannten Familienangehörigen genießen dort die gleichen steuerlichen und sozialen Vergünstigungen wie die inländischen Arbeitnehmer und ihre Familienangehörigen.
3. Er kann mit dem gleichen Recht und unter den gleichen Bedingungen wie die inländischen Arbeitnehmer am Unterricht der Berufsschulen und der Umschulungszentren teilnehmen.
4. Alle Bestimmungen in Tarif- oder Einzelarbeitsverträgen oder sonstigen Kollektivvereinbarungen betreffend den Zugang zur Beschäftigung, die Beschäftigung, die Entlohnung und alle übrigen Arbeits- und Kündigungsbedingungen sind von Rechts wegen insoweit nichtig, als sie für ausländische Arbeitnehmer, die Staatsangehörige der Vertragsparteien sind, diskriminierende Bedingungen vorsehen oder zulassen.
5. Ein Arbeitnehmer, der die Staatsangehörigkeit einer Vertragspartei besitzt und im Hoheitsgebiet der anderen Vertragspartei beschäftigt ist, hat Anspruch auf gleiche Behandlung hinsichtlich der Zugehörigkeit zu Gewerkschaften und der Ausübung gewerkschaftlicher Rechte, einschließlich des Wahlrechts und des Zugangs zu Verwaltungs- oder Führungsämtern in einer Gewerkschaft; er kann von der Teilnahme an der Verwaltung von Körperschaften des öffentlichen Rechts und der Ausübung eines öffentlich-rechtlichen Amtes ausgeschlossen werden. Er hat ferner das Recht auf Wählbarkeit zu den Arbeitnehmervertretungen in den Betrieben.
   Diese Bestimmungen berühren nicht die Rechts- oder Verwaltungsvorschriften, durch die den Arbeitnehmern aus der an-

deren Vertragspartei im Aufnahmestaat weitergehende Rechte eingeräumt werden.

6. Unbeschadet des Artikels 26 dieses Anhangs genießt ein Arbeitnehmer, der die Staatsangehörigkeit einer Vertragspartei besitzt und im Hoheitsgebiet der anderen Vertragspartei beschäftigt ist, hinsichtlich einer Wohnung, einschließlich der Erlangung des Eigentums an der von ihm benötigten Wohnung, die gleichen Rechte und Vergünstigungen wie die inländischen Arbeitnehmer.
   Dieser Arbeitnehmer kann sich mit dem gleichen Recht wie inländische Arbeitnehmer in dem Gebiet, in dem er beschäftigt ist, in die Listen der Wohnungssuchenden der Orte, wo solche Listen geführt werden, einschreiben und genießt die damit verbundenen Vergünstigungen und Rangstellungen.
   Seine im Herkunftsstaat verbliebene Familie wird zu diesem Zweck als in diesem Gebiet wohnend betrachtet, soweit auch für inländische Arbeitnehmer eine entsprechende Vermutung gilt.

Artikel 10
Beschäftigung in der öffentlichen Verwaltung

Einem Staatsangehörigen einer Vertragspartei, der eine unselbstständige Erwerbstätigkeit ausübt, kann das Recht auf eine Beschäftigung in der öffentlichen Verwaltung verweigert werden, sofern diese die Ausübung hoheitlicher Befugnisse umfasst und der Wahrung der allgemeinen Interessen des Staates oder anderer öffentlicher Körperschaften dient.

Artikel 11
Zusammenarbeit im Bereich der Arbeitsvermittlung

Die Vertragsparteien arbeiten im Rahmen des EURES-Netzes (European Employment Services) vor allem im Bereich der Zusammenführung und des Ausgleichs von Stellenangeboten und Arbeitsgesuchen sowie im Bereich des Informationsaustausches über die Arbeitsmarktlage und die Lebens- und Arbeitsbedingungen zusammen.

III. Selbstständige

Artikel 12
Aufenthaltsregelung

1. Ein Staatsangehöriger einer Vertragspartei, der sich zwecks Ausübung einer selbstständigen Erwerbstätigkeit im Hoheitsgebiet einer anderen Vertragspartei niederlassen will (im folgenden „Selbstständiger" genannt), erhält eine Aufenthaltserlaubnis mit einer Gültigkeitsdauer von mindestens fünf Jahren, gerechnet ab dem Zeitpunkt der Erteilung, sofern er den zuständigen nationalen Behörden nachweist, dass er zu diesem Zweck niedergelassen ist oder sich niederlassen will.

2. Die Aufenthaltserlaubnis wird automatisch um mindestens fünf Jahre verlängert, sofern der Selbstständige den zuständigen nationalen Behörden nachweist, dass er eine selbstständige Erwerbstätigkeit ausübt.

3. Für die Erteilung der Aufenthaltserlaubnisse dürfen die Vertragsparteien vom Selbstständigen nur folgende Unterlagen verlangen:
   a) den Ausweis, mit dem er in ihr Hoheitsgebiet eingereist ist;
   b) den in den Absätzen 1 und 2 genannten Nachweis.

4. Die Aufenthaltserlaubnis gilt für das gesamte Hoheitsgebiet des Staates, der sie erteilt hat.

5. Aufenthaltsunterbrechungen, die sechs aufeinander folgende Monate nicht überschreiten, sowie eine durch Militärdienst gerechtfertigte Abwesenheit berühren nicht die Gültigkeit der Aufenthaltserlaubnis.

6. Eine gültige Aufenthaltserlaubnis darf den in Absatz 1 genannten Personen nicht allein deshalb entzogen werden, weil sie aufgrund einer vorübergehenden Arbeitsunfähigkeit infolge von Krankheit oder

Unfall keine Erwerbstätigkeit mehr ausüben.

Artikel 13
Selbstständige Grenzgänger

1. Ein selbstständiger Grenzgänger ist ein Staatsangehöriger einer Vertragspartei mit Wohnsitz im Hoheitsgebiet einer Vertragspartei, der eine selbstständige Erwerbstätigkeit im Hoheitsgebiet der anderen Vertragspartei ausübt und in der Regel täglich oder mindestens einmal in der Woche an seinen Wohnort zurückkehrt.
2. Die selbstständigen Grenzgänger benötigen keine Aufenthaltserlaubnis.
   Die zuständige Behörde des betreffenden Staates kann dem selbstständigen Grenzgänger jedoch eine Sonderbescheinigung mit einer Gültigkeitsdauer von mindestens fünf Jahren ausstellen, sofern er den zuständigen nationalen Behörden nachweist, dass er eine selbstständige Erwerbstätigkeit ausübt oder ausüben will. Diese Bescheinigung wird um mindestens fünf Jahre verlängert, sofern der Grenzgänger nachweist, dass er eine selbstständige Erwerbstätigkeit ausübt.
3. Die Sonderbescheinigung gilt für das gesamte Hoheitsgebiet des Staates, der sie ausgestellt hat.

Artikel 14
Berufliche und geographische Mobilität

1. Der Selbstständige hat das Recht auf berufliche und geographische Mobilität im gesamten Hoheitsgebiet des Aufnahmestaates.
2. Die berufliche Mobilität umfasst den Wechsel des Berufs und den Übergang von einer selbstständigen zu einer unselbstständigen Erwerbstätigkeit. Die geographische Mobilität umfasst den Wechsel des Arbeits- und des Aufenthaltsortes.

Artikel 15
Gleichbehandlung

1. Dem Selbstständigen wird im Aufnahmestaat hinsichtlich des Zugangs zu einer selbstständigen Erwerbstätigkeit und deren Ausübung eine Behandlung gewährt, die nicht weniger günstig ist als die den eigenen Staatsangehörigen gewährte Behandlung.
2. Artikel 9 dieses Anhangs gilt sinngemäß für die in diesem Kapitel genannten Selbstständigen.

Artikel 16
Ausübung hoheitlicher Befugnisse

Dem Selbstständigen kann das Recht auf Ausübung einer Erwerbstätigkeit verweigert werden, die dauernd oder zeitweise mit der Ausübung öffentlicher Gewalt verbunden ist.

IV. Erbringung von Dienstleistungen

Artikel 17
Dienstleistungserbringer

Hinsichtlich der Erbringung von Dienstleistungen gemäß Artikel 5 dieses Abkommens ist folgendes untersagt:

a) Beschränkung grenzüberschreitender Dienstleistungen im Hoheitsgebiet einer Vertragspartei, deren Dauer 90 tatsächliche Arbeitstage pro Kalenderjahr nicht überschreitet;

b) Beschränkung der Einreise und des Aufenthalts in den Fällen nach Artikel 5 Absatz 2 dieses Abkommens für folgende Personen:

i) Staatsangehörige der Mitgliedstaaten der Europäischen Gemeinschaft oder der Schweiz, die Dienstleistungserbringer sind und im Hoheitsgebiet einer anderen Vertragspartei als der des Dienstleistungsempfängers niedergelassen sind;

ii) Arbeitnehmer eines Dienstleistungserbringers – unabhängig von ihrer Staatsangehörigkeit –, die in den regulären Arbeitsmarkt einer Vertragspartei integriert sind und zwecks Erbringung einer Dienstleistung in das Gebiet einer anderen Vertragspartei entsandt werden, unbeschadet des Artikels 1.

Artikel 18

Artikel 17 dieses Anhangs gilt für die Gesellschaften, die nach dem Recht eines Mitgliedstaats der Europäischen Gemeinschaft oder nach schweizerischem Recht gegründet wurden und ihren satzungsmäßigen Sitz, ihre Hauptverwaltung oder ihre Hauptniederlassung im Gebiet einer Vertragspartei haben.

Artikel 19

Der Dienstleistungserbringer, der zur Erbringung von Dienstleistungen berechtigt ist oder dem eine entsprechende Erlaubnis erteilt wurde, kann seine Tätigkeit vorübergehend im Staat der Erbringung der Dienstleistung nach Maßgabe dieses Anhangs und der Anhänge II und III unter den gleichen Bedingungen ausüben, wie dieser Staat sie für seine eigenen Staatsangehörigen vorschreibt.

Artikel 20

1. Die Personen nach Artikel 17 Buchstabe b dieses Anhangs, die zur Erbringung von Dienstleistungen berechtigt sind, benötigen für Aufenthalte von höchstens 90 Tagen keine Aufenthaltserlaubnis. Der Ausweis nach Artikel 1, mit dem sie eingereist sind, ist auch für ihren Aufenthalt gültig.
2. Die Personen nach Artikel 17 Buchstabe b dieses Anhangs, die zur Erbringung von Dienstleistungen mit einer Dauer von mehr als 90 Tagen berechtigt sind oder denen eine Erlaubnis zur Erbringung einer Dienstleistung erteilt wurde, erhalten zur Feststellung dieses Rechts eine Aufenthaltserlaubnis, deren Gültigkeitsdauer der Dauer der Dienstleistung entspricht.
3. Das Aufenthaltsrecht erstreckt sich auf das gesamte Hoheitsgebiet der Schweiz beziehungsweise des betreffenden Mitgliedstaates der Europäischen Gemeinschaft.
4. Für die Erteilung der Aufenthaltserlaubnisse dürfen die Vertragsparteien von den Personen nach Artikel 17 Buchstabe b dieses Anhangs nur folgendes verlangen:
   a) den Ausweis, mit dem er in ihr Hoheitsgebiet eingereist sind,
   b) den Nachweis dafür, dass sie eine Dienstleistung erbringen oder erbringen wollen.

Artikel 21

1. Die Gesamtdauer einer Dienstleistung nach Artikel 17 Buchstabe a dieses Anhangs, unabhängig davon, ob es sich um eine ununterbrochene Dienstleistung oder um aufeinander folgende Dienstleistungen handelt, darf 90 tatsächliche Arbeitstage pro Kalenderjahr nicht überschreiten.
2. Absatz 1 lässt die Erfüllung der gesetzlichen Verpflichtungen des Dienstleistungserbringers hinsichtlich der Gewährleistungspflicht gegenüber dem Empfänger der Dienstleistung unberührt und gilt nicht im Falle höherer Gewalt.

Artikel 22

1. Von der Anwendung der Bestimmungen der Artikel 17 und 19 dieses Anhangs ausgenommen sind die Tätigkeiten, die auch nur gelegentlich die Ausübung hoheitlicher Befugnisse im Gebiet der betroffenen Vertragspartei umfassen.
2. Die Artikel 17 und 19 dieses Anhangs sowie die aufgrund dieser Artikel getroffenen Maßnahmen lassen die Rechts- und Verwaltungsvorschriften über die Arbeits- und Beschäftigungsbedingungen für die im Rahmen der Erbringung von Dienstleistungen entsandten Arbeitnehmer unberührt. Gemäß Artikel 16 dieses Abkommens wird auf die Richtlinie 96/71/EG vom 16. Dezember 1996 (ABl. L 18, vom 21. 1. 1997, S. 1)[1]) über die Entsendung von Arbeitnehmern im Rahmen der Erbringung von Dienstleistungen Bezug genommen.
3. Artikel 17 Buchstabe a und Artikel 19 dieses Anhangs lassen die zum Zeitpunkt des In-Kraft-Tretens dieses Abkommens bestehenden Rechts- und Verwaltungsvorschriften jeder Vertragspartei in folgenden Bereichen unberührt:
   i) Tätigkeiten der Arbeitsvermittlungs- und -verleihunternehmen;

ii) Finanzdienstleistungen, für die im Hoheitsgebiet einer Vertragspartei eine vorherige Genehmigung erforderlich ist und deren Erbringer der Aufsicht der Behörden dieser Vertragspartei unterliegen.

4. Artikel 17 Buchstabe a und Artikel 19 dieses Anhangs lassen die Rechts- und Verwaltungsvorschriften jeder Vertragspartei betreffend die Erbringung von Dienstleistungen mit einer Dauer von höchstens 90 tatsächlichen Arbeitstagen unberührt, sofern diese aus zwingenden Gründen des Allgemeininteresses gerechtfertigt sind.

Artikel 23
Dienstleistungsempfänger

1. Für Aufenthalte von höchstens drei Monaten benötigt der Dienstleistungsempfänger nach Artikel 5 Absatz 3 dieses Abkommens keine Aufenthaltserlaubnis. Für Aufenthalte von mehr als drei Monaten erhält er eine Aufenthaltserlaubnis, deren Gültigkeitsdauer der Dauer der Dienstleistung entspricht. Der Dienstleistungsempfänger kann während der Dauer seines Aufenthalts von der Sozialhilfe ausgeschlossen werden.
2. Die Aufenthaltserlaubnis gilt für das gesamte Hoheitsgebiet des Staates, der sie erteilt hat.

V. Personen, die keine Erwerbstätigkeit ausüben

Artikel 24
Aufenthaltsregelung

1. Eine Person, die die Staatsangehörigkeit einer Vertragspartei besitzt und keine Erwerbstätigkeit im Aufenthaltsstaat ausübt und dort kein Aufenthaltsrecht aufgrund anderer Bestimmungen dieses Abkommens hat, erhält eine Aufenthaltserlaubnis mit einer Gültigkeitsdauer von mindestens fünf Jahren, sofern sie den zuständigen nationalen Behörden den Nachweis dafür erbringt, dass sie für sich selbst und ihre Familienangehörigen über
   a) ausreichende finanzielle Mittel verfügt, so dass sie während ihres Aufenthalts keine Sozialhilfe in Anspruch nehmen müssen;
   b) einen Krankenversicherungsschutz verfügt, der sämtliche Risiken abdeckt[1]).

   Die Vertragsparteien können, wenn sie dies für erforderlich erachten, nach Ablauf der beiden ersten Jahre des Aufenthalts eine Erneuerung der Aufenthaltserlaubnis verlangen.
2. Die finanziellen Mittel gelten als ausreichend, wenn sie den Betrag übersteigen, unterhalb dessen die eigenen Staatsangehörigen aufgrund ihrer persönlichen Situation und gegebenenfalls derjenigen ihrer Familienangehörigen Anspruch auf Fürsorgeleistungen haben. Ist diese Bedingung nicht anwendbar, so gelten die finanziellen Mittel des Antragstellers als ausreichend, wenn sie die von der Sozialversicherung des Aufnahmestaates gezahlte Mindestrente übersteigen.
3. Die Personen, die ein Arbeitsverhältnis mit einer Dauer von weniger als einem Jahr im Hoheitsgebiet einer Vertragspartei innehatten, dürfen sich dort aufhalten, sofern sie die Voraussetzungen des Absatzes 1 erfüllen. Das ihnen gemäß den innerstaatlichen Rechtsvorschriften, gegebenenfalls ergänzt durch die Bestimmungen des Anhangs II, zustehende Arbeitslosengeld ist als finanzielle Mittel im Sinne des Absatzes 1 Buchstabe a und des Absatzes 2 anzusehen.
4. Eine Aufenthaltserlaubnis, deren Gültigkeit auf die Dauer der Ausbildung oder, wenn die Dauer der Ausbildung ein Jahr übersteigt, auf ein Jahr beschränkt ist, wird dem Studierenden erteilt, der nicht aufgrund einer anderen Bestimmung dieses Abkommens über ein Aufenthaltsrecht im Hoheitsgebiet der anderen Vertragspartei verfügt, sofern er durch eine Erklärung oder durch andere, zumindest gleichwertige Mittel seiner Wahl den betreffenden nationalen Behörden gegenüber glaubhaft macht, dass er über finan-

zielle Mittel verfügt, so dass er selber, sein Ehegatte und ihre unterhaltsberechtigten Kinder während ihres Aufenthalts keine Sozialhilfe des Aufnahmestaates in Anspruch nehmen müssen; dies gilt unter der Bedingung, dass er in einer anerkannten Lehranstalt zur Hauptsache zum Erwerb einer beruflichen Bildung eingeschrieben ist und dass er über einen Krankenversicherungsschutz verfügt, der sämtliche Risiken abdeckt. Dieses Abkommen regelt weder den Zugang zur Ausbildung noch die Unterhaltsbeihilfen für die unter diesen Artikel fallenden Studierenden.

5. Die Aufenthaltserlaubnis wird automatisch um mindestens fünf Jahre verlängert, solange die Aufnahmebedingungen erfüllt werden. Die Aufenthaltserlaubnis des Studierenden wird jährlich um einen der Restdauer der Ausbildung entsprechenden Zeitraum verlängert.

6. Aufenthaltsunterbrechnungen, die sechs aufeinander folgende Monate nicht überschreiten, sowie eine durch Militärdienst gerechtfertigte Abwesenheit berühren nicht die Gültigkeit der Aufenthaltserlaubnis.

7. Die Aufenthaltserlaubnis gilt für das gesamte Hoheitsgebiet des Staates, der sie erteilt hat.

8. Das Aufenthaltsrecht besteht so lange, wie die Berechtigten die Bedingungen des Absatzes 1 erfüllen.

VI. Erwerb von Immobilien

Artikel 25

1. Der Staatsangehörige einer Vertragspartei, der ein Aufenthaltsrecht hat und seinen Hauptwohnsitz im Aufnahmestaat nimmt, hat hinsichtlich des Erwerbs von Immobilien die gleichen Rechte wie die Inländer. Er kann unabhängig von der Dauer seiner Beschäftigung jederzeit nach den geltenden innerstaatlichen Regeln seinen Hauptwohnsitz im Aufnahmestaat nehmen. Das Verlassen des Aufnahmestaates bedingt keine Veräußerungspflicht.

2. Der Staatsangehörige einer Vertragspartei, der ein Aufenthaltsrecht hat und seinen Hauptwohnsitz nicht im Aufnahmestaat nimmt, hat hinsichtlich des Erwerbs der für die Ausübung einer Erwerbstätigkeit dienenden Immobilien die gleichen Rechte wie die Inländer; diese Rechte bedingen keine Veräußerungspflicht beim Verlassen des Aufnahmestaates. Ferner kann ihm der Erwerb einer Zweitwohnung oder einer Ferienwohnung bewilligt werden. Für diese Kategorie von Staatsangehörigen lässt dieses Abkommen die geltenden Regeln für die bloße Kapitalanlage und den Handel mit unbebauten Grundstücken und Wohnungen unberührt.

3. Ein Grenzgänger hat hinsichtlich des Erwerbs einer für die Ausübung einer Erwerbstätigkeit dienenden Immobilie und einer Zweitwohnung die gleichen Rechte wie die Inländer; diese Rechte bedingen keine Veräußerungspflicht beim Verlassen des Aufnahmestaates. Ferner kann ihm der Erwerb einer Ferienwohnung gestattet werden. Für diese Kategorie von Staatsangehörigen lässt dieses Abkommen die geltenden Regeln des Aufnahmestaates für die bloße Kapitalanlage und den Handel mit unbebauten Grundstücken und Wohnungen unberührt.

VII. Übergangsbestimmungen und Weiterentwicklung des Abkommens

Artikel 26
Allgemeines

1. Werden die Beschränkungen des Artikels 10 dieses Abkommens angewandt, so ergänzen bzw. ersetzen die Bestimmungen dieses Kapitels die übrigen Bestimmungen dieses Anhangs.

2. Werden die Beschränkungen des Artikels 10 dieses Abkommens angewandt, so ist für die Ausübung einer Erwerbstätigkeit eine Aufenthaltserlaubnis und/oder Arbeitserlaubnis erforderlich.

Artikel 27
Aufenthaltsregelung für Arbeitnehmer

1. Die Aufenthaltserlaubnis eines Arbeitnehmers, der einen Arbeitsvertrag mit einer Laufzeit von weniger als einem Jahr hat, wird bis zu einer Gesamtdauer von weniger als 12 Monaten verlängert, sofern der Arbeitnehmer den zuständigen nationalen Behörden nachweist, dass er eine Erwerbstätigkeit ausüben kann. Eine neue Aufenthaltserlaubnis wird erteilt, sofern der Arbeitnehmer nachweist, dass er eine Erwerbstätigkeit ausüben kann und die Höchstzahlen nach Artikel 10 dieses Abkommens nicht erreicht sind. Es besteht keine Verpflichtung gemäß Artikel 24 dieses Anhangs, das Land zwischen zwei Arbeitsverhältnissen zu verlassen.

2. Während des in Artikel 10 Absatz 2 dieses Abkommens genannten Zeitraums kann eine Vertragspartei für die Erteilung einer Aufenthaltserlaubnis die Vorlage eines schriftlichen Arbeitsvertrags oder einer Einstellungszusage verlangen.

3. a) Die Personen, die zuvor im Hoheitsgebiet des Aufnahmestaates befristete Arbeitsverhältnisse während mindestens 30 Monaten innehatten, haben automatisch das Recht, ein unbefristetes Arbeitsverhältnis einzugehen[1]). Eine etwaige Ausschöpfung der garantierten Anzahl Aufenthaltserlaubnisse kann ihnen gegenüber nicht geltend gemacht werden.

   b) Die Personen, die zuvor im Hoheitsgebiet des Aufnahmestaates saisonale Arbeitsverhältnisse während einer Gesamtdauer von mindestens 50 Monaten in den letzten 15 Jahren innehatten und die Voraussetzungen für die Erteilung einer Aufenthaltserlaubnis gemäß Buchstabe a nicht erfüllen, haben automatisch das Recht, ein unbefristetes Arbeitsverhältnis einzugehen.

Artikel 28
Abhängig beschäftigte Grenzgänger

1. Ein abhängig beschäftigter Grenzgänger ist ein Staatsangehöriger einer Vertragspartei mit rechtmäßigem Wohnsitz im Grenzgebiet der Schweiz oder ihrer Nachbarstaaten, der im Grenzgebiet der anderen Vertragspartei eine unselbstständige Erwerbstätigkeit ausübt und in der Regel täglich oder mindestens einmal in der Woche an seinen Hauptwohnsitz zurückkehrt. Als Grenzgebiete im Sinne dieses Abkommens gelten die Gebiete, die in den Abkommen zwischen der Schweiz und ihren Nachbarstaaten über den kleinen Grenzverkehr festgelegt sind.
2. Die Sonderbescheinigung gilt für das gesamte Grenzgebiet des Staates, der sie ausgestellt hat.

Artikel 29
Rückkehrrecht der Arbeitnehmer

1. Ein Arbeitnehmer, der zum Zeitpunkt des In-Kraft-Tretens dieses Abkommens eine Aufenthaltserlaubnis mit einer Gültigkeitsdauer von mindestens einem Jahr innehatte und das Aufnahmeland verlassen hat, hat innerhalb von sechs Jahren nach seiner Ausreise ein Anrecht auf bevorrechtigten Zugang innerhalb der für seine Aufenthaltserlaubnis geltenden Quote, sofern er nachweist, dass er eine Erwerbstätigkeit ausüben kann.
2. Ein Grenzgänger hat innerhalb von sechs Jahren nach Beendigung seiner vorherigen ununterbrochenen Erwerbstätigkeit von drei Jahren ein Anrecht auf eine neue Sonderbescheinigung vorbehaltlich einer Kontrolle der Entlohnungs- und Arbeitsbedingungen, wenn es sich um einen Arbeitnehmer handelt, während der ersten beiden Jahre nach In-Kraft-Treten dieses Abkommens, sofern er den zuständigen nationalen Behörden nachweist, dass er eine Erwerbstätigkeit ausüben kann.
3. Jugendliche, die das Hoheitsgebiet einer Vertragspartei nach einem Aufenthalt von mindestens fünf Jahren vor Vollendung ih-

res 21. Lebensjahres verlassen, haben innerhalb einer Frist von vier Jahren ein Anrecht auf Rückkehr und Ausübung einer Erwerbstätigkeit.

Artikel 30
Geographische und berufliche Mobilität der Arbeitnehmer

1. Der Arbeitnehmer, der eine Aufenthaltserlaubnis mit einer Gültigkeitsdauer von weniger als einem Jahr besitzt, hat während 12 Monaten nach Beginn seiner Beschäftigung ein Anrecht auf berufliche und geographische Mobilität. Der Übergang von einer unselbstständigen zu einer selbstständigen Erwerbstätigkeit ist unter Berücksichtigung der Bestimmungen des Artikels 10 dieses Abkommens möglich.
2. Die den abhängig beschäftigten Grenzgängern erteilten Sonderbescheinigungen berechtigen zur beruflichen und geographischen Mobilität innerhalb der gesamten Grenzgebiete der Schweiz und ihrer Nachbarstaaten.

Artikel 31
Aufenthaltsregelung für Selbstständige

Ein Staatsangehöriger einer Vertragspartei, der sich zwecks Ausübung einer selbstständigen Erwerbstätigkeit (im folgenden „Selbstständiger" genannt) im Hoheitsgebiet der anderen Vertragspartei niederlassen will, erhält eine Aufenthaltserlaubnis mit einer Gültigkeitsdauer von sechs Monaten. Er erhält eine Aufenthaltserlaubnis mit einer Gültigkeitsdauer von mindestens fünf Jahren, sofern er den zuständigen nationalen Behörden vor Ablauf des Sechsmonatszeitraums nachweist, dass er eine selbstständige Erwerbstätigkeit ausübt. Dieser Sechsmonatszeitraum kann bei Bedarf um höchstens zwei Monate verlängert werden, wenn echte Aussichten auf Erbringung dieses Nachweises bestehen.

Artikel 32
Selbstständige Grenzgänger

1. Ein selbstständiger Grenzgänger ist ein Staatsangehöriger einer Vertragspartei mit rechtmäßigem Wohnsitz im Grenzgebiet der Schweiz oder ihrer Nachbarstaaten, der im Grenzgebiet der anderen Vertragspartei eine selbstständige Erwerbstätigkeit ausübt und in der Regel täglich oder mindestens einmal in der Woche an seinen Hauptwohnsitz zurückkehrt. Als Grenzgebiete im Sinne dieses Abkommens gelten die in den Abkommen zwischen der Schweiz und ihren Nachbarstaaten über den kleinen Grenzverkehr festgelegten Gebiete.
2. Ein Staatsangehöriger einer Vertragspartei, der als selbstständiger Grenzgänger eine Erwerbstätigkeit im Grenzgebiet der Schweiz oder ihrer Nachbarstaaten ausüben will, erhält im Voraus eine Sonderbescheinigung mit einer Gültigkeitsdauer von sechs Monaten. Er erhält eine Sonderbescheinigung mit einer Gültigkeitsdauer von mindestens fünf Jahren, sofern er vor Ablauf des Sechsmonatszeitraums den zuständigen nationalen Behörden nachweist, dass er eine selbstständige Erwerbstätigkeit ausübt. Dieser Sechsmonatszeitraum kann bei Bedarf um höchstens zwei Monate verlängert werden, wenn echte Aussichten auf die Erbringung dieses Nachweises bestehen.
3. Die Sonderbescheinigung gilt für das gesamte Grenzgebiet des Staates, der sie ausgestellt hat.

Artikel 33
Rückkehrrecht der Selbständigen

1. Ein Selbstständiger, der eine Aufenthaltserlaubnis mit einer Gültigkeitsdauer von mindestens fünf Jahren innehatte und den Aufnahmestaat verlassen hat, erhält innerhalb von sechs Jahren nach seiner Ausreise ohne weiteres eine neue Aufenthaltserlaubnis, sofern er bereits während eines ununterbrochenen Zeitraums von drei Jahren im Aufnahmeland gearbeitet hat und den zuständigen nationalen Behörden nachweist, dass er eine Erwerbstätigkeit ausüben kann.
2. Ein selbstständiger Grenzgänger erhält innerhalb von sechs Jahren nach Beendi-

gung seiner vorherigen ununterbrochenen Erwerbstätigkeit von vier Jahren ohne weiteres eine neue Sonderbescheinigung, sofern er den zuständigen nationalen Behörden nachweist, dass er eine Erwerbstätigkeit ausüben kann.

3. Die Jugendlichen, die das Hoheitsgebiet einer Vertragspartei nach mindestens fünfjährigem Aufenthalt vor Vollendung ihres 21. Lebensjahres verlassen, haben innerhalb einer Frist von vier Jahren das Recht auf Rückkehr und Ausübung einer Erwerbstätigkeit.

Artikel 34
Geographische und berufliche Mobilität der Selbstständigen

Die den selbstständigen Grenzgängern ausgestellten Sonderbescheinigungen berechtigen zur beruflichen und geographischen Mobilität innerhalb des Grenzgebiets der Schweiz und ihrer Nachbarstaaten. Die im Voraus erteilte Aufenthaltserlaubnis (bzw. Sonderbescheinigung für Grenzgänger) mit einer Gültigkeitsdauer von sechs Monaten berechtigt nur zur geographischen Mobilität.

Gesetz über das Ausländerzentralregister (AZR-Gesetz)

Vom 2. September 1994 (BGBl. I S. 2265)

Zuletzt geändert durch
Fachkräfteeinwanderungsgesetz
vom 15. August 2019 (BGBl. I S. 1307)[1])

Inhaltsübersicht

[1]) Der mit dem Fachkräfteeinwanderungsgesetz eingefügte § 23a tritt am 01.03.2020 in Kraft; er ist als Anmerkung unter § 23 abgedruckt.
Ebenfalls berücksichtigt sind die Änderungen durch das Zweite Datenaustauschverbesserungsgesetz vom 04.08.2019.

[2]) § 23a gilt ab 01.03.2020 (Einfügung durch Fachkräfteeinwanderungsgesetz).

I

I

Der Bundestag hat mit Zustimmung des Bundesrates das folgende Gesetz beschlossen:

Kapitel 1 Registerbehörde und Zweck des Registers

§ 1 Registerbehörde, Bestandteile des Registers, Zweck des Registers

(1) Das Ausländerzentralregister wird vom Bundesamt für Migration und Flüchtlinge geführt (Registerbehörde). Das Bundesverwaltungsamt verarbeitet und nutzt die Daten im Auftrag und nach Weisung des Bundesamtes für Migration und Flüchtlinge, soweit das Bundesamt für Migration und Flüchtlinge die Daten nicht selbst verarbeitet und nutzt. Das Ausländerzentralregister besteht aus einem allgemeinen Datenbestand und einer gesondert geführten Visadatei.

(2) Die Registerbehörde unterstützt durch die Speicherung und Übermittlung der im Register gespeicherten Daten von Ausländern die mit der Durchführung ausländer- oder asylrechtlicher Vorschriften betrauten Behörden und andere öffentliche Stellen. Bei Unionsbürgern, bei denen eine Feststellung des Nichtbestehens oder des Verlusts des Freizügigkeitsrechts nicht vorliegt, unterstützt die Registerbehörde nur die mit der Durchführung ausländer- oder asylrechtlicher Vorschriften betrauten Behörden.

(3) Das Bundeskriminalamt leistet Amtshilfe bei der Verarbeitung der nach § 16 Absatz 1 Satz 1 des Asylgesetzes und § 49 des Aufenthaltsgesetzes erhobenen Daten. Sie werden dort getrennt von anderen erkennungsdienstlichen Daten gespeichert.

Kapitel 2 Allgemeiner Datenbestand des Registers

Abschnitt 1 Anlaß der Speicherung, Inhalt

§ 2 Anlaß der Speicherung

(1) Die Speicherung von Daten eines Ausländers ist zulässig, wenn er seinen Aufenthalt nicht nur vorübergehend im Geltungsbereich dieses Gesetzes hat.

(1a) Die Speicherung von Daten eines Ausländers ist zulässig, wenn ein Ausländer

1. ein Asylgesuch geäußert hat,
2. unerlaubt eingereist ist oder
3. sich unerlaubt im Geltungsbereich dieses Gesetzes aufhält.

(2) Die Speicherung ist ferner zulässig bei Ausländern,

1. die einen Asylantrag gestellt haben oder über deren Übernahme nach den Rechtsvorschriften der Europäischen Gemeinschaft oder eines völkerrechtlichen Vertrages zur Durchführung eines Asylverfahrens entschieden ist,
2. denen eine Aufenthaltserlaubnis nach § 24 des Aufenthaltsgesetzes erteilt worden ist,
3. für oder gegen die aufenthaltsrechtliche Entscheidungen getroffen worden sind oder die Antrag auf einen Aufenthaltstitel oder paßrechtliche Maßnahme gestellt haben, ausgenommen Entscheidungen und Anträge im Visaverfahren,
4. gegen deren Einreise Bedenken bestehen, weil die Erteilungsvoraussetzungen nach § 5 Abs. 1 des Aufenthaltsgesetzes nicht vorliegen oder öffentlich-rechtliche Geldforderungen aus früheren Aufenthalten oder wegen aufenthaltsbeendender Maßnahmen bestehen und denen die Einreise und der Aufenthalt nicht erlaubt werden sollen, es sei denn, es besteht ein Recht zum Aufenthalt im Geltungsbereich dieses Gesetzes,
5. die zur Zurückweisung an der Grenze ausgeschrieben sind,

6. die zur Festnahme oder Aufenthaltsermittlung ausgeschrieben sind,
7. bei denen tatsächliche Anhaltspunkte für den Verdacht bestehen, daß sie im Geltungsbereich dieses Gesetzes Straftaten nach § 95 Abs. 1 Nr. 8 des Aufenthaltsgesetzes, nach § 30 Abs. 1 oder § 30a Abs. 1 des Betäubungsmittelgesetzes oder nach § 129 oder § 129a, jeweils auch in Verbindung mit § 129b Abs. 1 des Strafgesetzbuches oder mit terroristischer Zielsetzung andere Straftaten, insbesondere Straftaten der in § 129a des Strafgesetzbuches bezeichneten Art, planen, begehen oder begangen haben, oder die durch Straftaten mit terroristischer Zielsetzung gefährdet sind,

7a. bei denen tatsächliche Anhaltspunkte für den Verdacht bestehen, dass sie eine Straftat nach § 89a oder § 89b des Strafgesetzbuchs begehen oder begangen haben,

8. die ausgeliefert oder durch den Geltungsbereich dieses Gesetzes durchgeliefert worden sind,
9. deren Antrag auf Feststellung der deutschen Staatsangehörigkeit oder der Eigenschaft als Deutscher im Sinne des Artikels 116 Abs. 1 des Grundgesetzes abgelehnt worden ist,
10. bei denen die Feststellung der Aussiedlereigenschaft im Sinne des § 1 Abs. 2 Nr. 3 des Bundesvertriebenengesetzes oder der Spätaussiedlereigenschaft im Sinne des § 4 des Bundesvertriebenengesetzes abgelehnt oder zurückgenommen worden ist,
11. die wegen einer Straftat nach § 95 Abs. 1 Nr. 3 oder Abs. 2 Nr. 1 des Aufenthaltsgesetzes verurteilt worden sind,
12. die entsprechend § 54 Absatz 2 Nummer 7 des Aufenthaltsgesetzes sicherheitsrechtlich befragt wurden,
13. die ohne den erforderlichen Pass oder Passersatz oder den erforderlichen Aufenthaltstitel in das Bundesgebiet befördert und bei der Einreise nicht zurückgewiesen werden, weil sie sich auf politische Verfolgung, Verfolgung im Sinne des § 3 Absatz 1 des Asylgesetzes, die Gefahr eines ernsthaften Schadens im Sinne des § 4 Absatz 1 des Asylgesetzes oder die in § 60 Abs. 2, 3 oder Abs. 5 des Aufenthaltsgesetzes bezeichneten Umstände berufen,
14. die nach Artikel 1 Abs. 2 der Verordnung (EG) Nr. 539/2001 des Rates vom 15. März 2001 zur Aufstellung der Liste der Drittländer, deren Staatsangehörige beim Überschreiten der Außengrenzen im Besitz eines Visums sein müssen, sowie der Liste der Drittländer, deren Staatsangehörige von dieser Visumpflicht befreit sind (ABl. EG Nr. L 81 S. 1), die zuletzt durch die Verordnung (EG) Nr. 851/2005 des Rates vom 2. Juni 2005 (ABl. EU Nr. L 141 S. 3) geändert worden ist, von der Visumpflicht befreit sind und denen auf Grund des Vorliegens einer Verpflichtungserklärung nach § 66 Abs. 2 des Aufenthaltsgesetzes die Einreise gestattet wird.

(3) Die Speicherung von Daten von Unionsbürgern ist nur zulässig bei solchen Unionsbürgern,

1. bei denen die Voraussetzungen des Absatzes 1 gegeben sind,
2. die ein Asylgesuch oder einen Asylantrag gestellt haben,
3. für oder gegen die aufenthaltsrechtliche Entscheidungen getroffen worden sind,
4. die einen Antrag auf einen Aufenthaltstitel gestellt haben,
5. die zur Zurückweisung an der Grenze ausgeschrieben sind,
6. die zur Festnahme oder Aufenthaltsermittlung ausgeschrieben sind,
7. bei denen die Voraussetzungen des § 6 des Freizügigkeitsgesetzes/EU für den Verlust des Rechts auf Einreise und Aufenthalt gegeben sind, weil von ihnen eine terroristische Gefahr ausgeht.

§ 3 Allgemeiner Inhalt

(1) Folgende Daten werden gespeichert:

1. die Bezeichnung der Stelle, die Daten übermittelt hat, und deren Geschäftszeichen,

I

2. das Geschäftszeichen der Registerbehörde (AZR-Nummer),
3. die Anlässe nach § 2 Absatz 1 bis 2,
4. Familienname, Geburtsname, Vornamen, Schreibweise der Namen nach deutschem Recht, Geburtsdatum, Geburtsort und -bezirk, Geschlecht, Staatsangehörigkeiten (Grundpersonalien),
5. abweichende Namensschreibweisen, andere Namen, frühere Namen, Aliaspersonalien, Familienstand, Angaben zum Ausweispapier, letzter Wohnort im Herkunftsland, freiwillig gemachte Angaben zur Religionszugehörigkeit und Staatsangehörigkeiten des Ehegatten oder des Lebenspartners (weitere Personalien),

5a. das Lichtbild,

6. Angaben zum Zuzug oder Fortzug, zum aufenthaltsrechtlichen Status, zu Entscheidungen der Bundesagentur für Arbeit über die Zustimmung zur Beschäftigung oder über die in einem anderen Staat erfolgte Anerkennung als Flüchtling nach dem Abkommen über die Rechtsstellung der Flüchtlinge vom 28. Juli 1951 (BGBl. 1953 II S. 559) sowie das Sterbedatum,
7. Entscheidungen zu den in § 2 Absatz 1a und 2 Nummer 1 bis 3, 9 und 10 bezeichneten Anlässen, Angaben zu den Anlässen nach § 2 Absatz 2 Nummer 4 bis 8, 11, 13 und 14 sowie Hinweise auf die Durchführung einer Befragung nach § 2 Absatz 2 Nummer 12,
8. Hinweise auf vorhandene Begründungstexte nach § 6 Absatz 5.

(2) Bei Ausländern nach § 2 Absatz 1a und 2 Nummer 1 werden zusätzlich gespeichert:

1. Fingerabdruckdaten und die dazugehörigen Referenznummern,
2. Größe und Augenfarbe,
3. die Seriennummer ihrer Bescheinigung über die Meldung als Asylsuchende gemäß § 63a des Asylgesetzes (AKN-Nummer) sowie das Ausstellungsdatum und die Gültigkeitsdauer,
4. begleitende minderjährige Kinder und Jugendliche, Elternteile, Ehegatten und Lebenspartner jeweils mit Familienname und Vornamen,
5. der Staat, aus dem die Einreise unmittelbar in das Bundesgebiet erfolgt ist,
6. die Anschrift im Bundesgebiet,
7. die Angaben über die Verteilung nach § 15a des Aufenthaltsgesetzes,
8. freiwillig gemachte Angaben zu Telefonnummern und E-Mail-Adressen,
9. das zuständige Bundesland, die zuständige Aufnahmeeinrichtung und Ausländerbehörde, bei minderjährigen Kindern und Jugendlichen, deren unbegleitete Einreise nach Deutschland festgestellt wird, das Jugendamt der vorläufigen Inobhutnahme und das endgültig zuständige Jugendamt,
10. die Durchführung der Gesundheitsuntersuchung nach § 62 Absatz 1 des Asylgesetzes und die Untersuchung auf Vorliegen einer ansteckungsfähigen Lungentuberkulose nach § 36 Absatz 4 oder 5 des Infektionsschutzgesetzes, jeweils mit Ort und Datum,

10a. die Feststellung, dass keine medizinischen Bedenken gegen die Aufnahme in eine Einrichtung der gemeinschaftlichen Unterbringung bestehen,

11. die Durchführung von Impfungen mit Art, Ort und Datum der jeweiligen Impfung.

(3) Bei Ausländern nach § 2 Absatz 1a Nummer 1 und Absatz 2 Nummer 1 werden darüber hinaus als Daten zur Durchführung von Integrationsmaßnahmen und zum Zwecke der Arbeits- und Ausbildungsvermittlung zusätzlich gespeichert:

1. Schulbildung, Studium, Ausbildung, Beruf,
2. Sprachkenntnisse,
3. Teilnahme an einem Integrationskurs nach § 43 des Aufenthaltsgesetzes und einer Maßnahme der berufsbezogenen Deutschsprachförderung nach § 45a des Aufenthaltsgesetzes.

(4) Bei Unionsbürgern werden nur folgende Daten gespeichert:

1. die Bezeichnung der Stelle, die Daten übermittelt hat, und deren Geschäftszeichen,
2. AZR-Nummer,
3. die Anlässe nach § 2 Absatz 3,
4. Familienname, Geburtsname, Vornamen, Schreibweise der Namen nach deutschem Recht, Geburtsdatum, Geburtsort und -bezirk, Geschlecht, Staatsangehörigkeiten (Grundpersonalien),
5. abweichende Namensschreibweisen, andere Namen, frühere Namen, Aliaspersonalien, Familienstand, Angaben zum Ausweispapier, letzter Wohnort im Herkunftsland, freiwillig gemachte Angaben zur Religionszugehörigkeit und zu Staatsangehörigkeiten des Ehegatten oder des Lebenspartners (weitere Personalien),
6. Angaben zum Zuzug oder Fortzug, zum aufenthaltsrechtlichen Status und das Sterbedatum,
7. Entscheidungen zu den in § 2 Absatz 3 Nummer 2 bis 4 bezeichneten Anlässen sowie Angaben zu den Anlässen nach § 2 Absatz 3 Nummer 5 bis 7,
8. Hinweise auf vorhandene Begründungstexte nach § 6 Absatz 5.

§ 4 Übermittlungssperren

(1) Auf Antrag des Betroffenen wird eine Übermittlungssperre gespeichert, wenn er glaubhaft macht, daß durch eine Datenübermittlung an nichtöffentliche Stellen, an Behörden anderer Staaten oder an zwischenstaatliche Stellen seine schutzwürdigen Interessen oder die einer anderen Person beeinträchtigt werden können. Der Antrag ist bei der Registerbehörde, der für das Asylverfahren zuständigen Organisationseinheit im Bundesamt für Migration und Flüchtlinge oder den Ausländerbehörden zu stellen. Diese entscheiden über den Antrag.

(2) Eine Übermittlungssperre ist von den in Absatz 1 Satz 2 bezeichneten Stellen von Amts wegen zu speichern, wenn Tatsachen die Annahme rechtfertigen, daß durch eine Datenübermittlung an die in Absatz 1 Satz 1 bezeichneten Stellen schutzwürdige Interessen des Betroffenen oder einer anderen Person beeinträchtigt werden können. § 51 Absatz 1 und 5 des Bundesmeldegesetzes gilt entsprechend. Eine Übermittlungssperre wird auch gespeichert, wenn dem Ausländerzentralregister ein Ersuchen der Zeugenschutzdienststelle nach § 4 Absatz 2 des Gesetzes zur Harmonisierung des Schutzes gefährdeter Zeugen vom 11. Dezember 2001 (BGBl. I S. 3510), das zuletzt durch Artikel 2 Absatz 12 des Gesetzes vom 19. Februar 2007 (BGBl. I S. 122) geändert worden ist, in der jeweils geltenden Fassung zugeht, personenbezogene Daten einer zu schützenden Person zu sperren. Teilt die Zeugenschutzdienststelle dem Ausländerzentralregister mit, dass die Übermittlungssperre nicht mehr erforderlich ist, ist die Übermittlungssperre zu löschen. Soweit ein überwiegendes öffentliches Interesse besteht, ist auch eine gegenüber öffentlichen Stellen wirkende Übermittlungssperre zu speichern.

(3) Eine Übermittlung von Daten an die in Absatz 1 Satz 1 bezeichneten Stellen unterbleibt im Fall einer Übermittlungssperre, soweit nicht ein überwiegendes öffentliches Interesse an der Übermittlung besteht. Der Betroffene erhält vor einer Übermittlung seiner Daten Gelegenheit zur Stellungnahme, es sei denn, seine Anhörung liefe dem Zweck der Datenübermittlung zuwider.

(4) Werden die Daten ohne Anhörung des Betroffenen oder gegen seinen Willen übermittelt, sind die wesentlichen Gründe für die Entscheidung schriftlich oder elektronisch niederzulegen. Diese Aufzeichnungen müssen den Zweck der Datenübermittlung und den Dritten, an den Daten übermittelt worden sind, eindeutig erkennen lassen. Sie dienen der datenschutzrechtlichen Kontrolle. Die Registerbehörde hat sie gesondert aufzubewahren, durch geeignete Maßnahmen gegen unberechtigten Zugriff zu sichern und nach Fristablauf zu löschen, sofern sie nicht für ein bereits eingeleitetes Kontrollverfahren benötigt werden.

I

I

§ 5 Suchvermerke

(1) Auf Ersuchen einer öffentlichen Stelle wird zur Erfüllung ihrer Aufgaben ein Suchvermerk zur Feststellung des Aufenthalts eines Ausländers im Register gespeichert, wenn sich der Betroffene zum Zeitpunkt der Anfrage nicht im Geltungsbereich dieses Gesetzes aufhält oder sein Aufenthaltsort unbekannt ist.

(1a) Für Unionsbürger, bei denen eine Feststellung des Nichtbestehens oder des Verlusts des Freizügigkeitsrechts nicht vorliegt, ist ein Suchvermerk nur durch die mit ausländer- oder asylrechtlichen Aufgaben betrauten Behörden und nur zur Durchführung solcher Aufgaben zulässig.

(2) Zur Feststellung anderer Sachverhalte wird auf Ersuchen der in § 20 Abs. 1 bezeichneten Stellen oder des Bundeskriminalamtes ein Suchvermerk gespeichert, wenn dies zur Erfüllung ihrer Aufgaben erforderlich ist und die Daten nicht aus allgemein zugänglichen Quellen, nur mit übermäßigem Aufwand oder nur durch eine den Betroffenen stärker belastende Maßnahme erhoben werden können.

(3) Die Registerbehörde übermittelt für den Fall, daß ihr eine Mitteilung oder Anfrage zu der gesuchten Person zugeht, an die ersuchende Stelle

1. bei einem Suchvermerk nach den Absätzen 1 und 1a die Bezeichnung und Anschrift der mitteilenden Stelle, deren Geschäftszeichen, das Datum der Mitteilung und die Grunddaten nach § 14 Abs. 1,
2. bei einem Suchvermerk nach Absatz 2 die Bezeichnung und Anschrift der mitteilenden oder anfragenden Stelle, deren Geschäftszeichen, das Datum der Mitteilung oder der Anfrage und die mitgeteilten Daten.

(4) Die ersuchende Stelle hat Aufzeichnungen über das Ersuchen, den Zweck des Ersuchens und das Vorliegen der in den Absätzen 1 und 2 bezeichneten Voraussetzungen zu fertigen. Die Aufzeichnungen dienen nur der datenschutzrechtlichen Kontrolle. Sie sind gesondert aufzubewahren und durch geeignete Maßnahmen gegen unberechtigten Zugriff zu sichern. Sie sind am Ende des Kalenderjahres der Erledigung des Suchvermerks zu löschen, sofern sie nicht für ein bereits eingeleitetes Kontrollverfahren benötigt werden.

(5) Suchvermerke und die hierzu übermittelten Daten werden längstens zwei Jahre gespeichert, sofern sich die Suchvermerke nicht vorher erledigen. Auf Antrag sind sie für andere als die ersuchende Stelle gesperrt.

Abschnitt 2
Datenübermittlung an die Registerbehörde, Verantwortlichkeiten, Aufzeichnungspflicht

§ 6 Übermittelnde Stellen, Inhalt der Datenübermittlung

(1) Folgende Stellen sind in den jeweils genannten Fällen zur unverzüglichen Übermittlung von Daten an die Registerbehörde verpflichtet:

1. die Ausländerbehörden und die mit der Durchführung ausländerrechtlicher Vorschriften betrauten öffentlichen Stellen in den Fällen des § 2 Absatz 1 bis 2 Nummer 2 bis 4, 6, 11 und 12 sowie Absatz 3 Nummer 1, 3, 4 und 6,

1a. die für die Aufnahmeeinrichtungen zuständigen Behörden (Aufnahmeeinrichtungen) in den Fällen des § 2 Absatz 1a und 2 Nummer 1,

1b. die für die Unterbringung in Gemeinschaftsunterkünften und die für den öffentlichen Gesundheitsdienst zuständigen Behörden in den Fällen des § 2 Absatz 1a und 2 Nummer 1,

2. die mit grenzpolizeilichen Aufgaben betrauten Behörden und die in der Rechtsverordnung nach § 58 Absatz 1 des Bundespolizeigesetzes bestimmte Bundespolizeibehörde in den Fällen des § 2 Absatz 1a und 2 Nummer 3 bis 6, 13 und 14 und, soweit es der Stand des Verfahrens zulässt, in den Fällen des § 2 Absatz 2 Nummer 7 und 7a sowie Absatz 3 Nummer 3 und 5 bis 7,

3. das Bundesamt für Migration und Flüchtlinge in den Fällen des § 2 Absatz 1a und 2 Nummer 1, 3 und 6 sowie Absatz 3 Nummer 2, 3 und 6,
4. das Bundeskriminalamt, die Landeskriminalämter, das Zollkriminalamt und sonstige Polizeivollzugsbehörden der Länder, in den Fällen des § 2 Absatz 1a Nummer 2 und 3 sowie Absatz 2 Nummer 6 und, soweit es der Stand des Verfahrens zulässt, die ermittlungsführenden Polizeibehörden in den Fällen des § 2 Absatz 2 Nummer 7 und 7a sowie Absatz 3 Nummer 6 und 7,

4a. die Polizeivollzugsbehörden der Länder in den Fällen des § 2 Absatz 1a Nummer 1,

5. die Staatsanwaltschaften und die Gerichte im Fall des § 2 Absatz 2 Nummer 6 und Absatz 3 Nummer 6 sowie die Staatsanwaltschaften bei den Oberlandesgerichten im Fall des § 2 Absatz 2 Nummer 8,
6. die Staatsangehörigkeitsbehörden im Fall des § 2 Absatz 2 Nummer 9,
7. die in den Angelegenheiten der Vertriebenen, Aussiedler und Spätaussiedler zuständigen Stellen im Fall des § 2 Absatz 2 Nummer 10,
8. die Bundesagentur für Arbeit und die für die Durchführung der Grundsicherung für Arbeitsuchende zuständigen Stellen in den Fällen des § 2 Absatz 1a Nummer 1 und Absatz 2 Nummer 1,
9. die Meldebehörden in den Fällen des § 2 Absatz 1a und 2 Nummer 1.

(2) Die Stellen nach Absatz 1 Nummer 1, 1a und 2 bis 7 übermitteln die Daten nach § 3 Absatz 1 Nummer 1, 3 bis 5a und 7 sowie Absatz 4 Nummer 1, 3 bis 5 und 7. Von der Übermittlung der Daten einer gefährdeten Person im Fall des § 2 Abs. 2 Nr. 7 kann im Einzelfall abgesehen werden, wenn die Speicherung ihren schutzwürdigen Interessen entgegensteht. Außerdem übermitteln

1. die in Absatz 1 Nummer 1 bezeichneten Stellen die Angaben nach § 3 Absatz 1 Nummer 6, Absatz 2 Nummer 1 bis 9, Absatz 3 und 4 Nummer 6 sowie die Daten nach § 4 Absatz 1 und 2,
2. die in Absatz 1 Nummer 1a bezeichneten Stellen die Daten nach § 3 Absatz 2 Nummer 1 bis 11, Absatz 3 Nummer 1 und 2,
3. die in Absatz 1 Nummer 1b bezeichneten Stellen die Daten nach § 3 Absatz 2 Nummer 10, 10a und 11,
4. die in Absatz 1 Nummer 2 und 4a bezeichneten Stellen die Daten nach § 3 Absatz 2 Nummer 1, 2 und 4 bis 9,
5. die in Absatz 1 Nummer 3 bezeichnete Stelle die Daten nach § 3 Absatz 1 Nummer 6, Absatz 2 Nummer 1 bis 9, Absatz 3 sowie § 4 Absatz 1 und 2,
6. die in Absatz 1 Nummer 8 bezeichneten Stellen die Daten nach § 3 Absatz 3,
7. die in Absatz 1 Nummer 9 bezeichneten Stellen die Daten nach § 3 Absatz 1 Nummer 4 und Absatz 2 Nummer 6 sowie das Datum nach § 3 Absatz 1 Nummer 2, übergangsweise das Datum nach § 3 Absatz 2 Nummer 3.

(3) Die Verfassungsschutzbehörden des Bundes und der Länder sowie die Staatsanwaltschaften dürfen, soweit andere Vorschriften nicht entgegenstehen, in den Fällen des § 2 Abs. 2 Nr. 7 und 7a sowie Absatz 3 Nummer 7 Daten an die Registerbehörde übermitteln. Absatz 2 Satz 2 ist zu beachten.

(4) Für die Einstellung eines Suchvermerks nach § 5 dürfen die ersuchenden öffentlichen Stellen die Daten nach § 3 Absatz 1 Nummer 1 und 2, Absatz 2 Nummer 1, 2, 6 bis 8 und Absatz 4 Nummer 1 und 2 und die Grundpersonalien, die weiteren Personalien und, außer bei Unionsbürgern, ein Lichtbild an die Registerbehörde übermitteln. Kann die Registerbehörde für den Fall, daß im Register bereits Daten gespeichert sind, die Identität nicht eindeutig feststellen, gilt § 10 Abs. 3 entsprechend.

(5) Betrifft die Speicherung eine Ausweisung, Abschiebung, Einschränkung oder Untersagung der politischen Betätigung, den Verlust des Rechts auf Einreise und Aufenthalt nach dem Freizügigkeitsgesetz/EU oder Einreisebedenken, sind die der Speicherung zugrunde-

liegenden Begründungstexte der Registerbehörde zu übersenden. Die Registerbehörde hat diese Texte aufzubewahren. Sie sind zu vernichten, wenn die gespeicherten Daten gelöscht werden.

§ 7 Übermittlung und Veränderung von Daten im Wege der Direkteingabe

Die nach § 22 Abs. 1 zum Abruf von Daten im automatisierten Verfahren zugelassenen Stellen dürfen der Registerbehörde die von ihnen zu übermittelnden Daten im Wege der Direkteingabe in das Register mit unmittelbarer Wirkung für dessen Datenbestand übermitteln. Sie sind verpflichtet, die von ihnen eingegebenen Daten, die unrichtig geworden sind oder deren Unrichtigkeit sich nachträglich herausgestellt hat, im Wege der Direkteingabe unverzüglich zu berichtigen oder zu aktualisieren. Bei einem Wechsel der Zuständigkeit gilt Satz 2 für die Stelle entsprechend, auf die die Zuständigkeit übergegangen ist, soweit sie zum automatisierten Verfahren zugelassen ist. Die Registerbehörde hat sicherzustellen, daß dabei nur die Eingabe der jeweils zur Übermittlung zugelassenen Daten technisch möglich ist und den übermittelnden Stellen nur die Daten zur Kenntnis gelangen, die für die Speicherung erforderlich sind. Die eingebende Stelle muß aus der Datei ersichtlich sein.

§ 8 Verantwortung für den Registerinhalt, Datenpflege

(1) Die in § 6 bezeichneten öffentlichen Stellen sind gegenüber der Registerbehörde für die Zulässigkeit der Übermittlung sowie für die Richtigkeit und Aktualität der von ihnen übermittelten Daten verantwortlich. Sie haben die Registerbehörde unverzüglich zu unterrichten, wenn

1. die übermittelten Daten unrichtig werden oder sich ihre Unrichtigkeit nachträglich herausstellt und eine Berichtigung oder Aktualisierung nicht im Wege der Direkteingabe nach § 7 erfolgen kann,
2. die Daten zur Aufgabenerfüllung nicht mehr benötigt werden oder
3. der Betroffene die Richtigkeit bestreitet und sich weder die Richtigkeit noch die Unrichtigkeit feststellen läßt.

(2) Die Registerbehörde hat programmtechnisch sicherzustellen, daß die zu speichernden Daten zuvor auf ihre Schlüssigkeit geprüft werden und gespeicherte Daten durch die Verarbeitung nicht ungewollt gelöscht oder unrichtig werden.

(3) Jede öffentliche Stelle, die Daten an die Registerbehörde übermittelt hat, ist berechtigt und verpflichtet, die von ihr übermittelten Daten auf Richtigkeit und Aktualität zu überprüfen, soweit dazu Anlaß besteht (Datenpflege). Das Bundesamt für Migration und Flüchtlinge sowie die Ausländerbehörden können zu diesem Zweck einen automatisierten Abgleich zwischen ihrem jeweiligen Datenbestand und den entsprechenden Daten der Registerbehörde veranlassen, wenn sie die eigenen Daten in einem abgleichfähigen Format bereitstellen.

(4) Bei einem Wechsel der Zuständigkeit gelten die Absätze 1 und 3 für die Stelle entsprechend, auf die die Zuständigkeit übergegangen ist.

§ 9 Aufzeichnungspflicht bei Speicherung

(1) Die Registerbehörde hat als speichernde Stelle Aufzeichnungen zu fertigen, aus denen sich die übermittelten Daten, die übermittelnde Dienststelle, die für die Übermittlung verantwortliche Person und der Übermittlungszeitpunkt ergeben müssen.

(2) Die Aufzeichnungen dürfen nur für Auskünfte an den Betroffenen nach § 34 und für die Unterrichtung über die Berichtigung, Löschung oder Sperrung von Daten nach § 38 verwendet werden. Darüber hinaus dürfen sie für Zwecke der Datenschutzkontrolle, der Datensicherung oder zur Sicherstellung eines ordnungsgemäßen Betriebes der Datenverarbeitungsanlage verwendet werden. Sie sind durch geeignete Maßnahmen gegen unberechtigten Zugriff zu sichern und nach Fristablauf zu löschen, wenn sie nicht für ein bereits eingeleitetes Kontrollverfahren benötigt werden.

Abschnitt 3
Datenübermittlung durch die Registerbehörde, Dritte, an die Daten übermittelt werden

Unterabschnitt 1
Datenübermittlung an öffentliche Stellen

§ 10 Allgemeine Vorschriften für die Datenübermittlung

(1) Die Übermittlung von Daten an eine öffentliche Stelle ist nur zulässig, wenn die Kenntnis der Daten zur Erfüllung ihrer Aufgaben erforderlich ist. Bei einem Übermittlungsersuchen ist der Zweck anzugeben, sofern es sich nicht lediglich auf die Grunddaten nach § 14 Abs. 1 bezieht. Die Registerbehörde hat die Übermittlung zu versagen, wenn Anhaltspunkte dafür bestehen, daß die in Satz 1 bezeichnete Voraussetzung nicht vorliegt.

(1a) Die Übermittlung der Daten von Unionsbürgern, für die eine Feststellung des Nichtbestehens oder des Verlusts des Freizügigkeitsrechts nicht vorliegt, ist nur an die mit ausländer- oder asylrechtlichen Aufgaben betrauten Behörden und nur zur Durchführung solcher Aufgaben zulässig. Bei einem Übermittlungsersuchen ist der Zweck anzugeben. Die Registerbehörde hat die Übermittlung zu versagen, wenn Anhaltspunkte dafür bestehen, dass es sich um die Daten von Unionsbürgern nach Satz 1 handelt und die Übermittlung nicht an eine mit ausländer- oder asylrechtlichen Aufgaben betraute Behörde oder nicht zur Durchführung solcher Aufgaben erfolgen soll.

(2) Das Ersuchen muß, soweit vorhanden, die AZR-Nummer, anderenfalls alle verfügbaren Grundpersonalien des Betroffenen enthalten. Bei Zweifeln an der Identität des Ausländers kann, außer bei Unionsbürgern das Ersuchen auch nur mit Lichtbild oder mit den Fingerabdruckdaten gestellt werden. Bei Zweifeln an der Echtheit von Ausweispapieren oder Aufenthaltstiteln oder wenn solche Papiere abhanden gekommen sind, kann das Ersuchen auch nur mit Angaben zum Ausweispapier oder zum Aufenthaltstitel gestellt werden. Stimmen die in dem Übermittlungsersuchen bezeichneten Daten mit den gespeicherten Daten nicht überein, ist die Datenübermittlung unzulässig, es sei denn, Zweifel an der Identität bestehen nicht.

(3) Kann die Registerbehörde die Identität nicht eindeutig feststellen, übermittelt sie zur Identitätsprüfung und -feststellung an die ersuchende Stelle neben Hinweisen auf aktenführende Ausländerbehörden die AZR-Nummer, die Grundpersonalien, die weiteren Personalien ähnlicher Personen mit Ausnahme der früheren Namen, die nur auf besonderes Ersuchen übermittelt werden, und die Lichtbilder. Kann die Identität nicht allein an Hand dieser Daten festgestellt werden, dürfen den Strafverfolgungsbehörden darüber hinaus weitere Daten übermittelt werden, wenn zu erwarten ist, daß deren Kenntnis die Identitätsfeststellung ermöglicht. Die ersuchende Stelle hat alle Daten, die nicht zum Betroffenen gehören, unverzüglich zu löschen und entsprechende Aufzeichnungen zu vernichten.

(4) Die AZR-Nummer darf nur im Verkehr mit dem Register genutzt werden. Darüber hinaus darf die AZR-Nummer nur zum Zweck der eindeutigen Zuordnung und nur zusätzlich zu den Grundpersonalien genutzt werden für

1. Datenübermittlungen zwischen dem Bundesamt für Migration und Flüchtlinge und den Ausländerbehörden sowie Datenübermittlungen zwischen den Ausländerbehörden untereinander,
2. die in § 73 Absatz 1 bis 3b des Aufenthaltsgesetzes bezeichneten Feststellungen und Prüfungen sowie sonstige Datenübermittlungen zwischen den in § 73 Absatz 1a Satz 1 und Absatz 2 Satz 1 des Aufenthaltsgesetzes genannten Behörden,
3. Datenübermittlungen zwischen leistungsgewährenden Behörden untereinander nach dem Asylbewerberleistungsgesetz, dem Zweiten, Achten oder Zwölften Buch Sozialgesetzbuch sowie mit den Ausländer- und den im Übrigen zuständigen Lan-

desbehörden jeweils, soweit für den Ausländer noch keine Versicherungsnummer nach dem Vierten Buch Sozialgesetzbuch bekannt ist, oder

4. Datenübermittlungen von öffentlichen Stellen untereinander in den übrigen Fällen des § 2 Absatz 1a und 2 bis zur Erteilung einer Niederlassungserlaubnis oder einer Erlaubnis zum Daueraufenthalt-EU.

(5) Zur Datenpflege (§ 8 Abs. 3) übermittelt die Registerbehörde die zu überprüfenden Daten an die dazu berechtigte oder verpflichtete Stelle.

(6) Die Registerbehörde übermittelt auf Ersuchen bei ihr aufbewahrte Begründungstexte (§ 6 Abs. 5), sofern die Kenntnis für die ersuchende Stelle unerläßlich ist, weitere Informationen nicht rechtzeitig von der aktenführenden Behörde zu erlangen sind und ihr die Daten, auf die sich die Begründungstexte beziehen, übermittelt werden dürfen.

§ 11 Zweckbestimmung, Weiterübermittlung von Daten

(1) Die ersuchende Stelle darf die in § 3 Absatz 1 Nummer 7 in Verbindung mit § 2 Absatz 2 Nummer 7 und 7a sowie § 3 Absatz 4 Nummer 7 in Verbindung mit § 2 Absatz 3 Nummer 7 bezeichneten Daten, die im Rahmen von Gruppenauskünften (§ 12) übermittelten Daten und Begründungstexte (§ 6 Abs. 5) nur zu dem Zweck verwenden, zu dem sie ihr übermittelt worden sind. Sonstige Daten darf sie zu einem anderen Zweck verwenden, wenn sie ihr auch zu diesem Zweck hätten übermittelt werden dürfen. Die neue Zweckbestimmung ist der Registerbehörde mitzuteilen, soweit es sich bei den übermittelten Daten nicht lediglich um die Grunddaten von Ausländern, die keine freizügigkeitsberechtigten Unionsbürger sind, handelt.

(1a) Die ersuchende Stelle darf Fingerabdruckdaten nach § 3 Absatz 2 Nummer 1 nur zu den in § 16 des Asylgesetzes und in den §§ 49 und 89 Absatz 2 des Aufenthaltsgesetzes festgelegten Zwecken verwenden.

(2) Die ersuchende Stelle darf die ihr übermittelten Daten nach § 3 Absatz 1 Nummer 4 mit Ausnahme gesperrter Daten (§ 4) an eine andere öffentliche Stelle weiterübermitteln, wenn die Daten dieser Stelle zur Erfüllung ihrer Aufgaben und zu diesem Zweck aus dem Register unmittelbar hätten übermittelt werden dürfen. Weitere Daten mit Ausnahme gesperrter Daten dürfen unter den Voraussetzungen des Satzes 1 nur weiterübermittelt werden, wenn anderenfalls eine unvertretbare Verzögerung eintreten oder die Aufgabenerfüllung erheblich erschwert würde. Vor der Weiterübermittlung von Daten hat die ersuchende Stelle die Richtigkeit und Aktualität der Daten zu überprüfen. Für die Stelle, an die Daten weiterübermittelt worden sind, gelten die Sätze 1 bis 3 und Absatz 1 entsprechend. Die ersuchende Stelle hat der Registerbehörde den Empfang der Daten und den Verwendungszweck mitzuteilen, soweit es sich bei den übermittelten Daten nicht lediglich um die Grunddaten von Ausländern, die keine freizügigkeitsberechtigten Unionsbürger sind, handelt. § 33 des BND-Gesetzes bleibt unberührt.

§ 12 Gruppenauskunft

(1) Die Übermittlung von Daten einer Mehrzahl von Ausländern, die in einem Übermittlungsersuchen nicht mit vollständigen Grundpersonalien bezeichnet sind und die auf Grund im Register gespeicherter und im Übermittlungsersuchen angegebener gemeinsamer Merkmale zu einer Gruppe gehören (Gruppenauskunft), darf nur zur Erfüllung der gesetzlichen Aufgaben der in den §§ 15 bis 17 und 20 bezeichneten öffentlichen Stellen erfolgen. Sie ist zulässig, soweit sie

1. im besonderen Interesse der Betroffenen liegt oder
2. erforderlich und angemessen ist
   a) zur Abwehr von Gefahren für die öffentliche Sicherheit, für den Bestand oder die Sicherheit des Bundes oder eines Landes oder für die freiheitliche demokratische Grundordnung oder
   b) zur Verfolgung eines Verbrechens oder einer anderen erheblichen Straftat, von der auf Grund tatsächlicher Anhaltspunkte anzunehmen ist, daß sie gewerbs- oder gewohnheitsmäßig, von

einem Bandenmitglied oder in anderer Weise organisiert begangen wird,

und die Daten auf andere Weise nicht, nur mit unverhältnismäßigem Aufwand oder nicht rechtzeitig erlangt werden können,

3. unter den in § 2 Abs. 1 Nr. 4 des BND-Gesetzes genannten Voraussetzungen erforderlich ist, um im Ausland Gefahren der in § 5 Abs. 1 Satz 3 des Artikel 10-Gesetzes genannten Art rechtzeitig zu erkennen und einer solchen Gefahr zu begegnen.

(1a) Bei einer Gruppenauskunft ist die Übermittlung der Daten nach § 3 Absatz 3 zu Ausländern nach § 2 Absatz 1a Nummer 1 und Absatz 2 Nummer 1 sowie die Übermittlung der Daten von Unionsbürgern, bei denen eine Feststellung des Nichtbestehens oder des Verlusts des Freizügigkeitsrechts nicht vorliegt, nicht zulässig.

(2) Das Ersuchen ist schriftlich zu stellen, zu begründen und bedarf der Zustimmung des Leiters der ersuchenden Behörde oder eines von ihm für solche Zustimmungen bestellten Vertreters in leitender Stellung. Ein Abruf im automatisierten Verfahren ist unzulässig. Die ersuchende Stelle hat die Daten, die sie nicht oder nicht mehr zur Aufgabenerfüllung benötigt, zu vernichten.

(3) Die Registerbehörde hat nach Erteilung einer Gruppenauskunft den Bundesbeauftragten für den Datenschutz und, soweit die Daten an eine öffentliche Stelle eines Landes übermittelt worden sind, den Datenschutzbeauftragten des Landes zu unterrichten.

§ 13 Aufzeichnungspflicht bei Datenübermittlung

(1) Die Registerbehörde hat über die von ihr auf Grund der Übermittlungsersuchen vorgenommenen Abrufe, die Abrufe anderer Stellen und über die Mitteilungen nach § 11 Aufzeichnungen zu fertigen, aus denen der Zweck, die bei der Durchführung des Abrufs verwendeten Daten, die übermittelten Daten, der Tag und die Uhrzeit sowie die Bezeichnung der ersuchenden Stellen und die Angabe der abrufenden sowie der verantwortlichen Person hervorgehen müssen. Aus der Angabe zum Zweck der Abrufe muß die Erforderlichkeit der Datenübermittlung erkennbar sein. Bei einer Gruppenauskunft sind zusätzlich die Gruppenmerkmale aufzunehmen.

(2) Die Aufzeichnungen dürfen nur für Auskünfte an den Betroffenen nach § 34, für die Unterrichtung über die Berichtigung, Löschung oder Sperrung von Daten nach § 38 oder zur datenschutzrechtlichen Kontrolle der Zulässigkeit der Abrufe verwendet werden. Sie sind durch geeignete Maßnahmen gegen unberechtigten Zugriff zu sichern und nach Fristablauf zu löschen, wenn sie nicht für ein bereits eingeleitetes Kontrollverfahren benötigt werden. Aufzeichnungen über Gruppenauskünfte sind gesondert aufzubewahren.

§ 14 Datenübermittlung an alle öffentlichen Stellen

(1) An alle öffentlichen Stellen werden zu Ausländern, die keine freizügigkeitsberechtigten Unionsbürger sind, auf Ersuchen folgende Daten einschließlich der zugehörigen AZR-Nummer (Grunddaten) übermittelt:

1. Grundpersonalien,
2. Lichtbild,
3. Hinweis auf die aktenführende Ausländerbehörde,
4. Angaben zum Zuzug oder Fortzug, Sterbedatum,
5. Übermittlungssperren,
6. bei Ausländern nach § 2 Absatz 1a Nummer 2 und 3 zusätzlich die Anschrift im Bundesgebiet, bei Ausländern nach § 2 Absatz 1a Nummer 1 und Absatz 2 Nummer 1 zusätzlich die Anschrift im Bundesgebiet bis zum unanfechtbaren Abschluss des Asylverfahrens,
7. bei Ausländern nach § 2 Absatz 1a und 2 nur zum Zweck, ob die AZR-Nummer nach § 10 Absatz 4 Satz 2 Nummer 4 an andere öffentliche Stellen übermittelt werden darf, zusätzlich die Erteilung einer Niederlassungserlaubnis oder einer Erlaubnis zum Daueraufenthalt-EU.

(2) Frühere Namen werden nur auf besonderes Ersuchen übermittelt. Dasselbe gilt für nicht gesperrte Suchvermerke, es sei denn, die öffentliche Stelle, auf deren Ersuchen der

Suchvermerk gespeichert worden ist, hat ausdrücklich beantragt, daß auf jedes Ersuchen eine Übermittlung erfolgen soll.

§ 15 Datenübermittlung an Ausländerbehörden, das Bundesamt für Migration und Flüchtlinge, Polizeibehörden, Staatsanwaltschaften, Luftsicherheitsbehörden, atomrechtliche Genehmigungs- und Aufsichtsbehörden, oberste Bundes- und Landesbehörden sowie das Bundesamt für Justiz

(1) Die Daten des Betroffenen werden auf Ersuchen übermittelt an:

1. die Ausländerbehörden, die Aufnahmeeinrichtungen oder Stellen nach § 88 Abs. 3 des Asylgesetzes, das Bundesamt für Migration und Flüchtlinge und die mit der polizeilichen Kontrolle des grenzüberschreitenden Verkehrs beauftragten Behörden sowie sonstige Polizeivollzugsbehörden der Länder zur Durchführung ausländer- und asylrechtlicher Aufgaben,
2. die Bundespolizei, die Stellen eines Landes, die im Einvernehmen mit dem Bund grenzpolizeiliche Aufgaben mit eigenen Kräften wahrnehmen, und an die Zollverwaltung, soweit auf sie die Ausübung grenzpolizeilicher Aufgaben übertragen worden ist, zur Gewährleistung des grenzpolizeilichen Schutzes des Bundesgebiets,
3. die für die Zuverlässigkeitsprüfung zuständigen Luftsicherheitsbehörden nach § 7 des Luftsicherheitsgesetzes zur Erfüllung ihrer Aufgaben bei der Durchführung der Zuverlässigkeitsüberprüfung,

3a. die für die Zuverlässigkeitsüberprüfung nach § 12b des Atomgesetzes zuständige Behörde zur Erfüllung ihrer Aufgaben bei der Durchführung der Zuverlässigkeitsüberprüfung,

4. die Bundespolizei, das Bundeskriminalamt und sonstige Polizeivollzugsbehörden des Bundes und der Länder sowie an die Staatsanwaltschaften zur Strafverfolgung oder Strafvollstreckung,
5. die Bundespolizei, das Bundeskriminalamt und sonstige Polizeivollzugsbehörden des Bundes und der Länder zur Abwehr von Gefahren für die öffentliche Sicherheit,
6. oberste Bundes- und Landesbehörden, die mit der Durchführung ausländer-, asyl- und passrechtlicher Vorschriften als eigener Aufgabe betraut sind, soweit die Daten zur Aufgabenerfüllung erforderlich sind.

In den Fällen des Satzes 1 Nummer 2 bis 5 wird bei Unionsbürgern, bei denen eine Feststellung des Nichtbestehens oder des Verlusts des Freizügigkeitsrechts nicht vorliegt, nur angezeigt, dass eine solche Feststellung nicht erfolgt ist. Satz 1 Nummer 6 gilt in Bezug auf Unionsbürger, bei denen eine Feststellung des Nichtbestehens oder des Verlusts des Freizügigkeitsrechts nicht vorliegt, nur für die Übermittlung von Daten an oberste Bundes- und Landesbehörden, die mit der Durchführung ausländer- oder asylrechtlicher Vorschriften als eigener Aufgabe betraut sind.

(2) Dem Bundeskriminalamt werden auf Ersuchen zur Erfüllung von Verpflichtungen aus völkerrechtlichen Verträgen, denen die gesetzgebenden Körperschaften nach Artikel 59 Abs. 2 des Grundgesetzes zugestimmt haben, die erforderlichen personenbezogenen Daten von Ausländern, die keine freizügigkeitsberechtigten Unionsbürger sind, nach Maßgabe dieser Verträge übermittelt.

(3) An das Bundesamt für Justiz werden zu Ausländern, die keine freizügigkeitsberechtigten Unionsbürger sind, auf Ersuchen die Grunddaten, abweichende Namensschreibweisen, andere Namen sowie Aliaspersonalien übermittelt, soweit die Kenntnis dieser Daten zur Feststellung der Identität eines Ausländers bei der Durchführung der Aufgaben nach dem Bundeszentralregistergesetz, nach dem Titel XI der Gewerbeordnung, nach dem Internationalen Familienrechtsverfahrensgesetz und nach dem Erwachsenenschutzübereinkommens-Ausführungsgesetz erforderlich ist. Absatz 1 Satz 2 gilt entsprechend.

§ 16 Datenübermittlung an Gerichte

(1) An Gerichte werden zum Zwecke der Rechtspflege zu Ausländern, die keine freizügigkeitsberechtigten Unionsbürger sind, auf Ersuchen die Grunddaten und folgende Daten übermittelt:

1. abweichende Namensschreibweisen,
2. andere Namen,
3. Aliaspersonalien,
4. letzter Wohnort im Herkunftsland,
5. Angaben zum Ausweispapier,
6. Anschrift im Bundesgebiet.

(2) Reichen die nach Absatz 1 zu übermittelnden Daten zur Aufgabenerfüllung nicht aus, werden auf erweitertes Ersuchen folgende Daten übermittelt:

1. zum aufenthaltsrechtlichen Status und zu den für oder gegen den Ausländer ergriffenen aufenthaltsrechtlichen Maßnahmen,
2. zum Asylverfahren,
3. zur Ausschreibung zur Zurückweisung,
4. zu einem Tatverdacht im Sinne des § 2 Abs. 2 Nr. 7 und 7a.

Die Erforderlichkeit der Übermittlung ist von der ersuchenden Stelle aktenkundig zu machen.

(3) Werden über die in den Absätzen 1 und 2 bezeichneten Daten hinaus weitere Daten zur Aufgabenerfüllung benötigt, ist deren Übermittlung auf erneutes Ersuchen zulässig. Absatz 2 Satz 2 gilt entsprechend. Ein Abruf im automatisierten Verfahren ist unzulässig.

§ 17 Datenübermittlung an das Zollkriminalamt

(1) An das Zollkriminalamt werden, soweit es die Zollfahndungsämter bei der Erledigung ihrer Aufgaben auf Grund der Abgabenordnung und anderer Gesetze unterstützt oder in Fällen von überörtlicher Bedeutung selbständig ermittelt, oder zur Erfüllung von Verpflichtungen aus völkerrechtlichen Verträgen, denen die gesetzgebenden Körperschaften gemäß Artikel 59 Abs. 2 des Grundgesetzes zugestimmt haben, zu Ausländern, die keine freizügigkeitsberechtigten Unionsbürger sind, auf Ersuchen die Grunddaten und folgende Daten übermittelt:

1. abweichende Namensschreibweisen,
2. andere Namen,
3. Aliaspersonalien,
4. Ausschreibung zur Festnahme oder Aufenthaltsermittlung,
5. Angaben zum Ausweispapier,
6. Angaben zum aufenthaltsrechtlichen Status und zu den für oder gegen den Ausländer getroffenen aufenthaltsrechtlichen Entscheidungen,
7. Fingerabdruckdaten und die dazugehörigen Referenznummern,
8. Größe und Augenfarbe,
9. die Seriennummer ihrer Bescheinigung über die Meldung als Asylsuchende gemäß § 63a des Asylgesetzes (AKN-Nummer) sowie das Ausstellungsdatum und die Gültigkeitsdauer,
10. die Anschrift im Bundesgebiet,
11. freiwillig gemachte Angaben zu Telefonnummern und E-Mail-Adressen,
12. das zuständige Bundesland, die zuständige Aufnahmeeinrichtung und Ausländerbehörde, bei unbegleiteten minderjährigen Kindern und Jugendlichen das zuständige Jugendamt,
13. die Durchführung der Gesundheitsuntersuchung nach § 62 Absatz 1 des Asylgesetzes und die Untersuchung auf Vorliegen einer ansteckungsfähigen Lungentuberkulose nach § 36 Absatz 4 oder 5 des Infektionsschutzgesetzes, jeweils mit Ort und Datum,
14. die Feststellung, dass keine medizinischen Bedenken gegen die Aufnahme in eine Einrichtung der gemeinschaftlichen Unterbringung bestehen.

(2) Die Übermittlung von Daten nach Absatz 1 unterbleibt, mit Ausnahme der Grunddaten, wenn Daten des Betroffenen nur aus einem der folgenden Anlässe im Register erfaßt sind:

1. Zurückweisung, Zurückschiebung oder Abschiebung im Sinne des § 71 Absatz 3

Nummer 1a und 1b des Aufenthaltsgesetzes,
2. Ausschreibung zur Zurückweisung an der Grenze,
3. Aus- oder Durchlieferung,
4. Ablehnung eines Antrages auf Feststellung der deutschen Staatsangehörigkeit oder der Eigenschaft als Deutscher,
5. Ablehnung oder Rücknahme der Feststellung der Aussiedler- oder Spätaussiedlereigenschaft.

§ 17a Datenübermittlung an die Zentralstelle für Finanztransaktionsuntersuchungen

An die Zentralstelle für Finanztransaktionsuntersuchungen werden zur Erfüllung ihrer Aufgaben nach § 28 Absatz 1 Satz 2 Nummer 2 des Geldwäschegesetzes zu Ausländern, die keine freizügigkeitsberechtigten Unionsbürger sind, auf Ersuchen die Grunddaten und folgende Daten übermittelt:

1. abweichende Namensschreibweisen,
2. andere Namen,
3. frühere Namen,
4. Aliaspersonalien,
5. Angaben zum Ausweispapier,
6. die Seriennummer ihrer Bescheinigung über die Meldung als Asylsuchende gemäß § 63a des Asylgesetzes (AKN-Nummer) sowie das Ausstellungsdatum und die Gültigkeitsdauer,
7. Daten nach § 3 Absatz 1 Nummer 7 in Verbindung mit § 2 Absatz 1a und 2 Nummer 1, 3, 7, 7a und 12.

§ 18 Datenübermittlung an die Bundesagentur für Arbeit und die Behörden der Zollverwaltung

(1) An die Bundesagentur für Arbeit werden für die Erfüllung ihrer Aufgaben nach dem Achten Abschnitt des Zweiten Kapitels des Aufenthaltsgesetzes, zur Überwachung der zeitlichen und zahlenmäßigen Beschränkungen der Beschäftigungen auf Grund von zwischenstaatlichen Regierungsvereinbarungen und Vermittlungsabsprachen und zur Erhebung und Erstattung von Gebühren neben den Grunddaten folgende Daten des Betroffenen übermittelt:

1. Angaben zum aufenthaltsrechtlichen Status und zu den für oder gegen den Ausländer getroffenen aufenthaltsrechtlichen Entscheidungen,
2. Angaben zum Asylverfahren.

Daten von Unionsbürgern, bei denen eine Feststellung des Nichtbestehens oder des Verlusts des Freizügigkeitsrechts nicht vorliegt, werden nur zur Durchführung ausländer- oder asylrechtlicher Aufgaben übermittelt.

(2) An die Behörden der Zollverwaltung werden zur Bekämpfung der illegalen Beschäftigung von Ausländern zu Ausländern, die keine freizügigkeitsberechtigten Unionsbürger sind, auf Ersuchen die Grunddaten und folgende Daten übermittelt:

1. abweichende Namensschreibweisen, andere Namen, Aliaspersonalien und Angaben zum Ausweispapier,
2. Angaben zum aufenthaltsrechtlichen Status und zu den für oder gegen den Ausländer getroffenen aufenthaltsrechtlichen Entscheidungen,
3. Angaben zum Asylverfahren,
4. Ausschreibung zur Zurückweisung an der Grenze,
5. Ausschreibung zur Festnahme oder Aufenthaltsermittlung.

(3) Die Übermittlung von Daten nach Absatz 1 und 2 unterbleibt, mit Ausnahme der Grunddaten, wenn Daten des Betroffenen nur aus einem der folgenden Anlässe im Register erfaßt sind:

1. Zurückweisung, Zurückschiebung oder Abschiebung im Sinne des § 71 Absatz 3 Nummer 1a und 1b des Aufenthaltsgesetzes,
2. Einreisebedenken,
3. Aus- oder Durchlieferung,
4. Ablehnung eines Antrages auf Feststellung der deutschen Staatsangehörigkeit oder der Eigenschaft als Deutscher,

5. Ablehnung oder Rücknahme der Feststellung der Aussiedler- oder Spätaussiedlereigenschaft.

§ 18a Datenübermittlung an die Träger der Sozialhilfe und die für die Durchführung des Asylbewerberleistungsgesetzes zuständigen Stellen

An die Träger der Sozialhilfe und die für die Durchführung des Asylbewerberleistungsgesetzes zuständigen Stellen werden zur Prüfung, ob die Voraussetzungen für eine Inanspruchnahme von Leistungen vorliegen oder ob die erforderlichen Gesundheitsuntersuchungen und Impfungen durchgeführt wurden, zu Ausländern, die keine freizügigkeitsberechtigten Unionsbürger sind, auf Ersuchen die Grunddaten und folgende Daten übermittelt:

1. abweichende Namensschreibweisen, andere Namen, Aliaspersonalien und Angaben zum Ausweispapier, freiwillige Angaben zur Religionszugehörigkeit,
2. AKN-Nummer,
3. Familienstand,
4. Angaben zum aufenthaltsrechtlichen Status und zu den für oder gegen den Ausländer getroffenen aufenthaltsrechtlichen Entscheidungen,
5. Angaben zum Asylverfahren,
6. die Anschrift im Bundesgebiet,
7. freiwillig gemachte Angaben zu Telefonnummern und E-Mail-Adressen,
8. begleitende minderjährige Kinder und Jugendliche, Elternteile, Ehegatten und Lebenspartner jeweils mit Familienname und Vornamen,
9. das zuständige Bundesland, die zuständige Aufnahmeeinrichtung und Ausländerbehörde, bei unbegleiteten minderjährigen Kindern und Jugendlichen das zuständige Jugendamt,
10. Schulbildung, Studium, Ausbildung, Beruf,
11. Sprachkenntnisse,
12. die Daten zur Durchführung eines Integrationskurses nach § 43 des Aufenthaltsgesetzes und einer Maßnahme der berufsbezogenen Deutschsprachförderung nach § 45a des Aufenthaltsgesetzes,
13. die Durchführung der Gesundheitsuntersuchung nach § 62 Absatz 1 des Asylgesetzes und die Untersuchung auf Vorliegen einer ansteckungsfähigen Lungentuberkulose nach § 36 Absatz 4 oder 5 des Infektionsschutzgesetzes, jeweils mit Ort und Datum,

13a. die Feststellung, dass keine medizinischen Bedenken gegen die Aufnahme in eine Einrichtung der gemeinschaftlichen Unterbringung bestehen,

14. die Durchführung von Impfungen mit Art, Ort und Datum der jeweiligen Impfung.

Den für die Durchführung des Asylbewerberleistungsgesetzes zuständigen Stellen wird für den Zweck der weiteren Überprüfung der Identität auf Ersuchen zudem die zu den Fingerabdruckdaten zugehörige Referenznummer übermittelt.

§ 18b Datenübermittlung an die Bundesagentur für Arbeit und die für die Durchführung der Grundsicherung für Arbeitsuchende zuständigen Stellen

An die Bundesagentur für Arbeit und die für die Durchführung der Grundsicherung für Arbeitsuchende zuständigen Stellen werden zur Erfüllung ihrer Aufgaben nach dem Zweiten und Dritten Buch Sozialgesetzbuch zu Ausländern, die keine freizügigkeitsberechtigten Unionsbürger sind, auf Ersuchen die Grunddaten und folgende Daten übermittelt:

1. abweichende Namensschreibweisen, andere Namen, Aliaspersonalien und Angaben zum Ausweispapier,
2. AKN-Nummer,
3. Familienstand,
4. Angaben zum aufenthaltsrechtlichen Status und zu den für oder gegen den Ausländer getroffenen aufenthaltsrechtlichen Entscheidungen,
5. Angaben zum Asylverfahren,

6. die Anschrift im Bundesgebiet,
7. freiwillig gemachte Angaben zu Telefonnummern und E-Mail-Adressen,
8. begleitende minderjährige Kinder und Jugendliche, Elternteile, Ehegatten und Lebenspartner jeweils mit Familienname und Vornamen,
9. das zuständige Bundesland, die zuständige Aufnahmeeinrichtung und Ausländerbehörde, bei unbegleiteten minderjährigen Kindern und Jugendlichen das zuständige Jugendamt,
10. Schulbildung, Studium, Ausbildung, Beruf,
11. Sprachkenntnisse,
12. die Daten zur Durchführung eines Integrationskurses nach § 43 des Aufenthaltsgesetzes und einer Maßnahme der berufsbezogenen Deutschsprachförderung nach § 45a des Aufenthaltsgesetzes.

§ 18c Datenübermittlung an die für den öffentlichen Gesundheitsdienst zuständigen Behörden

An die für den öffentlichen Gesundheitsdienst zuständigen Behörden werden zur Prüfung, ob die erforderlichen Gesundheitsuntersuchungen und Impfungen durchgeführt wurden, zu Ausländern, die keine freizügigkeitsberechtigten Unionsbürger sind, auf Ersuchen die Grunddaten und folgende Daten übermittelt:

1. abweichende Namensschreibweisen, andere Namen, Aliaspersonalien und Angaben zum Ausweispapier,
2. AKN-Nummer,
3. die Anschrift im Bundesgebiet,
4. freiwillig gemachte Angaben zu Telefonnummern und E-Mail-Adressen,
5. begleitende minderjährige Kinder und Jugendliche, Elternteile, Ehegatten und Lebenspartner jeweils mit Familienname und Vornamen,
6. die Durchführung der Gesundheitsuntersuchung nach § 62 Absatz 1 des Asylgesetzes und die Untersuchung auf Vorliegen einer ansteckungsfähigen Lungentuberkulose nach § 36 Absatz 4 oder 5 des Infektionsschutzgesetzes, jeweils mit Ort und Datum,

6a. die Feststellung, dass keine medizinischen Bedenken gegen die Aufnahme in eine Einrichtung der gemeinschaftlichen Unterbringung bestehen,

7. die Durchführung von Impfungen mit Art, Ort und Datum der jeweiligen Impfung.

§ 18d Datenübermittlung an die Jugendämter

An die Jugendämter werden zur Erfüllung ihrer Aufgaben nach dem Achten Buch Sozialgesetzbuch zu Ausländern, die keine freizügigkeitsberechtigten Unionsbürger sind, auf Ersuchen die Grunddaten und folgende Daten übermittelt:

1. abweichende Namensschreibweisen, andere Namen, Aliaspersonalien und Angaben zum Ausweispapier,
2. AKN-Nummer,
3. Angaben zum aufenthaltsrechtlichen Status und zu den für oder gegen den Ausländer getroffenen aufenthaltsrechtlichen Entscheidungen,
4. Angaben zum Asylverfahren,
5. die Anschrift im Bundesgebiet,
6. freiwillig gemachte Angaben zu Telefonnummern und E-Mail-Adressen,
7. begleitende minderjährige Kinder und Jugendliche, Elternteile, Ehegatten und Lebenspartner jeweils mit Familienname und Vornamen,
8. das zuständige Bundesland, die zuständige Aufnahmeeinrichtung und Ausländerbehörde, bei unbegleiteten minderjährigen Kindern und Jugendlichen das zuständige Jugendamt,
9. die Durchführung der Gesundheitsuntersuchung nach § 62 Absatz 1 des Asylgesetzes sowie die Untersuchung auf Vorliegen einer ansteckungsfähigen Lungentuberkulose nach § 36 Absatz 4 oder 5 des Infektionsschutzgesetzes, jeweils mit Ort und Datum,

9a. die Feststellung, dass keine medizinischen Bedenken gegen die Aufnahme in eine Einrichtung der gemeinschaftlichen Unterbringung bestehen,

10. die Durchführung von Impfungen mit Art, Ort und Datum der jeweiligen Impfung.

§ 18e Datenübermittlung an die Meldebehörden

(1) An die zuständige Meldebehörde werden zur Erfüllung ihrer Aufgaben in den Fällen des § 2 Absatz 1a und 2 Nummer 1 zu Ausländern, die keine freizügigkeitsberechtigten Unionsbürger sind, unverzüglich nach der Unterbringung in einer Aufnahmeeinrichtung neben den Grundpersonalien die AZR-Nummer nur zum Zweck der eindeutigen Zuordnung, die Anschrift im Bundesgebiet sowie Übermittlungssperren in einem automatisierten Verfahren übermittelt. Ebenso werden Änderungen dieser Daten übermittelt. Bei Änderung der Anschrift im Bundesgebiet ist auch die Anschrift vor Änderung zu übermitteln.

(2) An die zuständige Meldebehörde wird zu allen Ausländern, zu denen vor dem 1. November 2019 die AKN-Nummer übermittelt wurde und deren Asylverfahren noch nicht unanfechtbar abgeschlossen ist oder die vollziehbar ausreisepflichtig sind, die AZR-Nummer und die AKN-Nummer übermittelt.

§ 18f Datenübermittlung an die Familienkasse Direktion der Bundesagentur für Arbeit

(1) An die Familienkasse Direktion der Bundesagentur für Arbeit werden zur Erfüllung der Aufgaben nach Abschnitt X des Einkommensteuergesetzes und nach § 1 des Bundeskindergeldgesetzes in den Fällen, in denen bei einem Unionsbürger die Feststellung des Nichtbestehens oder des Verlustes des Rechts auf Einreise und Aufenthalt nach § 2 Absatz 7, § 5 Absatz 4 oder § 6 Absatz 1 des Freizügigkeitsgesetzes/EU gespeichert wird, die Grundpersonalien des Unionsbürgers, die Feststellung des Nichtbestehens oder des Verlustes des Rechts auf Einreise und Aufenthalt sowie die Daten nach § 3 Absatz 4 Nummer 1 in einem automatisierten Verfahren übermittelt.

(2) Die Familienkasse Direktion der Bundesagentur für Arbeit prüft unverzüglich, ob die nach Absatz 1 übermittelten Daten des Unionsbürgers den Daten eines Unionsbürgers, der Kindergeld nach Abschnitt X des Einkommensteuergesetzes oder nach § 1 des Bundeskindergeldgesetzes beansprucht und dessen Daten bei den Familienkassen der Bundesagentur für Arbeit gespeichert sind, zugeordnet werden können. Ist dies nicht der Fall, hat die Familienkasse Direktion der Bundesagentur für Arbeit die nach Absatz 1 übermittelten Daten des Unionsbürgers unverzüglich zu löschen.

§ 18g Datenübermittlung an die Träger der Deutschen Rentenversicherung

An die Träger der Deutschen Rentenversicherung werden mit Einwilligung der betroffenen Person zur Prüfung rentenrechtlicher Zeiten nach den §§ 56 und 57 des Sechsten Buches Sozialgesetzbuch zu Ausländern, die keine freizügigkeitsberechtigten Unionsbürger sind, auf Ersuchen die Grunddaten und folgende Daten übermittelt:

1. abweichende Namensschreibweisen, andere Namen, frühere Namen und Aliaspersonalien und
2. Angaben zum aufenthaltsrechtlichen Status während des nach den §§ 56 und 57 des Sechsten Buches Sozialgesetzbuch maßgeblichen Zeitraums.

§ 19 Datenübermittlung an die Staatsangehörigkeits- und Vertriebenenbehörden

(1) An die zum Vollzug des Staatsangehörigkeitsrechts und an die nach dem Bundesvertriebenengesetz zuständigen Behörden (Staatsangehörigkeits- und Vertriebenenbehörden) werden zur Erfüllung ihrer Aufgaben bei der Feststellung der Eigenschaft als Deutscher im Sinne des Artikels 116 des Grundgesetzes und bei der Feststellung der Aussiedler- oder Spätaussiedlereigenschaft auf Ersuchen neben den Grunddaten auch Hinweise auf die Behörden übermittelt, die der Registerbehörde Daten zu einem oder meh-

reren der folgenden Anlässe übermittelt haben:

1. Asylantrag,
2. Erteilung einer Aufenthaltserlaubnis nach § 24 des Aufenthaltsgesetzes,
3. Zurückweisung, Zurückschiebung oder Abschiebung im Sinne des § 71 Absatz 3 Nummer 1a und 1b des Aufenthaltsgesetzes,
4. Ausschreibung zur Zurückweisung an der Grenze,
5. Ausschreibung zur Festnahme oder Aufenthaltsermittlung,
6. Aus- oder Durchlieferung,
7. Ablehnung eines Antrages auf Feststellung der deutschen Staatsangehörigkeit oder der Eigenschaft als Deutscher,
8. Ablehnung oder Rücknahme der Feststellung der Aussiedler- oder Spätaussiedlereigenschaft.

(2) Die Übermittlung unterbleibt, wenn Daten des Betroffenen nur auf Grund eines Suchvermerks im Register erfaßt sind.

(3) Den Staatsangehörigkeitsbehörden werden mit Einwilligung der betroffenen Person zur Beratung über die Stellung eines Antrags auf Einbürgerung und soweit erforderlich auch zur Bearbeitung von Einbürgerungsanträgen auf Ersuchen neben den Grunddaten auch Angaben zum aufenthaltsrechtlichen Status übermittelt.

§ 20 Datenübermittlung an die Verfassungsschutzbehörden, den Militärischen Abschirmdienst und den Bundesnachrichtendienst

(1) An die Verfassungsschutzbehörden des Bundes und der Länder, den Militärischen Abschirmdienst und den Bundesnachrichtendienst werden zu Ausländern, die keine freizügigkeitsberechtigten Unionsbürger sind, auf Ersuchen die Daten übermittelt, die zur Erfüllung der ihnen durch Gesetz übertragenen Aufgaben erforderlich sind, sofern sie nicht aus allgemein zugänglichen Quellen, nur mit übermäßigem Aufwand oder nur durch eine den Betroffenen stärker belastende Maßnahme erhoben werden können. Die Regelungen über die Einsichtnahme in amtliche Register und über die Aufzeichnungspflicht für die in Satz 1 bezeichneten Stellen bleiben unberührt.

(2) Die ersuchende Stelle hat Aufzeichnungen über das Ersuchen, den Zweck des Ersuchens und das Vorliegen der in Absatz 1 Satz 1 bezeichneten Voraussetzungen zu fertigen. Die Aufzeichnungen sind für die datenschutzrechtliche Kontrolle bestimmt. Sie sind gesondert aufzubewahren und durch geeignete Maßnahmen gegen unberechtigten Zugriff zu sichern. Sie sind am Ende des Kalenderjahres, das dem Jahr ihrer Erstellung folgt, zu vernichten, sofern sie nicht für ein bereits eingeleitetes Kontrollverfahren benötigt werden.

§ 21 Datenübermittlung an das Auswärtige Amt, die deutschen Auslandsvertretungen und andere öffentliche Stellen im Visaverfahren

(1) Im Rahmen des Visaverfahrens werden auf Anfrage des Auswärtigen Amts oder der deutschen Auslandsvertretungen die hierfür erforderlichen Daten an die beteiligte Organisationseinheit im Bundesverwaltungsamt weitergegeben. Für die Weitergabe gelten die Übermittlungsregelungen dieses Gesetzes entsprechend.

(2) Die beteiligte Organisationseinheit übermittelt die empfangenen Daten im erforderlichen Umfang an die anfragende Auslandsvertretung oder das Auswärtige Amt (Rückmeldung).

(2a) Soweit die Weitergabe der Daten gemäß Absatz 1 an die beteiligte Organisationseinheit im Bundesverwaltungsamt und die anschließende Übermittlung dieser Daten gemäß Absatz 2 an die ersuchende deutsche Auslandsvertretung oder das Auswärtige Amt im Einzelfall zur Erfüllung der Aufgaben im Rahmen des Visumverfahrens nicht ausreichen, können die erforderlichen Daten unmittelbar an die ersuchende deutsche Auslandsvertretung oder das Auswärtige Amt übermittelt werden. Zu diesem Zweck können das Auswärtige Amt und die deutschen

Auslandsvertretungen zum Abruf von Daten der betroffenen Person im automatisierten Verfahren zugelassen werden. Für die Zulassung gilt § 22 Absatz 1 Satz 3, Absatz 2, 3 und 4 entsprechend.

(3) Ist die Identität nicht eindeutig feststellbar, sind die Daten nach § 10 Abs. 3 Satz 1 und, soweit notwendig, das Datum der letzten Registereintragung sowie die aktenführende Ausländerbehörde an die beteiligte Organisationseinheit weiterzugeben. Zur Identitätsfeststellung erfolgt eine Übermittlung dieser Daten an die anfragende Auslandsvertretung. Daten, die nicht zum Betroffenen gehören, hat die Auslandsvertretung unverzüglich zu löschen und entsprechende Aufzeichnungen zu vernichten.

(4) Ist für die Erteilung eines Visums die Einwilligung der Ausländerbehörde erforderlich, übermittelt die beteiligte Organisationseinheit der Ausländerbehörde die dafür erforderlichen Daten. Dasselbe gilt für den Fall, daß die Auslandsvertretung aus sonstigen Gründen für die Erteilung des Visums um eine Stellungnahme der Ausländerbehörde nachsucht.

(5) Ist zu der Person, auf die sich die Anfrage einer deutschen Auslandsvertretung bezieht, ein Suchvermerk gespeichert, übermittelt die beteiligte Organisationseinheit die nach Absatz 1 Satz 1 weitergegebenen Daten an die ersuchende Stelle.

(6) Das Bundesministerium des Innern bestimmt im Einvernehmen mit dem Auswärtigen Amt, bei welchen Speicheranlässen nach § 2 Abs. 2 die beteiligte Organisationseinheit die vom Auswärtigen Amt oder der Auslandsvertretung übermittelten Daten an die Behörde, die diese Speicherung veranlasst hat, übermittelt.

(7) Die infolge der Übermittlung nach den Absätzen 4 bis 6 erforderlichen weiteren Übermittlungen zwischen den dort genannten Behörden und der nach Absatz 1 Satz 1 anfragenden Behörde dürfen über die beteiligte Organisationseinheit des Bundesverwaltungsamtes erfolgen.

§ 21a Datenübermittlung an das Bundesverwaltungsamt im Rahmen des Registrier- und Asylverfahrens

Nach Erhebung von Daten nach § 16 Absatz 1 Satz 1 des Asylgesetzes und § 49 des Aufenthaltsgesetzes werden anlässlich von Speicherungen nach § 2 Absatz 1a die zur Durchführung von Beteiligungen und Abgleichen nach § 73 Absatz 1a des Aufenthaltsgesetzes erforderlichen Daten unverzüglich an die beteiligte Organisationseinheit im Bundesverwaltungsamt weitergegeben. Für die Weitergabe gelten die Übermittlungsregelungen dieses Gesetzes entsprechend.

§ 22 Abruf im automatisierten Verfahren

(1) Zum Abruf von Daten des Betroffenen im automatisierten Verfahren (§ 10 Abs. 1 des Bundesdatenschutzgesetzes) können zugelassen werden:

1. die Ausländerbehörden, die Aufnahmeeinrichtungen oder Stellen im Sinne des § 88 Abs. 3 des Asylgesetzes,
2. das Bundesamt für Migration und Flüchtlinge,
3. die Bundespolizei und Stellen eines Landes oder der Zollverwaltung, soweit sie grenzpolizeiliche Aufgaben wahrnehmen,

3a. die Bundespolizei und das Bundeskriminalamt,

3b. die Polizei beim Deutschen Bundestag,

4. sonstige Polizeivollzugsbehörden der Länder,
5. die Staatsanwaltschaften,

5a. die Gerichte der Sozialgerichtsbarkeit und der Verwaltungsgerichtsbarkeit für die Daten nach § 16 Absatz 1,

5b. das Bundesamt für Justiz, soweit es Aufgaben nach dem Bundeszentralregistergesetz, nach dem Titel XI der Gewerbeordnung und nach dem Internationalen Familienrechtsverfahrensgesetz wahrnimmt,

6. das Zollkriminalamt,
7. die Behörden der Zollverwaltung,

7a. die Zentralstelle für Finanztransaktionsuntersuchungen,
8. die Träger der Sozialhilfe und die für die Durchführung des Asylbewerberleistungsgesetzes zuständigen Stellen,
8a. die Bundesagentur für Arbeit und die für die Durchführung der Grundsicherung für Arbeitsuchende zuständigen Stellen,
8b. die für den öffentlichen Gesundheitsdienst zuständigen Behörden,
8c. die Jugendämter,
8d. die Staatsangehörigkeits- und Vertriebenenbehörden,
8e. die Träger der Deutschen Rentenversicherung,
9. die Verfassungsschutzbehörden des Bundes und der Länder, der Militärische Abschirmdienst und der Bundesnachrichtendienst,
10. das Bundesverwaltungsamt, soweit es Aufgaben im Rahmen des Visaverfahrens und zur Feststellung der Staatsangehörigkeit wahrnimmt,
11. die obersten Bundes- und Landesbehörden, die mit der Durchführung ausländer- und asylrechtlicher Vorschriften als eigener Aufgabe betraut sind, soweit nicht § 21 anzuwenden ist.

Die Zulassung der Stellen nach Satz 1 Nr. 9 bedarf der Zustimmung der für die speichernde und die abrufende Stelle jeweils zuständigen obersten Bundes- oder Landesbehörde; § 10 Abs. 3 Satz 2 des Bundesdatenschutzgesetzes ist nicht anzuwenden. Die Registerbehörde hat den Bundesbeauftragten für den Datenschutz unter Mitteilung der nach § 9 des Bundesdatenschutzgesetzes zu treffenden Maßnahmen von der Zulassung zu unterrichten.

(2) Das automatisierte Abrufverfahren darf nur eingerichtet werden, soweit es wegen der Häufigkeit der Übermittlungsersuchen oder der Eilbedürftigkeit unter Berücksichtigung der schutzwürdigen Interessen der Betroffenen angemessen ist und die beteiligten Stellen die zur Datensicherung nach § 9 des Bundesdatenschutzgesetzes erforderlichen technischen und organisatorischen Maßnahmen getroffen haben. § 20 Abs. 2 gilt entsprechend.

(3) Die Verantwortung für die Zulässigkeit des einzelnen Abrufs trägt die abrufende Stelle. Die Registerbehörde überprüft die Zulässigkeit der Abrufe durch geeignete Stichprobenverfahren sowie, wenn dazu Anlass besteht. Die abrufende Stelle hat ein Berechtigungskonzept vorzusehen, welches mit dem jeweiligen Datenschutzbeauftragten der abrufenden Stelle abzustimmen ist.

(4) Die Registerbehörde hat sicherzustellen, daß im automatisierten Verfahren Daten nur abgerufen werden können, wenn die abrufende Stelle einen Verwendungszweck angibt, der ihr den Abruf dieser Daten erlaubt, sofern der Abruf nicht lediglich die Grunddaten nach § 14 Abs. 1 von Ausländern, die keine freizügigkeitsberechtigten Unionsbürger sind, zum Gegenstand hat.

§ 23 Statistische Aufbereitung der Daten

(1) Das Statistische Bundesamt erstellt jährlich nach dem Stand vom 31. Dezember eine Bundesstatistik über die Ausländer, die sich während des Kalenderjahres nicht nur vorübergehend im Geltungsbereich dieses Gesetzes aufgehalten haben. Zur Erfüllung von Berichtspflichten nach dem Recht der Europäischen Union, die vom Statistischen Bundesamt zu bearbeiten sind, oder eines kurzfristig auftretenden Datenbedarfs für Zwecke der Vorbereitung und Begründung anstehender Entscheidungen oberster Bundesbehörden darf das Statistische Bundesamt die Erhebung auch zu anderen Stichtagen durchführen, wenn ein verbindlicher Rechtsakt der Europäischen Union dies vorsieht oder eine oberste Bundesbehörde hierum ersucht.

(2) Die Registerbehörde übermittelt dem Statistischen Bundesamt als Erhebungsmerkmale für diese Statistik über Ausländer, die sich während des Kalenderjahres nicht nur vorübergehend im Geltungsbereich dieses Gesetzes aufgehalten haben, folgende Daten zu diesem Personenkreis:

1. Monat und Jahr der Geburt,

2. Ort und Bezirk der Geburt,
3. Geschlecht,
4. Staatsangehörigkeiten,
5. Familienstand,
6. Staatsangehörigkeiten des Ehegatten oder des Lebenspartners,
7. Angaben nach § 3 Absatz 1 Nummer 6 sowie Absatz 4 Nummer 6,
8. Vorhandensein einer Seriennummer einer Bescheinigung über die Meldung als Asylsuchender (Ankunftsnachweis) gemäß § 63a des Asylgesetzes (AKN-Nummer) sowie das Ausstellungsdatum und die Gültigkeitsdauer.

Das Statistische Bundesamt darf an die statistischen Ämter der Länder die ihren Erhebungsbereich betreffenden Daten für regionale Aufbereitungen weiterübermitteln.

(3) Zusätzlich zu den Daten nach Absatz 2 werden für diese Statistik die Daten zu folgenden Erhebungsmerkmalen übermittelt:

1. Angaben nach § 3 Absatz 1 Nummer 3 in Verbindung mit § 2 Absatz 1a, 2 Nummer 1 bis 3 sowie § 3 Absatz 4 Nummer 3 in Verbindung mit § 2 Absatz 3 Nummer 2 bis 4,
2. Angaben nach § 3 Absatz 1 Nummer 7 in Verbindung mit § 2 Absatz 1a, 2 Nummer 1 bis 3 sowie § 3 Absatz 4 Nummer 7 in Verbindung mit § 2 Absatz 3 Nummer 2 bis 4,
3. Angaben nach § 3 Absatz 3 in Verbindung mit § 2 Absatz 1a Nummer 1 und Absatz 2 Nummer 1.

Absatz 2 Satz 2 gilt entsprechend.

(4) Die Registerbehörde übermittelt dem Statistischen Bundesamt als Hilfsmerkmale für diese Statistik folgende Daten:

1. Behördenkennziffer der aktenführenden Ausländerbehörde,
2. pseudonymisiertes Geschäftszeichen der Registerbehörde; bei begleiteten minderjährigen Ausländern nach § 2 Absatz 1a und 2 Nummer 1 wird zusätzlich das pseudonymisierte Geschäftszeichen zu den Eltern und bei unbegleiteten minderjährigen Ausländern das Jugendamt der vorläufigen Inobhutnahme sowie das endgültig zuständige Jugendamt übermittelt.

Absatz 2 Satz 2 gilt entsprechend. Die Hilfsmerkmale dürfen vom Statistischen Bundesamt und den statistischen Ämtern der Länder zusammen mit den Erhebungsmerkmalen gespeichert werden.

Durch das Fachkräfteeinwanderungsgesetz wird mit Geltung ab 01.03.2020 folgender § 23a eingefügt:

§ 23a Datenübermittlung an die Bundesagentur für Arbeit für Zwecke der Beschäftigungsstatistik

Die Registerbehörde übermittelt der Bundesagentur für Arbeit zur Erfüllung der Aufgaben nach § 281 Absatz 1 Satz 3 des Dritten Buches Sozialgesetzbuch monatlich zu Ausländern, die keine Unionsbürger sind und sich nicht nur vorübergehend im Geltungsbereich dieses Gesetzes aufhalten, als Erhebungsmerkmale Angaben zum aufenthaltsrechtlichen Status sowie als Hilfsmerkmale folgende Daten:

1. Bezeichnung der Stelle, die Daten übermittelt hat,
2. das Geschäftszeichen der Registerbehörde (AZR-Nummer),
3. Familienname, Geburtsname, Vornamen, Schreibweise der Namen nach deutschem Recht, Geburtsdatum, Geburtsort und -bezirk, Geschlecht, Staatsangehörigkeiten (Grundpersonalien),
4. abweichende Namensschreibweisen, andere Namen, frühere Namen, Aliaspersonalien,
5. Angaben zum Zuzug oder Fortzug, das Sterbedatum sowie
6. die Anschrift im Bundesgebiet.

Die Hilfsmerkmale sind von den Erhebungsmerkmalen zum frühestmöglichen Zeitpunkt zu trennen und gesondert aufzubewahren oder gesondert zu speichern. Die Bundesagentur für Arbeit stellt der Registerbehörde und obersten Bundesbehörden auf Anfrage die statistischen Ergebnisse differenziert nach dem Aufenthaltsstatus der Ausländer, die keine Unionsbürger sind und sich nicht nur vorübergehend im Geltungsbereich dieses Gesetzes aufhalten, zur Verfügung.

§ 24 Planungsdaten

(1) Die Registerbehörde kann, soweit die mit der Durchführung ausländer- oder asylrechtlicher Vorschriften betrauten öffentlichen Stellen oder die obersten Behörden des Bundes und der Länder zur Erfüllung ihrer Aufgaben Planungsdaten benötigen, auf Ersuchen über die in § 23 Abs. 2 Satz 1 bezeichneten Daten hinaus die nach § 3 Absatz 1 Nummer 7 in Verbindung mit § 2 Absatz 2 Nummer 4 bis 10 sowie § 3 Absatz 4 Nummer 7 in Verbindung mit § 2 Absatz 3 Nummer 5 bis 7 gespeicherten Daten übermitteln. Das Ersuchen ist schriftlich zu begründen.

(2) Die Daten dürfen nur für Planungszwecke genutzt werden.

§ 24a Verarbeiten und Nutzen personenbezogener Daten für wissenschaftliche Zwecke

(1) Das Bundesamt für Migration und Flüchtlinge darf die nach § 3 Absatz 1 Nummer 1, 2, 4, 5 und 6, Absatz 2 Nummer 4, 5, 6, 8 und 9, Absatz 3 und 4 Nummer 1, 2, 4, 5 und 6 gespeicherten Daten zu Ausländern, die keine freizügigkeitsberechtigten Unionsbürger sind, speichern, verändern und nutzen, soweit

1. dies für die Durchführung eines wissenschaftlichen Forschungsvorhabens nach § 75 Nummer 4 oder Nummer 4a des Aufenthaltsgesetzes erforderlich ist,
2. eine Verwendung anonymisierter Daten zu diesem Zweck nicht möglich oder die Anonymisierung mit einem unverhältnismäßigen Aufwand verbunden ist und
3. die schutzwürdigen Interessen der Betroffenen nicht beeinträchtigt werden oder das öffentliche Interesse an der Durchführung des Forschungsvorhabens die schutzwürdigen Interessen der Betroffenen erheblich überwiegt und der Forschungszweck nicht auf andere Weise erreicht werden kann.

Bei der Abwägung nach Satz 1 Nummer 3 ist im Rahmen des öffentlichen Interesses das wissenschaftliche Interesse an dem Forschungsvorhaben besonders zu berücksichtigen.

(2) Die Ausländerbehörden übermitteln dem Bundesamt für Migration und Flüchtlinge auf Ersuchen zum Zwecke der Durchführung eines wissenschaftlichen Forschungsvorhabens nach § 75 Nummer 4 oder Nummer 4a des Aufenthaltsgesetzes Anschriften von Ausländern, soweit dies für die Durchführung des Forschungsvorhabens erforderlich ist. Das Bundesamt für Migration und Flüchtlinge darf die nach Satz 1 übermittelten Anschriften zum Zwecke der Durchführung des Forschungsvorhabens verarbeiten und nutzen.

(3) Personenbezogene Daten sind zu pseudonymisieren, soweit dies nach dem Forschungszweck möglich ist und keinen im Verhältnis zu dem angestrebten Schutzzweck unverhältnismäßigen Aufwand erfordert. Die Merkmale, mit denen ein Personenbezug hergestellt werden kann, sind gesondert zu speichern. Sie dürfen mit den Einzelangaben nur zusammengeführt werden, soweit der Forschungszweck dies erfordert. Die Zuordnungsmöglichkeit ist aufzuheben, sobald der Forschungszweck dies erlaubt, spätestens mit der Beendigung des Forschungsvorhabens, sofern ausnahmsweise eine Löschung der Daten noch nicht in Betracht kommt.

(4) Die Speicherung, Veränderung und Nutzung personenbezogener Daten zu den in den Absätzen 1 und 2 genannten Zwecken hat räumlich und organisatorisch getrennt von der Verarbeitung und Nutzung personenbezogener Daten für die Erfüllung anderer Aufgaben des Bundesamtes für Migration und Flüchtlinge zu erfolgen.

(5) Das Bundesamt für Migration und Flüchtlinge darf personenbezogene Daten von Ausländern, die es unter Nutzung der Daten nach den Absätzen 1 und 2 in einer auf Freiwilligkeit beruhenden Befragung der Betroffenen zu Forschungszwecken erhoben hat (Befragungsdaten) ohne Angaben zum Namen und zur Anschrift der Befragten an Forschungseinrichtungen übermitteln, soweit

1. dies für die Durchführung eines gemeinsamen wissenschaftlichen Forschungsvorhabens nach § 75 Nummer 4 oder Nummer 4a des Aufenthaltsgesetzes erforderlich ist,

2. eine Verwendung anonymisierter Daten zu diesem Zweck nicht möglich oder die Anonymisierung mit einem unverhältnismäßigen Aufwand verbunden ist und
3. die schutzwürdigen Interessen der Betroffenen nicht beeinträchtigt werden oder das öffentliche Interesse an der Durchführung des Forschungsvorhabens die schutzwürdigen Interessen der Betroffenen erheblich überwiegt und der Forschungszweck nicht auf andere Weise erreicht werden kann und
4. das Bundesministerium des Innern der Übermittlung zustimmt.

Absatz 1 Satz 2, Absatz 2 Satz 2 und die Absätze 3 und 4 gelten entsprechend. Für die Übermittlung an Forschungseinrichtungen des Bundes und an Bundesbehörden zur Durchführung gemeinsamer Forschungsvorhaben gelten die Sätze 1 und 2 mit der Maßgabe, dass Befragungsdaten mit Einwilligung der Befragten auch mit Angaben zum Namen und zur Anschrift der Befragten übermittelt werden dürfen, wenn dies zur Erreichung des Forschungsziels erforderlich ist; die Erforderlichkeit ist gegenüber dem Bundesamt für Migration und Flüchtlinge schriftlich zu begründen. Die Daten sind zu anonymisieren, sobald dies nach dem Forschungszweck möglich ist. Der Dritte, an den die Daten übermittelt wurden, darf diese nur zum Zweck der Durchführung des Forschungsvorhabens verarbeiten und nutzen.

Unterabschnitt 2
Datenübermittlung an nichtöffentliche Stellen, Behörden anderer Staaten und über- oder zwischenstaatliche Stellen

§ 25 Datenübermittlung an nichtöffentliche Stellen, die humanitäre oder soziale Aufgaben wahrnehmen

(1) An nichtöffentliche Stellen im Geltungsbereich dieses Gesetzes, die im Rahmen der Erfüllung ihrer humanitären oder sozialen Aufgaben nach Verschollenen zur Familienzusammenführung suchen oder Unterstützung in Vormundschafts- und Unterhaltsangelegenheiten leisten, kann die Registerbehörde zur Erfüllung dieser Aufgaben zu Ausländern, die keine freizügigkeitsberechtigten Unionsbürger sind, auf Ersuchen die Grundpersonalien, das Lichtbild und folgende weitere Daten übermitteln:

1. Hinweis auf die aktenführende Ausländerbehörde,
2. Zuzug oder Fortzug,
3. Übermittlungssperren, sofern die Datenübermittlung nach § 4 zulässig ist,
4. Sterbedatum.

(2) Das Übermittlungsersuchen soll die Grundpersonalien enthalten. Bei Zweifeln an der Identität des Ausländers kann, außer bei Unionsbürgern, das Ersuchen auch nur mit einem Lichtbild gestellt werden. Es ist schriftlich zu begründen. Stimmen die im Übermittlungsersuchen bezeichneten Daten mit den gespeicherten Daten nicht überein, ist die Übermittlung unzulässig, es sei denn, die Registerbehörde hat an der Identität der gesuchten und der im Register erfaßten Person keinen Zweifel. Das gleiche gilt, wenn der ersuchenden Stelle einzelne Daten nicht bekannt sind. Hinsichtlich der Aufzeichnungspflicht der Registerbehörde gilt § 13 entsprechend.

(3) Die übermittelten personenbezogenen Daten dürfen nur zu dem im Übermittlungsersuchen angegebenen Zweck verwendet werden. Die Registerbehörde hat die ersuchende Stelle hierauf hinzuweisen. Eine Weiterübermittlung ist nur mit Zustimmung der Registerbehörde zulässig. Die Weiterübermittlung von Daten, zu denen eine Übermittlungssperre besteht, ist unzulässig.

(4) Liegt dem Übermittlungsersuchen einer der in Absatz 1 bezeichneten Stellen das Begehren eines Dritten zugrunde, ihm den Aufenthaltsort des Betroffenen mitzuteilen, so darf diese Stelle die Daten nur mit Einwilligung des Betroffenen an den Dritten weiterübermitteln. Die Registerbehörde hat die ersuchende Stelle darauf hinzuweisen. Verweigert der Betroffene die Einwilligung, hat die

ersuchende Stelle dessen Daten unverzüglich zu vernichten.

§ 26 Datenübermittlung an Behörden anderer Staaten und an über- oder zwischenstaatliche Stellen

An Behörden anderer Staaten und an über- oder zwischenstaatliche Stellen können Daten nach Maßgabe der §§ 4b, 4c des Bundesdatenschutzgesetzes und des § 14 Absatz 1 Nummer 1 bis 5 und Absatz 2 übermittelt werden. Für eine nach § 4b Abs. 1 des Bundesdatenschutzgesetzes zulässige Übermittlung an ausländische Behörden findet auch § 15 entsprechende Anwendung. Für die Datenübermittlung ist das Einvernehmen mit der Stelle herzustellen, die die Daten an die Registerbehörde übermittelt hat. Die Übermittlung von Daten von Unionsbürgern, bei denen eine Feststellung des Nichtbestehens oder des Verlusts des Freizügigkeitsrechts nicht vorliegt, ist nur zur Durchführung ausländer- oder asylrechtlicher Aufgaben zulässig.

§ 27 Datenübermittlung an sonstige nichtöffentliche Stellen

(1) An sonstige nichtöffentliche Stellen können zu Ausländern, die keine freizügigkeitsberechtigten Unionsbürger sind, auf Ersuchen Daten über die aktenführende Ausländerbehörde, zum Zuzug oder Fortzug oder über das Sterbedatum des Betroffenen übermittelt werden, wenn die Nachfrage bei der zuletzt zuständigen Meldebehörde erfolglos geblieben ist und ein rechtliches Interesse an der Kenntnis des Aufenthaltsortes nachgewiesen wird. Der Nachweis kann nur erbracht werden durch die Vorlage

1. eines nach deutschem Recht gültigen Vollstreckungstitels,
2. einer Aufforderung eines deutschen Gerichts, Daten aus dem Register nachzuweisen,
3. einer Bescheinigung einer deutschen Behörde, aus der sich ergibt, daß die Daten aus dem Register zur Durchführung eines dort anhängigen Verfahrens erforderlich sind.

§ 25 Abs. 2 und 3 gilt entsprechend.

(2) Vor der Datenübermittlung ist dem Betroffenen Gelegenheit zur Stellungnahme zu geben, es sei denn, die Anhörung liefe dem Zweck der Übermittlung zuwider. Werden die Daten ohne Anhörung des Betroffenen übermittelt, sind die wesentlichen Gründe dafür schriftlich oder elektronisch niederzulegen. Willigt der Betroffene nicht ein, ist die Datenübermittlung unzulässig. Die Aufzeichnungen sind für die datenschutzrechtliche Kontrolle bestimmt. Sie müssen den Zweck der Datenübermittlung und die Dritten, an die Daten übermittelt worden sind, eindeutig erkennen lassen. Die Registerbehörde hat sie gesondert aufzubewahren, durch geeignete Vorkehrungen gegen unberechtigten Zugriff zu sichern und nach Fristablauf zu löschen, sofern sie nicht für ein bereits eingeleitetes Kontrollverfahren benötigt werden.

(3) Eine Weiterübermittlung der Daten durch die in Absatz 1 Satz 1 bezeichneten Stellen ist unzulässig.

Kapitel 3
Visadatei

§ 28 Anlaß der Speicherung

Die Speicherung der Daten eines Ausländers ist zulässig, wenn er ein Visum beantragt.

§ 29 Inhalt

(1) Folgende Daten werden gespeichert:

1. das Geschäftszeichen der Registerbehörde (Visadatei-Nummer),

1a. das Visumaktenzeichen der Registerbehörde,

2. die Auslandsvertretung; bei einem Antrag auf Erteilung eines Ausnahmevisums die mit der polizeilichen Kontrolle des grenzüberschreitenden Verkehrs betraute Behörde,
3. die Grundpersonalien und die weiteren Personalien,
4. das Lichtbild,
5. das Datum der Datenübermittlung,
6. die Entscheidung über den Antrag, die Rücknahme des Antrags, die Erledigung des Antrags auf andere Weise sowie die

Rücknahme, die Annullierung, die Aufhebung und den Widerruf des Visums,

7. das Datum der Entscheidung und das Datum der Übermittlung der Entscheidung,
8. Art, Nummer und Geltungsdauer des Visums,
9. die im Visaverfahren beteiligte Ausländerbehörde,
10. bei Erteilung eines Visums das Datum der Verpflichtungserklärung nach § 68 Abs. 1, § 66 Abs. 2 des Aufenthaltsgesetzes und die Stelle, bei der sie vorliegt,
11. bei Vorlage ge- oder verfälschter Dokumente im Visaverfahren die Bezeichnung der vorgelegten ge- oder verfälschten Dokumente (Art und Nummer des Dokuments, im Dokument enthaltene Angaben über Aussteller, Ausstellungsdatum, Gültigkeitsdauer),
12. Entscheidungen der Bundesagentur für Arbeit über die Zustimmung zur Beschäftigung, einschließlich der Nebenbestimmungen.

(2) Aus Gründen der inneren Sicherheit werden bei Visaanträgen von Angehörigen bestimmter Staaten, die vom Bundesministerium des Innern im Einvernehmen mit dem Auswärtigen Amt festgelegt werden können, zusätzlich zu den Daten nach Absatz 1 Paßart, Paßnummer und ausstellender Staat gespeichert.

§ 30 Übermittelnde Stellen

(1) Die Auslandsvertretungen, die mit der polizeilichen Kontrolle des grenzüberschreitenden Verkehrs betrauten Behörden und die Ausländerbehörden sind zur Übermittlung der Daten nach § 29 Abs. 1 Nr. 2 bis 12 und Abs. 2 an die Registerbehörde verpflichtet.

(2) Die in Absatz 1 bezeichneten Stellen dürfen die Daten im Wege der Direkteingabe in das Register übermitteln. § 7 gilt entsprechend.

§ 31 Allgemeine Vorschriften für die Datenübermittlung

(1) Das Ersuchen um Übermittlung von Daten muss, soweit vorhanden, die Visadatei-Nummer oder Visumaktenzeichen oder Nummer des Visums, anderenfalls alle verfügbaren Grundpersonalien des Betroffenen enthalten. Bei Zweifeln an der Identität des Ausländers kann das Ersuchen auch nur mit Lichtbild gestellt werden. Bei Zweifeln an der Echtheit von Ausweispapieren oder Aufenthaltstiteln oder wenn solche Papiere abhanden gekommen sind, kann das Ersuchen auch nur mit Angaben zum Ausweispapier oder zum Aufenthaltstitel gestellt werden. Stimmen die im Übermittlungsersuchen bezeichneten Personalien mit den gespeicherten Daten nicht überein, ist die Datenübermittlung unzulässig, es sei denn, Zweifel an der Identität bestehen nicht. Kann die Registerbehörde die Identität nicht eindeutig feststellen, sind zur Identitätsprüfung und -feststellung die Daten ähnlicher Personen nach § 29 Abs. 1 zu übermitteln. Die ersuchende Stelle hat alle Daten, die nicht zum Betroffenen gehören, unverzüglich zu löschen und entsprechende Aufzeichnungen zu vernichten.

(2) Die Visadatei-Nummer darf im Verkehr mit dem Register benutzt werden. Darüber hinaus steht sie nur für die Datenübermittlungen zwischen dem Bundesamt für Migration und Flüchtlinge und den Auslandsvertretungen sowie Ausländerbehörden im Rahmen der Aufenthaltsgewährungen zum vorübergehenden Schutz nach § 24 des Aufenthaltsgesetzes zur Verfügung.

(3) Im übrigen gelten die §§ 8, 9, 10 Abs. 1 sowie die §§ 11, 12 und 13 entsprechend.

§ 32 Dritte, an die Daten übermittelt werden

(1) Auf Ersuchen werden die Daten an folgende öffentliche Stellen zur Erfüllung ihrer Aufgaben übermittelt:

1. die in der Rechtsverordnung nach § 58 Abs. 1 des Bundespolizeigesetzes bestimmte Bundespolizeibehörde und die mit grenzpolizeilichen Aufgaben betrauten Stellen,
2. das Bundesamt für Migration und Flüchtlinge,
3. das Bundeskriminalamt,
4. die Landeskriminalämter,

5. sonstige Polizeivollzugsbehörden des Bundes und der Länder,
6. die Ausländerbehörden,
7. die Träger der Sozialhilfe, die für die Durchführung der Grundsicherung für Arbeitsuchende zuständigen Stellen und die für die Durchführung des Asylbewerberleistungsgesetzes zuständigen Stellen,
8. die in § 20 Abs. 1 bezeichneten öffentlichen Stellen,
9. die Gerichte und Staatsanwaltschaften,
10. die Bundesagentur für Arbeit und die Behörden der Zollverwaltung,
11. die obersten Bundes- und Landesbehörden, die mit der Durchführung ausländer- und asylrechtlicher Vorschriften als eigener Aufgabe betraut sind, soweit nicht § 21 anzuwenden ist,
12. die Zentralstelle für Finanztransaktionsuntersuchungen.

(2) § 21 Abs. 1 bis 3 und die Übermittlungsregelungen dieses Gesetzes gelten entsprechend.

(3) Eine Datenübermittlung an nichtöffentliche Stellen ist unzulässig.

§ 33 Abruf im automatisierten Verfahren

Die in § 32 bezeichneten Stellen können zum Abruf von Daten im automatisierten Verfahren zugelassen werden. § 22 Abs. 1 Satz 2 und 3 und Abs. 2 bis 4 gilt entsprechend.

Kapitel 4 Rechte des Betroffenen

§ 34 Auskunft an den Betroffenen

(1) Die Registerbehörde erteilt dem Betroffenen auf Antrag über die zu seiner Person gespeicherten Daten, auch soweit sie sich auf die Herkunft dieser Daten beziehen, den Zweck der Speicherung und den Empfänger oder Kategorien von Empfängern, an die Daten weitergegeben werden, unentgeltlich Auskunft. Der Antrag muß die Grundpersonalien enthalten. Die Registerbehörde bestimmt das Verfahren, insbesondere die Form der Auskunftserteilung, nach pflichtgemäßem Ermessen.

(2) Die Auskunftserteilung unterbleibt, soweit

1. die Auskunft die ordnungsgemäße Erfüllung der Aufgaben gefährden würde, die in der Zuständigkeit der öffentlichen Stelle liegen, die die Daten an das Register übermittelt hat,
2. die Auskunft die öffentliche Sicherheit oder Ordnung gefährden oder sonst dem Wohl des Bundes oder eines Landes Nachteile bereiten würde oder
3. die Daten oder die Tatsache ihrer Speicherung nach einer Rechtsvorschrift oder ihrem Wesen nach, insbesondere wegen der überwiegenden berechtigten Interessen eines Dritten, geheimgehalten werden müssen

und deswegen das Interesse des Betroffenen an der Auskunftserteilung zurücktreten muß.

(3) Sind die Daten des Betroffenen von einer der in § 20 Abs. 1 bezeichneten öffentlichen Stellen, den Polizeivollzugsbehörden oder den Staatsanwaltschaften an das Register übermittelt worden, ist die Auskunft über die Herkunft der Daten nur mit deren Einwilligung zulässig. Dasselbe gilt für die Auskunft über den Empfänger oder Kategorien von Empfängern der Daten, soweit sie an die in Satz 1 bezeichneten Stellen oder an Gerichte übermittelt worden sind. Die Einwilligung darf nur unter den in Absatz 2 bezeichneten Voraussetzungen versagt werden. Die in § 20 Abs. 1 bezeichneten öffentlichen Stellen können ihre Einwilligung darüber hinaus unter den in § 15 Abs. 2 Nr. 2 des Bundesverfassungsschutzgesetzes, auch in Verbindung mit § 22 des BND-Gesetzes und § 9 des MAD-Gesetzes, bezeichneten Voraussetzungen versagen.

(4) Gegenüber dem Betroffenen bedarf die Ablehnung der Auskunftserteilung keiner Begründung, wenn dadurch der mit der Ablehnung verfolgte Zweck gefährdet würde. Die Begründung ist in diesem Fall zum Zweck einer datenschutzrechtlichen Kontrolle schrift-

lich oder elektronisch niederzulegen und fünf Jahre aufzubewahren. Sie ist durch geeignete Maßnahmen gegen unberechtigten Zugriff zu sichern. Der Betroffene ist darauf hinzuweisen, daß er sich an den Bundesbeauftragten für Datenschutz wenden kann.

(5) Wird dem Betroffenen keine Auskunft erteilt, ist sie auf sein Verlangen dem Bundesbeauftragten für den Datenschutz zu erteilen, soweit nicht die Daten des Betroffenen von einer der in § 20 Abs. 1 bezeichneten öffentlichen Stelle übermittelt worden sind und die jeweils zuständige oberste Bundesbehörde im Einzelfall feststellt, daß dadurch die Sicherheit des Bundes oder eines Landes gefährdet würde. Die Mitteilung des Bundesbeauftragten an den Betroffenen darf keine Rückschlüsse auf den Erkenntnisstand der speichernden Stelle zulassen, sofern diese nicht einer weitergehenden Auskunft zustimmt.

§ 34a Datenschutzrechtliche Kontrolle

(1) Die Kontrolle der Durchführung des Datenschutzes obliegt nach § 24 Absatz 1 des Bundesdatenschutzgesetzes der oder dem Bundesbeauftragten für den Datenschutz und die Informationsfreiheit. Die von den Ländern in das Ausländerzentralregister eingegebenen Datensätze können auch von den jeweiligen Landesbeauftragten für den Datenschutz im Zusammenhang mit der Wahrnehmung ihrer Prüfungsaufgaben in den Ländern kontrolliert werden, soweit die Länder nach § 8 Absatz 1 verantwortlich sind. Die oder der Bundesbeauftragte für den Datenschutz und die Informationsfreiheit arbeitet insoweit mit den Landesbeauftragten für den Datenschutz zusammen.

(2) Die in Absatz 1 genannten Stellen sind im Rahmen ihrer jeweiligen Zuständigkeiten verpflichtet, regelmäßig die Durchführung des Datenschutzes zu kontrollieren.

Kapitel 5
Berichtigung, Löschung und Sperrung von Daten

§ 35 Berichtigung

Die Registerbehörde hat die nach den §§ 3 bis 5 und 29 gespeicherten Daten zu berichtigen, wenn sie unrichtig sind.

§ 36 Löschung

(1) Die Registerbehörde hat Daten spätestens mit Fristablauf zu löschen. Bei der Datenübermittlung teilt die übermittelnde Stelle für sie geltende Löschungsfristen mit. Die Registerbehörde hat die jeweils kürzere Frist zu beachten. Eine Löschung hat unverzüglich zu erfolgen, wenn die Speicherung der Daten unzulässig war.

(2) Die Daten sind auch unverzüglich zu löschen, wenn der Betroffene die deutsche Staatsangehörigkeit erworben hat oder die Registerbehörde nach der Speicherung seiner Daten erfährt, daß er Deutscher im Sinne des Artikels 116 Abs. 1 des Grundgesetzes ist. Eine Löschung erfolgt ferner, wenn die Registerbehörde auf Grund einer Mitteilung nach § 8 Abs. 1 Satz 2 Nr. 2 davon ausgehen kann, daß auch andere öffentliche Stellen die Daten für ihre Aufgabenerfüllung nicht mehr benötigen.

(3) Die Ausländerbehörden teilen der Registerbehörde vollzogene Einbürgerungen mit, sobald sie davon Kenntnis erhalten.

§ 37 Sperrung

(1) Die Registerbehörde hat die Daten zu sperren, soweit

1. die Richtigkeit von dem Betroffenen bestritten wird und weder die Richtigkeit noch die Unrichtigkeit von der Registerbehörde, der aktenführenden Ausländerbehörde oder der Stelle, die die Daten an die Registerbehörde übermittelt hat, festgestellt werden kann oder
2. die Daten nur zu Zwecken der Datensicherung oder Datenschutzkontrolle gespeichert sind.

§ 20 Abs. 5 des Bundesdatenschutzgesetzes findet keine Anwendung.

(2) Gesperrte Daten sind mit einem Sperrvermerk zu versehen. Sie dürfen außer zur Prüfung der Richtigkeit ohne Einwilligung des Betroffenen nicht verarbeitet oder genutzt werden. Nach Absatz 1 Nr. 1 gesperrte Daten dürfen unter Hinweis auf den Sperrvermerk außerdem verwendet werden, soweit dies für Zwecke der Strafverfolgung erforderlich ist.

§ 38 Unterrichtung beteiligter Stellen

(1) Die Registerbehörde hat im Fall einer Berichtigung, Löschung oder Sperrung den Empfänger der betreffenden Daten zu unterrichten, wenn dies zur Wahrung überwiegender schutzwürdiger Interessen des Betroffenen erforderlich ist. Sie hat auch diejenige Stelle zu unterrichten, die ihr diese Daten übermittelt hat.

(2) Absatz 1 gilt nicht für Löschungen bei Fristablauf.

Kapitel 6
Weitere Behörden

§ 39 Aufsichtsbehörden

Auf Aufsichtsbehörden sind die für die beaufsichtigten Behörden jeweils geltenden Vorschriften dieses Gesetzes entsprechend anzuwenden, soweit dies für die Ausübung ihrer Aufsichtsfunktion erforderlich ist. Ein Abruf von Daten im automatisierten Verfahren ist unzulässig.

Kapitel 7
Schlußvorschriften

§ 40 Rechtsverordnungen

Das Bundesministerium des Innern bestimmt mit Zustimmung des Bundesrates durch Rechtsverordnung

1. Näheres zu den Daten, die
   a) von der Registerbehörde gespeichert werden,
   b) an und durch die Registerbehörde übermittelt oder innerhalb der Registerbehörde weitergegeben werden;
2. Näheres zu den Voraussetzungen und zum Verfahren
   a) der Übermittlung von Daten an und durch die Registerbehörde, insbesondere der Direkteingabe von Daten und des Datenabrufs im automatisierten Verfahren, sowie der Weitergabe innerhalb der Registerbehörde,
   b) der Identitätsprüfung nach § 10 Abs. 3, § 21 Abs. 3 und § 31 Abs. 1,
   c) bei Gruppenauskünften,
   d) der Übermittlungssperren, der Sperrung von Daten und der Auskunft an den Betroffenen,
   e) bei der Fertigung, Aufbewahrung, Nutzung, Löschung oder Vernichtung der im Gesetz vorgesehenen Aufzeichnungen und der Begründungstexte nach § 6 Abs. 5;
3. Näheres zur Verantwortung für den Registerinhalt und die Datenpflege;
4. die im Hinblick auf die Zweckbindung angemessenen Fristen für die Löschung der im Ausländerzentralregister gespeicherten Daten;
5. Regelungen über die elektronische Registerführung und die elektronische Datenübermittlung zwischen der Registerbehörde und den mit der Durchführung ausländer- und asylrechtlicher Vorschriften beauftragten Behörden und anderen öffentlichen Stellen, die sich auf die technischen Grundsätze des Aufbaus der verwendeten Standards und das Verfahren der Datenübermittlung beziehen.

§ 41 Verwaltungsvorschriften

(1) Das Bundesministerium des Innern erläßt mit Zustimmung des Bundesrates allgemeine Verwaltungsvorschriften zu diesem Gesetz und zu den auf Grund dieses Gesetzes erlassenen Rechtsverordnungen. Bei bundeseigener Verwaltung bedürfen die allgemeinen Verwaltungsvorschriften nicht der Zustimmung des Bundesrates.

(2) Das Bundesministerium des Innern benennt in einer Dienstvorschrift die Daten, die von der Registerbehörde nach § 20 Abs. 1

übermittelt werden. Der Bundesbeauftragte für den Datenschutz ist vor Erlaß der Dienstvorschrift anzuhören.

§ 42 Strafvorschriften

(1) Wer unbefugt personenbezogene Daten, die nicht offenkundig sind,

1. speichert, verändert oder übermittelt,
2. zum Abruf mittels automatisiertem Verfahren bereithält oder
3. abruft oder sich oder einem anderen aus Dateien verschafft,

wird mit Freiheitsstrafe bis zu einem Jahr oder mit Geldstrafe bestraft.

(2) Ebenso wird bestraft, wer

1. die Übermittlung von personenbezogenen Daten, die nicht offenkundig sind, durch unrichtige Angaben erschleicht oder
2. personenbezogene Daten entgegen § 25 Abs. 3 Satz 1, auch in Verbindung mit § 27 Abs. 1 Satz 3, verwendet, indem er sie innerhalb der nichtöffentlichen Stelle weitergibt.

(3) Handelt der Täter gegen Entgelt oder in der Absicht, sich oder einen anderen zu bereichern oder einen anderen zu schädigen, so ist die Strafe Freiheitsstrafe bis zu zwei Jahren oder Geldstrafe.

(4) Die Tat wird nur auf Antrag verfolgt.

§ 43 Aufhebung von Rechtsvorschriften

§ 6 des Gesetzes über die Errichtung des Bundesverwaltungsamtes in der im Bundesgesetzblatt Teil III, Gliederungsnummer 200-2, veröffentlichten bereinigten Fassung, das durch § 14 des Gesetzes vom 1. Juli 1965 (BGBl. I S. 589) geändert worden ist, und § 2 Abs. 2 des Gesetzes über Maßnahmen für im Rahmen humanitärer Hilfsaktionen aufgenommene Flüchtlinge vom 22. Juli 1980 (BGBl. I S. 1057), das durch Artikel 5 des Gesetzes vom 9. Juli 1990 (BGBl. I S. 1354) geändert worden ist, werden aufgehoben.

§ 44 Bestimmungen zum Verwaltungsverfahren

Von den in diesem Gesetz getroffenen Regelungen des Verwaltungsverfahrens der Länder kann mit Ausnahme von § 5 Abs. 4 Satz 1, § 10 Abs. 3 Satz 3 und § 11 Abs. 1 nicht durch Landesrecht abgewichen werden.

I

Verordnung zur Durchführung des Gesetzes über das Ausländerzentralregister (AZRG-Durchführungsverordnung – AZRG-DV)

Vom 17. Mai 1995 (BGBl. I S. 695)

Zuletzt geändert durch
Fachkräfteeinwanderungsgesetz
vom 15. August 2019 (BGBl. I S. 1307)[1])

Inhaltsübersicht

---

[1]) Betroffen von den Änderungen durch das Fachkräfteeinwanderungsgesetz ist – mit Geltung ab 01.03.2020 – die Anlage zur AZRG-DV. Diese Anlage ist aus Umfanggründen nicht abgedruckt.
Ebenfalls berücksichtigt sind die Änderungen durch die Zweite Verordnung zur Änderung der AZRG-Durchführungsverordnung vom 11.12.2018 (BGBl. I S. 2424; berichtigt am 09.01.2019, BGBl. I S. 15); In-Kraft-Treten 14.05.2019 / 14.09.2019.

I

I

Auf Grund des § 40 Abs. 1 des ARZ-Gesetzes vom 2. September 1994 (BGBl. I S. 2265) verordnet das Bundesministerium des Innern:

Abschnitt 1
Inhalt des Registers

§ 1 Inhalt der Datensätze

Die Daten, die im Ausländerzentralregister gespeichert werden dürfen, ergeben sich aus Spalte A der Abschnitte I und II der Anlage zu dieser Verordnung. Spalte A1 des Abschnitts I der Anlage zu dieser Verordnung ist zu entnehmen, ob die Angaben für Ausländer, die keine Unionsbürger sind, oder für Unionsbürger, bei denen eine Feststellung des Nichtbestehens oder des Verlusts des Freizügigkeitsrechts vorliegt, oder für Unionsbürger, bei denen eine solche Feststellung nicht vorliegt, gelten. Bei der Speicherung des Vollzugs der Abschiebung und im Falle der Auslieferung wird im Register auch gespeichert, seit wann sich die betroffene Person nicht mehr im Bundesgebiet aufhält.

§ 2 AZR-Nummer

(1) Die Registerbehörde vergibt die AZR-Nummer als Geschäftszeichen bei der erstmaligen Speicherung von Daten eines Ausländers im allgemeinen Datenbestand. Das Geschäftszeichen darf keine Rückschlüsse auf Daten über der betroffenen Person zulassen. Es wird dem Datensatz automatisch zugeordnet.

(2) Die Registerbehörde stellt sicher, daß bei einer Verwendung des Geschäftszeichens für Datenübermittlungen an die Registerbehörde oder für Übermittlungsersuchen fehlerhafte Angaben des Geschäftszeichens erkannt werden und keine Verarbeitung der Daten erfolgt.

§ 3 Berichtigung eines Datensatzes

(1) Die Registerbehörde hat unabhängig von der Verantwortung der öffentlichen Stellen nach § 8 Abs. 1 des AZR-Gesetzes Hinweise auf eine mögliche Unrichtigkeit der gespeicherten Daten zu prüfen und unrichtige Daten zu berichtigen. Stellt sie fest, daß zu einem Ausländer im allgemeinen Datenbestand mehrere Datensätze bestehen, führt sie diese zu einem Datensatz zusammen. Über eine Zusammenführung von Datensätzen werden die aktenführenden Behörden unterrichtet. Soweit anlässlich der Zusammenführung eine Berichtigung übermittelter Daten vorgenommen wird, werden auch diejenigen Stellen unterrichtet, die diese Daten übermittelt haben (§ 38 Absatz 1 Satz 2 AZRG).

(2) Stellt die Registerbehörde fest, daß im allgemeinen Datenbestand des Registers Datensätze verschiedener Personen übereinstimmende oder nur geringfügig voneinander abweichende Grundpersonalien enthalten, speichert sie einen Hinweis auf die Personenverschiedenheit.

Abschnitt 2
Datenübermittlung an die Registerbehörde

§ 4 Allgemeine Regelungen

(1) Die öffentlichen Stellen, die nach dem AZR-Gesetz verpflichtet oder berechtigt sind, an die Registerbehörde Daten zu übermitteln, die im Register zu speichern sind, ergeben sich aus Spalte C der Abschnitte I und II der Anlage zu dieser Verordnung.

(2) Maßgeblich für die Datenübermittlung ist der Zeitpunkt, in dem einer der Anlässe nach § 2 oder § 28 des AZR-Gesetzes oder eine Entscheidung zu einem der Anlässe nach § 3 Absatz 1 Nummer 7 oder Absatz 4 Nummer 7 oder § 29 Abs. 1 Nr. 6 des AZR-Gesetzes vorliegt. Einzelheiten zum Zeitpunkt ergeben sich aus Spalte B der Abschnitte I bis III der Anlage zu dieser Verordnung. Die zur Datenübermittlung verpflichteten Stellen haben die Daten unverzüglich zu übermitteln. Bei mehreren Anlässen oder Entscheidungen können die Daten in einer Übermittlung zusammengefaßt werden, wenn dadurch keine wesentliche Verzögerung eintritt.

(3) Die Datenübermittlung an die Registerbehörde darf im Wege der Direkteingabe erfolgen. Sofern eine Zulassung der übermittelnden Stelle nach § 22 nicht möglich ist, darf die

Übermittlung auch elektronisch oder schriftlich erfolgen. Die Übermittlung muss nach dem Stand der Technik abgesichert werden. Die Einhaltung des Stands der Technik wird vermutet, wenn die Übermittlung den in den Technischen Richtlinien (TR) des Bundesamtes für Sicherheit in der Informationstechnik niedergelegten Anforderungen entspricht.

(4) Die Registerbehörde legt das Verfahren und die zu treffenden Sicherungsmaßnahmen im Benehmen mit den beteiligten Stellen fest. Sie hat durch technische und organisatorische Maßnahmen sicherzustellen, daß nur die Daten gespeichert werden, zu deren Übermittlung die jeweilige Stelle verpflichtet oder berechtigt ist.

(5) Die Stellen, die zur Datenübermittlung im Wege der Direkteingabe berechtigt sind, haben die zur Datensicherung erforderlichen technischen und organisatorischen Maßnahmen zu treffen, um die unbefugte Eingabe von Daten zu verhindern. Die Registerbehörde führt ein Verzeichnis der berechtigten Stellen und der getroffenen Maßnahmen.

(6) Erfolgt die Datenübermittlung elektronisch oder schriftlich, hat die Registerbehörde die Unterlagen bis zur Speicherung der Daten im Register durch geeignete Maßnahmen gegen unberechtigten Zugriff zu sichern. Nach der Speicherung der Daten sind die Unterlagen zu vernichten.

(7) Für die Datenübermittlung durch die Ausländerbehörden an die Registerbehörde wird das Übermittlungsprotokoll OSCI-Transport in der im Bundesanzeiger bekannt gemachten gültigen Fassung verwendet. Für die Datenübermittlung durch Ausländerbehörden und andere öffentliche Stellen an die Registerbehörde wird das Datenaustauschformat „XAusländer" in der im Bundesanzeiger bekannt gemachten gültigen Fassung verwendet. Die Bekanntmachung erfolgt für das Datenaustauschformat „XAusländer" durch das Bundesministerium des Innern und für das Übermittlungsprotokoll OSCI-Transport durch die Koordinierungsstelle für IT-Standards (KoSIT). Ein vom OSCI-Transport abweichendes Übermittlungsprotokoll kann eingesetzt werden, soweit dies hinsichtlich der Datensicherheit und des Datenschutzes ein entsprechendes Niveau aufweist. Die Gleichwertigkeit ist durch die verantwortliche Stelle zu dokumentieren. Die Möglichkeiten zur sicheren Verschlüsselung und Signatur sind bei der Übertragung zu nutzen.

§ 5 Verfahren der Datenübermittlung

(1) Die öffentlichen Stellen, die Daten direkt eingeben dürfen, haben zuvor durch Abruf im automatisierten Verfahren festzustellen, ob im allgemeinen Datenbestand des Registers zu der betroffenen Person bereits ein Datensatz besteht. Besteht ein solcher Datensatz, sind diesem die zu übermittelnden Daten unter Angabe der AZR-Nummer zuzuordnen. Vor einer Zuordnung zu einem bereits vorhandenen Datensatz sind Zweifel an der Identität der Person, deren Daten im Register gespeichert sind, mit der Person, deren Daten zugeordnet werden sollen, auszuräumen. Ergibt der Abruf nach Satz 1, dass die Grundpersonalien, das Lichtbild oder Fingerabdruckdaten der Person, deren Daten im allgemeinen Datenbestand des Registers gespeichert werden sollen, mit den Grundpersonalien, dem Lichtbild oder Fingerabdruckdaten einer anderen Person, zu der bereits ein Datensatz im Register besteht, übereinstimmen oder nur geringfügig davon abweichen, darf die eingebende Stelle einen weiteren Datensatz nur anlegen, wenn sie eindeutig festgestellt hat, dass es sich um verschiedene Personen handelt, und wenn sie einen Hinweis auf Personenverschiedenheit speichert.

(2) Erfolgt die Datenübermittlung auf anderem Wege, übermitteln die Stellen der Registerbehörde, soweit vorhanden, die AZR-Nummer, andernfalls die ihnen bekannten Grundpersonalien. Für die Registerbehörde gilt Absatz 1 entsprechend.

(3) Daten, die nach § 29 Abs. 1 Nr. 6 bis 12 des AZR-Gesetzes gespeichert werden, sind unter Angabe der Visadatei-Nummer, des Familiennamens und der Vornamen der betroffenen Person zu übermitteln, damit diese Daten dem Datensatz zugespeichert werden können, der im konkreten Visumverfahren anlässlich der Übermittlung der Daten zum Vi-

sumantrag in der AZR-Visadatei angelegt wurde. Die Registerbehörde hat programmtechnische Vorkehrungen zu treffen, dass eine Speicherung dieser Daten als neuer Datensatz ausgeschlossen ist.

§ 6 Begründungstexte

(1) Die Daten, bei deren Übermittlung Begründungstexte nach § 6 Abs. 5 des AZR-Gesetzes zu übersenden sind, ergeben sich aus Spalte A des Abschnitts III der Anlage zu dieser Verordnung. Begründungstexte sind unverzüglich zu übersenden.

(2) Die Registerbehörde bewahrt die Begründungstexte gesondert auf. Sie speichert im Register beim Datensatz der betroffenen Person den Hinweis nach § 3 Absatz 1 Nummer 8 oder Absatz 4 Nummer 8 des AZR-Gesetzes, daß der Begründungstext vorliegt.

(3) Die bei der Registerbehörde aufbewahrten Begründungstexte sind unverzüglich zu vernichten, sobald die Daten gelöscht werden, auf die sie sich beziehen.

§ 7 Übermittlungssperren

(1) Jeder Ausländer, dessen Daten im allgemeinen Datenbestand des Registers gespeichert sind, kann eine Übermittlungssperre nach § 4 des AZR-Gesetzes beantragen. Der Antrag ist schriftlich oder zur Niederschrift unter Angabe der Gründe bei der Registerbehörde oder der aktenführenden Ausländerbehörde zu stellen. Befindet sich die betroffene Person in einem Asylverfahren, kann sie den Antrag auch bei der für das Asylverfahren zuständigen Organisationseinheit im Bundesamt für Migration und Flüchtlinge stellen. Die Stelle, bei der der Antrag gestellt ist, entscheidet über den Antrag.

(2) Schutzwürdige Interessen, die nach § 4 des AZR-Gesetzes auf Antrag glaubhaft gemacht werden können, oder Tatsachen, die die Speicherung einer Übermittlungssperre von Amts wegen rechtfertigen, bestehen insbesondere, wenn

1. eine Gefahr für Leib, Gesundheit oder persönliche Freiheit der betroffenen Person oder einer anderen Person besteht,
2. die Einsicht in einen Geburtseintrag nach § 63 des Personenstandsgesetzes nur in bestimmten Fällen möglich ist,
3. ein Fall des § 1758 des Bürgerlichen Gesetzbuchs vorliegt.

(3) Erfährt eine Ausländerbehörde, daß zu einem Ausländer im Melderegister eine Auskunftssperre eingetragen ist, setzt sie die aktenführende Ausländerbehörde davon unverzüglich in Kenntnis. Diese übermittelt an die Registerbehörde eine Übermittlungssperre.

(4) Die Registerbehörde hat bei überwiegendem öffentlichen Interesse von Amts wegen, insbesondere aus Gründen des Zeugenschutzes, eine auch gegenüber öffentlichen Stellen wirkende Übermittlungssperre zu speichern.

(5) Wird eine Übermittlungssperre von Amts wegen im Register gespeichert, hat die Stelle, die über die Speicherung entschieden hat, der betroffenen Person davon zu unterrichten.

(6) Unterbleibt die Datenübermittlung an nichtöffentliche Stellen, Behörden anderer Staaten oder zwischenstaatliche Stellen aufgrund einer Übermittlungssperre, teilt die Registerbehörde der ersuchenden Stelle mit, daß eine Auskunft nicht möglich ist.

(7) Die Registerbehörde hat eine Übermittlungssperre auf Antrag der betroffenen Person zu löschen, es sei denn, die Übermittlungssperre ist von Amts wegen im Interesse einer anderen Person oder wegen überwiegender öffentlicher Interessen gespeichert worden. Der Antrag ist schriftlich bei der Registerbehörde zu stellen. Er bedarf keiner Begründung. Der Antragsteller hat der Registerbehörde seine Identität nachzuweisen.

(8) Die Registerbehörde löscht eine Übermittlungssperre von Amts wegen, wenn die Voraussetzungen nicht mehr vorliegen. Vor der Löschung hat die Stelle, die über die Speicherung der Übermittlungssperre entschieden hat, nach Anhörung der betroffenen Person Stellung zu nehmen. Hat die für das Asylverfahren zuständige Organisationseinheit im Bundesamt für Migration und Flüchtlinge über die Übermittlungssperre entschieden und ist das Asylverfahren abgeschlossen, geht diese Verpflichtung auf die aktenfüh-

rende Ausländerbehörde über. Die Registerbehörde unterrichtet die betroffene Person und die beteiligten Stellen über die Löschung.

(9) Unterlagen zu einer Übermittlungssperre sind ein Jahr nach Löschung der Übermittlungssperre zu vernichten. Wird ein Antrag auf Übermittlungssperre abgelehnt, sind die Unterlagen ein Jahr nach der Entscheidung zu vernichten.

Abschnitt 3 Datenübermittlung durch die Registerbehörde

§ 8 Übermittlungsersuchen

(1) Jede öffentliche Stelle, die um Übermittlung von Daten aus dem Register ersucht, hat vor dem Übermittlungsersuchen zu prüfen, ob die Kenntnis der im Register gespeicherten Daten zur Erfüllung ihrer Aufgaben erforderlich ist.

(2) Das Übermittlungsersuchen kann auf maschinell verwertbaren Datenträgern, im Rahmen des Abrufs im automatisierten Verfahren, auf dafür vorgesehenen Vordrucken, in sonstiger Weise schriftlich oder fernmündlich erfolgen. Die ersuchende Stelle darf maschinell verwertbare Datenträger für das Übermittlungsersuchen nur nutzen, wenn diese bei der Registerbehörde angemeldet sind. Ein fernmündliches Übermittlungsersuchen ist nur für öffentliche Stellen und nur dann zulässig, wenn die mit einem schriftlichen Übermittlungsersuchen verbundene zeitliche Verzögerung aus dringenden dienstlichen Gründen nicht zu vertreten ist.

(3) Die nach § 10 Abs. 1 Satz 2 des AZR-Gesetzes erforderliche Angabe zum Verarbeitungszweck besteht aus der Aufgabenbezeichnung und, soweit vorhanden, dem Geschäftszeichen des Verfahrens, zu dem die Daten übermittelt werden sollen. Die in § 20 Abs. 1 des AZR-Gesetzes bezeichneten Stellen geben statt des Geschäftszeichens des Verfahrens ein besonderes Geschäftszeichen für das Übermittlungsersuchen an, das eine Zuordnung zum Verfahren ermöglicht; dieses Geschäftszeichen und das Geschäftszeichen des Verfahrens sind in den nach § 20 Abs. 2 des AZR-Gesetzes vorgesehenen Aufzeichnungen anzugeben. Folgende Aufgabenbezeichnungen sind zu verwenden:

1. ausländerrechtliche Aufgabe,
2. asylrechtliche Aufgabe,
2a. Migration und Integration,
3. Gewährleistung des grenzpolizeilichen Schutzes des Bundesgebietes,
4. Strafverfolgung – Verfahren gegen den Betroffenen,
5. Strafverfolgung – Verfahren gegen Dritte,
6. Strafvollstreckung,
7. Rechtspflege,
8. Abwehr von Gefahren,
9. Abwehr einer im Einzelfall bestehenden Gefahr,
10. Erfüllung von Verpflichtungen aus völkerrechtlichen Verträgen,
11. Identitätsfeststellung nach § 15 Abs. 3 des AZR-Gesetzes,
12. Unterstützung der Zollfahndungsämter,
13. selbständige Ermittlungen des Zollkriminalamtes,
14. Bekämpfung der illegalen Beschäftigung,
15. Feststellung der Eigenschaft als Deutscher,
16. Feststellung der Aussiedler- oder Spätaussiedlereigenschaft,
17. Aufgaben nach dem Bundesverfassungsschutzgesetz,
18. Aufgaben nach dem MAD-Gesetz,
19. Aufgaben nach dem BND-Gesetz,
20. Visaverfahren,
21. Zuverlässigkeitsüberprüfung nach § 7 des Luftsicherheitsgesetzes und § 12b des Atomgesetzes,
22. Aufgaben nach dem Zwölften Buch Sozialgesetzbuch oder nach dem Asylbewerberleistungsgesetz,
23. Aufgaben bei Zulassung und Überwachung der Ausländerbeschäftigung,
24. Datenpflege,
25. Aufgaben nach dem Zweiten und Dritten Buch Sozialgesetzbuch,

26. Aufgaben für erforderliche Gesundheitsuntersuchungen nach § 62 Absatz 1 des Asylgesetzes und Impfungen,
27. Aufgaben des öffentlichen Gesundheitsdienstes,
28. Aufgaben nach dem Achten Buch Sozialgesetzbuch,
29. Aufgaben nach dem Bundesmeldegesetz,
30. Aufgaben nach § 28 Absatz 1 Satz 2 Nummer 2 des Geldwäschegesetzes,
31. Aufgaben nach dem Sechsten Buch Sozialgesetzbuch,
32. Beratung und Bearbeitung von Einbürgerungsanträgen.

(4) (weggefallen)

(5) Für die Angabe des Verarbeitungszwecks nach § 11 Abs. 1 Satz 3 und Absatz 2 Satz 5 des AZR-Gesetzes gilt Absatz 3 entsprechend. Die Mitteilung hat schriftlich zu erfolgen.

(6) Ähnliche Personen nach § 10 Abs. 3, § 21 Abs. 3 und § 31 Abs. 1 des AZR-Gesetzes sind solche Personen, deren Grundpersonalien, Lichtbilder, Fingerabdruckdaten, abweichende Namenschreibweisen, andere Namen, frühere Namen, Aliaspersonalien oder Angaben zum Ausweispapier oder Aufenthaltstitel mit den im Übermittlungsersuchen angegebenen Grundpersonalien, Lichtbildern, Fingerabdruckdaten oder Angaben zum Ausweispapier oder Aufenthaltstitel übereinstimmen oder nur geringfügig davon abweichen.

§ 9 Allgemeine Regelungen der Datenübermittlung durch die Registerbehörde

(1) Der Umfang der Daten, die die Registerbehörde nach dem AZR-Gesetz an die jeweils ersuchende Stelle übermitteln und weitergeben darf, ergibt sich aus den Spalten A und D der Abschnitte I und II der Anlage zu dieser Verordnung.

(2) Die Registerbehörde hat vor der Übermittlung festzustellen, ob die ersuchende Stelle generell berechtigt ist, Daten aus dem Register zu erhalten, ob der im Ersuchen angegebene Zweck in die sachliche Zuständigkeit der ersuchenden Stelle fällt, in welchem Umfang dieser Stelle Daten übermittelt werden dürfen und ob die Nutzung maschinell verwertbarer Datenträger ordnungsgemäß angemeldet worden ist.

(3) Die Registerbehörde übermittelt die Daten grundsätzlich auf dem gleichen Weg, auf dem das Übermittlungsersuchen gestellt worden ist. Bei einer fernmündlichen Datenübermittlung hat sich die Registerbehörde zuvor über die Identität der ersuchenden Person und über deren Zugehörigkeit zur ersuchenden öffentlichen Stelle zu vergewissern.

(4) Die Registerbehörde hat durch technische Maßnahmen sicherzustellen, daß im automatisierten Verfahren andere Daten als die Grunddaten nur abgerufen werden können, wenn die abrufende Stelle einen Verarbeitungszweck nach § 8 Absatz 3 angibt, zu dem die Daten übermittelt werden dürfen.

(5) § 4 Absatz 7 gilt für die Datenübermittlung durch die Registerbehörde an öffentliche Stellen entsprechend.

§ 10 Zulassung zum Abruf im automatisierten Verfahren

(1) Die Zulassung zum Abruf von Daten im automatisierten Verfahren nach § 22 Abs. 1 des AZR-Gesetzes ist schriftlich bei der Registerbehörde zu beantragen. Im Fall des § 22 Abs. 1 Nr. 9 des AZR-Gesetzes ist die Zustimmung der für den Antragsteller zuständigen obersten Bundes- oder Landesbehörde einzuholen. In der Antragsbegründung ist darzulegen, daß die Einrichtung des automatisierten Abrufverfahrens wegen der Häufigkeit der Übermittlungsersuchen oder der Eilbedürftigkeit angemessen ist, und in welchem Umfang und an welchen Standorten Einrichtungen zum Datenabruf im automatisierten Verfahren geschaffen werden sollen. Die Registerbehörde ist berechtigt, entsprechende Nachweise zu verlangen. Im Fall des § 22 Abs. 1 Nr. 9 des AZR-Gesetzes holt sie die Zustimmung des Bundesministeriums des Innern ein, wenn sie dem Antrag stattgeben will.

(2) Die Registerbehörde teilt dem Antragsteller die beabsichtigte Entscheidung mit und

fordert ihn zugleich auf, die zur Datensicherung erforderlichen technischen und organisatorischen Maßnahmen zu treffen. Die Entscheidung ergeht, sobald der Antragsteller der Registerbehörde schriftlich mitgeteilt hat, daß er diese Maßnahmen getroffen hat. Die Registerbehörde kann die Zulassung mit Beschränkungen erteilen.

(3) Die Registerbehörde führt ein Verzeichnis der zum Abruf im automatisierten Verfahren zugelassenen öffentlichen Stellen und der getroffenen Maßnahmen. Die Registerbehörde hat die Zulassungsunterlagen zusammen mit dem Verzeichnis aufzubewahren sowie die Unterlagen gegen den Zugriff durch Unbefugte zu sichern.

§ 11 Gruppenauskünfte an öffentliche Stellen

(1) Das Ersuchen um Gruppenauskunft muß die Merkmale bezeichnen, nach denen die Gruppenauskunft erfolgen soll. Gruppenmerkmale können sein

1. die in Spalte A des Abschnitts I der Anlage zu dieser Verordnung bezeichneten Daten,
2. räumliche Zuordnungen (Bund, Länder, Gemeinden) und
3. bestimmte Zeiträume.

Merkmalsauswahl und Auskunftsumfang bei einer Gruppenauskunft sind auf die Daten beschränkt, die der ersuchenden Stelle bei einzelnen Übermittlungsersuchen übermittelt werden dürfen. Bei einer Gruppenauskunft ist die Übermittlung der Daten von Unionsbürgern, bei denen eine Feststellung des Nichtbestehens oder des Verlusts des Freizügigkeitsrechts nicht vorliegt, nicht zulässig.

(2) Die nach § 12 Abs. 2 des AZR-Gesetzes erforderliche Zustimmung ist der Registerbehörde mit dem Ersuchen schriftlich mitzuteilen.

(3) Die Registerbehörde entscheidet unter Berücksichtigung der Aufgaben der ersuchenden Stelle, in welcher Weise und zu welcher Zeit die Gruppenauswertung im Register durchgeführt wird. Sie kann das Ergebnis der Auswertung auf einem maschinell verwertbaren Datenträger zur Verfügung stellen.

(4) Wird die Gruppenauskunft erteilt, ist der Empfänger von der Registerbehörde auf die Zweckbindungsregelung des § 11 Abs. 1 Satz 1 des AZR-Gesetzes hinzuweisen.

(5) Die Unterrichtung nach § 12 Abs. 3 des AZR-Gesetzes umfaßt die in Absatz 1 bezeichneten Merkmale, nach denen die Gruppenauskunft erfolgt, sowie die Angabe der ersuchenden Stelle und den Zweck der Gruppenauskunft. Bei Gruppenauskünften an die in § 20 des AZR-Gesetzes bezeichneten Stellen ist neben der ersuchenden Stelle nur mitzuteilen, aus welchem der in § 12 Abs. 1 Satz 2 des AZR-Gesetzes bezeichneten Gründen die Gruppenauskunft erfolgt ist.

§ 12 Datenübermittlung an nichtöffentliche Stellen, die humanitäre oder soziale Aufgaben wahrnehmen

(1) Nichtöffentliche Stellen, die nach § 25 des AZR-Gesetzes um Übermittlung von Daten ersuchen, haben gegenüber der Registerbehörde nachzuweisen, daß sie zur Erfüllung ihrer humanitären oder sozialen Aufgaben nach Verschollenen zur Familienzusammenführung suchen oder Unterstützung in Vormundschafts- und Unterhaltsangelegenheiten leisten. Sie haben die hierfür erforderlichen Unterlagen, insbesondere Satzungen, auf Anforderung der Registerbehörde in beglaubigter Abschrift vorzulegen. Die Registerbehörde kann auf die Vorlage verzichten, wenn die in Satz 1 bezeichnete Aufgabenstellung allgemein bekannt oder der Nachweis bereits erbracht ist. Sie führt ein Verzeichnis der Stellen, denen sie Daten übermitteln darf.

(2) Liegen die Voraussetzungen für eine Datenübermittlung nicht vor, teilt die Registerbehörde der ersuchenden Stelle mit, daß eine Auskunft nicht möglich ist.

§ 13 Datenübermittlung an Behörden anderer Staaten und an zwischenstaatliche Stellen

(1) Behörden anderer Staaten richten ihre Übermittlungsersuchen, soweit es sich bei der betroffenen Person um einen Angehöri-

gen ihres Staates handelt, über ihre Auslandsvertretung an die Registerbehörde. Besitzt die betroffene Person die Staatsangehörigkeit eines dritten Staates, leitet die Auslandsvertretung das Übermittlungsersuchen über das Auswärtige Amt an die Registerbehörde. Zwischenstaatliche Stellen leiten ihre Übermittlungsersuchen über das Auswärtige Amt an die Registerbehörde. Das Bundesministerium des Innern kann mit Zustimmung des Auswärtigen Amtes abweichende Regelungen treffen. Regelungen in völkerrechtlichen Vereinbarungen bleiben unberührt.

(2) Die Registerbehörde prüft, ob die Voraussetzungen des § 26 des AZR-Gesetzes für eine Datenübermittlung an Behörden anderer Staaten oder zwischenstaatliche Stellen vorliegen. Sofern die Registerbehörde dem Antrag stattgeben will, holt sie zuvor die Stellungnahme der aktenführenden Ausländerbehörde oder, soweit sich die betroffene Person in einem Asylverfahren befindet, die Stellungnahme der für das Asylverfahren zuständigen Organisationseinheit im Bundesamt für Migration und Flüchtlinge ein. Diese stellen fest, ob die betroffene Person einwilligt, und teilen der Registerbehörde das Ergebnis mit. Erteilt die betroffene Person die Einwilligung oder ist sie nicht erforderlich, übermittelt die Registerbehörde die Daten aus dem Register an die Auslandsvertretung oder die zwischenstaatliche Stelle. Absatz 1 Satz 4 und 5 gilt entsprechend.

(3) § 12 Abs. 2 gilt entsprechend.

§ 14 Datenübermittlung an sonstige nichtöffentliche Stellen

(1) Sonstige nichtöffentliche Stellen im Sinne des § 27 des AZR-Gesetzes haben gegenüber der Registerbehörde nachzuweisen, daß die Nachfrage bei der zuletzt zuständigen Meldebehörde erfolglos geblieben ist. Der Nachweis ist durch Vorlage einer entsprechenden Auskunft der Meldebehörde zu erbringen, die nicht älter als vier Wochen sein soll.

(2) § 12 Abs. 2 gilt entsprechend.

Abschnitt 4
Auskunft an die betroffene Person

§ 15 Voraussetzungen und Verfahren der Auskunftserteilung

(1) Die betroffene Person kann nach Artikel 15 der Verordnung (EU) 2016/679 des Europäischen Parlaments und des Rates vom 27. April 2016 zum Schutz natürlicher Personen bei der Verarbeitung personenbezogener Daten, zum freien Datenverkehr und zur Aufhebung der Richtlinie 95/46/EG (Datenschutz-Grundverordnung) (ABl. L 119 vom 4. 5. 2016, S. 1; L 314 vom 22. 11. 2016, S. 72) jederzeit einen Antrag auf Auskunftserteilung stellen. Der Antrag kann auch von einem gesetzlichen oder bevollmächtigten Vertreter gestellt werden.

(2) Der Antrag ist bei der Registerbehörde schriftlich zu stellen. Er bedarf keiner Begründung. Der Antragsteller hat seine Identität und, wenn er als Vertreter handelt, seine Vertretungsmacht nachzuweisen.

(3) Für die Prüfung, ob die Auskunftserteilung nach § 34 Abs. 2 Nr. 1 des AZR-Gesetzes unterbleiben muß, holt die Registerbehörde die Stellungnahme der zuständigen Stelle ein.

(4) Erteilt die Registerbehörde keine Auskunft, kann die betroffene Person die nach § 34 Abs. 5 des AZR-Gesetzes mögliche Auskunftserteilung an die Bundesbeauftragte oder den Bundesbeauftragten für den Datenschutz und die Informationsfreiheit schriftlich bei der Registerbehörde verlangen. Die zur datenschutzrechtlichen Kontrolle schriftlich niedergelegte Begründung ist mit Fristablauf zu vernichten, wenn sie nicht für ein bereits eingeleitetes Kontrollverfahren benötigt wird.

Abschnitt 5
Aufzeichnungen bei Datenübermittlungen, Einschränkung der Verarbeitung und Löschung von Daten

§ 16 Aufzeichnungen bei Datenübermittlungen

(1) Die Registerbehörde hat sicherzustellen, daß die Aufzeichnungen nach den §§ 9, 13

und 31 Abs. 3 des AZR-Gesetzes bei der Eingabe und beim Abruf von Daten, die von ihr selbst oder von anderen Stellen vorgenommen werden, durch ein selbsttätiges Verfahren erfolgen. Sie hat sich unabhängig von Prüfungen durch die Bundesbeauftragte oder den Bundesbeauftragten für den Datenschutz und die Informationsfreiheit durch regelmäßige Kontrollen von der ordnungsgemäßen Funktion dieses Verfahrens zu überzeugen.

(2) Aufzeichnungen nach Absatz 1 sind sechs Monate nach ihrer Entstehung zu löschen, wenn sie nicht für ein bereits eingeleitetes Kontrollverfahren benötigt werden. Aufzeichnungen nach § 4 Abs. 4 des AZR-Gesetzes sind unverzüglich nach Löschung der Übermittlungssperre, Aufzeichnungen nach § 27 Abs. 2 des AZR-Gesetzes ein Jahr nach ihrer Entstehung zu löschen.

(3) Mitteilungen nach § 11 Abs. 1 Satz 3 und Abs. 2 Satz 3 des AZR-Gesetzes sind sechs Monate nach Eingang bei der Registerbehörde zu vernichten, wenn sie nicht für ein bereits eingeleitetes Kontrollverfahren benötigt werden.

§ 17 Einschränkung der Verarbeitung

(1) Das Bestreiten der Richtigkeit gespeicherter Daten hat schriftlich gegenüber der Registerbehörde zu erfolgen. Die betroffene Person soll bei der Ermittlung des Sachverhalts mitwirken. Insbesondere soll sie ihr bekannte Tatsachen und Beweismittel angeben.

(2) Läßt sich weder die Richtigkeit noch die Unrichtigkeit der bestrittenen Daten zur Überzeugung der Registerbehörde feststellen, wird der Datensatz der betroffenen Person mit Ausnahme der Grundpersonalien und der weiteren Personalien in der Verarbeitung eingeschränkt. Die Angaben der betroffenen Person zu ihren Grundpersonalien und ihren weiteren Personalien gelten als richtig, soweit sich nicht nachweisen läßt, daß die davon abweichenden gespeicherten Daten richtig sind. Geht ein Übermittlungsersuchen über die Grundpersonalien und die weiteren Personalien hinaus, wird der ersuchenden Stelle außer in den Fällen des § 37 Abs. 2 Satz 3 des AZR-Gesetzes nur der Hinweis auf die Einschränkung der Verarbeitung übermittelt.

§ 18 Löschung von Daten, Löschungsfristen im allgemeinen Datenbestand

(1) Im allgemeinen Datenbestand des Registers ist der Datensatz eines Ausländers, der das Inland verlassen hat, spätestens zehn Jahre nach der Ausreise zu löschen. Der Datensatz eines verstorbenen Ausländers ist spätestens fünf Jahre nach seinem Tod zu löschen. Die Fristen beginnen mit Ablauf des Vierteljahres, in dem das maßgebliche Ereignis eingetreten ist.

(2) Abweichend von Absatz 1 Satz 1 erfolgt die Löschung des Datensatzes eines Ausländers, der das Inland verlassen hat, spätestens mit Ablauf des Vierteljahres, in dem er das 90. Lebensjahr vollendet hat, wenn einer der folgenden Sachverhalte gespeichert ist:

1. Rechtsstellung als heimatloser Ausländer oder Kontingentflüchtling,
2. Anerkennung als Asylberechtigter,
3. Ausweisung, Zurückschiebung oder Abschiebung,
4. Ablehnung des Antrags auf Feststellung der deutschen Staatsangehörigkeit,
5. Einschränkung oder Untersagung der politischen Betätigung mit unbefristeter Wirkung,
6. Einreisebedenken mit unbefristeter Wirkung oder
7. Bescheinigung über den Fortbestand der Niederlassungserlaubnis ausgestellt.

(3) Die Registerbehörde löscht folgende Daten:

1. nach fünf Jahren
   a) die Ablehnung des Antrags auf Feststellung der Eigenschaft als Deutscher oder auf Anerkennung als Aussiedler oder Spätaussiedler oder die Rücknahme dieser Feststellung,
   b) ein Ausreiseverbot,
   c) eine Zurückweisung,
2. nach zehn Jahren

a) die Ausstellung eines Paßersatzes nach § 4 der Aufenthaltsverordnung, soweit dieser in Spalte A des Abschnitts I der Anlage zu dieser Verordnung aufgeführt ist,
b) Daten nach § 3 Absatz 1 Nr. 3 und 7 in Verbindung mit § 2 Abs. 2 Nr. 7 und 7a des AZR-Gesetzes,
c) Daten nach § 3 Absatz 4 Nummer 3 und 7 in Verbindung mit § 2 Absatz 3 Nummer 7 des AZR-Gesetzes,

3. nach zwölf Monaten Daten nach § 3 Absatz 2 Nummer 10, 10a und 11 in Verbindung mit § 2 Absatz 1a und 2 Nummer 1 des AZR-Gesetzes.

Die Fristen beginnen mit Ablauf des Vierteljahres, in dem die Daten übermittelt worden sind.

(4) Daten werden im Übrigen gelöscht, wenn die ihnen zugrunde liegenden Maßnahmen zurückgenommen, widerrufen, anderweitig aufgehoben oder durch Ablauf ihrer Befristung oder auf andere Weise erledigt sind. Bereits im Register gespeicherte Angaben zum aufenthaltsrechtlichen Status werden durch Speicherung weiterer Angaben zum aufenthaltsrechtlichen Status nicht gelöscht.

§ 19 Löschung von Daten, Löschungsfristen in der Visadatei

In der Visadatei des Registers ist der Datensatz eines Ausländers spätestens nach fünf Jahren zu löschen, wenn Daten nach § 29 Abs. 1 des AZR-Gesetzes gespeichert sind. Sind zusätzlich Daten nach § 29 Abs. 2 des AZR-Gesetzes gespeichert, erfolgt eine Löschung spätestens nach zehn Jahren. Die Fristen beginnen mit Ablauf des Vierteljahres, in dem letztmals Daten übermittelt worden sind.

Abschnitt 6
Schlußvorschriften

§ 19a Auswirkungen späterer Rechtsänderungen auf den Registerbestand

(1) Bis zum Inkrafttreten einer Rechtsänderung gespeicherte Angaben zum aufenthaltsrechtlichen Status im Sinne des § 2 Absatz 2 Nummer 3 in Verbindung mit § 3 Absatz 1 Nummer 6 oder § 2 Absatz 3 Nummer 3 und 4 in Verbindung mit § 3 Absatz 4 Nummer 6 des AZR-Gesetzes bleiben auch dann gespeichert, wenn sie nach Inkrafttreten der Rechtsänderung nicht mehr oder nicht mehr unter derselben Bezeichnung vorgesehen sind, es sei denn, das ändernde Gesetz oder die ändernde Verordnung trifft eine abweichende Regelung. § 18 bleibt unberührt.

(2) Daten nach Absatz 1, die aufgrund der jeweils bis zur Rechtsänderung geltenden Fassung der Verordnung gespeichert wurden, deren Speicherung aber in der neuen Fassung nicht mehr vorgesehen ist, übermittelt die Registerbehörde entsprechend den Vorschriften über ihrer Art nach vergleichbare Daten.

§ 19b Auswirkungen eines späteren Wechsels des Personenkreises auf den Datensatz zu einer Person

(1) Daten zu einem Unionsbürger, die vor dem Erwerb der Unionsbürgerschaft gespeichert wurden, dürfen weiter gespeichert bleiben, sofern es sich um Daten nach § 3 Absatz 4 in Verbindung mit § 2 Absatz 3 des AZR-Gesetzes handelt. Daten zu einem Drittstaatsangehörigen, die vor dem Erwerb der Staatsangehörigkeit des Drittstaats gespeichert wurden, dürfen weiter gespeichert bleiben, sofern es sich um Daten nach § 3 Absatz 1 in Verbindung mit § 2 Absatz 1 oder 2 des AZR-Gesetzes handelt. § 18 bleibt unberührt.

(2) Daten, die nach Absatz 1 weiterhin zulässig gespeichert sind, übermittelt die Registerbehörde entsprechend den Vorschriften über ihrer Art nach vergleichbare Daten.

§ 20 Übergangsregelung aus Anlass des Inkrafttretens des Zuwanderungsgesetzes

(1) Bis zum 31. Dezember 2004 gespeicherte Angaben zum aufenthaltsrechtlichen Status im Sinne des § 2 Abs. 2 Nr. 3 in Verbindung mit § 3 Absatz 1 Nummer 6 oder Absatz 4 Nummer 6 des AZR-Gesetzes bleiben auch nach Inkrafttreten des Zuwanderungsgesetzes gespeichert. Nach dem Aufenthaltsgesetz

oder dem Freizügigkeitsgesetz/EU zulässige neue Maßnahmen und Entscheidungen sind erst zu speichern, wenn sie im Einzelfall getroffen werden.

(2) Ausländerbehörden können bis zum 31. Dezember 2005 Angaben zum aufenthaltsrechtlichen Status unter bisher verwendeten Kennungen übermitteln, solange und soweit die informationstechnischen Voraussetzungen für eine Übermittlung entsprechend dem ab dem 1. Januar 2005 geltenden Recht noch nicht geschaffen sind. Die Zuordnung bisher verwendeter Kennungen zu den ab dem 1. Januar 2005 neu eingeführten Speichersachverhalten bestimmt die Registerbehörde im Einvernehmen mit dem Bundesministerium des Innern.

(3) Angaben zur Rechtsgrundlage des Aufenthaltstitels und dem Ende seiner Gültigkeitsdauer, zum Zweck des Aufenthalts sowie zu den durch das Aufenthaltsgesetz und das Freizügigkeitsgesetz/EU neu eingeführten Maßnahmen und Entscheidungen werden übermittelt, sobald hierfür die informationstechnischen Voraussetzungen geschaffen worden sind, spätestens jedoch ab dem 1. Januar 2006. Soweit bis dahin diese Daten nicht übermittelt worden sind, ist die zuständige Stelle verpflichtet, ihre Übermittlung unverzüglich nachzuholen.

(4) Daten, die aufgrund der bis zum 31. Dezember 2004 geltenden Fassung dieser Verordnung noch gespeichert wurden, aber in der nunmehr geltenden Fassung nicht mehr enthalten sind, übermittelt die Registerbehörde entsprechend der bis zum 31. Dezember 2004 geltenden Fassung dieser Verordnung.

(5) An Träger der Sozialhilfe, Träger der Grundsicherung für Arbeitsuchende und zur Durchführung des Asylbewerberleistungsgesetzes zuständige Stellen übermittelt die Registerbehörde auf Ersuchen auch alle bis zum 31. Dezember 2004 gespeicherten Daten zum aufenthaltsrechtlichen Status und zu den für oder gegen den Ausländer getroffenen aufenthaltsrechtlichen Entscheidungen.

(6) Die Löschungsfrist nach § 18 Abs. 3 Nr. 2 gilt auch für gespeicherte Daten zur Ausstellung eines Passersatzes nach § 14 der Verordnung zur Durchführung des Ausländergesetzes.

§ 21 Übergangsregelung aus Anlass des Inkrafttretens des Gesetzes zur Umsetzung aufenthaltsrechtlicher Richtlinien der Europäischen Union und zur Anpassung nationaler Rechtsvorschriften an den EU-Visakodex

Angaben zu den mit dem Gesetz zur Umsetzung aufenthaltsrechtlicher Richtlinien der Europäischen Union und zur Anpassung nationaler Rechtsvorschriften an den EU-Visakodex neu geschaffenen Speichersachverhalten werden übermittelt, sobald hierfür die informationstechnischen Voraussetzungen geschaffen worden sind, spätestens jedoch sechs Monate nach Inkrafttreten dieses Gesetzes. Soweit bis dahin diese Daten nicht übermittelt worden sind, ist die zuständige Stelle verpflichtet, ihre Übermittlung unverzüglich nachzuholen.

Gesetz zur Errichtung einer Visa-Warndatei (Visa-Warndateigesetz – VWDG)

Vom 22. Dezember 2011 (BGBl. I S. 3037)

Zuletzt geändert durch
Gesetz zum Abbau verzichtbarer Anordnungen der Schriftform im Verwaltungsrecht des Bundes
vom 29. März 2017 (BGBl. I S. 626)

Inhaltsübersicht

§ 1 Führung und Zweck der Datei

(1) Das Bundesverwaltungsamt führt eine Visa-Warndatei zur Vermeidung des Missbrauchs von Visa. Sie dient der Unterstützung

1. der für die Erteilung von Visa zuständigen öffentlichen Stellen bei Entscheidungen im Visumverfahren, um Fehlentscheidungen im Zusammenhang mit Täuschungen oder Täuschungsversuchen zu vermeiden,
2. der Ausländerbehörden bei der Prüfung von Verpflichtungserklärungen oder bei der Entscheidung über die Verlängerung eines Visums,
3. der mit der Kontrolle des grenzüberschreitenden Verkehrs beauftragten Behörden bei Entscheidungen über die Zurückweisung oder Zurückschiebung eines Visuminhabers.

(2) Das Bundesverwaltungsamt darf die ihm nach diesem Gesetz übermittelten personenbezogenen Daten nur nach Maßgabe dieses Gesetzes zu den in Absatz 1 genannten Zwecken verwenden.

§ 2 Anlass der Speicherung

(1) Die Speicherung der Warndaten erfolgt bei Personen,

1. die wegen einer Straftat nach
   a) § 95 Absatz 1 Nummer 2 oder Nummer 3, Absatz 1a, § 96 oder § 97 des Aufenthaltsgesetzes,
   b) § 10 oder § 11 des Schwarzarbeitsbekämpfungsgesetzes,
   c) den §§ 232 bis 233 oder § 236 Absatz 2 Satz 3 des Strafgesetzbuchs oder
   d) § 30a Absatz 1 oder Absatz 2 des Betäubungsmittelgesetzes wegen der Ein- oder Ausfuhr von Betäubungsmitteln

   rechtskräftig zu Geld- oder Freiheitsstrafe verurteilt worden sind,
2. die als Visumantragsteller im Visumverfahren ge- oder verfälschte Dokumente vorgelegt, beschafft oder hergestellt oder authentische Dokumente durch falsche Angaben erschlichen haben oder falsche Angaben gemacht haben oder durch Verschweigen erheblicher Tatsachen, zu deren Angabe sie verpflichtet waren, ein Visum erschlichen haben,
3. die im eigenen Namen oder für eine Organisation
   a) eine Einladung des Antragstellers in das Bundesgebiet zur Verwendung im Visumverfahren ausgesprochen haben (Einlader),
   b) sich nach § 68 Absatz 1 des Aufenthaltsgesetzes oder durch Abgabe einer Erklärung zur Verwendung im Visumverfahren in anderer Weise verpflichtet haben, die Kosten für den Lebensunterhalt des Antragstellers während des Aufenthalts im Bundesgebiet zu tragen oder nach § 66 Absatz 2 des Aufenthaltsgesetzes für die Ausreisekosten des Ausländers aufzukommen (Verpflichtungsgeber),
   c) den vom Antragsteller angegebenen Zweck des Aufenthalts im Bundesgebiet zur Verwendung im Visumverfahren bestätigt haben (sonstige Referenzperson)

   und dabei falsche Angaben gemacht haben oder die Verpflichtung, für die Kosten für den Lebensunterhalt eines Ausländers oder für die Kosten der Abschiebung aufzukommen, bei Inanspruchnahme nicht erfüllt haben.

Wurden die falschen Angaben im Rahmen einer nach Satz 1 Nummer 3 für eine Organisation abgegebenen Erklärung gemacht, erfolgt die Eintragung von Warndaten auch für die Organisation.

(2) Die Speicherung von Warndaten einer Person erfolgt ferner mit deren Einwilligung, wenn unter ihrem Namen unbefugt Erklärungen nach Absatz 1 Satz 1 Nummer 3 abgegeben worden sind oder sie dies befürchtet oder sie eine im Visumverfahren nach Absatz 1 Satz 1 Nummer 3 abgegebene Erklärung widerrufen hat. Die Daten sind unverzüglich zu löschen, wenn die Person die Einwilligung widerruft. Die Sätze 1 und 2 gelten entsprechend für die Speicherung und Löschung von Warndaten einer Organisation.

§ 3 Inhalt der Datei

(1) Zu Personen oder Organisationen nach § 2 werden folgende Warndaten gespeichert:

1. als Grundpersonalien zu Personen:
   a) Vornamen,
   b) Familienname,
   c) abweichende Namensschreibweisen,
   d) andere Namen und frühere Namen,
   e) Geschlecht,
   f) Geburtsdatum,
   g) Geburtsort,
   h) Staatsangehörigkeit;
2. sofern die Eintragung von Warndaten für eine Organisation erfolgt:
   a) Bezeichnung der Organisation,
   b) Anschrift der Organisation,
   c) Sitz der Organisation,
   d) Aufgabenstellung oder Wirkungsbereich der Organisation,
   e) Bezeichnung und der Ort des Registers, in das die Organisation eingetragen ist, sowie die Registernummer der Organisation;
3. die Visa-Warndateinummer des Bundesverwaltungsamtes und
4. die Anlässe nach § 2.

Die Daten nach Satz 1 Nummer 1 Buchstabe a, b, e, f, g und h und Nummer 2 Buchstabe a und b sowie den Nummern 3 und 4 sind in jedem Fall, die übrigen Daten soweit vorhanden zu speichern.

(2) Im Fall des § 2 Absatz 2 werden zusätzlich Angaben zur Einwilligung der Person oder Organisation zur Speicherung der Warndaten und Angaben zum Widerruf einer Einladung, Verpflichtungserklärung oder Bestätigung gespeichert.

(3) Zu den nach den Absätzen 1 und 2 gespeicherten Daten werden die Bezeichnung der Stelle, die die Daten übermittelt hat, deren Geschäftszeichen und das Datum der Datenübermittlung gespeichert.

(4) In den Fällen des § 2 Absatz 1 Satz 1 Nummer 1 werden zu den nach den Absätzen 1 und 3 gespeicherten Daten zusätzlich folgende Daten gespeichert:

1. das Datum des ersten Urteils,
2. die Angabe, ob auf Freiheitsstrafe bis zu drei Monate oder Geldstrafe bis zu 90 Tagessätzen oder Jugendstrafe erkannt wurde.

Eine Übermittlung dieser Daten ist nur an die Stelle zulässig, die die Daten übermittelt hat.

§ 4 Übermittelnde Stellen

Folgende Stellen sind zur Übermittlung der in § 3 bezeichneten Daten an das Bundesverwaltungsamt verpflichtet:

1. die Auslandsvertretungen, die Ausländerbehörden und die mit der polizeilichen Kontrolle des grenzüberschreitenden Verkehrs beauftragten Behörden, soweit sie als Visumbehörden tätig werden, in den Fällen des § 2 Absatz 1 Satz 1 Nummer 2 und 3 Buchstabe a und c,
2. die Ausländerbehörden in den Fällen des § 2 Absatz 1 Satz 1 Nummer 3 Buchstabe b,
3. die mit der polizeilichen Kontrolle des grenzüberschreitenden Verkehrs betrauten Stellen in den Fällen des § 2 Absatz 1 Satz 1 Nummer 2,
4. die Staatsanwaltschaften in den Fällen des § 2 Absatz 1 Satz 1 Nummer 1.

§ 5 Verantwortung für die Übermittlung und die Datenrichtigkeit

(1) Die in § 4 bezeichneten Stellen sind gegenüber dem Bundesverwaltungsamt für die Zulässigkeit der Übermittlung sowie für die Richtigkeit und die Aktualität der von ihnen übermittelten Daten verantwortlich. Sie haben dem jeweiligen Stand der Technik entsprechende Maßnahmen zur Sicherstellung von Datenschutz und Datensicherheit zu treffen, die insbesondere die Vertraulichkeit und die Unversehrtheit der von ihnen übermittelten Daten gewährleisten. Sie haben das Bundesverwaltungsamt unverzüglich zu unterrichten, wenn die von ihnen übermittelten Daten unrichtig werden oder sich ihre Unrichtigkeit nachträglich herausstellt und eine Berichtigung oder Aktualisierung nicht im Wege der Direkteingabe nach § 9 erfolgen kann.

(2) Die in § 4 bezeichneten Stellen sind berechtigt und verpflichtet, die von ihnen über-

mittelten Daten auf Richtigkeit und Aktualität zu prüfen, soweit dazu Anlass besteht. Zu diesem Zweck übermittelt das Bundesverwaltungsamt die zu überprüfenden Daten an die dazu berechtigte oder verpflichtete Stelle.

(3) Die in § 6 Absatz 1 und § 7 Satz 1 bezeichneten Behörden haben das Bundesverwaltungsamt unverzüglich zu unterrichten, wenn ihnen konkrete Anhaltspunkte dafür vorliegen, dass die ihnen übermittelten Daten unrichtig oder unvollständig sind.

(4) In den Fällen des § 2 Absatz 1 Satz 1 Nummer 1 teilt das Bundesamt für Justiz dem Bundesverwaltungsamt mit, dass die Nichtaufnahme nach § 39 des Bundeszentralregistergesetzes oder die Tilgung in besonderen Fällen nach § 49 des Bundeszentralregistergesetzes angeordnet ist. Die Absätze 1 und 2 gelten entsprechend.

§ 6 Datenübermittlung an das Auswärtige Amt und die deutschen Auslandsvertretungen

(1) Im Rahmen des Visumverfahrens werden auf Ersuchen des Auswärtigen Amts oder der deutschen Auslandsvertretungen die in § 3 Absatz 1 bis 3 bezeichneten Daten über die in § 21 des Ausländerzentralregistergesetzes genannte Stelle an die ersuchende Stelle übermittelt.

(2) Die Übermittlung von nach § 2 Absatz 1 Satz 1 Nummer 1 gespeicherten Daten erfolgt nur, soweit sie der ersuchenden Stelle zur Erfüllung ihrer jeweiligen Aufgabe aus dem Bundeszentralregister übermittelt werden dürften. Ungeachtet abweichender Regelungen werden Daten zu Verurteilungen mit einem Strafmaß bis zu drei Monate Freiheitsstrafe oder Geldstrafe bis zu 90 Tagessätzen oder Jugendstrafe nur an ersuchende Stellen nach Absatz 1 übermittelt, soweit diese ein Recht auf unbeschränkte Auskunft im Sinne des § 41 des Bundeszentralregistergesetzes besitzen.

§ 7 Weitere Behörden, an die Warndaten übermittelt werden

Das Bundesverwaltungsamt übermittelt die in § 3 Absatz 1 bis 3 bezeichneten Daten auf Ersuchen an

1. die mit der polizeilichen Kontrolle des grenzüberschreitenden Verkehrs beauftragten Behörden, wenn die Daten erforderlich sind zur Prüfung
   a) eines Antrages auf Erteilung eines Visums nach § 14 Absatz 2 des Aufenthaltsgesetzes,
   b) der Zurückweisung oder Zurückschiebung eines Visuminhabers,
2. die Ausländerbehörden, wenn die Daten erforderlich sind
   a) zur Prüfung einer Verpflichtungserklärung nach § 66 Absatz 2 des Aufenthaltsgesetzes oder nach § 68 Absatz 1 des Aufenthaltsgesetzes, soweit die Daten auf Grund von § 2 Absatz 1 Satz 1 Nummer 3 gespeichert wurden,
   b) zur Entscheidung über die Verlängerung eines Visums nach § 6 Absatz 3 des Aufenthaltsgesetzes.

Im Fall der Übermittlung von nach § 2 Absatz 1 Satz 1 Nummer 1 gespeicherten Daten gilt § 6 Absatz 2 entsprechend.

§ 8 Voraussetzungen für die Datenübermittlung

(1) Die Übermittlung von Daten an eine der in § 6 Absatz 1 und § 7 Satz 1 bezeichneten Stellen setzt ein Ersuchen unter Angabe des Zwecks voraus und ist nur zulässig, wenn die Kenntnis der Daten zur Erfüllung ihrer in § 6 Absatz 1 und § 7 Satz 1 bezeichneten Aufgaben erforderlich ist. Die ersuchende Stelle trägt dafür die Verantwortung. Das Bundesverwaltungsamt hat die Übermittlung zu versagen, wenn Anhaltspunkte dafür bestehen, dass die in Satz 1 bezeichneten Voraussetzungen nicht vorliegen.

(2) Das Übermittlungsersuchen und die Datenübermittlung erfolgen stets schriftlich oder im Wege der Datenübertragung.

(3) Das Übermittlungsersuchen muss, soweit vorhanden, die Visa-Warndateinummer, andernfalls alle verfügbaren Grundpersonalien des Betroffenen oder alle verfügbaren Angaben zur betroffenen Organisation enthalten. Stimmen die im Ersuchen enthaltenen Daten mit den zum Betroffenen oder zur betroffe-

nen Organisation gespeicherten Daten nicht überein, ist die Datenübermittlung unzulässig, es sei denn, es bestehen keine Zweifel an der Identität.

(4) Kann das Bundesverwaltungsamt die Identität nicht eindeutig feststellen, übermittelt es zur Identitätsprüfung und -feststellung die Grundpersonalien und die zugehörigen Visa-Warndateinummern ähnlicher Personen an die ersuchende Stelle. Für die Angaben zur betroffenen Organisation sind dies Daten nach § 3 Absatz 1 Satz 1 Nummer 2 sowie die zugehörige Visa-Warndateinummer. Die ersuchende Stelle hat alle Daten, die nicht zum Betroffenen oder zur betroffenen Organisation gehören, unverzüglich zu löschen und entsprechende Unterlagen zu vernichten.

(5) Die Visa-Warndateinummer darf nur im Verkehr mit der Visa-Warndatei genutzt werden.

(6) Das Bundesverwaltungsamt hat dem jeweiligen Stand der Technik entsprechende technische und organisatorische Maßnahmen zur Sicherung von Datenschutz und Datensicherheit zu treffen, die insbesondere die Vertraulichkeit und Unversehrtheit der in der Visa-Warndatei gespeicherten und an die ersuchende Stelle übermittelten Daten gewährleisten.

§ 9 Übermittlung und Veränderung von Daten durch Direkteingabe; Datenabruf im automatisierten Verfahren

(1) Die in § 6 Absatz 1 und § 7 Satz 1 bezeichneten Stellen können auf Antrag zur Übermittlung von Daten durch Eingabe mit unmittelbarer Wirkung für den Datenbestand (Direkteingabe) und zum Datenabruf nach diesen Vorschriften im automatisierten Verfahren zugelassen werden. Das Bundesverwaltungsamt erteilt die Zulassung, wenn die beantragende Stelle mitteilt, dass sie die zur Datensicherung nach § 9 des Bundesdatenschutzgesetzes erforderlichen technischen und organisatorischen Maßnahmen getroffen hat.

(2) Das automatisierte Abrufverfahren darf nur eingerichtet werden, wenn es wegen der Vielzahl der Übermittlungsersuchen oder der besonderen Eilbedürftigkeit unter Berücksichtigung der schutzwürdigen Interessen der Betroffenen angemessen ist.

(3) Das Bundesverwaltungsamt unterrichtet den Bundesbeauftragten für den Datenschutz und die Informationsfreiheit von der Zulassung unter Angabe der technischen und organisatorischen Maßnahmen, die nach Mitteilung der zugelassenen Stelle getroffen wurden.

(4) Die Stellen, die Daten direkt eingeben dürfen, haben zuvor durch Abruf im automatisierten Verfahren festzustellen, ob zum Betroffenen oder zur betroffenen Organisation bereits ein Datensatz besteht. Die zu übermittelnden Daten sind einem bereits bestehenden Datensatz zuzuordnen. Zuvor sind Zweifel an der Identität der Person oder Organisation, deren Daten in der Datei gespeichert sind, mit der Person oder Organisation, deren Daten zugeordnet werden sollen, auszuräumen. Hierzu sind vom Bundesverwaltungsamt Daten ähnlicher Personen zur Identitätsprüfung und Identitätsfeststellung an die dateneingebende Stelle zu übermitteln. Übermittelte Daten, die unrichtig geworden sind oder deren Unrichtigkeit sich nachträglich herausgestellt hat, sind durch Direkteingabe unverzüglich zu berichtigen oder zu löschen. § 8 Absatz 4 Satz 3 gilt entsprechend.

(5) Das Bundesverwaltungsamt hat sicherzustellen, dass nur die Eingabe der jeweils zur Übermittlung zugelassenen Daten technisch möglich ist, die zu speichernden Daten zuvor auf ihre Schlüssigkeit geprüft und gespeicherte Daten durch die Verarbeitung nicht ungewollt gelöscht oder unrichtig werden.

(6) Die Verantwortung für die Zulässigkeit der Direkteingabe trägt die eingebende Stelle. Die Verantwortung für die Zulässigkeit des einzelnen Abrufs trägt die abrufende Stelle. Das Bundesverwaltungsamt überprüft die Zulässigkeit der Abrufe nur, wenn dazu Veranlassung besteht. Abrufe von Daten aus der Datei im automatisierten Verfahren dürfen nur von Bediensteten vorgenommen werden, die vom Leiter ihrer Behörde hierzu besonders ermächtigt sind.

§ 10 Zweckbestimmung und weitere Verwendung der Daten

Die ersuchende Behörde darf die übermittelten Daten nur zu dem Zweck verwenden, zu dem sie ihr übermittelt worden sind. Eine Weiterübermittlung ist nicht zulässig.

§ 11 Protokollierungspflicht bei Datenübermittlung

(1) Das Bundesverwaltungsamt protokolliert für Zwecke der Datenschutzkontrolle bei jedem Zugriff auf die Datei

1. den Zeitpunkt des Zugriffs,
2. die Angaben, die die Feststellung der aufgerufenen Datensätze ermöglichen,
3. die Datenveränderung,
4. die für den Zugriff verantwortliche Dienststelle,
5. die für den Zugriff verantwortliche Person sowie
6. den Zweck des Zugriffs.

(2) Im Fall der Übermittlung nach § 4 oder nach den §§ 6 bis 9 umfasst die Protokollierung auch

1. die übermittelten Daten,
2. den Zweck der Übermittlung,
3. die übermittelnde Stelle und
4. die Stelle, an die übermittelt wird.

(3) Die Auswertung der Protokolldaten ist nach dem Stand der Technik zu gewährleisten. Die protokollierten Daten dürfen nur verwendet werden

1. für Zwecke der Datenschutzkontrolle und der Datensicherung,
2. zur Sicherstellung eines ordnungsgemäßen Betriebes der Datenverarbeitungsanlage oder
3. zur Erfüllung des Auskunftsanspruchs nach § 12.

Sie sind durch geeignete Maßnahmen gegen unberechtigten Zugriff zu sichern.

(4) Die Protokolldaten sind nach zwölf Monaten zu löschen, sofern sie nicht für ein bereits eingeleitetes Kontrollverfahren benötigt werden.

§ 12 Auskunft an den Betroffenen

(1) Das Bundesverwaltungsamt erteilt dem Betroffenen auf Antrag unentgeltlich Auskunft über die zu seiner Person gespeicherten Daten, auch soweit sie sich auf die Herkunft dieser Daten beziehen, den Zweck der Speicherung und die Empfänger oder die Kategorien von Empfängern, an die Daten übermittelt werden sowie über Funktionsweise und Aufbau der automatisierten Datenverarbeitung. Der Antrag muss die Grundpersonalien enthalten.

(2) Die Auskunftserteilung unterbleibt, soweit

1. die Auskunft die ordnungsgemäße Erfüllung der Aufgaben der Stelle gefährden würde, die die jeweiligen Daten nach § 4 übermittelt hat,
2. die Auskunft die öffentliche Sicherheit gefährden oder sonst dem Wohl des Bundes oder eines Landes Nachteile bereiten würde oder
3. die Daten oder die Tatsache ihrer Speicherung nach einer Rechtsvorschrift oder ihrem Wesen nach, insbesondere wegen der überwiegenden berechtigten Interessen eines Dritten, geheim gehalten werden müssen

und deswegen das Interesse des Betroffenen an der Auskunftserteilung zurücktreten muss. Die Entscheidung trifft das Bundesverwaltungsamt im Einvernehmen mit der Stelle, die die Daten nach § 4 übermittelt hat.

(3) Die Ablehnung der Auskunftserteilung bedarf keiner Begründung gegenüber dem Betroffenen, wenn durch eine Begründung der mit der Ablehnung verfolgte Zweck gefährdet würde. Die Begründung ist in diesem Fall für eine datenschutzrechtliche Kontrolle schriftlich oder elektronisch niederzulegen und fünf Jahre aufzubewahren. Sie ist durch geeignete Maßnahmen gegen unberechtigten Zugriff zu sichern. Der Betroffene ist darauf hinzuweisen, dass er sich an den Bundesbeauftragten für den Datenschutz und die Informationsfreiheit wenden kann.

(4) Wird dem Betroffenen keine Auskunft erteilt, ist sie auf sein Verlangen dem Bundesbeauftragten für den Datenschutz und die Informationsfreiheit zu erteilen. Die Mitteilung des Bundesbeauftragten an den Betroffenen darf keine Rückschlüsse auf den Erkenntnisstand der die Daten speichernden Stelle zu-

lassen, sofern diese nicht einer weitergehenden Auskunft zustimmt.

(5) Die Absätze 1 bis 4 gelten für betroffene Organisationen entsprechend.

§ 13 Berichtigung und Löschung

(1) Das Bundesverwaltungsamt hat unrichtige oder unrichtig gewordene Daten unverzüglich zu berichtigen oder zu löschen.

(2) Daten sind unverzüglich zu löschen, wenn die Speicherung unzulässig ist, der Speicheranlass nach § 2 nicht mehr besteht oder sie für die Erfüllung der Aufgaben der in § 6 Absatz 1 und § 7 Satz 1 bezeichneten Stellen nicht mehr erforderlich sind.

(3) Warndaten, die aus Anlass einer rechtskräftigen Verurteilung nach § 2 Absatz 1 Satz 1 Nummer 1 gespeichert worden sind, und die hierzu nach § 3 Absatz 3 und 4 gespeicherten Daten sind nach folgenden Zeiträumen zu löschen:

1. bei einem Strafmaß bis zu drei Monate Freiheitsstrafe oder Geldstrafe bis zu 90 Tagessätzen oder Jugendstrafe spätestens fünf Jahre nach dem Tag des ersten Urteils,
2. in den übrigen Fällen spätestens zehn Jahre nach dem Tag des ersten Urteils.

Ohne Rücksicht auf den Lauf der Frist nach Satz 1 werden diese Daten gelöscht, wenn eine frühere Tilgung im Bundeszentralregister nach § 49 des Bundeszentralregistergesetzes angeordnet wird. § 36 des Bundeszentralregistergesetzes gilt entsprechend.

(4) Warndaten nach § 3 Absatz 1 und die hierzu nach § 3 Absatz 2, 3 und 4 gespeicherten Daten sind im Übrigen spätestens fünf Jahre nach ihrer Speicherung zu löschen.

§ 14 Sperrung

(1) Die Löschung unterbleibt, wenn Grund zu der Annahme besteht, dass durch die Löschung schutzwürdige Interessen eines Betroffenen oder einer betroffenen Organisation beeinträchtigt werden. In diesen Fällen hat das Bundesverwaltungsamt die Daten zu sperren und die Daten dürfen nur für den Zweck übermittelt und genutzt werden, für den die Löschung unterblieben ist.

(2) Das Bundesverwaltungsamt hat den Datensatz des Betroffenen zu sperren, soweit die Richtigkeit vom Betroffenen bestritten wird und weder die Richtigkeit noch die Unrichtigkeit von der Stelle, die die Daten übermittelt hat oder vom Bundesverwaltungsamt festgestellt werden kann. Gesperrte Daten sind mit einem Sperrvermerk zu versehen. Sie dürfen außer zur Prüfung der Richtigkeit ohne Einwilligung des Betroffenen nicht verarbeitet oder genutzt werden.

§ 15 Verordnungsermächtigung

Das Bundesministerium des Innern wird ermächtigt, mit Zustimmung des Bundesrates durch Rechtsverordnung Näheres zu bestimmen

1. zu den Daten, die nach § 3 gespeichert werden, und zu den Daten, die nach den §§ 6 und 7 übermittelt werden,
2. zu den Voraussetzungen und dem Verfahren zur Übermittlung von Daten an das Bundesverwaltungsamt durch die in den §§ 4 und 5 Absatz 4 bezeichneten öffentlichen Stellen,
3. zu den Voraussetzungen und zum Verfahren der Übermittlung von Daten nach den §§ 6 und 7 durch das Bundesverwaltungsamt,
4. zum Verfahren nach § 6 Absatz 2,
5. zu den Voraussetzungen und zum Verfahren der Datenübermittlung nach den §§ 8 und 9,
6. zu den Voraussetzungen und dem Verfahren der Auskunft nach § 12 und der Löschung nach § 13,
7. zum Verfahren der Sperrung nach § 14.

§ 16 Bestimmungen zum Verwaltungsverfahren

Von den in diesem Gesetz oder auf Grund dieses Gesetzes getroffenen Regelungen des Verwaltungsverfahrens der Länder kann nicht durch Landesrecht abgewichen werden.

§ 17 Evaluation

Die Bundesregierung wird die Anwendung dieses Gesetzes drei Jahre nach seinem Inkrafttreten evaluieren.

I

Verordnung zur Durchführung des Visa-Warndateigesetzes (VWDG-Durchführungsverordnung – VWDG-DV)

Vom 1. Juni 2013 (BGBl. I S. 1414)

Zuletzt geändert durch
Gesetz zur Verbesserung der Bekämpfung des Menschenhandels und zur Änderung des Bundeszentralregistergesetzes sowie des Achten Buches Sozialgesetzbuch
vom 11. Oktober 2016 (BGBl. I S. 2226)

Inhaltsübersicht

I

Auf Grund des § 15 des Visa-Warndateigesetzes vom 22. Dezember 2011 (BGBl. I S. 3037) verordnet das Bundesministerium des Innern:

Abschnitt 1
Inhalt der Datei

§ 1 Inhalt der Datensätze

Die Daten, die nach § 3 des Visa-Warndateigesetzes gespeichert werden dürfen, ergeben sich aus Spalte A der Anlage zu dieser Verordnung.

§ 2 Visa-Warndateinummer

(1) Das Bundesverwaltungsamt vergibt die Visa-Warndateinummer als Geschäftszeichen, wenn folgende Daten gespeichert werden:

1. Daten einer betroffenen Person, die im eigenen Namen oder für eine Organisation handelt, oder
2. Daten einer Organisation im Rahmen der freiwilligen Speicherung.

Die Visa-Warndateinummer darf keine Rückschlüsse auf Daten über die betroffene Person oder Organisation zulassen. Sie wird dem Datensatz automatisch zugeordnet.

(2) Die Visa-Warndateinummer darf im Rahmen von Datenübermittlungen nach § 8 Absatz 1 Satz 1 des Visa-Warndateigesetzes übermittelt werden. Sie darf darüber hinaus nach Speicherung einer Verurteilung in der Visa-Warndatei an diejenige Staatsanwaltschaft übermittelt werden, die die Daten zur Verurteilung an das Bundesverwaltungsamt übermittelt hat. Die empfangende Stelle darf die Visa-Warndateinummer nur im Verkehr mit dem Bundesverwaltungsamt verwenden; eine Weiterübermittlung an Dritte ist unzulässig.

(3) Das Bundesverwaltungsamt stellt sicher, dass bei einer Verwendung der Visa-Warndateinummer für Datenübermittlungen an das Bundesverwaltungsamt oder für Übermittlungsersuchen fehlerhafte Angaben der Visa-Warndateinummer erkannt werden und in diesem Fall keine Verarbeitung der Daten erfolgt.

§ 3 Berichtigung eines Datensatzes

(1) Das Bundesverwaltungsamt hat unabhängig von der Verantwortung der öffentlichen Stellen nach § 5 Absatz 1 des Visa-Warndateigesetzes Hinweise auf eine mögliche Unrichtigkeit der gespeicherten Daten zu prüfen und unrichtige Daten zu berichtigen. Stellt es fest, dass zu einer Person oder Organisation in der Datei mehrere Datensätze bestehen, führt es diese zu einem Datensatz zusammen. Die Zusammenführung von Datensätzen erfolgt im Einvernehmen mit den Stellen, die die Daten an das Bundesverwaltungsamt übermittelt haben. Werden die Daten von Staatsanwaltschaften übermittelt, muss kein Einvernehmen hergestellt werden.

(2) Stellt das Bundesverwaltungsamt fest, dass in der Datei Datensätze verschiedener Personen übereinstimmende oder nur geringfügig voneinander abweichende Grundpersonalien nach § 3 Absatz 1 Satz 1 Nummer 1 des Visa-Warndateigesetzes enthalten, speichert es einen Hinweis auf die Personenverschiedenheit. Satz 1 gilt für die Datensätze von Organisationen entsprechend.

Abschnitt 2
Datenübermittlung an das Bundesverwaltungsamt

§ 4 Allgemeine Regelungen der Datenübermittlung an das Bundesverwaltungsamt

(1) Die Stellen, die nach § 4 des Visa-Warndateigesetzes verpflichtet sind, an das Bundesverwaltungsamt Daten zu übermitteln, die in der Visa-Warndatei zu speichern sind, ergeben sich aus Spalte C der Anlage zu dieser Verordnung.

(2) Maßgeblich für den Zeitpunkt der Datenübermittlung ist das Vorliegen eines Anlasses nach § 2 des Visa-Warndateigesetzes. Einzelheiten zum Zeitpunkt ergeben sich aus Spalte B der Anlage zu dieser Verordnung. Die zur Datenübermittlung verpflichteten Stellen haben die Daten unverzüglich nach dem in Satz 1 genannten Zeitpunkt zu übermitteln.

(3) Die Datenübermittlung an das Bundesverwaltungsamt erfolgt schriftlich oder auf elektronischem Wege.

(4) Die Datenübermittlung auf elektronischem Wege erfolgt über die informationstechnischen Netze von Bund, Ländern und Kommunen sowie über das Verbindungsnetz gemäß IT-NetzG vom 10. August 2009 (BGBl. I S. 2702, 2706). Zur Sicherstellung von Datenschutz und Datensicherheit nach § 5 Absatz 1 Satz 2 des Visa-Warndateigesetzes sind die zu übermittelnden Daten nach dem jeweiligen Stand der Technik zu verschlüsseln. Das Bundesverwaltungsamt legt die dabei anzuwendenden Verfahren im Einvernehmen mit dem Bundesamt für Sicherheit in der Informationstechnik und den beteiligten Stellen fest. Es hat durch technische und organisatorische Maßnahmen sicherzustellen, dass nur die Daten gespeichert werden, zu deren Übermittlung die jeweilige Stelle verpflichtet ist.

(5) Die Stellen, die zur Datenübermittlung im Wege der Direkteingabe berechtigt sind, haben die zur Datensicherung erforderlichen technischen und organisatorischen Maßnahmen zu treffen, insbesondere um die unbefugte Eingabe von Daten zu verhindern. Das Bundesverwaltungsamt führt ein Verzeichnis der zur Direkteingabe berechtigten Stellen und der getroffenen Maßnahmen. Die Datenübermittlung durch Direkteingabe darf nur von Bediensteten vorgenommen werden, die die Leitung ihrer Behörde besonders ermächtigt hat.

(6) Werden die Daten schriftlich übermittelt, hat das Bundesverwaltungsamt die Unterlagen bis zur Speicherung der Daten in der Datei durch geeignete Maßnahmen gegen unberechtigten Zugriff zu sichern. Nach der Speicherung der Daten sind die Unterlagen zu vernichten.

§ 5 Verfahren der Datenübermittlung an das Bundesverwaltungsamt

(1) Die Stellen, die zur Datenübermittlung im Wege der Direkteingabe berechtigt sind, haben zuvor durch Abruf im automatisierten Verfahren festzustellen, ob zur betroffenen Person oder Organisation bereits ein Datensatz besteht.

(2) Besteht ein Datensatz zur betroffenen Person, sind diesem die zu übermittelnden Daten unter Angabe der Visa-Warndateinummer zuzuordnen. Vor einer Zuordnung zu einem bereits vorhandenen Datensatz sind Zweifel an der Identität der Person, deren Daten in der Visa-Warndatei gespeichert sind, mit der Person, deren Daten zugeordnet werden sollen, auszuräumen. Besteht zur betroffenen Person kein Datensatz, wird zu ihr ein neuer Datensatz angelegt. Hat die betroffene Person für eine Organisation gehandelt, werden auch die Daten dieser Organisation dem Datensatz der Person zugeordnet.

(3) Besteht ein Datensatz zur betroffenen Organisation, der im Rahmen der freiwilligen Speicherung gespeichert wurde, und soll im Rahmen der freiwilligen Speicherung ein neuer Sachverhalt zur Organisation übermittelt werden, sind dem bestehenden Datensatz die zu übermittelnden Daten unter Angabe der Visa-Warndateinummer ebenfalls zuzuordnen. Besteht zur betroffenen Organisation kein Datensatz, wird zu ihr ein neuer Datensatz angelegt.

(4) Erfolgt die Datenübermittlung nicht im Wege der Direkteingabe, übermitteln die in § 4 Nummer 1 bis 4 des Visa-Warndateigesetzes bezeichneten Stellen dem Bundesverwaltungsamt zusammen mit den Daten die Visa-Warndateinummer, sofern diese vorhanden ist. Ist die Visa-Warndateinummer nicht vorhanden, übermitteln die in § 4 Nummer 1 bis 3 des Visa-Warndateigesetzes bezeichneten Stellen

1. bei Personen die Grundpersonalien der Personen (§ 3 Absatz 1 Satz 1 Nummer 1 des Visa-Warndateigesetzes),
2. bei Personen, die für eine Organisation handeln, die Grundpersonalien der Person in Verbindung mit den Daten zur Organisation (§ 3 Absatz 1 Satz 1 Nummer 2 des Visa-Warndateigesetzes),
3. bei Organisationen, deren Daten im Rahmen der freiwilligen Speicherung gespeichert wurden, die Daten zur Organisation (§ 3 Absatz 1 Satz 1 Nummer 2 des Visa-Warndateigesetzes).

I

(5) Werden in den Fällen von Absatz 4 Satz 2 nur Grundpersonalien zur Person oder die Daten zur Organisation übermittelt, hat das Bundesverwaltungsamt automatisiert festzustellen, ob die Person oder Organisation bereits in der Datei gespeichert ist. Für den Fall, dass die Grundpersonalien der Person, deren Daten in der Visa-Warndatei gespeichert werden sollen, mit den Grundpersonalien einer anderen Person, zu der bereits ein Datensatz in der Visa-Warndatei besteht, übereinstimmen oder nur geringfügig voneinander abweichen, hat das Bundesverwaltungsamt programmtechnische Vorkehrungen dafür zu treffen, dass eine Speicherung der Daten als neuer Datensatz nur möglich ist, wenn die eingebende Stelle eindeutig feststellt, dass es sich um verschiedene Personen handelt. In diesem Fall hat das Bundesverwaltungsamt einen Hinweis zu speichern, dass es sich um unterschiedliche Personen handelt.

(6) Übermittelt die Staatsanwaltschaft Daten und ist keine Visa-Warndateinummer zur Person oder Organisation vorhanden, wird in jedem Fall ein neuer Datensatz mit den übermittelten Daten angelegt.

§ 6 Speicherung mit Einwilligung einer Person

(1) Die Speicherung von Daten in der Visa-Warndatei nach § 2 Absatz 2 des Visa-Warndateigesetzes erfolgt auf Antrag der betroffenen Person und mit deren Einwilligung bei einer Stelle nach § 4 Nummer 1 und 2 des Visa-Warndateigesetzes.

(2) Das Vorliegen der Voraussetzungen des § 2 Absatz 2 des Visa-Warndateigesetzes wird von den Stellen nach § 4 Nummer 1 und 2 des Visa-Warndateigesetzes festgestellt.

(3) Liegen die Voraussetzungen des § 2 Absatz 2 des Visa-Warndateigesetzes vor, ist die Stelle zur Übermittlung der Daten verpflichtet.

(4) Auf Antrag der Person wird ein Erläuterungstext gespeichert.

(5) Wird die Einwilligung widerrufen oder der Antrag zurückgenommen, sind die in der Visa-Warndatei nach § 2 Absatz 2 des Visa-Warndateigesetzes gespeicherten Daten unverzüglich zu löschen.

(6) Die Absätze 1 bis 5 gelten für die freiwillige Speicherung von Daten einer Organisation entsprechend.

Abschnitt 3
Datenübermittlung durch das Bundesverwaltungsamt

§ 7 Übermittlungsersuchen

(1) Jede Stelle, die um Übermittlung von Daten aus der Datei ersucht, hat zuvor zu prüfen, ob die Kenntnis dieser Daten zur Erfüllung ihrer Aufgaben erforderlich ist.

(2) Das Übermittlungsersuchen erfolgt im automatisierten Verfahren oder schriftlich.

(3) Die nach § 8 Absatz 1 Satz 1 des Visa-Warndateigesetzes erforderliche Angabe zum Verwendungszweck besteht aus der Aufgabenbezeichnung und, soweit vorhanden, dem Geschäftszeichen des Verfahrens, zu dem die Daten übermittelt werden sollen. Folgende Aufgabenbezeichnungen sind zu verwenden:

1. Visumverfahren,
2. Verlängerung eines Visums,
3. Prüfung einer Verpflichtungserklärung,
4. Gewährleistung des grenzpolizeilichen Schutzes des Bundesgebietes,
5. Datenpflege.

(4) Ähnliche Personen nach § 8 Absatz 4 des Visa-Warndateigesetzes sind solche Personen, deren Grundpersonalien mit den im Übermittlungsersuchen angegebenen Grundpersonalien übereinstimmen oder nur geringfügig davon abweichen. Für die Daten zu Organisationen gilt Satz 1 entsprechend.

§ 8 Allgemeine Regelungen der Datenübermittlung durch das Bundesverwaltungsamt

(1) Der Umfang der Daten, die das Bundesverwaltungsamt nach dem Visa-Warndateigesetz an die jeweils ersuchende Stelle übermitteln und weitergeben darf, ergibt sich aus den Spalten A und D der Anlage zu dieser Verordnung.

(2) Das Bundesverwaltungsamt hat vor der Übermittlung festzustellen,

1. ob die ersuchende Stelle generell berechtigt ist, Daten aus der Datei zu erhalten,
2. ob der im Ersuchen angegebene Zweck in die sachliche Zuständigkeit der ersuchenden Stelle fällt und
3. in welchem Umfang dieser Stelle Daten übermittelt werden dürfen.

(3) § 4 Absatz 3 und 4 gilt entsprechend.

§ 9 Zulassung zum Abruf von Daten im automatisierten Verfahren

(1) Die Zulassung zum Abruf von Daten im automatisierten Verfahren nach § 9 Absatz 1 des Visa-Warndateigesetzes ist schriftlich beim Bundesverwaltungsamt zu beantragen und zu begründen. In der Antragsbegründung ist darzulegen,

1. dass die Einrichtung des automatisierten Abrufverfahrens wegen der Vielzahl der Übermittlungsersuchen oder der besonderen Eilbedürftigkeit angemessen ist und
2. in welchem Umfang und an welchen Standorten Einrichtungen zum Datenabruf im automatisierten Verfahren geschaffen werden sollen.

Das Bundesverwaltungsamt ist berechtigt, entsprechende Nachweise zu verlangen.

(2) Das Bundesverwaltungsamt teilt dem Antragsteller die beabsichtigte Entscheidung mit und fordert ihn zugleich auf, die zur Datensicherung erforderlichen technischen und organisatorischen Maßnahmen zu treffen. Die Entscheidung ergeht, sobald der Antragsteller dem Bundesverwaltungsamt schriftlich mitgeteilt hat, dass er diese Maßnahmen getroffen hat. Das Bundesverwaltungsamt kann die Zulassung mit Beschränkungen erteilen.

(3) Das Bundesverwaltungsamt führt ein Verzeichnis der zum Abruf im automatisierten Verfahren zugelassenen Stellen und der getroffenen Maßnahmen. Es hat die Zulassungsunterlagen zusammen mit dem Verzeichnis aufzubewahren sowie die Unterlagen gegen den Zugriff durch Unbefugte zu sichern.

(4) Liegt zum Zeitpunkt des Inkrafttretens des Visa-Warndateigesetzes ein Antrag nach Absatz 1 von einer der in § 6 Absatz 1 und § 7 Satz 1 des Visa-Warndateigesetzes genannten Stellen vor, gilt die Zulassung bis zur Entscheidung über den Antrag als erteilt, soweit die Stelle nach § 22 des AZR-Gesetzes zum Abruf von Daten aus dem Ausländerzentralregister im automatisierten Verfahren zugelassen ist.

Abschnitt 4
Auskunft an die betroffene Person

§ 10 Voraussetzungen und Verfahren der Auskunftserteilung

(1) Die betroffene Person kann nach § 12 des Visa-Warndateigesetzes jederzeit einen Antrag auf Auskunftserteilung stellen. Der Antrag kann auch von einem gesetzlichen oder bevollmächtigten Vertreter gestellt werden.

(2) Der Antrag ist schriftlich beim Bundesverwaltungsamt zu stellen. Er bedarf keiner Begründung. Der Antragsteller hat seine Identität und, wenn er als Vertreter handelt, seine Vertretungsmacht nachzuweisen.

(3) Für die Prüfung, ob die Auskunftserteilung nach § 12 Absatz 2 des Visa-Warndateigesetzes unterbleiben muss, holt das Bundesverwaltungsamt die Stellungnahme der zuständigen Stelle ein.

(4) Erteilt das Bundesverwaltungsamt keine Auskunft, kann die betroffene Person schriftlich beim Bundesverwaltungsamt verlangen, dass dem Bundesbeauftragten für den Datenschutz und die Informationsfreiheit die nach § 12 Absatz 4 des Visa-Warndateigesetzes mögliche Auskunft erteilt wird. Die zur datenschutzrechtlichen Kontrolle schriftlich niedergelegte Begründung der Ablehnung der Auskunftserteilung ist mit Fristablauf zu vernichten, wenn sie nicht für ein bereits eingeleitetes Kontrollverfahren benötigt wird.

(5) Die Absätze 1 bis 4 gelten für betroffene Organisationen entsprechend. Die dem Vertreter einer Organisation erteilte Auskunft beinhaltet auch die Daten der zu ihr gespeicherten Personen.

Abschnitt 5
Protokollierung bei Datenübermittlungen, Sperrung und Löschung von Daten

§ 11 Protokollierung bei Datenübermittlungen

Das Bundesverwaltungsamt hat sicherzustellen, dass die Protokollierung nach § 11 des Visa-Warndateigesetzes bei der Eingabe und beim Abruf von Daten durch ein selbsttätiges Verfahren erfolgt. Es hat sich unabhängig von Prüfungen durch den Bundesbeauftragten für den Datenschutz und die Informationsfreiheit durch regelmäßige Kontrollen von der ordnungsgemäßen Funktion dieses Verfahrens zu überzeugen.

§ 12 Sperrung von Daten

(1) Die für die Richtigkeit und Aktualität der Daten verantwortlichen Stellen unterrichten das Bundesverwaltungsamt, wenn durch eine Löschung im Sinne des § 13 des Visa-Warndateigesetzes schutzwürdige Interessen einer betroffenen Person oder Organisation nach § 14 Absatz 1 des Visa-Warndateigesetzes beeinträchtigt werden.

(2) Das Bestreiten der Richtigkeit gespeicherter Daten nach § 14 Absatz 2 des Visa-Warndateigesetzes hat gegenüber dem Bundesverwaltungsamt schriftlich zu erfolgen. Die betroffene Person oder die für eine betroffene Organisation bevollmächtigte Person soll bei der Ermittlung des Sachverhalts mitwirken. Insbesondere soll sie ihr bekannte Tatsachen und Beweismittel angeben.

(3) Lässt sich weder die Richtigkeit noch die Unrichtigkeit der Daten, deren Richtigkeit bestritten wird, zur Überzeugung des Bundesverwaltungsamtes feststellen, wird der Datensatz der betroffenen Person mit Ausnahme der Personalien gesperrt. Die Angaben der betroffenen Person zu ihren Personalien gelten als richtig, soweit sich nicht nachweisen lässt, dass die davon abweichenden gespeicherten Daten richtig sind. Geht ein Übermittlungsersuchen ein, wird außer den Personalien nur der Hinweis auf den Sperrvermerk übermittelt.

Abschnitt 6
Inkrafttreten

§ 13 Inkrafttreten

Diese Verordnung tritt am 1. Juni 2013 in Kraft.

Anlage

Daten, die in der Datei gespeichert werden, übermittelnde Stellen, Übermittlungsempfänger

A	B*	C	D
1 Bezeichnung der Daten (§ 3 VWDG)	Zeitpunkt der Übermittlung	Übermittlung durch folgende Stellen (§ 4 VWDG)	Übermittlung an folgende Stellen (§§ 6 und 7 VWDG)
§ 3 Abs. 3 Bezeichnung der Stelle, die die Daten übermittelt hat, das Geschäftszeichen der Stelle und das Datum der Datenübermittlung	(3)	– alle übermittelnden Stellen	– Auswärtiges Amt – deutsche Auslandsvertretungen – mit der polizeilichen Kontrolle des grenzüberschreitenden Verkehrs betraute Behörden – Ausländerbehörden

A	B*	C	D
2 Bezeichnung der Daten (§ 3 VWDG)	Zeitpunkt der Übermittlung	Übermittlung durch folgende Stellen (§ 4 VWDG)	Übermittlung an folgende Stellen (§§ 6 und 7 VWDG)
§ 3 Abs. 1 Satz 1 Nr. 1			
Grundpersonalien		– alle übermittelnden Stellen	– Auswärtiges Amt – deutsche Auslandsvertretungen – mit der polizeilichen Kontrolle des grenzüberschreitenden Verkehrs betraute Behörden – Ausländerbehörden
a) Vornamen	(3)		
b) Familienname	(3)		
c) abweichendeNamensschreibweisen			
– Familienname	(3)		
– Vorname	(3)		
d) andere Namen			
– Genanntname	(3)		
– Künstlername	(3)		
– Ordensname	(3)		
– Aliasname	(3)		
– nicht definierter Name	(3)		
– frühere Namen	(3)		
– Vorname	(3)		
– Familienname	(3)		
e) Geschlecht	(3)		
f) Geburtsdatum	(3)		
g) Geburtsort	(3)		
h) Geburtsland	(3)		
i) Staatsangehörigkeit	(3)		

I

A	B*	C	D
3 Bezeichnung der Daten (§ 3 VWDG)	Zeitpunkt der Übermittlung	Übermittlung durch folgende Stellen (§ 4 VWDG)	Übermittlung an folgende Stellen (§§ 6 und 7 VWDG)
§ 3 Abs. 1 Satz 1 Nr. 2			
Organisation		– alle übermittelnden Stellen	– Auswärtiges Amt – deutsche Auslandsvertretungen – mit der polizeilichen Kontrolle des grenzüberschreitenden Verkehrs betraute Behörden – Ausländerbehörden
a) Bezeichnung der Organisation	(3)		
b) Anschrift der Organisation			
aa) Straße, Hausnummer	(3)		
bb) Postleitzahl	(3)		
cc) Ort	(3)		
dd) Staat	(3)		
c) Sitz der Organisation			
aa) Ort	(3)		
bb) Staat	(3)		
d) Aufgabenstellung oder Wirkungsbereich der Organisation	(3)		
e) Bezeichnung des Registers	(3)		
f) Ort des Registers	(3)		
g) Registernummer	(3)		

A	B*	C	D
4 Bezeichnung der Daten (§ 3 VWDG)	Zeitpunkt der Übermittlung	Übermittlung durch folgende Stellen (§ 3 Abs. 1 Satz 1 Nr. 3 VWDG)	Übermittlung an folgende Stellen (§§ 6 und 7 VWDG; § 5 Abs. 2 VWDG i. V. m. § 2 Abs. 2 Satz 2 VWDG-DV)
§ 3 Abs. 1 Satz 1 Nr. 3			
– Visa-Warndateinummer des Bundesverwaltungsamtes	(3)	– Zuspeicherung durch das Bundesverwaltungsamt	– Auswärtiges Amt – deutsche Auslandsvertretungen – mit der polizeilichen Kontrolle des grenzüberschreitenden Verkehrs betraute Behörden – Ausländerbehörden – Staatsanwaltschaften

A	B*	C	D
5 Bezeichnung der Daten (§ 3 VWDG)	Zeitpunkt der Übermittlung	Übermittlung durch folgende Stellen (§ 4 VWDG)	Übermittlung an folgende Stellen (§§ 6 und 7 VWDG)
§ 3 Abs. 1 Satz 1 Nr. 4 i. V. m. § 2 Abs. 1 Satz 1 Nr. 1 und § 3 Abs. 4 Verurteilung wegen Straftaten		– Staatsanwaltschaften	– Auswärtiges Amt, nicht zu aaa) und bbb) – deutsche Auslandsvertretungen, nicht zu aaa) und bbb) – mit der polizeilichen Kontrolle des grenzüberschreitenden Verkehrs betraute Behörden, nicht zu aaa) und bbb), und nur wenn keine Daten zu bbb) gespeichert sind – Ausländerbehörden, nicht zu aaa) und bbb)
a) **Verurteilung nach dem Aufenthaltsgesetz**			
aa) Verurteilung nach § 95 Abs. 1 Nr. 2 AufenthG	(1)		
aaa) Erstes Urteil am	(1)		
bbb) Freiheitsstrafe bis zu drei Monaten/Geldstrafe bis zu 90 Tagessätzen/Jugendstrafe	(1)		
bb) Verurteilung nach § 95 Abs. 1 Nr. 3 AufenthG	(1)		
aaa) Erstes Urteil am	(1)		
bbb) Freiheitsstrafe bis zu drei Monaten/Geldstrafe bis zu 90 Tagessätzen/Jugendstrafe	(1)		
cc) Verurteilung nach § 95 Abs. 1a AufenthG	(1)		
aaa) Erstes Urteil am	(1)		
bbb) Freiheitsstrafe bis zu drei Monaten/Geldstrafe bis zu 90 Tagessätzen/Jugendstrafe	(1)		
dd) Verurteilung nach § 96 AufenthG	(1)		
aaa) Erstes Urteil am	(1)		
bbb) Freiheitsstrafe bis zu drei Monaten/Geldstrafe bis zu 90 Tagessätzen/Jugendstrafe	(1)		
ee) Verurteilung nach § 97 AufenthG	(1)		
aaa) Erstes Urteil am	(1)		
bbb) Freiheitsstrafe bis zu drei Monaten/Geldstrafe bis zu 90 Tagessätzen/Jugendstrafe	(1)		
b) **Verurteilung nach SchwarzArbG**			
aa) Verurteilung nach § 10 SchwarzArbG	(1)		
aaa) Erstes Urteil am	(1)		
bbb) Freiheitsstrafe bis zu drei Monaten/Geldstra-	(1)		

A	B*	C	D
5 Bezeichnung der Daten (§ 3 VWDG)	Zeitpunkt der Übermittlung	Übermittlung durch folgende Stellen (§ 4 VWDG)	Übermittlung an folgende Stellen (§§ 6 und 7 VWDG)
fe bis zu 90 Tagessätzen/Jugendstrafe			
bb) Verurteilung nach § 11 SchwarzArbG	(1)		
aaa) Erstes Urteil am	(1)		
bbb) Freiheitsstrafe bis zu drei Monaten/Geldstrafe bis zu 90 Tagessätzen/Jugendstrafe	(1)		
c) Verurteilung nach StGB			
aa) Verurteilung nach § 232 StGB	(1)		
aaa) Erstes Urteil am	(1)		
bbb) Freiheitsstrafe bis zu drei Monaten/Geldstrafe bis zu 90 Tagessätzen/Jugendstrafe	(1)		
bb) Verurteilung nach § 232a StGB	(1)		
aaa) Erstes Urteil am	(1)		
bbb) Freiheitsstrafe bis zu drei Monaten/Geldstrafe bis zu 90 Tagessätzen/Jugendstrafe	(1)		
cc) Verurteilung nach § 232b StGB	(1)		
aaa) Erstes Urteil am	(1)		
bbb) Freiheitsstrafe bis zu drei Monaten/Geldstrafe bis zu 90 Tagessätzen/Jugendstrafe	(1)		
dd) Verurteilung nach § 233 StGB	(1)		
aaa) Erstes Urteil am	(1)		
bbb) Freiheitsstrafe bis zu drei Monaten/Geldstrafe bis zu 90 Tagessätzen/Jugendstrafe	(1)		
ee) Verurteilung nach § 233a StGB	(1)		
aaa) Erstes Urteil am	(1)		
bbb) Freiheitsstrafe bis zu drei Monaten/Geldstrafe bis zu 90 Tagessätzen/Jugendstrafe	(1)		
ff) Verurteilung nach § 236 Abs. 2 Satz 3 StGB	(1)		
aaa) Erstes Urteil am	(1)		
bbb)	(1)		

A	B*	C	D
5 Bezeichnung der Daten (§ 3 VWDG)	Zeitpunkt der Übermittlung	Übermittlung durch folgende Stellen (§ 4 VWDG)	Übermittlung an folgende Stellen (§§ 6 und 7 VWDG)
Freiheitsstrafe bis zu drei Monaten/Geldstrafe bis zu 90 Tagessätzen/Jugendstrafe			
d) Verurteilung nach BtMG			
aa) Verurteilung nach § 30a Abs. 1 BtMG wegen der Ein- oder Ausfuhr von Betäubungsmitteln	(1)		
aaa) Erstes Urteil am	(1)		
bbb) Freiheitsstrafe bis zu drei Monaten/Geldstrafe bis zu 90 Tagessätzen/Jugendstrafe	(1)		
bb) Verurteilung nach § 30a Abs. 2 BtMG wegen der Ein- oder Ausfuhr von Betäubungsmitteln	(1)		
aaa) Erstes Urteil am	(1)		
bbb) Freiheitsstrafe bis zu drei Monaten/Geldstrafe bis zu 90 Tagessätzen/Jugendstrafe	(1)		

A	B*	C	D
6 Bezeichnung der Daten (§ 3 VWDG)	Zeitpunkt der Übermittlung	Übermittlung durch folgende Stellen (§ 4 VWDG)	Übermittlung an folgende Stellen (§§ 6 und 7 VWDG)
§ 3 Abs. 1 Satz 1 Nr. 4 i. V. m. § 2 Abs. 1 Satz 1 Nr. 2 Ge- oder verfälschte Dokumente/falsche Angaben		– Auslandsvertretungen – mit der polizeilichen Kontrolle des grenzüberschreitenden Verkehrs beauftragte Behörden – Ausländerbehörden	– Auswärtiges Amt – deutsche Auslandsvertretungen – mit der polizeilichen Kontrolle des grenzüberschreitenden Verkehrs beauftragte Behörden – Ausländerbehörden
a) Als Visumantragsteller ge- oder verfälschte Dokumente im Visumverfahren vorgelegt, beschafft oder hergestellt	(1)		
b) Als Visumantragsteller authentische Dokumente durch falsche Angaben erschlichen	(1)		
c) Als Visumantragsteller falsche Angaben gemacht	(1)		
d) Als Visumantragsteller durch Verschweigen erheblicher Tatsachen Visum erschlichen	(1)		

A	B*	C	D
7 Bezeichnung der Daten (§ 3 VWDG)	Zeitpunkt der Übermittlung	Übermittlung durch folgende Stellen (§ 4 VWDG)	Übermittlung an folgende Stellen (§§ 6 und 7 VWDG)
§ 3 Abs. 1 Satz 1 Nr. 4 i. V. m. § 2 Abs. 1 Satz 1 Nr. 3 Einlader, Verpflichtungsgeber und sonstige Referenzpersonen; Organisation		– deutsche Auslandsvertretungen zu a) und c) – mit der polizeilichen Kontrolle des grenzüberschreitenden Verkehrs betraute Behörden zu a) und c) – Ausländerbehörden zu a) bis c)	– Auswärtiges Amt – deutsche Auslandsvertretungen – mit der polizeilichen Kontrolle des grenzüberschreitenden Verkehrs betraute Behörden – Ausländerbehörden
a) **Einlader**			
aa) Als Einlader falsche Angaben gemacht	(1)		
bb) Als Einlader für eine Organisation falsche Angaben gemacht	(1)		
b) **Verpflichtungsgeber**			
aa) Als Verpflichtungsgeber falsche Angaben gemacht	(1)		
bb) Als Verpflichtungsgeber für eine Organisation falsche Angaben gemacht	(1)		
cc) Als Verpflichtungsgeber die Verpflichtung, die Kosten für den Lebensunterhalt des Antragstellers zu tragen/für die Ausreisekosten des Ausländers aufzukommen, bei Inanspruchnahme nicht erfüllt	(1)		
c) **Sonstige Referenzperson**			
aa) Als sonstige Referenzperson falsche Angaben gemacht	(1)		
bb) Als sonstige Referenzperson für eine Organisation falsche Angaben gemacht	(1)		

A	B*	C	D
8 Bezeichnung der Daten (§ 3 VWDG)	Zeitpunkt der Übermittlung	Übermittlung durch folgende Stellen (§ 4 VWDG)	Übermittlung an folgende Stellen (§§ 6 und 7 VWDG)
§ 3 Abs. 1 Satz 1 Nr. 4 und Abs. 2 i. V. m. § 2 Abs. 2 und § 2 Abs. 1 Satz 1 Nr. 3 Speicherung mit Einwilligung		– deutsche Auslandsvertretungen – mit der polizeilichen Kontrolle des grenzüberschreitenden Verkehrs betraute Behörden, soweit sie als Visumbehörden tätig werden – Ausländerbehörden	– Auswärtiges Amt – deutsche Auslandsvertretungen – mit der polizeilichen Kontrolle des grenzüberschreitenden Verkehrs betraute Behörden – Ausländerbehörden
a) Einwilligung zur Speicherung erteilt am	(2)		
b) Einwilligung liegt vor bei	(2)		
c) Unbefugte Erklärungen	(2)		
Einlader			
aa) Für gespeicherte Person wurde als Einlader unbefugt eine Erklärung abgegeben/zusätzliche Angaben	(2)		
bb) Für gespeicherte Organisation wurde als Einlader unbefugt eine Erklärung abgegeben/zusätzliche Angaben	(2)		
cc) Gespeicherte Person befürchtet, dass unter ihrem Namen unbefugt Erklärungen als Einlader abgegeben werden könnten/zusätzliche Angaben	(2)		
dd) Gespeicherte Organisation befürchtet, dass in ihrem Namen unbefugt Erklärungen als Einlader abgegeben werden könnten/zusätzliche Angaben	(2)		
Verpflichtungsgeber			
ee) Für gespeicherte Person wurde als Verpflichtungsgeber unbefugt eine Erklärung abgegeben/ zusätzliche Angaben	(2)		
ff) Für gespeicherte Organisation wurde als Verpflichtungsgeber unbefugt eine Erklärung abgegeben/ zusätzliche Angaben	(2)		
gg) Gespeicherte Person befürchtet, dass unter ihrem Namen unbefugt Erklärungen als Verpflichtungsgeber abgegeben werden könnten/ zusätzliche Angaben	(2)		
hh) Gespeicherte Organisation befürchtet, dass in ihrem Namen unbefugt Erklärungen als Verpflichtungsgeber abgegeben werden könnten/ zusätzliche Angaben	(2)		

A	B*	C	D
8 Bezeichnung der Daten (§ 3 VWDG)	Zeitpunkt der Übermittlung	Übermittlung durch folgende Stellen (§ 4 VWDG)	Übermittlung an folgende Stellen (§§ 6 und 7 VWDG)
Referenzperson			
ii) Für gespeicherte Person wurde als Referenzperson unbefugt eine Erklärung abgegeben/ zusätzliche Angaben	(2)		
jj) Für gespeicherte Organisation wurde als Referenz unbefugt eine Erklärung abgegeben/zusätzliche Angaben	(2)		
kk) Gespeicherte Person befürchtet, dass unter ihrem Namen unbefugt Erklärungen als Referenzperson abgegeben werden könnten/zusätzliche Angaben	(2)		
ll) Gespeicherte Organisation befürchtet, dass in ihrem Namen unbefugt Erklärungen als Referenz abgegeben werden könnten/zusätzliche Angaben	(2)		
d) Widerruf von Erklärungen			
aa) Erklärung als Einlader widerrufen/zusätzliche Angaben	(2)		
bb) Erklärung als Verpflichtungsgeber widerrufen/ zusätzliche Angaben	(2)		
cc) Erklärung als sonstige Referenzperson widerrufen/ zusätzliche Angaben	(2)		
dd) Erklärung für Organisation widerrufen/zusätzliche Angaben	(2)		

A	B*	C	D
9 Bezeichnung der Daten (§ 14 Abs. 1 VWDG)	Zeitpunkt der Übermittlung	Übermittlung durch folgende Stellen (§ 14 Abs. 1 VWDG)	Übermittlung an folgende Stellen (§§ 6 und 7 VWDG i. V. m. § 14 Abs. 1 VWDG)
§ 14 Abs. 1 Satz 2 – Sperre bei Nichtlöschung	(2)	– Zuspeicherung durch das Bundesverwaltungsamt	– Auswärtiges Amt – deutsche Auslandsvertretungen – mit der polizeilichen Kontrolle des grenzüberschreitenden Verkehrs betraute Behörden – Ausländerbehörden

A	B*	C	D
10 Bezeichnung der Daten (§ 14 Abs. 2 VWDG)	Zeitpunkt der Übermittlung	Übermittlung durch folgende Stellen (§ 14 Abs. 2 VWDG)	Übermittlung an folgende Stellen (§§ 6 und 7 VWDG i. V. m. § 14 Abs. 2 VWDG i. V. m. § 12 Abs. 3 Satz 3 VWVDG-DV)
§ 14 Abs. 2 Satz 2 – Sperrvermerk bei Bestreiten der Richtigkeit	(2)	– Zuspeicherung durch das Bundesverwaltungsamt	– Auswärtiges Amt – deutsche Auslandsvertretungen – mit der polizeilichen Kontrolle des grenzüberschreitenden Verkehrs betraute Behörden – Ausländerbehörden

* Es bedeuten:
(1) = wenn die Tatsache zur Kenntnis gelangt ist.
(2) = wenn die rechtlichen Voraussetzungen vorliegen.
(3) = wenn ein Anlass nach (1) bis (2) die Datenübermittlung notwendig macht.

II Asylrecht und internationaler Schutz

Grundgesetz für die Bundesrepublik Deutschland

Vom 23. Mai 1949 (BGBl. S. 1)

Zuletzt geändert durch
Gesetz zur Änderung des Grundgesetzes
vom 28. März 2019 (BGBl. I S. 404)

– Auszug –

Inhaltsübersicht

PRÄAMBEL

Im Bewußtsein seiner Verantwortung vor Gott und den Menschen, von dem Willen beseelt, als gleichberechtigtes Glied in einem vereinten Europa dem Frieden der Welt zu dienen, hat sich das Deutsche Volk kraft seiner verfassungsgebenden Gewalt dieses Grundgesetz gegeben.

Die Deutschen in den Ländern Baden-Württemberg, Bayern, Berlin, Brandenburg, Bremen, Hamburg, Hessen, Mecklenburg-Vorpommern, Niedersachsen, Nordrhein-Westfalen, Rheinland-Pfalz, Saarland, Sachsen, Sachsen-Anhalt, Schleswig-Holstein und Thüringen haben in freier Selbstbestimmung die Einheit und Freiheit Deutschlands vollendet. Damit gilt dieses Grundgesetz für das gesamte Deutsche Volk.

I. Die Grundrechte

Artikel 1 (Schutz der Menschenwürde)

(1) Die Würde des Menschen ist unantastbar. Sie zu achten und zu schützen ist Verpflichtung aller staatlichen Gewalt.

(2) Das Deutsche Volk bekennt sich darum zu unverletzlichen und unveräußerlichen Menschenrechten als Grundlage jeder menschlichen Gemeinschaft, des Friedens und der Gerechtigkeit in der Welt.

(3) Die nachfolgenden Grundrechte binden Gesetzgebung, vollziehende Gewalt und Rechtsprechung als unmittelbar geltendes Recht.

Artikel 2 (Persönliche Freiheit)

(1) Jeder hat das Recht auf die freie Entfaltung seiner Persönlichkeit, soweit er nicht die Rechte anderer verletzt und nicht gegen die verfassungsmäßige Ordnung oder das Sittengesetz verstößt.

(2) Jeder hat das Recht auf Leben und körperliche Unversehrtheit. Die Freiheit der Person ist unverletzlich. In diese Rechte darf nur auf Grund eines Gesetzes eingegriffen werden.

Artikel 3 (Gleichheit vor dem Gesetz)

(1) Alle Menschen sind vor dem Gesetz gleich.

(2) Männer und Frauen sind gleichberechtigt. Der Staat fördert die tatsächliche Durchsetzung der Gleichberechtigung von Frauen und Männern und wirkt auf die Beseitigung bestehender Nachteile hin.

(3) Niemand darf wegen seines Geschlechtes, seiner Abstammung, seiner Rasse, seiner Sprache, seiner Heimat und Herkunft, seines Glaubens, seiner religiösen oder politischen Anschauungen benachteiligt oder bevorzugt werden. Niemand darf wegen seiner Behinderung benachteiligt werden.

Artikel 4 (Glaubens- und Bekenntnisfreiheit)

(1) Die Freiheit des Glaubens, des Gewissens und die Freiheit des religiösen und weltanschaulichen Bekenntnisses sind unverletzlich.

(2) Die ungestörte Religionsausübung wird gewährleistet.

(3) Niemand darf gegen sein Gewissen zum Kriegsdienst mit der Waffe gezwungen werden. Das Nähere regelt ein Bundesgesetz.

Artikel 5 (Freie Meinungsäußerung)

(1) Jeder hat das Recht, seine Meinung in Wort, Schrift und Bild frei zu äußern und zu verbreiten und sich aus allgemein zugänglichen Quellen ungehindert zu unterrichten. Die Pressefreiheit und die Freiheit der Berichterstattung durch Rundfunk und Film werden gewährleistet. Eine Zensur findet nicht statt.

(2) Diese Rechte finden ihre Schranken in den Vorschriften der allgemeinen Gesetze, den gesetzlichen Bestimmungen zum Schutze der Jugend und in dem Recht der persönlichen Ehre.

(3) Kunst und Wissenschaft, Forschung und Lehre sind frei. Die Freiheit der Lehre entbindet nicht von der Treue zur Verfassung.

Artikel 6 (Ehe, Familie, uneheliche Kinder)

(1) Ehe und Familie stehen unter dem besonderen Schutze der staatlichen Ordnung.

(2) Pflege und Erziehung der Kinder sind das natürliche Recht der Eltern und die zuvörderst

ihnen obliegende Pflicht. Über ihre Betätigung wacht die staatliche Gemeinschaft.

(3) Gegen den Willen der Erziehungsberechtigten dürfen Kinder nur auf Grund eines Gesetzes von der Familie getrennt werden, wenn die Erziehungsberechtigten versagen oder wenn die Kinder aus anderen Gründen zu verwahrlosen drohen.

(4) Jede Mutter hat Anspruch auf den Schutz und die Fürsorge der Gemeinschaft.

(5) Den unehelichen Kindern sind durch die Gesetzgebung die gleichen Bedingungen für ihre leibliche und seelische Entwicklung und ihre Stellung in der Gesellschaft zu schaffen wie den ehelichen Kindern.

Artikel 7 (Schulwesen)

(1) Das gesamte Schulwesen steht unter der Aufsicht des Staates.

(2) Die Erziehungsberechtigten haben das Recht, über die Teilnahme des Kindes am Religionsunterricht zu bestimmen.

(3) Der Religionsunterricht ist in den öffentlichen Schulen mit Ausnahme der bekenntnisfreien Schulen ordentliches Lehrfach. Unbeschadet des staatlichen Aufsichtsrechtes wird der Religionsunterricht in Übereinstimmung mit den Grundsätzen der Religionsgemeinschaften erteilt. Kein Lehrer darf gegen seinen Willen verpflichtet werden, Religionsunterricht zu erteilen.

(4) Das Recht zur Errichtung von privaten Schulen wird gewährleistet. Private Schulen als Ersatz für öffentliche Schulen bedürfen der Genehmigung des Staates und unterstehen den Landesgesetzen. Die Genehmigung ist zu erteilen, wenn die privaten Schulen in ihren Lehrzielen und Einrichtungen sowie in der wissenschaftlichen Ausbildung ihrer Lehrkräfte nicht hinter den öffentlichen Schulen zurückstehen und eine Sonderung der Schüler nach den Besitzverhältnissen der Eltern nicht gefördert wird. Die Genehmigung ist zu versagen, wenn die wirtschaftliche und rechtliche Stellung der Lehrkräfte nicht genügend gesichert ist.

(5) Eine private Volksschule ist nur zuzulassen, wenn die Unterrichtsverwaltung ein besonderes pädagogisches Interesse anerkennt oder, auf Antrag von Erziehungsberechtigten, wenn sie als Gemeinschaftsschule, als Bekenntnis- oder Weltanschauungsschule errichtet werden soll und eine öffentliche Volksschule dieser Art in der Gemeinde nicht besteht.

(6) Vorschulen bleiben aufgehoben.

Artikel 8 (Versammlungsfreiheit)

(1) Alle Deutschen haben das Recht, sich ohne Anmeldung oder Erlaubnis friedlich und ohne Waffen zu versammeln.

(2) Für Versammlungen unter freiem Himmel kann dieses Recht durch Gesetz oder auf Grund eines Gesetzes beschränkt werden.

Artikel 9 (Vereinigungsfreiheit)

(1) Alle Deutschen haben das Recht, Vereine und Gesellschaften zu bilden.

(2) Vereinigungen, deren Zwecke oder deren Tätigkeit den Strafgesetzen zuwiderlaufen oder die sich gegen die verfassungsmäßige Ordnung oder gegen den Gedanken der Völkerverständigung richten, sind verboten.

(3) Das Recht, zur Wahrung und Förderung der Arbeits- und Wirtschaftsbedingungen Vereinigungen zu bilden, ist für jedermann und für alle Berufe gewährleistet. Abreden, die dieses Recht einschränken oder zu behindern suchen, sind nichtig, hierauf gerichtete Maßnahmen sind rechtswidrig. Maßnahmen nach den Artikeln 12a, 35 Abs. 2 und 3, Artikel 87a Abs. 4 und Artikel 91 dürfen sich nicht gegen Arbeitskämpfe richten, die zur Wahrung und Förderung der Arbeits- und Wirtschaftsbedingungen von Vereinigungen im Sinne des Satzes 1 geführt werden.

Artikel 10 (Brief- und Postgeheimnis)

(1) Das Briefgeheimnis sowie das Post- und Fernmeldegeheimnis sind unverletzlich.

(2) Beschränkungen dürfen nur auf Grund eines Gesetzes angeordnet werden. Dient die Beschränkung dem Schutze der freiheitlichen demokratischen Grundordnung oder des Bestandes oder der Sicherung des Bundes oder eines Landes, so kann das Gesetz bestimmen, daß sie dem Betroffenen nicht mitgeteilt wird

und daß an die Stelle des Rechtsweges die Nachprüfung durch von der Volksvertretung bestellte Organe und Hilfsorgane tritt.

Artikel 11 (Freizügigkeit)

(1) Alle Deutschen genießen Freizügigkeit im ganzen Bundesgebiet.

(2) Dieses Recht darf nur durch Gesetz oder auf Grund eines Gesetzes und nur für die Fälle eingeschränkt werden, in denen eine ausreichende Lebensgrundlage nicht vorhanden ist und der Allgemeinheit daraus besondere Lasten entstehen würden oder in denen es zur Abwehr einer drohenden Gefahr für den Bestand oder die freiheitliche demokratische Grundordnung des Bundes oder eines Landes, zur Bekämpfung von Seuchengefahr, Naturkatastrophen oder besonders schweren Unglücksfällen, zum Schutze der Jugend vor Verwahrlosung oder um strafbaren Handlungen vorzubeugen, erforderlich ist.

Artikel 12 (Freiheit des Berufes)

(1) Alle Deutschen haben das Recht, Beruf, Arbeitsplatz und Ausbildungsstätte frei zu wählen. Die Berufsausübung kann durch Gesetz oder auf Grund eines Gesetzes geregelt werden.

(2) Niemand darf zu einer bestimmten Arbeit gezwungen werden, außer im Rahmen einer herkömmlichen allgemeinen, für alle gleichen öffentlichen Dienstleistungspflicht.

(3) Zwangsarbeit ist nur bei einer gerichtlich angeordneten Freiheitsentziehung zulässig.

Artikel 12a (Wehrpflicht, Ersatzdienst)

(1) Männer können vom vollendeten achtzehnten Lebensjahr an zum Dienst in den Streitkräften, im Bundesgrenzschutz oder in einem Zivilschutzverband verpflichtet werden.

(2) Wer aus Gewissensgründen den Kriegsdienst mit der Waffe verweigert, kann zu einem Ersatzdienst verpflichtet werden. Die Dauer des Ersatzdienstes darf die Dauer des Wehrdienstes nicht übersteigen. Das Nähere regelt ein Gesetz, das die Freiheit der Gewissensentscheidung nicht beeinträchtigen darf und auch eine Möglichkeit des Ersatzdienstes vorsehen muß, die in keinem Zusammenhang mit den Verbänden der Streitkräfte und des Bundesgrenzschutzes steht.

(3) Wehrpflichtige, die nicht zu einem Dienst nach Absatz 1 oder 2 herangezogen sind, können im Verteidigungsfalle durch Gesetz oder auf Grund eines Gesetzes zu zivilen Dienstleistungen für Zwecke der Verteidigung einschließlich des Schutzes der Zivilbevölkerung in Arbeitsverhältnisse verpflichtet werden; Verpflichtungen in öffentlich-rechtliche Dienstverhältnisse sind nur zur Wahrnehmung polizeilicher Aufgaben oder solcher hoheitlichen Aufgaben der öffentlichen Verwaltung, die nur in einem öffentlich-rechtlichen Dienstverhältnis erfüllt werden können, zulässig. Arbeitsverhältnisse nach Satz 1 können bei den Streitkräften, im Bereich ihrer Versorgung sowie bei der öffentlichen Verwaltung begründet werden; Verpflichtungen in Arbeitsverhältnisse im Bereiche der Versorgung der Zivilbevölkerung sind nur zulässig, um ihren lebensnotwendigen Bedarf zu decken oder ihren Schutz sicherzustellen.

(4) Kann im Verteidigungsfalle der Bedarf an zivilen Dienstleistungen im zivilen Sanitäts- und Heilwesen sowie in der ortsfesten militärischen Lazarettorganisation nicht auf freiwilliger Grundlage gedeckt werden, so können Frauen vom vollendeten achtzehnten bis zum vollendeten fünfundfünfzigsten Lebensjahr durch Gesetz oder auf Grund eines Gesetzes zu derartigen Dienstleistungen herangezogen werden. Sie dürfen auf keinen Fall zum Dienst mit der Waffe verpflichtet werden.

(5) Für die Zeit vor dem Verteidigungsfalle können Verpflichtungen nach Absatz 3 nur nach Maßgabe des Artikels 80a Abs. 1 begründet werden. Zur Vorbereitung auf Dienstleistungen nach Absatz 3, für die besondere Kenntnisse oder Fertigkeiten erforderlich sind, kann durch Gesetz oder auf Grund eines Gesetzes die Teilnahme an Ausbildungsveranstaltungen zur Pflicht gemacht werden. Satz 1 findet insoweit keine Anwendung.

(6) Kann im Verteidigungsfalle der Bedarf an Arbeitskräften für die in Absatz 3 Satz 2 ge-

nannten Bereiche auf freiwilliger Grundlage nicht gedeckt werden, so kann zur Sicherung dieses Bedarfs die Freiheit der Deutschen, die Ausübung eines Berufs oder den Arbeitsplatz aufzugeben, durch Gesetz oder auf Grund eines Gesetzes eingeschränkt werden. Vor Eintritt des Verteidigungsfalles gilt Absatz 5 Satz 1 entsprechend.

Artikel 13 (Unverletzlichkeit der Wohnung)

(1) Die Wohnung ist unverletzlich.

(2) Durchsuchungen dürfen nur durch den Richter, bei Gefahr im Verzuge auch durch die in den Gesetzen vorgesehenen anderen Organe angeordnet und nur in der dort vorgeschriebenen Form durchgeführt werden.

(3) Begründen bestimmte Tatsachen den Verdacht, daß jemand eine durch Gesetz einzeln bestimmte besonders schwere Straftat begangen hat, so dürfen zur Verfolgung der Tat auf Grund richterlicher Anordnung technische Mittel zur akustischen Überwachung von Wohnungen, in denen der Beschuldigte sich vermutlich aufhält, eingesetzt werden, wenn die Erforschung des Sachverhalts auf andere Weise unverhältnismäßig erschwert oder aussichtslos wäre. Die Maßnahme ist zu befristen. Die Anordnung erfolgt durch einen mit drei Richtern besetzten Spruchkörper. Bei Gefahr im Verzuge kann sie auch durch einen einzelnen Richter getroffen werden.

(4) Zur Abwehr dringender Gefahren für die öffentliche Sicherheit, insbesondere einer gemeinen Gefahr oder einer Lebensgefahr, dürfen technische Mittel zur Überwachung von Wohnungen nur auf Grund richterlicher Anordnung eingesetzt werden. Bei Gefahr im Verzuge kann die Maßnahme auch durch eine andere gesetzlich bestimmte Stelle angeordnet werden; eine richterliche Entscheidung ist unverzüglich nachzuholen.

(5) Sind technische Mittel ausschließlich zum Schutze der bei einem Einsatz in Wohnungen tätigen Personen vorgesehen, kann die Maßnahme durch eine gesetzlich bestimmte Stelle angeordnet werden. Eine anderweitige Verwertung der hierbei erlangten Erkenntnisse ist nur zum Zwecke der Strafverfolgung oder der Gefahrenabwehr und nur zulässig, wenn zuvor die Rechtmäßigkeit der Maßnahme richterlich festgestellt ist; bei Gefahr im Verzuge ist die richterliche Entscheidung unverzüglich nachzuholen.

(6) Die Bundesregierung unterrichtet den Bundestag jährlich über den nach Absatz 3 sowie über den im Zuständigkeitsbereich des Bundes nach Absatz 4 und, soweit richterlich überprüfungsbedürftig, nach Absatz 5 erfolgten Einsatz technischer Mittel. Ein vom Bundestag gewähltes Gremium übt auf der Grundlage dieses Berichts die parlamentarische Kontrolle aus. Die Länder gewährleisten eine gleichwertige parlamentarische Kontrolle.

(7) Eingriffe und Beschränkungen dürfen im übrigen nur zur Abwehr einer gemeinen Gefahr oder einer Lebensgefahr für einzelne Personen, auf Grund eines Gesetzes auch zur Verhütung dringender Gefahren für die öffentliche Sicherheit und Ordnung, insbesondere zur Behebung der Raumnot, zur Bekämpfung von Seuchengefahr oder zum Schutze gefährdeter Jugendlicher vorgenommen werden.

Artikel 14 (Eigentum, Erbrecht und Enteignung)

(1) Das Eigentum und das Erbrecht werden gewährleistet. Inhalt und Schranken werden durch die Gesetze bestimmt.

(2) Eigentum verpflichtet. Sein Gebrauch soll zugleich dem Wohle der Allgemeinheit dienen.

(3) Eine Enteignung ist nur zum Wohle der Allgemeinheit zulässig. Sie darf nur durch Gesetz oder auf Grund eines Gesetzes erfolgen, das Art und Ausmaß der Entschädigung regelt. Die Entschädigung ist unter gerechter Abwägung der Interessen der Allgemeinheit und der Beteiligten zu bestimmen. Wegen der Höhe der Entschädigung steht im Streitfalle der Rechtsweg vor den ordentlichen Gerichten offen.

Artikel 15 (Sozialisierung)

Grund und Boden, Naturschätze und Produktionsmittel können zum Zwecke der Vergesellschaftung durch ein Gesetz, das Art und Ausmaß der Entschädigung regelt, in Gemeineigentum oder in andere Formen der Gemeinwirtschaft überführt werden. Für die Entschädigung gilt Art. 14 Abs. 3 Satz 3 und 4 entsprechend.

Artikel 16 (Ausbürgerung, Auslieferung)

(1) Die Deutsche Staatsangehörigkeit darf nicht entzogen werden. Der Verlust der Staatsangehörigkeit darf nur auf Grund eines Gesetzes und gegen den Willen des Betroffenen nur dann eintreten, wenn der Betroffene dadurch nicht staatenlos wird.

(2) Kein Deutscher darf an das Ausland ausgeliefert werden. Durch Gesetz kann eine abweichende Regelung für Auslieferungen an einen Mitgliedstaat der Europäischen Union oder an einen internationalen Gerichtshof getroffen werden, soweit rechtsstaatliche Grundsätze gewahrt sind.

Artikel 16a (Asylrecht)

(1) Politisch Verfolgte genießen Asylrecht.

(2) Auf Absatz 1 kann sich nicht berufen, wer aus einem Mitgliedstaat der Europäischen Gemeinschaften oder aus einem anderen Drittstaat einreist, in dem die Anwendung des Abkommens über die Rechtsstellung der Flüchtlinge und der Konvention zum Schutze der Menschenrechte und Grundfreiheiten sichergestellt ist. Die Staaten außerhalb der Europäischen Gemeinschaften, auf die die Voraussetzungen des Satzes 1 zutreffen, werden durch Gesetz, das der Zustimmung des Bundesrates bedarf, bestimmt. In den Fällen des Satzes 1 können aufenthaltsbeendende Maßnahmen unabhängig von einem hiergegen eingelegten Rechtsbehelf vollzogen werden.

(3) Durch Gesetz, das der Zustimmung des Bundesrates bedarf, können Staaten bestimmt werden, bei denen auf Grund der Rechtslage, der Rechtsanwendung und der allgemeinen politischen Verhältnisse gewährleistet erscheint, daß dort weder politische Verfolgung noch unmenschliche oder erniedrigende Bestrafung oder Behandlung stattfindet. Es wird vermutet, daß ein Ausländer aus einem solchen Staat nicht verfolgt wird, solange er nicht Tatsachen vorträgt, die die Annahme begründen, daß er entgegen dieser Vermutung politisch verfolgt wird.

(4) Die Vollziehung aufenthaltsbeendender Maßnahmen wird in den Fällen des Absatzes 3 und in anderen Fällen, die offensichtlich unbegründet sind oder als offensichtlich unbegründet gelten, durch das Gericht nur ausgesetzt, wenn ernstliche Zweifel an der Rechtmäßigkeit der Maßnahme bestehen; der Prüfungsumfang kann eingeschränkt werden und verspätetes Vorbringen unberücksichtigt bleiben. Das Nähere ist durch Gesetz zu bestimmen.

(5) Die Absätze 1 bis 4 stehen völkerrechtlichen Verträgen von Mitgliedstaaten der Europäischen Gemeinschaften untereinander und mit dritten Staaten nicht entgegen, die unter Beachtung der Verpflichtungen aus dem Abkommen über die Rechtsstellung der Flüchtlinge und der Konvention zum Schutze der Menschenrechte und Grundfreiheiten, deren Anwendung in den Vertragsstaaten sichergestellt sein muß, Zuständigkeitsregelungen für die Prüfung von Asylbegehren einschließlich der gegenseitigen Anerkennung von Asylentscheidungen treffen.

Abkommen über die Rechtsstellung der Flüchtlinge (Genfer Konvention – GK)

Vom 28. Juli 1951 (BGBl. II 1953 S. 559)

Inhaltsübersicht

Präambel

Die hohen vertragschließenden Teile

in der Erwägung, daß die Satzung der Vereinten Nationen und die am 10. Dezember 1948 von der Generalversammlung angenommene Allgemeine Erklärung der Menschenrechte den Grundsatz bestätigt haben, daß die Menschen ohne Unterschied die Menschenrechte und Grundfreiheiten genießen sollen,

in der Erwägung, daß die Organisation der Vereinten Nationen wiederholt die tiefe Verantwortung zum Ausdruck gebracht hat, die sie für die Flüchtlinge empfindet, und sich bemüht hat, diesen in möglichst großem Umfange die Ausübung der Menschenrechte und der Grundfreiheiten zu sichern,

in der Erwägung, daß es wünschenswert ist, frühere internationale Vereinbarungen über die Rechtsstellung der Flüchtlinge zu revidieren und zusammenzufassen und den Anwendungsbereich dieser Regelungen sowie den dadurch gewährleisteten Schutz durch eine neue Vereinbarung zu erweitern,

in der Erwägung, daß sich aus der Gewährung des Asylrechts nicht zumutbare schwere Belastungen für einzelne Länder ergeben können und daß eine befriedigende Lösung des Problems, dessen internationalen Umfang und Charakter die Organisation der Vereinten Nationen anerkannt hat, ohne internationale Zusammenarbeit unter diesen Umständen nicht erreicht werden kann,

in dem Wunsche, daß alle Staaten in Anerkennung des sozialen und humanitären Charakters des Flüchtlingsproblems alles in ihrer Macht Stehende tun, um zu vermeiden, daß dieses Problem zwischenstaatliche Spannungen verursacht,

in Anerkenntnis dessen, daß dem Hohen Kommissar der Vereinten Nationen für Flüchtlinge die Aufgabe obliegt, die Durchführung der internationalen Abkommen zum Schutz der Flüchtlinge zu überwachen, und daß eine wirksame Koordinierung der zur Lösung dieses Problems getroffenen Maßnahmen von der Zusammenarbeit der Staaten mit dem Hohen Kommissar abhängen wird, –

haben folgendes vereinbart:

Kapitel I
Allgemeine Bestimmungen

Art. 1 Definition des Begriffs „Flüchtling"

A.

Im Sinne dieses Abkommens findet der Ausdruck „Flüchtling" auf jede Person Anwendung:

1. Die in Anwendung der Vereinbarungen vom 12. Mai 1926 und 30. Juni 1928 oder in Anwendung der Abkommen vom 28. Oktober 1933 und 10. Februar 1938 und des Protokolls vom 14. September 1939 oder in Anwendung der Verfassung der Internationalen Flüchtlingsorganisation als Flüchtling gilt.
   Die von der Internationalen Flüchtlingsorganisation während der Dauer ihrer Tätigkeit getroffenen Entscheidungen darüber, daß jemand nicht als Flüchtling im Sinne ihres Statuts anzusehen ist, stehen dem Umstand nicht entgegen, daß die Flüchtlingseigenschaft Personen zuerkannt wird, die die Voraussetzungen der Ziffer 2 dieses Artikels erfüllen.
2. Die infolge von Ereignissen, die vor dem 1. Januar 1951 eingetreten sind, und aus der begründeten Furcht vor Verfolgung wegen ihrer Rasse, Religion, Nationalität, Zugehörigkeit zu einer bestimmten sozialen Gruppe oder wegen ihrer politischen Überzeugung sich außerhalb des Landes befindet, dessen Staatsangehörigkeit sie besitzt, und den Schutz dieses Landes nicht in Anspruch nehmen kann oder wegen dieser Befürchtungen nicht in Anspruch nehmen will; oder die sich als Staatenlose infolge solcher Ereignisse außerhalb des Landes befindet, in welchem sie ihren gewöhnlichen Aufenthalt hatte, und nicht dorthin zurückkehren kann oder wegen der erwähnten Befürchtungen nicht dorthin zurückkehren will.
   Für den Fall, daß eine Person mehr als eine Staatsangehörigkeit hat, bezieht sich der Ausdruck „das Land, dessen Staatsangehörigkeit sie besitzt" auf jedes der Länder, dessen Staatsangehörigkeit diese Person

hat. Als des Schutzes des Landes, dessen Staatsangehörigkeit sie hat, beraubt gilt nicht eine Person, die ohne einen stichhaltigen, auf eine begründete Befürchtung gestützten Grund den Schutz eines der Länder nicht in Anspruch genommen hat, deren Staatsangehörigkeit sie besitzt.

B.

1. Im Sinne dieses Abkommens können die in Artikel 1 Abschnitt A enthaltenen Worte „Ereignisse, die vor dem 1. Januar 1951 eingetreten sind" in dem Sinne verstanden werden, daß es sich entweder um
   a) „Ereignisse, die vor dem 1. Januar 1951 in Europa eingetreten sind" oder
   b) „Ereignisse, die vor dem 1. Januar 1951 in Europa oder anderswo eingetreten sind"

   handelt. Jeder vertragschließende Staat wird zugleich mit der Unterzeichnung, der Ratifikation oder dem Beitritt eine Erklärung abgeben, welche Bedeutung er diesem Ausdruck vom Standpunkt der von ihm auf Grund dieses Abkommens übernommenen Verpflichtungen zu geben beabsichtigt.
2. Jeder vertragschließende Staat, der die Formulierung zu a) angenommen hat, kann jederzeit durch eine an den Generalsekretär der Vereinten Nationen gerichtete Notifikation seine Verpflichtungen durch Annahme der Formulierung b) erweitern.

C.

Eine Person, auf die die Bestimmungen des Absatzes A zutreffen, fällt nicht mehr unter dieses Abkommen,

1. wenn sie sich freiwillig erneut dem Schutz des Landes, dessen Staatsangehörigkeit sie besitzt, unterstellt; oder
2. wenn sie nach dem Verlust ihrer Staatsangehörigkeit diese freiwillig wiedererlangt hat; oder
3. wenn sie eine neue Staatsangehörigkeit erworben hat und den Schutz des Landes, dessen Staatsangehörigkeit sie erworben hat, genießt; oder
4. wenn sie freiwillig in das Land, das sie aus Furcht vor Verfolgung verlassen hat oder außerhalb dessen sie sich befindet, zurückgekehrt ist und sich dort niedergelassen hat; oder
5. wenn sie nach Wegfall der Umstände, auf Grund deren sie als Flüchtling anerkannt worden ist, es nicht mehr ablehnen kann, den Schutz des Landes in Anspruch zu nehmen, dessen Staatsangehörigkeit sie besitzt.
   Hierbei wird jedoch unterstellt, daß die Bestimmung dieser Ziffer auf keinen Flüchtling im Sinne der Ziffer 1 des Abschnittes A dieses Artikels Anwendung findet, der sich auf zwingende, auf früheren Verfolgungen beruhende Gründe berufen kann, um die Inanspruchnahme des Schutzes des Landes abzulehnen, dessen Staatsangehörigkeit er besitzt;
6. wenn es sich um eine Person handelt, die keine Staatsangehörigkeit besitzt, falls sie nach Wegfall der Umstände, auf Grund deren sie als Flüchtling anerkannt worden ist, in der Lage ist, in das Land zurückzukehren, in dem sie ihren gewöhnlichen Wohnsitz hat.
   Dabei wird jedoch unterstellt, daß die Bestimmung dieser Ziffer auf keinen Flüchtling im Sinne der Ziffer 1 des Abschnittes A dieses Artikels Anwendung findet, der sich auf zwingende, auf früheren Verfolgungen beruhende Gründe berufen kann, um die Rückkehr in das Land abzulehnen, in dem er seinen gewöhnlichen Aufenthalt hatte.

D.

Dieses Abkommen findet keine Anwendung auf Personen, die zur Zeit den Schutz oder Beistand einer Organisation oder einer Institution der Vereinten Nationen mit Ausnahme des Hohen Kommissars der Vereinten Nationen für Flüchtlinge genießen.

Ist dieser Schutz oder diese Unterstützung aus irgendeinem Grunde weggefallen, ohne daß das Schicksal dieser Personen endgültig gemäß den hierauf bezüglichen Entschließungen der Generalversammlung der Vereinten Nationen geregelt worden ist, so fallen diese Personen ipso facto unter die Bestimmungen dieses Abkommens.

E.

Dieses Abkommen findet keine Anwendung auf eine Person, die von den zuständigen Behörden des Landes, in dem sie ihren Aufenthalt genommen hat, als eine Person anerkannt wird, welche die Rechte und Pflichten hat, die mit dem Besitz der Staatsangehörigkeit dieses Landes verknüpft sind.

F.

Die Bestimmungen dieses Abkommens finden keine Anwendung auf Personen, in bezug auf die aus schwerwiegenden Gründen die Annahme gerechtfertigt ist,

a) daß sie ein Verbrechen gegen den Frieden, ein Kriegsverbrechen oder ein Verbrechen gegen die Menschlichkeit im Sinne der internationalen Vertragswerke begangen haben, die ausgearbeitet worden sind, um Bestimmungen bezüglich dieser Verbrechen zu treffen;
b) daß sie ein schweres nichtpolitisches Verbrechen außerhalb des Aufnahmelandes begangen haben, bevor sie dort als Flüchtling aufgenommen wurden;
c) daß sie sich Handlungen zuschulden kommen ließen, die den Zielen und Grundsätzen der Vereinten Nationen zuwiderlaufen.

Art. 2 Allgemeine Verpflichtungen

Jeder Flüchtling hat gegenüber dem Land, in dem er sich befindet, Pflichten, zu denen insbesondere die Verpflichtung gehört, die Gesetze und sonstigen Rechtsvorschriften sowie die zur Aufrechterhaltung der öffentlichen Ordnung getroffenen Maßnahmen zu beachten.

Art. 3 Verbot unterschiedlicher Behandlung

Die vertragschließenden Staaten werden die Bestimmungen dieses Abkommens auf Flüchtlinge ohne unterschiedliche Behandlung aus Gründen der Rasse, der Religion oder des Herkunftslandes anwenden.

Art. 4 Religion

Die vertragschließenden Staaten werden den in ihrem Gebiet befindlichen Flüchtlingen in bezug auf die Freiheit der Religionsausübung und die Freiheit des Religionsunterrichts ihrer Kinder eine mindestens ebenso günstige Behandlung wie ihren eigenen Staatsangehörigen gewähren.

Art. 5 Unabhängig von diesem Abkommen gewährte Rechte

Rechte und Vergünstigungen, die unabhängig von diesem Abkommen den Flüchtlingen gewährt werden, bleiben von den Bestimmungen dieses Abkommens unberührt.

Art. 6 Der Ausdruck „unter den gleichen Umständen"

Im Sinne dieses Abkommens ist der Ausdruck „unter den gleichen Umständen" dahingehend zu verstehen, daß die betreffende Person alle Bedingungen erfüllen muß (einschließlich derjenigen, die sich auf die Dauer und die Bedingungen des vorübergehenden oder des dauernden Aufenthalts beziehen), die sie erfüllen müßte, wenn sie nicht Flüchtling wäre, um das in Betracht kommende Recht in Anspruch zu nehmen, mit Ausnahme der Bedingungen, die ihrer Natur nach ein Flüchtling nicht erfüllen kann.

Art. 7 Befreiung von der Gegenseitigkeit

1. Vorbehaltlich der in diesem Abkommen vorgesehenen günstigeren Bestimmungen wird jeder vertragschließende Staat den Flüchtlingen die Behandlung gewähren, die er Ausländern im allgemeinen gewährt.
2. Nach dreijährigem Aufenthalt werden alle Flüchtlinge in dem Gebiet der vertragschließenden Staaten Befreiung von dem Erfordernis der gesetzlichen Gegenseitigkeit genießen.
3. Jeder vertragschließende Staat wird den Flüchtlingen weiterhin die Rechte und Vergünstigungen gewähren, auf die sie auch bei fehlender Gegenseitigkeit beim

Inkrafttreten dieses Abkommens für diesen Staat bereits Anspruch hatten.

4. Die vertragschließenden Staaten werden die Möglichkeit wohlwollend in Erwägung ziehen, bei fehlender Gegenseitigkeit den Flüchtlingen Rechte und Vergünstigungen außer denen, auf die sie nach Ziffer 2 und 3 Anspruch haben, sowie Befreiung von dem Erfordernis der Gegenseitigkeit den Flüchtlingen zu gewähren, welche die Bedingungen von Ziffer 2 und 3 nicht erfüllen.
5. Die Bestimmungen der Ziffern 2 und 3 finden nicht nur auf die in den Artikeln 13, 18, 19, 21 und 22 dieses Abkommens genannten Rechte und Vergünstigungen Anwendung, sondern auch auf die in diesem Abkommen nicht vorgesehenen Rechte und Vergünstigungen.

Art. 8 Befreiung von außergewöhnlichen Maßnahmen

Außergewöhnliche Maßnahmen, die gegen die Person, das Eigentum oder die Interessen der Staatsangehörigen eines bestimmten Staates ergriffen werden können, werden von den vertragschließenden Staaten auf einen Flüchtling, der formell ein Staatsangehöriger dieses Staates ist, allein wegen seiner Staatsangehörigkeit nicht angewendet. Die vertragschließenden Staaten, die nach dem bei ihnen geltenden Recht den in diesem Artikel aufgestellten allgemeinen Grundsatz nicht anwenden können, werden in geeigneten Fällen Befreiungen zugunsten solcher Flüchtlinge gewähren.

Art. 9 Vorläufige Maßnahmen

Keine der Bestimmungen dieses Abkommens hindert einen vertragschließenden Staat in Kriegszeiten oder bei Vorliegen sonstiger schwerwiegender und außergewöhnlicher Umstände daran, gegen eine bestimmte Person vorläufig die Maßnahmen zu ergreifen, die dieser Staat für seine Sicherheit für erforderlich hält, bis dieser vertragschließende Staat eine Entscheidung darüber getroffen hat, ob diese Person tatsächlich ein Flüchtling ist und die Aufrechterhaltung dieser Maßnahmen im vorliegenden Falle im Interesse der Sicherheit des Staates notwendig ist.

Art. 10 Fortdauer des Aufenthaltes

1. Ist ein Flüchtling während des zweiten Weltkrieges zwangsverschickt und in das Gebiet eines der Vertragsstaaten verbracht worden und hält er sich dort auf, so wird die Dauer dieses Zwangsaufenthaltes als rechtmäßiger Aufenthalt in diesem Gebiet gelten.
2. Ist ein Flüchtling während des zweiten Weltkrieges aus dem Gebiet eines Vertragsstaates zwangsverschickt worden und vor Inkrafttreten dieses Abkommens dorthin zurückgekehrt, um dort seinen dauernden Aufenthalt zu nehmen, so wird die Zeit vor und nach dieser Zwangsverschickung für alle Zwecke, für die ein ununterbrochener Aufenthalt erforderlich ist, als ein ununterbrochener Aufenthalt gelten.

Art. 11 Geflüchtete Seeleute

Bei Flüchtlingen, die ordnungsgemäß als Besatzungsangehörige eines Schiffes angeheuert sind, das die Flagge eines Vertragsstaates führt, wird dieser Staat die Möglichkeit wohlwollend in Erwägung ziehen, diesen Flüchtlingen die Genehmigung zur Niederlassung in seinem Gebiet zu erteilen und ihnen Reiseausweise auszustellen oder ihnen vorläufig den Aufenthalt in seinem Gebiete zu gestatten, insbesondere um ihre Niederlassung in einem anderen Lande zu erleichtern.

Kapitel II
Rechtsstellung

Art. 12 Personalstatut

1. Das Personalstatut jedes Flüchtlings bestimmt sich nach dem Recht des Landes seines Wohnsitzes oder, in Ermangelung eines Wohnsitzes, nach dem Recht seines Aufenthaltslandes.
2. Die von einem Flüchtling vorher erworbenen und sich aus seinem Personalstatut ergebenden Rechte, insbesondere die aus der Eheschließung, werden von jedem

vertragschließenden Staat geachtet, gegebenenfalls vorbehaltlich der Formalitäten, die nach dem in diesem Staat geltenden Recht vorgesehen sind. Hierbei wird jedoch unterstellt, daß das betreffende Recht zu demjenigen gehört, das nach den Gesetzen dieses Staates anerkannt worden wäre, wenn die in Betracht kommende Person kein Flüchtling geworden wäre.

Art. 13 Bewegliches und unbewegliches Eigentum

Die vertragschließenden Staaten werden jedem Flüchtling hinsichtlich des Erwerbs von beweglichem und unbeweglichem Eigentum und sonstiger diesbezüglicher Rechte sowie hinsichtlich von Miet-, Pacht- und sonstigen Verträgen über bewegliches und unbewegliches Eigentum eine möglichst günstige und jedenfalls nicht weniger günstige Behandlung gewähren, als sie Ausländern im allgemeinen unter den gleichen Umständen gewährt wird.

Art. 14 Urheberrecht und gewerbliche Schutzrechte

Hinsichtlich des Schutzes von gewerblichen Rechten, insbesondere an Erfindungen, Mustern und Modellen, Warenzeichen und Handelsnamen, sowie des Schutzes von Rechten an Werken der Literatur, Kunst und Wissenschaft genießt jeder Flüchtling in dem Land, in dem er seinen gewöhnlichen Aufenthalt hat, den Schutz, der den Staatsangehörigen dieses Landes gewährt wird. Im Gebiete jedes anderen vertragschließenden Staates genießt er den Schutz, der in diesem Gebiet den Staatsangehörigen des Landes gewährt wird, in dem er seinen gewöhnlichen Aufenthalt hat.

Art. 15 Vereinigungsrecht

Die vertragschließenden Staaten werden den Flüchtlingen, die sich rechtmäßig in ihrem Gebiet aufhalten, hinsichtlich der Vereinigungen, die nicht politischen und nicht Erwerbszwecken dienen, und den Berufsverbänden die günstigste Behandlung wie den Staatsangehörigen eines fremden Landes unter den gleichen Umständen gewähren.

Art. 16 Zugang zu den Gerichten

1. Jeder Flüchtling hat in dem Gebiet der vertragschließenden Staaten freien und ungehinderten Zugang zu den Gerichten.
2. In dem vertragschließenden Staat, in dem ein Flüchtling seinen gewöhnlichen Aufenthalt hat, genießt er hinsichtlich des Zugangs zu den Gerichten einschließlich des Armenrechts und der Befreiung von der Sicherheitsleistung für Prozeßkosten dieselbe Behandlung wie ein eigener Staatsangehöriger.
3. In den vertragschließenden Staaten, in denen ein Flüchtling nicht seinen gewöhnlichen Aufenthalt hat, genießt er hinsichtlich der in Ziffer 2 erwähnten Angelegenheit dieselbe Behandlung wie ein Staatsangehöriger des Landes, in dem er seinen gewöhnlichen Aufenthalt hat.

Kapitel III
Erwerbstätigkeit

Art. 17 Nichtselbständige Arbeit

1. Die vertragschließenden Staaten werden hinsichtlich der Ausübung nichtselbständiger Arbeit jedem Flüchtling, der sich rechtmäßig in ihrem Gebiet aufhält, die günstigste Behandlung gewähren, die den Staatsangehörigen eines fremden Landes unter den gleichen Umständen gewährt wird.
2. In keinem Falle werden die einschränkenden Maßnahmen, die für Ausländer oder für die Beschäftigung von Ausländern zum Schutze des eigenen Arbeitsmarktes bestehen, Anwendung auf Flüchtlinge finden, die beim Inkrafttreten dieses Abkommens durch den betreffenden Vertragsstaat bereits davon befreit waren oder eine der folgenden Bedingungen erfüllen:
   a) wenn sie sich drei Jahre im Lande aufgehalten haben;
   b) wenn sie mit einer Person, die die Staatsangehörigkeit des Aufenthaltslandes besitzt, die Ehe geschlossen haben. Ein Flüchtling kann sich nicht auf die Vergünstigung dieser Bestimmung

berufen, wenn er seinen Ehegatten verlassen hat;

c) wenn sie ein oder mehrere Kinder haben, die die Staatsangehörigkeit des Aufenthaltslandes besitzen.

3. Die vertragschließenden Staaten werden hinsichtlich der Ausübung nichtselbständiger Arbeit Maßnahmen wohlwollend in Erwägung ziehen, um alle Flüchtlinge, insbesondere diejenigen, die im Rahmen eines Programmes zur Anwerbung von Arbeitskräften oder eines Einwanderungsplanes in ihr Gebiet gekommen sind, den eigenen Staatsangehörigen rechtlich gleichzustellen.

Art. 18 Selbständige Tätigkeit

Die vertragschließenden Staaten werden den Flüchtlingen, die sich rechtmäßig in ihrem Gebiet befinden, hinsichtlich der Ausübung einer selbständigen Tätigkeit in Landwirtschaft, Industrie, Handwerk und Handel sowie der Errichtung von Handels- und industriellen Unternehmen eine möglichst günstige und jedenfalls nicht weniger günstige Behandlung gewähren, als sie Ausländern im allgemeinen unter den gleichen Umständen gewährt wird.

Art. 19 Freie Berufe

1. Jeder vertragschließende Staat wird den Flüchtlingen, die sich rechtmäßig in seinem Gebiet aufhalten, Inhaber von durch die zuständigen Behörden dieses Staates anerkannten Diplomen sind und einen freien Beruf auszuüben wünschen, eine möglichst günstige und jedenfalls nicht weniger günstige Behandlung gewähren, als sie Ausländern im allgemeinen unter den gleichen Umständen gewährt wird.

2. Die vertragschließenden Staaten werden alles in ihrer Macht Stehende tun, um im Einklang mit ihren Gesetzen und Verfassungen die Niederlassung solcher Flüchtlinge in den außerhalb des Mutterlandes gelegenen Gebieten sicherzustellen, für deren internationale Beziehungen sie verantwortlich sind.

Kapitel IV
Wohlfahrt

Art. 20 Rationierung

Falls ein Rationierungssystem besteht, dem die Bevölkerung insgesamt unterworfen ist und das die allgemeine Verteilung von Erzeugnissen regelt, an denen Mangel herrscht, werden Flüchtlinge wie Staatsangehörige behandelt.

Art. 21 Wohnungswesen

Hinsichtlich des Wohnungswesens werden die vertragschließenden Staaten insoweit, als diese Angelegenheit durch Gesetze oder sonstige Rechtsvorschriften geregelt ist oder der Überwachung öffentlicher Behörden unterliegt, den sich rechtmäßig in ihrem Gebiet aufhaltenden Flüchtlingen eine möglichst günstige und jedenfalls nicht weniger günstige Behandlung gewähren, als sie Ausländern im allgemeinen unter den gleichen Umständen gewährt wird.

Art. 22 Öffentliche Erziehung

1. Die vertragschließenden Staaten werden den Flüchtlingen dieselbe Behandlung wie ihren Staatsangehörigen hinsichtlich des Unterrichts in Volksschulen gewähren.

2. Für über die Volksschule hinausgehenden Unterricht, insbesondere die Zulassung zum Studium, die Anerkennung von ausländischen Studienzeugnissen, Diplomen und akademischen Titeln, den Erlaß von Gebühren und Abgaben und die Zuerkennung von Stipendien, werden die vertragschließenden Staaten eine möglichst günstige und in keinem Falle weniger günstige Behandlung gewähren, als sie Ausländern im allgemeinen unter den gleichen Bedingungen gewährt wird.

Art. 23 Öffentliche Fürsorge

Die vertragschließenden Staaten werden den Flüchtlingen, die sich rechtmäßig in ihrem Staatsgebiet aufhalten, auf dem Gebiet der öffentlichen Fürsorge und sonstigen Hilfeleistungen die gleiche Behandlung wie ihren eigenen Staatsangehörigen gewähren.

Art. 24 Arbeitsrecht und soziale Sicherheit

1. Die vertragschließenden Staaten werden den Flüchtlingen, die sich rechtmäßig in ihrem Gebiet aufhalten, dieselbe Behandlung gewähren wie ihren Staatsangehörigen, wenn es sich um folgende Angelegenheiten handelt:
   a) Lohn einschließlich Familienbeihilfen, wenn diese einen Teil des Arbeitsentgelts bilden, Arbeitszeit, Überstunden, bezahlten Urlaub, Einschränkungen der Heimarbeit, Mindestalter für die Beschäftigung, Lehrzeit und Berufsausbildung, Arbeit von Frauen und Jugendlichen und Genuß der durch Tarifverträge gebotenen Vergünstigungen, soweit alle diese Fragen durch das geltende Recht geregelt sind oder in die Zuständigkeit der Verwaltungsbehörden fallen;
   b) Soziale Sicherheit (gesetzliche Bestimmungen bezüglich der Arbeitsunfälle, der Berufskrankheiten, der Mutterschaft, der Krankheit, der Arbeitsunfähigkeit, des Alters und des Todes, der Arbeitslosigkeit, des Familienunterhalts sowie jedes anderen Wagnisses, das nach dem im betreffenden Land geltenden Recht durch ein System der sozialen Sicherheit gedeckt wird) vorbehaltlich
      (i) geeigneter Abmachungen über die Aufrechterhaltung der erworbenen Rechte und Anwartschaften,
      (ii) besonderer Bestimmungen, die nach dem im Aufenthaltsland geltenden Recht vorgeschrieben sind und die Leistungen oder Teilleistungen betreffen, die ausschließlich aus öffentlichen Mitteln bestritten werden, sowie Zuwendungen an Personen, die nicht die für die Gewährung einer normalen Rente geforderten Bedingungen der Beitragsleistung erfüllen.
2. Das Recht auf Leistung, das durch den Tod eines Flüchtlings infolge eines Arbeitsunfalles oder einer Berufskrankheit entsteht, wird nicht dadurch berührt, daß sich der Berechtigte außerhalb des Gebietes des vertragschließenden Staates aufhält.
3. Die vertragschließenden Staaten werden auf die Flüchtlinge die Vorteile der Abkommen erstrecken, die sie hinsichtlich der Aufrechterhaltung der erworbenen Rechte und Anwartschaften auf dem Gebiete der sozialen Sicherheit untereinander abgeschlossen haben oder abschließen werden, soweit die Flüchtlinge die Bedingungen erfüllen, die für Staatsangehörige der Unterzeichnerstaaten der in Betracht kommenden Abkommen vorgesehen sind.
4. Die vertragschließenden Staaten werden wohlwollend die Möglichkeit prüfen, die Vorteile ähnlicher Abkommen, die zwischen diesen vertragschließenden Staaten und Nichtvertragsstaaten in Kraft sind oder sein werden, soweit wie möglich auf Flüchtlinge auszudehnen.

Kapitel V
Verwaltungsmaßnahmen

Art. 25 Verwaltungshilfe

1. Würde die Ausübung eines Rechts durch einen Flüchtling normalerweise die Mitwirkung ausländischer Behörden erfordern, die er nicht in Anspruch nehmen kann, so werden die vertragschließenden Staaten, in deren Gebiet er sich aufhält, dafür sorgen, daß ihm diese Mitwirkung entweder durch ihre eigenen Behörden oder durch eine internationale Behörde zuteil wird.
2. Die in Ziffer 1 bezeichneten Behörden werden Flüchtlingen diejenigen Urkunden und Bescheinigungen ausstellen oder unter ihrer Aufsicht ausstellen lassen, die Ausländern normalerweise von den Behörden ihres Landes oder durch deren Vermittlung ausgestellt werden.
3. Die so ausgestellten Urkunden oder Bescheinigungen werden die amtlichen Schriftstücke ersetzen, die Ausländern von

den Behörden ihres Landes oder durch deren Vermittlung ausgestellt werden; sie werden bis zum Beweis des Gegenteils als gültig angesehen.

4. Vorbehaltlich der Ausnahmen, die zugunsten Bedürftiger zuzulassen wären, können für die in diesem Artikel erwähnten Amtshandlungen Gebühren verlangt werden; diese Gebühren sollen jedoch niedrig sein und müssen denen entsprechen, die von eigenen Staatsangehörigen für ähnliche Amtshandlungen erhoben werden.
5. Die Bestimmungen dieses Artikels berühren nicht die Artikel 27 und 28.

Art. 26 Freizügigkeit

Jeder vertragschließende Staat wird den Flüchtlingen, die sich rechtmäßig in seinem Gebiet befinden, das Recht gewähren, dort ihren Aufenthalt zu wählen und sich frei zu bewegen, vorbehaltlich der Bestimmungen, die allgemein auf Ausländer unter den gleichen Umständen Anwendung finden.

Art. 27 Personalausweise

Die vertragschließenden Staaten werden jedem Flüchtling, der sich in ihrem Gebiet befindet und keinen gültigen Reiseausweis besitzt, einen Personalausweis ausstellen.

Art. 28 Reiseausweise

1. Die vertragschließenden Staaten werden den Flüchtlingen, die sich rechtmäßig in ihrem Gebiet aufhalten, Reiseausweise ausstellen, die ihnen Reisen außerhalb dieses Gebietes gestatten, es sei denn, daß zwingende Gründe der öffentlichen Sicherheit oder Ordnung entgegenstehen; die Bestimmungen des Anhanges zu diesem Abkommen werden auf diese Ausweise Anwendung finden. Die vertragschließenden Staaten können einen solchen Reiseausweis jedem anderen Flüchtling ausstellen, der sich in ihrem Gebiet befindet; sie werden ihre Aufmerksamkeit besonders jenen Flüchtlingen zuwenden, die sich in ihrem Gebiet befinden und nicht in der Lage sind, einen Reiseausweis von dem Staat zu erhalten, in dem sie ihren rechtmäßigen Aufenthalt haben.
2. Reiseausweise, die auf Grund früherer internationaler Abkommen von den Unterzeichnerstaaten ausgestellt worden sind, werden von den vertragschließenden Staaten anerkannt und so behandelt werden, als ob sie den Flüchtlingen auf Grund dieses Artikels ausgestellt worden wären.

Art. 29 Steuerliche Lasten

1. Die vertragschließenden Staaten werden von den Flüchtlingen keine anderen oder höheren Gebühren, Abgaben oder Steuern, gleichviel unter welcher Bezeichnung, erheben, als unter ähnlichen Verhältnissen von ihren eigenen Staatsangehörigen jetzt oder künftig erhoben werden.
2. Die Bestimmungen der vorstehenden Ziffer schließen nicht aus, die Gesetze und sonstigen Rechtsvorschriften über Gebühren für die Ausstellung von Verwaltungsurkunden, einschließlich Personalausweisen an Ausländer auf Flüchtlinge anzuwenden.

Art. 30 Überführung von Vermögenswerten

1. Jeder vertragschließende Staat wird in Übereinstimmung mit den Gesetzen und sonstigen Rechtsvorschriften des Landes den Flüchtlingen gestatten, die Vermögenswerte, die sie in sein Gebiet gebracht haben, in das Gebiet eines anderen Landes zu überführen, in dem sie zwecks Wiederansiedlung aufgenommen worden sind.
2. Jeder vertragschließende Staat wird die Anträge von Flüchtlingen wohlwollend in Erwägung ziehen, die auf die Erlaubnis gerichtet sind, alle anderen Vermögenswerte, die zu ihrer Wiederansiedlung erforderlich sind, in ein anderes Land zu überführen, in dem sie zur Wiederansiedlung aufgenommen worden sind.

Art. 31 Flüchtlinge, die sich nicht rechtmäßig im Aufnahmeland aufhalten

1. Die vertragschließenden Staaten werden wegen unrechtmäßiger Einreise oder Aufenthalts keine Strafen gegen Flüchtlinge verhängen, die unmittelbar aus einem Ge-

biet kommen, in dem ihr Leben oder ihre Freiheit im Sinne von Artikel 1 bedroht waren und die ohne Erlaubnis in das Gebiet der vertragschließenden Staaten einreisen oder sich dort aufhalten, vorausgesetzt, daß sie sich unverzüglich bei den Behörden melden und Gründe darlegen, die ihre unrechtmäßige Einreise oder ihren unrechtmäßigen Aufenthalt rechtfertigen.

2. Die vertragschließenden Staaten werden den Flüchtlingen beim Wechsel des Aufenthaltsorts keine Beschränkungen auferlegen, außer denen, die notwendig sind; diese Beschränkungen werden jedoch nur solange Anwendung finden, bis die Rechtsstellung dieser Flüchtlinge im Aufnahmeland geregelt oder es ihnen gelungen ist, in einem anderen Land Aufnahme zu erhalten. Die vertragschließenden Staaten werden diesen Flüchtlingen eine angemessene Frist sowie alle notwendigen Erleichterungen zur Aufnahme in einem anderen Land gewähren.

Art. 32 Ausweisung

1. Die vertragschließenden Staaten werden einen Flüchtling, der sich rechtmäßig in ihrem Gebiet befindet, nur aus Gründen der öffentlichen Sicherheit oder Ordnung ausweisen.
2. Die Ausweisung eines Flüchtlings darf nur in Ausführung einer Entscheidung erfolgen, die in einem durch gesetzliche Bestimmungen geregelten Verfahren ergangen ist. Soweit nicht zwingende Gründe für die öffentliche Sicherheit entgegenstehen, soll dem Flüchtling gestattet werden, Beweise zu seiner Entlastung beizubringen, ein Rechtsmittel einzulegen und sich zu diesem Zweck vor einer zuständigen Behörde oder vor einer oder mehreren Personen, die von der zuständigen Behörde besonders bestimmt sind, vertreten zu lassen.
3. Die vertragschließenden Staaten werden einem solchen Flüchtling eine angemessene Frist gewähren, um ihm die Möglichkeit zu geben, in einem anderen Lande um rechtmäßige Aufnahme nachzusuchen. Die vertragschließenden Staaten behalten sich vor, während dieser Frist diejenigen Maßnahmen anzuwenden, die sie zur Aufrechterhaltung der inneren Ordnung für zweckdienlich erachten.

Art. 33 Verbot der Ausweisung und Zurückweisung

1. Keiner der vertragschließenden Staaten wird einen Flüchtling auf irgendeine Weise über die Grenzen von Gebieten ausweisen oder zurückweisen, in denen sein Leben oder seine Freiheit wegen seiner Rasse, Religion, Staatsangehörigkeit, seiner Zugehörigkeit zu einer bestimmten sozialen Gruppe oder wegen seiner politischen Überzeugung bedroht sein würde.
2. Auf die Vergünstigung dieser Vorschrift kann sich jedoch ein Flüchtling nicht berufen, der aus schwerwiegenden Gründen als eine Gefahr für die Sicherheit des Landes anzusehen ist, in dem er sich befindet, oder der eine Gefahr für die Allgemeinheit dieses Staates bedeutet, weil er wegen eines Verbrechens oder eines besonders schweren Vergehens rechtskräftig verurteilt wurde.

Art. 34 Einbürgerung

Die vertragschließenden Staaten werden soweit wie möglich die Eingliederung und Einbürgerung der Flüchtlinge erleichtern. Sie werden insbesondere bestrebt sein, Einbürgerungsverfahren zu beschleunigen und die Kosten dieses Verfahrens soweit wie möglich herabzusetzen.

Kapitel VI Durchführungs- und Übergangsbestimmungen

Art. 35 Zusammenarbeit der staatlichen Behörden mit den Vereinten Nationen

1. Die vertragschließenden Staaten verpflichten sich zur Zusammenarbeit mit dem Amt des Hohen Kommissars der Vereinten Nationen für Flüchtlinge oder jeder ihm etwa nachfolgenden anderen Stelle der Verein-

ten Nationen bei der Ausübung seiner Befugnisse, insbesondere zur Erleichterung seiner Aufgabe, die Durchführung der Bestimmungen dieses Abkommens zu überwachen.

2. Um es dem Amt des Hohen Kommissars oder jeder ihm etwa nachfolgenden anderen Stelle der Vereinten Nationen zu ermöglichen, den zuständigen Organen der Vereinten Nationen Berichte vorzulegen, verpflichten sich die vertragschließenden Staaten, ihm in geeigneter Form die erbetenen Auskünfte und statistischen Angaben zu liefern über
   a) die Lage der Flüchtlinge,
   b) die Durchführung dieses Abkommens und
   c) die Gesetze, Verordnungen und Verwaltungsvorschriften, die in bezug auf Flüchtlinge jetzt oder künftig in Kraft sind.

Art. 36 Auskünfte über innerstaatliche Rechtsvorschriften

Die vertragschließenden Staaten werden dem Generalsekretär der Vereinten Nationen den Wortlaut des Gesetzes und sonstiger Rechtsvorschriften mitteilen, die sie etwa erlassen werden, um die Durchführung dieses Abkommens sicherzustellen.

Art. 37 Beziehung zu früher geschlossenen Abkommen

Unbeschadet der Bestimmungen seines Artikels 28 Ziffer 2 tritt dieses Abkommen im Verhältnis zwischen den vertragschließenden Staaten an die Stelle der Vereinbarungen vom 5. Juli 1922, 31. Mai 1924, 12. Mai 1926, 30. Juni 1928 und 30. Juli 1935 sowie der Abkommen vom 28. Oktober 1933, 10. Februar 1938, des Protokolls vom 14. September 1939 und der Vereinbarung vom 15. Oktober 1946.

Kapitel VII
Schlußbestimmungen

Art. 38 Regelung von Streitfällen

Jeder Streitfall zwischen den Parteien dieses Abkommens über dessen Auslegung oder Anwendung, der auf andere Weise nicht beigelegt werden kann, wird auf Antrag einer der an dem Streitfall beteiligten Parteien dem Internationalen Gerichtshof vorgelegt.

Art. 39 Unterzeichnung, Ratifikation und Beitritt

1. Dieses Abkommen liegt in Genf am 28. Juli 1951 zur Unterzeichnung auf und wird nach diesem Zeitpunkt beim Generalsekretär der Vereinten Nationen hinterlegt. Es liegt vom 28. Juli bis 31. August 1951 im Europäischen Büro der Vereinten Nationen zur Unterzeichnung auf, sodann erneut vom 17. September 1951 bis 31. Dezember 1952 am Sitz der Organisation der Vereinten Nationen.

2. Dieses Abkommen liegt zur Unterzeichnung durch alle Mitgliedstaaten der Organisation der Vereinten Nationen, durch jeden Nicht-Mitgliedstaat, der zur Konferenz der Bevollmächtigten über die Rechtsstellung der Flüchtlinge und Staatenlosen eingeladen war, sowie durch jeden anderen Staat auf, den die Vollversammlung zur Unterzeichnung einlädt. Das Abkommen ist zu ratifizieren; die Ratifikations-Urkunden sind beim Generalsekretär der Vereinten Nationen zu hinterlegen.

3. Die in Ziffer 2 dieses Artikels bezeichneten Staaten können diesem Abkommen vom 28. Juli 1951 an beitreten. Der Beitritt erfolgt durch Hinterlegung einer Beitrittsurkunde beim Generalsekretär der Vereinten Nationen.

Art. 40 Klausel zur Anwendung auf andere Gebiete

1. Jeder Staat kann im Zeitpunkt der Unterzeichnung, der Ratifikation oder des Beitritts erklären, daß sich die Geltung dieses Abkommens auf alle oder mehrere oder eins der Gebiete erstreckt, die er in den

internationalen Beziehungen vertritt. Eine solche Erklärung wird zu dem Zeitpunkt wirksam, an dem dieses Abkommen für den betreffenden Staat in Kraft tritt.

2. Eine Ausdehnung des Geltungsbereichs zu einem späteren Zeitpunkt erfolgt durch eine an den Generalsekretär der Vereinten Nationen zu richtende Mitteilung und wird am neunzigsten Tage nach dem Zeitpunkt wirksam, zu dem der Generalsekretär der Vereinten Nationen die Mitteilung erhalten hat, oder zu dem Zeitpunkt, an dem dieses Abkommen für den betreffenden Staat in Kraft tritt, wenn dieser letztgenannte Zeitpunkt später liegt.

3. Bei Gebieten, für die dieses Abkommen im Zeitpunkt der Unterzeichnung, Ratifikation oder des Beitritts nicht gilt, wird jeder beteiligte Staat die Möglichkeit prüfen, sobald wie möglich alle erforderlichen Maßnahmen zu ergreifen, um den Geltungsbereich dieses Abkommens auf diese Gebiete auszudehnen, gegebenenfalls unter dem Vorbehalt der Zustimmung der Regierungen dieser Gebiete, wenn eine solche aus verfassungsmäßigen Gründen erforderlich ist.

Art. 41 Klausel für Bundesstaaten

Im Falle eines Bundes- oder Nichteinheitsstaates werden nachstehende Bestimmungen Anwendung finden:

a) Soweit es sich um die Artikel dieses Abkommens handelt, für die der Bund die Gesetzgebung hat, werden die Verpflichtungen der Bundesregierung dieselben sein wie diejenigen der Unterzeichnerstaaten, die keine Bundesstaaten sind.

b) Soweit es sich um die Artikel dieses Abkommens handelt, für die die einzelnen Länder, Provinzen oder Kantone, die auf Grund der Bundesverfassung zur Ergreifung gesetzgeberischer Maßnahmen nicht verpflichtet sind, die Gesetzgebung haben, wird die Bundesregierung sobald wie möglich diese Artikel den zuständigen Stellen der Länder, Provinzen oder Kantone befürwortend zur Kenntnis bringen.

c) Ein Bundesstaat als Unterzeichner dieses Abkommens wird auf das ihm durch den Generalsekretär der Vereinten Nationen übermittelte Ersuchen eines anderen vertragschließenden Staates hinsichtlich einzelner Bestimmungen des Abkommens eine Darstellung der geltenden Gesetzgebung und ihrer Anwendung innerhalb des Bundes und seiner Glieder übermitteln, aus der hervorgeht, inwieweit diese Bestimmungen durch Gesetzgebung oder sonstige Maßnahmen wirksam geworden sind.

Art. 42 Vorbehalte

1. Im Zeitpunkt der Unterzeichnung, der Ratifikation oder des Beitritts kann jeder Staat zu den Artikeln des Abkommens, mit Ausnahme der Artikel 1, 3, 4, 16 (1), 33, 36 bis 46 einschließlich, Vorbehalte machen.
2. Jeder vertragschließende Staat, der gemäß Ziffer 1 dieses Artikels einen Vorbehalt gemacht hat, kann ihn jederzeit durch eine diesbezügliche an den Generalsekretär der Vereinten Nationen zu richtende Mitteilung zurücknehmen.

Art. 43 Inkrafttreten

1. Dieses Abkommen tritt am neunzigsten Tage nach dem Zeitpunkt der Hinterlegung der sechsten Ratifikations- oder Beitrittsurkunde in Kraft.
2. Für jeden der Staaten, die das Abkommen nach Hinterlegung der sechsten Ratifikations- oder Beitrittsurkunde ratifizieren oder ihm beitreten, tritt es am neunzigsten Tage nach dem Zeitpunkt der Hinterlegung der Ratifikations- oder Beitrittsurkunde dieses Staates in Kraft.

Art. 44 Kündigung

1. Jeder vertragschließende Staat kann das Abkommen jederzeit durch eine an den Generalsekretär der Vereinten Nationen zu richtende Mitteilung kündigen.
2. Die Kündigung wird für den betreffenden Staat ein Jahr nach dem Zeitpunkt wirksam, an dem sie beim Generalsekretär der Vereinten Nationen eingegangen ist.

3. Jeder Staat, der eine Erklärung oder Mitteilung gemäß Artikel 40 gegeben hat, kann jederzeit später dem Generalsekretär der Vereinten Nationen mitteilen, daß das Abkommen auf ein in der Mitteilung bezeichnetes Gebiet nicht mehr Anwendung findet. Das Abkommen findet sodann ein Jahr nach dem Zeitpunkt, an dem diese Mitteilung beim Generalsekretär eingegangen ist, auf das in Betracht kommende Gebiet keine Anwendung mehr.

Art. 45 Revision

1. Jeder vertragschließende Staat kann jederzeit mittels einer an den Generalsekretär der Vereinten Nationen zu richtenden Mitteilung die Revision dieses Abkommens beantragen.
2. Die Vollversammlung der Vereinten Nationen empfiehlt die Maßnahmen, die gegebenenfalls in bezug auf diesen Antrag zu ergreifen sind.

Art. 46 Mitteilungen des Generalsekretärs der Vereinten Nationen

Der Generalsekretär der Vereinten Nationen macht allen Mitgliedstaaten der Vereinten Nationen und den im Artikel 39 bezeichneten Nicht-Mitgliedstaaten Mitteilung über:

a) Erklärungen und Mitteilungen gemäß Artikel 1, Abschnitt B;

b) Unterzeichnungen, Ratifikationen und Beitrittserklärungen gemäß Artikel 39;

c) Erklärungen und Anzeigen gemäß Artikel 40;

d) gemäß Artikel 42 erklärte oder zurückgenommene Vorbehalte;

e) den Zeitpunkt, an dem dieses Abkommen gemäß Artikel 43 in Kraft tritt;

f) Kündigungen und Mitteilungen gemäß Artikel 44;

g) Revisionsanträge gemäß Artikel 45.

Zu Urkund dessen haben die unterzeichneten gehörig beglaubigten Vertreter namens ihrer Regierungen dieses Abkommen unterschrieben.

Geschehen zu Genf, am achtundzwanzigsten Juli neunzehnhundertundeinundfünfzig, in einem einzigen Exemplar, dessen englischer und französischer Wortlaut in gleicher Weise maßgebend ist, das in den Archiven der Organisation der Vereinten Nationen hinterlegt wird, und von dem beglaubigte Ausfertigungen allen Mitgliedstaaten der Vereinten Nationen und den im Artikel 39 bezeichneten Nicht-Mitgliedstaaten übermittelt werden.

Richtlinie 2013/33/EU des Europäischen Parlaments und des Rates zur Festlegung von Normen für die Aufnahme von Personen, die internationalen Schutz beantragen

Vom 26. Juni 2013 (ABl. S. 180/96)

Inhaltsübersicht

II

Das Europäische Parlament und der Rat der Europäischen Union –

gestützt auf den Vertrag über die Arbeitsweise der Europäischen Union, insbesondere auf Artikel 78 Absatz 2 Buchstabe f,

auf Vorschlag der Europäischen Kommission,

nach Stellungnahme des Europäischen Wirtschafts- und Sozialausschusses[1]),

nach Stellungnahme des Ausschusses der Regionen[2]),

gemäß dem ordentlichen Gesetzgebungsverfahren[3]),

in Erwägung nachstehender Gründe:

(1) Die Richtlinie 2003/9/EG des Rates vom 27. Januar 2003 zur Festlegung von Mindestnormen für die Aufnahme von Asylbewerbern in den Mitgliedstaaten[4]) ist in wesentlichen Punkten zu ändern. Aus Gründen der Klarheit empfiehlt es sich, eine Neufassung dieser Richtlinie vorzunehmen.

(2) Eine gemeinsame Asylpolitik einschließlich eines Gemeinsamen Europäischen Asylsystems ist wesentlicher Bestandteil des Ziels der Europäischen Union, schrittweise einen Raum der Freiheit, der Sicherheit und des Rechts aufzubauen, der allen offen steht, die wegen besonderer Umstände rechtmäßig in der Union um Schutz nachsuchen. Für diese Politik sollte der Grundsatz der Solidarität und der gerechten Aufteilung der Verantwortlichkeiten unter den Mitgliedstaaten, auch in finanzieller Hinsicht, gelten.

(3) Der Europäische Rat kam auf seiner Sondertagung vom 15. und 16. Oktober 1999 in Tampere überein, auf ein Gemeinsames Europäisches Asylsystem hinzuwirken, das sich auf die uneingeschränkte und umfassende Anwendung des Genfer Abkommens vom 28. Juli 1951 über die Rechtsstellung der Flüchtlinge in der Fassung des New Yorker Protokolls vom 31. Januar 1967 stützt, (im Folgenden „Genfer Abkommen") damit der Grundsatz der Nichtzurückweisung gewahrt bleibt. Die erste Phase des Gemeinsamen Europäischen Asylsystems wurde mit Erlass der in den Verträgen vorgesehenen einschlägigen Rechtsinstrumente wie der Richtlinie 2003/9/EG abgeschlossen.

(4) Der Europäische Rat hatte auf seiner Tagung vom 4. November 2004 das Haager Programm angenommen, das die Ziele für den Raum der Freiheit, der Sicherheit und des Rechts vorgab, die im Zeitraum 2005–2010 erreicht werden sollten. Im Haager Programm wurde die Europäische Kommission aufgefordert, die Bewertung der Rechtsakte aus der ersten Phase abzuschließen und dem Europäischen Parlament und dem Rat die Rechtsakte und Maßnahmen der zweiten Phase vorzulegen.

(5) Auf seiner Tagung vom 10./11. Dezember 2009 nahm der Europäische Rat das Stockholmer Programm an, in dem erneut die Verpflichtung zu dem Ziel bekräftigt wird, auf der Grundlage hoher Schutzstandards sowie fairer und wirksamer Verfahren bis 2012 einen gemeinsamen Raum des Schutzes und der Solidarität zu schaffen, der auf einem gemeinsamen Asylverfahren und einem einheitlichen Status für Personen, denen internationaler Schutz gewährt wird, beruht. Dem Stockholmer Programm zufolge ist es außerdem entscheidend, dass Personen unabhängig davon, in welchem Mitgliedstaat sie ihren Antrag auf internationalen Schutz stellen, eine gleichwertige Behandlung hinsichtlich der im Rahmen der Aufnahmebedingungen gewährten Vorteile erfahren.

(6) Die Bemühungen der Mitgliedstaaten zur Umsetzung der für die zweite Phase des Gemeinsamen Europäischen Asylsystems vorge-

[1]) ABl. C 317 vom 23. 12. 2009, S. 110 und ABl. C 24 vom 28. 1. 2012, S. 80.

[2]) ABl. C 79 vom 27. 3. 2010, S. 58.

[3]) Standpunkt des Europäischen Parlaments vom 7. Mai 2009 (ABl. C 212 E vom 5. 8. 2010, S. 348) und Standpunkt des Rates in erster Lesung vom 6. Juni 2013 (noch nicht im Amtsblatt veröffentlicht). Standpunkt des Europäischen Parlaments vom 10. Juni 2013 (noch nicht im Amtsblatt veröffentlicht).

[4]) ABl. L 31 vom 6. 2. 2003, S. 18.

gebenen Schutzstandards, insbesondere die Bemühungen der Mitgliedstaaten, deren Asylsystem vor allem aufgrund ihrer geografischen oder demografischen Lage einem besonderen und unverhältnismäßigen Druck ausgesetzt ist, sollten mit Mitteln des Europäischen Flüchtlingsfonds und des Europäischen Unterstützungsbüros für Asylfragen in geeigneter Weise unterstützt werden.

(7) Angesichts der Bewertungsergebnisse in Bezug auf die Umsetzung der Instrumente der ersten Phase empfiehlt es sich in dieser Phase, die der Richtlinie 2003/9/EG zugrunde liegenden Prinzipien im Hinblick auf die Gewährleistung verbesserter im Rahmen der Aufnahmebedingungen gewährter Vorteile für die Personen, die internationalen Schutz beantragen, (im Folgenden „Antragsteller") zu bestätigen.

(8) Um eine unionsweite Gleichbehandlung von Antragstellern sicherzustellen, sollte diese Richtlinie in allen Phasen und auf alle Arten von Verfahren, die Anträge auf internationalen Schutz betreffen, in allen Räumlichkeiten und Einrichtungen für die Unterbringung von Antragstellern und so lange, wie sie als Antragsteller im Hoheitsgebiet des Mitgliedstaats bleiben dürfen, Anwendung finden.

(9) Die Mitgliedstaaten sollten bei der Anwendung dieser Richtlinie bestrebt sein, im Einklang mit der Charta der Grundrechte der Europäischen Union, dem Übereinkommen der Vereinten Nationen von 1989 über die Rechte des Kindes und der Europäischen Konvention zum Schutz der Menschenrechte und Grundfreiheiten die uneingeschränkte Achtung der Grundsätze des Kindeswohls und der Einheit der Familie zu gewährleisten.

(10) In Bezug auf die Behandlung von Personen, die unter diese Richtlinie fallen, sind die Mitgliedstaaten gehalten, ihren Verpflichtungen aus völkerrechtlichen Instrumenten nachzukommen, denen sie beigetreten sind.

(11) Es sollten Normen für die Aufnahme von Antragstellern festgelegt werden, die diesen ein menschenwürdiges Leben ermöglichen und vergleichbare Lebensbedingungen in allen Mitgliedstaaten gewährleisten.

(12) Einheitliche Bedingungen für die Aufnahme von Antragstellern sollten dazu beitragen, die auf unterschiedliche Aufnahmevorschriften zurückzuführende Sekundärmigration von Antragstellern einzudämmen.

(13) Im Interesse der Gleichbehandlung aller Personen, die internationalen Schutz beantragt haben, und um die Übereinstimmung mit dem geltenden Asylrecht der EU, insbesondere mit der Richtlinie 2011/95/EU des Europäischen Parlaments und des Rates vom 13. Dezember 2011 über Normen für die Anerkennung von Drittstaatsangehörigen oder Staatenlosen als Personen mit Anspruch auf internationalen Schutz, für einen einheitlichen Status für Flüchtlinge oder für Personen mit Anrecht auf subsidiären Schutz und für den Inhalt des zu gewährenden Schutzes[5]), zu wahren, empfiehlt es sich, den Anwendungsbereich dieser Richtlinie auf Personen auszudehnen, die subsidiären Schutz beantragt haben.

(14) Die Umstände für die Aufnahme von Personen mit besonderen Bedürfnissen bei der Aufnahme sollten ein vorrangiges Anliegen für einzelstaatliche Behörden sein, damit gewährleistet ist, dass bei dieser Aufnahme ihren speziellen Aufnahmebedürfnissen Rechnung getragen wird.

(15) Die Inhaftnahme von Antragstellern sollte im Einklang mit dem Grundsatz erfolgen, wonach eine Person nicht allein deshalb in Haft genommen werden darf, weil sie um internationalen Schutz nachsucht, insbesondere sollte die Inhaftnahme im Einklang mit den völkerrechtlichen Verpflichtungen der Mitgliedstaaten und unter Beachtung von Artikel 31 des Genfer Abkommens erfolgen. Antragsteller dürfen nur in den in der Richtlinie eindeutig definierten Ausnahmefällen und im Einklang mit den Grundsätzen der Erforderlichkeit und der Verhältnismäßigkeit in Bezug auf die Art und Weise und den Zweck

[5]) ABl. L 337 vom 20. 12. 2011, S. 9.

der Inhaftnahme in Haft genommen werden. Befindet sich ein Antragsteller in Haft, sollte er effektiven Zugang zu den erforderlichen Verfahrensgarantien haben und beispielsweise zur Einlegung eines Rechtsbehelfs bei einer nationalen Justizbehörde berechtigt sein.

(16) Was die Verwaltungsverfahren im Zusammenhang mit den Gründen für die Haft betrifft, so setzt der Begriff „gebotene Sorgfalt" zumindest voraus, dass die Mitgliedstaaten konkrete und sinnvolle Maßnahmen ergreifen, um sicherzustellen, dass die zur Überprüfung der Gründe für die Inhaftierung erforderliche Zeit so kurz wie möglich ist und dass tatsächlich die Aussicht besteht, dass diese Überprüfung in kürzestmöglicher Zeit erfolgreich durchgeführt wird. Die Dauer der Haft darf den Zeitraum, der vernünftigerweise erforderlich ist, um die einschlägigen Verfahren abzuschließen, nicht überschreiten.

(17) Die in dieser Richtlinie aufgeführten Gründe für die Haft lassen andere Haftgründe – einschließlich der Haftgründe im Rahmen eines Strafverfahrens – unberührt, die nach dem einzelstaatlichen Recht unabhängig vom Antrag eines Drittstaatsangehörigen oder Staatenlosen auf internationalen Schutz anwendbar sind.

(18) Antragsteller, die sich in Haft befinden, sollten unter uneingeschränkter Wahrung der Menschenwürde behandelt werden und die Bedingungen für ihre Aufnahme sollten ihren Bedürfnissen in dieser Situation angepasst werden. Die Mitgliedstaaten sollten insbesondere sicherstellen, dass Artikel 37 des Übereinkommens der Vereinten Nationen von 1989 über die Rechte des Kindes angewandt wird.

(19) In der Praxis ist es unter Umständen – beispielsweise aufgrund der geografischen Lage oder der speziellen Struktur der Hafteinrichtung – nicht immer möglich, unverzüglich bestimmte Aufnahmegarantien in der Haft zu gewährleisten. Allerdings sollte von diesen Garantien allenfalls vorübergehend und nur unter den in dieser Richtlinie dargelegten Umständen abgewichen werden. Abweichungen sind nur in Ausnahmefällen zulässig und sollten hinreichend begründet werden, wobei die Umstände des Einzelfalls, darunter auch die Schwere der Abweichung, ihre Dauer und ihre Auswirkungen für den betroffenen Antragsteller, zu berücksichtigen sind.

(20) Die Inhaftnahme eines Antragstellers sollte lediglich als letztes Mittel eingesetzt werden und darf erst zur Anwendung kommen, nachdem alle Alternativen zu freiheitsentziehenden Maßnahmen sorgfältig darauf geprüft worden sind, ob sie besser geeignet sind, die körperliche und geistige Unversehrtheit des Antragstellers sicherzustellen. Alle Alternativen zur Haft müssen mit den grundlegenden Menschenrechten der Antragsteller in Einklang stehen.

(21) Damit die Verfahrensgarantien, d. h. Gelegenheit zur Kontaktaufnahme mit Organisationen oder Personengruppen, die Rechtsberatung leisten, sichergestellt sind, sollten Informationen über derartige Organisationen und Personengruppen bereitgestellt werden.

(22) Bei der Entscheidung über die Unterbringungsmodalitäten sollten die Mitgliedstaaten dem Wohl des Kindes sowie den besonderen Umständen jedes Antragstellers Rechnung tragen, der von Familienangehörigen oder anderen nahen Verwandten, wie z. B. unverheirateten minderjährigen Geschwistern, die sich bereits in dem Mitgliedstaat aufhalten, abhängig ist.

(23) Um die wirtschaftliche Unabhängigkeit von Antragstellern zu fördern und erhebliche Diskrepanzen zwischen den Mitgliedstaaten zu begrenzen, muss der Zugang der Antragsteller zum Arbeitsmarkt klar geregelt werden.

(24) Um sicherzustellen, dass die Antragstellern gewährte materielle Unterstützung den in dieser Richtlinie festgeschriebenen Grundsätzen entspricht, müssen die Mitgliedstaaten anhand relevanter Bezugsgrößen den Umfang dieser Unterstützung bestimmen. Dies bedeutet jedoch nicht, dass der gewährte Betrag dem für eigene Staatsangehörige entsprechen sollte. Die Mitgliedstaaten können für Antragsteller eine weniger güns-

tige Behandlung als für eigene Staatsangehörige vorsehen, so wie es in dieser Richtlinie präzisiert ist.

(25) Die Möglichkeiten für einen Missbrauch des Aufnahmesystems sollten dadurch beschränkt werden, dass die Umstände festgelegt werden, unter denen die den Antragstellern im Rahmen der Aufnahme gewährten materiellen Leistungen eingeschränkt oder entzogen werden dürfen, wobei gleichzeitig ein menschenwürdiger Lebenstandard für alle Antragsteller zu gewährleisten ist.

(26) Es sollte sichergestellt werden, dass die einzelstaatlichen Aufnahmesysteme effizient sind und die Mitgliedstaaten bei der Aufnahme von Antragstellern zusammenarbeiten.

(27) Es sollte auf ein gutes Verhältnis zwischen den Kommunen und Unterbringungszentren hingewirkt werden, damit eine hinreichende Koordinierung zwischen den zuständigen Behörden bei der Aufnahme von Antragstellern gewährleistet ist.

(28) Die Mitgliedstaaten sollten günstigere Regelungen für Drittstaatsangehörige und Staatenlose, die internationalen Schutz seitens eines Mitgliedstaats beantragen, einführen oder beibehalten können.

(29) Dementsprechend werden die Mitgliedstaaten aufgefordert, die Bestimmungen dieser Richtlinie auch im Zusammenhang mit Verfahren anzuwenden, bei denen es um die Gewährung anderer Formen des Schutzes als in der Richtlinie 2011/95/EU geht.

(30) Die Anwendung dieser Richtlinie sollte regelmäßig bewertet werden.

(31) Da das Ziel dieser Richtlinie, nämlich die Festlegung von Normen für die Aufnahme von Antragstellern in den Mitgliedstaaten, auf Ebene der Mitgliedstaaten nicht ausreichend erreicht werden kann, sondern wegen des Umfangs und der Wirkungen dieser Richtlinie besser auf Unionsebene zu erreichen ist, kann die Union im Einklang mit dem in Artikel 5 des Vertrags über die Europäische Union (EUV) niedergelegten Subsidiaritätsprinzip tätig werden. Entsprechend dem in demselben Artikel genannten Verhältnismäßigkeitsprinzip geht diese Richtlinie nicht über das für die Erreichung dieses Ziels erforderliche Maß hinaus.

(32) Gemäß der Gemeinsamen Politischen Erklärung der Mitgliedstaaten und der Kommission vom 28. September 2011 zu erläuternden Dokumenten[6]) haben sich die Mitgliedstaaten verpflichtet, in begründeten Fällen zusätzlich zur Mitteilung ihrer Umsetzungsmaßnahmen ein oder mehrere Dokumente zu übermitteln, in denen der Zusammenhang zwischen den Bestandteilen einer Richtlinie und den entsprechenden Teilen innerstaatlicher Umsetzungsinstrumente erläutert wird. In Bezug auf diese Richtlinie hält der Gesetzgeber die Übermittlung derartiger Dokumente für gerechtfertigt.

(33) Nach den Artikeln 1, 2 und Artikel 4a Absatz 1 des dem EUV und dem Vertrag über die Arbeitsweise der Europäischen Union (AEUV) beigefügten Protokolls Nr. 21 über die Position des Vereinigten Königreichs und Irlands hinsichtlich des Raums der Freiheit, der Sicherheit und des Rechts und unbeschadet des Artikels 4 dieses Protokolls beteiligen sich das Vereinigte Königreich und Irland nicht an der Annahme dieser Richtlinie und sind weder durch diese gebunden noch zu ihrer Anwendung verpflichtet.

(34) Nach den Artikeln 1 und 2 des dem EUV und dem AEUV beigefügten Protokolls Nr. 22 über die Position Dänemarks, beteiligt sich Dänemark nicht an der Annahme dieser Richtlinie, die daher für Dänemark weder bindend noch Dänemark gegenüber anwendbar ist.

(35) Diese Richtlinie steht im Einklang mit den Grundrechten und Grundsätzen, die insbesondere mit der Charta der Grundrechte der Europäischen Union anerkannt wurden. Sie zielt vor allem darauf ab, die uneingeschränkte Wahrung der Menschenwürde zu gewährleisten und die Anwendung der Artikel 1, 4, 6, 7, 18, 21, 24 und 47 der Charta zu

---

[6]) ABl. C 369 vom 17. 12. 2011, S. 14.

fördern, und muss entsprechend umgesetzt werden.

(36) Die Verpflichtung zur Umsetzung dieser Richtlinie in einzelstaatliches Recht betrifft nur jene Bestimmungen, die im Vergleich zu der Richtlinie 2003/9/EG inhaltlich geändert wurden. Die Verpflichtung zur Umsetzung der inhaltlich unveränderten Bestimmungen ergibt sich aus jener Richtlinie.

(37) Diese Richtlinie sollte die Verpflichtungen der Mitgliedstaaten hinsichtlich der in Anhang II Teil B genannten Frist für die Umsetzung der Richtlinie 2003/9/EG in einzelstaatliches Recht unberührt lassen –

haben folgende Richtlinie erlassen:

Kapitel I Zweck, Begriffsbestimmungen und Anwendungsbereich

Artikel 1 Zweck

Zweck dieser Richtlinie ist die Festlegung von Normen für die Aufnahme von Antragstellern auf internationalen Schutz (im Folgenden „Antragsteller") in den Mitgliedstaaten.

Artikel 2 Begriffsbestimmungen

Im Sinne dieser Richtlinie bezeichnet der Ausdruck:

a) „Antrag auf internationalen Schutz" einen Antrag auf internationalen Schutz im Sinne von Artikel 2 Buchstabe h der Richtlinie 2011/95/EU;

b) „Antragsteller", einen Drittstaatsangehörigen oder Staatenlosen, der einen Antrag auf internationalen Schutz gestellt hat, über den noch nicht endgültig entschieden wurde;

c) „Familienangehörige" die folgenden Mitglieder der Familie des Antragstellers, die sich im Zusammenhang mit dem Antrag auf internationalen Schutz in demselben Mitgliedstaat aufhalten, sofern die Familie bereits im Herkunftsland bestanden hat:
   - der Ehegatte des Antragstellers oder dessen nicht verheirateter Partner, der mit dem Antragsteller eine dauerhafte Beziehung führt, soweit nach dem einzelstaatlichen Recht oder den Gepflogenheiten des betreffenden Mitgliedstaats nicht verheiratete Paare nach dem einzelstaatlichen Ausländerrecht betreffend Drittstaatsangehörige vergleichbar behandelt werden wie verheiratete Paare;
   - die minderjährigen Kinder des unter dem ersten Gedankenstrich genannten Paares oder des Antragstellers, sofern sie ledig sind, gleichgültig, ob es sich nach dem einzelstaatlichen Recht um eheliche oder außerehelich geborene oder adoptierte Kinder handelt;
   - der Vater, die Mutter oder ein anderer Erwachsener, der nach dem Recht oder den Gepflogenheiten des betreffenden Mitgliedstaats für den Antragsteller verantwortlich ist, wenn dieser minderjährig und unverheiratet ist;

d) „Minderjähriger" einen Drittstaatsangehörigen oder Staatenlosen unter 18 Jahren;

e) „unbegleiteter Minderjähriger" einen Minderjährigen, der ohne Begleitung eines für ihn nach dem einzelstaatlichen Recht oder den Gepflogenheiten des betreffenden Mitgliedstaats verantwortlichen Erwachsenen in das Hoheitsgebiet eines Mitgliedstaats einreist, solange er sich nicht tatsächlich in der Obhut eines solchen Erwachsenen befindet; dies schließt Minderjährige ein, die nach der Einreise in das Hoheitsgebiet eines Mitgliedstaats dort ohne Begleitung zurückgelassen wurden;

f) „im Rahmen der Aufnahmebedingungen gewährte Vorteile" sämtliche Maßnahmen, die die Mitgliedstaaten im Einklang mit dieser Richtlinie zugunsten von Antragstellern treffen;

g) „im Rahmen der Aufnahme gewährte materielle Leistungen" Unterkunft, Verpflegung und Kleidung in Form von Sach- oder Geldleistungen oder Gutscheinen oder einer Kombination davon sowie Geldleistungen zur Deckung des täglichen Bedarfs;

h) „Haft" die räumliche Beschränkung eines Antragstellers durch einen Mitgliedstaat auf einen bestimmten Ort, an dem der Antragsteller keine Bewegungsfreiheit hat;

i) „Unterbringungszentrum" jede Einrichtung, die als Sammelunterkunft für Antragsteller dient;

j) „Vertreter" eine Person oder Organisation, die von den zuständigen Behörden zur Unterstützung und Vertretung eines unbegleiteten Minderjährigen in Verfahren nach Maßgabe dieser Richtlinie bestellt wurde, um das Kindeswohl zu wahren und für den Minderjährigen, soweit erforderlich, Rechtshandlungen vorzunehmen. Wird eine Organisation zum Vertreter bestellt, so bezeichnet diese eine Person, die gegenüber dem unbegleiteten Minderjährigen die Pflichten der Vertretung im Einklang mit dieser Richtlinie wahrnimmt;

k) „Antragsteller mit besonderen Bedürfnissen bei der Aufnahme" eine schutzbedürftige Person gemäß Artikel 21, die besondere Garantien benötigt, um die Rechte aus dieser Richtlinie in Anspruch nehmen und den sich aus dieser Richtlinie ergebenden Pflichten nachkommen zu können.

Artikel 3 Anwendungsbereich

(1) Diese Richtlinie gilt für alle Drittstaatsangehörigen und Staatenlosen, die im Hoheitsgebiet eines Mitgliedstaats einschließlich an der Grenze, in den Hoheitsgewässern oder in den Transitzonen internationalen Schutz beantragen, solange sie als Antragsteller im Hoheitsgebiet verbleiben dürfen, sowie für ihre Familienangehörigen, wenn sie nach einzelstaatlichem Recht von diesem Antrag auf internationalen Schutz erfasst sind.

(2) Diese Richtlinie findet keine Anwendung, wenn in Vertretungen der Mitgliedstaaten um diplomatisches oder territoriales Asyl nachgesucht wird.

(3) Diese Richtlinie findet keine Anwendung, wenn die Bestimmungen der Richtlinie 2001/55/EG des Rates vom 20. Juli 2001 über Mindestnormen für die Gewährung vorübergehenden Schutzes im Falle eines Massenzustroms von Vertriebenen und Maßnahmen zur Förderung einer ausgewogenen Verteilung der Belastungen, die mit der Aufnahme dieser Personen und den Folgen dieser Aufnahme verbunden sind, auf die Mitgliedstaaten[7]) angewendet werden.

(4) Die Mitgliedstaaten können beschließen, diese Richtlinie auf Verfahren zur Bearbeitung von Ersuchen um Formen des Schutzes anzuwenden, die sich nicht aus der Richtlinie 2011/95/EU ergeben.

Artikel 4 Günstigere Bestimmungen

Die Mitgliedstaaten können günstigere Bestimmungen für die im Rahmen der Aufnahmebedingungen gewährten Vorteile für Antragsteller und andere enge Familienangehörige des Antragstellers, die sich in demselben Mitgliedstaat aufhalten, wenn sie von ihm abhängig sind oder humanitäre Gründe vorliegen, erlassen oder beibehalten, sofern diese Bestimmungen mit dieser Richtlinie vereinbar sind.

Kapitel II
Allgemeine Bestimmungen über die im Rahmen der Aufnahmebedingungen gewährten Vorteile

Artikel 5 Information

(1) Die Mitgliedstaaten unterrichten die Antragsteller innerhalb einer angemessenen Frist von höchstens fünfzehn Tagen nach dem gestellten Antrag auf internationalen Schutz zumindest über die vorgesehenen Leistungen und die Verpflichtungen, die mit den im Rahmen der Aufnahmebedingungen gewährten Vorteile verbunden sind.

Die Mitgliedstaaten tragen dafür Sorge, dass die Antragsteller Informationen darüber er-

[7]) ABl. L 212 vom 7. 8. 2001, S. 12.

halten, welche Organisationen oder Personengruppen einschlägige Rechtsberatung leisten und welche Organisationen ihnen im Zusammenhang mit den im Rahmen der Aufnahme gewährten Vorteilen, einschließlich medizinischer Versorgung, behilflich sein oder sie informieren können.

(2) Die Mitgliedstaaten tragen dafür Sorge, dass die in Absatz 1 genannten Informationen schriftlich und in einer Sprache erteilt werden, die der Antragsteller versteht oder von der vernünftigerweise angenommen werden darf, dass er sie versteht. Gegebenenfalls können diese Informationen auch mündlich erteilt werden.

Artikel 6 Dokumente

(1) Die Mitgliedstaaten tragen dafür Sorge, dass den Antragstellern innerhalb von drei Tagen nach dem gestellten Antrag auf internationalen Schutz eine Bescheinigung ausgehändigt wird, die auf ihren Namen ausgestellt ist und ihren Rechtsstatus als Antragsteller bestätigt oder bescheinigt, dass sich die betreffende Person im Hoheitsgebiet des Mitgliedstaats aufhalten darf, solange ihr Antrag zur Entscheidung anhängig ist oder geprüft wird.

Ist es dem Inhaber nicht gestattet, sich innerhalb des gesamten Hoheitsgebiets des Mitgliedstaats oder eines Teils davon frei zu bewegen, so ist dies in der Bescheinigung ebenfalls zu vermerken.

(2) Im Fall einer Inhaftnahme des Antragstellers und während der Prüfung eines Antrags auf internationalen Schutz, der an der Grenze oder im Rahmen eines Verfahrens gestellt wurde, in dem darüber entschieden wird, ob der Antragsteller das Recht hat, in das Hoheitsgebiet eines Mitgliedstaats einzureisen, können die Mitgliedstaaten von der Anwendung dieses Artikels absehen. In Sonderfällen können die Mitgliedstaaten Antragstellern während der Prüfung eines Antrags auf internationalen Schutz andere Nachweise ausstellen, die dem in Absatz 1 genannten Dokument gleichwertig sind.

(3) Mit dem in Absatz 1 genannten Dokument wird nicht notwendigerweise die Identität des Antragstellers bescheinigt.

(4) Die Mitgliedstaaten treffen die Maßnahmen, die erforderlich sind, um den Antragstellern das in Absatz 1 genannte Dokument auszustellen, das so lange gültig sein muss, wie ihnen der Aufenthalt im Hoheitsgebiet des betreffenden Mitgliedstaats gestattet ist.

(5) Die Mitgliedstaaten können einem Antragsteller ein Reisedokument ausstellen, wenn schwerwiegende humanitäre Gründe seine Anwesenheit in einem anderen Staat erfordern.

(6) Die Mitgliedstaaten unterwerfen Antragsteller vor Zuerkennung der Rechte, auf die sie nach Maßgabe dieser Richtlinie Anspruch haben, nicht allein deshalb unnötigen oder unverhältnismäßigen Auflagen in Bezug auf Dokumente oder sonstige verwaltungstechnische Aspekte, weil sie internationalen Schutz beantragt haben.

Artikel 7 Aufenthaltsort und Bewegungsfreiheit

(1) Antragsteller dürfen sich im Hoheitsgebiet des Aufnahmemitgliedstaats oder in einem ihnen von diesem Mitgliedstaat zugewiesenen Gebiet frei bewegen. Das zugewiesene Gebiet darf die unveräußerliche Privatsphäre nicht beeinträchtigen und muss hinreichenden Raum dafür bieten, dass Gewähr für eine Inanspruchnahme aller Vorteile aus dieser Richtlinie gegeben ist.

(2) Die Mitgliedstaaten können – aus Gründen des öffentlichen Interesses, der öffentlichen Ordnung oder wenn es für eine zügige Bearbeitung und wirksame Überwachung des betreffenden Antrags auf internationalen Schutz erforderlich ist – einen Beschluss über den Aufenthaltsort des Antragstellers fassen.

(3) Die Mitgliedstaaten dürfen die im Rahmen der Aufnahme gewährten materiellen Leistungen an die Bedingung knüpfen, dass sich Antragsteller tatsächlich an dem Ort aufhalten, der von den Mitgliedstaaten festgelegt wird. Ein derartiger Beschluss, der von allgemeiner Natur sein kann, wird jeweils für den

Einzelfall und auf der Grundlage des einzelstaatlichen Rechts getroffen.

(4) Die Mitgliedstaaten sehen vor, dass Antragstellern eine befristete Genehmigung zum Verlassen des in den Absätzen 2 und 3 genannten Aufenthaltsorts und/oder des in Absatz 1 genannten zugewiesenen Gebiets erteilt werden kann. Die Entscheidung ist von Fall zu Fall, objektiv und unparteiisch zu treffen und im Falle einer Ablehnung zu begründen.

Der Antragsteller muss keine Genehmigung einholen, wenn er bei Behörden und Gerichten erscheinen muss.

(5) Die Mitgliedstaaten schreiben Antragstellern vor, den zuständigen Behörden ihre aktuelle Adresse und schnellstmöglich etwaige Adressenänderungen mitzuteilen.

Artikel 8 Haft

(1) Die Mitgliedstaaten nehmen eine Person nicht allein deshalb in Haft, weil sie ein Antragsteller im Sinne der Richtlinie 2013/32/EU des Europäischen Parlaments und des Rates vom 26. Juni 2013 zu gemeinsamen Verfahren für die Zuerkennung und Aberkennung des internationalen Schutzes[8]) ist.

(2) In Fällen, in denen es erforderlich ist, dürfen die Mitgliedstaaten auf der Grundlage einer Einzelfallprüfung den Antragsteller in Haft nehmen, wenn sich weniger einschneidende Maßnahmen nicht wirksam anwenden lassen.

(3) Ein Antragsteller darf nur in Haft genommen werden,

a) um seine Identität oder Staatsangehörigkeit festzustellen oder zu überprüfen;

b) um Beweise zu sichern, auf die sich sein Antrag auf internationalen Schutz stützt und die ohne Haft unter Umständen nicht zu erhalten wären, insbesondere wenn Fluchtgefahr des Antragstellers besteht;

c) um im Rahmen eines Verfahrens über das Recht des Antragstellers auf Einreise in das Hoheitsgebiet zu entscheiden;

d) wenn er sich aufgrund eines Rückkehrverfahrens gemäß der Richtlinie 2008/115/EG des Europäischen Parlaments und des Rates vom 16. Dezember 2008 über gemeinsame Normen und Verfahren in den Mitgliedstaaten zur Rückführung illegal aufhältiger Drittstaatsangehöriger[9]) zur Vorbereitung seiner Rückführung und/oder Fortsetzung des Abschiebungsverfahrens in Haft befindet und der betreffende Mitgliedstaat auf der Grundlage objektiver Kriterien, einschließlich der Tatsache, dass der Antragsteller bereits Gelegenheit zum Zugang zum Asylverfahren hatte, belegen kann, dass berechtigte Gründe für die Annahme bestehen, dass er den Antrag auf internationalen Schutz nur beantragt, um die Vollstreckung der Rückkehrentscheidung zu verzögern oder zu vereiteln;

e) wenn dies aus Gründen der nationalen Sicherheit oder der öffentlichen Ordnung erforderlich ist,

f) wenn dies mit Artikel 28 der Verordnung (EU) Nr. 604/2013 des Europäischen Parlaments und des Rates vom 26. Juni 2013 zur Festlegung der Kriterien und Verfahren zur Bestimmung des Mitgliedstaats, der für die Prüfung eines von einem Drittstaatsangehörigen oder Staatenlosen in einem Mitgliedstaat gestellten Antrag auf internationalen Schutz zuständig ist[10]), in Einklang steht.

Haftgründe werden im einzelstaatlichen Recht geregelt.

(4) Die Mitgliedstaaten stellen sicher, dass die einzelstaatlichen Rechtsvorschriften Bestimmungen für Alternativen zur Inhaftnahme enthalten wie zum Beispiel Meldeauflagen, die Hinterlegung einer finanziellen Sicherheit

[8]) Siehe Seite 60 dieses Amtsblatts.

[9]) ABl. L 348 vom 24. 12. 2008, S. 98.

[10]) Siehe Seite 31 dieses Amtsblatts.

oder die Pflicht, sich an einem zugewiesenen Ort aufzuhalten.

Artikel 9 Garantien für in Haft befindliche Antragsteller

(1) Ein Antragsteller wird für den kürzest möglichen Zeitraum und nur so lange in Haft genommen, wie die in Artikel 8 Absatz 3 genannten Gründe gegeben sind.

Die Verwaltungsverfahren in Bezug auf die in Artikel 8 Absatz 3 genannten Gründe für die Inhaftnahme werden mit der gebotenen Sorgfalt durchgeführt. Verzögerungen in den Verwaltungsverfahren, die nicht dem Antragsteller zuzurechnen sind, rechtfertigen keine Fortdauer der Haft.

(2) Die Haft der Antragsteller wird von einer Justiz- oder Verwaltungsbehörde schriftlich angeordnet. In der Anordnung werden die sachlichen und rechtlichen Gründe für die Haft angegeben.

(3) Wird die Haft von einer Verwaltungsbehörde angeordnet, so sorgen die Mitgliedstaaten von Amts wegen und/oder auf Antrag des Antragstellers für eine zügige gerichtliche Überprüfung der Rechtmäßigkeit der Inhaftnahme. Findet eine derartige Überprüfung von Amts wegen statt, so wird so schnell wie möglich nach Beginn der Haft entschieden. Findet die Überprüfung auf Antrag des Antragstellers statt, so wird über sie so schnell wie möglich nach Einleitung des diesbezüglichen Verfahrens entschieden. Zu diesem Zweck legen die Mitgliedstaaten in ihrem einzelstaatlichen Recht die Frist fest, in der die gerichtliche Überprüfung von Amts wegen und/oder die gerichtliche Überprüfung auf Antrag des Antragstellers durchzuführen ist.

Falls sich die Haft infolge der gerichtlichen Überprüfung als unrechtmäßig herausstellt, wird der betreffende Antragsteller unverzüglich freigelassen

(4) In Haft befindliche Antragsteller werden unverzüglich schriftlich und in einer Sprache, die sie verstehen, oder von der vernünftigerweise angenommen werden darf, dass sie sie verstehen, über die Gründe für die Haft und die im einzelstaatlichen Recht vorgesehenen Verfahren für die Anfechtung der Haftanordnung sowie über die Möglichkeit informiert, unentgeltlich Rechtsberatung und -vertretung in Anspruch zu nehmen.

(5) Die Haft wird in angemessenen Zeitabständen von Amts wegen und/oder auf Antrag des betroffenen Antragstellers von einer Justizbehörde überprüft, insbesondere wenn sie von längerer Dauer ist oder sich maßgebliche Umstände ergeben oder neue Informationen vorliegen, die sich auf die Rechtmäßigkeit der Haft auswirken könnten.

(6) Im Falle einer gerichtlichen Überprüfung der Haftanordnung nach Absatz 3 sorgen die Mitgliedstaaten dafür, dass der Antragsteller unentgeltliche Rechtsberatung und -vertretung in Anspruch nehmen kann. Die Rechtsberatung und -vertretung umfasst zumindest die Vorbereitung der erforderlichen Verfahrensdokumente und die Teilnahme an der Verhandlung im Namen des Antragstellers vor den Justizbehörden.

Die unentgeltliche Rechtsberatung und -vertretung erfolgt durch nach einzelstaatlichem Recht zugelassene oder befugte Personen, die über eine angemessene Qualifikation verfügen und deren Interessen denen der Antragsteller nicht zuwiderlaufen oder nicht zuwiderlaufen könnten.

(7) Die Mitgliedstaaten können darüber hinaus vorsehen, dass unentgeltliche Rechtsberatung und -vertretung nur gewährt wird

a) für diejenigen, die nicht über ausreichende finanzielle Mittel verfügen; und/oder
b) durch Rechtsbeistand oder sonstige Berater, die nach nationalem Recht zur Unterstützung und Vertretung von Antragstellern bestimmt wurden.

(8) Ferner können die Mitgliedstaaten

a) für die Gewährung von unentgeltlicher Rechtsberatung und -vertretung eine finanzielle und/oder zeitliche Begrenzung vorsehen, soweit dadurch der Zugang zu Rechtsberatung und -vertretung nicht willkürlich eingeschränkt wird;
b) vorsehen, dass Antragstellern hinsichtlich der Gebühren und anderen Kosten keine günstigere Behandlung zuteil wird, als sie

den eigenen Staatsangehörigen in Fragen der Rechtsberatung im Allgemeinen gewährt wird.

(9) Die Mitgliedstaaten können verlangen, dass der Antragsteller ihnen die entstandenen Kosten ganz oder teilweise zurückerstattet, wenn sich seine finanzielle Lage beträchtlich verbessert hat oder wenn die Entscheidung zur Übernahme solcher Kosten aufgrund falscher Angaben des Antragstellers getroffen wurde.

(10) Die Verfahren für die Inanspruchnahme von Rechtsberatung und -vertretung werden im einzelstaatlichen Recht geregelt.

Artikel 10 Haftbedingungen

(1) Die Haft der Antragsteller erfolgt grundsätzlich in speziellen Hafteinrichtungen. Sind in einem Mitgliedstaat solche speziellen Hafteinrichtungen nicht vorhanden und muss die Unterbringung in gewöhnlichen Haftanstalten erfolgen, so wird der in Haft genommene Antragsteller gesondert von den gewöhnlichen Strafgefangenen untergebracht und es kommen die in dieser Richtlinie vorgesehenen Haftbedingungen zur Anwendung.

In Haft genommene Antragsteller werden, so weit möglich getrennt von anderen Drittstaatsangehörigen, die keinen Antrag auf internationalen Schutz gestellt haben, untergebracht.

Können in Haft genommene Antragsteller nicht getrennt von anderen Drittstaatsangehörigen untergebracht werden, so sorgt der betreffende Mitgliedstaat dafür, dass die in dieser Richtlinie vorgesehenen Haftbedingungen angewandt werden.

(2) In Haft genommene Antragsteller müssen die Möglichkeit haben, sich an der frischen Luft aufzuhalten.

(3) Die Mitgliedstaaten tragen dafür Sorge, dass Personen, die den Hohen Flüchtlingskommissar der Vereinten Nationen (UNHCR) vertreten, unter Bedingungen, die den Schutz der Privatsphäre garantieren, mit Antragstellern Verbindung aufnehmen und sie besuchen können. Diese Möglichkeit gilt auch für Organisationen, die im Hoheitsgebiet des betreffenden Mitgliedstaats im Auftrag des UNHCR auf der Grundlage einer Vereinbarung mit dem Mitgliedstaat tätig sind.

(4) Die Mitgliedstaaten tragen dafür Sorge, dass Familienangehörige, Rechtsbeistand oder Berater und Personen, die von dem betreffenden Mitgliedstaat anerkannte einschlägig tätige Nichtregierungsorganisationen vertreten, unter Bedingungen, die den Schutz der Privatsphäre garantieren, mit Antragstellern Verbindung aufnehmen und sie besuchen können. Der Zugang zu der Hafteinrichtung darf nur dann eingeschränkt werden, wenn dies nach Maßgabe des einzelstaatlichen Rechts objektiv für die Sicherheit, die öffentliche Ordnung oder die Verwaltung der Hafteinrichtung erforderlich ist und der Zugang dadurch nicht wesentlich behindert oder unmöglich gemacht wird.

(5) Die Mitgliedstaaten tragen dafür Sorge, dass in Haft befindlichen Antragstellern systematisch Informationen zu den in der Einrichtung geltenden Regeln bereitgestellt und ihnen ihre Rechte und Pflichten in einer Sprache erläutert werden, die sie verstehen oder von der vernünftigerweise angenommen werden darf, dass sie sie verstehen. In begründeten Ausnahmefällen können die Mitgliedstaaten für einen angemessenen Zeitraum, der so kurz wie möglich sein sollte, von dieser Verpflichtung abweichen, falls der Antragsteller an einer Grenzstelle oder in einer Transitzone in Haft genommen wird. Diese Ausnahmeregelung gilt nicht für Fälle nach Artikel 43 der Richtlinie 2013/32/EU.

Artikel 11 Inhaftnahme von schutzbedürftigen Personen und von Antragstellern mit besonderen Bedürfnissen bei der Aufnahme

(1) Die Gesundheit, auch die psychische Gesundheit, der in Haft genommenen schutzbedürftigen Antragsteller ist ein vorrangiges Anliegen der nationalen Behörden.

Die Mitgliedstaaten tragen dafür Sorge, dass bei in Haft befindlichen schutzbedürftigen Personen regelmäßige Überprüfungen stattfinden und diese Personen in angemessener

Weise unterstützt werden, wobei der besonderen Situation der Personen, einschließlich ihrer Gesundheit, Rechnung getragen wird.

(2) Minderjährige dürfen nur im äußersten Falle in Haft genommen werden, und nachdem festgestellt worden ist, dass weniger einschneidende alternative Maßnahmen nicht wirksam angewandt werden können. Eine derartige Haft wird für den kürzestmöglichen Zeitraum angeordnet, und es werden alle Anstrengungen unternommen, um die in Haft befindlichen Minderjährigen aus dieser Haft zu entlassen und in für sie geeigneten Unterkünften unterzubringen.

Das Wohl des Minderjährigen nach Maßgabe von Artikel 23 Absatz 2 zu berücksichtigen ist ein vorrangiges Anliegen der Mitgliedstaaten

In Haft befindliche Minderjährige müssen Gelegenheit zu Freizeitbeschäftigungen einschließlich altersgerechter Spiel- und Erholungsmöglichkeiten erhalten.

(3) Unbegleitete Minderjährige dürfen nur in Ausnahmefällen in Haft genommen werden. Es werden alle Anstrengungen unternommen, um unbegleitete Minderjährige so schnell wie möglich aus der Haft zu entlassen.

Unbegleitete Minderjährige werden in keinem Falle in gewöhnlichen Haftanstalten untergebracht.

Unbegleitete Minderjährige werden so weit wie möglich in Einrichtungen untergebracht, die über Personal und Räumlichkeiten verfügen, die ihren altersgemäßen Bedürfnissen Rechnung tragen.

Befinden sich unbegleitete Minderjährige in Haft, stellen die Mitgliedstaaten sicher, dass sie von Erwachsenen getrennt untergebracht werden.

(4) In Haft befindliche Familien müssen eine gesonderte Unterbringung erhalten, die ein angemessenes Maß an Privatsphäre gewährleistet.

(5) Die Mitgliedstaaten tragen dafür Sorge, dass in Haft befindliche weibliche Antragsteller getrennt von männlichen Antragstellern untergebracht werden, es sei denn, letztere sind Familienangehörige und alle Betroffenen haben ihre Zustimmung erteilt.

Ausnahmen von Unterabsatz 1 können auch hinsichtlich der Nutzung gemeinsamer Räumlichkeiten gelten, die zur Erholung und für soziale Aktivitäten, einschließlich der Einnahme von Mahlzeiten, bestimmt sind.

(6) In begründeten Fällen können die Mitgliedstaaten für einen angemessenen Zeitraum, der so kurz wie möglich sein sollte, von Absatz 2 Unterabsatz 3, Absatz 4 und Absatz 5 Unterabsatz 1 abweichen, wenn ein Antragsteller an einer Grenzstelle oder in einer Transitzone in Haft genommen wird; davon ausgenommen sind die Fälle nach Artikel 3 der Richtlinie 2013/32/EU.

Artikel 12 Familien

Die Mitgliedstaaten treffen geeignete Maßnahmen, um die Einheit einer sich in ihrem Hoheitsgebiet aufhaltenden Familie so weit wie möglich zu wahren, wenn den Antragstellern von dem betreffenden Mitgliedstaat Unterkunft gewährt wird. Diese Maßnahmen gelangen mit der Zustimmung der Antragsteller zur Anwendung.

Artikel 13 Medizinische Untersuchungen

Die Mitgliedstaaten können die medizinische Untersuchung von Antragstellern aus Gründen der öffentlichen Gesundheit anordnen.

Artikel 14 Grundschulerziehung und weiterführende Bildung Minderjähriger

(1) Die Mitgliedstaaten gestatten minderjährigen Kindern von Antragstellern und minderjährigen Antragstellern in ähnlicher Weise wie den eigenen Staatsangehörigen den Zugang zum Bildungssystem, solange keine Ausweisungsmaßnahme gegen sie selbst oder ihre Eltern vollstreckt wird. Der Unterricht kann in Unterbringungszentren erfolgen.

Die betreffenden Mitgliedstaaten können vorsehen, dass der Zugang auf das öffentliche Bildungssystem beschränkt bleiben muss.

Die Mitgliedstaaten dürfen eine weiterführende Bildung nicht mit der alleinigen Begründung verweigern, dass die Volljährigkeit erreicht wurde.

(2) Der Zugang zum Bildungssystem darf nicht um mehr als drei Monate, nachdem ein Antrag auf internationalen Schutz von einem Minderjährigen oder in seinem Namen gestellt wurde, verzögert werden.

Bei Bedarf werden Minderjährigen Vorbereitungskurse, einschließlich Sprachkursen, angeboten, um ihnen, wie in Absatz 1 vorgesehen, den Zugang zum und die Teilnahme am Bildungssystem zu erleichtern.

(3) Ist der Zugang zum Bildungssystem nach Absatz 1 aufgrund der spezifischen Situation des Minderjährigen nicht möglich, so bietet der betroffene Mitgliedstaat im Einklang mit seinen einzelstaatlichen Rechtsvorschriften und Gepflogenheiten andere Unterrichtsformen an.

Artikel 15 Beschäftigung

(1) Die Mitgliedstaaten tragen dafür Sorge, dass der Antragsteller spätestens neun Monate nach der Stellung des Antrags auf internationalen Schutz Zugang zum Arbeitsmarkt erhält, sofern die zuständige Behörde noch keine erstinstanzliche Entscheidung erlassen hat und diese Verzögerung nicht dem Antragsteller zur Last gelegt werden kann.

(2) Die Mitgliedstaaten beschließen nach Maßgabe ihres einzelstaatlichen Rechts, unter welchen Voraussetzungen dem Antragsteller Zugang zum Arbeitsmarkt gewährt wird, wobei sie gleichzeitig für einen effektiven Arbeitsmarktzugang für Antragsteller sorgen.

Aus Gründen der Arbeitsmarktpolitik können die Mitgliedstaaten Bürgern der Union, Angehörigen der Vertragsstaaten des Abkommens über den Europäischen Wirtschaftsraum und rechtmäßig aufhältigen Drittstaatsangehörigen Vorrang einräumen.

(3) Das Recht auf Zugang zum Arbeitsmarkt darf während eines Rechtsbehelfsverfahrens, bei dem Rechtsmittel gegen eine ablehnende Entscheidung in einem Standardverfahren aufschiebende Wirkung haben, bis zum Zeitpunkt, zu dem die ablehnende Entscheidung zugestellt wird, nicht entzogen werden.

Artikel 16 Berufliche Bildung

Die Mitgliedstaaten können Antragstellern ungeachtet der Möglichkeit des Zugangs zum Arbeitsmarkt den Zugang zur beruflichen Bildung gestatten.

Der Zugang zur beruflichen Bildung im Zusammenhang mit einem Arbeitsvertrag wird davon abhängig gemacht, inwieweit der betreffende Antragsteller Zugang zum Arbeitsmarkt gemäß Artikel 15 hat.

Artikel 17 Allgemeine Bestimmungen zu materiellen Leistungen im Rahmen der Aufnahme und zur medizinischen Versorgung

(1) Die Mitgliedstaaten tragen dafür Sorge, dass Antragsteller ab Stellung des Antrags auf internationalen Schutz im Rahmen der Aufnahme materielle Leistungen in Anspruch nehmen können.

(2) Die Mitgliedstaaten sorgen dafür, dass die im Rahmen der Aufnahme gewährten materiellen Leistungen einem angemessenen Lebensstandard entsprechen, der den Lebensunterhalt sowie den Schutz der physischen und psychischen Gesundheit von Antragstellern gewährleistet.

Die Mitgliedstaaten tragen dafür Sorge, dass dieser Lebensstandard gewährleistet ist, wenn es sich um schutzbedürftige Personen im Sinne von Artikel 21 und um in Haft befindliche Personen handelt.

(3) Die Mitgliedstaaten können die Gewährung aller oder bestimmter materieller Leistungen sowie die medizinische Versorgung davon abhängig machen, dass die Antragsteller nicht über ausreichende Mittel für einen Lebensstandard verfügen, der ihre Gesundheit und ihren Lebensunterhalt gewährleistet.

(4) Die Mitgliedstaaten können von den Antragstellern verlangen, dass sie für die Kosten der in dieser Richtlinie im Rahmen der Aufnahme vorgesehenen materiellen Leistungen sowie der medizinischen Versorgung gemäß

Absatz 3 ganz oder teilweise aufkommen, sofern sie über ausreichende Mittel verfügen, beispielsweise wenn sie über einen angemessenen Zeitraum gearbeitet haben.

Stellt sich heraus, dass ein Antragsteller zum Zeitpunkt der Gewährung der materiellen Leistungen sowie der medizinischen Versorgung über ausreichende Mittel verfügt hat, um diese Grundbedürfnisse zu decken, können die Mitgliedstaaten eine Erstattung von dem Antragsteller verlangen.

(5) Wenn die Mitgliedstaaten im Rahmen der Aufnahme materielle Leistungen in Form von Geldleistungen oder Gutscheinen gewähren, bemisst sich deren Umfang auf Grundlage des Leistungsniveaus, das der betreffende Mitgliedstaat nach Maßgabe der einzelstaatlichen Rechtsvorschriften oder nach den Gepflogenheiten anwendet, um eigenen Staatsangehörigen einen angemessenen Lebensstandard zu gewährleisten. Die Mitgliedstaaten können Antragstellern in dieser Hinsicht eine weniger günstige Behandlung im Vergleich mit eigenen Staatsangehörigen zuteil werden lassen, insbesondere wenn materielle Unterstützung teilweise in Form von Sachleistungen gewährt wird oder wenn das, auf eigene Staatsangehörige anzuwendende, Leistungsniveau darauf abzielt, einen Lebensstandard zu gewährleisten, der über dem nach dieser Richtlinie für Antragsteller vorgeschriebenen Lebensstandard liegt.

Artikel 18 Modalitäten der im Rahmen der Aufnahme gewährten materiellen Leistungen

(1) Sofern die Unterbringung als Sachleistung erfolgt, sollte eine der folgenden Unterbringungsmöglichkeiten oder eine Kombination davon gewählt werden:

a) Räumlichkeiten zur Unterbringung von Antragstellern für die Dauer der Prüfung eines an der Grenze oder in Transitzonen gestellten Antrags auf internationalen Schutz;

b) Unterbringungszentren, die einen angemessenen Lebensstandard gewährleisten;

c) Privathäuser, Wohnungen, Hotels oder andere für die Unterbringung von Antragstellern geeignete Räumlichkeiten.

(2) Unbeschadet besonderer Haftbedingungen nach den Artikeln 10 und 11 in Bezug auf die Unterbringung nach Absatz 1 Buchstaben a, b und c dieses Artikels tragen die Mitgliedstaaten dafür Sorge, dass

a) Antragstellern der Schutz ihres Familienlebens gewährleistet wird;

b) Antragsteller die Möglichkeit haben, mit Verwandten, Rechtsbeistand oder Beratern, Personen, die den UNHCR vertreten, und anderen einschlägig tätigen nationalen und internationalen Organisationen sowie Nichtregierungsorganisationen in Verbindung zu treten;

c) Familienangehörige, Rechtsbeistand oder Berater, Personen, die den UNHCR vertreten, und einschlägig tätige von dem betreffenden Mitgliedstaat anerkannte Nichtregierungsorganisationen Zugang erhalten, um den Antragstellern zu helfen. Der Zugang darf nur aus Gründen der Sicherheit der betreffenden Räumlichkeiten oder der Antragsteller eingeschränkt werden.

(3) Bei der Unterbringung der Antragsteller in den in Absatz 1 Buchstaben a und b genannten Räumlichkeiten und Unterbringungszentren berücksichtigen die Mitgliedstaaten geschlechts- und altersspezifische Aspekte sowie die Situation von schutzbedürftigen Personen.

(4) Die Mitgliedstaaten treffen geeignete Maßnahmen, damit Übergriffe und geschlechtsbezogene Gewalt einschließlich sexueller Übergriffe und Belästigung in den in Absatz 1 Buchstaben a und b genannten Räumlichkeiten und Unterbringungszentren verhindert werden.

(5) Die Mitgliedstaaten tragen so weit wie möglich dafür Sorge, dass abhängige erwachsene Antragsteller mit besonderen Bedürfnissen bei der Aufnahme gemeinsam mit nahen volljährigen Verwandten untergebracht werden, die sich bereits in demselben Mitgliedstaat aufhalten und die für sie ent-

weder nach dem einzelstaatlichen Recht oder den Gepflogenheiten des betreffenden Mitgliedstaats verantwortlich sind.

(6) Die Mitgliedstaaten tragen dafür Sorge, dass Antragsteller nur dann in eine andere Einrichtung verlegt werden, wenn dies notwendig ist. Die Mitgliedstaaten ermöglichen den Antragstellern, ihren Rechtsbeistand oder Berater über die Verlegung und die neue Adresse zu informieren.

(7) Das in den Unterbringungszentren eingesetzte Personal muss angemessen geschult sein und unterliegt in Bezug auf die Informationen, die es durch seine Arbeit erhält, der Schweigepflicht, wie sie im einzelstaatlichen Recht vorgesehen ist.

(8) Die Mitgliedstaaten können die Antragsteller über einen Beirat oder eine Abordnung der untergebrachten Personen an der Verwaltung der materiellen und der nicht materiellen Aspekte des Lebens in dem Zentrum beteiligen.

(9) In begründeten Ausnahmefällen können die Mitgliedstaaten für einen angemessenen Zeitraum, der so kurz wie möglich sein sollte, andere Modalitäten der im Rahmen der Aufnahme gewährten materiellen Leistungen festlegen als in diesem Artikel vorgesehen, wenn

a) eine Beurteilung der spezifischen Bedürfnisse des Antragstellers gemäß Artikel 22 erforderlich ist;
b) die üblicherweise verfügbaren Unterbringungskapazitäten vorübergehend erschöpft sind.

Bei derartig anderen Aufnahmemodalitäten werden unter allen Umständen die Grundbedürfnisse gedeckt.

Artikel 19 Medizinische Versorgung

(1) Die Mitgliedstaaten tragen dafür Sorge, dass Antragsteller die erforderliche medizinische Versorgung erhalten, die zumindest die Notversorgung und die unbedingt erforderliche Behandlung von Krankheiten und schweren psychischen Störungen umfasst.

(2) Die Mitgliedstaaten gewähren Antragstellern mit besonderen Bedürfnissen bei der Aufnahme die erforderliche medizinische oder sonstige Hilfe, einschließlich erforderlichenfalls einer geeigneten psychologischen Betreuung.

Kapitel III Einschränkung oder Entzug der im Rahmen der Aufnahme gewährten materiellen Leistungen

Artikel 20 Einschränkung oder Entzug der im Rahmen der Aufnahme gewährten materiellen Leistungen

(1) Die Mitgliedstaaten können die im Rahmen der Aufnahme gewährten materiellen Leistungen in begründeten Ausnahmefällen einschränken oder entziehen, wenn ein Antragsteller

a) den von der zuständigen Behörde bestimmten Aufenthaltsort verlässt, ohne diese davon zu unterrichten oder erforderlichenfalls eine Genehmigung erhalten zu haben; oder
b) seinen Melde- und Auskunftspflichten oder Aufforderungen zu persönlichen Anhörungen im Rahmen des Asylverfahrens während einer im einzelstaatlichen Recht festgesetzten angemessenen Frist nicht nachkommt; oder
c) einen Folgeantrag nach Artikel 2 Buchstabe q der Richtlinie 2013/32/EU gestellt hat.

Wird in den unter den Buchstaben a und b genannten Fällen ein Antragsteller aufgespürt oder meldet er sich freiwillig bei der zuständigen Behörde, so ergeht unter Berücksichtigung der Motive des Untertauchens eine ordnungsgemäß begründete Entscheidung über die erneute Gewährung einiger oder aller im Rahmen der Aufnahme gewährten materiellen Leistungen, die entzogen oder eingeschränkt worden sind.

(2) Die Mitgliedstaaten können die im Rahmen der Aufnahme gewährten materiellen Leistungen einschränken, wenn sie nachweisen können, dass der Antragsteller ohne berechtigten Grund nicht so bald wie vernünf-

tigerweise möglich nach der Ankunft in dem betreffenden Mitgliedstaat einen Antrag auf internationalen Schutz gestellt hat.

(3) Die Mitgliedstaaten können die im Rahmen der Aufnahme gewährten materiellen Leistungen einschränken oder entziehen, wenn ein Antragsteller verschwiegen hat, dass er über Finanzmittel verfügt, und dadurch bei der Aufnahme zu Unrecht in den Genuss von materiellen Leistungen gekommen ist.

(4) Die Mitgliedstaaten können Sanktionen für grobe Verstöße gegen die Vorschriften der Unterbringungszentren und grob gewalttätiges Verhalten festlegen.

(5) Entscheidungen über die Einschränkung oder den Entzug der im Rahmen der Aufnahme gewährten materiellen Leistungen oder über Sanktionen nach den Absätzen 1, 2, 3 und 4 dieses Artikels werden jeweils für den Einzelfall, objektiv und unparteiisch getroffen und begründet. Die Entscheidungen sind aufgrund der besonderen Situation der betreffenden Personen, insbesondere im Hinblick auf die in Artikel 21 genannten Personen, unter Berücksichtigung des Verhältnismäßigkeitsprinzips zu treffen. Die Mitgliedstaaten gewährleisten im Einklang mit Artikel 19 in jedem Fall Zugang zur medizinischen Versorgung und gewährleisten einen würdigen Lebensstandard für alle Antragsteller.

(6) Die Mitgliedstaaten gewährleisten, dass im Rahmen der Aufnahme gewährte materielle Leistungen nicht entzogen oder eingeschränkt werden, bevor eine Entscheidung nach Maßgabe von Absatz 5 ergeht.

Kapitel IV
Bestimmungen für schutzbedürftige Personen

Artikel 21 Allgemeiner Grundsatz

Die Mitgliedstaaten berücksichtigen in dem einzelstaatlichen Recht zur Umsetzung dieser Richtlinie die spezielle Situation von schutzbedürftigen Personen wie Minderjährigen, unbegleiteten Minderjährigen, Behinderten, älteren Menschen, Schwangeren, Alleinerziehenden mit minderjährigen Kindern, Opfern des Menschenhandels, Personen mit schweren körperlichen Erkrankungen, Personen mit psychischen Störungen und Personen, die Folter, Vergewaltigung oder sonstige schwere Formen psychischer, physischer oder sexueller Gewalt erlitten haben, wie z. B. Opfer der Verstümmelung weiblicher Genitalien.

Artikel 22 Beurteilung der besonderen Bedürfnisse schutzbedürftiger Personen bei der Aufnahme

(1) Um Artikel 21 wirksam umzusetzen, beurteilen die Mitgliedstaaten, ob der Antragsteller ein Antragsteller mit besonderen Bedürfnissen bei der Aufnahme ist. Die Mitgliedstaaten ermitteln ferner, welcher Art diese Bedürfnisse sind.

Diese Beurteilung wird innerhalb einer angemessenen Frist nach Eingang eines Antrags auf internationalen Schutz in die Wege geleitet und kann in die bestehenden einzelstaatlichen Verfahren einbezogen werden. Die Mitgliedstaaten sorgen nach Maßgabe dieser Richtlinie dafür, dass derartigen besonderen Bedürfnissen bei der Aufnahme auch dann Rechnung getragen wird, wenn sie erst in einer späteren Phase des Asylverfahrens zutage treten.

Die Mitgliedstaaten tragen dafür Sorge, dass die Unterstützung, die Personen mit besonderen Bedürfnissen bei der Aufnahme nach dieser Richtlinie gewährt wird, ihren Bedürfnissen während der gesamten Dauer des Asylverfahrens Rechnung trägt und ihre Situation in geeigneter Weise verfolgt wird.

(2) Die in Absatz 1 vorgesehene Beurteilung muss nicht in Form eines Verwaltungsverfahrens erfolgen.

(3) Nur schutzbedürftige Personen nach Maßgabe von Artikel 21 können als Personen mit besonderen Bedürfnissen bei der Aufnahme betrachtet werden und erhalten dann die in dieser Richtlinie vorgesehene spezifische Unterstützung.

(4) Die in Absatz 1 vorgesehene Beurteilung lässt die Bewertung des Bedarfs an interna-

II

tionalem Schutz gemäß der Richtlinie 2011/95/EU unberührt.

Artikel 23 Minderjährige

(1) Bei der Anwendung der Minderjährige berührenden Bestimmungen der Richtlinie berücksichtigen die Mitgliedstaaten vorrangig das Wohl des Kindes. Die Mitgliedstaaten gewährleisten einen der körperlichen, geistigen, seelischen, sittlichen und sozialen Entwicklung des Kindes angemessenen Lebensstandard.

(2) Bei der Würdigung des Kindeswohls tragen die Mitgliedstaaten insbesondere folgenden Faktoren Rechnung:

a) der Möglichkeit der Familienzusammenführung;

b) dem Wohlergehen und der sozialen Entwicklung des Minderjährigen unter besonderer Berücksichtigung seines Hintergrunds;

c) Erwägungen der Sicherheit und der Gefahrenabwehr, vor allem wenn es sich bei dem Minderjährigen um ein Opfer des Menschenhandels handeln könnte;

d) den Ansichten des Minderjährigen entsprechend seinem Alter und seiner Reife.

(3) Die Mitgliedstaaten tragen dafür Sorge, dass Minderjährige Gelegenheit zu Freizeitbeschäftigungen einschließlich altersgerechter Spiel- und Erholungsmöglichkeiten in den Räumlichkeiten und Unterbringungszentren gemäß Artikel 18 Absatz 1 Buchstaben a und b sowie zu Aktivitäten im Freien erhalten.

(4) Die Mitgliedstaaten tragen dafür Sorge, dass Minderjährige, die Opfer irgendeiner Form von Missbrauch, Vernachlässigung, Ausbeutung, Folter, grausamer, unmenschlicher oder erniedrigender Behandlung gewesen sind oder unter bewaffneten Konflikten gelitten haben, Rehabilitationsmaßnahmen in Anspruch nehmen können und dass im Bedarfsfall eine geeignete psychologische Betreuung und eine qualifizierte Beratung angeboten wird.

(5) Die Mitgliedstaaten tragen dafür Sorge, dass minderjährige Kinder von Antragstellern oder minderjährige Antragsteller zusammen mit ihren Eltern, ihren unverheirateten minderjährigen Geschwistern oder dem Erwachsenen, der nach dem einzelstaatlichen Recht oder nach den Gepflogenheiten des betreffenden Mitgliedstaats verantwortlich ist, untergebracht werden, sofern es dem Wohl der betreffenden Minderjährigen dient.

Artikel 24 Unbegleitete Minderjährige

(1) Die Mitgliedstaaten sorgen so bald wie möglich dafür, dass ein Vertreter bestellt wird, der den unbegleiteten Minderjährigen vertritt und unterstützt, damit dieser die Rechte aus dieser Richtlinie in Anspruch nehmen und den sich aus dieser Richtlinie ergebenden Pflichten nachkommen kann. Der unbegleitete Minderjährige wird unverzüglich über die Bestellung des Vertreters informiert. Der Vertreter muss seine Aufgaben im Einklang mit dem Grundsatz des Kindeswohls gemäß Artikel 23 Absatz 2 wahrnehmen und entsprechend versiert sein. Um das Wohlergehen und die soziale Entwicklung des Minderjährigen gemäß Artikel 23 Absatz 2 Buchstabe b zu gewährleisten, wechselt die als Vertreter handelnde Person nur im Notfall. Organisationen oder Einzelpersonen, deren Interessen denen des unbegleiteten Minderjährigen zuwiderlaufen oder zuwiderlaufen könnten, kommen als Vertreter nicht in Betracht.

Die zuständigen Behörden nehmen regelmäßig Bewertungen vor, auch was die Verfügbarkeit der Mittel betrifft, die für die Vertretung des unbegleiteten Minderjährigen erforderlich sind.

(2) Unbegleitete Minderjährige, die internationalen Schutz beantragt haben, werden ab dem Zeitpunkt der Zulassung in das Hoheitsgebiet bis zu dem Zeitpunkt, zu dem sie den Mitgliedstaat, in dem der Antrag auf internationalen Schutz gestellt worden ist oder geprüft wird, verlassen müssen, untergebracht:

a) bei erwachsenen Verwandten;

b) in einer Pflegefamilie;

c) in Aufnahmezentren mit speziellen Einrichtungen für Minderjährige;

d) in anderen für Minderjährige geeigneten Unterkünften.

Die Mitgliedstaaten können unbegleitete Minderjährige ab 16 Jahren in Aufnahmezentren für erwachsene Antragsteller unterbringen, wenn dies gemäß Artikel 23 Absatz 2 ihrem Wohl dient.

Geschwister sollen möglichst zusammen bleiben, wobei das Wohl des betreffenden Minderjährigen, insbesondere sein Alter und sein Reifegrad, zu berücksichtigen ist. Wechsel des Aufenthaltsorts sind bei unbegleiteten Minderjährigen auf ein Mindestmaß zu beschränken.

(3) Die Mitgliedstaaten beginnen – erforderlichenfalls mit Unterstützung internationaler oder anderer einschlägig tätiger Organisationen – baldmöglichst nach Eingang eines Antrags auf internationalen Schutz mit der Suche nach Familienangehörigen des unbegleiteten Minderjährigen und tragen gleichzeitig für sein Wohl Sorge. In Fällen, in denen das Leben oder die Unversehrtheit des Minderjährigen oder seiner nahen Verwandten bedroht sein könnte, insbesondere wenn diese im Herkunftsland geblieben sind, ist darauf zu achten, dass die Erfassung, Verarbeitung und Weitergabe von Informationen über diese Personen vertraulich erfolgt, um ihre Sicherheit nicht zu gefährden.

(4) Das Betreuungspersonal für unbegleitete Minderjährige muss im Hinblick auf die Bedürfnisse von Minderjährigen adäquat ausgebildet sein und sich angemessen fortbilden; es unterliegt in Bezug auf die Informationen, die es durch seine Arbeit erhält, der Schweigepflicht, wie sie im einzelstaatlichen Recht definiert ist.

Artikel 25 Opfer von Folter und Gewalt

(1) Die Mitgliedstaaten tragen dafür Sorge, dass Personen, die Folter, Vergewaltigung oder andere schwere Gewalttaten erlitten haben, die Behandlung – insbesondere Zugang zu einer adäquaten medizinischen und psychologischen Behandlung oder Betreuung – erhalten, die für den Schaden, welcher ihnen durch derartige Handlungen zugefügt wurde, erforderlich ist.

(2) Das Betreuungspersonal für Opfer von Folter, Vergewaltigung und anderen schweren Gewalttaten muss im Hinblick auf die Bedürfnisse der Opfer adäquat ausgebildet sein und sich angemessen fortbilden; es unterliegt in Bezug auf die Informationen, die es durch seine Arbeit erhält, der Schweigepflicht, wie sie im einzelstaatlichen Recht definiert ist.

Kapitel V
Rechtsbehelfe

Artikel 26 Rechtsbehelfe

(1) Die Mitgliedstaaten stellen sicher, dass gegen Entscheidungen im Zusammenhang mit der Gewährung, dem Entzug oder der Einschränkung von Vorteilen gemäß dieser Richtlinie oder gegen Entscheidungen gemäß Artikel 7, die Antragsteller individuell betreffen, ein Rechtsbehelf nach den im einzelstaatlichen Recht vorgesehenen Verfahren eingelegt werden kann. Zumindest in der letzten Instanz ist die Möglichkeit einer auf Sach- und Rechtsfragen gerichteten Überprüfung durch eine Justizbehörde vorzusehen.

(2) Im Falle eines Rechtsbehelfs oder einer Überprüfung durch eine Justizbehörde nach Absatz 1 sorgen die Mitgliedstaaten dafür, dass unentgeltlich Rechtsberatung und -vertretung in Anspruch genommen werden kann, soweit diese zur Gewährleistung eines wirksamen Rechtsschutzes erforderlich ist. Dies umfasst zumindest die Vorbereitung der erforderlichen Verfahrensdokumente und die Vertretung vor den Justizbehörden im Namen des Antragstellers.

Die unentgeltliche Rechtsberatung und -vertretung erfolgt durch nach einzelstaatlichem Recht zugelassene oder befugte Personen, deren Interessen nicht mit denen der Antragsteller in Konflikt stehen oder stehen könnten.

(3) Die Mitgliedstaaten können darüber hinaus vorsehen, dass die unentgeltliche Rechtsberatung und -vertretung nur gewährt wird

a) für diejenigen, die nicht über ausreichende finanzielle Mittel verfügen; und/oder

b) durch Rechtsbeistand oder sonstige Berater, die nach nationalem Recht zur Unterstützung und Vertretung von Antragstellern bestimmt wurden.

Die Mitgliedstaaten können vorsehen, dass unentgeltliche Rechtsberatung und -vertretung nicht in Anspruch genommen werden kann, wenn eine zuständige Stelle der Auffassung ist, dass der Rechtsbehelf oder die Überprüfung keine konkrete Aussicht auf Erfolg haben. In einem solchen Fall sorgen die Mitgliedstaaten dafür, dass die Rechtsberatung und -vertretung nicht willkürlich eingeschränkt wird und der Antragsteller auch weiterhin einen wirksamen Rechtsschutz genießt.

(4) Ferner können die Mitgliedstaaten

a) für die unentgeltliche Rechtsberatung und -vertretung eine finanzielle und/oder zeitliche Begrenzung vorsehen, soweit dadurch der Zugang zu Rechtsberatung und -vertretung nicht willkürlich eingeschränkt wird;

b) vorsehen, dass Antragstellern hinsichtlich der Gebühren und anderen Kosten keine günstigere Behandlung zuteil wird, als sie den eigenen Staatsangehörigen in Fragen der Rechtsberatung im Allgemeinen gewährt wird.

(5) Die Mitgliedstaaten können verlangen, dass der Antragsteller ihnen die entstandenen Kosten ganz oder teilweise zurückerstattet, wenn sich seine finanzielle Lage beträchtlich verbessert hat oder wenn die Entscheidung zur Übernahme solcher Kosten aufgrund falscher Angaben des Antragstellers getroffen wurde.

(6) Die Verfahren für die Inanspruchnahme von Rechtsberatung und -vertretung werden im einzelstaatlichen Recht geregelt.

Kapitel VI
Maßnahmen zur Verbesserung der Effizienz des Aufnahmesystems

Artikel 27 Zuständige Behörden

Jeder Mitgliedstaat teilt der Kommission mit, welche Behörden für die Erfüllung der Verpflichtungen aus dieser Richtlinie zuständig sind. Die Mitgliedstaaten setzen die Kommission über jegliche Änderungen, die diese Behörden betreffen, in Kenntnis.

Artikel 28 System zur Lenkung, Überwachung und Steuerung

(1) Die Mitgliedstaaten führen im Einklang mit ihrer verfassungsrechtlichen Struktur Mechanismen ein, um eine geeignete Lenkung, Überwachung und Steuerung des Niveaus der im Rahmen der Aufnahmebedingungen gewährten Vorteile sicherzustellen.

(2) Die Mitgliedstaaten übermitteln der Kommission unter Verwendung des Vordrucks in Anhang I spätestens am 20. Juli 2016 die entsprechenden Informationen.

Artikel 29 Personal und Ressourcen

(1) Die Mitgliedstaaten treffen geeignete Maßnahmen, um sicherzustellen, dass die Behörden und Organisationen, die diese Richtlinie anwenden, die nötige Grundausbildung erhalten haben, um den Bedürfnissen männlicher und weiblicher Antragsteller gerecht werden zu können.

(2) Die Mitgliedstaaten stellen die Ressourcen bereit, die im Zusammenhang mit dem nationalen Recht zur Anwendung dieser Richtlinie erforderlich sind.

Kapitel VII
Schlussbestimmungen

Artikel 30 Berichterstattung

Die Kommission erstattet dem Europäischen Parlament und dem Rat spätestens am 20. Juli 2017 Bericht über die Anwendung dieser Richtlinie und schlägt gegebenenfalls Änderungen vor.

Die Mitgliedstaaten übermitteln der Kommission bis zum 20. Juli 2016 alle für die Erstellung dieses Berichts sachdienlichen Informationen.

Nach Vorlage des ersten Berichts erstattet die Kommission dem Europäischen Parlament und dem Rat mindestens alle fünf Jahre Bericht über die Anwendung dieser Richtlinie.

Artikel 31 Umsetzung

(1) Die Mitgliedstaaten setzen die erforderlichen Rechts- und Verwaltungsvorschriften in Kraft, um den Artikeln 1 bis 12, 14 bis 28 und 30 und Anhang I bis spätestens 20. Juli 2015 nachzukommen. Sie teilen der Kommission unverzüglich den Wortlaut dieser Vorschriften mit.

Bei Erlass dieser Vorschriften nehmen die Mitgliedstaaten in den Vorschriften selbst oder durch einen Hinweis bei der amtlichen Veröffentlichung auf diese Richtlinie Bezug. In diese Vorschriften fügen sie die Erklärung ein, dass Bezugnahmen in den geltenden Rechts- und Verwaltungsvorschriften auf die durch diese Richtlinie aufgehobene Richtlinie als Bezugnahmen auf die vorliegende Richtlinie gelten. Die Mitgliedstaaten regeln die Einzelheiten dieser Bezugnahme und die Formulierung dieser Erklärung.

(2) Die Mitgliedstaaten teilen der Kommission den Wortlaut der wichtigsten einzelstaatlichen Rechtsvorschriften mit, die sie auf dem unter diese Richtlinie fallenden Gebiet erlassen.

Artikel 32 Aufhebung

Die Richtlinie 2003/9/EG wird im Verhältnis zu den Mitgliedstaaten, die durch diese Richtlinie gebunden sind, unbeschadet der Verpflichtungen dieser Mitgliedstaaten hinsichtlich der in Anhang II Teil B genannten Frist für die Umsetzung der Richtlinie in einzelstaatliches Recht mit Wirkung vom 21. Juli 2015 aufgehoben.

Bezugnahmen auf die aufgehobene Richtlinie gelten als Bezugnahmen auf die vorliegende Richtlinie und sind nach Maßgabe der Entsprechungstabelle in Anhang III zu lesen.

Artikel 33 Inkrafttreten und Geltung

Diese Richtlinie tritt am zwanzigsten Tag nach ihrer Veröffentlichung im *Amtsblatt der Europäischen Union* in Kraft.

Die Artikel 13 und 29 gelten ab dem 21. Juli 2015.

Artikel 34 Adressaten

Diese Richtlinie ist gemäß den Verträgen an die Mitgliedstaaten gerichtet.

II

Anhang I

Vordruck für die Mitteilung der von den Mitgliedstaaten gemäß Artikel 28 Absatz 2 zu übermittelnden Informationen

Nach dem in Artikel 28 Absatz 2 genannten Zeitpunkt übermitteln die Mitgliedstaaten der Kommission erneut diese Informationen, wenn sich die einzelstaatlichen Rechtsvorschriften oder Gepflogenheiten wesentlich geändert haben, so dass die mitgeteilten Informationen überholt sind.

1. Bitte erläutern Sie auf der Grundlage von Artikel 2 Buchstabe k und Artikel 22 die verschiedenen Schritte zur Ermittlung von Personen mit besonderen Bedürfnissen bei der Aufnahme; bitte geben Sie dabei auch an, zu welchem Zeitpunkt hiermit begonnen wird und inwieweit solchen Bedürfnissen Rechnung getragen wird, insbesondere im Falle von unbegleiteten Minderjährigen, Personen, die Folter, Vergewaltigung oder sonstige schwere Formen psychischer, physischer oder sexueller Gewalt erlitten haben, und Opfern des Menschenhandels.
2. Bitte machen Sie umfassende Angaben zu Art, Bezeichnung und Form der Dokumente, auf die in Artikel 6 verwiesen wird.
3. Bitte geben Sie unter Bezugnahme auf Artikel 15 an, inwieweit an den Arbeitsmarktzugang für Antragsteller bestimmte Bedingungen geknüpft sind, und erläutern Sie solche Beschränkungen im Einzelnen.
4. Bitte machen Sie unter Bezugnahme auf Artikel 2 Buchstabe g Angaben zu der Form, in der im Rahmen der Aufnahme materielle Leistungen gewährt werden (d. h. in Form von Sachleistungen, Geldleistungen oder Gutscheinen oder einer Kombination derartiger Leistungen), und geben Sie die Höhe des Geldbetrags an, den Antragsteller zur Deckung des täglichen Bedarfs erhalten.
5. Bitte erläutern Sie – soweit zutreffend – unter Bezugnahme auf Artikel 17 Absatz 5 die Höhe des/der nach Maßgabe der einzelstaatlichen Rechtsvorschriften oder der Gepflogenheiten des betreffenden Mitgliedstaats zugrunde gelegte(n) Betrags/Beträge zur Ermittlung des Umfangs der Antragstellern zu gewährenden finanziellen Unterstützung. Sofern Antragsteller im Vergleich zu Staatsangehörigen weniger günstig behandelt werden, sind die Gründe hierfür zu erläutern.

Anhang II

Teil A
Aufgehobene Richtlinie

(gemäß Artikel 32)

Richtlinie 2003/9/EG des Rates (ABl. L 31 vom 6. 2. 2003, S. 18).

Teil B
Frist für die Umsetzung in einzelstaatliches Recht

(gemäß Artikel 32)

Richtlinie	Umsetzungsfrist
2003/9/EG	6. Februar 2005

Anhang III

Entsprechungstabelle

Richtlinie 2003/9/EG	Diese Richtlinie
Artikel 1	*Artikel 1*
Artikel 2 einleitender Satzteil	Artikel 2 einleitender Satzteil
Artikel 2 Buchstabe a	–
Artikel 2 Buchstabe b	–
–	Artikel 2 Buchstabe a
Artikel 2 Buchstabe c	Artikel 2 Buchstabe b
Artikel 2 Buchstabe d einleitender Satzteil	Artikel 2 Buchstabe c einleitender Satzteil
Artikel 2 Buchstabe d Ziffer i	Artikel 2 Buchstabe c erster Gedankenstrich
Artikel 2 Buchstabe d Ziffer ii	Artikel 2 Buchstabe c zweiter Gedankenstrich
–	Artikel 2 Buchstabe c dritter Gedankenstrich
Artikel 2 Buchstaben e, f und g	–
–	Artikel 2 Buchstabe d
Artikel 2 Buchstabe h	Artikel 2 Buchstabe e
Artikel 2 Buchstabe i	Artikel 2 Buchstabe f
Artikel 2 Buchstabe j	Artikel 2 Buchstabe g
Artikel 2 Buchstabe k	Artikel 2 Buchstabe h
Artikel 2 Buchstabe l	Artikel 2 Buchstabe i
–	Artikel 2 Buchstabe j
–	Artikel 2 Buchstabe k
Artikel 3	*Artikel 3*

Richtlinie 2003/9/EG	Diese Richtlinie
Artikel 4	*Artikel 4*
Artikel 5	*Artikel 5*
Artikel 6 Absätze 1 bis 5	Artikel 6 Absätze 1 bis 5
–	Artikel 6 Absatz 6
Artikel 7 Absätze 1 und 2	Artikel 7 Absätze 1 und 2
Artikel 7 Absatz 3	–
Artikel 7 Absätze 4 bis 6	Artikel 7 Absätze 3 bis 5
–	*Artikel 8*
–	*Artikel 9*
–	*Artikel 10*
–	*Artikel 11*
Artikel 8	*Artikel 12*
Artikel 9	*Artikel 13*
Artikel 10 Absatz 1	Artikel 14 Absatz 1
Artikel 10 Absatz 2	Artikel 14 Absatz 2 Unterabsatz 1
–	Artikel 14 Absatz 2 Unterabsatz 2
Artikel 10 Absatz 3	Artikel 14 Absatz 3
Artikel 11 Absatz 1	–
–	Artikel 15 Absatz 1
Artikel 11 Absatz 2	Artikel 15 Absatz 2
Artikel 11 Absatz 3	Artikel 15 Absatz 3
Artikel 11 Absatz 4	–
Artikel 12	*Artikel 16*
Artikel 13 Absätze 1 bis 4	Artikel 17 Absätze 1 bis 4
Artikel 13 Absatz 5	–
–	Artikel 17 Absatz 5
Artikel 14 Absatz 1	Artikel 18 Absatz 1
Artikel 14 Absatz 2 Unterabsatz 1 einleitender Satzteil Buchstaben a und b	Artikel 18 Absatz 2 einleitender Satzteil Buchstaben a und b
Artikel 14 Absatz 7	Artikel 18 Absatz 2 Buchstabe c
–	Artikel 18 Absatz 3
Artikel 14 Absatz 2 Unterabsatz 2	Artikel 18 Absatz 4
Artikel 14 Absatz 3	–
–	Artikel 18 Absatz 5
Artikel 14 Absatz 4	Artikel 18 Absatz 6
Artikel 14 Absatz 5	Artikel 18 Absatz 7
Artikel 14 Absatz 6	Artikel 18 Absatz 8
Artikel 14 Absatz 8 Unterabsatz 1 einleitender Satzteil erster Gedankenstrich	Artikel 18 Absatz 9 Unterabsatz 1 einleitender Satzteil Buchstabe a
Artikel 14 Absatz 8 Unterabsatz 1 zweiter Gedankenstrich	–

Richtlinie 2003/9/EG	Diese Richtlinie
Artikel 14 Absatz 8 Unterabsatz 1 dritter Gedankenstrich	Artikel 18 Absatz 9 Unterabsatz 1 Buchstabe b
Artikel 14 Absatz 8 Unterabsatz 1 vierter Gedankenstrich	–
Artikel 14 Absatz 8 Unterabsatz 2	Artikel 18 Absatz 9 Unterabsatz 2
Artikel 15	*Artikel 19*
Artikel 16 Absatz 1 einleitender Satzteil	Artikel 20 Absatz 1 einleitender Satzteil
Artikel 16 Absatz 1 Buchstabe a Unterabsatz 1 erster, zweiter und dritter Gedankenstrich	Artikel 20 Absatz 1 Unterabsatz 1 Buchstaben a, b und c
Artikel 16 Absatz 1 Buchstabe a Unterabsatz 2	Artikel 20 Absatz 1 Unterabsatz 2
Artikel 16 Absatz 1 Buchstabe b	–
Artikel 16 Absatz 2	–
–	Artikel 20 Absätze 2 und 3
Artikel 16 Absätze 3 bis 5	Artikel 20 Absätze 4 bis 6
Artikel 17 Absatz 1	*Artikel 21*
Artikel 17 Absatz 2	–
–	*Artikel 22*
Artikel 18 Absatz 1	Artikel 23 Absatz 1
–	Artikel 23 Absätze 2 und 3
Artikel 18 Absatz 2	Artikel 23 Absatz 4
–	Artikel 23 Absatz 5
Artikel 19	*Artikel 24*
Artikel 20	Artikel 25 Absatz 1
–	Artikel 25 Absatz 2
Artikel 21 Absatz 1	Artikel 26 Absatz 1
–	Artikel 26 Absätze 2 bis 5
Artikel 21 Absatz 2	Artikel 26 Absatz 6
Artikel 22	–
–	*Artikel 27*
Artikel 23	Artikel 28 Absatz 1
–	Artikel 28 Absatz 2
Artikel 24	*Artikel 29*
Artikel 25	*Artikel 30*
Artikel 26	*Artikel 31*
–	*Artikel 32*
Artikel 27	Artikel 33 Absatz 1
–	Artikel 33 Absatz 2
Artikel 28	*Artikel 34*
–	*Anhang I*
–	*Anhang II*
–	Anhang III

II

Richtlinie 2011/95/EU des Europäischen Parlaments und des Rates über Normen für die Anerkennung von Drittstaatsangehörigen oder Staatenlosen als Personen mit Anspruch auf internationalen Schutz, für einen einheitlichen Status für Flüchtlinge oder für Personen mit Anrecht auf subsidiären Schutz und für den Inhalt des zu gewährenden Schutzes (Qualifikationsrichtlinie)

Vom 13. Dezember 2011 (ABl. S. 9)*)

Inhaltsübersicht

---

*) Mit dieser Neufassung wird die bisherige Fassung der Qualifikationsrichtlinie (RL 2004/83/EG) mit Wirkung vom 21. Dezember 2013 aufgehoben (siehe auch Art. 40).

Das Europäische Parlament und der Rat der Europäischen Union –

gestützt auf den Vertrag über die Arbeitsweise der Europäischen Union, insbesondere auf Artikel 78 Absatz 2 Buchstaben a und b,

auf Vorschlag der Europäischen Kommission,

nach Stellungnahme des Europäischen Wirtschafts- und Sozialausschusses[1]),

gemäß dem ordentlichen Gesetzgebungsverfahren[2]),

in Erwägung nachstehender Gründe:

(1) Die Richtlinie 2004/83/EG des Rates vom 29. April 2004 über Mindestnormen für die Anerkennung und den Status von Drittstaatsangehörigen oder Staatenlosen als Flüchtlinge oder als Personen, die anderweitig internationalen Schutz benötigen, und über den Inhalt des zu gewährenden Schutzes[3]) muss in wesentlichen Punkten geändert werden. Aus Gründen der Klarheit empfiehlt es sich, eine Neufassung der genannten Richtlinie vorzunehmen.

(2) Eine gemeinsame Asylpolitik einschließlich eines Gemeinsamen Europäischen Asylsystems ist wesentlicher Bestandteil des Ziels der Europäischen Union, schrittweise einen Raum der Freiheit, der Sicherheit und des Rechts aufzubauen, der allen offen steht, die wegen besonderer Umstände rechtmäßig in der Union um Schutz ersuchen.

(3) Der Europäische Rat kam auf seiner Sondertagung in Tampere vom 15. und 16. Oktober 1999 überein, auf ein Gemeinsames Europäisches Asylsystem hinzuwirken, das sich auf die uneingeschränkte und umfassende Anwendung des Genfer Abkommens vom 28. Juli 1951 über die Rechtsstellung der Flüchtlinge (im Folgenden „Genfer Flüchtlingskonvention") in der Fassung des New Yorker Protokolls vom 31. Januar 1967 (im Folgenden „Protokoll") stützt, damit der Grundsatz der Nichtzurückweisung gewahrt bleibt und niemand dorthin zurückgeschickt wird, wo er Verfolgung ausgesetzt ist.

(4) Die Genfer Flüchtlingskonvention und das Protokoll stellen einen wesentlichen Bestandteil des internationalen Rechtsrahmens für den Schutz von Flüchtlingen dar.

(5) Gemäß den Schlussfolgerungen von Tampere sollte das Gemeinsame Europäische Asylsystem auf kurze Sicht zur Annäherung der Bestimmungen über die Zuerkennung und die Merkmale der Flüchtlingseigenschaft führen.

(6) In den Schlussfolgerungen von Tampere ist ferner festgehalten, dass die Vorschriften über die Flüchtlingseigenschaft durch Maßnahmen zu den Formen des subsidiären Schutzes ergänzt werden sollten, die einer Person, die eines solchen Schutzes bedarf, einen angemessenen Status verleihen.

(7) Die erste Phase auf dem Weg zum Gemeinsamen Europäischen Asylsystem ist nun abgeschlossen. Der Europäische Rat hat auf seiner Tagung vom 4. November 2004 das Haager Programm angenommen, das die Ziele für den Raum der Freiheit, der Sicherheit und des Rechts vorgibt, die im Zeitraum von 2005 bis 2010 erreicht werden sollen. Im Haager Programm ist die Kommission aufgefordert worden, die Bewertung der Rechtsakte aus der ersten Phase abzuschließen und dem Europäischen Parlament und dem Rat die Rechtsakte und Maßnahmen der zweiten Phase so vorzulegen, dass sie vor Ende 2010 angenommen werden können.

(8) In dem am 15. und 16. Oktober 2008 angenommenen Europäischen Pakt zu Einwanderung und Asyl hat der Europäische Rat festgestellt, dass zwischen den Mitgliedstaaten weiterhin beträchtliche Unterschiede bei der Gewährung von Schutz und den Formen dieses Schutzes bestehen und gefordert, dass neue Initiativen ergriffen werden sollten, um die Einführung des im Haager Programm vor-

---

[1]) ABl. C 18 vom 19. 1. 2011, S. 80.

[2]) Standpunkt des Europäischen Parlaments vom 27. Oktober 2011 (noch nicht im Amtsblatt veröffentlicht) und Beschluss des Rates vom 24. November 2011.

[3]) ABl. L 304 vom 30. 9. 2004, S. 12.

gesehenen Gemeinsamen Europäischen Asylsystems zu vollenden und so ein höheres Schutzniveau zu bieten.

(9) Im Programm von Stockholm hat der Europäische Rat wiederholt sein Ziel betont, bis spätestens 2012 auf der Grundlage eines gemeinsamen Asylverfahrens und eines einheitlichen Status gemäß Artikel 78 des Vertrags über die Arbeitsweise der Europäischen Union (AEUV) für Personen, denen internationaler Schutz gewährt wurde, einen gemeinsamen Raum des Schutzes und der Solidarität, zu errichten.

(10) Angesichts der Bewertungsergebnisse empfiehlt es sich in dieser Phase, die der Richtlinie 2004/83/EG zugrunde liegenden Prinzipien zu bestätigen sowie eine stärkere Angleichung der Vorschriften zur Zuerkennung und zum Inhalt des internationalen Schutzes auf der Grundlage höherer Standards anzustreben.

(11) Die Bemühungen der Mitgliedstaaten bei der Umsetzung der für die zweite Phase des Gemeinsamen Europäischen Asylsystems vorgegebenen Standards, insbesondere die Bemühungen der Mitgliedstaaten, deren Asylsystem vor allem aufgrund ihrer geografischen oder demografischen Lage einem besonderen und unverhältnismäßigen Druck ausgesetzt ist, sollten mit Mitteln des Europäischen Flüchtlingsfonds und des Europäischen Unterstützungsbüros für Asylfragen in geeigneter Weise unterstützt werden.

(12) Das wesentliche Ziel dieser Richtlinie besteht darin, einerseits zu gewährleisten, dass die Mitgliedstaaten gemeinsame Kriterien zur Bestimmung der Personen anwenden, die tatsächlich Schutz benötigen, und andererseits sicherzustellen, dass diesen Personen in allen Mitgliedstaaten ein Mindestniveau von Leistungen geboten wird.

(13) Die Angleichung der Rechtsvorschriften über die Zuerkennung und den Inhalt der Flüchtlingseigenschaft und des subsidiären Schutzes sollte dazu beitragen, die Sekundärmigration von Personen, die internationalen Schutz beantragt haben, zwischen Mitgliedstaaten einzudämmen, soweit sie ausschließlich auf unterschiedlichen Rechtsvorschriften beruht.

(14) Die Mitgliedstaaten sollten die Befugnis haben, günstigere Regelungen als die in dieser Richtlinie vorgesehenen Normen für Drittstaatsangehörige oder Staatenlose, die um internationalen Schutz in einem Mitgliedstaat ersuchen, einzuführen oder beizubehalten, wenn ein solcher Antrag als mit der Begründung gestellt verstanden wird, dass der Betreffende entweder ein Flüchtling im Sinne von Artikel 1 Abschnitt A der Genfer Konvention oder eine Person mit Anspruch auf subsidiären Schutz ist.

(15) Diejenigen Drittstaatsangehörigen oder Staatenlosen, die in den Hoheitsgebieten der Mitgliedstaaten verbleiben dürfen, nicht weil sie internationalen Schutz benötigen, sondern aus familiären oder humanitären Ermessensgründen, fallen nicht unter diese Richtlinie.

(16) Diese Richtlinie achtet die Grundrechte und befolgt insbesondere die in der Charta der Grundrechte der Europäischen Union anerkannten Grundsätze. Sie zielt insbesondere darauf ab, die uneingeschränkte Wahrung der Menschenwürde und des Asylrechts für Asylsuchende und die sie begleitenden Familienangehörigen sicherzustellen sowie die Anwendung der Artikel 1, 7, 11, 14, 15, 16, 18, 21, 24, 34 und 35 der Charta zu fördern, und sollte daher entsprechend umgesetzt werden.

(17) In Bezug auf die Behandlung von Personen, die unter diese Richtlinie fallen, sind die Mitgliedstaaten an ihre Verpflichtungen aus den völkerrechtlichen Instrumenten gebunden, denen sie beigetreten sind, einschließlich insbesondere derjenigen, nach denen eine Diskriminierung verboten ist.

(18) Bei der Umsetzung dieser Richtlinie sollten die Mitgliedstaaten im Einklang mit dem Übereinkommen der Vereinten Nationen von 1989 über die Rechte des Kindes vorrangig das „Wohl des Kindes" berücksichtigen. Bei der Bewertung der Frage, was dem Wohl des Kindes dient, sollten die Mitgliedstaaten insbesondere dem Grundsatz des Familienverbands, dem Wohlergehen und der sozialen Entwicklung des Minderjährigen, Sicherheitsaspekten sowie dem Willen des Minderjähri-

gen unter Berücksichtigung seines Alters und seiner Reife Rechnung tragen.

(19) Der Begriff „Familienangehörige" muss ausgeweitet werden, wobei den unterschiedlichen besonderen Umständen der Abhängigkeit Rechnung zu tragen und das Wohl des Kindes besonders zu berücksichtigen ist.

(20) Diese Richtlinie lässt das Protokoll über die Gewährung von Asyl für Staatsangehörige von Mitgliedstaaten der Europäischen Union, das dem Vertrag über die Europäische Union (EUV) und dem AEUV beigefügt ist, unberührt.

(21) Die Zuerkennung der Flüchtlingseigenschaft ist ein deklaratorischer Akt.

(22) Konsultationen mit dem Hohen Kommissar der Vereinten Nationen für Flüchtlinge können den Mitgliedstaaten wertvolle Hilfe bei der Bestimmung der Flüchtlingseigenschaft nach Artikel 1 der Genfer Flüchtlingskonvention bieten.

(23) Es sollten Normen für die Bestimmung und die Merkmale der Flüchtlingseigenschaft festgelegt werden, um die zuständigen innerstaatlichen Behörden der Mitgliedstaaten bei der Anwendung der Genfer Flüchtlingskonvention zu leiten.

(24) Es müssen gemeinsame Kriterien für die Anerkennung von Asylbewerbern als Flüchtlinge im Sinne von Artikel 1 der Genfer Flüchtlingskonvention eingeführt werden.

(25) Insbesondere ist es erforderlich, gemeinsame Konzepte zu entwickeln zu: aus Nachfluchtgründen („sur place") entstehendem Schutzbedarf, Schadensursachen und Schutz, internem Schutz und Verfolgung einschließlich der Verfolgungsgründe.

(26) Schutz kann, wenn der Wille und die Fähigkeit gegeben sind, Schutz zu bieten, entweder vom Staat oder von Parteien oder Organisationen, einschließlich internationaler Organisationen, geboten werden, die die in dieser Richtlinie festgelegten Voraussetzungen erfüllen und eine Region oder ein größeres Gebiet innerhalb des Staatsgebiets beherrschen. Ein solcher Schutz sollte wirksam und nicht nur vorübergehender Art sein.

(27) Interner Schutz vor Verfolgung oder ernsthaftem Schaden sollte vom Antragsteller in einem Teil des Herkunftslandes, in den er sicher und legal reisen kann, in dem er aufgenommen wird und bei dem vernünftigerweise erwartet werden kann, dass er sich dort niederlassen kann, tatsächlich in Anspruch genommen werden können. Geht die Verfolgung oder der ernsthafte Schaden vom Staat oder Vertretern des Staates aus, so sollte eine Vermutung dafür bestehen, dass dem Antragsteller kein wirksamer Schutz zur Verfügung steht. Handelt es sich bei dem Antragsteller um einen unbegleiteten Minderjährigen, so sollte die Verfügbarkeit angemessener Betreuungsmöglichkeiten und Sorgerechtsregelungen, die dem Wohl des unbegleiteten Minderjährigen dienen, von der Prüfung der Frage, ob dieser Schutz tatsächlich gewährt werden kann, umfasst werden.

(28) Bei der Prüfung von Anträgen Minderjähriger auf internationalen Schutz sollten die Mitgliedstaaten kinderspezifische Formen von Verfolgung berücksichtigen.

(29) Eine der Voraussetzungen für die Flüchtlingseigenschaft im Sinne von Artikel 1 Abschnitt A der Genfer Flüchtlingskonvention ist das Bestehen eines Kausalzusammenhangs zwischen den Gründen der Verfolgung, nämlich Rasse, Religion, Nationalität, politische Überzeugung oder Zugehörigkeit zu einer bestimmten sozialen Gruppe, und den Verfolgungshandlungen oder dem fehlenden Schutz vor solchen Handlungen.

(30) Es ist ebenso notwendig, einen gemeinsamen Ansatz für den Verfolgungsgrund „Zugehörigkeit zu einer bestimmten sozialen Gruppe" zu entwickeln. Bei der Definition einer bestimmten sozialen Gruppe sind die Aspekte im Zusammenhang mit dem Geschlecht des Antragstellers, einschließlich seiner geschlechtlichen Identität und sexuellen Orientierung, die mit bestimmten Rechtstraditionen und Bräuchen im Zusammenhang stehen können, wie z. B. Genitalverstümmelungen, Zwangssterilisationen oder erzwungene Schwangerschaftsabbrüche, angemessen zu berücksichtigen, soweit sie in Verbindung mit

der begründeten Furcht des Antragstellers vor Verfolgung stehen.

(31) Handlungen im Widerspruch zu den Zielen und Grundsätzen der Vereinten Nationen sind in der Präambel und in den Artikeln 1 und 2 der Charta der Vereinten Nationen dargelegt; sie sind unter anderem in den Resolutionen der Vereinten Nationen zu Antiterrormaßnahmen verankert, in denen erklärt wird, dass die „Handlungen, Methoden und Praktiken des Terrorismus im Widerspruch zu den Zielen und Grundsätzen der Vereinten Nationen stehen" und dass die „wissentliche Finanzierung und Planung terroristischer Handlungen sowie die Anstiftung dazu ebenfalls im Widerspruch zu den Zielen und Grundsätzen der Vereinten Nationen stehen".

(32) Der Begriff „Rechtsstellung" im Sinne von Artikel 14 kann auch die Flüchtlingseigenschaft einschließen.

(33) Ferner sollten Normen für die Bestimmung und die Merkmale des subsidiären Schutzstatus festgelegt werden. Der subsidiäre Schutzstatus sollte den in der Genfer Flüchtlingskonvention festgelegten Schutz für Flüchtlinge ergänzen.

(34) Es müssen gemeinsame Kriterien eingeführt werden, die als Grundlage für die Anerkennung von Personen, die internationalen Schutz beantragen, als Anspruchsberechtigte auf subsidiären Schutz dienen. Diese Kriterien sollten völkerrechtlichen Verpflichtungen der Mitgliedstaaten aus Rechtsakten im Bereich der Menschenrechte und bestehenden Praktiken in den Mitgliedstaaten entsprechen.

(35) Gefahren, denen die Bevölkerung oder eine Bevölkerungsgruppe eines Landes allgemein ausgesetzt sind, stellen für sich genommen normalerweise keine individuelle Bedrohung dar, die als ernsthafter Schaden zu beurteilen wäre.

(36) Familienangehörige sind aufgrund der alleinigen Tatsache, dass sie mit dem Flüchtling verwandt sind, in der Regel gefährdet, in einer Art und Weise verfolgt zu werden, dass ein Grund für die Zuerkennung des Flüchtlingsstatus gegeben sein kann.

(37) Der Begriff der nationalen Sicherheit und öffentlichen Ordnung gilt auch für die Fälle, in denen ein Drittstaatsangehöriger einer Vereinigung angehört, die den internationalen Terrorismus unterstützt, oder er eine derartige Vereinigung unterstützt.

(38) Bei der Gewährung der Ansprüche auf die Leistungen gemäß dieser Richtlinie sollten die Mitgliedstaaten dem Wohl des Kindes sowie den besonderen Umständen der Abhängigkeit der nahen Angehörigen, die sich bereits in dem Mitgliedstaat aufhalten und die nicht Familienmitglieder der Person sind, der internationaler Schutz zuerkannt worden ist, von dieser Person Rechnung tragen. Unter außergewöhnlichen Umständen, wenn es sich bei dem nahen Angehörigen der Person, die Anspruch auf internationalen Schutz hat, um eine verheiratete minderjährige Person handelt, die nicht von ihrem Ehepartner begleitet wird, kann es als dem Wohl der minderjährigen Person dienlich angesehen werden, wenn diese in ihrer ursprünglichen Familie lebt.

(39) Bei der Berücksichtigung der Forderung des Stockholmer Programms nach Einführung eines einheitlichen Status für Flüchtlinge oder für Personen mit Anspruch auf subsidiären Schutz und abgesehen von den Ausnahmeregelungen, die notwendig und sachlich gerechtfertigt sind, sollten Personen, denen subsidiärer Schutz zuerkannt worden ist, dieselben Rechte und Leistungen zu denselben Bedingungen gewährt werden wie Flüchtlingen gemäß dieser Richtlinie.

(40) Innerhalb der durch die internationalen Verpflichtungen vorgegebenen Grenzen können die Mitgliedstaaten festlegen, dass Leistungen im Hinblick auf den Zugang zur Beschäftigung, zur Sozialhilfe, zur medizinischen Versorgung und zu Integrationsmaßnahmen nur dann gewährt werden können, wenn vorab ein Aufenthaltstitel ausgestellt worden ist.

(41) Damit Personen, denen internationaler Schutz zuerkannt worden ist, die in dieser Richtlinie festgelegten Rechte und Leistungen wirksam wahrnehmen können, muss ihren besonderen Bedürfnissen und den speziellen Integrationsproblemen, denen sie sich gegenübersehen, Rechnung getragen werden. Un-

beschadet der Möglichkeit der Mitgliedstaaten, günstigere Normen zu erlassen oder beizubehalten, sollte die Tatsache, dass besonderen Bedürfnissen und den speziellen Integrationsproblemen Rechnung getragen wird, normalerweise nicht zu einer besseren Behandlung führen als derjenigen, die eigenen Staatsangehörigen zuteil wird.

(42) In diesem Zusammenhang sollten Anstrengungen unternommen werden, um insbesondere die Probleme anzugehen, die Personen, denen internationaler Schutz zuerkannt worden ist, daran hindern, beschäftigungsbezogene Bildungsangebote und berufsbildende Maßnahmen tatsächlich in Anspruch zu nehmen, unter anderem die Probleme aufgrund von finanziellen Zwängen.

(43) Diese Richtlinie gilt nicht für finanzielle Zuwendungen, die von den Mitgliedstaaten zur Förderung der Bildung gewährt werden.

(44) Es müssen besondere Maßnahmen in Betracht gezogen werden, um die praktischen Probleme wirksam anzugehen, denen sich Personen, denen internationaler Schutz zuerkannt worden ist, bei der Feststellung der Echtheit ihrer ausländischen Diplome, Prüfungszeugnisse und sonstigen Befähigungsnachweise insbesondere deshalb gegenübersehen, weil sie keine Nachweise vorlegen können und nicht in der Lage sind, die Kosten im Zusammenhang mit den Anerkennungsverfahren zu tragen.

(45) Insbesondere zur Vermeidung sozialer Härtefälle ist es angezeigt, Personen, denen internationaler Schutz zuerkannt worden ist, ohne Diskriminierung im Rahmen der Sozialfürsorge angemessene Unterstützung in Form von Sozialleistungen und Leistungen zur Sicherung des Lebensunterhalts zu gewähren. Bei der Sozialhilfe sollten die Modalitäten und die Einzelheiten der Gewährung der Kernleistungen für Personen, denen der subsidiäre Schutzstatus zuerkannt worden ist, durch das nationale Recht bestimmt werden. Die Möglichkeit der Einschränkung der Sozialhilfe auf Kernleistungen ist so zu verstehen, dass zumindest eine Mindesteinkommensunterstützung sowie Unterstützung bei Krankheit oder bei Schwangerschaft und bei Elternschaft umfasst sind, soweit diese Leistungen nach dem nationalen Recht eigenen Staatsangehörigen gewährt werden.

(46) Der Zugang zur medizinischen Versorgung, einschließlich physischer und psychologischer Betreuung, sollte für Personen, denen internationaler Schutz zuerkannt worden ist, sichergestellt werden.

(47) Die besonderen Bedürfnisse und die besondere Situation von Personen, denen der Flüchtlingsstatus oder der subsidiäre Schutzstatus zuerkannt worden ist, sollten so weit wie möglich in den ihnen angebotenen Integrationsprogrammen berücksichtigt werden, die gegebenenfalls Sprachunterricht und Information über ihre Rechte und Pflichten im Zusammenhang mit ihrem Schutzstatus in dem betreffenden Mitgliedstaat umfassen.

(48) Die Umsetzung dieser Richtlinie sollte in regelmäßigen Abständen bewertet werden, wobei insbesondere der Entwicklung der völkerrechtlichen Verpflichtungen der Mitgliedstaaten im Bereich der Nichtzurückweisung, der Arbeitsmarktentwicklung in den Mitgliedstaaten sowie der Ausarbeitung gemeinsamer Grundprinzipien für die Integration Rechnung zu tragen ist.

(49) Da die Ziele dieser Richtlinie, nämlich die Festlegung von Normen für die Gewährung internationalen Schutzes an Drittstaatsangehörige und Staatenlose durch die Mitgliedstaaten, für einen einheitlichen Status für Flüchtlinge oder für Personen, die Anspruch auf subsidiären Schutz haben, und für den Inhalt des zu gewährenden Schutzes, auf Ebene der Mitgliedstaaten nicht ausreichend erreicht werden können und daher wegen des Umfangs und der Wirkungen dieser Richtlinie besser auf Unionsebene zu verwirklichen sind, kann die Union im Einklang mit dem in Artikel 5 EUV niedergelegten Subsidiaritätsprinzip tätig werden. Entsprechend dem in demselben Artikel genannten Grundsatz der Verhältnismäßigkeit geht diese Richtlinie nicht über das zur Erreichung dieser Ziele erforderliche Maß hinaus.

(50) Nach den Artikeln 1 und 2 und Artikel 4a Absatz 1 des dem EUV und dem AEUV beigefügten Protokolls (Nr. 21) über die Position des

Vereinigten Königreichs und Irlands hinsichtlich des Raums der Freiheit, der Sicherheit und des Rechts beteiligen sich das Vereinigte Königreich und Irland unbeschadet des Artikels 4 dieses Protokolls nicht an der Annahme dieser Richtlinie und sind weder durch diese Richtlinie gebunden noch zu ihrer Anwendung verpflichtet.

(51) Nach den Artikeln 1 und 2 des dem EUV und dem AEUV beigefügten Protokolls (Nr. 22) über die Position Dänemarks beteiligt sich Dänemark nicht an der Annahme dieser Richtlinie und ist weder durch diese Richtlinie gebunden noch zu ihrer Anwendung verpflichtet.

(52) Die Verpflichtung zur Umsetzung dieser Richtlinie in innerstaatliches Recht sollte nur jene Bestimmungen betreffen, die im Vergleich zu der Richtlinie 2004/83/EG inhaltlich geändert wurden. Die Verpflichtung zur Umsetzung der inhaltlich unveränderten Bestimmungen ergibt sich aus der genannten Richtlinie.

(53) Diese Richtlinie sollte die Verpflichtungen der Mitgliedstaaten hinsichtlich der in Anhang I Teil B genannten Frist für die Umsetzung der Richtlinie 2004/83/EG in innerstaatliches Recht unberührt lassen –

haben folgende Richtlinie erlassen:

Kapitel I
Allgemeine Bestimmungen

Artikel 1 Zweck

Zweck dieser Richtlinie ist es, Normen für die Anerkennung von Drittstaatsangehörigen oder Staatenlosen als Personen mit Anspruch auf internationalen Schutz, für einen einheitlichen Status für Flüchtlinge oder für Personen, die Anspruch auf subsidiären Schutz haben, sowie für den Inhalt des zu gewährenden Schutzes festzulegen.

Artikel 2 Begriffsbestimmungen

Im Sinne dieser Richtlinie bezeichnet der Ausdruck

a) „internationaler Schutz" die Flüchtlingseigenschaft und den subsidiären Schutzstatus im Sinne der Buchstaben e und g;

b) „Person, der internationaler Schutz zuerkannt wurde" eine Person, der die Flüchtlingseigenschaft gemäß Buchstabe e oder der subsidiäre Schutzstatus gemäß Buchstabe g zuerkannt wurde;

c) „Genfer Flüchtlingskonvention" das in Genf abgeschlossene Abkommen vom 28. Juli 1951 über die Rechtsstellung der Flüchtlinge in der durch das New Yorker Protokoll vom 31. Januar 1967 geänderten Fassung;

d) „Flüchtling" einen Drittstaatsangehörigen, der aus der begründeten Furcht vor Verfolgung wegen seiner Rasse, Religion, Nationalität, politischen Überzeugung oder Zugehörigkeit zu einer bestimmten sozialen Gruppe sich außerhalb des Landes befindet, dessen Staatsangehörigkeit er besitzt, und den Schutz dieses Landes nicht in Anspruch nehmen kann oder wegen dieser Furcht nicht in Anspruch nehmen will, oder einen Staatenlosen, der sich aus denselben vorgenannten Gründen außerhalb des Landes seines vorherigen gewöhnlichen Aufenthalts befindet und nicht dorthin zurückkehren kann oder wegen dieser Furcht nicht dorthin zurückkehren will und auf den Artikel 12 keine Anwendung findet;

e) „Flüchtlingseigenschaft" die Anerkennung eines Drittstaatsangehörigen oder eines Staatenlosen als Flüchtling durch einen Mitgliedstaat;

f) „Person mit Anspruch auf subsidiären Schutz" einen Drittstaatsangehörigen oder einen Staatenlosen, der die Voraussetzungen für die Anerkennung als Flüchtling nicht erfüllt, der aber stichhaltige Gründe für die Annahme vorgebracht hat, dass er bei einer Rückkehr in sein Herkunftsland oder, bei einem Staatenlosen, in das Land seines vorherigen gewöhnlichen Aufenthalts tatsächlich Gefahr liefe, einen ernsthaften Schaden im Sinne des Artikel 15 zu erleiden, und auf den Artikel 17 Absätze 1 und 2 keine Anwendung findet und der den Schutz dieses Landes nicht in Anspruch nehmen kann oder wegen dieser Gefahr nicht in Anspruch nehmen will;

g) „subsidiärer Schutzstatus" die Anerkennung eines Drittstaatsangehörigen oder Staatenlosen durch einen Mitgliedstaat als Person, die Anspruch auf subsidiären Schutz hat;

h) „Antrag auf internationalen Schutz" das Ersuchen eines Drittstaatsangehörigen oder Staatenlosen um Schutz durch einen Mitgliedstaat, wenn davon ausgegangen werden kann, dass der Antragsteller die Zuerkennung der Flüchtlingseigenschaft oder die Gewährung des subsidiären Schutzstatus anstrebt, und wenn er nicht ausdrücklich um eine andere, gesondert zu beantragende Form des Schutzes außerhalb des Anwendungsbereichs dieser Richtlinie ersucht;

i) „Antragsteller" einen Drittstaatsangehörigen oder Staatenlosen, der einen Antrag auf internationalen Schutz gestellt hat, über den noch keine rechtskräftige Entscheidung ergangen ist;

j) „Familienangehörige" die folgenden Mitglieder der Familie der Person, der internationaler Schutz zuerkannt worden ist, die sich im Zusammenhang mit dem Antrag auf internationalen Schutz in demselben Mitgliedstaat aufhalten, sofern die Familie bereits im Herkunftsland bestanden hat:
   - der Ehegatte der Person, der internationaler Schutz zuerkannt worden ist, oder ihr nicht verheirateter Partner, der mit ihr eine dauerhafte Beziehung führt, soweit nach dem Recht oder der Praxis des betreffenden Mitgliedstaats nicht verheiratete Paare ausländerrechtlich vergleichbar behandelt werden wie verheiratete Paare;
   - die minderjährigen Kinder des unter dem ersten Gedankenstrich genannten Paares oder der Person, der internationaler Schutz zuerkannt worden ist, sofern diese nicht verheiratet sind, gleichgültig, ob es sich nach dem nationelen Recht eheliche oder außerehelich geborene oder adoptierte Kinder handelt;
   - der Vater, die Mutter oder ein anderer Erwachsener, der nach dem Recht oder der Praxis des betreffenden Mitgliedstaats für die Person, der internationaler Schutz zuerkannt worden ist, verantwortlich ist, wenn diese Person minderjährig und nicht verheiratet ist;

k) „Minderjähriger" einen Drittstaatsangehörigen oder Staatenlosen unter 18 Jahren;

l) „unbegleiteter Minderjähriger" einen Minderjährigen, der ohne Begleitung eines für ihn nach dem Gesetz oder der Praxis des betreffenden Mitgliedstaats verantwortlichen Erwachsenen in das Hoheitsgebiet eines Mitgliedstaats einreist, solange er sich nicht tatsächlich in der Obhut eines solchen Erwachsenen befindet; dies schließt Minderjährige ein, die nach der Einreise in das Hoheitsgebiet eines Mitgliedstaats dort ohne Begleitung zurückgelassen wurden;

m) „Aufenthaltstitel" jede von den Behörden eines Mitgliedstaats erteilte und entsprechend dem Recht dieses Mitgliedstaats ausgestellte Erlaubnis oder Genehmigung, die dem Drittstaatsangehörigen oder dem Staatenlosen den Aufenthalt im Hoheitsgebiet dieses Mitgliedstaats gestattet;

n) „Herkunftsland" das Land oder die Länder der Staatsangehörigkeit oder – bei Staatenlosen – des früheren gewöhnlichen Aufenthalts.

Artikel 3 Günstigere Normen

Die Mitgliedstaaten können günstigere Normen zur Entscheidung darüber, wer als Flüchtling oder Person gilt, die Anspruch auf subsidiären Schutz hat, und zur Bestimmung des Inhalts des internationalen Schutzes erlassen oder beibehalten, sofern sie mit dieser Richtlinie vereinbar sind.

Kapitel II
Prüfung von Anträgen auf internationalen Schutz

Artikel 4 Prüfung der Tatsachen und Umstände

(1) Die Mitgliedstaaten können es als Pflicht des Antragstellers betrachten, so schnell wie möglich alle zur Begründung des Antrags auf internationalen Schutz erforderlichen Anhaltspunkte darzulegen. Es ist Pflicht des Mitgliedstaats, unter Mitwirkung des Antragstellers die für den Antrag maßgeblichen Anhaltspunkte zu prüfen.

(2) Zu den in Absatz 1 genannten Anhaltspunkten gehören Angaben des Antragstellers zu Alter und familiären und sozialen Verhältnissen – auch der betroffenen Verwandten –, Identität, Staatsangehörigkeit(en), Land/Ländern und Ort(en) des früheren Aufenthalts, früheren Asylanträgen, Reisewegen und Reisedokumenten sowie zu den Gründen für seinen Antrag auf internationalen Schutz und sämtliche ihm zur Verfügung stehenden Unterlagen zu diesen Angaben.

(3) Die Anträge auf internationalen Schutz sind individuell zu prüfen, wobei Folgendes zu berücksichtigen ist:

a) alle mit dem Herkunftsland verbundenen Tatsachen, die zum Zeitpunkt der Entscheidung über den Antrag relevant sind, einschließlich der Rechts- und Verwaltungsvorschriften des Herkunftslandes und der Weise, in der sie angewandt werden;

b) die maßgeblichen Angaben des Antragstellers und die von ihm vorgelegten Unterlagen, einschließlich Informationen zu der Frage, ob er verfolgt worden ist bzw. verfolgt werden könnte oder einen ernsthaften Schaden erlitten hat bzw. erleiden könnte;

c) die individuelle Lage und die persönlichen Umstände des Antragstellers, einschließlich solcher Faktoren wie familiärer und sozialer Hintergrund, Geschlecht und Alter, um bewerten zu können, ob in Anbetracht seiner persönlichen Umstände die Handlungen, denen er ausgesetzt war oder ausgesetzt sein könnte, einer Verfolgung oder einem sonstigen ernsthaften Schaden gleichzusetzen sind;

d) die Frage, ob die Aktivitäten des Antragstellers seit Verlassen des Herkunftslandes ausschließlich oder hauptsächlich aufgenommen wurden, um die für die Beantragung von internationalem Schutz erforderlichen Voraussetzungen zu schaffen, damit bewertet werden kann, ob der Antragsteller im Fall einer Rückkehr in dieses Land aufgrund dieser Aktivitäten verfolgt oder ernsthaften Schaden erleiden würde;

e) die Frage, ob vom Antragsteller vernünftigerweise erwartet werden kann, dass er den Schutz eines anderen Staates in Anspruch nimmt, dessen Staatsangehörigkeit er für sich geltend machen könnte.

(4) Die Tatsache, dass ein Antragsteller bereits verfolgt wurde oder einen sonstigen ernsthaften Schaden erlitten hat bzw. von solcher Verfolgung oder einem solchen Schaden unmittelbar bedroht war, ist ein ernsthafter Hinweis darauf, dass die Furcht des Antragstellers vor Verfolgung begründet ist bzw. dass er tatsächlich Gefahr läuft, ernsthaften Schaden zu erleiden, es sei denn, stichhaltige Gründe sprechen dagegen, dass der Antragsteller erneut von solcher Verfolgung oder einem solchen Schaden bedroht wird.

(5) Wenden die Mitgliedstaaten den Grundsatz an, wonach der Antragsteller seinen Antrag auf internationalen Schutz begründen muss, und fehlen für Aussagen des Antragstellers Unterlagen oder sonstige Beweise, so bedürfen diese Aussagen keines Nachweises, wenn

a) der Antragsteller sich offenkundig bemüht hat, seinen Antrag zu begründen;

b) alle dem Antragsteller verfügbaren Anhaltspunkte vorliegen und eine hinreichende Erklärung für das Fehlen anderer relevanter Anhaltspunkte gegeben wurde;

c) festgestellt wurde, dass die Aussagen des Antragstellers kohärent und plausibel sind und zu den für seinen Fall relevanten, ver-

II

fügbaren besonderen und allgemeinen Informationen nicht in Widerspruch stehen;

d) der Antragsteller internationalen Schutz zum frühestmöglichen Zeitpunkt beantragt hat, es sei denn, er kann gute Gründe dafür vorbringen, dass dies nicht möglich war; und

e) die generelle Glaubwürdigkeit des Antragstellers festgestellt worden ist.

Artikel 5 Aus Nachfluchtgründen entstehender Bedarf an internationalem Schutz

(1) Die begründete Furcht vor Verfolgung oder die tatsächliche Gefahr, einen ernsthaften Schaden zu erleiden, kann auf Ereignissen beruhen, die eingetreten sind, nachdem der Antragsteller das Herkunftsland verlassen hat.

(2) Die begründete Furcht vor Verfolgung oder die tatsächliche Gefahr, einen ernsthaften Schaden zu erleiden, kann auf Aktivitäten des Antragstellers nach Verlassen des Herkunftslandes beruhen, insbesondere wenn die Aktivitäten, auf die er sich stützt, nachweislich Ausdruck und Fortsetzung einer bereits im Herkunftsland bestehenden Überzeugung oder Ausrichtung sind.

(3) Unbeschadet der Genfer Flüchtlingskonvention können die Mitgliedstaaten festlegen, dass ein Antragsteller, der einen Folgeantrag stellt, in der Regel nicht als Flüchtling anerkannt wird, wenn die Verfolgungsgefahr auf Umständen beruht, die der Antragsteller nach Verlassen des Herkunftslandes selbst geschaffen hat.

Artikel 6 Akteure, von denen die Verfolgung oder ein ernsthafter Schaden ausgehen kann

Die Verfolgung bzw. der ernsthafte Schaden kann ausgehen von

a) dem Staat;

b) Parteien oder Organisationen, die den Staat oder einen wesentlichen Teil des Staatsgebiets beherrschen;

c) nichtstaatlichen Akteuren, sofern die unter den Buchstaben a und b genannten Akteure einschließlich internationaler Organisationen erwiesenermaßen nicht in der Lage oder nicht willens sind, Schutz vor Verfolgung bzw. ernsthaftem Schaden im Sinne des Artikels 7 zu bieten.

Artikel 7 Akteure, die Schutz bieten können

(1) Der Schutz vor Verfolgung oder ernsthaftem Schaden kann nur geboten werden

a) vom Staat oder

b) von Parteien oder Organisationen einschließlich internationaler Organisationen, die den Staat oder einen wesentlichen Teil des Staatsgebiets beherrschen,

sofern sie willens und in der Lage sind, Schutz gemäß Absatz 2 zu bieten.

(2) Der Schutz vor Verfolgung oder ernsthaftem Schaden muss wirksam und darf nicht nur vorübergehender Art sein. Ein solcher Schutz ist generell gewährleistet, wenn die unter Absatz 1 Buchstaben a und b genannten Akteure geeignete Schritte einleiten, um die Verfolgung oder den ernsthaften Schaden zu verhindern, beispielsweise durch wirksame Rechtsvorschriften zur Ermittlung, Strafverfolgung und Ahndung von Handlungen, die eine Verfolgung oder einen ernsthaften Schaden darstellen, und wenn der Antragsteller Zugang zu diesem Schutz hat.

(3) Bei der Beurteilung der Frage, ob eine internationale Organisation einen Staat oder einen wesentlichen Teil des Staatsgebiets beherrscht und den in Absatz 2 beschriebenen Schutz bietet, ziehen die Mitgliedstaaten etwaige in einschlägigen Rechtsakten der Union aufgestellte Leitlinien heran.

Artikel 8 Interner Schutz

(1) Bei der Prüfung des Antrags auf internationalen Schutz können die Mitgliedstaaten feststellen, dass ein Antragsteller keinen internationalen Schutz benötigt, sofern er in einem Teil seines Herkunftslandes

a) keine begründete Furcht vor Verfolgung hat oder keine tatsächliche Gefahr, einen ernsthaften Schaden zu erleiden, besteht oder

b) Zugang zu Schutz vor Verfolgung oder ernsthaftem Schaden gemäß Artikel 7 hat,

und er sicher und legal in diesen Landesteil reisen kann, dort aufgenommen wird und vernünftigerweise erwartet werden kann, dass er sich dort niederlässt.

(2) Bei Prüfung der Frage, ob ein Antragsteller begründete Furcht vor Verfolgung hat oder die tatsächliche Gefahr, einen ernsthaften Schaden zu erleiden, besteht, oder Zugang zu Schutz vor Verfolgung oder ernsthaftem Schaden in einem Teil seines Herkunftslandes gemäß Absatz 1 in Anspruch nehmen kann, berücksichtigen die Mitgliedstaaten zum Zeitpunkt der Entscheidung über den Antrag die dortigen allgemeinen Gegebenheiten und die persönlichen Umstände des Antragstellers gemäß Artikel 4. Zu diesem Zweck stellen die Mitgliedstaaten sicher, dass genaue und aktuelle Informationen aus relevanten Quellen, wie etwa Informationen des Hohen Kommissars der Vereinten Nationen für Flüchtlinge oder des Europäischen Unterstützungsbüros für Asylfragen, eingeholt werden.

Kapitel III Anerkennung als Flüchtling

Artikel 9 Verfolgungshandlungen

(1) Um als Verfolgung im Sinne des Artikels 1 Abschnitt A der Genfer Flüchtlingskonvention zu gelten, muss eine Handlung

a) aufgrund ihrer Art oder Wiederholung so gravierend sein, dass sie eine schwerwiegende Verletzung der grundlegenden Menschenrechte darstellt, insbesondere der Rechte, von denen gemäß Artikel 15 Absatz 2 der Europäischen Konvention zum Schutze der Menschenrechte und Grundfreiheiten keine Abweichung zulässig ist, oder

b) in einer Kumulierung unterschiedlicher Maßnahmen, einschließlich einer Verletzung der Menschenrechte, bestehen, die so gravierend ist, dass eine Person davon in ähnlicher wie der unter Buchstabe a beschriebenen Weise betroffen ist.

(2) Als Verfolgung im Sinne von Absatz 1 können unter anderem die folgenden Handlungen gelten:

a) Anwendung physischer oder psychischer Gewalt, einschließlich sexueller Gewalt,

b) gesetzliche, administrative, polizeiliche und/oder justizielle Maßnahmen, die als solche diskriminierend sind oder in diskriminierender Weise angewandt werden,

c) unverhältnismäßige oder diskriminierende Strafverfolgung oder Bestrafung,

d) Verweigerung gerichtlichen Rechtsschutzes mit dem Ergebnis einer unverhältnismäßigen oder diskriminierenden Bestrafung,

e) Strafverfolgung oder Bestrafung wegen Verweigerung des Militärdienstes in einem Konflikt, wenn der Militärdienst Verbrechen oder Handlungen umfassen würde, die unter den Anwendungsbereich der Ausschlussklauseln des Artikels 12 Absatz 2 fallen, und

f) Handlungen, die an die Geschlechtszugehörigkeit anknüpfen oder gegen Kinder gerichtet sind.

(3) Gemäß Artikel 2 Buchstabe d muss eine Verknüpfung zwischen den in Artikel 10 genannten Gründen und den in Absatz 1 des vorliegenden Artikels als Verfolgung eingestuften Handlungen oder dem Fehlen von Schutz vor solchen Handlungen bestehen.

Artikel 10 Verfolgungsgründe

(1) Bei der Prüfung der Verfolgungsgründe berücksichtigen die Mitgliedstaaten Folgendes:

a) Der Begriff der Rasse umfasst insbesondere die Aspekte Hautfarbe, Herkunft und Zugehörigkeit zu einer bestimmten ethnischen Gruppe;

b) der Begriff der Religion umfasst insbesondere theistische, nichttheistische und atheistische Glaubensüberzeugungen, die Teilnahme bzw. Nichtteilnahme an religiösen Riten im privaten oder öffentlichen Bereich, allein oder in Gemeinschaft mit anderen, sonstige religiöse Betätigungen oder Meinungsäußerungen und Verhaltensweisen Einzelner oder einer Gemeinschaft, die sich auf eine religiöse Überzeugung stützen oder nach dieser vorgeschrieben sind;

c) der Begriff der Nationalität beschränkt sich nicht auf die Staatsangehörigkeit oder das Fehlen einer solchen, sondern bezeichnet insbesondere auch die Zugehörigkeit zu einer Gruppe, die durch ihre kulturelle, ethnische oder sprachliche Identität, gemeinsame geografische oder politische Herkunft oder ihre Verwandtschaft mit der Bevölkerung eines anderen Staates bestimmt wird;

d) eine Gruppe gilt insbesondere als eine bestimmte soziale Gruppe, wenn
   - die Mitglieder dieser Gruppe angeborene Merkmale oder einen gemeinsamen Hintergrund, der nicht verändert werden kann, gemein haben oder Merkmale oder eine Glaubensüberzeugung teilen, die so bedeutsam für die Identität oder das Gewissen sind, dass der Betreffende nicht gezwungen werden sollte, auf sie zu verzichten, und
   - die Gruppe in dem betreffenden Land eine deutlich abgegrenzte Identität hat, da sie von der sie umgebenden Gesellschaft als andersartig betrachtet wird.

   Je nach den Gegebenheiten im Herkunftsland kann als eine bestimmte soziale Gruppe auch eine Gruppe gelten, die sich auf das gemeinsame Merkmal der sexuellen Orientierung gründet. Als sexuelle Orientierung dürfen keine Handlungen verstanden werden, die nach dem nationalen Recht der Mitgliedstaaten als strafbar gelten. Geschlechtsbezogene Aspekte, einschließlich der geschlechtlichen Identität, werden zum Zweck der Bestimmung der Zugehörigkeit zu einer bestimmten sozialen Gruppe oder der Ermittlung eines Merkmals einer solchen Gruppe angemessen berücksichtigt;

e) unter dem Begriff der politischen Überzeugung ist insbesondere zu verstehen, dass der Antragsteller in einer Angelegenheit, die die in Artikel 6 genannten potenziellen Verfolger sowie deren Politiken oder Verfahren betrifft, eine Meinung, Grundhaltung oder Überzeugung vertritt, wobei es unerheblich ist, ob der Antragsteller aufgrund dieser Meinung, Grundhaltung oder Überzeugung tätig geworden ist.

(2) Bei der Bewertung der Frage, ob die Furcht eines Antragstellers vor Verfolgung begründet ist, ist es unerheblich, ob der Antragsteller tatsächlich die Merkmale der Rasse oder die religiösen, nationalen, sozialen oder politischen Merkmale aufweist, die zur Verfolgung führen, sofern ihm diese Merkmale von seinem Verfolger zugeschrieben werden.

Artikel 11 Erlöschen

(1) Ein Drittstaatsangehöriger oder ein Staatenloser ist nicht mehr Flüchtling, wenn er

a) sich freiwillig erneut dem Schutz des Landes, dessen Staatsangehörigkeit er besitzt, unterstellt oder

b) nach dem Verlust seiner Staatsangehörigkeit diese freiwillig wiedererlangt hat oder

c) eine neue Staatsangehörigkeit erworben hat und den Schutz des Landes, dessen Staatsangehörigkeit er erworben hat, genießt oder

d) freiwillig in das Land, das er aus Furcht vor Verfolgung verlassen hat oder außerhalb dessen er aus Furcht vor Verfolgung geblieben ist, zurückgekehrt ist und sich dort niedergelassen hat oder

e) nach Wegfall der Umstände, aufgrund deren er als Flüchtling anerkannt worden ist, es nicht mehr ablehnen kann, den Schutz des Landes in Anspruch zu nehmen, dessen Staatsangehörigkeit er besitzt oder

f) als Staatenloser nach Wegfall der Umstände, aufgrund deren er als Flüchtling anerkannt wurde, in der Lage ist, in das Land zurückzukehren, in dem er seinen gewöhnlichen Aufenthalt hatte.

(2) Bei der Prüfung von Absatz 1 Buchstaben e und f haben die Mitgliedstaaten zu untersuchen, ob die Veränderung der Umstände erheblich und nicht nur vorübergehend ist, so dass die Furcht des Flüchtlings vor Verfolgung

nicht länger als begründet angesehen werden kann.

(3) Absatz 1 Buchstaben e und f finden keine Anwendung auf einen Flüchtling, der sich auf zwingende, auf früheren Verfolgungen beruhende Gründe berufen kann, um die Inanspruchnahme des Schutzes des Landes, dessen Staatsangehörigkeit er besitzt, oder wenn er staatenlos ist, des Landes, in dem er seinen gewöhnlichen Aufenthalt hatte, abzulehnen.

Artikel 12 Ausschluss

(1) Ein Drittstaatsangehöriger oder ein Staatenloser ist von der Anerkennung als Flüchtling ausgeschlossen, wenn er

a) den Schutz oder Beistand einer Organisation oder einer Institution der Vereinten Nationen mit Ausnahme des Hohen Kommissars der Vereinten Nationen für Flüchtlinge gemäß Artikel 1 Abschnitt D der Genfer Flüchtlingskonvention genießt. Wird ein solcher Schutz oder Beistand aus irgendeinem Grund nicht länger gewährt, ohne dass die Lage des Betroffenen gemäß den einschlägigen Resolutionen der Generalversammlung der Vereinten Nationen endgültig geklärt worden ist, genießt er ipso facto den Schutz dieser Richtlinie;

b) von den zuständigen Behörden des Landes, in dem er seinen Aufenthalt genommen hat, als Person anerkannt wird, welche die Rechte und Pflichten, die mit dem Besitz der Staatsangehörigkeit dieses Landes verknüpft sind, bzw. gleichwertige Rechte und Pflichten hat.

(2) Ein Drittstaatsangehöriger oder ein Staatenloser ist von der Anerkennung als Flüchtling ausgeschlossen, wenn schwerwiegende Gründe zu der Annahme berechtigen, dass er

a) ein Verbrechen gegen den Frieden, ein Kriegsverbrechen oder ein Verbrechen gegen die Menschlichkeit im Sinne der internationalen Vertragswerke begangen hat, die ausgearbeitet worden sind, um Bestimmungen bezüglich dieser Verbrechen festzulegen;

b) eine schwere nichtpolitische Straftat außerhalb des Aufnahmelandes begangen hat, bevor er als Flüchtling aufgenommen wurde, das heißt vor dem Zeitpunkt der Ausstellung eines Aufenthaltstitels aufgrund der Zuerkennung der Flüchtlingseigenschaft; insbesondere grausame Handlungen können als schwere nichtpolitische Straftaten eingestuft werden, auch wenn mit ihnen vorgeblich politische Ziele verfolgt werden;

c) sich Handlungen zuschulden kommen ließ, die den Zielen und Grundsätzen der Vereinten Nationen, wie sie in der Präambel und in den Artikeln 1 und 2 der Charta der Vereinten Nationen verankert sind, zuwiderlaufen.

(3) Absatz 2 findet auf Personen Anwendung, die andere zu den darin genannten Straftaten oder Handlungen anstiften oder sich in sonstiger Weise daran beteiligen.

Kapitel IV
Flüchtlingseigenschaft

Artikel 13 Zuerkennung der Flüchtlingseigenschaft

Die Mitgliedstaaten erkennen einem Drittstaatsangehörigen oder einem Staatenlosen, der die Voraussetzungen der Kapitel II und III erfüllt, die Flüchtlingseigenschaft zu.

Artikel 14 Aberkennung, Beendigung oder Ablehnung der Verlängerung der Flüchtlingseigenschaft

(1) Bei Anträgen auf internationalen Schutz, die nach Inkrafttreten der Richtlinie 2004/83/EG gestellt wurden, erkennen die Mitgliedstaaten einem Drittstaatsangehörigen oder einem Staatenlosen die von einer Regierungs- oder Verwaltungsbehörde, einem Gericht oder einer gerichtsähnlichen Behörde zuerkannte Flüchtlingseigenschaft ab, beenden diese oder lehnen ihre Verlängerung ab, wenn er gemäß Artikel 11 nicht länger Flüchtling ist.

(2) Unbeschadet der Pflicht des Flüchtlings, gemäß Artikel 4 Absatz 1 alle maßgeblichen Tatsachen offen zu legen und alle maßgeblichen, ihm zur Verfügung stehenden Unterla-

gen vorzulegen, weist der Mitgliedstaat, der ihm die Flüchtlingseigenschaft zuerkannt hat, in jedem Einzelfall nach, dass die betreffende Person gemäß Absatz 1 dieses Artikels nicht länger Flüchtling ist oder es nie gewesen ist.

(3) Die Mitgliedstaaten erkennen einem Drittstaatsangehörigen oder einem Staatenlosen die Flüchtlingseigenschaft ab, beenden diese oder lehnen ihre Verlängerung ab, falls der betreffende Mitgliedstaat nach Zuerkennung der Flüchtlingseigenschaft feststellt, dass

a) die Person gemäß Artikel 12 von der Zuerkennung der Flüchtlingseigenschaft hätte ausgeschlossen werden müssen oder ausgeschlossen ist;

b) eine falsche Darstellung oder das Verschweigen von Tatsachen seinerseits, einschließlich der Verwendung falscher oder gefälschter Dokumente, für die Zuerkennung der Flüchtlingseigenschaft ausschlaggebend war.

(4) Die Mitgliedstaaten können einem Flüchtling die ihm von einer Regierungs- oder Verwaltungsbehörde, einem Gericht oder einer gerichtsähnlichen Behörde zuerkannte Rechtsstellung aberkennen, diese beenden oder ihre Verlängerung ablehnen, wenn

a) es stichhaltige Gründe für die Annahme gibt, dass er eine Gefahr für die Sicherheit des Mitgliedstaats darstellt, in dem er sich aufhält;

b) er eine Gefahr für die Allgemeinheit dieses Mitgliedstaats darstellt, weil er wegen einer besonders schweren Straftat rechtskräftig verurteilt wurde.

(5) In den in Absatz 4 genannten Fällen können die Mitgliedstaaten entscheiden, einem Flüchtling eine Rechtsstellung nicht zuzuerkennen, solange noch keine Entscheidung darüber gefasst worden ist.

(6) Personen, auf die die Absätze 4 oder 5 Anwendung finden, können die in den Artikeln 3, 4, 16, 22, 31, 32 und 33 der Genfer Flüchtlingskonvention genannten Rechte oder vergleichbare Rechte geltend machen, sofern sie sich in dem betreffenden Mitgliedstaat aufhalten.

Kapitel V
Voraussetzungen für subsidiären Schutz

Artikel 15 Ernsthafter Schaden

Als ernsthafter Schaden gilt

a) die Verhängung oder Vollstreckung der Todesstrafe oder

b) Folter oder unmenschliche oder erniedrigende Behandlung oder Bestrafung eines Antragstellers im Herkunftsland oder

c) eine ernsthafte individuelle Bedrohung des Lebens oder der Unversehrtheit einer Zivilperson infolge willkürlicher Gewalt im Rahmen eines internationalen oder innerstaatlichen bewaffneten Konflikts.

Artikel 16 Erlöschen

(1) Ein Drittstaatsangehöriger oder ein Staatenloser hat keinen Anspruch auf subsidiären Schutz mehr, wenn die Umstände, die zur Zuerkennung des subsidiären Schutzes geführt haben, nicht mehr bestehen oder sich in einem Maße verändert haben, dass ein solcher Schutz nicht mehr erforderlich ist.

(2) Bei Anwendung des Absatzes 1 berücksichtigen die Mitgliedstaaten, ob sich die Umstände so wesentlich und nicht nur vorübergehend verändert haben, dass die Person, die Anspruch auf subsidiären Schutz hat, tatsächlich nicht länger Gefahr läuft, einen ernsthaften Schaden zu erleiden.

(3) Absatz 1 findet keine Anwendung auf eine Person, der subsidiärer Schutz zuerkannt worden ist, die sich auf zwingende, auf früher erlittenem ernsthaftem Schaden beruhende Gründe berufen kann, um die Inanspruchnahme des Schutzes des Landes, dessen Staatsangehörigkeit sie besitzt, oder wenn sie staatenlos ist, des Landes, in dem sie ihren gewöhnlichen Aufenthalt hatte, abzulehnen.

Artikel 17 Ausschluss

(1) Ein Drittstaatsangehöriger oder ein Staatenloser ist von der Gewährung subsidiären Schutzes ausgeschlossen, wenn schwerwiegende Gründe die Annahme rechtfertigen, dass er

a) ein Verbrechen gegen den Frieden, ein Kriegsverbrechen oder ein Verbrechen gegen die Menschlichkeit im Sinne der internationalen Vertragswerke begangen hat, die ausgearbeitet worden sind, um Bestimmungen bezüglich dieser Verbrechen festzulegen;
b) eine schwere Straftat begangen hat;
c) sich Handlungen zuschulden kommen ließ, die den Zielen und Grundsätzen der Vereinten Nationen, wie sie in der Präambel und den Artikeln 1 und 2 der Charta der Vereinten Nationen verankert sind, zuwiderlaufen;
d) eine Gefahr für die Allgemeinheit oder für die Sicherheit des Mitgliedstaats darstellt, in dem er sich aufhält.

(2) Absatz 1 findet auf Personen Anwendung, die andere zu den darin genannten Straftaten oder Handlungen anstiften oder sich in sonstiger Weise daran beteiligen.

(3) Die Mitgliedstaaten können einen Drittstaatsangehörigen oder einen Staatenlosen von der Gewährung subsidiären Schutzes ausschließen, wenn er vor seiner Aufnahme in dem betreffenden Mitgliedstaat ein oder mehrere nicht unter Absatz 1 fallende Straftaten begangen hat, die mit Freiheitsstrafe bestraft würden, wenn sie in dem betreffenden Mitgliedstaat begangen worden wären, und er sein Herkunftsland nur verlassen hat, um einer Bestrafung wegen dieser Straftaten zu entgehen.

Kapitel VI Subsidiärer Schutzstatus

Artikel 18 Zuerkennung des subsidiären Schutzstatus

Die Mitgliedstaaten erkennen einem Drittstaatsangehörigen oder einem Staatenlosen, der die Voraussetzungen der Kapitel II und V erfüllt, den subsidiären Schutzstatus zu.

Artikel 19 Aberkennung, Beendigung oder Ablehnung der Verlängerung des subsidiären Schutzstatus

(1) Bei Anträgen auf internationalen Schutz, die nach Inkrafttreten der Richtlinie 2004/83/EG gestellt wurden, erkennen die Mitgliedstaaten einem Drittstaatsangehörigen oder einem Staatenlosen den von einer Regierungs- oder Verwaltungsbehörde, einem Gericht oder einer gerichtsähnlichen Behörde zuerkannten subsidiären Schutzstatus ab, beenden diesen oder lehnen seine Verlängerung ab, wenn die betreffende Person gemäß Artikel 16 nicht länger Anspruch auf subsidiären Schutz erheben kann.

(2) Die Mitgliedstaaten können einem Drittstaatsangehörigen oder einem Staatenlosen den von einer Regierungs- oder Verwaltungsbehörde, einem Gericht oder einer gerichtsähnlichen Behörde zuerkannten subsidiären Schutzstatus aberkennen, diesen beenden oder seine Verlängerung ablehnen, wenn er nach der Zuerkennung des subsidiären Schutzstatus gemäß Artikel 17 Absatz 3 von der Gewährung subsidiären Schutzes hätte ausgeschlossen werden müssen.

(3) Die Mitgliedstaaten erkennen einem Drittstaatsangehörigen oder einem Staatenlosen den subsidiären Schutzstatus ab, beenden diesen oder lehnen eine Verlängerung ab, wenn

a) er nach der Zuerkennung des subsidiären Schutzstatus gemäß Artikel 17 Absätze 1 und 2 von der Gewährung subsidiären Schutzes hätte ausgeschlossen werden müssen oder ausgeschlossen ist;
b) eine falsche Darstellung oder das Verschweigen von Tatsachen seinerseits, einschließlich der Verwendung falscher oder gefälschter Dokumente, für die Zuerkennung des subsidiären Schutzstatus ausschlaggebend war.

(4) Unbeschadet der Pflicht des Drittstaatsangehörigen oder Staatenlosen, gemäß Artikel 4 Absatz 1 alle maßgeblichen Tatsachen offen zu legen und alle maßgeblichen, ihm zur Verfügung stehenden Unterlagen vorzulegen,

weist der Mitgliedstaat, der ihm den subsidiären Schutzstatus zuerkannt hat, in jedem Einzelfall nach, dass die betreffende Person gemäß den Absätzen 1 bis 3 dieses Artikels keinen oder nicht mehr Anspruch auf subsidiären Schutz hat.

Kapitel VII
Inhalt des internationalen Schutzes

Artikel 20 Allgemeine Bestimmungen

(1) Die Bestimmungen dieses Kapitels berühren nicht die in der Genfer Flüchtlingskonvention verankerten Rechte.

(2) Sofern nichts anderes bestimmt wird, gilt dieses Kapitel sowohl für Flüchtlinge als auch für Personen mit Anspruch auf subsidiären Schutz.

(3) Die Mitgliedstaaten berücksichtigen bei der Umsetzung dieses Kapitels die spezielle Situation von schutzbedürftigen Personen wie Minderjährigen, unbegleiteten Minderjährigen, Behinderten, älteren Menschen, Schwangeren, Alleinerziehenden mit minderjährigen Kindern, Opfern des Menschenhandels, Personen mit psychischen Störungen und Personen, die Folter, Vergewaltigung oder sonstige schwere Formen psychischer, physischer oder sexueller Gewalt erlitten haben.

(4) Absatz 3 gilt nur für Personen, die nach einer Einzelprüfung ihrer Situation als Personen mit besonderen Bedürfnissen eingestuft werden.

(5) Bei der Umsetzung der Minderjährige berührenden Bestimmungen dieses Kapitels berücksichtigen die Mitgliedstaaten vorrangig das Wohl des Kindes.

Artikel 21 Schutz vor Zurückweisung

(1) Die Mitgliedstaaten achten den Grundsatz der Nichtzurückweisung in Übereinstimmung mit ihren völkerrechtlichen Verpflichtungen.

(2) Ein Mitgliedstaat kann, sofern dies nicht aufgrund der in Absatz 1 genannten völkerrechtlichen Verpflichtungen untersagt ist, einen Flüchtling unabhängig davon, ob er als solcher förmlich anerkannt ist oder nicht, zurückweisen, wenn

a) es stichhaltige Gründe für die Annahme gibt, dass er eine Gefahr für die Sicherheit des Mitgliedstaats darstellt, in dem er sich aufhält, oder

b) er eine Gefahr für die Allgemeinheit dieses Mitgliedstaats darstellt, weil er wegen einer besonders schweren Straftat rechtskräftig verurteilt wurde.

(3) Die Mitgliedstaaten können den einem Flüchtling erteilten Aufenthaltstitel widerrufen, beenden oder seine Verlängerung bzw. die Erteilung eines Aufenthaltstitels ablehnen, wenn Absatz 2 auf die betreffende Person Anwendung findet.

Artikel 22 Information

Die Mitgliedstaaten gewähren Personen, denen internationaler Schutz zuerkannt worden ist, so bald wie möglich nach Zuerkennung des Flüchtlingsstatus oder des subsidiären Schutzstatus Zugang zu Informationen über die Rechte und Pflichten in Zusammenhang mit dem Status in einer Sprache, die sie verstehen oder von der vernünftigerweise angenommen werden darf, dass sie sie verstehen.

Artikel 23 Wahrung des Familienverbands

(1) Die Mitgliedstaaten tragen dafür Sorge, dass der Familienverband aufrechterhalten werden kann.

(2) Die Mitgliedstaaten tragen dafür Sorge, dass die Familienangehörigen der Person, der internationaler Schutz zuerkannt worden ist, die selbst nicht die Voraussetzungen für die Gewährung dieses Schutzes erfüllen, gemäß den nationalen Verfahren Anspruch auf die in den Artikeln 24 bis 35 genannten Leistungen haben, soweit dies mit der persönlichen Rechtsstellung des Familienangehörigen vereinbar ist.

(3) Die Absätze 1 und 2 finden keine Anwendung, wenn der Familienangehörige aufgrund der Kapitel III und V von der Gewährung internationalen Schutzes ausgeschlossen ist oder ausgeschlossen wäre.

(4) Unbeschadet der Absätze 1 und 2 können die Mitgliedstaaten aus Gründen der nationalen Sicherheit oder öffentlichen Ordnung die

dort aufgeführten Leistungen verweigern, einschränken oder entziehen.

(5) Die Mitgliedstaaten können entscheiden, dass dieser Artikel auch für andere enge Verwandte gilt, die zum Zeitpunkt des Verlassens des Herkunftslandes innerhalb des Familienverbands lebten und zu diesem Zeitpunkt vollständig oder größtenteils von der Person, der internationaler Schutz zuerkannt worden ist, abhängig waren.

Artikel 24 Aufenthaltstitel

(1) So bald wie möglich nach Zuerkennung des internationalen Schutzes und unbeschadet des Artikels 21 Absatz 3 stellen die Mitgliedstaaten Personen, denen der Flüchtlingsstatus zuerkannt worden ist, einen Aufenthaltstitel aus, der mindestens drei Jahre gültig und verlängerbar sein muss, es sei denn, dass zwingende Gründe der nationalen Sicherheit oder öffentlichen Ordnung dem entgegenstehen.

Unbeschadet des Artikels 23 Absatz 1 kann der Aufenthaltstitel, der Familienangehörigen von Personen ausgestellt wird, denen der Flüchtlingsstatus zuerkannt worden ist, weniger als drei Jahre gültig und verlängerbar sein.

(2) So bald wie möglich nach Zuerkennung des internationalen Schutzes stellen die Mitgliedstaaten Personen, denen der subsidiäre Schutzstatus zuerkannt worden ist, und ihren Familienangehörigen einen verlängerbaren Aufenthaltstitel aus, der mindestens ein Jahr und im Fall der Verlängerung mindestens zwei Jahre gültig sein muss, es sei denn, dass zwingende Gründe der nationalen Sicherheit oder der öffentlichen Ordnung dem entgegenstehen.

Artikel 25 Reisedokumente

(1) Die Mitgliedstaaten stellen Personen, denen die Flüchtlingseigenschaft zuerkannt worden ist, Reiseausweise – wie im Anhang zur Genfer Flüchtlingskonvention vorgesehen – für Reisen außerhalb ihres Gebiets aus, es sei denn, dass zwingende Gründe der nationalen Sicherheit oder öffentlichen Ordnung dem entgegenstehen.

(2) Die Mitgliedstaaten stellen Personen, denen der subsidiäre Schutzstatus zuerkannt worden ist und die keinen nationalen Pass erhalten können, Dokumente für Reisen außerhalb ihres Hoheitsgebiets aus, es sei denn, dass zwingende Gründe der nationalen Sicherheit oder öffentlichen Ordnung dem entgegenstehen.

Artikel 26 Zugang zur Beschäftigung

(1) Unmittelbar nach Zuerkennung des Schutzes gestatten die Mitgliedstaaten Personen, denen internationaler Schutz zuerkannt worden ist, die Aufnahme einer unselbstständigen oder selbstständigen Erwerbstätigkeit nach den Vorschriften, die für den betreffenden Beruf oder für die öffentliche Verwaltung allgemein gelten.

(2) Die Mitgliedstaaten sorgen dafür, dass Personen, denen internationaler Schutz zuerkannt worden ist, Maßnahmen wie beschäftigungsbezogene Bildungsangebote für Erwachsene, berufsbildende Maßnahmen, einschließlich Schulungsmaßnahmen zur Weiterqualifizierung, praktische Berufserfahrung am Arbeitsplatz und Beratungsleistungen der Arbeitsverwaltungen zu gleichwertigen Bedingungen wie eigenen Staatsangehörigen angeboten werden.

(3) Die Mitgliedstaaten sind bestrebt, Personen, denen internationaler Schutz zuerkannt worden ist, uneingeschränkten Zugang zu den Maßnahmen gemäß Absatz 2 zu erleichtern.

(4) Die in den Mitgliedstaaten geltenden Rechtsvorschriften über das Arbeitsentgelt, den Zugang zu Systemen der sozialen Sicherheit im Rahmen der unselbstständigen oder selbstständigen Erwerbstätigkeit sowie sonstige Beschäftigungsbedingungen finden Anwendung.

Artikel 27 Zugang zu Bildung

(1) Die Mitgliedstaaten gewähren allen Minderjährigen, denen internationaler Schutz gewährt wurde, zu denselben Bedingungen wie eigenen Staatsangehörigen Zugang zum Bildungssystem.

II

(2) Die Mitgliedstaaten gestatten Erwachsenen, denen internationaler Schutz gewährt wurde, zu denselben Bedingungen wie Drittstaatsangehörigen mit rechtmäßigem Aufenthalt Zugang zum allgemeinen Bildungssystem, zu Weiterbildung und Umschulung.

Artikel 28 Zugang zu Verfahren für die Anerkennung von Befähigungsnachweisen

(1) Die Mitgliedstaaten stellen sicher, dass Personen, denen internationaler Schutz zuerkannt worden ist, und eigene Staatsangehörige im Rahmen der bestehenden Verfahren zur Anerkennung von ausländischen Diplomen, Prüfungszeugnissen und sonstigen Befähigungsnachweisen gleich behandelt werden.

(2) Die Mitgliedstaaten sind bestrebt, den uneingeschränkten Zugang von Personen, denen internationaler Schutz zuerkannt worden ist, die keine Nachweise für ihre Qualifikationen beibringen können, zu geeigneten Programmen für die Beurteilung, Validierung und Bestätigung früher erworbener Kenntnisse zu erleichtern. Solche Maßnahmen müssen im Einklang mit Artikel 2 Absatz 2 und Artikel 3 Absatz 3 der Richtlinie 2005/36/EG des Europäischen Parlaments und des Rates vom 7. September 2005 über die Anerkennung von Berufsqualifikationen[1]) stehen.

Artikel 29 Sozialhilfeleistungen

(1) Die Mitgliedstaaten tragen dafür Sorge, dass Personen, denen internationaler Schutz zuerkannt worden ist, in dem Mitgliedstaat, der diesen Schutz gewährt hat, die notwendige Sozialhilfe wie Staatsangehörige dieses Mitgliedstaats erhalten.

(2) Abweichend von der allgemeinen Regel nach Absatz 1 können die Mitgliedstaaten die Sozialhilfe für Personen, denen der subsidiäre Schutzstatus zuerkannt worden ist, auf Kernleistungen beschränken, die sie im gleichen Umfang und unter denselben Voraussetzungen wie für eigene Staatsangehörige gewähren.

Artikel 30 Medizinische Versorgung

(1) Die Mitgliedstaaten tragen dafür Sorge, dass Personen, denen internationaler Schutz zuerkannt worden ist, zu denselben Bedingungen wie Staatsangehörige des diesen Schutz gewährenden Mitgliedstaats Zugang zu medizinischer Versorgung haben.

(2) Die Mitgliedstaaten gewährleisten unter denselben Voraussetzungen wie Staatsangehörigen des den Schutz gewährenden Mitgliedstaats eine angemessene medizinische Versorgung, einschließlich erforderlichenfalls einer Behandlung psychischer Störungen, von Personen, denen internationaler Schutz zuerkannt worden ist, die besondere Bedürfnisse haben, wie Schwangere, Behinderte, Personen, die Folter, Vergewaltigung oder sonstige schwere Formen psychischer, physischer oder sexueller Gewalt erlitten haben, oder Minderjährige, die Opfer irgendeiner Form von Missbrauch, Vernachlässigung, Ausbeutung, Folter, grausamer, unmenschlicher oder erniedrigender Behandlung gewesen sind oder unter bewaffneten Konflikten gelitten haben.

Artikel 31 Unbegleitete Minderjährige

(1) Die Mitgliedstaaten ergreifen so rasch wie möglich, nachdem internationaler Schutz gewährt wurde, die notwendigen Maßnahmen, um sicherzustellen, dass unbegleitete Minderjährige durch einen gesetzlichen Vormund oder erforderlichenfalls durch eine Einrichtung, die für die Betreuung und das Wohlergehen von Minderjährigen verantwortlich ist, oder durch einen anderen geeigneten Vertreter, einschließlich eines gesetzlich vorgesehenen oder gerichtlich angeordneten Vertreters, vertreten werden.

(2) Die Mitgliedstaaten tragen dafür Sorge, dass der bestellte Vormund oder Vertreter die Bedürfnisse des Minderjährigen bei der Anwendung der Richtlinie gebührend berück-

[1]) ABl. L 255 vom 30. 9. 2005, S. 22.

sichtigt. Die zuständigen Behörden nehmen regelmäßige Bewertungen vor.

(3) Die Mitgliedstaaten tragen dafür Sorge, dass unbegleitete Minderjährige folgendermaßen untergebracht werden: entweder

a) bei erwachsenen Verwandten oder
b) in einer Pflegefamilie oder
c) in speziellen Einrichtungen für Minderjährige oder
d) in anderen für Minderjährige geeigneten Unterkünften.

Hierbei werden die Wünsche des Kindes entsprechend seinem Alter und seiner Reife berücksichtigt.

(4) Geschwister bleiben so weit wie möglich zusammen, wobei das Wohl des betreffenden Minderjährigen, insbesondere sein Alter und sein Reifegrad, zu berücksichtigen ist. Wechsel des Aufenthaltsorts sind bei unbegleiteten Minderjährigen auf ein Mindestmaß zu beschränken.

(5) Wird einem unbegleiteten Minderjährigen internationaler Schutz gewährt, ohne dass mit der Suche nach seinen Familienangehörigen begonnen wurde, leiten die Mitgliedstaaten so bald wie möglich nach der Gewährung des internationalen Schutzes die Suche nach diesen ein, wobei sie die Interessen des Minderjährigen schützen. Wurde die Suche bereits eingeleitet, setzen die Mitgliedstaaten diese Suche gegebenenfalls fort. In Fällen, in denen das Leben oder die Unversehrtheit des Minderjährigen oder seiner nahen Verwandten bedroht sein könnte, insbesondere wenn diese im Herkunftsland geblieben sind, ist darauf zu achten, dass die Erfassung, Verarbeitung und Weitergabe von Informationen über diese Personen vertraulich erfolgt.

(6) Das Betreuungspersonal für unbegleitete Minderjährige muss im Hinblick auf die Bedürfnisse von Minderjährigen eine angemessene Ausbildung erhalten haben und angemessene Fortbildungen erhalten.

Artikel 32 Zugang zu Wohnraum

(1) Die Mitgliedstaaten sorgen dafür, dass Personen, denen internationaler Schutz zuerkannt worden ist, Zugang zu Wohnraum unter Bedingungen erhalten, die den Bedingungen gleichwertig sind, die für andere Drittstaatsangehörige gelten, die sich rechtmäßig in ihrem Hoheitsgebiet aufhalten.

(2) Bei der Anwendung eines nationalen Verteilungsmechanismus für Personen, denen internationaler Schutz zuerkannt worden ist, sind die Mitgliedstaaten bestrebt, Maßnahmen zur Verhinderung der Diskriminierung von Personen, denen internationaler Schutz zuerkannt worden ist, und zur Gewährleistung der Chancengleichheit beim Zugang zu Wohnraum zu ergreifen.

Artikel 33 Freizügigkeit innerhalb eines Mitgliedstaats

Die Mitgliedstaaten gestatten die Bewegungsfreiheit von Personen, denen internationaler Schutz zuerkannt worden ist, in ihrem Hoheitsgebiet unter den gleichen Bedingungen und Einschränkungen wie für andere Drittstaatsangehörige, die sich rechtmäßig in ihrem Hoheitsgebiet aufhalten.

Artikel 34 Zugang zu Integrationsmaßnahmen

Um die Integration von Personen, denen internationaler Schutz zuerkannt worden ist, in die Gesellschaft zu erleichtern, gewährleisten die Mitgliedstaaten den Zugang zu Integrationsprogrammen, die sie als den besonderen Bedürfnissen von Personen mit Flüchtlingsstatus oder subsidiärem Schutzstatus angemessen erachten, oder schaffen die erforderlichen Voraussetzungen, die den Zugang zu diesen Programmen garantieren.

Artikel 35 Rückkehr

Die Mitgliedstaaten können Personen, denen internationaler Schutz zuerkannt worden ist und die zurückkehren möchten, Unterstützung gewähren.

Kapitel VIII Verwaltungszusammenarbeit

Artikel 36 Zusammenarbeit

Jeder Mitgliedstaat benennt eine nationale Kontaktstelle und teilt deren Anschrift der

Kommission mit. Die Kommission leitet diese Angaben an die übrigen Mitgliedstaaten weiter.

In Abstimmung mit der Kommission treffen die Mitgliedstaaten die geeigneten Maßnahmen, um eine unmittelbare Zusammenarbeit und einen Informationsaustausch zwischen den zuständigen Behörden herzustellen.

Artikel 37 Personal

Die Mitgliedstaaten gewährleisten, dass die Behörden und Organisationen, die diese Richtlinie anwenden, die nötige Ausbildung erhalten haben und in Bezug auf die Informationen, die sie durch ihre Arbeit erhalten, der Schweigepflicht unterliegen, wie sie im nationalen Recht definiert ist.

Kapitel IX
Schlussbestimmungen

Artikel 38 Berichterstattung

(1) Die Kommission erstattet dem Europäischen Parlament und dem Rat bis zum 21. Juni 2015 Bericht über die Anwendung dieser Richtlinie und schlägt erforderlichenfalls Änderungen vor. Diese Änderungsvorschläge beziehen sich vorrangig auf die Artikel 2 und 7. Die Mitgliedstaaten übermitteln der Kommission bis zum 21. Dezember 2014 alle für die Erstellung dieses Berichts sachdienlichen Angaben.

(2) Nach Vorlage des Berichts erstattet die Kommission dem Europäischen Parlament und dem Rat mindestens alle fünf Jahre Bericht über die Anwendung dieser Richtlinie.

Artikel 39 Umsetzung

(1) Die Mitgliedstaaten setzen die erforderlichen Rechts- und Verwaltungsvorschriften in Kraft, um den Artikeln 1, 2, 4, 7, 8, 9, 10, 11, 16, 19, 20, 22, 23, 24, 25, 26, 27, 28, 29, 30, 31, 32, 33, 34 und 35 bis 21. Dezember 2013 nachzukommen. Sie übermitteln der Kommission unverzüglich den Wortlaut dieser Vorschriften.

Wenn die Mitgliedstaaten diese Vorschriften erlassen, nehmen sie in den Vorschriften selbst oder durch einen Hinweis bei der amtlichen Veröffentlichung auf diese Richtlinie Bezug. In diese Vorschriften fügen sie die Erklärung ein, dass Verweise in den geltenden Rechts- und Verwaltungsvorschriften auf die durch diese Richtlinie aufgehobene Richtlinie als Verweise auf diese Richtlinie gelten. Die Mitgliedstaaten legen die Einzelheiten der Bezugnahme und die Formulierung der Erklärung fest.

(2) Die Mitgliedstaaten teilen der Kommission den Wortlaut der wichtigsten innerstaatlichen Rechtsvorschriften mit, die von dieser Richtlinie betroffen sind.

Artikel 40 Aufhebung

Die Richtlinie 2004/83/EG wird für die durch die vorliegende Richtlinie gebundenen Mitgliedstaaten unbeschadet der Verpflichtungen der Mitgliedstaaten hinsichtlich der in Anhang I Teil B genannten Frist für die Umsetzung der Richtlinie in innerstaatliches Recht mit Wirkung vom 21. Dezember 2013 aufgehoben.

Für die durch die vorliegende Richtlinie gebundenen Mitgliedstaaten gelten Verweise auf die aufgehobene Richtlinie als Verweise auf die vorliegende Richtlinie nach der Entsprechungstabelle in Anhang II.

Artikel 41 Inkrafttreten

Diese Richtlinie tritt am zwanzigsten Tag nach ihrer Veröffentlichung im Amtsblatt der Europäischen Union in Kraft.

Die Artikel 1, 2, 4, 7, 8, 9, 10, 11, 16, 19, 20, 22, 23, 24, 25, 26, 27, 28, 29, 30, 31, 32, 33, 34 und 35 gelten ab dem 22. Dezember 2013.

Artikel 42 Adressaten

Diese Richtlinie ist gemäß den Verträgen an die Mitgliedstaaten gerichtet.

Richtlinie des Europäischen Parlaments und des Rates zu gemeinsamen Verfahren für die Zuerkennung und Aberkennung des internationalen Schutzes

Vom 26. Juni 2013 (ABl. S. 180/60)

Inhaltsübersicht

Das Europäische Parlament und der Rat der Europäischen Union –

gestützt auf den Vertrag über die Arbeitsweise der Europäischen Union, insbesondere auf Artikel 78 Absatz 2 Buchstabe d,

auf Vorschlag der Europäischen Kommission,

nach Stellungnahme des Europäischen Wirtschafts- und Sozialausschusses[1]),

nach Anhörung des Ausschusses der Regionen,

gemäß dem ordentlichen Gesetzgebungsverfahren[2]),

in Erwägung nachstehender Gründe:

(1) Die Richtlinie 2005/85/EG des Rates vom 1. Dezember 2005 über Mindestnormen für Verfahren in den Mitgliedstaaten zur Zuerkennung und Aberkennung der Flüchtlingseigenschaft[3]) ist in wesentlichen Punkten zu ändern. Aus Gründen der Klarheit empfiehlt es sich, eine Neufassung dieser Richtlinie vorzunehmen.

(2) Eine gemeinsame Asylpolitik einschließlich eines Gemeinsamen Europäischen Asylsystems ist wesentlicher Bestandteil des Ziels der Europäischen Union, schrittweise einen Raum der Freiheit, der Sicherheit und des Rechts aufzubauen, der allen offen steht, die wegen besonderer Umstände rechtmäßig in der Union um Schutz nachsuchen. Für eine solche Politik sollte der Grundsatz der Solidarität und der gerechten Aufteilung der Verantwortlichkeiten unter den Mitgliedstaaten, einschließlich in finanzieller Hinsicht, gelten.

(3) Der Europäische Rat ist auf seiner Sondertagung vom 15. und 16. Oktober 1999 in Tampere übereingekommen, auf ein Gemeinsames Europäisches Asylsystem hinzuwirken, das sich auf die uneingeschränkte und umfassende Anwendung des Genfer Abkommens über die Rechtsstellung der Flüchtlinge vom 28. Juli 1951 in der Fassung des New Yorker Protokolls vom 31. Januar 1967 (im Folgenden „Genfer Flüchtlingskonvention") stützt, damit der Grundsatz der Nichtzurückweisung gewahrt bleibt und niemand dorthin zurückgeschickt wird, wo er Verfolgung ausgesetzt ist.

(4) Nach den Schlussfolgerungen von Tampere sollte ein Gemeinsames Europäisches Asylsystem auf kurze Sicht gemeinsame Standards für ein gerechtes und wirksames Asylverfahren in den Mitgliedstaaten umfassen; auf längere Sicht sollten die Regeln der Union zu einem gemeinsamen Asylverfahren in der Union führen.

(5) Die erste Phase des Gemeinsamen Europäischen Asylsystems wurde mit Erlass der in den Europäischen Verträgen vorgesehenen einschlägigen Rechtsinstrumente wie der Richtlinie 2005/85/EG abgeschlossen, die eine erste Maßnahme im Bereich der Asylverfahren darstellte.

(6) Der Europäische Rat hatte auf seiner Tagung vom 4. November 2004 das Haager Programm angenommen, das die Ziele für den Raum der Freiheit, der Sicherheit und des Rechts vorgab, die im Zeitraum von 2005 bis 2010 erreicht werden sollten. Im Haager Programm wurde die Europäische Kommission in dieser Hinsicht aufgefordert, die Bewertung der Rechtsakte aus der ersten Phase abzuschließen und dem Europäischen Parlament und dem Rat die Rechtsakte und Maßnahmen der zweiten Phase vorzulegen. Dem Haager Programm zufolge soll im Rahmen des Gemeinsamen Europäischen Asylsystems ein gemeinsames Asylverfahren und ein unionsweit geltender einheitlicher Schutzstatus geschaffen werden.

(7) Im Europäischen Pakt zu Einwanderung und Asyl, der am 16. Oktober 2008 angenommen wurde, stellte der Europäische Rat

[1]) ABl. C 24 vom 28. 1. 2012, S. 79.

[2]) Standpunkt des Europäischen Parlaments vom 6. April 2011 (ABl. C 296E vom 2. 10. 2012, S. 184) und Standpunkt des Rates in erster Lesung vom 6. Juni 2013 (noch nicht im Amtsblatt veröffentlicht). Standpunkt des Europäischen Parlaments vom 10. Juni 2013 (noch nicht im Amtsblatt veröffentlicht).

[3]) ABl. L 326 vom 13. 12. 2005, S. 13.

II

fest, dass zwischen den Mitgliedstaaten weiterhin beträchtliche Unterschiede bei der Gewährung von Schutz bestehen, und regte neue Initiativen an, darunter einen Vorschlag zur Einführung eines einheitlichen Asylverfahrens mit gemeinsamen Garantien, um die Einführung des im Haager Programm vorgesehenen Gemeinsamen Europäischen Asylsystems zu vollenden.

(8) Auf seiner Tagung vom 10. und 11. Dezember 2009 nahm der Europäische Rat das Stockholmer Programm an, in dem wiederholt die Verpflichtung auf das Ziel betont wird, bis spätestens 2012 auf der Grundlage eines gemeinsamen Asylverfahrens und eines einheitlichen Status für Personen, denen internationaler Schutz gewährt wird, einen gemeinsamen Raum des Schutzes und der Solidarität zu schaffen, der auf hohen Schutzstandards und fairen, wirksamen Verfahren beruht. Das Stockholmer Programm bekräftigte, dass Menschen, die internationalen Schutz benötigen, der Zugang zu rechtlich gesicherten und effizienten Asylverfahren zu gewährleisten ist. In Übereinstimmung mit dem Stockholmer Programm sollten Einzelpersonen unabhängig davon, in welchem Mitgliedstaat sie ihren Antrag auf internationalen Schutz stellen, eine gleichwertige Behandlung hinsichtlich des Verfahrens und der Bestimmung des Schutzstatus erfahren. Das Ziel ist, dass ähnliche Fälle in gleicher Weise behandelt werden und zu dem gleichen Ergebnis führen.

(9) Die Bemühungen der Mitgliedstaaten bei der Umsetzung der für die zweite Phase des Gemeinsamen Europäischen Asylsystems vorgegebenen Schutzstandards, insbesondere die Bemühungen der Mitgliedstaaten, deren Asylsystem vor allem aufgrund ihrer geografischen oder demografischen Lage einem besonderen und unverhältnismäßigen Druck ausgesetzt ist, sollten mit Mitteln des Europäischen Flüchtlingsfonds und des Europäischen Unterstützungsbüros für Asylfragen (EASO)in geeigneter Weise unterstützt werden.

(10) Die Mitgliedstaaten sollten bei der Umsetzung dieser Richtlinie den entsprechenden Leitlinien des EASO Rechnung tragen.

(11) Um eine umfassende und effiziente Bewertung des Bedürfnisses der Antragsteller nach internationalem Schutz im Sinne der Richtlinie 2011/95/EU des Europäischen Parlaments und des Rates vom 13. Dezember 2011 über Normen für die Anerkennung von Drittstaatsangehörigen oder Staatenlosen als Personen mit Anspruch auf internationalen Schutz, für einen einheitlichen Status für Flüchtlinge oder für Personen mit Anrecht auf subsidiären Schutz und für den Inhalt des zu gewährenden Schutzes[4]) zu gewährleisten, sollte der Unionsrahmen für Verfahren zur Zuerkennung und Aberkennung internationalen Schutzes auf dem Konzept eines einheitlichen Asylverfahrens beruhen.

(12) Hauptziel dieser Richtlinie ist die Weiterentwicklung der Normen für Verfahren in den Mitgliedstaaten zur Zuerkennung und Aberkennung internationalen Schutzes im Hinblick auf die Einführung eines gemeinsamen Asylverfahrens in der Union.

(13) Die Angleichung der Rechtsvorschriften über die Verfahren zur Zuerkennung und Aberkennung internationalen Schutzes soll dazu beitragen, die Sekundärmigration von Antragstellern zwischen Mitgliedstaaten, soweit sie auf rechtliche Unterschiede zurückzuführen ist, einzudämmen, und gleiche Bedingungen für die Anwendung der Richtlinie 2011/95/EU in den Mitgliedstaaten zu schaffen.

(14) Die Mitgliedstaaten sollten die Befugnis haben, günstigere Regelungen für Drittstaatsangehörige oder Staatenlose, die um internationalen Schutz in einem Mitgliedstaat ersuchen, einzuführen oder beizubehalten, wenn davon ausgegangen werden kann, dass ein solcher Antrag von einer Person gestellt wird, die internationalen Schutz im Sinne der Richtlinie 2011/95/EU benötigt.

[4]) ABl. L 337 vom 20. 12. 2011, S. 9.

(15) In Bezug auf die Behandlung von Personen, die unter diese Richtlinie fallen, sind die Mitgliedstaaten an ihre Verpflichtungen aus den völkerrechtlichen Instrumenten gebunden, denen sie beigetreten sind.

(16) Es ist von entscheidender Bedeutung, dass sämtliche Entscheidungen über Anträge auf internationalen Schutz auf der Grundlage von Tatsachen ergehen und erstinstanzlich von Behörden getroffen werden, deren Bedienstete über angemessene Kenntnisse in Fragen des internationalen Schutzes verfügen oder die hierzu erforderliche Schulung erhalten haben.

(17) Um sicherzustellen, dass die Prüfung von Anträgen auf internationalen Schutz und die Entscheidungen darüber objektiv und unparteiisch erfolgen, ist es notwendig, dass Fachkräfte, die im Rahmen der Verfahren nach dieser Richtlinie tätig sind, ihre Tätigkeit unter gebührender Achtung der geltenden berufsethischen Grundsätze ausüben.

(18) Es liegt im Interesse sowohl der Mitgliedstaaten als auch der Personen, die internationalen Schutz beantragen, dass über die Anträge auf internationalen Schutz so rasch wie möglich, unbeschadet der Durchführung einer angemessenen und vollständigen Prüfung der Anträge, entschieden wird.

(19) Damit die Gesamtdauer des Verfahrens in bestimmten Fällen verkürzt wird, sollten die Mitgliedstaaten entsprechend ihren nationalen Bedürfnissen die Flexibilität haben, der Prüfung eines Antrags Vorrang vor der Prüfung anderer, früher gestellter Anträge einzuräumen, ohne dabei von den üblicherweise geltenden Fristen, Grundsätzen und Garantien abzuweichen.

(20) Ist ein Antrag voraussichtlich unbegründet oder bestehen schwerwiegende Bedenken hinsichtlich der nationalen Sicherheit oder der öffentlichen Ordnung, sollte es den Mitgliedstaaten unter genau bestimmten Umständen möglich sein, das Prüfungsverfahren unbeschadet der Durchführung einer angemessenen und vollständigen Prüfung und der effektiven Inanspruchnahme der in dieser Richtlinie vorgesehenen wesentlichen Grundsätze und Garantien durch den Antragsteller zu beschleunigen, insbesondere indem kürzere, jedoch angemessene Fristen für bestimmte Verfahrensschritte eingeführt werden.

(21) Solange ein Antragsteller seinen Antrag rechtfertigen kann, sollte das Fehlen von Dokumenten bei der Einreise oder die Verwendung falscher oder gefälschter Dokumente nicht für sich schon automatisch die Inanspruchnahme eines Grenzverfahrens oder beschleunigten Verfahrens zur Folge haben.

(22) Es liegt ferner im Interesse der Mitgliedstaaten wie der Antragsteller, dass das Bedürfnis nach internationalem Schutz bereits in der ersten Instanz ordnungsgemäß festgestellt wird. Hierzu sollten die Antragsteller in der ersten Instanz unter Berücksichtigung der besonderen Umstände ihres Falls unentgeltlich über die Rechtslage und das Verfahren informiert werden. Diese Informationen sollten den Antragstellern unter anderem dazu verhelfen, das Verfahren besser zu verstehen, und sie somit dabei unterstützen, den ihnen obliegenden Pflichten nachzukommen. Es wäre unverhältnismäßig, von den Mitgliedstaaten zu verlangen, diese Informationen nur durch fachkundige Rechtsanwälte bereitzustellen. Die Mitgliedstaaten sollten deshalb die Möglichkeit haben, die geeignetsten Mittel und Wege zu nutzen, um solche Informationen bereitzustellen, zum Beispiel über Nichtregierungsorganisationen oder Fachkräfte von Behörden oder spezialisierte staatliche Stellen.

(23) Antragsteller sollten in Rechtsbehelfsverfahren unter bestimmten Voraussetzungen unentgeltlich Rechtsberatung und -vertretung durch Personen erhalten, die nach nationalem Recht dazu befähigt sind. Darüber hinaus sollten Antragsteller in allen Phasen des Verfahrens auf eigene Kosten einen Rechtsanwalt oder sonstigen nach nationalem Recht zugelassenen oder zulässigen Rechtsberater konsultieren dürfen.

(24) Der Begriff „öffentliche Ordnung" kann unter anderem die Verurteilung wegen der Begehung einer schweren Straftat umfassen.

(25) Im Interesse einer ordnungsgemäßen Feststellung der Personen, die Schutz als

Flüchtlinge im Sinne des Artikels 1 der Genfer Flüchtlingskonvention oder als Personen mit Anspruch auf subsidiären Schutz benötigen, sollte jeder Antragsteller effektiven Zugang zu den Verfahren und die Gelegenheit erhalten, mit den zuständigen Behörden zu kooperieren und effektiv mit ihnen zu kommunizieren, um ihnen den ihn betreffenden Sachverhalt darlegen zu können; ferner sollten ausreichende Verfahrensgarantien bestehen, damit er sein Verfahren über sämtliche Instanzen betreiben kann. Außerdem sollte das Verfahren zur Prüfung eines Antrags auf internationalen Schutz dem Antragsteller in der Regel zumindest das Recht auf Verbleib bis zur Entscheidung der Asylbehörde einräumen sowie das Recht auf Beiziehung eines Dolmetschers zur Darlegung des Falls bei Anhörung durch die Behörden, die Möglichkeit zur Kontaktaufnahme mit einem Vertreter des Hohen Flüchtlingskommissars der Vereinten Nationen (UNHCR) und mit Organisationen, die Antragstellern Rechtsberatung oder sonstige Beratungsleistungen anbieten, das Recht auf eine in geeigneter Weise mitgeteilte sowie sachlich und rechtlich begründete Entscheidung, die Möglichkeit zur Hinzuziehung eines Rechtsanwalts oder sonstigen Rechtsberaters, das Recht, in entscheidenden Verfahrensabschnitten in einer Sprache, die der Antragsteller versteht oder von der vernünftigerweise angenommen werden kann, dass er sie versteht, über seine Rechtsstellung informiert zu werden, sowie im Fall einer ablehnenden Entscheidung das Recht auf einen wirksamen Rechtsbehelf vor einem Gericht.

(26) Um sicherzustellen, dass das Prüfungsverfahren effektiv in Anspruch genommen werden kann, sollten Bedienstete, die als erste mit Personen in Kontakt kommen, die um internationalen Schutz nachsuchen, insbesondere Bedienstete, die Land- oder Seegrenzen überwachen oder Grenzkontrollen durchführen, einschlägige Informationen und die notwendigen Schulungen erhalten, wie sie Anträge auf internationalen Schutz erkennen können und wie mit solchen Anträgen umzugehen ist, wobei unter anderem den entsprechenden Leitlinien des EASO Rechnung zu tragen ist. Sie sollten in der Lage sein, Drittstaatsangehörigen oder Staatenlosen, die sich im Hoheitsgebiet einschließlich an der Grenze, in den Hoheitsgewässern oder in den Transitzonen der Mitgliedstaaten befinden und die internationalen Schutz beantragen, relevante Informationen zukommen zu lassen, wo und wie sie förmlich Anträge auf internationalen Schutz stellen können. Befinden sich diese Personen in den Hoheitsgewässern eines Mitgliedstaats, sollten sie an Land gebracht und ihre Anträge nach Maßgabe dieser Richtlinie geprüft werden.

(27) Da Drittstaatsangehörige und Staatenlose, die ihren Wunsch bekundet haben, internationalen Schutz zu beantragen, Antragsteller darstellen, sollten sie die Pflichten erfüllen und die Rechte genießen, die in dieser Richtlinie und in der Richtlinie 2013/33/EU des Europäischen Parlaments und des Rates vom 26. Juni 2013 zur Festlegung von Normen für die Aufnahme von Personen, die internationalen Schutz beantragen, festgelegt sind. In diesem Zusammenhang sollten die Mitgliedstaaten diese Personen so rasch wie möglich als Antragsteller registrieren.

(28) Um die Inanspruchnahme des Prüfungsverfahrens an den Grenzübergangsstellen und in den Gewahrsamseinrichtungen zu erleichtern, sollten Informationen über die Möglichkeit, internationalen Schutz zu beantragen, bereitgestellt werden. Sprachmittlungsvorkehrungen sollten getroffen werden, um ein Mindestmaß an Kommunikation zu gewährleisten, damit die zuständigen Behörden verstehen können, ob Personen ihnen gegenüber erklären, dass sie internationalen Schutz beantragen wollen.

(29) Bestimmte Antragsteller benötigen unter Umständen besondere Verfahrensgarantien, unter anderem aufgrund ihres Alters, ihres Geschlechts, ihrer sexuellen Ausrichtung, ihrer Geschlechtsidentität, einer Behinderung, einer schweren Erkrankung, einer psychischen Störung oder infolge von Folter, Vergewaltigung oder sonstigen schweren Formen psychischer, physischer oder sexueller Gewalt. Die Mitgliedstaaten sollten bestrebt

sein, Antragsteller, die besondere Verfahrensgarantien benötigen, als solche zu erkennen, bevor eine erstinstanzliche Entscheidung ergeht. Diese Antragsteller sollten eine angemessene Unterstützung erhalten, einschließlich ausreichend Zeit, um die notwendigen Voraussetzungen dafür zu schaffen, dass sie das Verfahren effektiv in Anspruch nehmen und die zur Begründung ihres Antrags auf internationalen Schutz erforderlichen Angaben machen können.

(30) Kann einem Antragsteller, der besondere Verfahrensgarantien benötigt, im Rahmen eines beschleunigten Verfahrens oder eines Grenzverfahrens nicht ausreichend Unterstützung gewährt werden, so sollte dieser Antragsteller von diesen Verfahren ausgenommen werden. Die Notwendigkeit besonderer Verfahrensgarantien, die der Anwendung des beschleunigten Verfahrens oder des Grenzverfahrens entgegenstehen könnten, sollte ferner bedeuten, dass der Antragsteller zusätzliche Garantien erhält, wenn sein Rechtsbehelf nicht automatisch aufschiebende Wirkung hat, damit der Rechtsbehelf unter den besonderen Umständen seines Falles effektiv ist.

(31) Einzelstaatliche Maßnahmen, die sich auf die Erkennung und Dokumentation von Symptomen und Anzeichen von Folter oder sonstigen schweren Formen physischer oder psychischer Gewalt einschließlich sexueller Gewalt in Verfahren nach Maßgabe dieser Richtlinie beziehen, können sich unter anderem auf das Handbuch für die wirksame Untersuchung und Dokumentation von Folter und anderer grausamer, unmenschlicher oder erniedrigender Behandlung oder Strafe (Istanbul-Protokoll) stützen.

(32) Die Prüfungsverfahren sollten geschlechtsspezifischen Anforderungen Rechnung tragen, um eine tatsächliche Gleichbehandlung weiblicher und männlicher Antragsteller zu gewährleisten. Insbesondere sollten persönliche Anhörungen in einer Weise abgehalten werden, die es weiblichen und männlichen Antragstellern gleichermaßen ermöglicht, über ihre Erfahrungen in Fällen geschlechtsspezifischer Verfolgung zu sprechen. In Verfahren, in denen auf das Konzept des sicheren Drittstaats, das Konzept des sicheren Herkunftsstaats oder den Begriff des Folgeantrags abgestellt wird, sollte der Komplexität geschlechtsspezifisch begründeter Ansprüche angemessen Rechnung getragen werden.

(33) Bei der Anwendung dieser Richtlinie sollten die Mitgliedstaaten gemäß der Charta der Grundrechte der Europäischen Union (im Folgenden „Charta") und dem Übereinkommen der Vereinten Nationen von 1989 über die Rechte des Kindes das Wohl des Kindes vorrangig berücksichtigen. Bei der Beurteilung des Wohls des Kindes sollten die Mitgliedstaaten insbesondere das Wohlbefinden und die soziale Entwicklung einschließlich des Hintergrunds des Minderjährigen berücksichtigen.

(34) Die Verfahren zur Prüfung des Bedürfnisses nach internationalem Schutz sollten so gestaltet sein, dass die zuständigen Behörden in die Lage versetzt werden, Anträge auf internationalen Schutz gründlich zu prüfen.

(35) Wird ein Antragsteller im Rahmen der Bearbeitung eines Antrags durchsucht, so sollte diese Durchsuchung durch eine Person gleichen Geschlechts durchgeführt werden. Eine Durchsuchung aus Sicherheitsgründen auf der Grundlage nationalen Rechts sollte davon unberührt bleiben.

(36) Stellt der Antragsteller einen Folgeantrag, ohne neue Beweise oder Argumente vorzubringen, so wäre es unverhältnismäßig, die Mitgliedstaaten zur erneuten Durchführung des gesamten Prüfungsverfahrens zu verpflichten. In diesen Fällen sollten die Mitgliedstaaten einen Antrag gemäß dem Grundsatz der rechtskräftig entschiedenen Sache (res iudicata) als unzulässig abweisen können.

(37) In Bezug auf die Einbeziehung der Bediensteten einer anderen Behörde als der Asylbehörde in die Durchführung von fristgerechten Anhörungen zum Inhalt des Antrags sollte der Begriff „fristgerecht" anhand der in Artikel 31 festgelegten Fristen bewertet werden.

(38) Viele Anträge auf internationalen Schutz werden an der Grenze oder in Transitzonen eines Mitgliedstaats gestellt, bevor eine Entscheidung über die Einreise des Antragstellers vorliegt. Die Mitgliedstaaten sollten Verfahren zur Prüfung der Zulässigkeit und/oder Begründetheit von Anträgen vorsehen können, die es ermöglichen, unter genau festgelegten Umständen an Ort und Stelle über solche Anträge zu entscheiden.

(39) Bei der Beurteilung, ob im Herkunftsstaat eines Antragstellers eine Situation der Unsicherheit herrscht, sollten die Mitgliedstaaten gewährleisten, dass sie genaue und aktuelle Angaben von einschlägigen Quellen wie dem EASO, dem UNHCR, dem Europarat und anderen einschlägigen internationalen Organisationen einholen. Die Mitgliedstaaten sollten sicherstellen, dass eine Verzögerung beim Abschluss des Verfahrens umfassend mit ihren Verpflichtungen nach der Richtlinie 2011/95/EU und Artikel 41 der Charta im Einklang steht, unbeschadet der Effizienz und Fairness der Verfahren nach der vorliegenden Richtlinie.

(40) Ein entscheidendes Kriterium für die Begründetheit eines Antrags auf internationalen Schutz ist die Sicherheit des Antragstellers in seinem Herkunftsstaat. Kann ein Drittstaat als sicherer Herkunftsstaat betrachtet werden, so sollten die Mitgliedstaaten diesen als sicher bestimmen und von der Vermutung ausgehen können, dass dieser Staat für einen bestimmten Antragsteller sicher ist, sofern Letzterer keine Gegenargumente vorbringt.

(41) In Anbetracht des Harmonisierungsniveaus, das bei der Feststellung der Eigenschaft von Drittstaatsangehörigen oder Staatenlosen als Personen mit Anspruch auf internationalen Schutz erreicht worden ist, sollten gemeinsame Kriterien für die Bestimmung von Drittstaaten als sichere Herkunftsstaaten festgelegt werden.

(42) Die Bestimmung eines Drittstaates als sicherer Herkunftsstaat im Sinne dieser Richtlinie kann keine absolute Garantie für die Sicherheit von Staatsangehörigen dieses Landes bieten. Bei der dieser Bestimmung zugrunde liegenden Prüfung können naturgemäß nur die allgemeinen staatsbürgerlichen, rechtlichen und politischen Gegebenheiten in dem betreffenden Land sowie der Umstand berücksichtigt werden, ob Personen, die in diesem Land der Verfolgung, Folter oder unmenschlichen oder erniedrigenden Behandlung oder Bestrafung für schuldig befunden werden, auch tatsächlich bestraft werden. Daher ist es wichtig, dass ein als sicher eingestuftes Land für einen Antragsteller nicht länger als solches gelten kann, wenn dieser aufzeigt, dass es stichhaltige Gründe für die Annahme gibt, dass das betreffende Land für ihn in seiner besonderen Situation nicht sicher ist.

(43) Die Mitgliedstaaten sollten alle Anträge in der Sache prüfen, d. h. beurteilen, ob der betreffende Antragsteller gemäß der Richtlinie 2011/95/EU als Person mit Anspruch auf internationalen Schutz anerkannt werden kann, sofern die vorliegende Richtlinie nichts anderes vorsieht, insbesondere dann, wenn vernünftigerweise davon ausgegangen werden kann, dass ein anderer Staat den Antrag prüfen oder für einen ausreichenden Schutz sorgen würde. Die Mitgliedstaaten sollten insbesondere nicht verpflichtet sein, einen Antrag auf internationalen Schutz in der Sache zu prüfen, wenn der erste Asylstaat dem Antragsteller die Flüchtlingseigenschaft zuerkannt hat oder ihm anderweitig ausreichenden Schutz gewährt und die Rückübernahme des Antragstellers in diesen Staat gewährleistet ist.

(44) Die Mitgliedstaaten sollten nicht verpflichtet sein, einen Antrag auf internationalen Schutz in der Sache zu prüfen, wenn vom Antragsteller aufgrund einer ausreichenden Verbindung zu einem Drittstaat im Sinne einzelstaatlicher Rechtsvorschriften erwartet werden kann, dass er in diesem Drittstaat Schutz suchen wird, und wenn Grund zu der Annahme besteht, dass die Übernahme oder Rückübernahme des Antragstellers in diesen Staat gewährleistet ist. Die Mitgliedstaaten sollten nur dann nach diesem Grundsatz verfahren, wenn dieser Antragsteller in dem betreffenden Drittstaat tatsächlich sicher wäre. Zur Vermeidung der Sekundärmigration der

Antragsteller sollten gemeinsame Grundsätze festgelegt werden, nach denen Mitgliedstaaten Drittstaaten als sicher betrachten oder als sicher bestimmen.

(45) Darüber hinaus sollte den Mitgliedstaaten im Hinblick auf bestimmte europäische Drittstaaten mit besonders hohen Standards im Bereich der Menschenrechte und des Flüchtlingsschutzes gestattet werden, Anträge auf internationalen Schutz der aus diesen europäischen Drittstaaten in ihr Hoheitsgebiet eingereisten Antragsteller nicht oder nicht vollständig zu prüfen.

(46) Wenn die Mitgliedstaaten einzelfallbezogen Konzepte des sicheren Herkunftsstaats anwenden oder Staaten durch die Annahme entsprechender Listen als sicher einstufen, sollten sie unter anderem die Leitlinien und Handbücher sowie die Informationen über Herkunftsländer und die Maßnahmen, einschließlich der Methode für Berichte mit Informationen über Herkunftsländer des EASO, gemäß der Verordnung (EU) Nr. 439/2010 des Europäischen Parlaments und des Rates vom 19. Mai 2010 zur Einrichtung eines Europäischen Unterstützungsbüros für Asylfragen[5]), sowie einschlägige UNHCR-Leitlinien berücksichtigen.

(47) Um den regelmäßigen Austausch von Informationen darüber, wie die Konzepte „sicherer Herkunftsstaat", „sicherer Drittstaat" und „sicherer europäischer Drittstaat" in den Mitgliedstaaten angewandt werden, und eine regelmäßige Überprüfung durch die Kommission der Nutzung dieser Konzepte durch die Mitgliedstaaten zu erleichtern und um eine mögliche weitere Harmonisierung in der Zukunft vorzubereiten, sollten die Mitgliedstaaten der Kommission mitteilen oder ihr regelmäßig berichten, auf welche Drittstaaten diese Konzepte angewandt werden. Die Kommission sollte das Europäische Parlament regelmäßig über die Ergebnisse ihrer Überprüfung unterrichten.

(48) Damit die richtige Anwendung der Konzepte des sicheren Staats ausgehend von aktuellen Informationen sichergestellt wird, sollten die Mitgliedstaaten regelmäßig die Lage in diesen Staaten auf der Grundlage einer Reihe von Informationsquellen überprüfen, einschließlich vor allem der Informationen anderer Mitgliedstaaten, des EASO, des UNHCR, des Europarats und anderer einschlägiger internationaler Organisationen. Erhalten die Mitgliedstaaten Kenntnis von einer wesentlichen Änderung der Menschenrechtslage in einem von ihnen als sicher eingestuften Staat, so sollten sie sicherstellen, dass die Lage so schnell wie möglich überprüft wird, und sollten erforderlichenfalls die Einstufung des Staats als sicherer Staat überprüfen.

(49) Bezüglich der Aberkennung der Flüchtlingseigenschaft oder des subsidiären Schutzstatus sollten die Mitgliedstaaten gewährleisten, dass Personen mit internationalem Schutzstatus ordnungsgemäß über eine eventuelle Überprüfung ihres Status informiert werden und die Möglichkeit haben, den Behörden ihren Standpunkt darzulegen, bevor diese eine begründete Entscheidung über die Aberkennung ihres Status treffen können.

(50) Einem Grundprinzip des Unionsrechts zufolge muss gegen die Entscheidung über einen Antrag auf internationalen Schutz, gegen die Ablehnung der Wiederaufnahme der Prüfung eines Antrags nach ihrer Einstellung und gegen die Aberkennung der Flüchtlingseigenschaft oder des subsidiären Schutzstatus ein wirksamer Rechtsbehelf vor einem Gericht gegeben sein.

(51) Nach Artikel 72 des Vertrags über die Arbeitsweise der Europäischen Union (AEUV) berührt diese Richtlinie nicht die Wahrnehmung der Zuständigkeiten der Mitgliedstaaten für die Aufrechterhaltung der öffentlichen Ordnung und den Schutz der inneren Sicherheit.

(52) Die Verarbeitung personenbezogener Daten in den Mitgliedstaaten gemäß dieser Richtlinie erfolgt nach Maßgabe der Richtlinie 95/46/EG des Europäischen Parlaments und

---

[5]) ABl. L 132 vom 29. 5. 2010, S. 11.

des Rates vom 24. Oktober 1995 zum Schutz natürlicher Personen bei der Verarbeitung personenbezogener Daten und zum freien Datenverkehr[6]).

(53) Diese Richtlinie betrifft nicht die Verfahren zwischen Mitgliedstaaten im Rahmen der Verordnung (EU) Nr. 604/2013 des Europäischen Parlaments und des Rates vom 26. Juni 2013 zur Festlegung der Kriterien und Verfahren zur Bestimmung des Mitgliedstaats, der für die Prüfung eines von einem Drittstaatsangehörigen oder Staatenlosen in einem Mitgliedstaat förmlich gestellten Antrags auf internationalen Schutz zuständig ist.[7])

(54) Diese Richtlinie sollte für Antragsteller, für die die Verordnung (EU) Nr. 604/2013 gilt, zusätzlich zu den Bestimmungen jener Verordnung und unbeschadet ihrer Bestimmungen gelten.

(55) Die Anwendung dieser Richtlinie sollte in regelmäßigen Abständen bewertet werden.

(56) Da das Ziel dieser Richtlinie, nämlich die Einführung gemeinsamer Verfahren für die Zuerkennung und Aberkennung internationalen Schutzes, auf Ebene der Mitgliedstaaten nicht ausreichend erreicht werden kann, sondern wegen des Umfangs und der Wirkungen dieser Richtlinie besser auf Unionsebene zu erreichen ist, kann die Union im Einklang mit dem in Artikel 5 des Vertrags über die Europäische Union (EUV) niedergelegten Subsidiaritätsprinzip tätig werden. Entsprechend dem in demselben Artikel genannten Grundsatz der Verhältnismäßigkeit geht diese Richtlinie nicht über das für die Erreichung dieses Ziels erforderliche Maß hinaus.

(57) Gemäß der Gemeinsamen Politischen Erklärung der Mitgliedstaaten und der Kommission vom 28. September 2011 zu erläuternden Dokumenten[8]) haben sich die Mitgliedstaaten verpflichtet, in begründeten Fällen zusätzlich zur Mitteilung ihrer Umsetzungsmaßnahmen ein oder mehrere Dokumente zu übermitteln, in denen der Zusammenhang zwischen den Bestandteilen einer Richtlinie und den entsprechenden Teilen innerstaatlicher Umsetzungsinstrumente erläutert wird. In Bezug auf diese Richtlinie hält der Gesetzgeber die Übermittlung derartiger Dokumente für gerechtfertigt.

(58) Nach den Artikeln 1, 2 und 4a Absatz 1 des dem EUV und dem AEUV beigefügten Protokolls Nr. 21 über die Position des Vereinigten Königreichs und Irlands hinsichtlich des Raums der Freiheit, der Sicherheit und des Rechts und unbeschadet des Artikels 4 dieses Protokolls beteiligen sich diese Mitgliedstaaten nicht an der Annahme dieser Richtlinie und sind weder durch diese Richtlinie gebunden noch zu ihrer Anwendung verpflichtet.

(59) Gemäß den Artikeln 1 und 2 des dem EUV und dem AEUV beigefügten Protokolls Nr. 22 über die Position Dänemarks beteiligt sich Dänemark nicht an der Annahme dieser Richtlinie und ist weder durch diese Richtlinie gebunden noch zu ihrer Anwendung verpflichtet.

(60) Diese Richtlinie steht in Einklang mit den Grundrechten und Grundsätzen, die mit der Charta anerkannt wurden. Diese Richtlinie zielt insbesondere darauf ab, die uneingeschränkte Wahrung der Menschenwürde zu gewährleisten und die Anwendung der Artikel 1, 4, 18, 19, 21, 23, 24 und 47 der Charta zu fördern; sie muss entsprechend umgesetzt werden.

(61) Die Verpflichtung zur Umsetzung dieser Richtlinie in nationales Recht sollte nur jene Bestimmungen betreffen, die im Vergleich zu der Richtlinie 2005/85/EG inhaltlich geändert wurden. Die Verpflichtung zur Umsetzung der inhaltlich unveränderten Bestimmungen ergibt sich aus jener Richtlinie.

---

[6]) ABl. L 281 vom 23. 11. 1995, S. 31.

[7]) Siehe Seite 31 dieses Amtsblatts.

[8]) ABl. C 369 vom 17. 12. 2011, S. 14.

(62) Die vorliegende Richtlinie sollte die Verpflichtungen der Mitgliedstaaten hinsichtlich der in Anhang II Teil B genannten Frist für die Umsetzung der Richtlinie 2005/85/EG in nationales Recht unberührt lassen –

haben folgende Richtlinie erlassen:

Kapitel I
Allgemeine Bestimmungen

Artikel 1 Zweck

Mit dieser Richtlinie werden gemeinsame Verfahren für die Zuerkennung und Aberkennung des internationalen Schutzes gemäß der Richtlinie 2011/95/EU eingeführt.

Artikel 2 Begriffsbestimmungen

Im Sinne dieser Richtlinie bezeichnet der Ausdruck

a) „Genfer Flüchtlingskonvention" das Abkommen vom 28. Juli 1951 über die Rechtsstellung der Flüchtlinge in der durch das New Yorker Protokoll vom 31. Januar 1967 geänderten Fassung;

b) „Antrag auf internationalen Schutz" oder „Antrag" das Ersuchen eines Drittstaatsangehörigen oder Staatenlosen um Schutz durch einen Mitgliedstaat, bei dem davon ausgegangen werden kann, dass er die Zuerkennung der Flüchtlingseigenschaft oder die Gewährung des subsidiären Schutzstatus anstrebt, und der nicht ausdrücklich um eine andere, gesondert zu beantragende Form des Schutzes außerhalb des Anwendungsbereichs der Richtlinie 2011/95/EU ersucht;

c) „Antragsteller" einen Drittstaatsangehörigen oder Staatenlosen, der einen Antrag auf internationalen Schutz gestellt hat, über den noch keine bestandskräftige Entscheidung ergangen ist;

d) „Antragsteller, der besondere Verfahrensgarantien benötigt," einen Antragsteller, dessen Fähigkeit, die Rechte aus dieser Richtlinie in Anspruch nehmen und den sich aus dieser Richtlinie ergebenden Pflichten nachkommen zu können, aufgrund individueller Umstände eingeschränkt ist;

e) „bestandskräftige Entscheidung" eine Entscheidung darüber, ob einem Drittstaatsangehörigen oder Staatenlosen gemäß der Richtlinie 2011/95/EU die Flüchtlingseigenschaft oder der subsidiäre Schutzstatus zuzuerkennen ist, und gegen die kein Rechtsbehelf nach Kapitel V der vorliegenden Richtlinie mehr eingelegt werden kann, unabhängig davon, ob ein solcher Rechtsbehelf zur Folge hat, dass Antragsteller sich bis zur Entscheidung über den Rechtsbehelf in dem betreffenden Mitgliedstaat aufhalten dürfen;

f) „Asylbehörde" jede gerichtsähnliche Behörde beziehungsweise jede Verwaltungsstelle eines Mitgliedstaats, die für die Prüfung von Anträgen auf internationalen Schutz zuständig und befugt ist, erstinstanzliche Entscheidungen über diese Anträge zu erlassen;

g) „Flüchtling" einen Drittstaatsangehörigen oder Staatenlosen, der die Voraussetzungen des Artikels 2 Buchstabe d der Richtlinie 2011/95/EU erfüllt;

h) „Person mit Anspruch auf subsidiären Schutz" einen Drittstaatsangehörigen oder Staatenlosen, der die Voraussetzungen des Artikels 2 Buchstabe f der Richtlinie 2011/95/EU erfüllt;

i) „internationaler Schutz" die Flüchtlingseigenschaft und den subsidiären Schutzstatus im Sinne der Buchstaben j und k;

j) „Flüchtlingseigenschaft" die Anerkennung eines Drittstaatsangehörigen oder Staatenlosen als Flüchtling durch einen Mitgliedstaat;

k) „subsidiärer Schutzstatus" die Anerkennung, durch einen Mitgliedstaat, eines Drittstaatsangehörigen oder Staatenlosen als Person mit Anspruch auf subsidiären Schutz;

l) „Minderjähriger" einen Drittstaatsangehörigen oder Staatenlosen unter 18 Jahren;

m) „unbegleiteter Minderjähriger" einen unbegleiteten Minderjährigen im Sinne von

Artikel 2 Buchstabe l der Richtlinie 2011/95/EU;

n) „Vertreter" eine Person oder Organisation, die von den zuständigen Stellen zur Unterstützung und Vertretung eines unbegleiteten Minderjährigen in Verfahren nach Maßgabe dieser Richtlinie bestellt wurde, um die Interessen des Minderjährigen zu wahren und für ihn, soweit erforderlich, Rechtshandlungen vorzunehmen. Wird eine Organisation zum Vertreter bestellt, so bezeichnet diese eine Person, die bezüglich des unbegleiteten Minderjährigen die Pflichten der Vertretung im Einklang mit dieser Richtlinie wahrnimmt;

o) „Aberkennung des internationalen Schutzes" die Entscheidung einer zuständigen Behörde, einer Person die Flüchtlingseigenschaft oder den subsidiären Schutzstatus gemäß der Richtlinie 2011/95/EU abzuerkennen, diese zu beenden oder nicht mehr zu verlängern;

p) „Verbleib im Mitgliedstaat" den Verbleib im Hoheitsgebiet – einschließlich an der Grenze oder in den Transitzonen – des Mitgliedstaats, in dem der Antrag auf internationalen Schutz gestellt wurde oder geprüft wird;

q) „Folgeantrag" einen weiteren Antrag auf internationalen Schutz, der nach Erlass einer bestandskräftigen Entscheidung über einen früheren Antrag gestellt wird, auch in Fällen, in denen der Antragsteller seinen Antrag ausdrücklich zurückgenommen hat oder die Asylbehörde den Antrag nach der stillschweigenden Rücknahme durch den Antragsteller gemäß Artikel 28 Absatz 1 abgelehnt hat.

Artikel 3 Anwendungsbereich

(1) Diese Richtlinie gilt für alle Anträge auf internationalen Schutz, die im Hoheitsgebiet – einschließlich an der Grenze, in den Hoheitsgewässern oder in den Transitzonen – der Mitgliedstaaten gestellt werden, sowie für die Aberkennung des internationalen Schutzes.

(2) Diese Richtlinie gilt nicht für Ersuchen um diplomatisches oder territoriales Asyl in Vertretungen der Mitgliedstaaten.

(3) Die Mitgliedstaaten können beschließen, diese Richtlinie in Verfahren anzuwenden, in denen außerhalb des Anwendungsbereichs der Richtlinie 2011/95/EU über Anträge auf Schutz jedweder Form entschieden wird.

Artikel 4 Zuständige Behörden

(1) Die Mitgliedstaaten benennen für alle Verfahren eine Asylbehörde, die für eine angemessene Prüfung der Anträge gemäß dieser Richtlinie zuständig ist. Die Mitgliedstaaten stellen sicher, dass diese Behörde zur Erfüllung ihrer Aufgaben nach Maßgabe dieser Richtlinie angemessen ausgestattet ist und über kompetentes Personal in ausreichender Zahl verfügt.

(2) Die Mitgliedstaaten können vorsehen, dass eine andere Behörde als die in Absatz 1 genannte für folgende Tätigkeiten zuständig ist:

a) die Bearbeitung von Anträgen nach der Verordnung (EU) Nr. 604/2013 und

b) die Gewährung oder die Verweigerung der Einreise im Rahmen des Verfahrens nach Artikel 43 unter den dort genannten Voraussetzungen und auf der Grundlage der mit Gründen versehenen Stellungnahme der Asylbehörde.

(3) Die Mitgliedstaaten stellen sicher, dass das Personal der in Absatz 1 genannten Asylbehörde hinreichend geschult ist. Hierzu stellen die Mitgliedstaaten einschlägige Lehrgänge mit den in Artikel 6 Absatz 4 Buchstaben a bis e der Verordnung (EU) Nr. 439/2010 genannten Bausteinen bereit. Die Mitgliedstaaten berücksichtigen dabei auch das einschlägige Schulungsangebot, das vom Europäischen Unterstützungsbüro für Asylfragen (EASO) aufgestellt und entwickelt wurde. Personen, von denen die Antragsteller nach Maßgabe dieser Richtlinie befragt werden, müssen außerdem allgemeine Kenntnisse über die Probleme erworben haben, die die Fähigkeit des Antragstellers, angehört zu werden, beeinträchtigen könnten, beispielsweise Anzeichen dafür, dass der

Antragsteller in der Vergangenheit möglicherweise gefoltert worden ist.

(4) Wird eine Behörde gemäß Absatz 2 benannt, so stellen die Mitgliedstaaten sicher, dass die Bediensteten dieser Behörde über angemessene Kenntnisse verfügen oder eine geeignete Schulung erhalten, um ihren Verpflichtungen bei der Anwendung dieser Richtlinie nachkommen zu können.

(5) Anträge auf internationalen Schutz, die in einem Mitgliedstaat bei den Behörden eines anderen Mitgliedstaats gestellt werden, die in ersterem Mitgliedstaat Grenz- oder Einreisekontrollen durchführen, werden von dem Mitgliedstaat bearbeitet, in dessen Hoheitsgebiet sie gestellt werden.

Artikel 5 Günstigere Bestimmungen

Die Mitgliedstaaten können bei den Verfahren zur Zuerkennung und Aberkennung des internationalen Schutzes günstigere Bestimmungen einführen oder beibehalten, soweit diese Bestimmungen mit dieser Richtlinie vereinbar sind.

Kapitel II
Grundsätze und Garantien

Artikel 6 Zugang zum Verfahren

(1) Stellt eine Person einen Antrag auf internationalen Schutz bei einer Behörde, die nach nationalem Recht für die Registrierung solcher Anträge zuständig ist, so erfolgt die Registrierung spätestens drei Arbeitstage nach Antragstellung.

Wird der Antrag auf internationalen Schutz bei anderen Behörden gestellt, bei denen derartige Anträge wahrscheinlich gestellt werden, die aber nach nationalem Recht nicht für die Registrierung zuständig sind, so gewährleisten die Mitgliedstaaten, dass die Registrierung spätestens sechs Arbeitstage nach Antragstellung erfolgt.

Die Mitgliedstaaten stellen sicher, dass diese anderen Behörden, bei denen wahrscheinlich Anträge auf internationalen Schutz gestellt werden, wie Polizei, Grenzschutz, Einwanderungsbehörden und Personal von Gewahrsamseinrichtungen, über die einschlägigen Informationen verfügen und ihr Personal das erforderliche, seinen Aufgaben und Zuständigkeiten entsprechende Schulungsniveau und Anweisungen erhält, um die Antragsteller darüber zu informieren, wo und wie Anträge auf internationalen Schutz gestellt werden können.

(2) Die Mitgliedstaaten stellen sicher, dass eine Person, die einen Antrag auf internationalen Schutz gestellt hat, tatsächlich die Möglichkeit hat, diesen so bald wie möglich förmlich zu stellen. Stellt der Antragsteller keinen förmlichen Antrag, so können die Mitgliedstaaten Artikel 28 entsprechend anwenden.

(3) Unbeschadet des Absatzes 2 können die Mitgliedstaaten verlangen, dass Anträge auf internationalen Schutz persönlich und/oder an einem bestimmten Ort gestellt werden.

(4) Ungeachtet des Absatzes 3 gilt ein Antrag auf internationalen Schutz als förmlich gestellt, sobald den zuständigen Behörden des betreffenden Mitgliedstaats ein vom Antragsteller vorgelegtes Formblatt oder ein behördliches Protokoll, sofern nach nationalem Recht vorgesehen, zugegangen ist.

(5) Beantragt eine große Zahl von Drittstaatsangehörigen oder Staatenlosen gleichzeitig internationalen Schutz, so dass es in der Praxis sehr schwierig ist, die Frist nach Absatz 1 einzuhalten, so können die Mitgliedstaaten vorsehen, dass diese Frist auf 10 Arbeitstage verlängert wird.

Artikel 7 Anträge im Namen von abhängigen Personen oder Minderjährigen

(1) Die Mitgliedstaaten stellen sicher, dass jeder geschäftsfähige Erwachsene das Recht hat, im eigenen Namen einen Antrag auf internationalen Schutz zu stellen.

(2) Die Mitgliedstaaten können festlegen, dass ein Antragsteller auch für die Personen, die von ihm abhängig sind, einen Antrag stellen kann. In solchen Fällen stellen die Mitgliedstaaten sicher, dass abhängige Volljährige der förmlichen Antragstellung in ihrem Namen zustimmen; wird diese Zustim-

II

II

mung nicht erteilt, so gewährleisten die Mitgliedstaaten ihnen die Möglichkeit einer Antragstellung im eigenen Namen.

Diese Zustimmung wird bei der förmlichen Antragstellung oder spätestens bei der persönlichen Anhörung des abhängigen Volljährigen verlangt. Bevor die Zustimmung verlangt wird, wird jeder abhängige Volljährige unter vier Augen über die verfahrensrechtlichen Folgen der förmlichen Antragstellung in seinem Namen belehrt sowie über sein Recht, einen gesonderten Antrag auf internationalen Schutz zu stellen.

(3) Die Mitgliedstaaten stellen sicher, dass ein Minderjähriger das Recht hat, entweder im eigenen Namen – wenn er nach dem Recht des betreffenden Mitgliedstaats verfahrensfähig ist – oder über seine Eltern, über einen anderen volljährigen Familienangehörigen, über einen gesetzlich oder nach den Gepflogenheiten des betreffenden Mitgliedstaats für ihn verantwortlichen Erwachsenen oder über einen Vertreter einen Antrag auf internationalen Schutz zu stellen.

(4) Die Mitgliedstaaten stellen sicher, dass geeignete Stellen im Sinne von Artikel 10 der Richtlinie 2008/115/EG des Europäischen Parlaments und des Rates vom 16. Dezember 2008 über gemeinsame Normen und Verfahren in den Mitgliedstaaten zur Rückführung illegal aufhältiger Drittstaatsangehöriger[1]) das Recht haben, im Namen eines unbegleiteten Minderjährigen förmlich einen Antrag auf internationalen Schutz zu stellen, wenn diese Stellen auf der Grundlage einer Würdigung der persönlichen Umstände des Minderjährigen der Auffassung sind, dass der Minderjährige möglicherweise Schutz im Sinne der Richtlinie 2011/95/EU benötigt.

(5) Die Mitgliedstaaten können im nationalen Recht die Fälle festlegen,

a) in denen ein Minderjähriger einen Antrag im eigenen Namen stellen kann;
b) in denen der Antrag eines unbegleiteten Minderjährigen von einem Vertreter gemäß Artikel 25 Absatz 1 Buchstabe a förmlich zu stellen ist;
c) in denen die förmliche Stellung eines Antrags auf internationalen Schutz auch als die förmliche Stellung eines Antrags auf internationalen Schutz für alle unverheirateten Minderjährigen zu werten ist.

Artikel 8 Informations- und Beratungsleistungen in Gewahrsamseinrichtungen und an Grenzübergangsstellen

(1) Gibt es Anzeichen dafür, dass Drittstaatsangehörige oder Staatenlose, die sich in Gewahrsamseinrichtungen oder an Grenzübergangsstellen an den Außengrenzen, einschließlich Transitzonen, befinden, möglicherweise einen Antrag auf internationalen Schutz stellen möchten, so stellen ihnen die Mitgliedstaaten Informationen über die Möglichkeit hierzu zur Verfügung. Die Mitgliedstaaten treffen an diesen Gewahrsamseinrichtungen und Grenzübergangsstellen Sprachmittlungsvorkehrungen, soweit dies notwendig ist, um die Inanspruchnahme des Asylverfahrens zu erleichtern.

(2) Die Mitgliedstaaten stellen sicher, dass Organisationen und Personen, die Beratungsleistungen für Antragsteller erbringen, effektiven Zugang zu Antragstellern an Grenzübergangsstellen an den Außengrenzen, einschließlich Transitzonen, erhalten. Die Mitgliedstaaten können Vorschriften erlassen, die die Anwesenheit dieser Organisationen und Personen an diesen Grenzübergangsstellen regeln, und insbesondere den Zugang von einer Vereinbarung mit den zuständigen Behörden der Mitgliedstaaten abhängig machen. Beschränkungen eines solchen Zugangs dürfen nur verhängt werden, wenn sie nach Maßgabe des nationalen Rechts für die Sicherheit, die öffentliche Ordnung oder die Verwaltung der betreffenden Grenzübergangsstellen objektiv erforderlich sind, sofern der Zugang dadurch nicht erheblich behindert oder unmöglich gemacht wird.

[1]) ABl. L 348 vom 24. 12. 2008, S. 98.

Artikel 9 Berechtigung zum Verbleib im Mitgliedstaat während der Prüfung des Antrags

(1) Antragsteller dürfen ausschließlich zum Zwecke des Verfahrens so lange im Mitgliedstaat verbleiben, bis die Asylbehörde auf der Grundlage der in Kapitel III genannten erstinstanzlichen Verfahren über den Antrag entschieden hat. Aus dieser Berechtigung zum Verbleib ergibt sich kein Anspruch auf einen Aufenthaltstitel.

(2) Die Mitgliedstaaten dürfen nur eine Ausnahme machen, wenn eine Person einen Folgeantrag im Sinne von Artikel 41 stellt oder wenn sie eine Person aufgrund von Verpflichtungen aus einem Europäischen Haftbefehl[1]) oder aus anderen Gründen entweder an einen anderen Mitgliedstaat oder aber an einen Drittstaat oder an internationale Strafgerichte überstellen beziehungsweise ausliefern.

(3) Ein Mitgliedstaat darf einen Antragsteller nur dann gemäß Absatz 2 an einen Drittstaat ausliefern, wenn sich die zuständigen Behörden davon überzeugt haben, dass eine Auslieferungsentscheidung keine unmittelbare oder mittelbare Zurückweisung zur Folge hat, die einen Verstoß gegen die völkerrechtlichen und unionsrechtlichen Pflichten dieses Mitgliedstaats darstellt.

Artikel 10 Anforderungen an die Prüfung von Anträgen

(1) Die Mitgliedstaaten stellen sicher, dass Anträge auf internationalen Schutz nicht allein deshalb abgelehnt oder von der Prüfung ausgeschlossen werden, weil die Antragstellung nicht so rasch wie möglich erfolgt ist.

(2) Bei der Prüfung eines Antrags auf internationalen Schutz stellt die Asylbehörde zuerst fest, ob der Antragsteller die Voraussetzungen für die Anerkennung als Flüchtling erfüllt; ist dies nicht der Fall, wird festgestellt, ob der Antragsteller Anspruch auf subsidiären Schutz hat.

(3) Die Mitgliedstaaten stellen sicher, dass die Asylbehörde ihre Entscheidung über einen Antrag auf internationalen Schutz nach angemessener Prüfung trifft. Zu diesem Zweck stellen die Mitgliedstaaten sicher, dass

a) die Anträge einzeln, objektiv und unparteiisch geprüft und entschieden werden;
b) genaue und aktuelle Informationen aus verschiedenen Quellen, wie etwa EASO und UNHCR sowie einschlägigen internationalen Menschenrechtsorganisationen, eingeholt werden, die Aufschluss geben über die allgemeine Lage in den Herkunftsstaaten der Antragsteller und gegebenenfalls in den Staaten, durch die sie gereist sind, und diese Informationen den für die Prüfung und Entscheidung der Anträge zuständigen Bediensteten zur Verfügung stehen;
c) die für die Prüfung und Entscheidung der Anträge zuständigen Bediensteten die anzuwendenden Standards im Bereich Asyl- und Flüchtlingsrecht kennen;
d) die für die Prüfung und Entscheidung der Anträge zuständigen Bediensteten die Möglichkeit erhalten, in bestimmten, unter anderem medizinischen, kulturellen, religiösen, kinder- oder geschlechtsspezifischen Fragen, den Rat von Sachverständigen einzuholen, wann immer dies erforderlich ist.

(4) Die in Kapitel V genannten staatlichen Stellen haben über die Asylbehörde oder den Antragsteller oder in sonstiger Weise Zugang zu den in Absatz 3 Buchstabe b genannten allgemeinen Informationen, die sie zur Erfüllung ihrer Aufgabe benötigen.

(5) Die Mitgliedstaaten legen Vorschriften für die Übersetzung der für die Prüfung der Anträge sachdienlichen Unterlagen fest.

[1]) Rahmenbeschluss 2002/584/JI des Rates vom 13. Juni 2002 über den Europäischen Haftbefehl und die Übergabeverfahren zwischen den Mitgliedstaaten (ABl. L 190 vom 18. 7. 2002, S. 1).

II

Artikel 11 Anforderungen an die Entscheidung der Asylbehörde

(1) Die Mitgliedstaaten stellen sicher, dass die Entscheidungen über Anträge auf internationalen Schutz schriftlich ergehen.

(2) Die Mitgliedstaaten stellen ferner sicher, dass bei der Ablehnung eines Antrags auf Anerkennung der Flüchtlingseigenschaft und/oder des subsidiären Schutzstatus die sachlichen und rechtlichen Gründe für die Ablehnung in der Entscheidung dargelegt werden und eine schriftliche Belehrung beigefügt wird, wie eine ablehnende Entscheidung angefochten werden kann.

Die Mitgliedstaaten brauchen der ablehnenden Entscheidung keine schriftliche Belehrung darüber beizufügen, wie eine solche Entscheidung angefochten werden kann, wenn diese Information dem Antragsteller zuvor entweder schriftlich oder auf ihm zugänglichem elektronischem Wege mitgeteilt worden ist.

(3) Für die Zwecke des Artikels 7 Absatz 2 können die Mitgliedstaaten immer dann, wenn dieselben Gründe für den Antrag genannt werden, eine einzige Entscheidung treffen, die alle vom Antragsteller abhängigen Personen erfasst, es sei denn, dies hätte die Offenlegung bestimmter Umstände eines Antragstellers zur Folge, durch die dessen Interessen gefährdet werden könnten, insbesondere in Fällen, in denen es um Verfolgung wegen der Geschlechtszugehörigkeit, der sexuellen Ausrichtung, der Geschlechtsidentität und/oder des Alters geht. In derartigen Fällen ergeht für die betroffene Person eine gesonderte Entscheidung.

Artikel 12 Garantien für Antragsteller

(1) Bezüglich der Verfahren des Kapitels III stellen die Mitgliedstaaten sicher, dass alle Antragsteller über folgende Garantien verfügen:

a) Sie werden in einer Sprache, die sie verstehen oder von der vernünftigerweise angenommen werden darf, dass sie sie verstehen, über den Verlauf des Verfahrens und über ihre Rechte und Pflichten während des Verfahrens sowie darüber informiert, welche Folgen es haben kann, wenn sie ihren Pflichten nicht nachkommen und nicht mit den Behörden zusammenarbeiten. Sie werden über die Frist und die Möglichkeiten unterrichtet, die ihnen zur Einhaltung der Verpflichtung, die Angaben nach Artikel 4 der Richtlinie 2011/95/EU vorzulegen, zur Verfügung stehen sowie über die Folgen einer ausdrücklichen oder stillschweigenden Rücknahme des Antrags. Diese Informationen werden so rechtzeitig gegeben, dass die Antragsteller die in der vorliegenden Richtlinie garantierten Rechte in Anspruch nehmen und ihren in Artikel 13 genannten Verpflichtungen nachkommen können.

b) Erforderlichenfalls wird ein Dolmetscher beigezogen, damit sie den zuständigen Behörden ihren Fall darlegen können. Die Mitgliedstaaten haben zumindest dann von der Erforderlichkeit einer solchen Beiziehung auszugehen, wenn der Antragsteller nach den Artikeln 14 bis 17 und 34 anzuhören ist und ohne die Beiziehung eines Dolmetschers eine angemessene Verständigung nicht gewährleistet werden kann. In diesem Fall und in anderen Fällen, in denen die zuständigen Behörden den Antragsteller vorladen, trägt die öffentliche Hand die Kosten für den Dolmetscher.

c) Ihnen darf nicht die Möglichkeit verwehrt werden, mit dem UNHCR oder einer anderen Organisation, die für Antragsteller nach Maßgabe des Rechts des betreffenden Mitgliedstaats Rechtsberatung oder sonstige Beratungsleistungen erbringt, Verbindung aufzunehmen.

d) Ihnen und gegebenenfalls ihren Rechtsanwälten oder sonstigen Rechtsberatern gemäß Artikel 23 Absatz 1 wird Zugang zu den in Artikel 10 Absatz 3 Buchstabe b genannten Informationen oder den von Sachverständigen gemäß Artikel 10 Absatz 3 Buchstabe d bereitgestellten Informationen gegeben, sofern diese Informationen von der Asylbehörde zum Zweck der Entscheidung über den Antrag berücksichtigt wurden.

e) Sie werden innerhalb einer angemessenen Frist von der Entscheidung der Asylbehörde über ihren Antrag in Kenntnis gesetzt. Wird der Antragsteller durch einen Rechtsanwalt oder sonstigen Rechtsberater vertreten, so können die Mitgliedstaaten bestimmen, dass dieser statt des Antragstellers von der Entscheidung in Kenntnis gesetzt wird.

f) Sie werden von der Asylbehörde über das Ergebnis der Entscheidung in einer Sprache unterrichtet, die sie verstehen oder von der vernünftigerweise angenommen werden darf, dass sie sie verstehen, sofern sie nicht von einem Rechtsanwalt oder sonstigen Rechtsberater unterstützt oder vertreten werden. Die Mitteilung muss auch Informationen darüber enthalten, wie eine ablehnende Entscheidung gemäß Artikel 11 Absatz 2 angefochten werden kann.

(2) Bezüglich der Verfahren nach Kapitel V sichern die Mitgliedstaaten allen Antragstellern Garantien zu, die den in Absatz 1 Buchstaben b bis e aufgeführten gleichwertig sind.

Artikel 13 Verpflichtungen der Antragsteller

(1) Die Mitgliedstaaten verpflichten die Antragsteller, mit den zuständigen Behörden zur Feststellung ihrer Identität und anderer in Artikel 4 Absatz 2 der Richtlinie 2011/95/EU genannter Angaben zusammenzuarbeiten. Die Mitgliedstaaten können den Antragstellern weitere Verpflichtungen zur Zusammenarbeit mit den zuständigen Behörden auferlegen, sofern diese Verpflichtungen für die Bearbeitung des Antrags erforderlich sind.

(2) Die Mitgliedstaaten können insbesondere festlegen, dass

a) die Antragsteller verpflichtet sind, sich entweder unverzüglich oder zu einem bestimmten Zeitpunkt bei den zuständigen Behörden zu melden oder dort persönlich vorstellig zu werden;

b) die Antragsteller die in ihrem Besitz befindlichen Dokumente, die für die Prüfung des Antrags sachdienlich sind, wie zum Beispiel ihren Reisepass, vorlegen müssen;

c) die Antragsteller verpflichtet sind, so rasch wie möglich die zuständigen Behörden über ihren jeweiligen Aufenthaltsort oder ihre Anschrift sowie sämtliche diesbezüglichen Änderungen zu unterrichten. Die Mitgliedstaaten können festlegen, dass der Antragsteller an dem von ihm mitgeteilten letzten Aufenthaltsort erfolgte – bzw. an die mitgeteilte letzte Anschrift gerichtete – Mitteilungen gegen sich gelten lassen muss;

d) die zuständigen Behörden den Antragsteller sowie die von ihm mitgeführten Sachen durchsuchen dürfen. Unbeschadet einer Durchsuchung aus Sicherheitsgründen wird eine Durchsuchung des Antragstellers gemäß dieser Richtlinie von einer Person gleichen Geschlechts unter uneingeschränkter Achtung der Grundsätze der Menschenwürde und der körperlichen und geistigen Unversehrtheit durchgeführt;

e) die zuständigen Behörden ein Lichtbild des Antragstellers anfertigen dürfen und

f) die zuständigen Behörden die mündlichen Aussagen des Antragstellers aufzeichnen dürfen, sofern er darüber im Voraus unterrichtet wurde.

Artikel 14 Persönliche Anhörung

(1) Bevor die Asylbehörde eine Entscheidung trifft, wird dem Antragsteller Gelegenheit zu einer persönlichen Anhörung zu seinem Antrag auf internationalen Schutz durch einen nach nationalem Recht für die Durchführung einer solchen Anhörung zuständigen Bediensteten gegeben. Persönliche Anhörungen zum Inhalt eines Antrags werden von einem Bediensteten der Asylbehörde durchgeführt. Dieser Unterabsatz lässt Artikel 42 Absatz 2 Buchstabe b unberührt.

Ist es der Asylbehörde wegen einer großen Zahl von gleichzeitig eingehenden Anträgen auf internationalen Schutz von Drittstaatsangehörigen oder Staatenlosen in der Praxis unmöglich, fristgerecht Anhörungen zum Inhalt jedes einzelnen Antrags durchzuführen,

II

so können die Mitgliedstaaten vorsehen, dass diese Anhörungen vorübergehend von Bediensteten einer anderen Behörde durchgeführt werden. In diesen Fällen erhalten die Bediensteten dieser anderen Behörde zuvor eine entsprechende Schulung, die sich auch auf die Gegenstände in Artikel 6 Absatz 4 Buchstaben a bis e der Verordnung (EU) Nr. 439/2010 erstreckt. Personen, die die persönliche Anhörung von Antragstellern nach Maßgabe dieser Richtlinie durchführen, müssen außerdem allgemeine Kenntnisse über die Probleme erworben haben, die die Fähigkeit des Antragstellers, angehört zu werden, beeinträchtigen könnten, beispielsweise Anzeichen dafür, dass der Antragsteller in der Vergangenheit möglicherweise gefoltert worden sein könnte.

Hat eine Person internationalen Schutz für von ihr abhängige Personen förmlich beantragt, so muss jedem abhängigen Volljährigen Gelegenheit zu einer persönlichen Anhörung gegeben werden.

Die Mitgliedstaaten können in den nationalen Rechtsvorschriften festlegen, in welchen Fällen einem Minderjährigen Gelegenheit zu einer persönlichen Anhörung gegeben wird.

(2) Auf die persönliche Anhörung zum Inhalt des Antrags kann verzichtet werden, wenn

a) die Asylbehörde anhand der verfügbaren Beweismittel eine positive Entscheidung im Hinblick auf die Flüchtlingseigenschaft treffen kann oder

b) die Asylbehörde der Auffassung ist, dass der Antragsteller aufgrund dauerhafter Umstände, die sich seinem Einfluss entziehen, nicht zu einer Anhörung in der Lage ist. Im Zweifelsfall konsultiert die Asylbehörde medizinisches Fachpersonal, um festzustellen, ob es sich bei dem Umstand, der dazu führt, dass der Antragsteller nicht zu einer Anhörung in der Lage ist, um einen vorübergehenden oder dauerhaften Zustand handelt.

Findet eine persönliche Anhörung des Antragstellers – oder gegebenenfalls der vom Antragsteller abhängigen Person – gemäß Buchstabe b nicht statt, so müssen angemessene Bemühungen unternommen werden, damit der Antragsteller oder die von ihm abhängige Person weitere Informationen unterbreiten können.

(3) Die Tatsache, dass keine persönliche Anhörung gemäß diesem Artikel stattgefunden hat, hindert die Asylbehörde nicht daran, über den Antrag auf internationalen Schutz zu entscheiden.

(4) Die Tatsache, dass nach Absatz 2 Buchstabe b keine persönliche Anhörung stattgefunden hat, darf die Entscheidung der Asylbehörde nicht negativ beeinflussen.

(5) Ungeachtet des Artikels 28 Absatz 1 können die Mitgliedstaaten bei ihrer Entscheidung über einen Antrag auf internationalen Schutz die Tatsache berücksichtigen, dass der Antragsteller einer Aufforderung zur persönlichen Anhörung nicht nachgekommen ist, es sei denn, er hat berechtigte Gründe für sein Fernbleiben vorgebracht.

Artikel 15 Anforderungen an die persönliche Anhörung

(1) Die persönliche Anhörung findet in der Regel ohne die Anwesenheit von Familienangehörigen statt, soweit nicht die Asylbehörde die Anwesenheit solcher Angehörigen zwecks einer angemessenen Prüfung für erforderlich hält.

(2) Eine persönliche Anhörung erfolgt unter Bedingungen, die eine angemessene Vertraulichkeit gewährleisten.

(3) Die Mitgliedstaaten ergreifen geeignete Maßnahmen um sicherzustellen, dass persönliche Anhörungen unter Bedingungen durchgeführt werden, die Antragstellern eine umfassende Darlegung der Gründe ihrer Anträge gestatten. Zu diesem Zweck

a) gewährleisten die Mitgliedstaaten, dass die anhörende Person befähigt ist, die persönlichen und allgemeinen Umstände des Antrags einschließlich der kulturellen Herkunft, der Geschlechtszugehörigkeit, der sexuellen Ausrichtung, der Geschlechtsidentität oder der Schutzbedürftigkeit des Antragstellers zu berücksichtigen;

b) sehen die Mitgliedstaaten, soweit möglich, vor, dass die Anhörung des Antragstellers von einer Person gleichen Geschlechts durchgeführt wird, wenn der Antragsteller darum ersucht, es sei denn, die Asylbehörde hat Grund zu der Annahme, dass das Ersuchen auf Gründen beruht, die nicht mit den Schwierigkeiten des Antragstellers in Verbindung stehen, die Gründe für seinen Antrag umfassend darzulegen;
c) wählen die Mitgliedstaaten einen Dolmetscher, der eine angemessene Verständigung zwischen dem Antragsteller und der anhörenden Person zu gewährleisten vermag. Die Verständigung erfolgt in der vom Antragsteller bevorzugten Sprache, es sei denn, es gibt eine andere Sprache, die er versteht und in der er sich klar ausdrücken kann. Die Mitgliedstaaten stellen, soweit möglich, einen Dolmetscher gleichen Geschlechts bereit, wenn der Antragsteller darum ersucht, es sei denn, die Asylbehörde hat Grund zu der Annahme, dass das Ersuchen auf Gründen beruht, die nicht mit den Schwierigkeiten des Antragstellers in Verbindung stehen, die Gründe für seinen Antrag umfassend darzulegen;
d) stellen die Mitgliedstaaten sicher, dass die Person, die die Anhörung zum Inhalt des Antrags auf internationalen Schutz durchführt, keine Militär- oder Polizeiuniform trägt;
e) stellen die Mitgliedstaaten sicher, dass Anhörungen von Minderjährigen kindgerecht durchgeführt werden.

(4) Die Mitgliedstaaten können Vorschriften über die Anwesenheit Dritter bei der persönlichen Anhörung erlassen.

Artikel 16 Inhalt der persönlichen Anhörung

Wird eine persönliche Anhörung zum Inhalt eines Antrags auf internationalen Schutz durchgeführt, so stellt die Asylbehörde sicher, dass dem Antragsteller hinreichend Gelegenheit gegeben wird, die zur Begründung seines Antrags notwendigen Angaben gemäß Artikel 4 der Richtlinie 2011/95/EU möglichst vollständig vorzubringen. Dies schließt die Gelegenheit ein, sich zu fehlenden Angaben und/oder zu Abweichungen oder Widersprüchen in den Aussagen des Antragstellers zu äußern.

Artikel 17 Niederschrift und Aufzeichnung der persönlichen Anhörung

(1) Die Mitgliedstaaten stellen sicher, dass von jeder persönlichen Anhörung entweder eine ausführliche und objektive Niederschrift mit allen wesentlichen Angaben oder ein Wortprotokoll erstellt wird.

(2) Die Mitgliedstaaten können eine Audio- oder audiovisuelle Aufzeichnung der persönlichen Anhörung vorsehen. Wird eine Audio- oder audiovisuelle Aufzeichnung der Anhörung vorgenommen, so stellen die Mitgliedstaaten sicher, dass die Aufzeichnung oder ein Wortprotokoll davon zusammen mit der Akte des Antragstellers zur Verfügung steht.

(3) Die Mitgliedstaaten stellen sicher, dass der Antragsteller nach Abschluss der persönlichen Anhörung oder innerhalb einer bestimmten Frist, bevor die Asylbehörde ihre Entscheidung trifft, Gelegenheit erhält, sich mündlich und/oder schriftlich zu Übersetzungsfehlern oder missverständlichen Formulierungen in der Niederschrift oder dem Wortprotokoll zu äußern und/oder diese zu klären. Zu diesem Zweck stellen die Mitgliedstaaten sicher, dass der Antragsteller, wenn notwendig mit Hilfe eines Dolmetschers, in vollem Umfang vom Inhalt der Niederschrift oder von den wesentlichen Angaben des Wortprotokolls Kenntnis nimmt. Die Mitgliedstaaten fordern den Antragsteller anschließend auf, zu bestätigen, dass der Inhalt der Niederschrift oder des Protokolls die Anhörung korrekt wiedergibt.

Ist die persönliche Anhörung gemäß Absatz 2 aufgezeichnet worden und ist die Aufzeichnung als Beweismittel in den Rechtsbehelfsverfahren nach Kapitel V zugelassen, so brauchen die Mitgliedstaaten den Antragsteller nicht aufzufordern, zu bestätigen, dass der Inhalt der Niederschrift oder des Wortprotokolls die Anhörung korrekt wiedergibt.

II

Sehen die Mitgliedstaaten sowohl ein Wortlautprotokoll als auch eine Aufzeichnung der persönlichen Anhörung vor, so müssen die Mitgliedstaaten unbeschadet des Artikels 16 dem Antragsteller nicht gestatten, sich zum Wortprotokoll zu äußern und/oder Klärungen hierzu abzugeben.

(4) Weigert sich der Antragsteller, zu bestätigen, dass der Inhalt der Niederschrift oder des Wortprotokolls die persönliche Anhörung korrekt wiedergibt, so werden die dafür geltend gemachten Gründe in seiner Akte vermerkt.

Eine solche Weigerung hindert die Asylbehörde nicht daran, über den Antrag zu entscheiden.

(5) Bevor die Asylbehörde entscheidet, muss den Antragstellern und ihren Rechtsanwälten oder sonstigen Rechtsberatern nach Artikel 23 Einsicht in die Niederschrift oder das Wortprotokoll oder gegebenenfalls in die Aufzeichnung gewährt werden.

Sehen die Mitgliedstaaten sowohl ein Wortprotokoll als auch eine Aufzeichnung der persönlichen Anhörung vor, so müssen sie in erstinstanzlichen Verfahren gemäß Kapitel III keine Einsicht in die Aufzeichnung gewähren. In diesen Fällen gewähren sie jedoch in Rechtsbehelfsverfahren gemäß Kapitel V Einsicht in die Aufzeichnung.

Wird der Antrag gemäß Artikel 31 Absatz 8 geprüft, so können die Mitgliedstaaten unbeschadet des Absatzes 3 des vorliegenden Artikels vorsehen, dass Einsicht in die Niederschrift oder das Wortprotokoll und gegebenenfalls die Aufzeichnung zu dem Zeitpunkt gewährt wird, zu dem die Entscheidung ergeht.

Artikel 18 Medizinische Untersuchung

(1) Hält die Asylbehörde dies für die Prüfung des Antrags auf internationalen Schutz gemäß Artikel 4 der Richtlinie 2011/95/EU für erforderlich, so veranlassen die Mitgliedstaaten vorbehaltlich der Zustimmung des Antragstellers eine medizinische Untersuchung des Antragstellers im Hinblick auf Anzeichen auf eine in der Vergangenheit erlittene Verfolgung oder einen in der Vergangenheit erlittenen ernsthaften Schaden. Die Mitgliedstaaten können stattdessen vorsehen, dass der Antragsteller eine solche medizinische Untersuchung veranlasst.

Die medizinischen Untersuchungen nach Unterabsatz 1 werden von qualifizierten medizinischen Fachkräften durchgeführt und das Ergebnis der Untersuchungen wird der Asylbehörde so schnell wie möglich mitgeteilt. Die Mitgliedstaaten können die medizinischen Fachkräfte benennen, die diese medizinischen Untersuchungen durchführen können. Die Weigerung eines Antragstellers, sich medizinisch untersuchen zu lassen, hindert die Asylbehörde nicht daran, über den Antrag zu entscheiden.

Die Kosten für medizinische Untersuchungen, die nach diesem Absatz durchgeführt werden, trägt die öffentliche Hand.

(2) Wird keine medizinische Untersuchung gemäß Absatz 1 durchgeführt, so teilen die Mitgliedstaaten dem Antragsteller mit, dass er von sich aus und auf seine eigenen Kosten eine medizinische Untersuchung im Hinblick auf Anzeichen auf eine in der Vergangenheit erlittene Verfolgung oder einen in der Vergangenheit erlittenen ernsthaften Schaden veranlassen kann.

(3) Die Ergebnisse der medizinischen Untersuchungen nach den Absätzen 1 und 2 werden von der Asylbehörde zusammen mit den anderen Angaben im Antrag gewürdigt.

Artikel 19 Unentgeltliche Erteilung von Rechts- und verfahrenstechnischen Auskünften in erstinstanzlichen Verfahren

(1) In den erstinstanzlichen Verfahren nach Kapitel III gewährleisten die Mitgliedstaaten, dass den Antragstellern auf Antrag unentgeltlich rechts- und verfahrenstechnische Auskünfte erteilt werden; dazu gehören mindestens Auskünfte zum Verfahren unter Berücksichtigung der besonderen Umstände des Antragstellers. Im Fall einer ablehnenden Entscheidung zu einem Antrag im erstinstanzlichen Verfahren erteilen die Mitgliedstaaten dem Antragsteller auf Antrag zusätzlich zu den Auskünften nach Artikel 11 Ab-

satz 2 und Artikel 12 Absatz 1 Buchstabe f Auskünfte über die Gründe einer solchen Entscheidung und erläutern, wie die Entscheidung angefochten werden kann.

(2) Die unentgeltliche Erteilung von Rechts- und verfahrenstechnischen Auskünften erfolgt nach Maßgabe des Artikels 21.

Artikel 20 Unentgeltliche Rechtsberatung und -vertretung in Rechtsbehelfsverfahren

(1) Die Mitgliedstaaten stellen sicher, dass in Rechtsbehelfsverfahren nach Kapitel V auf Antrag unentgeltliche Rechtsberatung und -vertretung gewährt wird. Diese umfasst zumindest die Vorbereitung der erforderlichen Verfahrensdokumente und die Teilnahme an der Verhandlung vor einem erstinstanzlichen Gericht im Namen des Antragstellers.

(2) Die Mitgliedstaaten können auch in den erstinstanzlichen Verfahren nach Kapitel III unentgeltliche Rechtsberatung und/oder -vertretung gewähren. In diesem Fall findet Artikel 19 keine Anwendung.

(3) Die Mitgliedstaaten können vorsehen, dass unentgeltliche Rechtsberatung und -vertretung nicht gewährt wird, wenn der Rechtsbehelf des Antragstellers nach Einschätzung des Gerichts oder einer anderen zuständigen Behörde keine konkrete Aussicht auf Erfolg hat.

Wird die Entscheidung, dass keine unentgeltliche Rechtsberatung und -vertretung gewährt wird, nicht von einem Gericht getroffen, so gewährleisten die Mitgliedstaaten, dass der Antragsteller das Recht auf einen wirksamen Rechtsbehelf gegen diese Entscheidung vor einem Gericht hat.

In Anwendung dieses Absatzes stellen die Mitgliedstaaten sicher, dass die Rechtsberatung und -vertretung nicht willkürlich eingeschränkt und der Antragsteller nicht an der effektiven Wahrnehmung seiner Rechte gehindert wird.

(4) Die unentgeltliche Rechtsberatung und -vertretung erfolgt nach Maßgabe des Artikels 21.

Artikel 21 Voraussetzungen für die unentgeltliche Erteilung von Rechts- und verfahrenstechnischen Auskünften sowie für die unentgeltliche Rechtsberatung und -vertretung

(1) Die Mitgliedstaaten können vorsehen, dass Nichtregierungsorganisationen, Fachkräfte von Behörden oder spezialisierte staatliche Stellen die unentgeltlichen Rechts- und verfahrenstechnischen Auskünfte gemäß Artikel 19 erteilen.

Die unentgeltliche Rechtsberatung und -vertretung nach Artikel 20 erfolgt durch nach nationalem Recht zugelassene oder zulässige Personen.

(2) Die Mitgliedstaaten können vorsehen, dass die rechts- und verfahrenstechnischen Auskünfte gemäß Artikel 19 und die Rechtsberatung und -vertretung gemäß Artikel 20 unentgeltlich nur erfolgt:

a) für Personen, die nicht über die nötigen finanziellen Mittel verfügen und/oder
b) durch Rechtsanwälte oder sonstige Rechtsberater, die nach nationalem Recht eigens zur Unterstützung und Vertretung von Antragstellern bestimmt wurden.

Die Mitgliedstaaten können bestimmen, dass unentgeltliche Rechtsberatung und -vertretung nach Artikel 20 nur gewährt wird für Rechtsbehelfsverfahren gemäß Kapitel V vor einem erstinstanzlichen Gericht und nicht für weitere im nationalen Recht vorgesehene Rechtsbehelfe oder Überprüfungen, einschließlich erneuter Anhörungen oder Rechtsbehelfsüberprüfungen.

Die Mitgliedstaaten können ferner vorsehen, dass die unentgeltliche Rechtsberatung und -vertretung gemäß Artikel 20 nicht für Antragsteller gewährt wird, die sich in Anwendung des Artikels 41 Absatz 2 Buchstabe c nicht mehr in ihrem Hoheitsgebiet aufhalten.

(3) Die Mitgliedstaaten können die Einzelheiten für die Stellung und Bearbeitung von Anträgen auf unentgeltliche rechts- und verfahrenstechnische Auskünfte gemäß Arti-

II

kel 19 und auf unentgeltliche Rechtsberatung und -vertretung gemäß Artikel 20 festlegen.

(4) Ferner können die Mitgliedstaaten

a) für die unentgeltliche Erteilung von rechts- und verfahrenstechnischen Auskünften gemäß Artikel 19 und die unentgeltliche Rechtsberatung und -vertretung gemäß Artikel 20 eine finanzielle und/oder zeitliche Begrenzung vorsehen, soweit dadurch der Zugang zu unentgeltlichen Rechts- und verfahrenstechnischen Auskünften und zu unentgeltlicher Rechtsberatung und -vertretung nicht willkürlich eingeschränkt wird;

b) vorsehen, dass Antragstellern hinsichtlich der Gebühren und anderen Kosten keine günstigere Behandlung zuteil wird, als sie ihren Staatsangehörigen in Fragen der Rechtsberatung im Allgemeinen gewährt wird.

(5) Die Mitgliedstaaten können verlangen, dass der Antragsteller ihnen die entstandenen Kosten ganz oder teilweise zurückerstattet, wenn sich seine finanzielle Lage beträchtlich verbessert hat oder wenn die Entscheidung zur Übernahme solcher Kosten aufgrund falscher Angaben des Antragstellers getroffen wurde.

Artikel 22 Anspruch auf Rechtsberatung und -vertretung in allen Phasen des Verfahrens

(1) Antragsteller erhalten in allen Phasen des Verfahrens, auch nach einer ablehnenden Entscheidung, effektiv Gelegenheit, auf eigene Kosten einen Rechtsanwalt oder sonstigen nach nationalem Recht zugelassenen oder zulässigen Rechtsberater in Fragen ihres Antrags auf internationalen Schutz zu konsultieren.

(2) Die Mitgliedstaaten können Nichtregierungsorganisationen erlauben, Antragstellern in den Verfahren nach den Kapiteln III und V Rechtsberatung und/oder -vertretung im Einklang mit nationalem Recht zu gewähren.

Artikel 23 Umfang der Rechtsberatung und -vertretung

(1) Die Mitgliedstaaten stellen sicher, dass der Rechtsanwalt oder ein sonstiger nach nationalem Recht zugelassener oder zulässiger Rechtsberater, der einen Antragsteller gemäß den nationalen Rechtsvorschriften unterstützt oder vertritt, Zugang zu den Informationen in der Akte des Antragstellers erhält, auf deren Grundlage über den Antrag entschieden wurde oder entschieden wird.

Die Mitgliedstaaten können hiervon abweichen, wenn die Offenlegung von Informationen oder Quellen die nationale Sicherheit, die Sicherheit der Organisationen oder Personen, von denen diese Informationen stammen, oder die Sicherheit der Personen, die die Informationen betreffen, gefährden oder wenn die Ermittlungsinteressen im Rahmen der Prüfung von Anträgen auf internationalen Schutz durch die zuständigen Behörden der Mitgliedstaaten oder die internationalen Beziehungen der Mitgliedstaaten beeinträchtigt würden. In diesen Fällen

a) gewähren die Mitgliedstaaten den staatlichen Stellen gemäß Kapitel V Zugang zu den betreffenden Informationen oder Quellen und

b) legen die Mitgliedstaaten in ihrem nationalen Recht Verfahren fest, mit denen gewährleistet wird, dass die Verteidigungsrechte des Antragstellers geachtet werden.

Hinsichtlich der Regelung in Buchstabe b können die Mitgliedstaaten insbesondere einem Rechtsanwalt oder sonstigen Rechtsberater, der einer Sicherheitsprüfung unterzogen wurde, Zugang zu diesen Informationen oder Quellen gewähren, soweit diese Informationen für die Prüfung des Antrags oder für die Entscheidung zur Aberkennung des internationalen Schutzes relevant sind.

(2) Die Mitgliedstaaten stellen sicher, dass der Rechtsanwalt oder sonstige Rechtsberater, der einen Antragsteller unterstützt oder vertritt, gemäß Artikel 10 Absatz 4 und Artikel 18 Absatz 2 Buchstaben b und c der Richtlinie 2013/33/EU zum Zweck der Bera-

tung des Antragstellers Zugang zu abgeschlossenen Bereichen, wie Gewahrsamseinrichtungen oder Transitzonen, erhält.

(3) Die Mitgliedstaaten gestatten einem Antragsteller, sich bei der persönlichen Anhörung von einem Rechtsanwalt oder sonstigen nach nationalem Recht zugelassenen oder zulässigen Rechtsberater begleiten zu lassen.

Die Mitgliedstaaten können festlegen, dass der Rechtsanwalt oder sonstige Rechtsberater erst am Schluss der persönlichen Anhörung eingreifen darf.

(4) Unbeschadet des vorliegenden Artikels oder des Artikels 25 Absatz 1 Buchstabe b können die Mitgliedstaaten Vorschriften für die Anwesenheit eines Rechtsanwalts oder sonstigen Rechtsberaters bei allen Anhörungen im Rahmen des Verfahrens festlegen.

Die Mitgliedstaaten können verlangen, dass der Antragsteller auch dann bei der persönlichen Anhörung anwesend ist, wenn er sich nach Maßgabe der nationalen Rechtsvorschriften von einem Rechtsanwalt oder sonstigen Rechtsberater vertreten lässt; ferner können sie verlangen, dass der Antragsteller die Fragen persönlich beantwortet.

Unbeschadet des Artikels 25 Absatz 1 Buchstabe b kann die zuständige Behörde eine persönliche Anhörung des Antragstellers auch dann durchführen, wenn der Rechtsanwalt oder Rechtsberater nicht daran teilnimmt.

Artikel 24 Antragsteller, die besondere Verfahrensgarantien benötigen

(1) Die Mitgliedstaaten prüfen innerhalb eines angemessenen Zeitraums nach Stellung eines Antrags auf internationalen Schutz, ob ein Antragsteller besondere Verfahrensgarantien benötigt.

(2) Die Prüfung nach Absatz 1 kann in vorhandene nationale Verfahren und/oder in die Prüfung nach Artikel 22 der Richtlinie 2013/33/EU einbezogen werden und muss nicht in Form eines Verwaltungsverfahrens vorgenommen werden.

(3) Wird festgestellt, dass Antragsteller besondere Verfahrensgarantien benötigen, so stellen die Mitgliedstaaten sicher, dass diese Antragsteller angemessene Unterstützung erhalten, damit sie während der Dauer des Asylverfahrens die Rechte aus dieser Richtlinie in Anspruch nehmen und den sich aus dieser Richtlinie ergebenden Pflichten nachkommen können.

Kann eine solche angemessene Unterstützung nicht im Rahmen der Verfahren nach Artikel 31 Absatz 8 und Artikel 43 geleistet werden, insbesondere wenn die Mitgliedstaaten der Auffassung sind, dass der Antragsteller besondere Verfahrensgarantien benötigt, da er Folter, Vergewaltigung oder sonstige schwere Formen psychischer, physischer oder sexueller Gewalt erlitten hat, so wenden die Mitgliedstaaten Artikel 31 Absatz 8 und Artikel 43 nicht oder nicht mehr an. Wenden die Mitgliedstaaten Artikel 46 Absatz 6 auf Antragsteller an, auf die Artikel 31 Absatz 8 und Artikel 43 nach dem vorliegenden Unterabsatz nicht angewandt werden können, so gewähren sie zumindest die Garantien gemäß Artikel 46 Absatz 7.

(4) Die Mitgliedstaaten stellen sicher, dass der Notwendigkeit besonderer Verfahrensgarantien gemäß dieser Richtlinie auch Rechnung getragen wird, wenn sie erst in einer späteren Phase des Verfahrens zutage treten, ohne dass das Verfahren deshalb notwendigerweise von Anfang an neu durchgeführt werden muss.

Artikel 25 Garantien für unbegleitete Minderjährige

(1) Bei allen Verfahren nach Maßgabe dieser Richtlinie und unbeschadet der Bestimmungen der Artikel 14 bis 17

a) ergreifen die Mitgliedstaaten so bald wie möglich Maßnahmen, um zu gewährleisten, dass ein Vertreter den unbegleiteten Minderjährigen vertritt und unterstützt, damit dieser die Rechte aus dieser Richtlinie in Anspruch nehmen und den sich aus dieser Richtlinie ergebenden Pflichten nachkommen kann. Der unbegleitete Minderjährige wird unverzüglich über die Bestellung des Vertreters unterrichtet. Der Vertreter nimmt seine Aufgaben im Interesse des Kindeswohls wahr und verfügt hierfür über die erforderliche Fachkenntnis. Die als Vertreter bestellte Person wird nur ausgewechselt, wenn dies notwendig ist. Organisationen oder Personen, deren Interessen mit den Interessen des unbegleiteten Minderjährigen in Konflikt stehen oder stehen könnten, kommen als Vertreter nicht in Frage. Bei dem Vertreter kann es sich auch um einen Vertreter im Sinne der Richtlinie 2013/33/EU handeln;

b) stellen die Mitgliedstaaten sicher, dass der Vertreter Gelegenheit erhält, den unbegleiteten Minderjährigen über die Bedeutung und die möglichen Konsequenzen seiner persönlichen Anhörung sowie gegebenenfalls darüber aufzuklären, wie er sich auf seine persönliche Anhörung vorbereiten kann. Die Mitgliedstaaten stellen sicher, dass ein Vertreter und/oder ein Rechtsanwalt oder ein sonstiger nach nationalem Recht zugelassener oder zulässiger Rechtsberater bei dieser Anhörung anwesend ist und innerhalb des von der anhörenden Person festgelegten Rahmens Gelegenheit erhält, Fragen zu stellen und Bemerkungen vorzubringen.

Die Mitgliedstaaten können verlangen, dass der unbegleitete Minderjährige auch dann bei der persönlichen Anhörung anwesend ist, wenn der Vertreter zugegen ist.

(2) Die Mitgliedstaaten können davon absehen, einen Vertreter zu bestellen, wenn der unbegleitete Minderjährige aller Wahrscheinlichkeit nach vor der erstinstanzlichen Entscheidung das 18. Lebensjahr vollenden wird.

(3) Die Mitgliedstaaten stellen sicher, dass

a) die persönliche Anhörung eines unbegleiteten Minderjährigen zu seinem Antrag auf internationalen Schutz nach den Artikeln 14 bis 17 und 34 von einer Person durchgeführt wird, die mit den besonderen Bedürfnissen Minderjähriger vertraut ist;

b) die Entscheidung der Asylbehörde über einen Antrag eines unbegleiteten Minderjährigen von einem Bediensteten vorbereitet wird, der mit den besonderen Bedürfnissen Minderjähriger vertraut ist.

(4) Unbegleitete Minderjährige und deren Vertreter erhalten auch für Verfahren zur Aberkennung des internationalen Schutzes nach Kapitel IV unentgeltliche Rechts- und verfahrenstechnische Auskünfte gemäß Artikel 19.

(5) Die Mitgliedstaaten können im Rahmen der Prüfung eines Antrags auf internationalen Schutz ärztliche Untersuchungen zur Bestimmung des Alters unbegleiteter Minderjähriger durchführen lassen, wenn aufgrund allgemeiner Aussagen oder anderer einschlägiger Hinweise Zweifel bezüglich des Alters des Antragstellers bestehen. Bestehen diese Zweifel bezüglich des Alters des Antragstellers danach fort, so gehen die Mitgliedstaaten davon aus, dass der Antragsteller minderjährig ist.

Die ärztliche Untersuchung wird unter uneingeschränkter Achtung der Würde der Person und mit den schonendsten Methoden von qualifizierten medizinischen Fachkräften, die so weit wie möglich ein zuverlässiges Ergebnis gewährleisten, durchgeführt.

Bei ärztlichen Untersuchungen stellen die Mitgliedstaaten sicher, dass

a) unbegleitete Minderjährige vor der Prüfung ihres Antrags auf internationalen Schutz in einer Sprache, die sie verstehen oder von der vernünftigerweise angenommen werden darf, dass sie sie verstehen, über die Möglichkeit der Altersbestimmung im Wege einer ärztlichen Untersuchung informiert werden. Diese Information umfasst eine Aufklärung über die Untersuchungsmethode, über die möglichen Folgen des Untersuchungsergebnisses für die Prüfung des Antrags auf internationalen Schutz sowie über die Folgen der Weigerung des unbegleiteten Minderjährigen, sich der ärztlichen Untersuchung zu unterziehen;

b) unbegleitete Minderjährige und/oder deren Vertreter in die Durchführung einer ärztlichen Untersuchung zur Altersbestimmung der betroffenen Minderjährigen einwilligen und

c) die Entscheidung, den Antrag auf internationalen Schutz eines unbegleiteten Minderjährigen abzulehnen, der eine ärztliche Untersuchung verweigert hat, nicht ausschließlich in dieser Weigerung begründet ist.

Die Tatsache, dass ein unbegleiteter Minderjähriger eine ärztliche Untersuchung verweigert hat, hindert die Asylbehörde nicht daran, über den Antrag auf internationalen Schutz zu entscheiden.

(6) Bei der Umsetzung dieser Richtlinie berücksichtigen die Mitgliedstaaten vorrangig das Kindeswohl.

Stellen die Mitgliedstaaten im Laufe des Asylverfahrens fest, dass eine Person ein unbegleiteter Minderjähriger ist, so können sie

a) Artikel 31 Absatz 8 nur anwenden oder weiter anwenden, wenn
   i) der Antragsteller aus einem Staat kommt, der die Kriterien für die Einstufung als sicherer Herkunftsstaat im Sinne dieser Richtlinie erfüllt oder
   ii) der Antragsteller einen Folgeantrag auf internationalen Schutz gestellt hat, der gemäß Artikel 40 Absatz 5 nicht unzulässig ist, oder
   iii) es schwerwiegende Gründe für die Annahme gibt, dass der Antragsteller eine Gefahr für die nationale Sicherheit oder die öffentliche Ordnung darstellt oder er aus schwerwiegenden Gründen der öffentlichen Sicherheit oder öffentlichen Ordnung nach nationalem Recht zwangsausgewiesen wurde;
b) Artikel 43 gemäß den Artikeln 8 bis 11 der Richtlinie 2013/33/EU nur anwenden oder weiter anwenden, wenn
   i) der Antragsteller aus einem Staat kommt, der die Kriterien für die Einstufung als sicherer Herkunftsstaat im Sinne dieser Richtlinie erfüllt,
   ii) der Antragsteller einen Folgeantrag gestellt hat,
   iii) es schwerwiegende Gründe für die Annahme gibt, dass der Antragsteller eine Gefahr für die nationale Sicherheit oder die öffentliche Ordnung darstellt oder er aus schwerwiegenden Gründen der öffentlichen Sicherheit oder öffentlichen Ordnung nach nationalem Recht zwangsausgewiesen wurde,
   iv) berechtigte Gründe zu der Annahme vorliegen, dass ein Staat, der kein Mitgliedstaat ist, für den Antragsteller ein sicherer Drittstaat gemäß Artikel 38 ist,
   v) der Antragsteller die Behörden irregeführt hat, indem er gefälschte oder verfälschte Dokumente vorgelegt hat, oder
   vi) der Antragsteller ein Identitäts- oder ein Reisedokument, das die Feststellung seiner Identität oder Staatsangehörigkeit ermöglicht hätte, mutwillig vernichtet oder beseitigt hat.

   Die Mitgliedstaaten dürfen die Ziffern v und vi nur in Einzelfällen anwenden, wenn schwerwiegende Gründe zu der Annahme vorliegen, dass der Antragsteller versucht, wesentliche Umstände, die voraussichtlich zu einer ablehnenden Entscheidung führen würden, zu verheimlichen und wenn der Antragsteller unter Berücksichtigung der besonderen Verfahrensbedürfnisse unbegleiteter Minderjähriger umfassend Gelegenheit hatte, die Handlungen gemäß den Ziffern v und vi zu rechtfertigen und sich dafür auch mit seinem Vertreter zu beraten;
c) den Antrag gemäß Artikel 33 Absatz 2 Buchstabe c als unzulässig betrachten, wenn ein Staat, der kein Mitgliedstaat ist, für den Antragsteller als sicherer Drittstaat gemäß Artikel 38 gilt, sofern dies dem Kindeswohl dient;
d) das Verfahren gemäß Artikel 20 Absatz 3 anwenden, wenn der Vertreter des Minderjährigen nach nationalem Recht über eine juristische Qualifikation verfügt.

Die Mitgliedstaaten gewähren unbeschadet des Artikels 41 bei der Anwendung des Artikels 46 Absatz 6 auf unbegleitete Minderjährige in allen Fällen zumindest die Garantien, die in Artikel 46 Absatz 7 festgelegt sind.

Artikel 26 Gewahrsam

(1) Die Mitgliedstaaten nehmen eine Person nicht allein deshalb in Gewahrsam, weil sie einen Antrag gestellt hat. Die Gründe für den Gewahrsam und die Gewahrsamsbedingungen und die Garantien für in Gewahrsam befindliche Antragsteller bestimmen sich nach der Richtlinie 2013/33/EU.

(2) Wird ein Antragsteller in Gewahrsam genommen, so stellen die Mitgliedstaaten sicher, dass eine rasche gerichtliche Überprüfung des Gewahrsams gemäß der Richtlinie 2013/33/EU möglich ist.

Artikel 27 Verfahren bei Rücknahme des Antrags

(1) Soweit die Mitgliedstaaten nach nationalem Recht die Möglichkeit einer ausdrücklichen Rücknahme des Antrags vorsehen, stellen sie im Falle der ausdrücklichen Rücknahme des Antrags auf internationalen Schutz durch den Antragsteller sicher, dass die Asylbehörde die Entscheidung trifft, entweder die Antragsprüfung einzustellen oder den Antrag abzulehnen.

(2) Die Mitgliedstaaten können auch beschließen, dass die Asylbehörde die Antragsprüfung einstellen kann, ohne dass eine Entscheidung ergeht. In diesem Fall stellen die Mitgliedstaaten sicher, dass die Asylbehörde eine entsprechende Notiz in die Akte des Antragstellers aufnimmt.

Artikel 28 Verfahren bei stillschweigender Rücknahme des Antrags oder Nichtbetreiben des Verfahrens

(1) Besteht Grund zu der Annahme, dass ein Antragsteller seinen Antrag stillschweigend zurückgenommen hat oder das Verfahren nicht weiter betreibt, so stellen die Mitgliedstaaten sicher, dass die Asylbehörde entweder entscheidet, die Antragsprüfung einzustellen oder, sofern die Asylbehörde den Antrag nach angemessener inhaltlicher Prüfung gemäß Artikel 4 der Richtlinie 2011/95/EU als unbegründet ansieht, den Antrag abzulehnen.

Die Mitgliedstaaten können insbesondere dann davon ausgehen, dass der Antragsteller seinen Antrag auf internationalen Schutz stillschweigend zurückgezogen hat oder das Verfahren nicht weiter betreibt, wenn er nachweislich

a) den Aufforderungen zur Vorlage von für den Antrag wesentlichen Informationen gemäß Artikel 4 der Richtlinie 2011/95/EU oder einer Aufforderung zur persönlichen Anhörung gemäß den Artikeln 14 bis 17 dieser Richtlinie nicht nachgekommen ist, es sei denn, er weist innerhalb einer angemessenen Frist nach, dass sein Versäumnis auf Umstände zurückzuführen war, auf die er keinen Einfluss hatte;

b) untergetaucht ist oder seinen Aufenthaltsort oder Ort seiner Ingewahrsamnahme ohne Genehmigung verlassen und nicht innerhalb einer angemessenen Frist die zuständige Behörde kontaktiert hat, oder seinen Melde- und anderen Mitteilungspflichten nicht innerhalb einer angemessenen Frist nachgekommen ist, es sei denn, der Antragsteller weist nach, dass dies auf Umstände zurückzuführen war, auf die er keinen Einfluss hatte.

Die Mitgliedstaaten können Fristen oder Leitlinien für die Anwendung dieser Bestimmungen festsetzen.

(2) Die Mitgliedstaaten stellen sicher, dass ein Antragsteller, der sich nach Einstellung der Antragsprüfung gemäß Absatz 1 wieder bei der zuständigen Behörde meldet, berechtigt ist, um Wiedereröffnung des Verfahrens zu ersuchen oder einen neuen Antrag zu stellen, der nicht nach Maßgabe der Artikel 40 und 41 geprüft wird.

Die Mitgliedstaaten können eine Frist von mindestens neun Monaten vorschreiben, nach deren Ablauf das Verfahren nicht wieder eröffnet werden darf beziehungsweise der neue Antrag als Folgeantrag behandelt und nach Maßgabe der Artikel 40 und 41 geprüft werden kann. Die Mitgliedstaaten können vorschreiben, dass das Verfahren des Antragstellers nur ein Mal wieder eröffnet werden darf.

Die Mitgliedstaaten stellen sicher, dass die betreffende Person nicht entgegen dem Grundsatz der Nicht-Zurückweisung abgeschoben wird.

Die Mitgliedstaaten können der Asylbehörde die Wiederaufnahme der Prüfung in dem Verfahrensabschnitt gestatten, in dem sie eingestellt wurde.

(3) Dieser Artikel gilt unbeschadet der Verordnung (EU) Nr. 604/2013.

Artikel 29 Rolle des UNHCR

(1) Die Mitgliedstaaten gewähren dem UNHCR:

a) Zugang zu Antragstellern, auch zu denen, die sich in Gewahrsam, an der Grenze oder in Transitzonen befinden;

b) Zugang zu Informationen über einzelne Anträge auf internationalen Schutz, über den Verlauf des Verfahrens und die erlassenen Entscheidungen, sofern der Antragsteller dem zustimmt;

c) die Möglichkeit zur Stellungnahme zu einzelnen Anträgen auf internationalen Schutz in jedem Verfahrensabschnitt bei jeder zuständigen Behörde in Ausübung der Überwachungsbefugnisse nach Artikel 35 der Genfer Flüchtlingskonvention.

(2) Absatz 1 findet auch auf eine Organisation Anwendung, die im Hoheitsgebiet des betreffenden Mitgliedstaats im Auftrag des UNHCR auf der Grundlage einer Vereinbarung mit diesem Mitgliedstaat tätig ist.

Artikel 30 Weitergabe oder Einholung von Informationen zu einzelnen Anträgen

Im Rahmen der Prüfung eines Antrags

a) geben die Mitgliedstaaten keine Informationen über einzelne Anträge auf internationalen Schutz oder über die Tatsache, dass ein solcher Antrag gestellt wurde, an die Stelle(n) weiter, die den Antragsteller seinen Angaben zufolge verfolgt oder ihm einen ernsthaften Schaden zugefügt hat/haben;

b) werden von den Mitgliedstaaten bei der oder den Stellen, die den Antragsteller seinen Angaben zufolge verfolgt oder ihm einen ernsthaften Schaden zugefügt haben, keine Informationen in einer Weise eingeholt, die diesen Stellen unmittelbar die Tatsache zur Kenntnis bringen würde, dass der betreffende Antragsteller einen Antrag gestellt hat, und die die körperliche Unversehrtheit des Antragstellers oder der von ihm abhängigen Personen oder die Freiheit und Sicherheit seiner noch im Herkunftsstaat lebenden Familienangehörigen in Gefahr bringen würde.

Kapitel III Erstinstanzliche Verfahren

Abschnitt I

Artikel 31 Prüfungsverfahren

(1) Die Mitgliedstaaten bearbeiten Anträge auf internationalen Schutz im Rahmen eines Prüfungsverfahrens unter Beachtung der Grundsätze und Garantien in Kapitel II.

(2) Die Mitgliedstaaten stellen sicher, dass das Prüfungsverfahren unbeschadet einer angemessenen und vollständigen Prüfung so rasch wie möglich zum Abschluss gebracht wird.

(3) Die Mitgliedstaaten stellen sicher, dass das Prüfungsverfahren innerhalb von sechs Monaten nach förmlicher Antragstellung zum Abschluss gebracht wird.

Ist ein Antrag gemäß dem Verfahren nach Maßgabe der Verordnung (EU) Nr. 604/2013 zu behandeln, so beginnt die Sechsmonatsfrist, sobald der für die Prüfung zuständige Mitgliedstaat gemäß jener Verordnung bestimmt ist, sich der Antragsteller im Hoheitsgebiet dieses Mitgliedstaats befindet und er von der zuständigen Behörde betreut wird.

Die Mitgliedstaaten können die in dem vorliegenden Absatz festgelegte Sechsmonatsfrist um höchstens neun weitere Monate verlängern, wenn

a) sich in tatsächlicher und/oder rechtlicher Hinsicht komplexe Fragen ergeben;
b) eine große Anzahl von Drittstaatsangehörigen oder Staatenlosen gleichzeitig internationalen Schutz beantragt, so dass es in der Praxis sehr schwierig ist, das Verfahren innerhalb der Frist von sechs Monaten abzuschließen;
c) die Verzögerung eindeutig darauf zurückzuführen ist, dass der Antragsteller seinen Pflichten nach Artikel 13 nicht nachgekommen ist.

Ausnahmsweise können die Mitgliedstaaten die Fristen gemäß diesem Absatz in ausreichend begründeten Fällen um höchstens drei Monate überschreiten, wenn dies erforderlich ist, um eine angemessene und vollständige Prüfung des Antrags auf internationalen Schutz zu gewährleisten.

(4) Die Mitgliedstaaten können unbeschadet der Artikel 13 und 18 der Richtlinie 2011/95/EU den Abschluss des Prüfungsverfahrens aufschieben, wenn von der Asylbehörde aufgrund einer aller Voraussicht nach vorübergehenden ungewissen Lage im Herkunftsstaat vernünftigerweise nicht erwartet werden kann, innerhalb der in Absatz 3 festgelegten Fristen zu entscheiden. In einem solchen Fall gehen die Mitgliedstaaten wie folgt vor:

a) Sie überprüfen mindestens alle sechs Monate die Lage in diesem Herkunftsstaat;
b) sie unterrichten die betroffenen Antragsteller innerhalb einer angemessenen Frist über die Gründe der Verschiebung;
c) sie unterrichten die Kommission innerhalb einer angemessenen Frist über die Verschiebung der Verfahren für diesen Herkunftsstaat.

(5) Die Mitgliedstaaten schließen das Prüfungsverfahren in jedem Fall innerhalb einer maximalen Frist von 21 Monaten nach der förmlichen Antragstellung ab.

(6) Die Mitgliedstaaten stellen sicher, dass der betreffende Antragsteller für den Fall, dass innerhalb von sechs Monaten keine Entscheidung ergehen kann,

a) über die Verzögerung informiert wird und
b) auf sein Ersuchen hin über die Gründe für die Verzögerung und über den zeitlichen Rahmen, innerhalb dessen mit einer Entscheidung über seinen Antrag zu rechnen ist, unterrichtet wird.

(7) Die Mitgliedstaaten können die Prüfung eines Antrags auf internationalen Schutz im Einklang mit den Grundsätzen und Garantien nach Kapitel II vorziehen, insbesondere,

a) wenn der Antrag begründet erscheint,
b) wenn der Antragsteller schutzbedürftig im Sinne von Artikel 22 der Richtlinie 2013/33/EU ist oder besondere Verfahrensgarantien benötigt; dies gilt insbesondere für unbegleitete Minderjährige.

(8) Die Mitgliedstaaten können festlegen, dass das Prüfungsverfahren im Einklang mit den Grundsätzen und Garantien nach Kapitel II beschleunigt und/oder an der Grenze oder in Transitzonen nach Maßgabe von Artikel 43 durchgeführt wird, wenn

a) der Antragsteller bei der Einreichung seines Antrags und der Darlegung der Tatsachen nur Umstände vorgebracht hat, die für die Prüfung der Frage, ob er als Flüchtling oder Person mit Anspruch auf internationalen Schutz im Sinne der Richtlinie 2011/95/EU anzuerkennen ist, nicht von Belang sind, oder
b) der Antragsteller aus einem sicheren Herkunftsstaat im Sinne dieser Richtlinie kommt, oder
c) der Antragsteller die Behörden durch falsche Angaben oder Dokumente oder durch Verschweigen wichtiger Informationen oder durch Zurückhalten von Dokumenten über seine Identität und/oder Staatsangehörigkeit, die sich negativ auf die Entscheidung hätten auswirken können, getäuscht hat, oder
d) angenommen werden kann, dass der Antragsteller ein Identitäts- oder ein Reisedokument, das die Feststellung seiner Identität oder Staatsangehörigkeit ermöglicht hätte, mutwillig vernichtet oder beseitigt hat, oder
e) der Antragsteller eindeutig unstimmige und widersprüchliche, eindeutig falsche

oder offensichtlich unwahrscheinliche Angaben gemacht hat, die im Widerspruch zu hinreichend gesicherten Herkunftslandinformationen stehen, so dass die Begründung für seine Behauptung, dass er Person mit Anspruch auf internationalen Schutz im Sinne der Richtlinie 2011/95/EU anzusehen ist, offensichtlich nicht überzeugend ist;

f) der Antragsteller einen Folgeantrag auf internationalen Schutz gestellt hat, der gemäß Artikel 40 Absatz 5 nicht unzulässig ist, oder

g) der Antragsteller den Antrag nur zur Verzögerung oder Behinderung der Vollstreckung einer bereits getroffenen oder unmittelbar bevorstehenden Entscheidung stellt, die zu seiner Abschiebung führen würde, oder

h) der Antragsteller unrechtmäßig in das Hoheitsgebiet des Mitgliedstaats eingereist ist oder seinen Aufenthalt unrechtmäßig verlängert hat und es ohne stichhaltigen Grund versäumt hat, zum angesichts der Umstände seiner Einreise frühestmöglichen Zeitpunkt bei den Behörden vorstellig zu werden oder einen Antrag auf internationalen Schutz zu stellen, oder

i) der Antragsteller sich weigert, der Verpflichtung zur Abnahme seiner Fingerabdrücke gemäß der Verordnung (EU) Nr. 603/2013 des Europäischen Parlaments und des Rates vom 26. Juni 2013 über die Einrichtung von „Eurodac" für den Abgleich von Fingerabdrücken zum Zwecke der effektiven Anwendung der Verordnung (EU) Nr. 604/2013 zur Festlegung der Kriterien und Verfahren zur Bestimmung des Mitgliedstaats, der für die Prüfung eines von einem Drittstaatsangehörigen oder Staatenlosen in einem Mitgliedstaat gestellten Antrags auf internationalen Schutz zuständig ist, und für der Strafverfolgung dienende Anträge der Strafverfolgungsbehörden der Mitgliedstaaten und Europols auf den Abgleich mit Daten in Eurodac[1]) nachzukommen, oder

j) es schwerwiegende Gründe für die Annahme gibt, dass der Antragsteller eine Gefahr für die nationale Sicherheit oder die öffentliche Ordnung des Mitgliedstaats darstellt oder er aus schwerwiegenden Gründen der öffentlichen Sicherheit oder öffentlichen Ordnung nach nationalem Recht zwangsausgewiesen wurde.

(9) Die Mitgliedstaaten legen für den Erlass von Entscheidungen in einem erstinstanzlichen Verfahren gemäß Absatz 8 Fristen fest. Diese Fristen müssen angemessen sein.

Die Mitgliedstaaten können diese Fristen unbeschadet der Absätze 3 bis 5 überschreiten, wenn dies erforderlich ist, um eine angemessene und vollständige Prüfung des Antrags auf internationalen Schutz zu gewährleisten.

Artikel 32 Unbegründete Anträge

(1) Unbeschadet des Artikels 27 können die Mitgliedstaaten einen Antrag nur dann als unbegründet betrachten, wenn die Asylbehörde festgestellt hat, dass der Antragsteller nicht die Voraussetzungen für die Zuerkennung des internationalen Schutzes nach Maßgabe der Richtlinie 2011/95/EU erfüllt.

(2) Im Falle von unbegründeten Anträgen, bei denen einer der in Artikel 31 Absatz 8 aufgeführten Umstände gegeben ist, können die Mitgliedstaaten einen Antrag ferner als offensichtlich unbegründet betrachten, wenn dies so in den nationalen Rechtsvorschriften vorgesehen ist.

Abschnitt II

Artikel 33 Unzulässige Anträge

(1) Zusätzlich zu den Fällen, in denen nach Maßgabe der Verordnung (EU) Nr. 604/2013 ein Antrag nicht geprüft wird, müssen die Mitgliedstaaten nicht prüfen, ob dem Antragsteller der internationale Schutz im Sinne

[1]) Siehe Seite 1 dieses Amtsblatts.

der Richtlinie 2011/95/EU zuzuerkennen ist, wenn ein Antrag auf der Grundlage des vorliegenden Artikels als unzulässig betrachtet wird.

II

(2) Die Mitgliedstaaten können einen Antrag auf internationalen Schutz nur dann als unzulässig betrachten, wenn

a) ein anderer Mitgliedstaat internationalen Schutz gewährt hat;
b) ein Staat, der kein Mitgliedstaat ist, als erster Asylstaat des Antragstellers gemäß Artikel 35 betrachtet wird;
c) ein Staat, der kein Mitgliedstaat ist, als für den Antragsteller sicherer Drittstaat gemäß Artikel 38 betrachtet wird;
d) es sich um einen Folgeantrag handelt, bei dem keine neuen Umstände oder Erkenntnisse zu der Frage, ob der Antragsteller nach Maßgabe der Richtlinie 2011/95/EU als Person mit Anspruch auf internationalen Schutz anzuerkennen ist, zutage getreten oder vom Antragsteller vorgebracht worden sind, oder
e) eine vom Antragsteller abhängige Person förmlich einen Antrag stellt, nachdem sie gemäß Artikel 7 Absatz 2 eingewilligt hat, dass ihr Fall Teil eines in ihrem Namen förmlich gestellten Antrags ist, und keine Tatsachen betreffend die Situation dieser Person vorliegen, die einen gesonderten Antrag rechtfertigen.

Artikel 34 Besondere Vorschriften für die Anhörung im Rahmen der Zulässigkeitsprüfung

(1) Die Mitgliedstaaten geben den Antragstellern Gelegenheit, sich zu der Anwendung der Gründe nach Artikel 33 in ihrem besonderen Fall zu äußern, bevor die Asylbehörde über die Zulässigkeit eines Antrags auf internationalen Schutz entscheidet. Hierzu führen die Mitgliedstaaten im Rahmen der Zulässigkeitsprüfung eine persönliche Anhörung durch. Die Mitgliedstaaten dürfen nur dann eine Ausnahme nach Maßgabe von Artikel 42 machen, wenn es sich um einen Folgeantrag handelt.

Dieser Absatz gilt unbeschadet des Artikels 4 Absatz 2 Buchstabe a der vorliegenden Verordnung und des Artikels 5 der Verordnung (EU) Nr. 604/2013.

(2) Die Mitgliedstaaten können vorsehen, dass die Bediensteten anderer Behörden als der Asylbehörde die persönliche Anhörung zu der Zulässigkeit des Antrags auf internationalen Schutz durchführen. In diesen Fällen stellen die Mitgliedstaaten sicher, dass diese Bediensteten zuvor die erforderliche Grundschulung insbesondere in Bezug auf das internationale Recht auf dem Gebiet der Menschenrechte, den Besitzstand der Union im Asylbereich und Gesprächsführungstechniken erhalten.

Abschnitt III

Artikel 35 Begriff des ersten Asylstaats

Ein Staat kann als erster Asylstaat für einen Antragsteller angesehen werden, wenn

a) der Antragsteller in dem betreffenden Staat als Flüchtling anerkannt wurde und er diesen Schutz weiterhin in Anspruch nehmen darf oder
b) ihm in dem betreffenden Staat anderweitig ausreichender Schutz, einschließlich der Anwendung des Grundsatzes der Nicht-Zurückweisung, gewährt wird,

vorausgesetzt, dass er von diesem Staat wieder aufgenommen wird.

Bei der Anwendung des Konzepts des ersten Asylstaats auf die besonderen Umstände des Antragstellers können die Mitgliedstaaten Artikel 38 Absatz 1 berücksichtigen. Der Antragsteller hat die Möglichkeit, die Anwendung des Konzepts des ersten Asylstaats unter Berufung auf seine besonderen Umstände anzufechten.

Artikel 36 Das Konzept des sicheren Herkunftsstaats

(1) Ein Drittstaat, der nach dieser Richtlinie als sicherer Herkunftsstaat bestimmt wurde, kann nach individueller Prüfung des Antrags nur dann als für einen bestimmten Antrag-

steller sicherer Herkunftsstaat betrachtet werden, wenn

a) der Antragsteller die Staatsangehörigkeit des betreffenden Staates besitzt oder
b) der Antragsteller staatenlos ist und zuvor seinen gewöhnlichen Aufenthalt in dem betreffenden Staat hatte

und er keine schwerwiegenden Gründe dafür vorgebracht hat, dass der Staat in seinem speziellen Fall im Hinblick auf die Anerkennung als Person mit Anspruch auf internationalen Schutz im Sinne der Richtlinie 2011/95/EU nicht als sicherer Herkunftsstaat zu betrachten ist.

(2) Die Mitgliedstaaten legen in den nationalen Rechtsvorschriften weitere Regeln und Modalitäten für die Anwendung des Konzepts des sicheren Herkunftsstaats fest.

Artikel 37 Nationale Bestimmung von Drittstaaten als sichere Herkunftsstaaten

(1) Zum Zwecke der Prüfung von Anträgen auf internationalen Schutz können die Mitgliedstaaten Rechts- oder Verwaltungsvorschriften beibehalten oder erlassen, aufgrund deren sie im Einklang mit Anhang I sichere Herkunftsstaaten bestimmen können.

(2) Die Mitgliedstaaten überprüfen regelmäßig die Lage in Drittstaaten, die gemäß diesem Artikel als sichere Herkunftstaaten bestimmt wurden.

(3) Bei der Beurteilung der Frage, ob ein Staat als sicherer Herkunftsstaat gemäß diesem Artikel bestimmt werden kann, werden verschiedene Informationsquellen, insbesondere Informationen anderer Mitgliedstaaten, des EASO, des UNHCR, des Europarates und anderer einschlägiger internationaler Organisationen herangezogen.

(4) Die Mitgliedstaaten teilen der Kommission die Staaten mit, die sie gemäß diesem Artikel als sichere Herkunftsstaaten bestimmt haben.

Artikel 38 Das Konzept des sicheren Drittstaats

(1) Die Mitgliedstaaten können das Konzept des sicheren Drittstaats nur dann anwenden, wenn die zuständigen Behörden sich davon überzeugt haben, dass eine Person, die um internationalen Schutz nachsucht, in dem betreffenden Drittstaat nach folgenden Grundsätzen behandelt wird:

a) keine Gefährdung von Leben und Freiheit aus Gründen der Rasse, der Religion, der Nationalität, der Zugehörigkeit zu einer bestimmten sozialen Gruppe oder der politischen Überzeugung;
b) keine Gefahr, einen ernsthaften Schaden im Sinne der Richtlinie 2011/95/EU zu erleiden;
c) Wahrung des Grundsatzes der Nicht-Zurückweisung nach der Genfer Flüchtlingskonvention;
d) Einhaltung des Verbots der Abschiebung, wenn diese einen Verstoß gegen das im Völkerrecht festgelegte Verbot der Folter und grausamer, unmenschlicher oder erniedrigender Behandlung darstellt, und
e) Möglichkeit, einen Antrag auf Zuerkennung der Flüchtlingseigenschaft zu stellen und im Falle der Anerkennung als Flüchtling Schutz gemäß der Genfer Flüchtlingskonvention zu erhalten.

(2) Die Anwendung des Konzepts des sicheren Drittstaats unterliegt den Regeln, die im nationalen Recht festgelegt sind; dazu gehören

a) Regeln, die eine Verbindung zwischen dem Antragsteller und dem betreffenden Drittstaat verlangen, so dass es aufgrund dieser Verbindung vernünftig erscheint, dass diese Person sich in diesen Staat begibt;
b) Regeln betreffend die Methodik, mit der sich die zuständigen Behörden davon überzeugen, dass das Konzept des sicheren Drittstaats auf einen bestimmten Staat oder einen bestimmten Antragsteller angewandt werden kann. Diese Methodik umfasst die Prüfung der Sicherheit des Staates im Einzelfall für einen bestimmten

Antragsteller und/oder die nationale Bestimmung von Staaten, die als im Allgemeinen sicher angesehen werden;

c) mit dem Völkerrecht vereinbare Regeln, die es ermöglichen, in Form einer Einzelprüfung festzustellen, ob der betreffende Drittstaat für einen bestimmten Antragsteller sicher ist, und die dem Antragsteller zumindest die Möglichkeit bieten, die Anwendung des Konzepts des sicheren Drittstaats mit der Begründung anzufechten, dass der betreffende Drittstaat für ihn in seiner besonderen Situation nicht sicher ist. Darüber hinaus ist dem Antragsteller die Möglichkeit einzuräumen, das Bestehen einer Verbindung gemäß Buchstabe a zwischen ihm und dem betreffenden Drittstaat anzufechten.

(3) Wenn die Mitgliedstaaten eine Entscheidung durchführen, die ausschließlich auf diesem Artikel beruht,

a) unterrichten sie den Antragsteller entsprechend und

b) händigen ihm ein Dokument aus, in dem die Behörden des Drittstaats in der Sprache dieses Staats davon unterrichtet werden, dass der Antrag nicht in der Sache geprüft wurde.

(4) Erlaubt der Drittstaat dem Antragsteller nicht, in sein Hoheitsgebiet einzureisen, so müssen die Mitgliedstaaten sicherstellen, dass im Einklang mit den Grundsätzen und Garantien nach Kapitel II Zugang zu einem Verfahren gewährt wird.

(5) Die Mitgliedstaaten unterrichten die Kommission regelmäßig darüber, auf welche Staaten dieses Konzept gemäß den Bestimmungen dieses Artikels angewandt wird.

Artikel 39 Das Konzept des sicheren europäischen Drittstaats

(1) Die Mitgliedstaaten können vorsehen, dass keine oder keine umfassende Prüfung des Antrags auf internationalen Schutz und der Sicherheit des Antragstellers in seiner spezifischen Situation nach Kapitel II erfolgt, wenn eine zuständige Behörde anhand von Tatsachen festgestellt hat, dass der Antragsteller aus einem sicheren Drittstaat nach Absatz 2 unrechtmäßig in das Hoheitsgebiet des betreffenden Mitgliedstaats einzureisen versucht oder eingereist ist.

(2) Ein Drittstaat kann nur dann als sicherer Drittstaat für die Zwecke des Absatzes 1 betrachtet werden, wenn er

a) die Genfer Flüchtlingskonvention ohne geografischen Vorbehalt ratifiziert hat und deren Bestimmungen einhält,

b) über ein gesetzlich festgelegtes Asylverfahren verfügt und

c) die Europäische Konvention zum Schutz der Menschenrechte und Grundfreiheiten ratifiziert hat und die darin enthaltenen Bestimmungen, einschließlich der Normen über wirksame Rechtsbehelfe, einhält.

(3) Dem Antragsteller wird die Möglichkeit eingeräumt, die Anwendung des Konzepts des sicheren europäischen Drittstaats mit der Begründung anzufechten, dass der betreffende Drittstaat für ihn in seiner besonderen Situation nicht sicher ist.

(4) Die betreffenden Mitgliedstaaten legen im nationalen Recht die Einzelheiten zu der Anwendung des Absatzes 1 und die Folgen von Entscheidungen gemäß diesen Bestimmungen im Einklang mit dem Grundsatz der Nicht-Zurückweisung fest; sie sehen unter anderem Ausnahmen von der Anwendung dieses Artikels aus humanitären oder politischen Gründen oder aufgrund des Völkerrechts vor.

(5) Bei der Durchführung einer ausschließlich auf diesen Artikel gestützten Entscheidung

a) unterrichten die betreffenden Mitgliedstaaten den Antragsteller entsprechend und

b) händigen ihm ein Dokument aus, in dem die Behörden des Drittstaats in der Sprache dieses Staats davon unterrichtet werden, dass der Antrag nicht in der Sache geprüft wurde.

(6) Ist der sichere Drittstaat nicht bereit, den betreffenden Antragsteller wieder aufzunehmen, so stellen die Mitgliedstaaten sicher, dass gemäß den Grundsätzen und Garantien nach Kapitel II Zugang zu einem Verfahren gewährt wird.

(7) Die Mitgliedstaaten unterrichten die Kommission regelmäßig darüber, auf welche Staaten dieses Konzept nach diesem Artikel angewandt wird.

Abschnitt IV

Artikel 40 Folgeanträge

(1) Wenn eine Person, die einen Antrag auf internationalen Schutz in einem Mitgliedstaat gestellt hat, in demselben Mitgliedstaat weitere Angaben vorbringt oder einen Folgeantrag stellt, prüft dieser Mitgliedstaat diese weiteren Angaben oder die Elemente des Folgeantrags im Rahmen der Prüfung des früheren Antrags oder der Prüfung der Entscheidung, gegen die ein Rechtsbehelf eingelegt wurde, insoweit die zuständigen Behörden in diesem Rahmen alle Elemente, die den weiteren Angaben oder dem Folgeantrag zugrunde liegen, berücksichtigen können.

(2) Für die Zwecke der gemäß Artikel 33 Absatz 2 Buchstabe d zu treffenden Entscheidung über die Zulässigkeit eines Antrags auf internationalen Schutz wird ein Folgeantrag auf internationalen Schutz zunächst daraufhin geprüft, ob neue Elemente oder Erkenntnisse betreffend die Frage, ob der Antragsteller nach Maßgabe der Richtlinie 2011/95/EU als Person mit Anspruch auf internationalen Schutz anzuerkennen ist, zutage getreten oder vom Antragsteller vorgebracht worden sind.

(3) Wenn die erste Prüfung nach Absatz 2 ergibt, dass neue Elemente oder Erkenntnisse zutage getreten oder vom Antragsteller vorgebracht worden sind, die erheblich zu der Wahrscheinlichkeit beitragen, dass der Antragsteller nach Maßgabe der Richtlinie 2011/95/EU als Person mit Anspruch auf internationalen Schutz anzuerkennen ist, wird der Antrag gemäß Kapitel II weiter geprüft. Die Mitgliedstaaten können auch andere Gründe festlegen, aus denen der Folgeantrag weiter zu prüfen ist.

(4) Die Mitgliedstaaten können vorsehen, dass der Antrag nur dann weiter geprüft wird, wenn der Antragsteller ohne eigenes Verschulden nicht in der Lage war, die in den Absätzen 2 und 3 dargelegten Sachverhalte im früheren Verfahren insbesondere durch Wahrnehmung seines Rechts auf einen wirksamen Rechtsbehelf gemäß Artikel 46 vorzubringen.

(5) Wird ein Folgeantrag nach diesem Artikel nicht weiter geprüft, so wird er gemäß Artikel 33 Absatz 2 Buchstabe d als unzulässig betrachtet.

(6) Das Verfahren nach diesem Artikel kann auch angewandt werden, wenn

a) eine vom Antragsteller abhängige Person förmlich einen Antrag stellt, nachdem sie gemäß Artikel 7 Absatz 2 eingewilligt hat, dass ihr Fall Teil eines in ihrem Namen förmlich gestellten Antrags ist, und/oder
b) ein unverheirateter Minderjähriger förmlich einen Antrag stellt, nachdem gemäß Artikel 7 Absatz 5 Buchstabe c förmlich ein Antrag in seinem Namen gestellt worden ist.

In diesen Fällen wird bei der ersten Prüfung nach Absatz 2 geprüft, ob Tatsachen betreffend die Situation der abhängigen Person bzw. des unverheirateten Minderjährigen vorliegen, die einen gesonderten Antrag rechtfertigen.

(7) Wenn eine Person, gegen die ein Überstellungsbeschluss gemäß der Verordnung (EU) Nr. 604/2013 zu vollstrecken ist, in dem überstellenden Mitgliedstaat weitere Angaben vorbringt oder einen Folgeantrag stellt, prüft der gemäß der genannten Verordnung zuständige Mitgliedstaat diese weiteren Angaben oder Folgeanträge im Einklang mit dieser Richtlinie.

Artikel 41 Ausnahmen vom Recht auf Verbleib bei Folgeanträgen

(1) Die Mitgliedstaaten können Ausnahmen vom Recht auf Verbleib im Hoheitsgebiet machen, wenn eine Person

a) nur zur Verzögerung oder Behinderung der Durchsetzung einer Entscheidung, die zu ihrer unverzüglichen Abschiebung aus dem betreffenden Mitgliedstaat führen würde, förmlich einen ersten Folgeantrag

II

gestellt hat, der gemäß Artikel 40 Absatz 5 nicht weiter geprüft wird, oder

b) nach einer bestandskräftigen Entscheidung, einen ersten Folgeantrag gemäß Artikel 40 Absatz 5 als unzulässig zu betrachten, oder nach einer bestandskräftigen Entscheidung, einen ersten Folgeantrag als unbegründet abzulehnen, in demselben Mitgliedstaat einen weiteren Folgeantrag stellt.

Die Mitgliedstaaten können eine solche Ausnahme nur dann machen, wenn die Asylbehörde die Auffassung vertritt, dass eine Rückkehrentscheidung keine direkte oder indirekte Zurückweisung zur Folge hat, die einen Verstoß gegen die völkerrechtlichen und unionsrechtlichen Pflichten dieses Mitgliedstaats darstellt.

(2) In den in Absatz 1 aufgeführten Fällen können die Mitgliedstaaten ferner

a) im Einklang mit nationalem Recht von den für beschleunigte Verfahren üblicherweise geltenden Fristen abweichen, sofern das Prüfungsverfahren gemäß Artikel 31 Absatz 8 Buchstabe g beschleunigt durchgeführt wird,
b) im Einklang mit nationalem Recht von den Fristen abweichen, die üblicherweise für Zulässigkeitsprüfungen gemäß den Artikeln 33 und 34 gelten und/oder
c) von Artikel 46 Absatz 8 abweichen.

Artikel 42 Verfahrensvorschriften

(1) Die Mitgliedstaaten stellen sicher, dass Antragsteller, deren Antrag einer ersten Prüfung gemäß Artikel 40 unterliegt, über die Garantien nach Artikel 12 Absatz 1 verfügen.

(2) Die Mitgliedstaaten können im nationalen Recht Vorschriften für die erste Prüfung gemäß Artikel 40 festlegen. Diese Vorschriften können unter anderem

a) den betreffenden Antragsteller verpflichten, Tatsachen anzugeben und wesentliche Beweise vorzulegen, die ein neues Verfahren rechtfertigen;
b) die erste Prüfung allein auf der Grundlage schriftlicher Angaben ohne persönliche Anhörung gestatten, ausgenommen die Fälle nach Artikel 40 Absatz 6.

Diese Bestimmungen dürfen weder den Zugang eines Antragstellers zu einem neuen Verfahren unmöglich machen noch zu einer effektiven Aufhebung oder erheblichen Beschränkung dieses Zugangs führen.

(3) Die Mitgliedstaaten stellen sicher, dass der Antragsteller in geeigneter Weise über das Ergebnis der ersten Prüfung und, falls sein Antrag nicht weiter geprüft wird, über die Gründe dafür und die Möglichkeiten in Bezug auf Rechtsbehelfe gegen die Entscheidung informiert wird.

Abschnitt V

Artikel 43 Verfahren an der Grenze

(1) Die Mitgliedstaaten können nach Maßgabe der Grundsätze und Garantien nach Kapitel II Verfahren festlegen, um an der Grenze oder in Transitzonen des Mitgliedstaats über Folgendes zu entscheiden:

a) die Zulässigkeit eines an derartigen Orten gestellten Antrags gemäß Artikel 33 und/oder
b) die Begründetheit eines Antrags in einem Verfahren nach Artikel 31 Absatz 8.

(2) Die Mitgliedstaaten stellen sicher, dass eine Entscheidung im Rahmen der Verfahren nach Absatz 1 innerhalb einer angemessenen Frist ergeht. Ist innerhalb von vier Wochen keine Entscheidung ergangen, so wird dem Antragsteller die Einreise in das Hoheitsgebiet des Mitgliedstaats gestattet, damit sein Antrag nach Maßgabe der anderen Bestimmungen dieser Richtlinie bearbeitet werden kann.

(3) Wenn es aufgrund der Ankunft einer erheblichen Anzahl von Drittstaatsangehörigen oder Staatenlosen an der Grenze oder in Transitzonen, die förmlich Anträge auf internationalen Schutz stellen, in der Praxis nicht möglich ist, die Bestimmungen des Absatzes 1 anzuwenden, können die genannten Verfahren auch in diesen Fällen und für die Zeit angewandt werden, in der die Drittstaatsangehörigen oder Staatenlosen norma-

lerweise in der Nähe der Grenze oder Transitzone untergebracht werden.

Kapitel IV
Verfahren zur Aberkennung des Internationalen Schutzes

Artikel 44 Aberkennung des internationalen Schutzes

Die Mitgliedstaaten stellen sicher, dass eine Prüfung zur Aberkennung des internationalen Schutzes einer bestimmten Person eingeleitet werden kann, wenn neue Elemente oder Erkenntnisse zutage treten, die darauf hindeuten, dass Gründe für eine Überprüfung der Berechtigung ihres internationalen Schutzes bestehen.

Artikel 45 Verfahrensvorschriften

(1) Die Mitgliedstaaten stellen sicher, dass in Fällen, in denen die zuständige Behörde in Erwägung zieht, den internationalen Schutz eines Drittstaatsangehörigen oder Staatenlosen nach Maßgabe der Artikel 14 oder 19 der Richtlinie 2011/95/EU abzuerkennen, die betreffende Person über folgende Garantien verfügt:

a) Sie ist schriftlich davon in Kenntnis zu setzen, dass die zuständige Behörde den Anspruch auf internationalen Schutz überprüft und aus welchen Gründen eine solche Überprüfung stattfindet, und

b) ihr ist in einer persönlichen Anhörung gemäß Artikel 12 Absatz 1 Buchstabe b und gemäß den Artikeln 14 bis 17 oder in einer schriftlichen Erklärung Gelegenheit zu geben, Gründe vorzubringen, die dagegen sprechen, ihr den internationalen Schutz abzuerkennen.

(2) Darüber hinaus stellen die Mitgliedstaaten sicher, dass im Rahmen des Verfahrens nach Absatz 1

a) die zuständige Behörde in der Lage ist, aus verschiedenen Quellen, wie gegebenenfalls vom EASO und dem UNHCR, genaue und aktuelle Informationen über die allgemeine Lage in den Herkunftsstaaten der betroffenen Personen einzuholen, und

b) wenn die Informationen für die Zwecke der Überprüfung des internationalen Schutzes im Einzelfall eingeholt werden, diese nicht von den Urhebern der Verfolgung oder des ernsthaften Schadens in einer Weise beschafft werden, dass Letztere unmittelbar darüber unterrichtet werden, dass es sich bei der betreffenden Person um eine Person mit Anspruch auf internationalen Schutz handelt, deren Status überprüft wird, oder dass die körperliche Unversehrtheit der Person oder der von ihr abhängigen Personen oder die Freiheit und Sicherheit ihrer noch im Herkunftsstaat lebenden Familienangehörigen gefährdet werden.

(3) Die Mitgliedstaaten stellen sicher, dass die Entscheidung der zuständigen Behörde, den internationalen Schutz abzuerkennen, schriftlich ergeht. Die Entscheidung enthält eine sachliche und rechtliche Begründung sowie eine schriftliche Rechtsbehelfsbelehrung.

(4) Sobald die zuständige Behörde die Entscheidung erlassen hat, den internationalen Schutz abzuerkennen, sind Artikel 20, Artikel 22, Artikel 23 Absatz 1 und Artikel 29 gleichermaßen anwendbar.

(5) Abweichend von den Absätzen 1 bis 4 können die Mitgliedstaaten beschließen, dass der internationale Schutz im Falle eines eindeutigen Verzichts der Person mit Anspruch auf internationalen Schutz auf ihre Anerkennung als solche von Rechts wegen erlischt. Ein Mitgliedstaat kann auch vorsehen, dass der internationale Schutz von Rechts wegen erlischt, wenn die Person mit Anspruch auf internationalen Schutz die Staatsangehörigkeit dieses Mitgliedstaats erworben hat.

Kapitel V
Rechtsbehelfe

Artikel 46 Recht auf einen wirksamen Rechtsbehelf

(1) Die Mitgliedstaaten stellen sicher, dass Antragsteller das Recht auf einen wirksamen Rechtsbehelf vor einem Gericht haben gegen

a) eine Entscheidung über ihren Antrag auf internationalen Schutz, einschließlich einer Entscheidung,
   i) einen Antrag als unbegründet in Bezug auf die Flüchtlingseigenschaft und/oder den subsidiären Schutzstatus zu betrachten;
   ii) einen Antrag nach Artikel 33 Absatz 2 als unzulässig zu betrachten;
   iii) die an der Grenze oder in den Transitzonen eines Mitgliedstaats nach Artikel 43 Absatz 1 ergangen ist;
   iv) keine Prüfung nach Artikel 39 vorzunehmen;
b) eine Ablehnung der Wiederaufnahme der Prüfung eines Antrags nach ihrer Einstellung gemäß den Artikeln 27 und 28;
c) eine Entscheidung zur Aberkennung des internationalen Schutzes nach Artikel 45.

(2) Die Mitgliedstaaten stellen sicher, dass von der Asylbehörde als Person mit Anspruch auf subsidiären Schutz anerkannte Personen ihr Recht nach Absatz 1 wahrnehmen können, gegen eine Entscheidung, einen Antrag als unbegründet in Bezug auf die Flüchtlingseigenschaft zu betrachten, einen wirksamen Rechtsbehelf einzulegen.

Unbeschadet des Absatzes 1 Buchstabe c kann – sofern der von einem Mitgliedstaat gewährte subsidiäre Schutzstatus die gleichen Rechte und Vorteile einräumt wie der Flüchtlingsstatus nach dem Unionsrecht und dem nationalen Recht – dieser Mitgliedstaat einen Rechtsbehelf gegen eine Entscheidung, einen Antrag als unbegründet in Bezug auf die Flüchtlingseigenschaft zu betrachten, aufgrund mangelnden Interesses des Antragstellers an der Fortsetzung des Verfahrens als unzulässig betrachten.

(3) Zur Einhaltung des Absatzes 1 stellen die Mitgliedstaaten sicher, dass der wirksame Rechtsbehelf eine umfassende Ex-nunc-Prüfung vorsieht, die sich sowohl auf Tatsachen als auch auf Rechtsfragen erstreckt und bei der gegebenenfalls das Bedürfnis nach internationalem Schutz gemäß der Richtlinie 2011/95/EU zumindest in Rechtsbehelfsverfahren vor einem erstinstanzlichen Gericht beurteilt wird.

(4) Die Mitgliedstaaten legen angemessene Fristen und sonstige Vorschriften fest, die erforderlich sind, damit der Antragsteller sein Recht auf einen wirksamen Rechtsbehelf nach Absatz 1 wahrnehmen kann. Die Fristen dürfen die Wahrnehmung dieses Rechts weder unmöglich machen noch übermäßig erschweren.

Die Mitgliedstaaten können auch eine Überprüfung der im Einklang mit Artikel 43 ergangenen Entscheidungen von Amts wegen vorsehen.

(5) Unbeschadet des Absatzes 6 gestatten die Mitgliedstaaten den Antragstellern den Verbleib im Hoheitsgebiet bis zum Ablauf der Frist für die Ausübung des Rechts der Antragsteller auf einen wirksamen Rechtsbehelf und, wenn ein solches Recht fristgemäß ausgeübt wurde, bis zur Entscheidung über den Rechtsbehelf.

(6) Im Fall einer Entscheidung,

a) einen Antrag im Einklang mit Artikel 32 Absatz 2 als offensichtlich unbegründet oder nach Prüfung gemäß Artikel 31 Absatz 8 als unbegründet zu betrachten, es sei denn, diese Entscheidungen sind auf die in Artikel 31 Absatz 8 Buchstabe h aufgeführten Umstände gestützt,
b) einen Antrag gemäß Artikel 33 Absatz 2 Buchstaben a, b oder d als unzulässig zu betrachten,
c) die Wiedereröffnung des nach Artikel 28 eingestellten Verfahrens des Antragstellers abzulehnen oder
d) gemäß Artikel 39 den Antrag nicht oder nicht umfassend zu prüfen,

ist das Gericht befugt, entweder auf Antrag des Antragstellers oder von Amts wegen darüber zu entscheiden, ob der Antragsteller im Hoheitsgebiet des Mitgliedstaats verbleiben darf, wenn die Entscheidung zur Folge hat, das Recht des Antragstellers auf Verbleib in dem Mitgliedstaat zu beenden und wenn in diesen Fällen das Recht auf Verbleib in dem betreffenden Mitgliedstaat bis zur Entscheidung über den Rechtsbehelf im nationalen Recht nicht vorgesehen ist.

(7) Für die Verfahren nach Artikel 43 gilt Absatz 6 nur dann, wenn

a) dem Antragsteller die erforderliche Verdolmetschung, rechtlicher Beistand und eine Frist von mindestens einer Woche für die Ausarbeitung des Antrags und zur Vorlage – vor Gericht – der Argumente für eine Gewährung des Rechts auf Verbleib im Hoheitsgebiet bis zum Ergebnis des Rechtsbehelfs zur Verfügung steht und

b) im Rahmen der Prüfung des in Absatz 6 genannten Antrags das Gericht die abschlägige Entscheidung der Asylbehörde in faktischer und rechtlicher Hinsicht prüft.

Sind die Voraussetzungen nach den Buchstaben a und b nicht gegeben, so kommt Absatz 5 zur Anwendung.

(8) Die Mitgliedstaaten gestatten dem Antragsteller, bis zur Entscheidung in dem Verfahren nach den Absätzen 6 und 7 darüber, ob der Antragsteller im Hoheitsgebiet des Mitgliedstaats verbleiben darf, im Hoheitsgebiet zu verbleiben.

(9) Die Absätze 5, 6 und 7 gelten unbeschadet des Artikels 26 der Verordnung (EU) Nr. 604/2013.

(10) Die Mitgliedstaaten können für das Gericht nach Absatz 1 Fristen für die Prüfung der Entscheidung der Asylbehörde vorsehen.

(11) Die Mitgliedstaaten können ferner in ihren nationalen Rechtsvorschriften die Bedingungen für die Vermutung der stillschweigenden Rücknahme oder des Nichtbetreibens eines Rechtsbehelfs nach Absatz 1 durch den Antragsteller sowie das anzuwendende Verfahren festlegen.

Kapitel VI
Allgemeine und Schlussbestimmungen

Artikel 47 Anfechtung durch die Behörden

Die Möglichkeit der Behörden, die behördlichen und/oder gerichtlichen Entscheidungen nach Maßgabe des nationalen Rechts anzufechten, bleibt von dieser Richtlinie unberührt.

Artikel 48 Vertraulichkeit

Die Mitgliedstaaten gewährleisten, dass die mit der Anwendung dieser Richtlinie betrauten Behörden hinsichtlich aller Informationen, von denen sie bei ihrer Tätigkeit Kenntnis erlangen, an den Grundsatz der Vertraulichkeit gebunden sind, so wie sich dieser aus dem nationalen Recht ergibt.

Artikel 49 Zusammenarbeit

Jeder Mitgliedstaat benennt eine nationale Kontaktstelle und teilt deren Anschrift der Kommission mit. Die Kommission leitet diese Angaben an die übrigen Mitgliedstaaten weiter.

Die Mitgliedstaaten treffen in Abstimmung mit der Kommission alle zweckdienlichen Vorkehrungen für eine direkte Zusammenarbeit und einen Informationsaustausch zwischen den zuständigen Behörden.

Wenn die Mitgliedstaaten von den Maßnahmen nach Artikel 6 Absatz 5, Artikel 14 Absatz 1 Unterabsatz 2 und Artikel 31 Absatz 3 Buchstabe b Gebrauch machen, unterrichten sie die Kommission hierüber, sobald die Gründe für die Anwendung dieser außergewöhnlichen Maßnahmen nicht mehr bestehen, mindestens aber jährlich. Diese Informationen enthalten möglichst Angaben zum Prozentanteil der Anträge, auf die Ausnahmen angewendet wurden, an der Gesamtzahl der in dem betreffenden Zeitraum bearbeiteten Anträge.

Artikel 50 Bericht

Die Kommission erstattet dem Europäischen Parlament und dem Rat bis zum 20. Juli 2017 Bericht über die Anwendung dieser Richtlinie in den Mitgliedstaaten und schlägt gegebenenfalls die notwendigen Änderungen vor. Die Mitgliedstaaten übermitteln der Kommission alle für die Erstellung ihres Berichts erforderlichen Informationen. Nach Vorlage dieses Berichts erstattet die Kommission dem Europäischen Parlament und dem Rat mindestens alle fünf Jahre Bericht über die Anwendung dieser Richtlinie in den Mitgliedstaaten.

Im Rahmen des ersten Berichts berichtet die Kommission ferner insbesondere über die Anwendung des Artikels 17 und die verschiedenen Instrumente, die im Zusammenhang mit der Berichterstattung über die persönliche Anhörung verwendet werden.

Artikel 51 Umsetzung

(1) Die Mitgliedstaaten setzen die Rechts- und Verwaltungsvorschriften in Kraft, die erforderlich sind, um den Artikeln 1 bis 30, Artikel 31 Absätze 1, 2 und 6 bis 9, den Artikeln 32 bis 46, den Artikeln 49 und 50 sowie dem Anhang I bis spätestens 20. Juli 2015 nachzukommen. Sie teilen der Kommission unverzüglich den Wortlaut dieser Vorschriften mit.

(2) Die Mitgliedstaaten setzen die erforderlichen Rechts- und Verwaltungsvorschriften in Kraft, um Artikel 31 Absätze 3, 4 und 5 bis 20. Juli 2018 nachzukommen. Sie teilen der Kommission unverzüglich den Wortlaut dieser Vorschriften mit.

(3) Bei Erlass der Vorschriften nach den Absätzen 1 und 2 nehmen die Mitgliedstaaten in den Vorschriften selbst oder durch einen Hinweis bei der amtlichen Veröffentlichung auf diese Richtlinie Bezug. In diese Vorschriften fügen sie ferner die Erklärung ein, dass Bezugnahmen in den geltenden Rechts- und Verwaltungsvorschriften auf die durch die vorliegende Richtlinie aufgehobene Richtlinie als Bezugnahmen auf die vorliegende Richtlinie gelten. Die Mitgliedstaaten regeln die Einzelheiten dieser Bezugnahme und die Formulierung dieser Erklärung.

(4) Die Mitgliedstaaten teilen der Kommission den Wortlaut der wichtigsten nationalen Rechtsvorschriften mit, die sie auf dem unter diese Richtlinie fallenden Gebiet erlassen.

Artikel 52 Übergangsbestimmungen

Die Mitgliedstaaten wenden die Rechts- und Verwaltungsvorschriften nach Artikel 51 Absatz 1 auf förmlich gestellte Anträge auf internationalen Schutz sowie auf eingeleitete Verfahren zur Aberkennung des internationalen Schutzes nach dem 20. Juli 2015 oder früher an. Für vor diesem Datum förmlich gestellte Anträge und vor diesem Datum eingeleitete Verfahren zur Aberkennung der Flüchtlingseigenschaft gelten die Rechts- und Verwaltungsvorschriften nach Maßgabe der Richtlinie 2005/85/EG.

Die Mitgliedstaaten wenden die Rechts- und Verwaltungsvorschriften nach Artikel 51 Absatz 2 auf nach dem 20. Juli 2018 oder früher förmlich gestellte Anträge auf internationalen Schutz an. Für vor diesem Datum förmlich gestellte Anträge gelten die Rechts- und Verwaltungsvorschriften nach Maßgabe der Richtlinie 2005/85/EG.

Artikel 53 Aufhebung

Die Richtlinie 2005/85/EG wird im Verhältnis zu den Mitgliedstaaten, die durch diese Richtlinie gebunden sind, unbeschadet der Verpflichtungen dieser Mitgliedstaaten hinsichtlich der in Anhang II Teil B genannten Frist für die Umsetzung der Richtlinie in nationales Recht mit Wirkung vom 21. Juli 2015 aufgehoben.

Bezugnahmen auf die aufgehobene Richtlinie gelten als Bezugnahmen auf die vorliegende Richtlinie und sind nach Maßgabe der Entsprechungstabelle in Anhang III zu lesen.

Artikel 54 Inkrafttreten und Geltung

Diese Richtlinie tritt am zwanzigsten Tag nach ihrer Veröffentlichung im Amtsblatt der Europäischen Union in Kraft.

Die Artikel 47 und 48 gelten ab dem 21. Juli 2015.

Artikel 54 Adressaten

Diese Richtlinie ist gemäß den Verträgen an die Mitgliedstaaten gerichtet.

II

Anhang I

Bestimmung sicherer Herkunftsstaaten im Sinne des Artikels 37 Absatz 1

Ein Staat gilt als sicherer Herkunftsstaat, wenn sich anhand der dortigen Rechtslage, der Anwendung der Rechtsvorschriften in einem demokratischen System und der allgemeinen politischen Lage nachweisen lässt, dass dort generell und durchgängig weder eine Verfolgung im Sinne des Artikels 9 der Richtlinie 2011/95/EU noch Folter oder unmenschliche oder erniedrigende Behandlung oder Strafe noch Bedrohung infolge willkürlicher Gewalt im Rahmen eines internationalen oder innerstaatlichen bewaffneten Konflikts zu befürchten sind.

Bei der entsprechenden Beurteilung wird unter anderem berücksichtigt, inwieweit Schutz vor Verfolgung und Misshandlung geboten wird durch

a) die einschlägigen Rechts- und Verwaltungsvorschriften des Staates und die Art und Weise ihrer Anwendung;
b) die Wahrung der Rechte und Freiheiten nach der Europäischen Konvention zum Schutz der Menschenrechte und Grundfreiheiten und/oder dem Internationalen Pakt über bürgerliche und politische Rechte und/oder dem Übereinkommen der Vereinten Nationen gegen Folter, insbesondere der Rechte, von denen gemäß Artikel 15 Absatz 2 der Europäischen Konvention keine Abweichung zulässig ist;
c) die Einhaltung des Grundsatzes der Nicht-Zurückweisung nach der Genfer Flüchtlingskonvention;
d) das Bestehen einer Regelung, die einen wirksamen Rechtsbehelf bei Verletzung dieser Rechte und Freiheiten gewährleistet.

II

Anhang II

Teil A Aufgehobene Richtlinie

(gemäß Artikel 53)

Richtlinie 2005/85/EG des Rates (ABl. L 326 vom 13. 12. 2005, S. 13)

Teil B Frist für die Umsetzung der Richtlinie in nationales Recht

(gemäß Artikel 51)

Richtlinie	Umsetzungsfristen
2005/85/EG	Erste Frist: 1. Dezember 2007 Zweite Frist: 1. Dezember 2008

Anhang III

Entsprechungstabelle

Richtlinie 2005/85/EG	Diese Richtlinie
Artikel 1	*Artikel 1*
Artikel 2 Buchstaben a bis c	Artikel 2 Buchstaben a bis c
–	Artikel 2 Buchstabe d
Artikel 2 Buchstaben d bis f	Artikel 2 Buchstaben e bis g
–	Artikel 2 Buchstaben h und i
Artikel 2 Buchstabe g	Artikel 2 Buchstabe j
–	Artikel 2 Buchstaben k und l
Artikel 2 Buchstaben h bis k	Artikel 2 Buchstaben m bis p
–	Artikel 2 Buchstaben q
Artikel 3 Absätze 1 und 2	Artikel 3 Absätze 1 und 2
Artikel 3 Absatz 3	–
Artikel 3 Absatz 4	Artikel 3 Absatz 3
Artikel 4 Absatz 1 Unterabsatz 1	Artikel 4 Absatz 1 Unterabsatz 1
Artikel 4 Absatz 1 Unterabsatz 2	–
Artikel 4 Absatz 2 Buchstabe a	Artikel 4 Absatz 2 Buchstabe a
Artikel 4 Absatz 2 Buchstaben b bis d	–
Artikel 4 Absatz 2 Buchstabe e	Artikel 4 Absatz 2 Buchstabe b
Artikel 4 Absatz 2 Buchstabe f	–
–	Artikel 4 Absatz 3
Artikel 4 Absatz 3	Artikel 4 Absatz 4
–	Artikel 4 Absatz 5
Artikel 5	*Artikel 5*
Artikel 6 Absatz 1	Artikel 6 Absatz 1
–	Artikel 6 Absätze 2 bis 4

Richtlinie 2005/85/EG	Diese Richtlinie
Artikel 6 Absätze 2 und 3	Artikel 7 Absätze 1 und 2
–	Artikel 7 Absatz 3
–	Artikel 7 Absatz 4
Artikel 6 Absatz 4	Artikel 7 Absatz 5
Artikel 6 Absatz 5	–
–	Artikel 8
Artikel 7 Absätze 1 und 2	Artikel 9 Absätze 1 und 2
–	Artikel 9 Absatz 3
Artikel 8 Absatz 1	Artikel 10 Absatz 1
–	Artikel 10 Absatz 2
Artikel 8 Absatz 2 Buchstaben a bis c	Artikel 10 Absatz 3 Buchstaben a bis c
–	Artikel 10 Absatz 3 Buchstabe d
Artikel 8 Absätze 3 und 4	Artikel 10 Absätze 4 und 5
Artikel 9 Absatz 1	Artikel 11 Absatz 1
Artikel 9 Absatz 2 Unterabsatz 1	Artikel 11 Absatz 2 Unterabsatz 1
Artikel 9 Absatz 2 Unterabsatz 2	–
Artikel 9 Absatz 2 Unterabsatz 3	Artikel 11 Absatz 2 Unterabsatz 2
Artikel 9 Absatz 3	Artikel 11 Absatz 3
Artikel 10 Absatz 1 Buchstaben a bis c	Artikel 12 Absatz 1 Buchstaben a bis c
–	Artikel 12 Absatz 1 Buchstabe d
Artikel 10 Absatz 1 Buchstaben d und e	Artikel 12 Absatz 1 Buchstaben e und f
Artikel 10 Absatz 2	Artikel 12 Absatz 2
Artikel 11	Artikel 13
Artikel 12 Absatz 1 Unterabsatz 1	Artikel 14 Absatz 1 Unterabsatz 1
Artikel 12 Absatz 2 Unterabsatz 2	–
–	Artikel 14 Absatz 1 Unterabsätze 2 und 3
Artikel 12 Absatz 2 Unterabsatz 3	Artikel 14 Absatz 1 Unterabsatz 4
Artikel 12 Absatz 2 Buchstabe a	Artikel 14 Absatz 2 Buchstabe a
Artikel 12 Absatz 2 Buchstabe b	–
Artikel 12 Absatz 2 Buchstabe c	–
Artikel 12 Absatz 3 Unterabsatz 1	Artikel 14 Absatz 2 Buchstabe b
Artikel 12 Absatz 3 Unterabsatz 2	Artikel 14 Absatz 2 Unterabsatz 2
Artikel 12 Absätze 4 bis 6	Artikel 14 Absätze 3 bis 5
Artikel 13 Absätze 1 und 2	Artikel 15 Absätze 1 und 2
Artikel 13 Absatz 3 Buchstabe a	Artikel 15 Absatz 3 Buchstabe a
–	Artikel 15 Absatz 3 Buchstabe b
Artikel 13 Absatz 3 Buchstabe b	Artikel 15 Absatz 3 Buchstabe c
–	Artikel 15 Absatz 3 Buchstabe d
–	Artikel 15 Absatz 3 Buchstabe e
Artikel 13 Absatz 4	Artikel 15 Absatz 4

Richtlinie 2005/85/EG	Diese Richtlinie
Artikel 13 Absatz 5	–
–	Artikel 16
Artikel 14	–
–	Artikel 17
–	Artikel 18
–	Artikel 19
Artikel 15 Absatz 1	Artikel 22 Absatz 1
Artikel 15 Absatz 2	Artikel 20 Absatz 1
–	Artikel 20 Absätze 2 bis 4
–	Artikel 21 Absatz 1
Artikel 15 Absatz 3 Buchstabe a	–
Artikel 15 Absatz 3 Buchstaben b und c	Artikel 21 Absatz 2 Buchstaben a und b
Artikel 15 Absatz 3 Buchstabe d	–
Artikel 15 Absatz 3 Unterabsatz 2	–
Artikel 15 Absätze 4 bis 6	Artikel 21 Absätze 3 bis 5
–	Artikel 22 Absatz 2
Artikel 16 Absatz 1 Unterabsatz 1	Artikel 23 Absatz 1 Unterabsatz 1
Artikel 16 Absatz 1 Unterabsatz 2 Satz 1	Artikel 23 Absatz 1 Unterabsatz 2 einleitender Satzteil
–	Artikel 23 Absatz 1 Buchstabe a
Artikel 16 Absatz 1 Unterabsatz 2 Satz 2	Artikel 23 Absatz 1 Buchstabe b
Artikel 16 Absatz 2 Satz 1	Artikel 23 Absatz 2
Artikel 16 Absatz 2 Satz 2	–
–	Artikel 23 Absatz 3
Artikel 16 Absatz 3	Artikel 23 Absatz 4 Unterabsatz 1
Artikel 16 Absatz 4 Unterabsatz 1	–
Artikel 16 Absatz 4 Unterabsätze 2 und 3	Artikel 23 Absatz 4 Unterabsätze 2 und 3
–	Artikel 24
Artikel 17 Absatz 1	Artikel 25 Absatz 1
Artikel 17 Absatz 2 Buchstabe a	Artikel 25 Absatz 2
Artikel 17 Absatz 2 Buchstaben b und c	–
Artikel 17 Absatz 3	–
Artikel 17 Absatz 4	Artikel 25 Absatz 3
–	Artikel 25 Absatz 4
Artikel 17 Absatz 5	Artikel 25 Absatz 5
–	Artikel 25 Absatz 6
Artikel 17 Absatz 6	Artikel 25 Absatz 7
Artikel 18	Artikel 26
Artikel 19	Artikel 27
Artikel 20 Absätze 1 und 2	Artikel 28 Absätze 1 und 2

Richtlinie 2005/85/EG	Diese Richtlinie
–	Artikel 28 Absatz 3
Artikel 21	Artikel 29
Artikel 22	Artikel 30
Artikel 23 Absatz 1	Artikel 31 Absatz 1
Artikel 23 Absatz 2 Unterabsatz 1	Artikel 31 Absatz 2
–	Artikel 31 Absatz 3
–	Artikel 31 Absätze 4 und 5
Artikel 23 Absatz 2 Unterabsatz 2	Artikel 31 Absatz 6
Artikel 23 Absatz 3	
–	Artikel 31 Absatz 7
Artikel 23 Absatz 4 Buchstabe a	Artikel 31 Absatz 8 Buchstabe a
Artikel 23 Absatz 4 Buchstabe b	–
Artikel 23 Absatz 4 Buchstabe c Ziffer i	Artikel 31 Absatz 8 Buchstabe b
Artikel 23 Absatz 4 Buchstabe c Ziffer ii	–
Artikel 23 Absatz 4 Buchstabe d	Artikel 31 Absatz 8 Buchstabe c
Artikel 23 Absatz 4 Buchstabe e	–
Artikel 23 Absatz 4 Buchstabe f	Artikel 31 Absatz 8 Buchstabe d
Artikel 23 Absatz 4 Buchstabe g	Artikel 31 Absatz 8 Buchstabe e
–	Artikel 31 Absatz 8 Buchstabe f
Artikel 23 Absatz 4 Buchstaben h und i	–
Artikel 23 Absatz 4 Buchstabe j	Artikel 31 Absatz 6 Buchstabe g
–	Artikel 31 Absatz 8 Buchstaben h und i
Artikel 23 Absatz 4 Buchstaben k und l	–
Artikel 23 Absatz 4 Buchstabe m	Artikel 31 Absatz 8 Buchstabe j
Artikel 23 Absatz 4 Buchstaben n und o	–
–	Artikel 31 Absatz 9
Artikel 24	–
Artikel 25	Artikel 33
Artikel 25 Absatz 1	Artikel 33 Absatz 1
Artikel 25 Absatz 2 Buchstaben a bis c	Artikel 33 Absatz 2 Buchstaben a bis c
Artikel 25 Absatz 2 Buchstaben d und e	–
Artikel 25 Absatz 2 Buchstaben f und g	Artikel 33 Absatz 2 Buchstaben d und e
–	Artikel 34
Artikel 26	Artikel 35
Artikel 27 Absatz 1 Buchstabe a	Artikel 38 Absatz 1 Buchstabe a
–	Artikel 38 Absatz 1 Buchstabe b
Artikel 27 Absatz 1 Buchstaben b bis d	Artikel 38 Absatz 1 Buchstaben c bis e
Artikel 27 Absätze 2 bis 5	Artikel 38 Absätze 2 bis 5
Artikel 28	Artikel 32
Artikel 29	–

II

Richtlinie 2005/85/EG	Diese Richtlinie
Artikel 30 Absatz 1	Artikel 37 Absatz 1
Artikel 30 Absätze 2 bis 4	–
–	Artikel 37 Absatz 2
Artikel 30 Absätze 5 und 6	Artikel 37 Absätze 3 und 4
Artikel 31 Absatz 1	Artikel 36 Absatz 1
Artikel 31 Absatz 2	–
Artikel 31 Absatz 3	Artikel 36 Absatz 2
Artikel 32 Absatz 1	Artikel 40 Absatz 1
Artikel 32 Absatz 2	–
Artikel 32 Absatz 3	Artikel 40 Absatz 2
Artikel 32 Absatz 4	Artikel 40 Absatz 3 Satz 1
Artikel 32 Absatz 5	Artikel 40 Absatz 3 Satz 2
Artikel 32 Absatz 6	Artikel 40 Absatz 4
–	Artikel 40 Absatz 5
Artikel 32 Absatz 7 Unterabsatz 1	Artikel 40 Absatz 6 Buchstabe a
–	Artikel 40 Absatz 6 Buchstabe b
Artikel 32 Absatz 7 Unterabsatz 2	Artikel 40 Absatz 6 Unterabsatz 2
–	Artikel 40 Absatz 7
–	Artikel 41
Artikel 33	–
Artikel 34 Absatz 1 und Absatz 2 Buchstabe a	Artikel 42 Absatz 1 und Absatz 2 Buchstabe a
Artikel 34 Absatz 2 Buchstabe b	–
Artikel 34 Absatz 2 Buchstabe c	Artikel 42 Absatz 2 Buchstabe b
Artikel 34 Absatz 3 Buchstabe a	Artikel 42 Absatz 3
Artikel 34 Absatz 3 Buchstabe b	–
Artikel 35 Absatz 1	Artikel 43 Absatz 1 Buchstabe a
–	Artikel 43 Absatz 1 Buchstabe b
Artikel 35 Absatz 2 Buchstaben a bis f	–
Artikel 35 Absatz 4	Artikel 43 Absatz 2
Artikel 35 Absatz 5	Artikel 43 Absatz 3
Artikel 36 Absatz 1 bis Absatz 2 Buchstabe c	Artikel 39 Absatz 1 bis Absatz 2 Buchstabe c
Artikel 36 Absatz 2 Buchstabe d	–
Artikel 36 Absatz 3	–
–	Artikel 39 Absatz 3
Artikel 36 Absätze 4 bis 6	Artikel 39 Absätze 4 bis 6
–	Artikel 39 Absatz 7
Artikel 36 Absatz 7	–
Artikel 37	Artikel 44
Artikel 38	Artikel 45

Richtlinie 2005/85/EG	Diese Richtlinie
–	Artikel 46 Absatz 1 Buchstabe a Ziffer i
Artikel 39 Absatz 1 Buchstabe a Ziffern i und ii	Artikel 46 Absatz 1 Buchstabe a Ziffern ii und iii
Artikel 39 Absatz 1 Buchstabe a Ziffer iii	–
Artikel 39 Absatz 1 Buchstabe b	Artikel 46 Absatz 1 Buchstabe b
Artikel 39 Absatz 1 Buchstaben c und d	–
Artikel 39 Absatz 1 Buchstabe e	Artikel 46 Absatz 1 Buchstabe c
–	Artikel 46 Absätze 2 und 3
Artikel 39 Absatz 2	Artikel 46 Absatz 4 Unterabsatz 1
–	Artikel 46 Absatz 4 Unterabsätze 2 und 3
Artikel 39 Absatz 3	–
–	Artikel 46 Absätze 5 bis 9
Artikel 39 Absatz 4	Artikel 46 Absatz 10
Artikel 39 Absatz 5	–
Artikel 39 Absatz 6	Artikel 41 Absatz 11
Artikel 40	Artikel 47
Artikel 41	Artikel 48
–	Artikel 49
Artikel 42	Artikel 50
Artikel 43 Unterabsatz 1	Artikel 51 Absatz 1
–	Artikel 51 Absatz 2
Artikel 43 Unterabsätze 2 und 3	Artikel 51 Absätze 3 und 4
Artikel 44	Artikel 52 Unterabsatz 1
–	Artikel 52 Unterabsatz 2
–	Artikel 53
Artikel 45	Artikel 54
Artikel 46	Artikel 55
Anhang I	–
Anhang II	Anhang I
Anhang III	–
–	Anhang II
–	Anhang III

II

Verordnung (EU) Nr. 604/2013 des Europäischen Parlaments und des Rates zur Festlegung der Kriterien und Verfahren zur Bestimmung des Mitgliedstaats, der für die Prüfung eines von einem Drittstaatsangehörigen oder Staatenlosen in einem Mitgliedstaat gestellten Antrags auf internationalen Schutz zuständig ist

Vom 26. Juni 2013 (ABl. S. 180/31)

Inhaltsübersicht

II

Das Europäische Parlament und der Rat der Europäischen Union –

gestützt auf den Vertrag über die Arbeitsweise der Europäischen Union, insbesondere auf Artikel 78 Absatz 2 Buchstabe e,

auf Vorschlag der Europäischen Kommission,

nach Stellungnahme des Europäischen Wirtschafts- und Sozialausschusses[1]),

nach Stellungnahme des Ausschusses der Regionen[2]),

gemäß dem ordentlichen Gesetzgebungsverfahren[3]),

in Erwägung nachstehender Gründe:

(1) Die Verordnung (EG) Nr. 343/2003 des Rates vom 18. Februar 2003 zur Festlegung der Kriterien und Verfahren zur Bestimmung des Mitgliedstaats, der für die Prüfung eines von einem Drittstaatsangehörigen in einem Mitgliedstaat gestellten Asylantrags zuständig ist[4]), muss in einigen wesentlichen Punkten geändert werden. Aus Gründen der Klarheit empfiehlt sich eine Neufassung der Verordnung.

(2) Eine gemeinsame Asylpolitik einschließlich eines Gemeinsamen Europäischen Asylsystems (GEAS) ist wesentlicher Bestandteil des Ziels der Europäischen Union, schrittweise einen Raum der Freiheit, der Sicherheit und des Rechts aufzubauen, der allen offen steht, die wegen besonderer Umstände rechtmäßig in der Union um Schutz nachsuchen.

(3) Der Europäische Rat ist auf seiner Sondertagung vom 15. und 16. Oktober 1999 in Tampere übereingekommen, auf ein GEAS hinzuwirken, das sich auf die uneingeschränkte und umfassende Anwendung des Genfer Abkommens vom 28. Juli 1951 über die Rechtsstellung der Flüchtlinge in der Fassung des New Yorker Protokolls vom 31. Januar 1967 (im Folgenden „Genfer Abkommen") stützt, damit der Grundsatz der Nichtzurückweisung gewahrt bleibt und niemand dorthin zurückgeschickt wird, wo er Verfolgung ausgesetzt ist. In dieser Hinsicht gelten unbeschadet der in dieser Verordnung festgelegten Zuständigkeitskriterien die Mitgliedstaaten, die alle den Grundsatz der Nichtzurückweisung achten, als sichere Staaten für Drittstaatsangehörige.

(4) Entsprechend den Schlussfolgerungen von Tampere sollte das GEAS auf kurze Sicht eine klare und praktikable Formel für die Bestimmung des für die Prüfung eines Asylantrags zuständigen Mitgliedstaats umfassen.

(5) Eine solche Formel sollte auf objektiven und für die Mitgliedstaaten und die Betroffenen gerechten Kriterien basieren. Sie sollte insbesondere eine rasche Bestimmung des zuständigen Mitgliedstaats ermöglichen, um den effektiven Zugang zu den Verfahren zur Gewährung des internationalen Schutzes zu gewährleisten und das Ziel einer zügigen Bearbeitung der Anträge auf internationalen Schutz nicht zu gefährden.

(6) Die erste Phase auf dem Weg zu einem GEAS, das auf längere Sicht zu einem gemeinsamen Verfahren und einem unionsweit geltenden einheitlichen Status für die Personen, denen internationaler Schutz gewährt wird, führen soll, ist nun abgeschlossen. Der Europäische Rat hat auf seiner Tagung vom 4. November 2004 das Haager Programm angenommen, das die Ziele für den Raum der Freiheit, der Sicherheit und des Rechts vorgab, die im Zeitraum 2005–2010 erreicht werden sollten. Im Haager Programm wurde die Europäische Kommission aufgefordert, die Bewertung der Rechtsakte aus der ersten Phase abzuschließen und dem Europäischen Parlament und dem Rat die Rechtsakte und Maßnahmen der zweiten Phase so vorzule-

[1]) ABl. C 317 vom 23. 12. 2009, S. 115.

[2]) ABl. C 79 vom 27. 3. 2010, S. 58.

[3]) Standpunkt des Europäischen Parlaments vom 7. Mai 2009 (ABl. C 212 E vom 5. 8. 2010, S. 370) und Standpunkt des Rates in erster Lesung vom 6. Juni 2013 (noch nicht im Amtsblatt veröffentlicht). Standpunkt des Europäischen Parlaments vom 10. Juni 2013 (noch nicht im Amtsblatt veröffentlicht).

[4]) ABl. L 50 vom 25. 2. 2003, S. 1.

gen, dass sie vor Ende 2010 angenommen werden können.

(7) Im Programm von Stockholm hat der Europäische Rat sein Ziel bekräftigt, bis spätestens 2012 gemäß Artikel 78 des Vertrags über die Arbeitsweise der Europäischen Union (AEUV) für Personen, denen internationaler Schutz gewährt wurde, einen gemeinsamen Raum des Schutzes und der Solidarität zu errichten. Außerdem betonte er, dass das Dublin-System weiterhin ein zentrales Element beim Aufbau des GEAS bildet, da es die Zuständigkeit für die Prüfung von Anträgen auf internationalen Schutz zwischen den Mitgliedstaaten eindeutig zuweist.

(8) Die Mittel des Europäischen Unterstützungsbüros für Asylfragen (EASO), das durch die Verordnung (EU) Nr. 439/2010 des Europäischen Parlaments und des Rates[5]) errichtet wurde, sollten dafür bereitstehen, den einschlägigen Dienststellen der für die Durchführung dieser Verordnung zuständigen Mitgliedstaaten angemessene Unterstützung zu leisten. Insbesondere sollte das EASO für Solidaritätsmaßnahmen wie den Asyl-Einsatzpool mit Asyl-Unterstützungsteams Sorge tragen, die diejenigen Mitgliedstaaten unterstützen, die sich einem besonderen Druck gegenübersehen und den Personen, die internationalen Schutz beantragen (im Folgenden „Antragsteller"), keine angemessenen Bedingungen insbesondere hinsichtlich der Aufnahme und des Schutzes bieten können.

(9) Angesichts der Bewertungsergebnisse in Bezug auf die Umsetzung der Instrumente der ersten Phase empfiehlt es sich in dieser Phase, die der Verordnung (EG) Nr. 343/2003 zugrunde liegenden Prinzipien zu bestätigen und angesichts der bisherigen Erfahrungen gleichzeitig die notwendigen Verbesserungen mit Hinblick auf die Leistungsfähigkeit des Dublin-Systems und den auf der Grundlage dieses Systems gewährten Schutz der Antragsteller vorzunehmen. Da ein gut funktionierendes Dublin-System für das GEAS von großer Bedeutung ist, sollten seine Grundlagen und seine Funktionsweise im Zuge des Aufbaus anderer Instrumente des GEAS und der Solidarität der Union überprüft werden. Es sollte ein umfassender „Eignungstest", d. h. eine faktengestützte Überprüfung der rechtlichen, wirtschaftlichen und sozialen Auswirkungen des Dublin-Systems, einschließlich seiner Auswirkungen auf die Grundrechte durchgeführt werden.

(10) Zur Wahrung der Gleichbehandlung aller Personen, die internationalen Schutz beantragt haben oder genießen, und der Übereinstimmung mit dem geltenden Asylrecht der Union, insbesondere mit der Richtlinie 2011/95/EU des Europäischen Parlaments und des Rates vom 13. Dezember 2011 über Normen für die Anerkennung von Drittstaatsangehörigen oder Staatenlosen als Personen mit Anspruch auf internationalen Schutz, für einen einheitlichen Status für Flüchtlinge oder für Personen mit Anrecht auf subsidiären Schutz und für den Inhalt des zu gewährenden Schutzes[6]) umfasst der Anwendungsbereich dieser Verordnung Personen, mit Anrecht auf subsidiären Schutz.

(11) Die Richtlinie 2013/33/EU des Europäischen Parlaments und des Rates vom 26. Juni 2013 zur Festlegung von Normen für die Aufnahme von Personen, die internationalen Schutz beantragen[7]) sollte vorbehaltlich der Einschränkungen der Anwendung jener Richtlinie auf das Verfahren zur Bestimmung des zuständigen Mitgliedstaats nach Maßgabe dieser Verordnung Anwendung finden.

(12) Die Richtlinie 2013/32/EU des Europäischen Parlaments und des Rates vom 26. Juni 2013 zu gemeinsamen Verfahren für die Zuerkennung und Aberkennung des internationalen Schutzes[8]) sollte zusätzlich und unbe-

---

[5]) ABl. L 132 vom 29. 5. 2010, S. 11.

[6]) ABl. L 337 vom 20. 12. 2011, S. 9.

[7]) Siehe Seite 96 dieses Amtsblatts.

[8]) Siehe Seite 60 dieses Amtsblatts.

schadet der Bestimmungen über die in dieser Verordnung geregelten Verfahrensgarantien vorbehaltlich der Beschränkungen der Anwendung dieser Richtlinie gelten.

(13) Bei der Anwendung dieser Verordnung sollte das Wohl des Kindes im Einklang mit dem Übereinkommen der Vereinten Nationen über die Rechte des Kindes von 1989 und mit der Charta der Grundrechte der Europäischen Union eine vorrangige Erwägung der Mitgliedstaaten sein. Bei der Beurteilung des Wohls des Kindes sollten die Mitgliedstaaten insbesondere das Wohlbefinden und die soziale Entwicklung des Minderjährigen, Erwägungen der Sicherheit und der Gefahrenabwehr und den Willen des Minderjährigen unter Berücksichtigung seiner Alters und seiner Reife, einschließlich seines Hintergrunds, berücksichtigen. Darüber hinaus sollten für unbegleitete Minderjährige aufgrund ihrer besonderen Schutzbedürftigkeit spezielle Verfahrensgarantien festgelegt werden.

(14) Im Einklang mit der Europäischen Konvention zum Schutze der Menschenrechte und Grundfreiheiten und mit der Charta der Grundrechte der Europäischen Union, sollte die Achtung des Familienlebens eine vorrangige Erwägung der Mitgliedstaaten sein, wenn sie diese Verordnung anwenden.

(15) Mit der gemeinsamen Bearbeitung der von den Mitgliedern einer Familie gestellten Anträge auf internationalen Schutz durch ein und denselben Mitgliedstaat kann sichergestellt werden, dass die Anträge sorgfältig geprüft werden, diesbezügliche Entscheidungen kohärent sind und dass die Mitglieder einer Familie nicht voneinander getrennt werden.

(16) Um die uneingeschränkte Achtung des Grundsatzes der Einheit der Familie und das Wohl des Kindes zu gewährleisten, sollte ein zwischen einem Antragsteller und seinem Kind, einem seiner Geschwister oder einem Elternteil bestehendes Abhängigkeitsverhältnis, das durch Schwangerschaft oder Mutterschaft, durch den Gesundheitszustand oder hohes Alter des Antragstellers begründet ist, als ein verbindliches Zuständigkeitskriterium herangezogen werden. Handelt es sich bei dem Antragsteller um einen unbegleiteten Minderjährigen, der einen Familienangehörigen oder Verwandten in einem anderen Mitgliedstaat hat, der für ihn sorgen kann, so sollte dieser Umstand ebenfalls als ein verbindliches Zuständigkeitskriterium gelten.

(17) Die Mitgliedstaaten sollten insbesondere aus humanitären Gründen oder in Härtefällen von den Zuständigkeitskriterien abweichen können, um Familienangehörige, Verwandte oder Personen jeder anderen verwandtschaftlichen Beziehung zusammenzuführen, und einen bei ihm oder einem anderen Mitgliedstaat gestellten Antrag auf internationalen Schutz zu prüfen, auch wenn sie für eine solche Prüfung nach den in dieser Verordnung festgelegten verbindlichen Zuständigkeitskriterien nicht zuständig sind.

(18) Um die Bestimmung des für die Prüfung eines Antrags auf internationalen Schutz zuständigen Mitgliedstaats zu erleichtern, sollte ein persönliches Gespräch mit dem Antragsteller geführt werden. Der Antragsteller sollte unmittelbar bei der Stellung des Antrags auf internationalen Schutz über die Anwendung dieser Verordnung und über die Möglichkeit informiert werden, bei dem Gespräch Angaben über die Anwesenheit von Familienangehörigen, Verwandten oder Personen jeder anderen verwandtschaftlichen Beziehung in den Mitgliedstaaten zu machen, um das Verfahren zur Bestimmung des zuständigen Mitgliedstaats zu erleichtern.

(19) Um einen wirksamen Schutz der Rechte der Betroffenen zu gewährleisten, sollten im Einklang insbesondere mit Artikel 47 der Charta der Grundrechte der Europäischen Union Rechtsgarantien und das Recht auf einen wirksamen Rechtsbehelf gegen Überstellungsentscheidungen festgeschrieben werden. Um die Einhaltung des Völkerrechts sicherzustellen, sollte ein wirksamer Rechtsbehelf gegen diese Entscheidungen sowohl die Prüfung der Anwendung dieser Verordnung als auch die Prüfung der Rechts- und Sachlage in dem Mitgliedstaat umfassen, in den der Antragsteller überstellt wird.

(20) Die Inhaftnahme von Antragstellern sollte nach dem Grundsatz erfolgen, wonach

eine Person nicht allein deshalb in Haft genommen werden darf, weil sie um internationalen Schutz nachsucht. Die Haft sollte so kurz wie möglich dauern und den Grundsätzen der Erforderlichkeit und Verhältnismäßigkeit entsprechen. Insbesondere muss die Inhaftnahme von Antragstellern im Einklang mit Artikel 31 der Genfer Konvention stehen. Die in dieser Verordnung vorgesehenen Verfahren in Bezug auf eine in Haft genommene Person sollten vorrangig schnellstmöglich angewandt werden. Hinsichtlich der allgemeinen Garantien sowie der Bedingungen für die Inhaftnahme sollten die Mitgliedstaaten gegebenenfalls die Bestimmungen der Richtlinie 2013/33/EU auch auf Personen anwenden, die aufgrund dieser Verordnung in Haft genommen wurden.

(21) Mängel in Asylsystemen oder gar der Zusammenbruch von Asylsystemen, die häufig dadurch verschlimmert oder mitverursacht werden, dass die Asylsysteme besonderem Druck ausgesetzt sind, können das reibungslose Funktionieren des mit dieser Verordnung eingeführten Systems beeinträchtigen, was dazu führen könnte, dass die im Asylrecht der Union und in der Grundrechtecharta der Europäischen Union sowie in anderen internationalen Menschenrechts- und Flüchtlingsrechtsverpflichtungen niedergelegten Rechte der Antragsteller verletzt werden könnten.

(22) Ein Prozess für Frühwarnung, Vorsorge und Bewältigung von Asylkrisen, mit dem eine Verschlechterung in oder der Zusammenbruch von Asylsystemen verhindert werden sollen, wobei das EASO in Ausübung seiner Befugnisse aufgrund der Verordnung (EU) Nr. 439/2010 eine Schlüsselrolle spielt, sollte geschaffen werden, um eine tragfähige Zusammenarbeit im Rahmen dieser Verordnung sicherzustellen und das gegenseitige Vertrauen der Mitgliedstaaten in Bezug auf die Asylpolitik zu stärken. Ein derartiger Prozess sollte gewährleisten, dass die Union sobald wie möglich über Bedenken alarmiert wird, wenn Anlass zur Sorge besteht, dass das reibungslose Funktionieren des mit dieser Verordnung geschaffenen Systems infolge des besonderen Drucks auf ein Asylsystem eines oder mehrerer Mitgliedstaaten und/oder der Mängel, die Asylsysteme eines oder mehrerer Mitgliedstaaten aufweisen, beeinträchtigt ist. Mit einem derartigen Prozess könnte die Union frühzeitig Vorbeugemaßnahmen fördern und derartigen Situationen die entsprechende politische Aufmerksamkeit schenken. Solidarität, die ein Kernelement des GEAS bildet, geht Hand in Hand mit gegenseitigem Vertrauen. Durch die Steigerung dieses Vertrauens könnte der Prozess für Frühwarnung, Vorsorge und Bewältigung von Asylkrisen die Lenkung konkreter Maßnahmen echter und praktischer Solidarität gegenüber Mitgliedstaaten verbessern, um den betroffenen Mitgliedstaaten im Allgemeinen und den Antragstellern im Besonderen zu helfen. Gemäß Artikel 80 AEUV sollten die Rechtsakte der Union, immer wenn dies erforderlich ist, entsprechende Maßnahmen für die Anwendung des Solidaritätsgrundsatzes enthalten und der Prozess sollte durch derartige Maßnahmen flankiert werden. Die vom Rat am 8. März 2012 angenommenen Schlussfolgerungen über einen gemeinsamen Rahmen für echte und praktische Solidarität gegenüber Mitgliedstaaten, deren Asylsysteme besonderem Druck, einschließlich durch gemischte Migrationsströme, ausgesetzt sind, stellen ein Instrumentarium aus bereits bestehenden und potenziellen neuen Maßnahmen dar, das im Rahmen eines Mechanismus für Frühwarnung, Vorsorge und Bewältigung von Asylkrisen Beachtung finden sollte.

(23) Die Mitgliedstaaten sollten mit dem EASO bei der Zusammenstellung von Informationen über ihre Fähigkeit, besonderen Druck auf ihre Asyl- und Aufnahmesystemen zu bewältigen, insbesondere im Rahmen der Durchführung dieser Verordnung zusammenarbeiten. Das EASO sollte regelmäßig über die gemäß der Verordnung (EU) Nr. 439/2010 gesammelten Informationen Bericht erstatten.

(24) Überstellungen in den für die Prüfung eines Antrags auf internationalen Schutz zuständigen Mitgliedstaat können entspre-

chend der Verordnung (EG) Nr. 1560/2003 der Kommission[9]) auf freiwilliger Basis, in Form der kontrollierten Ausreise oder in Begleitung erfolgen. Die Mitgliedstaaten sollten sich durch entsprechende Information des Antragstellers für Überstellungen auf freiwilliger Basis einsetzen und sicherstellen, dass Überstellungen in Form einer kontrollierten Ausreise oder in Begleitung in humaner Weise und in voller Übereinstimmung mit den Grundrechten und unter Achtung der Menschenwürde sowie dem Wohl des Kindes und unter weitestgehender Berücksichtigung der Entwicklung der einschlägigen Rechtsprechung, inbesondere hinsichtlich Überstellungen aus humanitären Gründen, vorgenommen werden.

(25) Der schrittweise Aufbau eines Raums ohne Binnengrenzen, in dem der freie Personenverkehr gemäß den Bestimmungen des AEUV gewährleistet wird, sowie die Festsetzung der Unionspolitiken zu den Einreise- und Aufenthaltsbedingungen einschließlich allgemeiner Anstrengungen zur Verwaltung der Außengrenzen erfordern ausgewogene, im Geiste der Solidarität anzuwendende Zuständigkeitskriterien.

(26) Für die Verarbeitung personenbezogener Daten durch die Mitgliedstaaten nach dieser Verordnung gilt die Richtlinie 95/46/EG des Europäischen Parlaments und des Rates vom 24. Oktober 1995 zum Schutz natürlicher Personen bei der Verarbeitung personenbezogener Daten und zum freien Datenverkehr[10]).

(27) Der Austausch von personenbezogenen einschließlich sensibler Daten über die Gesundheit eines Antragstellers vor einer Überstellung wird gewährleisten, dass die zuständigen Asylbehörden in der Lage sind, Antragstellern eine angemessene Unterstützung zukommen zu lassen und die Kontinuität des Schutzes und der ihnen zustehenden Rechte zu gewährleisten. Der Schutz der Daten von Antragstellern, die in einen anderen Mitgliedstaat überstellt werden, sollte nach Maßgabe der Richtlinie 95/46/EG geregelt werden.

(28) Die Anwendung dieser Verordnung kann dadurch erleichtert und ihre Wirksamkeit erhöht werden, dass die Mitgliedstaaten bilaterale Vereinbarungen treffen, die darauf abzielen, die Kommunikation zwischen den zuständigen Dienststellen zu verbessern, die Verfahrensfristen zu verkürzen, die Bearbeitung von Aufnahme- oder Wiederaufnahmegesuchen zu vereinfachen oder Modalitäten für die Durchführung von Überstellungen festzulegen.

(29) Die Kontinuität zwischen dem in der Verordnung (EG) Nr. 343/2003 festgelegten Verfahren zur Bestimmung des zuständigen Mitgliedstaats und dem in dieser Verordnung vorgesehenen Verfahren sollte sichergestellt werden. Außerdem sollte die Kohärenz zwischen dieser Verordnung und der Verordnung (EU) Nr. 603/2013 des Europäischen Parlaments und des Rates vom 26. Juni 2013 über die Einrichtung von „Eurodac" für den Abgleich von Fingerabdruckdaten zum Zwecke der effektiven Anwendung der Verordnung (EU) Nr. 604/2013 zur Festlegung der Kriterien und Verfahren zur Bestimmung des Mitgliedstaats, der für die Prüfung eines von einem Drittstaatsangehörigen oder Staatenlosen in einem Mitgliedstaat gestellten Antrags auf internationalen Schutz zuständig ist und über der Strafverfolgung dienende Anträge der Strafverfolgungsbehörden der Mitgliedstaaten und Europols auf den Abgleich mit Eurodac-Daten[11]) sichergestellt werden.

(30) Die Anwendung dieser Verordnung soll durch das Eurodac-System, das mit Verordnung (EU) Nr. 603/2013 eingerichtet worden ist, erleichtert werden.

(31) Das Visa-Informationssystem, das mit Verordnung (EG) Nr. 767/2008 des Europäischen Parlaments und des Rates vom 9. Juli

---

[9]) ABl. L 222 vom 5. 9. 2003, S. 3.

[10]) ABl. L 281 vom 23. 11. 1995, S. 31.

[11]) Siehe Seite 1 dieses Amtsblatts.

2008 über das Visa-Informationssystem (VIS) und den Datenaustausch zwischen den Mitgliedstaaten über Visa für einen kurzfristigen Aufenthalt[12]) eingerichtet worden ist, und insbesondere die Anwendung der Artikel 21 und 22, sollen die Anwendung dieser Verordnung ebenfalls erleichtern.

(32) In Bezug auf die Behandlung von Personen, die unter diese Verordnung fallen, sind die Mitgliedstaaten an ihre Verpflichtungen aus den völkerrechtlichen Instrumenten einschließlich der einschlägigen Rechtsprechung des Europäischen Gerichtshofs für Menschenrechte gebunden.

(33) Um einheitliche Bedingungen für die Durchführung dieser Verordnung zu gewährleisten, sollten der Kommission Durchführungsbefugnisse übertragen werden. Diese Befugnisse sollten im Einklang mit der Verordnung (EU) Nr. 182/2011 des Europäischen Parlaments und des Rates vom 16. Februar 2011 zur Festlegung der allgemeinen Regeln und Grundsätze, nach denen die Mitgliedstaaten die Wahrnehmung der Durchführungsbefugnisse durch die Kommission kontrollieren[13]), ausgeübt werden.

(34) Das Prüfungsverfahren sollte verwendet werden für die Annahme einer gemeinsamen Informationsbroschüre über Dublin/Eurodac sowie einer speziellen Informationsbroschüre für unbegleitete Minderjährige; eines Standardformblatts für den Austausch einschlägiger Information über unbegleitete Minderjährige; einheitlicher Bedingungen für die Abfrage und den Austausch von Informationen über Minderjährige und abhängige Personen; einheitlicher Bedingungen für die Vorbereitung und die Übermittlung von Aufnahme- und Wiederaufnahmegesuchen; zweier Verzeichnisse mit Beweismitteln und Indizien für ein Aufnahmegesuch, und deren regelmäßiger Überprüfung; eines Laissez-passer; einheitlicher Bedingungen für die Abfrage und den Austausch von Information über Überstellungen; eines Standardformblatts für den Datenaustausch vor einer Überstellung; einer gemeinsamen Gesundheitsbescheinigung; einheitlicher Bedingungen und praktischer Vorkehrungen für den Austausch von Gesundheitsdaten einer Person vor einer Überstellung und gesicherter elektronischer Übermittlungskanäle für Gesuche.

(35) Zur Festlegung ergänzender nicht wesentlicher Vorschriften sollten der Kommission nach Artikel 290 AEUV die Befugnis zum Erlass von Rechtsakten bezüglich der Ermittlung von Familienangehörigen, Geschwistern oder Verwandten eines unbegleiteten Minderjährigen; der Kriterien für die Feststellung des Bestehens einer nachgewiesenen familiären Bindung; die Kriterien, die zur Bewertung der Fähigkeit zur Sorge für einen unbegleiteten Minderjährigen durch einen Verwandten zu berücksichtigen sind, einschließlich der Fälle, in welchem sich Familienangehörige, Geschwister oder Verwandte des unbegleiteten Minderjährigen in mehr als einem Mitgliedstaat aufhalten; der Elemente für die Bewertung eines Abhängigkeitsverhältnisses; der Bedingungen zur Bewertung der Fähigkeit der Aufnahme einer abhängigen Person durch eine Person sowie der Merkmale die zur Beurteilung einer längerfristigen Reiseunfähigkeit zu berücksichtigen sind, übertragen werden. Bei der Ausübung ihrer Befugnis zum Erlass delegierter Rechtsakte geht die Kommission nicht über den in Artikel 6 Absatz 3 dieser Verordnung vorgesehenen Umfang des Wohl des Kindes hinaus. Es ist von besonderer Bedeutung, dass die Kommission im Zuge ihrer Vorbereitungsarbeit angemessene Konsultationen, auch auf der Ebene von Sachverständigen, durchführt. Bei der Vorbereitung und Ausarbeitung der delegierten Rechtsakte sollte die Kommission eine gleichzeitige, zügige und angemessene Weiterleitung einschlägiger Dokumente an das Europäische Parlament und an den Rat gewährleisten.

[12]) ABl. L 218 vom 13. 8. 2008, S. 60.

[13]) ABl. L 55 vom 28. 2. 2011, S. 13.

(36) Bei der Anwendung dieser Verordnung, einschließlich der Vorbereitung delegierter Rechtsakte, sollte die Kommission Sachverständige aus unter anderem allen einschlägigen nationalen Behörden konsultieren.

(37) Detaillierte Bestimmungen zur Anwendung der Verordnung (EG) Nr. 343/2003 wurden im Wege der Verordnung (EG) Nr. 1560/2003 festgelegt. Aus Gründen der Klarheit oder weil sie einem allgemeinen Zweck dienen können, sollten einige Bestimmungen der Verordnung (EG) Nr. 1560/2003 in diese Verordnung übernommen werden. Für die Mitgliedstaaten und die Antragsteller ist es gleichermaßen wichtig, dass es ein allgemeines Verfahren zur Lösung von Fällen gibt, in denen die Mitgliedstaaten die Verordnung unterschiedlich anwenden. Es ist daher gerechtfertigt, das in der Verordnung (EG) Nr. 1560/2003 vorgesehene Verfahren zur Schlichtung von Streitigkeiten, die die humanitäre Klausel betreffen, in diese Verordnung zu übernehmen und auf den Regelungsgegenstand dieser Verordnung insgesamt auszudehnen.

(38) Um die Anwendung dieser Verordnung wirksam überwachen zu können, bedarf es einer regelmäßigen Bewertung.

(39) Diese Verordnung steht im Einklang mit den Grundrechten und Grundsätzen, die insbesondere mit der Charta der Grundrechte der Europäischen Union anerkannt wurden. Diese Verordnung zielt insbesondere darauf ab, sowohl die uneingeschränkte Wahrung des in Artikel 18 der Charta verankerten Rechts auf Asyl als auch die in ihren Artikeln 1, 4, 7, 24 und 47 anerkannten Rechte zu gewährleisten. Diese Verordnung sollte daher in diesem Sinne angewandt werden.

(40) Da das Ziel dieser Verordnung, nämlich die Festlegung von Kriterien und Verfahren zur Bestimmung des Mitgliedstaats, der für die Prüfung eines Antrags auf internationalen Schutz zuständig ist, den ein Drittstaatsangehöriger oder Staatenloser in einem Mitgliedstaat gestellt hat, auf Ebene der Mitgliedstaaten nicht ausreichend erreicht werden kann und daher wegen des Umfangs und der Wirkungen dieser Verordnung besser auf Unionsebene zu erreichen ist, kann die Union im Einklang mit dem in Artikel 5 des Vertrags über die Europäische Union (EUV) niedergelegten Subsidiaritätsprinzip tätig werden. Entsprechend dem in demselben Artikel genannten Verhältnismäßigkeitsprinzip geht diese Verordnung nicht über das für die Erreichung dieses Ziels erforderliche Maß hinaus.

(41) Gemäß Artikel 3 und Artikel 4a Absatz 1 des dem EUV und dem AEUV beigefügten Protokolls Nr. 21 über die Position des Vereinigten Königreichs und Irlands hinsichtlich des Raums der Freiheit, der Sicherheit und des Rechts, haben diese Mitgliedstaaten mitgeteilt, dass sie sich an der Annahme und Anwendung dieser Verordnung beteiligen möchten.

(42) Gemäß den Artikeln 1 und 2 des dem EUV und dem AEUV beigefügten Protokolls Nr. 22 über die Position Dänemarks beteiligt sich Dänemark nicht an der Annahme dieser Verordnung, die für Dänemark nicht bindend oder anwendbar ist –

haben folgende Verordnung erlassen:

Kapitel I
Gegenstand und Definitionen

Artikel 1 Gegenstand

Diese Verordnung legt die Kriterien und Verfahren fest, die bei der Bestimmung des Mitgliedstaats, der für die Prüfung eines von einem Drittstaatsangehörigen oder Staatenlosen in einem Mitgliedstaat gestellten Antrags auf internationalen Schutz zuständig ist, zur Anwendung gelangen (im Folgenden „zuständiger Mitgliedstaat“).

Artikel 2 Definitionen

Im Sinne dieser Verordnung bezeichnet der Ausdruck

a) „Drittstaatsangehöriger“ jede Person, die nicht Bürger der Union im Sinne von Artikel 20 Absatz 1 des AEUV ist und bei der es sich nicht um einen Staatsangehörigen eines Staates handelt, der sich aufgrund eines Abkommens mit der Europäischen Union an dieser Verordnung beteiligt;

b) „Antrag auf internationalen Schutz" einen Antrag auf internationalen Schutz im Sinne des Artikels 2 Buchstabe h der Richtlinie 2011/95/EU;

c) „Antragsteller" einen Drittstaatsangehörigen oder Staatenlosen, der einen Antrag auf internationalen Schutz gestellt hat, über den noch nicht endgültig entschieden wurde;

d) „Prüfung eines Antrags auf internationalen Schutz" die Gesamtheit der Prüfungsvorgänge, der Entscheidungen oder Urteile der zuständigen Behörden in Bezug auf einen Antrag auf internationalen Schutz gemäß der Richtlinie 2013/32/EU und der Richtlinie 2011/95/EU mit Ausnahme der Verfahren zur Bestimmung des zuständigen Mitgliedstaats gemäß dieser Verordnung;

e) „Rücknahme eines Antrags auf internationalen Schutz" die vom Antragsteller im Einklang mit der Richtlinie 2013/32/EU ausdrücklich oder stillschweigend unternommenen Schritte zur Beendigung des Verfahrens, das aufgrund des von ihm gestellten Antrags auf internationalen Schutz eingeleitet worden ist;

f) „Begünstigter internationalen Schutzes" einen Drittstaatsangehörigen oder Staatenlosen, dem internationaler Schutz im Sinne von Artikel 2 Buchstabe a der Richtlinie 2011/95/EU zuerkannt wurde,

g) „Familienangehörige" die folgenden Mitglieder der Familie des Antragstellers, die sich im Hoheitsgebiet der Mitgliedstaaten aufhalten, sofern die Familie bereits im Herkunftsland bestanden hat:
   - der Ehegatte des Antragstellers oder sein nicht verheirateter Partner, der mit ihm eine dauerhafte Beziehung führt, soweit nach dem Recht oder nach den Gepflogenheiten des betreffenden Mitgliedstaats nicht verheiratete Paare ausländerrechtlich vergleichbar behandelt werden wie verheiratete Paare,
   - die minderjährigen Kinder des im ersten Gedankenstrich genannten Paares oder des Antragstellers, sofern diese nicht verheiratet sind, gleichgültig, ob es sich nach nationalem Recht um eheliche oder außerehelich geborene oder adoptierte Kinder handelt,
   - bei einem minderjährigen und unverheirateten Antragsteller, der Vater, die Mutter oder ein anderer Erwachsener, der entweder nach dem Recht oder nach den Gepflogenheiten des Mitgliedstaats, in dem der Erwachsene sich aufhält, für den Minderjährigen verantwortlich ist,
   - bei einem unverheirateten, minderjährigen Begünstigten internationalen Schutzes, der Vater, die Mutter oder ein anderer Erwachsener, der/die entweder nach dem Recht oder nach den Gepflogenheiten des Mitgliedstaats, in dem sich der Begünstigte aufhält, für ihn verantwortlich ist;

h) „Verwandter": der volljährige Onkel, die volljährige Tante oder ein Großelternteil des Antragstellers, der/die sich im Hoheitsgebiet eines Mitgliedstaats aufhält, ungeachtet dessen, ob es sich gemäß dem nationalen Recht bei dem Antragsteller um ein ehelich oder außerehelich geborenes oder adoptiertes Kind handelt;

i) „Minderjähriger einen Drittstaatsangehörigen oder Staatenlosen unter 18 Jahren;

j) „unbegleiteter Minderjähriger" einen Minderjährigen, der ohne Begleitung eines für ihn nach dem Recht oder nach den Gepflogenheiten des betreffenden Mitgliedstaats verantwortlichen Erwachsenen in das Hoheitsgebiet der Mitgliedstaaten einreist, solange er sich nicht tatsächlich in der Obhut eines solchen Erwachsenen befindet; dies schließt einen Minderjährigen ein, der nach Einreise in das Hoheitsgebiet eines Mitgliedstaats dort ohne Begleitung zurückgelassen wird;

k) „Vertreter" eine Person oder Organisation, die von den zuständigen Behörden zur Unterstützung und Vertretung eines unbegleiteten Minderjährigen in Verfahren nach Maßgabe dieser Verordnung bestellt wurde, um das Wohl des Kindes zu wahren und für den Minderjährigen, soweit erforderlich, Rechtshandlungen vorzunehmen. Wird eine Organisation zum Vertreter bestellt, so bezeichnet der Ausdruck „Vertreter" eine Person, die in Bezug auf den Minderjährigen ihre Pflichten im Einklang mit dieser Verordnung wahrnimmt;

l) „Aufenthaltstitel" jede von den Behörden eines Mitgliedstaats erteilte Erlaubnis, mit der der Aufenthalt eines Drittstaatsangehörigen oder Staatenlosen im Hoheitsgebiet dieses Mitgliedstaats gestattet wird, einschließlich der Dokumente, mit denen die Genehmigung des Aufenthalts im Hoheitsgebiet im Rahmen einer Regelung des vorübergehenden Schutzes oder bis zu dem Zeitpunkt, zu dem die eine Ausweisung verhindernden Umstände nicht mehr gegeben sind, nachgewiesen werden kann; ausgenommen sind Visa und Aufenthaltstitel, die während der zur Bestimmung des zuständigen Mitgliedstaats entsprechend dieser Verordnung erforderlichen Frist oder während der Prüfung eines Antrags auf internationalen Schutz oder eines Antrags auf Gewährung eines Aufenthaltstitels erteilt wurden;

m) „Visum" die Erlaubnis oder Entscheidung eines Mitgliedstaats, die im Hinblick auf die Einreise zum Zweck der Durchreise oder die Einreise zum Zweck eines Aufenthalts in diesem Mitgliedstaat oder in mehreren Mitgliedstaaten verlangt wird. Es werden folgende Arten von Visa unterschieden:
   - „Visum für den längerfristigen Aufenthalt": eine von einem der Mitgliedstaaten im Einklang mit seinem innerstaatlichen Recht oder dem Unionsrecht ausgefertigte Erlaubnis oder Entscheidung, die im Hinblick auf die Einreise zum Zweck eines Aufenthalts in diesem Mitgliedstaat von mehr als drei Monaten verlangt wird;
   - „Visum für den kurzfristigen Aufenthalt": eine Erlaubnis oder Entscheidung eines Mitgliedstaats im Hinblick auf die Durchreise durch das Hoheitsgebiet eines oder mehrerer oder aller Mitgliedstaaten oder einen geplanten Aufenthalt in diesem Gebiet von höchstens drei Monaten je Sechsmonatszeitraum ab dem Zeitpunkt der ersten Einreise in das Hoheitsgebiet der Mitgliedstaaten;
   - „Visum für den Flughafentransit" ein für die Durchreise durch die internationalen Transitzonen eines oder mehrerer Flughäfen von Mitgliedstaaten gültiges Visum;

n) „Fluchtgefahr" das Vorliegen von Gründen im Einzelfall, die auf objektiven gesetzlich festgelegten Kriterien beruhen und zu der Annahme Anlass geben, dass sich ein Antragsteller, ein Drittstaatsangehöriger oder Staatenloser, gegen den ein Überstellungsverfahren läuft, diesem Verfahren möglicherweise durch Flucht entziehen könnte.

Kapitel II
Allgemeine Grundsätze und Schutzgarantien

Artikel 3 Verfahren zur Prüfung eines Antrags auf internationalen Schutz

(1) Die Mitgliedstaaten prüfen jeden Antrag auf internationalen Schutz, den ein Drittstaatsangehöriger oder Staatenloser im Hoheitsgebiet eines Mitgliedstaats einschließlich an der Grenze oder in den Transitzonen stellt. Der Antrag wird von einem einzigen Mitgliedstaat geprüft, der nach den Kriterien des Kapitels III als zuständiger Staat bestimmt wird.

(2) Lässt sich anhand der Kriterien dieser Verordnung der zuständige Mitgliedstaat nicht bestimmen, so ist der erste Mitgliedstaat, in dem der Antrag auf internationalen Schutz gestellt wurde, für dessen Prüfung zuständig.

Erweist es sich als unmöglich, einen Antragsteller an den zunächst als zuständig bestimmten Mitgliedstaat zu überstellen, da es wesentliche Gründe für die Annahme gibt, dass das Asylverfahren und die Aufnahmebedingungen für Antragsteller in diesem Mitgliedstaat systemische Schwachstellen aufweisen, die eine Gefahr einer unmenschlichen oder entwürdigenden Behandlung im Sinne des Artikels 4 der EU-Grundrechtecharta mit sich bringen, so setzt der die Zuständigkeit prüfende Mitgliedstaat, die Prüfung der in Kapitel III vorgesehenen Kriterien fort, um festzustellen, ob ein anderer Mitgliedstaat als zuständig bestimmt werden kann.

Kann keine Überstellung gemäß diesem Absatz an einen aufgrund der Kriterien des Kapitels III bestimmten Mitgliedstaat oder an den ersten Mitgliedstaat, in dem der Antrag gestellt wurde, vorgenommen werden, so wird der die Zuständigkeit prüfende Mitgliedstaat der zuständige Mitgliedstaat.

(3) Jeder Mitgliedstaat behält das Recht, einen Antragsteller nach Maßgabe der Bestimmungen und Schutzgarantien der Richtlinie 32/2013/EU in einen sicheren Drittstaat zurück- oder auszuweisen.

Artikel 4 Recht auf Information

(1) Sobald ein Antrag auf internationalen Schutz im Sinne des Artikels 20 Absatz 2 in einem Mitgliedstaat gestellt wird, unterrichten seine zuständigen Behörden den Antragsteller über die Anwendung dieser Verordnung und insbesondere über folgende Aspekte:

a) die Ziele dieser Verordnung und die Folgen einer weiteren Antragstellung in einem anderen Mitgliedstaat sowie die Folgen eines Umzugs in einen anderen Mitgliedstaat während die Schritte, in welchen der nach dieser Verordnung zuständige Mitgliedstaat bestimmt wird und der Antrag auf internationalen Schutz geprüft wird;

b) die Kriterien für die Bestimmung des zuständigen Mitgliedstaats, die Rangfolge derartiger Kriterien in den einzelnen Schritten des Verfahrens und ihre Dauer einschließlich der Tatsache, dass ein in einem Mitgliedstaat gestellter Antrag auf internationalen Schutz dazu führen kann, dass dieser Mitgliedstaat nach dieser Verordnung zuständig wird, selbst wenn diese Zuständigkeit nicht auf derartigen Kriterien beruht;

c) das persönliche Gespräch gemäß Artikel 5 und die Möglichkeit, Angaben über die Anwesenheit von Familienangehörigen, Verwandten oder Personen jeder anderen verwandtschaftlichen Beziehung in den Mitgliedstaaten zu machen, einschließlich der Mittel, mit denen der Antragsteller diese Angaben machen kann;

d) die Möglichkeit zur Einlegung eines Rechtsbehelfs gegen eine Überstellungsentscheidung und gegebenenfalls zur Beantragung einer Aussetzung der Überstellung;

e) den Umstand, dass die zuständigen Behörden der Mitgliedstaaten ihn betreffende Daten allein zur Erfüllung ihrer Verpflichtungen aus dieser Verordnung austauschen dürfen;

f) das Auskunftsrecht bezüglich ihn betreffender Daten und das Recht zu beantragen, dass solche Daten berichtigt werden, sofern sie unrichtig sind, oder gelöscht werden, sofern sie unrechtmäßig verarbeitet wurden, sowie die Verfahren zur Ausübung dieser Rechte einschließlich der Kontaktangaben der Behörden im Sinne des Artikels 35 und der nationalen Datenschutzbehörden, die für die Entgegennahme von Beschwerden über den Schutz personenbezogener Daten zuständig sind.

(2) Die Informationen nach Absatz 1 werden schriftlich in einer Sprache mitgeteilt, die der Antragsteller versteht oder von der vernünftigerweise angenommen werden darf, dass der Antragsteller sie versteht. Die Mitgliedstaaten verwenden hierzu das zu diesem Zweck gemäß Absatz 3 erstellte gemeinsame Merkblatt.

Wenn dies für das richtige Verständnis des Antragstellers notwendig ist, werden die Informationen auch mündlich, beispielsweise bei dem Gespräch nach Artikel 5, erteilt.

II

II

(3) Die Kommission erstellt im Wege von Durchführungsrechtsakten ein gemeinsames Merkblatt sowie ein spezielles Merkblatt für unbegleitete Minderjährige, das mindestens die Angaben in Absatz 1 dieses Artikels enthält. Dieses gemeinsame Merkblatt enthält außerdem Informationen über die Anwendung der Verordnung (EU) Nr. 603/2013 und insbesondere über den Zweck, zu dem die Daten eines Antragstellers in Eurodac verarbeitet werden dürfen. Das gemeinsame Merkblatt wird so gestaltet, dass es die Mitgliedstaaten mit zusätzlichen mitgliedstaatsspezifischen Informationen ergänzen können. Diese Durchführungsrechtsakte werden gemäß dem in Artikel 44 Absatz 2 dieser Verordnung genannten Prüfverfahren erlassen.

Artikel 5 Persönliches Gespräch

(1) Um das Verfahren zur Bestimmung des zuständigen Mitgliedstaats zu erleichtern, führt der die Zuständigkeit prüfende Mitgliedstaat ein persönliches Gespräch mit dem Antragsteller. Dieses Gespräch soll auch das richtige Verständnis der dem Antragsteller gemäß Artikel 4 bereitgestellten Informationen ermöglichen.

(2) Auf das persönliche Gespräch darf verzichtet werden, wenn

a) der Antragsteller flüchtig ist oder

b) der Antragsteller, nachdem er die in Artikel 4 genannten Informationen erhalten hat, bereits die sachdienlichen Angaben gemacht hat, so dass der zuständige Mitgliedstaat auf andere Weise bestimmt werden kann. Der Mitgliedstaat, der auf das Gespräch verzichtet, gibt dem Antragsteller Gelegenheit, alle weiteren sachdienlichen Informationen vorzulegen, die für die ordnungsgemäße Bestimmung des zuständigen Mitgliedstaats von Bedeutung sind, bevor eine Entscheidung über die Überstellung des Antragstellers in den nach Artikel 26 Absatz 1 zuständigen Mitgliedstaat ergeht.

(3) Das persönliche Gespräch wird zeitnah geführt, in jedem Fall aber, bevor über die Überstellung des Antragstellers in den zuständigen Mitgliedstaat gemäß Artikel 26 Absatz 1 entschieden wird.

(4) Das persönliche Gespräch wird in einer Sprache geführt, die der Antragsteller versteht oder von der vernünftigerweise angenommen werden darf, dass er sie versteht und in der er sich verständigen kann. Die Mitgliedstaaten ziehen erforderlichenfalls einen Dolmetscher hinzu, der eine angemessene Verständigung zwischen dem Antragsteller und der das persönliche Gespräch führenden Person gewährleisten kann.

(5) Das persönliche Gespräch erfolgt unter Bedingungen, die eine angemessene Vertraulichkeit gewährleisten. Es wird von einer dafür qualifizierten Person gemäß dem innerstaatlichen Recht durchgeführt.

(6) Der Mitgliedstaat, der das persönliche Gespräch führt, erstellt eine schriftliche Zusammenfassung, die zumindest die wesentlichen Angaben des Antragstellers aus dem Gespräch enthält. Diese Zusammenfassung kann in Form eines Berichts oder eines Standardformulars erstellt werden. Der Mitgliedstaat gewährleistet, dass der Antragsteller und/oder der ihn vertretende Rechtsbeistand oder sonstiger Berater zeitnah Zugang zu der Zusammenfassung erhält.

Artikel 6 Garantien für Minderjährige

(1) Das Wohl des Kindes ist in allen Verfahren, die in dieser Verordnung vorgesehen sind, eine vorrangige Erwägung der Mitgliedstaaten.

(2) Die Mitgliedstaaten sorgen dafür, dass ein unbegleiteter Minderjährige in allen Verfahren, die in dieser Verordnung vorgesehen sind, von einem Vertreter vertreten und/oder unterstützt wird. Der Vertreter verfügt über die entsprechenden Qualifikationen und Fachkenntnisse, um zu gewährleisteten, dass dem Wohl des Minderjährigen während der nach dieser Verordnung durchgeführten Verfahren Rechnung getragen wird. Ein solcher Vertreter hat Zugang zu dem Inhalt der einschlägigen Dokumente in der Akte des Antragstellers einschließlich des speziellen Merkblatts für unbegleitete Minderjährige.

Dieser Absatz lässt die entsprechenden Bestimmungen in Artikel 25 der Richtlinie 2013/32/EU unberührt.

(3) Bei der Würdigung des Wohl des Kindes arbeiten die Mitgliedstaaten eng zusammen und tragen dabei insbesondere folgenden Faktoren gebührend Rechnung:

a) Möglichkeiten der Familienzusammenführung;

b) dem Wohlergehen und der sozialen Entwicklung des Minderjährigen unter besonderer Berücksichtigung seines Hintergrundes;

c) Sicherheitserwägungen, insbesondere wenn es sich bei dem Minderjährigen um ein Opfer des Menschenhandels handeln könnte;

d) den Ansichten des Minderjährigen entsprechend seinem Alter und seiner Reife.

(4) Zum Zweck der Durchführung des Artikels 8 unternimmt der Mitgliedstaat, in dem der unbegleitete Minderjährige einen Antrag auf internationalen Schutz gestellt hat, so bald wie möglich geeignete Schritte, um die Familienangehörigen, Geschwister oder Verwandte des unbegleiteten Minderjährigen im Hoheitsgebiet der Mitgliedstaaten zu ermitteln, wobei er das Wohl des Kindes schützt.

Zu diesem Zweck kann der Mitgliedstaat internationale oder andere einschlägige Organisationen um Hilfe ersuchen und den Zugang des Minderjährigen zu den Suchdiensten dieser Organisationen erleichtern.

Das Personal der zuständigen Behörden im Sinne von Artikel 35, die unbegleitete Minderjährige betreffende Anträge bearbeiten, haben eine geeignete Schulung über die besonderen Bedürfnisse Minderjähriger erhalten und werden weiterhin geschult.

(5) Zur Erleichterung geeigneter Maßnahmen zur Ermittlung der im Hoheitsgebiet eines anderen Mitgliedstaats lebenden Familienangehörigen, der Geschwister oder der Verwandten eines unbegleiteten Minderjährigen gemäß Absatz 4 dieses Artikels erlässt die Kommission Durchführungsrechtsakte, einschließlich der Festlegung eines Standardformblatts für den Austausch einschlägiger Informationen zwischen den Mitgliedstaaten. Diese Durchführungsrechtsakte werden gemäß dem in Artikel 44 Absatz 2 genannten Prüfverfahren erlassen.

Kapitel III
Kriterien zur Bestimmung des zuständigen Mitgliedstaats

Artikel 7 Rangfolge der Kriterien

(1) Die Kriterien zur Bestimmung des zuständigen Mitgliedstaats finden in der in diesem Kapitel genannten Rangfolge Anwendung.

(2) Bei der Bestimmung des nach den Kriterien dieses Kapitels zuständigen Mitgliedstaats wird von der Situation ausgegangen, die zu dem Zeitpunkt gegeben ist, zu dem der Antragsteller seinen Antrag auf internationalen Schutz zum ersten Mal in einem Mitgliedstaat stellt.

(3) Im Hinblick auf die Anwendung der in den Artikeln 8, 10 und 16 genannten Kriterien berücksichtigen die Mitgliedstaaten alle vorliegenden Indizien für den Aufenthalt von Familienangehörigen, Verwandten oder Personen jeder anderen verwandtschaftlichen Beziehung des Antragstellers im Hoheitsgebiet eines Mitgliedstaats, sofern diese Indizien vorgelegt werden, bevor ein anderer Mitgliedstaat dem Gesuch um Aufnahme- oder Wiederaufnahme der betreffenden Person gemäß den Artikeln 22 und 25 stattgegeben hat, und sofern über frühere Anträge des Antragstellers auf internationalen Schutz noch keine Erstentscheidung in der Sache ergangen ist.

Artikel 8 Minderjährige

(1) Handelt es sich bei dem Antragsteller um einen unbegleiteten Minderjährigen, so ist der Mitgliedstaat zuständiger Mitgliedstaat, in dem sich ein Familienangehöriger oder eines der Geschwister des unbegleiteten Minderjährigen rechtmäßig aufhält, sofern es dem Wohl des Minderjährigen dient. Ist der Antragsteller ein verheirateter Minderjähriger, dessen Ehepartner sich nicht rechtmäßig im Hoheitsgebiet der Mitgliedstaaten auf-

hält, so ist der Mitgliedstaat zuständiger Mitgliedstaat, in dem sich der Vater, die Mutter, oder ein anderer Erwachsener – der entweder nach dem Recht oder nach den Gepflogenheiten des Mitgliedstaats für den Minderjährigen zuständig ist – oder sich eines seiner Geschwister aufhält.

(2) Ist der Antragsteller ein unbegleiteter Minderjähriger, der einen Verwandten hat, der sich rechtmäßig in einem anderen Mitgliedstaat aufhält, und wurde anhand einer Einzelfallprüfung festgestellt, dass der Verwandte für den Antragsteller sorgen kann, so führt dieser Mitgliedstaat den Minderjährigen und seine Verwandten zusammen und ist der zuständige Mitgliedstaat, sofern es dem Wohl des Minderjährigen dient.

(3) Halten sich Familienangehörige, Geschwister oder Verwandte im Sinne der Absätze 1 und 2 in mehr als einem Mitgliedstaat auf, wird der zuständige Mitgliedstaat danach bestimmt, was dem Wohl des unbegleiteten Minderjährigen dient.

(4) Bei Abwesenheit eines Familienangehörigen, eines seiner Geschwister oder eines Verwandten im Sinne der Absätze 1 und 2, ist der Mitgliedstaat zuständiger Mitgliedstaat, in dem der unbegleitete Minderjährige seinen Antrag auf internationalen Schutz gestellt hat, sofern es dem Wohl des Minderjährigen dient.

(5) Der Kommission wird die Befugnis übertragen gemäß Artikel 45 in Bezug auf die Ermittlung von Familienangehörigen, Geschwistern oder Verwandten eines unbegleiteten Minderjährigen; die Kriterien für die Feststellung des Bestehens einer nachgewiesenen familiären Bindung; die Kriterien zur Beurteilung der Fähigkeit eines Verwandten, für den unbegleiteten Minderjährigen zu sorgen, einschließlich der Fälle, in denen sich die Familienangehörigen, Geschwister oder Verwandten des unbegleiteten Minderjährigen in mehr als einem Mitgliedstaat aufhalten, delegierte Rechtsakte zu erlassen. Bei der Ausübung ihrer Befugnis zum Erlass delegierter Rechtsakte geht die Kommission nicht über den in Artikel 6 Absatz 3 vorgesehenen Umfang des Wohls des Kindes hinaus.

(6) Die Kommission legt im Wege von Durchführungsrechtsakten einheitliche Bedingungen für Konsultationen und den Informationsaustausch zwischen den Mitgliedstaaten fest. Diese Durchführungsrechtsakte werden gemäß dem in Artikel 44 Absatz 2 genannten Prüfverfahren erlassen.

Artikel 9 Familienangehörige, die Begünstigte internationalen Schutzes sind

Hat der Antragsteller einen Familienangehörigen – ungeachtet der Frage, ob die Familie bereits im Herkunftsland bestanden hat –, der in seiner Eigenschaft als Begünstigter internationalen Schutzes in einem Mitgliedstaat aufenthaltsberechtigt ist, so ist dieser Mitgliedstaat für die Prüfung des Antrags auf internationalen Schutz zuständig, sofern die betreffenden Personen diesen Wunsch schriftlich kundtun.

Artikel 10 Familienangehörige, die internationalen Schutz beantragt haben

Hat ein Antragsteller in einem Mitgliedstaat einen Familienangehörigen, über dessen Antrag auf internationalen Schutz noch keine Erstentscheidung in der Sache ergangen ist, so ist dieser Mitgliedstaat für die Prüfung des Antrags auf internationalen Schutz zuständig, sofern die betreffenden Personen diesen Wunsch schriftlich kundtun.

Artikel 11 Familienverfahren

Stellen mehrere Familienangehörige und/oder unverheiratete minderjährige Geschwister in demselben Mitgliedstaat gleichzeitig oder in so großer zeitlicher Nähe einen Antrag auf internationalen Schutz, dass die Verfahren zur Bestimmung des zuständigen Mitgliedstaats gemeinsam durchgeführt werden können, und könnte die Anwendung der in dieser Verordnung genannten Kriterien ihre Trennung zur Folge haben, so gilt für die Bestimmung des zuständigen Mitgliedstaats Folgendes:

a) zuständig für die Prüfung der Anträge auf internationalen Schutz sämtlicher Familienangehöriger und/oder unverheirateter minderjähriger Geschwister ist der Mitgliedstaat, der nach den Kriterien für die Aufnahme des größten Teils von ihnen zuständig ist;

b) andernfalls ist für die Prüfung der Mitgliedstaat zuständig, der nach den Kriterien für die Prüfung des von dem Ältesten von ihnen gestellten Antrags zuständig ist.

Artikel 12 Ausstellung von Aufenthaltstiteln oder Visa

(1) Besitzt der Antragsteller einen gültigen Aufenthaltstitel, so ist der Mitgliedstaat, der den Aufenthaltstitel ausgestellt hat, für die Prüfung des Antrags auf internationalen Schutz zuständig.

(2) Besitzt der Antragsteller ein gültiges Visum, so ist der Mitgliedstaat, der das Visum erteilt hat, für die Prüfung des Antrags auf internationalen Schutz zuständig, es sei denn, dass das Visum im Auftrag eines anderen Mitgliedstaats im Rahmen einer Vertretungsvereinbarung gemäß Artikel 8 der Verordnung (EG) Nr. 810/2009 des Europäischen Parlaments und des Rates vom 13. Juli 2009 über einen Visakodex der Gemeinschaft[1]) erteilt wurde. In diesem Fall ist der vertretene Mitgliedstaat für die Prüfung des Antrags auf internationalen Schutz zuständig.

(3) Besitzt der Antragsteller mehrere gültige Aufenthaltstitel oder Visa verschiedener Mitgliedstaaten, so sind die Mitgliedstaaten für die Prüfung des Antrags auf internationalen Schutz in folgender Reihenfolge zuständig:

a) der Mitgliedstaat, der den Aufenthaltstitel mit der längsten Gültigkeitsdauer erteilt hat, oder bei gleicher Gültigkeitsdauer der Mitgliedstaat, der den zuletzt ablaufenden Aufenthaltstitel erteilt hat;

b) der Mitgliedstaat, der das zuletzt ablaufende Visum erteilt hat, wenn es sich um gleichartige Visa handelt;

c) bei nicht gleichartigen Visa der Mitgliedstaat, der das Visum mit der längsten Gültigkeitsdauer erteilt hat, oder bei gleicher Gültigkeitsdauer der Mitgliedstaat, der das zuletzt ablaufende Visum erteilt hat.

(4) Besitzt der Antragsteller nur einen oder mehrere Aufenthaltstitel, die weniger als zwei Jahre zuvor abgelaufen sind, oder ein oder mehrere Visa, die seit weniger als sechs Monaten abgelaufen sind, aufgrund deren er in das Hoheitsgebiet eines Mitgliedstaats einreisen konnte, so sind die Absätze 1, 2 und 3 anwendbar, solange der Antragsteller das Hoheitsgebiet der Mitgliedstaaten nicht verlassen hat.

Besitzt der Antragsteller einen oder mehrere Aufenthaltstitel, die mehr als zwei Jahre zuvor abgelaufen sind, oder ein oder mehrere Visa, die seit mehr als sechs Monaten abgelaufen sind, aufgrund deren er in das Hoheitsgebiet eines Mitgliedstaats einreisen konnte, und hat er die Hoheitsgebiete der Mitgliedstaaten nicht verlassen, so ist der Mitgliedstaat zuständig, in dem der Antrag auf internationalen Schutz gestellt wird.

(5) Der Umstand, dass der Aufenthaltstitel oder das Visum aufgrund einer falschen oder missbräuchlich verwendeten Identität oder nach Vorlage von gefälschten, falschen oder ungültigen Dokumenten erteilt wurde, hindert nicht daran, dem Mitgliedstaat, der den Titel oder das Visum erteilt hat, die Zuständigkeit zuzuweisen. Der Mitgliedstaat, der den Aufenthaltstitel oder das Visum ausgestellt hat, ist nicht zuständig, wenn nachgewiesen werden kann, dass nach Ausstellung des Titels oder des Visums eine betrügerische Handlung vorgenommen wurde.

Artikel 13 Einreise und/oder Aufenthalt

(1) Wird auf der Grundlage von Beweismitteln oder Indizien gemäß den beiden in Artikel 22 Absatz 3 dieser Verordnung genannten Verzeichnissen, einschließlich der Daten nach der Verordnung (EU) Nr. 603/2013 festgestellt, dass ein Antragsteller aus einem Drittstaat kommend die Land-, See- oder Luft-

[1]) ABl. L 243 vom 15. 9. 2009, S. 1.

II

grenze eines Mitgliedstaats illegal überschritten hat, so ist dieser Mitgliedstaat für die Prüfung des Antrags auf internationalen Schutz zuständig. Die Zuständigkeit endet zwölf Monate nach dem Tag des illegalen Grenzübertritts.

(2) Ist ein Mitgliedstaat nicht oder gemäß Absatz 1 dieses Artikels nicht länger zuständig und wird auf der Grundlage von Beweismitteln oder Indizien gemäß den beiden in Artikel 22 Absatz 3 genannten Verzeichnissen festgestellt, dass der Antragsteller – der illegal in die Hoheitsgebiete der Mitgliedstaaten eingereist ist oder bei dem die Umstände der Einreise nicht festgestellt werden können – sich vor der Antragstellung während eines ununterbrochenen Zeitraums von mindestens fünf Monaten in einem Mitgliedstaat aufgehalten hat, so ist dieser Mitgliedstaat für die Prüfung des Antrags auf internationalen Schutz zuständig.

Hat sich der Antragsteller für Zeiträume von mindestens fünf Monaten in verschiedenen Mitgliedstaaten aufgehalten, so ist der Mitgliedstaat, wo er sich zuletzt aufgehalten hat, für die Prüfung des Antrags auf internationalen Schutz zuständig.

Artikel 14 Visafreie Einreise

(1) Reist ein Drittstaatsangehöriger oder Staatenloser in das Hoheitsgebiet eines Mitgliedstaats ein, in dem für ihn kein Visumzwang besteht, so ist dieser Mitgliedstaat für die Prüfung des Antrags auf internationalen Schutz zuständig.

(2) Der Grundsatz nach Absatz 1 findet keine Anwendung, wenn der Drittstaatsangehörige oder Staatenlose seinen Antrag auf internationalen Schutz in einem anderen Mitgliedstaat stellt, in dem er ebenfalls kein Einreisevisum vorweisen muss. In diesem Fall ist dieser andere Mitgliedstaat für die Prüfung des Antrags auf internationalen Schutz zuständig.

Artikel 15 Antrag im internationalen Transitbereich eines Flughafens

Stellt ein Drittstaatsangehöriger oder Staatenloser im internationalen Transitbereich eines Flughafens eines Mitgliedstaats einen Antrag auf internationalen Schutz, so ist dieser Mitgliedstaat für die Prüfung des Antrags zuständig.

Kapitel IV
Abhängige Personen und Ermessensklauseln

Artikel 16 Abhängige Personen

(1) Ist ein Antragsteller wegen Schwangerschaft, eines neugeborenen Kindes, schwerer Krankheit, ernsthafter Behinderung oder hohen Alters auf die Unterstützung seines Kindes, eines seiner Geschwister oder eines Elternteils, das/der sich rechtmäßig in einem Mitgliedstaat aufhält, angewiesen oder ist sein Kind, eines seiner Geschwister oder ein Elternteil, das/der sich rechtmäßig in einem Mitgliedstaat aufhält, auf die Unterstützung des Antragstellers angewiesen, so entscheiden die Mitgliedstaaten in der Regel, den Antragsteller und dieses Kind, dieses seiner Geschwister oder Elternteil nicht zu trennen bzw. sie zusammenzuführen, sofern die familiäre Bindung bereits im Herkunftsland bestanden hat, das Kind, eines seiner Geschwister oder der Elternteil in der Lage ist, die abhängige Person zu unterstützen und die betroffenen Personen ihren Wunsch schriftlich kundgetan haben.

(2) Hält sich das Kind, eines seiner Geschwister oder ein Elternteil im Sinne des Absatzes 1 rechtmäßig in einem anderen Mitgliedstaat als der Antragsteller auf, so ist der Mitgliedstaat, in dem sich das Kind, eines seiner Geschwister oder ein Elternteil rechtmäßig aufhält, zuständiger Mitgliedstaat, sofern der Gesundheitszustand des Antragstellers diesen nicht längerfristig daran hindert, in diesen Mitgliedstaat zu reisen. In diesem Fall ist der Mitgliedstaat, in dem sich der Antragsteller aufhält, zuständiger Mitgliedstaat.

Dieser Mitgliedstaat kann nicht zum Gegenstand der Verpflichtung gemacht werden, das Kind, eines seiner Geschwister oder ein Elternteil in sein Hoheitsgebiet zu verbringen.

(3) Der Kommission wird die Befugnis übertragen gemäß Artikel 45 in Bezug auf die Elemente, die zur Beurteilung des Abhängigkeitsverhältnisses zu berücksichtigen sind, in Bezug auf die Kriterien zur Feststellung des Bestehens einer nachgewiesenen familiären Bindung, in Bezug auf die Kriterien zur Beurteilung der Fähigkeit der betreffenden Person zur Sorge für die abhängige Person und in Bezug auf die Elemente, die zur Beurteilung einer längerfristigen Reiseunfähigkeit zu berücksichtigen sind, delegierte Rechtsakte zu erlassen.

(4) Die Kommission legt im Wege von Durchführungsrechtsakten einheitliche Bedingungen für Konsultationen und den Informationsaustausch zwischen den Mitgliedstaaten fest. Diese Durchführungsrechtsakte werden nach dem in Artikel 44 Absatz 2 genannten Prüfverfahren erlassen.

Artikel 17 Ermessensklauseln

(1) Abweichend von Artikel 3 Absatz 1 kann jeder Mitgliedstaat beschließen, einen bei ihm von einem Drittstaatsangehörigen oder Staatenlosen gestellten Antrag auf internationalen Schutz zu prüfen, auch wenn er nach den in dieser Verordnung festgelegten Kriterien nicht für die Prüfung zuständig ist.

Der Mitgliedstaat, der gemäß diesem Absatz beschließt, einen Antrag auf internationalen Schutz zu prüfen, wird dadurch zum zuständigen Mitgliedstaat und übernimmt die mit dieser Zuständigkeit einhergehenden Verpflichtungen. Er unterrichtet gegebenenfalls über das elektronische Kommunikationsnetz DubliNet, das gemäß Artikel 18 der Verordnung (EG) Nr. 1560/2003 eingerichtet worden ist, den zuvor zuständigen Mitgliedstaat, den Mitgliedstaat, der ein Verfahren zur Bestimmung des zuständigen Mitgliedstaats durchführt, oder den Mitgliedstaat, an den ein Aufnahme- oder Wiederaufnahmegesuch gerichtet wurde.

Der Mitgliedstaat, der nach Maßgabe dieses Absatzes zuständig wird, teilt diese Tatsache unverzüglich über Eurodac nach Maßgabe der Verordnung (EU) Nr. 603/2013 mit, indem er den Zeitpunkt über die erfolgte Entscheidung zur Prüfung des Antrags anfügt.

(2) Der Mitgliedstaat, in dem ein Antrag auf internationalen Schutz gestellt worden ist und der das Verfahren zur Bestimmung des zuständigen Mitgliedstaats durchführt, oder der zuständige Mitgliedstaat kann, bevor eine Erstentscheidung in der Sache ergangen ist, jederzeit einen anderen Mitgliedstaat ersuchen, den Antragsteller aufzunehmen, aus humanitären Gründen, die sich insbesondere aus dem familiären oder kulturellen Kontext ergeben, um Personen jeder verwandtschaftlichen Beziehung zusammenzuführen, auch wenn der andere Mitgliedstaat nach den Kriterien in den Artikeln 8 bis 11 und 16 nicht zuständig ist. Die betroffenen Personen müssen dem schriftlich zustimmen.

Das Aufnahmegesuch umfasst alle Unterlagen, über die der ersuchende Mitgliedstaat verfügt, um dem ersuchten Mitgliedstaat die Beurteilung des Falles zu ermöglichen.

Der ersuchte Mitgliedstaat nimmt alle erforderlichen Überprüfungen vor, um zu prüfen, dass die angeführten humanitären Gründe vorliegen, und antwortet dem ersuchenden Mitgliedstaat über das elektronische Kommunikationsnetz DubliNet, das gemäß Artikel 18 der Verordnung (EG) Nr. 1560/2003 eingerichtet wurde, innerhalb von zwei Monaten nach Eingang des Gesuchs. Eine Ablehnung des Gesuchs ist zu begründen.

Gibt der ersuchte Mitgliedstaat dem Gesuch statt, so wird ihm die Zuständigkeit für die Antragsprüfung übertragen.

Kapitel V Pflichten des zuständigen Mitgliedstaats

Artikel 18 Pflichten des zuständigen Mitgliedstaats

(1) Der nach dieser Verordnung zuständige Mitgliedstaat ist verpflichtet:

a) einen Antragsteller, der in einem anderen Mitgliedstaat einen Antrag gestellt hat, nach Maßgabe der Artikel 21, 22 und 29 aufzunehmen;

b) einen Antragsteller, der während der Prüfung seines Antrags in einem anderen Mitgliedstaat einen Antrag gestellt hat oder der sich im Hoheitsgebiet eines anderen Mitgliedstaats ohne Aufenthaltstitel aufhält, nach Maßgabe der Artikel 23, 24, 25 und 29 wieder aufzunehmen;

c) einen Drittstaatsangehörigen oder einen Staatenlosen, der seinen Antrag während der Antragsprüfung zurückgezogen und in einem anderen Mitgliedstaat einen Antrag gestellt hat oder der sich ohne Aufenthaltstitel im Hoheitsgebiet eines anderen Mitgliedstaats aufhält, nach Maßgabe der Artikel 23, 24, 25 und 29 wieder aufzunehmen;

d) einen Drittstaatsangehörigen oder Staatenlosen, dessen Antrag abgelehnt wurde und der in einem anderen Mitgliedstaat einen Antrag gestellt hat oder der sich im Hoheitsgebiet eines anderen Mitgliedstaats ohne Aufenthaltstitel aufhält, nach Maßgabe der Artikel 23, 24, 25 und 29 wieder aufzunehmen.

(2) Der zuständige Mitgliedstaat prüft in allen dem Anwendungsbereich des Absatzes 1 Buchstaben a und b unterliegenden Fällen den gestellten Antrag auf internationalen Schutz oder schließt seine Prüfung ab.

Hat der zuständige Mitgliedstaat in den in den Anwendungsbereich von Absatz 1 Buchstabe c fallenden Fällen die Prüfung nicht fortgeführt, nachdem der Antragsteller den Antrag zurückgezogen hat, bevor eine Entscheidung in der Sache in erster Instanz ergangen ist, stellt dieser Mitgliedstaat sicher, dass der Antragsteller berechtigt ist, zu beantragen, dass die Prüfung seines Antrags abgeschlossen wird, oder einen neuen Antrag auf internationalen Schutz zu stellen, der nicht als Folgeantrag im Sinne der Richtlinie 2013/32/EU behandelt wird. In diesen Fällen gewährleisten die Mitgliedstaaten, dass die Prüfung des Antrags abgeschlossen wird.

In den in den Anwendungsbereich des Absatzes 1 Buchstabe d fallenden Fällen, in denen der Antrag nur in erster Instanz abgelehnt worden ist, stellt der zuständige Mitgliedstaat sicher, dass die betreffende Person die Möglichkeit hat oder hatte, einen wirksamen Rechtsbehelf gemäß Artikel 46 der Richtlinie 2013/32/EU einzulegen.

Artikel 19 Übertragung der Zuständigkeit

(1) Erteilt ein Mitgliedstaat dem Antragsteller einen Aufenthaltstitel, so obliegen diesem Mitgliedstaat die Pflichten nach Artikel 18 Absatz 1.

(2) Die Pflichten nach Artikel 18 Absatz 1 erlöschen, wenn der zuständige Mitgliedstaat nachweisen kann, dass der Antragsteller oder eine andere Person im Sinne von Artikel 18 Absatz 1 Buchstabe c oder d, um dessen/deren Aufnahme oder Wiederaufnahme er ersucht wurde, das Hoheitsgebiet der Mitgliedstaaten für mindestens drei Monate verlassen hat, es sei denn, die betreffende Person ist im Besitz eines vom zuständigen Mitgliedstaat ausgestellten gültigen Aufenthaltstitels.

Ein nach der Periode der Abwesenheit im Sinne des Unterabsatzes 1 gestellter Antrag gilt als neuer Antrag, der ein neues Verfahren zur Bestimmung des zuständigen Mitgliedstaats auslöst.

(3) Die Pflichten nach Artikel 18 Absatz 1 Buchstaben c und d erlöschen, wenn der zuständige Mitgliedstaat nachweisen kann, dass der Antragsteller oder eine andere Person im Sinne von Artikel 18 Absatz 1 Buchstabe c oder d, um dessen/deren Wiederaufnahme er ersucht wurde, nach Rücknahme oder Ablehnung des Antrags das Hoheitsgebiet der Mitgliedstaaten auf der Grundlage eines Rückführungsbeschlusses oder einer Abschiebungsanordnung verlassen hat.

Ein nach einer vollzogenen Abschiebung gestellter Antrag gilt als neuer Antrag, der ein neues Verfahren zur Bestimmung des zuständigen Mitgliedstaats auslöst.

Kapitel VI
Aufnahme- und Wiederaufnahmeverfahren

Abschnitt I
Einleitung des Verfahrens

Artikel 20 Einleitung des Verfahrens

(1) Das Verfahren zur Bestimmung des zuständigen Mitgliedstaats wird eingeleitet, sobald in einem Mitgliedstaat erstmals ein Antrag auf internationalen Schutz gestellt wird.

(2) Ein Antrag auf internationalen Schutz gilt als gestellt, wenn den zuständigen Behörden des betreffenden Mitgliedstaats ein vom Antragsteller eingereichtes Formblatt oder ein behördliches Protokoll zugegangen ist. Bei einem nicht in schriftlicher Form gestellten Antrag sollte die Frist zwischen der Abgabe der Willenserklärung und der Erstellung eines Protokolls so kurz wie möglich sein.

(3) Für die Zwecke dieser Verordnung ist die Situation eines mit dem Antragsteller einreisenden Minderjährigen, der der Definition des Familienangehörigen entspricht, untrennbar mit der Situation seines Familienangehörigen verbunden und fällt in die Zuständigkeit des Mitgliedstaats, der für die Prüfung des Antrags auf internationalen Schutz dieses Familienangehörigen zuständig ist, auch wenn der Minderjährige selbst kein Antragsteller ist, sofern dies dem Wohl des Minderjährigen dient. Ebenso wird bei Kindern verfahren, die nach der Ankunft des Antragstellers im Hoheitsgebiet der Mitgliedstaaten geboren werden, ohne dass ein neues Zuständigkeitsverfahren für diese eingeleitet werden muss.

(4) Stellt ein Antragsteller bei den zuständigen Behörden eines Mitgliedstaats einen Antrag auf internationalen Schutz, während er sich im Hoheitsgebiet eines anderen Mitgliedstaats aufhält, obliegt die Bestimmung des zuständigen Mitgliedstaats dem Mitgliedstaat, in dessen Hoheitsgebiet sich der Antragsteller aufhält. Dieser Mitgliedstaat wird unverzüglich von dem mit dem Antrag befassten Mitgliedstaat unterrichtet und gilt dann für die Zwecke dieser Verordnung als der Mitgliedstaat, bei dem der Antrag auf internationalen Schutz gestellt wurde.

Der Antragsteller wird schriftlich von dieser Änderung des die Zuständigkeit prüfenden Mitgliedstaats und dem Zeitpunkt, zu dem sie erfolgt ist, unterrichtet.

(5) Der Mitgliedstaat, bei dem der erste Antrag auf internationalen Schutz gestellt wurde, ist gehalten, einen Antragsteller, der sich ohne Aufenthaltstitel im Hoheitsgebiet eines anderen Mitgliedstaats aufhält oder dort einen Antrag auf internationalen Schutz gestellt hat, nachdem er seinen ersten Antrag noch während des Verfahrens zur Bestimmung des zuständigen Mitgliedstaats zurückgezogen hat, nach den Bestimmungen der Artikel 23, 24, 25 und 29 wieder aufzunehmen, um das Verfahren zur Bestimmung des zuständigen Mitgliedstaats zum Abschluss zu bringen.

Diese Pflicht erlischt, wenn der Mitgliedstaat, der das Verfahren zur Bestimmung des zuständigen Mitgliedstaats abschließen soll, nachweisen kann, dass der Antragsteller zwischenzeitlich das Hoheitsgebiet der Mitgliedstaaten für mindestens drei Monate verlassen oder in einem anderen Mitgliedstaat einen Aufenthaltstitel erhalten hat.

Ein nach einem solchen Abwesenheitszeitraum gestellter Antrag im Sinne von Unterabsatz 2 gilt als neuer Antrag, der ein neues Verfahren zur Bestimmung des zuständigen Mitgliedstaats auslöst.

Abschnitt II
Aufnahmeverfahren

Artikel 21 Aufnahmegesuch

(1) Hält der Mitgliedstaat, in dem ein Antrag auf internationalen Schutz gestellt wurde, einen anderen Mitgliedstaat für die Prüfung des Antrags für zuständig, so kann er so bald wie möglich, auf jeden Fall aber innerhalb von drei Monaten nach Antragstellung im Sinne von Artikel 20 Absatz 2, diesen anderen Mitgliedstaat ersuchen, den Antragsteller aufzunehmen.

Abweichend von Unterabsatz 1 wird im Fall einer Eurodac-Treffermeldung im Zusammenhang mit Daten gemäß Artikel 14 der Verordnung (EU) Nr. 603/2013 dieses Gesuch innerhalb von zwei Monaten nach Erhalt der Treffermeldung gemäß Artikel 15 Absatz 2 jener Verordnung gestellt.

Wird das Gesuch um Aufnahme eines Antragstellers nicht innerhalb der in Unterabsätzen 1 und 2 niedergelegten Frist unterbreitet, so ist der Mitgliedstaat, in dem der Antrag auf internationalen Schutz gestellt wurde, für die Prüfung des Antrags zuständig.

(2) Der ersuchende Mitgliedstaat kann in Fällen, in denen der Antrag auf internationalen Schutz gestellt wurde, nachdem die Einreise oder der Verbleib verweigert wurde, der Betreffende wegen illegalen Aufenthalts festgenommen wurde oder eine Abschiebungsanordnung zugestellt oder vollstreckt wurde, eine dringende Antwort anfordern.

In dem Gesuch werden die Gründe genannt, die eine dringende Antwort rechtfertigen, und es wird angegeben, innerhalb welcher Frist eine Antwort erwartet wird. Diese Frist beträgt mindestens eine Woche.

(3) In den Fällen im Sinne der Unterabsätze 1 und 2 ist für das Gesuch um Aufnahme durch einen anderen Mitgliedstaat ein Formblatt zu verwenden, das Beweismittel oder Indizien gemäß den beiden in Artikel 22 Absatz 3 genannten Verzeichnissen und/oder sachdienliche Angaben aus der Erklärung des Antragstellers enthalten muss, anhand deren die Behörden des ersuchten Mitgliedstaats prüfen können, ob ihr Staat gemäß den in dieser Verordnung definierten Kriterien zuständig ist.

Die Kommission legt im Wege von Durchführungsrechtsakten einheitliche Bedingungen für die Erstellung und Übermittlung von Aufnahmegesuchen fest. Diese Durchführungsrechtsakte werden gemäß dem in Artikel 44 Absatz 2 genannten Prüfverfahren erlassen.

Artikel 22 Antwort auf ein Aufnahmegesuch

(1) Der ersuchte Mitgliedstaat nimmt die erforderlichen Überprüfungen vor und entscheidet über das Gesuch um Aufnahme eines Antragstellers innerhalb von zwei Monaten, nach Erhalt des Gesuchs.

(2) In dem Verfahren zur Bestimmung des zuständigen Mitgliedstaats werden Beweismittel und Indizien verwendet.

(3) Die Kommission legt im Wege von Durchführungsrechtsakten die Erstellung und regelmäßige Überprüfung zweier Verzeichnisse, in denen die sachdienlichen Beweismittel und Indizien gemäß den in den Buchstaben a und b dieses Artikels festgelegten Kriterien aufgeführt sind, fest. Diese Durchführungsrechtsakte werden gemäß dem in Artikel 44 Absatz 2 genannten Prüfverfahren erlassen.

a) Beweismittel:
   i) Hierunter fallen förmliche Beweismittel, die insoweit über die Zuständigkeit nach dieser Verordnung entscheiden, als sie nicht durch Gegenbeweise widerlegt werden;
   ii) Die Mitgliedstaaten stellen dem in Artikel 44 vorgesehenen Ausschuss nach Maßgabe der im Verzeichnis der förmlichen Beweismittel festgelegten Klassifizierung Muster der verschiedenen Arten der von ihren Verwaltungen verwendeten Dokumente zur Verfügung;
b) Indizien:
   i) Hierunter fallen einzelne Anhaltspunkte, die, obwohl sie anfechtbar sind, in einigen Fällen nach der ihnen zugebilligten Beweiskraft ausreichen können;
   ii) Ihre Beweiskraft hinsichtlich der Zuständigkeit für die Prüfung des Antrags auf internationalen Schutz wird von Fall zu Fall bewertet.

(4) Das Beweiserfordernis sollte nicht über das für die ordnungsgemäße Anwendung dieser Verordnung erforderliche Maß hinausgehen.

(5) Liegen keine förmlichen Beweismittel vor, erkennt der ersuchte Mitgliedstaat seine Zuständigkeit an, wenn die Indizien kohärent,

nachprüfbar und hinreichend detailliert sind, um die Zuständigkeit zu begründen.

(6) Beruft sich der ersuchende Mitgliedstaat auf das Dringlichkeitsverfahren gemäß Artikel 21 Absatz 2, so unternimmt der ersuchte Mitgliedstaat alle Anstrengungen, um die vorgegebene Frist einzuhalten. In Ausnahmefällen, in denen nachgewiesen werden kann, dass die Prüfung eines Gesuchs um Aufnahme eines Antragstellers besonders kompliziert ist, kann der ersuchte Mitgliedstaat seine Antwort nach Ablauf der vorgegebenen Frist erteilen, auf jeden Fall ist die Antwort jedoch innerhalb eines Monats zu erteilen. In derartigen Fällen muss der ersuchte Mitgliedstaat seine Entscheidung, die Antwort zu einem späteren Zeitpunkt zu erteilen, dem ersuchenden Mitgliedstaat innerhalb der ursprünglich gesetzten Frist mitteilen.

(7) Wird innerhalb der Frist von zwei Monaten gemäß Absatz 1 bzw. der Frist von einem Monat gemäß Absatz 6 keine Antwort erteilt, ist davon auszugehen, dass dem Aufnahmegesuch stattgegeben wird, was die Verpflichtung nach sich zieht, die Person aufzunehmen und angemessene Vorkehrungen für die Ankunft zu treffen.

Abschnitt III
Wiederaufnahmeverfahren

Artikel 23 Wiederaufnahmegesuch bei erneuter Antragstellung im ersuchenden Mitgliedstaat

(1) Ist ein Mitgliedstaat, in dem eine Person im Sinne des Artikels 18 Absatz 1 Buchstaben b, c oder d einen neuenAntrag auf internationalen Schutz gestellt hat, der Auffassung, dass nach Artikel 20 Absatz 5 und Artikel 18 Absatz 1 Buchstaben b, c oder d ein anderer Mitgliedstaat für die Prüfung des Antrags zuständig ist, so kann er den anderen Mitgliedstaat ersuchen, die Person wieder aufzunehmen.

(2) Ein Wiederaufnahmegesuch ist so bald wie möglich, auf jeden Fall aber innerhalb von zwei Monaten nach der Eurodac- Treffermeldung im Sinne von Artikel 9 Absatz 5 der Verordnung (EU) Nr. 603/2013 zu stellen.

Stützt sich das Wiederaufnahmegesuch auf andere Beweismittel als Angaben aus dem Eurodac-System, ist es innerhalb von drei Monaten, nachdem der Antrag auf internationalen Schutz im Sinne von Artikel 20 Absatz 2 gestellt wurde, an den ersuchten Mitgliedstaat zu richten.

(3) Erfolgt das Wiederaufnahmegesuch nicht innerhalb der in Absatz 2 festgesetzten Frist, so ist der Mitgliedstaat für die Prüfung des Antrags auf internationalen Schutz zuständig, in dem der neue Antrag gestellt wurde.

(4) Für ein Wiederaufnahmegesuch ist ein Standardformblatt zu verwenden, das Beweismittel oder Indizien im Sinne der beiden Verzeichnisse nach Artikel 22 Absatz 3 und/oder sachdienliche Angaben aus der Erklärung der betroffenen Person enthalten muss, anhand deren die Behörden des ersuchten Mitgliedstaats prüfen können, ob ihr Staat auf Grundlage der in dieser Verordnung festgelegten Kriterien zuständig ist.

Die Kommission legt im Wege von Durchführungsrechtsakten einheitliche Bedingungen für die Erstellung und Übermittlung von Wiederaufnahmegesuchen fest. Diese Durchführungsrechtsakte werden gemäß dem in Artikel 44 Absatz 2 genannten Prüfverfahren erlassen.

Artikel 24 Wiederaufnahmegesuch, wenn im ersuchenden Mitgliedstaat kein neuer Antrag gestellt wurde

(1) Ist ein Mitgliedstaat, in dessen Hoheitsgebiet sich eine Person im Sinne des Artikels 18 Absatz 1 Buchstaben b, c oder d ohne Aufenthaltstitel aufhält und bei dem kein neuer Antrag auf internationalen Schutz gestellt wurde, der Auffassung, dass ein anderer Mitgliedstaat gemäß Artikel 20 Absatz 5 und Artikel 18 Absatz 1 Buchstaben b, c oder d zuständig ist, so kann er den anderen Mitgliedstaat ersuchen, die Person wieder aufzunehmen.

(2) Beschließt ein Mitgliedstaat, in dessen Hoheitsgebiet sich eine Person ohne Aufent-

haltstitel aufhält, in Abweichung von Artikel 6 Absatz 2 der Richtlinie 2008/115/EG des Europäischen Parlaments und des Rates vom 16. Dezember 2008 über gemeinsame Normen und Verfahren in den Mitgliedstaaten zur Rückführung illegal aufhältiger Drittstaatsangehöriger[1]) eine Abfrage des Eurodac-Systems gemäß Artikel 17 der Verordnung (EU) Nr. 603/2013, so ist das Gesuch um Wiederaufnahme einer Person im Sinne des Artikels 18 Absatz 1 Buchstaben b oder c dieser Verordnung oder einer Person im Sinne ihres Artikels 18 Absatz 1 Buchstabe d, deren Antrag auf internationalen Schutz nicht durch eine endgültige Entscheidung abgelehnt wurde, so bald wie möglich, auf jeden Fall aber innerhalb von zwei Monaten nach dem Erhalt der Eurodac-Treffermeldung im Sinne von Artikel 17 Absatz 5 der Verordnung (EU) Nr. 603/2013 zu unterbreiten.

Stützt sich das Wiederaufnahmegesuch auf andere Beweismittel als Angaben aus dem Eurodac-System, ist es innerhalb von drei Monaten, nachdem der ersuchende Mitgliedstaat festgestellt hat, dass ein anderer Mitgliedstaat für die betreffende Person zuständig sein könnte, an den ersuchten Mitgliedstaat zu richten.

(3) Wird das Wiederaufnahmegesuch nicht innerhalb der in Absatz 2 genannten Frist unterbreitet, so gibt der Mitgliedstaat, in dessen Hoheitsgebiet sich die betreffende Person ohne Aufenthaltstitel aufhält, dieser Person Gelegenheit, einen neuen Antrag zu stellen.

(4) Hält sich eine Person im Sinne von Artikel 18 Absatz 1 Buchstabe d dieser Verordnung, deren Antrag auf internationalen Schutz in einem Mitgliedstaat durch eine rechtskräftige Entscheidung abgelehnt wurde, ohne Aufenthaltstitel im Hoheitsgebiet eines anderen Mitgliedstaats auf, so kann der letzte Mitgliedstaat den früheren Mitgliedstaat entweder um Wiederaufnahme der betreffenden Person ersuchen oder ein Rückkehrverfahren gemäß der Richtlinie 2008/115/EG durchführen.

Beschließt der letzte Mitgliedstaat, den früheren Mitgliedstaat um Wiederaufnahme der betreffenden Person zu ersuchen, so finden die Bestimmungen der Richtlinie 2008/115/EG keine Anwendung.

(5) Für das Gesuch um Wiederaufnahme der Person im Sinne des Artikels 18 Absatz 1 Buchstaben b, c oder d ist ein Standardformblatt zu verwenden, das Beweismittel oder Indizien im Sinne der beiden Verzeichnisse nach Artikel 22 Absatz 3 und/oder sachdienliche Angaben aus der Erklärung der Person enthalten muss, anhand deren die Behörden des ersuchten Mitgliedstaats prüfen können, ob ihr Staat auf Grundlage der in dieser Verordnung festgelegten Kriterien zuständig ist.

Die Kommission erstellt und überprüft regelmäßig im Wege von Durchführungsrechtsakten die beiden Verzeichnisse, in denen sachdienliche Beweiselemente und Indizien nach Maßgabe der in Artikel 22 Absatz 3 Buchstaben a und b festgelegten Kriterien angegeben werden, und erlässt einheitliche Bedingungen für die Erstellung und Übermittlung von Wiederaufnahmegesuchen. Diese Durchführungsrechtsakte werden gemäß dem in Artikel 44 Absatz 2 genannten Prüfverfahren erlassen.

Artikel 25 Antwort auf ein Wiederaufnahmegesuch

(1) Der ersuchte Mitgliedstaat nimmt die erforderlichen Überprüfungen vor und entscheidet über das Gesuch um Wiederaufnahme der betreffenden Person so rasch wie möglich, in jedem Fall aber nicht später als einen Monat, nachdem er mit dem Gesuch befasst wurde. Stützt sich der Antrag auf Angaben aus dem Eurodac-System, verkürzt sich diese Frist auf zwei Wochen.

(2) Wird innerhalb der Frist von einem Monat oder der Frist von zwei Wochen gemäß Absatz 1 keine Antwort erteilt, ist davon auszugehen dass dem Wiederaufnahmegesuch

[1]) ABl. L 348 vom 24. 12. 2008, S. 98

stattgegeben wird, was die Verpflichtung nach sich zieht, die betreffende Person wieder aufzunehmen und angemessene Vorkehrungen für die Ankunft zu treffen.

Abschnitt IV
Verfahrensgarantien

Artikel 26 Zustellung der Überstellungsentscheidung

(1) Stimmt der ersuchte Mitgliedstaat der Aufnahme oder Wiederaufnahme eines Antragstellers oder einer anderen Person im Sinne von Artikel 18 Absatz 1 Buchstabe c oder d zu, setzt der ersuchende Mitgliedstaat die betreffende Person von der Entscheidung in Kenntnis, sie in den zuständigen Mitgliedstaat zu überstellen, sowie gegebenenfalls von der Entscheidung, ihren Antrag auf internationalen Schutz nicht zu prüfen. Wird die betreffende Person durch einen Rechtsbeistand oder einen anderen Berater vertreten, so können die Mitgliedstaaten sich dafür entscheiden, die Entscheidung diesem Rechtsbeistand oder Berater anstelle der betreffenden Person zuzustellen und die Entscheidung gegebenenfalls der betroffenen Person mitzuteilen.

(2) Die Entscheidung nach Absatz 1 enthält eine Rechtsbehelfsbelehrung, einschließlich des Rechts, falls erforderlich, aufschiebende Wirkung zu beantragen, und der Fristen für die Einlegung eines Rechtsbehelfs sowie Informationen über die Frist für die Durchführung der Überstellung mit erforderlichenfalls Angaben über den Ort und den Zeitpunkt, an dem oder zu dem sich die betreffende Person zu melden hat, wenn diese Person sich auf eigene Initiative in den zuständigen Mitgliedstaat begibt.

Die Mitgliedstaaten stellen sicher, dass die betreffende Person zusammen mit der Entscheidung nach Absatz 1 Angaben zu Personen oder Einrichtungen erhält, die sie rechtlich beraten können, sofern diese Angaben nicht bereits mitgeteilt wurden.

(3) Wird die betreffende Person nicht durch einen Rechtsbeistand oder einen anderen Berater unterstützt oder vertreten, so informiert der Mitgliedstaat sie in einer Sprache, die sie versteht oder bei der vernünftigerweise angenommen werden kann, dass sie sie versteht, über die wesentlichen Elemente der Entscheidung, darunter stets über mögliche Rechtsbehelfe und die Fristen zur Einlegung solcher Rechtsbehelfe.

Artikel 27 Rechtsmittel

(1) Der Antragsteller oder eine andere Person im Sinne von Artikel 18 Absatz 1 Buchstabe c oder d hat das Recht auf ein wirksames Rechtsmittel gegen eine Überstellungsentscheidung in Form einer auf Sach- und Rechtsfragen gerichteten Überprüfung durch ein Gericht.

(2) Die Mitgliedstaaten sehen eine angemessene Frist vor, in der die betreffende Person ihr Recht auf einen wirksamen Rechtsbehelf nach Absatz 1 wahrnehmen kann.

(3) Zum Zwecke eines Rechtsbehelfs gegen eine Überstellungsentscheidung oder einer Überprüfung einer Überstellungsentscheidung sehen die Mitgliedstaaten in ihrem innerstaatlichen Recht Folgendes vor:

a) dass die betroffene Person aufgrund des Rechtsbehelfs oder der Überprüfung berechtigt ist, bis zum Abschluss des Rechtsbehelfs oder der Überprüfung im Hoheitsgebiet des betreffenden Mitgliedstaats zu bleiben; oder

b) dass die Überstellung automatisch ausgesetzt wird und diese Aussetzung innerhalb einer angemessenen Frist endet, innerhalb der ein Gericht, nach eingehender und gründlicher Prüfung, darüber entschieden hat, ob eine aufschiebende Wirkung des Rechtsbehelfs oder der Überprüfung gewährt wird; oder

c) die betreffende Person hat die Möglichkeit, bei einem Gericht innerhalb einer angemessenen Frist eine Aussetzung der Durchführung der Überstellungsentscheidung bis zum Abschluss des Rechtsbehelfs oder der Überprüfung zu beantragen. Die Mitgliedstaaten sorgen für einen wirksamen Rechtsbehelf in der Form, dass die Überstellung ausgesetzt wird, bis die Entscheidung über den ersten Antrag auf

Aussetzung ergangen ist. Die Entscheidung, ob die Durchführung der Überstellungsentscheidung ausgesetzt wird, wird innerhalb einer angemessenen Frist getroffen, welche gleichwohl eine eingehende und gründliche Prüfung des Antrags auf Aussetzung ermöglicht. Die Entscheidung, die Durchführung der Überstellungsentscheidung nicht auszusetzen, ist zu begründen.

(4) Die Mitgliedstaaten können vorsehen, dass die zuständigen Behörden beschließen können, von Amts wegen tätig zu werden, um die Durchführung der Überstellungsentscheidung bis zum Abschluss des Rechtsbehelfs oder der Überprüfung auszusetzen.

(5) Die Mitgliedstaaten stellen sicher, dass die betreffende Person rechtliche Beratung und – wenn nötig – sprachliche Hilfe in Anspruch nehmen kann.

(6) Die Mitgliedstaaten stellen sicher, dass die rechtliche Beratung auf Antrag unentgeltlich gewährt wird, wenn die betreffende Person die Kosten nicht selbst tragen kann. Die Mitgliedstaaten können vorsehen, dass Antragstellern hinsichtlich der Gebühren und anderen Kosten keine günstigere Behandlung zuteil wird, als sie den eigenen Staatsangehörigen in Fragen der rechtlichen Beratung im Allgemeinen gewährt wird.

Ohne den Zugang zur rechtlichen Beratung willkürlich einzuschränken, können die Mitgliedstaaten vorsehen, dass keine unentgeltliche rechtliche Beratung und Vertretung gewährt wird, wenn die zuständige Behörde oder ein Gericht dem Rechtsbehelf oder der Überprüfung keine greifbaren Erfolgsaussichten einräumt.

Beschließt eine andere Stelle als ein Gericht, gemäß diesem Absatz keine unentgeltliche rechtliche Beratung und Vertretung zu gewähren, so sehen die Mitgliedstaaten das Recht vor, bei einem Gericht einen wirksamen Rechtsbehelf gegen diesen Beschluss einzulegen.

In Übereinstimmung mit den Voraussetzungen dieses Absatzes stellen die Mitgliedstaaten sicher, dass die rechtliche Beratung und Vertretung nicht willkürlich eingeschränkt werden und der wirksame Zugang des Antragstellers zu den Gerichten nicht beeinträchtigt wird.

Die rechtliche Beratung umfasst zumindest die Vorbereitung der erforderlichen Verfahrensdokumente und die Vertretung vor Gerichten und kann auf Rechtsbeistand und Berater beschränkt werden, die nach einzelstaatlichem Recht zur Bereitstellung von Unterstützung und Vertretung berufen sind.

Die Verfahren für die Inanspruchnahme rechtlicher Beratung werden im einzelstaatlichen Recht festgelegt.

Abschnitt V Inhaftnahme zum Zwecke der Überstellung

Artikel 28 Haft

(1) Die Mitgliedstaaten nehmen eine Person nicht allein deshalb in Haft, weil sie dem durch diese Verordnung festgelegten Verfahren unterliegt.

(2) Zwecks Sicherstellung von Überstellungsverfahren, dürfen die Mitgliedstaaten im Einklang mit dieser Verordnung, wenn eine erhebliche Fluchtgefahr besteht, nach einer Einzelfallprüfung die entsprechende Person in Haft nehmen und nur im Falle dass Haft verhältnismäßig ist und sich weniger einschneidende Maßnahmen nicht wirksam anwenden lassen.

(3) Die Haft hat so kurz wie möglich zu sein und nicht länger zu sein, als bei angemessener Handlungsweise notwendig ist, um die erforderlichen Verwaltungsverfahren mit der gebotenen Sorgfalt durchzuführen, bis die Überstellung gemäß dieser Verordnung durchgeführt wird.

Wird eine Person nach diesem Artikel in Haft genommen, so darf die Frist für die Stellung eines Aufnahme- oder Wiederaufnahmegesuchs einen Monat ab der Stellung des Antrags nicht überschreiten. Der Mitgliedstaat, der das Verfahren gemäß dieser Verordnung durchführt, ersucht in derartigen Fällen um eine dringende Antwort. Diese Antwort erfolgt spätestens zwei Wochen nach Eingang des Gesuchs. Wird innerhalb der Frist von zwei Wochen keine Antwort erteilt, ist davon auszugehen, dass dem Aufnahme- bzw. Wiederaufnahmegesuch stattgegeben wird, was die Verpflichtung nach sich zieht, die Person aufzunehmen und angemessene Vorkehrungen für die Ankunft zu treffen.

Befindet sich eine Person nach diesem Artikel in Haft, so erfolgt die Überstellung aus dem ersuchenden Mitgliedstaat in den zuständigen Mitgliedstaat, sobald diese praktisch durchführbar ist und spätestens innerhalb von sechs Wochen nach der stillschweigenden oder ausdrücklichen Annahme des Gesuchs auf Aufnahme oder Wiederaufnahme der betreffenden Person durch einen anderen Mitgliedstaat oder von dem Zeitpunkt an, ab dem der Rechtsbehelf oder die Überprüfung gemäß Artikel 27 Absatz 3 keine aufschiebende Wirkung mehr hat.

Hält der ersuchende Mitgliedstaat die Fristen für die Stellung eines Aufnahme- oder Wiederaufnahmegesuchs nicht ein oder findet die Überstellung nicht innerhalb des Zeitraums von sechs Wochen im Sinne des Unterabsatzes 3 statt, wird die Person nicht länger in Haft gehalten. Die Artikel 21, 23, 24 und 29 gelten weiterhin entsprechend.

(4) Hinsichtlich der Haftbedingungen und der Garantien für in Haft befindliche Personen gelten zwecks Absicherung der Verfahren für die Überstellung in den zuständigen Mitgliedstaat, die Artikel 9, 10 und 11 der Richtlinie 2013/33/EU.

Abschnitt VI
Überstellung

Artikel 29 Modalitäten und Fristen

(1) Die Überstellung des Antragstellers oder einer anderen Person im Sinne von Artikel 18 Absatz 1 Buchstabe c oder d aus dem ersuchenden Mitgliedstaat in den zuständigen Mitgliedstaat erfolgt gemäß den innerstaatlichen Rechtsvorschriften des ersuchenden Mitgliedstaats nach Abstimmung der beteiligten Mitgliedstaaten, sobald dies praktisch möglich ist und spätestens innerhalb einer Frist von sechs Monaten nach der Annahme des Aufnahme- oder Wiederaufnahmegesuchs durch einen anderen Mitgliedstaat oder der endgültigen Entscheidung über einen Rechtsbehelf oder eine Überprüfung, wenn diese gemäß Artikel 27 Absatz 3 aufschiebende Wirkung hat.

Wenn Überstellungen in den zuständigen Mitgliedstaat in Form einer kontrollierten Ausreise oder in Begleitung erfolgen, stellt der Mitgliedstaat sicher, dass sie in humaner Weise und unter uneingeschränkter Wahrung der Grundrechte und der Menschenwürde durchgeführt werden.

Erforderlichenfalls stellt der ersuchende Mitgliedstaat dem Antragsteller ein Laissez-passer aus. Die Kommission gestaltet im Wege von Durchführungsrechtsakten das Muster des Laissez-passer. Diese Durchführungsrechtsakte werden gemäß dem in Artikel 44 Absatz 2 genannten Prüfverfahren erlassen.

Der zuständige Mitgliedstaat teilt dem ersuchenden Mitgliedstaat gegebenenfalls mit, dass die betreffende Person eingetroffen ist oder dass sie nicht innerhalb der vorgegebenen Frist erschienen ist.

(2) Wird die Überstellung nicht innerhalb der Frist von sechs Monaten durchgeführt, ist der zuständige Mitgliedstaat nicht mehr zur Aufnahme oder Wiederaufnahme der betreffenden Person verpflichtet und die Zuständigkeit geht auf den ersuchenden Mitgliedstaat über. Diese Frist kann höchstens auf ein Jahr verlängert werden, wenn die Überstellung aufgrund der Inhaftierung der betreffenden Person nicht erfolgen konnte, oder höchstens auf achtzehn Monate, wenn die betreffende Person flüchtig ist.

(3) Wurde eine Person irrtümlich überstellt oder wird einem Rechtsbehelf gegen eine Überstellungsentscheidung oder der Überprüfung einer Überstellungentscheidung nach Vollzug der Überstellung stattgegeben, nimmt der Mitgliedstaat, der die Überstellung durchgeführt hat, die Person unverzüglich wieder auf.

(4) Die Kommission legt im Wege von Durchführungsrechtsakten einheitliche Bedingun-

gen für Konsultationen und den Informationsaustausch zwischen den Mitgliedstaaten, insbesondere für den Fall, dass Überstellungen verschoben werden oder nicht fristgerecht erfolgen, für Überstellungen nach stillschweigender Annahme, für Überstellungen Minderjähriger oder abhängiger Personen und für kontrollierte Überstellungen fest. Diese Durchführungsrechtsakte werden gemäß dem in Artikel 44 Absatz 2 genannten Prüfverfahren erlassen.

Artikel 30 Kosten der Überstellung

(1) Die Kosten für die Überstellung eines Antragstellers oder einer anderen Person im Sinne von Artikel 18 Absatz 1 Buchstabe c oder d in den zuständigen Mitgliedstaat werden von dem überstellenden Mitgliedstaat getragen.

(2) Muss die betroffene Person infolge einer irrtümlichen Überstellung oder eines erfolgreichen Rechtsbehelfs gegen eine Überstellungsentscheidung oder der Überprüfung einer Überstellungsentscheidung nach Vollzug der Überstellung rücküberstellt werden, werden die Kosten für die Rücküberstellung von dem Mitgliedstaat getragen, der die erste Überstellung durchgeführt hat.

(3) Die Überstellungskosten werden nicht den nach dieser Verordnung zu überstellenden Personen auferlegt.

Artikel 31 Austausch relevanter Informationen vor Durchführung einer Überstellung

(1) Der den Antragsteller oder eine andere Person im Sinne des Artikels 18 Absatz 1 Buchstabe c oder d überstellende Mitgliedstaat übermittelt dem zuständigen Mitgliedstaat die personenbezogenen Daten der zu überstellenden Person, soweit dies sachdienlich und relevant ist und nicht über das erforderliche Maß hinausgeht, allein zu dem Zweck, um es den zuständigen Behörden im zuständigen Mitgliedstaat gemäß dem innerstaatlichen Recht zu ermöglichen, diese Person in geeigneter Weise zu unterstützen – unter anderem die zum Schutz ihrer lebenswichtigen Interessen unmittelbar notwendige medizinische Versorgung zu leisten – und um die Kontinuität des Schutzes und der Rechte sicherzustellen, die diese Verordnung und andere einschlägige Bestimmungen des Asylrechts bieten. Diese Daten werden dem zuständigen Mitgliedstaat innerhalb einer angemessenen Frist vor der Überstellung übermittelt, damit seine zuständigen Behörden gemäß dem innerstaatlichen Recht ausreichend Zeit haben, erforderliche Maßnahmen zu ergreifen.

(2) Der überstellende Mitgliedstaat übermittelt dem zuständigen Mitgliedstaat sämtliche Informationen, die wesentlich für den Schutz der Rechte und der unmittelbaren besonderen Bedürfnisse der zu überstellenden Person sind, soweit der zuständigen Behörde gemäß dem innerstaatlichen Recht entsprechende Informationen vorliegen; hierzu zählen insbesondere

a) alle unmittelbaren Maßnahmen, welche der zuständige Mitgliedstaat ergreifen muss, um sicherzustellen, dass den besonderen Bedürfnissen der zu überstellenden Person angemessen Rechnung getragen wird, einschließlich der gegebenenfalls unmittelbar notwendigen medizinischen Versorgung;
b) Kontaktdaten von Familienangehörigen Verwandten oder Personen jeder anderen verwandtschaftlichen Beziehung im Zielstaat, sofern relevant;
c) bei Minderjährigen Angaben zur Schulbildung;
d) eine Bewertung des Alters des Antragstellers.

(3) Der Informationsaustausch nach Maßgabe dieses Artikels erfolgt nur zwischen den Behörden, die der Kommission gemäß Artikel 35 dieser Verordnung unter Verwendung des auf der Grundlage von Artikel 18 der Verordnung (EG) Nr. 1560/2003 eingerichteten elektronischen Kommunikationsnetzes „DubliNet" mitgeteilt worden sind. Die ausgetauschten Informationen werden nur für die in Absatz 1 genannten Zwecke verwendet und werden nicht weiterverarbeitet.

(4) Zur Erleichterung des Informationsaustauschs zwischen den Mitgliedstaaten legt die Kommission im Wege von Durchführungsrechtsakten ein Standardformblatt für die Übermittlung der nach diesem Artikel erforderlichen Daten fest. Diese Durchführungsrechtsakte werden gemäß dem in Artikel 44 Absatz 2 genannten Prüfverfahren erlassen.

(5) Auf den Informationsaustausch nach Maßgabe dieses Artikels findet Artikel 34 Absätze 8 bis 12 Anwendung.

Artikel 32 Austausch von Gesundheitsdaten vor Durchführung einer Überstellung

(1) Der überstellende Mitgliedstaat übermittelt dem zuständigen Mitgliedstaat Informationen über besondere Bedürfnisse der zu überstellenden Person, insbesondere bei Behinderten, älteren Menschen, Schwangeren, Minderjährigen und Personen, die Folter, Vergewaltigung oder sonstige schwere Formen psychischer, physischer oder sexueller Gewalt erlitten haben, – soweit der zuständigen Behörde gemäß dem innerstaatlichen Recht entsprechende Informationen vorliegen – nur zum Zwecke der medizinischen Versorgung oder Behandlung, wozu in bestimmten Fällen auch Angaben zur körperlichen oder geistigen Gesundheit dieser Person gehören können. Diese Informationen werden in einer gemeinsamen Gesundheitsbescheinigung, der die erforderlichen Dokumente beigefügt sind, übermittelt. Der zuständige Mitgliedstaat trägt dafür Sorge, dass diesen besonderen Bedürfnissen in geeigneter Weise – insbesondere auch, sofern erforderlich, durch eine medizinische Erstversorgung – Rechnung getragen wird.

Die Kommission erstellt im Wege von Durchführungsrechtsakten die gemeinsame Gesundheitsbescheinigung. Diese Durchführungsrechtsakte werden gemäß dem in Artikel 44 Absatz 2 genannten Prüfverfahren erlassen.

(2) Der überstellende Mitgliedstaat übermittelt dem zuständigen Mitgliedstaat die Informationen nach Absatz 1 nur mit ausdrücklicher Einwilligung des Antragstellers und/oder seines Vertreters, oder falls die Person aus physischen oder rechtlichen Gründen außerstande ist, ihre Einwilligung zu geben, sofern eine solche Übermittlung zum Schutz lebenswichtiger Interessen des Antragstellers oder eines Dritten erforderlich ist. Das Fehlen der Einwilligung, einschließlich einer Verweigerung zur Einwilligung steht der Überstellung nicht entgegen.

(3) Die Verarbeitung der in Absatz 1 genannten personenbezogenen Gesundheitsdaten erfolgt nur durch Angehörige der Gesundheitsberufe, die nach einzelstaatlichem Recht, einschließlich der von den zuständigen einzelstaatlichen Stellen erlassenen Regelungen, der ärztlichen Verschwiegenheit unterliegen, oder durch sonstige Personen, die einem entsprechenden Berufsgeheimnis unterliegen.

(4) Der Informationsaustausch nach Maßgabe dieses Artikels erfolgt nur zwischen den Angehörigen der Gesundheitsberufe oder sonstigen Personen nach Absatz 3. Die ausgetauschten Informationen werden nur für die in Absatz 1 genannten Zwecke verwendet und werden nicht weiterverarbeitet.

(5) Die Kommission legt im Wege von Durchführungsrechtsakten einheitliche Bedingungen und praktische Modalitäten für den Informationsaustausch nach Absatz 1 dieses Artikels fest. Diese Durchführungsrechtsakte werden gemäß dem in Artikel 44 Absatz 2 genannten Prüfverfahren erlassen.

(6) Auf den Informationsaustausch nach Maßgabe dieses Artikels findet Artikel 34 Absätze 8 bis 12 Anwendung.

Artikel 33 Mechanismus zur Frühwarnung, Vorsorge und Krisenbewältigung

(1) Stellt die Kommission insbesondere auf Grundlage der vom EASO gemäß der Verordnung (EU) Nr. 439/2010 gesammelten Informationen fest, dass die Anwendung der vorliegenden Verordnung infolge der konkreten Gefahr der Ausübung besonderen Drucks auf das Asylsystem eines Mitgliedstaats und/oder von Problemen beim Funktionieren des

Asylsystems eines Mitgliedstaats beeinträchtigt sein könnte, so spricht sie in Zusammenarbeit mit dem EASO Empfehlungen für diesen Mitgliedstaat aus und fordert ihn zur Ausarbeitung eines präventiven Aktionsplans auf.

Der betreffende Mitgliedstaat teilt dem Rat und der Kommission mit, ob er beabsichtigt, einen derartigen präventiven Aktionsplan vorzulegen, um den Druck und/oder die Probleme beim Funktionieren seines Asylsystems zu bewältigen, gleichzeitig aber auch den Schutz der Grundrechte der Personen, die einen Antrag auf internationalen Schutz stellen, zu gewährleisten.

Ein Mitgliedstaat kann nach eigenem Ermessen und aus eigener Veranlassung einen präventiven Aktionsplan aufstellen und diesen später überarbeiten. Bei der Ausarbeitung eines präventiven Aktionsplans kann der Mitgliedstaat die Kommission, andere Mitgliedstaaten, das EASO und andere einschlägige Agenturen der Union um Unterstützung ersuchen.

(2) Wird ein präventiver Aktionsplan aufgestellt, so legt der betreffende Mitgliedstaat dem Rat und der Kommission diesen Plan vor und erstattet regelmäßig Berichte über dessen Durchführung. Die Kommission unterrichtet anschließend das Europäische Parlament über die wesentlichen Elemente des präventiven Aktionsplans. Die Kommission unterbreitet dem Rat Berichte über dessen Durchführung und übermittelt dem Europäischen Parlament Berichte über dessen Durchführung.

Der betreffende Mitgliedstaat ergreift alle geeigneten Maßnahmen, um die besondere Belastungssituation auf sein Asylsystem zu bewältigen oder um sicherzustellen, dass die festgestellten Mängel behoben werden, bevor sich die Situation verschlechtert. Umfasst der präventive Aktionsplan Maßnahmen, mit denen dem besonderen Druck entgegengewirkt werden soll, dem das Asylsystem eines Mitgliedstaats ausgesetzt ist, durch welchen die Anwendung dieser Verordnung in Frage gestellt werden könnte, so holt die Kommission den Rat der EASO ein, bevor sie dem Europäischen Parlament und dem Rat Bericht erstattet.

(3) Stellt die Kommission auf Grundlage der Analyse des EASO fest, dass durch die Durchführung des präventiven Aktionsplans die festgestellten Mängel nicht behoben wurden, oder besteht eine ernste Gefahr, dass die Asylsituation in dem betreffenden Mitgliedstaat sich zu einer Krise entwickelt, die durch einen präventiven Aktionsplan voraussichtlich nicht bewältigt werden kann, so kann die Kommission in Zusammenarbeit mit dem EASO den betreffenden Mitgliedstaat auffordern, einen Krisenbewältigungsaktionsplan auszuarbeiten und diesen erforderlichenfalls zu überarbeiten. Der Krisenbewältigungsaktionsplan soll während des gesamten Prozesses die Wahrung des Asylrechts der Union, insbesondere der Grundrechte der Personen, die einen Antrag auf internationalen Schutz stellen, gewährleisten.

Im Anschluss an die Aufforderung, einen Krisenbewältigungsaktionsplan auszuarbeiten, erstellt der betreffende Mitgliedstaat in Zusammenarbeit mit der Kommission und dem EASO zügig einen derartigen Plan, spätestens innerhalb von drei Monaten ab der Aufforderung.

Der betreffende Mitgliedstaat legt seinen Krisenbewältigungsaktionsplan vor und erstattet mindestens alle drei Monate der Kommission und anderen interessierten Akteuren wie gegebenenfalls dem EASO Bericht über dessen Durchführung.

Die Kommission unterrichtet das Europäische Parlament und den Rat über den Krisenbewältigungsaktionsplan, eventuelle Überarbeitungen und dessen Durchführung. In diesen Berichten legt der betreffende Mitgliedstaat Daten vor, welche die Einhaltung des Krisenbewältigungsaktionsplans belegen, wie die Länge des Verfahrens, die Haftbedingungen und die Aufnahmekapazität im Verhältnis zum Zustrom von Antragstellern.

(4) Der Rat verfolgt während des gesamten Prozesses hinsichtlich Frühwarnung, Bereitschaft und Krisenmanagement gemäß diesem Artikel die Lage genau und kann um zusätzliche Informationen ersuchen und politi-

sche Leitlinien vorgeben, insbesondere im Hinblick auf die Dringlichkeit und den Ernst der Lage und somit die Notwendigkeit, dass ein Mitgliedstaat entweder einen präventiven Aktionsplan oder erforderlichenfalls einen Krisenbewältigungsaktionsplan ausarbeitet. Das Europäische Parlament und der Rat können während des gesamten Prozesses im Hinblick auf Solidaritätsmaßnahmen, die sie gegebenenfalls für angemessen halten, Leitlinien erörtern und vorgeben.

Kapitel VII
Verwaltungskooperation

Artikel 34 Informationsaustausch

(1) Jeder Mitgliedstaat übermittelt jedem Mitgliedstaat, der dies beantragt, personenbezogene Daten über den Antragsteller, die sachdienlich und relevant sind und nicht über das erforderliche Maß hinausgehen, für

a) die Bestimmung des zuständigen Mitgliedstaats;
b) die Prüfung des Antrags auf internationalen Schutz;
c) die Erfüllung aller Verpflichtungen aus dieser Verordnung.

(2) Die Informationen nach Absatz 1 dürfen nur Folgendes betreffen:

a) die Personalien des Antragstellers und gegebenenfalls seiner Familienangehörigen, Verwandten oder Personen jeder anderen verwandtschaftlichen Beziehung (Name, Vorname – gegebenenfalls früherer Name – Beiname oder Pseudonym, derzeitige und frühere Staatsangehörigkeit, Geburtsdatum und -ort);
b) den Personalausweis oder den Reisepass (Nummer, Gültigkeitsdauer, Ausstellungsdatum, ausstellende Behörde, Ausstellungsort usw.);
c) sonstige zur Identifizierung des Antragstellers erforderliche Angaben, einschließlich Fingerabdrücke, nach Maßgabe der Verordnung (EU) Nr. 603/2013;
d) die Aufenthaltsorte und die Reisewege;
e) die Aufenthaltstitel oder die durch einen Mitgliedstaat erteilten Visa;
f) den Ort der Antragstellung;
g) das Datum jeder früheren Antragsstellung auf internationalen Schutz, das Datum der jetzigen Antragsstellung, den Stand des Verfahrens und den Tenor der gegebenenfalls getroffenen Entscheidung.

(3) Soweit dies zur Prüfung des Antrags auf internationalen Schutz erforderlich ist, kann der zuständige Mitgliedstaat außerdem einen anderen Mitgliedstaat ersuchen, ihm die Gründe, die dem Antrag des Antragstellers zugrunde liegen, und gegebenenfalls die Gründe für die bezüglich seines Antrags getroffene Entscheidung mitzuteilen. Der andere Mitgliedstaat kann eine Beantwortung des Ersuchens ablehnen, wenn die Mitteilung dieser Informationen seine wesentlichen Interessen oder den Schutz der Grundrechte und -freiheiten der betreffenden Person oder anderer Personen gefährden kann. Zur Erteilung dieser Auskünfte hat der ersuchende Mitgliedstaat auf jeden Fall die schriftliche Zustimmung der Person, die den Antrag auf internationalen Schutz gestellt hat, einzuholen. Der Antragsteller muss in diesem Fall wissen, zu welchen einschlägigen Auskünften er seine Zustimmung erteilt.

(4) Jedes Informationsersuchen darf sich nur auf einen individuellen Antrag auf internationalen Schutz beziehen. Es ist zu begründen und sofern es darauf abzielt, ein Kriterium zu überprüfen, das die Zuständigkeit des um Auskunft ersuchten Mitgliedstaats nach sich ziehen kann, ist anzugeben, auf welches Indiz – auch einschlägige Informationen aus zuverlässigen Quellen über die Modalitäten und Mittel der Einreise von Antragstellern in die Hoheitsgebiete der Mitgliedstaaten – oder auf welchen einschlägigen und nachprüfbaren Sachverhalt der Erklärungen des Asylbewerbers es sich stützt. Es besteht Einverständnis darüber, dass solche einschlägigen Informationen aus zuverlässigen Quellen für sich genommen nicht ausreichen, um die Zuständigkeit eines Mitgliedstaats gemäß dieser Verordnung zu bestimmen, dass sie aber bei der Bewertung anderer Hinweise zu ei-

nem einzelnen Antragsteller hilfreich sein können.

(5) Der ersuchte Mitgliedstaat ist gehalten, innerhalb einer Frist von fünf Wochen zu antworten. Jede Verspätung ist ordnungsgemäß zu begründen. Eine Nichteinhaltung dieser Frist von fünf Wochen entbindet den ersuchten Mitgliedstaat nicht von der Pflicht zu antworten. Ergibt sich aus den Nachforschungen des ersuchten Mitgliedstaats, der die Frist nicht eingehalten hat, dass er Informationen zurückhält nach denen er zuständig ist, kann dieser Mitgliedstaat sich nicht auf den Ablauf der in den Artikeln 21, 23 und 24 genannten Fristen berufen, um einem Gesuch um Aufnahme oder Wiederaufnahme nicht nachzukommen. In diesem Fall werden die in den Artikeln 21, 23 und 24 vorgesehenen Fristen für die Unterbreitung eines Aufnahme- oder Wiederaufnahmegesuchs um einen Zeitraum verlängert, der der Verzögerung bei der Antwort durch den ersuchten Mitgliedstaat entspricht.

(6) Der Informationsaustausch erfolgt auf Antrag eines Mitgliedstaats und kann nur zwischen den Behörden stattfinden, die der Kommission gemäß Artikel 35 Absatz 1 von den Mitgliedstaaten mitgeteilt wurden.

(7) Die übermittelten Informationen dürfen nur zu den in Absatz 1 vorgesehenen Zwecken verwendet werden. Die Informationen dürfen in jedem Mitgliedstaat je nach Art und Zuständigkeit der die Information erhaltenden Behörde nur den Behörden und Gerichten übermittelt werden, die beauftragt sind,

a) den zuständigen Mitgliedstaat zu bestimmen;
b) den Antrag auf internationalen Schutz zu prüfen;
c) alle Verpflichtungen aus dieser Verordnung zu erfüllen.

(8) Der Mitgliedstaat, der die Daten übermittelt, sorgt für deren Richtigkeit und Aktualität. Zeigt sich, dass er unrichtige Daten oder Daten übermittelt hat, die nicht hätten übermittelt werden dürfen, werden die Empfängermitgliedstaaten unverzüglich darüber informiert. Sie sind gehalten, diese Informationen zu berichtigen oder zu löschen.

(9) Ein Antragsteller hat das Recht, sich auf Antrag die über seine Person erfassten Daten mitteilen zu lassen.

Stellt der Antragsteller fest, dass bei der Verarbeitung dieser Daten gegen diese Verordnung oder gegen die Richtlinie 95/46/EG verstoßen wurde, insbesondere weil die Angaben unvollständig oder unrichtig sind, hat er das Recht auf deren Berichtigung oder Löschung.

Die Behörde, die die Berichtigung oder Löschung der Daten vornimmt, informiert hierüber den Mitgliedstaat, der die Informationen erteilt oder erhalten hat.

Ein Antragsteller hat das Recht, bei den zuständigen Behörden oder Gerichten des Mitgliedstaats, in dem ihm das Auskunftsrecht oder das Recht auf Berichtigung oder Löschung der ihn betreffenden Daten verweigert wird, Beschwerde einzulegen oder Klage zu erheben.

(10) In jedem betreffenden Mitgliedstaat werden die Weitergabe und der Erhalt der ausgetauschten Informationen in der Akte der betreffenden Person und/oder in einem Register vermerkt.

(11) Die ausgetauschten Daten werden nur so lange aufbewahrt, wie dies zur Erreichung der mit dem Austausch der Daten verfolgten Ziele notwendig ist.

(12) Soweit die Daten nicht automatisiert oder in einer Datei gespeichert sind oder gespeichert werden sollen, ergreift jeder Mitgliedstaat geeignete Maßnahmen, um die Einhaltung dieses Artikels durch wirksame Kontrollen zu gewährleisten.

Artikel 35 Zuständige Behörden und Mittelausstattung

(1) Jeder Mitgliedstaat teilt der Kommission unverzüglich die speziell für die Durchführung dieser Verordnung zuständigen Behörden sowie alle späteren sie betreffenden Änderungen mit. Die Mitgliedstaaten tragen dafür Sorge, dass diese Behörden über die nötigen Mittel verfügen, um ihre Aufgabe zu

erfüllen und insbesondere die Informationsersuchen sowie die Gesuche um Aufnahme oder Wiederaufnahme von Antragstellern innerhalb der vorgegebenen Fristen zu beantworten.

(2) Die Kommission veröffentlicht im *Amtsblatt der Europäischen Union* eine konsolidierte Liste der in Absatz 1 genannten Behörden. Werden Änderungen vorgenommen, veröffentlicht die Kommission einmal im Jahr eine aktualisierte konsolidierte Liste.

(3) Die in Absatz 1 genannten Behörden erhalten die für die Anwendung dieser Verordnung nötige Schulung.

(4) Die Kommission legt im Wege von Durchführungsrechtsakten gesicherte elektronische Übermittlungskanäle zwischen den Behörden nach Absatz 1 für die Übermittlung von Gesuchen, Antworten sowie des gesamten Schriftverkehrs und zur Gewährleistung, dass die Absender automatisch einen elektronischen Übermittlungsnachweis erhalten, fest. Diese Durchführungsrechtsakte werden gemäß dem in Artikel 44 Absatz 2 genannten Prüfverfahren erlassen.

Artikel 36 Verwaltungsvereinbarungen

(1) Die Mitgliedstaaten können untereinander bilaterale Verwaltungsvereinbarungen bezüglich der praktischen Modalitäten der Durchführung dieser Verordnung treffen, um deren Anwendung zu erleichtern und die Effizienz zu erhöhen. Diese Vereinbarungen können Folgendes betreffen:

a) den Austausch von Verbindungsbeamten;
b) die Vereinfachung der Verfahren und die Verkürzung der Fristen für die Übermittlung und Prüfung von Gesuchen um Aufnahme oder Wiederaufnahme von Antragstellern.

(2) Die Mitgliedstaaten können auch die im Rahmen der Verordnung (EG) Nr. 343/2003 geschlossenen Verwaltungsvereinbarungen beibehalten. Soweit diese nicht mit der vorliegenden Verordnung vereinbar sind, nehmen die betreffenden Mitgliedstaaten Änderungen vor, durch die die festgestellten Unvereinbarkeiten behoben werden.

(3) Vor Abschluss oder Änderung der in Absatz 1 Buchstabe b genannten Vereinbarungen konsultieren die betroffenen Mitgliedstaaten die Kommission hinsichtlich der Vereinbarkeit der Vereinbarung mit dieser Verordnung.

(4) Sind die Vereinbarungen nach Absatz 1 Buchstabe b nach Ansicht der Kommission mit dieser Verordnung unvereinbar, so teilt sie dies den betreffenden Mitgliedstaaten innerhalb einer angemessenen Frist mit. Die Mitgliedstaaten treffen alle geeigneten Maßnahmen, um die betreffende Vereinbarung innerhalb eines angemessenen Zeitraums so zu ändern, dass die festgestellten Unvereinbarkeiten behoben werden.

(5) Die Mitgliedstaaten unterrichten die Kommission über alle Vereinbarungen nach Absatz 1 sowie über deren Aufhebung oder Änderung.

Kapitel VIII
Schlichtung

Artikel 37 Schlichtung

(1) Können sich die Mitgliedstaaten in Fragen, die die Anwendung dieser Verordnung betreffen, nicht einigen, können sie das Schlichtungsverfahren in Absatz 2 in Anspruch nehmen.

(2) Das Schlichtungsverfahren wird auf Ersuchen eines der an der Meinungsverschiedenheit beteiligten Mitgliedstaaten an den Vorsitzenden des durch Artikel 44 eingesetzten Ausschusses eingeleitet. Mit der Inanspruchnahme des Schlichtungsverfahrens verpflichten sich die beteiligten Mitgliedstaaten, die vorgeschlagene Lösung weitestgehend zu berücksichtigen.

Der Ausschussvorsitzende benennt drei Mitglieder des Ausschusses, die drei nicht an der Angelegenheit beteiligte Mitgliedstaaten vertreten. Diese Ausschussmitglieder nehmen die Argumente der Parteien in schriftlicher oder mündlicher Form entgegen und schlagen nach Beratung, gegebenenfalls nach Abstimmung, binnen eines Monats eine Lösung vor.

Der Ausschussvorsitzende oder sein Stellvertreter führt bei diesen Beratungen den Vorsitz. Er kann sich zur Sache äußern, darf an der Abstimmung aber nicht teilnehmen.

Die vorgeschlagene Lösung ist endgültig und kann ungeachtet dessen, ob sie von den Parteien angenommen oder abgelehnt wurde, nicht angefochten werden.

Kapitel IX Übergangs- und Schlussbestimmungen

Artikel 38 Datensicherheit und Datenschutz

Die Mitgliedstaaten ergreifen alle geeigneten Maßnahmen, um die Sicherheit der übermittelten personenbezogenen Daten sicherzustellen und insbesondere den unrechtmäßigen oder nicht genehmigten Zugang zu verarbeiteten personenbezogenen Daten oder deren Weitergabe, Änderung oder Verlust zu verhindern.

Jeder Mitgliedstaat sieht vor, dass die gemäß Artikel 28 Absatz 1 der Richtlinie 95/46/EG benannten nationalen Kontrollstellen die Rechtmäßigkeit der Verarbeitung personenbezogener Daten durch den betreffenden Mitgliedstaat gemäß dieser Verordnung im Einklang mit ihren einzelstaatlichen Rechtsvorschriften unabhängig überwachen.

Artikel 39 Vertraulichkeit

Die Mitgliedstaaten stellen sicher, dass die in Artikel 35 genannten Behörden in Bezug auf sämtliche Informationen, die sie im Rahmen ihrer Arbeit erhalten, an den Regeln der Vertraulichkeit gemäß dem einzelstaatlichen Recht gebunden sind.

Artikel 40 Sanktionen

Die Mitgliedstaaten treffen die erforderlichen Maßnahmen, um sicherzustellen, dass jeder Missbrauch von nach Maßgabe dieser Verordnung verarbeiteten Daten nach einzelstaatlichem Recht mit wirksamen, verhältnismäßigen und abschreckenden Sanktionen, einschließlich verwaltungs- und/oder strafrechtlicher Sanktionen, geahndet wird.

Artikel 41 Übergangsmaßnahmen

Wenn ein Antrag nach dem in Artikel 49 Absatz 2 genannten Datum gestellt wurde, werden Sachverhalte, die die Zuständigkeit eines Mitgliedstaats gemäß dieser Verordnung nach sich ziehen können, auch berücksichtigt, wenn sie aus der Zeit davor datieren, mit Ausnahme der in Artikel 13 Absatz 2 genannten Sachverhalte.

Artikel 42 Berechnung der Fristen

Die in dieser Verordnung vorgesehenen Fristen werden wie folgt berechnet:

a) Ist für den Anfang einer nach Tagen, Wochen oder Monaten bemessenen Frist der Zeitpunkt maßgebend, zu dem ein Ereignis eintritt oder eine Handlung vorgenommen wird, so wird bei der Berechnung dieser Frist der Tag, auf den das Ereignis oder die Handlung fällt, nicht mitgerechnet.

b) Eine nach Wochen oder Monaten bemessene Frist endet mit Ablauf des Tages, der in der letzten Woche oder im letzten Monat dieselbe Bezeichnung oder dieselbe Zahl wie der Tag trägt, an dem das Ereignis eingetreten oder die Handlung vorgenommen worden ist, von denen an die Frist zu berechnen ist. Fehlt bei einer nach Monaten bemessenen Frist im letzten Monat der für ihren Ablauf maßgebende Tag, so endet die Frist mit Ablauf des letzten Tages dieses Monats.

c) Eine Frist umfasst die Samstage, die Sonntage und alle gesetzlichen Feiertage in jedem der betroffenen Mitgliedstaaten.

Artikel 43 Geltungsbereich

Für die Französische Republik gilt diese Verordnung nur für ihr europäisches Hoheitsgebiet.

Artikel 44 Ausschuss

(1) Die Kommission wird von einem Ausschuss unterstützt. Dieser Ausschuss ist ein Ausschuss im Sinne der Verordnung (EU) Nr. 182/2011.

(2) Wird auf diesen Absatz Bezug genommen, so gilt Artikel 5 der Verordnung (EU) Nr. 182/2011.

Gibt der Ausschuss keine Stellungnahme ab, so erlässt die Kommission den Durchführungsrechtsakt nicht und Artikel 5 Absatz 4 Unterabsatz 3 der Verordnung (EU) Nr. 182/2011 findet Anwendung.

Artikel 45 Ausübung der Befugnisübertragung

(1) Die Befugnis zum Erlass delegierter Rechtsakte wird der Kommission unter den in diesem Artikel festgelegten Bedingungen übertragen.

(2) Die Befugnis zum Erlass delegierter Rechtsakte gemäß dem Artikel 8 Absatz 5 und Artikel 16 Absatz 3 wird der Kommission für einen Zeitraum von fünf Jahren ab dem Datum des Inkrafttretens dieser Verordnung übertragen. Die Kommission erstellt spätestens neun Monate vor Ablauf des Zeitraums von fünf Jahren einen Bericht über die Befugnisübertragung. Die Befugnisübertragung verlängert sich stillschweigend um Zeiträume gleicher Länge, es sei denn, das Europäische Parlament oder der Rat widersprechen einer solchen Verlängerung spätestens drei Monate vor Ablauf des jeweiligen Zeitraums.

(3) Die Befugnisübertragung gemäß dem Artikel 8 Absatz 5 und Artikel 16 Absatz 3 kann vom Europäischen Parlament oder vom Rat jederzeit widerrufen werden. Der Beschluss über den Widerruf beendet die Übertragung der in diesem Beschluss angegebenen Befugnis. Er wird am Tag nach seiner Veröffentlichung im *Amtsblatt der Europäischen Union* oder zu einem im Beschluss über den Widerruf angegebenen späteren Zeitpunkt wirksam. Die Gültigkeit von delegierten Rechtsakten, die bereits in Kraft sind, wird von dem Beschluss über den Widerruf nicht berührt.

(4) Sobald die Kommission einen delegierten Rechtsakt erlässt, übermittelt sie ihn gleichzeitig dem Europäischen Parlament und dem Rat.

(5) Ein delegierter Rechtsakt, der gemäß dem Artikel 8 Absatz 5 und Artikel 16 Absatz 3 erlassen wurde, tritt nur in Kraft, wenn weder das Europäische Parlament noch der Rat innerhalb einer Frist von vier Monaten nach Übermittlung dieses Rechtsakts an das Europäische Parlament und den Rat Einwände erhoben haben oder wenn vor Ablauf dieser Frist das Europäische Parlament und der Rat beide der Kommission mitgeteilt haben, dass sie keine Einwände erheben werden. Auf Initiative des Europäischen Parlaments oder des Rates wird diese Frist um zwei Monate verlängert.

Artikel 46 Begleitung und Bewertung

Die Kommission erstattet dem Europäischen Parlament und dem Rat bis zum 21. Juli 2016 Bericht über die Anwendung der Verordnung und schlägt gegebenenfalls die erforderlichen Änderungen vor. Die Mitgliedstaaten übermitteln der Kommission spätestens sechs Monate vor diesem Datum alle für die Erstellung dieses Berichts sachdienlichen Informationen.

Nach Vorlage dieses Berichts legt die Kommission dem Europäischen Parlament und dem Rat den Bericht über die Anwendung dieser Verordnung gleichzeitig mit den in Artikel 40 der Verordnung (EU) Nr. 603/2013 vorgesehenen Berichten über die Anwendung des Eurodac-Systems vor.

Artikel 47 Statistiken

Die Mitgliedstaaten liefern der Kommission (Eurostat) gemäß Artikel 4 Absatz 4 der Verordnung (EG) Nr. 862/2007 des Europäischen Parlaments und des Rates vom 11. Juli 2007 zu Gemeinschaftsstatistiken über Wanderung und internationalen Schutz[1]) Statistiken über die Anwendung dieser Verordnung und der Verordnung (EG) Nr. 1560/2003.

Artikel 48 Aufhebung

Die Verordnung (EG) Nr. 343/2003 wird aufgehoben.

Artikel 11 Absatz 1 und die Artikel 13, 14 und 17 der Verordnung (EG) Nr. 1560/2003 werden aufgehoben.

---

[1]) ABl. L 199 vom 31. 7. 2007, S. 23.

Bezugnahmen auf die aufgehobene Verordnung oder auf aufgehobene Artikel gelten als Bezugnahmen auf die vorliegende Verordnung und sind nach Maßgabe der Entsprechungstabelle in Anhang II zu lesen.

Artikel 49 Inkrafttreten und Anwendbarkeit

Diese Verordnung tritt am zwanzigsten Tag nach ihrer Veröffentlichung im *Amtsblatt der Europäischen Union* in Kraft.

Die Verordnung ist auf Anträge auf internationalen Schutz anwendbar, die ab dem ersten Tag des sechsten Monats nach ihrem Inkrafttreten gestellt werden und gilt ab diesem Zeitpunkt – ungeachtet des Zeitpunkts der Antragstellung – für alle Gesuche um Aufnahme oder Wiederaufnahme von Antragstellern. Für einen Antrag auf internationalen Schutz, der vor diesem Datum eingereicht wird, erfolgt die Bestimmung des zuständigen Mitgliedstaats nach den Kriterien der Verordnung (EG) Nr. 343/2003.

Die in dieser Verordnung enthaltenen Verweise auf die Verordnung (EU) Nr. 603/2013, Richtlinie 2013/32/EU und Richtlinie 2013/33/EU gelten, bis zu ihrer jeweiligen Anwendbarkeit, als Verweise auf die Verordnung (EG) Nr. 2725/2000[1]), Richtlinie 2003/9/EG[2]) bzw. Richtlinie 2005/85/EG[3]).

---

[1]) Verordnung (EG) Nr. 2725/2000 des Rates vom 11. Dezember 2000 über die Einrichtung von „Eurodac" für den Vergleich von Fingerabdrücken zum Zwecke der effektiven Anwendung des Dubliner Übereinkommens (ABl. L 316 vom 15. 12. 2000, S. 1).

[2]) Richtlinie 2003/9/EG des Rates vom 27. Januar 2003 zur Festlegung von Mindestnormen für die Aufnahme von Asylbewerbern in den Mitgliedstaaten (ABl. L 31 vom 6. 2. 2003, S. 18).

[3]) Richtlinie 2005/85/EG des Rates vom 1. Dezember 2005 über Mindestnormen für Verfahren in den Mitgliedstaaten zur Zuerkennung und Aberkennung der Flüchtlingseigenschaft (ABl. L 326 vom 13. 12. 2005, S. 13).

Anhang I

Aufgehobene Verordnungen (gemäß Artikel 48)

Verordnung (EG) Nr. 343/2003 des Rates (ABl. L 50 vom 25. 2. 2003, S. 1)	Verordnung (EG) Nr. 1560/2003 der Kommission, nur Artikel 11 Absatz 1 und die Artikel 13, 14 und 17 (ABl. L 222 vom 5. 9. 2003, S. 3)

Anhang II

Entsprechungstabelle

Verordnung (EG) Nr. 343/2003	Diese Verordnung
Artikel 1	Artikel 1
Artikel 2 Buchstabe a	Artikel 2 Buchstabe a
Artikel 2 Buchstabe b	–
Artikel 2 Buchstabe c	Artikel 2 Buchstabe b
Artikel 2 Buchstabe d	Artikel 2 Buchstabe c
Artikel 2 Buchstabe e	Artikel 2 Buchstabe d
Artikel 2 Buchstabe f	Artikel 2 Buchstabe e
Artikel 2 Buchstabe g	Artikel 2 Buchstabe f
–	Artikel 2 Buchstabe h
–	Artikel 2 Buchstabe i
Artikel 2 Buchstabe h	Artikel 2 Buchstabe j
Artikel 2 Buchstabe i	Artikel 2 Buchstabe g
–	Artikel 2 Buchstabe k
Artikel 2 Buchstabe j und k	Artikel 2 Buchstabe l und m
–	Artikel 2 Buchstabe n
Artikel 3 Absatz 1	Artikel 3 Absatz 1
Artikel 3 Absatz 2	Artikel 17 Absatz 1
Artikel 3 Absatz 3	Artikel 3 Absatz 3
Artikel 3 Absatz 4	Artikel 4 Absatz 1, einleitender Satz
–	Artikel 4 Absatz 1 Buchstaben a bis f
–	Artikel 4 Absätze 2 und 3
Artikel 4 Absätze 1 bis 5	Artikel 20 Absätze 1 bis 5
–	Artikel 20 Absatz 5 Unterabsatz 3
–	Artikel 5
–	Artikel 6
Artikel 5 Absatz 1	Artikel 7 Absatz 1
Artikel 5 Absatz 2	Artikel 7 Absatz 2
–	Artikel 7 Absatz 3
Artikel 6 Absatz 1	Artikel 8 Absatz 1
–	Artikel 8 Absatz 3
Artikel 6 Absatz 2	Artikel 8 Absatz 4
Artikel 7	Artikel 9
Artikel 8	Artikel 10
Artikel 9	Artikel 12
Artikel 10	Artikel 13
Artikel 11	Artikel 14
Artikel 12	Artikel 15
–	Artikel 16
Artikel 13	Artikel 3 (2)

Verordnung (EG) Nr. 343/2003	Diese Verordnung
Artikel 14	Artikel 11
Artikel 15 Absatz 1	Artikel 17 Absatz 2 Unterabsatz 1
Artikel 15 Absatz 2	Artikel 16 Absatz 1
Artikel 15 Absatz 3	Artikel 8 Absatz 2
Artikel 15 Absatz 4	Artikel 17 Absatz 2 Unterabsatz 4
Artikel 15 Absatz 5	Artikel 8 Absätze 5 und 6 und Artikel 16 Absatz 2
Artikel 16 Absatz 1 Buchstabe a	Artikel 18 Absatz 1 Buchstabe a
Artikel 16 Absatz 1 Buchstabe b	Artikel 18 Absatz 2
Artikel 16 Absatz 1 Buchstabe c	Artikel 18 Absatz 1 Buchstabe b
Artikel 16 Absatz 1 Buchstabe d	Artikel 18 Absatz 1 Buchstabe c
Artikel 16 Absatz 1 Buchstabe e	Artikel 18 Absatz 1 Buchstabe d
Artikel 16 Absatz 2	Artikel 19 Absatz 1
Artikel 16 Absatz 3	Artikel 19 Absatz 2 Unterabsatz 1
–	Artikel 19 Absatz 2 Unterabsatz 2
Artikel 16 Absatz 4	Artikel 19 Absatz 3
–	Artikel 19 Absatz 3 Unterabsatz 2
Artikel 17	Artikel 21
Artikel 18	Artikel 22
Artikel 19 Absatz 1	Artikel 26 Absatz 1
Artikel 19 Absatz 2	Artikel 26 Absatz 2 und Artikel 27 Absatz 1
–	Artikel 27 Absätze 2 bis 6
Artikel 19 Absatz 3	Artikel 29 Absatz 1
Artikel 19 Absatz 4	Artikel 29 Absatz 2
–	Artikel 29 Absatz 3
Artikel 19 Absatz 5	Artikel 29 Absatz 4
Artikel 20 Absatz 1, einleitender Satz	Artikel 23 Absatz 1
–	Artikel 23 Absatz 2
–	Artikel 23 Absatz 3
–	Artikel 23 Absatz 4
Artikel 20 Absatz 1 Buchstabe a	Artikel 23 Absatz 5 Unterabsatz 1
–	Artikel 24
Artikel 20 Absatz 1 Buchstabe b	Artikel 25 Absatz 1
Artikel 20 Absatz 1 Buchstabe c	Artikel 25 Absatz 2
Artikel 20 Absatz 1 Buchstabe d	Artikel 29 Absatz 1 Unterabsatz 1
Artikel 20 Absatz 1 Buchstabe e	Artikel 26 Absätze 1 und 2, Artikel 27 Absatz 1, Artikel 29 Absatz 1 Unterabsätze 2 und 3
Artikel 20 Absatz 2	Artikel 29 Absatz 2
Artikel 20 Absatz 3	Artikel 23 Absatz 5 Unterabsatz 2
Artikel 20 Absatz 4	Artikel 29 Absatz 4

Verordnung (EG) Nr. 343/2003	Diese Verordnung
–	Artikel 28
–	Artikel 30
–	Artikel 31
–	Artikel 32
–	Artikel 33
Artikel 21 Absätze 1 bis 9	Artikel 34 Absatz 1 bis 9 Unterabsätze 1 bis 3
–	Artikel 34 Absatz 9 Unterabsatz 4
Artikel 21 Absätze 10 bis 12	Artikel 34 Absätze 10 bis 12
Artikel 22 Absatz 1	Artikel 35 Absatz 1
–	Artikel 35 Absatz 2
–	Artikel 35 Absatz 3
Artikel 22 Absatz 2	Artikel 35 Absatz 4
Artikel 23	Artikel 36
–	Artikel 37
–	Artikel 40
Artikel 24 Absatz 1	–
Artikel 24 Absatz 2	Artikel 41
Artikel 24 Absatz 3	–
Artikel 25 Absatz 1	Artikel 42
Artikel 25 Absatz 2	–
Artikel 26	Artikel 43
Artikel 27 Absätze 1 und 2	Artikel 44 Absätze 1 und 2
Artikel 27 Absatz 3	–
–	Artikel 45
Artikel 28	Artikel 46
–	Artikel 47
–	Artikel 48
Artikel 29	Artikel 49

Verordnung (EG) Nr. 1560/2003	Diese Verordnung
Artikel 11 Absatz 1	–
Artikel 13 Absatz 1	Artikel 17 Absatz 2 Unterabsatz 1
Artikel 13 Absatz 2	Artikel 17 Absatz 2 Unterabsatz 2
Artikel 13 Absatz 3	Artikel 17 Absatz 2 Unterabsatz 3
Artikel 13 Absatz 4	Artikel 17 Absatz 2 Unterabsatz 1
Artikel 14	Artikel 37
Artikel 17 Absatz 1	Artikel 9 und 10 und Artikel 17 Absatz 2 Unterabsatz 1
Artikel 17 Absatz 2	Artikel 34 Absatz 3

Asylgesetz (AsylG)

in der Fassung der Bekanntmachung vom 2. September 2008 (BGBl. I S. 1798)

Zuletzt geändert durch
Zweites Gesetz zur besseren Durchsetzung der Ausreisepflicht
vom 15. August 2019 (BGBl. I S. 1294)[1])

II

Inhaltsübersicht

---

[1]) Ebenfalls berücksichtigt sind die Änderungen durch das Zweite Gesetz zur Verbesserung der Registrierung und des Datenaustausches zu aufenthalts- und asylrechtlichen Zwecken vom 04.08.2019 (BGBl. I S. 1131); In-Kraft-Treten 09.08.2019.
Die Änderung in § 61 Abs. 2 durch das Fachkräfteeinwanderungsgesetz vom 15.08.2019 (BGBl. I S. 1307) tritt am 01.03.2020 in Kraft und ist in der Anmerkung bei § 61 wiedergegeben.

II

Abschnitt 1
Geltungsbereich

§ 1 Geltungsbereich

(1) Dieses Gesetz gilt für Ausländer, die Folgendes beantragen:

1. Schutz vor politischer Verfolgung nach Artikel 16a Absatz 1 des Grundgesetzes oder
2. internationalen Schutz nach der Richtlinie 2011/95/EU des Europäischen Parlaments und des Rates vom 13. Dezember 2011 über Normen für die Anerkennung von Drittstaatsangehörigen oder Staatenlosen als Personen mit Anspruch auf internationalen Schutz, für einen einheitlichen Status für Flüchtlinge oder für Personen mit Anrecht auf subsidiären Schutz und für den Inhalt des zu gewährenden Schutzes (ABl. L 337 vom 20. 12. 2011, S. 9); der internationale Schutz im Sinne der Richtlinie 2011/95/EU umfasst den Schutz vor Verfolgung nach dem Abkommen vom 28. Juli 1951 über die Rechtsstellung der Flüchtlinge (BGBl. 1953 II S. 559, 560) und den subsidiären Schutz im Sinne der Richtlinie; der nach Maßgabe der Richtlinie 2004/83/EG des Rates vom 29. April 2004 über Mindestnormen für die Anerkennung und den Status von Drittstaatsangehörigen oder Staatenlosen als Flüchtlinge oder als Personen, die anderweitig internationalen Schutz benötigen, und über den Inhalt des zu gewährenden Schutzes (ABl. L 304 vom 30. 9. 2004, S. 12) gewährte internationale Schutz steht dem internationalen Schutz im Sinne der Richtlinie 2011/95/EU gleich; § 104 Absatz 9 des Aufenthaltsgesetzes bleibt unberührt.

(2) Dieses Gesetz gilt nicht für heimatlose Ausländer im Sinne des Gesetzes über die Rechtsstellung heimatloser Ausländer im Bundesgebiet in der im Bundesgesetzblatt Teil III, Gliederungsnummer 243-1, veröffentlichten bereinigten Fassung in der jeweils geltenden Fassung.

Abschnitt 2
Schutzgewährung

Unterabschnitt 1
Asyl

§ 2 Rechtsstellung Asylberechtigter

(1) Asylberechtigte genießen im Bundesgebiet die Rechtsstellung nach dem Abkommen über die Rechtsstellung der Flüchtlinge.

(2) Unberührt bleiben die Vorschriften, die den Asylberechtigten eine günstigere Rechtsstellung einräumen.

(3) Ausländern, denen bis zum Wirksamwerden des Beitritts in dem in Artikel 3 des Einigungsvertrages genannten Gebiet Asyl gewährt worden ist, gelten als Asylberechtigte.

Unterabschnitt 2
Internationaler Schutz

§ 3 Zuerkennung der Flüchtlingseigenschaft

(1) Ein Ausländer ist Flüchtling im Sinne des Abkommens vom 28. Juli 1951 über die Rechtsstellung der Flüchtlinge (BGBl. 1953 II S. 559, 560), wenn er sich

1. aus begründeter Furcht vor Verfolgung wegen seiner Rasse, Religion, Nationalität, politischen Überzeugung oder Zugehörigkeit zu einer bestimmten sozialen Gruppe
2. außerhalb des Landes (Herkunftsland) befindet,
   a) dessen Staatsangehörigkeit er besitzt und dessen Schutz er nicht in Anspruch nehmen kann oder wegen dieser Furcht nicht in Anspruch nehmen will oder
   b) in dem er als Staatenloser seinen vorherigen gewöhnlichen Aufenthalt hatte und in das er nicht zurückkehren kann oder wegen dieser Furcht nicht zurückkehren will.

(2) Ein Ausländer ist nicht Flüchtling nach Absatz 1, wenn aus schwerwiegenden Gründen die Annahme gerechtfertigt ist, dass er

1. ein Verbrechen gegen den Frieden, ein Kriegsverbrechen oder ein Verbrechen ge-

gen die Menschlichkeit begangen hat im Sinne der internationalen Vertragswerke, die ausgearbeitet worden sind, um Bestimmungen bezüglich dieser Verbrechen zu treffen,

2. vor seiner Aufnahme als Flüchtling eine schwere nichtpolitische Straftat außerhalb des Bundesgebiets begangen hat, insbesondere eine grausame Handlung, auch wenn mit ihr vorgeblich politische Ziele verfolgt wurden, oder
3. den Zielen und Grundsätzen der Vereinten Nationen zuwidergehandelt hat.

Satz 1 gilt auch für Ausländer, die andere zu den darin genannten Straftaten oder Handlungen angestiftet oder sich in sonstiger Weise daran beteiligt haben.

(3) Ein Ausländer ist auch nicht Flüchtling nach Absatz 1, wenn er den Schutz oder Beistand einer Organisation oder einer Einrichtung der Vereinten Nationen mit Ausnahme des Hohen Kommissars der Vereinten Nationen für Flüchtlinge nach Artikel 1 Abschnitt D des Abkommens über die Rechtsstellung der Flüchtlinge genießt. Wird ein solcher Schutz oder Beistand nicht länger gewährt, ohne dass die Lage des Betroffenen gemäß den einschlägigen Resolutionen der Generalversammlung der Vereinten Nationen endgültig geklärt worden ist, sind die Absätze 1 und 2 anwendbar.

(4) Einem Ausländer, der Flüchtling nach Absatz 1 ist, wird die Flüchtlingseigenschaft zuerkannt, es sei denn, er erfüllt die Voraussetzungen des § 60 Abs. 8 Satz 1 des Aufenthaltsgesetzes oder das Bundesamt hat nach § 60 Absatz 8 Satz 3 des Aufenthaltsgesetzes von der Anwendung des § 60 Absatz 1 des Aufenthaltsgesetzes abgesehen.

§ 3a Verfolgungshandlungen

(1) Als Verfolgung im Sinne des § 3 Absatz 1 gelten Handlungen, die

1. auf Grund ihrer Art oder Wiederholung so gravierend sind, dass sie eine schwerwiegende Verletzung der grundlegenden Menschenrechte darstellen, insbesondere der Rechte, von denen nach Artikel 15 Absatz 2 der Konvention vom 4. November 1950 zum Schutze der Menschenrechte und Grundfreiheiten (BGBl. 1952 II S. 685, 953) keine Abweichung zulässig ist, oder
2. in einer Kumulierung unterschiedlicher Maßnahmen, einschließlich einer Verletzung der Menschenrechte, bestehen, die so gravierend ist, dass eine Person davon in ähnlicher wie der in Nummer 1 beschriebenen Weise betroffen ist.

(2) Als Verfolgung im Sinne des Absatzes 1 können unter anderem die folgenden Handlungen gelten:

1. die Anwendung physischer oder psychischer Gewalt, einschließlich sexueller Gewalt,
2. gesetzliche, administrative, polizeiliche oder justizielle Maßnahmen, die als solche diskriminierend sind oder in diskriminierender Weise angewandt werden,
3. unverhältnismäßige oder diskriminierende Strafverfolgung oder Bestrafung,
4. Verweigerung gerichtlichen Rechtsschutzes mit dem Ergebnis einer unverhältnismäßigen oder diskriminierenden Bestrafung,
5. Strafverfolgung oder Bestrafung wegen Verweigerung des Militärdienstes in einem Konflikt, wenn der Militärdienst Verbrechen oder Handlungen umfassen würde, die unter die Ausschlussklauseln des § 3 Absatz 2 fallen,
6. Handlungen, die an die Geschlechtszugehörigkeit anknüpfen oder gegen Kinder gerichtet sind.

(3) Zwischen den in § 3 Absatz 1 Nummer 1 in Verbindung mit den in § 3b genannten Verfolgungsgründen und den in den Absätzen 1 und 2 als Verfolgung eingestuften Handlungen oder dem Fehlen von Schutz vor solchen Handlungen muss eine Verknüpfung bestehen.

§ 3b Verfolgungsgründe

(1) Bei der Prüfung der Verfolgungsgründe nach § 3 Absatz 1 Nummer 1 ist Folgendes zu berücksichtigen:

1. der Begriff der Rasse umfasst insbesondere die Aspekte Hautfarbe, Herkunft und Zugehörigkeit zu einer bestimmten ethnischen Gruppe;
2. der Begriff der Religion umfasst insbesondere theistische, nichttheistische und atheistische Glaubensüberzeugungen, die Teilnahme oder Nichtteilnahme an religiösen Riten im privaten oder öffentlichen Bereich, allein oder in Gemeinschaft mit anderen, sonstige religiöse Betätigungen oder Meinungsäußerungen und Verhaltensweisen Einzelner oder einer Gemeinschaft, die sich auf eine religiöse Überzeugung stützen oder nach dieser vorgeschrieben sind;
3. der Begriff der Nationalität beschränkt sich nicht auf die Staatsangehörigkeit oder das Fehlen einer solchen, sondern bezeichnet insbesondere auch die Zugehörigkeit zu einer Gruppe, die durch ihre kulturelle, ethnische oder sprachliche Identität, gemeinsame geografische oder politische Herkunft oder ihre Verwandtschaft mit der Bevölkerung eines anderen Staates bestimmt wird;
4. eine Gruppe gilt insbesondere als eine bestimmte soziale Gruppe, wenn
   a) die Mitglieder dieser Gruppe angeborene Merkmale oder einen gemeinsamen Hintergrund, der nicht verändert werden kann, gemein haben oder Merkmale oder eine Glaubensüberzeugung teilen, die so bedeutsam für die Identität oder das Gewissen sind, dass der Betreffende nicht gezwungen werden sollte, auf sie zu verzichten, und
   b) die Gruppe in dem betreffenden Land eine deutlich abgegrenzte Identität hat, da sie von der sie umgebenden Gesellschaft als andersartig betrachtet wird;

   als eine bestimmte soziale Gruppe kann auch eine Gruppe gelten, die sich auf das gemeinsame Merkmal der sexuellen Orientierung gründet; Handlungen, die nach deutschem Recht als strafbar gelten, fallen nicht darunter; eine Verfolgung wegen der Zugehörigkeit zu einer bestimmten sozialen Gruppe kann auch vorliegen, wenn sie allein an das Geschlecht oder die geschlechtliche Identität anknüpft;
5. unter dem Begriff der politischen Überzeugung ist insbesondere zu verstehen, dass der Ausländer in einer Angelegenheit, die die in § 3c genannten potenziellen Verfolger sowie deren Politiken oder Verfahren betrifft, eine Meinung, Grundhaltung oder Überzeugung vertritt, wobei es unerheblich ist, ob er auf Grund dieser Meinung, Grundhaltung oder Überzeugung tätig geworden ist.

(2) Bei der Bewertung der Frage, ob die Furcht eines Ausländers vor Verfolgung begründet ist, ist es unerheblich, ob er tatsächlich die Merkmale der Rasse oder die religiösen, nationalen, sozialen oder politischen Merkmale aufweist, die zur Verfolgung führen, sofern ihm diese Merkmale von seinem Verfolger zugeschrieben werden.

§ 3c Akteure, von denen Verfolgung ausgehen kann

Die Verfolgung kann ausgehen von

1. dem Staat,
2. Parteien oder Organisationen, die den Staat oder einen wesentlichen Teil des Staatsgebiets beherrschen, oder
3. nichtstaatlichen Akteuren, sofern die in den Nummern 1 und 2 genannten Akteure einschließlich internationaler Organisationen erwiesenermaßen nicht in der Lage oder nicht willens sind, im Sinne des § 3d Schutz vor Verfolgung zu bieten, und dies unabhängig davon, ob in dem Land eine staatliche Herrschaftsmacht vorhanden ist oder nicht.

§ 3d Akteure, die Schutz bieten können

(1) Schutz vor Verfolgung kann nur geboten werden

1. vom Staat oder
2. von Parteien oder Organisationen einschließlich internationaler Organisationen, die den Staat oder einen wesentlichen Teil des Staatsgebiets beherrschen,

sofern sie willens und in der Lage sind, Schutz gemäß Absatz 2 zu bieten.

(2) Der Schutz vor Verfolgung muss wirksam und darf nicht nur vorübergehender Art sein. Generell ist ein solcher Schutz gewährleistet, wenn die in Absatz 1 genannten Akteure geeignete Schritte einleiten, um die Verfolgung zu verhindern, beispielsweise durch wirksame Rechtsvorschriften zur Ermittlung, Strafverfolgung und Ahndung von Handlungen, die eine Verfolgung darstellen, und wenn der Ausländer Zugang zu diesem Schutz hat.

(3) Bei der Beurteilung der Frage, ob eine internationale Organisation einen Staat oder einen wesentlichen Teil seines Staatsgebiets beherrscht und den in Absatz 2 genannten Schutz bietet, sind etwaige in einschlägigen Rechtsakten der Europäischen Union aufgestellte Leitlinien heranzuziehen.

§ 3e Interner Schutz

(1) Dem Ausländer wird die Flüchtlingseigenschaft nicht zuerkannt, wenn er

1. in einem Teil seines Herkunftslandes keine begründete Furcht vor Verfolgung oder Zugang zu Schutz vor Verfolgung nach § 3d hat und
2. sicher und legal in diesen Landesteil reisen kann, dort aufgenommen wird und vernünftigerweise erwartet werden kann, dass er sich dort niederlässt.

(2) Bei der Prüfung der Frage, ob ein Teil des Herkunftslandes die Voraussetzungen nach Absatz 1 erfüllt, sind die dortigen allgemeinen Gegebenheiten und die persönlichen Umstände des Ausländers gemäß Artikel 4 der Richtlinie 2011/95/EU zum Zeitpunkt der Entscheidung über den Antrag zu berücksichtigen. Zu diesem Zweck sind genaue und aktuelle Informationen aus relevanten Quellen, wie etwa Informationen des Hohen Kommissars der Vereinten Nationen für Flüchtlinge oder des Europäischen Unterstützungsbüros für Asylfragen, einzuholen.

§ 4 Subsidiärer Schutz

(1) Ein Ausländer ist subsidiär Schutzberechtigter, wenn er stichhaltige Gründe für die Annahme vorgebracht hat, dass ihm in seinem Herkunftsland ein ernsthafter Schaden droht. Als ernsthafter Schaden gilt:

1. die Verhängung oder Vollstreckung der Todesstrafe,
2. Folter oder unmenschliche oder erniedrigende Behandlung oder Bestrafung oder
3. eine ernsthafte individuelle Bedrohung des Lebens oder der Unversehrtheit einer Zivilperson infolge willkürlicher Gewalt im Rahmen eines internationalen oder innerstaatlichen bewaffneten Konflikts.

(2) Ein Ausländer ist von der Zuerkennung subsidiären Schutzes nach Absatz 1 ausgeschlossen, wenn schwerwiegende Gründe die Annahme rechtfertigen, dass er

1. ein Verbrechen gegen den Frieden, ein Kriegsverbrechen oder ein Verbrechen gegen die Menschlichkeit im Sinne der internationalen Vertragswerke begangen hat, die ausgearbeitet worden sind, um Bestimmungen bezüglich dieser Verbrechen festzulegen,
2. eine schwere Straftat begangen hat,
3. sich Handlungen zuschulden kommen lassen hat, die den Zielen und Grundsätzen der Vereinten Nationen, wie sie in der Präambel und den Artikeln 1 und 2 der Charta der Vereinten Nationen (BGBl. 1973 II S. 430, 431) verankert sind, zuwiderlaufen oder
4. eine Gefahr für die Allgemeinheit oder für die Sicherheit der Bundesrepublik Deutschland darstellt.

Diese Ausschlussgründe gelten auch für Ausländer, die andere zu den genannten Straftaten oder Handlungen anstiften oder sich in sonstiger Weise daran beteiligen.

(3) Die §§ 3c bis 3e gelten entsprechend. An die Stelle der Verfolgung, des Schutzes vor Verfolgung beziehungsweise der begründeten Furcht vor Verfolgung treten die Gefahr eines ernsthaften Schadens, der Schutz vor einem ernsthaften Schaden beziehungsweise die tatsächliche Gefahr eines ernsthaften Schadens; an die Stelle der Flüchtlingseigenschaft tritt der subsidiäre Schutz.

II

Abschnitt 3
Allgemeine Bestimmungen

§ 5 Bundesamt

(1) Über Asylanträge entscheidet das Bundesamt für Migration und Flüchtlinge (Bundesamt). Es ist nach Maßgabe dieses Gesetzes auch für ausländerrechtliche Maßnahmen und Entscheidungen zuständig.

(2) Das Bundesministerium des Innern bestellt den Leiter des Bundesamtes. Dieser sorgt für die ordnungsgemäße Organisation der Asylverfahren.

(3) Der Leiter des Bundesamtes soll bei jeder Zentralen Aufnahmeeinrichtung für Asylbewerber (Aufnahmeeinrichtung) mit mindestens 1000 dauerhaften Unterbringungsplätzen in Abstimmung mit dem Land eine Außenstelle einrichten. Er kann in Abstimmung mit den Ländern weitere Außenstellen einrichten.

(4) Der Leiter des Bundesamtes kann mit den Ländern vereinbaren, ihm sachliche und personelle Mittel zur notwendigen Erfüllung seiner Aufgaben in den Außenstellen zur Verfügung zu stellen. Die ihm zur Verfügung gestellten Bediensteten unterliegen im gleichen Umfang seinen fachlichen Weisungen wie die Bediensteten des Bundesamtes. Die näheren Einzelheiten sind in einer Verwaltungsvereinbarung zwischen dem Bund und dem Land zu regeln.

(5) Der Leiter des Bundesamtes kann mit den Ländern vereinbaren, dass in einer Aufnahmeeinrichtung Ausländer untergebracht werden, deren Verfahren beschleunigt nach § 30a bearbeitet werden sollen (besondere Aufnahmeeinrichtungen). Das Bundesamt richtet Außenstellen bei den besonderen Aufnahmeeinrichtungen nach Satz 1 ein oder ordnet sie diesen zu. Auf besondere Aufnahmeeinrichtungen finden die für Aufnahmeeinrichtungen geltenden Regelungen Anwendung, soweit nicht in diesem Gesetz oder einer anderen Rechtsvorschrift etwas anderes bestimmt wird.

§ 6 Verbindlichkeit asylrechtlicher Entscheidungen

Die Entscheidung über den Asylantrag ist in allen Angelegenheiten verbindlich, in denen die Anerkennung als Asylberechtigter oder die Zuerkennung des internationalen Schutzes im Sinne des § 1 Absatz 1 Nummer 2 rechtserheblich ist. Dies gilt nicht für das Auslieferungsverfahren sowie das Verfahren nach § 58a des Aufenthaltsgesetzes.

§ 7 Erhebung personenbezogener Daten

(1) Die mit der Ausführung dieses Gesetzes betrauten Behörden dürfen zum Zwecke der Ausführung dieses Gesetzes personenbezogene Daten erheben, soweit dies zur Erfüllung ihrer Aufgaben erforderlich ist. Daten im Sinne des § 3 Abs. 9 des Bundesdatenschutzgesetzes sowie entsprechender Vorschriften der Datenschutzgesetze der Länder dürfen erhoben werden, soweit dies im Einzelfall zur Aufgabenerfüllung erforderlich ist.

(2) Die Daten sind beim Betroffenen zu erheben. Sie dürfen auch ohne Mitwirkung des Betroffenen bei anderen öffentlichen Stellen, ausländischen Behörden und nichtöffentlichen Stellen erhoben werden, wenn

1. dieses Gesetz oder eine andere Rechtsvorschrift es vorsieht oder zwingend voraussetzt,
2. es offensichtlich ist, dass es im Interesse des Betroffenen liegt und kein Grund zu der Annahme besteht, dass er in Kenntnis der Erhebung seine Einwilligung verweigern würde,
3. die Mitwirkung des Betroffenen nicht ausreicht oder einen unverhältnismäßigen Aufwand erfordern würde,
4. die zu erfüllende Aufgabe ihrer Art nach eine Erhebung bei anderen Personen oder Stellen erforderlich macht oder
5. es zur Überprüfung der Angaben des Betroffenen erforderlich ist.

Nach Satz 2 Nr. 3 und 4 sowie bei ausländischen Behörden und nichtöffentlichen Stellen dürfen Daten nur erhoben werden, wenn keine Anhaltspunkte dafür bestehen, dass überwiegende schutzwürdige Interessen des Betroffenen beeinträchtigt werden.

(3) Die Asylverfahrensakten des Bundesamtes sind spätestens zehn Jahre nach unanfechtbarem Abschluss des Asylverfahrens zu

vernichten sowie in den Datenverarbeitungssystemen des Bundesamtes zu löschen. Die Fristen zur Vernichtung und Löschung aufgrund anderer Vorschriften bleiben davon unberührt.

§ 8 Übermittlung personenbezogener Daten

(1) Öffentliche Stellen haben auf Ersuchen (§ 7 Abs. 1) den mit der Ausführung dieses Gesetzes betrauten Behörden ihnen bekannt gewordene Umstände mitzuteilen, soweit besondere gesetzliche Verwendungsregelungen oder überwiegende schutzwürdige Interessen des Betroffenen nicht entgegenstehen.

(1a) Die für die Einleitung eines Strafverfahrens zuständigen Stellen haben in Strafsachen gegen den Betroffenen das Bundesamt unverzüglich zu unterrichten über

1. die Einleitung des Strafverfahrens, soweit dadurch eine Gefährdung des Untersuchungszwecks nicht zu erwarten ist, und die Erhebung der öffentlichen Klage, wenn eine Freiheitsstrafe von mindestens drei Jahren zu erwarten ist,
2. die Einleitung des Strafverfahrens, soweit dadurch eine Gefährdung des Untersuchungszwecks nicht zu erwarten ist, und die Erhebung der öffentlichen Klage wegen einer oder mehrerer vorsätzlicher Straftaten gegen das Leben, die körperliche Unversehrtheit, die sexuelle Selbstbestimmung, das Eigentum oder wegen Widerstands gegen Vollstreckungsbeamte, sofern die Straftat mit Gewalt, unter Anwendung von Drohung mit Gefahr für Leib oder Leben oder mit List begangen worden ist, oder eine Straftat nach § 177 des Strafgesetzbuches ist, wenn eine Freiheits- oder Jugendstrafe von mindestens einem Jahr zu erwarten ist, und
3. die Erledigung eines Strafverfahrens
   a) durch eine rechtskräftige Verurteilung zu einer Freiheitsstrafe von mindestens drei Jahren,
   b) durch eine rechtskräftige Verurteilung zu einer Freiheits- oder Jugendstrafe von mindestens einem Jahr wegen einer oder mehrerer vorsätzlicher Straftaten gegen das Leben, die körperliche Unversehrtheit, die sexuelle Selbstbestimmung, das Eigentum oder wegen Widerstands gegen Vollstreckungsbeamte, sofern die Straftat mit Gewalt, unter Anwendung von Drohung mit Gefahr für Leib oder Leben oder mit List begangen worden ist oder eine Straftat nach § 177 des Strafgesetzbuches ist, oder
   c) in sonstiger Weise im Falle einer vorausgegangenen Unterrichtung nach Nummer 1 oder 2.

(1b) Die oberste Landesbehörde oder die von ihr bestimmte Stelle kann dem Bundesamt personenbezogene Informationen über körperliche, seelische, geistige oder Sinnesbeeinträchtigungen eines Ausländers übermitteln, deren Kenntnis für das Bundesamt zur ordnungsgemäßen Durchführung der Anhörung erforderlich ist. Die Daten dürfen nur zu diesem Zweck verwendet werden und sind anschließend zu löschen.

(1c) Die Träger der Grundsicherung für Arbeitsuchende, die mit der polizeilichen Kontrolle des grenzüberschreitenden Verkehrs beauftragten Behörden, die Ausländerbehörden und die deutschen Auslandsvertretungen teilen den mit der Ausführung dieses Gesetzes betrauten Behörden mit, wenn sie von Umständen Kenntnis erlangt haben, dass ein Asylberechtigter oder ein Ausländer, dem internationaler Schutz im Sinne des § 1 Absatz 1 Nummer 2 zuerkannt worden ist, in sein Herkunftsland (§ 3 Absatz 1 Nummer 2) gereist ist. Die nach Satz 1 übermittelten Informationen dürfen nur für die Prüfung genutzt werden, ob die Voraussetzungen für einen Widerruf oder eine Rücknahme der Asylberechtigung oder des internationalen Schutzes vorliegen.

(2) Die zuständigen Behörden unterrichten das Bundesamt unverzüglich über ein förmliches Auslieferungsersuchen und ein mit der Ankündigung des Auslieferungsersuchens verbundenes Festnahmeersuchen eines anderen Staates sowie über den Abschluss des

Auslieferungsverfahrens, wenn der Ausländer einen Asylantrag gestellt hat.

(2a) Die mit der Ausführung dieses Gesetzes betrauten Behörden teilen Umstände und Maßnahmen nach diesem Gesetz, deren Kenntnis für die Leistung an Leistungsberechtigte des Asylbewerberleistungsgesetzes erforderlich ist, sowie die ihnen mitgeteilten Erteilungen von Arbeitserlaubnissen an diese Personen und Angaben über das Erlöschen, den Widerruf oder die Rücknahme der Arbeitserlaubnisse den nach § 10 des Asylbewerberleistungsgesetzes zuständigen Behörden mit.

(3) Die nach diesem Gesetz erhobenen Daten dürfen auch

1. zur Ausführung des Aufenthaltsgesetzes,
2. zur gesundheitlichen Betreuung und Versorgung von Asylbewerbern,
3. für Maßnahmen der Strafverfolgung,
4. zur Abwehr von erheblichen Gefahren für Leib und Leben des Asylbewerbers oder von Dritten und
5. auf Ersuchen zur Verfolgung von Ordnungswidrigkeiten

den damit betrauten öffentlichen Stellen, soweit es zur Erfüllung der in ihrer Zuständigkeit liegenden Aufgaben erforderlich ist, übermittelt und von diesen dafür verarbeitet und genutzt werden. Sie dürfen an eine in § 35 Abs. 1 des Ersten Buches Sozialgesetzbuch genannte Stelle übermittelt und von dieser verarbeitet und genutzt werden, soweit dies für die Aufdeckung und Verfolgung von unberechtigtem Bezug von Leistungen nach dem Zwölften Buch Sozialgesetzbuch, von Leistungen der Kranken- und Unfallversicherungsträger oder von Arbeitslosengeld oder Leistungen zur Sicherung des Lebensunterhalts nach dem Zweiten Buch Sozialgesetzbuch erforderlich ist und wenn tatsächliche Anhaltspunkte für einen unberechtigten Bezug vorliegen. Die nach diesem Gesetz erhobenen Daten dürfen der Bundesagentur für Arbeit übermittelt und von dieser verarbeitet und genutzt werden, soweit dies zur Erfüllung von Aufgaben nach dem Dritten Buch Sozialgesetzbuch erforderlich ist. § 88 Abs. 1 bis 3 des Aufenthaltsgesetzes findet entsprechende Anwendung.

(4) Die Übermittlung und Verarbeitung der im Asylverfahren erfassten Daten sind zulässig, soweit dies für die Entscheidung des Bundesamtes über die Zulassung zum Integrationskurs nach § 44 Absatz 4 des Aufenthaltsgesetzes oder zu einer Maßnahme der berufsbezogenen Deutschsprachförderung nach § 45a Absatz 2 Satz 3 und 4 des Aufenthaltsgesetzes erforderlich ist.

(5) Eine Datenübermittlung auf Grund anderer gesetzlicher Vorschriften bleibt unberührt.

(6) Die Regelung des § 20 Abs. 5 des Bundesdatenschutzgesetzes sowie entsprechende Vorschriften der Datenschutzgesetze der Länder finden keine Anwendung.

§ 9 Hoher Flüchtlingskommissar der Vereinten Nationen

(1) Der Ausländer kann sich an den Hohen Flüchtlingskommissar der Vereinten Nationen wenden. Dieser kann in Einzelfällen in Verfahren beim Bundesamt Stellung nehmen. Er kann Ausländer aufsuchen, auch wenn sie sich in Gewahrsam befinden oder sich im Transitbereich eines Flughafens aufhalten.

(2) Das Bundesamt übermittelt dem Hohen Flüchtlingskommissar der Vereinten Nationen auf dessen Ersuchen die erforderlichen Informationen zur Erfüllung seiner Aufgaben nach Artikel 35 des Abkommens über die Rechtsstellung der Flüchtlinge.

(3) Entscheidungen über Asylanträge und sonstige Angaben, insbesondere die vorgetragenen Verfolgungsgründe dürfen, außer in anonymisierter Form, nur übermittelt werden, wenn sich der Ausländer selbst an den Hohen Flüchtlingskommissar der Vereinten Nationen gewandt hat oder die Einwilligung des Ausländers anderweitig nachgewiesen ist.

(4) Die Daten dürfen nur zu dem Zweck verwendet werden, zu dem sie übermittelt wurden.

(5) Die Absätze 1 bis 4 gelten entsprechend für Organisationen, die im Auftrag des Hohen Flüchtlingskommissars der Vereinten Natio-

nen auf der Grundlage einer Vereinbarung mit der Bundesrepublik Deutschland im Bundesgebiet tätig sind.

§ 10 Zustellungsvorschriften

(1) Der Ausländer hat während der Dauer des Asylverfahrens vorzusorgen, dass ihn Mitteilungen des Bundesamtes, der zuständigen Ausländerbehörde und der angerufenen Gerichte stets erreichen können; insbesondere hat er jeden Wechsel seiner Anschrift den genannten Stellen unverzüglich anzuzeigen.

(2) Der Ausländer muss Zustellungen und formlose Mitteilungen unter der letzten Anschrift, die der jeweiligen Stelle auf Grund seines Asylantrags oder seiner Mitteilung bekannt ist, gegen sich gelten lassen, wenn er für das Verfahren weder einen Bevollmächtigten bestellt noch einen Empfangsberechtigten benannt hat oder diesen nicht zugestellt werden kann. Das Gleiche gilt, wenn die letzte bekannte Anschrift, unter der der Ausländer wohnt oder zu wohnen verpflichtet ist, durch eine öffentliche Stelle mitgeteilt worden ist. Der Ausländer muss Zustellungen und formlose Mitteilungen anderer als der in Absatz 1 bezeichneten öffentlichen Stellen unter der Anschrift gegen sich gelten lassen, unter der er nach den Sätzen 1 und 2 Zustellungen und formlose Mitteilungen des Bundesamtes gegen sich gelten lassen muss. Kann die Sendung dem Ausländer nicht zugestellt werden, so gilt die Zustellung mit der Aufgabe zur Post als bewirkt, selbst wenn die Sendung als unzustellbar zurückkommt.

(3) Betreiben Familienangehörige im Sinne des § 26 Absatz 1 bis 3 ein gemeinsames Asylverfahren und ist nach Absatz 2 für alle Familienangehörigen dieselbe Anschrift maßgebend, können für sie bestimmte Entscheidungen und Mitteilungen in einem Bescheid oder einer Mitteilung zusammengefasst und einem Familienangehörigen zugestellt werden, sofern er volljährig ist. In der Anschrift sind alle volljährigen Familienangehörigen zu nennen, für die die Entscheidung oder Mitteilung bestimmt ist. In der Entscheidung oder Mitteilung ist ausdrücklich darauf hinzuweisen, gegenüber welchen Familienangehörigen sie gilt.

(4) In einer Aufnahmeeinrichtung hat diese Zustellungen und formlose Mitteilungen an die Ausländer, die nach Maßgabe des Absatzes 2 Zustellungen und formlose Mitteilungen unter der Anschrift der Aufnahmeeinrichtung gegen sich gelten lassen müssen, vorzunehmen. Postausgabe- und Postverteilungszeiten sind für jeden Werktag durch Aushang bekannt zu machen. Der Ausländer hat sicherzustellen, dass ihm Posteingänge während der Postausgabe- und Postverteilungszeiten in der Aufnahmeeinrichtung ausgehändigt werden können. Zustellungen und formlose Mitteilungen sind mit der Aushändigung an den Ausländer bewirkt; im Übrigen gelten sie am dritten Tag nach Übergabe an die Aufnahmeeinrichtung als bewirkt.

(5) Die Vorschriften über die Ersatzzustellung bleiben unberührt.

(6) Müsste eine Zustellung außerhalb des Bundesgebiets erfolgen, so ist durch öffentliche Bekanntmachung zuzustellen. Die Vorschriften des § 10 Abs. 1 Satz 2 und Abs. 2 des Verwaltungszustellungsgesetzes finden Anwendung.

(7) Der Ausländer ist bei der Antragstellung schriftlich und gegen Empfangsbestätigung auf diese Zustellungsvorschriften hinzuweisen.

§ 11 Ausschluss des Widerspruchs

Gegen Maßnahmen und Entscheidungen nach diesem Gesetz findet kein Widerspruch statt.

§ 11a Vorübergehende Aussetzung von Entscheidungen

Das Bundesministerium des Innern kann Entscheidungen des Bundesamtes nach diesem Gesetz zu bestimmten Herkunftsländern für die Dauer von sechs Monaten vorübergehend aussetzen, wenn die Beurteilung der asyl- und abschiebungsrelevanten Lage besonderer Aufklärung bedarf. Die Aussetzung nach Satz 1 kann verlängert werden.

Abschnitt 4
Asylverfahren

Unterabschnitt 1
Allgemeine Verfahrensvorschriften

§ 12 Handlungsfähigkeit

(1) Fähig zur Vornahme von Verfahrenshandlungen nach diesem Gesetz ist ein volljähriger Ausländer, sofern er nicht nach Maßgabe des Bürgerlichen Gesetzbuches geschäftsunfähig oder in dieser Angelegenheit zu betreuen und einem Einwilligungsvorbehalt zu unterstellen wäre.

(2) Bei der Anwendung dieses Gesetzes sind die Vorschriften des Bürgerlichen Gesetzbuches dafür maßgebend, ob ein Ausländer als minderjährig oder volljährig anzusehen ist. Die Geschäftsfähigkeit und die sonstige rechtliche Handlungsfähigkeit eines nach dem Recht seines Heimatstaates volljährigen Ausländers bleiben davon unberührt.

(3) Im Asylverfahren ist vorbehaltlich einer abweichenden Entscheidung des Familiengerichts jeder Elternteil zur Vertretung eines minderjährigen Kindes befugt, wenn sich der andere Elternteil nicht im Bundesgebiet aufhält oder sein Aufenthaltsort im Bundesgebiet unbekannt ist.

§ 12a Asylverfahrensberatung

Das Bundesamt führt eine für die Asylsuchenden freiwillige, unabhängige staatliche Asylverfahrensberatung durch. Diese erfolgt in zwei Stufen. Auf der ersten Stufe werden allen Asylsuchenden vor Antragstellung in Gruppengesprächen Informationen zum Ablauf des Asylverfahrens sowie zu Rückkehrmöglichkeiten zur Verfügung gestellt. Auf der zweiten Stufe erhalten alle Asylsuchenden in Einzelgesprächen eine individuelle Asylverfahrensberatung, die durch das Bundesamt oder durch Wohlfahrtsverbände durchgeführt wird.

§ 13 Asylantrag

(1) Ein Asylantrag liegt vor, wenn sich dem schriftlich, mündlich oder auf andere Weise geäußerten Willen des Ausländers entnehmen lässt, dass er im Bundesgebiet Schutz vor politischer Verfolgung sucht oder dass er Schutz vor Abschiebung oder einer sonstigen Rückführung in einen Staat begehrt, in dem ihm eine Verfolgung im Sinne des § 3 Absatz 1 oder ein ernsthafter Schaden im Sinne des § 4 Absatz 1 droht.

(2) Mit jedem Asylantrag wird die Anerkennung als Asylberechtigter sowie internationaler Schutz im Sinne des § 1 Absatz 1 Nummer 2 beantragt. Der Ausländer kann den Asylantrag auf die Zuerkennung internationalen Schutzes beschränken. Er ist über die Folgen einer Beschränkung des Antrags zu belehren. § 24 Absatz 2 bleibt unberührt.

(3) Ein Ausländer, der nicht im Besitz der erforderlichen Einreisepapiere ist, hat an der Grenze um Asyl nachzusuchen (§ 18). Im Falle der unerlaubten Einreise hat er sich unverzüglich bei einer Aufnahmeeinrichtung zu melden (§ 22) oder bei der Ausländerbehörde oder der Polizei um Asyl nachzusuchen (§ 19). Der nachfolgende Asylantrag ist unverzüglich zu stellen.

§ 14 Antragstellung

(1) Der Asylantrag ist bei der Außenstelle des Bundesamtes zu stellen, die der für die Aufnahme des Ausländers zuständigen Aufnahmeeinrichtung zugeordnet ist. Das Bundesamt kann den Ausländer in Abstimmung mit der von der obersten Landesbehörde bestimmten Stelle verpflichten, seinen Asylantrag bei einer anderen Außenstelle zu stellen. Der Ausländer ist vor der Antragstellung schriftlich und gegen Empfangsbestätigung darauf hinzuweisen, dass nach Rücknahme oder unanfechtbarer Ablehnung seines Asylantrags die Erteilung eines Aufenthaltstitels gemäß § 10 Abs. 3 des Aufenthaltsgesetzes Beschränkungen unterliegt. In Fällen des Absatzes 2 Satz 1 Nr. 2 ist der Hinweis unverzüglich nachzuholen.

(2) Der Asylantrag ist beim Bundesamt zu stellen, wenn der Ausländer

1. einen Aufenthaltstitel mit einer Gesamtgeltungsdauer von mehr als sechs Monaten besitzt,

2. sich in Haft oder sonstigem öffentlichem Gewahrsam, in einem Krankenhaus, einer Heil- oder Pflegeanstalt oder in einer Jugendhilfeeinrichtung befindet, oder
3. minderjährig ist und sein gesetzlicher Vertreter nicht verpflichtet ist, in einer Aufnahmeeinrichtung zu wohnen.

Die Ausländerbehörde leitet einen bei ihr eingereichten schriftlichen Antrag unverzüglich dem Bundesamt zu. Das Bundesamt bestimmt die für die Bearbeitung des Asylantrags zuständige Außenstelle.

(3) Befindet sich der Ausländer in den Fällen des Absatzes 2 Satz 1 Nr. 2 in

1. Untersuchungshaft,
2. Strafhaft,
3. Vorbereitungshaft nach § 62 Absatz 2 des Aufenthaltsgesetzes,
4. Sicherungshaft nach § 62 Absatz 3 Satz 1 Nummer 2 des Aufenthaltsgesetzes, weil er sich nach der unerlaubten Einreise länger als einen Monat ohne Aufenthaltstitel im Bundesgebiet aufgehalten hat,
5. Sicherungshaft nach § 62 Absatz 3 Satz 1 Nummer 1 und 3 des Aufenthaltsgesetzes
6. Mitwirkungshaft nach § 62 Absatz 6 des Aufenthaltsgesetzes,
7. Ausreisegewahrsam nach § 62b des Aufenthaltsgesetzes,

steht die Asylantragstellung der Anordnung oder Aufrechterhaltung von Abschiebungshaft nicht entgegen. Dem Ausländer ist unverzüglich Gelegenheit zu geben, mit einem Rechtsbeistand seiner Wahl Verbindung aufzunehmen, es sei denn, er hat sich selbst vorher anwaltlichen Beistands versichert. Die Abschiebungshaft endet mit der Zustellung der Entscheidung des Bundesamtes, spätestens jedoch vier Wochen nach Eingang des Asylantrags beim Bundesamt, es sei denn, es wurde auf Grund von Rechtsvorschriften der Europäischen Gemeinschaft oder eines völkerrechtlichen Vertrages über die Zuständigkeit für die Durchführung von Asylverfahren ein Auf- oder Wiederaufnahmeersuchen an einen anderen Staat gerichtet oder der Asylantrag wurde als unzulässig nach § 29 Absatz 1 Nummer 4 oder als offensichtlich unbegründet abgelehnt.

§ 14a Familieneinheit

(1) Mit der Asylantragstellung nach § 14 gilt ein Asylantrag auch für jedes minderjährige ledige Kind des Ausländers als gestellt, das sich zu diesem Zeitpunkt im Bundesgebiet aufhält, ohne freizügigkeitsberechtigt oder im Besitz eines Aufenthaltstitels zu sein, wenn es zuvor noch keinen Asylantrag gestellt hatte.

(2) Reist ein minderjähriges lediges Kind des Ausländers nach dessen Asylantragstellung ins Bundesgebiet ein oder wird es hier geboren, so ist dies dem Bundesamt unverzüglich anzuzeigen, wenn ein Elternteil eine Aufenthaltsgestattung besitzt oder sich nach Abschluss seines Asylverfahrens ohne Aufenthaltstitel oder mit einer Aufenthaltserlaubnis nach § 25 Abs. 5 des Aufenthaltsgesetzes im Bundesgebiet aufhält. Die Anzeigepflicht obliegt neben dem Vertreter des Kindes im Sinne von § 12 Abs. 3 auch der Ausländerbehörde. Mit Zugang der Anzeige beim Bundesamt gilt ein Asylantrag für das Kind als gestellt.

(3) Der Vertreter des Kindes im Sinne von § 12 Abs. 3 kann bis zur Zustellung der Entscheidung des Bundesamtes auf die Durchführung eines Asylverfahrens für das Kind verzichten, indem er erklärt, dass dem Kind keine Verfolgung im Sinne des § 3 Absatz 1 und kein ernsthafter Schaden im Sinne des § 4 Absatz 1 drohen. § 13 Absatz 2 Satz 2 gilt entsprechend.

(4) Die Absätze 1 bis 3 sind auch anzuwenden, wenn der Asylantrag vor dem 1. Januar 2005 gestellt worden ist und das Kind sich zu diesem Zeitpunkt im Bundesgebiet aufgehalten hat, später eingereist ist oder hier geboren wurde.

§ 15 Allgemeine Mitwirkungspflichten

(1) Der Ausländer ist persönlich verpflichtet, bei der Aufklärung des Sachverhalts mitzuwirken. Dies gilt auch, wenn er sich durch einen Bevollmächtigten vertreten lässt.

(2) Er ist insbesondere verpflichtet,

1. den mit der Ausführung dieses Gesetzes betrauten Behörden die erforderlichen Angaben mündlich und nach Aufforderung auch schriftlich zu machen;
2. das Bundesamt unverzüglich zu unterrichten, wenn ihm ein Aufenthaltstitel erteilt worden ist;
3. den gesetzlichen und behördlichen Anordnungen, sich bei bestimmten Behörden oder Einrichtungen zu melden oder dort persönlich zu erscheinen, Folge zu leisten;
4. seinen Pass oder Passersatz den mit der Ausführung dieses Gesetzes betrauten Behörden vorzulegen, auszuhändigen und zu überlassen;
5. alle erforderlichen Urkunden und sonstigen Unterlagen, die in seinem Besitz sind, den mit der Ausführung dieses Gesetzes betrauten Behörden vorzulegen, auszuhändigen und zu überlassen;
6. im Falle des Nichtbesitzes eines gültigen Passes oder Passersatzes an der Beschaffung eines Identitätspapiers mitzuwirken und auf Verlangen alle Datenträger, die für die Feststellung seiner Identität und Staatsangehörigkeit von Bedeutung sein können und in deren Besitz er ist, den mit der Ausführung dieses Gesetzes betrauten Behörden vorzulegen, auszuhändigen und zu überlassen;
7. die vorgeschriebenen erkennungsdienstlichen Maßnahmen zu dulden.

(3) Erforderliche Urkunden und sonstige Unterlagen nach Absatz 2 Nr. 5 sind insbesondere

1. alle Urkunden und Unterlagen, die neben dem Pass oder Passersatz für die Feststellung der Identität und Staatsangehörigkeit von Bedeutung sein können,
2. von anderen Staaten erteilte Visa, Aufenthaltstitel und sonstige Grenzübertrittspapiere,
3. Flugscheine und sonstige Fahrausweise,
4. Unterlagen über den Reiseweg vom Herkunftsland in das Bundesgebiet, die benutzten Beförderungsmittel und über den Aufenthalt in anderen Staaten nach der Ausreise aus dem Herkunftsland und vor der Einreise in das Bundesgebiet sowie
5. alle sonstigen Urkunden und Unterlagen, auf die der Ausländer sich beruft oder die für die zu treffenden asyl- und ausländerrechtlichen Entscheidungen und Maßnahmen einschließlich der Feststellung und Geltendmachung einer Rückführungsmöglichkeit in einen anderen Staat von Bedeutung sind.

(4) Die mit der Ausführung dieses Gesetzes betrauten Behörden können den Ausländer und Sachen, die von ihm mitgeführt werden, durchsuchen, wenn der Ausländer seinen Verpflichtungen nach Absatz 2 Nr. 4 und 5 nicht nachkommt sowie nicht gemäß Absatz 2 Nummer 6 auf Verlangen die Datenträger vorlegt, aushändigt oder überlässt und Anhaltspunkte bestehen, dass er im Besitz solcher Unterlagen oder Datenträger ist. Der Ausländer darf nur von einer Person gleichen Geschlechts durchsucht werden.

(5) Durch die Rücknahme des Asylantrags werden die Mitwirkungspflichten des Ausländers nicht beendet.

§ 15a Auswertung von Datenträgern

(1) Die Auswertung von Datenträgern ist nur zulässig, soweit dies für die Feststellung der Identität und Staatsangehörigkeit des Ausländers nach § 15 Absatz 2 Nummer 6 erforderlich ist und der Zweck der Maßnahme nicht durch mildere Mittel erreicht werden kann. § 48 Absatz 3a Satz 2 bis 8 und § 48a des Aufenthaltsgesetzes gelten entsprechend.

(2) Für die in Absatz 1 genannten Maßnahmen ist das Bundesamt zuständig.

§ 16 Sicherung, Feststellung und Überprüfung der Identität

(1) Die Identität eines Ausländers, der um Asyl nachsucht, ist durch erkennungsdienstliche Maßnahmen zu sichern. Nach Satz 1 dürfen nur Lichtbilder und Abdrucke aller zehn Finger aufgenommen werden; soweit ein Ausländer noch nicht das 14. Lebensjahr vollendet hat, dürfen nach Satz 1 nur Lichtbilder aufgenommen werden. Zur Bestim-

mung des Herkunftsstaates oder der Herkunftsregion des Ausländers kann das gesprochene Wort außerhalb der förmlichen Anhörung des Ausländers auf Ton- oder Datenträger aufgezeichnet werden. Diese Erhebung darf nur erfolgen, wenn der Ausländer vorher darüber in Kenntnis gesetzt wurde. Die Sprachaufzeichnungen werden beim Bundesamt aufbewahrt.

(1a) Zur Prüfung der Echtheit des Dokumentes oder der Identität des Ausländers dürfen die auf dem elektronischen Speichermedium eines Passes, anerkannten Passersatzes oder sonstigen Identitätspapiers gespeicherten biometrischen und sonstigen Daten ausgelesen, die benötigten biometrischen Daten erhoben und die biometrischen Daten miteinander verglichen werden. Biometrische Daten nach Satz 1 sind nur die Fingerabdrücke, das Lichtbild und die Irisbilder.

(2) Zuständig für die Maßnahmen nach den Absätzen 1 und 1a sind das Bundesamt und, sofern der Ausländer dort um Asyl nachsucht, auch die in den §§ 18 und 19 bezeichneten Behörden sowie die Aufnahmeeinrichtung, bei der sich der Ausländer meldet.

(3) Das Bundeskriminalamt leistet Amtshilfe bei der Auswertung der nach Absatz 1 Satz 1 erhobenen Daten zum Zwecke der Identitätsfeststellung. Es darf hierfür auch von ihm zur Erfüllung seiner Aufgaben gespeicherte erkennungsdienstliche Daten verwenden. Das Bundeskriminalamt darf den in Absatz 2 bezeichneten Behörden den Grund der Speicherung dieser Daten nicht mitteilen, soweit dies nicht nach anderen Rechtsvorschriften zulässig ist.

(3a) Im Rahmen seiner Amtshilfe nach Absatz 3 Satz 1 darf das Bundeskriminalamt die nach Absatz 1 Satz 1 erhobenen Daten auch an die für die Überprüfung der Identität von Personen zuständigen öffentlichen Stellen von Drittstaaten mit Ausnahme des Herkunftsstaates der betroffenen Person sowie von Drittstaaten, in denen die betroffene Person eine Verfolgung oder einen ernsthaften Schaden zu befürchten hat, übermitteln. Die Verantwortung für die Zulässigkeit der Übermittlung trägt das Bundeskriminalamt. Das Bundeskriminalamt hat die Übermittlung und ihren Anlass aufzuzeichnen. Die empfangende Stelle personenbezogener Daten ist darauf hinzuweisen, dass sie nur zu dem Zweck genutzt werden dürfen, zu dem sie übermittelt worden sind. Ferner ist ihr der beim Bundeskriminalamt vorgesehene Löschungszeitpunkt mitzuteilen. Die Übermittlung unterbleibt, wenn tatsächliche Anhaltspunkte dafür vorliegen, dass

1. unter Berücksichtigung der Art der Daten und ihrer Erhebung die schutzwürdigen Interessen der betroffenen Person, insbesondere ihr Interesse, Schutz vor Verfolgung zu erhalten, das Allgemeininteresse an der Übermittlung überwiegen oder
2. die Übermittlung der Daten zu den Grundrechten, dem Abkommen vom 28. Juli 1951 über die Rechtsstellung der Flüchtlinge sowie der Konvention zum Schutz der Menschenrechte und Grundfreiheiten in Widerspruch stünde, insbesondere dadurch, dass durch die Nutzung der übermittelten Daten im Empfängerstaat Verletzungen von elementaren rechtsstaatlichen Grundsätzen oder Menschenrechtsverletzungen drohen.

(4) Die nach Absatz 1 Satz 1 erhobenen Daten werden vom Bundeskriminalamt getrennt von anderen erkennungsdienstlichen Daten gespeichert.

(5) Die Verarbeitung und Nutzung der nach Absatz 1 erhobenen Daten ist auch zulässig zur Feststellung der Identität oder Zuordnung von Beweismitteln für Zwecke des Strafverfahrens oder zur Gefahrenabwehr. Die Daten dürfen ferner für die Identifizierung unbekannter oder vermisster Personen verwendet werden.

(6) Die nach Absatz 1 erhobenen Daten sind zehn Jahre nach unanfechtbarem Abschluss des Asylverfahrens, die nach Absatz 1a erhobenen Daten unverzüglich nach Beendigung der Prüfung der Echtheit des Dokumentes oder der Identität des Ausländers zu löschen.

§ 17 Sprachmittler

(1) Ist der Ausländer der deutschen Sprache nicht hinreichend kundig, so ist von Amts

wegen bei der Anhörung ein Dolmetscher, Übersetzer oder sonstiger Sprachmittler hinzuzuziehen, der in die Muttersprache des Ausländers oder in eine andere Sprache zu übersetzen hat, deren Kenntnis vernünftigerweise vorausgesetzt werden kann und in der er sich verständigen kann.

(2) Der Ausländer ist berechtigt, auf seine Kosten auch einen geeigneten Sprachmittler seiner Wahl hinzuzuziehen.

Unterabschnitt 2
Einleitung des Asylverfahrens

§ 18 Aufgaben der Grenzbehörde

(1) Ein Ausländer, der bei einer mit der polizeilichen Kontrolle des grenzüberschreitenden Verkehrs beauftragten Behörde (Grenzbehörde) um Asyl nachsucht, ist unverzüglich an die zuständige oder, sofern diese nicht bekannt ist, an die nächstgelegene Aufnahmeeinrichtung zur Meldung weiterzuleiten.

(2) Dem Ausländer ist die Einreise zu verweigern, wenn

1. er aus einem sicheren Drittstaat (§ 26a) einreist,
2. Anhaltspunkte dafür vorliegen, dass ein anderer Staat auf Grund von Rechtsvorschriften der Europäischen Gemeinschaft oder eines völkerrechtlichen Vertrages für die Durchführung des Asylverfahrens zuständig ist und ein Auf- oder Wiederaufnahmeverfahren eingeleitet wird, oder
3. er eine Gefahr für die Allgemeinheit bedeutet, weil er in der Bundesrepublik Deutschland wegen einer besonders schweren Straftat zu einer Freiheitsstrafe von mindestens drei Jahren rechtskräftig verurteilt worden ist, und seine Ausreise nicht länger als drei Jahre zurückliegt.

(3) Der Ausländer ist zurückzuschieben, wenn er von der Grenzbehörde im grenznahen Raum in unmittelbarem zeitlichem Zusammenhang mit einer unerlaubten Einreise angetroffen wird und die Voraussetzungen des Absatzes 2 vorliegen.

(4) Von der Einreiseverweigerung oder Zurückschiebung ist im Falle der Einreise aus einem sicheren Drittstaat (§ 26a) abzusehen, soweit

1. die Bundesrepublik Deutschland auf Grund von Rechtsvorschriften der Europäischen Gemeinschaft oder eines völkerrechtlichen Vertrages mit dem sicheren Drittstaat für die Durchführung eines Asylverfahrens zuständig ist oder
2. das Bundesministerium des Innern es aus völkerrechtlichen oder humanitären Gründen oder zur Wahrung politischer Interessen der Bundesrepublik Deutschland angeordnet hat.

(5) Die Grenzbehörde hat den Ausländer erkennungsdienstlich zu behandeln.

§ 18a Verfahren bei Einreise auf dem Luftwege

(1) Bei Ausländern aus einem sicheren Herkunftsstaat (§ 29a), die über einen Flughafen einreisen wollen und bei der Grenzbehörde um Asyl nachsuchen, ist das Asylverfahren vor der Entscheidung über die Einreise durchzuführen, soweit die Unterbringung auf dem Flughafengelände während des Verfahrens möglich oder lediglich wegen einer erforderlichen stationären Krankenhausbehandlung nicht möglich ist. Das Gleiche gilt für Ausländer, die bei der Grenzbehörde auf einem Flughafen um Asyl nachsuchen und sich dabei nicht mit einem gültigen Pass oder Passersatz ausweisen. Dem Ausländer ist unverzüglich Gelegenheit zur Stellung des Asylantrags bei der Außenstelle des Bundesamtes zu geben, die der Grenzkontrollstelle zugeordnet ist. Die persönliche Anhörung des Ausländers durch das Bundesamt soll unverzüglich stattfinden. Dem Ausländer ist danach unverzüglich Gelegenheit zu geben, mit einem Rechtsbeistand seiner Wahl Verbindung aufzunehmen, es sei denn, er hat sich selbst vorher anwaltlichen Beistands versichert. § 18 Abs. 2 bleibt unberührt.

(2) Lehnt das Bundesamt den Asylantrag als offensichtlich unbegründet ab, droht es dem Ausländer nach Maßgabe der §§ 34 und 36 Abs. 1 vorsorglich für den Fall der Einreise die Abschiebung an.

(3) Wird der Asylantrag als offensichtlich unbegründet abgelehnt, ist dem Ausländer die Einreise zu verweigern. Die Entscheidungen des Bundesamtes sind zusammen mit der Einreiseverweigerung von der Grenzbehörde zuzustellen. Diese übermittelt unverzüglich dem zuständigen Verwaltungsgericht eine Kopie ihrer Entscheidung und den Verwaltungsvorgang des Bundesamtes.

(4) Ein Antrag auf Gewährung vorläufigen Rechtsschutzes nach der Verwaltungsgerichtsordnung ist innerhalb von drei Tagen nach Zustellung der Entscheidungen des Bundesamtes und der Grenzbehörde zu stellen. Der Antrag kann bei der Grenzbehörde gestellt werden. Der Ausländer ist hierauf hinzuweisen. § 58 der Verwaltungsgerichtsordnung ist entsprechend anzuwenden. Die Entscheidung soll im schriftlichen Verfahren ergehen. § 36 Abs. 4 ist anzuwenden. Im Falle der rechtzeitigen Antragstellung darf die Einreiseverweigerung nicht vor der gerichtlichen Entscheidung (§ 36 Abs. 3 Satz 9) vollzogen werden.

(5) Jeder Antrag nach Absatz 4 richtet sich auf Gewährung der Einreise und für den Fall der Einreise gegen die Abschiebungsandrohung. Die Anordnung des Gerichts, dem Ausländer die Einreise zu gestatten, gilt zugleich als Aussetzung der Abschiebung.

(6) Dem Ausländer ist die Einreise zu gestatten, wenn

1. das Bundesamt der Grenzbehörde mitteilt, dass es nicht kurzfristig entscheiden kann,
2. das Bundesamt nicht innerhalb von zwei Tagen nach Stellung des Asylantrags über diesen entschieden hat,
3. das Gericht nicht innerhalb von vierzehn Tagen über einen Antrag nach Absatz 4 entschieden hat oder
4. die Grenzbehörde keinen nach § 15 Abs. 6 des Aufenthaltsgesetzes erforderlichen Haftantrag stellt oder der Richter die Anordnung oder die Verlängerung der Haft ablehnt.

§ 19 Aufgaben der Ausländerbehörde und der Polizei

(1) Ein Ausländer, der bei einer Ausländerbehörde, bei der Bundespolizei oder bei der Polizei eines Landes um Asyl nachsucht, ist in den Fällen des § 14 Abs. 1 unverzüglich an die zuständige oder, sofern diese nicht bekannt ist, an die nächstgelegene Aufnahmeeinrichtung zur Meldung weiterzuleiten.

(2) In den Fällen des Absatzes 1 hat die Behörde, bei der ein Ausländer um Asyl nachsucht, diesen vor der Weiterleitung an die Aufnahmeeinrichtung erkennungsdienstlich zu behandeln (§ 16 Absatz 1).

(3) Ein Ausländer, der aus einem sicheren Drittstaat (§ 26a) unerlaubt eingereist ist, kann ohne vorherige Weiterleitung an eine Aufnahmeeinrichtung nach Maßgabe des § 57 Abs. 1 und 2 des Aufenthaltsgesetzes dorthin zurückgeschoben werden. In diesem Falle ordnet die Ausländerbehörde die Zurückschiebung an, sobald feststeht, dass sie durchgeführt werden kann.

(4) Vorschriften über die Festnahme oder Inhaftnahme bleiben unberührt.

§ 20 Weiterleitung an eine Aufnahmeeinrichtung

(1) Der Ausländer ist verpflichtet, der Weiterleitung nach § 18 Abs. 1 oder § 19 Abs. 1 unverzüglich oder bis zu einem ihm von der Behörde genannten Zeitpunkt zu folgen. Kommt der Ausländer der Verpflichtung nach Satz 1 nicht nach, so findet § 33 Absatz 1, 5 und 6 entsprechend Anwendung. Dies gilt nicht, wenn der Ausländer unverzüglich nachweist, dass das Versäumnis auf Umstände zurückzuführen war, auf die er keinen Einfluss hatte. Auf die Verpflichtung nach Satz 1 sowie die Rechtsfolgen einer Verletzung dieser Verpflichtung ist der Ausländer von der Behörde, bei der er um Asyl nachsucht, schriftlich und gegen Empfangsbestätigung hinzuweisen. Kann der Hinweis nach Satz 4 nicht erfolgen, ist der Ausländer zu der Aufnahmeeinrichtung zu begleiten.

(2) Die Behörde, die den Ausländer an eine Aufnahmeeinrichtung weiterleitet, teilt dieser unverzüglich die Weiterleitung, die Stel-

II

lung des Asylgesuchs und den erfolgten Hinweis nach Absatz 1 Satz 4 schriftlich mit. Die Aufnahmeeinrichtung unterrichtet unverzüglich, spätestens nach Ablauf einer Woche nach Eingang der Mitteilung nach Satz 1, die ihr zugeordnete Außenstelle des Bundesamtes darüber, ob der Ausländer in der Aufnahmeeinrichtung aufgenommen worden ist, und leitet ihr die Mitteilung nach Satz 1 zu.

§ 21 Verwahrung und Weitergabe von Unterlagen

(1) Die Behörden, die den Ausländer an eine Aufnahmeeinrichtung weiterleiten, nehmen die in § 15 Abs. 2 Nr. 4 und 5 bezeichneten Unterlagen in Verwahrung und leiten sie unverzüglich der Aufnahmeeinrichtung zu.

(2) Meldet sich der Ausländer unmittelbar bei der für seine Aufnahme zuständigen Aufnahmeeinrichtung, nimmt diese die Unterlagen in Verwahrung.

(3) Die für die Aufnahme des Ausländers zuständige Aufnahmeeinrichtung leitet die Unterlagen unverzüglich der ihr zugeordneten Außenstelle des Bundesamtes zu.

(4) Dem Ausländer sind auf Verlangen Abschriften der in Verwahrung genommenen Unterlagen auszuhändigen.

(5) Die Unterlagen sind dem Ausländer wieder auszuhändigen, wenn sie für die weitere Durchführung des Asylverfahrens oder für aufenthaltsbeendende Maßnahmen nicht mehr benötigt werden.

§ 22 Meldepflicht

(1) Ein Ausländer, der den Asylantrag bei einer Außenstelle des Bundesamtes zu stellen hat (§ 14 Abs. 1), hat sich in einer Aufnahmeeinrichtung persönlich zu melden. Diese nimmt ihn auf oder leitet ihn an die für seine Aufnahme zuständige Aufnahmeeinrichtung weiter; im Falle der Weiterleitung ist der Ausländer, soweit möglich, erkennungsdienstlich zu behandeln.

(2) Die Landesregierung oder die von ihr bestimmte Stelle kann bestimmen, dass

1. die Meldung nach Absatz 1 bei einer bestimmten Aufnahmeeinrichtung erfolgen muss,
2. ein von einer Aufnahmeeinrichtung eines anderen Landes weitergeleiteter Ausländer zunächst eine bestimmte Aufnahmeeinrichtung aufsuchen muss.

Der Ausländer ist während seines Aufenthaltes in der nach Satz 1 bestimmten Aufnahmeeinrichtung erkennungsdienstlich zu behandeln. In den Fällen des § 18 Abs. 1 und des § 19 Abs. 1 ist der Ausländer an diese Aufnahmeeinrichtung weiterzuleiten.

(3) Der Ausländer ist verpflichtet, der Weiterleitung an die für ihn zuständige Aufnahmeeinrichtung nach Absatz 1 Satz 2 oder Absatz 2 unverzüglich oder bis zu einem ihm von der Aufnahmeeinrichtung genannten Zeitpunkt zu folgen. Kommt der Ausländer der Verpflichtung nach Satz 1 nicht nach, so findet § 33 Absatz 1, 5 und 6 entsprechend Anwendung. Dies gilt nicht, wenn der Ausländer unverzüglich nachweist, dass das Versäumnis auf Umstände zurückzuführen war, auf die er keinen Einfluss hatte. § 20 Absatz 1 Satz 4 und Absatz 2 findet entsprechend Anwendung.

§ 22a Übernahme zur Durchführung eines Asylverfahrens

Ein Ausländer, der auf Grund von Rechtsvorschriften der Europäischen Gemeinschaft oder eines völkerrechtlichen Vertrages zur Durchführung eines Asylverfahrens übernommen ist, steht einem Ausländer gleich, der um Asyl nachsucht. Der Ausländer ist verpflichtet, sich bei oder unverzüglich nach der Einreise zu der Stelle zu begeben, die vom Bundesministerium des Innern oder der von ihm bestimmten Stelle bezeichnet ist.

Unterabschnitt 3
Verfahren beim Bundesamt

§ 23 Antragstellung bei der Außenstelle

(1) Der Ausländer, der in der Aufnahmeeinrichtung aufgenommen ist, ist verpflichtet, unverzüglich oder zu dem von der Aufnahmeeinrichtung genannten Termin bei der Außenstelle des Bundesamtes zur Stellung des Asylantrags persönlich zu erscheinen.

(2) Kommt der Ausländer der Verpflichtung nach Absatz 1 nicht nach, so findet § 33 Absatz 1, 5 und 6 entsprechend Anwendung. Dies gilt nicht, wenn der Ausländer unverzüglich nachweist, dass das Versäumnis auf Umstände zurückzuführen war, auf die er keinen Einfluss hatte. Auf diese Rechtsfolgen ist der Ausländer von der Aufnahmeeinrichtung schriftlich und gegen Empfangsbestätigung hinzuweisen. Die Aufnahmeeinrichtung unterrichtet unverzüglich die ihr zugeordnete Außenstelle des Bundesamtes über die Aufnahme des Ausländers in der Aufnahmeeinrichtung und den erfolgten Hinweis nach Satz 3.

§ 24 Pflichten des Bundesamtes

(1) Das Bundesamt klärt den Sachverhalt und erhebt die erforderlichen Beweise. Nach der Asylantragstellung unterrichtet das Bundesamt den Ausländer in einer Sprache, deren Kenntnis vernünftigerweise vorausgesetzt werden kann, über den Ablauf des Verfahrens und über seine Rechte und Pflichten im Verfahren, insbesondere auch über Fristen und die Folgen einer Fristversäumung. Es hat den Ausländer persönlich anzuhören. Von einer Anhörung kann abgesehen werden, wenn das Bundesamt den Ausländer als asylberechtigt anerkennen will oder wenn der Ausländer nach seinen Angaben aus einem sicheren Drittstaat (§ 26a) eingereist ist. Von einer Anhörung kann auch abgesehen werden, wenn das Bundesamt einem nach § 13 Absatz 2 Satz 2 beschränkten Asylantrag stattgeben will. Von der Anhörung ist abzusehen, wenn der Asylantrag für ein im Bundesgebiet geborenes Kind unter sechs Jahren gestellt und der Sachverhalt auf Grund des Inhalts der Verfahrensakten der Eltern oder eines Elternteils ausreichend geklärt ist.

(1a) Sucht eine große Zahl von Ausländern gleichzeitig um Asyl nach und wird es dem Bundesamt dadurch unmöglich, die Anhörung in zeitlichem Zusammenhang mit der Antragstellung durchzuführen, so kann das Bundesamt die Anhörung vorübergehend von einer anderen Behörde, die Aufgaben nach diesem Gesetz oder dem Aufenthaltsgesetz wahrnimmt, durchführen lassen. Die Anhörung darf nur von einem dafür geschulten Bediensteten durchgeführt werden. Die Bediensteten dürfen bei der Anhörung keine Uniform tragen. § 5 Absatz 4 gilt entsprechend.

(2) Nach Stellung eines Asylantrags obliegt dem Bundesamt auch die Entscheidung, ob ein Abschiebungsverbot nach § 60 Absatz 5 oder 7 des Aufenthaltsgesetzes vorliegt.

(3) Das Bundesamt unterrichtet die Ausländerbehörde unverzüglich über

1. die getroffene Entscheidung und
2. von dem Ausländer vorgetragene oder sonst erkennbare Gründe
   a) für eine Aussetzung der Abschiebung, insbesondere über die Notwendigkeit, die für eine Rückführung erforderlichen Dokumente zu beschaffen, oder
   b) die nach § 25 Abs. 3 Satz 2 Nummer 1 bis 4 des Aufenthaltsgesetzes der Erteilung einer Aufenthaltserlaubnis entgegenstehen könnten.

(4) Ergeht eine Entscheidung über den Asylantrag nicht innerhalb von sechs Monaten, hat das Bundesamt dem Ausländer auf Antrag mitzuteilen, bis wann voraussichtlich über seinen Asylantrag entschieden wird.

§ 25 Anhörung

(1) Der Ausländer muss selbst die Tatsachen vortragen, die seine Furcht vor Verfolgung oder die Gefahr eines ihm drohenden ernsthaften Schadens begründen, und die erforderlichen Angaben machen. Zu den erforderlichen Angaben gehören auch solche über Wohnsitze, Reisewege, Aufenthalte in anderen Staaten und darüber, ob bereits in anderen Staaten oder im Bundesgebiet ein Verfahren mit dem Ziel der Anerkennung als ausländischer Flüchtling, auf Zuerkennung internationalen Schutzes im Sinne des § 1 Absatz 1 Nummer 2 oder ein Asylverfahren eingeleitet oder durchgeführt ist.

(2) Der Ausländer hat alle sonstigen Tatsachen und Umstände anzugeben, die einer Abschiebung oder einer Abschiebung in einen bestimmten Staat entgegenstehen.

II

(3) Ein späteres Vorbringen des Ausländers kann unberücksichtigt bleiben, wenn andernfalls die Entscheidung des Bundesamtes verzögert würde. Der Ausländer ist hierauf und auf § 36 Abs. 4 Satz 3 hinzuweisen.

(4) Bei einem Ausländer, der verpflichtet ist, in einer Aufnahmeeinrichtung zu wohnen, soll die Anhörung in zeitlichem Zusammenhang mit der Asylantragstellung erfolgen. Einer besonderen Ladung des Ausländers und seines Bevollmächtigten bedarf es nicht. Entsprechendes gilt, wenn dem Ausländer bei oder innerhalb einer Woche nach der Antragstellung der Termin für die Anhörung mitgeteilt wird. Kann die Anhörung nicht an demselben Tag stattfinden, sind der Ausländer und sein Bevollmächtigter von dem Anhörungstermin unverzüglich zu verständigen. Erscheint der Ausländer ohne genügende Entschuldigung nicht zur Anhörung, entscheidet das Bundesamt nach Aktenlage, wobei auch die Nichtmitwirkung des Ausländers zu berücksichtigen ist.

(5) Bei einem Ausländer, der nicht verpflichtet ist, in einer Aufnahmeeinrichtung zu wohnen, kann von der persönlichen Anhörung abgesehen werden, wenn der Ausländer einer Ladung zur Anhörung ohne genügende Entschuldigung nicht folgt. In diesem Falle ist dem Ausländer Gelegenheit zur schriftlichen Stellungnahme innerhalb eines Monats zu geben. Äußert sich der Ausländer innerhalb dieser Frist nicht, entscheidet das Bundesamt nach Aktenlage, wobei auch die Nichtmitwirkung des Ausländers zu würdigen ist. § 33 bleibt unberührt.

(6) Die Anhörung ist nicht öffentlich. An ihr können Personen, die sich als Vertreter des Bundes, eines Landes oder des Hohen Flüchtlingskommissars der Vereinten Nationen ausweisen, teilnehmen. Anderen Personen kann der Leiter des Bundesamtes oder die von ihm beauftragte Person die Anwesenheit gestatten.

(7) Über die Anhörung ist eine Niederschrift aufzunehmen, die die wesentlichen Angaben des Ausländers enthält. Dem Ausländer ist eine Kopie der Niederschrift auszuhändigen oder mit der Entscheidung des Bundesamtes zuzustellen.

§ 26 Familienasyl und internationaler Schutz für Familienangehörige

(1) Der Ehegatte oder der Lebenspartner eines Asylberechtigten wird auf Antrag als Asylberechtigter anerkannt, wenn

1. die Anerkennung des Asylberechtigten unanfechtbar ist,
2. die Ehe oder Lebenspartnerschaft mit dem Asylberechtigten schon in dem Staat bestanden hat, in dem der Asylberechtigte politisch verfolgt wird,
3. der Ehegatte oder der Lebenspartner vor der Anerkennung des Ausländers als Asylberechtigter eingereist ist oder er den Asylantrag unverzüglich nach der Einreise gestellt hat und
4. die Anerkennung des Asylberechtigten nicht zu widerrufen oder zurückzunehmen ist.

Für die Anerkennung als Asylberechtigter nach Satz 1 ist es unbeachtlich, wenn die Ehe nach deutschem Recht wegen Minderjährigkeit im Zeitpunkt der Eheschließung unwirksam oder aufgehoben worden ist; dies gilt nicht zugunsten des im Zeitpunkt der Eheschließung volljährigen Ehegatten.

(2) Ein zum Zeitpunkt seiner Asylantragstellung minderjähriges lediges Kind eines Asylberechtigten wird auf Antrag als asylberechtigt anerkannt, wenn die Anerkennung des Ausländers als Asylberechtigter unanfechtbar ist und diese Anerkennung nicht zu widerrufen oder zurückzunehmen ist.

(3) Die Eltern eines minderjährigen ledigen Asylberechtigten oder ein anderer Erwachsener im Sinne des Artikels 2 Buchstabe j der Richtlinie 2011/95/EU werden auf Antrag als Asylberechtigte anerkannt, wenn

1. die Anerkennung des Asylberechtigten unanfechtbar ist,
2. die Familie im Sinne des Artikels 2 Buchstabe j der Richtlinie 2011/95/EU schon in dem Staat bestanden hat, in dem der Asylberechtigte politisch verfolgt wird,

3. sie vor der Anerkennung des Asylberechtigten eingereist sind oder sie den Asylantrag unverzüglich nach der Einreise gestellt haben,
4. die Anerkennung des Asylberechtigten nicht zu widerrufen oder zurückzunehmen ist und
5. sie die Personensorge für den Asylberechtigten innehaben.

Für zum Zeitpunkt ihrer Antragstellung minderjährige ledige Geschwister des minderjährigen Asylberechtigten gilt Satz 1 Nummer 1 bis 4 entsprechend.

(4) Die Absätze 1 bis 3 gelten nicht für Familienangehörige im Sinne dieser Absätze, die die Voraussetzungen des § 60 Absatz 8 Satz 1 des Aufenthaltsgesetzes oder des § 3 Absatz 2 erfüllen oder bei denen das Bundesamt nach § 60 Absatz 8 Satz 3 des Aufenthaltsgesetzes von der Anwendung des § 60 Absatz 1 des Aufenthaltsgesetzes abgesehen hat. Die Absätze 2 und 3 gelten nicht für Kinder eines Ausländers, der selbst nach Absatz 2 oder Absatz 3 als Asylberechtigter anerkannt worden ist.

(5) Auf Familienangehörige im Sinne der Absätze 1 bis 3 von international Schutzberechtigten sind die Absätze 1 bis 4 entsprechend anzuwenden. An die Stelle der Asylberechtigung tritt die Flüchtlingseigenschaft oder der subsidiäre Schutz. Der subsidiäre Schutz als Familienangehöriger wird nicht gewährt, wenn ein Ausschlussgrund nach § 4 Absatz 2 vorliegt.

(6) Die Absätze 1 bis 5 sind nicht anzuwenden, wenn dem Ausländer durch den Familienangehörigen im Sinne dieser Absätze eine Verfolgung im Sinne des § 3 Absatz 1 oder ein ernsthafter Schaden im Sinne des § 4 Absatz 1 droht oder er bereits einer solchen Verfolgung ausgesetzt war oder einen solchen ernsthaften Schaden erlitten hat.

§ 26a Sichere Drittstaaten

(1) Ein Ausländer, der aus einem Drittstaat im Sinne des Artikels 16a Abs. 2 Satz 1 des Grundgesetzes (sicherer Drittstaat) eingereist ist, kann sich nicht auf Artikel 16a Abs. 1 des Grundgesetzes berufen. Er wird nicht als Asylberechtigter anerkannt. Satz 1 gilt nicht, wenn

1. der Ausländer im Zeitpunkt seiner Einreise in den sicheren Drittstaat im Besitz eines Aufenthaltstitels für die Bundesrepublik Deutschland war,
2. die Bundesrepublik Deutschland auf Grund von Rechtsvorschriften der Europäischen Gemeinschaft oder eines völkerrechtlichen Vertrages mit dem sicheren Drittstaat für die Durchführung des Asylverfahrens zuständig ist oder
3. der Ausländer auf Grund einer Anordnung nach § 18 Abs. 4 Nr. 2 nicht zurückgewiesen oder zurückgeschoben worden ist.

(2) Sichere Drittstaaten sind außer den Mitgliedstaaten der Europäischen Union die in Anlage I bezeichneten Staaten.

(3) Die Bundesregierung bestimmt durch Rechtsverordnung ohne Zustimmung des Bundesrates, dass ein in Anlage I bezeichneter Staat nicht mehr als sicherer Drittstaat gilt, wenn Veränderungen in den rechtlichen oder politischen Verhältnissen dieses Staates die Annahme begründen, dass die in Artikel 16a Abs. 2 Satz 1 des Grundgesetzes bezeichneten Voraussetzungen entfallen sind. Die Verordnung tritt spätestens sechs Monate nach ihrem Inkrafttreten außer Kraft.

In Anlage I werden folgende Staaten aufgeführt: Norwegen und die Schweiz.

§ 27 Anderweitige Sicherheit vor Verfolgung

(1) Ein Ausländer, der bereits in einem sonstigen Drittstaat vor politischer Verfolgung sicher war, wird nicht als Asylberechtigter anerkannt.

(2) Ist der Ausländer im Besitz eines von einem sicheren Drittstaat (§ 26a) oder einem sonstigen Drittstaat ausgestellten Reiseausweises nach dem Abkommen über die Rechtsstellung der Flüchtlinge, so wird vermutet, dass er bereits in diesem Staat vor politischer Verfolgung sicher war.

(3) Hat sich ein Ausländer im sonstigen Drittstaat, in dem ihm keine politische Verfolgung droht, vor der Einreise in das Bundesgebiet länger als drei Monate aufgehalten, so wird vermutet, dass er dort vor politischer Verfolgung sicher war. Das gilt nicht, wenn der Ausländer glaubhaft macht, dass eine Abschiebung in einen anderen Staat, in dem ihm politische Verfolgung droht, nicht mit hinreichender Sicherheit auszuschließen war.

§ 28 Nachfluchttatbestände

(1) Ein Ausländer wird in der Regel nicht als Asylberechtigter anerkannt, wenn die Gefahr politischer Verfolgung auf Umständen beruht, die er nach Verlassen seines Herkunftslandes aus eigenem Entschluss geschaffen hat, es sei denn, dieser Entschluss entspricht einer festen, bereits im Herkunftsland erkennbar betätigten Überzeugung. Satz 1 findet insbesondere keine Anwendung, wenn der Ausländer sich auf Grund seines Alters und Entwicklungsstandes im Herkunftsland noch keine feste Überzeugung bilden konnte.

(1a) Die begründete Furcht vor Verfolgung im Sinne des § 3 Absatz 1 oder die tatsächliche Gefahr, einen ernsthaften Schaden im Sinne des § 4 Absatz 1 zu erleiden, kann auf Ereignissen beruhen, die eingetreten sind, nachdem der Ausländer das Herkunftsland verlassen hat, insbesondere auch auf einem Verhalten des Ausländers, das Ausdruck und Fortsetzung einer bereits im Herkunftsland bestehenden Überzeugung oder Ausrichtung ist.

(2) Stellt der Ausländer nach Rücknahme oder unanfechtbarer Ablehnung eines Asylantrags erneut einen Asylantrag und stützt diesen auf Umstände, die er nach Rücknahme oder unanfechtbarer Ablehnung seines früheren Antrags selbst geschaffen hat, kann in einem Folgeverfahren in der Regel die Flüchtlingseigenschaft nicht zuerkannt werden.

§ 29 Unzulässige Anträge

(1) Ein Asylantrag ist unzulässig, wenn

1. ein anderer Staat
   a) nach Maßgabe der Verordnung (EU) Nr. 604/2013 des Europäischen Parlaments und des Rates vom 26. Juni 2013 zur Festlegung der Kriterien und Verfahren zur Bestimmung des Mitgliedstaats, der für die Prüfung eines von einem Drittstaatsangehörigen oder Staatenlosen in einem Mitgliedstaat gestellten Antrags auf internationalen Schutz zuständig ist (ABl. L 180 vom 29. 6. 2013, S. 31) oder
   b) auf Grund von anderen Rechtsvorschriften der Europäischen Union oder eines völkerrechtlichen Vertrages

   für die Durchführung des Asylverfahrens zuständig ist,
2. ein anderer Mitgliedstaat der Europäischen Union dem Ausländer bereits internationalen Schutz im Sinne des § 1 Absatz 1 Nummer 2 gewährt hat,
3. ein Staat, der bereit ist, den Ausländer wieder aufzunehmen, als für den Ausländer sicherer Drittstaat gemäß § 26a betrachtet wird,
4. ein Staat, der kein Mitgliedstaat der Europäischen Union und bereit ist, den Ausländer wieder aufzunehmen, als sonstiger Drittstaat gemäß § 27 betrachtet wird oder
5. im Falle eines Folgeantrags nach § 71 oder eines Zweitantrags nach § 71a ein weiteres Asylverfahren nicht durchzuführen ist.

(2) Das Bundesamt hört den Ausländer zu den Gründen nach Absatz 1 Nummer 1 Buchstabe b bis Nummer 4 persönlich an, bevor es über die Zulässigkeit eines Asylantrags entscheidet. Zu den Gründen nach Absatz 1 Nummer 5 gibt es dem Ausländer Gelegenheit zur Stellungnahme nach § 71 Absatz 3.

(3) Erscheint der Ausländer nicht zur Anhörung über die Zulässigkeit, entscheidet das Bundesamt nach Aktenlage. Dies gilt nicht, wenn der Ausländer unverzüglich nachweist, dass das in Satz 1 genannte Versäumnis auf Umstände zurückzuführen war, auf die er keinen Einfluss hatte. Führt der Ausländer diesen Nachweis, ist das Verfahren fortzuführen.

(4) Die Anhörung zur Zulässigkeit des Asylantrags kann gemäß § 24 Absatz 1a dafür geschulten Bediensteten anderer Behörden übertragen werden.

§ 29a Sicherer Herkunftsstaat; Bericht; Verordnungsermächtigung

(1) Der Asylantrag eines Ausländers aus einem Staat im Sinne des Artikels 16a Abs. 3 Satz 1 des Grundgesetzes (sicherer Herkunftsstaat) ist als offensichtlich unbegründet abzulehnen, es sei denn, die von dem Ausländer angegebenen Tatsachen oder Beweismittel begründen die Annahme, dass ihm abweichend von der allgemeinen Lage im Herkunftsstaat Verfolgung im Sinne des § 3 Absatz 1 oder ein ernsthafter Schaden im Sinne des § 4 Absatz 1 droht.

(2) Sichere Herkunftsstaaten sind die Mitgliedstaaten der Europäischen Union und die in Anlage II bezeichneten Staaten.

(2a) Die Bundesregierung legt dem Deutschen Bundestag alle zwei Jahre, erstmals zum 23. Oktober 2017 einen Bericht darüber vor, ob die Voraussetzungen für die Einstufung der in Anlage II bezeichneten Staaten als sichere Herkunftsstaaten weiterhin vorliegen.

(3) Die Bundesregierung bestimmt durch Rechtsverordnung ohne Zustimmung des Bundesrates, dass ein in Anlage II bezeichneter Staat nicht mehr als sicherer Herkunftsstaat gilt, wenn Veränderungen in den rechtlichen oder politischen Verhältnissen dieses Staates die Annahme begründen, dass die in Artikel 16a Abs. 3 Satz 1 des Grundgesetzes bezeichneten Voraussetzungen entfallen sind. Die Verordnung tritt spätestens sechs Monate nach ihrem Inkrafttreten außer Kraft.

In Anlage II werden folgende Staaten aufgeführt:

Albanien, Bosnien und Herzegowina, Ghana, Kosovo, Mazedonien (ehemalige jugoslawische Republik), Montenegro, Senegal sowie Serbien.

§ 30 Offensichtlich unbegründete Asylanträge

(1) Ein Asylantrag ist offensichtlich unbegründet, wenn die Voraussetzungen für eine Anerkennung als Asylberechtigter und die Voraussetzungen für die Zuerkennung des internationalen Schutzes offensichtlich nicht vorliegen.

(2) Ein Asylantrag ist insbesondere offensichtlich unbegründet, wenn nach den Umständen des Einzelfalles offensichtlich ist, dass sich der Ausländer nur aus wirtschaftlichen Gründen oder um einer allgemeinen Notsituation zu entgehen, im Bundesgebiet aufhält.

(3) Ein unbegründeter Asylantrag ist als offensichtlich unbegründet abzulehnen, wenn

1. in wesentlichen Punkten das Vorbringen des Ausländers nicht substantiiert oder in sich widersprüchlich ist, offenkundig den Tatsachen nicht entspricht oder auf gefälschte oder verfälschte Beweismittel gestützt wird,
2. der Ausländer im Asylverfahren über seine Identität oder Staatsangehörigkeit täuscht oder diese Angaben verweigert,
3. er unter Angabe anderer Personalien einen weiteren Asylantrag oder ein weiteres Asylbegehren anhängig gemacht hat,
4. er den Asylantrag gestellt hat, um eine drohende Aufenthaltsbeendigung abzuwenden, obwohl er zuvor ausreichend Gelegenheit hatte, einen Asylantrag zu stellen,
5. er seine Mitwirkungspflichten nach § 13 Abs. 3 Satz 2, § 15 Abs. 2 Nr. 3 bis 5 oder § 25 Abs. 1 gröblich verletzt hat, es sei denn, er hat die Verletzung der Mitwirkungspflichten nicht zu vertreten oder ihm war die Einhaltung der Mitwirkungspflichten aus wichtigen Gründen nicht möglich,
6. er nach §§ 53, 54 des Aufenthaltsgesetzes vollziehbar ausgewiesen ist oder
7. er für einen nach diesem Gesetz handlungsunfähigen Ausländer gestellt wird oder nach § 14a als gestellt gilt, nachdem zuvor Asylanträge der Eltern oder des allein personensorgeberechtigten Elternteils unanfechtbar abgelehnt worden sind.

(4) Ein Asylantrag ist ferner als offensichtlich unbegründet abzulehnen, wenn die Voraussetzungen des § 60 Abs. 8 Satz 1 des Aufenthaltsgesetzes oder des § 3 Abs. 2 vorlie-

II

gen oder wenn das Bundesamt nach § 60 Absatz 8 Satz 3 des Aufenthaltsgesetzes von der Anwendung des § 60 Absatz 1 des Aufenthaltsgesetzes abgesehen hat.

II

(5) Ein beim Bundesamt gestellter Antrag ist auch dann als offensichtlich unbegründet abzulehnen, wenn es sich nach seinem Inhalt nicht um einen Asylantrag im Sinne des § 13 Abs. 1 handelt.

§ 30a Beschleunigte Verfahren

(1) Das Bundesamt kann das Asylverfahren in einer Außenstelle, die einer besonderen Aufnahmeeinrichtung (§ 5 Absatz 5) zugeordnet ist, beschleunigt durchführen, wenn der Ausländer

1. Staatsangehöriger eines sicheren Herkunftsstaates (§ 29a) ist,
2. die Behörden durch falsche Angaben oder Dokumente oder durch Verschweigen wichtiger Informationen oder durch Zurückhalten von Dokumenten über seine Identität oder Staatsangehörigkeit offensichtlich getäuscht hat,
3. ein Identitäts- oder ein Reisedokument, das die Feststellung seiner Identität oder Staatsangehörigkeit ermöglicht hätte, mutwillig vernichtet oder beseitigt hat, oder die Umstände offensichtlich diese Annahme rechtfertigen,
4. einen Folgeantrag gestellt hat,
5. den Antrag nur zur Verzögerung oder Behinderung der Vollstreckung einer bereits getroffenen oder unmittelbar bevorstehenden Entscheidung, die zu seiner Abschiebung führen würde, gestellt hat,
6. sich weigert, der Verpflichtung zur Abnahme seiner Fingerabdrücke gemäß der Verordnung (EU) Nr. 603/2013 des Europäischen Parlaments und des Rates vom 26. Juni 2013 über die Einrichtung von Eurodac für den Abgleich von Fingerabdruckdaten zum Zwecke der effektiven Anwendung der Verordnung (EU) Nr. 604/2013 zur Festlegung der Kriterien und Verfahren zur Bestimmung des Mitgliedstaats, der für die Prüfung eines von einem Drittstaatsangehörigen oder Staatenlosen in einem Mitgliedstaat gestellten Antrags auf internationalen Schutz zuständig ist und über der Gefahrenabwehr und Strafverfolgung dienende Anträge der Gefahrenabwehr- und Strafverfolgungsbehörden der Mitgliedstaaten und Europols auf den Abgleich mit Eurodac-Daten sowie zur Änderung der Verordnung (EU) Nr. 1077/2011 zur Errichtung einer Europäischen Agentur für das Betriebsmanagement von IT-Großsystemen im Raum der Freiheit, der Sicherheit und des Rechts (ABl. L 180 vom 29. 6. 2013, S. 1) nachzukommen, oder
7. aus schwerwiegenden Gründen der öffentlichen Sicherheit oder öffentlichen Ordnung ausgewiesen wurde oder es schwerwiegende Gründe für die Annahme gibt, dass er eine Gefahr für die nationale Sicherheit oder die öffentliche Ordnung darstellt.

(2) Macht das Bundesamt von Absatz 1 Gebrauch, so entscheidet es innerhalb einer Woche ab Stellung des Asylantrags. Kann es nicht innerhalb dieser Frist entscheiden, dann führt es das Verfahren als nicht beschleunigtes Verfahren fort.

(3) Ausländer, deren Asylanträge im beschleunigten Verfahren nach dieser Vorschrift bearbeitet werden, sind verpflichtet, bis zur Entscheidung des Bundesamtes über den Asylantrag in der für ihre Aufnahme zuständigen besonderen Aufnahmeeinrichtung zu wohnen. Die Verpflichtung nach Satz 1 gilt darüber hinaus bis zur Ausreise oder bis zum Vollzug der Abschiebungsandrohung oder -anordnung bei

1. einer Einstellung des Verfahrens oder
2. einer Ablehnung des Asylantrags
   a) nach § 29 Absatz 1 Nummer 4 als unzulässig,
   b) nach § 29a oder § 30 als offensichtlich unbegründet oder
   c) im Fall des § 71 Absatz 4.

Die §§ 48 bis 50 bleiben unberührt.

§ 31 Entscheidung des Bundesamtes über Asylanträge

(1) Die Entscheidung des Bundesamtes ergeht schriftlich. Sie ist schriftlich zu begrün-

den. Entscheidungen, die der Anfechtung unterliegen, sind den Beteiligten unverzüglich zuzustellen. Wurde kein Bevollmächtigter für das Verfahren bestellt, ist eine Übersetzung der Entscheidungsformel und der Rechtsbehelfsbelehrung in einer Sprache beizufügen, deren Kenntnis vernünftigerweise vorausgesetzt werden kann; Asylberechtigte und Ausländer, denen internationaler Schutz im Sinne des § 1 Absatz 1 Nummer 2 zuerkannt wird oder bei denen das Bundesamt ein Abschiebungsverbot nach § 60 Absatz 5 oder 7 des Aufenthaltsgesetzes festgestellt hat, werden zusätzlich über die Rechte und Pflichten unterrichtet, die sich daraus ergeben. Wird der Asylantrag nur nach § 26a oder § 29 Absatz 1 Nummer 1 abgelehnt, ist die Entscheidung zusammen mit der Abschiebungsanordnung nach § 34a dem Ausländer selbst zuzustellen. Sie kann ihm auch von der für die Abschiebung oder für die Durchführung der Abschiebung zuständigen Behörde zugestellt werden. Wird der Ausländer durch einen Bevollmächtigten vertreten oder hat er einen Empfangsberechtigten benannt, soll diesem ein Abdruck der Entscheidung zugeleitet werden.

(2) In Entscheidungen über zulässige Asylanträge und nach § 30 Abs. 5 ist ausdrücklich festzustellen, ob dem Ausländer die Flüchtlingseigenschaft oder der subsidiäre Schutz zuerkannt wird und ob er als Asylberechtigter anerkannt wird. In den Fällen des § 13 Absatz 2 Satz 2 ist nur über den beschränkten Antrag zu entscheiden.

(3) In den Fällen des Absatzes 2 und in Entscheidungen über unzulässige Asylanträge ist festzustellen, ob die Voraussetzungen des § 60 Absatz 5 oder 7 des Aufenthaltsgesetzes vorliegen. Davon kann abgesehen werden, wenn der Ausländer als Asylberechtigter anerkannt wird oder ihm internationaler Schutz im Sinne des § 1 Absatz 1 Nummer 2 zuerkannt wird.

(4) Wird der Asylantrag nur nach § 26a als unzulässig abgelehnt, bleibt § 26 Absatz 5 in den Fällen des § 26 Absatz 1 bis 4 unberührt.

(5) Wird ein Ausländer nach § 26 Absatz 1 bis 3 als Asylberechtigter anerkannt oder wird ihm nach § 26 Absatz 5 internationaler Schutz im Sinne des § 1 Absatz 1 Nummer 2 zuerkannt, soll von der Feststellung der Voraussetzungen des § 60 Absatz 5 und 7 des Aufenthaltsgesetzes abgesehen werden.

(6) Wird der Asylantrag nach § 29 Absatz 1 Nummer 1 als unzulässig abgelehnt, wird dem Ausländer in der Entscheidung mitgeteilt, welcher andere Staat für die Durchführung des Asylverfahrens zuständig ist.

(7) In der Entscheidung des Bundesamtes ist die AZR-Nummer nach § 3 Absatz 1 Nummer 2 des Gesetzes über das Ausländerzentralregister zu nennen.

§ 32 Entscheidung bei Antragsrücknahme oder Verzicht

Im Falle der Antragsrücknahme oder des Verzichts gemäß § 14a Abs. 3 stellt das Bundesamt in seiner Entscheidung fest, dass das Asylverfahren eingestellt ist und ob ein Abschiebungsverbot nach § 60 Absatz 5 oder 7 des Aufenthaltsgesetzes vorliegt. In den Fällen des § 33 ist nach Aktenlage zu entscheiden.

§ 32a Ruhen des Verfahrens

(1) Das Asylverfahren eines Ausländers ruht, solange ihm vorübergehender Schutz nach § 24 des Aufenthaltsgesetzes gewährt wird. Solange das Verfahren ruht, bestimmt sich die Rechtsstellung des Ausländers nicht nach diesem Gesetz.

(2) Der Asylantrag gilt als zurückgenommen, wenn der Ausländer nicht innerhalb eines Monats nach Ablauf der Geltungsdauer seiner Aufenthaltserlaubnis dem Bundesamt anzeigt, dass er das Asylverfahren fortführen will.

§ 33 Nichtbetreiben des Verfahrens

(1) Der Asylantrag gilt als zurückgenommen, wenn der Ausländer das Verfahren nicht betreibt.

(2) Es wird vermutet, dass der Ausländer das Verfahren nicht betreibt, wenn er

1. einer Aufforderung zur Vorlage von für den Antrag wesentlichen Informationen gemäß § 15 oder einer Aufforderung zur

Anhörung gemäß § 25 nicht nachgekommen ist,

2. untergetaucht ist oder
3. gegen die räumliche Beschränkung seiner Aufenthaltsgestattung gemäß § 56 verstoßen hat, der er wegen einer Wohnverpflichtung nach § 30a Absatz 3 unterliegt.

Die Vermutung nach Satz 1 gilt nicht, wenn der Ausländer unverzüglich nachweist, dass das in Satz 1 Nummer 1 genannte Versäumnis oder die in Satz 1 Nummer 2 und 3 genannte Handlung auf Umstände zurückzuführen war, auf die er keinen Einfluss hatte. Führt der Ausländer diesen Nachweis, ist das Verfahren fortzuführen. Wurde das Verfahren als beschleunigtes Verfahren nach § 30a durchgeführt, beginnt die Frist nach § 30a Absatz 2 Satz 1 neu zu laufen.

(3) Der Asylantrag gilt ferner als zurückgenommen, wenn der Ausländer während des Asylverfahrens in seinen Herkunftsstaat gereist ist.

(4) Der Ausländer ist auf die nach den Absätzen 1 und 3 eintretenden Rechtsfolgen schriftlich und gegen Empfangsbestätigung hinzuweisen.

(5) In den Fällen der Absätze 1 und 3 stellt das Bundesamt das Asylverfahren ein. Ein Ausländer, dessen Asylverfahren gemäß Satz 1 eingestellt worden ist, kann die Wiederaufnahme des Verfahrens beantragen. Der Antrag ist persönlich bei der Außenstelle des Bundesamtes zu stellen, die der Aufnahmeeinrichtung zugeordnet ist, in welcher der Ausländer vor der Einstellung des Verfahrens zu wohnen verpflichtet war. Stellt der Ausländer einen neuen Asylantrag, so gilt dieser als Antrag im Sinne des Satzes 2. Das Bundesamt nimmt die Prüfung in dem Verfahrensabschnitt wieder auf, in dem sie eingestellt wurde. Abweichend von Satz 5 ist das Asylverfahren nicht wieder aufzunehmen und ein Antrag nach Satz 2 oder Satz 4 ist als Folgeantrag (§ 71) zu behandeln, wenn

1. die Einstellung des Asylverfahrens zum Zeitpunkt der Antragstellung mindestens neun Monate zurückliegt oder
2. das Asylverfahren bereits nach dieser Vorschrift wieder aufgenommen worden war.

Wird ein Verfahren nach dieser Vorschrift wieder aufgenommen, das vor der Einstellung als beschleunigtes Verfahren nach § 30a durchgeführt wurde, beginnt die Frist nach § 30a Absatz 2 Satz 1 neu zu laufen.

(6) Für Rechtsbehelfe gegen eine Entscheidung nach Absatz 5 Satz 6 gilt § 36 Absatz 3 entsprechend.

Unterabschnitt 4
Aufenthaltsbeendigung

§ 34 Abschiebungsandrohung

(1) Das Bundesamt erlässt nach den §§ 59 und 60 Absatz 10 des Aufenthaltsgesetzes eine schriftliche Abschiebungsandrohung, wenn

1. der Ausländer nicht als Asylberechtigter anerkannt wird,
2. dem Ausländer nicht die Flüchtlingseigenschaft zuerkannt wird,

2a. dem Ausländer kein subsidiärer Schutz gewährt wird,

3. die Voraussetzungen des § 60 Absatz 5 und 7 des Aufenthaltsgesetzes nicht vorliegen oder die Abschiebung ungeachtet des Vorliegens der Voraussetzungen des § 60 Absatz 7 Satz 1 des Aufenthaltsgesetzes ausnahmsweise zulässig ist und
4. der Ausländer keinen Aufenthaltstitel besitzt.

Im Übrigen bleibt die Ausländerbehörde für Entscheidungen nach § 59 Absatz 1 Satz 4 und Absatz 6 des Aufenthaltsgesetzes zuständig. Eine Anhörung des Ausländers vor Erlass der Abschiebungsandrohung ist nicht erforderlich.

(2) Die Abschiebungsandrohung soll mit der Entscheidung über den Asylantrag verbunden werden. Wurde kein Bevollmächtigter für das Verfahren bestellt, sind die Entscheidungsformel der Abschiebungsandrohung und die Rechtsbehelfsbelehrung dem Ausländer in eine Sprache zu übersetzen, deren Kenntnis vernünftigerweise vorausgesetzt werden kann.

§ 34a Abschiebungsanordnung

(1) Soll der Ausländer in einen sicheren Drittstaat (§ 26a) oder in einen für die Durchführung des Asylverfahrens zuständigen Staat (§ 29 Absatz 1 Nummer 1) abgeschoben werden, ordnet das Bundesamt die Abschiebung in diesen Staat an, sobald feststeht, dass sie durchgeführt werden kann. Dies gilt auch, wenn der Ausländer den Asylantrag in einem anderen auf Grund von Rechtsvorschriften der Europäischen Union oder eines völkerrechtlichen Vertrages für die Durchführung des Asylverfahrens zuständigen Staat gestellt oder vor der Entscheidung des Bundesamtes zurückgenommen hat. Einer vorherigen Androhung und Fristsetzung bedarf es nicht. Kann eine Abschiebungsanordnung nach Satz 1 oder 2 nicht ergehen, droht das Bundesamt die Abschiebung in den jeweiligen Staat an.

(2) Anträge nach § 80 Absatz 5 der Verwaltungsgerichtsordnung gegen die Abschiebungsanordnung sind innerhalb einer Woche nach Bekanntgabe zu stellen. Die Abschiebung ist bei rechtzeitiger Antragstellung vor der gerichtlichen Entscheidung nicht zulässig. Anträge auf Gewährung vorläufigen Rechtsschutzes gegen die Befristung des Einreise- und Aufenthaltsverbots durch das Bundesamt nach § 11 Absatz 2 des Aufenthaltsgesetzes sind innerhalb einer Woche nach Bekanntgabe zu stellen. Die Vollziehbarkeit der Abschiebungsanordnung bleibt hiervon unberührt.

§ 35 Abschiebungsandrohung bei Unzulässigkeit des Asylantrags

In den Fällen des § 29 Absatz 1 Nummer 2 und 4 droht das Bundesamt dem Ausländer die Abschiebung in den Staat an, in dem er vor Verfolgung sicher war.

§ 36 Verfahren bei Unzulässigkeit nach § 29 Absatz 1 Nummer 2 und 4 und bei offensichtlicher Unbegründetheit

(1) In den Fällen der Unzulässigkeit nach § 29 Absatz 1 Nummer 2 und 4 und der offensichtlichen Unbegründetheit des Asylantrags beträgt die dem Ausländer zu setzende Ausreisefrist eine Woche.

(2) Das Bundesamt übermittelt mit der Zustellung der Entscheidung den Beteiligten eine Kopie des Inhalts der Asylakte. Der Verwaltungsvorgang ist mit dem Nachweis der Zustellung unverzüglich dem zuständigen Verwaltungsgericht zu übermitteln.

(3) Anträge nach § 80 Abs. 5 der Verwaltungsgerichtsordnung gegen die Abschiebungsandrohung sind innerhalb einer Woche nach Bekanntgabe zu stellen; dem Antrag soll der Bescheid des Bundesamtes beigefügt werden. Der Ausländer ist hierauf hinzuweisen. § 58 der Verwaltungsgerichtsordnung ist entsprechend anzuwenden. Die Entscheidung soll im schriftlichen Verfahren ergehen; eine mündliche Verhandlung, in der zugleich über die Klage verhandelt wird, ist unzulässig. Die Entscheidung soll innerhalb von einer Woche nach Ablauf der Frist des Absatzes 1 ergehen. Die Kammer des Verwaltungsgerichts kann die Frist nach Satz 5 um jeweils eine weitere Woche verlängern. Die zweite Verlängerung und weitere Verlängerungen sind nur bei Vorliegen schwerwiegender Gründe zulässig, insbesondere wenn eine außergewöhnliche Belastung des Gerichts eine frühere Entscheidung nicht möglich macht. Die Abschiebung ist bei rechtzeitiger Antragstellung vor der gerichtlichen Entscheidung nicht zulässig. Die Entscheidung ist ergangen, wenn die vollständig unterschriebene Entscheidungsformel der Geschäftsstelle der Kammer vorliegt. Anträge auf Gewährung vorläufigen Rechtsschutzes gegen die Befristung des Einreise- und Aufenthaltsverbots durch das Bundesamt nach § 11 Absatz 2 des Aufenthaltsgesetzes und die Anordnung und Befristung nach § 11 Absatz 7 des Aufenthaltsgesetzes sind ebenso innerhalb einer Woche nach Bekanntgabe zu stellen. Die Vollziehbarkeit der Abschiebungsandrohung bleibt hiervon unberührt.

(4) Die Aussetzung der Abschiebung darf nur angeordnet werden, wenn ernstliche Zweifel an der Rechtmäßigkeit des angegriffenen Verwaltungsaktes bestehen. Tatsachen und Beweismittel, die von den Beteiligten nicht

angegeben worden sind, bleiben unberücksichtigt, es sei denn, sie sind gerichtsbekannt oder offenkundig. Ein Vorbringen, das nach § 25 Abs. 3 im Verwaltungsverfahren unberücksichtigt geblieben ist, sowie Tatsachen und Umstände im Sinne des § 25 Abs. 2, die der Ausländer im Verwaltungsverfahren nicht angegeben hat, kann das Gericht unberücksichtigt lassen, wenn andernfalls die Entscheidung verzögert würde.

§ 37 Weiteres Verfahren bei stattgebender gerichtlicher Entscheidung

(1) Die Entscheidung des Bundesamtes über die Unzulässigkeit nach § 29 Absatz 1 Nummer 2 und 4 des Antrags und die Abschiebungsandrohung werden unwirksam, wenn das Verwaltungsgericht dem Antrag nach § 80 Abs. 5 der Verwaltungsgerichtsordnung entspricht. Das Bundesamt hat das Asylverfahren fortzuführen.

(2) Entspricht das Verwaltungsgericht im Falle eines als offensichtlich unbegründet abgelehnten Asylantrags dem Antrag nach § 80 Abs. 5 der Verwaltungsgerichtsordnung, endet die Ausreisefrist 30 Tage nach dem unanfechtbaren Abschluss des Asylverfahrens.

(3) Die Absätze 1 und 2 gelten nicht, wenn auf Grund der Entscheidung des Verwaltungsgerichts die Abschiebung in einen der in der Abschiebungsandrohung bezeichneten Staaten vollziehbar wird.

§ 38 Ausreisefrist bei sonstiger Ablehnung und bei Rücknahme des Asylantrags

(1) In den sonstigen Fällen, in denen das Bundesamt den Ausländer nicht als Asylberechtigten anerkennt, beträgt die dem Ausländer zu setzende Ausreisefrist 30 Tage. Im Falle der Klageerhebung endet die Ausreisefrist 30 Tage nach dem unanfechtbaren Abschluss des Asylverfahrens.

(2) Im Falle der Rücknahme des Asylantrags vor der Entscheidung des Bundesamtes beträgt die dem Ausländer zu setzende Ausreisefrist eine Woche.

(3) Im Falle der Rücknahme des Asylantrags oder der Klage oder des Verzichts auf die Durchführung des Asylverfahrens nach § 14a Absatz 3 kann dem Ausländer eine Ausreisefrist bis zu drei Monaten eingeräumt werden, wenn er sich zur freiwilligen Ausreise bereit erklärt.

§ 39 (weggefallen)

§ 40 Unterrichtung der Ausländerbehörde

(1) Das Bundesamt unterrichtet unverzüglich die Ausländerbehörde, in deren Bezirk sich der Ausländer aufzuhalten oder Wohnung zu nehmen hat, über eine vollziehbare Abschiebungsandrohung und leitet ihr unverzüglich alle für die Abschiebung erforderlichen Unterlagen zu. Das Gleiche gilt, wenn das Verwaltungsgericht die aufschiebende Wirkung der Klage wegen des Vorliegens der Voraussetzungen des § 60 Absatz 5 oder 7 des Aufenthaltsgesetzes nur hinsichtlich der Abschiebung in den betreffenden Staat angeordnet hat und das Bundesamt das Asylverfahren nicht fortführt.

(2) Das Bundesamt unterrichtet unverzüglich die Ausländerbehörde, wenn das Verwaltungsgericht in den Fällen des § 38 Absatz 2 die aufschiebende Wirkung der Klage gegen die Abschiebungsandrohung anordnet.

(3) Stellt das Bundesamt dem Ausländer die Abschiebungsanordnung (§ 34a) zu, unterrichtet es unverzüglich die für die Abschiebung zuständige Behörde über die Zustellung.

§ 41 (weggefallen)

§ 42 Bindungswirkung ausländerrechtlicher Entscheidungen

Die Ausländerbehörde ist an die Entscheidung des Bundesamtes oder des Verwaltungsgerichts über das Vorliegen der Voraussetzungen des § 60 Absatz 5 oder 7 des Aufenthaltsgesetzes gebunden. Über den späteren Eintritt und Wegfall der Voraussetzungen des § 60 Abs. 4 des Aufenthaltsgesetzes entscheidet die Ausländerbehörde, ohne dass es einer Aufhebung der Entscheidung des Bundesamtes bedarf.

§ 43 Vollziehbarkeit und Aussetzung der Abschiebung

(1) War der Ausländer im Besitz eines Aufenthaltstitels, darf eine nach den Vorschriften dieses Gesetzes vollziehbare Abschiebungsandrohung erst vollzogen werden, wenn der Ausländer auch nach § 58 Abs. 2 Satz 2 des Aufenthaltsgesetzes vollziehbar ausreisepflichtig ist.

(2) Hat der Ausländer die Verlängerung eines Aufenthaltstitels mit einer Gesamtgeltungsdauer von mehr als sechs Monaten beantragt, wird die Abschiebungsandrohung erst mit der Ablehnung dieses Antrags vollziehbar. Im Übrigen steht § 81 des Aufenthaltsgesetzes der Abschiebung nicht entgegen.

(3) Haben Familienangehörige im Sinne des § 26 Absatz 1 bis 3 gleichzeitig oder jeweils unverzüglich nach ihrer Einreise einen Asylantrag gestellt, darf die Ausländerbehörde die Abschiebung vorübergehend aussetzen, um die gemeinsame Ausreise der Familie zu ermöglichen. Sie stellt dem Ausländer eine Bescheinigung über die Aussetzung der Abschiebung aus.

Abschnitt 5 Unterbringung und Verteilung

§ 44 Schaffung und Unterhaltung von Aufnahmeeinrichtungen

(1) Die Länder sind verpflichtet, für die Unterbringung Asylbegehrender die dazu erforderlichen Aufnahmeeinrichtungen zu schaffen und zu unterhalten sowie entsprechend ihrer Aufnahmequote die im Hinblick auf den monatlichen Zugang Asylbegehrender in den Aufnahmeeinrichtungen notwendige Zahl von Unterbringungsplätzen bereitzustellen.

(2) Das Bundesministerium des Innern oder die von ihm bestimmte Stelle teilt den Ländern monatlich die Zahl der Zugänge von Asylbegehrenden, die voraussichtliche Entwicklung und den voraussichtlichen Bedarf an Unterbringungsplätzen mit.

(2a) Die Länder sollen geeignete Maßnahmen treffen, um bei der Unterbringung Asylbegehrender nach Absatz 1 den Schutz von Frauen und schutzbedürftigen Personen zu gewährleisten.

(3) § 45 des Achten Buches Sozialgesetzbuch (Artikel 1 des Gesetzes vom 26. Juni 1990, BGBl. I S. 1163) gilt nicht für Aufnahmeeinrichtungen. Träger von Aufnahmeeinrichtungen sollen sich von Personen, die in diesen Einrichtungen mit der Beaufsichtigung, Betreuung, Erziehung oder Ausbildung Minderjähriger oder mit Tätigkeiten, die in vergleichbarer Weise geeignet sind, Kontakt zu Minderjährigen aufzunehmen, betraut sind, zur Prüfung, ob sie für die aufgeführten Tätigkeiten geeignet sind, vor deren Einstellung oder Aufnahme einer dauerhaften ehrenamtlichen Tätigkeit und in regelmäßigen Abständen ein Führungszeugnis nach § 30 Absatz 5 und § 30a Absatz 1 des Bundeszentralregistergesetzes vorlegen lassen. Träger von Aufnahmeeinrichtungen dürfen für die Tätigkeiten nach Satz 2 keine Personen beschäftigen oder mit diesen Tätigkeiten ehrenamtlich betrauen, die rechtskräftig wegen einer Straftat nach den §§ 171, 174 bis 174c, 176 bis 180a, 181a, 182 bis 184g, 184i, 184j, 225, 232 bis 233a, 234, 235 oder 236 des Strafgesetzbuchs verurteilt worden sind. Nimmt der Träger einer Aufnahmeeinrichtung Einsicht in ein Führungszeugnis nach § 30 Absatz 5 und § 30a Absatz 1 des Bundeszentralregistergesetzes, so speichert er nur den Umstand der Einsichtnahme, das Datum des Führungszeugnisses und die Information, ob die das Führungszeugnis betreffende Person wegen einer in Satz 3 genannten Straftat rechtskräftig verurteilt worden ist. Der Träger einer Aufnahmeeinrichtung darf diese Daten nur verändern und nutzen, soweit dies zur Prüfung der Eignung einer Person für die in Satz 2 genannten Tätigkeiten erforderlich ist. Die Daten sind vor dem Zugriff Unbefugter zu schützen. Sie sind unverzüglich zu löschen, wenn im Anschluss an die Einsichtnahme keine Tätigkeit nach Satz 2 wahrgenommen wird. Sie sind spätestens sechs Monate nach

der letztmaligen Ausübung einer in Satz 2 genannten Tätigkeit zu löschen.

§ 45 Aufnahmequoten

(1) Die Länder können durch Vereinbarung einen Schlüssel für die Aufnahme von Asylbegehrenden durch die einzelnen Länder (Aufnahmequote) festlegen. Bis zum Zustandekommen dieser Vereinbarung oder bei deren Wegfall richtet sich die Aufnahmequote für das jeweilige Kalenderjahr nach dem von dem Büro der Gemeinsamen Wissenschaftskonferenz im Bundesanzeiger veröffentlichten Schlüssel, der für das vorangegangene Kalenderjahr entsprechend Steuereinnahmen und Bevölkerungszahl der Länder errechnet worden ist (Königsteiner Schlüssel).

(2) Zwei oder mehr Länder können vereinbaren, dass Asylbegehrende, die von einem Land entsprechend seiner Aufnahmequote aufzunehmen sind, von einem anderen Land aufgenommen werden. Eine Vereinbarung nach Satz 1 sieht mindestens Angaben zum Umfang der von der Vereinbarung betroffenen Personengruppe sowie einen angemessenen Kostenausgleich vor. Die Aufnahmequote nach Absatz 1 wird durch eine solche Vereinbarung nicht berührt.

§ 46 Bestimmung der zuständigen Aufnahmeeinrichtung

(1) Für die Aufnahme eines Ausländers, bei dem die Voraussetzungen des § 30a Absatz 1 vorliegen, ist die besondere Aufnahmeeinrichtung (§ 5 Absatz 5) zuständig, die über einen freien Unterbringungsplatz im Rahmen der Quote nach § 45 verfügt und bei der die ihr zugeordnete Außenstelle des Bundesamtes Asylanträge aus dem Herkunftsland dieses Ausländers bearbeitet. Im Übrigen ist die Aufnahmeeinrichtung zuständig, bei der der Ausländer sich gemeldet hat, wenn sie über einen freien Unterbringungsplatz im Rahmen der Quote nach § 45 verfügt und die ihr zugeordnete Außenstelle des Bundesamtes Asylanträge aus dem Herkunftsland des Ausländers bearbeitet. Liegen die Voraussetzungen der Sätze 1 und 2 nicht vor, ist die nach Absatz 2 bestimmte Aufnahmeeinrichtung für die Aufnahme des Ausländers zuständig. Bei mehreren nach Satz 1 in Betracht kommenden besonderen Aufnahmeeinrichtungen (§ 5 Absatz 5) gilt Absatz 2 für die Bestimmung der zuständigen besonderen Aufnahmeeinrichtung entsprechend.

(2) Eine vom Bundesministerium des Innern bestimmte zentrale Verteilungsstelle benennt auf Veranlassung einer Aufnahmeeinrichtung dieser die für die Aufnahme des Ausländers zuständige Aufnahmeeinrichtung. Maßgebend dafür sind die Aufnahmequoten nach § 45, in diesem Rahmen die vorhandenen freien Unterbringungsplätze und sodann die Bearbeitungsmöglichkeiten der jeweiligen Außenstelle des Bundesamtes in Bezug auf die Herkunftsländer der Ausländer. Von mehreren danach in Betracht kommenden Aufnahmeeinrichtungen wird die nächstgelegene als zuständig benannt.

(2a) Ergibt sich aus einer Vereinbarung nach § 45 Absatz 2 Satz 1 eine von den Absätzen 1 und 2 abweichende Zuständigkeit, so wird die nach der Vereinbarung zur Aufnahme verpflichtete Aufnahmeeinrichtung mit der tatsächlichen Aufnahme des Ausländers zuständig. Soweit nach den Umständen möglich, wird die Vereinbarung bei der Verteilung nach Absatz 2 berücksichtigt.

(3) Die veranlassende Aufnahmeeinrichtung teilt der zentralen Verteilungsstelle nur die Zahl der Ausländer unter Angabe der Herkunftsländer mit. Ausländer und ihre Familienangehörigen im Sinne des § 26 Absatz 1 bis 3 sind als Gruppe zu melden.

(4) Die Länder stellen sicher, dass die zentrale Verteilungsstelle jederzeit über die für die Bestimmung der zuständigen Aufnahmeeinrichtung erforderlichen Angaben, insbesondere über Zu- und Abgänge, Belegungsstand und alle freien Unterbringungsplätze jeder Aufnahmeeinrichtung unterrichtet ist.

(5) Die Landesregierung oder die von ihr bestimmte Stelle benennt der zentralen Verteilungsstelle die zuständige Aufnahmeeinrichtung für den Fall, dass das Land nach der Quotenregelung zur Aufnahme verpflichtet ist und über keinen freien Unterbringungsplatz in den Aufnahmeeinrichtungen verfügt.

§ 47 Aufenthalt in Aufnahmeeinrichtungen

(1) Ausländer, die den Asylantrag bei einer Außenstelle des Bundesamtes zu stellen haben (§ 14 Abs. 1), sind verpflichtet, bis zur Entscheidung des Bundesamtes über den Asylantrag und im Falle der Ablehnung des Asylantrags bis zur Ausreise oder bis zum Vollzug der Abschiebungsandrohung oder -anordnung, längstens jedoch bis zu 18 Monate, bei minderjährigen Kindern und ihren Eltern oder anderen Sorgeberechtigten sowie ihren volljährigen, ledigen Geschwistern längstens jedoch bis zu sechs Monate, in der für ihre Aufnahme zuständigen Aufnahmeeinrichtung zu wohnen. Das Gleiche gilt in den Fällen des § 14 Absatz 2 Satz 1 Nummer 2, wenn die Voraussetzungen dieser Vorschrift vor der Entscheidung des Bundesamtes entfallen. Abweichend von Satz 1 ist der Ausländer verpflichtet, über 18 Monate hinaus in einer Aufnahmeeinrichtung zu wohnen, wenn er

1. seine Mitwirkungspflichten nach § 15 Absatz 2 Nummer 4 bis 7 ohne genügende Entschuldigung verletzt oder die unverschuldet unterbliebene Mitwirkungshandlung nicht unverzüglich nachgeholt hat,
2. wiederholt seine Mitwirkungspflicht nach § 15 Absatz 2 Nummer 1 und 3 ohne genügende Entschuldigung verletzt oder die unverschuldet unterbliebene Mitwirkungshandlung nicht unverzüglich nachgeholt hat,
3. vollziehbar ausreisepflichtig ist und gegenüber einer für den Vollzug des Aufenthaltsgesetzes zuständigen Behörde fortgesetzt über seine Identität oder Staatsangehörigkeit täuscht oder fortgesetzt falsche Angaben macht oder
4. vollziehbar ausreisepflichtig ist und fortgesetzt zumutbare Anforderungen an die Mitwirkung bei der Beseitigung von Ausreisehindernissen, insbesondere hinsichtlich der Identifizierung, der Vorlage eines Reisedokuments oder der Passersatzbeschaffung, nicht erfüllt.

Satz 3 findet keine Anwendung bei minderjährigen Kindern und ihren Eltern oder anderen Sorgeberechtigten sowie ihren volljährigen, ledigen Geschwistern. Die §§ 48 bis 50 bleiben unberührt.

(1a) Abweichend von Absatz 1 sind Ausländer aus einem sicheren Herkunftsstaat (§ 29a) verpflichtet, bis zur Entscheidung des Bundesamtes über den Asylantrag und im Falle der Ablehnung des Asylantrags nach § 29a als offensichtlich unbegründet oder nach § 29 Absatz 1 Nummer 1 als unzulässig bis zur Ausreise oder bis zum Vollzug der Abschiebungsandrohung oder -anordnung in der für ihre Aufnahme zuständigen Aufnahmeeinrichtung zu wohnen. Satz 1 gilt nicht bei minderjährigen Kindern und ihren Eltern oder anderen Sorgeberechtigten sowie ihren volljährigen, ledigen Geschwistern. Die §§ 48 bis 50 bleiben unberührt.

(1b) Die Länder können regeln, dass Ausländer abweichend von Absatz 1 verpflichtet sind, bis zur Entscheidung des Bundesamtes über den Asylantrag und im Falle der Ablehnung des Asylantrags als offensichtlich unbegründet oder als unzulässig bis zur Ausreise oder bis zum Vollzug der Abschiebungsandrohung oder -anordnung in der für ihre Aufnahme zuständigen Aufnahmeeinrichtung, längstens jedoch für 24 Monate, zu wohnen. Die §§ 48 bis 50 bleiben unberührt.

(2) Sind Eltern eines minderjährigen ledigen Kindes verpflichtet, in einer Aufnahmeeinrichtung zu wohnen, so kann auch das Kind in der Aufnahmeeinrichtung wohnen, auch wenn es keinen Asylantrag gestellt hat.

(3) Für die Dauer der Pflicht, in einer Aufnahmeeinrichtung zu wohnen, ist der Ausländer verpflichtet, für die zuständigen Behörden und Gerichte erreichbar zu sein.

(4) Die Aufnahmeeinrichtung weist den Ausländer innerhalb von 15 Tagen nach der Asylantragstellung möglichst schriftlich und in einer Sprache, deren Kenntnis vernünftigerweise vorausgesetzt werden kann, auf seine Rechte und Pflichten nach dem Asylbewerberleistungsgesetz hin. Die Aufnahmeeinrichtung benennt in dem Hinweis nach Satz 1 auch, wer dem Ausländer Rechtsbei-

stand gewähren kann und welche Vereinigungen den Ausländer über seine Unterbringung und medizinische Versorgung beraten können.

II

§ 48 Beendigung der Verpflichtung, in einer Aufnahmeeinrichtung zu wohnen

Die Verpflichtung, in einer Aufnahmeeinrichtung zu wohnen, endet vor Ablauf des nach § 47 Absatz 1 Satz 1 bestimmten Zeitraums, wenn der Ausländer

1. verpflichtet ist, an einem anderen Ort oder in einer anderen Unterkunft Wohnung zu nehmen,
2. als Asylberechtigter anerkannt ist oder ihm internationaler Schutz im Sinne des § 1 Absatz 1 Nummer 2 zuerkannt wurde oder
3. nach der Antragstellung durch Eheschließung oder Begründung einer Lebenspartnerschaft im Bundesgebiet die Voraussetzungen für einen Rechtsanspruch auf Erteilung eines Aufenthaltstitels nach dem Aufenthaltsgesetz erfüllt.

§ 49 Entlassung aus der Aufnahmeeinrichtung

(1) Die Verpflichtung, in der Aufnahmeeinrichtung zu wohnen, ist zu beenden, wenn eine Abschiebungsandrohung vollziehbar und die Abschiebung nicht in angemessener Zeit möglich ist oder wenn dem Ausländer eine Aufenthaltserlaubnis nach § 24 des Aufenthaltsgesetzes erteilt werden soll.

(2) Die Verpflichtung kann aus Gründen der öffentlichen Gesundheitsvorsorge sowie aus sonstigen Gründen der öffentlichen Sicherheit oder Ordnung, insbesondere zur Gewährleistung der Unterbringung und Verteilung, oder aus anderen zwingenden Gründen beendet werden.

§ 50 Landesinterne Verteilung

(1) Ausländer sind unverzüglich aus der Aufnahmeeinrichtung zu entlassen und innerhalb des Landes zu verteilen, wenn das Bundesamt der zuständigen Landesbehörde mitteilt, dass

1. dem Ausländer Schutz nach den §§ 2, 3 oder 4 zuerkannt wurde oder die Voraussetzungen des § 60 Absatz 5 oder 7 des Aufenthaltsgesetzes in der Person des Ausländers oder eines seiner Familienangehörigen im Sinne des § 26 Absatz 1 bis 3 vorliegen, oder
2. das Verwaltungsgericht die aufschiebende Wirkung der Klage gegen die Entscheidung des Bundesamtes angeordnet hat, es sei denn, der Asylantrag wurde als unzulässig nach § 29 Absatz 1 Nummer 1 oder 2 abgelehnt.

Eine Verteilung kann auch erfolgen, wenn der Ausländer aus anderen Gründen nicht mehr verpflichtet ist, in der Aufnahmeeinrichtung zu wohnen.

(2) Die Landesregierung oder die von ihr bestimmte Stelle wird ermächtigt, durch Rechtsverordnung die Verteilung zu regeln, soweit dies nicht durch Landesgesetz geregelt ist.

(3) Die zuständige Landesbehörde teilt innerhalb eines Zeitraumes von drei Arbeitstagen dem Bundesamt den Bezirk der Ausländerbehörde mit, in dem der Ausländer nach einer Verteilung Wohnung zu nehmen hat.

(4) Die zuständige Landesbehörde erlässt die Zuweisungsentscheidung. Die Zuweisungsentscheidung ist schriftlich zu erlassen und mit einer Rechtsbehelfsbelehrung zu versehen. Sie bedarf keiner Begründung. Einer Anhörung des Ausländers bedarf es nicht. Bei der Zuweisung sind die Haushaltsgemeinschaft von Familienangehörigen im Sinne des § 26 Absatz 1 bis 3 oder sonstige humanitäre Gründe von vergleichbarem Gewicht zu berücksichtigen.

(5) Die Zuweisungsentscheidung ist dem Ausländer selbst zuzustellen. Wird der Ausländer durch einen Bevollmächtigten vertreten oder hat er einen Empfangsbevollmächtigten benannt, soll ein Abdruck der Zuweisungsentscheidung auch diesem zugeleitet werden.

(6) Der Ausländer hat sich unverzüglich zu der in der Zuweisungsverfügung angegebenen Stelle zu begeben.

§ 51 Länderübergreifende Verteilung

(1) Ist ein Ausländer nicht oder nicht mehr verpflichtet, in einer Aufnahmeeinrichtung zu wohnen, ist der Haushaltsgemeinschaft von Familienangehörigen im Sinne des § 26 Absatz 1 bis 3 oder sonstigen humanitären Gründen von vergleichbarem Gewicht auch durch länderübergreifende Verteilung Rechnung zu tragen.

(2) Die Verteilung nach Absatz 1 erfolgt auf Antrag des Ausländers. Über den Antrag entscheidet die zuständige Behörde des Landes, für das der weitere Aufenthalt beantragt ist.

§ 52 Quotenanrechnung

Auf die Quoten nach § 45 wird die Aufnahme von Asylbegehrenden in den Fällen des § 14 Absatz 2 Satz 1 Nummer 2 und 3, des § 14a sowie des § 51 angerechnet.

§ 53 Unterbringung in Gemeinschaftsunterkünften

(1) Ausländer, die einen Asylantrag gestellt haben und nicht oder nicht mehr verpflichtet sind, in einer Aufnahmeeinrichtung zu wohnen, sollen in der Regel in Gemeinschaftsunterkünften untergebracht werden. Hierbei sind sowohl das öffentliche Interesse als auch Belange des Ausländers zu berücksichtigen.

(2) Eine Verpflichtung, in einer Gemeinschaftsunterkunft zu wohnen, endet, wenn das Bundesamt einen Ausländer als Asylberechtigten anerkannt oder ein Gericht das Bundesamt zur Anerkennung verpflichtet hat, auch wenn ein Rechtsmittel eingelegt worden ist, sofern durch den Ausländer eine anderweitige Unterkunft nachgewiesen wird und der öffentlichen Hand dadurch Mehrkosten nicht entstehen. Das Gleiche gilt, wenn das Bundesamt oder ein Gericht einem Ausländer internationalen Schutz im Sinne des § 1 Absatz 1 Nummer 2 zuerkannt hat. In den Fällen der Sätze 1 und 2 endet die Verpflichtung auch für die Familienangehörigen im Sinne des § 26 Absatz 1 bis 3 des Ausländers.

(3) § 44 Absatz 2a und 3 gilt entsprechend.

§ 54 Unterrichtung des Bundesamtes

Die Ausländerbehörde, in deren Bezirk sich der Ausländer aufzuhalten oder Wohnung zu nehmen hat, teilt dem Bundesamt unverzüglich

1. die ladungsfähige Anschrift des Ausländers,
2. eine Ausschreibung zur Aufenthaltsermittlung

mit.

Abschnitt 6
Recht des Aufenthalts während des Asylverfahrens

§ 55 Aufenthaltsgestattung

(1) Einem Ausländer, der um Asyl nachsucht, ist zur Durchführung des Asylverfahrens der Aufenthalt im Bundesgebiet ab Ausstellung des Ankunftsnachweises gemäß § 63a Absatz 1 gestattet (Aufenthaltsgestattung). Er hat keinen Anspruch darauf, sich in einem bestimmten Land oder an einem bestimmten Ort aufzuhalten. In den Fällen, in denen kein Ankunftsnachweis ausgestellt wird, entsteht die Aufenthaltsgestattung mit der Stellung des Asylantrags.

(2) Mit der Stellung eines Asylantrags erlöschen eine Befreiung vom Erfordernis eines Aufenthaltstitels und ein Aufenthaltstitel mit einer Gesamtgeltungsdauer bis zu sechs Monaten sowie die in § 81 Abs. 3 und 4 des Aufenthaltsgesetzes bezeichneten Wirkungen eines Antrags auf Erteilung eines Aufenthaltstitels. § 81 Abs. 4 des Aufenthaltsgesetzes bleibt unberührt, wenn der Ausländer einen Aufenthaltstitel mit einer Gesamtgeltungsdauer von mehr als sechs Monaten besessen und dessen Verlängerung beantragt hat.

(3) Soweit der Erwerb oder die Ausübung eines Rechts oder einer Vergünstigung von der Dauer des Aufenthalts im Bundesgebiet abhängig ist, wird die Zeit eines Aufenthalts nach Absatz 1 nur angerechnet, wenn der Ausländer als Asylberechtigter anerkannt ist oder ihm internationaler Schutz im Sinne des § 1 Absatz 1 Nummer 2 zuerkannt wurde.

§ 56 Räumliche Beschränkung

(1) Die Aufenthaltsgestattung ist räumlich auf den Bezirk der Ausländerbehörde beschränkt, in dem die für die Aufnahme des Ausländers zuständige Aufnahmeeinrichtung liegt.

(2) Wenn der Ausländer verpflichtet ist, in dem Bezirk einer anderen Ausländerbehörde Aufenthalt zu nehmen, ist die Aufenthaltsgestattung räumlich auf deren Bezirk beschränkt.

§ 57 Verlassen des Aufenthaltsbereichs einer Aufnahmeeinrichtung

(1) Das Bundesamt kann einem Ausländer, der verpflichtet ist, in einer Aufnahmeeinrichtung zu wohnen, erlauben, den Geltungsbereich der Aufenthaltsgestattung vorübergehend zu verlassen, wenn zwingende Gründe es erfordern.

(2) Zur Wahrnehmung von Terminen bei Bevollmächtigten, beim Hohen Flüchtlingskommissar der Vereinten Nationen und bei Organisationen, die sich mit der Betreuung von Flüchtlingen befassen, soll die Erlaubnis unverzüglich erteilt werden.

(3) Der Ausländer kann Termine bei Behörden und Gerichten, bei denen sein persönliches Erscheinen erforderlich ist, ohne Erlaubnis wahrnehmen. Er hat diese Termine der Aufnahmeeinrichtung und dem Bundesamt anzuzeigen.

§ 58 Verlassen eines zugewiesenen Aufenthaltsbereichs

(1) Die Ausländerbehörde kann einem Ausländer, der nicht oder nicht mehr verpflichtet ist, in einer Aufnahmeeinrichtung zu wohnen, erlauben, den Geltungsbereich der Aufenthaltsgestattung vorübergehend zu verlassen oder sich allgemein in dem Bezirk einer anderen Ausländerbehörde aufzuhalten. Die Erlaubnis ist zu erteilen, wenn hieran ein dringendes öffentliches Interesse besteht, zwingende Gründe es erfordern oder die Versagung der Erlaubnis eine unbillige Härte bedeuten würde. Die Erlaubnis wird in der Regel erteilt, wenn eine nach § 61 Absatz 2 erlaubte Beschäftigung ausgeübt werden soll oder wenn dies zum Zwecke des Schulbesuchs, der betrieblichen Aus- und Weiterbildung oder des Studiums an einer staatlichen oder staatlich anerkannten Hochschule oder vergleichbaren Ausbildungseinrichtung erforderlich ist. Die Erlaubnis bedarf der Zustimmung der Ausländerbehörde, für deren Bezirk der allgemeine Aufenthalt zugelassen wird.

(2) Zur Wahrnehmung von Terminen bei Bevollmächtigten, beim Hohen Flüchtlingskommissar der Vereinten Nationen und bei Organisationen, die sich mit der Betreuung von Flüchtlingen befassen, soll die Erlaubnis erteilt werden.

(3) Der Ausländer kann Termine bei Behörden und Gerichten, bei denen sein persönliches Erscheinen erforderlich ist, ohne Erlaubnis wahrnehmen.

(4) Der Ausländer kann den Geltungsbereich der Aufenthaltsgestattung ohne Erlaubnis vorübergehend verlassen, wenn ein Gericht das Bundesamt dazu verpflichtet hat, den Ausländer als Asylberechtigten anzuerkennen, ihm internationalen Schutz im Sinne des § 1 Absatz 1 Nummer 2 zuzuerkennen oder die Voraussetzungen des § 60 Absatz 5 oder 7 des Aufenthaltsgesetzes festzustellen, auch wenn diese Entscheidung noch nicht unanfechtbar ist. Satz 1 gilt entsprechend für Familienangehörige im Sinne des § 26 Absatz 1 bis 3.

(5) Die Ausländerbehörde eines Kreises oder einer kreisangehörigen Gemeinde kann einem Ausländer die allgemeine Erlaubnis erteilen, sich vorübergehend im gesamten Gebiet des Kreises aufzuhalten.

(6) Um örtlichen Verhältnissen Rechnung zu tragen, können die Landesregierungen durch Rechtsverordnung bestimmen, dass sich Ausländer ohne Erlaubnis vorübergehend in einem die Bezirke mehrerer Ausländerbehörden umfassenden Gebiet, dem Gebiet des Landes oder, soweit Einvernehmen zwischen den beteiligten Landesregierungen besteht, im Gebiet eines anderen Landes aufhalten können.

§ 59 Durchsetzung der räumlichen Beschränkung

(1) Die Verlassenspflicht nach § 12 Abs. 3 des Aufenthaltsgesetzes kann, soweit erforderlich, auch ohne Androhung durch Anwendung unmittelbaren Zwangs durchgesetzt

werden. Reiseweg und Beförderungsmittel sollen vorgeschrieben werden.

(2) Der Ausländer ist festzunehmen und zur Durchsetzung der Verlassenspflicht auf richterliche Anordnung in Haft zu nehmen, wenn die freiwillige Erfüllung der Verlassenspflicht, auch in den Fällen des § 59a Absatz 2, nicht gesichert ist und andernfalls deren Durchsetzung wesentlich erschwert oder gefährdet würde.

(3) Zuständig für Maßnahmen nach den Absätzen 1 und 2 sind

1. die Polizeien der Länder,
2. die Grenzbehörde, bei der der Ausländer um Asyl nachsucht,
3. die Ausländerbehörde, in deren Bezirk sich der Ausländer aufhält,
4. die Aufnahmeeinrichtung, in der der Ausländer sich meldet, sowie
5. die Aufnahmeeinrichtung, die den Ausländer aufgenommen hat.

§ 59a Erlöschen der räumlichen Beschränkung

(1) Die räumliche Beschränkung nach § 56 erlischt, wenn sich der Ausländer seit drei Monaten ununterbrochen erlaubt, geduldet oder gestattet im Bundesgebiet aufhält. Die räumliche Beschränkung erlischt abweichend von Satz 1 nicht, solange die Verpflichtung des Ausländers, in der für seine Aufnahme zuständigen Aufnahmeeinrichtung zu wohnen, fortbesteht.

(2) Räumliche Beschränkungen bleiben auch nach Erlöschen der Aufenthaltsgestattung in Kraft bis sie aufgehoben werden, längstens aber bis zu dem in Absatz 1 bestimmten Zeitpunkt. Abweichend von Satz 1 erlöschen räumliche Beschränkungen, wenn der Aufenthalt nach § 25 Absatz 1 Satz 3 oder § 25 Absatz 2 Satz 2 des Aufenthaltsgesetzes als erlaubt gilt oder ein Aufenthaltstitel erteilt wird.

§ 59b Anordnung der räumlichen Beschränkung

(1) Eine räumliche Beschränkung der Aufenthaltsgestattung kann unabhängig von § 59a Absatz 1 durch die zuständige Ausländerbehörde angeordnet werden, wenn

1. der Ausländer wegen einer Straftat, mit Ausnahme solcher Straftaten, deren Tatbestand nur von Ausländern verwirklicht werden kann, rechtskräftig verurteilt worden ist,
2. Tatsachen die Schlussfolgerung rechtfertigen, dass der Ausländer gegen Vorschriften des Betäubungsmittelgesetzes verstoßen hat,
3. konkrete Maßnahmen zur Aufenthaltsbeendigung gegen den Ausländer bevorstehen oder
4. von dem Ausländer eine erhebliche Gefahr für die innere Sicherheit oder für Leib und Leben Dritter ausgeht.

(2) Die §§ 56, 58, 59 und 59a Absatz 2 gelten entsprechend.

§ 60 Auflagen

(1) Ein Ausländer, der nicht oder nicht mehr verpflichtet ist, in einer Aufnahmeeinrichtung zu wohnen, und dessen Lebensunterhalt nicht gesichert ist (§ 2 Absatz 3 des Aufenthaltsgesetzes), wird verpflichtet, an dem in der Verteilentscheidung nach § 50 Absatz 4 genannten Ort seinen gewöhnlichen Aufenthalt zu nehmen (Wohnsitzauflage). Findet eine länderübergreifende Verteilung gemäß § 51 statt, dann ergeht die Wohnsitzauflage im Hinblick auf den sich danach ergebenden Aufenthaltsort. Der Ausländer kann den in der Wohnsitzauflage genannten Ort ohne Erlaubnis vorübergehend verlassen.

(2) Ein Ausländer, der nicht oder nicht mehr verpflichtet ist, in einer Aufnahmeeinrichtung zu wohnen, und dessen Lebensunterhalt nicht gesichert ist (§ 2 Absatz 3 des Aufenthaltsgesetzes), kann verpflichtet werden,

1. in einer bestimmten Gemeinde, in einer bestimmten Wohnung oder Unterkunft zu wohnen,
2. in eine bestimmte Gemeinde, Wohnung oder Unterkunft umzuziehen oder
3. in dem Bezirk einer anderen Ausländerbehörde desselben Landes seinen gewöhnli-

chen Aufenthalt und Wohnung oder Unterkunft zu nehmen.

Eine Anhörung des Ausländers ist erforderlich in den Fällen des Satzes 1 Nummer 2, wenn er sich länger als sechs Monate in der Gemeinde, Wohnung oder Unterkunft aufgehalten hat. Die Anhörung gilt als erfolgt, wenn der Ausländer oder sein anwaltlicher Vertreter Gelegenheit hatte, sich innerhalb von zwei Wochen zu der vorgesehenen Unterbringung zu äußern. Eine Anhörung unterbleibt, wenn ihr ein zwingendes öffentliches Interesse entgegensteht.

(3) Zuständig für Maßnahmen nach Absatz 1 Satz 1 ist die nach § 50 zuständige Landesbehörde. Die Wohnsitzauflage soll mit der Zuweisungsentscheidung nach § 50 verbunden werden. Zuständig für Maßnahmen nach Absatz 1 Satz 2 ist die nach § 51 Absatz 2 Satz 2 zuständige Landesbehörde. Die Wohnsitzauflage soll mit der Verteilungsentscheidung nach § 51 Absatz 2 Satz 2 verbunden werden. Zuständig für Maßnahmen nach Absatz 2 ist die Ausländerbehörde, in deren Bezirk die Gemeinde oder die zu beziehende Wohnung oder Unterkunft liegt.

§ 61 Erwerbstätigkeit

(1) Für die Dauer der Pflicht, in einer Aufnahmeeinrichtung zu wohnen, darf der Ausländer keine Erwerbstätigkeit ausüben. Abweichend von Satz 1 ist dem Ausländer die Ausübung einer Beschäftigung zu erlauben, wenn

1. das Asylverfahren nicht innerhalb von neun Monaten nach der Stellung des Asylantrags unanfechtbar abgeschlossen ist,
2. die Bundesagentur für Arbeit zugestimmt hat oder durch Rechtsverordnung bestimmt ist, dass die Ausübung der Beschäftigung ohne Zustimmung der Bundesagentur für Arbeit zulässig ist,
3. der Ausländer nicht Staatsangehöriger eines sicheren Herkunftsstaates (§ 29a) ist und
4. der Asylantrag nicht als offensichtlich unbegründet oder als unzulässig abgelehnt wurde, es sei denn das Verwaltungsgericht hat die aufschiebende Wirkung der Klage gegen die Entscheidung des Bundesamtes angeordnet;

Ausländern, die seit mindestens sechs Monaten eine Duldung nach § 60a des Aufenthaltsgesetzes besitzen, kann die Ausübung einer Beschäftigung erlaubt werden. Die §§ 39, 40 Absatz 1 Nummer 1 und Absatz 2 und die §§ 41 und 42 des Aufenthaltsgesetzes gelten entsprechend für Ausländer nach Satz 2.

(2) Im Übrigen kann einem Asylbewerber, der sich seit drei Monaten gestattet im Bundesgebiet aufhält, abweichend von § 4 Abs. 3 des Aufenthaltsgesetzes die Ausübung einer Beschäftigung erlaubt werden, wenn die Bundesagentur für Arbeit zugestimmt hat oder durch Rechtsverordnung bestimmt ist, dass die Ausübung der Beschäftigung ohne Zustimmung der Bundesagentur für Arbeit zulässig ist. Ein geduldeter oder rechtmäßiger Voraufenthalt wird auf die Wartezeit nach Satz 1 angerechnet. Die §§ 39, 40 Absatz 1 Nummer 1 und Absatz 2 und die §§ 41 und 42 des Aufenthaltsgesetzes gelten entsprechend. Einem Ausländer aus einem sicheren Herkunftsstaat gemäß § 29a, der nach dem 31. August 2015 einen Asylantrag gestellt hat, darf während des Asylverfahrens die Ausübung einer Beschäftigung nicht erlaubt werden. Absatz 1 Satz 2 bleibt unberührt.

Durch das Fachkräfteeinwanderungsgesetz wird in Absatz 2 Satz 1 der Verweis „abweichend von § 4 Abs. 3 des Aufenthaltsgesetzes" geändert in „gemäß § 4a Absatz 4 des Aufenthaltsgesetzes". Den ab 01.03.2020 geltenden Wortlaut von § 4a Absatz 4 Aufenthaltsgesetz finden Sie in Leitziffer VI.0.

§ 62 Gesundheitsuntersuchung

(1) Ausländer, die in einer Aufnahmeeinrichtung oder Gemeinschaftsunterkunft zu wohnen haben, sind verpflichtet, eine ärztliche Untersuchung auf übertragbare Krankheiten einschließlich einer Röntgenaufnahme der Atmungsorgane zu dulden. Die oberste Landesgesundheitsbehörde oder die von ihr bestimmte Stelle bestimmt den Umfang der

Untersuchung und den Arzt, der die Untersuchung durchführt.

(2) Das Ergebnis der Untersuchung ist der für die Unterbringung zuständigen Behörde mitzuteilen. Wird bei der Untersuchung der Verdacht oder das Vorliegen einer meldepflichtigen Krankheit nach § 6 des Infektionsschutzgesetzes oder eine Infektion mit einem Krankheitserreger nach § 7 des Infektionsschutzgesetzes festgestellt, ist das Ergebnis der Untersuchung auch dem Bundesamt mitzuteilen.

§ 63 Bescheinigung über die Aufenthaltsgestattung

(1) Dem Ausländer wird nach der Asylantragstellung innerhalb von drei Arbeitstagen eine mit den Angaben zur Person und einem Lichtbild versehene Bescheinigung über die Aufenthaltsgestattung ausgestellt, wenn er nicht im Besitz eines Aufenthaltstitels ist. Im Fall des Absatzes 3 Satz 2 ist der Ausländer bei der Asylantragstellung aufzufordern, innerhalb der Frist nach Satz 1 bei der zuständigen Ausländerbehörde die Ausstellung der Bescheinigung zu beantragen.

(2) Die Bescheinigung ist zu befristen. Solange der Ausländer verpflichtet ist, in einer Aufnahmeeinrichtung zu wohnen, beträgt die Frist längstens drei und im Übrigen längstens sechs Monate.

(3) Zuständig für die Ausstellung der Bescheinigung ist das Bundesamt, solange der Ausländer verpflichtet ist, in einer Aufnahmeeinrichtung zu wohnen. Im Übrigen ist die Ausländerbehörde zuständig, auf deren Bezirk die Aufenthaltsgestattung beschränkt ist oder in deren Bezirk der Ausländer Wohnung zu nehmen hat. Auflagen und Änderungen der räumlichen Beschränkung sowie deren Anordnung (§ 59b) können auch von der Behörde vermerkt werden, die sie verfügt hat.

(4) Die Bescheinigung soll eingezogen werden, wenn die Aufenthaltsgestattung erloschen ist.

(5) Die Bescheinigung enthält folgende Angaben:

1. das Datum der Ausstellung des Ankunftsnachweises gemäß § 63a Absatz 1 Satz 2 Nummer 12,
2. das Datum der Asylantragstellung und
3. die AZR-Nummer.

Im Übrigen gilt § 78a Absatz 5 des Aufenthaltsgesetzes entsprechend.

§ 63a Bescheinigung über die Meldung als Asylsuchender

(1) Einem Ausländer, der um Asyl nachgesucht hat und nach den Vorschriften des Asylgesetzes oder des Aufenthaltsgesetzes erkennungsdienstlich behandelt worden ist, aber noch keinen Asylantrag gestellt hat, wird unverzüglich eine Bescheinigung über die Meldung als Asylsuchender (Ankunftsnachweis) ausgestellt. Dieses Dokument enthält folgende sichtbar aufgebrachte Angaben:

1. Name und Vornamen,
2. Geburtsname,
3. Lichtbild,
4. Geburtsdatum,
5. Geburtsort,
6. Abkürzung der Staatsangehörigkeit,
7. Geschlecht,
8. Größe und Augenfarbe,
9. zuständige Aufnahmeeinrichtung,
10. Seriennummer der Bescheinigung (AKN-Nummer),
11. ausstellende Behörde,
12. Ausstellungsdatum,
13. Unterschrift des Inhabers,
14. Gültigkeitsdauer,
15. Verlängerungsvermerk,
16. das Geschäftszeichen der Registerbehörde (AZR-Nummer),
17. Vermerk mit den Namen und Vornamen der begleitenden minderjährigen Kinder und Jugendlichen,
18. Vermerk, dass die Angaben auf den eigenen Angaben des Inhabers beruhen,
19. Vermerk, dass der Inhaber mit dieser Bescheinigung nicht der Pass- und Ausweispflicht genügt,

20. maschinenlesbare Zone und
21. Barcode.

Die Zone für das automatische Lesen enthält die in Satz 2 Nummer 1, 4, 6, 7, 10 und 14 genannten Angaben, die Abkürzung „MED", Prüfziffern und Leerstellen. Der automatisch erzeugte Barcode enthält die in Satz 3 genannten Angaben, eine digitale Signatur und die AZR-Nummer. Die Unterschrift durch ein Kind ist zu leisten, wenn es zum Zeitpunkt der Ausstellung des Ankunftsnachweises das zehnte Lebensjahr vollendet hat.

(2) Die Bescheinigung nach Absatz 1 ist auf längstens sechs Monate zu befristen. Sie soll ausnahmsweise um jeweils längstens drei Monate verlängert werden, wenn

1. dem Ausländer bis zum Ablauf der Frist nach Satz 1 oder der verlängerten Frist nach Halbsatz 1 kein Termin bei der Außenstelle des Bundesamtes nach § 23 Absatz 1 genannt wurde,
2. der dem Ausländer nach § 23 Absatz 1 genannte Termin bei der Außenstelle des Bundesamtes außerhalb der Frist nach Satz 1 oder der verlängerten Frist nach Halbsatz 1 liegt oder
3. der Ausländer den ihm genannten Termin aus Gründen, die er nicht zu vertreten hat, nicht wahrnimmt.

(3) Zuständig für die Ausstellung, Änderung der Anschrift und Verlängerung einer Bescheinigung nach Absatz 1 ist die Aufnahmeeinrichtung, auf die der Ausländer verteilt worden ist, sofern nicht die dieser Aufnahmeeinrichtung zugeordnete Außenstelle des Bundesamtes eine erkennungsdienstliche Behandlung des Ausländers oder die Verarbeitung seiner personenbezogenen Daten vornimmt. Ist der Ausländer nicht mehr verpflichtet in der Aufnahmeeinrichtung zu wohnen, ist für die Verlängerung der Bescheinigung die Ausländerbehörde zuständig, in deren Bezirk der Ausländer sich aufzuhalten verpflichtet ist oder Wohnung zu nehmen hat; besteht eine solche Verpflichtung nicht, ist die Ausländerbehörde zuständig, in deren Bezirk sich der Ausländer tatsächlich aufhält.

(4) Die Gültigkeit der Bescheinigung nach Absatz 1 endet mit Ablauf der Frist nach Absatz 2 Satz 1 oder der verlängerten Frist nach Absatz 2 Satz 2, mit Ausstellung der Bescheinigung über die Aufenthaltsgestattung nach § 63 oder mit dem Erlöschen der Aufenthaltsgestattung nach § 67. Bei Ausstellung der Bescheinigung über die Aufenthaltsgestattung wird die Bescheinigung nach Absatz 1 eingezogen. Zuständig für die Einziehung ist die Behörde, welche die Bescheinigung über die Aufenthaltsgestattung ausstellt.

(5) Der Inhaber ist verpflichtet, der zuständigen Aufnahmeeinrichtung, dem Bundesamt oder der Ausländerbehörde unverzüglich

1. den Ankunftsnachweis vorzulegen, wenn eine Eintragung unrichtig ist,
2. auf Verlangen den Ankunftsnachweis beim Empfang eines neuen Ankunftsnachweises oder der Aufenthaltsgestattung abzugeben,
3. den Verlust des Ankunftsnachweises anzuzeigen und im Falle des Wiederauffindens diesen vorzulegen,
4. auf Verlangen den Ankunftsnachweis abzugeben, wenn er eine einwandfreie Feststellung der Identität des Nachweisinhabers nicht zulässt oder er unerlaubt verändert worden ist.

§ 64 Ausweispflicht

(1) Der Ausländer genügt für die Dauer des Asylverfahrens seiner Ausweispflicht mit der Bescheinigung über die Aufenthaltsgestattung.

(2) Die Bescheinigung berechtigt nicht zum Grenzübertritt.

§ 65 Herausgabe des Passes

(1) Dem Ausländer ist nach der Stellung des Asylantrags der Pass oder Passersatz auszuhändigen, wenn dieser für die weitere Durchführung des Asylverfahrens nicht benötigt wird und der Ausländer einen Aufenthaltstitel besitzt oder die Ausländerbehörde ihm nach den Vorschriften in anderen Gesetzen einen Aufenthaltstitel erteilt.

(2) Dem Ausländer kann der Pass oder Passersatz vorübergehend ausgehändigt werden, wenn dies in den Fällen des § 58 Abs. 1 für eine Reise oder wenn es für die Verlängerung der Gültigkeitsdauer oder die Vorbereitung der Ausreise des Ausländers erforderlich ist. Nach Erlöschen der räumlichen Beschränkung (§ 59a) gilt für eine Reise Satz 1 entsprechend.

§ 66 Ausschreibung zur Aufenthaltsermittlung

(1) Der Ausländer kann zur Aufenthaltsermittlung im Ausländerzentralregister und in den Fahndungshilfsmitteln der Polizei ausgeschrieben werden, wenn sein Aufenthaltsort unbekannt ist und er

1. innerhalb einer Woche nicht in der Aufnahmeeinrichtung eintrifft, an die er weitergeleitet worden ist,
2. die Aufnahmeeinrichtung verlassen hat und innerhalb einer Woche nicht zurückgekehrt ist,
3. einer Zuweisungsverfügung oder einer Verfügung nach § 60 Abs. 2 Satz 1 innerhalb einer Woche nicht Folge geleistet hat oder
4. unter der von ihm angegebenen Anschrift oder der Anschrift der Unterkunft, in der er Wohnung zu nehmen hat, nicht erreichbar ist;

die in Nummer 4 bezeichneten Voraussetzungen liegen vor, wenn der Ausländer eine an die Anschrift bewirkte Zustellung nicht innerhalb von zwei Wochen in Empfang genommen hat.

(2) Zuständig, die Ausschreibung zu veranlassen, sind die Aufnahmeeinrichtung, die Ausländerbehörde, in deren Bezirk sich der Ausländer aufzuhalten oder Wohnung zu nehmen hat, und das Bundesamt. Die Ausschreibung darf nur von hierzu besonders ermächtigten Personen veranlasst werden.

§ 67 Erlöschen der Aufenthaltsgestattung

(1) Die Aufenthaltsgestattung erlischt,

1. wenn der Ausländer nach § 18 Abs. 2 und 3 zurückgewiesen oder zurückgeschoben wird,
2. wenn der Ausländer innerhalb von zwei Wochen, nachdem ihm der Ankunftsnachweis ausgestellt worden ist, noch keinen Asylantrag gestellt hat,
3. im Falle der Rücknahme des Asylantrags mit der Zustellung der Entscheidung des Bundesamtes,
4. wenn eine nach diesem Gesetz oder nach § 60 Abs. 9 des Aufenthaltsgesetzes erlassene Abschiebungsandrohung vollziehbar geworden ist,
5. mit der Vollziehbarkeit einer Abschiebungsanordnung nach § 34a,

5a. mit der Bekanntgabe einer Abschiebungsanordnung nach § 58a des Aufenthaltsgesetzes,

6. im Übrigen, wenn die Entscheidung des Bundesamtes unanfechtbar geworden ist.

Liegt in den Fällen des § 23 Absatz 1 der dem Ausländer genannte Termin bei der Außenstelle des Bundesamtes nach der sich aus Satz 1 Nummer 2 ergebenden Frist, dann erlischt die Aufenthaltsgestattung nach dieser Bestimmung erst, wenn der Ausländer bis zu diesem Termin keinen Asylantrag stellt.

(2) Die Aufenthaltsgestattung tritt wieder in Kraft, wenn

1. ein nach § 33 Absatz 5 Satz 1 eingestelltes Verfahren wieder aufgenommen wird oder
2. der Ausländer den Asylantrag nach Ablauf der in Absatz 1 Satz 1 Nummer 2 oder Satz 2 genannten Frist stellt.

§§ 68 bis 70 (weggefallen)

Abschnitt 7
Folgeantrag, Zweitantrag

§ 71 Folgeantrag

(1) Stellt der Ausländer nach Rücknahme oder unanfechtbarer Ablehnung eines früheren Asylantrags erneut einen Asylantrag (Folgeantrag), so ist ein weiteres Asylverfahren nur

II

durchzuführen, wenn die Voraussetzungen des § 51 Abs. 1 bis 3 des Verwaltungsverfahrensgesetzes vorliegen; die Prüfung obliegt dem Bundesamt. Das Gleiche gilt für den Asylantrag eines Kindes, wenn der Vertreter nach § 14a Abs. 3 auf die Durchführung des Asylverfahrens verzichtet hatte.

(2) Der Ausländer hat den Folgeantrag persönlich bei der Außenstelle des Bundesamtes zu stellen, die der Aufnahmeeinrichtung zugeordnet ist, in der er während des früheren Asylverfahrens zu wohnen verpflichtet war. Wenn der Ausländer das Bundesgebiet zwischenzeitlich verlassen hatte, gelten die §§ 47 bis 67 entsprechend. In den Fällen des § 14 Abs. 2 Satz 1 Nr. 2 oder wenn der Ausländer nachweislich am persönlichen Erscheinen gehindert ist, ist der Folgeantrag schriftlich zu stellen. Der Folgeantrag ist schriftlich bei der Zentrale des Bundesamtes zu stellen, wenn

1. die Außenstelle, die nach Satz 1 zuständig wäre, nicht mehr besteht,
2. der Ausländer während des früheren Asylverfahrens nicht verpflichtet war, in einer Aufnahmeeinrichtung zu wohnen.

§ 19 Abs. 1 findet keine Anwendung.

(3) In dem Folgeantrag hat der Ausländer seine Anschrift sowie die Tatsachen und Beweismittel anzugeben, aus denen sich das Vorliegen der Voraussetzungen des § 51 Abs. 1 bis 3 des Verwaltungsverfahrensgesetzes ergibt. Auf Verlangen hat der Ausländer diese Angaben schriftlich zu machen. Von einer Anhörung kann abgesehen werden. § 10 gilt entsprechend.

(4) Liegen die Voraussetzungen des § 51 Abs. 1 bis 3 des Verwaltungsverfahrensgesetzes nicht vor, sind die §§ 34, 35 und 36 entsprechend anzuwenden; im Falle der Abschiebung in einen sicheren Drittstaat (§ 26a) ist § 34a entsprechend anzuwenden.

(5) Stellt der Ausländer, nachdem eine nach Stellung des früheren Asylantrags ergangene Abschiebungsandrohung oder -anordnung vollziehbar geworden ist, einen Folgeantrag, der nicht zur Durchführung eines weiteren Verfahrens führt, so bedarf es zum Vollzug der Abschiebung keiner erneuten Fristsetzung und Abschiebungsandrohung oder -anordnung. Die Abschiebung darf erst nach einer Mitteilung des Bundesamtes, dass die Voraussetzungen des § 51 Abs. 1 bis 3 des Verwaltungsverfahrensgesetzes nicht vorliegen, vollzogen werden, es sei denn, der Ausländer soll in den sicheren Drittstaat abgeschoben werden.

(6) Absatz 5 gilt auch, wenn der Ausländer zwischenzeitlich das Bundesgebiet verlassen hatte. Im Falle einer unerlaubten Einreise aus einem sicheren Drittstaat (§ 26a) kann der Ausländer nach § 57 Abs. 1 und 2 des Aufenthaltsgesetzes dorthin zurückgeschoben werden, ohne dass es der vorherigen Mitteilung des Bundesamtes bedarf.

(7) War der Aufenthalt des Ausländers während des früheren Asylverfahrens räumlich beschränkt, gilt die letzte räumliche Beschränkung fort, solange keine andere Entscheidung ergeht. Die §§ 59a und 59b gelten entsprechend. In den Fällen der Absätze 5 und 6 ist für ausländerrechtliche Maßnahmen auch die Ausländerbehörde zuständig, in deren Bezirk sich der Ausländer aufhält.

(8) Ein Folgeantrag steht der Anordnung von Abschiebungshaft nicht entgegen, es sei denn, es wird ein weiteres Asylverfahren durchgeführt.

§ 71a Zweitantrag

(1) Stellt der Ausländer nach erfolglosem Abschluss eines Asylverfahrens in einem sicheren Drittstaat (§ 26a), für den Rechtsvorschriften der Europäischen Gemeinschaft über die Zuständigkeit für die Durchführung von Asylverfahren gelten oder mit dem die Bundesrepublik Deutschland darüber einen völkerrechtlichen Vertrag geschlossen hat, im Bundesgebiet einen Asylantrag (Zweitantrag), so ist ein weiteres Asylverfahren nur durchzuführen, wenn die Bundesrepublik Deutschland für die Durchführung des Asylverfahrens zuständig ist und die Voraussetzungen des § 51 Abs. 1 bis 3 des Verwaltungsverfahrensgesetzes vorliegen; die Prüfung obliegt dem Bundesamt.

(2) Für das Verfahren zur Feststellung, ob ein weiteres Asylverfahren durchzuführen ist, gelten die §§ 12 bis 25, 33, 44 bis 54 entsprechend. Von der Anhörung kann abgesehen werden, soweit sie für die Feststellung, dass kein weiteres Asylverfahren durchzuführen ist, nicht erforderlich ist. § 71 Abs. 8 gilt entsprechend.

(3) Der Aufenthalt des Ausländers gilt als geduldet. Die §§ 56 bis 67 gelten entsprechend.

(4) Wird ein weiteres Asylverfahren nicht durchgeführt, sind die §§ 34 bis 36, 42 und 43 entsprechend anzuwenden.

(5) Stellt der Ausländer nach Rücknahme oder unanfechtbarer Ablehnung eines Zweitantrags einen weiteren Asylantrag, gilt § 71.

Abschnitt 8
Erlöschen der Rechtsstellung

§ 72 Erlöschen

(1) Die Anerkennung als Asylberechtigter und die Zuerkennung der Flüchtlingseigenschaft erlöschen, wenn der Ausländer

1. sich freiwillig durch Annahme oder Erneuerung eines Nationalpasses oder durch sonstige Handlungen erneut dem Schutz des Staates, dessen Staatsangehörigkeit er besitzt, unterstellt,

1a. freiwillig in das Land, das er aus Furcht vor Verfolgung verlassen hat oder außerhalb dessen er sich aus Furcht vor Verfolgung befindet, zurückgekehrt ist und sich dort niedergelassen hat,

2. nach Verlust seiner Staatsangehörigkeit diese freiwillig wiedererlangt hat,

3. auf Antrag eine neue Staatsangehörigkeit erworben hat und den Schutz des Staates, dessen Staatsangehörigkeit er erworben hat, genießt oder

4. auf sie verzichtet oder vor Eintritt der Unanfechtbarkeit der Entscheidung des Bundesamtes den Antrag zurücknimmt.

(2) Der Ausländer hat einen Anerkennungsbescheid und einen Reiseausweis unverzüglich bei der Ausländerbehörde abzugeben.

§ 73 Widerruf und Rücknahme der Asylberechtigung und der Flüchtlingseigenschaft

(1) Die Anerkennung als Asylberechtigter und die Zuerkennung der Flüchtlingseigenschaft sind unverzüglich zu widerrufen, wenn die Voraussetzungen für sie nicht mehr vorliegen. Dies ist insbesondere der Fall, wenn der Ausländer nach Wegfall der Umstände, die zur Anerkennung als Asylberechtigter oder zur Zuerkennung der Flüchtlingseigenschaft geführt haben, es nicht mehr ablehnen kann, den Schutz des Staates in Anspruch zu nehmen, dessen Staatsangehörigkeit er besitzt, oder wenn er als Staatenloser in der Lage ist, in das Land zurückzukehren, in dem er seinen gewöhnlichen Aufenthalt hatte. Satz 2 gilt nicht, wenn sich der Ausländer auf zwingende, auf früheren Verfolgungen beruhende Gründe berufen kann, um die Rückkehr in den Staat abzulehnen, dessen Staatsangehörigkeit er besitzt oder in dem er als Staatenloser seinen gewöhnlichen Aufenthalt hatte.

(2) Die Anerkennung als Asylberechtigter ist zurückzunehmen, wenn sie auf Grund unrichtiger Angaben oder infolge Verschweigens wesentlicher Tatsachen erteilt worden ist und der Ausländer auch aus anderen Gründen nicht anerkannt werden könnte. Satz 1 ist auf die Zuerkennung der Flüchtlingseigenschaft entsprechend anzuwenden.

(2a) Die Prüfung, ob die Voraussetzungen für einen Widerruf nach Absatz 1 oder eine Rücknahme nach Absatz 2 vorliegen, hat spätestens nach Ablauf von drei Jahren nach Unanfechtbarkeit der Entscheidung zu erfolgen. Liegen die Voraussetzungen für einen Widerruf oder eine Rücknahme vor, teilt das Bundesamt dieses Ergebnis der Ausländerbehörde spätestens innerhalb eines Monats nach dreijähriger Unanfechtbarkeit der begünstigenden Entscheidung mit. Anderenfalls kann eine Mitteilung an die Ausländerbehörde entfallen. Der Ausländerbehörde ist auch mitzuteilen, welche Personen nach § 26 ihre Asylberechtigung oder Flüchtlingseigenschaft von dem Ausländer ableiten und ob bei ihnen die Voraussetzungen für einen Widerruf nach Absatz 2b vorliegen. Ist nach der

Prüfung ein Widerruf oder eine Rücknahme nicht erfolgt, steht eine spätere Entscheidung nach Absatz 1 oder Absatz 2 im Ermessen, es sei denn, der Widerruf oder die Rücknahme erfolgt, weil die Voraussetzungen des § 60 Abs. 8 Satz 1 des Aufenthaltsgesetzes oder des § 3 Abs. 2 vorliegen oder weil das Bundesamt nach § 60 Absatz 8 Satz 3 des Aufenthaltsgesetzes von der Anwendung des § 60 Absatz 1 des Aufenthaltsgesetzes abgesehen hat.

(2b) In den Fällen des § 26 Absatz 1 bis 3 und 5 ist die Anerkennung als Asylberechtigter und die Zuerkennung der Flüchtlingseigenschaft zu widerrufen, wenn die Voraussetzungen des § 26 Absatz 4 Satz 1 vorliegen. Die Anerkennung als Asylberechtigter ist ferner zu widerrufen, wenn die Anerkennung des Asylberechtigten, von dem die Anerkennung abgeleitet worden ist, erlischt, widerrufen oder zurückgenommen wird und der Ausländer nicht aus anderen Gründen als Asylberechtigter anerkannt werden könnte. In den Fällen des § 26 Absatz 5 ist die Zuerkennung der Flüchtlingseigenschaft zu widerrufen, wenn die Flüchtlingseigenschaft des Ausländers, von dem die Zuerkennung abgeleitet worden ist, erlischt, widerrufen oder zurückgenommen wird und dem Ausländer nicht aus anderen Gründen die Flüchtlingseigenschaft zuerkannt werden könnte. § 26 Absatz 1 Satz 2 gilt entsprechend.

(2c) Bis zur Bestandskraft des Widerrufs oder der Rücknahme entfällt für Einbürgerungsverfahren die Verbindlichkeit der Entscheidung über den Asylantrag.

(3) Bei Widerruf oder Rücknahme der Anerkennung als Asylberechtigter oder der Zuerkennung der Flüchtlingseigenschaft ist zu entscheiden, ob die Voraussetzungen für den subsidiären Schutz oder die Voraussetzungen des § 60 Absatz 5 oder 7 des Aufenthaltsgesetzes vorliegen.

(3a) Der Ausländer ist nach Aufforderung durch das Bundesamt persönlich zur Mitwirkung bei der Prüfung des Vorliegens der Voraussetzungen des Widerrufs oder der Rücknahme der Anerkennung als Asylberechtigter oder der Zuerkennung der Flüchtlingseigenschaft verpflichtet, soweit dies für die Prüfung erforderlich und dem Ausländer zumutbar ist. § 15 Absatz 1 Satz 2, Absatz 2 Nummer 1, 4 bis 7 und Absatz 3 sowie § 16 gelten entsprechend, hinsichtlich der Sicherung der Identität durch erkennungsdienstliche Maßnahmen (§ 16 Absatz 1 Satz 1 und 2) mit der Maßgabe, dass sie nur zulässig ist, soweit die Identität des Ausländers nicht bereits gesichert worden ist. Das Bundesamt soll den Ausländer mit Mitteln des Verwaltungszwangs zur Erfüllung seiner Mitwirkungspflichten anhalten. Kommt der Ausländer den Mitwirkungspflichten nicht oder nicht vollständig nach, kann das Bundesamt nach Aktenlage entscheiden, sofern

1. die unterbliebene Mitwirkungshandlung nicht unverzüglich nachgeholt worden ist, oder
2. der Ausländer die Mitwirkungspflichten ohne genügende Entschuldigung verletzt hat.

Bei der Entscheidung nach Aktenlage sind für die Entscheidung über einen Widerruf oder eine Rücknahme nach dieser Vorschrift oder nach § 48 des Verwaltungsverfahrensgesetzes sämtliche maßgeblichen Tatsachen und Umstände zu berücksichtigen. Ferner ist zu berücksichtigen, inwieweit der Ausländer seinen Mitwirkungspflichten nachgekommen ist. Der Ausländer ist durch das Bundesamt auf Inhalt und Umfang seiner Mitwirkungspflichten nach dieser Vorschrift sowie auf die Rechtsfolgen einer Verletzung hinzuweisen.

(4) In den Fällen, in denen keine Aufforderung durch das Bundesamt nach Absatz 3a erfolgt ist, ist dem Ausländer die beabsichtigte Entscheidung über einen Widerruf oder eine Rücknahme nach dieser Vorschrift oder nach § 48 des Verwaltungsverfahrensgesetzes schriftlich mitzuteilen und ihm ist Gelegenheit zur Äußerung zu geben. Ihm kann aufgegeben werden, sich innerhalb eines Monats schriftlich zu äußern. Hat sich der Ausländer innerhalb dieser Frist nicht geäußert, ist nach Aktenlage zu entscheiden; der Ausländer ist auf diese Rechtsfolge hinzuweisen.

(5) Mitteilungen oder Entscheidungen des Bundesamtes, die eine Frist in Lauf setzen, sind dem Ausländer zuzustellen.

(6) Ist die Anerkennung als Asylberechtigter oder die Zuerkennung der Flüchtlingseigenschaft unanfechtbar widerrufen oder zurückgenommen oder aus einem anderen Grund nicht mehr wirksam, gilt § 72 Abs. 2 entsprechend.

(7) Für Entscheidungen des Bundesamtes über die Anerkennung als Asylberechtigter oder die Zuerkennung der Flüchtlingseigenschaft, die im Jahre 2015 unanfechtbar geworden sind, endet die in Absatz 2a Satz 1 bestimmte Frist für die Entscheidung über einen Widerruf oder eine Rücknahme am 31. Dezember 2019, für Entscheidungen, die im Jahre 2016 unanfechtbar geworden sind, endet sie am 31. Dezember 2020 und für Entscheidungen, die im Jahre 2017 unanfechtbar geworden sind, endet sie am 31. Dezember 2021. Die Mitteilung an die Ausländerbehörde gemäß Absatz 2a Satz 2 hat spätestens bis zum 31. Januar des jeweiligen Folgejahres zu erfolgen.

§ 73a Ausländische Anerkennung als Flüchtling

(1) Ist bei einem Ausländer, der von einem ausländischen Staat als Flüchtling im Sinne des Abkommens über die Rechtsstellung der Flüchtlinge anerkannt worden ist, die Verantwortung für die Ausstellung des Reiseausweises auf die Bundesrepublik Deutschland übergegangen, so erlischt seine Rechtsstellung als Flüchtling in der Bundesrepublik Deutschland, wenn einer der in § 72 Abs. 1 genannten Umstände eintritt. Der Ausländer hat den Reiseausweis unverzüglich bei der Ausländerbehörde abzugeben.

(2) Dem Ausländer wird die Rechtsstellung als Flüchtling in der Bundesrepublik Deutschland entzogen, wenn die Voraussetzungen für die Zuerkennung der Flüchtlingseigenschaft nicht oder nicht mehr vorliegen. § 73 gilt entsprechend.

§ 73b Widerruf und Rücknahme des subsidiären Schutzes

(1) Die Gewährung des subsidiären Schutzes ist zu widerrufen, wenn die Umstände, die zur Zuerkennung des subsidiären Schutzes geführt haben, nicht mehr bestehen oder sich in einem Maß verändert haben, dass ein solcher Schutz nicht mehr erforderlich ist. § 73 Absatz 1 Satz 3 gilt entsprechend.

(2) Bei Anwendung des Absatzes 1 ist zu berücksichtigen, ob sich die Umstände so wesentlich und nicht nur vorübergehend verändert haben, dass der Ausländer, dem subsidiärer Schutz gewährt wurde, tatsächlich nicht länger Gefahr läuft, einen ernsthaften Schaden im Sinne des § 4 Absatz 1 zu erleiden.

(3) Die Zuerkennung des subsidiären Schutzes ist zurückzunehmen, wenn der Ausländer nach § 4 Absatz 2 von der Gewährung subsidiären Schutzes hätte ausgeschlossen werden müssen oder ausgeschlossen ist oder eine falsche Darstellung oder das Verschweigen von Tatsachen oder die Verwendung gefälschter Dokumente für die Zuerkennung des subsidiären Schutzes ausschlaggebend war.

(4) § 73 Absatz 2b Satz 3 und Absatz 2c bis 6 gilt entsprechend.

§ 73c Widerruf und Rücknahme von Abschiebungsverboten

(1) Die Feststellung der Voraussetzungen des § 60 Absatz 5 oder 7 des Aufenthaltsgesetzes ist zurückzunehmen, wenn sie fehlerhaft ist.

(2) Die Feststellung der Voraussetzungen des § 60 Absatz 5 oder 7 des Aufenthaltsgesetzes ist zu widerrufen, wenn die Voraussetzungen nicht mehr vorliegen.

(3) § 73 Absatz 2c bis 6 gilt entsprechend.

Abschnitt 9
Gerichtsverfahren

§ 74 Klagefrist, Zurückweisung verspäteten Vorbringens

(1) Die Klage gegen Entscheidungen nach diesem Gesetz muss innerhalb von zwei Wochen nach Zustellung der Entscheidung erhoben werden; ist der Antrag nach § 80 Abs. 5 der Verwaltungsgerichtsordnung innerhalb einer Woche zu stellen (§ 34a Absatz 2 Satz 1

und 3, § 36 Absatz 3 Satz 1 und 10), ist auch die Klage innerhalb einer Woche zu erheben.

(2) Der Kläger hat die zur Begründung dienenden Tatsachen und Beweismittel binnen einer Frist von einem Monat nach Zustellung der Entscheidung anzugeben. § 87b Abs. 3 der Verwaltungsgerichtsordnung gilt entsprechend. Der Kläger ist über die Verpflichtung nach Satz 1 und die Folgen der Fristversäumnis zu belehren. Das Vorbringen neuer Tatsachen und Beweismittel bleibt unberührt.

§ 75 Aufschiebende Wirkung der Klage

(1) Die Klage gegen Entscheidungen nach diesem Gesetz hat nur in den Fällen des § 38 Absatz 1 sowie der §§ 73, 73b und 73c aufschiebende Wirkung. Die Klage gegen Maßnahmen des Verwaltungszwangs (§ 73 Absatz 3a Satz 3) hat keine aufschiebende Wirkung.

(2) Die Klage gegen Entscheidungen des Bundesamtes, mit denen die Anerkennung als Asylberechtigter oder die Zuerkennung der Flüchtlingseigenschaft widerrufen oder zurückgenommen worden ist, hat in folgenden Fällen keine aufschiebende Wirkung:

1. bei Widerruf oder Rücknahme wegen des Vorliegens der Voraussetzungen des § 60 Absatz 8 Satz 1 des Aufenthaltsgesetzes oder des § 3 Absatz 2,
2. bei Widerruf oder Rücknahme, weil das Bundesamt nach § 60 Absatz 8 Satz 3 des Aufenthaltsgesetzes von der Anwendung des § 60 Absatz 1 des Aufenthaltsgesetzes abgesehen hat.

Dies gilt entsprechend bei Klagen gegen den Widerruf oder die Rücknahme der Gewährung subsidiären Schutzes wegen Vorliegens der Voraussetzungen des § 4 Absatz 2. § 80 Abs. 2 Satz 1 Nr. 4 der Verwaltungsgerichtsordnung bleibt unberührt.

§ 76 Einzelrichter

(1) Die Kammer soll in der Regel in Streitigkeiten nach diesem Gesetz den Rechtsstreit einem ihrer Mitglieder als Einzelrichter zur Entscheidung übertragen, wenn nicht die Sache besondere Schwierigkeiten tatsächlicher oder rechtlicher Art aufweist oder die Rechtssache grundsätzliche Bedeutung hat.

(2) Der Rechtsstreit darf dem Einzelrichter nicht übertragen werden, wenn bereits vor der Kammer mündlich verhandelt worden ist, es sei denn, dass inzwischen ein Vorbehalts-, Teil- oder Zwischenurteil ergangen ist.

(3) Der Einzelrichter kann nach Anhörung der Beteiligten den Rechtsstreit auf die Kammer zurückübertragen, wenn sich aus einer wesentlichen Änderung der Prozesslage ergibt, dass die Rechtssache grundsätzliche Bedeutung hat. Eine erneute Übertragung auf den Einzelrichter ist ausgeschlossen.

(4) In Verfahren des vorläufigen Rechtsschutzes entscheidet ein Mitglied der Kammer als Einzelrichter. Der Einzelrichter überträgt den Rechtsstreit auf die Kammer, wenn die Rechtssache grundsätzliche Bedeutung hat oder wenn er von der Rechtsprechung der Kammer abweichen will.

(5) Ein Richter auf Probe darf in den ersten sechs Monaten nach seiner Ernennung nicht Einzelrichter sein.

§ 77 Entscheidung des Gerichts

(1) In Streitigkeiten nach diesem Gesetz stellt das Gericht auf die Sach- und Rechtslage im Zeitpunkt der letzten mündlichen Verhandlung ab; ergeht die Entscheidung ohne mündliche Verhandlung, ist der Zeitpunkt maßgebend, in dem die Entscheidung gefällt wird. § 74 Abs. 2 Satz 2 bleibt unberührt.

(2) Das Gericht sieht von einer weiteren Darstellung des Tatbestandes und der Entscheidungsgründe ab, soweit es den Feststellungen und der Begründung des angefochtenen Verwaltungsaktes folgt und dies in seiner Entscheidung feststellt oder soweit die Beteiligten übereinstimmend darauf verzichten.

§ 78 Rechtsmittel

(1) Das Urteil des Verwaltungsgerichts, durch das die Klage in Rechtsstreitigkeiten nach diesem Gesetz als offensichtlich unzulässig oder offensichtlich unbegründet abgewiesen wird, ist unanfechtbar. Das gilt auch, wenn nur das Klagebegehren gegen die Entscheidung über den Asylantrag als offensichtlich

unzulässig oder offensichtlich unbegründet, das Klagebegehren im Übrigen hingegen als unzulässig oder unbegründet abgewiesen worden ist.

(2) In den übrigen Fällen steht den Beteiligten die Berufung gegen das Urteil des Verwaltungsgerichts zu, wenn sie von dem Oberverwaltungsgericht zugelassen wird.

(3) Die Berufung ist nur zuzulassen, wenn

1. die Rechtssache grundsätzliche Bedeutung hat oder
2. das Urteil von einer Entscheidung des Oberverwaltungsgerichts, des Bundesverwaltungsgerichts, des Gemeinsamen Senats der obersten Gerichtshöfe des Bundes oder des Bundesverfassungsgerichts abweicht und auf dieser Abweichung beruht oder
3. ein in § 138 der Verwaltungsgerichtsordnung bezeichneter Verfahrensmangel geltend gemacht wird und vorliegt.

(4) Die Zulassung der Berufung ist innerhalb eines Monats nach Zustellung des Urteils zu beantragen. Der Antrag ist bei dem Verwaltungsgericht zu stellen. Er muss das angefochtene Urteil bezeichnen. In dem Antrag sind die Gründe, aus denen die Berufung zuzulassen ist, darzulegen. Die Stellung des Antrags hemmt die Rechtskraft des Urteils.

(5) Über den Antrag entscheidet das Oberverwaltungsgericht durch Beschluss, der keiner Begründung bedarf. Mit der Ablehnung des Antrags wird das Urteil rechtskräftig. Lässt das Oberverwaltungsgericht die Berufung zu, wird das Antragsverfahren als Berufungsverfahren fortgesetzt; der Einlegung einer Berufung bedarf es nicht.

(6) § 134 der Verwaltungsgerichtsordnung findet keine Anwendung, wenn das Urteil des Verwaltungsgerichts nach Absatz 1 unanfechtbar ist.

(7) Ein Rechtsbehelf nach § 84 Abs. 2 der Verwaltungsgerichtsordnung ist innerhalb von zwei Wochen nach Zustellung des Gerichtsbescheids zu erheben.

§ 79 Besondere Vorschriften für das Berufungsverfahren

(1) In dem Verfahren vor dem Oberverwaltungsgericht gilt in Bezug auf Erklärungen und Beweismittel, die der Kläger nicht innerhalb der Frist des § 74 Abs. 2 Satz 1 vorgebracht hat, § 128a der Verwaltungsgerichtsordnung entsprechend.

(2) § 130 Abs. 2 und 3 der Verwaltungsgerichtsordnung findet keine Anwendung.

§ 80 Ausschluss der Beschwerde

Entscheidungen in Rechtsstreitigkeiten nach diesem Gesetz können vorbehaltlich des § 133 Abs. 1 der Verwaltungsgerichtsordnung nicht mit der Beschwerde angefochten werden.

§ 80a Ruhen des Verfahrens

(1) Für das Klageverfahren gilt § 32a Abs. 1 entsprechend. Das Ruhen hat auf den Lauf von Fristen für die Einlegung oder Begründung von Rechtsbehelfen keinen Einfluss.

(2) Die Klage gilt als zurückgenommen, wenn der Kläger nicht innerhalb eines Monats nach Ablauf der Geltungsdauer der Aufenthaltserlaubnis nach § 24 des Aufenthaltsgesetzes dem Gericht anzeigt, dass er das Klageverfahren fortführen will.

(3) Das Bundesamt unterrichtet das Gericht unverzüglich über die Erteilung und den Ablauf der Geltungsdauer der Aufenthaltserlaubnis nach § 24 des Aufenthaltsgesetzes.

§ 81 Nichtbetreiben des Verfahrens

Die Klage gilt in einem gerichtlichen Verfahren nach diesem Gesetz als zurückgenommen, wenn der Kläger das Verfahren trotz Aufforderung des Gerichts länger als einen Monat nicht betreibt. Der Kläger trägt die Kosten des Verfahrens. In der Aufforderung ist der Kläger auf die nach Satz 1 und 2 eintretenden Folgen hinzuweisen.

§ 82 Akteneinsicht in Verfahren des vorläufigen Rechtsschutzes

In Verfahren des vorläufigen Rechtsschutzes wird Akteneinsicht auf der Geschäftsstelle des Gerichts gewährt. Die Akten können dem bevollmächtigten Rechtsanwalt zur Mitnahme in seine Wohnung oder Geschäftsräume übergeben werden, wenn ausgeschlossen werden kann, dass sich das Verfahren dadurch verzögert. Für die Versendung von Akten gilt Satz 2 entsprechend.

§ 83 Besondere Spruchkörper

(1) Streitigkeiten nach diesem Gesetz sollen in besonderen Spruchkörpern zusammengefasst werden.

(2) Die Landesregierungen können bei den Verwaltungsgerichten für Streitigkeiten nach diesem Gesetz durch Rechtsverordnung besondere Spruchkörper bilden und deren Sitz bestimmen. Die Landesregierungen können die Ermächtigung auf andere Stellen übertragen. Die nach Satz 1 gebildeten Spruchkörper sollen ihren Sitz in räumlicher Nähe zu den Aufnahmeeinrichtungen haben.

(3) Die Landesregierungen werden ermächtigt, durch Rechtsverordnung einem Verwaltungsgericht für die Bezirke mehrerer Verwaltungsgerichte Streitigkeiten nach diesem Gesetz hinsichtlich bestimmter Herkunftsstaaten zuzuweisen, sofern dies für die Verfahrensförderung dieser Streitigkeiten sachdienlich ist. Die Landesregierungen können die Ermächtigung auf andere Stellen übertragen.

§ 83a Unterrichtung der Ausländerbehörde

Das Gericht darf der Ausländerbehörde das Ergebnis eines Verfahrens formlos mitteilen. Das Gericht hat der Ausländerbehörde das Ergebnis mitzuteilen, wenn das Verfahren die Rechtmäßigkeit einer Abschiebungsandrohung oder einer Abschiebungsanordnung nach diesem Gesetz zum Gegenstand hat.

§ 83b Gerichtskosten, Gegenstandswert

Gerichtskosten (Gebühren und Auslagen) werden in Streitigkeiten nach diesem Gesetz nicht erhoben.

§ 83c Anwendbares Verfahren für die Anordnung und Befristung von Einreise- und Aufenthaltsverboten

Die Bestimmungen dieses Abschnitts sowie § 52 Nummer 2 Satz 3 der Verwaltungsgerichtsordnung gelten auch für Rechtsbehelfe gegen die Entscheidungen des Bundesamtes nach § 75 Nummer 12 des Aufenthaltsgesetzes.

Abschnitt 10
Straf- und Bußgeldvorschriften

§ 84 Verleitung zur missbräuchlichen Asylantragstellung

(1) Mit Freiheitsstrafe bis zu drei Jahren oder mit Geldstrafe wird bestraft, wer einen Ausländer verleitet oder dabei unterstützt, im Asylverfahren vor dem Bundesamt oder im gerichtlichen Verfahren unrichtige oder unvollständige Angaben zu machen, um seine Anerkennung als Asylberechtigter oder die Zuerkennung internationalen Schutzes im Sinne des § 1 Absatz 1 Nummer 2 zu ermöglichen.

(2) In besonders schweren Fällen ist die Strafe Freiheitsstrafe bis zu fünf Jahren oder Geldstrafe. Ein besonders schwerer Fall liegt in der Regel vor, wenn der Täter

1. für eine in Absatz 1 bezeichnete Handlung einen Vermögensvorteil erhält oder sich versprechen lässt oder
2. wiederholt oder zugunsten von mehr als fünf Ausländern handelt.

(3) Mit Freiheitsstrafe von sechs Monaten bis zu zehn Jahren wird bestraft, wer in den Fällen des Absatzes 1

1. gewerbsmäßig oder
2. als Mitglied einer Bande, die sich zur fortgesetzten Begehung solcher Taten verbunden hat,

handelt.

(4) Der Versuch ist strafbar.

(5) Wer die Tat nach Absatz 1 zugunsten eines Angehörigen im Sinne des § 11 Abs. 1 Nr. 1 des Strafgesetzbuches begeht, ist straffrei.

§ 84a Gewerbs- und bandenmäßige Verleitung zur missbräuchlichen Asylantragstellung

(1) Mit Freiheitsstrafe von einem Jahr bis zu zehn Jahren wird bestraft, wer in den Fällen des § 84 Abs. 1 als Mitglied einer Bande, die

sich zur fortgesetzten Begehung solcher Taten verbunden hat, gewerbsmäßig handelt.

(2) In minder schweren Fällen ist die Strafe Freiheitsstrafe von sechs Monaten bis zu fünf Jahren.

§ 85 Sonstige Straftaten

Mit Freiheitsstrafe bis zu einem Jahr oder mit Geldstrafe wird bestraft, wer

1. entgegen § 50 Abs. 6, auch in Verbindung mit § 71a Abs. 2 Satz 1, sich nicht unverzüglich zu der angegebenen Stelle begibt,
2. wiederholt einer Aufenthaltsbeschränkung nach § 56 oder § 59b Absatz 1, jeweils auch in Verbindung mit § 71a Abs. 3, zuwiderhandelt,
3. einer vollziehbaren Anordnung nach § 60 Abs. 2 Satz 1, auch in Verbindung mit § 71a Abs. 3, nicht rechtzeitig nachkommt oder
4. entgegen § 61 Abs. 1, auch in Verbindung mit § 71a Abs. 3, eine Erwerbstätigkeit ausübt.

§ 86 Bußgeldvorschriften

(1) Ordnungswidrig handelt ein Ausländer, der einer Aufenthaltsbeschränkung nach § 56 oder § 59b Absatz 1, jeweils auch in Verbindung mit § 71a Abs. 3, zuwiderhandelt.

(2) Die Ordnungswidrigkeit kann mit einer Geldbuße bis zu zweitausendfünfhundert Euro geahndet werden.

Abschnitt 11 Übergangs- und Schlussvorschriften

§ 87 Übergangsvorschriften

(1) Für das Verwaltungsverfahren gelten folgende Übergangsvorschriften:

1. Bereits begonnene Asylverfahren sind nach bisher geltendem Recht zu Ende zu führen, wenn vor dem Inkrafttreten dieses Gesetzes das Bundesamt seine Entscheidung an die Ausländerbehörde zur Zustellung abgesandt hat. Ist das Asylverfahren vor dem Inkrafttreten dieses Gesetzes bestandskräftig abgeschlossen, ist das Bundesamt für die Entscheidung, ob Abschiebungshindernisse nach § 53 des Ausländergesetzes vorliegen, und für den Erlass einer Abschiebungsandrohung nur zuständig, wenn ein erneutes Asylverfahren durchgeführt wird.
2. Über Folgeanträge, die vor Inkrafttreten dieses Gesetzes gestellt worden sind, entscheidet die Ausländerbehörde nach bisher geltendem Recht.
3. Bei Ausländern, die vor Inkrafttreten dieses Gesetzes einen Asylantrag gestellt haben, richtet sich die Verteilung auf die Länder nach bisher geltendem Recht.

(2) Für die Rechtsbehelfe und das gerichtliche Verfahren gelten folgende Übergangsvorschriften:

1. In den Fällen des Absatzes 1 Nr. 1 und 2 richtet sich die Klagefrist nach bisher geltendem Recht; die örtliche Zuständigkeit des Verwaltungsgerichts bestimmt sich nach § 52 Nr. 2 Satz 3 der Verwaltungsgerichtsordnung in der bis zum Inkrafttreten dieses Gesetzes geltenden Fassung.
2. Die Zulässigkeit eines Rechtsbehelfs gegen einen Verwaltungsakt richtet sich nach bisher geltendem Recht, wenn der Verwaltungsakt vor Inkrafttreten dieses Gesetzes bekannt gegeben worden ist.
3. Die Zulässigkeit eines Rechtsmittels gegen eine gerichtliche Entscheidung richtet sich nach bisher geltendem Recht, wenn die Entscheidung vor Inkrafttreten dieses Gesetzes verkündet oder von Amts wegen anstelle einer Verkündung zugestellt worden ist.
4. Hat ein vor Inkrafttreten dieses Gesetzes eingelegter Rechtsbehelf nach bisher geltendem Recht aufschiebende Wirkung, finden die Vorschriften dieses Gesetzes über den Ausschluss der aufschiebenden Wirkung keine Anwendung.
5. Ist in einem gerichtlichen Verfahren vor Inkrafttreten dieses Gesetzes eine Aufforderung nach § 33 des Asylverfahrensgesetzes in der Fassung der Bekanntmachung vom 9. April 1991 (BGBl. I S. 869), geändert durch Artikel 7 § 13 in Verbin-

dung mit Artikel 11 des Gesetzes vom 12. September 1990 (BGBl. I S. 2002), erlassen worden, gilt insoweit diese Vorschrift fort.

§ 87a Übergangsvorschriften aus Anlass der am 1. Juli 1993 in Kraft getretenen Änderungen

(1) Soweit in den folgenden Vorschriften nicht etwas anderes bestimmt ist, gelten die Vorschriften dieses Gesetzes mit Ausnahme der §§ 26a und 34a auch für Ausländer, die vor dem 1. Juli 1993 einen Asylantrag gestellt haben. Auf Ausländer, die aus einem Mitgliedstaat der Europäischen Gemeinschaften oder aus einem in der Anlage I bezeichneten Staat eingereist sind, finden die §§ 27, 29 Abs. 1 und 2 entsprechende Anwendung.

(2) Für das Verwaltungsverfahren gelten folgende Übergangsvorschriften:

1. § 10 Abs. 2 Satz 2 und 3, Abs. 3 und 4 findet Anwendung, wenn der Ausländer insoweit ergänzend schriftlich belehrt worden ist.
2. § 33 Abs. 2 gilt nur für Ausländer, die nach dem 1. Juli 1993 in ihren Herkunftsstaat ausreisen.
3. Für Folgeanträge, die vor dem 1. Juli 1993 gestellt worden sind, gelten die Vorschriften der §§ 71 und 87 Abs. 1 Nr. 2 in der bis zu diesem Zeitpunkt geltenden Fassung.

(3) Für die Rechtsbehelfe und das gerichtliche Verfahren gelten folgende Übergangsvorschriften:

1. Die Zulässigkeit eines Rechtsbehelfs gegen einen Verwaltungsakt richtet sich nach dem bis zum 1. Juli 1993 geltenden Recht, wenn der Verwaltungsakt vor diesem Zeitpunkt bekannt gegeben worden ist.
2. Die Zulässigkeit eines Rechtsbehelfs gegen eine gerichtliche Entscheidung richtet sich nach dem bis zum 1. Juli 1993 geltenden Recht, wenn die Entscheidung vor diesem Zeitpunkt verkündet oder von Amts wegen anstelle einer Verkündung zugestellt worden ist.
3. § 76 Abs. 4 findet auf Verfahren, die vor dem 1. Juli 1993 anhängig geworden sind, keine Anwendung.
4. Die Wirksamkeit einer vor dem 1. Juli 1993 bereits erfolgten Übertragung auf den Einzelrichter bleibt von § 76 Abs. 5 unberührt.
5. § 83 Abs. 1 ist bis zum 31. Dezember 1993 nicht anzuwenden.

§ 87b Übergangsvorschrift aus Anlass der am 1. September 2004 in Kraft getretenen Änderungen

In gerichtlichen Verfahren nach diesem Gesetz, die vor dem 1. September 2004 anhängig geworden sind, gilt § 6 in der vor diesem Zeitpunkt geltenden Fassung weiter.

§ 87c Übergangsvorschriften aus Anlass der am 6. August 2016 in Kraft getretenen Änderungen

(1) Eine vor dem 6. August 2016 erworbene Aufenthaltsgestattung gilt ab dem Zeitpunkt ihrer Entstehung fort. Sie kann insbesondere durch eine Bescheinigung nach § 63 nachgewiesen werden. § 67 bleibt unberührt.

(2) Der Aufenthalt eines Ausländers, der vor dem 5. Februar 2016 im Bundesgebiet um Asyl nachgesucht hat, gilt ab dem Zeitpunkt der Aufnahme in der für ihn zuständigen Aufnahmeeinrichtung oder, sofern sich dieser Zeitpunkt nicht bestimmen lässt, ab dem 5. Februar 2016 als gestattet.

(3) Der Aufenthalt eines Ausländers, dem bis zum 6. August 2016 ein Ankunftsnachweis ausgestellt worden ist, gilt ab dem Zeitpunkt der Ausstellung als gestattet.

(4) Der Aufenthalt eines Ausländers, der nach dem 4. Februar 2016 und vor dem 1. November 2016 um Asyl nachgesucht hat und dem aus Gründen, die er nicht zu vertreten hat, nicht unverzüglich ein Ankunftsnachweis ausgestellt worden ist, gilt mit Ablauf von zwei Wochen nach dem Zeitpunkt, in dem er um Asyl nachgesucht hat, als gestattet. Die fehlende Ausstellung des Ankunftsnachweises nach Satz 1 hat der Ausländer insbesondere dann nicht zu vertreten, wenn in der für die Ausstellung seines Ankunftsnachweises

zuständigen Stelle die technischen Voraussetzungen für die Ausstellung von Ankunftsnachweisen nicht vorgelegen haben.

(5) Die Absätze 2 bis 4 finden keine Anwendung, wenn der Ausländer einen vor dem 6. August 2016 liegenden Termin zur Stellung des Asylantrags nach § 23 Absatz 1 aus Gründen, die er zu vertreten hat, nicht wahrgenommen hat.

(6) Ergeben sich aus der Anwendung der Absätze 1 bis 4 unterschiedliche Zeitpunkte, so ist der früheste Zeitpunkt maßgeblich.

§ 88 Verordnungsermächtigungen

(1) Das Bundesministerium des Innern kann durch Rechtsverordnung mit Zustimmung des Bundesrates die zuständigen Behörden für die Ausführung von Rechtsvorschriften der Europäischen Gemeinschaft und völkerrechtlichen Verträgen über die Zuständigkeit für die Durchführung von Asylverfahren bestimmen, insbesondere für

1. Auf- und Wiederaufnahmeersuchen an andere Staaten,
2. Entscheidungen über Auf- und Wiederaufnahmeersuchen anderer Staaten,
3. den Informationsaustausch mit anderen Staaten und der Europäischen Gemeinschaft sowie Mitteilungen an die betroffenen Ausländer und
4. die Erfassung, Übermittlung und den Vergleich von Fingerabdrücken der betroffenen Ausländer.

(2) Das Bundesministerium des Innern wird ermächtigt, durch Rechtsverordnung mit Zustimmung des Bundesrates Vordruckmuster und Ausstellungsmodalitäten sowie die Regelungen für die Qualitätssicherung der erkennungsdienstlichen Behandlung und die Übernahme von Daten aus erkennungsdienstlichen Behandlungen für die Bescheinigungen nach den §§ 63 und 63a festzulegen.

(3) Die Landesregierung kann durch Rechtsverordnung Aufgaben der Aufnahmeeinrichtung auf andere Stellen des Landes übertragen.

§ 88a Bestimmungen zum Verwaltungsverfahren

Von der in § 60 getroffenen Regelung kann durch Landesrecht nicht abgewichen werden.

§ 89 Einschränkung von Grundrechten

(1) Die Grundrechte der körperlichen Unversehrtheit (Artikel 2 Abs. 2 Satz 1 des Grundgesetzes) und der Freiheit der Person (Artikel 2 Abs. 2 Satz 2 des Grundgesetzes) werden nach Maßgabe dieses Gesetzes eingeschränkt.

(2) Das Verfahren bei Freiheitsentziehungen richtet sich nach Buch 7 des Gesetzes über das Verfahren in Familiensachen und in den Angelegenheiten der freiwilligen Gerichtsbarkeit.

Anlage I
(zu § 26a)

Norwegen | Schweiz

Anlage II
(zu § 29a)

Albanien

Bosnien und Herzegowina

Ghana

Kosovo

Mazedonien, ehemalige jugoslawische Republik

Montenegro

Senegal

Serbien

Verordnung zur Neufassung der Asylzuständigkeitsbestimmungsverordnung (AsylZBV)

in der Fassung der Bekanntmachung vom 2. April 2008 (BGBl. I S. 645)

Auf Grund des § 88 Abs. 1 des Asylverfahrensgesetzes in der Fassung der Bekanntmachung vom 27. Juli 1993 (BGBl. I S. 1361), der durch Artikel 3 Nr. 50 des Gesetzes vom 19. August 2007 (BGBl. I S. 1970) neu gefasst worden ist, verordnet das Bundesministerium des Innern:

§ 1

Die Verordnung bestimmt die zuständigen Behörden für die Ausführung

1. des Übereinkommens vom 15. Juni 1990 über die Bestimmung des zuständigen Staates für die Prüfung eines in einem Mitgliedstaat der Europäischen Gemeinschaften gestellten Asylantrags (Dubliner Übereinkommen) (BGBl. 1994 II S. 791),
2. der Verordnung (EG) Nr. 343/2003 des Rates vom 18. Februar 2003 zur Festlegung der Kriterien und Verfahren zur Bestimmung des Mitgliedstaats, der für die Prüfung eines von einem Drittstaatsangehörigen in einem Mitgliedstaat gestellten Asylantrags zuständig ist (ABl. EU Nr. L 50 S. 1),
3. der Verordnung (EG) Nr. 1560/2003 der Kommission vom 2. September 2003 mit Durchführungsbestimmungen zur Verordnung (EG) Nr. 343/2003 des Rates zur Festlegung der Kriterien und Verfahren zur Bestimmung des Mitgliedstaats, der für die Prüfung eines von einem Drittstaatsangehörigen in einem Mitgliedstaat gestellten Asylantrags zuständig ist (ABl. EU Nr. L 222 S. 3),
4. der Verordnung (EG) Nr. 2725/2000 des Rates vom 11. Dezember 2000 über die Einrichtung von „Eurodac" für den Vergleich von Fingerabdrücken zum Zwecke der effektiven Anwendung des Dubliner Übereinkommens (ABl. EG Nr. L 316 S. 1).

§ 2

(1) Das Bundesamt für Migration und Flüchtlinge ist zuständig für die Ausführung des Übereinkommens nach § 1 Nr. 1 und der Verordnungen nach § 1 Nr. 2 und 3 in Bezug auf

1. die Übermittlung von Auf- und Wiederaufnahmeersuchen an die anderen Staaten sowie die Festlegung der Modalitäten der Überstellung,
2. die Entscheidung über Auf- und Wiederaufnahmeersuchen der anderen Staaten sowie die Festlegung der Modalitäten der Überstellung,
3. den Informationsaustausch sowie die notwendigen Mitteilungen an die betroffenen Drittstaatsangehörigen.

(2) Das Bundesamt für Migration und Flüchtlinge ist auch zuständig für die Zusammenarbeit mit den anderen Staaten nach der Verordnung gemäß § 1 Nr. 4 bei

1. der endgültigen Identifizierung,
2. der Auskunft über die gemäß Artikel 4 der Verordnung (EG) Nr. 2725/2000 an die Zentraleinheit übermittelten und in der zentralen Datenbank gespeicherten Daten sowie deren Berichtigung, Löschung und Sperrung.

§ 3

(1) Die mit der polizeilichen Kontrolle des grenzüberschreitenden Verkehrs beauftragten Behörden (Grenzbehörden) sind zuständig für die Maßnahmen und Entscheidungen nach § 2 Abs. 1 Nr. 1 und 3 und Abs. 2 Nr. 1, wenn ein Drittstaatsangehöriger im grenznahen Raum der Bundesrepublik Deutschland in unmittelbarem zeitlichen Zusammenhang mit einer unerlaubten Einreise aus einem angrenzenden Mitgliedstaat angetroffen wurde und Anhaltspunkte dafür bestehen, dass die-

ser oder ein anderer angrenzender Mitgliedstaat nach dem Übereinkommen gemäß § 1 Nr. 1 oder der Verordnung nach § 1 Nr. 2 zuständig ist.

(2) Die in Absatz 1 genannten Behörden sind zuständig für die Maßnahmen und Entscheidungen nach § 2 Abs. 1 Nr. 2 und 3, wenn ein Drittstaatsangehöriger aus der Bundesrepublik Deutschland in einen angrenzenden Staat unerlaubt eingereist ist und dort im grenznahen Raum angetroffen wurde und eine mit grenzpolizeilichen Aufgaben betraute Behörde für das Auf- und Wiederaufnahmeersuchen zuständig ist.

(3) Die Absätze 1 und 2 gelten nicht für die Zollverwaltung.

§ 4

Das Bundesamt kann Verfahren übernehmen, für welche die Zuständigkeit der Grenzbehörden begründet wurde; auf Ersuchen der Grenzbehörden übernimmt es diese Verfahren.

§ 5

Das Bundeskriminalamt ist zuständig für die Ausführung der Verordnung nach § 1 Nr. 4 in Bezug auf die

1. Übermittlung der Daten an die Zentraleinheit,
2. Prüfung der von der Zentraleinheit übermittelten Ergebnisse,
3. Übermittlung der Ergebnisse an das Bundesamt und an die Behörde, die die Fingerabdrücke übermittelt hat,
4. Berichtigung und Löschung der gemäß Artikel 8 der Verordnung (EG) Nr. 2725/2000 an die Zentraleinheit übermittelten und in der zentralen Datenbank gespeicherten Daten,
5. Löschung und Vernichtung der von der Zentraleinheit erhaltenen unzuverlässigen Informationen über sonstige Daten,
6. Übermittlung des Verzeichnisses der auf die zentrale Datenbank zugriffsberechtigten Behörden,
7. Schadenersatzansprüche gegen die Bundesrepublik Deutschland nach Artikel 17 Abs. 2 der Verordnung (EG) Nr. 2725/2000.

§ 6

Diese Verordnung tritt am Tag nach der Verkündung in Kraft. Gleichzeitig tritt die Asylzuständigkeitsbestimmungsverordnung vom 4. Dezember 1997 (BGBl. I S. 2852), zuletzt geändert durch Artikel 75 des Gesetzes vom 21. Juni 2005 (BGBl. I S. 1818), außer Kraft.

Verordnung über die Bescheinigung über die Meldung als Asylsuchender (Ankunftsnachweisverordnung – AKNV)

Vom 5. Februar 2016 (BGBl. I S. 162)

II

Auf Grund des § 88 Absatz 2 des Asylgesetzes, der zuletzt durch Artikel 1 Nummer 5 des Gesetzes vom 2. Februar 2016 (BGBl. I S. 130) geändert worden ist, verordnet das Bundesministerium des Innern:

§ 1 Technische Richtlinien des Bundesamtes für Sicherheit in der Informationstechnik

Die Aufnahmeeinrichtung, auf die der Ausländer verteilt worden ist, und die dieser Aufnahmeeinrichtung zugeordnete Außenstelle des Bundesamtes für Migration und Flüchtlinge (ausstellende Behörden) haben das Folgende dem Stand der Technik entsprechend zu gewährleisten:

1. die Überprüfung des Standards und der Aktualität des bereits im Ausländerzentralregister gespeicherten Lichtbildes,
2. die Erfassung und Verarbeitung der von ihnen im Rahmen einer erkennungsdienstlichen Maßnahme zu erhebenden Fingerabdruckdaten und des in den Ankunftsnachweis zu übernehmenden Lichtbildes,
3. das Erstellen eines Barcodes.

Die Einhaltung des Stands der Technik wird vermutet, wenn nach den in Anlage 1 genannten Technischen Richtlinien des Bundesamtes für Sicherheit in der Informationstechnik in der jeweils geltenden Fassung verfahren wurde, die im Bundesanzeiger bekannt gemacht worden ist.

§ 2 Dokumentationspflichten

Die Liste der Seriennummern der Bescheinigungen (AKN-Nummern) und die Blanko-Ankunftsnachweise sind getrennt voneinander und sicher zu verwahren; die bereits vergebenen AKN-Nummern sind zu dokumentieren.

§ 3 Qualitätssicherung des Lichtbildes und der Fingerabdruckdaten

(1) Bei der Ausstellung des Ankunftsnachweises ist ein aktuelles Lichtbild in der Größe von 45 Millimeter × 35 Millimeter im Hochformat und ohne Rand zu verwenden. Das Lichtbild muss den Vorgaben der Anlage 2 Abschnitt 2 zu entsprechen. Es ist durch die ausstellende Behörde zu fertigen, soweit im Ausländerzentralregister kein den Anforderungen dieser Verordnung entsprechendes aktuelles Lichtbild hinterlegt ist.

(2) Die ausstellende Behörde stellt durch geeignete technische und organisatorische Maßnahmen die erforderliche Qualität der Erfassung und Verarbeitung des Lichtbildes und der Fingerabdruckdaten, insbesondere die Einhaltung der in § 1 genannten technischen Anforderungen, sicher. Dazu hat sie das Lichtbild und die Fingerabdruckdaten mit einer zertifizierten Qualitätssicherungssoftware zu prüfen. Darüber hinaus hat auch die Erfassung der Fingerabdruckdaten mit zertifizierter Hardware zu erfolgen. Soweit die technischen Richtlinien eine Zertifizierung der zur Erfassung und Überprüfungen erforderlichen Komponenten vorsieht, gilt dieses Erfordernis für die in Anlage 3 genannten Systemkomponenten. Bis zum 31. Dezember 2016 ist die Nutzung nicht zertifizierter Geräte zur Erfassung und Überprüfung des Standards und der Aktualität des Lichtbildes und der Fingerabdruckdaten zulässig.

(3) Das Bundesverwaltungsamt erstellt eine Qualitätsstatistik mit anonymisierten Qualitätswerten zu Lichtbildern, die von den ausstellenden Behörden erhoben und übermittelt werden.

(4) Das Bundesverwaltungsamt stellt die Ergebnisse der Auswertung und auf Verlangen die in der Statistik erfassten anonymisierten Einzeldaten dem Bundesministerium des Innern, dem Bundesamt für Sicherheit in der

Informationstechnik, dem Bundesamt für Migration und Flüchtlinge und dem Bundeskriminalamt zur Verfügung.

§ 4 Ausstellung des Ankunftsnachweises

(1) Die ausstellende Behörde prüft, ob die für den Ankunftsnachweis nach Anlage 4 erforderlichen Daten vollständig und zutreffend erhoben wurden und überträgt diese unter Beachtung der formalen Anforderungen der Anlage 2 Abschnitt 1 auf den Ankunftsnachweis. Die ausstellenden Behörden haben technische und organisatorische Maßnahmen zu treffen, die gewährleisten, dass keine falschen oder anderweitig fehlerhaften Daten weiterverarbeitet werden.

(2) Auf Seite 4 des Ankunftsnachweises ist anzugeben, ob die Angaben zur Person auf eigenen Angaben des Asylsuchenden beruhen.

§ 5 Muster für den Ankunftsnachweis

Der Ankunftsnachweis ist ausschließlich nach dem in Anlage 4 abgedruckten Muster auszustellen.

§ 6 Aushändigung des Ankunftsnachweises

(1) Der Ankunftsnachweis ist dem Asylsuchenden erst nach Unterschriftsleistung auszuhändigen, es sei denn, die Unterschriftsleistung ist im Einzelfall nicht erforderlich.

(2) Bei der Übergabe ist der Asylsuchende in geeigneter Art und Weise über die Funktion und die Bedeutung des Ankunftsnachweises zu informieren. Insbesondere ist darauf hinzuweisen, dass der Ankunftsnachweis kein Reisedokument ist und der Asylsuchende mit diesem Dokument der Pass- und Ausweispflicht im Bundesgebiet nicht genügt und das Dokument nicht zum Grenzübertritt berechtigt.

§ 7 Änderung der Anschrift, Verlängerung

(1) Der Verlängerungsvermerk ist auf Seite 4 des Ankunftsnachweises einzutragen.

(2) Die Änderung der Anschrift ist im Feld „amtliche Vermerke" auf Seite 5 des Ankunftsnachweises einzutragen.

(3) Die Vermerke zur Änderung der Anschrift und zur Verlängerung sind vom Mitarbeiter der zuständigen Behörde zu unterzeichnen und mit dem Behördensiegel zu versehen.

§ 8 Inkrafttreten

Diese Verordnung tritt am 6. Februar 2016 in Kraft.

Anlage 1
(zu § 1)

Technische Richtlinien des Bundesamtes für Sicherheit in der Informationstechnik

1. BSI TR-03116 – Kryptographische Vorgaben für Projekte der Bundesregierung
2. BSI TR-03137 – Optically Verifiable Cryptographic Protection of non-electronic Documents (Digital Seal)
3. BSI TR-03121 – Biometrics for Public Sector Applications

Anlage 2
(zu § 3 Absatz 1 und § 4 Absatz 1)

Formale Anforderungen an variable Einträge

Abschnitt 1 Vorbemerkung:

1. Die in der nachstehenden Tabelle beschriebenen Anforderungen an die Einträge gelten für den Ankunftsnachweis.
2. Die Aufnahmeeinrichtungen und die Außenstellen des Bundesamtes tragen die variablen Daten bis auf die Unterschrift ein und verwenden zur Personalisierung des Ankunftsnachweises und zur Änderung von Daten den Schriftfont „UnicodeDoc". Hierfür sind Tintenstrahldrucker einzusetzen. Die Tinte hat die nach der ISO 1831:1980-10 geforderten Eigenschaften hinsichtlich maschineller Lesbarkeit im B900-Band zu erfüllen. Es ist ausschließlich solches Schreibmaterial zu verwenden, das nach DIN ISO 12757-1:1999-02 urkunden- und kopierecht ist.
3. Als Zeichensatz ist der in der jeweils gültigen Fassung der Technischen Richtlinie des Bundesamtes für Sicherheit in der Informationstechnik, BSI: Technische Richtlinie TR-03123, XML-Datenaustauschformat für hoheitliche Dokumente (TR XhD), veröffentlichte Zeichensatz „String.LatinXhD" zu verwenden.
4. Der maschinenlesbare Bereich in den Nachweisen ist im Schriftfont OCR-B zu beschriften.
5. In den Datenfeldern „Name" (Familienname und Geburtsname) sowie „Vornamen" sind alle Namensbestandteile komplett darzustellen, soweit dies technisch entsprechend der nachstehenden Tabelle umsetzbar ist. Ist nicht erkennbar, welcher Namensbestandteil der Vorname ist, so sind sämtliche Namensbestandteile im Datenfeld „Familienname" einzutragen. Im Datenfeld „Vorname" ist in diesem Fall ein waagerechter Strich einzutragen.
6. Grundsätzlich sind alle Einträge im Ankunftsnachweis in der Schriftgröße 1 gemäß der nachstehenden Tabelle vorzunehmen.
   Wird in einem Datenfeld die zur Verfügung stehende Zeichenzahl in der Schriftgröße 1 überschritten, sind sämtliche Zeichen des entsprechenden Datenfeldes in Schriftgröße 2 einzutragen.
   Sollte auch unter Ausnutzung der Schriftgröße 2 die nach Maßgabe der nachstehenden Tabelle maximal zur Verfügung stehende Zeichenzahl nicht ausreichen, sind die Einträge des Datenfeldes (zum Beispiel „Vornamen") – unter Ausnutzung der maximal zur Verfügung stehenden Zeichenzahl – entsprechend gekürzt vorzunehmen.
   Im Datenfeld „Name" ist der Eintrag gemäß den Vorgaben der nachstehenden Tabelle in der Schriftgröße 1 und 2 Schriftstärke „Fett" zulässig.
   Änderungen in den vorgedruckten Datenfeldern sind ausschließlich im Fall der Verlängerung auf Seite 4 zulässig. Sonstige Eintragungen und Ergänzungen können im Datenfeld „amtliche Vermerke" auf Seite 5 vorgenommen werden. Diese Änderungen, Eintragungen und Ergänzungen sind in der Schriftgröße 1 Schriftstärke „Fett" vorzunehmen.
   Bei Änderung auf dem Ankunftsnachweis sind die Eintragungen in der Schriftgröße 1 Schriftstärke „Fett" vorzunehmen.
7. Sofern kein Geburtsname vorhanden ist, ist in die Zeile Geburtsname als Eintrag ein waagerechter Strich vorzunehmen.
8. Im Datenfeld „mitreisende Kinder" ist ein waagerechter Strich einzutragen, wenn den Asylsuchenden keine Kinder begleiten. In dem Feld sind alle in § 63a Absatz 1 Nummer 17 Asylgesetz bezeichneten Personen einzutragen.
9. Soweit ein oder mehrere Doktorgrade vorhanden sind, wird dieser oder werden diese im Datenfeld „Name" eingetragen.

Entsprechend der für die Eintragung des Doktorgrades bzw. der Doktorgrade benötigten Zeichenzahl verringert sich die Anzahl der verbleibenden Zeichen für den Namenseintrag.

10. Bei Schreibunkundigen oder Schreibunfähigen oder Kindern unter zehn Jahren ist in das Unterschriftsfeld ein waagerechter Strich einzutragen.

Datenfelder	Seite	Feldlängen Ankunftsnachweis	
		2,0 mm Schriftgröße 2 (8pt) UNICODE	2,4 mm Schriftgröße 1 (10pt) UNICODE
Seriennummer	2, 3 und 4	–	9 Zeichen zulässiges Ziffernwerk: einen Buchstaben, Leerzeichen und 7 Ziffern
Name	2	35 Zeichen in zwei Zeilen insgesamt 70 Zeichen[1]	30 Zeichen in zwei Zeilen insgesamt 60 Zeichen[2]
Geburtsname	2	35 Zeichen in zwei Zeilen insgesamt 70 Zeichen[1]	30 Zeichen in zwei Zeilen insgesamt 60 Zeichen[2]
Vornamen	2	35 Zeichen in zwei Zeilen insgesamt 70 Zeichen[1]	30 Zeichen in zwei Zeilen insgesamt 60 Zeichen[3]
Geschlecht	2	–	1 Zeichen Zulässige Buchstaben: M, F, X
Größe	2	–	6 Zeichen[3]
Farbe der Augen	2	–	15 Zeichen
Tag der Geburt	2	–	10 Zeichen
Staatsangehörigkeit	2	–	3 Zeichen[4]
Ort der Geburt	2	–	30 Zeichen
Lichtbild 35 x 45 mm	3	–	–
Unterschrift Inhaber manuell	3	–	–
Ausstellende Behörde	3	–	30 Zeichen
Tag der Ausstellung	3	–	10 Zeichen
Unterschrift Austeller manuell	3	–	–
Ankreuzfeld: Die Angaben zur Person …	4	–	–
Gültig bis	4	–	10 Zeichen
Verlängert bis	4	–	10 Zeichen
Name und Anschrift der zuständigen Aufnahmeeinrichtung	4	–	79 Zeichen einzeilig in drei Felder: 1. Feld 21 Zeichen 2. Feld 29 Zeichen 3. Feld 29 Zeichen
Mitreisende Kinder	5	–	108 Zeichen einzeilig in vier Felder: 1. Feld 27 Zeichen 2. Feld 27 Zeichen 3. Feld 27 Zeichen 4. Feld 27 Zeichen

Datenfelder	Seite	Feldlängen Ankunftsnachweis	
		2,0 mm Schriftgröße 2 (8pt) UNICODE	2,4 mm Schriftgröße 1 (10pt) UNICODE
„Freitext"	5	–	28 Zeichen in acht Zeilen insgesamt 224 Zeichen
AZR–Nummer	6	–	12 Zeichen
MRZ vertikal 2–zeilig	6	–	36 Zeichen in 2 Zeilen Vertikal OCR–B
Barcode Data–Matrix	6	–	48*48 Module[5]

Anmerkung:
[1] Zeilenabstand 10pt
[2] Zeilenabstand 13pt
[3] Größe in Zentimetern
[4] 3-letter code gemäß ICAO Document 9303
[5] Barcode DataMatrix (ISO/IEC 16022)

II

II

Abschnitt 2

Musterfoto

Qualitativ hochwertige Fotos sind die Grundlage einer einwandfreien Wiedergabe des Bildes und Voraussetzung für die Anwendung der Gesichtsbiometrie in Ankunftsnachweisen. Dieser Foto-Mustertafel sind die Qualitätsmerkmale zu entnehmen, die die Eignung der Fotos für den vorgesehenen Einsatz in Ankunftsnachweisen gewährleisten. Es ist dringend erforderlich, die hier beschriebenen Anforderungen zu beachten, da sonst eine biometrische Erkennung des Asyl- oder Schutzsuchenden sowie die einwandfreie Wiedergabe des Bildes im Dokument nicht gewährleistet sind. Die Person ist grundsätzlich ohne Kopfbedeckung abzubilden. Die Aufnahmeeinrichtung oder die Außenstelle des Bundesamtes kann vom Gebot der fehlenden Kopfbedeckung insbesondere aus religiösen Gründen, von den übrigen Anforderungen aus medizinischen Gründen, die nicht nur vorübergehender Art sind, Ausnahmen zulassen. Auf den Fotos sind keine Uniformteile abzubilden.

Format

Das Foto muss die Gesichtszüge der Person von der Kinnspitze bis zum oberen Kopfende, sowie die linke und rechte Gesichtshälfte deutlich zeigen. Die Gesichtshöhe muss 70 bis 80 Prozent des Fotos einnehmen. Dies entspricht einer Höhe von 32 bis 36 mm von der Kinnspitze bis zum oberen Kopfende. Dabei ist das obere Kopfende unter Vernachlässigung der Frisur anzunehmen. Wegen des häufig nicht eindeutig zu bestimmenden oberen Kopfendes sind Lichtbilder jedoch erst dann abzulehnen, wenn die Gesichtshöhe 27 mm unterschreitet oder 40 mm überschreitet. Bei volumenreichem Haar sollte darauf geachtet werden, dass der Kopf (einschl. Frisur) möglichst vollständig abgebildet ist, ohne aber die Gesichtsgröße zu verkleinern. Das Gesicht muss zentriert auf dem Foto platziert sein.

Schärfe und Kontrast
Das Gesicht muss in allen Bereichen scharf abgebildet, kontrastreich und klar sein.

Ausleuchtung
Das Gesicht muss gleichmäßig ausgeleuchtet werden. Reflexionen oder Schatten im Gesicht sowie rote Augen sind zu vermeiden.

Hintergrund
Der Hintergrund muss einfarbig hell sein (idealerweise neutral grau) und einen Kontrast zum Gesicht und zu den Haaren aufweisen. Bei hellen Haaren eignet sich ein mittelgrauer Hintergrund, bei dunklen Haaren ein hellgrauer. Der Hintergrund darf kein Muster aufweisen. Das Foto darf ausschließlich die zu fotografierende Person zeigen (keine weiteren Personen oder Gegenstände im Bild). Auf dem Hintergrund dürfen keine Schatten entstehen.

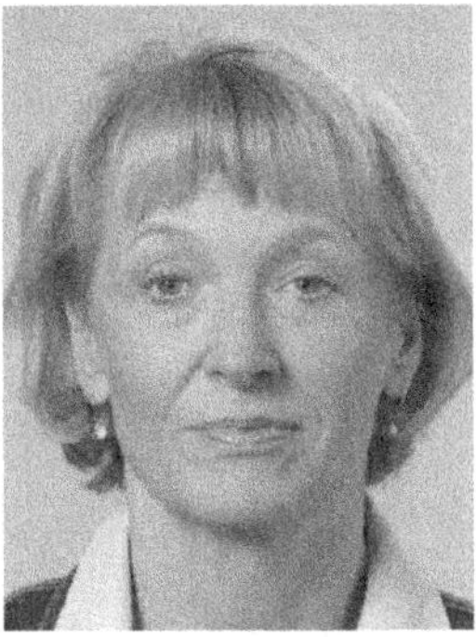

Fotoqualität
Das Foto sollte (insbesondere bei der Aufnahme mit einer Digitalkamera) mit einer Druckauflösung von mindestens 600 dpi vorliegen. Das Foto muss farbneutral sein und die Hauttöne natürlich wiedergeben. Das Foto kann in Schwarzweiß oder Farbe vorliegen.

Kopfposition und Gesichtsausdruck
Eine Darstellung der Person mit geneigtem oder gedrehtem Kopf (z. B. Halbprofil) ist nicht zulässig. Die Person muss mit neutralem Gesichtsausdruck und geschlossenem Mund gerade in die Kamera blicken.

Augen und Blickrichtung
Die Person muss auf dem Foto direkt in die Kamera blicken. Die Augen müssen geöffnet und deutlich sichtbar sein und dürfen nicht durch Haare oder Brillengestelle verdeckt werden.

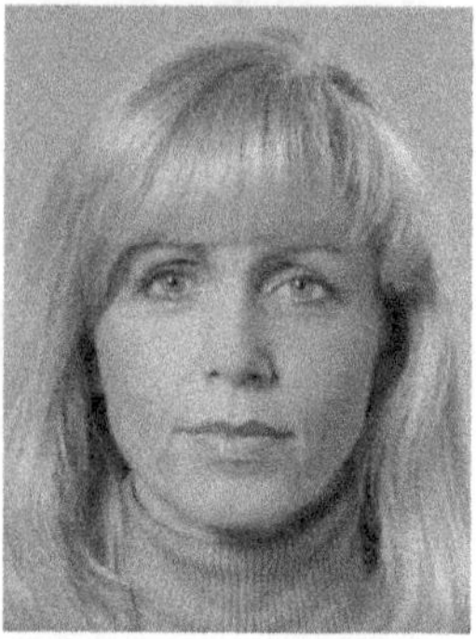

Brillenträger
Die Augen müssen klar und deutlich erkennbar sein (Reflexionen auf den Brillengläsern, getönte Gläser oder Sonnenbrillen sind nicht zulässig). Der Rand der Gläser oder das Gestell dürfen nicht die Augen verdecken.

Kopfbedeckung
Kopfbedeckungen sind grundsätzlich nicht erlaubt. Ausnahmen sind insbesondere aus religiösen Gründen zulässig. In diesem Fall gilt: Das Gesicht muss von der unteren Kinnkante bis zur Stirn erkennbar sein. Es dürfen keine Schatten auf dem Gesicht entstehen.

II

Kinder

Bei Kindern bis zum vollendeten 10. Lebensjahr sind folgende Abweichungen bei der Gesichtshöhe und im Augenbereich zulässig: Die Gesichtshöhe bei Kindern muss 50 bis 80 Prozent des Fotos einnehmen. Dies entspricht einer Höhe von 22 bis 36 mm von der Kinnspitze bis zum oberen Kopfende. Dabei ist das obere Kopfende unter Vernachlässigung der Frisur anzunehmen. Wegen des häufig nicht eindeutig zu bestimmenden oberen Kopfendes sind Fotos jedoch erst dann abzulehnen, wenn die Gesichtshöhe 17 mm unterschreitet oder 40 mm überschreitet. Bei Säuglingen und Kleinkindern gelten zusätzlich die nachfolgend beschriebenen Abweichungen.

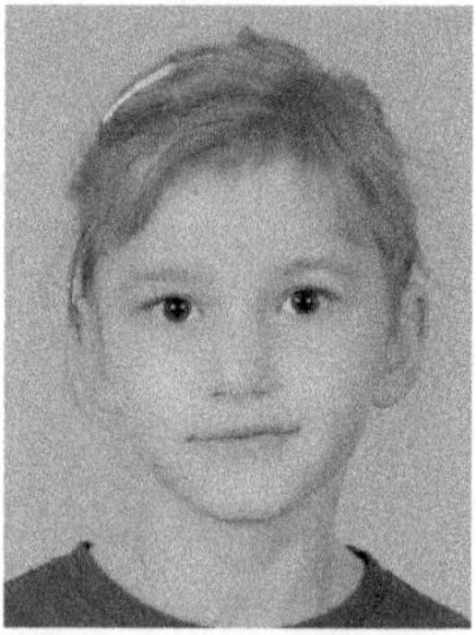

Säuglinge und Kleinkinder

Bei Säuglingen und Kleinkindern bis zum vollendeten 6. Lebensjahr sind zusätzlich zu den unter der Überschrift „Kinder“ dargestellten Ausnahmen Abweichungen in der Kopfhaltung (nicht von der Frontalaufnahme!), im Gesichtsausdruck, hinsichtlich Augen und Blickrichtung sowie hinsichtlich der Zentrierung auf dem Foto zulässig.

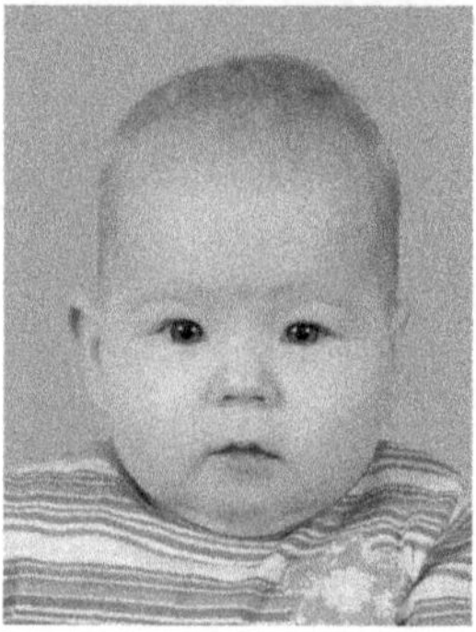

Anlage 3
(zu § 3 Absatz 2)

Übersicht über die zu zertifizierenden Systemkomponenten

Lfd. Nr.	Bezeichnung der Systemkomponente	Regelungsadressat
1	Erfassungsstation zur Fertigung des Lichtbildes	Verpflichtung für die Anbieter dieser Geräte Verpflichtung für die ausstellende Behörde
2	Fingerabdruckscanner	Verpflichtung für die Anbieter dieser Geräte Verpflichtung für die ausstellende Behörde
3	Software zur Erfassung und Qualitätssicherung des Lichtbildes	Verpflichtung für die Anbieter dieser Geräte Verpflichtung für die ausstellende Behörde
4	Software zur Erfassung und Qualitätssicherung der Fingerabdruckdaten	Verpflichtung für die Anbieter dieser Geräte Verpflichtung für die ausstellende Behörde

Anlage 4
(zu § 5)

Muster des Ankunftsnachweises

Innenseite

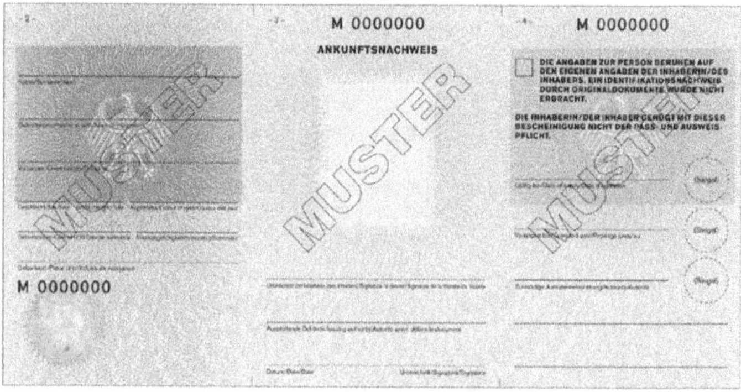

Außenseite

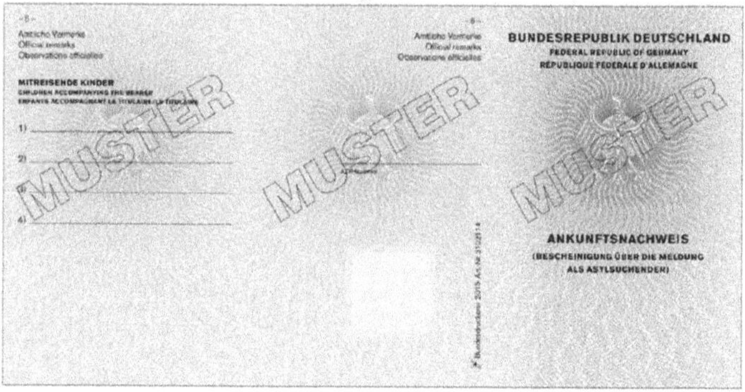

Asylbewerberleistungsgesetz (AsylbLG)

in der Fassung der Bekanntmachung vom 5. August 1997 (BGBl. I S. 2023)

Zuletzt geändert durch
Zweites Gesetz zur besseren Durchsetzung der Ausreisepflicht
vom 15. August 2019 (BGBl. I S. 1294)
und
Drittes Gesetz zur Änderung des Asylbewerberleistungsgesetzes
vom 13. August 2019 (BGBl. I S. 1290)

Inhaltsübersicht

II

§ 1 Leistungsberechtigte

(1) Leistungsberechtigt nach diesem Gesetz sind Ausländer, die sich tatsächlich im Bundesgebiet aufhalten und die

1. eine Aufenthaltsgestattung nach dem Asylgesetz besitzen,

1a. ein Asylgesuch geäußert haben und nicht die in den Nummern 1, 2 bis 5 und 7 genannten Voraussetzungen erfüllen,

2. über einen Flughafen einreisen wollen und denen die Einreise nicht oder noch nicht gestattet ist,

3. eine Aufenthaltserlaubnis besitzen
   a) wegen des Krieges in ihrem Heimatland nach § 23 Absatz 1 oder § 24 des Aufenthaltsgesetzes,
   b) nach § 25 Absatz 4 Satz 1 des Aufenthaltsgesetzes oder
   c) nach § 25 Absatz 5 des Aufenthaltsgesetzes, sofern die Entscheidung über die Aussetzung ihrer Abschiebung noch nicht 18 Monate zurückliegt,

4. eine Duldung nach § 60a des Aufenthaltsgesetzes besitzen,

5. vollziehbar ausreisepflichtig sind, auch wenn eine Abschiebungsandrohung noch nicht oder nicht mehr vollziehbar ist,

6. Ehegatten, Lebenspartner oder minderjährige Kinder der in den Nummern 1 bis 5 genannten Personen sind, ohne daß sie selbst die dort genannten Voraussetzungen erfüllen,

7. einen Folgeantrag nach § 71 des Asylgesetzes oder einen Zweitantrag nach § 71a des Asylgesetzes stellen.

(2) Die in Absatz 1 bezeichneten Ausländer sind für die Zeit, für die ihnen ein anderer Aufenthaltstitel als die in Absatz 1 Nr. 3 bezeichnete Aufenthaltserlaubnis mit einer Gesamtgeltungsdauer von mehr als sechs Monaten erteilt worden ist, nicht nach diesem Gesetz leistungsberechtigt.

(3) Die Leistungsberechtigung endet mit der Ausreise oder mit Ablauf des Monats, in dem die Leistungsvoraussetzung entfällt. Für minderjährige Kinder, die eine Aufenthaltserlaubnis nach § 25 Absatz 5 des Aufenthaltsgesetzes besitzen und die mit ihren Eltern in einer Haushaltsgemeinschaft leben, endet die Leistungsberechtigung auch dann, wenn die Leistungsberechtigung eines Elternteils, der eine Aufenthaltserlaubnis nach § 25 Absatz 5 des Aufenthaltsgesetzes besitzt, entfallen ist.

(4) Leistungsberechtigte nach Absatz 1 Nummer 5, denen bereits von einem anderen Mitgliedstaat der Europäischen Union oder von einem am Verteilmechanismus teilnehmenden Drittstaat im Sinne von § 1a Absatz 4 Satz 1 internationaler Schutz gewährt worden ist, haben keinen Anspruch auf Leistungen nach diesem Gesetz, wenn der internationale Schutz fortbesteht. Hilfebedürftigen Ausländern, die Satz 1 unterfallen, werden bis zur Ausreise, längstens jedoch für einen Zeitraum von zwei Wochen, einmalig innerhalb von zwei Jahren nur eingeschränkte Hilfen gewährt, um den Zeitraum bis zur Ausreise zu überbrücken (Überbrückungsleistungen); die Zweijahresfrist beginnt mit dem Erhalt der Überbrückungsleistungen nach Satz 2. Hierüber und über die Möglichkeit der Leistungen nach Satz 6 sind die Leistungsberechtigten zu unterrichten. Die Überbrückungsleistungen umfassen die Leistungen nach § 1a Absatz 1 und nach § 4 Absatz 1 Satz 1 und Absatz 2. Sie sollen als Sachleistung erbracht werden. Soweit dies im Einzelfall besondere Umstände erfordern, werden Leistungsberechtigten nach Satz 2 zur Überwindung einer besonderen Härte andere Leistungen nach den §§ 3, 4 und 6 gewährt; ebenso sind Leistungen über einen Zeitraum von zwei Wochen hinaus zu erbringen, soweit dies im Einzelfall auf Grund besonderer Umstände zur Überwindung einer besonderen Härte und zur Deckung einer zeitlich befristeten Bedarfslage geboten ist. Neben den Überbrückungsleistungen werden auf Antrag auch die angemessenen Kosten der Rückreise übernommen. Satz 7 gilt entsprechend, soweit die Personen allein durch die angemessenen Kosten der Rückreise die in Satz 4 genannten Bedarfe nicht aus eigenen Mitteln

oder mit Hilfe Dritter decken können. Die Leistung ist als Darlehen zu erbringen.

§ 1a Anspruchseinschränkung

(1) Leistungsberechtigte nach § 1 Absatz 1 Nummer 5, für die ein Ausreisetermin und eine Ausreisemöglichkeit feststehen, haben ab dem auf den Ausreisetermin folgenden Tag keinen Anspruch auf Leistungen nach den §§ 2, 3 und 6, es sei denn, die Ausreise konnte aus Gründen, die sie nicht zu vertreten haben, nicht durchgeführt werden. Ihnen werden bis zu ihrer Ausreise oder der Durchführung ihrer Abschiebung nur noch Leistungen zur Deckung ihres Bedarfs an Ernährung und Unterkunft einschließlich Heizung sowie Körper- und Gesundheitspflege gewährt. Nur soweit im Einzelfall besondere Umstände vorliegen, können ihnen auch andere Leistungen im Sinne von § 3 Absatz 1 Satz 1 gewährt werden. Die Leistungen sollen als Sachleistungen erbracht werden.

(2) Leistungsberechtigte nach § 1 Absatz 1 Nummer 4 und 5 und Leistungsberechtigte nach § 1 Absatz 1 Nummer 6, soweit es sich um Familienangehörige der in § 1 Absatz 1 Nummer 4 und 5 genannten Personen handelt, die sich in den Geltungsbereich dieses Gesetzes begeben haben, um Leistungen nach diesem Gesetz zu erlangen nur Leistungen entsprechend Absatz 1.

(3) Leistungsberechtigte nach § 1 Absatz 1 Nummer 4 und 5, bei denen aus von ihnen selbst zu vertretenden Gründen aufenthaltsbeendende Maßnahmen nicht vollzogen werden können, erhalten ab dem auf die Vollziehbarkeit einer Abschiebungsandrohung oder Vollziehbarkeit einer Abschiebungsanordnung folgenden Tag nur Leistungen entsprechend Absatz 1. Können bei nach § 1 Absatz 1 Nummer 6 leistungsberechtigten Ehegatten, Lebenspartnern oder minderjährigen Kindern von Leistungsberechtigten nach § 1 Absatz 1 Nummer 4 oder 5 aus von ihnen selbst zu vertretenden Gründen aufenthaltsbeendende Maßnahmen nicht vollzogen werden, so gilt Satz 1 entsprechend.

(4) Leistungsberechtigte nach § 1 Absatz 1 Nummer 1, 1a oder 5, für die in Abweichung von der Regelzuständigkeit nach der Verordnung (EU) Nr. 604/2013 des Europäischen Parlaments und des Rates vom 26. Juni 2013 zur Festlegung der Kriterien und Verfahren zur Bestimmung des Mitgliedstaats, der für die Prüfung eines von einem Drittstaatsangehörigen oder Staatenlosen in einem Mitgliedstaat gestellten Antrags auf internationalen Schutz zuständig ist (ABl. L 180 vom 29. 6. 2013, S. 31) nach einer Verteilung durch die Europäische Union ein anderer Mitgliedstaat oder ein am Verteilmechanismus teilnehmender Drittstaat, der die Verordnung (EU) Nr. 604/2013 anwendet, zuständig ist, erhalten ebenfalls nur Leistungen entsprechend Absatz 2. Satz 1 gilt entsprechend für Leistungsberechtigte nach § 1 Absatz 1 Nummer 1 oder 1a, denen bereits von einem anderen Mitgliedstaat der Europäischen Union oder von einem am Verteilmechanismus teilnehmenden Drittstaat im Sinne von Satz 1

1. internationaler Schutz oder
2. aus anderen Gründen ein Aufenthaltsrecht gewährt worden ist,

wenn der internationale Schutz oder das aus anderen Gründen gewährte Aufenthaltsrecht fortbesteht. Satz 2 Nummer 2 gilt für Leistungsberechtigte nach § 1 Absatz 1 Nummer 5 entsprechend.

(5) Leistungsberechtigte nach § 1 Absatz 1 Nummer 1, 1a oder 7 erhalten nur Leistungen entsprechend Absatz 1, wenn

1. sie ihrer Pflicht nach § 13 Absatz 3 Satz 3 des Asylgesetzes nicht nachkommen,
2. sie ihrer Mitwirkungspflicht nach § 15 Absatz 2 Nummer 4 des Asylgesetzes nicht nachkommen,
3. das Bundesamt für Migration und Flüchtlinge festgestellt hat, dass sie ihrer Mitwirkungspflicht nach § 15 Absatz 2 Nummer 5 des Asylgesetzes nicht nachkommen,
4. das Bundesamt für Migration und Flüchtlinge festgestellt hat, dass sie ihrer Mitwirkungspflicht nach § 15 Absatz 2 Nummer 6 des Asylgesetzes nicht nachkommen,

5. sie ihrer Mitwirkungspflicht nach § 15 Absatz 2 Nummer 7 des Asylgesetzes nicht nachkommen,
6. sie den gewährten Termin zur förmlichen Antragstellung bei der zuständigen Außenstelle des Bundesamtes für Migration und Flüchtlinge oder dem Bundesamt für Migration und Flüchtlinge nicht wahrgenommen haben oder
7. sie den Tatbestand nach § 30 Absatz 3 Nummer 2 zweite Alternative des Asylgesetzes verwirklichen, indem sie Angaben über ihre Identität oder Staatsangehörigkeit verweigern,

es sei denn, sie haben die Verletzung der Mitwirkungspflichten oder die Nichtwahrnehmung des Termins nicht zu vertreten oder ihnen war die Einhaltung der Mitwirkungspflichten oder die Wahrnehmung des Termins aus wichtigen Gründen nicht möglich. Die Anspruchseinschränkung nach Satz 1 endet, sobald sie die fehlende Mitwirkungshandlung erbracht oder den Termin zur förmlichen Antragstellung wahrgenommen haben.

(6) Leistungsberechtigte nach § 1 Absatz 1, die nach Vollendung des 18. Lebensjahres vorsätzlich oder grob fahrlässig Vermögen, das gemäß § 7 Absatz 1 und 5 vor Eintritt von Leistungen nach diesem Gesetz aufzubrauchen ist,

1. entgegen § 9 Absatz 3 dieses Gesetzes in Verbindung mit § 60 Absatz 1 Satz 1 Nummer 1 des Ersten Buches Sozialgesetzbuch nicht angeben oder
2. entgegen § 9 Absatz 3 dieses Gesetzes in Verbindung mit § 60 Absatz 1 Satz 1 Nummer 2 des Ersten Buches Sozialgesetzbuch nicht unverzüglich mitteilen

und deshalb zu Unrecht Leistungen nach diesem Gesetz beziehen, haben nur Anspruch auf Leistungen entsprechend Absatz 1.

(7) Leistungsberechtigte nach § 1 Absatz 1 Nummer 1 oder 5, deren Asylantrag durch eine Entscheidung des Bundesamtes für Migration und Flüchtlinge nach § 29 Absatz 1 Nummer 1 in Verbindung mit § 31 Absatz 6 des Asylgesetzes als unzulässig abgelehnt wurde und für die eine Abschiebung nach § 34a Absatz 1 Satz 1 zweite Alternative des Asylgesetzes angeordnet wurde, erhalten nur Leistungen entsprechend Absatz 1, auch wenn die Entscheidung noch nicht unanfechtbar ist. Satz 1 gilt nicht, sofern ein Gericht die aufschiebende Wirkung der Klage gegen die Abschiebungsanordnung angeordnet hat.

§ 2 Leistungen in besonderen Fällen

(1) Abweichend von den §§ 3 und 4 sowie 6 bis 7 ist das Zwölfte Buch Sozialgesetzbuch auf diejenigen Leistungsberechtigten entsprechend anzuwenden, die sich seit 18 Monaten ohne wesentliche Unterbrechung im Bundesgebiet aufhalten und die Dauer des Aufenthalts nicht rechtsmissbräuchlich selbst beeinflusst haben. Die Sonderregelungen für Auszubildende nach § 22 des Zwölften Buches Sozialgesetzbuch finden dabei jedoch keine Anwendung auf

1. Leistungsberechtigte nach § 1 Absatz 1 Nummer 1, 3 und 4 in einer nach den §§ 51, 57 und 58 des Dritten Buches Sozialgesetzbuch dem Grunde nach förderungsfähigen Ausbildung sowie
2. Leistungsberechtigte nach § 1 Absatz 1 Nummer 3 und 4 in einer nach dem Bundesausbildungsförderungsgesetz dem Grunde nach förderungsfähigen Ausbildung, deren Bedarf sich nach den §§ 12, 13 Absatz 1 in Verbindung mit Absatz 2 Nummer 1 oder nach § 13 Absatz 1 Nummer 1 in Verbindung mit Absatz 2 Nummer 2 des Bundesausbildungsförderungsgesetzes bemisst und die Leistungen nach dem Bundesausbildungsförderungsgesetz erhalten.

Bei Leistungsberechtigten nach § 1 Absatz 1 Nummer 1 in einer nach dem Bundesausbildungsförderungsgesetz dem Grunde nach förderungsfähigen Ausbildung gilt anstelle des § 22 Absatz 1 des Zwölften Buches Sozialgesetzbuch, dass die zuständige Behörde Leistungen nach dem Dritten oder Vierten Kapitel des Zwölften Buches Sozialgesetzbuch als Beihilfe oder als Darlehen gewährt. § 28 des Zwölften Buches Sozialgesetzbuch in Verbindung mit dem Regelbedarfs-Ermittlungsgesetz und den §§ 28a, 40 des Zwölften Buches Sozialgesetzbuch findet auf Leistungsberechtigte nach Satz 1 mit den Maßgaben entsprechende Anwendung, dass

1. bei der Unterbringung in einer Gemeinschaftsunterkunft im Sinne von § 53 Absatz 1 des Asylgesetzes oder in einer Aufnahmeeinrichtung nach § 44 Absatz 1 des Asylgesetzes für jede erwachsene Person ein Regelbedarf in Höhe der Regelbedarfsstufe 2 anerkannt wird;
2. für jede erwachsene Person, die das 25. Lebensjahr noch nicht vollendet hat, unverheiratet ist und mit mindestens einem Elternteil in einer Wohnung im Sinne von § 8 Absatz 1 Satz 2 des Regelbedarfs-Ermittlungsgesetzes zusammenlebt, ein Regelbedarf in Höhe der Regelbedarfsstufe 3 anerkannt wird.

(2) Bei der Unterbringung von Leistungsberechtigten nach Absatz 1 in einer Gemeinschaftsunterkunft bestimmt die zuständige Behörde die Form der Leistung auf Grund der örtlichen Umstände.

(3) Minderjährige Kinder, die mit ihren Eltern oder einem Elternteil in einer Haushaltsgemeinschaft leben, erhalten Leistungen nach Absatz 1 auch dann, wenn mindestens ein Elternteil in der Haushaltsgemeinschaft Leistungen nach Absatz 1 erhält.

Durch das Bundesteilhabegesetz (Überführung der Eingliederungshilfe in Teil 2 des SGB IX) wird § 2 Absatz 1 wie folgt geändert: „(1) Abweichend von den §§ 3 und 4 sowie 6 bis 7 sind das Zwölfte Buch Sozialgesetzbuch und Teil 2 des Neunten Buches Sozialgesetzbuch auf diejenigen Leistungsberechtigten entsprechend anzuwenden, die sich seit 15 Monaten ohne wesentliche Unterbrechung im Bundesgebiet aufhalten und die Dauer des Aufenthalts nicht rechtsmissbräuchlich selbst beeinflusst haben."

§ 3 Grundleistungen

(1) Leistungsberechtigte nach § 1 erhalten Leistungen zur Deckung des Bedarfs an Ernährung, Unterkunft, Heizung, Kleidung, Gesundheitspflege und Gebrauchs- und Verbrauchsgütern des Haushalts (notwendiger Bedarf). Zusätzlich werden ihnen Leistungen zur Deckung persönlicher Bedürfnisse des täglichen Lebens gewährt (notwendiger persönlicher Bedarf).

(2) Bei einer Unterbringung in Aufnahmeeinrichtungen im Sinne von § 44 Absatz 1 des Asylgesetzes wird der notwendige Bedarf durch Sachleistungen gedeckt. Kann Kleidung nicht geleistet werden, so kann sie in Form von Wertgutscheinen oder anderen vergleichbaren unbaren Abrechnungen gewährt werden. Gebrauchsgüter des Haushalts können leihweise zur Verfügung gestellt werden. Der notwendige persönliche Bedarf soll durch Sachleistungen gedeckt werden, soweit dies mit vertretbarem Verwaltungsaufwand möglich ist. Sind Sachleistungen für den notwendigen persönlichen Bedarf nicht mit vertretbarem Verwaltungsaufwand möglich, können auch Leistungen in Form von Wertgutscheinen, von anderen vergleichbaren unbaren Abrechnungen oder von Geldleistungen gewährt werden.

(3) Bei einer Unterbringung außerhalb von Aufnahmeeinrichtungen im Sinne des § 44 Absatz 1 des Asylgesetzes sind vorbehaltlich des Satzes 3 vorrangig Geldleistungen zur Deckung des notwendigen Bedarfs zu gewähren. Anstelle der Geldleistungen können, soweit es nach den Umständen erforderlich ist, zur Deckung des notwendigen Bedarfs Leistungen in Form von unbaren Abrechnungen, von Wertgutscheinen oder von Sachleistungen gewährt werden. Der Bedarf für Unterkunft, Heizung und Hausrat sowie für Wohnungsinstandhaltung und Haushaltsenergie wird, soweit notwendig und angemessen, gesondert als Geld- oder Sachleistung erbracht. Absatz 2 Satz 3 ist entsprechend anzuwenden. Der notwendige persönliche Bedarf ist vorbehaltlich des Satzes 6 durch Geldleistungen zu decken. In Gemeinschaftsunterkünften im Sinne von § 53 des Asylgesetzes kann der notwendige persönliche Bedarf soweit wie möglich auch durch Sachleistungen gedeckt werden.

(4) Bedarfe für Bildung und Teilhabe am sozialen und kulturellen Leben in der Gemeinschaft werden bei Kindern, Jugendlichen und jungen Erwachsenen neben den Leistungen

nach den Absätzen 1 bis 3 entsprechend den §§ 34, 34a und 34b des Zwölften Buches Sozialgesetzbuch gesondert berücksichtigt.

(5) Leistungen in Geld oder Geldeswert sollen der oder dem Leistungsberechtigten oder einem volljährigen berechtigten Mitglied des Haushalts persönlich ausgehändigt werden. Stehen die Leistungen nicht für einen vollen Monat zu, wird die Leistung anteilig erbracht; dabei wird der Monat mit 30 Tagen berechnet. Geldleistungen dürfen längstens einen Monat im Voraus erbracht werden. Von Satz 3 kann nicht durch Landesrecht abgewichen werden.

§ 3a Bedarfssätze der Grundleistungen

(1) Wird der notwendige persönliche Bedarf nach § 3 Absatz 1 Satz 2 vollständig durch Geldleistungen gedeckt, so beträgt dieser monatlich für

1. erwachsene Leistungsberechtigte, die in einer Wohnung im Sinne von § 8 Absatz 1 Satz 2 des Regelbedarfs-Ermittlungsgesetzes leben und für die nicht Nummer 2 Buchstabe a oder Nummer 3 Buchstabe a gelten, sowie für jugendliche Leistungsberechtigte, die nicht mit mindestens einem Elternteil in einer Wohnung leben, je 150 Euro;
2. erwachsene Leistungsberechtigte je 136 Euro, wenn sie
   a) in einer Wohnung im Sinne von § 8 Absatz 1 Satz 2 des Regelbedarfs-Ermittlungsgesetzes mit einem Ehegatten oder Lebenspartner oder in eheähnlicher oder lebenspartnerschaftsähnlicher Gemeinschaft mit einem Partner zusammenleben;
   b) nicht in einer Wohnung leben, weil sie in einer Aufnahmeeinrichtung im Sinne von § 44 Absatz 1 des Asylgesetzes oder in einer Gemeinschaftsunterkunft im Sinne von § 53 Absatz 1 des Asylgesetzes oder nicht nur kurzfristig in einer vergleichbaren sonstigen Unterkunft untergebracht sind;
3. erwachsene Leistungsberechtigte je 120 Euro, wenn sie
   a) das 25. Lebensjahr noch nicht vollendet haben, unverheiratet sind und mit mindestens einem Elternteil in einer Wohnung im Sinne von § 8 Absatz 1 Satz 2 des Regelbedarfs- Ermittlungsgesetzes zusammenleben;
   b) in einer stationären Einrichtung untergebracht sind;
4. jugendliche Leistungsberechtigte vom Beginn des 15. bis zur Vollendung des 18. Lebensjahres 79 Euro;
5. leistungsberechtigte Kinder vom Beginn des siebten bis zur Vollendung des 14. Lebensjahres 97 Euro;
6. leistungsberechtigte Kinder bis zur Vollendung des sechsten Lebensjahres 84 Euro.

(2) Wird der notwendige Bedarf nach § 3 Absatz 1 Satz 1 mit Ausnahme der Bedarfe für Unterkunft, Heizung, Hausrat, Wohnungsinstandhaltung und Haushaltsenergie vollständig durch Geldleistungen gedeckt, so beträgt dieser monatlich für

1. erwachsene Leistungsberechtigte, die in einer Wohnung im Sinne von § 8 Absatz 1 Satz 2 des Regelbedarfs-Ermittlungsgesetzes leben und für die nicht Nummer 2 Buchstabe a oder Nummer 3 Buchstabe a gelten, sowie für jugendliche Leistungsberechtigte, die nicht mit mindestens einem Elternteil in einer Wohnung leben, je 194 Euro;
2. erwachsene Leistungsberechtigte je 174 Euro, wenn sie
   a) in einer Wohnung im Sinne von § 8 Absatz 1 Satz 2 des Regelbedarfs-Ermittlungsgesetzes mit einem Ehegatten oder Lebenspartner oder in eheähnlicher oder lebenspartnerschaftsähnlicher Gemeinschaft mit einem Partner zusammenleben;
   b) nicht in einer Wohnung leben, weil sie in einer Aufnahmeeinrichtung im Sinne von § 44 Absatz 1 des Asylgesetzes oder in einer Gemeinschaftsunterkunft im Sinne von § 53 Absatz 1 des Asylgesetzes oder nicht nur kurzfristig in einer vergleichbaren sonstigen Unterkunft untergebracht sind;

3. erwachsene Leistungsberechtigte je 155 Euro, wenn sie
   a) das 25. Lebensjahr noch nicht vollendet haben, unverheiratet sind und mit mindestens einem Elternteil in einer Wohnung im Sinne von § 8 Absatz 1 Satz 2 des Regelbedarfs- Ermittlungsgesetzes zusammenleben;
   b) in einer stationären Einrichtung untergebracht sind;
4. sonstige jugendliche Leistungsberechtigte vom Beginn des 15. bis zur Vollendung des 18. Lebensjahres 196 Euro;
5. leistungsberechtigte Kinder vom Beginn des siebten bis zur Vollendung des 14. Lebensjahres 171 Euro;
6. leistungsberechtigte Kinder bis zur Vollendung des sechsten Lebensjahres 130 Euro.

(3) Der individuelle Geldbetrag zur Deckung des notwendigen persönlichen Bedarfs für in Abschiebungs- oder Untersuchungshaft genommene Leistungsberechtigte wird durch die zuständige Behörde festgelegt, wenn der Bedarf ganz oder teilweise anderweitig gedeckt ist.

(4) Die Geldbeträge nach den Absätzen 1 und 2 werden jeweils zum 1. Januar eines Jahres entsprechend der Veränderungsrate nach § 28a des Zwölften Buches Sozialgesetzbuch in Verbindung mit der Regelbedarfsstufen-Fortschreibungsverordnung nach § 40 Satz 1 Nummer 1 des Zwölften Buches Sozialgesetzbuch fortgeschrieben. Die sich dabei ergebenden Beträge sind jeweils bis unter 0,50 Euro abzurunden sowie von 0,50 Euro an aufzurunden. Das Bundesministerium für Arbeit und Soziales gibt jeweils spätestens bis zum 1. November eines Kalenderjahres die Höhe der Bedarfe, die für das folgende Kalenderjahr maßgebend sind, im Bundesgesetzblatt bekannt.

(5) Liegen die Ergebnisse einer bundesweiten neuen Einkommens- und Verbrauchsstichprobe vor, werden die Höhe des Geldbetrags für alle notwendigen persönlichen Bedarfe und die Höhe des notwendigen Bedarfs neu festgesetzt.

§ 4 Leistungen bei Krankheit, Schwangerschaft und Geburt

(1) Zur Behandlung akuter Erkrankungen und Schmerzzustände sind die erforderliche ärztliche und zahnärztliche Behandlung einschließlich der Versorgung mit Arznei- und Verbandmitteln sowie sonstiger zur Genesung, zur Besserung oder zur Linderung von Krankheiten oder Krankheitsfolgen erforderlichen Leistungen zu gewähren. Zur Verhütung und Früherkennung von Krankheiten werden Schutzimpfungen entsprechend den §§ 47, 52 Absatz 1 Satz 1 des Zwölften Buches Sozialgesetzbuch und die medizinisch gebotenen Vorsorgeuntersuchungen erbracht. Eine Versorgung mit Zahnersatz erfolgt nur, soweit dies im Einzelfall aus medizinischen Gründen unaufschiebbar ist.

(2) Werdenden Müttern und Wöchnerinnen sind ärztliche und pflegerische Hilfe und Betreuung, Hebammenhilfe, Arznei-, Verband- und Heilmittel zu gewähren.

(3) Die zuständige Behörde stellt die Versorgung mit den Leistungen nach den Absätzen 1 und 2 sicher. Sie stellt auch sicher, dass den Leistungsberechtigten frühzeitig eine Vervollständigung ihres Impfschutzes angeboten wird. Soweit die Leistungen durch niedergelassene Ärzte oder Zahnärzte erfolgen, richtet sich die Vergütung nach den am Ort der Niederlassung des Arztes oder Zahnarztes geltenden Verträgen nach § 72 Absatz 2 und § 132e Absatz 1 des Fünften Buches Sozialgesetzbuch. Die zuständige Behörde bestimmt, welcher Vertrag Anwendung findet.

§ 5 Arbeitsgelegenheiten

(1) In Aufnahmeeinrichtungen im Sinne des § 44 des Asylgesetzes und in vergleichbaren Einrichtungen sollen Arbeitsgelegenheiten insbesondere zur Aufrechterhaltung und Betreibung der Einrichtung zur Verfügung gestellt werden; von der Bereitstellung dieser Arbeitsgelegenheiten unberührt bleibt die Verpflichtung der Leistungsberechtigten, Tätigkeiten der Selbstversorgung zu erledigen. Im übrigen sollen soweit wie möglich Arbeitsgelegenheiten bei staatlichen, bei kommunalen und bei gemeinnützigen Trägern zur

Verfügung gestellt werden, sofern die zu leistende Arbeit sonst nicht, nicht in diesem Umfang oder nicht zu diesem Zeitpunkt verrichtet werden würde.

II

(2) Für die zu leistende Arbeit nach Absatz 1 Satz 1 erster Halbsatz und Absatz 1 Satz 2 wird eine Aufwandsentschädigung von 80 Cent je Stunde ausgezahlt, soweit der Leistungsberechtigte nicht im Einzelfall höhere notwendige Aufwendungen nachweist, die ihm durch die Wahrnehmung der Arbeitsgelegenheit entstehen.

(3) Die Arbeitsgelegenheit ist zeitlich und räumlich so auszugestalten, daß sie auf zumutbare Weise und zumindest stundenweise ausgeübt werden kann. § 11 Absatz 4 des Zwölften Buches Sozialgesetzbuch gilt entsprechend. Ein sonstiger wichtiger Grund im Sinne von § 11 Absatz 4 Satz 1 Nummer 3 des Zwölften Buches Sozialgesetzbuch kann insbesondere auch dann vorliegen, wenn die oder der Leistungsberechtigte eine Beschäftigung auf dem allgemeinen Arbeitsmarkt, eine Berufsausbildung oder ein Studium aufnimmt oder aufgenommen hat.

(4) Arbeitsfähige, nicht erwerbstätige Leistungsberechtigte, die nicht mehr im schulpflichtigen Alter sind, sind zur Wahrnehmung einer zur Verfügung gestellten Arbeitsgelegenheit verpflichtet. Bei unbegründeter Ablehnung einer solchen Tätigkeit besteht nur Anspruch auf Leistungen entsprechend § 1a Absatz 1. Der Leistungsberechtigte ist vorher entsprechend zu belehren.

(5) Ein Arbeitsverhältnis im Sinne des Arbeitsrechts und ein Beschäftigungsverhältnis im Sinne der gesetzlichen Kranken- und Rentenversicherung werden nicht begründet. § 61 Abs. 1 des Asylgesetzes sowie asyl- und ausländerrechtliche Auflagen über das Verbot und die Beschränkung einer Erwerbstätigkeit stehen einer Tätigkeit nach den Absätzen 1 bis 4 nicht entgegen. Die Vorschriften über den Arbeitsschutz sowie die Grundsätze der Beschränkung der Arbeitnehmerhaftung finden entsprechende Anwendung.

§ 5a Arbeitsgelegenheiten auf der Grundlage des Arbeitsmarktprogramms Flüchtlingsintegrationsmaßnahmen

(1) Arbeitsfähige, nicht erwerbstätige Leistungsberechtigte, die das 18. Lebensjahr vollendet haben und nicht der Vollzeitschulpflicht unterliegen, können von den nach diesem Gesetz zuständigen Behörden zu ihrer Aktivierung in Arbeitsgelegenheiten zugewiesen werden, die im Rahmen des von der Bundesagentur für Arbeit (Bundesagentur) durchgeführten Arbeitsmarktprogramms Flüchtlingsintegrationsmaßnahmen gegen Mehraufwandsentschädigung bereitgestellt werden (Flüchtlingsintegrationsmaßnahme). Satz 1 findet keine Anwendung auf Leistungsberechtigte nach § 1 Absatz 1 Nummer 1, die aus einem sicheren Herkunftsstaat nach § 29a des Asylgesetzes stammen, sowie auf Leistungsberechtigte nach § 1 Absatz 1 Nummer 4 und 5.

(2) Leistungsberechtigte nach Absatz 1 Satz 1 sind zur Wahrnehmung einer für sie zumutbaren Flüchtlingsintegrationsmaßnahme, der sie nach Absatz 1 zugewiesen wurden, verpflichtet; § 11 Absatz 4 des Zwölften Buches Sozialgesetzbuch gilt für die Beurteilung der Zumutbarkeit entsprechend. Ein sonstiger wichtiger Grund im Sinne von § 11 Absatz 4 Satz 1 Nummer 3 des Zwölften Buches Sozialgesetzbuch kann insbesondere auch dann vorliegen, wenn die leistungsberechtigte Person eine Beschäftigung auf dem allgemeinen Arbeitsmarkt, eine Berufsausbildung oder ein Studium aufnimmt oder aufgenommen hat.

(3) Leistungsberechtigte, die sich entgegen ihrer Verpflichtung nach Absatz 2 trotz schriftlicher Belehrung über die Rechtsfolgen weigern, eine für sie zumutbare Flüchtlingsintegrationsmaßnahme aufzunehmen oder fortzuführen oder die die Anbahnung einer für sie zumutbaren Flüchtlingsintegrationsmaßnahme durch ihr Verhalten verhindern, haben nur Anspruch auf Leistungen entsprechend § 1a Absatz 1. Satz 1 gilt nicht, wenn der Leistungsberechtigte einen wichtigen Grund für sein Verhalten darlegt und nachweist.

(4) Die Auswahl geeigneter Teilnehmerinnen und Teilnehmer soll vor einer Entscheidung über die Zuweisung nach Absatz 1 Satz 1 mit den Trägern der Flüchtlingsintegrationsmaßnahme (Maßnahmeträgern) abgestimmt werden. Hierzu übermitteln die nach diesem Gesetz zuständigen Behörden den Maßnahmeträgern auf deren Ersuchen hin die erforderlichen Daten über Leistungsberechtigte, die für die Teilnahme an einer Flüchtlingsintegrationsmaßnahme in Betracht kommen.

(5) Die nach diesem Gesetz zuständigen Behörden dürfen die für die Erfüllung ihrer Aufgaben nach den Absätzen 1, 3 und 4 erforderlichen personenbezogenen Daten von Leistungsberechtigten erheben, einschließlich Angaben

1. zum Bildungsstand, zur beruflichen Qualifikation und zum Vorliegen einer Beschäftigung,
2. zu Sprachkenntnissen und
3. zur Durchführung eines Integrationskurses nach § 43 des Aufenthaltsgesetzes oder einer Maßnahme der berufsbezogenen Deutschsprachförderung nach § 45a des Aufenthaltsgesetzes.

Die nach diesem Gesetz zuständigen Behörden dürfen den Maßnahmeträgern die in Satz 1 genannten Daten übermitteln, soweit dies für die Erfüllung ihrer Aufgaben nach den Absätzen 1, 3 und 4 erforderlich ist.

(6) Maßnahmeträger dürfen den nach diesem Gesetz zuständigen Behörden die in Absatz 5 Satz 1 genannten Daten übermitteln, soweit dies für die Auswahl der Teilnehmerinnen und Teilnehmer, die Erteilung einer Zuweisung in die Maßnahme, die Feststellung der ordnungsgemäßen Teilnahme oder die Bescheinigung der erfolgreichen Teilnahme erforderlich ist. Maßnahmeträger haben den nach diesem Gesetz zuständigen Behörden unverzüglich Auskünfte über Tatsachen zu erteilen, die Anlass für eine Leistungsabsenkung nach Absatz 3 geben könnten und die deshalb für die Leistungen nach diesem Gesetz erheblich sind.

Redaktioneller Hinweis:
§ 5a tritt an dem Tag außer Kraft, an dem die Laufzeit des Arbeitsmarktprogramms Flüchtlingsintegrationsmaßnahmen endet.

§ 5b Sonstige Maßnahmen zur Integration

(1) Die nach diesem Gesetz zuständige Behörde kann arbeitsfähige, nicht erwerbstätige Leistungsberechtigte, die das 18. Lebensjahr vollendet haben und der Vollzeitschulpflicht nicht mehr unterliegen und zu dem in § 44 Absatz 4 Satz 2 Nummer 1 bis 3 des Aufenthaltsgesetzes genannten Personenkreis gehören, schriftlich verpflichten, an einem Integrationskurs nach § 43 des Aufenthaltsgesetzes teilzunehmen.

(2) Leistungsberechtigte nach Absatz 1, die sich trotz schriftlicher Belehrung über die Rechtsfolgen weigern, einen für sie zumutbaren Integrationskurs aus von ihnen zu vertretenden Gründen aufzunehmen oder ordnungsgemäß am Integrationskurs teilzunehmen, haben nur Anspruch auf Leistungen entsprechend § 1a Absatz 1. § 11 Absatz 4 des Zwölften Buches Sozialgesetzbuch gilt für die Beurteilung der Zumutbarkeit entsprechend. Ein sonstiger wichtiger Grund im Sinne von § 11 Absatz 4 Satz 1 Nummer 3 des Zwölften Buches Sozialgesetzbuch kann insbesondere auch dann vorliegen, wenn der Leistungsberechtigte eine Beschäftigung auf dem allgemeinen Arbeitsmarkt, eine Berufsausbildung oder ein Studium aufnimmt oder aufgenommen hat. Die Rechtsfolge nach Satz 1 tritt nicht ein, wenn die leistungsberechtigte Person einen wichtigen Grund für ihr Verhalten darlegt und nachweist.

(3) Die nach diesem Gesetz zuständige Behörde darf die für die Erfüllung ihrer Aufgaben nach den Absätzen 1 und 2 erforderlichen personenbezogenen Daten von Leistungsberechtigten erheben, einschließlich Angaben

1. zu Sprachkenntnissen und
2. zur Durchführung eines Integrationskurses nach § 43 des Aufenthaltsgesetzes oder einer Maßnahme der berufsbezogenen Deutschsprachförderung nach § 45a des Aufenthaltsgesetzes.

II

§ 6 Sonstige Leistungen

(1) Sonstige Leistungen können insbesondere gewährt werden, wenn sie im Einzelfall zur Sicherung des Lebensunterhalts oder der Gesundheit unerläßlich, zur Deckung besonderer Bedürfnisse von Kindern geboten oder zur Erfüllung einer verwaltungsrechtlichen Mitwirkungspflicht erforderlich sind. Die Leistungen sind als Sachleistungen, bei Vorliegen besonderer Umstände als Geldleistung zu gewähren.

(2) Personen, die eine Aufenthaltserlaubnis gemäß § 24 Abs. 1 des Aufenthaltsgesetzes besitzen und die besondere Bedürfnisse haben, wie beispielsweise unbegleitete Minderjährige oder Personen, die Folter, Vergewaltigung oder sonstige schwere Formen psychischer, physischer oder sexueller Gewalt erlitten haben, wird die erforderliche medizinische oder sonstige Hilfe gewährt.

§ 6a Erstattung von Aufwendungen anderer

Hat jemand in einem Eilfall einem anderen Leistungen erbracht, die bei rechtzeitigem Einsetzen von Leistungen nach den §§ 3, 4 und 6 nicht zu erbringen gewesen wären, sind ihm die Aufwendungen in gebotenem Umfang zu erstatten, wenn er sie nicht auf Grund rechtlicher oder sittlicher Pflicht selbst zu tragen hat. Dies gilt nur, wenn die Erstattung innerhalb angemessener Frist beim zuständigen Träger des Asylbewerberleistungsgesetzes beantragt wird.

§ 6b Einsetzen der Leistungen

Zur Bestimmung des Zeitpunkts des Einsetzens der Leistungen nach den §§ 3, 4 und 6 ist § 18 des Zwölften Buches Sozialgesetzbuch entsprechend anzuwenden.

§ 7 Einkommen und Vermögen

(1) Einkommen und Vermögen, über das verfügt werden kann, sind von dem Leistungsberechtigten und seinen Familienangehörigen, die im selben Haushalt leben, vor Eintritt von Leistungen nach diesem Gesetz aufzubrauchen. § 20 des Zwölften Buches Sozialgesetzbuch findet entsprechende Anwendung. Bei der Unterbringung in einer Einrichtung, in der Sachleistungen gewährt werden, haben Leistungsberechtigte, soweit Einkommen und Vermögen im Sinne des Satzes 1 vorhanden sind, für erhaltene Leistungen dem Kostenträger für sich und ihre Familienangehörigen die Kosten in entsprechender Höhe der in § 3a Absatz 2 genannten Leistungen sowie die Kosten der Unterkunft, Heizung und Haushaltsenergie zu erstatten; für die Kosten der Unterkunft und Heizung können die Länder Pauschalbeträge festsetzen oder die zuständige Behörde dazu ermächtigen.

(2) Nicht als Einkommen nach Absatz 1 zu berücksichtigen sind:

1. Leistungen nach diesem Gesetz,
2. eine Grundrente nach dem Bundesversorgungsgesetz und nach den Gesetzen, die eine entsprechende Anwendung des Bundesversorgungsgesetzes vorsehen,
3. eine Rente oder Beihilfe nach dem Bundesentschädigungsgesetz für Schaden an Leben sowie an Körper oder Gesundheit bis zur Höhe der vergleichbaren Grundrente nach dem Bundesversorgungsgesetz,
4. eine Entschädigung, die wegen eines Schadens, der nicht Vermögensschaden ist, nach § 253 Absatz 2 des Bürgerlichen Gesetzbuchs geleistet wird,
5. eine Aufwandsentschädigung nach § 5 Absatz 2,
6. eine Mehraufwandsentschädigung, die Leistungsberechtigten im Rahmen einer Flüchtlingsintegrationsmaßnahme im Sinne von § 5a ausgezahlt wird und
7. ein Fahrtkostenzuschuss, der den Leistungsberechtigten von dem Bundesamt für Migration und Flüchtlinge zur Sicherstellung ihrer Teilnahme an einem Integrationskurs nach § 43 des Aufenthaltsgesetzes oder an der berufsbezogenen Deutschsprachförderung nach § 45a des Aufenthaltsgesetzes gewährt wird.

(3) Einkommen aus Erwerbstätigkeit bleiben bei Anwendung des Absatzes 1 in Höhe von 25 vom Hundert außer Betracht, höchstens jedoch in Höhe von 50 vom Hundert der

maßgeblichen Bedarfsstufe des Geldbetrags zur Deckung aller notwendigen persönlichen Bedarfe nach § 3a Absatz 1 und des notwendigen Bedarfs nach § 3a Absatz 2, jeweils in Verbindung mit § 3a Absatz 4. Erhält eine leistungsberechtigte Person mindestens aus einer Tätigkeit Bezüge oder Einnahmen, die nach § 3 Nummer 12, 26, 26a oder 26b des Einkommensteuergesetzes steuerfrei sind, ist abweichend von Satz 1 ein Betrag von bis zu 200 Euro monatlich nicht als Einkommen zu berücksichtigen. Von den Einkommen nach Absatz 1 Satz 1 sind ferner abzusetzen

1. auf das Einkommen entrichtete Steuern,
2. Pflichtbeiträge zur Sozialversicherung einschließlich der Beiträge zur Arbeitsförderung,
3. Beiträge zu öffentlichen oder privaten Versicherungen oder ähnlichen Einrichtungen, soweit diese Beiträge gesetzlich vorgeschrieben sind, und
4. die mit der Erzielung des Einkommens verbundenen notwendigen Ausgaben.

Übersteigt das Einkommen in den Fällen von Satz 2 den Betrag von 200 Euro monatlich, findet Satz 3 Nummer 3 und 4 mit der Maßgabe Anwendung, dass eine Absetzung der dort genannten Aufwendungen nur erfolgt, soweit die oder der Leistungsberechtigte nachweist, dass die Summe dieser Aufwendungen den Betrag von 200 Euro monatlich übersteigt. Die Möglichkeit zur Absetzung der Beträge nach Satz 3 von Einkommen aus Erwerbstätigkeit bleibt unberührt.

(4) Hat ein Leistungsberechtigter einen Anspruch gegen einen anderen, so kann die zuständige Behörde den Anspruch in entsprechender Anwendung des § 93 des Zwölften Buches Sozialgesetzbuch auf sich überleiten.

(5) Von dem Vermögen nach Absatz 1 Satz 1 ist für den Leistungsberechtigten und seine Familienangehörigen, die im selben Haushalt leben, jeweils ein Freibetrag in Höhe von 200 Euro abzusetzen. Bei der Anwendung von Absatz 1 bleiben ferner Vermögensgegenstände außer Betracht, die zur Aufnahme oder Fortsetzung der Berufsausbildung oder der Erwerbstätigkeit unentbehrlich sind.

§ 7a Sicherheitsleistung

Von Leistungsberechtigten kann wegen der ihnen und ihren Familienangehörigen zu gewährenden Leistungen nach diesem Gesetz Sicherheit verlangt werden, soweit Vermögen im Sinne von § 7 Abs. 1 Satz 1 vorhanden ist. Die Anordnung der Sicherheitsleistung kann ohne vorherige Vollstreckungsandrohung im Wege des unmittelbaren Zwangs erfolgen.

§ 8 Leistungen bei Verpflichtung Dritter

(1) Leistungen nach diesem Gesetz werden nicht gewährt, soweit der erforderliche Lebensunterhalt anderweitig, insbesondere auf Grund einer Verpflichtung nach § 68 Abs. 1 Satz 1 des Aufenthaltsgesetzes gedeckt wird. Besteht eine Verpflichtung nach § 68 Abs. 1 Satz 1 des Aufenthaltsgesetzes, übernimmt die zuständige Behörde die Kosten für Leistungen im Krankheitsfall, bei Behinderung und bei Pflegebedürftigkeit, soweit dies durch Landesrecht vorgesehen ist.

(2) Personen, die sechs Monate oder länger eine Verpflichtung nach § 68 Abs. 1 Satz 1 des Aufenthaltsgesetzes gegenüber einer in § 1 Abs. 1 genannten Person erfüllt haben, kann ein monatlicher Zuschuß bis zum Doppelten des Betrages nach § 3a Absatz 1 gewährt werden, wenn außergewöhnliche Umstände in der Person des Verpflichteten den Einsatz öffentlicher Mittel rechtfertigen.

§ 8a Meldepflicht

Leistungsberechtigte, die eine unselbständige oder selbständige Erwerbstätigkeit aufnehmen, haben dies spätestens am dritten Tag nach Aufnahme der Erwerbstätigkeit der zuständigen Behörde zu melden.

§ 9 Verhältnis zu anderen Vorschriften

(1) Leistungsberechtigte erhalten keine Leistungen nach dem Zwölften Buch Sozialgesetzbuch oder vergleichbaren Landesgesetzen.

(2) Leistungen anderer, besonders Unterhaltspflichtiger, der Träger von Sozialleistungen oder der Länder im Rahmen ihrer Pflicht

nach § 44 Abs. 1 des Asylgesetzes werden durch dieses Gesetz nicht berührt.

(3) Die §§ 60 bis 67 des Ersten Buches Sozialgesetzbuch über die Mitwirkung des Leistungsberechtigten sind entsprechend anzuwenden. Als Mitwirkung im Sinne des § 60 Absatz 1 des Ersten Buches Sozialgesetzbuch gilt auch, dass Personen, die Leistungen nach diesem Gesetz als Leistungsberechtigte nach § 1 Absatz 1 Nummer 1, 2, 4, 5 oder 7 beantragen oder beziehen, auf Verlangen der zuständigen Leistungsbehörde die Abnahme ihrer Fingerabdrücke zu dulden haben, wenn dies nach § 11 Absatz 3a zur Prüfung ihrer Identität erforderlich ist.

(4) Folgende Bestimmungen des Zehnten Buches Sozialgesetzbuch sind entsprechend anzuwenden:

1. die §§ 44 bis 50 über die Rücknahme, den Widerruf und die Aufhebung eines Verwaltungsakts sowie über die Erstattung zu Unrecht erbrachter Leistungen,
2. der § 99 über die Auskunftspflicht von Angehörigen, Unterhaltspflichtigen oder sonstigen Personen und
3. die §§ 102 bis 114 über Erstattungsansprüche der Leistungsträger untereinander.

§ 44 des Zehnten Buches Sozialgesetzbuch gilt jedoch nur mit der Maßgabe, dass

1. rechtswidrige nicht begünstigende Verwaltungsakte nach den Absätzen 1 und 2 nicht später als vier Jahre nach Ablauf des Jahres, in dem der Verwaltungsakt bekanntgegeben wurde, zurückzunehmen sind; ausreichend ist, wenn die Rücknahme innerhalb dieses Zeitraums beantragt wird,
2. anstelle des Zeitraums von vier Jahren nach Absatz 4 Satz 1 ein Zeitraum von einem Jahr tritt.

(5) Die §§ 117 und 118 des Zwölften Buches Sozialgesetzbuch sowie die auf Grund des § 120 Abs. 1 des Zwölften Buches Sozialgesetzbuch oder des § 117 des Bundessozialhilfegesetzes erlassenen Rechtsverordnungen sind entsprechend anzuwenden.

Das Bundesministerium des Innern, für Bau und Heimat hat festgestellt, dass die technischen Voraussetzungen der Ausstattung für die nach § 10 des Asylbewerberleistungsgesetzes zuständigen Behörden mit Geräten zur Überprüfung der Identität mittels Fingerabdruckdaten geschaffen sind. Somit ist Absatz 3 Satz 2 am 27. Februar 2019 in Kraft getreten.

§ 10 Bestimmungen durch Landesregierungen

Die Landesregierungen oder die von ihnen beauftragten obersten Landesbehörden bestimmen die für die Durchführung dieses Gesetzes zuständigen Behörden und Kostenträger und können Näheres zum Verfahren festlegen, soweit dies nicht durch Landesgesetz geregelt ist. Die bestimmten zuständigen Behörden und Kostenträger können auf Grund näherer Bestimmung gemäß Satz 1 Aufgaben und Kostenträgerschaft auf andere Behörden übertragen.

§ 10a Örtliche Zuständigkeit

(1) Für die Leistungen nach diesem Gesetz örtlich zuständig ist die nach § 10 bestimmte Behörde, in deren Bereich der Leistungsberechtigte nach dem Asylgesetz oder Aufenthaltsgesetz verteilt oder zugewiesen worden ist oder für deren Bereich für den Leistungsberechtigten eine Wohnsitzauflage besteht. Ist der Leistungsberechtigte von einer Vereinbarung nach § 45 Absatz 2 des Asylgesetzes betroffen, so ist die Behörde zuständig, in deren Bereich die nach § 46 Absatz 2a des Asylgesetzes für seine Aufnahme zuständige Aufnahmeeinrichtung liegt. Im übrigen ist die Behörde zuständig, in deren Bereich sich der Leistungsberechtigte tatsächlich aufhält. Diese Zuständigkeit bleibt bis zur Beendigung der Leistung auch dann bestehen, wenn die Leistung von der zuständigen Behörde außerhalb ihres Bereichs sichergestellt wird.

(2) Für die Leistungen in Einrichtungen, die der Krankenbehandlung oder anderen Maßnahmen nach diesem Gesetz dienen, ist die Behörde örtlich zuständig, in deren Bereich der Leistungsberechtigte seinen gewöhnlichen Aufenthalt im Zeitpunkt der Aufnahme hat oder in den zwei Monaten vor der Aufnahme

zuletzt gehabt hat. War bei Einsetzen der Leistung der Leistungsberechtigte aus einer Einrichtung im Sinne des Satzes 1 in eine andere Einrichtung oder von dort in weitere Einrichtungen übergetreten oder tritt nach Leistungsbeginn ein solcher Fall ein, ist der gewöhnliche Aufenthalt, der für die erste Einrichtung maßgebend war, entscheidend. Steht nicht spätestens innerhalb von vier Wochen fest, ob und wo der gewöhnliche Aufenthalt nach den Sätzen 1 und 2 begründet worden ist, oder liegt ein Eilfall vor, hat die nach Absatz 1 zuständige Behörde über die Leistung unverzüglich zu entscheiden und vorläufig einzutreten. Die Sätze 1 bis 3 gelten auch für Leistungen an Personen, die sich in Einrichtungen zum Vollzug richterlich angeordneter Freiheitsentziehung aufhalten oder aufgehalten haben.

(3) Als gewöhnlicher Aufenthalt im Sinne dieses Gesetzes gilt der Ort, an dem sich jemand unter Umständen aufhält, die erkennen lassen, daß er an diesem Ort oder in diesem Gebiet nicht nur vorübergehend verweilt. Als gewöhnlicher Aufenthalt ist auch von Beginn an ein zeitlich zusammenhängender Aufenthalt von mindestens sechs Monaten Dauer anzusehen; kurzfristige Unterbrechungen bleiben unberücksichtigt. Satz 2 gilt nicht, wenn der Aufenthalt ausschließlich zum Zweck des Besuchs, der Erholung, der Kur oder ähnlichen privaten Zwecken erfolgt und nicht länger als ein Jahr dauert. Ist jemand nach Absatz 1 Satz 1 nach dem Asylgesetz oder nach dem Aufenthaltsgesetz verteilt oder zugewiesen worden oder besteht für ihn eine Wohnsitzauflage für einen bestimmten Bereich, so gilt dieser Bereich als sein gewöhnlicher Aufenthalt. Wurde eine Vereinbarung nach § 45 Absatz 2 des Asylgesetzes getroffen, so gilt der Bereich als gewöhnlicher Aufenthalt des Leistungsberechtigten, in dem die nach § 46 Absatz 2a des Asylgesetzes für seine Aufnahme zuständige Aufnahmeeinrichtung liegt. Für ein neugeborenes Kind ist der gewöhnliche Aufenthalt der Mutter maßgeblich.

§ 10b Kostenerstattung zwischen den Leistungsträgern

(1) Die nach § 10a Abs. 2 Satz 1 zuständige Behörde hat der Behörde, die nach § 10a Abs. 2 Satz 3 die Leistung zu erbringen hat, die aufgewendeten Kosten zu erstatten.

(2) Verläßt in den Fällen des § 10a Abs. 2 der Leistungsberechtigte die Einrichtung und bedarf er im Bereich der Behörde, in dem die Einrichtung liegt, innerhalb von einem Monat danach einer Leistung nach diesem Gesetz, sind dieser Behörde die aufgewendeten Kosten von der Behörde zu erstatten, in deren Bereich der Leistungsberechtigte seinen gewöhnlichen Aufenthalt im Sinne des § 10a Abs. 2 Satz 1 hatte.

§ 11 Ergänzende Bestimmungen

(1) Im Rahmen von Leistungen nach diesem Gesetz ist auf die Leistungen bestehender Rückführungs- und Weiterwanderungsprogramme, die Leistungsberechtigten gewährt werden können, hinzuweisen; in geeigneten Fällen ist auf eine Inanspruchnahme solcher Programme hinzuwirken.

(2) Leistungsberechtigten darf in den Teilen der Bundesrepublik Deutschland, in denen sie sich einer asyl- oder ausländerrechtlichen räumlichen Beschränkung zuwider aufhalten, von der für den tatsächlichen Aufenthaltsort zuständigen Behörde regelmäßig nur eine Reisebeihilfe zur Deckung des unabweisbaren Bedarfs für die Reise zu ihrem rechtmäßigen Aufenthaltsort gewährt werden. Leistungsberechtigten darf in den Teilen der Bundesrepublik Deutschland, in denen sie entgegen einer Wohnsitzauflage ihren gewöhnlichen Aufenthalt nehmen, von der für den tatsächlichen Aufenthaltsort zuständigen Behörde regelmäßig nur eine Reisebeihilfe zur Deckung des unabweisbaren Bedarfs für die Reise zu dem Ort gewährt werden, an dem sie entsprechend der Wohnsitzauflage ihren gewöhnlichen Aufenthalt zu nehmen haben. Die Leistungen nach den Sätzen 1 und 2 können als Sach- oder Geldleistung erbracht werden.

(2a) Leistungsberechtigte nach § 1 Absatz 1 Nummer 1a erhalten bis zur Ausstellung eines Ankunftsnachweises nach § 63a des Asylgesetzes nur Leistungen entsprechend § 1a Absatz 1. An die Stelle der Leistungen nach Satz 1 treten die Leistungen nach den §§ 3 bis 6, auch wenn dem Leistungsberechtigten ein Ankunftsnachweis nach § 63a Absatz 1 Satz 1 des Asylgesetzes noch nicht ausgestellt wurde, sofern

1. die in § 63a des Asylgesetzes vorausgesetzte erkennungsdienstliche Behandlung erfolgt ist,
2. der Leistungsberechtigte von der Aufnahmeeinrichtung, auf die er verteilt worden ist, aufgenommen worden ist, und
3. der Leistungsberechtigte die fehlende Ausstellung des Ankunftsnachweises nicht zu vertreten hat.

Der Leistungsberechtigte hat die fehlende Ausstellung des Ankunftsnachweises insbesondere dann nicht zu vertreten, wenn in der für die Ausstellung seines Ankunftsnachweises zuständigen Stelle die technischen Voraussetzungen für die Ausstellung von Ankunftsnachweisen noch nicht vorliegen. Der Leistungsberechtigte hat die fehlende Ausstellung des Ankunftsnachweises zu vertreten, wenn er seine Mitwirkungspflichten nach § 15 Absatz 2 Nummer 1, 3, 4, 5 oder 7 des Asylgesetzes verletzt hat. Die Sätze 1 bis 4 gelten auch

1. für Leistungsberechtigte nach § 1 Absatz 1 Nummer 5, die aus einem sicheren Drittstaat (§ 26a des Asylgesetzes) unerlaubt eingereist sind und als Asylsuchende nach den Vorschriften des Asylgesetzes oder des Aufenthaltsgesetzes erkennungsdienstlich zu behandeln sind, und
2. für Leistungsberechtigte nach § 1 Absatz 1 Nummer 7, die einer Wohnverpflichtung nach § 71 Absatz 2 Satz 2 oder § 71a Absatz 2 Satz 1 des Asylgesetzes in Verbindung mit den §§ 47 bis 50 des Asylgesetzes unterliegen.

(3) Die zuständige Behörde überprüft die Personen, die Leistungen nach diesem Gesetz beziehen, auf Übereinstimmung der ihr vorliegenden Daten mit den der Ausländerbehörde über diese Personen vorliegenden Daten. Sie darf für die Überprüfung nach Satz 1 Name, Vorname (Rufname), Geburtsdatum, Geburtsort, Staatsangehörigkeiten, Geschlecht, Familienstand, Anschrift, Aufenthaltsstatus und Aufenthaltszeiten dieser Personen sowie die für diese Personen eingegangenen Verpflichtungen nach § 68 des Aufenthaltsgesetzes der zuständigen Ausländerbehörde übermitteln. Die Ausländerbehörde führt den Abgleich mit den nach Satz 2 übermittelten Daten durch und übermittelt der zuständigen Behörde die Ergebnisse des Abgleichs. Die Ausländerbehörde übermittelt der zuständigen Behörde ferner Änderungen der in Satz 2 genannten Daten. Die Überprüfungen können auch regelmäßig im Wege des automatisierten Datenabgleichs durchgeführt werden.

(3a) Soweit nach einem Datenabruf aus dem Ausländerzentralregister Zweifel an der Identität einer Person, die Leistungen nach diesem Gesetz als Leistungsberechtigter nach § 1 Absatz 1 Nummer 1, 2, 4, 5 oder 7 beantragt oder bezieht, fortbestehen, erhebt die zuständige Behörde zur weiteren Überprüfung der Identität Fingerabdrücke der Person und nimmt eine Überprüfung der Identität mittels der Fingerabdruckdaten durch Abfrage des Ausländerzentralregisters vor. Die Befugnis nach Satz 1 setzt keinen vorherigen Datenabgleich mit der Ausländerbehörde nach Absatz 3 voraus. Von den Regelungen des Verwaltungsverfahrens in den Sätzen 1 und 2 kann durch Landesrecht nicht abgewichen werden.

(4) Keine aufschiebende Wirkung haben Widerspruch und Anfechtungsklage gegen einen Verwaltungsakt, mit dem

1. eine Leistung nach diesem Gesetz ganz oder teilweise entzogen oder die Leistungsbewilligung aufgehoben wird oder
2. eine Einschränkung des Leistungsanspruchs nach § 1a oder § 11 Absatz 2a festgestellt wird.

§ 12 Asylbewerberleistungsstatistik

(1) Zur Beurteilung der Auswirkungen dieses Gesetzes und zu seiner Fortentwicklung werden Erhebungen über

1. die Empfänger
   a) von Leistungen in besonderen Fällen (§ 2),
   b) von Grundleistungen (§ 3),
   c) von anderen Leistungen (§§ 4, 5 und 6).
2. die Ausgaben und Einnahmen nach diesem Gesetz

als Bundesstatistik durchgeführt.

(2) Erhebungsmerkmale sind

1. bei den Erhebungen nach Absatz 1 Nr. 1 Buchstabe a und b
   a) für jeden Leistungsempfänger:
      Geschlecht; Geburtsmonat und -jahr; Staatsangehörigkeit; aufenthaltsrechtlicher Status; Beginn der Leistungsgewährung nach Monat und Jahr,
   b) für Leistungsempfänger nach § 2 zusätzlich:
      Art und Form der Leistungen im Laufe und am Ende eines Berichtsjahres sowie die Regelbedarfsstufe;
   c) für Leistungsempfänger nach § 3 zusätzlich:
      Form der Grundleistung im Laufe und am Ende eines Berichtsjahres sowie Leistungsempfänger differenziert nach § 3a Absatz 1 Nummer 1 bis 6;
   d) für Haushalte:
      Wohngemeinde und Gemeindeteil; Art des Trägers; Art der Unterbringung; Art und Höhe des eingesetzten Einkommens und Vermögens;
   e) für Empfänger von Leistungen für Bildung und Teilhabe nach den §§ 2 und 3 Absatz 3 in Verbindung mit den §§ 34 bis 34b des Zwölften Buches Sozialgesetzbuch die Höhe dieser Leistungen unterteilt nach
      aa) Schulausflügen von Schülerinnen und Schülern sowie Kindern, die eine Kindertageseinrichtung besuchen,
      bb) mehrtägigen Klassenfahrten von Schülerinnen und Schülern sowie Kindern, die eine Kindertageseinrichtung besuchen,
      cc) Ausstattung mit persönlichem Schulbedarf,
      dd) Schülerbeförderung,
      ee) Lernförderung,
      ff) Mehraufwendungen für die Teilnahme an einer gemeinschaftlichen Mittagsverpflegung von Schülerinnen und Schülern in schulischer Verantwortung sowie von Kindern in einer Kindertageseinrichtung und in der Kindertagespflege,
      gg) Teilhabe am sozialen und kulturellen Leben in der Gemeinschaft;
   f) (weggefallen)
   g) bei Erhebungen zum Jahresende zusätzlich zu den unter den Buchstaben a bis d genannten Merkmalen:
      Art und Form anderer Leistungen nach diesem Gesetz im Laufe und am Ende des Berichtsjahres; Beteiligung am Erwerbsleben;
2. bei den Erhebungen nach Absatz 1 Nr. 1 Buchstabe c für jeden Leistungsempfänger:
   Geschlecht; Geburtsmonat und -jahr; Staatsangehörigkeit; aufenthaltsrechtlicher Status; Art und Form der Leistung im Laufe und am Ende des Berichtsjahres; Typ des Leistungsempfängers nach § 3a Absatz 1 Nummer 1 bis 6; Wohngemeinde und Gemeindeteil; Art des Trägers, Art der Unterbringung;
3. bei der Erhebung nach Absatz 1 Nr. 2:
   Art des Trägers; Ausgaben nach Art und Form der Leistungen sowie Unterbringungsform; Einnahmen nach Einnahmearten und Unterbringungsform.

(3) Hilfsmerkmale sind

1. Name und Anschrift des Auskunftspflichtigen,
2. für die Erhebungen nach Absatz 2 Nummer 1 und 2 die Kenn-Nummern der Leistungsempfänger,
3. Name und Kontaktdaten der für eventuelle Rückfragen zur Verfügung stehenden Person.

Die Kenn-Nummern nach Satz 1 Nr. 2 dienen der Prüfung der Richtigkeit der Statistik und der Fortschreibung der jeweils letzten Bestandserhebung. Sie enthalten keine Angaben über persönliche und sachliche Verhältnisse der Leistungsempfänger und sind zum frühestmöglichen Zeitpunkt, spätestens nach Abschluß der wiederkehrenden Bestandserhebung zu löschen.

(4) Die Erhebungen nach Absatz 2 Nummer 1 Buchstabe a bis d und g sowie nach Absatz 2 Nummer 2 und 3 sind jährlich durchzuführen. Die Angaben für die Erhebung

a) nach Absatz 2 Nr. 1 Buchstabe a bis d und g (Bestandserhebung) sind zum 31. Dezember,

b) und c) (weggefallen)

d) nach Absatz 2 Nr. 2 und 3 sind für das abgelaufene Kalenderjahr

zu erteilen.

(5) Die Erhebungen nach Absatz 2 Nummer 1 Buchstabe e sind quartalsweise durchzuführen, wobei gleichzeitig Geschlecht, Geburtsmonat und -jahr, Wohngemeinde und Gemeindeteil, Staatsangehörigkeit sowie aufenthaltsrechtlicher Status zu erheben sind. Dabei ist die Angabe zur Höhe der einzelnen Leistungen für jeden Monat eines Quartals gesondert zu erheben.

(6) Für die Erhebungen besteht Auskunftspflicht. Die Angaben nach Absatz 3 Satz 1 Nr. 3 sowie zum Gemeindeteil nach Absatz 2 Nr. 1 Buchstabe d und Absatz 2 Nr. 2 sowie nach Absatz 5 sind freiwillig. Auskunftspflichtig sind die für die Durchführung dieses Gesetzes zuständigen Stellen.

(7) Die Ergebnisse der Asylbewerberleistungsstatistik dürfen auf die einzelne Gemeinde bezogen veröffentlicht werden.

§ 13 Bußgeldvorschrift

(1) Ordnungswidrig handelt, wer vorsätzlich oder fahrlässig entgegen § 8a eine Meldung nicht, nicht richtig, nicht vollständig oder nicht rechtzeitig erstattet.

(2) Die Ordnungswidrigkeit kann mit einer Geldbuße bis zu fünftausend Euro geahndet werden.

§ 14 Dauer der Anspruchseinschränkung

(1) Die Anspruchseinschränkungen nach diesem Gesetz sind auf sechs Monate zu befristen.

(2) Im Anschluss ist die Anspruchseinschränkung bei fortbestehender Pflichtverletzung fortzusetzen, sofern die gesetzlichen Voraussetzungen der Anspruchseinschränkung weiterhin erfüllt werden.

§ 15 Übergangsregelung zum Zweiten Gesetz zur besseren Durchsetzung der Ausreisepflicht

Für Leistungsberechtigte des Asylbewerberleistungsgesetzes, auf die bis zum 21. August 2019 gemäß § 2 Absatz 1 des Asylbewerberleistungsgesetzes das Zwölfte Buch Sozialgesetzbuch entsprechend anzuwenden war, ist § 2 des Asylbewerberleistungsgesetzes in der Fassung der Bekanntmachung vom 5. August 1997 (BGBl. I S. 2022), das zuletzt durch Artikel 4 des Gesetzes vom 17. Juli 2017 (BGBl. I S. 2541; 2019 I S. 162) geändert worden ist, weiter anzuwenden.

Richtlinie für das Arbeitsmarktprogramm „Flüchtlingsintegrationsmaßnahmen"

Vom 20. Juli 2016 (BAnz. AT 27.07.2016 Nr. B2)

Zuletzt geändert durch
Änderung der Richtlinie für das Arbeitsmarktprogramm „Flüchtlingsintegrationsmaßnahmen" vom 12. April 2017 (BAnz. AT 20.04.2017 Nr. B2)

Inhaltsübersicht

1 Arbeitsmarktpolitischer Hintergrund, Ziele

Flüchtlinge sollen die Wartezeit bis zur Entscheidung über ihre Anerkennung, die oftmals in einer Erstaufnahmeeinrichtung oder anderen Sammelunterkünften verbracht wird, durch eine sinnvolle und gemeinwohlorientierte Beschäftigung überbrücken. Gleichzeitig sollen sie mittels niedrigschwelliger Angebote in Arbeitsgelegenheiten an den Arbeitsmarkt herangeführt werden (so genannte Flüchtlingsintegrationsmaßnahmen – FIM). Dabei können die Teilnehmenden Einblicke in das berufliche und gesellschaftliche Leben in Deutschland erhalten und auch Sprachkenntnisse erwerben. Gleichzeitig leisten sie einen Beitrag zum Gemeinwohl.

Darüber hinaus können die in den Arbeitsgelegenheiten gewonnenen Erkenntnisse über die Fähigkeiten und Kenntnisse der Teilnehmenden später für weiterführende Maßnahmen zur Integration bzw. Arbeitsförderung genutzt werden.

Die Bundesregierung fördert daher Arbeitsgelegenheiten für Leistungsberechtigte nach dem Asylbewerberleistungsgesetz (AsylbLG). Die Förderung dieser Flüchtlingsintegrationsmaßnahmen wird von der Bundesagentur für Arbeit als befristetes Arbeitsmarktprogramm des Bundes mit einer Laufzeit vom 1. August 2016 bis zum 31. Dezember 2020 durchgeführt.

Indem der Bund diese Flüchtlingsintegrationsmaßnahmen administriert und finanziert, werden Kommunen und Länder finanziell entlastet.

Die Ausgestaltung als Arbeitsmarktprogramm des Bundes soll eine möglichst einfache Durchführung der Flüchtlingsintegrationsmaßnahmen sicherstellen und orientiert sich daher eng an den Voraussetzungen für die bereits bestehenden Arbeitsgelegenheiten nach § 5 AsylbLG. Die drei wesentlichen Akteure (Maßnahmeträger, Bundesagentur für Arbeit und die nach dem Asylbewerberleistungsgesetz zuständige Behörde) haben dabei folgende Aufgaben:

Die wesentliche Verantwortung für die Schaffung von Flüchtlingsintegrationsmaßnahmen obliegt den Maßnahmeträgern (Träger einer Aufnahmeeinrichtung oder vergleichbarer Einrichtungen [insbesondere ausgelagerte Unterkünfte von Aufnahmeeinrichtungen sowie Gemeinschaftsunterkünfte nach Asylgesetz (AsylG)] für so genannte „interne" FIM sowie staatliche, kommunale oder gemeinnützige Träger für so genannte „externe" – zusätzliche – FIM). Die Maßnahmeträger schaffen geeignete Arbeitsgelegenheiten, die die nach dem Asylbewerberleistungsgesetz zuständige Behörde bei der Agentur für Arbeit beantragt. Auf der Grundlage von bewilligten Flüchtlingsintegrationsmaßnahmen unterstützen die Maßnahmeträger die nach dem Asylbewerberleistungsgesetz zuständige Behörde bei der Auswahl der Teilnehmenden. Bei der Auswahl der Teilnehmenden ist darauf zu achten, dass weibliche Flüchtlinge einen gleichberechtigten Zugang zu diesen Arbeitsgelegenheiten bekommen. Die Belange von Menschen mit Behinderungen sind bei Auswahl und Teilnahme an den Arbeitsgelegenheiten zu berücksichtigen.

Die Maßnahmeträger führen die Flüchtlingsintegrationsmaßnahmen durch und übermitteln die zur Abrechnung benötigten Informationen an die zuständige Agentur für Arbeit. Die Maßnahmeträger zahlen die Mehraufwandsentschädigung an die Teilnehmenden aus. Falls Teilnehmende eine Flüchtlingsintegrationsmaßnahme abbrechen oder nicht erscheinen, teilen die Maßnahmeträger dies der nach dem Asylbewerberleistungsgesetz zuständigen Behörde mit. Soweit die Flüchtlingsintegrationsmaßnahmen die Möglichkeit bieten, ausbildungs- und arbeitsmarktrelevante Fähigkeiten und Kenntnisse der Teilnehmenden festzustellen, sollen diese erfasst und am Ende der Maßnahme beispielsweise in Form eines Kurzlebenslaufs oder einer standardisierten Beurteilung mit den Abrechnungsdaten an die Agentur für Arbeit übermittelt werden, soweit der Teilnehmende darin einwilligt.

Die Agentur für Arbeit prüft die Anträge auf das Vorliegen der Antragsvoraussetzungen und der zur Verfügung stehenden Mittel. Sie führt die Abrechnung durch und erstattet die Maßnahmekosten sowie die Mehraufwandsentschädigung. Die Agentur für Arbeit nutzt die von den Maßnahmeträgern übermittelten Informationen zu den Fähigkeiten und Kenntnissen der Teilnehmenden im Hinblick auf weiterführende Arbeitsförderungsmaßnahmen bzw. stellt diese den gegebenenfalls anschließend zuständigen Jobcentern zur Verfügung.

Der nach dem Asylbewerberleistungsgesetz zuständigen Behörde obliegt es, anhand der Zielgruppe die potenziellen Teilnehmenden zu bestimmen und nach Auswahl zuzuweisen. Des Weiteren obliegt ihr die Entscheidung über das Eintreten von Sanktionen bei Fehlverhalten der Teilnehmenden.

Bei den so genannten „externen" FIM ist allein die nach dem Asylbewerberleistungsgesetz zuständige Behörde antragsberechtigt; d. h. diejenige Behörde, die im Falle der Zusage für die spätere Zuweisung in die Maßnahme sachlich und örtlich zuständig sein wird (im Wesentlichen die Landkreise und kreisfreien Städte), kann „externe" FIM im Namen und Auftrag der Maßnahmeträger beantragen. Gemeinnützige, kommunale oder staatliche Träger können, wie bisher, mögliche Arbeitsgelegenheiten zur Aufnahme in den Antrag vorschlagen. Die nach dem Asylbewerberleistungsgesetz zuständige Behörde als ein mit der Unterbringung von Flüchtlingen und/oder der Einrichtung von Arbeitsgelegenheiten nach § 5 AsylbLG vertrauter, regionaler Entscheidungsträger soll dann mit dem Antrag eine sich an den örtlichen Bedarfen orientierende, ausgewogene Verteilung der Flüchtlingsintegrationsmaßnahmen sicherstellen. Dieses regional abgestimmte, bedarfsorientierte und die verfügbaren Haushaltsmittel berücksichtigende Antragsverfahren ermöglicht ein einfaches und schnelles Zusageverfahren bei den Agenturen für Arbeit.

2 Rechtsgrundlagen

Bei dem vorliegenden Programm handelt es sich um ein befristetes Arbeitsmarktprogramm des Bundes im Sinne des § 368 Absatz 3 Satz 2 des Dritten Buches Sozialgesetzbuch (SGB III), mit dessen Durchführung die Bundesagentur für Arbeit beauftragt wird.

Für dieses Arbeitsmarktprogramm gelten die Vorschriften des § 421a SGB III sowie des § 5a AsylbLG.

Für die Bewirtschaftung und Abrechnung der Bundesmittel sowie die Rechnungsprüfung gelten die haushaltsrechtlichen Bestimmungen des Bundes.

3 Flüchtlingsintegrationsmaßnahmen

Flüchtlingsintegrationsmaßnahmen sind Arbeitsgelegenheiten für Flüchtlinge nach Nummer 3.2 im Sinne dieses Arbeitsmarktprogramms.

3.1 Arbeitsgelegenheiten

Bewilligt werden können zwei Arten von Arbeitsgelegenheiten:

a) Arbeitsgelegenheiten, die durch staatliche (einschließlich kommunale) Träger einer Aufnahmeeinrichtung nach § 44 AsylG oder vergleichbare Einrichtungen (insbesondere ausgelagerte Unterkünfte von Aufnahmeeinrichtungen sowie Gemeinschaftsunterkünfte nach AsylG) oder durch von diesen beauftragte Träger der aufgeführten Einrichtungen zur Aufrechterhaltung und Betreibung der Einrichtung zur Verfügung gestellt werden („interne" FIM).
b) Arbeitsgelegenheiten, die von staatlichen, kommunalen oder gemeinnützigen Trägern zur Verfügung gestellt werden, sofern die zu leistende Arbeit sonst nicht, nicht in diesem Umfang oder nicht zu diesem Zeitpunkt verrichtet werden würde („externe" – zusätzliche – FIM).

3.2 Teilnehmende

Teilnehmen können arbeitsfähige, nicht erwerbstätige Leistungsberechtigte nach dem Asylbewerberleistungsgesetz, die das 18. Lebensjahr vollendet haben und nicht der Vollzeitschulpflicht unterliegen. Dies gilt nicht für Leistungsberechtigte nach § 1 Absatz 1 Nummer 1 AsylbLG, die aus einem sicheren Herkunftsstaat nach § 29a AsylG stammen, sowie für geduldete und vollziehbar ausreisepflichtige Leistungsberechtigte (vgl. § 5a Absatz 1 Satz 2 AsylbLG mit dem Verweis auf § 1 Absatz 1 Nummer 4 und 5 AsylbLG).

Die Zuweisung an den Maßnahmeträger (Nummer 4.2) obliegt der nach dem Asylbewerberleistungsgesetz zuständigen Behörde (vgl. § 5a Absatz 1 AsylbLG). Nicht zugewiesen werden sollen im Rahmen des Auswahlermessens insbesondere Asylsuchende, über deren Antrag mit hoher Wahrscheinlichkeit kurzfristig entschieden wird (kommt in Betracht bei Folgeantragstellern).

3.3 Teilnahmedauer

Die individuelle Teilnahmedauer beträgt für jeden Teilnehmenden bis zu sechs Monate bei einem Umfang von bis zu 30 Wochenstunden. Letzter möglicher Teilnahmetag ist der 31. Dezember 2020.

Wird dem Asylantrag eines Teilnehmenden während der Dauer einer Flüchtlingsintegrationsmaßnahme stattgegeben, kann die Maßnahme bis zum Ende ihrer Laufzeit fortgesetzt werden, sofern weiterführende Integrationsmaßnahmen nicht zur Verfügung stehen und der Teilnehmende, der Maßnahmeträger oder das Jobcenter der Fortsetzung nicht widersprechen.

Wird der Asylantrag eines Teilnehmenden während der Dauer einer Flüchtlingsintegrationsmaßnahme abgelehnt, ist von der nach dem Asylbewerberleistungsgesetz zuständigen Behörde zu prüfen, ob dieser noch die Teilnahmevoraussetzungen nach Nummer 3.2 erfüllt. Bestehen die Teilnahmevoraussetzungen nicht mehr, ist die Teilnahme an der Maßnahme unverzüglich zu beenden.

3.4 Vorrang weiterführender Integrationsmaßnahmen

Weiterführende Integrationsmaßnahmen, wie die Teilnahme an einem Sprach- oder Integrationskurs oder an Maßnahmen der Arbeitsförderung oder die Aufnahme einer sozialversicherungspflichtigen Beschäftigung, einer Berufsausbildung oder eines Studiums, haben Vorrang vor einer Zuweisung in eine Flüchtlingsintegrationsmaßnahme nach dieser Richtlinie (vgl. § 5a Absatz 2 AsylbLG). Entsprechendes gilt für Maßnahmen, die die Leistungsberechtigten auf die Aufnahme einer beruflichen Ausbildung oder eines Studiums (z. B. Studienkollegs, studienvorbereitende Sprachkurse an Hochschulen) vorbereiten sollen. Dies betrifft darüber hinaus auch Bildungsmaßnahmen, die Inhaberinnen und Inhabern ausländischer Berufsqualifikationen den Berufszugang oder die Feststellung der Gleichwertigkeit dieser Qualifikationen ermöglichen (z. B. Anpassungslehrgänge, berufsbezogene Weiterbildungsangebote, Vorbereitungskurse auf Kenntnis- oder Eignungsprüfungen und berufsbezogene Sprachkurse). Aus den gleichen Gründen kann die Flüchtlingsintegrationsmaßnahme vorzeitig beendet werden.

Ist die Teilnahme an einem Sprach- oder Integrationskurs vorgesehen, ist eine Kombination beider Maßnahmen möglich, soweit der Vorrang der Sprach- bzw. Integrationskurse gewährleistet bleibt.

3.5 Mehraufwandsentschädigung

Teilnehmende an einer Flüchtlingsintegrationsmaßnahme nach dieser Richtlinie erhalten eine pauschalierte Mehraufwandsentschädigung entsprechend der Höhe des Betrags nach § 5 Absatz 2 AsylbLG. Entstehen durch die Teilnahme höhere notwendige Aufwendungen, z. B. bei den Fahrkosten zur Flüchtlingsintegrationsmaßnahme oder bei den Kosten der Verpflegung, sind diese gegen Nachweis zu erstatten.

4 Verfahren

4.1 Mittelverteilung

4.1.1 Verteilungsschlüssel

Der Bund stellt die erforderlichen Haushaltsmittel zu Verfügung, deren Verteilung auf die einzelnen Länder sich am Königsteiner Schlüssel orientiert. Für die regionale Verteilung innerhalb der Länder stimmen die Regionaldirektionen der Bundesagentur für Arbeit einen Verteilungsschlüssel mit dem jeweiligen Land ab. Dieser Schlüssel hat die länderspezifischen Besonderheiten und die Verteilung der potenziell Teilnehmenden nach Nummer 3.2 zu berücksichtigen.

4.1.2 Verteilungsquote

Bei der Mittelverteilung ist sicherzustellen, dass bundesweit und in dem jeweiligen Land der Anteil an „internen" FIM nach Nummer 3.1 Buchstabe a grundsätzlich 25 Prozent an allen Flüchtlingsintegrationsmaßnahmen nicht überschreitet.

4.1.3 Revision

Die Bundesagentur für Arbeit wertet regelmäßig die Teilnehmenden- und Ausgabenstatistiken hinsichtlich der Ressourcenauslastung aus. Bei erheblichen Abweichungen zwischen den tatsächlichen Werten und den Vertragsdaten, denen voraussichtlich nicht in angemessenem Zeitraum abgeholfen werden kann, sind die Verträge anzupassen. Dadurch frei werdende oder regional noch nicht vertraglich gebundene Haushaltsmittel sind nach Abstimmung der Regionaldirektion der Bundesagentur für Arbeit mit dem jeweiligen Land zunächst im Land neu zu verteilen. Danach noch freie Haushaltsmittel sind bundesweit dort einzusetzen, wo ein entsprechender zusätzlicher Bedarf besteht.

4.2 Maßnahmeträger

Träger von Flüchtlingsintegrationsmaßnahmen (Maßnahmeträger) sind juristische Personen, die Arbeitsgelegenheiten nach Nummer 3.1 zur Verfügung stellen:

a) staatliche Träger von Aufnahmeeinrichtungen nach § 44 AsylG und staatliche Träger vergleichbarer Einrichtungen sowie staatliche Stellen, die einen Träger mit dem Betrieb einer Aufnahmeeinrichtung nach § 44 AsylG oder einer vergleichbaren Einrichtung beauftragt haben, zu Nummer 3.1 Buchstabe a,
b) kommunale, staatliche oder gemeinnützige Träger zu Nummer 3.1 Buchstabe b.

4.3 Antragsberechtigte

Antragsberechtigt sind

a) für Arbeitsgelegenheiten nach Nummer 3.1 Buchstabe a („interne" FIM) die staatlichen Träger nach Nummer 4.2 Buchstabe a,
b) für Arbeitsgelegenheiten nach Nummer 3.1 Buchstabe b („externe" – zusätzliche – FIM) die nach dem Asylbewerberleistungsgesetz sachlich zuständigen Behörden, in deren örtlichem Zuständigkeitsbereich sich die Arbeitsgelegenheit befindet.

4.4 Antrag

Der Antrag an die Agentur für Arbeit muss Folgendes enthalten:

a) Angaben zu Art, Inhalt, Anzahl und Umfang der geplanten Arbeitsgelegenheiten sowie Angaben zur etwaigen Einbeziehung Dritter,
b) eine Stellungnahme dazu, dass die Arbeitsgelegenheiten von ihrer zeitlichen und räumlichen Ausgestaltung her auf zumutbare Weise im angestrebten Umfang ausgeübt werden können,
c) Angaben dazu, wie die bei der Durchführung der Arbeitsgelegenheiten festgestellten Kenntnisse und Fähigkeiten der Teilnehmenden dokumentiert und an die Agentur für Arbeit übermittelt werden, damit diese die Informationen als Grundlage für weitere Integrationsmaßnahmen im Falle einer Anerkennung des Asylgesuches nutzen kann,
d) bei „externen" – zusätzlichen – FIM: eine Erklärung des Maßnahmeträgers dazu, dass die zu leistende Arbeit ohne die Arbeitsgelegenheiten nicht, nicht in diesem Umfang oder nicht zu diesem Zeitpunkt verrichtet werden würde.

Der Antrag darf das verfügbare Mittelkontingent nicht überschreiten. Er soll sich an den örtlichen Bedarfen orientieren und eine ausgewogene Verteilung der Flüchtlingsintegrationsmaßnahmen vorsehen.

4.5 Zusageverfahren

Die Agentur für Arbeit prüft das Vorliegen der formellen Antragsvoraussetzungen nach Nummer 4.4.

Bei der Einrichtung von Flüchtlingsintegrationsmaßnahmen ist der Verwaltungsausschuss der örtlichen Agenturen für Arbeit einzubeziehen. Der Verwaltungsausschuss kann insbesondere bei der Einrichtung „externer" FIM eine Stellungnahme dazu abgeben, ob die zu leistende Arbeit ohne die Arbeitsgelegenheiten nicht, nicht in diesem Umfang oder nicht zu diesem Zeitpunkt verrichtet werden würde (Zusätzlichkeit). Die Agentur für Arbeit entscheidet aufgrund ihres

II

pflichtgemäßen Ermessens und berücksichtigt dabei die Stellungnahmen des Verwaltungsausschusses.

Die örtlich zuständige Agentur für Arbeit sagt den Antragstellern entsprechend den nach Nummer 4.1 dieser Richtlinie verfügbaren Haushaltsmitteln Art, Anzahl und Umfang der zur Verfügung gestellten Arbeitsgelegenheiten zu.

Auf Grundlage der Zusage wird ein Vertrag zwischen der Agentur für Arbeit und dem jeweiligen Maßnahmeträger zur Durchführung der Flüchtlingsintegrationsmaßnahmen geschlossen. Soweit öffentlich-rechtliche Erstattungsansprüche der Teilnehmenden durch eine fehlerhafte Beurteilung der in Nummer 3.1 Buchstabe b genannten Voraussetzungen entstehen, ist die nach dem Asylbewerberleistungsgesetz zuständige Behörde davon freizustellen.

Flüchtlingsintegrationsmaßnahmen werden unter Berücksichtigung der Höhe der verfügbaren Haushaltsmittel jeweils für die Dauer von bis zu zwölf Monaten zugesagt. Sofern eine Flüchtlingsintegrationsmaßnahme unverändert fortgeführt werden soll, kann ein vereinfachtes Verfahren zur Weiterbewilligung angewendet werden, indem auf die erneute Beibringung der in Nummer 4.4 Buchstabe a bis c genannten Unterlagen verzichtet wird.

4.6 Vertrag über die Durchführung von Flüchtlingsintegrationsmaßnahmen

Die Agentur für Arbeit und der Maßnahmeträger schließen einen Vertrag über die Durchführung der zugesagten Flüchtlingsintegrationsmaßnahmen.

Darin verpflichtet sich der Maßnahmeträger zu Folgendem:

a) Der Maßnahmeträger stellt die nach Art, Inhalt, Anzahl und Umfang zugesagten Arbeitsgelegenheiten nach Nummer 3.1 zur Verfügung.

b) Der Maßnahmeträger unterstützt die nach dem Asylbewerberleistungsgesetz zuständige Behörde bei der Auswahl geeigneter Teilnehmender. Die Zuweisung selbst erfolgt durch die nach dem Asylbewerberleistungsgesetz zuständige Behörde (§ 5a Absatz 1 AsylbLG).

c) Der Maßnahmeträger zahlt die Mehraufwandsentschädigung an die Teilnehmenden aus und rechnet diese gegenüber der Agentur für Arbeit ab.

d) Der Maßnahmeträger dokumentiert die bei der Durchführung der Flüchtlingsintegrationsmaßnahmen festgestellten Kenntnisse und Fähigkeiten der Teilnehmenden und übermittelt diese (soweit der Teilnehmende darin einwilligt) an die Agentur für Arbeit als Grundlage für weitere Integrationsmaßnahmen im Falle einer Anerkennung des Asylgesuches.

e) Der Maßnahmeträger übermittelt die zur Abrechnung der Flüchtlingsintegrationsmaßnahmen erforderlichen Informationen an die Agentur für Arbeit.

f) Der Maßnahmeträger teilt der nach dem Asylbewerberleistungsgesetz zuständigen Behörde unverzüglich mit, falls ihm zugewiesene Teilnehmende nicht zu einer Flüchtlingsintegrationsmaßnahme erscheinen oder eine begonnene Flüchtlingsintegrationsmaßnahme abbrechen.

g) Der Maßnahmeträger wirkt an Prüfungen durch die Bundesagentur für Arbeit und den Bundesrechnungshof mit. Dazu bewahrt er die zahlungsbegründenden Unterlagen fristgemäß auf.

4.7 Kosten

Die Agentur für Arbeit zahlt dem Maßnahmeträger für die Durchführung einer Flüchtlingsintegrationsmaßnahme für jeden besetzten Platz:

a) eine monatliche Pauschale in Höhe von 85,00 Euro für eine „interne" FIM nach Nummer 3.1 Buchstabe a und in Höhe von 250,00 Euro für eine „externe" – zusätzliche – FIM nach Nummer 3.1 Buchstabe b; ist die Trägerpauschale für einen vollen Kalendermonat zu zahlen, ist dieser mit 30 Tagen anzusetzen;

b) die für die Mehraufwandsentschädigung der Teilnehmenden tatsächlich verauslagten Kosten.

Die zu zahlenden Kosten werden nach Eingang der Abrechnungsunterlagen im darauf folgenden Monat durch die Agentur für Arbeit abgerechnet und ausgezahlt. Für die Geltendmachung sämtlicher Erstattungsansprüche gilt eine Ausschlussfrist von drei Monaten nach Beendigung der jeweiligen Maßnahme.

5 Geltungsdauer

Die Richtlinie tritt am Tag nach ihrer Veröffentlichung im Bundesanzeiger in Kraft und tritt mit Ablauf des 31. Dezember 2020 außer Kraft.

III Staatsangehörigkeitsrecht

Staatsangehörigkeitsgesetz (StAG)

Vom 22. Juli 1913 (RGBl. S. 583)

Zuletzt geändert durch
Drittes Gesetz zur Änderung des Staatsangehörigkeitsgesetzes
vom 4. August 2019 (BGBl. I S. 1124)[1])

III

Inhaltsübersicht

[1]) Die Änderung durch das Fachkräfteeinwanderungsgesetz vom 15.08.2019 (BGBl. I S. 1307) in § 10 tritt am 01.03.2020 in Kraft und ist als Anmerkung beim Paragraphen dargestellt.

§ 1 (Staatsangehörigkeit)

Deutscher im Sinne dieses Gesetzes ist, wer die deutsche Staatsangehörigkeit besitzt.

§ 2 (weggefallen)

§ 3 (Erwerb)

(1) Die Staatsangehörigkeit wird erworben

1. durch Geburt (§ 4),
2. durch Erklärung nach § 5,
3. durch Annahme als Kind (§ 6),
4. durch Ausstellung der Bescheinigung gemäß § 15 Abs. 1 oder 2 des Bundesvertriebenengesetzes (§ 7),

4a. durch Überleitung als Deutscher ohne deutsche Staatsangehörigkeit im Sinne des Artikels 116 Abs. 1 des Grundgesetzes (§ 40a),

5. für einen Ausländer durch Einbürgerung (§§ 8 bis 16, 40b und 40c).

(2) Die Staatsangehörigkeit erwirbt auch, wer seit zwölf Jahren von deutschen Stellen als deutscher Staatsangehöriger behandelt worden ist und dies nicht zu vertreten hat. Als deutscher Staatsangehöriger wird insbesondere behandelt, wem ein Staatsangehörigkeitsausweis, Reisepass oder Personalausweis ausgestellt wurde. Der Erwerb der Staatsangehörigkeit wirkt auf den Zeitpunkt zurück, zu dem bei Behandlung als Staatsangehöriger der Erwerb der Staatsangehörigkeit angenommen wurde. Er erstreckt sich auf Abkömmlinge, die seither ihre Staatsangehörigkeit von dem nach Satz 1 Begünstigten ableiten.

§ 4 (Erwerb durch Geburt)

(1) Durch die Geburt erwirbt ein Kind die deutsche Staatsangehörigkeit, wenn ein Elternteil die deutsche Staatsangehörigkeit besitzt. Ist bei der Geburt des Kindes nur der Vater deutscher Staatsangehöriger und ist zur Begründung der Abstammung nach den deutschen Gesetzen die Anerkennung oder Feststellung der Vaterschaft erforderlich, so bedarf es zur Geltendmachung des Erwerbs einer nach den deutschen Gesetzen wirksamen Anerkennung oder Feststellung der Vaterschaft; die Anerkennungserklärung muß abgegeben oder das Feststellungsverfahren muß eingeleitet sein, bevor das Kind das 23. Lebensjahr vollendet hat.

(2) Ein Kind, das im Inland aufgefunden wird (Findelkind), gilt bis zum Beweis des Gegenteils als Kind eines Deutschen. Satz 1 ist auf ein vertraulich geborenes Kind nach § 25 Absatz 1 des Schwangerschaftskonfliktgesetzes entsprechend anzuwenden.

(3) Durch die Geburt im Inland erwirbt ein Kind ausländischer Eltern die deutsche Staatsangehörigkeit, wenn ein Elternteil

1. seit acht Jahren rechtmäßig seinen gewöhnlichen Aufenthalt im Inland hat und
2. ein unbefristetes Aufenthaltsrecht oder als Staatsangehöriger der Schweiz oder dessen Familienangehöriger eine Aufenthaltserlaubnis auf Grund des Abkommens vom 21. Juni 1999 zwischen der Europäischen Gemeinschaft und ihren Mitgliedstaaten einerseits und der Schweizerischen Eidgenossenschaft andererseits über die Freizügigkeit (BGBl. 2001 II S. 810) besitzt.

Der Erwerb der deutschen Staatsangehörigkeit wird in dem Geburtenregister, in dem die Geburt des Kindes beurkundet ist, eingetragen. Das Bundesministerium des Innern wird ermächtigt, mit Zustimmung des Bundesrates durch Rechtsverordnung Vorschriften über das Verfahren zur Eintragung des Erwerbs der Staatsangehörigkeit nach Satz 1 zu erlassen.

(4) Die deutsche Staatsangehörigkeit wird nicht nach Absatz 1 erworben bei Geburt im Ausland, wenn der deutsche Elternteil nach dem 31. Dezember 1999 im Ausland geboren wurde und dort seinen gewöhnlichen Aufenthalt hat, es sei denn, das Kind würde sonst staatenlos. Die Rechtsfolge nach Satz 1 tritt nicht ein, wenn innerhalb eines Jahres nach der Geburt des Kindes ein Antrag nach § 36 des Personenstandsgesetzes auf Beurkundung der Geburt im Geburtenregister gestellt wird; zur Fristwahrung genügt es auch, wenn der Antrag in dieser Frist bei der zuständigen Auslandsvertretung eingeht. Sind beide Elternteile deutsche Staatsangehörige, so tritt die Rechtsfolge des Satzes 1 nur ein, wenn

beide die dort genannten Voraussetzungen erfüllen.

§ 5 (Erklärungsrecht für vor dem 1. Juli 1993 geborene Kinder)

Durch die Erklärung, deutscher Staatsangehöriger werden zu wollen, erwirbt das vor dem 1. Juli 1993 geborene Kind eines deutschen Vaters und einer ausländischen Mutter die deutsche Staatsangehörigkeit, wenn

1. eine nach den deutschen Gesetzen wirksame Anerkennung oder Feststellung der Vaterschaft erfolgt ist,
2. das Kind seit drei Jahren rechtmäßig seinen gewöhnlichen Aufenthalt im Bundesgebiet hat und
3. die Erklärung vor der Vollendung des 23. Lebensjahres abgegeben wird.

§ 6 (Annahme als Kind)

Mit der nach den deutschen Gesetzen wirksame Annahme als Kind durch einen Deutschen erwirbt das Kind, das im Zeitpunkt des Annahmeantrags das achtzehnte Lebensjahr noch nicht vollendet hat, die Staatsangehörigkeit. Der Erwerb der Staatsangehörigkeit erstreckt sich auf die Abkömmlinge des Kindes.

§ 7 (Spätaussiedler)

Spätaussiedler und die in den Aufnahmebescheid einbezogenen Familienangehörigen erwerben mit der Ausstellung der Bescheinigung nach § 15 Abs. 1 oder Abs. 2 des Bundesvertriebenengesetzes die deutsche Staatsangehörigkeit.

§ 8 (Ausländer)

(1) Ein Ausländer, der rechtmäßig seinen gewöhnlichen Aufenthalt im Inland hat, kann auf seinen Antrag eingebürgert werden, wenn seine Identität und Staatsangehörigkeit geklärt sind und er

1. handlungsfähig nach § 37 Absatz 1 Satz 1 oder gesetzlich vertreten ist,
2. weder wegen einer rechtswidrigen Tat zu einer Strafe verurteilt noch gegen ihn auf Grund seiner Schuldunfähigkeit eine Maßregel der Besserung und Sicherung angeordnet worden ist,
3. eine eigene Wohnung oder ein Unterkommen gefunden hat,
4. sich und seine Angehörigen zu ernähren imstande ist und

seine Einordnung in die deutschen Lebensverhältnisse gewährleistet ist.

(2) Von den Voraussetzungen des Absatzes 1 Satz 1 Nr. 2 und 4 kann aus Gründen des öffentlichen Interesses oder zur Vermeidung einer besonderen Härte abgesehen werden.

§ 9 (Ehegatten oder Lebenspartner)

(1) Ehegatten oder Lebenspartner Deutscher sollen unter den Voraussetzungen des § 8 eingebürgert werden, wenn sie ihre bisherige Staatsangehörigkeit verlieren oder aufgeben oder ein Grund für die Hinnahme von Mehrstaatigkeit nach Maßgabe von § 12 vorliegt, es sei denn, daß sie nicht über ausreichende Kenntnisse der deutschen Sprache verfügen (§ 10 Abs. 1 Satz 1 Nr. 6 und Abs. 4) und keinen Ausnahmegrund nach § 10 Abs. 6 erfüllen.

(2) Die Regelung des Absatzes 1 gilt auch, wenn die Einbürgerung bis zum Ablauf eines Jahres nach dem Tode des deutschen Ehegatten oder nach Rechtskraft des die Ehe auflösenden Urteils beantragt wird und dem Antragsteller die Sorge für die Person eines Kindes aus der Ehe zusteht, das bereits die deutsche Staatsangehörigkeit besitzt.

§ 10 (Einbürgerung nach achtjährigem Aufenthalt)

(1) Ein Ausländer, der seit acht Jahren rechtmäßig seinen gewöhnlichen Aufenthalt im Inland hat und handlungsfähig nach § 37 Absatz 1 Satz 1 oder gesetzlich vertreten ist, ist auf Antrag einzubürgern, wenn seine Identität und Staatsangehörigkeit geklärt sind und er

1. sich zur freiheitlichen demokratischen Grundordnung des Grundgesetzes für die Bundesrepublik Deutschland bekennt und erklärt, dass er keine Bestrebungen verfolgt oder unterstützt oder verfolgt oder unterstützt hat, die

a) gegen die freiheitliche demokratische Grundordnung, den Bestand oder die Sicherheit des Bundes oder eines Landes gerichtet sind oder
b) eine ungesetzliche Beeinträchtigung der Amtsführung der Verfassungsorgane des Bundes oder eines Landes oder ihrer Mitglieder zum Ziele haben oder
c) durch Anwendung von Gewalt oder darauf gerichtete Vorbereitungshandlungen auswärtige Belange der Bundesrepublik Deutschland gefährden,

oder glaubhaft macht, dass er sich von der früheren Verfolgung oder Unterstützung derartiger Bestrebungen abgewandt hat,

2. ein unbefristetes Aufenthaltsrecht oder als Staatsangehöriger der Schweiz oder dessen Familienangehöriger eine Aufenthaltserlaubnis auf Grund des Abkommens vom 21. Juni 1999 zwischen der Europäischen Gemeinschaft und ihren Mitgliedstaaten einerseits und der Schweizerischen Eidgenossenschaft andererseits über die Freizügigkeit, eine Blaue Karte EU oder eine Aufenthaltserlaubnis für andere als die in den §§ 16, 17, 17a, 20, 22, 23 Absatz 1, §§ 23a, 24 und 25 Abs. 3 bis 5 des Aufenthaltsgesetzes aufgeführten Aufenthaltszwecke besitzt,
3. den Lebensunterhalt für sich und seine unterhaltsberechtigten Familienangehörigen ohne Inanspruchnahme von Leistungen nach dem Zweiten oder Zwölften Buch Sozialgesetzbuch bestreiten kann oder deren Inanspruchnahme nicht zu vertreten hat,
4. seine bisherige Staatsangehörigkeit aufgibt oder verliert,
5. weder wegen einer rechtswidrigen Tat zu einer Strafe verurteilt noch gegen ihn auf Grund seiner Schuldunfähigkeit eine Maßregel der Besserung und Sicherung angeordnet worden ist,
6. über ausreichende Kenntnisse der deutschen Sprache verfügt,
7. über Kenntnisse der Rechts- und Gesellschaftsordnung und der Lebensverhältnisse in Deutschland verfügt und

seine Einordnung in die deutschen Lebensverhältnisse gewährleistet, insbesondere er nicht gleichzeitig mit mehreren Ehegatten verheiratet ist. Die Voraussetzungen nach Satz 1 Nr. 1 und 7 müssen Ausländer nicht erfüllen, die nicht handlungsfähig nach Maßgabe des § 37 Absatz 1 Satz 1 sind.

(2) Der Ehegatte und die minderjährigen Kinder des Ausländers können nach Maßgabe des Absatzes 1 mit eingebürgert werden, auch wenn sie sich noch nicht seit acht Jahren rechtmäßig im Inland aufhalten.

(3) Weist ein Ausländer durch die Bescheinigung des Bundesamtes für Migration und Flüchtlinge die erfolgreiche Teilnahme an einem Integrationskurs nach, wird die Frist nach Absatz 1 auf sieben Jahre verkürzt. Bei Vorliegen besonderer Integrationsleistungen, insbesondere beim Nachweis von Sprachkenntnissen, die die Voraussetzungen des Absatzes 1 Satz 1 Nr. 6 übersteigen, kann sie auf sechs Jahre verkürzt werden.

(4) Die Voraussetzungen des Absatzes 1 Satz 1 Nr. 6 liegen vor, wenn der Ausländer die Anforderungen der Sprachprüfung zum Zertifikat Deutsch (B 1 des Gemeinsamen Europäischen Referenzrahmens für Sprachen) in mündlicher und schriftlicher Form erfüllt. Bei einem minderjährigen Kind, das im Zeitpunkt der Einbürgerung das 16. Lebensjahr noch nicht vollendet hat, sind die Voraussetzungen des Absatzes 1 Satz 1 Nr. 6 bei einer altersgemäßen Sprachentwicklung erfüllt.

(5) Die Voraussetzungen des Absatzes 1 Satz 1 Nr. 7 sind in der Regel durch einen erfolgreichen Einbürgerungstest nachgewiesen. Zur Vorbereitung darauf werden Einbürgerungskurse angeboten; die Teilnahme daran ist nicht verpflichtend.

(6) Von den Voraussetzungen des Absatzes 1 Satz 1 Nr. 6 und 7 wird abgesehen, wenn der Ausländer sie wegen einer körperlichen, geistigen oder seelischen Krankheit oder Behinderung oder altersbedingt nicht erfüllen kann.

(7) Das Bundesministerium des Innern wird ermächtigt, die Prüfungs- und Nachweismodalitäten des Einbürgerungstests sowie die

III

Grundstruktur und die Lerninhalte des Einbürgerungskurses nach Absatz 5 auf der Basis der Themen des Orientierungskurses nach § 43 Abs. 3 Satz 1 des Aufenthaltsgesetzes durch Rechtsverordnung, die nicht der Zustimmung des Bundesrates bedarf, zu regeln.

Durch das Fachkräfteeinwanderungsgesetz wird § 10 Absatz 1 Satz 1 Nummer 2 mit Geltung ab 01.03.2020 wie folgt geändert: die Wörter „§§ 16, 17, 17a, 20, 22, 23 Absatz 1, §§ 23a, 24 und 25 Abs. 3 bis 5" werden durch die Wörter „§§ 16a, 16b, 16d, 16e, 16f, 17, 18d, 18f, 19, 19b, 19e, 22, 23 Absatz 1, den §§ 23a, 24, 25 Absatz 3 bis 5" ersetzt.

III

§ 11 (Ausschluss der Einbürgerung)

Die Einbürgerung ist ausgeschlossen, wenn

1. tatsächliche Anhaltspunkte die Annahme rechtfertigen, dass der Ausländer Bestrebungen verfolgt oder unterstützt oder verfolgt oder unterstützt hat, die gegen die freiheitliche demokratische Grundordnung, den Bestand oder die Sicherheit des Bundes oder eines Landes gerichtet sind oder eine ungesetzliche Beeinträchtigung der Amtsführung der Verfassungsorgane des Bundes oder eines Landes oder ihrer Mitglieder zum Ziele haben oder die durch die Anwendung von Gewalt oder darauf gerichtete Vorbereitungshandlungen auswärtige Belange der Bundesrepublik Deutschland gefährden, es sei denn, der Ausländer macht glaubhaft, dass er sich von der früheren Verfolgung oder Unterstützung derartiger Bestrebungen abgewandt hat, oder
2. nach § 54 Absatz 1 Nummer 2 oder 4 des Aufenthaltsgesetzes ein besonders schwerwiegendes Ausweisungsinteresse vorliegt.

Satz 1 Nr. 2 gilt entsprechend für Ausländer im Sinne des § 1 Abs. 2 des Aufenthaltsgesetzes und auch für Staatsangehörige der Schweiz und deren Familienangehörige, die eine Aufenthaltserlaubnis auf Grund des Abkommens vom 21. Juni 1999 zwischen der Europäischen Gemeinschaft und ihren Mitgliedstaaten einerseits und der Schweizerischen Eidgenossenschaft andererseits über die Freizügigkeit besitzen.

§ 12 (Aufgabe der bisherigen Staatsangehörigkeit)

(1) Von der Voraussetzung des § 10 Abs. 1 Satz 1 Nr. 4 wird abgesehen, wenn der Ausländer seine bisherige Staatsangehörigkeit nicht oder nur unter besonders schwierigen Bedingungen aufgeben kann. Das ist anzunehmen, wenn

1. das Recht des ausländischen Staates das Ausscheiden aus dessen Staatsangehörigkeit nicht vorsieht,
2. der ausländische Staat die Entlassung regelmäßig verweigert,
3. der ausländische Staat die Entlassung aus der Staatsangehörigkeit aus Gründen versagt hat, die der Ausländer nicht zu vertreten hat, oder von unzumutbaren Bedingungen abhängig macht oder über den vollständigen und formgerechten Entlassungsantrag nicht in angemessener Zeit entschieden hat,
4. der Einbürgerung älterer Personen ausschließlich das Hindernis eintretender Mehrstaatigkeit entgegensteht, die Entlassung auf unverhältnismäßige Schwierigkeiten stößt und die Versagung der Einbürgerung eine besondere Härte darstellen würde,
5. dem Ausländer bei Aufgabe der ausländischen Staatsangehörigkeit erhebliche Nachteile insbesondere wirtschaftlicher oder vermögensrechtlicher Art entstehen würden, die über den Verlust der staatsbürgerlichen Rechte hinausgehen, oder
6. der Ausländer einen Reiseausweis nach Artikel 28 des Abkommens vom 28. Juli 1951 über die Rechtsstellung der Flüchtlinge (BGBl. 1953 II S. 559) besitzt.

(2) Von der Voraussetzung des § 10 Abs. 1 Satz 1 Nr. 4 wird ferner abgesehen, wenn der Ausländer die Staatsangehörigkeit eines anderen Mitgliedstaates der Europäischen Union oder der Schweiz besitzt.

(3) Weitere Ausnahmen von der Voraussetzung des § 10 Abs. 1 Satz 1 Nr. 4 können nach

Maßgabe völkerrechtlicher Verträge vorgesehen werden.

§ 12a (Verurteilung wegen einer Straftat)

(1) Bei der Einbürgerung bleiben außer Betracht:

1. die Verhängung von Erziehungsmaßregeln oder Zuchtmitteln nach dem Jugendgerichtsgesetz,
2. Verurteilungen zu Geldstrafe bis zu 90 Tagessätzen und
3. Verurteilungen zu Freiheitsstrafe bis zu drei Monaten, die zur Bewährung ausgesetzt und nach Ablauf der Bewährungszeit erlassen worden ist.

Bei mehreren Verurteilungen zu Geld- oder Freiheitsstrafen im Sinne des Satzes 1 Nr. 2 und 3 sind diese zusammenzuzählen, es sei denn, es wird eine niedrigere Gesamtstrafe gebildet; treffen Geld- und Freiheitsstrafe zusammen, entspricht ein Tagessatz einem Tag Freiheitsstrafe. Übersteigt die Strafe oder die Summe der Strafen geringfügig den Rahmen nach den Sätzen 1 und 2, so wird im Einzelfall entschieden, ob diese außer Betracht bleiben kann. Ist eine Maßregel der Besserung und Sicherung nach § 61 Nr. 5 oder 6 des Strafgesetzbuches angeordnet worden, so wird im Einzelfall entschieden, ob die Maßregel der Besserung und Sicherung außer Betracht bleiben kann.

(2) Ausländische Verurteilungen zu Strafen sind zu berücksichtigen, wenn die Tat im Inland als strafbar anzusehen ist, die Verurteilung in einem rechtsstaatlichen Verfahren ausgesprochen worden ist und das Strafmaß verhältnismäßig ist. Eine solche Verurteilung kann nicht mehr berücksichtigt werden, wenn sie nach dem Bundeszentralregistergesetz zu tilgen wäre. Absatz 1 gilt entsprechend.

(3) Wird gegen einen Ausländer, der die Einbürgerung beantragt hat, wegen des Verdachts einer Straftat ermittelt, ist die Entscheidung über die Einbürgerung bis zum Abschluss des Verfahrens, im Falle der Verurteilung bis zum Eintritt der Rechtskraft des Urteils auszusetzen. Das Gleiche gilt, wenn die Verhängung der Jugendstrafe nach § 27 des Jugendgerichtsgesetzes ausgesetzt ist.

(4) Im Ausland erfolgte Verurteilungen und im Ausland anhängige Ermittlungs- und Strafverfahren sind im Einbürgerungsantrag aufzuführen.

§ 12b (Gewöhnlicher Aufenthalt)

(1) Der gewöhnliche Aufenthalt im Inland wird durch Aufenthalte bis zu sechs Monaten im Ausland nicht unterbrochen. Bei längeren Auslandsaufenthalten besteht er fort, wenn der Ausländer innerhalb der von der Ausländerbehörde bestimmten Frist wieder eingereist ist. Gleiches gilt, wenn die Frist lediglich wegen Erfüllung der gesetzlichen Wehrpflicht im Herkunftsstaat überschritten wird und der Ausländer innerhalb von drei Monaten nach der Entlassung aus dem Wehr- oder Ersatzdienst wieder einreist.

(2) Hat der Ausländer sich aus einem seiner Natur nach nicht vorübergehenden Grund länger als sechs Monate im Ausland aufgehalten, kann die frühere Aufenthaltszeit im Inland bis zu fünf Jahren auf die für die Einbürgerung erforderliche Aufenthaltsdauer angerechnet werden.

(3) Unterbrechungen der Rechtmäßigkeit des Aufenthalts bleiben außer Betracht, wenn sie darauf beruhen, dass der Ausländer nicht rechtzeitig die erstmals erforderliche Erteilung oder die Verlängerung des Aufenthaltstitels beantragt hat.

§ 13 (Ehemalige Deutsche)

Ein ehemaliger Deutscher und seine minderjährigen Kinder, die ihren gewöhnlichen Aufenthalt im Ausland haben, können auf Antrag eingebürgert werden, wenn ihre Identität und Staatsangehörigkeit geklärt sind und sie die Voraussetzungen des § 8 Absatz 1 Nummer 1 und 2 erfüllen.

§ 14 (Bestehende Bindungen)

Ein Ausländer, der seinen gewöhnlichen Aufenthalt im Ausland hat, kann unter den sonstigen Voraussetzungen der §§ 8 und 9 eingebürgert werden, wenn Bindungen an

Deutschland bestehen, die eine Einbürgerung rechtfertigen.

§ 15 (weggefallen)

§ 16 (Urkunde)

Die Einbürgerung wird wirksam mit der Aushändigung der von der zuständigen Verwaltungsbehörde ausgefertigten Einbürgerungsurkunde. Vor der Aushändigung ist folgendes feierliches Bekenntnis abzugeben: „Ich erkläre feierlich, dass ich das Grundgesetz und die Gesetze der Bundesrepublik Deutschland achten und alles unterlassen werde, was ihr schaden könnte."; § 10 Abs. 1 Satz 2 gilt entsprechend.

§ 17 (Verlust)

(1) Die Staatsangehörigkeit geht verloren

1. durch Entlassung (§§ 18 bis 24),
2. durch den Erwerb einer ausländischen Staatsangehörigkeit (§ 25),
3. durch Verzicht (§ 26),
4. durch Annahme als Kind durch einen Ausländer (§ 27),
5. durch Eintritt in die Streitkräfte oder einen vergleichbaren bewaffneten Verband eines ausländischen Staates oder durch konkrete Beteiligung an Kampfhandlungen einer terroristischen Vereinigung im Ausland (§ 28),
6. durch Erklärung (§ 29) oder
7. durch Rücknahme eines rechtswidrigen Verwaltungsaktes (§ 35).

(2) Der Verlust nach Absatz 1 Nr. 7 berührt nicht die kraft Gesetzes erworbene deutsche Staatsangehörigkeit Dritter, sofern diese das fünfte Lebensjahr vollendet haben.

(3) Absatz 2 gilt entsprechend bei Entscheidungen nach anderen Gesetzen, die den rückwirkenden Verlust der deutschen Staatsangehörigkeit Dritter zur Folge hätten, insbesondere bei der Rücknahme der Niederlassungserlaubnis nach § 51 Abs. 1 Nr. 3 des Aufenthaltsgesetzes, bei der Rücknahme einer Bescheinigung nach § 15 des Bundesvertriebenengesetzes und bei der Feststellung des Nichtbestehens der Vaterschaft nach § 1599 des Bürgerlichen Gesetzbuches. Satz findet keine Anwendung bei Anfechtung der Vaterschaft nach § 1600 Abs. 1 Nr. 5 und Abs. 3 des Bürgerlichen Gesetzbuches.

§ 18 (Entlassung)

Ein Deutscher wird auf seinen Antrag aus der Staatsangehörigkeit entlassen, wenn er den Erwerb einer ausländischen Staatsangehörigkeit beantragt und ihm die zuständige Stelle die Verleihung zugesichert hat.

§ 19 (Elterliche Sorge; Vormundschaft)

(1) Die Entlassung einer Person, die unter elterlicher Sorge oder unter Vormundschaft steht, kann nur von dem gesetzlichen Vertreter und nur mit Genehmigung des deutschen Familiengerichts beantragt werden.

(2) Die Genehmigung des Familiengerichts ist nicht erforderlich, wenn der Vater oder die Mutter die Entlassung für sich und zugleich kraft elterlicher Sorge für ein Kind beantragt und dem Antragsteller die Sorge für die Person dieses Kindes zusteht.

§§ 20 und 21 (weggefallen)

§ 22 (Ablehnungsgründe)

Die Entlassung darf nicht erteilt werden

1. Beamten, Richtern, Soldaten der Bundeswehr und sonstigen Personen, die in einem öffentlich-rechtlichen Dienst- oder Amtsverhältnis stehen, solange ihr Dienst- oder Amtsverhältnis nicht beendet ist, mit Ausnahme der ehrenamtlich tätigen Personen,
2. Wehrpflichtigen, solange nicht das Bundesministerium der Verteidigung oder die von ihm bezeichnete Stelle erklärt hat, daß gegen die Entlassung Bedenken nicht bestehen.

§ 23 (Entlassungsurkunde)

Die Entlassung wird wirksam mit der Aushändigung der von der zuständigen Verwaltungsbehörde ausgefertigten Entlassungsurkunde.

§ 24 (Keine neue Staatsangehörigkeit)

Die Entlassung gilt als nicht erfolgt, wenn der Entlassene die ihm zugesicherte ausländische

Staatsangehörigkeit nicht innerhalb eines Jahres nach der Aushändigung der Entlassungsurkunde erworben hat.

§ 25 (Erwerb ausländischer Staatsangehörigkeit)

(1) Ein Deutscher verliert seine Staatsangehörigkeit mit dem Erwerb einer ausländischen Staatsangehörigkeit, wenn dieser Erwerb auf seinen Antrag oder auf den Antrag des gesetzlichen Vertreters erfolgt, der Vertretene jedoch nur, wenn die Voraussetzungen vorliegen, unter denen nach § 19 die Entlassung beantragt werden könnte. Der Verlust nach Satz 1 tritt nicht ein, wenn ein Deutscher die Staatsangehörigkeit eines anderen Mitgliedstaates der Europäischen Union, der Schweiz oder eines Staates erwirbt, mit dem die Bundesrepublik Deutschland einen völkerrechtlichen Vertrag nach § 12 Abs. 3 abgeschlossen hat.

(2) Die Staatsangehörigkeit verliert nicht, wer vor dem Erwerbe der ausländischen Staatsangehörigkeit auf seinen Antrag die schriftliche Genehmigung der zuständigen Behörde zur Beibehaltung seiner Staatsangehörigkeit erhalten hat. Hat ein Antragsteller seinen gewöhnlichen Aufenthalt im Ausland, ist die deutsche Auslandsvertretung zu hören. Bei der Entscheidung über einen Antrag nach Satz 1 sind die öffentlichen und privaten Belange abzuwägen. Bei einem Antragsteller, der seinen gewöhnlichen Aufenthalt im Ausland hat, ist insbesondere zu berücksichtigen, ob er fortbestehende Bindungen an Deutschland glaubhaft machen kann.

§ 26 (Verzicht)

(1) Ein Deutscher kann auf seine Staatsangehörigkeit verzichten, wenn er mehrere Staatsangehörigkeiten besitzt. Der Verzicht ist schriftlich zu erklären.

(2) Die Verzichtserklärung bedarf der Genehmigung der nach § 23 für die Ausfertigung der Entlassungsurkunde zuständigen Behörde. Die Genehmigung ist zu versagen, wenn eine Entlassung nach § 22 nicht erteilt werden dürfte; dies gilt jedoch nicht, wenn der Verzichtende

1. seit mindestens zehn Jahren seinen dauernden Aufenthalt im Ausland hat oder
2. als Wehrpflichtiger im Sinne des § 22 Nr. 2 in einem der Staaten, deren Staatsangehörigkeit er besitzt, Wehrdienst geleistet hat.

(3) Der Verlust der Staatsangehörigkeit tritt ein mit der Aushändigung der von der Genehmigungsbehörde ausgefertigten Verzichtsurkunde.

(4) Für Minderjährige gilt § 19 entsprechend.

§ 27 (Annahme als Kind durch Ausländer)

Ein minderjähriger Deutscher verliert mit der nach den deutschen Gesetzen wirksamen Annahme als Kind durch einen Ausländer die Staatsangehörigkeit, wenn er dadurch die Staatsangehörigkeit des Annehmenden erwirbt. Der Verlust erstreckt sich auf seine Abkömmlinge, wenn auch der Erwerb der Staatsangehörigkeit durch den Angenommenen nach Satz 1 sich auf seine Abkömmlinge erstreckt. Der Verlust nach Satz 1 oder Satz 2 tritt nicht ein, wenn der Angenommene oder seine Abkömmlinge mit einem deutschen Elternteil verwandt bleiben.

§ 28 (Eintritt in den bewaffneten Verband oder Beteiligung an terroristischen Kampfhandlungen)

(1) Ein Deutscher, der

1. auf Grund freiwilliger Verpflichtung ohne eine Zustimmung des Bundesministeriums der Verteidigung oder der von ihm bezeichneten Stelle in die Streitkräfte oder einen vergleichbaren bewaffneten Verband eines ausländischen Staates, dessen Staatsangehörigkeit er besitzt, eintritt oder
2. sich an Kampfhandlungen einer terroristischen Vereinigung im Ausland konkret beteiligt,

verliert die deutsche Staatsangehörigkeit, es sei denn, er würde sonst staatenlos.

(2) Der Verlust nach Absatz 1 tritt nicht ein,

1. wenn der Deutsche noch minderjährig ist oder,

III

2. im Falle des Absatzes 1 Nummer 1, wenn der Deutsche auf Grund eines zwischenstaatlichen Vertrages zum Eintritt in die Streitkräfte oder in den bewaffneten Verband berechtigt ist.

(3) Der Verlust ist im Falle des Absatzes 1 Nummer 2 nach § 30 Absatz 1 Satz 3 von Amts wegen festzustellen. Die Feststellung trifft bei gewöhnlichem Aufenthalt des Betroffenen im Inland die oberste Landesbehörde oder die von ihr nach Landesrecht bestimmte Behörde. Befindet sich der Betroffene noch im Ausland, findet gegen die Verlustfeststellung kein Widerspruch statt; die Klage hat keine aufschiebende Wirkung.

III

§ 29

(1) Optionspflichtig ist, wer

1. die deutsche Staatsangehörigkeit nach § 4 Absatz 3 oder § 40b erworben hat,
2. nicht nach Absatz 1a im Inland aufgewachsen ist,
3. eine andere ausländische Staatsangehörigkeit als die eines anderen Mitgliedstaates der Europäischen Union oder der Schweiz besitzt und
4. innerhalb eines Jahres nach Vollendung seines 21. Lebensjahres einen Hinweis nach Absatz 5 Satz 5 über seine Erklärungspflicht erhalten hat.

Der Optionspflichtige hat nach Vollendung des 21. Lebensjahres zu erklären, ob er die deutsche oder die ausländische Staatsangehörigkeit behalten will. Die Erklärung bedarf der Schriftform.

(1a) Ein Deutscher nach Absatz 1 ist im Inland aufgewachsen, wenn er bis zur Vollendung seines 21. Lebensjahres

1. sich acht Jahre gewöhnlich im Inland aufgehalten hat,
2. sechs Jahre im Inland eine Schule besucht hat oder
3. über einen im Inland erworbenen Schulabschluss oder eine im Inland abgeschlossene Berufsausbildung verfügt.

Als im Inland aufgewachsen nach Satz 1 gilt auch, wer im Einzelfall einen vergleichbar engen Bezug zu Deutschland hat und für den die Optionspflicht nach den Umständen des Falles eine besondere Härte bedeuten würde.

(2) Erklärt der Deutsche nach Absatz 1, dass er die ausländische Staatsangehörigkeit behalten will, so geht die deutsche Staatsangehörigkeit mit dem Zugang der Erklärung bei der zuständigen Behörde verloren.

(3) Will der Deutsche nach Absatz 1 die deutsche Staatsangehörigkeit behalten, so ist er verpflichtet, die Aufgabe oder den Verlust der ausländischen Staatsangehörigkeit nachzuweisen. Tritt dieser Verlust nicht bis zwei Jahre nach Zustellung des Hinweises auf die Erklärungspflicht nach Absatz 5 ein, so geht die deutsche Staatsangehörigkeit verloren, es sei denn, dass dem Deutschen nach Absatz 1 vorher die schriftliche Genehmigung der zuständigen Behörde zur Beibehaltung der deutschen Staatsangehörigkeit (Beibehaltungsgenehmigung) erteilt wurde. Ein Antrag auf Erteilung der Beibehaltungsgenehmigung kann, auch vorsorglich, nur bis ein Jahr nach Zustellung des Hinweises auf die Erklärungspflicht nach Absatz 5 gestellt werden (Ausschlussfrist). Der Verlust der deutschen Staatsangehörigkeit tritt erst ein, wenn der Antrag bestandskräftig abgelehnt wird. Einstweiliger Rechtsschutz nach § 123 der Verwaltungsgerichtsordnung bleibt unberührt.

(4) Die Beibehaltungsgenehmigung nach Absatz 3 ist zu erteilen, wenn die Aufgabe oder der Verlust der ausländischen Staatsangehörigkeit nicht möglich oder nicht zumutbar ist oder bei einer Einbürgerung nach Maßgabe von § 12 Mehrstaatigkeit hinzunehmen wäre.

(5) Auf Antrag eines Deutschen, der die Staatsangehörigkeit nach § 4 Absatz 3 oder § 40b erworben hat, stellt die zuständige Behörde bei Vorliegen der Voraussetzungen den Fortbestand der deutschen Staatsangehörigkeit nach Absatz 6 fest. Ist eine solche Feststellung nicht bis zur Vollendung seines 21. Lebensjahres erfolgt, prüft die zuständige Behörde anhand der Meldedaten, ob die Voraussetzungen nach Absatz 1a Satz 1 Nummer 1 vorliegen. Ist dies danach nicht feststellbar, weist sie den Betroffenen auf die

Möglichkeit hin, die Erfüllung der Voraussetzungen des Absatzes 1a nachzuweisen. Wird ein solcher Nachweis erbracht, stellt die zuständige Behörde den Fortbestand der deutschen Staatsangehörigkeit nach Absatz 6 fest. Liegt kein Nachweis vor, hat sie den Betroffenen auf seine Verpflichtungen und die nach den Absätzen 2 bis 4 möglichen Rechtsfolgen hinzuweisen. Der Hinweis ist zuzustellen. Die Vorschriften des Verwaltungszustellungsgesetzes finden Anwendung.

(6) Der Fortbestand oder Verlust der deutschen Staatsangehörigkeit nach dieser Vorschrift wird von Amts wegen festgestellt. Das Bundesministerium des Innern kann durch Rechtsverordnung mit Zustimmung des Bundesrates Vorschriften über das Verfahren zur Feststellung des Fortbestands oder Verlusts der deutschen Staatsangehörigkeit erlassen.

§ 30 (Feststellung des Bestehens oder Nichtbestehens der deutschen Staatsangehörigkeit)

(1) Das Bestehen oder Nichtbestehen der deutschen Staatsangehörigkeit wird auf Antrag von der Staatsangehörigkeitsbehörde festgestellt. Die Feststellung ist in allen Angelegenheiten verbindlich, für die das Bestehen oder Nichtbestehen der deutschen Staatsangehörigkeit rechtserheblich ist. Bei Vorliegen eines öffentlichen Interesses kann die Feststellung auch von Amts wegen erfolgen.

(2) Für die Feststellung des Bestehens der deutschen Staatsangehörigkeit ist es erforderlich, aber auch ausreichend, wenn durch Urkunden, Auszüge aus den Melderegistern oder andere schriftliche Beweismittel mit hinreichender Wahrscheinlichkeit nachgewiesen ist, dass die deutsche Staatsangehörigkeit erworben worden und danach nicht wieder verloren gegangen ist. § 3 Abs. 2 bleibt unberührt.

(3) Wird das Bestehen der deutschen Staatsangehörigkeit auf Antrag festgestellt, stellt die Staatsangehörigkeitsbehörde einen Staatsangehörigkeitsausweis aus. Auf Antrag stellt die Staatsangehörigkeitsbehörde eine Bescheinigung über das Nichtbestehen der deutschen Staatsangehörigkeit aus.

§ 31 (Datenerhebung)

Staatsangehörigkeitsbehörden und Auslandsvertretungen dürfen personenbezogene Daten erheben, speichern, verändern und nutzen, soweit dies zur Erfüllung ihrer Aufgaben nach diesem Gesetz oder nach staatsangehörigkeitsrechtlichen Bestimmungen in anderen Gesetzen erforderlich ist. Für die Entscheidung über die Staatsangehörigkeit der in Artikel 116 Abs. 2 des Grundgesetzes genannten Personen dürfen auch Angaben erhoben, gespeichert oder verändert und genutzt werden, die sich auf die politischen, rassischen oder religiösen Gründe beziehen, wegen derer zwischen dem 30. Januar 1933 und dem 8. Mai 1945 die deutsche Staatsangehörigkeit entzogen worden ist.

§ 32 (Datenübermittlung)

(1) Öffentliche Stellen haben den in § 31 genannten Stellen auf Ersuchen personenbezogene Daten zu übermitteln, soweit die Kenntnis dieser Daten zur Erfüllung der in § 31 genannten Aufgaben erforderlich ist. Öffentliche Stellen haben der zuständigen Staatsangehörigkeitsbehörde diese Daten auch ohne Ersuchen zu übermitteln, soweit die Übermittlung aus Sicht der öffentlichen Stelle für die Entscheidung der Staatsangehörigkeitsbehörde über ein anhängiges Einbürgerungsverfahren oder den Verlust oder Nichterwerb der deutschen Staatsangehörigkeit erforderlich ist. Dies gilt bei Einbürgerungsverfahren insbesondere für die den Ausländerbehörden nach § 87 Absatz 4 des Aufenthaltsgesetzes bekannt gewordenen Daten über die Einleitung von Straf- und Auslieferungsverfahren sowie die Erledigung von Straf-, Bußgeld- und Auslieferungsverfahren. Die Daten nach Satz 3 sind unverzüglich an die zuständige Staatsangehörigkeitsbehörde zu übermitteln.

(2) Die Übermittlung personenbezogener Daten nach Absatz 1 unterbleibt, soweit besondere gesetzliche Verwendungsregelungen entgegenstehen.

III

§ 33 (Register)

(1) Das Bundesverwaltungsamt (Registerbehörde) führt ein Register der Entscheidungen in Staatsangehörigkeitsangelegenheiten. In das Register werden eingetragen:

1. Entscheidungen zu Staatsangehörigkeitsurkunden,
2. Entscheidungen zum Bestand und gesetzlichen Verlust der deutschen Staatsangehörigkeit,
3. Entscheidungen zu Erwerb, Bestand und Verlust der deutschen Staatsangehörigkeit, die nach dem 31. Dezember 1960 und vor dem 28. August 2007 getroffen worden sind.

(2) Im Einzelnen dürfen in dem Register gespeichert werden:

1. die Grundpersonalien des Betroffenen (Familienname, Geburtsname, frühere Namen, Vornamen, Tag und Ort der Geburt, Geschlecht sowie die Anschrift im Zeitpunkt der Entscheidung) und Auskunftssperren nach § 51 des Bundesmeldegesetzes,
2. Rechtsgrund und Datum der Urkunde oder der Entscheidung sowie Rechtsgrund und der Tag des Erwerbs oder Verlusts der Staatsangehörigkeit, im Fall des § 3 Absatz 2 auch der Zeitpunkt, auf den der Erwerb zurückwirkt,
3. Bezeichnung, Anschrift und Aktenzeichen der Behörde, die die Entscheidung getroffen hat.

(3) Die Staatsangehörigkeitsbehörden sind verpflichtet, die in Absatz 2 genannten personenbezogenen Daten zu den Entscheidungen nach Absatz 1 Satz 2 Nr. 1 und 2, die sie nach dem 28. August 2007 treffen, unverzüglich an die Registerbehörde zu übermitteln.

(4) Die Registerbehörde übermittelt den Staatsangehörigkeitsbehörden und Auslandsvertretungen auf Ersuchen die in Absatz 2 genannten Daten, soweit die Kenntnis der Daten für die Erfüllung der staatsangehörigkeitsrechtlichen Aufgaben dieser Stellen erforderlich ist. Für die Übermittlung an andere öffentliche Stellen und für Forschungszwecke gelten die Bestimmungen des Bundesdatenschutzgesetzes.

(5) Die Staatsangehörigkeitsbehörde teilt nach ihrer Entscheidung, dass eine Person eingebürgert worden ist oder die deutsche Staatsangehörigkeit weiterhin besitzt, verloren, aufgegeben oder nicht erworben hat, der zuständigen Meldebehörde oder Auslandsvertretung die in Absatz 2 genannten Daten unverzüglich mit.

§ 34

(1) Für die Durchführung des Optionsverfahrens hat die Meldebehörde in Fällen des Erwerbs der deutschen Staatsangehörigkeit nach § 4 Absatz 3 oder § 40b, in denen nach § 29 ein Verlust der deutschen Staatsangehörigkeit eintreten kann, bis zum zehnten Tag jedes Kalendermonats der zuständigen Staatsangehörigkeitsbehörde für Personen, die im darauf folgenden Monat das 21. Lebensjahr vollenden werden, folgende personenbezogene Daten zu übermitteln:

1. Familienname,
2. frühere Namen,
3. Vornamen,
4. derzeitige und frühere Anschriften und bei Zuzug aus dem Ausland auch die letzte frühere Anschrift im Inland,
5. Einzugsdatum, Auszugsdatum, Datum des letzten Wegzugs aus einer Wohnung im Inland sowie Datum des letzten Zuzugs aus dem Ausland,
6. Geburtsdatum und Geburtsort,
7. Geschlecht,
8. derzeitige Staatsangehörigkeiten,
9. die Tatsache, dass nach § 29 ein Verlust der deutschen Staatsangehörigkeit eintreten kann,
10. Auskunftssperren nach § 51 des Bundesmeldegesetzes.

(2) Ist eine Person nach Absatz 1 ins Ausland verzogen, hat die zuständige Meldebehörde dem Bundesverwaltungsamt innerhalb der in Absatz 1 genannten Frist die dort genannten Daten, das Datum des Wegzugs ins Ausland und, soweit bekannt, die neue Anschrift im Ausland zu übermitteln. Für den Fall des Zu-

zugs aus dem Ausland gilt Satz 1 entsprechend.

§ 35 (Rücknahme rechtswidriger Einbürgerung)

(1) Eine rechtswidrige Einbürgerung oder eine rechtswidrige Genehmigung zur Beibehaltung der deutschen Staatsangehörigkeit kann nur zurückgenommen werden, wenn der Verwaltungsakt durch arglistige Täuschung, Drohung oder Bestechung oder durch vorsätzlich unrichtige oder unvollständige Angaben, die wesentlich für seinen Erlass gewesen sind, erwirkt worden ist.

(2) Dieser Rücknahme steht in der Regel nicht entgegen, dass der Betroffene dadurch staatenlos wird.

(3) Die Rücknahme darf nur bis zum Ablauf von zehn Jahren nach der Bekanntgabe der Einbürgerung oder Beibehaltungsgenehmigung erfolgen.

(4) Die Rücknahme erfolgt mit Wirkung für die Vergangenheit.

(5) Hat die Rücknahme Auswirkungen auf die Rechtmäßigkeit von Verwaltungsakten nach diesem Gesetz gegenüber Dritten, so ist für jede betroffene Person eine selbständige Ermessensentscheidung zu treffen. Dabei ist insbesondere eine Beteiligung des Dritten an der arglistigen Täuschung, Drohung oder Bestechung oder an den vorsätzlich unrichtigen oder unvollständigen Angaben gegen seine schutzwürdigen Belange, insbesondere auch unter Beachtung des Kindeswohls, abzuwägen.

§ 36 (Erhebung der Einbürgerungen)

(1) Über die Einbürgerungen werden jährliche Erhebungen, jeweils für das vorausgegangene Kalenderjahr, beginnend 2000, als Bundesstatistik durchgeführt.

(2) Die Erhebungen erfassen für jede eingebürgerte Person folgende Erhebungsmerkmale:

1. Geburtsjahr,
2. Geschlecht,
3. Familienstand,
4. Wohnort zum Zeitpunkt der Einbürgerung,
5. Aufenthaltsdauer im Bundesgebiet nach Jahren,
6. Rechtsgrundlage der Einbürgerung,
7. bisherige Staatsangehörigkeiten und
8. Fortbestand der bisherigen Staatsangehörigkeiten.

(3) Hilfsmerkmale der Erhebungen sind:

1. Bezeichnung und Anschrift der nach Absatz 4 Auskunftspflichtigen,
2. Name und Telekommunikationsnummern der für Rückfragen zur Verfügung stehenden Person und
3. Registriernummer der eingebürgerten Person bei der Einbürgerungsbehörde.

(4) Für die Erhebungen besteht Auskunftspflicht. Auskunftspflichtig sind die Einbürgerungsbehörden. Die Einbürgerungsbehörden haben die Auskünfte den zuständigen statistischen Ämtern der Länder jeweils zum 1. März zu erteilen. Die Angaben zu Absatz 3 Nr. 2 sind freiwillig.

(5) An die fachlich zuständigen obersten Bundes- und Landesbehörden dürfen für die Verwendung gegenüber den gesetzgebenden Körperschaften und für Zwecke der Planung, nicht jedoch für die Regelung von Einzelfällen, vom Statistischen Bundesamt und den statistischen Ämtern der Länder Tabellen mit statistischen Ergebnissen übermittelt werden, auch soweit Tabellenfelder nur einen einzigen Fall ausweisen.

§ 37 (Anwendbare Vorschriften)

(1) Fähig zur Vornahme von Verfahrenshandlungen nach diesem Gesetz ist, wer das 16. Lebensjahr vollendet hat, sofern er nicht nach Maßgabe des Bürgerlichen Gesetzbuchs geschäftsunfähig oder im Falle seiner Volljährigkeit in dieser Angelegenheit zu betreuen und einem Einwilligungsvorbehalt zu unterstellen wäre. § 80 Absatz 3 und § 82 des Aufenthaltsgesetzes gelten entsprechend.

(2) Die Einbürgerungsbehörden übermitteln den Verfassungsschutzbehörden zur Ermittlung von Ausschlussgründen nach § 11 die bei ihnen gespeicherten personenbezogenen Daten der Antragsteller, die das 16. Lebensjahr vollendet haben. Die Verfassungsschutz-

behörden unterrichten die anfragende Stelle unverzüglich nach Maßgabe der insoweit bestehenden besonderen gesetzlichen Verwendungsregelungen.

§ 38 (Gebühren und Auslagen)

(1) Für Amtshandlungen in Staatsangehörigkeitsangelegenheiten werden, soweit gesetzlich nichts anderes bestimmt ist, Kosten (Gebühren und Auslagen) erhoben.

(2) Die Gebühr für die Einbürgerung nach diesem Gesetz beträgt 255 Euro. Sie ermäßigt sich für ein minderjähriges Kind, das miteingebürgert wird und keine eigenen Einkünfte im Sinne des Einkommensteuergesetzes hat, auf 51 Euro. Der Erwerb der deutschen Staatsangehörigkeit nach § 5 und die Einbürgerung von ehemaligen Deutschen, die durch Eheschließung mit einem Ausländer die deutsche Staatsangehörigkeit verloren haben, ist gebührenfrei. Die Feststellung des Bestehens oder Nichtbestehens der deutschen Staatsangehörigkeit nach § 29 Abs. 6 und nach § 30 Abs. 1 Satz 3 sowie die Erteilung der Beibehaltungsgenehmigung nach § 29 Abs. 4 sind gebührenfrei. Von der Gebühr nach Satz 1 kann aus Gründen der Billigkeit oder des öffentlichen Interesses Gebührenermäßigung oder -befreiung gewährt werden.

(3) Das Bundesministerium des Innern wird ermächtigt, durch Rechtsverordnung mit Zustimmung des Bundesrates die weiteren gebührenpflichtigen Tatbestände zu bestimmen und die Gebührensätze sowie die Auslagenerstattung zu regeln. Die Gebühr darf für die Entlassung 51 Euro, für die Beibehaltungsgenehmigung 255 Euro, für die Staatsangehörigkeitsurkunde und für sonstige Bescheinigungen 51 Euro nicht übersteigen.

§ 38a (Ausschluss der elektronischen Form)

Eine Ausstellung von Urkunden in Staatsangehörigkeitssachen in elektronischer Form ist ausgeschlossen.

§§ 39 und 40 (weggefallen)

§ 40a (Überleitung)

Wer am 1. August 1999 Deutscher im Sinne des Artikels 116 Abs. 1 des Grundgesetzes ist, ohne die deutsche Staatsangehörigkeit zu besitzen, erwirbt an diesem Tag die deutsche Staatsangehörigkeit. Für einen Spätaussiedler, seinen nichtdeutschen Ehegatten und seine Abkömmlinge im Sinne von § 4 des Bundesvertriebenengesetzes gilt dies nur dann, wenn ihnen vor diesem Zeitpunkt eine Bescheinigung gemäß § 15 Abs. 1 oder 2 des Bundesvertriebenengesetzes erteilt worden ist.

§ 40b (Ausländische Kinder)

Ein Ausländer, der am 1. Januar 2000 rechtmäßig seinen gewöhnlichen Aufenthalt im Inland und das zehnte Lebensjahr noch nicht vollendet hat, ist auf Antrag einzubürgern, wenn bei seiner Geburt die Voraussetzungen des § 4 Abs. 3 Satz 1 vorgelegen haben und weiter vorliegen. Der Antrag kann bis zum 31. Dezember 2000 gestellt werden.

§ 40c (Übergangsbestimmung)

Auf Einbürgerungsanträge, die bis zum 30. März 2007 gestellt worden sind, sind die §§ 8 bis 14 und 40c weiter in ihrer vor dem 28. August 2007 (BGBl. I S. 1970) geltenden Fassung anzuwenden, soweit sie günstigere Bestimmungen enthalten.

§ 41

Von den in diesem Gesetz in den §§ 32, 33 und 37 Absatz 2 getroffenen Regelungen des Verwaltungsverfahrens der Länder kann nicht durch Landesrecht abgewichen werden.

§ 42 (Strafvorschrift)

Mit Freiheitsstrafe bis zu fünf Jahren oder mit Geldstrafe wird bestraft, wer unrichtige oder unvollständige Angaben zu wesentlichen Voraussetzungen der Einbürgerung macht oder benutzt, um für sich oder einen anderen eine Einbürgerung zu erschleichen.

Ausführungsgesetz zu dem Übereinkommen vom 30. August 1961 zur Verminderung der Staatenlosigkeit und zu dem Übereinkommen vom 13. September 1973 zur Verringerung der Fälle von Staatenlosigkeit (Gesetz zur Verminderung der Staatenlosigkeit)

Vom 29. Juni 1977 (BGBl. I S. 1101)

Zuletzt geändert durch
Gesetz zur Reform des Staatsangehörigkeitsrechts
vom 15. Juli 1999 (BGBl. I S. 1618)

Artikel 1

Das Übereinkommen vom 30. August 1961 zur Verminderung der Staatenlosigkeit (BGBl. 1977 II S. 597) wird angewandt

1. zur Beseitigung von Staatenlosigkeit auf Personen, die staatenlos nach Artikel 1 Abs. 1 des Übereinkommens vom 28. September 1954 über die Rechtsstellung der Staatenlosen (BGBl. 1976 II S. 473) sind;
2. zur Verhinderung von Staatenlosigkeit oder Erhaltung der Staatsangehörigkeit auf Deutsche nach Artikel 116 Abs. 1 des Grundgesetzes.

Die Verleihung der Staatsangehörigkeit zur Beseitigung von Staatenlosigkeit erfolgt durch Einbürgerung.

Artikel 2

Ein seit der Geburt Staatenloser ist auf seinen Antrag einzubürgern, wenn er

1. im Geltungsbereich dieses Gesetzes oder an Bord eines Schiffes, das berechtigt ist, die Bundesflagge der Bundesrepublik Deutschland zu führen, oder in einem Luftfahrzeug, das das Staatszugehörigkeitszeichen der Bundesrepublik Deutschland führt, geboren ist,
2. seit fünf Jahren rechtmäßig seinen dauernden Aufenthalt im Geltungsbereich dieses Gesetzes hat und
3. den Antrag vor der Vollendung des einundzwanzigsten Lebensjahres stellt,

es sei denn, daß er rechtskräftig zu einer Freiheits- oder Jugendstrafe von fünf Jahren oder mehr verurteilt worden ist. Für das Verfahren bei der Einbürgerung einschließlich der Bestimmung der örtlichen Zuständigkeit gelten die Vorschriften des Staatsangehörigkeitsrechts.

Artikel 3 (Gesetzesänderung)

(hier nicht aufgenommen)

Übereinkommen zur Verminderung der Staatenlosigkeit

Vom 29. Juni 1977 (BGBl. II S. 597, 1217)

Die Vertragsstaaten –

gestützt auf die am 4. Dezember 1954 von der Generalversammlung der Vereinten Nationen angenommene Entschließung 896 (IX),

in der Erwägung, dass es wünschenswert ist, die Staatenlosigkeit durch eine völkerrechtliche Übereinkunft zu vermindern –

sind wie folgt übereinkommen:

Artikel 1

(1) Jeder Vertragsstaat verleiht einer in seinem Hoheitsgebiet geborenen Person, die sonst staatenlos wäre, seine Staatsangehörigkeit. Die Staatsangehörigkeit wird verliehen

a) bei der Geburt kraft Gesetzes oder

b) auf Grund eines von dem Betreffenden oder in seinem Namen in der vom innerstaatlichen Recht vorgeschriebenen Weise bei der zuständigen Behörde gestellten Antrags. Vorbehaltlich des Absatzes 2 darf der Antrag nicht abgelehnt werden.

Ein Vertragsstaat, dessen Recht die Verleihung seiner Staatsangehörigkeit nach Buchstabe b vorsieht, kann seine Staatsangehörigkeit auch kraft Gesetzes in dem Alter und unter den Voraussetzungen verleihen, die das innerstaatliche Recht vorschreibt.

(2) Jeder Vertragsstaat kann die Verleihung seiner Staatsangehörigkeit nach Absatz 1 Buchstabe b von einer oder mehreren der folgenden Voraussetzungen abhängig machen:

a) Der Antrag muss innerhalb einer vom Vertragsstaat festgesetzten Frist gestellt werden, die spätestens mit dem vollendeten 18. Lebensjahr beginnt und frühestens mit dem vollendeten 21. Lebensjahr endet, wobei jedoch der Betreffende über mindestens ein Jahr verfügen muss, um den Antrag selbst zu stellen, ohne hierzu einer rechtlichen Genehmigung zu bedürfen;

b) der Betreffende muss während einer vom Vertragsstaat festgesetzten Zeitdauer, welche die fünf der Antragstellung unmittelbar vorangehenden Jahre und insgesamt zehn Jahre nicht übersteigen darf, seinen dauernden Aufenthalt im Hoheitsgebiet dieses Staates, gehabt haben;

c) der Betreffende darf weder einer Straftat gegen die nationale Sicherheit für schuldig befunden noch wegen einer kriminellen Straftat zu einer Freiheitsstrafe von fünf Jahren oder mehr verurteilt worden sein;

d) der Betreffende ist immer staatenlos gewesen.

(3) Ungeachtet der Absätze 1 Buchstabe b und 2 erwirbt ein im Hoheitsgebiet eines Vertragsstaats geborenes eheliches Kind, dessen Mutter die Staatsangehörigkeit dieses Staates besitzt, durch die Geburt diese Staatsangehörigkeit, wenn es sonst staatenlos wäre.

(4) Jeder Vertragsstaat verleiht einer Person, die sonst staatenlos wäre und die Staatsangehörigkeit des Vertragsstaats, in dessen Hoheitsgebiet sie geboren ist, nicht erwerben kann, weil sie die Altersgrenze für die Antragstellung überschritten hat oder die erforderlichen Aufenthaltsvoraussetzungen nicht erfüllt, seine Staatsangehörigkeit, wenn ein Elternteil zur Zeit der Geburt des Betreffenden die Staatsangehörigkeit des erstgenannten Vertragsstaats besaß. Haben die Eltern zum Zeitpunkt der Geburt des Betreffenden nicht die gleiche Staatsangehörigkeit besessen, so wird die Frage, ob das Kind der Staatsangehörigkeit des Vaters oder der Mutter folgt, nach dem innerstaatlichen Recht des Vertragsstaats beurteilt, dessen Staatsangehörigkeit angestrebt wird. Ist zum Erwerb der Staatsangehörigkeit ein Antrag erforderlich, so ist er von dem Antragsteller oder in seinem Namen in der vom innerstaatlichen Recht vorgeschriebenen Weise bei der zuständigen Behörde zu stellen. Vor-

behaltlich des Absatzes 5 darf der Antrag nicht abgelehnt werden.

(5) Der Vertragsstaat kann die Verleihung seiner Staatsangehörigkeit nach Absatz 4 von einer oder mehreren der folgenden Voraussetzungen abhängig machen:

a) Der Antrag muss gestellt werden, bevor der Antragsteller ein vom Vertragsstaat festgesetztes Lebensalter erreicht hat, das nicht unter dem 23. Lebensjahr liegen darf;

b) der Betreffende muss während einer vom Vertragsstaat auf höchstens drei Jahre festgesetzten Zeitdauer unmittelbar vor der Antragstellung seinen dauernden Aufenthalt im Hoheitsgebiet dieses Staates gehabt haben;

c) der Betreffende ist immer staatenlos gewesen.

Artikel 2

Bis zum Beweis des Gegenteils gilt ein im Hoheitsgebiet eines Vertragsstaats aufgefundenes Findelkind als in diesem Hoheitsgebiet geboren und von Eltern abstammend, welche die Staatsangehörigkeit dieses Staates besitzen.

Artikel 3

Zur Festsetzung der Pflichten der Vertragsstaaten nach diesem Übereinkommen gilt die Geburt auf einem Schiff oder in einem Luftfahrzeug als im Hoheitsgebiet des Staates eingetreten, dessen Flagge das Schiff führt oder in dem das Luftfahrzeug registriert ist.

Artikel 4

(1) Jeder Vertragsstaat verleiht einer nicht im Hoheitsgebiet eines Vertragsstaats geborenen Person, die sonst staatenlos wäre, seine Staatsangehörigkeit, wenn ein Elternteil zur Zeit der Geburt des Betreffenden die Staatsangehörigkeit dieses Staates besaß. Haben die Eltern zum Zeitpunkt der Geburt des Betreffenden nicht die gleiche Staatsangehörigkeit besessen, so wird die Frage, ob das Kind der Staatsangehörigkeit des Vaters oder der Mutter folgt, nach dem innerstaatlichen Recht des Vertragsstaats beurteilt, dessen Staatsangehörigkeit angestrebt wird. Die Staatsangehörigkeit nach diesem Absatz wird verliehen

a) bei der Geburt kraft Gesetzes oder

b) auf Grund eines von dem Betreffenden oder in seinem Namen in der vom innerstaatlichen Recht vorgeschriebenen Weise bei der zuständigen Behörde gestellten Antrags. Vorbehaltlich des Absatzes 2 darf der Antrag nicht abgelehnt werden.

(2) Jeder Vertragsstaat kann die Verleihung seiner Staatsangehörigkeit nach Absatz 1 von einer oder mehreren der folgenden Voraussetzungen abhängig machen:

a) Der Antrag muss gestellt werden, bevor der Antragsteller ein vom Vertragsstaat festgesetztes Lebensalter erreicht hat, das nicht unter dem 23. Lebensjahr liegen darf;

b) der Betreffende muss während einer vom Vertragsstaat auf höchstens drei Jahre festgesetzten Zeitdauer unmittelbar vor der Antragstellung seinen dauernden Aufenthalt im Hoheitsgebiet dieses Staates gehabt haben;

c) der Betreffende darf nicht einer Zuwiderhandlung gegen die nationale Sicherheit für schuldig befunden worden sein;

d) der Betreffende ist immer staatenlos gewesen.

Artikel 5

(1) Hat nach dem Recht eines Vertragsstaats eine Änderung des Personenstands, wie Eheschließung, Auflösung der Ehe, Legitimation, Anerkennung oder Annahme als Kind, den Verlust der Staatsangehörigkeit zur Folge, so ist der Verlust vom Besitz oder Erwerb einer anderen Staatsangehörigkeit abhängig.

(2) Verliert nach dem Recht eines Vertragsstaats ein nichteheliches Kind auf Grund einer Anerkennung der Abstammung die Staatsangehörigkeit dieses Staates, so ist ihm Gelegenheit zu geben, sie durch schriftlichen Antrag bei der zuständigen Behörde wiederzuerwerben; die für den Antrag geltenden Erfordernisse dürfen nicht strenger sein als die in Artikel 1 Absatz 2 festgesetzten.

III

Artikel 6

Erstreckt sich nach dem Recht eines Vertragsstaats der Verlust oder Entzug der Staatsangehörigkeit einer Person auf den Ehegatten oder die Kinder, so ist für diese der Verlust vom Besitz oder Erwerb einer anderen Staatsangehörigkeit abhängig.

Artikel 7

(1)

a) Lässt das Recht eines Vertragsstaats den Verzicht auf die Staatsangehörigkeit zu, so hat der Verzicht den Verlust der Staatsangehörigkeit nur dann zur Folge, wenn der Betreffende eine andere Staatsangehörigkeit besitzt oder erwirbt.

b) Buchstabe a ist nicht anzuwenden, wenn seine Anwendung mit den in den Artikeln 13 und 14 der am 10. Dezember 1948 von der Generalversammlung der Vereinten Nationen angenommenen Allgemeinen Erklärung der Menschenrechte enthaltenen Grundsätzen unvereinbar wäre.

(2) Ein Staatsangehöriger eines Vertragsstaats, der in einem ausländischen Staat die Einbürgerung anstrebt, verliert seine Staatsangehörigkeit nur dann, wenn er die ausländische Staatsangehörigkeit erwirbt oder die Zusicherung des ausländischen Staates für die Verleihung der Staatsangehörigkeit erhalten hat.

(3) Vorbehaltlich der Absätze 4 und 5 verliert ein Staatsangehöriger eines Vertragsstaats weder wegen Verlassens des Landes, Auslandsaufenthalts oder Verletzung einer Meldepflicht noch aus einem ähnlichen Grund seine Staatsangehörigkeit, wenn er dadurch staatenlos wird.

(4) Eine eingebürgerte Person kann auf Grund eines Auslandsaufenthalts nach einer im Recht des Vertragsstaats festgesetzten Dauer, die nicht weniger als sieben aufeinanderfolgende Jahre betragen darf, ihre Staatsangehörigkeit verlieren, wenn sie es unterlässt, der zuständigen Behörde ihre Absicht mitzuteilen, sich ihre Staatsangehörigkeit zu erhalten.

(5) Für Staatsangehörige eines Vertragsstaats, die außerhalb seines Hoheitsgebiets geboren sind, kann das Recht dieses Staates die Erhaltung der Staatsangehörigkeit über den Ablauf eines Jahres nach Erreichung der Volljährigkeit hinaus davon abhängig machen, dass sie sich zu diesem Zeitpunkt in seinem Hoheitsgebiet aufhalten oder bei der zuständigen Behörde registriert sind.

(6) Mit Ausnahme der in diesem Artikel vorgesehenen Fälle verliert niemand die Staatsangehörigkeit eines Vertragsstaats, wenn er dadurch staatenlos würde, selbst wenn dieser Verlust durch keine andere Bestimmung dieses Übereinkommens ausdrücklich verboten ist.

Artikel 8

(1) Ein Vertragsstaat darf keiner Person seine Staatsangehörigkeit entziehen, wenn sie dadurch staatenlos wird.

(2) Ungeachtet des Absatzes 1 kann einer Person die Staatsangehörigkeit eines Vertragsstaats entzogen werden

a) in Fällen, in denen es nach Artikel 7 Absätze 4 und 5 zulässig ist, dass eine Person ihre Staatsangehörigkeit verliert;

b) wenn die Staatsangehörigkeit durch falsche Angaben oder betrügerische Handlungen erworben worden ist.

(3) Ungeachtet des Absatzes 1 kann sich jeder Vertragsstaat die Möglichkeit erhalten, einer Person die Staatsangehörigkeit zu entziehen, wenn er bei der Unterzeichnung, der Ratifikation oder dem Beitritt erklärt, dass er davon aus einem oder mehreren der folgenden Gründe, die sein innerstaatliches Recht zu diesem Zeitpunkt vorsieht, Gebrauch macht:

a) wenn die Person im Widerspruch zu ihrer Treuepflicht gegenüber dem Vertragsstaat

   i) unter Missachtung eines ausdrücklichen Verbots des Vertragsstaats einem anderen Staat Dienste geleistet oder weiterhin geleistet hat oder von einem anderen Staat Vergütungen bezogen oder weiterhin bezogen hat oder

ii) ein den Lebensinteressen des Staates in schwerwiegender Weise abträgliches Verhalten an den Tag gelegt hat;

b) wenn die Person einen Treueeid oder eine förmliche Treueerklärung gegenüber einem anderen Staat abgegeben oder in eindeutiger Weise ihre Entschlossenheit bekundet hat, dem Vertragsstaat die Treue aufzukündigen.

(4) Jeder Vertragsstaat übt die ihm nach den Absätzen 2 und 3 eingeräumte Befugnis, einer Person seine Staatsangehörigkeit zu entziehen, nur in Übereinstimmung mit einer gesetzlichen Regelung aus, die dem Betreffenden das Recht auf umfassenden Rechtsschutz durch ein Gericht oder eine andere unabhängige Stelle gewährt.

Artikel 9

Ein Vertragsstaat darf keiner Person oder Personengruppe aus rassischen, ethnischen, religiösen oder politischen Gründen ihre Staatsangehörigkeit entziehen.

Artikel 10

(1) In alle zwischen Vertragsstaaten geschlossenen Verträge über Gebietsabtretung sind Bestimmungen aufzunehmen, die sicherstellen, dass infolge der Abtretung niemand staatenlos wird. Jeder Vertragsstaat wird sich nach Kräften dafür einsetzen, dass auch in alle derartigen von ihm mit einem Staat, der nicht Vertragspartei dieses Übereinkommens ist, geschlossenen Verträge solche Bestimmungen aufgenommen werden.

(2) In Ermangelung solcher Bestimmungen verleiht ein Vertragsstaat, an den Hoheitsgebiet abgetreten wird oder der auf andere Weise Hoheitsgebiet erwirbt, seine Staatsangehörigkeit den Personen, die andernfalls infolge der Abtretung oder des Erwerbs staatenlos würden.

Artikel 11

Die Vertragsstaaten werden sich dafür einsetzen, dass so bald wie möglich nach Hinterlegung der sechsten Ratifikations- oder Beitrittsurkunde im Rahmen der Vereinten Nationen eine Stelle errichtet wird, an die sich Personen, die sich auf dieses Übereinkommen berufen, mit der Bitte um Prüfung ihres Anspruchs und um Unterstützung bei seiner Durchsetzung gegenüber der zuständigen Behörde wenden können.

Artikel 12

(1) Hinsichtlich eines Vertragsstaats, der seine Staatsangehörigkeit nicht nach Artikel 1 Absatz 1 oder Artikel 4 bei der Geburt kraft Gesetzes verleiht, gilt Artikel 1 Absatz 1 bzw. Artikel 4 sowohl für Personen, die vor dem Inkrafttreten dieses Übereinkommens geboren sind, als auch für solche, die danach geboren werden.

(2) Artikel 1 Absatz 4 gilt sowohl für Personen, die vor dem Inkrafttreten dieses Übereinkommens geboren sind, als auch für solche, die danach geboren werden.

(3) Artikel 2 gilt nur für die nach Inkrafttreten dieses Übereinkommens für einen Vertragsstaat in dessen Hoheitsgebiet aufgefundenen Findelkinder.

Artikel 13

Dieses Übereinkommen steht der Anwendung von für die Verminderung der Staatenlosigkeit günstigeren Bestimmungen nicht entgegen, die etwa im gegenwärtig oder künftig geltenden Recht eines Vertragsstaats oder in einem anderen gegenwärtig oder künftig geltenden Übereinkommen, Vertrag oder Abkommen zwischen zwei oder mehr Vertragsstaaten enthalten sind.

Artikel 14

Jede Streitigkeit zwischen Vertragsstaaten über die Auslegung oder Anwendung dieses Übereinkommens, die auf andere Weise nicht beigelegt werden kann, wird auf Antrag einer Streitpartei dem Internationalen Gerichtshof vorgelegt.

Artikel 15

(1) Dieses Übereinkommen gilt für alle Hoheitsgebiete ohne Selbstregierung, Treuhandgebiete, Kolonien und andere nicht zum Mutterland gehörenden Hoheitsgebiete, für deren internationale Beziehungen ein Vertragsstaat verantwortlich ist; vorbehaltlich

des Absatzes 2 hat der betreffende Vertragsstaat bei der Unterzeichnung, der Ratifikation oder dem Beitritt einzelne oder alle nicht zum Mutterland gehörenden Hoheitsgebiete bekannt zu geben, auf die das Übereinkommen auf Grund der Unterzeichnung, der Ratifikation oder des Beitritts von Rechts wegen Anwendung findet.

(2) In allen Fällen, in denen ein nicht zum Mutterland gehörendes Hoheitsgebiet hinsichtlich der Staatsangehörigkeit nicht als Einheit mit dem Mutterland angesehen wird, sowie in allen Fällen, in denen nach dem Verfassungsrecht oder den Gepflogenheiten des Vertragsstaats oder des nicht zum Mutterland gehörenden Hoheitsgebiets dessen vorherige Zustimmung erforderlich ist, um das Übereinkommen auf dieses Hoheitsgebiet anzuwenden, bemüht sich der Vertragsstaat, die erforderliche Zustimmung des nicht zum Mutterland gehörenden Hoheitsgebiets innerhalb einer Frist von zwölf Monaten zu erwirken, nachdem er das Übereinkommen unterzeichnet hat; ist diese Zustimmung erwirkt worden, so notifiziert er sie dem Generalsekretär der Vereinten Nationen. Das Übereinkommen findet vom Tag des Eingangs der Notifikation beim Generalsekretär an auf das oder die darin aufgeführten Hoheitsgebiete Anwendung.

(3) Nach Ablauf der in Absatz 2 genannten Frist von zwölf Monaten unterrichten die betreffenden Vertragsstaaten den Generalsekretär von den Ergebnissen der Konsultationen mit denjenigen nicht zum Mutterland gehörenden Hoheitsgebieten, für deren internationale Beziehungen sie verantwortlich sind und deren Zustimmung zur Anwendung dieses Übereinkommens nicht erteilt worden ist.

Artikel 16

(1) Dieses Übereinkommen liegt vom 30. August 1961 bis zum 31. Mai 1962 am Sitz der Vereinten Nationen zur Unterzeichnung auf.

(2) Dieses Übereinkommen liegt zur Unterzeichnung auf

a) für jeden Mitgliedstaat der Vereinten Nationen;

b) für jeden anderen Staat, der zur Teilnahme an der Konferenz der Vereinten Nationen über die Beseitigung oder Verminderung der Staatenlosigkeit in der Zukunft eingeladen wurde;

c) für jeden Staat, den die Generalversammlung der Vereinten Nationen einlädt, es zu unterzeichnen oder ihm beizutreten.

(3) Dieses Übereinkommen bedarf der Ratifikation; die Ratifikationsurkunden werden beim Generalsekretär der Vereinten Nationen hinterlegt.

(4) Die in Absatz 2 bezeichneten Staaten können diesem Übereinkommen beitreten. Der Beitritt erfolgt durch Hinterlegung einer Beitrittsurkunde beim Generalsekretär der Vereinten Nationen.

Artikel 17

(1) Bei der Unterzeichnung, der Ratifikation oder dem Beitritt kann jeder Staat einen Vorbehalt zu Artikel 11, 14 oder 15 einlegen.

(2) Andere Vorbehalte zu diesem Übereinkommen sind nicht zulässig.

Artikel 18

(1) Dieses Übereinkommen tritt zwei Jahre nach Hinterlegung der sechsten Ratifikations- oder Beitrittsurkunde in Kraft.

(2) Für jeden Staat, der dieses Übereinkommen nach Hinterlegung der sechsten Ratifikations- oder Beitrittsurkunde ratifiziert oder ihm beitritt, tritt es am neunzigsten Tag nach Hinterlegung seiner eigenen Ratifikations- oder Beitrittsurkunde oder am Tag des Inkrafttretens des Übereinkommens nach Absatz 1 in Kraft, je nachdem, welches der spätere Zeitpunkt ist.

Artikel 19

(1) Jeder Vertragsstaat kann dieses Übereinkommen jederzeit durch eine an den Generalsekretär der Vereinten Nationen zu richtende schriftliche Notifikation kündigen. Die Kündigung wird für den betreffenden Vertragsstaat ein Jahr nach dem Tag wirksam, an dem sie beim Generalsekretär eingegangen ist.

(2) In Fällen, in denen dieses Übereinkommen nach Artikel 15 auf ein nicht zum Mutterland gehörendes Hoheitsgebiet eines Vertragsstaats anwendbar geworden ist, kann dieser Staat in der Folge mit Zustimmung des betreffenden Hoheitsgebiets dem Generalsekretär der Vereinten Nationen jederzeit notifizieren, dass das Übereinkommen für das betreffende Hoheitsgebiet gekündigt wird. Die Kündigung wird ein Jahr nach Eingang der Notifikation beim Generalsekretär wirksam; dieser unterrichtet alle anderen Vertragsstaaten von der Notifikation und dem Zeitpunkt ihres Eingangs.

Artikel 20

(1) Der Generalsekretär der Vereinten Nationen notifiziert allen Mitgliedstaaten der Vereinten Nationen und den in Artikel 16 bezeichneten Nichtmitgliedstaaten

a) die Unterzeichnungen, Ratifikationen und Beitritte nach Artikel 16;
b) die Vorbehalte nach Artikel 17;
c) den Tag, an dem dieses Übereinkommen nach Artikel 18 in Kraft tritt;
d) die Kündigungen nach Artikel 19.

(2) Spätestens nach Hinterlegung der sechsten Ratifikations- oder Beitrittsurkunde befasst der Generalsekretär der Vereinten Nationen die Generalversammlung mit der Frage der in Artikel 11 vorgesehenen Errichtung der darin genannten Stelle.

Artikel 21

Dieses Übereinkommen wird vom Generalsekretär der Vereinten Nationen am Tag seines Inkrafttretens registriert.

Zu Urkund dessen haben die unterzeichneten Bevollmächtigten dieses Übereinkommen unterschrieben.

Geschehen zu New York am 30. August 1961 in einer Urschrift, deren chinesischer, englischer, französischer, russischer und spanischer Wortlaut gleichermaßen verbindlich ist; sie wird im Archiv der Vereinten Nationen hinterlegt; der Generalsekretär der Vereinten Nationen übermittelt allen Mitgliedstaaten der Vereinten Nationen und den in Artikel 16 bezeichneten Nichtmitgliedstaaten beglaubigte Abschriften.

Übereinkommen über die Rechtsstellung der Staatenlosen

Vom 12. April 1976 (BGBl. II S. 473; 1977 S. 235)

Inhaltsübersicht

Präambel

Die hohen Vertragsparteien –

in der Erwägung, daß die Charta der Vereinten Nationen und die am 10. Dezember 1948 von der Generalversammlung der Vereinten Nationen gebilligte Allgemeine Erklärung der Menschenrechte den Grundsatz bestätigt haben, daß die Menschen ohne Unterschied die Menschenrechte und Grundfreiheiten genießen sollen,

in der Erwägung, daß die Vereinten Nationen wiederholt die tiefe Verantwortung, die sie für die Staatenlosen empfinden, zum Ausdruck gebracht und sich bemüht haben, diesen die Ausübung der Menschenrechte und Grundfreiheiten in möglichst großem Umfang zu sichern,

in der Erwägung, daß nur diejenigen Staatenlosen, die gleichzeitig Flüchtlinge sind, durch das Abkommen vom 28. Juli 1951 über die Rechtsstellung der Flüchtlinge erfaßt werden und daß jenes Abkommen auf zahlreiche Staatenlose nicht anwendbar ist,

in der Erwägung, daß es wünschenswert ist, die Rechtsstellung der Staatenlosen durch ein internationales Übereinkommen zu regeln und zu verbessern –

haben folgendes vereinbart:

Kapitel I
Allgemeine Bestimmungen

Artikel 1 Definition des Begriffs „Staatenloser"

(1) Im Sinne dieses Übereinkommens ist ein „Staatenloser" eine Person, die kein Staat auf Grund seines Rechtes als Staatsangehörigen ansieht.

(2) Dieses Übereinkommen findet keine Anwendung

i) auf Personen, denen gegenwärtig ein Organ oder eine Organisation der Vereinten Nationen mit Ausnahme des Hohen Flüchtlingskommissars der Vereinten Nationen Schutz oder Beistand gewährt, solange sie diesen Schutz oder Beistand genießen;

ii) auf Personen, denen die zuständigen Behörden des Landes, in dem sie ihren Aufenthalt genommen haben, die Rechte und Pflichten zuerkennen, die mit dem Besitz der Staatsangehörigkeit dieses Landes verknüpft sind;

iii) auf Personen, bei denen aus schwerwiegenden Gründen die Annahme gerechtfertigt ist,

   a) daß sie ein Verbrechen gegen den Frieden, ein Kriegsverbrechen oder ein Verbrechen gegen die Menschlichkeit im Sinne der internationalen Übereinkünfte begangen haben, die abgefaßt wurden, um Bestimmungen hinsichtlich derartiger Verbrechen zu treffen;

   b) daß sie ein schweres nichtpolitisches Verbrechen außerhalb ihres Aufenthaltslands begangen haben, bevor sie dort Aufnahme fanden;

   c) daß sie sich Handlungen zuschulden kommen ließen, die den Zielen und Grundsätzen der Vereinten Nationen zuwiderlaufen.

Artikel 2 Allgemeine Verpflichtungen

Jeder Staatenlose hat gegenüber dem Land, in dem er sich befindet, Pflichten, zu denen insbesondere die Verpflichtung gehört, die Gesetze und sonstigen Rechtsvorschriften sowie die zur Aufrechterhaltung der öffentlichen Ordnung getroffenen Maßnahmen zu beachten.

Artikel 3 Verbot unterschiedlicher Behandlung

Die Vertragsstaaten wenden dieses Übereinkommen auf Staatenlose ohne Unterschied der Rasse, der Religion oder des Herkunftslandes an.

Artikel 4 Religion

Die Vertragsstaaten gewähren den Staatenlosen in ihrem Hoheitsgebiet in bezug auf die Freiheit der Religionsausübung und die Freiheit des Religionsunterrichts ihrer Kinder eine mindestens ebenso günstige Behandlung wie ihren Staatsangehörigen.

Artikel 5 Unabhängig von diesem Übereinkommen gewährte Rechte

Rechte und Vergünstigungen, die ein Vertragsstaat den Staatenlosen unabhängig von diesem Übereinkommen gewährt, bleiben von dessen Bestimmungen unberührt.

Artikel 6 Der Ausdruck „unter den gleichen Umständen"

Im Sinne dieses Übereinkommens ist der Ausdruck „unter den gleichen Umständen" dahingehend zu verstehen, daß der Betreffende alle Erfordernisse erfüllen muß (einschließlich derjenigen, die sich auf die Dauer und die Bedingungen des vorübergehenden oder des dauernden Aufenthalts beziehen), die er, wenn er nicht Staatenloser wäre, erfüllen müßte, um in den Genuß des in Betracht kommenden Rechtes zu gelangen, mit Ausnahme von Erfordernissen, die ihrer Natur nach ein Staatenloser nicht erfüllen kann.

Artikel 7 Befreiung von der Gegenseitigkeit

(1) Soweit dieses Übereinkommen keine günstigeren Bestimmungen enthält, gewährt jeder Vertragsstaat den Staatenlosen die gleiche Behandlung, die er Ausländern allgemein gewährt.

(2) Nach dreijährigem Aufenthalt sind alle Staatenlosen im Hoheitsgebiet der Vertragsstaaten von dem Erfordernis der gesetzlichen Gegenseitigkeit befreit.

(3) Jeder Vertragsstaat gewährt den Staatenlosen weiterhin die Rechte und Vergünstigungen, auf die sie auch bei fehlender Gegenseitigkeit im Zeitpunkt des Inkrafttretens dieses Übereinkommens für den betreffenden Staat bereits Anspruch hatten.

(4) Die Vertragsstaaten werden wohlwollend die Möglichkeit prüfen, auch bei fehlender Gegenseitigkeit den Staatenlosen Rechte und Vergünstigungen zusätzlich zu denen zu gewähren, auf die sie nach den Absätzen 2 und 3 Anspruch haben, sowie die Befreiung von dem Erfordernis der Gegenseitigkeit auf solche Staatenlosen auszudehnen, welche die Voraussetzungen der Absätze 2 und 3 nicht erfüllen.

(5) Die Absätze 2 und 3 finden auf die in den Artikeln 13, 18, 19, 21 und 22 genannten Rechte und Vergünstigungen sowie auf die in diesem Übereinkommen nicht vorgesehenen Rechte und Vergünstigungen Anwendung.

Artikel 8 Befreiung von außergewöhnlichen Maßnahmen

Außergewöhnliche Maßnahmen, die gegen die Person, das Eigentum oder die Interessen der Staatsangehörigen oder ehemaligen Staatsangehörigen eines fremden Staates ergriffen werden können, werden von den Vertragsstaaten nicht allein deshalb auf einen Staatenlosen angewendet, weil er früher die Staatsangehörigkeit des betreffenden fremden Staates besaß. Die Vertragsstaaten, deren Rechtsvorschriften der Anwendung des in diesem Artikel aufgestellten allgemeinen Grundsatzes entgegensehen, werden in geeigneten Fällen Befreiungen zugunsten solcher Staatenlosen gewähren.

Artikel 9 Vorläufige Maßnahmen

Dieses Übereinkommen hindert einen Vertragsstaat nicht daran, in Kriegszeiten oder unter sonstigen schwerwiegenden und außergewöhnlichen Umständen in bezug auf eine bestimmte Person vorläufig die Maßnahmen zu treffen, die er im Hinblick auf seine Sicherheit für unerläßlich hält, solange dieser Vertragsstaat noch nicht festgestellt hat, ob die betreffende Person tatsächlich staatenlos und die Aufrechterhaltung der in bezug auf sie getroffenen Maßnahmen im Interesse der Staatssicherheit erforderlich ist.

Artikel 10 Fortdauer des Aufenthalts

(1) Ist ein Staatenloser während des Zweiten Weltkrieges zwangsverschleppt und in das Hoheitsgebiet eines Vertragsstaates verbracht worden und hat er dort seinen Aufenthalt, so gilt die Dauer seines Zwangsaufenthalts als rechtmäßiger Aufenthalt in diesem Hoheitsgebiet.

(2) Ist ein Staatenloser währen des Zweiten Weltkrieges aus dem Hoheitsgebiet eines Vertragsstaates zwangsverschleppt worden und

vor Inkrafttreten dieses Übereinkommens dorthin zurückgekehrt, um dort seinen Aufenthalt zu nehmen, so gilt die Zeit vor und nach seiner Zwangsverschleppung als ununterbrochener Aufenthalt für jeden Zweck, für den ein ununterbrochener Aufenthalt erforderlich ist.

Artikel 11 Staatenlose Seeleute

Bei Staatenlosen, die ordnungsgemäß als Besatzungsmitglieder an Bord eines Schiffes Dienst tun, das die Flagge eines Vertragsstaates führt, wird dieser Staat wohlwollend die Möglichkeit prüfen, ihnen die Niederlassung in seinem Hoheitsgebiet zu gestatten und ihnen Reiseausweise auszustellen oder sie vorläufig in sein Hoheitsgebiet zuzulassen, insbesondere um ihre Niederlassung in einem anderen Land zu erleichtern.

Kapitel II Rechtsstellung

Artikel 12 Personalstatut

(1) Das Personalstatut eines Staatenlosen bestimmt sich nach den Gesetzen des Landes seines Wohnsitzes oder, wenn er keinen Wohnsitz hat, nach den Gesetzen seines Aufenthaltslands.

(2) Die von den Staatenlosen früher erworbenen, sich aus seinem Personalstatut ergebenden Rechte, insbesondere die aus der Eheschließung, werden von jedem Vertragsstaat vorbehaltlich der nach seinen Gesetzen gegebenenfalls zu erfüllenden Förmlichkeiten geachtet; hierbei wird vorausgesetzt, daß es sich um ein Recht handelt, das nach den Gesetzen dieses Staates anerkannt worden wäre, wenn der Berechtigte nicht staatenlos geworden wäre.

Artikel 13 Bewegliche und unbewegliche Sachen

Hinsichtlich des Erwerbs von Eigentum an beweglichen und unbeweglichen Sachen und sonstiger diesbezüglicher Rechte sowie hinsichtlich von Miet-, Pacht- und sonstigen Verträgen über bewegliche und unbewegliche Sachen gewähren die Vertragsstaaten jedem Staatenlosen eine möglichst günstige und jedenfalls nicht weniger günstige Behandlung, als Ausländern allgemein unter den gleichen Umständen gewährt wird.

Artikel 14 Urheberrechte und gewerbliche Schutzrechte

Hinsichtlich des Schutzes von gewerblichen Rechten, insbesondere an Erfindungen, Mustern und Modellen, Warenzeichen und Handelsbezeichnungen, sowie des Schutzes von Rechten an Werken der Literatur, Kunst und Wissenschaft erhält jeder Staatenlose in dem Land, in dem er seinen gewöhnlichen Aufenthalt hat, den gleichen Schutz, der den Staatsangehörigen dieses Landes gewährt wird. Im Hoheitsgebiet jedes anderen Vertragsstaats erhält er den gleichen Schutz, der dort den Staatsangehörigen des Landes gewährt wird, in dem er seinen gewöhnlichen Aufenthalt hat.

Artikel 15 Vereinigungsrecht

Die Vertragsstaaten gewähren den Staatenlosen, die sich rechtmäßig in ihrem Hoheitsgebiet aufhalten, hinsichtlich der Vereinigungen, die weder politische noch Erwerbszwecke verfolgen, und hinsichtlich der Berufsverbände eine möglichst günstige und jedenfalls nicht weniger günstige Behandlung, als Ausländern allgemein unter den gleichen Umständen gewährt wird.

Artikel 16 Zugang zu den Gerichten

(1) Ein Staatenloser hat im Hoheitsgebiet aller Vertragsstaaten freien und ungehinderten Zugang zu den Gerichten.

(2) Ein Staatenloser erfährt in dem Vertragsstaat, in dem er seinen gewöhnlichen Aufenthalt hat, die gleiche Behandlung wie dessen Staatsangehörige hinsichtlich des Zugangs zu den Gerichten, einschließlich des Armenrechts und der Befreiung von der Sicherheitsleistung für Prozeßkosten.

(3) Ein Staatenloser erfährt in den Vertragsstaaten, in denen er nicht seinen gewöhnlichen Aufenthalt hat, hinsichtlich der in Absatz 2 genannten Angelegenheiten die gleiche Behandlung wie die Staatsangehörigen des Landes, in dem er seinen gewöhnlichen Aufenthalt hat.

III

Kapitel III
Erwerbstätigkeit

Artikel 17 Unselbständige Erwerbstätigkeit

(1) Die Vertragsstaaten gewähren den Staatenlosen, die sich rechtmäßig in ihrem Hoheitsgebiet aufhalten, hinsichtlich der Ausübung einer unselbständigen Erwerbstätigkeit eine möglichst günstige und jedenfalls nicht weniger günstige Behandlung, als Ausländern allgemein unter den gleichen Umständen gewährt wird.

(2) Die Vertragsstaaten werden wohlwollend die Möglichkeit prüfen, die Rechte aller Staatenlosen in bezug auf die Ausübung einer unselbständigen Erwerbstätigkeit den Rechten ihrer Staatsangehörigen anzugleichen; dies gilt insbesondere für Staatenlose, die auf Grund eines Programms zur Anwerbung von Arbeitskräften oder eines Einwanderungsplanes in ihr Hoheitsgebiet eingereist sind.

Artikel 18 Selbständige Erwerbstätigkeit

Die Vertragsstaaten gewähren den Staatenlosen, die sich rechtmäßig in ihrem Hoheitsgebiet befinden, hinsichtlich der Ausübung einer selbständigen Erwerbstätigkeit in Landwirtschaft, Industrie, Handwerk und Handel sowie hinsichtlich der Errichtung von Handelsgesellschaften eine möglichst günstige und jedenfalls nicht weniger günstige Behandlung, als Ausländern allgemein unter den gleichen Umständen gewährt wird.

Artikel 19 Freie Berufe

Jeder Vertragsstaat gewährt den staatenlosen Inhabern eines von seinen zuständigen Behörden anerkannten Diploms, die sich rechtmäßig in seinem Hoheitsgebiet aufhalten und einen freien Beruf auszuüben wünschen, eine möglichst günstige und jedenfalls nicht weniger günstige Behandlung, als Ausländern allgemein unter den gleichen Umständen gewährt wird.

Kapitel IV
Wohlfahrtswesen

Artikel 20 Rationierung

Soweit das Rationierungssystem besteht, das für die gesamte Bevölkerung gilt und die allgemeine Verteilung von Mangelwaren regelt, werden Staatenlose wie Staatsangehörige behandelt.

Artikel 21 Wohnungswesen

Soweit das Wohnungswesen durch Gesetze oder sonstige Rechtsvorschriften geregelt ist oder der Überwachung durch öffentliche Stellen unterliegt, gewähren die Vertragsstaaten den Staatenlosen, die sich rechtmäßig in ihrem Hoheitsgebiet aufhalten, eine möglichst günstige und jedenfalls nicht weniger günstige Behandlung, als Ausländern allgemein unter den gleichen Umständen gewährt wird.

Artikel 22 Öffentliches Erziehungswesen

(1) Die Vertragsstaaten gewähren den Staatenlosen in bezug auf den Grund- und Hauptschulunterricht die gleiche Behandlung wie ihren Staatsangehörigen.

(2) Die Vertragsstaaten gewähren den Staatenlosen hinsichtlich aller sonstigen Erziehungseinrichtungen eine möglichst günstige und jedenfalls nicht weniger günstige Behandlung, als Ausländern allgemein unter den gleichen Umständen gewährt wird; dies gilt insbesondere für die Zulassung zum Studium, die Anerkennung ausländischer Schulzeugnisse, Diplome und akademischer Titel, den Erlaß von Gebühren und Abgaben und die Zuerkennung von Stipendien.

Artikel 23 Öffentliche Fürsorge

Die Vertragsstaaten gewähren den Staatenlosen, die sich rechtmäßig in ihrem Hoheitsgebiet aufhalten, in bezug auf öffentliche Fürsorge und Unterstützung die gleiche Behandlung wie ihren Staatsangehörigen.

Artikel 24 Arbeitsrecht und Soziale Sicherheit

(1) Die Vertragsstaaten gewähren den Staatenlosen, die sich rechtmäßig in ihrem Hoheitsgebiet aufhalten, in bezug auf folgende Angelegenheiten die gleiche Behandlung wie ihren Staatsangehörigen:

a) Arbeitsentgelt einschließlich Familienbeihilfen, wenn diese Bestandteil des Arbeitsentgelts sind, Arbeitszeit, Überstundenregelung, bezahlter Urlaub, Beschränkungen in der Heimarbeit, Mindestalter für die Beschäftigung, Lehrzeit und Berufsausbildung, Arbeit von Frauen und Jugendlichen sowie die Inanspruchnahme der auf Tarifverträgen beruhenden Vergünstigungen, soweit diese Angelegenheiten durch Rechtsvorschriften geregelt sind oder in die Zuständigkeit der Verwaltungsbehörden fallen;

b) Soziale Sicherheit (gesetzliche Bestimmungen über Arbeitsunfälle, Berufskrankheiten, Mutterschaft, Krankheit, Arbeitsunfähigkeit, Alter, Tod, Arbeitslosigkeit, Familienunterhalt sowie jedes andere nach den innerstaatlichen Rechtsvorschriften durch ein System der Sozialen Sicherheit gedeckte Wagnis), vorbehaltlich
   i) geeigneter Regelungen in bezug auf die Wahrung erworbener Rechte und Anwartschaften sowie
   ii) besonderer innerstaatlicher Rechtsvorschriften des Aufenthaltslandes über Leistungen oder Leistungsteile, die ausschließlich aus öffentlichen Mitteln bestritten werden, sowie über Zuwendungen an Personen, welche die zur Erlangung einer normalen Rente festgesetzten Beitragsbedingungen nicht erfüllen.

(2) Ist der Tod eines Staatenlosen durch einen Arbeitsunfall oder eine Berufskrankheit verursacht, so wird das Recht auf Ersatz des Schadens nicht dadurch berührt, daß sich der Berechtigte außerhalb des Hoheitsgebiets des Vertragsstaats aufhält.

(3) Die Vertragsstaaten gewähren die Vorteile der Abkommen, die sie zur Wahrung erworbener Rechte und Anwartschaften auf dem Gebiet der Sozialen Sicherheit untereinander geschlossen haben oder schließen werden, auch den Staatenlosen, soweit diese die Voraussetzungen erfüllen, die für Angehörige der Unterzeichnerstaaten der betreffenden Abkommen gelten.

(4) Die Vertragsstaaten werden wohlwollend die Möglichkeit prüfen, die Vorteile ähnlicher Abkommen, die zwischen Vertragsstaaten und Nichtvertragsstaaten jetzt oder künftig in Kraft sind, soweit wie möglich auch den Staatenlosen zu gewähren.

Kapitel V Verwaltungsmaßnahmen

Artikel 25 Verwaltungshilfe

(1) Würde die Ausübung eines Rechtes durch einen Staatenlosen normalerweise die Unterstützung der Behörden eines anderen Landes erfordern, die er nicht in Anspruch nehmen kann, so trägt der Vertragsstaat, in dessen Hoheitsgebiet er sich aufhält, dafür Sorge, daß dessen eigene Behörden den Staatenlosen diese Unterstützung gewähren.

(2) Die in Absatz 1 bezeichneten Behörden werden den Staatenlosen diejenigen Urkunden und Bescheinigungen ausstellen oder unter ihrer Aufsicht ausstellen lassen, die Ausländern normalerweise von den Behörden ihres eigenen Landes oder durch deren Vermittlung ausgestellt werden.

(3) Die so ausgestellten Urkunden oder Bescheinigungen ersetzen die amtlichen Schriftstücke, die Ausländern sonst von den Behörden ihres eigenen Landes oder durch deren Vermittlung ausgestellt werden; sie haben vorbehaltlich des Gegenbeweises volle Beweiskraft.

(4) Abgesehen von Ausnahmen, die gegebenenfalls zugunsten Bedürftiger zugelassen werden, können für die in diesem Artikel erwähnten Amtshandlungen Gebühren erhoben werden; sie müssen mäßig sein und denjenigen entsprechen, die von den eigenen

Staatsangehörigen für ähnliche Amtshandlungen erhoben werden.

(5) Die Bestimmungen dieses Artikels lassen die Artikel 27 und 28 unberührt.

Artikel 26 Freizügigkeit

Jeder Vertragsstaat gewährt den Staatenlosen, die sich rechtmäßig in seinem Hoheitsgebiet befinden, das Recht auf freie Wahl ihres Aufenthaltsortes und auf Freizügigkeit in diesem Hoheitsgebiet, vorbehaltlich der Bestimmungen, die auf Ausländer allgemein unter den gleichen Umständen Anwendung finden.

Artikel 27 Personalausweise

Die Vertragsstaaten stellen jedem Staatenlosen, der sich in ihrem Hoheitsgebiet befindet und keinen gültigen Reiseausweis besitzt, einen Personalausweis aus.

Artikel 28 Reiseausweise

Die Vertragsstaaten stellen den Staatenlosen, die sich rechtmäßig in ihrem Hoheitsgebiet aufhalten, Reiseausweise aus, die ihnen Reisen außerhalb dieses Hoheitsgebiets gestatten, es sei denn, daß zwingende Gründe der Staatssicherheit oder der öffentlichen Ordnung dem entgegenstehen; auf diese Ausweise findet der Anhang zu diesem Übereinkommen Anwendung. Die Vertragsstaaten können auch jedem anderen in ihrem Hoheitsgebiet befindlichen Staatenlosen einen solchen Reiseausweis ausstellen; sie werden insbesondere wohlwollend die Möglichkeit prüfen, solche Reiseausweise denjenigen in ihrem Hoheitsgebiet befindlichen Staatenlosen auszustellen, die von dem Land, in dem sie ihren rechtmäßigen Aufenthalt haben, keinen Reiseausweis erhalten können.

Artikel 29 Steuerliche Lasten

(1) Die Vertragsstaaten erheben von den Staatenlosen keine anderen oder höheren Gebühren, Steuern oder sonstigen Abgaben gleich welcher Art oder Bezeichnung, als von ihren Staatsangehörigen unter entsprechenden Voraussetzungen jetzt oder künftig erhoben werden.

(2) Absatz 1 schließt nicht aus, daß die Gesetze und sonstigen Rechtsvorschriften über Gebühren für die Ausstellung von Verwaltungsurkunden einschließlich Personalausweisen an Ausländer auf Staatenlose angewandt werden.

Artikel 30 Überführung von Vermögenswerten

(1) Jeder Vertragsstaat gestattet in Übereinstimmung mit seinen Gesetzen und sonstigen Rechtsvorschriften den Staatenlosen, die Vermögenswerte, die sie in sein Hoheitsgebiet gebracht haben, in ein anderes Land zu überführen, in das sie zur Wiederansiedlung zugelassen worden sind.

(2) Jeder Vertragsstaat wird wohlwollend die Anträge Staatenloser auf Erlaubnis zur Überführung von – wo immer befindlichen – Vermögenswerten prüfen, die sie zur Wiederansiedlung in einem anderen Land benötigen, in das sie zugelassen worden sind.

Artikel 31 Ausweisung

(1) Die Vertragsstaaten weisen keinen Staatenlosen aus, der sich rechtmäßig in ihrem Hoheitsgebiet befindet, es sein denn aus Gründen der Staatssicherheit oder der öffentlichen Ordnung.

(2) Die Ausweisung eines Staatenlosen darf nur in Ausführung einer Entscheidung erfolgen, die in einem ordentlichen gesetzlichen Verfahren ergangen ist. Soweit nicht zwingende Gründe der Staatssicherheit dem entgegenstehen, ist dem Staatenlosen zu gestatten, Beweise zu seiner Entlastung beizubringen, Rechtsmittel einzulegen und sich zu diesem Zweck vor einer zuständigen Behörde oder vor einer oder mehreren Personen vertreten zu lassen, die von der zuständigen Behörde besonders bestimmt sind.

(3) Die Vertragsstaaten gewähren einem solchen Staatenlosen eine angemessene Frist, in der er in einem anderen Land um rechtmäßige Zulassung nachsuchen kann. Die Vertragsstaaten behalten sich vor, während dieser Frist die ihnen erforderlich erscheinenden Maßnahmen innerstaatlicher Art zu ergreifen.

Artikel 32 Einbürgerung

Die Vertragsstaaten erleichtern soweit wie möglich die Eingliederung und Einbürgerung Staatenloser. Sie werden insbesondere bestrebt sein, das Einbürgerungsverfahren zu beschleunigen und dessen Kosten soweit wie möglich herabzusetzen.

Kapitel VI Schlußbestimmungen

Artikel 33 Auskünfte über innerstaatliche Rechtsvorschriften

Die Vertragsstaaten teilen dem Generalsekretär der Vereinten Nationen den Wortlaut der Gesetze und sonstigen Rechtsvorschriften mit, die sie zur Durchführung dieses Übereinkommens erlassen.

Artikel 34 Beilegung von Streitigkeiten

Jede Streitigkeit zwischen den Vertragsparteien dieses Übereinkommens über dessen Auslegung oder Anwendung, die auf andere Weise nicht beigelegt werden kann, wird auf Antrag einer Streitpartei dem Internationalen Gerichtshof vorgelegt.

Artikel 35 Unterzeichnung, Ratifikation und Beitritt

(1) Dieses Übereinkommen liegt bis zum 31. Dezember 1955 am Sitz der Vereinten Nationen zur Unterzeichnung auf.

(2) Es liegt zur Unterzeichnung auf

a) für jedes Mitglied der Vereinten Nationen,

b) für jeden anderen Staat, der zur Teilnahme an der Konferenz der Vereinten Nationen über die Rechtsstellung der Staatenlosen eingeladen wurde, und

c) für jeden Staat, den die Generalversammlung der Vereinten Nationen einlädt, es zu unterzeichnen oder ihm beizutreten.

(3) Es bedarf der Ratifikation; die Ratifikationsurkunden werden beim Generalsekretär der Vereinten Nationen hinterlegt.

(4) Die in Absatz 2 bezeichneten Staaten können diesem Übereinkommen beitreten. Der Beitritt erfolgt durch Hinterlegung einer Beitrittsurkunde beim Generalsekretär der Vereinten Nationen.

Artikel 36 Geltungsbereichsklausel

(1) Ein Staat kann bei der Unterzeichnung, der Ratifikation oder dem Beitritt erklären, daß sich dieses Übereinkommen auf alle oder auf einzelne Hoheitsgebiete erstrecken soll, für deren internationale Beziehungen er verantwortlich ist. Eine solche Erklärung wird wirksam, sobald das Übereinkommen für den betreffenden Staat in Kraft tritt.

(2) Jede spätere derartige Erstreckung erfolgt durch eine an den Generalsekretär der Vereinten Nationen zur richtende Notifikation; die Erstreckung wird mit dem neunzigsten Tag nach Eingang der Notifikation beim Generalsekretär der Vereinten Nationen oder mit dem Zeitpunkt wirksam, an dem dieses Übereinkommen für den betreffenden Staat in Kraft tritt, falls dieser Zeitpunkt der spätere ist.

(3) Hinsichtlich derjenigen Hoheitsgebiete, auf die dieses Übereinkommen bei der Unterzeichnung, der Ratifikation oder dem Beitritt nicht erstreckt worden ist, wird jeder in Betracht kommende Staat die erforderlichen Schritte in Erwägung zu ziehen, um dieses Übereinkommen so bald wie möglich auf diese Hoheitsgebiete zu erstrecken, vorbehaltlich der Zustimmung ihrer Regierungen, soweit eine solche aus verfassungsmäßigen Gründen erforderlich ist.

Artikel 37 Bundesstaatklausel

Für Bundes- oder Nichteinheitsstaaten gelten folgende Bestimmungen:

a) Soweit für bestimmte Artikel dieses Übereinkommens der Bund die Gesetzgebungszuständigkeit besitzt, hat die Bundesregierung die gleichen Verpflichtungen wie die Vertragsparteien, die nicht Bundesstaaten sind;

b) soweit für bestimmte Artikel dieses Übereinkommens die Gliedstaaten, -provinzen oder -kantone die Gesetzgebungszuständigkeit besitzen, ohne nach der Verfassungsordnung des Bundes zum Erlaß von Rechtsvorschriften verpflichtet zu sein, bringt die Bundesregierung den zuständigen Stellen der Gliedstaaten, -provinzen oder -kantone diese Artikel so bald wie möglich befürwortend zur Kenntnis;

c) richtet ein Vertragsstaat dieses Übereinkommens über den Generalsekretär der Vereinten Nationen an einen Bundesstaat, der Vertragspartei ist, eine Anfrage über das Recht und die Praxis des Bundes und seiner Glieder in bezug auf einzelne Bestimmungen dieses Übereinkommens, so legt dieser Bundesstaat eine Darstellung vor, aus der ersichtlich ist, inwieweit die betreffenden Bestimmungen durch den Erlaß von Rechtsvorschriften oder durch sonstige Maßnahmen wirksam geworden sind.

Artikel 38 Vorbehalte

(1) Bei der Unterzeichnung, der Ratifikation oder dem Beitritt kann jeder Staat zu Artikeln des Übereinkommens, mit Ausnahme der Artikel 1, 3, 4, 16 Absatz 1 und 33 bis 42, Vorbehalte einlegen.

(2) Hat ein Vertragsstaat gemäß Absatz 1 einen Vorbehalt eingelegt, so kann er ihn jederzeit durch eine diesbezügliche an den Generalsekretär der Vereinten Nationen zu richtende Mitteilung zurücknehmen.

Artikel 39 Inkrafttreten

(1) Dieses Übereinkommen tritt mit dem neunzigsten Tag nach Hinterlegung der sechsten Ratifikations- oder Beitrittsurkunde in Kraft.

(2) Für jeden Staat, der das Übereinkommen nach Hinterlegung der sechsten Ratifikations- oder Beitrittsurkunde ratifiziert oder ihm beitritt, tritt es am neunzigsten Tag nach Hinterlegung seiner eigenen Ratifikations- oder Beitrittsurkunde in Kraft.

Artikel 40 Kündigung

(1) Ein Vertragsstaat kann dieses Übereinkommen jederzeit durch eine an den Generalsekretär der Vereinten Nationen zu richtende Notifikation kündigen.

(2) Die Kündigung wird für den betreffenden Vertragsstaat ein Jahr nach dem Tag wirksam, an dem sie beim Generalsekretär der Vereinten Nationen eingegangen ist.

(3) Jeder Staat, der eine Erklärung oder eine Notifikation gemäß Artikel 36 eingereicht hat, kann in der Folge dem Generalsekretär der Vereinten Nationen jederzeit durch eine Notifikation mitteilen, daß das Übereinkommen auf ein in der Notifikation bezeichnetes Hoheitsgebiet keine Anwendung mehr finden soll. Das Übereinkommen tritt sodann ein Jahr nach Eingang der Notifikation beim Generalsekretär für das betreffende Hoheitsgebiet außer Kraft.

Artikel 41 Revision

(1) Jeder Vertragsstaat kann jederzeit durch eine an den Generalsekretär der Vereinten Nationen zu richtende Notifikation die Revision dieses Übereinkommens beantragen.

(2) Die Generalversammlung der Vereinten Nationen empfiehlt die Maßnahmen, die gegebenenfalls in bezug auf einen solchen Antrag zu ergreifen sind.

Artikel 42 Notifikationen des Generalsekretärs der Vereinten Nationen

Der Generalsekretär der Vereinten Nationen notifiziert allen Mitgliedern der Vereinten Nationen und den in Artikel 35 bezeichneten Nichtmitgliedstaaten

a) die Unterzeichnungen, Ratifikationen und Beitritte nach Artikel 35;

b) die Erklärungen und Notifikationen nach Artikel 36;

c) die Einlegung und Zurücknahme von Vorbehalten nach Artikel 38;

d) den Tag, an dem das Übereinkommen nach Artikel 39 in Kraft tritt;

e) die Kündigungen und Notifikationen nach Artikel 40;

f) die Revisionsanträge nach Artikel 41.

Zu Urkund dessen haben die hierzu gehörig befugten Unterzeichneten dieses Übereinkommen im Namen ihrer Regierungen unterschrieben.

Geschehen zu New York am 28. September 1954 in einer Urschrift, deren englischer, französischer und spanischer Wortlaut gleichermaßen verbindlich ist; sie wird im Archiv der Vereinten Nationen hinterlegt; allen Mitgliedern der Vereinten Nationen und den in Artikel 35 bezeichneten Nichtmitgliedstaaten werden beglaubigte Abschriften übermittelt.

Anhang

§ 1

(1) Der in Artikel 28 dieses Übereinkommens genannte Reiseausweis hat die Feststellung zu enthalten, daß sein Inhaber Staatenloser im Sinne des Übereinkommens vom 28. September 1954 ist.

(2) Der Ausweis ist in mindestens zwei Sprachen abzufassen; eine davon muß das Englische oder das Französische sein.

(3) Die Vertragsstaaten werden prüfen, ob es wünschenswert ist, das beigefügte Muster eines Reiseausweises zu verwenden.

§ 2

Vorbehaltlich der in dem Ausstellungsland geltenden Vorschriften können Kinder in den Reiseausweis eines Elternteils oder – unter außergewöhnlichen Umständen – eines anderen Erwachsenen mit eingetragen werden.

§ 3

Die Gebühren für die Ausstellung des Ausweises dürfen den für Pässe von Staatsangehörigen geltenden Mindestsatz nicht überschreiten.

§ 4

Abgesehen von besonderen oder Ausnahmefällen hat der Ausweis für eine größtmögliche Zahl von Ländern zu gelten.

§ 5

Der Ausweis hat mindestens drei Monate und höchstens zwei Jahre lang gültig zu sein.

§ 6

(1) Für die Erneuerung oder Verlängerung des Ausweises ist die ausstellende Behörde zuständig, solange der Inhaber sich nicht rechtmäßig in einem anderen Hoheitsgebiet niedergelassen hat und rechtmäßig im Hoheitsgebiet der genannten Behörde wohnhaft ist. Für die Ausstellung eines neuen Ausweises ist unter den gleichen Voraussetzungen die Behörde zuständig, die den früheren Ausweis ausgestellt hat.

(2) Diplomatische oder konsularische Dienststellen können ermächtigt werden, die Gültigkeitsdauer von Reiseausweisen, welche ihre Regierung ausgestellt hat, für eine Zeitspanne von höchstens sechs Monaten zu verlängern.

(3) Die Vertragsstaaten werden wohlwollend die Möglichkeit der Erneuerung oder Verlängerung von Reiseausweisen oder der Ausstellung neuer Ausweise für Staatenlose prüfen, die sich in ihrem Hoheitsgebiet nicht mehr rechtmäßig aufhalten und von dem Land ihres rechtmäßigen Aufenthalts keinen Reiseausweis erhalten können.

§ 7

Die Vertragsstaaten erkennen die Gültigkeit der nach Artikel 28 dieses Übereinkommens ausgestellten Ausweise an.

§ 8

Sind die zuständigen Behörden des Landes, in das sich der Staatenlose zu begeben wünscht, bereit, ihn zuzulassen und ist hierfür ein Sichtvermerk erforderlich, so versehen sie den Ausweis, dessen Inhaber er ist, mit einem Sichtvermerk.

§ 9

(1) Die Vertragsstaaten verpflichten sich zur Erteilung von Durchreise-Sichtvermerken an Staatenlose, die Sichtvermerke für das Hoheitsgebiet eines Bestimmungslandes erhalten haben.

(2) Die Erteilung eines solchen Sichtvermerks kann aus Gründen verweigert werden, die jedem Ausländer gegenüber die Verweige-

rung eines Sichtvermerks rechtfertigen würden.

§ 10

Die Gebühren für die Erteilung von Ausreise-, Einreise- oder Durchreise-Sichtvermerken dürfen den Mindestsatz für Sichtvermerke in ausländischen Pässen nicht überschreiten.

§ 11

Wechselt ein Staatenloser seinen Aufenthaltsort und läßt er sich rechtmäßig im Hoheitsgebiet eines anderen Vertragsstaates nieder, so ist für die Ausstellung eines neuen Ausweises nach Maßgabe des Artikels 28 die Behörde jenes Hoheitsgebietes zuständig, bei welcher der Staatenlose einen Antrag zu stellen berechtigt ist.

§ 12

Die Behörden, die einen neuen Ausweis ausstellt, zieht den alten ein und gibt ihn an das Land zurück, das ihn ausgestellt hat, wenn in dem alten Ausweis die Rückgabe an das Ausstellungsland vorgesehen ist; andernfalls zieht sie ihn ein und macht ihn ungültig.

§ 13

(1) Ein nach Artikel 28 dieses Übereinkommens ausgestellter Reiseausweis berechtigt seinen Inhaber, sofern darin nichts Gegenteiliges bestimmt ist, während der Gültigkeitsdauer des Ausweises jederzeit in das Hoheitsgebiet des ausstellenden Staates wieder einzureisen. Die Frist für die Wiedereinreise des Inhabers in das Land, das den Ausweis ausgestellt hat, muß mindestens drei Monate betragen, es sei denn, daß das Land, in das der Staatenlose zu reisen beabsichtigt, nicht darauf besteht, daß der Reiseausweis das Recht zur Wiedereinreise vorsieht.

(2) Vorbehaltlich des Absatzes 1 kann ein Vertragsstaat von dem Inhaber eines Ausweises verlangen, daß er alle Förmlichkeiten erfüllt, die für die Ausreise aus seinem Hoheitsgebiet und für die Wiedereinreise dorthin vorgeschrieben sind.

§ 14

Mit dem einzigen Vorbehalt des Paragraphen 13 läßt dieser Anhang die Gesetze und sonstigen Rechtsvorschriften unberührt, die in den Hoheitsgebieten der Vertragsstaaten die Zulassung, die Durchreise, den Aufenthalt, die Niederlassung und die Ausreise regeln.

§ 15

Weder die Ausstellung des Ausweises noch die darin vorgenommenen Eintragungen bestimmen oder berühren die Rechtsstellung des Inhabers, insbesondere in bezug auf seine Staatsangehörigkeit.

§ 16

Die Ausstellung des Ausweises gibt dem Inhaber keinen Anspruch auf den Schutz der diplomatischen oder konsularischen Dienststellen des Aussstellungslandes und verleiht diesen nicht ohne weiteres ein Schutzrecht.

Gesetz über die Rechtsstellung heimatloser Ausländer im Bundesgebiet

Vom 25. April 1951 (BGBl. I S. 269)

Zuletzt geändert durch
Zuwanderungsgesetz
vom 30. Juli 2004 (BGBl. I S. 1950)

Kapitel I
Allgemeine Vorschriften

§ 1

(1) Heimatloser Ausländer im Sinne dieses Gesetzes ist ein fremder Staatsangehöriger oder Staatenloser, der

a) nachweist, daß er der Obhut der Internationalen Organisation untersteht, die von den Vereinten Nationen mit der Betreuung verschleppter Personen und Flüchtlinge beauftragt ist, und

b) nicht Deutscher nach Artikel 116 des Grundgesetzes ist und

c) am 30. Juni 1950 seinen Aufenthalt im Geltungsbereich des Grundgesetzes oder in Berlin (West) hatte oder die Rechtsstellung eines heimatlosen Ausländers auf Grund der Bestimmungen des § 2 Abs. 3 erwirbt.

(2) Wer seine Staatsangehörigkeit von einem heimatlosen Ausländer ableitet und am 1. Januar 1991 rechtmäßig seinen gewöhnlichen Aufenthalt im Geltungsbereich dieses Gesetzes hatte, steht einem heimatlosen Ausländer im Sinne dieses Gesetzes gleich.

§ 2

(1) Ein heimatloser Ausländer verliert diese Rechtsstellung, wenn er nach dem 30. Juni 1950 eine neue Staatsangehörigkeit erwirbt oder seinen gewöhnlichen Aufenthalt außerhalb des Geltungsbereichs des Grundgesetzes oder von Berlin (West) nimmt.

(2) Hat ein heimatloser Ausländer seinen gewöhnlichen Aufenthalt außerhalb des Geltungsbereichs des Grundgesetzes oder von Berlin (West) genommen, so kann er innerhalb zweier Jahre seit dem Zeitpunkt seiner Ausreise aus dem Geltungsbereich des Grundgesetzes oder aus Berlin (West) seinen gewöhnlichen Aufenthalt in den Geltungsbereich des Grundgesetzes oder nach Berlin (West) zurückverlegen. Mit der Rückkehr erlangt er wieder die Rechtsstellung eines heimatlosen Ausländers.

(3) Ein fremder Staatsangehöriger oder Staatenloser, der die Bestimmungen des § 1 Abs. 1 a) und b) erfüllt, nach dem 1. Juli 1948 seinen gewöhnlichen Aufenthalt im Geltungsbereich des Grundgesetzes oder in Berlin (West) hatte und ihn danach außerhalb des Geltungsbereichs des Grundgesetzes oder von Berlin (West) verlegt hat, erlangt die Rechtsstellung eines heimatlosen Ausländers, wenn er innerhalb von 2 Jahren seit dem Zeitpunkt seiner Ausreise aus dem Geltungsbereich des Grundgesetzes oder aus Berlin (West) rechtmäßig seinen Wohnsitz oder dauernden Aufenthalt in den Geltungsbereich des Grundgesetzes oder nach Berlin (West) zurückverlegt.

§ 3

(1) Ein heimatloser Ausländer darf wegen seiner Abstammung, seiner Rasse, seiner Sprache, seiner Heimat und Herkunft, seines Glaubens oder wegen seiner Flüchtlingseigenschaft nicht benachteiligt werden.

(2) Die ungestörte Religionsausübung wird gewährleistet.

§ 4

(1) Heimatlose Ausländer sind den im Geltungsbereich des Grundgesetzes oder in Ber-

lin (West) geltenden Gesetzen und Vorschriften einschließlich der zur Aufrechterhaltung der öffentlichen Ordnung ergriffenen Maßnahmen unterworfen.

(2) Sie unterstehen der deutschen Gerichtsbarkeit.

§ 5

Rechte und Vergünstigungen, die allgemein Angehörigen fremder Staaten nur unter der Bedingung der Gegenseitigkeit gewährt werden, sind heimatlosen Ausländern auch dann nicht zu versagen, wenn die Gegenseitigkeit nicht verbürgt ist.

§ 6

Ausnahmemaßnahmen, die sich gegen Angehörige des früheren Heimatstaates eines heimatlosen Ausländers richten, dürfen gegen diesen nicht angewandt werden.

§ 7

In den Fällen, in denen der Erwerb oder die Ausübung eines Rechts von der Dauer des Aufenthalts im Geltungsbereich des Grundgesetzes oder in Berlin (West) abhängig ist, ist die Zeit des Zwangsaufenthalts einer Person im Falle einer Verschleppung in der Zeit vom 1. September 1939 bis zum 8. Mai 1945 anzurechnen.

Kapitel II
Bürgerliches Recht

§ 8

Hat ein heimatloser Ausländer vor Inkrafttreten dieses Gesetzes nach anderen als den deutschen Vorschriften Rechte erworben, so behält er diese, sofern die Gesetze des Ortes beobachtet sind, an dem das Rechtsgeschäft vorgenommen ist. Dies gilt insbesondere für eine vor Inkrafttreten dieses Gesetzes geschlossene Ehe.

§ 9

Heimatlose Ausländer können unter den gleichen Voraussetzungen wie deutsche Staatsangehörige Eigentum und andere Rechte an Grundstücken und beweglichen Sachen erwerben.

§ 10 (weggefallen)

§ 11

Im Verfahren vor allen deutschen Gerichten sind heimatlose Ausländer den deutschen Staatsangehörigen gleichgestellt. Sie genießen unter den gleichen Bedingungen wie deutsche Staatsangehörige die Prozeßkostenhilfe und sind von den besonderen Pflichten der Angehörigen fremder Staaten und der Staatenlosen zur Sicherheitsleistung befreit.

Kapitel III
Öffentliches Recht

§ 12

Heimatlose Ausländer sind in der Wahl ihres Aufenthaltsortes und in der Freizügigkeit innerhalb des Bundesgebietes den deutschen Staatsangehörigen gleichgestellt. Sie bedürfen keines Aufenthaltstitels. Ausländischen Familienangehörigen heimatloser Ausländer wird nach den für ausländische Familienangehörige Deutscher geltenden Vorschriften eine Aufenthaltserlaubnis erteilt.

§ 13

(1) Heimatlose Ausländer sind hinsichtlich des Rechts, sich in Vereinigungen für kulturelle, soziale, Wohlfahrts-, Selbsthilfe- und ähnliche Zwecke zusammenzuschließen, deutschen Staatsangehörigen gleichgestellt. Diese Gleichstellung gilt nicht für die Bildung von Vereinigungen mit politischen Zwecken.

(2) Heimatlose Ausländer haben das Recht, sich in Gewerkschaften zusammenzuschließen oder ihre Aufnahme in deutsche Gewerkschaften zu beantragen.

§ 14

(1) Heimatlose Ausländer haben zu allen öffentlichen Volksschulen, mittleren und höheren Lehranstalten sowie wissenschaftlichen Hochschulen und Kunsthochschulen unter den gleichen Bedingungen Zugang wie deutsche Staatsangehörige. Sie werden nach

Maßgabe des Landesrechts an Gebührenerlaß und an den Mitteln zur Förderung Begabter beteiligt.

(2) Heimatlose Ausländer können Staatsprüfungen unter den gleichen Bedingungen ablegen wie deutsche Staatsangehörige.

(3) Das Recht zur Errichtung von privaten Schulen für heimatlose Ausländer wird nach Maßgabe des Artikels 7 Abs. 4 und 5 des Grundgesetzes gewährleistet.

§ 15

(1) Ausländische Prüfungen heimatloser Ausländer werden im Bundesgebiet anerkannt, wenn sie den entsprechenden inländischen Prüfungen gleichzuachten sind.

(2) Die Entscheidung darüber, welche ausländischen Prüfungen den inländischen Prüfungen gleichzuachten sind, wird von den Obersten Landesbehörden getroffen.

§ 16

Heimatlose Ausländer, die Prüfungen gemäß § 14 abgelegt haben oder deren ausländische Prüfungen gemäß § 15 anerkannt werden, sind zur Ausübung eines freien Berufes im Bundesgebiet unter den gleichen Bedingungen zuzulassen wie deutsche Staatsangehörige.

§ 17

(1) Heimatlose Ausländer sind in der Ausübung nichtselbständiger Arbeit deutschen Staatsangehörigen gleichgestellt.

(2) Hinsichtlich des Rechts, sich in der Landwirtschaft, Industrie, im Handwerk und im Handel selbständig zu betätigen, sowie Handels- und Industrieunternehmungen, auch in der Form von Gesellschaften, zu gründen, sind heimatlose Ausländer den deutschen Staatsangehörigen gleichgestellt. Das gilt nicht für das Wandergewerbe und den Straßenhandel. Für die Ausübung dieser Gewerbe verbleibt es für heimatlose Ausländer bei der in § 56d und § 42b Abs. 4 der Gewerbeordnung für Ausländer getroffenen Regelung.

§ 18

Heimatlose Ausländer sind in der Sozialversicherung, der Arbeitslosenversicherung und der Arbeitslosenfürsorge den deutschen Staatsangehörigen gleichgestellt.

§ 19

Heimatlose Ausländer erhalten in der öffentlichen Fürsorge Leistungen in gleicher Höhe wie deutsche Staatsangehörige.

§ 20

Die Erhebung von Steuern, Abgaben und Gebühren richtet sich für heimatlose Ausländer nach den für deutsche Staatsangehörige geltenden Vorschriften.

Kapitel IV
Verwaltungsmaßnahmen

§ 21

(1) Ein heimatloser Ausländer wird auf Antrag eingebürgert, wenn er

1. seit sieben Jahren rechtmäßig seinen gewöhnlichen Aufenthalt im Geltungsbereich dieses Gesetzes hat und
2. nicht wegen einer Straftat verurteilt worden ist; außer Betracht bleiben Verurteilungen zu Geldstrafe oder zu Jugend- oder Freiheitsstrafe bis zu einem Jahr, deren Vollstreckung zur Bewährung ausgesetzt wurde.

Der Ehegatte und minderjährige ledige Kinder eines heimatlosen Ausländers werden nach Maßgabe des Satzes 1 mit ihm eingebürgert, auch wenn sie noch nicht seit sieben Jahren rechtmäßig ihren gewöhnlichen Aufenthalt im Geltungsbereich dieses Gesetzes haben. Für die Einbürgerung wird eine Gebühr in Höhe von 51 Euro erhoben.

(2) Im übrigen gelten für heimatlose Ausländer die allgemeinen Vorschriften über die Einbürgerung.

§ 22

Einem heimatlosen Ausländer darf die Rückkehr in seine Heimat oder die Auswanderung nicht versagt werden.

III

§ 23

(1) Heimatlose Ausländer dürfen nur nach Maßgabe des § 56 des Aufenthaltsgesetzes aus schwerwiegenden Gründen der öffentlichen Sicherheit oder Ordnung ausgewiesen werden. Sie dürfen nur abgeschoben werden, wenn sie unanfechtbar ausreisepflichtig sind.

(2) Bei der Ausweisung ist dem Betroffenen eine angemessene Frist zu gewähren, in welcher er um Aufnahme in einen anderen Staat nachsuchen kann.

(3) Ein heimatloser Ausländer darf weder an einen Staat ausgeliefert noch in einen Staat ausgewiesen, abgeschoben oder zurückgesandt werden, in dem sein Leben oder seine Freiheit wegen seiner Rasse, seiner Abstammung, seiner Herkunft, seines Glaubens, seiner religiösen oder politischen Anschauungen bedroht ist. § 60 Abs. 10 des Aufenthaltsgesetzes findet entsprechende Anwendung.

(4) Die Anwendung des Gesetzes Nr. 10 der Alliierten Hohen Kommission vom 27. Oktober 1949 über die Ausweisung unerwünschter Personen wird hierdurch nicht berührt.

Kapitel V
Rechtsschutz

§ 24

(1) Die Bundesregierung wird ermächtigt, mit Zustimmung des Bundesrates Rechtsverordnungen zu erlassen,

a) um heimatlosen Ausländern den Schutz und Beistand zu gewähren, der fremden Staatsangehörigen sonst durch die Auslandsvertretungen ihrer Heimatstaaten geleistet wird und

b) um die Ausstellung von Urkunden zu regeln, die fremden Staatsangehörigen sonst von ihren Heimatbehörden erteilt werden.

(2) Die so ausgestellten Urkunden haben die gleiche Gültigkeit, wie sie entsprechenden, den fremden Staatsangehörigen von ihren Heimatbehörden erteilten Urkunden zukommt.

(3) Für die Ausstellung solcher Urkunden dürfen, vorbehaltlich einer günstigeren Behandlung für minderbemittelte heimatlose Ausländer, keine höheren Gebühren erhoben werden als von deutschen Staatsangehörigen.

Kapitel VI
Schluß- und Übergangsvorschriften

§ 25

Die aus der Durchführung dieses Gesetzes erwachsenden Kosten trägt der Bund nach Maßgabe eines Gesetzes gemäß Artikel 120 des Grundgesetzes.

§ 26

Dieses Gesetz findet keine Anwendung auf Personen, die in Umsiedlung begriffen sind und von der Internationalen Flüchtlings-Organisation (IRO) Fürsorge und Unterhalt erhalten.

§ 27 (weggefallen)

§ 28

Dieses Gesetz tritt am Tage nach seiner Verkündung in Kraft.

Gesetz über die Angelegenheiten der Vertriebenen und Flüchtlinge (Bundesvertriebenengesetz – BVFG)

in der Fassung der Bekanntmachung vom 10. August 2007 (BGBl. I S. 1902)

Zuletzt geändert durch
Terminservice- und Versorgungsgesetz
vom 6. Mai 2019 (BGBl. I S. 646)

Inhaltsübersicht

III

Erster Abschnitt
Allgemeine Bestimmungen

§ 1 Vertriebener

(1) Vertriebener ist, wer als deutscher Staatsangehöriger oder deutscher Volkszugehöriger seinen Wohnsitz in den ehemals unter fremder Verwaltung stehenden deutschen Ostgebieten oder in den Gebieten außerhalb der Grenzen des Deutschen Reiches nach dem Gebietsstande vom 31. Dezember 1937 hatte und diesen im Zusammenhang mit den Ereignissen des zweiten Weltkrieges infolge Vertreibung, insbesondere durch Ausweisung oder Flucht, verloren hat. Bei mehrfachem Wohnsitz muss derjenige Wohnsitz verlorengegangen sein, der für die persönlichen Lebensverhältnisse des Betroffenen bestimmend war. Als bestimmender Wohnsitz im Sinne des Satzes 2 ist insbesondere der Wohnsitz anzusehen, an welchem die Familienangehörigen gewohnt haben.

(2) Vertriebener ist auch, wer als deutscher Staatsangehöriger oder deutscher Volkszugehöriger

1. nach dem 30. Januar 1933 die in Absatz 1 genannten Gebiete verlassen und seinen Wohnsitz außerhalb des Deutschen Reiches genommen hat, weil aus Gründen politischer Gegnerschaft gegen den Nationalsozialismus oder aus Gründen der Rasse, des Glaubens oder der Weltanschauung nationalsozialistische Gewaltmaßnahmen gegen ihn verübt worden sind oder ihm drohten,
2. auf Grund der während des zweiten Weltkrieges geschlossenen zwischenstaatlichen Verträge aus außerdeutschen Gebieten oder während des gleichen Zeitraumes auf Grund von Maßnahmen deutscher Dienststellen aus den von der deutschen Wehrmacht besetzten Gebieten umgesiedelt worden ist (Umsiedler),
3. nach Abschluss der allgemeinen Vertreibungsmaßnahmen vor dem 1. Juli 1990 oder danach im Wege des Aufnahmeverfahrens vor dem 1. Januar 1993 die ehemals unter fremder Verwaltung stehenden deutschen Ostgebiete, Danzig, Estland, Lettland, Litauen, die ehemalige Sowjetunion, Polen, die Tschechoslowakei, Ungarn, Rumänien, Bulgarien, Jugoslawien, Albanien oder China verlassen hat oder verlässt, es sei denn, dass er, ohne aus diesen Gebieten vertrieben und bis zum 31. März 1952 dorthin zurückgekehrt zu sein, nach dem 8. Mai 1945 einen Wohnsitz in diesen Gebieten begründet hat (Aussiedler),
4. ohne einen Wohnsitz gehabt zu haben, sein Gewerbe oder seinen Beruf ständig in den in Absatz 1 genannten Gebieten ausgeübt hat und diese Tätigkeit infolge Vertreibung aufgeben musste,
5. seinen Wohnsitz in den in Absatz 1 genannten Gebieten gemäß § 10 des Bürgerlichen Gesetzbuchs durch Eheschließung verloren, aber seinen ständigen Aufenthalt dort beibehalten hatte und diesen infolge Vertreibung aufgeben musste,
6. in den in Absatz 1 genannten Gebieten als Kind einer unter Nummer 5 fallenden Ehefrau gemäß § 11 des Bürgerlichen Gesetzbuchs keinen Wohnsitz, aber einen ständigen Aufenthalt hatte und diesen infolge Vertreibung aufgeben musste.

(3) Als Vertriebener gilt auch, wer, ohne selbst deutscher Staatsangehöriger oder deutscher Volkszugehöriger zu sein, als Ehegatte eines Vertriebenen seinen Wohnsitz oder in den Fällen des Absatzes 2 Nr. 5 als Ehegatte eines deutschen Staatsangehörigen oder deutschen Volkszugehörigen den ständigen Aufenthalt in den in Absatz 1 genannten Gebieten verloren hat.

(4) Wer infolge von Kriegseinwirkungen Aufenthalt in den in Absatz 1 genannten Gebieten genommen hat, ist jedoch nur dann Vertriebener, wenn es aus den Umständen hervorgeht, dass er sich auch nach dem Kriege in diesen Gebieten ständig niederlassen wollte oder wenn er diese Gebiete nach dem 31. Dezember 1989 verlassen hat.

§ 2 Heimatvertriebener

(1) Heimatvertriebener ist ein Vertriebener, der am 31. Dezember 1937 oder bereits einmal vorher seinen Wohnsitz in dem Gebiet

desjenigen Staates hatte, aus dem er vertrieben worden ist (Vertreibungsgebiet), und dieses Gebiet vor dem 1. Januar 1993 verlassen hat; die Gesamtheit der in § 1 Abs. 1 genannten Gebiete, die am 1. Januar 1914 zum Deutschen Reich oder zur Österreichisch-Ungarischen Monarchie oder zu einem späteren Zeitpunkt zu Polen, zu Estland, zu Lettland oder zu Litauen gehört haben, gilt als einheitliches Vertreibungsgebiet.

(2) Als Heimatvertriebener gilt auch ein vertriebener Ehegatte oder Abkömmling, der die Vertreibungsgebiete vor dem 1. Januar 1993 verlassen hat, wenn der andere Ehegatte oder bei Abkömmlingen ein Elternteil am 31. Dezember 1937 oder bereits einmal vorher seinen Wohnsitz im Vertreibungsgebiet (Absatz 1) gehabt hat.

§ 3 Sowjetzonenflüchtling

(1) Sowjetzonenflüchtling ist ein deutscher Staatsangehöriger oder deutscher Volkszugehöriger, der seinen Wohnsitz in der sowjetischen Besatzungszone oder im sowjetisch besetzten Sektor von Berlin hat oder gehabt hat und von dort vor dem 1. Juli 1990 geflüchtet ist, um sich einer von ihm nicht zu vertretenden und durch die politischen Verhältnisse bedingten besonderen Zwangslage zu entziehen. Eine besondere Zwangslage ist vor allem dann gegeben, wenn eine unmittelbare Gefahr für Leib und Leben oder die persönliche Freiheit vorgelegen hat. Eine besondere Zwangslage ist auch bei einem schweren Gewissenskonflikt gegeben. Wirtschaftliche Gründe sind als besondere Zwangslage anzuerkennen, wenn die Existenzgrundlage zerstört oder entscheidend beeinträchtigt worden ist oder wenn die Zerstörung oder entscheidende Beeinträchtigung nahe bevorstand.

(2) Von der Anerkennung als Sowjetzonenflüchtling ist ausgeschlossen,

1. wer dem in der sowjetischen Besatzungszone und im sowjetisch besetzten Sektor von Berlin herrschenden System erheblich Vorschub geleistet hat,
2. wer während der Herrschaft des Nationalsozialismus oder in der sowjetischen Besatzungszone oder im sowjetisch besetzten Sektor von Berlin durch sein Verhalten gegen die Grundsätze der Menschlichkeit oder Rechtsstaatlichkeit verstoßen hat,
3. wer die freiheitliche demokratische Grundordnung der Bundesrepublik Deutschland einschließlich des Landes Berlin bekämpft hat.

(3) § 1 Abs. 1 Satz 2 und 3, Abs. 2 Nr. 4 bis 6, Abs. 3 und 4 ist sinngemäß anzuwenden.

III

§ 4 Spätaussiedler

(1) Spätaussiedler ist in der Regel ein deutscher Volkszugehöriger, der die Republiken der ehemaligen Sowjetunion nach dem 31. Dezember 1992 im Wege des Aufnahmeverfahrens verlassen und innerhalb von sechs Monaten im Geltungsbereich des Gesetzes seinen ständigen Aufenthalt genommen hat, wenn er zuvor

1. seit dem 8. Mai 1945 oder
2. nach seiner Vertreibung oder der Vertreibung eines Elternteils seit dem 31. März 1952 oder
3. seit seiner Geburt, wenn er vor dem 1. Januar 1993 geboren ist und von einer Person abstammt, die die Stichtagsvoraussetzung des 8. Mai 1945 nach Nummer 1 oder des 31. März 1952 nach Nummer 2 erfüllt, es sei denn, dass Eltern oder Voreltern ihren Wohnsitz erst nach dem 31. März 1952 in die Aussiedlungsgebiete verlegt haben,

seinen Wohnsitz in den Aussiedlungsgebieten hatte.

(2) Spätaussiedler ist auch ein deutscher Volkszugehöriger aus den Aussiedlungsgebieten des § 1 Abs. 2 Nr. 3 außer den in Absatz 1 genannten Staaten, der die übrigen Voraussetzungen des Absatzes 1 erfüllt und glaubhaft macht, dass er am 31. Dezember 1992 oder danach Benachteiligungen oder Nachwirkungen früherer Benachteiligungen auf Grund deutscher Volkszugehörigkeit unterlag.

(3) Der Spätaussiedler ist Deutscher im Sinne des Artikels 116 Abs. 1 des Grundgesetzes. Ehegatten oder Abkömmlinge von Spätaus-

siedlern, die nach § 27 Abs. 1 Satz 2 in den Aufnahmebescheid einbezogen worden sind, erwerben, sofern die Einbeziehung nicht unwirksam geworden ist, diese Rechtsstellung mit ihrer Aufnahme im Geltungsbereich des Gesetzes.

§ 5 Ausschluss

Die Rechtsstellung nach § 4 Abs. 1, 2 oder Abs. 3 Satz 2 erwirbt nicht, wer

1. a) in den Aussiedlungsgebieten der nationalsozialistischen oder einer anderen Gewaltherrschaft erheblich Vorschub geleistet hat,
   b) in den Aussiedlungsgebieten durch sein Verhalten gegen die Grundsätze der Menschlichkeit oder Rechtsstaatlichkeit verstoßen hat,
   c) in den Aussiedlungsgebieten in schwerwiegendem Maße seine Stellung zum eigenen Vorteil oder zum Nachteil anderer missbraucht hat,
   d) eine rechtswidrige Tat begangen hat, die im Inland als Verbrechen im Sinne des § 12 Abs. 1 des Strafgesetzbuchs anzusehen wäre, es sei denn, die Tat wäre nach deutschem Recht verjährt oder eine Verurteilung deswegen nach dem Bundeszentralregistergesetz zu tilgen, oder
   e) nach einer durch tatsächliche Anhaltspunkte gerechtfertigten Schlussfolgerung
      aa) einer Vereinigung angehört oder angehört hat, die den Terrorismus unterstützt, oder eine derartige Vereinigung unterstützt oder unterstützt hat,
      bb) bei der Verfolgung politischer Ziele sich an Gewalttätigkeiten beteiligt oder öffentlich zur Gewaltanwendung aufgerufen oder mit Gewaltanwendung gedroht hat oder
      cc) Bestrebungen verfolgt oder unterstützt oder verfolgt oder unterstützt hat, die gegen die freiheitliche demokratische Grundordnung, den Bestand oder die Sicherheit des Bundes oder eines Landes oder den Gedanken der Völkerverständigung gerichtet sind,

   es sei denn, er macht glaubhaft, dass er sich von den früheren Handlungen abgewandt hat, oder
2. a) die Aussiedlungsgebiete wegen einer drohenden strafrechtlichen Verfolgung auf Grund eines kriminellen Delikts verlassen oder
   b) in den Aussiedlungsgebieten eine Funktion ausgeübt hat, die für die Aufrechterhaltung des kommunistischen Herrschaftssystems gewöhnlich als bedeutsam galt oder auf Grund der Umstände des Einzelfalles war, oder
   c) wer für mindestens drei Jahre mit dem Inhaber einer Funktion im Sinne von Buchstabe b in häuslicher Gemeinschaft gelebt hat.

§ 6 Volkszugehörigkeit

(1) Deutscher Volkszugehöriger im Sinne dieses Gesetzes ist, wer sich in seiner Heimat zum deutschen Volkstum bekannt hat, sofern dieses Bekenntnis durch bestimmte Merkmale wie Abstammung, Sprache, Erziehung, Kultur bestätigt wird.

(2) Wer nach dem 31. Dezember 1923 geboren worden ist, ist deutscher Volkszugehöriger, wenn er von einem deutschen Staatsangehörigen oder deutschen Volkszugehörigen abstammt und sich bis zum Verlassen der Aussiedlungsgebiete durch eine entsprechende Nationalitätenerklärung oder auf andere Weise zum deutschen Volkstum bekannt oder nach dem Recht des Herkunftsstaates zur deutschen Nationalität gehört hat. Das Bekenntnis auf andere Weise kann insbesondere durch den Nachweis ausreichender deutscher Sprachkenntnisse entsprechend dem Niveau B 1 des Gemeinsamen Europäischen Referenzrahmens für Sprachen oder durch den Nachweis familiär vermittelter Deutschkenntnisse erbracht werden. Das Bekenntnis zum deutschen Volkstum muss bestätigt werden durch den Nachweis der Fähigkeit, zum Zeitpunkt der verwaltungsbehördlichen Entscheidung über den Aufnah-

meantrag, in Fällen des § 27 Absatz 1 Satz 2 im Zeitpunkt der Begründung des ständigen Aufenthalts im Geltungsbereich dieses Gesetzes, zumindest ein einfaches Gespräch auf Deutsch führen zu können, es sei denn, der Aufnahmebewerber kann diese Fähigkeit wegen einer körperlichen, geistigen oder seelischen Krankheit oder wegen einer Behinderung im Sinne des § 2 Absatz 1 Satz 1 des Neunten Buches Sozialgesetzbuch nicht besitzen. Ein Bekenntnis zum deutschen Volkstum wird unterstellt, wenn es unterblieben ist, weil es mit Gefahr für Leib und Leben oder schwerwiegenden beruflichen oder wirtschaftlichen Nachteilen verbunden war, jedoch auf Grund der Gesamtumstände der Wille unzweifelhaft ist, der deutschen Volksgruppe und keiner anderen anzugehören.

Zweiter Abschnitt Verteilung, Rechte und Vergünstigungen

§ 7 Grundsatz

(1) Spätaussiedlern ist die Eingliederung in das berufliche, kulturelle und soziale Leben in der Bundesrepublik Deutschland zu erleichtern. Durch die Spätaussiedlung bedingte Nachteile sind zu mildern.

(2) Die §§ 8, 10 und 11 sind auf den Ehegatten und die Abkömmlinge des Spätaussiedlers, die die Voraussetzungen des § 4 Abs. 1 oder 2 nicht erfüllen, aber die Aussiedlungsgebiete im Wege des Aufnahmeverfahrens verlassen haben, entsprechend anzuwenden. § 5 gilt sinngemäß.

§ 8 Verteilung

(1) Die Länder nehmen die Spätaussiedler und ihre Ehegatten und Abkömmlinge, soweit sie die Voraussetzungen des § 7 Abs. 2 erfüllen, auf. Das Bundesverwaltungsamt legt das aufnehmende Land fest (Verteilungsverfahren). Bis zu dieser Festlegung werden die Personen vom Bund untergebracht. Spätaussiedler und in den Aufnahmebescheid einbezogene Ehegatten oder Abkömmlinge sind verpflichtet, sich nach der Einreise in den Geltungsbereich des Gesetzes in einer Erstaufnahmeeinrichtung des Bundes registrieren zu lassen.

(2) Familienangehörige des Spätaussiedlers, die, ohne die Voraussetzungen des § 7 Abs. 2 zu erfüllen, gemeinsam mit dem Spätaussiedler eintreffen, können in das Verteilungsverfahren einbezogen werden.

(3) Die Länder können durch Vereinbarung einen Schlüssel zur Verteilung festlegen. Bis zum Zustandekommen dieser Vereinbarung oder bei deren Wegfall richten sich die Verteilungsquoten für das jeweilige Kalenderjahr nach dem von der Geschäftsstelle der Bund-Länder-Kommission für Bildungsplanung und Forschungsförderung im Bundesanzeiger veröffentlichten Schlüssel, der für das vorangegangene Kalenderjahr entsprechend Steuereinnahmen und Bevölkerungszahl der Länder errechnet worden ist (Königsteiner Schlüssel).

(4) Das Bundesverwaltungsamt hat den Schlüssel einzuhalten. Zu diesem Zweck kann ein von den Wünschen des Spätaussiedlers abweichendes Land zur Aufnahme verpflichtet werden.

(5) Wer abweichend von der Festlegung oder ohne Festlegung des Bundesverwaltungsamtes in einem Land ständigen Aufenthalt nimmt, muss dort nicht aufgenommen werden.

(6) (weggefallen)

(7) § 45 des Achten Buches Sozialgesetzbuch (Artikel 1 des Gesetzes vom 26. Juni 1990, BGBl. I S. 1163) gilt nicht für Einrichtungen zur Aufnahme von Spätaussiedlern.

§ 9 Hilfen

(1) Spätaussiedler gemäß § 4 Abs. 1 oder 2 sowie deren Ehegatten oder Abkömmlinge, welche die Voraussetzungen des § 7 Abs. 2 Satz 1 erfüllen, haben Anspruch auf kostenlose Teilnahme an einem Integrationskurs, der einen Basis- und einen Aufbausprachkurs von gleicher Dauer zur Erlangung ausreichender Sprachkenntnisse sowie einen Orientierungskurs zur Vermittlung von Kenntnissen der Rechtsordnung, der Kultur und der Geschichte in Deutschland umfasst. Ausge-

III

nommen sind Kinder, Jugendliche und junge Erwachsene, die eine schulische Ausbildung aufnehmen oder ihre bisherige Schullaufbahn in der Bundesrepublik Deutschland fortsetzen. Der Sprachkurs dauert bei ganztägigem Unterricht (Regelfall) längstens sechs Monate. Soweit erforderlich soll der Integrationskurs durch eine sozialpädagogische Betreuung sowie durch Kinderbetreuungsangebote ergänzt werden. Spätaussiedlern sowie deren Ehegatten oder Abkömmlingen im Sinne des § 7 Abs. 2 Satz 1, denen nach § 2 Abs. 1 des Gesetzes über die Festlegung eines vorläufigen Wohnortes für Spätaussiedler ein Wohnort zugewiesen wurde, wird, solange die Entscheidung über die Zuweisung eines vorläufigen Wohnortes nicht nach § 2 Abs. 4 des Gesetzes über die Festlegung eines vorläufigen Wohnortes für Spätaussiedler gegenstandslos geworden ist, ein Fahrkostenzuschuss zur Teilnahme an einem Integrationskurs gewährt, wenn ein Kursangebot nicht zumutbar erreichbar ist. Das Bundesministerium des Innern wird ermächtigt, nähere Einzelheiten des Integrationskurses, insbesondere die Grundstruktur, die Dauer, die Lerninhalte und die Durchführung der Kurse, die Vorgaben bezüglich der Auswahl und Zulassung der Kursträger sowie die Rahmenbedingungen für die Teilnahme durch Rechtsverordnung, die nicht der Zustimmung des Bundesrates bedarf, zu regeln.

(2) Spätaussiedler können erhalten

1. eine einmalige Überbrückungshilfe des Bundes und
2. einen Ausgleich für Kosten der Ansiedlung.

Das Nähere bestimmt der Bundesminister des Innern durch Richtlinien.

(3) Spätaussiedlern aus der ehemaligen UdSSR, Estland, Lettland oder Litauen, die vor dem 1. April 1956 geboren sind, gewährt das Bundesverwaltungsamt zum Ausgleich für den erlittenen Gewahrsam auf Antrag eine pauschale Eingliederungshilfe in Höhe von 2046 Euro. Sie beträgt bei Personen im Sinne des Satzes 1, die vor dem 1. Januar 1946 geboren sind, 3068 Euro. Der Antrag auf pauschale Eingliederungshilfe kann nur bis zum Ablauf von drei Jahren nach Ablauf des Monats, in dem die Bescheinigung nach § 15 Abs. 1 ausgestellt wurde, gestellt werden. Die Frist endet frühestens am 31. Dezember 2009.

(4) Weitere Integrationshilfen wie Ergänzungsförderung für Jugendliche und ergänzende Sprach- und sozialpädagogische Förderung können gewährt werden. Weitere Integrationshilfen im Sinne von Satz 1 können Personen gemäß Absatz 1 und weiteren Familienangehörigen des Spätaussiedlers gewährt werden, die gemäß § 8 Absatz 2 gemeinsam mit diesem eintreffen.

(5) Das Bundesamt für Migration und Flüchtlinge ist zuständig für

a) die Entwicklung von Grundstruktur und Lerninhalten des Basissprachkurses, des Aufbaukurses und des Orientierungskurses nach Absatz 1 und
b) die Durchführung der Maßnahmen nach den Absätzen 1 und 4.

§ 10 Prüfungen und Befähigungsnachweise

(1) Prüfungen oder Befähigungsnachweise, die Spätaussiedler bis zum 8. Mai 1945 im Gebiet des Deutschen Reiches nach dem Gebietsstande vom 31. Dezember 1937 abgelegt oder erworben haben, sind im Geltungsbereich des Gesetzes anzuerkennen.

(2) Prüfungen oder Befähigungsnachweise, die Spätaussiedler in den Aussiedlungsgebieten abgelegt oder erworben haben, sind anzuerkennen, wenn sie den entsprechenden Prüfungen oder Befähigungsnachweisen im Geltungsbereich des Gesetzes gleichwertig sind.

(3) Haben Spätaussiedler die zur Ausübung ihres Berufes notwendigen oder für den Nachweis ihrer Befähigung zweckdienlichen Urkunden (Prüfungs- oder Befähigungsnachweise) und die zur Ausstellung von Ersatzurkunden erforderlichen Unterlagen verloren, so ist ihnen auf Antrag durch die für die Ausstellung entsprechender Urkunden zuständigen Behörden und Stellen eine Bescheinigung auszustellen, wonach der Antragsteller

die Ablegung der Prüfung oder den Erwerb des Befähigungsnachweises glaubhaft nachgewiesen hat.

(4) Voraussetzung für die Ausstellung der Bescheinigung gemäß Absatz 3 ist die glaubhafte Bestätigung

1. durch schriftliche, an Eides statt abzugebende Erklärung einer Person, die auf Grund ihrer früheren dienstlichen Stellung im Bezirk des Antragstellers von der Ablegung der Prüfung oder dem Erwerb des Befähigungsnachweises Kenntnis hat, oder
2. durch schriftliche, an Eides statt abzugebende Erklärungen von zwei Personen, die von der Ablegung der Prüfung oder dem Erwerb des Befähigungsnachweises eigene Kenntnisse haben.

(5) Die Bescheinigung gemäß Absatz 3 hat im Rechtsverkehr dieselbe Wirkung wie die Urkunde über die abgelegte Prüfung oder den erworbenen Befähigungsnachweis.

§ 11 Leistungen bei Krankheit

(1) Wer als Spätaussiedler aus den Aussiedlungsgebieten innerhalb von zwei Monaten nach dem Verlassen dieser Gebiete im Geltungsbereich dieses Gesetzes seinen ständigen Aufenthalt genommen hat, erhält einmalig Leistungen wie ein Versicherter der gesetzlichen Krankenversicherung, wenn der Leistungsgrund am Tag der Aufenthaltsnahme gegeben ist oder innerhalb von drei Monaten danach eintritt.

(2) Die Leistungen bei Krankheit nach den §§ 27 bis 43a des Fünften Buches Sozialgesetzbuch sowie Zuschüsse zur Versorgung mit Zahnersatz nach § 55 des Fünften Buches Sozialgesetzbuch und die im Zusammenhang mit diesen Leistungen notwendigen Fahrkosten (§ 60 des Fünften Buches Sozialgesetzbuch) werden längstens für die ersten 78 Wochen von dem Tag der Aufenthaltsnahme im Geltungsbereich dieses Gesetzes an gewährt, die anderen Leistungen bis zum Ablauf der Frist von drei Monaten nach Absatz 1 Satz 1. Auf Mutterschaftsgeld nach § 24i des Fünften Buches Sozialgesetzbuch und auf Krankengeld nach § 24b Absatz 2 Satz 2 und den §§ 44 bis 51 des Fünften Buches Sozialgesetzbuch besteht kein Anspruch.

(3) Auf eine Leistung nach Absatz 1 besteht kein Anspruch, wenn die Berechtigten hierauf einen Anspruch nach anderen gesetzlichen Vorschriften haben.

(4) (weggefallen)

(5) Die Leistungen gewährt die nach § 173 des Fünften Buches Sozialgesetzbuch für die Durchführung der gesetzlichen Krankenversicherung gewählte Krankenkasse. Soweit die Wahl einer Krankenkasse von einem Wohnort abhängig ist, gilt als Wohnort ein Ort in dem Bundesland, das nach § 8 für den Spätaussiedler als Aufnahmeland festgelegt ist oder festgelegt wird. Wird das Wahlrecht nach Satz 1 nicht ausgeübt, wählt das Bundesverwaltungsamt oder eine von ihm benannte Stelle eine Krankenkasse.

(5a) Berechtigte, die eine Leistung nach den Absätzen 1 bis 4 in Anspruch nehmen, haben dem Leistungserbringer vor Inanspruchnahme der Leistung einen Berechtigungsschein der nach Absatz 5 zuständigen Krankenkasse auszuhändigen. In dringenden Fällen kann der Berechtigungsschein nachgereicht werden. Ärzte, Zahnärzte, Krankenhäuser, Apotheken und sonstige Leistungserbringer haben für Leistungen nach Absatz 1 nur Anspruch auf die Vergütung, die sie erhalten würden, wenn der Spätaussiedler Versicherter der gesetzlichen Krankenversicherung wäre.

(6) (weggefallen)

(7) Bei Gewährung der Leistungen gelten die §§ 61 und 62 des Fünften Buches Sozialgesetzbuch über Zuzahlungen und Belastungsgrenze entsprechend. Ferner sind hierbei und bei der Erstattung des Aufwands der Krankenkassen untereinander für den Fall, dass eine Versicherung nicht bei der Krankenkasse zustande kommt, die die Leistungen nach § 11 erbracht hat, das Erste und Zehnte Buch Sozialgesetzbuch entsprechend anzuwenden; für die Erstattung der Krankenkassen untereinander gilt § 103 des Zehnten Buches Sozialgesetzbuch entsprechend.

(8) Für Rechtsstreitigkeiten auf Grund der Vorschriften der Absätze 1 bis 7 ist der Rechtsweg zu den Gerichten der Sozialgerichtsbarkeit gegeben.

§ 12 (weggefallen)

§ 13 Gesetzliche Rentenversicherung, gesetzliche Unfallversicherung

Die Rechtsstellung der Spätaussiedler in der gesetzlichen Rentenversicherung und der gesetzlichen Unfallversicherung richtet sich nach dem Fremdrentengesetz.

§ 14 Förderung einer selbständigen Erwerbstätigkeit

(1) Spätaussiedlern ist die Begründung und Festigung einer selbständigen Erwerbstätigkeit in der Landwirtschaft, im Gewerbe und in freien Berufen zu erleichtern. Zu diesem Zweck können die Gewährung von Krediten zu günstigen Zins-, Tilgungs- und Sicherungsbedingungen sowie Zinsverbilligungen und Bürgschaftsübernahmen vorgesehen werden.

(2) Bei der Vergabe von Aufträgen durch die öffentliche Hand sind Spätaussiedler in den ersten 10 Jahren nach Verlassen der Aussiedlungsgebiete bevorzugt zu berücksichtigen. Entsprechendes gilt für Unternehmen, an denen Spätaussiedler mit mindestens der Hälfte des Kapitals beteiligt sind, sofern diese Beteiligung und eine Mitwirkung an der Geschäftsführung für mindestens sechs Jahre sichergestellt sind.

(3) Finanzierungshilfen der öffentlichen Hand sollen unter der Auflage gegeben werden, dass die Empfänger dieser Hilfen sich verpflichten, bei der Vergabe von Aufträgen entsprechend Absatz 2 zu verfahren.

(4) Rechte und Vergünstigungen als Spätaussiedler nach den Absätzen 1 und 2 kann nicht mehr in Anspruch nehmen, wer in das wirtschaftliche und soziale Leben im Geltungsbereich des Gesetzes in einem nach seinen früheren wirtschaftlichen und sozialen Verhältnissen zumutbaren Maße eingegliedert ist.

(5) Spätaussiedler, die glaubhaft machen, dass sie vor der Aussiedlung ein Handwerk als stehendes Gewerbe selbständig betrieben oder die Befugnis zur Anleitung von Lehrlingen besessen haben, sind auf Antrag bei der für den Ort ihres ständigen Aufenthaltes zuständigen Handwerkskammer in die Handwerksrolle einzutragen. Für die Glaubhaftmachung ist § 10 Abs. 3 und 4 entsprechend anzuwenden.

§ 15 Bescheinigungen

(1) Das Bundesverwaltungsamt stellt Spätaussiedlern zum Nachweis ihrer Spätaussiedlereigenschaft eine Bescheinigung aus. Eine Wiederholung des Gesprächs im Sinne von § 6 Abs. 2 Satz 3 findet hierbei nicht statt. Bei Personen, die das 16. Lebensjahr vollendet haben, beteiligt das Bundesverwaltungsamt vor Erteilung der Bescheinigung den Bundesnachrichtendienst, das Bundesamt für Verfassungsschutz, den Militärischen Abschirmdienst, die Bundespolizei, das Bundeskriminalamt und das Zollkriminalamt, wenn dies zur Feststellung von Ausschlussgründen nach § 5 Nr. 1 Buchstabe d und e geboten ist. Die Entscheidung über die Ausstellung der Bescheinigung ist für Staatsangehörigkeitsbehörden und alle Behörden und Stellen verbindlich, die für die Gewährung von Rechten oder Vergünstigungen als Spätaussiedler nach diesem oder einem anderen Gesetz zuständig sind. Hält eine Behörde oder Stelle die Entscheidung des Bundesverwaltungsamtes über die Ausstellung der Bescheinigung nicht für gerechtfertigt, so kann sie nur ihre Änderung oder Aufhebung durch das Bundesverwaltungsamt beantragen.

(2) Das Bundesverwaltungsamt stellt dem in den Aufnahmebescheid des Spätaussiedlers einbezogenen Ehegatten oder Abkömmling eine Bescheinigung zum Nachweis des Status nach Artikel 116 Abs. 1 des Grundgesetzes sowie seiner Leistungsberechtigung nach § 7 Abs. 2 Satz 1 aus. Eine Bescheinigung nach Absatz 1 kann nur ausgestellt werden, wenn die Erteilung eines Aufnahmebescheides beantragt und nicht bestands- oder rechtskräftig abgelehnt worden ist. Im Übrigen gilt Absatz 1 entsprechend.

(3) Über die Rücknahme und die Ausstellung einer Zweitschrift einer Bescheinigung entscheidet die Ausstellungsbehörde.

(4) Eine Bescheinigung kann mit Wirkung für die Vergangenheit nur zurückgenommen werden, wenn sie durch arglistige Täuschung, Drohung oder Bestechung oder durch vorsätzlich unrichtige oder unvollständige Angaben, die wesentlich für ihre Ausstellung gewesen sind, erwirkt worden ist. Die Rücknahme mit Wirkung für die Vergangenheit darf nur bis zum Ablauf von fünf Jahren nach Ausstellung der Bescheinigung erfolgen. Hat die Rücknahme einer Bescheinigung nach Absatz 1 auch Auswirkungen auf die Rechtmäßigkeit von Bescheinigungen nach Absatz 2, so ist für jeden Betroffenen eine selbständige Ermessensentscheidung zu treffen. Dabei ist das Maß der Beteiligung des Ehegatten oder Abkömmlings an einer arglistigen Täuschung, Drohung oder Bestechung oder an unrichtigen oder unvollständigen Angaben des Spätaussiedlers gegen die schutzwürdigen Belange des Ehegatten oder Abkömmlings, insbesondere unter Beachtung des Kindeswohls, abzuwägen. Der Widerruf einer Bescheinigung ist nicht zulässig.

§ 16 Datenschutz

Für die Verfahren nach § 15 gilt § 29 Abs. 1 und 1a entsprechend. Die in diesen Verfahren gespeicherten Daten dürfen auf Ersuchen zur Durchführung von Verfahren zur Gewährung von Leistungen nach diesem Gesetz sowie zur Feststellung der Rechtsstellung als Deutscher nach Artikel 116 Abs. 1 des Grundgesetzes übermittelt und innerhalb derselben Behörde weitergegeben werden, wenn dies erforderlich ist. Wird eine ganz oder teilweise ablehnende Entscheidung nach § 15 getroffen oder eine Entscheidung nach § 15 ganz oder teilweise zurückgenommen oder widerrufen, werden alle Stellen, die Personen im Sinne der §§ 1 bis 4 Rechte einräumen, Vergünstigungen oder Leistungen gewähren, und die Staatsangehörigkeits- sowie Pass- und Personalausweisbehörde von der Entscheidung unterrichtet. Dabei dürfen mitgeteilt werden:

1. Namen einschließlich früherer Namen,
2. Tag und Ort der Geburt,
3. Anschrift,
4. Tag der Entscheidung und Eintritt der Rechtsbeständigkeit.

§§ 17 bis 20 (weggefallen)

Dritter Abschnitt
Behörden und Beiräte

§§ 21 bis 25 (weggefallen)

Vierter Abschnitt
Aufnahme

§ 26 Aufnahmebescheid

Personen, die die Aussiedlungsgebiete als Spätaussiedler verlassen wollen, um im Geltungsbereich dieses Gesetzes ihren ständigen Aufenthalt zu nehmen, wird nach Maßgabe der folgenden Vorschriften ein Aufnahmebescheid erteilt.

§ 27 Anspruch

(1) Der Aufnahmebescheid wird auf Antrag Personen mit Wohnsitz in den Aussiedlungsgebieten erteilt, die nach Begründung des ständigen Aufenthalts im Geltungsbereich des Gesetzes die Voraussetzungen als Spätaussiedler erfüllen (Bezugspersonen). Abweichend hiervon kann Personen, die sich ohne Aufnahmebescheid im Geltungsbereich des Gesetzes aufhalten, ein Aufnahmebescheid erteilt oder es kann die Eintragung nach Absatz 2 Satz 1 nachgeholt werden, wenn die Versagung eine besondere Härte bedeuten würde und die sonstigen Voraussetzungen vorliegen. Der Wohnsitz im Aussiedlungsgebiet gilt als fortbestehend, wenn ein Antrag nach Satz 2 abgelehnt wurde und der Antragsteller für den Folgeantrag nach Satz 1 erneut Wohnsitz in den Aussiedlungsgebieten begründet hat.

(2) Der im Aussiedlungsgebiet lebende Ehegatte, sofern die Ehe seit mindestens drei Jahren besteht, oder der im Aussiedlungsgebiet lebende Abkömmling werden zum Zweck der gemeinsamen Aussiedlung in den Aufnahmebescheid der Bezugsperson einbe-

zogen, wenn in ihrer Person kein Ausschlussgrund im Sinne des § 5 vorliegt und die Bezugsperson die Einbeziehung ausdrücklich beantragt; Ehegatten und volljährige Abkömmlinge müssen auch Grundkenntnisse der deutschen Sprache besitzen. Die Einbeziehung wird nachgeholt, wenn ein Abkömmling einer Bezugsperson nicht mehr im Aussiedlungsgebiet, sondern während des Aussiedlungsvorganges und vor Ausstellung der Bescheinigung nach § 15 Absatz 1 geboren wird. Abweichend von Satz 1 kann der im Aussiedlungsgebiet verbliebene Ehegatte oder Abkömmling eines Spätaussiedlers, der seinen ständigen Aufenthalt im Geltungsbereich des Gesetzes hat, nachträglich nach Satz 1 in den Aufnahmebescheid des Spätaussiedlers einbezogen werden, wenn die sonstigen Voraussetzungen vorliegen. Die Einbeziehung von minderjährigen Abkömmlingen in den Aufnahmebescheid ist nur gemeinsam mit der Einbeziehung der Eltern oder des sorgeberechtigten Elternteils zulässig. Ein Ehegatte oder volljähriger Abkömmling wird abweichend von Satz 1 einbezogen, wenn er wegen einer körperlichen, geistigen oder seelischen Krankheit oder wegen einer Behinderung im Sinne des § 2 Absatz 1 Satz 1 des Neunten Buches Sozialgesetzbuch keine Grundkenntnisse der deutschen Sprache besitzen kann. Die Einbeziehung in den Aufnahmebescheid wird insbesondere dann unwirksam, wenn die Ehe aufgelöst wird, bevor beide Ehegatten die Aussiedlungsgebiete verlassen haben, oder die Bezugsperson verstirbt, bevor die einbezogenen Personen Aufnahme im Sinne von § 4 Absatz 3 Satz 2 gefunden haben.

(3) Der Antrag auf Wiederaufgreifen eines unanfechtbar abgeschlossenen Verfahrens auf Erteilung eines Aufnahmebescheides oder auf Einbeziehung ist nicht an eine Frist gebunden. § 8 Absatz 2 und § 9 Absatz 4 Satz 2 gelten für Familienangehörige der nach Absatz 2 Satz 3 nachträglich einbezogenen Personen entsprechend.

(4) Für jedes Kalenderjahr dürfen so viele Aufnahmebescheide erteilt werden, dass die Zahl der aufzunehmenden Spätaussiedler, Ehegatten und Abkömmlinge die Zahl der vom Bundesverwaltungsamt im Jahre 1998 verteilten Personen im Sinne der §§ 4, 7 nicht überschreitet. Das Bundesverwaltungsamt kann hiervon um bis zu 10 vom Hundert nach oben oder unten abweichen.

§ 28 Verfahren

Das Bundesverwaltungsamt führt das Aufnahmeverfahren durch und erteilt den Aufnahmebescheid. Zur Feststellung von Ausschlussgründen nach § 5 Nr. 1 Buchstabe d und e beteiligt das Bundesverwaltungsamt den Bundesnachrichtendienst, das Bundesamt für Verfassungsschutz, den Militärischen Abschirmdienst, die Bundespolizei, das Bundeskriminalamt und das Zollkriminalamt, wenn die zu überprüfende Person das 16. Lebensjahr vollendet hat.

§ 29 Datenschutz

(1) Das Bundesverwaltungsamt und die im Aufnahmeverfahren mitwirkenden Behörden dürfen, soweit es zur Feststellung der Voraussetzungen nach § 27 erforderlich ist,

1. bei ihnen vorhandene personenbezogene Daten nutzen, die über die Spätaussiedlereigenschaft Aufschluss geben, auch wenn sie für andere Zwecke erhoben oder gespeichert worden sind,
2. personenbezogene Daten beim Betroffenen erheben.

Unter den gleichen Voraussetzungen dürfen sie ohne Mitwirkung des Betroffenen bei anderen öffentlichen und nichtöffentlichen Stellen auch außerhalb des Geltungsbereichs dieses Gesetzes personenbezogene Daten erheben, soweit die nach Satz 1 erhobenen Daten eine Entscheidung über den Antrag des Betroffenen nicht ermöglichen. Öffentliche Stellen sind zu diesem Zwecke zu Auskünften verpflichtet. Die Nutzung und Übermittlung nach Satz 1 Nr. 1 und nach den Sätzen 2 und 3 unterbleiben, wenn besondere gesetzliche Verwendungsregelungen oder überwiegende schutzwürdige Interessen des Betroffenen oder Dritter entgegenstehen.

(1a) Zur Feststellung von Ausschlussgründen nach § 5 Nummer 1 Buchstabe d und e darf das Bundesverwaltungsamt folgende Daten des Spätaussiedlers, seines Ehegatten oder seiner Abkömmlinge, die in den Aufnahmebescheid einbezogen werden sollen, an den Bundesnachrichtendienst, das Bundesamt für Verfassungsschutz, den Militärischen Abschirmdienst, die Bundespolizei, das Bundeskriminalamt und das Zollkriminalamt übermitteln:

1. den Familiennamen,
2. Bestandteile des Namens, die das deutsche Recht nicht vorsieht,
3. die Vornamen,
4. frühere Namen,
5. das Geschlecht,
6. das Geburtsdatum,
7. den Geburtsort und
8. die letzte Anschrift im Aussiedlungsgebiet.

Soweit Anhaltspunkte für Ausschlussgründe nach § 5 Nummer 1 Buchstabe d oder e vorliegen, teilen die nach Satz 1 beteiligten Behörden dies dem Bundesverwaltungsamt nach Maßgabe der insoweit bestehenden besonderen gesetzlichen Verwendungsregelungen innerhalb von zehn Tagen nach Übermittlung der Daten nach Satz 1 mit. Hält die jeweilige Sicherheitsbehörde eine weitere Überprüfung der Ausschlussgründe für erforderlich, soll diese insgesamt innerhalb von drei Wochen nach Übermittlung der Daten nach Satz 1 abgeschlossen sein.

(2) Die im Aufnahme- und Verteilungsverfahren gesammelten Daten dürfen, soweit gesetzlich nichts anderes bestimmt ist, nur für Zwecke dieser Verfahren einschließlich der vorläufigen Unterbringung durch die Länder, für Verfahren nach § 15 und zur Feststellung der Rechtsstellung als Deutscher nach Artikel 116 Abs. 1 des Grundgesetzes sowie für Verfahren zur Gewährung von Leistungen nach diesem Gesetz genutzt und übermittelt werden.

§§ 30 bis 93 (weggefallen)

Fünfter Abschnitt
Namensführung, Beratung

§ 94 Familiennamen und Vornamen

(1) Vertriebene und Spätaussiedler, deren Ehegatten und Abkömmlinge, die Deutsche im Sinne des Artikels 116 Abs. 1 des Grundgesetzes sind, können durch Erklärung gegenüber dem Bundesverwaltungsamt im Verteilungsverfahren oder dem Standesamt

1. Bestandteile des Namens ablegen, die das deutsche Recht nicht vorsieht,
2. die ursprüngliche Form eines nach dem Geschlecht oder dem Verwandtschaftsverhältnis abgewandelten Namens annehmen,
3. eine deutschsprachige Form ihres Vor- oder Familiennamens annehmen; gibt es eine solche Form des Vornamens nicht, so können sie neue Vornamen annehmen,
4. im Falle der Führung eines gemeinsamen Familiennamens durch Ehegatten einen Ehenamen nach § 1355 Abs. 1 des Bürgerlichen Gesetzbuchs bestimmen und eine Erklärung nach § 1355 Abs. 4 des Bürgerlichen Gesetzbuchs abgeben,
5. den Familiennamen in einer deutschen Übersetzung annehmen, sofern die Übersetzung einen im deutschen Sprachraum in Betracht kommenden Familiennamen ergibt.

Wird in den Fällen der Nummern 3 bis 5 der Familienname als Ehename geführt, so kann die Erklärung während des Bestehens der Ehe nur von beiden Ehegatten abgegeben werden. Auf den Geburtsnamen eines Abkömmlings, welcher das fünfte Lebensjahr vollendet hat, erstreckt sich die Namensänderung nur dann, wenn er sich der Namensänderung durch Erklärung gegenüber dem Bundesverwaltungsamt im Verteilungsverfahren oder dem Standesamt anschließt. Ein in der Geschäftsfähigkeit beschränktes Kind, welches das vierzehnte Lebensjahr vollendet hat, kann die Erklärung nur selbst abgeben; es bedarf hierzu der Zustimmung seines gesetzlichen Vertreters.

(2) Die Erklärungen nach Absatz 1 müssen öffentlich beglaubigt oder beurkundet werden, wenn sie nicht bei der Eheschließung gegenüber einem deutschen Standesamt abgegeben werden. Im Verteilungsverfahren kann auch das Bundesverwaltungsamt die Erklärungen öffentlich beglaubigen oder beurkunden. Gebühren und Auslagen werden nicht erhoben.

§ 95 Unentgeltliche Beratung

(1) Organisationen der Vertriebenen, Flüchtlinge und Spätaussiedler, deren Zweck nicht auf einen wirtschaftlichen Geschäftsbetrieb gerichtet ist, dürfen Vertriebene, Flüchtlinge und Spätaussiedler im Rahmen ihres Aufgabengebietes in Steuerfragen unentgeltlich beraten. Sie bedürfen hierzu keiner besonderen Erlaubnis.

(2) Diese Tätigkeit kann ihnen im Falle missbräuchlicher Ausübung untersagt werden. Das Nähere bestimmt die Bundesregierung durch Rechtsverordnung mit Zustimmung des Bundesrates.

Sechster Abschnitt
Kultur, Forschung und Statistik

§ 96 Pflege des Kulturgutes der Vertriebenen und Flüchtlinge und Förderung der wissenschaftlichen Forschung

Bund und Länder haben entsprechend ihrer durch das Grundgesetz gegebenen Zuständigkeit das Kulturgut der Vertreibungsgebiete in dem Bewusstsein der Vertriebenen und Flüchtlinge, des gesamten deutschen Volkes und des Auslandes zu erhalten, Archive, Museen und Bibliotheken zu sichern, zu ergänzen und auszuwerten sowie Einrichtungen des Kunstschaffens und der Ausbildung sicherzustellen und zu fördern. Sie haben Wissenschaft und Forschung bei der Erfüllung der Aufgaben, die sich aus der Vertreibung und der Eingliederung der Vertriebenen und Flüchtlinge ergeben, sowie die Weiterentwicklung der Kulturleistungen der Vertriebenen und Flüchtlinge zu fördern. Die Bundesregierung berichtet jährlich dem Bundestag über das von ihr Veranlasste.

§ 97 Statistik

Bund und Länder haben die auf dem Gebiete des Spätaussiedlerwesens erforderlichen statistischen Arbeiten durchzuführen. Insbesondere haben sie die Statistik so auszugestalten, dass die statistischen Unterlagen für die Durchführung der zum Zwecke der Eingliederung der Spätaussiedler erlassenen Vorschriften zur Verfügung gestellt werden können.

Siebter Abschnitt
Strafbestimmungen

§ 98 Erschleichung von Vergünstigungen

Mit Freiheitsstrafe bis zu fünf Jahren oder mit Geldstrafe wird bestraft, wer unrichtige oder unvollständige Angaben tatsächlicher Art macht oder benutzt, um für sich oder einen anderen Rechte oder Vergünstigungen, die Spätaussiedlern vorbehalten sind, zu erschleichen.

§ 99 Pflichtverletzung von Verwaltungsangehörigen

Mit Freiheitsstrafe bis zu fünf Jahren oder mit Geldstrafe wird bestraft, wer als Verwaltungsangehöriger bei der Durchführung dieses Gesetzes Bescheinigungen für Personen ausstellt, von denen er weiß, dass sie kein Recht auf Erteilung der Bescheinigung haben.

Achter Abschnitt
Übergangs- und Schlussvorschriften

§ 100 Anwendung des bisherigen Rechts

(1) Für Personen im Sinne der §§ 1 bis 3 finden die vor dem 1. Januar 1993 geltenden Vorschriften nach Maßgabe der Absätze 2 bis 8 Anwendung.

(2) Ausweise nach § 15 in der vor dem 1. Januar 1993 geltenden Fassung werden nur noch ausgestellt, wenn sie vor diesem Tag beantragt wurden. Aussiedler, die den ständigen Aufenthalt im Geltungsbereich des Ge-

setzes nach dem 2. Oktober 1990 und vor dem 1. Januar 1993 begründet haben, können den Ausweis noch bis zum 31. Dezember 1993 beantragen. Im Übrigen wird die Vertriebenen- oder Flüchtlingseigenschaft nur auf Ersuchen einer Behörde, die für die Gewährung von Rechten und Vergünstigungen an Vertriebene oder Flüchtlinge zuständig ist, vom Bundesverwaltungsamt festgestellt.

(3) § 16 ist auch anzuwenden auf Verfahren nach den §§ 15 bis 19 in der vor dem 1. Januar 1993 geltenden Fassung.

(4) Personen, die vor dem 1. Juli 1990 eine Übernahmegenehmigung des Bundesverwaltungsamtes erhalten haben, sind bei Vorliegen der sonstigen Voraussetzungen des § 1 Abs. 2 Nr. 3, mit der Maßgabe, dass kein Ausschlussgrund nach § 5 Nr. 1 Buchstabe d oder Buchstabe e vorliegt, oder des § 4 auch dann Spätaussiedler, wenn ihnen kein Aufnahmebescheid nach § 26 erteilt wurde.

(5) Personen, die vor dem 1. Januar 1993 einen Aufnahmebescheid nach § 26 erhalten haben, sind Spätaussiedler, wenn sie die Voraussetzungen des § 1 Abs. 2 Nr. 3, mit der Maßgabe, dass kein Ausschlussgrund nach § 5 Nr. 1 Buchstabe d oder Buchstabe e vorliegt, oder des § 4 erfüllen.

(6) Personen, die nach dem 30. Juni 1990 und vor dem 1. Juli 1991 den ständigen Aufenthalt in dem in Artikel 3 des Einigungsvertrages genannten Gebiet genommen haben, sind bei Vorliegen der Aufenthaltsgenehmigung einer Behörde dieses Gebietes und der sonstigen Voraussetzungen des § 1 Abs. 2 Nr. 3 auch dann Aussiedler, wenn ihnen kein Aufnahmebescheid nach § 26 erteilt wurde.

(7) § 90a Abs. 2 ist bis zum 30. Juni 1993 in der bis zum 31. Dezember 1992 geltenden Fassung weiterhin anzuwenden, wenn die Voraussetzungen des Anspruchs auf Arbeitslosenhilfe für einen Zeitraum im Dezember 1992 bestanden haben.

(8) § 90a Abs. 1, 3 und 4 ist in der bis zum 31. Dezember 1992 geltenden Fassung weiterhin anzuwenden.

§ 100a Übergangsregelung

Die Spätaussiedlereigenschaft von Personen aus Estland, Lettland oder Litauen, die vor dem 24. Mai 2007 einen Aufnahmebescheid nach § 26 erhalten haben, bestimmt sich weiter nach den §§ 4 und 5 in der vor dem 24. Mai 2007 geltenden Fassung mit der Maßgabe, dass kein Ausschlussgrund nach § 5 Nr. 1 Buchstabe d oder Buchstabe e vorliegt.

§ 100b Anwendungsvorschrift

§ 4 Abs. 3 Satz 2 ist in der bis zum 1. Januar 2005 geltenden Fassung auf Ehegatten, die bis zu diesem Zeitpunkt in den Aufnahmebescheid einbezogen worden sind und deren Ehe mit dem Spätaussiedler zum Zeitpunkt des Verlassens der Aussiedlungsgebiete noch keine drei Jahre bestanden hat, anzuwenden. Werden Ehegatten im Sinne des Satzes 1 nach dem 24. Mai 2007 im Geltungsbereich des Gesetzes aufgenommen, ist ihnen eine Bescheinigung nach § 15 Abs. 2 auszustellen, aus der hervorgeht, dass sie den Status im Sinne des Artikels 116 Abs. 1 des Grundgesetzes nicht erworben haben.

§ 101 Geltung für Lebenspartner

Die für Ehegatten geltenden Vorschriften dieses Gesetzes gelten entsprechend für Lebenspartner.

§ 102 (weggefallen)

§ 103 Kostentragung

Der Bund trägt die Aufwendungen nach § 9 dieses Gesetzes.

§ 104

Das Bundesministerium des Innern kann allgemeine Verwaltungsvorschriften zur Ausführung dieses Gesetzes durch das Bundesverwaltungsamt erlassen.

Verordnung zu Einbürgerungstest und Einbürgerungskurs (Einbürgerungstestverordnung – EinbTestV)*

Vom 5. August 2008 (BGBl. I S. 1649)

Zuletzt geändert durch
Erste Verordnung zur Änderung der Einbürgerungstestverordnung
vom 18. März 2013 (BGBl. I S. 585)

Inhaltsübersicht

* Die Anlagen zur Einbürgerungstestverordnung stehen zum Download auf den Seiten des Bundesinnenministeriums (www.bmi.bund.de) zur Verfügung. Bei Bedarf können diese auch beim Bundesanzeiger Verlag (www.bundesanzeiger.de) angefordert werden.

Auf Grund des § 10 Abs. 7 des Staatsangehörigkeitsgesetzes, der durch Artikel 5 Nr. 7 Buchstabe c des Gesetzes vom 19. August 2007 (BGBl. I S. 1970) eingefügt worden ist, verordnet das Bundesministerium des Innern:

§ 1 Einbürgerungstest und Einbürgerungskurs

(1) Der bundeseinheitliche Einbürgerungstest wird mittels Fragebögen durchgeführt, bei denen jeweils aus vier möglichen Antworten die richtige gewählt werden muss.

(2) Die aus dem Fragenkatalog in Anlage 1 erstellten 100 Fragebögen enthalten 33 Fragen, darunter jeweils drei aus den Fragen, die sich auf das Bundesland beziehen, in dem der Prüfungsteilnehmer wohnt. Die Fragebögen werden nicht veröffentlicht.

(3) Der Einbürgerungstest ist bestanden, wenn unter Aufsicht innerhalb von 60 Minuten mindestens 17 der 33 Fragen eines Fragebogens richtig beantwortet worden sind.

(4) Über das Bestehen wird eine Bescheinigung nach einheitlichem Vordruck ausgestellt. Sie gilt bei Wohnsitzwechsel auch gegenüber der dann zuständigen Behörde fort.

(5) Grundstruktur und Lerninhalte des Einbürgerungskurses ergeben sich aus dem Rahmencurriculum in Anlage 2, das für die Durchführung von Einbürgerungskursen verbindlich ist.

§ 2 Verfahren des Einbürgerungstests unter Mitnutzung von Prüfstellen des Bundesamtes

(1) Für die technische Durchführung des bundeseinheitlichen Einbürgerungstests können nach Maßgabe von Verwaltungsvereinbarungen der Länder mit dem Bundesamt für Migration und Flüchtlinge (Bundesamt) die Prüfstellen genutzt werden, die dieses den Ländern aus dem Kreis seiner Träger benennt, die es für seinen eigenen Test zum Orientierungskurs nach der Integrationskursverordnung zugelassen hat und bundesweit vorhält. Das Bundesamt stellt pro Prüfungsteilnehmer eine Kostenpauschale von 25 Euro in Rechnung.

(2) Im Verfahren nach Absatz 1 vereinbart die Person, die den Einbürgerungstest ablegen möchte, mit einer ihr von der zuständigen Einbürgerungsbehörde benannten Prüfstelle einen Prüfungstermin unter Angabe der in § 4 Satz 1 genannten Daten. Ein Anbieter eines Einbürgerungskurses, der nicht selbst zum Kreis der vom Bundesamt zugelassenen Prüfstellen gehört, kann für seine Teilnehmer einen kursbezogenen Prüfungstermin mit einer Prüfstelle vereinbaren.

(3) Die Prüfstelle erhält für jeden Prüfungsteilnehmer einen der nach § 1 Abs. 2 Satz 1 zugelassenen Fragebögen, der nicht mit denen anderer Prüfungsteilnehmer desselben Prüfungstermins identisch ist. Die Identität des Prüfungsteilnehmers ist anhand eines amtlichen Identitätspapiers zu prüfen.

§ 3 Verfahren des Einbürgerungstests über Landesstellen

In dem Fall, dass ein Land die gesamte technische Durchführung des bundeseinheitlichen Einbürgerungstests in seinem Zuständigkeitsbereich selbst mittels seiner Behörden oder von ihm beauftragter Stellen organisiert, erhält es die nach § 1 Abs. 2 Satz 1 zugelassenen Fragebögen und sorgt für den ordnungsgemäßen Prüfungsablauf entsprechend § 2 Abs. 3 sowie für die Testauswertung und die Ausstellung einer Bescheinigung nach einheitlichem Vordruck.

§ 4 Datenerhebung und -verarbeitung

Im Verfahren nach § 2 Abs. 1 darf das Bundesamt über die Prüfstelle zum Zwecke der Durchführung des Einbürgerungstests und der Ausstellung der Bescheinigung nach einheitlichem Vordruck Familiennamen, Vornamen, Geburtsdatum, Geburtsort und Anschrift der Prüfungsteilnehmer erheben und verwenden. Die Daten sind spätestens zwei Jahre nach Ausstellung der Bescheinigung zu löschen.

§ 5 Inkrafttreten

Diese Verordnung tritt am 1. September 2008 in Kraft.

IV Schengen-Recht

Verordnung (EU) 2016/399 des Europäischen Parlaments und des Rates über einen Unionskodex für das Überschreiten der Grenzen durch Personen (Schengener Grenzkodex)

Vom 9. März 2016 (ABl. S. 77/1)

Zuletzt geändert durch
Verordnung (EU) 2017/458 des Europäischen Parlaments und des Rates zur Änderung der Verordnung (EU) 2016/399 hinsichtlich einer verstärkten Abfrage von einschlägigen Datenbanken an den Außengrenzen vom 15. März 2017 (ABl. S. 74 S. 1)[1])

Inhaltsübersicht

---

[1]) Noch nicht berücksichtigt sind die Änderungen durch die Verordnung (EU) 2017/2225 des Europäischen Parlaments und des Rates vom 30. November 2017 zur Änderung der Verordnung (EU) 2016/399 in Bezug auf die Nutzung des Einreise-/Ausreisesystems.
Diese Änderungen gelten erst, wenn das Entry-Exist-System (EES) in Betrieb genommen wurde. Dieses System soll Ein- und Ausreisedaten sowie Einreiseverweigerungsdaten von Drittstaatsangehörigen, die die Außengrenzen des Schengen-Raums überschreiten, erfassen. Es soll dazu beitragen, die Kontrollen an den Außengrenzen zu verbessern, Aufenthaltsüberzieher leichter zu identifizieren und den Kampf gegen den Terrorismus zu verstärken.
Mit der Umsetzung beauftragt ist die European Agency for the operational management of large-scale IT systems in the area of freedom, security and justice (eu-LISA); aus deren Vorstellung des Systems ergibt sich, dass die Inbetriebnahme für das Jahr 2020 geplant ist.

Das Europäische Parlament und der Rat der Europäischen Union –

gestützt auf den Vertrag über die Arbeitsweise der Europäischen Union, insbesondere auf Artikel 77 Absatz 2 Buchstaben b und e,

auf Vorschlag der Europäischen Kommission,

nach Zuleitung des Entwurfs des Gesetzgebungsakts an die nationalen Parlamente,

gemäß dem ordentlichen Gesetzgebungsverfahren[1]),

in Erwägung nachstehender Gründe:

(1) Die Verordnung (EG) Nr. 562/2006 des Europäischen Parlaments und des Rates[2]) ist mehrfach und in wesentlichen Punkten geändert worden[3]). Aus Gründen der Übersichtlichkeit und Klarheit empfiehlt es sich, die genannte Verordnung zu kodifizieren.

(2) Der Erlass von Maßnahmen nach Artikel 77 Absatz 2 Buchstabe e des Vertrags über die Arbeitsweise der Europäischen Union (AEUV), die sicherstellen, dass Personen beim Überschreiten der Binnengrenzen nicht kontrolliert werden, ist Teil des Ziels der Union nach Artikel 26 Absatz 2 AEUV, einen Raum ohne Binnengrenzen aufzubauen, in dem der freie Personenverkehr gewährleistet ist.

(3) Gemäß Artikel 67 Absatz 2 AEUV muss die Schaffung eines Raums des freien Personenverkehrs mit flankierenden Maßnahmen einhergehen. Zu diesen Maßnahmen gehört die in Artikel 77 Absatz 1 Buchstabe b AEUV vorgesehene gemeinsame Politik bezüglich des Überschreitens der Außengrenzen.

(4) Gemeinsame Maßnahmen bezüglich des Überschreitens der Binnengrenzen durch Personen sowie bezüglich der Grenzkontrollen an den Außengrenzen sollten dem in den Rahmen der Union einbezogenen Schengen-Besitzstand, insbesondere den einschlägigen Bestimmungen des Übereinkommens zur Durchführung des Übereinkommens von Schengen vom 14. Juni 1985 zwischen den Regierungen der Staaten der Benelux-Wirtschaftsunion, der Bundesrepublik Deutschland und der Französischen Republik betreffend den schrittweisen Abbau der Kontrollen an den gemeinsamen Grenzen[4]) sowie dem Gemeinsamen Handbuch[5]), Rechnung tragen.

(5) Das Recht auf freien Personenverkehr der Unionsbürger und ihrer Familienangehörigen sowie der Drittstaatsangehörigen und ihrer Familienangehörigen, die aufgrund von Übereinkommen zwischen der Union und ihren Mitgliedstaaten einerseits und den betreffenden Drittstaaten andererseits über ein Recht auf freien Personenverkehr verfügen, das dem der Unionsbürger gleichwertig ist, wird durch ein gemeinsames Regelwerk für das Überschreiten der Grenzen durch Personen weder in Frage gestellt noch beeinträchtigt.

(6) Grenzkontrollen liegen nicht nur im Interesse des Mitgliedstaats, an dessen Außengrenzen sie erfolgen, sondern auch im Interesse sämtlicher Mitgliedstaaten, die die Grenzkontrollen an den Binnengrenzen abgeschafft haben. Grenzkontrollen sollten zur Bekämpfung der illegalen Zuwanderung und des Menschenhandels sowie zur Vorbeugung jeglicher Bedrohung der inneren Sicherheit, der öffentlichen Ordnung, der öffentlichen Gesundheit und der internationalen Beziehungen der Mitgliedstaaten beitragen.

(7) Grenzübertrittskontrollen sollten auf eine Weise durchgeführt werden, bei der die

IV

[1]) Standpunkt des Europäischen Parlaments vom 2. Februar 2016 (noch nicht im Amtsblatt veröffentlicht) und Beschluss des Rates vom 29. Februar 2016.

[2]) Verordnung (EG) Nr. 562/2006 des Europäischen Parlaments und des Rates vom 15. März 2006 über einen Gemeinschaftskodex für das Überschreiten der Grenzen durch Personen (Schengener Grenzkodex) (ABl. L 105 vom 13. 4. 2006, S. 1).

[3]) Siehe Anhang IX.

[4]) ABl. L 239 vom 22. 9. 2000, S. 19.

[5]) ABl. C 313 vom 16. 12. 2002, S. 97.

menschliche Würde in vollem Umfang gewahrt wird. Die Durchführung von Grenzkontrollen sollte auf professionelle und respektvolle Weise erfolgen und, gemessen an den verfolgten Zielen, verhältnismäßig sein.

(8) Die Grenzkontrollen umfassen nicht nur die Personenkontrollen an den Grenzübergangsstellen und die Überwachung zwischen diesen Grenzübergangsstellen sondern auch die Analyse des Risikos für die innere Sicherheit sowie der Bedrohungen, die die Sicherheit der Außengrenzen beeinträchtigen können. Daher müssen die Voraussetzungen, Kriterien und Modalitäten sowohl der Kontrollen an den Grenzübergangsstellen als auch der Überwachung, einschließlich der Abfragen im Schengener Informationssystem (SIS), festgelegt werden.

(9) Es ist notwendig, Vorschriften zur Berechnung der zulässigen Dauer von Kurzaufenthalten in der Union festzulegen. Klare, einfache und einheitliche Regelungen in allen Rechtsakten, in denen diese Frage behandelt wird, wären für Reisende wie Grenz- und Visumbehörden gleichermaßen von Vorteil.

(10) Da allein durch eine Verifizierung der Fingerabdrücke sich eindeutig bestätigen lässt, dass eine Person, die in den Schengen-Raum einreisen will, mit dem Visuminhaber identisch ist, sollten Bestimmungen für die Nutzung des in der Verordnung (EG) Nr. 767/2008 des Europäischen Parlaments und des Rates[6]) vorgesehenen Visa-Informationssystems (VIS) an den Außengrenzen erlassen werden.

(11) Zur Prüfung, ob die Einreisebedingungen für Drittstaatsangehörige gemäß dieser Verordnung erfüllt sind, und zur erfolgreichen Wahrnehmung ihrer Aufgaben sollten die Grenzschutzbeamten alle erforderlichen verfügbaren Informationen, einschließlich Abfragen des VIS, nutzen.

(12) Um zu verhindern, dass Grenzübergangsstellen, an denen das VIS genutzt wird, umgangen werden könnten, und um die volle Wirkung des VIS zu gewährleisten, muss das System bei Einreisekontrollen an den Außengrenzen in einheitlicher Weise genutzt werden.

(13) Da im Falle von Mehrfachanträgen biometrische Daten erneut verwendet und von dem ersten im VIS gespeicherten Antrag übernommen werden können, sollte die Nutzung des VIS für Einreisekontrollen an den Außengrenzen obligatorisch sein.

(14) Die Nutzung des VIS sollte eine systematische Abfrage des VIS mit der Nummer der Visummarke in Kombination mit einer Verifizierung der Fingerabdrücke umfassen. Angesichts der potenziellen Auswirkungen solcher Abfragen auf die Wartezeiten an Grenzübergängen sollte es jedoch möglich sein, für einen Übergangszeitraum ausnahmsweise und unter genau festgelegten Umständen eine Abfrage des VIS ohne systematische Verifizierung der Fingerabdrücke durchzuführen. Die Mitgliedstaaten sollten sicherstellen, dass diese Ausnahme nur dann Anwendung findet, wenn die dazu erforderlichen Bedingungen uneingeschränkt gegeben sind, und dass die Dauer und die Häufigkeit der Anwendung dieser Ausnahme an den einzelnen Grenzübergängen auf ein striktes Mindestmaß begrenzt werden.

(15) Um übermäßige Wartezeiten an den Grenzübergangsstellen zu vermeiden, sollte es möglich sein, bei außergewöhnlichen und unvorhersehbaren Umständen die Kontrollen an den Außengrenzen zu lockern. Dokumente von Drittstaatsangehörigen müssen aber auch bei gelockerten Grenzübertrittskontrollen weiterhin systematisch abgestempelt werden. Anhand der Abstempelung lässt sich mit Sicherheit das Datum und der Ort des Grenzübertritts feststellen, ohne dass in allen Fällen überprüft werden muss, ob die für die Kontrolle der Reisedokumente erforderlichen Maßnahmen durchgeführt worden sind.

---

[6]) Verordnung (EG) Nr. 767/2008 des Europäischen Parlaments und des Rates vom 9. Juli 2008 über das Visa-Informationssystem (VIS) und den Datenaustausch zwischen den Mitgliedstaaten über Visa für einen kurzfristigen Aufenthalt (VIS-Verordnung) (ABl. L 218 vom 13. 8. 2008, S. 60).

(16) Sofern die Umstände es zulassen, sollten zur Verkürzung der Wartezeiten für Personen, die über das Unionsrecht auf freien Personenverkehr verfügen, an Grenzübergangsstellen getrennte Kontrollspuren mit einheitlicher Beschilderung in allen Mitgliedstaaten eingerichtet werden. Auf internationalen Flughäfen sollten getrennte Kontrollspuren eingerichtet werden. Wo es angemessen erscheint und soweit die örtlichen Umstände es zulassen, sollten die Mitgliedstaaten erwägen, an den Grenzübergangsstellen der See- und Landgrenzen getrennte Kontrollspuren einzurichten.

(17) Die Mitgliedstaaten sollten vermeiden, dass der wirtschaftliche, soziale und kulturelle Austausch durch die Kontrollverfahren an den Außengrenzen stark behindert wird. Zu diesem Zweck sollten sie eine angemessene Anzahl von Personal und finanziellen Mitteln bereitstellen.

(18) Die Mitgliedstaaten sollten nach Maßgabe ihres nationalen Rechts die für den Grenzschutz zuständige nationale Stelle bzw. zuständigen nationalen Stellen bestimmen. Sind in einem Mitgliedstaat mehrere Stellen für den Grenzschutz zuständig, so sollte es eine enge und ständige Zusammenarbeit geben.

(19) Die operative Zusammenarbeit und die gegenseitige Unterstützung der Mitgliedstaaten bei den Grenzkontrollen sollten durch die mit der Verordnung (EG) Nr. 2007/2004 des Rates[7]) errichtete Europäische Agentur für die operative Zusammenarbeit an den Außengrenzen der Mitgliedstaaten (im Folgenden „Agentur") verwaltet und koordiniert werden.

(20) Die Kontrollen im Rahmen der allgemeinen Polizeibefugnisse, die Personensicherheitskontrollen bei Flügen, die denen bei Inlandsflügen entsprechen, die Möglichkeiten der Mitgliedstaaten, gemäß der Verordnung (EWG) Nr. 3925/91 des Rates[8]) in Ausnahmefällen das Gepäck zu kontrollieren und die nationalen Rechtsvorschriften über das Mitführen von Reise- und Identitätsdokumenten oder die Verpflichtung für Personen, ihre Anwesenheit im Hoheitsgebiet des betreffenden Mitgliedstaats den Behörden zu melden, bleiben von der vorliegenden Verordnung unberührt.

(21) In einem Raum, in dem der freie Personenverkehr gewährleistet ist, sollte die Wiedereinführung von Grenzkontrollen an den Binnengrenzen eine Ausnahme bleiben. Grenzkontrollen oder entsprechende Formalitäten, die ausschließlich auf Grund des Überschreitens einer solchen Grenze erfolgen, sollten unterbleiben.

(22) Der Aufbau eines Raums, in dem der freie Personenverkehr über die Binnengrenzen hinweg gewährleistet ist, ist eine der größten Errungenschaften der Union. In einem Raum ohne Kontrollen an den Binnengrenzen bedarf es einer gemeinsamen Antwort auf Situationen, die eine ernsthafte Bedrohung für die öffentliche Ordnung oder die innere Sicherheit dieses Raums, von Teilen dieses Raums oder eines oder mehrerer ihrer Mitgliedstaaten darstellen, indem die vorübergehende Wiedereinführung von Kontrollen an den Binnengrenzen unter außergewöhnlichen Umständen gestattet wird, ohne dass der Grundsatz des freien Personenverkehrs berührt wird. Angesichts der möglichen Auswirkungen derartiger nur als letztes Mittel anzuwendender Maßnahmen auf alle Personen, die innerhalb des Raums ohne Kontrollen an den Binnengrenzen über das Recht auf Freizügigkeit verfügen, müssen die Bedingungen und Verfahren für die Wiedereinführung solcher Maßnahmen festgelegt werden,

IV

[7]) Verordnung (EG) Nr. 2007/2004 des Rates vom 26. Oktober 2004 zur Errichtung einer Europäischen Agentur für die operative Zusammenarbeit an den Außengrenzen der Mitgliedstaaten der Europäischen Union (ABl. L 349 vom 25. 11. 2004, S. 1).

[8]) Verordnung (EWG) Nr. 3925/91 des Rates vom 19. Dezember 1991 über die Abschaffung von Kontrollen und Förmlichkeiten für Handgepäck oder aufgegebenes Gepäck auf einem innergemeinschaftlichen Flug sowie für auf einer innergemeinschaftlichen Seereise mitgeführtes Gepäck (ABl. L 374 vom 31. 12. 1991, S. 4).

um sicherzustellen, dass sie eine Ausnahme darstellen und dass der Grundsatz der Verhältnismäßigkeit gewahrt wird. Der Umfang und die Dauer der vorübergehenden Wiedereinführung solcher Maßnahmen sollten auf das zur Bewältigung einer ernsthaften Bedrohung für die öffentliche Ordnung oder die innere Sicherheit unbedingt erforderliche Mindestmaß begrenzt werden.

(23) Da der freie Personenverkehr durch die vorübergehende Wiedereinführung von Kontrollen an den Binnengrenzen beeinträchtigt wird, sollten Entscheidungen über die Wiedereinführung solcher Kontrollen nach gemeinsam festgelegten Kriterien getroffen und der Kommission ordnungsgemäß mitgeteilt oder von einem Organ der Union empfohlen werden. In jedem Fall sollte die Wiedereinführung von Kontrollen an den Binnengrenzen eine Ausnahme bleiben und nur als letztes Mittel in begrenztem Umfang und für einen befristeten Zeitraum auf der Grundlage bestimmter objektiver Kriterien und einer auf Unionsebene zu überwachenden Bewertung der Notwendigkeit einer derartigen Maßnahme eingesetzt werden. Erfordert eine ernsthafte Bedrohung der öffentlichen Ordnung oder der inneren Sicherheit sofortiges Handeln, so sollten die Mitgliedstaaten die Möglichkeit zur Wiedereinführung von Kontrollen an den Binnengrenzen für einen Zeitraum von längstens zehn Tagen haben. Eine Verlängerung dieses Zeitraums sollte auf Unionsebene überwacht werden.

(24) Die Notwendigkeit und Verhältnismäßigkeit der Wiedereinführung von Kontrollen an den Binnengrenzen sollte anhand der Bedrohung der öffentlichen Ordnung oder inneren Sicherheit, die dem Erfordernis einer solchen Wiedereinführung zugrunde liegt, geprüft werden; darüber hinaus sollte untersucht werden, welche alternativen Maßnahmen auf nationaler und/oder Unionsebene ergriffen werden könnten und welche Auswirkungen diese Kontrollen auf den freien Personenverkehr innerhalb des Raums ohne Kontrollen an den Binnengrenzen hätten.

(25) Im Falle einer ernsthaften Bedrohung der öffentlichen Ordnung oder der inneren Sicherheit auf Ebene des Raums ohne Kontrollen an den Binnengrenzen oder auf nationaler Ebene, insbesondere als Folge von terroristischen Zwischenfällen oder Bedrohungen oder von Bedrohungen durch die organisierte Kriminalität, könnte die Wiedereinführung von Kontrollen an den Binnengrenzen im Ausnahmefall geboten sein.

(26) Migration und das Überschreiten der Außengrenzen durch eine große Anzahl von Drittstaatsangehörigen sollte nicht an sich als Gefahr für die öffentliche Ordnung oder die innere Sicherheit betrachtet werden.

(27) Nach ständiger Rechtsprechung des Gerichtshofs der Europäischen Union ist eine Abweichung vom grundlegenden Prinzip der Freizügigkeit eng auszulegen und setzt der Rückgriff auf den Begriff der öffentlichen Ordnung auf jeden Fall voraus, dass eine tatsächliche, gegenwärtige und hinreichend schwere Gefährdung vorliegt, die ein Grundinteresse der Gesellschaft berührt.

(28) Auf Grundlage der gesammelten Erfahrungen in Bezug auf die Funktionsweise des Raums ohne Kontrollen an den Binnengrenzen und als Beitrag zur Gewährleistung einer kohärenten Umsetzung des Schengen-Besitzstands kann die Kommission Leitlinien zur Wiedereinführung von Kontrollen an den Binnengrenzen erarbeiten, und zwar in Fällen, die eine Maßnahme als vorübergehende Reaktion verlangen, und in Fällen, die eine sofortige Maßnahme erforderlich machen. Diese Leitlinien sollten klare Indikatoren enthalten, die die Bewertung der Umstände erleichtern, die eine ernsthafte Bedrohung der öffentlichen Ordnung oder der inneren Sicherheit darstellen könnten.

(29) Werden in einem Evaluierungsbericht schwerwiegende Mängel bei Kontrollen an den Außengrenzen festgestellt, so sollten der Kommission, um die Einhaltung der gemäß

der Verordnung (EU) Nr. 1053/2013 des Rates[9]) angenommenen Empfehlungen zu gewährleisten, Durchführungsbefugnisse übertragen werden, damit sie empfehlen kann, dass der evaluierte Mitgliedstaat bestimmte Maßnahmen wie den Einsatz von Europäischen Grenzschutzteams, die Unterbreitung strategischer Pläne oder – als letztes Mittel unter Berücksichtigung des Ernstes der Lage – die Schließung einer bestimmten Grenzübergangsstelle ergreift. Diese Befugnisse sollten im Einklang mit der Verordnung (EU) Nr. 182/2011 des Europäischen Parlaments und des Rates[10]), ausgeübt werden. Gemäß Artikel 2 Absatz 2 Buchstabe b Ziffer iii jener Verordnung sollte das Prüfverfahren angewandt werden.

(30) Die vorübergehende Wiedereinführung von Kontrollen an bestimmten Binnengrenzen nach einem besonderen Verfahren auf Unionsebene könnte auch im Falle außergewöhnlicher Umstände und als letztes Mittel gerechtfertigt sein, wenn aufgrund anhaltender schwerwiegender Mängel im Zusammenhang mit der Kontrolle von Außengrenzen, die im Rahmen eines strengen Evaluierungsverfahrens nach den Artikeln 14 und 15 der Verordnung (EU) Nr. 1053/2013 festgestellt wurden, das Funktionieren des Raums ohne Kontrollen an den Binnengrenzen insgesamt gefährdet ist, insoweit diese Umstände eine ernsthafte Bedrohung der öffentlichen Ordnung oder der inneren Sicherheit in diesem Raum oder in Teilen dieses Raums darstellen würden. Dieses besondere Verfahren für die vorübergehende Wiedereinführung von Kontrollen an bestimmten Binnengrenzen könnte auch unter denselben Voraussetzungen dadurch ausgelöst werden, dass der evaluierte Mitgliedstaat seine Pflichten in schwerwiegender Weise vernachlässigt hat. Da solche Maßnahmen, welche die nationalen Exekutiv- und Vollstreckungsbefugnisse in Bezug auf die Kontrolle an den Binnengrenzen berühren, politisch heikel sind, sollten dem Rat Durchführungsbefugnisse übertragen werden, damit er auf Vorschlag der Kommission Empfehlungen nach diesem besonderen Verfahren auf Unionsebene annehmen kann.

(31) Vor der Annahme derartiger Empfehlungen über die vorübergehende Wiedereinführung der Kontrollen an bestimmten Binnengrenzen sollte rechtzeitig und gründlich geprüft werden, inwieweit auf Maßnahmen, die auf die Beseitigung des ursprünglichen Problems zielen, zurückgegriffen werden kann, beispielsweise auf Hilfsmaßnahmen durch Einrichtungen und sonstige Stellen der Union wie die Agentur oder das durch den Beschluss 2009/371/JI des Rates[11]) errichtete Europäische Polizeiamt (im Folgenden „Europol") und Unterstützungsmaßnahmen technischer oder finanzieller Art auf nationaler und/oder auf Unionsebene. Wird ein schwerwiegender Mangel festgestellt, so kann die Kommission finanzielle Unterstützungsmaßnahmen ergreifen, um dem betreffenden Mitgliedstaat zu helfen. Des Weiteren sollte sich jegliche Empfehlung der Kommission oder des Rates auf fundierte Informationen stützen.

(32) Die Kommission sollte die Möglichkeit haben, sofort geltende Durchführungsrechtsakte zu erlassen, wenn dies in hinreichend begründeten Fällen im Zusammenhang mit Umständen, die eine Verlängerung der Kontrollen an den Binnengrenzen erfordern, aus Gründen äußerster Dringlichkeit erforderlich ist.

IV

---

[9]) Verordnung (EU) Nr. 1053/2013 des Rates vom 7. Oktober 2013 zur Einführung eines Evaluierungs- und Überwachungsmechanismus für die Überprüfung der Anwendung des Schengen-Besitzstands und zur Aufhebung des Beschlusses des Exekutivausschusses vom 16. September 1998 bezüglich der Errichtung des Ständigen Ausschusses Schengener Durchführungsübereinkommen (ABl. L 295 vom 6. 11. 2013, S. 27).

[10]) Verordnung (EU) Nr. 182/2011 des Europäischen Parlaments und des Rates vom 16. Februar 2011 zur Festlegung der allgemeinen Regeln und Grundsätze, nach denen die Mitgliedstaaten die Wahrnehmung der Durchführungsbefugnisse durch die Kommission kontrollieren (ABl. L 55 vom 28. 2. 2011, S. 13).

[11]) Beschluss 2009/371/JI des Rates vom 6. April 2009 zur Errichtung des Europäischen Polizeiamts (Europol) (ABl. L 121 vom 15. 5. 2009, S. 37).

(33) Die Evaluierungsberichte und Empfehlungen nach den Artikeln 14 und 15 der Verordnung (EU) Nr. 1053/2013 sollten die Grundlage für das Auslösen der in dieser Verordnung vorgesehenen bestimmten Maßnahmen im Falle schwerwiegender Mängel bei den Kontrollen an den Außengrenzen und des ebenfalls in dieser Verordnung vorgesehenen besonderen Verfahrens im Falle außergewöhnlicher Umstände, in denen das Funktionieren des Raums ohne Kontrollen an den Binnengrenzen insgesamt gefährdet ist, bilden. Die Mitgliedstaaten und die Kommission nehmen gemeinsam regelmäßige, objektive und unparteiische Evaluierungen vor, um zu überprüfen, ob diese Verordnung ordnungsgemäß angewendet wird, und die Kommission koordiniert die Evaluierungen in enger Zusammenarbeit mit den Mitgliedstaaten. Der Evaluierungsmechanismus umfasst folgende Elemente: mehrjährige und jährliche Evaluierungsprogramme, angekündigte und unangekündigte Inspektionen vor Ort durch ein kleines Team, das sich aus Vertretern der Kommission und von den Mitgliedstaaten benannten Experten zusammensetzt, von der Kommission angenommene Berichte über das Ergebnis der Evaluierung, vom Rat auf Vorschlag der Kommission angenommene Empfehlungen für Abhilfemaßnahmen, geeignete Folgemaßnahmen, Überwachung und Berichterstattung.

(34) Da das Ziel der Verordnung (EG) Nr. 562/2006 und ihrer nachfolgenden Änderungen, nämlich die Festlegung eines Regelwerks für das Überschreiten der Grenzen durch Personen, von den Mitgliedstaaten nicht ausreichend verwirklicht werden konnte, sondern vielmehr auf Unionsebene besser verwirklicht werden konnte, konnte die Union im Einklang mit dem in Artikel 5 des Vertrags über die Europäische Union (EUV) verankerten Subsidiaritätsprinzip tätig werden. Entsprechend dem in demselben Artikel genannten Grundsatz der Verhältnismäßigkeit gingen diese Verordnung und ihre nachfolgenden Änderungen nicht über das für die Verwirklichung dieses Ziels erforderliche Maß hinaus.

(35) Der Kommission sollte die Befugnis übertragen werden, gemäß Artikel 290 AEUV Rechtsakte hinsichtlich der Einführung zusätzlicher Überwachungsmaßnahmen und der Änderung der Anhänge dieser Verordnung zu erlassen. Es ist von besonderer Bedeutung, dass die Kommission im Zuge ihrer Vorbereitungsarbeit angemessene Konsultationen, auch auf der Ebene von Sachverständigen, durchführt. Bei der Vorbereitung und Ausarbeitung delegierter Rechtsakte sollte die Kommission gewährleisten, dass die einschlägigen Dokumente dem Europäischen Parlament und dem Rat gleichzeitig, rechtzeitig und auf angemessene Weise übermittelt werden.

(36) Diese Verordnung steht im Einklang mit den Grundrechten und Grundsätzen, die insbesondere in der Charta der Grundrechte der Europäischen Union anerkannt sind. Sie sollte unter Beachtung der Verpflichtungen der Mitgliedstaaten in den Bereichen internationaler Schutz und Nichtzurückweisung angewandt werden.

(37) Abweichend von Artikel 355 AEUV findet diese Verordnung nur auf die europäischen Gebiete Frankreichs und der Niederlande Anwendung. Sie berührt nicht die für Ceuta und Melilla geltenden Sonderregelungen, wie sie in dem Übereinkommen über den Beitritt des Königreichs Spanien zu dem Übereinkommen zur Durchführung des Übereinkommens von Schengen vom 14. Juni 1985[12]) festgelegt sind.

(38) Nach den Artikeln 1 und 2 des dem Vertrag über die Europäische Union und dem AEUV beigefügten Protokolls Nr. 22 über die Position Dänemarks beteiligt sich Dänemark nicht an der Annahme dieser Verordnung und ist weder durch diese Verordnung gebunden noch zu ihrer Anwendung verpflichtet. Da diese Verordnung den Schengen-Besitzstand ergänzt, beschließt Dänemark gemäß Artikel 4 des genannten Protokolls innerhalb von sechs Monaten, nachdem der Rat diese Ver-

---

12) ABl. L 239 vom 22. 9. 2000, S. 69.

ordnung angenommen hat, ob es sie in nationales Recht umsetzt.

(39) Für Island und Norwegen stellt diese Verordnung eine Weiterentwicklung der Bestimmungen des Schengen-Besitzstands im Sinne des Übereinkommens zwischen dem Rat der Europäischen Union sowie der Republik Island und dem Königreich Norwegen über die Assoziierung der beiden letztgenannten Staaten bei der Umsetzung, Anwendung und Entwicklung des Schengen-Besitzstands[13]) dar, die zu dem in Artikel 1 Buchstabe A des Beschlusses 1999/437/EG des Rates[14]) genannten Bereich gehören.

(40) Für die Schweiz stellt diese Verordnung eine Weiterentwicklung der Bestimmungen des Schengen-Besitzstands im Sinne des Abkommens zwischen der Europäischen Union, der Europäischen Gemeinschaft und der Schweizerischen Eidgenossenschaft über die Assoziierung der Schweizerischen Eidgenossenschaft bei der Umsetzung, Anwendung und Entwicklung des Schengen-Besitzstands[15]) dar, die zu dem in Artikel 1 Buchstabe A des Beschlusses 1999/437/EG in Verbindung mit Artikel 3 des Beschlusses 2008/146/EG[16]) des Rates genannten Bereich gehören.

(41) Für Liechtenstein stellt diese Verordnung eine Weiterentwicklung der Bestimmungen des Schengen-Besitzstands im Sinne des Protokolls zwischen der Europäischen Union, der Europäischen Gemeinschaft, der Schweizerischen Eidgenossenschaft und dem Fürstentum Liechtenstein über den Beitritt des Fürstentums Liechtenstein zu dem Abkommen zwischen der Europäischen Union, der Europäischen Gemeinschaft und der Schweizerischen Eidgenossenschaft über die Assoziierung der Schweizerischen Eidgenossenschaft bei der Umsetzung, Anwendung und Entwicklung des Schengen-Besitzstands[17]) dar, die zu dem in Artikel 1 Buchstabe A des Beschlusses 1999/437/EG in Verbindung mit Artikel 3 des Beschlusses 2011/350/EU des Rates[18]) genannten Bereich gehören.

(42) Diese Verordnung stellt eine Weiterentwicklung der Bestimmungen des Schengen-Besitzstands dar, an denen sich das Vereinigte Königreich gemäß dem Beschluss 2000/365/EG des Rates[19]) nicht beteiligt; das Vereinigte Königreich beteiligt sich daher nicht an der Annahme dieser Verordnung und ist weder durch diese Verordnung gebunden noch zu ihrer Anwendung verpflichtet.

---

13) ABl. L 176 vom 10. 7. 1999, S. 36.

14) Beschluss 1999/437/EG des Rates vom 17. Mai 1999 zum Erlass bestimmter Durchführungsvorschriften zu dem Übereinkommen zwischen dem Rat der Europäischen Union und der Republik Island und dem Königreich Norwegen über die Assoziierung dieser beiden Staaten bei der Umsetzung, Anwendung und Entwicklung des Schengen-Besitzstands (ABl. L 176 vom 10. 7. 1999, S. 31).

15) ABL. L 53, 27. 2. 2008, S. 52.

16) Beschluss 2008/146/EG des Rates vom 28. Januar 2008 über den Abschluss – im Namen der Europäischen Gemeinschaft – des Abkommens zwischen der Europäischen Union, der Europäischen Gemeinschaft und der Schweizerischen Eidgenossenschaft über die Assoziierung der Schweizerischen Eidgenossenschaft bei der Umsetzung, Anwendung und Entwicklung des Schengen-Besitzstands (ABl. L 53 vom 27. 2. 2008, S. 1).

17) ABl. L 160 vom 18. 6. 2011, S. 21.

18) Beschluss 2011/350/EU des Rates vom 7. März 2011 über den Abschluss – im Namen der Europäischen Union – des Protokolls zwischen der Europäischen Union, der Europäischen Gemeinschaft, der Schweizerischen Eidgenossenschaft und dem Fürstentum Liechtenstein über den Beitritt des Fürstentums Liechtenstein zum Abkommen zwischen der Europäischen Union, der Europäischen Gemeinschaft und der Schweizerischen Eidgenossenschaft über die Assoziierung der Schweizerischen Eidgenossenschaft bei der Umsetzung, Anwendung und Entwicklung des Schengen-Besitzstands in Bezug auf die Abschaffung der Kontrollen an den Binnengrenzen und den freien Personenverkehr (ABl. L 160 vom 18. 6. 2011, S. 19).

19) Beschluss 2000/365/EG des Rates vom 29. Mai 2000 zum Antrag des Vereinigten Königreichs Großbritannien und Nordirland, einzelne Bestimmungen des Schengen-Besitzstands auf sie anzuwenden (ABl. L 131 vom 1. 6. 2000, S. 43).

(43) Diese Verordnung stellt eine Weiterentwicklung der Bestimmungen des Schengen-Besitzstands dar, an denen sich Irland gemäß dem Beschluss 2002/192/EG des Rates[20]) nicht beteiligt; Irland beteiligt sich daher nicht an der Annahme dieser Verordnung und ist weder durch diese Verordnung gebunden noch zu ihrer Anwendung verpflichtet.

(44) Was Bulgarien, Kroatien, Zypern und Rumänien betrifft, stellen Artikel 1 Absatz 1, Artikel 6 Absatz 5 Buchstabe a, Titel III sowie die Bestimmungen des Titels II und dessen Anhänge, die sich auf das SIS und das VIS beziehen, einen auf dem Schengen-Besitzstand aufbauenden oder anderweitig damit zusammenhängenden Rechtsakt jeweils im Sinne des Artikels 3 Absatz 2 der Beitrittsakte von 2003, des Artikels 4 Absatz 2 der Beitrittsakte von 2005 und des Artikels 4 Absatz 2 der Beitrittsakte von 2011 dar –

hat folgende Verordnung erlassen:

IV

Titel I
Allgemeine Bestimmungen

Artikel 1 Gegenstand und Grundsätze

Diese Verordnung sieht vor, dass keine Grenzkontrollen in Bezug auf Personen stattfinden, die die Binnengrenzen zwischen den Mitgliedstaaten der Europäischen Union überschreiten.

Sie legt Regeln für die Grenzkontrollen in Bezug auf Personen fest, die die Außengrenzen der Mitgliedstaaten der Europäischen Union überschreiten.

Artikel 2 Begriffsbestimmungen

Im Sinne dieser Verordnung bezeichnet der Ausdruck

1. „Binnengrenzen"
   a) die gemeinsamen Landgrenzen der Mitgliedstaaten, einschließlich der Fluss- und Binnenseegrenzen,
   b) die Flughäfen der Mitgliedstaaten für Binnenflüge,
   c) die See-, Flussschifffahrts- und Binnenseehäfen der Mitgliedstaaten für regelmäßige interne Fährverbindungen;

2. „Außengrenzen" die Landgrenzen der Mitgliedstaaten, einschließlich der Fluss- und Binnenseegrenzen, der Seegrenzen und der Flughäfen sowie der Flussschifffahrts-, See- und Binnenseehäfen, soweit sie nicht Binnengrenzen sind;

3. „Binnenflug" einen Flug ausschließlich von oder nach dem Hoheitsgebiet der Mitgliedstaaten, ohne Landung im Hoheitsgebiet eines Drittstaates;

4. „regelmäßige interne Fährverbindungen" den Linienfährverkehr zwischen zwei oder mehr Häfen im Hoheitsgebiet der Mitgliedstaaten ohne Fahrtunterbrechung in außerhalb des Hoheitsgebiets der Mitgliedstaaten gelegenen Häfen, bei dem Personen und Kraftfahrzeuge nach einem veröffentlichten Fahrplan befördert werden;

5. „Personen, die nach Unionsrecht Anspruch auf freien Personenverkehr haben"
   a) die Unionsbürger im Sinne des Artikels 20 Absatz 1 AEUV sowie Drittstaatsangehörige, die Familienangehörige eines sein Recht auf freien Personenverkehr ausübenden Unionsbürgers sind, die unter die Richtlinie 2004/38/EG des Europäischen Parlaments und des Rates[1]), fallen;

---

[20]) Beschluss 2002/192/EG des Rates vom 28. Februar 2002 zum Antrag Irlands auf Anwendung einzelner Bestimmungen des Schengen-Besitzstands auf Irland (ABl. L 64 vom 7. 3. 2002, S. 20).

[1]) Richtlinie 2004/38/EG des Europäischen Parlaments und des Rates vom 29. April 2004 über das Recht der Unionsbürger und ihrer Familienangehörigen, sich im Hoheitsgebiet der Mitgliedstaaten frei zu bewegen und aufzuhalten, zur Änderung der Verordnung (EWG) Nr. 1612/68 und zur Aufhebung der Richtlinien 64/221/EWG, 68/360/EWG, 72/194/EWG, 73/148/EWG, 75/34/EWG, 75/35/EWG, 90/364/EWG, 90/365/EWG und 93/96/EWG (ABl. L 158 vom 30. 4. 2004, S. 77).

b) Drittstaatsangehörige und ihre Familienangehörigen ungeachtet ihrer Staatsangehörigkeit, die aufgrund von Übereinkommen zwischen der Union und ihren Mitgliedstaaten einerseits und den betreffenden Drittstaaten andererseits ein Recht auf freien Personenverkehr genießen, das dem der Unionsbürger gleichwertig ist;

6. „Drittstaatsangehöriger" jede Person, die nicht Unionsbürger im Sinne des Artikels 20 Absatz 1 AEUV ist und die nicht unter Nummer 5 des vorliegenden Artikels fällt;

7. „zur Einreiseverweigerung ausgeschriebene Person" einen Drittstaatsangehörigen, der gemäß den Artikeln 24 und 26 der Verordnung (EG) Nr. 1987/2006 des Europäischen Parlaments und des Rates[2]) und für die in jenem Artikel genannten Zwecke im Schengener Informationssystem (SIS) ausgeschrieben ist;

8. „Grenzübergangsstelle" einen von den zuständigen Behörden für das Überschreiten der Außengrenzen zugelassenen Ort des Grenzübertritts;

9. „gemeinsame Grenzübergangsstelle" sämtliche Grenzübergangsstellen, die sich entweder im Hoheitsgebiet eines Mitgliedstaats oder im Hoheitsgebiet eines Drittstaats befinden und an denen Grenzschutzbeamte eines Mitgliedstaats und Grenzschutzbeamte eines Drittstaats nacheinander Ausreise- und Einreisekontrollen nach dem nationalen Recht und gemäß einem bilateralen Abkommen vornehmen;

10. „Grenzkontrollen" die an einer Grenze nach Maßgabe und für die Zwecke dieser Verordnung unabhängig von jedem anderen Anlass ausschließlich aufgrund des beabsichtigten oder bereits erfolgten Grenzübertritts durchgeführten Maßnahmen, die aus Grenzübertrittskontrollen und Grenzüberwachung bestehen;

11. „Grenzübertrittskontrollen" die Kontrollen, die an den Grenzübergangsstellen erfolgen, um festzustellen, ob die betreffenden Personen mit ihrem Fortbewegungsmittel und den von ihnen mitgeführten Sachen in das Hoheitsgebiet der Mitgliedstaaten einreisen oder aus dem Hoheitsgebiet der Mitgliedstaaten ausreisen dürfen;

12. „Grenzüberwachung" die Überwachung der Grenzen zwischen den Grenzübergangsstellen und die Überwachung der Grenzübergangsstellen außerhalb der festgesetzten Verkehrsstunden, um zu vermeiden, dass Personen die Grenzübertrittskontrollen umgehen;

13. „Kontrolle in der zweiten Kontrolllinie" eine weitere Kontrolle, die an einem eigens dazu vorgesehenen Ort durchgeführt werden kann, der nicht der Ort ist, an dem alle Personen kontrolliert werden (erste Kontrolllinie);

14. „Grenzschutzbeamte" Beamte, die gemäß den nationalen Rechtsvorschriften angewiesen sind, an einer Grenzübergangsstelle oder entlang einer Grenze bzw. in unmittelbarer Nähe einer Grenze nach Maßgabe dieser Verordnung und der nationalen Rechtsvorschriften grenzpolizeiliche Aufgaben wahrzunehmen;

15. „Beförderungsunternehmer" eine natürliche oder juristische Person, die gewerblich die Beförderung von Personen durchführt;

16. „Aufenthaltstitel"
   a) alle Aufenthaltstitel, die die Mitgliedstaaten nach dem einheitlichen Muster gemäß der Verordnung (EG) Nr. 1030/2002 des Rates[3]) ausstellen, sowie gemäß der Richtlinie 2004/38/EG ausgestellte Aufenthaltskarten;

IV

---

[2]) Verordnung (EG) Nr. 1987/2006 des Europäischen Parlaments und des Rates vom 20. Dezember 2006 über die Einrichtung, den Betrieb und die Nutzung des Schengener Informationssystems der zweiten Generation (SIS II) (ABl. L 381 vom 28. 12. 2006, S. 4).

[3]) Verordnung (EG) Nr. 1030/2002 des Rates vom 13. Juni 2002 zur einheitlichen Gestaltung des Aufenthaltstitels für Drittstaatsangehörige (ABl. L 157 vom 15. 6. 2002, S. 1).

b) alle sonstigen von einem Mitgliedstaat einem Drittstaatsangehörigen ausgestellten Dokumente, die zum Aufenthalt in seinem Hoheitsgebiet berechtigen, wenn diese Dokumente gemäß Artikel 39 mitgeteilt und veröffentlicht wurden, ausgenommen
   i) vorläufige Aufenthaltstitel, die für die Dauer der Prüfung eines Erstantrags auf Erteilung eines Aufenthaltstitels nach Buchstabe a oder eines Asylantrags ausgestellt worden sind und
   ii) Visa, die Mitgliedstaaten nach dem einheitlichen Format der Verordnung (EG) Nr. 1683/95 des Rates[4]) ausgestellt haben.

17. „Kreuzfahrtschiff" ein Schiff, mit dem eine Reise nach einem festgelegten Fahrplan durchgeführt wird, die auch ein Programm umfasst, das touristische Ausflüge in den verschiedenen Häfen vorsieht, und während der sich in der Regel keine Passagiere ein- oder ausschiffen;
18. „Vergnügungsschifffahrt" die Nutzung von Wasserfahrzeugen zu sportlichen oder touristischen Zwecken;
19. „Küstenfischerei" Fischerei, bei der die Schiffe täglich oder innerhalb von 36 Stunden in einen im Hoheitsgebiet eines Mitgliedstaats gelegenen Hafen zurückkehren, ohne einen in einem Drittstaat gelegenen Hafen anzulaufen;
20. „Arbeitnehmer auf Offshore-Anlagen" eine Person, die auf einer im Küstenmeer oder in einer gemäß dem internationalen Seerecht definierten ausschließlichen Wirtschaftszone der Mitgliedstaaten gelegenen Offshore-Anlage arbeitet und regelmäßig auf dem See- oder Luftweg in das Hoheitsgebiet der Mitgliedstaaten zurückkehrt;
21. „Gefahr für die öffentliche Gesundheit" eine Krankheit mit epidemischem Potenzial im Sinne der Internationalen Gesundheitsvorschriften der Internationalen Gesundheitsorganisation (WHO) und sonstige übertragbare, durch Infektionserreger oder Parasiten verursachte Krankheiten, sofern gegen diese Krankheiten Maßnahmen zum Schutz der Staatsangehörigen der Mitgliedstaaten getroffen werden.

Artikel 3 Anwendungsbereich

Diese Verordnung findet Anwendung auf alle Personen, die die Binnengrenzen oder die Außengrenzen eines Mitgliedstaats überschreiten, unbeschadet

a) der Rechte der Personen, die nach dem Unionsrecht Anspruch auf freien Personenverkehr haben;
b) der Rechte der Flüchtlinge und Personen, die um internationalen Schutz ersuchen, insbesondere hinsichtlich der Nichtzurückweisung.

Artikel 4 Grundrechte

Bei der Anwendung dieser Verordnung handeln die Mitgliedstaaten unter umfassender Einhaltung der einschlägigen Rechtsvorschriften der Union, einschließlich der Charta der Grundrechte der Europäischen Union (im Folgenden „Charta"), und des einschlägigen Völkerrechts, darunter auch des Genfer Abkommens über die Rechtsstellung der Flüchtlinge vom 28. Juli 1951 (im Folgenden „Genfer Abkommen") und der Verpflichtungen im Zusammenhang mit dem Zugang zu internationalem Schutz, insbesondere des Grundsatzes der Nichtzurückweisung, sowie der Grundrechte. Im Einklang mit den allgemeinen Grundsätzen des Unionsrechts werden die Beschlüsse nach dieser Verordnung auf Einzelfallbasis gefasst.

---

4) Verordnung (EG) Nr. 1683/95 des Rates vom 29. Mai 1995 über eine einheitliche Visagestaltung (ABl. L 164 vom 14. 7. 1995, S. 1).

Titel II
Außengrenzen

Kapitel I
Überschreiten der Außengrenzen und Einreisevoraussetzungen

Artikel 5 Überschreiten der Außengrenzen

(1) Die Außengrenzen dürfen nur an den Grenzübergangsstellen und während der festgesetzten Verkehrsstunden überschritten werden. Die Verkehrsstunden sind an den Grenzübergangsstellen, die nicht rund um die Uhr geöffnet sind, deutlich anzugeben.

Die Mitgliedstaaten übermitteln der Kommission gemäß Artikel 39 die Liste ihrer Grenzübergangsstellen.

(2) Abweichend von Absatz 1 können Ausnahmen von der Verpflichtung, die Außengrenzen nur an den Grenzübergangsstellen und während der festgesetzten Verkehrsstunden zu überschreiten, vorgesehen werden:

a) für Personen oder Personengruppen, wenn eine besondere Notwendigkeit für das gelegentliche Überschreiten der Außengrenzen außerhalb der Grenzübergangsstellen oder der festgesetzten Verkehrsstunden vorliegt, sofern sie die nach nationalem Recht erforderlichen Genehmigungen mit sich führen und Belange der öffentlichen Ordnung und inneren Sicherheit der Mitgliedstaaten nicht entgegenstehen. Die Mitgliedstaaten können in bilateralen Abkommen besondere Regeln hierfür festlegen. Die in nationalen Rechtsvorschriften und bilateralen Abkommen vorgesehenen allgemeinen Ausnahmen werden der Kommission gemäß Artikel 39 mitgeteilt;

b) für Personen oder Personengruppen im Falle einer unvorhergesehenen Notlage;

c) im Einklang mit den Sonderbestimmungen der Artikel 19 und 20 in Verbindung mit den Anhängen VI und VII.

(3) Unbeschadet der Ausnahmen des Absatzes 2 und der internationalen Schutzverpflichtungen der Mitgliedstaaten sehen die Mitgliedstaaten nach nationalem Recht Sanktionen für das unbefugte Überschreiten der Außengrenzen außerhalb der Grenzübergangsstellen oder der festgesetzten Verkehrsstunden vor. Diese Sanktionen müssen wirksam, verhältnismäßig und abschreckend sein.

Artikel 6 Einreisevoraussetzungen für Drittstaatsangehörige

(1) Für einen geplanten Aufenthalt im Hoheitsgebiet der Mitgliedstaaten von bis zu 90 Tagen je Zeitraum von 180 Tagen, wobei der Zeitraum von 180 Tagen, der jedem Tag des Aufenthalts vorangeht, berücksichtigt wird, gelten für einen Drittstaatsangehörigen folgende Einreisevoraussetzungen:

a) Er muss im Besitz eines gültigen Reisedokuments sein, das seinen Inhaber zum Überschreiten der Grenze berechtigt und folgende Anforderungen erfüllt:

   i) Es muss mindestens noch drei Monate nach der geplanten Ausreise aus dem Hoheitsgebiet der Mitgliedstaaten gültig. In begründeten Notfällen kann von dieser Verpflichtung abgesehen werden.

   ii) Es muss innerhalb der vorangegangenen zehn Jahre ausgestellt worden sein.

b) Er muss im Besitz eines gültigen Visums sein, falls dies nach der Verordnung (EG) Nr. 539/2001 des Rates[1]) vorgeschrieben ist, außer wenn er Inhaber eines gültigen Aufenthaltstitels oder eines gültigen Visums für den längerfristigen Aufenthalt ist.

c) Er muss den Zweck und die Umstände des beabsichtigten Aufenthalts belegen, und er muss über ausreichende Mittel zur Bestreitung des Lebensunterhalts sowohl für die Dauer des beabsichtigten Aufenthalts als auch für die Rückreise in den Her-

IV

[1]) Verordnung (EG) Nr. 539/2001 des Rates vom 15. März 2001 zur Aufstellung der Liste der Drittländer, deren Staatsangehörige beim Überschreiten der Außengrenzen im Besitz eines Visums sein müssen, sowie der Liste der Drittländer, deren Staatsangehörige von dieser Visumpflicht befreit sind (ABl. L 81 vom 21. 3. 2001, S. 1).

kunftsstaat oder für die Durchreise in einen Drittstaat, in dem seine Zulassung gewährleistet ist, verfügen oder in der Lage sein, diese Mittel rechtmäßig zu erwerben.

d) Er darf nicht im SIS zur Einreiseverweigerung ausgeschrieben sein.

e) Er darf keine Gefahr für die öffentliche Ordnung, die innere Sicherheit, die öffentliche Gesundheit oder die internationalen Beziehungen eines Mitgliedstaats darstellen und darf insbesondere nicht in den nationalen Datenbanken der Mitgliedstaaten zur Einreiseverweigerung aus denselben Gründen ausgeschrieben worden sein.

(2) Für die Durchführung von Absatz 1 wird der Tag der Einreise als der erste Tag des Aufenthalts im Hoheitsgebiet der Mitgliedstaaten und der Tag der Ausreise als der letzte Tag des Aufenthalts im Hoheitsgebiet der Mitgliedstaaten angesehen. Rechtmäßige Aufenthalte aufgrund eines Aufenthaltstitels oder eines nationalen Visums für den längerfristigen Aufenthalt werden bei der Berechnung der Länge des Aufenthalts im Hoheitsgebiet der Mitgliedstaaten nicht berücksichtigt.

(3) Anhang I enthält eine nicht abschließende Liste von Belegen, die sich der Grenzschutzbeamte von dem Drittstaatsangehörigen vorlegen lassen kann, um zu prüfen, ob die Voraussetzungen des Absatzes 1 Buchstabe c erfüllt sind.

(4) Die Mittel zur Bestreitung des Lebensunterhalts werden nach der Dauer und dem Zweck des Aufenthalts und unter Zugrundelegung der Ausgaben für Unterkunft und Verpflegung in dem/den betreffenden Mitgliedstaat(en) nach Maßgabe eines mittleren Preisniveaus für preisgünstige Unterkünfte bewertet, die um die Zahl der Aufenthaltstage multipliziert werden.

Von den Mitgliedstaaten festgesetzte Richtbeträge werden der Kommission gemäß Artikel 39 übermittelt.

Die Feststellung ausreichender Mittel zur Bestreitung des Lebensunterhalts kann anhand von Bargeld, Reiseschecks und Kreditkarten erfolgen, die sich im Besitz des Drittstaatsangehörigen befinden. Sofern in den nationalen Rechtsvorschriften vorgesehen, können auch Verpflichtungserklärungen und – im Falle des Aufenthalts eines Drittstaatsangehörigen bei einem Gastgeber – Bürgschaften von Gastgebern im Sinne des nationalen Rechts Nachweise für das Vorhandensein ausreichender Mittel zur Bestreitung des Lebensunterhalts darstellen.

(5) Abweichend von Absatz 1 gilt Folgendes:

a) Drittstaatsangehörigen, die nicht alle Voraussetzungen des Absatzes 1 erfüllen, aber Inhaber eines Aufenthaltstitels oder eines Visums für einen längerfristigen Aufenthalt sind, wird die Einreise in das Hoheitsgebiet der anderen Mitgliedstaaten zum Zwecke der Durchreise zur Erreichung des Hoheitsgebiets des Mitgliedstaats gestattet, der den Aufenthaltstitel oder das Visum für einen längerfristigen Aufenthalt ausgestellt hat, es sei denn, sie sind auf der nationalen Ausschreibungsliste des Mitgliedstaats, an dessen Außengrenzen sie einreisen wollen, mit einer Anweisung ausgeschrieben, ihnen die Einreise oder die Durchreise zu verweigern.

b) Drittstaatsangehörigen, die die Voraussetzungen des Absatzes 1 mit Ausnahme des Buchstabens b erfüllen und persönlich an der Grenze vorstellig werden, kann die Einreise in das Hoheitsgebiet der Mitgliedstaaten gestattet werden, wenn gemäß den Artikeln 35 und 36 der Verordnung (EG) Nr. 810/2009 des Europäischen Parlaments und des Rates[2]) an der Grenze ein Visum erteilt wird.

[2]) Verordnung (EG) Nr. 810/2009 des Europäischen Parlaments und des Rates vom 13. Juli 2009 über einen Visakodex der Gemeinschaft (Visakodex) (ABl. L 243 vom 15. 9. 2009, S. 1).

Die Mitgliedstaaten erstellen gemäß Artikel 46 und Anhang XII der Verordnung (EG) Nr. 810/2009 Statistiken über die an der Grenze erteilten Visa.

Lässt sich das Dokument nicht mit einem Visum versehen, so ist das Visum ausnahmsweise auf einem dem Dokument beizufügenden Einlegeblatt anzubringen. In diesem Fall ist das einheitlich gestaltete Formblatt für die Anbringung eines Visums nach der Verordnung (EG) Nr. 333/2002 des Rates[3]) zu verwenden.

c) Ein Mitgliedstaat kann Drittstaatsangehörigen, die eine oder mehrere Voraussetzungen des Absatzes 1 nicht erfüllen, die Einreise in sein Hoheitsgebiet aus humanitären Gründen oder Gründen des nationalen Interesses oder aufgrund internationaler Verpflichtungen gestatten. Liegt zu dem betreffenden Drittstaatsangehörigen eine Ausschreibung gemäß Absatz 1 Buchstabe d vor, so unterrichtet der Mitgliedstaat, der dessen Einreise in sein Hoheitsgebiet gestattet, die anderen Mitgliedstaaten darüber.

Kapitel II
Grenzkontrollen an den Außengrenzen und Einreiseverweigerung

Artikel 7 Durchführung von Grenzübertrittskontrollen

(1) Die Grenzschutzbeamten führen ihre Aufgaben unter uneingeschränkter Wahrung der Menschenwürde durch, insbesondere in Fällen, die schutzbedürftige Personen betreffen. Die zur Durchführung ihrer Aufgaben getroffenen Maßnahmen müssen – gemessen an den damit verfolgten Zielen – verhältnismäßig sein.

(2) Bei der Durchführung der Grenzübertrittskontrollen dürfen die Grenzschutzbeamten Personen nicht aus Gründen des Geschlechts, der Rasse, der ethnischen Herkunft, der Religion oder der Weltanschauung, einer Behinderung, des Alters oder der sexuellen Ausrichtung diskriminieren.

Artikel 8 Grenzübertrittskontrollen von Personen

(1) Der grenzüberschreitende Verkehr an den Außengrenzen unterliegt den Kontrollen durch die Grenzschutzbeamten. Die Kontrollen erfolgen nach Maßgabe dieses Kapitels.

Die Kontrollen können sich auch auf die Fortbewegungsmittel der die Grenze überschreitenden Personen und die von ihnen mitgeführten Sachen erstrecken. Werden Durchsuchungen durchgeführt, so gelten die Rechtsvorschriften des betreffenden Mitgliedstaats.

(2) Personen, die nach Unionsrecht Anspruch auf freien Personenverkehr haben, werden bei der Ein- und Ausreise folgenden Kontrollen unterzogen:

a) Überprüfung der Identität und der Staatsangehörigkeit der Person sowie der Echtheit des Reisedokuments und seiner Gültigkeit für den Grenzübertritt, unter anderem durch Abfrage der einschlägigen Datenbanken, insbesondere
   1. des SIS,
   2. der Interpol-Datenbank für gestohlene und verlorene Reisedokumente (SLTD),
   3. nationaler Datenbanken mit Angaben zu gestohlenen, unterschlagenen, verlorenen oder für ungültig erklärten Reisedokumenten.

   Bei Pässen und Reisedokumenten mit einem Speichermedium nach Artikel 1 Absatz 2 der Verordnung (EG) Nr. 2252/2004

---

[3]) Verordnung (EG) Nr. 333/2002 des Rates vom 18. Februar 2002 über die einheitliche Gestaltung des Formblatts für die Anbringung eines Visums, das die Mitgliedstaaten den Inhabern eines von dem betreffenden Mitgliedstaat nicht anerkannten Reisedokuments erteilen (ABl. L 53 vom 23. 2. 2002, S. 4).

des Rates*) wird die Authentizität der Daten auf dem Chip geprüft.

b) Überprüfung, ob eine Person, die nach Unionsrecht Anspruch auf freien Personenverkehr hat, nicht als Gefahr für die öffentliche Ordnung, die innere Sicherheit, die öffentliche Gesundheit oder die internationalen Beziehungen eines der Mitgliedstaaten angesehen wird, unter anderem durch Abfrage des SIS und anderer einschlägiger Unionsdatenbanken. Dies steht einer Abfrage von nationalen Datenbanken und Interpol-Datenbanken nicht entgegen.

Bei Zweifeln an der Echtheit des Reisedokuments oder an der Identität des Inhabers soll mindestens einer der biometrischen Identifikatoren, die in die gemäß der Verordnung (EG) Nr. 2252/2004 ausgestellten Pässe und Reisedokumente integriert sind, überprüft werden. Nach Möglichkeit ist eine solche Überprüfung auch bei Reisedokumenten durchzuführen, die nicht unter jene Verordnung fallen.

(2a) Würden die Abfragen der Datenbanken nach Absatz 2 Buchstaben a und b zu unverhältnismäßigen Auswirkungen auf den Verkehrsfluss führen, so kann ein Mitgliedstaat beschließen, diese Abfragen in gezielter Weise an einer bestimmten Grenzübergangsstelle nach einer Bewertung der Risiken für die öffentliche Ordnung, die innere Sicherheit, die öffentliche Gesundheit oder die internationalen Beziehungen eines der Mitgliedstaaten durchzuführen.

Umfang und Dauer der vorübergehenden Begrenzung auf gezielte Abfragen der Datenbanken dürfen nicht über das unbedingt erforderliche Maß hinausgehen und werden gemäß einer von dem betroffenen Mitgliedstaat durchgeführten Risikobewertung festgelegt. In der Risikobewertung werden die Gründe für die vorübergehende Begrenzung auf gezielte Abfragen der Datenbanken dargelegt und unter anderem die unverhältnismäßigen Auswirkungen auf den Verkehrsfluss berücksichtigt; darüber hinaus enthält die Risikobewertung Statistiken über beförderte Personen und Vorfälle, die im Zusammenhang mit grenzüberscheitender Kriminalität stehen. Die Risikobewertung wird regelmäßig aktualisiert.

Personen, bei denen grundsätzlich keine gezielte Abfrage der Datenbanken durchgeführt wird, werden mindestens einer Kontrolle unterzogen, bei der ihre Identität anhand der vorgelegten oder vorgezeigten Reisedokumente festgestellt wird. Eine solche Kontrolle besteht in einer raschen und einfachen Überprüfung der Gültigkeit des Reisedokuments für den Grenzübertritt, und es sollte, gegebenenfalls mithilfe technischer Geräte, nach Fälschungs- oder Verfälschungsmerkmalen gesucht werden, und, im Falle von Zweifeln in Bezug auf das Reisedokument oder wenn es Anzeichen gibt, dass eine solche Person eine Gefahr für die öffentliche Ordnung, die innere Sicherheit, die öffentliche Gesundheit oder die internationalen Beziehungen der Mitgliedstaaten darstellen könnte, fragt der Grenzschutzbeamte die in Absatz 2 Buchstaben a und b genannten Datenbanken ab.

Der betroffene Mitgliedstaat übermittelt seine Risikobewertung und deren Aktualisierungen unverzüglich an die mit der Verordnung (EU) 2016/1624 des Europäischen Parlamentes und des Rates**) errichtete Europäische Agentur für die Grenz- und Küstenwache (im Folgenden „Agentur“) und erstattet der

*) Verordnung (EG) Nr. 2252/2004 des Rates vom 13. Dezember 2004 über Normen für Sicherheitsmerkmale und biometrische Daten in von den Mitgliedstaaten ausgestellten Pässen und Reisedokumenten (ABl. L 385 vom 29. 12. 2004, S. 1)

**) Verordnung (EU) 2016/1624 des Europäischen Parlaments und des Rates vom 14. September 2016 über die Europäische Grenz- und Küstenwache und zur Änderung der Verordnung (EU) 2016/399 des Europäischen Parlaments und des Rates sowie zur Aufhebung der Verordnung (EG) Nr. 863/2007 des Europäischen Parlaments und des Rates, der Verordnung (EG) Nr. 2007/2004 des Rates und der Entscheidung des Rates 2005/267/EG (ABl. L 251 vom 16. 9. 2016, S. 1).

Kommission und der Agentur alle sechs Monate Bericht über die gezielten Abfragen der Datenbanken. Der betroffene Mitgliedstaat kann beschließen, die Risikobewertung oder Teile davon als Verschlusssache einzustufen.

(2b) Hat ein Mitgliedstaat die Absicht, gezielte Abfragen der Datenbanken nach Absatz 2a durchzuführen, so teilt er dies den anderen Mitgliedstaaten, der Agentur und der Kommission unverzüglich mit. Der betroffene Mitgliedstaat kann beschließen, die Meldung oder Teile davon als Verschlusssache einzustufen.

Falls die Mitgliedstaaten, die Agentur oder die Kommission Bedenken angesichts der Absicht, gezielte Abfragen der Datenbanken durchzuführen, haben, so unterrichten sie den betreffenden Mitgliedstaat unverzüglich über diese Bedenken. Der betreffende Mitgliedstaat trägt diesen Bedenken Rechnung.

(2c) Die Kommission legt dem Europäischen Parlament und dem Rat bis zum 8. April 2019 eine Bewertung der Umsetzung und der Auswirkungen des Absatz 2 vor.

(2d) In Bezug auf Luftgrenzen gelten die Absätze 2a und 2b für eine Übergangsfrist von höchstens sechs Monaten ab dem 7. April 2017.

Bestehen an einem bestimmten Flughafen besondere Schwierigkeiten hinsichtlich der Infrastruktur, die mehr Zeit für die Anpassungen erfordern, mit denen die Durchführung systematischer Abfragen der Datenbanken ohne unverhältnismäßige Auswirkungen auf den Verkehrsfluss ermöglicht wird, so kann die in Unterabsatz 1 genannte Frist von sechs Monaten im Einklang mit dem in Unterabsatz 3 festgelegten Verfahren für diesen bestimmten Flughafen ausnahmsweise um höchstens 18 Monate verlängert werden.

Zu diesem Zweck unterrichtet der Mitgliedstaat die Kommission, die Agentur und die anderen Mitgliedstaaten spätestens drei Monate vor Ablauf des in Unterabsatz 1 genannten Übergangszeitraums über die besonderen Schwierigkeiten hinsichtlich der Infrastruktur an dem betreffenden Flughafen, über die geplanten Maßnahmen zu deren Behebung und über die Zeit, die für ihre Durchführung benötigt wird.

Bestehen besondere Schwierigkeiten hinsichtlich der Infrastruktur, die mehr Zeit für die Anpassungen erfordern, so erteilt die Kommission dem betreffenden Mitgliedstaat innerhalb eines Monats nach Eingang der in Unterabsatz 3 genannten Mitteilung und nach Anhörung der Agentur die Genehmigung, den Übergangszeitraum für diesen betreffenden Flughafen zu verlängern, und legt, soweit angezeigt, die Dauer dieser Verlängerung fest.

(2e) Die Abfragen der Datenbanken nach Absatz 2 Buchstaben a und b können im Voraus auf der Grundlage von Angaben über die beförderten Personen durchgeführt werden, die im Einklang mit der Richtlinie 2004/82/EG des Rates***) oder mit anderen Unions- oder nationalen Rechtsvorschriften übermittelt wurden.

Falls diese Abfragen im Voraus auf der Grundlage der Angaben über die beförderten Personen erfolgen, werden die im Voraus erhaltenen Daten mit den im Reisedokument enthaltenen Daten an der Grenzübergangsstelle abgeglichen. Die Identität und die Staatsangehörigkeit der betreffenden Person sowie die Echtheit des Reisedokuments und seine Gültigkeit für den Grenzübertritt wird ebenfalls überprüft.

(2f) Abweichend von Absatz 2 dürfen Personen, die nach Unionsrecht Anspruch auf freien Personenverkehr haben, beim Überschreiten der Landbinnengrenzen der Mitgliedstaaten, bei denen die Überprüfung nach Maßgabe der geltenden Schengen-Bewertungsverfahren bereits erfolgreich abgeschlossen ist, aber noch nicht beschlossen worden ist, die Kontrollen an ihren Binnengrenzen gemäß den einschlägigen Bestimmungen der

IV

***) Richtlinie 2004/82/EG des Rates vom 29. April 2004 über die Verpflichtung von Beförderungsunternehmen, Angaben über die beförderten Personen zu übermitteln (ABl. L 261 vom 6. 8. 2004, S. 24).

jeweiligen Beitrittsakte aufzuheben, den Ausreisekontrollen gemäß Absatz 2 nicht systematisch, sondern nur auf Grundlage einer Risikobewertung unterworfen werden.

(3) Drittstaatsangehörige werden bei der Ein- und Ausreise wie folgt eingehend kontrolliert:

a) Die eingehende Kontrolle bei der Einreise umfasst die Überprüfung der in Artikel 6 Absatz 1 festgelegten Einreisevoraussetzungen sowie gegebenenfalls der für den Aufenthalt und die Ausübung einer Erwerbstätigkeit erforderlichen Erlaubnisse. Hierzu gehört eine umfassende Prüfung von Folgendem:

   i) Überprüfung der Identität und der Staatsangehörigkeit des Drittstaatsangehörigen sowie der Echtheit des Reisedokuments und seiner Gültigkeit für den Grenzübertritt, unter anderem durch Abfrage der einschlägigen Datenbanken, insbesondere

      1. des SIS,
      2. der Interpol-Datenbank für SLTD,
      3. nationaler Datenbanken mit Angaben zu gestohlenen, unterschlagenen, verlorenen oder für ungültig erklärten Reisedokumenten.

   Bei Pässen und Reisedokumenten mit einem Speichermedium wird vorbehaltlich der Verfügbarkeit gültiger Zertifikate die Authentizität der Daten auf dem Chip geprüft.

   ii) Überprüfung, ob dem Reisedokument gegebenenfalls das erforderliche Visum oder der erforderliche Aufenthaltstitel beigefügt ist.

   iii) Prüfung der Ein- und Ausreisestempel im Reisedokument des betreffenden Drittstaatsangehörigen, um durch einen Vergleich der Ein- und Ausreisedaten festzustellen, ob die zulässige Höchstdauer des Aufenthalts im Hoheitsgebiet der Mitgliedstaaten bereits überschritten wurde;

   iv) Überprüfung der Abfahrts- und Zielorte des betreffenden Drittstaatsangehörigen sowie des Zwecks des beabsichtigten Aufenthalts und, soweit erforderlich, Überprüfung der entsprechenden Belege;

   v) Überprüfung, ob der betreffende Drittstaatsangehörige über ausreichende Mittel zur Bestreitung des Lebensunterhalts für die beabsichtigte Dauer und den beabsichtigten Zweck des Aufenthalts, für die Rückreise in den Herkunftsstaat oder für die Durchreise in einen Drittstaat, in dem seine Zulassung gewährleistet ist, verfügt oder in der Lage ist, diese Mittel rechtmäßig zu erwerben;

   vi) Überprüfung, ob der betreffende Drittstaatsangehörige, sein Fortbewegungsmittel und die mitgeführten Sachen eine Gefahr für die öffentliche Ordnung, die innere Sicherheit, die öffentliche Gesundheit oder die internationalen Beziehungen eines der Mitgliedstaaten darstellen. Diese Überprüfung umfasst den unmittelbaren Abruf der Personendaten und -ausschreibungen und – soweit erforderlich – der Sachdaten und -ausschreibungen im SIS und in anderen einschlägigen Unionsdatenbanken sowie gegebenenfalls die Durchführung der aufgrund der Ausschreibung erforderlichen Maßnahmen. Dies steht einer Abfrage von nationalen Datenbanken und Interpol-Datenbanken nicht entgegen.

b) Befindet sich der Drittstaatsangehörige im Besitz eines Visums gemäß Artikel 6 Absatz 1 Buchstabe b, umfasst die eingehende Kontrolle bei der Einreise auch die Verifizierung der Identität des Visuminhabers und der Echtheit des Visums; dazu wird eine Abfrage des Visa-Informationssystems (VIS) gemäß Artikel 18 der Verordnung (EG) Nr. 767/2008 durchgeführt.

c) Abweichend davon kann eine Abfrage des VIS in allen Fällen anhand der Nummer der Visummarke und stichprobenartig anhand der Nummer der Visummarke in Kombination mit der Verifizierung der Fingerabdrücke durchgeführt werden,

i) wenn die Intensität des Verkehrsaufkommens zu übermäßigen Wartezeiten an der Grenzübergangsstelle führt,

ii) wenn alle Ressourcen in Bezug auf Personal, Einrichtungen und Organisation ausgeschöpft worden sind und

iii) wenn eine Beurteilung ergeben hat, dass kein Risiko in Bezug auf die innere Sicherheit und die illegale Einwanderung besteht.

In allen Fällen, in denen jedoch Zweifel an der Identität des Visuminhabers und/oder an der Echtheit des Visums bestehen, wird eine Abfrage des VIS systematisch anhand der Nummer der Visummarke in Kombination mit der Verifizierung der Fingerabdrücke durchgeführt.

Diese Ausnahme ist nur so lange an der betreffenden Grenzübergangsstelle zulässig, wie die in Ziffern i), ii) und iii) genannten Bedingungen erfüllt sind.

d) Die Entscheidung, eine Abfrage des VIS gemäß Buchstabe c durchzuführen, wird auf der Ebene des leitenden Grenzschutzbeamten an der Grenzübergangsstelle oder auf höherer Ebene getroffen.

Die betreffenden Mitgliedstaaten unterrichten die anderen Mitgliedstaaten und die Kommission umgehend über eine etwaige diesbezügliche Entscheidung.

e) Alle Mitgliedstaaten übermitteln dem Europäischen Parlament und der Kommission jährlich einen Bericht über die Anwendung von Buchstabe c, der auch die Zahl der Drittstaatsangehörigen enthält, die im Rahmen des VIS allein anhand der Nummer der Visummarke überprüft wurden, sowie die Dauer der Wartezeit gemäß Buchstabe c Ziffer i.

f) Die Buchstaben c und d gelten für einen Zeitraum von höchstens drei Jahren, der drei Jahre nach dem Datum beginnt, an dem das VIS in Betrieb genommen wurde. Vor Ablauf des zweiten Jahres der Anwendung der Buchstaben c und d übermittelt die Kommission dem Europäischen Parlament und dem Rat eine Bewertung der Umsetzung dieser Buchstaben. Auf der Grundlage dieser Bewertung können das Europäische Parlament oder der Rat die Kommission auffordern, angemessene Änderungen zu dieser Verordnung vorzuschlagen.

g) Die eingehende Kontrolle bei der Ausreise umfasst:

i) Überprüfung der Identität und der Staatsangehörigkeit des Drittstaatsangehörigen sowie der Echtheit des Reisedokuments und seiner Gültigkeit für den Grenzübertritt, unter anderem durch Abfrage der einschlägigen Datenbanken, insbesondere

1. des SIS,
2. der Interpol-Datenbank für SLTD,
3. nationaler Datenbanken mit Angaben zu gestohlenen, unterschlagenen, verlorenen oder für ungültig erklärten Reisedokumenten.

Bei Pässen und Reisedokumenten mit einem Speichermedium wird vorbehaltlich der Verfügbarkeit gültiger Zertifikate die Authentizität der Daten auf dem Chip geprüft.

ii) Überprüfung, ob der Drittstaatsangehörige nicht als eine Gefahr für die öffentliche Ordnung, die innere Sicherheit, die öffentliche Gesundheit oder die internationalen Beziehungen eines der Mitgliedstaaten angesehen wird, unter anderem durch Abfrage des SIS und anderer einschlägiger Unionsdatenbanken. Dies steht einer Abfrage von nationalen Datenbanken und Interpol-Datenbanken nicht entgegen.

h) Zusätzlich zu der in Buchstabe g genannten Kontrolle kann die eingehende Kontrolle bei der Ausreise auch folgende Gesichtspunkte umfassen:

i) Überprüfung, ob die Person im Besitz eines gültigen Visums ist, falls dies nach der Verordnung (EG) Nr. 539/2001 vorgeschrieben ist, außer wenn sie Inhaber eines gültigen Aufenthaltstitels ist; eine solche Überprüfung kann auch eine Abfrage des VIS gemäß Artikel 18 der Verordnung (EG) Nr. 767/2008 umfassen;

ii) Überprüfung, ob die Person nicht die zulässige Höchstdauer des Aufenthalts im Hoheitsgebiet der Mitgliedstaaten überschritten hat.

i) Zum Zwecke der Identifizierung einer Person, die die Bedingungen für die Einreise oder den Aufenthalt im Hoheitsgebiet der Mitgliedstaaten nicht oder nicht mehr erfüllt, sind Abfragen des VIS gemäß Artikel 20 der Verordnung (EG) Nr. 767/2008 zulässig.

ia) Die Abfrage der Datenbanken nach Buchstabe a Ziffern i und vi und Buchstabe g können im Voraus auf der Grundlage von Angaben über die beförderten Personen durchgeführt werden, die im Einklang mit der Richtlinie 2004/82/EG oder mit anderen Unions- oder nationalen Rechtsvorschriften übermittelt wurden.

Falls diese Abfragen im Voraus auf der Grundlage der Angaben über die beförderten Personen erfolgen, werden die im Voraus erhaltenen Daten mit den im Reisedokument enthaltenen Daten an der Grenzübergangsstelle abgeglichen. Die Identität und Staatsangehörigkeit der betreffenden Person sowie die Echtheit des Reisedokuments und seine Gültigkeit für den Grenzübertritt wird ebenfalls überprüft;

ib) Bestehen Zweifel an der Echtheit des Reisedokuments oder an der Identität des Drittstaatsangehörigen, so umfassen die Abfragen, wenn möglich, die Überprüfung von mindestens einem der biometrischen Identifikatoren, die in den Reisedokumenten integriert sind.

(4) Soweit entsprechende Einrichtungen vorhanden sind, werden solche eingehenden Kontrollen auf Antrag des Drittstaatsangehörigen in einem privaten Bereich durchgeführt.

(5) Unbeschadet des Unterabsatzes 2 werden Drittstaatsangehörige, die einer eingehenden Kontrolle in der zweiten Kontrolllinie unterzogen werden, schriftlich in einer Sprache, die sie verstehen oder bei der vernünftigerweise davon ausgegangen werden kann, dass sie sie verstehen, oder in einer anderen wirksamen Form über den Zweck und das Verfahren einer solchen Kontrolle unterrichtet.

Diese Informationen müssen in allen Amtssprachen der Union sowie in der/den Sprache(n) des/der an den betreffenden Mitgliedstaat angrenzenden Staates/Staaten verfügbar sein und darauf hinweisen, dass der Drittstaatsangehörige um den Namen oder die Dienstausweisnummer der Grenzschutzbeamten, die die eingehende Kontrolle in der zweiten Kontrolllinie durchführen, sowie um die Bezeichnung der Grenzübergangsstelle und um das Datum, an dem die Grenze überschritten wurde, ersuchen kann.

(6) Kontrollen von Personen, die nach Unionsrecht Anspruch auf freien Personenverkehr haben, werden in Übereinstimmung mit der Richtlinie 2004/38/EG durchgeführt.

(7) Detaillierte Vorschriften für die zu erfassenden Informationen sind in Anhang II enthalten.

(8) Wird Artikel 5 Absatz 2 Buchstabe a oder b angewandt, so dürfen die Mitgliedstaaten auch von den Bestimmungen dieses Artikels abweichen.

Artikel 9 Lockerung der Grenzübertrittskontrollen

(1) Bei außergewöhnlichen und unvorhergesehenen Umständen können die Grenzübertrittskontrollen an den Außengrenzen gelockert werden. Solche außergewöhnlichen und unvorhergesehenen Umstände liegen vor, wenn unvorhersehbare Ereignisse zu einem derart starken Verkehrsaufkommen führen, dass sich trotz Ausschöpfung aller personellen, räumlichen und organisatorischen Möglichkeiten unzumutbare Wartezeiten an der Grenzübergangsstelle ergeben.

(2) Werden die Grenzübertrittskontrollen gemäß Absatz 1 gelockert, so hat die Grenzübertrittskontrolle des Einreiseverkehrs grundsätzlich Vorrang vor der Grenzübertrittskontrolle des Ausreiseverkehrs.

Die Entscheidung über die Lockerung der Kontrollen wird von dem leitenden Grenzschutzbeamten an der Grenzübergangsstelle getroffen.

Eine derartige Lockerung der Kontrollen darf nur vorübergehend, der jeweiligen Lage angepasst und stufenweise angeordnet werden.

(3) Auch bei einer Lockerung der Kontrollen muss der Grenzschutzbeamte die Reisedokumente von Drittstaatsangehörigen sowohl bei der Einreise als auch bei der Ausreise gemäß Artikel 11 abstempeln.

(4) Jeder Mitgliedstaat übermittelt dem Europäischen Parlament und der Kommission jährlich einen Bericht über die Anwendung des vorliegenden Artikels.

Artikel 10 Einrichtung getrennter Kontrollspuren und Beschilderung

(1) Die Mitgliedstaaten richten insbesondere an den Grenzübergangsstellen ihrer Luftgrenzen getrennte Kontrollspuren ein, um Personenkontrollen gemäß Artikel 8 vornehmen zu können. Diese Kontrollspuren sind durch Schilder mit den in Anhang III dargestellten Angaben zu kennzeichnen.

Die Mitgliedstaaten können an den Grenzübergangsstellen ihrer See- und Landgrenzen sowie an den Grenzen zwischen den Mitgliedstaaten, die Artikel 22 an ihren gemeinsamen Grenzen nicht anwenden, getrennte Kontrollspuren einrichten. Die Schilder mit den in Anhang III dargestellten Angaben werden verwendet, wenn die Mitgliedstaaten an diesen Grenzen getrennte Kontrollspuren einrichten.

Die Mitgliedstaaten stellen sicher, dass diese Kontrollspuren deutlich ausgeschildert sind, auch in den Fällen, in denen die Vorschriften für die Benutzung der verschiedenen Kontrollspuren nach Absatz 4 außer Kraft gesetzt werden, um eine optimale Abwicklung der Verkehrsströme von Personen, die die Grenze überschreiten, zu gewährleisten.

(2) Personen, die nach Unionsrecht Anspruch auf freien Personenverkehr haben, sind berechtigt, die mit dem in Anhang III Teil A („EU, EWR, CH") aufgeführten Schild gekennzeichneten Kontrollspuren zu benutzen. Sie können auch die mit dem in Anhang III Teil B1 („Visum nicht erforderlich") und Teil B2 („alle Pässe") aufgeführten Schild gekennzeichneten Kontrollspuren benutzen.

Drittstaatsangehörige, die nach der Verordnung (EG) Nr. 539/2001 beim Überschreiten der Außengrenzen der Mitgliedstaaten nicht der Visumpflicht unterliegen, sowie Drittstaatsangehörige mit gültigem Aufenthaltstitel oder einem Visum für den längerfristigen Aufenthalt sind berechtigt, die mit dem in Anhang III Teil B1 der vorliegenden Verordnung („Visum nicht erforderlich") aufgeführten Schild gekennzeichneten Kontrollspuren zu benutzen. Sie können auch die mit dem in Anhang III Teil B2 dieser Verordnung („alle Pässe") aufgeführten Schild gekennzeichneten Kontrollspuren benutzen.

Alle anderen Personen benutzen die mit dem in Anhang III Teil B2 („alle Pässe") aufgeführten Schild gekennzeichneten Kontrollspuren.

Die Angaben auf in den Unterabsätzen 1, 2 und 3 genannten Schildern können in der Sprache/den Sprachen abgefasst werden, die dem jeweiligen Mitgliedstaat als geeignet erscheint/erscheinen.

Die Einrichtung getrennter Kontrollspuren, die mit dem in Anhang III Teil B1 („Visum nicht erforderlich") aufgeführten Schild gekennzeichnet sind, ist nicht verpflichtend. Die Mitgliedstaaten entscheiden nach den praktischen Erfordernissen darüber, ob und an welchen Grenzübergangsstellen derartige Kontrollspuren eingerichtet werden sollen.

(3) An den Grenzübergangsstellen der See- und Landgrenzen können die Mitgliedstaaten den Kraftverkehr auf unterschiedliche Fahrspuren für Personenkraftfahrzeuge, Lastkraftwagen und Omnibusse aufteilen; dies ist durch die in Anhang III Teil C aufgeführten Schilder kenntlich zu machen.

Die Mitgliedstaaten können die Angaben auf diesen Schildern gegebenenfalls je nach örtlichen Gegebenheiten abwandeln.

IV

(4) Bei einem vorübergehenden Ungleichgewicht der Verkehrsströme an einer Grenzübergangsstelle können die Vorschriften für die Benutzung der verschiedenen Kontrollspuren von den zuständigen Behörden so lange außer Kraft gesetzt werden, wie dies für die Behebung des Ungleichgewichts erforderlich ist.

Artikel 11 Abstempeln der Reisedokumente

(1) Die Reisedokumente von Drittstaatsangehörigen werden bei der Einreise und bei der Ausreise systematisch abgestempelt. Ein Einreise- oder Ausreisestempel wird insbesondere angebracht in

a) den Grenzübertrittspapieren von Drittstaatsangehörigen, in denen sich ein gültiges Visum befindet;

b) den Grenzübertrittspapieren von Drittstaatsangehörigen, denen von einem Mitgliedstaat an der Grenze ein Visum erteilt wird;

c) den Grenzübertrittspapieren von Drittstaatsangehörigen, die nicht der Visumpflicht unterliegen.

(2) Die Reisedokumente von Drittstaatsangehörigen, die Familienangehörige eines Unionsbürgers sind, auf den die Richtlinie 2004/38/EG Anwendung findet, die aber die Aufenthaltskarte nach der genannten Richtlinie nicht vorzeigen, werden bei der Ein- und Ausreise abgestempelt.

Die Reisedokumente von Drittstaatsangehörigen, die Familienangehörige von Drittstaatsangehörigen sind, die nach Unionsrecht Anspruch auf freien Personenverkehr haben, aber die Aufenthaltskarte nach der Richtlinie 2004/38/EG nicht vorzeigen, werden bei der Ein- und Ausreise abgestempelt.

(3) Von der Anbringung des Einreise- und Ausreisestempels wird abgesehen

a) in den Reisedokumenten von Staatsoberhäuptern und Würdenträgern, deren Eintreffen im Voraus auf diplomatischem Wege offiziell angekündigt wurde;

b) in den Fluglizenzen oder den Besatzungsausweisen von Flugpersonal;

c) in den Reisedokumenten von Seeleuten, die sich nur während der Liegezeit des Schiffes in dem Gebiet des angelaufenen Hafens im Hoheitsgebiet eines Mitgliedstaats aufhalten;

d) in den Reisedokumenten der Besatzung und der Passagiere von Kreuzfahrtschiffen, die nicht den Grenzübertrittskontrollen nach Nummer 3.2.3 des Anhangs VI unterliegen;

e) in den Grenzübertrittspapieren von Staatsangehörigen Andorras, Monacos und San Marinos;

f) in den Reisedokumenten des Zugpersonals auf internationalen Personen- und Güterzugverbindungen;

g) in den Reisedokumenten von Drittstaatsangehörigen, die eine Aufenthaltskarte nach der Richtlinie 2004/38/EG vorzeigen.

Auf Antrag eines Drittstaatsangehörigen kann ausnahmsweise von der Anbringung des Ein- oder Ausreisestempels abgesehen werden, wenn der Stempelabdruck zu erheblichen Schwierigkeiten für den Drittstaatsangehörigen führen würde. In diesem Fall wird die Ein- oder Ausreise auf einem gesonderten Blatt unter Angabe des Namens und der Passnummer beurkundet. Dieses Blatt wird dem Drittstaatsangehörigen ausgehändigt. Die zuständigen Behörden der Mitgliedstaaten können Statistiken über diese Ausnahmefälle führen und der Kommission diese Statistiken zur Verfügung stellen.

(4) Die Abstempelungsmodalitäten sind in Anhang IV festgelegt.

(5) Soweit möglich wird der Drittstaatsangehörige darüber unterrichtet, dass der Grenzschutzbeamte verpflichtet ist, sein Reisedokument bei der Ein- und Ausreise abzustempeln, auch wenn die Kontrollen gemäß Artikel 9 gelockert worden sind.

Artikel 12 Annahme hinsichtlich der Erfüllung der Voraussetzungen der Aufenthaltsdauer

(1) Ist das Reisedokument eines Drittstaatsangehörigen nicht mit dem Einreisestempel

versehen, so können die zuständigen nationalen Behörden annehmen, dass der Inhaber des Reisedokuments die in dem betreffenden Mitgliedstaat geltenden Voraussetzungen hinsichtlich der Aufenthaltsdauer nicht oder nicht mehr erfüllt.

(2) Die Annahme nach Absatz 1 kann von einem Drittstaatsangehörigen durch jedweden glaubhaften Nachweis widerlegt werden, insbesondere durch Belege wie Beförderungsnachweise oder Nachweise über seine Anwesenheit außerhalb des Hoheitsgebiets der Mitgliedstaaten, aus denen hervorgeht, dass er die Voraussetzungen hinsichtlich der Dauer eines kurzfristigen Aufenthalts eingehalten hat.

In diesem Fall gilt Folgendes:

a) Wird der Drittstaatsangehörige im Hoheitsgebiet eines Mitgliedstaats angetroffen, der den Schengen-Besitzstand uneingeschränkt anwendet, so geben die zuständigen Behörden entsprechend ihren nationalen Rechtsvorschriften und Praktiken in seinem Reisedokument das Datum an, zu dem er die Außengrenze eines der Mitgliedstaaten, die den Schengen-Besitzstand uneingeschränkt anwenden, überschritten hat, sowie den Ort des Grenzübertritts.

b) Wird der Drittstaatsangehörige im Hoheitsgebiet eines Mitgliedstaats angetroffen, für den der Beschluss nach Artikel 3 Absatz 2 der Beitrittsakte von 2003, Artikel 4 Absatz 2 der Beitrittsakte von 2005 und Artikel 4 Absatz 2 der Beitrittsakte von 2011 nicht gefasst worden ist, so geben die zuständigen Behörden entsprechend ihren nationalen Rechtsvorschriften und Praktiken in seinem Reisedokument das Datum an, zu dem er die Außengrenze eines solchen Mitgliedstaats überschritten hat, sowie den Ort des Grenzübertritts.

Zusätzlich zu den in den Buchstaben a und b genannten Angaben kann dem Drittstaatsangehörigen ein Formular entsprechend dem Muster in Anhang VIII ausgehändigt werden.

Die Mitgliedstaaten unterrichten sich gegenseitig sowie die Kommission und das Generalsekretariat des Rates über ihre nationalen Praktiken bezüglich der in diesem Artikel genannten Angaben.

(3) Wird die Annahme nach Absatz 1 nicht widerlegt, so kann der Drittstaatsangehörige gemäß der Richtlinie 2008/115/EG des Europäischen Parlaments und des Rates[1]) und gemäß dem nationalen Recht zur Umsetzung jener Richtlinie rückgeführt werden.

(4) Die einschlägigen Bestimmungen der Absätze 1 und 2 gelten sinngemäß, wenn kein Ausreisestempel vorhanden ist.

IV

Artikel 13 Grenzüberwachung

(1) Die Grenzüberwachung dient insbesondere der Verhinderung des unbefugten Grenzübertritts, der Bekämpfung der grenzüberschreitenden Kriminalität und der Veranlassung von Maßnahmen gegen Personen, die die Grenze unerlaubt überschreiten. Personen, die eine Grenze unerlaubt überschritten haben und die über kein Aufenthaltsrecht im Hoheitsgebiet des betreffenden Mitgliedstaates verfügen, sind aufzugreifen und Verfahren zu unterziehen, die mit der Richtlinie 2008/115/EG in Einklang stehen.

(2) Die Grenzschutzbeamten setzen zur Grenzüberwachung stationär postierte oder mobile Kräfte ein.

Diese Überwachung wird in einer Weise durchgeführt, dass Personen daran gehindert und davon abgehalten werden, die Kontrollen an den Grenzübergangsstellen zu umgehen.

(3) Die Überwachung zwischen den Grenzübergangsstellen erfolgt durch Grenzschutzbeamte, deren Anzahl und Methoden bestehenden oder vorhergesehenen Gefahren und Bedrohungen anzupassen sind. Sie erfolgt unter häufigem, nicht vorhersehbarem

---

[1]) Richtlinie 2008/115/EG des Europäischen Parlaments und des Rates vom 16. Dezember 2008 über gemeinsame Normen und Verfahren in den Mitgliedstaaten zur Rückführung illegal aufhältiger Drittstaatsangehöriger (ABl. L 348 vom 24. 12. 2008, S. 98).

Wechsel der Überwachungszeiten, so dass das unbefugte Überschreiten der Grenze das ständige Risiko birgt, entdeckt zu werden.

(4) Zur Durchführung der Überwachung werden stationär postierte oder mobile Kräfte eingesetzt, die ihre Aufgaben in Form von Bestreifung oder Postierung überwiegend an erkannten oder vermuteten Schwachstellen mit dem Ziel erfüllen, Personen aufzugreifen, die die Grenze unbefugt überschreiten. Die Überwachung kann auch durch Verwendung technischer – einschließlich elektronischer – Mittel erfolgen.

(5) Der Kommission wird die Befugnis übertragen, für zusätzliche Überwachungsmaßnahmen delegierte Rechtsakte nach Artikel 37 zu erlassen.

Artikel 14 Einreiseverweigerung

(1) Einem Drittstaatsangehörigen, der nicht alle Einreisevoraussetzungen des Artikels 6 Absatz 1 erfüllt und der nicht zu dem in Artikel 6 Absatz 5 genannten Personenkreis gehört, wird die Einreise in das Hoheitsgebiet der Mitgliedstaaten verweigert. Davon unberührt bleibt die Anwendung besonderer Bestimmungen zum Asylrecht und zum internationalen Schutz oder zur Ausstellung von Visa für längerfristige Aufenthalte.

(2) Die Einreiseverweigerung kann nur mittels einer begründeten Entscheidung unter genauer Angabe der Gründe für die Einreiseverweigerung erfolgen. Die Entscheidung wird von einer nach nationalem Recht zuständigen Behörde erlassen. Die Entscheidung tritt unmittelbar in Kraft.

Die begründete Entscheidung mit genauer Angabe der Gründe für die Einreiseverweigerung wird mit dem Standardformular nach Anhang V Teil B erteilt, das von der nach nationalem Recht zur Einreiseverweigerung berechtigten Behörde ausgefüllt wird. Das ausgefüllte Standardformular wird dem betreffenden Drittstaatsangehörigen ausgehändigt, der den Empfang der Entscheidung über die Einreiseverweigerung auf diesem Standardformular bestätigt.

(3) Personen, denen die Einreise verweigert wird, steht ein Rechtsmittel zu. Die Verfahren für die Einlegung des Rechtsmittels bestimmen sich nach nationalem Recht. Dem Drittstaatsangehörigen werden auch schriftliche Angaben zu Kontaktstellen gemacht, die ihn über eine rechtliche Vertretung unterrichten können, die entsprechend dem nationalen Recht in seinem Namen vorgehen kann.

Die Einlegung eines solchen Rechtsmittels hat keine aufschiebende Wirkung im Hinblick auf die Entscheidung über die Einreiseverweigerung.

Wird im Rechtsmittelverfahren festgestellt, dass die Entscheidung über die Einreiseverweigerung unbegründet war, so hat der betreffende Drittstaatsangehörige unbeschadet einer nach nationalem Recht gewährten Entschädigung einen Anspruch auf Berichtigung des ungültig gemachten Einreisestempels und anderer Streichungen oder Vermerke durch den Mitgliedstaat, der ihm die Einreise verweigert hat.

(4) Die Grenzschutzbeamten stellen sicher, dass ein Drittstaatsangehöriger, dem die Einreise verweigert wurde, das Hoheitsgebiet des betreffenden Mitgliedstaats nicht betritt.

(5) Die Mitgliedstaaten erheben statistische Daten über die Anzahl der Personen, denen sie die Einreise verweigern, die Gründe für die Einreiseverweigerung, die Staatsangehörigkeit der betreffenden Personen und die Art der Grenze (Land-, Luft- oder Seegrenze), an der ihnen die Einreise verweigert wurde, und legen sie gemäß der Verordnung (EG) Nr. 862/2007 des Europäischen Parlaments und des Rates[1]) jährlich der Kommission (Eurostat) vor.

(6) Die Modalitäten der Einreiseverweigerung sind in Anhang V Teil A festgelegt.

---

[1]) Verordnung (EG) Nr. 862/2007 des Europäischen Parlaments und des Rates vom 11. Juli 2007 zu Gemeinschaftsstatistiken über Wanderung und internationalen Schutz und zur Aufhebung der Verordnung (EWG) Nr. 311/76 des Rates über die Erstellung von Statistiken über ausländische Arbeitnehmer (ABl. L 199 vom 31. 7. 2007, S. 23).

Kapitel III Personal und finanzielle Mittel für Grenzkontrollen und Zusammenarbeit der Mitgliedstaaten

Artikel 15 Personal und finanzielle Mittel für Grenzkontrollen

Zur Gewährleistung effizienter Grenzkontrollen mit hohem und einheitlichem Standard an ihren Außengrenzen stellen die Mitgliedstaaten geeignete Kräfte in ausreichender Zahl und angemessene Mittel in ausreichendem Umfang für die Durchführung von Grenzkontrollen an den Außengrenzen gemäß den Artikeln 7 bis 14 zur Verfügung

Artikel 16 Durchführung von Grenzkontrollen

(1) Die Durchführung von Grenzkontrollen gemäß den Artikeln 7 bis 14 erfolgt durch die Grenzschutzbeamten gemäß dieser Verordnung und nationalem Recht.

Bei der Durchführung dieser Grenzkontrollen bleiben die den Grenzschutzbeamten nach nationalem Recht verliehenen und nicht in den Geltungsbereich dieser Verordnung fallenden Befugnisse zur Einleitung strafrechtlicher Ermittlungen unberührt.

Die Mitgliedstaaten stellen sicher, dass die Grenzschutzbeamten über eine besondere und angemessene fachliche Qualifikation verfügen und die gemeinsamen zentralen Lehrpläne für Grenzschutzbeamte beachtet werden, die von der durch die Verordnung (EG) Nr. 2007/2004 eingerichteten Europäischen Agentur für die operative Zusammenarbeit an den Außengrenzen der Mitgliedstaaten (im Folgenden „Agentur") entwickelt wurden. Die Lehrpläne umfassen Fachschulungen in der Erkennung und Behandlung von Situationen mit schutzbedürftigen Personen, wie unbegleiteten Minderjährigen und Opfern von Menschenhandel. Die Mitgliedstaaten halten die Grenzschutzbeamten mit Unterstützung der Agentur dazu an, die zur Wahrnehmung ihrer Aufgaben erforderlich Sprachen zu erlernen.

(2) Die Mitgliedstaaten übermitteln der Kommission gemäß Artikel 39 die Liste der nationalen Stellen, die nach ihrem nationalen Recht für die Grenzkontrollen zuständig sind.

(3) Zur wirksamen Durchführung von Grenzkontrollen sorgt jeder Mitgliedstaat für eine enge und ständige Zusammenarbeit seiner nationalen Stellen, die für Grenzkontrollen zuständig sind.

Artikel 17 Zusammenarbeit der Mitgliedstaaten

(1) Zur wirksamen Durchführung von Grenzkontrollen gemäß den Artikeln 7 bis 16 unterstützen die Mitgliedstaaten einander und pflegen eine enge und ständige Zusammenarbeit. Sie tauschen alle sachdienlichen Informationen aus.

(2) Die operative Zusammenarbeit der Mitgliedstaaten auf dem Gebiet des Grenzschutzes an den Außengrenzen wird durch die Agentur koordiniert.

(3) Unbeschadet der Zuständigkeiten der Agentur können die Mitgliedstaaten mit anderen Mitgliedstaaten und/oder Drittstaaten an den Außengrenzen weiterhin auf operativer Ebene zusammenarbeiten, was auch den Austausch von Verbindungsbeamten umfasst, soweit diese Zusammenarbeit die Tätigkeit der Agentur ergänzt.

Die Mitgliedstaaten unterlassen jegliche Handlung, die den Betrieb der Agentur oder die Erreichung ihrer Ziele in Frage stellen könnte.

Die Mitgliedstaaten berichten der Agentur über diese operative Zusammenarbeit nach Unterabsatz 1.

(4) Die Mitgliedstaaten sorgen für eine Aus- und Fortbildung über die Bestimmungen für die Grenzkontrollen und die Grundrechte. In diesem Zusammenhang ist den gemeinsamen Ausbildungsnormen Rechnung zu tragen, die von der Agentur festgelegt und weiterentwickelt werden.

Artikel 18 Gemeinsame Kontrollen

(1) Die Mitgliedstaaten, die Artikel 22 an ihren gemeinsamen Landgrenzen nicht anwenden, können bis zu dem Tag, ab dem der genannte Artikel anwendbar ist, gemeinsame Kontrollen an diesen Grenzen durchführen; in

diesem Fall dürfen Personen unbeschadet der sich aus den Artikeln 7 bis 14 ergebenden individuellen Zuständigkeit der Mitgliedstaaten nur einmal angehalten werden, um die Ein- und Ausreisekontrollen durchzuführen.

Zu diesem Zweck können die Mitgliedstaaten untereinander bilaterale Vereinbarungen treffen.

(2) Die Mitgliedstaaten unterrichten die Kommission über alle gemäß Absatz 1 getroffenen Vereinbarungen.

Kapitel IV
Sonderbestimmungen für Grenzübertrittskontrollen

Artikel 19 Sonderbestimmungen für die unterschiedlichen Grenzarten und die für das Überschreiten der Außengrenzen genutzten unterschiedlichen Fortbewegungsmittel

Die Sonderbestimmungen des Anhangs VI gelten für die Kontrollen bezüglich der unterschiedlichen Grenzarten und der für das Überschreiten der Grenzübergangsstellen genutzten unterschiedlichen Fortbewegungsmittel.

Diese Sonderbestimmungen können Abweichungen von den Artikeln 5 und 6 und den Artikeln 8 bis 14 enthalten

Artikel 20 Sonderbestimmungen für die Kontrolle von bestimmten Personengruppen

(1) Die Sonderbestimmungen des Anhangs VII gelten für die Kontrollen folgender Personengruppen:

a) Staatsoberhäupter und die Mitglieder ihrer Delegation(en);

b) Piloten von Luftfahrzeugen und anderes Flugbesatzungspersonal;

c) Seeleute;

d) Inhaber von Diplomaten-, Amts- oder Dienstpässen sowie Mitglieder internationaler Organisationen;

e) Grenzarbeitnehmer;

f) Minderjährige;

g) Rettungsdienste, Polizei, Feuerwehr und Grenzschutzbeamte;

h) Arbeitnehmer auf Offshore-Anlagen.

Diese Sonderbestimmungen können Abweichungen von den Artikeln 5 und 6 und den Artikeln 8 bis 14 enthalten.

(2) Die Mitgliedstaaten übermitteln der Kommission die Muster der besonderen Ausweise, die ihre Außenministerien gemäß Artikel 39 den akkreditierten Mitgliedern diplomatischer Missionen und konsularischer Vertretungen sowie ihren Familienangehörigen ausstellen.

Kapitel V
Bestimmte Maßnahmen im Falle schwerwiegender Mängel bei den Kontrollen an den Außengrenzen

Artikel 21 Maßnahmen an Außengrenzen und Unterstützung durch die Agentur

(1) Werden in einem nach Artikel 14 der Verordnung (EU) Nr. 1053/2013 erstellten Evaluierungsbericht schwerwiegende Mängel bei Kontrollen an den Außengrenzen festgestellt, so kann die Kommission, um die Einhaltung der Empfehlungen gemäß Artikel 15 jener Verordnung zu gewährleisten, dem evaluierten Mitgliedstaat im Wege eines Durchführungsrechtsakts empfehlen, bestimmte Maßnahmen zu ergreifen, die eine oder beide der folgenden Maßnahmen umfassen können:

a) Anforderung des Einsatzes von Europäischen Grenzschutzteams gemäß den Bestimmungen der Verordnung (EG) Nr. 2007/2004;

b) Unterbreitung seiner strategischen Pläne, die sich auf eine Risikoanalyse stützen und Angaben zu dem Einsatz von Personal und Ausrüstung beinhalten, an die Agentur für eine diesbezügliche Stellungnahme.

Dieser Durchführungsrechtsakt wird gemäß dem in Artikel 38 Absatz 2 genannten Prüfverfahren erlassen.

(2) Die Kommission unterrichtet den gemäß Artikel 38 Absatz 1 eingerichteten Ausschuss

regelmäßig über die Fortschritte bei der Umsetzung der in Absatz 1 des vorliegenden Artikels aufgeführten Maßnahmen und über ihre Wirksamkeit bei der Beseitigung der ermittelten Schwachstellen.

Sie unterrichtet auch das Europäische Parlament und den Rat.

(3) Ist in einem Evaluierungsbericht nach Absatz 1 festgestellt worden, dass der evaluierte Mitgliedstaat seine Pflichten in schwerwiegender Weise vernachlässigt und infolgedessen nach Artikel 16 Absatz 4 der Verordnung (EU) Nr. 1053/2013 verpflichtet ist, innerhalb von drei Monaten einen Bericht über die Umsetzung des einschlägigen Aktionsplans vorzulegen, und stellt die Kommission nach Ablauf der drei Monate fest, dass die Situation unverändert ist, so kann sie, wenn alle Voraussetzungen hierfür erfüllt sind, die Anwendung des in Artikel 29 der vorliegenden Verordnung vorgesehenen Verfahrens auslösen.

Titel III
Binnengrenzen

Kapitel I
Ausbleiben der Grenzkontrollen an den Binnengrenzen

Artikel 22 Überschreiten der Binnengrenzen

Die Binnengrenzen dürfen unabhängig von der Staatsangehörigkeit der betreffenden Personen an jeder Stelle ohne Personenkontrollen überschritten werden.

Artikel 23 Kontrollen innerhalb des Hoheitsgebiets

Das Ausbleiben der Grenzkontrollen an den Binnengrenzen berührt nicht:

a) die Ausübung der polizeilichen Befugnisse durch die zuständigen Behörden der Mitgliedstaaten nach Maßgabe des nationalen Rechts, sofern die Ausübung solcher Befugnisse nicht die gleiche Wirkung wie Grenzübertrittskontrollen hat; dies gilt auch in Grenzgebieten. Im Sinne von Satz 1 darf die Ausübung der polizeilichen Befugnisse insbesondere nicht der Durchführung von Grenzübertrittskontrollen gleichgestellt werden, wenn die polizeilichen Maßnahmen
   i) keine Grenzkontrollen zum Ziel haben;
   ii) auf allgemeinen polizeilichen Informationen und Erfahrungen in Bezug auf mögliche Bedrohungen der öffentlichen Sicherheit beruhen und insbesondere auf die Bekämpfung der grenzüberschreitenden Kriminalität abzielen;
   iii) in einer Weise konzipiert sind und durchgeführt werden, die sich eindeutig von systematischen Personenkontrollen an den Außengrenzen unterscheidet;
   iv) auf der Grundlage von Stichproben durchgeführt werden;

b) die Durchführung von Sicherheitskontrollen bei Personen in See- oder Flughäfen durch die zuständigen Behörden nach Maßgabe des nationalen Rechts, die Verantwortlichen der See- oder Flughäfen oder die Beförderungsunternehmer, sofern diese Kontrollen auch bei Personen vorgenommen werden, die Reisen innerhalb des Mitgliedstaats unternehmen;

c) die den Mitgliedstaaten eingeräumte Möglichkeit, in ihren Rechtsvorschriften die Verpflichtung zum Besitz oder Mitführen von Urkunden und Bescheinigungen vorzusehen;

d) die Möglichkeit eines Mitgliedstaats, die Verpflichtung für Drittstaatsangehörige, ihre Anwesenheit in seinem Hoheitsgebiet gemäß Artikel 22 des Übereinkommens zur Durchführung des Übereinkommens von Schengen vom 14. Juni 1985 zwischen den Regierungen der Staaten der Benelux-Wirtschaftsunion, der Bundesrepublik Deutschland und der Französischen Republik betreffend den schrittweisen Abbau der Kontrollen an den gemeinsamen Grenzen (im Folgenden „Schengener Durchführungsübereinkommen") zu melden, gesetzlich vorzuschreiben.

IV

IV

Artikel 24 Beseitigung von Verkehrshindernissen an den Straßenübergängen der Binnengrenzen

Die Mitgliedstaaten beseitigen alle Hindernisse für den flüssigen Verkehr an den Straßenübergängen der Binnengrenzen, insbesondere Geschwindigkeitsbeschränkungen, die nicht ausschließlich auf Gesichtspunkten der Verkehrssicherheit beruhen.

Gleichzeitig müssen die Mitgliedstaaten darauf vorbereitet sein, Abfertigungsanlagen für den Fall einzurichten, dass an den Binnengrenzen wieder Grenzkontrollen eingeführt werden.

Kapitel II
Vorübergehende Wiedereinführung von Grenzkontrollen an den Binnengrenzen

Artikel 25 Allgemeiner Rahmen für die vorübergehende Wiedereinführung von Kontrollen an den Binnengrenzen

(1) Ist im Raum ohne Kontrollen an den Binnengrenzen die öffentliche Ordnung oder die innere Sicherheit in einem Mitgliedstaat ernsthaft bedroht, so ist diesem Mitgliedstaat unter außergewöhnlichen Umständen die Wiedereinführung von Kontrollen an allen oder bestimmten Abschnitten seiner Binnengrenzen für einen begrenzten Zeitraum von höchstens 30 Tagen oder für die vorhersehbare Dauer der ernsthaften Bedrohung, wenn ihre Dauer den Zeitraum von 30 Tagen überschreitet, gestattet. Die vorübergehende Wiedereinführung von Kontrollen an den Binnengrenzen darf in Umfang und Dauer nicht über das Maß hinausgehen, das zur Bewältigung der ernsthaften Bedrohung unbedingt erforderlich ist.

(2) Kontrollen an den Binnengrenzen werden nur als letztes Mittel und im Einklang mit den Artikeln 27, 28 und 29 wiedereingeführt. Wird ein Beschluss zur Wiedereinführung von Kontrollen an den Binnengrenzen nach Artikel 27, 28 oder 29 in Betracht gezogen, so sind die in Artikel 26 beziehungsweise 30 genannten Kriterien in jedem einzelnen Fall zu Grunde zu legen.

(3) Hält die ernsthafte Bedrohung der öffentlichen Ordnung oder der inneren Sicherheit in dem betreffenden Mitgliedstaat über den in Absatz 1 des vorliegenden Artikels genannten Zeitraum hinaus an, so kann dieser Mitgliedstaat die Kontrollen an seinen Binnengrenzen unter Zugrundelegung der in Artikel 26 genannten Kriterien und gemäß Artikel 27 aus den in Absatz 1 des vorliegenden Artikels genannten Gründen und unter Berücksichtigung neuer Umstände für weitere Zeiträume von höchstens 30 Tagen verlängern.

(4) Der Gesamtzeitraum, innerhalb dessen Kontrollen an den Binnengrenzen wiedereingeführt werden können, einschließlich etwaiger Verlängerungen nach Absatz 3 dieses Artikels, beträgt höchstens sechs Monate. Liegen außergewöhnliche Umstände im Sinne von Artikel 29 vor, so kann dieser Gesamtzeitraum gemäß Artikel 29 Absatz 1 auf eine Höchstdauer von zwei Jahren verlängert werden.

Artikel 26 Kriterien für die vorübergehende Wiedereinführung von Kontrollen an den Binnengrenzen

Beschließt ein Mitgliedstaat gemäß Artikel 25 oder Artikel 28 Absatz 1 als letztes Mittel die vorübergehende Wiedereinführung von Kontrollen an einer oder an mehreren seiner Binnengrenzen oder an bestimmten Abschnitten der Binnengrenzen oder eine Verlängerung dieser Wiedereinführung, so bewertet er, inwieweit mit einer derartigen Maßnahme der Bedrohung der öffentlichen Ordnung oder der inneren Sicherheit voraussichtlich angemessen begegnet werden kann und ob die Verhältnismäßigkeit zwischen der Maßnahme und der Bedrohung gewahrt ist. Bei der Durchführung dieser Bewertungen trägt der Mitgliedstaat insbesondere folgenden Gesichtspunkten Rechnung:

a) den voraussichtlichen Auswirkungen jeglicher Bedrohung seiner öffentlichen Ordnung oder seiner inneren Sicherheit, einschließlich als Folge von terroristischen Zwischenfällen oder Bedrohungen sowie durch die organisierte Kriminalität;

b) den voraussichtlichen Auswirkungen, die diese Maßnahme auf den freien Personenverkehr innerhalb des Raums ohne Kontrollen an den Binnengrenzen haben wird.

Artikel 27 Bei der vorübergehenden Wiedereinführung von Kontrollen an den Binnengrenzen anzuwendendes Verfahren nach Artikel 25

(1) Beabsichtigt ein Mitgliedstaat die Wiedereinführung von Kontrollen an den Binnengrenzen nach Artikel 25, so teilt er dies den anderen Mitgliedstaaten und der Kommission spätestens vier Wochen vor der geplanten Wiedereinführung mit, oder innerhalb einer kürzeren Frist, wenn die Umstände, welche die Wiedereinführung der Kontrollen an den Binnengrenzen erfordern, weniger als vier Wochen vor der geplanten Wiedereinführung bekannt werden. Hierzu übermittelt der Mitgliedstaat folgende Angaben:

a) die Gründe für die geplante Wiedereinführung, einschließlich sämtlicher sachdienlichen Daten zu den Ereignissen, die eine ernsthafte Bedrohung seiner öffentlichen Ordnung oder seiner inneren Sicherheit darstellen;

b) den Umfang der geplanten Wiedereinführung mit Angabe des Abschnitts/der Abschnitte der Binnengrenzen, an dem/denen die Kontrollen wieder eingeführt werden sollen;

c) die Bezeichnungen der zugelassenen Grenzübergangsstellen;

d) den Zeitpunkt und die Dauer der beabsichtigten Wiedereinführung;

e) gegebenenfalls die von den anderen Mitgliedstaaten zu treffenden Maßnahmen.

Eine Mitteilung nach Unterabsatz 1 kann auch durch zwei oder mehr Mitgliedstaaten gemeinsam erfolgen.

Erforderlichenfalls kann die Kommission bei dem betreffenden Mitgliedstaat bzw. den betreffenden Mitgliedstaaten zusätzliche Informationen anfordern.

(2) Die in Absatz 1 genannten Informationen sind dem Europäischen Parlament und dem Rat zur gleichen Zeit zu übermitteln, zu der sie den anderen Mitgliedstaaten und der Kommission gemäß Absatz 1 übermittelt werden.

(3) Der Mitgliedstaat, der eine Mitteilung gemäß Unterabsatz 1 macht, kann, sofern dies erforderlich ist und seinem nationalen Recht entspricht, beschließen, Teile dieser Informationen als Verschlusssache einzustufen.

Diese Einstufung schließt nicht aus, dass dem Europäischen Parlament von der Kommission Informationen zur Verfügung gestellt werden. Die Übermittlung und Behandlung der dem Europäischen Parlament nach diesem Artikel übermittelten Informationen und Dokumente erfolgt gemäß den Regeln für die Weiterleitung und Behandlung von Verschlusssachen, die zwischen dem Europäischen Parlament und der Kommission gelten.

(4) Im Anschluss an die Mitteilung durch den betreffenden Mitgliedstaat nach Absatz 1 und im Hinblick auf die Konsultationen gemäß Absatz 5 kann die Kommission oder jeder andere Mitgliedstaat unbeschadet des Artikels 72 AEUV eine Stellungnahme abgeben.

Hat die Kommission aufgrund der in der Mitteilung enthaltenen Informationen oder aufgrund anderer erhaltener Informationen Bedenken hinsichtlich der Notwendigkeit oder Verhältnismäßigkeit der geplanten Wiedereinführung von Kontrollen an den Binnengrenzen oder hält sie eine Konsultation zu bestimmten Aspekten der Mitteilung für zweckmäßig, so gibt sie eine dahingehende Stellungnahme ab.

(5) Die in Absatz 1 genannten Angaben sowie jegliche Stellungnahme der Kommission oder eines Mitgliedstaats nach Absatz 4 sind Gegenstand einer Konsultation, gegebenenfalls einschließlich gemeinsamer Sitzungen zwischen dem Mitgliedstaat, der die Wiedereinführung von Kontrollen an den Binnengrenzen beabsichtigt, den anderen Mitgliedstaa-

ten, insbesondere jenen, die von der solchen Maßnahmen unmittelbar betroffen sind, und der Kommission; Ziel dieser Konsultationen ist es, gegebenenfalls eine Zusammenarbeit zwischen den Mitgliedstaaten zu organisieren und zu prüfen, ob die Maßnahmen im Verhältnis zu den Ereignissen, die der Anlass für die Wiedereinführung der Grenzkontrollen sind, sowie zur Bedrohung der öffentlichen Ordnung oder der inneren Sicherheit stehen.

(6) Die in Absatz 5 genannte Konsultation findet mindestens zehn Tage vor dem geplanten Zeitpunkt der Wiedereinführung der Grenzkontrollen statt.

Artikel 28 Besonderes Verfahren für Fälle, die sofortiges Handeln erfordern

(1) Ist aufgrund einer ernsthaften Bedrohung der öffentlichen Ordnung oder der inneren Sicherheit in einem Mitgliedstaat sofortiges Handeln erforderlich, so kann der betreffende Mitgliedstaat in Ausnahmefällen für einen begrenzten Zeitraum von höchstens zehn Tagen sofort wieder Kontrollen an den Binnengrenzen einführen.

(2) Führt ein Mitgliedstaat an den Binnengrenzen wieder Kontrollen ein, so teilt er dies gleichzeitig den anderen Mitgliedstaaten und der Kommission mit; er macht die Angaben gemäß Artikel 27 Absatz 1 einschließlich der Gründe, die eine Inanspruchnahme des in dem vorliegenden Artikel beschriebenen Verfahrens rechtfertigen. Nach Erhalt einer solchen Mitteilung kann die Kommission die anderen Mitgliedstaaten sofort konsultieren.

(3) Dauert die ernsthafte Bedrohung der öffentlichen Ordnung oder der inneren Sicherheit über den in Absatz 1 dieses Artikels genannten Zeitraum an, so kann der Mitgliedstaat beschließen, die Kontrollen an den Binnengrenzen für verlängerbare Zeiträume von höchstens 20 Tagen zu verlängern. Der betreffende Mitgliedstaat berücksichtigt die in Artikel 26 genannten Kriterien, einschließlich einer aktualisierten Bewertung der Notwendigkeit und Verhältnismäßigkeit der Maßnahme, sowie etwaiger neue Umstände.

Im Falle einer derartigen Verlängerung finden die Bestimmungen von Artikel 27 Absätze 4 und 5 entsprechend Anwendung, und die Konsultation findet unverzüglich nach der Mitteilung des Beschlusses über die Verlängerung an die Kommission und an die Mitgliedstaaten statt.

(4) Unbeschadet des Artikels 25 Absatz 4 beträgt der Gesamtzeitraum, innerhalb dessen Kontrollen an den Binnengrenzen wiedereingeführt werden können, ausgehend vom ursprünglichen Zeitraum nach Absatz 1 des vorliegenden Artikels und etwaiger Verlängerungen nach Absatz 3 des vorliegenden Artikels höchstens zwei Monate.

(5) Die Kommission unterrichtet das Europäische Parlament unverzüglich über die nach diesem Artikel erfolgten Mitteilungen.

Artikel 29 Besonderes Verfahren im Falle außergewöhnlicher Umstände, unter denen das Funktionieren des Raums ohne Kontrollen an den Binnengrenzen insgesamt gefährdet ist

(1) Im Falle außergewöhnlicher Umstände, unter denen aufgrund anhaltender schwerwiegender Mängel bei den Kontrollen an den Außengrenzen nach Artikel 21 dieser Verordnung oder aufgrund der Tatsache, dass ein Mitgliedstaat einem Beschluss des Rates nach Artikel 19 Absatz 1 der Verordnung (EU) 2016/1624 des Europäischen Parlaments und des Rates*) nicht nachkommt, das Funktionieren des Raums ohne Kontrollen an den Binnengrenzen insgesamt gefährdet ist, und

---

*) Verordnung (EU) 2016/1624 des Europäischen Parlaments und des Rates vom 14. September 2016 über die Europäische Grenz- und Küstenwache und zur Änderung der Verordnung (EU) 2016/399 des Europäischen Parlaments und des Rates und zur Aufhebung der Verordnung (EG) Nr. 863/2007 des Europäischen Parlaments und des Rates, der Verordnung (EG) Nr. 2007/2004 des Rates und der Entscheidung 2005/267/EG des Rates (ABl. L 251 vom 16. 9. 2016, S. 1).

soweit diese Umstände eine ernsthafte Bedrohung der öffentlichen Ordnung oder der inneren Sicherheit im Raum ohne Kontrollen an den Binnengrenzen oder in Teilen dieses Raums darstellen, können die Mitgliedstaaten Kontrollen an den Binnengrenzen gemäß Absatz 2 des vorliegenden Artikels für einen Zeitraum von höchstens sechs Monaten wieder einführen. Dieser Zeitraum kann höchstens dreimal um einen weiteren Zeitraum von höchstens sechs Monaten verlängert werden, wenn diese außergewöhnlichen Umstände bestehen bleiben.

(2) Der Rat kann als letztes Mittel und als Maßnahme zum Schutz der gemeinsamen Interessen im Raum ohne Kontrollen an den Binnengrenzen und wenn alle anderen Maßnahmen, insbesondere diejenigen gemäß Artikel 21 Absatz 1, die festgestellte ernsthafte Bedrohung nicht wirksam verringern können, empfehlen, dass ein oder mehrere Mitgliedstaaten beschließen, an allen oder bestimmten Abschnitten ihrer Binnengrenzen Kontrollen wieder einzuführen. Die Empfehlung des Rates stützt sich auf einen Vorschlag der Kommission. Die Mitgliedstaaten können die Kommission ersuchen, dem Rat einen solchen Vorschlag für eine Empfehlung vorzulegen.

Die Empfehlung des Rates enthält zumindest die Angaben nach Artikel 27 Absatz 1 Buchstaben a bis e.

Der Rat kann unter den Bedingungen und Verfahren dieses Artikels eine Verlängerung empfehlen.

Bevor ein Mitgliedstaat nach diesem Absatz Kontrollen an allen oder bestimmten Abschnitten seiner Binnengrenzen wieder einführt, teilt er dies den anderen Mitgliedstaaten, dem Europäischen Parlament und der Kommission mit.

(3) Setzt ein Mitgliedstaat die in Absatz 2 genannte Empfehlung nicht um, so teilt er der Kommission unverzüglich schriftlich die Gründe dafür mit.

In diesem Fall legt die Kommission dem Europäischen Parlament und dem Rat einen Bericht vor, in dem die von dem betreffenden Mitgliedstaat genannten Gründe und die Auswirkungen auf den Schutz der gemeinsamen Interessen des Raums ohne Kontrollen an den Binnengrenzen bewertet werden.

(4) In hinreichend begründeten Fällen der Dringlichkeit im Zusammenhang mit Situationen, in denen die Umstände, die eine Verlängerung der Kontrollen an den Binnengrenzen im Einklang mit Absatz 2 erfordern, weniger als 10 Tage vor dem Ende des vorherigen Zeitraums der Wiedereinführung bekannt werden, kann die Kommission erforderliche Empfehlungen im Wege sofort geltender Durchführungsrechtsakte gemäß dem in Artikel 38 Absatz 3 genannten Verfahren erlassen. Innerhalb von 14 Tagen nach der Annahme solcher Empfehlungen legt die Kommission dem Rat einen Vorschlag für eine Empfehlung im Einklang mit Absatz 2 dieses Artikels vor.

(5) Dieser Artikel lässt die Maßnahmen unberührt, die die Mitgliedstaaten im Falle einer ernsthaften Bedrohung der öffentlichen Ordnung oder der inneren Sicherheit nach den Artikeln 25, 27 und 28 erlassen können.

Artikel 30 Kriterien für die vorübergehende Wiedereinführung von Kontrollen an den Binnengrenzen im Falle außergewöhnlicher Umstände, unter denen das Funktionieren des Raums ohne Kontrollen an den Binnengrenzen insgesamt gefährdet ist

(1) Empfiehlt der Rat als letztes Mittel gemäß Artikel 29 Absatz 2 die vorübergehende Wiedereinführung von Kontrollen an den Binnengrenzen an einer oder mehreren Binnengrenzen oder an bestimmten Abschnitten der Binnengrenzen, so bewertet er, inwieweit mit einer derartigen Maßnahme der Bedrohung der öffentlichen Ordnung oder der inneren Sicherheit im Raum ohne Kontrollen an den Binnengrenzen voraussichtlich angemessen begegnet werden kann und ob die Verhältnismäßigkeit zwischen der Maßnahme und der Bedrohung gewahrt ist. Diese Bewertung

stützt sich auf detaillierte Informationen des betreffenden Mitgliedstaats/der betreffenden Mitgliedstaaten und der Kommission oder auf andere einschlägige Informationen, einschließlich der gemäß Absatz 2 des vorliegenden Artikels erhaltenen Informationen. Bei der Durchführung dieser Bewertung ist insbesondere folgenden Gesichtspunkten Rechnung zu tragen:

a) der Verfügbarkeit technischer oder finanzieller Unterstützungsmaßnahmen, die auf nationaler und/oder Unionsebene in Anspruch genommen werden könnten oder in Anspruch genommen worden sind, einschließlich Hilfsmaßnahmen durch Einrichtungen und sonstige Stellen der Union wie die Agentur, das durch die Verordnung (EU) Nr. 439/2010 des Europäischen Parlaments und des Rates[1]) eingerichtete Europäische Unterstützungsbüro für Asylfragen oder das durch den Beschluss 2009/371/JI eingerichtete Europäische Polizeiamt (Europol), und der Frage, inwieweit mit derartigen Maßnahmen den Bedrohungen der öffentlichen Ordnung oder der inneren Sicherheit im Raum ohne Kontrollen an den Binnengrenzen voraussichtlich angemessen begegnet werden kann;

b) den derzeitigen und voraussichtlichen künftigen Auswirkungen schwerwiegender Mängel bei den Kontrollen an den Außengrenzen, die im Rahmen der gemäß der Verordnung (EU) Nr. 1053/2013 vorgenommenen Evaluierungen festgestellt wurden und dem Ausmaß der von solchen schwerwiegenden Mängeln ausgehenden ernsthaften Bedrohung der öffentlichen Ordnung oder der inneren Sicherheit im Raum ohne Kontrollen an den Binnengrenzen;

c) den voraussichtlichen Auswirkungen der Wiedereinführung von Kontrollen an den Binnengrenzen auf den freien Personenverkehr innerhalb des Raums ohne Kontrollen an den Binnengrenzen.

(2) Bevor die Kommission einen Vorschlag für eine Empfehlung des Rates gemäß Artikel 29 Absatz 2 annimmt, kann sie

a) von den Mitgliedstaaten, der Agentur, Europol oder anderen Einrichtungen und sonstigen Stellen der Union weitere Informationen anfordern;

b) mit der Unterstützung von Sachverständigen aus den Mitgliedstaaten und der Agentur, Europol oder jeder anderen einschlägigen Einrichtung der Union Inspektionen vor Ort durchführen, um Informationen zu gewinnen oder zu überprüfen, die für die Empfehlung von Bedeutung sind.

Artikel 31 Unterrichtung des Europäischen Parlaments und des Rates

Die Kommission und der betreffende Mitgliedstaat/die betreffenden Mitgliedstaaten unterrichtet/unterrichten das Europäische Parlament und den Rat so bald wie möglich über etwaige Gründe, die die Anwendung des Artikels 21 und der Artikel 25 bis 30 auslösen könnten.

Artikel 32 Anwendbare Bestimmungen bei Wiedereinführung von Grenzkontrollen an den Binnengrenzen

Bei Wiedereinführung von Grenzkontrollen an den Binnengrenzen finden die einschlägigen Bestimmungen des Titels II entsprechend Anwendung.

Artikel 33 Bericht über die Wiedereinführung von Kontrollen an den Binnengrenzen

Innerhalb von vier Wochen nach Aufhebung der Kontrollen an den Binnengrenzen legt der Mitgliedstaat, der die Kontrollen an seinen Binnengrenzen durchgeführt hat, dem Europäischen Parlament, dem Rat und der Kommission einen Bericht über die Wiedereinführung von Kontrollen an den Binnengrenzen vor, in dem insbesondere die erste Bewertung

[1]) Verordnung (EU) Nr. 439/2010 des Europäischen Parlaments und des Rates vom 19. Mai 2010 zur Einrichtung eines Europäischen Unterstützungsbüros für Asylfragen (ABl. L 132 vom 29. 5. 2010, S. 11).

und die Einhaltung der in den Artikeln 26, 28 und 30 genannten Kriterien, die Durchführung der Kontrollen, die praktische Zusammenarbeit mit den benachbarten Mitgliedstaaten, die Auswirkungen auf den freien Personenverkehr und die Wirksamkeit der Wiedereinführung der Kontrollen an den Binnengrenzen, einschließlich einer Ex-post-Bewertung der Verhältnismäßigkeit der Wiedereinführung der Grenzkontrollen, dargestellt werden.

Die Kommission kann eine Stellungnahme zu dieser Ex-post-Bewertung der vorübergehenden Wiedereinführung von Kontrollen an einer oder mehreren Binnengrenzen oder an bestimmten Abschnitten der Binnengrenzen abgeben.

Die Kommission legt dem Europäischen Parlament und dem Rat mindestens einmal im Jahr einen Bericht über das Funktionieren des Raums ohne Kontrollen an den Binnengrenzen vor. Der Bericht enthält eine Liste aller Beschlüsse zur Wiedereinführung von Kontrollen an den Binnengrenzen im Laufe des betreffenden Jahres.

Artikel 34 Unterrichtung der Öffentlichkeit

Die Kommission und der betreffende Mitgliedstaat unterrichten die Öffentlichkeit in abgestimmter Weise, wenn ein Beschluss betreffend die Wiedereinführung von Kontrollen an den Binnengrenzen gefasst wurde, und unterrichten die Öffentlichkeit insbesondere über Anfang und Ende einer derartigen Maßnahme, es sei denn, übergeordnete Sicherheitsgründe stehen dem entgegen.

Artikel 35 Vertraulichkeit

Auf Antrag des betreffenden Mitgliedstaats wahren die anderen Mitgliedstaaten sowie das Europäische Parlament und die Kommission die Vertraulichkeit der Angaben, die in Verbindung mit der Wiedereinführung oder Verlängerung von Grenzkontrollen sowie des gemäß Artikel 33 erstellten Berichts übermittelt wurden.

Titel IV Schlussbestimmungen

Artikel 36 Änderung der Anhänge

Der Kommission wird die Befugnis übertragen, zur Änderung der Anhänge III, IV und VIII delegierte Rechtsakte nach Artikel 37 zu erlassen.

Artikel 37 Ausübung der Befugnisübertragung

(1) Die Befugnis zum Erlass delegierter Rechtsakte wird der Kommission unter den in diesem Artikel festgelegten Bedingungen übertragen.

(2) Die Befugnis zum Erlass delegierter Rechtsakte gemäß Artikel 13 Absatz 5 und Artikel 36 wird der Kommission auf unbestimmte Zeit übertragen.

(3) Die Befugnisübertragung gemäß Artikel 13 Absatz 5 und Artikel 36 kann vom Europäischen Parlament oder vom Rat jederzeit widerrufen werden. Der Beschluss über den Widerruf beendet die Übertragung der in diesem Beschluss angegebenen Befugnis. Er wird am Tag nach seiner Veröffentlichung im Amtsblatt der Europäischen Union oder zu einem in dem Beschluss genannten späteren Zeitpunkt wirksam. Die Gültigkeit von delegierten Rechtsakten, die bereits in Kraft sind, wird von dem Beschluss über die Übertragung nicht berührt.

(4) Sobald die Kommission einen delegierten Rechtsakt erlässt, übermittelt sie ihn gleichzeitig dem Europäischen Parlament und dem Rat.

(5) Ein delegierter Rechtsakt, der gemäß Artikel 13 Absatz 5 und Artikel 36 erlassen wurde, tritt nur in Kraft, wenn weder das Europäische Parlament noch der Rat innerhalb einer Frist von zwei Monaten nach Übermittlung dieses Rechtsakts an das Europäische Parlament und den Rat Einwände erhoben haben oder wenn vor Ablauf dieser Frist das Europäische Parlament und der Rat beide der Kommission mitgeteilt haben, dass sie keine Einwände erheben werden. Auf Initiative des Europäischen Parlaments oder des Rates wird diese Frist um zwei Monate verlängert.

Artikel 38 Ausschussverfahren

(1) Die Kommission wird von einem Ausschuss unterstützt. Dieser Ausschuss ist ein Ausschuss im Sinne der Verordnung (EU) Nr. 182/2011.

(2) Wird auf diesen Absatz Bezug genommen, so gilt Artikel 5 der Verordnung (EU) Nr. 182/2011. Gibt der Ausschuss keine Stellungnahme ab, so erlässt die Kommission den Durchführungsrechtsakt nicht und Artikel 5 Absatz 4 Unterabsatz 3 der Verordnung (EU) Nr. 182/2011 findet Anwendung.

(3) Wird auf diesen Absatz Bezug genommen, so gilt Artikel 8 der Verordnung (EU) Nr. 182/2011 in Verbindung mit deren Artikel 5.

Artikel 39 Mitteilungen

(1) Die Mitgliedstaaten übermitteln der Kommission:

a) die Liste der Aufenthaltstitel, wobei zwischen den Aufenthaltstiteln gemäß Artikel 2 Nummer 16 Buchstabe a und Artikel 2 Nummer 16 Buchstabe b zu unterscheiden ist und ein Muster der Aufenthaltstitel gemäß Artikel 2 Nummer 16 Buchstabe b beizufügen ist. Bei nach der Richtlinie 2004/38/EG ausgestellten Aufenthaltskarten ist ausdrücklich darauf hinzuweisen, dass es sich um diese Art von Aufenthaltstiteln handelt, und von Aufenthaltskarten, die nicht nach dem einheitlichen Format gemäß der Verordnung (EG) Nr. 1030/2002 ausgestellt wurden, werden Muster zur Verfügung gestellt,

b) die Liste ihrer Grenzübergangsstellen,

c) die jährlich von ihren nationalen Behörden für das Überschreiten ihrer Außengrenzen festgelegten Richtbeträge,

d) die Liste der für Grenzkontrollen zuständigen nationalen Stellen,

e) die Muster der von den Außenministerien ausgestellten Ausweise,

f) die Ausnahmen von den Vorschriften für das Überschreiten der Außengrenzen nach Artikel 5 Absatz 2 Buchstabe a,

g) die Statistiken nach Artikel 11 Absatz 3.

(2) Die Kommission macht die nach Absatz 1 übermittelten Angaben den Mitgliedstaaten und der Öffentlichkeit durch Veröffentlichung im Amtsblatt der Europäischen Union, Reihe C, und durch andere geeignete Mittel zugänglich.

Artikel 40 Kleiner Grenzverkehr

Diese Verordnung lässt Vorschriften der Union über den kleinen Grenzverkehr und bestehende bilaterale Abkommen über den kleinen Grenzverkehr unberührt.

Artikel 41 Ceuta und Melilla

Die Bestimmungen dieser Verordnung berühren nicht die für die Städte Ceuta und Melilla geltenden Sonderregelungen, die in der Erklärung des Königreichs Spanien in Bezug auf die Städte Ceuta und Melilla in der Schlussakte zur Akte über den Beitritt des Königreichs Spanien zum Übereinkommen zur Durchführung des Übereinkommens von Schengen vom 14. Juni 1985[1]) festgelegt sind.

Artikel 42 Mitteilung von Informationen durch die Mitgliedstaaten

Die Mitgliedstaaten teilen der Kommission ihre nationalen Vorschriften zu Artikel 23 Buchstaben c und d, die Sanktionen gemäß Artikel 5 Absatz 3 und die nach dieser Verordnung zulässigen bilateralen Vereinbarungen mit. Nachträgliche Änderungen dieser Vorschriften werden innerhalb von fünf Arbeitstagen gemeldet.

Diese von den Mitgliedstaaten mitgeteilten Informationen werden im Amtsblatt der Europäischen Union, Reihe C, veröffentlicht.

Artikel 43 Evaluierungsmechanismus

(1) Im Einklang mit den Verträgen und unbeschadet ihrer Vorschriften über Vertragsver-

---

[1]) ABl. L 239 vom 22. 9. 2000, S. 73.

letzungsverfahren wird die Umsetzung dieser Verordnung durch die einzelnen Mitgliedstaaten einer Evaluierung anhand eines Evaluierungsmechanismus unterzogen.

(2) Die für den Evaluierungsmechanismus geltenden Vorschriften sind in der Verordnung (EU) Nr. 1053/2013 festgelegt. Gemäß diesem Evaluierungsmechanismus nehmen die Mitgliedstaaten und die Kommission gemeinsam regelmäßige, objektive und unparteiische Evaluierungen vor, um zu überprüfen, ob diese Verordnung ordnungsgemäß angewendet wird, und koordiniert die Kommission die Evaluierungen in enger Zusammenarbeit mit den Mitgliedstaaten. Im Rahmen dieses Mechanismus wird jeder Mitgliedstaat mindestens alle fünf Jahre durch ein kleines Team evaluiert, das sich aus Vertretern der Kommission und von den Mitgliedstaaten benannten Experten zusammensetzt.

Die Evaluierungen können im Wege angekündigter oder unangekündigter Inspektionen vor Ort an den Außen- und Binnengrenzen vorgenommen werden. Im Einklang mit dem Evaluierungsmechanismus obliegt der Kommission die Annahme der mehrjährigen und jährlichen Evaluierungsprogramme und der Evaluierungsberichte.

(3) Bei etwaigen Mängeln können den betreffenden Mitgliedstaaten Empfehlungen für Abhilfemaßnahmen übermittelt werden. Werden in einem von der Kommission gemäß Artikel 14 der Verordnung (EU) Nr. 1053/2013 angenommenen Evaluierungsbericht schwerwiegende Mängel bei der Durchführung von Kontrollen an den Außengrenzen festgestellt, so finden die Artikel 21 und 29 der vorliegenden Verordnung Anwendung.

(4) Das Europäische Parlament und der Rat werden in allen Phasen der Evaluierung unterrichtet und erhalten alle einschlägigen Unterlagen nach Maßgabe der Vorschriften für Verschlusssachen.

(5) Das Europäische Parlament wird sofort und umfassend über jeden Vorschlag unterrichtet, durch den die in der Verordnung (EU) Nr. 1053/2013 festgelegten Vorschriften geändert oder ersetzt werden sollen.

Artikel 44 Aufhebungen

Die Verordnung (EG) Nr. 562/2006 wird aufgehoben.

Bezugnahmen auf die gestrichenen Artikel und die aufgehobenen Rechtsakte gelten als Bezugnahmen auf diese Verordnung und sind nach Maßgabe der Entsprechungstabelle in Anhang X zu lesen.

Artikel 45 Inkrafttreten

Diese Verordnung tritt am zwanzigsten Tag nach ihrer Veröffentlichung im *Amtsblatt der Europäischen Union* in Kraft.

IV

Anhang I

Belege, anhand deren geprüft wird, ob die Einreisevoraussetzungen erfüllt sind

Bei den Belegen nach Artikel 6 Absatz 3 kann es sich handeln um:

a) bei Reisen aus beruflichen Gründen:
   i) die Einladung eines Unternehmens oder einer Behörde zu geschäftlichen, betrieblichen oder dienstlichen Besprechungen, Konferenzen oder Veranstaltungen,
   ii) andere Unterlagen, aus denen geschäftliche oder dienstliche Beziehungen hervorgehen,
   iii) Eintrittskarten zu Messen und Kongressen, sofern hieran teilgenommen werden soll;

b) bei Reisen zu Studien- oder sonstigen Ausbildungszwecken:
   i) die Aufnahmebestätigung einer Bildungseinrichtung über die beabsichtigte Teilnahme an praktischen oder theoretischen Aus- und Fortbildungsveranstaltungen,
   ii) Studentenausweise oder Bescheinigungen über besuchte Kurse;

c) bei touristischen oder privaten Reisen:
   i) Belege betreffend die Unterkunft:
      – die Einladung des Gastgebers, sofern bei diesem Unterkunft genommen werden soll,
      – Belege von Beherbergungsbetrieben oder sonstige geeignete Unterlagen, aus denen die beabsichtigte Unterbringung hervorgeht,
   ii) Belege betreffend den Reiseverlauf:
      – die Buchungsbestätigung des Veranstalters einer organisierten Reise oder sonstige geeignete Unterlagen, aus denen die Reisepläne hervorgehen,
   iii) Belege betreffend die Rückreise:
      – Rückreise- oder Rundreisetickets;

d) bei Reisen zu politischen, wissenschaftlichen, kulturellen, sportlichen oder religiösen Veranstaltungen oder aus anderen Gründen:
   Einladungen, Eintrittskarten, Aufnahmebestätigungen oder Programme, möglichst unter Angabe des Namens der einladenden Stelle und der Dauer des Aufenthalts, oder sonstige geeignete Unterlagen, aus denen der Grund der Reise hervorgeht.

Anhang II

Erfassung von Informationen

An sämtlichen Grenzübergangsstellen werden alle wichtigen Informationen der Dienststelle sowie sonstige besonders wichtige Informationen in einem handschriftlich geführten oder elektronischen Register erfasst. Hierbei sind insbesondere folgende Angaben festzuhalten:

a) Name des für Grenzübertrittskontrollen vor Ort verantwortlichen Grenzschutzbeamten und der in der jeweiligen Schicht eingesetzten sonstigen Bediensteten;

b) Lockerungen der Personenkontrollen nach Artikel 9;

c) an der Grenze erfolgte Ausstellung von Dokumenten als Pass- und Visaersatz;

d) aufgegriffene Personen und Anzeigen (Straftaten und Ordnungswidrigkeiten);

e) Personen, denen nach Artikel 14 die Einreise verweigert wurde (Einreiseverweigerungsgründe und Staatsangehörigkeiten);

f) die Sicherheitscodes von Ein- und Ausreisestempeln, die Personalien der Grenzschutzbeamten, denen dieser Stempel zu einem bestimmten Zeitpunkt oder in einer bestimmten Schicht zugeordnet ist, sowie Informationen zu abhanden gekommenen und gestohlenen Stempeln;

g) Beschwerden von Personen, die Kontrollen unterzogen wurden;

h) sonstige besonders bedeutende polizeiliche und strafprozessuale Maßnahmen;

i) besondere Ereignisse.

IV

Anhang III

Muster der Schilder zur Kennzeichnung der Kontrollspuren an den Grenzübergangsstellen

Teil A

Teil B1 „Visum nicht erforderlich"

[1]) Für Norwegen und Island ist kein Logo erforderlich.

Teil B2 „Alle Pässe"

Teil C

NICHT
VISUMPFLICH-
TIG
PKW

NICHT
VISUMPFLICH-
TIG
BUSSE

NICHT
VISUMPFLICH-
TIG
LKW

ALLE
PÄSSE
PKW

ALLE
PÄSSE
BUSSE

ALLE
PÄSSE
LKW

IV

Anhang IV

Abstempelungsmodalitäten

1. Die Reisedokumente von Drittstaatsangehörigen werden bei der Ein- und Ausreise gemäß Artikel 11 systematisch abgestempelt. Die Gestaltung dieser Stempel richtet sich nach dem Beschluss SCH/COM-ex (94) 16 Rev. des Schengener Exekutivausschusses und dem Dokument SCH/Gem-Handb (93) 15 (VERTRAULICH).
2. Die Sicherheitscodes der Stempel werden in regelmäßigen Abständen von höchstens einem Monat geändert.
3. Bei der Ein- und Ausreise visumpflichtiger Drittstaatsangehöriger wird der Stempel im Allgemeinen auf der dem Visum gegenüberliegenden Seite angebracht.
Kann diese Seite nicht verwendet werden, so wird der Stempel auf der unmittelbar folgenden Seite angebracht. In der maschinenlesbaren Zone wird kein Stempel angebracht.
4. Die Mitgliedstaaten bezeichnen nationale Kontaktstellen, die für den Informationsaustausch über die Sicherheitscodes der Ein- und Ausreisestempel an den Grenzübergangsstellen zuständig sind, und setzen die anderen Mitgliedstaaten, das Generalsekretariat des Rates und die Kommission hiervon in Kenntnis. Diese Kontaktstellen haben unverzüglich Zugang zu Informationen über die gemeinsamen Ein- und Ausreisestempel, die an den Außengrenzen der einzelnen Mitgliedstaaten verwendet werden; dazu gehören insbesondere folgende Informationen:

a) die Grenzübergangsstelle, der ein bestimmter Stempel zugeordnet ist;

b) die Personalien des Grenzschutzbeamten, dem ein bestimmter Stempel zu einem bestimmten Zeitpunkt zugeordnet ist;

c) der Sicherheitscode eines bestimmten Stempels zu einem bestimmten Zeitpunkt.

Anfragen zu den gemeinsamen Ein- und Ausreisestempeln erfolgen über die genannten nationalen Kontaktstellen.

Die nationalen Kontaktstellen leiten ferner unverzüglich Informationen über jegliche Änderung in Bezug auf die Kontaktstellen sowie über verlorene und gestohlene Stempel an die anderen Kontaktstellen, das Generalsekretariat des Rates und die Kommission weiter.

Anhang V

Teil A Modalitäten der Einreiseverweigerung an der Grenze

1. Im Falle einer Einreiseverweigerung
   a) füllt der zuständige Grenzschutzbeamte das in Teil B dargestellte Standardformular für die Einreiseverweigerung aus. Der betreffende Drittstaatsangehörige unterschreibt das Formular und erhält eine Kopie des unterschriebenen Formulars. Verweigert der Drittstaatsangehörige die Unterschrift, so vermerkt der Grenzschutzbeamte dies im Feld „Bemerkungen" des Formulars;
   b) bringt der zuständige Grenzschutzbeamte in dem Pass einen Einreisestempel an, den er in Form eines Kreuzes mit schwarzer, dokumentenechter Tinte durchstreicht; zudem trägt er rechts neben diesem Stempel ebenfalls mit dokumentenechter Tinte den oder die Kennbuchstaben ein, die dem Grund oder den Gründen für die Einreiseverweigerung entsprechen und die in dem genannten Standardformular aufgeführt sind;
   c) annulliert oder hebt der zuständige Grenzschutzbeamte das Visum gemäß dem Verfahren des Artikels 34 der Verordnung (EG) Nr. 810/2009 auf;
   d) erfasst der zuständige Grenzschutzbeamte die Einreiseverweigerung akten- oder listenmäßig mit Angabe der Personalien und der Staatsangehörigkeit des betroffenen Drittstaatsangehörigen, des Grenzübertrittspapiers sowie des Einreiseverweigerungsgrundes und -datums.

2. Ist der Drittstaatsangehörige, dem die Einreise verweigert wurde, von einem Beförderungsunternehmer an die Außengrenze verbracht worden, so geht die örtlich zuständige Behörde wie folgt vor:
   a) Sie ordnet gegenüber diesem Unternehmer an, den Drittstaatsangehörigen gemäß Artikel 26 des Schengener Durchführungsübereinkommens und gemäß der Richtlinie 2001/51/EG des Rates[1]) zurückzunehmen und ihn umgehend in den Drittstaat, aus dem er befördert wurde, in den Drittstaat, der das Grenzübertrittspapier ausgestellt hat, oder in jeden anderen Drittstaat, in dem seine Zulassung gewährleistet ist, zu befördern oder Mittel für seinen Rücktransport zu finden;
   b) sie trifft bis zur Durchführung des Rücktransports unter Berücksichtigung der örtlichen Gegebenheiten nach Maßgabe des nationalen Rechts geeignete Maßnahmen, um die unerlaubte Einreise von Drittstaatsangehörigen, denen die Einreise verweigert wurde, zu verhindern.

3. Liegen bei einem Drittstaatsangehörigen sowohl Einreiseverweigerungs- als auch Festnahmegründe vor, so stellt der Grenzschutzbeamte Kontakt zu den Behörden her, die für die nach Maßgabe des nationalen Rechts zu treffende Maßnahme zuständig sind.

IV

[1]) Richtlinie 2001/51/EG des Rates vom 28. Juni 2001 zur Ergänzung der Regelungen nach Artikel 26 des Übereinkommens zur Durchführung des Übereinkommens von Schengen vom 14 Juni 1985 (ABl. L 187 vom 10. 7. 2001, S. 45).

Teil B Standardformular für die Einreiseverweigerung

Name des Staates
Staatsemblem (Name der Dienststelle)

____

____ [1]

EINREISEVERWEIGERUNG

Am __________ um (Uhrzeit) __________ ist an der Grenzübergangsstelle __________
vor dem Unterzeichnenden ______________________ vorstellig geworden:
Name ______________________ Vorname __________
geboren am __________ in __________ Geschlecht __________
Staatsangehörigkeit __________ wohnhaft in __________
Art des Identitätsdokuments __________ Nummer __________
ausgestellt in __________ am __________
Visum Nr. __________ Art __________ erteilt von __________
gültig vom __________ bis zum __________
mit einer Gültigkeitsdauer von __________ Tagen zum Zwecke von __________

Er/sie, der/die aus __________ mit __________ (benutztes Transportmittel, z.B. Flugnummer, angeben) kommt, wird hiermit davon in Kenntnis gesetzt, dass gegen ihn/sie gemäß __________ *(genaue Angabe der geltenden nationalen Rechtsvorschriften)* aus folgenden Gründen eine Einreiseverweigerung verfügt wird:

☐ (A) ohne gültige(s) Reisedokument(e)

☐ (B) im Besitz eines falschen, gefälschten oder verfälschten Reisedokuments

☐ (C) ohne gültiges Visum oder gültigen Aufenthaltstitel

☐ (D) im Besitz eines falschen, gefälschten oder verfälschten Visums oder Aufenthaltstitels

☐ (E) verfügt nicht über die erforderlichen Dokumente zum Nachweis von Aufenthaltszweck und -bedingungen.

Folgende(s) Dokument(e) wurde(n) nicht vorgelegt: __________

☐ (F) hat sich bereits 90 Tage innerhalb eines Zeitraums von 180 Tagen im Gebiet der Mitgliedstaaten aufgehalten

☐ (G) verfügt nicht über ausreichende Mittel zur Bestreitung des Lebensunterhalts im Verhältnis zur Dauer und zu den Umständen des Aufenthalts oder für die Rückkehr in das Herkunfts- oder Durchreiseland

☐ (H) ist zur Einreiseverweigerung ausgeschrieben

☐ im SIS

☐ im nationalen Verzeichnis

☐ (I) stellt eine Gefahr für die öffentliche Ordnung, die innere Sicherheit, die öffentliche Gesundheit oder die internationalen Beziehungen eines oder mehrerer der Mitgliedstaaten der Europäischen Union dar *(Jeder Staat muss Angaben zu den einschlägigen nationalen Rechtsvorschriften für diese Fälle der Einreiseverweigerung machen.)*

Bemerkungen

Der/die Betroffene kann nach Maßgabe der nationalen Rechtsvorschriften Rechtsmittel gegen die verfügte Einreiseverweigerung einlegen. Dem/der Betroffenen wird eine Kopie dieses Dokuments ausgehändigt. *(Jeder Staat muss Angaben zu den nationalen Rechtsvorschriften und Verfahren betreffend das Rechtsmittel machen.)*

Der/die Betroffene	Der Kontrollbeamte

[1] Für Norwegen und Island ist kein Logo erforderlich.

Anhang VI

Sonderbestimmungen für die unterschiedlichen Grenzarten und die für das Überschreiten der Außengrenzen der Mitgliedstaaten genutzten unterschiedlichen Fortbewegungsmittel

1. Landgrenzen

1.1 Kontrolle des Straßenverkehrs

1.1.1. Zur Gewährleistung einer effektiven Personenkontrolle und zugleich einer gefahrlosen und flüssigen Abwicklung des Straßenverkehrs ist auf eine zweckmäßige Verkehrsregelung an den Grenzübergangsstellen zu achten. Soweit erforderlich, können die Mitgliedstaaten bilaterale Abkommen über Verkehrslenkungs- und Absperrmaßnahmen schließen. Sie unterrichten die Kommission gemäß Artikel 42 darüber.

1.1.2. An den Landgrenzen können die Mitgliedstaaten, sofern sie es für zweckmäßig halten und die Umstände es zulassen, an bestimmten Grenzübergangsstellen gemäß Artikel 10 getrennte Kontrollspuren einrichten.

Die Benutzung getrennter Kontrollspuren kann von den zuständigen Behörden der Mitgliedstaaten jederzeit ausgesetzt werden, wenn außergewöhnliche Umstände vorliegen oder die Verkehrs- und Infrastrukturverhältnisse es erfordern.

Die Mitgliedstaaten können bei der Einrichtung getrennter Kontrollspuren an Außengrenzübergangsstellen mit Nachbarländern zusammenarbeiten.

1.1.3. Personen, die in Kraftfahrzeugen reisen, können im Regelfall während des Kontrollvorgangs im Kraftfahrzeug verbleiben. Wenn die Umstände dies verlangen, können sie jedoch aufgefordert werden, ihr Fahrzeug zu verlassen. Eingehende Kontrollen erfolgen, soweit die örtlichen Gegebenheiten dies zulassen, auf dafür vorgesehenen Kontrollplätzen. Aus Gründen der Eigensicherung werden die Kontrollen möglichst von zwei Grenzschutzbeamten durchgeführt.

1.1.4. Gemeinsame Grenzübergangsstellen

1.1.4.1. Die Mitgliedstaaten dürfen bilaterale Abkommen mit benachbarten Drittstaaten über die Einrichtung gemeinsamer Grenzübergangsstellen schließen oder beibehalten, an denen Grenzschutzbeamte des Mitgliedstaats und Grenzschutzbeamte des Drittstaats nacheinander im Hoheitsgebiet der anderen Partei Ausreise- und Einreisekontrollen nach ihrem nationalen Recht vornehmen. Gemeinsame Grenzübergangsstellen können entweder im Hoheitsgebiet eines Mitgliedstaats oder im Hoheitsgebiet eines Drittstaats eingerichtet werden.

1.1.4.2. Gemeinsame Grenzübergangsstellen im Hoheitsgebiet eines Mitgliedstaats: Bilaterale Abkommen über die Einrichtung gemeinsamer Grenzübergangsstellen im Hoheitsgebiet eines Mitgliedstaats müssen eine Klausel enthalten, die es Grenzschutzbeamten aus Drittstaaten erlaubt, unter Beachtung folgender Grundsätze ihre Tätigkeit in dem betreffenden Mitgliedstaat auszuüben:

a) Internationaler Schutz: einem Drittstaatsangehörigen, der im Hoheitsgebiet eines Mitgliedstaats internationalen Schutz beantragt, muss entsprechend dem Besitzstand der Union im Asylbereich Zugang zu den einschlägigen Verfahren des Mitgliedstaats gewährt werden.

b) Verhaftung einer Person oder Beschlagnahme von Vermögenswerten: kommen Grenzschutzbeamten eines Drittstaats Umstände zur Kenntnis, die die Verhaftung oder Ingewahrsamnahme einer Person oder die Beschlagnahme von Vermögenswerten rechtfertigen, so informieren sie die Behörden des betreffenden Mitgliedstaats über diese Umstände; diese Behörden stellen sicher, dass unabhängig von der Staatsangehörigkeit des Betroffenen die erforderlichen Maßnahmen unter Beachtung des nationalen und internationalen Rechts und des Unionsrechts getroffen werden.

c) Personen, die nach Unionsrecht Anspruch auf freien Personenverkehr haben: die

IV

Grenzschutzbeamten des Drittstaats dürfen Personen, die nach dem Unionsrecht Anspruch auf freien Personenverkehr haben, nicht an der Einreise in das Gebiet der Union hindern. Wäre eine Verweigerung der Ausreise aus dem betreffenden Drittstaat durch bestimmte Umstände gerechtfertigt, informieren die Grenzschutzbeamten des Drittstaats die Behörden des betreffenden Mitgliedstaats über diese Umstände; diese Behörden stellen sicher, dass die erforderlichen Maßnahmen unter Beachtung des nationalen und internationalen Rechts und des Unionsrechts getroffen werden.

IV

1.1.4.3. Gemeinsame Grenzübergangsstellen im Hoheitsgebiet eines Drittstaats: bilaterale Abkommen über die Einrichtung gemeinsamer Grenzübergangsstellen im Hoheitsgebiet eines Drittstaats müssen eine Klausel enthalten, die es den Grenzschutzbeamten des Mitgliedstaats erlaubt, ihre Tätigkeit in dem betreffenden Drittstaat auszuüben. Für die Zwecke dieser Verordnung gilt jede Kontrolle, die von Grenzschutzbeamten eines Mitgliedstaats in einer im Hoheitsgebiet eines Drittstaats gelegenen gemeinsamen Grenzübergangsstelle durchgeführt wird, als eine im Hoheitsgebiet des betreffenden Mitgliedstaats durchgeführte Kontrolle. Die Grenzschutzbeamten aus Mitgliedstaaten üben ihre Tätigkeit unter Beachtung dieser Verordnung und folgender Grundsätze in dem Drittstaat aus:

a) Internationaler Schutz: ein Drittstaatsangehöriger, der die von Grenzschutzbeamten des Drittstaats vorgenommene Ausreisekontrolle passiert hat und anschließend bei im Hoheitsgebiet des Drittstaats anwesenden Grenzschutzbeamten des Mitgliedstaats internationalen Schutz beantragt, muss entsprechend dem Besitzstand der Union im Asylbereich Zugang zu den einschlägigen Verfahren des Mitgliedstaats gewährt werden. Die Behörden des Drittstaats müssen die Überführung des Betroffenen in das Hoheitsgebiet des Mitgliedstaats zulassen.

b) Verhaftung einer Person oder Beschlagnahme von Vermögenswerten: kommen Grenzschutzbeamten eines Mitgliedstaats Umstände zur Kenntnis, die die Verhaftung oder Ingewahrsamnahme einer Person oder die Beschlagnahme von Vermögenswerten rechtfertigen, werden sie im Einklang mit dem nationalen und internationalen Recht und dem Unionsrecht tätig. Die Behörden des Drittstaats müssen die Überführung des Betroffenen oder des Vermögenswertes in das Hoheitsgebiet des Mitgliedstaats zulassen.

c) Zugang zu IT-Systemen: die Grenzschutzbeamten der Mitgliedstaaten müssen fähig sein, Informationssysteme zur Verarbeitung personenbezogener Daten nach Artikel 8 zu nutzen. Den Mitgliedstaaten ist gestattet, die nach Unionsrecht erforderlichen technischen und organisatorischen Sicherheitsmaßnahmen zu ergreifen, um personenbezogene Daten vor zufälliger oder unrechtmäßiger Zerstörung, zufälligem Verlust, unberechtigter Änderung, unberechtigter Weitergabe oder unberechtigtem Zugang, einschließlich des Zugangs durch Behörden von Drittstaaten, zu schützen.

1.1.4.4. Vor Abschluss oder Änderung eines bilateralen Abkommens über gemeinsame Grenzübergangsstellen mit einem benachbarten Drittstaat befragt der betreffende Mitgliedstaat die Kommission zur Vereinbarkeit des Abkommens mit dem Unionsrecht. Bereits geltende bilaterale Abkommen werden der Kommission bis 20. Januar 2014 mitgeteilt.

Ist das Abkommen nach Meinung der Kommission mit dem Unionsrecht nicht vereinbar, so teilt sie dies dem betreffenden Mitgliedstaat mit. Der Mitgliedstaat ergreift innerhalb eines angemessenen Zeitraums die erforderlichen Maßnahmen zur Änderung des Abkommens, mit der dieses mit dieser Verordnung in Einklang gebracht wird.

1.2 Kontrolle des Eisenbahnverkehrs

1.2.1. Bei dem die Außengrenzen überschreitenden Eisenbahnverkehr werden sowohl die Fahrgäste als auch die Bahnbediensteten, einschließlich derjenigen in Güterzügen oder Leerzügen, einer Kontrolle unterzogen. Die Mitgliedstaaten dürfen unter Beachtung der unter Nummer 1.1.4 genannten Grundsätze bilaterale oder multilaterale Abkommen über die praktische Durchführung dieser Kontrollen schließen. Diese Kontrollen werden nach einem der nachstehenden Verfahren durchgeführt:

- Kontrolle am ersten Ankunftsbahnhof bzw. am letzten Abfahrtsbahnhof im Hoheitsgebiet eines Mitgliedstaats,
- Kontrolle während der Fahrt im Zug zwischen dem letzten Abfahrtsbahnhof in einem Drittstaat und dem ersten Ankunftsbahnhof im Hoheitsgebiet eines Mitgliedstaats oder umgekehrt,
- Kontrolle am letzten Abfahrtsbahnhof bzw. am ersten Ankunftsbahnhof im Hoheitsgebiet eines Drittstaats.

1.2.2. Zur Erleichterung des Hochgeschwindigkeits-Personenzugverkehrs können die Mitgliedstaaten, über deren Hoheitsgebiet die Zugstrecke von Hochgeschwindigkeitszügen aus Drittstaaten verläuft, im Einvernehmen mit den betreffenden Drittstaaten und unter Beachtung der unter Nummer 1.1.4 genannten Grundsätze ferner beschließen, bei Personen in Zügen aus Drittstaaten nach einem der nachstehenden Verfahren Einreisekontrollen vorzunehmen:

- in den Bahnhöfen eines Drittstaats, in denen diese Fahrgäste den Zug besteigen,
- in den Bahnhöfen im Hoheitsgebiet der Mitgliedstaaten, in denen diese Fahrgäste den Zug verlassen,
- während der Fahrt im Zug zwischen den Bahnhöfen im Hoheitsgebiet eines Drittstaats und den im Hoheitsgebiet der Mitgliedstaaten gelegenen Bahnhöfen, sofern diese Fahrgäste im Zug bleiben.

1.2.3. Ist es dem Bahnbeförderungsunternehmen bei Hochgeschwindigkeitszügen aus Drittstaaten mit mehreren Halten im Hoheitsgebiet der Mitgliedstaaten gestattet, Fahrgäste ausschließlich für den im Hoheitsgebiet der Mitgliedstaaten gelegenen restlichen Streckenabschnitt zusteigen zu lassen, so unterliegen diese im Zug oder am Ankunftsbahnhof einer Einreisekontrolle, sofern keine Kontrollen nach Nummer 1.2.1 oder Nummer 1.2.2 erster Gedankenstrich erfolgt sind.

Personen, die Züge ausschließlich für den im Hoheitsgebiet der Mitgliedstaaten gelegenen restlichen Streckenabschnitt benutzen wollen, werden vor Fahrtantritt eindeutig darauf hingewiesen, dass sie während der Fahrt oder am Ankunftsbahnhof einer Einreisekontrolle unterzogen werden.

1.2.4. Bei Reisen in umgekehrter Fahrtrichtung werden die Personen an Bord eines Zuges einer Ausreisekontrolle nach vergleichbaren Regelungen unterzogen.

1.2.5. Der Grenzschutzbeamte kann anordnen, dass erforderlichenfalls mit Unterstützung des Zugführers Hohlräume in den Eisenbahnwagen daraufhin überprüft werden, ob der Grenzübertrittskontrolle unterliegende Personen oder Sachen darin versteckt sind.

1.2.6. Liegen Anhaltspunkte dafür vor, dass sich im Zug Personen, die ausgeschrieben sind oder der Begehung einer Straftat verdächtigt werden, oder Drittstaatsangehörige mit der Absicht der illegalen Einreise versteckt halten, so unterrichtet der Grenzschutzbeamte, wenn er nach den nationalen Vorschriften nicht einschreiten darf, die Mitgliedstaaten, in oder durch die der Zug fährt.

2. Luftgrenzen

2.1 Kontrollmodalitäten in internationalen Flughäfen

2.1.1. Die zuständigen Behörden der Mitgliedstaaten stellen sicher, dass der Flughafenunternehmer die erforderlichen Maßnahmen trifft, um die Passagierströme von Binnenflügen und jene von sonstigen Flügen physisch zu trennen. Zu diesem Zweck werden in allen internationalen Flughäfen geeignete Infrastrukturen geschaffen.

2.1.2. Der Ort, an dem die Grenzübertrittskontrollen durchgeführt werden, bestimmt sich nach folgendem Verfahren:

a) Fluggäste, die von Flügen aus Drittstaaten auf Binnenflüge umsteigen, unterliegen einer Einreisekontrolle im Ankunftsflughafen des Drittstaatfluges. Fluggäste, die von Binnenflügen auf Flüge nach Drittstaaten umsteigen (Transferfluggäste), unterliegen einer Ausreisekontrolle im Ausgangsflughafen des Drittstaatfluges.

b) Für Drittstaatsflüge ohne Transferfluggäste und solche mit mehreren Zwischenlandungen auf Flughäfen der Mitgliedstaaten ohne Luftfahrzeugwechsel gilt:

   i) Fluggäste von Drittstaatsflügen ohne vorherigen oder anschließenden Transfer im Hoheitsgebiet der Mitgliedstaaten unterliegen einer Einreisekontrolle im Ankunftsflughafen und einer Ausreisekontrolle im Ausreiseflughafen.

   ii) Fluggäste von Drittstaatsflügen mit mehreren Zwischenlandungen im Hoheitsgebiet der Mitgliedstaaten ohne Luftfahrzeugwechsel (Transitfluggäste) und ohne Zustieg von Fluggästen auf dem Streckenabschnitt im Hoheitsgebiet der Mitgliedstaaten unterliegen einer Einreisekontrolle im Ankunftsflughafen und einer Ausreisekontrolle im Ausgangsflughafen.

   iii) Darf der Beförderungsunternehmer bei Flügen aus Drittstaaten mit mehreren Zwischenlandungen im Hoheitsgebiet der Mitgliedstaaten Fluggäste ausschließlich für den restlichen Streckenabschnitt in diesem Gebiet aufnehmen, so unterliegen diese einer Ausreisekontrolle im Ankunftsflughafen und einer Einreisekontrolle im Ankunftsflughafen.

   Die Kontrolle der bei diesen Zwischenlandungen bereits an Bord befindlichen und nicht im Hoheitsgebiet der Mitgliedstaaten zugestiegenen Fluggäste richtet sich nach Ziffer ii. Das umgekehrte Verfahren gilt für diese Kategorie von Flügen, wenn das Bestimmungsland ein Drittstaat ist.

2.1.3. Die Grenzübertrittskontrollen werden im Regelfall nicht im Luftfahrzeug oder auf dem Flugsteig durchgeführt, außer wenn dies aufgrund einer Abwägung des Risikos im Zusammenhang mit der inneren Sicherheit und der illegalen Einwanderung gerechtfertigt ist. Damit sichergestellt ist, dass Personen in den als Grenzübergangsstellen geltenden Flughäfen nach den Artikeln 7 bis 14 kontrolliert werden, stellen die Mitgliedstaaten sicher, dass die Flughafenbetreiber die erforderlichen Maßnahmen im Hinblick auf eine entsprechende Lenkung der Verkehrsströme in die Abfertigungsanlagen treffen.

Die Mitgliedstaaten stellen sicher, dass der Flughafenunternehmer die erforderlichen Maßnahmen trifft, um zu gewährleisten, dass nicht allgemein zugängliche Bereiche und Anlagen, zum Beispiel Transiträume, vor unberechtigtem Betreten und Verlassen gesichert werden. In Transiträumen werden im Regelfall keine Kontrollen durchgeführt, außer wenn dies aufgrund einer Abwägung des Risikos im Zusammenhang mit der inneren Sicherheit und der illegalen Einwanderung gerechtfertigt ist; in Transiträumen können Kontrollen insbesondere bei Personen, die ein Flughafentransitvisum benötigen, durchgeführt werden, um nachzuprüfen, ob sie im Besitz eines solchen Visums sind.

2.1.4. Muss bei höherer Gewalt, bei Gefahr im Verzug oder auf behördliche Weisung ein Luftfahrzeug auf einem Flug aus einem Drittstaat auf einem Flugplatz landen, der keine Grenzübergangsstelle ist, so bedarf der Weiterflug der Zustimmung der Grenzschutzbeamten und der Zollbehörden. Dasselbe gilt, wenn ein aus einem Drittstaat kommendes Luftfahrzeug unerlaubt landet. Für die Kontrolle der Insassen dieser Luftfahrzeuge gelten in jedem Fall die Artikel 7 bis 14.

2.2 Kontrollmodalitäten auf Landeplätzen

2.2.1. Es ist sicherzustellen, dass auch auf Flugplätzen, die nach dem jeweiligen nationalen Recht nicht den Status eines internationalen Flughafens haben, jedoch für Flüge in oder aus Drittstaaten amtlich freigegeben sind („Landeplätze"), Personenkontrollen nach den Artikeln 7 bis 14 durchgeführt werden.

2.2.2. Abweichend von Nummer 2.1.1 und unbeschadet der Verordnung (EG) Nr. 300/

2008 des Europäischen Parlaments und des Rates[1]) kann auf Landeplätzen auf Einrichtungen für eine physische Trennung zwischen Fluggästen von Binnenflügen und sonstigen Flügen verzichtet werden. Zudem ist bei geringem Verkehrsaufkommen die ständige Anwesenheit von Grenzschutzbeamten nicht erforderlich, sofern gewährleistet ist, dass die Kräfte im Bedarfsfall rechtzeitig herangeführt werden können.

2.2.3. Befinden sich nicht ständig Grenzschutzbeamte auf einem Landeplatz, so unterrichtet der Landeplatzbetreiber die Grenzschutzbeamten frühzeitig über den An- und Abflug von Flugzeugen im Drittstaatsflugverkehr.

2.3 Personenkontrollen bei Privatflügen

2.3.1. Im Falle von Privatflügen aus oder in Drittstaaten übermittelt der Flugkapitän den Grenzschutzbeamten des Bestimmungsmitgliedstaats und gegebenenfalls des Mitgliedstaats der ersten Einreise vor dem Abflug eine allgemeine Erklärung, die insbesondere einen Flugplan gemäß Anlage 2 zum Abkommen über die internationale Zivilluftfahrt und Angaben zur Identität der Fluggäste enthält.

2.3.2. Bei Privatflügen aus einem Drittstaat in einen Mitgliedstaat mit Zwischenlandung im Hoheitsgebiet anderer Mitgliedstaaten führen die zuständigen Behörden des Einreisemitgliedstaats Grenzübertrittskontrollen durch und versehen die allgemeine Erklärung nach Nummer 2.3.1 mit einem Einreisestempel.

2.3.3. Bei Flügen, bei denen nicht zweifelsfrei feststellbar ist, ob sie ausschließlich von und nach dem Hoheitsgebiet der Mitgliedstaaten ohne Landung im Hoheitsgebiet eines Drittstaats stattgefunden haben, führen die zuständigen Behörden auf den Flughäfen und Landeplätzen Personenkontrollen gemäß den Nummern 2.1 und 2.2 durch.

2.3.4. Der Ein- und Abflug von Segelflugzeugen, Ultraleichtflugzeugen, Hubschraubern und selbst gebauten Luftfahrzeugen, mit denen nur kurze Distanzen zurückgelegt werden können, sowie Freiballonen bestimmt sich nach dem nationalen Recht und gegebenenfalls bilateralen Abkommen.

3. Seegrenzen

3.1 Allgemeine Kontrollverfahren im Seeverkehr

3.1.1. Die Kontrolle erfolgt im Ankunfts- oder im Abfahrtshafen oder in einer in unmittelbarer Nähe des Schiffes dazu vorgesehenen Anlage oder an Bord des Schiffes im Küstenmeer, wie dieses im Seerechtsübereinkommen der Vereinten Nationen definiert ist. Die Mitgliedstaaten dürfen Abkommen schließen, nach denen unter Beachtung der unter Nummer 1.1.4 genannten Grundsätze Kontrollen auch während der Fahrt oder bei der Ankunft oder der Abfahrt des Schiffes im Hoheitsgebiet eines Drittstaats zulässig sind.

3.1.2. Der Schiffsführer, der Schiffsagent oder eine andere vom Schiffsführer dazu ermächtigte oder in einer für die betreffende Behörde akzeptablen Weise authentifizierte Person (beide werden im Folgenden als „Schiffsführer" bezeichnet) erstellt eine Liste der Besatzung und gegebenenfalls der Passagiere; die Liste enthält die Informationen, die nach den Formularen 5 (Besatzungsliste) und 6 (Passagierliste) des Übereinkommens zur Erleichterung des internationalen Seeverkehrs (FAL-Übereinkommen) erforderlich sind, sowie gegebenenfalls die Nummern der Visa oder der Aufenthaltstitel und ihre Erstellung erfolgt

- spätestens 24 Stunden vor Ankunft im Hafen,
- spätestens zu dem Zeitpunkt, zu dem das Schiff aus dem vorigen Hafen ausläuft, sofern die Reisezeit weniger als 24 Stunden beträgt, oder
- falls der Anlaufhafen nicht bekannt ist oder während der Reise geändert wird, sobald diese Information vorliegt.

IV

[1]) Verordnung (EG) Nr. 300/2008 des Europäischen Parlaments und des Rates vom 11. März 2008 über gemeinsame Vorschriften für die Sicherheit in der Zivilluftfahrt und zur Aufhebung der Verordnung (EG) Nr. 2320/2002 (ABl. L 97 vom 9. 4. 2008, S. 72).

Der Schiffsführer übersendet die Liste(n) an die Grenzschutzbeamten oder, sofern nach einzelstaatlichem Recht vorgesehen, die anderen zuständigen Behörden, die diese unverzüglich an die Grenzschutzbeamten weiterleiten.

3.1.3. Die Grenzschutzbeamten oder die Behörden nach Nummer 3.1.2. händigen dem Schiffsführer eine Empfangsbestätigung (eine unterzeichnete Ausfertigung der Liste(n) oder eine elektronische Empfangsbestätigung) aus, die von diesem während der Liegezeit im Hafen auf Anfrage vorgelegt wird.

3.1.4. Der Schiffsführer unterrichtet die zuständigen Behörden unverzüglich über alle Änderungen in der Zusammensetzung der Besatzung oder der Zahl der Passagiere.

Der Schiffsführer unterrichtet die zuständigen Behörden darüber hinaus innerhalb der unter Nummer 3.1.2 genannten Frist über die Anwesenheit blinder Passagiere an Bord. Blinde Passagiere bleiben jedoch unter der Verantwortlichkeit des Schiffsführers.

Abweichend von den Artikeln 5 und 8 werden Personen an Bord keinen systematischen Grenzkontrollen unterzogen. Jedoch nehmen die Grenzschutzbeamten nur dann eine Durchsuchung des Schiffes und Personenkontrollen bei den an Bord befindlichen Personen vor, wenn dies aufgrund einer Bewertung des Risikos für die innere Sicherheit und des Risikos der illegalen Einwanderung gerechtfertigt ist.

3.1.5. Der Schiffsführer teilt der zuständigen Behörde rechtzeitig unter Beachtung der Hafenordnung die Abfahrtszeit des Schiffes mit.

3.2 Spezifische Kontrollmodalitäten für bestimmte Arten der Seeschifffahrt

Kreuzfahrtschiffe

3.2.1. Der Schiffsführer des Kreuzfahrtschiffes übermittelt der zuständigen Behörde die Route und das Programm der Kreuzfahrt, sobald die Route und das Programm festgelegt wurden, spätestens jedoch innerhalb der unter Nummer 3.1.2 genannten Frist.

3.2.2. Umfasst die Route eines Kreuzfahrtschiffs ausschließlich Häfen im Hoheitsgebiet der Mitgliedstaaten, so werden abweichend von den Artikeln 5 und 8 keine Grenzübertrittskontrollen durchgeführt und kann das Kreuzfahrtschiff Häfen anlaufen, die keine Grenzübergangsstellen sind.

Die Besatzung und die Passagiere dieser Schiffe werden jedoch nur dann Kontrollen unterzogen, wenn dies aufgrund einer Bewertung des Risikos für die innere Sicherheit und des Risikos der illegalen Einwanderung gerechtfertigt ist.

3.2.3. Umfasst die Route eines Kreuzfahrtschiffes sowohl Häfen im Hoheitsgebiet der Mitgliedstaaten als auch Häfen in Drittstaaten, so werden abweichend von Artikel 8 Grenzübertrittskontrollen wie folgt durchgeführt:

a) Läuft ein Kreuzfahrtschiff aus einem in einem Drittstaat gelegenen Hafen zum ersten Mal in einen Hafen im Hoheitsgebiet eines Mitgliedstaates ein, so werden die Besatzung und die Passagiere einer Einreisekontrolle anhand der Nominallisten der Besatzung und der Passagiere gemäß der Nummer 3.1.2 unterzogen.

   Passagiere, die an Land gehen, werden einer Einreisekontrolle gemäß Artikel 8 unterzogen, es sei denn, die Abwägung des Risikos im Zusammenhang mit der inneren Sicherheit und der illegalen Einwanderung ergibt, dass es nicht erforderlich ist, solche Kontrollen durchzuführen.

b) Läuft das aus einem Hafen in einem Drittstaat kommende Kreuzfahrtschiff nochmals einen Hafen im Hoheitsgebiet eines Mitgliedstaats an, so werden die Besatzung und die Passagiere einer Einreisekontrolle anhand der Nominallisten der Besatzung und der Passagiere gemäß der Nummer 3.1.2 unterzogen, sofern diese Listen geändert wurden, seit das Kreuzfahrtschiff in dem vorangehenden, im Hoheitsgebiet eines Mitgliedstaates gelegenen Hafen eingelaufen ist.

   Passagiere, die an Land gehen, werden einer Einreisekontrolle gemäß Artikel 8 unterzogen, es sei denn, die Abwägung des Risikos im Zusammenhang mit der inneren Sicherheit und der illegalen Einwanderung ergibt, dass es nicht erforderlich ist, solche Kontrollen durchzuführen.

c) Läuft das aus einem Hafen in einem Mitgliedstaat kommende Kreuzfahrtschiff einen anderen Hafen in einem Mitgliedstaat an, so werden die an Land gehenden Passagiere einer Einreisekontrolle gemäß Artikel 8 unterzogen, wenn dies aufgrund einer Abwägung des Risikos im Zusammenhang mit der inneren Sicherheit und der illegalen Einwanderung erforderlich ist.

d) Läuft ein Kreuzfahrtschiff aus einem in einem Mitgliedstaat gelegenen Hafen in Richtung eines Hafens in einem Drittstaat aus, so werden die Besatzung und die Passagiere einer Ausreisekontrolle anhand der Nominallisten der Besatzung und der Passagiere unterzogen.

   Wenn dies aufgrund einer Abwägung des Risikos im Zusammenhang mit der inneren Sicherheit und der illegalen Einwanderung erforderlich ist, werden die einschiffenden Passagiere einer Ausreisekontrolle gemäß Artikel 8 unterzogen.

e) Läuft ein Kreuzfahrtschiff aus einem in einem Mitgliedstaat gelegenen Hafen in Richtung eines anderen Hafens in einem Mitgliedstaat aus, so werden keine Ausreisekontrollen durchgeführt.

   Die Besatzung und die Passagiere dieser Schiffe werden jedoch nur dann Kontrollen unterzogen, wenn dies aufgrund einer Bewertung des Risikos für die innere Sicherheit und des Risikos der illegalen Einwanderung gerechtfertigt ist.

Vergnügungsschifffahrt

3.2.4. Abweichend von den Artikeln 5 und 8 werden Personen an Bord von Vergnügungsschiffen, die einen in einem Mitgliedstaat gelegenen Hafen anlaufen oder aus einem solchen Hafen kommen, keinen Grenzübertrittskontrollen unterzogen und können in einen Hafen, der keine Grenzübergangsstelle ist, einreisen.

In Abwägung des Risikos der illegalen Einwanderung und insbesondere wenn sich die Küste eines Drittstaats in unmittelbarer Nähe des Hoheitsgebiets des betreffenden Mitgliedstaats befindet, werden diese Personen jedoch einer Kontrolle unterzogen und/oder die Vergnügungsschiffe durchsucht.

3.2.5. Abweichend von Artikel 5 kann ein aus einem Drittstaat kommendes Vergnügungsschiff ausnahmsweise in einen Hafen, der keine Grenzübergangsstelle ist, einlaufen. In diesem Fall benachrichtigen die an Bord befindlichen Personen die Hafenbehörden, damit ihnen das Einlaufen in diesen Hafen gestattet wird. Die Hafenbehörden setzen sich mit den Behörden des nächstgelegenen Hafens, der als Grenzübergangsstelle ausgewiesen ist, in Verbindung, um die Ankunft des Schiffes anzukündigen. Die Meldung der Passagiere erfolgt durch Einreichung einer Liste der an Bord befindlichen Personen bei den Hafenbehörden. Diese Liste steht den Grenzschutzbeamten spätestens bei der Ankunft zur Verfügung.

Muss das aus einem Drittstaat kommende Vergnügungsschiff aufgrund höherer Gewalt in einem Hafen anlegen, der keine Grenzübergangsstelle ist, so setzen sich die Hafenbehörden mit den Behörden des nächstgelegenen Hafens, der als Grenzübergangsstelle ausgewiesen ist, in Verbindung, um die Anwesenheit des Schiffes zu melden.

3.2.6. Bei dieser Kontrolle ist ein Dokument mit Angabe aller technischen Merkmale des Schiffes sowie der Namen der an Bord befindlichen Personen zu übergeben. Eine Kopie dieses Dokuments wird den Behörden des Einreise- und des Ausreisehafens ausgehändigt. Eine Kopie dieses Dokuments verbleibt bei den Bordpapieren, solange das Schiff sich in den Hoheitsgewässern eines der Mitgliedstaaten aufhält.

Küstenfischerei

3.2.7. Abweichend von den Artikeln 5 und 8 unterliegt die Besatzung von Schiffen, die zur

Küstenfischerei verwendet werden und täglich oder innerhalb von 36 Stunden in den Registerhafen oder einen anderen Hafen im Hoheitsgebiet der Mitgliedstaaten zurückkehren, ohne in einem Hafen im Hoheitsgebiet eines Drittstaats anzulegen, keiner systematischen Kontrolle. Bei der Bestimmung der Häufigkeit der vorzunehmenden Kontrollen wird das Risiko der illegalen Einwanderung abgewogen, insbesondere wenn sich die Küste eines Drittstaats in unmittelbarer Nähe des Hoheitsgebiets des betreffenden Mitgliedstaats befindet. Entsprechend diesem Risiko werden Personenkontrollen und/oder eine Schiffsdurchsuchung durchgeführt.

3.2.8. Die Besatzung von Schiffen, die zur Küstenfischerei verwendet werden und nicht in einem im Hoheitsgebiet eines Mitgliedstaats gelegenen Hafen eingetragen sind, wird gemäß den Bestimmungen über Seeleute kontrolliert.

Fährverbindungen

3.2.9. Im Rahmen von Fährverbindungen zu Häfen in Drittstaaten finden Personenkontrollen statt. Es gelten folgende Bestimmungen:

a) Nach Möglichkeit richten die Mitgliedstaaten getrennte Kontrollspuren nach Artikel 10 ein.

b) Zu Fuß gehende Passagiere werden einzeln kontrolliert.

c) Die Kontrolle von Pkw-Insassen erfolgt am Fahrzeug.

d) Passagiere, die mit Autobussen reisen, werden wie zu Fuß gehende Passagiere behandelt. Sie verlassen den Bus, um die Einzelkontrolle zu ermöglichen.

e) Die Kontrolle von Lkw-Fahrpersonal sowie etwaigen Begleitpersonen erfolgt am Fahrzeug. Grundsätzlich wird für eine von den sonstigen Passagieren getrennte Abfertigung gesorgt.

f) Zur zügigen Abwicklung der Kontrollen ist eine angemessene Anzahl von Kontrollposten vorzusehen.

g) Insbesondere zur Feststellung illegaler Einwanderer werden die von Passagieren benutzten Fortbewegungsmittel, gegebenenfalls die Ladung sowie sonstige mitgeführte Gegenstände, stichprobenartig durchsucht.

h) Besatzungsmitglieder von Fähren werden wie Besatzungsmitglieder von Handelsschiffen behandelt.

i) Nummer 3.1.2 (Pflicht zur Übermittlung von Besatzungs- und Passagierlisten) kommt nicht zur Anwendung. Wenn gemäß der Richtlinie 98/41/EG des Rates[2]) eine Liste der an Bord befindlichen Personen erstellt werden muss, hat der Schiffsführer eine Kopie dieser Liste spätestens 30 Minuten nach Auslaufen aus einem Hafen eines Drittstaats der zuständigen Behörde des Ankunftshafens im Hoheitsgebiet der Mitgliedstaaten zu übermitteln.

3.2.10. Nimmt eine aus einem Drittstaat kommende Fähre bei Fahrten mit mehr als einem Zwischenstopp im Gebiet der Mitgliedstaaten nur für den restlichen Streckenabschnitt in diesem Gebiet Passagiere an Bord, so müssen diese Passagiere am Abfahrtshafen einer Ausreisekontrolle und am Ankunftshafen einer Einreisekontrolle unterzogen werden.

Die Kontrolle der bei diesen Zwischenstopps bereits an Bord befindlichen und nicht im Hoheitsgebiet der Mitgliedstaaten zugestiegenen Personen erfolgt im Ankunftshafen. Das umgekehrte Verfahren gilt, wenn das Bestimmungsland ein Drittstaat ist.

Frachtverbindungen zwischen Mitgliedstaaten

3.2.11. Abweichend von Artikel 8 werden bei Frachtverbindungen zur Beförderung von

---

[2]) Richtlinie 98/41/EG des Rates vom 18. Juni 1998 über die Registrierung der an Bord von Fahrgastschiffen im Verkehr nach oder von einem Hafen eines Mitgliedstaates der Gemeinschaft befindlichen Personen (ABl. L 188 vom 2. 7. 1998, S. 35).

Gütern zwischen zwei oder mehr Häfen im Hoheitsgebiet der Mitgliedstaaten ohne Fahrtunterbrechung in außerhalb des Hoheitsgebiets der Mitgliedstaaten gelegenen Häfen keine Grenzkontrollen durchgeführt.

Die Besatzung und die Passagiere dieser Schiffe werden jedoch Kontrollen unterzogen, wenn dies aufgrund einer Bewertung des Risikos für die innere Sicherheit und des Risikos der illegalen Einwanderung gerechtfertigt ist.

4. Schifffahrt auf Binnengewässern

4.1. Als „Schifffahrt auf Binnengewässern über Grenzen mit Drittstaaten" gilt die Schifffahrt zu Erwerbszwecken oder Vergnügungsschifffahrt mit Schiffen aller Art, Booten sowie anderen schwimmenden Gegenständen auf Flüssen, Kanälen und Binnenseen.

4.2. Auf Schiffen, die zu Erwerbszwecken betrieben werden, gelten als Besatzungsmitglieder oder ihnen gleichgestellte Personen der Schiffsführer, die Personen, die an Bord beschäftigt und in der Musterrolle eingetragen sind, sowie die Familienangehörigen dieser Personen, soweit sie an Bord wohnen.

4.3. Die einschlägigen Bestimmungen der Nummern 3.1 und 3.2 gelten für die Kontrolle der Schifffahrt auf Binnengewässern entsprechend.

IV

Anhang VII

Sonderbestimmungen für bestimmte Personengruppen

1. Staatsoberhäupter

Abweichend von Artikel 6 und den Artikeln 8 bis 14 dürfen Staatsoberhäupter und die Mitglieder ihrer Delegation, deren Ein- und Ausreise den Grenzschutzbeamten auf diplomatischem Wege offiziell angekündigt wurde, keinen Grenzübertrittskontrollen unterzogen werden.

2. Piloten von Luftfahrzeugen und anderes Flugbesatzungspersonal

2.1. Abweichend von Artikel 6 dürfen Inhaber einer Fluglizenz oder eines Besatzungsausweises (Crew Member Licence oder Certificate) nach Anlage 9 zum Abkommen über die internationale Zivilluftfahrt vom 7. Dezember 1944 in Ausübung ihres Berufes aufgrund dieser Papiere

a) in einem im Hoheitsgebiet eines Mitgliedstaats gelegenen Zwischenlande- oder Zielflughafen an Bord und von Bord ihres Flugzeugs gehen;
b) sich in das Hoheitsgebiet der Gemeinde begeben, zu der der im Hoheitsgebiet eines Mitgliedstaats gelegene Zwischenlande- oder Zielflughafen gehört;
c) sich mit jedem Beförderungsmittel zu einem im Hoheitsgebiet eines Mitgliedstaats gelegenen Flughafen begeben, um an Bord eines von diesem Flughafen abfliegenden Flugzeugs zu gehen.

In allen anderen Fällen müssen die Voraussetzungen des Artikels 6 Absatz 1 erfüllt werden.

2.2. Für die Kontrolle des Flugpersonals gelten die Artikel 7 bis 14. Das Flugpersonal wird bei der Kontrolle nach Möglichkeit bevorzugt abgefertigt. Das bedeutet, dass die Abfertigung entweder vor derjenigen der Fluggäste oder an besonderen Kontrollstellen erfolgt. Gegenüber amtsbekanntem Flugpersonal können sich die Kontrollen abweichend von Artikel 8 auf Stichproben beschränken.

3. Seeleute

Abweichend von den Artikeln 5 und 8 dürfen die Mitgliedstaaten erlauben, dass Seeleute mit einem gültigen Reisepapier für Seeleute, das gemäß den Übereinkommen Nr. 108 (1958) oder Nr. 185 (2003) der Internationalen Arbeitsorganisation (ILO) über Ausweise für Seeleute, dem Übereinkommen zur Erleichterung des internationalen Seeverkehrs (FAL-Übereinkommen) sowie den einschlägigen nationalen Rechtsvorschriften ausgestellt wurde, für einen Aufenthalt an Land im Hafenort oder in den angrenzenden Gemeinden in das Hoheitsgebiet der Mitgliedstaaten einreisen oder durch Rückkehr auf ihr Schiff aus dem Hoheitsgebiet der Mitgliedstaaten ausreisen, ohne sich an einer Grenzübergangsstelle ausweisen zu müssen, sofern sie in der Musterrolle ihres Schiffes eingetragen sind, die zuvor den zuständigen Behörden zur Kontrolle vorgelegt wurde.

Aufgrund einer Bewertung des Risikos für die innere Sicherheit und des Risikos der illegalen Einwanderung können Seeleute jedoch vor ihrem Landgang von den Grenzschutzbeamten einer Kontrolle nach Artikel 8 unterzogen werden.

4. Inhaber von Diplomaten-, Amts- oder Dienstpässen und Mitglieder internationaler Organisationen

4.1. In Anbetracht der ihnen eingeräumten besonderen Vorrechte oder Immunitäten kann Inhabern von Diplomaten-, Amts- oder Dienstpässen, die durch von den Mitgliedstaaten anerkannte Drittstaaten oder deren Regierungen ausgestellt wurden, sowie Inhabern der von internationalen Organisationen ausgestellten Dokumente nach Nummer 4.4 bei Reisen in Ausübung ihres Amtes unbeschadet der eventuell bestehenden Visumpflicht bei Grenzübergangsstellen gegenüber anderen Reisenden Vorrang eingeräumt werden.

Abweichend von Artikel 6 Absatz 1 Buchstabe c sind die Inhaber dieser Dokumente von dem Nachweis befreit, dass sie über ausreichende Mittel zur Bestreitung ihres Lebensunterhalts verfügen.

4.2. Beruft sich eine Person an der Außengrenze auf Vorrechte, Immunitäten und Befreiungen, so kann der Grenzschutzbeamte verlangen, dass der Nachweis durch Vorlage entsprechender Urkunden, vor allem durch vom Akkreditierungsstaat ausgestellte Bescheinigungen, durch den Diplomatenpass oder auf andere Weise geführt wird. Bei Zweifeln kann der Grenzschutzbeamte in eiligen Fällen unmittelbar beim Außenministerium Auskunft einholen.

4.3. Die akkreditierten Mitglieder der diplomatischen Missionen und konsularischen Vertretungen sowie ihre Familienangehörigen dürfen in das Hoheitsgebiet der Mitgliedstaaten auf Vorlage des Ausweises nach Artikel 20 Absatz 2 und des Grenzübertrittspapiers einreisen. Des Weiteren dürfen Grenzschutzbeamte abweichend von Artikel 14 Inhaber von Diplomaten-, Amts- oder Dienstpässen nicht die Einreise in das Hoheitsgebiet der Mitgliedstaaten verweigern, ohne zuvor mit den zuständigen nationalen Behörden Kontakt aufgenommen zu haben. Dies gilt auch, wenn die betroffenen Personen im SIS ausgeschrieben sind.

4.4. Bei den von internationalen Organisationen ausgestellten Dokumenten gemäß Nummer 4.1 handelt es sich insbesondere um:

- den Passierschein der Vereinten Nationen für das Personal der UNO sowie der UN-Organisationen auf der Grundlage der am 21. November 1947 von der Generalversammlung der Vereinten Nationen in New York verabschiedeten Konvention über Privilegien und Immunitäten der Sonderorganisationen,
- den Passierschein der Europäischen Union (EU),
- den Passierschein der Europäischen Atomgemeinschaft (EAG),
- den vom Generalsekretär des Europarates ausgestellten Ausweis,
- die nach Artikel III Absatz 2 des Abkommens zwischen den Parteien des Nordatlantikvertrags über die Rechtsstellung ihrer Truppen ausgestellten Dokumente (Militärausweise mit beigefügten Marschbefehlen, Reisepapieren, Einzel- oder Sammelmarschbefehlen) sowie im Rahmen der Partnerschaft für den Frieden ausgestellte Dokumente.

5. Grenzarbeitnehmer

5.1. Die Modalitäten der Kontrolle von Grenzarbeitnehmern richten sich nach den allgemeinen Bestimmungen über die Grenzübertrittskontrolle, insbesondere den Artikeln 8 und 14.

5.2. Abweichend von Artikel 8 sind Grenzarbeitnehmer, die den Grenzschutzbeamten wohl bekannt sind, weil sie die Grenze häufig an derselben Grenzübergangsstelle überschreiten, und bei denen eine erste Kontrolle ergeben hat, dass sie weder im SIS noch in einem nationalen Fahndungssystem ausgeschrieben sind, nur stichprobenweise daraufhin zu überprüfen, ob sie ein gültiges Grenzübertrittspapier mit sich führen und die erforderlichen Einreisevoraussetzungen erfüllen. Dieser Personenkreis wird von Zeit zu Zeit unangekündigt und in unregelmäßigen Abständen einer eingehenden Kontrolle unterzogen.

5.3. Nummer 5.2 kann auf andere Kategorien regelmäßiger Grenzpendler ausgeweitet werden.

6. Minderjährige

6.1. Die Grenzschutzbeamten widmen Minderjährigen unabhängig davon, ob diese in Begleitung oder ohne Begleitung reisen, besondere Aufmerksamkeit. Beim Überschreiten einer Außengrenze werden Minderjährige bei der Ein- und Ausreise gemäß dieser Verordnung wie Erwachsene kontrolliert.

6.2. Bei begleiteten Minderjährigen überprüft der Grenzschutzbeamte, ob die Begleitperson gegenüber dem Minderjährigen sorgeberechtigt ist, insbesondere in Fällen, in denen der Minderjährige nur von einem Erwachsenen begleitet wird und der begründete Verdacht besteht, dass er rechtswidrig dem/den rechtmäßig Sorgeberechtigten entzogen wurde. In letzterem Fall stellt der Grenzschutzbeamte eingehendere Nachforschungen an, damit er etwaige Unstimmigkeiten oder Widersprüche bei den gemachten Angaben feststellen kann.

6.3. Im Falle von Minderjährigen ohne Begleitung vergewissern sich die Grenzschutzbeamten durch eingehende Kontrolle der Reisedokumente und Reisebelege vor allem darüber, dass die Minderjährigen das Staatsgebiet nicht gegen den Willen des/der Sorgeberechtigten verlassen.

6.4. Die Mitgliedstaaten benennen nationale Kontaktstellen, bei denen Informationen über Minderjährige eingeholt werden können, und teilen dies der Kommission mit. Die Kommission stellt den Mitgliedstaaten eine Liste der nationalen Kontaktstellen zur Verfügung.

6.5. Bei Zweifeln über die in den Absätzen 6.1, 6.2 und 6.3 genannten Umstände können Grenzschutzbeamte die Liste der nationalen Kontaktstellen zu Minderjährigen konsultieren.

7. Rettungsdienste, Polizei, Feuerwehr und Grenzschutzbeamte

Die Regeln für die Ein- und Ausreise von Angehörigen der Rettungsdienste, Polizei und Feuerwehr in Notlagen sowie von Grenzschutzbeamten, die die Grenze in Ausübung ihrer dienstlichen Aufgaben überschreiten, sind in innerstaatlichen Vorschriften niederzulegen. Die Mitgliedstaaten können bilaterale Abkommen mit Drittländern über die Ein- und Ausreise dieser Personengruppen schließen. Diese Regeln und bilateralen Abkommen können von den Artikeln 5, 6 und 8 abweichen.

8. Arbeitnehmer auf Offshore-Anlagen

Abweichend von den Artikeln 5 und 8 werden Arbeitnehmer, die regelmäßig ohne Aufenthalt im Hoheitsgebiet eines Drittstaats auf dem See- oder Luftweg in das Hoheitsgebiet der Mitgliedstaaten zurückkehren, keinen systematischen Kontrollen unterzogen.

Bei der Bestimmung der Häufigkeit der vorzunehmenden Kontrollen wird jedoch das Risiko der illegalen Einwanderung berücksichtigt, insbesondere wenn sich die Offshore-Anlage in unmittelbarer Nähe der Küste eines Drittstaats befindet.

Anhang VIII

Name des Staates

Staatsemblem .... (Name der Dienststelle)

____

____ ([1])

BESTÄTIGUNG DES NACHWEISES FÜR DIE EINHALTUNG DER VORAUSSETZUNGEN FÜR DIE DAUER EINES KURZFRISTIGEN AUFENTHALTS, FALLS DAS REISEDOKUMENT KEINEN EINREISE- ODER AUSREISESTEMPEL AUFWEIST

Am ____________ um (Uhrzeit) ____________ ist in (Ort) ____________

vor der unterzeichnenden Behörde ____________ vorstellig geworden:

Name ____________ Vorname ____________

Geburtsdatum ____________ Geburtsort ____________ Geschlecht ____________

Staatsangehörigkeit ____________ wohnhaft in ____________

Reisedokument ____________ Nummer ____________

ausgestellt in ____________ am ____________

Visumnummer ____________ (gegebenenfalls) erteilt von ____________

mit einer Gültigkeitsdauer von ________ Tagen zum Zwecke von ____________

Aufgrund der Nachweise für die Dauer seines (ihres) Aufenthalts im Hoheitsgebiet der Mitgliedstaaten, die er (sie) erbracht hat, wird davon ausgegangen, dass er (sie) am ____________ in ____________ an der Grenzübergangsstelle ____________ in den Mitgliedstaat ____________ eingereist oder daraus ausgereist ist.

Kontaktaufnahme mit der unterzeichnenden Behörde über:

Tel.: ____________

Fax: ____________

E-Mail: ____________

Der/die Betroffene erhält eine Kopie dieses Dokuments.

Der/die Betroffene	Der zuständige Beamte + Stempel

([1]) Für Island und Norwegen ist kein Logo erforderlich.

IV

Übereinkommen zur Durchführung des Übereinkommens von Schengen vom 14. Juni 1985 zwischen den Regierungen der Staaten der Benelux-Wirtschaftsunion, der Bundesrepublik Deutschland und der Französischen Republik betreffend den schrittweisen Abbau der Kontrollen an den gemeinsamen Grenzen (Schengener Durchführungsübereinkommen)

Vom 15. Juli 1993 (BGBl. II S. 1013, 1994 S. 631)

Zuletzt geändert durch
Verordnung (EU) Nr. 610/2013 des Europäischen Parlaments und des Rates zur Änderung der Verordnung (EG) Nr. 562/2006 des Europäischen Parlaments und des Rates über einen Gemeinschaftskodex für das Überschreiten der Grenzen durch Personen (Schengener Grenzkodex), des Übereinkommens zur Durchführung des Übereinkommens von Schengen, die Verordnungen (EG) Nr. 1683/95 und (EG) Nr. 539/2001 des Rates sowie die Verordnungen (EG) Nr. 767/2008 und (EG) Nr. 810/2009 des Europäischen Parlaments und des Rates vom 26. Juni 2013 (ABl. S. 182/1)

Präambel

Das Königreich Belgien, die Bundesrepublik Deutschland, die Französische Republik, das Großherzogtum Luxemburg und das Königreich der Niederlande, nachfolgend Vertragsparteien genannt –

aufbauend auf dem am 14. Juni 1985 in Schengen geschlossenen Übereinkommen über den schrittweisen Abbau der Kontrollen an den gemeinsamen Grenzen,

entschlossen, das in diesem Übereinkommen zum Ausdruck gebrachte Bestreben der Abschaffung der Kontrollen des Personenverkehrs an den gemeinsamen Grenzen und der Erleichterung des Transports und des Warenverkehrs zu verwirklichen,

in der Erwägung, dass der Vertrag zur Gründung der Europäischen Gemeinschaften, ergänzt durch die Einheitliche Europäische Akte, vorsieht, dass der Binnenmarkt einen Raum ohne Binnengrenzen umfasst,

in der Erwägung, dass der durch die Vertragsparteien angestrebte Zweck mit diesem Ziel übereinstimmt, unbeschadet der Maßnahmen, die zur Anwendung der Bestimmungen dieses Vertrages getroffen werden,

in der Erwägung, dass die Verwirklichung dieses Zieles eine Reihe von geeigneten Maßnahmen und die enge Zusammenarbeit der Vertragsparteien erfordert –

haben Folgendes vereinbart:

Titel I
Begriffsbestimmungen

Artikel 1

Im Sinne dieses Übereinkommens bedeutet:

Binnengrenzen:
die gemeinsamen Landgrenzen der Vertragsparteien sowie ihre Flughäfen für die Binnenflüge und ihre Seehäfen für die regelmäßigen Fährverbindungen ausschließlich von und nach dem Gebiet der Vertragsparteien ohne Fahrtunterbrechung in außerhalb des Gebiets gelegenen Häfen;

Außengrenzen:
die Land- und Seegrenzen sowie die Flug- und Seehäfen der Vertragsparteien, soweit sie nicht Binnengrenzen sind;

Binnenflug:
ein Flug ausschließlich von und nach dem Gebiet der Vertragsparteien, ohne Landung auf dem Gebiet eines Drittstaates;

Drittstaat:
ein Staat, der nicht Vertragspartei ist;

Drittausländer:
eine Person, die nicht Staatsangehöriger eines der Mitgliedstaaten der Europäischen Gemeinschaften ist;

Zur Einreiseverweigerung ausgeschriebener Drittausländer:
ein Drittausländer, der gemäß Artikel 96 zur Einreiseverweigerung in dem Schengener Informationssystem ausgeschrieben ist;

Grenzübergangsstelle:
eine von den zuständigen Behörden für das Überschreiten der Außengrenzen zugelassener Übergang;

Grenzkontrolle:
an den Grenzen vorgenommene Kontrolle, die unabhängig von jedem anderen Anlaß ausschließlich aufgrund des beabsichtigten Grenzübertritts durchgeführt wird;

Beförderungsunternehmer:
natürliche oder juristische Person, die gewerblich die Beförderung von Personen auf dem Luft-, See- oder Landweg durchführt;

Aufenthaltstitel:
jede von einer Vertragspartei ausgestellte Erlaubnis gleich welcher Art, die zum Aufenthalt in deren Hoheitsgebiet berechtigt. Hierzu zählen nicht die befristete Zulassung zum Aufenthalt im Hoheitsgebiet einer der Vertragsparteien im Hinblick auf die Behandlung eines Asylbegehrens oder eines Antrags auf eine Aufenthaltserlaubnis;

Asylbegehren:
jeder an der Außengrenze oder im Gebiet einer Vertragspartei in Europa schriftlich, mündlich oder auf andere Weise geäußerte Wunsch eines Drittausländers mit dem Ziel, den Flüchtlingsstatus nach der Genfer Konvention vom 28. Juli 1951 über den Flüchtlingsstatus in der Fassung des Protokolls vom 31. Januar 1967 zu erlangen und als solcher ein Aufenthaltsrecht zu genießen;

Asylbegehrender:
ein Drittausländer, der ein Asylbegehren im Sinne dieses Übereinkommens gestellt hat, über das noch nicht abschließend entschieden ist;

Behandlung des Asylbegehrens:
alle Verfahren zur Prüfung und Entscheidung von Asylbegehren sowie alle in Ausführung der endgültigen Entscheidungen getroffenen Maßnahmen, mit Ausnahme der Bestimmung der Vertragspartei, die aufgrund dieses Übereinkommens für die Behandlung des Asylbegehrens zuständig ist.

Titel II
Abschaffung der Kontrollen an den Binnengrenzen und Personenverkehr

Artikel 2 bis 8 (weggefallen)

Kapitel 3
Sichtvermerke

Abschnitt 1
Sichtvermerke für einen kurzfristigen Aufenthalt

Artikel 9 bis 17 (weggefallen)

Abschnitt 2
Sichtvermerke für einen längerfristigen Aufenthalt

Artikel 18

(1) Visa für einen Aufenthalt von mehr als 90 Tagen Dauer („Visa für den längerfristigen Aufenthalt“) sind nationale Visa, die von einem der Mitgliedstaaten gemäß seinen innerstaatlichen Rechtsvorschriften oder dem Unionsrecht erteilt werden. Ein solches Visum wird in Form einer einheitlichen Visummarke nach Maßgabe der Verordnung (EG) Nr. 1683/95 des Rates[1]) mit dem Buchstaben „D“ im Eintragungsfeld für die Art des Visums ausgestellt. Sie werden im Einklang mit den einschlägigen Vorschriften des Anhangs VII der Verordnung (EG) Nr. 810/2009 des Europä-

[1]) ABl. L 164 vom 14. 7. 1995, S. 1.

ischen Parlaments und des Rates vom 13. Juli 2009 über einen Visakodex der Gemeinschaft (Visakodex)[1]) ausgefüllt.

(2) Visa für den längerfristigen Aufenthalt haben eine Gültigkeitsdauer von höchstens einem Jahr. Gestattet ein Mitgliedstaat einem Drittausländer einen Aufenthalt von mehr als einem Jahr, wird das Visum für einen längerfristigen Aufenthalt vor Ablauf seiner Gültigkeitsdauer durch einen Aufenthaltstitel ersetzt.

Kapitel 4
Voraussetzungen für den Reiseverkehr von Drittausländern

Artikel 19

(1) Drittausländer, die Inhaber eines einheitlichen Sichtvermerks sind und rechtmäßig in das Hoheitsgebiet einer der Vertragsparteien eingereist sind, können sich während der Gültigkeitsdauer des Sichtvermerks und soweit sie die in Artikel 5 Absatz 1 Buchstaben a, c, d und e aufgeführten Einreisevoraussetzungen erfüllen, frei in dem Hoheitsgebiet aller Vertragsparteien bewegen.

(2) Bis zur Schaffung des einheitlichen Sichtvermerks können sich Drittausländer, die Inhaber eines von einer dieser Vertragsparteien ausgestellten Sichtvermerks sind und rechtmäßig in das Hoheitsgebiet einer dieser Vertragsparteien eingereist sind, während der Gültigkeitsdauer des Sichtvermerks, jedoch höchstens bis zu drei Monaten vom Datum der ersten Einreise an und soweit sie die in Artikel 5 Absatz 1 Buchstaben a, c, d und e aufgeführten Einreisevoraussetzungen erfüllen, frei in dem Hoheitsgebiet aller Vertragsparteien bewegen.

(3) Absätze 1 und 2 finden keine Anwendung auf Sichtvermerke, deren Gültigkeit nach Maßgabe der Bestimmungen des Kapitels 3 dieses Titels räumlich beschränkt ist.

(4) Die Bestimmungen dieses Artikels gelten unbeschadet des Artikels 22.

Artikel 20

(1) Sichtvermerksfreie Drittausländer können sich in dem Hoheitsgebiet der Vertragsparteien frei bewegen, höchstens jedoch 90 Tage je Zeitraum von 180 Tagen und soweit sie die in Artikel 5 Absatz 1 Buchstaben a, c, d und e aufgeführten Einreisevoraussetzungen erfüllen.

(2) Absatz 1 berührt nicht das Recht jeder Vertragspartei, den Aufenthalt eines Drittausländers in ihrem Hoheitsgebiet in Ausnahmefällen oder in Anwendung der Bestimmungen eines bilateralen Abkommens, das bereits vor dem Inkrafttreten dieses Übereinkommens zustandegekommen ist, über 90 Tage hinaus zu verlängern.

(3) Die Bestimmungen dieses Artikels gelten unbeschadet des Artikels 22.

Artikel 21

(1) Drittausländer, die Inhaber eines gültigen, von einem der Mitgliedstaaten ausgestellten Aufenthaltstitels sind, können sich aufgrund dieses Dokuments und eines gültigen Reisedokuments bis zu 90 Tage je Zeitraum von 180 Tagen frei im Hoheitsgebiet der anderen Mitgliedstaaten bewegen, sofern sie die in Artikel 5 Absatz 1 Buchstaben a, c und e der Verordnung (EG) Nr. 562/2006 des Europäischen Parlaments und des Rates vom 15. März 2006 über einen Gemeinschaftskodex für das Überschreiten der Grenzen durch Personen (Schengener Grenzkodex)[2]) aufgeführten Einreisevoraussetzungen erfüllen und nicht auf der nationalen Ausschreibungsliste des betroffenen Mitgliedstaats stehen.

(2) Das gleiche gilt für Drittausländer, die Inhaber eines von einer der Vertragsparteien ausgestellten vorläufigen Aufenthaltstitels und eines von dieser Vertragspartei ausgestellten Reisedokuments sind.

---

[1]) ABl. L 243 vom 15. 9. 2009, S. 1.

[2]) ABl. L 105 vom 13. 4. 2006, S. 1.

(2a) Das in Absatz 1 festgelegte Recht auf freien Personenverkehr gilt auch für Drittausländer, die Inhaber eines von einem der Mitgliedstaaten gemäß Artikel 18 erteilten gültigen Visums für den längerfristigen Aufenthalt sind.

(3) (weggefallen)

(4) Die Bestimmungen dieses Artikels gelten unbeschadet des Artikels 22.

Artikel 22

Drittausländer, die rechtmäßig in das Hoheitsgebiet einer der Vertragsparteien eingereist sind, können verpflichtet werden, unter den Voraussetzungen, die von jeder Vertragspartei festgelegt werden, sich bei den zuständigen Behörden der Vertragspartei zu melden, in deren Hoheitsgebiet sie einreisen. Die Anzeige erfolgt nach Wahl jeder Vertragspartei entweder bei der Einreise oder innerhalb von drei Arbeitstagen von dem Einreisedatum.

Artikel 23 und 24

Redaktionelle Anmerkung:
Artikel 23 und Artikel 24 wurden ersetzt durch die Richtlinie 2008/115/EG des Europäischen Parlaments und des Rates vom 16. Dezember 2008 über gemeinsame Normen und Verfahren in den Mitgliedstaaten zur Rückführung illegal aufhältiger Drittstaatsangehöriger (Rückführungsrichtlinie, siehe Artikel 21, ABl. Nr. L 348 vom 24. 12. 2008).

Kapitel 5
Aufenthaltstitel und Ausschreibung zur Einreiseverweigerung

Artikel 25

(1) Beabsichtigt ein Mitgliedstaat, einen Aufenthaltstitel zu erteilen, so ruft er systematisch die Daten im Schengener Informationssystem ab. Beabsichtigt ein Mitgliedstaat, einem zur Einreiseverweigerung ausgeschriebenen Drittausländer einen Aufenthaltstitel zu erteilen, so konsultiert er vorab den ausschreibenden Mitgliedstaat und berücksichtigt dessen Interessen; der Aufenthaltstitel wird nur bei Vorliegen gewichtiger Gründe erteilt, insbesondere aus humanitären Gründen oder aufgrund internationaler Verpflichtungen.

Wird der Aufenthaltstitel erteilt, so zieht der ausschreibende Mitgliedstaat die Ausschreibung zurück, wobei es ihm unbenommen bleibt, den betroffenen Drittausländer in die nationale Ausschreibungsliste aufzunehmen.

(1a) Vor einer Ausschreibung zum Zwecke der Einreiseverweigerung im Sinne von Artikel 96 prüfen die Mitgliedstaaten ihre nationalen Register von erteilten Visa für den längerfristigen Aufenthalt oder Aufenthaltstiteln.

(2) Stellt sich heraus, daß der Drittausländer, der über einen von einer der Vertragsparteien erteilten gültigen Aufenthaltstitel verfügt, zum Zwecke der Einreiseverweigerung ausgeschrieben ist, konsultiert die ausschreibende Vertragspartei die Vertragspartei, die den Aufenthaltstitel erteilt hat, um zu prüfen, ob ausreichende Gründe für die Einziehung des Aufenthaltstitels vorliegen.

Wird der Aufenthaltstitel nicht eingezogen, so zieht die ausschreibende Vertragspartei die Ausschreibung zurück, wobei es ihr unbenommen bleibt, den betroffenen Drittausländer in die nationale Ausschreibungsliste aufzunehmen.

(3) Die Absätze 1 und 2 finden auch auf Visa für den längerfristigen Aufenthalt Anwendung.

Kapitel 6
Weitere Maßnahmen

Artikel 26

(1) Vorbehaltlich der Verpflichtungen, die sich aus der Genfer Konvention vom 28. Juli 1951 über den Flüchtlingsstatus in der Fassung des Protokolls von New York vom 31. Januar 1967 ergeben, verpflichten sich die Vertragsparteien, die nachstehenden Regelungen in ihre nationalen Rechtsvorschriften aufzunehmen:

a) Wird einem Drittausländer die Einreise in das Hoheitsgebiet einer der Vertragsparteien verweigert, so ist der Beförderungsunternehmer, der ihn auf dem Luft-, See oder Landweg bis an die Außengrenze gebracht hat, verpflichtet, ihn unverzüglich zurückzunehmen. Auf Verlangen der Grenzüberwachungsbehörden hat der Beförderungsunternehmer den Drittausländer in den Drittstaat, aus dem er befördert wurde, in den Drittstaat, der das Reisedokument ausgestellt hat, mit dem er gereist ist, oder in jeden anderen Drittstaat, in dem seine Zulassung gewährleistet ist, zu verbringen.

b) Der Beförderungsunternehmer ist verpflichtet, alle erforderlichen Maßnahmen zu treffen, um sich zu vergewissern, daß der auf dem Luft- oder Seeweg beförderte Drittausländer über die für die Einreise in das Hoheitsgebiet der Vertragsparteien erforderlichen Reisedokumente verfügt.

(2) Vorbehaltlich der Verpflichtungen, die sich aus der Genfer Konvention vom 28. Juli 1951 über den Flüchtlingsstatus in der Fassung des Protokolls von New York vom 31. Januar 1967 ergeben, verpflichten sich die Vertragsparteien, unter Berücksichtigung ihres Verfassungsrechts Sanktionen gegen Beförderungsunternehmer einzuführen, die Drittausländer, welche nicht über die erforderlichen Reisedokumente verfügen, auf dem Luft- oder Seeweg aus einem Drittstaat in ihr Hoheitsgebiet verbringen.

(3) Die Absätze 1 Buchstabe b und 2 finden auf Beförderungsunternehmer Anwendung, die im internationalen Linienverkehr Gruppen von Personen in Autobussen befördern, mit Ausnahme des Grenzverkehrs.

Artikel 27 (weggefallen)

Kapitel 7
Zuständigkeit für die Behandlung von Asylbegehren

Artikel 28

Die Vertragsparteien bekräftigen ihre Verpflichtungen aus der Genfer Konvention vom 28. Juli 1951 über den Flüchtlingsstatus in der Fassung des Protokolls von New York vom 31. Januar 1967, wobei die Anwendung dieser Instrumente keiner geographischen Beschränkung unterliegt, sowie ihre Zusage, mit den Dienststellen des Hohen Flüchtlingskommissars der Vereinten Nationen bei der Anwendung dieser Instrumente zusammenzuarbeiten.

Artikel 29

(1) Die Vertragsparteien verpflichten sich, jedes Asylbegehren, das von einem Drittausländer in dem Hoheitsgebiet einer der Vertragsparteien gestellt wird, zu behandeln.

(2) Diese Verpflichtung führt nicht dazu, daß in allen Fällen dem Asylbegehrenden die Einreise in das Hoheitsgebiet der betreffenden Vertragspartei gewährt werden muß oder er sich dort aufhalten kann.

Jede Vertragspartei behält sich das Recht vor, einen Asylbegehrenden nach Maßgabe des nationalen Rechts und unter Berücksichtigung ihrer internationalen Verpflichtungen in einen Drittstaat zurück- oder auszuweisen.

(3) Unabhängig davon, an welche Vertragspartei der Drittausländer sein Asylbegehren richtet, ist nur eine einzige Vertragspartei für die Behandlung des Asylbegehrens zuständig. Diese Vertragspartei wird nach den in Artikel 30 niedergelegten Kriterien bestimmt.

(4) Unbeschadet des Absatzes 3 behält jede Vertragspartei das Recht, bei Vorliegen besonderer Gründe, insbesondere des nationalen Rechts, ein Asylbegehren auch dann zu behandeln, wenn die Zuständigkeit aufgrund dieses Übereinkommens bei einer anderen Vertragspartei liegt.

Artikel 30

(1) Die für die Behandlung eines Asylbegehrens zuständige Vertragspartei wird folgendermaßen bestimmt:

a) Hat eine Vertragspartei dem Asylbegehrenden einen Sichtvermerk gleich welcher Art oder eine Aufenthaltserlaubnis erteilt, so ist diese Vertragspartei für die Behandlung des Asylbegehrens zuständig. Ist der Sichtvermerk aufgrund einer Genehmigung einer anderen Vertragspartei ausgestellt worden, so ist die Vertragspartei zuständig, die die Genehmigung erteilt hat.

b) Haben mehrere Vertragsparteien dem Asylbegehrenden einen Sichtvermerk gleich welcher Art oder eine Aufenthaltserlaubnis erteilt, so ist die Vertragspartei zuständig, deren Sichtvermerk oder Aufenthaltserlaubnis zuletzt erlischt.

c) Solange ein Asylbegehrender das Hoheitsgebiet der Vertragsparteien nicht verlassen hat, bleibt die nach den Buchstaben a und b begründete Zuständigkeit auch dann bestehen, wenn die Gültigkeitsdauer des Sichtvermerks gleich welcher Art oder der Aufenthaltserlaubnis abgelaufen ist. Hat der Asylbegehrende nach Erteilung des Sichtvermerks oder der Aufenthaltserlaubnis das Hoheitsgebiet der Vertragsparteien verlassen, so begründen diese Dokumente eine Zuständigkeit nach den Buchstaben a und b, es sei denn, es zeigt sich, daß sie inzwischen aufgrund des nationalen Rechts ungültig geworden sind.

d) Ist der Asylbegehrende durch die Vertragsparteien von der Sichtvermerkspflicht befreit, so ist die Vertragspartei zuständig, über deren Außengrenze der Asylbegehrende in das Hoheitsgebiet der Vertragspartei eingereist ist.

Solange die Sichtvermerkspolitik noch nicht völlig harmonisiert ist und der Asylbegehrende nur durch bestimmte Vertragsparteien von der Sichtvermerkspflicht befreit ist, ist die Vertragspartei, über deren Außengrenze der Asylbegehrende sichtvermerksfrei in das Hoheitsgebiet der Vertragsparteien eingereist ist, unbeschadet der Buchstaben a bis c zuständig.

Wird das Asylbegehren an eine Vertragspartei gerichtet, die dem Asylbegehrenden einen Durchreisesichtvermerk erteilt hat – unabhängig davon, ob dieser die Paßkontrolle passiert hat oder nicht –, und wurde dieser Durchreisesichtvermerk erteilt, nachdem sich der Durchreisestaat bei den konsularischen oder diplomatischen Vertretungen der Bestimmungsvertragspartei vergewissert hat, daß der Asylbegehrende die Voraussetzungen für die Einreise in den Bestimmungsstaat erfüllt, ist die Bestimmungsvertragspartei für die Behandlung des Asylbegehrens zuständig.

e) Ist der Asylbegehrende in das Hoheitsgebiet der Vertragsparteien eingereist, ohne im Besitz eines oder mehrerer gültiger Grenzübertrittspapiere zu sein, die von dem Exekutivausschuß bestimmt werden, so ist die Vertragspartei zuständig, über deren Außengrenze der Asylbegehrende eingereist ist.

f) Stellt ein Drittausländer, dessen Asylbegehren bereits von einer Vertragspartei behandelt wird, ein weiteres Asylbegehren, so ist die Vertragspartei zuständig, bei der das Asylverfahren anhängig ist.

g) Stellt ein Drittausländer, dessen früheres Asylbegehren von einer der Vertragsparteien bereits abschließend behandelt worden ist, ein neues Asylbegehren, so ist die Vertragspartei, bei der das frühere Asylbegehren behandelt worden ist, zuständig, wenn der Asylbegehrende das Hoheitsgebiet der Vertragsparteien nicht verlassen hat.

(2) Hat eine Vertragspartei die Behandlung eines Asylbegehrens nach Artikel 29 Absatz 4 übernommen, so ist die aufgrund des Absatzes 1 dieses Artikels zuständige Vertragspartei von ihrer Verpflichtung befreit.

(3) Kann die zuständige Vertragspartei nicht aufgrund der in den Absätzen 1 und 2 aufgeführten Kriterien bestimmt werden, ist die Vertragspartei zuständig, in deren Hoheitsgebiet das Asylbegehren gestellt worden ist.

Artikel 31

(1) die Vertragsparteien sind bestrebt, möglichst schnell zu klären, welche von ihnen für die Behandlung eines Asylbegehrens zuständig ist.

(2) Wird ein Asylbegehren an eine Vertragspartei gerichtet, die aufgrund des Artikels 30 nicht zuständig ist, und hält der Drittausländer sich in deren Hoheitsgebiet auf, so kann diese Vertragspartei die zuständige Vertragspartei ersuchen, den Asylbegehrenden zur Behandlung des Asylbegehrens zu übernehmen.

(3) Die zuständige Vertragspartei ist verpflichtet, den Asylbegehrenden nach Absatz 2 zu übernehmen, wenn das Ersuchen innerhalb von sechs Monaten nach Stellung des Asylbegehrens erfolgt. Erfolgt das Ersuchen nicht innerhalb dieser Frist, ist die Vertragspartei, an die das Asylbegehren gerichtet worden ist, für die Behandlung des Asylbegehrens zuständig.

Artikel 32

Die Behandlung des Asylbegehrens erfolgt nach Maßgabe des nationalen Rechts der zuständigen Vertragspartei.

Artikel 33

(1) Hält der Asylbegehrende sich während der Dauer des Asylverfahrens unrechtmäßig im Hoheitsgebiet einer anderen Vertragspartei auf, so ist die zuständige Vertragspartei zur Rückübernahme verpflichtet.

(2) Absatz 1 findet keine Anwendung, wenn die andere Vertragspartei dem Asylbegehrenden eine Aufenthaltserlaubnis mit einer Gültigkeitsdauer von einem Jahr oder länger erteilt hat. In diesem Fall geht die Zuständigkeit der Prüfung des Asylbegehrens auf die andere Vertragspartei über.

Artikel 34

(1) Die zuständige Vertragspartei ist verpflichtet, einen Drittausländer, dessen Asylbegehren endgültig negativ abgeschlossen ist und der sich in das Hoheitsgebiet einer anderen Vertragspartei begeben hat, ohne dort zum Aufenthalt berechtigt zu sein, zurückzunehmen.

(2) Absatz 1 findet keine Anwendung, wenn die zuständige Vertragspartei die Ausweisung des Drittausländers aus dem Hoheitsgebiet der Vertragsparteien durchgesetzt hatte.

Artikel 35

(1) Die Vertragspartei, die einem Drittausländer den Flüchtlingsstatus zuerkannt und den Aufenthalt gewährt hat, ist verpflichtet, sofern die Betroffenen zustimmen, die Zuständigkeit für die Behandlung des Asylbegehrens eines Familienangehörigen zu übernehmen.

(2) Als Familienangehörige nach Absatz 1 gelten der Ehegatte oder das ledige Kind unter achtzehn Jahren des Flüchtlings, oder wenn der Flüchtling ein lediges Kind unter achtzehn Jahren ist, dessen Vater oder Mutter.

Artikel 36

Jede für die Behandlung des Asylbegehrens zuständige Vertragspartei kann bei Vorliegen humanitärer, insbesondere familiärer oder kultureller Gründe eine andere Vertragspartei um die Übernahme der Zuständigkeit bitten, sofern der Asylbegehrende dies wünscht. Es liegt im Ermessen der ersuchten Vertragspartei, ob sie diesem Ersuchen stattgibt.

Artikel 37

(1) Die zuständigen Behörden der Vertragsparteien unterrichten sich gegenseitig möglichst frühzeitig über

a) neue Regelungen oder Maßnahmen auf dem Gebiet des Asylrechts oder der Behandlung von Asylbegehrenden, spätestens mit deren Inkrafttreten;

b) statistische Daten über den monatlichen Zugang von Asylbegehrenden unter Angabe der Hauptherkunftsstaaten und die in bezug auf Asylbegehren ergangenen Entscheidungen, soweit sie vorhanden sind;

c) Auftreten oder eine erhebliche Zunahme bestimmter Gruppen von Asylbegehrenden und die hierzu vorliegenden Erkenntnisse;

d) grundlegende Entscheidungen auf dem Gebiet des Asylrechts.

(2) Die Vertragsparteien gewährleisten darüber hinaus eine enge Zusammenarbeit bei der Informationsgewinnung über die Lage in den Herkunftsstaaten der Asylbegehrenden mit dem Ziel einer gemeinsamen Beurteilung.

(3) Hinweise einer Vertragspartei zur vertraulichen Behandlung der von ihr erteilten Informationen sind von den anderen Vertragsparteien zu beachten.

Artikel 38

(1) Jede Vertragspartei übermittelt jeder anderen Vertragspartei auf deren Ersuchen vorliegende Daten zu einzelnen Asylbegehrenden, die erforderlich sind, um:

- die für die Behandlung des Asylbegehrens zuständige Vertragspartei zu bestimmen;
- die Behandlung des Asylbegehrens vorzunehmen;
- den Verpflichtungen aus diesem Kapitel nachkommen zu können.

(2) Diese Daten beziehen sich ausschließlich auf:

a) Identität (Name, Vorname, gegebenenfalls früherer Name, Beinamen oder Decknamen, Geburtsdatum, Geburtsort, derzeitige und frühere Staatsangehörigkeit des Asylbegehrenden und, gegebenenfalls, seiner Familienangehörigen);

b) Ausweispapiere und Reisepapiere (Nummer, Gültigkeitsdauer, Ort und Datum der Ausstellung, ausstellende Behörde, usw.);

c) sonstige zur Identifizierung erforderlichen Angaben;

d) die Aufenthaltsorte und Reisewege;

e) die von einer Vertragspartei erteilten Aufenthaltstitel oder Sichtvermerke;

f) Ort der Einreichung des Asylbegehrens;

g) gegebenenfalls das Datum der Einreichung eines früheren Asylbegehrens, das Datum der Einreichung des gegenwärtigen Asylbegehrens, den Verfahrensstand und gegebenenfalls den Entscheidungstenor.

(3) Außerdem kann eine Vertragspartei eine andere Vertragspartei ersuchen, ihr die Gründe, die der Asylbegehrende zur Unterstützung seines Begehrens angeführt hat, und gegebenenfalls die ihn betreffenden Entscheidungsgründe mitzuteilen. Die ersuchte Vertragspartei beurteilt, ob sie diesem Ersuchen Folge leisten kann. Die Übermittlung dieser Daten ist in jedem Fall von der Einverständniserklärung des Asylbegehrenden abhängig.

(4) Der Datenaustausch erfolgt auf Antrag einer Vertragspartei und kann nur zwischen den Behörden stattfinden, die von jeder Vertragspartei dem Exekutivausschuß mitgeteilt werden.

(5) Die übermittelten Daten dürfen nur für die in Absatz 1 vorgesehenen Zwecke genutzt werden. Diese Daten dürfen nur den Behörden und Gerichten übermittelt werden, die beauftragt sind:

- die für die Behandlung des Asylbegehrens zuständige Vertragspartei zu bestimmen;
- die Behandlung des Asylbegehrens vorzunehmen;
- die Verpflichtungen aus diesem Kapitel durchzuführen.

(6) Die übermittelnde Vertragspartei achtet auf die Richtigkeit und die Aktualität der Daten. Stellt sich heraus, daß diese Vertragspartei unrichtige Daten oder Daten, die nicht hätten übermittelt werden dürfen, übermittelt hat, so werden die Bestimmungsvertragsparteien unverzüglich davon unterrichtet. Diese sind verpflichtet, die Daten zu berichtigen oder zu vernichten.

(7) Der Asylbegehrende hat das Recht, daß ihm auf seinen Antrag die seine Person betreffenden Daten mitgeteilt werden, so lange diese verfügbar sind.

Stellt er fest, daß diese Daten unrichtig sind oder sie nicht hätten übermittelt werden dürfen, so hat er das Recht, deren Berichtigung oder Vernichtung zu verlangen. Die Ausübung dieses Rechts erfolgt nach Maßgabe des Absatzes 6.

(8) Jede Vertragspartei ist verpflichtet, die Übermittlung und den Empfang von personenbezogenen Daten aktenkundig zu machen.

(9) Diese Daten werden nur so lange aufbewahrt, wie dies zur Erreichung des Übermittlungszweckes erforderlich ist. Die Erforderlichkeit der Aufbewahrung ist von der betroffenen Vertragspartei zum geeigneten Zeitpunkt zu prüfen.

(10) Die übermittelten Daten genießen, auf jeden Fall zumindest den Schutz, der aufgrund des Rechts der empfangenden Vertragspartei für Daten gleicher Art gilt.

(11) Werden die Daten nicht automatisch, sondern auf eine sonstige Weise verarbeitet, so treffen die Vertragsparteien die geeigneten Maßnahmen, um die Einhaltung der Vorschriften dieses Artikels durch eine wirksame Kontrolle zu gewährleisten. Hat eine Vertragspartei eine Kontrollstelle der in Absatz 12 erwähnten Art, kann sie ihr die Kontrolle übertragen.

(12) Wünschen eine oder mehrere Vertragsparteien die in den Absätzen 2 und 3 aufgeführten Daten ganz oder teilweise zu speichern, so ist dies nur zulässig, soweit die betreffenden Vertragsparteien Rechtsvorschriften für diese Datenverarbeitung erlassen haben, die die Verwirklichung der Grundsätze des Übereinkommens des Europarates über den Schutz der Menschen bei der automatischen Verarbeitung personenbezogener Daten vom 28. Januar 1981 gewährleisten und sie ein geeignetes Gremium mit der unabhängigen Kontrolle der Verarbeitung und Verwendung der nach diesem Übereinkommen übermittelten Daten beauftragt haben.

Titel III
Polizei und Sicherheit

Kapitel 1
Polizeiliche Zusammenarbeit

Artikel 39

(1) Die Vertragsparteien verpflichten sich, daß ihre Polizeidienste sich untereinander nach Maßgabe des nationalen Rechts und ihrer jeweiligen Zuständigkeit im Interesse der vorbeugenden Bekämpfung und der Aufklärung von strafbaren Handlungen Hilfe leisten, sofern ein Ersuchen oder dessen Erledigung nach nationalem Recht nicht den Justizbehörden vorbehalten ist und die Erledigung des Ersuchens die Ergreifung von Zwangsmaßnahmen durch die ersuchte Vertragspartei nicht erfordert. Ist die ersuchte Polizeibehörde für die Erledigung nicht zuständig, so leitet sie das Ersuchen an die zuständige Behörde weiter.

(2) Schriftliche Informationen, die von der ersuchten Vertragspartei nach Absatz 1 übermittelt werden, können nur mit Zustimmung der zuständigen Justizbehörde dieser Vertragspartei von der ersuchenden Vertragspartei als Beweismittel in einem Strafverfahren benutzt werden.

(3) Ersuchen um Hilfe nach Absatz 1 und die Antworten können zwischen den von den Vertragsparteien mit der grenzüberschreitenden polizeilichen Zusammenarbeit beauftragten zentralen Stellen übermittelt und auf demselben Weg zurückgesandt werden. In Fällen, in denen das Ersuchen nicht rechtzeitig über diesen Geschäftsweg gestellt werden kann, können Ersuchen von den Polizeibehörden der ersuchenden Vertragspartei unmittelbar den zuständigen Behörden der ersuchten Vertragspartei übermittelt und von diesen unmittelbar beantwortet werden. In diesen Fällen unterrichtet die ersuchende Polizeibehörde unverzüglich die von der ersuchten Vertragspartei mit der grenzüberschreitenden polizeilichen Zusammenarbeit beauftragte zentrale Stelle über das direkte Ersuchen.

(4) Die Zusammenarbeit in den Grenzgebieten kann in Vereinbarungen zwischen den zuständigen Ministern der Vertragsparteien geregelt werden.

(5) Weitergehende bestehende und künftige bilaterale Abkommen zwischen zwei Vertragsparteien, die eine gemeinsame Grenze haben, bleiben von den Bestimmungen dieses Artikels unberührt. Die Vertragsparteien unterrichten einander über diese Abkommen.

Artikel 40

(1) Beamte eines Mitgliedstaates, die im Rahmen eines Ermittlungsverfahrens in dessen Hoheitsgebiet eine Person observieren, die im Verdacht steht, an einer auslieferungsfähigen Straftat beteiligt zu sein, oder die in diesem Rahmen als notwendige Maßnahme eines Ermittlungsverfahrens eine Person observieren, bei der ernsthaft anzunehmen ist, dass sie zur Identifizierung oder Auffindung der vorgenannten Person führen kann, sind befugt, diese Observation im Ho-

heitsgebiet eines anderen Mitgliedstaates fortzusetzen, wenn dieser der grenzüberschreitenden Observation auf der Grundlage eines zuvor gestellten und begründeten Rechtshilfeersuchens zugestimmt hat. Die Zustimmung kann mit Auflagen verbunden werden.

Auf Verlangen ist die Observation an die Beamten der Vertragspartei, auf deren Hoheitsgebiet die Observation stattfindet, zu übergeben.

Das Rechtshilfeersuchen nach Satz 1 ist an die durch jede der Vertragsparteien bezeichnete Behörde zu richten, die befugt ist, die erbetene Zustimmung zu erteilen oder zu übermitteln.

(2) Kann wegen der besonderen Dringlichkeit der Angelegenheit eine vorherige Zustimmung der anderen Vertragspartei nicht beantragt werden, dürfen die Beamten die Observation einer Person, die im Verdacht steht, an einer der in Absatz 7 aufgeführten Straftaten beteiligt zu sein, unter folgenden Voraussetzungen über die Grenze hinweg fortsetzen:

a) Der Grenzübertritt ist noch während der Observation unverzüglich der in Absatz 5 bezeichneten Behörde der Vertragspartei, auf deren Hoheitsgebiet die Observation fortgesetzt werden soll, mitzuteilen.

b) Ein Rechtshilfeersuchen nach Absatz 1, in dem auch die Gründe dargelegt werden, die einen Grenzübertritt ohne vorherige Zustimmung rechtfertigen, ist unverzüglich nachzureichen.

Die Observation ist einzustellen, sobald die Vertragspartei, auf deren Hoheitsgebiet die Observation stattfindet, aufgrund der Mitteilung nach Buchstabe a oder des Ersuchens nach Buchstabe b dies verlangt oder wenn die Zustimmung nicht fünf Stunden nach Grenzübertritt vorliegt.

(3) Die Observation nach den Absätzen 1 und 2 ist ausschließlich unter den nachstehenden allgemeinen Voraussetzungen zulässig:

a) Die observierenden Beamten sind an die Bestimmungen dieses Artikels und das Recht der Vertragspartei, auf deren Hoheitsgebiet sie auftreten, gebunden; sie haben Anordnungen der örtlich zuständigen Behörden zu befolgen.

b) Vorbehaltlich der Fälle des Absatzes 2 führen die Beamten während der Observation ein Dokument bei sich, aus dem sich ergibt, daß die Zustimmung erteilt worden ist.

c) Die observierenden Beamten müssen in der Lage sein, jederzeit ihre amtliche Funktion nachzuweisen.

d) Die observierenden Beamten dürfen während der Observation ihre Dienstwaffe mit sich führen, es sein denn, die ersuchte Vertragspartei hat dem ausdrücklich widersprochen; der Gebrauch ist mit Ausnahme des Falles der Notwehr nicht zulässig.

e) Das Betreten von Wohnungen und öffentlich nicht zugänglichen Grundstücken ist nicht zulässig.

f) Die observierenden Beamten sind nicht befugt, die zu observierende Person anzuhalten oder festzunehmen.

g) Über jede Operation wird den Behörden der Vertragspartei, auf deren Hoheitsgebiet die Operation stattgefunden hat, Bericht erstattet; dabei kann das persönliche Erscheinen der observierenden Beamten gefordert werden.

h) Die Behörden der Vertragspartei, aus deren Hoheitsgebiet die observierenden Beamten kommen, unterstützen auf Ersuchen die nachträglichen Ermittlungen einschließlich gerichtlicher Verfahren der Vertragspartei, auf deren Hoheitsgebiet eingeschritten wurde.

(4) Die in den Absätzen 1 und 2 genannten Beamten sind:

Für das Königreich Belgien:

– Die Beamten der Kriminalpolizei bei den Staatsanwaltschaften, der Gendarmerie und der Gemeindepolizei sowie, unter den in geeigneten bilateralen Vereinbarungen nach Absatz 6 festgelegten Bedingungen in bezug auf ihre Befugnisse im Bereich des unerlaubten Verkehrs mit Betäubungsmitteln und im Bereich des unerlaubten Handels mit Waffen und Sprengstoffen und des unerlaubten Verkehrs mit giftigen und schädlichen Abfällen, die Zollbeamten;

für die Bundesrepublik Deutschland:

- Die Beamten der Polizeien des Bundes und der Länder sowie, beschränkt auf den Bereich des unerlaubten Verkehrs mit Betäubungsmitteln und des unerlaubten Handels mit Waffen, die Beamten des Zollfahndungsdienstes als Hilfsbeamte der Staatsanwaltschaft;

für die Französische Republik:

- Die Beamten und die Hilfsbeamten der kriminalpolizeilichen Abteilungen der Nationalen Polizei und der Nationalen Gendarmerie sowie, unter den in geeigneten bilateralen Vereinbarungen nach Absatz 6 festgelegten Bedingungen in bezug auf ihre Befugnisse im Bereich des unerlaubten Verkehrs mit Betäubungsmitteln und im Bereich des unerlaubten Handels mit Waffen und Sprengstoffen und des unerlaubten Verkehrs mit giftigen und schädlichen Abfällen, die Zollbeamten;

für das Großherzogtum Luxemburg:

- Die Beamten der Gendarmerie und der Polizei, sowie, unter den in geeigneten bilateralen Vereinbarungen nach Absatz 6 festgelegten Bedingungen in bezug auf ihre Befugnisse im Bereich des unerlaubten Verkehrs mit Betäubungsmitteln und im Bereich des unerlaubten Handels mit Waffen und Sprengstoffen und des unerlaubten Verkehrs mit giftigen und schädlichen Abfällen, die Zollbeamten;

für das Königreich der Niederlande:

- Die Beamten der Reichspolizei und der Gemeindepolizei, sowie, unter den in geeigneten bilateralen Vereinbarungen nach Absatz 6 festgelegten Bedingungen in bezug auf ihre Befugnisse im Bereich des unerlaubten Verkehrs mit Betäubungsmitteln und im Bereich des unerlaubten Handels mit Waffen und Sprengstoffen und des unerlaubten Verkehrs mit giftigen und schädlichen Abfällen, die Beamten des fiskalischen Nachrichten- und Fahndungsdienstes, die im Bereich der Einfuhrzölle und Verbrauchssteuern zuständig sind;

(5) Die in den Absätzen 1 und 2 genannte Behörde ist:

Für das Königreich Belgien:

- Das Generalkommissariat der Kriminalpolizei;

für die Bundesrepublik Deutschland:

- Das Bundeskriminalamt;

für die Französische Republik:

- Die Zentraldirektion der Kriminalpolizei;

für das Großherzogtum Luxemburg:

- Die Generalstaatsanwaltschaft;

für das Königreich der Niederlande:

- Der landesweit zuständige Staatsanwalt für grenzüberschreitende Observation.

(6) Die Vertragsparteien können im Wege bilateraler Vereinbarungen den Anwendungsbereich dieses Artikels erweitern und zusätzliche Regelungen zu seiner Durchführung treffen.

(7) Eine Observation nach Absatz 2 ist nur zulässig, wenn eine der nachstehenden Straftaten zugrunde liegt:

- Mord,
- Totschlag,
- Schwere Straftat sexueller Natur,
- Vorsätzliche Brandstiftung,
- Fälschung und Verfälschung von Zahlungsmitteln,
- Schwerer Diebstahl, Hehlerei und Raub,
- Erpressung,
- Entführung und Geiselnahme,
- Menschenhandel,
- Unerlaubter Verkehr mit Betäubungsmitteln,
- Verstoß gegen die gesetzlichen Vorschriften über Waffen und Sprengstoffe,
- Vernichtung durch Sprengstoffe,
- Unerlaubter Verkehr mit giftigen und schädlichen Abfällen,
- schwerer Betrug,
- Schleuserkriminalität,
- Geldwäsche,

– illegaler Handel mit nuklearem und radioaktivem Material,

– Beteiligung an einer kriminellen Vereinigung im Sinne der Gemeinsamen Maßnahme 98/733/JI des Rates vom 21. Dezember 1998 betreffend die Strafbarkeit der Beteiligung an einer kriminellen Vereinigung in den Mitgliedstaaten der Europäischen Union,

– terroristische Straftaten im Sinne des Rahmenbeschlusses 2002/475/JI des Rates vom 13. Juni 2002 über die Bekämpfung des Terrorismus.

Artikel 41

(1) Beamte einer Vertragspartei, die in ihrem Land eine Person verfolgen, die auf frischer Tat bei der Begehung von oder der Teilnahme an einer Straftat nach Absatz 4 betroffen wird, sind befugt, die Verfolgung auf dem Hoheitsgebiet einer anderen Vertragspartei ohne deren vorherige Zustimmung fortzusetzen, wenn die zuständigen Behörden der anderen Vertragspartei wegen der besonderen Dringlichkeit der Angelegenheit nicht zuvor mit einem der in Artikel 44 vorgesehenen Kommunikationsmittel unterrichtet werden konnten oder nicht rechtzeitig zur Stelle sind, um die Verfolgung zu übernehmen.

Gleiches gilt, wenn die verfolgte Person sich in Untersuchungshaft oder Strafhaft befand und aus der Haft geflohen ist.

Spätestens beim Grenzübertritt nehmen die nacheilenden Beamten Kontakt mit der zuständigen Behörde des Gebietsstaates auf. Die Verfolgung ist einzustellen, sobald die Vertragspartei, auf deren Hoheitsgebiet die Verfolgung stattfinden soll, dies verlangt. Auf Ersuchen der nacheilenden Beamten ergreifen die örtlich zuständigen Personen die betroffene Person, um ihre Identität festzustellen oder die Festnahme vorzunehmen.

(2) Die Nacheile wird gemäß einer der nachfolgenden Modalitäten ausgeübt, die in der Erklärung nach Absatz 9 festgelegt werden:

a) Die nacheilenden Beamten haben kein Festhalterecht.

b) Wenn kein Einstellungsverlangen vorliegt und die örtlichen Behörden nicht rechtzeitig herangezogen werden können, dürfen die nacheilenden Beamten die Person festhalten, bis die Beamten des Gebietsstaates, die unverzüglich zu unterrichten sind, die Identitätsfeststellung oder die Festnahme vornehmen.

(3) Die in den Absätzen 1 und 2 vorgesehene Nacheile wird gemäß einer der nachfolgenden Modalitäten ausgeübt, die in der Erklärung nach Absatz 9 festgelegt werden:

a) Innerhalb eines in der Erklärung bestimmten Gebietes oder während einer darin bestimmten Zeit vom Überschreiten der Grenze an;

b) ohne räumliche oder zeitliche Begrenzung.

(4) In der Erklärung nach Absatz 9 legen die Vertragsparteien die in Absatz 1 vorgesehenen Straftaten gemäß einer der nachfolgenden Modalitäten fest:

a) Straftatenkatalog
   - Mord,
   - Totschlag,
   - Vergewaltigung,
   - Vorsätzliche Brandstiftung,
   - Falschmünzerei,
   - Schwerer Diebstahl, Hehlerei und Raub,
   - Erpressung,
   - Entführung und Geiselnahme,
   - Menschenhandel,
   - Unerlaubter Verkehr mit Betäubungsmitteln,
   - Verstoß gegen die gesetzlichen Vorschriften über Waffen und Sprengstoffe,
   - Vernichtung durch Sprengstoffe,
   - Unerlaubter Verkehr mit giftigen und schädlichen Abfällen,
   - Unerlaubtes Entfernen nach einem Unfall mit schwerer Körperverletzung oder Todesfolge;

b) die auslieferungsfähigen Straftaten.

(5) Die Nacheile darf nur unter folgenden allgemeinen Voraussetzungen ausgeübt werden:

IV

a) Die nacheilenden Beamten sind an die Bestimmungen dieses Artikels und das Recht der Vertragspartei auf deren Hoheitsgebiet sie auftreten, gebunden; sie haben Anordnungen der örtlich zuständigen Behörde zu befolgen.

b) Die Nacheile findet lediglich über die Landesgrenzen statt.

c) Das Betreten von Wohnungen und öffentlich nicht zugänglichen Grundstücken ist nicht zulässig.

d) Die nacheilenden Beamten müssen als solche eindeutig erkennbar sein, entweder durch eine Uniform, eine Armbinde oder durch an dem Fahrzeug angebrachte Zusatzeinrichtungen; das Tragen von Zivilkleidung unter Benutzung eines getarnten Polizeifahrzeuges ohne die vorgenannte Kennzeichnung ist nicht zulässig; die nacheilenden Beamten müssen jederzeit in der Lage sein, ihre amtliche Funktion nachzuweisen.

e) Die nacheilenden Beamten dürfen ihre Dienstwaffe mit sich führen; der Gebrauch ist mit Ausnahme des Falles der Notwehr nicht zulässig.

f) Die nach Absatz 2 Buchstabe b ergriffene Person darf im Hinblick auf ihre Vorführung vor die örtlichen Behörden lediglich einer Sicherheitsdurchsuchung unterzogen werden; es dürfen ihr während der Beförderung Handschellen angelegt werden; die von der verfolgten Person mitgeführten Gegenstände dürfen sichergestellt werden.

g) Die nacheilenden Beamten melden sich nach jedem Einschreiten gemäß den Absätzen 1, 2 und 3 bei den örtlich zuständigen Behörden der Vertragspartei, auf deren Hoheitsgebiet sie gehandelt haben und erstatten Bericht; auf Ersuchen dieser Behörden sind sie verpflichtet, sich bis zur Klärung des Sachverhalts bereitzuhalten; gleiches gilt auch, wenn die verfolgte Person nicht festgenommen werden konnte.

h) Die Behörden der Vertragspartei, aus deren Hoheitsgebiet die nacheilenden Beamten kommen, unterstützen auf Ersuchen die nachträglichen Ermittlungen einschließlich gerichtlicher Verfahren der Vertragspartei, auf deren Hoheitsgebiet eingeschritten wurde.

(6) Die Person, die gemäß Absatz 2 durch die örtlich zuständigen Behörden festgenommen wurde, kann ungeachtet ihrer Staatsangehörigkeit zum Zwecke der Vernehmung festgehalten werden. Die einschlägigen Bestimmungen des nationalen Rechts finden sinngemäß Anwendung.

Hat die Person nicht die Staatsangehörigkeit der Vertragspartei, in deren Hoheitsgebiet sie aufgegriffen wurde, wird sie spätestens sechs Stunden nach ihrer Ergreifung freigelassen, wobei die Stunden zwischen Mitternacht und neun Uhr nicht mitzählen, es sei denn, die örtlich zuständige Behörden erhalten vor Ablauf dieser Frist ein Ersuchen gleich in welcher Form um vorläufige Festnahme zum Zwecke der Auslieferung.

(7) Die in den Absätzen 1 bis 6 genannten Beamten sind:

Für das Königreich Belgien:

– Die Beamten der Kriminalpolizei bei den Staatsanwaltschaften, der Gendarmerie und der Gemeindepolizei sowie, unter den in geeigneten bilateralen Vereinbarungen nach Absatz 10 festgelegten Bedingungen in bezug auf ihre Befugnisse im Bereich des unerlaubten Verkehrs mit Betäubungsmitteln und im Bereich des unerlaubten Handels mit Waffen und Sprengstoffen und des unerlaubten Verkehrs mit giftigen und schädlichen Abfällen, die Zollbeamten;

für die Bundesrepublik Deutschland:

– Die Beamten der Polizeien des Bundes und der Länder sowie, beschränkt auf den Bereich des unerlaubten Verkehrs mit Betäubungsmitteln und des unerlaubten Handels mit Waffen, die Beamten des Zollfahndungsdienstes als Hilfsbeamte der Staatsanwaltschaft;

für die Französische Republik:

– Die Beamten und die Hilfsbeamten der kriminalpolizeilichen Abteilungen der Nationalen Polizei und der Nationalen Gendarmerie sowie unter den in geeigneten bilateralen Vereinbarungen nach Absatz 10 festgelegten Bedingungen in bezug auf ihre Befugnisse im Bereich des unerlaubten Verkehrs mit Betäubungsmitteln und im Bereich des unerlaubten Handels mit Waffen und Sprengstoffen und des unerlaubten Verkehrs mit giftigen und schädlichen Abfällen, die Zollbeamten;

für das Großherzogtum Luxemburg:

– Die Beamten der Gendarmerie und der Polizei, sowie, unter den in geeigneten bilateralen Vereinbarungen nach Absatz 10 festgelegten Bedingungen in bezug auf ihre Befugnisse im Bereich des unerlaubten Verkehrs mit Betäubungsmitteln, im Bereich des unerlaubten Handels mit Waffen und Sprengstoffen und im Bereich des unerlaubten Verkehrs mit giftigen und schädlichen Abfällen, die Zollbeamten;

für das Königreich der Niederlande:

– Die Beamten der Reichspolizei und der Gemeindepolizei, sowie, unter den geeigneten bilateralen Vereinbarungen nach Absatz 10 festgelegte Bedingungen in bezug auf ihre Befugnisse im Bereich des unerlaubten Verkehrs mit Betäubungsmitteln und im Bereich des unerlaubten Handels mit Waffen und Sprengstoffen und des unerlaubten Verkehrs mit giftigen und schädlichen Abfällen, die Beamten des fiskalischen Nachrichten- und Fahndungsdienstes, die im Bereich der Einfuhrzölle und Verbrauchssteuern zuständig sind.

(8) Für die betreffenden Vertragsparteien bleibt Artikel 27 des Benelux-Übereinkommens über Auslieferung und Rechtshilfe in Strafsachen vom 27. Juni 1962 in der Fassung des Protokolls vom 11. Mai 1974 unberührt.

(9) Bei der Unterzeichnung dieses Übereinkommens gibt jede Vertragspartei eine Erklärung ab, in der sie bezüglich jeder Vertragspartei, mit der sie eine gemeinsame Grenze hat, die Modalitäten der Ausübung des Nacheilerechts in ihrem Hoheitsgebiet nach Maßgabe der Absätze 2, 3 und 4 festlegt.

Jede Vertragspartei kann zu jedem Zeitpunkt ihre Erklärung durch eine andere Erklärung ersetzen, soweit diese nicht die Tragweite der früheren Erklärung einschränkt.

Jeder Erklärung geht eine vorherige Abstimmung mit allen betroffenen Vertragsparteien voraus, wobei die Gleichwertigkeit der auf beiden Seiten der Binnengrenzen geltenden Regelungen angestrebt wird.

(10) Die Vertragsparteien können im Wege bilateraler Vereinbarungen den Anwendungsbereich des Absatzes 1 erweitern und zusätzliche Regelungen zur Durchführung dieses Artikels treffen.

Artikel 42

Während eines Einschreitens nach Maßgabe der Artikel 40 und 41 werden die Beamten, die im Hoheitsgebiet einer anderen Vertragspartei eine Aufgabe erfüllen, den Beamten dieser Vertragspartei in bezug auf die Straftaten, denen diese Beamten zum Opfer fallen oder die sie begehen würden, gleichgestellt.

Artikel 43

(1) Wenn Beamte einer Vertragspartei nach den Artikeln 40 und 41 dieses Übereinkommens auf dem Hoheitsgebiet einer anderen Vertragspartei einschreiten, haftet die erste Vertragspartei nach Maßgabe des nationalen Rechts dieser anderen Vertragspartei für den durch die Beamten bei diesem Einschreiten dort verursachten Schaden.

(2) Die Vertragspartei, auf deren Hoheitsgebiet der in Absatz 1 genannte Schaden verursacht wird, verpflichtet sich, diesen Schaden so zu ersetzen, wie sie ihn ersetzen müßte, wenn ihre eigenen Beamten ihn verursacht hätten.

(3) Die Vertragspartei, deren Beamte den Schaden auf dem Hoheitsgebiet einer anderen Vertragspartei verursacht haben, erstattet dieser anderen Vertragspartei den Gesamtbetrag des Schadensersatzes, den diese an die Geschädigten oder ihre Rechtsnachfolger geleistet hat.

(4) Vorbehaltlich der Ausübung ihrer Rechte gegenüber Dritten und außer der Bestimmung des Absatzes 3 verzichtet jede Vertragspartei in dem Fall des Absatzes 1 darauf, den Betrag des erlittenen Schadens anderen

Vertragsparteien gegenüber geltend zu machen.

Artikel 44

(1) Die Vertragsparteien schaffen – nach Maßgabe der entsprechenden internationalen Verträge und unter Berücksichtigung der örtlichen Gegebenheiten und der technischen Möglichkeiten insbesondere in den Grenzregionen – direkte Telefon-, Funk-, Telex- und andere Verbindungen zum Zwecke der Erleichterung der polizeilichen und zollrechtlichen Zusammenarbeit, insbesondere im Hinblick auf die rechtzeitige Übermittlung von Informationen im Zusammenhang mit der grenzüberschreitenden Observation und Nacheile.

(2) Über diese Sofortmaßnahmen hinaus werden sie insbesondere die nachstehenden Möglichkeiten prüfen:

a) Austausch von Material oder Entsendung von Verbindungsbeamten, die über geeignete Funkgeräte verfügen;

b) Erweiterung der in den Grenzregionen benutzten Frequenzbänder;

c) Einrichtung einer gemeinsamen Verbindung zwischen den in derselben Region tätigen Polizei- und Zolldienststellen;

d) Koordinierung ihrer Programme für den Erwerb von Kommunikationsgeräten mit dem Ziel der Einrichtung genormter und kompatibler Kommunikationssysteme.

Artikel 45

(1) Die Vertragsparteien verpflichten sich, die erforderlichen Maßnahmen zu ergreifen, um sicherzustellen, daß

a) der Leiter einer Beherbergungsstätte oder seine Beauftragten darauf hinwirken, daß beherbergte Ausländer, einschließlich der Angehörigen anderer Vertragsparteien sowie anderer Mitgliedstaaten der Europäischen Gemeinschaften, soweit es sich nicht um mitreisende Ehegatten und minderjährige Kinder sowie Teilnehmer von Reisegesellschaften handelt, Meldevordrucke eigenhändig ausfüllen und unterschreiben und sich dabei gegenüber dem Leiter der Beherbergungsstätte oder seinem Beauftragten durch Vorlage eines gültigen Identitätsdokuments ausweisen;

b) die nach Buchstabe a ausgefüllten Meldevordrucke für die zuständigen Behörden bereitgehalten oder diesen übermittelt werden, wenn dies nach deren Feststellung für Zwecke der Gefahrenabwehr, der Strafverfolgung oder der Aufklärung des Schicksals von Vermißten oder Unfallopfern erforderlich ist, soweit im nationalen Recht nichts anderes geregelt ist.

(2) Absatz 1 findet sinngemäß Anwendung, wenn Personen auf Plätzen, die geschäftsmäßig überlassen werden, insbesondere in Zelten, Wohnwagen und Wasserfahrzeugen übernachten.

Artikel 46

(1) Jede Vertragspartei kann nach Maßgabe ihres nationalen Rechts ohne Ersuchen im Einzelfall der jeweils betroffenen Vertragspartei Informationen mitteilen, die für den Empfänger zur Unterstützung bei der Bekämpfung zukünftiger Straftaten, zur Verhütung einer Straftat oder zur Abwehr von Gefahren für die öffentliche Sicherheit und Ordnung von Bedeutung sein können.

(2) Der Informationsaustausch wird unbeschadet der Regelung zur Zusammenarbeit in den Grenzgebieten in Artikel 39 Absatz 4 über eine zu benennende zentrale Stelle abgewickelt. In besonders eilbedürftigen Fällen kann der Informationsaustausch im Sinne dieses Artikels unmittelbar zwischen den betroffenen Polizeibehörden erfolgen, vorbehaltlich abweichender Regelungen im nationalen Recht. Die zentrale Stelle wird hiervon so bald als möglich in Kenntnis gesetzt.

Artikel 47

(1) Die Vertragsparteien können bilaterale Absprachen über die befristete oder unbefristete Entsendung von Verbindungsbeamten einer Vertragspartei zu Polizeidienststellen einer anderen Vertragspartei treffen.

(2) Die unbefristete oder befristete Entsendung von Verbindungsbeamten hat zum Ziel, die Zusammenarbeit zwischen den Vertrags-

parteien zu fördern und zu beschleunigen, insbesondere durch

a) Unterstützung des Informationsaustausches zur präventiven und repressiven Verbrechensbekämpfung;
b) Unterstützung bei polizeilicher und justitieller Rechtshilfe in Strafsachen;
c) Unterstützung der grenzüberwachenden Behörden an den Außengrenzen.

(3) Die Verbindungsbeamten werden beratend und unterstützend tätig. Sie sind nicht zur selbständigen Durchführung von polizeilichen Maßnahmen berechtigt. Sie erteilen Informationen und erledigen ihre Aufträge im Rahmen der ihnen von der entsendenden Vertragspartei und der Vertragspartei, in die sie entsandt worden sind, erteilten Weisungen. Sie berichten regelmäßig an den Leiter des Polizeidienstes, zu dem sie entsandt sind.

(4) Die Vertragsparteien können bilateral oder multilateral vereinbaren, daß die in Drittstaaten tätigen Verbindungsbeamten bei ihrer Tätigkeit auch die Interessen einer oder mehrerer anderer Vertragsparteien mitwahrnehmen. Nach Maßgabe dieser Absprachen übermitteln die in Drittstaaten entsandten Verbindungsbeamten den anderen Vertragsparteien auf deren Ersuchen oder selbständig Informationen und erledigen Aufträge im Rahmen ihrer Zuständigkeit. Die Vertragsparteien informieren sich gegenseitig, in welche Drittstaaten sie Verbindungsbeamte zu entsenden beabsichtigen.

Redaktioneller Hinweis:
Durch „Beschluss 2003/170/JI des Rates vom 27. Februar 2003 über die gemeinsame Inanspruchnahme von Verbindungsbeamten, die von den Strafverfolgungsbehörden der Mitgliedstaaten entsandt sind (ABl. L 67/28 v. 12. März 2003)" ist Art. 47 Abs. 4 überholt.

Kapitel 2
Rechtshilfe in Strafsachen

Artikel 48

(1) Die Bestimmungen dieses Kapitels sollen das Europäische Übereinkommen über Rechtshilfe in Strafsachen vom 20. April 1959 ergänzen und seine Anwendung erleichtern. In den Beziehungen zwischen den Vertragsparteien, die der Benelux-Wirtschaftsunion angehören, gilt Satz 1 sinngemäß für Kapitel II des Benelux-Übereinkommens über Auslieferung und Rechtshilfe in Strafsachen vom 27. Juni 1962 in der Fassung des Protokolls vom 11. Mai 1974.

(2) Die zwischen den Vertragsparteien geltenden weitergehenden Bestimmungen aufgrund bilateraler Abkommen bleiben unberührt.

Artikel 49

Rechtshilfe wird auch geleistet

a) (weggefallen)
b) in Verfahren über Ansprüche auf Entschädigung für Strafverfolgungsmaßnahmen und ungerechtfertigte Verurteilungen;
c) in Gnadensachen;
d) in Zivilsachen, die mit einer Strafklage verbunden sind, solange das Strafgericht noch nicht endgültig über die Strafklage entschieden hat;
e) bei der Zustellung von Urkunden bezüglich der Vollstreckung einer Strafe oder einer Maßregel der Sicherung und Besserung, der Einziehung einer Geldbuße oder der Zahlung der Gerichtskosten;
f) bei Maßnahmen betreffend die Aussetzung des Ausspruchs oder der Vollstreckung einer Strafe oder Maßregel der Sicherung und Besserung, die bedingte Entlassung, den Aufschub des Vollstreckungsbeginns einer Strafe oder Maßregel der Sicherung und Besserung oder die Unterbrechung der Vollstreckung.

Artikel 50

(1) Die Vertragsparteien verpflichten sich, Rechtshilfe nach Maßgabe der in Artikel 48 erwähnten Übereinkommen zu leisten wegen Verstößen gegen die gesetzlichen Bestimmungen und Vorschriften im Bereich der Verbrauchsteuern, der Mehrwertsteuern und des Zolls. Als Zollgesetze gelten die in Artikel 2 des Übereinkommens zwischen Belgien, der Bundesrepublik Deutschland, Frankreich, Italien, Luxemburg und den Niederlanden über

die gegenseitige Unterstützung ihrer Zollverwaltungen vom 7. September 1967 aufgeführten Vorschriften sowie die in Artikel 2 der Verordnung (EWG) Nr. 1468/81 des Rates vom 19. Mai 1981 aufgeführten Vorschriften.

(2) Ersuchen in Verfahren wegen des Verdachts der Hinterziehung von Verbrauchsteuern dürfen nicht mit der Begründung abgelehnt werden, daß von der ersuchten Vertragspartei Verbrauchsteuern auf die in dem Ersuchen genannten Waren nicht erhoben werden.

(3) Die ersuchende Vertragspartei übermittelt und verwendet von der ersuchten Vertragspartei erhaltene Informationen oder Beweismittel für andere als in dem Ersuchen bezeichnete Ermittlungen, Strafverfolgungen oder Verfahren nur mit vorheriger Zustimmung der ersuchten Vertragspartei.

(4) Rechtshilfe im Sinne dieses Artikels kann verweigert werden, wenn der verkürzte oder erschlichene Betrag 25 000,– ECU oder der Wert der unerlaubt ein- oder ausgeführten Waren 100 000,– ECU voraussichtlich nicht übersteigt, es sei denn, die Tat wird wegen ihrer Art oder wegen der Person des Täters von der ersuchenden Vertragspartei als sehr schwerwiegend betrachtet.

(5) Die Vorschriften dieses Artikels finden auch Anwendung, wenn die erbetene Rechtshilfe sich erstreckt auf Handlungen, die nur mit einer Geldbuße geahndet werden (Ordnungswidrigkeiten) und das Ersuchen von einer Justizbehörde gestellt wird.

Artikel 51

Die Vertragsparteien unterwerfen die Erledigung von Rechtshilfeersuchen um Durchsuchung und Beschlagnahme keinen weitergehenden Bedingungen als denen, daß

a) die dem Rechtshilfeersuchen zugrunde liegende Tat nach dem Recht beider Vertragsparteien mit einer Freiheitsstrafe oder die Freiheit beschränkenden Maßregel der Sicherung und Besserung im Höchstmaß von mindestens sechs Monaten bedroht ist, oder nach dem Recht einer der beiden Vertragsparteien mit einer Sanktion des gleichen Höchstmaßes bedroht ist und nach dem Recht der anderen Vertragspartei als Zuwiderhandlung gegen Ordnungsvorschriften durch Behörden geahndet wird, gegen deren Entscheidung ein auch in Strafsachen zuständiges Gericht angerufen werden kann;

b) die Erledigung des Rechtshilfeersuchens im übrigen mit dem Recht der ersuchten Vertragspartei vereinbar ist.

Artikel 52 (weggefallen)

Artikel 53 (weggefallen)

Kapitel 3
Verbot der Doppelbestrafung

Artikel 54

Wer durch eine Vertragspartei rechtskräftig abgeurteilt worden ist, darf durch eine andere Vertragspartei wegen derselben Tat nicht verfolgt werden, vorausgesetzt, daß im Fall einer Verurteilung die Sanktion bereits vollstreckt worden ist, gerade vollstreckt wird oder nach dem Recht des Urteilsstaats nicht mehr vollstreckt werden kann.

Artikel 55

(1) Eine Vertragspartei kann bei der Ratifikation, der Annahme oder der Genehmigung dieses Übereinkommens erklären, daß sie in einem oder mehreren der folgenden Fälle nicht durch Artikel 54 gebunden ist:

a) Wenn die Tat, die dem ausländischen Urteil zugrunde lag, ganz oder teilweise in ihrem Hoheitsgebiet begangen wurde; im letzteren Fall gilt diese Ausnahme jedoch nicht, wenn diese Tat teilweise im Hoheitsgebiet der Vertragspartei begangen wurde, in dem das Urteil ergangen ist;

b) wenn die Tat, die dem ausländischen Urteil zugrunde lag, eine gegen die Sicherheit des Staates oder andere gleichermaßen wesentliche Interessen dieser Vertragspartei gerichtete Straftat darstellt;

c) wenn die Tat, die dem ausländischen Urteil zugrunde lag, von einem Bediensteten dieser Vertragspartei unter Verletzung seiner Amtspflichten begangen wurde.

(2) Eine Vertragspartei, die eine solche Erklärung betreffend eine der in Absatz 1 Buchstabe b genannten Ausnahmen abgibt, bezeichnet die Arten von Straftaten, auf die solche Ausnahmen Anwendung finden könnten.

(3) Eine Vertragspartei kann eine solche Erklärung betreffend eine oder mehrere in Absatz 1 genannten Ausnahmen jederzeit zurücknehmen.

(4) Ausnahmen, die Gegenstand einer Erklärung nach Absatz 1 waren, finden keine Anwendung, wenn die betreffende Vertragspartei die andere Vertragspartei wegen derselben Tat um Verfolgung ersucht oder die Auslieferung des Betroffenen bewilligt hat.

Artikel 56

Wird durch eine Vertragspartei eine erneute Verfolgung gegen eine Person eingeleitet, die bereits durch eine andere Vertragspartei wegen derselben Tat rechtskräftig abgeurteilt wurde, so wird jede in dem Hoheitsgebiet der zuletzt genannten Vertragspartei wegen dieser Tat erlittene Freiheitsentziehung auf eine etwa zu verhängende Sanktion angerechnet. Soweit das nationale Recht dies erlaubt, werden andere als freiheitsentziehende Sanktionen ebenfalls berücksichtigt, sofern sie bereits vollstreckt wurden.

Artikel 57

(1) Ist eine Person im Hoheitsgebiet einer Vertragspartei wegen einer Straftat angeschuldigt und haben die zuständigen Behörden dieser Vertragspartei Grund zu der Annahme, daß die Anschuldigung dieselbe Tat betrifft, deretwegen der Betreffende im Hoheitsgebiet einer anderen Vertragspartei bereits rechtskräftig abgeurteilt wurde, so ersuchen sie, sofern sie es für erforderlich halten, die zuständigen Behörden der Vertragspartei, in deren Hoheitsgebiet die Entscheidung ergangen ist, um sachdienliche Auskünfte.

(2) Die erbetenen Auskünfte werden sobald wie möglich erteilt und sind bei der Entscheidung über eine Fortsetzung des Verfahrens zu berücksichtigen.

(3) Jede Vertragspartei gibt bei der Ratifikation, der Annahme oder der Genehmigung dieses Übereinkommens die Behörden an, die befugt sind, um Auskünfte nach diesem Artikel zu ersuchen und solche entgegenzunehmen.

Artikel 58

Die vorstehenden Bestimmungen stehen der Anwendung weitergehender Bestimmungen des nationalen Rechts über die Geltung des Verbots der Doppelbestrafung in bezug auf ausländische Justizentscheidungen nicht entgegen.

Kapitel 4
(weggefallen)

Artikel 59 bis 66 (weggefallen)

Kapitel 5
Übertragung der Vollstreckung von Strafurteilen

Artikel 67

Für die Vertragsparteien, die dem Übereinkommen des Europarates vom 21. März 1983 über die Überstellung verurteilter Personen beigetreten sind, gilt die nachstehende Regelung als Ergänzung jenes Übereinkommens.

Artikel 68

(1) Eine Vertragspartei, in deren Hoheitsgebiet ein Staatsangehöriger einer anderen Vertragspartei rechtskräftig zu einer Freiheitsstrafe oder einer die Freiheit beschränkenden Maßregel der Sicherung und Besserung verurteilt wurde, kann, wenn der Betroffene sich durch Flucht in sein eigenes Land der Vollstreckung oder einer weiteren Vollstreckung der Strafe oder Maßregel entzogen hat, ein Ersuchen um Übernahme der Vollstreckung an die Vertragspartei, in deren Hoheitsgebiet der Flüchtige angetroffen wird, richten.

(2) Die ersuchte Vertragspartei kann auf Ersuchen der ersuchenden Vertragspartei in Erwartung der Schriftstücke, die das Ersuchen

um Übernahme der Vollstreckung der Strafe oder der Maßnahme oder des Restes der Strafe begründen und der dazu zu treffenden Entscheidung, den Verurteilten in Gewahrsam zu nehmen oder andere Maßnahmen zur Gewährleistung seiner Anwesenheit in dem Hoheitsgebiet der ersuchten Vertragspartei treffen.

Artikel 69

Die Übertragung der Strafvollstreckung nach Maßgabe des Artikels 68 bedarf nicht der Zustimmung der Person, gegen die eine Strafe oder eine Maßnahme verhängt wurde. Die anderen Bestimmungen des Übereinkommens des Europarates über die Überstellung verurteilter Personen vom 21. März 1983 finden sinngemäß Anwendung.

Kapitel 6
Betäubungsmittel

Artikel 70

(1) Die Vertragsparteien bilden eine ständige Arbeitsgruppe, die die Aufgabe hat, gemeinschaftliche Probleme in bezug auf die Bekämpfung der Betäubungsmittelkriminalität zu untersuchen und gegebenenfalls Vorschläge zur notwendigen Verbesserung der praktischen und technischen Aspekte der Zusammenarbeit zwischen den Vertragsparteien zu machen. Die Arbeitsgruppe legt ihre Vorschläge dem Exekutivausschuß vor.

(2) Die Arbeitsgruppe nach Absatz 1, deren Mitglieder von den zuständigen nationalen Instanzen benannt werden, ist insbesondere aus Vertretern der für Aufgaben der Polizei und des Zolls zuständigen Behörden zusammengesetzt.

Artikel 71

(1) Die Vertragsparteien verpflichten sich, in bezug auf die unmittelbare und mittelbare Abgabe von Suchtstoffen und psychotropen Stoffen aller Art einschließlich Cannabis und den Besitz dieser Stoffe zum Zwecke der Abgabe der Ausfuhr unter Berücksichtigung der bestehenden Übereinkommen der Vereinten Nationen alle notwendigen Maßnahmen zu treffen, die zur Unterbindung des unerlaubten Handels mit Betäubungsmitteln erforderlich sind.

(2) Unbeschadet der Artikel 74, 75 und 76 verpflichten sich die Vertragsparteien, die unerlaubte Ausfuhr von Betäubungsmitteln aller Art einschließlich Cannabis-Produkten sowie den Verkauf, die Verschaffung und die Abgabe dieser Mittel mit verwaltungsrechtlichen und strafrechtlichen Mitteln zu unterbinden.

(3) Zur Bekämpfung der unerlaubten Einfuhr von Suchtstoffen und psychotropen Stoffen aller Art einschließlich Cannabis verstärken die Vertragsparteien die Kontrollen des Personen- und des Warenverkehrs sowie der Transportmittel an den Außengrenzen. Einzelheiten werden durch die in Artikel 70 genannte Arbeitsgruppe festgelegt. Sie wird dabei insbesondere die Verlagerung eines Teils der an den Binnengrenzen freiwerdenden Kräfte der Polizei und des Zolls sowie den Einsatz moderner Rauschgiftdetektionsmethoden und von Rauschgiftspürhunden in Betracht ziehen.

(4) Die Vertragsparteien werden zur Einhaltung der Bestimmungen dieses Artikels Örtlichkeiten, an denen erfahrungsgemäß Rauschgifthandel betrieben wird, gezielt überwachen.

(5) Hinsichtlich der Eindämmung der unerlaubten Nachfrage nach Suchtstoffen und psychotropen Stoffen aller Art einschließlich Cannabis werden die Vertragsparteien ihr Möglichstes tun, den negativen Folgen dieser unerlaubten Nachfrage vorzubeugen und entgegenzuwirken. Die Maßnahmen dazu liegen im Verantwortungsbereich der einzelnen Vertragsparteien.

Artikel 72

Die Vertragsparteien werden im Rahmen ihrer Verfassung und ihrer Rechtsordnung gewährleisten, daß nationale gesetzliche Bestimmungen geschaffen werden, die die Sicherstellung und den Verfall von Vermögensgewinnen aus dem unerlaubten Betäubungsmittelhandel ermöglichen.

Artikel 73 (weggefallen)

Artikel 74

In bezug auf den legalen Verkehr mit Suchtstoffen und psychotropen Stoffen vereinbaren die Vertragsparteien, die Kontrollen, die vor der Abschaffung der Grenzkontrollen an den Binnengrenzen gemäß den einschlägigen Verpflichtungen nach den in Artikel 71 aufgeführten Übereinkommen der Vereinten Nationen durchgeführt wurden, soweit wie möglich in das Binnenland zu verlegen.

Artikel 75

(1) Im Reiseverkehr in das Hoheitsgebiet der Vertragsparteien oder innerhalb desselben dürfen Personen, die im Rahmen einer ärztlichen Behandlung benötigten Betäubungsmittel mit sich führen, wenn sie eine von einer zuständigen Behörde ihres Aufenthaltsstaates ausgestellte oder beglaubigte Bescheinigung bei einer Kontrolle vorweisen.

(2) Die Form und der Inhalt der Bescheinigung nach Absatz 1, soweit sie von einer der Vertragsparteien ausgestellt wird, insbesondere die Angaben bezüglich der Art, der Menge und der Reisedauer werden von dem Exekutivausschuß festgelegt.

(3) Die Vertragsparteien unterrichten sich darüber, welche Behörden für die Ausstellung oder Beglaubigung der Bescheinigung nach Absatz 2 zuständig sind.

Artikel 76

(1) Die Vertragsparteien treffen soweit erforderlich unter Berücksichtigung ihrer ärztlichen, ethischen und praktischen Gepflogenheiten die geeigneten Maßnahmen für die Kontrolle von Suchtstoffen und psychotropen Stoffen, die im Hoheitsgebiet einer oder mehrerer Vertragsparteien strengeren Kontrollen als in ihrem eigenen Hoheitsgebiet unterliegen, damit die Wirksamkeit dieser strengeren Kontrollen nicht beeinträchtigt wird.

(2) Absatz 1 gilt auch für Stoffe, die häufig bei der Herstellung von Suchtstoffen oder psychotropen Stoffen Verwendung finden.

(3) Die Vertragsparteien informieren sich gegenseitig über ihre Maßnahmen zur Durchführung der Überwachung des legalen Verkehrs mit den in den Absätzen 1 und 2 genannten Stoffen.

(4) Der Exekutivausschuß berät regelmäßig über die hierbei auftretenden Probleme.

Kapitel 7
Feuerwaffen und Munition

Artikel 77

(1) Die Vertragsparteien verpflichten sich, die nationalen Gesetze, Verordnungen und sonstigen Vorschriften über den Erwerb, den Besitz, den Vertrieb und das Überlassen von Feuerwaffen und Munition den Bestimmungen dieses Kapitels anzupassen.

(2) Dieses Kapitel gilt für den Erwerb, den Besitz, den Vertrieb und das Überlassen von Feuerwaffen und Munition durch natürliche und juristische Personen; es gilt nicht für die Lieferung an sowie den Erwerb und Besitz durch staatliche Dienststellen und Gebietskörperschaften, die Streitkräfte und die Polizei, ferner nicht für die Herstellung durch staatliche Unternehmen.

Artikel 78

(1) Die Feuerwaffen werden im Rahmen dieses Kapitels wie folgt klassifiziert:

a) verbotene Waffen,

b) erlaubnispflichtige Waffen,

c) meldepflichtige Waffen.

(2) Auf Verschluß, Patronenlager und Lauf der Feuerwaffen sind die Vorschriften entsprechend anzuwenden, die für den Gegenstand gelten, dessen Bestandteil sie sind oder werden sollen.

(3) Als Kurzwaffen im Sinne dieses Übereinkommens gelten Feuerwaffen, deren Lauf nicht länger als 30 cm ist oder deren Gesamtlänge 60 cm nicht überschreitet; Langwaffen sind alle anderen Feuerwaffen.

IV

Artikel 79

(1) In die Liste der verbotenen Feuerwaffen und Munition sind die folgenden Gegenstände aufzunehmen:

a) Feuerwaffen, die üblicherweise als Kriegsschußwaffen verwendet werden;

b) vollautomatische Feuerwaffen, auch wenn sie keine Kriegsschußwaffen sind;

c) Feuerwaffen, die einen anderen Gegenstand vortäuschen;

d) panzerbrechende Munition, Munition mit Spreng- und Brandsätzen sowie Geschosse für diese Munition;

e) Pistolen- und Revolvermunition mit Dumdum-Geschossen oder Hohlspitzgeschossen sowie Geschosse für diese Munition.

(2) Die zuständigen Behörden können in Einzelfällen für die in Absatz 1 aufgeführten Feuerwaffen und Munition eine Erlaubnis erteilen, wenn Gründe der öffentlichen Sicherheit und Ordnung dem nicht entgegenstehen.

Artikel 80

(1) In die Liste der Feuerwaffen, für deren Erwerb und Besitz eine Erlaubnis erforderlich ist, sind mindestens folgende Feuerwaffen aufzunehmen, soweit sie nicht verboten sind:

a) Halbautomatische Kurz-Feuerwaffen und kurze Repetier-Feuerwaffen;

b) kurze Einzellader-Feuerwaffen mit Zentralfeuerzündung;

c) kurze Einzellader-Feuerwaffen mit Randfeuerzündung mit einer Gesamtlänge von weniger als 28 cm;

d) halbautomatische Lang-Feuerwaffen, deren Magazin und Patronenlager mehr als drei Patronen aufnehmen kann;

e) lange Repetier-Feuerwaffen und halbautomatische Feuerwaffen mit glattem Lauf, deren Lauf nicht länger als 60 cm ist;

f) zivile halbautomatische Feuerwaffen, die wie vollautomatische Kriegswaffen aussehen.

(2) In die Liste der erlaubnispflichtigen Feuerwaffen sind nicht aufzunehmen:

a) Schreckschuß-, Reizstoff- und Signalwaffen, sofern bei diesen Waffen durch technische Maßnahmen sichergestellt ist, daß sie mit allgemein gebräuchlichen Werkzeugen nicht zu Waffen zum Verschießen fester Körper umgebaut werden können und das Verschießen eines Reizstoffes keine dauernden körperlichen Schädigungen zufügen kann;

b) halbautomatische Lang-Feuerwaffen, deren Magazin und Patronenlager nicht mehr als drei Patronen aufnehmen kann, ohne daß sie neu geladen werden, und unter der Bedingung, daß das Magazin unauswechselbar ist, oder soweit sichergestellt ist, daß sie mit allgemein gebräuchlichen Werkzeugen nicht umgebaut werden können zu Waffen, deren Magazin und Patronenlager mehr als drei Patronen aufnehmen kann.

Artikel 81

In die Liste der meldepflichtigen Feuerwaffen sind, sofern diese Waffen weder verboten noch erlaubnispflichtig sind, aufzunehmen:

a) Lange Repetier-Feuerwaffen;

b) lange Einzellader-Feuerwaffen mit gezogenem Lauf oder gezogenen Läufen;

c) kurze Einzellader-Feuerwaffen mit Randfeuerzündung mit einer Gesamtlänge von mehr als 28 cm;

d) die in Artikel 80 Absatz 2 Buchstabe b aufgeführten Feuerwaffen.

Artikel 82

Die Listen der in den Artikeln 79, 80 und 81 aufgeführten Feuerwaffen umfassen folgende Gegenstände nicht:

a) Feuerwaffen, deren Modell vor dem 1. Januar 1870 entwickelt worden ist oder die vor diesem Zeitpunkt hergestellt worden sind – vorbehaltlich Ausnahmen – wenn in ihnen keine Munition geladen werden kann, die für verbotene oder erlaubnispflichtige Feuerwaffen bestimmt ist;

b) Reproduktionen von Waffen nach Buchstabe a, sofern daraus keine Patronen mit Metallhülsen verschossen werden können;

c) Feuerwaffen, die durch Anwendung technischer Verfahren zum Abschuß jeglicher Munition unbrauchbar gemacht worden sind, und die das Prüfzeichen einer offiziellen Dienststelle tragen oder von einer solchen Dienststelle anerkannt worden sind.

Artikel 83

Eine Erlaubnis zum Erwerb und Besitz einer Feuerwaffe nach Artikel 80 darf nur einer Person erteilt werden,

a) wenn sie das achtzehnte Lebensjahr vollendet hat, von Ausnahmen für Jagd- oder Sportzwecke abgesehen;

b) wenn sie nicht wegen einer Geisteskrankheit oder anderer geistiger oder körperlicher Mängel unfähig ist, eine Feuerwaffe zu erwerben oder zu besitzen;

c) wenn sie nicht wegen einer Straftat verurteilt wurde oder wenn nicht andere Anhaltspunkte dafür vorliegen, daß sie eine Gefahr für die öffentliche Sicherheit oder Ordnung darstellt;

d) wenn der für den Erwerb oder Besitz einer Feuerwaffe angeführte Grund als triftig anzusehen ist.

Artikel 84

(1) Die Meldung für Waffen nach Artikel 81 wird in ein von den in Artikel 85 bezeichneten Personen geführtes Register eingetragen.

(2) Wenn die Waffe durch eine Person überlassen wird, die nicht in Artikel 85 bezeichnet ist, muß diese nach den von jeder Vertragspartei festzulegenden Modalitäten gemeldet werden.

(3) Die in diesem Artikel genannte Meldung muß für die Identifizierung der betroffenen Personen und Waffen erforderlichen Angaben enthalten.

Artikel 85

(1) Die Vertragsparteien verpflichten sich, Hersteller und Händler von erlaubnispflichtigen Feuerwaffen einer Erlaubnispflicht, Hersteller und Händler von meldepflichtigen Feuerwaffen einer Meldepflicht zu unterwerfen. Die Erlaubnis für erlaubnispflichtige Feuerwaffen umfaßt auch die meldepflichtigen Feuerwaffen. Die Vertragsparteien unterziehen die Waffenhersteller und Waffenhändler einer Überwachung, die eine wirksame Kontrolle gewährleistet.

(2) Die Vertragsparteien verpflichten sich, Vorschriften zu erlassen, wonach alle Feuerwaffen mindestens mit einer dauerhaften fortlaufenden Identifizierungsnummer und der Marke des Herstellers gekennzeichnet sind.

(3) Die Vertragsparteien verpflichten Hersteller und Händler, alle erlaubnis- und meldepflichtigen Feuerwaffen zu registrieren; die Register müssen es ermöglichen, die Art der Feuerwaffen, ihre Herkunft und die Erwerber der Waffen schnell zu ermitteln.

(4) Die Vertragsparteien verpflichten sich, in bezug auf Erlaubnisse nach Artikel 79 und 80 Vorschriften zu erlassen, wonach die Identifizierungsnummer und die Kennzeichnung der Feuerwaffen in die ihrem Besitzer ausgestellte Erlaubnisurkunde eingetragen werden.

Artikel 86

(1) Die Vertragsparteien verpflichten sich, Vorschriften zu erlassen, aufgrund deren es den rechtmäßigen Besitzern von erlaubnispflichtigen oder meldepflichtigen Feuerwaffen verboten ist, diese Personen zu überlassen, die nicht im Besitz einer Erwerbserlaubnis oder einer Anmeldebestätigung sind.

(2) die Vertragsparteien können das vorübergehende Überlassen an Personen nach den von ihnen festzulegenden Modalitäten erlauben.

Artikel 87

(1) Die Vertragsparteien führen in ihr nationales Recht ein System ein, welches die Rücknahme der Erlaubnisse bei Personen ermöglicht, die nicht mehr die Voraussetzungen für die Erteilung der Erlaubnisse nach Artikel 83 erfüllen.

(2) Die Vertragsparteien verpflichten sich, geeignete Vorschriften, einschließlich der Beschlagnahme der Feuerwaffen und der Rücknahme der Erlaubnis zu erlassen, sowie die

Verletzung der Gesetze oder sonstiger Vorschriften über Feuerwaffen mit geeigneten Sanktionen zu belegen. Dabei kann die Einziehung der Feuerwaffen vorgesehen werden.

Artikel 88

(1) Die Personen, die eine Erlaubnis zum Erwerb einer Feuerwaffe besitzen, benötigen keine Erlaubnis zum Erwerb von Munition für diese Waffen.

(2) Der Erwerb von Munition durch Personen, die nicht im Besitze einer Erlaubnis zum Waffenerwerb sind, unterliegt der entsprechenden Regelung der Waffe, für die sie bestimmt ist. Die Erlaubnis kann für eine Munitionsart oder für alle Munitionsarten ausgestellt werden.

Artikel 89

Die Listen der verbotenen, erlaubnispflichtigen und meldepflichtigen Feuerwaffen können geändert oder ergänzt werden, um die technische, wirtschaftliche und sicherheitspolitische Entwicklung zu berücksichtigen. Der Exekutivausschuß kann die Listen ändern oder ergänzen.

Artikel 90

Die Vertragsparteien sind befugt, strengere Gesetze und Vorschriften in bezug auf Feuerwaffen und Munition zu erlassen.

Artikel 91

(1) Die Vertragsparteien schaffen auf der Grundlage des Europäischen Übereinkommens vom 28. Juni 1978 über die Kontrolle des Erwerbs und des Besitzes von Schußwaffen durch Einzelpersonen nach Maßgabe ihres nationalen Rechts einen Informationsaustausch über den Erwerb von Feuerwaffen durch Personen, Privatpersonen oder Waffenhändler im Einzelhandel, die sich gewöhnlich in dem Hoheitsgebiet einer anderen Vertragspartei aufhalten oder dort ihren Sitz haben. Unter Einzelhändler ist jede Person zu verstehen, deren Erwerbstätigkeit insgesamt oder zum Teil in dem Einzelhandel von Feuerwaffen besteht.

(2) Der Informationsaustausch erstreckt sich:

a) Zwischen zwei Vertragsparteien, die das in Absatz 1 genannte Übereinkommen ratifiziert haben, auf die Feuerwaffen, die in Anlage 1 Teil A Nummer 1 Buchstaben a bis h des genannten Übereinkommens aufgeführt sind;

b) zwischen zwei Vertragsparteien, von denen mindestens eine das in Absatz 1 genannte Übereinkommen nicht ratifiziert hat, auf die Waffen, die in dem Hoheitsgebiet jeder einzelnen Vertragspartei erlaubnis- oder meldepflichtig sind.

(3) Die Informationen über den Erwerb von Feuerwaffen müssen so schnell wie möglich übermittelt werden und die folgenden Angaben enthalten:

a) Das Datum des Erwerbs und die Identität des Erwerbers, nämlich,
   - wenn es sich um eine natürliche Person handelt: Name, Vorname, Datum und Ort der Geburt, Anschrift und Paß- oder Personalausweisnummer sowie Ausstellungsdatum und Angabe der ausstellenden Behörde, Waffenhändler oder nicht;
   - wenn es sich um eine juristische Person handelt: Firma und Sitz sowie Name, Vorname, Datum und Ort der Geburt, Anschrift und Paß- oder Personalausweisnummer der Person, die zur Vertretung der juristischen Person berechtigt ist;

b) Modell, Herstellungsnummer, Kaliber und die anderen Merkmale der betreffenden Feuerwaffe sowie die Identifizierungsnummer.

(4) Jede Vertragspartei benennt eine nationale Behörde, die die in den Absätzen 2 und 3 erwähnten Informationen übermittelt und empfängt und setzt die anderen Vertragsparteien unverzüglich über jede Änderung der bezeichneten Behörde in Kenntnis.

(5) Die von jeder Vertragspartei benannte Behörde kann die erhaltenen Informationen den zuständigen örtlichen Polizeidienststellen und den Grenzüberwachungsbehörden zum Zwecke der Verhütung oder Verfolgung

von Straftaten und Ordnungswidrigkeiten übermitteln.

Titel IV
Schengener Informationssystem

Kapitel 1
Einrichtung des Schengener Informationssystems

Artikel 92

(1) Die Vertragsparteien errichten und unterhalten ein gemeinsames Informationssystem, nachstehend das Schengener Informationssystem genannt, das aus einem nationalen Teil bei jeder Vertragspartei und einer technischen Unterstützungseinheit besteht. Durch das Schengener Informationssystem werden Ausschreibungen, die der Suche nach Personen und Sachen dienen, den durch die Vertragsparteien bezeichneten Behörden bei nach Maßgabe des nationalen Rechts durchgeführten Grenzkontrollen, sonstigen polizeilichen und zollrechtlichen Überprüfungen im Inland sowie, beschränkt auf die Ausschreibungskategorie nach Artikel 96 für Zwecke des Sichtvermerksverfahrens sowie der Erteilung der Aufenthaltstitel und der Handhabung des Ausländerrechts im Rahmen der Anwendung dieses Übereinkommens im Bereich des Personenverkehrs zum Abruf im automatisierten Verfahren bereit gehalten.

(2) Jede Vertragspartei errichtet und unterhält in eigener Verantwortung und auf eigene Kosten ihren nationalen Teil des Schengener Informationssystems, dessen Bestand durch Nutzung der technischen Unterstützungseinheit inhaltlich identisch ist mit dem Bestand des nationalen Teils jeder anderen Vertragspartei. Im Hinblick auf die schnelle und zweckmäßige Übermittlung der Informationen nach Absatz 3 berücksichtigt jede Vertragspartei bei der Errichtung ihres nationalen Teils die durch die Vertragsparteien gemeinsam festgelegten Protokolle und Verfahren in Bezug auf die technische Unterstützungseinheit. Der Bestand jedes nationalen Teils dient innerhalb des Hoheitsgebietes der jeweiligen Vertragsparteien zum Abruf im automatisierten Verfahren. Ein Abruf aus dem Bestand des nationalen Teiles einer anderen Vertragspartei erfolgt nicht.

(3) Die Vertragsparteien errichten und unterhalten in gemeinsamer Verantwortung und auf gemeinsame Kosten die technische Unterstützungseinheit des Schengener Informationssystems. Die Französische Republik ist zuständig für diese Unterstützungseinheit; sie wird eingerichtet in Straßburg. Die technische Unterstützungseinheit umfasst einen Bestand, der der On-Line-Übermittlung der Informationen an die nationalen Bestände dient, wodurch gewährleistet wird, dass die nationalen Bestände identisch bleiben. In den Bestand der technischen Unterstützungseinheit werden Ausschreibungen von Personen und Sachen aufgenommen, soweit sie sich auf alle Vertragsparteien beziehen. Der Bestand der technischen Unterstützungseinheit umfasst, abgesehen von den Daten nach diesem Absatz und nach Artikel 113 Absatz 2, keine weiteren Daten.

(4) Gemäß den einzelstaatlichen Rechtsvorschriften tauschen die Mitgliedstaaten über die für diesen Zweck bezeichneten Stellen (SIRENE) alle im Zusammenhang mit der Eingabe von Ausschreibungen erforderlichen zusätzlichen Informationen aus, auf deren Grundlage die geeigneten Maßnahmen ergriffen werden können, wenn zu Personen bzw. Sachen, in Bezug auf die Daten in das Schengener Informationssystem aufgenommen worden sind, als Ergebnis der Abfragen in diesem System ein Trefferfall erzielt wird. Diese Informationen dürfen nur für die Zwecke verwendet werden, für die sie mitgeteilt wurden.

Kapitel 2
Betrieb und Nutzung des Schengener Informationssystems

Artikel 93

Das Schengener Informationssystem hat nach Maßgabe der Bestimmungen dieses Übereinkommens zum Ziel, in dem Hoheitsgebiet der Vertragsparteien anhand der aus

IV

diesem System erteilten Informationen die öffentliche Sicherheit und Ordnung einschließlich der Sicherheit des Staates und die Anwendung der Bestimmungen dieses Übereinkommens im Bereich des Personenverkehrs zu gewährleisten.

Artikel 94

(1) Das Schengener Informationssystem enthält ausschließlich die durch jede der Vertragsparteien gelieferten Kategorien von Daten, die für die in den Artikeln 95 bis 100 vorgesehenen Zwecke erforderlich sind. Die ausschreibende Vertragspartei prüft, ob die Bedeutung des Falles eine Aufnahme der Ausschreibung in das Schengener Informationssystem rechtfertigt.

IV

(2) Die Datenkategorien sind:

a) Die ausgeschriebenen Personen;

b) die in Artikel 100 aufgeführten Sachen und die in Artikel 99 aufgeführten Fahrzeuge.

(3) In Bezug auf Personen werden höchstens die folgenden Angaben mitgeteilt:

a) Name und Vornamen, gegebenenfalls Aliasname in einem anderen Datensatz;

b) besondere unveränderliche physische Merkmale;

c) (...);

d) Geburtsort und -datum;

e) Geschlecht;

f) Staatsangehörigkeit;

g) der Hinweis, ob die Personen bewaffnet oder gewalttätig sind oder ob sie entflohen sind;

h) Ausschreibungsgrund;

i) die zu ergreifende Maßnahme.

Andere Angaben, insbesondere die Daten, die in Artikel 6 Satz 1 des Übereinkommens des Europarates vom 28. Januar 1981 zum Schutz des Menschen bei der automatischen Verarbeitung personenbezogener Daten erwähnt sind, sind nicht zulässig.

(4) Sofern eine Vertragspartei eine Ausschreibung nach Artikel 95, 97 oder 99 für nicht vereinbar hält mit ihrem nationalen Recht, mit internationalen Verpflichtungen oder wesentlichen nationalen Interessen, kann sie nachträglich die Ausschreibung in dem Bestand ihres nationalen Teils des Schengener Informationssystems so kennzeichnen lassen, dass die Maßnahme in ihrem Hoheitsgebiet nicht aufgrund der Ausschreibung vollzogen wird. Mit den anderen Vertragsparteien müssen hierüber Konsultationen geführt werden. Wenn die ausschreibende Vertragspartei die Ausschreibung nicht zurückzieht, bleibt die Ausschreibung für die anderen Vertragsparteien nach wie vor gültig.

Artikel 95

(1) Daten in Bezug auf Personen, um deren Festnahme mit dem Ziel der Auslieferung ersucht wird, werden auf Antrag der Justizbehörde der ersuchenden Vertragspartei aufgenommen.

(2) Vor der Ausschreibung prüft die ausschreibende Vertragspartei, ob die Festnahme nach dem Recht der ersuchten Vertragsparteien zulässig ist. Sollte die ausschreibende Vertragspartei Zweifel haben, ist sie verpflichtet, die betroffenen Vertragsparteien zu konsultieren.

Die ausschreibende Vertragspartei teilt den ersuchten Vertragsparteien gleichzeitig mit der Ausschreibung auf möglichst schnellem Wege folgende für den zugrunde liegenden Sachverhalt wesentliche Informationen mit:

a) die um die Festnahme ersuchende Behörde;

b) das Bestehen eines Haftbefehls oder einer Urkunde mit gleicher Rechtswirkung oder eines rechtskräftigen Urteils;

c) die Art und die rechtliche Würdigung der strafbaren Handlung;

d) die Beschreibung der Umstände, unter denen die Straftat begangen wurde; einschließlich der Zeit, des Orts und der Art der Täterschaft;

e) soweit möglich die Folgen der Straftat.

(3) Eine ersuchte Vertragspartei kann die Ausschreibung in dem Bestand ihres nationalen Teils des Schengener Informationssystems so kennzeichnen lassen, dass bis zur

Löschung der Kennzeichnung keine Festnahme aufgrund der Ausschreibung erfolgen darf. Die Kennzeichnung ist spätestens 24 Stunden nach der Speicherung der Ausschreibung zu löschen, es sei denn, die betreffende Vertragspartei lehnt die erbetene Festnahme aus Rechtsgründen oder besonderen Opportunitätserwägungen ab. Sofern in besonderen Ausnahmefällen die Komplexität des Sachverhalts dies erfordert, kann die genannte Frist auf eine Woche verlängert werden. Ungeachtet einer Kennzeichnung oder einer ablehnenden Entscheidung bleiben die anderen Vertragsparteien befugt, die mit der Ausschreibung erbetene Festnahme zu vollziehen.

(4) Ersucht eine Vertragspartei wegen besonderer Eilbedürftigkeit um eine Sofortfahndung, prüft die ersuchte Vertragspartei, ob sie auf die Kennzeichnung verzichten kann. Die ersuchte Vertragspartei trifft die erforderlichen Vorkehrungen, damit die erbetene Maßnahme für den Fall, dass die Ausschreibung gebilligt wird, unverzüglich vollzogen werden kann.

(5) Ist eine Festnahme wegen einer noch nicht abgeschlossenen Prüfung oder wegen einer ablehnenden Entscheidung einer ersuchten Vertragspartei nicht möglich, so ist von dieser Vertragspartei die Ausschreibung als Ausschreibung zur Aufenthaltsermittlung zu behandeln.

(6) Die ersuchten Vertragsparteien treffen die aufgrund der Ausschreibung erbetenen Maßnahmen auf der Grundlage der geltenden Auslieferungsübereinkommen und nach Maßgabe des nationalen Rechts. Unbeschadet der Möglichkeit, den Betroffenen nach Maßgabe des nationalen Rechts festzunehmen, sind sie nicht verpflichtet, die Maßnahme zu vollziehen, wenn ein eigener Staatsangehöriger betroffen ist.

Artikel 96

(1) Die Daten bezüglich Drittausländern, die zur Einreiseverweigerung ausgeschrieben sind, werden aufgrund einer nationalen Ausschreibung gespeichert, die auf Entscheidungen der zuständigen Verwaltungsbehörden und Gerichte beruht, wobei die Verfahrensregeln des nationalen Rechts zu beachten sind.

(2) Die Entscheidungen können auf die Gefahr für die öffentliche Sicherheit und Ordnung oder die nationale Sicherheit, die die Anwesenheit eines Drittausländers auf dem Hoheitsgebiet der Vertragspartei bedeutet, gestützt werden.

Dies kann insbesondere der Fall sein

a) bei einem Drittausländer, der wegen einer Straftat verurteilt worden ist, die mit Freiheitsstrafe von mindestens einem Jahr bedroht ist;
b) bei einem Drittausländer, gegen den ein begründeter Verdacht besteht, dass er schwere Straftaten, einschließlich solcher im Sinne von Artikel 71 begangen hat, oder gegen den konkrete Hinweise bestehen, dass er solche Taten in dem Hoheitsgebiet einer Vertragspartei plant.

(3) Die Entscheidungen können ebenso darauf beruhen, dass der Drittausländer ausgewiesen, zurückgewiesen oder abgeschoben worden ist, wobei die Maßnahme nicht aufgeschoben oder aufgehoben worden sein darf, ein Verbot der Einreise oder des Aufenthalts enthalten oder davon begleitet sein muss und auf der Nichtbeachtung des nationalen Rechts über die Einreise und den Aufenthalt von Ausländern beruhen muss.

Artikel 97

Daten in Bezug auf Vermisste oder Personen, die im Interesse ihres eigenen Schutzes oder zur Gefahrenabwehr auf Ersuchen der zuständigen Behörde oder des zuständigen Gerichts der ausschreibenden Vertragspartei vorläufig in Gewahrsam genommen werden müssen, werden aufgenommen, damit die Polizeibehörden den Aufenthalt der ausschreibenden Vertragspartei mitteilen oder die Person in Gewahrsam nehmen können, um deren Weiterreise zu verhindern, soweit es das nationale Recht erlaubt. Dies gilt insbesondere für Minderjährige und Personen, die aufgrund einer Anordnung einer zuständigen Stelle zwangsweise untergebracht werden müssen. Bei volljährigen Vermissten

IV

IV

bedarf die Mitteilung der Einwilligung des Betroffenen.

Artikel 98

(1) Daten in Bezug auf Zeugen sowie auf Personen, die im Rahmen eines Strafverfahrens wegen Taten vor Gericht erscheinen müssen, deretwegen sie verfolgt werden oder Personen, denen ein Strafurteil oder die Ladung zum Antritt einer Freiheitsentziehung zugestellt werden muss, werden auf Ersuchen der zuständigen Justizbehörden im Hinblick auf die Mitteilung des Wohnsitzes oder des Aufenthalts aufgenommen.

(2) Die erbetenen Informationen werden der ersuchenden Vertragspartei nach Maßgabe des nationalen Rechts und der geltenden Übereinkommen über Rechtshilfe in Strafsachen mitgeteilt.

Artikel 99

(1) Daten in Bezug auf Personen oder Fahrzeuge werden nach Maßgabe des nationalen Rechts der ausschreibenden Vertragspartei zur verdeckten Registrierung oder zur gezielten Kontrolle gemäß Absatz 5 aufgenommen.

(2) Eine Ausschreibung dieser Art ist zulässig zur Strafverfolgung und zur Abwehr von Gefahren für die öffentliche Sicherheit, wenn

a) konkrete Anhaltspunkte dafür vorliegen, dass der Betroffene in erheblichem Umfang außergewöhnlich schwere Straftaten plant oder begeht, oder

b) die Gesamtbeurteilung des Betroffenen insbesondere aufgrund der bisher von ihm begangenen Straftaten, erwarten läßt, dass er auch künftig außergewöhnlich schwere Straftaten begehen wird.

(3) Die Ausschreibung ist ferner, soweit das nationale Recht es erlaubt, auf Veranlassung der für die Sicherheit des Staates zuständigen Stellen zulässig, wenn tatsächliche Anhaltspunkte dafür vorliegen, dass die in Absatz 4 bezeichneten Informationen zur Abwehr einer von dem Betroffenen ausgehenden erheblichen Gefährdung oder anderer erheblicher Gefahren für die innere oder äußere Sicherheit des Staates erforderlich sind. Die ausschreibende Vertragspartei ist verpflichtet, vorab die anderen Vertragsparteien zu konsultieren.

(4) Aufgrund der verdeckten Registrierung können anläßlich von Grenzkontrollen und sonstigen polizeilichen und zollrechtlichen Überprüfungen im Binnenland die nachstehenden Informationen ganz oder teilweise eingeholt und der ausschreibenden Stelle übermittelt werden:

a) Antreffen der ausgeschriebenen Person oder des ausgeschriebenen Fahrzeugs,

b) Ort, Zeit oder Anlass der Überprüfung,

c) Reiseweg und Reiseziel,

d) Begleitperson oder Insassen,

e) benutztes Fahrzeug,

f) mitgeführte Sachen,

g) Umstände des Antreffens der Person oder des Fahrzeugs.

Bei der Erhebung dieser Daten ist darauf zu achten, dass der verdeckte Charakter der Maßnahme nicht gefährdet wird.

(5) Bei der in Absatz 1 genannten gezielten Kontrolle können nach Maßgabe des nationalen Rechts zur Erreichung der in den Absätzen 2 und 3 genannten Zwecke die Person, das Fahrzeug oder die mitgeführten Gegenstände durchsucht werden. Soweit nach dem Recht einer Vertragspartei diese gezielte Kontrolle nicht zulässig ist, wird diese Maßnahme für die Vertragspartei automatisch in eine verdeckte Registrierung umgesetzt.

(6) Eine ersuchte Vertragspartei kann die Ausschreibung in dem Bestand ihres nationalen Teils des Schengener Informationssystems so kennzeichnen lassen, dass bis zur Löschung der Kennzeichnung keine Maßnahme aufgrund der Ausschreibung zur verdeckten Registrierung oder zur gezielten Kontrolle vollzogen wird. Die Kennzeichnung ist spätestens vierundzwanzig Stunden nach der Speicherung der Ausschreibung zu löschen, es sei denn, die betreffende Vertragspartei lehnt die erbetene Maßnahme aus Rechtsgründen oder besonderen Opportunitätserwägungen ab. Ungeachtet einer Kennzeichnung oder einer ablehnenden Entscheidung bleiben die anderen Vertragsparteien befugt,

die mit der Ausschreibung erbetene Maßnahme zu vollziehen.

Artikel 100

(1) Daten in Bezug auf Sachen, die zur Sicherstellung oder Beweissicherung im Strafverfahren gesucht werden, werden in das Schengener Informationssystem aufgenommen.

(2) Ergibt eine Abfrage, dass eine Sachfahndungsnotierung besteht, so setzt sich die aufgreifende mit der ausschreibenden Stelle in Verbindung, um erforderliche Maßnahmen abzustimmen. Zu diesem Zweck können nach Maßgabe dieses Übereinkommens auch personenbezogene Daten übermittelt werden. Maßnahmen der aufgreifenden Vertragspartei werden nach Maßgabe ihres nationalen Rechts vollzogen.

(3) Es werden folgende Kategorien von Sachen einbezogen:

a) Gestohlene, unterschlagene oder sonst abhanden gekommene Kraftfahrzeuge mit einem Hubraum von mehr als 50 ccm;
b) gestohlene, unterschlagene oder sonst abhanden gekommene Anhänger und Wohnwagen mit einem Leergewicht von mehr als 750 kg;
c) gestohlene, unterschlagene oder sonst abhanden gekommene Feuerwaffen;
d) gestohlene, unterschlagene oder sonst abhanden gekommene Blankodokumente;
e) gestohlene, unterschlagene oder sonst abhanden gekommene ausgefüllte Identitätspapiere (Pässe, Identitätskarten, Führerscheine);
f) Banknoten (Registriergeld).

Artikel 101

(1) Zugriff auf die im Schengener Informationssystem gespeicherten Daten mit dem Recht, diese unmittelbar abzurufen, erhalten ausschließlich Stellen, die zuständig sind für:

a) Grenzkontrollen,
b) sonstige polizeiliche und zollrechtliche Überprüfungen im Inland sowie deren Koordinierung.

Auch die nationalen Justizbehörden, unter anderem diejenigen, die für die Erhebung der öffentlichen Klage im Strafverfahren und justizielle Ermittlungen vor Anklageerhebung zuständig sind, können jedoch zur Ausführung ihrer Aufgaben – wie in den einzelstaatlichen Rechtsvorschriften vorgesehen – Zugriff auf die im Schengener Informationssystem gespeicherten Daten mit dem Recht erhalten, diese unmittelbar abzurufen.

(2) Zugriff auf die nach Artikel 96 gespeicherten Daten und auf Daten in Bezug auf die nach Artikel 100 Absatz 3 Buchstaben d) und e) gespeicherten Personendokumente mit dem Recht, diese unmittelbar abzurufen, erhalten außerdem die für die Sichtvermerkserteilung zuständigen Stellen, die zentralen Behörden, die für die Behandlung der Sichtvermerksanträge zuständig sind, sowie die für die Erteilung von Aufenthaltstiteln und die für die Handhabung der ausländerrechtlichen Bestimmungen dieses Übereinkommens im Bereich des Personenverkehrs zuständigen Behörden. Der Zugriff auf die Daten durch diese Stellen erfolgt nach Maßgabe des nationalen Rechts der Mitgliedstaaten.

(3) Die Benutzer dürfen nur die Daten abrufen, die zur Erfüllung ihrer Aufgaben erforderlich sind.

(4) Jede Vertragspartei übermittelt dem Exekutivausschuss die Liste der zuständigen Behörden, die berechtigt sind, die im Schengener Informationssystem gespeicherten Daten unmittelbar abzufragen, wobei für jede Behörde angegeben wird, welche Daten für welche Aufgaben sie abrufen darf.

Kapitel 3
Datenschutz und Datensicherung im Schengener Informationssystem

Artikel 102

(1) Die Vertragsparteien dürfen die in den Artikeln 95 bis 100 genannten Daten nur für die der jeweiligen Ausschreibung entsprechenden Zwecke nutzen.

(2) Die Daten dürfen nur zu technischen Zwecken vervielfältigt werden, soweit dies

IV

zum unmittelbaren Abruf durch die in Artikel 101 genannten Stellen erforderlich ist. Ausschreibungen von anderen Vertragsparteien dürfen nicht aus dem Bestand des nationalen Teils des Schengener Informationssystems in andere nationale Datenbestände übernommen werden.

(3) Hinsichtlich der Ausschreibungen nach Artikel 95 bis 100 dieses Übereinkommens ist eine Abweichung von Absatz 1, durch die eine Ausschreibungskategorie durch eine andere ersetzt wird, nur zulässig, soweit dies zur Abwehr einer schwerwiegenden und unmittelbar bevorstehenden Gefahr für die öffentliche Sicherheit und Ordnung oder aus schwerwiegenden Gründen der Sicherheit des Staates oder zur Verhütung einer Straftat mit erheblicher Bedeutung erforderlich ist. Hierüber ist die vorherige Zustimmung der ausschreibenden Vertragspartei einzuholen.

(4) Die Daten dürfen nicht zu Verwaltungszwecken genutzt werden. Hiervon abweichend dürfen Daten, die nach Artikel 96 gespeichert wurden, und Daten in Bezug auf die nach Artikel 100 Absatz 3 Buchstaben d) und e) gespeicherten Personendokumente im Einklang mit den nationalen Rechtsvorschriften der einzelnen Mitgliedstaaten ausschließlich für die Zwecke von Artikel 101 Absatz 2 genutzt werden.

(5) Jede Nutzung der Daten, die den Absätzen 1 bis 4 nicht entspricht, wird nach dem nationalen Recht der Vertragspartei als Zweckentfremdung bewertet.

Artikel 103

Jede Vertragspartei gewährleistet, dass jede Übermittlung personenbezogener Daten durch die dateiführende Stelle im nationalen Teil des Schengener Informationssystems zur Kontrolle der Zulässigkeit der Abfrage protokolliert wird. Die Aufzeichnung darf nur hierfür verwendet werden und wird frühestens nach Ablauf eines Jahres und spätestens nach Ablauf von drei Jahren gelöscht.

Artikel 104

(1) Das nationale Recht der ausschreibenden Vertragspartei findet auf die Ausschreibung Anwendung, es sein denn, dieses Übereinkommen enthält engere Voraussetzungen für die Ausschreibung.

(2) Soweit dieses Übereinkommen keine besondere Regelung enthält, findet das nationale Recht der jeweiligen Vertragspartei auf die in ihrem nationalen Teil des Schengener Informationssystems gespeicherten Daten Anwendung.

(3) Soweit dieses Übereinkommen keine besondere Regelung über die Durchführung der mit der Ausschreibung erbetenen Maßnahme enthält, findet das nationale Recht der ersuchten Vertragspartei, die die Maßnahme durchführt, Anwendung. Soweit dieses Übereinkommen besondere Regelungen über die Durchführung der mit der Ausschreibung erbetenen Maßnahme enthält, werden die Befugnisse durch das nationale Recht der ersuchten Vertragspartei begrenzt. Soweit die erbetene Maßnahme nicht durchgeführt werden kann, unterrichtet die ersuchte Vertragspartei die ausschreibende Vertragspartei unverzüglich.

Artikel 105

Die ausschreibende Vertragspartei ist für die Richtigkeit und Aktualität der Daten sowie die Rechtmäßigkeit der Speicherung im Schengener Informationssystem verantwortlich.

Artikel 106

(1) Die Änderung, Ergänzung, Berichtigung oder Löschung der Daten darf nur durch die ausschreibende Vertragspartei vorgenommen werden.

(2) Hat eine Vertragspartei, die selber die Ausschreibung nicht veranlasst hat, Anhaltspunkte dafür, dass Daten unrichtig sind oder unrechtmäßig gespeichert worden sind, so teilt sie dies umgehend der ausschreibenden Vertragspartei mit, die verpflichtet ist, diese Mitteilung unverzüglich zu prüfen und erforderlichenfalls die Daten unverzüglich zu berichtigen oder zu löschen.

(3) Falls die Vertragsparteien sich nicht einigen können, unterbreitet die Vertragspartei, die die Ausschreibung nicht veranlasst hat,

der in Artikel 115 Absatz 1 vorgesehenen gemeinsamen Kontrollinstanz den Fall zur Stellungnahme.

Artikel 107

Wurde in Bezug auf eine Person bereits eine Ausschreibung in das Schengener Informationssystem aufgenommen, so stimmt sich die Vertragspartei, die eine weitere Ausschreibung vornimmt, mit der Vertragspartei, die die erste Ausschreibung vorgenommen hat, über die Speicherung der Ausschreibungen ab. Hierzu können die Vertragsparteien auch generelle Regelungen treffen.

Artikel 108

(1) Jede Vertragspartei bestimmt eine Stelle, die als Zentrale für den nationalen Teil des Schengener Informationssystem zuständig ist.

(2) Jede Vertragspartei nimmt ihre Ausschreibungen über diese Stelle vor.

(3) Diese Stelle ist für das reibungslose Funktionieren des nationalen Teils des Schengener Informationssystems verantwortlich und trifft die erforderlichen Maßnahmen für die Einhaltung der Bestimmungen dieses Übereinkommens.

(4) Die Vertragsparteien teilen einander über den Verwahrer die nach Absatz 1 bestimmte Stelle mit.

Artikel 109

(1) Das Recht jeder Person, über die zu ihrer Person im Schengener Informationssystem gespeicherten Daten Auskunft zu erhalten, richtet sich nach dem nationalen Recht der Vertragspartei, in deren Hoheitsgebiet das Auskunftsrecht beansprucht wird. Soweit das nationale Recht dies vorsieht, entscheidet die in Artikel 114 Absatz 1 vorgesehene nationale Kontrollinstanz, ob und in welcher Weise Auskunft erteilt wird. Eine Vertragspartei, die selber die Ausschreibung nicht vorgenommen hat, darf Auskunft zu diesen Daten nur erteilen, wenn sie vorher der ausschreibenden Vertragspartei Gelegenheit zur Stellungnahme gegeben hat.

(2) Die Auskunftserteilung an den Betroffenen unterbleibt, wenn dies zur Durchführung einer rechtmäßigen Aufgabe im Zusammenhang mit der Ausschreibung oder zum Schutz der Rechte und Freiheiten Dritter unerläßlich ist. Sie unterbleibt immer während der Ausschreibung zur verdeckten Registrierung.

Artikel 110

Jeder hat das Recht, auf seine Person bezogene unrichtige Daten berichtigen oder unrechtmäßig gespeicherte Daten löschen zu lassen.

Artikel 111

(1) Jeder hat das Recht, im Hoheitsgebiet jeder Vertragspartei eine Klage wegen einer seine Person betreffenden Ausschreibung insbesondere auf Berichtigung, Löschung, Auskunftserteilung oder Schadensersatz vor dem nach nationalem Recht zuständigen Gericht oder der zuständigen Behörde zu erheben.

(2) Unbeschadet des Artikels 116 verpflichten sich die Vertragsparteien, unanfechtbare Entscheidungen der Gerichte und Behörden nach Absatz 1 zu vollziehen.

Artikel 112

(1) Die zur Personenfahndung in dem Schengener Informationssystem aufgenommenen personenbezogenen Daten werden nicht länger als für den verfolgten Zweck erforderlich gespeichert. Spätestens drei Jahre nach ihrer Einspeicherung ist die Erforderlichkeit der weiteren Speicherung von der ausschreibenden Vertragspartei zu prüfen. Für die Ausschreibung gemäß Artikel 99 beträgt diese Frist ein Jahr.

(2) Jede ausschreibende Vertragspartei bestimmt gegebenenfalls kürzere Prüffristen nach Maßgabe ihres nationalen Rechts.

(3) Die technische Unterstützungseinheit des Schengener Informationssystems weist die ausschreibende Vertragspartei mit einem Vorlauf von einem Monat automatisch auf die im System programmierte Löschung hin.

(4) Die ausschreibende Vertragspartei kann innerhalb der Prüffrist beschließen, die Aus-

IV

schreibung noch beizubehalten, wenn dies für den der Ausschreibung zugrunde liegenden Zweck erforderlich ist. Eine Verlängerung der Ausschreibung ist in die technische Unterstützungseinheit einzugeben. Absatz 1 gilt entsprechend.

Artikel 112a

(1) Die von den Stellen nach Artikel 92 Absatz 4 auf der Grundlage des Informationsaustauschs nach jenem Absatz gespeicherten personenbezogenen Daten werden nicht länger als für den verfolgten Zweck erforderlich gespeichert. Sie werden auf jeden Fall spätestens ein Jahr nach der Löschung der Ausschreibung bzw. der Ausschreibungen zu der betroffenen Person aus dem Schengener Informationssystem gelöscht.

(2) Absatz 1 berührt nicht das Recht eines Mitgliedstaats, Daten zu einer bestimmten Ausschreibung, die dieser Mitgliedstaat vorgenommen hat, oder zu einer Ausschreibung, in deren Zusammenhang Maßnahmen in seinem Hoheitsgebiet ergriffen wurden, in einzelstaatlichen Dateien aufzubewahren. Die Frist für die Aufbewahrung der Daten in diesen Dateien wird durch einzelstaatliche Rechtsvorschriften geregelt.

Artikel 113

(1) Andere Daten als in Artikel 112 werden nicht länger als zehn Jahre, Daten in Bezug auf ausgestellte Identitätspapiere und Registriergeld nicht länger als fünf Jahre und Daten in Bezug auf Kraftfahrzeuge, Anhänger und Wohnwagen nicht länger als drei Jahre nach der Aufnahme gespeichert.

(2) Gelöschte Daten werden noch ein Jahr in der technischen Unterstützungseinheit gespeichert. Sie dürfen in dieser Zeit jedoch lediglich genutzt werden, um nachträglich ihre Richtigkeit oder die Rechtmäßigkeit der Speicherung zu prüfen. Danach sind sie zu vernichten.

Artikel 113a

(1) Andere als die von den Stellen nach Artikel 92 Absatz 4 auf der Grundlage des Informationsaustauschs nach jenem Absatz gespeicherten personenbezogenen Daten werden nicht länger als für den verfolgten Zweck erforderlich gespeichert. Sie werden auf jeden Fall spätestens ein Jahr nach der Löschung der Ausschreibung bzw. der Ausschreibungen zu der betroffenen Person aus dem Schengener Informationssystem gelöscht.

(2) Absatz 1 berührt nicht das Recht eines Mitgliedstaats, Daten zu einer bestimmten Ausschreibung, die dieser Mitgliedstaat vorgenommen hat, oder zu einer Ausschreibung, in deren Zusammenhang Maßnahmen in seinem Hoheitsgebiet ergriffen wurden, in einzelstaatlichen Dateien aufzubewahren. Die Frist für die Aufbewahrung der Daten in diesen Dateien wird durch einzelstaatliche Rechtsvorschriften geregelt.

Artikel 114

(1) Jede Vertragspartei bezeichnet eine Kontrollinstanz, deren Aufgabe darin besteht, nach Maßgabe des jeweils nationalen Rechts den Bestand des nationalen Teils des Schengener Informationssystems unabhängig zu überwachen und zu prüfen, ob durch Verarbeitung und Nutzung der im Schengener Informationssystem gespeicherten Daten die Rechte des Betroffenen nicht verletzt werden. Diese Kontrollinstanz hat hierfür Zugriff auf den Bestand des nationalen Teils des Schengener Informationssystems.

(2) Jeder hat das Recht, die Kontrollinstanzen zu ersuchen, die zu seiner Person im Schengener Informationssystem gespeicherten Daten sowie deren Nutzung zu überprüfen. Dieses Recht wird nach Maßgabe des nationalen Rechts der Vertragspartei, an die das Ersuchen gerichtet wird, ausgeübt. Wurden die Daten durch eine andere Vertragspartei eingegeben, so erfolgt die Kontrolle in enger Abstimmung mit der Kontrollinstanz dieser Vertragspartei.

Artikel 115

(1) Zur Überwachung der technischen Unterstützungseinheit des Schengener Informationssystems wird eine gemeinsame Kontrollinstanz eingerichtet, die sich aus je zwei Vertretern der jeweiligen nationalen Kontrollins-

tanzen zusammensetzt. Jede Vertragspartei hat bei Abstimmungen eine Stimme. Die Kontrolle richtet sich nach den Bestimmungen dieses Übereinkommens, des Übereinkommens des Europarates vom 28. Januar 1981 zum Schutz des Menschen bei der automatischen Verarbeitung personenbezogener Daten, der Empfehlung R (87) 15 des Ministerausschusses des Europarates über die Nutzung personenbezogener Daten im Polizeibereich vom 17. September 1987 und nach dem nationalen Recht der für die technischen Unterstützungseinheit zuständigen Vertragspartei.

(2) In bezug auf die technische Unterstützungseinheit hat die gemeinsame Kontrollinstanz die Aufgabe, die richtige Anwendung der Bestimmungen dieses Übereinkommens zu überprüfen. Sie hat hierfür Zugriff auf den zentralen Bestand.

(3) Die gemeinsame Kontrollinstanz ist auch zuständig für die Prüfung der Anwendungs- oder Auslegungsfragen im Zusammenhang mit dem Funktionieren des Schengener Informationssystems, für die Prüfung von Fragen im Zusammenhang mit den von den nationalen Kontrollinstanzen unabhängig vorgenommenen Kontrollen oder mit der Ausübung des Auskunftsrechtes sowie für die Erarbeitung harmonisierter Vorschläge im Hinblick auf gemeinsame Lösungen für die bestehenden Fragen.

(4) Die von der gemeinsamen Kontrollinstanz erstellten Berichte werden an die Stellen übermittelt, an die die nationalen Kontrollinstanzen ihre Berichte übermitteln.

Artikel 116

(1) Wird jemand bei dem Betrieb eines nationalen Bestandes des Schengener Informationssystems geschädigt, haftet ihm hierfür jede Vertragspartei nach Maßgabe ihres nationalen Rechts. Dies gilt auch, wenn der Schaden durch die ausschreibende Vertragspartei verursacht worden ist, weil diese die Daten unrichtig eingegeben hat oder die Speicherung unrechtmäßig war.

(2) Ist die in Anspruch genommene Vertragspartei nicht die ausschreibende Vertragspartei, hat letztere den geleisteten Ersatz auf Anforderung zu erstatten, es sei denn, von der ersuchten Vertragspartei wurden die Daten vertragswidrig genutzt.

Artikel 117

(1) Jede Vertragspartei trifft spätestens bis zum Inkrafttreten dieses Übereinkommens in ihrem nationalen Recht in bezug auf die automatische Verarbeitung personenbezogener Daten im Rahmen der Anwendung dieses Titels die erforderlichen Maßnahmen zur Gewährleistung eines Datenschutzstandards, der zumindest dem entspricht, der sich aus der Verwirklichung der Grundsätze des Übereinkommens des Europarates über den Schutz des Menschen bei der automatischen Verarbeitung personenbezogener Daten vom 28. Januar 1981 ergibt, und beachtet dabei die Empfehlung R (87) 15 des Ministerausschusses des Europarates über die Nutzung personenbezogener Daten im Polizeibereich vom 17. September 1987.

(2) Die in diesem Titel vorgesehenen Übermittlungen personenbezogener Daten dürfen erst beginnen, wenn in dem Hoheitsgebiet der an der Übermittlung beteiligten Vertragsparteien die nach Absatz 1 gebotenen datenschutzrechtlichen Regelungen in Kraft getreten sind.

Artikel 118

(1) Jede Vertragspartei verpflichtet sich, für ihren nationalen Teil des Schengener Informationssystems Maßnahmen zu treffen, die geeignet sind:

a) Unbefugten den Zugang zu Datenverarbeitungsanlagen, mit denen personenbezogene Daten verarbeitet werden, zu verwehren (Zugangskontrolle);

b) zu verhindern, daß Datenträger unbefugt gelesen, kopiert, verändert oder entfernt werden können (Datenträgerkontrolle);

c) die unbefugte Eingabe in den Speicher sowie die unbefugte Kenntnisnahme, Veränderung oder Löschung gespeicherter personenbezogener Daten zu verhindern (Speicherkontrolle);

d) zu verhindern, daß automatisierte Datenverarbeitungssysteme mit Hilfe von Einrichtungen zur Datenübertragung von Unbefugten genutzt werden können (Benutzerkontrolle);

e) zu gewährleisten, daß die zur Benutzung eines automatisierten Datenverarbeitungssystems Berechtigten ausschließlich auf die ihrer Zugriffsberechtigung unterliegenden Daten zugreifen können (Zugriffskontrolle);

f) zu gewährleisten, daß überprüft und festgestellt werden kann, an welche Stellen personenbezogene Daten durch Einrichtungen zur Datenübertragung übermittelt werden können (Übermittlungskontrolle);

g) zu gewährleisten, daß nachträglich überprüft und festgestellt werden kann, welche personenbezogenen Daten zu welcher Zeit und vom wem in automatisierte Datenverarbeitungssysteme eingegeben worden sind (Eingabekontrolle);

h) zu verhindern, daß bei der Übertragung personenbezogener Daten sowie beim Transport von Datenträgern die Daten unbefugt gelesen, kopiert, verändert oder gelöscht werden können (Transportkontrolle).

(2) Jede Vertragspartei hat für die Übermittlung von Daten an Stellen außerhalb des Hoheitsgebiets der Vertragsparteien besondere Vorkehrungen zur Datensicherung zu treffen. Diese sind der gemeinsamen Kontrollinstanz mitzuteilen.

(3) Jede Vertragspartei darf mit der Datenverarbeitung in ihrem nationalen Teil des Schengener Informationssystems nur Personen beauftragen, die besonders geschult und einer Sicherheitsüberprüfung unterzogen worden sind.

(4) Für die technische Unterstützungseinheit des Schengener Informationssystems trifft die hierfür zuständige Vertragspartei die in den Absätzen 1 bis 3 genannten Maßnahmen.

Kapitel 4
Verteilung der Kosten des Schengener Informationssystems

Artikel 119

(1) Die Kosten für die Einrichtung und den Betrieb der technischen Unterstützungseinheit nach Artikel 92 Absatz 3 einschließlich der Leitungskosten für die Verbindung der nationalen Teile des Schengener Informationssystems mit der technischen Unterstützungseinheit werden von den Vertragsparteien gemeinsam getragen. Der zu leistende Kostenanteil richtet sich nach dem Anteil einer jeden Vertragspartei an der einheitlichen Mehrwertsteuer-Bemessungsgrundlage im Sinne des Artikels 2 Absatz 1 Buchstabe c des Beschlusses des Rates der Europäischen Gemeinschaften über das System der Eigenmittel der Gemeinschaften vom 24. Juni 1988.

(2) Die Kosten für die Einrichtung und den Betrieb ihres nationalen Teils des Schengener Informationssystems trägt jede Vertragspartei selbst.

Titel V
Transport und Warenverkehr

Artikel 120

(1) Die Vertragsparteien achten darauf, daß keine ihrer Rechts- oder Verwaltungsvorschriften den Warenverkehr über die Binnengrenzen in unvertretbarer Weise behindern.

(2) Die Vertragsparteien erleichtern den Warenverkehr über die Binnengrenzen dadurch, daß sie mit Verboten und Beschränkungen verbundene Förmlichkeiten bei der Abfertigung der Waren zum abgabenrechtlich freien Verkehr durchführen. Diese Abfertigung findet nach Wahl des Beteiligten im Binnenland oder an der Binnengrenze statt. Die Vertragsparteien bemühen sich, die Abfertigung im Binnenland zu fördern.

(3) Soweit die nach Absatz 2 vorgesehenen Erleichterungen in bestimmten Bereichen ganz oder teilweise noch nicht verwirklicht werden können, bemühen sich die Vertragsparteien weiterhin, untereinander oder im

Rahmen der Europäischen Gemeinschaften dafür die Voraussetzungen zu schaffen.

Dieser Absatz findet insbesondere auf die Kontrolle der verkehrsgewerberechtlichen Genehmigung und der verkehrstechnischen Bestimmungen, des Tierschutz- und des Tierseuchenrechts, sowie des Fleischhygienerechts, des Pflanzenschutzrechts sowie des Transports gefährlicher Güter und Abfälle Anwendung.

(4) Die Vertragsparteien bemühen sich weiterhin, die Förmlichkeiten für den Warenverkehr über die Außengrenze untereinander anzugleichen und deren Einhaltung nach einheitlichen Grundsätzen zu kontrollieren. Zu diesem Zweck arbeiten sie im Exekutivausschuß, im Rahmen der Europäischen Gemeinschaften und in anderen internationalen Gremien eng zusammen.

Artikel 121

(1) Die Vertragsparteien verzichten in Übereinstimmung mit dem Gemeinschaftsrecht für bestimmte Pflanzen oder Pflanzenerzeugnisse auf die nach Gemeinschaftsrecht vorgesehenen phytosanitären Untersuchungen und die Vorlage von Pflanzengesundheitszeugnissen.

Der Exekutivausschuß bestimmt die Liste der Pflanzen oder Pflanzenerzeugnisse, für die die Erleichterungen des Satzes 1 gelten. Er kann sie ändern und bestimmt den Zeitpunkt, zu dem diese Änderungen in Kraft treten sollen. Die Vertragsparteien teilen sich gegenseitig die getroffenen Maßnahmen mit.

(2) Eine Vertragspartei kann bei Gefahr der Einschleppung oder Ausbreitung von Schadorganismen die vorübergehende Wiedereinführung der gemeinschaftsrechtlich vorgeschriebenen Kontrollmaßnahmen verlangen und selbst durchführen. Sie teilt dies unverzüglich schriftlich den anderen Vertragsparteien unter Angabe der Gründe mit.

(3) Für nach Artenschutz notwendige Bescheinigungen kann das Pflanzengesundheitszeugnis weiterhin verwendet werden.

(4) Auf Antrag stellt die zuständige Behörde ein Pflanzengesundheitszeugnis aus, wenn die Sendung ganz oder teilweise für die Wiederausfuhr bestimmt ist, soweit die Pflanzen oder pflanzlichen Erzeugnisse die phytosanitären Anforderungen erfüllen.

Artikel 122

(1) Die Vertragsparteien verstärken ihre Zusammenarbeit im Hinblick auf die Sicherheit des Transports gefährlicher Güter und verpflichten sich, die nationalen Bestimmungen zur Durchführung der geltenden internationalen Übereinkommen zu harmonisieren. Darüber hinaus verpflichten sie sich, insbesondere im Hinblick auf die Beibehaltung des derzeitigen Sicherheitsniveaus zur

a) Harmonisierung der Anforderungen bezüglich der fachlichen Eignung von Fahrzeugführern;

b) Harmonisierung der Modalitäten und der Intensität der Kontrollen während des Transports und in den Unternehmen;

c) Harmonisierung der Straf- und Ordnungswidrigkeitstatbestände sowie der gesetzlichen Bestimmungen über den Straf- und Bußgeldrahmen;

d) Schaffung eines ständigen Informations- und Erfahrungsaustausches über durchgeführte Maßnahmen und Kontrollen.

(2) Die Vertragsparteien verstärken die Zusammenarbeit im Hinblick auf die Überwachung der binnengrenzüberschreitenden Verbringung von gefährlichen und nicht gefährlichen Abfällen.

Dazu bemühen sie sich, bei der Novellierung der Richtlinien der Europäischen Gemeinschaften über die Überwachung und administrative Behandlung der Verbringung gefährlicher Abfälle und bei der Erarbeitung von Rechtsakten der Europäischen Gemeinschaften über nicht gefährliche Abfälle einen einheitlichen Standpunkt mit dem Ziel der Schaffung einer ausreichenden Entsorgungsinfrastruktur und der Festlegung harmonisierter Entsorgungsstandards auf hohem Niveau zu vertreten.

In Erwartung einer gemeinschaftlichen Regelung über nicht gefährliche Abfälle wird deren Verbringung durch die Anwendung eines besonderen Verfahrens überwacht, wobei die

Verbringung am Bestimmungsort bei der Abfertigung kontrolliert werden kann.

Die Bestimmungen des Absatzes 1 Satz 2 finden Anwendung.

Artikel 123

(1) Die Vertragsparteien verpflichten sich, Beratungen zu führen mit dem Ziel, die derzeit geltende Genehmigungspflicht für die Ausfuhr von strategischen Industriewaren und Technologien in ihren Beziehungen zueinander abzuschaffen und gegebenenfalls durch ein flexibles Verfahren zu ersetzen, unter der Voraussetzung, daß Bestimmungs- und Endverbleibsland Vertragsparteien sind.

Vorbehaltlich dieser Beratungen bemühen sich die Vertragsparteien, im Hinblick auf die erforderlichen Kontrollen eng zusammenzuarbeiten, nach Maßgabe des nationalen Rechts Informationen auszutauschen und die dazu erforderliche Koordinierung, einschließlich Einrichtung eines Koordinierungsmechanismus, vorzunehmen.

(2) Die Vertragsparteien bemühen sich, in bezug auf andere Waren als die strategischen Industriewaren und Technologien nach Absatz 1 einerseits die Ausfuhrformalitäten im Binnenland abwickeln zu lassen und andererseits ihre Kontrollverfahren zu harmonisieren.

(3) Im Rahmen der Ziele nach den Absätzen 1 und 2 konsultieren die Vertragsparteien die übrigen interessierten Partnerstaaten.

Artikel 124

Zahl und Intensität von Kontrollen der im Reiseverkehr über die Binnengrenzen mitgeführten Waren werden auf eine möglichst niedrige Ebene vermindert. Ihre weitere Verminderung und schließliche Abschaffung ist von der schrittweisen Anhebung der Reisefreigrenzen und von der weiteren Entwicklung bei den für den grenzüberschreitenden Reiseverkehr geltenden Vorschriften abhängig.

Artikel 125

(1) Die Vertragsparteien treffen Absprachen über die gegenseitige Entsendung von Verbindungsbeamten ihrer Zollverwaltungen.

(2) Die Entsendung von Verbindungsbeamten hat zum Ziel, die Zusammenarbeit zwischen den Vertragsparteien allgemein und insbesondere im Rahmen der bestehenden Übereinkommen und der Rechtsakte der Europäischen Gemeinschaften über die gegenseitige Unterstützung zu fördern und zu beschleunigen.

(3) Die Verbindungsbeamten werden beratend und unterstützend tätig. Sie sind nicht zur selbständigen Durchführung von zollamtlichen Maßnahmen berechtigt. Sie erteilen Informationen und erledigen ihre Aufträge im Rahmen der ihnen von der entsendenden Vertragspartei erteilten Weisungen.

Titel VI
Datenschutz

Artikel 126

(1) Jede Vertragspartei trifft spätestens bis zum Inkrafttreten dieses Übereinkommens in ihrem nationalen Recht in bezug auf die automatische Verarbeitung personenbezogener Daten, die nach diesem Übereinkommen übermittelt werden, die erforderlichen Maßnahmen zur Gewährleistung eines Datenschutzstandards, der zumindest dem entspricht, der sich aus der Verwirklichung der Grundsätze des Übereinkommens des Europarates über den Schutz des Menschen bei der automatischen Verarbeitung personenbezogener Daten vom 28. Januar 1981 ergibt.

(2) Die in diesem Übereinkommen vorgesehene Übermittlung personenbezogener Daten darf erst beginnen, wenn in dem Hoheitsgebiet der an der Übermittlung beteiligten Vertragsparteien die nach Absatz 1 gebotenen datenschutzrechtlichen Regelungen in Kraft getreten sind.

(3) In bezug auf die automatische Verarbeitung personenbezogener Daten, die nach diesem Übereinkommen übermittelt werden, gelten außerdem folgende Bestimmungen:

a) Eine Nutzung der personenbezogenen Daten durch die empfangende Vertragspartei ist ausschließlich zu den Zwecken zulässig, zu denen die Übermittlung solcher Daten in diesem Übereinkommen vorgesehen ist; eine Nutzung zu anderen Zwecken ist nur nach vorheriger Zustimmung der übermittelnden Vertragspartei und nur nach Maßgabe des Rechts der empfangenden Vertragspartei zulässig. Die Zustimmung darf erteilt werden, soweit das nationale Recht der übermittelnden Vertragspartei dies zuläßt.

b) Die übermittelten personenbezogenen Daten dürfen ausschließlich durch die Behörden und Gerichte genutzt werden, die für eine Aufgabe im Rahmen der Zwecke nach Buchstabe a zuständig sind.

c) Die übermittelnde Vertragspartei ist verpflichtet, auf die Richtigkeit der personenbezogenen Daten zu achten; erweist sich, vom Amts wegen oder aufgrund eines Antrags des Betroffenen, daß unrichtige Daten oder Daten, die nicht hätten übermittelt werden dürfen, übermittelt worden sind, so ist dies der empfangenden Vertragspartei oder den empfangenden Vertragsparteien unverzüglich mitzuteilen. Diese ist beziehungsweise diese sind verpflichtet, die Berichtigung oder Vernichtung vorzunehmen, oder zu vermerken, daß die Daten unrichtig sind oder unrechtmäßig übermittelt wurden.

d) Im Rahmen ihrer Haftung nach Maßgabe des nationalen Rechts kann eine Vertragspartei sich im Verhältnis zu dem Geschädigten zu ihrer Entlastung nicht darauf berufen, daß eine andere Vertragspartei unrichtige Daten übermittelt hat. Leistet die empfangende Vertragspartei Schadenersatz wegen eines Schadens, der durch die Nutzung von unrichtig übermittelten Daten verursacht wurde, so erstattet die übermittelnde Vertragspartei der empfangenden Vertragspartei den Gesamtbetrag des geleisteten Ersatzes.

e) Die Übermittlung und der Empfang personenbezogenen Daten sind in der Datei, aus der sie übermittelt werden und in der Datei, in der sie gespeichert werden, festzuhalten.

f) Die gemeinsame Kontrollinstanz nach Artikel 115 ist zuständig, auf Ersuchen einer Vertragspartei ein Gutachten über die Anwendungs- und Auslegungsschwierigkeiten abzugeben, die sich bei der Anwendung dieses Artikels ergeben.

(4) Dieser Artikel findet auf die Übermittlung personenbezogener Daten nach Maßgabe des Titels II Kapitel 7 und des Titels IV keine Anwendung. Absatz 3 findet keine Anwendung auf die Übermittlung personenbezogener Daten nach Maßgabe des Titels III Kapitel 2, 3, 4 und 5.

Artikel 127

(1) Werden aufgrund dieses Übereinkommens einer anderen Vertragspartei personenbezogene Daten übermittelt, so findet auf die Übermittlung dieser Daten aus einer nichtautomatisierten Datei und ihre Aufnahme in eine solche Datei Artikel 126 sinngemäß Anwendung.

(2) Werden in anderen als den in Artikel 126 Absatz 1 oder in Absatz 1 dieses Artikels genannten Fällen einer anderen Vertragspartei personenbezogene Daten übermittelt, so gilt Artikel 126 Absatz 3 mit Ausnahme von Buchstabe e. Außerdem gelten folgende Bestimmungen:

a) Die Übermittlung und der Empfang personenbezogener Daten werden aktenkundig gemacht. Diese Verpflichtung entfällt, soweit es für die Verwendung der Daten nicht erforderlich ist, sie aktenkundig zu machen, insbesondere weil die Daten nicht oder nur kurzfristig verwendet werden.

b) Die Verwendung der übermittelten Daten genießt auf dem Hoheitsgebiet der empfangenden Vertragspartei zumindest den Schutz, der aufgrund des Rechts dieser Vertragspartei für eine Verwendung von Daten gleicher Art gilt.

c) Die Entscheidung darüber, ob und unter welchen Bedingungen auf Antrag des Betroffenen über die auf seine Person bezogenen übermittelten Daten Auskunft erteilt wird, richtet sich nach dem Recht der Vertragspartei, bei der der Antrag gestellt wird.

(3) Dieser Artikel findet auf die Übermittlung personenbezogener Daten nach Maßgabe des Titels II Kapitel 7, des Titels III Kapitel 2, 3, 4 und 5 und des Titels IV keine Anwendung.

Artikel 128

(1) Die in diesem Übereinkommen vorgesehenen Übermittlungen personenbezogener Daten dürfen erst beginnen, wenn die an der Übermittlung beteiligten Vertragsparteien einer nationalen Kontrollinstanz die Aufgabe übertragen haben, auf unabhängige Weise die Einhaltung der Artikel 126 und 127 sowie der Rechtsvorschriften zur Anwendung dieser Bestimmungen in bezug auf die Verarbeitung personenbezogener Daten in Dateien zu überwachen.

(2) Hat eine Vertragspartei nach Maßgabe ihres nationalen Rechts eine Kontrollinstanz mit der Aufgabe eingerichtet, in einem oder mehreren Sachbereichen die Einhaltung der datenschutzrechtlichen Bestimmungen in bezug auf nicht in Dateien gespeicherte Daten auf unabhängige Weise zu überwachen, so überträgt diese Vertragspartei dieser Kontrollinstanz die Aufgabe, in diesen Sachbereichen auch die Einhaltung der Regelungen dieses Titels zu überwachen.

(3) Dieser Artikel findet auf die Übermittlung personenbezogener Daten nach Maßgabe des Titels II Kapitel 7 und des Titels III Kapitel 2, 3, 4 und 5 keine Anwendung.

Artikel 129

In Bezug auf die Übermittlung personenbezogener Daten nach Titel III Kapitel 1 verpflichten sich die Vertragsparteien, unbeschadet der Artikel 126 und 127, einen Datenschutzstandard zu verwirklichen, wobei die Grundsätze der Empfehlung R (87) 15 des Ministerausschusses des Europarates über die Nutzung personenbezogener Daten im Polizeibereich vom 17. September 1987 beachtet werden. Darüber hinaus finden auf die Übermittlung nach Maßgabe des Artikels 46 die folgenden Bestimmungen Anwendung:

a) Eine Nutzung dieser Daten durch die empfangende Vertragspartei ist ausschließlich zu den durch die übermittelnde Vertragspartei angegebenen Zwecken und unter den durch diese Vertragspartei vorgeschriebenen Bedingungen zulässig.

b) Die Daten dürfen ausschließlich an Polizeidienststellen und Polizeibehörden übermittelt werden. Die weitere Übermittlung an andere Stellen darf nur mit vorheriger Zustimmung der übermittelnden Vertragspartei erfolgen.

c) Der Empfänger unterrichtet die übermittelnde Vertragspartei auf Ersuchen über die Verwendung der übermittelten Daten und über die dadurch erzielten Ergebnisse.

Artikel 130

Erfolgt die Übermittlung personenbezogener Daten über einen in Artikel 47 oder in Artikel 125 vorgesehenen Verbindungsbeamten, so finden die Bestimmungen dieses Titels erst Anwendung, wenn der Verbindungsbeamte sie in der Vertragspartei weitergegeben hat, die ihn in das Hoheitsgebiet der anderen Vertragspartei entsandt hat.

Titel VII
Exekutivausschuß

Artikel 131

(1) Im Hinblick auf die Anwendung dieses Übereinkommens richten die Vertragsparteien einen Exekutivausschuß ein.

(2) Unbeschadet der besonderen Befugnisse, mit denen er aufgrund dieses Übereinkommens ausgestattet ist, hat der Exekutivausschuß als allgemeine Aufgabe, auf die richtige Anwendung dieses Übereinkommens zu achten.

Artikel 132

(1) Jede Vertragspartei hat einen Sitz im Exekutivausschuß. Die Vertragsparteien sind in dem Exekutivausschuß durch einen für die Durchführung dieses Übereinkommens zuständigen Minister vertreten; dieser kann sich soweit erforderlich durch Sachverständi-

ge unterstützen lassen, die an den Verhandlungen teilnehmen dürfen.

(2) Der Exekutivausschuß faßt seine Beschlüsse einstimmig. Er legt seine Arbeitsmethode fest; dabei kann ein schriftliches Verfahren für die Beschlußfassung vorgesehen werden.

(3) Auf Ersuchen eines Vertreters einer Vertragspartie kann die endgültige Entscheidung über einen Beschlußentwurf bis spätestens zwei Monate nach der Vorlage dieses Entwurfs vertagt werden.

(4) Der Exekutivausschuß ist berechtigt, im Hinblick auf die Vorbereitung der Beschlußfassung oder auf andere Tätigkeiten Arbeitsgruppen einzusetzen, die aus Vertretern der Verwaltungen der Vertragsparteien zusammengesetzt sind.

Artikel 133

Der Exekutivausschuß tritt abwechselnd im Hoheitsgebiet jeder der Vertragsparteien zusammen. Sitzungen werden anberaumt, so oft dies für die Erfüllung seiner Aufgaben erforderlich ist.

Titel VIII
Schlußbestimmungen

Artikel 134

Die Bestimmungen dieses Übereinkommens sind nur anwendbar, soweit sie mit dem Gemeinschaftsrecht vereinbar sind.

Artikel 135

Die Bestimmungen dieses Übereinkommens gelten vorbehaltlich der Bestimmungen der Genfer Konvention vom 28. Juli 1951 über den Flüchtlingsstatus in der Fassung des Protokolls von New York vom 31. Januar 1967.

Artikel 136 (weggefallen)

Artikel 137

Vorbehalte zu diesem Übereinkommen sind mit Ausnahme der in Artikel 60 erwähnten nicht zulässig.

Artikel 138

Die Bestimmungen dieses Übereinkommens gelten für die Französische Republik nur für das europäische Hoheitsgebiet der Französischen Republik.

Die Bestimmungen dieses Übereinkommens gelten für das Königreich der Niederlande nur für das Hoheitsgebiet des Reichs in Europa.

Artikel 139

(1) Dieses Übereinkommen bedarf der Ratifikation, Annahme oder Genehmigung. Die Ratifikations-, Annahme- oder Genehmigungsurkunden werden bei der Regierung des Großherzogtums Luxemburg hinterlegt; diese notifiziert die Hinterlegung alle Vertragsparteien.

(2) Dieses Übereinkommen tritt am ersten Tag des zweiten Monats nach Hinterlegung der letzten Ratifikations-, Annahme- oder Genehmigungsurkunde in Kraft. Die Bestimmungen in bezug auf die Einrichtung, die Tätigkeiten und die Befugnisse des Exekutivausschusses finden vom Inkrafttreten des Übereinkommens an Anwendung. Die übrigen Bestimmungen finden vom ersten Tag des dritten Monats nach Inkrafttreten des Übereinkommens an Anwendung.

(3) Die Regierung des Großherzogtums Luxemburg notifiziert allen Vertragsparteien das Datum des Inkrafttretens.

Artikel 140

(1) Jeder Mitgliedstaat der Europäischen Gemeinschaften kann diesem Übereinkommen beitreten. Der Beitritt wird in einem Übereinkommen zwischen diesem Staat und den Vertragsparteien geregelt.

(2) Dieses Übereinkommen bedarf der Ratifikation, Annahme oder Genehmigung durch den beitretenden Staat und jede Vertragspartei. Es tritt in Kraft am ersten Tag des zweiten Monats nach Hinterlegung der letzten Ratifikations-, Annahme- oder Genehmigungsurkunde.

Artikel 141

(1) Jede Vertragspartei kann dem Verwahrer einen Vorschlag zur Änderung dieses Über-

IV

einkommens zuleiten. Der Verwahrer übermittelt diesen Vorschlag an die anderen Vertragsparteien. Auf Antrag einer Vertragspartei überprüfen die Vertragsparteien die Bestimmungen dieses Übereinkommens, wenn nach ihrer Auffassung eine Änderung grundlegenden Charakters in den zur Zeit des Inkrafttretens des Übereinkommens bestehenden Verhältnissen entstanden ist.

(2) Die Vertragsparteien legen die Änderungen dieses Übereinkommens einvernehmlich fest.

(3) Die Änderungen treten in Kraft am ersten Tag des zweiten Monats nach Hinterlegung der letzten Ratifikations-, Annahme- oder Genehmigungsurkunde.

Artikel 142

(1) Werden zwischen den Mitgliedstaaten der Europäischen Gemeinschaften Übereinkommen im Hinblick auf die Verwirklichung eines Raumes ohne Binnengrenzen geschlossen, so vereinbaren die Vertragsparteien, unter welchen Voraussetzungen die Bestimmungen dieses Übereinkommens unter Berücksichtigung der entsprechenden Bestimmungen der erwähnten Übereinkommen ersetzt oder geändert werde müssen. Die Vertragsparteien berücksichtigen dabei, daß die Bestimmungen dieses Übereinkommens eine weitergehende Zusammenarbeit vorsehen können als die Bestimmungen der erwähnten Übereinkommen.

Die Bestimmungen, die zu den Bestimmungen der zwischen den Mitgliedstaaten der Europäischen Gemeinschaften geschlossenen Übereinkommen in Widerspruch stehen, werden auf jeden Fall angepaßt.

(2) Die Änderungen dieses Übereinkommens, die von den Vertragsparteien für erforderlich gehalten werden, bedürfen der Ratifikation, Annahme oder Genehmigung durch die Vertragsparteien. Artikel 141 Absatz 3 findet Anwendung mit der Maßgabe, daß die Änderungen nicht vor Inkrafttreten des betreffenden Übereinkommens zwischen den Mitgliedstaaten der Europäischen Gemeinschaften in Kraft treten.

Zu Urkund dessen haben die hierzu gehörig befugten Unterzeichneten dieses Übereinkommen unterschrieben.

Geschehen zu Schengen, am neunzehnten Juni neunzehnhundertneunzig, in deutscher, französischer und niederländischer Sprache, wobei jeder Wortlaut gleichermaßen verbindlich ist, in einer Urschrift die bei der Regierung des Großherzogtums Luxemburg hinterlegt wird; diese übermittelt jeder Vertragspartei eine beglaubigte Abschrift.

Verordnung (EG) Nr. 1931/2006 des Europäischen Parlaments und des Rates zur Festlegung von Vorschriften über den kleinen Grenzverkehr an den Landaußengrenzen der Mitgliedstaaten sowie zur Änderung der Bestimmungen des Übereinkommens von Schengen

Vom 20. Dezember 2006 (ABl. S. 405/1, 2007 S. 29_3)

Zuletzt geändert durch
Verordnung (EU) Nr. 1342/2011 des Europäischen Parlaments und des Rates zur Änderung der Verordnung (EG) Nr. 1931/2006 bezüglich der Erweiterung des Grenzgebiets um den Oblast Kaliningrad und bestimmte polnische Verwaltungsbezirke
vom 13. Dezember 2011 (ABl. S. 347/41)

IV

Inhaltsübersicht

Das Europäische Parlament und der Rat der Europäischen Union –

gestützt auf den Vertrag zur Gründung der Europäischen Gemeinschaft, insbesondere auf Artikel 62 Nummer 2 Buchstabe a,

auf Vorschlag der Kommission,

gemäß dem Verfahren des Artikels 251 des Vertrags[1]),

in Erwägung nachstehender Gründe:

(1) In ihrer Mitteilung „Auf dem Weg zu einem integrierten Grenzschutz an den Außengrenzen der EU-Mitgliedstaaten" hat die Kommission die Notwendigkeit hervorgehoben, zur Konsolidierung des Rechtsrahmens der Gemeinschaft im Bereich der Außengrenzen Vorschriften über den kleinen Grenzverkehr auszuarbeiten. Diese Notwendigkeit hat der Rat am 13. Juni 2002 mit der Annahme des „Plans für den Grenzschutz an den Außengrenzen der Mitgliedstaaten der Europäischen Union" bekräftigt, den der Europäische Rat auf seiner Tagung vom 21. und 22. Juni 2002 in Sevilla gebilligt hat.

(2) Es liegt im Interesse der erweiterten Gemeinschaft sicherzustellen, dass die Grenzen mit ihren Nachbarländern kein Hemmnis für den Handel, den sozialen und kulturellen Austausch oder die regionale Zusammenarbeit sind. Daher sollte ein wirksames System für den kleinen Grenzverkehr entwickelt werden.

(3) Die Regelung für den kleinen Grenzverkehr stellt eine Ausnahmeregelung zu den allgemeinen Regeln für die Grenzkontrollen in Bezug auf die Außengrenzen der Mitgliedstaaten der Europäischen Union überschreitende Personen dar, die in der Verordnung (EG) Nr. 562/2006 des Europäischen Parlaments und des Rates vom 15. März 2006 über einen Gemeinschaftskodex für das Überschreiten der Grenzen durch Personen (Schengener Grenzkodex)[2]) festgelegt sind.

(4) Die Gemeinschaft sollte Kriterien und Voraussetzungen festlegen, die zu beachten sind, wenn Grenzbewohnern das Überschreiten einer Landaußengrenze im Rahmen des kleinen Grenzverkehrs erleichtert wird. Diese Kriterien und Voraussetzungen sollten einen Ausgleich gewährleisten zwischen der Erleichterung des Grenzübertritts von Bona-fide-Grenzbewohnern, die berechtigte Gründe haben, eine Landaußengrenze häufig zu überschreiten, einerseits und der Notwendigkeit, illegale Einwanderung und eine mögliche Gefährdung der Sicherheit durch kriminelle Aktivitäten zu verhüten, andererseits.

(5) Allgemein sollte zur Vermeidung von Missbräuchen eine Grenzübertrittsgenehmigung für den kleinen Grenzverkehr nur Personen ausgestellt werden, die seit mindestens einem Jahr rechtmäßig in einem Grenzgebiet ansässig sind. In bilateralen Abkommen zwischen Mitgliedstaaten und benachbarten Drittstaaten kann eine längere Aufenthaltsdauer vorgesehen werden. In außergewöhnlichen und gebührend begründeten Fällen, wie etwa im Fall von Minderjährigen, im Fall der Änderung des Familienstands oder bei der Erbschaft eines Grundstücks können diese bilateralen Abkommen auch eine kürzere Aufenthaltsdauer vorsehen.

(6) Die Grenzübertrittsgenehmigung für den kleinen Grenzverkehr sollte Grenzbewohnern ausgestellt werden, unabhängig davon, ob für sie eine Visumpflicht nach der Verordnung (EG) Nr. 539/2001 des Rates vom 15. März 2001 zur Aufstellung der Liste der Drittländer, deren Staatsangehörige beim Überschreiten der Außengrenzen im Besitz eines Visums sein müssen, sowie der Liste der Drittländer, deren Staatsangehörige von dieser Visumpflicht befreit sind[3]), gilt. Daher sollte die vorliegende Verordnung im Zusammenhang mit der Ver-

---

[1]) Stellungnahme des Europäischen Parlaments vom 14. Februar 2006 (noch nicht im Amtsblatt veröffentlicht) und Beschluss des Rates vom 5. Oktober 2006.

[2]) ABl. L 105 vom 13. 4. 2006, S. 1.

[3]) ABl. L 81 vom 21. 3. 2001, S. 1. Zuletzt geändert durch die Verordnung (EG) Nr. 851/2005 (ABl. L 141 vom 4. 6. 2005, S. 3).

ordnung (EG) Nr. 1932/2006 des Rates[4]) zur Änderung der Verordnung (EG) Nr. 539/2001 gesehen werden, durch die Grenzbewohner, für die die in der vorliegenden Verordnung enthaltene Regelung für den kleinen Grenzverkehr gilt, von der Visumpflicht befreit werden sollen. Infolgedessen kann die vorliegende Verordnung nur in Verbindung mit der genannten Änderungsverordnung in Kraft treten.

(7) Die Gemeinschaft sollte besondere Kriterien und Voraussetzungen für die Ausstellung von Grenzübertrittsgenehmigungen für den kleinen Grenzverkehr an Grenzbewohner festlegen. Diese Kriterien und Voraussetzungen sollten mit den Einreisevoraussetzungen für Grenzbewohner, die eine Landaußengrenze im Rahmen der Regelung für den kleinen Grenzverkehr überschreiten, im Einklang stehen.

(8) Das Freizügigkeitsrecht von Unionsbürgern und deren Familienangehörigen sowie die gleichwertigen Rechte, die Drittstaatsangehörige und deren Familienangehörigen aufgrund von Abkommen zwischen der Gemeinschaft und ihren Mitgliedstaaten einerseits und den betreffenden Drittstaaten andererseits genießen, sollten nicht von der Festlegung von Vorschriften über den kleinen Grenzverkehr auf Gemeinschaftsebene berührt werden. Wenn jedoch die Erleichterung des Grenzübertritts für Grenzbewohner im Rahmen der Regelung für den kleinen Grenzverkehr eine weniger systematische Kontrolle mit sich bringt, sollte diese automatisch für jede Person, die nach dem Gemeinschaftsrecht Freizügigkeit genießt, gelten, die in dem betreffenden Grenzgebiet wohnt.

(9) Zur Durchführung der Regelung für den kleinen Grenzverkehr sollte den Mitgliedstaaten gestattet werden, erforderlichenfalls bilaterale Abkommen mit benachbarten Drittstaaten beizubehalten bzw. zu schließen, sofern diese im Einklang mit den Bestimmungen dieser Verordnung stehen.

(10) Diese Verordnung berührt nicht die für Ceuta und Melilla geltenden Sonderregelungen gemäß der Erklärung des Königreichs Spanien in Bezug auf die Städte Ceuta und Melilla in der Schlussakte zum Übereinkommen über den Beitritt des Königreichs Spanien zu dem am 19. Juni 1990 in Schengen unterzeichneten Übereinkommen zur Durchführung des Übereinkommens von Schengen vom 14. Juni 1985 zwischen den Regierungen der Staaten der Benelux-Wirtschaftsunion, der Bundesrepublik Deutschland und der Französischen Republik betreffend den schrittweisen Abbau der Kontrollen an den gemeinsamen Grenzen[5]).

(11) Im Falle eines Missbrauchs der mit dieser Verordnung festgelegten Regelung für den kleinen Grenzverkehr sollten die Mitgliedstaaten die im innerstaatlichen Recht vorgesehenen Sanktionen gegen die betreffenden Grenzbewohner verhängen.

(12) Die Kommission sollte dem Europäischen Parlament und dem Rat einen Bericht über die Anwendung dieser Verordnung vorlegen. Diesem Bericht sollten erforderlichenfalls Legislativvorschläge beigefügt sein.

(13) Diese Verordnung steht im Einklang mit den Grundrechten und -freiheiten und den Grundsätzen, die insbesondere mit der Charta der Grundrechte der Europäischen Union anerkannt wurden.

(14) Da das Ziel dieser Verordnung, nämlich die Festlegung von Kriterien und Voraussetzungen zur Schaffung einer Regelung für den kleinen Grenzverkehr an den Landaußengrenzen, unmittelbare Auswirkungen auf den Besitzstand der Gemeinschaft im Bereich Außengrenzen hat und somit auf Ebene der Mitgliedstaaten nicht ausreichend verwirklicht werden kann und daher wegen des Umfangs und der Wirkungen dieser Verordnung besser auf Gemeinschaftsebene zu verwirklichen ist, kann die Gemeinschaft im Einklang mit dem in Artikel 5 des Vertrags zur Gründung der Europäischen Gemeinschaft niedergelegten Subsidiaritätsprinzip tätig werden. Entsprechend dem in demselben Artikel genannten Grundsatz der

IV

---

[4]) Siehe Seite 10 des Amtsblatts.

[5]) ABl. L 239 vom 22. 9. 2000, S. 69.

Verhältnismäßigkeit geht diese Verordnung nicht über das zur Erreichung dieses Ziels erforderliche Maß hinaus.

(15) Gemäß den Artikeln 1 und 2 des dem Vertrag über die Europäische Union und dem Vertrag zur Gründung der Europäischen Gemeinschaft beigefügten Protokolls über die Position Dänemarks beteiligt sich Dänemark nicht an der Annahme dieser Verordnung, die für Dänemark nicht bindend oder anwendbar ist. Da diese Verordnung den Schengen-Besitzstand nach den Bestimmungen des Dritten Teils Titel IV des Vertrags zur Gründung der Europäischen Gemeinschaft ergänzt, beschließt Dänemark gemäß Artikel 5 des genannten Protokolls innerhalb von sechs Monaten nach Erlass dieser Verordnung, ob es sie in innerstaatliches Recht umsetzt.

(16) Für Island und Norwegen stellt diese Verordnung eine Weiterentwicklung von Bestimmungen des Schengen-Besitzstands im Sinne des Übereinkommens zwischen dem Rat der Europäischen Union sowie der Republik Island und dem Königreich Norwegen über die Assoziierung der beiden letztgenannten Staaten bei der Umsetzung, Anwendung und Entwicklung des Schengen-Besitzstands[6]) dar, die in den in Artikel 1 Buchstabe A des Beschlusses 1999/437/EG des Rates[7]) zum Erlass bestimmter Durchführungsvorschriften zu jenem Übereinkommen genannten Bereich fallen.

(17) Diese Verordnung stellt eine Weiterentwicklung von Bestimmungen des Schengen-Besitzstands dar, an denen sich das Vereinigte Königreich gemäß dem Beschluss 2000/365/EG des Rates vom 29. Mai 2000 zum Antrag des Vereinigten Königreichs Großbritannien und Nordirland, einzelne Bestimmungen des Schengen-Besitzstands auf sie anzuwenden[8]), nicht beteiligt. Das Vereinigte Königreich beteiligt sich daher nicht an der Annahme dieser Verordnung, die für das Vereinigte Königreich nicht bindend oder anwendbar ist.

(18) Diese Verordnung stellt eine Weiterentwicklung von Bestimmungen des Schengen-Besitzstands dar, an denen sich Irland gemäß dem Beschluss 2002/192/EG des Rates vom 28. Februar 2002 zum Antrag Irlands auf Anwendung einzelner Bestimmungen des Schengen-Besitzstands auf Irland[9]) nicht beteiligt. Irland beteiligt sich daher nicht an der Annahme dieser Verordnung, die für Irland nicht bindend oder anwendbar ist.

(19) Für die Schweiz stellt diese Verordnung eine Weiterentwicklung der Bestimmungen des Schengen-Besitzstands im Sinne des Abkommens zwischen der Europäischen Union, der Europäischen Gemeinschaft und der Schweizerischen Eidgenossenschaft über die Assoziierung dieses Staates bei der Umsetzung, Anwendung und Entwicklung des Schengen-Besitzstands dar, die in den in Artikel 1 Buchstabe A des Beschlusses 1999/437/EG in Verbindung mit Artikel 4 Absatz 1 der Beschlüsse 2004/849/EG[10]) und 2004/860/EG[11]) genannten Bereich fallen.

(20) Artikel 4 Buchstabe b und Artikel 9 Buchstabe c dieser Verordnung sind auf dem

[6]) ABl. L 176 vom 10. 7. 1999, S. 36.

[7]) ABl. L 176 vom 10. 7. 1999, S. 31.

[8]) ABl. L 131 vom 1. 6. 2000, S. 43. Geändert durch den Beschluss 2004/926/EG (ABl. L 395 vom 31. 12. 2004, S. 70).

[9]) ABl. L 64 vom 7. 3. 2002, S. 20.

[10]) Beschluss 2004/849/EG des Rates vom 25. Oktober 2004 über die Unterzeichnung – im Namen der Europäischen Union – des Abkommens zwischen der Europäischen Union, der Europäischen Gemeinschaft und der Schweizerischen Eidgenossenschaft über die Assoziierung der Schweizerischen Eidgenossenschaft bei der Umsetzung, Anwendung und Entwicklung des Schengen-Besitzstands und die vorläufige Anwendung einiger Bestimmungen dieses Abkommens (ABl. L 368 vom 15. 12. 2004, S. 26).

[11]) Beschluss 2004/860/EG des Rates vom 25. Oktober 2004 über die Unterzeichnung – im Namen der Europäischen Gemeinschaft – des Abkommens zwischen der Europäischen Union, der Europäischen Gemeinschaft und der Schweizerischen Eidgenossenschaft über die Assoziierung der Schweizerischen Eidgenossenschaft bei der Umsetzung, Anwendung und Entwicklung des Schengen-Besitzstands und die vorläufige Anwendung einiger Bestimmungen dieses Abkommens (ABl. L 370 vom 17. 12. 2004, S. 78).

Schengen-Besitzstand aufbauende oder anderweitig damit zusammenhängende Bestimmungen im Sinne von Artikel 3 Absatz 2 der Beitrittsakte von 2003 –

haben folgende Verordnung erlassen:

Kapitel I
Allgemeine Bestimmungen

Artikel 1 Gegenstand

(1) Mit dieser Verordnung wird eine Regelung für den kleinen Grenzverkehr an den Landaußengrenzen der Mitgliedstaaten festgelegt und zu diesem Zweck eine „Grenzübertrittsgenehmigung für den kleinen Grenzverkehr" eingeführt.

(2) Diese Verordnung gestattet den Mitgliedstaaten, zur Durchführung der mit dieser Verordnung festgelegten Regelung für den kleinen Grenzverkehr bilaterale Abkommen mit benachbarten Drittstaaten zu schließen oder beizubehalten.

Artikel 2 Geltungsbereich

Diese Verordnung berührt nicht die für Drittstaatsangehörige geltenden Vorschriften des Gemeinschaftsrechts oder des nationalen Rechts über

a) langfristige Aufenthalte;

b) den Zugang zu einer Erwerbstätigkeit und ihre Ausübung;

c) Zölle und Steuern.

Artikel 3 Begriffsbestimmungen

Für diese Verordnung gelten folgende Begriffsbestimmungen:

1. „Landaußengrenze" ist die gemeinsame Landgrenze zwischen einem Mitgliedstaat und einem benachbarten Drittstaat;
2. „Grenzgebiet" ist eine höchstens 30 km breite Zone, gerechnet ab der Grenze. Die betreffenden Staaten legen in ihren bilateralen Abkommen nach Artikel 13 fest, welche lokalen Verwaltungsbezirke als Grenzgebiet zu betrachten sind. Ist ein Teil eines solchen Bezirks zwischen 30 km und 50 km von der Grenze entfernt, wird er dennoch als Teil des Grenzgebiets betrachtet. Die im Anhang dieser Verordnung genannten Gebiete werden als zu den Grenzgebieten gehörig behandelt;
3. „kleiner Grenzverkehr" ist das regelmäßige Überschreiten der Landaußengrenze durch Grenzbewohner für einen Aufenthalt in einem Grenzgebiet, beispielsweise aus sozialen, kulturellen oder nachgewiesenen wirtschaftlichen Gründen oder aus familiären Gründen, für einen Zeitraum, der die in dieser Verordnung festgelegte Frist nicht übersteigt;
4. „Personen, die nach dem Gemeinschaftsrecht Freizügigkeit genießen" sind:
   i) Unionsbürger im Sinne von Artikel 17 Absatz 1 des Vertrags zur Gründung der Europäischen Gemeinschaft sowie Angehörige dritter Staaten, die Familienangehörige eines sein Recht auf Freizügigkeit ausübenden Unionsbürgers sind, der unter die Richtlinie 2004/38/EG[1]) fällt;
   ii) Angehörige dritter Staaten und ihre Familienangehörigen ungeachtet ihrer Staatsangehörigkeit, die aufgrund von Abkommen zwischen der Gemeinschaft und ihren Mitgliedstaaten einerseits und den betreffenden Drittstaaten andererseits eine der Freizügigkeit der Unionsbürger gleichwertige Freizügigkeit genießen;
5. „Drittstaatsangehöriger" ist jede Person, die nicht Unionsbürger im Sinne von Artikel 17 Absatz 1 des Vertrags zur Gründung der Europäischen Gemeinschaft ist und die nicht unter Nummer 4 fällt;
6. „Grenzbewohner" sind Drittstaatsangehörige, die seit einem Zeitraum, der in den bilateralen Abkommen nach Artikel 13 festgelegt ist und mindestens ein Jahr be-

[1]) Richtlinie 2004/38/EG des Europäischen Parlaments und des Rates vom 29. April 2004 über das Recht der Unionsbürger und ihrer Familienangehörigen, sich im Hoheitsgebiet der Mitgliedstaaten frei zu bewegen und aufzuhalten (ABl. L 158 vom 30. 4. 2004, S. 77). Berichtigung im ABl. L 229 vom 29. 6. 2004, S. 35.

IV

trägt, rechtmäßig im Grenzgebiet eines Nachbarlandes eines Mitgliedstaats ansässig sind. In außergewöhnlichen und gebührend begründeten Fällen, die in den bilateralen Abkommen festgelegt sind, darf auch eine Aufenthaltsdauer von weniger als einem Jahr als angemessen betrachtet werden;

7. „Grenzübertrittsgenehmigung für den kleinen Grenzverkehr" ist das mit Kapitel III eingeführte besondere Dokument, das Grenzbewohner dazu berechtigt, eine Landaußengrenze im Rahmen der Regelung für den kleinen Grenzverkehr zu überschreiten;

8. „Übereinkommen von Schengen" ist das Übereinkommen zur Durchführung des Übereinkommens von Schengen vom 14. Juni 1985 zwischen den Regierungen der Staaten der Benelux-Wirtschaftsunion, der Bundesrepublik Deutschland und der Französischen Republik betreffend den schrittweisen Abbau der Kontrollen an den gemeinsamen Grenzen[2]).

Kapitel II
Regelung für den kleinen Grenzverkehr

Artikel 4 Einreisevoraussetzungen

Grenzbewohner dürfen die Landaußengrenze eines benachbarten Mitgliedstaats im Rahmen der Regelung für den kleinen Grenzverkehr überschreiten, wenn sie die nachstehenden Voraussetzungen erfüllen:

a) Sie sind im Besitz einer Grenzübertrittsgenehmigung für den kleinen Grenzverkehr und, falls dies in dem einschlägigen bilateralen Abkommen nach Artikel 13 vorgesehen ist, eines oder mehrerer gültiger Reisedokumente;

b) sie sind nicht im Schengener Informationssystem (SIS) zur Einreiseverweigerung ausgeschrieben;

c) sie stellen keine Gefahr für die öffentliche Ordnung, die innere Sicherheit, die öffentliche Gesundheit oder die internationalen Beziehungen eines der Mitgliedstaaten dar und sind insbesondere nicht in den nationalen Datenbanken der Mitgliedstaaten zur Einreiseverweigerung aus denselben Gründen ausgeschrieben.

Artikel 5 Dauer des Aufenthalts im Grenzgebiet

Die zulässige Höchstdauer für einen ununterbrochenen Aufenthalt im Rahmen der Regelung für den kleinen Grenzverkehr wird in den bilateralen Abkommen nach Artikel 13 festgelegt; sie darf drei Monate nicht überschreiten.

Artikel 6 Einreise- und Ausreisekontrollen

(1) Die Mitgliedstaaten führen Einreise- und Ausreisekontrollen bei Grenzbewohnern durch, um sicherzustellen, dass sie die Voraussetzungen nach Artikel 4 erfüllen.

(2) Auf der Grenzübertrittsgenehmigung für den kleinen Grenzverkehr werden im Rahmen der Regelung für den kleinen Grenzverkehr keine Einreise- und Ausreisestempel angebracht.

(3) Absatz 1 gilt unbeschadet des Artikels 15.

Kapitel III
Grenzübertrittsgenehmigung für den kleinen Grenzverkehr

Artikel 7 Einführung einer Grenzübertrittsgenehmigung für den kleinen Grenzverkehr

(1) Es wird eine Grenzübertrittsgenehmigung für den kleinen Grenzverkehr eingeführt.

(2) Die räumliche Gültigkeit der Grenzübertrittsgenehmigung für den kleinen Grenzverkehr ist auf das Grenzgebiet des ausstellenden Mitgliedstaats beschränkt.

---

[2]) ABl. L 239 vom 22. 9. 2000, S. 19. Zuletzt geändert durch die Verordnung (EG) Nr. 1160/2005 des Europäischen Parlaments und des Rates (ABl. L 191 vom 22. 7. 2005, S.18).

(3) Die Grenzübertrittsgenehmigung für den kleinen Grenzverkehr muss mit dem Lichtbild des Inhabers der Genehmigung versehen sein und mindestens folgende Angaben enthalten:

a) den oder die Vornamen, den oder die Familiennamen, das Geburtsdatum, die Staatsangehörigkeit und den Wohnsitz des Inhabers der Genehmigung;

b) die ausstellende Behörde, das Ausstellungsdatum und die Gültigkeitsdauer;

c) das Grenzgebiet, in dem sich der Inhaber der Genehmigung bewegen darf,

d) die Nummer(n) des bzw. der gültigen, den Inhaber zum Überschreiten der Außengrenzen berechtigenden Dokuments bzw. Dokumente nach Artikel 9 Buchstabe a.

In der Genehmigung muss eindeutig angegeben sein, dass der Inhaber nicht befugt ist, das Grenzgebiet zu verlassen, und dass jeglicher Missbrauch mit den in Artikel 17 genannten Sanktionen geahndet wird.

Artikel 8 Sicherheitsmerkmale und technische Spezifikationen der Grenzübertrittsgenehmigung für den kleinen Grenzverkehr

(1) Die Sicherheitsmerkmale und technischen Spezifikationen der Grenzübertrittsgenehmigung für den kleinen Grenzverkehr müssen den maßgeblichen Bestimmungen der Verordnung (EG) Nr. 1030/2002 des Rates vom 13. Juni 2002 zur einheitlichen Gestaltung des Aufenthaltstitels für Drittstaatenangehörige[1]) entsprechen.

(2) Die Mitgliedstaaten übermitteln der Kommission und den anderen Mitgliedstaaten das Muster der gemäß Absatz 1 ausgestellten Grenzübertrittsgenehmigung für den kleinen Grenzverkehr.

Artikel 9 Ausstellungsvoraussetzungen

Die Grenzübertrittsgenehmigung für den kleinen Grenzverkehr kann Grenzbewohnern ausgestellt werden, die

a) im Besitz eines oder mehrerer gültiger, zum Überschreiten der Außengrenzen berechtigender Dokumente nach Artikel 17 Absatz 3 Buchstabe a des Übereinkommens von Schengen sind;

b) Dokumente vorzeigen, die ihren Status als Grenzbewohner und das Vorliegen berechtigter Gründe für das häufige Überschreiten der Landaußengrenze im Rahmen der Regelung für den kleinen Grenzverkehr belegen;

c) nicht im SIS zur Einreiseverweigerung ausgeschrieben sind;

d) keine Gefahr für die öffentliche Ordnung, die innere Sicherheit, die öffentliche Gesundheit oder die internationalen Beziehungen eines der Mitgliedstaaten darstellen und insbesondere nicht in den nationalen Datenbanken der Mitgliedstaaten zur Einreiseverweigerung aus denselben Gründen ausgeschrieben sind.

Artikel 10 Gültigkeit

Die Grenzübertrittsgenehmigung für den kleinen Grenzverkehr hat eine Gültigkeitsdauer von mindestens einem Jahr und höchstens fünf Jahren.

Artikel 11 Ausstellungsgebühren

Die Gebühren, die den Verwaltungsaufwendungen für die Bearbeitung von Anträgen auf Erteilung einer Grenzübertrittsgenehmigung für den kleinen Grenzverkehr entsprechen, dürfen die Gebühren, die für die Bearbeitung von Anträgen auf Erteilung eines Mehrfach-Kurzzeitvisums erhoben werden, nicht überschreiten.

Die Grenzübertrittsgenehmigung für den kleinen Grenzverkehr kann gebührenfrei ausgestellt werden.

Artikel 12 Ausstellungsbestimmungen

(1) Die Grenzübertrittsgenehmigung für den kleinen Grenzverkehr kann entweder durch ein Konsulat oder durch eine in den bilateralen Abkommen nach Artikel 13 benannte Verwal-

IV

[1]) ABl. L 157 vom 15. 6. 2002, S. 1.

tungsbehörde der Mitgliedstaaten ausgestellt werden.

(2) Die Mitgliedstaaten führen ein zentrales Register der beantragten, ausgestellten, verlängerten und aufgehobenen oder entzogenen Grenzübertrittsgenehmigungen für den kleinen Grenzverkehr und benennen eine nationale Kontaktstelle, die dafür zuständig ist, unverzüglich auf Antrag eines anderen Mitgliedstaats Auskünfte über in diesem Register geführte Genehmigungen zu erteilen.

Kapitel IV Durchführung der Regelung für den kleinen Grenzverkehr

Artikel 13 Bilaterale Abkommen zwischen Mitgliedstaaten und benachbarten Drittstaaten

(1) Zur Durchführung der Regelung für den kleinen Grenzverkehr können die Mitgliedstaaten mit benachbarten Drittstaaten bilaterale Abkommen schließen, die im Einklang mit den Bestimmungen dieser Verordnung stehen.

Außerdem können die Mitgliedstaaten bereits mit benachbarten Drittstaaten geschlossene bilaterale Abkommen über den kleinen Grenzverkehr beibehalten. Soweit diese Abkommen mit dieser Verordnung nicht vereinbar sind, ändern die betreffenden Mitgliedstaaten die Abkommen dahingehend, dass die festgestellten Unvereinbarkeiten behoben werden.

(2) Bevor die betreffenden Mitgliedstaaten mit benachbarten Drittstaaten ein bilaterales Abkommen über den kleinen Grenzverkehr schließen oder ein solches Abkommen ändern, konsultieren sie die Kommission bezüglich der Vereinbarkeit des Abkommens mit dieser Verordnung.

Erachtet die Kommission das Abkommen als mit dieser Verordnung nicht vereinbar, so setzt sie den betreffenden Mitgliedstaat davon in Kenntnis. Der Mitgliedstaat ergreift alle geeigneten Maßnahmen, um es innerhalb einer angemessenen Frist dahingehend zu ändern, dass die festgestellten Unvereinbarkeiten behoben werden.

(3) Hat die Gemeinschaft oder der betreffende Mitgliedstaat kein allgemeines Rückübernahmeabkommen mit einem Drittstaat abgeschlossen, so müssen die bilateralen Abkommen über den kleinen Grenzverkehr mit diesem Drittstaat vorsehen, dass die Rückübernahme von Personen, bei denen festgestellt wurde, dass sie die mit dieser Verordnung festgelegte Regelung für den kleinen Grenzverkehr missbrauchen, vereinfacht wird.

Artikel 14 Vergleichbarkeit der Behandlung

In den bilateralen Abkommen nach Artikel 13 stellen die Mitgliedstaaten sicher, dass die Drittstaaten Personen, die nach dem Gemeinschaftsrecht Freizügigkeit genießen, und Drittstaatsangehörigen, die rechtmäßig im Grenzgebiet des betreffenden Mitgliedstaats ansässig sind, eine Behandlung gewähren, die derjenigen zumindest vergleichbar ist, die den Grenzbewohnern des betreffenden Drittstaats gewährt wird.

Artikel 15 Erleichterung des Grenzübertritts

(1) Die bilateralen Abkommen nach Artikel 13 können vorsehen, dass der Grenzübertritt erleichtert wird, indem die Mitgliedstaaten

a) besondere Grenzübergangsstellen einrichten, die ausschließlich den Grenzbewohnern offen stehen,

b) an den üblichen Grenzübergangsstellen bestimmte Kontrollspuren den Grenzbewohnern vorbehalten oder

c) unter Berücksichtigung der örtlichen Umstände und wenn ausnahmsweise ein besonderes Erfordernis besteht, den Grenzbewohnern gestatten, die Grenze an bestimmten Stellen außerhalb der zugelassenen Grenzübergangsstellen und außerhalb der festgesetzten Verkehrsstunden zu überschreiten.

(2) Beschließt ein Mitgliedstaat, Grenzbewohnern den Grenzübertritt gemäß Absatz 1 zu erleichtern, so erleichtert er automatisch auch allen in dem betreffenden Grenzgebiet ansässigen Personen, die nach dem Gemeinschafts-

recht Freizügigkeit genießen, den Grenzübertritt.

(3) An den Grenzübergangsstellen nach Absatz 1 Buchstabe a und an den Kontrollspuren nach Absatz 1 Buchstabe b werden Personen, die die Landaußengrenze regelmäßig überschreiten und dem Grenzbeamten aufgrund des häufigen Grenzübertritts wohlbekannt sind, im Regelfall lediglich einer stichprobenartigen Kontrolle unterworfen.

Von Zeit zu Zeit werden diese Personen ohne Vorankündigung und in unregelmäßigen Zeitabständen eingehenden Kontrollen unterworfen.

(4) Beschließt ein Mitgliedstaat, Grenzbewohnern den Grenzübertritt gemäß Absatz 1 Buchstabe c zu erleichtern, so

a) enthält die Grenzübertrittsgenehmigung für den kleinen Grenzverkehr zusätzlich zu den in Artikel 7 Absatz 3 geforderten Angaben auch Einzelheiten zum Ort und zu den Umständen, an dem bzw. unter denen die Landaußengrenze überschritten werden darf,

b) führt der betreffende Mitgliedstaat stichprobenartige Kontrollen durch und erhält eine regelmäßige Überwachung aufrecht, um unbefugte Grenzübertritte zu verhindern.

Kapitel V Schlussbestimmungen

Artikel 16 Ceuta und Melilla

Die Bestimmungen dieser Verordnung berühren nicht die für die Städte Ceuta und Melilla geltenden Sonderregelungen gemäß der Erklärung des Königreichs Spanien in Bezug auf die Städte Ceuta und Melilla in der Schlussakte zum Übereinkommen über den Beitritt des Königreichs Spanien zum Übereinkommen zur Durchführung des Übereinkommens von Schengen.

Artikel 17 Sanktionen

(1) Die Mitgliedstaaten stellen sicher, dass jeglicher Missbrauch der mit dieser Verordnung festgelegten und durch die bilateralen Abkommen nach Artikel 13 durchgeführten Regelung für den kleinen Grenzverkehr mit den im innerstaatlichen Recht vorgesehenen Sanktionen geahndet wird.

(2) Diese Sanktionen müssen wirksam, verhältnismäßig und abschreckend sein und die Möglichkeit der Aufhebung und des Entzugs der Grenzübertrittsgenehmigungen für den kleinen Grenzverkehr umfassen.

(3) Die Mitgliedstaaten erfassen alle Fälle von Missbrauch der Regelung für den kleinen Grenzverkehr und der gemäß Absatz 1 verhängten Sanktionen. Diese Informationen werden den anderen Mitgliedstaaten und der Kommission alle sechs Monate übermittelt.

Artikel 18 Bericht über die Regelung für den kleinen Grenzverkehr

Bis zum 19. Januar 2009 übermittelt die Kommission dem Europäischen Parlament und dem Rat einen Bericht über die Durchführung und das Funktionieren der Regelung für den kleinen Grenzverkehr nach dieser Verordnung und gemäß der Durchführung durch die bilateralen Abkommen, die im Einklang mit den Bestimmungen dieser Verordnung geschlossen oder beibehalten wurden. Diesem Bericht werden erforderlichenfalls auch entsprechende Legislativvorschläge beigefügt.

Artikel 19 Notifizierung der bilateralen Abkommen

(1) Die Mitgliedstaaten notifizieren der Kommission alle bilateralen Abkommen nach Artikel 13 sowie jede Kündigung oder Änderung dieser Abkommen.

(2) Die Kommission macht den Mitgliedstaaten und der Öffentlichkeit die gemäß Absatz 1 übermittelten Informationen durch Veröffentlichung im *Amtsblatt der Europäischen Union* oder durch andere geeignete Mittel zugänglich.

Artikel 20 Änderung der Bestimmungen des Übereinkommens von Schengen

Die Bestimmungen des Artikels 136 Absatz 3 des Übereinkommens von Schengen erhalten folgende Fassung:

„(3) Absatz 2 findet keine Anwendung auf bilaterale Abkommen über den kleinen Grenzverkehr nach Artikel 13 der Verordnung (EG) Nr. 1931/2006 des Europäischen Parlaments und des Rates vom 20. Dezember 2006 zur Festlegung von Vorschriften über den kleinen Grenzverkehr an den Landaußengrenzen der Mitgliedstaaten sowie zur Änderung der Bestimmungen des Übereinkommens von Schengen[1]).“

Artikel 21 Inkrafttreten

Diese Verordnung tritt am zwanzigsten Tag nach ihrer Veröffentlichung im *Amtsblatt der Europäischen Union* in Kraft.

Diese Verordnung ist in allen ihren Teilen verbindlich und gilt gemäß dem Vertrag zur Gründung der Europäischen Gemeinschaft unmittelbar in den Mitgliedstaaten.

[1]) ABl. L 405 vom 30. 12. 2006, S. 1. Berichtigte Fassung im ABl. L 29 vom 3. 2. 2007, S. 3.

Anhang

1 Oblast Kaliningrad
2 Polnische Verwaltungsbezirke (powiaty) der Woiwodschaft Pomorskie: Pucki, m. Gdynia, m. Sopot, m. Gdańsk, Gdański, Nowodworski, Malborski
3 Polnische Verwaltungsbezirke (powiaty) der Woiwodschaft Warmińsko-Mazurskie: m. Elbląg, Elbląski, Braniewski, Lidzbarski, Bartoszycki, m. Olsztyn, Olstyński, Kętrzyński, Mrągowski, Węgorzewski, Giżycki Gołdapski, Olecki.

Richtlinie 2008/115/EG des Europäischen Parlaments und des Rates über gemeinsame Normen und Verfahren in den Mitgliedstaaten zur Rückführung illegal aufhältiger Drittstaatsangehöriger

Vom 16. Dezember 2008 (ABl. S. 348/98)

Inhaltsübersicht

Das Europäische Parlament und der Rat der Europäischen Union –

gestützt auf den Vertrag zur Gründung der Europäischen Gemeinschaft, insbesondere auf Artikel 63 Absatz 3 Buchstabe b,

auf Vorschlag der Kommission,

gemäß dem Verfahren des Artikels 251 des Vertrags ([1])), in Erwägung nachstehender Gründe:

(1) Auf seiner Tagung vom 15. und 16. Oktober 1999 in Tampere hat der Europäische Rat ein kohärentes Konzept im Bereich Migration und Asyl festgelegt, das die Schaffung eines gemeinsamen Asylsystems, eine Politik der legalen Einwanderung und die Bekämpfung der illegalen Einwanderung umfasst.

(2) Auf seiner Tagung am 4. und 5. November 2004 in Brüssel forderte der Europäische Rat zur Festlegung einer wirksamen Rückkehr- und Rückübernahmepolitik auf, die auf gemeinsamen Normen beruht, die gewährleisten, dass die betreffenden Personen unter vollständiger Achtung der Grundrechte auf menschenwürdige Weise zurückgeführt werden.

(3) Das Ministerkomitee des Europarates hat am 4. Mai 2005 „20 Leitlinien zur Frage der erzwungenen Rückkehr" angenommen.

(4) Eine wirksame Rückkehrpolitik als notwendiger Bestandteil einer gut geregelten Migrationspolitik muss mit klaren, transparenten und fairen Vorschriften unterlegt werden.

(5) Mit dieser Richtlinie sollte eine Reihe von horizontalen Vorschriften eingeführt werden, die für sämtliche Drittstaatsangehörige gelten, die die Voraussetzungen für die Einreise in einen Mitgliedstaat oder den dortigen Aufenthalt nicht oder nicht mehr erfüllen.

(6) Die Mitgliedstaaten sollten gewährleisten, dass der illegale Aufenthalt von Drittstaatsangehörigen im Wege eines fairen und transparenten Verfahrens beendet wird. Im Einklang mit allgemeinen Grundsätzen des EU-Rechts sollten Entscheidungen gemäß dieser Richtlinie auf Grundlage des Einzelfalls und anhand objektiver Kriterien getroffen werden, was bedeutet, dass die Erwägungen über den bloßen Tatbestand des illegalen Aufenthalts hinausreichen sollten. Wenn die Mitgliedstaaten Standardformulare für Entscheidungen in Bezug auf die Rückkehr (nämlich Rückkehrentscheidungen sowie – gegebenenfalls – Entscheidungen über ein Einreiseverbot oder eine Abschiebung) verwenden, sollten sie diesen Grundsatz wahren und alle anwendbaren Bestimmungen dieser Richtlinie strikt beachten.

(7) Die Notwendigkeit gemeinschaftlicher und bilateraler Rückübernahmeabkommen mit Drittländern zur Erleichterung des Rückkehrprozesses wird hervorgehoben. Die internationale Zusammenarbeit mit den Herkunftsländern in allen Phasen des Rückkehrprozesses ist eine Voraussetzung für die Erzielung nachhaltiger Rückführungen.

(8) Anerkanntermaßen haben die Mitgliedstaaten das Recht, die Rückkehr illegal aufhältiger Drittstaatsangehöriger sicherzustellen, unter der Voraussetzung, dass faire und effiziente Asylsysteme vorhanden sind, die den Grundsatz der Nichtzurückweisung in vollem Umfang achten.

(9) Gemäß der Richtlinie 2005/85/EG des Rates vom 1. Dezember 2005 über Mindestnormen für Verfahren in den Mitgliedstaaten zur Zuerkennung und Aberkennung der Flüchtlingseigenschaft ([2])) sollten Drittstaatsangehörige, die in einem Mitgliedstaat Asyl beantragt haben, so lange nicht als illegal im Hoheitsgebiet des betreffenden Mitgliedstaats aufhältige Person gelten, bis eine abschlägige Entscheidung über den Antrag oder eine Entscheidung, mit der sein Aufenthaltsrecht als Asylbewerber beendet wird, bestandskräftig geworden ist.

[1]) Stellungnahme des Europäischen Parlaments vom 18. Juni 2008 (noch nicht im Amtsblatt veröffentlicht) und Beschluss des Rates vom 9. Dezember 2008.

[2]) ABl. L 326 vom 13. 12. 2005, S. 13.

(10) Besteht keine Veranlassung zu der Annahme, dass das Rückkehrverfahren dadurch gefährdet wird, ist die freiwillige Rückkehr der Rückführung vorzuziehen, wobei eine Frist für die freiwillige Ausreise gesetzt werden sollte. Eine Verlängerung der Frist für die freiwillige Ausreise sollte vorgesehen werden, wenn dies aufgrund der besonderen Umstände eines Einzelfalls als erforderlich erachtet wird. Zur Förderung der freiwilligen Rückkehr sollten die Mitgliedstaaten eine verstärkte Rückkehrhilfe und -beratung gewähren und die einschlägigen vom Europäischen Rückkehrfonds gebotenen Finanzierungsmöglichkeiten optimal nutzen.

(11) Um die Interessen der Betroffenen wirksam zu schützen, sollte für Entscheidungen in Bezug auf die Rückkehr eine Reihe gemeinsamer rechtlicher Mindestgarantien gelten. Personen, die nicht über ausreichende Mittel verfügen, sollten die erforderliche Prozesskostenhilfe erhalten. Die Mitgliedstaaten sollten in ihrem einzelstaatlichen Recht festlegen, in welchen Fällen Prozesskostenhilfe als erforderlich gelten soll.

(12) Die Situation von Drittstaatsangehörigen, die sich unrechtmäßig im Land aufhalten, aber noch nicht abgeschoben werden können, sollte geregelt werden. Die Festlegungen hinsichtlich der Sicherung des Existenzminimums dieser Personen sollten nach Maßgabe der einzelstaatlichen Rechtsvorschriften getroffen werden. Die betreffenden Personen sollten eine schriftliche Bestätigung erhalten, damit sie im Falle administrativer Kontrollen oder Überprüfungen ihre besondere Situation nachweisen können. Die Mitgliedstaaten sollten hinsichtlich der Gestaltung und des Formats der schriftlichen Bestätigung über einen breiten Ermessensspielraum verfügen und auch die Möglichkeit haben, sie in aufgrund dieser Richtlinie getroffene Entscheidungen in Bezug auf die Rückkehr aufzunehmen.

(13) Der Rückgriff auf Zwangsmaßnahmen sollte im Hinblick auf die eingesetzten Mittel und die angestrebten Ziele ausdrücklich den Grundsätzen der Verhältnismäßigkeit und der Wirksamkeit unterliegen. Für den Fall einer Rückführung sollten Mindestverhaltensregeln aufgestellt werden; dabei ist die Entscheidung 2004/573/EG des Rates vom 29. April 2004 betreffend die Organisation von Sammelflügen zur Rückführung von Drittstaatsangehörigen, die individuellen Rückführungsmaßnahmen unterliegen, aus dem Hoheitsgebiet von zwei oder mehr Mitgliedstaaten ([3])) zu berücksichtigen. Die Mitgliedstaaten sollten über verschiedene Möglichkeiten verfügen, Rückführungen zu überwachen.

(14) Die Wirkung der einzelstaatlichen Rückführungsmaßnahmen sollte durch die Einführung eines Einreiseverbots, das die Einreise in das Hoheitsgebiet sämtlicher Mitgliedstaaten und den dortigen Aufenthalt verbietet, europäischen Zuschnitt erhalten. Die Dauer des Einreiseverbots sollte in Anbetracht der jeweiligen Umstände des Einzelfalls festgesetzt werden und im Regelfall fünf Jahre nicht überschreiten. In diesem Zusammenhang sollte der Umstand, dass die betreffenden Drittstaatsangehörigen bereits Gegenstand von mehr als einer Rückkehrentscheidung oder Abschiebungsanordnung gewesen oder während eines Einreiseverbots in das Hoheitsgebiet eines Mitgliedstaats eingereist sind, besonders berücksichtigt werden.

(15) Die Mitgliedstaaten sollten entscheiden können, ob die mit der Überprüfung von Entscheidungen in Bezug auf die Rückkehr befasste Prüfinstanz befugt ist, eine eigene Entscheidung in Bezug auf die Rückkehr zu erlassen, die die ursprüngliche Entscheidung ersetzt.

(16) Das Mittel der Inhaftnahme für die Zwecke der Abschiebung sollte nur begrenzt zum Einsatz kommen und sollte im Hinblick auf die eingesetzten Mittel und die angestrebten Ziele dem Grundsatz der Verhältnismäßigkeit unterliegen. Eine Inhaftnahme ist nur gerechtfertigt, um die Rückkehr vorzubereiten

---

[3]) ABl. L 261 vom 6. 8. 2004, S. 28.

oder die Abschiebung durchzuführen und wenn weniger intensive Zwangsmaßnahmen ihren Zweck nicht erfüllen.

(17) In Haft genommene Drittstaatsangehörige sollten eine menschenwürdige Behandlung unter Beachtung ihrer Grundrechte und im Einklang mit dem Völkerrecht und dem innerstaatlichen Recht erfahren. Unbeschadet des ursprünglichen Aufgriffs durch Strafverfolgungsbehörden, für den einzelstaatliche Rechtsvorschriften gelten, sollte die Inhaftierung grundsätzlich in speziellen Hafteinrichtungen erfolgen.

(18) Die Mitgliedstaaten sollten unmittelbaren Zugang zu Informationen über Einreiseverbote anderer Mitgliedstaaten erhalten. Dieser Informationsaustausch sollte in Übereinstimmung mit der Verordnung (EG) Nr. 1987/2006 des Europäischen Parlaments und des Rates vom 20. Dezember 2006 über die Einrichtung, den Betrieb und die Nutzung des Schengener Informationssystems der zweiten Generation (SIS II) ([4]) erfolgen.

(19) Die Umsetzung dieser Richtlinie sollte mit der Zusammenarbeit zwischen den auf allen Ebenen am Rückkehrprozess beteiligten Institutionen und dem Austausch und der Förderung bewährter Praktiken einhergehen und somit einen europäischen Mehrwert schaffen.

(20) Da das Ziel dieser Richtlinie, nämlich die Festlegung gemeinsamer Vorschriften zu Fragen der Rückkehr, der Abschiebung, der Anwendung von Zwangsmaßnahmen, der Inhaftnahme und der Einreiseverbote, auf Ebene der Mitgliedstaaten nicht in zufrieden stellender Weise verwirklicht werden kann und daher wegen seines Umfangs und seiner Wirkungen besser auf Gemeinschaftsebene zu erreichen ist, kann die Gemeinschaft im Einklang mit dem in Artikel 5 des EG-Vertrags niedergelegten Subsidiaritätsprinzip tätig werden. Entsprechend dem in demselben Artikel genannten Grundsatz der Verhältnismäßigkeit geht diese Richtlinie nicht über das für die Erreichung dieses Ziels erforderliche Maß hinaus.

(21) Die Mitgliedstaaten sollten die Bestimmungen dieser Richtlinie ohne Diskriminierung aufgrund des Geschlechts, der Rasse, der Hautfarbe, der ethnischen oder sozialen Abstammung, der genetischen Merkmale, der Sprache, der Religion oder der Weltanschauung, der politischen oder sonstigen Überzeugungen, der Zugehörigkeit zu einer nationalen Minderheit, des Vermögens, der Geburt, einer Behinderung, des Alters oder der sexuellen Ausrichtung umsetzen.

(22) In Übereinstimmung mit dem Übereinkommen der Vereinten Nationen über die Rechte des Kindes von 1989 sollten die Mitgliedstaaten bei der Durchführung dieser Richtlinie insbesondere das „Wohl des Kindes" im Auge behalten. In Übereinstimmung mit der Europäischen Konvention zum Schutze der Menschenrechte und der Grundfreiheiten sollte bei der Umsetzung dieser Richtlinie der Schutz des Familienlebens besonders beachtet werden.

(23) Die Anwendung dieser Richtlinie erfolgt unbeschadet der Verpflichtungen, die sich aus dem Genfer Abkommen über die Rechtsstellung der Flüchtlinge vom 28. Juli 1951 in der durch das New Yorker Protokoll vom 31. Januar 1967 geänderten Fassung ergeben.

(24) Die Richtlinie wahrt die Grundrechte und Grundsätze, die vor allem in der Charta der Grundrechte der Europäischen Union verankert sind.

(25) Dänemark beteiligt sich gemäß den Artikeln 1 und 2 des dem Vertrag über die Europäische Union und dem Vertrag zur Gründung der Europäischen Gemeinschaft beigefügten Protokolls über die Position Dänemarks nicht an der Annahme dieser Richtlinie und ist weder durch diese Richtlinie gebunden noch zu ihrer Anwendung verpflichtet. Da die Richtlinie jedoch den Schengen-Besitzstand nach den Bestimmungen des Dritten Teils Titel IV im Dritten Teil des Vertrags

[4]) ABl. L 381 vom 28. 12. 2006, S. 4.

zur Gründung der Europäischen Gemeinschaft insofern ergänzt, als sie auf Drittstaatsangehörige anwendbar ist, die die Einreisevoraussetzungen gemäß dem Schengener Grenzkodex ([5])) nicht oder nicht mehr erfüllen, beschließt Dänemark gemäß Artikel 5 des genannten Protokolls innerhalb von sechs Monaten nach Annahme dieser Richtlinie, ob es die Richtlinie in innerstaatliches Recht umsetzt.

(26) Soweit diese Richtlinie auf Drittstaatsangehörige anwendbar ist, die die Einreisevoraussetzungen gemäß dem Schengener Grenzkodex nicht oder nicht mehr erfüllen, stellt diese Richtlinie gemäß dem Beschluss 2000/365/EG des Rates vom 29. Mai 2000 zum Antrag des Vereinigten Königreichs Großbritannien und Nordirland, einzelne Bestimmungen des Schengen-Besitzstands auf es anzuwenden ([6])) eine Weiterentwicklung von Bestimmungen des Schengen-Besitzstands dar, an denen sich das Vereinigte Königreich nicht beteiligt; ferner beteiligt sich das Vereinigte Königreich gemäß den Artikeln 1 und 2 und unbeschadet des Artikels 4 des dem Vertrag über die Europäische Union und dem Vertrag zur Gründung der Europäischen Gemeinschaft beigefügten Protokolls über die Position des Vereinigten Königreichs und Irlands nicht an der Annahme dieser Richtlinie, die daher für das Vereinigte Königreich in allen ihren Teilen nicht bindend oder anwendbar ist.

(27) Soweit diese Richtlinie auf Drittstaatsangehörige anwendbar ist, die die Einreisevoraussetzungen gemäß dem Schengener Grenzkodex nicht oder nicht mehr erfüllen, stellt diese Richtlinie gemäß dem Beschluss 2002/192/EG des Rates vom 28. Februar 2002 zum Antrag Irlands auf Anwendung einzelner Bestimmungen des Schengen-Besitzstands auf Irland ([7])) eine Weiterentwicklung von Bestimmungen des Schengen-Besitzstands dar, an denen sich Irland nicht beteiligt; ferner beteiligt sich Irland gemäß den Artikeln 1 und 2 und unbeschadet des Artikels 4 des dem Vertrag über die Europäische Union und dem Vertrag zur Gründung der Europäischen Gemeinschaft beigefügten Protokolls über die Position des Vereinigten Königreichs und Irlands nicht an der Annahme dieser Richtlinie, die daher für Irland in allen ihren Teilen nicht bindend oder anwendbar ist.

(28) Für Island und Norwegen stellt diese Richtlinie – soweit sie auf Drittstaatsangehörige anwendbar ist, die die Einreisevoraussetzungen gemäß dem Schengener Grenzkodex nicht oder nicht mehr erfüllen – eine Weiterentwicklung von Bestimmungen des Schengen-Besitzstands im Sinne des Übereinkommens zwischen dem Rat der Europäischen Union sowie der Republik Island und dem Königreich Norwegen über die Assoziierung der beiden letztgenannten Staaten bei der Umsetzung, Anwendung und Entwicklung des Schengen-Besitzstands dar, die in den in Artikel 1 Buchstabe C des Beschlusses 1999/437/EG des Rates ([8])) zum Erlass bestimmter Durchführungsbestimmungen zu diesem Übereinkommen genannten Bereich fallen.

(29) Für die Schweiz stellt diese Richtlinie – soweit sie auf Drittstaatsangehörige anwendbar ist, die die Einreisevoraussetzungen gemäß dem Schengener Grenzkodex nicht oder nicht mehr erfüllen – eine Weiterentwicklung von Bestimmungen des Schengen-Besitzstands im Sinne des Abkommens zwischen der Europäischen Union, der Europäischen Gemeinschaft und der Schweizerischen Eidgenossenschaft über die Assoziie-

[5]) Verordnung (EG) Nr. 562/2006 des Europäischen Parlaments und des Rates vom 15. März 2006 über einen Gemeinschaftskodex für das Überschreiten der Grenzen durch Personen (Schengener Grenzkodex) (ABl. L 105 vom 13. 4. 2006, S. 1).

[6]) ABl. L 131 vom 1. 6. 2000, S. 43.

[7]) ABl. L 64 vom 7. 3. 2002, S. 20.

[8]) ABl. L 176 vom 10. 7. 1999, S. 31.

rung der Schweizerischen Eidgenossenschaft bei der Umsetzung, Anwendung und Entwicklung des Schengen-Besitzstands dar, die in den in Artikel 1 Buchstabe C des Beschlusses 1999/437/EG in Verbindung mit Artikel 3 des Beschlusses 2008/146/EG des Rates ([9])) über den Abschluss des Abkommens im Namen der Europäischen Gemeinschaft genannten Bereich fallen.

(30) Für Liechtenstein stellt diese Richtlinie – soweit sie auf Drittstaatsangehörige anwendbar ist, die die Einreisevoraussetzungen gemäß dem Schengener Grenzkodex nicht oder nicht mehr erfüllen – eine Weiterentwicklung von Bestimmungen des Schengen-Besitzstands im Sinne des Protokolls zwischen der Europäischen Union, der Europäischen Gemeinschaft, der Schweizerischen Eidgenossenschaft und dem Fürstentum Liechtenstein über den Beitritt des Fürstentums Liechtenstein zu dem Abkommen zwischen der Europäischen Union, der Europäischen Gemeinschaft und der Schweizerischen Eidgenossenschaft über die Assoziierung der Schweizerischen Eidgenossenschaft bei der Umsetzung, Anwendung und Entwicklung des Schengen-Besitzstands dar, die in den in Artikel 1 Buchstabe C des Beschlusses 1999/437/EG in Verbindung mit Artikel 3 des Beschlusses 2008/261/EG des Rates ([10])) über die Unterzeichnung im Namen der Europäischen Gemeinschaft und die vorläufige Anwendung einiger Bestimmungen dieses Protokolls genannten Bereich fallen –

haben folgende Richtlinie erlassen:

Kapitel I
Allgemeine Bestimmungen

Artikel 1 Gegenstand

Diese Richtlinie enthält gemeinsame Normen und Verfahren, die in den Mitgliedstaaten bei der Rückführung illegal aufhältiger Drittstaatsangehöriger im Einklang mit den Grundrechten als allgemeinen Grundsätzen des Gemeinschafts- und des Völkerrechts, einschließlich der Verpflichtung zum Schutz von Flüchtlingen und zur Achtung der Menschenrechte, anzuwenden sind.

Artikel 2 Anwendungsbereich

(1) Diese Richtlinie findet Anwendung auf illegal im Hoheitsgebiet eines Mitgliedstaats aufhältige Drittstaatsangehörige.

(2) Die Mitgliedstaaten können beschließen, diese Richtlinie nicht auf Drittstaatsangehörige anzuwenden:

a) die einem Einreiseverbot nach Artikel 13 des Schengener Grenzkodex unterliegen oder die von den zuständigen Behörden in Verbindung mit dem illegalen Überschreiten der Außengrenze eines Mitgliedstaats auf dem Land-, See- oder Luftwege aufgegriffen bzw. abgefangen werden und die nicht anschließend die Genehmigung oder das Recht erhalten haben, sich in diesem Mitgliedstaat aufzuhalten;

b) die nach einzelstaatlichem Recht aufgrund einer strafrechtlichen Sanktion oder infolge einer strafrechtlichen Sanktion rückkehrpflichtig sind oder gegen die ein Auslieferungsverfahren anhängig ist.

(3) Diese Richtlinie findet keine Anwendung auf Personen, die das Gemeinschaftsrecht auf freien Personenverkehr nach Artikel 2 Absatz 5 des Schengener Grenzkodex genießen.

Artikel 3 Begriffsbestimmungen

Im Sinne dieser Richtlinie bezeichnen die Ausdrücke

1. „Drittstaatsangehörige“: alle Personen, die nicht Unionsbürger im Sinne von Artikel 17 Absatz 1 EG-Vertrag sind und die nicht das Gemeinschaftsrecht auf freien Personenverkehr nach Artikel 2 Absatz 5 des Schengener Grenzkodex genießen;
2. „illegaler Aufenthalt“: die Anwesenheit von Drittstaatsangehörigen, die nicht oder nicht mehr die Einreisevoraussetzungen

[9]) ABl. L 53 vom 27. 02. 2008, S. 1.

[10]) ABl. L 83 vom 26. 03. 2008, S. 3.

IV

nach Artikel 5 des Schengener Grenzkodex oder andere Voraussetzungen für die Einreise in einen Mitgliedstaat oder den dortigen Aufenthalt erfüllen, im Hoheitsgebiet dieses Mitgliedstaats;

3. „Rückkehr": die Rückreise von Drittstaatsangehörigen – in freiwilliger Erfüllung einer Rückkehrverpflichtung oder erzwungener Rückführung – in
   - deren Herkunftsland oder
   - ein Transitland gemäß gemeinschaftlichen oder bilateralen Rückübernahmeabkommen oder anderen Vereinbarungen oder
   - ein anderes Drittland, in das der betreffende Drittstaatsangehörige freiwillig zurückkehren will und in dem er aufgenommen wird;
4. „Rückkehrentscheidung": die behördliche oder richterliche Entscheidung oder Maßnahme mit der der illegale Aufenthalt von Drittstaatsangehörigen festgestellt und eine Rückkehrverpflichtung auferlegt oder festgestellt wird;
5. „Abschiebung": die Vollstreckung der Rückkehrverpflichtung, d. h. die tatsächliche Verbringung aus dem Mitgliedsstaat;
6. „Einreiseverbot": die behördliche oder richterliche Entscheidung oder Maßnahme, mit der die Einreise in das Hoheitsgebiet der Mitgliedstaaten und der dortige Aufenthalt für einen bestimmten Zeitraum untersagt wird und die mit einer Rückkehrentscheidung einhergeht;
7. „Fluchtgefahr": das Vorliegen von Gründen im Einzelfall, die auf objektiven, gesetzlich festgelegten Kriterien beruhen und zu der Annahme Anlass geben, dass sich Drittstaatsangehörige einem Rückkehrverfahren durch Flucht entziehen könnten;
8. „freiwillige Ausreise": die Erfüllung der Rückkehrverpflichtung innerhalb der dafür in der Rückkehrentscheidung festgesetzten Frist;
9. „schutzbedürftige Personen": Minderjährige, unbegleitete Minderjährige, Menschen mit Behinderungen, ältere Menschen, Schwangere, Alleinerziehende mit minderjährigen Kindern und Personen, die Folter, Vergewaltigung oder sonstige schwere Formen psychischer, physischer oder sexueller Gewalt erlitten haben.

Artikel 4 Günstigere Bestimmungen

(1) Von dieser Richtlinie unberührt bleiben günstigere Bestimmungen von

a) bilateralen oder multilateralen Vereinbarungen zwischen der Gemeinschaft oder der Gemeinschaft und ihren Mitgliedstaaten und einem Drittland oder mehreren Drittländern;

b) bilateralen oder multilateralen Vereinbarungen zwischen einem Mitgliedstaat oder mehreren Mitgliedstaaten und einem Drittland oder mehreren Drittländern.

(2) Von dieser Richtlinie unberührt bleibt jede im gemeinschaftlichen Besitzstand auf dem Gebiet Asyl und Einwanderung festgelegte Bestimmung, die für Drittstaatsangehörige günstiger sein kann.

(3) Diese Richtlinie berührt nicht das Recht der Mitgliedstaaten, Vorschriften zu erlassen oder beizubehalten, die für Personen, auf die die Richtlinie Anwendung findet, günstiger sind, sofern diese Vorschriften mit der Richtlinie im Einklang stehen.

(4) In Bezug auf die nach Artikel 2 Absatz 2 Buchstabe a vom Anwendungsbereich dieser Richtlinie ausgenommenen Drittstaatsangehörigen verfahren die Mitgliedstaaten wie folgt; sie:

a) stellen sicher, dass diese nicht eine weniger günstige Behandlung erfahren oder ihnen nicht ein geringeres Maß an Schutz gewährt wird, als dies in Artikel 8 Absätze 4 und 5 (Beschränkung der Anwendung von Zwangsmaßnahmen), Artikel 9 Absatz 2 Buchstabe a (Aufschub der Abschiebung), Artikel 14 Absatz 1 Buchstaben b und d (medizinische Notversorgung und Berücksichtigung der Bedürfnisse schutzbedürftiger Personen) und Artikel 16 und 17 (Haftbedingungen) vorgesehen ist, und

b) halten den Grundsatz der Nichtzurückweisung ein.

Artikel 5 Grundsatz der Nichtzurückweisung, Wohl des Kindes, familiäre Bindungen und Gesundheitszustand

Bei der Umsetzung dieser Richtlinie berücksichtigen die Mitgliedstaaten in gebührender Weise:

a) das Wohl des Kindes,

b) die familiären Bindungen,

c) den Gesundheitszustand der betreffenden Drittstaatsangehörigen,

und halten den Grundsatz der Nichtzurückweisung ein.

Kapitel II
Beendigung des illegalen Aufenthalts

Artikel 6 Rückkehrentscheidung

(1) Unbeschadet der Ausnahmen nach den Absätzen 2 bis 5 erlassen die Mitgliedstaaten gegen alle illegal in ihrem Hoheitsgebiet aufhältigen Drittstaatsangehörigen eine Rückkehrentscheidung.

(2) Drittstaatsangehörige, die sich illegal im Hoheitsgebiet eines Mitgliedstaats aufhalten und Inhaber eines gültigen Aufenthaltstitels oder einer sonstigen Aufenthaltsberechtigung eines anderen Mitgliedstaats sind, sind zu verpflichten, sich unverzüglich in das Hoheitsgebiet dieses anderen Mitgliedstaats zu begeben. Kommen die betreffenden Drittstaatsangehörigen dieser Verpflichtung nicht nach, oder ist die sofortige Ausreise des Drittstaatsangehörigen aus Gründen der öffentlichen Ordnung oder der nationalen Sicherheit geboten, so findet Absatz 1 Anwendung.

(3) Die Mitgliedstaaten können davon absehen, eine Rückkehrentscheidung gegen illegal in ihrem Gebiet aufhältige Drittstaatsangehörige zu erlassen, wenn diese Personen von einem anderen Mitgliedstaat aufgrund von zum Zeitpunkt des Inkrafttretens dieser Richtlinie geltenden bilateralen Abkommen oder Vereinbarungen wieder aufgenommen wird. In einem solchen Fall wendet der Mitgliedstaat, der die betreffenden Drittstaatsangehörigen wieder aufgenommen hat, Absatz 1 an.

(4) Die Mitgliedstaaten können jederzeit beschließen, illegal in ihrem Hoheitsgebiet aufhältigen Drittstaatsangehörigen wegen Vorliegen eines Härtefalls oder aus humanitären oder sonstigen Gründen einen eigenen Aufenthaltstitel oder eine sonstige Aufenthaltsberechtigung zu erteilen. In diesem Fall wird keine Rückkehrentscheidung erlassen. Ist bereits eine Rückkehrentscheidung ergangen, so ist diese zurückzunehmen oder für die Gültigkeitsdauer des Aufenthaltstitels oder der sonstigen Aufenthaltsberechtigung auszusetzen.

(5) Ist ein Verfahren anhängig, in dem über die Verlängerung des Aufenthaltstitels oder einer anderen Aufenthaltsberechtigung von illegal im Hoheitsgebiet eines Mitgliedstaats aufhältigen Drittstaatsangehörigen entschieden wird, so prüft dieser Mitgliedstaat unbeschadet des Absatzes 6, ob er vom Erlass einer Rückkehrentscheidung absieht, bis das Verfahren abgeschlossen ist.

(6) Durch diese Richtlinie sollen die Mitgliedstaaten nicht daran gehindert werden, entsprechend ihren innerstaatlichen Rechtsvorschriften und unbeschadet der nach Kapitel III und nach anderen einschlägigen Bestimmungen des Gemeinschaftsrechts und des einzelstaatlichen Rechts verfügbaren Verfahrensgarantien mit einer einzigen behördlichen oder richterlichen Entscheidung eine Entscheidung über die Beendigung eines legalen Aufenthalts sowie eine Rückkehrentscheidung und/oder eine Entscheidung über eine Abschiebung und/oder ein Einreiseverbot zu erlassen.

Artikel 7 Freiwillige Ausreise

(1) Eine Rückkehrentscheidung sieht unbeschadet der Ausnahmen nach den Absätzen 2 und 4 eine angemessene Frist zwischen sieben und 30 Tagen für die freiwillige Ausreise vor. Die Mitgliedstaaten können in ihren innerstaatlichen Rechtsvorschriften vorsehen,

dass diese Frist nur auf Antrag der betreffenden Drittstaatsangehörigen eingeräumt wird. In einem solchen Fall unterrichtet der Mitgliedstaat die betreffenden Drittstaatsangehörigen davon, dass die Möglichkeit besteht, einen solchen Antrag zu stellen.

Die Frist nach Unterabsatz 1 steht einer früheren Ausreise der betreffenden Drittstaatsangehörigen nicht entgegen.

(2) Die Mitgliedstaaten verlängern – soweit erforderlich – die Frist für die freiwillige Ausreise unter Berücksichtigung der besonderen Umstände des Einzelfalls – wie etwa Aufenthaltsdauer, Vorhandensein schulpflichtiger Kinder und das Bestehen anderer familiärer und sozialer Bindungen – um einen angemessenen Zeitraum.

(3) Den Betreffenden können für die Dauer der Frist für die freiwillige Ausreise bestimmte Verpflichtungen zur Vermeidung einer Fluchtgefahr auferlegt werden, wie eine regelmäßige Meldepflicht bei den Behörden, die Hinterlegung einer angemessenen finanziellen Sicherheit, das Einreichen von Papieren oder die Verpflichtung, sich an einem bestimmten Ort aufzuhalten.

(4) Besteht Fluchtgefahr oder ist der Antrag auf einen Aufenthaltstitel als offensichtlich unbegründet oder missbräuchlich abgelehnt worden oder stellt die betreffende Person eine Gefahr für die öffentliche Ordnung, die öffentliche Sicherheit oder die nationale Sicherheit dar, so können die Mitgliedstaaten davon absehen, eine Frist für die freiwillige Ausreise zu gewähren, oder sie können eine Ausreisefrist von weniger als sieben Tagen einräumen.

Artikel 8 Abschiebung

(1) Die Mitgliedstaaten ergreifen alle erforderlichen Maßnahmen zur Vollstreckung der Rückkehrentscheidung, wenn nach Artikel 7 Absatz 4 keine Frist für die freiwillige Ausreise eingeräumt wurde oder wenn die betreffende Person ihrer Rückkehrverpflichtung nicht innerhalb der nach Artikel 7 eingeräumten Frist für die freiwillige Ausreise nachgekommen ist.

(2) Hat ein Mitgliedstaat eine Frist für die freiwillige Ausreise gemäß Artikel 7 eingeräumt, so kann die Rückkehrentscheidung erst nach Ablauf dieser Frist vollstreckt werden, es sei denn, innerhalb dieser Frist entsteht eine der Gefahren im Sinne von Artikel 7 Absatz 4.

(3) Die Mitgliedstaaten können eine getrennte behördliche oder gerichtliche Entscheidung oder Maßnahme erlassen, mit der die Abschiebung angeordnet wird.

(4) Machen die Mitgliedstaaten – als letztes Mittel – von Zwangsmaßnahmen zur Durchführung der Abschiebung von Widerstand leistenden Drittstaatsangehörigen Gebrauch, so müssen diese Maßnahmen verhältnismäßig sein und dürfen nicht über die Grenzen des Vertretbaren hinausgehen. Sie müssen nach dem einzelstaatlichen Recht im Einklang mit den Grundrechten und unter gebührender Berücksichtigung der Menschenwürde und körperlichen Unversehrtheit des betreffenden Drittstaatsangehörigen angewandt werden.

(5) Bei der Durchführung der Abschiebungen auf dem Luftweg tragen die Mitgliedstaaten den Gemeinsamen Leitlinien für Sicherheitsvorschriften bei gemeinsamen Rückführungen auf dem Luftweg im Anhang zur Entscheidung 2004/573/EG Rechnung.

(6) Die Mitgliedstaaten schaffen ein wirksames System für die Überwachung von Rückführungen.

Artikel 9 Aufschub der Abschiebung

(1) Die Mitgliedstaaten schieben die Abschiebung auf,

a) wenn diese gegen den Grundsatz der Nichtzurückweisung verstoßen würde oder

b) solange nach Artikel 13 Absatz 2 aufschiebende Wirkung besteht.

(2) Die Mitgliedstaaten können die Abschiebung unter Berücksichtigung der besonderen Umstände des Einzelfalls um einen angemessenen Zeitraum aufschieben. Die Mitgliedstaaten berücksichtigen insbesondere

a) die körperliche oder psychische Verfassung der betreffenden Drittstaatsangehörigen;

b) technische Gründe wie fehlende Beförderungskapazitäten oder Scheitern der Abschiebung aufgrund von Unklarheit über die Identität.

(3) Wird eine Abschiebung gemäß den Absätzen 1 und 2 aufgeschoben, so können dem betreffenden Drittstaatsangehörigen die in Artikel 7 Absatz 3 vorgesehenen Verpflichtungen auferlegt werden.

Artikel 10 Rückkehr und Abschiebung unbegleiteter Minderjähriger

(1) Vor Ausstellung einer Rückkehrentscheidung für unbegleitete Minderjährige wird Unterstützung durch geeignete Stellen, bei denen es sich nicht um die für die Vollstreckung von Rückkehrentscheidungen zuständigen Behörden handelt, unter gebührender Berücksichtigung des Wohles des Kindes gewährt.

(2) Vor Abschiebung von unbegleiteten Minderjährigen aus dem Hoheitsgebiet eines Mitgliedstaates vergewissern sich die Behörden dieses Mitgliedstaats, dass die Minderjährige einem Mitglied ihrer Familie, einem offiziellen Vormund oder einer geeigneten Aufnahmeeinrichtung im Rückkehrstaat übergeben werden.

Artikel 11 Einreiseverbot

(1) Rückkehrentscheidungen gehen mit einem Einreiseverbot einher,

a) falls keine Frist für eine freiwillige Ausreise eingeräumt wurde oder

b) falls der Rückkehrverpflichtung nicht nachgekommen wurde.

In anderen Fällen kann eine Rückkehrentscheidung mit einem Einreiseverbot einhergehen.

(2) Die Dauer des Einreiseverbots wird in Anbetracht der jeweiligen Umstände des Einzelfalls festgesetzt und überschreitet grundsätzlich nicht fünf Jahre. Sie kann jedoch fünf Jahre überschreiten, wenn der Drittstaatsangehörige eine schwerwiegende Gefahr für die öffentliche Ordnung, die öffentliche Sicherheit oder die nationale Sicherheit darstellt.

(3) Die Mitgliedstaaten prüfen die Aufhebung oder Aussetzung eines Einreiseverbots, wenn Drittstaatsangehörige, gegen die ein Einreiseverbot nach Absatz 1 Unterabsatz 2 verhängt wurde, nachweisen können, dass sie das Hoheitsgebiet eines Mitgliedstaats unter uneingeschränkter Einhaltung einer Rückkehrentscheidung verlassen haben.

Gegen Opfer des Menschenhandels, denen nach Maßgabe der Richtlinie 2004/81/EG des Rates vom 29. April 2004 über die Erteilung von Aufenthaltstiteln für Drittstaatsangehörige, die Opfer des Menschenhandels sind oder denen Beihilfe zur illegalen Einwanderung geleistet wurde und die mit den zuständigen Behörden kooperieren ([1])) ein Aufenthaltstitel erteilt wurde, wird unbeschadet des Absatzes 1 Unterabsatz 1 Buchstabe b kein Einreiseverbot verhängt, sofern die betreffenden Drittstaatsangehörigen keine Gefahr für die öffentliche Ordnung, die öffentliche Sicherheit oder die nationale Sicherheit darstellen.

Die Mitgliedstaaten können in Einzelfällen aus humanitären Gründen von der Verhängung eines Einreiseverbots absehen oder ein Einreiseverbot aufheben oder aussetzen.

Die Mitgliedstaaten können in Einzelfällen oder bestimmten Kategorien von Fällen ein Einreiseverbot aus sonstigen Gründen aufheben oder aussetzen.

(4) Erwägt ein Mitgliedstaat, einen Aufenthaltstitel oder eine sonstige Aufenthaltsberechtigung für Drittstaatsangehörige auszustellen, gegen die ein Einreiseverbot eines anderen Mitgliedstaats besteht, so konsultiert er zunächst den Mitgliedstaat, der das Einreiseverbot verhängt hat, und berücksichtigt dessen Interessen gemäß Artikel 25 des

[1]) ABl. L 261 vom 6. 8. 2004, S. 19.

Schengener Durchführungsübereinkommens ([2]).

(5) Die Absätze 1 bis 4 berühren nicht das Recht, in den Mitgliedstaaten um internationalen Schutz nach Artikel 2 Buchstabe a der Richtlinie 2004/83/EG des Rates vom 29. April 2004 über Mindestnormen für die Anerkennung und den Status von Drittstaatsangehörigen oder Staatenlosen als Flüchtlinge oder als Personen, die anderweitig internationalen Schutz benötigen, und über den Inhalt des zu gewährenden Schutzes ([3]) nachzusuchen.

Kapitel III Verfahrensgarantien

Artikel 12 Form

(1) Rückkehrentscheidungen sowie – gegebenenfalls – Entscheidungen über ein Einreiseverbot oder eine Abschiebung ergehen schriftlich und enthalten eine sachliche und rechtliche Begründung sowie Informationen über mögliche Rechtsbehelfe.

Die Information über die Gründe kann begrenzt werden, wenn nach einzelstaatlichem Recht eine Einschränkung des Rechts auf Information vorgesehen ist, insbesondere um die nationale Sicherheit, die Landesverteidigung, die öffentliche Sicherheit oder die Verhütung, Ermittlung, Feststellung und Verfolgung von Straftaten zu gewährleisten.

(2) Die Mitgliedstaaten stellen den betreffenden Drittstaatsangehörigen auf Wunsch eine schriftliche oder mündliche Übersetzung der wichtigsten Elemente einer Entscheidung in Bezug auf die Rückkehr nach Absatz 1 einschließlich von Informationen über mögliche Rechtsbehelfe in einer Sprache zur Verfügung, die die Drittstaatsangehörigen verstehen oder bei der vernünftigerweise davon ausgegangen werden kann, dass sie sie verstehen.

(3) Die Mitgliedstaaten können beschließen, Absatz 2 nicht auf Drittstaatsangehörige anzuwenden, die illegal in das Hoheitsgebiet eines Mitgliedstaats eingereist sind und die in der Folge nicht die Genehmigung oder das Recht erhalten haben, sich weiterhin dort aufzuhalten.

In solchen Fällen ergehen Entscheidungen in Bezug auf die Rückkehr nach Absatz 1 anhand des in den einzelstaatlichen Rechtsvorschriften vorgesehenen Standardformulars.

Die Mitgliedstaaten halten allgemeine Informationsblätter mit Erläuterungen zu den Hauptelementen des Standardformulars in mindestens fünf der Sprachen bereit, die von den illegal in den betreffenden Mitgliedstaat eingereisten Migranten am häufigsten verwendet oder verstanden werden.

Artikel 13 Rechtsbehelfe

(1) Die betreffenden Drittstaatsangehörigen haben das Recht, bei einer zuständigen Justiz- oder Verwaltungsbehörde oder einem zuständigen Gremium, dessen Mitglieder unparteiisch sind und deren Unabhängigkeit garantiert wird, einen wirksamen Rechtsbehelf gegen Entscheidungen in Bezug auf die Rückkehr nach Artikel 12 Absatz 1 einzulegen oder die Überprüfung solcher Entscheidungen zu beantragen.

(2) Die in Absatz 1 genannte Behörde oder dieses Gremium ist befugt, Entscheidungen in Bezug auf die Rückkehr nach Artikel 12 Absatz 1 zu überprüfen, und hat auch die Möglichkeit, ihre Vollstreckung einstweilig auszusetzen, sofern eine einstweilige Aussetzung nicht bereits im Rahmen der einzelstaatlichen Rechtsvorschriften anwendbar ist.

(3) Die betreffenden Drittstaatsangehörigen können rechtliche Beratung, rechtliche Vertretung und – wenn nötig – Sprachbeistand in Anspruch nehmen.

(4) Die Mitgliedstaaten stellen sicher, dass auf Antrag die erforderliche Rechtsberatung

[2]) ABl. L 239 vom 22. 9. 2000, S. 19.

[3]) ABl. L 304 vom 30. 9. 2004, S. 12.

und/oder -vertretung gemäß einschlägigen einzelstaatlichen Rechtsvorschriften oder Bestimmungen zur Prozesskostenhilfe kostenlos gewährt wird, und sie können vorsehen, dass kostenlose Rechtsberatung und/oder -vertretung nach Maßgabe der Bestimmungen nach Artikel 15 Absätze 3 bis 6 der Richtlinie 2005/85/EG bereitgestellt wird.

Artikel 14 Garantien bis zur Rückkehr

(1) Die Mitgliedstaaten stellen außer in Fällen nach Artikel 16 und 17 sicher, dass innerhalb der nach Artikel 7 für die freiwillige Ausreise gewährten Frist und der Fristen, während derer die Vollstreckung einer Abschiebung nach Artikel 9 aufgeschoben ist, die folgenden Grundsätze in Bezug auf Drittstaatsangehörige soweit wie möglich beachtet werden:

a) Aufrechterhaltung der Familieneinheit mit den in demselben Hoheitsgebiet aufhältigen Familienangehörigen;

b) Gewährung medizinischer Notfallversorgung und unbedingt erforderlicher Behandlung von Krankheiten;

c) Gewährleistung des Zugangs zum Grundbildungssystem für Minderjährige je nach Länge ihres Aufenthalts;

d) Berücksichtigung der spezifischen Bedürfnisse schutzbedürftiger Personen.

(2) Die Mitgliedstaaten stellen den in Absatz 1 genannten Personen eine schriftliche Bestätigung gemäß den innerstaatlichen Rechtsvorschriften zur Verfügung, der zufolge die Frist für die freiwillige Ausreise gemäß Artikel 7 Absatz 2 verlängert worden ist oder die Rückkehrentscheidung vorläufig nicht vollstreckt wird.

Kapitel IV Inhaftnahme für die Zwecke der Abschiebung

Artikel 15 Inhaftnahme

(1) Sofern in dem konkreten Fall keine anderen ausreichenden, jedoch weniger intensiven Zwangsmaßnahmen wirksam angewandt werden können, dürfen die Mitgliedstaaten Drittstaatsangehörige, gegen die ein Rückkehrverfahren anhängig ist, nur in Haft nehmen, um deren Rückkehr vorzubereiten und/oder die Abschiebung durchzuführen, und zwar insbesondere dann, wenn

a) Fluchtgefahr besteht oder

b) die betreffenden Drittstaatsangehörigen die Vorbereitung der Rückkehr oder das Abschiebungsverfahren umgehen oder behindern.

Die Haftdauer hat so kurz wie möglich zu sein und sich nur auf die Dauer der laufenden Abschiebungsvorkehrungen erstrecken, solange diese mit der gebotenen Sorgfalt durchgeführt werden.

(2) Die Inhaftnahme wird von einer Verwaltungs- oder Justizbehörde angeordnet.

Die Inhaftnahme wird schriftlich unter Angabe der sachlichen und rechtlichen Gründe angeordnet.

Wurde die Inhaftnahme von einer Verwaltungsbehörde angeordnet, so gilt Folgendes:

a) entweder lässt der betreffende Mitgliedstaat die Rechtmäßigkeit der Inhaftnahme so schnell wie möglich nach Haftbeginn innerhalb kurzer Frist gerichtlich überprüfen,

b) oder der Mitgliedstaat räumt den betreffenden Drittstaatsangehörigen das Recht ein zu beantragen, dass die Rechtmäßigkeit der Inhaftnahme innerhalb kurzer Frist gerichtlich überprüft wird, wobei so schnell wie möglich nach Beginn des betreffenden Verfahrens eine Entscheidung zu ergehen hat. In einem solchen Fall unterrichtet der Mitgliedstaat die betreffenden Drittstaatsangehörigen unverzüglich über die Möglichkeit, einen solchen Antrag zu stellen.

Ist die Inhaftnahme nicht rechtmäßig, so werden die betreffenden Drittstaatsangehörigen unverzüglich freigelassen.

(3) Die Inhaftnahme wird in jedem Fall – entweder auf Antrag der betreffenden Drittstaatsangehörigen oder von Amts wegen – in gebührenden Zeitabständen überprüft. Bei längerer Haftdauer müssen die Überprüfun-

gen der Aufsicht einer Justizbehörde unterliegen.

(4) Stellt sich heraus, dass aus rechtlichen oder anderweitigen Erwägungen keine hinreichende Aussicht auf Abschiebung mehr besteht oder dass die Bedingungen gemäß Absatz 1 nicht mehr gegeben sind, so ist die Haft nicht länger gerechtfertigt und die betreffende Person unverzüglich freizulassen.

(5) Die Haft wird so lange aufrechterhalten, wie die in Absatz 1 dargelegten Umstände gegeben sind und wie dies erforderlich ist, um den erfolgreichen Vollzug der Abschiebung zu gewährleisten. Jeder Mitgliedstaat legt eine Höchsthaftdauer fest, die sechs Monate nicht überschreiten darf.

(6) Die Mitgliedstaaten dürfen den in Absatz 5 genannten Zeitraum nicht verlängern; lediglich in den Fällen, in denen die Abschiebungsmaßnahme trotz ihrer angemessenen Bemühungen aufgrund der nachstehend genannten Faktoren wahrscheinlich länger dauern wird, dürfen sie diesen Zeitraum im Einklang mit dem einzelstaatlichen Recht um höchstens zwölf Monate verlängern:

a) mangelnde Kooperationsbereitschaft seitens der betroffenen Drittstaatsangehörigen oder

b) Verzögerungen bei der Übermittlung der erforderlichen Unterlagen durch Drittstaaten.

Artikel 16 Haftbedingungen

(1) Die Inhaftierung erfolgt grundsätzlich in speziellen Hafteinrichtungen. Sind in einem Mitgliedstaat solche speziellen Hafteinrichtungen nicht vorhanden und muss die Unterbringung in gewöhnlichen Haftanstalten erfolgen, so werden in Haft genommene Drittstaatsangehörige gesondert von den gewöhnlichen Strafgefangenen untergebracht.

(2) In Haft genommenen Drittstaatsangehörigen wird auf Wunsch gestattet, zu gegebener Zeit mit Rechtsvertretern, Familienangehörigen und den zuständigen Konsularbehörden Kontakt aufzunehmen.

(3) Besondere Aufmerksamkeit gilt der Situation schutzbedürftiger Personen. Medizinische Notfallversorgung und die unbedingt erforderliche Behandlung von Krankheiten wird gewährt.

(4) Einschlägig tätigen zuständigen nationalen und internationalen Organisationen sowie nicht-staatlichen Organisationen wird ermöglicht, in Absatz 1 genannte Hafteinrichtungen zu besuchen, soweit diese Einrichtungen für die Inhaftnahme von Drittstaatsangehörigen gemäß diesem Kapitel genutzt werden. Solche Besuche können von einer Genehmigung abhängig gemacht werden.

(5) In Haft genommene Drittstaatsangehörige müssen systematisch Informationen erhalten, in denen die in der Einrichtung geltenden Regeln erläutert und ihre Rechte und Pflichten dargelegt werden. Diese Information schließt eine Unterrichtung über ihren nach einzelstaatlichem Recht geltenden Anspruch auf Kontaktaufnahme mit den in Absatz 4 genannten Organisationen und Stellen ein.

Artikel 17 Inhaftnahme von Minderjährigen und Familien

(1) Bei unbegleiteten Minderjährigen und Familien mit Minderjährigen wird Haft nur im äußersten Falle und für die kürzestmögliche angemessene Dauer eingesetzt.

(2) Bis zur Abschiebung in Haft genommene Familien müssen eine gesonderte Unterbringung erhalten, die ein angemessenes Maß an Privatsphäre gewährleistet.

(3) In Haft genommene Minderjährige müssen die Gelegenheit zu Freizeitbeschäftigungen einschließlich altersgerechter Spiel- und Erholungsmöglichkeiten und, je nach Dauer ihres Aufenthalts, Zugang zur Bildung erhalten.

(4) Unbegleitete Minderjährige müssen so weit wie möglich in Einrichtungen untergebracht werden, die personell und materiell zur Berücksichtigung ihrer altersgemäßen Bedürfnisse in der Lage sind.

(5) Dem Wohl des Kindes ist im Zusammenhang mit der Abschiebehaft bei Minderjährigen Vorrang einzuräumen.

Artikel 18 Notlagen

(1) Führt eine außergewöhnlich große Zahl von Drittstaatsangehörigen, deren Rückkehr sicherzustellen ist, zu einer unvorhersehbaren Überlastung der Kapazitäten der Hafteinrichtungen eines Mitgliedstaats oder seines Verwaltungs- oder Justizpersonals, so kann der betreffende Mitgliedstaat, solange diese außergewöhnliche Situation anhält, die für die gerichtliche Überprüfung festgelegten Fristen über die in Artikel 15 Absatz 2 Unterabsatz 3 genannten Fristen hinaus verlängern und dringliche Maßnahmen in Bezug auf die Haftbedingungen ergreifen, die von den Haftbedingungen nach den Artikeln 16 Absatz 1 und 17 Absatz 2 abweichen.

(2) Ein Mitgliedstaat, der auf diese außergewöhnlichen Maßnahmen zurückgreift, setzt die Kommission davon in Kenntnis. Er unterrichtet die Kommission ebenfalls, sobald die Gründe für die Anwendung dieser außergewöhnlichen Maßnahmen nicht mehr vorliegen.

(3) Dieser Artikel ist nicht so auszulegen, als gestatte er den Mitgliedstaaten eine Abweichung von ihrer allgemeinen Verpflichtung, alle geeigneten – sowohl allgemeinen als auch besonderen – Maßnahmen zu ergreifen, um zu gewährleisten, dass sie ihren aus dieser Richtlinie hervorgehenden Verpflichtungen nachkommen.

Kapitel V Schlussbestimmungen

Artikel 19 Berichterstattung

Die Kommission erstattet dem Europäischen Parlament und dem Rat alle drei Jahre Bericht über die Anwendung dieser Richtlinie in den Mitgliedstaaten und schlägt gegebenenfalls Änderungen vor.

Erstmals erstattet sie bis spätestens zum 24. Dezember 2013 Bericht und legt dabei den Schwerpunkt auf die Anwendung von Artikel 11, Artikel 13 Absatz 4 und Artikel 15 in den Mitgliedstaaten. In Bezug auf Artikel 13 Absatz 4 untersucht die Kommission insbesondere, welcher zusätzliche finanzielle und administrative Aufwand den Mitgliedstaaten entsteht.

Artikel 20 Umsetzung

(1) Die Mitgliedstaaten setzen die erforderlichen Rechts- und Verwaltungsvorschriften in Kraft, um dieser Richtlinie bis spätestens zum 24. Dezember 2010 nachzukommen. In Bezug auf Artikel 13 Absatz 4 erlassen die Mitgliedstaaten die erforderlichen Rechts- und Verwaltungsvorschriften, um dieser Richtlinie bis spätestens zum 24. Dezember 2011 nachzukommen. Sie teilen der Kommission unverzüglich den Wortlaut dieser Vorschriften mit.

Bei Erlass dieser Vorschriften nehmen die Mitgliedstaaten in den Vorschriften selbst oder durch einen Hinweis bei der amtlichen Veröffentlichung auf diese Richtlinie Bezug. Die Mitgliedstaaten regeln die Einzelheiten der Bezugnahme.

(2) Die Mitgliedstaaten teilen der Kommission den Wortlaut der wichtigsten innerstaatlichen Rechtsvorschriften mit, die sie auf dem unter diese Richtlinie fallenden Gebiet erlassen.

Artikel 21 Beziehung zum Übereinkommen von Schengen

Diese Richtlinie ersetzt die Artikel 23 und 24 des Schengener Durchführungsübereinkommens.

Artikel 22 Inkrafttreten

Diese Richtlinie tritt am zwanzigsten Tag nach ihrer Veröffentlichung im Amtsblatt der Europäischen Union in Kraft.

Artikel 23 Adressaten

Diese Richtlinie ist gemäß dem Vertrag zur Gründung der Europäischen Gemeinschaft an die Mitgliedstaaten gerichtet.

V EU-Visarecht

V

Verordnung (EU) 2018/1806 des Europäischen Parlaments und des Rates zur Aufstellung der Liste der Drittländer, deren Staatsangehörige beim Überschreiten der Außengrenzen im Besitz eines Visums sein müssen, sowie der Liste der Drittländer, deren Staatsangehörige von dieser Visumpflicht befreit sind

Vom 14. November 2018 (ABl. S. 303/39)

Das Europäische Parlament und der Rat der Europäischen Union –

gestützt auf den Vertrag über die Arbeitsweise der Europäischen Union, insbesondere auf Artikel 77 Absatz 2 Buchstabe a,

auf Vorschlag der Europäischen Kommission,

nach Zuleitung des Entwurfs des Gesetzgebungsakts an die nationalen Parlamente,

V

gemäß dem ordentlichen Gesetzgebungsverfahren[1]),

in Erwägung nachstehender Gründe:

(1) Die Verordnung (EG) Nr. 539/2001 des Rates[2]) ist mehrfach und in wesentlichen Punkten geändert worden[3]). Aus Gründen der Übersichtlichkeit und Klarheit empfiehlt es sich, die genannte Verordnung zu kodifizieren.

(2) Diese Verordnung sieht eine vollständige Harmonisierung bezüglich der Drittländer vor, deren Staatsangehörige beim Überschreiten der Außengrenzen der Mitgliedstaaten im Besitz eines Visums sein müssen (im Folgenden auch „Visumpflicht"), sowie der Drittländer, deren Staatsangehörige von dieser Pflicht befreit sind.

(3) Die Bestimmung der Drittländer, deren Staatsangehörige der Visumpflicht unterliegen oder von der Visumpflicht befreit sind, sollte auf der Grundlage einer fallweise gewichteten Bewertung mehrerer Kriterien erfolgen. Diese Bewertung sollte regelmäßig durchgeführt werden und könnte zu Gesetzgebungsvorschlägen zur Änderung des Anhangs I dieser Verordnung – der die Drittländer aufführt, deren Staatsangehörige beim Überschreiten der Außengrenzen der Mitgliedstaaten im Besitz eines Visums sein müssen –, und des Anhangs II dieser Verordnung – der die Drittländer aufführt, deren Staatsangehörige für einen Aufenthalt, der 90 Tage je Zeitraum von 180 Tagen nicht überschreitet, von der Pflicht, beim Überschreiten der Außengrenzen der Mitgliedstaaten im Besitz eines Visums zu sein, befreit sind – führen, ungeachtet der Möglichkeit, unter bestimmten Umständen länderspezifische Änderungen an den Anhängen vorzunehmen, zum Beispiel als ein Ergebnis der Liberalisierung der Visabestimmungen oder als letzte Konsequenz einer vorübergehenden Aussetzung der Befreiung von der Visumpflicht (im Folgenden auch „Visumbefreiung").

(4) Die Zusammensetzung der Listen der Drittländer in den Anhängen I und II sollte stets den Kriterien dieser Verordnung entsprechen. Verweise zu Drittländern, deren Situation sich im Hinblick auf diese Kriterien geändert hat, sollten von einem Anhang in den anderen überführt werden.

(5) In den Anhängen I und II sollte völkerrechtlichen Entwicklungen, durch die sich der Status oder die Bezeichnung bestimmter Staaten oder Gebietskörperschaften geändert hat, Rechnung getragen werden.

---

1) Standpunkt des Europäischen Parlaments vom 2. Oktober 2018 (noch nicht im Amtsblatt veröffentlicht) und Beschluss des Rates vom 6. November 2018.

2) Verordnung (EG) Nr. 539/2001 des Rates vom 15. März 2001 zur Aufstellung der Liste der Drittländer, deren Staatsangehörige beim Überschreiten der Außengrenzen im Besitz eines Visums sein müssen, sowie der Liste der Drittländer, deren Staatsangehörige von dieser Visumpflicht befreit sind (ABl. L 81 vom 21. 3. 2001, S. 1).

3) Siehe Anhang III.

(6) Da Staatsangehörige Islands, Liechtensteins und Norwegens im Rahmen des Abkommens über den Europäischen Wirtschaftsraum[4]) von der Visumpflicht befreit sind, sollten diese Länder nicht in der Liste in Anhang II aufgeführt werden.

(7) Da das Abkommen zwischen der Europäischen Gemeinschaft und ihren Mitgliedstaaten einerseits und der Schweizerischen Eidgenossenschaft andererseits über die Freizügigkeit[5]) vorsieht, dass sich die Staatsangehörigen der Schweiz und der Mitgliedstaaten jeweils ohne Visum im anderen Land aufhalten dürfen, sollte die Schweiz nicht in der Liste in Anhang II aufgeführt werden.

(8) Unbeschadet der Verpflichtungen aufgrund der von den Mitgliedstaaten unterzeichneten internationalen Abkommen und insbesondere des am 20. April 1959 in Straßburg unterzeichneten Europäischen Übereinkommens des Europarats über die Aufhebung des Sichtvermerkzwangs für Flüchtlinge muss für anerkannte Flüchtlinge und für Staatenlose die Visumpflicht oder die Visumbefreiung je nach dem Drittland beschlossen werden, in dem sich diese Personen aufhalten und das ihnen die Reisedokumente ausgestellt hat. Aufgrund der Unterschiede zwischen den nationalen Rechtsvorschriften für anerkannte Flüchtlinge und für Staatenlose sollten die Mitgliedstaaten jedoch festlegen können, ob diese Personengruppen befreit werden sollten, wenn das Drittland, in dem sich diese Personen aufhalten und das ihnen die Reisedokumente ausgestellt hat, zu den Drittländern gehört, deren Staatsangehörige von der Visumpflicht befreit sind.

(9) Gemäß der Verordnung (EG) Nr. 1931/2006 des Europäischen Parlaments und des Rates[6]) sollte eine Befreiung von der Visumpflicht zugunsten der Inhaber einer Grenzübertrittsgenehmigung zum Zwecke des Kleinen Grenzverkehrs vorgesehen werden.

(10) Die Mitgliedstaaten sollten für Inhaber bestimmter Pässe, bei denen es sich nicht um gewöhnliche Pässe handelt, Ausnahmen von der Visumpflicht vorsehen können.

(11) In Einzelfällen, die eine visumpolitische Sonderregelung rechtfertigen, sollten die Mitgliedstaaten, im Einklang mit dem Völkerrecht oder einer allgemein üblichen Praxis, bestimmte Personengruppen von der Visumpflicht befreien oder sie dieser Pflicht unterwerfen können.

(12) Die Mitgliedstaaten sollten Personen mit Flüchtlingsstatus, alle Staatenlosen, sowohl jene im Sinne des Übereinkommens der Vereinten Nationen über die Rechtsstellung von Staatenlosen vom 28. September 1954 als auch jene, die nicht unter dieses Übereinkommen fallen, und an einer Schulreise teilnehmende Schüler von der Visumpflicht befreien können, wenn Personen dieser Kategorien ihren Wohnsitz in einem in der Liste in Anhang II dieser Verordnung aufgeführten Drittland haben.

(13) Die Regelungen für die Befreiung von der Visumpflicht sollten die tatsächlichen Gepflogenheiten umfassend berücksichtigen. Einige Mitgliedstaaten befreien Staatsangehörige von in der Liste der Drittländer, deren Staatsangehörige beim Überschreiten der Außengrenzen der Mitgliedstaaten im Besitz eines Visums sein müssen, aufgeführten Drittländern, die Angehörige von Streitkräften sind, für Reisen im Rahmen der Nordatlantikvertrags-Organisation (NATO) oder der Partnerschaft für den Frieden von der Visumpflicht. Auf diese Befreiungen, die auf internationalen Verpflichtungen außerhalb des Unionsrechts beruht, sollte aus Gründen der Rechtssicherheit in dieser Verordnung verwiesen werden.

V

---

[4]) ABl. L 1 vom 3. 1. 1994, S. 3.

[5]) ABl. L 114 vom 30. 4. 2002, S. 6.

[6]) Verordnung (EG) Nr. 1931/2006 des Europäischen Parlaments und des Rates vom 20. Dezember 2006 zur Festlegung von Vorschriften über den kleinen Grenzverkehr an den Landaußengrenzen der Mitgliedstaaten sowie zur Änderung der Bestimmungen des Übereinkommens von Schengen (ABl. L 405 vom 30. 12. 2006, S. 1).

(14) Die umfassende Anwendung der Gegenseitigkeit bei der Visumpflicht ist ein Ziel, das die Union in ihren Beziehungen zu Drittländern aktiv verfolgen sollte, um damit zu einer größeren Glaubwürdigkeit und Stimmigkeit der Außenpolitik der Union beizutragen.

(15) Für den Fall, dass eines der in der Liste in Anhang II aufgeführten Drittländer beschließen sollte, für die Staatsangehörigen eines oder mehrerer Mitgliedstaaten eine Visumpflicht einzuführen, sollte ein Unionsmechanismus zur Umsetzung des Grundsatzes der Gegenseitigkeit vorgesehen werden. Dieser Mechanismus sollte für den Fall, dass ein solches Drittland den Staatsangehörigen mindestens eines Mitgliedstaats die Visumpflicht auferlegt, eine Reaktion der Union im Sinne eines solidarischen Handelns vorsehen.

(16) Auf die Mitteilung eines Mitgliedstaats hin, dass ein in der Liste in Anhang II aufgeführtes Drittland den Staatsangehörigen dieses Mitgliedstaats die Visumpflicht auferlegt, sollten alle Mitgliedstaaten geschlossen reagieren und damit eine Reaktion der Union auf eine Situation geben, die die Union insgesamt betrifft und dazu führt, dass für ihre Bürger unterschiedliche Behandlungen gelten.

(17) Um eine angemessene Beteiligung des Europäischen Parlaments und des Rates in der zweiten Phase der Anwendung des Gegenseitigkeitsmechanismus sicherzustellen, sollte der Kommission – in Anbetracht dessen, dass eine Aussetzung der Befreiung aller Staatsangehörigen eines in der Liste in Anhang II aufgeführten Drittlands von der Visumpflicht politisch besonders sensibel und mit horizontalen Auswirkungen für die Mitgliedstaaten, die assoziierten Schengen-Länder und die Union selbst verbunden ist, insbesondere hinsichtlich ihrer Außenbeziehungen und des Funktionierens des Schengen-Raums insgesamt – die Befugnis übertragen werden, gemäß Artikel 290 des Vertrags über die Arbeitsweise der Europäischen Union (AEUV) Rechtsakte hinsichtlich bestimmter Elemente des Gegenseitigkeitsmechanismus zu erlassen. Die Übertragung derartiger Befugnisse auf die Kommission trägt der Notwendigkeit zu politischen Beratungen über die Visumpolitik der Union im Schengen-Raum Rechnung. Sie spiegelt auch die Notwendigkeit wider, eine angemessene Transparenz sowie Rechtssicherheit bei der Anwendung des Gegenseitigkeitsmechanismus auf alle Staatsangehörigen des betroffenen Drittlands zu gewährleisten, insbesondere durch eine entsprechende befristete Änderung des Anhangs II dieser Verordnung. Es ist von besonderer Bedeutung, dass die Kommission im Zuge ihrer Vorbereitungsarbeit angemessene Konsultationen, auch auf der Ebene von Sachverständigen, durchführt, die mit den Grundsätzen in Einklang stehen, die in der Interinstitutionellen Vereinbarung vom 13. April 2016[7]) über bessere Rechtsetzung niedergelegt wurden. Um insbesondere für eine gleichberechtigte Beteiligung an der Vorbereitung delegierter Rechtsakte zu sorgen, erhalten das Europäische Parlament und der Rat alle Dokumente zur gleichen Zeit wie die Sachverständigen der Mitgliedstaaten, und ihre Sachverständigen haben systematisch Zugang zu den Sitzungen der Sachverständigengruppen der Kommission, die mit der Vorbereitung der delegierten Rechtsakte befasst sind.

(18) Diese Verordnung sollte einen Mechanismus zur vorübergehenden Aussetzung der Befreiung eines in der Liste in Anhang II aufgeführten Drittlands von der Visumpflicht vorsehen (im Folgenden „Aussetzungsmechanismus"), wenn in einer Notlage eine dringliche Reaktion erforderlich ist, um die Schwierigkeiten mindestens eines Mitgliedstaats zu beheben, wobei der Gesamtauswirkung der Notlage auf die Union als Ganzes Rechnung getragen wird.

(19) Um eine effiziente Anwendung des Aussetzungsmechanismus und bestimmter Bestimmungen des Gegenseitigkeitsmechanis-

---

[7]) ABl. L 123 vom 12. 5. 2016, S. 1.

mus zu gewährleisten und um insbesondere zu ermöglichen, dass alle relevanten Faktoren und die möglichen Auswirkungen der Anwendung dieser Mechanismen angemessen berücksichtigt werden, sollten der Kommission Durchführungsbefugnisse in Bezug auf die Bestimmung der Gruppen von Staatsangehörigen des betreffenden Drittlands, deren Befreiung von der Visumpflicht im Rahmen des Gegenseitigkeitsmechanismus vorübergehend ausgesetzt werden sollte und auf die Festlegung der jeweiligen Dauer dieser Aussetzung sowie auf den Aussetzungsmechanismus übertragen werden. Diese Befugnisse sollten im Einklang mit der Verordnung (EU) Nr. 182/2011 des Europäischen Parlaments und des Rates[8]) ausgeübt werden. Das Prüfverfahren sollte für den Erlass solcher Rechtsakte angewendet werden.

(20) Jede Art von Missbrauch, der auf die Befreiung von der Visumpflicht bei kurzfristigen Aufenthalten von Staatsangehörigen eines Drittlands zurückzuführen ist, muss verhütet und bekämpft werden, sofern die betreffenden Personen eine Gefahr für die öffentliche Ordnung („ordre public") und die innere Sicherheit des betroffenen Mitgliedstaates darstellen.

(21) Der Aussetzungsmechanismus sollte es ermöglichen, dass die Mitgliedstaaten Umstände melden können, die Anlass für eine etwaige Aussetzung sind, und dass die Kommission den Aussetzungsmechanismus auf eigene Initiative auslösen kann.

(22) Insbesondere sollte die Anwendung des Aussetzungsmechanismus durch kurze Bezugszeiträume und Fristen – womit ein schnelles Verfahren ermöglicht wird – erleichtert werden und die möglichen Gründe für die Aussetzung sollten eine Verschlechterung bei der Zusammenarbeit im Bereich Rückübernahmen sowie eine erhebliche Erhöhung von Risiken für die öffentliche Ordnung oder die innere Sicherheit von Mitgliedstaaten umfassen. Diese Verschlechterung bei der Zusammenarbeit sollte einen erheblichen Anstieg der Ablehnungsrate bei Rückübernahmeersuchen, einschließlich betreffend Drittstaatsangehörige, die durch das betreffende Drittland gereist sind, wenn ein zwischen der Union oder einem Mitgliedstaat und dem betreffenden Drittland geschlossenes Rückübernahmeabkommen eine solche Verpflichtung vorsieht, umfassen. Die Kommission sollte ferner in der Lage sein, den Aussetzungsmechanismus auszulösen, wenn das Drittland nicht zur Zusammenarbeit bei der Rückübernahme bereit ist, insbesondere wenn ein Rückübernahmeabkommen zwischen dem betreffenden Drittland und der Union geschlossen wurde.

(23) Für die Zwecke des Aussetzungsmechanismus bedeutet ein erheblicher Anstieg, dass ein Schwellenwert von 50 % überschritten wird. Ein erheblicher Anstieg könnte auch bei einem niedrigeren Wert vorliegen, sofern die Kommission der Ansicht ist, dass dies auf den konkreten, von dem betroffenen Mitgliedstaat mitgeteilten Fall zutrifft.

(24) Für die Zwecke des Aussetzungsmechanismus bedeutet eine geringe Anerkennungsquote, dass die Anerkennungsquote bei Asylanträgen etwa 3 oder 4 % beträgt. Eine „geringe Anerkennungsquote" könnte auch bei einer höheren Anerkennungsquote gegeben sein, sofern die Kommission der Ansicht ist, dass dies auf den konkreten, vom betroffenen Mitgliedstaat mitgeteilten Fall zutrifft.

(25) Jede Art von Missbrauch der Befreiung von der Visumpflicht muss verhütet und bekämpft werden, sofern er zu einem höheren Migrationsdruck führt, beispielsweise aufgrund eines Anstiegs unbegründeter Asylanträge, und auch, wenn er zu unbegründeten Anträgen auf Aufenthaltstitel führt.

(26) Um zu gewährleisten, dass die spezifischen Anforderungen, anhand deren die An-

V

[8]) Verordnung (EU) Nr. 182/2011 des Europäischen Parlaments und des Rates vom 16. Februar 2011 zur Festlegung der allgemeinen Regeln und Grundsätze, nach denen die Mitgliedstaaten die Wahrnehmung der Durchführungsbefugnisse durch die Kommission kontrollieren (ABl. L 55 vom 28. 2. 2011, S. 13).

gemessenheit einer infolge des erfolgreichen Abschlusses eines Dialogs über die Visaliberalisierung gewährten Befreiung von der Visumpflicht bewertet wurde, auch in Zukunft erfüllt werden, sollte die Kommission die Situation in den betreffenden Drittländern beobachten. Die Kommission sollte der Lage der Menschenrechte in den betreffenden Drittländern besondere Aufmerksamkeit widmen.

(27) Die Kommission sollte dem Europäischen Parlament und dem Rat regelmäßig, mindestens einmal jährlich, für einen Zeitraum von sieben Jahren nach Inkrafttreten der Visumfreiheit für das betreffende Drittland und im Anschluss daran, wenn die Kommission dies für notwendig erachtet, oder auf Antrag des Europäischen Parlaments oder des Rates, Bericht erstatten.

(28) Vor der Entscheidung über eine vorübergehende Aussetzung der Befreiung von der Visumpflicht für die Staatsangehörigen eines Drittlands sollte die Kommission die Menschenrechtslage in diesem Drittland und die etwaigen Auswirkungen einer Aussetzung der Befreiung von der Visumpflicht auf diese Lage berücksichtigen.

(29) Die Aussetzung der Befreiung von der Visumpflicht im Wege eines Durchführungsrechtsakts sollte sich auf bestimmte Gruppen von Staatsangehörigen des betroffenen Drittlands erstrecken, indem auf die einschlägigen Arten von Reisedokumenten und gegebenenfalls weitere Kriterien wie beispielsweise die Tatsache, dass eine Person erstmals in das Hoheitsgebiet der Mitgliedstaaten einreist, verwiesen wird. Im Durchführungsrechtsakt sollten die Gruppen von Staatsangehörigen bestimmt werden, für die die Aussetzung gilt, wobei die konkreten Umstände, die von einem oder mehreren Mitgliedstaaten mitgeteilt oder von der Kommission gemeldet wurden, und der Grundsatz der Verhältnismäßigkeit berücksichtigt werden sollten.

(30) Um eine angemessene Beteiligung des Europäischen Parlaments und des Rates an der Durchführung des Aussetzungsmechanismus sicherzustellen, sollte der Kommission – in Anbetracht dessen, dass eine Aussetzung der Befreiung für alle Staatsangehörigen eines aufgeführten Drittlands der Liste in Anhang II dieser Verordnung von der Visumpflicht politisch heikel und mit horizontalen Auswirkungen auf die Mitgliedstaaten und die Union selbst verbunden wäre, insbesondere hinsichtlich ihrer Außenbeziehungen und des Funktionierens des Schengen-Raums insgesamt – die Befugnis übertragen werden, gemäß Artikel 290 AEUV Rechtsakte hinsichtlich der vorübergehenden Aussetzung der Befreiung von der Visumpflicht für die Staatsangehörigen der betroffenen Drittländer zu erlassen. Es ist von besonderer Bedeutung, dass die Kommission im Zuge ihrer Vorbereitungsarbeit angemessene Konsultationen, auch auf der Ebene von Sachverständigen, durchführt, die mit den Grundsätzen in Einklang stehen, die in der Interinstitutionellen Vereinbarung vom 13. April 2016 über bessere Rechtsetzung niedergelegt wurden. Um insbesondere für eine gleichberechtigte Beteiligung an der Vorbereitung delegierter Rechtsakte zu sorgen, erhalten das Europäische Parlament und der Rat alle Dokumente zur gleichen Zeit wie die Sachverständigen der Mitgliedstaaten, und ihre Sachverständigen haben systematisch Zugang zu den Sitzungen der Sachverständigengruppen der Kommission, die mit der Vorbereitung der delegierten Rechtsakte befasst sind.

(31) Um die Transparenz der Visabestimmungen und die Unterrichtung der beteiligten Personen zu gewährleisten, sollten die Mitgliedstaaten der Kommission und den anderen Mitgliedstaaten die Maßnahmen mitteilen, die sie aufgrund dieser Verordnung ergreifen. Aus dem gleichen Grund sollten diese Informationen im Amtsblatt der Europäischen Union veröffentlicht werden.

(32) Die Bedingungen für die Einreise in das Hoheitsgebiet der Mitgliedstaaten oder für die Visumerteilung sollten die Bestimmungen über die Anerkennung der Gültigkeit von Reisedokumenten unberührt lassen.

(33) Gemäß dem in Artikel 5 des Vertrags über die Europäische Union verankerten Grundsatz der Verhältnismäßigkeit ist es für das reibungslose Funktionieren der gemein-

samen Visumpolitik notwendig und angemessen, die Aufstellung der Liste der Drittländer, deren Staatsangehörige beim Überschreiten der Außengrenzen im Besitz eines Visums sein müssen, sowie der Liste der Drittländer, deren Staatsangehörige von dieser Visumpflicht befreit sind, im Wege einer Verordnung zu regeln.

(34) Diese Verordnung sollte die Anwendung internationaler Abkommen unberührt lassen, die die Europäische Gemeinschaft vor Inkrafttreten der Verordnung (EG) Nr. 539/2001 geschlossen hat und die ein Abweichen von der gemeinsamen Visumpolitik erforderlich machen, wobei der Rechtsprechung des Gerichtshofs der Europäischen Union Rechnung zu tragen ist.

(35) Für Island und Norwegen stellt diese Verordnung eine Weiterentwicklung der Bestimmungen des Schengen-Besitzstands im Sinne des Übereinkommens zwischen dem Rat der Europäischen Union sowie der Republik Island und dem Königreich Norwegen über die Assoziierung der beiden letztgenannten Staaten bei der Umsetzung, Anwendung und Entwicklung des Schengen-Besitzstands[9]) dar, die zu dem in Artikel 1 Buchstabe B des Beschlusses 1999/437/EG des Rates[10]) genannten Bereich gehören.

(36) Für die Schweiz stellt diese Verordnung eine Weiterentwicklung der Bestimmungen des Schengen-Besitzstands im Sinne des Abkommens zwischen der Europäischen Union, der Europäischen Gemeinschaft und der Schweizerischen Eidgenossenschaft über die Assoziierung dieses Staates bei der Umsetzung, Anwendung und Entwicklung des Schengen-Besitzstands[11]) dar, die zu dem in Artikel 1 Buchstaben B und C des Beschlusses 1999/437/EG des Rates in Verbindung mit Artikel 3 des Beschlusses 2008/146/EG des Rates[12]) genannten Bereich gehören.

(37) Für Liechtenstein stellt diese Verordnung eine Weiterentwicklung der Bestimmungen des Schengen-Besitzstands im Sinne des Protokolls zwischen der Europäischen Union, der Europäischen Gemeinschaft, der Schweizerischen Eidgenossenschaft und dem Fürstentum Liechtenstein über den Beitritt des Fürstentums Liechtenstein zu dem Abkommen zwischen der Europäischen Union, der Europäischen Gemeinschaft und der Schweizerischen Eidgenossenschaft über die Assoziierung letzteren Staates bei der Umsetzung, Anwendung und Entwicklung des Schengen-Besitzstands[13]) dar, die zu dem in Artikel 1 Buchstaben B und C des Beschlusses 1999/437/EG des Rates in Verbindung mit Artikel 3 des Beschlusses 2011/350/EU des Rates[14]) genannten Bereich gehören.

V

---

9) ABl. L 176 vom 10. 7. 1999, S. 36.

10) Beschluss des Rates 1999/437/EG vom 17. Mai 1999 zum Erlass bestimmter Durchführungsvorschriften zu den Übereinkommen zwischen dem Rat der Europäischen Union und der Republik Island und dem Königreich Norwegen über die Assoziierung dieser beiden Staaten bei der Umsetzung, Anwendung und Entwicklung des Schengen-Besitzstands (ABl. L 176 vom 10. 7. 1999, S. 31).

11) ABl. L 53 vom 27. 2. 2008, S. 52.

12) Beschluss des Rates 2008/146/EG vom 28. Januar 2008 über den Abschluss – im Namen der Europäischen Gemeinschaft – des Abkommens zwischen der Europäischen Union, der Europäischen Gemeinschaft und der Schweizerischen Eidgenossenschaft über die Assoziierung der Schweizerischen Eidgenossenschaft bei der Umsetzung, Anwendung und Entwicklung des Schengen-Besitzstands (ABl. L 53 vom 27. 2. 2008, S. 1).

13) ABl. L 160 vom 18. 6. 2011, S. 21.

14) Beschluss 2011/350/EU des Rates vom 7. März 2011 über den Abschluss – im Namen der Europäischen Union – des Protokolls zwischen der Europäischen Union, der Europäischen Gemeinschaft, der Schweizerischen Eidgenossenschaft und dem Fürstentum Liechtenstein über den Beitritt des Fürstentums Liechtenstein zum Abkommen zwischen der Europäischen Union, der Europäischen Gemeinschaft und der Schweizerischen Eidgenossenschaft über die Assoziierung der Schweizerischen Eidgenossenschaft bei der Umsetzung, Anwendung und Entwicklung des Schengen-Besitzstands in Bezug auf die Abschaffung der Kontrollen an den Binnengrenzen und den freien Personenverkehr (ABl. L 160 vom 18. 6. 2011, S. 19).

(38) Diese Verordnung stellt eine Weiterentwicklung der Bestimmungen des Schengen-Besitzstands dar, an denen sich das Vereinigte Königreich gemäß dem Beschluss 2000/365/EG des Rates[15]) nicht beteiligt; das Vereinigte Königreich beteiligt sich daher nicht an der Annahme dieser Verordnung und ist weder an diese Verordnung gebunden noch zu ihrer Anwendung verpflichtet.

(39) Diese Verordnung stellt eine Weiterentwicklung der Bestimmungen des Schengen-Besitzstands dar, an denen sich Irland gemäß dem Beschluss 2002/192/EG des Rates[16]) nicht beteiligt; Irland beteiligt sich daher nicht an der Annahme dieser Verordnung und ist weder an diese Verordnung gebunden noch zu ihrer Anwendung verpflichtet –

haben folgende Vereinbarung erlassen:

V

Artikel 1 (Drittländer)

Diese Verordnung bestimmt die Drittländer, deren Staatsangehörige der Visumspflicht unterliegen oder von der Visumpflicht befreit sind; dies erfolgt auf der Grundlage einer fallweise gewichteten Bewertung mehrerer Kriterien, die unter anderem die illegale Einwanderung, die öffentliche Ordnung und Sicherheit, die wirtschaftlichen Vorteile, insbesondere in Bezug auf Tourismus und Außenhandel, sowie die Außenbeziehungen der Union zu den entsprechenden Drittländern betreffen, wobei insbesondere Erwägungen in Bezug auf die Menschenrechte und die Grundfreiheiten und die regionale Kohärenz und der Grundsatz der Gegenseitigkeit zu berücksichtigen sind.

Artikel 2 (Visum)

Im Sinne dieser Verordnung bedeutet „Visum" ein Visum gemäß Artikel 2 Nummer 2 Buchstabe a der Verordnung (EG) Nr. 810/2009 des Europäischen Parlaments und des Rates[1]).

Artikel 3 (Visumpflicht)

(1) Die Staatsangehörigen der Drittländer, die in der Liste in Anhang I aufgeführt sind, müssen beim Überschreiten der Außengrenzen der Mitgliedstaaten im Besitz eines Visums sein.

(2) Unbeschadet der Verpflichtungen aus dem am 20. April 1959 in Straßburg unterzeichneten Europäischen Übereinkommen des Europarats über die Aufhebung des Sichtvermerkzwangs für Flüchtlinge müssen Personen mit Flüchtlingsstatus und Staatenlose beim Überschreiten der Außengrenzen der Mitgliedstaaten im Besitz eines Visums sein, wenn das Drittland, in dem sie ihren Wohnsitz haben und das ihnen ihr Reisedokument ausgestellt hat, in der Liste in Anhang I dieser Verordnung aufgeführt ist.

Artikel 4 (Befreiung)

(1) Die Staatsangehörigen der in der Liste in Anhang II aufgeführten Drittländer sind von der Visumpflicht nach Artikel 3 Absatz 1 für einen Aufenthalt, der 90 Tage je Zeitraum von 180 Tagen nicht überschreitet, befreit.

(2) Von der Visumpflicht befreit sind außerdem folgende Personen:

a) Staatsangehörige eines in der Liste in Anhang I dieser Verordnung aufgeführten Drittlands, die Inhaber einer von den Mitgliedstaaten gemäß der Verordnung (EG) Nr. 1931/2006 ausgestellten Grenzübertrittsgenehmigung zum Zwecke des kleinen Grenzverkehrs sind, wenn diese Personen ihr Recht im Rahmen der Regelung für den kleinen Grenzverkehr wahrnehmen;

---

15) Beschluss 2000/365/EG des Rates vom 29. Mai 2000 zum Antrag des Vereinigten Königreichs Großbritannien und Nordirland, einzelne Bestimmungen des Schengen-Besitzstands auf sie anzuwenden (ABl. L 131 vom 1. 6. 2000, S. 43).

16) Beschluss 2002/192/EG des Rates vom 28. Februar 2002 zum Antrag Irlands auf Anwendung einzelner Bestimmungen des Schengen-Besitzstands auf Irland (ABl. L 64 vom 7. 3. 2002, S. 20).

1) Verordnung (EG) Nr. 810/2009 des Europäischen Parlaments und des Rates vom 13. Juli 2009 über einen Visakodex der Gemeinschaft (Visakodex) (ABl. L 243 vom 15. 9. 2009, S. 1).

b) Schüler, die Staatsangehörige eines in der Liste in Anhang I dieser Verordnung aufgeführten Drittlands sind, ihren Wohnsitz in einem Mitgliedstaat haben, der den Beschluss 94/795/ JI des Rates[1]) anwendet und als Mitglied einer Schülergruppe in Begleitung einer Lehrkraft der betreffenden Einrichtung an einer Schulreise teilnehmen;

c) Personen mit Flüchtlingsstatus und Staatenlose sowie andere Personen, die nicht die Staatsangehörigkeit eines Landes besitzen, mit Wohnsitz in einem Mitgliedstaat, die Inhaber eines von diesem Mitgliedstaat ausgestellten Reisedokuments sind.

Artikel 5 (Neue Drittländer)

Staatsangehörige neuer Drittländer, die aus den in den Listen in den Anhängen I und II aufgeführten Drittländern hervorgegangen sind, unterliegen Artikel 3 beziehungsweise Artikel 4, bis der Rat nach dem Verfahren der einschlägigen Vorschrift des AEUV etwas anderes beschließt.

Artikel 6 (Ausnahmen und Befreiungen)

(1) Die Mitgliedstaaten können bei folgenden Personengruppen Ausnahmen von der Visumpflicht nach Artikel 3 oder von der Befreiung von der Visumpflicht nach Artikel 4 vorsehen:

a) Inhaber von Diplomatenpässen, Dienst-/Amtspässen oder Sonderpässen;

b) ziviles Flug- und Schiffspersonal in Ausübung seiner Aufgaben;

c) ziviles Schiffspersonal bei Landgängen, wenn es im Besitz eines Personalausweises für Seeleute ist, der gemäß den Übereinkommen der Internationalen Arbeitsorganisation Nr. 108 vom 13. Mai 1958 oder Nr. 185 vom 19. Juni 2003 oder dem Übereinkommen der Internationalen Seeschifffahrtsorganisation zur Erleichterung des internationalen Seeverkehrs vom 9. April 1965 ausgestellt worden ist;

d) Personal und Mitglieder von Hilfs- oder Rettungsmissionen bei Katastrophen- oder Unglücksfällen;

e) ziviles Personal von Schiffen, die internationale Binnenwasserstraßen befahren;

f) Inhaber von Reisedokumenten, die zwischenstaatliche internationale Organisationen, denen mindestens ein Mitgliedstaat angehört, oder sonstige Rechtspersonen, die von dem betroffenen Mitgliedstaat als Völkerrechtssubjekte anerkannt werden, den Amtsträgern dieser Organisationen oder Rechtspersonen ausstellen.

(2) Die Mitgliedstaaten können folgende Personen von der Visumpflicht nach Artikel 3 befreien:

a) Schüler, die Staatsangehörige eines in der Liste in Anhang I aufgeführten Drittlands sind, ihren Wohnsitz in einem in Anhang II aufgeführten Drittland oder in der Schweiz oder Liechtenstein haben und als Mitglied einer Schülergruppe in Begleitung einer Lehrkraft der betreffenden Einrichtung an einer Schulreise teilnehmen;

b) Personen mit Flüchtlingsstatus und Staatenlose, wenn das Drittland, in dem sie ihren Wohnsitz haben und das ihnen ihr Reisedokument ausgestellt hat, in Anhang II aufgeführt ist;

c) Angehörige von Streitkräften für Reisen im Rahmen der NATO oder der Partnerschaft für den Frieden und Inhaber von Ausweispapieren und Einsatzbefehlen, die im Abkommen der Parteien des Nordatlantikvertrags über die Rechtsstellung ihrer Streitkräfte vom 19. Juni 1951 vorgesehen sind;

d) unbeschadet der Verpflichtungen aus dem am 20. April 1959 in Straßburg unter-

V

[1]) Beschluss 94/795/JI des Rates vom 30. November 1994 über die vom Rat aufgrund von Artikel K.3 Absatz 2 Buchstabe b) des Vertrages über die Europäische Union beschlossene gemeinsame Maßnahme über Reiseerleichterungen für Schüler von Drittstaaten mit Wohnsitz in einem Mitgliedstaat (ABl. L 327 vom 19. 12. 1994, S. 1).

zeichneten Europäischen Übereinkommen des Europarats über die Aufhebung des Sichtvermerkzwangs für Flüchtlinge Personen mit Flüchtlingsstatus und Staatenlose sowie andere Personen ohne die Staatsangehörigkeit eines Landes mit Aufenthalt im Vereinigten Königreich oder in Irland, die Inhaber eines vom Vereinigten Königreich oder von Irland ausgestellten Reisedokuments sind, das von dem betroffenen Mitgliedstaat anerkannt wird.

(3) Die Mitgliedstaaten können für Personen, die während ihres Aufenthalts einer Erwerbstätigkeit nachgehen, Ausnahmen von der Befreiung von der Visumpflicht nach Artikel 4 vorsehen.

V

Artikel 7 (Vorgehen bei Visumpflicht für EU-Staatsangehörige)

Falls ein in der Liste in Anhang II aufgeführtes Drittland Staatsangehörigen mindestens eines Mitgliedstaats eine Visumpflicht auferlegt, finden folgende Bestimmungen Anwendung:

a) Der betroffene Mitgliedstaat macht dem Europäischen Parlament, dem Rat und der Kommission binnen 30 Tagen nach Anwendung der Visumpflicht durch das Drittland darüber schriftlich Mitteilung.

   Diese Mitteilung

   i) enthält Angaben zum Zeitpunkt der Anwendung der Visumpflicht sowie zur Art der betroffenen Reisedokumente und Visa;

   ii) enthält eine ausführliche Erläuterung der vorläufigen Maßnahmen, die der betreffende Mitgliedstaat im Hinblick auf die Gewährleistung des visumfreien Reiseverkehrs mit dem betreffenden Drittland getroffen hat, sowie alle einschlägigen Informationen.

   Informationen zu dieser Mitteilung werden von der Kommission unter Angabe des Zeitpunkts der Anwendung der Visumpflicht sowie der Art der betroffenen Reisedokumente und Visa unverzüglich im *Amtsblatt der Europäischen Union* veröffentlicht.

   Beschließt das Drittland noch vor Ablauf der in Unterabsatz 1 dieses Buchstabens genannten Frist die Aufhebung der Visumpflicht, so unterbleibt die Mitteilung oder sie wird zurückgezogen und die Informationen werden nicht veröffentlicht.

b) Unmittelbar nach der in Buchstabe a Unterabsatz 3 genannten Veröffentlichung unternimmt die Kommission im Benehmen mit dem betroffenen Mitgliedstaat bei den Behörden des betreffenden Drittlands Schritte, insbesondere in den Bereichen Politik, Wirtschaft oder Handel, zur Wiedereinführung oder Einführung des visumfreien Reiseverkehrs und unterrichtet davon unverzüglich das Europäische Parlament und den Rat.

c) Hat das Drittland die Visumpflicht nicht binnen 90 Tagen ab der in Buchstabe a Unterabsatz 3 genannten Veröffentlichung aufgehoben, obwohl sämtliche Schritte gemäß Buchstabe b unternommen wurden, so kann der betroffene Mitgliedstaat die Kommission ersuchen, die Befreiung von der Visumpflicht für bestimmte Gruppen von Staatsangehörigen dieses Drittlandes auszusetzen. Stellt ein Mitgliedstaat ein solches Ersuchen, so unterrichtet er das Europäische Parlament und den Rat davon.

d) Die Kommission berücksichtigt bei der Prüfung weiterer Schritte gemäß Buchstaben e, f oder h das Ergebnis der von dem betroffenen Mitgliedstaat getroffenen Maßnahmen zur Gewährleistung des visumfreien Reiseverkehrs mit dem betreffenden Drittland, die gemäß Buchstabe b unternommenen Schritte sowie die Auswirkungen einer Aussetzung der Befreiung von der Visumpflicht auf die Außenbeziehungen der Union und ihrer Mitgliedstaaten zu dem betreffenden Drittland.

e) Hat das betreffende Drittland die Visumpflicht nicht aufgehoben, so ergreift die Kommission spätestens sechs Monate nach der in Buchstabe a Unterabsatz 3 genannten Veröffentlichung und danach in Abständen von höchstens sechs Monaten, jedoch längstens bis zu dem Tag, an dem der in Buchstabe f genannte delegierte Rechtsakt in Kraft tritt oder ein Einwand gegen ihn erhoben wird, folgende Maßnahmen:

i) Sie erlässt auf Ersuchen des betroffenen Mitgliedstaats oder auf eigene Initiative einen Durchführungsrechtsakt, mit dem die Befreiung von der Visumpflicht für bestimmte Gruppen von Staatsangehörigen des betreffenden Drittlands für die Dauer von bis zu sechs Monaten vorübergehend ausgesetzt wird. In diesem Durchführungsrechtsakt wird festgelegt, zu welchem Zeitpunkt innerhalb von 90 Tagen nach seinem Inkrafttreten die Aussetzung der Befreiung von der Visumpflicht wirksam werden soll, wobei den Ressourcen, die den Konsulaten der Mitgliedstaaten zur Verfügung stehen, Rechnung getragen wird. Beim folgenden Erlass weiterer Durchführungsrechtsakte kann die Kommission den Zeitraum der Aussetzung mehrmals um jeweils bis zu sechs Monate verlängern und Änderungen hinsichtlich der Gruppen von Staatsangehörigen des betreffenden Drittlands, für die die Befreiung von der Visumpflicht ausgesetzt wird, vornehmen.

   Diese Durchführungsrechtsakte werden gemäß dem in Artikel 11 Absatz 2 genannten Prüfverfahren erlassen. Unbeschadet der Anwendung des Artikels 6 müssen alle in dem Durchführungsrechtsakt genannten Gruppen von Staatsangehörigen des Drittlands während der Dauer der Aussetzung beim Überschreiten der Außengrenzen der Mitgliedstaaten im Besitz eines Visums sein; oder

ii) sie unterbreitet dem in Artikel 11 Absatz 1 genannten Ausschuss einen Bericht, in dem sie die Lage bewertet und begründet, weshalb sie beschlossen hat, die Befreiung von der Visumpflicht nicht auszusetzen, und unterrichtet das Europäische Parlament und den Rat hiervon.

   Dieser Bericht trägt allen wichtigen Faktoren, beispielsweise den in Buchstabe d genannten Faktoren, Rechnung. Das Europäische Parlament und der Rat können eine politische Aussprache auf der Grundlage dieses Berichts führen.

f) Hat das betreffende Drittland die Visumpflicht nicht binnen 24 Monaten ab der in Buchstabe a Unterabsatz 3 genannten Veröffentlichung aufgehoben, so erlässt die Kommission einen delegierten Rechtsakt gemäß Artikel 10, mit dem die Befreiung von der Visumpflicht in Bezug auf die Staatsangehörigen dieses Drittlands für einen Zeitraum von 12 Monaten vorübergehend ausgesetzt wird. In dem delegierten Rechtsakt wird festgelegt, zu welchem Zeitpunkt innerhalb von 90 Tagen nach seinem Inkrafttreten die Aussetzung der Befreiung von der Visumpflicht wirksam werden soll, wobei den Ressourcen, die den Konsulaten der Mitgliedstaaten zur Verfügung stehen, Rechnung getragen wird, und er ändert Anhang II entsprechend. Diese Änderung erfolgt, indem neben dem Namen des betreffenden Drittlands eine Fußnote eingefügt wird, in der darauf hingewiesen wird, dass die Befreiung von der Visumpflicht für dieses Land ausgesetzt ist und für welchen Zeitraum diese Aussetzung gilt.

   An dem Tag, an dem die Aussetzung der Befreiung von der Visumpflicht für die Staatsangehörigen des betreffenden Drittlands wirksam wird oder an dem gemäß Artikel 10 Absatz 7 ein Einwand gegen den delegierten Rechtsakt erhoben wird, treten alle gemäß Buchstabe e des vorliegenden Artikels erlassenen Durchführungsrechtsakte, die dieses Drittland betreffen, außer Kraft. Unterbreitet die Kommission einen Gesetzgebungsvorschlag nach Buchstabe h, wird der in Unterabsatz 1 dieses Buchstabens genannte Zeitraum der Aussetzung der Befreiung von der Visumpflicht um sechs Monate

V

verlängert. Die in jenem Unterabsatz genannte Fußnote wird entsprechend abgeändert.

Unbeschadet der Anwendung des Artikels 6 müssen die Staatsangehörigen des von dem delegierten Rechtsakt betroffenen Drittlands während dieser Aussetzung beim Überschreiten der Außengrenzen der Mitgliedstaaten im Besitz eines Visums sein.

g) Alle späteren Mitteilungen, die ein anderer Mitgliedstaat gemäß Buchstabe a während des Zeitraums der Anwendung der gemäß Buchstaben e oder f erlassenen Maßnahmen auf ein Drittland zu demselben Drittland übermittelt, werden in die laufenden Verfahren einbezogen, ohne dass die in diesen Buchstaben festgelegten Fristen oder Zeiträume verlängert werden.

h) Hat das betreffende Drittland die Visumpflicht nicht innerhalb von sechs Monaten ab dem Inkrafttreten des delegierten Rechtsakts nach Buchstabe f aufgehoben, so kann die Kommission einen Gesetzgebungsvorschlag zur Änderung dieser Verordnung vorlegen, mit der die Bezugnahme auf das Drittland von Anhang II in Anhang I überführt wird.

i) Die in den Buchstaben e, f und h genannten Verfahren berühren nicht das Recht der Kommission, jederzeit einen Gesetzgebungsvorschlag zur Änderung dieser Verordnung vorzulegen, mit der die Bezugnahme auf das Drittland von Anhang II in Anhang I überführt wird.

j) Hebt das betreffende Drittland die Visumpflicht auf, so teilt der betroffene Mitgliedstaat dies dem Europäischen Parlament, dem Rat und der Kommission sofort mit. Die Mitteilung wird von der Kommission unverzüglich im *Amtsblatt der Europäischen Union* veröffentlicht.

Alle gemäß Buchstaben e oder f erlassenen Durchführungsrechtsakte oder delegierten Rechtsakte, die das betreffende Drittland betreffen, treten sieben Tage nach der in Unterabsatz 1 dieses Buchstabens genannten Veröffentlichung außer Kraft. Hat das betreffende Drittland die Visumpflicht für die Staatsangehörigen zweier oder mehrerer Mitgliedstaaten eingeführt, so tritt der dieses Drittland betreffende Durchführungsrechtsakt oder delegierte Rechtsakt sieben Tage nach Veröffentlichung der Mitteilung für den letzten Mitgliedstaat, dessen Staatsangehörige durch dieses Drittland der Visumpflicht unterworfen wurden, außer Kraft. Die in Buchstabe f Unterabsatz 1 genannte Fußnote wird bei Außerkrafttreten des betreffenden delegierten Rechtsakts gestrichen. Der Hinweis auf das Außerkrafttreten wird von der Kommission unverzüglich im *Amtsblatt der Europäischen Union* veröffentlicht.

Hebt das betreffende Drittland die Visumpflicht auf, ohne dass der betroffene Mitgliedstaat dies gemäß Unterabsatz 1 dieses Buchstabens mitteilt, so nimmt die Kommission auf eigene Initiative unverzüglich die in jenem Unterabsatz genannte Veröffentlichung vor und Unterabsatz 2 dieses Buchstabens findet Anwendung.

Artikel 8 (Aussetzung der Befreiung)

(1) Abweichend von Artikel 4 wird die Befreiung von der Visumpflicht für Staatsangehörige eines in Anhang II aufgeführten Drittlands auf der Grundlage einschlägiger und objektiver Daten gemäß dem vorliegenden Artikel vorübergehend ausgesetzt.

(2) Ein Mitgliedstaat kann die Kommission informieren, wenn er über einen Zeitraum von zwei Monaten im Vergleich zum selben Zeitraum des Vorjahres oder zum letzten Zweimonatszeitraum vor der Anwendung der Befreiung von der Visumpflicht für die Staatsangehörigen eines in Anhang II aufgeführten Drittlands mit einer oder mehreren der folgenden Gegebenheiten konfrontiert ist:

a) einem erheblichen Anstieg der Zahl der Staatsangehörigen dieses Drittlands, denen die Einreise verwehrt wurde oder bei denen festgestellt wird, dass sie sich widerrechtlich im Hoheitsgebiet des Mitgliedstaats aufhalten;

b) einem erheblichen Anstieg der Zahl der Asylanträge von Staatsangehörigen dieses Drittlands mit geringer Anerkennungsquote;

c) einer durch geeignete Daten belegten Verschlechterung bei der Zusammenarbeit mit dem Drittland im Bereich Rückübernahmen, insbesondere einem erheblichen Anstieg der Ablehnungsrate bei Rückübernahmeersuchen, die von dem Mitgliedstaat diesem Drittland unterbreitet wurden, entweder in Bezug auf dessen eigene Staatsangehörige oder, wenn ein zwischen der Union oder dem Mitgliedstaat und dem betreffenden Drittland geschlossenes Rückübernahmeabkommen dies vorsieht, in Bezug auf Drittstaatsangehörige, die durch das betreffende Drittland durchgereist sind;

d) einem erhöhten Risiko für die öffentliche Ordnung oder die innere Sicherheit oder einer unmittelbaren Bedrohung der öffentlichen Ordnung oder der inneren Sicherheit von Mitgliedstaaten, insbesondere einem erheblichen Anstieg von schwerwiegenden Straftaten in Verbindung mit Staatsangehörigen dieses Drittlands, was sich durch objektive, konkrete und einschlägige Informationen und Daten, die von den zuständigen Behörden bereitgestellt werden, untermauern lässt.

Die in Unterabsatz 1 des vorliegenden Absatzes genannte Mitteilung ist mit einer Begründung zu versehen und enthält sowohl einschlägige Daten und Statistiken als auch eine ausführliche Erläuterung der vorläufigen Maßnahmen, die der betroffene Mitgliedstaat ergriffen hat, um Abhilfe zu schaffen. Der betreffende Mitgliedstaat kann in seiner Mitteilung unter Angabe ausführlicher Gründe festlegen, welche Gruppen von Staatsangehörigen des betreffenden Drittlands unter einen Durchführungsrechtsakt nach Absatz 6 Buchstabe a fallen sollen. Die Kommission unterrichtet das Europäische Parlament und den Rat sofort über eine derartige Mitteilung.

(3) Liegen der Kommission unter Berücksichtigung der einschlägigen Daten, Berichte und Statistiken konkrete und zuverlässige Informationen darüber vor, dass die in Absatz 2 Buchstabe a, b, c oder d genannten Gegebenheiten in einem oder mehreren Mitgliedstaaten auftreten oder dass das Drittland, insbesondere im Falle eines zwischen dem Drittland und der Union geschlossenen Rückübernahmeabkommens, die Zusammenarbeit bei der Rückübernahme verweigert, so unterrichtet die Kommission das Europäische Parlament und den Rat unmittelbar über ihre Analyse, und die Bestimmungen des Absatzes 6 finden Anwendung.

Für die Zwecke von Unterabsatz 1 kann die Verweigerung der Zusammenarbeit bei der Rückübernahme beispielsweise in Folgendem bestehen:

- der Ablehnung von Rückübernahmeersuchen oder dem Versäumnis, Rückübernahmeersuchen innerhalb einer angemessenen Frist zu bearbeiten;
- dem Versäumnis, Reisedokumente für die Zwecke der Rückführung rechtzeitig und innerhalb der im Rückübernahmeabkommen vereinbarten Fristen auszustellen, oder der Weigerung, nach Ablauf der im Rückübernahmeabkommen vereinbarten Fristen ausgestellte europäische Reisedokumente anzuerkennen; oder
- der Kündigung oder Aussetzung des Rückübernahmeabkommens.

(4) Die Kommission überwacht die fortlaufende Erfüllung der zur Bewertung der Angemessenheit der Gewährung der Visaliberalisierung herangezogenen spezifischen Anforderungen nach Artikel 1 durch die Drittländer, deren Staatsangehörige aufgrund des erfolgreichen Abschlusses eines Dialogs über die Liberalisierung der Visabestimmungen zwischen der Union und dem Drittland bei der Einreise in das Hoheitsgebiet der Mitgliedstaaten von der Visumpflicht befreit wurden.

Außerdem erstattet die Kommission dem Europäischen Parlament und dem Rat regelmäßig, mindestens einmal jährlich, für einen Zeitraum von sieben Jahren nach dem Zeitpunkt des Inkrafttretens der Visumfreiheit für das betreffende Drittland und im Anschluss daran, wenn die Kommission dies für not-

V

wendig erachtet, oder auf Antrag des Europäischen Parlaments oder des Rates, Bericht. Im Mittelpunkt dieses Berichts stehen Drittländer, bezüglich derer die Kommission aufgrund konkreter und zuverlässiger Informationen der Ansicht ist, dass bestimmte Anforderungen nicht mehr erfüllt sind.

Zeigt ein Bericht der Kommission, dass eine oder mehrere der spezifischen Anforderungen in Bezug auf ein bestimmtes Drittland nicht mehr erfüllt ist bzw. sind, so findet Absatz 6 Anwendung.

(5) Die Kommission prüft jede Mitteilung nach Absatz 2 unter Berücksichtigung der folgenden Aspekte:

a) der Frage, ob eine der in Absatz 2 beschriebenen Gegebenheiten vorliegt;

b) der Zahl der Mitgliedstaaten, die von den in Absatz 2 beschriebenen Gegebenheiten betroffen sind;

c) der Gesamtwirkung der in Absatz 2 genannten Gegebenheiten auf die Migrationssituation in der Union, wie sie sich anhand der von den Mitgliedstaaten übermittelten oder der Kommission vorliegenden Daten darstellt;

d) den von der Europäischen Grenz- und Küstenwache, dem Europäischen Unterstützungsbüro für Asylfragen oder der Agentur der Europäischen Union für die Zusammenarbeit auf dem Gebiet der Strafverfolgung (Europol) oder einem anderen für die Belange dieser Verordnung zuständigen Organ, einer anderen solchen Einrichtung oder sonstigen Stelle der Union oder einer solchen internationalen Organisation erstellten Berichten, wenn dies angesichts der Umstände des konkreten Falles erforderlich ist;

e) den Angaben, die der betroffene Mitgliedstaat in seiner Mitteilung in Bezug auf etwaige Maßnahmen gemäß Absatz 6 Buchstabe a eventuell gemacht hat;

f) dem generellen Aspekt der öffentlichen Ordnung und der inneren Sicherheit nach Konsultation mit dem betroffenen Mitgliedstaat.

Die Kommission unterrichtet das Europäische Parlament und den Rat über die Ergebnisse ihrer Prüfung.

(6) Beschließt die Kommission auf der Grundlage der in Absatz 3 genannten Analyse, des in Absatz 4 genannten Berichts oder der in Absatz 5 genannten Prüfung und unter Berücksichtigung der Auswirkungen einer Aussetzung der Befreiung von der Visumpflicht auf die Außenbeziehungen der Union und ihrer Mitgliedstaaten zu dem betroffenen Drittland sowie unter enger Zusammenarbeit mit diesem Drittland im Hinblick auf langfristige Alternativlösungen, dass Maßnahmen erforderlich sind, oder hat eine einfache Mehrheit der Mitgliedstaaten der Kommission das Vorliegen von in Absatz 2 Buchstabe a, b, c oder d genannten Gegebenheiten mitgeteilt, so gelten die folgenden Bestimmungen:

a) Die Kommission erlässt einen Durchführungsrechtsakt, mit dem die Befreiung von Staatsangehörigen des betroffenen Drittlands von der Visumpflicht vorübergehend für einen Zeitraum von neun Monaten ausgesetzt wird. Die Aussetzung gilt für bestimmte Gruppen von Staatsangehörigen des betroffenen Drittlands, indem auf die einschlägigen Arten von Reisedokumenten und gegebenenfalls auf weitere Kriterien verwiesen wird. Bei der Festlegung der Gruppen, für die die Aussetzung gilt, nimmt die Kommission auf Grundlage der verfügbaren Informationen Gruppen auf, die groß genug sind, um im konkreten Fall und unter Wahrung des Grundsatzes der Verhältnismäßigkeit einen wirksamen Beitrag zur Beseitigung der in den Absätzen 2, 3 und 4 genannten Gegebenheiten zu leisten. Die Kommission erlässt einen Durchführungsrechtsakt innerhalb eines Monats

   i) nach Erhalt der Mitteilung nach Absatz 2;

   ii) nachdem ihr die Informationen nach Absatz 3 zur Kenntnis gebracht wurden;

   iii) nach der Berichterstattung nach Absatz 4 oder

iv) nachdem eine einfache Mehrheit der Mitgliedstaaten der Kommission das Vorliegen von in Absatz 2 Buchstabe a, b, c oder d genannten Gegebenheiten mitgeteilt hat.

Dieser Durchführungsrechtsakt wird gemäß dem in Artikel 11 Absatz 2 genannten Prüfverfahren erlassen. In dem Durchführungsrechtsakt wird festgelegt, zu welchem Zeitpunkt die Aussetzung der Befreiung von der Visumpflicht wirksam wird.

Während der Dauer der Aussetzung nimmt die Kommission mit dem betroffenen Drittland im Hinblick auf eine Abhilfe in Bezug auf die betreffenden Gegebenheiten einen verstärkten Dialog auf.

b) Bestehen die in den Absätzen 2, 3 und 4 dieses Artikels genannten Gegebenheiten fort, so erlässt die Kommission spätestens zwei Monate vor Ablauf des unter Buchstabe a dieses Absatzes genannten Zeitraums von neun Monaten einen delegierten Rechtsakt nach Artikel 10, mit dem die Anwendung des Anhangs II für einen Zeitraum von 18 Monaten für alle Staatsangehörigen des betroffenen Drittlands vorübergehend ausgesetzt wird. Der delegierte Rechtsakt wird ab dem Tag des Ablaufs der Geltungsdauer des unter Buchstabe a dieses Absatzes genannten Durchführungsrechtsakts wirksam und ändert Anhang II entsprechend. Diese Änderung erfolgt, indem neben dem Namen des betroffenen Drittlands eine Fußnote eingefügt wird, in der angegeben wird, dass die Befreiung von der Visumpflicht für dieses Drittland ausgesetzt ist und für welchen Zeitraum diese Aussetzung gilt.

Legt die Kommission gemäß Absatz 7 einen Gesetzgebungsvorschlag vor, so wird der im delegierten Rechtsakt festgelegte Zeitraum der Aussetzung der Befreiung von der Visumpflicht um sechs Monate verlängert. Die Fußnote wird entsprechend geändert.

Unbeschadet der Anwendung des Artikels 6 müssen die Staatsangehörigen des betroffenen Drittlands während dieser Aussetzung beim Überschreiten der Außengrenzen der Mitgliedstaaten im Besitz eines Visums sein.

Sieht ein Mitgliedstaat gemäß Artikel 6 neue Ausnahmen von der Visumpflicht für eine Gruppe von Staatsangehörigen des Drittlands vor, das von dem Rechtsakt betroffen ist, der die Aussetzung der Befreiung von der Visumpflicht regelt, so muss er diese Maßnahmen gemäß Artikel 12 mitteilen.

(7) Vor Ablauf der Gültigkeit des nach Absatz 6 Buchstabe b erlassenen delegierten Rechtsakts legt die Kommission dem Europäischen Parlament und dem Rat einen Bericht vor. Dem Bericht kann ein Gesetzgebungsvorschlag zur Änderung dieser Verordnung beigefügt werden, mit der die Bezugnahme auf das betroffene Drittland von Anhang II in Anhang I überführt wird.

(8) Hat die Kommission gemäß Absatz 7 einen Gesetzgebungsvorschlag vorgelegt, so kann sie die Geltungsdauer des gemäß Absatz 6 Buchstabe a dieses Artikels erlassenen Durchführungsrechtsakts um höchstens 12 Monate verlängern. Der Beschluss zur Verlängerung der Geltungsdauer des Durchführungsrechtsakts wird gemäß dem in Artikel 11 Absatz 2 genannten Prüfverfahren erlassen.

V

Artikel 9 (Bericht)

(1) Bis zum 10. Januar 2018 unterbreitet die Kommission dem Europäischen Parlament und dem Rat einen Bericht, in dem sie die Wirksamkeit des Gegenseitigkeitsmechanismus nach Artikel 7 bewertet, wobei sie erforderlichenfalls einen Gesetzgebungsvorschlag zur Änderung dieser Verordnung vorlegt. Das Europäische Parlament und der Rat beschließen gemäß dem ordentlichen Gesetzgebungsverfahren über derartige Vorschläge.

(2) Bis zum 29. März 2021 unterbreitet die Kommission dem Europäischen Parlament und dem Rat einen Bericht, in dem sie die Wirksamkeit des Aussetzungsmechanismus nach Artikel 8 bewertet, und legt erforderlichenfalls einen Gesetzgebungsvorschlag zur Änderung dieser Verordnung vor. Das Europäische Parlament und der Rat beschließen

gemäß dem ordentlichen Gesetzgebungsverfahren über derartige Vorschläge.

Artikel 10 (Befugnisübertragung)

(1) Die Befugnis zum Erlass delegierter Rechtsakte wird der Kommission unter den in diesem Artikel festgelegten Bedingungen übertragen.

(2) Die Befugnis zum Erlass delegierter Rechtsakte gemäß Artikel 7 Buchstabe f wird der Kommission für einen Zeitraum von fünf Jahren ab dem 9. Januar 2014 übertragen. Die Kommission erstellt spätestens neun Monate vor Ablauf des Zeitraums von fünf Jahren einen Bericht über die Befugnisübertragung. Die Befugnisübertragung verlängert sich stillschweigend um Zeiträume gleicher Länge, es sei denn, das Europäische Parlament oder der Rat widersprechen einer solchen Verlängerung spätestens drei Monate vor Ablauf des jeweiligen Zeitraums.

(3) Die Befugnis zum Erlass delegierter Rechtsakte gemäß Artikel 8 Absatz 6 Buchstabe b wird der Kommission für einen Zeitraum von fünf Jahren ab dem 28. März 2017 übertragen. Die Kommission erstellt spätestens neun Monate vor Ablauf des Zeitraums von fünf Jahren einen Bericht über die Befugnisübertragung. Die Befugnisübertragung verlängert sich stillschweigend um Zeiträume gleicher Länge, es sei denn, das Europäische Parlament oder der Rat widersprechen einer solchen Verlängerung spätestens drei Monate vor Ablauf des jeweiligen Zeitraums.

(4) Die Befugnisübertragung gemäß Artikel 7 Buchstabe f und Artikel 8 Absatz 6 Buchstabe b kann vom Europäischen Parlament oder vom Rat jederzeit widerrufen werden. Der Beschluss über den Widerruf beendet die Übertragung der in diesem Beschluss angegebenen Befugnis. Er wird am Tag nach seiner Veröffentlichung im *Amtsblatt der Europäischen Union* oder zu einem im Beschluss über den Widerruf angegebenen späteren Zeitpunkt wirksam. Die Gültigkeit von delegierten Rechtsakten, die bereits in Kraft sind, wird von dem Beschluss über den Widerruf nicht berührt.

(5) Vor dem Erlass eines delegierten Rechtsakts konsultiert die Kommission die von den einzelnen Mitgliedstaaten benannten Sachverständigen, im Einklang mit den in der Interinstitutionellen Vereinbarung vom 13. April 2016 über bessere Rechtsetzung enthaltenen Grundsätzen.

(6) Sobald die Kommission einen delegierten Rechtsakt erlässt, übermittelt sie ihn gleichzeitig dem Europäischen Parlament und dem Rat.

(7) Ein delegierter Rechtsakt, der gemäß Artikel 7 Buchstabe f erlassen wurde, tritt nur in Kraft, wenn weder das Europäische Parlament noch der Rat innerhalb einer Frist von vier Monaten nach Übermittlung dieses Rechtsakts an das Europäische Parlament und den Rat Einwände erhoben haben oder wenn vor Ablauf dieser Frist das Europäische Parlament und der Rat beide der Kommission mitgeteilt haben, dass sie keine Einwände erheben werden. Auf Initiative des Europäischen Parlaments oder des Rates wird diese Frist um zwei Monate verlängert.

(8) Ein delegierter Rechtsakt, der gemäß Artikel 8 Absatz 6 Buchstabe b erlassen wurde, tritt nur in Kraft, wenn weder das Europäische Parlament noch der Rat innerhalb einer Frist von zwei Monaten nach Übermittlung dieses Rechtsakts an das Europäische Parlament und den Rat Einwände erhoben haben oder wenn vor Ablauf dieser Frist das Europäische Parlament und der Rat beide der Kommission mitgeteilt haben, dass sie keine Einwände erheben werden.

Artikel 11 (Ausschuss)

(1) Die Kommission wird von einem Ausschuss unterstützt. Dieser Ausschuss ist ein Ausschuss im Sinne der Verordnung (EU) Nr. 182/2011.

(2) Wird auf diesen Absatz Bezug genommen, so gilt Artikel 5 der Verordnung (EU) Nr. 182/2011.

(3) Gibt der Ausschuss keine Stellungnahme ab, so erlässt die Kommission den Durchführungsrechtsakt nicht, und Artikel 5 Absatz 4 Unterabsatz 3 der Verordnung (EU) Nr. 182/2011 findet Anwendung.

Artikel 12 (Übermittlung)

(1) Jeder Mitgliedstaat übermittelt den anderen Mitgliedstaaten und der Kommission binnen fünf Arbeitstagen die Maßnahmen, die er gemäß Artikel 6 trifft.

(2) Die Kommission veröffentlicht die Mitteilungen gemäß Absatz 1 informationshalber im *Amtsblatt der Europäischen Union.*

Artikel 13 (Unberührte Zuständigkeiten)

Diese Verordnung berührt nicht die Zuständigkeit der Mitgliedstaaten für die Anerkennung von Staaten und Gebietseinheiten sowie von Pässen, Reise- und Identitätsdokumenten, die von ihren Behörden ausgestellt werden.

Artikel 14 (Aufhebung)

Die Verordnung (EG) Nr. 539/2001 wird aufgehoben.

Bezugnahmen auf die aufgehobene Verordnung gelten als Bezugnahmen auf die vorliegende Verordnung und sind nach Maßgabe der Entsprechungstabelle in Anhang IV zu lesen.

Artikel 15 (Inkrafttreten)

Diese Verordnung tritt am zwanzigsten Tag nach ihrer Veröffentlichung im *Amtsblatt der Europäischen Union* in Kraft.

Diese Verordnung ist in allen ihren Teilen verbindlich und gilt gemäß den Verträgen unmittelbar in jedem Mitgliedstaat.

Anhang I
Liste der Drittländer, deren Staatsangehörige beim Überschreiten der Außengrenzen der Mitgliedstaaten im Besitz eines Visums sein müssen

1. **Staaten**

Afghanistan
Armenien
Angola
Aserbaidschan
Bangladesch
Burkina Faso
Bahrain
Burundi
Benin
Bolivien
Bhutan
Botsuana
Belarus
Belize
Demokratische Republik Kongo
Zentralafrikanische Republik
Kongo
Côte d'Ivoire
Kamerun
China
Kuba
Cabo Verde
Dschibuti
Dominikanische Republik
Algerien
Ecuador
Ägypten
Eritrea
Eswatini
Äthiopien
Fidschi
Gabun
Ghana
Gambia
Guinea
Äquatorialguinea
Guinea-Bissau
Guyana
Haiti
Indonesien
Indien
Irak
Iran
Jamaika
Jordanien
Kenia
Kirgisistan
Kambodscha
Komoren
Nordkorea
Kuwait
Kasachstan
Laos
Libanon
Sri Lanka
Liberia
Lesotho
Libyen
Marokko
Madagaskar
Mali
Myanmar/Birma
Mongolei
Mauretanien
Malediven
Malawi
Mosambik
Namibia
Niger
Nigeria
Nepal
Oman
Papua-Neuguinea

Philippinen
Pakistan
Katar
Russland
Ruanda
Saudi-Arabien
Sudan
Sierra Leone
Senegal
Somalia
Suriname
Südsudan
São Tomé und Principe
Syrien
Tschad
Togo
Thailand
Tadschikistan
Turkmenistan
Tunesien
Türkei
Tansania
Uganda
Usbekistan
Vietnam
Jemen
Südafrika
Sambia
Simbabwe

2. **Gebietskörperschaften, die von mindestens einem Mitgliedstaat nicht als Staat anerkannt werden**
   - Kosovo im Sinne der Resolution 1244 des UN-Sicherheitsrats vom 10. Juni 1999
   - Die Palästinensische Behörde

Anhang II
Liste der Drittländer, deren Staatsangehörige für einen Aufenthalt, der 90 Tage je Zeitraum von 180 Tagen nicht überschreitet, von der Pflicht, beim Überschreiten der Außengrenzen der Mitgliedstaaten im Besitz eines Visums zu sein, befreit sind

1. **Staaten**

Ehemalige jugoslawische Republik Mazedonien(1))
Andorra
Vereinigte Arabische Emirate(2))
Antigua und Barbuda
Albanien1)
Argentinien
Australien
Bosnien und Herzegowina1)
Barbados
Brunei
Brasilien
Bahamas
Kanada
Chile
Kolumbien
Costa Rica
Dominica2)
Mikronesien2)
Grenada2)
Georgien(3))
Guatemala
Honduras
Israel
Japan
Kiribati2)
St. Kitts und Nevis
Südkorea
St. Lucia2)
Monaco
Moldau(4))
Montenegro1)
Marshallinseln2)
Mauritius
Mexiko
Malaysia
Nicaragua
Nauru2)
Neuseeland
Panama
Peru2)
Palau
2)Paraguay
Serbien (ausgenommen Inhaber serbischer Reisepässe, die von der serbischen Koordinationsdirektion (auf Serbisch: *Koordinaciona uprava*) ausgestellt wurden)1)
Salomonen
Seychellen
Singapur
San Marino
El Salvador
Timor-Leste2)
Tonga2)
Trinidad und Tobago
Tuvalu2)

1) Die Visumbefreiung gilt nur für Inhaber biometrischer Reisepässe.

2) Die Visumbefreiung gilt ab dem Zeitpunkt des Inkrafttretens eines mit der Europäischen Union zu schließenden Abkommens über die Befreiung von der Visumpflicht.

3) Die Visumbefreiung gilt ausschließlich für Inhaber biometrischer Reisepässe, die von Georgien im Einklang mit den Normen der Internationalen Zivilluftfahrt-Organisation (ICAO) ausgestellt wurden.

4) Die Visumbefreiung gilt nur für Inhaber biometrischer Reisepässe, die im Einklang mit den Normen der Internationalen Zivilluftfahrt-Organisation (ICAO) von Moldau ausgestellt wurden.

Ukraine[5])
Vereinigte Staaten
Uruguay
Heiliger Stuhl
St. Vincent und die Grenadinen[2])
Venezuela
Vanuatu[2])
Samoa

2. **Sonderverwaltungsregionen der Volksrepublik China**

SAR Hongkong[6])
SAR Macau[7])

3. **Britische Bürger, die nicht Staatsangehörige des Vereinigten Königreichs Großbritannien und Nordirland im Sinne des Unionsrechts sind**

britische Staatsangehörige (Überseegebiete) (British Nationals [Overseas])
Bürger der britischen Überseegebiete (British Overseas Territories Citizens)
britische Überseebürger (British Overseas Citizens)
Personen unter dem Schutz des Vereinigten Königreichs (British Protected Persons)
britische Untertanen (British Subjects)

4. **Gebietskörperschaften, die von mindestens einem Mitgliedstaat nicht als Staat anerkannt werden**

Taiwan[8])

[5]) Die Visumbefreiung gilt ausschließlich für Inhaber biometrischer Reisepässe, die von der Ukraine im Einklang mit den Normen der Internationalen Zivilluftfahrt-Organisation (ICAO) ausgestellt wurden.

[6]) Die Visumbefreiung gilt ausschließlich für Inhaber des Passes „Hong Kong Special Administrative Region".

[7]) Die Visumbefreiung gilt ausschließlich für Inhaber des Passes „Região Administrativa Especial de Macau".

[8]) Die Visumbefreiung gilt nur für Inhaber von durch Taiwan ausgestellten Reisepässen, die eine Personalausweisnummer enthalten.

Verordnung (EG) Nr. 1683/95 des Rates über eine einheitliche Visagestaltung

Vom 29. Mai 1995 (ABl. S. 164/1)

Zuletzt geändert durch
Verordnung (EU) 2017/1370 des Europäischen Parlaments und des Rates zur Änderung der Verordnung (EG) Nr. 1683/95 des Rates über eine einheitliche Visagestaltung
vom 4. Juli 2017 (ABl. L 198/24)

Der Rat der Europäischen Union –

gestützt auf den Vertrag zur Gründung der Europäischen Gemeinschaft, insbesondere auf Artikel 100c Absatz 3,

auf Vorschlag der Kommission,

nach Stellungnahme des Europäischen Parlaments,

in Erwägung nachstehender Gründe:

Gemäß Artikel 100c Absatz 3 des Vertrags erläßt der Rat vor dem 1. Januar 1996 Maßnahmen zur einheitlichen Visagestaltung.

Die Einführung einer einheitlichen Visummarke ist ein wichtiger Schritt auf dem Weg der Harmonisierung der Visumpolitik. Nach Artikel 7a des Vertrags umfaßt der Binnenmarkt einen Raum ohne Binnengrenzen, in dem der freie Personenverkehr gemäß den Bestimmungen dieses Vertrags gewährleistet ist. Diese Maßnahme bildet zusammen mit den Maßnahmen nach Titel VI des Vertrags über die Europäische Union ein zusammenhängendes Maßnahmenbündel.

Es ist wesentlich, daß die einheitliche Visummarke alle notwendigen Informationen enthält und sehr hohen technischen Anforderungen, insbesondere hinsichtlich des Schutzes vor Fälschung und Verfälschung, genügt. Sie muß zudem zur Verwendung durch alle Mitgliedstaaten geeignet sein und von jedermann erkennbare und mit bloßem Auge wahrnehmbare Sicherheitsmerkmale tragen.

Diese Verordnung enthält nur diejenigen Spezifikationen, die nicht geheim sind. Diese müssen durch weitere Spezifikationen ergänzt werden, die geheim bleiben müssen, um Fälschungen und Verfälschungen zu vermeiden; letztere dürfen keine personenbezogenen Daten oder Hinweise auf personenbezogene Daten umfassen. Die Befugnis, weitere Spezifikationen zu erlassen, sollte der Kommission übertragen werden.

Um sicherzustellen, daß die genannten Informationen nicht mehr Personen als notwendig zugänglich gemacht werden, ist es auch wichtig. daß jeder Mitgliedstaat nicht mehr als eine Produktionsstätte für das Drucken seiner Visummarken bestimmt, wobei es den Mitgliedstaaten freigestellt sein muß, die Produktionsstätte erforderlichenfalls zu wechseln. Aus Sicherheitsgründen muß jeder Mitgliedstaat den Namen der zuständigen Produktionsstätte der Kommission und den anderen Mitgliedstaaten mitteilen.

Um die Wirksamkeit dieser Verordnung zu gewährleisten, muß sie für alle Visa gemäß Artikel 5 gelten. Daneben sollte den Mitgliedstaaten freigestellt sein, die einheitliche Visummarke auch für Visa zu verwenden, die zu anderen als den in Artikel 5 genannten Zwecken verwendet werden können, soweit mit dem bloßen Auge wahrnehmbare Veränderungen jede Verwechslung mit dem einheitlichen Visum ausschließen.

Hinsichtlich der nach Maßgabe des Anhangs in die einheitliche Visummarke aufzunehmenden personenbezogenen Daten ist sicherzustellen, daß die datenschutzrechtlichen Bestimmungen der Mitgliedstaaten sowie die einschlägigen Gemeinschaftsvorschriften eingehalten werden –

hat folgende Verordnung erlassen:

Artikel 1

Die von den Mitgliedstaaten gemäß Artikel 5 ausgestellten Visa werden als einheitliche Visummarke (Aufkleber) hergestellt. Sie müssen den im Anhang aufgeführten Spezifikationen entsprechen.

Artikel 2

(1) Nach dem in Artikel 6 Absatz 2 genannten Verfahren werden weitere technische Spezifikationen für die einheitliche Visagestaltung festgelegt in Bezug auf:

a) weitere Sicherheitselemente und -anforderungen, einschließlich fortgeschrittener Standards zum Schutz vor Fälschung, Nachahmung und Verfälschung;

b) technische Verfahren und Modalitäten für das Ausfüllen der einheitlichen Visummarke.

(2) Die Farben des Aufklebers können nach dem in Artikel 6 Absatz 2 genannten Verfahren geändert werden.

(3) Nach dem in Artikel 6 Absatz 2 genannten Verfahren kann beschlossen werden, dass die Spezifikationen gemäß Artikel 2 geheim sind und nicht veröffentlicht werden. In diesem Falle werden sie ausschließlich den von den Mitgliedstaaten für den Druck bestimmten Stellen sowie Personen zugänglich gemacht, die von einem Mitgliedstaat oder der Kommission hierzu ordnungsgemäß ermächtigt worden sind.

Artikel 3

Jeder Mitgliedstaat bestimmt eine einzige für das Drucken der Visa zuständige Produktionsstätte. Er leitet den Namen dieser Produktionsstätte an die Kommission und die anderen Mitgliedstaaten weiter. Eine Produktionsstätte kann von zwei oder mehr Mitgliedstaaten gleichzeitig bestimmt werden. Jeder Mitgliedstaat hat die Möglichkeit, die Produktionsstätte zu wechseln. Hierüber unterrichtet er die Kommission und die anderen Mitgliedstaaten.

Artikel 4

(1) Unbeschadet weitergehender einschlägiger datenschutzrechtlicher Bestimmungen haben die Personen, denen ein Visum erteilt worden ist, das Recht, die persönlichen Daten in dem Visum zu überprüfen und diese gegebenenfalls berichtigen oder löschen zu lassen.

(2) Die einheitliche Visummarke enthält keine maschinenlesbaren Informationen, die nicht auch in den im Anhang unter den Nummern 6 bis 12 beschriebenen Feldern genannt werden oder dem jeweiligen Reisedokument zu entnehmen sind.

Artikel 5

Im Sinne dieser Verordnung bedeutet „Visum" ein Visum gemäß Artikel 2 Nummer 2 Buchstabe a der Verordnung (EG) Nr. 810/2009 des Europäischen Parlaments und des Rates vom 13. Juli 2009 über einen Visakodex der Gemeinschaft (Visakodex). *)

Artikel 6

(1) Die Kommission wird von einem Ausschuss unterstützt.

(2) Wird auf diesen Absatz Bezug genommen, so gelten die Artikel 5 und 7 des Beschlusses 1999/468/EG[1]).

Der Zeitraum nach Artikel 5 Absatz 6 des Beschlusses 1999/468/EWG wird auf zwei Monate festgesetzt.

(3) Der Ausschuss gibt sich eine Geschäftsordnung.

Artikel 7

Wenn die Mitgliedstaaten die einheitliche Visummarke auch für andere als die in Artikel 5 genannten Zwecke verwenden, haben sie durch geeignete Maßnahmen sicherzustellen, daß eine Verwechslung mit den in Artikel 5 genannten Visa ausgeschlossen ist.

Auf Antrag Irlands oder des Vereinigten Königreichs trifft die Kommission geeignete Vorkehrungen mit dem antragstellenden Mitgliedstaat, damit für die Zwecke der Ausstellung nationaler Visa durch den antragstellenden Mitgliedstaat technische Informationen gemäß Artikel 2 ausgetauscht werden können.

---

*) ABl. L 243 vom 15. 9. 2009, S. 1.

[1]) ABl. L 184 vom 17. 7. 1999, S. 23.

Kosten, zu denen Irland und das Vereinigte Königreich im Einklang mit Artikel 5 des dem Vertrag über die Europäische Union und dem Vertrag über die Arbeitsweise der Europäischen Union beigefügten Protokolls Nr. 21 über die Position des Vereinigten Königreichs und Irlands hinsichtlich des Raums der Freiheit, der Sicherheit und des Rechts nicht beitragen, werden im Falle eines solchen Antrags von Irland bzw. dem Vereinigten Königreich übernommen.

Artikel 8

Diese Verordnung tritt am zwanzigsten Tag nach ihrer Veröffentlichung im *Amtsblatt der Europäischen Gemeinschaften* in Kraft.

Die Anwendbarkeit des Artikels 1 beginnt sechs Monate nach dem Erlaß der Maßnahmen nach Artikel 2.

Die Integration des Lichtbilds nach Nummer 2a des Anhangs erfolgt spätestens 5 Jahre nach Annahme der in Artikel 2 für seine Einführung genannten technischen Maßnahmen.

Diese Verordnung ist in allen ihren Teilen verbindlich und gilt unmittelbar in jedem Mitgliedstaat.

Anhang hier nicht aufgenommen.

V

Verordnung (EG) Nr. 333/2002 des Rates über die einheitliche Gestaltung des Formblatts für die Anbringung eines Visums, das die Mitgliedstaaten den Inhabern eines von dem betreffenden Mitgliedstaat nicht anerkannten Reisedokuments erteilen

Vom 18. Februar 2002 (ABl. L 53 S. 4)

Der Rat der Europäischen Union –

gestützt auf den Vertrag zur Gründung der Europäischen Gemeinschaft, insbesondere auf Artikel 62 Absatz 2 Buchstabe b) Ziffer iii),

gestützt auf den Vorschlag der Kommission,

nach Stellungnahme des Europäischen Parlaments,

in Erwägung nachstehender Gründe:

(1) Die Angleichung der Visapolitik ist eine wesentliche Maßnahme zum schrittweisen Aufbau eines Raums der Freiheit, der Sicherheit und des Rechts, insbesondere was das Überschreiten der Grenzen angeht.

(2) In der Maßnahme Nr. 38 des Aktionsplans von Wien, den der Rat der Justiz- und Innenminister am 3. Dezember 1998 verabschiedet hat, heißt es, dass die neuen technischen Fortschritte genau verfolgt werden müssen, um gegebenenfalls eine größere Sicherheit bei der einheitlichen Visagestaltung zu gewährleisten.

(3) In Ziffer 22 der Schlussfolgerungen des Europäischen Rates von Tampere vom 15./16. Oktober 1999 wird verfügt, dass eine gemeinsame aktive Politik im Bereich Visa und gefälschte Dokumente weiter entwickelt werden muss.

(4) Die von den Mitgliedstaaten derzeit verwendeten Formblätter für die Anbringung eines Visums für die Inhaber eines von dem betreffenden Mitgliedstaat nicht anerkannten Reisedokuments erfüllen die erforderlichen Sicherheitsstandards nicht. Deshalb muss die Gestaltung der Formblätter angeglichen werden, um diese sicherer zu machen.

(5) Dieses einheitliche Formblatt muss alle notwendigen Informationen enthalten und hohen technischen Anforderungen, insbesondere zum Schutz vor Fälschungen und Verfälschungen, genügen. Es muss zudem zur Verwendung durch alle Mitgliedstaaten geeignet sein und von jedermann erkennbare und mit bloßem Auge wahrnehmbare einheitliche Sicherheitsmerkmale tragen.

(6) Diese Verordnung enthält lediglich die Beschreibung des Musters des einheitlichen Formblatts. Sie muss durch weitere technische Spezifikationen ergänzt werden, die geheim bleiben müssen, um Fälschungen und Verfälschungen zu verhindern, und keine personenbezogenen Daten oder Hinweise darauf umfassen dürfen. Die Befugnis, weitere technische Spezifikationen zu erlassen, sollte der Kommission übertragen werden, die von dem Ausschuss nach Artikel 6 der Verordnung (EG) Nr. 1683/95 des Rates vom 29. Mai 1995 über eine einheitliche Visagestaltung unterstützt wird.

(7) Um sicherzustellen, dass die genannten Informationen nicht mehr Personen als notwendig zugänglich gemacht werden, sollte jeder Mitgliedstaat nur eine Produktionsstätte für das Drucken des einheitlichen Formblatts bestimmen, wobei es ihm freigestellt bleibt, die Produktionsstätte erforderlichenfalls zu wechseln. Jeder Mitgliedstaat sollte den Namen der zuständigen Produktionsstätte der Kommission und den anderen Mitgliedstaaten mitteilen.

(8) Die Mitgliedstaaten sollten im Benehmen mit der Kommission geeignete Maßnahmen ergreifen, damit die Verarbeitung der personenbezogenen Daten dem Schutzniveau der Richtlinie 95/46/EG des Europäischen Parlaments und des Rates vom 24. Oktober 1995 über den Schutz natürlicher Personen bei der Verarbeitung personenbezogener Daten und dem freien Verkehr solcher Daten entspricht.

(9) Die Bedingungen für die Einreise in das Hoheitsgebiet der Mitgliedstaaten oder für

die Visaerteilung lassen die derzeitigen Bestimmungen über die Anerkennung der Gültigkeit von Reisedokumenten unberührt.

(10) Diese Verordnung stellt in Bezug auf die Durchführung des Assoziierungsabkommens mit Norwegen und Island eine Weiterentwicklung des Schengen-Besitzstands im Sinne des Protokolls zur Einbeziehung des Schengen-Besitzstands in den Rahmen der Europäischen Union dar.

(11) Entsprechend Artikel 3 des Protokolls über die Haltung des Vereinigten Königreichs und Irlands, das dem Vertrag über die Europäische Union und dem Vertrag zur Gründung der Europäischen Gemeinschaft beigefügt ist, hat das Vereinigte Königreich mit Schreiben vom 3. Juli 2001 mitgeteilt, dass es sich an der Annahme und Anwendung dieser Verordnung beteiligen möchte.

V

(12) Gemäß Artikel 1 des dem Vertrag über die Europäische Union und dem Vertrag zur Gründung der Europäischen Gemeinschaft beigefügten Protokolls über die Position des Vereinigten Königreichs und Irlands beteiligt sich Irland nicht an der Annahme dieser Verordnung. Unbeschadet des Artikels 4 des genannten Protokolls gilt diese Verordnung daher nicht für Irland.

(13) Die für die Durchführung dieser Verordnung erforderlichen Maßnahmen sollten gemäß dem Beschluss 1999/468/EG des Rates vom 28. Juni 1999 zur Festlegung der Modalitäten für die Ausübung der der Kommission übertragenen Durchführungsbefugnisse erlassen werden –

hat folgende Verordnung erlassen:

Artikel 1

(1) Für die Zwecke dieser Verordnung ist unter „Formblatt für die Anbringung eines Visums" das Dokument zu verstehen, das die Behörden eines Mitgliedstaats dem Inhaber eines von diesem Staat nicht anerkannten Reisedokuments ausstellen und auf dem die zuständigen Behörden dieses Staates eine Visummarke anbringen.

(2) Das Formblatt für die Anbringung eines Visums entspricht dem Muster im Anhang.

(3) Wird der Inhaber eines solchen Dokuments von einer unterhaltsberechtigten Person oder unterhaltsberechtigten Personen begleitet, so ist es Sache jedes Mitgliedstaats, zu entscheiden, ob getrennte Visumblätter für den Inhaber des Dokuments und jede unterhaltsberechtigte Person ausgestellt werden sollen.

Artikel 2

Die technischen Spezifikationen für die einheitliche Gestaltung des Formblatts für die Anbringung des Visums und die Spezifikationen für die nachstehenden Punkte werden gemäß dem Verfahren des Artikels 5 Absatz 2 festgelegt:

a) Sicherheitsmerkmale und -anforderungen einschließlich der Normen zum verstärkten Schutz vor Fälschung, Nachahmung und Verfälschung;

b) technische Verfahren und Modalitäten für das Ausfüllen des einheitlichen Formblatts für das Anbringen des Visums.

Artikel 3

Die in Artikel 2 bezeichneten Spezifikationen sind geheim. Sie sind ausschließlich den von den Mitgliedstaaten für das Drucken der einheitlichen Formblätter bestimmten Produktionsstätten sowie Personen zugänglich, die von einem Mitgliedstaat oder der Kommission hierzu ordnungsgemäß ermächtigt worden sind.

Jeder Mitgliedstaat bestimmt eine einzige für das Drucken der einheitlichen Formblätter zuständige Produktionsstätte. Er leitet den Namen dieser Produktionsstätte an die Kommission und die anderen Mitgliedstaaten weiter. Eine Produktionsstätte kann von zwei oder mehr Mitgliedstaaten gleichzeitig bestimmt werden. Jeder Mitgliedstaat behält die Möglichkeit, die Produktionsstätte zu wechseln. Hierüber unterrichtet er die Kommission und die anderen Mitgliedstaaten.

Artikel 4

Unbeschadet der datenschutzrechtlichen Bestimmungen haben die Personen, denen ein einheitliches Formblatt ausgestellt worden ist, das Recht, die personenbezogenen Daten in dem einheitlichen Formblatt zu überprüfen und diese gegebenenfalls berichtigen oder löschen zu lassen.

Das einheitliche Formblatt enthält keine maschinenlesbaren Informationen mit Ausnahme der Fälle, die im Anhang vorgesehen oder in denen diese Daten in dem betreffenden Reisedokument aufgeführt sind.

Artikel 5

Diese Verordnung berührt nicht die Zuständigkeit der Mitgliedstaaten für die Anerkennung von Staaten und Gebietseinheiten sowie von Pässen, Identitäts- und Reisedokumenten, die von ihren Behörden ausgestellt werden.

Artikel 6

(1) Die Kommission wird durch den gemäß Artikel 6 der Verordnung (EG) Nr. 1683/95 eingesetzten Ausschuss unterstützt.

(2) Wird auf diesen Absatz Bezug genommen, so gelten die Artikel 5 und 7 des Beschlusses 1999/468/EG.

Der Zeitraum nach Artikel 5 Absatz 6 des Beschlusses 1999/468/EG beträgt zwei Monate.

(3) Der Ausschuss gibt sich eine Geschäftsordnung.

Artikel 7

Wenn die Mitgliedstaaten das einheitliche Formblatt auch für andere als die in Artikel 1 genannten Zwecke verwenden, haben sie durch geeignete Maßnahmen sicherzustellen, dass eine Verwechslung mit dem in Artikel 1 definierten Formblatt ausgeschlossen ist.

Artikel 8

Die Mitgliedstaaten wenden das einheitliche Formblatt für die Anbindung eines Visums spätestens zwei Jahre nach Annahme der in Artikel 2 Buchstabe a) genannten Maßnahmen an. Die Gültigkeit von bereits auf einem anderen Formblatt ausgestellten Genehmigungen wird jedoch durch die Einführung des einheitlichen Formblatts für die Anbringung eines Visums nicht berührt, sofern der betreffende Mitgliedstaat nichts anderes beschließt.

Artikel 9

Diese Verordnung tritt am Tag ihrer Veröffentlichung im Amtsblatt der Europäischen Gemeinschaften in Kraft.

Diese Verordnung ist in allen ihren Teilen verbindlich und gilt gemäß dem Vertrag zur Gründung der Europäischen Gemeinschaft unmittelbar in den Mitgliedstaaten.

– nicht besetzt –

Verordnung (EG) Nr. 810/2009 des Europäischen Parlaments und des Rates über einen Visakodex der Gemeinschaft (Visakodex)

Vom 13. Juli 2009 (ABl. Nr. L 243 S. 1, 2013 Nr. L 154 S. 10)

Zuletzt geändert durch
Verordnung (EU) 2016/399 des Europäischen Parlaments und des Rates über einen Gemeinschaftskodex für das Überschreiten der Grenzen durch Personen (Schengener Grenzkodex)
vom 9. März 2016 (ABl. Nr. L 77 S. 1)

Inhaltsübersicht

V

V

Das Europäische Parlament und der Rat der Europäischen Union –

gestützt auf den Vertrag zur Gründung der Europäischen Gemeinschaft, insbesondere auf Artikel 62 Nummer 2 Buchstabe a und Buchstabe b Ziffer ii,

auf Vorschlag der Kommission,

gemäß dem Verfahren des Artikels 251 des Vertrags[1]),

in Erwägung nachstehender Gründe:

(1) Gemäß Artikel 61 EG-Vertrag muss die Schaffung eines Raumes des freien Personenverkehrs mit Maßnahmen in Bezug auf die Kontrollen an den Außengrenzen, Asyl und Einwanderung einhergehen.

(2) Nach Artikel 62 Nummer 2 EG-Vertrag werden mit Maßnahmen bezüglich des Überschreitens der Außengrenzen der Mitgliedstaaten Vorschriften über Visa für geplante Aufenthalte von höchstens drei Monaten einschließlich der Verfahren und Voraussetzungen für die Visumerteilung durch die Mitgliedstaaten festgelegt.

(3) In Bezug auf die Visumpolitik ist die Aufstellung eines „gemeinsamen Bestands" an Rechtsvorschriften, insbesondere durch Konsolidierung und Weiterentwicklung des bestehenden Besitzstands auf diesem Gebiet (der entsprechenden Bestimmungen des Schengener Durchführungsübereinkommens vom 14. Juni 1985[2]) und der Gemeinsamen Konsularischen Instruktion[3]), eine wesentliche Komponente der im Haager Programm zur Stärkung von Freiheit, Sicherheit und Recht in der Europäischen Union[4]) festgeschriebenen Weiterentwicklung der gemeinsamen Visumpolitik „als Teil eines vielschichtigen Systems, mit dem durch die weitere Harmonisierung der innerstaatlichen Rechtsvorschriften und der Bearbeitungsgepflogenheiten bei den örtlichen konsularischen Dienststellen legale Reisen erleichtert und die illegale Einwanderung bekämpft werden sollen".

(4) Die Mitgliedstaaten sollten im Hinblick auf die Visumerteilung in allen Drittländern, deren Staatsangehörige der Visumpflicht unterliegen, selbst vertreten sein oder sich vertreten lassen. Mitgliedstaaten, die in einem gegebenen Drittstaat oder in einem bestimmten Landesteil eines gegebenen Drittstaats über kein eigenes Konsulat verfügen, sollten den Abschluss von Vertretungsvereinbarungen anstreben, damit der Zugang zu Konsulaten für Visumantragsteller nicht mit einem unverhältnismäßigen Aufwand verbunden ist.

(5) Im Hinblick auf die Bekämpfung der illegalen Einwanderung muss die Durchreise durch die Transitzonen der Flughäfen geregelt werden. So sollte von den Staatsangehörigen der in einer gemeinsamen Liste aufgeführten Drittländer ein Visum für den Flughafentransit verlangt werden. Im dringlichen Fall eines Massenzustroms illegaler Einwanderer sollte es den Mitgliedstaaten allerdings erlaubt sein, diese Verpflichtung auch Staatsangehörigen anderer als der in der gemeinsamen Liste aufgeführten Drittländer aufzuerlegen. Die Einzelfallentscheidungen der Mitgliedstaaten sollten jährlich überprüft werden.

(6) Die Antragsteller sollten unter gebührender Berücksichtigung der Menschenwürde behandelt werden. Die Bearbeitung der Visumanträge sollte auf professionelle und respektvolle Weise erfolgen und in einem angemessenen Verhältnis zu den angestrebten Zielen stehen.

(7) Die Mitgliedstaaten sollten dafür Sorge tragen, dass der Öffentlichkeit eine Dienstleistung von hoher Qualität unter Beachtung bewährter Verwaltungsverfahren angeboten wird. Zur weitestgehenden Vereinfachung

---

[1]) Stellungnahme des Europäischen Parlaments vom 2. April 2009 (noch nicht im Amtsblatt veröffentlicht) und Beschluss des Rates vom 25. Juni 2009.

[2]) ABl. L 239 vom 22. 9. 2000, S. 19.

[3]) ABl. C 326 vom 22. 12 .2005, S. 1.

[4]) ABl. C 53 vom 3. 3. 2005, S. 1.

der Visumbeantragung sollten sie eine angemessene Zahl geschulter Mitarbeiter und hinlängliche Mittel bereitstellen. Die Mitgliedstaaten sollten dafür Sorge tragen, dass für alle Antragsteller der Grundsatz einer „zentralen Anlaufstelle" Anwendung findet.

(8) Um den Verwaltungsaufwand in den Konsulaten der Mitgliedstaaten zu verringern und Vielreisenden und regelmäßig Reisenden ein reibungsloses Reisen zu erleichtern, sollten – sofern bestimmte Bedingungen erfüllt sind – Visa für die mehrfache Einreise erteilt werden. Antragsteller, die dem Konsulat für ihre Integrität und Zuverlässigkeit bekannt sind, sollten nach Möglichkeit ein vereinfachtes Verfahren in Anspruch nehmen können.

(9) Aufgrund der Erfassung der biometrischen Identifikatoren im Visa-Informationssystem (VIS) gemäß der Verordnung (EG) Nr. 767/2008 des Europäischen Parlaments und des Rates vom 9. Juli 2008 über das Visa-Informationssystem (VIS) und den Datenaustausch zwischen den Mitgliedstaaten über Visa für einen kurzfristigen Aufenthalt (VIS-Verordnung)[5]) sollte das persönliche Erscheinen des Antragstellers – zumindest bei der ersten Beantragung eines Visums – zu den Grundvoraussetzungen für die Beantragung eines Visums gehören.

(10) Um das Visumantragsverfahren für Folgeanträge zu vereinfachen, sollte es in einem Zeitraum von 59 Monaten möglich sein, die Fingerabdrücke aus dem Ersteintrag in das VIS zu kopieren. Nach Ablauf dieses Zeitraums sollten die Fingerabdrücke erneut abgenommen werden.

(11) Alle von einem Mitgliedstaat im Zuge eines Visumantragsverfahrens entgegengenommenen Dokumente, Daten oder biometrischen Identifikatoren müssen als „konsularisches Dokument" gemäß dem Wiener Übereinkommen über konsularische Beziehungen vom 24. April 1963 angesehen und entsprechend behandelt werden.

(12) Für personenbezogene Daten, die von den Mitgliedstaaten in Anwendung dieser Verordnung verarbeitet werden, gilt die Richtlinie 95/46/EG des Europäischen Parlaments und des Rates vom 24. Oktober 1995 zum Schutz natürlicher Personen bei der Verarbeitung personenbezogener Daten und zum freien Datenverkehr[6]).

(13) Zur Vereinfachung des Verfahrens sollten mehrere Formen der Zusammenarbeit wie eine Vertretung in beschränktem Umfang, eine gemeinsame Unterbringung, gemeinsame Antragsbearbeitungsstellen, die Inanspruchnahme von Honorarkonsuln und eine Zusammenarbeit mit externen Dienstleistungserbringern unter besonderer Beachtung der Datenschutzbestimmungen der Richtlinie 95/46/EG erwogen werden. Die Mitgliedstaaten sollten gemäß den in dieser Verordnung festgelegten Bedingungen die von ihnen in den einzelnen Drittländern zu verwendende Organisationsstruktur wählen.

(14) Es muss geregelt werden, wie zu verfahren ist, wenn ein Mitgliedstaat beschließt, zur Vereinfachung des Verfahrens bei der Entgegennahme der Anträge mit einem externen Dienstleistungserbringer zusammenzuarbeiten. Ein solcher Beschluss kann gefasst werden, wenn sich aufgrund besonderer Umstände oder der Gegebenheiten vor Ort eine Zusammenarbeit mit anderen Mitgliedstaaten in Form einer Vertretung, einer Vertretung in beschränktem Umfang, einer gemeinsamen Unterbringung oder einer gemeinsamen Antragbearbeitungsstelle für den betreffenden Mitgliedstaat als nicht geeignet erweist. Solche Regelungen sollten unter Einhaltung der allgemeinen Grundsätze für die Visumerteilung und unter Beachtung der Datenschutzbestimmungen der Richtlinie 95/46/EG festgelegt werden. Darüber hinaus sollte bei der Einrichtung und Durchführung solcher Regelungen darauf geachtet werden, dass Möglichkeiten zum „Visa-Shopping" unterbunden werden.

---

[5]) ABl. L 218 vom 13. 8. 2008, S. 60.

[6]) ABl. L 281 vom 23. 11. 1995, S. 31.

(15) Hat ein Mitgliedstaat beschlossen, mit einem externen Dienstleistungserbringer zusammenzuarbeiten, so sollte er weiterhin sämtlichen Antragstellern den unmittelbaren Zugang zu seinen diplomatischen Missionen oder konsularischen Vertretungen zur Einreichung von Anträgen ermöglichen.

(16) Ein Mitgliedstaat sollte mit einem externen Dienstleistungserbringer auf der Grundlage eines Vertrags zusammenarbeiten, der Bestimmungen über die genauen Aufgaben dieses Dienstleistungserbringers, über den unmittelbaren und uneingeschränkten Zugang zu dessen Räumlichkeiten sowie über die Unterrichtung der Antragsteller, die Geheimhaltung und die Umstände, Bedingungen und Verfahren für die Aussetzung oder Beendigung der Zusammenarbeit enthalten sollte.

(17) Diese Verordnung gestattet es den Mitgliedstaaten, bei der Entgegennahme von Anträgen mit einem externen Dienstleistungserbringer zusammenzuarbeiten, und schreibt gleichzeitig den Grundsatz der „zentralen Anlaufstelle" für die Einreichung von Anträgen fest; damit weicht sie vom Grundsatz des persönlichen Erscheinens des Antragstellers bei einer diplomatischen Mission oder konsularischen Vertretung ab. Unbeschadet davon kann der Antragsteller weiterhin aufgefordert werden, zu einem persönlichen Gespräch zu erscheinen.

(18) Die Schengen-Zusammenarbeit vor Ort ist für die einheitliche Anwendung der gemeinsamen Visumpolitik und eine angemessene Bewertung der Migrations- und/oder Sicherheitsrisiken von entscheidender Bedeutung. Aufgrund der unterschiedlichen örtlichen Gegebenheiten sollte die praktische Anwendung bestimmter Rechtsvorschriften von den diplomatischen Missionen und konsularischen Vertretungen der Mitgliedstaaten an den einzelnen Standorten gemeinsam bewertet werden, damit für eine einheitliche Anwendung der Rechtsvorschriften gesorgt wird, um „Visa-Shopping" und eine Ungleichbehandlung der Visumantragsteller zu vermeiden.

(19) Statistische Daten sind von wesentlicher Bedeutung für die Überwachung von Migrationsbewegungen und können als effizientes Verwaltungsinstrument dienen. Daher sollten diese Daten regelmäßig in einem gemeinsamen Format erhoben werden.

(20) Die zur Durchführung dieser Verordnung erforderlichen Maßnahmen sollten gemäß dem Beschluss 1999/468/EG des Rates vom 28. Juni 1999 zur Festlegung der Modalitäten für die Ausübung der der Kommission übertragenen Durchführungsbefugnisse[7]) erlassen werden.

(21) Insbesondere sollte die Kommission die Befugnis erhalten, Änderungen an den Anhängen dieser Verordnung zu erlassen. Da es sich hierbei um Maßnahmen von allgemeiner Tragweite handelt, die eine Änderung nicht wesentlicher Elemente dieser Verordnung, auch durch Ergänzung um neue nicht wesentliche Bestimmungen bewirken, sind diese Maßnahmen nach dem Regelungsverfahren mit Kontrolle gemäß Artikel 5a des Beschlusses 1999/468 EG zu erlassen.

(22) Damit eine einheitliche Anwendung dieser Verordnung in der Praxis gewährleistet ist, sollten Weisungen ausgearbeitet werden, denen die Mitgliedstaaten entnehmen können, wie sie bei der Bearbeitung der Visumanträge verfahren müssen.

(23) Zur Verbesserung der Sichtbarkeit und im Hinblick auf ein einheitliches Auftreten im Bereich der gemeinsamen Visumpolitik soll eine gemeinsame Webseite über die Visabestimmungen im Schengen-Raum eingerichtet werden. Über diese Webseite sollen der breiten Öffentlichkeit alle einschlägigen Informationen zur Beantragung eines Visums zur Verfügung gestellt werden.

(24) Es sollten geeignete Maßnahmen zur Überwachung und Evaluierung dieser Verordnung vorgesehen werden.

[7]) ABl. L 184 vom 17. 7. 1999, S. 23.

(25) Die VIS-Verordnung und die Verordnung (EG) Nr. 562/2006 des Europäischen Parlaments und des Rates vom 15. März 2006 über einen Gemeinschaftskodex für das Überschreiten der Grenzen durch Personen (Schengener Grenzkodex)[8]) sollten geändert werden, um den Bestimmungen dieser Verordnung Rechnung zu tragen.

(26) In bilateralen Abkommen zwischen der Gemeinschaft und Drittländern zur Erleichterung der Bearbeitung von Visumanträgen können von dieser Verordnung abweichende Bestimmungen festgelegt werden.

(27) Wenn ein Mitgliedstaat die Olympischen Spiele und die Paralympischen Spiele austrägt, sollte eine bestimmte Regelung zur Erleichterung der Erteilung von Visa für Mitglieder der olympischen Familie gelten.

(28) Da das Ziel der Verordnung, nämlich die Festlegung der Verfahren und Voraussetzungen für die Erteilung von Visa für die Durchreise durch das Hoheitsgebiet der Mitgliedstaaten oder für geplante Aufenthalte in diesem Gebiet von höchstens drei Monaten je Sechsmonatszeitraum, auf der Ebene der Mitgliedstaaten nicht ausreichend verwirklicht werden kann und daher besser auf Gemeinschaftsebene zu verwirklichen ist, kann die Gemeinschaft im Einklang mit dem in Artikel 5 des Vertrags niedergelegten Subsidiaritätsprinzip tätig werden. Entsprechend dem in demselben Artikel genannten Verhältnismäßigkeitsprinzip geht diese Verordnung nicht über das für die Erreichung dieses Ziels erforderliche Maß hinaus.

(29) Diese Verordnung steht im Einklang mit den Grundrechten und Grundsätzen, die insbesondere mit der Konvention zum Schutze der Menschenrechte und Grundfreiheiten des Europarates und der Charta der Grundrechte der Europäischen Union anerkannt wurden.

(30) Die Bedingungen für die Einreise in das Hoheitsgebiet der Mitgliedstaaten oder für die Visumerteilung lassen die derzeitigen Bestimmungen über die Anerkennung der Gültigkeit von Reisedokumenten unberührt.

(31) Dänemark beteiligt sich gemäß den Artikeln 1 und 2 des Protokolls über die Position Dänemarks im Anhang zum Vertrag über die Europäische Union und zum Vertrag zur Gründung der Europäischen Gemeinschaft nicht an der Annahme dieser Verordnung und ist daher weder durch die Verordnung gebunden noch zu ihrer Anwendung verpflichtet. Da mit dieser Verordnung der Schengen-Besitzstand in Anwendung der Bestimmungen von Titel IV des Dritten Teils des Vertrags zur Gründung der Europäischen Gemeinschaft weiterentwickelt wird, beschließt Dänemark gemäß Artikel 5 des genannten Protokolls innerhalb von sechs Monaten nach Erlass dieser Verordnung, ob es diese in nationales Recht umsetzt.

(32) Für Island und Norwegen stellt diese Verordnung eine Weiterentwicklung der Bestimmungen des Schengen-Besitzstands im Sinne des Übereinkommens zwischen dem Rat der Europäischen Union sowie der Republik Island und dem Königreich Norwegen über die Assoziierung der beiden letztgenannten Staaten bei der Umsetzung, Anwendung und Entwicklung des Schengen-Besitzstands[9]) dar, die zu dem in Artikel 1 Buchstabe B des Beschlusses 1999/437/EG des Rates[10]) zum Erlass bestimmter Durchführungsvorschriften zu jenem Übereinkommen genannten Bereich gehören.

(33) Es sollte eine Vereinbarung geschlossen werden, die den Vertretern Islands und Norwegens die Beteiligung an der Arbeit der Ausschüsse, die die Kommission bei der Ausübung ihrer Durchführungsbefugnisse nach dieser Verordnung unterstützen, ermöglicht. Eine solche Vereinbarung ist in dem Briefwechsel zwischen dem Rat der Europäischen Union und Island und Norwegen über die Ausschüsse, die die Kommission bei der Aus-

---

[8]) ABl. L 105 vom 13. 4. 2006, S. 1.

[9]) ABl. L 176 vom 10. 7. 1999, S. 36.

[10]) ABl. L 176 vom 10. 7. 1999, S. 31.

übung ihrer Durchführungsbefugnisse unterstützen[11]), im Anhang zu dem genannten Übereinkommen vorgesehen. Die Kommission hat dem Rat den Entwurf einer Empfehlung für die Aushandlung dieser Vereinbarung vorgelegt.

(34) Für die Schweiz stellt diese Verordnung eine Weiterentwicklung der Bestimmungen des Schengen-Besitzstands im Sinne des Abkommens zwischen der Europäischen Union, der Europäischen Gemeinschaft und der Schweizerischen Eidgenossenschaft über die Assoziierung der Schweizerischen Eidgenossenschaft bei der Umsetzung, Anwendung und Entwicklung des Schengen-Besitzstands[12]) dar, die zu dem in Artikel 1 Buchstabe B des Beschlusses 1999/437/EG in Verbindung mit Artikel 3 des Beschlusses 2008/146/EG des Rates[13]) über die Unterzeichnung des genannten Abkommens genannten Bereich gehören.

(35) Für Liechtenstein stellt diese Verordnung eine Weiterentwicklung der Bestimmungen des Schengen-Besitzstands im Sinne des Protokolls zwischen der Europäischen Union, der Europäischen Gemeinschaft, der Schweizerischen Eidgenossenschaft und dem Fürstentum Liechtenstein über den Beitritt des Fürstentums Liechtenstein zu dem Abkommen zwischen der Europäischen Union, der Europäischen Gemeinschaft und der Schweizerischen Eidgenossenschaft über die Assoziierung der Schweizerischen Eidgenossenschaft bei der Umsetzung, Anwendung und Entwicklung des Schengen-Besitzstands dar, die zu dem in Artikel 1 Buchstabe B des Beschlusses 1999/437/EG in Verbindung mit Artikel 3 des Beschlusses 2008/261/EG des Rates[14]) über die Unterzeichnung des genannten Protokolls genannten Bereich gehören.

(36) Diese Verordnung stellt eine Weiterentwicklung der Bestimmungen des Schengen-Besitzstands dar, die auf das Vereinigte Königreich entsprechend dem Beschluss 2000/365/EG des Rates vom 29. Mai 2000 zum Antrag des Vereinigten Königreichs Großbritannien und Nordirland, einzelne Bestimmungen des Schengen-Besitzstands auf sie anzuwenden[15]), keine Anwendung finden. Das Vereinigte Königreich beteiligt sich daher nicht an der Annahme dieser Verordnung, und ist weder durch diese Verordnung gebunden noch zu ihrer Anwendung verpflichtet.

(37) Diese Verordnung stellt eine Weiterentwicklung der Bestimmungen des Schengen-Besitzstands dar, die auf Irland entsprechend dem Beschluss 2002/192/EG des Rates 28. Februar 2002 zum Antrag Irlands auf Anwendung einzelner Bestimmungen des Schengen-Besitzstands auf Irland[16]) keine Anwendung finden. Irland beteiligt sich daher nicht an der Annahme dieser Verordnung und ist weder durch diese Verordnung gebunden noch zu ihrer Anwendung verpflichtet.

(38) Diese Verordnung ist mit Ausnahme von Artikel 3 ein auf dem Schengen-Besitzstand aufbauender oder anderweitig damit zusammenhängender Rechtsakt im Sinne von Artikel 3 Absatz 2 der Beitrittsakte von 2003 und im Sinne von Artikel 4 Absatz 2 der Beitrittsakte von 2005 –

haben folgende Verordnung erlassen:

Titel I
Allgemeine Bestimmungen

Artikel 1 Ziel und Geltungsbereich

(1) Mit dieser Verordnung werden die Verfahren und Voraussetzungen für die Erteilung

[11]) ABl. L 176 vom 10. 7. 1999, S. 53.

[12]) ABl. L 53 vom 27. 2. 2008, S. 52.

[13]) ABl. L 53 vom 27. 2. 2008, S. 1.

[14]) ABl. L 83 vom 26. 3. 2008, S. 3.

[15]) ABl. L 131 vom 1. 6. 2000, S. 43.

[16]) ABl. L 64 vom 7. 3. 2002, S. 20.

von Visa für die Durchreise durch das Hoheitsgebiet der Mitgliedstaaten oder für geplante Aufenthalte in diesem Gebiet von höchstens 90 Tagen je Zeitraum von 180 Tagen festgelegt.

(2) Die Bestimmungen dieser Verordnung gelten für Drittstaatsangehörige, die nach der Verordnung (EG) Nr. 539/2001 des Rates vom 15. März 2001 zur Aufstellung der Liste der Drittländer, deren Staatsangehörige beim Überschreiten der Außengrenzen im Besitz eines Visums sein müssen, sowie der Liste der Drittländer, deren Staatsangehörige von dieser Visumpflicht befreit sind, beim Überschreiten der Außengrenzen der Mitgliedstaaten im Besitz eines Visums sein müssen[1]), unbeschadet

a) des Rechts auf Freizügigkeit, das Drittstaatsangehörige genießen, die Familienangehörige eines Unionsbürgers sind,
b) der gleichwertigen Rechte von Drittstaatsangehörigen und ihren Familienangehörigen, die aufgrund von Übereinkommen zwischen der Gemeinschaft und ihren Mitgliedstaaten einerseits und den betreffenden Drittstaaten andererseits Freizügigkeitsrechte genießen, die denen der Unionsbürger und ihrer Familienangehörigen gleichwertig sind.

(3) Diese Verordnung bestimmt ferner die Drittstaaten, deren Staatsangehörige in Abweichung von dem in Anhang 9 des Abkommens von Chicago über die internationale Zivilluftfahrt verankerten Grundsatz der freien Durchreise im Besitz eines Visums für den Flughafentransit sein müssen, und legt die Verfahren und Voraussetzungen für die Erteilung von Visa zum Zwecke der Durchreise durch die internationalen Transitzonen der Flughäfen der Mitgliedstaaten fest.

Artikel 2 Begriffsbestimmungen

Im Sinne dieser Verordnung bezeichnet der Ausdruck:

1. „Drittstaatsangehöriger" jede Person, die nicht Unionsbürger im Sinne von Artikel 17 Absatz 1 EG-Vertrag ist;
2. „Visum" die von einem Mitgliedstaat erteilte Genehmigung im Hinblick auf
   a) die Durchreise durch das Hoheitsgebiet der Mitgliedstaaten oder einen geplanten Aufenthalt in diesem Gebiet von höchstens 90 Tagen je Zeitraum von 180 Tagen;
   b) die Durchreise durch die internationalen Transitzonen der Flughäfen von Mitgliedstaaten;
3. „einheitliches Visum" ein für das gesamte Hoheitsgebiet der Mitgliedstaaten gültiges Visum;
4. „Visum mit räumlich beschränkter Gültigkeit" ein für das Hoheitsgebiet eines oder mehrerer Mitgliedstaaten, aber nicht aller Mitgliedstaaten gültiges Visum;
5. „Visum für den Flughafentransit" ein Visum zur Durchreise durch die internationalen Transitzonen eines oder mehrerer Flughäfen der Mitgliedstaaten;
6. „Visummarke" das einheitliche Visumformat im Sinne der Verordnung (EG) Nr. 1683/95 des Rates vom 29. Mai 1995 über eine einheitliche Visagestaltung[1]);
7. „anerkanntes Reisedokument" ein von einem oder mehreren Mitgliedstaaten für die Anbringung von Visa anerkanntes Reisedokument;
8. „gesondertes Blatt für die Anbringung eines Visums" das einheitliche Formblatt für die Anbringung eines Visums, das die Mitgliedstaaten den Inhabern eines von dem betreffenden Mitgliedstaat nicht anerkannten Reisedokuments erteilen, im Sinne der Verordnung (EG) Nr. 333/2002 des Rates vom 18. Februar 2002 über die einheitliche Gestaltung des Formblatts für die Anbringung eines Visums, das die Mitgliedstaaten den Inha-

---

[1]) ABl. L 81 vom 21. 3. 2001, S. 1.

[1]) ABl. L 164 vom 14. 7. 1995, S. 1.

bern eines von dem betreffenden Mitgliedstaat nicht anerkannten Reisedokuments erteilen[2]);

9. „Konsulat" die zur Visumerteilung ermächtigten Auslandsvertretungen eines Mitgliedstaats, die von einem Berufskonsularbeamten im Sinne des Wiener Übereinkommens vom 24. April 1963 über konsularische Beziehungen geleitet werden;
10. „Antrag" einen Visumantrag;
11. „gewerbliche Mittlerorganisation" eine private Beratungsstelle für Verwaltungsangelegenheiten, Beförderungsunternehmen oder ein Reisebüro (Reiseveranstalter oder Endverkäufer).

Titel II
Visum für den Flughafentransit

Artikel 3 Drittstaatsangehörige, die ein Visum für den Flughafentransit benötigen

(1) Die Staatsangehörigen der in der Liste in Anhang IV aufgeführten Drittländer müssen zur Durchreise durch die internationalen Transitzonen der im Hoheitsgebiet der Mitgliedstaaten gelegenen Flughäfen im Besitz eines Visums für den Flughafentransit sein.

(2) Einzelne Mitgliedstaaten können im dringlichen Fall eines Massenzustroms rechtswidriger Einwanderer verlangen, dass Staatsangehörige anderer als der in Absatz 1 genannten Drittstaaten zur Durchreise durch die internationalen Transitzonen der in ihrem Hoheitsgebiet gelegenen Flughäfen im Besitz eines Visums für den Flughafentransit sein müssen. Die Mitgliedstaaten teilen der Kommission derartige Entscheidungen vor deren Wirksamwerden sowie die Aufhebung der Pflicht zur Einholung eines Flughafentransitvisums mit.

(3) Die Mitteilungen werden jährlich zum Zwecke der Aufnahme des betreffenden Drittstaats in die Liste in Anhang IV im Rahmen des in Artikel 52 Absatz 1 genannten Ausschusses überprüft.

(4) Wird der Drittstaat nicht in die Liste in Anhang IV aufgenommen, kann der betreffende Mitgliedstaat die Visumpflicht für den Flughafentransit aufheben oder beibehalten, sofern die in Absatz 2 festgelegten Bedingungen erfüllt sind.

(5) Folgende Personengruppen sind von der in den Absätzen 1 und 2 vorgesehenen Visumpflicht für den Flughafentransit befreit:

a) Inhaber eines gültigen einheitlichen Visums, eines nationalen Visums für den längerfristigen Aufenthalt oder eines von einem Mitgliedstaat erteilten Aufenthaltstitels;

b) Drittstaatsangehörige, die über einen von einem nicht an der Annahme dieser Verordnung beteiligten Mitgliedstaat oder von einem Mitgliedstaat, der die Bestimmungen des Schengen-Besitzstands noch nicht vollständig anwendet, ausgestellten gültigen Aufenthaltstitel verfügen oder Drittstaatsangehörige, die über einen in Anhang V aufgelisteten gültigen Aufenthaltstitel verfügen, der von Andorra, Kanada, Japan, San Marino oder den Vereinigten Staaten von Amerika ausgestellt wurde und die vorbehaltlose Rückübernahme des Inhabers garantiert;

c) Drittstaatsangehörige, die über ein für einen nicht an der Annahme dieser Verordnung beteiligten Mitgliedstaat oder für einen Mitgliedstaat, der die Bestimmungen des Schengen-Besitzstands noch nicht vollständig anwendet, oder für Kanada, Japan oder die Vereinigten Staaten von Amerika erteiltes Visum verfügen, wenn sie in das Land, das das Visum erteilt hat, oder in jeden anderen Drittstaat reisen oder wenn sie nach Inanspruchnahme des Visums aus dem Land zurückkehren, das das Visum erteilt hat;

d) Familienangehörige von Unionsbürgern nach Artikel 1 Absatz 2 Buchstabe a;

V

[2]) ABl. L 53 vom 23. 2. 2002, S. 4.

e) Inhaber von Diplomatenpässen;

f) Flugzeugbesatzungsmitglieder, die Staatsangehörige eines Vertragsstaats des Übereinkommens von Chicago über die internationale Zivilluftfahrt sind.

Titel III
Verfahren und Voraussetzungen für die Visumerteilung

Kapitel I
An den Antragsverfahren beteiligte Behörden

Artikel 4 Behörden mit Zuständigkeit für die Beteiligung an Antragsverfahren

V

(1) Anträge werden von den Konsulaten geprüft und beschieden.

(2) Abweichend von Absatz 1 können Anträge an der Außengrenze der Mitgliedstaaten von den für Personenkontrollen zuständigen Behörden nach den Artikeln 35 und 36 geprüft und beschieden werden.

(3) In den außereuropäischen überseeischen Gebieten von Mitgliedstaaten können Anträge durch die von dem betreffenden Mitgliedstaat bezeichneten Behörden geprüft und beschieden werden.

(4) Ein Mitgliedstaat kann verlangen, dass andere als die in den Absätzen 1 und 2 bezeichneten Behörden an der Prüfung und Bescheidung von Visumanträgen beteiligt werden.

(5) Ein Mitgliedstaat kann verlangen, dass ihn ein anderer Mitgliedstaat gemäß den Artikeln 22 und 31 konsultiert bzw. unterrichtet.

Artikel 5 Für die Prüfung und Bescheidung eines Antrags zuständiger Mitgliedstaat

(1) Der für die Prüfung und Bescheidung eines Antrags auf ein einheitliches Visum zuständige Mitgliedstaat ist

a) der Mitgliedstaat, in dessen Hoheitsgebiet das einzige Reiseziel bzw. die einzigen Reiseziele liegen;

b) falls die Reise verschiedene Reiseziele umfasst, der Mitgliedstaat, in dessen Hoheitsgebiet im Hinblick auf Dauer und Zweck des Aufenthalts das Hauptreiseziel bzw. die Hauptreiseziele liegen, oder

c) falls kein Hauptreiseziel bestimmt werden kann, der Mitgliedstaat, über dessen Außengrenzen der Antragsteller in das Hoheitsgebiet der Mitgliedstaaten einzureisen beabsichtigt.

(2) Der für die Prüfung und Bescheidung eines Antrags auf ein einheitliches Visum zum Zwecke der Durchreise zuständige Mitgliedstaat ist

a) im Falle der Durchreise durch nur einen Mitgliedstaat der betreffende Mitgliedstaat oder

b) im Falle der Durchreise durch mehrere Mitgliedstaaten der Mitgliedstaat, dessen Außengrenze der Antragsteller bei der Durchreise zuerst zu überschreiten beabsichtigt.

(3) Der für die Prüfung und Bescheidung eines Antrags auf ein Visum für den Flughafentransit zuständige Mitgliedstaat ist

a) im Falle eines einzigen Flughafentransits der Mitgliedstaat, in dessen Hoheitsgebiet der Transitflughafen liegt, oder

b) im Falle von zwei oder mehr Flughafentransits der Mitgliedstaat, in dessen Hoheitsgebiet der erste Transitflughafen liegt.

(4) Die Mitgliedstaaten arbeiten zusammen, um zu verhindern, dass ein Antrag nicht geprüft und beschieden werden kann, weil der nach den Absätzen 1 bis 3 zuständige Mitgliedstaat in dem Drittstaat, in dem der Antragsteller gemäß Artikel 6 das Visum beantragt, weder über ein Konsulat noch über eine Vertretung verfügt.

Artikel 6 Territoriale Zuständigkeit der Konsulate

(1) Der Antrag wird von dem Konsulat des zuständigen Mitgliedstaats geprüft und beschieden, in dessen Konsularbezirk der Antragsteller seinen rechtmäßigen Wohnsitz hat.

(2) Das Konsulat des zuständigen Mitgliedstaats prüft und bescheidet den Antrag eines in seinem Konsularbezirk rechtmäßig aufhältigen, aber dort nicht wohnhaften Drittstaatsangehörigen, wenn der Antragsteller begründet hat, dass er seinen Antrag bei jenem Konsulat einreichen musste.

Artikel 7 Zuständigkeit für die Erteilung von Visa an Drittstaatsangehörige, die sich rechtmäßig im Hoheitsgebiet eines Mitgliedstaats aufhalten

Drittstaatsangehörige, die sich rechtmäßig im Hoheitsgebiet eines Mitgliedstaats aufhalten und die zur Einreise in das Hoheitsgebiet eines oder mehrerer anderer Mitgliedstaaten im Besitz eines Visums sein müssen, beantragen das Visum beim Konsulat des nach Artikel 5 Absatz 1 oder 2 zuständigen Mitgliedstaats.

Artikel 8 Vertretungsvereinbarungen

(1) Ein Mitgliedstaat kann sich bereit erklären, einen anderen nach Artikel 5 zuständigen Mitgliedstaat bei der im Namen dieses Mitgliedstaats erfolgenden Prüfung von Anträgen und der Erteilung von Visa zu vertreten. Ein Mitgliedstaat kann einen anderen Mitgliedstaat auch in beschränktem Umfang ausschließlich bei der Entgegennahme der Anträge und der Erfassung der biometrischen Identifikatoren vertreten.

(2) Beabsichtigt das Konsulat des vertretenden Mitgliedstaats, einen Visumantrag abzulehnen, so übermittelt es den betreffenden Antrag den zuständigen Behörden des vertretenen Mitgliedstaats, damit diese innerhalb der in Artikel 23 Absätze 1, 2 bzw. 3 festgelegten Frist die endgültige Entscheidung über den Antrag treffen.

(3) Bei der Entgegennahme von Unterlagen und Daten und deren Übermittlung an den vertretenen Mitgliedstaat sind die einschlägigen Datenschutz- und Sicherheitsvorschriften zu beachten.

(4) Der vertretende Mitgliedstaat und der vertretene Mitgliedstaat schließen eine bilaterale Vereinbarung, die folgende Elemente enthält:

a) Es werden die Dauer bei einer befristeten Vertretung und die Verfahren für ihre Beendigung angegeben;
b) es können, insbesondere wenn der vertretene Mitgliedstaat über ein Konsulat in dem betreffenden Drittstaat verfügt, die Bereitstellung von Räumlichkeiten und Personal und die Leistung von Zahlungen durch den vertretenen Mitgliedstaat geregelt werden;
c) es kann bestimmt werden, dass Anträge von bestimmten Kategorien von Drittstaatsangehörigen von dem vertretenden Mitgliedstaat den zentralen Behörden des vertretenen Staates zur vorherigen Konsultation gemäß Artikel 22 zu übermitteln sind;
d) abweichend von Absatz 2 kann das Konsulat des vertretenden Mitgliedstaats ermächtigt werden, nach Prüfung des Antrags die Visumerteilung zu verweigern.

(5) Mitgliedstaaten, die über kein eigenes Konsulat in einem Drittstaat verfügen, streben den Abschluss von Vertretungsvereinbarungen mit Mitgliedstaaten an, die dort über Konsulate verfügen.

(6) Um sicherzustellen, dass der Zugang zu einem Konsulat in einer spezifischen Region oder einem spezifischen Gebiet aufgrund schlechter Verkehrsinfrastrukturen oder weiter Entfernungen für Antragsteller nicht mit einem unverhältnismäßigen Aufwand verbunden ist, streben Mitgliedstaaten, die in der betreffenden Region oder in dem betreffenden Gebiet über kein eigenes Konsulat verfügen, den Abschluss von Vertretungsvereinbarungen mit Mitgliedstaaten an, die dort über Konsulate verfügen.

(7) Der vertretene Mitgliedstaat setzt die Kommission von Vertretungsvereinbarungen und der Beendigung solcher Vereinbarungen in Kenntnis, bevor diese wirksam werden bzw. außer Kraft treten.

(8) Gleichzeitig informiert das Konsulat des vertretenden Mitgliedstaats sowohl die Konsulate der anderen Mitgliedstaaten als auch

die Delegation der Kommission in dem betreffenden Konsularbezirk über Vertretungsvereinbarungen und die Beendigung solcher Vereinbarungen, bevor diese wirksam werden bzw. außer Kraft treten.

(9) Beschließt das Konsulat des vertretenden Mitgliedstaats eine Zusammenarbeit mit einem externen Dienstleistungserbringer nach Artikel 43 oder mit akkreditierten gewerblichen Mittlerorganisationen nach Artikel 45, so erstreckt sich diese Zusammenarbeit auch auf Anträge, die unter Vertretungsvereinbarungen fallen. Die zentralen Behörden des vertretenen Mitgliedstaats werden im Voraus über die Modalitäten dieser Zusammenarbeit unterrichtet.

Kapitel II
Antrag

Artikel 9 Modalitäten für das Einreichen eines Antrags

(1) Anträge können frühestens drei Monate vor Antritt der geplanten Reise eingereicht werden. Inhaber eines Visums für die mehrfache Einreise können den Antrag vor Ablauf des Visums einreichen, wenn das Visum mit einer Gültigkeitsdauer von mindestens sechs Monaten ausgestellt wurde.

(2) Von den Antragstellern kann verlangt werden, dass sie einen Termin für die Einreichung des Antrags vereinbaren. Der Termin findet in der Regel innerhalb von zwei Wochen nach seiner Beantragung statt.

(3) In begründeten dringlichen Fällen kann das Konsulat Antragstellern gestatten, ihre Anträge ohne Terminvereinbarung einzureichen, oder es gewährt ihnen umgehend einen Termin.

(4) Anträge können im Konsulat vom Antragsteller oder von akkreditierten gewerblichen Mittlerorganisationen nach Artikel 45 Absatz 1, unbeschadet des Artikels 13, oder nach Maßgabe von Artikel 42 oder Artikel 43 eingereicht werden.

Artikel 10 Allgemeine Regeln für das Einreichen eines Antrags

(1) Unbeschadet der Artikel 13, 42, 43 und 45 haben Antragsteller den Antrag persönlich einzureichen.

(2) Die Konsulate können von dem Erfordernis nach Absatz 1 absehen, wenn der Antragsteller ihnen für seine Integrität und Zuverlässigkeit bekannt ist.

(3) Bei der Beantragung eines Visums hat der Antragsteller:

a) ein Antragsformular nach Artikel 11 vorzulegen;

b) ein Reisedokument nach Artikel 12 vorzulegen;

c) ein Lichtbild vorzulegen, das den Normen der Verordnung (EG) Nr. 1683/95 oder, falls das VIS nach Artikel 48 der VIS-Verordnung in Betrieb ist, den Normen nach Artikel 13 der vorliegenden Verordnung entspricht;

d) in die Erfassung seiner Fingerabdrücke gemäß Artikel 13 einzuwilligen, sofern dies erforderlich ist;

e) die Visumgebühr nach Artikel 16 zu entrichten;

f) die Belege nach Artikel 14 und Anhang II vorzulegen;

g) erforderlichenfalls nachzuweisen, dass er im Besitz einer angemessenen und gültigen Reisekrankenversicherung nach Artikel 15 ist.

Artikel 11 Antragsformular

(1) Jeder Antragsteller hat ein ausgefülltes und unterzeichnetes Antragsformular nach Anhang I einzureichen. Im Reisedokument des Antragstellers eingetragene Personen müssen ein eigenes Antragsformular vorlegen. Minderjährige haben ein Antragsformular vorzulegen, das von einer Person unterzeichnet ist, die ständig oder vorübergehend die elterliche Sorge oder die gesetzliche Vormundschaft ausübt.

(2) Die Konsulate sorgen dafür, dass das Antragsformular vielerorts verfügbar und leicht erhältlich ist und den Antragstellern unentgeltlich zur Verfügung gestellt wird.

(3) Das Formular muss in folgenden Sprachen verfügbar sein:

a) in der/den Amtssprache(n) des Mitgliedstaats, für den das Visum beantragt wird;

b) in der/den Landessprache(n) des Gastlandes;

c) in der/den Amtssprache(n) des Gastlands und in der/den Amtssprache(n) des Mitgliedstaats, für den das Visum beantragt wird, oder;

d) im Vertretungsfalle in der/den Amtssprache(n) des vertretenden Mitgliedstaats.

Zusätzlich zu der/den in Buchstabe a genannten Sprache(n) kann das Formular auch in einer weiteren Amtssprache der Organe der Europäischen Union zur Verfügung gestellt werden.

(4) Ist das Antragsformular nicht in der/den Amtssprache(n) des Gastlands verfügbar, so wird dem Antragsteller eine Übersetzung des Antragsformulars in diese Sprache(n) gesondert zur Verfügung gestellt.

(5) Im Rahmen der Schengen-Zusammenarbeit vor Ort wird das Antragsformular in die Amtssprache(n) des Gastlands übersetzt.

(6) Das Konsulat informiert die Antragsteller darüber, in welcher Sprache oder welchen Sprachen sie das Antragsformular ausfüllen können.

Artikel 12 Reisedokument

Der Antragsteller hat ein gültiges Reisedokument vorzulegen, das folgende Kriterien erfüllt:

a) Es muss noch mindestens drei Monate nach der geplanten Ausreise aus dem Hoheitsgebiet der Mitgliedstaaten oder im Falle mehrerer Reisen nach der letzten geplanten Ausreise aus dem Hoheitsgebiet der Mitgliedstaaten gültig sein. In begründeten Notfällen kann diese Verpflichtung jedoch ausgesetzt werden;

b) es muss mindestens zwei leere Seiten aufweisen;

c) es muss innerhalb der vorangegangenen zehn Jahre ausgestellt worden sein.

Artikel 13 Biometrische Identifikatoren

(1) Die Mitgliedstaaten erfassen im Einklang mit den in der Konvention zum Schutze der Menschenrechte und Grundfreiheiten des Europarates, in der Charta der Grundrechte der Europäischen Union und im VN-Übereinkommen über die Rechte des Kindes verankerten Garantien biometrische Identifikatoren des Antragstellers, nämlich sein Lichtbild und seine zehn Fingerabdrücke.

(2) Bei der Einreichung eines ersten Antrags muss der Antragsteller persönlich vorstellig werden. Bei dieser Gelegenheit werden folgende biometrische Daten des Antragstellers erhoben:

– ein Lichtbild, das zum Zeitpunkt der Antragstellung eingescannt oder aufgenommen wird, und

– seine zehn Fingerabdrücke, die bei flach aufgelegten Fingern abgenommen und digital erfasst werden.

(3) Wurden von einem Antragsteller Fingerabdrücke im Rahmen eines früheren Antrags abgenommen, so werden diese in den Folgeantrag kopiert, sofern sie weniger als 59 Monate vor dem Datum des neuen Antrags erstmals in das VIS eingegeben wurden.

Bei begründeten Zweifeln an der Identität des Antragstellers nehmen die Konsulate jedoch Fingerabdrücke innerhalb des im ersten Unterabsatz genannten Zeitraums ab.

Außerdem kann der Antragsteller, wenn bei Antragseinreichung nicht unmittelbar bestätigt werden kann, dass die Fingerabdrücke innerhalb der im ersten Unterabsatz genannten zeitlichen Vorgaben abgenommen wurden, um deren Abnahme ersuchen.

(4) Gemäß Artikel 9 Absatz 5 der VIS-Verordnung wird das jedem Antrag beigefügte Lichtbild in das VIS eingegeben. Der Antragsteller muss zu diesem Zweck nicht persönlich erscheinen.

Die technischen Spezifikationen für das Lichtbild müssen den internationalen Standards entsprechen, die im Dokument 9303 Teil 1, 6. Fassung der Internationalen Organisation der Zivilluftfahrt (ICAO), festgelegt sind.

(5) Fingerabdrücke werden gemäß den ICAO-Standards und der Entscheidung 2006/648/EG der Kommission vom 22. September 2006 über die technischen Standards für biometrische Merkmale im Hinblick auf die Einrichtung des Visa-Informationssystems[1]) abgenommen.

(6) Die biometrischen Identifikatoren werden von qualifizierten und dazu ermächtigten Bediensteten der zuständigen Behörden nach Artikel 4 Absätze 1, 2 und 3 erfasst. Unter der Aufsicht der Konsulate können die biometrischen Identifikatoren auch von qualifizierten und dazu ermächtigten Bediensteten eines Honorarkonsuls nach Artikel 42 oder eines externen Dienstleistungserbringers nach Artikel 43 erfasst werden. Der/Die betreffende(n) Mitgliedstaat(en) sieht/sehen die Möglichkeit vor, die Fingerabdrücke, falls Zweifel bestehen, im Konsulat zu überprüfen, wenn die Fingerabdrücke durch den externen Dienstleistungserbringer abgenommen wurden.

(7) Folgende Antragsteller sind von der Pflicht zur Abgabe von Fingerabdrücken befreit:

a) Kinder unter 12 Jahren;

b) Personen, bei denen eine Abnahme von Fingerabdrücken physisch unmöglich ist. Ist die Abnahme von weniger als zehn Fingerabdrücken möglich, so ist die Höchstzahl von Fingerabdrücken zu erfassen. Ist der Hinderungsgrund jedoch nur vorübergehender Art, so ist der Antragsteller verpflichtet, seine Fingerabdrücke beim folgenden Antrag abnehmen zu lassen. Die zuständigen Behörden nach Artikel 4 Absätze 1, 2 und 3 sind befugt, nähere Angaben zu den Gründen der vorübergehenden Unmöglichkeit zu erfragen. Die Mitgliedstaaten gewährleisten angemessene Verfahren zur Wahrung der Würde des Antragstellers, wenn bei der Erfassung Schwierigkeiten auftreten;

c) Staats- und Regierungschefs und Mitglieder der nationalen Regierung mit mitreisenden Ehepartnern und die Mitglieder ihrer offiziellen Delegation, wenn sie von Regierungen der Mitgliedstaaten oder von internationalen Organisationen zu einem offiziellen Anlass eingeladen werden;

d) Monarchen und andere hochrangige Mitglieder einer königlichen Familie, wenn sie von Regierungen der Mitgliedstaaten oder von internationalen Organisationen zu einem offiziellen Anlass eingeladen werden.

(8) In den Fällen nach Absatz 7 wird gemäß Artikel 8 Absatz 5 der VIS-Verordnung der Eintrag „entfällt" in das VIS eingegeben.

Artikel 14 Belege

(1) Bei der Beantragung eines einheitlichen Visums hat der Antragsteller Folgendes vorzulegen:

a) Unterlagen mit Angaben zum Zweck der Reise;

b) Unterlagen betreffend seine Unterkunft oder Nachweis ausreichender Mittel zur Bestreitung der Kosten für seine Unterkunft;

c) Unterlagen mit Angaben dafür, dass der Antragsteller über ausreichende Mittel zur Bestreitung des Lebensunterhalts sowohl für die Dauer des beabsichtigten Aufenthalts als auch für die Rückreise in den Herkunfts- oder Wohnsitzstaat oder für die Durchreise in einen Drittstaat, in dem seine Zulassung gewährleistet ist, verfügt oder in der Lage ist, diese Mittel im Einklang mit Artikel 5 Absatz 1 Buchstabe c und Artikel 5 Absatz 3 des Schengener Grenzkodexes rechtmäßig zu erwerben;

d) Angaben, anhand deren seine Absicht, das Hoheitsgebiet der Mitgliedstaaten vor Ablauf der Gültigkeitsdauer des beantragten Visums zu verlassen, beurteilt werden kann.

(2) Bei der Beantragung eines Visums für den Flughafentransit hat der Antragsteller Folgendes vorzulegen:

[1]) ABl. L 267 vom 27. 9. 2006, S. 41.

a) Unterlagen betreffend die Weiterreise zum Endbestimmungsland nach dem beabsichtigten Flughafentransit;
b) Angaben, anhand deren seine Absicht, nicht in das Hoheitsgebiet der Mitgliedstaaten einzureisen, beurteilt werden kann.

(3) Anhang II enthält eine nicht erschöpfende Liste von Belegen, die das Konsulat von dem Antragsteller verlangen kann, um zu prüfen, ob die Voraussetzungen der Absätze 1 und 2 erfüllt sind.

(4) Die Mitgliedstaaten können verlangen, dass der Antragsteller durch Ausfüllen eines von jedem Mitgliedstaat erstellten Formulars den Nachweis einer Kostenübernahme und/oder einer privaten Unterkunft vorlegt. Dem Formular muss insbesondere Folgendes zu entnehmen sein:
a) ob es zum Nachweis der Kostenübernahme und/oder der Unterkunft dient;
b) ob der Gastgeber eine Einzelperson, ein Unternehmen oder eine Organisation ist;
c) die Identität und Kontaktdaten des Gastgebers;
d) der/die eingeladene(n) Antragsteller;
e) die Anschrift der Unterkunft;
f) die Dauer und der Zweck des Aufenthalts;
g) etwaige familiäre Bindungen zum Gastgeber.

Außer in der/den Amtssprache(n) des Mitgliedstaats muss das Formular in mindestens einer anderen Amtssprache der Organe der Europäischen Union abgefasst sein. Das Formular muss der Person, die es unterzeichnet, die Informationen nach Artikel 37 Absatz 1 der VIS-Verordnung gewähren. Ein Muster des Formulars ist der Kommission zu übermitteln.

(5) Im Rahmen der Schengen-Zusammenarbeit vor Ort ist zu prüfen, ob die Listen der vorzulegenden Belege in den einzelnen Konsularbezirken der Ergänzung und Vereinheitlichung bedürfen, damit sie den örtlichen Gegebenheiten Rechnung tragen.

(6) Die Konsulate können von einem oder mehreren der Erfordernisse nach Absatz 1 absehen, wenn ihnen der Antragsteller für seine Integrität und Zuverlässigkeit bekannt ist, insbesondere hinsichtlich der vorschriftsmäßigen Verwendung ihm früher erteilter Visa, sofern kein Zweifel daran besteht, dass er die Voraussetzungen nach Artikel 5 Absatz 1 des Schengener Grenzkodexes zum Zeitpunkt des Überschreitens der Außengrenzen der Mitgliedstaaten erfüllen wird.

Artikel 15 Reisekrankenversicherung

(1) Bei der Beantragung eines einheitlichen Visums für eine oder mehrere Einreisen weist der Antragsteller nach, dass er im Besitz einer angemessenen und gültigen Reisekrankenversicherung ist, die die Kosten für den etwaigen Rücktransport im Krankheitsfall oder im Falle des Todes, die Kosten für ärztliche Nothilfe und/oder die Notaufnahme im Krankenhaus während seines Aufenthalts bzw. seiner Aufenthalte im Hoheitsgebiet der Mitgliedstaaten abdeckt.

(2) Bei der Beantragung eines einheitlichen Visums für mehr als zwei Einreisen („mehrfache Einreise") weist der Antragsteller nach, dass er für die Dauer seines ersten geplanten Aufenthalts im Besitz einer angemessenen und gültigen Reisekrankenversicherung ist.

Der Antragsteller unterzeichnet in diesem Fall auf dem Antragsformular außerdem eine Erklärung darüber, dass er von dem Erfordernis, für weitere Aufenthalte eine Reisekrankenversicherung abzuschließen, Kenntnis hat.

(3) Die Versicherung muss für das gesamte Gebiet der Mitgliedstaaten und für die gesamte geplante Aufenthalts- oder Durchreisedauer des Antragstellers gelten. Die Mindestdeckung muss 30 000 EUR betragen.

Bei Visa mit räumlich beschränkter Gültigkeit, die für das Hoheitsgebiet von mehr als einem Mitgliedstaat gelten, muss die Versicherungsdeckung zumindest für die betreffenden Mitgliedstaaten gültig sein.

(4) Der Antragsteller schließt die Versicherung grundsätzlich in seinem Wohnsitzstaat ab. Ist dies nicht möglich, bemüht er sich um den Abschluss der Versicherung in einem beliebigen anderen Land.

Schließt eine andere Person die Versicherung im Namen des Antragstellers ab, gelten die in Absatz 3 festgelegten Bedingungen.

(5) Bei der Beurteilung, ob der Versicherungsschutz ausreichend ist, prüfen die Konsulate nach, ob Forderungen gegen eine Versicherungsgesellschaft in einem Mitgliedstaat beigetrieben werden können.

(6) Die Pflicht zum Abschluss einer Versicherung kann als erfüllt betrachtet werden, wenn in Anbetracht der beruflichen Situation des Antragstellers davon ausgegangen werden kann, dass ein angemessener Versicherungsschutz besteht. Die Befreiung vom Nachweis einer Reisekrankenversicherung kann für bestimmte Berufssparten, wie etwa Seeleute, gelten, die bereits eine berufliche Reisekrankenversicherung haben.

(7) Inhaber von Diplomatenpässen sind von der Pflicht zum Abschluss einer Reisekrankenversicherung befreit.

Artikel 16 Visumgebühr

(1) Die Antragsteller entrichten eine Visumgebühr von 60 EUR.

(2) Für Kinder im Alter zwischen sechs und 12 Jahren ist eine Visumgebühr von 35 EUR zu entrichten.

(3) Die Höhe der Visumgebühr wird regelmäßig überprüft, damit die Verwaltungskosten entsprechend berücksichtigt werden können.

(4) Antragsteller, die einer der folgenden Personengruppen angehören, sind von der Visumgebühr befreit:

a) Kinder unter sechs Jahren;

b) Schüler, Studenten, Teilnehmer an Aufbaustudiengängen und mitreisendes Lehrpersonal, die zu Studien- oder Ausbildungsaufenthalten einreisen wollen;

c) Forscher aus Drittstaaten im Sinne der Empfehlung 2005/761/EG des Europäischen Parlaments und des Rates vom 28. September 2005 zur Erleichterung der Ausstellung einheitlicher Visa durch die Mitgliedstaaten für den kurzfristigen Aufenthalt an Forscher aus Drittstaaten, die sich zu Forschungszwecken innerhalb der Gemeinschaft bewegen[1]);

d) Vertreter gemeinnütziger Organisationen bis zum Alter von 25 Jahren, die an Seminaren, Konferenzen, Sport-, Kultur- oder Lehrveranstaltungen teilnehmen, die von gemeinnützigen Organisationen organisiert werden.

(5) Von der Visumgebühr befreit werden können

a) Kinder im Alter zwischen 6 und 12 Jahren;

b) Inhaber von Diplomaten- und Dienstpässen;

c) Personen bis zum Alter von 25 Jahren, die an Seminaren, Konferenzen, Sport-, Kultur- oder Lehrveranstaltungen teilnehmen, die von gemeinnützigen Organisationen organisiert werden.

Im Rahmen der Schengen-Zusammenarbeit vor Ort streben die Mitgliedstaaten an, die Anwendung dieser Befreiungen zu harmonisieren.

(6) Der Betrag der zu erhebenden Visumgebühr kann in Einzelfällen erlassen oder ermäßigt werden, wenn dies der Förderung kultureller oder sportlicher Interessen sowie außenpolitischer, entwicklungspolitischer und sonstiger erheblicher öffentlicher Interessen dient oder humanitäre Gründe hat.

(7) Die Visumgebühr wird in Euro, in der Landeswährung des Drittstaats, in dem der Antrag gestellt wird, oder in der üblicherweise in diesem Drittstaat verwendeten Währung erhoben und wird – außer in den Fällen nach Artikel 18 Absatz 2 und Artikel 19 Absatz 3 – nicht erstattet.

Wird die Visumgebühr in einer anderen Währung als dem Euro erhoben, so wird der entsprechende Betrag in dieser Währung unter Verwendung des offiziellen Euro-Kurses der Europäischen Zentralbank berechnet und regelmäßig überprüft. Der zu erhebende Betrag kann aufgerundet werden; die Konsulate schließen im Rahmen der Schengen-Zusam-

[1]) ABl. L 289 vom 3. 11. 2005, S. 23.

menarbeit vor Ort untereinander Vereinbarungen, um sicherzustellen, dass sie Visumgebühren in ähnlicher Höhe erheben.

(8) Der Antragsteller erhält eine Quittung über die gezahlte Gebühr.

Artikel 17 Dienstleistungsgebühr

(1) Externe Dienstleistungserbringer nach Artikel 43 können eine zusätzliche Dienstleistungsgebühr erheben. Die Dienstleistungsgebühr steht in einem angemessenen Verhältnis zu den Kosten, die dem externen Dienstleistungserbringer bei der Ausführung einer oder mehrerer der in Artikel 43 Absatz 6 genannten Aufgaben entstanden sind.

(2) Diese Dienstleistungsgebühr wird in dem Vertrag nach Artikel 43 Absatz 2 festgelegt.

(3) Die Mitgliedstaaten sorgen im Rahmen der Schengen-Zusammenarbeit vor Ort dafür, dass die gegenüber einem Antragsteller erhobene Dienstleistungsgebühr in einem angemessenen Verhältnis zu den vom externen Dienstleistungserbringer gebotenen Dienstleistungen steht und an die örtlichen Gegebenheiten vor Ort angepasst ist. Ferner streben sie eine Harmonisierung der erhobenen Dienstleistungsgebühr an.

(4) Die Dienstleistungsgebühr beträgt höchstens die Hälfte der Visumgebühr nach Artikel 16 Absatz 1, ungeachtet eventueller Ermäßigungen oder Befreiungen von der Visumgebühr nach Artikel 16 Absätze 2, 4, 5 und 6.

(5) Jeder betreffende Mitgliedstaat erhält die Möglichkeit für sämtliche Antragsteller aufrecht, die Anträge unmittelbar bei seinen Konsulaten einzureichen.

Kapitel III
Prüfung des Antrags und Entscheidung über die Visumerteilung

Artikel 18 Überprüfung der Zuständigkeit des Konsulats

(1) Nach einer Antragstellung prüft das Konsulat seine Zuständigkeit für die Prüfung und Bescheidung des Antrags nach den Artikeln 5 und 6.

(2) Ist das Konsulat nicht zuständig, so gibt es das Antragsformular und die vom Antragsteller vorgelegten Unterlagen unverzüglich zurück, erstattet die Visumgebühr und gibt an, welches Konsulat zuständig ist.

Artikel 19 Zulässigkeit

(1) Das zuständige Konsulat prüft, ob

- der Antrag innerhalb der in Artikel 9 Absatz 1 genannten Frist eingereicht worden ist,
- dem Antrag die in Artikel 10 Absatz 3 Buchstaben a bis c genannten Unterlagen beigefügt sind,
- die biometrischen Daten des Antragstellers erfasst wurden und,
- die Visumgebühr entrichtet wurde.

(2) Befindet das zuständige Konsulat, dass die Voraussetzungen nach Absatz 1 erfüllt sind, so gilt der Antrag als zulässig und das Konsulat

- wendet das in Artikel 8 der VIS-Verordnung beschriebene Verfahren an und
- prüft den Antrag weiter.

Gemäß Artikel 6 Absatz 1, Artikel 7 und Artikel 9 Absätze 5 und 6 der VIS-Verordnung werden die Daten ausschließlich von dazu ermächtigten Konsularbediensteten in das VIS eingegeben.

(3) Befindet das zuständige Konsulat, dass die Voraussetzungen nach Absatz 1 nicht erfüllt sind, so ist der Antrag unzulässig, und das Konsulat hat unverzüglich

- das vom Antragsteller eingereichte Antragsformular und die von ihm vorgelegten Dokumente zurückzugeben,
- die erhobenen biometrischen Daten zu vernichten,
- die Visumgebühr zu erstatten und
- von einer weiteren Prüfung des Antrags abzusehen.

(4) Abweichend von dieser Regelung kann ein Antrag, der die Voraussetzungen nach Absatz 1 nicht erfüllt, aus humanitären Gründen oder aus Gründen des nationalen Interesses als zulässig betrachtet werden.

Artikel 20 Stempel zur Dokumentierung der Zulässigkeit eines Antrags

(1) Ist ein Antrag zulässig, so stempelt das zuständige Konsulat das Reisedokument des Antragstellers ab. Der Stempel entspricht dem Muster in Anhang III und wird entsprechend den Bestimmungen dieses Anhangs aufgebracht.

(2) Diplomaten-, Dienst-/Amtspässe und Sonderpässe werden nicht abgestempelt.

(3) Die Bestimmungen dieses Artikels gelten für Konsulate der Mitgliedstaaten bis zu dem Zeitpunkt, an dem das VIS in allen Regionen seinen Betrieb gemäß Artikel 48 der VIS-Verordnung in vollem Umfang aufnimmt.

Artikel 21 Prüfung der Einreisevoraussetzungen und Risikobewertung

(1) Bei der Prüfung eines Antrags auf ein einheitliches Visum ist festzustellen, ob der Antragsteller die Einreisevoraussetzungen nach Artikel 5 Absatz 1 Buchstaben a, c, d und e des Schengener Grenzkodexes erfüllt, und ist insbesondere zu beurteilen, ob bei ihm das Risiko der rechtswidrigen Einwanderung besteht, ob er eine Gefahr für die Sicherheit der Mitgliedstaaten darstellt und ob er beabsichtigt, vor Ablauf der Gültigkeitsdauer des beantragten Visums das Hoheitsgebiet der Mitgliedstaaten zu verlassen.

(2) Zu jedem Antrag wird das VIS gemäß Artikel 8 Absatz 2 und Artikel 15 der VIS-Verordnung abgefragt. Die Mitgliedstaaten stellen sicher, dass alle Suchkriterien gemäß Artikel 15 der VIS-Verordnung voll und ganz verwendet werden, um falsche Ablehnungen und Identifizierungen zu vermeiden.

(3) Bei der Kontrolle, ob der Antragsteller die Einreisevoraussetzungen erfüllt, prüft das Konsulat,

a) dass das vorgelegte Reisedokument nicht falsch, verfälscht oder gefälscht ist;

b) ob die Angaben des Antragstellers zum Zweck und zu den Bedingungen des beabsichtigten Aufenthalts begründet sind und ob er über ausreichende Mittel zur Bestreitung des Lebensunterhalts sowohl für die Dauer des beabsichtigten Aufenthalts als auch für die Rückreise in den Herkunfts- oder Wohnsitzstaat oder für die Durchreise in einen Drittstaat, in dem seine Zulassung gewährleistet ist, verfügt oder in der Lage ist, diese Mittel rechtmäßig zu erwerben;

c) ob der Antragsteller im Schengener Informationssystem (SIS) zur Einreiseverweigerung ausgeschrieben ist;

d) ob der Antragsteller keine Gefahr für die öffentliche Ordnung, die innere Sicherheit oder die öffentliche Gesundheit im Sinne von Artikel 2 Nummer 19 des Schengener Grenzkodexes oder für die internationalen Beziehungen eines Mitgliedstaats darstellt und ob er insbesondere nicht in den nationalen Datenbanken der Mitgliedstaaten zur Einreiseverweigerung aus denselben Gründen ausgeschrieben worden ist;

e) ob der Antragsteller, soweit erforderlich, im Besitz einer angemessenen und gültigen Reisekrankenversicherung ist.

(4) Das Konsulat prüft gegebenenfalls anhand der Dauer früherer und geplanter Aufenthalte, ob der Antragsteller die zulässige Gesamtaufenthaltsdauer im Hoheitsgebiet der Mitgliedstaaten nicht überschritten hat, ungeachtet etwaiger rechtmäßiger Aufenthalte aufgrund eines nationalen Visums für den längerfristigen Aufenthalt oder eines von einem anderen Mitgliedstaat erteilten Aufenthaltstitels.

(5) Die Mittel zur Bestreitung des Lebensunterhalts während des geplanten Aufenthalts werden nach der Dauer und dem Zweck des Aufenthalts und unter Zugrundelegung der Ausgaben für Unterkunft und Verpflegung in dem/den betreffenden Mitgliedstaat(en) nach Maßgabe eines mittleren Preisniveaus für preisgünstige Unterkünfte bewertet, die um die Zahl der Aufenthaltstage multipliziert werden; hierzu werden die von den Mitgliedstaaten gemäß Artikel 34 Absatz 1 Buchstabe c des Schengener Grenzkodexes festgesetzten Richtbeträge herangezogen. Der Nachweis einer Kostenübernahme und/

oder einer privaten Unterkunft kann ebenfalls das Vorhandensein ausreichender Mittel zur Bestreitung des Lebensunterhalts belegen.

(6) Bei der Prüfung eines Antrags auf ein Visum für den Flughafentransit überprüft das Konsulat insbesondere Folgendes:

a) dass das vorgelegte Reisedokument nicht falsch, verfälscht oder gefälscht ist;
b) den Ausgangs- und Zielort des betreffenden Drittstaatsangehörigen und die Kohärenz der geplanten Reiseroute und des Flughafentransits;
c) den Nachweis der Weiterreise zum Endbestimmungsland.

(7) Die Prüfung eines Antrags stützt sich insbesondere auf die Echtheit und Vertrauenswürdigkeit der vom Antragsteller vorgelegten Unterlagen und den Wahrheitsgehalt und die Glaubwürdigkeit seiner Aussagen.

(8) Im Verlauf der Prüfung eines Antrags kann das Konsulat den Antragsteller in begründeten Fällen zu einem Gespräch bestellen und zusätzliche Unterlagen anfordern.

(9) Die Ablehnung eines früheren Visumantrags bewirkt nicht automatisch die Ablehnung eines neuen Antrags. Der neue Antrag wird auf der Grundlage aller verfügbaren Informationen beurteilt.

Artikel 22 Vorherige Konsultation der zentralen Behörden anderer Mitgliedstaaten

(1) Ein Mitgliedstaat kann verlangen, dass die zentralen Behörden anderer Mitgliedstaaten seine zentralen Behörden bei der Prüfung der von Staatsangehörigen spezifischer Drittländer oder von spezifischen Gruppen von Staatsangehörigen dieser Länder eingereichten Anträge konsultieren. Diese Konsultationspflicht gilt nicht für Anträge auf Erteilung eines Visums für den Flughafentransit.

(2) Die konsultierten zentralen Behörden beantworten das Ersuchen auf jeden Fall innerhalb von sieben Kalendertagen nach dessen Eingang. Antworten sie nicht innerhalb dieser Frist, so bedeutet dies, dass keine Einwände gegen die Erteilung des Visums bestehen.

(3) Die Mitgliedstaaten teilen der Kommission die Einführung oder Rücknahme der Verpflichtung zur vorherigen Konsultation mit, bevor diese anwendbar wird. Eine entsprechende Unterrichtung erfolgt auch im Rahmen der Schengen-Zusammenarbeit vor Ort in dem betreffenden Konsularbezirk.

(4) Die Kommission unterrichtet die Mitgliedstaaten über diese Mitteilungen.

(5) Ab dem in Artikel 46 der VIS-Verordnung genannten Zeitpunkt der Ersetzung des Schengener Konsultationsnetzes wird die vorherige Konsultation gemäß Artikel 16 Absatz 2 der genannten Verordnung durchgeführt.

Artikel 23 Entscheidung über den Antrag

(1) Über nach Artikel 19 zulässige Anträge wird innerhalb von 15 Kalendertagen nach deren Einreichung entschieden.

(2) Dieser Zeitraum kann im Einzelfall auf höchstens 30 Kalendertage verlängert werden, wenn der Antrag insbesondere weiteren Prüfungen unterzogen werden muss oder wenn im Vertretungsfall die Behörden des vertretenen Mitgliedstaats konsultiert werden.

(3) In Ausnahmefällen kann dieser Zeitraum auf höchstens 60 Kalendertage verlängert werden, wenn in spezifischen Fällen zusätzliche Unterlagen erforderlich sind.

(4) Sofern der Antrag nicht zurückgenommen wurde, wird entschieden,

a) ein einheitliches Visum gemäß Artikel 24 zu erteilen;
b) ein Visum mit räumlich beschränkter Gültigkeit gemäß Artikel 25 zu erteilen;
c) das Visum gemäß Artikel 32 zu verweigern oder;
d) die Prüfung des Antrags nicht fortzuführen und den Antrag den einschlägigen Behörden des vertretenen Mitgliedstaats gemäß Artikel 8 Absatz 2 zu übermitteln.

Die Tatsache, dass die Abnahme von Fingerabdrücken gemäß Artikel 13 Absatz 7 Buchstabe b physisch unmöglich ist, beeinflusst die Erteilung oder Verweigerung eines Visums nicht.

V

Kapitel IV
Visumerteilung

Artikel 24 Erteilung eines einheitlichen Visums

(1) Die Gültigkeitsdauer des Visums und die zulässige Aufenthaltsdauer bestimmen sich nach der gemäß Artikel 21 vorgenommenen Prüfung.

Das Visum kann für eine, zwei oder mehrere Einreisen erteilt werden. Die Gültigkeitsdauer darf fünf Jahre nicht überschreiten.

Im Falle der Durchreise muss die zulässige Aufenthaltsdauer der Zeit entsprechen, die für den Zweck der Durchreise erforderlich ist.

Unbeschadet des Artikels 12 Buchstabe a umfasst die Gültigkeitsdauer des Visums eine Zusatzfrist von 15 Tagen.

V

Die Mitgliedstaaten können aus Gründen der öffentlichen Ordnung oder aufgrund der internationalen Beziehungen eines Mitgliedstaats beschließen, diese Zusatzfrist nicht zu gewähren.

(2) Unbeschadet des Artikels 12 Buchstabe a werden Visa für die mehrfache Einreise mit einer Gültigkeitsdauer zwischen sechs Monaten und fünf Jahren ausgestellt, sofern die folgenden Voraussetzungen erfüllt sind:

a) Der Antragsteller weist nach, dass er insbesondere aus beruflichen oder familiären Gründen gezwungen ist, häufig und/oder regelmäßig zu reisen, bzw. er begründet seine entsprechende Absicht, wie dies beispielsweise bei Geschäftsleuten, Staatsbediensteten, die regelmäßig zu offiziellen Besuchen in die Mitgliedstaaten oder zu den Einrichtungen der Europäischen Union reisen, Vertretern zivilgesellschaftlicher Organisationen, die wegen der Teilnahme an Berufsausbildungsmaßnahmen, Seminaren und Konferenzen reisen, Familienmitgliedern von Unionsbürgern, Familienmitgliedern von Drittstaatsangehörigen, die sich rechtmäßig in den Mitgliedstaaten aufhalten, und Seeleuten der Fall ist, und

b) der Antragsteller weist seine Integrität und Zuverlässigkeit, insbesondere hinsichtlich der vorschriftsmäßigen Verwendung ihm früher erteilter einheitlicher Visa oder Visa mit räumlich beschränkter Gültigkeit, seine wirtschaftliche Situation im Herkunftsstaat und seine Absicht, das Hoheitsgebiet der Mitgliedstaaten vor Ablauf des beantragten Visums auch wirklich zu verlassen, nach.

(3) Die Daten nach Artikel 10 Absatz 1 der VIS-Verordnung werden in das VIS eingegeben, wenn entschieden worden ist, dass das Visum erteilt wird.

Artikel 25 Erteilung eines Visums mit räumlich beschränkter Gültigkeit

(1) Ein Visum mit räumlich beschränkter Gültigkeit wird in folgenden Ausnahmefällen erteilt:

a) wenn der betreffende Mitgliedstaat es aus humanitären Gründen, aus Gründen des nationalen Interesses oder aufgrund internationaler Verpflichtungen für erforderlich hält,
   i) von dem Grundsatz abzuweichen, dass die in Artikel 5 Absatz 1 Buchstaben a, c, d und e des Schengener Grenzkodexes festgelegten Einreisevoraussetzungen erfüllt sein müssen,
   ii) ein Visum zu erteilen, obwohl der gemäß Artikel 22 konsultierte Mitgliedstaat Einwände gegen die Erteilung eines einheitlichen Visums erhebt, oder
   iii) ein Visum aus dringlichen Gründen zu erteilen, obwohl keine vorherige Konsultation gemäß Artikel 22 durchgeführt wurde,

oder

b) wenn aus von dem Konsulat als gerechtfertigt angesehenen Gründen dem Antragsteller erneut ein Visum für einen Aufenthalt innerhalb eines Zeitraums von 180 Tagen erteilt wird, innerhalb dessen er bereits ein einheitliches Visum oder ein Visum mit räumlich beschränkter Gültigkeit für einen Aufenthalt von 90 Tagen verwendet hat.

(2) Ein Visum mit räumlich beschränkter Gültigkeit ist für das Hoheitsgebiet des ausstellenden Mitgliedstaats gültig. In Ausnahmefällen kann es für das Hoheitsgebiet von mehr als einem Mitgliedstaat gültig sein, sofern die betreffenden Mitgliedstaaten dem zustimmen.

(3) Ist der Antragsteller im Besitz eines Reisedokuments, das in einem oder mehreren, aber nicht in allen Mitgliedstaaten anerkannt wird, so wird ein Visum erteilt, das für das Hoheitsgebiet der das Reisedokument anerkennenden Mitgliedstaaten gültig ist. Erkennt der ausstellende Mitgliedstaat das Reisedokument des Antragstellers nicht an, ist das erteilte Visum nur für diesen Mitgliedstaat gültig.

(4) Wurde in den in Absatz 1 Buchstabe a beschriebenen Fällen ein Visum mit räumlich beschränkter Gültigkeit erteilt, so teilen die zentralen Behörden des ausstellenden Mitgliedstaats den zentralen Behörden der anderen Mitgliedstaaten nach dem Verfahren gemäß Artikel 16 Absatz 3 der VIS-Verordnung unverzüglich die einschlägigen Informationen mit.

(5) Die Daten nach Artikel 10 Absatz 1 der VIS-Verordnung werden in das VIS eingegeben, wenn entschieden worden ist, dass das Visum erteilt wird.

Artikel 26 Erteilung eines Visums für den Flughafentransit

(1) Ein Visum für den Flughafentransit ist für die Durchreise durch die internationalen Transitzonen der im Hoheitsgebiet der Mitgliedstaaten gelegenen Flughäfen gültig.

(2) Unbeschadet des Artikels 12 Buchstabe a umfasst die Gültigkeitsdauer des Visums eine Zusatzfrist von 15 Tagen.

Die Mitgliedstaaten können aus Gründen der öffentlichen Ordnung oder aufgrund der internationalen Beziehungen eines beliebigen Mitgliedstaats beschließen, diese Zusatzfrist nicht zu gewähren.

(3) Unbeschadet des Artikels 12 Buchstabe a kann ein Mehrfachvisum für den Flughafentransit mit einer Gültigkeitsdauer von höchstens sechs Monaten erteilt werden.

(4) Bei der Entscheidung über die Erteilung eines Mehrfachvisums für den Flughafentransit werden insbesondere folgende Kriterien zugrunde gelegt:

a) der Umstand, dass der Antragsteller gezwungen ist, häufig und/oder regelmäßig durchzureisen, und

b) die Integrität und Zuverlässigkeit des Antragstellers, insbesondere hinsichtlich der vorschriftsmäßigen Verwendung ihm früher erteilter einheitlicher Visa, Visa mit räumlich beschränkter Gültigkeit oder Visa für den Flughafentransit, seine wirtschaftliche Situation im Herkunftsstaat und seine Absicht, die Weiterreise auch wirklich fortzusetzen.

(5) Benötigt der Antragsteller ein Visum für den Flughafentransit nach Artikel 3 Absatz 2, so ist dieses nur für die Durchreise durch die internationalen Transitzonen der im Hoheitsgebiet des betreffenden Mitgliedstaats bzw. der betreffenden Mitgliedstaaten gelegenen Flughäfen gültig.

(6) Die Daten nach Artikel 10 Absatz 1 der VIS-Verordnung werden in das VIS eingegeben, wenn entschieden worden ist, dass das Visum erteilt wird.

Artikel 27 Ausfüllen der Visummarke

(1) Nach dem Ausfüllen der Visummarke werden die in Anhang VII aufgeführten verbindlichen Angaben eingetragen und die maschinenlesbare Zone ausgefüllt, wie dies im einschlägigen ICAO-Dokument 9303, Teil 2, vorgesehen ist.

(2) Im Feld „Anmerkungen" können die Mitgliedstaaten besondere Angaben für ihr Land auf der Visummarke hinzufügen, wobei keine der in Anhang VII aufgeführten obligatorischen Angaben zu wiederholen sind.

(3) Alle Angaben sind auf die Visummarke aufzudrucken; auf einer bereits bedruckten Visummarke dürfen keine handschriftlichen Änderungen vorgenommen werden.

(4) Ein handschriftliches Ausfüllen der Visummarken ist nur bei technischen Problemen aufgrund höherer Gewalt zulässig. Auf einer handschriftlich ausgefüllten Visummar-

ke dürfen keine Änderungen vorgenommen werden.

(5) Wird eine Visummarke nach Absatz 4 dieses Artikels handschriftlich ausgefüllt, so wird diese Angabe gemäß Artikel 10 Absatz 1 Buchstabe k der VIS-Verordnung in das VIS eingegeben.

Artikel 28 Ungültigmachung einer bereits ausgefüllten Visummarke

(1) Wird auf einer Visummarke vor deren Anbringen im Reisedokument ein Irrtum festgestellt, so wird die Visummarke ungültig gemacht.

(2) Wird auf einer Visummarke nach deren Anbringen im Reisedokument ein Irrtum festgestellt, so wird die Visummarke dadurch ungültig gemacht, dass sie mit dokumentenechter Tinte durchgekreuzt wird, und eine neue Visummarke auf einer anderen Seite angebracht.

(3) Wird ein Irrtum festgestellt, nachdem die einschlägigen Daten gemäß Artikel 10 Absatz 1 der VIS-Verordnung in das VIS eingegeben wurden, so wird der Irrtum gemäß Artikel 24 Absatz 1 der genannten Verordnung berichtigt.

Artikel 29 Anbringen der Visummarke

(1) Die mit den Angaben gemäß Artikel 27 und Anhang VII bedruckte Visummarke wird auf dem Reisedokument gemäß den Bestimmungen des Anhangs VIII angebracht.

(2) Erkennt der ausstellende Mitgliedstaat das Reisedokument des Antragstellers nicht an, wird das gesonderte Blatt für die Anbringung eines Visums verwendet.

(3) Wurde die Visummarke auf dem gesonderten Blatt für die Anbringung eines Visums angebracht, so wird diese Angabe in das VIS gemäß Artikel 10 Absatz 1 Buchstabe j der VIS-Verordnung eingegeben.

(4) Einzelvisa, die im Reisedokument des Antragstellers eingetragenen Personen ausgestellt wurden, werden in diesem Reisedokument angebracht.

(5) Erkennt der ausstellende Mitgliedstaat das Reisedokument, in das diese Personen eingetragen sind, nicht an, wird die Einzelmarke jeweils auf den gesonderten Blättern für die Anbringung eines Visums angebracht.

Artikel 30 Rechte aufgrund eines erteilten Visums

Der bloße Besitz eines einheitlichen Visums oder eines Visums mit räumlich beschränkter Gültigkeit berechtigt nicht automatisch zur Einreise.

Artikel 31 Unterrichtung der zentralen Behörden anderer Mitgliedstaaten

(1) Ein Mitgliedstaat kann verlangen, dass seine zentralen Behörden über die von den Konsulaten anderer Mitgliedstaaten an Staatsangehörige bestimmter Drittstaaten oder an bestimmte Gruppen von Staatsangehörigen dieser Staaten erteilten Visa unterrichtet werden; dies gilt nicht im Falle von Visa für den Flughafentransit.

(2) Die Mitgliedstaaten teilen der Kommission die Einführung bzw. die Rücknahme der Verpflichtung zu einer solchen Unterrichtung mit, bevor dies anwendbar wird. Eine entsprechende Unterrichtung erfolgt auch im Rahmen der Schengen-Zusammenarbeit vor Ort in dem betreffenden Konsularbezirk.

(3) Die Kommission unterrichtet die Mitgliedstaaten über diese Mitteilungen.

(4) Ab dem in Artikel 46 der VIS-Verordnung genannten Zeitpunkt werden die Informationen gemäß Artikel 16 Absatz 3 der genannten Verordnung übermittelt.

Artikel 32 Visumverweigerung

(1) Unbeschadet des Artikels 25 Absatz 1 wird das Visum verweigert,

a) wenn der Antragsteller:
   - i) ein Reisedokument vorlegt, das falsch, verfälscht oder gefälscht ist;
   - ii) den Zweck und die Bedingungen des geplanten Aufenthalts nicht begründet;
   - iii) nicht den Nachweis erbringt, dass er über ausreichende Mittel zur Bestreitung des Lebensunterhalts sowohl für die Dauer des geplanten Aufenthalts

als auch für die Rückreise in den Herkunfts- oder Wohnsitzstaat oder für die Durchreise in einen Drittstaat, in dem seine Zulassung gewährleistet ist, verfügt, bzw. nicht in der Lage ist, diese Mittel rechtmäßig zu erwerben;

iv) sich im laufenden Zeitraum von 180 Tagen bereits 90 Tage im Hoheitsgebiet der Mitgliedstaaten auf der Grundlage eines einheitlichen Visums oder eines Visums mit räumlich beschränkter Gültigkeit aufgehalten hat;

v) im SIS zur Einreiseverweigerung ausgeschrieben ist;

vi) als eine Gefahr für die öffentliche Ordnung, die innere Sicherheit oder die öffentliche Gesundheit im Sinne von Artikel 2 Absatz 19 des Schengener Grenzkodexes oder für die internationalen Beziehungen eines Mitgliedstaats eingestuft wird, insbesondere wenn er in den nationalen Datenbanken der Mitgliedstaaten zur Einreiseverweigerung aus denselben Gründen ausgeschrieben worden ist; oder

vii) nicht nachweist, dass er, soweit erforderlich, über eine angemessene und gültige Reisekrankenversicherung verfügt;

oder

b) wenn begründete Zweifel an der Echtheit der von dem Antragsteller vorgelegten Belege oder am Wahrheitsgehalt ihres Inhalts, an der Glaubwürdigkeit seiner Aussagen oder der von ihm bekundeten Absicht bestehen, das Hoheitsgebiet der Mitgliedstaaten vor Ablauf der Gültigkeit des beantragten Visums zu verlassen.

(2) Eine Entscheidung über die Verweigerung und die entsprechende Begründung werden dem Antragstellter unter Verwendung des Standardformulars in Anhang VI mitgeteilt.

(3) Antragstellern, deren Visumantrag abgelehnt wurde, steht ein Rechtsmittel zu. Die Rechtsmittel sind gegen den Mitgliedstaat, der endgültig über den Visumantrag entschieden hat, und in Übereinstimmung mit dem innerstaatlichen Recht dieses Mitgliedstaats zu führen. Die Mitgliedstaaten informieren die Antragsteller über das im Falle der Einlegung eines Rechtsmittels zu befolgende Verfahren nach Anhang VI.

(4) In dem in Artikel 8 Absatz 2 aufgeführten Fall unterrichtet das Konsulat des vertretenden Mitgliedstaats den Antragsteller über die vom vertretenen Mitgliedstaat getroffene Entscheidung.

(5) Gemäß Artikel 12 der VIS-Verordnung sind die Daten zu verweigerten Visa in das VIS einzugeben.

Kapitel V
Änderung eines bereits erteilten Visums

Artikel 33 Verlängerung

(1) Die Gültigkeitsdauer und/oder die Aufenthaltsdauer eines erteilten Visums werden verlängert, wenn die zuständige Behörde eines Mitgliedstaats der Ansicht ist, dass ein Visuminhaber das Vorliegen höherer Gewalt oder humanitärer Gründe belegt hat, aufgrund deren er daran gehindert ist, das Hoheitsgebiet der Mitgliedstaaten vor Ablauf der Gültigkeitsdauer des Visums bzw. vor Ablauf der zulässigen Aufenthaltsdauer zu verlassen. Diese Verlängerungen werden kostenlos vorgenommen.

(2) Die Gültigkeitsdauer und/oder die Aufenthaltsdauer eines erteilten Visums können verlängert werden, wenn der Visuminhaber schwerwiegende persönliche Gründe, die eine Verlängerung der Gültigkeitsdauer oder der Aufenthaltsdauer rechtfertigen, belegt. Für diese Verlängerungen wird eine Gebühr von 30 EUR erhoben.

(3) Sofern die Behörde, die das Visum verlängert, nicht anders entscheidet, hat das verlängerte Visum die gleiche räumliche Gültigkeit wie das ursprüngliche Visum.

(4) Für die Verlängerung eines Visums ist die Behörde des Mitgliedstaats zuständig, in dessen Hoheitsgebiet sich der Drittstaatsangehörige zum Zeitpunkt der Beantragung der Verlängerung befindet.

(5) Die Mitgliedstaaten teilen der Kommission mit, welche Behörde für die Visumverlängerung zuständig ist.

(6) Die Verlängerung eines Visums erfolgt in Form einer Visummarke.

(7) Gemäß Artikel 14 der VIS-Verordnung sind die Daten zu einem verlängerten Visum in das VIS einzugeben.

Artikel 34 Annullierung und Aufhebung eines Visums

(1) Ein Visum wird annulliert, wenn sich herausstellt, dass die Voraussetzungen für seine Erteilung zum Ausstellungszeitpunkt nicht erfüllt waren, insbesondere wenn es ernsthafte Gründe zu der Annahme gibt, dass das Visum durch arglistige Täuschung erlangt wurde. Das Visum wird grundsätzlich von den zuständigen Behörden des Mitgliedstaats, der es erteilt hat, annulliert. Das Visum kann von den zuständigen Behörden eines anderen Mitgliedstaats annulliert werden; in diesem Fall sind die zuständigen Behörden des Mitgliedstaats, der das Visum erteilt hat, zu unterrichten.

(2) Ein Visum wird aufgehoben, wenn sich herausstellt, dass die Voraussetzungen für die Erteilung des Visums nicht mehr erfüllt sind. Das Visum wird grundsätzlich von den zuständigen Behörden des Mitgliedstaats, der es erteilt hat, aufgehoben. Das Visum kann von den zuständigen Behörden eines anderen Mitgliedstaats aufgehoben werden; in diesem Fall sind die zuständigen Behörden des Mitgliedstaats, der das Visum erteilt hat, zu unterrichten.

(3) Ein Visum kann auf Ersuchen des Visuminhabers aufgehoben werden. Die zuständigen Behörden des Mitgliedstaats, der das Visum erteilt hat, sind von der Aufhebung in Kenntnis zu setzen.

(4) Hat der Visuminhaber an der Grenze einen oder mehrere der Belege nach Artikel 14 Absatz 3 nicht vorgelegt, so zieht dies nicht automatisch eine Entscheidung zur Annullierung oder Aufhebung des Visums nach sich.

(5) Wird ein Visum annulliert oder aufgehoben, so wird ein Stempel mit den Worten „ANNULLIERT" oder „AUFGEHOBEN" aufgebracht und das optisch variable Merkmal der Visummarke, das Sicherheitsmerkmal „Kippeffekt" sowie der Begriff „Visum" werden durch Durchstreichen ungültig gemacht.

(6) Die Entscheidung über die Annullierung oder Aufhebung eines Visums und die entsprechende Begründung werden dem Antragsteller unter Verwendung des Standardformulars in Anhang VI mitgeteilt.

(7) Ein Visuminhaber, dessen Visum annulliert oder aufgehoben wurde, steht ein Rechtsmittel zu, es sei denn, das Visum wurde gemäß Absatz 3 auf Ersuchen des Visuminhabers aufgehoben. Die Rechtsmittel sind gegen den Mitgliedstaat, der über die Annullierung oder Aufhebung befunden hat, und in Übereinstimmung mit dem innerstaatlichen Recht dieses Mitgliedstaats zu führen. Die Mitgliedstaaten informieren die Antragsteller über das im Falle der Einlegung eines Rechtsmittels zu befolgende Verfahren nach Anhang VI.

(8) Gemäß Artikel 13 der VIS-Verordnung sind die Daten zu annullierten oder aufgehobenen Visa in das VIS einzugeben.

Kapitel VI
An den Außengrenzen erteilte Visa

Artikel 35 An den Außengrenzen beantragte Visa

(1) In Ausnahmefällen können Visa an den Grenzübergangsstellen erteilt werden, wenn folgende Voraussetzungen erfüllt sind:

a) Der Antragsteller erfüllt die Einreisevoraussetzungen nach Artikel 5 Absatz 1 Buchstaben a, c, d und e des Schengener Grenzkodexes;

b) dem Antragsteller war es nicht möglich, im Voraus ein Visum zu beantragen, und er macht gegebenenfalls unter Vorlage von Belegen unvorhersehbare zwingende Einreisegründe geltend, und

c) die Rückreise des Antragstellers in den Herkunfts- oder Wohnsitzstaat oder die Durchreise durch andere Staaten als Mitgliedstaaten, die den Schengen-Besitzstand in vollem Umfang anwenden, wird als sicher eingestuft.

(2) Wird an der Außengrenze ein Visum beantragt, kann der Antragsteller von der Pflicht zum Abschluss einer Reisekrankenversicherung befreit werden, wenn eine solche Versicherung an der betreffenden Grenzübergangsstelle nicht abgeschlossen werden kann oder wenn humanitäre Gründe vorliegen.

(3) Bei dem an der Außengrenze erteilten Visum muss es sich um ein einheitliches Visum handeln, das den Inhaber zu einem Aufenthalt von höchstens 15 Tagen je nach Zweck und Bedingungen des beabsichtigten Aufenthalts berechtigt. Im Falle der Durchreise muss die zulässige Aufenthaltsdauer der Zeit entsprechen, die für den Zweck der Durchreise erforderlich ist.

(4) Sind die Voraussetzungen des Artikels 5 Absatz 1 Buchstaben a, c, d und e des Schengener Grenzkodexes nicht erfüllt, können die für die Erteilung des Visums an der Grenze zuständigen Behörden ein Visum mit räumlich beschränkter Gültigkeit gemäß Artikel 25 Absatz 1 Buchstabe a dieser Verordnung ausstellen, das nur für das Hoheitsgebiet des ausstellenden Mitgliedstaats gilt.

(5) Drittstaatsangehörigen, die zu einer der Personengruppen gehören, bei denen eine vorherige Konsultation gemäß Artikel 22 durchzuführen ist, wird grundsätzlich kein Visum an der Außengrenze erteilt.

Jedoch kann diesen Personen in Ausnahmefällen an der Außengrenze ein Visum mit räumlich beschränkter Gültigkeit gemäß Artikel 25 Absatz 1 Buchstabe a ausgestellt werden, das für das Hoheitsgebiet des ausstellenden Mitgliedstaats gilt.

(6) Außer aus den in Artikel 32 Absatz 1 vorgesehenen Gründen für die Visumverweigerung ist ein Visum an der Grenzübergangsstelle zu verweigern, wenn die Voraussetzungen nach Absatz 1 Buchstabe b dieses Artikels nicht erfüllt sind.

(7) Die Bestimmungen über die Begründung und Mitteilung der Verweigerung eines Visums sowie über das Recht auf Einlegung eines Rechtsmittels gemäß Artikel 32 Absatz 3 und Anhang VI kommen zur Anwendung.

Artikel 36 Erteilung von Visa an der Außengrenze an Seeleute auf der Durchreise

(1) Einem Seemann, der beim Überschreiten der Außengrenzen der Mitgliedstaaten im Besitz eines Visums sein muss, kann an der Grenze ein Visum für die Zwecke der Durchreise erteilt werden, wenn

a) er die in Artikel 35 Absatz 1 aufgeführten Voraussetzungen erfüllt und
b) er die betreffende Grenze überschreitet, um auf einem Schiff, auf dem er als Seemann arbeiten wird, anzumustern oder wieder anzumustern oder von einem Schiff, auf dem er als Seemann arbeitet, abzumustern.

(2) Vor der Erteilung eines Visums an der Grenze an einen Seemann auf der Durchreise befolgen die zuständigen nationalen Behörden die Weisungen in Anhang IX Teil 1 und stellen sicher, dass die erforderlichen Informationen über den betreffenden Seemann anhand eines ordnungsgemäß ausgefüllten Formblatts für Seeleute auf der Durchreise gemäß Anhang IX Teil 2 ausgetauscht wurden.

(3) Dieser Artikel gilt unbeschadet des Artikels 35 Absätze 3, 4 und 5.

Titel IV
Verwaltung und Organisation

Artikel 37 Organisation der Visumstellen

(1) Die Mitgliedstaaten sind für die Organisation der Visumstellen ihrer Konsulate zuständig.

Um einer Abnahme der Kontrollintensität entgegenzuwirken und zu verhindern, dass Druck auf das Personal vor Ort ausgeübt wird, wird gegebenenfalls ein Rotationssystem für das Personal eingeführt, das direkt mit den Antragstellern in Kontakt kommt. Besonderer Wert wird auf klare Arbeitsstrukturen und eine deutliche Aufgabenteilung/-zuteilung hinsichtlich der endgültigen Entscheidungen über die Anträge gelegt. Zugang zum VIS und zum SIS und zu anderen vertraulichen Informationen erhalten nur wenige dazu ermächtigte Bedienstete. Es werden geeignete Maßnahmen getroffen, um unbefugten Zugang zu solchen Datenbanken zu verhindern.

(2) Um Betrug oder den Verlust von Visummarken zu verhindern, werden die Visummarken unter angemessenen Sicherheitsvorkehrungen aufbewahrt und verwendet. Jedes Konsulat führt Buch über seinen Bestand an Visummarken und registriert die Verwendung jeder einzelnen Visummarke.

(3) Die Konsulate der Mitgliedstaaten archivieren die Anträge. Jedes Dossier enthält das Antragsformular, Kopien der einschlägigen Belege, Nachweise der durchgeführten Kontrollen und das Aktenzeichen des ausgestellten Visums, so dass die Umstände der Entscheidung über den Antrag von den Bediensteten gegebenenfalls nachvollzogen werden können.

Die einzelnen Antragsdossiers werden mindestens zwei Jahre lang aufbewahrt, gerechnet ab dem Zeitpunkt der Entscheidung über den Antrag nach Artikel 23 Absatz 1.

Artikel 38 Mittel für die Antragsprüfung und für Kontrollen in den Konsulaten

(1) Die Mitgliedstaaten setzen geeignete Kräfte in ausreichender Zahl zur Prüfung der Anträge ein, so dass eine angemessene und harmonisierte Dienstleistungsqualität für die Öffentlichkeit sichergestellt werden kann.

(2) Die Räumlichkeiten müssen funktionell und so auslegt sein, dass die erforderlichen Sicherheitsmaßnahmen ergriffen werden können.

(3) Sowohl die Bediensteten aus dem Land des Konsulats als auch die örtlichen Bediensteten erhalten von den zentralen Behörden der Mitgliedstaaten eine angemessene Schulung und umfassende, detaillierte und aktuelle Informationen über die einschlägigen gemeinschaftlichen und einzelstaatlichen Rechtsvorschriften.

(4) Die zentralen Behörden der Mitgliedstaaten sorgen dafür, dass häufige und geeignete Kontrollen der Durchführung der Antragsprüfung erfolgen, und treffen Maßnahmen, um festgestellte Abweichungen von den Bestimmungen der vorliegenden Verordnung abzustellen.

Artikel 39 Verhalten des Personals

(1) Die Konsulate der Mitgliedstaaten stellen sicher, dass die Antragsteller zuvorkommend behandelt werden.

(2) Bei der Wahrnehmung ihrer Aufgaben achten die Konsularbediensteten die Menschenwürde uneingeschränkt. Getroffene Maßnahmen müssen in einem angemessenen Verhältnis zu den angestrebten Zielen stehen.

(3) Bei der Wahrnehmung ihrer Aufgaben dürfen die Konsularbediensteten niemanden aus Gründen des Geschlechts, der Rasse, der ethnischen Herkunft, der Religion oder der Weltanschauung, einer Behinderung, des Alters oder der sexuellen Orientierung diskriminieren.

Artikel 40 Formen der Zusammenarbeit

(1) Für die Gestaltung der Antragsverfahren sind die einzelnen Mitgliedstaaten zuständig. Grundsätzlich werden Anträge bei einem Konsulat des jeweiligen Mitgliedstaats eingereicht.

(2) Die Mitgliedstaaten

a) statten ihre Konsulate und Behörden, die für die Ausstellung von Visa an der Grenze zuständig sind, sowie die Büros ihrer Honorarkonsuln, wenn diese zur Erfassung von biometrischen Identifikatoren nach Artikel 42 herangezogen werden, mit der erforderlichen Ausrüstung für die Erfassung biometrischer Identifikatoren aus und/oder

b) arbeiten mit einem oder mehreren anderen Mitgliedstaaten im Rahmen der Schengen-Zusammenarbeit vor Ort oder mittels anderer angemessener Kontakte in Form von Vertretung in beschränktem Umfang, gemeinsamer Unterbringung oder einer gemeinsamen Visumantragstelle gemäß Artikel 41 zusammen.

(3) Aufgrund besonderer Umstände oder der Gegebenheiten vor Ort, etwa

a) wenn es aufgrund der hohen Zahl von Anträgen nicht möglich ist, die fristgerechte Entgegennahme von Anträgen und Ordnung von Daten unter angemessenen Bedingungen zu organisieren, oder
b) wenn eine gute geografische Abdeckung des betreffenden Drittstaats auf keine andere Weise gewährleistet werden kann,

und wenn die in Absatz 2 Buchstabe b genannten Formen der Zusammenarbeit sich für den betreffenden Mitgliedstaat als ungeeignet erweisen, kann ein Mitgliedstaat als letztes Mittel mit einem externen Dienstleistungserbringer gemäß Artikel 43 zusammenarbeiten.

(4) Unbeschadet des Rechts, den Antragsteller nach Artikel 21 Absatz 8 zu einem persönlichen Gespräch aufzufordern, darf die Wahl der Organisationsform nicht dazu führen, dass der Antragsteller zur Einreichung des Antrags bei mehr als einer Stelle persönlich erscheinen muss.

(5) Die Mitgliedstaaten setzen die Kommission davon in Kenntnis, wie sie die Antragsverfahren in den einzelnen Auslandsvertretungen zu gestalten gedenken.

Artikel 41 Zusammenarbeit zwischen Mitgliedstaaten

(1) Im Falle der „gemeinsamen Unterbringung" wickeln die Bediensteten der Konsulate eines oder mehrerer Mitgliedstaaten die Verfahren im Zusammenhang mit den in dem Konsulat eines anderen Mitgliedstaats an sie gerichteten Anträgen (einschließlich der Erfassung der biometrischen Identifikatoren) ab, wobei sie die Ausrüstung dieses Mitgliedstaats mitbenutzen. Die betreffenden Mitgliedstaaten vereinbaren die Dauer der gemeinsamen Unterbringung und die Bedingungen für deren Beendigung sowie den Anteil der Visumgebühren, den der Mitgliedstaat erhält, dessen Konsulat genutzt wird.

(2) Im Falle der Einrichtung „gemeinsamer Visumantragstellen" werden Bedienstete der Konsulate von zwei oder mehr Mitgliedstaaten in einem Gebäude untergebracht, damit die Antragsteller dort ihre Anträge (einschließlich der biometrischen Identifikatoren) einreichen können. Der jeweilige Antragsteller wird an den Mitgliedstaat verwiesen, der für die Prüfung und Bescheidung des Antrags zuständig ist. Die Mitgliedstaaten vereinbaren die Dauer dieser Zusammenarbeit und die Bedingungen für deren Beendigung sowie die Aufteilung der Kosten auf die beteiligten Mitgliedstaaten. Ein Mitgliedstaat ist für Logistikverträge und die diplomatischen Beziehungen zum Gastland zuständig.

(3) Die Mitgliedstaaten gewährleisten im Falle der Beendigung der Zusammenarbeit mit anderen Mitgliedstaaten die Fortführung eines uneingeschränkten Dienstes.

Artikel 42 Inanspruchnahme von Honorarkonsuln

(1) Honorarkonsuln können ebenfalls ermächtigt werden, einige oder alle unter Artikel 43 Absatz 6 genannten Aufgaben auszuführen. Es werden geeignete Maßnahmen zur Gewährleistung der Sicherheit und des Datenschutzes getroffen.

(2) Ist der betreffende Honorarkonsul kein Berufsbeamter eines Mitgliedstaats, erfolgt die Ausführung dieser Aufgaben entsprechend den in Anhang X festgelegten Anforderungen mit Ausnahme der Bestimmungen unter Teil D Buchstabe c dieses Anhangs.

(3) Ist der betreffende Honorarkonsul ein Berufsbeamter eines Mitgliedstaats, so stellt der betreffende Mitgliedstaat sicher, dass Anforderungen gelten, die denen entsprechen, die für die Ausführung der Aufgaben durch sein Konsulat gelten würden.

Artikel 43 Zusammenarbeit mit externen Dienstleistungserbringern

(1) Die Mitgliedstaaten bemühen sich, gemeinsam mit einem oder mehreren Mitgliedstaaten mit einem externen Dienstleistungserbringer unbeschadet der öffentlichen Auftragsvergabe und Wettbewerbsvorschriften zusammenzuarbeiten.

(2) Die Zusammenarbeit mit externen Dienstleistungserbringern beruht auf einem Vertrag, der den in Anhang X festgelegten Anforderungen entspricht.

V

(3) Die Mitgliedstaaten tauschen im Rahmen der Schengen-Zusammenarbeit vor Ort Informationen über die Wahl der externen Dienstleistungserbringer und die Festlegung der Modalitäten und Bedingungen ihrer jeweiligen Verträge aus.

(4) Die Prüfung der Anträge, die gegebenenfalls zu führenden Gespräche und die Bescheidung von Anträgen sowie das Drucken und Aufbringen der Visummarken werden ausschließlich vom Konsulat erledigt.

(5) Externen Dienstleistungserbringern wird keinesfalls Zugang zum VIS gewährt. Zugang zum VIS haben ausschließlich die dazu ermächtigten Konsularbediensteten.

(6) Einem externen Dienstleistungserbringer kann die Erfüllung einer oder mehrerer der folgenden Aufgaben anvertraut werden:

a) Erteilung allgemeiner Informationen über die Voraussetzungen für die Visumbeantragung und die Vordrucke;

b) Unterrichtung des Antragstellers über die beizubringenden Unterlagen anhand einer Checkliste;

c) Erfassung der Daten und Entgegennahme der Anträge (einschließlich der biometrischen Identifikatoren) und Weiterleitung der Anträge an das Konsulat;

d) Einzug der Visumgebühr;

e) Terminvereinbarungen zum persönlichen Erscheinen bei dem Konsulat oder dem externen Dienstleistungserbringer;

f) Entgegennahme der Reisedokumente, einschließlich gegebenenfalls des Ablehnungsbescheids, vom Konsulat und Rückgabe an den Antragsteller.

(7) Bei der Auswahl eines externen Dienstleistungserbringers prüft/prüfen der/die betreffende(n) Mitgliedstaat(en) genau die Solvenz und Zuverlässigkeit des Unternehmens, einschließlich der erforderlichen Lizenzen, des Handelsregistereintrags, der Unternehmenssatzung und der Verträge mit Banken und stellen sicher, dass kein Interessenkonflikt vorliegt.

(8) Der/Die betreffende(n) Mitgliedstaat(en) stellt/stellen sicher, dass der ausgewählte externe Dienstleistungserbringer die ihm in dem unter Absatz 2 genannten Vertrag auferlegten Bedingungen erfüllt.

(9) Der/Die betreffende(n) Mitgliedstaat(en) ist/sind weiterhin für die Einhaltung der Datenschutzbestimmungen bei der Verarbeitung der Daten verantwortlich und wird/werden gemäß Artikel 28 der Richtlinie 95/46/EG überwacht.

Die Zusammenarbeit mit einem externen Dienstleistungserbringer befreit nicht von der Haftung nach dem innerstaatlichen Recht des/der betreffenden Mitgliedstaats/Mitgliedstaaten bei Verstößen gegen Verpflichtungen im Hinblick auf die persönlichen Daten von Antragstellern und die Durchführung einer oder mehrerer der Aufgaben nach Absatz 6 oder schränkt diese Haftung ein. Diese Bestimmung gilt unbeschadet von Maßnahmen, die nach innerstaatlichem Recht des betreffenden Drittlands unmittelbar gegen den externen Dienstleistungserbringer eingeleitet werden können.

(10) Der/Die betreffende(n) Mitgliedstaat(en) weist/weisen den externen Dienstleistungserbringer ein und vermittelt/vermitteln ihm die Kenntnisse, die er benötigt, um den Antragstellern eine angemessene Dienstleistung anbieten und hinlängliche Informationen erteilen zu können.

(11) Der/Die betreffende(n) Mitgliedstaat(en) überwacht/überwachen die Durchführung des Vertrags gemäß Absatz 2 mit besonderer Aufmerksamkeit, einschließlich

a) der allgemeinen Informationen über die Voraussetzungen für die Visumbeantragung und die Antragsvordrucke, die der externe Dienstleistungserbringer den Antragstellern erteilt;

b) aller technischen und organisatorischen Sicherheitsvorkehrungen zum Schutz personenbezogener Daten gegen die zufällige oder unrechtmäßige Vernichtung, den zufälligen Verlust, die Änderung, die unberechtigte Weitergabe oder den unberechtigten Zugang – insbesondere wenn im Rahmen der Zusammenarbeit Unterlagen und Daten an das Konsulat des/der betreffenden Mitgliedstaats/Mitgliedstaaten übermittelt werden – und gegen jede andere Form der unrechtmäßigen Verarbeitung personenbezogener Daten;

c) der Erfassung und Übermittlung biometrischer Identifikatoren;

d) der Maßnahmen zur Einhaltung der Datenschutzbestimmungen.

Zu diesem Zweck führt/führen das/die Konsulat(e) des/der betreffenden Mitgliedstaats/Mitgliedstaaten regelmäßig stichprobenartige Kontrollen in den Räumlichkeiten des externen Dienstleistungserbringers durch.

(12) Die Mitgliedstaaten gewährleisten im Falle der Beendigung der Zusammenarbeit mit einem externen Dienstleistungserbringer die Fortführung eines uneingeschränkten Dienstes.

(13) Die Mitgliedstaaten übermitteln der Kommission ein Exemplar des unter Absatz 2 genannten Vertrags.

Artikel 44 Verschlüsselung und sichere Datenübermittlung

(1) Im Falle von Vertretungsvereinbarungen zwischen den Mitgliedstaaten und der Zusammenarbeit der Mitgliedstaaten mit externen Dienstleistungserbringern und der Inanspruchnahme von Honorarkonsuln stellt/stellen der/die vertretene(n) Mitgliedstaat(en) oder der/die betreffende(n) Mitgliedstaat(en) sicher, dass die Daten vollständig verschlüsselt werden, wenn sie von den Behörden des vertretenden Mitgliedstaats an die Behörden des/der vertretenen Mitgliedstaats/Mitgliedstaaten oder von dem externen Dienstleistungserbringer oder von dem Honorarkonsul an die Behörden des/der betreffenden Mitgliedstaats/Mitgliedstaaten elektronisch oder auf einem elektronischen Datenträger übermittelt werden.

(2) Wenn in Drittländern die von den Behörden des vertretenden Mitgliedstaats an die Behörden des/der vertretenen Mitgliedstaats/Mitgliedstaaten oder von dem externen Dienstleistungserbringer oder dem Honorarkonsul an die Behörden des/der betreffenden Mitgliedstaats/Mitgliedstaaten elektronisch zu übermittelnden Daten nicht verschlüsselt werden dürfen, so ermächtigt/ermächtigen der/die vertretene(n) Mitgliedstaat(en) den vertretenden Mitgliedstaat oder den externen Dienstleistungserbringer oder den Honorarkonsul nicht zu einer elektronischen Datenübermittlung.

In diesem Fall stellt/stellen der/die vertretene(n) Mitgliedstaat(en) oder der/die betreffende(n) Mitgliedstaat(en) sicher, dass die Behörden des/der vertretenden Mitgliedstaats/Mitgliedstaaten den Behörden des/der vertretenen Mitgliedstaats/Mitgliedstaaten oder der externe Dienstleistungserbringer oder der Honorarkonsul dem/den betreffenden Mitgliedstaats/Mitgliedstaaten die elektronischen Daten in vollständig verschlüsselter Form auf einem elektronischen Datenträger übermitteln; diese Übermittlung erfolgt durch einen konsularischen Beamten eines Mitgliedstaats, oder – wenn dies unverhältnismäßige oder unangemessene Maßnahmen erfordern würde – auf andere sichere Weise, zum Beispiel durch ansässige Unternehmer mit Erfahrung im Bereich der Beförderung geheimhaltungsbedürftiger Dokumente und Daten in dem betreffenden Drittland.

(3) Die Sicherheitsstufe für die Übermittlung entspricht in allen Fällen dem Grad der Geheimhaltungsbedürftigkeit der Daten.

(4) Die Mitgliedstaaten oder die Gemeinschaft bemühen sich um eine Einigung mit den betreffenden Drittländern über die Aufhebung des Verbots der elektronischen Übermittlung verschlüsselter Daten von den Behörden des vertretenden Mitgliedstaats an die Behörden des/der vertretenen Mitgliedstaats/Mitgliedstaaten oder von externen Dienstleistungserbringern oder von Honorarkonsuln an die Behörden des/der betreffenden Mitgliedstaats/Mitgliedstaaten.

Artikel 45 Zusammenarbeit der Mitgliedstaaten mit gewerblichen Mittlerorganisationen

(1) Die Mitgliedstaaten können in Bezug auf die Einreichung von Anträgen mit gewerblichen Mittlerorganisationen zusammenarbeiten, ausgenommen für die Erfassung der biometrischen Identifikatoren.

V

(2) Diese Zusammenarbeit erfolgt auf der Grundlage einer Akkreditierung durch die einschlägigen Behörden der Mitgliedstaaten. Die Akkreditierung ist insbesondere auf eine Überprüfung der folgenden Aspekte zu stützen:

a) den gegenwärtigen Status der gewerblichen Mittlerorganisation: gültige Lizenz, Handelsregister, Verträge mit Banken;
b) laufende Verträge mit kommerziellen Partnern in den Mitgliedstaaten, die Unterbringung und sonstige Pauschalreiseleistungen anbieten;
c) Verträge mit Beförderungsunternehmen, die eine Hinreise sowie eine garantierte fest gebuchte Rückreise einschließen müssen.

(3) Akkreditierte gewerbliche Mittlerorganisationen werden durch stichprobenartige persönliche oder telefonische Befragungen von Antragstellern und durch die Kontrolle der Reisen und Unterbringung, der Angemessenheit der Reisekrankenversicherung für Einzelreisende sowie, wenn für notwendig erachtet, der Unterlagen zur Rückreise von Gruppen regelmäßig überprüft.

(4) Im Rahmen der Schengen-Zusammenarbeit vor Ort werden Informationen über die Leistung der akkreditierten gewerblichen Mittlerorganisationen im Hinblick auf festgestellte Unregelmäßigkeiten und die Ablehnung eines von einer gewerblichen Mittlerorganisation eingereichten Antrags sowie über festgestellte Formen des Reisedokumentenbetrugs oder über nicht durchgeführte geplante Reisen ausgetauscht.

(5) Im Rahmen der Schengen-Zusammenarbeit vor Ort werden Listen der gewerblichen Mittlerorganisationen ausgetauscht, die von den einzelnen Konsulaten akkreditiert wurden und denen die Akkreditierung entzogen wurde, wobei auch die Gründe für den Entzug der Akkreditierung angegeben werden.

Jedes Konsulat trägt dafür Sorge, dass Listen der akkreditierten Mittlerorganisationen, mit denen es zusammenarbeitet, öffentlich bekannt gegeben werden.

V

Artikel 46 Erstellung von Statistiken

Die Mitgliedstaaten erstellen jährliche Statistiken über Visa gemäß der Tabelle in Anhang XII. Diese Statistiken werden jeweils vor dem 1. März für das vorhergehende Kalenderjahr vorgelegt.

Artikel 47 Information der Öffentlichkeit

(1) Die zentralen Behörden und die Konsulate der Mitgliedstaaten geben alle relevanten Informationen zur Beantragung eines Visums öffentlich bekannt, insbesondere:

a) die Kriterien, Voraussetzungen und Verfahren für die Beantragung eines Visums;
b) gegebenenfalls die Modalitäten für die Terminvereinbarung;
c) die Stelle, bei der der Antrag eingereicht werden kann (zuständiges Konsulat, gemeinsame Visumantragstelle oder externer Dienstleistungserbringer);
d) akkreditierte gewerbliche Mittlerorganisationen;
e) den Umstand, dass der in Artikel 20 vorgesehene Stempel keine Rechtswirkung hat;
f) die in Artikel 23 Absätze 1, 2 und 3 festgelegten Fristen für die Bearbeitung von Anträgen;
g) die Drittstaaten, in Bezug auf deren Staatsangehörige oder bestimmte Gruppen von deren Staatsangehörigen eine vorherige Konsultation oder Unterrichtung erforderlich ist;
h) darüber, dass ablehnende Entscheidungen über Anträge dem Antragsteller mitzuteilen und zu begründen sind und dass dem Antragsteller in diesem Fall ein Rechtsmittel zur Verfügung steht, wobei über das bei der Einlegung des Rechtsmittels zu befolgende Verfahren einschließlich der zuständigen Behörde und der Rechtsmittelfristen zu informieren ist;
i) darüber, dass der Besitz eines Visums allein nicht automatisch zur Einreise berechtigt und dass der Inhaber eines Visums an der Außengrenze nachweisen muss, dass er die in Artikel 5 des Schengener Grenzkodexes vorgesehenen Einreisevoraussetzungen erfüllt.

(2) Der vertretende und der vertretene Mitgliedstaat geben die Vertretungsvereinbarungen nach Artikel 8 drei Monate vor deren Inkrafttreten öffentlich bekannt.

Titel V Die Schengen-Zusammenarbeit vor Ort

Artikel 48 Die Schengen-Zusammenarbeit vor Ort zwischen den Konsulaten der Mitgliedstaaten

(1) Im Hinblick auf die einheitliche Anwendung der gemeinsamen Visumpolitik arbeiten die Konsulate der Mitgliedstaaten und die Kommission gegebenenfalls unter Berücksichtigung der örtlichen Gegebenheiten innerhalb eines Konsularbezirks zusammen und prüfen, ob insbesondere Folgendes festgelegt werden sollte:

a) eine einheitliche Liste der vom Antragsteller einzureichenden Belege, unter Berücksichtigung von Artikel 14 und Anhang II;

b) gemeinsame Kriterien für die Prüfung von Anträgen hinsichtlich Befreiungen von der Visumgebühr nach Artikel 16 Absatz 5 und Fragen im Zusammenhang mit der Übersetzung des Antragsformulars nach Artikel 11 Absatz 5;

c) eine abschließende, regelmäßig zu aktualisierende Liste der Reisedokumente, die das Gastland ausstellt.

Stellt sich im Rahmen der Schengen-Zusammenarbeit vor Ort heraus, dass mindestens hinsichtlich eines der Buchstaben a bis c ein einheitliches Vorgehen vor Ort notwendig ist, werden Maßnahmen in Bezug auf ein solches Vorgehen nach dem Verfahren gemäß Artikel 52 Absatz 2 festgelegt.

(2) Im Rahmen der Schengen-Zusammenarbeit vor Ort wird ein gemeinsames Informationsblatt über einheitliche Visa, Visa mit räumlich beschränkter Gültigkeit und Visa für den Flughafentransit, d. h. die damit verbundenen Rechte und die Beantragungsvoraussetzungen, ausgearbeitet, gegebenenfalls einschließlich der Liste der Belege nach Absatz 1 Buchstabe a.

(3) Im Rahmen der Schengen-Zusammenarbeit vor Ort werden folgende Informationen ausgetauscht:

a) monatliche Statistiken über die erteilten einheitlichen Visa, Visa mit räumlich beschränkter Gültigkeit und Visa für den Flughafentransit, sowie über die Zahl der verweigerten Visa;

b) in Bezug auf die Beurteilung von Migrations- und/oder Sicherheitsrisiken Informationen über:
   i) die sozioökonomische Struktur des Gastlandes,
   ii) lokale Informationsquellen einschließlich das Sozialversicherungssystem, Krankenversicherung, Steuerregister und Ein- und Ausreiseregistrierung,
   iii) die Verwendung falscher, verfälschter oder gefälschter Dokumente,
   iv) Routen der rechtswidrigen Einwanderung,
   v) Fälle der Visumverweigerung;

c) Informationen über die Zusammenarbeit mit Beförderungsgesellschaften;

d) Informationen über Versicherungsgesellschaften, die eine angemessene Reisekrankenversicherung anbieten, einschließlich Überprüfung der Versicherungsdeckung und etwaiger Selbstbeteiligung.

(4) Im Rahmen der Schengen-Zusammenarbeit vor Ort werden regelmäßig Sitzungen zwischen den Mitgliedstaaten und der Kommission insbesondere zur Besprechung konkreter Themen im Zusammenhang mit der Anwendung der gemeinsamen Visumpolitik organisiert. Diese Sitzungen werden von der Kommission innerhalb des Konsularbezirks einberufen, soweit nicht auf Ersuchen der Kommission etwas anderes vereinbart wird.

Es können auch Sitzungen zu Einzelthemen organisiert und Untergruppen eingesetzt werden, die sich mit spezifischen Fragen im Rahmen der Schengen-Zusammenarbeit vor Ort befassen.

(5) Über die Sitzungen im Rahmen der Schengen-Zusammenarbeit vor Ort werden

systematisch zusammenfassende Berichte erstellt und an die beteiligten Konsulate weitergeleitet. Die Kommission kann einen Mitgliedstaat mit der Erstellung der Berichte betrauen. Die Konsulate der einzelnen Mitgliedstaaten leiten die Berichte den zentralen Behörden ihres Landes zu.

Auf der Grundlage dieser Berichte erstellt die Kommission einen Jahresbericht für jeden Konsularbezirk, der dem Europäischen Parlament und dem Rat vorgelegt wird.

(6) Vertreter von Konsulaten der Mitgliedstaaten, die den Besitzstand der Gemeinschaft im Visumbereich nicht anwenden, oder von Drittländern können ad hoc zur Teilnahme an den Sitzungen eingeladen werden, damit Informationen zu Visumfragen ausgetauscht werden können.

Titel VI
Schlussbestimmungen

Artikel 49 Regelungen bezüglich der Olympischen Spiele und der Paralympischen Spiele

Für Mitgliedstaaten, die die Olympischen Spiele und die Paralympischen Spiele austragen, gelten die in Anhang XI vorgesehenen besonderen Verfahren und Bedingungen zur Erleichterung der Visumerteilung.

Artikel 50 Änderung der Anhänge

Maßnahmen zur Änderung nicht wesentlicher Bestimmungen dieser Verordnung, die die Anhänge I, II, III, IV, V, VI, VII, VIII und XII ändern, werden nach dem in Artikel 52 Absatz 3 genannten Regelungsverfahren mit Kontrolle erlassen.

Artikel 51 Hinweise zur Anwendung des Visakodexes in der Praxis

Weisungen zur praktischen Anwendung der Bestimmungen dieser Verordnung werden nach dem Verfahren gemäß Artikel 52 Absatz 2 festgelegt.

Artikel 52 Ausschussverfahren

(1) Die Kommission wird von einem Ausschuss unterstützt („Visa-Ausschuss“).

(2) Wird auf diesen Absatz Bezug genommen, so gelten die Artikel 5 und 7 des Beschlusses 1999/468/EG unter Beachtung von dessen Artikel 8, sofern die nach diesem Verfahren erlassenen Durchführungsmaßnahmen die wesentlichen Bestimmungen dieser Verordnung nicht ändern.

Die Frist nach Artikel 5 Absatz 6 des Beschlusses 1999/468/EG wird auf drei Monate festgesetzt.

(3) Wird auf diesen Absatz Bezug genommen, so gelten Artikel 5a Absätze 1 bis 4 und Artikel 7 des Beschlusses 1999/468/EG unter Beachtung von dessen Artikel 8.

Artikel 53 Mitteilung

(1) Die Mitgliedstaaten teilen der Kommission Folgendes mit:

a) Vertretungsvereinbarungen nach Artikel 8;

b) die Drittstaaten, bei deren Staatsangehörigen einzelne Mitgliedstaaten nach Artikel 3 den Besitz eines Visums für den Flughafentransit zur Durchreise durch die internationalen Transitzonen der in ihrem Hoheitsgebiet gelegenen Flughäfen verlangen;

c) gegebenenfalls das nationale Formular zum Nachweis der Kostenübernahme und/oder privaten Unterkunft nach Artikel 14 Absatz 4;

d) die Liste der Drittstaaten, bei denen eine vorherige Konsultation nach Artikel 22 Absatz 1 erforderlich ist;

e) die Liste der Drittstaaten, bei denen eine Unterrichtung nach Artikel 31 Absatz 1 erforderlich ist;

f) die zusätzlichen Einträge der Mitgliedstaaten im Feld „Anmerkungen“ auf der Visummarke gemäß Artikel 27 Absatz 2;

g) die für die Visumverlängerung gemäß Artikel 33 Absatz 5 zuständigen Behörden;

h) die nach Artikel 40 gewählten Formen der Zusammenarbeit;

i) die gemäß Artikel 46 und Anhang XII erhobenen Statistiken.

(2) Die Kommission stellt den Mitgliedstaaten und der Öffentlichkeit die gemäß Absatz 1

mitgeteilten Informationen auf elektronischem Wege in regelmäßig aktualisierter Form zur Verfügung.

Artikel 54 Änderung der Verordnung (EG) Nr. 767/2008

Die Verordnung (EG) Nr. 767/2008 wird wie folgt geändert:

1. Artikel 4 Absatz 1 wird wie folgt geändert:
   a) Buchstabe a erhält folgende Fassung:
      „a) ‚einheitliches Visum' im Sinne von Artikel 2 Nummer 3 der Verordnung (EG) Nr. 810/2009 des Europäischen Parlaments und des Rates vom 13. Juli 2009 über einen Visakodex der Gemeinschaft (Visakodex) *);

      *) ABl. L 243 vom 15. 9. 2009, S. 1."
   b) Buchstabe b wird gestrichen.
   c) Buchstabe c erhält folgende Fassung:
      „c) ‚Visum für den Flughafentransit' im Sinne von Artikel 2 Absatz 5 der Verordnung (EG) Nr. 810/2009;".
   d) Buchstabe d erhält folgende Fassung:
      „d) ‚Visum mit räumlich beschränkter Gültigkeit' im Sinne von Artikel 2 Absatz 4 der Verordnung (EG) Nr. 810/2009."
   e) Buchstabe e wird gestrichen.
2. In Artikel 8 Absatz 1 werden die Worte „Nach Erhalt eines Antrags" wie folgt ersetzt:
   „Bei Zulässigkeit des Antrags gemäß Artikel 19 der Verordnung (EG) Nr. 810/2009".
3. Artikel 9 wird wie folgt geändert:
   a) Die Überschrift erhält folgende Fassung:
      „Bei der Antragstellung einzugebende Daten".
   b) Absatz 4 wird wie folgt geändert:
      i) Buchstabe a erhält folgende Fassung:
         „a) Nachname (Familienname), Geburtsname (frühere(r) Familienname(n)), Vorname(n); Geburtsdatum, Geburtsort, Geburtsland, Geschlecht;".
      ii) Buchstabe e wird gestrichen.
      iii) Buchstabe g erhält folgende Fassung:
         „g) Zielmitgliedstaat(en) und Dauer des geplanten Aufenthalts oder der Durchreise;".
      iv) Buchstabe h erhält folgende Fassung:
         „h) Hauptzweck(e) der Reise;".
      v) Buchstabe i erhält folgende Fassung:
         „i) geplanter Tag der Einreise in das Schengen-Gebiet und geplanter Tag der Ausreise aus dem Schengen-Gebiet;".
      vi) Buchstabe j erhält folgende Fassung:
         „j) Mitgliedstaat der ersten Einreise;".
      vii) Buchstabe k erhält folgende Fassung:
         „k) Heimatanschrift des Antragstellers;".
      viii) In Buchstabe l wird das Wort „Ausbildungsstätte" durch das Wort „Bildungseinrichtung" ersetzt.
      ix) In Buchstabe m werden die Worte „des Vaters und der Mutter" durch „des Inhabers der elterlichen Sorge oder des Vormunds" ersetzt.
4. In Artikel 10 Absatz 1 wird folgender Buchstabe angefügt:
   „k) gegebenenfalls die Angabe, dass die Visummarke handschriftlich ausgefüllt wurde."
5. In Artikel 11 erhält die Einleitung folgende Fassung:
   „Führt die Visumbehörde als Vertretung eines anderen Mitgliedstaats die Prüfung des Antrags nicht fort, ergänzt sie den Antragsdatensatz um folgende Daten:".
6. Artikel 12 wird wie folgt geändert:
   a) Absatz 1 Buchstabe a erhält folgende Fassung:

V

„a) Statusinformation über die Ablehnung der Visumerteilung und darüber, ob die genannte Behörde die Visumerteilung im Namen eines anderen Mitgliedstaats abgelehnt hat;".

b) Absatz 2 erhält folgende Fassung:

„(2) In dem Antragsdatensatz werden auch die Gründe für die Verweigerung des Visums angegeben; dabei kann es sich um einen oder mehrere der folgenden Gründe handeln:

a) Der Antragsteller
   i) legt ein Reisedokument vor, das falsch, verfälscht oder gefälscht ist;
   ii) begründet den Zweck und die Bedingungen des geplanten Aufenthalts nicht;
   iii) erbringt nicht den Nachweis, dass er über ausreichende Mittel zur Bestreitung des Lebensunterhalts sowohl für die Dauer des geplanten Aufenthalts als auch für die Rückreise in den Herkunfts- oder Wohnsitzstaat oder für die Durchreise in einen Drittstaat, in dem seine Zulassung gewährleistet ist, verfügt, bzw. ist nicht in der Lage, diese Mittel rechtmäßig zu erwerben;
   iv) hat sich im laufenden Sechsmonatszeitraum bereits drei Monate im Hoheitsgebiet der Mitgliedstaaten auf der Grundlage eines einheitlichen Visums oder eines Visums mit räumlich beschränkter Gültigkeit aufgehalten;
   v) ist im SIS zur Einreiseverweigerung ausgeschrieben;
   vi) stellt eine Gefahr für die öffentliche Ordnung, die innere Sicherheit oder die öffentliche Gesundheit im Sinne von Artikel 2 Absatz 19 des Schengener Grenzkodexes oder für die internationalen Beziehungen eines Mitgliedstaats dar, insbesondere wenn er in den nationalen Datenbanken der Mitgliedstaaten zur Einreiseverweigerung aus denselben Gründen ausgeschrieben worden ist;
   vii) weist nicht nach, dass er, soweit erforderlich, über eine angemessene und gültige Reisekrankenversicherung verfügt;
b) die vorgelegten Informationen über den Zweck und die Bedingungen des geplanten Aufenthalts waren nicht glaubhaft;
c) die Absicht des Antragstellers, das Hoheitsgebiet der Mitgliedstaaten vor Ablauf des Visums zu verlassen, konnte nicht festgestellt werden;
d) es wurde vom Antragsteller nicht ausreichend belegt, dass es ihm nicht möglich war, im Voraus ein Visum zu beantragen, ein Umstand, der die Beantragung der Erteilung eines Visums an der Grenze rechtfertigt."

7. Artikel 13 erhält folgende Fassung:

„Artikel 13

Zusätzliche Daten bei Annullierung oder Aufhebung eines Visums

(1) Wurde entschieden, ein Visum zu annullieren oder aufzuheben, ergänzt die Visumbehörde, die diese Entscheidung getroffen hat, den Antragsdatensatz um folgende Daten:

a) Statusinformation über die Annullierung oder Aufhebung des Visums,
b) Behörde, die das Visum annulliert oder aufgehoben hat, einschließlich ihres Standorts,
c) Ort und Datum des Beschlusses.

(2) Im Antragsdatensatz ist auch der Grund oder sind die Gründe für die Annullierung oder die Aufhebung anzugeben; dabei kann es sich um einen oder mehrere der folgenden Gründe handeln:

a) einer oder mehrere der in Artikel 12 Absatz 2 aufgeführten Gründe,
b) das Ersuchen des Visuminhabers um Aufhebung des Visums."

8. Artikel 14 wird wie folgt geändert:
   a) Absatz 1 wird wie folgt geändert:
      i) Die Einleitung erhält folgende Fassung:
         „1. Wurde entschieden, die Gültigkeitsdauer und/oder die Aufenthaltsdauer eines ausgestellten Visums zu verlängern, ergänzt die Visumbehörde, die diese Entscheidung getroffen hat, den Antragsdatensatz um folgende Daten:".
      ii) Buchstabe d erhält folgende Fassung:
         „d) Nummer der Visummarke für das verlängerte Visum;".
      iii) Buchstabe g erhält folgende Fassung:
         „g) das Gebiet, in das der Visuminhaber einreisen darf, falls das verlängerte Visum eine andere räumliche Gültigkeit als das ursprüngliche Visum hat;".
   b) Absatz 2 Buchstabe c wird gestrichen.
9. In Artikel 15 Absatz 1 werden die Worte „bzw. seine Gültigkeitsdauer zu verlängern oder zu verkürzen" durch die Worte „oder zu verlängern" ersetzt.
10. Artikel 17 wird wie folgt geändert:
    a) Nummer 4 erhält folgende Fassung:
       „4. Mitgliedstaat der ersten Einreise;".
    b) Nummer 6 erhält folgende Fassung:
       „6. Kennzeichnung der Visumkategorie;".
    c) Nummer 11 erhält folgende Fassung:
       „11. Hauptzweck(e) der Reise;".
11. In Artikel 18 Absatz 4 Buchstabe c, Artikel 19 Absatz 2 Buchstabe c, Artikel 20 Absatz 2 Buchstabe d und Artikel 22 Absatz 2 Buchstabe d werden die Worte „oder verkürzt" gestrichen.
12. In Artikel 23 Absatz 1 Buchstabe d werden die Worte „Verkürzung der Gültigkeitsdauer" gestrichen.

Artikel 55 (weggefallen)

Artikel 56 Aufhebungen

(1) Die Artikel 9 bis 17 des Übereinkommens zur Durchführung des Übereinkommens von Schengen vom 14. Juni 1985 werden aufgehoben.

(2) Folgendes wird aufgehoben:

a) der Beschluss des Schengener Exekutivausschusses vom 28. April 1999 bezüglich der Aufhebung von Altfassungen des Gemeinsamen Handbuchs und der Gemeinsamen Konsularischen Instruktion und Annahme der Neufassungen (SCH/Com-ex (99) 13) (die Gemeinsame Konsularische Instruktion einschließlich der Anlagen);
b) die Beschlüsse des Schengener Exekutivausschusses vom 14. Dezember 1993 bezüglich der Verlängerung des einheitlichen Visums (SCH/Com-ex (93) 21) und bezüglich der gemeinsamen Grundsätze für die Annullierung, Aufhebung und Verringerung der Gültigkeitsdauer einheitlicher Visa (SCH/Com-ex (93) 24), Beschluss des Exekutivausschusses vom 22. Dezember 1994 bezüglich des Austauschs von Statistiken über die Erteilung von Sichtvermerken (SCH/Com-ex (94) 25), Beschluss des Exekutivausschusses vom 21. April 1998 über den Austausch vor Ort von statistischen Angaben zur Visumerteilung (SCH/Com-ex (98) 12) und Beschluss des Exekutivausschusses vom 16. Dezember 1998 über die Einführung eines einheitlichen Dokuments zum Nachweis einer Einladung, einer Verpflichtungserklärung oder einer Aufnahmebescheinigung (SCH/Com-ex (98) 57);
c) die Gemeinsame Maßnahme 96/197/JI vom 4. März 1996 betreffend den Transit auf Flughäfen[1]);

[1]) ABl. L 63 vom 13. 3. 1996, S. 8.

d) die Verordnung (EG) Nr. 789/2001 des Rates vom 24. April 2001, mit der dem Rat Durchführungsbefugnisse im Hinblick auf bestimmte detaillierte Vorschriften und praktische Verfahren zur Prüfung von Visumanträgen vorbehalten werden[2]);

e) die Verordnung (EG) Nr. 1091/2001 des Rates vom 28. Mai 2001 über den freien Personenverkehr mit einem Visum für den längerfristigen Aufenthalt[3]);

f) die Verordnung (EG) Nr. 415/2003 des Rates vom 27. Februar 2003 über die Erteilung von Visa an der Grenze, einschließlich der Erteilung derartiger Visa an Seeleute auf der Durchreise[4]);

g) Artikel 2 der Verordnung (EG) Nr. 390/2009 des Europäischen Parlament und des Rates vom 23. April 2009 zur Änderung der Gemeinsamen Konsularischen Instruktion an die diplomatischen Missionen und die konsularischen Vertretungen, die von Berufskonsularbeamten geleitet werden, hinsichtlich der Aufnahme biometrischer Identifikatoren einschließlich Bestimmungen über die Organisation der Entgegennahme und Bearbeitung von Visumanträgen[5]).

(3) Bezugnahmen auf die aufgehobenen Rechtsakte gelten als Bezugnahmen auf diese Verordnung und sind nach der Entsprechungstabelle in Anhang XIII zu lesen.

Artikel 57 Überwachung und Bewertung

(1) Zwei Jahre nachdem alle Bestimmungen dieser Verordnung anwendbar geworden sind, erstellt die Kommission eine Gesamtbewertung der Anwendung der Verordnung. Dabei misst sie die Ergebnisse an den Zielen und prüft die Durchführung der Bestimmungen dieser Verordnung unbeschadet der Berichte nach Absatz 3.

(2) Die Kommission legt die Bewertung nach Absatz 1 dem Europäischen Parlament und dem Rat vor. Auf der Grundlage dieser Bewertung legt die Kommission gegebenenfalls geeignete Vorschläge zur Änderung dieser Verordnung vor.

(3) Die Kommission legt drei Jahre nachdem der Betrieb des VIS aufgenommen wurde, und danach alle vier Jahre dem Europäischen Parlament und dem Rat einen Bericht über die Durchführung der Artikel 13, 17 und 40 bis 44 dieser Verordnung vor, der auch auf folgende Themen eingeht: Umsetzung der Erfassung und Verwendung biometrischer Identifikatoren, Zweckmäßigkeit des gewählten ICAO-Standards, Einhaltung der Datenschutzbestimmungen, Erfahrungen mit externen Dienstleistungserbringern unter spezifischer Bezugnahme auf die Erfassung biometrischer Daten, Umsetzung der Regelung zum Kopieren von Fingerabdrücken innerhalb von 59 Monaten und Gestaltung der Antragsverfahren. In dem Bericht werden zudem auf der Grundlage von Artikel 17 Absätze 12, 13 und 14 und von Artikel 50 Absatz 4 der VIS-Verordnung die Fälle, in denen Fingerabdrücke faktisch nicht abgegeben werden konnten oder aus rechtlichen Gründen nicht bereitgestellt werden mussten, mit der Zahl der Fälle verglichen, in denen Fingerabdrücke abgenommen wurden. Der Bericht enthält auch Angaben zu Fällen, in denen Personen, die ihre Fingerabdrücke tatsächlich nicht abgeben konnten, ein Visum verweigert wurde. Gegebenenfalls fügt die Kommission dem Bericht geeignete Vorschläge für eine Änderung der Verordnung bei.

(4) In dem ersten der Berichte nach Absatz 3 wird anhand der Ergebnisse einer unter Verantwortung der Kommission durchgeführten Studie auch die Frage behandelt, ob Fingerabdrücke von Kindern unter 12 Jahren zu Identifizierungs- und Überprüfungszwecken eine hinreichende Zuverlässigkeit aufweisen

---

[2]) ABl. L 116 vom 26. 4. 2001, S. 2.

[3]) ABl. L 150 vom 6. 6. 2001, S. 4.

[4]) ABl. L 64 vom 7. 3. 2003, S. 1.

[5]) ABl. L 131 vom 28. 5. 2009, S. 1.

und insbesondere wie sich die Fingerabdrücke mit zunehmendem Alter verändern.

Artikel 58 Inkrafttreten

(1) Diese Verordnung tritt am zwanzigsten Tag nach ihrer Veröffentlichung im *Amtsblatt der Europäischen Union* in Kraft.

(2) Diese Verordnung gilt ab dem 5. April 2010.

(3) Artikel 52 und Artikel 53 Absatz 1 Buchstaben a bis h und Absatz 2 gelten ab dem 5. Oktober 2009.

(4) Soweit das Schengener Konsultationsnetz (Pflichtenheft) betroffen ist, gilt Artikel 56 Absatz 2 Buchstabe d ab dem in Artikel 46 der VIS-Verordnung genannten Zeitpunkt.

(5) Artikel 32 Absätze 2 und 3, Artikel 34 Absätze 6 und 7 sowie Artikel 35 Absatz 7 gelten ab dem 5. April 2011.

Diese Verordnung ist in allen ihren Teilen verbindlich und gilt gemäß dem Vertrag zur Gründung der Europäischen Gemeinschaft unmittelbar in jedem Mitgliedstaat.

Anhang I

Einheitliches Antragsformular ([1])

Antrag auf Erteilung eines Schengen-Visums

Dieses Antragsformular ist unentgeltlich

FOTO

1. Name (Familienname) (x)

2. Familienname bei der Geburt (frühere(r) Familienname(n)) (x)

3. Vorname(n) (Beiname(n)) (x)

4. Geburtsdatum (Jahr-Monat-Tag)

5. Geburtsort

6. Geburtsland

7. Derzeitige Staatsangehörigkeit Staatsangehörigkeit bei der Geburt (falls nicht wie oben)

8. Geschlecht

☐ männlich ☐ weiblich

9. Familienstand

☐ ledig ☐ verheiratet ☐ getrennt ☐ geschieden ☐ verwitwet ☐ Sonstiges (bitte nähere Angaben)

10. Bei Minderjährigen: Name, Vorname, Anschrift (falls abweichend von der des Antragstellers) und Staatsangehörigkeit des Inhabers der elterlichen Sorge/des Vormunds

11. ggf. nationale Identitätsnummer

12. Art des Reisedokuments

☐ Normaler Pass ☐ Diplomatenpass ☐ Dienstpass ☐ Amtlicher Pass ☐ Sonderpass
☐ Sonstiges Reisedokument (bitte nähere Angaben)

13. Nummer des Reisedokuments

14. Ausstellungsdatum

15. Gültig bis

16. Ausgestellt durch

17. Wohnanschrift und E-Mail-Anschrift des Antragstellers

Telefonnummer(n)

18. Wohnsitz in einem anderen Staat als dem, dessen Staatsangehörige(r) Sie gegenwärtig sind

☐ Keine
☐ Ja. Aufenthaltstitel oder gleichwertiges Dokument .... Nr. .... Gültig bis

* 19. Derzeitige berufliche Tätigkeit

* 20. Anschrift und Telefonnummer des Arbeitgebers. Für Studenten, Name und Anschrift der Bildungseinrichtung.

21. Hauptzweck(e) der Reise:

☐ Tourismus ☐ Geschäftsreise ☐ Besuch von Familienangehörigen oder Freunden ☐ Kultur ☐ Sport
☐ Offizieller Besuch
☐ Gesundheitliche Gründe
☐ Studium ☐ Durchreise ☐ Flughafentransit ☐ Sonstiges (bitte nähere Angaben)

Reserviert für amtliche Eintragungen

Datum des Antrags:

Nr. des Visumantrags

Antrag eingereicht bei
☐ Botschaft/Konsulat
☐ Gemeinsame Antragsbearbeitungsstelle
☐ Dienstleistungserbringer
☐ Kommerzieller Vermittler
☐ Grenze

Name:

☐ Sonstige Stelle

Akte bearbeitet durch:

Belege:
☐ Reisedokument
☐ Mittel zur Bestreitung des Lebensunterhalts
☐ Einladung
☐ Beförderungsmittel
☐ Reisekrankenversicherung
☐ Sonstiges:

Visum:
☐ Abgelehnt
☐ Erteilt:
☐ A
☐ C
☐ Visum mit räumlich beschränkter Gültigkeit

☐ Gültig
vom ....
bis ....

Anzahl der Einreisen:
☐ 1 ☐ 2 ☐ mehrfach

Anzahl der Tage:

([1]) Logo gilt nicht für Island, Norwegen und die Schweiz.

22. Bestimmungsmitgliedstaat(en)	23. Mitgliedstaat der ersten Einreise	
24. Anzahl der beantragten Einreisen ☐ Einmalige Einreise ☐ Zweimalige Einreise ☐ Mehrfache Einreise	25. Dauer des geplanten Aufenthalts oder der Durchreise Anzahl der Tage angeben	

Die mit * gekennzeichneten Felder müssen von Familienangehörigen von Unionsbürgern und von Staatsangehörigen des EWR oder der Schweiz (Ehegatte, Kind oder abhängiger Verwandter in aufsteigender Linie) in Ausübung ihres Rechts auf Freizügigkeit nicht ausgefüllt werden. Diese müssen allerdings ihre Verwandtschaftsbeziehung anhand von Dokumenten nachweisen und die Felder Nr. 34 und 35 ausfüllen.

(x) Die Felder 1-3 sind entsprechend den Angaben im Reisedokument auszufüllen.

26. Schengen-Visa, die in den vergangenen drei Jahren erteilt wurden ☐ Keine ☐ Ja. Gültig von .... bis		
27. Wurden Ihre Fingerabdrücke bereits für die Zwecke eines Antrags auf ein Schengen-Visum erfasst? ☐ Nein ☐ Ja .... Datum (falls bekannt)		
28. Ggf. Einreisegenehmigung für das Endbestimmungsland Ausgestellt durch .... Gültig von .... bis		
29. Geplantes Ankunftsdatum im Schengen-Raum	30. Geplantes Abreisedatum aus dem Schengen-Raum	
* 31. Name und Vorname der einladenden Person(en) in dem Mitgliedstaat bzw. den Mitgliedstaaten. Soweit dies nicht zutrifft, bitte Name des/der Hotels oder vorübergehende Unterkunft (Unterkünfte) in dem (den) betreffenden Mitgliedstaat(en) angeben.		
Adresse und E-Mail-Anschrift der einladenden Person(en)/jedes Hotels/jeder vorübergehenden Unterkunft	Telefon und Fax	
* 32. Name und Adresse des einladenden Unternehmens/der einladenden Organisation	Telefon und Fax des Unternehmens/der Organisation	
Name, Vorname, Adresse, Telefon, Fax und E-Mail-Anschrift der Kontaktperson im Unternehmen/in der Organisation		
* 33. Die Reisekosten und die Lebenshaltungskosten während des Aufenthalts des Antragstellers werden getragen		
☐ vom Antragsteller selbst Mittel zur Bestreitung des Lebensunterhalts ☐ Bargeld ☐ Reiseschecks ☐ Kreditkarte ☐ Im Voraus bezahlte Unterkunft ☐ Im Voraus bezahlte Beförderung ☐ Sonstiges (bitte nähere Angaben)	☐ von anderer Seite (Gastgeber, Unternehmen, Organisation), bitte nähere Angaben .... ☐ siehe Feld 31 oder 32 .... ☐ von sonstiger Stelle (bitte nähere Angaben) Mittel zur Bestreitung des Lebensunterhalts ☐ Bargeld ☐ Zur Verfügung gestellte Unterkunft ☐ Übernahme sämtlicher Kosten während des Aufenthalts ☐ Im Voraus bezahlte Beförderung ☐ Sonstiges (bitte nähere Angaben)	

V

34. Persönliche Daten des Familienangehörigen, der Unionsbürger oder Staatsangehöriger des EWR oder der Schweiz ist			
Name		Vorname(n)	
Geburtsdatum	Nationalität	Nr. des Reisedokuments oder des Personalausweises	
35. Verwandtschaftsverhältnis zum Unionsbürger oder Staatsangehörigen des EWR oder der Schweiz ☐ Ehegatte ☐ Kind .... ☐ Enkelkind ☐ abhängiger Verwandter in aufsteigender Linie			
36. Ort und Datum	37. Unterschrift (für Minderjährige Unterschrift des Inhabers der elterlichen Sorge/des Vormunds)		

Mir ist bekannt, dass die Visumgebühr im Falle der Visumverweigerung nicht erstattet wird.

Im Falle der Beantragung eines Visums für mehrfache Einreisen (siehe Feld 24):

Mir ist bekannt, dass ich über eine angemessene Reisekrankenversicherung für meinen ersten Aufenthalt und jeden weiteren Besuch im Hoheitsgebiet der Mitgliedstaaten verfügen muss.

Mir ist bekannt und ich bin damit einverstanden, dass im Hinblick auf die Prüfung meines Visumantrags die in diesem Antragsformular geforderten Daten erhoben werden müssen, ein Lichtbild von mir gemacht werden muss und gegebenenfalls meine Fingerabdrücke abgenommen werden müssen. Die Angaben zu meiner Person, die in diesem Visumantrag enthalten sind, sowie meine Fingerabdrücke und mein Lichtbild werden zwecks Entscheidung über meinen Visumantrag an die zuständigen Behörden der Mitgliedstaaten weitergeleitet und von diesen Behörden bearbeitet.

Diese Daten sowie Daten in Bezug auf die Entscheidung über meinen Antrag oder eine Entscheidung zur Annullierung, Aufhebung oder Verlängerung eines Visums werden in das Visa-Informationssystem (VIS) [1] eingegeben und dort höchstens fünf Jahre gespeichert; die Visumbehörden und die für die Visumkontrolle an den Außengrenzen und in den Mitgliedstaaten zuständigen Behörden sowie die Einwanderungs- und Asylbehörden in den Mitgliedstaaten haben während dieser fünf Jahre Zugang zum VIS, um zu überprüfen, ob die Voraussetzungen für die rechtmäßige Einreise in das Gebiet und den rechtmäßigen Aufenthalt im Gebiet der Mitgliedstaaten erfüllt sind, um Personen zu identifizieren, die diese Voraussetzungen nicht bzw. nicht mehr erfüllen, um einen Asylantrag zu prüfen und um zu bestimmen, wer für diese Prüfung zuständig ist. Zur Verhütung und Aufdeckung terroristischer und anderer schwerer Straftaten und zur Ermittlung wegen dieser Straftaten haben unter bestimmten Bedingungen auch benannte Behörden der Mitgliedstaaten und Europol Zugang zu diesen Daten. Die für die Verarbeitung der Daten zuständige Behörde des Mitgliedstaats ist […].

Mir ist bekannt, dass ich berechtigt bin, in jedem beliebigen Mitgliedstaat eine Mitteilung darüber einzufordern, welche Daten über mich im VIS gespeichert wurden und von welchem Mitgliedstaat diese Daten stammen; außerdem bin ich berechtigt, zu beantragen, dass mich betreffende Daten, die unrichtig sind, korrigiert und rechtswidrig verarbeitete Daten, die mich betreffen, gelöscht werden. Die konsularische Vertretung, die meinen Antrag prüft, liefert mir auf ausdrücklichen Wunsch Informationen darüber, wie ich mein Recht wahrnehmen kann, die Daten zu meiner Person zu überprüfen und unrichtige Daten gemäß den Rechtsvorschriften des betreffenden Mitgliedstaats ändern oder löschen zu lassen, sowie über die Rechtsmittel, die das Recht des betreffenden Mitgliedstaats vorsieht. Die staatliche Aufsichtsbehörde dieses Mitgliedstaats [Kontaktdaten] ist zuständig für Beschwerden über den Schutz personenbezogener Daten.

Ich versichere, dass ich die vorstehenden Angaben nach bestem Wissen und Gewissen gemacht habe und dass sie richtig und vollständig sind. Mir ist bewusst, dass falsche Erklärungen zur Ablehnung meines Antrags oder zur Annullierung eines bereits erteilten Visums führen und die Strafverfolgung nach den Rechtsvorschriften des Mitgliedstaats, der den Antrag bearbeitet, auslösen können.

Ich verpflichte mich dazu, das Hoheitsgebiet der Mitgliedstaaten vor Ablauf des Visums zu verlassen, sofern mir dieses erteilt wird. Ich wurde davon in Kenntnis gesetzt, dass der Besitz eines Visums nur eine der Voraussetzungen für die Einreise in das europäische Hoheitsgebiet der Mitgliedstaaten ist. Aus der Erteilung des Visums folgt kein Anspruch auf Schadensersatz, wenn ich die Voraussetzungen nach Artikel 5 Absatz 1 der Verordnung (EG) Nr. 563/2006 (Schengener Grenzkodex) nicht erfülle und mir demzufolge die Einreise verweigert wird. Die Einreisevoraussetzungen werden bei der Einreise in das europäische Hoheitsgebiet der Mitgliedstaaten erneut überprüft.

Ort und Datum	Unterschrift (für Minderjährige Unterschrift des Inhabers der elterlichen Sorge/des Vormunds)

[1] Soweit das VIS einsatzfähig ist.

Anhang II

Nicht erschöpfende Liste von Belegen

Bei den von den Antragstellern vorzulegenden Belegen gemäß Artikel 14 kann es sich um folgende Dokumente handeln:

A. Belege über den Zweck der Reise

1. bei beruflichen Reisen:
   a) die Einladung eines Unternehmens oder einer Behörde zu geschäftlichen, betrieblichen oder dienstlichen Besprechungen, Tagungen oder Veranstaltungen;
   b) andere Unterlagen, aus denen eindeutig geschäftliche oder dienstliche Beziehungen hervorgehen;
   c) gegebenenfalls Eintrittskarten zu Messen und Kongressen;
   d) Dokumente, die die Geschäftstätigkeit des Unternehmens belegen;
   e) Dokumente, die den Beschäftigungsstatus des Antragstellers im Unternehmen belegen;
2. bei Reisen zu Studien- oder sonstigen Ausbildungszwecken:
   a) die Anmeldebestätigung einer Bildungseinrichtung über die beabsichtigte Teilnahme an theoretischen oder praktischen Aus- und Fortbildungsveranstaltungen;
   b) Studentenausweise oder Bescheinigungen über die zu besuchenden Lehrveranstaltungen;
3. bei touristischen oder privaten Reisen:
   a) Dokumente in Bezug auf die Unterkunft:
      – eine Einladung des Gastgebers, sofern bei diesem Unterkunft genommen werden soll;
      – Belege von Beherbergungsbetrieben oder sonstige geeignete Unterlagen, aus denen die beabsichtigte Unterbringung hervorgeht;
   b) Dokumente in Bezug auf die Reiseroute:
      – die Buchungsbestätigung des Veranstalters einer organisierten Reise oder sonstige geeignete Unterlagen, aus denen die Reisepläne hervorgehen;
      – im Fall der Durchreise: Visum oder sonstige Einreisegenehmigung für das Drittland, welches das Bestimmungsland ist; Tickets für die Weiterreise;
4. bei Reisen im Zusammenhang mit politischen, wissenschaftlichen, kulturellen, sportlichen oder religiösen Veranstaltungen oder Reisen, die aus anderen Gründen stattfinden:
   – Einladungen, Eintrittskarten, Anmeldebestätigungen oder Programme, (möglichst) unter Angabe des Namens der einladenden Stelle und der Dauer des Aufenthalts, oder sonstige geeignete Unterlagen, aus denen der Zweck der Reise hervorgeht;
5. bei Reisen von Mitgliedern offizieller Delegationen, die mit offizieller Einladung an die Regierung des betreffenden Drittlands an Treffen, Beratungen, Verhandlungen oder Austauschprogrammen sowie an Veranstaltungen zwischenstaatlicher Organisationen im Hoheitsgebiet eines Mitgliedstaats teilnehmen:
   – ein Schreiben einer Behörde des betreffenden Drittlands, in dem bestätigt wird, dass der Antragsteller der offiziellen Delegation angehört, die zur Teilnahme an einer der oben genannten Veranstaltungen in einen Mitgliedstaat reist, sowie eine Kopie der offiziellen Einladung;
6. bei Reisen aus gesundheitlichen Gründen:
   – ein amtliches Dokument der medizinischen Einrichtung, aus dem die Notwendigkeit der medizinischen Behandlung in dieser Einrichtung hervorgeht, sowie der Nachweis ausreichender Mittel zur Bestreitung der Behandlungskosten.

V

B. Dokumente, anhand deren sich die Absicht des Antragstellers, das Gebiet der Mitgliedstaaten zu verlassen, beurteilen lässt

1. Buchung eines Rückreise- oder Rundreisetickets;
2. Nachweis finanzieller Mittel im Wohnsitzstaat;
3. Nachweis eines Arbeitsverhältnisses: Kontoauszüge;
4. Nachweis von Immobilienbesitz;
5. Nachweis der Eingliederung in den Wohnsitzstaat: familiäre Bindungen; beruflicher Status.

C. Dokumente im Zusammenhang mit der familiären Situation des Antragstellers

1. Zustimmung der Eltern oder des gesetzlichen Vormunds (wenn ein Minderjähriger ohne seine Eltern reist);
2. Nachweis einer familiären Beziehung zum Gastgeber/zur einladenden Person.

Anhang III

Einheitliches Format und Verwendung des Stempels zur Dokumentierung der Antragstellung

... Visum ...[1])	Dschibuti
xx/xx/xxxx[2]) ...[3])	
Beispiel:	
C visa FR	Der Stempel wird auf der ersten freien Seite des Reisedokuments, die keine sonstigen Einträge oder Stempel aufweist, angebracht.
22/04/2009 Consulat de France	

[1]) Code des Mitgliedstaats, der den Antrag prüft. Es werden die Codes, die in Anhang VII unter Nummer 1.1 aufgeführt sind, verwendet.

[2]) Datum des Antrags (achtstellige Zahl: xx Tag, xx Monat, xxxx Jahr).

[3]) Behörde, die den Visumantrag prüft.

Anhang IV

Gemeinsame, in Anhang I der Verordnung (EG) Nr. 539/2001 aufgestellte Liste der Drittländer, deren Staatsangehörige zur Durchreise durch die Transitzone der Flughäfen der Mitgliedstaaten ein Visum für den Flughafentransit benötigen

Afghanistan
Bangladesch
Demokratische Republik Kongo
Eritrea
Äthiopien
Ghana
Iran
Irak
Nigeria
Pakistan
Somalia
Sri Lanka

Anhang V

Liste der Aufenthaltstitel, die deren Inhaber zur Durchreise durch die Transitzonen der Flughäfen der Mitgliedstaaten ohne Visum für den Flughafentransit berechtigen

Andorra:

- Tarjeta provisional de estancia y de trabajo (Vorläufige Aufenthalts- und Arbeitsbewilligung) (weiß); wird für Saisonarbeit ausgestellt. Die Gültigkeitsdauer hängt von der Länge des Arbeitsverhältnisses ab, überschreitet aber grundsätzlich nie sechs Monate. Kann nicht verlängert werden.
- Tarjeta de estancia y de trabajo (Aufenthalts- und Arbeitsbewilligung) (weiß); wird für sechs Monate ausgestellt und kann um ein Jahr verlängert werden.
- Tarjeta de estancia (Aufenthaltsbewilligung) (weiß); wird für sechs Monate ausgestellt und kann um ein Jahr verlängert werden.
- Tarjeta temporal de residencia (Befristete Niederlassungsgenehmigung) (rosa); wird für ein Jahr ausgestellt und kann zweimal jeweils um den gleichen Zeitraum verlängert werden.
- Tarjeta ordinaria de residencia (Gewöhnliche Niederlassungsgenehmigung) (gelb); wird für drei Jahre ausgestellt und kann um drei Jahre verlängert werden.
- Tarjeta privilegiada de residencia (Privilegierte Niederlassungsgenehmigung) (grün); wird für fünf Jahre ausgestellt und kann jeweils um fünf Jahre verlängert werden.
- Autorización de residencia (Niederlassungserlaubnis) (grün); wird für ein Jahr ausgestellt und kann jeweils um drei Jahre verlängert werden.
- Autorización temporal de residencia y de trabajo (Befristete Niederlassungs- und Arbeitserlaubnis) (rosa); wird für zwei Jahre ausgestellt und kann um zwei Jahre verlängert werden.
- Autorización ordinaria de residencia y de trabajo (Gewöhnliche Niederlassungs- und Arbeitserlaubnis) (gelb); wird für fünf Jahre ausgestellt.
- Autorización privilegiada de residencia y de trabajo (Privilegierte Niederlassungs- und Arbeitserlaubnis) (grün); wird für zehn Jahre ausgestellt und kann jeweils um den gleichen Zeitraum verlängert werden.

Kanada:

- Permanent Resident Card (Aufenthaltsgenehmigung, Scheckkartenformat)

Japan:

- Re-entry permit to Japan (Genehmigung zur Wiedereinreise nach Japan)

San Marino:

- Permesso di soggiorno ordinario (validità illimitata) (Herkömmliche Aufenthaltserlaubnis (unbeschränkte Gültigkeit))
- Permesso di soggiorno continuativo speciale (validità illimitata) (Kontinuierliche Sonderaufenthaltserlaubnis (unbeschränkte Gültigkeit))
- Carta d'identità di San Marino (validità illimitata) (Identitätskarte von San Marino (unbeschränkte Gültigkeit))

Vereinigte Staaten von Amerika:

- Form I-551 Permanent resident card (Aufenthaltsgenehmigung) (zwei bis zehn Jahre gültig)
- Form I-551 Alien registration receipt card (Ausländermeldebescheinigung) (zwei bis zehn Jahre gültig)
- Form I-551 Alien registration receipt card (Wiedereinreisedokument) (unbeschränkte Gültigkeit)
- Form I-327 Re-entry document (zwei Jahre gültig – ausgestellt an Inhaber eines I-551)
- Resident alien card (Ausländerausweis für Ansässige mit einer Gültigkeitsdauer von zwei oder zehn Jahren oder unbefristet). Dieses Dokument ist nur ausreichend, wenn die Aufenthaltsdauer außerhalb der USA ein Jahr nicht überschreitet.)

V

- Permit to re-enter (Wiedereinreisegenehmigung mit einer Gültigkeitsdauer von zwei Jahren. Dieses Dokument ist nur ausreichend, wenn die Aufenthaltsdauer außerhalb der USA zwei Jahre nicht überschreitet.)
- Valid temporary residence stamp in a valid passport (im gültigen Pass angebrachter gültiger Stempel für befristeten Aufenthalt) (ein Jahr Gültigkeit nach Ausstellungsdatum)

Anhang VI

Einheitliches Formblatt über die Unterrichtung über die Verweigerung, Annullierung oder Aufhebung eines Visums und zur entsprechenden Begründung

[1])

Verweigerung/Annullierung/Aufhebung des Visums

Sehr geehrter Herr/Sehr geehrte Frau ___________

☐ Die ___________ Botschaft/das Generalkonsulat/das ___________Konsulat/[andere zuständige Behörde] in ___________ hat (im Namen von (Name des vertretenen Mitgliedstaats)]

☐ [andere zuständige Behörde] von ___________

☐ Die für Personenkontrollen zuständigen Behörden in ___________

hat/haben

☐ Ihren Visumantrag geprüft;

☐ Ihr Visum mit der Nummer ___________, ausgestellt am ___________ [Tag/Monat/Jahr], geprüft

☐ Das Visum wurde verweigert ☐ Das Visum wurde annulliert ☐ Das Visum wurde aufgehoben

Diese Entscheidung stützt sich auf den folgenden Grund/die folgenden Gründe:

1. ☐ Es wurde ein falsches, gefälschtes oder verfälschtes Reisedokument vorgelegt.
2. ☐ Der Zweck und die Bedingungen des beabsichtigten Aufenthalts wurden nicht nachgewiesen.
3. ☐ Sie haben nicht den Nachweis erbracht, dass Sie über ausreichende Mittel zur Bestreitung des Lebensunterhalts für die Dauer des beabsichtigten Aufenthalts oder für die Rückkehr in Ihren Herkunfts- oder Wohnsitzstaat oder für die Durchreise in einen Drittstaat verfügen, in dem Ihre Zulassung gewährleistet ist, oder Sie sind nicht in der Lage, diese Mittel rechtmäßig zu erlangen.
4. ☐ Sie haben sich im gegenwärtigen Zeitraum von 180 Tagen bereits 90 Tage im Gebiet der Mitgliedstaaten auf der Grundlage eines einheitlichen Visums oder eines Visums mit räumlich beschränkter Gültigkeit aufgehalten.
5. ☐ Sie wurden im Schengener Informationssystem (SIS) zur Einreiseverweigerung ausgeschrieben von ___________ (Angabe des Mitgliedstaats).
6. ☐ Ein oder mehrere Mitgliedstaaten sind der Auffassung, dass Sie eine Gefahr für die öffentliche Ordnung, die innere Sicherheit, die öffentliche Gesundheit gemäß Artikel 2 Absatz 19 der Verordnung (EG) Nr. 562/2006 (Schengener Grenzkodex) oder die internationalen Beziehungen eines oder mehrerer Mitgliedstaaten darstellen.

[1]) Logo gilt nicht für Island, Norwegen und die Schweiz.

7. ☐ Der Nachweis, dass Sie über eine angemessene und gültige Reisekrankenversicherung verfügen, wurde nicht erbracht.
8. ☐ Die vorgelegten Informationen über den Zweck und die Bedingungen des beabsichtigten Aufenthalts waren nicht glaubhaft.
9. ☐ Ihre Absicht, vor Ablauf des Visums aus dem Hoheitsgebiet der Mitgliedstaaten auszureisen, konnte nicht festgestellt werden.
10. ☐ Es wurde nicht hinreichend belegt, dass es Ihnen unmöglich war, im Voraus ein Visum zu beantragen, was die Beantragung eines Visums an der Grenze gerechtfertigt hätte.
11. ☐ Die Aufhebung des Visums wurde vom Inhaber des Visums beantragt[2]).

Anmerkungen:

Hinweis: Der Betroffene kann entsprechend den nationalen Rechtsvorschriften Beschwerde gegen die Entscheidung zur Verweigerung/Annullierung/Aufhebung eines Visums einlegen. Der Betroffene muss eine Kopie dieses Dokuments erhalten (jeder Mitgliedstaat gibt die einschlägigen innerstaatlichen Rechtsvorschriften sowie das Verfahren zur Wahrnehmung des Beschwerderechts an (einschließlich der zuständigen Behörde, bei der Beschwerde eingelegt werden kann, und der Beschwerdefrist für eine solche Beschwerde)).

Datum und Stempel der Botschaft/des Generalkonsulats/des Konsulats/der für Personenkontrollen zuständigen Behörde/einer anderen zuständigen Behörde

Unterschrift der betreffenden Person[3])

---

[2]) Gegen die Aufhebung eines Visums aus diesem Grund ist eine Beschwerde nicht zulässig.

[3]) Sofern durch das einzelstaatliche Recht vorgeschrieben.

Anhang VII

Ausfüllen der Visummarke

1. Feld für obligatorische gemeinsame Angaben

1.1. Feld „GÜLTIG FÜR"
In diesem Feld wird die räumliche Gültigkeit des Visums angegeben.
Es bestehen nur folgende Möglichkeiten für das Ausfüllen dieses Feldes:

a) Schengen-Staaten,
b) Angabe des Schengen-Staates oder der Schengen-Staaten, auf dessen oder deren Hoheitsgebiet das Visum beschränkt ist (in diesem Fall werden die folgenden Länderkennzeichen verwendet):

BE	Belgien
CZ	Tschechische Republik
DK	Dänemark
DE	Deutschland
EE	Estland
GR	Griechenland
ES	Spanien
FR	Frankreich
IT	Italien
LV	Lettland
LT	Litauen
LU	Luxemburg
HU	Ungarn
MT	Malta
NL	Niederlande
AT	Österreich
PL	Polen
PT	Portugal
SI	Slowenien
SK	Slowakei
FI	Finnland
SE	Schweden
IS	Island
NO	Norwegen
CH	Schweiz

1.2. Wird die Visummarke zur Ausstellung eines einheitlichen Visums verwendet, werden in dieses Feld in der Sprache des ausstellenden Mitgliedstaats die Worte „Schengen-Staaten" eingetragen.

1.3. Wird die Visummarke zur Ausstellung eines Visums mit räumlich beschränkter Gültigkeit gemäß Artikel 25 Absatz 1 dieser Verordnung verwendet, werden in diesem Feld in der Sprache des ausstellenden Mitgliedstaats alle Mitgliedstaaten angegeben, auf die der Aufenthalt des Visuminhabers beschränkt wird.

1.4. Wird die Visummarke zur Ausstellung eines Visums mit räumlich beschränkter Gültigkeit gemäß Artikel 25 Absatz 3 dieser Verordnung verwendet, sind folgende Eintragungen möglich:

a) die Codes der betreffenden Mitgliedstaaten;
b) die Worte „Schengen-Staaten", in Klammern gefolgt von einem Minuszeichen und den Codes der Mitgliedstaaten, für deren Hoheitsgebiet das Visum nicht gilt;
c) ist das Feld „gültig für" zu klein für die Aufnahme aller Codes der Mitgliedstaaten, die das betreffende Reisedokument (nicht) anerkennen, wird die Schriftgröße der verwendeten Buchstaben verringert.

2. Feld „VON … BIS"
In diesem Feld wird die vom Visum gedeckte Aufenthaltsdauer des Inhabers des Visums angegeben.
Nach dem Wort „VON" wird der erste Tag angegeben, von dem an die Einreise in das Gebiet, für welches das Visum gilt, gestattet ist. Diese Angabe wird wie folgt eingetragen:

- zwei Ziffern für den Tag; dem 1.–9. eines Monats geht eine Null voraus,
- Bindestrich,
- zwei Ziffern für den Monat; den durch eine einstellige Ziffer bezeichneten Monaten geht eine Null voraus,
- Bindestrich,
- für die Jahreszahl werden die beiden letzten Ziffern eines jeden Jahres angegeben.

Zum Beispiel: 05-12-07 = 5. Dezember 2007.

Nach dem Wort „BIS" wird der letzte Tag der Gültigkeit des Visums auf die gleiche Weise wie der erste Gültigkeitstag angegeben. Die Ausreise des Visuminhabers aus dem Geltungsbereich des Visums muss bis 24.00 Uhr dieses Tages erfolgt sein.

3. Feld „ANZAHL DER EINREISEN"
Angabe der möglichen Zahl von Einreisen des Visuminhabers in das Gebiet, für welches das Visum gültig ist, d. h. der Zahl der Aufenthalte, die über die gesamte Gültigkeitsdauer verteilt werden können, siehe Nummer 4 unten.
Es können eine einmalige Einreise, zwei Einreisen oder mehr als zwei Einreisen gewährt werden; diese Angaben werden im Feld rechts vom Text mit „01", „02" bzw. mit „MULT", wenn mehr als zwei Einreisen gestattet sind, vermerkt.
Bei einem Visum für zwei oder mehr Flughafentransits nach Artikel 26 Absatz 3 dieser Verordnung berechnet sich die Gültigkeitsdauer des Visums wie folgt: erster Abreisetag plus sechs Monate.
Stimmt die Zahl der Ausreisen mit der Gesamtzahl der gestatteten Einreisen überein, wird das Visum ungültig, auch wenn die Gesamtzahl der für den Aufenthalt gestatteten Tage nicht ausgeschöpft wurde.

4. Feld „DAUER DES AUFENTHALTS ... TAGE"
Angabe der Zahl von Tagen, die sich der Inhaber des Visums im Gebiet, für das das Visum gilt, aufhalten darf. Hierbei handelt es sich entweder um einen ununterbrochenen Aufenthalt oder um mehrere Tage während verschiedener Aufenthalte innerhalb der unter Punkt 2 angegebenen Zeitspanne und gemäß der unter Punkt 3 gestatteten Anzahl der Einreisen.
Zwischen den Worten „DAUER DES AUFENTHALTS" und „TAGE" wird die Zahl der für den Aufenthalt gestatteten Tage mit zwei Ziffern eingetragen, wobei die erste Ziffer eine Null ist, wenn die Zahl der Tage weniger als 10 beträgt. Die Höchstaufenthaltsdauer beträgt 90 Tage.
Bei einem länger als sechs Monate gültigen Visum gilt für jeden Zeitraum von 180 Tagen eine Höchstaufenthaltsdauer von 90 Tagen.

5. Feld „AUSGESTELLT IN ... AM"
Angabe des Standorts der ausstellenden Behörde. Das Datum der Ausstellung wird im Anschluss an das Wort „AM" eingetragen.
Dieses Datum wird auf die gleiche Weise wie das Datum gemäß Punkt 2 angegeben.

6. Feld „PASSNUMMER"
Angabe der Nummer des Reisedokuments, in dem die Visummarke angebracht wird.
Ist derjenige, für den das Visum ausgestellt wird, im Pass des Ehegatten, der Eltern oder des gesetzlichen Vormunds eingetragen, wird die Nummer des Reisedokuments der betreffenden Person angegeben.
Bei Nichtanerkennung des Reisedokuments des Antragstellers durch den ausstellenden Mitgliedstaat wird für die Anbringung des Visums das einheitliche gesonderte Blatt für die Anbringung eines Visums verwendet.
Bei der Anbringung der Visummarke auf dem einheitlichen gesonderten Blatt ist die in diesem Feld einzutragende Nummer nicht die Passnummer, sondern die auf dem Blatt aufgedruckte und aus sechs Ziffern bestehende Nummer.

7. Feld „VISUMKATEGORIE"
Zur schnellen Feststellung der Visumkategorie durch die Kontrollbeamten werden die Buchstaben A, C und D verwendet:
A: Visum für den Flughafentransit (definiert in Artikel 2 Absatz 5 dieser Verordnung)
C: Visum (definiert in Artikel 2 Absatz 2 dieser Verordnung)

D: Visum für einen langfristigen Aufenthalt

8. Feld „NAME UND VORNAME"
Angabe (in dieser Reihenfolge) des ersten Worts aus der Rubrik „Name(n)" und des ersten Worts aus der Rubrik „Vorname(n)" im Reisedokument des Visuminhabers. Die ausstellende Behörde prüft die Übereinstimmung zwischen Name(n) und Vorname(n) im Reisedokument, den entsprechenden Angaben im Visumantrag und denen, die sowohl in dieses Feld als auch in die maschinenlesbare Zone einzutragen sind. Lassen sich Name und Vorname aufgrund ihrer Länge nicht vollständig in das Feld eintragen, wird anstelle der überzähligen Schriftzeichen ein Punkt (.) gesetzt.

9. a) Obligatorische Angaben im Feld „ANMERKUNGEN"
   - Wird das Visum in Vertretung eines anderen Mitgliedstaats nach Artikel 8 erteilt, wird der folgende Vermerk hinzugefügt: „R/[Code des vertretenen Mitgliedstaats]".
   - Wird das Visum zum Zwecke der Durchreise erteilt, wird der folgende Vermerk hinzugefügt: „TRANSIT".
   - Sind alle in Artikel 5 Absatz 1 der VIS-Verordnung aufgeführten Daten im Visa-Informationssystem gespeichert, wird folgender Vermerk hinzugefügt: „VIS".
   - Sind nur die in Artikel 5 Absatz 1 Buchstaben a und b der VIS-Verordnung aufgeführten Daten im Visa-Informationssystem gespeichert, nicht aber die Daten gemäß Buchstabe c desselben Absatzes, weil die Erfassung der Fingerabdrücke in der betreffenden Region nicht zwingend war, wird folgender Vermerk hinzugefügt: „VIS 0".

   b) Angaben der einzelnen Staaten im Feld „ANMERKUNGEN"
   Dieses Feld enthält auch die Angaben in der Sprache des ausstellenden Mitgliedstaats zu seinen Rechtsvorschriften. Die Angaben bestehen nicht in einer Wiederholung der obligatorischen Angaben nach Ziffer 1.

   c) Feld für das Lichtbild
   Das Farblichtbild des Visuminhabers wird auf der dafür vorgesehenen Zone angebracht.
   Das auf der Visummarke anzubringende Lichtbild hat folgende Merkmale aufzuweisen:
   Die Größe des Kopfes vom Kinn bis zum Scheitel beträgt 70 % bis 80 % des Vertikalmaßes des Lichtbildes.
   Mindestanforderungen an die Auflösung:
   - 300 Pixel pro Zoll (pixels per inch – ppi), ohne Komprimierung, zum Einscannen;
   - 720 Bildpunkte pro Zoll (dots per inch – dpi) für den Farbdruck.

10. Maschinenlesbare Zone
Diese Zone besteht aus zwei Zeilen mit je 36 Zeichen (OCR B-10 Zeichen/Zoll).

V

1. Zeile: 36 Zeichen (obligatorisch)

Position	Anzahl der Zeichen	Feld	Erläuterungen
1–2	2	Art des Dokuments	1. Zeichen: V 2. Zeichen: Code der Visakategorie (A, C oder D)
3–5	3	Ausstellender Staat	3-stelliger ICAO-Buchstabencode: BEL, CHE, CZE, DNK, DEU, EST, GRC, ESP, FRA, ITA, LVA, LTU, LUX, HUN, MLT, NLD, AUT, POL, PRT, SVN, SVK, FIN, SWE, ISL, NOR
6–36	31	Name und Vorname	Der Name ist von den Vornamen durch zwei Füllzeichen (<<) zu trennen; einzelne Namensbestandteile sind durch ein Füllzeichen zu trennen (<); nicht benötigte Zwischenräume sind mit einem Füllzeichen (<) aufzufüllen.

2. Zeile: 36 Zeichen (obligatorisch)

Position	Anzahl der Zeichen	Feld	Erläuterungen
1	9	Visanummer	In der oberen rechten Ecke der Visummarke aufgedruckt
10	1	Kontrollziffer	Wird anhand des vorhergehenden Felds in einem komplexen Rechenvorgang mit einem von der ICAO festgelegten Algorithmus generiert
11	3	Staatsangehörigkeit des Antragstellers	3-stelliger ICAO-Buchstabencode
14	6	Geburtsdatum	Format JJMMTT, wobei JJ = Jahr (obligatorisch) MM = Monat oder << falls unbekannt TT = Tag oder << falls unbekannt
20	1	Kontrollziffer	Wird anhand des vorhergehenden Felds in einem komplexen Rechenvorgang mit einem von der ICAO festgelegten Algorithmus generiert
21	1	Geschlecht	F = weiblich, M = männlich, < = ohne Angabe
22	6	Letzter Gültigkeitstag des Visums	Format JJMMTT ohne Füllzeichen
28	1	Kontrollziffer	Wird anhand des vorhergehenden Felds in einem komplexen Rechenvorgang mit einem von der ICAO festgelegten Algorithmus generiert
29	1	Räumliche Gültigkeit	a) für Visa mit räumlich beschränkter Gültigkeit den Buchstaben T einfügen b) für einheitliche Visa das Füllzeichen < einfügen
30	1	Anzahl der Einreisen	1, 2 oder M
31	2	Aufenthaltsdauer	a) Kurzaufenthalt: Anzahl der Tage ist in der normal lesbaren Zone einzutragen b) Langfristiger Aufenthalt: <<
33	4	Beginn der Gültigkeit	Format MMTT ohne Füllzeichen

Anhang VIII

Anbringen der Visummarke

1. Die Visummarke wird auf der ersten noch freien Seite des Reisedokuments angebracht, auf der sich außer dem Stempel zur Dokumentierung der Zulässigkeit des Antrags keine Eintragungen oder Stempel befinden.
2. Die Visummarke wird randbündig am Rand der Seite des Reisedokuments angebracht. Die maschinenlesbare Zone der Visummarke wird randseitig ausgerichtet.
3. Der Stempel der ausstellenden Behörde wird in dem Feld „ANMERKUNGEN" über den Rand der Visummarke hinaus auf die Seite des Reisedokuments reichend aufgebracht.
4. Wenn von einem Ausfüllen der maschinenlesbaren Zone abzusehen ist, darf der Stempel in dieser Zone aufgebracht werden, um sie unbrauchbar zu machen. Die Abmessungen des Stempels und die Aufschrift werden von jedem Mitgliedstaat gemäß den innerstaatlichen Vorschriften festgelegt.
5. Um eine erneute Verwendung einer Visummarke, die auf einem gesonderten Blatt für die Anbringung eines Visums angebracht wurde, zu verhindern, wird am rechten Rand der Marke auf das gesonderte Blatt hinausreichend der Stempel der ausstellenden Behörde so angebracht, dass die Lesbarkeit der Felder und Anmerkungen nicht beeinträchtigt und nicht in die ausgefüllte maschinenlesbare Zone hineingestempelt wird.
6. Die Verlängerung eines Visums nach Artikel 33 dieser Verordnung erfolgt unter Verwendung einer Visummarke. Der Stempel der ausstellenden Behörde wird auf der Visummarke angebracht.

Anhang IX

Teil 1

Regelung für die Erteilung von Visa an der Grenze an visumpflichtige Seeleute auf der Durchreise

Diese Regelung gilt für den Informationsaustausch zwischen den zuständigen Behörden der Mitgliedstaaten in Bezug auf visumpflichtige Seeleute auf der Durchreise. Wird auf der Grundlage der ausgetauschten Informationen an der Grenze ein Visum ausgestellt, so liegt die Zuständigkeit dafür bei dem Mitgliedstaat, der das Visum erteilt.

Im Sinne dieser Regelung bezeichnet der Ausdruck

„mitgliedstaatlicher Hafen" einen Hafen, der eine Außengrenze eines Mitgliedstaats darstellt;

„mitgliedstaatlicher Flughafen" einen Flughafen, der eine Außengrenze eines Mitgliedstaats darstellt.

I. Anmusterung auf einem Schiff, das in einem mitgliedstaatlichen Hafen liegt oder dort erwartet wird (Einreise in das Gebiet der Mitgliedstaaten)

- Die Reederei oder der Schiffsagent informiert die zuständigen Behörden des mitgliedstaatlichen Hafens, in dem das Schiff liegt oder erwartet wird, über die Einreise visumpflichtiger Seeleute über einen mitgliedstaatlichen Flughafen oder über eine Land- oder Seegrenze. Die Reederei oder der Schiffsagent unterzeichnet für diese Seeleute eine Garantieerklärung, in der sich die Reederei zur Übernahme sämtlicher Kosten des Aufenthalts dieser Seeleute und erforderlichenfalls ihrer Repatriierung verpflichtet.
- Die zuständigen Behörden überprüfen so bald wie möglich die Richtigkeit der durch die Reederei oder den Schiffsagenten übermittelten Angaben und untersuchen, ob die übrigen Voraussetzungen für die Einreise in das Hoheitsgebiet der Mitgliedstaaten erfüllt sind. Im Rahmen dieser Untersuchung wird auch die Reiseroute im Gebiet der Mitgliedstaaten, z. B. anhand der (Flug-)Tickets, überprüft.
- Im Falle der vorgesehenen Einreise von Seeleuten über einen mitgliedstaatlichen Flughafen teilen die zuständigen Behörden des mitgliedstaatlichen Hafens den zuständigen Behörden des mitgliedstaatlichen Einreiseflughafens anhand eines per Fax, E-Mail oder auf anderem Wege übermittelten und ordnungsgemäß ausgefüllten Formblatts für visumpflichtige Seeleute auf der Durchreise (gemäß Teil 2) das Ergebnis der Überprüfung mit und geben an, ob auf dieser Grundlage an der Grenze ein Visum grundsätzlich erteilt werden kann. Gleichfalls werden bei einer vorgesehenen Einreise von Seeleuten über eine Land- oder Seegrenze die zuständigen Behörden der Grenzübergangsstelle, über die die Seeleute in den Mitgliedstaat einreisen werden, nach dem vorgenannten Verfahren informiert.
- Ist das Ergebnis der Überprüfung der vorhandenen Angaben positiv und erweist sich, dass es mit den Aussagen oder Dokumenten des jeweiligen Seemanns übereinstimmt, so können die zuständigen Behörden des mitgliedstaatlichen Einreise- oder Ausreiseflughafens an der Grenze ein Visum ausstellen, dessen Gültigkeit den Erfordernissen der Durchreise entspricht. Darüber hinaus wird in diesem Fall das Reisedokument des Seemanns mit einem Einreise- oder Ausreisestempel eines Mitgliedstaats versehen und dem betreffenden Seemann ausgehändigt.

II. Abmustern von einem Schiff, das in einen Hafen eines Mitgliedstaats eingelaufen ist (Verlassen des Gebiets der Mitgliedstaaten)

- Die Reederei oder der Schiffsagent informiert die zuständigen Behörden des betreffenden mitgliedstaatlichen Hafens über die Einreise visumpflichtiger

V

abmusternder Seeleute, die das Gebiet der Mitgliedstaaten über einen mitgliedstaatlichen Flughafen oder eine Land- oder Seegrenze verlassen werden. Die Reederei oder der Schiffsagent unterzeichnet für diese Seeleute eine Garantieerklärung, in der sich die Reederei zur Übernahme sämtlicher Kosten des Aufenthalts dieser Seeleute und erforderlichenfalls ihrer Repatriierung verpflichtet.

- Die zuständigen Behörden überprüfen so bald wie möglich die Richtigkeit der durch die Reederei oder den Schiffsagenten übermittelten Angaben und untersuchen, ob die übrigen Voraussetzungen für die Einreise in das Gebiet der Mitgliedstaaten erfüllt sind. Im Rahmen dieser Untersuchung wird auch die Reiseroute im Gebiet der Mitgliedstaaten, z. B. anhand der (Flug-)Tickets, überprüft.
- Ist das Ergebnis der Überprüfung der vorhandenen Angaben positiv, so können die zuständigen Behörden ein Visum für eine Aufenthaltsdauer ausstellen, die den Erfordernissen der Durchreise entspricht.

III. Ummustern von einem Schiff, das in einen mitgliedstaatlichen Hafen eingelaufen ist, auf ein anderes Schiff

- Die Reederei oder der Schiffsagent informiert die zuständigen Behörden des betreffenden mitgliedstaatlichen Hafens über die Einreise visumpflichtiger abmusternder Seeleute, die das Gebiet der Mitgliedstaaten über einen anderen mitgliedstaatlichen Hafen verlassen werden. Die Reederei oder der Schiffsagent unterzeichnet für diese Seeleute eine Garantieerklärung, in der sich die Reederei zur Übernahme sämtlicher Kosten des Aufenthalts dieser Seeleute und erforderlichenfalls ihrer Repatriierung verpflichtet.
- Die zuständigen Behörden überprüfen so bald wie möglich die Richtigkeit der durch die Reederei oder den Schiffsagenten übermittelten Angaben und untersuchen, ob die übrigen Voraussetzungen für die Einreise in das Gebiet der Mitgliedstaaten erfüllt sind. Im Rahmen dieser Untersuchung wird mit den zuständigen Behörden desjenigen mitgliedstaatlichen Hafens Kontakt aufgenommen, von dem aus die Seeleute das Gebiet der Mitgliedstaaten per Schiff verlassen werden. Dabei ist zu prüfen, ob das Schiff, auf dem die Seeleute anmustern, im Hafen liegt oder dort erwartet wird. Im Rahmen dieser Untersuchung wird auch die Reiseroute im Gebiet der Mitgliedstaaten überprüft.
- Ist das Ergebnis der Überprüfung der vorhandenen Angaben positiv, so können die zuständigen Behörden ein Visum für eine Aufenthaltsdauer ausstellen, die den Erfordernissen der Durchreise entspricht.

Teil 2

FORMULAR FÜR VISUMPFLICHTIGE SEELEUTE AUF DER DURCHREISE					
ZUR AMTLICHEN VERWENDUNG					
ABSENDER: (DIENSTSIEGEL) NAME/CODE DES SACHBEARBEITERS:		EMPFÄNGER: BEHÖRDE			
ANGABEN ÜBER DEN SEEMANN:					
NAME(N):	1A	VORNAME(N):			1B
STAATSANGEHÖRIGKEIT:	1C	RANG/DIENSTGRAD:			1D
GEBURTSORT:	2A	GEBURTSDATUM:			2B
REISEPASS-NR.:	3A	SEEMANNSBUCH-NR.:			4A
DATUM DER AUSSTELLUNG:	3B	DATUM DER AUSSTELLUNG:			4B
GÜLTIGKEITSDAUER:	3C	GÜLTIGKEITSDAUER:			4C
ANGABEN ÜBER SCHIFF UND SCHIFFSAGENT:					
NAME DES SCHIFFSAGENTEN:	5A	TELEFON-NR.:			5B
NAME DES SCHIFFS: IMO-NUMMER:	6A 6B	FLAGGE:			6C
ANKUNFTSDATUM:	7A	HERKUNFT:			7B
ABFAHRTSDATUM:	8A	BESTIMMUNGSORT:			8B
ANGABEN ÜBER DIE REISE DES SEEMANNS:					
ENDBESTIMMUNG DES SEEMANNS:					9
GRUND DES ANTRAGS: ANMUSTERUNG ☐		UMMUSTERUNG ☐		ABMUSTERUNG ☐	10
BEFÖRDERUNGSMITTEL	PKW ☐	ZUG ☐		FLUGZEUG ☐	11
DATUM:	ANKUNFT:	DURCHREISE:		ABREISE:	12
	PKW (*) ☐ KENNZEICHEN:	ZUG (*) ☐ REISEROUTE:			
FLUGDATEN:	DATUM:	UHRZEIT:		FLUGNUMMER:	
Unterzeichnete förmliche Erklärung des Schiffsagenten oder des Reeders, mit der er bestätigt, die Verantwortung für den Aufenthalt und erforderlichenfalls für die Kosten der Repatriierung des Seemanns zu übernehmen.					

(*) = Nur ausfüllen, wenn die betreffenden Informationen bekannt sind.

Genaue Beschreibung des Formulars

Punkte 1 bis 4: Identität des Seefahrers

1 A. Name(n)
B. Vorname(n)
C. Staatsangehörigkeit
D. Rang/Dienstgrad
2 A. Geburtsort
B. Geburtsdatum
3 A. Reisepass-Nummer
B. Ausstellungsdatum
C. Gültigkeitsdauer
4 A. Nummer des Seemannsbuchs
B. Ausstellungsdatum
C. Gültigkeitsdauer

Zu den Punkten 3 und 4: Je nach Staatsangehörigkeit des Seemanns und je nach Einreisemitgliedstaat kann ein Reisedokument oder ein Seemannsbuch zum Zwecke der Identitätsfeststellung verwendet werden.

Punkte 5 bis 8: Schiffsagent und betreffendes Schiff

5 Name des Schiffsagenten (natürliche oder juristische Person, die den Reeder vor Ort in allen Fragen vertritt, die sich auf die Pflichten des Reeders hinsichtlich der Schiffsausrüstung beziehen) unter Punkt 5A und Telefonnummer (sowie andere Kontaktdaten wie Fax-Nummer, E-Mail-Anschrift) unter Punkt 5B
6 A. Name des Schiffes
B. IMO-Nummer (7-stellig, auch Lloyds-Nummer genannt)
C. Flagge (unter der das Handelsschiff fährt)
7 A. Ankunftsdatum des Schiffs
B. Herkunft (Hafen) des Schiffs
Buchstabe A bezieht sich auf den Tag der Ankunft des Schiffs in dem Hafen, in dem der Seemann anmustert.
8 A. Abfahrtsdatum des Schiffs
B. Bestimmungsort des Schiffs (nächster angelaufener Hafen).

Zu den Punkten 7A und 8A: Hinweise auf die Zeitspanne, die dem Seemann zum Erreichen seines Schiffs zur Verfügung steht.

Hierbei ist zu berücksichtigen, dass die tatsächliche Route in sehr starkem Maße von äußeren und unvorhersehbaren Störfaktoren wie z. B. Stürmen, Havarien usw. abhängt.

Punkte 9 bis 12: Reisezweck und Endbestimmung des Seemanns.

9 Die „Endbestimmung" ist das endgültige Reiseziel des Seemanns. Es handelt sich entweder um den Hafen, in dem er anmustert, oder das Land, in das er zur Abmusterung einreist.

10 Grund des Antrags

a) Bei der Anmusterung gilt als Endbestimmung der Hafen, in dem der Seemann anmustert.
b) Bei der Ummusterung auf ein anderes Schiff innerhalb des Gebiets der Mitgliedstaaten ist dies ebenfalls der Hafen, in dem der Seemann anmustert. Eine Ummusterung auf ein Schiff außerhalb des Gebiets der Mitgliedstaaten gilt als Abmusterung.

c) Für die Abmusterung können verschiedene Gründe angegeben werden: Beendigung des Arbeitsverhältnisses, Arbeitsunfall, dringende familiäre Gründe usw.

11 Beförderungsmittel
Liste der Beförderungsmittel, die der visumpflichtige Seemann bei der Durchreise durch das Gebiet der Mitgliedstaaten benutzt, um seine Endbestimmung zu erreichen. Das Formular sieht drei Möglichkeiten vor:

a) Pkw (oder Bus)
b) Zug
c) Flugzeug

12 Datum der Ankunft (im Gebiet der Mitgliedstaaten)
Betrifft in erster Linie den Zeitpunkt, zu dem ein Seemann über den ersten mitgliedstaatlichen Flughafen oder die erste Grenzübergangsstelle (denn es muss nicht immer ein Flughafen sein) an der Außengrenze in das Gebiet der Mitgliedstaaten einreisen will.
Datum der Durchreise
Es handelt sich um das Datum, an dem der Seemann in einem mitgliedstaatlichen Hafen abmustert und sich in einen anderen Hafen begibt, der ebenfalls im Gebiet der Mitgliedstaaten liegt.
Datum der Abreise
Es handelt sich um das Datum, an dem der Seemann in einem Hafen im Gebiet der Mitgliedstaaten abmustert, um ein anderes Schiff zu erreichen, das sich in einem Hafen außerhalb des Gebiets der Mitgliedstaaten befindet, oder um das Datum, an dem der Seemann in einem Hafen im Gebiet der Mitgliedstaaten abmustert, um die Rückreise an seinen Wohnsitz (außerhalb des Gebiets der Mitgliedstaaten) anzutreten.
Zu den drei möglichen Beförderungsarten sollten ferner folgende Angaben gemacht werden, wenn verfügbar:

a) Pkw, Bus: Kennzeichen
b) Zug: Name, Nummer usw.
c) Flugdaten: Datum, Uhrzeit, Flugnummer

13 Unterzeichnete förmliche Erklärung des Schiffsagenten oder des Reeders, mit der er bestätigt, die Verantwortung für die Kosten des Aufenthalts und erforderlichenfalls für die Repatriierung des Seemanns zu übernehmen.

Anhang X

Liste der Mindestanforderungen, die im Falle einer Zusammenarbeit mit externen Dienstleistungserbringern in den Vertrag aufzunehmen sind

A. Der externe Dienstleistungserbringer beachtet bei der Ausführung seiner Tätigkeiten in Bezug auf den Datenschutz Folgendes:

a) Er verhindert zu allen Zeiten das unbefugte Lesen, Kopieren, Ändern oder Löschen von Daten, insbesondere während ihrer Übermittlung an die diplomatische Mission oder konsularische Vertretung des (der) für die Bearbeitung eines Antrags zuständigen Mitgliedstaats (Mitgliedstaaten);

b) entsprechend den Weisungen des betreffenden Mitgliedstaats bzw. der betreffenden Mitgliedstaaten übermittelt er die Daten

– in verschlüsselter Form elektronisch oder

– auf einem elektronischen Datenträger auf sichere Weise;

c) er übermittelt die Daten so bald wie möglich

– mindestens einmal pro Woche, wenn es sich um elektronische Datenträger handelt,

– spätestens am Ende des Erfassungstages, wenn es sich um die elektronische Übermittlung verschlüsselter Daten handelt;

d) er löscht die Daten unmittelbar nach ihrer Übermittlung und stellt sicher, dass als einzige Daten, die zwecks Terminvereinbarung aufbewahrt werden können, nur der Name und die Kontaktadresse des Antragstellers bleiben, sowie gegebenenfalls die Passnummer, bis der Pass dem Antragsteller zurückgegeben wurde;

e) er trifft alle technischen und organisatorischen Sicherheitsvorkehrungen zum Schutz personenbezogener Daten gegen die zufällige oder unrechtmäßige Vernichtung, den zufälligen Verlust, die Änderung, die unberechtigte Weitergabe oder den unberechtigten Zugang – insbesondere wenn im Rahmen der Zusammenarbeit Unterlagen und Daten an die diplomatische Mission oder Auslandsvertretung des betreffenden Mitgliedstaats bzw. der betreffenden Mitgliedstaaten übermittelt werden – und gegen jede andere Form der unrechtmäßigen Verarbeitung personenbezogener Daten;

f) er verarbeitet die Daten nur zum Zwecke der Verarbeitung personenbezogener Daten der Antragsteller im Namen des betreffenden Mitgliedstaats bzw. der betreffenden Mitgliedstaaten;

g) er wendet Datenschutzstandards an, die mindestens den Standards der Richtlinie 95/46/EG entsprechen;

h) er stellt den Antragstellern die nach Artikel 37 der VIS-Verordnung erforderlichen Informationen bereit.

B. Der externe Dienstleistungserbringer beachtet bei der Ausführung seiner Tätigkeiten in Bezug auf das Verhalten der Bediensteten Folgendes:

a) Er stellt sicher, dass seine Bediensteten angemessen ausgebildet werden;

b) er gewährleistet, dass seine Bediensteten in Erfüllung ihrer Aufgaben

– die Antragsteller höflich empfangen,

– die menschliche Würde und die Unversehrtheit der Antragsteller achten,

– Personen nicht aufgrund ihres Geschlechts, ihrer Rasse, ethnischen Herkunft, Religion oder Weltanschauung, einer Behinderung, ihres Alters oder ihrer sexuellen Ausrichtung diskriminieren, und

– die Geheimhaltungsregeln beachten, die auch nach Beendigung des Beschäftigungsverhältnisses der Bediensteten oder bei Aussetzung oder Beendigung des Vertrags gelten;

V

c) er sorgt dafür, dass das für den externen Dienstleistungserbringer arbeitende Personal jederzeit identifiziert werden kann;
d) er weist nach, dass seine Beschäftigten keine Einträge im Strafregister haben und dass sie über das nötige Sachwissen verfügen.

C. Der externe Dienstleistungserbringer beachtet bei der Überprüfung der Ausführung seiner Tätigkeiten Folgendes:

a) Er gewährt dem von dem (den) betreffenden Mitgliedstaat(en) ermächtigten Personal jederzeit und ohne Vorankündigung Zugang zu seinen Räumlichkeiten, insbesondere zu Kontrollzwecken;
b) er stellt die Möglichkeit einer Fernabfrage seines Terminvergabesystems zu Kontrollzwecken sicher;
c) er gewährleistet die Anwendung einschlägiger Überwachungsverfahren (z. B. Testantragsteller, Webcam);
d) er gewährleistet den Zugang zur Prüfung der Einhaltung der Datenschutzbestimmungen, einschließlich Berichterstattungspflichten, externe Prüfungen und regelmäßige Kontrollen vor Ort;
e) er erstattet dem (den) betreffenden Mitgliedstaat(en) unverzüglich Bericht über alle Sicherheitsverstöße oder Beschwerden von Antragstellern bezüglich eines Datenmissbrauchs oder unberechtigten Zugangs zu Daten und setzt sich mit dem (den) betreffenden Mitgliedstaat(en) ins Benehmen, um eine Lösung zu finden und dem beschwerdeführenden Antragsteller umgehend eine Erläuterung zur Antwort zu geben.

D. Der externe Dienstleistungserbringer beachtet folgende allgemeine Anforderungen:

a) Er handelt gemäß den Anweisungen des (der) für die Bearbeitung des Antrags zuständigen Mitgliedstaats (Mitgliedstaaten);
b) er ergreift geeignete Maßnahmen gegen Korruption (z. B. Bestimmungen zu den Dienstbezügen, Zusammenarbeit bei der Auswahl der entsprechend eingesetzten Mitarbeiter, Zwei-Personen-Regel, Rotationsprinzip);
c) er beachtet uneingeschränkt die Bestimmungen des Vertrags, der eine Aussetzungs- oder Kündigungsklausel insbesondere für den Fall, dass eine Verletzung der Vorschriften festgestellt wird, und eine Überprüfungsklausel enthält, so dass sichergestellt ist, dass der Vertrag stets bewährte Verfahren widerspiegelt.

Anhang XI

Besondere Regelung zur Erleichterung der Erteilung von Visa für die Mitglieder der olympischen Familie, die an den Olympischen und/oder Paralympischen Spielen teilnehmen

Kapitel I

Gegenstand und Begriffsbestimmungen

Artikel 1

Gegenstand

Zur Erleichterung der Beantragung und Erteilung eines Visums für die Mitglieder der olympischen Familie für die Dauer Olympischer und Paralympischer Spiele, die von einem Mitgliedstaat ausgetragen werden, gilt die nachfolgende Sonderregelung.

Neben dieser Sonderregelung gelten weiterhin die entsprechenden Bestimmungen des gemeinschaftlichen Besitzstands über die Verfahren zur Beantragung und Erteilung der Visa.

Artikel 2

Begriffsbestimmungen

Im Sinne dieser Regelung bezeichnet der Ausdruck

1. „verantwortliche Einrichtungen" in Bezug auf die Maßnahmen zur Erleichterung der Verfahren zur Beantragung und Erteilung von Visa für die Mitglieder der olympischen Familie, die an den Olympischen und/oder Paralympischen Spielen teilnehmen, die offiziellen Einrichtungen, die gemäß der Olympischen Charta beim Organisationskomitee des Mitgliedstaats, der die Olympischen und Paralympischen Spiele austrägt, die Listen der Mitglieder der olympischen Familie einreichen können, damit ihnen Akkreditierungskarten für die Spiele ausgestellt werden;
2. „Mitglied der olympischen Familie" eine Person, die Mitglied des Internationalen Olympischen Komitees, des Internationalen Paralympischen Komitees, der Internationalen Verbände, der Nationalen Olympischen und Paralympischen Komitees, der Organisationskomitees für die Olympischen Spiele oder der nationalen Vereinigungen ist, wie die Athleten, die Kampfrichter/Schiedsrichter, Trainer und andere Sportfachleute, das die Teams oder die einzelnen Sportler begleitende ärztliche Personal sowie die akkreditierten Medienvertreter, Funktionsträger, Geldgeber und Förderer der Spiele oder andere offizielle Gäste, die sich der Olympischen Charta verpflichtet haben, sich der Autorität und Kontrolle des Internationalen Olympischen Komitees unterstellt haben, in den Listen der verantwortlichen Einrichtungen aufgeführt sind und vom Organisationskomitee des Mitgliedstaats, der die Olympischen und Paralympischen Spiele austrägt, für die Teilnahme [Jahr] an den Spielen akkreditiert wurden;
3. „olympische Akkreditierungskarten", die vom Organisationskomitee des Mitgliedstaats, der die Olympischen und Paralympischen Spiele gemäß seinen einzelstaatlichen Rechtsvorschriften austrägt, ausgestellt werden, eins von zwei mit Sicherheitsmerkmalen versehenen Dokumenten, eines für die Olympischen und eines für die Paralympischen Spiele, die jeweils mit einem Foto des Inhabers versehen sind, die Identität des betreffenden Mitglieds der olympischen Familie belegen und dem Inhaber das Recht auf Zugang zu den Austragungsorten der Wettkämpfe und anderen Veranstaltungen während der Dauer der Spiele gewähren;
4. „Dauer der Olympischen und Paralympischen Spiele" den Austragungszeitraum der Olympischen Spiele und den Austragungszeitraum der Paralympischen Spiele;
5. „Organisationskomitee des Mitgliedstaats, der die Olympischen Spiele und

[1]) ABl. L 158 vom 30. 4. 2004, S. 77.

Paralympischen Spiele austrägt" das vom austragenden Mitgliedstaat gemäß seinen einzelstaatlichen Rechtsvorschriften zur Organisation der Olympischen Spiele und Paralympischen Spiele eingerichtete Komitee, das über die Akkreditierung der Mitglieder der olympischen Familie, die an den Spielen teilnehmen, entscheidet;

6. „für die Visumerteilung zuständige Stellen" die Stellen, die von dem Mitgliedstaat, in dem die Olympischen Spiele und Paralympischen Spiele stattfinden, mit der Prüfung der Anträge und der Erteilung der Visa an die Mitglieder der olympischen Familie betraut wurden.

Kapitel II
Visumerteilung

Artikel 3
Voraussetzungen

Ein Visum darf nach Maßgabe dieser Verordnung nur dann ausgestellt werden, wenn die betreffende Person

a) von einer der verantwortlichen Einrichtungen benannt und vom Organisationskomitee des Mitgliedstaats, der die Olympischen und Paralympischen Spiele austrägt, akkreditiert wurde, um an den Olympischen und/oder den Paralympischen Spielen teilzunehmen;

b) im Besitz eines gültigen und zum Überschreiten der Außengrenzen berechtigenden Reisedokuments im Sinne des Artikels 5 des Schengener Grenzkodexes ist;

c) nicht zur Einreiseverweigerung ausgeschrieben ist;

d) keine Gefahr für die öffentliche Ordnung, die nationale Sicherheit oder die internationalen Beziehungen eines der Mitgliedstaaten darstellt.

Artikel 4
Einreichung des Visumantrags

(1) Bei der Erstellung der Liste der für die Teilnahme an den Olympischen und/oder Paralympischen Spielen ausgewählten Personen kann die verantwortliche Einrichtung zusammen mit dem Antrag auf Ausstellung einer olympischen Akkreditierungskarte für die ausgewählten Personen einen Gruppenantrag auf Erteilung von Visa für die gemäß der Verordnung (EG) Nr. 539/2001 visumpflichtigen Mitglieder der olympischen Familie einreichen, es sei denn, diese Personen besitzen einen von einem Mitgliedstaat oder gemäß der Richtlinie 2004/38/EG des Europäischen Parlaments und des Rates vom 29. April 2004 über das Recht der Unionsbürger und ihrer Familienangehörigen, sich im Hoheitsgebiet der Mitgliedstaaten frei zu bewegen und aufzuhalten[1]), vom Vereinigten Königreich oder von Irland ausgestellten Aufenthaltstitel.

(2) Ein Gruppenantrag für Visa für die betreffenden Personen wird dem Organisationskomitee des Mitgliedstaats, der die Olympischen und Paralympischen Spiele austrägt, gemäß dem von diesem festgelegten Verfahren zugleich mit den Anträgen auf Ausstellung einer olympischen Akkreditierungskarte übermittelt.

(3) Individuelle Visumanträge werden für jede Person, die an Olympischen und/oder Paralympischen Spielen teilnimmt, gestellt.

(4) Das Organisationskomitee des Mitgliedstaats, der die Olympischen und Paralympischen Spiele austrägt, übermittelt den für die Visumerteilung zuständigen Stellen so rasch wie möglich den Gruppenantrag für Visa zusammen mit einer Kopie der Anträge auf Ausstellung einer olympischen Akkreditierungskarte, die den vollständigen Namen, die Staatsangehörigkeit, das Geschlecht, das Geburtsdatum und den Geburtsort sowie die Nummer und die Art des Reisedokuments unter Angabe des Ablaufs der Gültigkeitsdauer enthalten.

[2]) Bezugnahme auf den ISO-Code des austragenden Mitgliedstaats.

Artikel 5
Bearbeitung des Gruppenantrags für Visa und Art der erteilten Visa

(1) Das Visum wird von den für die Visumerteilung zuständigen Stellen erteilt, nachdem überprüft wurde, ob alle Voraussetzungen des Artikels 3 erfüllt sind.

(2) Das Visum ist ein einheitliches Visum für mehrfache Einreisen, mit dem ein Aufenthalt von höchstens 90 Tagen für die Dauer der Olympischen und/oder der Paralympischen Spiele bewilligt wird.

(3) Erfüllt das betreffende Mitglied der olympischen Familie nicht die Voraussetzungen des Artikels 3 Buchstabe c oder d, so können die für die Visumerteilung zuständigen Stellen gemäß Artikel 25 dieser Verordnung ein Visum mit räumlich beschränkter Gültigkeit ausstellen.

Artikel 6
Form des Visums

(1) Das Visum wird in Form von zwei Nummern auf der olympischen Akkreditierungskarte angebracht. Bei der ersten Nummer handelt es sich um die Nummer des Visums. Bei einem einheitlichen Visum setzt sich diese Nummer aus sieben (7) Zeichen zusammen, bestehend aus sechs (6) Zahlen, denen der Buchstabe „C" vorausgeht. Bei einem Visum mit räumlich begrenzter Gültigkeit setzt sich diese Nummer aus acht (8) Zeichen zusammen, bestehend aus sechs (6) Zahlen, denen die Buchstaben „XX"[2]) vorausgehen. Bei der zweiten Nummer handelt es sich um die Nummer des Reisedokuments der betreffenden Person.

(2) Die für die Visumerteilung zuständigen Stellen übermitteln dem Organisationskomitee des Mitgliedstaats, der die Olympischen und Paralympischen Spiele austrägt, die Nummern der Visa zur Erteilung der olympischen Akkreditierungskarten.

Artikel 7
Gebührenfreiheit

Für die Prüfung der Visumanträge und die Erteilung der Visa werden von den für die Visumerteilung zuständigen Stellen keine Gebühren erhoben.

Kapitel III
Allgemeine und Schlussbestimmungen

Artikel 8
Annullierung eines Visums

Wird die Liste der für die Teilnahme an den Olympischen und/oder Paralympischen Spielen vorgeschlagenen Personen vor Beginn der Spiele geändert, so unterrichten die verantwortlichen Einrichtungen unverzüglich das Organisationskomitee des Mitgliedstaats, der die Olympischen und Paralympischen Spiele austrägt, damit die olympischen Akkreditierungskarten der aus der Liste gestrichenen Personen eingezogen werden können. Das Organisationskomitee unterrichtet anschließend die für die Visumerteilung zuständigen Stellen hierüber unter Angabe der Nummern der betreffenden Visa.

Die für die Visumerteilung zuständigen Stellen annullieren die Visa der betreffenden Personen. Sie unterrichten sofort die für die Grenzübertrittskontrollen zuständigen Behörden, die diese Information wiederum unverzüglich an die zuständigen Behörden der anderen Mitgliedstaaten weiterleiten.

Artikel 9
Grenzübertrittskontrolle an den Außengrenzen

(1) Beim Überschreiten der Außengrenzen der Mitgliedstaaten beschränkt sich die Einreisekontrolle der Mitglieder der olympischen Familie, denen Visa nach Maßgabe dieser Regelung erteilt wurden, auf die Überprüfung der Erfüllung der in Artikel 3 genannten Voraussetzungen.

(2) Für die Dauer der Olympischen und/oder Paralympischen Spiele

a) werden Ein- und Ausreisestempel auf der ersten freien Seite des Reisedokuments derjenigen Mitglieder der olympischen Familie angebracht, für die das Abstempeln nach Maßgabe des Artikels 10 Absatz 1 des Schengener Grenzkodexes erforderlich ist. Bei der ersten Einreise wird auf

V

dieser Seite auch die Visumnummer eingetragen;

b) gelten die Einreisebedingungen des Artikels 5 Absatz 1 Buchstabe c des Schengener Grenzkodexes als erfüllt, sobald ein Mitglied der olympischen Familie akkreditiert worden ist.

(3) Absatz 2 gilt für die Mitglieder der olympischen Familie, die Drittstaatsangehörige sind, unabhängig davon, ob sie der Visumpflicht gemäß der Verordnung (EG) Nr. 539/2001 unterliegen oder nicht.

Anhang XII

Jährliche Statistiken über einheitliche Visa, Visa mit räumlich beschränkter Gültigkeit und Visa für den Flughafentransit

Daten, die der Kommission innerhalb der Frist nach Artikel 46 zu jedem Ort zu übermitteln sind, an dem einzelne Mitgliedstaaten Visa erteilen:

- Gesamtzahl der beantragten Visa der Kategorie A (einschließlich Mehrfachvisa der Kategorie A),
- Gesamtzahl der erteilten Visa der Kategorie A (einschließlich Mehrfachvisa der Kategorie A),
- Gesamtzahl der erteilten Mehrfachvisa der Kategorie A,
- Gesamtzahl der nicht erteilten Visa der Kategorie A (einschließlich Mehrfachvisa der Kategorie A),
- Gesamtzahl der beantragten Visa der Kategorie C (einschließlich Mehrfachvisa der Kategorie C),
- Gesamtzahl der erteilten Visa der Kategorie C (einschließlich Mehrfachvisa der Kategorie C),
- Gesamtzahl der erteilten Mehrfachvisa der Kategorie C,
- Gesamtzahl der nicht erteilten Visa der Kategorie C (einschließlich Mehrfachvisa der Kategorie C),
- Gesamtzahl der erteilten Visa mit räumlich beschränkter Gültigkeit.

Allgemeine Vorschriften für die Übermittlung der Daten:

- Die Daten zum gesamten vergangenen Jahr werden in einer einzigen Datei zusammengestellt,
- Die Daten werden unter Verwendung der gemeinsamen, von der Kommission zur Verfügung gestellten Mustervorlage unterbreitet,
- Es werden Daten zu den einzelnen Visastellen der betreffenden Mitgliedstaaten bereitgestellt; zudem werden die Daten nach Drittstaat gruppiert,
- „Nicht erteilt" umfasst Daten zu verweigerten Visa und Anträgen, deren Prüfung nach Artikel 8 Absatz 2 nicht fortgeführt wurde.

Sind zu einer bestimmten Kategorie oder einem bestimmten Drittstaat keine bzw. keine relevanten Daten verfügbar, so lassen die Mitgliedstaaten das betreffende Segment leer (und fügen weder „0" (null) noch „k/A" (keine Angabe) noch jegliches sonstige Zeichen ein).

Anhang XIII

Entsprechungstabelle

Bestimmungen der vorgeschlagenen Verordnung	Ersetzte Bestimmungen des Schengener Durchführungsübereinkommens (SDÜ), der Gemeinsamen Konsularischen Instruktion (GKI) und anderer Beschlüsse des Schengener Exekutivausschusses (SCH/Com-ex)

Titel I
Allgemeine Bestimmungen

Artikel 1 Ziel und Geltungsbereich	GKI Teil I Abschnitt 1. Geltungsbereich (Artikel 9 und 10 SDÜ)
Artikel 2 Definitionen 1-4	GKI Teil I Abschnitt 2. Begriffsbestimmung und Visumkategorien GKI Teil IV „Rechtsgrundlage" SDÜ Artikel 11 Absatz 2, Artikel 14 Absatz 1, Artikel 15 und 16

Titel II
Visum für den Flughafentransit

Artikel 3 Drittstaatsangehörige, die ein Visum für den Flughafentransit benötigen	Gemeinsame Maßnahme 96/197/JI, GKI Teil I Abschnitt 2.1.1

Titel III
Verfahren und Voraussetzungen für die Visumerteilung

Kapitel I
An den Antragsverfahren beteiligte Behörden

Artikel 4 Behörden mit Zuständigkeit für die Beteiligung an Antragsverfahren	GKI Teil II Abschnitt 4, SDÜ Artikel 12 Absatz 1, Verordnung (EG) Nr. 415/3003
Artikel 5 Für die Prüfung und Entscheidung eines Antrags zuständiger Mitgliedstaat	GKI Teil II Abschnitt 1.1 Buchstaben a und b, SDÜ Artikel 12 Absatz 2
Artikel 6 Konsularische territoriale Zuständigkeit	GKI Teil II Abschnitt 1.1 und Abschnitt 3
Artikel 7 Zuständigkeit für die Erteilung von Visa an Drittstaatsangehörige, die sich rechtmäßig im Hoheitsgebiet eines Mitgliedstaats aufhalten	–
Artikel 8 Vertretungsvereinbarungen	GKI Teil II Abschnitt 1.2

Kapitel II
Antrag

Artikel 9 Modalitäten für das Einreichen eines Antrags	GKI Anlage 13, Anmerkung (Artikel 10 Absatz 1)
Artikel 10 Allgemeine Regeln für das Einreichen eines Antrags	–
Artikel 11 Antragsformular	GKI Teil III Abschnitt 1.1
Artikel 12 Reisedokumente	GKI Teil III Abschnitt 2 Buchstabe a, SDÜ Artikel 13 Absätze 1 und 2
Artikel 13 Biometrische Identifikatoren	GKI Teil III Abschnitt 1.2 Buchstaben a und b
Artikel 14 Belege	GKI Teil III Abschnitt 2 Buchstabe b und Teil V Abschnitt 1.4, Com-ex(98) 57
Artikel 15 Reisekrankenversicherung	GKI Teil V Abschnitt 1.4
Artikel 16 Visumgebühr	GKI Teil VII Abschnitt 4 und Anlage 12
Artikel 17 Dienstleistungsgebühr	GKI Teil VII Abschnitt 1.7

Kapitel III
Prüfung des Antrags und Entscheidung über die Visumerteilung

Artikel 18 Überprüfung der konsularischen Zuständigkeit	–
Artikel 19 Zulässigkeit	–
Artikel 20 Stempel zur Dokumentierung der Zulässigkeit eines Antrags	GKI Teil VIII Abschnitt 2
Artikel 21 Prüfung der Einreisevoraussetzungen und Risikobewertung	GKI Teil III Abschnitt 4 und Teil V Abschnitt 1
Artikel 22a Vorherige Konsultation der zentralen Behörden anderer Mitgliedstaaten	GKI Teil II Abschnitt 2.3 und Teil V Abschnitt 2.3 Buchstaben a bis d
Artikel 23 Entscheidung über den Antrag	GKI Teil V Abschnitte 2.1 (2. Gedankenstrich) und 2.2

Kapitel IV
Visumerteilung

Artikel 24 Erteilung eines einheitlichen Visums	GKI Teil V Abschnitt 2.1
Artikel 25 Erteilung eines Visums mit räumlich beschränkter Gültigkeit	GKI Teil V Abschnitt 3, Anlage 14, SDÜ Artikel 11 Absatz 2, Artikel 14 Absatz 1 und Artikel 16
Artikel 26 Erteilung eines Visums für den Flughafentransit	GKI Teil I Abschnitt 2.1.1 – Gemeinsame Maßnahme 96/197/JI
Artikel 27 Ausfüllen der Visummarke	GKI Teil VI Abschnitte 1 bis 4
Artikel 28 Ungültigmachung einer bereits ausgefüllten Visummarke	GKI Teil VI Abschnitt 5.2
Artikel 29 Anbringen der Visummarke	GKI Teil VI Abschnitt 5.3
Artikel 30 Rechte aufgrund eines erteilten Visums	GKI Teil I Abschnitt 2.1, letzter Satz
Artikel 31 Unterrichtung der zentralen Behörden anderer Mitgliedstaaten	–
Artikel 32 Visumverweigerung	–

Kapitel V
Änderung eines bereits erteilten Visums

Artikel 33 Verlängerung	Com-ex (93) 21
Artikel 34 Annullierung und Aufhebung	Com-ex (93) 24 und Anlage 14 zur GKI

Kapitel VI
An den Außengrenzen erteilte Visa

Artikel 35 An den Außengrenzen erteilte Visa	Verordnung (EG) Nr. 415/2003
Artikel 36 Erteilung von Visa an der Außengrenze an Seeleute auf der Durchreise	

Titel IV

Verwaltung und Organisation

Artikel 37 Organisation der Visumstellen	GKI Teil VII Abschnitt 1-2-3
Artikel 38 Mittel für die Antragsprüfung und für Kontrollen in den Konsulaten	–
	GKI Teil VII Abschnitt 1A
Artikel 39 Verhalten des Personals	GKI Teil III Abschnitt 5
Artikel 40 Formen der Zusammenarbeit	GKI Teil VII Abschnitt 1AA
Artikel 41 Zusammenarbeit zwischen Mitgliedstaaten	
Artikel 42 Inanspruchnahme von Honorarkonsuln	GKI Teil VII Abschnitt AB
Artikel 43 Zusammenarbeit mit externen Dienstleistungserbringern	GKI Teil VII Abschnitt 1B
Artikel 44 Verschlüsselung und sichere Datenübermittlung	GKI Teil II Abschnitt 1.2 und Teil VII Abschnitt 1.6 Absätze 6, 7, 8 und 9
Artikel 45 Zusammenarbeit der Mitgliedstaaten mit gewerblichen Mittlerorganisationen	GKI Teil VIII Abschnitt 5.2
Artikel 46 Erstellung von Statistiken	SCH Com-ex (94) 25 und (98) 12
Artikel 47 Information der Öffentlichkeit	–

Titel V

Die Schengen-Zusammenarbeit vor Ort

Artikel 48 Die Schengen-Zusammenarbeit vor Ort zwischen den Konsulaten der Mitgliedstaaten	GKI Teil VIII Abschnitt 1-3-4

Titel VI

Schlussbestimmungen

Artikel 49 Ausnahmeregelungen bezüglich der Olympischen Spiele und der Paralympischen Spiele	–
Artikel 50 Änderung der Anhänge	–

Artikel 51 Hinweise zur Anwendung des Visakodexes in der Praxis	–
Artikel 52 Ausschussverfahren	–
Artikel 53 Mitteilung	–
Artikel 54 Änderung der Verordnung (EG) Nr. 767/2008	–
Artikel 55 Änderung der Verordnung (EG) Nr. 562/2006	–
Artikel 56 Aufhebungen	–
Artikel 57 Überwachung und Bewertung	–
Artikel 58 Inkrafttreten	–

Anhänge

Anhang I Einheitliches Antragsformular	GKI Anlage 16
Anhang II Nichterschöpfende Liste von Belegen	Teilweise GKI Teil V Abschnitt 1.4
Anhang III Einheitliches Format und Verwendung des Stempels zur Dokumentierung der Antragstellung	GKI Teil VIII Abschnitt 2
Anhang IV Gemeinsame, in Anhang I der Verordnung (EG) Nr. 539/2001 aufgestellte Liste der Drittländer, deren Staatsangehörige zur Durchreise durch die Transitzone der Flughäfen der Mitgliedstaaten ein Visum für den Flughafentransit benötigen	GKI Anlage 3 Teil I
Anhang V Liste der Aufenthaltstitel, die deren Inhaber zur Durchreise durch die Transitzonen der Flughäfen der Mitgliedstaaten ohne Visum für den Flughafentransit berechtigen	GKI Anlage 3 Teil III
Anhang VI Einheitliches Formblatt zur Unterrichtung über die Verweigerung, Annullierung oder Aufhebung eines Visums und zur entsprechenden Begründung	–

Anhang VII Ausfüllen der Visummarke	GKI Teil VI Abschnitte 1 bis 4, Anlage 10
Anhang VIII Anbringen der Visummarke	GKI Teil VI Abschnitt 5.3
Anhang IX Regelung für die Erteilung von Visa an der Grenze an visumpflichtige Seeleute auf der Durchreise	Verordnung (EG) Nr. 415/2003, Anhänge I und II
Anhang X Liste der Mindestanforderungen, die im Falle einer Zusammenarbeit mit externen Dienstleistungserbringern in den Vertrag aufzunehmen sind	GKI Anhang 19
Anhang XI Besondere Regelung zur Erleichterung der Erteilung von Visa für die Mitglieder der olympischen Familie, die an den Olympischen Spielen und/oder Paralympischen Spielen teilnehmen	–
Anhang XII Jährliche Statistiken über einheitliche Visa, Visa mit räumlich beschränkter Gültigkeit und Visa für den Flughafentransit	–

V

VI Arbeitserlaubnis, Beschäftigung, Fachkräfteeinwanderung

Gesetz über den Aufenthalt, die Erwerbstätigkeit und die Integration von Ausländern im Bundesgebiet (Aufenthaltsgesetz – AufenthG)

in der Fassung der Bekanntmachung vom 25. Februar 2008 (BGBl. I S. 162)

Fassung inklusive Änderungen durch das Fachkräfteeinwanderungsgesetz vom 15. August 2019 (BGBl. I S. 1307), in Kraft ab 1. März 2020 sowie das Gesetz über Duldung bei Ausbildung und Beschäftigung vom 8. Juli 2020 (BGBl. I S. 1021), in Kraft ab 1. Januar 2020[1])

Inhaltsübersicht

[1]) Den Wortlaut des Aufenthaltsgesetzes in der Fassung ab 1. November 2019 finden Sie in Leitziffer I.1.

Kapitel 1
Allgemeine Bestimmungen

§ 1 Zweck des Gesetzes; Anwendungsbereich

(1) $_{1}$Das Gesetz dient der Steuerung und Begrenzung des Zuzugs von Ausländern in die Bundesrepublik Deutschland. $_{2}$Es ermöglicht und gestaltet Zuwanderung unter Berücksichtigung der Aufnahme- und Integrationsfähigkeit sowie der wirtschaftlichen und arbeitsmarktpolitischen Interessen der Bundesrepublik Deutschland. $_{3}$Das Gesetz dient zugleich der Erfüllung der humanitären Verpflichtungen der Bundesrepublik Deutschland. $_{4}$Es regelt hierzu die Einreise, den Aufenthalt, die Erwerbstätigkeit und die Integration von Ausländern. $_{5}$Die Regelungen in anderen Gesetzen bleiben unberührt.

(2) Dieses Gesetz findet keine Anwendung auf Ausländer,

1. deren Rechtsstellung von dem Gesetz über die allgemeine Freizügigkeit von Unionsbürgern geregelt ist, soweit nicht durch Gesetz etwas anderes bestimmt ist,
2. die nach Maßgabe der §§ 18 bis 20 des Gerichtsverfassungsgesetzes nicht der deutschen Gerichtsbarkeit unterliegen,
3. soweit sie nach Maßgabe völkerrechtlicher Verträge für den diplomatischen und konsularischen Verkehr und für die Tätigkeit internationaler Organisationen und Einrichtungen von Einwanderungsbeschränkungen, von der Verpflichtung, ihren Aufenthalt der Ausländerbehörde anzuzeigen und dem Erfordernis eines Aufenthaltstitels befreit sind und wenn Gegenseitigkeit besteht, sofern die Befreiungen davon abhängig gemacht werden können.

§ 2 Begriffsbestimmungen

(1) Ausländer ist jeder, der nicht Deutscher im Sinne des Artikels 116 Abs. 1 des Grundgesetzes ist.

(2) Erwerbstätigkeit ist die selbständige Tätigkeit, die Beschäftigung im Sinne von § 7 des Vierten Buches Sozialgesetzbuch und die Tätigkeit als Beamter.

(3) $_{1}$Der Lebensunterhalt eines Ausländers ist gesichert, wenn er ihn einschließlich ausreichenden Krankenversicherungsschutzes ohne Inanspruchnahme öffentlicher Mittel bestreiten kann. $_{2}$Nicht als Inanspruchnahme öffentlicher Mittel gilt der Bezug von:

1. Kindergeld,
2. Kinderzuschlag,
3. Erziehungsgeld,
4. Elterngeld,
5. Leistungen der Ausbildungsförderung nach dem Dritten Buch Sozialgesetzbuch, dem Bundesausbildungsförderungsgesetz und dem Aufstiegsfortbildungsförderungsgesetz,
6. öffentlichen Mitteln, die auf Beitragsleistungen beruhen oder die gewährt werden, um den Aufenthalt im Bundesgebiet zu ermöglichen und
7. Leistungen nach dem Unterhaltsvorschussgesetz.

$_{3}$Ist der Ausländer in einer gesetzlichen Krankenversicherung krankenversichert, hat er ausreichenden Krankenversicherungsschutz. $_{4}$Bei der Erteilung oder Verlängerung einer Aufenthaltserlaubnis zum Familiennachzug werden Beiträge der Familienangehörigen zum Haushaltseinkommen berücksichtigt. $_{5}$Der Lebensunterhalt gilt für die Erteilung einer Aufenthaltserlaubnis nach den §§ 16a bis 16c, 16e sowie 16f mit Ausnahme der Teilnehmer an Sprachkursen, die nicht der Studienvorbereitung dienen, als gesichert, wenn der Ausländer über monatliche Mittel in Höhe des monatlichen Bedarfs, der nach den §§ 13 und 13a Abs. 1 des Bundesausbildungsförderungsgesetzes bestimmt wird, verfügt. $_{6}$Der Lebensunterhalt gilt für die Erteilung einer Aufenthaltserlaubnis nach den §§ 16d, 16f Absatz 1 für Teilnehmer an Sprachkursen, die nicht der Studienvorbereitung dienen, sowie § 17 als gesichert, wenn Mittel entsprechend Satz 5 zuzüglich eines Aufschlages um 10 Prozent zur Verfügung stehen. $_{7}$Das Bundesministerium des Innern gibt die Mindestbeträge nach Satz 5 für jedes Kalenderjahr jeweils bis zum 31. August des Vorjahres im Bundesanzeiger bekannt.

(4) 1Als ausreichender Wohnraum wird nicht mehr gefordert, als für die Unterbringung eines Wohnungssuchenden in einer öffentlich geförderten Sozialmietwohnung genügt. 2Der Wohnraum ist nicht ausreichend, wenn er den auch für Deutsche geltenden Rechtsvorschriften hinsichtlich Beschaffenheit und Belegung nicht genügt. 3Kinder bis zur Vollendung des zweiten Lebensjahres werden bei der Berechnung des für die Familienunterbringung ausreichenden Wohnraumes nicht mitgezählt.

(5) Schengen-Staaten sind die Staaten, in denen folgende Rechtsakte in vollem Umfang Anwendung finden:

1. Übereinkommen zur Durchführung des Übereinkommens von Schengen vom 14. Juni 1985 zwischen den Regierungen der Staaten der Benelux-Wirtschaftsunion, der Bundesrepublik Deutschland und der Französischen Republik betreffend den schrittweisen Abbau der Kontrollen an den gemeinsamen Grenzen (ABl. L 239 vom 22. 9. 2000, S. 19),
2. die Verordnung (EU) 2016/399 des Europäischen Parlaments und des Rates vom 9. März 2016 über einen Gemeinschaftskodex für das Überschreiten der Grenzen durch Personen (Schengener Grenzkodex) (ABl. L 77 vom 23. 3. 2016, S. 1) und
3. die Verordnung (EG) Nr. 810/2009 des Europäischen Parlaments und des Rates vom 13. Juli 2009 über einen Visakodex der Gemeinschaft (ABl. L 243 vom 15. 9. 2009, S. 1).

(6) Vorübergehender Schutz im Sinne dieses Gesetzes ist die Aufenthaltsgewährung in Anwendung der Richtlinie 2001/55/EG des Rates vom 20. Juli 2001 über Mindestnormen für die Gewährung vorübergehenden Schutzes im Falle eines Massenzustroms von Vertriebenen und Maßnahmen zur Förderung einer ausgewogenen Verteilung der Belastungen, die mit der Aufnahme dieser Personen und den Folgen dieser Aufnahme verbunden sind, auf die Mitgliedstaaten (ABl. EG Nr. L 212 S. 12).

(7) Langfristig Aufenthaltsberechtigter ist ein Ausländer, dem in einem Mitgliedstaat der Europäischen Union die Rechtsstellung nach Artikel 2 Buchstabe b der Richtlinie 2003/109/EG des Rates vom 25. November 2003 betreffend die Rechtsstellung der langfristig aufenthaltsberechtigten Drittstaatsangehörigen (ABl. EU 2004 Nr. L 16 S. 44), die zuletzt durch die Richtlinie 2011/51/EU (ABl. L 132 vom 19. 5. 2011, S. 1) geändert worden ist, verliehen und nicht entzogen wurde.

(8) Langfristige Aufenthaltsberechtigung – EU ist der einem langfristig Aufenthaltsberechtigten durch einen anderen Mitgliedstaat der Europäischen Union ausgestellte Aufenthaltstitel nach Artikel 8 der Richtlinie 2003/109/EG.

(9) Einfache deutsche Sprachkenntnisse entsprechen dem Niveau A 1 des Gemeinsamen Europäischen Referenzrahmens für Sprachen (Empfehlungen des Ministerkomitees des Europarates an die Mitgliedstaaten Nr. R (98) 6 vom 17. März 1998 zum Gemeinsamen Europäischen Referenzrahmen für Sprachen – GER).

(10) Hinreichende deutsche Sprachkenntnisse entsprechen dem Niveau A 2 des Gemeinsamen Europäischen Referenzrahmens für Sprachen.

(11) Ausreichende deutsche Sprachkenntnisse entsprechen dem Niveau B 1 des Gemeinsamen Europäischen Referenzrahmens für Sprachen.

(11a) Gute deutsche Sprachkenntnisse entsprechen dem Niveau B 2 des Gemeinsamen Europäischen Referenzrahmens für Sprachen.

(12) Die deutsche Sprache beherrscht ein Ausländer, wenn seine Sprachkenntnisse dem Niveau C 1 des Gemeinsamen Europäischen Referenzrahmens für Sprachen entsprechen.

(12a) Eine qualifizierte Berufsausbildung im Sinne dieses Gesetzes liegt vor, wenn es sich um eine Berufsausbildung in einem staatlich anerkannten oder vergleichbar geregelten Ausbildungsberuf handelt, für den nach bundes- oder landesrechtlichen Vorschriften eine Ausbildungsdauer von mindestens zwei Jahren festgelegt ist.

(12b) Eine qualifizierte Beschäftigung im Sinne dieses Gesetzes liegt vor, wenn zu ihrer

Ausübung Fertigkeiten, Kenntnisse und Fähigkeiten erforderlich sind, die in einem Studium oder einer qualifizierten Berufsausbildung erworben werden.

(12c) Bildungseinrichtungen im Sinne dieses Gesetzes sind

1. Ausbildungsbetriebe bei einer betrieblichen Berufsaus- oder Weiterbildung,
2. Schulen, Hochschulen sowie Einrichtungen der Berufsbildung oder der sonstigen Aus- und Weiterbildung.

(13) International Schutzberechtigter ist ein Ausländer, der internationalen Schutz genießt im Sinne der

1. Richtlinie 2004/83/EG des Rates vom 29. April 2004 über Mindestnormen für die Anerkennung und den Status von Drittstaatsangehörigen oder Staatenlosen als Flüchtlinge oder als Personen, die anderweitig internationalen Schutz benötigen, und über den Inhalt des zu gewährenden Schutzes (ABl. L 304 vom 30. 9. 2004, S. 12) oder
2. Richtlinie 2011/95/EU des Europäischen Parlaments und des Rates vom 13. Dezember 2011 über Normen für die Anerkennung von Drittstaatsangehörigen oder Staatenlosen als Personen mit Anspruch auf internationalen Schutz, für einen einheitlichen Status für Flüchtlinge oder für Personen mit Anrecht auf subsidiären Schutz und für den Inhalt des zu gewährenden Schutzes (ABl. L 337 vom 20. 12. 2011, S. 9).

(14) 1Soweit Artikel 28 der Verordnung (EU) Nr. 604/2013 des Europäischen Parlaments und des Rates vom 26. Juni 2013 zur Festlegung der Kriterien und Verfahren zur Bestimmung des Mitgliedstaats, der für die Prüfung eines von einem Drittstaatsangehörigen oder Staatenlosen in einem Mitgliedstaat gestellten Antrags auf internationalen Schutz zuständig ist (ABl. L 180 vom 29. 6. 2013, S. 31), der die Inhaftnahme zum Zwecke der Überstellung betrifft, maßgeblich ist, gelten § 62 Absatz 3a für die widerlegliche Vermutung einer Fluchtgefahr im Sinne von Artikel 2 Buchstabe n der Verordnung (EU) Nr. 604/2013 und § 62 Absatz 3b Nummer 1 bis 5 als objektive Anhaltspunkte für die Annahme einer Fluchtgefahr im Sinne von Artikel 2 Buchstabe n der Verordnung (EU) Nr. 604/2013 entsprechend; im Anwendungsbereich der Verordnung (EU) Nr. 604/2013 bleibt Artikel 28 Absatz 2 im Übrigen maßgeblich. 2Ein entsprechender Anhaltspunkt kann auch gegeben sein, wenn der Ausländer einen Mitgliedstaat vor Abschluss eines dort laufenden Verfahrens zur Zuständigkeitsbestimmung oder zur Prüfung eines Antrags auf internationalen Schutz verlassen hat und die Umstände der Feststellung im Bundesgebiet konkret darauf hindeuten, dass er den zuständigen Mitgliedstaat in absehbarer Zeit nicht aufsuchen will.Ferner kann ein Anhaltspunkt für Fluchtgefahr vorliegen, wenn

1. der Ausländer einen Mitgliedstaat vor Abschluss eines dort laufenden Verfahrens zur Zuständigkeitsbestimmung oder zur Prüfung eines Antrags auf internationalen Schutz verlassen hat und die Umstände der Feststellung im Bundesgebiet konkret darauf hindeuten, dass er den zuständigen Mitgliedstaat in absehbarer Zeit nicht aufsuchen will,
2. der Ausländer zuvor mehrfach einen Asylantrag in anderen Mitgliedstaaten als der Bundesrepublik Deutschland im Geltungsbereich der Verordnung (EU) Nr. 604/2013 gestellt und den jeweiligen anderen Mitgliedstaat der Asylantragstellung wieder verlassen hat, ohne den Ausgang des dort laufenden Verfahrens zur Zuständigkeitsbestimmung oder zur Prüfung eines Antrags auf internationalen Schutz abzuwarten.

3Die für den Antrag auf Inhaftnahme zum Zwecke der Überstellung zuständige Behörde kann einen Ausländer ohne vorherige richterliche Anordnung festhalten und vorläufig in Gewahrsam nehmen, wenn

a) der dringende Verdacht für das Vorliegen der Voraussetzungen nach Satz 1 oder 2 besteht,
b) die richterliche Entscheidung über die Anordnung der Überstellungshaft nicht vorher eingeholt werden kann und

VI

c) der begründete Verdacht vorliegt, dass sich der Ausländer der Anordnung der Überstellungshaft entziehen will.

4Der Ausländer ist unverzüglich dem Richter zur Entscheidung über die Anordnung der Überstellungshaft vorzuführen. 5Auf das Verfahren auf Anordnung von Haft zur Überstellung nach der Verordnung (EU) Nr. 604/2013 finden die Vorschriften des Gesetzes über das Verfahren in Familiensachen und in den Angelegenheiten der freiwilligen Gerichtsbarkeit entsprechend Anwendung, soweit das Verfahren in der Verordnung (EU) Nr. 604/2013 nicht abweichend geregelt ist.

Bekanntmachung zu § 2 Absatz 3 Satz 6 des Aufenthaltsgesetzes über den Mindestbetrag zur Sicherung des Lebensunterhalts
Vom 17. Juli 2019
(BAnz. AT 17.07.2019 B3)

Gemäß § 2 Absatz 3 Satz 6 des Aufenthaltsgesetzes (AufenthG) gibt das Bundesministerium des Innern, für Bau und Heimat den Mindestbetrag zur Sicherung des Lebensunterhalts nach § 2 Absatz 3 Satz 5 AufenthG für das Jahr 2020 bekannt:

Der Lebensunterhalt eines Ausländers gilt nach § 2 Absatz 3 Satz 5 AufenthG für die Erteilung einer Aufenthaltserlaubnis nach § 16 AufenthG als gesichert, wenn der Ausländer über monatliche Mittel in Höhe des monatlichen Bedarfs, der nach den §§ 13 und 13a Absatz 1 des Bundesausbildungsförderungsgesetzes (BAföG) bestimmt wird, verfügt.

Daraus ergibt sich ein Betrag für den monatlichen Bedarf in Höhe von 853 Euro. Bei Nachweis einer Unterkunft, deren Miet- und Nebenkosten geringer sind als 325 Euro (Betrag nach § 13 Absatz 2 Nummer 2 BAföG), mindert sich der nachzuweisende Betrag entsprechend.

Kapitel 2
Einreise und Aufenthalt im Bundesgebiet

Abschnitt 1
Allgemeines

§ 3 Passpflicht

(1) 1Ausländer dürfen nur in das Bundesgebiet einreisen oder sich darin aufhalten, wenn sie einen anerkannten und gültigen Pass oder Passersatz besitzen, sofern sie von der Passpflicht nicht durch Rechtsverordnung befreit sind. 2Für den Aufenthalt im Bundesgebiet erfüllen sie die Passpflicht auch durch den Besitz eines Ausweisersatzes (§ 48 Abs. 2).

(2) Das Bundesministerium des Innern oder die von ihm bestimmte Stelle kann in begründeten Einzelfällen vor der Einreise des Ausländers für den Grenzübertritt und einen anschließenden Aufenthalt von bis zu sechs Monaten Ausnahmen von der Passpflicht zulassen.

§ 4 Erfordernis eines Aufenthaltstitels

(1) 1Ausländer bedürfen für die Einreise und den Aufenthalt im Bundesgebiet eines Aufenthaltstitels, sofern nicht durch Recht der Europäischen Union oder durch Rechtsverordnung etwas anderes bestimmt ist oder auf Grund des Abkommens vom 12. September 1963 zur Gründung einer Assoziation zwischen der Europäischen Wirtschaftsgemeinschaft und der Türkei (BGBl. 1964 II S. 509) (Assoziationsabkommen EWG/Türkei) ein Aufenthaltsrecht besteht. 2Die Aufenthaltstitel werden erteilt als

1. Visum im Sinne des § 6 Absatz 1 Nummer 1 und Absatz 3,
2. Aufenthaltserlaubnis (§ 7),
2a. Blaue Karte EU (§ 18b Absatz 2),
2b. ICT-Karte (§ 19),
2c. Mobiler-ICT-Karte (§ 19b),
3. Niederlassungserlaubnis (§ 9) oder
4. Erlaubnis zum Daueraufenthalt – EU (§ 9a).

3Die für die Aufenthaltserlaubnis geltenden Rechtsvorschriften werden auch auf die

Blaue Karte EU, die ICT-Karte und die Mobiler-ICT-Karte angewandt, sofern durch Gesetz oder Rechtsverordnung nichts anderes bestimmt ist.

(2) 1Ein Ausländer, dem nach dem Assoziationsabkommen EWG/Türkei ein Aufenthaltsrecht zusteht, ist verpflichtet, das Bestehen des Aufenthaltsrechts durch den Besitz einer Aufenthaltserlaubnis nachzuweisen, sofern er weder eine Niederlassungserlaubnis noch eine Erlaubnis zum Daueraufenthalt – EU besitzt. 2Die Aufenthaltserlaubnis wird auf Antrag ausgestellt.

§ 4a Zugang zur Erwerbstätigkeit

(1) 1Ausländer, die einen Aufenthaltstitel besitzen, dürfen eine Erwerbstätigkeit ausüben, es sei denn, ein Gesetz bestimmt ein Verbot. 2Die Erwerbstätigkeit kann durch Gesetz beschränkt sein. 3Die Ausübung einer über das Verbot oder die Beschränkung hinausgehenden Erwerbstätigkeit bedarf der Erlaubnis.

(2) 1Sofern die Ausübung einer Beschäftigung gesetzlich verboten oder beschränkt ist, bedarf die Ausübung einer Beschäftigung oder einer über die Beschränkung hinausgehenden Beschäftigung der Erlaubnis; diese kann dem Vorbehalt der Zustimmung durch die Bundesagentur für Arbeit nach § 39 unterliegen. 2Die Zustimmung der Bundesagentur für Arbeit kann beschränkt erteilt werden. 3Bedarf die Erlaubnis nicht der Zustimmung der Bundesagentur für Arbeit, gilt § 40 Absatz 2 oder Absatz 3 für die Versagung der Erlaubnis entsprechend.

(3) 1Jeder Aufenthaltstitel muss erkennen lassen, ob die Ausübung einer Erwerbstätigkeit erlaubt ist und ob sie Beschränkungen unterliegt. 2Zudem müssen Beschränkungen seitens der Bundesagentur für Arbeit für die Ausübung der Beschäftigung in den Aufenthaltstitel übernommen werden. 3Für die Änderung einer Beschränkung im Aufenthaltstitel ist eine Erlaubnis erforderlich. 4Wurde ein Aufenthaltstitel zum Zweck der Ausübung einer bestimmten Beschäftigung erteilt, ist die Ausübung einer anderen Erwerbstätigkeit verboten, solange und soweit die zuständige Behörde die Ausübung der anderen Erwerbstätigkeit nicht erlaubt hat. 5Die Sätze 2 und 3 gelten nicht, wenn sich der Arbeitgeber auf Grund eines Betriebsübergangs nach § 613a des Bürgerlichen Gesetzbuchs ändert oder auf Grund eines Formwechsels eine andere Rechtsform erhält.

(4) Ein Ausländer, der keinen Aufenthaltstitel besitzt, darf eine Saisonbeschäftigung nur ausüben, wenn er eine Arbeitserlaubnis zum Zweck der Saisonbeschäftigung besitzt, sowie eine andere Erwerbstätigkeit nur ausüben, wenn er auf Grund einer zwischenstaatlichen Vereinbarung, eines Gesetzes oder einer Rechtsverordnung ohne Aufenthaltstitel hierzu berechtigt ist oder deren Ausübung ihm durch die zuständige Behörde erlaubt wurde.

(5) 1Ein Ausländer darf nur beschäftigt oder mit anderen entgeltlichen Dienst- oder Werkleistungen beauftragt werden, wenn er einen Aufenthaltstitel besitzt und kein diesbezügliches Verbot oder keine diesbezügliche Beschränkung besteht. 2Ein Ausländer, der keinen Aufenthaltstitel besitzt, darf nur unter den Voraussetzungen des Absatzes 4 beschäftigt werden. 3Wer im Bundesgebiet einen Ausländer beschäftigt, muss

1. prüfen, ob die Voraussetzungen nach Satz 1 oder Satz 2 vorliegen,
2. für die Dauer der Beschäftigung eine Kopie des Aufenthaltstitels, der Arbeitserlaubnis zum Zweck der Saisonbeschäftigung oder der Bescheinigung über die Aufenthaltsgestattung oder über die Aussetzung der Abschiebung des Ausländers in elektronischer Form oder in Papierform aufbewahren und
3. der zuständigen Ausländerbehörde innerhalb von vier Wochen ab Kenntnis mitteilen, dass die Beschäftigung, für die ein Aufenthaltstitel nach Kapitel 2 Abschnitt 4 erteilt wurde, vorzeitig beendet wurde.

4Satz 3 Nummer 1 gilt auch für denjenigen, der einen Ausländer mit nachhaltigen entgeltlichen Dienst- oder Werkleistungen beauftragt, die der Ausländer auf Gewinnerzielung gerichtet ausübt.

VI

§ 5 Allgemeine Erteilungsvoraussetzungen

(1) Die Erteilung eines Aufenthaltstitels setzt in der Regel voraus, dass

1. der Lebensunterhalt gesichert ist,

1a. die Identität und, falls er nicht zur Rückkehr in einen anderen Staat berechtigt ist, die Staatsangehörigkeit des Ausländers geklärt ist,

2. kein Ausweisungsinteresse besteht,

3. soweit kein Anspruch auf Erteilung eines Aufenthaltstitels besteht, der Aufenthalt des Ausländers nicht aus einem sonstigen Grund Interessen der Bundesrepublik Deutschland beeinträchtigt oder gefährdet und

4. die Passpflicht nach § 3 erfüllt wird.

(2) 1Des Weiteren setzt die Erteilung einer Aufenthaltserlaubnis, einer Blauen Karte EU, einer ICT-Karte, einer Niederlassungserlaubnis oder einer Erlaubnis zum Daueraufenthalt – EU voraus, dass der Ausländer

1. mit dem erforderlichen Visum eingereist ist und
2. die für die Erteilung maßgeblichen Angaben bereits im Visumantrag gemacht hat.

2Hiervon kann abgesehen werden, wenn die Voraussetzungen eines Anspruchs auf Erteilung erfüllt sind oder es auf Grund besonderer Umstände des Einzelfalls nicht zumutbar ist, das Visumverfahren nachzuholen. 3Satz 2 gilt nicht für die Erteilung einer ICT-Karte.

(3) 1In den Fällen der Erteilung eines Aufenthaltstitels nach § 24 oder § 25 Absatz 1 bis 3 ist von der Anwendung der Absätze 1 und 2, in den Fällen des § 25 Absatz 4a und 4b von der Anwendung des Absatzes 1 Nr. 1 bis 2 und 4 sowie des Absatzes 2 abzusehen. 2In den übrigen Fällen der Erteilung eines Aufenthaltstitels nach Kapitel 2 Abschnitt 5 kann von der Anwendung der Absätze 1 und 2 abgesehen werden. 3Wird von der Anwendung des Absatzes 1 Nr. 2 abgesehen, kann die Ausländerbehörde darauf hinweisen, dass eine Ausweisung wegen einzeln zu bezeichnender Ausweisungsinteressen, die Gegenstand eines noch nicht abgeschlossenen Straf- oder anderen Verfahrens sind, möglich ist. 4In den Fällen der Erteilung eines Aufenthaltstitels nach § 26 Absatz 3 ist von der Anwendung des Absatzes 2 abzusehen.

(4) Die Erteilung eines Aufenthaltstitels ist zu versagen, wenn ein Ausweisungsinteresse im Sinne von § 54 Absatz 1 Nummer 2 oder 4 besteht oder eine Abschiebungsanordnung nach § 58a erlassen wurde.

§ 6 Visum

(1) Einem Ausländer können nach Maßgabe der Verordnung (EG) Nr. 810/2009 folgende Visa erteilt werden:

1. ein Visum für die Durchreise durch das Hoheitsgebiet der Schengen-Staaten oder für geplante Aufenthalte in diesem Gebiet von bis zu 90 Tagen je Zeitraum von 180 Tagen (Schengen-Visum),
2. ein Flughafentransitvisum für die Durchreise durch die internationalen Transitzonen der Flughäfen.

(2) 1Schengen-Visa können nach Maßgabe der Verordnung (EG) Nr. 810/2009 bis zu einer Gesamtaufenthaltsdauer von 90 Tagen je Zeitraum von 180 Tagen verlängert werden. 2Für weitere 90 Tage innerhalb des betreffenden Zeitraums von 180 Tagen kann ein Schengen-Visum aus den in Artikel 33 der Verordnung (EG) Nr. 810/2009/EG genannten Gründen, zur Wahrung politischer Interessen der Bundesrepublik Deutschland oder aus völkerrechtlichen Gründen als nationales Visum verlängert werden.

(2a) Schengen-Visa berechtigen nicht zur Ausübung einer Erwerbstätigkeit, es sei denn, sie wurden zum Zweck der Erwerbstätigkeit erteilt.

(3) 1Für längerfristige Aufenthalte ist ein Visum für das Bundesgebiet (nationales Visum) erforderlich, das vor der Einreise erteilt wird. 2Die Erteilung richtet sich nach den für die Aufenthaltserlaubnis, die Blaue Karte EU, die ICT-Karte, die Niederlassungserlaubnis und die Erlaubnis zum Daueraufenthalt – EU geltenden Vorschriften. 3Die Dauer des rechtmäßigen Aufenthalts mit einem nationalen Visum wird auf die Zeiten des Besitzes einer Aufenthaltserlaubnis, Blauen Karte EU, Nie-

derlassungserlaubnis oder Erlaubnis zum Daueraufenthalt – EU angerechnet.

(4) Ein Ausnahme-Visum im Sinne des § 14 Absatz 2 wird als Visum im Sinne des Absatzes 1 Nummer 1 oder des Absatzes 3 erteilt.

§ 7 Aufenthaltserlaubnis

(1) 1Die Aufenthaltserlaubnis ist ein befristeter Aufenthaltstitel. 2Sie wird zu den in den nachfolgenden Abschnitten genannten Aufenthaltszwecken erteilt. 3In begründeten Fällen kann eine Aufenthaltserlaubnis auch für einen von diesem Gesetz nicht vorgesehenen Aufenthaltszweck erteilt werden. 4Die Aufenthaltserlaubnis nach Satz 3 berechtigt nicht zur Erwerbstätigkeit; sie kann nach § 4a Absatz 1 erlaubt werden.

(2) 1Die Aufenthaltserlaubnis ist unter Berücksichtigung des beabsichtigten Aufenthaltszwecks zu befristen. 2Ist eine für die Erteilung, die Verlängerung oder die Bestimmung der Geltungsdauer wesentliche Voraussetzung entfallen, so kann die Frist auch nachträglich verkürzt werden.

§ 8 Verlängerung der Aufenthaltserlaubnis

(1) Auf die Verlängerung der Aufenthaltserlaubnis finden dieselben Vorschriften Anwendung wie auf die Erteilung.

(2) Die Aufenthaltserlaubnis kann in der Regel nicht verlängert werden, wenn die zuständige Behörde dies bei einem seiner Zweckbestimmung nach nur vorübergehenden Aufenthalt bei der Erteilung oder der zuletzt erfolgten Verlängerung der Aufenthaltserlaubnis ausgeschlossen hat.

(3) 1Vor der Verlängerung der Aufenthaltserlaubnis ist festzustellen, ob der Ausländer einer etwaigen Pflicht zur ordnungsgemäßen Teilnahme am Integrationskurs nachgekommen ist. 2Verletzt ein Ausländer seine Verpflichtung nach § 44a Abs. 1 Satz 1 zur ordnungsgemäßen Teilnahme an einem Integrationskurs, ist dies bei der Entscheidung über die Verlängerung der Aufenthaltserlaubnis zu berücksichtigen. 3Besteht kein Anspruch auf Erteilung der Aufenthaltserlaubnis, soll bei wiederholter und gröblicher Verletzung der Pflichten nach Satz 1 die Verlängerung der Aufenthaltserlaubnis abgelehnt werden. 4Besteht ein Anspruch auf Verlängerung der Aufenthaltserlaubnis nur nach diesem Gesetz, kann die Verlängerung abgelehnt werden, es sei denn, der Ausländer erbringt den Nachweis, dass seine Integration in das gesellschaftliche und soziale Leben anderweitig erfolgt ist. 5Bei der Entscheidung sind die Dauer des rechtmäßigen Aufenthalts, schutzwürdige Bindung des Ausländers an das Bundesgebiet und die Folgen einer Aufenthaltsbeendigung für seine rechtmäßig im Bundesgebiet lebenden Familienangehörigen zu berücksichtigen. 6War oder ist ein Ausländer zur Teilnahme an einem Integrationskurs nach § 44a Absatz 1 Satz 1 verpflichtet, soll die Verlängerung der Aufenthaltserlaubnis jeweils auf höchstens ein Jahr befristet werden, solange er den Integrationskurs noch nicht erfolgreich abgeschlossen oder noch nicht den Nachweis erbracht hat, dass seine Integration in das gesellschaftliche und soziale Leben anderweitig erfolgt ist.

(4) Absatz 3 ist nicht anzuwenden auf die Verlängerung einer nach § 25 Absatz 1, 2 oder Absatz 3 erteilten Aufenthaltserlaubnis.

§ 9 Niederlassungserlaubnis

(1) 1Die Niederlassungserlaubnis ist ein unbefristeter Aufenthaltstitel. 2Sie kann nur in den durch dieses Gesetz ausdrücklich zugelassenen Fällen mit einer Nebenbestimmung versehen werden. 3§ 47 bleibt unberührt.

(2) 1Einem Ausländer ist die Niederlassungserlaubnis zu erteilen, wenn

1. er seit fünf Jahren die Aufenthaltserlaubnis besitzt,
2. sein Lebensunterhalt gesichert ist,
3. er mindestens 60 Monate Pflichtbeiträge oder freiwillige Beiträge zur gesetzlichen Rentenversicherung geleistet hat oder Aufwendungen für einen Anspruch auf vergleichbare Leistungen einer Versicherungs- oder Versorgungseinrichtung oder eines Versicherungsunternehmens nachweist; berufliche Ausfallzeiten auf Grund von Kinderbetreuung oder häuslicher Pflege werden entsprechend angerechnet,

4. Gründe der öffentlichen Sicherheit oder Ordnung unter Berücksichtigung der Schwere oder der Art des Verstoßes gegen die öffentliche Sicherheit oder Ordnung oder der vom Ausländer ausgehenden Gefahr unter Berücksichtigung der Dauer des bisherigen Aufenthalts und dem Bestehen von Bindungen im Bundesgebiet nicht entgegenstehen,
5. ihm die Beschäftigung erlaubt ist, sofern er Arbeitnehmer ist,
6. er im Besitz der sonstigen für eine dauernde Ausübung seiner Erwerbstätigkeit erforderlichen Erlaubnisse ist,
7. er über ausreichende Kenntnisse der deutschen Sprache verfügt,
8. er über Grundkenntnisse der Rechts- und Gesellschaftsordnung und der Lebensverhältnisse im Bundesgebiet verfügt und
9. er über ausreichenden Wohnraum für sich und seine mit ihm in häuslicher Gemeinschaft lebenden Familienangehörigen verfügt.

[2]Die Voraussetzungen des Satzes 1 Nr. 7 und 8 sind nachgewiesen, wenn ein Integrationskurs erfolgreich abgeschlossen wurde. [3]Von diesen Voraussetzungen wird abgesehen, wenn der Ausländer sie wegen einer körperlichen, geistigen oder seelischen Krankheit oder Behinderung nicht erfüllen kann. [4]Im Übrigen kann zur Vermeidung einer Härte von den Voraussetzungen des Satzes 1 Nr. 7 und 8 abgesehen werden. [5]Ferner wird davon abgesehen, wenn der Ausländer sich auf einfache Art in deutscher Sprache mündlich verständigen kann und er nach § 44 Abs. 3 Nr. 2 keinen Anspruch auf Teilnahme am Integrationskurs hatte oder er nach § 44a Abs. 2 Nr. 3 nicht zur Teilnahme am Integrationskurs verpflichtet war. [6]Darüber hinaus wird von den Voraussetzungen des Satzes 1 Nr. 2 und 3 abgesehen, wenn der Ausländer diese aus den in Satz 3 genannten Gründen nicht erfüllen kann.

(3) [1]Bei Ehegatten, die in ehelicher Lebensgemeinschaft leben, genügt es, wenn die Voraussetzungen nach Absatz 2 Satz 1 Nr. 3, 5 und 6 durch einen Ehegatten erfüllt werden. [2]Von der Voraussetzung nach Absatz 2 Satz 1 Nr. 3 wird abgesehen, wenn sich der Ausländer in einer Ausbildung befindet, die zu einem anerkannten schulischen oder beruflichen Bildungsabschluss oder einem Hochschulabschluss führt. [3]Satz 1 gilt in den Fällen des § 26 Abs. 4 entsprechend.

(4) Auf die für die Erteilung einer Niederlassungserlaubnis erforderlichen Zeiten des Besitzes einer Aufenthaltserlaubnis werden folgende Zeiten angerechnet:

1. die Zeit des früheren Besitzes einer Aufenthaltserlaubnis oder Niederlassungserlaubnis, wenn der Ausländer zum Zeitpunkt seiner Ausreise im Besitz einer Niederlassungserlaubnis war, abzüglich der Zeit der dazwischen liegenden Aufenthalte außerhalb des Bundesgebiets, die zum Erlöschen der Niederlassungserlaubnis führten; angerechnet werden höchstens vier Jahre,
2. höchstens sechs Monate für jeden Aufenthalt außerhalb des Bundesgebiets, der nicht zum Erlöschen der Aufenthaltserlaubnis führte,
3. die Zeit eines rechtmäßigen Aufenthalts zum Zweck des Studiums oder der Berufsausbildung im Bundesgebiet zur Hälfte.

§ 9a Erlaubnis zum Daueraufenthalt – EU

(1) [1]Die Erlaubnis zum Daueraufenthalt – EU ist ein unbefristeter Aufenthaltstitel. [2]§ 9 Abs. 1 Satz 2 und 3 gilt entsprechend. [3]Soweit dieses Gesetz nichts anderes regelt, ist die Erlaubnis zum Daueraufenthalt – EU der Niederlassungserlaubnis gleichgestellt.

(2) [1]Einem Ausländer ist eine Erlaubnis zum Daueraufenthalt – EU nach Artikel 2 Buchstabe b der Richtlinie 2003/109/EG zu erteilen, wenn

1. er sich seit fünf Jahren mit Aufenthaltstitel im Bundesgebiet aufhält,
2. sein Lebensunterhalt und derjenige seiner Angehörigen, denen er Unterhalt zu leisten hat, durch feste und regelmäßige Einkünfte gesichert ist,
3. er über ausreichende Kenntnisse der deutschen Sprache verfügt,

4. er über Grundkenntnisse der Rechts- und Gesellschaftsordnung und der Lebensverhältnisse im Bundesgebiet verfügt,
5. Gründe der öffentlichen Sicherheit oder Ordnung unter Berücksichtigung der Schwere oder der Art des Verstoßes gegen die öffentliche Sicherheit oder Ordnung oder der vom Ausländer ausgehenden Gefahr unter Berücksichtigung der Dauer des bisherigen Aufenthalts und dem Bestehen von Bindungen im Bundesgebiet nicht entgegenstehen und
6. er über ausreichenden Wohnraum für sich und seine mit ihm in familiärer Gemeinschaft lebenden Familienangehörigen verfügt.

$_2$Für Satz 1 Nr. 3 und 4 gilt § 9 Abs. 2 Satz 2 bis 5 entsprechend.

(3) Absatz 2 ist nicht anzuwenden, wenn der Ausländer

1. einen Aufenthaltstitel nach Abschnitt 5 besitzt, der nicht auf Grund des § 23 Abs. 2 erteilt wurde, oder eine vergleichbare Rechtsstellung in einem anderen Mitgliedstaat der Europäischen Union innehat und weder in der Bundesrepublik Deutschland noch in einem anderen Mitgliedstaat der Europäischen Union als international Schutzberechtigter anerkannt ist; Gleiches gilt, wenn er einen solchen Titel oder eine solche Rechtsstellung beantragt hat und über den Antrag noch nicht abschließend entschieden worden ist,
2. in einem Mitgliedstaat der Europäischen Union einen Antrag auf Anerkennung als international Schutzberechtigter gestellt oder vorübergehenden Schutz im Sinne des § 24 beantragt hat und über seinen Antrag noch nicht abschließend entschieden worden ist,
3. in einem anderen Mitgliedstaat der Europäischen Union eine Rechtsstellung besitzt, die der in § 1 Abs. 2 Nr. 2 beschriebenen entspricht,
4. sich mit einer Aufenthaltserlaubnis nach § 16a oder § 16b oder
5. sich zu einem sonstigen seiner Natur nach vorübergehenden Zweck im Bundesgebiet aufhält, insbesondere
   a) auf Grund einer Aufenthaltserlaubnis nach § 19c, wenn die Befristung der Zustimmung der Bundesagentur für Arbeit auf einer Verordnung nach § 42 Abs. 1 bestimmten Höchstbeschäftigungsdauer beruht,
   b) wenn die Verlängerung seiner Aufenthaltserlaubnis nach § 8 Abs. 2 ausgeschlossen wurde oder
   c) wenn seine Aufenthaltserlaubnis der Herstellung oder Wahrung der familiären Lebensgemeinschaft mit einem Ausländer dient, der sich selbst nur zu einem seiner Natur nach vorübergehenden Zweck im Bundesgebiet aufhält, und bei einer Aufhebung der Lebensgemeinschaft kein eigenständiges Aufenthaltsrecht entstehen würde.

§ 9b Anrechnung von Aufenthaltszeiten

(1) $_1$Auf die erforderlichen Zeiten nach § 9a Abs. 2 Satz 1 Nr. 1 werden folgende Zeiten angerechnet:

1. Zeiten eines Aufenthalts außerhalb des Bundesgebiets, in denen der Ausländer einen Aufenthaltstitel besaß und
   a) sich wegen einer Entsendung aus beruflichen Gründen im Ausland aufgehalten hat, soweit deren Dauer jeweils sechs Monate oder eine von der Ausländerbehörde nach § 51 Abs. 1 Nr. 7 bestimmte längere Frist nicht überschritten hat, oder
   b) die Zeiten sechs aufeinanderfolgende Monate und innerhalb des in § 9a Abs. 2 Satz 1 Nr. 1 genannten Zeitraums insgesamt zehn Monate nicht überschreiten,
2. Zeiten eines früheren Aufenthalts im Bundesgebiet mit Aufenthaltserlaubnis, Niederlassungserlaubnis oder Erlaubnis zum Daueraufenthalt – EU, wenn der Ausländer zum Zeitpunkt seiner Ausreise im Besitz einer Niederlassungserlaubnis oder einer Erlaubnis zum Daueraufenthalt – EU

VI

war und die Niederlassungserlaubnis oder die Erlaubnis zum Daueraufenthalt – EU allein wegen eines Aufenthalts außerhalb von Mitgliedstaaten der Europäischen Union oder wegen des Erwerbs der Rechtsstellung eines langfristig Aufenthaltsberechtigten in einem anderen Mitgliedstaat der Europäischen Union erloschen ist, bis zu höchstens vier Jahre,

3. Zeiten, in denen der Ausländer freizügigkeitsberechtigt war,
4. Zeiten eines rechtmäßigen Aufenthalts zum Zweck des Studiums oder der Berufsausbildung im Bundesgebiet zur Hälfte,
5. bei international Schutzberechtigten der Zeitraum zwischen dem Tag der Beantragung internationalen Schutzes und dem Tag der Erteilung eines aufgrund der Zuerkennung internationalen Schutzes gewährten Aufenthaltstitels.

$_2$Nicht angerechnet werden Zeiten eines Aufenthalts nach § 9a Abs. 3 Nr. 5 und Zeiten des Aufenthalts, in denen der Ausländer auch die Voraussetzungen des § 9a Abs. 3 Nr. 3 erfüllte. $_3$Zeiten eines Aufenthalts außerhalb des Bundesgebiets unterbrechen den Aufenthalt nach § 9a Abs. 2 Satz 1 Nr. 1 nicht, wenn der Aufenthalt außerhalb des Bundesgebiets nicht zum Erlöschen des Aufenthaltstitels geführt hat; diese Zeiten werden bei der Bestimmung der Gesamtdauer des Aufenthalts nach § 9a Abs. 2 Satz 1 Nr. 1 nicht angerechnet. $_4$In allen übrigen Fällen unterbricht die Ausreise aus dem Bundesgebiet den Aufenthalt nach § 9a Abs. 2 Satz 1 Nr. 1.

(2) $_1$Auf die erforderlichen Zeiten nach § 9a Absatz 2 Satz 1 Nummer 1 werden die Zeiten angerechnet, in denen der Ausländer eine Blaue Karte EU besitzt, die von einem anderen Mitgliedstaat der Europäischen Union erteilt wurde, wenn sich der Ausländer

1. in diesem anderen Mitgliedstaat der Europäischen Union mit einer Blauen Karte EU mindestens 18 Monate aufgehalten hat und
2. bei Antragstellung seit mindestens zwei Jahren als Inhaber der Blauen Karte EU im Bundesgebiet aufhält.

$_2$Nicht angerechnet werden Zeiten, in denen sich der Ausländer nicht in der Europäischen Union aufgehalten hat. $_3$Diese Zeiten unterbrechen jedoch den Aufenthalt nach § 9a Absatz 2 Satz 1 Nummer 1 nicht, wenn sie zwölf aufeinanderfolgende Monate nicht überschreiten und innerhalb des Zeitraums nach § 9a Absatz 2 Satz 1 Nummer 1 insgesamt 18 Monate nicht überschreiten. $_4$Die Sätze 1 bis 3 sind entsprechend auf Familienangehörige des Ausländers anzuwenden, denen eine Aufenthaltserlaubnis nach den §§ 30 oder 32 erteilt wurde.

§ 9c Lebensunterhalt

$_1$Feste und regelmäßige Einkünfte im Sinne des § 9a Absatz 2 Satz 1 Nummer 2 liegen in der Regel vor, wenn

1. der Ausländer seine steuerlichen Verpflichtungen erfüllt hat,
2. der Ausländer oder sein mit ihm in familiärer Gemeinschaft lebender Ehegatte im In- oder Ausland Beiträge oder Aufwendungen für eine angemessene Altersversorgung geleistet hat, soweit er hieran nicht durch eine körperliche, geistige oder seelische Krankheit oder Behinderung gehindert war,
3. der Ausländer und seine mit ihm in familiärer Gemeinschaft lebenden Angehörigen gegen das Risiko der Krankheit und der Pflegebedürftigkeit durch die gesetzliche Krankenversicherung oder einen im Wesentlichen gleichwertigen, unbefristeten oder sich automatisch verlängernden Versicherungsschutz abgesichert sind und
4. der Ausländer, der seine regelmäßigen Einkünfte aus einer Erwerbstätigkeit bezieht, zu der Erwerbstätigkeit berechtigt ist und auch über die anderen dafür erforderlichen Erlaubnisse verfügt.

$_2$Bei Ehegatten, die in ehelicher Lebensgemeinschaft leben, genügt es, wenn die Voraussetzung nach Satz 1 Nr. 4 durch einen Ehegatten erfüllt wird. $_3$Als Beiträge oder Aufwendungen, die nach Satz 1 Nr. 2 erforderlich sind, werden keine höheren Beiträge oder Aufwendungen verlangt, als es in § 9 Abs. 2 Satz 1 Nr. 3 vorgesehen ist.

§ 10 Aufenthaltstitel bei Asylantrag

(1) Einem Ausländer, der einen Asylantrag gestellt hat, kann vor dem bestandskräftigen Abschluss des Asylverfahrens ein Aufenthaltstitel außer in den Fällen eines gesetzlichen Anspruchs nur mit Zustimmung der obersten Landesbehörde und nur dann erteilt werden, wenn wichtige Interessen der Bundesrepublik Deutschland es erfordern.

(2) Ein nach der Einreise des Ausländers von der Ausländerbehörde erteilter oder verlängerter Aufenthaltstitel kann nach den Vorschriften dieses Gesetzes ungeachtet des Umstandes verlängert werden, dass der Ausländer einen Asylantrag gestellt hat.

(3) $_{1}$Einem Ausländer, dessen Asylantrag unanfechtbar abgelehnt worden ist oder der seinen Asylantrag zurückgenommen hat, darf vor der Ausreise ein Aufenthaltstitel nur nach Maßgabe des Abschnitts 5 erteilt werden. $_{2}$Sofern der Asylantrag nach § 30 Abs. 3 Nummer 1 bis 6 des Asylgesetzes abgelehnt wurde, darf vor der Ausreise kein Aufenthaltstitel erteilt werden. $_{3}$Die Sätze 1 und 2 finden im Falle eines Anspruchs auf Erteilung eines Aufenthaltstitels keine Anwendung; Satz 2 ist ferner nicht anzuwenden, wenn der Ausländer die Voraussetzungen für die Erteilung einer Aufenthaltserlaubnis nach § 25 Abs. 3 erfüllt.

§ 11 Einreise- und Aufenthaltsverbot

(1) $_{1}$Gegen einen Ausländer, der ausgewiesen, zurückgeschoben oder abgeschoben worden ist, ist ein Einreise- und Aufenthaltsverbot zu erlassen. $_{2}$Infolge des Einreise- und Aufenthaltsverbots darf der Ausländer weder erneut in das Bundesgebiet einreisen noch sich darin aufhalten noch darf ihm, selbst im Falle eines Anspruchs nach diesem Gesetz, ein Aufenthaltstitel erteilt werden.

(2) $_{1}$Im Falle der Ausweisung ist das Einreise- und Aufenthaltsverbot gemeinsam mit der Ausweisungsverfügung zu erlassen. $_{2}$Ansonsten soll das Einreise- und Aufenthaltsverbot mit der Abschiebungsandrohung oder Abschiebungsanordnung nach § 58a unter der aufschiebenden Bedingung der Ab- oder Zurückschiebung und spätestens mit der Ab- oder Zurückschiebung erlassen werden. $_{3}$Das Einreise- und Aufenthaltsverbot ist bei seinem Erlass von Amts wegen zu befristen. $_{4}$Die Frist beginnt mit der Ausreise. $_{5}$Die Befristung kann zur Abwehr einer Gefahr für die öffentliche Sicherheit und Ordnung mit einer Bedingung versehen werden, insbesondere einer nachweislichen Straf- oder Drogenfreiheit. $_{6}$Tritt die Bedingung bis zum Ablauf der Frist nicht ein, gilt eine von Amts wegen zusammen mit der Befristung nach Satz 5 angeordnete längere Befristung.

(3) $_{1}$Über die Länge der Frist des Einreise- und Aufenthaltsverbots wird nach Ermessen entschieden. $_{2}$Sie darf außer in den Fällen der Absätze 5 bis 5b fünf Jahre nicht überschreiten.

(4) $_{1}$Das Einreise- und Aufenthaltsverbot kann zur Wahrung schutzwürdiger Belange des Ausländers oder, soweit es der Zweck des Einreise- und Aufenthaltsverbots nicht mehr erfordert, aufgehoben oder die Frist des Einreise- und Aufenthaltsverbots verkürzt werden. $_{2}$Das Einreise- und Aufenthaltsverbot soll aufgehoben werden, wenn die Voraussetzungen für die Erteilung eines Aufenthaltstitels nach Kapitel 2 Abschnitt 5 vorliegen. $_{3}$Bei der Entscheidung über die Verkürzung der Frist oder die Aufhebung des Einreise- und Aufenthaltsverbots, das zusammen mit einer Ausweisung erlassen wurde, ist zu berücksichtigen, ob der Ausländer seiner Ausreisepflicht innerhalb der ihm gesetzten Ausreisefrist nachgekommen ist, es sei denn, der Ausländer war unverschuldet an der Ausreise gehindert oder die Überschreitung der Ausreisefrist war nicht erheblich. $_{4}$Die Frist des Einreise- und Aufenthaltsverbots kann aus Gründen der öffentlichen Sicherheit und Ordnung verlängert werden. $_{5}$Absatz 3 gilt entsprechend.

(5) $_{1}$Die Frist des Einreise- und Aufenthaltsverbots soll zehn Jahre nicht überschreiten, wenn der Ausländer auf Grund einer strafrechtlichen Verurteilung ausgewiesen worden ist oder wenn von ihm eine schwerwiegende Gefahr für die öffentliche Sicherheit und Ordnung ausgeht. $_{2}$Absatz 4 gilt in diesen Fällen entsprechend.

(5a) $_{1}$Die Frist des Einreise- und Aufenthaltsverbots soll 20 Jahre betragen, wenn der Ausländer wegen eines Verbrechens gegen den Frieden, eines Kriegsverbrechens oder eines Verbrechens gegen die Menschlichkeit oder zur Abwehr einer Gefahr für die Sicherheit der Bundesrepublik Deutschland oder einer terroristischen Gefahr ausgewiesen wurde. $_{2}$Absatz 4 Satz 4 und 5 gilt in diesen Fällen entsprechend. $_{3}$Eine Verkürzung der Frist oder Aufhebung des Einreise- und Aufenthaltsverbots ist grundsätzlich ausgeschlossen. $_{4}$Die oberste Landesbehörde kann im Einzelfall Ausnahmen hiervon zulassen.

(5b) $_{1}$Wird der Ausländer auf Grund einer Abschiebungsanordnung nach § 58a aus dem Bundesgebiet abgeschoben, soll ein unbefristetes Einreise- und Aufenthaltsverbot erlassen werden. $_{2}$In den Fällen des Absatzes 5a oder wenn der Ausländer wegen eines in § 54 Absatz 1 Nummer 1 genannten Ausweisungsinteresses ausgewiesen worden ist, kann im Einzelfall ein unbefristetes Einreise- und Aufenthaltsverbot erlassen werden. $_{3}$Absatz 5a Satz 3 und 4 gilt entsprechend.

(5c) Die Behörde, die die Ausweisung, die Abschiebungsandrohung oder die Abschiebungsanordnung nach § 58a erlässt, ist auch für den Erlass und die erstmalige Befristung des damit zusammenhängenden Einreise- und Aufenthaltsverbots zuständig.

(6) $_{1}$Gegen einen Ausländer, der seiner Ausreisepflicht nicht innerhalb einer ihm gesetzten Ausreisefrist nachgekommen ist, kann ein Einreise- und Aufenthaltsverbot angeordnet werden, es sei denn, der Ausländer ist unverschuldet an der Ausreise gehindert oder die Überschreitung der Ausreisefrist ist nicht erheblich. $_{2}$Absatz 1 Satz 2, Absatz 2 Satz 3 bis 6, Absatz 3 Satz 1 und Absatz 4 Satz 1, 2 und 4 gelten entsprechend. $_{3}$Das Einreise- und Aufenthaltsverbot ist mit seiner Anordnung nach Satz 1 zu befristen. $_{4}$Bei der ersten Anordnung des Einreise- und Aufenthaltsverbots nach Satz 1 soll die Frist ein Jahr nicht überschreiten. $_{5}$Im Übrigen soll die Frist drei Jahre nicht überschreiten. $_{6}$Ein Einreise- und Aufenthaltsverbot wird nicht angeordnet, wenn Gründe für eine vorübergehende Aussetzung der Abschiebung nach § 60a vorliegen, die der Ausländer nicht verschuldet hat.

(7) $_{1}$Gegen einen Ausländer,

1. dessen Asylantrag nach § 29a Absatz 1 des Asylgesetzes als offensichtlich unbegründet abgelehnt wurde, dem kein subsidiärer Schutz zuerkannt wurde, das Vorliegen der Voraussetzungen für ein Abschiebungsverbot nach § 60 Absatz 5 oder 7 nicht festgestellt wurde und der keinen Aufenthaltstitel besitzt oder
2. dessen Antrag nach § 71 oder § 71a des Asylgesetzes wiederholt nicht zur Durchführung eines weiteren Asylverfahrens geführt hat,

kann das Bundesamt für Migration und Flüchtlinge ein Einreise- und Aufenthaltsverbot anordnen. $_{2}$Das Einreise- und Aufenthaltsverbot wird mit Bestandskraft der Entscheidung über den Asylantrag wirksam. $_{3}$Absatz 1 Satz 2, Absatz 2 Satz 3 bis 6, Absatz 3 Satz 1 und Absatz 4 Satz 1, 2 und 4 gelten entsprechend. $_{4}$Das Einreise- und Aufenthaltsverbot ist mit seiner Anordnung nach Satz 1 zu befristen. $_{5}$Bei der ersten Anordnung des Einreise- und Aufenthaltsverbots nach Satz 1 soll die Frist ein Jahr nicht überschreiten. $_{6}$Im Übrigen soll die Frist drei Jahre nicht überschreiten. $_{7}$Über die Aufhebung, Verlängerung oder Verkürzung entscheidet die zuständige Ausländerbehörde.

(8) $_{1}$Vor Ablauf des Einreise- und Aufenthaltsverbots kann dem Ausländer ausnahmsweise erlaubt werden, das Bundesgebiet kurzfristig zu betreten, wenn zwingende Gründe seine Anwesenheit erfordern oder die Versagung der Erlaubnis eine unbillige Härte bedeuten würde. $_{2}$Im Falle der Absätze 5a und 5b ist für die Entscheidung die oberste Landesbehörde zuständig.

(9) $_{1}$Reist ein Ausländer entgegen einem Einreise- und Aufenthaltsverbot in das Bundesgebiet ein, wird der Ablauf einer festgesetzten Frist für die Dauer des Aufenthalts im Bundesgebiet gehemmt. $_{2}$Die Frist kann in diesem Fall verlängert werden, längstens jedoch um die Dauer der ursprünglichen Befristung. $_{3}$Der Ausländer ist auf diese Mög-

lichkeit bei der erstmaligen Befristung hinzuweisen. $_{4}$Für eine nach Satz 2 verlängerte Frist gelten die Absätze 3 und 4 Satz 1 entsprechend.

§ 12 Geltungsbereich; Nebenbestimmungen

(1) $_{1}$Der Aufenthaltstitel wird für das Bundesgebiet erteilt. $_{2}$Seine Gültigkeit nach den Vorschriften des Schengener Durchführungsübereinkommens für den Aufenthalt im Hoheitsgebiet der Vertragsparteien bleibt unberührt.

(2) $_{1}$Das Visum und die Aufenthaltserlaubnis können mit Bedingungen erteilt und verlängert werden. $_{2}$Sie können, auch nachträglich, mit Auflagen, insbesondere einer räumlichen Beschränkung, verbunden werden. $_{3}$Insbesondere kann die Aufenthaltserlaubnis mit einer räumlichen Beschränkung versehen werden, wenn ein Ausweisungsinteresse nach § 54 Absatz 1 Nummer 1 oder 1a besteht und dies erforderlich ist, um den Ausländer aus einem Umfeld zu lösen, welches die wiederholte Begehung erheblicher Straftaten begünstigt.

(3) Ein Ausländer hat den Teil des Bundesgebiets, in dem er sich ohne Erlaubnis der Ausländerbehörde einer räumlichen Beschränkung zuwider aufhält, unverzüglich zu verlassen.

(4) Der Aufenthalt eines Ausländers, der keines Aufenthaltstitels bedarf, kann zeitlich und räumlich beschränkt sowie von Bedingungen und Auflagen abhängig gemacht werden.

(5) $_{1}$Die Ausländerbehörde kann dem Ausländer das Verlassen des auf der Grundlage dieses Gesetzes beschränkten Aufenthaltsbereichs erlauben. $_{2}$Die Erlaubnis ist zu erteilen, wenn hieran ein dringendes öffentliches Interesse besteht, zwingende Gründe es erfordern oder die Versagung der Erlaubnis eine unbillige Härte bedeuten würde. $_{3}$Der Ausländer kann Termine bei Behörden und Gerichten, bei denen sein persönliches Erscheinen erforderlich ist, ohne Erlaubnis wahrnehmen.

§ 12a Wohnsitzregelung

(1) $_{1}$Zur Förderung seiner nachhaltigen Integration in die Lebensverhältnisse der Bundesrepublik Deutschland ist ein Ausländer, der als Asylberechtigter, Flüchtling im Sinne von § 3 Absatz 1 des Asylgesetzes oder subsidiär Schutzberechtigter im Sinne von § 4 Absatz 1 des Asylgesetzes anerkannt worden ist oder dem nach § 22, § 23 oder § 25 Absatz 3 erstmalig eine Aufenthaltserlaubnis erteilt worden ist, verpflichtet, für den Zeitraum von drei Jahren ab Anerkennung oder Erteilung der Aufenthaltserlaubnis in dem Land seinen gewöhnlichen Aufenthalt (Wohnsitz) zu nehmen, in das er zur Durchführung seines Asylverfahrens oder im Rahmen seines Aufnahmeverfahrens zugewiesen worden ist. $_{2}$Satz 1 findet keine Anwendung, wenn der Ausländer, sein Ehegatte, eingetragener Lebenspartner oder ein minderjähriges lediges Kind, mit dem er verwandt ist und in familiärer Lebensgemeinschaft lebt, eine sozialversicherungspflichtige Beschäftigung mit einem Umfang von mindestens 15 Stunden wöchentlich aufnimmt oder aufgenommen hat, durch die diese Person mindestens über ein Einkommen in Höhe des monatlichen durchschnittlichen Bedarfs nach den §§ 20 und 22 des Zweiten Buches Sozialgesetzbuch für eine Einzelperson verfügt, oder eine Berufsausbildung aufnimmt oder aufgenommen hat oder in einem Studien- oder Ausbildungsverhältnis steht. $_{3}$Die Frist nach Satz 1 kann um den Zeitraum verlängert werden, für den der Ausländer seiner nach Satz 1 bestehenden Verpflichtung nicht nachkommt. $_{4}$Fallen die Gründe nach Satz 2 innerhalb von drei Monaten weg, wirkt die Verpflichtung zur Wohnsitznahme nach Satz 1 in dem Land fort, in das der Ausländer seinen Wohnsitz verlegt hat.

(1a) $_{1}$Wird ein Ausländer, dessen gewöhnlicher Aufenthalt durch eine Verteilungs- oder Zuweisungsentscheidung nach dem Achten Buch Sozialgesetzbuch bestimmt wird, volljährig, findet ab Eintritt der Volljährigkeit Absatz 1 Anwendung; die Wohnsitzverpflichtung erwächst in dem Land, in das er zuletzt durch Verteilungs- oder Zuweisungsentscheidung zugewiesen wurde. 2Die bis zur Volljährigkeit verbrachte Aufenthaltszeit ab Anerkennung als Asylberechtigter, Flüchtling im Sinne von § 3 Absatz 1 des Asylgesetzes oder subsidiär Schutzberechtigter im Sinne von § 4 Absatz 1 des Asylgesetzes oder nach erstmaliger Erteilung eines Aufenthaltstitels nach den §§ 22, 23 oder 25 Absatz 3 wird auf die Frist nach Absatz 1 Satz 1 angerechnet.

(2) 1Ein Ausländer, der der Verpflichtung nach Absatz 1 unterliegt und der in einer Aufnahmeeinrichtung oder anderen vorübergehenden Unterkunft wohnt, kann innerhalb von sechs Monaten nach Anerkennung oder Aufnahme längstens bis zum Ablauf der nach Absatz 1 geltenden Frist zu seiner Versorgung mit angemessenem Wohnraum verpflichtet werden, seinen Wohnsitz an einem bestimmten Ort zu nehmen, wenn dies der Förderung seiner nachhaltigen Integration in die Lebensverhältnisse der Bundesrepublik Deutschland nicht entgegensteht. 2Soweit im Einzelfall eine Zuweisung angemessenen Wohnraums innerhalb von sechs Monaten nicht möglich war, kann eine Zuweisung nach Satz 1 innerhalb von einmalig weiteren sechs Monaten erfolgen.

VI

(3) 1Zur Förderung seiner nachhaltigen Integration in die Lebensverhältnisse der Bundesrepublik Deutschland kann ein Ausländer, der der Verpflichtung nach Absatz 1 unterliegt, innerhalb von sechs Monaten nach Anerkennung oder erstmaliger Erteilung der Aufenthaltserlaubnis verpflichtet werden, längstens bis zum Ablauf der nach Absatz 1 geltenden Frist seinen Wohnsitz an einem bestimmten Ort zu nehmen, wenn dadurch

1. seine Versorgung mit angemessenem Wohnraum,
2. sein Erwerb hinreichender mündlicher Deutschkenntnisse im Sinne des Niveaus A2 des Gemeinsamen Europäischen Referenzrahmens für Sprachen und
3. unter Berücksichtigung der örtlichen Lage am Ausbildungs- und Arbeitsmarkt die Aufnahme einer Erwerbstätigkeit

erleichtert werden kann. 2Bei der Entscheidung nach Satz 1 können zudem besondere örtliche, die Integration fördernde Umstände berücksichtigt werden, insbesondere die Verfügbarkeit von Bildungs- und Betreuungsangeboten für minderjährige Kinder und Jugendliche.

(4) 1Ein Ausländer, der der Verpflichtung nach Absatz 1 unterliegt, kann zur Vermeidung von sozialer und gesellschaftlicher Ausgrenzung bis zum Ablauf der nach Absatz 1 geltenden Frist auch verpflichtet werden, seinen Wohnsitz nicht an einem bestimmten Ort zu nehmen, insbesondere wenn zu erwarten ist, dass der Ausländer Deutsch dort nicht als wesentliche Verkehrssprache nutzen wird. 2Die Situation des dortigen Ausbildungs- und Arbeitsmarktes ist bei der Entscheidung zu berücksichtigen.

(5) 1Eine Verpflichtung oder Zuweisung nach den Absätzen 1 bis 4 ist auf Antrag des Ausländers aufzuheben,

1. wenn der Ausländer nachweist, dass in den Fällen einer Verpflichtung oder Zuweisung nach den Absätzen 1 bis 3 an einem anderen Ort, oder im Falle einer Verpflichtung nach Absatz 4 an dem Ort, an dem er seinen Wohnsitz nicht nehmen darf,
   a) ihm oder seinem Ehegatten, eingetragenen Lebenspartner oder einem minderjährigen ledigen Kind, mit dem er verwandt ist und in familiärer Lebensgemeinschaft lebt, eine sozialversicherungspflichtige Beschäftigung im Sinne von Absatz 1 Satz 2, ein den Lebensunterhalt sicherndes Einkommen oder ein Ausbildungs- oder Studienplatz zur Verfügung steht oder
   b) der Ehegatte, eingetragene Lebenspartner oder ein minderjähriges lediges Kind, mit dem er verwandt ist und mit dem er zuvor in familiärer Lebensgemeinschaft gelebt hat, an einem anderen Wohnort leben,
2. zur Vermeidung einer Härte; eine Härte liegt insbesondere vor, wenn
   a) nach Einschätzung des zuständigen Jugendamtes Leistungen und Maßnahmen der Kinder- und Jugendhilfe nach

dem Achten Buch Sozialgesetzbuch mit Ortsbezug beeinträchtigt würden,

b) aus anderen dringenden persönlichen Gründen die Übernahme durch ein anderes Land zugesagt wurde oder

c) für den Betroffenen aus sonstigen Gründen vergleichbare unzumutbare Einschränkungen entstehen.

2Fallen die Aufhebungsgründe nach Satz 1 Nummer 1 Buchstabe a innerhalb von drei Monaten ab Bekanntgabe der Aufhebung weg, wirkt die Verpflichtung zur Wohnsitznahme nach Absatz 1 Satz 1 in dem Land fort, in das der Ausländer seinen Wohnsitz verlegt hat. 3Im Fall einer Aufhebung nach Satz 1 Nummer 2 ist dem Ausländer, längstens bis zum Ablauf der nach Absatz 1 geltenden Frist, eine Verpflichtung nach Absatz 3 oder 4 aufzuerlegen, die seinem Interesse Rechnung trägt.

(6) 1Bei einem Familiennachzug zu einem Ausländer, der einer Verpflichtung oder Zuweisung nach den Absätzen 1 bis 4 unterliegt, gilt die Verpflichtung oder Zuweisung längstens bis zum Ablauf der nach Absatz 1 für den Ausländer geltenden Frist auch für den nachziehenden Familienangehörigen, soweit die zuständige Behörde nichts anderes angeordnet hat. 2Absatz 5 gilt für die nachziehenden Familienangehörigen entsprechend.

(7) Die Absätze 1 bis 6 gelten nicht für Ausländer, deren Anerkennung oder erstmalige Erteilung der Aufenthaltserlaubnis im Sinne des Absatzes 1 vor dem 1. Januar 2016 erfolgte.

(8) Widerspruch und Klage gegen Verpflichtungen nach den Absätzen 2 bis 4 haben keine aufschiebende Wirkung.

(9) Die Länder können im Hinblick auf Ausländer, die der Verpflichtung nach Absatz 1 unterliegen, hinsichtlich Organisation, Verfahren und angemessenen Wohnraums durch Rechtsverordnung der Landesregierung oder andere landesrechtliche Regelungen Näheres bestimmen zu

1. der Verteilung innerhalb des Landes nach Absatz 2,
2. dem Verfahren für Zuweisungen und Verpflichtungen nach den Absätzen 2 bis 4,
3. den Anforderungen an den angemessenen Wohnraum im Sinne der Absätze 2, 3 Nummer 1 und von Absatz 5 Satz 1 Nummer 1 Buchstabe a sowie der Form seines Nachweises,
4. der Art und Weise des Belegs einer sozialversicherungspflichtigen Beschäftigung nach Absatz 1 Satz 2, eines den Lebensunterhalt sichernden Einkommens sowie eines Ausbildungs- oder Studienplatzes im Sinne der Absätze 1 und 5 Satz 1 Nummer 1 Buchstabe a,
5. der Verpflichtung zur Aufnahme durch die zum Wohnort bestimmte Gemeinde und zu dem Aufnahmeverfahren.

(10) § 12 Absatz 2 Satz 2 bleibt für wohnsitzbeschränkende Auflagen in besonders begründeten Einzelfällen unberührt.

Abschnitt 2
Einreise

§ 13 Grenzübertritt

(1) 1Die Einreise in das Bundesgebiet und die Ausreise aus dem Bundesgebiet sind nur an den zugelassenen Grenzübergangsstellen und innerhalb der festgesetzten Verkehrsstunden zulässig, soweit nicht auf Grund anderer Rechtsvorschriften oder zwischenstaatlicher Vereinbarungen Ausnahmen zugelassen sind. 2Ausländer sind verpflichtet, bei der Einreise und der Ausreise einen anerkannten und gültigen Pass oder Passersatz gemäß § 3 Abs. 1 mitzuführen und sich der polizeilichen Kontrolle des grenzüberschreitenden Verkehrs zu unterziehen.

(2) 1An einer zugelassenen Grenzübergangsstelle ist ein Ausländer erst eingereist, wenn er die Grenze überschritten und die Grenzübergangsstelle passiert hat. 2Lassen die mit der polizeilichen Kontrolle des grenzüberschreitenden Verkehrs beauftragten Behörden einen Ausländer vor der Entscheidung über die Zurückweisung (§ 15 dieses Gesetzes, §§ 18, 18a des Asylgesetzes) oder während der Vorbereitung, Sicherung oder

Durchführung dieser Maßnahmen die Grenzübergangsstelle zu einem bestimmten vorübergehenden Zweck passieren, so liegt keine Einreise im Sinne des Satzes 1 vor, solange ihnen eine Kontrolle des Aufenthalts des Ausländers möglich bleibt. $_3$Im Übrigen ist ein Ausländer eingereist, wenn er die Grenze überschritten hat.

§ 14 Unerlaubte Einreise; Ausnahme-Visum

(1) Die Einreise eines Ausländers in das Bundesgebiet ist unerlaubt, wenn er

1. einen erforderlichen Pass oder Passersatz gemäß § 3 Abs. 1 nicht besitzt,
2. den nach § 4 erforderlichen Aufenthaltstitel nicht besitzt,

2a. zwar ein nach § 4 erforderliches Visum bei Einreise besitzt, dieses aber durch Drohung, Bestechung oder Kollusion erwirkt oder durch unrichtige oder unvollständige Angaben erschlichen wurde und deshalb mit Wirkung für die Vergangenheit zurückgenommen oder annulliert wird, oder

3. nach § 11 Absatz 1, 6 oder 7 nicht einreisen darf, es sei denn, er besitzt eine Betretenserlaubnis nach § 11 Absatz 8.

(2) Die mit der polizeilichen Kontrolle des grenzüberschreitenden Verkehrs beauftragten Behörden können Ausnahme-Visa und Passersatzpapiere ausstellen.

§ 15 Zurückweisung

(1) Ein Ausländer, der unerlaubt einreisen will, wird an der Grenze zurückgewiesen.

(2) Ein Ausländer kann an der Grenze zurückgewiesen werden, wenn

1. ein Ausweisungsinteresse besteht,
2. der begründete Verdacht besteht, dass der Aufenthalt nicht dem angegebenen Zweck dient,

2a. er nur über ein Schengen-Visum verfügt oder für einen kurzfristigen Aufenthalt von der Visumpflicht befreit ist und beabsichtigt, entgegen § 4a Absatz 1 und 2 eine Erwerbstätigkeit auszuüben oder

3. er die Voraussetzungen für die Einreise in das Hoheitsgebiet der Vertragsparteien nach Artikel 6 des Schengener Grenzkodex nicht erfüllt.

(3) Ein Ausländer, der für einen vorübergehenden Aufenthalt im Bundesgebiet vom Erfordernis eines Aufenthaltstitels befreit ist, kann zurückgewiesen werden, wenn er nicht die Voraussetzungen des § 3 Abs. 1 und des § 5 Abs. 1 erfüllt.

(4) $_1$§ 60 Abs. 1 bis 3, 5 und 7 bis 9 ist entsprechend anzuwenden. $_2$Ein Ausländer, der einen Asylantrag gestellt hat, darf nicht zurückgewiesen werden, solange ihm der Aufenthalt im Bundesgebiet nach den Vorschriften des Asylgesetzes gestattet ist.

(5) $_1$Ein Ausländer soll zur Sicherung der Zurückweisung auf richterliche Anordnung in Haft (Zurückweisungshaft) genommen werden, wenn eine Zurückweisungsentscheidung ergangen ist und diese nicht unmittelbar vollzogen werden kann. $_2$Im Übrigen ist § 62 Absatz 4 entsprechend anzuwenden. $_3$In den Fällen, in denen der Richter die Anordnung oder die Verlängerung der Haft ablehnt, findet Absatz 1 keine Anwendung.

(6) $_1$Ist der Ausländer auf dem Luftweg in das Bundesgebiet gelangt und nicht nach § 13 Abs. 2 eingereist, sondern zurückgewiesen worden, ist er in den Transitbereich eines Flughafens oder in eine Unterkunft zu verbringen, von wo aus seine Abreise aus dem Bundesgebiet möglich ist, wenn Zurückweisungshaft nicht beantragt wird. $_2$Der Aufenthalt des Ausländers im Transitbereich eines Flughafens oder in einer Unterkunft nach Satz 1 bedarf spätestens 30 Tage nach Ankunft am Flughafen oder, sollte deren Zeitpunkt nicht feststellbar sein, nach Kenntnis der zuständigen Behörden von der Ankunft, der richterlichen Anordnung. $_3$Die Anordnung ergeht zur Sicherung der Abreise. $_4$Sie ist nur zulässig, wenn die Abreise innerhalb der Anordnungsdauer zu erwarten ist. $_5$Absatz 5 ist entsprechend anzuwenden.

§ 15a Verteilung unerlaubt eingereister Ausländer

(1) $_1$Unerlaubt eingereiste Ausländer, die weder um Asyl nachsuchen oder unmittelbar nach der

Feststellung der unerlaubten Einreise in Abschiebungshaft genommen und aus der Haft abgeschoben oder zurückgeschoben werden können, werden vor der Entscheidung über die Aussetzung der Abschiebung oder die Erteilung eines Aufenthaltstitels auf die Länder verteilt. $_{2}$Sie haben keinen Anspruch darauf, in ein bestimmtes Land oder an einen bestimmten Ort verteilt zu werden. $_{3}$Die Verteilung auf die Länder erfolgt durch eine vom Bundesministerium des Innern bestimmte zentrale Verteilungsstelle. $_{4}$Solange die Länder für die Verteilung keinen abweichenden Schlüssel vereinbart haben, gilt der für die Verteilung von Asylbewerbern festgelegte Schlüssel. $_{5}$Jedes Land bestimmt bis zu sieben Behörden, die die Verteilung durch die nach Satz 3 bestimmte Stelle veranlassen und verteilte Ausländer aufnehmen. $_{6}$Weist der Ausländer vor Veranlassung der Verteilung nach, dass eine Haushaltsgemeinschaft zwischen Ehegatten oder Eltern und ihren minderjährigen Kindern oder sonstige zwingende Gründe bestehen, die der Verteilung an einen bestimmten Ort entgegenstehen, ist dem bei der Verteilung Rechnung zu tragen.

(2) $_{1}$Die Ausländerbehörden können die Ausländer verpflichten, sich zu der Behörde zu begeben, die die Verteilung veranlasst. $_{2}$Dies gilt nicht, wenn dem Vorbringen nach Absatz 1 Satz 6 Rechnung zu tragen ist. $_{3}$Gegen eine nach Satz 1 getroffene Verpflichtung findet kein Widerspruch statt. $_{4}$Die Klage hat keine aufschiebende Wirkung.

(3) $_{1}$Die zentrale Verteilungsstelle benennt der Behörde, die die Verteilung veranlasst hat, die nach den Sätzen 2 und 3 zur Aufnahme verpflichtete Aufnahmeeinrichtung. $_{2}$Hat das Land, dessen Behörde die Verteilung veranlasst hat, seine Aufnahmequote nicht erfüllt, ist die dieser Behörde nächstgelegene aufnahmefähige Aufnahmeeinrichtung des Landes aufnahmepflichtig. $_{3}$Andernfalls ist die von der zentralen Verteilungsstelle auf Grund der Aufnahmequote nach § 45 des Asylgesetzes und der vorhandenen freien Unterbringungsmöglichkeiten bestimmte Aufnahmeeinrichtung zur Aufnahme verpflichtet. $_{4}$§ 46 Abs. 4 und 5 des Asylgesetzes sind entsprechend anzuwenden.

(4) $_{1}$Die Behörde, die die Verteilung nach Absatz 3 veranlasst hat, ordnet in den Fällen des Absatzes 3 Satz 3 an, dass der Ausländer sich zu der durch die Verteilung festgelegten Aufnahmeeinrichtung zu begeben hat; in den Fällen des Absatzes 3 Satz 2 darf sie dies anordnen. $_{2}$Die Ausländerbehörde übermittelt das Ergebnis der Anhörung an die die Verteilung veranlassende Stelle, die die Zahl der Ausländer unter Angabe der Herkunftsländer und das Ergebnis der Anhörung der zentralen Verteilungsstelle mitteilt. $_{3}$Ehegatten sowie Eltern und ihre minderjährigen ledigen Kinder sind als Gruppe zu melden und zu verteilen. $_{4}$Der Ausländer hat in dieser Aufnahmeeinrichtung zu wohnen, bis er innerhalb des Landes weiterverteilt wird, längstens jedoch bis zur Aussetzung der Abschiebung oder bis zur Erteilung eines Aufenthaltstitels; die §§ 12 und 61 Abs. 1 bleiben unberührt. $_{5}$Die Landesregierungen werden ermächtigt, durch Rechtsverordnung die Verteilung innerhalb des Landes zu regeln, soweit dies nicht auf der Grundlage dieses Gesetzes durch Landesgesetz geregelt wird; § 50 Abs. 4 des Asylgesetzes findet entsprechende Anwendung. $_{6}$Die Landesregierungen können die Ermächtigung auf andere Stellen des Landes übertragen. $_{7}$Gegen eine nach Satz 1 getroffene Anordnung findet kein Widerspruch statt. $_{8}$Die Klage hat keine aufschiebende Wirkung. $_{9}$Die Sätze 7 und 8 gelten entsprechend, wenn eine Verteilungsanordnung auf Grund eines Landesgesetzes oder einer Rechtsverordnung nach Satz 5 ergeht.

(5) $_{1}$Die zuständigen Behörden können dem Ausländer nach der Verteilung erlauben, seine Wohnung in einem anderen Land zu nehmen. $_{2}$Nach erlaubtem Wohnungswechsel wird der Ausländer von der Quote des abgebenden Landes abgezogen und der des aufnehmenden Landes angerechnet.

(6) Die Regelungen der Absätze 1 bis 5 gelten nicht für Personen, die nachweislich vor dem 1. Januar 2005 eingereist sind.

Abschnitt 3
Aufenthalt zum Zweck der Ausbildung

§ 16 Grundsatz des Aufenthalts zum Zweck der Ausbildung

1Der Zugang von Ausländern zur Ausbildung dient der allgemeinen Bildung und der internationalen Verständigung ebenso wie der Sicherung des Bedarfs des deutschen Arbeitsmarktes an Fachkräften. 2Neben der Stärkung der wissenschaftlichen Beziehungen Deutschlands in der Welt trägt er auch zu internationaler Entwicklung bei. 3Die Ausgestaltung erfolgt so, dass die Interessen der öffentlichen Sicherheit beachtet werden.

§ 16a Berufsausbildung; berufliche Weiterbildung

(1) 1Eine Aufenthaltserlaubnis zum Zweck der betrieblichen Aus- und Weiterbildung kann erteilt werden, wenn die Bundesagentur für Arbeit nach § 39 zugestimmt hat oder durch die Beschäftigungsverordnung oder zwischenstaatliche Vereinbarung bestimmt ist, dass die Aus- und Weiterbildung ohne Zustimmung der Bundesagentur für Arbeit zulässig ist. 2Während des Aufenthalts nach Satz 1 darf eine Aufenthaltserlaubnis zu einem anderen Aufenthaltszweck nur zum Zweck einer qualifizierten Berufsausbildung, der Ausübung einer Beschäftigung als Fachkraft, der Ausübung einer Beschäftigung mit ausgeprägten berufspraktischen Kenntnissen nach § 19c Absatz 2 oder in Fällen eines gesetzlichen Anspruchs erteilt werden. 3Der Aufenthaltszweck der betrieblichen qualifizierten Berufsausbildung nach Satz 1 umfasst auch den Besuch eines Deutschsprachkurses zur Vorbereitung auf die Berufsausbildung, insbesondere den Besuch eines berufsbezogenen Deutschsprachkurses nach der Deutschsprachförderverordnung.

(2) 1Eine Aufenthaltserlaubnis zum Zweck der schulischen Berufsausbildung kann erteilt werden, wenn sie nach bundes- oder landesrechtlichen Regelungen zu einem staatlich anerkannten Berufsabschluss führt und sich der Bildungsgang nicht überwiegend an Staatsangehörige eines Staates richtet. 2Bilaterale oder multilaterale Vereinbarungen der Länder mit öffentlichen Stellen in einem anderen Staat über den Besuch inländischer Schulen durch ausländische Schüler bleiben unberührt. 3Aufenthaltserlaubnisse zur Teilnahme am Schulbesuch können auf Grund solcher Vereinbarungen nur erteilt werden, wenn die für das Aufenthaltsrecht zuständige oberste Landesbehörde der Vereinbarung zugestimmt hat.

(3) 1Handelt es sich um eine qualifizierte Berufsausbildung, berechtigt die Aufenthaltserlaubnis zur Ausübung einer von der Berufsausbildung unabhängigen Beschäftigung bis zu zehn Stunden je Woche. 2Bei einer qualifizierten Berufsausbildung wird ein Nachweis über ausreichende deutsche Sprachkenntnisse verlangt, wenn die für die konkrete qualifizierte Berufsausbildung erforderlichen Sprachkenntnisse weder durch die Bildungseinrichtung geprüft worden sind noch durch einen vorbereitenden Deutschsprachkurs erworben werden sollen.

(4) Bevor die Aufenthaltserlaubnis zum Zweck einer qualifizierten Berufsausbildung aus Gründen, die der Ausländer nicht zu vertreten hat, zurückgenommen, widerrufen oder gemäß § 7 Absatz 2 Satz 2 nachträglich verkürzt wird, ist dem Ausländer für die Dauer von bis zu sechs Monaten die Möglichkeit zu geben, einen anderen Ausbildungsplatz zu suchen.

§ 16b Studium

(1) 1Einem Ausländer wird zum Zweck des Vollzeitstudiums an einer staatlichen Hochschule, an einer staatlich anerkannten Hochschule oder an einer vergleichbaren Bildungseinrichtung eine Aufenthaltserlaubnis erteilt, wenn er von der Bildungseinrichtung zugelassen worden ist. 2Der Aufenthaltszweck des Studiums umfasst auch studienvorbereitende Maßnahmen und das Absolvieren eines Pflichtpraktikums. 3Studienvorbereitende Maßnahmen sind

1. der Besuch eines studienvorbereitenden Sprachkurses, wenn der Ausländer zu einem Vollzeitstudium zugelassen worden ist und die Zulassung an den Besuch eines

studienvorbereitenden Sprachkurses gebunden ist, und

2. der Besuch eines Studienkollegs oder einer vergleichbaren Einrichtung, wenn die Annahme zu einem Studienkolleg oder einer vergleichbaren Einrichtung nachgewiesen ist.

4Ein Nachweis über die für den konkreten Studiengang erforderlichen Kenntnisse der Ausbildungssprache wird nur verlangt, wenn diese Sprachkenntnisse weder bei der Zulassungsentscheidung geprüft worden sind noch durch die studienvorbereitende Maßnahme erworben werden sollen.

(2) 1Die Geltungsdauer der Aufenthaltserlaubnis beträgt bei der Ersterteilung und bei der Verlängerung mindestens ein Jahr und soll zwei Jahre nicht überschreiten. 2Sie beträgt mindestens zwei Jahre, wenn der Ausländer an einem Unions- oder multilateralen Programm mit Mobilitätsmaßnahmen teilnimmt oder wenn für ihn eine Vereinbarung zwischen zwei oder mehr Hochschuleinrichtungen gilt. 3Dauert das Studium weniger als zwei Jahre, so wird die Aufenthaltserlaubnis nur für die Dauer des Studiums erteilt. 4Die Aufenthaltserlaubnis wird verlängert, wenn der Aufenthaltszweck noch nicht erreicht ist und in einem angemessenen Zeitraum noch erreicht werden kann. 5Zur Beurteilung der Frage, ob der Aufenthaltszweck noch erreicht werden kann, kann die aufnehmende Bildungseinrichtung beteiligt werden.

(3) 1Die Aufenthaltserlaubnis berechtigt zur Ausübung einer Beschäftigung, die insgesamt 120 Tage oder 240 halbe Tage im Jahr nicht überschreiten darf, sowie zur Ausübung studentischer Nebentätigkeiten. 2Dies gilt nicht während des Aufenthalts zu studienvorbereitenden Maßnahmen im ersten Jahr des Aufenthalts, ausgenommen in der Ferienzeit.

(4) 1Während eines Aufenthalts nach Absatz 1 darf eine Aufenthaltserlaubnis für einen anderen Aufenthaltszweck nur zum Zweck einer qualifizierten Berufsausbildung, der Ausübung einer Beschäftigung als Fachkraft, der Ausübung einer Beschäftigung mit ausgeprägten berufspraktischen Kenntnissen nach § 19c Absatz 2 oder in Fällen eines gesetzlichen Anspruchs erteilt werden. 2§ 9 findet keine Anwendung.

(5) 1Einem Ausländer kann eine Aufenthaltserlaubnis erteilt werden, wenn

1. er von einer staatlichen Hochschule, einer staatlich anerkannten Hochschule oder einer vergleichbaren Bildungseinrichtung
   a) zum Zweck des Vollzeitstudiums zugelassen worden ist und die Zulassung mit einer Bedingung verbunden ist, die nicht auf den Besuch einer studienvorbereitenden Maßnahme gerichtet ist,
   b) zum Zweck des Vollzeitstudiums zugelassen worden ist und die Zulassung mit der Bedingung des Besuchs eines Studienkollegs oder einer vergleichbaren Einrichtung verbunden ist, der Ausländer aber den Nachweis über die Annahme zu einem Studienkolleg oder einer vergleichbaren Einrichtung nach Absatz 1 Satz 3 Nummer 2 nicht erbringen kann oder
   c) zum Zweck des Teilzeitstudiums zugelassen worden ist,
2. er zur Teilnahme an einem studienvorbereitenden Sprachkurs angenommen worden ist, ohne dass eine Zulassung zum Zweck eines Studiums an einer staatlichen Hochschule, einer staatlich anerkannten Hochschule oder einer vergleichbaren Bildungseinrichtung vorliegt, oder
3. ihm die Zusage eines Betriebs für das Absolvieren eines studienvorbereitenden Praktikums vorliegt.

2In den Fällen des Satzes 1 Nummer 1 sind Absatz 1 Satz 2 bis 4 und die Absätze 2 bis 4 entsprechend anzuwenden. 3In den Fällen des Satzes 1 Nummer 2 und 3 sind die Absätze 2 und 4 entsprechend anzuwenden; die Aufenthaltserlaubnis berechtigt zur Beschäftigung nur in der Ferienzeit sowie zur Ausübung des Praktikums.

(6) Bevor die Aufenthaltserlaubnis nach Absatz 1 oder Absatz 5 aus Gründen, die der Ausländer nicht zu vertreten hat, zurückgenommen, widerrufen oder gemäß § 7 Ab-

satz 2 Satz 2 nachträglich verkürzt wird, ist dem Ausländer für bis zu neun Monate die Möglichkeit zu geben, die Zulassung bei einer anderen Bildungseinrichtung zu beantragen.

(7) 1Einem Ausländer, der in einem anderen Mitgliedstaat der Europäischen Union international Schutzberechtigter ist, kann eine Aufenthaltserlaubnis zum Zweck des Studiums erteilt werden, wenn der Ausländer in einem anderen Mitgliedstaat der Europäischen Union seit mindestens zwei Jahren ein Studium betrieben hat und die Voraussetzungen des § 16c Absatz 1 Satz 1 Nummer 2 und 3 vorliegen. 2Die Aufenthaltserlaubnis wird für die Dauer des Studienteils, der in Deutschland durchgeführt wird, erteilt. 3Absatz 3 gilt entsprechend. 4§ 9 findet keine Anwendung.

(8) Die Absätze 1 bis 4 und 6 dienen der Umsetzung der Richtlinie (EU) 2016/801 des Europäischen Parlaments und des Rates vom 11. Mai 2016 über die Bedingungen für die Einreise und den Aufenthalt von Drittstaatsangehörigen zu Forschungs- oder Studienzwecken, zur Absolvierung eines Praktikums, zur Teilnahme an einem Freiwilligendienst, Schüleraustauschprogrammen oder Bildungsvorhaben und zur Ausübung einer Au-pair-Tätigkeit (ABl. L 132 vom 21. 5. 2016, S. 21).

VI

§ 16c Mobilität im Rahmen des Studiums

(1) 1Für einen Aufenthalt zum Zweck des Studiums, der 360 Tage nicht überschreitet, bedarf ein Ausländer abweichend von § 4 Absatz 1 keines Aufenthaltstitels, wenn die aufnehmende Bildungseinrichtung im Bundesgebiet dem Bundesamt für Migration und Flüchtlinge und der zuständigen Behörde des anderen Mitgliedstaates mitgeteilt hat, dass der Ausländer beabsichtigt, einen Teil seines Studiums im Bundesgebiet durchzuführen, und dem Bundesamt für Migration und Flüchtlinge mit der Mitteilung vorlegt:

1. den Nachweis, dass der Ausländer einen von einem anderen Mitgliedstaat der Europäischen Union für die Dauer des geplanten Aufenthalts gültigen Aufenthaltstitel zum Zweck des Studiums besitzt, der in den Anwendungsbereich der Richtlinie (EU) 2016/801 fällt,
2. den Nachweis, dass der Ausländer einen Teil seines Studiums an einer Bildungseinrichtung im Bundesgebiet durchführen möchte, weil er an einem Unions- oder multilateralen Programm mit Mobilitätsmaßnahmen teilnimmt oder für ihn eine Vereinbarung zwischen zwei oder mehr Hochschulen gilt,
3. den Nachweis, dass der Ausländer von der aufnehmenden Bildungseinrichtung zugelassen wurde,
4. die Kopie eines anerkannten und gültigen Passes oder Passersatzes des Ausländers und
5. den Nachweis, dass der Lebensunterhalt des Ausländers gesichert ist.

2Die aufnehmende Bildungseinrichtung hat die Mitteilung zu dem Zeitpunkt zu machen, zu dem der Ausländer in einem anderen Mitgliedstaat der Europäischen Union den Antrag auf Erteilung eines Aufenthaltstitels im Anwendungsbereich der Richtlinie (EU) 2016/801 stellt. 3Ist der aufnehmenden Bildungseinrichtung zu diesem Zeitpunkt die Absicht des Ausländers, einen Teil des Studiums im Bundesgebiet durchzuführen, noch nicht bekannt, so hat sie die Mitteilung zu dem Zeitpunkt zu machen, zu dem ihr die Absicht bekannt wird. 4Bei der Erteilung des Aufenthaltstitels nach Satz 1 Nummer 1 durch einen Staat, der nicht Schengen-Staat ist, und bei der Einreise über einen Staat, der nicht Schengen-Staat ist, hat der Ausländer eine Kopie der Mitteilung mitzuführen und den zuständigen Behörden auf deren Verlangen vorzulegen.

(2) 1Erfolgt die Mitteilung zu dem in Absatz 1 Satz 2 genannten Zeitpunkt und wurden die Einreise und der Aufenthalt nicht nach § 19f Absatz 5 abgelehnt, so darf der Ausländer jederzeit innerhalb der Gültigkeitsdauer des in Absatz 1 Satz 1 Nummer 1 genannten Aufenthaltstitels des anderen Mitgliedstaates in das Bundesgebiet einreisen und sich dort zum Zweck des Studiums aufhalten. 2Er-

folgt die Mitteilung zu dem in Absatz 1 Satz 3 genannten Zeitpunkt und wurden die Einreise und der Aufenthalt nicht nach § 19f Absatz 5 abgelehnt, so darf der Ausländer in das Bundesgebiet einreisen und sich dort zum Zweck des Studiums aufhalten. 3Der Ausländer ist zur Ausübung einer Beschäftigung, die insgesamt ein Drittel der Aufenthaltsdauer nicht überschreiten darf, sowie zur Ausübung studentischer Nebentätigkeiten berechtigt.

(3) 1Werden die Einreise und der Aufenthalt nach § 19f Absatz 5 abgelehnt, so hat der Ausländer das Studium unverzüglich einzustellen. 2Die bis dahin nach Absatz 1 Satz 1 bestehende Befreiung vom Erfordernis eines Aufenthaltstitels entfällt.

(4) Sofern innerhalb von 30 Tagen nach Zugang der in Absatz 1 Satz 1 genannten Mitteilung keine Ablehnung der Einreise und des Aufenthalts des Ausländers nach § 19f Absatz 5 erfolgt, ist dem Ausländer durch das Bundesamt für Migration und Flüchtlinge eine Bescheinigung über die Berechtigung zur Einreise und zum Aufenthalt zum Zweck des Studiums im Rahmen der kurzfristigen Mobilität auszustellen.

(5) 1Nach der Ablehnung gemäß § 19f Absatz 5 oder der Ausstellung der Bescheinigung im Sinne von Absatz 5 durch das Bundesamt für Migration und Flüchtlinge ist die Ausländerbehörde gemäß § 71 Absatz 1 für weitere aufenthaltsrechtliche Maßnahmen und Entscheidungen zuständig. 2Der Ausländer und die aufnehmende Bildungseinrichtung sind verpflichtet, der Ausländerbehörde Änderungen in Bezug auf die in Absatz 1 genannten Voraussetzungen anzuzeigen.

§ 16d Maßnahmen zur Anerkennung ausländischer Berufsqualifikationen

(1) 1Einem Ausländer soll zum Zweck der Anerkennung seiner im Ausland erworbenen Berufsqualifikation eine Aufenthaltserlaubnis für die Durchführung einer Qualifizierungsmaßnahme einschließlich sich daran anschließender Prüfungen erteilt werden, wenn von einer nach den Regelungen des Bundes oder der Länder für die berufliche Anerkennung zuständigen Stelle festgestellt wurde, dass Anpassungs- oder Ausgleichsmaßnahmen oder weitere Qualifikationen

1. für die Feststellung der Gleichwertigkeit der Berufsqualifikation mit einer inländischen Berufsqualifikation oder
2. in einem im Inland reglementierten Beruf für die Erteilung der Berufsausübungserlaubnis

erforderlich sind. 2Die Erteilung der Aufenthaltserlaubnis setzt voraus, dass

1. der Ausländer über der Qualifizierungsmaßnahme entsprechende deutsche Sprachkenntnisse, in der Regel mindestens über hinreichende deutsche Sprachkenntnisse, verfügt,
2. die Qualifizierungsmaßnahme geeignet ist, dem Ausländer die Anerkennung der Berufsqualifikation oder den Berufszugang zu ermöglichen, und
3. bei einer überwiegend betrieblichen Qualifizierungsmaßnahme die Bundesagentur für Arbeit nach § 39 zugestimmt hat oder durch die Beschäftigungsverordnung oder zwischenstaatliche Vereinbarung bestimmt ist, dass die Teilnahme an der Qualifizierungsmaßnahme ohne Zustimmung der Bundesagentur für Arbeit zulässig ist.

3Die Aufenthaltserlaubnis wird für bis zu 18 Monate erteilt und um längstens sechs Monate bis zu einer Höchstaufenthaltsdauer von zwei Jahren verlängert. 4Sie berechtigt zur Ausübung einer von der Qualifizierungsmaßnahme unabhängigen Beschäftigung bis zu zehn Stunden je Woche.

(2) 1Die Aufenthaltserlaubnis nach Absatz 1 berechtigt zur Ausübung einer zeitlich nicht eingeschränkten Beschäftigung, deren Anforderungen in einem Zusammenhang mit den in der späteren Beschäftigung verlangten berufsfachlichen Kenntnissen stehen, wenn ein konkretes Arbeitsplatzangebot für eine spätere Beschäftigung in dem anzuerkennenden oder von der beantragten Berufsausübungserlaubnis erfassten Beruf vorliegt und die Bundesagentur für Arbeit nach § 39 zugestimmt hat oder durch die Beschäftigungs-

VI

verordnung bestimmt ist, dass die Beschäftigung ohne Zustimmung der Bundesagentur für Arbeit zulässig ist. $_{2}$§ 18 Absatz 2 Nummer 3 gilt entsprechend.

(3) Einem Ausländer soll zum Zweck der Anerkennung seiner im Ausland erworbenen Berufsqualifikation eine Aufenthaltserlaubnis für zwei Jahre erteilt und die Ausübung einer qualifizierten Beschäftigung in einem im Inland nicht reglementierten Beruf, zu dem seine Qualifikation befähigt, erlaubt werden, wenn

1. der Ausländer über der Tätigkeit entsprechende deutsche Sprachkenntnisse, in der Regel mindestens über hinreichende deutsche Sprachkenntnisse, verfügt,
2. von einer nach den Regelungen des Bundes oder der Länder für die berufliche Anerkennung zuständigen Stelle festgestellt wurde, dass schwerpunktmäßig Fertigkeiten, Kenntnisse und Fähigkeiten in der betrieblichen Praxis fehlen,
3. ein konkretes Arbeitsplatzangebot vorliegt,
4. sich der Arbeitgeber verpflichtet hat, den Ausgleich der von der zuständigen Stelle festgestellten Unterschiede innerhalb dieser Zeit zu ermöglichen und
5. die Bundesagentur für Arbeit nach § 39 zugestimmt hat oder durch die Beschäftigungsverordnung oder zwischenstaatliche Vereinbarung bestimmt ist, dass die Beschäftigung ohne Zustimmung der Bundesagentur für Arbeit zulässig ist.

VI

(4) $_{1}$Einem Ausländer kann zum Zweck der Anerkennung seiner im Ausland erworbenen Berufsqualifikation eine Aufenthaltserlaubnis für ein Jahr erteilt und um jeweils ein Jahr bis zu einer Höchstaufenthaltsdauer von drei Jahren verlängert werden, wenn der Ausländer auf Grund einer Absprache der Bundesagentur für Arbeit mit der Arbeitsverwaltung des Herkunftslandes

1. über das Verfahren, die Auswahl, die Vermittlung und die Durchführung des Verfahrens zur Feststellung der Gleichwertigkeit der ausländischen Berufsqualifikation und zur Erteilung der Berufsausübungserlaubnis bei durch Bundes- oder Landesgesetz reglementierten Berufen im Gesundheits- und Pflegebereich oder
2. über das Verfahren, die Auswahl, die Vermittlung und die Durchführung des Verfahrens zur Feststellung der Gleichwertigkeit der ausländischen Berufsqualifikation und, soweit erforderlich, zur Erteilung der Berufsausübungserlaubnis für sonstige ausgewählte Berufsqualifikationen unter Berücksichtigung der Angemessenheit der Ausbildungsstrukturen des Herkunftslandes

in eine Beschäftigung vermittelt worden ist und die Bundesagentur für Arbeit nach § 39 zugestimmt hat oder durch die Beschäftigungsverordnung oder zwischenstaatliche Vereinbarung bestimmt ist, dass die Erteilung der Aufenthaltserlaubnis ohne Zustimmung der Bundesagentur für Arbeit zulässig ist. $_{2}$Voraussetzung ist zudem, dass der Ausländer über die in der Absprache festgelegten deutschen Sprachkenntnisse, in der Regel mindestens hinreichende deutsche Sprachkenntnisse, verfügt. $_{3}$Die Aufenthaltserlaubnis berechtigt zur Ausübung einer von der anzuerkennenden Berufsqualifikation unabhängigen Beschäftigung bis zu zehn Stunden je Woche.

(5) $_{1}$Einem Ausländer kann zum Ablegen von Prüfungen zur Anerkennung seiner ausländischen Berufsqualifikation eine Aufenthaltserlaubnis erteilt werden, wenn er über deutsche Sprachkenntnisse, die der abzulegenden Prüfung entsprechen, in der Regel jedoch mindestens über hinreichende deutsche Sprachkenntnisse, verfügt, sofern diese nicht durch die Prüfung nachgewiesen werden sollen. $_{2}$Absatz 1 Satz 4 findet keine Anwendung.

(6) $_{1}$Nach zeitlichem Ablauf des Höchstzeitraumes der Aufenthaltserlaubnis nach den Absätzen 1, 3 und 4 darf eine Aufenthaltserlaubnis für einen anderen Aufenthaltszweck nur nach den §§ 16a, 16b, 18a, 18b oder 19c oder in Fällen eines gesetzlichen Anspruchs erteilt werden. $_{2}$§ 20 Absatz 3 Nummer 4 bleibt unberührt.

§ 16e Studienbezogenes Praktikum EU

(1) Einem Ausländer wird eine Aufenthaltserlaubnis zum Zweck eines Praktikums nach der Richtlinie (EU) 2016/801 erteilt, wenn die Bundesagentur für Arbeit nach § 39 zugestimmt hat oder durch die Beschäftigungsverordnung oder durch zwischenstaatliche Vereinbarung bestimmt ist, dass das Praktikum ohne Zustimmung der Bundesagentur für Arbeit zulässig ist, und

1. das Praktikum dazu dient, dass sich der Ausländer Wissen, praktische Kenntnisse und Erfahrungen in einem beruflichen Umfeld aneignet,
2. der Ausländer eine Vereinbarung mit einer aufnehmenden Einrichtung über die Teilnahme an einem Praktikum vorlegt, die theoretische und praktische Schulungsmaßnahmen vorsieht, und Folgendes enthält:
   a) eine Beschreibung des Programms für das Praktikum einschließlich des Bildungsziels oder der Lernkomponenten,
   b) die Angabe der Dauer des Praktikums,
   c) die Bedingungen der Tätigkeit und der Betreuung des Ausländers,
   d) die Arbeitszeiten des Ausländers und
   e) das Rechtsverhältnis zwischen dem Ausländer und der aufnehmenden Einrichtung,
3. der Ausländer nachweist, dass er in den letzten zwei Jahren vor der Antragstellung einen Hochschulabschluss erlangt hat, oder nachweist, dass er ein Studium absolviert, das zu einem Hochschulabschluss führt,
4. das Praktikum fachlich und im Niveau dem in Nummer 3 genannten Hochschulabschluss oder Studium entspricht und
5. die aufnehmende Einrichtung sich schriftlich zur Übernahme der Kosten verpflichtet hat, die öffentlichen Stellen bis zu sechs Monate nach der Beendigung der Praktikumsvereinbarung entstehen für
   a) den Lebensunterhalt des Ausländers während eines unerlaubten Aufenthalts im Bundesgebiet und
   b) eine Abschiebung des Ausländers.

(2) Die Aufenthaltserlaubnis wird für die vereinbarte Dauer des Praktikums, höchstens jedoch für sechs Monate erteilt.

§ 16f Sprachkurse und Schulbesuch

(1) $_{1}$Einem Ausländer kann eine Aufenthaltserlaubnis zur Teilnahme an Sprachkursen, die nicht der Studienvorbereitung dienen, oder zur Teilnahme an einem Schüleraustausch erteilt werden. $_{2}$Eine Aufenthaltserlaubnis zur Teilnahme an einem Schüleraustausch kann auch erteilt werden, wenn kein unmittelbarer Austausch erfolgt.

(2) Einem Ausländer kann eine Aufenthaltserlaubnis zum Zweck des Schulbesuchs in der Regel ab der neunten Klassenstufe erteilt werden, wenn in der Schulklasse eine Zusammensetzung aus Schülern verschiedener Staatsangehörigkeiten gewährleistet ist und es sich handelt

1. um eine öffentliche oder staatlich anerkannte Schule mit internationaler Ausrichtung oder
2. um eine Schule, die nicht oder nicht überwiegend aus öffentlichen Mitteln finanziert wird und die Schüler auf internationale Abschlüsse, Abschlüsse anderer Staaten oder staatlich anerkannte Abschlüsse vorbereitet.

(3) $_{1}$Während eines Aufenthalts zur Teilnahme an einem Sprachkurs nach Absatz 1 oder zum Schulbesuch nach Absatz 2 soll in der Regel eine Aufenthaltserlaubnis zu einem anderen Aufenthaltszweck nur in Fällen eines gesetzlichen Anspruchs erteilt werden. $_{2}$Im Anschluss an einen Aufenthalt zur Teilnahme an einem Schüleraustausch darf eine Aufenthaltserlaubnis für einen anderen Zweck nur in den Fällen eines gesetzlichen Anspruchs erteilt werden. $_{3}$§ 9 findet keine Anwendung. $_{4}$Die Aufenthaltserlaubnis nach den Absätzen 1 und 2 berechtigt nicht zur Ausübung einer Erwerbstätigkeit.

(4) $_{1}$Bilaterale oder multilaterale Vereinbarungen der Länder mit öffentlichen Stellen in einem anderen Staat über den Besuch inländischer Schulen durch ausländische Schüler bleiben unberührt. $_{2}$Aufenthaltserlaubnisse

zur Teilnahme am Schulbesuch können auf Grund solcher Vereinbarungen nur erteilt werden, wenn die für das Aufenthaltsrecht zuständige oberste Landesbehörde der Vereinbarung zugestimmt hat.

§ 17 Suche eines Ausbildungs- oder Studienplatzes

(1) 1Einem Ausländer kann zum Zweck der Suche nach einem Ausbildungsplatz zur Durchführung einer qualifizierten Berufsausbildung eine Aufenthaltserlaubnis erteilt werden, wenn

1. er das 25. Lebensjahr noch nicht vollendet hat,
2. der Lebensunterhalt gesichert ist,
3. er über einen Abschluss einer deutschen Auslandsschule oder über einen Schulabschluss verfügt, der zum Hochschulzugang im Bundesgebiet oder in dem Staat berechtigt, in dem der Schulabschluss erworben wurde, und
4. er über gute deutsche Sprachkenntnisse verfügt.

VI

2Die Aufenthaltserlaubnis wird für bis zu sechs Monate erteilt. 3Sie kann erneut nur erteilt werden, wenn sich der Ausländer nach seiner Ausreise mindestens so lange im Ausland aufgehalten hat, wie er sich zuvor auf der Grundlage einer Aufenthaltserlaubnis nach Satz 1 im Bundesgebiet aufgehalten hat.

(2) 1Einem Ausländer kann zum Zweck der Studienbewerbung eine Aufenthaltserlaubnis erteilt werden, wenn

1. er über die schulischen und sprachlichen Voraussetzungen zur Aufnahme eines Studiums verfügt oder diese innerhalb der Aufenthaltsdauer nach Satz 2 erworben werden sollen und
2. der Lebensunterhalt gesichert ist.

2Die Aufenthaltserlaubnis wird für bis zu neun Monate erteilt.

(3) 1Die Aufenthaltserlaubnis nach den Absätzen 1 und 2 berechtigt nicht zur Erwerbstätigkeit und nicht zur Ausübung studentischer Nebentätigkeiten. 2Während des Aufenthalts nach Absatz 1 soll in der Regel eine Aufenthaltserlaubnis zu einem anderen Aufenthaltszweck nur nach den §§ 18a oder 18b oder in Fällen eines gesetzlichen Anspruchs erteilt werden. 3Während des Aufenthalts nach Absatz 2 soll in der Regel eine Aufenthaltserlaubnis zu einem anderen Aufenthaltszweck nur nach den §§ 16a, 16b, 18a oder 18b oder in Fällen eines gesetzlichen Anspruchs erteilt werden.

Abschnitt 4 Aufenthalt zum Zweck der Erwerbstätigkeit

§ 18 Grundsatz der Fachkräfteeinwanderung; allgemeine Bestimmungen

(1) 1Die Zulassung ausländischer Beschäftigter orientiert sich an den Erfordernissen des Wirtschafts- und Wissenschaftsstandortes Deutschland unter Berücksichtigung der Verhältnisse auf dem Arbeitsmarkt. 2Die besonderen Möglichkeiten für ausländische Fachkräfte dienen der Sicherung der Fachkräftebasis und der Stärkung der sozialen Sicherungssysteme. 3Sie sind ausgerichtet auf die nachhaltige Integration von Fachkräften in den Arbeitsmarkt und die Gesellschaft unter Beachtung der Interessen der öffentlichen Sicherheit.

(2) 1Die Erteilung eines Aufenthaltstitels zur Ausübung einer Beschäftigung nach diesem Abschnitt setzt voraus, dass

1. ein konkretes Arbeitsplatzangebot vorliegt,
2. die Bundesagentur für Arbeit nach § 39 zugestimmt hat; dies gilt nicht, wenn durch Gesetz, zwischenstaatliche Vereinbarung oder durch die Beschäftigungsverordnung bestimmt ist, dass die Ausübung der Beschäftigung ohne Zustimmung der Bundesagentur für Arbeit zulässig ist; in diesem Fall kann die Erteilung des Aufenthaltstitels auch versagt werden, wenn einer der Tatbestände des § 40 Absatz 2 oder 3 vorliegt,
3. eine Berufsausübungserlaubnis erteilt wurde oder zugesagt ist, soweit diese erforderlich ist,

4. die Gleichwertigkeit der Qualifikation festgestellt wurde oder ein anerkannter ausländischer oder ein einem deutschen Hochschulabschluss vergleichbarer ausländischer Hochschulabschluss vorliegt, soweit dies eine Voraussetzung für die Erteilung des Aufenthaltstitels ist, und
5. in den Fällen der erstmaligen Erteilung eines Aufenthaltstitels nach § 18a oder § 18b Absatz 1 nach Vollendung des 45. Lebensjahres des Ausländers die Höhe des Gehalts mindestens 55 Prozent der jährlichen Beitragsbemessungsgrenze in der allgemeinen Rentenversicherung entspricht, es sei denn, der Ausländer kann den Nachweis über eine angemessene Altersversorgung erbringen. 2Von den Voraussetzungen nach Satz 1 kann nur in begründeten Ausnahmefällen, in denen ein öffentliches, insbesondere ein regionales, wirtschaftliches oder arbeitsmarktpolitisches Interesse an der Beschäftigung des Ausländers besteht, abgesehen werden. 3Das Bundesministerium des Innern, für Bau und Heimat gibt das Mindestgehalt für jedes Kalenderjahr jeweils bis zum 31. Dezember des Vorjahres im Bundesanzeiger bekannt.

(3) Fachkraft im Sinne dieses Gesetzes ist ein Ausländer, der
1. eine inländische qualifizierte Berufsausbildung oder eine mit einer inländischen qualifizierten Berufsausbildung gleichwertige ausländische Berufsqualifikation besitzt (Fachkraft mit Berufsausbildung) oder
2. einen deutschen, einen anerkannten ausländischen oder einen einem deutschen Hochschulabschluss vergleichbaren ausländischen Hochschulabschluss besitzt (Fachkraft mit akademischer Ausbildung).

(4) 1Aufenthaltstitel für Fachkräfte gemäß den §§ 18a und 18b werden für die Dauer von vier Jahren oder, wenn das Arbeitsverhältnis oder die Zustimmung der Bundesagentur für Arbeit auf einen kürzeren Zeitraum befristet sind, für diesen kürzeren Zeitraum erteilt. 2Die Blaue Karte EU wird für die Dauer des Arbeitsvertrages zuzüglich dreier Monate ausgestellt oder verlängert, wenn die Dauer des Arbeitsvertrages weniger als vier Jahre beträgt.

§ 18a Fachkräfte mit Berufsausbildung

Einer Fachkraft mit Berufsausbildung kann eine Aufenthaltserlaubnis zur Ausübung einer qualifizierten Beschäftigung erteilt werden, zu der ihre erworbene Qualifikation sie befähigt.

§ 18b Fachkräfte mit akademischer Ausbildung

(1) Einer Fachkraft mit akademischer Ausbildung kann eine Aufenthaltserlaubnis zur Ausübung einer qualifizierten Beschäftigung erteilt werden, zu der ihre Qualifikation sie befähigt.

(2) 1Einer Fachkraft mit akademischer Ausbildung wird ohne Zustimmung der Bundesagentur für Arbeit eine Blaue Karte EU zum Zweck einer ihrer Qualifikation angemessenen Beschäftigung erteilt, wenn sie ein Gehalt in Höhe von mindestens zwei Dritteln der jährlichen Bemessungsgrenze in der allgemeinen Rentenversicherung erhält und keiner der in § 19f Absatz 1 und 2 geregelten Ablehnungsgründe vorliegt. 2Fachkräften mit akademischer Ausbildung, die einen Beruf ausüben, der zu den Gruppen 21, 221 oder 25 nach der Empfehlung der Kommission vom 29. Oktober 2009 über die Verwendung der Internationalen Standardklassifikation der Berufe (ISCO-08) (ABl. L 292 vom 10. 11. 2009, S. 31) gehört, wird die Blaue Karte EU abweichend von Satz 1 mit Zustimmung der Bundesagentur für Arbeit erteilt, wenn die Höhe des Gehalts mindestens 52 Prozent der jährlichen Beitragsbemessungsgrenze in der allgemeinen Rentenversicherung beträgt. 3Das Bundesministerium des Innern gibt die Mindestgehälter für jedes Kalenderjahr jeweils bis zum 31. Dezember des Vorjahres im Bundesanzeiger bekannt. 4Abweichend von § 4a Absatz 3 Satz 3 ist bei einem Arbeitsplatzwechsel eines Inhabers einer Blauen Karte EU nur in den ersten zwei Jahren der Beschäftigung die Erlaubnis durch die Ausländerbehörde erforderlich; sie wird erteilt, wenn die Voraussetzungen der Erteilung einer Blauen Karte EU vorliegen.

VI

§ 18c Niederlassungserlaubnis für Fachkräfte

(1) 1Einer Fachkraft ist ohne Zustimmung der Bundesagentur für Arbeit eine Niederlassungserlaubnis zu erteilen, wenn

1. sie seit vier Jahren im Besitz eines Aufenthaltstitels nach den §§ 18a, 18b oder 18d ist,
2. sie einen Arbeitsplatz innehat, der nach den Voraussetzungen der §§ 18a, 18b oder § 18d von ihr besetzt werden darf,
3. sie mindestens 48 Monate Pflichtbeiträge oder freiwillige Beiträge zur gesetzlichen Rentenversicherung geleistet hat oder Aufwendungen für einen Anspruch auf vergleichbare Leistungen einer Versicherungs- oder Versorgungseinrichtung oder eines Versicherungsunternehmens nachweist,
4. sie über ausreichende Kenntnisse der deutschen Sprache verfügt und
5. die Voraussetzungen des § 9 Absatz 2 Satz 1 Nummer 2 und 4 bis 6, 8 und 9 vorliegen; § 9 Absatz 2 Satz 2 bis 4 und 6 gilt entsprechend.

2Die Frist nach Satz 1 Nummer 1 verkürzt sich auf zwei Jahre und die Frist nach Satz 1 Nummer 3 verkürzt sich auf 24 Monate, wenn die Fachkraft eine inländische Berufsausbildung oder ein inländisches Studium erfolgreich abgeschlossen hat.

(2) 1Abweichend von Absatz 1 ist dem Inhaber einer Blauen Karte EU eine Niederlassungserlaubnis zu erteilen, wenn er mindestens 33 Monate eine Beschäftigung nach § 18b Absatz 2 ausgeübt hat und für diesen Zeitraum Pflichtbeiträge oder freiwillige Beiträge zur gesetzlichen Rentenversicherung geleistet hat oder Aufwendungen für einen Anspruch auf vergleichbare Leistungen einer Versicherungs- oder Versorgungseinrichtung oder eines Versicherungsunternehmens nachweist und die Voraussetzungen des § 9 Absatz 2 Satz 1 Nummer 2 und 4 bis 6, 8 und 9 vorliegen und er über einfache Kenntnisse der deutschen Sprache verfügt. 2§ 9 Absatz 2 Satz 2 bis 4 und 6 gilt entsprechend. 3Die Frist nach Satz 1 verkürzt sich auf 21 Monate, wenn der Ausländer über ausreichende Kenntnisse der deutschen Sprache verfügt.

(3) 1Einer hoch qualifizierten Fachkraft mit akademischer Ausbildung kann ohne Zustimmung der Bundesagentur für Arbeit in besonderen Fällen eine Niederlassungserlaubnis erteilt werden, wenn die Annahme gerechtfertigt ist, dass die Integration in die Lebensverhältnisse der Bundesrepublik Deutschland und die Sicherung des Lebensunterhalts ohne staatliche Hilfe gewährleistet sind sowie die Voraussetzung des § 9 Absatz 2 Satz 1 Nummer 4 vorliegt. 2Die Landesregierung kann bestimmen, dass die Erteilung der Niederlassungserlaubnis nach Satz 1 der Zustimmung der obersten Landesbehörde oder einer von ihr bestimmten Stelle bedarf. 3Hoch qualifiziert nach Satz 1 sind bei mehrjähriger Berufserfahrung insbesondere

1. Wissenschaftler mit besonderen fachlichen Kenntnissen oder
2. Lehrpersonen in herausgehobener Funktion oder wissenschaftliche Mitarbeiter in herausgehobener Funktion.

§ 18d Forschung

(1) 1Einem Ausländer wird ohne Zustimmung der Bundesagentur für Arbeit eine Aufenthaltserlaubnis nach der Richtlinie (EU) 2016/801 zum Zweck der Forschung erteilt, wenn

1. er
   a) eine wirksame Aufnahmevereinbarung oder einen entsprechenden Vertrag zur Durchführung eines Forschungsvorhabens mit einer Forschungseinrichtung abgeschlossen hat, die für die Durchführung des besonderen Zulassungsverfahrens für Forscher im Bundesgebiet anerkannt ist, oder
   b) eine wirksame Aufnahmevereinbarung oder einen entsprechenden Vertrag mit einer Forschungseinrichtung abgeschlossen hat, die Forschung betreibt, und
2. die Forschungseinrichtung sich schriftlich zur Übernahme der Kosten verpflichtet hat, die öffentlichen Stellen bis zu sechs

Monate nach der Beendigung der Aufnahmevereinbarung entstehen für

a) den Lebensunterhalt des Ausländers während eines unerlaubten Aufenthalts in einem Mitgliedstaat der Europäischen Union und
b) eine Abschiebung des Ausländers.

2In den Fällen des Satzes 1 Nummer 1 Buchstabe a ist die Aufenthaltserlaubnis innerhalb von 60 Tagen nach Antragstellung zu erteilen.

(2) 1Von dem Erfordernis des Absatzes 1 Nummer 2 soll abgesehen werden, wenn die Tätigkeit der Forschungseinrichtung überwiegend aus öffentlichen Mitteln finanziert wird. 2Es kann davon abgesehen werden, wenn an dem Forschungsvorhaben ein besonderes öffentliches Interesse besteht. 3Auf die nach Absatz 1 Nummer 2 abgegebenen Erklärungen sind § 66 Absatz 5, § 67 Absatz 3 sowie § 68 Absatz 2 Satz 2 und 3 und Absatz 4 entsprechend anzuwenden.

(3) Die Forschungseinrichtung kann die Erklärung nach Absatz 1 Nummer 2 auch gegenüber der für ihre Anerkennung zuständigen Stelle allgemein für sämtliche Ausländer abgeben, denen auf Grund einer mit ihr geschlossenen Aufnahmevereinbarung eine Aufenthaltserlaubnis erteilt wird.

(4) 1Die Aufenthaltserlaubnis wird für mindestens ein Jahr erteilt. 2Nimmt der Ausländer an einem Unions- oder multilateralen Programm mit Mobilitätsmaßnahmen teil, so wird die Aufenthaltserlaubnis für mindestens zwei Jahre erteilt. 3Wenn das Forschungsvorhaben in einem kürzeren Zeitraum durchgeführt wird, wird die Aufenthaltserlaubnis abweichend von den Sätzen 1 und 2 auf die Dauer des Forschungsvorhabens befristet; die Frist beträgt in den Fällen des Satzes 2 mindestens ein Jahr.

(5) 1Eine Aufenthaltserlaubnis nach Absatz 1 berechtigt zur Aufnahme der Forschungstätigkeit bei der in der Aufnahmevereinbarung bezeichneten Forschungseinrichtung und zur Aufnahme von Tätigkeiten in der Lehre. 2Änderungen des Forschungsvorhabens während des Aufenthalts führen nicht zum Wegfall dieser Berechtigung.

(6) 1Einem Ausländer, der in einem Mitgliedstaat der Europäischen Union international Schutzberechtigter ist, kann eine Aufenthaltserlaubnis zum Zweck der Forschung erteilt werden, wenn die Voraussetzungen des Absatzes 1 erfüllt sind und er sich mindestens zwei Jahre nach Erteilung der Schutzberechtigung in diesem Mitgliedstaat aufgehalten hat. 2Absatz 5 gilt entsprechend.

§ 18e Kurzfristige Mobilität für Forscher

(1) 1Für einen Aufenthalt zum Zweck der Forschung, der eine Dauer von 180 Tagen innerhalb eines Zeitraums von 360 Tagen nicht überschreitet, bedarf ein Ausländer abweichend von § 4 Absatz 1 keines Aufenthaltstitels, wenn die aufnehmende Forschungseinrichtung im Bundesgebiet dem Bundesamt für Migration und Flüchtlinge und der zuständigen Behörde des anderen Mitgliedstaates mitgeteilt hat, dass der Ausländer beabsichtigt, einen Teil seiner Forschungstätigkeit im Bundesgebiet durchzuführen, und dem Bundesamt für Migration und Flüchtlinge mit der Mitteilung vorlegt

1. den Nachweis, dass der Ausländer einen gültigen nach der Richtlinie (EU) 2016/801 erteilten Aufenthaltstitel eines anderen Mitgliedstaates zum Zweck der Forschung besitzt,
2. die Aufnahmevereinbarung oder den entsprechenden Vertrag, die oder der mit der aufnehmenden Forschungseinrichtung im Bundesgebiet geschlossen wurde,
3. die Kopie eines anerkannten und gültigen Passes oder Passersatzes des Ausländers und
4. den Nachweis, dass der Lebensunterhalt des Ausländers gesichert ist.

2Die aufnehmende Forschungseinrichtung hat die Mitteilung zu dem Zeitpunkt zu machen, zu dem der Ausländer in einem anderen Mitgliedstaat der Europäischen Union den Antrag auf Erteilung eines Aufenthaltstitels im Anwendungsbereich der Richtlinie (EU) 2016/801 stellt. 3Ist der aufnehmenden For-

VI

schungseinrichtung zu diesem Zeitpunkt die Absicht des Ausländers, einen Teil der Forschungstätigkeit im Bundesgebiet durchzuführen, noch nicht bekannt, so hat sie die Mitteilung zu dem Zeitpunkt zu machen, zu dem ihr die Absicht bekannt wird. 4Bei der Erteilung des Aufenthaltstitels nach Satz 1 Nummer 1 durch einen Staat, der nicht Schengen-Staat ist, und bei der Einreise über einen Staat, der nicht Schengen-Staat ist, hat der Ausländer eine Kopie der Mitteilung mitzuführen und den zuständigen Behörden auf deren Verlangen vorzulegen.

(2) 1Erfolgt die Mitteilung zu dem in Absatz 1 Satz 2 genannten Zeitpunkt und wurden die Einreise und der Aufenthalt nicht nach § 19f Absatz 5 abgelehnt, so darf der Ausländer jederzeit innerhalb der Gültigkeitsdauer des Aufenthaltstitels in das Bundesgebiet einreisen und sich dort zum Zweck der Forschung aufhalten. 2Erfolgt die Mitteilung zu dem in Absatz 1 Satz 3 genannten Zeitpunkt, so darf der Ausländer nach Zugang der Mitteilung innerhalb der Gültigkeitsdauer des in Absatz 1 Satz 1 Nummer 1 genannten Aufenthaltstitels des anderen Mitgliedstaates in das Bundesgebiet einreisen und sich dort zum Zweck der Forschung aufhalten.

(3) Ein Ausländer, der die Voraussetzungen nach Absatz 1 erfüllt, ist berechtigt, in der aufnehmenden Forschungseinrichtung die Forschungstätigkeit aufzunehmen und Tätigkeiten in der Lehre aufzunehmen.

(4) 1Werden die Einreise und der Aufenthalt nach § 19f Absatz 5 abgelehnt, so hat der Ausländer die Forschungstätigkeit unverzüglich einzustellen. 2Die bis dahin nach Absatz 1 Satz 1 bestehende Befreiung vom Erfordernis eines Aufenthaltstitels entfällt.

(5) Sofern keine Ablehnung der Einreise und des Aufenthalts nach § 19f Absatz 5 erfolgt, wird dem Ausländer durch das Bundesamt für Migration und Flüchtlinge eine Bescheinigung über die Berechtigung zur Einreise und zum Aufenthalt zum Zweck der Forschung im Rahmen der kurzfristigen Mobilität ausgestellt.

(6) 1Nach der Ablehnung gemäß § 19f Absatz 5 oder der Ausstellung der Bescheinigung im Sinne von Absatz 5 durch das Bundesamt für Migration und Flüchtlinge ist die Ausländerbehörde gemäß § 71 Absatz 1 für weitere aufenthaltsrechtliche Maßnahmen und Entscheidungen zuständig. 2Der Ausländer und die aufnehmende Forschungseinrichtung sind verpflichtet, der Ausländerbehörde Änderungen in Bezug auf die in Absatz 1 genannten Voraussetzungen anzuzeigen.

§ 18f Aufenthaltserlaubnis für mobile Forscher

(1) Für einen Aufenthalt zum Zweck der Forschung, der mehr als 180 Tage und höchstens ein Jahr dauert, wird einem Ausländer ohne Zustimmung der Bundesagentur für Arbeit eine Aufenthaltserlaubnis erteilt, wenn

1. er einen für die Dauer des Verfahrens gültigen nach der Richtlinie (EU) 2016/801 erteilten Aufenthaltstitel eines anderen Mitgliedstaates besitzt,
2. die Kopie eines anerkannten und gültigen Passes oder Passersatzes vorgelegt wird und
3. die Aufnahmevereinbarung oder der entsprechende Vertrag, die oder der mit der aufnehmenden Forschungseinrichtung im Bundesgebiet geschlossen wurde, vorgelegt wird.

(2) Wird der Antrag auf Erteilung der Aufenthaltserlaubnis mindestens 30 Tage vor Beginn des Aufenthalts im Bundesgebiet gestellt und ist der Aufenthaltstitel des anderen Mitgliedstaates weiterhin gültig, so gelten, bevor über den Antrag entschieden wird, der Aufenthalt und die Erwerbstätigkeit des Ausländers für bis zu 180 Tage innerhalb eines Zeitraums von 360 Tagen als erlaubt.

(3) Für die Berechtigung zur Ausübung der Forschungstätigkeit und einer Tätigkeit in der Lehre gilt § 18d Absatz 5 entsprechend.

(4) Der Ausländer und die aufnehmende Forschungseinrichtung sind verpflichtet, der Ausländerbehörde Änderungen in Bezug auf die in Absatz 1 genannten Voraussetzungen anzuzeigen.

(5) 1Der Antrag wird abgelehnt, wenn er parallel zu einer Mitteilung nach § 18e Absatz 1 Satz 1 gestellt wurde. 2Abgelehnt wird ein

Antrag auch, wenn er zwar während eines Aufenthalts nach § 18e Absatz 1, aber nicht mindestens 30 Tage vor Ablauf dieses Aufenthalts vollständig gestellt wurde.

§ 19 ICT-Karte für unternehmensintern transferierte Arbeitnehmer

(1) 1Eine ICT-Karte ist ein Aufenthaltstitel zum Zweck eines unternehmensinternen Transfers eines Ausländers. 2Ein unternehmensinterner Transfer ist die vorübergehende Abordnung eines Ausländers

1. in eine inländische Niederlassung des Unternehmens, dem der Ausländer angehört, wenn das Unternehmen seinen Sitz außerhalb der Europäischen Union hat, oder
2. in eine inländische Niederlassung eines anderen Unternehmens der Unternehmensgruppe, zu der auch dasjenige Unternehmen mit Sitz außerhalb der Europäischen Union gehört, dem der Ausländer angehört.

(2) 1Einem Ausländer wird die ICT-Karte erteilt, wenn

1. er in der aufnehmenden Niederlassung als Führungskraft oder Spezialist tätig wird,
2. er dem Unternehmen oder der Unternehmensgruppe unmittelbar vor Beginn des unternehmensinternen Transfers seit mindestens sechs Monaten und für die Zeit des Transfers ununterbrochen angehört,
3. der unternehmensinterne Transfer mehr als 90 Tage dauert,
4. der Ausländer einen für die Dauer des unternehmensinternen Transfers gültigen Arbeitsvertrag und erforderlichenfalls ein Abordnungsschreiben vorweist, worin enthalten sind:
   a) Einzelheiten zu Ort, Art, Entgelt und zu sonstigen Arbeitsbedingungen für die Dauer des unternehmensinternen Transfers sowie
   b) der Nachweis, dass der Ausländer nach Beendigung des unternehmensinternen Transfers in eine außerhalb der Europäischen Union ansässige Niederlassung des gleichen Unternehmens oder der gleichen Unternehmensgruppe zurückkehren kann, und
5. er seine berufliche Qualifikation nachweist.

2Führungskraft im Sinne dieses Gesetzes ist eine in einer Schlüsselposition beschäftigte Person, die in erster Linie die aufnehmende Niederlassung leitet und die hauptsächlich unter der allgemeinen Aufsicht des Leitungsorgans oder der Anteilseigner oder gleichwertiger Personen steht oder von ihnen allgemeine Weisungen erhält. 3Diese Position schließt die Leitung der aufnehmenden Niederlassung oder einer Abteilung oder Unterabteilung der aufnehmenden Niederlassung, die Überwachung und Kontrolle der Arbeit des sonstigen Aufsicht führenden Personals und der Fach- und Führungskräfte sowie die Befugnis zur Empfehlung einer Anstellung, Entlassung oder sonstigen personellen Maßnahme ein. 4Spezialist im Sinne dieses Gesetzes ist, wer über unerlässliche Spezialkenntnisse über die Tätigkeitsbereiche, die Verfahren oder die Verwaltung der aufnehmenden Niederlassung, ein hohes Qualifikationsniveau sowie angemessene Berufserfahrung verfügt.

(3) 1Die ICT-Karte wird einem Ausländer auch erteilt, wenn

1. er als Trainee im Rahmen eines unternehmensinternen Transfers tätig wird und
2. die in Absatz 2 Satz 1 Nummer 2 bis 4 genannten Voraussetzungen vorliegen.

2Trainee im Sinne dieses Gesetzes ist, wer über einen Hochschulabschluss verfügt, ein Traineeprogramm absolviert, das der beruflichen Entwicklung oder der Fortbildung in Bezug auf Geschäftstechniken und -methoden dient, und entlohnt wird.

(4) 1Die ICT-Karte wird erteilt

1. bei Führungskräften und bei Spezialisten für die Dauer des Transfers, höchstens jedoch für drei Jahre und
2. bei Trainees für die Dauer des Transfers, höchstens jedoch für ein Jahr.

2Durch eine Verlängerung der ICT-Karte dürfen die in Satz 1 genannten Höchstfristen nicht überschritten werden.

(5) Die ICT-Karte wird nicht erteilt, wenn der Ausländer

1. auf Grund von Übereinkommen zwischen der Europäischen Union und ihren Mitgliedstaaten einerseits und Drittstaaten andererseits ein Recht auf freien Personenverkehr genießt, das dem der Unionsbürger gleichwertig ist,
2. in einem Unternehmen mit Sitz in einem dieser Drittstaaten beschäftigt ist oder
3. im Rahmen seines Studiums ein Praktikum absolviert.

(6) Die ICT-Karte wird darüber hinaus nicht erteilt, wenn

1. sich der Ausländer im Rahmen der Möglichkeiten der Einreise und des Aufenthalts in mehreren Mitgliedstaaten der Europäischen Union zu Zwecken des unternehmensinternen Transfers im Rahmen des Transfers länger in einem anderen Mitgliedstaat aufhalten wird als im Bundesgebiet oder
2. der Antrag vor Ablauf von sechs Monaten seit dem Ende des letzten Aufenthalts des Ausländers zum Zweck des unternehmensinternen Transfers im Bundesgebiet gestellt wird.

(7) Diese Vorschrift dient der Umsetzung der Richtlinie 2014/66/EU des Europäischen Parlaments und des Rates vom 15. Mai 2014 über die Bedingungen für die Einreise und den Aufenthalt von Drittstaatsangehörigen im Rahmen eines unternehmensinternen Transfers (ABl. L 157 vom 27. 5. 2014, S. 1).

§ 19a Kurzfristige Mobilität für unternehmensintern transferierte Arbeitnehmer

(1) $_{1}$ Für einen Aufenthalt zum Zweck eines unternehmensinternen Transfers, der eine Dauer von bis zu 90 Tagen innerhalb eines Zeitraums von 180 Tagen nicht überschreitet, bedarf ein Ausländer abweichend von § 4 Absatz 1 keines Aufenthaltstitels, wenn die ihn aufnehmende Niederlassung in dem anderen Mitgliedstaat dem Bundesamt für Migration und Flüchtlinge und der zuständigen Behörde des anderen Mitgliedstaates mitgeteilt hat, dass der Ausländer die Ausübung einer Beschäftigung im Bundesgebiet beabsichtigt, und dem Bundesamt für Migration und Flüchtlinge mit der Mitteilung vorlegt

1. den Nachweis, dass der Ausländer einen gültigen nach der Richtlinie (EU) 2014/66 erteilten Aufenthaltstitel eines anderen Mitgliedstaates der Europäischen Union besitzt,
2. den Nachweis, dass die inländische aufnehmende Niederlassung demselben Unternehmen oder derselben Unternehmensgruppe angehört wie dasjenige Unternehmen mit Sitz außerhalb der Europäischen Union, dem der Ausländer angehört,
3. einen Arbeitsvertrag und erforderlichenfalls ein Abordnungsschreiben gemäß den Vorgaben in § 19 Absatz 2 Satz 1 Nummer 4, der oder das bereits den zuständigen Behörden des anderen Mitgliedstaates vorgelegt wurde,
4. die Kopie eines anerkannten und gültigen Passes oder Passersatzes des Ausländers,
5. den Nachweis, dass eine Berufsausübungserlaubnis erteilt wurde oder ihre Erteilung zugesagt ist, soweit diese erforderlich ist.

$_{2}$Die aufnehmende Niederlassung in dem anderen Mitgliedstaat hat die Mitteilung zu dem Zeitpunkt zu machen, zu dem der Ausländer in dem anderen Mitgliedstaat der Europäischen Union den Antrag auf Erteilung eines Aufenthaltstitels im Anwendungsbereich der Richtlinie (EU) 2014/66 stellt. $_{3}$Ist der aufnehmenden Niederlassung in dem anderen Mitgliedstaat zu diesem Zeitpunkt die Absicht des Transfers in eine Niederlassung im Bundesgebiet noch nicht bekannt, so hat sie die Mitteilung zu dem Zeitpunkt zu machen, zu dem ihr die Absicht bekannt wird. $_{4}$Bei der Erteilung des Aufenthaltstitels nach Satz 1 Nummer 1 durch einen Staat, der nicht Schengen-Staat ist, und bei der Einreise über einen Staat, der nicht Schengen-Staat ist, hat der Ausländer eine Kopie der Mitteilung mitzuführen und den zuständigen Behörden auf deren Verlangen vorzulegen.

(2) $_{1}$Erfolgt die Mitteilung zu dem in Absatz 1 Satz 2 genannten Zeitpunkt und wurden die

Einreise und der Aufenthalt nicht nach Absatz 4 abgelehnt, so darf der Ausländer jederzeit innerhalb der Gültigkeitsdauer des in Absatz 1 Satz 1 Nummer 1 genannten Aufenthaltstitels des anderen Mitgliedstaates in das Bundesgebiet einreisen und sich dort zum Zweck des unternehmensinternen Transfers aufhalten. ₂Erfolgt die Mitteilung zu dem in Absatz 1 Satz 3 genannten Zeitpunkt, so darf der Ausländer nach Zugang der Mitteilung innerhalb der Gültigkeitsdauer des in Absatz 1 Satz 1 Nummer 1 genannten Aufenthaltstitels des anderen Mitgliedstaates in das Bundesgebiet einreisen und sich dort zum Zweck des unternehmensinternen Transfers aufhalten.

(3) ₁Die Einreise und der Aufenthalt werden durch das Bundesamt für Migration und Flüchtlinge abgelehnt, wenn

1. das Arbeitsentgelt, das dem Ausländer während des unternehmensinternen Transfers im Bundesgebiet gewährt wird, ungünstiger ist als das Arbeitsentgelt vergleichbarer deutscher Arbeitnehmer,
2. die Voraussetzungen des Absatzes 1 Satz 1 Nummer 1, 2, 4 und 5 nicht vorliegen,
3. die nach Absatz 1 vorgelegten Unterlagen in betrügerischer Weise erworben oder gefälscht oder manipuliert wurden,
4. der Ausländer sich schon länger als drei Jahre in der Europäischen Union aufhält oder, falls es sich um einen Trainee handelt, länger als ein Jahr in der Europäischen Union aufhält oder
5. ein Ausweisungsinteresse besteht.

₂Eine Ablehnung hat in den Fällen des Satzes 1 Nummer 1 bis 4 spätestens 20 Tage nach Zugang der vollständigen Mitteilung nach Absatz 1 Satz 1 beim Bundesamt für Migration und Flüchtlinge zu erfolgen. ₃Im Fall des Satzes 1 Nummer 5 ist eine Ablehnung durch die Ausländerbehörde jederzeit während des Aufenthalts des Ausländers möglich; § 73 Absatz 3c ist entsprechend anwendbar. ₄Die Ablehnung ist neben dem Ausländer auch der zuständigen Behörde des anderen Mitgliedstaates sowie der aufnehmenden Niederlassung in dem anderen Mitgliedstaat bekannt zu geben. ₅Bei fristgerechter Ablehnung hat der Ausländer die Erwerbstätigkeit unverzüglich einzustellen; die bis dahin nach Absatz 1 Satz 1 bestehende Befreiung vom Erfordernis eines Aufenthaltstitels entfällt.

(4) Sofern innerhalb von 20 Tagen nach Zugang der in Absatz 1 Satz 1 genannten Mitteilung keine Ablehnung der Einreise und des Aufenthalts des Ausländers nach Absatz 3 erfolgt, ist dem Ausländer durch das Bundesamt für Migration und Flüchtlinge eine Bescheinigung über die Berechtigung zur Einreise und zum Aufenthalt zum Zweck des unternehmensinternen Transfers im Rahmen der kurzfristigen Mobilität auszustellen.

(5) ₁Nach der Ablehnung gemäß Absatz 3 oder der Ausstellung der Bescheinigung im Sinne von Absatz 4 durch das Bundesamt für Migration und Flüchtlinge ist die Ausländerbehörde gemäß § 71 Absatz 1 für weitere aufenthaltsrechtliche Maßnahmen und Entscheidungen zuständig. ₂Der Ausländer hat der Ausländerbehörde unverzüglich mitzuteilen, wenn der Aufenthaltstitel nach Absatz 1 Satz 1 Nummer 1 durch den anderen Mitgliedstaat verlängert wurde.

VI

§ 19b Mobiler-ICT-Karte

(1) Eine Mobiler-ICT-Karte ist ein Aufenthaltstitel nach der Richtlinie (EU) 2014/66 zum Zweck eines unternehmensinternen Transfers im Sinne des § 19 Absatz 1 Satz 2, wenn der Ausländer einen für die Dauer des Antragsverfahrens gültigen nach der Richtlinie (EU) 2014/66 erteilten Aufenthaltstitel eines anderen Mitgliedstaates besitzt.

(2) Einem Ausländer wird die Mobiler-ICT-Karte erteilt, wenn

1. er als Führungskraft, Spezialist oder Trainee tätig wird,
2. der unternehmensinterne Transfer mehr als 90 Tage dauert und
3. er einen für die Dauer des Transfers gültigen Arbeitsvertrag und erforderlichenfalls ein Abordnungsschreiben vorweist, worin enthalten sind:

a) Einzelheiten zu Ort, Art, Entgelt und zu sonstigen Arbeitsbedingungen für die Dauer des Transfers sowie
b) der Nachweis, dass der Ausländer nach Beendigung des Transfers in eine außerhalb der Europäischen Union ansässige Niederlassung des gleichen Unternehmens oder der gleichen Unternehmensgruppe zurückkehren kann.

(3) Wird der Antrag auf Erteilung der Mobiler-ICT-Karte mindestens 20 Tage vor Beginn des Aufenthalts im Bundesgebiet gestellt und ist der Aufenthaltstitel des anderen Mitgliedstaates weiterhin gültig, so gelten bis zur Entscheidung der Ausländerbehörde der Aufenthalt und die Beschäftigung des Ausländers für bis zu 90 Tage innerhalb eines Zeitraums von 180 Tagen als erlaubt.

(4) $_{1}$Der Antrag wird abgelehnt, wenn er parallel zu einer Mitteilung nach § 19a Absatz 1 Satz 1 gestellt wurde. $_{2}$Abgelehnt wird ein Antrag auch, wenn er zwar während des Aufenthalts nach § 19a, aber nicht mindestens 20 Tage vor Ablauf dieses Aufenthalts vollständig gestellt wurde.

(5) Die Mobiler-ICT-Karte wird nicht erteilt, wenn sich der Ausländer im Rahmen des unternehmensinternen Transfers im Bundesgebiet länger aufhalten wird als in anderen Mitgliedstaaten.

(6) Der Antrag kann abgelehnt werden, wenn

1. die Höchstdauer des unternehmensinternen Transfers nach § 19 Absatz 4 erreicht wurde oder
2. der in § 19 Absatz 6 Nummer 2 genannte Ablehnungsgrund vorliegt.

(7) Die inländische aufnehmende Niederlassung ist verpflichtet, der zuständigen Ausländerbehörde Änderungen in Bezug auf die in Absatz 2 genannten Voraussetzungen unverzüglich, in der Regel innerhalb einer Woche, anzuzeigen.

§ 19c Sonstige Beschäftigungszwecke; Beamte

(1) Einem Ausländer kann unabhängig von einer Qualifikation als Fachkraft eine Aufenthaltserlaubnis zur Ausübung einer Beschäftigung erteilt werden, wenn die Beschäftigungsverordnung oder eine zwischenstaatliche Vereinbarung bestimmt, dass der Ausländer zur Ausübung dieser Beschäftigung zugelassen werden kann.

(2) Einem Ausländer mit ausgeprägten berufspraktischen Kenntnissen kann eine Aufenthaltserlaubnis zur Ausübung einer qualifizierten Beschäftigung erteilt werden, wenn die Beschäftigungsverordnung bestimmt, dass der Ausländer zur Ausübung dieser Beschäftigung zugelassen werden kann.

(3) Einem Ausländer kann im begründeten Einzelfall eine Aufenthaltserlaubnis erteilt werden, wenn an seiner Beschäftigung ein öffentliches, insbesondere ein regionales, wirtschaftliches oder arbeitsmarktpolitisches Interesse besteht.

(4) $_{1}$Einem Ausländer, der in einem Beamtenverhältnis zu einem deutschen Dienstherrn steht, wird ohne Zustimmung der Bundesagentur für Arbeit eine Aufenthaltserlaubnis zur Erfüllung seiner Dienstpflichten im Bundesgebiet erteilt. $_{2}$Die Aufenthaltserlaubnis wird für die Dauer von drei Jahren erteilt, wenn das Dienstverhältnis nicht auf einen kürzeren Zeitraum befristet ist. $_{3}$Nach drei Jahren wird eine Niederlassungserlaubnis abweichend von § 9 Absatz 2 Satz 1 Nummer 1 und 3 erteilt.

§ 19d Aufenthaltserlaubnis für qualifizierte Geduldete zum Zweck der Beschäftigung

(1) Einem geduldeten Ausländer kann eine Aufenthaltserlaubnis zur Ausübung einer der beruflichen Qualifikation entsprechenden Beschäftigung erteilt werden, wenn der Ausländer

1. im Bundesgebiet
   a) eine qualifizierte Berufsausbildung in einem staatlich anerkannten oder vergleichbar geregelten Ausbildungsberuf oder ein Hochschulstudium abgeschlossen hat, oder
   b) mit einem anerkannten oder einem deutschen Hochschulabschluss vergleichbaren ausländischen Hochschulabschluss seit zwei Jahren ununterbro-

chen eine dem Abschluss angemessene Beschäftigung ausgeübt hat, oder

c) seit drei Jahren ununterbrochen eine qualifizierte Beschäftigung ausgeübt hat und innerhalb des letzten Jahres vor Beantragung der Aufenthaltserlaubnis für seinen Lebensunterhalt und den seiner Familienangehörigen oder anderen Haushaltsangehörigen nicht auf öffentliche Mittel mit Ausnahme von Leistungen zur Deckung der notwendigen Kosten für Unterkunft und Heizung angewiesen war, und

2. über ausreichenden Wohnraum verfügt,
3. über ausreichende Kenntnisse der deutschen Sprache verfügt,
4. die Ausländerbehörde nicht vorsätzlich über aufenthaltsrechtlich relevante Umstände getäuscht hat,
5. behördliche Maßnahmen zur Aufenthaltsbeendigung nicht vorsätzlich hinausgezögert oder behindert hat,
6. keine Bezüge zu extremistischen oder terroristischen Organisationen hat und diese auch nicht unterstützt und
7. nicht wegen einer im Bundesgebiet begangenen vorsätzlichen Straftat verurteilt wurde, wobei Geldstrafen von insgesamt bis zu 50 Tagessätzen oder bis zu 90 Tagessätzen wegen Straftaten, die nach dem Aufenthaltsgesetz oder dem Asylgesetz nur von Ausländern begangen werden können, grundsätzlich außer Betracht bleiben.

(1a) Wurde die Duldung nach § 60a Absatz 2 Satz 3 in Verbindung mit § 60c erteilt, ist nach erfolgreichem Abschluss dieser Berufsausbildung für eine der erworbenen beruflichen Qualifikation entsprechenden Beschäftigung eine Aufenthaltserlaubnis für die Dauer von zwei Jahren zu erteilen, wenn die Voraussetzungen des Absatzes 1 Nummer 2 bis 3 und 6 bis 7 vorliegen.

(1b) Eine Aufenthaltserlaubnis nach Absatz 1a wird widerrufen, wenn das der Erteilung dieser Aufenthaltserlaubnis zugrunde liegende Arbeitsverhältnis aus Gründen, die in der Person des Ausländers liegen, aufgelöst wird oder der Ausländer wegen einer im Bundesgebiet begangenen vorsätzlichen Straftat verurteilt wurde, wobei Geldstrafen von insgesamt bis zu 50 Tagessätzen oder bis zu 90 Tagessätzen wegen Straftaten, die nach dem Aufenthaltsgesetz oder dem Asylgesetz nur von Ausländern begangen werden können, grundsätzlich außer Betracht bleiben.

(2) Die Aufenthaltserlaubnis berechtigt nach Ausübung einer zweijährigen der beruflichen Qualifikation entsprechenden Beschäftigung zu jeder Beschäftigung.

(3) Die Aufenthaltserlaubnis kann abweichend von § 5 Absatz 2 und § 10 Absatz 3 Satz 1 erteilt werden.

§ 19e Teilnahme am europäischen Freiwilligendienst

(1) Einem Ausländer wird eine Aufenthaltserlaubnis zum Zweck der Teilnahme an einem europäischen Freiwilligendienst nach der Richtlinie (EU) 2016/801 erteilt, wenn die Bundesagentur für Arbeit nach § 39 zugestimmt hat oder durch die Beschäftigungsverordnung oder durch zwischenstaatliche Vereinbarung bestimmt ist, dass die Teilnahme an einem europäischen Freiwilligendienst ohne Zustimmung der Bundesagentur für Arbeit zulässig ist und der Ausländer eine Vereinbarung mit der aufnehmenden Einrichtung vorlegt, die Folgendes enthält:

1. eine Beschreibung des Freiwilligendienstes,
2. Angaben über die Dauer des Freiwilligendienstes und über die Dienstzeiten des Ausländers,
3. Angaben über die Bedingungen der Tätigkeit und der Betreuung des Ausländers,
4. Angaben über die dem Ausländer zur Verfügung stehenden Mittel für Lebensunterhalt und Unterkunft sowie Angaben über Taschengeld, das ihm für die Dauer des Aufenthalts mindestens zur Verfügung steht, und
5. Angaben über die Ausbildung, die der Ausländer gegebenenfalls erhält, damit er die Aufgaben des Freiwilligendienstes ordnungsgemäß durchführen kann.

(2) Der Aufenthaltstitel für den Ausländer wird für die vereinbarte Dauer der Teilnahme am europäischen Freiwilligendienst, höchstens jedoch für ein Jahr erteilt.

§ 19f Ablehnungsgründe bei Aufenthaltstiteln nach den §§ 16b, 16c, 16e, 16f, 17, 18b Absatz 2, den §§ 18d, 18e, 18f und 19e

(1) Ein Aufenthaltstitel nach § 16b Absatz 1 und 5, den §§ 16e, 17 Absatz 2, § 18b Absatz 2, den §§ 18d und 19e wird nicht erteilt an Ausländer,

1. die sich in einem Mitgliedstaat der Europäischen Union aufhalten, weil sie einen Antrag auf Zuerkennung der Flüchtlingseigenschaft oder auf Gewährung subsidiären Schutzes im Sinne der Richtlinie (EG) 2004/83 oder auf Zuerkennung internationalen Schutzes im Sinne der Richtlinie (EU) 2011/95 gestellt haben, oder die in einem Mitgliedstaat internationalen Schutz im Sinne der Richtlinie (EU) 2011/95 genießen,
2. die sich im Rahmen einer Regelung zum vorübergehenden Schutz in einem Mitgliedstaat der Europäischen Union aufhalten oder die in einem Mitgliedstaat einen Antrag auf Zuerkennung vorübergehenden Schutzes gestellt haben,
3. deren Abschiebung in einem Mitgliedstaat der Europäischen Union aus tatsächlichen oder rechtlichen Gründen ausgesetzt wurde,
4. die eine Erlaubnis zum Daueraufenthalt – EU oder einen Aufenthaltstitel, der durch einen anderen Mitgliedstaat der Europäischen Union auf der Grundlage der Richtlinie (EG) 2003/109 erteilt wurde, besitzen,
5. die auf Grund von Übereinkommen zwischen der Europäischen Union und ihren Mitgliedstaaten einerseits und Drittstaaten andererseits ein Recht auf freien Personenverkehr genießen, das dem der Unionsbürger gleichwertig ist.

(2) Eine Blaue Karte EU nach § 18b Absatz 2 wird über die in Absatz 1 genannten Ausschlussgründe hinaus nicht erteilt an Ausländer,

1. die einen Aufenthaltstitel nach Abschnitt 5 besitzen, der nicht auf Grund des § 23 Absatz 2 oder 4 erteilt wurde, oder eine vergleichbare Rechtsstellung in einem anderen Mitgliedstaat der Europäischen Union innehaben; Gleiches gilt, wenn sie einen solchen Titel oder eine solche Rechtsstellung beantragt haben und über den Antrag noch nicht abschließend entschieden worden ist,
2. deren Einreise in einen Mitgliedstaat der Europäischen Union Verpflichtungen unterliegt, die sich aus internationalen Abkommen zur Erleichterung der Einreise und des vorübergehenden Aufenthalts bestimmter Kategorien von natürlichen Personen, die handels- und investitionsbezogene Tätigkeiten ausüben, herleiten,
3. die in einem Mitgliedstaat der Europäischen Union als Saisonarbeitnehmer zugelassen wurden, oder
4. die unter die Richtlinie 96/71/EG des Europäischen Parlaments und des Rates vom 16. Dezember 1996 über die Entsendung von Arbeitnehmern im Rahmen der Erbringung von Dienstleistungen (ABl. L 18 vom 21. 1. 1997, S. 1) in der Fassung der Richtlinie (EU) 2018/957 des Europäischen Parlaments und des Rates vom 28. Juni 2018 zur Änderung der Richtlinie 96/71/EG über die Entsendung von Arbeitnehmern im Rahmen der Erbringung von Dienstleistungen (ABl. L 173 vom 9. 7. 2018, S. 16) fallen, für die Dauer ihrer Entsendung nach Deutschland.

(3) 1Eine Aufenthaltserlaubnis nach den §§ 16b, 16e, 17 Absatz 2, den §§ 18d und 19e wird über die in Absatz 1 genannten Ausschlussgründe hinaus nicht erteilt an Ausländer, die eine Blaue Karte EU nach § 18b Absatz 2 oder einen Aufenthaltstitel, der durch einen anderen Mitgliedstaat der Europäischen Union auf Grundlage der Richtlinie 2009/50/EG des Rates vom 25. Mai 2009 über die Bedingungen für die Einreise und den Aufenthalt von Drittstaatsangehörigen zur Ausübung einer hochqualifizierten Be-

schäftigung (ABl. L 155 vom 18. 6. 2009, S. 17) erteilt wurde, besitzen. 2Eine Aufenthaltserlaubnis nach § 18d wird darüber hinaus nicht erteilt, wenn die Forschungstätigkeit Bestandteil eines Promotionsstudiums als Vollzeitstudienprogramm ist.

(4) Der Antrag auf Erteilung einer Aufenthaltserlaubnis nach den §§ 16b, 16e, 16f, 17, 18d, 18f und 19e kann abgelehnt werden, wenn

1. die aufnehmende Einrichtung hauptsächlich zu dem Zweck gegründet wurde, die Einreise und den Aufenthalt von Ausländern zu dem in der jeweiligen Vorschrift genannten Zweck zu erleichtern,
2. über das Vermögen der aufnehmenden Einrichtung ein Insolvenzverfahren eröffnet wurde, das auf Auflösung der Einrichtung und Abwicklung des Geschäftsbetriebs gerichtet ist,
3. die aufnehmende Einrichtung im Rahmen der Durchführung eines Insolvenzverfahrens aufgelöst wurde und der Geschäftsbetrieb abgewickelt wurde,
4. die Eröffnung eines Insolvenzverfahrens über das Vermögen der aufnehmenden Einrichtung mangels Masse abgelehnt wurde und der Geschäftsbetrieb eingestellt wurde,
5. die aufnehmende Einrichtung keine Geschäftstätigkeit ausübt oder
6. Beweise oder konkrete Anhaltspunkte dafür bestehen, dass der Ausländer den Aufenthalt zu anderen Zwecken nutzen wird als zu jenen, für die er die Erteilung der Aufenthaltserlaubnis beantragt.

(5) 1Die Einreise und der Aufenthalt nach § 16c oder § 18e werden durch das Bundesamt für Migration und Flüchtlinge abgelehnt, wenn

1. die jeweiligen Voraussetzungen von § 16c Absatz 1 oder § 18e Absatz 1 nicht vorliegen,
2. die nach § 16c Absatz 1 oder § 18e Absatz 1 vorgelegten Unterlagen in betrügerischer Weise erworben, gefälscht oder manipuliert wurden,
3. einer der Ablehnungsgründe des Absatzes 4 vorliegt oder
4. ein Ausweisungsinteresse besteht.

2Eine Ablehnung nach Satz 1 Nummer 1 und 2 hat innerhalb von 30 Tagen nach Zugang der vollständigen Mitteilung nach § 16c Absatz 1 Satz 1 oder § 18e Absatz 1 Satz 1 beim Bundesamt für Migration und Flüchtlinge zu erfolgen. 3 Im Fall des Satzes 1 Nummer 4 ist eine Ablehnung durch die Ausländerbehörde jederzeit während des Aufenthalts des Ausländers möglich; § 73 Absatz 3c ist entsprechend anwendbar. 4Die Ablehnung ist neben dem Ausländer auch der zuständigen Behörde des anderen Mitgliedstaates und der mitteilenden Einrichtung schriftlich bekannt zu geben.

§ 20 Arbeitsplatzsuche für Fachkräfte

(1) 1Einer Fachkraft mit Berufsausbildung kann eine Aufenthaltserlaubnis für bis zu sechs Monate zur Suche nach einem Arbeitsplatz, zu dessen Ausübung ihre Qualifikation befähigt, erteilt werden, wenn die Fachkraft über der angestrebten Tätigkeit entsprechende deutsche Sprachkenntnisse verfügt. 2Auf Ausländer, die sich bereits im Bundesgebiet aufhalten, findet Satz 1 nur Anwendung, wenn diese unmittelbar vor der Erteilung der Aufenthaltserlaubnis nach Satz 1 im Besitz eines Aufenthaltstitels zum Zweck der Erwerbstätigkeit oder nach § 16e waren. 3Das Bundesministerium für Arbeit und Soziales kann durch Rechtsverordnung mit Zustimmung des Bundesrates Berufsgruppen bestimmen, in denen Fachkräften keine Aufenthaltserlaubnis nach Satz 1 erteilt werden darf. 4Die Aufenthaltserlaubnis berechtigt nur zur Ausübung von Probebeschäftigungen bis zu zehn Stunden je Woche, zu deren Ausübung die erworbene Qualifikation die Fachkraft befähigt.

(2) 1Einer Fachkraft mit akademischer Ausbildung kann eine Aufenthaltserlaubnis für bis zu sechs Monate zur Suche nach einem Arbeitsplatz, zu dessen Ausübung ihre Qualifikation befähigt, erteilt werden. 2Absatz 1 Satz 2 und 4 gilt entsprechend.

(3) Zur Suche nach einem Arbeitsplatz, zu dessen Ausübung seine Qualifikation befähigt,

1. wird einem Ausländer nach erfolgreichem Abschluss eines Studiums im Bundesgebiet im Rahmen eines Aufenthalts nach § 16b oder § 16c eine Aufenthaltserlaubnis für bis zu 18 Monate erteilt,
2. wird einem Ausländer nach Abschluss der Forschungstätigkeit im Rahmen eines Aufenthalts nach § 18d oder § 18f eine Aufenthaltserlaubnis für bis zu neun Monate erteilt,
3. kann einem Ausländer nach erfolgreichem Abschluss einer qualifizierten Berufsausbildung im Bundesgebiet im Rahmen eines Aufenthalts nach § 16a eine Aufenthaltserlaubnis für bis zu zwölf Monate erteilt werden, oder
4. kann einem Ausländer nach der Feststellung der Gleichwertigkeit der Berufsqualifikation oder der Erteilung der Berufsausübungserlaubnis im Bundesgebiet im Rahmen eines Aufenthalts nach § 16d eine Aufenthaltserlaubnis für bis zu zwölf Monate erteilt werden,

sofern der Arbeitsplatz nach den Bestimmungen der §§ 18a, 18b, 18d, 19c und 21 von Ausländern besetzt werden darf.

(4) $_1$Die Erteilung der Aufenthaltserlaubnis nach den Absätzen 1 bis 3 setzt die Lebensunterhaltssicherung voraus. $_2$Die Verlängerung der Aufenthaltserlaubnis über die in den Absätzen 1 bis 3 genannten Höchstzeiträume hinaus ist ausgeschlossen. $_3$Eine Aufenthaltserlaubnis nach den Absätzen 1 und 2 kann erneut nur erteilt werden, wenn sich der Ausländer nach seiner Ausreise mindestens so lange im Ausland aufgehalten hat, wie er sich zuvor auf der Grundlage einer Aufenthaltserlaubnis nach Absatz 1 oder 2 im Bundesgebiet aufgehalten hat. $_4$§ 9 findet keine Anwendung.

§ 21 Selbständige Tätigkeit

(1) $_1$Einem Ausländer kann eine Aufenthaltserlaubnis zur Ausübung einer selbständigen Tätigkeit erteilt werden, wenn

1. ein wirtschaftliches Interesse oder ein regionales Bedürfnis besteht,
2. die Tätigkeit positive Auswirkungen auf die Wirtschaft erwarten lässt und
3. die Finanzierung der Umsetzung durch Eigenkapital oder durch eine Kreditzusage gesichert ist.

$_2$Die Beurteilung der Voraussetzungen nach Satz 1 richtet sich insbesondere nach der Tragfähigkeit der zu Grunde liegenden Geschäftsidee, den unternehmerischen Erfahrungen des Ausländers, der Höhe des Kapitaleinsatzes, den Auswirkungen auf die Beschäftigungs- und Ausbildungssituation und dem Beitrag für Innovation und Forschung. $_3$Bei der Prüfung sind die für den Ort der geplanten Tätigkeit fachkundigen Körperschaften, die zuständigen Gewerbebehörden, die öffentlich-rechtlichen Berufsvertretungen und die für die Berufszulassung zuständigen Behörden zu beteiligen.

(2) Eine Aufenthaltserlaubnis zur Ausübung einer selbständigen Tätigkeit kann auch erteilt werden, wenn völkerrechtliche Vergünstigungen auf der Grundlage der Gegenseitigkeit bestehen.

(2a) $_1$Einem Ausländer, der sein Studium an einer staatlichen oder staatlich anerkannten Hochschule oder vergleichbaren Ausbildungseinrichtung im Bundesgebiet erfolgreich abgeschlossen hat oder der als Forscher oder Wissenschaftler eine Aufenthaltserlaubnis nach § 18c oder § 19c besitzt, kann eine Aufenthaltserlaubnis zur Ausübung einer selbständigen Tätigkeit abweichend von Absatz 1 erteilt werden. $_2$Die beabsichtigte selbständige Tätigkeit muss einen Zusammenhang mit den in der Hochschulausbildung erworbenen Kenntnissen oder der Tätigkeit als Forscher oder Wissenschaftler erkennen lassen.

(3) Ausländern, die älter sind als 45 Jahre, soll die Aufenthaltserlaubnis nur erteilt werden, wenn sie über eine angemessene Altersversorgung verfügen.

(4) $_1$Die Aufenthaltserlaubnis wird auf längstens drei Jahre befristet. $_2$Nach drei Jahren kann abweichend von § 9 Abs. 2 eine Nie-

VI

derlassungserlaubnis erteilt werden, wenn der Ausländer die geplante Tätigkeit erfolgreich verwirklicht hat und der Lebensunterhalt des Ausländers und seiner mit ihm in familiärer Gemeinschaft lebenden Angehörigen, denen er Unterhalt zu leisten hat, durch ausreichende Einkünfte gesichert ist und die Voraussetzung des § 9 Absatz 2 Satz 1 Nummer 4 vorliegt.

(5) $_{1}$Einem Ausländer kann eine Aufenthaltserlaubnis zur Ausübung einer freiberuflichen Tätigkeit abweichend von Absatz 1 erteilt werden. $_{2}$Eine erforderliche Erlaubnis zur Ausübung des freien Berufes muss erteilt worden oder ihre Erteilung zugesagt sein. $_{3}$Absatz 1 Satz 3 ist entsprechend anzuwenden. $_{4}$Absatz 4 ist nicht anzuwenden.

(6) Einem Ausländer, dem eine Aufenthaltserlaubnis zu einem anderen Zweck erteilt wird oder erteilt worden ist, kann unter Beibehaltung dieses Aufenthaltszwecks die Ausübung einer selbständigen Tätigkeit erlaubt werden, wenn die nach sonstigen Vorschriften erforderlichen Erlaubnisse erteilt wurden oder ihre Erteilung zugesagt ist.

Abschnitt 5
Aufenthalt aus völkerrechtlichen, humanitären oder politischen Gründen

§ 22 Aufnahme aus dem Ausland

$_{1}$Einem Ausländer kann für die Aufnahme aus dem Ausland aus völkerrechtlichen oder dringenden humanitären Gründen eine Aufenthaltserlaubnis erteilt werden. $_{2}$Eine Aufenthaltserlaubnis ist zu erteilen, wenn das Bundesministerium des Innern oder die von ihm bestellte Stelle zur Wahrung politischer Interessen der Bundesrepublik Deutschland die Aufnahme erklärt hat.

§ 23 Aufenthaltsgewährung durch die obersten Landesbehörden; Aufnahme bei besonders gelagerten politischen Interessen; Neuansiedlung von Schutzsuchenden

(1) $_{1}$Die oberste Landesbehörde kann aus völkerrechtlichen oder humanitären Gründen oder zur Wahrung politischer Interessen der Bundesrepublik Deutschland anordnen, dass Ausländern aus bestimmten Staaten oder in sonstiger Weise bestimmten Ausländergruppen eine Aufenthaltserlaubnis erteilt wird. $_{2}$Die Anordnung kann unter der Maßgabe erfolgen, dass eine Verpflichtungserklärung nach § 68 abgegeben wird. $_{3}$Zur Wahrung der Bundeseinheitlichkeit bedarf die Anordnung des Einvernehmens mit dem Bundesministerium des Innern. $_{4}$Die Aufenthaltserlaubnis berechtigt nicht zur Erwerbstätigkeit; die Anordnung kann vorsehen, dass die zu erteilende Aufenthaltserlaubnis die Erwerbstätigkeit erlaubt oder diese nach § 4a Absatz 1 erlaubt werden kann.

(2) $_{1}$Das Bundesministerium des Innern kann zur Wahrung besonders gelagerter politischer Interessen der Bundesrepublik Deutschland im Benehmen mit den obersten Landesbehörden anordnen, dass das Bundesamt für Migration und Flüchtlinge Ausländern aus bestimmten Staaten oder in sonstiger Weise bestimmten Ausländergruppen eine Aufnahmezusage erteilt. $_{2}$Ein Vorverfahren nach § 68 der Verwaltungsgerichtsordnung findet nicht statt. $_{3}$Den betroffenen Ausländern ist entsprechend der Aufnahmezusage eine Aufenthaltserlaubnis oder Niederlassungserlaubnis zu erteilen. $_{4}$Die Niederlassungserlaubnis kann mit einer wohnsitzbeschränkenden Auflage versehen werden.

(3) Die Anordnung kann vorsehen, dass § 24 ganz oder teilweise entsprechende Anwendung findet.

(4) $_{1}$Das Bundesministerium des Innern kann im Rahmen der Neuansiedlung von Schutzsuchenden im Benehmen mit den obersten Landesbehörden anordnen, dass das Bundesamt für Migration und Flüchtlinge bestimmten, für eine Neuansiedlung ausgewählten Schutzsuchenden (Resettlement-Flüchtlinge) eine Aufnahmezusage erteilt. $_{2}$Absatz 2 Satz 2 bis 4 und § 24 Absatz 3 bis 5 gelten entsprechend.

§ 23a Aufenthaltsgewährung in Härtefällen

(1) $_{1}$Die oberste Landesbehörde darf anordnen, dass einem Ausländer, der vollziehbar

VI

ausreisepflichtig ist, abweichend von den in diesem Gesetz festgelegten Erteilungs- und Verlängerungsvoraussetzungen für einen Aufenthaltstitel sowie von den §§ 10 und 11 eine Aufenthaltserlaubnis erteilt wird, wenn eine von der Landesregierung durch Rechtsverordnung eingerichtete Härtefallkommission darum ersucht (Härtefallersuchen). 2Die Anordnung kann im Einzelfall unter Berücksichtigung des Umstandes erfolgen, ob der Lebensunterhalt des Ausländers gesichert ist oder eine Verpflichtungserklärung nach § 68 abgegeben wird. 3Die Annahme eines Härtefalls ist in der Regel ausgeschlossen, wenn der Ausländer Straftaten von erheblichem Gewicht begangen hat oder wenn ein Rückführungstermin bereits konkret feststeht. 4Die Befugnis zur Aufenthaltsgewährung steht ausschließlich im öffentlichen Interesse und begründet keine eigenen Rechte des Ausländers.

VI

(2) 1Die Landesregierungen werden ermächtigt, durch Rechtsverordnung eine Härtefallkommission nach Absatz 1 einzurichten, das Verfahren, Ausschlussgründe und qualifizierte Anforderungen an eine Verpflichtungserklärung nach Absatz 1 Satz 2 einschließlich vom Verpflichtungsgeber zu erfüllender Voraussetzungen zu bestimmen sowie die Anordnungsbefugnis nach Absatz 1 Satz 1 auf andere Stellen zu übertragen. 2Die Härtefallkommissionen werden ausschließlich im Wege der Selbstbefassung tätig. 3Dritte können nicht verlangen, dass eine Härtefallkommission sich mit einem bestimmten Einzelfall befasst oder eine bestimmte Entscheidung trifft. 4Die Entscheidung für ein Härtefallersuchen setzt voraus, dass nach den Feststellungen der Härtefallkommission dringende humanitäre oder persönliche Gründe die weitere Anwesenheit des Ausländers im Bundesgebiet rechtfertigen.

(3) 1Verzieht ein sozialhilfebedürftiger Ausländer, dem eine Aufenthaltserlaubnis nach Absatz 1 erteilt wurde, in den Zuständigkeitsbereich eines anderen Leistungsträgers, ist der Träger der Sozialhilfe, in dessen Zuständigkeitsbereich eine Ausländerbehörde die Aufenthaltserlaubnis erteilt hat, längstens für die Dauer von drei Jahren ab Erteilung der Aufenthaltserlaubnis dem nunmehr zuständigen örtlichen Träger der Sozialhilfe zur Kostenerstattung verpflichtet. 2Dies gilt entsprechend für die in § 6 Abs. 1 Satz 1 Nr. 2 des Zweiten Buches Sozialgesetzbuch genannten Leistungen zur Sicherung des Lebensunterhalts.

§ 24 Aufenthaltsgewährung zum vorübergehenden Schutz

(1) Einem Ausländer, dem auf Grund eines Beschlusses des Rates der Europäischen Union gemäß der Richtlinie 2001/55/EG vorübergehender Schutz gewährt wird und der seine Bereitschaft erklärt hat, im Bundesgebiet aufgenommen zu werden, wird für die nach den Artikeln 4 und 6 der Richtlinie bemessene Dauer des vorübergehenden Schutzes eine Aufenthaltserlaubnis erteilt.

(2) Die Gewährung von vorübergehendem Schutz ist ausgeschlossen, wenn die Voraussetzungen des § 3 Abs. 2 des Asylgesetzes oder des § 60 Abs. 8 Satz 1 vorliegen; die Aufenthaltserlaubnis ist zu versagen.

(3) 1Die Ausländer im Sinne des Absatzes 1 werden auf die Länder verteilt. 2Die Länder können Kontingente für die Aufnahme zum vorübergehenden Schutz und die Verteilung vereinbaren. 3Die Verteilung auf die Länder erfolgt durch das Bundesamt für Migration und Flüchtlinge. 4Solange die Länder für die Verteilung keinen abweichenden Schlüssel vereinbart haben, gilt der für die Verteilung von Asylbewerbern festgelegte Schlüssel.

(4) 1Die oberste Landesbehörde oder die von ihr bestimmte Stelle erlässt eine Zuweisungsentscheidung. 2Die Landesregierungen werden ermächtigt, die Verteilung innerhalb der Länder durch Rechtsverordnung zu regeln, sie können die Ermächtigung durch Rechtsverordnung auf andere Stellen übertragen; § 50 Abs. 4 des Asylgesetzes findet entsprechende Anwendung. 3Ein Widerspruch gegen die Zuweisungsentscheidung findet nicht statt. 4Die Klage hat keine aufschiebende Wirkung.

(5) 1Der Ausländer hat keinen Anspruch darauf, sich in einem bestimmten Land oder an

einem bestimmten Ort aufzuhalten. 2Er hat seine Wohnung und seinen gewöhnlichen Aufenthalt an dem Ort zu nehmen, dem er nach den Absätzen 3 und 4 zugewiesen wurde.

(6) 1Die Ausübung einer selbständigen Tätigkeit darf nicht ausgeschlossen werden. 2Die Aufenthaltserlaubnis berechtigt nicht zur Ausübung einer Beschäftigung; sie kann nach § 4a Absatz 2 erlaubt werden.

(7) Der Ausländer wird über die mit dem vorübergehenden Schutz verbundenen Rechte und Pflichten schriftlich in einer ihm verständlichen Sprache unterrichtet.

§ 25 Aufenthalt aus humanitären Gründen

(1) 1Einem Ausländer ist eine Aufenthaltserlaubnis zu erteilen, wenn er als Asylberechtigter anerkannt ist. 2Dies gilt nicht, wenn der Ausländer auf Grund eines besonders schwerwiegenden Ausweisungsinteresses nach § 54 Absatz 1 ausgewiesen worden ist. 3Bis zur Erteilung der Aufenthaltserlaubnis gilt der Aufenthalt als erlaubt.

(2) 1Einem Ausländer ist eine Aufenthaltserlaubnis zu erteilen, wenn das Bundesamt für Migration und Flüchtlinge die Flüchtlingseigenschaft im Sinne des § 3 Absatz 1 des Asylgesetzes oder subsidiären Schutz im Sinne des § 4 Absatz 1 des Asylgesetzes zuerkannt hat. 2Absatz 1 Satz 2 bis 3 gilt entsprechend.

(3) 1Einem Ausländer soll eine Aufenthaltserlaubnis erteilt werden, wenn ein Abschiebungsverbot nach § 60 Absatz 5 oder 7 vorliegt. 2Die Aufenthaltserlaubnis wird nicht erteilt, wenn die Ausreise in einen anderen Staat möglich und zumutbar ist oder der Ausländer wiederholt oder gröblich gegen entsprechende Mitwirkungspflichten verstößt. 3Sie wird ferner nicht erteilt, wenn schwerwiegende Gründe die Annahme rechtfertigen, dass der Ausländer

1. ein Verbrechen gegen den Frieden, ein Kriegsverbrechen oder ein Verbrechen gegen die Menschlichkeit im Sinne der internationalen Vertragswerke begangen hat, die ausgearbeitet worden sind, um Bestimmungen bezüglich dieser Verbrechen festzulegen,
2. eine Straftat von erheblicher Bedeutung begangen hat,
3. sich Handlungen zuschulden kommen ließ, die den Zielen und Grundsätzen der Vereinten Nationen, wie sie in der Präambel und den Artikeln 1 und 2 der Charta der Vereinten Nationen verankert sind, zuwiderlaufen, oder
4. eine Gefahr für die Allgemeinheit oder eine Gefahr für die Sicherheit der Bundesrepublik Deutschland darstellt.

(4) 1Einem nicht vollziehbar ausreisepflichtigen Ausländer kann für einen vorübergehenden Aufenthalt eine Aufenthaltserlaubnis erteilt werden, solange dringende humanitäre oder persönliche Gründe oder erhebliche öffentliche Interessen seine vorübergehende weitere Anwesenheit im Bundesgebiet erfordern. 2Eine Aufenthaltserlaubnis kann abweichend von § 8 Abs. 1 und 2 verlängert werden, wenn auf Grund besonderer Umstände des Einzelfalls das Verlassen des Bundesgebiets für den Ausländer eine außergewöhnliche Härte bedeuten würde. 3Die Aufenthaltserlaubnis berechtigt nicht zur Ausübung einer Erwerbstätigkeit; sie kann nach § 4a Absatz 1 erlaubt werden.

(4a) 1Einem Ausländer, der Opfer einer Straftat nach den §§ 232 bis 233a des Strafgesetzbuches wurde, soll, auch wenn er vollziehbar ausreisepflichtig ist, für einen Aufenthalt eine Aufenthaltserlaubnis erteilt werden. 2Die Aufenthaltserlaubnis darf nur erteilt werden, wenn

1. seine Anwesenheit im Bundesgebiet für ein Strafverfahren wegen dieser Straftat von der Staatsanwaltschaft oder dem Strafgericht für sachgerecht erachtet wird, weil ohne seine Angaben die Erforschung des Sachverhalts erschwert wäre,
2. er jede Verbindung zu den Personen, die beschuldigt werden, die Straftat begangen zu haben, abgebrochen hat und
3. er seine Bereitschaft erklärt hat, in dem Strafverfahren wegen der Straftat als Zeuge auszusagen.

3Nach Beendigung des Strafverfahrens soll die Aufenthaltserlaubnis verlängert werden, wenn humanitäre oder persönliche Gründe oder öffentliche Interessen die weitere Anwesenheit des Ausländers im Bundesgebiet erfordern. 4Die Aufenthaltserlaubnis berechtigt nicht zur Ausübung einer Erwerbstätigkeit; sie kann nach § 4a Absatz 1 erlaubt werden.

(4b) 1Einem Ausländer, der Opfer einer Straftat nach § 10 Absatz 1 oder § 11 Absatz 1 Nummer 3 des Schwarzarbeitsbekämpfungsgesetzes oder nach § 15a des Arbeitnehmerüberlassungsgesetzes wurde, kann, auch wenn er vollziehbar ausreisepflichtig ist, für einen vorübergehenden Aufenthalt eine Aufenthaltserlaubnis erteilt werden. 2Die Aufenthaltserlaubnis darf nur erteilt werden, wenn

1. die vorübergehende Anwesenheit des Ausländers im Bundesgebiet für ein Strafverfahren wegen dieser Straftat von der Staatsanwaltschaft oder dem Strafgericht für sachgerecht erachtet wird, weil ohne seine Angaben die Erforschung des Sachverhalts erschwert wäre, und
2. der Ausländer seine Bereitschaft erklärt hat, in dem Strafverfahren wegen der Straftat als Zeuge auszusagen.

3Die Aufenthaltserlaubnis kann verlängert werden, wenn dem Ausländer von Seiten des Arbeitgebers die zustehende Vergütung noch nicht vollständig geleistet wurde und es für den Ausländer eine besondere Härte darstellen würde, seinen Vergütungsanspruch aus dem Ausland zu verfolgen. 4Die Aufenthaltserlaubnis berechtigt nicht zur Ausübung einer Erwerbstätigkeit; sie kann nach § 4a Absatz 1 erlaubt werden.

(5) 1Einem Ausländer, der vollziehbar ausreisepflichtig ist, kann eine Aufenthaltserlaubnis erteilt werden, wenn seine Ausreise aus rechtlichen oder tatsächlichen Gründen unmöglich ist und mit dem Wegfall der Ausreisehindernisse in absehbarer Zeit nicht zu rechnen ist. 2Die Aufenthaltserlaubnis soll erteilt werden, wenn die Abschiebung seit 18 Monaten ausgesetzt ist. 3Eine Aufenthaltserlaubnis darf nur erteilt werden, wenn der Ausländer unverschuldet an der Ausreise gehindert ist. 4Ein Verschulden des Ausländers liegt insbesondere vor, wenn er falsche Angaben macht oder über seine Identität oder Staatsangehörigkeit täuscht oder zumutbare Anforderungen zur Beseitigung der Ausreisehindernisse nicht erfüllt.

§ 25a Aufenthaltsgewährung bei gut integrierten Jugendlichen und Heranwachsenden

(1) 1Einem jugendlichen oder heranwachsenden geduldeten Ausländer soll eine Aufenthaltserlaubnis erteilt werden, wenn

1. er sich seit vier Jahren ununterbrochen erlaubt, geduldet oder mit einer Aufenthaltsgestattung im Bundesgebiet aufhält,
2. er im Bundesgebiet in der Regel seit vier Jahren erfolgreich eine Schule besucht oder einen anerkannten Schul- oder Berufsabschluss erworben hat,
3. der Antrag auf Erteilung der Aufenthaltserlaubnis vor Vollendung des 21. Lebensjahres gestellt wird,
4. es gewährleistet erscheint, dass er sich auf Grund seiner bisherigen Ausbildung und Lebensverhältnisse in die Lebensverhältnisse der Bundesrepublik Deutschland einfügen kann und
5. keine konkreten Anhaltspunkte dafür bestehen, dass der Ausländer sich nicht zur freiheitlichen demokratischen Grundordnung der Bundesrepublik Deutschland bekennt.

2Solange sich der Jugendliche oder der Heranwachsende in einer schulischen oder beruflichen Ausbildung oder einem Hochschulstudium befindet, schließt die Inanspruchnahme öffentlicher Leistungen zur Sicherstellung des eigenen Lebensunterhalts die Erteilung der Aufenthaltserlaubnis nicht aus. 3Die Erteilung einer Aufenthaltserlaubnis ist zu versagen, wenn die Abschiebung aufgrund eigener falscher Angaben des Ausländers oder aufgrund seiner Täuschung über seine Identität oder Staatsangehörigkeit ausgesetzt ist.

(2) $_{1}$Den Eltern oder einem personensorgeberechtigten Elternteil eines minderjährigen Ausländers, der eine Aufenthaltserlaubnis nach Absatz 1 besitzt, kann eine Aufenthaltserlaubnis erteilt werden, wenn

1. die Abschiebung nicht aufgrund falscher Angaben oder aufgrund von Täuschungen über die Identität oder Staatsangehörigkeit oder mangels Erfüllung zumutbarer Anforderungen an die Beseitigung von Ausreisehindernissen verhindert oder verzögert wird und
2. der Lebensunterhalt eigenständig durch Erwerbstätigkeit gesichert ist.

$_{2}$Minderjährigen Kindern eines Ausländers, der eine Aufenthaltserlaubnis nach Satz 1 besitzt, kann eine Aufenthaltserlaubnis erteilt werden, wenn sie mit ihm in familiärer Lebensgemeinschaft leben. $_{3}$Dem Ehegatten oder Lebenspartner, der mit einem Begünstigten nach Absatz 1 in familiärer Lebensgemeinschaft lebt, soll unter den Voraussetzungen nach Satz 1 eine Aufenthaltserlaubnis erteilt werden. $_{4}$§ 31 gilt entsprechend. $_{5}$Dem minderjährigen ledigen Kind, das mit einem Begünstigten nach Absatz 1 in familiärer Lebensgemeinschaft lebt, soll eine Aufenthaltserlaubnis erteilt werden.

(3) Die Erteilung einer Aufenthaltserlaubnis nach Absatz 2 ist ausgeschlossen, wenn der Ausländer wegen einer im Bundesgebiet begangenen vorsätzlichen Straftat verurteilt wurde, wobei Geldstrafen von insgesamt bis zu 50 Tagessätzen oder bis zu 90 Tagessätzen wegen Straftaten, die nach diesem Gesetz oder dem Asylgesetz nur von Ausländern begangen werden können, grundsätzlich außer Betracht bleiben.

(4) Die Aufenthaltserlaubnis kann abweichend von § 10 Absatz 3 Satz 2 erteilt werden.

§ 25b Aufenthaltsgewährung bei nachhaltiger Integration

(1) $_{1}$Einem geduldeten Ausländer soll abweichend von § 5 Absatz 1 Nummer 1 und Absatz 2 eine Aufenthaltserlaubnis erteilt werden, wenn er sich nachhaltig in die Lebensverhältnisse der Bundesrepublik Deutschland integriert hat. $_{2}$Dies setzt regelmäßig voraus, dass der Ausländer

1. sich seit mindestens acht Jahren oder, falls er zusammen mit einem minderjährigen ledigen Kind in häuslicher Gemeinschaft lebt, seit mindestens sechs Jahren ununterbrochen geduldet, gestattet oder mit einer Aufenthaltserlaubnis im Bundesgebiet aufgehalten hat,
2. sich zur freiheitlichen demokratischen Grundordnung der Bundesrepublik Deutschland bekennt und über Grundkenntnisse der Rechts- und Gesellschaftsordnung und der Lebensverhältnisse im Bundesgebiet verfügt,
3. seinen Lebensunterhalt überwiegend durch Erwerbstätigkeit sichert oder bei der Betrachtung der bisherigen Schul-, Ausbildungs-, Einkommens- sowie der familiären Lebenssituation zu erwarten ist, dass er seinen Lebensunterhalt im Sinne von § 2 Absatz 3 sichern wird, wobei der Bezug von Wohngeld unschädlich ist,
4. über hinreichende mündliche Deutschkenntnisse im Sinne des Niveaus A2 des Gemeinsamen Europäischen Referenzrahmens für Sprachen verfügt und
5. bei Kindern im schulpflichtigen Alter deren tatsächlichen Schulbesuch nachweist.

$_{3}$Ein vorübergehender Bezug von Sozialleistungen ist für die Lebensunterhaltssicherung in der Regel unschädlich bei

1. Studierenden an einer staatlichen oder staatlich anerkannten Hochschule sowie Auszubildenden in anerkannten Lehrberufen oder in staatlich geförderten Berufsvorbereitungsmaßnahmen,
2. Familien mit minderjährigen Kindern, die vorübergehend auf ergänzende Sozialleistungen angewiesen sind,
3. Alleinerziehenden mit minderjährigen Kindern, denen eine Arbeitsaufnahme nach § 10 Absatz 1 Nummer 3 des Zweiten Buches Sozialgesetzbuch nicht zumutbar ist oder
4. Ausländern, die pflegebedürftige nahe Angehörige pflegen.

(2) Die Erteilung einer Aufenthaltserlaubnis nach Absatz 1 ist zu versagen, wenn

1. der Ausländer die Aufenthaltsbeendigung durch vorsätzlich falsche Angaben, durch Täuschung über die Identität oder Staatsangehörigkeit oder Nichterfüllung zumutbarer Anforderungen an die Mitwirkung bei der Beseitigung von Ausreisehindernissen verhindert oder verzögert oder
2. ein Ausweisungsinteresse im Sinne von § 54 Absatz 1 oder Absatz 2 Nummer 1 und 2 besteht.

(3) Von den Voraussetzungen des Absatzes 1 Satz 2 Nummer 3 und 4 wird abgesehen, wenn der Ausländer sie wegen einer körperlichen, geistigen oder seelischen Krankheit oder Behinderung oder aus Altersgründen nicht erfüllen kann.

(4) $_{1}$Dem Ehegatten, dem Lebenspartner und minderjährigen ledigen Kindern, die mit einem Begünstigten nach Absatz 1 in familiärer Lebensgemeinschaft leben, soll unter den Voraussetzungen des Absatzes 1 Satz 2 Nummer 2 bis 5 eine Aufenthaltserlaubnis erteilt werden. $_{2}$Die Absätze 2, 3 und 5 finden Anwendung. $_{3}$§ 31 gilt entsprechend.

(5) $_{1}$Die Aufenthaltserlaubnis wird abweichend von § 26 Absatz 1 Satz 1 längstens für zwei Jahre erteilt und verlängert. $_{2}$Sie kann abweichend von § 10 Absatz 3 Satz 2 erteilt werden. $_{3}$§ 25a bleibt unberührt.

(6) Einem Ausländer, seinem Ehegatten oder seinem Lebenspartner und in familiärer Lebensgemeinschaft lebenden minderjährigen ledigen Kindern, die seit 30 Monaten im Besitz einer Duldung nach § 60d sind, soll eine Aufenthaltserlaubnis nach Absatz 1 abweichend von der in Absatz 1 Satz 2 Nummer 1 genannten Frist erteilt werden, wenn die Voraussetzungen nach § 60d erfüllt sind und der Ausländer über hinreichende mündliche deutsche Sprachkenntnisse verfügt; bestand die Möglichkeit des Besuchs eines Integrationskurses, setzt die Erteilung der Aufenthaltserlaubnis zudem voraus, dass der Ausländer, sein Ehegatte oder sein Lebenspartner über hinreichende schriftliche Kenntnisse der deutschen Sprache verfügt.

§ 26 Dauer des Aufenthalts

(1) $_{1}$Die Aufenthaltserlaubnis nach diesem Abschnitt kann für jeweils längstens drei Jahre erteilt und verlängert werden, in den Fällen des § 25 Abs. 4 Satz 1 und Abs. 5 jedoch für längstens sechs Monate, solange sich der Ausländer noch nicht mindestens 18 Monate rechtmäßig im Bundesgebiet aufgehalten hat. $_{2}$Asylberechtigten und Ausländern, denen die Flüchtlingseigenschaft im Sinne des § 3 Absatz 1 des Asylgesetzes zuerkannt worden ist, wird die Aufenthaltserlaubnis für drei Jahre erteilt. $_{3}$Subsidiär Schutzberechtigten im Sinne des § 4 Absatz 1 des Asylgesetzes wird die Aufenthaltserlaubnis für ein Jahr erteilt, bei Verlängerung für zwei weitere Jahre. $_{4}$Ausländern, die die Voraussetzungen des § 25 Absatz 3 erfüllen, wird die Aufenthaltserlaubnis für mindestens ein Jahr erteilt. $_{5}$Die Aufenthaltserlaubnisse nach § 25 Absatz 4a Satz 1 und Absatz 4b werden jeweils für ein Jahr, Aufenthaltserlaubnisse nach § 25 Absatz 4a Satz 3 jeweils für zwei Jahre erteilt und verlängert; in begründeten Einzelfällen ist eine längere Geltungsdauer zulässig.

(2) Die Aufenthaltserlaubnis darf nicht verlängert werden, wenn das Ausreisehindernis oder die sonstigen einer Aufenthaltsbeendigung entgegenstehenden Gründe entfallen sind.

(3) $_{1}$Einem Ausländer, der eine Aufenthaltserlaubnis nach § 25 Absatz 1 oder 2 Satz 1 erste Alternative besitzt, ist eine Niederlassungserlaubnis zu erteilen, wenn

1. er die Aufenthaltserlaubnis seit fünf Jahren besitzt, wobei die Aufenthaltszeit des der Erteilung der Aufenthaltserlaubnis vorangegangenen Asylverfahrens abweichend von § 55 Absatz 3 des Asylgesetzes auf die für die Erteilung der Niederlassungserlaubnis erforderliche Zeit des Besitzes einer Aufenthaltserlaubnis angerechnet wird,
2. das Bundesamt für Migration und Flüchtlinge nicht nach § 73 Absatz 2a des Asylgesetzes mitgeteilt hat, dass die Voraussetzungen für den Widerruf oder die Rücknahme vorliegen; ist der Erteilung der

Aufenthaltserlaubnis eine Entscheidung des Bundesamtes vorausgegangen, die im Jahr 2015, 2016 oder 2017 unanfechtbar geworden ist, muss das Bundesamt mitgeteilt haben, dass die Voraussetzungen für den Widerruf oder die Rücknahme nicht vorliegen,
3. sein Lebensunterhalt überwiegend gesichert ist,
4. er über hinreichende Kenntnisse der deutschen Sprache verfügt und
5. die Voraussetzungen des § 9 Absatz 2 Satz 1 Nummer 4 bis 6, 8 und 9 vorliegen.

$_{2}$§ 9 Absatz 2 Satz 2 bis 6, § 9 Absatz 3 Satz 1 und § 9 Absatz 4 finden entsprechend Anwendung; von der Voraussetzung in Satz 1 Nummer 3 wird auch abgesehen, wenn der Ausländer die Regelaltersgrenze nach § 35 Satz 2 oder § 235 Absatz 2 des Sechsten Buches Sozialgesetzbuch erreicht hat. $_{3}$Abweichend von Satz 1 und 2 ist einem Ausländer, der eine Aufenthaltserlaubnis nach § 25 Absatz 1 oder 2 Satz 1 erste Alternative besitzt, eine Niederlassungserlaubnis zu erteilen, wenn

1. er die Aufenthaltserlaubnis seit drei Jahren besitzt, wobei die Aufenthaltszeit des der Erteilung der Aufenthaltserlaubnis vorangegangenen Asylverfahrens abweichend von § 55 Absatz 3 des Asylgesetzes auf die für die Erteilung der Niederlassungserlaubnis erforderliche Zeit des Besitzes einer Aufenthaltserlaubnis angerechnet wird,
2. das Bundesamt für Migration und Flüchtlinge nicht nach § 73 Absatz 2a des Asylgesetzes mitgeteilt hat, dass die Voraussetzungen für den Widerruf oder die Rücknahme vorliegen; ist der Erteilung der Aufenthaltserlaubnis eine Entscheidung des Bundesamtes vorausgegangen, die im Jahr 2015, 2016 oder 2017 unanfechtbar geworden ist, muss das Bundesamt mitgeteilt haben, dass die Voraussetzungen für den Widerruf oder die Rücknahme nicht vorliegen,
3. er die deutsche Sprache beherrscht,
4. sein Lebensunterhalt weit überwiegend gesichert ist und
5. die Voraussetzungen des § 9 Absatz 2 Satz 1 Nummer 4 bis 6, 8 und 9 vorliegen.

$_{4}$In den Fällen des Satzes 3 finden § 9 Absatz 3 Satz 1 und § 9 Absatz 4 entsprechend Anwendung. $_{5}$Für Kinder, die vor Vollendung des 18. Lebensjahres nach Deutschland eingereist sind, kann § 35 entsprechend angewandt werden. $_{6}$Die Sätze 1 bis 5 gelten auch für einen Ausländer, der eine Aufenthaltserlaubnis nach § 23 Absatz 4 besitzt, es sei denn, es liegen die Voraussetzungen für eine Rücknahme vor.

(4) $_{1}$Im Übrigen kann einem Ausländer, der eine Aufenthaltserlaubnis nach diesem Abschnitt besitzt, eine Niederlassungserlaubnis erteilt werden, wenn die in § 9 Abs. 2 Satz 1 bezeichneten Voraussetzungen vorliegen. $_{2}$§ 9 Abs. 2 Satz 2 bis 6 gilt entsprechend. $_{3}$Die Aufenthaltszeit des der Erteilung der Aufenthaltserlaubnis vorangegangenen Asylverfahrens wird abweichend von § 55 Abs. 3 des Asylgesetzes auf die Frist angerechnet. $_{4}$Für Kinder, die vor Vollendung des 18. Lebensjahres nach Deutschland eingereist sind, kann § 35 entsprechend angewandt werden.

Abschnitt 6
Aufenthalt aus familiären Gründen

§ 27 Grundsatz des Familiennachzugs

(1) Die Aufenthaltserlaubnis zur Herstellung und Wahrung der familiären Lebensgemeinschaft im Bundesgebiet für ausländische Familienangehörige (Familiennachzug) wird zum Schutz von Ehe und Familie gemäß Artikel 6 des Grundgesetzes erteilt und verlängert.

(1a) Ein Familiennachzug wird nicht zugelassen, wenn

1. feststeht, dass die Ehe oder das Verwandtschaftsverhältnis ausschließlich zu dem Zweck geschlossen oder begründet wurde, dem Nachziehenden die Einreise in das und den Aufenthalt im Bundesgebiet zu ermöglichen, oder
2. tatsächliche Anhaltspunkte die Annahme begründen, dass einer der Ehegatten zur Eingehung der Ehe genötigt wurde.

(2) Für die Herstellung und Wahrung einer lebenspartnerschaftlichen Gemeinschaft im Bundesgebiet finden die Absätze 1a und 3, § 9 Abs. 3, § 9c Satz 2, die §§ 28 bis 31, 36a, 51 Absatz 2 und 10 Satz 2 entsprechende Anwendung.

(3) $_{1}$Die Erteilung der Aufenthaltserlaubnis zum Zweck des Familiennachzugs kann versagt werden, wenn derjenige, zu dem der Familiennachzug stattfindet, für den Unterhalt von anderen Familienangehörigen oder anderen Haushaltsangehörigen auf Leistungen nach dem Zweiten oder Zwölften Buch Sozialgesetzbuch angewiesen ist. $_{2}$Von § 5 Abs. 1 Nr. 2 kann abgesehen werden.

(3a) Die Erteilung der Aufenthaltserlaubnis zum Zweck des Familiennachzugs ist zu versagen, wenn derjenige, zu dem der Familiennachzug stattfinden soll,

1. die freiheitliche demokratische Grundordnung oder die Sicherheit der Bundesrepublik Deutschland gefährdet; hiervon ist auszugehen, wenn Tatsachen die Schlussfolgerung rechtfertigen, dass er einer Vereinigung angehört oder angehört hat, die den Terrorismus unterstützt oder er eine derartige Vereinigung unterstützt oder unterstützt hat oder er eine in § 89a Absatz 1 des Strafgesetzbuches bezeichnete schwere staatsgefährdende Gewalttat nach § 89a Absatz 2 des Strafgesetzbuches vorbereitet oder vorbereitet hat,
2. zu den Leitern eines Vereins gehörte, der unanfechtbar verboten wurde, weil seine Zwecke oder seine Tätigkeit den Strafgesetzen zuwiderlaufen oder er sich gegen die verfassungsmäßige Ordnung oder den Gedanken der Völkerverständigung richtet,
3. sich zur Verfolgung politischer oder religiöser Ziele an Gewalttätigkeiten beteiligt oder öffentlich zur Gewaltanwendung aufruft oder mit Gewaltanwendung droht oder
4. zu Hass gegen Teile der Bevölkerung aufruft; hiervon ist auszugehen, wenn er auf eine andere Person gezielt und andauernd einwirkt, um Hass auf Angehörige bestimmter ethnischer Gruppen oder Religionen zu erzeugen oder zu verstärken oder öffentlich, in einer Versammlung oder durch Verbreiten von Schriften in einer Weise, die geeignet ist, die öffentliche Sicherheit und Ordnung zu stören,
   a) gegen Teile der Bevölkerung zu Willkürmaßnahmen aufstachelt,
   b) Teile der Bevölkerung böswillig verächtlich macht und dadurch die Menschenwürde anderer angreift oder
   c) Verbrechen gegen den Frieden, gegen die Menschlichkeit, ein Kriegsverbrechen oder terroristische Taten von vergleichbarem Gewicht billigt oder dafür wirbt.

(4) $_{1}$Eine Aufenthaltserlaubnis zum Zweck des Familiennachzugs darf längstens für den Gültigkeitszeitraum der Aufenthaltserlaubnis des Ausländers erteilt werden, zu dem der Familiennachzug stattfindet. $_{2}$Sie ist für diesen Zeitraum zu erteilen, wenn der Ausländer, zu dem der Familiennachzug stattfindet, eine Aufenthaltserlaubnis nach den §§ 18d, 18f oder § 38a besitzt, eine Blaue Karte EU, eine ICT-Karte oder eine Mobiler-ICT-Karte besitzt oder sich gemäß § 18e berechtigt im Bundesgebiet aufhält. $_{3}$Im Übrigen ist die Aufenthaltserlaubnis erstmals für mindestens ein Jahr zu erteilen.

§ 28 Familiennachzug zu Deutschen

(1) $_{1}$Die Aufenthaltserlaubnis ist dem ausländischen

1. Ehegatten eines Deutschen,
2. minderjährigen ledigen Kind eines Deutschen,
3. Elternteil eines minderjährigen ledigen Deutschen zur Ausübung der Personensorge

zu erteilen, wenn der Deutsche seinen gewöhnlichen Aufenthalt im Bundesgebiet hat. $_{2}$Sie ist abweichend von § 5 Abs. 1 Nr. 1 in den Fällen des Satzes 1 Nr. 2 und 3 zu erteilen. $_{3}$Sie soll in der Regel abweichend von § 5 Abs. 1 Nr. 1 in den Fällen des Satzes 1 Nr. 1 erteilt werden. $_{4}$Sie kann abweichend von § 5 Abs. 1 Nr. 1 dem nicht personensorgeberechtigten

Elternteil eines minderjährigen ledigen Deutschen erteilt werden, wenn die familiäre Gemeinschaft schon im Bundesgebiet gelebt wird. $_{5}$§ 30 Abs. 1 Satz 1 Nr. 1 und 2, Satz 3 und Abs. 2 Satz 1 ist in den Fällen des Satzes 1 Nr. 1 entsprechend anzuwenden.

(2) $_{1}$Dem Ausländer ist in der Regel eine Niederlassungserlaubnis zu erteilen, wenn er drei Jahre im Besitz einer Aufenthaltserlaubnis ist, die familiäre Lebensgemeinschaft mit dem Deutschen im Bundesgebiet fortbesteht, kein Ausweisungsinteresse besteht und er über ausreichende Kenntnisse der deutschen Sprache verfügt. $_{2}$§ 9 Absatz 2 Satz 2 bis 5 gilt entsprechend. $_{3}$Im Übrigen wird die Aufenthaltserlaubnis verlängert, solange die familiäre Lebensgemeinschaft fortbesteht.

(3) $_{1}$Die §§ 31 und 34 finden mit der Maßgabe Anwendung, dass an die Stelle des Aufenthaltstitels des Ausländers der gewöhnliche Aufenthalt des Deutschen im Bundesgebiet tritt. $_{2}$Die einem Elternteil eines minderjährigen ledigen Deutschen zur Ausübung der Personensorge erteilte Aufenthaltserlaubnis ist auch nach Eintritt der Volljährigkeit des Kindes zu verlängern, solange das Kind mit ihm in familiärer Lebensgemeinschaft lebt und das Kind sich in einer Ausbildung befindet, die zu einem anerkannten schulischen oder beruflichen Bildungsabschluss oder Hochschulabschluss führt.

(4) Auf sonstige Familienangehörige findet § 36 entsprechende Anwendung.

§ 29 Familiennachzug zu Ausländern

(1) Für den Familiennachzug zu einem Ausländer muss

1. der Ausländer eine Niederlassungserlaubnis, Erlaubnis zum Daueraufenthalt – EU, Aufenthaltserlaubnis, eine Blaue Karte EU, eine ICT-Karte oder eine Mobiler-ICT-Karte besitzen oder sich gemäß § 18e berechtigt im Bundesgebiet aufhalten und
2. ausreichender Wohnraum zur Verfügung stehen.

(2) $_{1}$Bei dem Ehegatten und dem minderjährigen ledigen Kind eines Ausländers, der eine Aufenthaltserlaubnis nach § 23 Absatz 4, § 25 Absatz 1 oder 2, eine Niederlassungserlaubnis nach § 26 Absatz 3 oder nach Erteilung einer Aufenthaltserlaubnis nach § 25 Absatz 2 Satz 1 zweite Alternative eine Niederlassungserlaubnis nach § 26 Absatz 4 besitzt, kann von den Voraussetzungen des § 5 Absatz 1 Nummer 1 und des Absatzes 1 Nummer 2 abgesehen werden. $_{2}$In den Fällen des Satzes 1 ist von diesen Voraussetzungen abzusehen, wenn

1. der im Zuge des Familiennachzugs erforderliche Antrag auf Erteilung eines Aufenthaltstitels innerhalb von drei Monaten nach unanfechtbarer Anerkennung als Asylberechtigter oder unanfechtbarer Zuerkennung der Flüchtlingseigenschaft oder subsidiären Schutzes oder nach Erteilung einer Aufenthaltserlaubnis nach § 23 Absatz 4 gestellt wird und
2. die Herstellung der familiären Lebensgemeinschaft in einem Staat, der nicht Mitgliedstaat der Europäischen Union ist und zu dem der Ausländer oder seine Familienangehörigen eine besondere Bindung haben, nicht möglich ist.

$_{3}$Die in Satz 2 Nr. 1 genannte Frist wird auch durch die rechtzeitige Antragstellung des Ausländers gewahrt.

(3) $_{1}$Die Aufenthaltserlaubnis darf dem Ehegatten und dem minderjährigen Kind eines Ausländers, der eine Aufenthaltserlaubnis nach den §§ 22, 23 Absatz 1 oder Absatz 2 oder § 25 Absatz 3 oder Absatz 4a Satz 1, § 25a Absatz 1 oder § 25b Absatz 1 besitzt, nur aus völkerrechtlichen oder humanitären Gründen oder zur Wahrung politischer Interessen der Bundesrepublik Deutschland erteilt werden. $_{2}$§ 26 Abs. 4 gilt entsprechend. $_{3}$Ein Familiennachzug wird in den Fällen des § 25 Absatz 4, 4b und 5, § 25a Absatz 2, § 25b Absatz 4, § 104a Abs. 1 Satz 1 und § 104b nicht gewährt.

(4) $_{1}$Die Aufenthaltserlaubnis wird dem Ehegatten und dem minderjährigen ledigen Kind eines Ausländers oder dem minderjährigen ledigen Kind seines Ehegatten abweichend von § 5 Abs. 1 und § 27 Abs. 3 erteilt, wenn dem Ausländer vorübergehender Schutz nach § 24 Abs. 1 gewährt wurde und

1. die familiäre Lebensgemeinschaft im Herkunftsland durch die Fluchtsituation aufgehoben wurde und
2. der Familienangehörige aus einem anderen Mitgliedstaat der Europäischen Union übernommen wird oder sich außerhalb der Europäischen Union befindet und schutzbedürftig ist.

2Die Erteilung einer Aufenthaltserlaubnis an sonstige Familienangehörige eines Ausländers, dem vorübergehender Schutz nach § 24 Abs. 1 gewährt wurde, richtet sich nach § 36. 3Auf die nach diesem Absatz aufgenommenen Familienangehörigen findet § 24 Anwendung.

§ 30 Ehegattennachzug

(1) 1Dem Ehegatten eines Ausländers ist eine Aufenthaltserlaubnis zu erteilen, wenn

1. beide Ehegatten das 18. Lebensjahr vollendet haben,
2. der Ehegatte sich zumindest auf einfache Art in deutscher Sprache verständigen kann und
3. der Ausländer
   a) eine Niederlassungserlaubnis besitzt,
   b) eine Erlaubnis zum Daueraufenthalt – EU besitzt,
   c) eine Aufenthaltserlaubnis nach den §§ 18d, 18f oder § 25 Absatz 1 oder Absatz 2 Satz 1 erste Alternative besitzt, dies gilt nicht für eine Aufenthaltserlaubnis nach § 25 Absatz 2 Satz 1 zweite Alternative,
   d) seit zwei Jahren eine Aufenthaltserlaubnis besitzt und die Aufenthaltserlaubnis nicht mit einer Nebenbestimmung nach § 8 Abs. 2 versehen oder die spätere Erteilung einer Niederlassungserlaubnis nicht auf Grund einer Rechtsnorm ausgeschlossen ist; dies gilt nicht für eine Aufenthaltserlaubnis nach § 25 Absatz 2 Satz 1 zweite Alternative,
   e) eine Aufenthaltserlaubnis nach § 7 Absatz 1 Satz 3 oder nach den Abschnitten 3, 4, 5 oder 6 oder § 37 oder § 38 besitzt, die Ehe bei deren Erteilung bereits bestand und die Dauer seines Aufenthalts im Bundesgebiet voraussichtlich über ein Jahr betragen wird; dies gilt nicht für eine Aufenthaltserlaubnis nach § 25 Absatz 2 Satz 1 zweite Alternative,
   f) eine Aufenthaltserlaubnis nach § 38a besitzt und die eheliche Lebensgemeinschaft bereits in dem Mitgliedstaat der Europäischen Union bestand, in dem der Ausländer die Rechtsstellung eines langfristig Aufenthaltsberechtigten innehat, oder
   g) eine Blaue Karte EU, eine ICT-Karte oder eine Mobiler-ICT-Karte besitzt.

2Satz 1 Nummer 1 und 2 ist für die Erteilung der Aufenthaltserlaubnis unbeachtlich, wenn die Voraussetzungen des Satzes 1 Nummer 3 Buchstabe f vorliegen. 3Satz 1 Nummer 2 ist für die Erteilung der Aufenthaltserlaubnis unbeachtlich, wenn

1. der Ausländer, der einen Aufenthaltstitel nach § 23 Absatz 4, § 25 Absatz 1 oder 2, § 26 Absatz 3 oder nach Erteilung einer Aufenthaltserlaubnis nach § 25 Absatz 2 Satz 1 zweite Alternative eine Niederlassungserlaubnis nach § 26 Absatz 4 besitzt und die Ehe bereits bestand, als der Ausländer seinen Lebensmittelpunkt in das Bundesgebiet verlegt hat,
2. der Ehegatte wegen einer körperlichen, geistigen oder seelischen Krankheit oder Behinderung nicht in der Lage ist, einfache Kenntnisse der deutschen Sprache nachzuweisen,
3. bei dem Ehegatten ein erkennbar geringer Integrationsbedarf im Sinne einer nach § 43 Absatz 4 erlassenen Rechtsverordnung besteht oder dieser aus anderen Gründen nach der Einreise keinen Anspruch nach § 44 auf Teilnahme am Integrationskurs hätte,
4. der Ausländer wegen seiner Staatsangehörigkeit auch für einen Aufenthalt, der kein Kurzaufenthalt ist, visumfrei in das Bundesgebiet einreisen und sich darin aufhalten darf,
5. der Ausländer im Besitz einer Blauen Karte EU, einer ICT-Karte oder einer Mobiler-ICT-

Karte oder einer Aufenthaltserlaubnis nach § 18d oder § 18f ist,

6. es dem Ehegatten auf Grund besonderer Umstände des Einzelfalles nicht möglich oder nicht zumutbar ist, vor der Einreise Bemühungen zum Erwerb einfacher Kenntnisse der deutschen Sprache zu unternehmen,
7. der Ausländer einen Aufenthaltstitel nach den §§ 18c Absatz 3 und 21 besitzt und die Ehe bereits bestand, als er seinen Lebensmittelpunkt in das Bundesgebiet verlegt hat, oder
8. der Ausländer unmittelbar vor der Erteilung einer Niederlassungserlaubnis oder einer Erlaubnis zum Daueraufenthalt – EU Inhaber einer Aufenthaltserlaubnis nach § 18d war.

(2) 1Die Aufenthaltserlaubnis kann zur Vermeidung einer besonderen Härte abweichend von Absatz 1 Satz 1 Nr. 1 erteilt werden. 2Besitzt der Ausländer eine Aufenthaltserlaubnis, kann von den anderen Voraussetzungen des Absatzes 1 Satz 1 Nr. 3 Buchstabe e abgesehen werden; Gleiches gilt, wenn der Ausländer ein nationales Visum besitzt.

(3) Die Aufenthaltserlaubnis kann abweichend von § 5 Abs. 1 Nr. 1 und § 29 Abs. 1 Nr. 2 verlängert werden, solange die eheliche Lebensgemeinschaft fortbesteht.

(4) Ist ein Ausländer gleichzeitig mit mehreren Ehegatten verheiratet und lebt er gemeinsam mit einem Ehegatten im Bundesgebiet, wird keinem weiteren Ehegatten eine Aufenthaltserlaubnis nach Absatz 1 oder Absatz 3 erteilt.

(5) 1Hält sich der Ausländer gemäß § 18e berechtigt im Bundesgebiet auf, so bedarf der Ehegatte keines Aufenthaltstitels, wenn nachgewiesen wird, dass sich der Ehegatte in dem anderen Mitgliedstaat der Europäischen Union rechtmäßig als Angehöriger des Ausländers aufgehalten hat. 2Die Voraussetzungen nach § 18e Absatz 1 Satz 1 Nummer 1, 3 und 4 und Absatz 6 Satz 1 und die Ablehnungsgründe nach § 19f gelten für den Ehegatten entsprechend.

§ 31 Eigenständiges Aufenthaltsrecht der Ehegatten

(1) 1Die Aufenthaltserlaubnis des Ehegatten wird im Falle der Aufhebung der ehelichen Lebensgemeinschaft als eigenständiges, vom Zweck des Familiennachzugs unabhängiges Aufenthaltsrecht für ein Jahr verlängert, wenn

1. die eheliche Lebensgemeinschaft seit mindestens drei Jahren rechtmäßig im Bundesgebiet bestanden hat oder
2. der Ausländer gestorben ist, während die eheliche Lebensgemeinschaft im Bundesgebiet bestand

und der Ausländer bis dahin im Besitz einer Aufenthaltserlaubnis, Niederlassungserlaubnis oder Erlaubnis zum Daueraufenthalt – EU war, es sei denn, er konnte die Verlängerung aus von ihm nicht zu vertretenden Gründen nicht rechtzeitig beantragen. 2Satz 1 ist nicht anzuwenden, wenn die Aufenthaltserlaubnis des Ausländers nicht verlängert oder dem Ausländer keine Niederlassungserlaubnis oder Erlaubnis zum Daueraufenthalt – EU erteilt werden darf, weil dies durch eine Rechtsnorm wegen des Zwecks des Aufenthalts oder durch eine Nebenbestimmung zur Aufenthaltserlaubnis nach § 8 Abs. 2 ausgeschlossen ist.

(2) 1Von der Voraussetzung des dreijährigen rechtmäßigen Bestandes der ehelichen Lebensgemeinschaft im Bundesgebiet nach Absatz 1 Satz 1 Nr. 1 ist abzusehen, soweit es zur Vermeidung einer besonderen Härte erforderlich ist, dem Ehegatten den weiteren Aufenthalt zu ermöglichen, es sei denn, für den Ausländer ist die Verlängerung der Aufenthaltserlaubnis ausgeschlossen. 2Eine besondere Härte liegt insbesondere vor, wenn die Ehe nach deutschem Recht wegen Minderjährigkeit des Ehegatten im Zeitpunkt der Eheschließung unwirksam ist oder aufgehoben worden ist, wenn dem Ehegatten wegen der aus der Auflösung der ehelichen Lebensgemeinschaft erwachsenden Rückkehrverpflichtung eine erhebliche Beeinträchtigung seiner schutzwürdigen Belange droht oder wenn dem Ehegatten wegen der Beeinträch-

VI

tigung seiner schutzwürdigen Belange das weitere Festhalten an der ehelichen Lebensgemeinschaft unzumutbar ist; dies ist insbesondere anzunehmen, wenn der Ehegatte Opfer häuslicher Gewalt ist. 3Zu den schutzwürdigen Belangen zählt auch das Wohl eines mit dem Ehegatten in familiärer Lebensgemeinschaft lebenden Kindes. 4Zur Vermeidung von Missbrauch kann die Verlängerung der Aufenthaltserlaubnis versagt werden, wenn der Ehegatte aus einem von ihm zu vertretenden Grund auf Leistungen nach dem Zweiten oder Zwölften Buch Sozialgesetzbuch angewiesen ist.

(3) Wenn der Lebensunterhalt des Ehegatten nach Aufhebung der ehelichen Lebensgemeinschaft durch Unterhaltsleistungen aus eigenen Mitteln des Ausländers gesichert ist und dieser eine Niederlassungserlaubnis oder eine Erlaubnis zum Daueraufenthalt – EU besitzt, ist dem Ehegatten abweichend von § 9 Abs. 2 Satz 1 Nr. 3, 5 und 6 ebenfalls eine Niederlassungserlaubnis zu erteilen.

VI

(4) 1Die Inanspruchnahme von Leistungen nach dem Zweiten oder Zwölften Buch Sozialgesetzbuch steht der Verlängerung der Aufenthaltserlaubnis unbeschadet des Absatzes 2 Satz 4 nicht entgegen. 2Danach kann die Aufenthaltserlaubnis verlängert werden, solange die Voraussetzungen für die Erteilung der Niederlassungserlaubnis oder Erlaubnis zum Daueraufenthalt – EU nicht vorliegen.

§ 32 Kindernachzug

(1) Dem minderjährigen ledigen Kind eines Ausländers ist eine Aufenthaltserlaubnis zu erteilen, wenn beide Eltern oder der allein personensorgeberechtigte Elternteil einen der folgenden Aufenthaltstitel besitzt:

1. Aufenthaltserlaubnis nach § 7 Absatz 1 Satz 3 oder nach Abschnitt 3 oder 4,
2. Aufenthaltserlaubnis nach § 25 Absatz 1 oder Absatz 2 Satz 1 erste Alternative,
3. Aufenthaltserlaubnis nach § 28, § 30, § 31, § 36 oder § 36a,
4. Aufenthaltserlaubnis nach den übrigen Vorschriften mit Ausnahme einer Aufenthaltserlaubnis nach § 25 Absatz 2 Satz 1 zweite Alternative,
5. Blaue Karte EU, ICT-Karte, Mobiler-ICT-Karte,
6. Niederlassungserlaubnis oder
7. Erlaubnis zum Daueraufenthalt – EU.

(2) 1Hat das minderjährige ledige Kind bereits das 16. Lebensjahr vollendet und verlegt es seinen Lebensmittelpunkt nicht zusammen mit seinen Eltern oder dem allein personensorgeberechtigten Elternteil in das Bundesgebiet, gilt Absatz 1 nur, wenn es die deutsche Sprache beherrscht oder gewährleistet erscheint, dass es sich auf Grund seiner bisherigen Ausbildung und Lebensverhältnisse in die Lebensverhältnisse in der Bundesrepublik Deutschland einfügen kann. 2Satz 1 gilt nicht, wenn

1. der Ausländer eine Aufenthaltserlaubnis nach § 23 Absatz 4, § 25 Absatz 1 oder 2, eine Niederlassungserlaubnis nach § 26 Absatz 3 oder nach Erteilung einer Aufenthaltserlaubnis nach § 25 Absatz 2 Satz 1 zweite Alternative eine Niederlassungserlaubnis nach § 26 Absatz 4 besitzt oder
2. der Ausländer oder sein mit ihm in familiärer Lebensgemeinschaft lebender Ehegatte eine Niederlassungserlaubnis nach § 18c Absatz 3, eine Blaue Karte EU, eine ICT-Karte oder eine Mobiler-ICT-Karte oder eine Aufenthaltserlaubnis nach § 18d oder § 18f besitzt.

(3) Bei gemeinsamem Sorgerecht soll eine Aufenthaltserlaubnis nach den Absätzen 1 und 2 auch zum Nachzug zu nur einem sorgeberechtigten Elternteil erteilt werden, wenn der andere Elternteil sein Einverständnis mit dem Aufenthalt des Kindes im Bundesgebiet erklärt hat oder eine entsprechende rechtsverbindliche Entscheidung einer zuständigen Stelle vorliegt.

(4) 1Im Übrigen kann dem minderjährigen ledigen Kind eines Ausländers eine Aufenthaltserlaubnis erteilt werden, wenn es auf Grund der Umstände des Einzelfalls zur Vermeidung einer besonderen Härte erforderlich ist. 2Hierbei sind das Kindeswohl und die fa-

miliäre Situation zu berücksichtigen. $_3$Für minderjährige ledige Kinder von Ausländern, die eine Aufenthaltserlaubnis nach § 25 Absatz 2 Satz 1 zweite Alternative besitzen, gilt § 36a.

(5) $_1$Hält sich der Ausländer gemäß § 18e berechtigt im Bundesgebiet auf, so bedarf das minderjährige ledige Kind keines Aufenthaltstitels, wenn nachgewiesen wird, dass sich das Kind in dem anderen Mitgliedstaat der Europäischen Union rechtmäßig als Angehöriger des Ausländers aufgehalten hat. $_2$Die Voraussetzungen nach § 18e Absatz 1 Satz 1 Nummer 1, 3 und 4 und Absatz 6 Satz 1 und die Ablehnungsgründe nach § 19f gelten für das minderjährige Kind entsprechend.

§ 33 Geburt eines Kindes im Bundesgebiet

$_1$Einem Kind, das im Bundesgebiet geboren wird, kann abweichend von den §§ 5 und 29 Abs. 1 Nr. 2 von Amts wegen eine Aufenthaltserlaubnis erteilt werden, wenn ein Elternteil eine Aufenthaltserlaubnis, eine Niederlassungserlaubnis oder eine Erlaubnis zum Daueraufenthalt – EU besitzt. $_2$Wenn zum Zeitpunkt der Geburt beide Elternteile oder der allein personensorgeberechtigte Elternteil eine Aufenthaltserlaubnis, eine Niederlassungserlaubnis oder eine Erlaubnis zum Daueraufenthalt – EU besitzen, wird dem im Bundesgebiet geborenen Kind die Aufenthaltserlaubnis von Amts wegen erteilt. $_3$Der Aufenthalt eines im Bundesgebiet geborenen Kindes, dessen Mutter oder Vater zum Zeitpunkt der Geburt im Besitz eines Visums ist oder sich visumfrei aufhalten darf, gilt bis zum Ablauf des Visums oder des rechtmäßigen visumfreien Aufenthalts als erlaubt.

§ 34 Aufenthaltsrecht der Kinder

(1) Die einem Kind erteilte Aufenthaltserlaubnis ist abweichend von § 5 Abs. 1 Nr. 1 und § 29 Abs. 1 Nr. 2 zu verlängern, solange ein personensorgeberechtigter Elternteil eine Aufenthaltserlaubnis, Niederlassungserlaubnis oder eine Erlaubnis zum Daueraufenthalt – EU besitzt und das Kind mit ihm in familiärer Lebensgemeinschaft lebt oder das Kind im Falle seiner Ausreise ein Wiederkehrrecht gemäß § 37 hätte.

(2) $_1$Mit Eintritt der Volljährigkeit wird die einem Kind erteilte Aufenthaltserlaubnis zu einem eigenständigen, vom Familiennachzug unabhängigen Aufenthaltsrecht. $_2$Das Gleiche gilt bei Erteilung einer Niederlassungserlaubnis und der Erlaubnis zum Daueraufenthalt – EU oder wenn die Aufenthaltserlaubnis in entsprechender Anwendung des § 37 verlängert wird.

(3) Die Aufenthaltserlaubnis kann verlängert werden, solange die Voraussetzungen für die Erteilung der Niederlassungserlaubnis und der Erlaubnis zum Daueraufenthalt – EU noch nicht vorliegen.

§ 35 Eigenständiges, unbefristetes Aufenthaltsrecht der Kinder

(1) $_1$Einem minderjährigen Ausländer, der eine Aufenthaltserlaubnis nach diesem Abschnitt besitzt, ist abweichend von § 9 Abs. 2 eine Niederlassungserlaubnis zu erteilen, wenn er im Zeitpunkt der Vollendung seines 16. Lebensjahres seit fünf Jahren im Besitz der Aufenthaltserlaubnis ist. $_2$Das Gleiche gilt, wenn

1. der Ausländer volljährig und seit fünf Jahren im Besitz der Aufenthaltserlaubnis ist,
2. er über ausreichende Kenntnisse der deutschen Sprache verfügt und
3. sein Lebensunterhalt gesichert ist oder er sich in einer Ausbildung befindet, die zu einem anerkannten schulischen oder beruflichen Bildungsabschluss oder einem Hochschulabschluss führt.

(2) Auf die nach Absatz 1 erforderliche Dauer des Besitzes der Aufenthaltserlaubnis werden in der Regel nicht die Zeiten angerechnet, in denen der Ausländer außerhalb des Bundesgebiets die Schule besucht hat.

(3) $_1$Ein Anspruch auf Erteilung einer Niederlassungserlaubnis nach Absatz 1 besteht nicht, wenn

1. ein auf dem persönlichen Verhalten des Ausländers beruhendes Ausweisungsinteresse besteht,

2. der Ausländer in den letzten drei Jahren wegen einer vorsätzlichen Straftat zu einer Jugendstrafe von mindestens sechs oder einer Freiheitsstrafe von mindestens drei Monaten oder einer Geldstrafe von mindestens 90 Tagessätzen verurteilt worden oder wenn die Verhängung einer Jugendstrafe ausgesetzt ist oder
3. der Lebensunterhalt nicht ohne Inanspruchnahme von Leistungen nach dem Zweiten oder Zwölften Buch Sozialgesetzbuch oder Jugendhilfe nach dem Achten Buch Sozialgesetzbuch gesichert ist, es sei denn, der Ausländer befindet sich in einer Ausbildung, die zu einem anerkannten schulischen oder beruflichen Bildungsabschluss führt.

$_{2}$In den Fällen des Satzes 1 kann die Niederlassungserlaubnis erteilt oder die Aufenthaltserlaubnis verlängert werden. $_{3}$Ist im Falle des Satzes 1 Nr. 2 die Jugend- oder Freiheitsstrafe zur Bewährung oder die Verhängung einer Jugendstrafe ausgesetzt, wird die Aufenthaltserlaubnis in der Regel bis zum Ablauf der Bewährungszeit verlängert.

(4) Von den in Absatz 1 Satz 2 Nr. 2 und 3 und Absatz 3 Satz 1 Nr. 3 bezeichneten Voraussetzungen ist abzusehen, wenn sie von dem Ausländer wegen einer körperlichen, geistigen oder seelischen Krankheit oder Behinderung nicht erfüllt werden können.

§ 36 Nachzug der Eltern und sonstiger Familienangehöriger

(1) Den Eltern eines minderjährigen Ausländers, der eine Aufenthaltserlaubnis nach § 23 Absatz 4, § 25 Absatz 1 oder Absatz 2 Satz 1 erste Alternative, eine Niederlassungserlaubnis nach § 26 Absatz 3 oder nach Erteilung einer Aufenthaltserlaubnis nach § 25 Absatz 2 Satz 1 zweite Alternative eine Niederlassungserlaubnis nach § 26 Absatz 4 besitzt, ist abweichend von § 5 Absatz 1 Nummer 1 und § 29 Absatz 1 Nummer 2 eine Aufenthaltserlaubnis zu erteilen, wenn sich kein personensorgeberechtigter Elternteil im Bundesgebiet aufhält.

(2) $_{1}$Sonstigen Familienangehörigen eines Ausländers kann zum Familiennachzug eine Aufenthaltserlaubnis erteilt werden, wenn es zur Vermeidung einer außergewöhnlichen Härte erforderlich ist. $_{2}$Auf volljährige Familienangehörige sind § 30 Abs. 3 und § 31, auf minderjährige Familienangehörige ist § 34 entsprechend anzuwenden.

§ 36a Familiennachzug zu subsidiär Schutzberechtigten

(1) $_{1}$Dem Ehegatten oder dem minderjährigen ledigen Kind eines Ausländers, der eine Aufenthaltserlaubnis nach § 25 Absatz 2 Satz 1 zweite Alternative besitzt, kann aus humanitären Gründen eine Aufenthaltserlaubnis erteilt werden. $_{2}$Gleiches gilt für die Eltern eines minderjährigen Ausländers, der eine Aufenthaltserlaubnis nach § 25 Absatz 2 Satz 1 zweite Alternative besitzt, wenn sich kein personensorgeberechtigter Elternteil im Bundesgebiet aufhält; § 5 Absatz 1 Nummer 1 und § 29 Absatz 1 Nummer 2 finden keine Anwendung. $_{3}$Ein Anspruch auf Familiennachzug besteht für den genannten Personenkreis nicht. $_{4}$Die §§ 22, 23 bleiben unberührt.

(2) $_{1}$Humanitäre Gründe im Sinne dieser Vorschrift liegen insbesondere vor, wenn
1. die Herstellung der familiären Lebensgemeinschaft seit langer Zeit nicht möglich ist,
2. ein minderjähriges lediges Kind betroffen ist,
3. Leib, Leben oder Freiheit des Ehegatten, des minderjährigen ledigen Kindes oder der Eltern eines minderjährigen Ausländers im Aufenthaltsstaat ernsthaft gefährdet sind oder
4. der Ausländer, der Ehegatte oder das minderjährige ledige Kind oder ein Elternteil eines minderjährigen Ausländers schwerwiegend erkrankt oder pflegebedürftig im Sinne schwerer Beeinträchtigungen der Selbstständigkeit oder der Fähigkeiten ist oder eine schwere Behinderung hat. $_{2}$Die Erkrankung, die Pflegebedürftigkeit oder die Behinderung sind durch eine qualifizierte Bescheinigung glaubhaft zu machen, es sei denn, beim Familienangehörigen im Ausland liegen anderweitige An-

haltspunkte für das Vorliegen der Erkrankung, der Pflegebedürftigkeit oder der Behinderung vor.

₃Monatlich können 1000 nationale Visa für eine Aufenthaltserlaubnis nach Absatz 1 Satz 1 und 2 erteilt werden. ₄Das Kindeswohl ist besonders zu berücksichtigen. ₅Bei Vorliegen von humanitären Gründen sind Integrationsaspekte besonders zu berücksichtigen.

(3) Die Erteilung einer Aufenthaltserlaubnis nach Absatz 1 Satz 1 oder Satz 2 ist in der Regel ausgeschlossen, wenn

1. im Fall einer Aufenthaltserlaubnis nach Absatz 1 Satz 1 erste Alternative die Ehe nicht bereits vor der Flucht geschlossen wurde,
2. der Ausländer, zu dem der Familiennachzug stattfinden soll,
   a) wegen einer oder mehrerer vorsätzlicher Straftaten rechtskräftig zu einer Freiheitsstrafe von mindestens einem Jahr verurteilt worden ist,
   b) wegen einer oder mehrerer vorsätzlicher Straftaten gegen das Leben, die körperliche Unversehrtheit, die sexuelle Selbstbestimmung, das Eigentum oder wegen Widerstands gegen Vollstreckungsbeamte rechtskräftig zu einer Freiheits- oder Jugendstrafe verurteilt worden ist, sofern die Straftat mit Gewalt, unter Anwendung von Drohung mit Gefahr für Leib oder Leben oder mit List begangen worden ist oder eine Straftat nach § 177 des Strafgesetzbuches ist; bei serienmäßiger Begehung von Straftaten gegen das Eigentum gilt dies auch, wenn der Täter keine Gewalt, Drohung oder List angewendet hat,
   c) wegen einer oder mehrerer vorsätzlicher Straftaten rechtskräftig zu einer Jugendstrafe von mindestens einem Jahr verurteilt und die Vollstreckung der Strafe nicht zur Bewährung ausgesetzt worden ist, oder
   d) wegen einer oder mehrerer vorsätzlicher Straftaten nach § 29 Absatz 1 Satz 1 Nummer 1 des Betäubungsmittelgesetzes rechtskräftig verurteilt worden ist,
3. hinsichtlich des Ausländers, zu dem der Familiennachzug stattfinden soll, die Verlängerung der Aufenthaltserlaubnis und die Erteilung eines anderen Aufenthaltstitels nicht zu erwarten ist, oder
4. der Ausländer, zu dem der Familiennachzug stattfinden soll, eine Grenzübertrittsbescheinigung beantragt hat.

(4) § 30 Absatz 1 Satz 1 Nummer 1, Absatz 2 Satz 1 und Absatz 4 sowie § 32 Absatz 3 gelten entsprechend.

(5) § 27 Absatz 3 Satz 2 und § 29 Absatz 2 Satz 2 Nummer 1 finden keine Anwendung.

Abschnitt 7
Besondere Aufenthaltsrechte

§ 37 Recht auf Wiederkehr

(1) Einem Ausländer, der als Minderjähriger rechtmäßig seinen gewöhnlichen Aufenthalt im Bundesgebiet hatte, ist eine Aufenthaltserlaubnis zu erteilen, wenn

1. der Ausländer sich vor seiner Ausreise acht Jahre rechtmäßig im Bundesgebiet aufgehalten und sechs Jahre im Bundesgebiet eine Schule besucht hat,
2. sein Lebensunterhalt aus eigener Erwerbstätigkeit oder durch eine Unterhaltsverpflichtung gesichert ist, die ein Dritter für die Dauer von fünf Jahren übernommen hat, und
3. der Antrag auf Erteilung der Aufenthaltserlaubnis nach Vollendung des 15. und vor Vollendung des 21. Lebensjahres sowie vor Ablauf von fünf Jahren seit der Ausreise gestellt wird.

(2) ₁Zur Vermeidung einer besonderen Härte kann von den in Absatz 1 Satz 1 Nr. 1 und 3 bezeichneten Voraussetzungen abgewichen werden. ₂Von den in Absatz 1 Satz 1 Nr. 1 bezeichneten Voraussetzungen kann abgesehen werden, wenn der Ausländer im Bundesgebiet einen anerkannten Schulabschluss erworben hat.

(2a) ₁Von den in Absatz 1 Satz 1 Nummer 1 bis 3 bezeichneten Voraussetzungen kann

VI

abgewichen werden, wenn der Ausländer rechtswidrig mit Gewalt oder Drohung mit einem empfindlichen Übel zur Eingehung der Ehe genötigt und von der Rückkehr nach Deutschland abgehalten wurde, er den Antrag auf Erteilung einer Aufenthaltserlaubnis innerhalb von drei Monaten nach Wegfall der Zwangslage, spätestens jedoch vor Ablauf von fünf Jahren seit der Ausreise, stellt, und gewährleistet erscheint, dass er sich aufgrund seiner bisherigen Ausbildung und Lebensverhältnisse in die Lebensverhältnisse der Bundesrepublik Deutschland einfügen kann. $_2$Erfüllt der Ausländer die Voraussetzungen des Absatzes 1 Satz 1 Nummer 1, soll ihm eine Aufenthaltserlaubnis erteilt werden, wenn er rechtswidrig mit Gewalt oder Drohung mit einem empfindlichen Übel zur Eingehung der Ehe genötigt und von der Rückkehr nach Deutschland abgehalten wurde und er den Antrag auf Erteilung einer Aufenthaltserlaubnis innerhalb von drei Monaten nach Wegfall der Zwangslage, spätestens jedoch vor Ablauf von zehn Jahren seit der Ausreise, stellt. $_3$Absatz 2 bleibt unberührt.

(3) Die Erteilung einer Aufenthaltserlaubnis kann versagt werden,

1. wenn der Ausländer ausgewiesen worden war oder ausgewiesen werden konnte, als er das Bundesgebiet verließ,
2. wenn ein Ausweisungsinteresse besteht oder
3. solange der Ausländer minderjährig und seine persönliche Betreuung im Bundesgebiet nicht gewährleistet ist.

(4) Der Verlängerung der Aufenthaltserlaubnis steht nicht entgegen, dass der Lebensunterhalt nicht mehr aus eigener Erwerbstätigkeit gesichert oder die Unterhaltsverpflichtung wegen Ablaufs der fünf Jahre entfallen ist.

(5) Einem Ausländer, der von einem Träger im Bundesgebiet Rente bezieht, wird in der Regel eine Aufenthaltserlaubnis erteilt, wenn er sich vor seiner Ausreise mindestens acht Jahre rechtmäßig im Bundesgebiet aufgehalten hat.

§ 38 Aufenthaltstitel für ehemalige Deutsche

(1) $_1$Einem ehemaligen Deutschen ist

1. eine Niederlassungserlaubnis zu erteilen, wenn er bei Verlust der deutschen Staatsangehörigkeit seit fünf Jahren als Deutscher seinen gewöhnlichen Aufenthalt im Bundesgebiet hatte,
2. eine Aufenthaltserlaubnis zu erteilen, wenn er bei Verlust der deutschen Staatsangehörigkeit seit mindestens einem Jahr seinen gewöhnlichen Aufenthalt im Bundesgebiet hatte.

$_2$Der Antrag auf Erteilung eines Aufenthaltstitels nach Satz 1 ist innerhalb von sechs Monaten nach Kenntnis vom Verlust der deutschen Staatsangehörigkeit zu stellen. $_3$§ 81 Abs. 3 gilt entsprechend.

(2) Einem ehemaligen Deutschen, der seinen gewöhnlichen Aufenthalt im Ausland hat, kann eine Aufenthaltserlaubnis erteilt werden, wenn er über ausreichende Kenntnisse der deutschen Sprache verfügt.

(3) In besonderen Fällen kann der Aufenthaltstitel nach Absatz 1 oder 2 abweichend von § 5 erteilt werden.

(4) Die Ausübung einer Erwerbstätigkeit ist innerhalb der Antragsfrist des Absatzes 1 Satz 2 und im Falle der Antragstellung bis zur Entscheidung der Ausländerbehörde über den Antrag erlaubt.

(5) Die Absätze 1 bis 4 finden entsprechende Anwendung auf einen Ausländer, der aus einem nicht von ihm zu vertretenden Grund bisher von deutschen Stellen als Deutscher behandelt wurde.

§ 38a Aufenthaltserlaubnis für in anderen Mitgliedstaaten der Europäischen Union langfristig Aufenthaltsberechtigte

(1) $_1$Einem Ausländer, der in einem anderen Mitgliedstaat der Europäischen Union die Rechtsstellung eines langfristig Aufenthaltsberechtigten innehat, wird eine Aufenthaltserlaubnis erteilt, wenn er sich länger als 90 Tage im Bundesgebiet aufhalten will. $_2$§ 8 Abs. 2 ist nicht anzuwenden.

(2) Absatz 1 ist nicht anzuwenden auf Ausländer, die

1. von einem Dienstleistungserbringer im Rahmen einer grenzüberschreitenden Dienstleistungserbringung entsandt werden,
2. sonst grenzüberschreitende Dienstleistungen erbringen wollen oder
3. sich zur Ausübung einer Beschäftigung als Saisonarbeitnehmer im Bundesgebiet aufhalten oder im Bundesgebiet eine Tätigkeit als Grenzarbeitnehmer aufnehmen wollen.

(3) $_1$Die Aufenthaltserlaubnis berechtigt zur Ausübung einer Beschäftigung, wenn die Bundesagentur für Arbeit der Ausübung der Beschäftigung nach § 39 Absatz 3 zugestimmt hat; die Zustimmung wird mit Vorrangprüfung erteilt. $_2$Die Aufenthaltserlaubnis berechtigt zur Ausübung einer selbständigen Tätigkeit, wenn die in § 21 genannten Voraussetzungen erfüllt sind. $_3$Wird der Aufenthaltstitel nach Absatz 1 für ein Studium oder für sonstige Ausbildungszwecke erteilt, sind die §§ 16a und 16b entsprechend anzuwenden. $_4$In den Fällen des § 16a wird der Aufenthaltstitel ohne Zustimmung der Bundesagentur für Arbeit erteilt.

(4) $_1$Eine nach Absatz 1 erteilte Aufenthaltserlaubnis darf nur für höchstens zwölf Monate mit einer Nebenbestimmung nach § 34 der Beschäftigungsverordnung versehen werden. $_2$Der in Satz 1 genannte Zeitraum beginnt mit der erstmaligen Erlaubnis einer Beschäftigung bei der Erteilung der Aufenthaltserlaubnis nach Absatz 1. $_3$Nach Ablauf dieses Zeitraums berechtigt die Aufenthaltserlaubnis zur Ausübung einer Erwerbstätigkeit.

Abschnitt 8
Beteiligung der Bundesagentur für Arbeit

§ 39 Zustimmung zur Beschäftigung

(1) $_1$Die Erteilung eines Aufenthaltstitels zur Ausübung einer Beschäftigung setzt die Zustimmung der Bundesagentur für Arbeit voraus, es sei denn, die Zustimmung ist kraft Gesetzes, auf Grund der Beschäftigungsverordnung oder Bestimmung in einer zwischenstaatlichen Vereinbarung nicht erforderlich. $_2$Die Zustimmung kann erteilt werden, wenn dies durch ein Gesetz, die Beschäftigungsverordnung oder zwischenstaatliche Vereinbarung bestimmt ist.

(2) $_1$Die Bundesagentur für Arbeit kann der Ausübung einer Beschäftigung durch eine Fachkraft gemäß den §§ 18a oder 18b zustimmen, wenn

1. sie nicht zu ungünstigeren Arbeitsbedingungen als vergleichbare inländische Arbeitnehmer beschäftigt wird,
2. sie
   a) gemäß § 18a oder § 18b Absatz 1 eine Beschäftigung als Fachkraft ausüben wird, zu der ihre Qualifikation sie befähigt, oder
   b) gemäß § 18b Absatz 2 Satz 2 eine ihrer Qualifikation angemessene Beschäftigung ausüben wird,
3. ein inländisches Beschäftigungsverhältnis vorliegt und,
4. sofern die Beschäftigungsverordnung nähere Voraussetzungen in Bezug auf die Ausübung der Beschäftigung vorsieht, diese vorliegen.

$_2$Die Zustimmung wird ohne Vorrangprüfung im Sinne des Absatzes 3 Nummer 3 erteilt, es sei denn, in der Beschäftigungsverordnung ist etwas anderes bestimmt.

(3) Die Bundesagentur für Arbeit kann der Ausübung einer Beschäftigung durch einen Ausländer unabhängig von einer Qualifikation als Fachkraft zustimmen, wenn

1. der Ausländer nicht zu ungünstigeren Arbeitsbedingungen als vergleichbare inländische Arbeitnehmer beschäftigt wird,
2. die in den §§ 19, 19b, 19c Absatz 3 oder § 19d Absatz 1 Nummer 1 oder durch die Beschäftigungsverordnung geregelten Voraussetzungen für die Zustimmung in Bezug auf die Ausübung der Beschäftigung vorliegen und
3. für die Beschäftigung deutsche Arbeitnehmer sowie Ausländer, die diesen hinsichtlich der Arbeitsaufnahme rechtlich gleich-

VI

gestellt sind, oder andere Ausländer, die nach dem Recht der Europäischen Union einen Anspruch auf vorrangigen Zugang zum Arbeitsmarkt haben, nicht zur Verfügung stehen (Vorrangprüfung), soweit diese Prüfung durch die Beschäftigungsverordnung oder Gesetz vorgesehen ist.

(4) 1Für die Erteilung der Zustimmung hat der Arbeitgeber der Bundesagentur für Arbeit Auskunft über Arbeitsentgelt, Arbeitszeiten und sonstige Arbeitsbedingungen zu erteilen. 2Auf Aufforderung durch die Bundesagentur für Arbeit hat ein Arbeitgeber, der einen Ausländer beschäftigt oder beschäftigt hat, eine Auskunft nach Satz 1 innerhalb eines Monats zu erteilen.

(5) Die Absätze 1, 3 und 4 gelten auch, wenn bei Aufenthalten zu anderen Zwecken nach den Abschnitten 3, 5 oder 7 eine Zustimmung der Bundesagentur für Arbeit zur Ausübung einer Beschäftigung erforderlich ist.

(6) 1Absatz 3 gilt für die Erteilung einer Arbeitserlaubnis zum Zweck der Saisonbeschäftigung entsprechend. 2Im Übrigen sind die für die Zustimmung der Bundesagentur für Arbeit geltenden Rechtsvorschriften auf die Arbeitserlaubnis anzuwenden, soweit durch Gesetz oder Rechtsverordnung nichts anderes bestimmt ist. 3Die Bundesagentur für Arbeit kann für die Zustimmung zur Erteilung eines Aufenthaltstitels zum Zweck der Saisonbeschäftigung und für die Erteilung einer Arbeitserlaubnis zum Zweck der Saisonbeschäftigung am Bedarf orientierte Zulassungszahlen festlegen.

§ 40 Versagungsgründe

(1) Die Zustimmung nach § 39 ist zu versagen, wenn

1. das Arbeitsverhältnis auf Grund einer unerlaubten Arbeitsvermittlung oder Anwerbung zustande gekommen ist oder
2. der Ausländer als Leiharbeitnehmer (§ 1 Abs. 1 des Arbeitnehmerüberlassungsgesetzes) tätig werden will.

(2) Die Zustimmung kann versagt werden, wenn

1. der Ausländer gegen § 404 Abs. 1 oder 2 Nr. 2 bis 13 des Dritten Buches Sozialgesetzbuch, §§ 10, 10a oder § 11 des Schwarzarbeitsbekämpfungsgesetzes oder gegen die §§ 15, 15a oder § 16 Abs. 1 Nr. 2 des Arbeitnehmerüberlassungsgesetzes schuldhaft verstoßen hat,
2. wichtige Gründe in der Person des Ausländers vorliegen oder
3. die Beschäftigung bei einem Arbeitgeber erfolgen soll, der oder dessen nach Satzung oder Gesetz Vertretungsberechtigter innerhalb der letzten fünf Jahre wegen eines Verstoßes gegen § 404 Absatz 1 oder Absatz 2 Nummer 3 des Dritten Buches Sozialgesetzbuch rechtskräftig mit einer Geldbuße belegt oder wegen eines Verstoßes gegen die §§ 10, 10a oder 11 des Schwarzarbeitsbekämpfungsgesetzes oder gegen die §§ 15, 15a oder 16 Absatz 1 Nummer 2 des Arbeitnehmerüberlassungsgesetzes rechtskräftig zu einer Geld- oder Freiheitsstrafe verurteilt worden ist; dies gilt bei einem unternehmensinternen Transfer gemäß § 19 oder § 19b entsprechend für die aufnehmende Niederlassung.

(3) Die Zustimmung kann darüber hinaus versagt werden, wenn

1. der Arbeitgeber oder die aufnehmende Niederlassung seinen oder ihren sozialversicherungsrechtlichen, steuerrechtlichen oder arbeitsrechtlichen Pflichten nicht nachgekommen ist,
2. über das Vermögen des Arbeitgebers oder über das Vermögen der aufnehmenden Niederlassung ein Insolvenzverfahren eröffnet wurde, das auf Auflösung des Arbeitgebers oder der Niederlassung und Abwicklung des Geschäftsbetriebs gerichtet ist,
3. der Arbeitgeber oder die aufnehmende Niederlassung im Rahmen der Durchführung eines Insolvenzverfahrens aufgelöst wurde und der Geschäftsbetrieb abgewickelt wurde,
4. die Eröffnung eines Insolvenzverfahrens über das Vermögen des Arbeitgebers oder

über das Vermögen der aufnehmenden Niederlassung mangels Masse abgelehnt wurde und der Geschäftsbetrieb eingestellt wurde,

5. der Arbeitgeber oder die aufnehmende Niederlassung keine Geschäftstätigkeit ausübt,
6. durch die Präsenz des Ausländers eine Einflussnahme auf arbeitsrechtliche oder betriebliche Auseinandersetzungen oder Verhandlungen bezweckt oder bewirkt wird oder
7. der Arbeitgeber oder die aufnehmende Niederlassung hauptsächlich zu dem Zweck gegründet wurde, die Einreise und den Aufenthalt von Ausländern zum Zweck der Beschäftigung zu erleichtern; das Gleiche gilt, wenn das Arbeitsverhältnis hauptsächlich zu diesem Zweck begründet wurde.

§ 41 Widerruf der Zustimmung und Entzug der Arbeitserlaubnis

Die Zustimmung kann widerrufen und die Arbeitserlaubnis zum Zweck der Saisonbeschäftigung kann entzogen werden, wenn der Ausländer zu ungünstigeren Arbeitsbedingungen als vergleichbare inländische Arbeitnehmer beschäftigt wird oder der Tatbestand des § 40 erfüllt ist.

§ 42 Verordnungsermächtigung und Weisungsrecht

(1) Das Bundesministerium für Arbeit und Soziales kann durch Rechtsverordnung (Beschäftigungsverordnung) mit Zustimmung des Bundesrates Folgendes bestimmen:

1. Beschäftigungen, für die Ausländer nach § 4a Absatz 2 Satz 1, § 16a Absatz 1 Satz 1, den §§ 16d, 16e Absatz 1 Satz 1, den §§ 19, 19b, 19c Absatz 1 und 2 sowie § 19e mit oder ohne Zustimmung der Bundesagentur für Arbeit zugelassen werden können, und ihre Voraussetzungen,
2. Beschäftigungen und Bedingungen, zu denen eine Zustimmung der Bundesagentur für Arbeit für eine qualifzierte Beschäftigung nach § 19c Absatz 2 unabhängig von der Qualifikation als Fachkraft erteilt werden kann und
3. nähere Voraussetzungen in Bezug auf die Ausübung einer Beschäftigung als Fachkraft nach den §§ 18a und 18b,
4. Ausnahmen für Angehörige bestimmter Staaten,
5. Tätigkeiten, die für die Durchführung dieses Gesetzes stets oder unter bestimmten Voraussetzungen nicht als Beschäftigung anzusehen sind.

(2) Das Bundesministerium für Arbeit und Soziales kann durch die Beschäftigungsverordnung ohne Zustimmung des Bundesrates Folgendes bestimmen:

1. die Voraussetzungen und das Verfahren zur Erteilung der Zustimmung der Bundesagentur für Arbeit; dabei kann auch ein alternatives Verfahren zur Vorrangprüfung geregelt werden,
2. Einzelheiten über die zeitliche, betriebliche, berufliche und regionale Beschränkung der Zustimmung,
3. Fälle nach § 39 Absatz 2 und 3, in denen für eine Zustimmung eine Vorrangprüfung durchgeführt wird, beispielsweise für die Beschäftigung von Fachkräften in zu bestimmenden Bezirken der Bundesagentur für Arbeit sowie in bestimmten Berufen,
4. Fälle, in denen Ausländern, die im Besitz einer Duldung sind, oder anderen Ausländern, die keinen Aufenthaltstitel besitzen, nach § 4a Absatz 4 eine Beschäftigung erlaubt werden kann,
5. die Voraussetzungen und das Verfahren zur Erteilung einer Arbeitserlaubnis zum Zweck der Saisonbeschäftigung an Staatsangehörige der in Anhang II zu der Verordnung (EG) Nr. 539/2001 des Rates vom 15. März 2001 zur Aufstellung der Liste der Drittländer, deren Staatsangehörige beim Überschreiten der Außengrenzen im Besitz eines Visums sein müssen, sowie der Liste der Drittländer, deren Staatsangehörige von dieser Visumpflicht befreit sind (ABl. L 81 vom 21. 3. 2001, S. 1), genannten Staaten,

VI

6. Berufe, in denen für Angehörige bestimmter Staaten die Erteilung einer Blauen Karte EU zu versagen ist, weil im Herkunftsland ein Mangel an qualifizierten Arbeitnehmern in diesen Berufsgruppen besteht.

(3) Das Bundesministerium für Arbeit und Soziales kann der Bundesagentur für Arbeit zur Durchführung der Bestimmungen dieses Gesetzes und der hierzu erlassenen Rechtsverordnungen sowie der von der Europäischen Union erlassenen Bestimmungen über den Zugang zum Arbeitsmarkt und der zwischenstaatlichen Vereinbarungen über die Beschäftigung von Arbeitnehmern Weisungen erteilen.

Kapitel 3 Integration

§ 43 Integrationskurs

(1) Die Integration von rechtmäßig auf Dauer im Bundesgebiet lebenden Ausländern in das wirtschaftliche, kulturelle und gesellschaftliche Leben in der Bundesrepublik Deutschland wird gefördert und gefordert.

(2) $_{1}$Eingliederungsbemühungen von Ausländern werden durch ein Grundangebot zur Integration (Integrationskurs) unterstützt. $_{2}$Ziel des Integrationskurses ist, den Ausländern die Sprache, die Rechtsordnung, die Kultur und die Geschichte in Deutschland erfolgreich zu vermitteln. $_{3}$Ausländer sollen dadurch mit den Lebensverhältnissen im Bundesgebiet so weit vertraut werden, dass sie ohne die Hilfe oder Vermittlung Dritter in allen Angelegenheiten des täglichen Lebens selbständig handeln können.

(3) $_{1}$Der Integrationskurs umfasst einen Basis- und einen Aufbausprachkurs von jeweils gleicher Dauer zur Erlangung ausreichender Sprachkenntnisse sowie einen Orientierungskurs zur Vermittlung von Kenntnissen der Rechtsordnung, der Kultur und der Geschichte in Deutschland. $_{2}$Der Integrationskurs wird vom Bundesamt für Migration und Flüchtlinge koordiniert und durchgeführt, das sich hierzu privater oder öffentlicher Träger bedienen kann. $_{3}$Für die Teilnahme am Integrationskurs sollen Kosten in angemessenem Umfang unter Berücksichtigung der Leistungsfähigkeit erhoben werden. $_{4}$Zur Zahlung ist auch derjenige verpflichtet, der dem Ausländer zur Gewährung des Lebensunterhalts verpflichtet ist.

(4) $_{1}$Die Bundesregierung wird ermächtigt, nähere Einzelheiten des Integrationskurses, insbesondere die Grundstruktur, die Dauer, die Lerninhalte und die Durchführung der Kurse, die Vorgaben bezüglich der Auswahl und Zulassung der Kursträger sowie die Voraussetzungen und die Rahmenbedingungen für die ordnungsgemäße und erfolgreiche Teilnahme und ihre Bescheinigung einschließlich der Kostentragung sowie die erforderliche Datenübermittlung zwischen den beteiligten Stellen und die Datenverarbeitung durch das Bundesamt für Migration und Flüchtlinge nach § 88a Absatz 1 und 1a durch eine Rechtsverordnung ohne Zustimmung des Bundesrates zu regeln. $_{2}$Hiervon ausgenommen sind die Prüfungs- und Nachweismodalitäten der Abschlusstests zu den Integrationskursen, die das Bundesministerium des Innern durch Rechtsverordnung ohne Zustimmung des Bundesrates regelt.

§ 44 Berechtigung zur Teilnahme an einem Integrationskurs

(1) $_{1}$Einen Anspruch auf die einmalige Teilnahme an einem Integrationskurs hat ein Ausländer, der sich dauerhaft im Bundesgebiet aufhält, wenn ihm

1. erstmals eine Aufenthaltserlaubnis
   a) zu Erwerbszwecken (§§ 18a bis 18d, 19c und 21),
   b) zum Zweck des Familiennachzugs (§§ 28, 29, 30, 32, 36, 36a),
   c) aus humanitären Gründen nach § 25 Absatz 1, 2, 4a Satz 3 oder § 25b,
   d) als langfristig Aufenthaltsberechtigter nach § 38a oder
2. ein Aufenthaltstitel nach § 23 Abs. 2 oder Absatz 4

erteilt wird. $_{2}$Von einem dauerhaften Aufenthalt ist in der Regel auszugehen, wenn der Ausländer eine Aufenthaltserlaubnis von

VI

mindestens einem Jahr erhält oder seit über 18 Monaten eine Aufenthaltserlaubnis besitzt, es sei denn, der Aufenthalt ist vorübergehender Natur.

(2) 1Der Teilnahmeanspruch nach Absatz 1 erlischt ein Jahr nach Erteilung des den Anspruch begründenden Aufenthaltstitels oder bei dessen Wegfall. 2Dies gilt nicht, wenn sich der Ausländer bis zu diesem Zeitpunkt aus von ihm nicht zu vertretenden Gründen nicht zu einem Integrationskurs anmelden konnte.

(3) 1Der Anspruch auf Teilnahme am Integrationskurs besteht nicht

1. bei Kindern, Jugendlichen und jungen Erwachsenen, die eine schulische Ausbildung aufnehmen oder ihre bisherige Schullaufbahn in der Bundesrepublik Deutschland fortsetzen,
2. bei erkennbar geringem Integrationsbedarf oder
3. wenn der Ausländer bereits über ausreichende Kenntnisse der deutschen Sprache verfügt.

2Die Berechtigung zur Teilnahme am Orientierungskurs bleibt im Falle des Satzes 1 Nr. 3 hiervon unberührt.

(4) 1Ein Ausländer, der einen Teilnahmeanspruch nicht oder nicht mehr besitzt, kann im Rahmen verfügbarer Kursplätze zur Teilnahme zugelassen werden. 2Diese Regelung findet entsprechend auf deutsche Staatsangehörige Anwendung, wenn sie nicht über ausreichende Kenntnisse der deutschen Sprache verfügen und in besonderer Weise integrationsbedürftig sind, sowie auf Ausländer, die

1. eine Aufenthaltsgestattung besitzen und
   a) bei denen ein rechtmäßiger und dauerhafter Aufenthalt zu erwarten ist oder
   b) die vor dem 1. August 2019 in das Bundesgebiet eingereist sind, sich seit mindestens drei Monaten gestattet im Bundesgebiet aufhalten, nicht aus einem sicheren Herkunftsstaat nach § 29a des Asylgesetzes stammen und bei der Agentur für Arbeit ausbildungsuchend, arbeitsuchend oder arbeitslos gemeldet sind oder beschäftigt sind oder in einer Berufsausbildung im Sinne von § 57 Absatz 1 des Dritten Buches Sozialgesetzbuch stehen oder in Maßnahmen nach dem Zweiten Unterabschnitt des Dritten Abschnitts des Dritten Kapitels oder § 130 Absatz 1 Satz 2 des Dritten Buches Sozialgesetzbuch gefördert werden oder bei denen die Voraussetzungen des § 11 Absatz 4 Satz 2 und 3 des Zwölften Buches Sozialgesetzbuch vorliegen oder
2. eine Duldung nach § 60a Absatz 2 Satz 3 besitzen oder
3. eine Aufenthaltserlaubnis nach § 25 Absatz 5 besitzen.

3Bei einem Asylbewerber, der aus einem sicheren Herkunftsstaat nach § 29a des Asylgesetzes stammt, wird vermutet, dass ein rechtmäßiger und dauerhafter Aufenthalt nicht zu erwarten ist.

§ 44a Verpflichtung zur Teilnahme an einem Integrationskurs

(1) 1Ein Ausländer ist zur Teilnahme an einem Integrationskurs verpflichtet, wenn

1. er nach § 44 einen Anspruch auf Teilnahme hat und
   a) sich nicht zumindest auf einfache Art in deutscher Sprache verständigen kann oder
   b) zum Zeitpunkt der Erteilung eines Aufenthaltstitels nach § 23 Abs. 2, § 28 Abs. 1 Satz 1 Nr. 1, § 30 oder § 36a Absatz 1 Satz 1 erste Alternative nicht über ausreichende Kenntnisse der deutschen Sprache verfügt oder
2. er Leistungen nach dem Zweiten Buch Sozialgesetzbuch bezieht und die Teilnahme am Integrationskurs in einer Eingliederungsvereinbarung nach dem Zweiten Buch Sozialgesetzbuch vorgesehen ist,
3. er in besonderer Weise integrationsbedürftig ist und die Ausländerbehörde ihn zur Teilnahme am Integrationskurs auffordert oder
4. er zu dem in § 44 Absatz 4 Satz 2 Nummer 1 bis 3 genannten Personenkreis gehört, Leistungen nach dem Asylbewerberleistungsgesetz bezieht und die zuständi-

ge Leistungsbehörde ihn zur Teilnahme an einem Integrationskurs auffordert.

[2]In den Fällen des Satzes 1 Nr. 1 stellt die Ausländerbehörde bei der Erteilung des Aufenthaltstitels fest, dass der Ausländer zur Teilnahme verpflichtet ist. [3]In den Fällen des Satzes 1 Nr. 2 ist der Ausländer auch zur Teilnahme verpflichtet, wenn der Träger der Grundsicherung für Arbeitsuchende ihn zur Teilnahme auffordert. [4]Der Träger der Grundsicherung für Arbeitsuchende soll in den Fällen des Satzes 1 Nr. 1 und 3 beim Bezug von Leistungen nach dem Zweiten Buch Sozialgesetzbuch für die Maßnahmen nach § 15 des Zweiten Buches Sozialgesetzbuch der Verpflichtung durch die Ausländerbehörde im Regelfall folgen. [5]Sofern der Träger der Grundsicherung für Arbeitsuchende im Einzelfall eine abweichende Entscheidung trifft, hat er dies der Ausländerbehörde mitzuteilen, die die Verpflichtung widerruft. [6]Die Verpflichtung ist zu widerrufen, wenn einem Ausländer neben seiner Erwerbstätigkeit eine Teilnahme auch an einem Teilzeitkurs nicht zuzumuten ist. [7]Darüber hinaus können die Ausländerbehörden einen Ausländer bei der Erteilung eines Aufenthaltstitels nach § 25 Absatz 1 oder 2 zur Teilnahme an einem Integrationskurs verpflichten, wenn er sich lediglich auf einfache Art in deutscher Sprache verständigen kann.

(1a) Die Teilnahmeverpflichtung nach Absatz 1 Satz 1 Nummer 1 erlischt außer durch Rücknahme oder Widerruf nur, wenn der Ausländer ordnungsgemäß am Integrationskurs teilgenommen hat.

(2) Von der Teilnahmeverpflichtung ausgenommen sind Ausländer,

1. die sich im Bundesgebiet in einer beruflichen oder sonstigen Ausbildung befinden,
2. die die Teilnahme an vergleichbaren Bildungsangeboten im Bundesgebiet nachweisen oder
3. deren Teilnahme auf Dauer unmöglich oder unzumutbar ist.

(2a) Von der Verpflichtung zur Teilnahme am Orientierungskurs sind Ausländer ausgenommen, die eine Aufenthaltserlaubnis nach § 38a besitzen, wenn sie nachweisen, dass sie bereits in einem anderen Mitgliedstaat der Europäischen Union zur Erlangung ihrer Rechtsstellung als langfristig Aufenthaltsberechtigte an Integrationsmaßnahmen teilgenommen haben.

(3) [1]Kommt ein Ausländer seiner Teilnahmepflicht aus von ihm zu vertretenden Gründen nicht nach oder legt er den Abschlusstest nicht erfolgreich ab, weist ihn die zuständige Ausländerbehörde vor der Verlängerung seiner Aufenthaltserlaubnis auf die möglichen Auswirkungen seines Handelns (§ 8 Abs. 3, § 9 Abs. 2 Satz 1 Nr. 7 und 8, § 9a Absatz 2 Satz 1 Nummer 3 und 4 dieses Gesetzes, § 10 Abs. 3 des Staatsangehörigkeitsgesetzes) hin. [2]Die Ausländerbehörde kann den Ausländer mit Mitteln des Verwaltungszwangs zur Erfüllung seiner Teilnahmepflicht anhalten. [3]Bei Verletzung der Teilnahmepflicht kann der voraussichtliche Kostenbeitrag auch vorab in einer Summe durch Gebührenbescheid erhoben werden.

§ 45 Integrationsprogramm

[1]Der Integrationskurs soll durch weitere Integrationsangebote des Bundes und der Länder, insbesondere sozialpädagogische und migrationsspezifische Beratungsangebote, ergänzt werden. [2]Das Bundesministerium des Innern oder die von ihm bestimmte Stelle entwickelt ein bundesweites Integrationsprogramm, in dem insbesondere die bestehenden Integrationsangebote von Bund, Ländern, Kommunen und privaten Trägern für Ausländer und Spätaussiedler festgestellt und Empfehlungen zur Weiterentwicklung der Integrationsangebote vorgelegt werden. [3]Bei der Entwicklung des bundesweiten Integrationsprogramms sowie der Erstellung von Informationsmaterialien über bestehende Integrationsangebote werden die Länder, die Kommunen und die Ausländerbeauftragten von Bund, Ländern und Kommunen sowie der Beauftragte der Bundesregierung für Aussiedlerfragen beteiligt. [4]Darüber hinaus sollen Religionsgemeinschaften, Gewerkschaften, Arbeitgeberverbände, die Träger der freien Wohlfahrtspflege sowie sonstige ge-

sellschaftliche Interessenverbände beteiligt werden.

§ 45a Berufsbezogene Deutschsprachförderung; Verordnungsermächtigung

(1) 1Die Integration in den Arbeitsmarkt kann durch Maßnahmen der berufsbezogenen Deutschsprachförderung unterstützt werden. 2Diese Maßnahmen bauen in der Regel auf der allgemeinen Sprachförderung der Integrationskurse auf. 3Die berufsbezogene Deutschsprachförderung wird vom Bundesamt für Migration und Flüchtlinge koordiniert und durchgeführt. 4Das Bundesamt für Migration und Flüchtlinge bedient sich zur Durchführung der Maßnahmen privater oder öffentlicher Träger.

(2) 1Ein Ausländer ist zur Teilnahme an einer Maßnahme der berufsbezogenen Deutschsprachförderung verpflichtet, wenn er Leistungen nach dem Zweiten Buch Sozialgesetzbuch bezieht und die Teilnahme an der Maßnahme in einer Eingliederungsvereinbarung nach dem Zweiten Buch Sozialgesetzbuch vorgesehen ist. 2Leistungen zur Eingliederung in Arbeit nach dem Zweiten Buch Sozialgesetzbuch und Leistungen der aktiven Arbeitsförderung nach dem Dritten Buch Sozialgesetzbuch bleiben unberührt. 3Die Teilnahme an der berufsbezogenen Deutschsprachförderung setzt für Ausländer mit einer Aufenthaltsgestattung nach dem Asylgesetz voraus, dass

1. bei dem Ausländer ein rechtmäßiger und dauerhafter Aufenthalt zu erwarten ist oder
2. der Ausländer vor dem 1. August 2019 in das Bundesgebiet eingereist ist, er sich seit mindestens drei Monaten gestattet im Bundesgebiet aufhält, nicht aus einem sicheren Herkunftsstaat nach § 29a des Asylgesetzes stammt und bei der Agentur für Arbeit ausbildungsuchend, arbeitsuchend oder arbeitslos gemeldet ist oder beschäftigt ist oder in einer Berufsausbildung im Sinne von § 57 Absatz 1 des Dritten Buches Sozialgesetzbuch steht oder in Maßnahmen nach dem Zweiten Unterabschnitt des Dritten Abschnitts des Dritten Kapitels oder § 130 Absatz 1 Satz 2 des Dritten Buches Sozialgesetzbuch gefördert wird oder bei dem die Voraussetzungen des § 11 Absatz 4 Satz 2 und 3 des Zwölften Buches Sozialgesetzbuch vorliegen.

4Bei einem Asylbewerber, der aus einem sicheren Herkunftsstaat nach § 29a des Asylgesetzes stammt, wird vermutet, dass ein rechtmäßiger und dauerhafter Aufenthalt nicht zu erwarten ist.

(3) Das Bundesministerium für Arbeit und Soziales wird ermächtigt, durch Rechtsverordnung ohne Zustimmung des Bundesrates im Einvernehmen mit dem Bundesministerium des Innern nähere Einzelheiten der berufsbezogenen Deutschsprachförderung, insbesondere die Grundstruktur, die Zielgruppen, die Dauer, die Lerninhalte und die Durchführung der Kurse, die Vorgaben bezüglich der Auswahl und Zulassung der Kursträger sowie die Voraussetzungen und die Rahmenbedingungen für den Zugang und die ordnungsgemäße und erfolgreiche Teilnahme einschließlich ihrer Abschlusszertifikate und der Kostentragung sowie die erforderliche Datenübermittlung zwischen den beteiligten Stellen und die Datenverarbeitung durch das Bundesamt für Migration und Flüchtlinge nach § 88a Absatz 3 zu regeln.

Kapitel 4
Ordnungsrechtliche Vorschriften

§ 46 Ordnungsverfügungen

(1) Die Ausländerbehörde kann gegenüber einem vollziehbar ausreisepflichtigen Ausländer Maßnahmen zur Förderung der Ausreise treffen, insbesondere kann sie den Ausländer verpflichten, den Wohnsitz an einem von ihr bestimmten Ort zu nehmen.

(2) 1Einem Ausländer kann die Ausreise in entsprechender Anwendung des § 10 Abs. 1 und 2 des Passgesetzes untersagt werden. 2Im Übrigen kann einem Ausländer die Ausreise aus dem Bundesgebiet nur untersagt werden, wenn er in einen anderen Staat ein-

reisen will, ohne im Besitz der dafür erforderlichen Dokumente und Erlaubnisse zu sein. 3Das Ausreiseverbot ist aufzuheben, sobald der Grund seines Erlasses entfällt.

§ 47 Verbot und Beschränkung der politischen Betätigung

(1) 1Ausländer dürfen sich im Rahmen der allgemeinen Rechtsvorschriften politisch betätigen. 2Die politische Betätigung eines Ausländers kann beschränkt oder untersagt werden, soweit sie

1. die politische Willensbildung in der Bundesrepublik Deutschland oder das friedliche Zusammenleben von Deutschen und Ausländern oder von verschiedenen Ausländergruppen im Bundesgebiet, die öffentliche Sicherheit und Ordnung oder sonstige erhebliche Interessen der Bundesrepublik Deutschland beeinträchtigt oder gefährdet,
2. den außenpolitischen Interessen oder den völkerrechtlichen Verpflichtungen der Bundesrepublik Deutschland zuwiderlaufen kann,
3. gegen die Rechtsordnung der Bundesrepublik Deutschland, insbesondere unter Anwendung von Gewalt, verstößt oder
4. bestimmt ist, Parteien, andere Vereinigungen, Einrichtungen oder Bestrebungen außerhalb des Bundesgebiets zu fördern, deren Ziele oder Mittel mit den Grundwerten einer die Würde des Menschen achtenden staatlichen Ordnung unvereinbar sind.

(2) Die politische Betätigung eines Ausländers wird untersagt, soweit sie

1. die freiheitliche demokratische Grundordnung oder die Sicherheit der Bundesrepublik Deutschland gefährdet oder den kodifizierten Normen des Völkerrechts widerspricht,
2. Gewaltanwendung als Mittel zur Durchsetzung politischer, religiöser oder sonstiger Belange öffentlich unterstützt, befürwortet oder hervorzurufen bezweckt oder geeignet ist oder
3. Vereinigungen, politische Bewegungen oder Gruppen innerhalb oder außerhalb des Bundesgebiets unterstützt, die im Bundesgebiet Anschläge gegen Personen oder Sachen oder außerhalb des Bundesgebiets Anschläge gegen Deutsche oder deutsche Einrichtungen veranlasst, befürwortet oder angedroht haben.

§ 47a Mitwirkungspflichten; Lichtbildabgleich

1Ein Ausländer ist verpflichtet, seinen Pass, seinen Passersatz oder seinen Ausweisersatz auf Verlangen einer zur Identitätsfeststellung befugten Behörde vorzulegen und es ihr zu ermöglichen, sein Gesicht mit dem Lichtbild im Dokument abzugleichen. 2Dies gilt auch für die Bescheinigung über die Aufenthaltsgestattung nach § 63 Absatz 1 Satz 1 des Asylgesetzes. 3Ein Ausländer, der im Besitz eines Ankunftsnachweises im Sinne des § 63a Absatz 1 Satz 1 des Asylgesetzes oder eines der in § 48 Absatz 1 Nummer 2 genannten Dokumente ist, ist verpflichtet, den Ankunftsnachweis oder das Dokument auf Verlangen einer zur Überprüfung der darin enthaltenen Angaben befugten Behörde vorzulegen und es ihr zu ermöglichen, sein Gesicht mit dem Lichtbild im Dokument abzugleichen.

§ 48 Ausweisrechtliche Pflichten

(1) 1Ein Ausländer ist verpflichtet,

1. seinen Pass, seinen Passersatz oder seinen Ausweisersatz und
2. seinen Aufenthaltstitel oder eine Bescheinigung über die Aussetzung der Abschiebung

auf Verlangen den mit dem Vollzug des Ausländerrechts betrauten Behörden vorzulegen, auszuhändigen und vorübergehend zu überlassen, soweit dies zur Durchführung oder Sicherung von Maßnahmen nach diesem Gesetz erforderlich ist. 2Ein deutscher Staatsangehöriger, der zugleich eine ausländische Staatsangehörigkeit besitzt, ist verpflichtet, seinen ausländischen Pass oder Passersatz auf Verlangen den mit dem Vollzug des Ausländerrechts betrauten Behörden vorzulegen,

VI

auszuhändigen und vorübergehend zu überlassen, wenn

1. ihm nach § 7 Absatz 1 des Passgesetzes der deutsche Pass versagt, nach § 8 des Passgesetzes der deutsche Pass entzogen worden ist oder gegen ihn eine Anordnung nach § 6 Absatz 7 des Personalausweisgesetzes ergangen ist, wenn Anhaltspunkte die Annahme rechtfertigen, dass der Ausländer beabsichtigt, das Bundesgebiet zu verlassen oder
2. die Voraussetzungen für eine Untersagung der Ausreise nach § 10 Absatz 1 des Passgesetzes vorliegen und die Vorlage, Aushändigung und vorübergehende Überlassung des ausländischen Passes oder Passersatzes zur Durchführung oder Sicherung des Ausreiseverbots erforderlich sind.

(2) Ein Ausländer, der einen Pass oder Passersatz weder besitzt noch in zumutbarer Weise erlangen kann, genügt der Ausweispflicht mit der Bescheinigung über einen Aufenthaltstitel oder die Aussetzung der Abschiebung, wenn sie mit den Angaben zur Person und einem Lichtbild versehen und als Ausweisersatz bezeichnet ist.

(3) $_1$Besitzt der Ausländer keinen gültigen Pass oder Passersatz, ist er verpflichtet, an der Beschaffung des Identitätspapiers mitzuwirken sowie alle Urkunden, sonstigen Unterlagen und Datenträger, die für die Feststellung seiner Identität und Staatsangehörigkeit und für die Feststellung und Geltendmachung einer Rückführungsmöglichkeit in einen anderen Staat von Bedeutung sein können und in deren Besitz er ist, den mit der Ausführung dieses Gesetzes betrauten Behörden auf Verlangen vorzulegen, auszuhändigen und zu überlassen. $_2$Kommt der Ausländer seiner Verpflichtung nicht nach und bestehen tatsächliche Anhaltspunkte, dass er im Besitz solcher Unterlagen oder Datenträger ist, können er und die von ihm mitgeführten Sachen durchsucht werden. $_3$Der Ausländer hat die Maßnahme zu dulden.

(3a) $_1$Die Auswertung von Datenträgern ist nur zulässig, soweit dies für die Feststellung der Identität und Staatsangehörigkeit des Ausländers und für die Feststellung und Geltendmachung einer Rückführungsmöglichkeit in einen anderen Staat nach Maßgabe von Absatz 3 erforderlich ist und der Zweck der Maßnahme nicht durch mildere Mittel erreicht werden kann. $_2$Liegen tatsächliche Anhaltspunkte für die Annahme vor, dass durch die Auswertung von Datenträgern allein Erkenntnisse aus dem Kernbereich privater Lebensgestaltung erlangt würden, ist die Maßnahme unzulässig. $_3$Der Ausländer hat die notwendigen Zugangsdaten für eine zulässige Auswertung von Datenträgern zur Verfügung zu stellen. $_4$Die Datenträger dürfen nur von einem Bediensteten ausgewertet werden, der die Befähigung zum Richteramt hat. $_5$Erkenntnisse aus dem Kernbereich privater Lebensgestaltung, die durch die Auswertung von Datenträgern erlangt werden, dürfen nicht verwertet werden. $_6$Aufzeichnungen hierüber sind unverzüglich zu löschen. $_7$Die Tatsache ihrer Erlangung und Löschung ist aktenkundig zu machen. $_8$Sind die durch die Auswertung der Datenträger erlangten personenbezogenen Daten für die Zwecke nach Satz 1 nicht mehr erforderlich, sind sie unverzüglich zu löschen.

(4) $_1$Wird nach § 5 Abs. 3 oder § 33 von der Erfüllung der Passpflicht (§ 3 Abs. 1) abgesehen, wird ein Ausweisersatz ausgestellt. $_2$Absatz 3 bleibt hiervon unberührt.

§ 48a Erhebung von Zugangsdaten

(1) Soweit der Ausländer die notwendigen Zugangsdaten für die Auswertung von Endgeräten, die er für telekommunikative Zwecke eingesetzt hat, nicht zur Verfügung stellt, darf von demjenigen, der geschäftsmäßig Telekommunikationsdienste erbringt oder daran mitwirkt, Auskunft über die Daten, mittels derer der Zugriff auf Endgeräte oder auf Speichereinrichtungen, die in diesen Endgeräten oder hiervon räumlich getrennt eingesetzt werden, geschützt wird (§ 113 Absatz 1 Satz 2 des Telekommunikationsgesetzes), verlangt werden, wenn die gesetzlichen Voraussetzungen für die Nutzung der Daten vorliegen.

(2) Der Ausländer ist von dem Auskunftsverlangen vorher in Kenntnis zu setzen.

VI

(3) 1Auf Grund eines Auskunftsverlangens nach Absatz 1 hat derjenige, der geschäftsmäßig Telekommunikationsdienste erbringt oder daran mitwirkt, die zur Auskunftserteilung erforderlichen Daten unverzüglich zu übermitteln. 2Für die Entschädigung der Diensteanbieter ist § 23 Absatz 1 des Justizvergütungs- und -entschädigungsgesetzes entsprechend anzuwenden.

§ 49 Überprüfung, Feststellung und Sicherung der Identität

(1) 1Die mit dem Vollzug dieses Gesetzes betrauten Behörden dürfen unter den Voraussetzungen des § 48 Abs. 1 die auf dem elektronischen Speicher- und Verarbeitungsmedium eines Dokuments nach § 48 Abs. 1 Nr. 1 und 2 gespeicherten biometrischen und sonstigen Daten auslesen, die benötigten biometrischen Daten beim Inhaber des Dokuments erheben und die biometrischen Daten miteinander vergleichen. 2Darüber hinaus sind auch alle anderen Behörden, an die Daten aus dem Ausländerzentralregister nach den §§ 15 bis 20 des AZR-Gesetzes übermittelt werden, und die Meldebehörden befugt, Maßnahmen nach Satz 1 zu treffen, soweit sie die Echtheit des Dokuments oder die Identität des Inhabers überprüfen dürfen. 3Biometrische Daten nach Satz 1 sind nur die Fingerabdrücke und das Lichtbild.

(2) Jeder Ausländer ist verpflichtet, gegenüber den mit dem Vollzug des Ausländerrechts betrauten Behörden auf Verlangen die erforderlichen Angaben zu seinem Alter, seiner Identität und Staatsangehörigkeit zu machen und die von der Vertretung des Staates, dessen Staatsangehörigkeit er besitzt oder vermutlich besitzt, geforderten und mit dem deutschen Recht in Einklang stehenden Erklärungen im Rahmen der Beschaffung von Heimreisedokumenten abzugeben.

(3) Bestehen Zweifel über die Person, das Lebensalter oder die Staatsangehörigkeit des Ausländers, so sind die zur Feststellung seiner Identität, seines Lebensalters oder seiner Staatsangehörigkeit erforderlichen Maßnahmen zu treffen, wenn

1. dem Ausländer die Einreise erlaubt, ein Aufenthaltstitel erteilt oder die Abschiebung ausgesetzt werden soll oder
2. es zur Durchführung anderer Maßnahmen nach diesem Gesetz erforderlich ist.

(4) Die Identität eines Ausländers ist durch erkennungsdienstliche Maßnahmen zu sichern, wenn eine Verteilung gemäß § 15a stattfindet.

(5) Zur Feststellung und Sicherung der Identität sollen die erforderlichen Maßnahmen durchgeführt werden,

1. wenn der Ausländer mit einem gefälschten oder verfälschten Pass oder Passersatz einreisen will oder eingereist ist;
2. wenn sonstige Anhaltspunkte den Verdacht begründen, dass der Ausländer nach einer Zurückweisung oder Beendigung des Aufenthalts erneut unerlaubt ins Bundesgebiet einreisen will;
3. bei Ausländern, die vollziehbar ausreisepflichtig sind, sofern die Zurückschiebung oder Abschiebung in Betracht kommt;
4. wenn der Ausländer in einen in § 26a Abs. 2 des Asylgesetzes genannten Drittstaat zurückgewiesen oder zurückgeschoben wird;
5. bei der Beantragung eines nationalen Visums;
6. bei Ausländern, die für ein Aufnahmeverfahren nach § 23, für die Gewährung von vorübergehendem Schutz nach § 24 oder für ein Umverteilungsverfahren auf Grund von Maßnahmen nach Artikel 78 Absatz 3 des Vertrags über die Arbeitsweise der Europäischen Union vorgeschlagen und vom Bundesamt für Migration und Flüchtlinge in die Prüfung über die Erteilung einer Aufnahmezusage einbezogen wurden, sowie in den Fällen des § 29 Absatz 3;
7. wenn ein Versagungsgrund nach § 5 Abs. 4 festgestellt worden ist.

(6) 1Maßnahmen im Sinne der Absätze 3 bis 5 mit Ausnahme des Absatzes 5 Nr. 5 sind das Aufnehmen von Lichtbildern, das Abnehmen von Fingerabdrücken, sowie Messungen und ähnliche Maßnahmen, einschließlich körperlicher Eingriffe, die von einem Arzt nach den

Regeln der ärztlichen Kunst zum Zweck der Feststellung des Alters vorgenommen werden, wenn kein Nachteil für die Gesundheit des Ausländers zu befürchten ist. $_{2}$Die Maßnahmen sind zulässig bei Ausländern, die das 14. Lebensjahr vollendet haben; Zweifel an der Vollendung des 14. Lebensjahres gehen dabei zu Lasten des Ausländers. $_{3}$Zur Feststellung der Identität sind diese Maßnahmen nur zulässig, wenn die Identität in anderer Weise, insbesondere durch Anfragen bei anderen Behörden nicht oder nicht rechtzeitig oder nur unter erheblichen Schwierigkeiten festgestellt werden kann.

(6a) Maßnahmen im Sinne des Absatzes 5 Nr. 5 sind das Aufnehmen von Lichtbildern und das Abnehmen von Fingerabdrücken.

(7) $_{1}$Zur Bestimmung des Herkunftsstaates oder der Herkunftsregion des Ausländers kann das gesprochene Wort des Ausländers auf Ton- oder Datenträger aufgezeichnet werden. $_{2}$Diese Erhebung darf nur erfolgen, wenn der Ausländer vorher darüber in Kenntnis gesetzt wurde.

(8) $_{1}$Die Identität eines Ausländers, der in Verbindung mit der unerlaubten Einreise aufgegriffen und nicht zurückgewiesen wird, ist durch erkennungsdienstliche Maßnahmen zu sichern. $_{2}$Nach Satz 1 dürfen nur Lichtbilder und Abdrucke aller zehn Finger aufgenommen werden. $_{3}$Die Identität eines Ausländers, der das 14. Lebensjahr noch nicht vollendet hat, ist unter den Voraussetzungen des Satzes 1 nur durch das Aufnehmen eines Lichtbildes zu sichern.

(9) $_{1}$Die Identität eines Ausländers, der sich ohne erforderlichen Aufenthaltstitel im Bundesgebiet aufhält, ist durch erkennungsdienstliche Maßnahmen zu sichern. $_{2}$Nach Satz 1 dürfen nur Lichtbilder und Abdrucke aller zehn Finger aufgenommen werden. $_{3}$Die Identität eines Ausländers, der das 14. Lebensjahr noch nicht vollendet hat, ist unter den Voraussetzungen des Satzes 1 nur durch das Aufnehmen eines Lichtbildes zu sichern.

(10) Der Ausländer hat die Maßnahmen nach den Absätzen 1 und 3 bis 9 zu dulden.

Kapitel 5
Beendigung des Aufenthalts

Abschnitt 1
Begründung der Ausreisepflicht

§ 50 Ausreisepflicht

(1) Ein Ausländer ist zur Ausreise verpflichtet, wenn er einen erforderlichen Aufenthaltstitel nicht oder nicht mehr besitzt und ein Aufenthaltsrecht nach dem Assoziationsabkommen EWG/Türkei nicht oder nicht mehr besteht.

(2) Der Ausländer hat das Bundesgebiet unverzüglich oder, wenn ihm eine Ausreisefrist gesetzt ist, bis zum Ablauf der Frist zu verlassen.

(3) $_{1}$Durch die Einreise in einen anderen Mitgliedstaat der Europäischen Union oder in einen anderen Schengen-Staat genügt der Ausländer seiner Ausreisepflicht nur, wenn ihm Einreise und Aufenthalt dort erlaubt sind. $_{2}$Liegen diese Voraussetzungen vor, ist der ausreisepflichtige Ausländer aufzufordern, sich unverzüglich in das Hoheitsgebiet dieses Staates zu begeben.

(4) Ein ausreisepflichtiger Ausländer, der seine Wohnung wechseln oder den Bezirk der Ausländerbehörde für mehr als drei Tage verlassen will, hat dies der Ausländerbehörde vorher anzuzeigen.

(5) Der Pass oder Passersatz eines ausreisepflichtigen Ausländers soll bis zu dessen Ausreise in Verwahrung genommen werden.

(6) $_{1}$Ein Ausländer kann zum Zweck der Aufenthaltsbeendigung in den Fahndungshilfsmitteln der Polizei zur Aufenthaltsermittlung und Festnahme ausgeschrieben werden, wenn sein Aufenthalt unbekannt ist. $_{2}$Ein Ausländer, gegen den ein Einreise- und Aufenthaltsverbot nach § 11 besteht, kann zum Zweck der Einreiseverweigerung zur Zurückweisung und für den Fall des Antreffens im Bundesgebiet zur Festnahme ausgeschrieben werden. $_{3}$Für Ausländer, die gemäß § 15a verteilt worden sind, gilt § 66 des Asylgesetzes entsprechend.

§ 51 Beendigung der Rechtmäßigkeit des Aufenthalts; Fortgeltung von Beschränkungen

(1) Der Aufenthaltstitel erlischt in folgenden Fällen:

1. Ablauf seiner Geltungsdauer,
2. Eintritt einer auflösenden Bedingung,
3. Rücknahme des Aufenthaltstitels,
4. Widerruf des Aufenthaltstitels,
5. Ausweisung des Ausländers,

5a. Bekanntgabe einer Abschiebungsanordnung nach § 58a,

6. wenn der Ausländer aus einem seiner Natur nach nicht vorübergehenden Grunde ausreist,
7. wenn der Ausländer ausgereist und nicht innerhalb von sechs Monaten oder einer von der Ausländerbehörde bestimmten längeren Frist wieder eingereist ist,
8. wenn ein Ausländer nach Erteilung eines Aufenthaltstitels gemäß der §§ 22, 23 oder § 25 Abs. 3 bis 5 einen Asylantrag stellt;

ein für mehrere Einreisen oder mit einer Geltungsdauer von mehr als 90 Tagen erteiltes Visum erlischt nicht nach den Nummern 6 und 7.

(1a) 1Die Gültigkeit einer nach § 19 erteilten ICT-Karte erlischt nicht nach Absatz 1 Nummer 6 und 7, wenn der Ausländer von der in der Richtlinie 2014/66/EU vorgesehenen Möglichkeit Gebrauch macht, einen Teil des unternehmensinternen Transfers in einem anderen Mitgliedstaat der Europäischen Union durchzuführen. 2Die Gültigkeit einer nach § 16b oder § 18d erteilten Aufenthaltserlaubnis erlischt nicht nach Absatz 1 Nummer 6 und 7, wenn der Ausländer von der in der Richtlinie (EU) 2016/801 vorgesehenen Möglichkeit Gebrauch macht, einen Teil des Studiums oder des Forschungsvorhabens in einem anderen Mitgliedstaat der Europäischen Union durchzuführen.

(2) 1Die Niederlassungserlaubnis eines Ausländers, der sich mindestens 15 Jahre rechtmäßig im Bundesgebiet aufgehalten hat sowie die Niederlassungserlaubnis seines mit ihm in ehelicher Lebensgemeinschaft lebenden Ehegatten erlöschen nicht nach Absatz 1 Nr. 6 und 7, wenn deren Lebensunterhalt gesichert ist und kein Ausweisungsinteresse nach § 54 Absatz 1 Nummer 2 bis 5 oder Absatz 2 Nummer 5 bis 7 besteht. 2Die Niederlassungserlaubnis eines mit einem Deutschen in ehelicher Lebensgemeinschaft lebenden Ausländers erlischt nicht nach Absatz 1 Nr. 6 und 7, wenn kein Ausweisungsinteresse nach § 54 Absatz 1 Nummer 2 bis 5 oder Absatz 2 Nummer 5 bis 7 besteht. 3Zum Nachweis des Fortbestandes der Niederlassungserlaubnis stellt die Ausländerbehörde am Ort des letzten gewöhnlichen Aufenthalts auf Antrag eine Bescheinigung aus.

(3) Der Aufenthaltstitel erlischt nicht nach Absatz 1 Nr. 7, wenn die Frist lediglich wegen Erfüllung der gesetzlichen Wehrpflicht im Heimatstaat überschritten wird und der Ausländer innerhalb von drei Monaten nach der Entlassung aus dem Wehrdienst wieder einreist.

(4) 1Nach Absatz 1 Nr. 7 wird in der Regel eine längere Frist bestimmt, wenn der Ausländer aus einem seiner Natur nach vorübergehenden Grunde ausreisen will und eine Niederlassungserlaubnis besitzt oder wenn der Aufenthalt außerhalb des Bundesgebiets Interessen der Bundesrepublik Deutschland dient. 2Abweichend von Absatz 1 Nummer 6 und 7 erlischt der Aufenthaltstitel eines Ausländers nicht, wenn er die Voraussetzungen des § 37 Absatz 1 Satz 1 Nummer 1 erfüllt, rechtswidrig mit Gewalt oder Drohung mit einem empfindlichen Übel zur Eingehung der Ehe genötigt und von der Rückkehr nach Deutschland abgehalten wurde und innerhalb von drei Monaten nach Wegfall der Zwangslage, spätestens jedoch innerhalb von zehn Jahren seit der Ausreise, wieder einreist.

(5) Die Befreiung vom Erfordernis des Aufenthaltstitels entfällt, wenn der Ausländer ausgewiesen, zurückgeschoben oder abgeschoben wird; § 11 Absatz 2 bis 5 findet entsprechende Anwendung.

(6) Räumliche und sonstige Beschränkungen und Auflagen nach diesem und nach anderen Gesetzen bleiben auch nach Wegfall des Aufenthaltstitels oder der Aussetzung der

Abschiebung in Kraft, bis sie aufgehoben werden oder der Ausländer seiner Ausreisepflicht nachgekommen ist.

(7) 1Im Falle der Ausreise eines Asylberechtigten oder eines Ausländers, dem das Bundesamt für Migration und Flüchtlinge unanfechtbar die Flüchtlingseigenschaft zuerkannt hat, erlischt der Aufenthaltstitel nicht, solange er im Besitz eines gültigen, von einer deutschen Behörde ausgestellten Reiseausweises für Flüchtlinge ist. 2Der Ausländer hat auf Grund seiner Anerkennung als Asylberechtigter oder der unanfechtbaren Zuerkennung der Flüchtlingseigenschaft durch das Bundesamt für Migration und Flüchtlinge keinen Anspruch auf erneute Erteilung eines Aufenthaltstitels, wenn er das Bundesgebiet verlassen hat und die Zuständigkeit für die Ausstellung eines Reiseausweises für Flüchtlinge auf einen anderen Staat übergegangen ist.

(8) 1Vor der Aufhebung einer Aufenthaltserlaubnis nach § 38a Abs. 1, vor einer Ausweisung eines Ausländers, der eine solche Aufenthaltserlaubnis besitzt und vor dem Erlass einer gegen ihn gerichteten Abschiebungsanordnung nach § 58a gibt die zuständige Behörde in dem Verfahren nach § 91c Absatz 2 über das Bundesamt für Migration und Flüchtlinge dem Mitgliedstaat der Europäischen Union, in dem der Ausländer die Rechtsstellung eines langfristig Aufenthaltsberechtigten besitzt, Gelegenheit zur Stellungnahme, wenn die Abschiebung in ein Gebiet erwogen wird, in dem diese Rechtsstellung nicht erworben werden kann. 2Geht die Stellungnahme des anderen Mitgliedstaates rechtzeitig ein, wird sie von der zuständigen Behörde berücksichtigt.

(8a) 1Soweit die Behörden anderer Schengen-Staaten über Entscheidungen nach Artikel 34 der Verordnung (EG) Nr. 810/2009, die durch die Ausländerbehörden getroffen wurden, zu unterrichten sind, erfolgt dies über das Bundesamt für Migration und Flüchtlinge. 2Die mit der polizeilichen Kontrolle des grenzüberschreitenden Verkehrs beauftragten Behörden unterrichten die Behörden anderer Schengen-Staaten unmittelbar über ihre Entscheidungen nach Artikel 34 der Verordnung (EG) Nr. 810/2009.

(9) 1Die Erlaubnis zum Daueraufenthalt – EU erlischt nur, wenn

1. ihre Erteilung wegen Täuschung, Drohung oder Bestechung zurückgenommen wird,
2. der Ausländer ausgewiesen oder ihm eine Abschiebungsanordnung nach § 58a bekannt gegeben wird,
3. sich der Ausländer für einen Zeitraum von zwölf aufeinander folgenden Monaten außerhalb des Gebiets aufhält, in dem die Rechtsstellung eines langfristig Aufenthaltsberechtigten erworben werden kann; der Zeitraum beträgt 24 aufeinanderfolgende Monate bei einem Ausländer, der zuvor im Besitz einer Blauen Karte EU war, und bei seinen Familienangehörigen, die zuvor im Besitz einer Aufenthaltserlaubnis nach den §§ 30, 32, 33 oder 36 waren,
4. sich der Ausländer für einen Zeitraum von sechs Jahren außerhalb des Bundesgebiets aufhält oder
5. der Ausländer die Rechtsstellung eines langfristig Aufenthaltsberechtigten in einem anderen Mitgliedstaat der Europäischen Union erwirbt.

2Auf die in Satz 1 Nr. 3 und 4 genannten Fälle sind die Absätze 2 bis 4 entsprechend anzuwenden.

(10) 1Abweichend von Absatz 1 Nummer 7 beträgt die Frist für die Blaue Karte EU und die Aufenthaltserlaubnisse nach den §§ 30, 32, 33 oder 36, die den Familienangehörigen eines Inhabers einer Blauen Karte EU erteilt worden sind, zwölf Monate. 2Gleiches gilt für die Niederlassungserlaubnis eines Ausländers, der sich mindestens 15 Jahre rechtmäßig im Bundesgebiet aufgehalten hat sowie die Niederlassungserlaubnis eines mit ihm in ehelicher Lebensgemeinschaft lebenden Ehegatten, wenn sie das 60. Lebensjahr vollendet haben.

§ 52 Widerruf

(1) 1Der Aufenthaltstitel des Ausländers nach § 4 Absatz 1 Satz 2 Nummer 1 zweite Alternative, Nummer 2, 2a, 2b, 2c, 3 und 4 kann

VI

außer in den Fällen der Absätze 2 bis 6 nur widerrufen werden, wenn

1. er keinen gültigen Pass oder Passersatz mehr besitzt,
2. er seine Staatsangehörigkeit wechselt oder verliert,
3. er noch nicht eingereist ist,
4. seine Anerkennung als Asylberechtigter oder seine Rechtsstellung als Flüchtling oder als subsidiär Schutzberechtigter erlischt oder unwirksam wird oder
5. die Ausländerbehörde nach Erteilung einer Aufenthaltserlaubnis nach § 25 Abs. 3 Satz 1 feststellt, dass
   a) die Voraussetzungen des § 60 Absatz 5 oder 7 nicht oder nicht mehr vorliegen,
   b) der Ausländer einen der Ausschlussgründe nach § 25 Abs. 3 Satz 2 Nummer 1 bis 4 erfüllt oder
   c) in den Fällen des § 42 Satz 1 des Asylgesetzes die Feststellung aufgehoben oder unwirksam wird.

VI

$_2$In den Fällen des Satzes 1 Nr. 4 und 5 kann auch der Aufenthaltstitel der mit dem Ausländer in familiärer Gemeinschaft lebenden Familienangehörigen widerrufen werden, wenn diesen kein eigenständiger Anspruch auf den Aufenthaltstitel zusteht.

(2) $_1$Ein nationales Visum, eine Aufenthaltserlaubnis und eine Blaue Karte EU, die zum Zweck der Beschäftigung erteilt wurden, sind zu widerrufen, wenn die Bundesagentur für Arbeit nach § 41 die Zustimmung zur Ausübung der Beschäftigung widerrufen hat. $_2$Ein nationales Visum und eine Aufenthaltserlaubnis, die nicht zum Zweck der Beschäftigung erteilt wurden, sind im Falle des Satzes 1 in dem Umfang zu widerrufen, in dem sie die Beschäftigung gestatten.

(2a) $_1$Eine nach § 19 erteilte ICT-Karte, eine nach § 19b erteilte Mobiler-ICT-Karte oder ein Aufenthaltstitel zum Zweck des Familiennachzugs zu einem Inhaber einer ICT-Karte oder Mobiler-ICT-Karte kann widerrufen werden, wenn der Ausländer

1. nicht mehr die Voraussetzungen der Erteilung erfüllt oder
2. gegen Vorschriften eines anderen Mitgliedstaates der Europäischen Union über die Mobilität von unternehmensintern transferierten Arbeitnehmern im Anwendungsbereich der Richtlinie 2014/66/EU verstoßen hat.

$_2$Wird die ICT-Karte oder die Mobiler-ICT-Karte widerrufen, so ist zugleich der dem Familienangehörigen erteilte Aufenthaltstitel zu widerrufen, es sei denn, dem Familienangehörigen steht ein eigenständiger Anspruch auf einen Aufenthaltstitel zu.

(3) $_1$Eine nach § 16b Absatz 1, 5 oder 7 zum Zweck des Studiums erteilte Aufenthaltserlaubnis kann widerrufen werden, wenn

1. der Ausländer ohne die erforderliche Erlaubnis eine Erwerbstätigkeit ausübt,
2. der Ausländer unter Berücksichtigung der durchschnittlichen Studiendauer an der betreffenden Hochschule im jeweiligen Studiengang und seiner individuellen Situation keine ausreichenden Studienfortschritte macht oder
3. der Ausländer nicht mehr die Voraussetzungen erfüllt, unter denen ihm eine Aufenthaltserlaubnis nach § 16b Absatz 1, 5 oder 7 erteilt werden könnte.

$_2$Zur Prüfung der Voraussetzungen von Satz 1 Nummer 2 kann die Ausbildungseinrichtung beteiligt werden.

(4) Eine nach § 18d oder § 18f erteilte Aufenthaltserlaubnis kann widerrufen werden, wenn

1. die Forschungseinrichtung, mit welcher der Ausländer eine Aufnahmevereinbarung abgeschlossen hat, ihre Anerkennung verliert, sofern er an einer Handlung beteiligt war, die zum Verlust der Anerkennung geführt hat,
2. der Ausländer bei der Forschungseinrichtung keine Forschung mehr betreibt oder betreiben darf oder
3. der Ausländer nicht mehr die Voraussetzungen erfüllt, unter denen ihm eine Aufenthaltserlaubnis nach § 18d oder § 18f erteilt werden könnte oder eine Aufnahmevereinbarung mit ihm abgeschlossen werden dürfte.

(4a) Eine nach § 16e oder § 19e erteilte Aufenthaltserlaubnis kann widerrufen werden, wenn der Ausländer nicht mehr die Voraussetzungen erfüllt, unter denen ihm die Aufenthaltserlaubnis erteilt werden könnte.

(5) 1Eine Aufenthaltserlaubnis nach § 25 Absatz 4a Satz 1 oder Absatz 4b Satz 1 soll widerrufen werden, wenn

1. der Ausländer nicht bereit war oder nicht mehr bereit ist, im Strafverfahren auszusagen,
2. die Angaben des Ausländers, auf die in § 25 Absatz 4a Satz 2 Nummer 1 oder Absatz 4b Satz 2 Nummer 1 Bezug genommen wird, nach Mitteilung der Staatsanwaltschaft oder des Strafgerichts mit hinreichender Wahrscheinlichkeit als falsch anzusehen sind oder
3. der Ausländer auf Grund sonstiger Umstände nicht mehr die Voraussetzungen für die Erteilung eines Aufenthaltstitels nach § 25 Absatz 4a oder Absatz 4b erfüllt.

2Eine Aufenthaltserlaubnis nach § 25 Absatz 4a Satz 1 soll auch dann widerrufen werden, wenn der Ausländer freiwillig wieder Verbindung zu den Personen nach § 25 Absatz 4a Satz 2 Nummer 2 aufgenommen hat.

(6) Eine Aufenthaltserlaubnis nach § 38a soll widerrufen werden, wenn der Ausländer seine Rechtsstellung als langfristig Aufenthaltsberechtigter in einem anderen Mitgliedstaat der Europäischen Union verliert.

§ 53 Ausweisung

(1) Ein Ausländer, dessen Aufenthalt die öffentliche Sicherheit und Ordnung, die freiheitliche demokratische Grundordnung oder sonstige erhebliche Interessen der Bundesrepublik Deutschland gefährdet, wird ausgewiesen, wenn die unter Berücksichtigung aller Umstände des Einzelfalles vorzunehmende Abwägung der Interessen an der Ausreise mit den Interessen an einem weiteren Verbleib des Ausländers im Bundesgebiet ergibt, dass das öffentliche Interesse an der Ausreise überwiegt.

(2) Bei der Abwägung nach Absatz 1 sind nach den Umständen des Einzelfalles insbesondere die Dauer seines Aufenthalts, seine persönlichen, wirtschaftlichen und sonstigen Bindungen im Bundesgebiet und im Herkunftsstaat oder in einem anderen zur Aufnahme bereiten Staat, die Folgen der Ausweisung für Familienangehörige und Lebenspartner sowie die Tatsache, ob sich der Ausländer rechtstreu verhalten hat, zu berücksichtigen.

(3) Ein Ausländer, dem nach dem Assoziationsabkommen EWG/Türkei ein Aufenthaltsrecht zusteht oder der eine Erlaubnis zum Daueraufenthalt – EU besitzt, darf nur ausgewiesen werden, wenn das persönliche Verhalten des Betroffenen gegenwärtig eine schwerwiegende Gefahr für die öffentliche Sicherheit und Ordnung darstellt, die ein Grundinteresse der Gesellschaft berührt und die Ausweisung für die Wahrung dieses Interesses unerlässlich ist.

(3a) Ein Ausländer, der als Asylberechtigter anerkannt ist, der im Bundesgebiet die Rechtsstellung eines ausländischen Flüchtlings genießt oder der einen von einer Behörde der Bundesrepublik Deutschland ausgestellten Reiseausweis nach dem Abkommen vom 28. Juli 1951 über die Rechtsstellung der Flüchtlinge (BGBl. 1953 II S. 559) besitzt, darf nur ausgewiesen werden, wenn er aus schwerwiegenden Gründen als eine Gefahr für die Sicherheit der Bundesrepublik Deutschland oder eine terroristische Gefahr anzusehen ist oder er eine Gefahr für die Allgemeinheit darstellt, weil er wegen einer schweren Straftat rechtskräftig verurteilt wurde.

(3b) Ein Ausländer, der die Rechtsstellung eines subsidiär Schutzberechtigten im Sinne des § 4 Absatz 1 des Asylgesetzes genießt, darf nur ausgewiesen werden, wenn er eine schwere Straftat begangen hat oder er eine Gefahr für die Allgemeinheit oder die Sicherheit der Bundesrepublik Deutschland darstellt.

(4) 1Ein Ausländer, der einen Asylantrag gestellt hat, kann nur unter der Bedingung ausgewiesen werden, dass das Asylverfahren

VI

unanfechtbar ohne Anerkennung als Asylberechtigter oder ohne die Zuerkennung internationalen Schutzes (§ 1 Absatz 1 Nummer 2 des Asylgesetzes) abgeschlossen wird. $_2$Von der Bedingung wird abgesehen, wenn

1. ein Sachverhalt vorliegt, der nach Absatz 3 eine Ausweisung rechtfertigt oder
2. eine nach den Vorschriften des Asylgesetzes erlassene Abschiebungsandrohung vollziehbar geworden ist.

§ 54 Ausweisungsinteresse

(1) Das Ausweisungsinteresse im Sinne von § 53 Absatz 1 wiegt besonders schwer, wenn der Ausländer

1. wegen einer oder mehrerer vorsätzlicher Straftaten rechtskräftig zu einer Freiheits- oder Jugendstrafe von mindestens zwei Jahren verurteilt worden ist oder bei der letzten rechtskräftigen Verurteilung Sicherungsverwahrung angeordnet worden ist,

1a. rechtskräftig zu einer Freiheits- oder Jugendstrafe von mindestens einem Jahr verurteilt worden ist wegen einer oder mehrerer vorsätzlicher Straftaten
   a) gegen das Leben,
   b) gegen die körperliche Unversehrtheit,
   c) gegen die sexuelle Selbstbestimmung nach den §§ 174, 176 bis 178, 181a, 184b, 184d und 184e jeweils in Verbindung mit § 184b des Strafgesetzbuches,
   d) gegen das Eigentum, sofern das Gesetz für die Straftat eine im Mindestmaß erhöhte Freiheitsstrafe vorsieht oder die Straftaten serienmäßig begangen wurden oder
   e) wegen Widerstands gegen Vollstreckungsbeamte oder tätlichen Angriffs gegen Vollstreckungsbeamte,

1b. wegen einer oder mehrerer Straftaten nach § 263 des Strafgesetzbuchs zu Lasten eines Leistungsträgers oder Sozialversicherungsträgers nach dem Sozialgesetzbuch oder nach dem Gesetz über den Verkehr mit Betäubungsmitteln rechtskräftig zu einer Freiheits- oder Jugendstrafe von mindestens einem Jahr verurteilt worden ist,

2. die freiheitliche demokratische Grundordnung oder die Sicherheit der Bundesrepublik Deutschland gefährdet; hiervon ist auszugehen, wenn Tatsachen die Schlussfolgerung rechtfertigen, dass er einer Vereinigung angehört oder angehört hat, die den Terrorismus unterstützt oder er eine derartige Vereinigung unterstützt oder unterstützt hat oder er eine in § 89a Absatz 1 des Strafgesetzbuchs bezeichnete schwere staatsgefährdende Gewalttat nach § 89a Absatz 2 des Strafgesetzbuchs vorbereitet oder vorbereitet hat, es sei denn, der Ausländer nimmt erkennbar und glaubhaft von seinem sicherheitsgefährdenden Handeln Abstand,

3. zu den Leitern eines Vereins gehörte, der unanfechtbar verboten wurde, weil seine Zwecke oder seine Tätigkeit den Strafgesetzen zuwiderlaufen oder er sich gegen die verfassungsmäßige Ordnung oder den Gedanken der Völkerverständigung richtet,

4. sich zur Verfolgung politischer oder religiöser Ziele an Gewalttätigkeiten beteiligt oder öffentlich zur Gewaltanwendung aufruft oder mit Gewaltanwendung droht oder

5. zu Hass gegen Teile der Bevölkerung aufruft; hiervon ist auszugehen, wenn er auf eine andere Person gezielt und andauernd einwirkt, um Hass auf Angehörige bestimmter ethnischer Gruppen oder Religionen zu erzeugen oder zu verstärken oder öffentlich, in einer Versammlung oder durch Verbreiten von Schriften in einer Weise, die geeignet ist, die öffentliche Sicherheit und Ordnung zu stören,
   a) gegen Teile der Bevölkerung zu Willkürmaßnahmen aufstachelt,
   b) Teile der Bevölkerung böswillig verächtlich macht und dadurch die Menschenwürde anderer angreift oder
   c) Verbrechen gegen den Frieden, gegen die Menschlichkeit, ein Kriegsverbre-

VI

chen oder terroristische Taten von vergleichbarem Gewicht billigt oder dafür wirbt,

es sei denn, der Ausländer nimmt erkennbar und glaubhaft von seinem Handeln Abstand.

(2) Das Ausweisungsinteresse im Sinne von § 53 Absatz 1 wiegt schwer, wenn der Ausländer

1. wegen einer oder mehrerer vorsätzlicher Straftaten rechtskräftig zu einer Freiheitsstrafe von mindestens sechs Monaten verurteilt worden ist,
2. wegen einer oder mehrerer vorsätzlicher Straftaten rechtskräftig zu einer Jugendstrafe von mindestens einem Jahr verurteilt und die Vollstreckung der Strafe nicht zur Bewährung ausgesetzt worden ist,
3. als Täter oder Teilnehmer den Tatbestand des § 29 Absatz 1 Satz 1 Nummer 1 des Betäubungsmittelgesetzes verwirklicht oder dies versucht,
4. Heroin, Kokain oder ein vergleichbar gefährliches Betäubungsmittel verbraucht und nicht zu einer erforderlichen seiner Rehabilitation dienenden Behandlung bereit ist oder sich ihr entzieht,
5. eine andere Person in verwerflicher Weise, insbesondere unter Anwendung oder Androhung von Gewalt, davon abhält, am wirtschaftlichen, kulturellen oder gesellschaftlichen Leben in der Bundesrepublik Deutschland teilzuhaben,
6. eine andere Person zur Eingehung der Ehe nötigt oder dies versucht oder wiederholt eine Handlung entgegen § 11 Absatz 2 Satz 1 und 2 des Personenstandsgesetzes vornimmt, die einen schwerwiegenden Verstoß gegen diese Vorschrift darstellt; ein schwerwiegender Verstoß liegt vor, wenn eine Person, die das 16. Lebensjahr noch nicht vollendet hat, beteiligt ist,
7. in einer Befragung, die der Klärung von Bedenken gegen die Einreise oder den weiteren Aufenthalt dient, der deutschen Auslandsvertretung oder der Ausländerbehörde gegenüber frühere Aufenthalte in Deutschland oder anderen Staaten verheimlicht oder in wesentlichen Punkten vorsätzlich keine, falsche oder unvollständige Angaben über Verbindungen zu Personen oder Organisationen macht, die der Unterstützung des Terrorismus oder der Gefährdung der freiheitlichen demokratischen Grundordnung oder der Sicherheit der Bundesrepublik Deutschland verdächtig sind; die Ausweisung auf dieser Grundlage ist nur zulässig, wenn der Ausländer vor der Befragung ausdrücklich auf den sicherheitsrechtlichen Zweck der Befragung und die Rechtsfolgen verweigerter, falscher oder unvollständiger Angaben hingewiesen wurde,
8. in einem Verwaltungsverfahren, das von Behörden eines Schengen-Staates durchgeführt wurde, im In- oder Ausland
   a) falsche oder unvollständige Angaben zur Erlangung eines deutschen Aufenthaltstitels, eines Schengen-Visums, eines Flughafentransitvisums, eines Passersatzes, der Zulassung einer Ausnahme von der Passpflicht oder der Aussetzung der Abschiebung gemacht hat oder
   b) trotz bestehender Rechtspflicht nicht an Maßnahmen der für die Durchführung dieses Gesetzes oder des Schengener Durchführungsübereinkommens zuständigen Behörden mitgewirkt hat, soweit der Ausländer zuvor auf die Rechtsfolgen solcher Handlungen hingewiesen wurde oder
9. einen nicht nur vereinzelten oder geringfügigen Verstoß gegen Rechtsvorschriften oder gerichtliche oder behördliche Entscheidungen oder Verfügungen begangen oder außerhalb des Bundesgebiets eine Handlung begangen hat, die im Bundesgebiet als vorsätzliche schwere Straftat anzusehen ist.

§ 55 Bleibeinteresse

(1) Das Bleibeinteresse im Sinne von § 53 Absatz 1 wiegt besonders schwer, wenn der Ausländer

1. eine Niederlassungserlaubnis besitzt und sich seit mindestens fünf Jahren rechtmäßig im Bundesgebiet aufgehalten hat,

2. eine Aufenthaltserlaubnis besitzt und im Bundesgebiet geboren oder als Minderjähriger in das Bundesgebiet eingereist ist und sich seit mindestens fünf Jahren rechtmäßig im Bundesgebiet aufgehalten hat,
3. eine Aufenthaltserlaubnis besitzt, sich seit mindestens fünf Jahren rechtmäßig im Bundesgebiet aufgehalten hat und mit einem der in den Nummern 1 und 2 bezeichneten Ausländer in ehelicher oder lebenspartnerschaftlicher Lebensgemeinschaft lebt,
4. mit einem deutschen Familienangehörigen oder Lebenspartner in familiärer oder lebenspartnerschaftlicher Lebensgemeinschaft lebt, sein Personensorgerecht für einen minderjährigen ledigen Deutschen oder mit diesem sein Umgangsrecht ausübt oder
5. eine Aufenthaltserlaubnis nach § 23 Absatz 4, den §§ 24, 25 Absatz 4a Satz 3 oder nach § 29 Absatz 2 oder 4 besitzt.

(2) Das Bleibeinteresse im Sinne von § 53 Absatz 1 wiegt insbesondere schwer, wenn

1. der Ausländer minderjährig ist und eine Aufenthaltserlaubnis besitzt,
2. der Ausländer eine Aufenthaltserlaubnis besitzt und sich seit mindestens fünf Jahren im Bundesgebiet aufhält,
3. der Ausländer sein Personensorgerecht für einen im Bundesgebiet rechtmäßig sich aufhaltenden ledigen Minderjährigen oder mit diesem sein Umgangsrecht ausübt,
4. der Ausländer minderjährig ist und sich die Eltern oder ein personensorgeberechtigter Elternteil rechtmäßig im Bundesgebiet aufhalten beziehungsweise aufhält,
5. die Belange oder das Wohl eines Kindes zu berücksichtigen sind beziehungsweise ist oder
6. der Ausländer eine Aufenthaltserlaubnis nach § 25 Absatz 4a Satz 1 besitzt.

(3) Aufenthalte auf der Grundlage von § 81 Absatz 3 Satz 1 und Absatz 4 Satz 1 werden als rechtmäßiger Aufenthalt im Sinne der Absätze 1 und 2 nur berücksichtigt, wenn dem Antrag auf Erteilung oder Verlängerung des Aufenthaltstitels entsprochen wurde.

§ 56 Überwachung ausreisepflichtiger Ausländer aus Gründen der inneren Sicherheit

(1) $_1$Ein Ausländer, gegen den eine Ausweisungsverfügung auf Grund eines Ausweisungsinteresses nach § 54 Absatz 1 Nummer 2 bis 5 oder eine Abschiebungsanordnung nach § 58a besteht, unterliegt der Verpflichtung, sich mindestens einmal wöchentlich bei der für seinen Aufenthaltsort zuständigen polizeilichen Dienststelle zu melden, soweit die Ausländerbehörde nichts anderes bestimmt. $_2$Eine dem Satz 1 entsprechende Meldepflicht kann angeordnet werden, wenn der Ausländer

1. vollziehbar ausreisepflichtig ist und ein in Satz 1 genanntes Ausweisungsinteresse besteht oder
2. auf Grund anderer als der in Satz 1 genannten Ausweisungsinteressen vollziehbar ausreisepflichtig ist und die Anordnung der Meldepflicht zur Abwehr einer Gefahr für die öffentliche Sicherheit und Ordnung erforderlich ist.

(2) Sein Aufenthalt ist auf den Bezirk der Ausländerbehörde beschränkt, soweit die Ausländerbehörde keine abweichenden Festlegungen trifft.

(3) Er kann verpflichtet werden, in einem anderen Wohnort oder in bestimmten Unterkünften auch außerhalb des Bezirks der Ausländerbehörde zu wohnen, wenn dies geboten erscheint, um

1. die Fortführung von Bestrebungen, die zur Ausweisung geführt haben, zu erschweren oder zu unterbinden und die Einhaltung vereinsrechtlicher oder sonstiger gesetzlicher Auflagen und Verpflichtungen besser überwachen zu können oder
2. die wiederholte Begehung erheblicher Straftaten, die zu einer Ausweisung nach § 54 Absatz 1 Nummer 1 geführt haben, zu unterbinden.

(4) $_1$Um die Fortführung von Bestrebungen, die zur Ausweisung nach § 54 Absatz 1

Nummer 2 bis 5, zu einer Anordnung nach Absatz 1 Satz 2 Nummer 1 oder zu einer Abschiebungsanordnung nach § 58a geführt haben, zu erschweren oder zu unterbinden, kann der Ausländer auch verpflichtet werden, zu bestimmten Personen oder Personen einer bestimmten Gruppe keinen Kontakt aufzunehmen, mit ihnen nicht zu verkehren, sie nicht zu beschäftigen, auszubilden oder zu beherbergen und bestimmte Kommunikationsmittel oder Dienste nicht zu nutzen, soweit ihm Kommunikationsmittel verbleiben und die Beschränkungen notwendig sind, um eine erhebliche Gefahr für die innere Sicherheit oder für Leib und Leben Dritter abzuwehren. $_{2}$Um die wiederholte Begehung erheblicher Straftaten, die zu einer Ausweisung nach § 54 Absatz 1 Nummer 1 geführt haben, zu unterbinden, können Beschränkungen nach Satz 1 angeordnet werden, soweit diese notwendig sind, um eine erhebliche Gefahr für die innere Sicherheit oder für Leib und Leben Dritter abzuwenden.

(5) $_{1}$Die Verpflichtungen nach den Absätzen 1 bis 4 ruhen, wenn sich der Ausländer in Haft befindet. $_{2}$Eine Anordnung nach den Absätzen 3 und 4 ist sofort vollziehbar.

§ 56a Elektronische Aufenthaltsüberwachung; Verordnungsermächtigung

(1) Um eine erhebliche Gefahr für die innere Sicherheit oder für Leib und Leben Dritter abzuwehren, kann ein Ausländer, der einer räumlichen Beschränkung des Aufenthaltes nach § 56 Absatz 2 und 3 oder einem Kontaktverbot nach § 56 Absatz 4 unterliegt, auf richterliche Anordnung verpflichtet werden,

1. die für eine elektronische Überwachung seines Aufenthaltsortes erforderlichen technischen Mittel ständig in betriebsbereitem Zustand am Körper bei sich zu führen und
2. deren Funktionsfähigkeit nicht zu beeinträchtigen.

(2) $_{1}$Die Anordnung ergeht für längstens drei Monate. $_{2}$Sie kann um jeweils höchstens drei Monate verlängert werden, wenn die Voraussetzungen weiterhin vorliegen. $_{3}$Liegen die Voraussetzungen der Anordnung nicht mehr vor, ist die Maßnahme unverzüglich zu beenden.

(3) $_{1}$Die Ausländerbehörde erhebt und speichert mit Hilfe der vom Ausländer mitgeführten technischen Mittel automatisiert Daten über

1. dessen Aufenthaltsort sowie
2. über etwaige Beeinträchtigungen der Datenerhebung.

$_{2}$Soweit es technisch möglich ist, ist sicherzustellen, dass innerhalb der Wohnung des Ausländers keine über den Umstand seiner Anwesenheit hinausgehenden Aufenthaltsdaten erhoben werden. $_{3}$Die Landesregierungen können durch Rechtsverordnung bestimmen, dass eine andere Stelle als die Ausländerbehörde die in Satz 1 genannten Daten erhebt und speichert. $_{4}$Die Ermächtigung nach Satz 3 kann durch Rechtsverordnung von den Landesregierungen auf die für den Vollzug dieses Gesetzes zuständigen obersten Landesbehörden übertragen werden.

(4) Die Daten dürfen ohne Einwilligung der betroffenen Person nur verwendet werden, soweit dies erforderlich ist

1. zur Feststellung von Verstößen gegen eine räumliche Beschränkung des Aufenthaltes nach § 56 Absatz 2 und 3 oder ein Kontaktverbot nach § 56 Absatz 4,
2. zur Verfolgung einer Ordnungswidrigkeit nach § 98 Absatz 3 Nummer 5a oder einer Straftat nach § 95 Absatz 1 Nummer 6a,
3. zur Feststellung eines Verstoßes gegen eine vollstreckbare gerichtliche Anordnung nach Absatz 1 und zur Verfolgung einer Straftat nach § 95 Absatz 2 Nummer 1a,
4. zur Abwehr einer erheblichen gegenwärtigen Gefahr für Leib, Leben oder Freiheit einer dritten Person,
5. zur Verfolgung von erheblichen Straftaten gegen Leib und Leben einer dritten Person oder von Straftaten nach § 89a oder § 129a des Strafgesetzbuches oder
6. zur Aufrechterhaltung der Funktionsfähigkeit der technischen Mittel.

(5) $_{1}$Zur Einhaltung der Zweckbindung nach Absatz 4 hat die Verarbeitung der Daten automatisiert zu erfolgen und sind die Daten gegen unbefugte Kenntnisnahme besonders zu sichern. $_{2}$Die in Absatz 3 Satz 1 genannten Daten sind spätestens zwei Monate nach ihrer Erhebung zu löschen, soweit sie nicht für die in Absatz 4 genannten Zwecke verwendet werden. $_{3}$Jeder Abruf der Daten ist zu protokollieren. $_{4}$Die Protokolldaten sind nach zwölf Monaten zu löschen. $_{5}$Werden innerhalb der Wohnung der betroffenen Person über den Umstand ihrer Anwesenheit hinausgehende Aufenthaltsdaten erhoben, dürfen diese nicht verwertet werden und sind unverzüglich nach Kenntnisnahme zu löschen. $_{6}$Die Tatsache ihrer Kenntnisnahme und Löschung ist zu dokumentieren. $_{7}$Die Dokumentation darf ausschließlich für Zwecke der Datenschutzkontrolle verwendet werden. $_{8}$Sie ist nach Abschluss der Datenschutzkontrolle zu löschen.

(6) Zur Durchführung der Maßnahme nach Absatz 1 hat die zuständige Stelle im Sinne des Absatzes 3:

1. eingehende Systemmeldungen über Verstöße nach Absatz 4 Nummer 1 entgegenzunehmen und zu bewerten,
2. Daten des Aufenthaltsortes der betroffenen Person an die zuständigen Behörden weiterzugeben, sofern dies zur Durchsetzung von Maßnahmen nach Absatz 4 Nummer 1 erforderlich ist,
3. Daten des Aufenthaltsortes der betroffenen Person an die zuständige Bußgeldbehörde zur Verfolgung einer Ordnungswidrigkeit nach § 98 Absatz 3 Nummer 5a oder an die zuständige Strafverfolgungsbehörde zur Verfolgung einer Straftat nach § 95 Absatz 1 Nummer 6a oder Absatz 2 Nummer 1a weiterzugeben,
4. Daten des Aufenthaltsortes der betroffenen Person an zuständige Polizeibehörden weiterzugeben, sofern dies zur Abwehr einer erheblichen gegenwärtigen Gefahr im Sinne von Absatz 4 Nummer 4 erforderlich ist,
5. Daten des Aufenthaltsortes der betroffenen Person an die zuständigen Polizei- und Strafverfolgungsbehörden weiterzugeben, wenn dies zur Verhütung oder zur Verfolgung einer in Absatz 4 Nummer 5 genannten Straftat erforderlich ist,
6. die Ursache einer Meldung zu ermitteln; hierzu kann die zuständige Stelle Kontakt mit der betroffenen Person aufnehmen, sie befragen, sie auf den Verstoß hinweisen und ihr mitteilen, wie sie dessen Beendigung bewirken kann,
7. eine Überprüfung der bei der betroffenen Person vorhandenen technischen Geräte auf ihre Funktionsfähigkeit oder Manipulation und die zu der Behebung einer Funktionsbeeinträchtigung erforderlichen Maßnahmen, insbesondere des Austausches der technischen Mittel oder von Teilen davon, einzuleiten,
8. Anfragen der betroffenen Person zum Umgang mit den technischen Mitteln zu beantworten.

(7) Im Antrag auf Anordnung einer Maßnahme nach Absatz 1 sind anzugeben

1. die Person, gegen die sich die Maßnahme richtet, mit Name und Anschrift,
2. Art, Umfang und Dauer der Maßnahme,
3. die Angabe, ob gegenüber der Person, gegen die sich die Maßnahme richtet, eine räumliche Beschränkung nach § 56 Absatz 2 und 3 oder ein Kontaktverbot nach § 56 Absatz 4 besteht,
4. der Sachverhalt sowie
5. eine Begründung.

(8) Die Anordnung ergeht schriftlich. In ihr sind anzugeben

1. die Person, gegen die sich die Maßnahme richtet, mit Name und Anschrift,
2. Art, Umfang und Dauer der Maßnahme sowie
3. die wesentlichen Gründe.

(9) $_{1}$Für richterliche Anordnungen nach Absatz 1 ist das Amtsgericht zuständig, in dessen Bezirk die zuständige Stelle im Sinne des Absatzes 3 ihren Sitz hat. $_{2}$Für das Verfahren gelten die Vorschriften des Gesetzes über das Verfahren in Familiensachen und in den

Angelegenheiten der freiwilligen Gerichtsbarkeit entsprechend.

(10) § 56 Absatz 5 Satz 1 findet entsprechend Anwendung.

Abschnitt 2
Durchsetzung der Ausreisepflicht

§ 57 Zurückschiebung

(1) Ein Ausländer, der in Verbindung mit der unerlaubten Einreise über eine Grenze im Sinne des Artikels 2 Nummer 2 der Verordnung (EU) 2016/399 (Außengrenze) aufgegriffen wird, soll zurückgeschoben werden.

(2) Ein vollziehbar ausreisepflichtiger Ausländer, der durch einen anderen Mitgliedstaat der Europäischen Union, Norwegen oder die Schweiz auf Grund einer am 13. Januar 2009 geltenden zwischenstaatlichen Übernahmevereinbarung wieder aufgenommen wird, soll in diesen Staat zurückgeschoben werden; Gleiches gilt, wenn der Ausländer von der Grenzbehörde im grenznahen Raum in unmittelbarem zeitlichen Zusammenhang mit einer unerlaubten Einreise angetroffen wird und Anhaltspunkte dafür vorliegen, dass ein anderer Staat auf Grund von Rechtsvorschriften der Europäischen Union oder eines völkerrechtlichen Vertrages für die Durchführung des Asylverfahrens zuständig ist und ein Auf- oder Wiederaufnahmeverfahren eingeleitet wird.

(3) § 58 Absatz 1b, § 59 Absatz 8, § 60 Absatz 1 bis 5 und 7 bis 9, die §§ 62 und 62a sind entsprechend anzuwenden.

§ 58 Abschiebung

(1) $_1$Der Ausländer ist abzuschieben, wenn die Ausreisepflicht vollziehbar ist, eine Ausreisefrist nicht gewährt wurde oder diese abgelaufen ist, und die freiwillige Erfüllung der Ausreisepflicht nicht gesichert ist oder aus Gründen der öffentlichen Sicherheit und Ordnung eine Überwachung der Ausreise erforderlich erscheint. $_2$Bei Eintritt einer der in § 59 Absatz 1 Satz 2 genannten Voraussetzungen innerhalb der Ausreisefrist soll der Ausländer vor deren Ablauf abgeschoben werden.

(1a) Vor der Abschiebung eines unbegleiteten minderjährigen Ausländers hat sich die Behörde zu vergewissern, dass dieser im Rückkehrstaat einem Mitglied seiner Familie, einer zur Personensorge berechtigten Person oder einer geeigneten Aufnahmeeinrichtung übergeben wird.

(1b) $_1$Ein Ausländer, der eine Erlaubnis zum Daueraufenthalt – EU besitzt oder eine entsprechende Rechtsstellung in einem anderen Mitgliedstaat der Europäischen Union innehat und in einem anderen Mitgliedstaat der Europäischen Union international Schutzberechtigter ist, darf außer in den Fällen des § 60 Absatz 8 Satz 1 nur in den schutzgewährenden Mitgliedstaat abgeschoben werden. $_2$§ 60 Absatz 2, 3, 5 und 7 bleibt unberührt.

(2) $_1$Die Ausreisepflicht ist vollziehbar, wenn der Ausländer

1. unerlaubt eingereist ist,
2. noch nicht die erstmalige Erteilung des erforderlichen Aufenthaltstitels oder noch nicht die Verlängerung beantragt hat oder trotz erfolgter Antragstellung der Aufenthalt nicht nach § 81 Abs. 3 als erlaubt oder der Aufenthaltstitel nach § 81 Abs. 4 nicht als fortbestehend gilt oder
3. auf Grund einer Rückführungsentscheidung eines anderen Mitgliedstaates der Europäischen Union gemäß Artikel 3 der Richtlinie 2001/40/EG des Rates vom 28. Mai 2001 über die gegenseitige Anerkennung von Entscheidungen über die Rückführung von Drittstaatsangehörigen (ABl. EG Nr. L 149 S. 34) ausreisepflichtig wird, sofern diese von der zuständigen Behörde anerkannt wird.

$_2$Im Übrigen ist die Ausreisepflicht erst vollziehbar, wenn die Versagung des Aufenthaltstitels oder der sonstige Verwaltungsakt, durch den der Ausländer nach § 50 Abs. 1 ausreisepflichtig wird, vollziehbar ist.

(3) Die Überwachung der Ausreise ist insbesondere erforderlich, wenn der Ausländer

1. sich auf richterliche Anordnung in Haft oder in sonstigem öffentlichen Gewahrsam befindet,

VI

2. innerhalb der ihm gesetzten Ausreisefrist nicht ausgereist ist,
3. auf Grund eines besonders schwerwiegenden Ausweisungsinteresses nach § 54 Absatz 1 in Verbindung mit § 53 ausgewiesen worden ist,
4. mittellos ist,
5. keinen Pass oder Passersatz besitzt,
6. gegenüber der Ausländerbehörde zum Zweck der Täuschung unrichtige Angaben gemacht oder die Angaben verweigert hat oder
7. zu erkennen gegeben hat, dass er seiner Ausreisepflicht nicht nachkommen wird.

(4) $_1$Die die Abschiebung durchführende Behörde ist befugt, zum Zweck der Abschiebung den Ausländer zum Flughafen oder Grenzübergang zu verbringen und ihn zu diesem Zweck kurzzeitig festzuhalten. $_2$Das Festhalten ist auf das zur Durchführung der Abschiebung unvermeidliche Maß zu beschränken.

(5) $_1$Soweit der Zweck der Durchführung der Abschiebung es erfordert, kann die die Abschiebung durchführende Behörde die Wohnung des abzuschiebenden Ausländers zu dem Zweck seiner Ergreifung betreten, wenn Tatsachen vorliegen, aus denen zu schließen ist, dass sich der Ausländer dort befindet. $_2$Die Wohnung umfasst die Wohn- und Nebenräume, Arbeits-, Betriebs- und Geschäftsräume sowie anderes befriedetes Besitztum.

(6) $_1$Soweit der Zweck der Durchführung der Abschiebung es erfordert, kann die die Abschiebung durchführende Behörde eine Durchsuchung der Wohnung des abzuschiebenden Ausländers zu dem Zweck seiner Ergreifung vornehmen. $_2$Bei anderen Personen sind Durchsuchungen nur zur Ergreifung des abzuschiebenden Ausländers zulässig, wenn Tatsachen vorliegen, aus denen zu schließen ist, dass der Ausländer sich in den zu durchsuchenden Räumen befindet. $_3$Absatz 5 Satz 2 gilt entsprechend.

(7) $_1$Zur Nachtzeit darf die Wohnung nur betreten oder durchsucht werden, wenn Tatsachen vorliegen, aus denen zu schließen ist, dass die Ergreifung des Ausländers zum Zweck seiner Abschiebung andernfalls vereitelt wird. $_2$Die Organisation der Abschiebung ist keine Tatsache im Sinne von Satz 1.

(8) $_1$Durchsuchungen nach Absatz 6 dürfen nur durch den Richter, bei Gefahr im Verzug auch durch die die Abschiebung durchführende Behörde angeordnet werden. $_2$Die Annahme von Gefahr im Verzug kann nach Betreten der Wohnung nach Absatz 5 nicht darauf gestützt werden, dass der Ausländer nicht angetroffen wurde.

(9) $_1$Der Inhaber der zu durchsuchenden Räume darf der Durchsuchung beiwohnen. $_2$Ist er abwesend, so ist, wenn möglich, sein Vertreter oder ein erwachsener Angehöriger, Hausgenosse oder Nachbar hinzuzuziehen. $_3$Dem Inhaber oder der in dessen Abwesenheit hinzugezogenen Person ist in den Fällen des Absatzes 6 Satz 2 der Zweck der Durchsuchung vor deren Beginn bekannt zu machen. $_4$Über die Durchsuchung ist eine Niederschrift zu fertigen. $_5$Sie muss die verantwortliche Dienststelle, Grund, Zeit und Ort der Durchsuchung und, falls keine gerichtliche Anordnung ergangen ist, auch Tatsachen, welche die Annahme einer Gefahr im Verzug begründet haben, enthalten. $_6$Dem Wohnungsinhaber oder seinem Vertreter ist auf Verlangen eine Abschrift der Niederschrift auszuhändigen. $_7$Ist die Anfertigung der Niederschrift oder die Aushändigung einer Abschrift nach den besonderen Umständen des Falles nicht möglich oder würde sie den Zweck der Durchsuchung gefährden, so sind dem Wohnungsinhaber oder der hinzugezogenen Person lediglich die Durchsuchung unter Angabe der verantwortlichen Dienststelle sowie Zeit und Ort der Durchsuchung schriftlich zu bestätigen.

(10) Weitergehende Regelungen der Länder, die den Regelungsgehalt der Absätze 5 bis 9 betreffen, bleiben unberührt.

§ 58a Abschiebungsanordnung

(1) $_1$Die oberste Landesbehörde kann gegen einen Ausländer auf Grund einer auf Tatsachen gestützten Prognose zur Abwehr einer besonderen Gefahr für die Sicherheit der Bundesrepublik Deutschland oder einer ter-

roristischen Gefahr ohne vorhergehende Ausweisung eine Abschiebungsanordnung erlassen. $_{2}$Die Abschiebungsanordnung ist sofort vollziehbar; einer Abschiebungsandrohung bedarf es nicht.

(2) $_{1}$Das Bundesministerium des Innern kann die Übernahme der Zuständigkeit erklären, wenn ein besonderes Interesse des Bundes besteht. $_{2}$Die oberste Landesbehörde ist hierüber zu unterrichten. $_{3}$Abschiebungsanordnungen des Bundes werden von der Bundespolizei vollzogen.

(3) $_{1}$Eine Abschiebungsanordnung darf nicht vollzogen werden, wenn die Voraussetzungen für ein Abschiebungsverbot nach § 60 Abs. 1 bis 8 gegeben sind. $_{2}$§ 59 Abs. 2 und 3 ist entsprechend anzuwenden. $_{3}$Die Prüfung obliegt der über die Abschiebungsanordnung entscheidenden Behörde, die nicht an hierzu getroffene Feststellungen aus anderen Verfahren gebunden ist.

(4) $_{1}$Dem Ausländer ist nach Bekanntgabe der Abschiebungsanordnung unverzüglich Gelegenheit zu geben, mit einem Rechtsbeistand seiner Wahl Verbindung aufzunehmen, es sei denn, er hat sich zuvor anwaltlichen Beistands versichert; er ist hierauf, auf die Rechtsfolgen der Abschiebungsanordnung und die gegebenen Rechtsbehelfe hinzuweisen. $_{2}$Ein Antrag auf Gewährung vorläufigen Rechtsschutzes nach der Verwaltungsgerichtsordnung ist innerhalb von sieben Tagen nach Bekanntgabe der Abschiebungsanordnung zu stellen. $_{3}$Die Abschiebung darf bis zum Ablauf der Frist nach Satz 2 und im Falle der rechtzeitigen Antragstellung bis zur Entscheidung des Gerichts über den Antrag auf vorläufigen Rechtsschutz nicht vollzogen werden.

§ 59 Androhung der Abschiebung

(1) $_{1}$Die Abschiebung ist unter Bestimmung einer angemessenen Frist zwischen sieben und 30 Tagen für die freiwillige Ausreise anzudrohen. $_{2}$Ausnahmsweise kann eine kürzere Frist gesetzt oder von einer Fristsetzung abgesehen werden, wenn dies im Einzelfall zur Wahrung überwiegender öffentlicher Belange zwingend erforderlich ist, insbesondere wenn

1. der begründete Verdacht besteht, dass der Ausländer sich der Abschiebung entziehen will, oder
2. von dem Ausländer eine erhebliche Gefahr für die öffentliche Sicherheit oder Ordnung ausgeht.

$_{3}$Unter den in Satz 2 genannten Voraussetzungen kann darüber hinaus auch von einer Abschiebungsandrohung abgesehen werden, wenn

1. der Aufenthaltstitel nach § 51 Absatz 1 Nummer 3 bis 5 erloschen ist oder
2. der Ausländer bereits unter Wahrung der Erfordernisse des § 77 auf das Bestehen seiner Ausreisepflicht hingewiesen worden ist.

$_{4}$Die Ausreisefrist kann unter Berücksichtigung der besonderen Umstände des Einzelfalls angemessen verlängert oder für einen längeren Zeitraum festgesetzt werden. $_{5}$§ 60a Absatz 2 bleibt unberührt. $_{6}$Wenn die Vollziehbarkeit der Ausreisepflicht oder der Abschiebungsandrohung entfällt, wird die Ausreisefrist unterbrochen und beginnt nach Wiedereintritt der Vollziehbarkeit erneut zu laufen. $_{7}$Einer erneuten Fristsetzung bedarf es nicht. $_{8}$Nach Ablauf der Frist zur freiwilligen Ausreise darf der Termin der Abschiebung dem Ausländer nicht angekündigt werden.

(2) $_{1}$In der Androhung soll der Staat bezeichnet werden, in den der Ausländer abgeschoben werden soll, und der Ausländer darauf hingewiesen werden, dass er auch in einen anderen Staat abgeschoben werden kann, in den er einreisen darf oder der zu seiner Übernahme verpflichtet ist. $_{2}$Gebietskörperschaften im Sinne der Anhänge I und II der Verordnung (EU) 2018/1806 des Europäischen Parlaments und des Rates vom 14. November 2018 zur Aufstellung der Liste der Drittländer, deren Staatsangehörige beim Überschreiten der Außengrenzen im Besitz eines Visums sein müssen, sowie der Liste der Drittländer, deren Staatsangehörige von dieser Visumpflicht befreit sind (ABl. L 303 vom 28. 11. 2018, S. 39), sind Staaten gleichgestellt.

(3) $_{1}$Dem Erlass der Androhung steht das Vorliegen von Abschiebungsverboten und Gründen für die vorübergehende Aussetzung der Abschiebung nicht entgegen. $_{2}$In der Androhung ist der Staat zu bezeichnen, in den der Ausländer nicht abgeschoben werden darf. $_{3}$Stellt das Verwaltungsgericht das Vorliegen eines Abschiebungsverbots fest, so bleibt die Rechtmäßigkeit der Androhung im Übrigen unberührt.

(4) $_{1}$Nach dem Eintritt der Unanfechtbarkeit der Abschiebungsandrohung bleiben für weitere Entscheidungen der Ausländerbehörde über die Abschiebung oder die Aussetzung der Abschiebung Umstände unberücksichtigt, die einer Abschiebung in den in der Abschiebungsandrohung bezeichneten Staat entgegenstehen und die vor dem Eintritt der Unanfechtbarkeit der Abschiebungsandrohung eingetreten sind; sonstige von dem Ausländer geltend gemachte Umstände, die der Abschiebung oder der Abschiebung in diesen Staat entgegenstehen, können unberücksichtigt bleiben. $_{2}$Die Vorschriften, nach denen der Ausländer die im Satz 1 bezeichneten Umstände gerichtlich im Wege der Klage oder im Verfahren des vorläufigen Rechtsschutzes nach der Verwaltungsgerichtsordnung geltend machen kann, bleiben unberührt.

(5) $_{1}$In den Fällen des § 58 Abs. 3 Nr. 1 bedarf es keiner Fristsetzung; der Ausländer wird aus der Haft oder dem öffentlichen Gewahrsam abgeschoben. $_{2}$Die Abschiebung soll mindestens eine Woche vorher angekündigt werden.

(6) Über die Fristgewährung nach Absatz 1 wird dem Ausländer eine Bescheinigung ausgestellt.

(7) $_{1}$Liegen der Ausländerbehörde konkrete Anhaltspunkte dafür vor, dass der Ausländer Opfer einer in § 25 Absatz 4a Satz 1 oder in § 25 Absatz 4b Satz 1 genannten Straftat wurde, setzt sie abweichend von Absatz 1 Satz 1 eine Ausreisefrist, die so zu bemessen ist, dass er eine Entscheidung über seine Aussagebereitschaft nach § 25 Absatz 4a Satz 2 Nummer 3 oder nach § 25 Absatz 4b Satz 2 Nummer 2 treffen kann. $_{2}$Die Ausreisefrist beträgt mindestens drei Monate. $_{3}$Die Ausländerbehörde kann von der Festsetzung einer Ausreisefrist nach Satz 1 absehen, diese aufheben oder verkürzen, wenn

1. der Aufenthalt des Ausländers die öffentliche Sicherheit und Ordnung oder sonstige erhebliche Interessen der Bundesrepublik Deutschland beeinträchtigt oder
2. der Ausländer freiwillig nach der Unterrichtung nach Satz 4 wieder Verbindung zu den Personen nach § 25 Absatz 4a Satz 2 Nummer 2 aufgenommen hat.

$_{4}$Die Ausländerbehörde oder eine durch sie beauftragte Stelle unterrichtet den Ausländer über die geltenden Regelungen, Programme und Maßnahmen für Opfer von in § 25 Absatz 4a Satz 1 genannten Straftaten.

(8) Ausländer, die ohne die nach § 4a Absatz 5 erforderliche Berechtigung zur Erwerbstätigkeit beschäftigt waren, sind vor der Abschiebung über die Rechte nach Artikel 6 Absatz 2 und Artikel 13 der Richtlinie 2009/52/EG des Europäischen Parlaments und des Rates vom 18. Juni 2009 über Mindeststandards für Sanktionen und Maßnahmen gegen Arbeitgeber, die Drittstaatsangehörige ohne rechtmäßigen Aufenthalt beschäftigen (ABl. L 168 vom 30. 6. 2009, S. 24), zu unterrichten.

§ 60 Verbot der Abschiebung

(1) $_{1}$In Anwendung des Abkommens vom 28. Juli 1951 über die Rechtsstellung der Flüchtlinge (BGBl. 1953 II S. 559) darf ein Ausländer nicht in einen Staat abgeschoben werden, in dem sein Leben oder seine Freiheit wegen seiner Rasse, Religion, Nationalität, seiner Zugehörigkeit zu einer bestimmten sozialen Gruppe oder wegen seiner politischen Überzeugung bedroht ist. $_{2}$Dies gilt auch für Asylberechtigte und Ausländer, denen die Flüchtlingseigenschaft unanfechtbar zuerkannt wurden oder die aus einem anderen Grund im Bundesgebiet die Rechtsstellung ausländischer Flüchtlinge genießen oder die außerhalb des Bundesgebiets als ausländische Flüchtlinge nach dem Abkommen über die Rechtsstellung der Flüchtlinge anerkannt sind. $_{3}$Wenn der Ausländer sich auf das Ab-

schiebungsverbot nach diesem Absatz beruft, stellt das Bundesamt für Migration und Flüchtlinge außer in den Fällen des Satzes 2 in einem Asylverfahren fest, ob die Voraussetzungen des Satzes 1 vorliegen und dem Ausländer die Flüchtlingseigenschaft zuzuerkennen ist. $_{4}$Die Entscheidung des Bundesamtes kann nur nach den Vorschriften des Asylgesetzes angefochten werden.

(2) $_{1}$Ein Ausländer darf nicht in einen Staat abgeschoben werden, in dem ihm der in § 4 Absatz 1 des Asylgesetzes bezeichnete ernsthafte Schaden droht. $_{2}$Absatz 1 Satz 3 und 4 gilt entsprechend.

(3) Darf ein Ausländer nicht in einen Staat abgeschoben werden, weil dieser Staat den Ausländer wegen einer Straftat sucht und die Gefahr der Verhängung oder der Vollstreckung der Todesstrafe besteht, finden die Vorschriften über die Auslieferung entsprechende Anwendung.

(4) Liegt ein förmliches Auslieferungsersuchen oder ein mit der Ankündigung eines Auslieferungsersuchens verbundenes Festnahmeersuchen eines anderen Staates vor, darf der Ausländer bis zur Entscheidung über die Auslieferung nur mit Zustimmung der Behörde, die nach § 74 des Gesetzes über die internationale Rechtshilfe in Strafsachen für die Bewilligung der Auslieferung zuständig ist, in diesen Staat abgeschoben werden.

(5) Ein Ausländer darf nicht abgeschoben werden, soweit sich aus der Anwendung der Konvention vom 4. November 1950 zum Schutze der Menschenrechte und Grundfreiheiten (BGBl. 1952 II S. 685) ergibt, dass die Abschiebung unzulässig ist.

(6) Die allgemeine Gefahr, dass einem Ausländer in einem anderen Staat Strafverfolgung und Bestrafung drohen können und, soweit sich aus den Absätzen 2 bis 5 nicht etwas anderes ergibt, die konkrete Gefahr einer nach der Rechtsordnung eines anderen Staates gesetzmäßigen Bestrafung stehen der Abschiebung nicht entgegen.

(7) $_{1}$Von der Abschiebung eines Ausländers in einen anderen Staat soll abgesehen werden, wenn dort für diesen Ausländer eine erhebliche konkrete Gefahr für Leib, Leben oder Freiheit besteht. $_{2}$§ 60a Absatz 2c Satz 2 und 3 gilt entsprechend. $_{3}$Eine erhebliche konkrete Gefahr aus gesundheitlichen Gründen liegt nur vor bei lebensbedrohlichen oder schwerwiegenden Erkrankungen, die sich durch die Abschiebung wesentlich verschlechtern würden. $_{4}$Es ist nicht erforderlich, dass die medizinische Versorgung im Zielstaat mit der Versorgung in der Bundesrepublik Deutschland gleichwertig ist. $_{5}$Eine ausreichende medizinische Versorgung liegt in der Regel auch vor, wenn diese nur in einem Teil des Zielstaats gewährleistet ist. $_{6}$Gefahren nach Satz 1, denen die Bevölkerung oder die Bevölkerungsgruppe, der der Ausländer angehört, allgemein ausgesetzt ist, sind bei Anordnungen nach § 60a Abs. 1 Satz 1 zu berücksichtigen.

(8) $_{1}$Absatz 1 findet keine Anwendung, wenn der Ausländer aus schwerwiegenden Gründen als eine Gefahr für die Sicherheit der Bundesrepublik Deutschland anzusehen ist oder eine Gefahr für die Allgemeinheit bedeutet, weil er wegen eines Verbrechens oder besonders schweren Vergehens rechtskräftig zu einer Freiheitsstrafe von mindestens drei Jahren verurteilt worden ist. $_{2}$Das Gleiche gilt, wenn der Ausländer die Voraussetzungen des § 3 Abs. 2 des Asylgesetzes erfüllt. $_{3}$Von der Anwendung des Absatzes 1 kann abgesehen werden, wenn der Ausländer eine Gefahr für die Allgemeinheit bedeutet, weil er wegen einer oder mehrerer vorsätzlicher Straftaten gegen das Leben, die körperliche Unversehrtheit, die sexuelle Selbstbestimmung, das Eigentum oder wegen Widerstands gegen Vollstreckungsbeamte rechtskräftig zu einer Freiheits- oder Jugendstrafe von mindestens einem Jahr verurteilt worden ist, sofern die Straftat mit Gewalt, unter Anwendung von Drohung mit Gefahr für Leib oder Leben oder mit List begangen worden ist oder eine Straftat nach § 177 des Strafgesetzbuches ist.

(9) $_{1}$In den Fällen des Absatzes 8 kann einem Ausländer, der einen Asylantrag gestellt hat, abweichend von den Vorschriften des Asylgesetzes die Abschiebung angedroht und

diese durchgeführt werden. $_{2}$Die Absätze 2 bis 7 bleiben unberührt.

(10) $_{1}$Soll ein Ausländer abgeschoben werden, bei dem die Voraussetzungen des Absatzes 1 vorliegen, kann nicht davon abgesehen werden, die Abschiebung anzudrohen und eine angemessene Ausreisefrist zu setzen. $_{2}$In der Androhung sind die Staaten zu bezeichnen, in die der Ausländer nicht abgeschoben werden darf.

§ 60a Vorübergehende Aussetzung der Abschiebung (Duldung)

(1) $_{1}$Die oberste Landesbehörde kann aus völkerrechtlichen oder humanitären Gründen oder zur Wahrung politischer Interessen der Bundesrepublik Deutschland anordnen, dass die Abschiebung von Ausländern aus bestimmten Staaten oder von in sonstiger Weise bestimmten Ausländergruppen allgemein oder in bestimmte Staaten für längstens drei Monate ausgesetzt wird. $_{2}$Für einen Zeitraum von länger als sechs Monaten gilt § 23 Abs. 1.

(2) $_{1}$Die Abschiebung eines Ausländers ist auszusetzen, solange die Abschiebung aus tatsächlichen oder rechtlichen Gründen unmöglich ist und keine Aufenthaltserlaubnis erteilt wird. $_{2}$Die Abschiebung eines Ausländers ist auch auszusetzen, wenn seine vorübergehende Anwesenheit im Bundesgebiet für ein Strafverfahren wegen eines Verbrechens von der Staatsanwaltschaft oder dem Strafgericht für sachgerecht erachtet wird, weil ohne seine Angaben die Erforschung des Sachverhalts erschwert wäre. $_{3}$Einem Ausländer kann eine Duldung erteilt werden, wenn dringende humanitäre oder persönliche Gründe oder erhebliche öffentliche Interessen seine vorübergehende weitere Anwesenheit im Bundesgebiet erfordern. $_{4}$Soweit die Beurkundung der Anerkennung einer Vaterschaft oder der Zustimmung der Mutter für die Durchführung eines Verfahrens nach § 85a ausgesetzt wird, wird die Abschiebung des ausländischen Anerkennenden, der ausländischen Mutter oder des ausländischen Kindes ausgesetzt, solange das Verfahren nach § 85a nicht durch vollziehbare Entscheidung abgeschlossen ist.

(2a) $_{1}$Die Abschiebung eines Ausländers wird für eine Woche ausgesetzt, wenn seine Zurückschiebung oder Abschiebung gescheitert ist, Abschiebungshaft nicht angeordnet wird und die Bundesrepublik Deutschland auf Grund einer Rechtsvorschrift, insbesondere des Artikels 6 Abs. 1 der Richtlinie 2003/110/EG des Rates vom 25. November 2003 über die Unterstützung bei der Durchbeförderung im Rahmen von Rückführungsmaßnahmen auf dem Luftweg (ABl. EU Nr. L 321 S. 26), zu seiner Rückübernahme verpflichtet ist. $_{2}$Die Aussetzung darf nicht nach Satz 1 verlängert werden. $_{3}$Die Einreise des Ausländers ist zuzulassen.

(2b) Solange ein Ausländer, der eine Aufenthaltserlaubnis nach § 25a Absatz 1 besitzt, minderjährig ist, soll die Abschiebung seiner Eltern oder eines allein personensorgeberechtigten Elternteils sowie der minderjährigen Kinder, die mit den Eltern oder dem allein personensorgeberechtigten Elternteil in familiärer Lebensgemeinschaft leben, ausgesetzt werden.

(2c) $_{1}$Es wird vermutet, dass der Abschiebung gesundheitliche Gründe nicht entgegenstehen. $_{2}$Der Ausländer muss eine Erkrankung, die die Abschiebung beeinträchtigen kann, durch eine qualifizierte ärztliche Bescheinigung glaubhaft machen. $_{3}$Diese ärztliche Bescheinigung soll insbesondere die tatsächlichen Umstände, auf deren Grundlage eine fachliche Beurteilung erfolgt ist, die Methode der Tatsachenerhebung, die fachlich-medizinische Beurteilung des Krankheitsbildes (Diagnose), den Schweregrad der Erkrankung, den lateinischen Namen oder die Klassifizierung der Erkrankung nach ICD 10 sowie die Folgen, die sich nach ärztlicher Beurteilung aus der krankheitsbedingten Situation voraussichtlich ergeben, enthalten. $_{4}$Zur Behandlung der Erkrankung erforderliche Medikamente müssen mit der Angabe ihrer Wirkstoffe und diese mit ihrer international gebräuchlichen Bezeichnung aufgeführt sein.

(2d) $_{1}$Der Ausländer ist verpflichtet, der zuständigen Behörde die ärztliche Bescheinigung nach Absatz 2c unverzüglich vorzulegen. $_{2}$Verletzt der Ausländer die Pflicht zur unverzüglichen Vorlage einer solchen ärztlichen Bescheinigung, darf die zuständige Behörde das Vorbringen des Ausländers zu seiner Erkrankung nicht berücksichtigen, es sei denn, der Ausländer war unverschuldet an der Einholung einer solchen Bescheinigung gehindert oder es liegen anderweitig tatsächliche Anhaltspunkte für das Vorliegen einer lebensbedrohlichen oder schwerwiegenden Erkrankung, die sich durch die Abschiebung wesentlich verschlechtern würde, vor. $_{3}$Legt der Ausländer eine Bescheinigung vor und ordnet die Behörde daraufhin eine ärztliche Untersuchung an, ist die Behörde berechtigt, die vorgetragene Erkrankung nicht zu berücksichtigen, wenn der Ausländer der Anordnung ohne zureichenden Grund nicht Folge leistet. $_{4}$Der Ausländer ist auf die Verpflichtungen und auf die Rechtsfolgen einer Verletzung dieser Verpflichtungen nach diesem Absatz hinzuweisen.

(3) Die Ausreisepflicht eines Ausländers, dessen Abschiebung ausgesetzt ist, bleibt unberührt.

(4) Über die Aussetzung der Abschiebung ist dem Ausländer eine Bescheinigung auszustellen.

(5) $_{1}$Die Aussetzung der Abschiebung erlischt mit der Ausreise des Ausländers. $_{2}$Sie wird widerrufen, wenn die der Abschiebung entgegenstehenden Gründe entfallen. $_{3}$Der Ausländer wird unverzüglich nach dem Erlöschen ohne erneute Androhung und Fristsetzung abgeschoben, es sei denn, die Aussetzung wird erneuert. $_{4}$Ist die Abschiebung länger als ein Jahr ausgesetzt, ist die durch Widerruf vorgesehene Abschiebung mindestens einen Monat vorher anzukündigen; die Ankündigung ist zu wiederholen, wenn die Aussetzung für mehr als ein Jahr erneuert wurde. $_{5}$Satz 4 findet keine Anwendung, wenn der Ausländer die der Abschiebung entgegenstehenden Gründe durch vorsätzlich falsche Angaben oder durch eigene Täuschung über seine Identität oder Staatsangehörigkeit selbst herbeiführt oder zumutbare Anforderungen an die Mitwirkung bei der Beseitigung von Ausreisehindernissen nicht erfüllt.

(6) $_{1}$Einem Ausländer, der eine Duldung besitzt, darf die Ausübung einer Erwerbstätigkeit nicht erlaubt werden, wenn

1. er sich in das Inland begeben hat, um Leistungen nach dem Asylbewerberleistungsgesetz zu erlangen,
2. aufenthaltsbeendende Maßnahmen bei ihm aus Gründen, die er selbst zu vertreten hat, nicht vollzogen werden können oder
3. er Staatsangehöriger eines sicheren Herkunftsstaates nach § 29a des Asylgesetzes ist und sein nach dem 31. August 2015 gestellter Asylantrag abgelehnt oder zurückgenommen wurde, es sei denn, die Rücknahme erfolgte auf Grund einer Beratung nach § 24 Absatz 1 des Asylgesetzes beim Bundesamt für Migration und Flüchtlinge, oder ein Asylantrag nicht gestellt wurde.

$_{2}$Zu vertreten hat ein Ausländer die Gründe nach Satz 1 Nummer 2 insbesondere, wenn er das Abschiebungshindernis durch eigene Täuschung über seine Identität oder Staatsangehörigkeit oder durch eigene falsche Angaben selbst herbeiführt. $_{3}$Satz 1 Nummer 3 gilt bei unbegleiteten minderjährigen Ausländern nicht für die Rücknahme des Asylantrags oder den Verzicht auf die Antragstellung, wenn die Rücknahme oder der Verzicht auf das Stellen eines Asylantrags im Interesse des Kindeswohls erfolgte.

§ 60b Duldung für Personen mit ungeklärter Identität

(1) $_{1}$Einem vollziehbar ausreisepflichtigen Ausländer wird die Duldung im Sinne des § 60a als „Duldung für Personen mit ungeklärter Identität" erteilt, wenn die Abschiebung aus von ihm selbst zu vertretenden Gründen nicht vollzogen werden kann, weil er das Abschiebungshindernis durch eigene Täuschung über seine Identität oder Staatsangehörigkeit oder durch eigene falsche Angaben selbst herbeiführt oder er zumutbare Handlungen zur Erfüllung der besonderen Passbeschaffungspflicht nach Absatz 2 Satz 1 und Absatz 3 Satz 1 nicht vornimmt. $_{2}$Dem Ausländer ist die Bescheinigung über die Duldung nach § 60a Absatz 4 mit dem Zusatz

„für Personen mit ungeklärter Identität" auszustellen.

(2) [1]Besitzt der vollziehbar ausreisepflichtige Ausländer keinen gültigen Pass oder Passersatz, ist er unbeschadet des § 3 verpflichtet, alle ihm unter Berücksichtigung der Umstände des Einzelfalls zumutbaren Handlungen zur Beschaffung eines Passes oder Passersatzes selbst vorzunehmen. [2]Dies gilt nicht für Ausländer ab der Stellung eines Asylantrages (§ 13 des Asylgesetzes) oder eines Asylgesuches (§ 18 des Asylgesetzes) bis zur rechtskräftigen Ablehnung des Asylantrages sowie für Ausländer, wenn ein Abschiebungsverbot nach § 60 Absatz 5 oder 7 vorliegt, es sei denn, das Abschiebungsverbot nach § 60 Absatz 7 beruht allein auf gesundheitlichen Gründen.

(3) [1]Im Sinne des Absatzes 2 Satz 1 ist dem Ausländer regelmäßig zumutbar,

1. in der den Bestimmungen des deutschen Passrechts, insbesondere den §§ 6 und 15 des Passgesetzes in der jeweils geltenden Fassung, entsprechenden Weise an der Ausstellung oder Verlängerung mitzuwirken und die Behandlung eines Antrages durch die Behörden des Herkunftsstaates nach dem Recht des Herkunftsstaates zu dulden, sofern dies nicht zu einer unzumutbaren Härte führt,
2. bei Behörden des Herkunftsstaates persönlich vorzusprechen, an Anhörungen teilzunehmen, Lichtbilder nach Anforderung anzufertigen und Fingerabdrücke abzugeben, nach der Rechts- und Verwaltungspraxis des Herkunftsstaates erforderliche Angaben oder Erklärungen abzugeben oder sonstige nach der dortigen Rechts- und Verwaltungspraxis erforderliche Handlungen vorzunehmen, soweit dies nicht unzumutbar ist,
3. eine Erklärung gegenüber den Behörden des Herkunftsstaates, aus dem Bundesgebiet freiwillig im Rahmen seiner rechtlichen Verpflichtung nach dem deutschen Recht auszureisen, abzugeben, sofern hiervon die Ausstellung des Reisedokumentes abhängig gemacht wird,
4. sofern hiervon die Ausstellung des Reisedokumentes abhängig gemacht wird, zu erklären, die Wehrpflicht zu erfüllen, sofern die Erfüllung der Wehrpflicht nicht aus zwingenden Gründen unzumutbar ist, und andere zumutbare staatsbürgerliche Pflichten zu erfüllen,
5. die vom Herkunftsstaat für die behördlichen Passbeschaffungsmaßnahmen allgemein festgelegten Gebühren zu zahlen, sofern es nicht für ihn unzumutbar ist und
6. erneut um die Ausstellung des Passes oder Passersatzes im Rahmen des Zumutbaren nachzusuchen und die Handlungen nach den Nummern 1 bis 5 vorzunehmen, sofern auf Grund einer Änderung der Sach- und Rechtslage mit der Ausstellung des Passes oder Passersatzes durch die Behörden des Herkunftsstaates mit hinreichender Wahrscheinlichkeit gerechnet werden kann und die Ausländerbehörde ihn zur erneuten Vornahme der Handlungen auffordert.

[2]Der Ausländer ist auf diese Pflichten hinzuweisen. [3]Sie gelten als erfüllt, wenn der Ausländer glaubhaft macht, dass er die Handlungen nach Satz 1 vorgenommen hat. [4]Weist die Ausländerbehörde den Ausländer darauf hin, dass seine bisherigen Darlegungen und Nachweise zur Glaubhaftmachung der Erfüllung einer bestimmten Handlung oder mehrerer bestimmter Handlungen nach Satz 1 nicht ausreichen, kann die Ausländerbehörde ihn mit Fristsetzung dazu auffordern, die Vornahme der Handlungen nach Satz 1 durch Erklärung an Eides statt glaubhaft zu machen. [5]Die Ausländerbehörde ist hierzu zuständige Behörde im Sinne des § 156 des Strafgesetzbuches.

(4) [1]Hat der Ausländer die zumutbaren Handlungen nach Absatz 2 Satz 1 und Absatz 3 Satz 1 unterlassen, kann er diese jederzeit nachholen. [2]In diesem Fall ist die Verletzung der Mitwirkungspflicht geheilt und dem Ausländer die Bescheinigung über die Duldung nach § 60a Absatz 4 ohne den Zusatz „für Personen mit ungeklärter Identität" auszustellen. [3]Absatz 5 Satz 1 bleibt unberührt.

(5) 1Die Zeiten, in denen dem Ausländer die Duldung mit dem Zusatz „für Personen mit ungeklärter Identität" ausgestellt worden ist, werden nicht als Vorduldungszeiten angerechnet. 2Dem Inhaber einer Duldung mit dem Zusatz „für Personen mit ungeklärter Identität" darf die Ausübung einer Erwerbstätigkeit nicht erlaubt werden. 3Er unterliegt einer Wohnsitzauflage nach § 61 Absatz 1d.

(6) § 84 Absatz 1 Satz 1 Nummer 3 und Absatz 2 Satz 1 und 3 findet Anwendung.

§ 60c Ausbildungsduldung

(1) 1Eine Duldung im Sinne von § 60a Absatz 2 Satz 3 ist zu erteilen, wenn der Ausländer in Deutschland

1. als Asylbewerber eine
   a) qualifizierte Berufsausbildung in einem staatlich anerkannten oder vergleichbar geregelten Ausbildungsberuf aufgenommen hat oder
   b) Assistenz- oder Helferausbildung in einem staatlich anerkannten oder vergleichbar geregelten Ausbildungsberuf aufgenommen hat, an die eine qualifizierte Berufsausbildung in einem staatlich anerkannten oder vergleichbar geregelten Ausbildungsberuf, für den die Bundesagentur für Arbeit einen Engpass festgestellt hat, anschlussfähig ist und dazu eine Ausbildungsplatzzusage vorliegt,

   und nach Ablehnung des Asylantrags diese Berufsausbildung fortsetzen möchte oder
2. im Besitz einer Duldung nach § 60a ist und eine in Nummer 1 genannte Berufsausbildung aufnimmt.

2In Fällen offensichtlichen Missbrauchs kann die Ausbildungsduldung versagt werden. Im Fall des Satzes 1 ist die Beschäftigungserlaubnis zu erteilen.

(2) Die Ausbildungsduldung wird nicht erteilt, wenn

1. ein Ausschlussgrund nach § 60a Absatz 6 vorliegt,
2. im Fall von Absatz 1 Satz 1 Nummer 2 der Ausländer bei Antragstellung noch nicht drei Monate im Besitz einer Duldung ist,
3. die Identität nicht geklärt ist
   a) bei Einreise in das Bundesgebiet bis zum 31. Dezember 2016 bis zur Beantragung der Ausbildungsduldung, oder
   b) bei Einreise in das Bundesgebiet ab dem 1. Januar 2017 und vor dem 1. Januar 2020 bis zur Beantragung der Ausbildungsduldung, spätestens jedoch bis zum 30. Juni 2020 oder
   c) bei Einreise in das Bundesgebiet nach dem 31. Dezember 2019 innerhalb der ersten sechs Monate nach der Einreise;

   die Frist gilt als gewahrt, wenn der Ausländer innerhalb der in den Buchstaben a bis c genannten Frist alle erforderlichen und ihm zumutbaren Maßnahmen für die Identitätsklärung ergriffen hat und die Identität erst nach dieser Frist geklärt werden kann, ohne dass der Ausländer dies zu vertreten hat,
4. ein Ausschlussgrund nach § 19d Absatz 1 Nummer 6 oder 7 vorliegt oder gegen den Ausländer eine Ausweisungsverfügung oder eine Abschiebungsanordnung nach § 58a besteht, oder
5. im Fall von Absatz 1 Satz 1 Nummer 2 zum Zeitpunkt der Antragstellung konkrete Maßnahmen zur Aufenthaltsbeendigung, die in einem hinreichenden sachlichen und zeitlichen Zusammenhang zur Aufenthaltsbeendigung stehen, bevorstehen; diese konkreten Maßnahmen zur Aufenthaltsbeendigung stehen bevor, wenn
   a) eine ärztliche Untersuchung zur Feststellung der Reisefähigkeit veranlasst wurde,
   b) der Ausländer einen Antrag zur Förderung mit staatlichen Mitteln einer freiwilligen Ausreise gestellt hat,
   c) die Buchung von Transportmitteln für die Abschiebung eingeleitet wurde,
   d) vergleichbar konkrete Vorbereitungsmaßnahmen zur Abschiebung des Ausländers eingeleitet wurden, es sei

denn, es ist von vornherein absehbar, dass diese nicht zum Erfolg führen, oder

e) ein Verfahren zur Bestimmung des zuständigen Mitgliedstaates gemäß Artikel 20 Absatz 1 der Verordnung (EU) Nr. 604/2013 des Europäischen Parlaments und des Rates vom 26. Juni 2013 eingeleitet wurde.

(3) $_{1}$Der Antrag auf Erteilung der Ausbildungsduldung kann frühestens sieben Monate vor Beginn der Berufsausbildung gestellt werden. $_{2}$Die Ausbildungsduldung nach Absatz 1 Satz 1 Nummer 2 wird frühestens sechs Monate vor Beginn der Berufsausbildung erteilt. $_{3}$Sie wird erteilt, wenn zum Zeitpunkt der Antragstellung auf Erteilung der Ausbildungsduldung die Eintragung des Ausbildungsvertrages in das Verzeichnis der Berufsausbildungsverhältnisse bei der zuständigen Stelle bereits beantragt wurde oder die Eintragung erfolgt ist oder, soweit eine solche Eintragung nicht erforderlich ist, der Ausbildungsvertrag mit einer Bildungseinrichtung geschlossen wurde oder die Zustimmung einer staatlichen oder staatlich anerkannten Bildungseinrichtung zu dem Ausbildungsvertrag vorliegt. $_{4}$Die Ausbildungsduldung wird für die im Ausbildungsvertrag bestimmte Dauer der Berufsausbildung erteilt.

(4) Die Ausbildungsduldung erlischt, wenn ein Ausschlussgrund nach Absatz 2 Nummer 4 eintritt oder die Ausbildung vorzeitig beendet oder abgebrochen wird.

(5) $_{1}$Wird die Ausbildung vorzeitig beendet oder abgebrochen, ist die Bildungseinrichtung verpflichtet, dies unverzüglich, in der Regel innerhalb von zwei Wochen, der zuständigen Ausländerbehörde schriftlich oder elektronisch mitzuteilen. $_{2}$In der Mitteilung sind neben den mitzuteilenden Tatsachen und dem Zeitpunkt ihres Eintritts die Namen, Vornamen und die Staatsangehörigkeit des Ausländers anzugeben.

(6) $_{1}$Wird das Ausbildungsverhältnis vorzeitig beendet oder abgebrochen, wird dem Ausländer einmalig eine Duldung für sechs Monate zum Zweck der Suche nach einem weiteren Ausbildungsplatz zur Aufnahme einer Berufsausbildung nach Absatz 1 erteilt. $_{2}$Die Duldung wird für sechs Monate zum Zweck der Suche nach einer der erworbenen beruflichen Qualifikation entsprechenden Beschäftigung verlängert, wenn nach erfolgreichem Abschluss der Berufsausbildung, für die die Duldung erteilt wurde, eine Weiterbeschäftigung im Ausbildungsbetrieb nicht erfolgt; die zur Arbeitsplatzsuche erteilte Duldung darf für diesen Zweck nicht verlängert werden.

(7) Eine Duldung nach Absatz 1 Satz 1 kann unbeachtlich des Absatzes 2 Nummer 3 erteilt werden, wenn der Ausländer die erforderlichen und ihm zumutbaren Maßnahmen für die Identitätsklärung ergriffen hat.

(8) § 60a bleibt im Übrigen unberührt.

§ 60d Beschäftigungsduldung

(1) Einem ausreisepflichtigen Ausländer und seinem Ehegatten oder seinem Lebenspartner, die bis zum 1. August 2018 in das Bundesgebiet eingereist sind, ist in der Regel eine Duldung nach § 60a Absatz 2 Satz 3 für 30 Monate zu erteilen, wenn

1. ihre Identitäten geklärt sind
   a) bei Einreise in das Bundesgebiet bis zum 31. Dezember 2016 und am 1. Januar 2020 vorliegenden Beschäftigungsverhältnis nach Absatz 1 Nummer 3 bis zur Beantragung der Beschäftigungsduldung oder
   b) bei Einreise in das Bundesgebiet bis zum 31. Dezember 2016 und am 1. Januar 2020 nicht vorliegenden Beschäftigungsverhältnis nach Absatz 1 Nummer 3 bis zum 30. Juni 2020 oder
   c) bei Einreise in das Bundesgebiet zwischen dem 1. Januar 2017 und dem 1. August 2018 spätestens bis zum 30. Juni 2020;

   die Frist gilt als gewahrt, wenn der Ausländer und sein Ehegatte oder sein Lebenspartner innerhalb der in den Buchstaben a bis c genannten Frist alle erforderlichen und ihnen zumutbaren Maßnahmen für die Identitätsklärung ergriffen haben und die Identitäten erst nach dieser Frist geklärt werden können, ohne dass sie dies zu vertreten haben,

2. der ausreisepflichtige Ausländer seit mindestens zwölf Monaten im Besitz einer Duldung ist,
3. der ausreisepflichtige Ausländer seit mindestens 18 Monaten eine sozialversicherungspflichtige Beschäftigung mit einer regelmäßigen Arbeitszeit von mindestens 35 Stunden pro Woche ausübt; bei Alleinerziehenden gilt eine regelmäßige Arbeitszeit von mindestens 20 Stunden pro Woche,
4. der Lebensunterhalt des ausreisepflichtigen Ausländers innerhalb der letzten zwölf Monate vor Beantragung der Beschäftigungsduldung durch seine Beschäftigung gesichert war,
5. der Lebensunterhalt des ausreisepflichtigen Ausländers durch seine Beschäftigung gesichert ist,
6. der ausreisepflichtige Ausländer über hinreichende mündliche Kenntnisse der deutschen Sprache verfügt,
7. der ausreisepflichtige Ausländer und sein Ehegatte oder sein Lebenspartner nicht wegen einer im Bundesgebiet begangenen vorsätzlichen Straftat verurteilt wurde, wobei Verurteilungen im Sinne von § 32 Absatz 2 Nummer 5 Buchstabe a des Bundeszentralregistergesetzes wegen Straftaten, die nach dem Aufenthaltsgesetz oder dem Asylgesetz nur von Ausländern begangen werden können, grundsätzlich außer Betracht bleiben,
8. der ausreisepflichtige Ausländer und sein Ehegatte oder sein Lebenspartner keine Bezüge zu extremistischen oder terroristischen Organisationen haben und diese auch nicht unterstützen,
9. gegen den Ausländer keine Ausweisungsverfügung und keine Abschiebungsanordnung nach § 58a besteht,
10. für die in familiärer Lebensgemeinschaft lebenden minderjährigen ledigen Kinder im schulpflichtigen Alter deren tatsächlicher Schulbesuch nachgewiesen wird und bei den Kindern keiner der in § 54 Absatz 2 Nummer 1 bis 2 genannten Fälle vorliegt und die Kinder nicht wegen einer vorsätzlichen Straftat nach § 29 Absatz 1 Satz 1 Nummer 1 des Betäubungsmittelgesetzes rechtskräftig verurteilt worden sind, und
11. der ausreisepflichtige Ausländer und sein Ehegatte oder sein Lebenspartner einen Integrationskurs, soweit sie zu einer Teilnahme verpflichtet wurden, erfolgreich abgeschlossen haben oder den Abbruch nicht zu vertreten haben.

(2) Den in familiärer Lebensgemeinschaft lebenden minderjährigen ledigen Kindern des Ausländers ist die Duldung für den gleichen Aufenthaltszeitraum zu erteilen.

(3) 1Die nach Absatz 1 erteilte Duldung wird widerrufen, wenn eine der in Absatz 1 Nummer 1 bis 10 genannten Voraussetzungen nicht mehr erfüllt ist. 2Bei Absatz 1 Nummer 3 und 4 bleiben kurzfristige Unterbrechungen, die der Ausländer nicht zu vertreten hat, unberücksichtigt. 3Wird das Beschäftigungsverhältnis beendet, ist der Arbeitgeber verpflichtet, dies unter Angabe des Zeitpunkts der Beendigung des Beschäftigungsverhältnisses, des Namens, Vornamens und der Staatsangehörigkeit des Ausländers innerhalb von zwei Wochen ab Kenntnis der zuständigen Ausländerbehörde schriftlich oder elektronisch mitzuteilen. 4§ 82 Absatz 6 gilt entsprechend.

(4) Eine Duldung nach Absatz 1 kann unbeachtlich des Absatzes 1 Nummer 1 erteilt werden, wenn der Ausländer die erforderlichen und ihm zumutbaren Maßnahmen für die Identitätsklärung ergriffen hat.

(5) § 60a bleibt im Übrigen unberührt.

§ 61 Räumliche Beschränkung, Wohnsitzauflage, Ausreiseeinrichtungen

(1) 1Der Aufenthalt eines vollziehbar ausreisepflichtigen Ausländers ist räumlich auf das Gebiet des Landes beschränkt. 2Von der räumlichen Beschränkung nach Satz 1 kann abgewichen werden, wenn der Ausländer zur Ausübung einer Beschäftigung ohne Prüfung nach § 39 Abs. 2 Satz 1 Nr. 1 berechtigt ist

VI

oder wenn dies zum Zwecke des Schulbesuchs, der betrieblichen Aus- und Weiterbildung oder des Studiums an einer staatlichen oder staatlich anerkannten Hochschule oder vergleichbaren Ausbildungseinrichtung erforderlich ist. 3Das Gleiche gilt, wenn dies der Aufrechterhaltung der Familieneinheit dient.

(1a) 1In den Fällen des § 60a Abs. 2a wird der Aufenthalt auf den Bezirk der zuletzt zuständigen Ausländerbehörde im Inland beschränkt. 2Der Ausländer muss sich nach der Einreise unverzüglich dorthin begeben. 3Ist eine solche Behörde nicht feststellbar, gilt § 15a entsprechend.

(1b) Die räumliche Beschränkung nach den Absätzen 1 und 1a erlischt, wenn sich der Ausländer seit drei Monaten ununterbrochen erlaubt, geduldet oder gestattet im Bundesgebiet aufhält.

(1c) 1Eine räumliche Beschränkung des Aufenthalts eines vollziehbar ausreisepflichtigen Ausländers kann unabhängig von den Absätzen 1 bis 1b angeordnet werden, wenn

1. der Ausländer wegen einer Straftat, mit Ausnahme solcher Straftaten, deren Tatbestand nur von Ausländern verwirklicht werden kann, rechtskräftig verurteilt worden ist,
2. Tatsachen die Schlussfolgerung rechtfertigen, dass der Ausländer gegen Vorschriften des Betäubungsmittelgesetzes verstoßen hat, oder
3. konkrete Maßnahmen zur Aufenthaltsbeendigung gegen den Ausländer bevorstehen.

2Eine räumliche Beschränkung auf den Bezirk der Ausländerbehörde soll angeordnet werden, wenn der Ausländer die der Abschiebung entgegenstehenden Gründe durch vorsätzlich falsche Angaben oder durch eigene Täuschung über seine Identität oder Staatsangehörigkeit selbst herbeiführt oder zumutbare Anforderungen an die Mitwirkung bei der Beseitigung von Ausreisehindernissen nicht erfüllt.

(1d) 1Ein vollziehbar ausreisepflichtiger Ausländer, dessen Lebensunterhalt nicht gesichert ist, ist verpflichtet, an einem bestimmten Ort seinen gewöhnlichen Aufenthalt zu nehmen (Wohnsitzauflage). 2Soweit die Ausländerbehörde nichts anderes angeordnet hat, ist das der Wohnort, an dem der Ausländer zum Zeitpunkt der Entscheidung über die vorübergehende Aussetzung der Abschiebung gewohnt hat. 3Die Ausländerbehörde kann die Wohnsitzauflage von Amts wegen oder auf Antrag des Ausländers ändern; hierbei sind die Haushaltsgemeinschaft von Familienangehörigen oder sonstige humanitäre Gründe von vergleichbarem Gewicht zu berücksichtigen. 4Der Ausländer kann den durch die Wohnsitzauflage festgelegten Ort ohne Erlaubnis vorübergehend verlassen.

(1e) 1Auflagen können zur Sicherung und Durchsetzung der vollziehbaren Ausreisepflicht angeordnet werden, wenn konkrete Maßnahmen der Aufenthaltsbeendigung unmittelbar bevorstehen. 2Insbesondere kann ein Ausländer verpflichtet werden, sich einmal wöchentlich oder in einem längeren Intervall bei der für den Aufenthaltsort des Ausländers zuständigen Ausländerbehörde zu melden.

(1f) Weitere Bedingungen und Auflagen können angeordnet werden.

(2) 1Die Länder können Ausreiseeinrichtungen für vollziehbar ausreisepflichtige Ausländer schaffen. 2In den Ausreiseeinrichtungen soll durch Betreuung und Beratung die Bereitschaft zur freiwilligen Ausreise gefördert und die Erreichbarkeit für Behörden und Gerichte sowie die Durchführung der Ausreise gesichert werden.

§ 62 Abschiebungshaft

(1) 1Die Abschiebungshaft ist unzulässig, wenn der Zweck der Haft durch ein milderes Mittel erreicht werden kann. 2Die Inhaftnahme ist auf die kürzest mögliche Dauer zu beschränken. 3Minderjährige und Familien mit Minderjährigen dürfen nur in besonderen Ausnahmefällen und nur so lange in Abschiebungshaft genommen werden, wie es unter Berücksichtigung des Kindeswohls angemessen ist.

(2) $_1$Ein Ausländer ist zur Vorbereitung der Ausweisung oder der Abschiebungsanordnung nach § 58a auf richterliche Anordnung in Haft zu nehmen, wenn über die Ausweisung oder die Abschiebungsanordnung nach § 58a nicht sofort entschieden werden kann und die Abschiebung ohne die Inhaftnahme wesentlich erschwert oder vereitelt würde (Vorbereitungshaft). $_2$Die Dauer der Vorbereitungshaft soll sechs Wochen nicht überschreiten. $_3$Im Falle der Ausweisung bedarf es für die Fortdauer der Haft bis zum Ablauf der angeordneten Haftdauer keiner erneuten richterlichen Anordnung.

(3) $_1$Ein Ausländer ist zur Sicherung der Abschiebung auf richterliche Anordnung in Haft zu nehmen (Sicherungshaft), wenn

1. Fluchtgefahr besteht,
2. der Ausländer auf Grund einer unerlaubten Einreise vollziehbar ausreisepflichtig ist oder
3. eine Abschiebungsanordnung nach § 58a ergangen ist, diese aber nicht unmittelbar vollzogen werden kann.

$_2$Von der Anordnung der Sicherungshaft nach Satz 1 Nummer 2 kann ausnahmsweise abgesehen werden, wenn der Ausländer glaubhaft macht, dass er sich der Abschiebung nicht entziehen will. $_3$Die Sicherungshaft ist unzulässig, wenn feststeht, dass aus Gründen, die der Ausländer nicht zu vertreten hat, die Abschiebung nicht innerhalb der nächsten drei Monate durchgeführt werden kann. $_4$Abweichend von Satz 3 ist die Sicherungshaft bei einem Ausländer, von dem eine erhebliche Gefahr für Leib und Leben Dritter oder bedeutende Rechtsgüter der inneren Sicherheit ausgeht, auch dann zulässig, wenn die Abschiebung nicht innerhalb der nächsten drei Monate durchgeführt werden kann.

(3a) Fluchtgefahr im Sinne von Absatz 3 Satz 1 Nummer 1 wird widerleglich vermutet, wenn

1. der Ausländer gegenüber den mit der Ausführung dieses Gesetzes betrauten Behörden über seine Identität täuscht oder in einer für ein Abschiebungshindernis erheblichen Weise und in zeitlichem Zusammenhang mit der Abschiebung getäuscht hat und die Angabe nicht selbst berichtigt hat, insbesondere durch Unterdrückung oder Vernichtung von Identitäts- oder Reisedokumenten oder das Vorgeben einer falschen Identität,
2. der Ausländer unentschuldigt zur Durchführung einer Anhörung oder ärztlichen Untersuchung nach § 82 Absatz 4 Satz 1 nicht an dem von der Ausländerbehörde angegebenen Ort angetroffen wurde, sofern der Ausländer bei der Ankündigung des Termins auf die Möglichkeit seiner Inhaftnahme im Falle des Nichtantreffens hingewiesen wurde,
3. die Ausreisefrist abgelaufen ist und der Ausländer seinen Aufenthaltsort trotz Hinweises auf die Anzeigepflicht gewechselt hat, ohne der zuständigen Behörde eine Anschrift anzugeben, unter der er erreichbar ist,
4. der Ausländer sich entgegen § 11 Absatz 1 Satz 2 im Bundesgebiet aufhält und er keine Betretenserlaubnis nach § 11 Absatz 8 besitzt,
5. der Ausländer sich bereits in der Vergangenheit der Abschiebung entzogen hat oder
6. der Ausländer ausdrücklich erklärt hat, dass er sich der Abschiebung entziehen will.

(3b) Konkrete Anhaltspunkte für Fluchtgefahr im Sinne von Absatz 3 Satz 1 Nummer 1 können sein:

1. der Ausländer hat gegenüber den mit der Ausführung dieses Gesetzes betrauten Behörden über seine Identität in einer für ein Abschiebungshindernis erheblichen Weise getäuscht und hat die Angabe nicht selbst berichtigt, insbesondere durch Unterdrückung oder Vernichtung von Identitäts- oder Reisedokumenten oder das Vorgeben einer falschen Identität,
2. der Ausländer hat zu seiner unerlaubten Einreise erhebliche Geldbeträge, insbesondere an einen Dritten für dessen Handlung nach § 96, aufgewandt, die nach den Umständen derart maßgeblich

sind, dass daraus geschlossen werden kann, dass er die Abschiebung verhindern wird, damit die Aufwendungen nicht vergeblich waren,

3. von dem Ausländer geht eine erhebliche Gefahr für Leib und Leben Dritter oder bedeutende Rechtsgüter der inneren Sicherheit aus,
4. der Ausländer ist wiederholt wegen vorsätzlicher Straftaten rechtskräftig zu mindestens einer Freiheitsstrafe verurteilt worden,
5. der Ausländer hat die Passbeschaffungspflicht nach § 60b Absatz 3 Satz 1 Nummer 1, 2 und 6 nicht erfüllt oder der Ausländer hat andere als die in Absatz 3a Nummer 2 genannten gesetzlichen Mitwirkungshandlungen zur Feststellung der Identität, insbesondere die ihm nach § 48 Absatz 3 Satz 1 obliegenden Mitwirkungshandlungen, verweigert oder unterlassen und wurde vorher auf die Möglichkeit seiner Inhaftnahme im Falle der Nichterfüllung der Passersatzbeschaffungspflicht nach § 60b Absatz 3 Satz 1 Nummer 1, 2 und 6 oder der Verweigerung oder Unterlassung der Mitwirkungshandlung hingewiesen,
6. der Ausländer hat nach Ablauf der Ausreisefrist wiederholt gegen eine Pflicht nach § 61 Absatz 1 Satz 1, Absatz 1a, 1c Satz 1 Nummer 3 oder Satz 2 verstoßen oder eine zur Sicherung und Durchsetzung der Ausreisepflicht verhängte Auflage nach § 61 Absatz 1e nicht erfüllt,
7. der Ausländer, der erlaubt eingereist und vollziehbar ausreisepflichtig geworden ist, ist dem behördlichen Zugriff entzogen, weil er keinen Aufenthaltsort hat, an dem er sich überwiegend aufhält.

(4) 1Die Sicherungshaft kann bis zu sechs Monaten angeordnet werden. 2Sie kann in Fällen, in denen die Abschiebung aus von dem Ausländer zu vertretenden Gründen nicht vollzogen werden kann, um höchstens zwölf Monate verlängert werden. 3Eine Verlängerung um höchstens zwölf Monate ist auch möglich, soweit die Haft auf der Grundlage des Absatzes 3 Satz 1 Nummer 3 angeordnet worden ist und sich die Übermittlung der für die Abschiebung erforderlichen Unterlagen oder Dokumente durch den zur Aufnahme verpflichteten oder bereiten Drittstaat verzögert. 4Die Gesamtdauer der Sicherungshaft darf 18 Monate nicht überschreiten. 5Eine Vorbereitungshaft ist auf die Gesamtdauer der Sicherungshaft anzurechnen.

(4a) Ist die Abschiebung gescheitert, bleibt die Anordnung bis zum Ablauf der Anordnungsfrist unberührt, sofern die Voraussetzungen für die Haftanordnung unverändert fortbestehen.

(5) 1Die für den Haftantrag zuständige Behörde kann einen Ausländer ohne vorherige richterliche Anordnung festhalten und vorläufig in Gewahrsam nehmen, wenn

1. der dringende Verdacht für das Vorliegen der Voraussetzungen nach Absatz 3 Satz 1 besteht,
2. die richterliche Entscheidung über die Anordnung der Sicherungshaft nicht vorher eingeholt werden kann und
3. der begründete Verdacht vorliegt, dass sich der Ausländer der Anordnung der Sicherungshaft entziehen will.

2Der Ausländer ist unverzüglich dem Richter zur Entscheidung über die Anordnung der Sicherungshaft vorzuführen.

(6) 1Ein Ausländer kann auf richterliche Anordnung zum Zwecke der Abschiebung für die Dauer von längstens 14 Tagen zur Durchführung einer Anordnung nach § 82 Absatz 4 Satz 1, bei den Vertretungen oder ermächtigten Bediensteten des Staates, dessen Staatsangehörigkeit er vermutlich besitzt, persönlich zu erscheinen, oder eine ärztliche Untersuchung zur Feststellung seiner Reisefähigkeit durchführen zu lassen, in Haft genommen werden, wenn er

1. einer solchen erstmaligen Anordnung oder
2. einer Anordnung nach § 82 Absatz 4 Satz 1, zu einem Termin bei der zuständigen Behörde persönlich zu erscheinen,

unentschuldigt ferngeblieben ist und der Ausländer zuvor auf die Möglichkeit einer Inhaftnahme hingewiesen wurde (Mitwirkungshaft). 2Eine Verlängerung der Mitwirkungshaft ist nicht möglich. 3Eine Mitwirkungshaft ist auf die Gesamtdauer der Sicherungshaft anzurechnen. 4§ 62a Absatz 1 findet entsprechende Anwendung.

§ 62a Vollzug der Abschiebungshaft

(1) 1Abschiebungsgefangene sind getrennt von Strafgefangenen unterzubringen. 2Werden mehrere Angehörige einer Familie inhaftiert, so sind diese getrennt von den übrigen Abschiebungsgefangenen unterzubringen. 3Ihnen ist ein angemessenes Maß an Privatsphäre zu gewährleisten.

(2) Den Abschiebungsgefangenen wird gestattet, mit Rechtsvertretern, Familienangehörigen, den zuständigen Konsularbehörden und einschlägig tätigen Hilfs- und Unterstützungsorganisationen Kontakt aufzunehmen.

(3) 1Bei minderjährigen Abschiebungsgefangenen sind unter Beachtung der Maßgaben in Artikel 17 der Richtlinie 2008/115/EG des Europäischen Parlaments und des Rates vom 16. Dezember 2008 über gemeinsame Normen und Verfahren in den Mitgliedstaaten zur Rückführung illegal aufhältiger Drittstaatsangehöriger (ABl. L 348 vom 24. 12. 2008, S. 98) alterstypische Belange zu berücksichtigen. 2Der Situation schutzbedürftiger Personen ist besondere Aufmerksamkeit zu widmen.

(4) Mitarbeitern von einschlägig tätigen Hilfs- und Unterstützungsorganisationen soll auf Antrag gestattet werden, Abschiebungsgefangene zu besuchen.

(5) Abschiebungsgefangene sind über ihre Rechte und Pflichten und über die in der Einrichtung geltenden Regeln zu informieren.

§ 62b Ausreisegewahrsam

(1) 1Unabhängig von den Voraussetzungen der Sicherungshaft nach § 62 Absatz 3, insbesondere vom Vorliegen der Fluchtgefahr, kann ein Ausländer zur Sicherung der Durchführbarkeit der Abschiebung auf richterliche Anordnung bis zu zehn Tage in Gewahrsam genommen werden, wenn

1. die Ausreisefrist abgelaufen ist, es sei denn, der Ausländer ist unverschuldet an der Ausreise gehindert oder die Überschreitung der Ausreisefrist ist nicht erheblich,
2. feststeht, dass die Abschiebung innerhalb dieser Frist durchgeführt werden kann und
3. der Ausländer ein Verhalten gezeigt hat, das erwarten lässt, dass er die Abschiebung erschweren oder vereiteln wird. 2Das wird vermutet, wenn er
   a) seine gesetzlichen Mitwirkungspflichten verletzt hat,
   b) über seine Identität oder Staatsangehörigkeit getäuscht hat,
   c) wegen einer im Bundesgebiet begangenen vorsätzlichen Straftat verurteilt wurde, wobei Geldstrafen von insgesamt bis zu 50 Tagessätzen außer Betracht bleiben oder
   d) die Frist zur Ausreise um mehr als 30 Tage überschritten hat.

3Von der Anordnung des Ausreisegewahrsams ist abzusehen, wenn der Ausländer glaubhaft macht oder wenn offensichtlich ist, dass er sich der Abschiebung nicht entziehen will.

(2) Der Ausreisegewahrsam wird im Transitbereich eines Flughafens oder in einer Unterkunft, von der aus die Ausreise des Ausländers ohne Zurücklegen einer größeren Entfernung zu einer Grenzübergangsstelle möglich ist, vollzogen.

(3) § 62 Absatz 1 und 4a sowie § 62a finden entsprechend Anwendung.

(4) 1Die für den Antrag nach Absatz 1 zuständige Behörde kann einen Ausländer ohne vorherige richterliche Anordnung festhalten und vorläufig in Gewahrsam nehmen, wenn

1. der dringende Verdacht für das Vorliegen der Voraussetzungen nach Absatz 1 Satz 1 besteht,
2. die richterliche Entscheidung über die Anordnung des Ausreisegewahrsams nach Absatz 1 nicht vorher eingeholt werden kann und
3. der begründete Verdacht vorliegt, dass sich der Ausländer der Anordnung des Ausreisegewahrsams entziehen will.

$_{2}$Der Ausländer ist unverzüglich dem Richter zur Entscheidung über die Anordnung des Ausreisegewahrsams vorzuführen.

Kapitel 6
Haftung und Gebühren

§ 63 Pflichten der Beförderungsunternehmer

(1) Ein Beförderungsunternehmer darf Ausländer nur in das Bundesgebiet befördern, wenn sie im Besitz eines erforderlichen Passes und eines erforderlichen Aufenthaltstitels sind.

(2) $_{1}$Das Bundesministerium des Innern oder die von ihm bestimmte Stelle kann im Einvernehmen mit dem Bundesministerium für Verkehr und digitale Infrastruktur einem Beförderungsunternehmer untersagen, Ausländer entgegen Absatz 1 in das Bundesgebiet zu befördern und für den Fall der Zuwiderhandlung ein Zwangsgeld androhen. $_{2}$Widerspruch und Klage haben keine aufschiebende Wirkung; dies gilt auch hinsichtlich der Festsetzung des Zwangsgeldes.

(3) $_{1}$Das Zwangsgeld gegen den Beförderungsunternehmer beträgt für jeden Ausländer, den er einer Verfügung nach Absatz 2 zuwider befördert, mindestens 1000 und höchstens 5000 Euro. $_{2}$Das Zwangsgeld kann durch das Bundesministerium des Innern oder die von ihm bestimmte Stelle festgesetzt und beigetrieben werden.

(4) Das Bundesministerium des Innern oder die von ihm bestimmte Stelle kann mit Beförderungsunternehmern Regelungen zur Umsetzung der in Absatz 1 genannten Pflicht vereinbaren.

§ 64 Rückbeförderungspflicht der Beförderungsunternehmer

(1) Wird ein Ausländer zurückgewiesen, so hat ihn der Beförderungsunternehmer, der ihn an die Grenze befördert hat, unverzüglich außer Landes zu bringen.

(2) $_{1}$Die Verpflichtung nach Absatz 1 besteht für die Dauer von drei Jahren hinsichtlich der Ausländer, die ohne erforderlichen Pass, Passersatz oder erforderlichen Aufenthaltstitel in das Bundesgebiet befördert werden und die bei der Einreise nicht zurückgewiesen werden, weil sie sich auf politische Verfolgung, Verfolgung im Sinne des § 3 Absatz 1 des Asylgesetzes oder die Gefahr eines ernsthaften Schadens im Sinne des § 4 Absatz 1 des Asylgesetzes oder die in § 60 Abs. 2, 3, 5 oder Abs. 7 bezeichneten Umstände berufen. $_{2}$Sie erlischt, wenn dem Ausländer ein Aufenthaltstitel nach diesem Gesetz erteilt wird.

(3) Der Beförderungsunternehmer hat den Ausländer auf Verlangen der mit der polizeilichen Kontrolle des grenzüberschreitenden Verkehrs beauftragten Behörden in den Staat, der das Reisedokument ausgestellt hat oder aus dem er befördert wurde, oder in einen sonstigen Staat zu bringen, in dem seine Einreise gewährleistet ist.

§ 65 Pflichten der Flughafenunternehmer

Der Unternehmer eines Verkehrsflughafens ist verpflichtet, auf dem Flughafengelände geeignete Unterkünfte zur Unterbringung von Ausländern, die nicht im Besitz eines erforderlichen Passes oder eines erforderlichen Visums sind, bis zum Vollzug der grenzpolizeilichen Entscheidung über die Einreise bereitzustellen.

§ 66 Kostenschuldner; Sicherheitsleistung

(1) Kosten, die durch die Durchsetzung einer räumlichen Beschränkung, die Zurückweisung, Zurückschiebung oder Abschiebung entstehen, hat der Ausländer zu tragen.

(2) Neben dem Ausländer haftet für die in Absatz 1 bezeichneten Kosten, wer sich gegenüber der Ausländerbehörde oder der Auslandsvertretung verpflichtet hat, für die Ausreisekosten des Ausländers aufzukommen.

(3) $_{1}$In den Fällen des § 64 Abs. 1 und 2 haftet der Beförderungsunternehmer neben dem Ausländer für die Kosten der Rückbeförderung des Ausländers und für die Kosten, die von der Ankunft des Ausländers an der

Grenzübergangsstelle bis zum Vollzug der Entscheidung über die Einreise entstehen. $_{2}$Ein Beförderungsunternehmer, der schuldhaft einer Verfügung nach § 63 Abs. 2 zuwiderhandelt, haftet neben dem Ausländer für sonstige Kosten, die in den Fällen des § 64 Abs. 1 durch die Zurückweisung und in den Fällen des § 64 Abs. 2 durch die Abschiebung entstehen.

(4) $_{1}$Für die Kosten der Abschiebung oder Zurückschiebung haftet:

1. wer als Arbeitgeber den Ausländer als Arbeitnehmer beschäftigt hat, dem die Ausübung der Erwerbstätigkeit nach den Vorschriften dieses Gesetzes nicht erlaubt war;
2. ein Unternehmer, für den ein Arbeitgeber als unmittelbarer Auftragnehmer Leistungen erbracht hat, wenn ihm bekannt war oder er bei Beachtung der im Verkehr erforderlichen Sorgfalt hätte erkennen müssen, dass der Arbeitgeber für die Erbringung der Leistung den Ausländer als Arbeitnehmer eingesetzt hat, dem die Ausübung der Erwerbstätigkeit nach den Vorschriften dieses Gesetzes nicht erlaubt war;
3. wer als Generalunternehmer oder zwischengeschalteter Unternehmer ohne unmittelbare vertragliche Beziehungen zu dem Arbeitgeber Kenntnis von der Beschäftigung des Ausländers hat, dem die Ausübung der Erwerbstätigkeit nach den Vorschriften dieses Gesetzes nicht erlaubt war;
4. wer eine nach § 96 strafbare Handlung begeht;
5. der Ausländer, soweit die Kosten von den anderen Kostenschuldnern nicht beigetrieben werden können.

$_{2}$Die in Satz 1 Nummer 1 bis 4 genannten Personen haften als Gesamtschuldner im Sinne von § 421 des Bürgerlichen Gesetzbuchs.

(4a) Die Haftung nach Absatz 4 Nummer 1 entfällt, wenn der Arbeitgeber seinen Verpflichtungen nach § 4a Absatz 5 sowie seiner Meldepflicht nach § 28a des Vierten Buches Sozialgesetzbuch in Verbindung mit den §§ 6, 7 und 13 der Datenerfassungs- und -übermittlungsverordnung oder nach § 18 des Arbeitnehmer-Entsendegesetzes nachgekommen ist, es sei denn, er hatte Kenntnis davon, dass der Aufenthaltstitel oder die Bescheinigung über die Aufenthaltsgestattung oder die Aussetzung der Abschiebung des Ausländers gefälscht war.

(5) $_{1}$Von dem Kostenschuldner kann eine Sicherheitsleistung verlangt werden. $_{2}$Die Anordnung einer Sicherheitsleistung des Ausländers oder des Kostenschuldners nach Absatz 4 Satz 1 und 2 kann von der Behörde, die sie erlassen hat, ohne vorherige Vollstreckungsanordnung und Fristsetzung vollstreckt werden, wenn andernfalls die Erhebung gefährdet wäre. $_{3}$Zur Sicherung der Ausreisekosten können Rückflugscheine und sonstige Fahrausweise beschlagnahmt werden, die im Besitz eines Ausländers sind, der zurückgewiesen, zurückgeschoben, ausgewiesen oder abgeschoben werden soll oder dem Einreise und Aufenthalt nur wegen der Stellung eines Asylantrages gestattet wird.

VI

§ 67 Umfang der Kostenhaftung

(1) Die Kosten der Abschiebung, Zurückschiebung, Zurückweisung und der Durchsetzung einer räumlichen Beschränkung umfassen

1. die Beförderungs- und sonstigen Reisekosten für den Ausländer innerhalb des Bundesgebiets und bis zum Zielort außerhalb des Bundesgebiets,
2. die bei der Vorbereitung und Durchführung der Maßnahme entstehenden Verwaltungskosten einschließlich der Kosten für die Abschiebungshaft und der Übersetzungs- und Dolmetscherkosten und die Ausgaben für die Unterbringung, Verpflegung und sonstige Versorgung des Ausländers sowie
3. sämtliche durch eine erforderliche Begleitung des Ausländers entstehenden Kosten einschließlich der Personalkosten.

(2) Die Kosten, für die der Beförderungsunternehmer nach § 66 Abs. 3 Satz 1 haftet, umfassen

1. die in Absatz 1 Nr. 1 bezeichneten Kosten,
2. die bis zum Vollzug der Entscheidung über die Einreise entstehenden Verwaltungskosten und Ausgaben für die Unterbringung, Verpflegung und sonstige Versorgung des Ausländers und Übersetzungs- und Dolmetscherkosten und
3. die in Absatz 1 Nr. 3 bezeichneten Kosten, soweit der Beförderungsunternehmer nicht selbst die erforderliche Begleitung des Ausländers übernimmt.

(3) 1Die in den Absätzen 1 und 2 genannten Kosten werden von der nach § 71 zuständigen Behörde durch Leistungsbescheid in Höhe der tatsächlich entstandenen Kosten erhoben. 2Hinsichtlich der Berechnung der Personalkosten gelten die allgemeinen Grundsätze zur Berechnung von Personalkosten der öffentlichen Hand.

VI

§ 68 Haftung für Lebensunterhalt

(1) 1Wer sich der Ausländerbehörde oder einer Auslandsvertretung gegenüber verpflichtet hat, die Kosten für den Lebensunterhalt eines Ausländers zu tragen, hat für einen Zeitraum von fünf Jahren sämtliche öffentlichen Mittel zu erstatten, die für den Lebensunterhalt des Ausländers einschließlich der Versorgung mit Wohnraum sowie der Versorgung im Krankheitsfalle und bei Pflegebedürftigkeit aufgewendet werden, auch soweit die Aufwendungen auf einem gesetzlichen Anspruch des Ausländers beruhen. 2Aufwendungen, die auf einer Beitragsleistung beruhen, sind nicht zu erstatten. 3Der Zeitraum nach Satz 1 beginnt mit der durch die Verpflichtungserklärung ermöglichten Einreise des Ausländers. 4Die Verpflichtungserklärung erlischt vor Ablauf des Zeitraums von fünf Jahren ab Einreise des Ausländers nicht durch Erteilung eines Aufenthaltstitels nach Abschnitt 5 des Kapitels 2 oder durch Anerkennung nach § 3 oder § 4 des Asylgesetzes.

(2) 1Die Verpflichtung nach Absatz 1 Satz 1 bedarf der Schriftform. 2Sie ist nach Maßgabe des Verwaltungsvollstreckungsgesetzes vollstreckbar. 3Der Erstattungsanspruch steht der öffentlichen Stelle zu, die die öffentlichen Mittel aufgewendet hat.

(3) Die Auslandsvertretung unterrichtet unverzüglich die Ausländerbehörde über eine Verpflichtung nach Absatz 1 Satz 1.

(4) 1Die Ausländerbehörde unterrichtet, wenn sie Kenntnis von der Aufwendung nach Absatz 1 zu erstattender öffentlicher Mittel erlangt, unverzüglich die öffentliche Stelle, der der Erstattungsanspruch zusteht, über die Verpflichtung nach Absatz 1 Satz 1 und erteilt ihr alle für die Geltendmachung und Durchsetzung des Erstattungsanspruchs erforderlichen Auskünfte. 2Der Empfänger darf die Daten nur zum Zweck der Erstattung der für den Ausländer aufgewendeten öffentlichen Mittel sowie der Versagung weiterer Leistungen verwenden.

§ 68a Übergangsvorschrift zu Verpflichtungserklärungen

1§ 68 Absatz 1 Satz 1 bis 3 gilt auch für vor dem 6. August 2016 abgegebene Verpflichtungserklärungen, jedoch mit der Maßgabe, dass an die Stelle des Zeitraums von fünf Jahren ein Zeitraum von drei Jahren tritt. 2Sofern die Frist nach Satz 1 zum 6. August 2016 bereits abgelaufen ist, endet die Verpflichtung zur Erstattung öffentlicher Mittel mit Ablauf des 31. August 2016.

§ 69 Gebühren

(1) 1Für individuell zurechenbare öffentliche Leistungen nach diesem Gesetz und den zur Durchführung dieses Gesetzes erlassenen Rechtsverordnungen werden Gebühren und Auslagen erhoben. 2Die Gebührenfestsetzung kann auch mündlich erfolgen. 3Satz 1 gilt nicht für individuell zurechenbare öffentliche Leistungen der Bundesagentur für Arbeit nach den §§ 39 bis 42. 4§ 287 des Dritten Buches Sozialgesetzbuch bleibt unberührt. 5Satz 1 gilt zudem nicht für das Mitteilungsverfahren im Zusammenhang mit der kurzfristigen Mobilität von Studenten nach § 16c, von unternehmensintern transferierten Arbeitnehmern nach § 19a und von Forschern nach § 18e.

(2) $_{1}$Die Gebühr soll die mit der individuell zurechenbaren öffentlichen Leistung verbundenen Kosten aller an der Leistung Beteiligten decken. $_{2}$In die Gebühr sind die mit der Leistung regelmäßig verbundenen Auslagen einzubeziehen. $_{3}$Zur Ermittlung der Gebühr sind die Kosten, die nach betriebswirtschaftlichen Grundsätzen als Einzel- und Gemeinkosten zurechenbar und ansatzfähig sind, insbesondere Personal- und Sachkosten sowie kalkulatorische Kosten, zu Grunde zu legen. $_{4}$Zu den Gemeinkosten zählen auch die Kosten der Rechts- und Fachaufsicht. $_{5}$Grundlage der Gebührenermittlung nach den Sätzen 1 bis 4 sind die in der Gesamtheit der Länder und des Bundes mit der jeweiligen Leistung verbundenen Kosten.

(3) $_{1}$Die Bundesregierung bestimmt durch Rechtsverordnung mit Zustimmung des Bundesrates die gebührenpflichtigen Tatbestände und die Gebührensätze sowie Gebührenbefreiungen und -ermäßigungen, insbesondere für Fälle der Bedürftigkeit. $_{2}$Soweit dieses Gesetz keine abweichenden Vorschriften enthält, finden § 3 Absatz 1 Nummer 1 und 4, Absatz 2 und 4 bis 6, die §§ 4 bis 7 Nummer 1 bis 10, die §§ 8, 9 Absatz 3, die §§ 10 bis 12 Absatz 1 Satz 1 und Absatz 3 sowie die §§ 13 bis 21 des Bundesgebührengesetzes vom 7. August 2013 (BGBl. I S. 3154) in der jeweils geltenden Fassung entsprechende Anwendung.

(4) $_{1}$Abweichend von § 4 Absatz 1 des Bundesgebührengesetzes können die von den Auslandsvertretungen zu erhebenden Gebühren bereits bei Beantragung der individuell zurechenbaren öffentlichen Leistung erhoben werden. $_{2}$Für die von den Auslandsvertretungen zu erhebenden Gebühren legt das Auswärtige Amt fest, ob die Erhebung bei den jeweiligen Auslandsvertretungen in Euro, zum Gegenwert in Landeswährung oder in einer Drittwährung erfolgt. $_{3}$Je nach allgemeiner Verfügbarkeit von Einheiten der festgelegten Währung kann eine Rundung auf die nächste verfügbare Einheit erfolgen.

(5) Die in der Rechtsverordnung bestimmten Gebühren dürfen folgende Höchstsätze nicht übersteigen:

1. für die Erteilung einer Aufenthaltserlaubnis: 140 Euro,
1a. für die Erteilung einer Blauen Karte EU: 140 Euro,
1b. für die Erteilung einer ICT-Karte: 140 Euro,
1c. für die Erteilung einer Mobiler-ICT-Karte: 100 Euro,
2. für die Erteilung einer Niederlassungserlaubnis: 200 Euro,
2a. für die Erteilung einer Erlaubnis zum Daueraufenthalt – EU: 200 Euro,
3. für die Verlängerung einer Aufenthaltserlaubnis, einer Blauen Karte EU oder einer ICT-Karte: 100 Euro,
3a. für die Verlängerung einer Mobiler-ICT-Karte: 80 Euro,
4. für die Erteilung eines nationalen Visums und die Ausstellung eines Passersatzes und eines Ausweisersatzes: 100 Euro,
5. für die Anerkennung einer Forschungseinrichtung zum Abschluss von Aufnahmevereinbarungen oder einem entsprechenden Vertrag nach § 18d: 220 Euro,
6. für sonstige individuell zurechenbare öffentliche Leistungen: 80 Euro,
7. für individuell zurechenbare öffentliche Leistungen zu Gunsten Minderjähriger: die Hälfte der für die öffentliche Leistung bestimmten Gebühr,
8. für die Neuausstellung eines Dokuments nach § 78 Absatz 1, die auf Grund einer Änderung der Angaben nach § 78 Absatz 1 Satz 3, auf Grund des Ablaufs der technischen Kartennutzungsdauer, auf Grund des Verlustes des Dokuments oder auf Grund des Verlustes der technischen Funktionsfähigkeit des Dokuments notwendig wird: 70 Euro,
9. für die Aufhebung, Verkürzung oder Verlängerung der Befristung eines Einreise- und Aufenthaltsverbotes: 200 Euro.

(6) $_{1}$Für die Erteilung eines nationalen Visums und eines Passersatzes an der Grenze darf ein Zuschlag von höchstens 25 Euro erhoben werden. $_{2}$Für eine auf Wunsch des Antragstellers außerhalb der Dienstzeit vorgenom-

mene individuell zurechenbare öffentliche Leistung darf ein Zuschlag von höchstens 30 Euro erhoben werden. 3Gebührenzuschläge können auch für die individuell zurechenbaren öffentlichen Leistungen gegenüber einem Staatsangehörigen festgesetzt werden, dessen Heimatstaat von Deutschen für entsprechende öffentliche Leistungen höhere Gebühren als die nach Absatz 3 festgesetzten Gebühren erhebt. 4Die Sätze 2 und 3 gelten nicht für die Erteilung oder Verlängerung eines Schengen-Visums. 5Bei der Festsetzung von Gebührenzuschlägen können die in Absatz 5 bestimmten Höchstsätze überschritten werden.

(7) 1Die Rechtsverordnung nach Absatz 3 kann vorsehen, dass für die Beantragung gebührenpflichtiger individuell zurechenbarer öffentlicher Leistungen eine Bearbeitungsgebühr erhoben wird. 2Die Bearbeitungsgebühr für die Beantragung einer Niederlassungserlaubnis oder einer Erlaubnis zum Daueraufenthalt – EU darf höchstens die Hälfte der für ihre Erteilung zu erhebenden Gebühr betragen. 3Die Gebühr ist auf die Gebühr für die individuell zurechenbare öffentliche Leistung anzurechnen. 4Sie wird auch im Falle der Rücknahme des Antrages und der Versagung der beantragten individuell zurechenbaren öffentlichen Leistung nicht zurückgezahlt.

(8) 1Die Rechtsverordnung nach Absatz 3 kann für die Einlegung eines Widerspruchs Gebühren vorsehen, die höchstens betragen dürfen:

1. für den Widerspruch gegen die Ablehnung eines Antrages auf Vornahme einer gebührenpflichtigen individuell zurechenbaren öffentlichen Leistung: die Hälfte der für diese vorgesehenen Gebühr,
2. für den Widerspruch gegen eine sonstige individuell zurechenbare öffentliche Leistung: 55 Euro.

2Soweit der Widerspruch Erfolg hat, ist die Gebühr auf die Gebühr für die vorzunehmende individuell zurechenbare öffentliche Leistung anzurechnen und im Übrigen zurückzuzahlen.

§ 70 Verjährung

(1) Die Ansprüche auf die in § 67 Abs. 1 und 2 genannten Kosten verjähren sechs Jahre nach Eintritt der Fälligkeit.

(2) Die Verjährung von Ansprüchen nach den §§ 66 und 69 wird auch unterbrochen, solange sich der Schuldner nicht im Bundesgebiet aufhält oder sein Aufenthalt im Bundesgebiet deshalb nicht festgestellt werden kann, weil er einer gesetzlichen Meldepflicht oder Anzeigepflicht nicht nachgekommen ist.

Kapitel 7
Verfahrensvorschriften

Abschnitt 1
Zuständigkeiten

§ 71 Zuständigkeit

(1) 1Für aufenthalts- und passrechtliche Maßnahmen und Entscheidungen nach diesem Gesetz und nach ausländerrechtlichen Bestimmungen in anderen Gesetzen sind die Ausländerbehörden zuständig. 2Die Landesregierung oder die von ihr bestimmte Stelle kann bestimmen, dass für einzelne Aufgaben nur eine oder mehrere bestimmte Ausländerbehörden zuständig sind. 3Nach Satz 2 kann durch die zuständigen Stellen der betroffenen Länder auch geregelt werden, dass den Ausländerbehörden eines Landes für die Bezirke von Ausländerbehörden verschiedener Länder Aufgaben zugeordnet werden. 4Für die Vollziehung von Abschiebungen ist in den Ländern jeweils eine zentral zuständige Stelle zu bestimmen. 5Die Länder sollen jeweils mindestens eine zentrale Ausländerbehörde einrichten, die bei Visumanträgen nach § 6 zu Zwecken nach den §§ 16a, 16d, 17 Absatz 1, den §§ 18a, 18b, 18c Absatz 3, den §§ 18d, 18f, 19, 19b, 19c und 20 sowie bei Visumanträgen des Ehegatten oder der minderjährigen ledigen Kinder zum Zweck des Familiennachzugs, die in zeitlichem Zusammenhang gestellt werden, die zuständige Ausländerbehörde ist.

(2) Im Ausland sind für Pass- und Visaangelegenheiten die vom Auswärtigen Amt ermächtigten Auslandsvertretungen zuständig.

(3) Die mit der polizeilichen Kontrolle des grenzüberschreitenden Verkehrs beauftragten Behörden sind zuständig für

1. die Zurückweisung und die Zurückschiebung an der Grenze, einschließlich der Überstellung von Drittstaatsangehörigen auf Grundlage der Verordnung (EU) Nr. 604/2013, wenn der Ausländer von der Grenzbehörde im grenznahen Raum in unmittelbarem zeitlichen Zusammenhang mit einer unerlaubten Einreise angetroffen wird,

1a. Abschiebungen an der Grenze, sofern der Ausländer bei oder nach der unerlaubten Einreise über eine Grenze im Sinne des Artikels 2 Nummer 1 der Verordnung (EU) 2016/399 (Binnengrenze) aufgegriffen wird,

1b. Abschiebungen an der Grenze, sofern der Ausländer bereits unerlaubt eingereist ist, sich danach weiter fortbewegt hat und in einem anderen Grenzraum oder auf einem als Grenzübergangsstelle zugelassenen oder nicht zugelassenen Flughafen, Flug- oder Landeplatz oder See- oder Binnenhafen aufgegriffen wird,

1c. die Befristung der Wirkungen auf Grund der von ihnen vorgenommenen Ab- und Zurückschiebungen nach § 11 Absatz 2, 4 und 8,

1d. die Rückführungen von Ausländern aus anderen und in andere Staaten; die Zuständigkeit besteht neben derjenigen der in Absatz 1 und in Absatz 5 bestimmten Stellen,

1e. die Beantragung von Haft und die Festnahme, soweit es zur Vornahme der in den Nummern 1 bis 1d bezeichneten Maßnahmen erforderlich ist,

2. die Erteilung eines Visums und die Ausstellung eines Passersatzes nach § 14 Abs. 2 sowie die Aussetzung der Abschiebung nach § 60a Abs. 2a,

3. die Rücknahme und den Widerruf eines nationalen Visums sowie die Entscheidungen nach Artikel 34 der Verordnung (EG) Nr. 810/2009
   a) im Fall der Zurückweisung, Zurückschiebung oder Abschiebung, soweit die Voraussetzungen der Nummer 1a oder 1b erfüllt sind,
   b) auf Ersuchen der Auslandsvertretung, die das Visum erteilt hat, oder
   c) auf Ersuchen der Ausländerbehörde, die der Erteilung des Visums zugestimmt hat, sofern diese ihrer Zustimmung bedurfte,

4. das Ausreiseverbot und die Maßnahmen nach § 66 Abs. 5 an der Grenze,

5. die Prüfung an der Grenze, ob Beförderungsunternehmer und sonstige Dritte die Vorschriften dieses Gesetzes und die auf Grund dieses Gesetzes erlassenen Verordnungen und Anordnungen beachtet haben,

6. sonstige ausländerrechtliche Maßnahmen und Entscheidungen, soweit sich deren Notwendigkeit an der Grenze ergibt und sie vom Bundesministerium des Innern hierzu allgemein oder im Einzelfall ermächtigt sind,

7. die Beschaffung von Heimreisedokumenten im Wege der Amtshilfe in Einzelfällen für Ausländer,

8. die Erteilung von in Rechtsvorschriften der Europäischen Union vorgesehenen Vermerken und Bescheinigungen vom Datum und Ort der Einreise über die Außengrenze eines Mitgliedstaates, der den Schengen-Besitzstand vollständig anwendet; die Zuständigkeit der Ausländerbehörden oder anderer durch die Länder bestimmter Stellen wird hierdurch nicht ausgeschlossen.

(4) $_1$Für die erforderlichen Maßnahmen nach den §§ 48, 48a und 49 Absatz 2 bis 9 sind die Ausländerbehörden, die Polizeivollzugsbehörden der Länder sowie bei Wahrnehmung ihrer gesetzlichen Aufgaben die Bundespolizei und andere mit der polizeilichen Kontrolle des grenzüberschreitenden Verkehrs beauftragte Behörden zuständig. $_2$In den Fällen des § 49 Abs. 4 sind auch die Behörden zuständig,

VI

die die Verteilung nach § 15a veranlassen. $_{3}$In den Fällen des § 49 Absatz 5 Nummer 5 und 6 sind die vom Auswärtigen Amt ermächtigten Auslandsvertretungen zuständig. $_{4}$In den Fällen des § 49 Absatz 8 und 9 sind auch die Aufnahmeeinrichtungen im Sinne des § 44 des Asylgesetzes und die Außenstellen des Bundesamtes für Migration und Flüchtlinge befugt, bei Tätigwerden in Amtshilfe die erkennungsdienstlichen Maßnahmen bei ausländischen Kindern oder Jugendlichen, die unbegleitet in das Bundesgebiet eingereist sind, vorzunehmen; diese Maßnahmen sollen im Beisein des zuvor zur vorläufigen Inobhutnahme verständigten Jugendamtes und in kindgerechter Weise durchgeführt werden.

(5) Für die Zurückschiebung sowie die Durchsetzung der Verlassenspflicht des § 12 Abs. 3 und die Durchführung der Abschiebung und, soweit es zur Vorbereitung und Sicherung dieser Maßnahmen erforderlich ist, die Festnahme und Beantragung der Haft sind auch die Polizeien der Länder zuständig.

(6) Das Bundesministerium des Innern oder die von ihm bestimmte Stelle entscheidet im Benehmen mit dem Auswärtigen Amt über die Anerkennung von Pässen und Passersatzpapieren (§ 3 Abs. 1); die Entscheidungen ergehen als Allgemeinverfügung und können im Bundesanzeiger bekannt gegeben werden.

§ 71a Zuständigkeit und Unterrichtung

(1) $_{1}$Verwaltungsbehörden im Sinne des § 36 Abs. 1 Nr. 1 des Gesetzes über Ordnungswidrigkeiten sind in den Fällen des § 98 Absatz 2a Nummer 1 und Absatz 3 Nummer 1 die Behörden der Zollverwaltung. $_{2}$Sie arbeiten bei der Verfolgung und Ahndung mit den in § 2 Absatz 4 des Schwarzarbeitsbekämpfungsgesetzes genannten Behörden zusammen.

(2) $_{1}$Die Behörden der Zollverwaltung unterrichten das Gewerbezentralregister über ihre einzutragenden rechtskräftigen Bußgeldbescheide nach § 98 Absatz 2a Nummer 1 und Absatz 3 Nummer 1. $_{2}$Dies gilt nur, sofern die Geldbuße mehr als 200 Euro beträgt.

(3) $_{1}$Gerichte, Strafverfolgungs- und Strafvollstreckungsbehörden sollen den Behörden der Zollverwaltung Erkenntnisse aus sonstigen Verfahren, die aus ihrer Sicht zur Verfolgung von Ordnungswidrigkeiten nach § 98 Absatz 2a Nummer 1 und Absatz 3 Nummer 1 erforderlich sind, übermitteln, soweit nicht für die übermittelnde Stelle erkennbar ist, dass schutzwürdige Interessen des Betroffenen oder anderer Verfahrensbeteiligter an dem Ausschluss der Übermittlung überwiegen. $_{2}$Dabei ist zu berücksichtigen, wie gesichert die zu übermittelnden Erkenntnisse sind.

§ 72 Beteiligungserfordernisse

(1) $_{1}$Eine Betretenserlaubnis (§ 11 Absatz 8) darf nur mit Zustimmung der für den vorgesehenen Aufenthaltsort zuständigen Ausländerbehörde erteilt werden. $_{2}$Die Behörde, die den Ausländer ausgewiesen, abgeschoben oder zurückgeschoben hat, ist in der Regel zu beteiligen.

(2) Über das Vorliegen eines zielstaatsbezogenen Abschiebungsverbots nach § 60 Absatz 5 oder 7 und das Vorliegen eines Ausschlusstatbestandes nach § 25 Absatz 3 Satz 3 Nummer 1 bis 4 entscheidet die Ausländerbehörde nur nach vorheriger Beteiligung des Bundesamtes für Migration und Flüchtlinge.

(3) $_{1}$Räumliche Beschränkungen, Auflagen und Bedingungen, Befristungen nach § 11 Absatz 2 Satz 1, Anordnungen nach § 47 und sonstige Maßnahmen gegen einen Ausländer, der nicht im Besitz eines erforderlichen Aufenthaltstitels ist, dürfen von einer anderen Behörde nur im Einvernehmen mit der Behörde geändert oder aufgehoben werden, die die Maßnahme angeordnet hat. $_{2}$Satz 1 findet keine Anwendung, wenn der Aufenthalt des Ausländers nach den Vorschriften des Asylgesetzes auf den Bezirk der anderen Ausländerbehörde beschränkt ist.

(3a) $_{1}$Die Aufhebung einer Wohnsitzverpflichtung nach § 12a Absatz 5 darf nur mit Zustimmung der Ausländerbehörde des geplanten Zuzugsorts erfolgen. $_{2}$Die Zustimmung ist zu erteilen, wenn die Voraussetzungen des

§ 12a Absatz 5 vorliegen; eine Ablehnung ist zu begründen. 3Die Zustimmung gilt als erteilt, wenn die Ausländerbehörde am Zuzugsort nicht innerhalb von vier Wochen ab Zugang des Ersuchens widerspricht. 4Die Erfüllung melderechtlicher Verpflichtungen begründet keine Zuständigkeit einer Ausländerbehörde.

(4) 1Ein Ausländer, gegen den öffentliche Klage erhoben oder ein strafrechtliches Ermittlungsverfahren eingeleitet ist, darf nur im Einvernehmen mit der zuständigen Staatsanwaltschaft ausgewiesen und abgeschoben werden. 2Ein Ausländer, der zu schützende Person im Sinne des Zeugenschutz-Harmonisierungsgesetzes ist, darf nur im Einvernehmen mit der Zeugenschutzdienststelle ausgewiesen oder abgeschoben werden. 3Des Einvernehmens der Staatsanwaltschaft nach Satz 1 bedarf es nicht, wenn nur ein geringes Strafverfolgungsinteresse besteht. 4Dies ist der Fall, wenn die Erhebung der öffentlichen Klage oder die Einleitung eines Ermittlungsverfahrens wegen einer Straftat nach § 95 dieses Gesetzes oder nach § 9 des Gesetzes über die allgemeine Freizügigkeit von Unionsbürgern oder Straftaten nach dem Strafgesetzbuch mit geringem Unrechtsgehalt erfolgt ist. 5Insoweit sind Straftaten mit geringem Unrechtsgehalt Straftaten nach § 113 Absatz 1, § 115 des Strafgesetzbuches, soweit er die entsprechende Geltung des § 113 Absatz 1 des Strafgesetzbuches vorsieht, den §§ 123, 166, 167, 169, 185, 223, 240 Absatz 1, den §§ 242, 246, 248b, 263 Absatz 1, 2 und 4, den §§ 265a, 267 Absatz 1 und 2, § 271 Absatz 1, 2 und 4, den §§ 273, 274, 276 Absatz 1, den §§ 279, 281, 303 des Strafgesetzbuches, dem § 21 des Straßenverkehrsgesetzes in der Fassung der Bekanntmachung vom 5. März 2003 (BGBl. I S. 310, 919), das zuletzt durch Artikel 1 des Gesetzes vom 8. April 2019 (BGBl. I S. 430) geändert worden ist, in der jeweils geltenden Fassung, und dem § 6 des Pflichtversicherungsgesetzes vom 5. April 1965 (BGBl. I S. 213), das zuletzt durch Artikel 1 der Verordnung vom 6. Februar 2017 (BGBl. I S. 147) geändert worden ist, in der jeweils geltenden Fassung, es sei denn, diese Strafgesetze werden durch verschiedene Handlungen mehrmals verletzt oder es wird ein Strafantrag gestellt.

(5) § 45 des Achten Buches Sozialgesetzbuch gilt nicht für Ausreiseeinrichtungen und Einrichtungen, die der vorübergehenden Unterbringung von Ausländern dienen, denen aus völkerrechtlichen, humanitären oder politischen Gründen eine Aufenthaltserlaubnis erteilt oder bei denen die Abschiebung ausgesetzt wird.

(6) 1Vor einer Entscheidung über die Erteilung, die Verlängerung oder den Widerruf eines Aufenthaltstitels nach § 25 Abs. 4a oder 4b und die Festlegung, Aufhebung oder Verkürzung einer Ausreisefrist nach § 59 Absatz 7 ist die für das in § 25 Abs. 4a oder 4b in Bezug genommene Strafverfahren zuständige Staatsanwaltschaft oder das mit ihm befasste Strafgericht zu beteiligen, es sei denn, es liegt ein Fall des § 87 Abs. 5 Nr. 1 vor. 2Sofern der Ausländerbehörde die zuständige Staatsanwaltschaft noch nicht bekannt ist, beteiligt sie vor einer Entscheidung über die Festlegung, Aufhebung oder Verkürzung einer Ausreisefrist nach § 59 Absatz 7 die für den Aufenthaltsort zuständige Polizeibehörde.

(7) Zur Prüfung des Vorliegens der Voraussetzungen der §§ 16a, 16d, 16e, 18a, 18b, 18c Absatz 3 und der §§ 19 bis 19c können die Ausländerbehörde, das Bundesamt für Migration und Flüchtlinge sowie die Auslandsvertretung zur Erfüllung ihrer Aufgaben die Bundesagentur für Arbeit auch dann beteiligen, wenn sie ihrer Zustimmung nicht bedürfen.

§ 72a Abgleich von Visumantragsdaten zu Sicherheitszwecken

(1) 1Daten, die im Visumverfahren von der deutschen Auslandsvertretung zur visumantragstellenden Person, zum Einlader und zu Personen, die durch Abgabe einer Verpflichtungserklärung oder in anderer Weise die Sicherung des Lebensunterhalts garantieren oder zu sonstigen Referenzpersonen im Inland erhoben werden, werden zur Durchführung eines Abgleichs zu Sicherheitszwecken

VI

an das Bundesverwaltungsamt übermittelt. $_{2}$Das Gleiche gilt für Daten nach Satz 1, die eine Auslandsvertretung eines anderen Schengen-Staates nach Artikel 8 Absatz 2 der Verordnung (EG) Nr. 810/2009 des Europäischen Parlaments und des Rates vom 13. Juli 2009 über einen Visakodex der Gemeinschaft (Visakodex) (ABl. L 243 vom 15. 9. 2009, S. 1) an eine deutsche Auslandsvertretung zur Entscheidung über den Visumantrag übermittelt hat. $_{3}$Eine Übermittlung nach Satz 1 oder Satz 2 erfolgt nicht, wenn eine Datenübermittlung nach § 73 Absatz 1 Satz 1 erfolgt.

(2) $_{1}$Die Daten nach Absatz 1 Satz 1 und 2 werden in einer besonderen Organisationseinheit des Bundesverwaltungsamtes in einem automatisierten Verfahren mit Daten aus der Datei im Sinne von § 1 Absatz 1 des Antiterrordateigesetzes (Antiterrordatei) zu Personen abgeglichen, bei denen Tatsachen die Annahme rechtfertigen, dass sie

1. einer terroristischen Vereinigung nach § 129a des Strafgesetzbuchs, die einen internationalen Bezug aufweist, oder einer terroristischen Vereinigung nach § 129a in Verbindung mit § 129b Absatz 1 Satz 1 des Strafgesetzbuchs mit Bezug zur Bundesrepublik Deutschland angehören oder diese unterstützen oder
2. einer Gruppierung, die eine solche Vereinigung unterstützt, angehören oder diese willentlich in Kenntnis der den Terrorismus unterstützenden Aktivität der Gruppierung unterstützen oder
3. rechtswidrig Gewalt als Mittel zur Durchsetzung international ausgerichteter politischer oder religiöser Belange anwenden oder eine solche Gewaltanwendung unterstützen, vorbereiten oder durch ihre Tätigkeiten, insbesondere durch Befürworten solcher Gewaltanwendungen, vorsätzlich hervorrufen oder
4. mit den in Nummer 1 oder Nummer 3 genannten Personen nicht nur flüchtig oder in zufälligem Kontakt in Verbindung stehen und durch sie weiterführende Hinweise für die Aufklärung oder Bekämpfung des internationalen Terrorismus zu erwarten sind, soweit Tatsachen die Annahme rechtfertigen, dass sie von der Planung oder Begehung einer in Nummer 1 genannten Straftat oder der Ausübung, Unterstützung oder Vorbereitung von rechtswidriger Gewalt im Sinne von Nummer 3 Kenntnis haben.

$_{2}$Die Daten der in Satz 1 genannten Personen werden nach Kennzeichnung durch die Behörde, welche die Daten in der Antiterrordatei gespeichert hat, vom Bundeskriminalamt an die besondere Organisationseinheit im Bundesverwaltungsamt für den Abgleich mit den Daten nach Absatz 1 Satz 1 und 2 übermittelt und dort gespeichert. $_{3}$Durch geeignete technische und organisatorische Maßnahmen ist sicherzustellen, dass kein unberechtigter Zugriff auf den Inhalt der Daten erfolgt.

(3) $_{1}$Im Fall eines Treffers werden zur Feststellung von Versagungsgründen nach § 5 Absatz 4 oder zur Prüfung von sonstigen Sicherheitsbedenken gegen die Erteilung des Visums die Daten nach Absatz 1 Satz 1 und 2 an die Behörden übermittelt, welche Daten zu dieser Person in der Antiterrordatei gespeichert haben. $_{2}$Diese übermitteln der zuständigen Auslandsvertretung über das Bundesverwaltungsamt unverzüglich einen Hinweis, wenn Versagungsgründe nach § 5 Absatz 4 oder sonstige Sicherheitsbedenken gegen die Erteilung des Visums vorliegen.

(4) $_{1}$Die bei der besonderen Organisationseinheit im Bundesverwaltungsamt gespeicherten Daten nach Absatz 1 Satz 1 und 2 werden nach Durchführung des Abgleichs nach Absatz 2 Satz 1 unverzüglich gelöscht; wenn der Abgleich einen Treffer ergibt, bleibt nur das Visumaktenzeichen gespeichert. $_{2}$Dieses wird gelöscht, sobald bei der besonderen Organisationseinheit im Bundesverwaltungsamt feststeht, dass eine Mitteilung nach Absatz 3 Satz 2 an die Auslandsvertretung nicht zu erfolgen hat, andernfalls dann, wenn die Mitteilung erfolgt ist.

(5) $_{1}$Die in Absatz 3 Satz 1 genannten Behörden dürfen die ihnen übermittelten Daten speichern und nutzen, soweit dies zur Erfüllung ihrer gesetzlichen Aufgaben erforderlich

ist. $_{2}$Übermittlungsregelungen nach anderen Gesetzen bleiben unberührt.

(6) $_{1}$Das Bundesverwaltungsamt stellt sicher, dass im Fall eines Treffers der Zeitpunkt des Datenabgleichs, die Angaben, die die Feststellung der abgeglichenen Datensätze ermöglichen, das Ergebnis des Datenabgleichs, die Weiterleitung des Datensatzes und die Verarbeitung des Datensatzes zum Zwecke der Datenschutzkontrolle protokolliert werden. $_{2}$Die Protokolldaten sind durch geeignete Maßnahmen gegen unberechtigten Zugriff zu sichern und am Ende des Kalenderjahres, das dem Jahr ihrer Erstellung folgt, zu vernichten, sofern sie nicht für ein bereits eingeleitetes Kontrollverfahren benötigt werden.

(7) Das Bundesverwaltungsamt hat dem jeweiligen Stand der Technik entsprechende technische und organisatorische Maßnahmen zur Sicherung von Datenschutz und Datensicherheit zu treffen, die insbesondere die Vertraulichkeit und die Unversehrtheit der in der besonderen Organisationseinheit gespeicherten und übermittelten Daten gewährleisten.

(8) $_{1}$Die datenschutzrechtliche Verantwortung für das Vorliegen der Voraussetzungen nach Absatz 2 Satz 1 trägt die Behörde, die die Daten in die Antiterrordatei eingegeben hat. $_{2}$Die datenschutzrechtliche Verantwortung für die Durchführung des Abgleichs trägt das Bundesverwaltungsamt. $_{3}$Das Bundeskriminalamt ist datenschutzrechtlich dafür verantwortlich, dass die übermittelten Daten den aktuellen Stand in der Antiterrordatei widerspiegeln.

(9) $_{1}$Die Daten nach Absatz 2 Satz 2 werden berichtigt, wenn sie in der Antiterrordatei berichtigt werden. $_{2}$Sie werden gelöscht, wenn die Voraussetzungen ihrer Speicherung nach Absatz 2 Satz 1 entfallen sind oder die Daten in der Antiterrordatei gelöscht wurden. $_{3}$Für die Prüfung des weiteren Vorliegens der Voraussetzungen für die Speicherung der Daten nach Absatz 2 Satz 2 gilt § 11 Absatz 4 des Antiterrordateigesetzes entsprechend.

§ 73 Sonstige Beteiligungserfordernisse im Visumverfahren, im Registrier- und Asylverfahren und bei der Erteilung von Aufenthaltstiteln

(1) $_{1}$Daten, die im Visumverfahren von der deutschen Auslandsvertretung oder von der für die Entgegennahme des Visumantrags zuständigen Auslandsvertretung eines anderen Schengen-Staates zur visumantragstellenden Person, zum Einlader und zu Personen, die durch Abgabe einer Verpflichtungserklärung oder in anderer Weise die Sicherung des Lebensunterhalts garantieren, oder zu sonstigen Referenzpersonen im Inland erhoben werden, können über das Bundesverwaltungsamt zur Feststellung von Versagungsgründen nach § 5 Absatz 4, § 27 Absatz 3a oder zur Prüfung von sonstigen Sicherheitsbedenken an den Bundesnachrichtendienst, das Bundesamt für Verfassungsschutz, den Militärischen Abschirmdienst, das Bundeskriminalamt, die Bundespolizei und das Zollkriminalamt übermittelt werden. $_{2}$Das Verfahren nach § 21 des Ausländerzentralregistergesetzes bleibt unberührt. $_{3}$In den Fällen des § 14 Abs. 2 kann die jeweilige mit der polizeilichen Kontrolle des grenzüberschreitenden Verkehrs beauftragte Behörde die im Visumverfahren erhobenen Daten an die in Satz 1 genannten Behörden übermitteln.

(1a) $_{1}$Daten, die zur Sicherung, Feststellung und Überprüfung der Identität nach § 16 Absatz 1 Satz 1 des Asylgesetzes und § 49 zu Personen im Sinne des § 2 Absatz 1a, 2 Nummer 1 des AZR-Gesetzes erhoben werden oder bereits gespeichert wurden, können über das Bundesverwaltungsamt zur Feststellung von Versagungsgründen nach § 3 Absatz 2, § 4 Absatz 2 des Asylgesetzes, § 60 Absatz 8 Satz 1 sowie § 5 Absatz 4 oder zur Prüfung von sonstigen Sicherheitsbedenken an den Bundesnachrichtendienst, das Bundesamt für Verfassungsschutz, den Militärischen Abschirmdienst, das Bundeskriminalamt, die Bundespolizei und das Zollkriminalamt übermittelt werden. $_{2}$Die in Satz 1 genannten Daten können über das Bundesverwaltungsamt zur Feststellung der in Satz 1 genannten Versagungsgründe oder zur Prüfung sonstiger Sicherheitsbedenken auch für die Prüfung, ob die Voraussetzungen für einen Widerruf oder eine Rücknahme nach den §§ 73 bis 73b des Asylgesetzes vorliegen, an die in Satz 1 genannten Sicherheitsbehörden und Nachrichtendienste übermittelt werden. 3Ebenso können Daten, die zur Sicherung, Feststellung und Überprüfung der Identität

1. nach § 16 Absatz 1 Satz 1 des Asylgesetzes, § 49 Absatz 5 Nummer 5, Absatz 8 und 9 erhoben oder nach Artikel 21 der Verordnung (EU) Nr. 604/2013 von einem anderen Mitgliedstaat an die Bundesrepublik Deutschland übermittelt wurden zu Personen, für die ein Aufnahme- oder Wiederaufnahmegesuch eines anderen Mitgliedstaates an die Bundesrepublik Deutschland nach der Verordnung (EU) Nr. 604/2013 gestellt wurde,
2. nach § 49 Absatz 5 Nummer 6 zu Personen erhoben wurden, die für ein Aufnahmeverfahren nach § 23 oder die Gewährung von vorübergehendem Schutz nach § 24 vorgeschlagen und von dem Bundesamt für Migration und Flüchtlinge in die Prüfung über die Erteilung einer Aufnahmezusage einbezogen wurden, oder
3. nach § 49 Absatz 5 Nummer 6 erhoben oder von einem anderen Mitgliedstaat an die Bundesrepublik Deutschland übermittelt wurden zu Personen, die auf Grund von Maßnahmen nach Artikel 78 Absatz 3 des Vertrags über die Arbeitsweise der Europäischen Union (AEUV) in das Bundesgebiet umverteilt werden sollen und vom Bundesamt für Migration und Flüchtlinge in die Prüfung über die Erteilung einer Aufnahmezusage einbezogen wurden,

über das Bundesverwaltungsamt zur Feststellung von Versagungsgründen oder zur Prüfung sonstiger Sicherheitsbedenken an die in Satz 1 benannten Behörden übermittelt werden. 4Zusammen mit den Daten nach Satz 1 können zu den dort genannten Personen dem Bundeskriminalamt für die Erfüllung seiner gesetzlichen Aufgaben die Daten nach § 3 Absatz 1 Nummer 1 und 3 des AZR-Gesetzes, Angaben zum Zuzug oder Fortzug und zum aufenthaltsrechtlichen Status sowie Daten nach § 3 Absatz 2 Nummer 6 und 9 des AZR-Gesetzes übermittelt werden. 5Zu den Zwecken nach den Sätzen 1 bis 3 ist auch ein Abgleich mit weiteren Datenbeständen beim Bundesverwaltungsamt zulässig.

(2) 1Die Ausländerbehörden können zur Feststellung von Versagungsgründen gemäß § 5 Abs. 4 oder zur Prüfung von sonstigen Sicherheitsbedenken vor der Erteilung oder Verlängerung eines Aufenthaltstitels oder einer Duldung oder Aufenthaltsgestattung die bei ihnen gespeicherten personenbezogenen Daten zu den betroffenen Personen über das Bundesverwaltungsamt an den Bundesnachrichtendienst, das Bundesamt für Verfassungsschutz, den Militärischen Abschirmdienst, das Bundeskriminalamt, die Bundespolizei und das Zollkriminalamt sowie an das Landesamt für Verfassungsschutz und das Landeskriminalamt oder die zuständigen Behörden der Polizei übermitteln. 2Das Bundesamt für Verfassungsschutz kann bei Übermittlungen an die Landesämter für Verfassungsschutz technische Unterstützung leisten.

(3) 1Die in den Absätzen 1 und 2 genannten Sicherheitsbehörden und Nachrichtendienste teilen dem Bundesverwaltungsamt unverzüglich mit, ob Versagungsgründe nach § 5 Abs. 4 oder sonstige Sicherheitsbedenken vorliegen; bei der Übermittlung von Mitteilungen der Landesämter für Verfassungsschutz zu Anfragen der Ausländerbehörden nach Absatz 2 kann das Bundesamt für Verfassungsschutz technische Unterstützung leisten. 2Die deutschen Auslandsvertretungen und Ausländerbehörden übermitteln den in Satz 1 genannten Sicherheitsbehörden und Nachrichtendiensten unverzüglich die Gültigkeitsdauer der erteilten und verlängerten Aufenthaltstitel; werden den in Satz 1 genannten Behörden während des Gültigkeitszeitraums des Aufenthaltstitels Versagungsgründe nach § 5 Abs. 4 oder sonstige Sicherheitsbedenken bekannt, teilen sie dies der zuständigen Ausländerbehörde oder der zuständigen Auslandsvertretung unverzüglich mit. 3Die in Satz 1 genannten Behörden dür-

VI

fen die übermittelten Daten speichern und nutzen, soweit dies zur Erfüllung ihrer gesetzlichen Aufgaben erforderlich ist. $_{4}$Übermittlungsregelungen nach anderen Gesetzen bleiben unberührt.

(3a) $_{1}$Die in Absatz 1a genannten Sicherheitsbehörden und Nachrichtendienste teilen dem Bundesverwaltungsamt unverzüglich mit, ob Versagungsgründe nach § 3 Absatz 2, § 4 Absatz 2 des Asylgesetzes, § 60 Absatz 8 Satz 1 sowie nach § 5 Absatz 4 oder sonstige Sicherheitsbedenken vorliegen. $_{2}$Das Bundesverwaltungsamt stellt den für das Asylverfahren sowie für aufenthaltsrechtliche Entscheidungen zuständigen Behörden diese Information umgehend zur Verfügung. $_{3}$Die infolge der Übermittlung nach Absatz 1a und den Sätzen 1 und 2 erforderlichen weiteren Übermittlungen zwischen den in Satz 1 genannten Behörden und den für das Asylverfahren sowie für die aufenthaltsrechtlichen Entscheidungen zuständigen Behörden dürfen über das Bundesverwaltungsamt erfolgen. $_{4}$Die in Satz 1 genannten Behörden dürfen die ihnen übermittelten Daten speichern und nutzen, soweit dies zur Erfüllung ihrer gesetzlichen Aufgaben erforderlich ist. $_{5}$Das Bundesverwaltungsamt speichert die übermittelten Daten, solange es für Zwecke des Sicherheitsabgleiches erforderlich ist. $_{6}$Das Bundeskriminalamt prüft unverzüglich, ob die nach Absatz 1a Satz 4 übermittelten Daten der betroffenen Person den beim Bundeskriminalamt gespeicherten personenbezogenen Daten zu einer Person zugeordnet werden können, die zur Fahndung ausgeschrieben ist. $_{7}$Ist dies nicht der Fall, hat das Bundeskriminalamt die nach Absatz 1a Satz 4 übermittelten Daten der betroffenen Person unverzüglich zu löschen. $_{8}$Ergebnisse zu Abgleichen nach Absatz 1a Satz 5, die der Überprüfung, Feststellung oder Sicherung der Identität dienen, können neben den für das Registrier- und Asylverfahren sowie für die aufenthaltsrechtliche Entscheidung zuständigen Behörden auch der Bundespolizei, dem Bundeskriminalamt und den zuständigen Behörden der Polizei übermittelt werden. $_{9}$Übermittlungsregelungen nach anderen Gesetzen bleiben unberührt.

(3b) $_{1}$Die in Absatz 1 genannten Sicherheitsbehörden und Nachrichtendienste teilen dem Bundesverwaltungsamt unverzüglich mit, ob Versagungsgründe nach § 27 Absatz 3a vorliegen. Werden den in Satz 1 genannten Behörden während des nach Absatz 3 Satz 2 mitgeteilten Gültigkeitszeitraums des Aufenthaltstitels Versagungsgründe nach § 27 Absatz 3a bekannt, teilen sie dies der zuständigen Ausländerbehörde oder der zuständigen Auslandsvertretung unverzüglich mit. $_{2}$Die in Satz 1 genannten Behörden dürfen die übermittelten Daten verarbeiten, soweit dies zur Erfüllung ihrer gesetzlichen Aufgaben erforderlich ist. $_{3}$Übermittlungsregelungen nach anderen Gesetzen bleiben unberührt.

(3c) $_{1}$In Fällen der Mobilität nach den §§ 16c, 18e und 19a kann das Bundesamt für Migration und Flüchtlinge zur Feststellung von Ausweisungsinteressen im Sinne von § 54 Absatz 1 Nummer 2 und 4 und zur Prüfung von sonstigen Sicherheitsbedenken die bei ihm gespeicherten personenbezogenen Daten zu den betroffenen Personen über das Bundesverwaltungsamt an die in Absatz 2 genannten Sicherheitsbehörden übermitteln. $_{2}$Die in Absatz 2 genannten Sicherheitsbehörden teilen dem Bundesverwaltungsamt unverzüglich mit, ob Ausweisungsinteressen im Sinne von § 54 Absatz 1 Nummer 2 oder 4 oder sonstige Sicherheitsbedenken vorliegen. $_{3}$Die in Satz 1 genannten Behörden dürfen die übermittelten Daten speichern und nutzen, soweit dies zur Erfüllung ihrer gesetzlichen Aufgaben erforderlich ist. Übermittlungsregelungen nach anderen Gesetzen bleiben unberührt.

(4) $_{1}$Das Bundesministerium des Innern, für Bau und Heimat bestimmt unter Berücksichtigung der aktuellen Sicherheitslage durch allgemeine Verwaltungsvorschriften, in welchen Fällen gegenüber Staatsangehörigen bestimmter Staaten sowie Angehörigen von in sonstiger Weise bestimmten Personengruppen von der Ermächtigung der Absätze 1 und 1a Gebrauch gemacht wird. $_{2}$In den Fällen des Absatzes 1 erfolgt dies im Einvernehmen mit dem Auswärtigen Amt.

§ 73a Unterrichtung über die Erteilung von Visa

(1) $_{1}$Unterrichtungen der anderen Schengen-Staaten über erteilte Visa gemäß Artikel 31 der Verordnung (EG) Nr. 810/2009 können über die zuständige Stelle an den Bundesnachrichtendienst, das Bundesamt für Verfassungsschutz, den Militärischen Abschirmdienst, das Bundeskriminalamt und das Zollkriminalamt zur Prüfung übermittelt werden, ob der Einreise und dem Aufenthalt des Visuminhabers die in § 5 Absatz 4 genannten Gründe oder sonstige Sicherheitsbedenken entgegenstehen. $_{2}$Unterrichtungen der deutschen Auslandsvertretungen über erteilte Visa, deren Erteilung nicht bereits eine Datenübermittlung gemäß § 73 Absatz 1 vorangegangen ist, können zu dem in Satz 1 genannten Zweck über die zuständige Stelle an die in Satz 1 genannten Behörden übermittelt werden; Daten zu anderen Personen als dem Visuminhaber werden nicht übermittelt. $_{3}$§ 73 Absatz 3 Satz 3 und 4 gilt entsprechend.

(2) Das Bundesministerium des Innern bestimmt im Benehmen mit dem Auswärtigen Amt und unter Berücksichtigung der aktuellen Sicherheitslage durch allgemeine Verwaltungsvorschrift, in welchen Fällen gegenüber Staatsangehörigen bestimmter Staaten sowie Angehörigen von in sonstiger Weise bestimmten Personengruppen von der Ermächtigung des Absatzes 1 Gebrauch gemacht wird.

§ 73b Überprüfung der Zuverlässigkeit von im Visumverfahren tätigen Personen und Organisationen

(1) $_{1}$Das Auswärtige Amt überprüft die Zuverlässigkeit von Personen auf Sicherheitsbedenken, denen im Visumverfahren die Erfüllung einer oder mehrerer Aufgaben, insbesondere die Erfassung der biometrischen Identifikatoren, anvertraut ist oder werden soll und die nicht entsandte Angehörige des Auswärtigen Dienstes sind (Betroffene). $_{2}$Anlassbezogen und in regelmäßigen Abständen unterzieht das Auswärtige Amt die Zuverlässigkeit des in Satz 1 genannten Personenkreises einer Wiederholungsprüfung. $_{3}$Die Überprüfung der Zuverlässigkeit erfolgt nach vorheriger schriftlicher Zustimmung des Betroffenen.

(2) $_{1}$Zur Überprüfung der Zuverlässigkeit erhebt die deutsche Auslandsvertretung Namen, Vornamen, Geburtsnamen und sonstige Namen, Geschlecht, Geburtsdatum und -ort, Staatsangehörigkeit, Wohnsitz und Angaben zum Identitätsdokument (insbesondere Art und Nummer) des Betroffenen und übermittelt diese über das Auswärtige Amt zur Prüfung von Sicherheitsbedenken an die Polizeivollzugs- und Verfassungsschutzbehörden des Bundes, den Bundesnachrichtendienst, den Militärischen Abschirmdienst, das Bundeskriminalamt und das Zollkriminalamt. $_{2}$Die in Satz 1 genannten Sicherheitsbehörden und Nachrichtendienste teilen dem Auswärtigen Amt unverzüglich mit, ob Sicherheitsbedenken vorliegen.

(3) $_{1}$Die in Absatz 2 genannten Sicherheitsbehörden und Nachrichtendienste dürfen die übermittelten Daten nach den für sie geltenden Gesetzen für andere Zwecke verarbeiten, soweit dies zur Erfüllung ihrer gesetzlichen Aufgaben erforderlich ist. $_{2}$Übermittlungsregelungen nach anderen Gesetzen bleiben unberührt.

(4) Ohne eine abgeschlossene Zuverlässigkeitsüberprüfung, bei der keine Erkenntnisse über eine mögliche Unzuverlässigkeit zutage treten, darf der Betroffene seine Tätigkeit im Visumverfahren nicht aufnehmen.

(5) $_{1}$Ist der Betroffene für eine juristische Person, insbesondere einen externen Dienstleistungserbringer tätig, überprüft das Auswärtige Amt auch die Zuverlässigkeit der juristischen Person anhand von Firma, Bezeichnung, Handelsregistereintrag der juristischen Person nebst vollständiger Anschrift (lokale Niederlassung und Hauptsitz). $_{2}$Das Auswärtige Amt überprüft auch die Zuverlässigkeit des Inhabers und der Geschäftsführer der juristischen Person in dem für die Zusammenarbeit vorgesehenen Land. $_{3}$Absatz 1 Satz 2 und 3 und die Absätze 2 bis 4 gelten entsprechend.

§ 73c Zusammenarbeit mit externen Dienstleistungserbringern

Die deutschen Auslandsvertretungen können im Verfahren zur Beantragung nationaler Visa nach Kapitel 2 Abschnitt 3 und 4 mit einem externen Dienstleistungserbringer entsprechend Artikel 43 der Verordnung (EG) Nr. 810/2009 zusammenarbeiten.

§ 74 Beteiligung des Bundes; Weisungsbefugnis

(1) Ein Visum kann zur Wahrung politischer Interessen des Bundes mit der Maßgabe erteilt werden, dass die Verlängerung des Visums und die Erteilung eines anderen Aufenthaltstitels nach Ablauf der Geltungsdauer des Visums sowie die Aufhebung und Änderung von Auflagen, Bedingungen und sonstigen Beschränkungen, die mit dem Visum verbunden sind, nur im Benehmen oder Einvernehmen mit dem Bundesministerium des Innern oder der von ihm bestimmten Stelle vorgenommen werden dürfen.

(2) Die Bundesregierung kann Einzelweisungen zur Ausführung dieses Gesetzes und der auf Grund dieses Gesetzes erlassenen Rechtsverordnungen erteilen, wenn

1. die Sicherheit der Bundesrepublik Deutschland oder sonstige erhebliche Interessen der Bundesrepublik Deutschland es erfordern,
2. durch ausländerrechtliche Maßnahmen eines Landes erhebliche Interessen eines anderen Landes beeinträchtigt werden,
3. eine Ausländerbehörde einen Ausländer ausweisen will, der zu den bei konsularischen und diplomatischen Vertretungen vom Erfordernis eines Aufenthaltstitels befreiten Personen gehört.

Abschnitt 1a
Durchbeförderung

§ 74a Durchbeförderung von Ausländern

1Ausländische Staaten dürfen Ausländer aus ihrem Hoheitsgebiet über das Bundesgebiet in einen anderen Staat zurückführen oder aus einem anderen Staat über das Bundesgebiet wieder in ihr Hoheitsgebiet zurückübernehmen, wenn ihnen dies von den zuständigen Behörden gestattet wurde (Durchbeförderung). 2Die Durchbeförderung erfolgt auf der Grundlage zwischenstaatlicher Vereinbarungen und Rechtsvorschriften der Europäischen Union. 3Zentrale Behörde nach Artikel 4 Abs. 5 der Richtlinie 2003/110/EG ist die in der Rechtsverordnung nach § 58 Abs. 1 des Bundespolizeigesetzes bestimmte Bundespolizeibehörde. 4Der durchbeförderte Ausländer hat die erforderlichen Maßnahmen im Zusammenhang mit seiner Durchbeförderung zu dulden.

Abschnitt 2
Bundesamt für Migration und Flüchtlinge

§ 75 Aufgaben

Das Bundesamt für Migration und Flüchtlinge hat unbeschadet der Aufgaben nach anderen Gesetzen folgende Aufgaben:

1. Koordinierung der Informationen über den Aufenthalt zum Zweck der Erwerbstätigkeit zwischen den Ausländerbehörden, der Bundesagentur für Arbeit und der für Pass- und Visaangelegenheiten vom Auswärtigen Amt ermächtigten deutschen Auslandsvertretungen;
2. a) Entwicklung von Grundstruktur und Lerninhalten des Integrationskurses nach § 43 Abs. 3 und der berufsbezogenen Deutschsprachförderung nach § 45a,
   b) deren Durchführung und
   c) Maßnahmen nach § 9 Abs. 5 des Bundesvertriebenengesetzes;
3. fachliche Zuarbeit für die Bundesregierung auf dem Gebiet der Integrationsförderung und der Erstellung von Informationsmaterial über Integrationsangebote von Bund, Ländern und Kommunen für Ausländer und Spätaussiedler;
4. Betreiben wissenschaftlicher Forschungen über Migrationsfragen (Begleitforschung) zur Gewinnung analytischer

VI

Aussagen für die Steuerung der Zuwanderung;

4a. Betreiben wissenschaftlicher Forschungen über Integrationsfragen;

5. Zusammenarbeit mit den Verwaltungsbehörden der Mitgliedstaaten der Europäischen Union als Nationale Kontaktstelle und zuständige Behörde nach Artikel 27 der Richtlinie 2001/55/EG, Artikel 25 der Richtlinie 2003/109/EG, Artikel 22 Absatz 1 der Richtlinie 2009/50/EG, Artikel 26 der Richtlinie 2014/66/EU und Artikel 37 der Richtlinie (EU) 2016/801 sowie für Mitteilungen nach § 51 Absatz 8a;

5a. Prüfung der Mitteilungen nach § 16c Absatz 1, § 18e Absatz 1 und § 19a Absatz 1 sowie Ausstellung der Bescheinigungen nach § 16c Absatz 4, § 18e Absatz 5 und § 19a Absatz 4 oder Ablehnung der Einreise und des Aufenthalts;

6. Führung des Registers nach § 91a;

7. Koordinierung der Programme und Mitwirkung an Projekten zur Förderung der freiwilligen Rückkehr sowie Auszahlung hierfür bewilligter Mittel;

8. die Durchführung des Aufnahmeverfahrens nach § 23 Abs. 2 und 4 und die Verteilung der nach § 23 sowie der nach § 22 Satz 2 aufgenommenen Ausländer auf die Länder;

9. Durchführung einer migrationsspezifischen Beratung nach § 45 Satz 1, soweit sie nicht durch andere Stellen wahrgenommen wird; hierzu kann es sich privater oder öffentlicher Träger bedienen;

10. Anerkennung von Forschungseinrichtungen zum Abschluss von Aufnahmevereinbarungen nach § 18d; hierbei wird das Bundesamt für Migration und Flüchtlinge durch einen Beirat für Forschungsmigration unterstützt;

11. Koordinierung der Informationsübermittlung und Auswertung von Erkenntnissen der Bundesbehörden, insbesondere des Bundeskriminalamtes und des Bundesamtes für Verfassungsschutz, zu Ausländern, bei denen wegen Gefährdung der öffentlichen Sicherheit ausländer-, asyl- oder staatsangehörigkeitsrechtliche Maßnahmen in Betracht kommen;

12. Anordnung eines Einreise- und Aufenthaltsverbots nach § 11 Absatz 1 im Fall einer Abschiebungsandrohung nach den §§ 34, 35 des Asylgesetzes oder einer Abschiebungsanordnung nach § 34a des Asylgesetzes sowie die Anordnung und Befristung eines Einreise- und Aufenthaltsverbots nach § 11 Absatz 7;

13. unbeschadet des § 71 Absatz 3 Nummer 7 die Beschaffung von Heimreisedokumenten für Ausländer im Wege der Amtshilfe.

§ 76 (weggefallen)

Abschnitt 3
Verwaltungsverfahren

§ 77 Schriftform; Ausnahme von Formerfordernissen

(1) [1]Die folgenden Verwaltungsakte bedürfen der Schriftform und sind mit Ausnahme der Nummer 5 mit einer Begründung zu versehen:

1. der Verwaltungsakt,
   a) durch den ein Passersatz, ein Ausweisersatz oder ein Aufenthaltstitel versagt, räumlich oder zeitlich beschränkt oder mit Bedingungen und Auflagen versehen wird oder
   b) mit dem die Änderung oder Aufhebung einer Nebenbestimmung zum Aufenthaltstitel versagt wird, sowie
2. die Ausweisung,
3. die Abschiebungsanordnung nach § 58a Absatz 1 Satz 1,
4. die Androhung der Abschiebung,
5. die Aussetzung der Abschiebung,
6. Beschränkungen des Aufenthalts nach § 12 Absatz 4,
7. die Anordnungen nach den §§ 47 und 56,
8. die Rücknahme und der Widerruf von Verwaltungsakten nach diesem Gesetz sowie

9. die Entscheidung über die Anordnung eines Einreise- und Aufenthaltsverbots nach § 11.

2Einem Verwaltungsakt, mit dem ein Aufenthaltstitel versagt oder mit dem ein Aufenthaltstitel zum Erlöschen gebracht wird, sowie der Entscheidung über einen Antrag auf Befristung nach § 11 Absatz 1 Satz 3 ist eine Erklärung beizufügen. 3Mit dieser Erklärung wird der Ausländer über den Rechtsbehelf, der gegen den Verwaltungsakt gegeben ist, und über die Stelle, bei der dieser Rechtsbehelf einzulegen ist, sowie über die einzuhaltende Frist belehrt; in anderen Fällen ist die vorgenannte Erklärung der Androhung der Abschiebung beizufügen.

(1a) 1Im Zusammenhang mit der Erteilung einer ICT-Karte oder einer Mobiler-ICT-Karte sind zusätzlich der aufnehmenden Niederlassung oder dem aufnehmenden Unternehmen schriftlich mitzuteilen

1. die Versagung der Verlängerung einer ICT-Karte oder einer Mobiler-ICT-Karte,
2. die Rücknahme oder der Widerruf einer ICT-Karte oder einer Mobiler-ICT-Karte,
3. die Versagung der Verlängerung eines Aufenthaltstitels zum Zweck des Familiennachzugs zu einem Inhaber einer ICT-Karte oder einer Mobiler-ICT-Karte oder
4. die Rücknahme oder der Widerruf eines Aufenthaltstitels zum Zweck des Familiennachzugs zu einem Inhaber einer ICT-Karte oder einer Mobiler-ICT-Karte.

2In der Mitteilung nach Satz 1 Nummer 1 und 2 sind auch die Gründe für die Entscheidung anzugeben.

(2) 1Die Versagung und die Beschränkung eines Visums und eines Passersatzes vor der Einreise bedürfen keiner Begründung und Rechtsbehelfsbelehrung; die Versagung an der Grenze bedarf auch nicht der Schriftform. 2Formerfordernisse für die Versagung von Schengen-Visa richten sich nach der Verordnung (EG) Nr. 810/2009.

(3) 1Dem Ausländer ist auf Antrag eine Übersetzung der Entscheidungsformel des Verwaltungsaktes, mit dem der Aufenthaltstitel versagt oder mit dem der Aufenthaltstitel zum Erlöschen gebracht oder mit dem eine Befristungsentscheidung nach § 11 getroffen wird, und der Rechtsbehelfsbelehrung kostenfrei in einer Sprache zur Verfügung zu stellen, die der Ausländer versteht oder bei der vernünftigerweise davon ausgegangen werden kann, dass er sie versteht. 2Besteht die Ausreisepflicht aus einem anderen Grund, ist Satz 1 auf die Androhung der Abschiebung sowie auf die Rechtsbehelfsbelehrung, die dieser nach Absatz 1 Satz 3 beizufügen ist, entsprechend anzuwenden. 3Die Übersetzung kann in mündlicher oder in schriftlicher Form zur Verfügung gestellt werden. 4Eine Übersetzung muss dem Ausländer dann nicht vorgelegt werden, wenn er unerlaubt in das Bundesgebiet eingereist ist oder auf Grund einer strafrechtlichen Verurteilung ausgewiesen worden ist. 5In den Fällen des Satzes 4 erhält der Ausländer ein Standardformular mit Erläuterungen, die in mindestens fünf der am häufigsten verwendeten oder verstandenen Sprachen bereitgehalten werden. 6Die Sätze 1 bis 3 sind nicht anzuwenden, wenn der Ausländer noch nicht eingereist oder bereits ausgereist ist.

§ 78 Dokumente mit elektronischem Speicher- und Verarbeitungsmedium

(1) 1Aufenthaltstitel nach § 4 Absatz 1 Satz 2 Nummer 2 bis 4 werden als eigenständige Dokumente mit elektronischem Speicher- und Verarbeitungsmedium ausgestellt. 2Aufenthaltserlaubnisse, die nach Maßgabe des Abkommens zwischen der Europäischen Gemeinschaft und ihren Mitgliedstaaten einerseits und der Schweizerischen Eidgenossenschaft andererseits über die Freizügigkeit vom 21. Juni 1999 (ABl. L 114 vom 30. 4. 2002, S. 6) auszustellen sind, werden auf Antrag als Dokumente mit elektronischem Speicher- und Verarbeitungsmedium ausgestellt. 3Dokumente nach den Sätzen 1 und 2 enthalten folgende sichtbar aufgebrachte Angaben:

1. Name und Vornamen,
2. Doktorgrad,
3. Lichtbild,

4. Geburtsdatum und Geburtsort,
5. Anschrift,
6. Gültigkeitsbeginn und Gültigkeitsdauer,
7. Ausstellungsort,
8. Art des Aufenthaltstitels oder Aufenthaltsrechts und dessen Rechtsgrundlage,
9. Ausstellungsbehörde,
10. Seriennummer des zugehörigen Passes oder Passersatzpapiers,
11. Gültigkeitsdauer des zugehörigen Passes oder Passersatzpapiers,
12. Anmerkungen,
13. Unterschrift,
14. Seriennummer,
15. Staatsangehörigkeit,
16. Geschlecht,
17. Größe und Augenfarbe,
18. Zugangsnummer.

4Dokumente nach Satz 1 können unter den Voraussetzungen des § 48 Absatz 2 oder 4 als Ausweisersatz bezeichnet und mit dem Hinweis versehen werden, dass die Personalien auf den Angaben des Inhabers beruhen. 5Die Unterschrift durch den Antragsteller nach Satz 3 Nummer 13 ist zu leisten, wenn er zum Zeitpunkt der Beantragung des Dokuments zehn Jahre oder älter ist.

VI

(2) 1Dokumente mit elektronischem Speicher- und Verarbeitungsmedium nach Absatz 1 enthalten eine Zone für das automatische Lesen. 2Diese darf lediglich die folgenden sichtbar aufgedruckten Angaben enthalten:

1. die Abkürzungen
   a) „AR" für den Aufenthaltstiteltyp nach § 4 Absatz 1 Nummer 2 bis 4,
   b) „AS" für den Aufenthaltstiteltyp nach § 28 Satz 2 der Aufenthaltsverordnung,
2. die Abkürzung „D" für Bundesrepublik Deutschland,
3. die Seriennummer des Aufenthaltstitels, die sich aus der Behördenkennzahl der Ausländerbehörde und einer zufällig zu vergebenden Aufenthaltstitelnummer zusammensetzt und die neben Ziffern auch Buchstaben enthalten kann,
4. das Geburtsdatum,
5. die Abkürzung „F" für Personen weiblichen Geschlechts und „M" für Personen männlichen Geschlechts,
6. die Gültigkeitsdauer des Aufenthaltstitels oder im Falle eines unbefristeten Aufenthaltsrechts die technische Kartennutzungsdauer,
7. die Abkürzung der Staatsangehörigkeit,
8. den Namen,
9. den oder die Vornamen,
10. die Prüfziffern und
11. Leerstellen.

3Die Seriennummer und die Prüfziffern dürfen keine Daten über den Inhaber oder Hinweise auf solche Daten enthalten. 4Jedes Dokument erhält eine neue Seriennummer.

(3) 1Das in dem Dokument nach Absatz 1 enthaltene elektronische Speicher- und Verarbeitungsmedium enthält folgende Daten:

1. die Daten nach Absatz 1 Satz 3 Nummer 1 bis 5 sowie den im amtlichen Gemeindeverzeichnis verwendeten eindeutigen Gemeindeschlüssel,
2. die Daten der Zone für das automatische Lesen nach Absatz 2 Satz 2,
3. Nebenbestimmungen,
4. zwei Fingerabdrücke, die Bezeichnung der erfassten Finger sowie die Angaben zur Qualität der Abdrücke sowie
5. den Geburtsnamen.

2Die gespeicherten Daten sind gegen unbefugtes Verändern, Löschen und Auslesen zu sichern. 3Die Erfassung von Fingerabdrücken erfolgt ab Vollendung des sechsten Lebensjahres.

(4) 1Das elektronische Speicher- und Verarbeitungsmedium eines Dokuments nach Absatz 1 kann ausgestaltet werden als qualifizierte elektronische Signaturerstellungseinheit nach Artikel 3 Nummer 23 der Verordnung (EU) Nr. 910/2014 des Europäischen Parlaments und des Rates vom 23. Juli 2014 über elektronische Identifizierung und Vertrauensdienste für elektronische Transaktionen im Binnenmarkt und zur Aufhebung der

Richtlinie 1999/93/EG (ABl. L 257 vom 28. 8. 2014, S. 73). $_{2}$Die Zertifizierung nach Artikel 30 der Verordnung (EU) Nr. 910/2014 erfolgt durch das Bundesamt für Sicherheit in der Informationstechnik. $_{3}$Die Vorschriften des Vertrauensdienstegesetzes bleiben unberührt.

(5) $_{1}$Das elektronische Speicher- und Verarbeitungsmedium eines Dokuments nach Absatz 1 kann auch für die Zusatzfunktion eines elektronischen Identitätsnachweises genutzt werden. $_{2}$Insoweit sind § 2 Absatz 3 bis 7, 10 und 12, § 4 Absatz 3, § 7 Absatz 4 und 5, § 10 Absatz 1, 2 Satz 1, Absatz 3 bis 5, 6 Satz 1, Absatz 7, 8 Satz 1 und Absatz 9, § 11 Absatz 1 bis 5 und 7, § 12 Absatz 2 Satz 2, die §§ 13, 16, 18, 18a, 19 Absatz 1 und 3 bis 6, die §§ 19a, 20 Absatz 2 und 3, die §§ 21, 21a, 21b, 27 Absatz 2 und 3, § 32 Absatz 1 Nummer 5 und 6 mit Ausnahme des dort angeführten § 19 Absatz 2, Nummer 6a bis 8, Absatz 2 und 3 sowie § 33 Nummer 1, 2 und 4 des Personalausweisgesetzes mit der Maßgabe entsprechend anzuwenden, dass die Ausländerbehörde an die Stelle der Personalausweisbehörde tritt. $_{3}$Neben den in § 18 Absatz 3 Satz 2 des Personalausweisgesetzes aufgeführten Daten können im Rahmen des elektronischen Identitätsnachweises unter den Voraussetzungen des § 18 Absatz 4 des Personalausweisgesetzes auch die nach Absatz 3 Nummer 3 gespeicherten Nebenbestimmungen sowie die Abkürzung der Staatsangehörigkeit übermittelt werden. $_{4}$Für das Sperrkennwort und die Sperrmerkmale gilt Absatz 2 Satz 3 entsprechend.

(6) Die mit der Ausführung dieses Gesetzes betrauten oder zur hoheitlichen Identitätsfeststellung befugten Behörden dürfen die in der Zone für das automatische Lesen enthaltenen Daten zur Erfüllung ihrer gesetzlichen Aufgaben erheben, verarbeiten und nutzen.

(7) $_{1}$Öffentliche Stellen dürfen die im elektronischen Speicher- und Verarbeitungsmedium eines Dokuments nach Absatz 1 gespeicherten Daten mit Ausnahme der biometrischen Daten erheben, verarbeiten und nutzen, soweit dies zur Erfüllung ihrer jeweiligen gesetzlichen Aufgaben erforderlich ist. $_{2}$Die im elektronischen Speicher- und Verarbeitungsmedium gespeicherte Anschrift und die nach Absatz 1 Satz 3 Nummer 5 aufzubringende Anschrift dürfen durch die Ausländerbehörden sowie durch andere durch Landesrecht bestimmte Behörden geändert werden.

(8) $_{1}$Die durch technische Mittel vorgenommene Erhebung und Verwendung personenbezogener Daten aus Dokumenten nach Absatz 1 dürfen nur im Wege des elektronischen Identitätsnachweises nach Absatz 5 erfolgen, soweit nicht durch Gesetz etwas anderes bestimmt ist. $_{2}$Gleiches gilt für die Erhebung und Verwendung personenbezogener Daten mit Hilfe eines Dokuments nach Absatz 1.

§ 78a Vordrucke für Aufenthaltstitel in Ausnahmefällen, Ausweisersatz und Bescheinigungen

(1) $_{1}$Aufenthaltstitel nach § 4 Absatz 1 Satz 2 Nummer 2 bis 4 können abweichend von § 78 nach einem einheitlichen Vordruckmuster ausgestellt werden, wenn

1. der Aufenthaltstitel zum Zwecke der Verlängerung der Aufenthaltsdauer um einen Monat erteilt werden soll oder
2. die Ausstellung zur Vermeidung außergewöhnlicher Härten geboten ist.

$_{2}$Das Vordruckmuster enthält folgende Angaben:

1. Name und Vornamen des Inhabers,
2. Gültigkeitsdauer,
3. Ausstellungsort und -datum,
4. Art des Aufenthaltstitels oder Aufenthaltsrechts,
5. Ausstellungsbehörde,
6. Seriennummer des zugehörigen Passes oder Passersatzpapiers,
7. Anmerkungen,
8. Lichtbild.

$_{3}$Auf dem Vordruckmuster ist kenntlich zu machen, dass es sich um eine Ausstellung im Ausnahmefall handelt.

(2) Vordrucke nach Absatz 1 Satz 1 enthalten eine Zone für das automatische Lesen mit folgenden Angaben:

1. Name und Vornamen,

2. Geburtsdatum,
3. Geschlecht,
4. Staatsangehörigkeit,
5. Art des Aufenthaltstitels,
6. Seriennummer des Vordrucks,
7. ausstellender Staat,
8. Gültigkeitsdauer,
9. Prüfziffern,
10. Leerstellen.

(3) Öffentliche Stellen können die in der Zone für das automatische Lesen nach Absatz 2 enthaltenen Daten zur Erfüllung ihrer gesetzlichen Aufgaben speichern, übermitteln und nutzen.

(4) 1Das Vordruckmuster für den Ausweisersatz enthält eine Seriennummer und eine Zone für das automatische Lesen. 2In dem Vordruckmuster können neben der Bezeichnung von Ausstellungsbehörde, Ausstellungsort und -datum, Gültigkeitszeitraum oder -dauer, Name und Vornamen des Inhabers, Aufenthaltsstatus sowie Nebenbestimmungen folgende Angaben über die Person des Inhabers vorgesehen sein:

1. Geburtsdatum und Geburtsort,
2. Staatsangehörigkeit,
3. Geschlecht,
4. Größe,
5. Farbe der Augen,
6. Anschrift,
7. Lichtbild,
8. eigenhändige Unterschrift,
9. zwei Fingerabdrücke,
10. Hinweis, dass die Personalangaben auf den Angaben des Ausländers beruhen.

3Sofern Fingerabdrücke nach Satz 2 Nummer 9 erfasst werden, müssen diese in mit Sicherheitsverfahren verschlüsselter Form auf einem elektronischen Speicher- und Verarbeitungsmedium in den Ausweisersatz eingebracht werden. 4Das Gleiche gilt, sofern Lichtbilder in elektronischer Form eingebracht werden. 5Die Absätze 2 und 3 gelten entsprechend. 6§ 78 Absatz 1 Satz 4 bleibt unberührt.

(5) 1Die Bescheinigungen nach § 60a Absatz 4 und § 81 Absatz 5 werden nach einheitlichem Vordruckmuster ausgestellt, das eine Seriennummer sowie die AZR-Nummer enthält und mit einer Zone für das automatische Lesen versehen sein kann. 2Die Bescheinigung darf im Übrigen nur die in Absatz 4 bezeichneten Daten enthalten sowie den Hinweis, dass der Ausländer mit ihr nicht der Passpflicht genügt. 3Die Absätze 2 und 3 gelten entsprechend.

§ 79 Entscheidung über den Aufenthalt

(1) 1Über den Aufenthalt von Ausländern wird auf der Grundlage der im Bundesgebiet bekannten Umstände und zugänglichen Erkenntnisse entschieden. 2Über das Vorliegen der Voraussetzungen des § 60 Absatz 5 und 7 entscheidet die Ausländerbehörde auf der Grundlage der ihr vorliegenden und im Bundesgebiet zugänglichen Erkenntnisse und, soweit es im Einzelfall erforderlich ist, der den Behörden des Bundes außerhalb des Bundesgebiets zugänglichen Erkenntnisse.

(2) Beantragt ein Ausländer, gegen den wegen des Verdachts einer Straftat oder einer Ordnungswidrigkeit ermittelt wird, die Erteilung oder Verlängerung eines Aufenthaltstitels, ist die Entscheidung über den Aufenthaltstitel bis zum Abschluss des Verfahrens, im Falle einer gerichtlichen Entscheidung bis zu deren Rechtskraft auszusetzen, es sei denn, über den Aufenthaltstitel kann ohne Rücksicht auf den Ausgang des Verfahrens entschieden werden.

(3) 1Wird ein Aufenthaltstitel gemäß § 36a Absatz 1 zum Zwecke des Familiennachzugs zu einem Ausländer beantragt,

1. gegen den ein Strafverfahren oder behördliches Verfahren wegen einer der in § 27 Absatz 3a genannten Tatbestände eingeleitet wurde,
2. gegen den ein Strafverfahren wegen einer oder mehrerer der in § 36a Absatz 3 Nummer 2 genannten Straftaten eingeleitet wurde, oder
3. bei dem ein Widerrufsverfahren nach § 73b Absatz 1 Satz 1 des Asylgesetzes oder ein Rücknahmeverfahren nach § 73b

Absatz 3 des Asylgesetzes eingeleitet wurde,

ist die Entscheidung über die Erteilung des Aufenthaltstitels gemäß § 36a Absatz 1 bis zum Abschluss des jeweiligen Verfahrens, im Falle einer gerichtlichen Entscheidung bis zu ihrer Rechtskraft, auszusetzen, es sei denn, über den Aufenthaltstitel gemäß § 36a Absatz 1 kann ohne Rücksicht auf den Ausgang des Verfahrens entschieden werden. 2Im Fall von Satz 1 Nummer 3 ist bei einem Widerruf oder einer Rücknahme der Zuerkennung des subsidiären Schutzes auf das Verfahren zur Entscheidung über den Widerruf des Aufenthaltstitels des Ausländers nach § 52 Absatz 1 Satz 1 Nummer 4 abzustellen.

(4) Beantragt ein Ausländer, gegen den wegen des Verdachts einer Straftat ermittelt wird, die Erteilung oder Verlängerung einer Beschäftigungsduldung, ist die Entscheidung über die Beschäftigungsduldung bis zum Abschluss des Verfahrens, im Falle einer gerichtlichen Entscheidung bis zu deren Rechtskraft, auszusetzen, es sei denn, über die Beschäftigungsduldung kann ohne Rücksicht auf den Ausgang des Verfahrens entschieden werden.

(5) Beantragt ein Ausländer, gegen den wegen einer Straftat öffentliche Klage erhoben wurde, die Erteilung einer Ausbildungsduldung, ist die Entscheidung über die Ausbildungsduldung bis zum Abschluss des Verfahrens, im Falle einer gerichtlichen Entscheidung bis zu deren Rechtskraft, auszusetzen, es sei denn, über die Ausbildungsduldung kann ohne Rücksicht auf den Ausgang des Verfahrens entschieden werden.

§ 80 Handlungsfähigkeit

(1) Fähig zur Vornahme von Verfahrenshandlungen nach diesem Gesetz ist ein Ausländer, der volljährig ist, sofern er nicht nach Maßgabe des Bürgerlichen Gesetzbuchs geschäftsunfähig oder in dieser Angelegenheit zu betreuen und einem Einwilligungsvorbehalt zu unterstellen wäre.

(2) 1Die mangelnde Handlungsfähigkeit eines Minderjährigen steht seiner Zurückweisung und Zurückschiebung nicht entgegen. 2Das Gleiche gilt für die Androhung und Durchführung der Abschiebung in den Herkunftsstaat, wenn sich sein gesetzlicher Vertreter nicht im Bundesgebiet aufhält oder dessen Aufenthaltsort im Bundesgebiet unbekannt ist.

(3) 1Bei der Anwendung dieses Gesetzes sind die Vorschriften des Bürgerlichen Gesetzbuchs dafür maßgebend, ob ein Ausländer als minderjährig oder volljährig anzusehen ist. 2Die Geschäftsfähigkeit und die sonstige rechtliche Handlungsfähigkeit eines nach dem Recht seines Heimatstaates volljährigen Ausländers bleiben davon unberührt.

(4) Die gesetzlichen Vertreter eines Ausländers, der minderjährig ist, und sonstige Personen, die an Stelle der gesetzlichen Vertreter den Ausländer im Bundesgebiet betreuen, sind verpflichtet, für den Ausländer die erforderlichen Anträge auf Erteilung und Verlängerung des Aufenthaltstitels und auf Erteilung und Verlängerung des Passes, des Passersatzes und des Ausweisersatzes zu stellen.

(5) Sofern der Ausländer das 18. Lebensjahr noch nicht vollendet hat, müssen die zur Personensorge berechtigten Personen einem geplanten Aufenthalt nach Kapitel 2 Abschnitt 3 und 4 zustimmen.

§ 81 Beantragung des Aufenthaltstitels

(1) Ein Aufenthaltstitel wird einem Ausländer nur auf seinen Antrag erteilt, soweit nichts anderes bestimmt ist.

(2) 1Ein Aufenthaltstitel, der nach Maßgabe der Rechtsverordnung nach § 99 Abs. 1 Nr. 2 nach der Einreise eingeholt werden kann, ist unverzüglich nach der Einreise oder innerhalb der in der Rechtsverordnung bestimmten Frist zu beantragen. 2Für ein im Bundesgebiet geborenes Kind, dem nicht von Amts wegen ein Aufenthaltstitel zu erteilen ist, ist der Antrag innerhalb von sechs Monaten nach der Geburt zu stellen.

(3) 1Beantragt ein Ausländer, der sich rechtmäßig im Bundesgebiet aufhält, ohne einen Aufenthaltstitel zu besitzen, die Erteilung eines Aufenthaltstitels, gilt sein Aufenthalt bis zur Entscheidung der Ausländerbehörde als erlaubt. 2Wird der Antrag verspätet gestellt,

VI

gilt ab dem Zeitpunkt der Antragstellung bis zur Entscheidung der Ausländerbehörde die Abschiebung als ausgesetzt.

(4) 1Beantragt ein Ausländer vor Ablauf seines Aufenthaltstitels dessen Verlängerung oder die Erteilung eines anderen Aufenthaltstitels, gilt der bisherige Aufenthaltstitel vom Zeitpunkt seines Ablaufs bis zur Entscheidung der Ausländerbehörde als fortbestehend. 2Dies gilt nicht für ein Visum nach § 6 Absatz 1. 3Wurde der Antrag auf Erteilung oder Verlängerung eines Aufenthaltstitels verspätet gestellt, kann die Ausländerbehörde zur Vermeidung einer unbilligen Härte die Fortgeltungswirkung anordnen.

(5) Dem Ausländer ist eine Bescheinigung über die Wirkung seiner Antragstellung (Fiktionsbescheinigung) auszustellen.

(6) Wenn der Antrag auf Erteilung einer Aufenthaltserlaubnis zum Familiennachzug zu einem Inhaber einer ICT-Karte oder einer Mobiler-ICT-Karte gleichzeitig mit dem Antrag auf Erteilung einer ICT-Karte oder einer Mobiler-ICT-Karte gestellt wird, so wird über den Antrag auf Erteilung einer Aufenthaltserlaubnis zum Zweck des Familiennachzugs gleichzeitig mit dem Antrag auf Erteilung einer ICT-Karte oder einer Mobiler-ICT-Karte entschieden.

VI

§ 81a Beschleunigtes Fachkräfteverfahren

(1) Arbeitgeber können bei der zuständigen Ausländerbehörde in Vollmacht des Ausländers, der zu einem Aufenthaltszweck nach den §§ 16a, 16d, 18a, 18b und 18c Absatz 3 einreisen will, ein beschleunigtes Fachkräfteverfahren beantragen.

(2) Arbeitgeber und zuständige Ausländerbehörde schließen dazu eine Vereinbarung, die insbesondere umfasst

1. Kontaktdaten des Ausländers, des Arbeitgebers und der Behörde,
2. Bevollmächtigung des Arbeitgebers durch den Ausländer,
3. Bevollmächtigung der zuständigen Ausländerbehörde durch den Arbeitgeber, das Verfahren zur Feststellung der Gleichwertigkeit der im Ausland erworbenen Berufsqualifikation einleiten und betreiben zu können,
4. Verpflichtung des Arbeitgebers, auf die Einhaltung der Mitwirkungspflicht des Ausländers nach § 82 Absatz 1 Satz 1 durch diesen hinzuwirken,
5. vorzulegende Nachweise,
6. Beschreibung der Abläufe einschließlich Beteiligter und Erledigungsfristen,
7. Mitwirkungspflicht des Arbeitgebers nach § 4a Absatz 5 Satz 3 Nummer 3 und
8. Folgen bei Nichteinhalten der Vereinbarung.

(3) 1Im Rahmen des beschleunigten Fachkräfteverfahrens ist es Aufgabe der zuständigen Ausländerbehörde,

1. den Arbeitgeber zum Verfahren und den einzureichenden Nachweisen zu beraten,
2. soweit erforderlich, das Verfahren zur Feststellung der Gleichwertigkeit der im Ausland erworbenen Berufsqualifikation oder zur Zeugnisbewertung des ausländischen Hochschulabschlusses bei der jeweils zuständigen Stelle unter Hinweis auf das beschleunigte Fachkräfteverfahren einzuleiten; soll der Ausländer in einem im Inland reglementierten Beruf beschäftigt werden, ist die Berufsausübungserlaubnis einzuholen,
3. die Eingangs- und Vollständigkeitsbestätigungen der zuständigen Stellen dem Arbeitgeber unverzüglich zur Kenntnis zu übersenden, wenn ein Verfahren nach Nummer 2 eingeleitet wurde; bei Anforderung weiterer Nachweise durch die zuständige Stelle und bei Eingang der von der zuständigen Stelle getroffenen Feststellungen ist der Arbeitgeber innerhalb von drei Werktagen ab Eingang zur Aushändigung und Besprechung des weiteren Ablaufs einzuladen,
4. soweit erforderlich, unter Hinweis auf das beschleunigte Fachkräfteverfahren die Zustimmung der Bundesagentur für Arbeit einzuholen,
5. die zuständige Auslandsvertretung über die bevorstehende Visumantragstellung durch den Ausländer zu informieren und

6. bei Vorliegen der erforderlichen Voraussetzungen, einschließlich der Feststellung der Gleichwertigkeit oder Vorliegen der Vergleichbarkeit der Berufsqualifikation sowie der Zustimmung der Bundesagentur für Arbeit, der Visumerteilung unverzüglich vorab zuzustimmen.

2Stellt die zuständige Stelle durch Bescheid fest, dass die im Ausland erworbene Berufsqualifikation nicht gleichwertig ist, die Gleichwertigkeit aber durch eine Qualifizierungsmaßnahme erreicht werden kann, kann das Verfahren nach § 81a mit dem Ziel der Einreise zum Zweck des § 16d fortgeführt werden.

(4) Dieses Verfahren umfasst auch den Familiennachzug des Ehegatten und minderjähriger lediger Kinder, deren Visumanträge in zeitlichem Zusammenhang gestellt werden.

(5) Die Absätze 1 bis 4 gelten auch für sonstige qualifizierte Beschäftigte.

Beachte ab 01.03.2020 durch das Fachkräfteeinwanderungsgetz eingefügten § 31a AufenthV:

§ 31a Beschleunigtes Fachkräfteverfahren

(1) Im Fall des § 81a des Aufenthaltsgesetzes vergibt die Auslandsvertretung einen Termin zur Visumantragstellung innerhalb von drei Wochen nach Vorlage der Vorabzustimmung der Ausländerbehörde durch die Fachkraft.

(2) Die Bescheidung des Visumantrags erfolgt in der Regel innerhalb von drei Wochen ab Stellung des vollständigen Visumantrags.

Das Fachkräfteeinwanderungsgesetz legt zudem ab 01.03.2020 folgende Gebühren in § 47 Absatz 1 Ziffer 15 fest: „für die Durchführung des beschleunigten Fachkräfteverfahrens nach § 81a des Aufenthaltsgesetzes 411 Euro."

§ 82 Mitwirkung des Ausländers

(1) 1Der Ausländer ist verpflichtet, seine Belange und für ihn günstige Umstände, soweit sie nicht offenkundig oder bekannt sind, unter Angabe nachprüfbarer Umstände unverzüglich geltend zu machen und die erforderlichen Nachweise über seine persönlichen Verhältnisse, sonstige erforderliche Bescheinigungen und Erlaubnisse sowie sonstige erforderliche Nachweise, die er erbringen kann, unverzüglich beizubringen. 2Die Ausländerbehörde kann ihm dafür eine angemessene Frist setzen. 3Sie setzt ihm eine solche Frist, wenn sie die Bearbeitung eines Antrags auf Erteilung eines Aufenthaltstitels wegen fehlender oder unvollständiger Angaben aussetzt, und benennt dabei die nachzuholenden Angaben. 4Nach Ablauf der Frist geltend gemachte Umstände und beigebrachte Nachweise können unberücksichtigt bleiben. 5Der Ausländer, der eine ICT-Karte nach § 19b beantragt hat, ist verpflichtet, der zuständigen Ausländerbehörde jede Änderung mitzuteilen, die während des Antragsverfahrens eintritt und die Auswirkungen auf die Voraussetzungen der Erteilung der ICT-Karte hat.

(2) Absatz 1 findet im Widerspruchsverfahren entsprechende Anwendung.

(3) 1Der Ausländer soll auf seine Pflichten nach Absatz 1 sowie seine wesentlichen Rechte und Pflichten nach diesem Gesetz, insbesondere die Verpflichtungen aus den §§ 44a, 48, 49 und 81 hingewiesen werden. 2Im Falle der Fristsetzung ist er auf die Folgen der Fristversäumung hinzuweisen.

(4) 1Soweit es zur Vorbereitung und Durchführung von Maßnahmen nach diesem Gesetz und nach ausländerrechtlichen Bestimmungen in anderen Gesetzen erforderlich ist, kann angeordnet werden, dass ein Ausländer bei der zuständigen Behörde sowie den Vertretungen oder ermächtigten Bediensteten des Staates, dessen Staatsangehörigkeit er vermutlich besitzt, persönlich erscheint sowie eine ärztliche Untersuchung zur Feststellung der Reisefähigkeit durchgeführt wird. 2Kommt der Ausländer einer Anordnung nach Satz 1 nicht nach, kann sie zwangsweise durchgesetzt werden. 3§ 40 Abs. 1 und 2, die §§ 41, 42 Abs. 1 Satz 1 und 3 des Bundespolizeigesetzes finden entsprechende Anwendung.

(5) 1Der Ausländer, für den nach diesem Gesetz, dem Asylgesetz oder den zur Durchführung dieser Gesetze erlassenen Bestimmungen ein Dokument ausgestellt werden soll, hat auf Verlangen

1. ein aktuelles Lichtbild nach Maßgabe einer nach § 99 Abs. 1 Nr. 13 und 13a erlassenen Rechtsverordnung vorzulegen

oder bei der Aufnahme eines solchen Lichtbildes mitzuwirken und

2. bei der Abnahme seiner Fingerabdrücke nach Maßgabe einer nach § 99 Absatz 1 Nr. 13 und 13a erlassenen Rechtsverordnung mitzuwirken.

2Das Lichtbild und die Fingerabdrücke dürfen in Dokumente nach Satz 1 eingebracht und von den zuständigen Behörden zur Sicherung und einer späteren Feststellung der Identität verarbeitet und genutzt werden.

(6) 1Ausländer, die im Besitz einer Aufenthaltserlaubnis nach Kapitel 2 Abschnitt 3 oder 4 sind, sind verpflichtet, der zuständigen Ausländerbehörde innerhalb von zwei Wochen ab Kenntnis mitzuteilen, dass die Ausbildung oder die Erwerbstätigkeit, für die der Aufenthaltstitel erteilt wurde, vorzeitig beendet wurde. 2Der Ausländer ist bei Erteilung des Aufenthaltstitels über seine Verpflichtung nach Satz 1 zu unterrichten.

§ 83 Beschränkung der Anfechtbarkeit

(1) 1Die Versagung eines nationalen Visums und eines Passersatzes an der Grenze sind unanfechtbar. 2Der Ausländer wird bei der Versagung eines nationalen Visums und eines Passersatzes an der Grenze auf die Möglichkeit einer Antragstellung bei der zuständigen Auslandsvertretung hingewiesen.

(2) Gegen die Versagung der Aussetzung der Abschiebung findet kein Widerspruch statt.

(3) Gegen die Anordnung und Befristung eines Einreise- und Aufenthaltsverbots durch das Bundesamt für Migration und Flüchtlinge findet kein Widerspruch statt.

§ 84 Wirkungen von Widerspruch und Klage

(1) 1Widerspruch und Klage gegen

1. die Ablehnung eines Antrages auf Erteilung oder Verlängerung des Aufenthaltstitels,

1a. Maßnahmen nach § 49,

2. die Auflage nach § 61 Absatz 1e, in einer Ausreiseeinrichtung Wohnung zu nehmen,

2a. Auflagen zur Sicherung und Durchsetzung der vollziehbaren Ausreisepflicht nach § 61 Absatz 1e,

3. die Änderung oder Aufhebung einer Nebenbestimmung, die die Ausübung einer Erwerbstätigkeit betrifft,

4. den Widerruf des Aufenthaltstitels des Ausländers nach § 52 Abs. 1 Satz 1 Nr. 4 in den Fällen des § 75 Absatz 2 Satz 1 des Asylgesetzes,

5. den Widerruf oder die Rücknahme der Anerkennung von Forschungseinrichtungen für den Abschluss von Aufnahmevereinbarungen nach § 18d,

6. die Ausreiseuntersagung nach § 46 Absatz 2 Satz 1,

7. die Befristung eines Einreise- und Aufenthaltsverbots nach § 11,

8. die Anordnung eines Einreise- und Aufenthaltsverbots nach § 11 Absatz 6 sowie

9. die Feststellung nach § 85a Absatz 1 Satz 2,

haben keine aufschiebende Wirkung. 2Die Klage gegen die Anordnung eines Einreise- und Aufenthaltsverbots nach § 11 Absatz 7 hat keine aufschiebende Wirkung.

(2) 1Widerspruch und Klage lassen unbeschadet ihrer aufschiebenden Wirkung die Wirksamkeit der Ausweisung und eines sonstigen Verwaltungsaktes, der die Rechtmäßigkeit des Aufenthalts beendet, unberührt. 2Für Zwecke der Aufnahme oder Ausübung einer Erwerbstätigkeit gilt der Aufenthaltstitel als fortbestehend, solange die Frist zur Erhebung des Widerspruchs oder der Klage noch nicht abgelaufen ist, während eines gerichtlichen Verfahrens über einen zulässigen Antrag auf Anordnung oder Wiederherstellung der aufschiebenden Wirkung oder solange der eingelegte Rechtsbehelf aufschiebende Wirkung hat. 3Eine Unterbrechung der Rechtmäßigkeit des Aufenthalts tritt nicht ein, wenn der Verwaltungsakt durch eine behördliche oder unanfechtbare gerichtliche Entscheidung aufgehoben wird.

§ 85 Berechnung von Aufenthaltszeiten

Unterbrechungen der Rechtmäßigkeit des Aufenthalts bis zu einem Jahr können außer Betracht bleiben.

§ 85a Verfahren bei konkreten Anhaltspunkten einer missbräuchlichen Anerkennung der Vaterschaft

(1) 1Wird der Ausländerbehörde von einer beurkundenden Behörde oder einer Urkundsperson mitgeteilt, dass konkrete Anhaltspunkte für eine missbräuchliche Anerkennung der Vaterschaft im Sinne von § 1597a Absatz 1 des Bürgerlichen Gesetzbuchs bestehen, prüft die Ausländerbehörde, ob eine solche vorliegt. 2Ergibt die Prüfung, dass die Anerkennung der Vaterschaft missbräuchlich ist, stellt die Ausländerbehörde dies durch schriftlichen oder elektronischen Verwaltungsakt fest. Ergibt die Prüfung, dass die Anerkennung der Vaterschaft nicht missbräuchlich ist, stellt die Ausländerbehörde das Verfahren ein.

(2) 1Eine missbräuchliche Anerkennung der Vaterschaft wird regelmäßig vermutet, wenn

1. der Anerkennende erklärt, dass seine Anerkennung gezielt gerade einem Zweck im Sinne von § 1597a Absatz 1 des Bürgerlichen Gesetzbuchs dient,
2. die Mutter erklärt, dass ihre Zustimmung gezielt gerade einem Zweck im Sinne von § 1597a Absatz 1 des Bürgerlichen Gesetzbuchs dient,
3. der Anerkennende bereits mehrfach die Vaterschaft von Kindern verschiedener ausländischer Mütter anerkannt hat und jeweils die rechtlichen Voraussetzungen für die erlaubte Einreise oder den erlaubten Aufenthalt des Kindes oder der Mutter durch die Anerkennung geschaffen hat, auch wenn das Kind durch die Anerkennung die deutsche Staatsangehörigkeit erworben hat,
4. dem Anerkennenden oder der Mutter ein Vermögensvorteil für die Anerkennung der Vaterschaft oder die Zustimmung hierzu gewährt oder versprochen worden ist

und die Erlangung der rechtlichen Voraussetzungen für die erlaubte Einreise oder den erlaubten Aufenthalt des Kindes, des Anerkennenden oder der Mutter ohne die Anerkennung der Vaterschaft und die Zustimmung hierzu nicht zu erwarten ist. 2Dies gilt auch, wenn die rechtlichen Voraussetzungen für die erlaubte Einreise oder den erlaubten Aufenthalt des Kindes durch den Erwerb der deutschen Staatsangehörigkeit des Kindes nach § 4 Absatz 1 oder Absatz 3 Satz 1 des Staatsangehörigkeitsgesetzes geschaffen werden sollen.

(3) 1Ist die Feststellung nach Absatz 1 Satz 2 unanfechtbar, gibt die Ausländerbehörde der beurkundenden Behörde oder der Urkundsperson und dem Standesamt eine beglaubigte Abschrift mit einem Vermerk über den Eintritt der Unanfechtbarkeit zur Kenntnis. 2Stellt die Behörde das Verfahren ein, teilt sie dies der beurkundenden Behörde oder der Urkundsperson, den Beteiligten und dem Standesamt schriftlich oder elektronisch mit.

(4) Im Ausland sind für die Maßnahmen und Feststellungen nach den Absätzen 1 und 3 die deutschen Auslandsvertretungen zuständig.

Abschnitt 4
Datenschutz

§ 86 Erhebung personenbezogener Daten

1Die mit der Ausführung dieses Gesetzes betrauten Behörden dürfen zum Zweck der Ausführung dieses Gesetzes und ausländerrechtlicher Bestimmungen in anderen Gesetzen personenbezogene Daten erheben, soweit dies zur Erfüllung ihrer Aufgaben nach diesem Gesetz und nach ausländerrechtlichen Bestimmungen in anderen Gesetzen erforderlich ist. 2Daten im Sinne von § 3 Abs. 9 des Bundesdatenschutzgesetzes sowie entsprechender Vorschriften der Datenschutzgesetze der Länder dürfen erhoben werden, soweit dies im Einzelfall zur Aufgabenerfüllung erforderlich ist.

§ 86a Erhebung personenbezogener Daten zu Förderungen der freiwilligen Ausreise und Reintegration

(1) 1Die Ausländerbehörden und alle sonstigen öffentlichen Stellen sowie privaten Träger, die staatlich finanzierte rückkehr- und reintegrationsfördernde Maßnahmen selbst oder im Auftrag der öffentlichen Hand durchführen oder den dafür erforderlichen Antrag entgegennehmen, erheben personenbezogene Daten, soweit diese Daten erforderlich sind, zum Zweck der Durchführung der rückkehr- und reintegrationsfördernden Maßnahmen, der Koordinierung der Programme zur Förderung der freiwilligen Rückkehr durch das Bundesamt für Migration und Flüchtlinge sowie zur Sicherstellung einer zweckgemäßen Verwendung der Förderung und erforderlichenfalls zu deren Rückforderung. 2Dabei handelt es sich um folgende Daten:

1. Familienname, Geburtsname, Vornamen, Schreibweise der Namen nach deutschem Recht, Familienstand, Geburtsdatum, Geburtsort und -bezirk, Geschlecht, Staatsangehörigkeiten,
2. Angaben zum Zielstaat,
3. Angaben zur Art der Förderung und
4. Angaben, ob die Person freiwillig ausgereist ist oder abgeschoben wurde.

3Angaben zum Umfang und zur Begründung der Förderung müssen ebenfalls erhoben werden.

(2) Die Ausländerbehörden und die mit grenzpolizeilichen Aufgaben betrauten Behörden erheben zur Feststellung der Wirksamkeit der Förderung der Ausreisen Angaben zum Nachweis der Ausreise, zum Staat der Ausreise und zum Zielstaat.

§ 87 Übermittlungen an Ausländerbehörden

(1) Öffentliche Stellen mit Ausnahme von Schulen sowie Bildungs- und Erziehungseinrichtungen haben ihnen bekannt gewordene Umstände den in § 86 Satz 1 genannten Stellen auf Ersuchen mitzuteilen, soweit dies für die dort genannten Zwecke erforderlich ist.

(2) 1Öffentliche Stellen im Sinne von Absatz 1 haben unverzüglich die zuständige Ausländerbehörde zu unterrichten, wenn sie im Zusammenhang mit der Erfüllung ihrer Aufgaben Kenntnis erlangen von

1. dem Aufenthalt eines Ausländers, der keinen erforderlichen Aufenthaltstitel besitzt und dessen Abschiebung nicht ausgesetzt ist,
2. dem Verstoß gegen eine räumliche Beschränkung,

2a. der Inanspruchnahme oder Beantragung von Sozialleistungen durch einen Ausländer, für sich selbst, seine Familienangehörigen oder für sonstige Haushaltsangehörige in den Fällen des § 7 Absatz 1 Satz 2 Nummer 2 oder Satz 4 des Zweiten Buches Sozialgesetzbuch oder in den Fällen des § 23 Absatz 3 Satz 1 Nummer 2, 3 oder 4, Satz 3, 6 oder 7 des Zwölften Buches Sozialgesetzbuch oder

3. einem sonstigen Ausweisungsgrund;

in den Fällen der Nummern 1 und 2 und sonstiger nach diesem Gesetz strafbarer Handlungen kann statt der Ausländerbehörde die zuständige Polizeibehörde unterrichtet werden, wenn eine der in § 71 Abs. 5 bezeichneten Maßnahmen in Betracht kommt; die Polizeibehörde unterrichtet unverzüglich die Ausländerbehörde. 2Öffentliche Stellen sollen unverzüglich die zuständige Ausländerbehörde unterrichten, wenn sie im Zusammenhang mit der Erfüllung ihrer Aufgaben Kenntnis erlangen von einer besonderen Integrationsbedürftigkeit im Sinne einer nach § 43 Abs. 4 erlassenen Rechtsverordnung. 3Die für Leistungen nach dem Zweiten oder Zwölften Buch Sozialgesetzbuch zuständigen Stellen sind über die in Satz 1 geregelten Tatbestände hinaus verpflichtet, der Ausländerbehörde mitzuteilen, wenn ein Ausländer mit einer Aufenthaltserlaubnis nach Kapitel 2 Abschnitt 3 oder 4 für sich oder seine Familienangehörigen entsprechende Leistungen beantragt. 4Die Auslandsvertretungen übermitteln der zuständigen Ausländerbehörde personenbezogene Daten eines Ausländers, die geeignet sind, dessen Identität oder Staatsangehörigkeit festzustellen, wenn sie davon Kenntnis erlangen, dass die Daten für die Durchsetzung der vollziehbaren Ausreisepflicht gegenüber dem Ausländer gegenwärtig von Bedeutung sein können.

(3) 1Die Beauftragte der Bundesregierung für Migration, Flüchtlinge und Integration ist nach den Absätzen 1 und 2 zu Mitteilungen über einen diesem Personenkreis angehörenden Ausländer nur verpflichtet, soweit dadurch die Erfüllung der eigenen Aufgaben nicht gefährdet wird. 2Die Landesregierungen können durch Rechtsverordnung bestimmen, dass Ausländerbeauftragte des Landes und Ausländerbeauftragte von Gemeinden nach den Absätzen 1 und 2 zu Mitteilungen über einen Ausländer, der sich rechtmäßig in dem Land oder der Gemeinde aufhält oder der sich bis zum Erlass eines die Rechtmäßigkeit des Aufenthalts beendenden Verwaltungsaktes rechtmäßig dort aufgehalten hat, nur nach Maßgabe des Satzes 1 verpflichtet sind.

(4) 1Die für die Einleitung und Durchführung eines Straf- oder eines Bußgeldverfahrens zuständigen Stellen haben die zuständige Ausländerbehörde unverzüglich über die Einleitung des Strafverfahrens sowie die Erledigung des Straf- oder Bußgeldverfahrens bei der Staatsanwaltschaft, bei Gericht oder bei der für die Verfolgung und Ahndung der Ordnungswidrigkeit zuständigen Verwaltungsbehörde unter Angabe der gesetzlichen Vorschriften zu unterrichten. 2Satz 1 gilt entsprechend für die Einleitung eines Auslieferungsverfahrens gegen einen Ausländer. 3Satz 1 gilt nicht für Verfahren wegen einer Ordnungswidrigkeit, die nur mit einer Geldbuße bis zu eintausend Euro geahndet werden kann, sowie für Verfahren wegen einer Zuwiderhandlung im Sinne des § 24 des Straßenverkehrsgesetzes oder wegen einer fahrlässigen Zuwiderhandlung im Sinne des § 24a des Straßenverkehrsgesetzes. 4Die Zeugenschutzdienststelle unterrichtet die zuständige Ausländerbehörde unverzüglich über Beginn und Ende des Zeugenschutzes für einen Ausländer.

(5) Die nach § 72 Abs. 6 zu beteiligenden Stellen haben den Ausländerbehörden

1. von Amts wegen Umstände mitzuteilen, die einen Widerruf eines nach § 25 Abs. 4a oder 4b erteilten Aufenthaltstitels oder die Verkürzung oder Aufhebung einer nach § 59 Absatz 7 gewährten Ausreisefrist rechtfertigen und
2. von Amts wegen Angaben zur zuständigen Stelle oder zum Übergang der Zuständigkeit mitzuteilen, sofern in einem Strafverfahren eine Beteiligung nach § 72 Abs. 6 erfolgte oder eine Mitteilung nach Nummer 1 gemacht wurde.

(6) Öffentliche Stellen sowie private Träger, die staatlich finanzierte rückkehr- und reintegrationsfördernde Maßnahmen selbst oder im Auftrag der öffentlichen Hand durchführen oder den hierfür erforderlichen Antrag entgegennehmen, haben nach § 86a Absatz 1 erhobene Daten an die zuständige Ausländerbehörde zu übermitteln, soweit dies für die in § 86a genannten Zwecke erforderlich ist.

§ 88 Übermittlungen bei besonderen gesetzlichen Verwendungsregelungen

(1) Eine Übermittlung personenbezogener Daten und sonstiger Angaben nach § 87 unterbleibt, soweit besondere gesetzliche Verwendungsregelungen entgegenstehen.

(2) Personenbezogene Daten, die von einem Arzt oder anderen in § 203 Absatz 1 Nummer 1, 2, 4 bis 7 und Absatz 4 des Strafgesetzbuches genannten Personen einer öffentlichen Stelle zugänglich gemacht worden sind, dürfen von dieser übermittelt werden,

1. wenn dies zur Abwehr von erheblichen Gefahren für Leib und Leben des Ausländers oder von Dritten erforderlich ist, der Ausländer die öffentliche Gesundheit gefährdet und besondere Schutzmaßnahmen zum Ausschluss der Gefährdung nicht möglich sind oder von dem Ausländer nicht eingehalten werden oder
2. soweit die Daten für die Feststellung erforderlich sind, ob die in § 54 Absatz 2 Nummer 4 bezeichneten Voraussetzungen vorliegen.

(3) 1Personenbezogene Daten, die nach § 30 der Abgabenordnung dem Steuergeheimnis unterliegen, dürfen übermittelt werden, wenn der Ausländer gegen eine Vorschrift des Steuerrechts einschließlich des Zollrechts und des Monopolrechts oder des Außenwirtschaftsrechts oder gegen Einfuhr-, Ausfuhr-, Durchfuhr- oder Verbringungsverbote oder -beschränkungen verstoßen hat und wegen dieses Verstoßes ein strafrechtliches Ermittlungsverfahren eingeleitet oder eine Geldbuße von mindestens fünfhundert Euro verhängt worden ist. 2In den Fällen des Satzes 1 dürfen auch die mit der polizeilichen Kontrolle des grenzüberschreitenden Verkehrs beauftragten Behörden unterrichtet werden, wenn ein Ausreiseverbot nach § 46 Abs. 2 erlassen werden soll.

(4) Auf die Übermittlung durch die mit der Ausführung dieses Gesetzes betrauten Behörden und durch nichtöffentliche Stellen finden die Absätze 1 bis 3 entsprechende Anwendung.

§ 88a Verarbeitung von Daten im Zusammenhang mit Integrationsmaßnahmen

(1) 1Bei der Durchführung von Integrationskursen ist eine Übermittlung von teilnehmerbezogenen Daten, insbesondere von Daten der Bestätigung der Teilnahmeberechtigung, der Zulassung zur Teilnahme nach § 44 Absatz 4 sowie der Anmeldung zu und der Teilnahme an einem Integrationskurs, durch die Ausländerbehörde, die Bundesagentur für Arbeit, die Träger der Leistungen nach dem Asylbewerberleistungsgesetz, das Bundesverwaltungsamt und die für die Durchführung der Integrationskurse zugelassenen privaten und öffentlichen Träger an das Bundesamt für Migration und Flüchtlinge zulässig, soweit sie für die Erteilung einer Zulassung oder Berechtigung zum Integrationskurs, die Feststellung der ordnungsgemäßen Teilnahme, die Feststellung der Erfüllung der Teilnahmeverpflichtung nach § 44a Absatz 1 Satz 1, die Bescheinigung der erfolgreichen Teilnahme oder die Abrechnung und Durchführung der Integrationskurse erforderlich ist. 2Die für die Durchführung der Integrationskurse zugelassenen privaten und öffentlichen Träger dürfen die zuständige Ausländerbehörde, die Bundesagentur für Arbeit, den zuständigen Träger der Grundsicherung für Arbeitsuchende oder den zuständigen Träger der Leistungen nach dem Asylbewerberleistungsgesetz über eine nicht ordnungsgemäße Teilnahme eines nach § 44a Absatz 1 Satz 1 zur Teilnahme verpflichteten Ausländers informieren. 3Das Bundesamt für Migration und Flüchtlinge darf die nach Satz 1 übermittelten Daten auf Ersuchen an Ausländerbehörden, die Bundesagentur für Arbeit, Träger der Grundsicherung für Arbeitsuchende oder Träger der Leistungen nach dem Asylbewerberleistungsgesetz und Staatsangehörigkeitsbehörden weitergeben, soweit dies für die Erteilung einer Zulassung oder Berechtigung zum Integrationskurs, zur Kontrolle der Erfüllung der Teilnahmeverpflichtung, für die Verlängerung einer Aufenthaltserlaubnis, für die Erteilung einer Niederlassungserlaubnis oder einer Erlaubnis zum Daueraufenthalt – EU, zur Überwachung der Eingliederungsvereinbarung oder zur Durchführung des Einbürgerungsverfahrens erforderlich ist. 4Darüber hinaus ist eine Verarbeitung und Nutzung von personenbezogenen Daten durch das Bundesamt für Migration und Flüchtlinge nur für die Durchführung und Abrechnung der Integrationskurse sowie für die Durchführung eines wissenschaftlichen Forschungsvorhabens nach § 75 Nummer 4a unter den Voraussetzungen des § 8 Absatz 7 und 8 der Integrationskursverordnung zulässig.

(1a) 1Absatz 1 gilt entsprechend für die Nutzung von Daten aus dem Asylverfahren beim Bundesamt für Migration und Flüchtlinge, soweit die Nutzung für die Entscheidung über die Zulassung zum Integrationskurs erforderlich ist. 2Zur Feststellung der Voraussetzungen des § 44 Absatz 4 Satz 2 im Rahmen der Entscheidung über die Zulassung zum Integrationskurs gilt dies entsprechend auch für die Nutzung von Daten aus dem Ausländerzentralregister.

(2) Bedient sich das Bundesamt für Migration und Flüchtlinge gemäß § 75 Nummer 9 privater oder öffentlicher Träger, um ein migrationsspezifisches Beratungsangebot durchzu-

führen, ist eine Übermittlung von aggregierten Daten über das Beratungsgeschehen von den Trägern an das Bundesamt für Migration und Flüchtlinge zulässig.

(3) 1Bei der Durchführung von Maßnahmen der berufsbezogenen Deutschsprachförderung nach § 45a ist eine Übermittlung teilnehmerbezogener Daten über die Anmeldung, die Dauer der Teilnahme und die Art des Abschlusses der Maßnahme durch die Ausländerbehörde, die Bundesagentur für Arbeit, den Träger der Grundsicherung für Arbeitsuchende, das Bundesverwaltungsamt und die mit der Durchführung der Maßnahmen betrauten privaten und öffentlichen Träger an das Bundesamt für Migration und Flüchtlinge zulässig, soweit dies für die Erteilung einer Zulassung zur Maßnahme, die Feststellung und Bescheinigung der ordnungsgemäßen Teilnahme oder die Durchführung und Abrechnung der Maßnahme erforderlich ist. 2Das Bundesamt für Migration und Flüchtlinge darf die nach Satz 1 übermittelten Daten auf Ersuchen an die Ausländerbehörde, die Bundesagentur für Arbeit, den Träger der Grundsicherung für Arbeitsuchende und die Staatsangehörigkeitsbehörden weitergeben, soweit dies für die Erteilung einer Zulassung oder Berechtigung zur Maßnahme, zur Kontrolle der ordnungsgemäßen Teilnahme, für die Erteilung einer Niederlassungserlaubnis oder einer Erlaubnis zum Daueraufenthalt-EU, zur Überwachung der Eingliederungsvereinbarung oder zur Durchführung des Einbürgerungsverfahrens erforderlich ist. 3Die mit der Durchführung der berufsbezogenen Deutschsprachförderung betrauten privaten und öffentlichen Träger dürfen die zuständige Ausländerbehörde, die Bundesagentur für Arbeit oder den zuständigen Träger der Grundsicherung für Arbeitsuchende über eine nicht ordnungsgemäße Teilnahme informieren.

§ 89 Verfahren bei identitätsüberprüfenden, -feststellenden und -sichernden Maßnahmen

(1) 1Das Bundeskriminalamt leistet Amtshilfe bei der Auswertung der nach § 49 von den mit der Ausführung dieses Gesetzes betrauten Behörden erhobenen und nach § 73 übermittelten Daten. 2Es darf hierfür auch von ihm zur Erfüllung seiner Aufgaben gespeicherte erkennungsdienstliche Daten verwenden. 3Die nach § 49 Abs. 3 bis 5 sowie 8 und 9 erhobenen Daten werden getrennt von anderen erkennungsdienstlichen Daten gespeichert. 4Die Daten nach § 49 Abs. 7 werden bei der aufzeichnenden Behörde gespeichert.

(1a) 1Im Rahmen seiner Amtshilfe nach Absatz 1 Satz 1 darf das Bundeskriminalamt die erkennungsdienstlichen Daten nach Absatz 1 Satz 1 zum Zwecke der Identitätsfeststellung auch an die für die Überprüfung der Identität von Personen zuständigen öffentlichen Stellen von Drittstaaten mit Ausnahme des Herkunftsstaates der betroffenen Person sowie von Drittstaaten, in denen die betroffene Person eine Verfolgung oder einen ernsthaften Schaden zu befürchten hat, übermitteln. 2Die Verantwortung für die Zulässigkeit der Übermittlung trägt das Bundeskriminalamt. 3Das Bundeskriminalamt hat die Übermittlung und ihren Anlass aufzuzeichnen. 4Die empfangende Stelle personenbezogener Daten ist darauf hinzuweisen, dass sie nur zu dem Zweck genutzt werden dürfen, zu dem sie übermittelt worden sind. 5Ferner ist ihr der beim Bundeskriminalamt vorgesehene Löschungszeitpunkt mitzuteilen. 6Die Übermittlung unterbleibt, wenn tatsächliche Anhaltspunkte dafür vorliegen, dass

1. unter Berücksichtigung der Art der Daten und ihrer Erhebung die schutzwürdigen Interessen der betroffenen Person, insbesondere ihr Interesse, Schutz vor Verfolgung zu erhalten, das Allgemeininteresse an der Übermittlung überwiegen oder
2. die Übermittlung der Daten zu den Grundrechten, dem Abkommen vom 28. Juli 1951 über die Rechtsstellung der Flüchtlinge sowie der Konvention zum Schutz der Menschenrechte und Grundfreiheiten in Widerspruch stünde, insbesondere dadurch, dass durch die Nutzung der übermittelten Daten im Empfängerstaat Verletzungen von elementaren

VI

rechtsstaatlichen Grundsätzen oder Menschenrechtsverletzungen drohen.

(2) 1Die Nutzung der nach § 49 Absatz 3 bis 5 oder Absatz 7 bis 9 erhobenen Daten ist auch zulässig zur Feststellung der Identität oder der Zuordnung von Beweismitteln im Rahmen der Strafverfolgung oder zur polizeilichen Gefahrenabwehr. 2Sie dürfen, soweit und solange es erforderlich ist, den für diese Maßnahmen zuständigen Behörden übermittelt oder überlassen werden.

(3) 1Die nach § 49 Abs. 1 erhobenen Daten sind von allen Behörden unmittelbar nach Beendigung der Prüfung der Echtheit des Dokuments oder der Identität des Inhabers zu löschen. 2Die nach § 49 Abs. 3 bis 5, 7, 8 oder 9 erhobenen Daten sind von allen Behörden, die sie speichern, zu löschen, wenn

1. dem Ausländer ein gültiger Pass oder Passersatz ausgestellt und von der Ausländerbehörde ein Aufenthaltstitel erteilt worden ist,
2. seit der letzten Ausreise, der versuchten unerlaubten Einreise oder der Beendigung des unerlaubten Aufenthalts zehn Jahre vergangen sind,
3. in den Fällen des § 49 Abs. 5 Nr. 3 und 4 seit der Zurückweisung oder Zurückschiebung drei Jahre vergangen sind oder
4. im Falle des § 49 Abs. 5 Nr. 5 seit der Beantragung des Visums sowie im Falle des § 49 Abs. 7 seit der Sprachaufzeichnung zehn Jahre vergangen sind.

3Die Löschung ist zu protokollieren.

(4) Absatz 3 gilt nicht, soweit und solange die Daten im Rahmen eines Strafverfahrens oder zur Abwehr einer Gefahr für die öffentliche Sicherheit oder Ordnung benötigt werden.

§ 90 Übermittlungen durch Ausländerbehörden

(1) Ergeben sich im Einzelfall konkrete Anhaltspunkte für

1. eine Beschäftigung oder Tätigkeit von Ausländern ohne erforderlichen Aufenthaltstitel nach § 4,
2. Verstöße gegen die Mitwirkungspflicht nach § 60 Abs. 1 Satz 1 Nr. 2 des Ersten Buches Sozialgesetzbuch gegenüber einer Dienststelle der Bundesagentur für Arbeit, einem Träger der gesetzlichen Kranken-, Pflege-, Unfall- oder Rentenversicherung, einem Träger der Grundsicherung für Arbeitsuchende oder der Sozialhilfe oder Verstöße gegen die Meldepflicht nach § 8a des Asylbewerberleistungsgesetzes,
3. die in § 6 Absatz 4 Nummer 1 bis 4, 7, 12 und 13 des Schwarzarbeitsbekämpfungsgesetzes bezeichneten Verstöße,

unterrichten die mit der Ausführung dieses Gesetzes betrauten Behörden die für die Verfolgung und Ahndung der Verstöße nach den Nummern 1 bis 3 zuständigen Behörden, die Träger der Grundsicherung für Arbeitsuchende oder der Sozialhilfe sowie die nach § 10 des Asylbewerberleistungsgesetzes zuständigen Behörden.

(2) Bei der Verfolgung und Ahndung von Verstößen gegen dieses Gesetz arbeiten die mit der Ausführung dieses Gesetzes betrauten Behörden insbesondere mit den anderen in § 2 Absatz 4 des Schwarzarbeitsbekämpfungsgesetzes genannten Behörden zusammen.

(3) Die mit der Ausführung dieses Gesetzes betrauten Behörden teilen Umstände und Maßnahmen nach diesem Gesetz, deren Kenntnis für Leistungen nach dem Asylbewerberleistungsgesetz erforderlich ist, sowie die ihnen mitgeteilten Erteilungen von Zustimmungen zur Aufnahme einer Beschäftigung an Leistungsberechtigte nach dem Asylbewerberleistungsgesetz und Angaben über das Erlöschen, den Widerruf oder die Rücknahme von erteilten Zustimmungen zur Aufnahme einer Beschäftigung den nach § 10 des Asylbewerberleistungsgesetzes zuständigen Behörden mit.

(4) Die Ausländerbehörden unterrichten die nach § 72 Abs. 6 zu beteiligenden Stellen unverzüglich über

1. die Erteilung oder Versagung eines Aufenthaltstitels nach § 25 Abs. 4a oder 4b,
2. die Festsetzung, Verkürzung oder Aufhebung einer Ausreisefrist nach § 59 Absatz 7 oder

3. den Übergang der Zuständigkeit der Ausländerbehörde auf eine andere Ausländerbehörde; hierzu ist die Ausländerbehörde verpflichtet, die zuständig geworden ist.

(5) Zu den in § 755 der Zivilprozessordnung genannten Zwecken übermittelt die Ausländerbehörde dem Gerichtsvollzieher auf Ersuchen den Aufenthaltsort einer Person.

(6) (weggefallen)

(7) 1Zur Durchführung eines Vollstreckungsverfahrens übermittelt die Ausländerbehörde der Vollstreckungsbehörde auf deren Ersuchen die Angabe über den Aufenthaltsort des Vollstreckungsschuldners. 2Die Angabe über den Aufenthaltsort darf von der Ausländerbehörde nur übermittelt werden, wenn sich die Vollstreckungsbehörde die Angabe nicht durch Abfrage bei der Meldebehörde beschaffen kann und dies in ihrem Ersuchen gegenüber der Ausländerbehörde bestätigt.

§ 90a Mitteilungen der Ausländerbehörden an die Meldebehörden

(1) 1Die Ausländerbehörden unterrichten unverzüglich die zuständigen Meldebehörden, wenn sie Anhaltspunkte dafür haben, dass die im Melderegister zu meldepflichtigen Ausländern gespeicherten Daten unrichtig oder unvollständig sind. 2Sie teilen den Meldebehörden insbesondere mit, wenn ein meldepflichtiger Ausländer

1. sich im Bundesgebiet aufhält, der nicht gemeldet ist,
2. dauerhaft aus dem Bundesgebiet ausgereist ist.

3Die Ausländerbehörde unterrichtet die zuständige Meldebehörde über die Erteilung einer Niederlassungserlaubnis oder einer Erlaubnis zum Daueraufenthalt-EU.

(2) Die Mitteilungen nach Absatz 1 sollen folgende Angaben zum meldepflichtigen Ausländer enthalten:

1. Familienname, Geburtsname und Vornamen,
2. Tag, Ort und Staat der Geburt,
3. Staatsangehörigkeiten,
4. letzte Anschrift im Inland,
5. Datum und Zielstaat der Ausreise sowie
6. zum Zweck der eindeutigen Zuordnung die AZR-Nummer in den Fällen und nach Maßgabe des § 10 Absatz 4 Satz 2 Nummer 4 des AZR-Gesetzes.

§ 90b Datenabgleich zwischen Ausländer- und Meldebehörden

1Die Ausländer- und Meldebehörden übermitteln einander jährlich die in § 90a Abs. 2 genannten Daten zum Zweck der Datenpflege, soweit sie denselben örtlichen Zuständigkeitsbereich haben. 2Die empfangende Behörde gleicht die übermittelten Daten mit den bei ihr gespeicherten Daten ab, ein automatisierter Abgleich ist zulässig. 3Die übermittelten Daten dürfen nur für die Durchführung des Abgleichs sowie die Datenpflege verwendet werden und sind sodann unverzüglich zu löschen; überlassene Datenträger sind unverzüglich zurückzugeben oder zu vernichten.

VI

§ 90c Datenübermittlungen im Visumverfahren über das Auswärtige Amt

(1) 1Die Übermittlung von Daten im Visumverfahren von den Auslandsvertretungen an die im Visumverfahren beteiligten Behörden und von diesen zurück an die Auslandsvertretungen erfolgt automatisiert über eine vom Auswärtigen Amt betriebene technische Vorrichtung zur Unterstützung des Visumverfahrens. 2Die technische Vorrichtung stellt die vollständige, korrekte und fristgerechte Übermittlung der Daten nach Satz 1 sicher. 3Zu diesem Zweck werden die Daten nach Satz 1 in der technischen Vorrichtung gespeichert.

(2) In der technischen Vorrichtung dürfen personenbezogene Daten nur erhoben, verarbeitet oder genutzt werden, soweit dies für den in Absatz 1 Satz 1 und 2 genannten Zweck erforderlich ist.

(3) Die nach Absatz 1 Satz 3 gespeicherten Daten sind unverzüglich zu löschen, wenn die Daten nicht mehr zu dem in Absatz 1 Satz 1 und 2 genannten Zweck benötigt werden, spätestens nach Erteilung oder Versagung des Visums oder Rücknahme des Visumantrags.

§ 91 Speicherung und Löschung personenbezogener Daten

(1) 1Die Daten über die Ausweisung, Zurückschiebung und die Abschiebung sind zehn Jahre nach dem Ablauf der in § 11 Abs. 1 Satz 3 bezeichneten Frist zu löschen. 2Sie sind vor diesem Zeitpunkt zu löschen, soweit sie Erkenntnisse enthalten, die nach anderen gesetzlichen Bestimmungen nicht mehr gegen den Ausländer verwertet werden dürfen.

(2) Mitteilungen nach § 87 Abs. 1, die für eine anstehende ausländerrechtliche Entscheidung unerheblich sind und voraussichtlich auch für eine spätere ausländerrechtliche Entscheidung nicht erheblich werden können, sind unverzüglich zu vernichten.

(3) § 20 Abs. 5 des Bundesdatenschutzgesetzes sowie entsprechende Vorschriften in den Datenschutzgesetzen der Länder finden keine Anwendung.

VI

§ 91a Register zum vorübergehenden Schutz

(1) Das Bundesamt für Migration und Flüchtlinge führt ein Register über die Ausländer nach § 24 Abs. 1, die ein Visum oder eine Aufenthaltserlaubnis beantragt haben, und über deren Familienangehörige im Sinne des Artikels 15 Abs. 1 der Richtlinie 2001/55/EG zum Zweck der Aufenthaltsgewährung, der Verteilung der aufgenommenen Ausländer im Bundesgebiet, der Wohnsitzverlegung aufgenommener Ausländer in andere Mitgliedstaaten der Europäischen Union, der Familienzusammenführung und der Förderung der freiwilligen Rückkehr.

(2) Folgende Daten werden in dem Register gespeichert:

1. zum Ausländer:
   a) die Personalien, mit Ausnahme der früher geführten Namen und der Wohnanschrift im Inland, sowie der letzte Wohnort im Herkunftsland, die Herkunftsregion und freiwillig gemachte Angaben zur Religionszugehörigkeit,
   b) Angaben zum Beruf und zur beruflichen Ausbildung,
   c) das Eingangsdatum seines Antrages auf Erteilung eines Visums oder einer Aufenthaltserlaubnis, die für die Bearbeitung seines Antrages zuständige Stelle und Angaben zur Entscheidung über den Antrag oder den Stand des Verfahrens,
   d) Angaben zum Identitäts- und Reisedokument,
   e) die AZR-Nummer und die Visadatei-Nummer,
   f) Zielland und Zeitpunkt der Ausreise,
2. die Personalien nach Nummer 1 Buchstabe a mit Ausnahme der freiwillig gemachten Angaben zur Religionszugehörigkeit der Familienangehörigen des Ausländers nach Absatz 1,
3. Angaben zu Dokumenten zum Nachweis der Ehe, der Lebenspartnerschaft oder der Verwandtschaft.

(3) Die Ausländerbehörden und die Auslandsvertretungen sind verpflichtet, die in Absatz 2 bezeichneten Daten unverzüglich an die Registerbehörde zu übermitteln, wenn

1. eine Aufenthaltserlaubnis nach § 24 Abs. 1 oder
2. ein Visum zur Inanspruchnahme vorübergehenden Schutzes im Bundesgebiet

beantragt wurden.

(4) Die §§ 8 und 9 des AZR-Gesetzes gelten entsprechend.

(5) Die Daten dürfen auf Ersuchen an die Ausländerbehörden, Auslandsvertretungen und andere Organisationseinheiten des Bundesamtes für Migration und Flüchtlinge einschließlich der dort eingerichteten nationalen Kontaktstelle nach Artikel 27 Abs. 1 der Richtlinie 2001/55/EG zum Zweck der Erfüllung ihrer ausländer- und asylrechtlichen Aufgaben im Zusammenhang mit der Aufenthaltsgewährung, der Verteilung der aufgenommenen Ausländer im Bundesgebiet, der Wohnsitzverlegung aufgenommener Ausländer in andere Mitgliedstaaten der Europäischen Union, der Familienzusammenführung und der Förderung der freiwilligen Rückkehr übermittelt werden.

(6) $_{1}$Die Registerbehörde hat über Datenübermittlungen nach Absatz 5 Aufzeichnungen zu fertigen. $_{2}$§ 13 des AZR-Gesetzes gilt entsprechend.

(7) $_{1}$Die Datenübermittlungen nach den Absätzen 3 und 5 erfolgen schriftlich, elektronisch oder im automatisierten Verfahren. $_{2}$§ 22 Abs. 2 bis 4 des AZR-Gesetzes gilt entsprechend.

(8) $_{1}$Die Daten sind spätestens zwei Jahre nach Beendigung des vorübergehenden Schutzes des Ausländers zu löschen. $_{2}$Für die Auskunft an den Betroffenen und die Sperrung der Daten gelten § 34 Abs. 1 und 2 und § 37 des AZR-Gesetzes entsprechend.

§ 91b Datenübermittlung durch das Bundesamt für Migration und Flüchtlinge als nationale Kontaktstelle

Das Bundesamt für Migration und Flüchtlinge als nationale Kontaktstelle nach Artikel 27 Abs. 1 der Richtlinie 2001/55/EG darf die Daten des Registers nach § 91a zum Zweck der Verlegung des Wohnsitzes aufgenommener Ausländer in andere Mitgliedstaaten der Europäischen Union oder zur Familienzusammenführung an folgende Stellen übermitteln:

1. nationale Kontaktstellen anderer Mitgliedstaaten der Europäischen Union,
2. Organe und Einrichtungen der Europäischen Union,
3. sonstige ausländische oder über- und zwischenstaatliche Stellen, wenn bei diesen Stellen ein angemessenes Datenschutzniveau nach Maßgabe des § 4b Abs. 3 des Bundesdatenschutzgesetzes gewährleistet ist.

§ 91c Innergemeinschaftliche Auskünfte zur Durchführung der Richtlinie 2003/109/EG

(1) $_{1}$Das Bundesamt für Migration und Flüchtlinge unterrichtet als nationale Kontaktstelle im Sinne des Artikels 25 der Richtlinie 2003/109/EG die zuständige Behörde eines anderen Mitgliedstaates der Europäischen Union, in dem der Ausländer die Rechtsstellung eines langfristig Aufenthaltsberechtigten besitzt, über den Inhalt und den Tag einer Entscheidung über die Erteilung oder Verlängerung einer Aufenthaltserlaubnis nach § 38a Abs. 1 oder über die Erteilung einer Erlaubnis zum Daueraufenthalt – EU. $_{2}$Die Behörde, die die Entscheidung getroffen hat, übermittelt dem Bundesamt für Migration und Flüchtlinge unverzüglich die hierfür erforderlichen Angaben. $_{3}$Der nationalen Kontaktstelle können die für Unterrichtungen nach Satz 1 erforderlichen Daten aus dem Ausländerzentralregister unter Nutzung der AZR-Nummer automatisiert übermittelt werden.

(1a) $_{1}$Das Bundesamt für Migration und Flüchtlinge leitet von Amts wegen Auskunftsersuchen der Ausländerbehörden über das Fortbestehen des internationalen Schutzes im Sinne von § 2 Absatz 13 in einem anderen Mitgliedstaat an die zuständigen Stellen des betroffenen Mitgliedstaates der Europäischen Union weiter. $_{2}$Hierzu übermittelt die jeweils zuständige Ausländerbehörde dem Bundesamt für Migration und Flüchtlinge die erforderlichen Angaben. $_{3}$Das Bundesamt für Migration und Flüchtlinge leitet die auf die Anfragen eingehenden Antworten an die jeweils zuständige Ausländerbehörde weiter.

(2) $_{1}$Das Bundesamt für Migration und Flüchtlinge leitet von Amts wegen an die zuständigen Stellen des betroffenen Mitgliedstaates der Europäischen Union Anfragen im Verfahren nach § 51 Absatz 8 unter Angabe der vorgesehenen Maßnahme und der von der Ausländerbehörde mitgeteilten wesentlichen tatsächlichen und rechtlichen Gründe der vorgesehenen Maßnahme weiter. $_{2}$Hierzu übermittelt die Ausländerbehörde dem Bundesamt für Migration und Flüchtlinge die erforderlichen Angaben. $_{3}$Das Bundesamt für Migration und Flüchtlinge leitet an die zuständige Ausländerbehörde die in diesem Zusammenhang eingegangenen Antworten von Stellen anderer Mitgliedstaaten der Europäischen Union weiter.

(3) $_{1}$Das Bundesamt für Migration und Flüchtlinge teilt der zuständigen Behörde eines anderen Mitgliedstaates der Europäi-

schen Union von Amts wegen mit, dass einem Ausländer, der dort die Rechtsstellung eines langfristig Aufenthaltsberechtigten besitzt, die Abschiebung oder Zurückschiebung

1. in den Mitgliedstaat der Europäischen Union, in dem der Ausländer langfristig aufenthaltsberechtigt ist, oder
2. in ein Gebiet außerhalb der Europäischen Union

angedroht oder eine solche Maßnahme durchgeführt wurde oder dass eine entsprechende Abschiebungsanordnung nach § 58a erlassen oder durchgeführt wurde. $_2$In der Mitteilung wird der wesentliche Grund der Aufenthaltsbeendigung angegeben. $_3$Die Auskunft wird erteilt, sobald die deutsche Behörde, die nach § 71 die betreffende Maßnahme anordnet, dem Bundesamt für Migration und Flüchtlinge die beabsichtigte oder durchgeführte Maßnahme mitteilt. $_4$Die in Satz 3 genannten Behörden übermitteln hierzu dem Bundesamt für Migration und Flüchtlinge unverzüglich die erforderlichen Angaben.

(4) $_1$Zur Identifizierung des Ausländers werden bei Mitteilungen nach den Absätzen 1 bis 3 seine Personalien übermittelt. $_2$Sind in den Fällen des Absatzes 3 Familienangehörige ebenfalls betroffen, die mit dem langfristig Aufenthaltsberechtigten in familiärer Lebensgemeinschaft leben, werden auch ihre Personalien übermittelt.

(5) $_1$Das Bundesamt für Migration und Flüchtlinge leitet an die zuständigen Ausländerbehörden Anfragen von Stellen anderer Mitgliedstaaten der Europäischen Union im Zusammenhang mit der nach Artikel 22 Abs. 3 zweiter Unterabsatz der Richtlinie 2003/109/EG vorgesehenen Beteiligung weiter. $_2$Die zuständige Ausländerbehörde teilt dem Bundesamt für Migration und Flüchtlinge folgende ihr bekannte Angaben mit:

1. Personalien des betroffenen langfristig aufenthaltsberechtigten Ausländers,
2. aufenthalts- und asylrechtliche Entscheidungen, die gegen oder für diesen getroffen worden sind,
3. Interessen für oder gegen die Rückführung in das Bundesgebiet oder einen Drittstaat oder
4. sonstige Umstände, von denen anzunehmen ist, dass sie für die aufenthaltsrechtliche Entscheidung des konsultierenden Mitgliedstaates von Bedeutung sein können.

$_3$Anderenfalls teilt sie mit, dass keine sachdienlichen Angaben bekannt sind. $_4$Diese Angaben leitet das Bundesamt für Migration und Flüchtlinge von Amts wegen an die zuständige Stelle des konsultierenden Mitgliedstaates der Europäischen Union weiter.

(5a) Das Bundesamt für Migration und Flüchtlinge gibt den zuständigen Stellen der anderen Mitgliedstaaten der Europäischen Union auf Ersuchen innerhalb eines Monats nach Eingang des Ersuchens Auskunft darüber, ob ein Ausländer in der Bundesrepublik Deutschland weiterhin die Rechtsstellung eines international Schutzberechtigten genießt.

(5b) Enthält die durch einen anderen Mitgliedstaat der Europäischen Union ausgestellte langfristige Aufenthaltsberechtigung – EU eines international Schutzberechtigten den Hinweis, dass dieser Staat dieser Person internationalen Schutz gewährt, und ist die Verantwortung für den internationalen Schutz im Sinne von § 2 Absatz 13 nach Maßgaben der einschlägigen Rechtsvorschriften auf Deutschland übergegangen, bevor dem international Schutzberechtigten eine Erlaubnis zum Daueraufenthalt – EU nach § 9a erteilt wurde, so ersucht das Bundesamt für Migration und Flüchtlinge die zuständige Stelle des anderen Mitgliedstaates, den Hinweis in der langfristigen Aufenthaltsberechtigung – EU entsprechend zu ändern.

(5c) Wird einem in einem anderen Mitgliedstaat der Europäischen Union langfristig Aufenthaltsberechtigten in Deutschland internationaler Schutz im Sinne von § 2 Absatz 13 gewährt, bevor ihm eine Erlaubnis zum Daueraufenthalt – EU nach § 9a erteilt wurde, so ersucht das Bundesamt für Migration und Flüchtlinge die zuständige Stelle des anderen

Mitgliedstaates, in die dort ausgestellte langfristige Aufenthaltsberechtigung – EU den Hinweis aufzunehmen, dass Deutschland dieser Person internationalen Schutz gewährt.

(6) Das Bundesamt für Migration und Flüchtlinge teilt der jeweils zuständigen Ausländerbehörde von Amts wegen den Inhalt von Mitteilungen anderer Mitgliedstaaten der Europäischen Union mit,

1. wonach der andere Mitgliedstaat der Europäischen Union aufenthaltsbeendende Maßnahmen beabsichtigt oder durchführt, die sich gegen einen Ausländer richten, der eine Erlaubnis zum Daueraufenthalt – EU besitzt,
2. wonach ein Ausländer, der eine Erlaubnis zum Daueraufenthalt – EU besitzt, in einem anderen Mitgliedstaat der Europäischen Union langfristig Aufenthaltsberechtigter geworden ist oder ihm in einem anderen Mitgliedstaat der Europäischen Union ein Aufenthaltstitel erteilt oder sein Aufenthaltstitel verlängert wurde.

§ 91d Auskünfte zur Durchführung der Richtlinie (EU) 2016/801

(1) 1Das Bundesamt für Migration und Flüchtlinge nimmt Anträge nach § 18f entgegen und leitet diese Anträge an die zuständige Ausländerbehörde weiter. 2Es teilt dem Antragsteller die zuständige Ausländerbehörde mit.

(2) 1Das Bundesamt für Migration und Flüchtlinge erteilt der zuständigen Behörde eines anderen Mitgliedstaates der Europäischen Union auf Ersuchen die erforderlichen Auskünfte, um den zuständigen Behörden des anderen Mitgliedstaates der Europäischen Union eine Prüfung zu ermöglichen, ob die Voraussetzungen für die Mobilität des Ausländers nach den Artikeln 28 bis 31 der Richtlinie (EU) 2016/801 vorliegen. 2Die Auskünfte umfassen

1. die Personalien des Ausländers und Angaben zum Identitäts- und Reisedokument,
2. Angaben zu seinem gegenwärtigen und früheren Aufenthaltsstatus in Deutschland,
3. Angaben zu abgeschlossenen oder der Ausländerbehörde bekannten strafrechtlichen Ermittlungsverfahren,
4. sonstige den Ausländer betreffende Daten, sofern sie im Ausländerzentralregister gespeichert werden oder die aus der Ausländer- oder Visumakte hervorgehen und der andere Mitgliedstaat der Europäischen Union um ihre Übermittlung ersucht hat.

3Die Ausländerbehörden und die Auslandsvertretungen übermitteln hierzu dem Bundesamt für Migration und Flüchtlinge auf dessen Ersuchen die für die Erteilung der Auskunft erforderlichen Angaben.

(3) 1Die Auslandsvertretungen und die Ausländerbehörden können über das Bundesamt für Migration und Flüchtlinge Ersuchen um Auskunft an zuständige Stellen anderer Mitgliedstaaten der Europäischen Union richten, soweit dies erforderlich ist, um die Voraussetzungen der Mobilität nach den §§ 16c und 18e und der Erteilung einer Aufenthaltserlaubnis nach § 18f oder eines entsprechenden Visums zu prüfen. 2Sie können hierzu

1. die Personalien des Ausländers,
2. Angaben zu seinem Identitäts- und Reisedokument und zu seinem im anderen Mitgliedstaat der Europäischen Union ausgestellten Aufenthaltstitel sowie
3. Angaben zum Gegenstand des Antrags auf Erteilung des Aufenthaltstitels und zum Ort der Antragstellung

übermitteln und aus besonderem Anlass den Inhalt der erwünschten Auskünfte genauer bezeichnen. 3Das Bundesamt für Migration und Flüchtlinge leitet eingegangene Auskünfte an die zuständigen Ausländerbehörden und Auslandsvertretungen weiter. 4Die Daten, die in den Auskünften der zuständigen Stellen anderer Mitgliedstaaten der Europäischen Union übermittelt werden, dürfen die Ausländerbehörden und Auslandsvertretungen zu diesem Zweck nutzen.

(4) 1Das Bundesamt für Migration und Flüchtlinge unterrichtet die zuständige Behörde eines anderen Mitgliedstaates der Europäischen Union, in dem der Ausländer ei-

VI

nen Aufenthaltstitel nach der Richtlinie (EU) 2016/801 besitzt, über den Inhalt und den Tag einer Entscheidung über

1. die Ablehnung der nach § 16c Absatz 1 und § 18e Absatz 1 mitgeteilten Mobilität nach § 19f Absatz 5 sowie
2. die Erteilung einer Aufenthaltserlaubnis nach § 18f.

2Wenn eine Ausländerbehörde die Entscheidung getroffen hat, übermittelt sie dem Bundesamt für Migration und Flüchtlinge unverzüglich die hierfür erforderlichen Angaben. 3Die Ausländerbehörden können der nationalen Kontaktstelle die für die Unterrichtungen nach Satz 1 erforderlichen Daten aus dem Ausländerzentralregister unter Nutzung der AZR-Nummer automatisiert übermitteln.

(5) 1Wird ein Aufenthaltstitel nach § 16b Absatz 1, den §§ 16e, 18d oder 19e widerrufen, zurückgenommen, nicht verlängert oder läuft er nach einer Verkürzung der Frist gemäß § 7 Absatz 2 Satz 2 ab, so unterrichtet das Bundesamt für Migration und Flüchtlinge unverzüglich die zuständigen Behörden des anderen Mitgliedstaates, sofern sich der Ausländer dort im Rahmen des Anwendungsbereichs der Richtlinie (EU) 2016/801 aufhält und dies dem Bundesamt für Migration und Flüchtlinge bekannt ist. 2Die Ausländerbehörde, die die Entscheidung getroffen hat, übermittelt dem Bundesamt für Migration und Flüchtlinge unverzüglich die hierfür erforderlichen Angaben. 3Die Ausländerbehörden können der nationalen Kontaktstelle die für die Unterrichtungen nach Satz 1 erforderlichen Daten aus dem Ausländerzentralregister unter Nutzung der AZR-Nummer automatisiert übermitteln. 4Wird dem Bundesamt für Migration und Flüchtlinge durch die zuständige Behörde eines anderen Mitgliedstaates mitgeteilt, dass ein Aufenthaltstitel eines Ausländers, der sich nach den §§ 16c, 18e oder 18f im Bundesgebiet aufhält, der in den Anwendungsbereich der Richtlinie (EU) 2016/801 fällt, widerrufen, zurückgenommen oder nicht verlängert wurde oder abgelaufen ist, so unterrichtet das Bundesamt für Migration und Flüchtlinge unverzüglich die zuständige Ausländerbehörde.

§ 91e Gemeinsame Vorschriften für das Register zum vorübergehenden Schutz und zu innergemeinschaftlichen Datenübermittlungen

Im Sinne der §§ 91a bis 91g sind

1. Personalien: Namen, insbesondere Familienname, Geburtsname, Vornamen und früher geführte Namen, Geburtsdatum, Geburtsort, Geschlecht, Staatsangehörigkeiten und Wohnanschrift im Inland,
2. Angaben zum Identitäts- und Reisedokument: Art, Nummer, ausgebende Stelle, Ausstellungsdatum und Gültigkeitsdauer.

§ 91f Auskünfte zur Durchführung der Richtlinie 2009/50/EG innerhalb der Europäischen Union

(1) 1Das Bundesamt für Migration und Flüchtlinge unterrichtet als nationale Kontaktstelle im Sinne des Artikels 22 Absatz 1 der Richtlinie 2009/50/EG die zuständige Behörde eines anderen Mitgliedstaates der Europäischen Union, in dem der Ausländer eine Blaue Karte EU besitzt, über den Inhalt und den Tag einer Entscheidung über die Erteilung einer Blauen Karte EU. 2Die Behörde, die die Entscheidung getroffen hat, übermittelt der nationalen Kontaktstelle unverzüglich die hierfür erforderlichen Angaben. 3Der nationalen Kontaktstelle können die für Unterrichtungen nach Satz 1 erforderlichen Daten aus dem Ausländerzentralregister durch die Ausländerbehörden unter Nutzung der AZR-Nummer automatisiert übermittelt werden.

(2) Das Bundesamt für Migration und Flüchtlinge übermittelt den zuständigen Organen der Europäischen Union jährlich

1. die Daten, die nach der Verordnung (EG) Nr. 862/2007 des Europäischen Parlaments und des Rates vom 11. Juli 2007 zu Gemeinschaftsstatistiken über Wanderung und internationalen Schutz und zur Aufhebung der Verordnung (EWG) Nr. 311/76 des Rates über die Erstellung von Statistiken über ausländische Arbeitnehmer (ABl. L 199 vom 31. 7. 2007, S. 23) im Zusammenhang mit der Erteilung von Blauen Karten EU zu übermitteln sind, sowie

2. ein Verzeichnis der Berufe, für die nach § 18b Absatz 2 Satz 2 ein Gehalt nach Artikel 5 Absatz 5 der Richtlinie 2009/50/EG bestimmt wurde.

§ 91g Auskünfte zur Durchführung der Richtlinie 2014/66/EU

(1) 1Das Bundesamt für Migration und Flüchtlinge nimmt Anträge nach § 19b entgegen und leitet diese Anträge an die zuständige Ausländerbehörde weiter. 2Es teilt dem Antragsteller die zuständige Ausländerbehörde mit.

(2) 1Das Bundesamt für Migration und Flüchtlinge erteilt der zuständigen Behörde eines anderen Mitgliedstaates der Europäischen Union auf Ersuchen die erforderlichen Auskünfte, um den zuständigen Behörden des anderen Mitgliedstaates der Europäischen Union eine Prüfung zu ermöglichen, ob die Voraussetzungen für die Mobilität des Ausländers nach der Richtlinie 2014/66/EU vorliegen. 2Die Auskünfte umfassen

1. die Personalien des Ausländers und Angaben zum Identitäts- und Reisedokument,
2. Angaben zu seinem gegenwärtigen und früheren Aufenthaltsstatus in Deutschland,
3. Angaben zu abgeschlossenen oder der Ausländerbehörde bekannten strafrechtlichen Ermittlungsverfahren,
4. sonstige den Ausländer betreffende Daten, sofern sie im Ausländerzentralregister gespeichert werden oder sie aus der Ausländer- oder Visumakte hervorgehen und der andere Mitgliedstaat der Europäischen Union um ihre Übermittlung ersucht hat.

3Die Ausländerbehörden und die Auslandsvertretungen übermitteln hierzu dem Bundesamt für Migration und Flüchtlinge auf dessen Ersuchen die für die Erteilung der Auskunft erforderlichen Angaben.

(3) 1Die Auslandsvertretungen und die Ausländerbehörden können über das Bundesamt für Migration und Flüchtlinge Ersuchen um Auskunft an zuständige Stellen anderer Mitgliedstaaten der Europäischen Union richten, soweit dies erforderlich ist, um die Voraussetzungen der Mobilität nach § 19a oder der Erteilung einer Mobiler-ICT-Karte zu prüfen. 2Sie können hierzu

1. die Personalien des Ausländers,
2. Angaben zu seinem Identitäts- und Reisedokument und zu seinem im anderen Mitgliedstaat der Europäischen Union ausgestellten Aufenthaltstitel sowie
3. Angaben zum Gegenstand des Antrags auf Erteilung des Aufenthaltstitels und zum Ort der Antragstellung

übermitteln und aus besonderem Anlass den Inhalt der erwünschten Auskünfte genauer bezeichnen.

3Das Bundesamt für Migration und Flüchtlinge leitet eingegangene Auskünfte an die zuständigen Ausländerbehörden und Auslandsvertretungen weiter. 4Die Daten, die in den Auskünften der zuständigen Stellen anderer Mitgliedstaaten der Europäischen Union übermittelt werden, dürfen die Ausländerbehörden und Auslandsvertretungen zu diesem Zweck nutzen.

(4) 1Das Bundesamt für Migration und Flüchtlinge unterrichtet die zuständige Behörde eines anderen Mitgliedstaates der Europäischen Union, in dem der Ausländer eine ICT-Karte besitzt, über den Inhalt und den Tag einer Entscheidung über

1. die Ablehnung der nach § 19a Absatz 1 mitgeteilten Mobilität gemäß § 19a Absatz 4 sowie
2. die Erteilung einer Mobiler-ICT-Karte nach § 19b.

2Wird eine ICT-Karte nach § 19 widerrufen, zurückgenommen oder nicht verlängert oder läuft sie nach einer Verkürzung der Frist gemäß § 7 Absatz 2 Satz 2 ab, so unterrichtet das Bundesamt für Migration und Flüchtlinge unverzüglich die Behörde des anderen Mitgliedstaates, in dem der Ausländer von der in der Richtlinie 2014/66/EU vorgesehenen Möglichkeit, einen Teil des unternehmensinternen Transfers in einem anderen Mitgliedstaat der Europäischen Union durchzuführen, Gebrauch gemacht hat, sofern dies der Ausländerbehörde bekannt ist. 3Die Behörde, die die Entscheidung getroffen hat, übermittelt

VI

dem Bundesamt für Migration und Flüchtlinge unverzüglich die hierfür erforderlichen Angaben. 4Die Ausländerbehörden können der nationalen Kontaktstelle die für die Unterrichtungen nach Satz 1 erforderlichen Daten aus dem Ausländerzentralregister unter Nutzung der AZR-Nummer automatisiert übermitteln. 5Wird dem Bundesamt für Migration und Flüchtlinge durch die zuständige Behörde eines anderen Mitgliedstaates mitgeteilt, dass ein Aufenthaltstitel eines Ausländers, der sich nach den §§ 19a oder 19b im Bundesgebiet aufhält, und der in den Anwendungsbereich der Richtlinie (EU) 2014/66 fällt, widerrufen, zurückgenommen oder nicht verlängert wurde oder abgelaufen ist, so unterrichtet das Bundesamt für Migration und Flüchtlinge unverzüglich die zuständige Ausländerbehörde.

(5) Das Bundesamt für Migration und Flüchtlinge übermittelt den zuständigen Organen der Europäischen Union jährlich

VI

1. die Zahl
   a) der erstmals erteilten ICT-Karten,
   b) der erstmals erteilten Mobiler-ICT-Karten und
   c) der Mitteilungen nach § 19a Absatz 1,
2. jeweils die Staatsangehörigkeit des Ausländers und
3. jeweils die Gültigkeitsdauer oder die Dauer des geplanten Aufenthalts.

Kapitel 8 Beauftragte für Migration, Flüchtlinge und Integration

§ 92 Amt der Beauftragten

(1) Die Bundesregierung bestellt eine Beauftragte oder einen Beauftragten für Migration, Flüchtlinge und Integration.

(2) 1Das Amt der Beauftragten wird bei einer obersten Bundesbehörde eingerichtet und kann von einem Mitglied des Deutschen Bundestages bekleidet werden. 2Ohne dass es einer Genehmigung (§ 5 Abs. 2 Satz 2 des Bundesministergesetzes, § 7 des Gesetzes über die Rechtsverhältnisse der Parlamentarischen Staatssekretäre) bedarf, kann die Beauftragte zugleich ein Amt nach dem Gesetz über die Rechtsverhältnisse der Parlamentarischen Staatssekretäre innehaben. 3Die Amtsführung der Beauftragten bleibt in diesem Falle von der Rechtsstellung nach dem Gesetz über die Rechtsverhältnisse der Parlamentarischen Staatssekretäre unberührt.

(3) 1Die für die Erfüllung der Aufgaben notwendige Personal- und Sachausstattung ist zur Verfügung zu stellen. 2Der Ansatz ist im Einzelplan der obersten Bundesbehörde nach Absatz 2 Satz 1 in einem eigenen Kapitel auszuweisen.

(4) Das Amt endet, außer im Falle der Entlassung, mit dem Zusammentreten eines neuen Bundestages.

§ 93 Aufgaben

Die Beauftragte hat die Aufgaben,

1. die Integration der dauerhaft im Bundesgebiet ansässigen Migranten zu fördern und insbesondere die Bundesregierung bei der Weiterentwicklung ihrer Integrationspolitik auch im Hinblick auf arbeitsmarkt- und sozialpolitische Aspekte zu unterstützen sowie für die Weiterentwicklung der Integrationspolitik auch im europäischen Rahmen Anregungen zu geben;
2. die Voraussetzungen für ein möglichst spannungsfreies Zusammenleben zwischen Ausländern und Deutschen sowie unterschiedlichen Gruppen von Ausländern weiterzuentwickeln, Verständnis füreinander zu fördern und Fremdenfeindlichkeit entgegenzuwirken;
3. nicht gerechtfertigten Ungleichbehandlungen, soweit sie Ausländer betreffen, entgegenzuwirken;
4. den Belangen der im Bundesgebiet befindlichen Ausländer zu einer angemessenen Berücksichtigung zu verhelfen;
5. über die gesetzlichen Möglichkeiten der Einbürgerung zu informieren;
6. auf die Wahrung der Freizügigkeitsrechte der im Bundesgebiet lebenden Unions-

bürger zu achten und zu deren weiterer Ausgestaltung Vorschläge zu machen;
7. Initiativen zur Integration der dauerhaft im Bundesgebiet ansässigen Migranten auch bei den Ländern und kommunalen Gebietskörperschaften sowie bei den gesellschaftlichen Gruppen anzuregen und zu unterstützen;
8. die Zuwanderung ins Bundesgebiet und in die Europäische Union sowie die Entwicklung der Zuwanderung in anderen Staaten zu beobachten;
9. in den Aufgabenbereichen der Nummern 1 bis 8 mit den Stellen der Gemeinden, der Länder, anderer Mitgliedstaaten der Europäischen Union und der Europäischen Union selbst, die gleiche oder ähnliche Aufgaben haben wie die Beauftragte, zusammenzuarbeiten;
10. die Öffentlichkeit zu den in den Nummern 1 bis 9 genannten Aufgabenbereichen zu informieren.

§ 94 Amtsbefugnisse

(1) 1Die Beauftragte wird bei Rechtsetzungsvorhaben der Bundesregierung oder einzelner Bundesministerien sowie bei sonstigen Angelegenheiten, die ihren Aufgabenbereich betreffen, möglichst frühzeitig beteiligt. 2Sie kann der Bundesregierung Vorschläge machen und Stellungnahmen zuleiten. 3Die Bundesministerien unterstützen die Beauftragte bei der Erfüllung ihrer Aufgaben.

(2) Die Beauftragte für Migration, Flüchtlinge und Integration erstattet dem Deutschen Bundestag mindestens alle zwei Jahre einen Bericht.

(3) 1Liegen der Beauftragten hinreichende Anhaltspunkte vor, dass öffentliche Stellen des Bundes Verstöße im Sinne des § 93 Nr. 3 begehen oder sonst die gesetzlichen Rechte von Ausländern nicht wahren, so kann sie eine Stellungnahme anfordern. 2Sie kann diese Stellungnahme mit einer eigenen Bewertung versehen und der öffentlichen und deren vorgesetzter Stelle zuleiten. 3Die öffentlichen Stellen des Bundes sind verpflichtet, Auskunft zu erteilen und Fragen zu beantworten. 4Personenbezogene Daten übermitteln die öffentlichen Stellen nur, wenn sich der Betroffene selbst mit der Bitte, in seiner Sache gegenüber der öffentlichen Stelle tätig zu werden, an die Beauftragte gewandt hat oder die Einwilligung des Ausländers anderweitig nachgewiesen ist.

Kapitel 9
Straf- und Bußgeldvorschriften

§ 95 Strafvorschriften

(1) Mit Freiheitsstrafe bis zu einem Jahr oder mit Geldstrafe wird bestraft, wer

1. entgegen § 3 Abs. 1 in Verbindung mit § 48 Abs. 2 sich im Bundesgebiet aufhält,
2. ohne erforderlichen Aufenthaltstitel nach § 4 Absatz 1 Satz 1 sich im Bundesgebiet aufhält, wenn
   a) er vollziehbar ausreisepflichtig ist,
   b) ihm eine Ausreisefrist nicht gewährt wurde oder diese abgelaufen ist und
   c) dessen Abschiebung nicht ausgesetzt ist,
3. entgegen § 14 Abs. 1 Nr. 1 oder 2 in das Bundesgebiet einreist,
4. einer vollziehbaren Anordnung nach § 46 Abs. 2 Satz 1 oder 2 oder § 47 Abs. 1 Satz 2 oder Abs. 2 zuwiderhandelt,
5. entgegen § 49 Abs. 2 eine Angabe nicht, nicht richtig oder nicht vollständig macht, sofern die Tat nicht in Absatz 2 Nr. 2 mit Strafe bedroht ist,
6. entgegen § 49 Abs. 10 eine dort genannte Maßnahme nicht duldet,
6a. entgegen § 56 wiederholt einer Meldepflicht nicht nachkommt, wiederholt gegen räumliche Beschränkungen des Aufenthalts oder sonstige Auflagen verstößt oder trotz wiederholten Hinweises auf die rechtlichen Folgen einer Weigerung der Verpflichtung zur Wohnsitznahme nicht nachkommt oder entgegen § 56 Abs. 4 bestimmte Kommunikationsmittel nutzt oder bestimmte Kontaktverbote nicht beachtet,

VI

7. wiederholt einer räumlichen Beschränkung nach § 61 Abs. 1 oder Absatz 1c zuwiderhandelt oder
8. im Bundesgebiet einer überwiegend aus Ausländern bestehenden Vereinigung oder Gruppe angehört, deren Bestehen, Zielsetzung oder Tätigkeit vor den Behörden geheim gehalten wird, um ihr Verbot abzuwenden.

(1a) Ebenso wird bestraft, wer vorsätzlich eine in § 404 Abs. 2 Nr. 4 des Dritten Buches Sozialgesetzbuch oder in § 98 Abs. 3 Nr. 1 bezeichnete Handlung begeht, für den Aufenthalt im Bundesgebiet nach § 4 Abs. 1 Satz 1 eines Aufenthaltstitels bedarf und als Aufenthaltstitel nur ein Schengen-Visum nach § 6 Abs. 1 Nummer 1 besitzt.

(2) Mit Freiheitsstrafe bis zu drei Jahren oder mit Geldstrafe wird bestraft, wer

1. entgegen § 11 Absatz 1 oder in Zuwiderhandlung einer vollziehbaren Anordnung nach § 11 Absatz 6 Satz 1 oder Absatz 7 Satz 1
   a) in das Bundesgebiet einreist oder
   b) sich darin aufhält,

1a. einer vollstreckbaren gerichtlichen Anordnung nach § 56a Absatz 1 zuwiderhandelt und dadurch die kontinuierliche Feststellung seines Aufenthaltsortes durch eine in § 56a Absatz 3 genannte zuständige Stelle verhindert oder

2. unrichtige oder unvollständige Angaben macht oder benutzt, um für sich oder einen anderen einen Aufenthaltstitel oder eine Duldung zu beschaffen oder das Erlöschen oder die nachträgliche Beschränkung des Aufenthaltstitels oder der Duldung abzuwenden oder eine so beschaffte Urkunde wissentlich zur Täuschung im Rechtsverkehr gebraucht.

(3) In den Fällen des Absatzes 1 Nr. 3 und der Absätze 1a und 2 Nr. 1 Buchstabe a ist der Versuch strafbar.

(4) Gegenstände, die sich auf eine Straftat nach Absatz 2 Nr. 2 bezieht, können eingezogen werden.

(5) Artikel 31 Abs. 1 des Abkommens über die Rechtsstellung der Flüchtlinge bleibt unberührt.

(6) In den Fällen des Absatzes 1 Nr. 2 und 3 steht einem Handeln ohne erforderlichen Aufenthaltstitel ein Handeln auf Grund eines durch Drohung, Bestechung oder Kollusion erwirkten oder durch unrichtige oder unvollständige Angaben erschlichenen Aufenthaltstitels gleich.

(7) In Fällen des Absatzes 2 Nummer 1a wird die Tat nur auf Antrag einer dort genannten zuständigen Stelle verfolgt.

§ 96 Einschleusen von Ausländern

(1) Mit Freiheitsstrafe von drei Monaten bis zu fünf Jahren, in minder schweren Fällen mit Freiheitsstrafe bis zu fünf Jahren oder mit Geldstrafe wird bestraft, wer einen anderen anstiftet oder ihm dazu Hilfe leistet, eine Handlung

1. nach § 95 Abs. 1 Nr. 3 oder Abs. 2 Nr. 1 Buchstabe a zu begehen und
   a) dafür einen Vorteil erhält oder sich versprechen lässt oder
   b) wiederholt oder zugunsten von mehreren Ausländern handelt oder
2. nach § 95 Abs. 1 Nr. 1 oder Nr. 2, Abs. 1a oder Abs. 2 Nr. 1 Buchstabe b oder Nr. 2 zu begehen und dafür einen Vermögensvorteil erhält oder sich versprechen lässt.

(2) 1Mit Freiheitsstrafe von sechs Monaten bis zu zehn Jahren wird bestraft, wer in den Fällen des Absatzes 1

1. gewerbsmäßig handelt,
2. als Mitglied einer Bande, die sich zur fortgesetzten Begehung solcher Taten verbunden hat, handelt,
3. eine Schusswaffe bei sich führt, wenn sich die Tat auf eine Handlung nach § 95 Abs. 1 Nr. 3 oder Abs. 2 Nr. 1 Buchstabe a bezieht,
4. eine andere Waffe bei sich führt, um diese bei der Tat zu verwenden, wenn sich die Tat auf eine Handlung nach § 95 Abs. 1 Nr. 3 oder Abs. 2 Nr. 1 Buchstabe a bezieht, oder
5. den Geschleusten einer das Leben gefährdenden, unmenschlichen oder erniedrigenden Behandlung oder der Gefahr einer schweren Gesundheitsschädigung aussetzt.

VI

2Ebenso wird bestraft, wer in den Fällen des Absatzes 1 Nummer 1 Buchstabe a zugunsten eines minderjährigen ledigen Ausländers handelt, der ohne Begleitung einer personensorgeberechtigten Person oder einer dritten Person, die die Fürsorge oder Obhut für ihn übernommen hat, in das Bundesgebiet einreist.

(3) Der Versuch ist strafbar.

(4) Absatz 1 Nr. 1 Buchstabe a, Nr. 2, Absatz 2 Satz 1 Nummer 1, 2 und 5 und Absatz 3 sind auf Zuwiderhandlungen gegen Rechtsvorschriften über die Einreise und den Aufenthalt von Ausländern in das Hoheitsgebiet der Mitgliedstaaten der Europäischen Union oder eines Schengen-Staates anzuwenden, wenn

1. sie den in § 95 Abs. 1 Nr. 2 oder 3 oder Abs. 2 Nr. 1 bezeichneten Handlungen entsprechen und
2. der Täter einen Ausländer unterstützt, der nicht die Staatsangehörigkeit eines Mitgliedstaates der Europäischen Union oder eines anderen Vertragsstaates des Abkommens über den Europäischen Wirtschaftsraum besitzt.

(5) § 74a des Strafgesetzbuchs ist anzuwenden.

§ 97 Einschleusen mit Todesfolge; gewerbs- und bandenmäßiges Einschleusen

(1) Mit Freiheitsstrafe nicht unter drei Jahren wird bestraft, wer in den Fällen des § 96 Abs. 1, auch in Verbindung mit § 96 Abs. 4, den Tod des Geschleusten verursacht.

(2) Mit Freiheitsstrafe von einem Jahr bis zu zehn Jahren wird bestraft, wer in den Fällen des § 96 Abs. 1, auch in Verbindung mit § 96 Abs. 4, als Mitglied einer Bande, die sich zur fortgesetzten Begehung solcher Taten verbunden hat, gewerbsmäßig handelt.

(3) In minder schweren Fällen des Absatzes 1 ist die Strafe Freiheitsstrafe von einem Jahr bis zu zehn Jahren, in minder schweren Fällen des Absatzes 2 Freiheitsstrafe von sechs Monaten bis zu zehn Jahren.

(4) Die § 74a des Strafgesetzbuchs sind anzuwenden.

§ 97a Geheimhaltungspflichten

1Informationen zum konkreten Ablauf einer Abschiebung, insbesondere Informationen nach § 59 Absatz 1 Satz 8 sind Geheimnisse oder Nachrichten nach § 353b Absatz 1 oder Absatz 2 des Strafgesetzbuches. 2Gleiches gilt für Informationen zum konkreten Ablauf, insbesondere zum Zeitpunkt von Anordnungen nach § 82 Absatz 4 Satz 1.

§ 98 Bußgeldvorschriften

(1) Ordnungswidrig handelt, wer eine in § 95 Abs. 1 Nr. 1 oder 2 oder Abs. 2 Nr. 1 Buchstabe b bezeichnete Handlung fahrlässig begeht.

(2) Ordnungswidrig handelt, wer

1. entgegen § 4 Absatz 2 Satz 1 einen Nachweis nicht führt,
2. entgegen § 13 Abs. 1 Satz 2 sich der polizeilichen Kontrolle des grenzüberschreitenden Verkehrs nicht unterzieht,

2a. entgegen § 47a Satz 1, auch in Verbindung mit Satz 2, oder entgegen § 47a Satz 3, ein dort genanntes Dokument nicht oder nicht rechtzeitig vorlegt oder einen Abgleich mit dem Lichtbild nicht oder nicht rechtzeitig ermöglicht,

3. entgegen § 48 Abs. 1 oder 3 Satz 1 eine dort genannte Urkunde oder Unterlage oder einen dort genannten Datenträger nicht oder nicht rechtzeitig vorlegt, nicht oder nicht rechtzeitig aushändigt oder nicht oder nicht rechtzeitig überlässt,
4. einer vollziehbaren Anordnung nach § 44a Abs. 1 Satz 1 Nr. 3, Satz 2 oder 3 zuwiderhandelt oder
5. entgegen § 82 Absatz 6 Satz 1 eine Mitteilung nicht oder nicht rechtzeitig macht.

(2a) Ordnungswidrig handelt, wer vorsätzlich oder leichtfertig

1. entgegen § 4a Absatz 5 Satz 1 einen Ausländer mit einer nachhaltigen entgeltlichen Dienst- oder Werkleistung beauftragt, die der Ausländer auf Gewinnerzielung gerichtet ausübt,
2. entgegen § 4a Absatz 5 Satz 3 Nummer 3 oder § 19a Absatz 1 Satz 2 oder 3 eine

VI

Mitteilung nicht, nicht richtig oder nicht rechtzeitig macht,

3. entgegen § 19b Absatz 7 eine Anzeige nicht, nicht richtig, nicht vollständig oder nicht rechtzeitig erstattet oder
4. entgegen § 60c Absatz 5 Satz 1 oder § 60d Absatz 3 Satz 3 und 4 eine Mitteilung nicht, nicht richtig, nicht vollständig, nicht in vorgeschriebener Weise oder nicht rechtzeitig macht.

(3) Ordnungswidrig handelt, wer vorsätzlich oder fahrlässig

1. entgegen § 4a Absatz 4 eine selbständige Tätigkeit ausübt,
2. einer vollziehbaren Auflage nach § 12 Abs. 2 Satz 2 oder Abs. 4 zuwiderhandelt,

2a. entgegen § 12a Absatz 1 Satz 1 den Wohnsitz nicht oder nicht für die vorgeschriebene Dauer in dem Land nimmt, in dem er zu wohnen verpflichtet ist,

2b. einer vollziehbaren Anordnung nach § 12a Absatz 2, 3 oder 4 Satz 1 oder § 61 Absatz 1c zuwiderhandelt,

3. entgegen § 13 Abs. 1 außerhalb einer zugelassenen Grenzübergangsstelle oder außerhalb der festgesetzten Verkehrsstunden einreist oder ausreist oder einen Pass oder Passersatz nicht mitführt,
4. einer vollziehbaren Anordnung nach § 46 Abs. 1, § 56 Absatz 1 Satz 2 oder Abs. 3 oder § 61 Absatz 1e zuwiderhandelt,
5. entgegen § 56 Absatz 1 Satz 1 eine Meldung nicht, nicht richtig oder nicht rechtzeitig macht,

5a. einer räumlichen Beschränkung nach § 56 Absatz 2 oder § 61 Absatz 1 Satz 1 zuwiderhandelt,

5b. entgegen § 60b Absatz 1 Satz 2 nicht alle zumutbaren Handlungen vornimmt, um einen anerkannten und gültigen Pass oder Passersatz zu erlangen,

6. entgegen § 80 Abs. 4 einen der dort genannten Anträge nicht stellt oder
7. einer Rechtsverordnung nach § 99 Absatz 1 Nummer 3a Buchstabe d, Nummer 7, 10 oder 13a Satz 1 Buchstabe j zuwiderhandelt, soweit sie für einen bestimmten Tatbestand auf diese Bußgeldvorschrift verweist.

(4) In den Fällen des Absatzes 2 Nr. 2 und des Absatzes 3 Nr. 3 kann der Versuch der Ordnungswidrigkeit geahndet werden.

(5) Die Ordnungswidrigkeit kann in den Fällen des Absatzes 2a Nummer 1 mit einer Geldbuße bis zu fünfhunderttausend Euro, in den Fällen des Absatzes 2a Nummer 2, 3 und 4 mit einer Geldbuße bis zu dreißigtausend Euro, in den Fällen des Absatzes 2 Nr. 2 und des Absatzes 3 Nr. 1 und 5b mit einer Geldbuße bis zu fünftausend Euro, in den Fällen der Absätze 1 und 2 Nr. 1, 2a und 3 und des Absatzes 3 Nr. 3 mit einer Geldbuße bis zu dreitausend Euro und in den übrigen Fällen mit einer Geldbuße bis zu tausend Euro geahndet werden.

(6) Artikel 31 Abs. 1 des Abkommens über die Rechtsstellung der Flüchtlinge bleibt unberührt.

Kapitel 9a Rechtsfolgen bei illegaler Beschäftigung

§ 98a Vergütung

(1) 1Der Arbeitgeber ist verpflichtet, dem Ausländer, den er ohne die nach § 284 Absatz 1 des Dritten Buches Sozialgesetzbuch erforderliche Genehmigung oder ohne die nach § 4a Absatz 5 erforderliche Berechtigung zur Erwerbstätigkeit beschäftigt hat, die vereinbarte Vergütung zu zahlen. 2Für die Vergütung wird vermutet, dass der Arbeitgeber den Ausländer drei Monate beschäftigt hat.

(2) Als vereinbarte Vergütung ist die übliche Vergütung anzusehen, es sei denn, der Arbeitgeber hat mit dem Ausländer zulässigerweise eine geringere oder eine höhere Vergütung vereinbart.

(3) Ein Unternehmer, der einen anderen Unternehmer mit der Erbringung von Werk- oder Dienstleistungen beauftragt, haftet für die Erfüllung der Verpflichtung dieses Unternehmers nach Absatz 1 wie ein Bürge, der auf die Einrede der Vorausklage verzichtet hat.

(4) Für den Generalunternehmer und alle zwischengeschalteten Unternehmer ohne unmittelbare vertragliche Beziehung zu dem Arbeitgeber gilt Absatz 3 entsprechend, es sei denn, dem Generalunternehmer oder dem zwischengeschalteten Unternehmer war nicht bekannt, dass der Arbeitgeber Ausländer ohne die nach § 284 Absatz 1 des Dritten Buches Sozialgesetzbuch erforderliche Genehmigung oder ohne die nach § 4a Absatz 5 erforderliche Berechtigung zur Erwerbstätigkeit beschäftigt hat.

(5) Die Haftung nach den Absätzen 3 und 4 entfällt, wenn der Unternehmer nachweist, dass er auf Grund sorgfältiger Prüfung davon ausgehen konnte, dass der Arbeitgeber keine Ausländer ohne die nach § 284 Absatz 1 des Dritten Buches Sozialgesetzbuch erforderliche Genehmigung oder ohne die nach § 4a Absatz 5 erforderliche Berechtigung zur Erwerbstätigkeit beschäftigt hat.

(6) Ein Ausländer, der im Geltungsbereich dieses Gesetzes ohne die nach § 284 Absatz 1 des Dritten Buches Sozialgesetzbuch erforderliche Genehmigung oder ohne die nach § 4a Absatz 5 erforderliche Berechtigung zur Erwerbstätigkeit beschäftigt worden ist, kann Klage auf Erfüllung der Zahlungsverpflichtungen nach Absatz 3 und 4 auch vor einem deutschen Gericht für Arbeitssachen erheben.

(7) Die Vorschriften des Arbeitnehmer-Entsendegesetzes bleiben unberührt.

§ 98b Ausschluss von Subventionen

(1) $_1$Die zuständige Behörde kann Anträge auf Subventionen im Sinne des § 264 des Strafgesetzbuches ganz oder teilweise ablehnen, wenn der Antragsteller oder dessen nach Satzung oder Gesetz Vertretungsberechtigter

1. nach § 404 Absatz 2 Nummer 3 des Dritten Buches Sozialgesetzbuch mit einer Geldbuße von wenigstens Zweitausendfünfhundert Euro rechtskräftig belegt worden ist oder
2. nach den §§ 10, 10a oder 11 des Schwarzarbeitsbekämpfungsgesetzes zu einer Freiheitsstrafe von mehr als drei Monaten oder einer Geldstrafe von mehr als 90 Tagessätzen rechtskräftig verurteilt worden ist.

$_2$Ablehnungen nach Satz 1 können je nach Schwere des der Geldbuße oder der Freiheits- oder der Geldstrafe zugrunde liegenden Verstoßes in einem Zeitraum von bis zu fünf Jahren ab Rechtskraft der Geldbuße, der Freiheits- oder der Geldstrafe erfolgen.

(2) Absatz 1 gilt nicht, wenn

1. auf die beantragte Subvention ein Rechtsanspruch besteht,
2. der Antragsteller eine natürliche Person ist und die Beschäftigung, durch die der Verstoß nach Absatz 1 Satz 1 begangen wurde, seinen privaten Zwecken diente, oder
3. der Verstoß nach Absatz 1 Satz 1 darin bestand, dass ein Unionsbürger rechtswidrig beschäftigt wurde.

§ 98c Ausschluss von der Vergabe öffentlicher Aufträge

(1) $_1$Öffentliche Auftraggeber nach § 99 des Gesetzes gegen Wettbewerbsbeschränkungen können einen Bewerber oder einen Bieter vom Wettbewerb um einen Liefer-, Bau- oder Dienstleistungsauftrag ausschließen, wenn dieser oder dessen nach Satzung oder Gesetz Vertretungsberechtigter

1. nach § 404 Absatz 2 Nummer 3 des Dritten Buches Sozialgesetzbuch mit einer Geldbuße von wenigstens Zweitausendfünfhundert Euro rechtskräftig belegt worden ist oder
2. nach den §§ 10, 10a oder 11 des Schwarzarbeitsbekämpfungsgesetzes zu einer Freiheitsstrafe von mehr als drei Monaten oder einer Geldstrafe von mehr als 90 Tagessätzen rechtskräftig verurteilt worden ist.

$_2$Ausschlüsse nach Satz 1 können bis zur nachgewiesenen Wiederherstellung der Zuverlässigkeit, je nach Schwere des der Geldbuße, der Freiheits- oder der Geldstrafe zugrunde liegenden Verstoßes in einem Zeitraum von bis zu fünf Jahren ab Rechtskraft der Geldbuße, der Freiheits- oder der Geldstrafe erfolgen.

(2) Absatz 1 gilt nicht, wenn der Verstoß nach Absatz 1 Satz 1 darin bestand, dass ein Unionsbürger rechtswidrig beschäftigt wurde.

(3) Macht ein öffentlicher Auftraggeber von der Möglichkeit nach Absatz 1 Gebrauch, gilt § 21 Absatz 2 bis 5 des Arbeitnehmer-Entsendegesetzes entsprechend.

Kapitel 10 Verordnungsermächtigungen; Übergangs- und Schlussvorschriften

§ 99 Verordnungsermächtigung

(1) Das Bundesministerium des Innern wird ermächtigt, durch Rechtsverordnung mit Zustimmung des Bundesrates

1. zur Erleichterung des Aufenthalts von Ausländern Befreiungen vom Erfordernis des Aufenthaltstitels vorzusehen, das Verfahren für die Erteilung von Befreiungen und die Fortgeltung und weitere Erteilung von Aufenthaltstiteln nach diesem Gesetz bei Eintritt eines Befreiungsgrundes zu regeln sowie zur Steuerung der Erwerbstätigkeit von Ausländern im Bundesgebiet Befreiungen einzuschränken,
2. zu bestimmen, dass der Aufenthaltstitel vor der Einreise bei der Ausländerbehörde oder nach der Einreise eingeholt werden kann,
3. zu bestimmen, in welchen Fällen die Erteilung eines Visums der Zustimmung der Ausländerbehörde bedarf, um die Mitwirkung anderer beteiligter Behörden zu sichern,

3a. Näheres zum Verfahren zur Erteilung von Aufenthaltstiteln an Forscher nach § 20 zu bestimmen, insbesondere
   a) die Voraussetzungen und das Verfahren sowie die Dauer der Anerkennung von Forschungseinrichtungen, die Aufhebung der Anerkennung einer Forschungseinrichtung und die Voraussetzungen und den Inhalt des Abschlusses von Aufnahmevereinbarungen nach § 20 Abs. 1 Nr. 1 zu regeln,
   b) vorzusehen, dass die für die Anerkennung zuständige Behörde die Anschriften der anerkannten Forschungseinrichtungen veröffentlicht und in den Veröffentlichungen auf Erklärungen nach § 20 Abs. 3 hinweist,
   c) Ausländerbehörden und Auslandsvertretungen zu verpflichten, der für die Anerkennung zuständigen Behörde Erkenntnisse über anerkannte Forschungseinrichtungen mitzuteilen, die die Aufhebung der Anerkennung begründen können,
   d) anerkannte Forschungseinrichtungen zu verpflichten, den Wegfall von Voraussetzungen für die Anerkennung, den Wegfall von Voraussetzungen für Aufnahmevereinbarungen, die abgeschlossen worden sind, oder die Änderung sonstiger bedeutsamer Umstände mitzuteilen,
   e) beim Bundesamt für Migration und Flüchtlinge einen Beirat für Forschungsmigration einzurichten, der es bei der Anerkennung von Forschungseinrichtungen unterstützt und die Anwendung des § 20 beobachtet und bewertet,
   f) den Zeitpunkt des Beginns der Bearbeitung von Anträgen auf Anerkennung von Forschungseinrichtungen,

3b. selbständige Tätigkeiten zu bestimmen, für deren Ausübung stets oder unter bestimmten Voraussetzungen keine Erlaubnis nach § 4 Abs. 3 Satz 1 erforderlich ist,

4. Ausländer, die im Zusammenhang mit der Hilfeleistung in Rettungs- und Katastrophenfällen einreisen, von der Passpflicht zu befreien,
5. andere amtliche deutsche Ausweise als Passersatz einzuführen oder zuzulassen,
6. amtliche Ausweise, die nicht von deutschen Behörden ausgestellt worden

sind, allgemein als Passersatz zuzulassen,

7. zu bestimmen, dass zur Wahrung von Interessen der Bundesrepublik Deutschland Ausländer, die vom Erfordernis des Aufenthaltstitels befreit sind und Ausländer, die mit einem Visum einreisen, bei oder nach der Einreise der Ausländerbehörde oder einer sonstigen Behörde den Aufenthalt anzuzeigen haben,
8. zur Ermöglichung oder Erleichterung des Reiseverkehrs zu bestimmen, dass Ausländern die bereits bestehende Berechtigung zur Rückkehr in das Bundesgebiet in einem Passersatz bescheinigt werden kann,
9. zu bestimmen, unter welchen Voraussetzungen ein Ausweisersatz ausgestellt werden kann und wie lange er gültig ist,
10. die ausweisrechtlichen Pflichten von Ausländern, die sich im Bundesgebiet aufhalten, zu regeln hinsichtlich der Ausstellung und Verlängerung, des Verlustes und des Wiederauffindens sowie der Vorlage und der Abgabe eines Passes, Passersatzes und Ausweisersatzes sowie der Eintragungen über die Einreise, die Ausreise, das Antreffen im Bundesgebiet und über Entscheidungen der zuständigen Behörden in solchen Papieren,
11. Näheres zum Register nach § 91a sowie zu den Voraussetzungen und dem Verfahren der Datenübermittlung zu bestimmen,
12. zu bestimmen, wie der Wohnsitz von Ausländern, denen vorübergehend Schutz gemäß § 24 Abs. 1 gewährt worden ist, in einen anderen Mitgliedstaat der Europäischen Union verlegt werden kann,
13. Näheres über die Anforderungen an Lichtbilder und Fingerabdrücke sowie für die Muster und Ausstellungsmodalitäten für die bei der Ausführung dieses Gesetzes zu verwendenden Vordrucke sowie die Aufnahme und die Einbringung von Merkmalen in verschlüsselter Form nach § 78a Absatz 4 und 5 festzulegen,

13a. Regelungen für Reiseausweise für Ausländer, Reiseausweise für Flüchtlinge und Reiseausweise für Staatenlose mit elektronischem Speicher- und Verarbeitungsmedium nach Maßgabe der Verordnung (EG) Nr. 2252/2004 des Rates vom 13. Dezember 2004 über Normen für Sicherheitsmerkmale und biometrische Daten in von den Mitgliedstaaten ausgestellten Pässen und Reisedokumenten (ABl. L 385 vom 29. 12. 2004, S. 1) und der Verordnung (EG) Nr. 444/2009 des Europäischen Parlaments und des Rates vom 28. Mai 2009 zur Änderung der Verordnung (EG) Nr. 2252/2004 des Rates über Normen für Sicherheitsmerkmale und biometrische Daten in von den Mitgliedstaaten ausgestellten Pässen und Reisedokumenten (ABl. L 142 vom 6. 6. 2009, S. 1) zu treffen sowie Näheres über die Ausfertigung von Dokumenten mit elektronischem Speicher- und Verarbeitungsmedium nach § 78 nach Maßgabe der Verordnung (EG) Nr. 1030/2002 des Rates vom 13. Juni 2002 zur einheitlichen Gestaltung des Aufenthaltstitels für Drittstaatenangehörige (ABl. L 157 vom 15. 6. 2002, S. 1) sowie der Verordnung (EG) Nr. 380/2008 des Rates vom 18. April 2008 zur Änderung der Verordnung (EG) Nr. 1030/2002 zur einheitlichen Gestaltung des Aufenthaltstitels für Drittstaatenangehörige (ABl. L 115 vom 29. 4. 2008, S. 1) zu bestimmen und insoweit für Reiseausweise und Dokumente nach § 78 Folgendes festzulegen:
    a) das Verfahren und die technischen Anforderungen für die Erfassung und Qualitätssicherung des Lichtbildes und der Fingerabdrücke sowie den Zugriffsschutz auf die im elektronischen Speicher- und Verarbeitungsmedium abgelegten Daten,

VI

b) Altersgrenzen für die Erhebung von Fingerabdrücken und Befreiungen von der Pflicht zur Abgabe von Fingerabdrücken und Lichtbildern,

c) die Reihenfolge der zu speichernden Fingerabdrücke bei Fehlen eines Zeigefingers, ungenügender Qualität des Fingerabdrucks oder Verletzungen der Fingerkuppe,

d) die Form des Verfahrens und die Einzelheiten über das Verfahren der Übermittlung sämtlicher Antragsdaten von den Ausländerbehörden an den Hersteller der Dokumente sowie zur vorübergehenden Speicherung der Antragsdaten bei der Ausländerbehörde und beim Hersteller,

e) die Speicherung der Fingerabdrücke und des Lichtbildes in der Ausländerbehörde bis zur Aushändigung des Dokuments,

f) das Einsichtsrecht des Dokumenteninhabers in die im elektronischen Speichermedium gespeicherten Daten,

g) die Anforderungen an die zur elektronischen Erfassung des Lichtbildes und der Fingerabdrücke, deren Qualitätssicherung sowie zur Übermittlung der Antragsdaten von der Ausländerbehörde an den Hersteller der Dokumente einzusetzenden technischen Systeme und Bestandteile sowie das Verfahren zur Überprüfung der Einhaltung dieser Anforderungen,

h) Näheres zur Verarbeitung der Fingerabdruckdaten und des digitalen Lichtbildes,

i) Näheres zur Seriennummer und zur maschinenlesbaren Personaldatenseite,

j) die Pflichten von Ausländern, die sich im Bundesgebiet aufhalten, hinsichtlich der Ausstellung, Neubeantragung und Verlängerung, des Verlustes und Wiederauffindens sowie der Vorlage und Abgabe von Dokumenten nach § 78.

Das Bundesministerium des Innern wird ferner ermächtigt, durch Rechtsverordnung mit Zustimmung des Bundesrates Einzelheiten des Prüfverfahrens entsprechend § 34 Nummer 4 des Personalausweisgesetzes und Einzelheiten zum elektronischen Identitätsnachweis entsprechend § 34 Nummer 5 bis 7 des Personalausweisgesetzes festzulegen,

14. zu bestimmen, dass die
 a) Meldebehörden,
 b) Staatsangehörigkeits- und Bescheinigungsbehörden nach § 15 des Bundesvertriebenengesetzes,
 c) Pass- und Personalausweisbehörden,
 d) Sozial- und Jugendämter,
 e) Justiz-, Polizei- und Ordnungsbehörden,
 f) Bundesagentur für Arbeit,
 g) Finanz- und Hauptzollämter,
 h) Gewerbebehörden,
 i) Auslandsvertretungen und
 j) Träger der Grundsicherung für Arbeitsuchende

 ohne Ersuchen den Ausländerbehörden personenbezogene Daten zu Ausländern, Amtshandlungen und sonstige Maßnahmen gegenüber Ausländern sowie sonstige Erkenntnisse über Ausländer mitzuteilen haben, soweit diese Angaben zur Erfüllung der Aufgaben der Ausländerbehörden nach diesem Gesetz und nach ausländerrechtlichen Bestimmungen in anderen Gesetzen erforderlich sind; die Rechtsverordnung bestimmt Art und Umfang der Daten, die Maßnahmen und die sonstigen Erkenntnisse, die mitzuteilen sind; Datenübermittlungen dürfen nur insoweit vorgesehen werden, als die Daten zur Erfüllung der Aufgaben der Ausländerbehörden nach diesem Gesetz oder nach ausländerrechtlichen Bestimmungen in anderen Gesetzen erforderlich sind.

15. Regelungen über die fachbezogene elektronische Datenübermittlung zwischen den mit der Ausführung dieses Gesetzes beauftragten Behörden zu treffen, die sich auf Folgendes beziehen:
    a) die technischen Grundsätze des Aufbaus der verwendeten Standards,
    b) das Verfahren der Datenübermittlung und
    c) die an der elektronischen Datenübermittlung im Ausländerwesen beteiligten Behörden,
16. Regelungen für die Qualitätssicherung der nach § 49 Absatz 6, 8 und 9 erhobenen Lichtbilder und Fingerabdruckdaten festzulegen.

(2) 1Das Bundesministerium des Innern wird ferner ermächtigt, durch Rechtsverordnung mit Zustimmung des Bundesrates zu bestimmen, dass

1. jede Ausländerbehörde eine Datei über Ausländer führt, die sich in ihrem Bezirk aufhalten oder aufgehalten haben, die bei ihr einen Antrag gestellt oder Einreise und Aufenthalt angezeigt haben und für und gegen die sie eine ausländerrechtliche Maßnahme oder Entscheidung getroffen hat,
2. jede Auslandsvertretung eine Datei über beantragte, erteilte, versagte, zurückgenommene, annullierte, widerrufene und aufgehobene Visa sowie zurückgenommene Visumanträge führen darf und die Auslandsvertretungen die jeweils dort gespeicherten Daten untereinander austauschen dürfen sowie
3. die mit der Ausführung dieses Gesetzes betrauten Behörden eine sonstige zur Erfüllung ihrer Aufgaben erforderliche Datei führen.

2Nach Satz 1 Nr. 1 werden erfasst die Personalien einschließlich der Staatsangehörigkeit und der Anschrift des Ausländers, Angaben zum Pass, über ausländerrechtliche Maßnahmen und über die Erfassung im Ausländerzentralregister sowie über frühere Anschriften des Ausländers, die zuständige Ausländerbehörde und die Abgabe von Akten an eine andere Ausländerbehörde. 3Erfasst werden ferner Angaben zur Nutzung eines Dokuments nach § 78 Absatz 1 zum elektronischen Identitätsnachweis einschließlich dessen Ein- und Ausschaltung sowie Sperrung und Entsperrung. 4Die Befugnis der Ausländerbehörden, weitere personenbezogene Daten zu speichern, richtet sich nach den datenschutzrechtlichen Bestimmungen der Länder.

(3) Das Bundesministerium des Innern wird ermächtigt, durch Rechtsverordnung im Einvernehmen mit dem Auswärtigen Amt ohne Zustimmung des Bundesrates die zuständige Stelle im Sinne des § 73 Absatz 1 und des § 73a Absatz 1 zu bestimmen.

(3a) Das Bundesministerium des Innern wird ermächtigt, durch Rechtsverordnung im Einvernehmen mit dem Auswärtigen Amt ohne Zustimmung des Bundesrates nach Maßgabe von Artikel 3 Absatz 2 der Verordnung (EG) Nr. 810/2009 die Staaten festzulegen, deren Staatsangehörige zur Durchreise durch die internationalen Transitzonen deutscher Flughäfen im Besitz eines Visums für den Flughafentransit sein müssen.

(4) 1Das Bundesministerium des Innern kann Rechtsverordnungen nach Absatz 1 Nr. 1 und 2, soweit es zur Erfüllung einer zwischenstaatlichen Vereinbarung oder zur Wahrung öffentlicher Interessen erforderlich ist, ohne Zustimmung des Bundesrates erlassen und ändern. 2Eine Rechtsverordnung nach Satz 1 tritt spätestens drei Monate nach ihrem Inkrafttreten außer Kraft. 3Ihre Geltungsdauer kann durch Rechtsverordnung mit Zustimmung des Bundesrates verlängert werden.

(5) Das Bundesministerium des Innern, für Bau und Heimat wird ferner ermächtigt, durch Rechtsverordnung zum beschleunigten Fachkräfteverfahren nach § 81a

1. mit Zustimmung des Bundesrates Näheres zum Verfahren bei den Ausländerbehörden sowie
2. im Einvernehmen mit dem Auswärtigen Amt ohne Zustimmung des Bundesrates

VI

Näheres zum Verfahren bei den Auslandsvertretungen

zu bestimmen.

(6) Die Bundesregierung wird ermächtigt, durch Rechtsverordnung mit Zustimmung des Bundesrates Staaten zu bestimmen, an deren Staatsangehörige bestimmte oder sämtliche Aufenthaltstitel nach Kapitel 2 Abschnitt 3 und 4 nicht erteilt werden, wenn bei diesen Staatsangehörigen ein erheblicher Anstieg der Zahl der als offensichtlich unbegründet abgelehnten Asylanträge im Zusammenhang mit einem Aufenthalt nach Kapitel 2 Abschnitt 3 oder 4 zu verzeichnen ist.

§ 100 Sprachliche Anpassung

$_1$Das Bundesministerium des Innern kann durch Rechtsverordnung ohne Zustimmung des Bundesrates die in diesem Gesetz verwendeten Personenbezeichnungen, soweit dies ohne Änderung des Regelungsinhalts möglich und sprachlich sachgerecht ist, durch geschlechtsneutrale oder durch maskuline und feminine Personenbezeichnungen ersetzen und die dadurch veranlassten sprachlichen Anpassungen vornehmen. $_2$Das Bundesministerium des Innern kann nach Erlass einer Verordnung nach Satz 1 den Wortlaut dieses Gesetzes im Bundesgesetzblatt bekannt machen.

§ 101 Fortgeltung bisheriger Aufenthaltsrechte

(1) $_1$Eine vor dem 1. Januar 2005 erteilte Aufenthaltsberechtigung oder unbefristete Aufenthaltserlaubnis gilt fort als Niederlassungserlaubnis entsprechend dem ihrer Erteilung zu Grunde liegenden Aufenthaltszweck und Sachverhalt. $_2$Eine unbefristete Aufenthaltserlaubnis, die nach § 1 Abs. 3 des Gesetzes über Maßnahmen für im Rahmen humanitärer Hilfsaktionen aufgenommene Flüchtlinge vom 22. Juli 1980 (BGBl. I S. 1057) oder in entsprechender Anwendung des vorgenannten Gesetzes erteilt worden ist, und eine anschließend erteilte Aufenthaltsberechtigung gelten fort als Niederlassungserlaubnis nach § 23 Abs. 2.

(2) Die übrigen Aufenthaltsgenehmigungen gelten fort als Aufenthaltserlaubnisse entsprechend dem ihrer Erteilung zu Grunde liegenden Aufenthaltszweck und Sachverhalt.

(3) Ein Aufenthaltstitel, der vor dem 28. August 2007 mit dem Vermerk „Daueraufenthalt-EG" versehen wurde, gilt als Erlaubnis zum Daueraufenthalt-EU fort.

(4) Ein Aufenthaltstitel nach Kapitel 2 Abschnitt 3 und 4, der vor dem 1. März 2020 erteilt wurde, gilt mit den verfügten Nebenbestimmungen entsprechend dem der Erteilung zu Grunde liegenden Aufenthaltszweck und Sachverhalt im Rahmen seiner Gültigkeitsdauer fort.

§ 102 Fortgeltung ausländerrechtlicher Maßnahmen und Anrechnung

(1) $_1$Die vor dem 1. Januar 2005 getroffenen sonstigen ausländerrechtlichen Maßnahmen, insbesondere zeitliche und räumliche Beschränkungen, Bedingungen und Auflagen, Verbote und Beschränkungen der politischen Betätigung sowie Ausweisungen, Abschiebungsandrohungen, Aussetzungen der Abschiebung und Abschiebungen einschließlich ihrer Rechtsfolgen und der Befristung ihrer Wirkungen sowie begünstigende Maßnahmen, die Anerkennung von Pässen und Passersatzpapieren und Befreiungen von der Passpflicht, Entscheidungen über Kosten und Gebühren, bleiben wirksam. $_2$Ebenso bleiben die Maßnahmen und Vereinbarungen im Zusammenhang mit Sicherheitsleistungen wirksam, auch wenn sie sich ganz oder teilweise auf Zeiträume nach Inkrafttreten dieses Gesetzes beziehen. $_3$Entsprechendes gilt für die kraft Gesetzes eingetretenen Wirkungen der Antragstellung nach § 69 des Ausländergesetzes.

(2) Auf die Frist für die Erteilung einer Niederlassungserlaubnis nach § 26 Abs. 4 wird die Zeit des Besitzes einer Aufenthaltsbefugnis oder einer Duldung vor dem 1. Januar 2005 angerechnet.

§ 103 Anwendung bisherigen Rechts

$_1$Für Personen, die vor dem Inkrafttreten dieses Gesetzes gemäß § 1 des Gesetzes über

Maßnahmen für im Rahmen humanitärer Hilfsaktionen aufgenommene Flüchtlinge vom 22. Juli 1980 (BGBl. I S. 1057) die Rechtsstellung nach den Artikeln 2 bis 34 des Abkommens über die Rechtsstellung der Flüchtlinge genießen, finden die §§ 2a und 2b des Gesetzes über Maßnahmen für im Rahmen humanitärer Hilfsaktionen aufgenommene Flüchtlinge in der bis zum 1. Januar 2005 geltenden Fassung weiter Anwendung. 2In diesen Fällen gilt § 52 Abs. 1 Satz 1 Nr. 4 entsprechend.

§ 104 Übergangsregelungen

(1) 1Über vor dem 1. Januar 2005 gestellte Anträge auf Erteilung einer unbefristeten Aufenthaltserlaubnis oder einer Aufenthaltsberechtigung ist nach dem bis zu diesem Zeitpunkt geltenden Recht zu entscheiden. 2§ 101 Abs. 1 gilt entsprechend.

(2) 1Bei Ausländern, die vor dem 1. Januar 2005 im Besitz einer Aufenthaltserlaubnis oder Aufenthaltsbefugnis sind, ist es bei der Entscheidung über die Erteilung einer Niederlassungserlaubnis oder einer Erlaubnis zum Daueraufenthalt – EU hinsichtlich der sprachlichen Kenntnisse nur erforderlich, dass sie sich auf einfache Art in deutscher Sprache mündlich verständigen können. 2§ 9 Abs. 2 Satz 1 Nr. 3 und 8 findet keine Anwendung.

(3) Bei Ausländern, die sich vor dem 1. Januar 2005 rechtmäßig in Deutschland aufhalten, gilt hinsichtlich der vor diesem Zeitpunkt geborenen Kinder für den Nachzug § 20 des Ausländergesetzes in der zuletzt gültigen Fassung, es sei denn, das Aufenthaltsgesetz gewährt eine günstigere Rechtsstellung.

(4) (weggefallen)

(5) Auch für Ausländer, die bis zum Ablauf des 31. Juli 2015 im Rahmen des Programms zur dauerhaften Neuansiedlung von Schutzsuchenden einen Aufenthaltstitel nach § 23 Absatz 2 erhalten haben, sind die Regelungen über den Familiennachzug, das Bleibeinteresse, die Teilnahme an Integrationskursen und die Aufenthaltsverfestigung auf Grund des § 23 Absatz 4 entsprechend anzuwenden.

(6) 1§ 23 Abs. 2 in der bis zum 24. Mai 2007 geltenden Fassung findet in den Fällen weiter Anwendung, in denen die Anordnung der obersten Landesbehörde, die auf Grund der bis zum 24. Mai 2007 geltenden Fassung getroffen wurde, eine Erteilung einer Niederlassungserlaubnis bei besonders gelagerten politischen Interessen der Bundesrepublik Deutschland vorsieht. 2§ 23 Abs. 2 Satz 5 und § 44 Abs. 1 Nr. 2 sind auf die betroffenen Ausländer und die Familienangehörigen, die mit ihnen ihren Wohnsitz in das Bundesgebiet verlegen, entsprechend anzuwenden.

(7) Eine Niederlassungserlaubnis kann auch Ehegatten, Lebenspartnern und minderjährigen ledigen Kindern eines Ausländers erteilt werden, die vor dem 1. Januar 2005 im Besitz einer Aufenthaltsbefugnis nach § 31 Abs. 1 des Ausländergesetzes oder einer Aufenthaltserlaubnis nach § 35 Abs. 2 des Ausländergesetzes waren, wenn die Voraussetzungen des § 26 Abs. 4 erfüllt sind und sie weiterhin die Voraussetzungen erfüllen, wonach eine Aufenthaltsbefugnis nach § 31 des Ausländergesetzes oder eine Aufenthaltserlaubnis nach § 35 Abs. 2 des Ausländergesetzes erteilt werden durfte.

(8) § 28 Absatz 2 in der bis zum 5. September 2013 geltenden Fassung findet weiter Anwendung auf Familienangehörige eines Deutschen, die am 5. September 2013 bereits einen Aufenthaltstitel nach § 28 Absatz 1 innehatten.

(9) 1Ausländer, die eine Aufenthaltserlaubnis nach § 25 Absatz 3 besitzen, weil das Bundesamt oder die Ausländerbehörde festgestellt hat, dass Abschiebungsverbote nach § 60 Absatz 2, 3 oder 7 Satz 2 in der vor dem 1. Dezember 2013 gültigen Fassung vorliegen, gelten als subsidiär Schutzberechtigte im Sinne des § 4 Absatz 1 des Asylgesetzes und erhalten von Amts wegen eine Aufenthaltserlaubnis nach § 25 Absatz 2 Satz 1 zweite Alternative, es sei denn, das Bundesamt hat die Ausländerbehörde über das Vorliegen von Ausschlusstatbeständen im Sinne des § 25 Absatz 3 Satz 2 Buchstabe a bis d in der vor dem 1. Dezember 2013 gültigen Fassung unterrichtet. 2Die Zeiten des Besitzes

VI

der Aufenthaltserlaubnis nach § 25 Absatz 3 Satz 1 in der vor dem 1. Dezember 2013 gültigen Fassung stehen Zeiten des Besitzes einer Aufenthaltserlaubnis nach § 25 Absatz 2 Satz 1 zweite Alternative gleich. 3§ 73b des Asylgesetzes gilt entsprechend.

(10) Für Betroffene nach § 73b Absatz 1, die als nicht entsandte Mitarbeiter des Auswärtigen Amts in einer Auslandsvertretung tätig sind, findet § 73b Absatz 4 ab dem 1. Februar 2016 Anwendung.

(11) Für Ausländer, denen zwischen dem 1. Januar 2011 und dem 31. Juli 2015 subsidiärer Schutz nach der Richtlinie 2011/95/EU oder der Richtlinie 2004/38/EG unanfechtbar zuerkannt wurde, beginnt die Frist nach § 29 Absatz 2 Satz 2 Nummer 1 mit Inkrafttreten dieses Gesetzes zu laufen.

(12) Im Falle einer Abschiebungsandrohung nach den §§ 34 und 35 des Asylgesetzes oder einer Abschiebungsanordnung nach § 34a des Asylgesetzes, die bereits vor dem 1. August 2015 erlassen oder angeordnet worden ist, sind die Ausländerbehörden für die Anordnung eines Einreise- und Aufenthaltsverbots nach § 11 zuständig.

VI

(13) 1Die Vorschriften von Kapitel 2 Abschnitt 6 in der bis zum 31. Juli 2018 geltenden Fassung finden weiter Anwendung auf den Familiennachzug zu Ausländern, denen bis zum 17. März 2016 eine Aufenthaltserlaubnis nach § 25 Absatz 2 Satz 1 zweite Alternative erteilt worden ist, wenn der Antrag auf erstmalige Erteilung eines Aufenthaltstitels zum Zwecke des Familiennachzugs zu dem Ausländer bis zum 31. Juli 2018 gestellt worden ist. 2§ 27 Absatz 3a findet Anwendung.

(14) (weggefallen)

(15) Wurde eine Duldung nach § 60a Absatz 2 Satz 4 in der bis zum 31. Dezember 2019 geltenden Fassung erteilt, gilt § 19d Absatz 1 Nummer 4 und 5 nicht, wenn zum Zeitpunkt der Antragstellung auf eine Aufenthaltserlaubnis nach § 19d Absatz 1a der Ausländer die erforderlichen und ihm zumutbaren Maßnahmen für die Identitätsklärung ergriffen hat.

(16) Für Beschäftigungen, die Inhabern einer Duldung bis zum 31. Dezember 2019 erlaubt wurden, gilt § 60a Absatz 6 in der bis zu diesem Tag geltenden Fassung fort.

(17) Für Duldungen nach § 60a Absatz 2 Satz 3 in Verbindung mit § 60c gilt § 60c Absatz 1 Satz 1 Nummer 2 in Bezug auf den Besitz einer Duldung und Absatz 2 Nummer 2 nicht, wenn die Einreise in das Bundesgebiet bis zum 31. Dezember 2016 erfolgt ist und die Berufsausbildung vor dem 2. Oktober 2020 begonnen wird.

§ 104a Altfallregelung

(1) 1Einem geduldeten Ausländer soll abweichend von § 5 Abs. 1 Nr. 1 und Abs. 2 eine Aufenthaltserlaubnis erteilt werden, wenn er sich am 1. Juli 2007 seit mindestens acht Jahren oder, falls er zusammen mit einem oder mehreren minderjährigen ledigen Kindern in häuslicher Gemeinschaft lebt, seit mindestens sechs Jahren ununterbrochen geduldet, gestattet oder mit einer Aufenthaltserlaubnis aus humanitären Gründen im Bundesgebiet aufgehalten hat und er

1. über ausreichenden Wohnraum verfügt,
2. über hinreichende mündliche Deutschkenntnisse im Sinne des Niveaus A2 des Gemeinsamen Europäischen Referenzrahmens für Sprachen verfügt,
3. bei Kindern im schulpflichtigen Alter den tatsächlichen Schulbesuch nachweist,
4. die Ausländerbehörde nicht vorsätzlich über aufenthaltsrechtlich relevante Umstände getäuscht oder behördliche Maßnahmen zur Aufenthaltsbeendigung nicht vorsätzlich hinausgezögert oder behindert hat,
5. keine Bezüge zu extremistischen oder terroristischen Organisationen hat und diese auch nicht unterstützt und
6. nicht wegen einer im Bundesgebiet begangenen vorsätzlichen Straftat verurteilt wurde, wobei Geldstrafen von insgesamt bis zu 50 Tagessätzen oder bis zu 90 Tagessätzen wegen Straftaten, die nach dem Aufenthaltsgesetz oder dem Asylgesetz nur von Ausländern begangen werden

können, grundsätzlich außer Betracht bleiben.

2Wenn der Ausländer seinen Lebensunterhalt eigenständig durch Erwerbstätigkeit sichert, wird die Aufenthaltserlaubnis nach § 23 Abs. 1 Satz 1 erteilt. 3Im Übrigen wird sie nach Satz 1 erteilt; sie gilt als Aufenthaltstitel nach Kapitel 2 Abschnitt 5; die §§ 9 und 26 Abs. 4 finden keine Anwendung. 4Von der Voraussetzung des Satzes 1 Nr. 2 kann bis zum 1. Juli 2008 abgesehen werden. 5Von der Voraussetzung des Satzes 1 Nr. 2 wird abgesehen, wenn der Ausländer sie wegen einer körperlichen, geistigen oder seelischen Krankheit oder Behinderung oder aus Altersgründen nicht erfüllen kann.

(2) 1Dem geduldeten volljährigen ledigen Kind eines geduldeten Ausländers, der sich am 1. Juli 2007 seit mindestens acht Jahren oder, falls er zusammen mit einem oder mehreren minderjährigen ledigen Kindern in häuslicher Gemeinschaft lebt, seit mindestens sechs Jahren ununterbrochen geduldet, gestattet oder mit einer Aufenthaltserlaubnis aus humanitären Gründen im Bundesgebiet aufgehalten hat, kann eine Aufenthaltserlaubnis nach § 23 Abs. 1 Satz 1 erteilt werden, wenn es bei der Einreise minderjährig war und gewährleistet erscheint, dass es sich auf Grund seiner bisherigen Ausbildung und Lebensverhältnisse in die Lebensverhältnisse der Bundesrepublik Deutschland einfügen kann. 2Das Gleiche gilt für einen Ausländer, der sich als unbegleiteter Minderjähriger seit mindestens sechs Jahren ununterbrochen geduldet, gestattet oder mit einer Aufenthaltserlaubnis aus humanitären Gründen im Bundesgebiet aufgehalten hat und bei dem gewährleistet erscheint, dass er sich auf Grund seiner bisherigen Ausbildung und Lebensverhältnisse in die Lebensverhältnisse der Bundesrepublik Deutschland einfügen kann.

(3) 1Hat ein in häuslicher Gemeinschaft lebendes Familienmitglied Straftaten im Sinne des Absatzes 1 Satz 1 Nr. 6 begangen, führt dies zur Versagung der Aufenthaltserlaubnis nach dieser Vorschrift für andere Familienmitglieder. 2Satz 1 gilt nicht für den Ehegatten eines Ausländers, der Straftaten im Sinne des Absatzes 1 Satz 1 Nr. 6 begangen hat, wenn der Ehegatte die Voraussetzungen des Absatzes 1 im Übrigen erfüllt und es zur Vermeidung einer besonderen Härte erforderlich ist, ihm den weiteren Aufenthalt zu ermöglichen. 3Sofern im Ausnahmefall Kinder von ihren Eltern getrennt werden, muss ihre Betreuung in Deutschland sichergestellt sein.

(4) 1Die Aufenthaltserlaubnis kann unter der Bedingung erteilt werden, dass der Ausländer an einem Integrationsgespräch teilnimmt oder eine Integrationsvereinbarung abgeschlossen wird.

(5) 1Die Aufenthaltserlaubnis wird mit einer Gültigkeit bis zum 31. Dezember 2009 erteilt. 2Sie soll um weitere zwei Jahre als Aufenthaltserlaubnis nach § 23 Abs. 1 Satz 1 verlängert werden, wenn der Lebensunterhalt des Ausländers bis zum 31. Dezember 2009 überwiegend eigenständig durch Erwerbstätigkeit gesichert war oder wenn der Ausländer mindestens seit dem 1. April 2009 seinen Lebensunterhalt nicht nur vorübergehend eigenständig sichert. 3Für die Zukunft müssen in beiden Fällen Tatsachen die Annahme rechtfertigen, dass der Lebensunterhalt überwiegend gesichert sein wird. 4Im Fall des Absatzes 1 Satz 4 wird die Aufenthaltserlaubnis zunächst mit einer Gültigkeit bis zum 1. Juli 2008 erteilt und nur verlängert, wenn der Ausländer spätestens bis dahin nachweist, dass er die Voraussetzung des Absatzes 1 Satz 1 Nr. 2 erfüllt. 5§ 81 Abs. 4 findet keine Anwendung.

(6) 1Bei der Verlängerung der Aufenthaltserlaubnis kann zur Vermeidung von Härtefällen von Absatz 5 abgewichen werden. 2Dies gilt bei

1. Auszubildenden in anerkannten Lehrberufen oder in staatlich geförderten Berufsvorbereitungsmaßnahmen,
2. Familien mit Kindern, die nur vorübergehend auf ergänzende Sozialleistungen angewiesen sind,
3. Alleinerziehenden mit Kindern, die vorübergehend auf Sozialleistungen angewiesen sind, und denen eine Arbeitsaufnahme nach § 10 Abs. 1 Nr. 3 des Zweiten

Buches Sozialgesetzbuch nicht zumutbar ist,

4. erwerbsunfähigen Personen, deren Lebensunterhalt einschließlich einer erforderlichen Betreuung und Pflege in sonstiger Weise ohne Leistungen der öffentlichen Hand dauerhaft gesichert ist, es sei denn, die Leistungen beruhen auf Beitragszahlungen,
5. Personen, die am 31. Dezember 2009 das 65. Lebensjahr vollendet haben, wenn sie in ihrem Herkunftsland keine Familie, dafür aber im Bundesgebiet Angehörige (Kinder oder Enkel) mit dauerhaftem Aufenthalt bzw. deutscher Staatsangehörigkeit haben und soweit sichergestellt ist, dass für diesen Personenkreis keine Sozialleistungen in Anspruch genommen werden.

(7) $_1$Die Länder dürfen anordnen, dass aus Gründen der Sicherheit der Bundesrepublik Deutschland eine Aufenthaltserlaubnis nach den Absätzen 1 und 2 Staatsangehörigen bestimmter Staaten zu versagen ist. $_2$Zur Wahrung der Bundeseinheitlichkeit bedarf die Anordnung des Einvernehmens mit dem Bundesministerium des Innern.

VI

§ 104b Aufenthaltsrecht für integrierte Kinder von geduldeten Ausländern

Einem minderjährigen ledigen Kind kann im Fall der Ausreise seiner Eltern oder des allein personensorgeberechtigten Elternteils, denen oder dem eine Aufenthaltserlaubnis nicht nach § 104a erteilt oder verlängert wird, abweichend von § 5 Abs. 1 Nr. 1, Abs. 2 und § 10 Abs. 3 Satz 1 eine eigenständige Aufenthaltserlaubnis nach § 23 Abs. 1 Satz 1 erteilt werden, wenn

1. es am 1. Juli 2007 das 14. Lebensjahr vollendet hat,
2. es sich seit mindestens sechs Jahren rechtmäßig oder geduldet in Deutschland aufhält,
3. es die deutsche Sprache beherrscht,
4. es sich auf Grund seiner bisherigen Schulausbildung und Lebensführung in die Lebensverhältnisse der Bundesrepublik Deutschland eingefügt hat und gewährleistet ist, dass es sich auch in Zukunft in die Lebensverhältnisse der Bundesrepublik Deutschland einfügen wird und
5. seine Personensorge sichergestellt ist.

§ 105 Übergangsregelung zur Duldung für Personen mit ungeklärter Identität

(1) Die Ausländerbehörde entscheidet bei geduldeten Ausländern über die Ausstellung einer Bescheinigung über die Duldung nach § 60a Absatz 4 mit dem Zusatz „für Personen mit ungeklärter Identität" frühestens aus Anlass der Prüfung einer Verlängerung der Duldung oder der Erteilung der Duldung aus einem anderen Grund.

(2) Auf geduldete Ausländer findet § 60b bis zum 1. Juli 2020 keine Anwendung, wenn sie sich in einem Ausbildungs- oder Beschäftigungsverhältnis befinden.

(3) Ist ein Ausländer Inhaber einer Ausbildungsduldung oder einer Beschäftigungsduldung oder hat er diese beantragt und erfüllt er die Voraussetzungen für ihre Erteilung, findet § 60b keine Anwendung.

§ 105a Bestimmungen zum Verwaltungsverfahren

Von den in § 4 Absatz 2 Satz 2, § 15a Abs. 4 Satz 2 und 3, § 23 Abs. 1 Satz 3, § 23a Abs. 1 Satz 1, Abs. 2 Satz 2, § 43 Abs. 4, § 44a Abs. 1 Satz 2, Abs. 3 Satz 1, § 61 Absatz 1d, § 72 Absatz 2, § 73 Abs. 2, Abs. 3 Satz 1 und 2, den §§ 78, 78a, § 79 Abs. 2, § 81 Abs. 5, § 82 Abs. 1 Satz 3, Abs. 3, § 87 Absatz 1, 2 Satz 1 und 2, Absatz 4 Satz 1, 2 und 4 und Abs. 5, § 89 Abs. 1 Satz 2 und 3, Abs. 3 und 4, §§ 90, 90a, 90b, 91 Abs. 1 und 2, § 91a Abs. 3, 4 und 7, § 91c Abs. 1 Satz 2, Abs. 2 Satz 2, Abs. 3 Satz 4 und Abs. 4 Satz 2, §§ 99 Absatz 1 bis 4 und § 104a Abs. 7 Satz 2 getroffenen Regelungen und von den auf Grund von § 43 Abs. 4 und § 99 Absatz 1 bis 4 getroffenen Regelungen des Verwaltungsverfahrens kann durch Landesrecht nicht abgewichen werden.

§ 105b Übergangsvorschrift für Aufenthaltstitel nach einheitlichem Vordruckmuster

1Aufenthaltstitel nach § 4 Absatz 1 Satz 2 Nummer 2 bis 4, die bis zum Ablauf des 31. August 2011 nach einheitlichem Vordruckmuster gemäß § 78 in der bis zu diesem Zeitpunkt geltenden Fassung dieses Gesetzes ausgestellt wurden, sind bei Neuausstellung, spätestens aber bis zum Ablauf des 31. August 2021 als eigenständige Dokumente mit elektronischem Speicher- und Verarbeitungsmedium nach § 78 auszustellen. 2Unbeschadet dessen können Inhaber eines Aufenthaltstitels nach § 4 Absatz 1 Satz 2 Nummer 2 bis 4 ein eigenständiges Dokument mit elektronischem Speicher- und Verarbeitungsmedium nach § 78 beantragen, wenn sie ein berechtigtes Interesse an der Neuausstellung darlegen.

§ 105c Überleitung von Maßnahmen zur Überwachung ausgewiesener Ausländer aus Gründen der inneren Sicherheit

Maßnahmen und Verpflichtungen nach § 54a Absatz 1 bis 4 in der bis zum 31. Dezember 2015 geltenden Fassung, die vor dem 1. Januar 2016 bestanden, gelten nach dem 1. Januar 2016 als Maßnahmen und Verpflichtungen im Sinne von § 56 in der ab dem 1. Januar 2016 geltenden Fassung.

§ 106 Einschränkung von Grundrechten

(1) Die Grundrechte der körperlichen Unversehrtheit (Artikel 2 Abs. 2 Satz 1 des Grundgesetzes) und der Freiheit der Person (Artikel 2 Abs. 2 Satz 2 des Grundgesetzes) werden nach Maßgabe dieses Gesetzes eingeschränkt.

(2) 1Das Verfahren bei Freiheitsentziehungen richtet sich nach Buch 7 des Gesetzes über das Verfahren in Familiensachen und in den Angelegenheiten der freiwilligen Gerichtsbarkeit. 2Ist über die Fortdauer der Zurückweisungshaft oder der Abschiebungshaft zu entscheiden, so kann das Amtsgericht das Verfahren durch unanfechtbaren Beschluss an das Gericht abgeben, in dessen Bezirk die Zurückweisungshaft oder Abschiebungshaft jeweils vollzogen wird.

§ 107 Stadtstaatenklausel

Die Senate der Länder Berlin, Bremen und Hamburg werden ermächtigt, die Vorschriften dieses Gesetzes über die Zuständigkeit von Behörden dem besonderen Verwaltungsaufbau ihrer Länder anzupassen.

VI

Sozialgesetzbuch (SGB) Drittes Buch (III) – Arbeitsförderung – (SGB III)

Vom 24. März 1997 (BGBl. I S. 594)

Fassung inklusive Änderungen durch das Fachkräfteeinwanderungsgesetz vom 15. August 2019 (BGBl. I S. 1307), in Kraft ab 1. März 2020

– Auszug –

Inhaltsübersicht

VI

Drittes Kapitel Aktive Arbeitsförderung

Erster Abschnitt Beratung und Vermittlung

Erster Unterabschnitt Beratung

§ 30 Berufsberatung

Die Berufsberatung umfasst die Erteilung von Auskunft und Rat

1. zur Berufswahl, zur beruflichen Entwicklung, zum Berufswechsel sowie zu Möglichkeiten der Anerkennung ausländischer Berufsabschlüsse,
2. zur Lage und Entwicklung des Arbeitsmarktes und der Berufe,
3. zu den Möglichkeiten der beruflichen Bildung sowie zur Verbesserung der individuellen Beschäftigungsfähigkeit und zur Entwicklung individueller beruflicher Perspektiven,
4. zur Ausbildungs- und Arbeitsstellensuche,
5. zu Leistungen der Arbeitsförderung,
6. zu Fragen der Ausbildungsförderung und der schulischen Bildung, soweit sie für die Berufswahl und die berufliche Bildung von Bedeutung sind.

§ 34 Arbeitsmarktberatung

(1) 1Die Arbeitsmarktberatung der Agentur für Arbeit soll die Arbeitgeber bei der Besetzung von Ausbildungs- und Arbeitsstellen sowie bei Qualifizierungsbedarfen ihrer Beschäftigten unterstützen. 2Sie umfasst die Erteilung von Auskunft und Rat

1. zur Lage und Entwicklung des Arbeitsmarktes und der Berufe,
2. zur Besetzung von Ausbildungs- und Arbeitsstellen auch einschließlich der Beschäftigungsmöglichkeiten von Arbeitnehmerinnen und Arbeitnehmern aus dem Ausland,
3. zur Gestaltung von Arbeitsplätzen, Arbeitsbedingungen und der Arbeitszeit von Auszubildenden sowie Arbeitnehmerinnen und Arbeitnehmern,
4. zur betrieblichen Aus- und Weiterbildung,
5. zur Eingliederung von förderungsbedürftigen Auszubildenden und von förderungsbedürftigen Arbeitnehmerinnen und Arbeitnehmern,
6. zu Leistungen der Arbeitsförderung.

(2) 1Die Agentur für Arbeit soll die Beratung nutzen, um Ausbildungs- und Arbeitsstellen für die Vermittlung zu gewinnen. 2Sie soll auch von sich aus Kontakt zu den Arbeitgebern aufnehmen und unterhalten.

Zweiter Unterabschnitt Vermittlung

§ 39a Frühzeitige Förderung von Ausländerinnen und Ausländern mit Aufenthaltsgestattung

1Für Ausländerinnen und Ausländer, die eine Aufenthaltsgestattung nach dem Asylgesetz besitzen und auf Grund des § 61 des Asylgesetzes keine Erwerbstätigkeit ausüben dürfen, können Leistungen nach diesem Unterabschnitt erbracht werden, wenn bei ihnen ein rechtmäßiger und dauerhafter Aufenthalt zu erwarten ist. 2Stammen sie aus einem sicheren Herkunftsstaat nach § 29a des Asylgesetzes, so wird vermutet, dass ein rechtmäßiger und dauerhafter Aufenthalt nicht zu erwarten ist.

Dritter Unterabschnitt Gemeinsame Vorschriften

§ 40 Allgemeine Unterrichtung

(1) Die Agentur für Arbeit soll Ausbildung- und Arbeitsuchenden sowie Arbeitgebern in geeigneter Weise Gelegenheit geben, sich über freie Ausbildungs- und Arbeitsstellen sowie über Ausbildung- und Arbeitsuchende zu unterrichten.

(2) 1Bei der Beratung, Vermittlung und Berufsorientierung sind Selbstinformationseinrichtungen einzusetzen. 2Diese sind an die technischen Entwicklungen anzupassen.

(3) 1Die Agentur für Arbeit darf in die Selbstinformationseinrichtungen Daten über Ausbildungsuchende, Arbeitsuchende und Ar-

VI

beitgeber nur aufnehmen, soweit sie für die Vermittlung erforderlich sind und von Dritten keiner bestimmten oder bestimmbaren Person zugeordnet werden können. 2Daten, die von Dritten einer bestimmten oder bestimmbaren Person zugeordnet werden können, dürfen nur mit Einwilligung der Betroffenen aufgenommen werden. 3Betroffenen ist auf Verlangen ein Ausdruck der aufgenommenen Daten zuzusenden. 4Die Agentur für Arbeit kann von der Aufnahme von Daten über Ausbildungs- und Arbeitsstellen in die Selbstinformationseinrichtungen absehen, wenn diese dafür nicht geeignet sind.

(4) Die Absätze 1 bis 3 gelten entsprechend für die in § 39a genannten Personen.

§ 41 Einschränkung des Fragerechts

(1) 1Die Agentur für Arbeit darf von Ausbildung- und Arbeitsuchenden keine Daten erheben, die ein Arbeitgeber vor Begründung eines Ausbildungs- oder Arbeitsverhältnisses nicht erfragen darf. 2Daten über die Zugehörigkeit zu einer Gewerkschaft, Partei, Religionsgemeinschaft oder vergleichbaren Vereinigung dürfen nur bei der oder dem Ausbildungsuchenden und der oder dem Arbeitsuchenden erhoben werden. 3Die Agentur für Arbeit darf diese Daten nur erheben und nutzen, wenn

1. eine Vermittlung auf eine Ausbildungs- oder Arbeitsstelle
   a) in einem Tendenzunternehmen oder -betrieb im Sinne des § 118 Absatz 1 Satz 1 des Betriebsverfassungsgesetzes oder
   b) bei einer Religionsgemeinschaft oder in einer zu ihr gehörenden karitativen oder erzieherischen Einrichtung

   vorgesehen ist,
2. die oder der Ausbildungsuchende oder die oder der Arbeitsuchende bereit ist, auf eine solche Ausbildungs- oder Arbeitsstelle vermittelt zu werden, und
3. bei einer Vermittlung nach Nummer 1 Buchstabe a die Art der auszuübenden Tätigkeit diese Beschränkung rechtfertigt.

(2) Absatz 1 gilt entsprechend für die in § 39a genannten Personen.

Zweiter Abschnitt
Aktivierung und berufliche Eingliederung

§ 44 Förderung aus dem Vermittlungsbudget

(1) 1Ausbildungsuchende, von Arbeitslosigkeit bedrohte Arbeitsuchende und Arbeitslose können aus dem Vermittlungsbudget der Agentur für Arbeit bei der Anbahnung oder Aufnahme einer versicherungspflichtigen Beschäftigung gefördert werden, wenn dies für die berufliche Eingliederung notwendig ist. 2Sie sollen insbesondere bei der Erreichung der in der Eingliederungsvereinbarung festgelegten Eingliederungsziele unterstützt werden. 3Die Förderung umfasst die Übernahme der angemessenen Kosten, soweit der Arbeitgeber gleichartige Leistungen nicht oder voraussichtlich nicht erbringen wird.

(2) Nach Absatz 1 kann auch die Anbahnung oder die Aufnahme einer versicherungspflichtigen Beschäftigung mit einer Arbeitszeit von mindestens 15 Stunden wöchentlich in einem anderen Mitgliedstaat der Europäischen Union, einem anderen Vertragsstaat des Abkommens über den Europäischen Wirtschaftsraum oder in der Schweiz gefördert werden.

(3) 1Die Agentur für Arbeit entscheidet über den Umfang der zu erbringenden Leistungen; sie kann Pauschalen festlegen. 2Leistungen zur Sicherung des Lebensunterhalts sind ausgeschlossen. 3Die Förderung aus dem Vermittlungsbudget darf die anderen Leistungen nach diesem Buch nicht aufstocken, ersetzen oder umgehen.

(4) Die Absätze 1 bis 3 gelten entsprechend für die in § 39a genannten Personen.

§ 45 Maßnahmen zur Aktivierung und beruflichen Eingliederung

(1) 1Ausbildungsuchende, von Arbeitslosigkeit bedrohte Arbeitsuchende und Arbeitslose können bei Teilnahme an Maßnahmen ge-

fördert werden, die ihre berufliche Eingliederung durch

1. Heranführung an den Ausbildungs- und Arbeitsmarkt,
2. Feststellung, Verringerung oder Beseitigung von Vermittlungshemmnissen,
3. Vermittlung in eine versicherungspflichtige Beschäftigung,
4. Heranführung an eine selbständige Tätigkeit oder
5. Stabilisierung einer Beschäftigungsaufnahme

unterstützen (Maßnahmen zur Aktivierung und beruflichen Eingliederung). 2Für die Aktivierung von Arbeitslosen, deren berufliche Eingliederung auf Grund von schwerwiegenden Vermittlungshemmnissen, insbesondere auf Grund der Dauer ihrer Arbeitslosigkeit, besonders erschwert ist, sollen Maßnahmen gefördert werden, die nach inhaltlicher Ausgestaltung und Dauer den erhöhten Stabilisierungs- und Unterstützungsbedarf der Arbeitslosen berücksichtigen. 3Versicherungspflichtige Beschäftigungen mit einer Arbeitszeit von mindestens 15 Stunden wöchentlich in einem anderen Mitgliedstaat der Europäischen Union oder einem anderen Vertragsstaat des Abkommens über den Europäischen Wirtschaftsraum sind den versicherungspflichtigen Beschäftigungen nach Satz 1 Nummer 3 gleichgestellt. 4Die Förderung umfasst die Übernahme der angemessenen Kosten für die Teilnahme, soweit dies für die berufliche Eingliederung notwendig ist. 5Die Förderung kann auf die Weiterleistung von Arbeitslosengeld beschränkt werden.

(2) 1Die Dauer der Einzel- oder Gruppenmaßnahmen muss deren Zweck und Inhalt entsprechen. 2Soweit Maßnahmen oder Teile von Maßnahmen nach Absatz 1 bei oder von einem Arbeitgeber durchgeführt werden, dürfen diese jeweils die Dauer von sechs Wochen nicht überschreiten. 3Die Vermittlung von beruflichen Kenntnissen in Maßnahmen zur Aktivierung und beruflichen Eingliederung darf die Dauer von acht Wochen nicht überschreiten. 4Maßnahmen des Dritten Abschnitts sind ausgeschlossen.

(3) Die Agentur für Arbeit kann unter Anwendung des Vergaberechts Träger mit der Durchführung von Maßnahmen nach Absatz 1 beauftragen.

(4) 1Die Agentur für Arbeit kann der oder dem Berechtigten das Vorliegen der Voraussetzungen für eine Förderung nach Absatz 1 bescheinigen und Maßnahmeziel und -inhalt festlegen (Aktivierungs- und Vermittlungsgutschein). 2Der Aktivierungs- und Vermittlungsgutschein kann zeitlich befristet sowie regional beschränkt werden. 3Der Aktivierungs- und Vermittlungsgutschein berechtigt zur Auswahl

1. eines Trägers, der eine dem Maßnahmeziel und -inhalt entsprechende und nach § 179 zugelassene Maßnahme anbietet,
2. eines Trägers, der eine ausschließlich erfolgsbezogen vergütete Arbeitsvermittlung in versicherungspflichtige Beschäftigung anbietet, oder
3. eines Arbeitgebers, der eine dem Maßnahmeziel und -inhalt entsprechende betriebliche Maßnahme von einer Dauer bis zu sechs Wochen anbietet.

4Der ausgewählte Träger nach Satz 3 Nummer 1 und der ausgewählte Arbeitgeber nach Satz 3 Nummer 3 haben der Agentur für Arbeit den Aktivierungs- und Vermittlungsgutschein vor Beginn der Maßnahme vorzulegen. 5Der ausgewählte Träger nach Satz 3 Nummer 2 hat der Agentur für Arbeit den Aktivierungs- und Vermittlungsgutschein nach erstmaligem Vorliegen der Auszahlungsvoraussetzungen vorzulegen.

(5) Die Agentur für Arbeit soll die Entscheidung über die Ausgabe eines Aktivierungs- und Vermittlungsgutscheins nach Absatz 4 von der Eignung und den persönlichen Verhältnissen der Förderberechtigten oder der örtlichen Verfügbarkeit von Arbeitsmarktdienstleistungen abhängig machen.

(6) 1Die Vergütung richtet sich nach Art und Umfang der Maßnahme und kann aufwands- oder erfolgsbezogen gestaltet sein; eine Pauschalierung ist zulässig. 2§ 83 Absatz 2 gilt entsprechend. 3Bei einer erfolgreichen Arbeitsvermittlung in versicherungspflichtige Be-

VI

schäftigung durch einen Träger nach Absatz 4 Satz 3 Nummer 2 beträgt die Vergütung 2000 Euro. 4Bei Langzeitarbeitslosen und behinderten Menschen nach § 2 Absatz 1 des Neunten Buches kann die Vergütung auf eine Höhe von bis zu 2500 Euro festgelegt werden. 5Die Vergütung nach den Sätzen 3 und 4 wird in Höhe von 1000 Euro nach einer sechswöchigen und der Restbetrag nach einer sechsmonatigen Dauer des Beschäftigungsverhältnisses gezahlt. 6Eine erfolgsbezogene Vergütung für die Arbeitsvermittlung in versicherungspflichtige Beschäftigung ist ausgeschlossen, wenn das Beschäftigungsverhältnis

1. von vornherein auf eine Dauer von weniger als drei Monaten begrenzt ist oder
2. bei einem früheren Arbeitgeber begründet wird, bei dem die Arbeitnehmerin oder der Arbeitnehmer während der letzten vier Jahre vor Aufnahme der Beschäftigung mehr als drei Monate lang versicherungspflichtig beschäftigt war; dies gilt nicht, wenn es sich um die befristete Beschäftigung besonders betroffener schwerbehinderter Menschen handelt.

(7) 1Arbeitslose, die Anspruch auf Arbeitslosengeld haben, dessen Dauer nicht allein auf § 147 Absatz 3 beruht, und nach einer Arbeitslosigkeit von sechs Wochen innerhalb einer Frist von drei Monaten noch nicht vermittelt sind, haben Anspruch auf einen Aktivierungs- und Vermittlungsgutschein nach Absatz 4 Satz 3 Nummer 2. 2In die Frist werden Zeiten nicht eingerechnet, in denen die oder der Arbeitslose an Maßnahmen zur Aktivierung und beruflichen Eingliederung sowie an Maßnahmen der beruflichen Weiterbildung teilgenommen hat.

(8) Abweichend von Absatz 2 Satz 2 und Absatz 4 Satz 3 Nummer 3 darf bei Langzeitarbeitslosen oder Arbeitslosen, deren berufliche Eingliederung auf Grund von schwerwiegenden Vermittlungshemmnissen besonders erschwert ist, die Teilnahme an Maßnahmen oder Teilen von Maßnahmen, die bei oder von einem Arbeitgeber durchgeführt werden, jeweils die Dauer von zwölf Wochen nicht überschreiten.

(9) Die Absätze 1 bis 8 gelten entsprechend für die in § 39a genannten Personen.

VI

Dritter Abschnitt
Berufswahl und Berufsausbildung

Zweiter Unterabschnitt
Berufsvorbereitung

§ 51 Berufsvorbereitende Bildungsmaßnahmen

(1) Die Agentur für Arbeit kann förderungsberechtigte junge Menschen durch berufsvorbereitende Bildungsmaßnahmen fördern, um sie auf die Aufnahme einer Berufsausbildung vorzubereiten oder, wenn die Aufnahme einer Berufsausbildung wegen in ihrer Person liegender Gründe nicht möglich ist, ihnen die berufliche Eingliederung zu erleichtern.

(2) 1Eine berufsvorbereitende Bildungsmaßnahme ist förderungsfähig, wenn sie

1. nicht den Schulgesetzen der Länder unterliegt und
2. nach Aus- und Fortbildung sowie Berufserfahrung der Leitung und der Lehr- und Fachkräfte, nach Gestaltung des Lehrplans, nach Unterrichtsmethode und Güte der zum Einsatz vorgesehenen Lehr- und Lernmittel eine erfolgreiche berufliche Bildung erwarten lässt.

2Eine berufsvorbereitende Bildungsmaßnahme, die teilweise im Ausland durchgeführt wird, ist auch für den im Ausland durchgeführten Teil förderungsfähig, wenn dieser Teil im Verhältnis zur Gesamtdauer der berufsvorbereitenden Bildungsmaßnahme angemessen ist und die Hälfte der vorgesehenen Förderdauer nicht übersteigt.

(3) Eine berufsvorbereitende Bildungsmaßnahme kann zur Erleichterung der beruflichen Eingliederung auch allgemeinbildende Fächer enthalten und auf den nachträglichen Erwerb des Hauptschulabschlusses oder eines gleichwertigen Schulabschlusses vorbereiten.

(4) Betriebliche Praktika können abgestimmt auf den individuellen Förderbedarf in angemessenem Umfang vorgesehen werden.

§ 52 Förderungsberechtigte junge Menschen

(1) Förderungsberechtigt sind junge Menschen,

1. bei denen die berufsvorbereitende Bildungsmaßnahme zur Vorbereitung auf eine Berufsausbildung oder, wenn die Aufnahme einer Berufsausbildung wegen in ihrer Person liegender Gründe nicht möglich ist, zur beruflichen Eingliederung erforderlich ist,
2. die die Vollzeitschulpflicht nach den Gesetzen der Länder erfüllt haben und
3. deren Fähigkeiten erwarten lassen, dass sie das Ziel der Maßnahme erreichen.

(2) $_1$Ausländerinnen und Ausländer sind förderungsberechtigt, wenn die Voraussetzungen nach Absatz 1 vorliegen und sie eine Erwerbstätigkeit ausüben dürfen oder ihnen eine Erwerbstätigkeit erlaubt werden kann. $_2$Zudem müssen Ausländerinnen und Ausländer, die zum Zeitpunkt der Entscheidung über die Förderberechtigung eine Aufenthaltsgestattung nach dem Asylgesetz besitzen,

1. sich seit mindestens 15 Monaten erlaubt, gestattet oder geduldet im Bundesgebiet aufhalten und
2. schulische Kenntnisse und Kenntnisse der deutschen Sprache besitzen, die einen erfolgreichen Übergang in eine Berufsausbildung erwarten lassen.

$_3$Gestattete Ausländerinnen oder Ausländer, die vor dem 1. August 2019 in das Bundesgebiet eingereist sind, müssen sich abweichend von Satz 2 Nummer 1 seit mindestens drei Monaten erlaubt, gestattet oder geduldet dort aufhalten. $_4$Für Ausländerinnen und Ausländer, die zum Zeitpunkt der Entscheidung über die Förderberechtigung eine Duldung besitzen, gilt Satz 2 mit der Maßgabe, dass abweichend von Nummer 1 ihre Abschiebung seit mindestens neun Monaten ausgesetzt ist. $_5$Für geduldete Ausländerinnen oder Ausländer, die vor dem 1. August 2019 in das Bundesgebiet eingereist sind, muss abweichend von Satz 4 ihre Abschiebung seit mindestens drei Monaten ausgesetzt sein.

§ 53 Vorbereitung auf einen Hauptschulabschluss im Rahmen einer berufsvorbereitenden Bildungsmaßnahme

$_1$Förderungsberechtigte junge Menschen ohne Schulabschluss haben einen Anspruch, im Rahmen einer berufsvorbereitenden Bildungsmaßnahme auf den nachträglichen Erwerb des Hauptschulabschlusses oder eines gleichwertigen Schulabschlusses vorbereitet zu werden. $_2$Die Leistung wird nur erbracht, soweit sie nicht für den gleichen Zweck durch Dritte erbracht wird. $_3$Die Agentur für Arbeit hat darauf hinzuwirken, dass sich die für die allgemeine Schulbildung zuständigen Länder an den Kosten der Maßnahme beteiligen. $_4$Leistungen Dritter zur Aufstockung der Leistung bleiben anrechnungsfrei.

§ 54 Maßnahmekosten

Bei einer berufsvorbereitenden Bildungsmaßnahme werden dem Träger als Maßnahmekosten erstattet:

1. die angemessenen Aufwendungen für das zur Durchführung der Maßnahme eingesetzte erforderliche Ausbildungs- und Betreuungspersonal, einschließlich dessen regelmäßiger fachlicher Weiterbildung, sowie für das erforderliche Leitungs- und Verwaltungspersonal,
2. die angemessenen Sachkosten, einschließlich der Kosten für Lernmittel und Arbeitskleidung, und die angemessenen Verwaltungskosten sowie
3. erfolgsbezogene Pauschalen bei Vermittlung von Teilnehmenden in eine betriebliche Berufsausbildung im Sinne des § 57 Absatz 1.

§ 54a Einstiegsqualifizierung

(1) $_1$Arbeitgeber, die eine betriebliche Einstiegsqualifizierung durchführen, können durch Zuschüsse zur Vergütung bis zu einer Höhe von 243 Euro monatlich zuzüglich eines pauschalierten Anteils am durchschnittlichen Gesamtsozialversicherungsbeitrag der oder des Auszubildenden gefördert werden. $_2$Die betriebliche Einstiegsqualifizierung dient der Vermittlung und Vertiefung von Grundlagen

für den Erwerb beruflicher Handlungsfähigkeit. 3Soweit die betriebliche Einstiegsqualifizierung als Berufsausbildungsvorbereitung nach dem Berufsbildungsgesetz durchgeführt wird, gelten die §§ 68 bis 70 des Berufsbildungsgesetzes.

(2) Eine Einstiegsqualifizierung kann für die Dauer von sechs bis längstens zwölf Monaten gefördert werden, wenn sie

1. auf der Grundlage eines Vertrags im Sinne des § 26 des Berufsbildungsgesetzes mit der oder dem Auszubildenden durchgeführt wird,
2. auf einen anerkannten Ausbildungsberuf im Sinne des § 4 Absatz 1 des Berufsbildungsgesetzes, § 25 Absatz 1 Satz 1 der Handwerksordnung, des Seearbeitsgesetzes, nach Teil 2 des Pflegeberufegesetzes oder des Altenpflegegesetzes vorbereitet und
3. in Vollzeit oder wegen der Erziehung eigener Kinder oder der Pflege von Familienangehörigen in Teilzeit von mindestens 20 Wochenstunden durchgeführt wird.

VI

(3) 1Der Abschluss des Vertrags ist der nach dem Berufsbildungsgesetz, im Fall der Vorbereitung auf einen nach Teil 2 des Pflegeberufegesetzes oder nach dem Altenpflegegesetz anerkannten Ausbildungsberuf der nach Landesrecht zuständigen Stelle anzuzeigen. 2Die vermittelten Fertigkeiten, Kenntnisse und Fähigkeiten sind vom Betrieb zu bescheinigen. 3Die zuständige Stelle stellt über die erfolgreich durchgeführte betriebliche Einstiegsqualifizierung ein Zertifikat aus.

(4) Förderungsfähig sind

1. bei der Agentur für Arbeit gemeldete Ausbildungsbewerberinnen und -bewerber mit aus individuellen Gründen eingeschränkten Vermittlungsperspektiven, die auch nach den bundesweiten Nachvermittlungsaktionen keine Ausbildungsstelle haben,
2. Ausbildungsuchende, die noch nicht in vollem Maße über die erforderliche Ausbildungsreife verfügen, und
3. lernbeeinträchtigte und sozial benachteiligte Ausbildungsuchende.

(5) 1Die Förderung einer oder eines Auszubildenden, die oder der bereits eine betriebliche Einstiegsqualifizierung bei dem Antrag stellenden Betrieb oder in einem anderen Betrieb des Unternehmens durchlaufen hat, oder in einem Betrieb des Unternehmens oder eines verbundenen Unternehmens in den letzten drei Jahren vor Beginn der Einstiegsqualifizierung versicherungspflichtig beschäftigt war, ist ausgeschlossen. 2Gleiches gilt, wenn die Einstiegsqualifizierung im Betrieb der Ehegatten, Lebenspartnerinnen oder Lebenspartner oder Eltern durchgeführt wird.

§ 55 Anordnungsermächtigung

Die Bundesagentur wird ermächtigt, durch Anordnung das Nähere zu bestimmen

1. über Art und Inhalt der berufsvorbereitenden Bildungsmaßnahmen und die hieran gestellten Anforderungen,
2. zu den Voraussetzungen für die Erstattung von Pauschalen, zum Verfahren der Erstattung von Pauschalen sowie zur Höhe von Pauschalen nach § 54 Nummer 3 sowie
3. über Voraussetzungen, Art, Umfang und Verfahren der Einstiegsqualifizierung.

Dritter Unterabschnitt
Berufsausbildungsbeihilfe

§ 56 Berufsausbildungsbeihilfe

(1) Auszubildende haben Anspruch auf Berufsausbildungsbeihilfe während einer Berufsausbildung, wenn

1. die Berufsausbildung förderungsfähig ist,
2. sie zum förderungsberechtigten Personenkreis gehören und
3. ihnen die erforderlichen Mittel zur Deckung des Bedarfs für den Lebensunterhalt, die Fahrkosten und die sonstigen Aufwendungen (Gesamtbedarf) nicht anderweitig zur Verfügung stehen.

(2) 1Auszubildende haben Anspruch auf Berufsausbildungsbeihilfe während einer berufsvorbereitenden Bildungsmaßnahme nach § 51. 2Teilnehmende an einer ausbildungsvorbereitenden Phase nach § 130 haben An-

spruch auf Berufsausbildungsbeihilfe wie Auszubildende in einer berufsvorbereitenden Bildungsmaßnahme. ₃Ausländerinnen und Ausländer, die eine Aufenthaltsgestattung nach dem Asylgesetz besitzen, sind in den Fällen der Sätze 1 und 2 nicht zum Bezug von Berufsausbildungsbeihilfe berechtigt.

§ 57 Förderungsfähige Berufsausbildung

(1) Eine Berufsausbildung ist förderungsfähig, wenn sie in einem nach dem Berufsbildungsgesetz, der Handwerksordnung oder dem Seearbeitsgesetz staatlich anerkannten Ausbildungsberuf betrieblich oder außerbetrieblich oder nach Teil 2 des Pflegeberufegesetzes oder dem Altenpflegegesetz betrieblich durchgeführt wird und der dafür vorgeschriebene Berufsausbildungsvertrag abgeschlossen worden ist.

(2) ₁Förderungsfähig ist die erste Berufsausbildung. ₂Eine zweite Berufsausbildung kann gefördert werden, wenn zu erwarten ist, dass eine berufliche Eingliederung dauerhaft auf andere Weise nicht erreicht werden kann und durch die zweite Berufsausbildung die berufliche Eingliederung erreicht wird.

(3) Nach der vorzeitigen Lösung eines Berufsausbildungsverhältnisses darf erneut gefördert werden, wenn für die Lösung ein berechtigter Grund bestand.

§ 58 Förderung im Ausland

(1) Eine Berufsausbildung, die teilweise im Ausland durchgeführt wird, ist auch für den im Ausland durchgeführten Teil förderungsfähig, wenn dieser Teil im Verhältnis zur Gesamtdauer der Berufsausbildung angemessen ist und die Dauer von einem Jahr nicht übersteigt.

(2) Eine betriebliche Berufsausbildung, die vollständig im angrenzenden Ausland oder in den übrigen Mitgliedstaaten der Europäischen Union durchgeführt wird, ist förderungsfähig, wenn

1. eine nach Bundes- oder Landesrecht zuständige Stelle bestätigt, dass die Berufsausbildung einer entsprechenden betrieblichen Berufsausbildung gleichwertig ist und
2. die Berufsausbildung im Ausland dem Erreichen des Bildungsziels und der Beschäftigungsfähigkeit besonders dienlich ist.

§ 59 (weggefallen)

§ 60 Förderungsberechtigter Personenkreis bei Berufsausbildung

(1) Die oder der Auszubildende ist bei einer Berufsausbildung förderungsberechtigt, wenn sie oder er

1. außerhalb des Haushalts der Eltern oder eines Elternteils wohnt und
2. die Ausbildungsstätte von der Wohnung der Eltern oder eines Elternteils aus nicht in angemessener Zeit erreichen kann.

(2) Absatz 1 Nummer 2 gilt nicht, wenn die oder der Auszubildende

1. 18 Jahre oder älter ist,
2. verheiratet oder in einer Lebenspartnerschaft verbunden ist oder war,
3. mit mindestens einem Kind zusammenlebt oder
4. aus schwerwiegenden sozialen Gründen nicht auf die Wohnung der Eltern oder eines Elternteils verwiesen werden kann.

(3) ₁Ausländerinnen und Ausländer, die eine Aufenthaltsgestattung nach dem Asylgesetz besitzen, sind während einer Berufsausbildung nicht zum Bezug von Berufsausbildungsbeihilfe berechtigt. ₂Geduldete Ausländerinnen und Ausländer sind während einer Berufsausbildung zum Bezug von Berufsausbildungsbeihilfe berechtigt, wenn die Voraussetzungen nach Absatz 1 in Verbindung mit Absatz 2 vorliegen und sie sich seit mindestens 15 Monaten ununterbrochen erlaubt, gestattet oder geduldet im Bundesgebiet aufhalten.

§ 61 Bedarf für den Lebensunterhalt bei Berufsausbildung

(1) Ist die oder der Auszubildende während der Berufsausbildung außerhalb des Haushalts der Eltern oder eines Elternteils unter-

VI

gebracht, wird der jeweils geltende Bedarf nach § 13 Absatz 1 Nummer 1 und Absatz 2 Nummer 2 des Bundesausbildungsförderungsgesetzes zugrunde gelegt.

(2) 1Ist die oder der Auszubildende mit voller Verpflegung in einem Wohnheim oder einem Internat untergebracht, werden abweichend von Absatz 1 als Bedarf für den Lebensunterhalt die im Rahmen der §§ 78a bis 78g des Achten Buches vereinbarten Entgelte für Verpflegung und Unterbringung ohne sozialpädagogische Begleitung zuzüglich 101 Euro monatlich für sonstige Bedürfnisse zugrunde gelegt. 2Als Bedarf für den Lebensunterhalt von Auszubildenden unter 18 Jahren werden zusätzlich die Entgelte für die sozialpädagogische Begleitung zugrunde gelegt, soweit diese nicht von Dritten erstattet werden.

§ 62 Bedarf für den Lebensunterhalt bei berufsvorbereitenden Bildungsmaßnahmen

VI

(1) Ist die oder der Auszubildende während einer berufsvorbereitenden Bildungsmaßnahme im Haushalt der Eltern oder eines Elternteils untergebracht, wird der jeweils geltende Bedarf nach § 12 Absatz 1 Nummer 1 des Bundesausbildungsförderungsgesetzes zugrunde gelegt.

(2) Ist die oder der Auszubildende außerhalb des Haushalts der Eltern oder eines Elternteils untergebracht, wird als Bedarf für den Lebensunterhalt der jeweils geltende Bedarf nach § 12 Absatz 2 Nummer 1 des Bundesausbildungsförderungsgesetzes zugrunde gelegt.

(3) 1Ist die oder der Auszubildende mit voller Verpflegung in einem Wohnheim oder einem Internat untergebracht, werden abweichend von Absatz 2 als Bedarf für den Lebensunterhalt die im Rahmen der §§ 78a bis 78g des Achten Buches vereinbarten Entgelte für Verpflegung und Unterbringung ohne sozialpädagogische Begleitung zuzüglich 101 Euro monatlich für sonstige Bedürfnisse zugrunde gelegt. 2Als Bedarf für den Lebensunterhalt von Auszubildenden unter 18 Jahren werden zusätzlich die Entgelte für die sozialpädagogische Begleitung zugrunde gelegt, soweit diese nicht von Dritten erstattet werden.

§ 63 Fahrkosten

(1) 1Als Bedarf für Fahrkosten werden folgende Kosten der oder des Auszubildenden zugrunde gelegt:

1. Kosten für Fahrten zwischen Unterkunft, Ausbildungsstätte und Berufsschule (Pendelfahrten),
2. bei einer erforderlichen auswärtigen Unterbringung Kosten für die An- und Abreise und für eine monatliche Familienheimfahrt oder anstelle der Familienheimfahrt für eine monatliche Fahrt einer oder eines Angehörigen zum Aufenthaltsort der oder des Auszubildenden.

2Eine auswärtige Unterbringung ist erforderlich, wenn die Ausbildungsstätte vom Familienwohnort aus nicht in angemessener Zeit erreicht werden kann.

(2) 1Abweichend von Absatz 1 Nummer 2 werden bei einer Förderung im Ausland folgende Kosten der oder des Auszubildenden zugrunde gelegt:

1. bei einem Ausbildungsort innerhalb Europas die Kosten für eine Hin- und Rückreise je Ausbildungshalbjahr,
2. bei einem Ausbildungsort außerhalb Europas die Kosten für eine Hin- und Rückreise je Ausbildungsjahr.

2In besonderen Härtefällen können die notwendigen Aufwendungen für eine weitere Hin- und Rückreise zugrunde gelegt werden.

(3) 1Die Fahrkosten werden in Höhe des Betrags zugrunde gelegt, der bei Benutzung des zweckmäßigsten regelmäßig verkehrenden öffentlichen Verkehrsmittels in der niedrigsten Klasse zu zahlen ist; bei Benutzung sonstiger Verkehrsmittel wird für Fahrkosten die Höhe der Wegstreckenentschädigung nach § 5 Absatz 1 des Bundesreisekostengesetzes zugrunde gelegt. 2Bei nicht geringfügigen Fahrpreiserhöhungen hat auf Antrag eine Anpassung zu erfolgen, wenn der Bewilligungszeitraum noch mindestens zwei weitere Monate andauert. 3Kosten für Pendelfahrten werden nur bis zur Höhe des Betrags zu-

grunde gelegt, der nach § 86 insgesamt erbracht werden kann.

§ 64 Sonstige Aufwendungen

(1) Bei einer Berufsausbildung wird als Bedarf für sonstige Aufwendungen eine Pauschale für Kosten der Arbeitskleidung in Höhe von 14 Euro monatlich zugrunde gelegt.

(2) Bei einer berufsvorbereitenden Bildungsmaßnahme werden als Bedarf für sonstige Aufwendungen bei Auszubildenden, deren Schutz im Krankheits- oder Pflegefall nicht anderweitig sichergestellt ist, die Beiträge für eine freiwillige Krankenversicherung ohne Anspruch auf Krankengeld und die Beiträge zur Pflegepflichtversicherung bei einem Träger der gesetzlichen Kranken- und Pflegeversicherung oder, wenn dort im Einzelfall ein Schutz nicht gewährleistet ist, bei einem privaten Krankenversicherungsunternehmen zugrunde gelegt.

(3) 1Bei einer Berufsausbildung und einer berufsvorbereitenden Bildungsmaßnahme werden als Bedarf für sonstige Aufwendungen die Kosten für die Betreuung der aufsichtsbedürftigen Kinder der oder des Auszubildenden in Höhe von 140 Euro monatlich je Kind zugrunde gelegt. 2Darüber hinaus können sonstige Kosten anerkannt werden,

1. soweit sie durch die Berufsausbildung oder die Teilnahme an der berufsvorbereitenden Bildungsmaßnahme unvermeidbar entstehen,
2. soweit die Berufsausbildung oder die Teilnahme an der berufsvorbereitenden Bildungsmaßnahme andernfalls gefährdet ist und
3. wenn die Aufwendungen von der oder dem Auszubildenden oder ihren oder seinen Erziehungsberechtigten zu tragen sind.

§ 65 Besonderheiten beim Besuch des Berufsschulunterrichts in Blockform

(1) Für die Zeit des Berufsschulunterrichts in Blockform wird ein Bedarf zugrunde gelegt, der für Zeiten ohne Berufsschulunterricht zugrunde zu legen wäre.

(2) Eine Förderung allein für die Zeit des Berufsschulunterrichts in Blockform ist ausgeschlossen.

§ 66 Anpassung der Bedarfssätze

Für die Anpassung der Bedarfssätze gilt § 35 Satz 1 und 2 des Bundesausbildungsförderungsgesetzes entsprechend.

§ 67 Einkommensanrechnung

(1) Auf den Gesamtbedarf sind die Einkommen der folgenden Personen in der Reihenfolge ihrer Nennung anzurechnen:

1. der oder des Auszubildenden,
2. der Person, mit der die oder der Auszubildende verheiratet oder in einer Lebenspartnerschaft verbunden ist und von der sie oder er nicht dauernd getrennt lebt, und
3. der Eltern der oder des Auszubildenden.

(2) 1Für die Ermittlung des Einkommens und dessen Anrechnung sowie die Berücksichtigung von Freibeträgen gelten § 11 Absatz 4 sowie die Vorschriften des Vierten Abschnitts des Bundesausbildungsförderungsgesetzes mit den hierzu ergangenen Rechtsverordnungen entsprechend. 2Abweichend von

1. § 21 Absatz 1 des Bundesausbildungsförderungsgesetzes werden Werbungskosten der oder des Auszubildenden auf Grund der Berufsausbildung nicht berücksichtigt;
2. § 22 Absatz 1 des Bundesausbildungsförderungsgesetzes ist das Einkommen der oder des Auszubildenden maßgebend, das zum Zeitpunkt der Antragstellung absehbar ist; Änderungen bis zum Zeitpunkt der Entscheidung sind zu berücksichtigen;
3. § 23 Absatz 3 des Bundesausbildungsförderungsgesetzes bleiben 65 Euro der Ausbildungsvergütung und abweichend von § 25 Absatz 1 des Bundesausbildungsförderungsgesetzes zusätzlich 649 Euro anrechnungsfrei, wenn die Ausbildungsstätte von der Wohnung der Eltern oder eines Elternteils aus nicht in angemessener Zeit erreicht werden kann;
4. § 23 Absatz 4 Nummer 2 des Bundesausbildungsförderungsgesetzes werden Leis-

VI

tungen Dritter, die zur Aufstockung der Berufsausbildungsbeihilfe erbracht werden, nicht angerechnet.

(3) Bei einer Berufsausbildung im Betrieb der Eltern, der Ehefrau oder des Ehemanns oder der Lebenspartnerin oder des Lebenspartners ist für die Feststellung des Einkommens der oder des Auszubildenden mindestens die tarifliche Bruttoausbildungsvergütung als vereinbart zugrunde zu legen oder, soweit eine tarifliche Regelung nicht besteht, die ortsübliche Bruttoausbildungsvergütung, die in diesem Ausbildungsberuf bei einer Berufsausbildung in einem fremden Betrieb geleistet wird.

(4) 1Für an berufsvorbereitenden Bildungsmaßnahmen Teilnehmende wird von einer Anrechnung des Einkommens abgesehen. 2Satz 1 gilt nicht für Einkommen der Teilnehmenden aus einer nach diesem Buch oder vergleichbaren öffentlichen Programmen geförderten Maßnahme.

VI

(5) 1Das Einkommen der Eltern bleibt außer Betracht, wenn ihr Aufenthaltsort nicht bekannt ist oder sie rechtlich oder tatsächlich gehindert sind, im Inland Unterhalt zu leisten. 2Das Einkommen ist ferner nicht anzurechnen, soweit ein Unterhaltsanspruch nicht besteht oder dieser verwirkt ist.

§ 68 Vorausleistung von Berufsausbildungsbeihilfe

(1) 1Macht die oder der Auszubildende glaubhaft, dass ihre oder seine Eltern den nach den Vorschriften dieses Buches angerechneten Unterhaltsbetrag nicht leisten, oder kann das Einkommen der Eltern nicht berechnet werden, weil diese die erforderlichen Auskünfte nicht erteilen oder Urkunden nicht vorlegen, und ist die Berufsausbildung, auch unter Berücksichtigung des Einkommens der Ehefrau oder des Ehemanns oder der Lebenspartnerin oder des Lebenspartners im Bewilligungszeitraum, gefährdet, so wird nach Anhörung der Eltern ohne Anrechnung dieses Betrags Berufsausbildungsbeihilfe geleistet. 2Von der Anhörung der Eltern kann aus wichtigem Grund abgesehen werden.

(2) 1Ein Anspruch der oder des Auszubildenden auf Unterhaltsleistungen gegen ihre oder seine Eltern geht bis zur Höhe des anzurechnenden Unterhaltsanspruchs zusammen mit dem unterhaltsrechtlichen Auskunftsanspruch mit der Zahlung der Berufsausbildungsbeihilfe auf die Agentur für Arbeit über. 2Die Agentur für Arbeit hat den Eltern die Förderung anzuzeigen. 3Der Übergang wird nicht dadurch ausgeschlossen, dass der Anspruch nicht übertragen, nicht verpfändet oder nicht gepfändet werden kann. 4Ist die Unterhaltsleistung trotz des Rechtsübergangs mit befreiender Wirkung an die Auszubildende oder den Auszubildenden gezahlt worden, hat die oder der Auszubildende diese insoweit zu erstatten.

(3) Für die Vergangenheit können die Eltern der oder des Auszubildenden nur von dem Zeitpunkt an in Anspruch genommen werden, ab dem

1. die Voraussetzungen des bürgerlichen Rechts vorgelegen haben oder
2. sie bei dem Antrag auf Ausbildungsförderung mitgewirkt haben oder von ihm Kenntnis erhalten haben und darüber belehrt worden sind, unter welchen Voraussetzungen dieses Buch eine Inanspruchnahme von Eltern ermöglicht.

(4) Berufsausbildungsbeihilfe wird nicht vorausgeleistet, soweit die Eltern bereit sind, Unterhalt entsprechend einer nach § 1612 Absatz 2 des Bürgerlichen Gesetzbuchs getroffenen Bestimmung zu leisten.

(5) 1Die Agentur für Arbeit kann den auf sie übergegangenen Unterhaltsanspruch im Einvernehmen mit der oder dem Unterhaltsberechtigten auf diese oder diesen zur gerichtlichen Geltendmachung rückübertragen und sich den geltend gemachten Unterhaltsanspruch abtreten lassen. 2Kosten, mit denen die oder der Unterhaltsberechtigte dadurch selbst belastet wird, sind zu übernehmen.

§ 69 Dauer der Förderung

(1) 1Anspruch auf Berufsausbildungsbeihilfe besteht für die Dauer der Berufsausbildung oder die Dauer der berufsvorbereitenden Bildungsmaßnahme. 2Über den Anspruch wird

bei Berufsausbildung in der Regel für 18 Monate, im Übrigen in der Regel für ein Jahr (Bewilligungszeitraum) entschieden.

(2) Für Fehlzeiten besteht in folgenden Fällen Anspruch auf Berufsausbildungsbeihilfe:

1. bei Krankheit längstens bis zum Ende des dritten auf den Eintritt der Krankheit folgenden Kalendermonats, im Fall einer Berufsausbildung jedoch nur, solange das Berufsausbildungsverhältnis fortbesteht,
2. für Zeiten einer Schwangerschaft oder nach der Entbindung, wenn
   a) bei einer Berufsausbildung die Fehlzeit durch ein Beschäftigungsverbot oder eine Schutzfrist aufgrund der Schwangerschaft oder der Geburt entsteht oder
   b) bei einer berufsvorbereitenden Bildungsmaßnahme die Maßnahme nicht länger als 14 Wochen, im Fall von Früh- oder Mehrlingsgeburten oder, wenn vor Ablauf von acht Wochen nach der Entbindung bei dem Kind eine Behinderung im Sinne von § 2 Absatz 1 des Neunten Buches Sozialgesetzbuch ärztlich festgestellt wird, nicht länger als 18 Wochen (§ 3 des Mutterschutzgesetzes) unterbrochen wird,
3. wenn bei einer Berufsausbildung die oder der Auszubildende aus einem sonstigen Grund der Berufsausbildung fernbleibt und die Ausbildungsvergütung weitergezahlt oder an deren Stelle eine Ersatzleistung erbracht wird oder
4. wenn bei einer berufsvorbereitenden Bildungsmaßnahme ein sonstiger wichtiger Grund für das Fernbleiben der oder des Auszubildenden vorliegt.

§ 70 Berufsausbildungsbeihilfe für Arbeitslose

1Arbeitslose, die zu Beginn der berufsvorbereitenden Bildungsmaßnahme anderenfalls Anspruch auf Arbeitslosengeld gehabt hätten, der höher ist als der zugrunde zu legende Bedarf für den Lebensunterhalt, haben Anspruch auf Berufsausbildungsbeihilfe in Höhe des Arbeitslosengeldes. 2In diesem Fall wird Einkommen, das die oder der Arbeitslose aus einer neben der berufsvorbereitenden Bildungsmaßnahme ausgeübten Beschäftigung oder selbständigen Tätigkeit erzielt, in gleicher Weise angerechnet wie bei der Leistung von Arbeitslosengeld.

§ 71 Auszahlung

1Monatliche Förderungsbeträge der Berufsausbildungsbeihilfe, die nicht volle Euro ergeben, sind bei Restbeträgen unter 0,50 Euro abzurunden und im Übrigen aufzurunden. 2Nicht geleistet werden monatliche Förderungsbeträge unter 10 Euro.

§ 72 Anordnungsermächtigung

Die Bundesagentur wird ermächtigt, durch Anordnung das Nähere über Voraussetzungen, Umfang und Verfahren der Förderung zu bestimmen.

Vierter Unterabschnitt
Berufsausbildung

§ 73 Zuschüsse zur Ausbildungsvergütung behinderter und schwerbehinderter Menschen

(1) Arbeitgeber können für die betriebliche Aus- oder Weiterbildung von behinderten und schwerbehinderten Menschen im Sinne des § 187 Absatz 1 Nummer 3 Buchstabe e des Neunten Buches durch Zuschüsse zur Ausbildungsvergütung oder zu einer vergleichbaren Vergütung gefördert werden, wenn die Aus- oder Weiterbildung sonst nicht zu erreichen ist.

(2) 1Die monatlichen Zuschüsse sollen regelmäßig 60 Prozent, bei schwerbehinderten Menschen 80 Prozent der monatlichen Ausbildungsvergütung für das letzte Ausbildungsjahr oder der vergleichbaren Vergütung einschließlich des darauf entfallenden pauschalierten Arbeitgeberanteils am Gesamtsozialversicherungsbeitrag nicht übersteigen. 2In begründeten Ausnahmefällen können Zuschüsse jeweils bis zur Höhe der Ausbildungsvergütung für das letzte Ausbildungsjahr erbracht werden.

VI

(3) Bei Übernahme schwerbehinderter Menschen in ein Arbeitsverhältnis durch den ausbildenden oder einen anderen Arbeitgeber im Anschluss an eine abgeschlossene Aus- oder Weiterbildung kann ein Eingliederungszuschuss in Höhe von bis zu 70 Prozent des zu berücksichtigenden Arbeitsentgelts (§ 91) für die Dauer von einem Jahr erbracht werden, sofern während der Aus- oder Weiterbildung Zuschüsse erbracht wurden.

§ 74 Unterstützung und Förderung der Berufsausbildung

(1) Träger von Maßnahmen können Zuschüsse erhalten und Maßnahmekosten erstattet bekommen, wenn sie förderungsberechtigte junge Menschen

1. mit ausbildungsbegleitenden Hilfen bei ihrer betrieblichen Berufsausbildung oder ihrer Einstiegsqualifizierung unterstützen oder ihre Eingliederungsaussichten in Berufsausbildung oder Arbeit verbessern oder
2. anstelle einer Berufsausbildung in einem Betrieb in einer außerbetrieblichen Einrichtung ausbilden.

(2) § 57 Absatz 1 gilt entsprechend.

§ 75 Ausbildungsbegleitende Hilfen

(1) ₁Ausbildungsbegleitende Hilfen sind Maßnahmen für förderungsberechtigte junge Menschen, die über die Vermittlung von betriebs- und ausbildungsüblichen Inhalten hinausgehen, insbesondere müssen ausbildungsbegleitende Hilfen während einer Einstiegsqualifizierung über die Vermittlung der vom Betrieb im Rahmen der Einstiegsqualifizierung zu vermittelnden Fertigkeiten, Kenntnisse und Fähigkeiten hinausgehen. ₂Hierzu gehören Maßnahmen

1. zum Abbau von Sprach- und Bildungsdefiziten,
2. zur Förderung fachpraktischer und fachtheoretischer Fertigkeiten, Kenntnisse und Fähigkeiten und
3. zur sozialpädagogischen Begleitung.

(2) ₁Ausbildungsbegleitende Hilfen sind förderungsfähig, wenn sie

1. die förderungsberechtigten jungen Menschen während einer betrieblichen Berufsausbildung oder einer Einstiegsqualifizierung unterstützen,
2. zur Unterstützung nach der vorzeitigen Lösung eines betrieblichen Berufsausbildungsverhältnisses bis zur Aufnahme einer weiteren betrieblichen oder einer außerbetrieblichen Berufsausbildung erforderlich sind oder
3. nach erfolgreicher Beendigung einer mit ausbildungsbegleitenden Hilfen geförderten betrieblichen Berufsausbildung bis zur Begründung oder Festigung eines Arbeitsverhältnisses fortgesetzt werden und hierfür erforderlich sind.

₂Sie enden spätestens sechs Monate nach Begründung eines Arbeitsverhältnisses.

(3) Förderungsberechtigt sind junge Menschen, die ohne die Unterstützung

1. eine Einstiegsqualifizierung oder eine Berufsausbildung nicht beginnen oder fortsetzen können oder voraussichtlich Schwierigkeiten haben werden, die Einstiegsqualifizierung oder die Berufsausbildung erfolgreich abzuschließen, oder
2. wegen in ihrer Person liegender Gründe
   a) nach der vorzeitigen Lösung eines betrieblichen Berufsausbildungsverhältnisses eine weitere Berufsausbildung nicht beginnen oder
   b) nach erfolgreicher Beendigung einer Berufsausbildung ein Arbeitsverhältnis nicht begründen oder festigen können.

§ 76 Außerbetriebliche Berufsausbildung

(1) Maßnahmen, die zugunsten förderungsberechtigter junger Menschen als Berufsausbildung in einer außerbetrieblichen Einrichtung durchgeführt werden (außerbetriebliche Berufsausbildung), sind förderungsfähig, wenn

1. der oder dem an der Maßnahme teilnehmenden Auszubildenden auch mit ausbildungsfördernden Leistungen nach diesem Buch eine Ausbildungsstelle in einem Betrieb nicht vermittelt werden kann und

VI

2. der Anteil betrieblicher Ausbildungsphasen je Ausbildungsjahr angemessen ist.

(2) Während der Durchführung einer außerbetrieblichen Berufsausbildung sind alle Möglichkeiten wahrzunehmen, um den Übergang der oder des Auszubildenden in ein betriebliches Berufsausbildungsverhältnis zu fördern.

(3) Ist ein betriebliches oder außerbetriebliches Berufsausbildungsverhältnis vorzeitig gelöst worden, kann die Berufsausbildung in einer außerbetrieblichen Einrichtung fortgesetzt werden.

(4) Wird ein außerbetriebliches Berufsausbildungsverhältnis vorzeitig gelöst, hat der Träger der Maßnahme eine Bescheinigung über bereits erfolgreich absolvierte Teile der Berufsausbildung auszustellen.

(5) Förderungsberechtigt sind junge Menschen,

1. die lernbeeinträchtigt oder sozial benachteiligt sind und wegen in ihrer Person liegender Gründe ohne die Förderung eine Berufsausbildung nicht beginnen können oder
2. deren betriebliches oder außerbetriebliches Berufsausbildungsverhältnis vorzeitig gelöst worden ist und deren Eingliederung in betriebliche Berufsausbildung auch mit ausbildungsfördernden Leistungen nach diesem Buch aussichtslos ist, sofern zu erwarten ist, dass sie die Berufsausbildung erfolgreich abschließen können.

(6) $_1$Nicht förderungsberechtigt sind

1. Ausländerinnen und Ausländer, die weder in der Bundesrepublik Deutschland Arbeitnehmerinnen, Arbeitnehmer oder Selbständige noch auf Grund des § 2 Absatz 3 des Freizügigkeitsgesetzes/EU freizügigkeitsberechtigt sind, und ihre Familienangehörigen für die ersten drei Monate ihres Aufenthalts,
2. Ausländerinnen und Ausländer,
   a) die kein Aufenthaltsrecht haben,
   b) deren Aufenthaltsrecht sich allein aus dem Zweck der Arbeitsuche, der Suche nach einem Ausbildungs- oder Studienplatz, der Ausbildung oder des Studiums ergibt oder
   c) die ihr Aufenthaltsrecht allein oder neben einem Aufenthaltsrecht nach Buchstabe b aus Artikel 10 der Verordnung (EU) Nr. 492/2011 des Europäischen Parlaments und des Rates vom 5. April 2011 über die Freizügigkeit der Arbeitnehmer innerhalb der Union (ABl. L 141 vom 27. 5. 2011, S. 1), die durch die Verordnung (EU) 2016/589 (ABl. L 107 vom 22. 4. 2016, S. 1) geändert worden ist, ableiten,

   und ihre Familienangehörigen,
3. Leistungsberechtigte nach § 1 des Asylbewerberleistungsgesetzes.

$_2$Satz 1 Nummer 1 gilt nicht für Ausländerinnen und Ausländer, die sich mit einem Aufenthaltstitel nach Kapitel 2 Abschnitt 5 des Aufenthaltsgesetzes in der Bundesrepublik Deutschland aufhalten. $_3$Abweichend von Satz 1 Nummer 2 können Ausländerinnen und Ausländer und ihre Familienangehörigen gefördert werden, wenn sie seit mindestens fünf Jahren ihren gewöhnlichen Aufenthalt im Bundesgebiet haben; dies gilt nicht, wenn der Verlust des Rechts nach § 2 Absatz 1 des Freizügigkeitsgesetzes/EU festgestellt wurde. $_4$Die Frist nach Satz 3 beginnt mit der Anmeldung bei der zuständigen Meldebehörde. $_5$Zeiten des nicht rechtmäßigen Aufenthalts, in denen eine Ausreisepflicht besteht, werden auf Zeiten des gewöhnlichen Aufenthalts nicht angerechnet.

§ 77 Sonstige Förderungsvoraussetzungen

Die Maßnahmen nach den §§ 75 und 76 sind nur förderungsfähig, wenn sie nach Aus- und Fortbildung sowie Berufserfahrung der Leitung und der Lehr- und Fachkräfte, nach Gestaltung des Lehrplans, nach Unterrichtsmethode und Güte der zum Einsatz vorgesehenen Lehr- und Lernmittel eine erfolgreiche Berufsausbildung oder die erfolgreiche Unterstützung der Berufsausbildung oder der Einstiegsqualifizierung erwarten lassen.

§ 78 (weggefallen)

§ 79 Leistungen

(1) Die Leistungen umfassen bei

1. ausbildungsbegleitenden Hilfen die Maßnahmekosten,
2. einer außerbetrieblichen Berufsausbildung die Zuschüsse zur Ausbildungsvergütung zuzüglich des Gesamtsozialversicherungsbeitrags sowie die Maßnahmekosten.

(2) 1Als Zuschuss zur Ausbildungsvergütung bei einer außerbetrieblichen Berufsausbildung kann höchstens der Betrag berücksichtigt werden, der dem jeweils geltenden Bedarf nach § 13 Absatz 1 Nummer 1 des Bundesausbildungsförderungsgesetzes entspricht. 2Ab dem zweiten Ausbildungsjahr erhöht sich dieser Betrag um 5 Prozent jährlich. 3Der Betrag erhöht sich um den vom Träger zu tragenden Gesamtsozialversicherungsbeitrag.

(3) 1Als Maßnahmekosten werden erstattet:

1. die angemessenen Aufwendungen für das zur Durchführung der Maßnahme eingesetzte erforderliche Ausbildungs- und Betreuungspersonal, einschließlich dessen regelmäßiger fachlicher Weiterbildung, sowie für das erforderliche Leitungs- und Verwaltungspersonal,
2. die angemessenen Sach- und Verwaltungskosten sowie
3. eine Pauschale für jede vorzeitige und nachhaltige Vermittlung aus einer nach § 76 geförderten außerbetrieblichen Berufsausbildung in eine betriebliche Berufsausbildung.

2Die Pauschale nach Satz 1 Nummer 3 beträgt 2000 Euro für jede Vermittlung. 3Die Vermittlung gilt als vorzeitig, wenn die oder der Auszubildende spätestens zwölf Monate vor dem vertraglichen Ende der außerbetrieblichen Berufsausbildung vermittelt worden ist. 4Die Vermittlung gilt als nachhaltig, wenn das Berufsausbildungsverhältnis länger als vier Monate fortbesteht. 5Die Pauschale wird für jede Auszubildende und jeden Auszubildenden nur einmal gezahlt.

§ 80 Anordnungsermächtigung

Die Bundesagentur wird ermächtigt, durch Anordnung das Nähere über Voraussetzungen, Art, Umfang und Verfahren der Förderung zu bestimmen.

Vierter Abschnitt
Berufliche Weiterbildung

§ 81 Grundsatz

(1) 1Arbeitnehmerinnen und Arbeitnehmer können bei beruflicher Weiterbildung durch Übernahme der Weiterbildungskosten gefördert werden, wenn

1. die Weiterbildung notwendig ist, um sie bei Arbeitslosigkeit beruflich einzugliedern, eine ihnen drohende Arbeitslosigkeit abzuwenden oder weil bei ihnen wegen fehlenden Berufsabschlusses die Notwendigkeit der Weiterbildung anerkannt ist,
2. die Agentur für Arbeit sie vor Beginn der Teilnahme beraten hat und
3. die Maßnahme und der Träger der Maßnahme für die Förderung zugelassen sind.

2Als Weiterbildung gilt die Zeit vom ersten Tag bis zum letzten Tag der Maßnahme mit Unterrichtsveranstaltungen, es sei denn, die Maßnahme ist vorzeitig beendet worden.

(1a) Anerkannt wird die Notwendigkeit der Weiterbildung bei arbeitslosen Arbeitnehmerinnen und Arbeitnehmern auch, wenn durch den Erwerb erweiterter beruflicher Kompetenzen die individuelle Beschäftigungsfähigkeit verbessert wird und sie nach Lage und Entwicklung des Arbeitsmarktes zweckmäßig ist.

(2) 1Anerkannt wird die Notwendigkeit der Weiterbildung bei Arbeitnehmerinnen und Arbeitnehmern wegen fehlenden Berufsabschlusses, wenn sie

1. über einen Berufsabschluss verfügen, jedoch auf Grund einer mehr als vier Jahre ausgeübten Beschäftigung in an- oder ungelernter Tätigkeit eine dem Berufsabschluss entsprechende Beschäftigung voraussichtlich nicht mehr ausüben können, oder

VI

2. nicht über einen Berufsabschluss verfügen, für den nach bundes- oder landesrechtlichen Vorschriften eine Ausbildungsdauer von mindestens zwei Jahren festgelegt ist; Arbeitnehmerinnen und Arbeitnehmer ohne einen solchen Berufsabschluss, die noch nicht drei Jahre beruflich tätig gewesen sind, können nur gefördert werden, wenn eine Berufsausbildung oder eine berufsvorbereitende Bildungsmaßnahme aus in ihrer Person liegenden Gründen nicht möglich oder nicht zumutbar ist oder die Weiterbildung in einem Engpassberuf angestrebt wird.

2Zeiten der Arbeitslosigkeit, der Kindererziehung und der Pflege einer pflegebedürftigen Person mit mindestens Pflegegrad 2 stehen Zeiten einer Beschäftigung nach Satz 1 Nummer 1 gleich.

(3) 1Arbeitnehmerinnen und Arbeitnehmer werden durch Übernahme der Weiterbildungskosten zum nachträglichen Erwerb des Hauptschulabschlusses oder eines gleichwertigen Schulabschlusses gefördert, wenn

1. sie die Voraussetzungen für die Förderung der beruflichen Weiterbildung nach Absatz 1 erfüllen und
2. zu erwarten ist, dass sie an der Maßnahme erfolgreich teilnehmen werden.

2Absatz 2 Satz 1 Nummer 2 zweiter Halbsatz gilt entsprechend. 3Die Leistung wird nur erbracht, soweit sie nicht für den gleichen Zweck durch Dritte erbracht wird. 4Die Agentur für Arbeit hat darauf hinzuwirken, dass sich die für die allgemeine Schulbildung zuständigen Länder an den Kosten der Maßnahme beteiligen. 5Leistungen Dritter zur Aufstockung der Leistung bleiben anrechnungsfrei.

(3a) Arbeitnehmerinnen und Arbeitnehmer können zum Erwerb von Grundkompetenzen durch Übernahme der Weiterbildungskosten gefördert werden, wenn

1. die in Absatz 1 genannten Voraussetzungen für die Förderung der beruflichen Weiterbildung erfüllt sind,
2. die Arbeitnehmerinnen und Arbeitnehmer nicht über ausreichende Grundkompetenzen verfügen, um erfolgreich an einer beruflichen Weiterbildung teilzunehmen, die zu einem Abschluss in einem Ausbildungsberuf führt, für den nach bundes- oder landesrechtlichen Vorschriften eine Ausbildungsdauer von mindestens zwei Jahren festgelegt ist, und
3. nach einer Teilnahme an der Maßnahme zum Erwerb von Grundkompetenzen der erfolgreiche Abschluss einer beruflichen Weiterbildung nach Nummer 2 erwartet werden kann.

(4) 1Der Arbeitnehmerin oder dem Arbeitnehmer wird das Vorliegen der Voraussetzungen für eine Förderung bescheinigt (Bildungsgutschein). 2Der Bildungsgutschein kann zeitlich befristet sowie regional und auf bestimmte Bildungsziele beschränkt werden. 3Der von der Arbeitnehmerin oder vom Arbeitnehmer ausgewählte Träger hat der Agentur für Arbeit den Bildungsgutschein vor Beginn der Maßnahme vorzulegen. 4Die Agentur für Arbeit kann auf die Ausstellung eines Bildungsgutscheins bei beschäftigten Arbeitnehmerinnen und Arbeitnehmern verzichten, wenn der Arbeitgeber und die Arbeitnehmerin oder der Arbeitnehmer damit einverstanden sind.

§ 82 Förderung beschäftigter Arbeitnehmerinnen und Arbeitnehmer

(1) 1Arbeitnehmerinnen und Arbeitnehmer können abweichend von § 81 bei beruflicher Weiterbildung im Rahmen eines bestehenden Arbeitsverhältnisses durch volle oder teilweise Übernahme der Weiterbildungskosten gefördert werden, wenn

1. Fertigkeiten, Kenntnisse und Fähigkeiten vermittelt werden, die über ausschließlich arbeitsplatzbezogene kurzfristige Anpassungsfortbildungen hinausgehen,
2. der Erwerb des Berufsabschlusses, für den nach bundes- oder landesrechtlichen Vorschriften eine Ausbildungsdauer von mindestens zwei Jahren festgelegt ist, in der Regel mindestens vier Jahre zurückliegt,
3. die Arbeitnehmerin oder der Arbeitnehmer in den letzten vier Jahren vor Antragsstellung nicht an einer nach dieser Vorschrift

geförderten beruflichen Weiterbildung teilgenommen hat,

4. die Maßnahme außerhalb des Betriebes oder von einem zugelassenen Träger im Betrieb, dem sie angehören, durchgeführt wird und mehr als 160 Stunden dauert und
5. die Maßnahme und der Träger der Maßnahme für die Förderung zugelassen sind.

2Die Förderung soll darauf gerichtet sein, Arbeitnehmerinnen und Arbeitnehmern, die berufliche Tätigkeiten ausüben, die durch Technologien ersetzt werden können oder in sonstiger Weise vom Strukturwandel betroffen sind, eine Anpassung und Fortentwicklung ihrer beruflichen Kompetenzen zu ermöglichen, um den genannten Herausforderungen besser begegnen zu können. 3Gleiches gilt für Arbeitnehmerinnen und Arbeitnehmer, die eine Weiterbildung in einem Engpassberuf anstreben. 4Die Sätze 2 und 3 gelten nicht, wenn die Arbeitnehmerinnen und Arbeitnehmer einem Betrieb mit weniger als 250 Beschäftigten angehören und soweit sie nach dem 31. Dezember 2020 mit der Teilnahme beginnen, das 45. Lebensjahr vollendet haben oder schwerbehindert im Sinne des § 2 Absatz 2 des Neunten Buches sind. 5Ausgeschlossen von der Förderung ist die Teilnahme an Maßnahmen, zu deren Durchführung der Arbeitgeber auf Grund bundes- oder landesrechtlicher Regelungen verpflichtet ist.

(2) 1Nach Absatz 1 soll nur gefördert werden, wenn sich der Arbeitgeber in angemessenem Umfang an den Lehrgangskosten beteiligt. 2Angemessen ist die Beteiligung, wenn der Betrieb, dem die Arbeitnehmerin oder der Arbeitnehmer angehört,

1. mindestens zehn und weniger als 250 Beschäftigte hat und der Arbeitgeber mindestens 50 Prozent,
2. 250 Beschäftigte und weniger als 2500 Beschäftigte hat und der Arbeitgeber mindestens 75 Prozent,
3. 2500 Beschäftigte oder mehr hat und der Arbeitgeber mindestens 85 Prozent, bei Vorliegen einer Betriebsvereinbarung über die berufliche Weiterbildung oder eines Tarifvertrages, der betriebsbezogen berufliche Weiterbildung vorsieht, mindestens 80 Prozent

der Lehrgangskosten trägt. 3Abweichend von Satz 1 soll in Betrieben mit weniger als zehn Beschäftigten von einer Kostenbeteiligung des Arbeitgebers abgesehen werden. 4Bei Betrieben mit weniger als 250 Beschäftigten kann von einer Kostenbeteiligung des Arbeitgebers abgesehen werden, wenn die Arbeitnehmerin oder der Arbeitnehmer

1. bei Beginn der Teilnahme das 45. Lebensjahr vollendet hat oder
2. schwerbehindert im Sinne des § 2 Absatz 2 des Neunten Buches ist.

(3) 1Für die berufliche Weiterbildung von Arbeitnehmerinnen und Arbeitnehmern können Arbeitgeber durch Zuschüsse zum Arbeitsentgelt gefördert werden, soweit die Weiterbildung im Rahmen eines bestehenden Arbeitsverhältnisses durchgeführt wird. 2Die Zuschüsse können für Arbeitnehmerinnen und Arbeitnehmer, bei denen die Voraussetzungen für eine Weiterbildungsförderung wegen eines fehlenden Berufsabschlusses nach § 81 Absatz 2 erfüllt sind, bis zur Höhe des Betrags erbracht werden, der sich als anteiliges Arbeitsentgelt für weiterbildungsbedingte Zeiten ohne Arbeitsleistung errechnet. 3Dieses umfasst auch den darauf entfallenden pauschalen Arbeitgeberanteil am Gesamtsozialversicherungsbeitrag. 4Im Übrigen können bei Vorliegen der Voraussetzungen nach Absatz 1 Zuschüsse für Arbeitnehmerinnen und Arbeitnehmer in Betrieben mit

1. weniger als zehn Beschäftigten in Höhe von bis zu 75 Prozent,
2. mindestens zehn und weniger als 250 Beschäftigten in Höhe von bis zu 50 Prozent,
3. 250 Beschäftigten oder mehr in Höhe von bis zu 25 Prozent

des berücksichtigungsfähigen Arbeitsentgelts nach den Sätzen 2 und 3 erbracht werden.

(4) 1§ 81 Absatz 4 findet Anwendung. 2Der Bildungsgutschein kann in Förderhöhe und Förderumfang beschränkt werden. 3Bei der Feststellung der Zahl der Beschäftigten sind

Teilzeitbeschäftigte mit einer regelmäßigen wöchentlichen Arbeitszeit von nicht mehr als zehn Stunden mit 0,25, von nicht mehr als 20 Stunden mit 0,50 und von nicht mehr als 30 Stunden mit 0,75 zu berücksichtigen.

(5) Bei der Ausübung des Ermessens hat die Agentur für Arbeit die unterschiedlichen Betriebsgrößen angemessen zu berücksichtigen.

§ 83 Weiterbildungskosten

(1) Weiterbildungskosten sind die durch die Weiterbildung unmittelbar entstehenden

1. Lehrgangskosten und Kosten für die Eignungsfeststellung,
2. Fahrkosten,
3. Kosten für auswärtige Unterbringung und Verpflegung,
4. Kosten für die Betreuung von Kindern.

(2) 1Leistungen können unmittelbar an den Träger der Maßnahme ausgezahlt werden, soweit Kosten bei dem Träger unmittelbar entstehen. 2Soweit ein Bescheid über die Bewilligung von unmittelbar an den Träger erbrachten Leistungen aufgehoben worden ist, sind diese Leistungen ausschließlich von dem Träger zu erstatten.

§ 84 Lehrgangskosten

(1) Lehrgangskosten sind Lehrgangsgebühren einschließlich

1. der Kosten für erforderliche Lernmittel, Arbeitskleidung und Prüfungsstücke,
2. der Prüfungsgebühren für gesetzlich geregelte oder allgemein anerkannte Zwischen- und Abschlussprüfungen sowie
3. der Kosten für eine notwendige Eignungsfeststellung.

(2) Lehrgangskosten können auch für die Zeit vom Ausscheiden einer Teilnehmerin oder eines Teilnehmers bis zum planmäßigen Ende der Maßnahme übernommen werden, wenn

1. die Teilnehmerin oder der Teilnehmer wegen Arbeitsaufnahme vorzeitig ausgeschieden ist,
2. das Arbeitsverhältnis durch Vermittlung des Trägers der Maßnahme zustande gekommen ist und
3. eine Nachbesetzung des frei gewordenen Platzes in der Maßnahme nicht möglich ist.

§ 85 Fahrkosten

Für Übernahme und Höhe der Fahrkosten gilt § 63 Absatz 1 und 3 entsprechend.

§ 86 Kosten für auswärtige Unterbringung und für Verpflegung

Ist eine auswärtige Unterbringung erforderlich, so kann

1. für die Unterbringung je Tag ein Betrag in Höhe von 60 Euro gezahlt werden, je Kalendermonat jedoch höchstens 420 Euro, und
2. für die Verpflegung je Tag ein Betrag in Höhe von 24 Euro gezahlt werden, je Kalendermonat jedoch höchstens 168 Euro.

§ 87 Kinderbetreuungskosten

Kosten für die Betreuung der aufsichtsbedürftigen Kinder der Arbeitnehmerin oder des Arbeitnehmers können in Höhe von 140 Euro monatlich je Kind übernommen werden.

Fünfter Abschnitt
Aufnahme einer Erwerbstätigkeit

Erster Unterabschnitt
Sozialversicherungspflichtige Beschäftigung

§ 88 Eingliederungszuschuss

Arbeitgeber können zur Eingliederung von Arbeitnehmerinnen und Arbeitnehmern, deren Vermittlung wegen in ihrer Person liegender Gründe erschwert ist, einen Zuschuss zum Arbeitsentgelt zum Ausgleich einer Minderleistung erhalten (Eingliederungszuschuss).

§ 89 Höhe und Dauer der Förderung

1Die Förderhöhe und die Förderdauer richten sich nach dem Umfang der Einschränkung der Arbeitsleistung der Arbeitnehmerin oder des Arbeitnehmers und nach den Anforderungen des jeweiligen Arbeitsplatzes (Minderleistung). 2Der Eingliederungszuschuss kann bis zu 50 Prozent des zu berücksichtigenden Arbeitsentgelts und die Förderdauer bis zu zwölf Monate betragen. 3Bei Arbeitnehmerinnen und Arbeitnehmern, die das 50. Lebensjahr vollendet haben, kann die Förderdauer bis zu 36 Monate betragen, wenn die Förderung bis zum 31. Dezember 2019 begonnen hat.

§ 90 Eingliederungszuschuss für behinderte und schwerbehinderte Menschen

(1) Für behinderte und schwerbehinderte Menschen kann der Eingliederungszuschuss bis zu 70 Prozent des zu berücksichtigenden Arbeitsentgelts und die Förderdauer bis zu 24 Monate betragen.

(2) 1Für schwerbehinderte Menschen im Sinne des § 187 Absatz 1 Nummer 3 Buchstabe a bis d des Neunten Buches und ihnen nach § 2 Absatz 3 des Neunten Buches von den Agenturen für Arbeit gleichgestellte behinderte Menschen, deren Vermittlung wegen in ihrer Person liegender Gründe erschwert ist (besonders betroffene schwerbehinderte Menschen), kann der Eingliederungszuschuss bis zu 70 Prozent des zu berücksichtigenden Arbeitsentgelts und die Förderdauer bis zu 60 Monate betragen. 2Die Förderdauer kann bei besonders betroffenen schwerbehinderten Menschen, die das 55. Lebensjahr vollendet haben, bis zu 96 Monate betragen.

(3) Bei der Entscheidung über Höhe und Dauer der Förderung von schwerbehinderten und besonders betroffenen schwerbehinderten Menschen ist zu berücksichtigen, ob der schwerbehinderte Mensch ohne gesetzliche Verpflichtung oder über die Beschäftigungspflicht nach dem Teil 3 des Neunten Buches hinaus eingestellt und beschäftigt wird.

(4) 1Nach Ablauf von zwölf Monaten ist die Höhe des Eingliederungszuschusses um zehn Prozentpunkte jährlich zu vermindern. 2Sie darf 30 Prozent des zu berücksichtigenden Arbeitsentgelts nicht unterschreiten. 3Der Eingliederungszuschuss für besonders betroffene schwerbehinderte Menschen ist erst nach Ablauf von 24 Monaten zu vermindern.

§ 91 Zu berücksichtigendes Arbeitsentgelt und Auszahlung des Zuschusses

(1) 1Für den Eingliederungszuschuss ist zu berücksichtigen

1. das vom Arbeitgeber regelmäßig gezahlte Arbeitsentgelt, soweit es das tarifliche Arbeitsentgelt oder, wenn eine tarifliche Regelung nicht besteht, das für vergleichbare Tätigkeiten ortsübliche Arbeitsentgelt nicht übersteigt und soweit es die Beitragsbemessungsgrenze in der Arbeitsförderung nicht überschreitet, sowie
2. der pauschalierte Anteil des Arbeitgebers am Gesamtsozialversicherungsbeitrag.

2Einmalig gezahltes Arbeitsentgelt ist nicht zu berücksichtigen.

(2) 1Der Eingliederungszuschuss wird zu Beginn der Maßnahme in monatlichen Festbeträgen für die Förderdauer festgelegt. 2Die monatlichen Festbeträge werden vermindert, wenn sich das zu berücksichtigende Arbeitsentgelt verringert.

§ 92 Förderungsausschluss und Rückzahlung

(1) Eine Förderung ist ausgeschlossen, wenn

1. zu vermuten ist, dass der Arbeitgeber die Beendigung eines Beschäftigungsverhältnisses veranlasst hat, um einen Eingliederungszuschuss zu erhalten, oder
2. die Arbeitnehmerin oder der Arbeitnehmer bei einem früheren Arbeitgeber eingestellt wird, bei dem sie oder er während der letzten vier Jahre vor Förderungsbeginn mehr als drei Monate versicherungspflichtig beschäftigt war; dies gilt nicht, wenn es sich um die befristete Beschäftigung besonders betroffener schwerbehinderter Menschen handelt.

(2) 1Der Eingliederungszuschuss ist teilweise zurückzuzahlen, wenn das Beschäftigungsverhältnis während des Förderungszeitraums oder einer Nachbeschäftigungszeit beendet wird. 2Dies gilt nicht, wenn

1. der Arbeitgeber berechtigt war, das Arbeitsverhältnis aus Gründen, die in der Person oder dem Verhalten der Arbeitneh-

VI

merin oder des Arbeitnehmers liegen, zu kündigen,

2. eine Kündigung aus dringenden betrieblichen Erfordernissen, die einer Weiterbeschäftigung im Betrieb entgegenstehen, berechtigt war,
3. das Arbeitsverhältnis auf das Bestreben der Arbeitnehmerin oder des Arbeitnehmers hin beendet wird, ohne dass der Arbeitgeber den Grund hierfür zu vertreten hat,
4. die Arbeitnehmerin oder der Arbeitnehmer das Mindestalter für den Bezug der gesetzlichen Altersrente erreicht hat, oder
5. der Eingliederungszuschuss für die Einstellung eines besonders betroffenen schwerbehinderten Menschen geleistet wird.

3Die Rückzahlung ist auf die Hälfte des geleisteten Förderbetrags begrenzt und darf den in den letzten zwölf Monaten vor Beendigung des Beschäftigungsverhältnisses geleisteten Förderbetrag nicht überschreiten. 4Ungeförderte Nachbeschäftigungszeiten sind anteilig zu berücksichtigen. 5Die Nachbeschäftigungszeit entspricht der Förderdauer; sie beträgt längstens zwölf Monate.

Achter Abschnitt Befristete Leistungen und innovative Ansätze

§ 130 Assistierte Ausbildung

(1) 1Die Agentur für Arbeit kann förderungsberechtigte junge Menschen und deren Ausbildungsbetriebe während einer betrieblichen Berufsausbildung (ausbildungsbegleitende Phase) durch Maßnahmen der Assistierten Ausbildung mit dem Ziel des erfolgreichen Abschlusses der Berufsausbildung unterstützen. 2Die Maßnahme kann auch eine vorgeschaltete ausbildungsvorbereitende Phase enthalten.

(2) 1Förderungsberechtigt sind lernbeeinträchtigte und sozial benachteiligte junge Menschen, die wegen in ihrer Person liegender Gründe ohne die Förderung eine betriebliche Berufsausbildung nicht beginnen, fortsetzen oder erfolgreich beenden können. 2§ 57 Absatz 1 und 2 gelten entsprechend.

(2a) 1In der ausbildungsvorbereitenden Phase sind Ausländerinnen und Ausländer förderungsberechtigt, wenn die Voraussetzungen nach Absatz 2 vorliegen und sie eine Erwerbstätigkeit ausüben dürfen oder ihnen eine Erwerbstätigkeit erlaubt werden kann. 2Für eine Unterstützung in dieser Phase müssen Ausländerinnen und Ausländer, die eine Aufenthaltsgestattung nach dem Asylgesetz oder eine Duldung besitzen, zudem

1. sich seit mindestens 15 Monaten erlaubt, gestattet oder geduldet im Bundesgebiet aufhalten und
2. schulische Kenntnisse und Kenntnisse der deutschen Sprache besitzen, die einen erfolgreichen Übergang in eine Berufsausbildung erwarten lassen.

3Gestattete oder geduldete Ausländerinnen oder Ausländer, die vor dem 1. August 2019 in das Bundesgebiet eingereist sind, müssen sich abweichend von Satz 2 Nummer 1 seit mindestens drei Monaten erlaubt, gestattet oder geduldet dort aufhalten.

(3) Der förderungsberechtigte junge Mensch wird, auch im Betrieb, individuell und kontinuierlich unterstützt und sozialpädagogisch begleitet.

(4) 1In der ausbildungsbegleitenden Phase werden förderungsberechtigte junge Menschen unterstützt

1. zum Abbau von Sprach- und Bildungsdefiziten,
2. zur Förderung fachtheoretischer Fertigkeiten, Kenntnisse und Fähigkeiten und
3. zur Stabilisierung des Berufsausbildungsverhältnisses.

2Die Unterstützung ist mit dem Ausbildungsbetrieb abzustimmen und muss über die Vermittlung betriebs- und ausbildungsüblicher Inhalte hinausgehen.

(5) 1In einer ausbildungsvorbereitenden Phase werden förderungsberechtigte junge Menschen

1. auf die Aufnahme einer betrieblichen Berufsausbildung vorbereitet und
2. bei der Suche nach einer betrieblichen Ausbildungsstelle unterstützt.

2Die ausbildungsvorbereitende Phase darf eine Dauer von bis zu sechs Monaten umfassen. 3Konnte der förderungsberechtigte junge Mensch in dieser Zeit nicht in eine betriebliche Berufsausbildung vermittelt werden, kann die ausbildungsvorbereitende Phase bis zu zwei weitere Monate fortgesetzt werden. 4Sie darf nicht den Schulgesetzen der Länder unterliegen. 5Betriebliche Praktika können abgestimmt auf den individuellen Förderbedarf in angemessenem Umfang vorgesehen werden.

(6) 1Betriebe, die einen förderungsberechtigten jungen Menschen betrieblich ausbilden, können bei der Durchführung der Berufsausbildung unterstützt werden

1. administrativ und organisatorisch und
2. zur Stabilisierung des Berufsausbildungsverhältnisses.

2Im Fall des Absatzes 1 Satz 2 können Betriebe, die das Ziel verfolgen, einen förderungsberechtigten jungen Menschen betrieblich auszubilden, zur Aufnahme der Berufsausbildung in der ausbildungsvorbereitenden Phase im Sinne von Satz 1 unterstützt werden.

(7) 1§ 77 gilt entsprechend. 2Die Leistungen an den Träger der Maßnahme umfassen die Maßnahmekosten. 3§ 79 Absatz 3 Satz 1 Nummer 1 und 2 gilt entsprechend.

(8) 1Abweichend von Absatz 2 Satz 1 können unter den Voraussetzungen von Satz 2 auch junge Menschen förderungsberechtigt sein, die aufgrund besonderer Lebensumstände eine betriebliche Berufsausbildung nicht beginnen, fortsetzen oder erfolgreich beenden können. 2Voraussetzung ist, dass eine Landeskonzeption für den Bereich des Übergangs von der Schule in den Beruf besteht, in der die besonderen Lebensumstände konkretisiert sind, dass eine spezifische Landeskonzeption zur Assistierten Ausbildung vorliegt und dass sich Dritte mit mindestens 50 Prozent an der Förderung beteiligen.

(9) 1Maßnahmen können bis zum 30. September 2020 beginnen. 2Die Unterstützung von Auszubildenden und deren Ausbildungsbetrieben kann in bereits laufenden Maßnahmen auch nach diesem Zeitpunkt beginnen. 3Die oder der Auszubildende muss spätestens in dem Ausbildungsjahr den Termin für die vorgesehene reguläre Abschlussprüfung haben, in dem die ausbildungsbegleitende Phase der Maßnahme endet.

Viertes Kapitel
Arbeitslosengeld und Insolvenzgeld

Erster Abschnitt
Arbeitslosengeld

Erster Unterabschnitt
Regelvoraussetzungen

§ 136 Anspruch auf Arbeitslosengeld

(1) Arbeitnehmerinnen und Arbeitnehmer haben Anspruch auf Arbeitslosengeld

1. bei Arbeitslosigkeit oder
2. bei beruflicher Weiterbildung.

(2) Wer das für die Regelaltersrente im Sinne des Sechsten Buches erforderliche Lebensjahr vollendet hat, hat vom Beginn des folgenden Monats an keinen Anspruch auf Arbeitslosengeld.

§ 139 Sonderfälle der Verfügbarkeit

(1) 1Nimmt eine leistungsberechtigte Person an einer Maßnahme nach § 45 oder an einer Berufsfindung oder Arbeitserprobung im Sinne des Rechts der beruflichen Rehabilitation teil, leistet sie vorübergehend zur Verhütung oder Beseitigung öffentlicher Notstände Dienste, die nicht auf einem Arbeitsverhältnis beruhen, übt sie eine freie Arbeit im Sinne des Artikels 293 Absatz 1 des Einführungsgesetzes zum Strafgesetzbuch oder auf Grund einer Anordnung im Gnadenwege aus oder erbringt sie gemeinnützige Leistungen oder Arbeitsleistungen nach den in Artikel 293 Absatz 3 des Einführungsgesetzes zum Strafgesetzbuch genannten Vorschriften oder auf Grund deren entsprechender Anwendung, so schließt dies die Verfügbarkeit nicht aus. 2Nimmt eine leistungsberechtigte Person an einem Integrationskurs nach § 43 des Aufenthaltsgesetzes oder an einem Kurs der berufsbezogenen Deutschsprachförderung

VI

nach § 45a des Aufenthaltsgesetzes teil, der jeweils für die dauerhafte berufliche Eingliederung notwendig ist, so schließt dies die Verfügbarkeit nicht aus.

(2) 1Bei Schülerinnen, Schülern, Studentinnen oder Studenten einer Schule, Hochschule oder sonstigen Ausbildungsstätte wird vermutet, dass sie nur versicherungsfreie Beschäftigungen ausüben können. 2Die Vermutung ist widerlegt, wenn die Schülerin, der Schüler, die Studentin oder der Student darlegt und nachweist, dass der Ausbildungsgang die Ausübung einer versicherungspflichtigen, mindestens 15 Stunden wöchentlich umfassenden Beschäftigung bei ordnungsgemäßer Erfüllung der in den Ausbildungs- und Prüfungsbestimmungen vorgeschriebenen Anforderungen zulässt.

(3) Nimmt eine leistungsberechtigte Person an einer Maßnahme der beruflichen Weiterbildung teil, für die die Voraussetzungen nach § 81 nicht erfüllt sind, schließt dies die Verfügbarkeit nicht aus, wenn

1. die Agentur für Arbeit der Teilnahme zustimmt und
2. die leistungsberechtigte Person ihre Bereitschaft erklärt, die Maßnahme abzubrechen, sobald eine berufliche Eingliederung in Betracht kommt, und zu diesem Zweck die Möglichkeit zum Abbruch mit dem Träger der Maßnahme vereinbart hat.

(4) 1Ist die leistungsberechtigte Person nur bereit, Teilzeitbeschäftigungen auszuüben, so schließt dies Verfügbarkeit nicht aus, wenn sich die Arbeitsbereitschaft auf Teilzeitbeschäftigungen erstreckt, die versicherungspflichtig sind, mindestens 15 Stunden wöchentlich umfassen und den üblichen Bedingungen des für sie in Betracht kommenden Arbeitsmarktes entsprechen. 2Eine Einschränkung auf Teilzeitbeschäftigungen aus Anlass eines konkreten Arbeits- oder Maßnahmeangebotes ist nicht zulässig. 3Die Einschränkung auf Heimarbeit schließt die Verfügbarkeit nicht aus, wenn die Anwartschaftszeit durch eine Beschäftigung als Heimarbeiterin oder Heimarbeiter erfüllt worden ist und die leistungsberechtigte Person bereit und in der Lage ist, Heimarbeit unter den üblichen Bedingungen auf dem für sie in Betracht kommenden Arbeitsmarkt auszuüben.

Dritter Unterabschnitt Anspruchsdauer

§ 147 Grundsatz

(1) 1Die Dauer des Anspruchs auf Arbeitslosengeld richtet sich nach

1. der Dauer der Versicherungspflichtverhältnisse innerhalb der um 30 Monate erweiterten Rahmenfrist und
2. dem Lebensalter, das die oder der Arbeitslose bei der Entstehung des Anspruchs vollendet hat.

2Die Vorschriften des Ersten Unterabschnitts zum Ausschluss von Zeiten bei der Erfüllung der Anwartschaftszeit und zur Begrenzung der Rahmenfrist durch eine vorangegangene Rahmenfrist gelten entsprechend.

(2) Die Dauer des Anspruchs auf Arbeitslosengeld beträgt

nach Versicherungspflichtverhältnissen mit einer Dauer von insgesamt mindestens . . . Monaten	und nach Vollendung des . . . Lebensjahres	. . . Monate
12		6
16		8
20		10
24		12
30	50.	15
36	55.	18
48	58.	24

VI

(3) 1Bei Erfüllung der Anwartschaftszeit nach § 142 Absatz 2 beträgt die Dauer des Anspruchs auf Arbeitslosengeld unabhängig vom Lebensalter

nach Versicherungspflichtverhältnissen mit einer Dauer von insgesamt mindestens . . . Monaten	. . . Monate
6	3
8	4
10	5

2Abweichend von Absatz 1 sind nur die Versicherungspflichtverhältnisse innerhalb der Rahmenfrist des § 143 zu berücksichtigen.

(4) Die Dauer des Anspruchs verlängert sich um die Restdauer des wegen Entstehung eines neuen Anspruchs erloschenen Anspruchs, wenn nach der Entstehung des erloschenen Anspruchs noch nicht fünf Jahre verstrichen sind; sie verlängert sich längstens bis zu der dem Lebensalter der oder des Arbeitslosen zugeordneten Höchstdauer.

VI

§ 148 Minderung der Anspruchsdauer

(1) Die Dauer des Anspruchs auf Arbeitslosengeld mindert sich um

1. die Anzahl von Tagen, für die der Anspruch auf Arbeitslosengeld bei Arbeitslosigkeit erfüllt worden ist,
2. jeweils einen Tag für jeweils zwei Tage, für die ein Anspruch auf Teilarbeitslosengeld innerhalb der letzten zwei Jahre vor der Entstehung des Anspruchs erfüllt worden ist,
3. die Anzahl von Tagen einer Sperrzeit wegen Arbeitsablehnung, unzureichender Eigenbemühungen, Ablehnung oder Abbruch einer beruflichen Eingliederungsmaßnahme, Ablehnung oder Abbruch eines Integrationskurses oder einer berufsbezogenen Deutschsprachförderung, Meldeversäumnis oder verspäteter Arbeitsuchendmeldung,
4. die Anzahl von Tagen einer Sperrzeit wegen Arbeitsaufgabe; in Fällen einer Sperrzeit von zwölf Wochen mindestens jedoch um ein Viertel der Anspruchsdauer, die der oder dem Arbeitslosen bei erstmaliger Erfüllung der Voraussetzungen für den Anspruch auf Arbeitslosengeld nach dem Ereignis, das die Sperrzeit begründet, zusteht,
5. die Anzahl von Tagen, für die der oder dem Arbeitslosen das Arbeitslosengeld wegen fehlender Mitwirkung (§ 66 des Ersten Buches) versagt oder entzogen worden ist,
6. die Anzahl von Tagen der Beschäftigungslosigkeit nach der Erfüllung der Voraussetzungen für den Anspruch auf Arbeitslosengeld, an denen die oder der Arbeitslose nicht arbeitsbereit ist, ohne für sein Verhalten einen wichtigen Grund zu haben,
7. jeweils einen Tag für jeweils zwei Tage, für die ein Anspruch auf Arbeitslosengeld bei beruflicher Weiterbildung nach diesem Buch erfüllt worden ist,
8. die Anzahl von Tagen, für die ein Gründungszuschuss in der Höhe des zuletzt bezogenen Arbeitslosengeldes geleistet worden ist.

(2) 1In den Fällen des Absatzes 1 Nummer 5 und 6 mindert sich die Dauer des Anspruchs auf Arbeitslosengeld höchstens um vier Wochen. 2In den Fällen des Absatzes 1 Nummer 3 und 4 entfällt die Minderung für Sperrzeiten bei Abbruch einer beruflichen Eingliederungsmaßnahme oder Arbeitsaufgabe, wenn das Ereignis, das die Sperrzeit begründet, bei Erfüllung der Voraussetzungen für den Anspruch auf Arbeitslosengeld länger als ein Jahr zurückliegt. 3In den Fällen des Absatzes 1 Nummer 7 unterbleibt eine Minderung, soweit sich dadurch eine Anspruchsdauer von weniger als einem Monat ergibt. 4Ist ein neuer Anspruch entstanden, erstreckt sich die Minderung nur auf die Restdauer des erloschenen Anspruchs (§ 147 Absatz 4).

(3) In den Fällen des Absatzes 1 Nummer 1, 2 und 7 entfällt die Minderung für Tage, für die der Bundesagentur das nach den §§ 145, 157 Absatz 3 oder nach § 158 Absatz 4 geleistete Arbeitslosengeld einschließlich der darauf entfallenden Beiträge zur Kranken-, Renten-

und Pflegeversicherung erstattet oder ersetzt wurde; Bruchteile von Tagen sind auf volle Tage aufzurunden.

Fünfter Unterabschnitt
Minderung des Arbeitslosengeldes, Zusammentreffen des Anspruchs mit sonstigem Einkommen und Ruhen des Anspruchs

§ 159 Ruhen bei Sperrzeit

(1) 1Hat die Arbeitnehmerin oder der Arbeitnehmer sich versicherungswidrig verhalten, ohne dafür einen wichtigen Grund zu haben, ruht der Anspruch für die Dauer einer Sperrzeit. 2Versicherungswidriges Verhalten liegt vor, wenn

1. die oder der Arbeitslose das Beschäftigungsverhältnis gelöst oder durch ein arbeitsvertragswidriges Verhalten Anlass für die Lösung des Beschäftigungsverhältnisses gegeben und dadurch vorsätzlich oder grob fahrlässig die Arbeitslosigkeit herbeigeführt hat (Sperrzeit bei Arbeitsaufgabe),
2. die bei der Agentur für Arbeit als arbeitsuchend gemeldete (§ 38 Absatz 1) oder die arbeitslose Person trotz Belehrung über die Rechtsfolgen eine von der Agentur für Arbeit unter Benennung des Arbeitgebers und der Art der Tätigkeit angebotene Beschäftigung nicht annimmt oder nicht antritt oder die Anbahnung eines solchen Beschäftigungsverhältnisses, insbesondere das Zustandekommen eines Vorstellungsgespräches, durch ihr Verhalten verhindert (Sperrzeit bei Arbeitsablehnung),
3. die oder der Arbeitslose trotz Belehrung über die Rechtsfolgen die von der Agentur für Arbeit geforderten Eigenbemühungen nicht nachweist (Sperrzeit bei unzureichenden Eigenbemühungen),
4. die oder der Arbeitslose sich weigert, trotz Belehrung über die Rechtsfolgen an einer Maßnahme zur Aktivierung und beruflichen Eingliederung (§ 45) oder einer Maßnahme zur beruflichen Ausbildung oder Weiterbildung oder einer Maßnahme zur Teilhabe am Arbeitsleben teilzunehmen (Sperrzeit bei Ablehnung einer beruflichen Eingliederungsmaßnahme),
5. die oder der Arbeitslose die Teilnahme an einer in Nummer 4 genannten Maßnahme abbricht oder durch maßnahmewidriges Verhalten Anlass für den Ausschluss aus einer dieser Maßnahmen gibt (Sperrzeit bei Abbruch einer beruflichen Eingliederungsmaßnahme),
6. die oder der Arbeitslose sich nach einer Aufforderung der Agentur für Arbeit weigert, trotz Belehrung über die Rechtsfolgen an einem Integrationskurs nach § 43 des Aufenthaltsgesetzes oder an einem Kurs der berufsbezogenen Deutschsprachförderung nach § 45a des Aufenthaltsgesetzes teilzunehmen, der jeweils für die dauerhafte berufliche Eingliederung notwendig ist (Sperrzeit bei Ablehnung eines Integrationskurses oder einer berufsbezogenen Deutschsprachförderung),
7. die oder der Arbeitslose die Teilnahme an einem in Nummer 6 genannten Kurs abbricht oder durch maßnahmewidriges Verhalten Anlass für den Ausschluss aus einem dieser Kurse gibt (Sperrzeit bei Abbruch eines Integrationskurses oder einer berufsbezogenen Deutschsprachförderung),
8. die oder der Arbeitslose einer Aufforderung der Agentur für Arbeit, sich zu melden oder zu einem ärztlichen oder psychologischen Untersuchungstermin zu erscheinen (§ 309), trotz Belehrung über die Rechtsfolgen nicht nachkommt oder nicht nachgekommen ist (Sperrzeit bei Meldeversäumnis),
9. die oder der Arbeitslose der Meldepflicht nach § 38 Absatz 1 nicht nachgekommen ist (Sperrzeit bei verspäteter Arbeitsuchendmeldung).

3Die Person, die sich versicherungswidrig verhalten hat, hat die für die Beurteilung eines wichtigen Grundes maßgebenden Tatsachen darzulegen und nachzuweisen, wenn

VI

diese Tatsachen in ihrer Sphäre oder in ihrem Verantwortungsbereich liegen.

(2) 1Die Sperrzeit beginnt mit dem Tag nach dem Ereignis, das die Sperrzeit begründet, oder, wenn dieser Tag in eine Sperrzeit fällt, mit dem Ende dieser Sperrzeit. 2Werden mehrere Sperrzeiten durch dasselbe Ereignis begründet, folgen sie in der Reihenfolge des Absatzes 1 Satz 2 Nummer 1 bis 9 einander nach.

(3) 1Die Dauer der Sperrzeit bei Arbeitsaufgabe beträgt zwölf Wochen. 2Sie verkürzt sich

1. auf drei Wochen, wenn das Arbeitsverhältnis innerhalb von sechs Wochen nach dem Ereignis, das die Sperrzeit begründet, ohne eine Sperrzeit geendet hätte,
2. auf sechs Wochen, wenn
   a) das Arbeitsverhältnis innerhalb von zwölf Wochen nach dem Ereignis, das die Sperrzeit begründet, ohne eine Sperrzeit geendet hätte oder
   b) eine Sperrzeit von zwölf Wochen für die arbeitslose Person nach den für den Eintritt der Sperrzeit maßgebenden Tatsachen eine besondere Härte bedeuten würde.

VI

(4) 1Die Dauer der Sperrzeit bei Arbeitsablehnung, bei Ablehnung einer beruflichen Eingliederungsmaßnahme, bei Abbruch einer beruflichen Eingliederungsmaßnahme, bei Ablehnung eines Integrationskurses oder einer berufsbezogenen Deutschsprachförderung oder bei Abbruch eines Integrationskurses oder einer berufsbezogenen Deutschsprachförderung beträgt

1. im Fall des erstmaligen versicherungswidrigen Verhaltens dieser Art drei Wochen,
2. im Fall des zweiten versicherungswidrigen Verhaltens dieser Art sechs Wochen,
3. in den übrigen Fällen zwölf Wochen.

2Im Fall der Arbeitsablehnung oder der Ablehnung einer beruflichen Eingliederungsmaßnahme nach der Meldung zur frühzeitigen Arbeitsuche (§ 38 Absatz 1) im Zusammenhang mit der Entstehung des Anspruchs gilt Satz 1 entsprechend.

(5) Die Dauer einer Sperrzeit bei unzureichenden Eigenbemühungen beträgt zwei Wochen.

(6) Die Dauer einer Sperrzeit bei Meldeversäumnis oder bei verspäteter Arbeitsuchendmeldung beträgt eine Woche.

Siebtes Kapitel
Weitere Aufgaben der Bundesagentur

Erster Abschnitt
Statistiken, Arbeitsmarkt- und Berufsforschung, Berichterstattung

§ 281 Arbeitsmarktstatistiken

(1) 1Die Bundesagentur hat aus den in ihrem Geschäftsbereich anfallenden Daten Statistiken, insbesondere über Beschäftigung und Arbeitslosigkeit der Arbeitnehmerinnen und Arbeitnehmer sowie über die Leistungen der Arbeitsförderung, zu erstellen. 2Sie hat auf der Grundlage der Meldungen nach § 28a des Vierten Buches eine Statistik der sozialversicherungspflichtig Beschäftigten und der geringfügig Beschäftigten zu führen. Für Ausländer, die keine Unionsbürger sind und sich nicht nur vorübergehend im Geltungsbereich des AZR-Gesetzes aufhalten, wird die Statistik der sozialversicherungspflichtig und geringfügig Beschäftigten zusätzlich nach dem Aufenthaltsstatus auf der Grundlage der nach § 23a des AZR-Gesetzes übermittelten Daten gegliedert.

(2) 1Die Bundesagentur hat zusätzlich den Migrationshintergrund zu erheben und in ihren Statistiken zu berücksichtigen. 2Die erhobenen Daten dürfen ausschließlich für statistische Zwecke verwendet werden. 3Sie sind in einem durch technische und organisatorische Maßnahmen von sonstiger Datenverarbeitung getrennten Bereich zu verarbeiten. 4Das Bundesministerium für Arbeit und Soziales bestimmt durch Rechtsverordnung ohne Zustimmung des Bundesrates das Nähere über die zu erhebenden Merkmale und die Durchführung des Verfahrens, insbesondere Erhe-

bung, Übermittlung und Speicherung der erhobenen Daten.

Das Fachkräfteeinwanderungsgesetz fügt § 23a AZRG mit Geltung ab 01.03.2020 ein, der die künftige Datenübermittlung regelt. Siehe zum Wortlaut Leitziffer I.10, dort hinter § 23.

Zwölftes Kapitel Bußgeldvorschriften

Erster Abschnitt Bußgeldvorschriften

§ 404 Bußgeldvorschriften

(1) Ordnungswidrig handelt, wer als Unternehmerin oder Unternehmer Dienst- oder Werkleistungen in erheblichem Umfang ausführen lässt, indem sie oder er eine andere Unternehmerin oder einen anderen Unternehmer beauftragt, von dem sie oder er weiß oder fahrlässig nicht weiß, dass diese oder dieser zur Erfüllung dieses Auftrags

1. entgegen § 284 Absatz 1 oder § 4a Absatz 5 Satz 1 des Aufenthaltsgesetzes eine Ausländerin oder einen Ausländer beschäftigt oder
2. eine Nachunternehmerin oder einen Nachunternehmer einsetzt oder es zulässt, dass eine Nachunternehmerin oder ein Nachunternehmer tätig wird, die oder der entgegen § 284 Absatz 1 oder § 4a Absatz 5 Satz 1 des Aufenthaltsgesetzes eine Ausländerin oder einen Ausländer beschäftigt.

(2) Ordnungswidrig handelt, wer vorsätzlich oder fahrlässig

1. entgegen § 42 Absatz 4 oder § 287 Abs. 3 sich die dort genannte Gebühr oder den genannten Aufwendungsersatz erstatten lässt,
2. entgegen § 165 Absatz 5 einen dort genannten Beschluß nicht oder nicht rechtzeitig bekanntgibt,
3. entgegen § 284 Abs. 1 oder § 4a Absatz 5 Satz 1 oder 2 des Aufenthaltsgesetzes eine Ausländerin oder einen Ausländer beschäftigt,
4. entgegen § 284 Abs. 1 oder § 4a Absatz 4 des Aufenthaltsgesetzes eine Beschäftigung oder eine andere Erwerbstätigkeit ausübt,
5. entgegen § 39 Absatz 4 Satz 2 des Aufenthaltsgesetzes eine Auskunft nicht, nicht richtig oder nicht rechtzeitig erteilt,
6. einer vollziehbaren Anordnung nach § 288a Abs. 1 zuwiderhandelt,
7. entgegen § 288a Abs. 2 Satz 1 eine Auskunft nicht, nicht richtig, nicht vollständig oder nicht rechtzeitig erteilt oder eine Unterlage nicht, nicht richtig, nicht vollständig oder nicht rechtzeitig vorlegt,
8. entgegen § 288a Abs. 3 Satz 2 eine Maßnahme nicht duldet,
9. einer Rechtsverordnung nach § 292 zuwiderhandelt, soweit sie für einen bestimmten Tatbestand auf diese Bußgeldvorschrift verweist,
10. (weggefallen)
11. entgegen § 296 Abs. 2 oder § 296a eine Vergütung oder einen Vorschuss entgegennimmt,
12. entgegen § 298 Abs. 1 als privater Vermittler Daten erhebt, verarbeitet oder nutzt,
13. entgegen § 298 Abs. 2 Satz 1 oder 4 eine Unterlage nicht, nicht richtig, nicht vollständig oder nicht rechtzeitig zurückgibt oder Daten nicht oder nicht rechtzeitig löscht,
14. (weggefallen)
15. (weggefallen)
16. einer Rechtsverordnung nach § 352 Abs. 2 Nr. 2 oder § 357 Satz 1 zuwiderhandelt, soweit sie für einen bestimmten Tatbestand auf diese Bußgeldvorschrift verweist,
17. und 18. (weggefallen)
19. entgegen § 312 Abs. 1 Satz 1 oder 3, jeweils auch in Verbindung mit Absatz 3, eine Tatsache nicht, nicht richtig, nicht vollständig oder nicht rechtzeitig bescheinigt oder eine Arbeitsbescheini-

gung nicht oder nicht rechtzeitig aushändigt,

19a. entgegen § 312a Absatz 1 Satz 1 oder Satz 2, jeweils auch in Verbindung mit Satz 3, eine Tatsache nicht, nicht richtig, nicht vollständig oder nicht rechtzeitig bescheinigt,

20. entgegen § 313 Abs. 1, auch in Verbindung mit Absatz 3, Art oder Dauer der Beschäftigung oder der selbständigen Tätigkeit oder die Höhe des Arbeitsentgelts oder der Vergütung nicht, nicht richtig, nicht vollständig oder nicht rechtzeitig bescheinigt oder eine Bescheinigung nicht oder nicht rechtzeitig aushändigt,

21. entgegen § 313 Abs. 2, auch in Verbindung mit Absatz 3, einen Vordruck nicht oder nicht rechtzeitig vorlegt,

22. entgegen § 314 eine Bescheinigung nicht, nicht richtig, nicht vollständig oder nicht rechtzeitig ausstellt,

23. entgegen § 315 Abs. 1, 2 Satz 1 oder Abs. 3, jeweils auch in Verbindung mit Absatz 4, § 315 Absatz 5 Satz 1, auch in Verbindung mit Satz 2, § 316, § 317 oder als privater Arbeitgeber oder Träger entgegen § 318 Abs. 1 Satz 1 eine Auskunft nicht, nicht richtig, nicht vollständig oder nicht rechtzeitig erteilt oder entgegen § 318 Abs. 2 Satz 2 Nr. 2 eine Mitteilung an die Agentur für Arbeit nicht oder nicht rechtzeitig erteilt,

24. entgegen § 319 Abs. 1 Satz 1 Einsicht oder Zutritt nicht gewährt,

25. entgegen § 320 Abs. 1 Satz 1, Abs. 3 Satz 1 oder 2 oder Abs. 5 einen Nachweis nicht, nicht richtig oder nicht vollständig oder nicht rechtzeitig erbringt, eine Aufzeichnung nicht, nicht richtig oder nicht vollständig führt oder eine Anzeige nicht, nicht richtig, nicht vollständig oder nicht rechtzeitig erstattet,

26. entgegen § 60 Absatz 1 Satz 1 Nummer 1 des Ersten Buches eine Angabe nicht, nicht richtig, nicht vollständig oder nicht rechtzeitig macht oder

27. entgegen § 60 Abs. 1 Satz 1 Nr. 2 des Ersten Buches eine Änderung in den Verhältnissen, die für einen Anspruch auf eine laufende Leistung erheblich ist, nicht, nicht richtig, nicht vollständig oder nicht rechtzeitig mitteilt.

(3) Die Ordnungswidrigkeit kann in den Fällen der Absätze 1 und 2 Nr. 3 mit einer Geldbuße bis zu fünfhunderttausend Euro, in den Fällen des Absatzes 2 Nr. 1, 5 bis 9 und 11 bis 13 mit einer Geldbuße bis zu dreißigtausend Euro, in den Fällen des Absatzes 2 Nr. 2, 4, 16, 26 und 27 mit einer Geldbuße bis zu fünftausend Euro, in den übrigen Fällen mit einer Geldbuße bis zu zweitausend Euro geahndet werden.

§ 405 Zuständigkeit, Vollstreckung und Unterrichtung

(1) Verwaltungsbehörden im Sinne des § 36 Abs. 1 Nr. 1 des Gesetzes über Ordnungswidrigkeiten sind in den Fällen

1. des § 404 Abs. 1 sowie des § 404 Abs. 2 Nr. 3 und 4 die Behörden der Zollverwaltung,
2. des § 404 Abs. 2 Nr. 1, 2, 5 bis 16 und 19 bis 25 die Bundesagentur,
3. des § 404 Abs. 2 Nr. 26 und 27 die Behörden der Zollverwaltung und die Bundesagentur jeweils für ihren Geschäftsbereich.

(2) 1Die Geldbußen fließen in die Kasse der Verwaltungsbehörde, die den Bußgeldbescheid erlassen hat. 2§ 66 des Zehnten Buches gilt entsprechend.

(3) 1Die nach Absatz 2 Satz 1 zuständige Kasse trägt abweichend von § 105 Abs. 2 des Gesetzes über Ordnungswidrigkeiten die notwendigen Auslagen. 2Sie ist auch ersatzpflichtig im Sinne des § 110 Abs. 4 des Gesetzes über Ordnungswidrigkeiten.

(4) Bei der Verfolgung und Ahndung der Beschäftigung oder Tätigkeit von Ausländerinnen und Ausländern ohne Genehmigung nach § 284 Abs. 1, ohne Aufenthaltstitel nach § 4a Absatz 5 Satz 1 des Aufenthaltsgesetzes oder ohne Erlaubnis oder Berechtigung nach § 4a Absatz 5 Satz 2 in Verbindung mit Ab-

satz 4 des Aufenthaltsgesetzes sowie der Verstöße gegen die Mitwirkungspflicht gegenüber der Bundesagentur nach § 60 Absatz 1 Satz 1 Nummer 1 und 2 des Ersten Buches arbeiten die Behörden nach Absatz 1 mit den in § 2 Absatz 4 des Schwarzarbeitsbekämpfungsgesetzes genannten Behörden zusammen.

(5) 1Die Bundesagentur unterrichtet das Gewerbezentralregister über rechtskräftige Bußgeldbescheide nach § 404 Abs. 2 Nr. 1, 5 bis 16, 19 und 20. 2Die Behörden der Zollverwaltung unterrichten das Gewerbezentralregister über rechtskräftige Bußgeldbescheide nach § 404 Abs. 1 und 2 Nr. 3. 3Dies gilt nur, sofern die Geldbuße mehr als 200 Euro beträgt.

(6) 1Gerichte, Strafverfolgungs- oder Strafvollstreckungsbehörden sollen den Behörden der Zollverwaltung Erkenntnisse aus sonstigen Verfahren, die aus ihrer Sicht zur Verfolgung von Ordnungswidrigkeiten nach § 404 Abs. 1 oder 2 Nr. 3 erforderlich sind, übermitteln, soweit nicht für die übermittelnde Stelle erkennbar ist, dass schutzwürdige Interessen der oder des Betroffenen oder anderer Verfahrensbeteiligter an dem Ausschluss der Übermittlung überwiegen. 2Dabei ist zu berücksichtigen, wie gesichert die zu übermittelnden Erkenntnisse sind.

Dreizehntes Kapitel Sonderregelungen

Zweiter Abschnitt Ergänzungen für übergangsweise mögliche Leistungen und zeitweilige Aufgaben

§ 421 Förderung der Teilnahme an Sprachkursen

(1) 1Die Agentur für Arbeit kann die Teilnahme von Ausländerinnen und Ausländern, die eine Aufenthaltsgestattung besitzen und bei denen ein rechtmäßiger und dauerhafter Aufenthalt zu erwarten ist, an Maßnahmen zur Erlangung erster Kenntnisse der deutschen Sprache fördern, wenn dies zu ihrer Eingliederung notwendig ist und der Maßnahmeeintritt bis zum 31. Dezember 2015 erfolgt. 2Dies gilt auch für Ausländerinnen und Ausländer nach Satz 1, die auf Grund des § 61 des Asylgesetzes eine Erwerbstätigkeit nicht ausüben dürfen. 3Bei einem Asylbewerber, der aus einem sicheren Herkunftsstaat nach § 29a des Asylgesetzes stammt, wird vermutet, dass ein rechtmäßiger und dauerhafter Aufenthalt nicht zu erwarten ist.

(2) 1Die Dauer der Teilnahme an der Maßnahme beträgt bis zu acht Wochen. 2Die Teilnahme kann durch Übernahme der Maßnahmekosten gefördert werden, wenn die Träger die erforderliche Leistungsfähigkeit und Zuverlässigkeit besitzen.

(3) Dem Träger werden als Maßnahmekosten erstattet:

1. die angemessenen Aufwendungen für das zur Durchführung der Maßnahme eingesetzte erforderliche Personal sowie für das erforderliche Leitungs- und Verwaltungspersonal,
2. die angemessenen Sachkosten einschließlich der Kosten für Lehr- und Lernmittel und
3. die erforderlichen Fahrkosten der Teilnehmenden.

(4) Die Berechtigung der Ausländerin oder des Ausländers zur Teilnahme an einem Integrationskurs schließt eine Förderung nach Absatz 1 nicht aus.

(5) Die Leistungen nach dieser Vorschrift sind Leistungen der aktiven Arbeitsförderung im Sinne des § 3 Absatz 1 und 2.

§ 421a Arbeiten in Maßnahmen des Arbeitsmarktprogramms Flüchtlingsintegrationsmaßnahmen

1Arbeiten in Maßnahmen, die durch das Arbeitsmarktprogramm Flüchtlingsintegrationsmaßnahmen bereitgestellt werden, begründen kein Arbeitsverhältnis im Sinne des Arbeitsrechts und kein Beschäftigungsverhältnis im Sinne des Vierten Buches; die Vorschriften über den Arbeitsschutz und das Bundesurlaubsgesetz mit Ausnahme der Re-

VI

gelungen über das Urlaubsentgelt sind entsprechend anzuwenden. 2Für Schäden bei der Ausübung ihrer Tätigkeit haften die Teilnehmerinnen und Teilnehmer an den Maßnahmen wie Arbeitnehmerinnen und Arbeitnehmer.

§ 421b Erprobung einer zentralen Servicestelle für anerkennungssuchende Fachkräfte im Ausland

Die Bundesagentur berät im Rahmen eines Modellvorhabens Personen, die sich nicht nur vorübergehend im Ausland aufhalten, zu den Möglichkeiten der Anerkennung ausländischer Berufsabschlüsse und damit im Zusammenhang stehenden aufenthaltsrechtlichen Fragen und begleitet sie bei der Durchführung der entsprechenden Verfahren. Das Modellvorhaben ist bis zum 31. Dezember 2023 befristet. § 363 Absatz 1 Satz 2 findet keine Anwendung.

Fünfter Abschnitt
Übergangsregelungen auf Grund von Änderungsgesetzen

§ 448 Gesetz zur Förderung der Ausbildung und Beschäftigung von Ausländerinnen und Ausländern

1Für Fälle des § 132 Absatz 1 Satz 1 Nummer 2 in der bis zum 31. Juli 2019 geltenden Fassung sind abweichend von § 60 Absatz 3 und abweichend von § 132 Absatz 4 Nummer 2 in der bis zum 31. Juli 2019 geltenden Fassung § 132 in Verbindung mit § 59 in der jeweils bis zum 31. Juli 2019 geltenden Fassung anwendbar, wenn vor dem 31. Dezember 2019 die laufende Ausbildung begonnen und der erste Antrag auf Berufsausbildungsbeihilfe oder Ausbildungsgeld gestellt wird und die weiteren Anspruchsvoraussetzungen zu diesem Zeitpunkt vorliegen. 2Für die Voraussetzung, dass bei der Ausländerin oder dem Ausländer ein rechtmäßiger und dauerhafter Aufenthalt zu erwarten ist, ist auf den Zeitpunkt der ersten Antragstellung abzustellen.

Verordnung über die Beschäftigung von Ausländerinnen und Ausländern (Beschäftigungsverordnung – BeschV)

Vom 6. Juni 2013 (BGBl. I S. 1499)

Zuletzt geändert durch
Verordnung zur Änderung der Verordnung zum Integrationsgesetz und der Beschäftigungsverordnung
vom 22. Juli 2019 (BGBl. I S. 1109)[1])

Inhaltsübersicht

VI

[1]) Die ab 01.03.2020 geltende Fassung der Beschäftigungsverordnung mit den durch das Fachkräfteeinwanderungsgesetz veranlassten Änderungen ist in nachfolgender Leitziffer VI.2b abgedruckt.

Teil 1
Allgemeine Bestimmungen

§ 1 Anwendungsbereich der Verordnung, Begriffsbestimmungen

(1) 1Die Verordnung steuert die Zuwanderung ausländischer Arbeitnehmerinnen und Arbeitnehmer und bestimmt, unter welchen Voraussetzungen sie und die bereits in Deutschland lebenden Ausländerinnen und Ausländer zum Arbeitsmarkt zugelassen werden können. 2Sie regelt, in welchen Fällen

1. ein Aufenthaltstitel, der einer Ausländerin oder einem Ausländer die Ausübung einer Beschäftigung erlaubt, nach § 39 Absatz 1 Satz 1 des Aufenthaltsgesetzes ohne Zustimmung der Bundesagentur für Arbeit erteilt werden kann,
2. die Bundesagentur für Arbeit nach § 39 Absatz 1 Satz 2 des Aufenthaltsgesetzes einem Aufenthaltstitel, der einer Ausländerin oder einem Ausländer die Ausübung einer Beschäftigung erlaubt, zustimmen kann,
3. einer Ausländerin oder einem Ausländer, die oder der keine Aufenthaltserlaubnis zum Zweck der Beschäftigung besitzt, nach § 4 Absatz 2 Satz 3 des Aufenthaltsgesetzes die Ausübung einer Beschäftigung ohne Zustimmung der Bundesagentur für Arbeit erlaubt werden kann,
4. die Bundesagentur für Arbeit der Ausübung einer Beschäftigung einer Ausländerin oder eines Ausländers, die oder der keine Aufenthaltserlaubnis zum Zweck der Beschäftigung besitzt, nach § 4 Absatz 2 Satz 3 in Verbindung mit § 39 des Aufenthaltsgesetzes zustimmen kann und
5. die Zustimmung der Bundesagentur für Arbeit abweichend von § 39 Absatz 2 des Aufenthaltsgesetzes erteilt werden darf.

(2) Vorrangprüfung ist die Prüfung nach § 39 Absatz 2 Satz 1 Nummer 1 des Aufenthaltsgesetzes.

Teil 2
Zuwanderung von Fachkräften

§ 2 Hochqualifizierte, Blaue Karte EU, Hochschulabsolventinnen und Hochschulabsolventen

(1) Keiner Zustimmung bedarf die Erteilung

1. einer Niederlassungserlaubnis an Hochqualifizierte nach § 19 des Aufenthaltsgesetzes,
2. einer Blauen Karte EU nach § 19a des Aufenthaltsgesetzes, wenn die Ausländerin oder der Ausländer
   a) ein Gehalt in Höhe von mindestens zwei Dritteln der jährlichen Beitragsbemessungsgrenze in der allgemeinen Rentenversicherung erhält oder
   b) einen inländischen Hochschulabschluss besitzt und die Voraussetzungen nach Absatz 2 Satz 1 erfüllt,
3. einer Aufenthaltserlaubnis zur Ausübung einer der beruflichen Qualifikation angemessenen Beschäftigung an Ausländerinnen und Ausländer mit einem inländischen Hochschulabschluss.

(2) 1Ausländerinnen und Ausländer, die einen Beruf ausüben, der zu den Gruppen 21, 221 oder 25 nach der Empfehlung der Kommission vom 29. Oktober 2009 über die Verwendung der Internationalen Standardklassifikation der Berufe (ABl. L 292 vom 10. 11. 2009, S. 31) gehört, kann die Zustimmung zu einer Blauen Karte EU erteilt werden, wenn die Höhe des Gehalts mindestens 52 Prozent der jährlichen Beitragsbemessungsgrenze in der allgemeinen Rentenversicherung beträgt. 2Die Zustimmung wird ohne Vorrangprüfung erteilt.

(3) Ausländerinnen und Ausländern mit einem anerkannten ausländischen Hochschulabschluss oder einem ausländischen Hochschulabschluss, der einem deutschen Hochschulabschluss vergleichbar ist, kann die Zustimmung zu einem Aufenthaltstitel zur Ausübung einer der beruflichen Qualifikation entsprechenden Beschäftigung erteilt werden.

VI

(4) Das Bundesministerium des Innern gibt das Mindestgehalt nach Absatz 1 Nummer 2 Buchstabe a und Absatz 2 Satz 1 für jedes Kalenderjahr jeweils bis zum 31. Dezember des Vorjahres im Bundesanzeiger bekannt.

Bekanntmachung zu § 2 Absatz 4 der Beschäftigungsverordnung über die Mindestgehälter für die Blaue Karte EU Vom 6. Dezember 2017 (BAnz. AT 18. 12. 2017 B1)

Gemäß § 2 Absatz 4 der Beschäftigungsverordnung (BeschV) gibt das Bundesministerium des Innern folgende Mindestgehälter für die Blaue Karte EU nach § 2 Absatz 1 Nummer 2 Buchstabe a und Absatz 2 Satz 1 BeschV für das Jahr 2018 bekannt:

Das Mindestgehalt für die Blaue Karte EU beträgt nach § 2 Absatz 1 Nummer 2 Buchstabe a BeschV zwei Drittel der jährlichen Beitragsbemessungsgrenze in der allgemeinen Rentenversicherung. Daraus ergibt sich ein Mindestgehalt für das Jahr 2018 in Höhe von jährlich 52.000 Euro.

Das Mindestgehalt für die Blaue Karte EU für Mangelberufe beträgt nach § 2 Absatz 2 Satz 1 BeschV 52 Prozent der jährlichen Beitragsbemessungsgrenze in der allgemeinen Rentenversicherung. Daraus ergibt sich ein Mindestgehalt für das Jahr 2018 in Höhe von jährlich 40.560 Euro.

§ 3 Führungskräfte

Keiner Zustimmung bedarf die Erteilung eines Aufenthaltstitels an

1. leitende Angestellte mit Generalvollmacht oder Prokura,
2. Mitglieder des Organs einer juristischen Person, die zur gesetzlichen Vertretung berechtigt sind,
3. Gesellschafterinnen und Gesellschafter einer offenen Handelsgesellschaft oder Mitglieder einer anderen Personengesamtheit, soweit sie durch Gesetz, Satzung oder Gesellschaftsvertrag zur Vertretung der Personengesamtheit oder zur Geschäftsführung berufen sind, oder
4. leitende Angestellte eines auch außerhalb Deutschlands tätigen Unternehmens für eine Beschäftigung auf Vorstands-, Direktions- oder Geschäftsleitungsebene oder für eine Tätigkeit in sonstiger leitender Position, die für die Entwicklung des Unternehmens von entscheidender Bedeutung ist.

§ 4 Leitende Angestellte und Spezialisten

1 Die Zustimmung kann erteilt werden für

1. leitende Angestellte und andere Personen, die zur Ausübung ihrer Beschäftigung über besondere, vor allem unternehmensspezifische Spezialkenntnisse verfügen, eines im Inland ansässigen Unternehmens für eine qualifizierte Beschäftigung in diesem Unternehmen oder
2. leitende Angestellte für eine Beschäftigung in einem auf der Grundlage zwischenstaatlicher Vereinbarungen gegründeten deutsch-ausländischen Gemeinschaftsunternehmen.

2 Die Zustimmung wird ohne Vorrangprüfung erteilt.

§ 5 Wissenschaft, Forschung und Entwicklung

Keiner Zustimmung bedarf die Erteilung eines Aufenthaltstitels an

1. wissenschaftliches Personal von Hochschulen und von Forschungs- und Entwicklungseinrichtungen, das nicht bereits in den Anwendungsbereich der §§ 20 und 20b des Aufenthaltsgesetzes fällt,
2. Gastwissenschaftlerinnen und Gastwissenschaftler an einer Hochschule oder an einer öffentlich-rechtlichen oder überwiegend aus öffentlichen Mitteln finanzierten oder als öffentliches Unternehmen in privater Rechtsform geführten Forschungseinrichtung, die nicht bereits in den Anwendungsbereich der §§ 20 und 20b des Aufenthaltsgesetzes fallen,
3. Ingenieurinnen und Ingenieure sowie Technikerinnen und Techniker als technische Mitarbeiterinnen und Mitarbeiter im Forschungsteam einer Gastwissenschaftlerin oder eines Gastwissenschaftlers,
4. Lehrkräfte öffentlicher Schulen oder staatlich genehmigter privater Ersatzschulen oder anerkannter privater Ergänzungsschulen oder

5. Lehrkräfte zur Sprachvermittlung an Hochschulen.

§ 6 Ausbildungsberufe

(1) 1Für Ausländerinnen und Ausländer, die im Inland eine qualifizierte Berufsausbildung in einem staatlich anerkannten oder vergleichbar geregelten Ausbildungsberuf erworben haben, kann die Zustimmung zur Ausübung einer der beruflichen Qualifikation entsprechenden Beschäftigung erteilt werden. 2Eine qualifizierte Berufsausbildung liegt vor, wenn die Ausbildungsdauer mindestens zwei Jahre beträgt.

(2) 1Für Ausländerinnen und Ausländer, die ihre Berufsqualifikation im Ausland erworben haben, kann die Zustimmung zur Ausübung einer der beruflichen Qualifikation entsprechenden Beschäftigung in einem staatlich anerkannten oder vergleichbar geregelten Ausbildungsberuf erteilt werden, wenn die nach den Regelungen des Bundes oder der Länder für die berufliche Anerkennung zuständige Stelle die Gleichwertigkeit der Berufsqualifikation mit einer inländischen qualifizierten Berufsausbildung festgestellt hat und

1. die betreffenden Personen von der Bundesagentur für Arbeit auf Grund einer Absprache mit der Arbeitsverwaltung des Herkunftslandes über das Verfahren, die Auswahl und die Vermittlung vermittelt worden sind oder
2. die Bundesagentur für Arbeit für den entsprechenden Beruf oder die entsprechende Berufsgruppe differenziert nach regionalen Besonderheiten festgestellt hat, dass die Besetzung der offenen Stellen mit ausländischen Bewerbern arbeitsmarkt- und integrationspolitisch verantwortbar ist.

2Die Bundesagentur für Arbeit kann die Zustimmung in den Fällen des Satzes 1 Nummer 2 auf bestimmte Herkunftsländer beschränken und am Bedarf orientierte Zulassungszahlen festlegen.

(3) Die Zustimmung nach den Absätzen 1 und 2 wird ohne Vorrangprüfung erteilt.

§ 7 Absolventinnen und Absolventen deutscher Auslandsschulen

Keiner Zustimmung bedarf die Erteilung eines Aufenthaltstitels an Absolventinnen und Absolventen deutscher Auslandsschulen

1. mit einem anerkannten ausländischen Hochschulabschluss oder einem ausländischen Hochschulabschluss, der einem deutschen Hochschulabschluss vergleichbar ist, zur Ausübung einer der beruflichen Qualifikation entsprechenden Beschäftigung,
2. zur Ausübung einer Beschäftigung in einem staatlich anerkannten oder vergleichbar geregelten Ausbildungsberuf, wenn die zuständige Stelle die Gleichwertigkeit der Berufsqualifikation mit einer inländischen qualifizierten Berufsausbildung festgestellt hat, oder
3. zum Zweck einer qualifizierten betrieblichen Ausbildung in einem staatlich anerkannten oder vergleichbar geregelten Ausbildungsberuf.

§ 8 Betriebliche Aus- und Weiterbildung; Anerkennung ausländischer Berufsqualifikationen

(1) Die Zustimmung kann für die Erteilung eines Aufenthaltstitels nach § 17 Absatz 1 des Aufenthaltsgesetzes erteilt werden.

(2) 1Die Zustimmung kann für die Erteilung eines Aufenthaltstitels nach § 17a Absatz 1 Satz 3, Absatz 3 und 5 des Aufenthaltsgesetzes erteilt werden. 2Sie wird im Fall des § 17a Absatz 1 Satz 3 ohne Vorrangprüfung erteilt. 3Im Fall des § 17a Absatz 3 wird die Zustimmung hinsichtlich der während der Bildungsmaßnahme ausgeübten Beschäftigung ohne Vorrangprüfung erteilt.

(3) 1Ist für eine qualifizierte Beschäftigung

1. die Feststellung der Gleichwertigkeit eines im Ausland erworbenen Berufsabschlusses im Sinne des § 6 Absatz 2 oder
2. in einem im Inland reglementierten Beruf die Befugnis zur Berufsausübung notwendig

und ist hierfür eine vorherige befristete praktische Tätigkeit im Inland erforderlich, kann

VI

der Erteilung des Aufenthaltstitels für die Ausübung dieser befristeten Beschäftigung zugestimmt werden. 2Die Zustimmung wird ohne Vorrangprüfung erteilt.

§ 9 Beschäftigung bei Vorbeschäftigungszeiten oder längerem Voraufenthalt

(1) Keiner Zustimmung bedarf die Ausübung einer Beschäftigung bei Ausländerinnen und Ausländern, die eine Blaue Karte EU oder eine Aufenthaltserlaubnis besitzen und

1. zwei Jahre rechtmäßig eine versicherungspflichtige Beschäftigung im Bundesgebiet ausgeübt haben oder
2. sich seit drei Jahren ununterbrochen erlaubt, geduldet oder mit einer Aufenthaltsgestattung im Bundesgebiet aufhalten; Unterbrechungszeiten werden entsprechend § 51 Absatz 1 Nummer 7 des Aufenthaltsgesetzes berücksichtigt.

VI

(2) Auf die Beschäftigungszeit nach Absatz 1 Nummer 1 werden nicht angerechnet Zeiten

1. von Beschäftigungen, die vor dem Zeitpunkt liegen, an dem die Ausländerin oder der Ausländer unter Aufgabe ihres oder seines gewöhnlichen Aufenthaltes ausgereist war,
2. einer nach dem Aufenthaltsgesetz oder dieser Verordnung zeitlich begrenzten Beschäftigung und
3. einer Beschäftigung, für die die Ausländerin oder der Ausländer auf Grund einer zwischenstaatlichen Vereinbarung von der Zustimmungspflicht für eine Beschäftigung befreit war.

(3) 1Auf die Aufenthaltszeit nach Absatz 1 Nummer 2 werden Zeiten eines Aufenthaltes nach § 16 des Aufenthaltsgesetzes nur zur Hälfte und nur bis zu zwei Jahren angerechnet. 2Zeiten einer Beschäftigung, die nach dem Aufenthaltsgesetz oder dieser Verordnung zeitlich begrenzt ist, werden auf die Aufenthaltszeit angerechnet, wenn der Ausländerin oder dem Ausländer ein Aufenthaltstitel für einen anderen Zweck als den der Beschäftigung erteilt wird.

Teil 3
Vorübergehende Beschäftigung

§ 10 Internationaler Personalaustausch, Auslandsprojekte

(1) 1Die Zustimmung kann erteilt werden zur Ausübung einer Beschäftigung von bis zu drei Jahren

1. Ausländerinnen und Ausländern, die eine Hochschulausbildung oder eine vergleichbare Qualifikation besitzen, im Rahmen des Personalaustausches innerhalb eines international tätigen Unternehmens oder Konzerns,
2. für im Ausland beschäftigte Arbeitnehmerinnen und Arbeitnehmer eines international tätigen Konzerns oder Unternehmens im inländischen Konzern- oder Unternehmensteil, wenn die Tätigkeit zur Vorbereitung von Auslandsprojekten unabdingbar erforderlich ist, die Arbeitnehmerin oder der Arbeitnehmer bei der Durchführung des Projektes im Ausland tätig wird und über eine mit deutschen Facharbeitern vergleichbare Qualifikation und darüber hinaus über besondere, vor allem unternehmensspezifische Spezialkenntnisse verfügt.

2Die Zustimmung wird ohne Vorrangprüfung erteilt.

(2) 1In den Fällen des Absatzes 1 Satz 1 Nummer 2 kann die Zustimmung auch für Arbeitnehmerinnen und Arbeitnehmer des Auftraggebers des Auslandsprojektes erteilt werden, wenn sie im Zusammenhang mit den vorbereitenden Arbeiten vorübergehend vom Auftragnehmer beschäftigt werden, der Auftrag eine entsprechende Verpflichtung für den Auftragnehmer enthält und die Beschäftigung für die spätere Tätigkeit im Rahmen des fertig gestellten Projektes notwendig ist. 2Satz 1 wird auch angewendet, wenn der Auftragnehmer weder eine Zweigstelle noch einen Betrieb im Ausland hat.

§ 10a Unternehmensintern transferierte Arbeitnehmer

(1) Die Zustimmung zur Erteilung einer ICT-Karte nach § 19b des Aufenthaltsgesetzes

und zur Erteilung einer Mobiler-ICT-Karte nach § 19d des Aufenthaltsgesetzes kann erteilt werden, wenn

1. die Beschäftigung in der aufnehmenden Niederlassung als Führungskraft, als Spezialistin oder Spezialist oder als Trainee erfolgt,
2. das Arbeitsentgelt nicht ungünstiger ist als das vergleichbarer deutscher Arbeitnehmerinnen und Arbeitnehmer und
3. die Beschäftigung nicht zu ungünstigeren Arbeitsbedingungen erfolgt als die vergleichbarer entsandter Arbeitnehmerinnen und Arbeitnehmer.

(2) Die Zustimmung wird ohne Vorrangprüfung erteilt.

§ 11 Sprachlehrerinnen und Sprachlehrer, Spezialitätenköchinnen und Spezialitätenköche

(1) 1Die Zustimmung kann für Lehrkräfte zur Erteilung muttersprachlichen Unterrichts in Schulen unter Aufsicht der jeweils zuständigen berufskonsularischen Vertretung mit einer Geltungsdauer von bis zu fünf Jahren erteilt werden. 2Die Zustimmung wird ohne Vorrangprüfung erteilt.

(2) 1Die Zustimmung kann für Spezialitätenköchinnen und Spezialitätenköche für die Ausübung einer Vollzeitbeschäftigung in Spezialitätenrestaurants mit einer Geltungsdauer von bis zu vier Jahren erteilt werden. 2Die erstmalige Zustimmung wird längstens für ein Jahr erteilt.

(3) Für eine erneute Beschäftigung nach den Absätzen 1 und 2 darf die Zustimmung nicht vor Ablauf von drei Jahren nach Ablauf des früheren Aufenthaltstitels erteilt werden.

§ 12 Au-pair-Beschäftigungen

1Die Zustimmung kann für Personen mit Grundkenntnissen der deutschen Sprache erteilt werden, die unter 27 Jahre alt sind und in einer Familie, in der Deutsch als Muttersprache gesprochen wird, bis zu einem Jahr als Au-pair beschäftigt werden. 2Wird in der Familie Deutsch als Familiensprache gesprochen, kann die Zustimmung erteilt werden, wenn der oder die Beschäftigte nicht aus einem Heimatland der Gasteltern stammt. 3Die Zustimmung wird ohne Vorrangprüfung erteilt.

§ 13 Hausangestellte von Entsandten

1Die Zustimmung zur Ausübung einer Beschäftigung als Hausangestellte oder Hausangestellter bei Personen, die

1. für ihren Arbeitgeber oder im Auftrag eines Unternehmens mit Sitz im Ausland vorübergehend im Inland tätig werden oder
2. die Hausangestellte oder den Hausangestellten auf der Grundlage der Wiener Übereinkommen über diplomatische Beziehungen oder über konsularische Beziehungen eingestellt haben,

kann erteilt werden, wenn diese Personen vor ihrer Einreise die Hausangestellte oder den Hausangestellten seit mindestens einem Jahr in ihrem Haushalt zur Betreuung eines Kindes unter 16 Jahren oder eines pflegebedürftigen Haushaltsmitgliedes beschäftigt haben. 2Die Zustimmung wird ohne Vorrangprüfung und für die Dauer des Aufenthaltes der Person, bei der die Hausangestellten beschäftigt sind, längstens für fünf Jahre erteilt.

§ 14 Sonstige Beschäftigungen

(1) Keiner Zustimmung bedarf die Erteilung eines Aufenthaltstitels an

1. Personen, die im Rahmen eines gesetzlich geregelten oder auf einem Programm der Europäischen Union beruhenden Freiwilligendienstes beschäftigt werden, oder
2. vorwiegend aus karitativen oder religiösen Gründen Beschäftigte.

(2) Keiner Zustimmung bedarf die Erteilung eines Aufenthaltstitels an Studierende sowie Schülerinnen und Schüler ausländischer Hochschulen und Fachschulen zur Ausübung einer Ferienbeschäftigung von bis zu 90 Tagen innerhalb eines Zeitraums von zwölf Monaten, die von der Bundesagentur für Arbeit vermittelt worden ist.

§ 15 Praktika zu Weiterbildungszwecken

Keiner Zustimmung bedarf die Erteilung eines Aufenthaltstitels für ein Praktikum

VI

1. nach § 17b des Aufenthaltsgesetzes,
2. während eines Aufenthaltes zum Zweck der schulischen Ausbildung oder des Studiums, das vorgeschriebener Bestandteil der Ausbildung ist oder zur Erreichung des Ausbildungszieles nachweislich erforderlich ist,
3. im Rahmen eines von der Europäischen Union oder der bilateralen Entwicklungszusammenarbeit finanziell geförderten Programms,
4. mit einer Dauer von bis zu einem Jahr im Rahmen eines internationalen Austauschprogramms von Verbänden, öffentlich-rechtlichen Einrichtungen oder studentischen Organisationen an Studierende oder Absolventen ausländischer Hochschulen im Einvernehmen mit der Bundesagentur für Arbeit,
5. an Fach- und Führungskräfte, die ein Stipendium aus öffentlichen deutschen Mitteln, Mitteln der Europäischen Union oder Mitteln internationaler zwischenstaatlicher Organisationen erhalten, oder
6. mit einer Dauer von bis zu einem Jahr während eines Studiums an einer ausländischen Hochschule, das nach dem vierten Semester studienfachbezogen im Einvernehmen mit der Bundesagentur für Arbeit ausgeübt wird.

VI

§ 15a Saisonabhängige Beschäftigung

(1) 1Ausländerinnen und Ausländern, die auf Grund einer Absprache der Bundesagentur für Arbeit mit der Arbeitsverwaltung des Herkunftslandes über das Verfahren und die Auswahl zum Zweck der Saisonbeschäftigung nach der Richtlinie 2014/36/EU des Europäischen Parlaments und des Rates vom 26. Februar 2014 über die Bedingungen für die Einreise und den Aufenthalt von Drittstaatsangehörigen zwecks Beschäftigung als Saisonarbeitnehmer (ABl. L 94 vom 28. 3. 2014, S. 375) vermittelt worden sind, kann die Bundesagentur für Arbeit zur Ausübung einer saisonabhängigen Beschäftigung von regelmäßig mindestens 30 Stunden wöchentlich in der Land- und Forstwirtschaft, im Gartenbau, im Hotel- und Gaststättengewerbe, in der Obst- und Gemüseverarbeitung sowie in Sägewerken

1. eine Arbeitserlaubnis für die Dauer von bis zu 90 Tagen je Zeitraum von 180 Tagen erteilen, wenn es sich um Staatsangehörige eines in Anhang II der Verordnung (EG) Nr. 539/2001 genannten Staates handelt, oder
2. eine Zustimmung erteilen, wenn
   a) die Aufenthaltsdauer mehr als 90 Tage je Zeitraum von 180 Tagen beträgt oder
   b) es sich um Staatsangehörige eines in Anhang I der Verordnung (EG) Nr. 539/2001 genannten Staates handelt.

2Die saisonabhängige Beschäftigung eines Ausländers oder einer Ausländerin darf sechs Monate innerhalb eines Zeitraums von zwölf Monaten nicht überschreiten. 3Die Dauer der saisonabhängigen Beschäftigung darf den Gültigkeitszeitraum des Reisedokuments nicht überschreiten. 4Im Fall des § 39 Nummer 11 der Aufenthaltsverordnung gilt die Zustimmung als erteilt, bis über sie entschieden ist. 5Ausländerinnen und Ausländern, die in den letzten fünf Jahren mindestens einmal als Saisonbeschäftigte im Bundesgebiet tätig waren, sind im Rahmen der durch die Bundesagentur für Arbeit festgelegten Zahl der Arbeitserlaubnisse und Zustimmungen bevorrechtigt zu berücksichtigen. 6Der Zeitraum für die Beschäftigung von Saisonbeschäftigten ist für einen Betrieb auf acht Monate innerhalb eines Zeitraums von zwölf Monaten begrenzt. 7Satz 5 gilt nicht für Betriebe des Obst-, Gemüse-, Wein-, Hopfen- und Tabakanbaus.

(2) 1Die Erteilung einer Arbeitserlaubnis oder der Zustimmung setzt voraus, dass

1. der Nachweis über ausreichenden Krankenversicherungsschutz erbracht wird,
2. der oder dem Saisonbeschäftigten eine angemessene Unterkunft zur Verfügung steht und
3. ein konkretes Arbeitsplatzangebot oder ein gültiger Arbeitsvertrag vorliegt, in dem insbesondere festgelegt sind
   a) der Ort und die Art der Arbeit,

b) die Dauer der Beschäftigung,
c) die Vergütung,
d) die Arbeitszeit pro Woche oder Monat,
e) die Dauer des bezahlten Urlaubs,
f) gegebenenfalls andere einschlägige Arbeitsbedingungen und
g) falls möglich, der Zeitpunkt des Beginns der Beschäftigung.

2Stellt der Arbeitgeber der oder dem Saisonbeschäftigten eine Unterkunft zur Verfügung, so muss der Mietzins angemessen sein und darf nicht vom Lohn einbehalten werden. 3In diesem Fall muss der oder die Saisonbeschäftigte einen Mietvertrag erhalten, in dem die Mietbedingungen festgelegt sind. 4Der Arbeitgeber hat der Bundesagentur für Arbeit jeden Wechsel der Unterkunft des oder der Saisonbeschäftigten unverzüglich anzuzeigen.

(3) 1Die Arbeitserlaubnis oder die Zustimmung ist zu versagen oder zu entziehen, wenn

1. sich die Ausländerin oder der Ausländer bereits im Bundesgebiet aufhält, es sei denn, die Einreise ist zur Aufnahme der Saisonbeschäftigung erfolgt oder die Arbeitserlaubnis oder die Zustimmung wird für eine an eine Saisonbeschäftigung anschließende weitere Saisonbeschäftigung beantragt,
2. der oder die Saisonbeschäftigte einen Antrag nach Artikel 16a des Grundgesetzes gestellt hat oder um internationalen Schutz gemäß der Richtlinie 2011/95/EU nachsucht; § 55 Absatz 2 des Asylgesetzes bleibt unberührt,
3. der oder die Saisonbeschäftigte den aus einer früheren Entscheidung über die Zulassung zur Saisonbeschäftigung erwachsenen Verpflichtungen nicht nachgekommen ist,
4. über das Unternehmen des Arbeitgebers ein Insolvenzverfahren eröffnet wurde, das auf Auflösung des Unternehmens und Abwicklung des Geschäftsbetriebs gerichtet ist,
5. das Unternehmen des Arbeitgebers im Rahmen der Durchführung eines Insolvenzverfahrens aufgelöst wurde und der Geschäftsbetrieb abgewickelt wurde,
6. die Eröffnung eines Insolvenzverfahrens über das Vermögen des Unternehmens des Arbeitgebers mangels Masse abgelehnt wurde und der Geschäftsbetrieb eingestellt wurde oder
7. das Unternehmen des Arbeitgebers keine Geschäftstätigkeit ausübt.

2Die Arbeitserlaubnis oder die Zustimmung ist zu versagen, wenn die durch die Bundesagentur für Arbeit festgelegte Zahl der Arbeitserlaubnisse und Zustimmungen für den maßgeblichen Zeitraum erreicht ist. 3§ 39 Absatz 2 des Aufenthaltsgesetzes bleibt unberührt.

(4) Die Arbeitserlaubnis ist vom Arbeitgeber bei der Bundesagentur für Arbeit zu beantragen.

(5) Bei einer ein- oder mehrmaligen Verlängerung des Beschäftigungsverhältnisses bei demselben oder einem anderen Arbeitgeber kann eine weitere Arbeitserlaubnis erteilt werden, soweit die in Absatz 1 Satz 1 Nummer 1 genannte Höchstdauer nicht überschritten wird.

(6) Die Arbeitserlaubnis und die Zustimmung werden ohne Vorrangprüfung erteilt, soweit die Bundesagentur für Arbeit eine am Bedarf orientierte Zulassungszahl nach § 39 Absatz 6 Satz 3 des Aufenthaltsgesetzes festgelegt hat.

§ 15b Schaustellergehilfen

Die Zustimmung zu einem Aufenthaltstitel zur Ausübung einer Beschäftigung im Schaustellergewerbe kann bis zu insgesamt neun Monaten im Kalenderjahr erteilt werden, wenn die betreffenden Personen auf Grund einer Absprache der Bundesagentur für Arbeit mit der Arbeitsverwaltung des Herkunftslandes über das Verfahren und die Auswahl vermittelt worden sind.

§ 15c Haushaltshilfen

1Die Zustimmung zu einem Aufenthaltstitel zur Ausübung einer versicherungspflichtigen

VI

Vollzeitbeschäftigung bis zu drei Jahren für hauswirtschaftliche Arbeiten und notwendige pflegerische Alltagshilfen in Haushalten mit Pflegebedürftigen im Sinne des Elften Buches Sozialgesetzbuch kann erteilt werden, wenn die betreffenden Personen auf Grund einer Absprache der Bundesagentur für Arbeit mit der Arbeitsverwaltung des Herkunftslandes über das Verfahren und die Auswahl vermittelt worden sind. $_2$Innerhalb des Zulassungszeitraums von drei Jahren kann die Zustimmung zum Wechsel des Arbeitgebers erteilt werden. $_3$Für eine erneute Beschäftigung nach der Ausreise darf die Zustimmung nach Satz 1 nur erteilt werden, wenn sich die betreffende Person nach der Ausreise mindestens so lange im Ausland aufgehalten hat, wie sie zuvor im Inland beschäftigt war.

Teil 4 Entsandte Arbeitnehmerinnen und Arbeitnehmer

§ 16 Geschäftsreisende

Keiner Zustimmung bedarf die Erteilung eines Aufenthaltstitels an Personen, die

1. bei einem Arbeitgeber mit Sitz im Inland im kaufmännischen Bereich im Ausland beschäftigt werden,
2. für einen Arbeitgeber mit Sitz im Ausland Besprechungen oder Verhandlungen im Inland führen, Vertragsangebote erstellen, Verträge schließen oder die Durchführung eines Vertrages überwachen oder
3. für einen Arbeitgeber mit Sitz im Ausland einen inländischen Unternehmensteil gründen, überwachen oder steuern,

und die sich im Rahmen ihrer Beschäftigung unter Beibehaltung ihres gewöhnlichen Aufenthaltes im Ausland insgesamt nicht länger als 90 Tage innerhalb eines Zeitraums von 180 Tagen im Inland aufhalten.

§ 17 Betriebliche Weiterbildung

Keiner Zustimmung bedarf die Erteilung eines Aufenthaltstitels an im Ausland beschäftigte Fachkräfte eines international tätigen Konzerns oder Unternehmens zum Zweck einer betrieblichen Weiterbildung im inländischen Konzern- oder Unternehmensteil für bis zu 90 Tage innerhalb eines Zeitraums von zwölf Monaten.

§ 18 Journalistinnen und Journalisten

Keiner Zustimmung bedarf die Erteilung eines Aufenthaltstitels an Beschäftigte eines Arbeitgebers mit Sitz im Ausland,

1. deren Tätigkeit vom Presse- und Informationsamt der Bundesregierung anerkannt ist oder
2. die unter Beibehaltung ihres gewöhnlichen Aufenthaltes im Ausland im Inland journalistisch tätig werden, wenn die Dauer der Tätigkeit 90 Tage innerhalb eines Zeitraums von zwölf Monaten nicht übersteigt.

§ 19 Werklieferungsverträge

(1) $_1$Keiner Zustimmung bedarf die Erteilung eines Aufenthaltstitels an Personen, die von ihrem Arbeitgeber mit Sitz im Ausland für bis zu 90 Tage innerhalb eines Zeitraums von zwölf Monaten in das Inland entsandt werden, um

1. gewerblichen Zwecken dienende Maschinen, Anlagen und Programme der elektronischen Datenverarbeitung, die bei dem Arbeitgeber bestellt worden sind, aufzustellen und zu montieren, zu warten oder zu reparieren oder um in die Bedienung dieser Maschinen, Anlagen und Programme einzuweisen,
2. erworbene Maschinen, Anlagen und sonstige Sachen abzunehmen oder in ihre Bedienung eingewiesen zu werden,
3. erworbene, gebrauchte Anlagen zum Zweck des Wiederaufbaus im Sitzstaat des Arbeitgebers zu demontieren,
4. unternehmenseigene Messestände oder Messestände für ein ausländisches Unternehmen, das im Sitzstaat des Arbeitgebers ansässig ist, auf- und abzubauen und zu betreuen oder
5. im Rahmen von Exportlieferungs- und Lizenzverträgen einen Betriebslehrgang zu absolvieren.

www.WALHALLA.de

2In den Fällen des Satzes 1 Nummer 1 und 3 setzt die Befreiung von der Zustimmung voraus, dass der Arbeitgeber der Bundesagentur für Arbeit die Beschäftigungen vor ihrer Aufnahme angezeigt hat.

(2) 1Die Zustimmung kann für Personen erteilt werden, die von ihrem Arbeitgeber mit Sitz im Ausland länger als 90 Tage und bis zu einer Dauer von drei Jahren in das Inland entsandt werden, um

1. gewerblichen Zwecken dienende Maschinen, Anlagen und Programme der elektronischen Datenverarbeitung, die bei dem Arbeitgeber bestellt worden sind, aufzustellen und zu montieren, zu warten oder zu reparieren oder um in die Bedienung dieser Maschinen, Anlagen und Programme einzuweisen oder
2. erworbene, gebrauchte Anlagen zum Zweck des Wiederaufbaus im Sitzstaat des Arbeitgebers zu demontieren.

2Die Zustimmung wird ohne Vorrangprüfung erteilt.

§ 20 Internationaler Straßen- und Schienenverkehr

(1) 1Keiner Zustimmung bedarf die Erteilung eines Aufenthaltstitels an das Fahrpersonal, das

1. im Güterkraftverkehr für einen Arbeitgeber mit Sitz
   a) im Hoheitsgebiet eines anderen Mitgliedstaates der Europäischen Union oder eines anderen Vertragsstaates des Abkommens über den Europäischen Wirtschaftsraum Beförderungen im grenzüberschreitenden Verkehr nach Artikel 2 Nummer 2 oder Kabotagebeförderungen nach Artikel 8 Absatz 2 der Verordnung (EG) Nr. 1072/2009 des Europäischen Parlaments und des Rates vom 21. Oktober 2009 über gemeinsame Regeln für den Zugang zum Markt des grenzüberschreitenden Güterverkehrs (ABl. L 300 vom 14. 11. 2009, S. 72) durchführt und für das dem Arbeitgeber eine Fahrerbescheinigung ausgestellt worden ist,
   b) außerhalb des Hoheitsgebietes eines Mitgliedstaates der Europäischen Union oder eines anderen Vertragsstaates des Abkommens über den Europäischen Wirtschaftsraum Beförderungen im grenzüberschreitenden Güterverkehr mit einem im Sitzstaat des Arbeitgebers zugelassenen Fahrzeug durchführt, für einen Aufenthalt von höchstens 90 Tagen innerhalb eines Zeitraums von zwölf Monaten, oder ein in Deutschland zugelassenes Fahrzeug in einen Staat außerhalb dieses Gebietes überführt,
2. im grenzüberschreitenden Personenverkehr auf der Straße für einen Arbeitgeber mit Sitz im Ausland grenzüberschreitende Fahrten mit einem im Sitzstaat des Arbeitgebers zugelassenen Fahrzeug durchführt. 2Dies gilt im grenzüberschreitenden Linienverkehr mit Omnibussen auch dann, wenn das Fahrzeug im Inland zugelassen ist.

(2) Keiner Zustimmung bedarf die Erteilung eines Aufenthaltstitels an das Fahrpersonal im grenzüberschreitenden Schienenverkehr, wenn das Beförderungsunternehmen seinen Sitz im Ausland hat.

§ 21 Dienstleistungserbringung

Keiner Zustimmung bedarf die Erteilung eines Aufenthaltstitels an Personen, die von einem Unternehmen mit Sitz in einem Mitgliedstaat der Europäischen Union oder einem Vertragsstaat des Abkommens über den Europäischen Wirtschaftsraum in dem Sitzstaat des Unternehmens ordnungsgemäß beschäftigt sind und zur Erbringung einer Dienstleistung vorübergehend in das Bundesgebiet entsandt werden.

Teil 5
Besondere Berufs- oder Personengruppen

§ 22 Besondere Berufsgruppen

Keiner Zustimmung bedarf die Erteilung eines Aufenthaltstitels an

1. Personen einschließlich ihres Hilfspersonals, die unter Beibehaltung ihres gewöhnlichen Wohnsitzes im Ausland in Vorträgen oder in Darbietungen von besonderem wissenschaftlichen oder künstlerischen Wert oder bei Darbietungen sportlichen Charakters im Inland tätig werden, wenn die Dauer der Tätigkeit 90 Tage innerhalb eines Zeitraums von zwölf Monaten nicht übersteigt,
2. Personen, die im Rahmen von Festspielen oder Musik- und Kulturtagen beschäftigt oder im Rahmen von Gastspielen oder ausländischen Film- und Fernsehproduktionen entsandt werden, wenn die Dauer der Tätigkeit 90 Tage innerhalb eines Zeitraums von zwölf Monaten nicht übersteigt,
3. Personen, die in Tagesdarbietungen bis zu 15 Tage im Jahr auftreten,
4. Berufssportlerinnen und Berufssportler oder Berufstrainerinnen und Berufstrainer, deren Einsatz in deutschen Sportvereinen oder vergleichbaren am Wettkampfsport teilnehmenden sportlichen Einrichtungen vorgesehen ist, wenn sie
   a) das 16. Lebensjahr vollendet haben,
   b) der Verein oder die Einrichtung ein Bruttogehalt zahlt, das mindestens 50 Prozent der Beitragsbemessungsgrenze für die gesetzliche Rentenversicherung beträgt, und
   c) der für die Sportart zuständige deutsche Spitzenverband im Einvernehmen mit dem Deutschen Olympischen Sportbund die sportliche Qualifikation als Berufssportlerin oder Berufssportler oder die fachliche Eignung als Trainerin oder Trainer bestätigt,
5. Fotomodelle, Werbetypen, Mannequins oder Dressmen,
6. Reiseleiterinnen und Reiseleiter, die unter Beibehaltung ihres gewöhnlichen Aufenthaltes im Ausland ausländische Touristengruppen in das Inland begleiten, wenn die Dauer der Tätigkeit 90 Tage innerhalb von zwölf Monaten nicht übersteigt, oder
7. Dolmetscherinnen und Dolmetscher, die unter Beibehaltung ihres gewöhnlichen Aufenthaltes im Ausland für ein Unternehmen mit Sitz im Ausland an Besprechungen oder Verhandlungen im Inland teilnehmen, wenn die Dauer der Tätigkeit 90 Tage innerhalb eines Zeitraums von zwölf Monaten nicht übersteigt.

§ 23 Internationale Sportveranstaltungen

Keiner Zustimmung bedarf die Erteilung eines Aufenthaltstitels an Personen, die zur Vorbereitung, Teilnahme, Durchführung und Nachbereitung internationaler Sportveranstaltungen durch das jeweilige Organisationskomitee akkreditiert werden, soweit die Bundesregierung Durchführungsgarantien übernommen hat; dies sind insbesondere folgende Personen:

1. die Repräsentantinnen und Repräsentanten, Mitarbeiterinnen und Mitarbeiter und Beauftragten von Verbänden oder Organisationen einschließlich Schiedsrichterinnen und Schiedsrichter sowie Schiedsrichterassistentinnen und Schiedsrichterassistenten,
2. die Sportlerinnen und Sportler sowie bezahltes Personal der teilnehmenden Mannschaften,
3. die Vertreterinnen und Vertreter der offiziellen Verbandspartner und der offiziellen Lizenzpartner,
4. die Vertreterinnen und Vertreter der Medien einschließlich des technischen Personals sowie die Mitarbeiterinnen und Mitarbeiter der Medienpartner.

§ 24 Schifffahrt- und Luftverkehr

Keiner Zustimmung bedarf die Erteilung eines Aufenthaltstitels an

1. die Mitglieder der Besatzungen von Seeschiffen im internationalen Verkehr,
2. die nach dem Seelotsgesetz für den Seelotsendienst zugelassenen Personen,
3. das technische Personal auf Binnenschiffen und im grenzüberschreitenden Verkehr das für die Gästebetreuung erforderliche

Bedienungs- und Servicepersonal auf Personenfahrgastschiffen oder

4. die Besatzungen von Luftfahrzeugen mit Ausnahme der Luftfahrzeugführerinnen und Luftfahrzeugführer, Flugingenieurinnen und Flugingenieure sowie Flugnavigatorinnen und Flugnavigatoren bei Unternehmen mit Sitz im Inland.

§ 25 Kultur und Unterhaltung

Die Zustimmung kann für Personen erteilt werden, die

1. eine künstlerische oder artistische Beschäftigung oder eine Beschäftigung als Hilfspersonal, das für die Darbietung erforderlich ist, ausüben oder
2. zu einer länger als 90 Tage dauernden Beschäftigung im Rahmen von Gastspielen oder ausländischen Film- oder Fernsehproduktionen entsandt werden.

§ 26 Beschäftigung bestimmter Staatsangehöriger

(1) Für Staatsangehörige von Andorra, Australien, Israel, Japan, Kanada, der Republik Korea, von Monaco, Neuseeland, San Marino sowie den Vereinigten Staaten von Amerika kann die Zustimmung zur Ausübung jeder Beschäftigung unabhängig vom Sitz des Arbeitgebers erteilt werden.

(2) $_1$Für Staatsangehörige von Albanien, Bosnien und Herzegowina, Kosovo, Mazedonien, Montenegro und Serbien können in den Jahren 2016 bis einschließlich 2020 Zustimmungen zur Ausübung jeder Beschäftigung erteilt werden. $_2$Die Zustimmung darf nur erteilt werden, wenn der Antrag auf Erteilung des Aufenthaltstitels bei der jeweils zuständigen deutschen Auslandsvertretung im Herkunftsstaat gestellt wurde. $_3$Die Zustimmung darf nicht erteilt werden, wenn der Antragsteller in den letzten 24 Monaten vor Antragstellung Leistungen nach dem Asylbewerberleistungsgesetz bezogen hat. $_4$Satz 3 gilt nicht für Antragsteller, die nach dem 1. Januar 2015 und vor dem 24. Oktober 2015 einen Asylantrag gestellt haben, sich am 24. Oktober 2015 gestattet, mit einer Duldung oder als Ausreisepflichtige im Bundesgebiet aufgehalten haben und unverzüglich ausreisen.

§ 27 Grenzgängerbeschäftigung

Zur Erteilung einer Grenzgängerkarte nach § 12 Absatz 1 der Aufenthaltsverordnung kann die Zustimmung erteilt werden.

§ 28 Deutsche Volkszugehörige

Deutschen Volkszugehörigen, die einen Aufnahmebescheid nach dem Bundesvertriebenengesetz besitzen, kann die Zustimmung zu einem Aufenthaltstitel zur Ausübung einer vorübergehenden Beschäftigung erteilt werden.

Teil 6
Sonstiges

§ 29 Internationale Abkommen

(1) $_1$Für Beschäftigungen im Rahmen der mit den Staaten Türkei, Serbien, Bosnien-Herzegowina und Mazedonien bestehenden Werkvertragsarbeitnehmerabkommen kann die Zustimmung erteilt werden. $_2$Dies gilt auch für das zur Durchführung der Werkvertragstätigkeit erforderliche leitende Personal oder Verwaltungspersonal mit betriebsspezifischen Kenntnissen für die Dauer von bis zu vier Jahren. $_3$Das Bundesministerium für Arbeit und Soziales kann die Erteilung der Zustimmung durch die Bundesagentur für Arbeit an Beschäftigte der Bauwirtschaft im Rahmen von Werkverträgen im Verhältnis zu den beschäftigten gewerblichen Personen des im Inland ansässigen Unternehmens zahlenmäßig beschränken. $_4$Dabei ist darauf zu achten, dass auch kleine und mittelständische im Inland ansässige Unternehmen angemessen berücksichtigt werden.

(2) Die Zustimmung zur Ausübung einer Beschäftigung von bis zu 18 Monaten kann erteilt werden, wenn die betreffenden Personen auf der Grundlage einer zwischenstaatlichen Vereinbarung über die Beschäftigung von Arbeitnehmerinnen und Arbeitnehmern zur beruflichen und sprachlichen Fortbildung (Gastarbeitnehmer-Vereinbarung) mit dem

VI

Staat, dessen Staatsangehörigkeit sie besitzen, beschäftigt werden.

(3) 1Für Beschäftigungen nach zwischenstaatlichen Vereinbarungen, in denen bestimmt ist, dass jemand für eine Beschäftigung keiner Arbeitsgenehmigung oder Arbeitserlaubnis bedarf, bedarf es keiner Zustimmung. 2Bei Beschäftigungen nach Vereinbarungen, in denen bestimmt ist, dass eine Arbeitsgenehmigung oder Arbeitserlaubnis erteilt werden kann, kann die Zustimmung erteilt werden.

(4) Für Fach- oder Weltausstellungen, die nach dem am 22. November 1928 in Paris unterzeichneten Abkommen über Internationale Ausstellungen registriert sind, kann für Angehörige der ausstellenden Staaten die Zustimmung erteilt werden, wenn sie für den ausstellenden Staat zur Vorbereitung, Durchführung oder Beendigung des nationalen Ausstellungsbeitrages tätig werden.

(5) Die Zustimmung kann für Personen erteilt werden, die von einem Unternehmen mit Sitz im Ausland ordnungsgemäß beschäftigt werden und auf der Grundlage des Übereinkommens zur Errichtung der Welthandelsorganisation vom 15. April 1994 (BGBl. 1994 II S. 1438, 1441) oder anderer für die Bundesrepublik Deutschland völkerrechtlich verbindlicher Freihandelsabkommen der Europäischen Union oder der Europäischen Union und ihrer Mitgliedstaaten vorübergehend in das Bundesgebiet entsandt werden.

§ 30 Beschäftigungsaufenthalte ohne Aufenthaltstitel

Nicht als Beschäftigung im Sinne des Aufenthaltsgesetzes gelten

1. Tätigkeiten nach den §§ 3 und 16, die bis zu 90 Tage innerhalb eines Zeitraums von 180 Tagen ausgeübt werden,
2. Tätigkeiten nach den §§ 5, 14, 15, 17, 18, 19 Absatz 1 sowie den §§ 20, 22 und 23, die bis zu 90 Tage innerhalb eines Zeitraums von zwölf Monaten ausgeübt werden,
3. Tätigkeiten nach § 21, die von Ausländerinnen und Ausländern, die in einem anderen Mitgliedstaat der Europäischen Union die Rechtsstellung eines langfristig Aufenthaltsberechtigten innehaben, bis zu 90 Tage innerhalb eines Zeitraums von zwölf Monaten ausgeübt werden, und
4. Tätigkeiten von Personen, die nach den §§ 23 bis 30 der Aufenthaltsverordnung vom Erfordernis eines Aufenthaltstitels befreit sind.

Teil 7
Beschäftigung bei Aufenthalt aus völkerrechtlichen, humanitären oder politischen Gründen sowie von Personen mit Duldung und Asylbewerbern

§ 31 Beschäftigung bei Aufenthalt aus völkerrechtlichen, humanitären oder politischen Gründen

Die Erteilung der Erlaubnis zur Beschäftigung an Ausländerinnen und Ausländer mit einer Aufenthaltserlaubnis, die nach Abschnitt 5 des Aufenthaltsgesetzes erteilt worden ist, bedarf keiner Zustimmung der Bundesagentur für Arbeit.

§ 32 Beschäftigung von Personen mit Duldung

(1) 1Ausländerinnen und Ausländern, die eine Duldung besitzen, kann eine Zustimmung zur Ausübung einer Beschäftigung erteilt werden, wenn sie sich seit drei Monaten erlaubt, geduldet oder mit einer Aufenthaltsgestattung im Bundesgebiet aufhalten. 2Die §§ 39, 40 Absatz 1 Nummer 1 und Absatz 2 sowie § 41 des Aufenthaltsgesetzes gelten entsprechend.

(2) Keiner Zustimmung bedarf die Erteilung einer Erlaubnis zur Ausübung

1. eines Praktikums nach § 22 Absatz 1 Satz 2 Nummer 1 bis 4 des Mindestlohngesetzes,
2. einer Berufsausbildung in einem staatlich anerkannten oder vergleichbar geregelten Ausbildungsberuf,
3. einer Beschäftigung nach § 2 Absatz 1, § 3 Nummer 1 bis 3, § 5, § 14 Absatz 1, § 15 Nummer 2, § 22 Nummer 3 bis 5 und § 23,

VI

4. einer Beschäftigung von Ehegatten, Lebenspartnern, Verwandten und Verschwägerten ersten Grades eines Arbeitgebers in dessen Betrieb, wenn der Arbeitgeber mit diesen in häuslicher Gemeinschaft lebt oder
5. jeder Beschäftigung nach einem ununterbrochen vierjährigen erlaubten, geduldeten oder gestatteten Aufenthalt im Bundesgebiet.

(3) Die Zustimmung zur Ausübung einer Beschäftigung wird ohne Vorrangprüfung erteilt.

(4) Die Absätze 2 und 3 finden auch Anwendung auf Ausländerinnen und Ausländer mit einer Aufenthaltsgestattung.

§ 33 (weggefallen)

Teil 8
Verfahrensregelungen

§ 34 Beschränkung der Zustimmung

(1) Die Bundesagentur für Arbeit kann die Zustimmung zur Ausübung einer Beschäftigung beschränken hinsichtlich

1. der Geltungsdauer,
2. des Betriebs,
3. der beruflichen Tätigkeit,
4. des Arbeitgebers,
5. der Region, in der die Beschäftigung ausgeübt werden kann, und
6. der Lage und Verteilung der Arbeitszeit.

(2) Die Zustimmung wird längstens für drei Jahre erteilt.

(3) Bei Beschäftigungen zur beruflichen Aus- und Weiterbildung nach § 17 Absatz 1 und § 17a Absatz 1 Satz 3 des Aufenthaltsgesetzes ist die Zustimmung wie folgt zu erteilen:

1. bei der Ausbildung für die nach der Ausbildungsordnung festgelegte Ausbildungsdauer und
2. bei der Weiterbildung für die Dauer, die ausweislich eines von der Bundesagentur für Arbeit geprüften Weiterbildungsplanes zur Erreichung des Weiterbildungszieles erforderlich ist.

§ 35 Reichweite der Zustimmung

(1) Die Zustimmung zur Ausübung einer Beschäftigung wird jeweils zu einem bestimmten Aufenthaltstitel erteilt.

(2) Ist die Zustimmung zu einem Aufenthaltstitel erteilt worden, so gilt die Zustimmung im Rahmen ihrer zeitlichen Begrenzung auch für jeden weiteren Aufenthaltstitel fort.

(3) Die Absätze 1 und 2 gelten entsprechend für die Zustimmung zur Ausübung einer Beschäftigung an Personen, die eine Aufenthaltsgestattung oder Duldung besitzen.

(4) Ist die Zustimmung für ein bestimmtes Beschäftigungsverhältnis erteilt worden, so erlischt sie mit der Beendigung dieses Beschäftigungsverhältnisses.

(5) $_1$Die Zustimmung zur Ausübung einer Beschäftigung kann ohne Vorrangprüfung erteilt werden, wenn die Beschäftigung nach Ablauf der Geltungsdauer einer für mindestens ein Jahr erteilten Zustimmung bei demselben Arbeitgeber fortgesetzt wird. $_2$Dies gilt nicht für Beschäftigungen, die nach dieser Verordnung oder einer zwischenstaatlichen Vereinbarung zeitlich begrenzt sind.

§ 36 Erteilung der Zustimmung

(1) Die Bundesagentur für Arbeit teilt der zuständigen Stelle die Zustimmung zur Erteilung eines Aufenthaltstitels nach § 39 des Aufenthaltsgesetzes oder einer Grenzgängerkarte, deren Versagung nach § 40 des Aufenthaltsgesetzes, den Widerruf nach § 41 des Aufenthaltsgesetzes und die Rücknahme einer Zustimmung mit.

(2) Die Zustimmung zur Ausübung einer Beschäftigung gilt als erteilt, wenn die Bundesagentur für Arbeit der zuständigen Stelle nicht innerhalb von zwei Wochen nach Übermittlung der Zustimmungsanfrage mitteilt, dass die übermittelten Informationen für die Entscheidung über die Zustimmung nicht ausreichen oder dass der Arbeitgeber die erforderlichen Auskünfte nicht oder nicht rechtzeitig erteilt hat.

(3) Die Bundesagentur für Arbeit soll bereits vor der Übermittlung der Zustimmungsanfrage der Ausübung der Beschäftigung gegen-

über der zuständigen Stelle zustimmen oder prüfen, ob die arbeitsmarktbezogenen Voraussetzungen für eine spätere Zustimmung vorliegen, wenn der Arbeitgeber die hierzu erforderlichen Auskünfte erteilt hat und das Verfahren dadurch beschleunigt wird.

§ 37 Härtefallregelung

Ausländerinnen und Ausländern kann die Zustimmung zur Ausübung einer Beschäftigung ohne Vorrangprüfung erteilt werden, wenn deren Versagung eine besondere Härte bedeuten würde.

Teil 9
Anwerbung und Arbeitsvermittlung aus dem Ausland

§ 38 Anwerbung und Vermittlung

Die Anwerbung in Staaten und die Arbeitsvermittlung aus Staaten, die in der Anlage zu dieser Verordnung aufgeführt sind, darf für eine Beschäftigung in Gesundheits- und Pflegeberufen nur von der Bundesagentur für Arbeit durchgeführt werden.

§ 39 Ordnungswidrigkeiten

Ordnungswidrig im Sinne des § 404 Absatz 2 Nummer 9 des Dritten Buches Sozialgesetzbuch handelt, wer vorsätzlich oder fahrlässig entgegen § 38 eine Anwerbung oder Arbeitsvermittlung durchführt.

Anlage
(zu § 38)

1. Afghanistan (Islamische Republik Afghanistan),
2. Angola (Republik),
3. Äquatorialguinea (Republik),
4. Äthiopien (Demokratische Bundesrepublik),
5. Bangladesch (Volksrepublik),
6. Benin (Republik),
7. Bhutan (Königreich Bhutan),
8. Burkina Faso,
9. Burundi (Republik),
10. Dschibuti (Republik),
11. El Salvador (Republik),
12. Elfenbeinküste (Republik Côte d'Ivoire),
13. Eritrea (Staat Eritrea),
14. Gambia (Republik),
15. Ghana (Republik),
16. Guinea (Republik),
17. Guinea-Bissau (Republik),
18. Haiti (Republik),
19. Honduras (Republik),
20. Indien (Republik),
21. Indonesien (Republik),
22. Irak (Republik),
23. Jemen (Republik),
24. Kambodscha (Königreich Kambodscha),
25. Kamerun (Republik),
26. Kenia (Republik),
27. Komoren (Union der Komoren),
28. Kongo (Demokratische Republik),
29. Kongo (Republik),
30. Laos (Demokratische Volksrepublik Laos),
31. Lesotho (Königreich Lesotho),
32. Liberia (Republik),
33. Madagaskar (Republik),
34. Malawi (Republik),
35. Mali (Republik),
36. Marokko (Königreich Marokko),
37. Mauretanien (Islamische Republik Mauretanien),
38. Mozambik (Republik),
39. Myanmar (Union Myanmar),
40. Nepal (Königreich Nepal),
41. Nicaragua (Republik),
42. Niger (Republik),
43. Nigeria (Bundesrepublik),
44. Pakistan (Islamische Republik Pakistan),
45. Papua-Neuguinea (Unabhängiger Staat Papua-Neuguinea),
46. Peru (Republik),
47. Ruanda (Republik),
48. Sambia (Republik),
49. Senegal (Republik),
50. Sierra Leone (Republik),
51. Simbabwe (Republik),
52. Somalia (Demokratische Republik Somalia),
53. Tansania (Vereinigte Republik Tansania),
54. Togo (Togolesische Republik),
55. Tschad (Republik),
56. Uganda (Republik),
57. Zentralafrikanische Republik

Verordnung über die Beschäftigung von Ausländerinnen und Ausländern (Beschäftigungsverordnung – BeschV)

Vom 6. Juni 2013 (BGBl. I S. 1499)

Fassung inklusive Änderungen durch das Fachkräfteeinwanderungsgesetz vom 15. August 2019 (BGBl. I S. 1307), in Kraft ab 1. März 2020

Inhaltsübersicht

VI

Teil 1
Allgemeine Bestimmungen

§ 1 Anwendungsbereich der Verordnung

(1) 1Die Verordnung steuert die Zuwanderung ausländischer Arbeitnehmerinnen und Arbeitnehmer und bestimmt, unter welchen Voraussetzungen sie und die bereits in Deutschland lebenden Ausländerinnen und Ausländer zum Arbeitsmarkt zugelassen werden können. 2Sie regelt, in welchen Fällen

1. ein Aufenthaltstitel, der einer Ausländerin oder einem Ausländer die Ausübung einer Beschäftigung erlaubt, nach § 39 Absatz 1 Satz 1 des Aufenthaltsgesetzes ohne Zustimmung der Bundesagentur für Arbeit erteilt werden kann,
2. die Bundesagentur für Arbeit nach § 39 Absatz 1 Satz 2 des Aufenthaltsgesetzes einem Aufenthaltstitel, der einer Ausländerin oder einem Ausländer die Ausübung einer Beschäftigung erlaubt, zustimmen kann,
3. einer Ausländerin oder einem Ausländer, die oder der im Besitz einer Duldung ist, oder anderen Ausländerinnen und Ausländern, die keinen Aufenthaltstitel besitzen, nach § 4a Absatz 4 des Aufenthaltsgesetzes die Ausübung einer Beschäftigung mit oder ohne Zustimmung der Bundesagentur für Arbeit erlaubt werden kann und
4. die Zustimmung der Bundesagentur für Arbeit abweichend von § 39 Absatz 3 des Aufenthaltsgesetzes erteilt werden darf.

(2) 1Die erstmalige Erteilung der Zustimmung der Bundesagentur für Arbeit setzt in den Fällen des § 26 Absatz 2, in denen die Aufnahme der Beschäftigung nach Vollendung des 45. Lebensjahres des Ausländers erfolgt, eine Höhe des Gehalts von mindestens 55 Prozent der jährlichen Beitragsbemessungsgrenze in der allgemeinen Rentenversicherung voraus, es sei denn, der Ausländer kann den Nachweis über eine angemessene Altersversorgung erbringen. 2Von den Voraussetzungen nach Satz 1 kann nur in begründeten Ausnahmefällen, in denen ein öffentliches, insbesondere ein regionales, wirtschaftliches oder arbeitsmarktpolitisches Interesse an der Beschäftigung des Ausländers besteht, abgesehen werden. 3Das Bundesministerium des Innern, für Bau und Heimat gibt das Mindestgehalt für jedes Kalenderjahr jeweils bis zum 31. Dezember des Vorjahres im Bundesanzeiger bekannt.

Teil 2
Qualifizierte Beschäftigungen

§ 2 Vermittlungsabsprachen

(1) 1Für die Erteilung einer Aufenthaltserlaubnis nach § 16d Absatz 4 Nummer 1 des Aufenthaltsgesetzes kann Ausländerinnen und Ausländern die Zustimmung zur Ausübung einer Beschäftigung erteilt werden, deren Anforderungen in einem engen Zusammenhang mit den berufsfachlichen Kenntnissen stehen, die in dem nach der Anerkennung ausgeübten Beruf verlangt werden, wenn

1. ihnen ein konkretes Arbeitsplatzangebot für eine qualifizierte Beschäftigung in dem nach der Einreise anzuerkennenden Beruf im Gesundheits- und Pflegebereich vermittelt worden ist,
2. soweit erforderlich, für diese Beschäftigung eine Berufsausübungserlaubnis erteilt wurde und
3. sie erklären, nach der Einreise im Inland bei der nach den Regelungen des Bundes oder der Länder für die berufliche Anerkennung zuständigen Stelle das Verfahren zur Feststellung der Gleichwertigkeit ihrer ausländischen Berufsqualifikation und, soweit erforderlich, zur Erteilung der Berufsausübungserlaubnis durchzuführen.

2Satz 1 gilt in den Fällen von § 16d Absatz 4 Nummer 2 des Aufenthaltsgesetzes auch für weitere im Inland reglementierte Berufe.

(2) Für die Erteilung einer Aufenthaltserlaubnis bei nicht reglementierten Berufen nach § 16d Absatz 4 Nummer 2 des Aufenthaltsgesetzes kann Ausländerinnen und Ausländern die Zustimmung zur Ausübung einer qualifizierten Beschäftigung in ihrem anzuer-

kennenden Beruf erteilt werden, wenn sie erklären, dass sie nach der Einreise im Inland bei der nach den Regelungen des Bundes oder der Länder für die berufliche Anerkennung zuständigen Stelle das Verfahren zur Feststellung der Gleichwertigkeit ihrer Berufsqualifikation durchführen werden.

(3) 1Die Zustimmung nach den Absätzen 1 und 2 wird für ein Jahr erteilt. 2Eine erneute Zustimmung kann nur erteilt werden, wenn das Verfahren zur Feststellung der Gleichwertigkeit der ausländischen Berufsqualifikation oder, soweit erforderlich, zur Erteilung der Berufsausübungserlaubnis bei der nach den Regelungen des Bundes oder der Länder für die berufliche Anerkennung zuständigen Stelle betrieben wird. 3Das Verfahren umfasst die Teilnahme an Qualifizierungsmaßnahmen einschließlich sich daran anschließender Prüfungen, die für die Feststellung der Gleichwertigkeit oder die Erteilung der Berufsausübungserlaubnis erforderlich sind.

Bekanntmachung zu § 2 Absatz 4 der Beschäftigungsverordnung über die Mindestgehälter für die Blaue Karte EU Vom 7. Januar 2019 (BAnz. AT 15. 01. 2019 B2)

Gemäß § 2 Absatz 4 der Beschäftigungsverordnung (BeschV) gibt das Bundesministerium des Innern, für Bau und Heimat folgende Mindestgehälter für die Blaue Karte EU nach § 2 Absatz 1 Nummer 2 Buchstabe a und Absatz 2 Satz 1 BeschV für das Jahr 2019 bekannt:

Das Mindestgehalt für die Blaue Karte EU beträgt nach § 2 Absatz 1 Nummer 2 Buchstabe a BeschV zwei Drittel der jährlichen Beitragsbemessungsgrenze in der allgemeinen Rentenversicherung. Daraus ergibt sich ein Mindestgehalt für das Jahr 2019 in Höhe von jährlich 53.600 Euro.

Das Mindestgehalt für die Blaue Karte EU für Mangelberufe beträgt nach § 2 Absatz 2 Satz 1 BeschV 52 Prozent der jährlichen Beitragsbemessungsgrenze in der allgemeinen Rentenversicherung. Daraus ergibt sich ein Mindestgehalt für das Jahr 2019 in Höhe von jährlich 41.808 Euro.

§ 3 Führungskräfte

Keiner Zustimmung bedarf die Erteilung eines Aufenthaltstitels an

1. leitende Angestellte mit Generalvollmacht oder Prokura,
2. Mitglieder des Organs einer juristischen Person, die zur gesetzlichen Vertretung berechtigt sind,
3. Gesellschafterinnen und Gesellschafter einer offenen Handelsgesellschaft oder Mitglieder einer anderen Personengesamtheit, soweit sie durch Gesetz, Satzung oder Gesellschaftsvertrag zur Vertretung der Personengesamtheit oder zur Geschäftsführung berufen sind, oder
4. leitende Angestellte eines auch außerhalb Deutschlands tätigen Unternehmens für eine Beschäftigung auf Vorstands-, Direktions- oder Geschäftsleitungsebene oder für eine Tätigkeit in sonstiger leitender Position, die für die Entwicklung des Unternehmens von entscheidender Bedeutung ist.

§ 4 Leitende Angestellte und Spezialisten

Die Zustimmung kann erteilt werden für

1. leitende Angestellte und andere Personen, die zur Ausübung ihrer Beschäftigung über besondere, vor allem unternehmensspezifische Spezialkenntnisse verfügen, eines im Inland ansässigen Unternehmens für eine qualifizierte Beschäftigung in diesem Unternehmen oder
2. leitende Angestellte für eine Beschäftigung in einem auf der Grundlage zwischenstaatlicher Vereinbarungen gegründeten deutsch-ausländischen Gemeinschaftsunternehmen.

§ 5 Wissenschaft, Forschung und Entwicklung

Keiner Zustimmung bedarf die Erteilung eines Aufenthaltstitels an

1. wissenschaftliches Personal von Hochschulen und von Forschungs- und Entwicklungseinrichtungen, das nicht bereits in den Anwendungsbereich der §§ 18d und 18f des Aufenthaltsgesetzes fällt,
2. Gastwissenschaftlerinnen und Gastwissenschaftler an einer Hochschule oder an einer öffentlich-rechtlichen oder überwiegend aus öffentlichen Mitteln finanzierten oder als öffentliches Unternehmen in pri-

VI

vater Rechtsform geführten Forschungseinrichtung, die nicht bereits in den Anwendungsbereich der §§ 18d und 18f des Aufenthaltsgesetzes fallen,

3. Ingenieurinnen und Ingenieure sowie Technikerinnen und Techniker als technische Mitarbeiterinnen und Mitarbeiter im Forschungsteam einer Gastwissenschaftlerin oder eines Gastwissenschaftlers,
4. Lehrkräfte öffentlicher Schulen oder staatlich genehmigter privater Ersatzschulen oder anerkannter privater Ergänzungsschulen oder
5. Lehrkräfte zur Sprachvermittlung an Hochschulen.

§ 6 Beschäftigung in ausgewählten Berufen bei ausgeprägter berufspraktischer Erfahrung

1Die Zustimmung kann Ausländerinnen und Ausländern für eine qualifizierte Beschäftigung in Berufen auf dem Gebiet der Informations- und Kommunikationstechnologie unabhängig von einer Qualifikation als Fachkraft erteilt werden, wenn die Ausländerin oder der Ausländer eine durch in den letzten sieben Jahren erworbene, mindestens dreijährige Berufserfahrung nachgewiesene vergleichbare Qualifikation besitzt, die Höhe des Gehalts mindestens 60 Prozent der jährlichen Beitragsbemessungsgrenze in der allgemeinen Rentenversicherung beträgt und die Ausländerin oder der Ausländer über ausreichende deutsche Sprachkenntnisse verfügt. 2§ 9 Absatz 1 findet keine Anwendung. 3Im begründeten Einzelfall kann auf den Nachweis deutscher Sprachkenntnisse verzichtet werden. 4Das Bundesministerium des Innern, für Bau und Heimat gibt das Mindestgehalt nach Satz 1 für jedes Kalenderjahr jeweils bis zum 31. Dezember des Vorjahres im Bundesanzeiger bekannt.

§ 7 (weggefallen)

§ 8 Betriebliche Aus- und Weiterbildung; Anerkennung ausländischer Berufsqualifikationen

(1) Die Zustimmung kann mit Vorrangprüfung für die Erteilung eines Aufenthaltstitels nach § 16a Absatz 1 des Aufenthaltsgesetzes erteilt werden.

(2) Die Zustimmung kann für die Erteilung einer Aufenthaltserlaubnis nach § 16d Absatz 1 Satz 2 Nummer 3, Absatz 2 und 3 des Aufenthaltsgesetzes erteilt werden.

(3) Ist für eine qualifizierte Beschäftigung

1. die Feststellung der Gleichwertigkeit eines im Ausland erworbenen Berufsabschlusses im Sinne des § 18a des Aufenthaltsgesetzes oder
2. in einem im Inland reglementierten Beruf die Befugnis zur Berufsausübung notwendig

und ist hierfür eine vorherige befristete praktische Tätigkeit im Inland erforderlich, kann der Erteilung des Aufenthaltstitels für die Ausübung dieser befristeten Beschäftigung zugestimmt werden.

§ 9 Beschäftigung bei Vorbeschäftigungszeiten oder längerem Voraufenthalt

(1) Keiner Zustimmung bedarf die Ausübung einer Beschäftigung bei Ausländerinnen und Ausländern, die eine Blaue Karte EU oder eine Aufenthaltserlaubnis besitzen und

1. zwei Jahre rechtmäßig eine versicherungspflichtige Beschäftigung im Bundesgebiet ausgeübt haben oder
2. sich seit drei Jahren ununterbrochen erlaubt, geduldet oder mit einer Aufenthaltsgestattung im Bundesgebiet aufhalten; Unterbrechungszeiten werden entsprechend § 51 Absatz 1 Nummer 7 des Aufenthaltsgesetzes berücksichtigt.

(2) Auf die Beschäftigungszeit nach Absatz 1 Nummer 1 werden nicht angerechnet Zeiten

1. von Beschäftigungen, die vor dem Zeitpunkt liegen, an dem die Ausländerin oder der Ausländer unter Aufgabe ihres oder seines gewöhnlichen Aufenthaltes ausgereist war,
2. einer nach dem Aufenthaltsgesetz oder dieser Verordnung zeitlich begrenzten Beschäftigung und
3. einer Beschäftigung, für die die Ausländerin oder der Ausländer auf Grund einer

zwischenstaatlichen Vereinbarung von der Zustimmungspflicht für eine Beschäftigung befreit war.

(3) 1Auf die Aufenthaltszeit nach Absatz 1 Nummer 2 werden Zeiten eines Aufenthaltes nach § 16b des Aufenthaltsgesetzes nur zur Hälfte und nur bis zu zwei Jahren angerechnet. 2Zeiten einer Beschäftigung, die nach dem Aufenthaltsgesetz oder dieser Verordnung zeitlich begrenzt ist, werden auf die Aufenthaltszeit angerechnet, wenn der Ausländerin oder dem Ausländer ein Aufenthaltstitel für einen anderen Zweck als den der Beschäftigung erteilt wird.

Teil 3 Vorübergehende Beschäftigung

§ 10 Internationaler Personalaustausch, Auslandsprojekte

(1) Die Zustimmung kann erteilt werden zur Ausübung einer Beschäftigung von bis zu drei Jahren

1. Ausländerinnen und Ausländern, die eine Hochschulausbildung oder eine vergleichbare Qualifikation besitzen, im Rahmen des Personalaustausches innerhalb eines international tätigen Unternehmens oder Konzerns,
2. für im Ausland beschäftigte Arbeitnehmerinnen und Arbeitnehmer eines international tätigen Konzerns oder Unternehmens im inländischen Konzern- oder Unternehmensteil, wenn die Tätigkeit zur Vorbereitung von Auslandsprojekten unabdingbar erforderlich ist, die Arbeitnehmerin oder der Arbeitnehmer bei der Durchführung des Projektes im Ausland tätig wird und über eine mit deutschen Facharbeitern vergleichbare Qualifikation und darüber hinaus über besondere, vor allem unternehmensspezifische Spezialkenntnisse verfügt.

(2) 1In den Fällen des Absatzes 1 Satz 1 Nummer 2 kann die Zustimmung auch für Arbeitnehmerinnen und Arbeitnehmer des Auftraggebers des Auslandsprojektes erteilt werden, wenn sie im Zusammenhang mit den vorbereitenden Arbeiten vorübergehend vom Auftragnehmer beschäftigt werden, der Auftrag eine entsprechende Verpflichtung für den Auftragnehmer enthält und die Beschäftigung für die spätere Tätigkeit im Rahmen des fertig gestellten Projektes notwendig ist. 2Satz 1 wird auch angewendet, wenn der Auftragnehmer weder eine Zweigstelle noch einen Betrieb im Ausland hat.

§ 10a Unternehmensintern transferierte Arbeitnehmer

Die Zustimmung zur Erteilung einer ICT-Karte nach § 19 des Aufenthaltsgesetzes und zur Erteilung einer Mobiler-ICT-Karte nach § 19b des Aufenthaltsgesetzes kann erteilt werden, wenn

1. die Beschäftigung in der aufnehmenden Niederlassung als Führungskraft, als Spezialistin oder Spezialist oder als Trainee erfolgt,
2. das Arbeitsentgelt nicht ungünstiger ist als das vergleichbarer deutscher Arbeitnehmerinnen und Arbeitnehmer und
3. die Beschäftigung nicht zu ungünstigeren Arbeitsbedingungen erfolgt als die vergleichbarer entsandter Arbeitnehmerinnen und Arbeitnehmer.

§ 11 Sprachlehrerinnen und Sprachlehrer, Spezialitätenköchinnen und Spezialitätenköche

(1) Die Zustimmung kann für Lehrkräfte zur Erteilung muttersprachlichen Unterrichts in Schulen unter Aufsicht der jeweils zuständigen berufskonsularischen Vertretung mit einer Geltungsdauer von bis zu fünf Jahren erteilt werden.

(2) 1Die Zustimmung kann mit Vorrangprüfung für Spezialitätenköchinnen und Spezialitätenköche für die Ausübung einer Vollzeitbeschäftigung in Spezialitätenrestaurants mit einer Geltungsdauer von bis zu vier Jahren erteilt werden. 2Die erstmalige Zustimmung wird längstens für ein Jahr erteilt.

(3) Für eine erneute Beschäftigung nach den Absätzen 1 und 2 darf die Zustimmung nicht vor Ablauf von drei Jahren nach Ablauf des früheren Aufenthaltstitels erteilt werden.

VI

§ 12 Au-pair-Beschäftigungen

1Die Zustimmung kann für Personen mit Grundkenntnissen der deutschen Sprache erteilt werden, die unter 27 Jahre alt sind und in einer Familie, in der Deutsch als Muttersprache gesprochen wird, bis zu einem Jahr als Au-pair beschäftigt werden. 2Wird in der Familie Deutsch als Familiensprache gesprochen, kann die Zustimmung erteilt werden, wenn der oder die Beschäftigte nicht aus einem Heimatland der Gasteltern stammt.

§ 13 Hausangestellte von Entsandten

1Die Zustimmung zur Ausübung einer Beschäftigung als Hausangestellte oder Hausangestellter bei Personen, die

1. für ihren Arbeitgeber oder im Auftrag eines Unternehmens mit Sitz im Ausland vorübergehend im Inland tätig werden oder
2. die Hausangestellte oder den Hausangestellten auf der Grundlage der Wiener Übereinkommen über diplomatische Beziehungen oder über konsularische Beziehungen eingestellt haben,

kann erteilt werden, wenn diese Personen vor ihrer Einreise die Hausangestellte oder den Hausangestellten seit mindestens einem Jahr in ihrem Haushalt zur Betreuung eines Kindes unter 16 Jahren oder eines pflegebedürftigen Haushaltsmitgliedes beschäftigt haben. 2Die Zustimmung wird für die Dauer des Aufenthaltes der Person, bei der die Hausangestellten beschäftigt sind, längstens für fünf Jahre erteilt.

§ 14 Sonstige Beschäftigungen

(1) Keiner Zustimmung bedarf die Erteilung eines Aufenthaltstitels an

1. Personen, die im Rahmen eines gesetzlich geregelten oder auf einem Programm der Europäischen Union beruhenden Freiwilligendienstes beschäftigt werden, oder
2. vorwiegend aus karitativen oder religiösen Gründen Beschäftigte.

(2) Keiner Zustimmung bedarf die Erteilung eines Aufenthaltstitels an Studierende sowie Schülerinnen und Schüler ausländischer Hochschulen und Fachschulen zur Ausübung einer Ferienbeschäftigung von bis zu 90 Tagen innerhalb eines Zeitraums von zwölf Monaten, die von der Bundesagentur für Arbeit vermittelt worden ist.

§ 15 Praktika zu Weiterbildungszwecken

Keiner Zustimmung bedarf die Erteilung eines Aufenthaltstitels für ein Praktikum

1. nach § 16e des Aufenthaltsgesetzes,
2. während eines Aufenthaltes zum Zweck der schulischen Ausbildung oder des Studiums, das vorgeschriebener Bestandteil der Ausbildung ist oder zur Erreichung des Ausbildungszieles nachweislich erforderlich ist,
3. im Rahmen eines von der Europäischen Union oder der bilateralen Entwicklungszusammenarbeit finanziell geförderten Programms,
4. mit einer Dauer von bis zu einem Jahr im Rahmen eines internationalen Austauschprogramms von Verbänden, öffentlich-rechtlichen Einrichtungen oder studentischen Organisationen an Studierende oder Absolventen ausländischer Hochschulen im Einvernehmen mit der Bundesagentur für Arbeit,
5. an Fach- und Führungskräfte, die ein Stipendium aus öffentlichen deutschen Mitteln, Mitteln der Europäischen Union oder Mitteln internationaler zwischenstaatlicher Organisationen erhalten, oder
6. mit einer Dauer von bis zu einem Jahr während eines Studiums an einer ausländischen Hochschule, das nach dem vierten Semester studienfachbezogen im Einvernehmen mit der Bundesagentur für Arbeit ausgeübt wird.

§ 15a Saisonabhängige Beschäftigung

(1) 1Ausländerinnen und Ausländern, die auf Grund einer Absprache der Bundesagentur für Arbeit mit der Arbeitsverwaltung des Herkunftslandes über das Verfahren und die Auswahl zum Zweck der Saisonbeschäftigung nach der Richtlinie 2014/36/EU des Europäischen Parlaments und des Rates vom 26. Februar 2014 über die Bedingungen für

die Einreise und den Aufenthalt von Drittstaatsangehörigen zwecks Beschäftigung als Saisonarbeitnehmer (ABl. L 94 vom 28. 3. 2014, S. 375) vermittelt worden sind, kann die Bundesagentur für Arbeit zur Ausübung einer saisonabhängigen Beschäftigung von regelmäßig mindestens 30 Stunden wöchentlich in der Land- und Forstwirtschaft, im Gartenbau, im Hotel- und Gaststättengewerbe, in der Obst- und Gemüseverarbeitung sowie in Sägewerken

1. eine Arbeitserlaubnis für die Dauer von bis zu 90 Tagen je Zeitraum von 180 Tagen mit Vorrangprüfung erteilen, wenn es sich um Staatsangehörige eines in Anhang II der Verordnung (EG) Nr. 539/2001 genannten Staates handelt, oder
2. eine Zustimmung mit Vorrangprüfung erteilen, wenn
   a) die Aufenthaltsdauer mehr als 90 Tage je Zeitraum von 180 Tagen beträgt oder
   b) es sich um Staatsangehörige eines in Anhang I der Verordnung (EG) Nr. 539/2001 genannten Staates handelt.

₂Die saisonabhängige Beschäftigung eines Ausländers oder einer Ausländerin darf sechs Monate innerhalb eines Zeitraums von zwölf Monaten nicht überschreiten. ₃Die Dauer der saisonabhängigen Beschäftigung darf den Gültigkeitszeitraum des Reisedokuments nicht überschreiten. ₄Im Fall des § 39 Nummer 11 der Aufenthaltsverordnung gilt die Zustimmung als erteilt, bis über sie entschieden ist. ₅Ausländerinnen und Ausländern, die in den letzten fünf Jahren mindestens einmal als Saisonbeschäftigte im Bundesgebiet tätig waren, sind im Rahmen der durch die Bundesagentur für Arbeit festgelegten Zahl der Arbeitserlaubnisse und Zustimmungen bevorrechtigt zu berücksichtigen. ₆Der Zeitraum für die Beschäftigung von Saisonbeschäftigten ist für einen Betrieb auf acht Monate innerhalb eines Zeitraums von zwölf Monaten begrenzt. ₇Satz 5 gilt nicht für Betriebe des Obst-, Gemüse-, Wein-, Hopfen- und Tabakanbaus.

(2) ₁Die Erteilung einer Arbeitserlaubnis oder der Zustimmung setzt voraus, dass

1. der Nachweis über ausreichenden Krankenversicherungsschutz erbracht wird,
2. der oder dem Saisonbeschäftigten eine angemessene Unterkunft zur Verfügung steht und
3. ein konkretes Arbeitsplatzangebot oder ein gültiger Arbeitsvertrag vorliegt, in dem insbesondere festgelegt sind
   a) der Ort und die Art der Arbeit,
   b) die Dauer der Beschäftigung,
   c) die Vergütung,
   d) die Arbeitszeit pro Woche oder Monat,
   e) die Dauer des bezahlten Urlaubs,
   f) gegebenenfalls andere einschlägige Arbeitsbedingungen und
   g) falls möglich, der Zeitpunkt des Beginns der Beschäftigung.

₂Stellt der Arbeitgeber der oder dem Saisonbeschäftigten eine Unterkunft zur Verfügung, so muss der Mietzins angemessen sein und darf nicht vom Lohn einbehalten werden. ₃In diesem Fall muss der oder die Saisonbeschäftigte einen Mietvertrag erhalten, in dem die Mietbedingungen festgelegt sind. ₄Der Arbeitgeber hat der Bundesagentur für Arbeit jeden Wechsel der Unterkunft des oder der Saisonbeschäftigten unverzüglich anzuzeigen.

(3) ₁Die Arbeitserlaubnis oder die Zustimmung ist zu versagen oder zu entziehen, wenn

1. sich die Ausländerin oder der Ausländer bereits im Bundesgebiet aufhält, es sei denn, die Einreise ist zur Aufnahme der Saisonbeschäftigung erfolgt oder die Arbeitserlaubnis oder die Zustimmung wird für eine an eine Saisonbeschäftigung anschließende weitere Saisonbeschäftigung beantragt,
2. der oder die Saisonbeschäftigte einen Antrag nach Artikel 16a des Grundgesetzes gestellt hat oder um internationalen Schutz gemäß der Richtlinie 2011/95/EU nachsucht; § 55 Absatz 2 des Asylgesetzes bleibt unberührt,
3. der oder die Saisonbeschäftigte den aus einer früheren Entscheidung über die Zu-

VI

lassung zur Saisonbeschäftigung erwachsenen Verpflichtungen nicht nachgekommen ist,
4. über das Unternehmen des Arbeitgebers ein Insolvenzverfahren eröffnet wurde, das auf Auflösung des Unternehmens und Abwicklung des Geschäftsbetriebs gerichtet ist,
5. das Unternehmen des Arbeitgebers im Rahmen der Durchführung eines Insolvenzverfahrens aufgelöst wurde und der Geschäftsbetrieb abgewickelt wurde,
6. die Eröffnung eines Insolvenzverfahrens über das Vermögen des Unternehmens des Arbeitgebers mangels Masse abgelehnt wurde und der Geschäftsbetrieb eingestellt wurde oder
7. das Unternehmen des Arbeitgebers keine Geschäftstätigkeit ausübt.

$_2$Die Arbeitserlaubnis oder die Zustimmung ist zu versagen, wenn die durch die Bundesagentur für Arbeit festgelegte Zahl der Arbeitserlaubnisse und Zustimmungen für den maßgeblichen Zeitraum erreicht ist. $_3$§ 39 Absatz 3 des Aufenthaltsgesetzes bleibt unberührt.

(4) Die Arbeitserlaubnis ist vom Arbeitgeber bei der Bundesagentur für Arbeit zu beantragen.

(5) Bei einer ein- oder mehrmaligen Verlängerung des Beschäftigungsverhältnisses bei demselben oder einem anderen Arbeitgeber kann eine weitere Arbeitserlaubnis erteilt werden, soweit die in Absatz 1 Satz 1 Nummer 1 genannte Höchstdauer nicht überschritten wird.

(6) Die Arbeitserlaubnis und die Zustimmung werden ohne Vorrangprüfung erteilt, soweit die Bundesagentur für Arbeit eine am Bedarf orientierte Zulassungszahl nach § 39 Absatz 6 Satz 3 des Aufenthaltsgesetzes festgelegt hat.

§ 15b Schaustellergehilfen

Die Zustimmung zu einem Aufenthaltstitel zur Ausübung einer Beschäftigung im Schaustellergewerbe kann bis zu insgesamt neun Monaten im Kalenderjahr mit Vorrangprüfung erteilt werden, wenn die betreffenden Personen auf Grund einer Absprache der Bundesagentur für Arbeit mit der Arbeitsverwaltung des Herkunftslandes über das Verfahren und die Auswahl vermittelt worden sind.

§ 15c Haushaltshilfen

$_1$Die Zustimmung zu einem Aufenthaltstitel zur Ausübung einer versicherungspflichtigen Vollzeitbeschäftigung bis zu drei Jahren für hauswirtschaftliche Arbeiten und notwendige pflegerische Alltagshilfen in Haushalten mit Pflegebedürftigen im Sinne des Elften Buches Sozialgesetzbuch kann mit Vorrangprüfung erteilt werden, wenn die betreffenden Personen auf Grund einer Absprache der Bundesagentur für Arbeit mit der Arbeitsverwaltung des Herkunftslandes über das Verfahren und die Auswahl vermittelt worden sind. $_2$Innerhalb des Zulassungszeitraums von drei Jahren kann die Zustimmung zum Wechsel des Arbeitgebers erteilt werden. $_3$Für eine erneute Beschäftigung nach der Ausreise darf die Zustimmung nach Satz 1 nur erteilt werden, wenn sich die betreffende Person nach der Ausreise mindestens so lange im Ausland aufgehalten hat, wie sie zuvor im Inland beschäftigt war.

Teil 4
Entsandte Arbeitnehmerinnen und Arbeitnehmer

§ 16 Geschäftsreisende

Keiner Zustimmung bedarf die Erteilung eines Aufenthaltstitels an Personen, die
1. bei einem Arbeitgeber mit Sitz im Inland im kaufmännischen Bereich im Ausland beschäftigt werden,
2. für einen Arbeitgeber mit Sitz im Ausland Besprechungen oder Verhandlungen im Inland führen, Vertragsangebote erstellen, Verträge schließen oder die Durchführung eines Vertrages überwachen oder
3. für einen Arbeitgeber mit Sitz im Ausland einen inländischen Unternehmensteil gründen, überwachen oder steuern,

VI

und die sich im Rahmen ihrer Beschäftigung unter Beibehaltung ihres gewöhnlichen Aufenthaltes im Ausland insgesamt nicht länger als 90 Tage innerhalb eines Zeitraums von 180 Tagen im Inland aufhalten.

§ 17 Betriebliche Weiterbildung

Keiner Zustimmung bedarf die Erteilung eines Aufenthaltstitels an im Ausland beschäftigte Fachkräfte eines international tätigen Konzerns oder Unternehmens zum Zweck einer betrieblichen Weiterbildung im inländischen Konzern- oder Unternehmensteil für bis zu 90 Tage innerhalb eines Zeitraums von zwölf Monaten.

§ 18 Journalistinnen und Journalisten

Keiner Zustimmung bedarf die Erteilung eines Aufenthaltstitels an Beschäftigte eines Arbeitgebers mit Sitz im Ausland,

1. deren Tätigkeit vom Presse- und Informationsamt der Bundesregierung anerkannt ist oder
2. die unter Beibehaltung ihres gewöhnlichen Aufenthaltes im Ausland im Inland journalistisch tätig werden, wenn die Dauer der Tätigkeit 90 Tage innerhalb eines Zeitraums von zwölf Monaten nicht übersteigt.

§ 19 Werklieferungsverträge

(1) 1Keiner Zustimmung bedarf die Erteilung eines Aufenthaltstitels an Personen, die von ihrem Arbeitgeber mit Sitz im Ausland für bis zu 90 Tage innerhalb eines Zeitraums von zwölf Monaten in das Inland entsandt werden, um

1. gewerblichen Zwecken dienende Maschinen, Anlagen und Programme der elektronischen Datenverarbeitung, die bei dem Arbeitgeber bestellt worden sind, aufzustellen und zu montieren, zu warten oder zu reparieren oder um in die Bedienung dieser Maschinen, Anlagen und Programme einzuweisen,
2. erworbene Maschinen, Anlagen und sonstige Sachen abzunehmen oder in ihre Bedienung eingewiesen zu werden,
3. erworbene, gebrauchte Anlagen zum Zweck des Wiederaufbaus im Sitzstaat des Arbeitgebers zu demontieren,
4. unternehmenseigene Messestände oder Messestände für ein ausländisches Unternehmen, das im Sitzstaat des Arbeitgebers ansässig ist, auf- und abzubauen und zu betreuen oder
5. im Rahmen von Exportlieferungs- und Lizenzverträgen einen Betriebslehrgang zu absolvieren.

2In den Fällen des Satzes 1 Nummer 1 und 3 setzt die Befreiung von der Zustimmung voraus, dass der Arbeitgeber der Bundesagentur für Arbeit die Beschäftigungen vor ihrer Aufnahme angezeigt hat.

(2) Die Zustimmung kann für Personen erteilt werden, die von ihrem Arbeitgeber mit Sitz im Ausland länger als 90 Tage und bis zu einer Dauer von drei Jahren in das Inland entsandt werden, um

1. gewerblichen Zwecken dienende Maschinen, Anlagen und Programme der elektronischen Datenverarbeitung, die bei dem Arbeitgeber bestellt worden sind, aufzustellen und zu montieren, zu warten oder zu reparieren oder um in die Bedienung dieser Maschinen, Anlagen und Programme einzuweisen oder
2. erworbene, gebrauchte Anlagen zum Zweck des Wiederaufbaus im Sitzstaat des Arbeitgebers zu demontieren.

§ 20 Internationaler Straßen- und Schienenverkehr

(1) 1Keiner Zustimmung bedarf die Erteilung eines Aufenthaltstitels an das Fahrpersonal, das

1. im Güterkraftverkehr für einen Arbeitgeber mit Sitz
   a) im Hoheitsgebiet eines anderen Mitgliedstaates der Europäischen Union oder eines anderen Vertragsstaates des Abkommens über den Europäischen Wirtschaftsraum Beförderungen im grenzüberschreitenden Verkehr nach Artikel 2 Nummer 2 oder Kabotagebeförderungen nach Artikel 8 Absatz 2 der

VI

Verordnung (EG) Nr. 1072/2009 des Europäischen Parlaments und des Rates vom 21. Oktober 2009 über gemeinsame Regeln für den Zugang zum Markt des grenzüberschreitenden Güterverkehrs (ABl. L 300 vom 14. 11. 2009, S. 72) durchführt und für das dem Arbeitgeber eine Fahrerbescheinigung ausgestellt worden ist,

b) außerhalb des Hoheitsgebietes eines Mitgliedstaates der Europäischen Union oder eines anderen Vertragsstaates des Abkommens über den Europäischen Wirtschaftsraum Beförderungen im grenzüberschreitenden Güterverkehr mit einem im Sitzstaat des Arbeitgebers zugelassenen Fahrzeug durchführt, für einen Aufenthalt von höchstens 90 Tagen innerhalb eines Zeitraums von zwölf Monaten, oder ein in Deutschland zugelassenes Fahrzeug in einen Staat außerhalb dieses Gebietes überführt,

VI

2. im grenzüberschreitenden Personenverkehr auf der Straße für einen Arbeitgeber mit Sitz im Ausland grenzüberschreitende Fahrten mit einem im Sitzstaat des Arbeitgebers zugelassenen Fahrzeug durchführt. $_2$Dies gilt im grenzüberschreitenden Linienverkehr mit Omnibussen auch dann, wenn das Fahrzeug im Inland zugelassen ist.

(2) Keiner Zustimmung bedarf die Erteilung eines Aufenthaltstitels an das Fahrpersonal im grenzüberschreitenden Schienenverkehr, wenn das Beförderungsunternehmen seinen Sitz im Ausland hat.

§ 21 Dienstleistungserbringung

Keiner Zustimmung bedarf die Erteilung eines Aufenthaltstitels an Personen, die von einem Unternehmen mit Sitz in einem Mitgliedstaat der Europäischen Union oder einem Vertragsstaat des Abkommens über den Europäischen Wirtschaftsraum in dem Sitzstaat des Unternehmens ordnungsgemäß beschäftigt sind und zur Erbringung einer Dienstleistung vorübergehend in das Bundesgebiet entsandt werden.

Teil 5
Besondere Berufs- oder Personengruppen

§ 22 Besondere Berufsgruppen

Keiner Zustimmung bedarf die Erteilung eines Aufenthaltstitels an

1. Personen einschließlich ihres Hilfspersonals, die unter Beibehaltung ihres gewöhnlichen Wohnsitzes im Ausland in Vorträgen oder in Darbietungen von besonderem wissenschaftlichen oder künstlerischen Wert oder bei Darbietungen sportlichen Charakters im Inland tätig werden, wenn die Dauer der Tätigkeit 90 Tage innerhalb eines Zeitraums von zwölf Monaten nicht übersteigt,
2. Personen, die im Rahmen von Festspielen oder Musik- und Kulturtagen beschäftigt oder im Rahmen von Gastspielen oder ausländischen Film- und Fernsehproduktionen entsandt werden, wenn die Dauer der Tätigkeit 90 Tage innerhalb eines Zeitraums von zwölf Monaten nicht übersteigt,
3. Personen, die in Tagesdarbietungen bis zu 15 Tage im Jahr auftreten,
4. Berufssportlerinnen und Berufssportler oder Berufstrainerinnen und Berufstrainer, deren Einsatz in deutschen Sportvereinen oder vergleichbaren am Wettkampfsport teilnehmenden sportlichen Einrichtungen vorgesehen ist, wenn sie
   a) das 16. Lebensjahr vollendet haben,
   b) der Verein oder die Einrichtung ein Bruttogehalt zahlt, das mindestens 50 Prozent der Beitragsbemessungsgrenze für die gesetzliche Rentenversicherung beträgt, und
   c) der für die Sportart zuständige deutsche Spitzenverband im Einvernehmen mit dem Deutschen Olympischen Sportbund die sportliche Qualifikation als Berufssportlerin oder Berufssportler oder die fachliche Eignung als Trainerin oder Trainer bestätigt,
5. Fotomodelle, Werbetypen, Mannequins oder Dressmen,
6. Reiseleiterinnen und Reiseleiter, die unter Beibehaltung ihres gewöhnlichen Aufent-

haltes im Ausland ausländische Touristengruppen in das Inland begleiten, wenn die Dauer der Tätigkeit 90 Tage innerhalb von zwölf Monaten nicht übersteigt, oder

7. Dolmetscherinnen und Dolmetscher, die unter Beibehaltung ihres gewöhnlichen Aufenthaltes im Ausland für ein Unternehmen mit Sitz im Ausland an Besprechungen oder Verhandlungen im Inland teilnehmen, wenn die Dauer der Tätigkeit 90 Tage innerhalb eines Zeitraums von zwölf Monaten nicht übersteigt.

§ 23 Internationale Sportveranstaltungen

Keiner Zustimmung bedarf die Erteilung eines Aufenthaltstitels an Personen, die zur Vorbereitung, Teilnahme, Durchführung und Nachbereitung internationaler Sportveranstaltungen durch das jeweilige Organisationskomitee akkreditiert werden, soweit die Bundesregierung Durchführungsgarantien übernommen hat; dies sind insbesondere folgende Personen:

1. die Repräsentantinnen und Repräsentanten, Mitarbeiterinnen und Mitarbeiter und Beauftragten von Verbänden oder Organisationen einschließlich Schiedsrichterinnen und Schiedsrichter sowie Schiedsrichterassistentinnen und Schiedsrichterassistenten,
2. die Sportlerinnen und Sportler sowie bezahltes Personal der teilnehmenden Mannschaften,
3. die Vertreterinnen und Vertreter der offiziellen Verbandspartner und der offiziellen Lizenzpartner,
4. die Vertreterinnen und Vertreter der Medien einschließlich des technischen Personals sowie die Mitarbeiterinnen und Mitarbeiter der Medienpartner.

§ 24 Schifffahrt- und Luftverkehr

Keiner Zustimmung bedarf die Erteilung eines Aufenthaltstitels an

1. die Mitglieder der Besatzungen von Seeschiffen im internationalen Verkehr,
2. die nach dem Seelotsgesetz für den Seelotsendienst zugelassenen Personen,
3. das technische Personal auf Binnenschiffen und im grenzüberschreitenden Verkehr das für die Gästebetreuung erforderliche Bedienungs- und Servicepersonal auf Personenfahrgastschiffen oder
4. die Besatzungen von Luftfahrzeugen mit Ausnahme der Luftfahrzeugführerinnen und Luftfahrzeugführer, Flugingenieurinnen und Flugingenieure sowie Flugnavigatorinnen und Flugnavigatoren bei Unternehmen mit Sitz im Inland.

§ 25 Kultur und Unterhaltung

Die Zustimmung kann mit Vorrangprüfung für Personen erteilt werden, die

1. eine künstlerische oder artistische Beschäftigung oder eine Beschäftigung als Hilfspersonal, das für die Darbietung erforderlich ist, ausüben oder
2. zu einer länger als 90 Tage dauernden Beschäftigung im Rahmen von Gastspielen oder ausländischen Film- oder Fernsehproduktionen entsandt werden.

§ 26 Beschäftigung bestimmter Staatsangehöriger

(1) Für Staatsangehörige von Andorra, Australien, Israel, Japan, Kanada, der Republik Korea, von Monaco, Neuseeland, San Marino sowie den Vereinigten Staaten von Amerika kann die Zustimmung mit Vorrangprüfung zur Ausübung jeder Beschäftigung unabhängig vom Sitz des Arbeitgebers erteilt werden.

(2) $_1$Für Staatsangehörige von Albanien, Bosnien und Herzegowina, Kosovo, Mazedonien, Montenegro und Serbien können in den Jahren 2016 bis einschließlich 2020 Zustimmungen mit Vorrangprüfung zur Ausübung jeder Beschäftigung erteilt werden. $_2$Die Zustimmung darf nur erteilt werden, wenn der Antrag auf Erteilung des Aufenthaltstitels bei der jeweils zuständigen deutschen Auslandsvertretung im Herkunftsstaat gestellt wurde. $_3$Die Zustimmung darf nicht erteilt werden, wenn der Antragsteller in den letzten 24 Monaten vor Antragstellung Leistungen nach dem Asylbewerberleistungsgesetz bezogen hat. $_4$Satz 3 gilt nicht für Antragsteller, die nach dem 1. Januar 2015 und vor dem

24. Oktober 2015 einen Asylantrag gestellt haben, sich am 24. Oktober 2015 gestattet, mit einer Duldung oder als Ausreisepflichtige im Bundesgebiet aufgehalten haben und unverzüglich ausreisen.

§ 27 Grenzgängerbeschäftigung

Zur Erteilung einer Grenzgängerkarte nach § 12 Absatz 1 der Aufenthaltsverordnung kann die Zustimmung mit Vorrangprüfung erteilt werden.

§ 28 Deutsche Volkszugehörige

Deutschen Volkszugehörigen, die einen Aufnahmebescheid nach dem Bundesvertriebenengesetz besitzen, kann die Zustimmung mit Vorrangprüfung zu einem Aufenthaltstitel zur Ausübung einer vorübergehenden Beschäftigung erteilt werden.

Teil 6 Sonstiges

§ 29 Internationale Abkommen

(1) 1Für Beschäftigungen im Rahmen der mit den Staaten Türkei, Serbien, Bosnien-Herzegowina und Mazedonien bestehenden Werkvertragsarbeitnehmerabkommen kann die Zustimmung erteilt werden. 2Dies gilt auch für das zur Durchführung der Werkvertragstätigkeit erforderliche leitende Personal oder Verwaltungspersonal mit betriebsspezifischen Kenntnissen für die Dauer von bis zu vier Jahren. 3Das Bundesministerium für Arbeit und Soziales kann die Erteilung der Zustimmung durch die Bundesagentur für Arbeit an Beschäftigte der Bauwirtschaft im Rahmen von Werkverträgen im Verhältnis zu den beschäftigten gewerblichen Personen des im Inland ansässigen Unternehmens zahlenmäßig beschränken. 4Dabei ist darauf zu achten, dass auch kleine und mittelständische im Inland ansässige Unternehmen angemessen berücksichtigt werden.

(2) Die Zustimmung zur Ausübung einer Beschäftigung von bis zu 18 Monaten kann erteilt werden, wenn die betreffenden Personen auf der Grundlage einer zwischenstaatlichen Vereinbarung über die Beschäftigung von Arbeitnehmerinnen und Arbeitnehmern zur beruflichen und sprachlichen Fortbildung (Gastarbeitnehmer-Vereinbarung) mit dem Staat, dessen Staatsangehörigkeit sie besitzen, beschäftigt werden.

(3) 1Für Beschäftigungen nach zwischenstaatlichen Vereinbarungen, in denen bestimmt ist, dass jemand für eine Beschäftigung keiner Arbeitsgenehmigung oder Arbeitserlaubnis bedarf, bedarf es keiner Zustimmung. 2Bei Beschäftigungen nach Vereinbarungen, in denen bestimmt ist, dass eine Arbeitsgenehmigung oder Arbeitserlaubnis erteilt werden kann, kann die Zustimmung erteilt werden.

(4) Für Fach- oder Weltausstellungen, die nach dem am 22. November 1928 in Paris unterzeichneten Abkommen über Internationale Ausstellungen registriert sind, kann für Angehörige der ausstellenden Staaten die Zustimmung mit Vorrangprüfung erteilt werden, wenn sie für den ausstellenden Staat zur Vorbereitung, Durchführung oder Beendigung des nationalen Ausstellungsbeitrages tätig werden.

(5) Die Zustimmung kann für Personen erteilt werden, die von einem Unternehmen mit Sitz im Ausland ordnungsgemäß beschäftigt werden und auf der Grundlage des Übereinkommens zur Errichtung der Welthandelsorganisation vom 15. April 1994 (BGBl. 1994 II S. 1438, 1441) oder anderer für die Bundesrepublik Deutschland völkerrechtlich verbindlicher Freihandelsabkommen der Europäischen Union oder der Europäischen Union und ihrer Mitgliedstaaten vorübergehend in das Bundesgebiet entsandt werden.

§ 30 Beschäftigungsaufenthalte ohne Aufenthaltstitel

Nicht als Beschäftigung im Sinne des Aufenthaltsgesetzes gelten

1. Tätigkeiten nach den §§ 3 und 16, die bis zu 90 Tage innerhalb eines Zeitraums von 180 Tagen ausgeübt werden,
2. Tätigkeiten nach den §§ 5, 14, 15, 17, 18, 19 Absatz 1 sowie den §§ 20, 22 und 23, die bis zu 90 Tage innerhalb eines Zeitraums von zwölf Monaten ausgeübt werden,

3. Tätigkeiten nach § 21, die von Ausländerinnen und Ausländern, die in einem anderen Mitgliedstaat der Europäischen Union die Rechtsstellung eines langfristig Aufenthaltsberechtigten innehaben, bis zu 90 Tage innerhalb eines Zeitraums von zwölf Monaten ausgeübt werden, und
4. Tätigkeiten von Personen, die nach den §§ 23 bis 30 der Aufenthaltsverordnung vom Erfordernis eines Aufenthaltstitels befreit sind.

Teil 7 Beschäftigung bei Aufenthalt aus völkerrechtlichen, humanitären oder politischen Gründen sowie von Personen mit Duldung und Asylbewerbern

§ 31 Beschäftigung bei Aufenthalt aus völkerrechtlichen, humanitären oder politischen Gründen

Die Erteilung der Erlaubnis zur Beschäftigung an Ausländerinnen und Ausländer mit einer Aufenthaltserlaubnis, die nach Abschnitt 5 des Aufenthaltsgesetzes erteilt worden ist, bedarf keiner Zustimmung der Bundesagentur für Arbeit.

§ 32 Beschäftigung von Personen mit Duldung oder Aufenthaltsgestattung

(1) $_1$Ausländerinnen und Ausländern, die eine Duldung besitzen, kann eine Zustimmung mit Vorrangprüfung zur Ausübung einer Beschäftigung erteilt werden, wenn sie sich seit drei Monaten erlaubt, geduldet oder mit einer Aufenthaltsgestattung im Bundesgebiet aufhalten. $_2$Die §§ 39, 40 Absatz 1 Nummer 1 und Absatz 2 sowie § 41 des Aufenthaltsgesetzes gelten entsprechend.

(2) Keiner Zustimmung bedarf die Erteilung einer Erlaubnis zur Ausübung

1. eines Praktikums nach § 22 Absatz 1 Satz 2 Nummer 1 bis 4 des Mindestlohngesetzes,
2. einer Berufsausbildung in einem staatlich anerkannten oder vergleichbar geregelten Ausbildungsberuf,
3. einer Beschäftigung nach § 18b Absatz 2 Satz 1 und § 18c Absatz 3 des Aufenthaltsgesetzes, § 3 Nummer 1 bis 3, § 5, § 14 Absatz 1, § 15 Nummer 2, § 22 Nummer 3 bis 5 und § 23,
4. einer Beschäftigung von Ehegatten, Lebenspartnern, Verwandten und Verschwägerten ersten Grades eines Arbeitgebers in dessen Betrieb, wenn der Arbeitgeber mit diesen in häuslicher Gemeinschaft lebt oder
5. jeder Beschäftigung nach einem ununterbrochen vierjährigen erlaubten, geduldeten oder gestatteten Aufenthalt im Bundesgebiet.

(3) Die Zustimmung zur Ausübung einer Beschäftigung wird ohne Vorrangprüfung erteilt.

(4) Die Absätze 2 und 3 finden auch Anwendung auf Ausländerinnen und Ausländer mit einer Aufenthaltsgestattung.

§ 33 (weggefallen)

Teil 8 Verfahrensregelungen

§ 34 Beschränkung der Zustimmung

(1) Die Bundesagentur für Arbeit kann die Zustimmung zur Ausübung einer Beschäftigung beschränken hinsichtlich

1. der Geltungsdauer,
2. des Betriebs,
3. der beruflichen Tätigkeit,
4. des Arbeitgebers,
5. der Region, in der die Beschäftigung ausgeübt werden kann, und
6. der Lage und Verteilung der Arbeitszeit.

(2) Die Zustimmung wird längstens für vier Jahre erteilt.

(3) Bei Beschäftigungen zur beruflichen Aus- und Weiterbildung nach § 16a Absatz 1 und § 16d Absatz 1 Satz 2 Nummer 3 des Auf-

VI

enthaltsgesetzes ist die Zustimmung wie folgt zu erteilen:

1. bei der Ausbildung für die nach der Ausbildungsordnung festgelegte Ausbildungsdauer und
2. bei der Weiterbildung für die Dauer, die ausweislich eines von der Bundesagentur für Arbeit geprüften Weiterbildungsplanes zur Erreichung des Weiterbildungszieles erforderlich ist.

§ 35 Reichweite der Zustimmung

(1) Die Zustimmung zur Ausübung einer Beschäftigung wird jeweils zu einem bestimmten Aufenthaltstitel erteilt.

(2) Ist die Zustimmung zu einem Aufenthaltstitel erteilt worden, so gilt die Zustimmung im Rahmen ihrer zeitlichen Begrenzung auch für jeden weiteren Aufenthaltstitel fort.

(3) Die Absätze 1 und 2 gelten entsprechend für die Zustimmung zur Ausübung einer Beschäftigung an Personen, die eine Aufenthaltsgestattung oder Duldung besitzen.

VI

(4) $_1$Ist die Zustimmung für ein bestimmtes Beschäftigungsverhältnis erteilt worden, so erlischt sie mit der Beendigung dieses Beschäftigungsverhältnisses. $_2$Dies gilt nicht, wenn sich der Arbeitgeber auf Grund eines Betriebsübergangs nach § 613a des Bürgerlichen Gesetzbuchs ändert oder auf Grund eines Formwechsels eine andere Rechtsform erhält.

(5) $_1$Die Zustimmung zur Ausübung einer Beschäftigung kann ohne Vorrangprüfung erteilt werden, wenn die Beschäftigung nach Ablauf der Geltungsdauer einer für mindestens ein Jahr erteilten Zustimmung bei demselben Arbeitgeber fortgesetzt wird. $_2$Dies gilt nicht für Beschäftigungen, die nach dieser Verordnung oder einer zwischenstaatlichen Vereinbarung zeitlich begrenzt sind.

§ 36 Erteilung der Zustimmung

(1) Die Bundesagentur für Arbeit teilt der zuständigen Stelle die Zustimmung zur Erteilung eines Aufenthaltstitels nach § 39 des Aufenthaltsgesetzes oder einer Grenzgängerkarte, deren Versagung nach § 40 des Aufenthaltsgesetzes, den Widerruf nach § 41 des Aufenthaltsgesetzes und die Rücknahme einer Zustimmung mit.

(2) $_1$Die Zustimmung zur Ausübung einer Beschäftigung gilt als erteilt, wenn die Bundesagentur für Arbeit der zuständigen Stelle nicht innerhalb von zwei Wochen nach Übermittlung der Zustimmungsanfrage mitteilt, dass die übermittelten Informationen für die Entscheidung über die Zustimmung nicht ausreichen oder dass der Arbeitgeber die erforderlichen Auskünfte nicht oder nicht rechtzeitig erteilt hat. $_2$Im Fall des § 81a des Aufenthaltsgesetzes verkürzt sich die Frist nach Satz 1 auf eine Woche.

(3) Die Bundesagentur für Arbeit soll bereits vor der Übermittlung der Zustimmungsanfrage der Ausübung der Beschäftigung gegenüber der zuständigen Stelle zustimmen oder prüfen, ob die arbeitsmarktbezogenen Voraussetzungen für eine spätere Zustimmung vorliegen, wenn der Arbeitgeber die hierzu erforderlichen Auskünfte erteilt hat und das Verfahren dadurch beschleunigt wird.

§ 37 Härtefallregelung

Ausländerinnen und Ausländern kann die Zustimmung zur Ausübung einer Beschäftigung ohne Vorrangprüfung erteilt werden, wenn deren Versagung eine besondere Härte bedeuten würde.

Teil 9
Anwerbung und Arbeitsvermittlung aus dem Ausland

§ 38 Anwerbung und Vermittlung

Die Anwerbung in Staaten und die Arbeitsvermittlung aus Staaten, die in der Anlage zu dieser Verordnung aufgeführt sind, darf für eine Beschäftigung in Gesundheits- und Pflegeberufen nur von der Bundesagentur für Arbeit durchgeführt werden.

§ 39 Ordnungswidrigkeiten

Ordnungswidrig im Sinne des § 404 Absatz 2 Nummer 9 des Dritten Buches Sozialgesetzbuch handelt, wer vorsätzlich oder fahrlässig entgegen § 38 eine Anwerbung oder Arbeitsvermittlung durchführt.

Anlage
(zu § 38)

1. Afghanistan (Islamische Republik Afghanistan),
2. Angola (Republik),
3. Äquatorialguinea (Republik),
4. Äthiopien (Demokratische Bundesrepublik),
5. Bangladesch (Volksrepublik),
6. Benin (Republik),
7. Bhutan (Königreich Bhutan),
8. Burkina Faso,
9. Burundi (Republik),
10. Dschibuti (Republik),
11. El Salvador (Republik),
12. Elfenbeinküste (Republik Côte d'Ivoire),
13. Eritrea (Staat Eritrea),
14. Gambia (Republik),
15. Ghana (Republik),
16. Guinea (Republik),
17. Guinea-Bissau (Republik),
18. Haiti (Republik),
19. Honduras (Republik),
20. Indien (Republik),
21. Indonesien (Republik),
22. Irak (Republik),
23. Jemen (Republik),
24. Kambodscha (Königreich Kambodscha),
25. Kamerun (Republik),
26. Kenia (Republik),
27. Komoren (Union der Komoren),
28. Kongo (Demokratische Republik),
29. Kongo (Republik),
30. Laos (Demokratische Volksrepublik Laos),
31. Lesotho (Königreich Lesotho),
32. Liberia (Republik),
33. Madagaskar (Republik),
34. Malawi (Republik),
35. Mali (Republik),
36. Marokko (Königreich Marokko),
37. Mauretanien (Islamische Republik Mauretanien),
38. Mozambik (Republik),
39. Myanmar (Union Myanmar),
40. Nepal (Königreich Nepal),
41. Nicaragua (Republik),
42. Niger (Republik),
43. Nigeria (Bundesrepublik),
44. Pakistan (Islamische Republik Pakistan),
45. Papua-Neuguinea (Unabhängiger Staat Papua-Neuguinea),
46. Peru (Republik),
47. Ruanda (Republik),
48. Sambia (Republik),
49. Senegal (Republik),
50. Sierra Leone (Republik),
51. Simbabwe (Republik),
52. Somalia (Demokratische Republik Somalia),
53. Tansania (Vereinigte Republik Tansania),
54. Togo (Togolesische Republik),
55. Tschad (Republik),
56. Uganda (Republik),
57. Zentralafrikanische Republik

Beschluss Nr. 1/80 des Assoziationsrates EWG/TÜRKEI über die Entwicklung der Assoziation (ARB 1/80)

Vom 19. September 1980 (ANBA 1981 S. 4)

– Auszug –

Der Assoziationsrat –

gestützt auf das Abkommen zur Gründung einer Assoziation zwischen der Europäischen Wirtschaftsgemeinschaft und der Türkei –

in Erwägung nachstehender Gründe:

Neubelebung und Entwicklung der Assoziation müssen sich, wie am 5. Februar 1980 vereinbart, auf sämtliche derzeitigen Probleme der Assoziation erstrecken. Bei der Suche nach einer Lösung für diese Probleme ist die Besonderheit der Assoziationsbindungen zwischen der Gemeinschaft und der Türkei zu berücksichtigen.

VI

Im Agrarbereich kann durch die Abschaffung der Einfuhrzölle der Gemeinschaft für türkische Erzeugnisse das angestrebte Ergebnis erreicht und den Bedenken der Türkei wegen der Folgen der Erweiterung der Gemeinschaft Rechnung getragen werden. Im übrigen muss als Voraussetzung für die Einführung des freien Verkehrs von Agrarerzeugnissen Artikel 33 des Zusatzprotokolls durchgeführt werden. Das vorgesehene System muss unter Einhaltung der Grundsätze und der Regelungen der gemeinsamen Agrarpolitik angewandt werden.

Im sozialen Bereich führen die vorstehenden Erwägungen im Rahmen der internationalen Verpflichtungen jeder der beiden Parteien zu einer besseren Regelung zugunsten der Arbeitnehmer und ihrer Familienangehörigen gegenüber der mit Beschluss Nr. 2/76 des Assoziationsrates eingeführten Regelung. Im übrigen müssen auch die Bestimmungen über die soziale Sicherheit und über den Austausch junger Arbeitskräfte durchgeführt werden.

Kapitel I
(hier nicht aufgenommen)

Artikel 1 bis 5 (hier nicht aufgenommen)

Kapitel II
Soziale Bestimmungen

Abschnitt 1
Fragen betreffend die Beschäftigung und die Freizügigkeit der Arbeitnehmer

Artikel 6

(1) Vorbehaltlich der Bestimmungen in Artikel 7 über den freien Zugang der Familienangehörigen zur Beschäftigung hat der türkische Arbeitnehmer, der dem regulären Arbeitsmarkt eines Mitgliedstaats angehört, in diesem Mitgliedstaat

- nach einem Jahr ordnungsgemäßer Beschäftigung Anspruch auf Erneuerung seiner Arbeitserlaubnis bei dem gleichen Arbeitgeber, wenn er über einen Arbeitsplatz verfügt,
- nach drei Jahren ordnungsgemäßer Beschäftigung – vorbehaltlich des den Arbeitnehmern aus den Mitgliedstaaten einzuräumenden Vorrangs – das Recht, sich für den gleichen Beruf bei einem Arbeitgeber seiner Wahl auf ein unter normalen Bedingungen unterbreitetes und bei den Arbeitsämtern dieses Mitgliedstaates eingetragenes anderes Stellenangebot zu bewerben,
- nach vier Jahren ordnungsgemäßer Beschäftigung freien Zugang zu jeder von ihm gewählten Beschäftigung im Lohn- oder Gehaltsverhältnis.

(2) Der Jahresurlaub und die Abwesenheit wegen Mutterschaft, Arbeitsunfall oder kurzer Krankheit werden den Zeiten ordnungsgemäßer Beschäftigung gleichgestellt. Die Zeiten unverschuldeter Arbeitslosigkeit, die von den zuständigen Behörden ordnungsgemäß festgestellt worden sind, sowie die Abwesenheit wegen langer Krankheit werden zwar nicht den Zeiten ordnungsgemäßer Beschäftigung gleichgestellt, berühren jedoch

nicht die aufgrund der vorherigen Beschäftigungszeit erworbenen Ansprüche.

(3) Die Einzelheiten der Durchführung der Absätze 1 und 2 werden durch einzelstaatliche Vorschriften festgelegt.

Artikel 7

Die Familienangehörigen eines dem regulären Arbeitsmarkt eines Mitgliedstaats angehörenden türkischen Arbeitnehmers, die die Genehmigung erhalten haben, zu ihm zu ziehen,

- haben vorbehaltlich des den Arbeitnehmern aus den Mitgliedstaaten der Gemeinschaft einzuräumenden Vorrangs das Recht, sich auf jedes Stellenangebot zu bewerben, wenn sie dort seit mindestens drei Jahren ihren ordnungsgemäßen Wohnsitz haben;
- haben freien Zugang zu jeder von ihnen gewählten Beschäftigung im Lohn- oder Gehaltsverhältnis, wenn sie dort seit mindestens fünf Jahren ihren ordnungsgemäßen Wohnsitz haben.

Die Kinder türkischer Arbeitnehmer, die im Aufnahmeland eine Berufsausbildung abgeschlossen haben, können sich unabhängig von der Dauer ihres Aufenthalts in dem betreffenden Mitgliedstaat dort auf jedes Stellenangebot bewerben, sofern ein Elternteil in dem betreffenden Mitgliedstaat seit mindestens drei Jahren ordnungsgemäß beschäftigt war.

Artikel 8

(1) Kann in der Gemeinschaft eine offene Stelle nicht durch die auf dem Arbeitsmarkt der Mitgliedstaaten verfügbaren Arbeitskräfte besetzt werden und beschließen die Mitgliedstaaten im Rahmen ihrer Rechts- und Verwaltungsvorschriften zu gestatten, dass zur Besetzung dieser Stelle Arbeitnehmer eingestellt werden, die nicht Staatsangehörige eines Mitgliedstaats der Gemeinschaft sind, so bemühen sich die Mitgliedstaaten, den türkischen Arbeitnehmern in diesem Fall einen Vorrang einzuräumen.

(2) Die Arbeitsämter der Mitgliedstaaten bemühen sich, die bei ihnen eingetragenen offenen Stellen, die nicht durch dem regulären Arbeitsmarkt dieses Mitgliedstaates angehörende Arbeitskräfte aus der Gemeinschaft besetzt werden konnten, mit regulär als Arbeitslose gemeldeten türkischen Arbeitnehmern zu besetzen, die im Hoheitsgebiet des genannten Mitgliedstaats ihren ordnungsgemäßen Wohnsitz haben.

Artikel 9

Türkische Kinder, die in einem Mitgliedstaat der Gemeinschaft ordnungsgemäß bei ihren Eltern wohnen, welche dort ordnungsgemäß beschäftigt sind oder waren, werden unter Zugrundelegung derselben Qualifikationen wie die Kinder von Staatsangehörigen dieses Mitgliedstaats zum allgemeinen Schulunterricht, zur Lehrlingsausbildung und zur beruflichen Bildung zugelassen. Sie können in diesem Mitgliedstaat Anspruch auf die Vorteile haben, die nach den einzelstaatlichen Rechtsvorschriften in diesem Bereich vorgesehen sind.

Artikel 10

(1) Die Mitgliedstaaten der Gemeinschaft räumen den türkischen Arbeitnehmern, die ihrem regulären Arbeitsmarkt angehören, eine Regelung ein, die gegenüber den Arbeitnehmern aus der Gemeinschaft hinsichtlich des Arbeitsentgelts und der sonstigen Arbeitsbedingungen jede Diskriminierung aufgrund der Staatsangehörigkeit ausschließt.

(2) Vorbehaltlich der Artikel 6 und 7 haben die in Absatz 1 genannten türkischen Arbeitnehmer und ihre Familienangehörigen in gleicher Weise wie die Arbeitnehmer aus der Gemeinschaft Anspruch auf die Unterstützung der Arbeitsämter bei der Beschaffung eines Arbeitsplatzes.

Artikel 11

Staatsangehörige der Mitgliedstaaten, die dem regulären Arbeitsmarkt der Türkei angehören, und ihre bei ihnen wohnenden Familienangehörigen genießen dort die in den Artikeln 6, 7, 9 und 10 gewährten Rechte und Vorteile, wenn sie die in diesen Artikeln vorgesehenen Voraussetzungen erfüllen.

Die deutsche Übersetzung in den Amtlichen Nachrichten der BA (ANBA) gibt den Wortlaut von Artikel 11 nicht vollständig wieder. Liest man die

VI

englische Version, stellt man fest, dass ein Zwischensatz fehlt (fett markiert):

„Nationals of the Member States duly registered as belonging to the labour force in Turkey, and members of their families **who have been authorized to join them**, shall enjoy in that country the rights and advantages referred to in Articles 6, 7, 9 and 10 if they meet the conditions laid down in those Articles."

Artikel 11 müsste also korrekt lauten:

„Staatsangehörige der Mitgliedstaaten, die dem regulären Arbeitsmarkt der Türkei angehören, und ihre Familienangehörigen, **welche die Genehmigung erhalten haben, zu ihnen zu ziehen**, genießen dort die in den Artikeln 6, 7, 9 und 10 gewährten Rechte und Vorteile, wenn sie die in diesen Artikeln vorgesehenen Voraussetzungen erfüllen."

Artikel 12

Wenn in einem Mitgliedstaat der Gemeinschaft oder in der Türkei der Arbeitsmarkt ernsten Störungen ausgesetzt oder von ernsten Störungen bedroht ist, die ernste Gefahren für den Lebensstandard und das Beschäftigungsniveau in einem Gebiet, einem Wirtschaftszweig oder einem Beruf mit sich bringen können, so kann der betreffende Staat davon absehen, automatisch die Artikel 6 und 7 anzuwenden. Der betreffende Staat unterrichtet den Assoziationsrat von dieser zeitweiligen Einschränkung.

Artikel 13

Die Mitgliedstaaten der Gemeinschaft und die Türkei dürfen für Arbeitnehmer und ihre Familienangehörigen, deren Aufenthalt und Beschäftigung in ihrem Hoheitsgebiet ordnungsgemäß sind, keine neuen Beschränkungen für den Zugang zum Arbeitsmarkt einführen.

Die deutsche Übersetzung von Artikel 13 in den Amtlichen Nachrichten der BA (ANBA) gibt den Wortlaut nicht vollständig wider. Liest man die englische Version, so fehlt ein Begriff (fett markiert):

„The Member States of the Community and Turkey may not introduce new restrictions **on the conditions** of access to employment applicable to workers and members of their families legally resident and employed in their respective territories."

Artikel 13 müsste also korrekt lauten (so auch die Übersetzung im Urteil des EuGH v. 21.10.2003, C-317/01 und C-369/01):

„Die Mitgliedstaaten der Gemeinschaft und die Türkei dürfen für Arbeitnehmer und ihre Familienangehörigen, deren Aufenthalt und Beschäftigung in ihrem Hoheitsgebiet ordnungsgemäß sind, keine neuen Beschränkungen **der Bedingungen** für den Zugang zum Arbeitsmarkt einführen."

Artikel 14

(1) Dieser Abschnitt gilt vorbehaltlich der Beschränkungen, die aus Gründen der öffentlichen Ordnung, Sicherheit und Gesundheit gerechtfertigt sind.

(2) Er berührt nicht die Rechte und Pflichten, die sich aus den einzelstaatlichen Rechtsvorschriften oder zweiseitigen Abkommen zwischen der Türkei und den Mitgliedstaaten der Gemeinschaft ergeben, soweit sie für ihre Staatsangehörigen keine günstigere Regelung vorsehen.

Artikel 15

(1) Damit der Assoziationsrat in der Lage ist, die ausgewogene Anwendung dieses Abschnitts zu überwachen und sich zu vergewissern, dass sie unter Bedingungen erfolgt, die die Gefahr von Störungen auf den Arbeitsmärkten ausschließen, führt er in regelmäßigen Zeitabständen einen Meinungsaustausch durch, um für eine bessere gegenseitige Kenntnis der wirtschaftlichen und sozialen Lage auf dem Arbeitsmarkt und seiner Entwicklungsaussichten in der Gemeinschaft und in der Türkei zu sorgen. Er legt jährlich dem Assoziationsrat einen Tätigkeitsbericht vor.

(2) Der Assoziationsrat ist befugt, sich im Hinblick auf die Durchführung von Absatz 1 von einer Ad-hoc-Gruppe unterstützen zu lassen.

Artikel 16

(1) Die Bestimmungen dieses Abschnitts sind ab 1. Dezember 1980 anwendbar.

(2) Ab 1. Juni 1983 prüft der Assoziationsrat insbesondere im Lichte der in Artikel 15 genannten Tätigkeitsberichte die Ergebnisse der Anwendung dieses Abschnitts, um die ab 1. Dezember 1983 möglichen Lösungen auszuarbeiten.

Gesetz zur Bekämpfung der Schwarzarbeit und illegalen Beschäftigung (Schwarzarbeitsbekämpfungsgesetz – SchwarzArbG)

Vom 23. Juli 2004 (BGBl. I S. 1842)

Zuletzt geändert durch
Gesetz gegen illegale Beschäftigung und Sozialleistungsmissbrauch
vom 11. Juli 2019 (BGBl. I S. 1066)[1])

Inhaltsübersicht

VI

[1]) Die Änderungen in § 2 und § 10a durch das Fachkräfteeinwanderungsgesetz vom 15.08.2019 (BGBl. I S. 1307) treten am 01.03.2020 in Kraft; sie sind als Anmerkung wiedergegeben.

Abschnitt 1
Zweck

§ 1 Zweck des Gesetzes

(1) Zweck des Gesetzes ist die Bekämpfung der Schwarzarbeit und illegalen Beschäftigung.

(2) 1Schwarzarbeit leistet, wer Dienst- oder Werkleistungen erbringt oder ausführen lässt und dabei

1. als Arbeitgeber, Unternehmer oder versicherungspflichtiger Selbstständiger seine sich auf Grund der Dienst- oder Werkleistungen ergebenden sozialversicherungsrechtlichen Melde-, Beitrags- oder Aufzeichnungspflichten nicht erfüllt,
2. als Steuerpflichtiger seine sich auf Grund der Dienst- oder Werkleistungen ergebenden steuerlichen Pflichten nicht erfüllt,
3. als Empfänger von Sozialleistungen seine sich auf Grund der Dienst- oder Werkleistungen ergebenden Mitteilungspflichten gegenüber dem Sozialleistungsträger nicht erfüllt,
4. als Erbringer von Dienst- oder Werkleistungen seiner sich daraus ergebenden Verpflichtung zur Anzeige vom Beginn des selbstständigen Betriebes eines stehenden Gewerbes (§ 14 der Gewerbeordnung) nicht nachgekommen ist oder die erforderliche Reisegewerbekarte (§ 55 der Gewerbeordnung) nicht erworben hat oder
5. als Erbringer von Dienst- oder Werkleistungen ein zulassungspflichtiges Handwerk als stehendes Gewerbe selbstständig betreibt, ohne in der Handwerksrolle eingetragen zu sein (§ 1 der Handwerksordnung).

2Schwarzarbeit leistet auch, wer vortäuscht, eine Dienst- oder Werkleistung zu erbringen oder ausführen zu lassen, und wenn er selbst oder ein Dritter dadurch Sozialleistungen nach dem Zweiten oder Dritten Buch Sozialgesetzbuch zu Unrecht bezieht.

(3) Illegale Beschäftigung übt aus, wer

1. Ausländer und Ausländerinnen als Arbeitgeber unerlaubt beschäftigt oder als Entleiher unerlaubt tätig werden lässt,
2. als Ausländer oder Ausländerin unerlaubt eine Erwerbstätigkeit ausübt,
3. als Arbeitgeber Arbeitnehmer und Arbeitnehmerinnen
   a) ohne erforderliche Erlaubnis nach § 1 Absatz 1 Satz 1 des Arbeitnehmerüberlassungsgesetzes oder
   b) entgegen den Bestimmungen nach § 1 Absatz 1 Satz 5 und 6, § 1a oder § 1b des Arbeitnehmerüberlassungsgesetzes überlässt oder für sich tätig werden lässt,
4. als Arbeitgeber Arbeitnehmer und Arbeitnehmerinnen beschäftigt, ohne dass die Arbeitsbedingungen nach Maßgabe des Mindestlohngesetzes, des Arbeitnehmer-Entsendegesetzes oder des § 8 Absatz 5 des Arbeitnehmerüberlassungsgesetzes in Verbindung mit einer Rechtsverordnung nach § 3a Absatz 2 Satz 1 des Arbeitnehmerüberlassungsgesetzes eingehalten werden, oder
5. als Arbeitgeber Arbeitnehmer und Arbeitnehmerinnen zu ausbeuterischen Arbeitsbedingungen beschäftigt.

(4) 1Die Absätze 2 und 3 finden keine Anwendung für nicht nachhaltig auf Gewinn gerichtete Dienst- oder Werkleistungen, die

1. von Angehörigen im Sinne des § 15 der Abgabenordnung oder Lebenspartnern,
2. aus Gefälligkeit,
3. im Wege der Nachbarschaftshilfe oder
4. im Wege der Selbsthilfe im Sinne des § 36 Abs. 2 und 4 des Zweiten Wohnungsbaugesetzes in der Fassung der Bekanntmachung vom 19. August 1994 (BGBl. I S. 2137) oder als Selbsthilfe im Sinne des § 12 Abs. 1 Satz 2 des Wohnraumförderungsgesetzes vom 13. September 2001 (BGBl. I S. 2376), zuletzt geändert durch Artikel 7 des Gesetzes vom 29. Dezember 2003 (BGBl. I S. 3076),

erbracht werden. 2Als nicht nachhaltig auf Gewinn gerichtet gilt insbesondere eine Tätigkeit, die gegen geringes Entgelt erbracht wird.

VI

Abschnitt 2
Prüfungen

§2 Prüfungsaufgaben

(1) 1Die Behörden der Zollverwaltung prüfen, ob

1. die sich aus den Dienst- oder Werkleistungen ergebenden Pflichten nach § 28a des Vierten Buches Sozialgesetzbuch erfüllt werden oder wurden,
2. auf Grund der Dienst- oder Werkleistungen oder der Vortäuschung von Dienst- oder Werkleistungen Sozialleistungen nach dem Zweiten oder Dritten Buch Sozialgesetzbuch zu Unrecht bezogen werden oder wurden,
3. die Angaben des Arbeitgebers, die für die Sozialleistungen nach dem Zweiten und Dritten Buch Sozialgesetzbuch erheblich sind, zutreffend bescheinigt wurden,
4. Ausländer und Ausländerinnen
   a) entgegen § 4 Absatz 3 Satz 1 und 2 des Aufenthaltsgesetzes beschäftigt oder beauftragt werden oder wurden oder
   b) entgegen § 284 Absatz 1 des Dritten Buches Sozialgesetzbuch beschäftigt werden oder wurden,
5. Arbeitnehmer und Arbeitnehmerinnen
   a) ohne erforderliche Erlaubnis nach § 1 Absatz 1 Satz 1 des Arbeitnehmerüberlassungsgesetzes ver- oder entliehen werden oder wurden und
   b) entgegen den Bestimmungen nach § 1 Absatz 1 Satz 5 und 6, § 1a oder § 1b des Arbeitnehmerüberlassungsgesetzes ver- oder entliehen werden oder wurden,
6. die Arbeitsbedingungen nach Maßgabe des Mindestlohngesetzes, des Arbeitnehmer-Entsendegesetzes und des § 8 Absatz 5 des Arbeitnehmerüberlassungsgesetzes in Verbindung mit einer Rechtsverordnung nach § 3a Absatz 2 Satz 1 des Arbeitnehmerüberlassungsgesetzeseingehalten werden oder wurden,
7. Arbeitnehmer und Arbeitnehmerinnen zu ausbeuterischen Arbeitsbedingungen beschäftigt werden oder wurden und
8. die Arbeitskraft im öffentlichen Raum entgegen § 5a angeboten oder nachgefragt wird oder wurde.

2Zur Erfüllung ihrer Mitteilungspflicht nach § 6 Absatz 1 Satz 1 in Verbindung mit § 6 Absatz 4 Nummer 4 prüfen die Behörden der Zollverwaltung im Rahmen ihrer Prüfungen nach Satz 1 auch, ob Anhaltspunkte dafür bestehen, dass Steuerpflichtige den sich aus den Dienst- oder Werkleistungen ergebenden steuerlichen Pflichten im Sinne von § 1 Absatz 2 Satz 1 Nummer 2 nicht nachgekommen sind. 3Zur Erfüllung ihrer Mitteilungspflicht nach § 6 Absatz 1 Satz 1 in Verbindung mit § 6 Absatz 4 Nummer 4 und 7 prüfen die Behörden der Zollverwaltung im Rahmen ihrer Prüfungen nach Satz 1 auch, ob Anhaltspunkte dafür bestehen, dass Kindergeldempfänger ihren Mitwirkungspflichten nicht nachgekommen sind.

(2) 1Die Prüfung der Erfüllung steuerlicher Pflichten nach § 1 Absatz 2 Satz 1 Nummer 2 obliegt den zuständigen Landesfinanzbehörden und die Prüfung der Erfüllung kindergeldrechtlicher Mitwirkungspflichten den zuständigen Familienkassen. 2Die Behörden der Zollverwaltung sind zur Mitwirkung an Prüfungen der Landesfinanzbehörden und der Familienkassen bei der Bundesagentur für Arbeit berechtigt. 3Grundsätze der Zusammenarbeit der Behörden der Zollverwaltung mit den Landesfinanzbehörden werden von den obersten Finanzbehörden des Bundes und der Länder im gegenseitigen Einvernehmen geregelt. 4Grundsätze der Zusammenarbeit der Behörden der Zollverwaltung mit den Familienkassen bei der Bundesagentur für Arbeit werden von den Behörden der Zollverwaltung und den Familienkassen bei der Bundesagentur für Arbeit im Einvernehmen mit den Fachaufsichtsbehörden geregelt.

(3) Die nach Landesrecht für die Verfolgung und Ahndung von Ordnungswidrigkeiten nach diesem Gesetz zuständigen Behörden prüfen, ob

1. der Verpflichtung zur Anzeige vom Beginn des selbstständigen Betriebes eines stehenden Gewerbes (§ 14 der Gewerbeordnung) nachgekommen oder die erforderli-

che Reisegewerbekarte (§ 55 der Gewerbeordnung) erworben wurde,

2. ein zulassungspflichtiges Handwerk als stehendes Gewerbe selbstständig betrieben wird und die Eintragung in die Handwerksrolle vorliegt.

(4) 1Die Behörden der Zollverwaltung werden bei den Prüfungen nach Absatz 1 unterstützt von

1. den Finanzbehörden,
2. der Bundesagentur für Arbeit, auch in ihrer Funktion als Familienkasse,
3. der Bundesnetzagentur für Elektrizität, Gas, Telekommunikation, Post und Eisenbahnen,
4. den Einzugsstellen (§ 28i des Vierten Buches Sozialgesetzbuch),
5. den Trägern der Rentenversicherung,
6. den Trägern der Unfallversicherung,
7. den gemeinsamen Einrichtungen und den zugelassenen kommunalen Trägern nach dem Zweiten Buch Sozialgesetzbuch sowie der Bundesagentur für Arbeit als verantwortliche Stelle für die zentral verwalteten IT-Verfahren nach § 50 Absatz 3 des Zweiten Buches Sozialgesetzbuch,
8. den nach dem Asylbewerberleistungsgesetz zuständigen Behörden,
9. den in § 71 Abs. 1 bis 3 des Aufenthaltsgesetzes genannten Behörden,
10. dem Bundesamt für Güterverkehr,
11. den nach Landesrecht für die Genehmigung und Überwachung des Gelegenheitsverkehrs mit Kraftfahrzeugen nach § 46 des Personenbeförderungsgesetzes zuständigen Behörden,
12. den nach Landesrecht für die Genehmigung und Überwachung des gewerblichen Güterkraftverkehrs zuständigen Behörden,
13. den für den Arbeitsschutz zuständigen Landesbehörden,
14. den Polizeivollzugsbehörden des Bundes und der Länder auf Ersuchen im Einzelfall,
15. den nach Landesrecht für die Verfolgung und Ahndung von Ordnungswidrigkeiten nach diesem Gesetz zuständigen Behörden,
16. den nach § 14 der Gewerbeordnung für die Entgegennahme der Gewerbeanzeigen zuständigen Stellen,
17. den nach Landesrecht für die Überprüfung der Einhaltung der Vergabe- und Tariftreuegesetze der Länder zuständigen Prüfungs- oder Kontrollstellen,
18. den nach Landesrecht für die Entgegennahme der Anmeldung von Prostituierten nach § 3 des Prostituiertenschutzgesetzes und für die Erlaubniserteilung an Prostitutionsgewerbetreibende nach § 12 des Prostituiertenschutzgesetzes zuständigen Behörden,
19. den nach Landesrecht für die Erlaubniserteilung nach § 34a der Gewerbeordnung zuständigen Behörden und
20. den gemeinsamen Einrichtungen der Tarifvertragsparteien im Sinne des § 4 Absatz 2 des Tarifvertragsgesetzes.

2Die Aufgaben dieser Stellen nach anderen Rechtsvorschriften bleiben unberührt. 3Die Prüfungen können mit anderen Prüfungen der in diesem Absatz genannten Stellen verbunden werden; die Vorschriften über die Unterrichtung und Zusammenarbeit bleiben hiervon unberührt. 4Verwaltungskosten der unterstützenden Stellen werden nicht erstattet.

---

§ 2 Absatz 1 Satz 1 Ziffer 4 Buchstabe a wird durch das Fachkräfteeinwanderungsgesetz mit Geltung ab 01.03.2020 geändert; Buchstabe a lautet dann wie folgt:

a) entgegen § 4a Absatz 4 und 5 Satz 1 und 2 des Aufenthaltsgesetzes beschäftigt oder beauftragt werden oder wurden oder

§ 2a Mitführungs- und Vorlagepflicht von Ausweispapieren

(1) Bei der Erbringung von Dienst- oder Werkleistungen sind die in folgenden Wirtschaftsbereichen oder Wirtschaftszweigen tätigen Personen verpflichtet, ihren Personalausweis, Pass, Passersatz oder Ausweisersatz

VI

mitzuführen und den Behörden der Zollverwaltung auf Verlangen vorzulegen:

1. im Baugewerbe,
2. im Gaststätten- und Beherbergungsgewerbe,
3. im Personenbeförderungsgewerbe,
4. im Speditions-, Transport- und damit verbundenen Logistikgewerbe,
5. im Schaustellergewerbe,
6. bei Unternehmen der Forstwirtschaft,
7. im Gebäudereinigungsgewerbe,
8. bei Unternehmen, die sich am Auf- und Abbau von Messen und Ausstellungen beteiligen,
9. in der Fleischwirtschaft,
10. im Prostitutionsgewerbe,
11. im Wach- und Sicherheitsgewerbe.

(2) Der Arbeitgeber hat jeden und jede seiner Arbeitnehmer und Arbeitnehmerinnen nachweislich und schriftlich auf die Pflicht nach Absatz 1 hinzuweisen, diesen Hinweis für die Dauer der Erbringung der Dienst- oder Werkleistungen aufzubewahren und auf Verlangen bei den Prüfungen nach § 2 Abs. 1 vorzulegen.

(3) Die Vorlagepflichten nach den Absätzen 1 und 2 bestehen auch gegenüber den nach Landesrecht für die Verfolgung und Ahndung von Ordnungswidrigkeiten nach diesem Gesetz zuständigen Behörden in den Fällen des § 2 Absatz 3.

§ 3 Befugnisse bei der Prüfung von Personen

(1) $_1$Zur Durchführung der Prüfungen nach § 2 Absatz 1 sind die Behörden der Zollverwaltung und die sie gemäß § 2 Absatz 4 unterstützenden Stellen befugt, Geschäftsräume, mit Ausnahme von Wohnungen, und Grundstücke des Arbeitgebers, des Auftraggebers von Dienst- oder Werkleistungen, des Entleihers sowie des Selbstständigen während der Arbeitszeiten der dort tätigen Personen oder während der Geschäftszeiten zu betreten. $_2$Dabei sind die Behörden der Zollverwaltung und die sie gemäß § 2 Absatz 4 unterstützenden Stellen befugt,

1. von den Personen, die in den Geschäftsräumen und auf den Grundstücken tätig sind, Auskünfte über ihre Beschäftigungsverhältnisse oder ihre tatsächlichen oder scheinbaren Tätigkeiten einzuholen und
2. Einsicht in Unterlagen zu nehmen, die von diesen Personen mitgeführt werden und von denen anzunehmen ist, dass aus ihnen Umfang, Art oder Dauer ihrer Beschäftigungsverhältnisse oder ihrer tatsächlichen oder scheinbaren Tätigkeiten hervorgehen oder abgeleitet werden können.

(2) $_1$Ist eine Person zur Ausführung von Dienst- oder Werkleistungen bei Dritten tätig, gilt Absatz 1 entsprechend. $_2$Bietet eine Person im öffentlichen Raum Dienst- oder Werkleistungen an, gilt Absatz 1 Satz 2 entsprechend.

(3) $_1$Zur Durchführung der Prüfungen nach § 2 Absatz 1 sind die Behörden der Zollverwaltung und die sie gemäß § 2 Absatz 4 unterstützenden Stellen befugt, die Personalien zu überprüfen

1. der Personen, die in den Geschäftsräumen oder auf dem Grundstück des Arbeitgebers, des Auftraggebers von Dienst- oder Werkleistungen und des Entleihers tätig sind, und
2. des Selbstständigen.

$_2$Sie können zu diesem Zweck die in Satz 1 genannten Personen anhalten, sie nach ihren Personalien (Vor-, Familien- und Geburtsnamen, Ort und Tag der Geburt, Beruf, Wohnort, Wohnung und Staatsangehörigkeit) befragen und verlangen, dass sie mitgeführte Ausweispapiere zur Prüfung aushändigen.

(4) Im Verteidigungsbereich darf ein Betretensrecht nur im Einvernehmen mit dem Bundesministerium der Verteidigung ausgeübt werden.

(5) $_1$Die Bediensteten der Zollverwaltung dürfen Beförderungsmittel anhalten. $_2$Führer von Beförderungsmitteln haben auf Verlangen zu halten und den Zollbediensteten zu ermöglichen, in das Beförderungsmittel zu gelangen und es wieder zu verlassen. $_3$Die Zollverwaltung unterrichtet die Polizeivoll-

zugsbehörden der Länder über groß angelegte Kontrollen.

(6) Die Absätze 1 bis 4 gelten entsprechend für die nach Landesrecht für die Verfolgung und Ahndung von Ordnungswidrigkeiten nach diesem Gesetz zuständigen Behörden zur Durchführung von Prüfungen nach § 2 Absatz 3, sofern Anhaltspunkte dafür vorliegen, dass Schwarzarbeit im Sinne des § 1 Absatz 2 Nummer 4 und 5 geleistet wird.

§ 4 Befugnisse bei der Prüfung von Geschäftsunterlagen

(1) Zur Durchführung der Prüfungen nach § 2 Absatz 1 sind die Behörden der Zollverwaltung und die sie gemäß § 2 Absatz 4 unterstützenden Stellen befugt, Geschäftsräume, mit Ausnahme von Wohnungen, und Grundstücke des Arbeitgebers, des Auftraggebers von Dienst- oder Werkleistungen, des Entleihers sowie des Selbstständigen während der Geschäftszeiten zu betreten und dort Einsicht in die Lohn- und Meldeunterlagen, Bücher und andere Geschäftsunterlagen zu nehmen, aus denen Umfang, Art oder Dauer von tatsächlich bestehenden oder vorgespiegelten Beschäftigungsverhältnissen oder Tätigkeiten hervorgehen oder abgeleitet werden können.

(2) Zur Durchführung der Prüfungen nach § 2 Absatz 3 sind die nach Landesrecht für die Verfolgung und Ahndung von Ordnungswidrigkeiten nach diesem Gesetz zuständigen Behörden befugt, Geschäftsräume und Grundstücke einer selbstständig tätigen Person, des Arbeitgebers und des Auftraggebers während der Arbeitszeit der dort tätigen Personen zu betreten und dort Einsicht in Unterlagen zu nehmen, von denen anzunehmen ist, dass aus ihnen Umfang, Art oder Dauer der Ausübung eines Gewerbes, eines Reisegewerbes oder eines zulassungspflichtigen Handwerks oder der Beschäftigungsverhältnisse hervorgehen oder abgeleitet werden können, sofern Anhaltspunkte dafür vorliegen, dass Schwarzarbeit im Sinne des § 1 Absatz 2 Nummer 4 und 5 geleistet wird.

(3) $_1$Die Behörden der Zollverwaltung sind zur Durchführung der Prüfungen nach § 2 Abs. 1 befugt, Einsicht in die Unterlagen zu nehmen, aus denen die Vergütung der tatsächlich erbrachten oder vorgetäuschten Dienst- oder Werkleistungen hervorgeht, die natürliche oder juristische Personen oder Personenvereinigungen in Auftrag gegeben haben. $_2$Satz 1 gilt im Rahmen der Durchführung der Prüfung nach § 2 Absatz 1 Nummer 4, 5 und 6 entsprechend für Unterlagen, aus denen die Vergütung des Leiharbeitsverhältnisses hervorgeht.

(4) Die Behörden der Zollverwaltung sind zur Durchführung der Prüfungen nach § 2 Abs. 1 befugt, bei dem Auftraggeber, der nicht Unternehmer im Sinne des § 2 des Umsatzsteuergesetzes 1999 ist, Einsicht in die Rechnungen, einen Zahlungsbeleg oder eine andere beweiskräftige Unterlage über ausgeführte Werklieferungen oder sonstige Leistungen im Zusammenhang mit einem Grundstück zu nehmen.

§ 5 Duldungs- und Mitwirkungspflichten

(1) $_1$Arbeitgeber, tatsächlich oder scheinbar beschäftigte Arbeitnehmer und Arbeitnehmerinnen, Auftraggeber von Dienst- oder Werkleistungen, tatsächlich oder scheinbar selbstständig tätige Personen und Dritte, die bei einer Prüfung nach § 2 Absatz 1 und 3 angetroffen werden, sowie Entleiher, die bei einer Prüfung nach § 2 Absatz 1 Satz 1 Nummer 5 und 6 angetroffen werden, haben

1. die Prüfung zu dulden und dabei mitzuwirken, insbesondere für die Prüfung erhebliche Auskünfte zu erteilen und die in den §§ 3 und 4 genannten Unterlagen vorzulegen,
2. in den Fällen des § 3 Absatz 1, 2 und 6 sowie des § 4 Absatz 1, 2 und 3 auch das Betreten der Grundstücke und der Geschäftsräume zu dulden und
3. in den Fällen des § 2 Absatz 1 auf Verlangen der Behörden der Zollverwaltung schriftlich oder an Amtsstelle mündlich Auskünfte zu erteilen oder die in den §§ 3 und 4 genannten Unterlagen vorzulegen.

$_2$Auskünfte, die die verpflichtete Person oder einen ihrer in § 15 der Abgabenordnung bezeichneten Angehörigen der Gefahr ausset-

VI

zen würden, wegen einer Straftat oder Ordnungswidrigkeit verfolgt zu werden, können verweigert werden.

(2) $_{1}$Die Behörden der Zollverwaltung sind insbesondere dann befugt, eine mündliche Auskunft an Amtsstelle zu verlangen, wenn trotz Aufforderung keine schriftliche Auskunft erteilt worden ist oder wenn eine schriftliche Auskunft nicht zu einer Klärung des Sachverhalts geführt hat. $_{2}$Über die mündliche Auskunft an Amtsstelle ist auf Antrag des Auskunftspflichtigen eine Niederschrift aufzunehmen. $_{3}$Die Niederschrift soll den Namen der anwesenden Personen, den Ort, den Tag und den wesentlichen Inhalt der Auskunft enthalten. $_{4}$Sie soll von dem Amtsträger, dem die mündliche Auskunft erteilt wird, und dem Auskunftspflichtigen unterschrieben werden. $_{5}$Den Beteiligten ist eine Abschrift der Niederschrift zu überlassen.

(3) $_{1}$Ausländer sind ferner verpflichtet, ihren Pass, Passersatz oder Ausweisersatz und ihren Aufenthaltstitel, ihre Duldung oder ihre Aufenthaltsgestattung den Behörden der Zollverwaltung auf Verlangen vorzulegen und, sofern sich Anhaltspunkte für einen Verstoß gegen ausländerrechtliche Vorschriften ergeben, zur Weiterleitung an die zuständige Ausländerbehörde zu überlassen. $_{2}$Werden die Dokumente einbehalten, erhält der betroffene Ausländer eine Bescheinigung, welche die einbehaltenen Dokumente und die Ausländerbehörde bezeichnet, an die die Dokumente weitergeleitet werden. $_{3}$Der Ausländer ist verpflichtet, unverzüglich mit der Bescheinigung bei der Ausländerbehörde zu erscheinen. $_{4}$Darauf ist in der Bescheinigung hinzuweisen. $_{5}$Gibt die Ausländerbehörde die einbehaltenen Dokumente zurück oder werden Ersatzdokumente ausgestellt oder vorgelegt, behält die Ausländerbehörde die Bescheinigung ein.

(4) $_{1}$In Fällen des § 4 Absatz 4 haben die Auftraggeber, die nicht Unternehmer im Sinne des § 2 des Umsatzsteuergesetzes 1999 sind, eine Prüfung nach § 2 Abs. 1 zu dulden und dabei mitzuwirken, insbesondere die für die Prüfung erheblichen Auskünfte zu erteilen und die in § 4 Absatz 4 genannten Unterlagen vorzulegen. $_{2}$Absatz 1 Satz 3 gilt entsprechend.

(5) $_{1}$In Datenverarbeitungsanlagen gespeicherte Daten haben der Arbeitgeber und der Auftraggeber sowie der Entleiher im Rahmen einer Prüfung nach § 2 Absatz 1 Nummer 4, 5 und 6 auszusondern und den Behörden der Zollverwaltung auf deren Verlangen auf automatisiert verarbeitbaren Datenträgern oder in Listen zu übermitteln. $_{2}$Der Arbeitgeber und der Auftraggeber sowie der Entleiher im Rahmen einer Prüfung nach § 2 Absatz 1 Nummer 4, 5 und 6 dürfen automatisiert verarbeitbare Datenträger oder Datenlisten, die die erforderlichen Daten enthalten, ungesondert zur Verfügung stellen, wenn die Aussonderung mit einem unverhältnismäßigen Aufwand verbunden wäre und überwiegende schutzwürdige Interessen des Betroffenen nicht entgegenstehen. $_{3}$In diesem Fall haben die Behörden der Zollverwaltung die Daten zu trennen und die nicht nach Satz 1 zu übermittelnden Daten zu löschen. $_{4}$Soweit die übermittelten Daten für Zwecke der Ermittlung von Straftaten oder Ordnungswidrigkeiten, der Ermittlung von steuerlich erheblichen Sachverhalten oder der Festsetzung von Sozialversicherungsbeiträgen oder Sozialleistungen nicht benötigt werden, sind die Datenträger oder Listen nach Abschluss der Prüfungen nach § 2 Abs. 1 auf Verlangen des Arbeitgebers oder des Auftraggebers zurückzugeben oder die Daten unverzüglich zu löschen.

§ 5a Unzulässiges Anbieten und Nachfragen der Arbeitskraft

(1) $_{1}$Es ist einer Person verboten, ihre Arbeitskraft als Tagelöhner im öffentlichen Raum aus einer Gruppe heraus in einer Weise anzubieten, die geeignet ist, Schwarzarbeit oder illegale Beschäftigung zu ermöglichen. $_{2}$Ebenso ist es einer Person verboten, ein unzulässiges Anbieten der Arbeitskraft dadurch nachzufragen, dass sie ein solches Angebot einholt oder annimmt.

(2) Die Behörden der Zollverwaltung können eine Person, die gegen das Verbot des unzulässigen Anbietens und Nachfragens der Ar-

beitskraft verstößt, vorübergehend von einem Ort verweisen oder ihr vorübergehend das Betreten eines Ortes verbieten.

§ 6 Unterrichtung von und Zusammenarbeit mit Behörden im Inland und in der Europäischen Union sowie im Europäischen Wirtschaftsraum

(1) 1Die Behörden der Zollverwaltung und die sie gemäß § 2 Absatz 4 unterstützenden Stellen sind verpflichtet, einander die für deren Prüfungen erforderlichen Informationen einschließlich personenbezogener Daten und die Ergebnisse der Prüfungen zu übermitteln, soweit deren Kenntnis für die Erfüllung der Aufgaben der Behörden oder Stellen erforderlich ist. 2Die Behörden der Zollverwaltung einerseits und die Strafverfolgungsbehörden und die Polizeivollzugsbehörden andererseits sind verpflichtet, einander die erforderlichen Informationen, einschließlich personenbezogener Daten, für die Verhütung und Verfolgung von Straftaten und Ordnungswidrigkeiten, die in Zusammenhang mit einem der in § 2 Abs. 1 genannten Prüfgegenstände stehen, zu übermitteln. 3An Strafverfolgungsbehörden und Polizeivollzugsbehörden sind darüber hinaus Informationen einschließlich personenbezogener Daten zu übermitteln, sofern tatsächliche Anhaltspunkte dafür vorliegen, dass diese Informationen für die Verhütung und Verfolgung von Straftaten oder Ordnungswidrigkeiten, die nicht in Zusammenhang mit einem der in § 2 Abs. 1 genannten Prüfgegenstände stehen, erforderlich sind.

(2) 1Die Behörden der Zollverwaltung dürfen zur Wahrnehmung ihrer Aufgaben nach § 2 Abs. 1 sowie zur Verfolgung von Straftaten oder Ordnungswidrigkeiten die Datenbestände der Bundesagentur für Arbeit über erteilte Arbeitsgenehmigungen-EU und Zustimmungen zur Beschäftigung, über im Rahmen von Werkvertragskontingenten beschäftigte ausländische Arbeitnehmer und Arbeitnehmerinnen sowie über Leistungsempfänger nach dem Dritten Buch Sozialgesetzbuch automatisiert abrufen; die Strafverfolgungsbehörden sind zum automatisierten Abruf nur berechtigt, soweit dies zur Verfolgung von Straftaten oder Ordnungswidrigkeiten erforderlich ist. 2§ 79 Abs. 2 bis 4 des Zehnten Buches Sozialgesetzbuch gilt entsprechend. 3Die Behörden der Zollverwaltung dürfen, soweit dies zur Verfolgung von Straftaten oder Ordnungswidrigkeiten erforderlich ist, Daten aus den Datenbeständen der Träger der Rentenversicherung automatisiert abrufen; § 150 Absatz 5 Satz 1 des Sechsten Buches Sozialgesetzbuch bleibt unberührt. 4Die Behörden der Zollverwaltung dürfen, soweit dies zur Vorbereitung und Durchführung von Prüfungen nach § 2 Absatz 1 Satz 1 Nummer 2 und 3 und zur Verhütung und Verfolgung von Straftaten und Ordnungswidrigkeiten, die mit dieser Prüfungsaufgabe zusammenhängen, erforderlich ist, Daten aus folgenden Datenbeständen automatisiert abrufen:

1. die Datenbestände der gemeinsamen Einrichtungen und der zugelassenen kommunalen Träger nach dem Zweiten Buch Sozialgesetzbuch und
2. die Datenbestände der Bundesagentur für Arbeit als verantwortliche Stelle für die zentral verwalteten IT-Verfahren nach § 50 Absatz 3 des Zweiten Buches Sozialgesetzbuch über Leistungsempfänger nach dem Zweiten Buch Sozialgesetzbuch.

5Das Bundesministerium für Arbeit und Soziales wird ermächtigt, durch Rechtsverordnung mit Zustimmung des Bundesrates die Voraussetzungen für das Abrufverfahren nach Satz 4 sowie die Durchführung des Abrufverfahrens festzulegen.

(3) 1Die Behörden der Zollverwaltung dürfen die beim Bundeszentralamt für Steuern nach § 5 Absatz 1 Nummer 13 des Finanzverwaltungsgesetzes vorgehaltenen Daten abrufen, soweit dies zur Wahrnehmung ihrer Prüfungsaufgaben nach § 2 Absatz 1 oder für die damit unmittelbar zusammenhängenden Bußgeld- und Strafverfahren erforderlich ist. 2Für den Abruf der nach § 30 der Abgabenordnung dem Steuergeheimnis unterliegenden Daten ist ein automatisiertes Verfahren auf Abruf einzurichten. 3Die Verantwortung für die Zulässigkeit des einzelnen Abrufs trägt die Behörde der Zollverwaltung, die die Da-

ten abruft. 4Die abrufende Stelle darf die Daten nach Satz 1 zu dem Zweck verarbeiten, zu dem sie die Daten abgerufen hat. 5Ist zu befürchten, dass ein Datenabruf nach Satz 1 den Untersuchungszweck eines Ermittlungsverfahrens im Sinne des § 30 Absatz 2 Nummer 1 Buchstabe b der Abgabenordnung gefährdet, so kann die für dieses Verfahren zuständige Finanzbehörde oder die zuständige Staatsanwaltschaft anordnen, dass kein Datenabruf erfolgen darf. 6§ 478 Absatz 1 Satz 1 und 2 der Strafprozessordnung findet Anwendung, wenn die Daten Verfahren betreffen, die zu einem Strafverfahren geführt haben. 7Weitere Einzelheiten insbesondere zum automatischen Verfahren auf Abruf einschließlich der Protokollierung sowie zum Nachweis der aus den Artikeln 24, 25 und 32 der Verordnung (EU) 2016/679 des Europäischen Parlaments und des Rates vom 27. April 2016 zum Schutz natürlicher Personen bei der Verarbeitung personenbezogener Daten, zum freien Datenverkehr und zur Aufhebung der Richtlinie 95/46/EG (Datenschutz-Grundverordnung; ABl. L 119 vom 4. 5. 2016, S. 1; L 314 vom 22. 11. 2016, S. 72; L 127 vom 23. 5. 2018, S. 2) oder § 64 des Bundesdatenschutzgesetzes erforderlichen technischen und organisatorischen Maßnahmen regelt eine Rechtsverordnung des Bundesministeriums der Finanzen, die der Zustimmung des Bundesrates bedarf.

(4) 1Die Behörden der Zollverwaltung unterrichten die jeweils zuständigen Stellen, wenn sich bei der Durchführung ihrer Aufgaben nach diesem Gesetz Anhaltspunkte ergeben für Verstöße gegen

1. dieses Gesetz,
2. das Arbeitnehmerüberlassungsgesetz,
3. Bestimmungen des Vierten und Siebten Buches Sozialgesetzbuch zur Zahlung von Beiträgen,
4. die Steuergesetze,
5. das Aufenthaltsgesetz,
6. die Mitwirkungspflicht nach § 60 Abs. 1 Satz 1 Nr. 1 und 2 des Ersten Buches Sozialgesetzbuch oder die Meldepflicht nach § 8a des Asylbewerberleistungsgesetzes,
7. das Bundeskindergeldgesetz,
8. die Handwerks- oder Gewerbeordnung,
9. das Güterkraftverkehrsgesetz,
10. das Personenbeförderungsgesetz,
11. sonstige Strafgesetze,
12. das Arbeitnehmer-Entsendegesetz,
13. das Mindestlohngesetz,
14. die Arbeitsschutzgesetze oder
15. die Vergabe- und Tariftreuegesetze der Länder.

2Nach § 5 Absatz 3 Satz 1 in Verwahrung genommene Urkunden sind der Ausländerbehörde unverzüglich zu übermitteln.

(5) Bestehen Anhaltspunkte dafür, dass eine nach § 5 Absatz 3 Satz 1 in Verwahrung genommene Urkunde unecht oder verfälscht ist, ist sie an die zuständige Polizeivollzugsbehörde zu übermitteln.

(6) Auf die Zusammenarbeit der Behörden der Zollverwaltung mit Behörden anderer Mitgliedstaaten der Europäischen Union und mit Behörden anderer Vertragsstaaten des Abkommens über den Europäischen Wirtschaftsraum gemäß § 20 Absatz 2 des Arbeitnehmer-Entsendegesetzes, § 18 Absatz 2 des Mindestlohngesetzes und § 18 Absatz 6 des Arbeitnehmerüberlassungsgesetzes finden die §§ 8a bis 8e des Verwaltungsverfahrensgesetzes in Verbindung mit Artikel 6 Absatz 1, 2 und 4 bis 9, den Artikeln 7 und 21 der Richtlinie 2014/67/EU des Europäischen Parlaments und des Rates vom 15. Mai 2014 zur Durchsetzung der Richtlinie 96/71/EG über die Entsendung von Arbeitnehmern im Rahmen der Erbringung von Dienstleistungen und zur Änderung der Verordnung (EU) Nr. 1024/2012 über die Verwaltungszusammenarbeit mit Hilfe des Binnenmarkt-Informationssystems („IMI-Verordnung") (ABl. L 159 vom 28. 5. 2014, S. 11) Anwendung.

§ 6a Übermittlung personenbezogener Daten an Mitgliedstaaten der Europäischen Union

(1) 1Die Behörden der Zollverwaltung können personenbezogene Daten, die in Zusammenhang mit einem der in § 2 Absatz 1 genannten Prüfgegenstände stehen, zum Zweck der

Verhütung von Straftaten an eine für die Verhütung und Verfolgung zuständige Behörde eines Mitgliedstaates der Europäischen Union übermitteln. 2Dabei ist eine Übermittlung personenbezogener Daten ohne Ersuchen nur zulässig, wenn im Einzelfall die Gefahr der Begehung einer Straftat im Sinne des Artikels 2 Absatz 2 des Rahmenbeschlusses 2002/584/JI des Rates vom 13. Juni 2002 über den Europäischen Haftbefehl und die Übergabeverfahren zwischen den Mitgliedstaaten (ABl. L 190 vom 18. 7. 2002, S. 1), der zuletzt durch den Rahmenbeschluss 2009/299/JI (ABl. L 81 vom 27. 3. 2009, S. 24) geändert worden ist, besteht und konkrete Anhaltspunkte dafür vorliegen, dass die Übermittlung dieser personenbezogenen Daten dazu beitragen könnte, eine solche Straftat zu verhindern.

(2) Die Übermittlung personenbezogener Daten nach Absatz 1 ist nur zulässig, wenn das Ersuchen mindestens folgende Angaben enthält:

1. die Bezeichnung und die Anschrift der ersuchenden Behörde,
2. die Bezeichnung der Straftat, zu deren Verhütung die Daten benötigt werden,
3. die Beschreibung des Sachverhalts, der dem Ersuchen zugrunde liegt,
4. die Benennung des Zwecks, zu dem die Daten erbeten werden,
5. der Zusammenhang zwischen dem Zweck, zu dem die Informationen oder Erkenntnisse erbeten werden, und der Person, auf die sich diese Informationen beziehen,
6. Einzelheiten zur Identität der betroffenen Person, sofern sich das Ersuchen auf eine bekannte Person bezieht, und
7. Gründe für die Annahme, dass sachdienliche Informationen und Erkenntnisse im Inland vorliegen.

(3) Die Datenübermittlung nach Absatz 1 unterbleibt, wenn

1. hierdurch wesentliche Sicherheitsinteressen des Bundes oder der Länder beeinträchtigt würden,
2. die Übermittlung der Daten unverhältnismäßig wäre oder die Daten für die Zwecke, für die sie übermittelt werden sollen, nicht erforderlich sind,
3. die zu übermittelnden Daten bei der ersuchten Behörde nicht vorhanden sind und nur durch das Ergreifen von Zwangsmaßnahmen erlangt werden können oder
4. besondere bundesgesetzliche Verwendungsregelungen entgegenstehen; die Verpflichtung zur Wahrung gesetzlicher Geheimhaltungspflichten oder von Berufs- oder besonderen Amtsgeheimnissen, die nicht auf gesetzlichen Vorschriften beruhen, bleibt unberührt.

(4) Die Übermittlung kann unterbleiben, wenn

1. die Tat, zu deren Verhütung die Daten übermittelt werden sollen, nach deutschem Recht mit einer Freiheitsstrafe von im Höchstmaß einem Jahr oder weniger bedroht ist,
2. die übermittelten Daten als Beweismittel vor einer Justizbehörde verwendet werden sollen,
3. die zu übermittelnden Daten bei der ersuchten Behörde nicht vorhanden sind, jedoch ohne das Ergreifen von Zwangsmaßnahmen erlangt werden können, oder
4. der Erfolg laufender Ermittlungen oder Leib, Leben oder Freiheit einer Person gefährdet würde.

(5) 1Personenbezogene Daten, die nach dem Rahmenbeschluss 2006/960/JI des Rates vom 18. Dezember 2006 über die Vereinfachung des Austauschs von Informationen und Erkenntnissen zwischen den Strafverfolgungsbehörden der Mitgliedstaaten der Europäischen Union (ABl. L 386 vom 29. 12. 2006, S. 89, L 75 vom 15. 3. 2007, S. 26) an die Behörden der Zollverwaltung übermittelt worden sind, dürfen ohne Zustimmung des übermittelnden Staates nur für die Zwecke, für die sie übermittelt wurden, oder zur Abwehr einer gegenwärtigen und erheblichen Gefahr für die öffentliche Sicherheit verwendet werden. 2Für einen anderen Zweck oder als Beweismittel in einem gerichtlichen Verfahren dürfen sie nur verwendet werden, wenn der übermittelnde Staat zugestimmt

VI

hat. 3Von dem übermittelnden Staat für die Verwendung der Daten gestellte Bedingungen sind zu beachten.

(6) Die Behörden der Zollverwaltung erteilen dem übermittelnden Staat auf dessen Ersuchen zu Zwecken der Datenschutzkontrolle Auskunft darüber, wie die übermittelten Daten verwendet wurden.

(7) Die Absätze 1 bis 6 finden auch Anwendung auf die Übermittlung von personenbezogenen Daten an für die Verhütung und Verfolgung von Straftaten zuständige Behörden eines Schengen-assoziierten Staates im Sinne von § 91 Absatz 3 des Gesetzes über die internationale Rechtshilfe in Strafsachen.

§ 7 Auskunftsansprüche bei anonymen Angeboten und Werbemaßnahmen

1Wurden Angebote oder Werbemaßnahmen ohne Angabe von Name und Anschrift veröffentlicht und bestehen in diesem Zusammenhang Anhaltspunkte für Schwarzarbeit oder illegale Beschäftigung nach § 1, so ist derjenige, der das Angebot oder die Werbemaßnahme veröffentlicht hat, verpflichtet, den Behörden der Zollverwaltung Namen und Anschrift des Auftraggebers des Angebots oder der Werbemaßnahme auf Verlangen unentgeltlich mitzuteilen. 2Soweit Name und Anschrift nicht vorliegen, sind die Daten mitzuteilen, die eine Identifizierung des Auftraggebers ermöglichen. 3Bei Anhaltspunkten nach § 1 Absatz 2 Satz 1 Nummer 4 oder 5 besteht diese Verpflichtung gegenüber den nach Landesrecht für die Verfolgung und Ahndung von Ordnungswidrigkeiten nach diesem Gesetz zuständigen Behörden.

Abschnitt 3 Bußgeld- und Strafvorschriften

§ 8 Bußgeldvorschriften

(1) Ordnungswidrig handelt, wer

1. a) Buchstaben a) bis c) (weggefallen)
   d) der Verpflichtung zur Anzeige vom Beginn des selbstständigen Betriebes eines stehenden Gewerbes (§ 14 der Gewerbeordnung) nicht nachgekommen ist oder die erforderliche Reisegewerbekarte (§ 55 der Gewerbeordnung) nicht erworben hat oder
   e) ein zulassungspflichtiges Handwerk als stehendes Gewerbe selbstständig betreibt, ohne in die Handwerksrolle eingetragen zu sein (§ 1 der Handwerksordnung)

   und Dienst- oder Werkleistungen in erheblichem Umfang erbringt oder
2. Dienst- oder Werkleistungen in erheblichem Umfang ausführen lässt, indem er eine oder mehrere Personen beauftragt, von der oder denen er weiß oder fahrlässig nicht weiß, dass diese Leistungen unter vorsätzlichem Verstoß gegen eine in Nummer 1 genannte Vorschrift erbringen.

(2) Ordnungswidrig handelt, wer vorsätzlich oder fahrlässig

1. entgegen § 2a Abs. 1 ein dort genanntes Dokument nicht mitführt oder nicht oder nicht rechtzeitig vorlegt,
2. entgegen § 2a Abs. 2 den schriftlichen Hinweis nicht oder nicht für die vorgeschriebene Dauer aufbewahrt oder nicht oder nicht rechtzeitig vorlegt,
3. entgegen
   a) § 5 Absatz 1 Satz 1 Nummer 1, 2 oder 3 oder
   b) § 5 Absatz 4 Satz 1

   eine Prüfung oder das Betreten eines Grundstücks oder eines Geschäftsraumes nicht duldet oder bei einer Prüfung nicht mitwirkt,
4. entgegen § 5 Absatz 3 Satz 1 ein dort genanntes Dokument nicht oder nicht rechtzeitig vorlegt,
5. entgegen § 5 Absatz 5 Satz 1 Daten nicht, nicht richtig, nicht vollständig, nicht in der vorgeschriebenen Weise oder nicht rechtzeitig übermittelt,
6. entgegen § 5a Absatz 1 Satz 1 seine Arbeitskraft anbietet oder
7. entgegen § 5a Absatz 1 Satz 2 eine Arbeitskraft nachfragt.

(3) Ordnungswidrig handelt, wer als Arbeitgeber eine in § 266a Absatz 2 Nummer 1

oder 2 des Strafgesetzbuches bezeichnete Handlung leichtfertig begeht und dadurch der Einzugsstelle Beiträge des Arbeitnehmers oder der Arbeitnehmerin zur Sozialversicherung einschließlich der Arbeitsförderung oder vom Arbeitgeber zu tragende Beiträge zur Sozialversicherung einschließlich der Arbeitsförderung, unabhängig davon, ob Arbeitsentgelt gezahlt wird, leichtfertig vorenthält.

(4) Ordnungswidrig handelt, wer

1. einen Beleg ausstellt, der in tatsächlicher Hinsicht nicht richtig ist und das Erbringen oder Ausführenlassen einer Dienst- oder Werkleistung vorspiegelt, oder
2. einen in Nummer 1 genannten Beleg in den Verkehr bringt

und dadurch Schwarzarbeit im Sinne des § 1 Absatz 2 oder illegale Beschäftigung im Sinne des § 1 Absatz 3 ermöglicht.

(5) Ordnungswidrig handelt, wer eine in Absatz 4 genannte Handlung begeht und

1. aus grobem Eigennutz für sich oder einen anderen Vermögensvorteile großen Ausmaßes erlangt oder
2. als Mitglied einer Bande handelt, die sich zur fortgesetzten Begehung solcher Taten verbunden hat.

(6) Die Ordnungswidrigkeit kann in den Fällen des Absatzes 5 mit einer Geldbuße bis zu fünfhunderttausend Euro, in den Fällen des Absatzes 4 mit einer Geldbuße bis zu einhunderttausend Euro, in den Fällen des Absatzes 1 Nummer 1 Buchstabe d und e, Nummer 2 in Verbindung mit Nummer 1 Buchstabe d und e sowie in den Fällen des Absatzes 3 mit einer Geldbuße bis zu fünfzigtausend Euro, in den Fällen des Absatzes 2 Nummer 3 Buchstabe a, Nummer 5 und 7 mit einer Geldbuße bis zu dreißigtausend Euro, in den Fällen des Absatzes 2 Nummer 1 und 6 mit einer Geldbuße bis zu fünftausend Euro und in den übrigen Fällen mit einer Geldbuße bis zu tausend Euro geahndet werden.

(7) $_1$Absatz 1 findet keine Anwendung für nicht nachhaltig auf Gewinn gerichtete Dienst- oder Werkleistungen, die

1. von Angehörigen im Sinne des § 15 der Abgabenordnung oder Lebenspartnern,
2. aus Gefälligkeit,
3. im Wege der Nachbarschaftshilfe oder
4. im Wege der Selbsthilfe im Sinne des § 36 Abs. 2 und 4 des Zweiten Wohnungsbaugesetzes in der Fassung der Bekanntmachung vom 19. August 1994 (BGBl. I S. 2137) oder als Selbsthilfe im Sinne des § 12 Abs. 1 Satz 2 des Wohnraumförderungsgesetzes vom 13. September 2001 (BGBl. I S. 2376), zuletzt geändert durch Artikel 7 des Gesetzes vom 29. Dezember 2003 (BGBl. I S. 3076),

erbracht werden. $_2$Als nicht nachhaltig auf Gewinn gerichtet gilt insbesondere eine Tätigkeit, die gegen geringes Entgelt erbracht wird.

(8) Das Bundesministerium der Finanzen wird ermächtigt, durch Rechtsverordnung mit Zustimmung des Bundesrates Vorschriften über Regelsätze für Geldbußen wegen einer Ordnungswidrigkeit nach Absatz 1 oder 2 zu erlassen.

(9) Eine Geldbuße wird in den Fällen des Absatzes 3 nicht festgesetzt, wenn der Arbeitgeber spätestens im Zeitpunkt der Fälligkeit oder unverzüglich danach gegenüber der Einzugsstelle

1. schriftlich die Höhe der vorenthaltenen Beiträge mitteilt,
2. schriftlich darlegt, warum die fristgemäße Zahlung nicht möglich ist, obwohl er sich darum ernsthaft bemüht hat, und
3. die vorenthaltenen Beiträge nachträglich innerhalb der von der Einzugsstelle bestimmten angemessenen Frist entrichtet.

§ 9 (weggefallen)

§ 10 Beschäftigung von Ausländern ohne Genehmigung oder ohne Aufenthaltstitel und zu ungünstigen Arbeitsbedingungen

(1) Wer vorsätzlich eine in § 404 Abs. 2 Nr. 3 des Dritten Buches Sozialgesetzbuch bezeichnete Handlung begeht und den Ausländer zu Arbeitsbedingungen beschäftigt, die in einem auffälligen Missverhältnis zu den Arbeitsbedingungen deutscher Arbeitnehmer

VI

und Arbeitnehmerinnen stehen, die die gleiche oder eine vergleichbare Tätigkeit ausüben, wird mit Freiheitsstrafe bis zu drei Jahren oder mit Geldstrafe bestraft.

(2) 1In besonders schweren Fällen des Absatzes 1 ist die Strafe Freiheitsstrafe von sechs Monaten bis zu fünf Jahren. 2Ein besonders schwerer Fall liegt in der Regel vor, wenn der Täter gewerbsmäßig oder aus grobem Eigennutz handelt.

§ 10a Beschäftigung von Ausländern ohne Aufenthaltstitel, die Opfer von Menschenhandel sind

Mit Freiheitsstrafe bis zu drei Jahren oder mit Geldstrafe wird bestraft, wer entgegen § 4 Absatz 3 Satz 2 des Aufenthaltsgesetzes einen Ausländer beschäftigt und hierbei eine Lage ausnutzt, in der sich der Ausländer durch eine gegen ihn gerichtete Tat eines Dritten nach § 232a Absatz 1 bis 5 oder § 232b des Strafgesetzbuchs befindet.

VI

In § 10a werden durch das Fachkräfteeinwanderungsgesetz mit Geltung ab 01.03.2020 die Verweise auf das Aufenthaltsgesetz geändert. § 10a lautet dann wie folgt:

Mit Freiheitsstrafe bis zu drei Jahren oder mit Geldstrafe wird bestraft, wer entgegen § 4a Absatz 5 Satz 1 des Aufenthaltsgesetzes einen Ausländer beschäftigt und hierbei eine Lage ausnutzt, in der sich der Ausländer durch eine gegen ihn gerichtete Tat eines Dritten nach § 232a Absatz 1 bis 5 oder § 232b des Strafgesetzbuchs befindet.

§ 11 Erwerbstätigkeit von Ausländern ohne Genehmigung oder ohne Aufenthaltstitel in größerem Umfang oder von minderjährigen Ausländern

(1) Wer

1. gleichzeitig mehr als fünf Ausländer entgegen § 284 Abs. 1 des Dritten Buches Sozialgesetzbuch beschäftigt oder entgegen § 4 Abs. 3 Satz 2 des Aufenthaltsgesetzes beschäftigt oder mit Dienst- oder Werkleistungen beauftragt,
2. eine in
   a) § 404 Abs. 2 Nr. 3 des Dritten Buches Sozialgesetzbuch,
   b) § 404 Abs. 2 Nr. 4 des Dritten Sozialgesetzbuch,
   c) § 98 Absatz 2a Nummer 1 des Aufenthaltsgesetzes oder
   d) § 98 Abs. 3 Nr. 1 des Aufenthaltsgesetzes

   bezeichnete vorsätzliche Handlung beharrlich wiederholt oder
3. entgegen § 4 Absatz 3 Satz 2 des Aufenthaltsgesetzes eine Person unter 18 Jahren beschäftigt,

wird mit Freiheitsstrafe bis zu einem Jahr oder mit Geldstrafe bestraft.

(2) Handelt der Täter in den Fällen des Absatzes 1 Nummer 1, Nummer 2 Buchstabe a oder Buchstabe c oder Nummer 3 aus grobem Eigennutz, ist die Strafe Freiheitsstrafe bis zu drei Jahren oder Geldstrafe.

Abschnitt 4
Ermittlungen

§ 12 Allgemeines zu den Ordnungswidrigkeiten

(1) Verwaltungsbehörden im Sinne des § 36 Abs. 1 Nr. 1 des Gesetzes über Ordnungswidrigkeiten sind

1. (weggefallen)
2. in den Fällen des § 8 Abs. 1 Nr. 1 Buchstabe d und e und Nr. 2 in Verbindung mit Nr. 1 Buchstabe d und e die nach Landesrecht zuständige Behörde,
3. in den Fällen des § 8 Abs. 2 die Behörden der Zollverwaltung sowie die nach Landesrecht zuständige Behörde jeweils für ihren Geschäftsbereich,
4. in den Fällen des § 8 Absatz 3 bis 5 die Behörden der Zollverwaltung.

(2) Die Geldbußen fließen in die Kasse der Verwaltungsbehörde, die den Bußgeldbescheid erlassen hat.

(3) 1Die nach Absatz 2 zuständige Kasse trägt abweichend von § 105 Abs. 2 des Gesetzes über Ordnungswidrigkeiten die notwendigen Auslagen. 2Sie ist auch ersatzpflichtig im Sin-

ne des § 110 Abs. 4 des Gesetzes über Ordnungswidrigkeiten.

(4) Die Behörden der Zollverwaltung unterrichten das Gewerbezentralregister über rechtskräftige Bußgeldbescheide nach § 8 Absatz 2 Nummer 3 Buchstabe a und Nummer 5 sowie Absatz 3 bis 5, sofern die Geldbuße mehr als zweihundert Euro beträgt.

(5) 1Nimmt die Staatsanwaltschaft an der Hauptverhandlung nach § 75 Absatz 2 des Gesetzes über Ordnungswidrigkeiten nicht teil, so gibt das Gericht den Behörden der Zollverwaltung Gelegenheit, die Gründe vorzubringen, die aus ihrer Sicht für die Entscheidung von Bedeutung sind. 2Dies gilt auch, wenn das Gericht erwägt, das Verfahren einzustellen. 3Der Vertreter der Behörden der Zollverwaltung erhält in der Hauptverhandlung auf Verlangen das Wort. Ihm ist zu gestatten, Fragen an Angeklagte, Zeugen und Sachverständige zu richten.

§ 13 Zusammenarbeit in Bußgeldverfahren

(1) Die Behörden der Zollverwaltung arbeiten insbesondere mit den in § 2 Absatz 4 genannten unterstützenden Stellen zusammen.

(2) 1Ergeben sich für die in § 2 Absatz 4 Nummer 2 bis 20 genannten unterstützenden Stellen im Zusammenhang mit der Erfüllung ihrer gesetzlichen Aufgaben Anhaltspunkte für in § 8 genannte Verstöße, unterrichten sie die für die Verfolgung und Ahndung von Ordnungswidrigkeiten nach diesem Gesetz zuständigen Behörden. 2§ 31a der Abgabenordnung bleibt unberührt.

(3) 1Gerichte und Staatsanwaltschaften sollen den nach diesem Gesetz zuständigen Stellen Erkenntnisse übermitteln, die aus ihrer Sicht zur Verfolgung von Ordnungswidrigkeiten nach § 8 erforderlich sind, soweit nicht für das Gericht oder die Staatsanwaltschaft erkennbar ist, dass schutzwürdige Interessen des Betroffenen oder anderer Verfahrensbeteiligter an dem Ausschluss der Übermittlung überwiegen. 2Dabei ist zu berücksichtigen, wie gesichert die zu übermittelnden Erkenntnisse sind.

§ 14 Ermittlungsbefugnisse

(1) 1Die Behörden der Zollverwaltung haben bei der Verfolgung von Straftaten und Ordnungswidrigkeiten, die mit einem der in § 2 Abs. 1 genannten Prüfgegenstände unmittelbar zusammenhängen, die gleichen Befugnisse wie die Polizeivollzugsbehörden nach der Strafprozessordnung und dem Gesetz über Ordnungswidrigkeiten. 2Ihre Beamten sind insoweit Ermittlungspersonen der Staatsanwaltschaft. 3In den Dienst der Zollverwaltung übergeleitete Angestellte nehmen die Befugnisse nach Satz 1 wahr und sind insoweit Ermittlungspersonen der Staatsanwaltschaft, wenn sie

1. das 21. Lebensjahr vollendet haben,
2. am 31. Dezember 2003 im Dienst der Bundesanstalt für Arbeit gestanden haben und
3. dort mindestens zwei Jahre lang zur Bekämpfung der Schwarzarbeit oder der illegalen Beschäftigung eingesetzt waren.

(2) Zur Bekämpfung der Schwarzarbeit und illegaler Beschäftigung können die Behörden der Zollverwaltung, die Polizeibehörden und die Landesfinanzbehörden in Abstimmung mit der Staatsanwaltschaft gemeinsame Ermittlungsgruppen bilden.

(3) Die Behörden der Zollverwaltung dürfen bei der Verfolgung von Straftaten nach Absatz 1 erkennungsdienstliche Maßnahmen nach § 81b der Strafprozessordnung auch zur Vorsorge für künftige Strafverfahren durchführen.

§ 14a Selbstständige Durchführung von Ermittlungsverfahren

(1) 1Die Behörden der Zollverwaltung führen in den Fällen, in denen ihnen die Befugnisse nach § 14 zustehen, die Ermittlungsverfahren nach Maßgabe dieser Vorschrift und in den Grenzen des § 14b selbstständig durch, wenn die Tat ausschließlich eine Straftat nach § 266a des Strafgesetzbuches darstellt und die Staatsanwaltschaft die Strafsache an die Behörden der Zollverwaltung abgegeben hat. 2Die allgemeinen Gesetze über das Strafverfahren sind anzuwenden.

(2) 1Eine Abgabe durch die Staatsanwaltschaft nach Absatz 1 erfolgt nicht, wenn besondere Umstände es angezeigt erscheinen lassen, dass das Ermittlungsverfahren unter der Verantwortung der Staatsanwaltschaft fortzuführen ist. 2Dies ist insbesondere der Fall, wenn

1. eine Maßnahme nach den §§ 99, 102, 103 oder 104 der Strafprozessordnung beantragt worden ist,
2. eine Maßnahme nach § 100a der Strafprozessordnung beantragt worden ist,
3. die Anordnung der Untersuchungshaft nach § 112 der Strafprozessordnung beantragt worden ist,
4. die Strafsache besondere Schwierigkeiten aufweist,
5. der Beschuldigte außer dieser Tat noch einer anderen, prozessual selbstständigen Straftat beschuldigt wird und die Taten in einem einheitlichen Ermittlungsverfahren verfolgt werden sollen,
6. eine Freiheitsstrafe zu erwarten ist, die nicht im Strafbefehlsverfahren festgesetzt werden kann,
7. gegen die folgenden Personen ermittelt wird:
   a) Mitglieder des Europäischen Parlaments, des Deutschen Bundestages oder einer gesetzgebenden Körperschaft eines Landes,
   b) Mitglieder diplomatischer Vertretungen und andere von der inländischen Gerichtsbarkeit befreite Personen,
   c) Mitglieder einer Truppe oder eines zivilen Gefolges eines NATO-Staates oder deren Angehörige,
   d) Personen, die in den Anwendungsbereich des Jugendgerichtsgesetzes fallen, oder
   e) Personen, bei denen Anhaltspunkte dafür vorliegen, dass sie vermindert schuldfähig (§ 21 des Strafgesetzbuches) oder aus psychischen Gründen in ihrer Verteidigung behindert sind, oder
8. ein Amtsträger der Zollverwaltung der Beteiligung verdächtig ist.

VI

(3) 1Soll nach Abgabe durch die Staatsanwaltschaft nach Absatz 1 eine Maßnahme nach Absatz 2 Satz 2 Nummer 1 oder 2 beantragt werden, so haben die Behörden der Zollverwaltung nicht die Befugnis, bei Gefahr im Verzug selbst Anordnungen vorzunehmen. 2Soll nach einer Abgabe durch die Staatsanwaltschaft nach Absatz 1 eine Maßnahme nach Absatz 2 Satz 2 Nummer 2 oder 3 beantragt werden oder ergibt sich nachträglich, dass ein Fall des Absatzes 2 Satz 2 Nummer 4 bis 8 vorliegt, geben die Behörden der Zollverwaltung die Strafsache an die Staatsanwaltschaft zurück.

(4) Im Übrigen können die Behörden der Zollverwaltung die Strafsache jederzeit an die Staatsanwaltschaft zurückgeben, die Staatsanwaltschaft kann die Strafsache jederzeit wieder an sich ziehen.

§ 14b Rechte und Pflichten bei der selbstständigen Durchführung von Ermittlungsverfahren

(1) Führen die Behörden der Zollverwaltung das Ermittlungsverfahren nach § 14a selbstständig durch, so nehmen sie die Rechte und Pflichten wahr, die der Staatsanwaltschaft im Ermittlungsverfahren zustehen.

(2) Sie haben nicht die Befugnis, Ermittlungen durch die Behörden und Beamten des Polizeidienstes vornehmen zu lassen.

(3) Bieten die Ermittlungen genügenden Anlass zur Erhebung der öffentlichen Klage, so beantragt die Behörde der Zollverwaltung über die Staatsanwaltschaft bei dem zuständigen Gericht den Erlass eines Strafbefehls, wenn die Strafsache zur Behandlung im Strafbefehlsverfahren geeignet erscheint; andernfalls legt die Behörde der Zollverwaltung die Akten der Staatsanwaltschaft vor.

(4) Hat die Behörde der Zollverwaltung den Erlass eines Strafbefehls beantragt, so nimmt sie die Rechte und Pflichten der Staatsanwaltschaft wahr, solange nicht nach § 408 Absatz 3 Satz 2 der Strafprozessordnung die Hauptverhandlung anberaumt oder Einspruch gegen den Strafbefehl erhoben ist.

(5) Hat die Behörde der Zollverwaltung den Antrag gestellt, eine Einziehung gemäß § 435

der Strafprozessordnung selbstständig anzuordnen oder eine Geldbuße gegen eine juristische Person oder eine Personenvereinigung gemäß § 444 Absatz 3 der Strafprozessordnung selbstständig festzusetzen, so nimmt sie die Rechte und Pflichten der Staatsanwaltschaft wahr, solange die mündliche Verhandlung nicht beantragt oder vom Gericht angeordnet ist.

§ 14c Sachliche und örtliche Zuständigkeit bei der selbstständigen Durchführung von Ermittlungsverfahren

(1) Sachlich zuständig für die Durchführung des selbstständigen Ermittlungsverfahrens nach § 14a ist das Hauptzollamt.

(2) 1Örtlich zuständig für die Durchführung des selbstständigen Ermittlungsverfahrens ist das Hauptzollamt,

1. in dessen Bezirk die Straftat begangen oder entdeckt worden ist,
2. das zum Zeitpunkt der Abgabe des Ermittlungsverfahrens durch die Staatsanwaltschaft für die Prüfung gemäß § 2 Absatz 1 zuständig ist oder
3. in dessen Bezirk der Beschuldigte zum Zeitpunkt der Abgabe des Ermittlungsverfahrens seinen Wohnsitz hat; hat der Beschuldigte im räumlichen Geltungsbereich dieses Gesetzes keinen Wohnsitz, so wird die Zuständigkeit durch den Ort des gewöhnlichen Aufenthalts bestimmt.

2Sind nach Satz 1 mehrere Hauptzollämter zuständig, so ist das Hauptzollamt örtlich zuständig, an das die Staatsanwaltschaft das Ermittlungsverfahren abgegeben hat.

(3) 1Ändert sich in den Fällen des Absatzes 2 Satz 1 Nummer 3 der Wohnsitz oder der Ort des gewöhnlichen Aufenthalts des Beschuldigten nach Abgabe des Ermittlungsverfahrens, so ist auch das Hauptzollamt örtlich zuständig, in dessen Bezirk der neue Wohnsitz oder Ort des gewöhnlichen Aufenthalts liegt. 2Übergibt das nach Absatz 2 örtlich zuständige Hauptzollamt das Ermittlungsverfahren an das nach Satz 1 auch örtlich zuständige Hauptzollamt, so hat es die Staatsanwaltschaft davon in Kenntnis zu setzen.

Abschnitt 5 Datenschutz

§ 15 Allgemeines

1Für die Wahrnehmung der Aufgaben nach diesem Gesetz durch die Behörden der Zollverwaltung gelten hinsichtlich der Sozialdaten die Vorschriften des Zweiten Kapitels des Zehnten Buches Sozialgesetzbuch. 2Diese Aufgaben gelten in datenschutzrechtlicher Hinsicht auch als Aufgaben nach dem Sozialgesetzbuch. 3Die Vorschriften des Vierten Abschnitts des Ersten Teils der Abgabenordnung zum Steuergeheimnis bleiben unberührt.

§ 16 Zentrales Informationssystem für die Finanzkontrolle Schwarzarbeit

(1) Die Behörden der Zollverwaltung führen ein zentrales Informationssystem für die Finanzkontrolle Schwarzarbeit, in dem die zur Aufgabenerfüllung nach diesem Gesetz erforderlichen Daten automatisiert verarbeitet werden.

(2) 1Im zentralen Informationssystem für die Finanzkontrolle Schwarzarbeit werden folgende Daten gespeichert:

1. Familienname, frühere Namen, Vornamen, Tag und Ort der Geburt einschließlich Bezirk, Geburtsland, Geschlecht, Staatsangehörigkeiten, Wohnanschriften, Familienstand, Berufsbezeichnung, Steuernummer, Personalausweis- und Reisepassnummer, Kontodaten, Sozialversicherungsnummer, bei Unternehmen Name, Sitz, Rechtsform, Registernummer und -ort, Vertretungsverhältnisse des Unternehmens, Adressdaten, Steuernummer, Betriebsnummer, Kontodaten,
2. die Bezeichnung der aktenführenden Dienststelle der Zollverwaltung und das Aktenzeichen und
3. der Zeitpunkt der Einleitung des Verfahrens, der Zeitpunkt der letzten Verfahrenshandlung und der Zeitpunkt der Erledi-

VI

gung des Verfahrens, jeweils durch die Behörden der Zollverwaltung, sowie der Zeitpunkt und die Art der Erledigung durch das Gericht oder die Staatsanwaltschaft.

2Das Bundesministerium der Finanzen kann durch Rechtsverordnung ergänzend weitere Daten bestimmen, soweit diese für die Finanzkontrolle Schwarzarbeit im Rahmen ihrer Aufgaben

1. zur Vorbereitung und Durchführung von Prüfungen nach § 2 Absatz 1, oder
2. zur Verhütung und Verfolgung von Straftaten und Ordnungswidrigkeiten, die mit einem der in § 2 Absatz 1 genannten Prüfgegenstände zusammenhängen,

erforderlich sind.

(3) Im zentralen Informationssystem für die Finanzkontrolle Schwarzarbeit dürfen personenbezogene Daten nur zu folgenden Zwecken verarbeitet und genutzt werden:

1. zur Vorbereitung und Durchführung von Prüfungen nach § 2 Absatz 1,
2. zur Verhütung und Verfolgung von Straftaten und Ordnungswidrigkeiten, die mit einem der in § 2 Absatz 1 genannten Prüfgegenstände zusammenhängen,
3. zur Besteuerung, soweit sie im Zusammenhang mit der Erbringung von Dienst- oder Werkleistungen steht,
4. zur Erfüllung von Aufgaben, welche den Behörden der Zollverwaltung nach § 5a des Finanzverwaltungsgesetzes oder § 17a des Zollverwaltungsgesetzes zugewiesen sind, und
5. zur Fortbildung im Bereich der Finanzkontrolle Schwarzarbeit, soweit die Daten anonymisiert werden.

(4) 1Die Generalzolldirektion erstellt für die automatisierte Verarbeitung nach Absatz 1 eine Errichtungsanordnung, die der Zustimmung des Bundesministeriums der Finanzen bedarf. In der Errichtungsanordnung sind festzulegen:

1. die Bezeichnung der verantwortlichen Stelle,
2. die Rechtsgrundlage und der Zweck der Verarbeitung,
3. der Personenkreis, über den Daten gespeichert werden,
4. die Art und der Inhalt der gespeicherten personenbezogenen Daten,
5. die Arten der personenbezogenen Daten, die der Erschließung der Sammlung dienen,
6. die Anlieferung oder die Eingabe der gespeicherten Daten,
7. die Voraussetzungen, unter denen gespeicherte personenbezogene Daten an welche Empfänger und in welchen Verfahren übermittelt werden,
8. die Prüffristen und die Speicherungsdauer,
9. die Protokollierung sowie
10. die Verpflichtung zur Erstellung und zur Pflege eines Rollen- und Berechtigungskonzeptes.

2Die oder der Bundesbeauftragte für den Datenschutz und die Informationsfreiheit ist vor Erlass der Errichtungsanordnung anzuhören.

§ 17 Übermittlung von Daten aus dem zentralen Informationssystem

(1) 1Die Übermittlung von Daten aus dem zentralen Informationssystem für die Finanzkontrolle Schwarzarbeit erfolgt auf Ersuchen an

1. (weggefallen)
2. die Staatsanwaltschaften für Zwecke der Strafverfolgung,
3. die Polizeivollzugsbehörden des Bundes und der Länder für die Verhütung und Verfolgung von Straftaten und Ordnungswidrigkeiten, die im Zusammenhang mit einem der in § 2 Abs. 1 genannten Prüfgegenstände stehen,
4. die Finanzbehörden der Länder zur Durchführung eines Steuerstraf- oder Steuerordnungswidrigkeitenverfahrens und für die Besteuerung, soweit die Besteuerung im Zusammenhang mit der Erbringung oder der Vortäuschung der Erbringung von Dienst- oder Werkleistungen steht,

5. die Zentralstelle für Finanztransaktionsuntersuchungen zur Erfüllung ihrer Aufgaben nach § 28 Absatz 1 Satz 2 Nummer 2 des Geldwäschegesetzes,
6. die Bundesagentur für Arbeit zur Durchführung von Ordnungswidrigkeitenverfahren wegen Leistungsmissbrauchs und für die damit zusammenhängende Einstellung der Gewährung von Leistungen nach dem Dritten Buch Sozialgesetzbuch,
7. die Bundesagentur für Arbeit zur Durchführung von Ordnungswidrigkeitenverfahren nach dem Arbeitnehmerüberlassungsgesetz sowie für den Widerruf, die Versagung oder die Versagung der Verlängerung der Erlaubnis im Sinne des § 1 Absatz 1 Satz 1 des Arbeitnehmerüberlassungsgesetzes,
8. die Bundesagentur für Arbeit in ihrer Funktion als Familienkasse zur Durchführung von Steuerstrafverfahren und Ordnungswidrigkeitenverfahren und für die damit zusammenhängende Einstellung der Gewährung von Kindergeldleistungen und des Kinderzuschlags,
9. die gemeinsamen Einrichtungen und die zugelassenen kommunalen Träger nach dem Zweiten Buch Sozialgesetzbuch zur Durchführung von Ordnungswidrigkeitenverfahren wegen Leistungsmissbrauchs und für die damit zusammenhängende Leistungsbearbeitung nach dem Zweiten Buch Sozialgesetzbuch oder
10. die Träger nach dem Zwölften Buch Sozialgesetzbuch zur Durchführung von Ordnungswidrigkeitenverfahren wegen Leistungsmissbrauchs und für die damit zusammenhängende Leistungsbearbeitung nach dem Zwölften Buch Sozialgesetzbuch.

$_2$Soweit durch eine Übermittlung von Daten die Gefährdung des Untersuchungszwecks eines Ermittlungsverfahrens zu besorgen ist, kann die für dieses Verfahren zuständige Behörde der Zollverwaltung oder die zuständige Staatsanwaltschaft anordnen, dass keine Übermittlung von Daten erfolgen darf. $_3$§ 478 Abs. 1 Satz 1 und 2 der Strafprozessordnung findet Anwendung, wenn die Daten Verfahren betreffen, die zu einem Strafverfahren geführt haben.

(2) $_1$Die Übermittlung der Daten erfolgt im Wege eines automatisierten Abrufverfahrens oder eines automatisierten Anfrage- und Auskunftsverfahrens, im Fall einer Störung der Datenfernübertragung oder bei außergewöhnlicher Dringlichkeit telefonisch oder durch Telefax. $_2$Die beteiligten Stellen haben zu gewährleisten, dass dem jeweiligen Stand der Technik entsprechende Maßnahmen zur Sicherstellung von Datenschutz und Datensicherheit getroffen werden, die insbesondere die Vertraulichkeit und Unversehrtheit der Daten gewährleisten; im Fall der Nutzung allgemein zugänglicher Netze sind dem jeweiligen Stand der Technik entsprechende Verschlüsselungsverfahren anzuwenden. $_3$Es gilt § 79 Abs. 2 bis 4 des Zehnten Buches Sozialgesetzbuch.

§ 18 Auskunft an die betroffene Person

$_1$Für die Auskunft an die betroffene Person gilt § 83 des Zehnten Buches Sozialgesetzbuch. $_2$Die Auskunft bedarf des Einvernehmens der zuständigen Staatsanwaltschaft, wenn sie Daten aus einem Verfahren betrifft, das zu einem Strafverfahren geführt hat.

§ 19 Löschung

Die Daten im zentralen Informationssystem für die Finanzkontrolle Schwarzarbeit und die dazugehörigen Verfahrensakten in Papierform sind nach den Bestimmungen des § 489 der Strafprozessordnung, des § 49c des Gesetzes über Ordnungswidrigkeiten und des § 84 des Zehnten Buches Sozialgesetzbuch zu löschen und zu vernichten, spätestens jedoch

1. ein Jahr nach Ablauf des Kalenderjahres, in dem eine Prüfung nach § 2 ohne Einleitung eines Ermittlungsverfahrens abgeschlossen worden ist,
2. fünf Jahre nach Ablauf des Kalenderjahres, in dem ein Ermittlungsverfahren rechtskräftig abgeschlossen worden ist, oder

3. zwei Jahre nach Ablauf des Kalenderjahres, in dem ein Strafverfahren abgeschlossen worden ist, wenn
   a) die Person, über die Daten nach § 16 gespeichert wurden, von dem betreffenden Tatvorwurf rechtskräftig freigesprochen worden ist,
   b) die Eröffnung des Hauptverfahrens unanfechtbar abgelehnt worden ist oder
   c) das Verfahren nicht nur vorläufig eingestellt worden ist.

Abschnitt 6 Verwaltungsverfahren, Rechtsweg

§ 20 Entschädigung der Zeugen und Sachverständigen

Werden Zeugen und Sachverständige von den Behörden der Zollverwaltung herangezogen, so erhalten sie auf Antrag in entsprechender Anwendung des Justizvergütungs- und Entschädigungsgesetzes eine Entschädigung oder Vergütung.

§ 21 Ausschluss von öffentlichen Aufträgen

(1) 1Von der Teilnahme an einem Wettbewerb um einen Liefer-, Bau- oder Dienstleistungsauftrag der in den §§ 99 und 100 des Gesetzes gegen Wettbewerbsbeschränkungen genannten Auftraggeber sollen Bewerber bis zu einer Dauer von drei Jahren ausgeschlossen werden, die oder deren nach Satzung oder Gesetz Vertretungsberechtigte nach

1. § 8 Abs. 1 Nr. 2, §§ 10 bis 11,
2. § 404 Abs. 1 oder 2 Nr. 3 des Dritten Buches Sozialgesetzbuch,
3. §§ 15, 15a, 16 Abs. 1 Nr. 1, 1c, 1d, 1f oder 2 des Arbeitnehmerüberlassungsgesetzes oder
4. § 266a Abs. 1 bis 4 des Strafgesetzbuches

zu einer Freiheitsstrafe von mehr als drei Monaten oder einer Geldstrafe von mehr als neunzig Tagessätzen verurteilt oder mit einer Geldbuße von wenigstens zweitausendfünfhundert Euro belegt worden sind. 2Das Gleiche gilt auch schon vor Durchführung eines Straf- oder Bußgeldverfahrens, wenn im Einzelfall angesichts der Beweislage kein vernünftiger Zweifel an einer schwerwiegenden Verfehlung nach Satz 1 besteht. 3Die für die Verfolgung oder Ahndung zuständigen Behörden nach Satz 1 Nr. 1 bis 4 dürfen den öffentlichen Auftraggebern nach § 99 des Gesetzes gegen Wettbewerbsbeschränkungen und solchen Stellen, die von öffentlichen Auftraggebern zugelassene Präqualifikationsverzeichnisse oder Unternehmer- und Lieferantenverzeichnisse führen, auf Verlangen die erforderlichen Auskünfte geben. 4Öffentliche Auftraggeber nach Satz 3 fordern im Rahmen ihrer Tätigkeit Auskünfte des Gewerbezentralregisters nach § 150a der Gewerbeordnung an oder verlangen vom Bewerber eine Erklärung, dass die Voraussetzungen für einen Ausschluss nach Satz 1 oder 2 nicht vorliegen; auch im Falle einer Erklärung des Bewerbers können öffentliche Auftraggeber Auskünfte des Gewerbezentralregisters nach § 150a der Gewerbeordnung jederzeit anfordern. 5Für den Bewerber, der den Zuschlag erhalten soll, fordert der öffentliche Auftraggeber nach Satz 3 bei Aufträgen ab einer Höhe von 30 000 Euro vor Zuschlagserteilung eine Auskunft aus dem Gewerbezentralregister nach § 150a der Gewerbeordnung an. 6Der Bewerber ist vor der Entscheidung über den Ausschluss zu hören.

(2) Eine Verfehlung nach Absatz 1 steht einer Verletzung von Pflichten nach § 241 Abs. 2 des Bürgerlichen Gesetzbuchs gleich.

§ 22 Verwaltungsverfahren

Soweit dieses Gesetz nichts anderes bestimmt, gelten die Vorschriften der Abgabenordnung sinngemäß für das Verwaltungsverfahren der Behörden der Zollverwaltung nach diesem Gesetz.

§ 23 Rechtsweg

In öffentlich-rechtlichen Streitigkeiten über das Verwaltungshandeln der Behörden der Zollverwaltung nach diesem Gesetz ist der Finanzrechtsweg gegeben.

Gesetz über zwingende Arbeitsbedingungen bei grenzüberschreitend entsandte und für regelmäßig im Inland beschäftigte Arbeitnehmer und Arbeitnehmerinnen (Arbeitnehmer-Entsendegesetz – AEntG)

Vom 20. April 2009 (BGBl. I S. 799)

Zuletzt geändert durch
Gesetz gegen illegale Beschäftigung und Sozialleistungsmissbrauch
vom 11. Juli 2019 (BGBl. I S. 1066)

Inhaltsübersicht

VI

Der Bundestag hat mit der Mehrheit seiner Mitglieder und mit Zustimmung des Bundesrates das folgende Gesetz beschlossen:

Abschnitt 1
Zielsetzung

§ 1 Zielsetzung

1Ziele des Gesetzes sind die Schaffung und Durchsetzung angemessener Mindestarbeitsbedingungen für grenzüberschreitend entsandte und für regelmäßig im Inland beschäftigte Arbeitnehmer und Arbeitnehmerinnen sowie die Gewährleistung fairer und funktionierender Wettbewerbsbedingungen durch die Erstreckung der Rechtsnormen von Branchentarifverträgen. 2Dadurch sollen zugleich sozialversicherungspflichtige Beschäftigung erhalten und die Ordnungs- und Befriedungsfunktion der Tarifautonomie gewahrt werden.

VI

Abschnitt 2
Allgemeine Arbeitsbedingungen

§ 2 Allgemeine Arbeitsbedingungen

Die in Rechts- oder Verwaltungsvorschriften enthaltenen Regelungen über

1. die Mindestentgeltsätze einschließlich der Überstundensätze,
2. den bezahlten Mindestjahresurlaub,
3. die Höchstarbeitszeiten und Mindestruhezeiten,
4. die Bedingungen für die Überlassung von Arbeitskräften, insbesondere durch Leiharbeitsunternehmen,
5. die Sicherheit, den Gesundheitsschutz und die Hygiene am Arbeitsplatz,
6. die Schutzmaßnahmen im Zusammenhang mit den Arbeits- und Beschäftigungsbedingungen von Schwangeren und Wöchnerinnen, Kindern und Jugendlichen und
7. die Gleichbehandlung von Männern und Frauen sowie andere Nichtdiskriminierungsbestimmungen

finden auch auf Arbeitsverhältnisse zwischen einem im Ausland ansässigen Arbeitgeber und seinen im Inland beschäftigten Arbeitnehmern und Arbeitnehmerinnen zwingend Anwendung.

Abschnitt 3
Tarifvertragliche Arbeitsbedingungen

§ 3 Tarifvertragliche Arbeitsbedingungen

1Die Rechtsnormen eines bundesweiten Tarifvertrages finden unter den Voraussetzungen der §§ 4 bis 6 auch auf Arbeitsverhältnisse zwischen einem Arbeitgeber mit Sitz im Ausland und seinen im räumlichen Geltungsbereich dieses Tarifvertrages beschäftigten Arbeitnehmern und Arbeitnehmerinnen zwingend Anwendung, wenn der Tarifvertrag als Tarifvertrag nach § 4 Absatz 1 Nummer 1 für allgemeinverbindlich erklärt ist oder eine Rechtsverordnung nach § 7 oder § 7a vorliegt. 2Eines bundesweiten Tarifvertrages bedarf es nicht, soweit Arbeitsbedingungen im Sinne des § 5 Nummer 2, 3 oder 4 Gegenstand tarifvertraglicher Regelungen sind, die zusammengefasst räumlich den gesamten Geltungsbereich dieses Gesetzes abdecken.

§ 4 Branchen

(1) § 3 gilt für Tarifverträge

1. des Bauhauptgewerbes oder des Baunebengewerbes im Sinne der Baubetriebe-Verordnung vom 28. Oktober 1980 (BGBl. I S. 2033), zuletzt geändert durch die Verordnung vom 26. April 2006 (BGBl. I S. 1085), in der jeweils geltenden Fassung einschließlich der Erbringung von Montageleistungen auf Baustellen außerhalb des Betriebssitzes,
2. der Gebäudereinigung,
3. für Briefdienstleistungen,
4. für Sicherheitsdienstleistungen,
5. für Bergbauspezialarbeiten auf Steinkohlebergwerken,
6. für Wäschereidienstleistungen im Objektkundengeschäft,

7. der Abfallwirtschaft einschließlich Straßenreinigung und Winterdienst,
8. für Aus- und Weiterbildungsdienstleistungen nach dem Zweiten oder Dritten Buch Sozialgesetzbuch und
9. für Schlachten und Fleischverarbeitung.

(2) § 3 gilt darüber hinaus für Tarifverträge aller anderen als der in Absatz 1 genannten Branchen, wenn die Erstreckung der Rechtsnormen des Tarifvertrages im öffentlichen Interesse geboten erscheint, um die in § 1 genannten Gesetzesziele zu erreichen und dabei insbesondere einem Verdrängungswettbewerb über die Lohnkosten entgegen zu wirken.

§ 5 Arbeitsbedingungen

1Gegenstand eines Tarifvertrages nach § 3 können sein

1. Mindestentgeltsätze, die nach Art der Tätigkeit, Qualifikation der Arbeitnehmer und Arbeitnehmerinnen und Regionen differieren können, einschließlich der Überstundensätze,
2. die Dauer des Erholungsurlaubs, das Urlaubsentgelt oder ein zusätzliches Urlaubsgeld,
3. die Einziehung von Beiträgen und die Gewährung von Leistungen im Zusammenhang mit Urlaubsansprüchen nach Nummer 2 durch eine gemeinsame Einrichtung der Tarifvertragsparteien, wenn sichergestellt ist, dass der ausländische Arbeitgeber nicht gleichzeitig zu Beiträgen zu der gemeinsamen Einrichtung der Tarifvertragsparteien und zu einer vergleichbaren Einrichtung im Staat seines Sitzes herangezogen wird und das Verfahren der gemeinsamen Einrichtung der Tarifvertragsparteien eine Anrechnung derjenigen Leistungen vorsieht, die der ausländische Arbeitgeber zur Erfüllung des gesetzlichen, tarifvertraglichen oder einzelvertraglichen Urlaubsanspruchs seines Arbeitnehmers oder seiner Arbeitnehmerin bereits erbracht hat,
4. die Anforderungen an die Unterkünfte von Arbeitnehmern und Arbeitnehmerinnen, wenn sie vom Arbeitgeber für Arbeitnehmer und Arbeitnehmerinnen, die von ihrem regelmäßigen Arbeitsplatz entfernt eingesetzt werden, zur Verfügung gestellt werden, und
5. Arbeitsbedingungen im Sinne des § 2 Nr. 3 bis 7.

2Die Arbeitsbedingungen nach Satz 1 Nummer 1 bis 3 umfassen auch Regelungen zur Fälligkeit entsprechender Ansprüche einschließlich hierzu vereinbarter Ausnahmen und deren Voraussetzungen.

Satz 1 Nr. 4 tritt für Arbeitgeber mit Sitz im Ausland erst am 30. Juli 2020 in Kraft.

§ 6 Besondere Regelungen

(1) 1Dieser Abschnitt findet keine Anwendung auf Erstmontage- oder Einbauarbeiten, die Bestandteil eines Liefervertrages sind, für die Inbetriebnahme der gelieferten Güter unerlässlich sind und von Facharbeitern oder Facharbeiterinnen oder angelernten Arbeitern oder Arbeiterinnen des Lieferunternehmens ausgeführt werden, wenn die Dauer der Entsendung acht Tage nicht übersteigt. 2Satz 1 gilt nicht für Bauleistungen im Sinne des § 101 Abs. 2 des Dritten Buches Sozialgesetzbuch und nicht für Arbeitsbedingungen nach § 5 Nummer 4 und 5.

(2) Im Falle eines Tarifvertrages nach § 4 Absatz 1 Nr. 1 findet dieser Abschnitt Anwendung, wenn der Betrieb oder die selbstständige Betriebsabteilung im Sinne des fachlichen Geltungsbereichs des Tarifvertrages überwiegend Bauleistungen gemäß § 101 Abs. 2 des Dritten Buches Sozialgesetzbuch erbringt.

(3) Im Falle eines Tarifvertrages nach § 4 Absatz 1 Nr. 2 findet dieser Abschnitt Anwendung, wenn der Betrieb oder die selbstständige Betriebsabteilung überwiegend Gebäudereinigungsleistungen erbringt.

(4) Im Falle eines Tarifvertrages nach § 4 Absatz 1 Nr. 3 findet dieser Abschnitt Anwendung, wenn der Betrieb oder die selbstständige Betriebsabteilung überwiegend gewerbs- oder geschäftsmäßig Briefsendungen für Dritte befördert.

VI

(5) Im Falle eines Tarifvertrages nach § 4 Absatz 1 Nr. 4 findet dieser Abschnitt Anwendung, wenn der Betrieb oder die selbstständige Betriebsabteilung überwiegend Dienstleistungen des Bewachungs- und Sicherheitsgewerbes oder Kontroll- und Ordnungsdienste erbringt, die dem Schutz von Rechtsgütern aller Art, insbesondere von Leben, Gesundheit oder Eigentum dienen.

(6) Im Falle eines Tarifvertrages nach § 4 Absatz 1 Nr. 5 findet dieser Abschnitt Anwendung, wenn der Betrieb oder die selbstständige Betriebsabteilung im Auftrag eines Dritten überwiegend auf inländischen Steinkohlebergwerken Grubenräume erstellt oder sonstige untertägige bergbauliche Spezialarbeiten ausführt.

(7) $_1$Im Falle eines Tarifvertrages nach § 4 Absatz 1 Nr. 6 findet dieser Abschnitt Anwendung, wenn der Betrieb oder die selbstständige Betriebsabteilung gewerbsmäßig überwiegend Textilien für gewerbliche Kunden sowie öffentlich-rechtliche oder kirchliche Einrichtungen wäscht, unabhängig davon, ob die Wäsche im Eigentum der Wäscherei oder des Kunden steht. $_2$Dieser Abschnitt findet keine Anwendung auf Wäschereidienstleistungen, die von Werkstätten für behinderte Menschen im Sinne des § 219 des Neunten Buches Sozialgesetzbuch erbracht werden.

VI

(8) Im Falle eines Tarifvertrages nach § 4 Absatz 1 Nr. 7 findet dieser Abschnitt Anwendung, wenn der Betrieb oder die selbstständige Betriebsabteilung überwiegend Abfälle im Sinne des § 3 Absatz 1 Satz 1 des Kreislaufwirtschaftsgesetzes sammelt, befördert, lagert, beseitigt oder verwertet oder Dienstleistungen des Kehrens und Reinigens öffentlicher Verkehrsflächen und Schnee- und Eisbeseitigung von öffentlichen Verkehrsflächen einschließlich Streudienste erbringt.

(9) $_1$Im Falle eines Tarifvertrages nach § 4 Absatz 1 Nr. 8 findet dieser Abschnitt Anwendung, wenn der Betrieb oder die selbstständige Betriebsabteilung überwiegend Aus- und Weiterbildungsmaßnahmen nach dem Zweiten oder Dritten Buch Sozialgesetzbuch durchführt. $_2$Ausgenommen sind Einrichtungen der beruflichen Rehabilitation im Sinne des § 51 Absatz 1 Satz 1 des Neunten Buches Sozialgesetzbuch.

(10) $_1$Im Falle eines Tarifvertrages nach § 4 Absatz 1 Nummer 9 findet dieser Abschnitt Anwendung in Betrieben und selbstständigen Betriebsabteilungen, in denen überwiegend geschlachtet oder Fleisch verarbeitet wird (Betriebe der Fleischwirtschaft) sowie in Betrieben und selbstständigen Betriebsabteilungen, die ihre Arbeitnehmer und Arbeitnehmerinnen überwiegend in Betrieben der Fleischwirtschaft einsetzen. $_2$Das Schlachten umfasst dabei alle Tätigkeiten des Schlachtens und Zerlegens von Tieren mit Ausnahme von Fischen. $_3$Die Verarbeitung umfasst alle Tätigkeiten der Weiterverarbeitung von beim Schlachten gewonnenen Fleischprodukten zur Herstellung von Nahrungsmitteln sowie deren Portionierung und Verpackung. $_4$Nicht erfasst ist die Verarbeitung, wenn die Behandlung, die Portionierung oder die Verpackung beim Schlachten gewonnener Fleischprodukte direkt auf Anforderung des Endverbrauchers erfolgt.

§ 7 Rechtsverordnung für die Fälle des § 4 Absatz 1

(1) Auf gemeinsamen Antrag der Parteien eines Tarifvertrages im Sinne von § 4 Absatz 1 sowie §§ 5 und 6 kann das Bundesministerium für Arbeit und Soziales durch Rechtsverordnung ohne Zustimmung des Bundesrates bestimmen, dass die Rechtsnormen dieses Tarifvertrages auf alle unter seinen Geltungsbereich fallenden und nicht an ihn gebundenen Arbeitgeber sowie Arbeitnehmer und Arbeitnehmerinnen Anwendung finden, wenn dies im öffentlichen Interesse geboten erscheint, um die in § 1 genannten Gesetzesziele zu erreichen.

(2) $_1$Kommen in einer Branche mehrere Tarifverträge mit zumindest teilweise demselben fachlichen Geltungsbereich zur Anwendung, hat der Verordnungsgeber bei seiner Entscheidung nach Absatz 1 im Rahmen einer Gesamtabwägung ergänzend zu den in § 1 genannten Gesetzeszielen die Repräsentativität der jeweiligen Tarifverträge zu berück-

sichtigen. ₂Bei der Feststellung der Repräsentativität ist vorrangig abzustellen auf

1. die Zahl der von den jeweils tarifgebundenen Arbeitgebern beschäftigten unter den Geltungsbereich des Tarifvertrages fallenden Arbeitnehmer und Arbeitnehmerinnen,
2. die Zahl der jeweils unter den Geltungsbereich des Tarifvertrages fallenden Mitglieder der Gewerkschaft, die den Tarifvertrag geschlossen hat.

(3) Liegen für mehrere Tarifverträge Anträge auf Allgemeinverbindlicherklärung vor, hat der Verordnungsgeber mit besonderer Sorgfalt die von einer Auswahlentscheidung betroffenen Güter von Verfassungsrang abzuwägen und die widerstreitenden Grundrechtsinteressen zu einem schonenden Ausgleich zu bringen.

(4) Vor Erlass der Rechtsverordnung gibt das Bundesministerium für Arbeit und Soziales den in den Geltungsbereich der Rechtsverordnung fallenden Arbeitgebern sowie Arbeitnehmern und Arbeitnehmerinnen, den Parteien des Tarifvertrages sowie in den Fällen des Absatzes 2 den Parteien anderer Tarifverträge und paritätisch besetzten Kommissionen, die auf der Grundlage kirchlichen Rechts Arbeitsbedingungen für den Bereich kirchlicher Arbeitgeber zumindest teilweise im Geltungsbereich der Rechtsverordnung festlegen, Gelegenheit zur schriftlichen Stellungnahme innerhalb von drei Wochen ab dem Tag der Bekanntmachung des Entwurfs der Rechtsverordnung.

(5) ₁Wird in einer Branche nach § 4 Absatz 1 erstmals ein Antrag nach Absatz 1 gestellt, wird nach Ablauf der Frist nach Absatz 4 der Ausschuss nach § 5 Absatz 1 Satz 1 des Tarifvertragsgesetzes (Tarifausschuss) befasst. ₂Stimmen mindestens vier Ausschussmitglieder für den Antrag oder gibt der Tarifausschuss innerhalb von zwei Monaten keine Stellungnahme ab, kann eine Rechtsverordnung nach Absatz 1 erlassen werden. ₃Stimmen zwei oder drei Ausschussmitglieder für den Antrag, kann eine Rechtsverordnung nur von der Bundesregierung erlassen werden. ₄Die Sätze 1 bis 3 gelten nicht für Tarifverträge nach § 4 Absatz 1 Nummer 1 bis 8.

§ 7a Rechtsverordnung für die Fälle des § 4 Absatz 2

(1) Auf gemeinsamen Antrag der Parteien eines Tarifvertrages im Sinne von § 4 Absatz 2 sowie §§ 5 und 6 Absatz 1 kann das Bundesministerium für Arbeit und Soziales durch Rechtsverordnung ohne Zustimmung des Bundesrates bestimmen, dass die Rechtsnormen dieses Tarifvertrages auf alle unter seinen Geltungsbereich fallenden und nicht an ihn gebundenen Arbeitgeber sowie Arbeitnehmer und Arbeitnehmerinnen Anwendung finden, wenn dies im öffentlichen Interesse geboten erscheint, um die in § 1 genannten Gesetzesziele zu erreichen und dabei insbesondere einem Verdrängungswettbewerb über die Lohnkosten entgegenzuwirken.

(2) § 7 Absatz 2 und 3 findet entsprechende Anwendung.

(3) ₁Vor Erlass der Rechtsverordnung gibt das Bundesministerium für Arbeit und Soziales den in den Geltungsbereich der Rechtsverordnung fallenden und den möglicherweise von ihr betroffenen Arbeitgebern sowie Arbeitnehmern und Arbeitnehmerinnen, den Parteien des Tarifvertrages sowie allen am Ausgang des Verfahrens interessierten Gewerkschaften, Vereinigungen der Arbeitgeber und paritätisch besetzten Kommissionen, die auf der Grundlage kirchlichen Rechts Arbeitsbedingungen für den Bereich kirchlicher Arbeitgeber festlegen, Gelegenheit zur schriftlichen Stellungnahme innerhalb von drei Wochen ab dem Tag der Bekanntmachung des Entwurfs der Rechtsverordnung. ₂Die Gelegenheit zur Stellungnahme umfasst insbesondere auch die Frage, inwieweit eine Erstreckung der Rechtsnormen des Tarifvertrages geeignet ist, die in § 1 genannten Gesetzesziele zu erfüllen und dabei insbesondere einem Verdrängungswettbewerb über die Lohnkosten entgegenzuwirken.

(4) ₁Wird ein Antrag nach Absatz 1 gestellt, wird nach Ablauf der Frist nach Absatz 3 der Ausschuss nach § 5 Absatz 1 Satz 1 des Tarifvertragsgesetzes (Tarifausschuss) befasst.

VI

Stimmen mindestens vier Ausschussmitglieder für den Antrag oder gibt der Tarifausschuss innerhalb von zwei Monaten keine Stellungnahme ab, kann eine Rechtsverordnung nach Absatz 1 erlassen werden. 2Stimmen zwei oder drei Ausschussmitglieder für den Antrag, kann eine Rechtsverordnung nur von der Bundesregierung erlassen werden.

§ 8 Pflichten des Arbeitgebers zur Gewährung von Arbeitsbedingungen

(1) 1Arbeitgeber mit Sitz im In- oder Ausland, die unter den Geltungsbereich eines für allgemeinverbindlich erklärten Tarifvertrages nach § 4 Absatz 1 Nummer 1 sowie §§ 5 und 6 Absatz 2 oder einer Rechtsverordnung nach § 7 oder § 7a fallen, sind verpflichtet, ihren Arbeitnehmern und Arbeitnehmerinnen mindestens die in dem Tarifvertrag für den Beschäftigungsort vorgeschriebenen Arbeitsbedingungen zu gewähren sowie einer gemeinsamen Einrichtung der Tarifvertragsparteien die ihr nach § 5 Nr. 3 zustehenden Beiträge zu leisten. 2Satz 1 gilt unabhängig davon, ob die entsprechende Verpflichtung kraft Tarifbindung nach § 3 des Tarifvertragsgesetzes oder kraft Allgemeinverbindlicherklärung nach § 5 des Tarifvertragsgesetzes oder aufgrund einer Rechtsverordnung nach § 7 oder § 7a besteht.

(2) Ein Arbeitgeber ist verpflichtet, einen Tarifvertrag nach § 4 Absatz 1 Nummer 1 sowie §§ 5 und 6 Absatz 2, der durch Allgemeinverbindlicherklärung sowie einen Tarifvertrag nach §§ 4 bis 6, der durch Rechtsverordnung nach § 7 oder § 7a auf nicht an ihn gebundene Arbeitgeber sowie Arbeitnehmer und Arbeitnehmerinnen erstreckt wird, auch dann einzuhalten, wenn er nach § 3 des Tarifvertragsgesetzes oder kraft Allgemeinverbindlicherklärung nach § 5 des Tarifvertragsgesetzes an einen anderen Tarifvertrag gebunden ist.

(3) Wird ein Leiharbeitnehmer oder eine Leiharbeitnehmerin vom Entleiher mit Tätigkeiten beschäftigt, die in den Geltungsbereich eines für allgemeinverbindlich erklärten Tarifvertrages nach § 4 Absatz 1 Nummer 1 sowie §§ 5 und 6 Absatz 2 oder einer Rechtsverordnung nach § 7 oder § 7a fallen, hat der Verleiher zumindest die in diesem Tarifvertrag oder in dieser Rechtsverordnung vorgeschriebenen Arbeitsbedingungen zu gewähren sowie die der gemeinsamen Einrichtung nach diesem Tarifvertrag zustehenden Beiträge zu leisten; dies gilt auch dann, wenn der Betrieb des Entleihers nicht in den fachlichen Geltungsbereich dieses Tarifvertrages oder dieser Rechtsverordnung fällt.

§ 9 Verzicht, Verwirklichung

1Ein Verzicht auf den entstandenen Anspruch auf das Mindestentgelt nach § 8 ist nur durch gerichtlichen Vergleich zulässig; im Übrigen ist ein Verzicht ausgeschlossen. 2Die Verwirkung des Anspruchs der Arbeitnehmer und Arbeitnehmerinnen auf das Mindestentgelt nach § 8 ist ausgeschlossen. 3Ausschlussfristen für die Geltendmachung des Anspruchs können ausschließlich in dem für allgemeinverbindlich erklärten Tarifvertrag nach den §§ 4 bis 6 oder dem der Rechtsverordnung nach § 7 zugrunde liegenden Tarifvertrag geregelt werden; die Frist muss mindestens sechs Monate betragen.

Abschnitt 4
Arbeitsbedingungen in der Pflegebranche

§ 10 Anwendungsbereich

1Dieser Abschnitt findet Anwendung auf die Pflegebranche. 2Diese umfasst Betriebe und selbstständige Betriebsabteilungen, die überwiegend ambulante, teilstationäre oder stationäre Pflegeleistungen oder ambulante Krankenpflegeleistungen für Pflegebedürftige erbringen (Pflegebetriebe). 3Pflegebedürftig ist, wer wegen einer körperlichen, geistigen oder seelischen Krankheit oder Behinderung für die gewöhnlichen und regelmäßig wiederkehrenden Verrichtungen im Ablauf des täglichen Lebens vorübergehend oder auf Dauer der Hilfe bedarf. 4Keine Pflegebetriebe im Sinne des Satzes 2 sind Einrichtungen, in denen die Leistungen zur medizinischen Vorsorge, zur medizinischen Rehabilitation, zur

Teilhabe am Arbeitsleben oder am Leben in der Gemeinschaft, die schulische Ausbildung oder die Erziehung kranker oder behinderter Menschen im Vordergrund des Zweckes der Einrichtung stehen, sowie Krankenhäuser.

§ 11 Rechtsverordnung

(1) Das Bundesministerium für Arbeit und Soziales kann durch Rechtsverordnung ohne Zustimmung des Bundesrates bestimmen, dass die von einer nach § 12 errichteten Kommission vorgeschlagenen Arbeitsbedingungen nach § 5 Nr. 1 und 2 auf alle Arbeitgeber sowie Arbeitnehmer und Arbeitnehmerinnen, die unter den Geltungsbereich einer Empfehlung nach § 12 Abs. 4 fallen, Anwendung finden.

(2) Das Bundesministerium für Arbeit und Soziales hat bei seiner Entscheidung nach Absatz 1 neben den in § 1 genannten Gesetzeszielen die Sicherstellung der Qualität der Pflegeleistung sowie den Auftrag kirchlicher und sonstiger Träger der freien Wohlfahrtspflege nach § 11 Abs. 2 des Elften Buches Sozialgesetzbuch zu berücksichtigen.

(3) Vor Erlass einer Rechtsverordnung gibt das Bundesministerium für Arbeit und Soziales den in den Geltungsbereich der Rechtsverordnung fallenden Arbeitgebern und Arbeitnehmern und Arbeitnehmerinnen sowie den Parteien von Tarifverträgen, die zumindest teilweise in den fachlichen Geltungsbereich der Rechtsverordnung fallen, und paritätisch besetzten Kommissionen, die auf der Grundlage kirchlichen Rechts Arbeitsbedingungen für den Bereich kirchlicher Arbeitgeber in der Pflegebranche festlegen, Gelegenheit zur schriftlichen Stellungnahme innerhalb von drei Wochen ab dem Tag der Bekanntmachung des Entwurfs der Rechtsverordnung.

§ 12 Kommission

(1) $_1$Das Bundesministerium für Arbeit und Soziales errichtet eine Kommission zur Erarbeitung von Arbeitsbedingungen oder deren Änderung. $_2$Die Errichtung erfolgt im Einzelfall auf Antrag einer Tarifvertragspartei aus der Pflegebranche oder der Dienstgeberseite oder der Dienstnehmerseite von paritätisch besetzten Kommissionen, die auf der Grundlage kirchlichen Rechts Arbeitsbedingungen für den Bereich kirchlicher Arbeitgeber in der Pflegebranche festlegen.

(2) $_1$Die Kommission besteht aus acht Mitgliedern. $_2$Das Bundesministerium für Arbeit und Soziales benennt je zwei geeignete Personen sowie jeweils einen Stellvertreter aufgrund von Vorschlägen

1. der Gewerkschaften, die in der Pflegebranche tarifzuständig sind,
2. der Vereinigungen der Arbeitgeber in der Pflegebranche,
3. der Dienstnehmerseite der in Absatz 1 genannten paritätisch besetzten Kommissionen sowie
4. der Dienstgeberseite der in Absatz 1 genannten paritätisch besetzten Kommissionen.

(3) $_1$Die Sitzungen der Kommission werden von einem oder einer nicht stimmberechtigten Beauftragten des Bundesministeriums für Arbeit und Soziales geleitet. $_2$Die Kommission kann sich eine Geschäftsordnung geben.

(4) $_1$Die Kommission beschließt unter Berücksichtigung der in den §§ 1 und 11 Abs. 2 genannten Ziele Empfehlungen zur Festsetzung von Arbeitsbedingungen nach § 5 Nr. 1 und 2. $_2$Sie kann eine Ausschlussfrist empfehlen, die den Anforderungen des § 9 Satz 3 entspricht. $_3$Empfehlungen sind schriftlich zu begründen.

(5) $_1$Die Kommission ist beschlussfähig, wenn alle Mitglieder anwesend oder vertreten sind. $_2$Ein Beschluss der Kommission bedarf jeweils einer Mehrheit von drei Vierteln der Mitglieder

1. der Gruppe der Mitglieder nach Absatz 2 Nr. 1 und 2,
2. der Gruppe der Mitglieder nach Absatz 2 Nr. 3 und 4,
3. der Gruppe der Mitglieder nach Absatz 2 Nr. 1 und 3 sowie
4. der Gruppe der Mitglieder nach Absatz 2 Nr. 2 und 4.

$_{3}$Die Sitzungen der Kommission sind nicht öffentlich; der Inhalt ihrer Beratungen ist vertraulich.

(6) Mit Beschlussfassung über Empfehlungen nach Absatz 4 wird die Kommission aufgelöst.

§ 13 Rechtsfolgen

Eine Rechtsverordnung nach § 11 steht für die Anwendung der §§ 8 und 9 sowie der Abschnitte 5 und 6 einer Rechtsverordnung nach § 7 gleich.

Abschnitt 4a
Arbeitsbedingungen im Gewerbe des grenzüberschreitenden Straßentransports von Euro-Bargeld

§ 13a Gleichstellung

Die Verordnung (EU) Nr. 1214/2011 des Europäischen Parlaments und des Rates vom 16. November 2011 über den gewerbsmäßig grenzüberschreitenden Straßentransport von Euro-Bargeld zwischen den Mitgliedstaaten des Euroraums (ABl. L 316 vom 29. 11. 2011, S. 1) steht für die Anwendung der §§ 8 und 9 sowie der Abschnitte 5 und 6 einer Rechtsverordnung nach § 7 gleich.

Abschnitt 5
Zivilrechtliche Durchsetzung

§ 14 Haftung des Auftraggebers

$_{1}$Ein Unternehmer, der einen anderen Unternehmer mit der Erbringung von Werk- oder Dienstleistungen beauftragt, haftet für die Verpflichtungen dieses Unternehmers, eines Nachunternehmers oder eines von dem Unternehmer oder einem Nachunternehmer beauftragten Verleihers zur Zahlung des Mindestentgelts an Arbeitnehmer oder Arbeitnehmerinnen oder zur Zahlung von Beiträgen an eine gemeinsame Einrichtung der Tarifvertragsparteien nach § 8 wie ein Bürge, der auf die Einrede der Vorausklage verzichtet hat. $_{2}$Das Mindestentgelt im Sinne des Satzes 1 umfasst nur den Betrag, der nach Abzug der Steuern und der Beiträge zur Sozialversicherung und zur Arbeitsförderung oder entsprechender Aufwendungen zur sozialen Sicherung an Arbeitnehmer oder Arbeitnehmerinnen auszuzahlen ist (Nettoentgelt).

§ 15 Gerichtsstand

$_{1}$Arbeitnehmer und Arbeitnehmerinnen, die in den Geltungsbereich dieses Gesetzes entsandt sind oder waren, können eine auf den Zeitraum der Entsendung bezogene Klage auf Erfüllung der Verpflichtungen nach den §§ 2, 8 oder 14 auch vor einem deutschen Gericht für Arbeitssachen erheben. $_{2}$Diese Klagemöglichkeit besteht auch für eine gemeinsame Einrichtung der Tarifvertragsparteien nach § 5 Nr. 3 in Bezug auf die ihr zustehenden Beiträge.

Abschnitt 6
Kontrolle und Durchsetzung durch staatliche Behörden

§ 16 Zuständigkeit

Für die Prüfung der Einhaltung der Pflichten eines Arbeitgebers nach § 8, soweit sie sich auf die Gewährung von Arbeitsbedingungen nach § 5 Satz 1 Nummer 1 bis 4 beziehen, sind die Behörden der Zollverwaltung zuständig.

§ 17 Befugnisse der Behörden der Zollverwaltung und anderer Behörden

$_{1}$Die §§ 2 bis 6, 14, 15, 20, 22 und 23 des Schwarzarbeitsbekämpfungsgesetzes sind entsprechend anzuwenden mit der Maßgabe, dass

1. die dort genannten Behörden auch Einsicht in Arbeitsverträge, Niederschriften nach § 2 des Nachweisgesetzes und andere Geschäftsunterlagen nehmen können, die mittelbar oder unmittelbar Auskunft über die Einhaltung der Arbeitsbedingungen nach § 8 geben,
2. die nach § 5 Abs. 1 des Schwarzarbeitsbekämpfungsgesetzes zur Mitwirkung Verpflichteten diese Unterlagen vorzulegen haben, und

3. die Behörden der Zollverwaltung zur Prüfung von Arbeitsbedingungen nach § 5 Satz 1 Nummer 4 befugt sind, bei einer dringenden Gefahr für die öffentliche Sicherheit und Ordnung die vom Arbeitgeber zur Verfügung gestellten Unterkünfte für Arbeitnehmer und Arbeitnehmerinnen zu jeder Tages- und Nachtzeit zu betreten.

$_2$Die §§ 16 bis 19 des Schwarzarbeitsbekämpfungsgesetzes finden Anwendung. $_3$§ 6 Absatz 4 des Schwarzarbeitsbekämpfungsgesetzes findet entsprechende Anwendung. $_4$Für die Datenverarbeitung, die dem in § 16 genannten Zweck oder der Zusammenarbeit mit den Behörden des Europäischen Wirtschaftsraums nach § 20 Abs. 2 dient, findet § 67 Abs. 2 Nr. 4 des Zehnten Buches Sozialgesetzbuch keine Anwendung. $_5$Das Grundrecht der Unverletzlichkeit der Wohnung (Artikel 13 des Grundgesetzes) wird durch Satz 1 Nummer 3 eingeschränkt.

Satz 1 Nr. 3 und Satz 5 treten für Arbeitgeber mit Sitz im Ausland erst am 30. Juli 2020 in Kraft.

§ 18 Meldepflicht

(1) $_1$Soweit die Rechtsnormen eines für allgemeinverbindlich erklärten Tarifvertrages nach § 4 Absatz 1 Nummer 1, § 5 Satz 1 Nummer 1 bis 4 und § 6 Absatz 2 oder einer Rechtsverordnung nach § 7 oder § 7a soweit sie Arbeitsbedingungen nach § 5 Satz 1 Nummer 1 bis 3 vorschreibt, auf das Arbeitsverhältnis Anwendung finden, ist ein Arbeitgeber mit Sitz im Ausland, der einen Arbeitnehmer oder eine Arbeitnehmerin oder mehrere Arbeitnehmer oder Arbeitnehmerinnen innerhalb des Geltungsbereichs dieses Gesetzes beschäftigt, verpflichtet, vor Beginn jeder Werk- oder Dienstleistung eine schriftliche Anmeldung in deutscher Sprache bei der zuständigen Behörde der Zollverwaltung vorzulegen, die die für die Prüfung wesentlichen Angaben enthält. $_2$Wesentlich sind die Angaben über

1. Familienname, Vornamen und Geburtsdatum der von ihm im Geltungsbereich dieses Gesetzes beschäftigten Arbeitnehmer und Arbeitnehmerinnen,
2. Beginn und voraussichtliche Dauer der Beschäftigung,
3. Ort der Beschäftigung, bei Bauleistungen die Baustelle,
4. Ort im Inland, an dem die nach § 19 erforderlichen Unterlagen bereitgehalten werden,
5. Familienname, Vornamen, Geburtsdatum und Anschrift in Deutschland des oder der verantwortlich Handelnden,
6. Branche, in die die Arbeitnehmer und Arbeitnehmerinnen entsandt werden sollen, und
7. Familienname, Vornamen und Anschrift in Deutschland eines oder einer Zustellungsbevollmächtigten, soweit dieser oder diese nicht mit dem oder der in Nummer 5 genannten verantwortlich Handelnden identisch ist.

$_3$Änderungen bezüglich dieser Angaben hat der Arbeitgeber im Sinne des Satzes 1 unverzüglich zu melden.

(2) Der Arbeitgeber hat der Anmeldung eine Versicherung beizufügen, dass er seine Verpflichtungen nach § 8 einhält.

(3) $_1$Überlässt ein Verleiher mit Sitz im Ausland einen Arbeitnehmer oder eine Arbeitnehmerin oder mehrere Arbeitnehmer oder Arbeitnehmerinnen zur Arbeitsleistung einem Entleiher, hat der Entleiher unter den Voraussetzungen des Absatzes 1 Satz 1 vor Beginn jeder Werk- oder Dienstleistung der zuständigen Behörde der Zollverwaltung eine schriftliche Anmeldung in deutscher Sprache mit folgenden Angaben zuzuleiten:

1. Familienname, Vornamen und Geburtsdatum der überlassenen Arbeitnehmer und Arbeitnehmerinnen,
2. Beginn und Dauer der Überlassung,
3. Ort der Beschäftigung, bei Bauleistungen die Baustelle,
4. Ort im Inland, an dem die nach § 19 erforderlichen Unterlagen bereitgehalten werden,
5. Familienname, Vornamen und Anschrift in Deutschland eines oder einer Zustellungsbevollmächtigten des Verleihers,

6. Branche, in die die Arbeitnehmer und Arbeitnehmerinnen entsandt werden sollen, und
7. Familienname, Vornamen oder Firma sowie Anschrift des Verleihers.

$_{2}$Absatz 1 Satz 3 gilt entsprechend.

(4) Der Entleiher hat der Anmeldung eine Versicherung des Verleihers beizufügen, dass dieser seine Verpflichtungen nach § 8 einhält.

(5) Das Bundesministerium der Finanzen kann durch Rechtsverordnung im Einvernehmen mit dem Bundesministerium für Arbeit und Soziales ohne Zustimmung des Bundesrates bestimmen,

1. dass, auf welche Weise und unter welchen technischen und organisatorischen Voraussetzungen eine Anmeldung, Änderungsmeldung und Versicherung abweichend von Absatz 1 Satz 1 und 3, Absatz 2 und 3 Satz 1 und 2 und Absatz 4 elektronisch übermittelt werden kann,
2. unter welchen Voraussetzungen eine Änderungsmeldung ausnahmsweise entfallen kann, und
3. wie das Meldeverfahren vereinfacht oder abgewandelt werden kann, sofern die entsandten Arbeitnehmer und Arbeitnehmerinnen im Rahmen einer regelmäßig wiederkehrenden Werk- oder Dienstleistung eingesetzt werden oder sonstige Besonderheiten der zu erbringenden Werk- oder Dienstleistungen dies erfordern.

(6) Das Bundesministerium der Finanzen kann durch Rechtsverordnung ohne Zustimmung des Bundesrates die zuständige Behörde nach Absatz 1 Satz 1 und Absatz 3 Satz 1 bestimmen.

§ 19 Erstellen und Bereithalten von Dokumenten

(1) $_{1}$Soweit die Rechtsnormen eines für allgemeinverbindlich erklärten Tarifvertrages nach § 4 Absatz 1 Nummer 1, § 5 Satz 1 Nummer 1 bis 4 und § 6 Absatz 2 oder einer entsprechenden Rechtsverordnung nach § 7 oder § 7a über die Zahlung eines Mindestentgelts oder die Einziehung von Beiträgen und die Gewährung von Leistungen im Zusammenhang mit Urlaubsansprüchen auf das Arbeitsverhältnis Anwendung finden, ist der Arbeitgeber verpflichtet, Beginn, Ende und Dauer der täglichen Arbeitszeit der Arbeitnehmer und Arbeitnehmerinnen spätestens bis zum Ablauf des siebten auf den Tag der Arbeitsleistung folgenden Kalendertages aufzuzeichnen und diese Aufzeichnungen mindestens zwei Jahre beginnend ab dem für die Aufzeichnung maßgeblichen Zeitpunkt aufzubewahren. $_{2}$Satz 1 gilt entsprechend für einen Entleiher, dem ein Verleiher einen Arbeitnehmer oder eine Arbeitnehmerin oder mehrere Arbeitnehmer oder Arbeitnehmerinnen zur Arbeitsleistung überlässt.

(2) $_{1}$Jeder Arbeitgeber ist verpflichtet, die für die Kontrolle der Einhaltung eines für allgemeinverbindlich erklärten Tarifvertrages nach § 4 Absatz 1 Nummer 1, § 5 Satz 1 Nummer 1 bis 4 und § 6 Absatz 2 oder einer entsprechenden Rechtsverordnung nach § 7 oder § 7a erforderlichen Unterlagen im Inland für die gesamte Dauer der tatsächlichen Beschäftigung der Arbeitnehmer und Arbeitnehmerinnen im Geltungsbereich dieses Gesetzes, mindestens für die Dauer der gesamten Werk- oder Dienstleistung, insgesamt jedoch nicht länger als zwei Jahre in deutscher Sprache bereitzuhalten. $_{2}$Auf Verlangen der Prüfbehörde sind die Unterlagen auch am Ort der Beschäftigung bereitzuhalten, bei Bauleistungen auf der Baustelle.

(3) Das Bundesministerium für Arbeit und Soziales kann durch Rechtsverordnung ohne Zustimmung des Bundesrates die Verpflichtungen des Arbeitgebers oder eines Entleihers nach § 18 und den Absätzen 1 und 2 hinsichtlich einzelner Branchen oder Gruppen von Arbeitnehmern und Arbeitnehmerinnen einschränken.

(4) Das Bundesministerium der Finanzen kann durch Rechtsverordnung im Einvernehmen mit dem Bundesministerium für Arbeit und Soziales ohne Zustimmung des Bundesrates bestimmen, wie die Verpflichtung des Arbeitgebers, die tägliche Arbeitszeit bei ihm beschäftigter Arbeitnehmer und Arbeitnehmerinnen aufzuzeichnen und diese Aufzeichnungen aufzubewahren, vereinfacht oder ab-

gewandelt werden kann, sofern Besonderheiten der zu erbringenden Werk- oder Dienstleistungen oder Besonderheiten der Branche dies erfordern.

§ 20 Zusammenarbeit der in- und ausländischen Behörden

(1) Die Behörden der Zollverwaltung unterrichten die zuständigen örtlichen Landesfinanzbehörden über Meldungen nach § 18 Abs. 1 und 3.

(2) $_{1}$Die Behörden der Zollverwaltung und die übrigen in § 2 des Schwarzarbeitsbekämpfungsgesetzes genannten Behörden dürfen nach Maßgabe der datenschutzrechtlichen Vorschriften auch mit Behörden anderer Vertragsstaaten des Abkommens über den Europäischen Wirtschaftsraum zusammenarbeiten, die diesem Gesetz entsprechende Aufgaben durchführen oder für die Bekämpfung illegaler Beschäftigung zuständig sind oder Auskünfte geben können, ob ein Arbeitgeber seine Verpflichtungen nach § 8 erfüllt. $_{2}$Die Regelungen über die internationale Rechtshilfe in Strafsachen bleiben hiervon unberührt.

(3) Die Behörden der Zollverwaltung unterrichten das Gewerbezentralregister über rechtskräftige Bußgeldentscheidungen nach § 23 Abs. 1 bis 3, sofern die Geldbuße mehr als zweihundert Euro beträgt.

§ 21 Ausschluss von der Vergabe öffentlicher Aufträge

(1) $_{1}$Von der Teilnahme an einem Wettbewerb um einen Liefer-, Bau- oder Dienstleistungsauftrag der in den §§ 99 und 100 des Gesetzes gegen Wettbewerbsbeschränkungen genannten Auftraggeber sollen Bewerber oder Bewerberinnen für eine angemessene Zeit bis zur nachgewiesenen Wiederherstellung ihrer Zuverlässigkeit ausgeschlossen werden, die wegen eines Verstoßes nach § 23 mit einer Geldbuße von wenigstens zweitausendfünfhundert Euro belegt worden sind. $_{2}$Das Gleiche gilt auch schon vor Durchführung eines Bußgeldverfahrens, wenn im Einzelfall angesichts der Beweislage kein vernünftiger Zweifel an einer schwerwiegenden Verfehlung im Sinne des Satzes 1 besteht.

(2) Die für die Verfolgung oder Ahndung der Ordnungswidrigkeiten nach § 23 zuständigen Behörden dürfen öffentlichen Auftraggebern nach § 99 des Gesetzes gegen Wettbewerbsbeschränkungen und solchen Stellen, die von öffentlichen Auftraggebern zugelassene Präqualifikationsverzeichnisse oder Unternehmer- und Lieferantenverzeichnisse führen, auf Verlangen die erforderlichen Auskünfte geben.

(3) $_{1}$Öffentliche Auftraggeber nach Absatz 2 fordern im Rahmen ihrer Tätigkeit beim Gewerbezentralregister Auskünfte über rechtskräftige Bußgeldentscheidungen wegen einer Ordnungswidrigkeit nach § 23 Abs. 1 oder 2 an oder verlangen von Bewerbern oder Bewerberinnen eine Erklärung, dass die Voraussetzungen für einen Ausschluss nach Absatz 1 nicht vorliegen. $_{2}$Im Falle einer Erklärung des Bewerbers oder der Bewerberin können öffentliche Auftraggeber nach Absatz 2 jederzeit zusätzlich Auskünfte des Gewerbezentralregisters nach § 150a der Gewerbeordnung anfordern.

(4) Bei Aufträgen ab einer Höhe von 30 000 Euro fordert der öffentliche Auftraggeber nach Absatz 2 für den Bewerber oder die Bewerberin, der oder die den Zuschlag erhalten soll, vor der Zuschlagserteilung eine Auskunft aus dem Gewerbezentralregister nach § 150a der Gewerbeordnung an.

(5) Vor der Entscheidung über den Ausschluss ist der Bewerber oder die Bewerberin zu hören.

§ 22 (weggefallen)

§ 23 Bußgeldvorschriften

(1) Ordnungswidrig handelt, wer vorsätzlich oder fahrlässig

1. entgegen § 8 Abs. 1 Satz 1 oder Abs. 3, eine dort genannte Arbeitsbedingung nicht oder nicht rechtzeitig gewährt oder einen Beitrag nicht oder nicht rechtzeitig leistet,
2. entgegen § 17 Satz 1 in Verbindung mit § 5 Abs. 1 Satz 1 Nummer 1 oder 3 des Schwarzarbeitsbekämpfungsgesetzes

eine Prüfung nicht duldet oder bei einer Prüfung nicht mitwirkt,

3. entgegen § 17 Satz 1 in Verbindung mit § 5 Abs. 1 Satz 1 Nummer 2 des Schwarzarbeitsbekämpfungsgesetzes das Betreten eines Grundstücks oder Geschäftsraums nicht duldet,
4. entgegen § 17 Satz 1 in Verbindung mit § 5 Absatz 5 Satz 1 des Schwarzarbeitsbekämpfungsgesetzes Daten nicht, nicht richtig, nicht vollständig, nicht in der vorgeschriebenen Weise oder nicht rechtzeitig übermittelt,
5. entgegen § 18 Abs. 1 Satz 1 oder Abs. 3 Satz 1 eine Anmeldung nicht, nicht richtig, nicht vollständig, nicht in der vorgeschriebenen Weise oder nicht rechtzeitig vorlegt oder nicht, nicht richtig, nicht vollständig, nicht in der vorgeschriebenen Weise oder nicht rechtzeitig zuleitet,
6. entgegen § 18 Abs. 1 Satz 3, auch in Verbindung mit Absatz 3 Satz 2, eine Änderungsmeldung nicht, nicht richtig, nicht vollständig, nicht in der vorgeschriebenen Weise oder nicht rechtzeitig macht,
7. entgegen § 18 Abs. 2 oder 4 eine Versicherung nicht, nicht richtig oder nicht rechtzeitig beifügt,
8. entgegen § 19 Absatz 1 Satz 1, auch in Verbindung mit Satz 2, eine Aufzeichnung nicht, nicht richtig, nicht vollständig oder nicht rechtzeitig erstellt oder nicht oder nicht mindestens zwei Jahre aufbewahrt oder
9. entgegen § 19 Abs. 2 eine Unterlage nicht, nicht richtig, nicht vollständig oder nicht in der vorgeschriebenen Weise bereithält.

(2) Ordnungswidrig handelt, wer Werk- oder Dienstleistungen in erheblichem Umfang ausführen lässt, indem er als Unternehmer einen anderen Unternehmer beauftragt, von dem er weiß oder fahrlässig nicht weiß, dass dieser bei der Erfüllung dieses Auftrags

1. entgegen § 8 Abs. 1 Satz 1 oder Abs. 3, eine dort genannte Arbeitsbedingung nicht gewährt oder einen Beitrag nicht oder nicht rechtzeitig leistet oder
2. einen Nachunternehmer einsetzt oder zulässt, dass ein Nachunternehmer tätig wird, der entgegen § 8 Abs. 1 Satz 1 oder Abs. 3, eine dort genannte Arbeitsbedingung nicht gewährt oder einen Beitrag nicht oder nicht rechtzeitig leistet.

(3) Die Ordnungswidrigkeit kann in den Fällen des Absatzes 1 Nr. 1 und des Absatzes 2 mit einer Geldbuße bis zu fünfhunderttausend Euro, in den übrigen Fällen mit einer Geldbuße bis zu dreißigtausend Euro geahndet werden.

(4) Verwaltungsbehörden im Sinne des § 36 Abs. 1 Nr. 1 des Gesetzes über Ordnungswidrigkeiten sind die in § 16 genannten Behörden jeweils für ihren Geschäftsbereich.

(5) Für die Vollstreckung zugunsten der Behörden des Bundes und der bundesunmittelbaren juristischen Personen des öffentlichen Rechts sowie für die Vollziehung des Vermögensarrestes nach § 111e der Strafprozessordnung in Verbindung mit § 46 des Gesetzes über Ordnungswidrigkeiten durch die in § 16 genannten Behörden gilt das Verwaltungs-Vollstreckungsgesetz des Bundes.

Abschnitt 7
Schlussvorschriften

§ 24 Evaluation

Die nach § 7 festgesetzten Mindestentgeltsätze sind im Hinblick auf ihre Beschäftigungswirkungen, insbesondere auf sozialversicherungspflichtige Beschäftigung sowie die Schaffung angemessener Mindestarbeitsbedingungen, fünf Jahre nach Inkrafttreten des Gesetzes zu überprüfen.

§ 25 Inkrafttreten, Außerkrafttreten

$_1$Dieses Gesetz tritt am Tag nach der Verkündung in Kraft. $_2$Gleichzeitig tritt das Arbeitnehmer-Entsendegesetz vom 26. Februar 1996 (BGBl. I S. 227), zuletzt geändert durch das Gesetz vom 21. Dezember 2007 (BGBl. I S. 3140), außer Kraft.

Gesetz über die Feststellung der Gleichwertigkeit von Berufsqualifikationen (Berufsqualifikationsfeststellungsgesetz – BQFG)

Vom 6. Dezember 2011 (BGBl. I S. 2515)

Zuletzt geändert durch
Fachkräfteeinwanderungsgesetz
vom 15. August 2019 (BGBl. I S. 1307)[1])

Inhaltsübersicht

VI

1) Die Änderungen in den §§ 5, 6, 12, 14a (neu), 19 gelten ab dem 01.03.2020.

Teil 1
Allgemeiner Teil

§ 1 Zweck des Gesetzes

Dieses Gesetz dient der besseren Nutzung von im Ausland erworbenen Berufsqualifikationen für den deutschen Arbeitsmarkt, um eine qualifikationsnahe Beschäftigung zu ermöglichen.

§ 2 Anwendungsbereich

(1) Dieses Gesetz gilt für die Feststellung der Gleichwertigkeit im Ausland erworbener Ausbildungsnachweise, unter Berücksichtigung sonstiger nachgewiesener Berufsqualifikationen, und inländischer Ausbildungsnachweise für bundesrechtlich geregelte Berufe, sofern die entsprechenden berufsrechtlichen Regelungen nicht etwas anderes bestimmen. § 10 des Bundesvertriebenengesetzes bleibt unberührt.

(2) Dieses Gesetz ist auf alle Personen anwendbar, die im Ausland einen Ausbildungsnachweis erworben haben und darlegen, im Inland eine ihren Berufsqualifikationen entsprechende Erwerbstätigkeit ausüben zu wollen.

§ 3 Begriffsbestimmungen

(1) Berufsqualifikationen sind Qualifikationen, die durch Ausbildungsnachweise, Befähigungsnachweise oder einschlägige, im Ausland oder Inland erworbene Berufserfahrung nachgewiesen werden.

(2) Ausbildungsnachweise sind Prüfungszeugnisse und Befähigungsnachweise, die von verantwortlichen Stellen für den Abschluss einer erfolgreich absolvierten Berufsbildung ausgestellt werden.

(3) Berufsbildung im Sinne dieses Gesetzes ist eine durch Rechts- oder Verwaltungsvorschriften geregelte Berufsausbildung oder berufliche Fortbildung. Eine Berufsausbildung vermittelt die zur Ausübung einer qualifizierten beruflichen Tätigkeit erforderliche berufliche Handlungsfähigkeit. Sie findet in einem geordneten Ausbildungsgang statt, der auch den Erwerb der erforderlichen Berufserfahrungen umfassen kann. Die berufliche Fortbildung erweitert die berufliche Handlungsfähigkeit über die Berufsausbildung hinaus.

(4) Bundesrechtlich geregelte Berufe umfassen nicht reglementierte Berufe und reglementierte Berufe.

(5) Reglementierte Berufe sind berufliche Tätigkeiten, deren Aufnahme oder Ausübung durch Rechts- oder Verwaltungsvorschriften an den Besitz bestimmter Berufsqualifikationen gebunden ist; eine Art der Ausübung ist insbesondere die Führung einer Berufsbezeichnung, die durch Rechts- oder Verwaltungsvorschriften auf Personen beschränkt ist, die über bestimmte Berufsqualifikationen verfügen.

Teil 2
Feststellung der Gleichwertigkeit

Kapitel 1
Nicht reglementierte Berufe

§ 4 Feststellung der Gleichwertigkeit

(1) Die zuständige Stelle stellt auf Antrag die Gleichwertigkeit fest, sofern

1. der im Ausland erworbene Ausbildungsnachweis die Befähigung zu vergleichbaren beruflichen Tätigkeiten wie der entsprechende inländische Ausbildungsnachweis belegt und
2. zwischen den nachgewiesenen Berufsqualifikationen und der entsprechenden inländischen Berufsbildung keine wesentlichen Unterschiede bestehen.

(2) Wesentliche Unterschiede zwischen den nachgewiesenen Berufsqualifikationen und der entsprechenden inländischen Berufsbildung liegen vor, sofern

1. sich der im Ausland erworbene Ausbildungsnachweis auf Fertigkeiten, Kenntnisse und Fähigkeiten bezieht, die sich hinsichtlich der vermittelten Inhalte oder auf Grund der Ausbildungsdauer wesentlich von den Fertigkeiten, Kenntnissen und Fähigkeiten unterscheiden, auf die sich der entsprechende inländische Ausbildungsnachweis bezieht,
2. die nach Nummer 1 abweichenden Fertigkeiten, Kenntnisse und Fähigkeiten für die

Ausübung des jeweiligen Berufs wesentlich sind und

3. die Antragstellerin oder der Antragsteller diese Unterschiede nicht durch sonstige Befähigungsnachweise, nachgewiesene einschlägige Berufserfahrung oder sonstige nachgewiesene einschlägige Qualifikationen ausgeglichen hat.

§ 5 Vorzulegende Unterlagen

(1) Dem Antrag sind folgende Unterlagen beizufügen:

1. eine tabellarische Aufstellung der absolvierten Ausbildungsgänge und der ausgeübten Erwerbstätigkeiten in deutscher Sprache,
2. ein Identitätsnachweis,
3. im Ausland erworbene Ausbildungsnachweise,
4. Nachweise über einschlägige Berufserfahrung oder sonstige Befähigungsnachweise, sofern diese zur Feststellung der Gleichwertigkeit erforderlich sind, und
5. eine Erklärung, dass bisher noch kein Antrag auf Feststellung der Gleichwertigkeit gestellt wurde.

(2) Die Unterlagen nach Absatz 1 Nummer 2 bis 4 sind der zuständigen Stelle in Form von Kopien vorzulegen oder elektronisch zu übermitteln. Von den Unterlagen nach Absatz 1 Nummer 3 und 4 sind Übersetzungen in deutscher Sprache vorzulegen. Darüber hinaus kann die zuständige Stelle von den Unterlagen nach Absatz 1 Nummer 2 und allen nachgereichten Unterlagen Übersetzungen in deutscher Sprache verlangen. Die Übersetzungen sind von einem öffentlich bestellten oder beeidigten Dolmetscher oder Übersetzer erstellen zu lassen.

(3) Die zuständige Stelle kann abweichend von Absatz 2 eine andere Form für die vorzulegenden Dokumente zulassen.

(4) Die zuständige Stelle kann die Antragstellerin oder den Antragsteller auffordern, innerhalb einer angemessenen Frist Informationen zu Inhalt und Dauer der im Ausland absolvierten Berufsbildung sowie zu sonstigen Berufsqualifikationen vorzulegen, soweit dies zur Feststellung der Gleichwertigkeit erforderlich ist.

(5) Bestehen begründete Zweifel an der Echtheit oder der inhaltlichen Richtigkeit der vorgelegten Unterlagen, kann die zuständige Stelle die Antragstellerin oder den Antragsteller auffordern, innerhalb einer angemessenen Frist Originale, beglaubigte Kopien oder weitere geeignete Unterlagen vorzulegen.

(6) Die Antragstellerin oder der Antragsteller hat durch geeignete Unterlagen darzulegen, im Inland eine der Berufsqualifikationen entsprechende Erwerbstätigkeit ausüben zu wollen. Geeignete Unterlagen können beispielsweise der Nachweis der Beantragung eines Einreisevisums zur Erwerbstätigkeit, der Nachweis einer Kontaktaufnahme mit potenziellen Arbeitgebern oder ein Geschäftskonzept sein. Für Antragstellerinnen oder Antragsteller mit Wohnsitz in einem Mitgliedstaat der Europäischen Union, einem weiteren Vertragsstaat des Abkommens über den Europäischen Wirtschaftsraum oder in der Schweiz sowie für Staatsangehörige dieser Staaten ist diese Darlegung entbehrlich, sofern keine besonderen Gründe gegen eine entsprechende Absicht sprechen.

§ 6 Verfahren

(1) Antragsberechtigt ist jede Person, die im Ausland einen Ausbildungsnachweis im Sinne des § 3 Absatz 2 erworben hat. Der Antrag ist bei der zuständigen Stelle zu stellen.

(2) Die zuständige Stelle bestätigt der Antragstellerin oder dem Antragsteller innerhalb eines Monats den Eingang des Antrags einschließlich der nach § 5 Absatz 1 vorzulegenden Unterlagen. In der Empfangsbestätigung ist das Datum des Eingangs bei der zuständigen Stelle mitzuteilen und auf die Frist nach Absatz 3 und die Voraussetzungen für den Beginn des Fristlaufs hinzuweisen. Sind die nach § 5 Absatz 1 vorzulegenden Unterlagen unvollständig, teilt die zuständige Stelle innerhalb der Frist des Satzes 1 mit, welche Unterlagen nachzureichen sind. Die Mitteilung enthält den Hinweis, dass der Lauf der Frist nach Absatz 3 erst mit Eingang der vollständigen Unterlagen beginnt.

(3) Die zuständige Stelle muss innerhalb von drei Monaten über die Gleichwertigkeit entscheiden. Die Frist beginnt mit Eingang der vollständigen Unterlagen. Sie kann einmal angemessen verlängert werden, wenn dies wegen der Besonderheiten der Angelegenheit gerechtfertigt ist. Die Fristverlängerung ist zu begründen und rechtzeitig mitzuteilen.

(3a) Das Verfahren nach diesem Kapitel kann über eine einheitliche Stelle nach den Vorschriften des Verwaltungsverfahrensgesetzes abgewickelt werden.

(4) Im Fall des § 5 Absatz 4 und 5 ist der Lauf der Frist nach Absatz 3 bis zum Ablauf der von der zuständigen Stelle festgelegten Frist gehemmt. Im Fall des § 14 ist der Lauf der Frist nach Absatz 3 bis zur Beendigung des sonstigen geeigneten Verfahrens gehemmt.

(5) Der Antrag soll abgelehnt werden, wenn die Gleichwertigkeit im Rahmen anderer Verfahren oder durch Rechtsvorschrift bereits festgestellt ist.

§ 7 Form der Entscheidung

(1) Die Entscheidung über den Antrag nach § 4 Absatz 1 ergeht durch schriftlichen oder elektronischen Bescheid.

(2) Ist der Antrag abzulehnen, weil die Feststellung der Gleichwertigkeit wegen wesentlicher Unterschiede im Sinne des § 4 Absatz 2 nicht erfolgen kann, sind in der Begründung auch die vorhandenen Berufsqualifikationen der Antragstellerin oder des Antragstellers sowie die wesentlichen Unterschiede zwischen den vorhandenen Berufsqualifikationen und der entsprechenden inländischen Berufsbildung darzulegen.

(3) Dem Bescheid ist eine Rechtsbehelfsbelehrung beizufügen.

§ 8 Zuständige Stelle

(1) Zuständige Stelle im Sinne dieses Kapitels bei einer Berufsbildung,

1. die nach dem Berufsbildungsgesetz für den Bereich der nichthandwerklichen Gewerbeberufe geregelt ist, ist die Industrie- und Handelskammer;
2. die nach der Handwerksordnung geregelt ist, ist die Handwerkskammer;
3. die nach dem Berufsbildungsgesetz für den Bereich der Landwirtschaft geregelt ist, ist die Landwirtschaftskammer;
4. die nach dem Berufsbildungsgesetz für den Bereich der Rechtspflege geregelt ist, sind jeweils für ihren Bereich die Rechtsanwalts-, Patentanwalts- und die Notarkammern;
5. die nach dem Berufsbildungsgesetz für den Bereich der Wirtschaftsprüfung und Steuerberatung geregelt ist, sind jeweils für ihren Bereich die Wirtschaftsprüfer- und die Steuerberaterkammern;
6. die nach dem Berufsbildungsgesetz für den Bereich der Gesundheitsdienstberufe geregelt ist, sind jeweils für ihren Bereich die Ärzte-, Zahnärzte-, Tierärzte- und die Apothekerkammern.

(2) Soweit keine Kammern für einzelne Berufsbereiche des Absatzes 1 bestehen, bestimmt das Land die zuständige Stelle.

(3) Für Berufe des öffentlichen Dienstes des Bundes bestimmt die oberste Bundesbehörde die zuständige Stelle.

(4) Für die in den Absätzen 1 bis 3 nicht genannten Berufsbereiche bestimmt das Land die zuständige Stelle. Die Landesregierungen werden insoweit ermächtigt, die nach diesem Kapitel vorgesehenen Aufgaben durch Rechtsverordnung auf Behörden oder Kammern zu übertragen.

(5) Zuständige Stellen nach Absatz 1 Nummer 2 bis 6 und Absatz 2 können vereinbaren, dass die ihnen durch dieses Gesetz übertragenen Aufgaben von einer anderen zuständigen Stelle nach den Absätzen 1 und 2 wahrgenommen werden. Die Vereinbarung bedarf der Genehmigung der jeweils zuständigen Aufsichtsbehörden.

Kapitel 2
Reglementierte Berufe

§ 9 Voraussetzungen der Gleichwertigkeit

(1) Bei der Entscheidung über die Befugnis zur Aufnahme oder Ausübung eines im Inland reglementierten Berufs gilt der im Ausland

erworbene Ausbildungsnachweis, unter Berücksichtigung sonstiger nachgewiesener Berufsqualifikationen, als gleichwertig mit dem entsprechenden inländischen Ausbildungsnachweis, sofern

1. der im Ausland erworbene Ausbildungsnachweis die Befähigung zu vergleichbaren beruflichen Tätigkeiten wie der entsprechende inländische Ausbildungsnachweis belegt,
2. die Antragstellerin oder der Antragsteller bei einem sowohl im Inland als auch im Ausbildungsstaat reglementierten Beruf zur Ausübung des jeweiligen Berufs im Ausbildungsstaat berechtigt ist oder die Befugnis zur Aufnahme oder Ausübung des jeweiligen Berufs aus Gründen verwehrt wurde, die der Aufnahme oder Ausübung im Inland nicht entgegenstehen, und
3. zwischen den nachgewiesenen Berufsqualifikationen und der entsprechenden inländischen Berufsbildung keine wesentlichen Unterschiede bestehen.

(2) Wesentliche Unterschiede zwischen den nachgewiesenen Berufsqualifikationen und der entsprechenden inländischen Berufsbildung liegen vor, sofern

1. sich der im Ausland erworbene Ausbildungsnachweis auf Fähigkeiten und Kenntnisse bezieht, die sich hinsichtlich des Inhalts oder auf Grund der Ausbildungsdauer wesentlich von den Fähigkeiten und Kenntnissen unterscheiden, auf die sich der entsprechende inländische Ausbildungsnachweis bezieht,
2. die entsprechenden Fähigkeiten und Kenntnisse eine maßgebliche Voraussetzung für die Ausübung des jeweiligen Berufs darstellen und
3. die Antragstellerin oder der Antragsteller diese Unterschiede nicht durch sonstige Befähigungsnachweise, nachgewiesene einschlägige Berufserfahrung oder sonstige nachgewiesene einschlägige Qualifikationen ausgeglichen hat.

§ 10 Feststellung der vorhandenen Berufsqualifikationen

(1) Sofern die Feststellung der Gleichwertigkeit wegen wesentlicher Unterschiede im Sinne des § 9 Absatz 2 nicht erfolgen kann, werden bei der Entscheidung über die Befugnis zur Aufnahme oder Ausübung eines im Inland reglementierten Berufs die vorhandenen Berufsqualifikationen und die wesentlichen Unterschiede gegenüber der entsprechenden inländischen Berufsbildung durch Bescheid festgestellt.

(2) In dem Bescheid wird zudem festgestellt, durch welche Maßnahmen nach § 11 die wesentlichen Unterschiede gegenüber dem erforderlichen inländischen Ausbildungsnachweis ausgeglichen werden können.

§ 11 Ausgleichsmaßnahmen

(1) Wesentliche Unterschiede im Sinne des § 9 Absatz 2 können durch die Absolvierung eines höchstens dreijährigen Anpassungslehrgangs, der Gegenstand einer Bewertung sein kann, oder das Ablegen einer Eignungsprüfung im Inland ausgeglichen werden.

(2) Bei der Ausgestaltung der Ausgleichsmaßnahmen im Sinne des Absatzes 1 sind die vorhandenen Berufsqualifikationen der Antragstellerin oder des Antragstellers zu berücksichtigen. Der Inhalt der Ausgleichsmaßnahmen ist auf die festgestellten wesentlichen Unterschiede im Sinne des § 9 Absatz 2 zu beschränken.

(3) Die Antragstellerin oder der Antragsteller hat die Wahl zwischen der Absolvierung eines Anpassungslehrgangs und dem Ablegen einer Eignungsprüfung, sofern die entsprechenden berufsrechtlichen Regelungen nichts anderes bestimmen.

(4) Hat sich die Antragstellerin oder der Antragsteller für eine Eignungsprüfung nach Absatz 3 entschieden, muss diese innerhalb von sechs Monaten abgelegt werden können. Legt auf Grund entsprechender berufsrechtlicher Regelungen im Sinne des Absatzes 3 die zuständige Stelle fest, dass eine Eignungsprüfung zu absolvieren ist, so muss diese innerhalb von sechs Monaten ab dem Zugang

VI

dieser Entscheidung abgelegt werden können.

§ 12 Vorzulegende Unterlagen

(1) Zur Bewertung der Gleichwertigkeit sind dem Antrag auf Befugnis zur Aufnahme oder Ausübung eines im Inland reglementierten Berufs folgende Unterlagen beizufügen:

1. eine tabellarische Aufstellung der absolvierten Ausbildungsgänge und der ausgeübten Erwerbstätigkeiten in deutscher Sprache,
2. ein Identitätsnachweis,
3. im Ausland erworbene Ausbildungsnachweise,
4. Nachweise über einschlägige Berufserfahrungen und sonstige Befähigungsnachweise, sofern diese zur Feststellung der Gleichwertigkeit erforderlich sind,
5. im Falle von § 9 Absatz 1 Nummer 2 eine Bescheinigung über die Berechtigung zur Berufsausübung im Ausbildungsstaat und
6. eine Erklärung, dass bisher noch kein Antrag auf Feststellung der Gleichwertigkeit gestellt wurde.

(2) Die Unterlagen nach Absatz 1 Nummer 2 bis 5 sind der zuständigen Stelle in Form von Kopien vorzulegen oder elektronisch zu übermitteln. Von den Unterlagen nach Absatz 1 Nummer 3 bis 5 sind Übersetzungen in deutscher Sprache vorzulegen. Darüber hinaus kann die zuständige Stelle von den Unterlagen nach Absatz 1 Nummer 2 und allen nachgereichten Unterlagen Übersetzungen in deutscher Sprache verlangen. Die Übersetzungen sind von einem öffentlich bestellten oder beeidigten Dolmetscher oder Übersetzer erstellen zu lassen.

(3) Die zuständige Stelle kann abweichend von Absatz 2 eine andere Form für die vorzulegenden Dokumente zulassen. Bei Unterlagen, die in einem Mitgliedstaat der Europäischen Union oder einem weiteren Vertragsstaat des Abkommens über den Europäischen Wirtschaftsraum ausgestellt oder anerkannt wurden, kann sich die zuständige Stelle im Fall begründeter Zweifel an der Echtheit der Unterlagen sowohl an die zuständige Stelle des Ausbildungs- oder Anerkennungsstaats wenden als auch die Antragstellerin oder den Antragsteller auffordern, beglaubigte Kopien vorzulegen. Eine solche Aufforderung hemmt den Lauf der Fristen nach § 13 Absatz 3 nicht.

(4) Die zuständige Stelle kann die Antragstellerin oder den Antragsteller auffordern, innerhalb einer angemessenen Frist Informationen zu Inhalt und Dauer der im Ausland absolvierten Berufsbildung sowie zu sonstigen Berufsqualifikationen vorzulegen, soweit dies zur Bewertung der Gleichwertigkeit erforderlich ist. Soweit die Berufsbildung in einem Mitgliedstaat der Europäischen Union, einem weiteren Vertragsstaat des Abkommens über den Europäischen Wirtschaftsraum oder in der Schweiz absolviert wurde, kann sich die zuständige Stelle an die zuständige Stelle des Ausbildungsstaats wenden.

(5) Bestehen begründete Zweifel an der Echtheit oder der inhaltlichen Richtigkeit der vorgelegten Unterlagen, kann die zuständige Stelle die Antragstellerin oder den Antragsteller auffordern, innerhalb einer angemessenen Frist Originale, beglaubigte Kopien oder weitere geeignete Unterlagen vorzulegen. Im Fall einer gerichtlichen Feststellung, dass eine Antragstellerin oder ein Antragsteller in einem Verfahren nach diesem Kapitel gefälschte Nachweise über Berufsqualifikationen verwendet hat, unterrichtet die zuständige Stelle spätestens drei Tage nach Rechtskraft dieser Feststellung die zuständigen Stellen der übrigen Mitgliedstaaten der Europäischen Union oder weiteren Vertragsstaaten des Abkommens über den Europäischen Wirtschaftsraum über das Binnenmarkt-Informationssystem über die Identität der betreffenden Person.

(6) Die Antragstellerin oder der Antragsteller hat durch geeignete Unterlagen darzulegen, im Inland eine ihren Berufsqualifikationen entsprechende Erwerbstätigkeit ausüben zu wollen. Geeignete Unterlagen können beispielsweise der Nachweis der Beantragung eines Einreisevisums zur Erwerbstätigkeit, der Nachweis einer Kontaktaufnahme mit

potenziellen Arbeitgebern oder ein Geschäftskonzept sein. Für Antragstellerinnen oder Antragsteller mit Wohnsitz in einem Mitgliedstaat der Europäischen Union, einem weiteren Vertragsstaat des Abkommens über den Europäischen Wirtschaftsraum oder in der Schweiz sowie für Staatsangehörige dieser Staaten ist diese Darlegung entbehrlich, sofern keine besonderen Gründe gegen eine entsprechende Absicht sprechen.

§ 13 Verfahren

(1) Die Bewertung der Gleichwertigkeit nach § 9 erfolgt im Rahmen der Entscheidung über die Befugnis zur Aufnahme oder Ausübung eines im Inland reglementierten Berufs.

(2) Die zuständige Stelle bestätigt der Antragstellerin oder dem Antragsteller innerhalb eines Monats den Eingang des Antrags einschließlich der nach § 12 Absatz 1 vorzulegenden Unterlagen. In der Empfangsbestätigung ist das Datum des Eingangs bei der zuständigen Stelle mitzuteilen und auf die Frist nach Absatz 3 und die Voraussetzungen für den Beginn des Fristlaufs hinzuweisen. Sind die nach § 12 Absatz 1 vorzulegenden Unterlagen unvollständig, teilt die zuständige Stelle innerhalb der Frist des Satzes 1 mit, welche Unterlagen nachzureichen sind. Die Mitteilung enthält den Hinweis, dass der Lauf der Frist nach Absatz 3 erst mit Eingang der vollständigen Unterlagen beginnt.

(3) Die zuständige Stelle muss innerhalb von drei Monaten über die Gleichwertigkeit entscheiden. Die Frist beginnt mit Eingang der vollständigen Unterlagen. Sie kann einmal angemessen verlängert werden, wenn dies wegen der Besonderheiten der Angelegenheit gerechtfertigt ist. Für Antragsteller, die ihren Ausbildungsnachweis in einem Mitgliedstaat der Europäischen Union oder einem Vertragsstaat des Abkommens über den Europäischen Wirtschaftsraum oder der Schweiz erworben haben oder deren Ausbildungsnachweis in einem dieser genannten Staaten anerkannt wurde, kann die Fristverlängerung nach Satz 3 höchstens einen Monat betragen. Die Fristverlängerung ist zu begründen und rechtzeitig mitzuteilen.

(4) Im Fall des § 12 Absatz 4 und 5 ist der Lauf der Frist nach Absatz 3 bis zum Ablauf der von der zuständigen Stelle festgelegten Frist gehemmt. Im Fall des § 14 ist der Lauf der Frist nach Absatz 3 bis zur Beendigung des sonstigen geeigneten Verfahrens gehemmt.

(5) Die zuständige Stelle richtet sich nach dem jeweiligen Fachrecht.

(6) Das Verfahren nach diesem Kapitel kann über eine einheitliche Stelle nach den Vorschriften des Verwaltungsverfahrensgesetzes abgewickelt werden.

(7) Die Bundesregierung wird ermächtigt, durch Rechtsverordnung mit Zustimmung des Bundesrates zur Umsetzung der Richtlinie 2005/36/EG des Europäischen Parlaments und des Rates vom 7. September 2005 über die Anerkennung von Berufsqualifikationen (ABl. L 255 vom 30. 9. 2005, S. 22), die zuletzt durch die Richtlinie 2013/55/EU (ABl. L 354 vom 28. 12. 2013, S. 132) geändert worden ist, Regelungen zur Ausstellung eines Europäischen Berufsausweises für die Niederlassung sowie zur damit verbundenen Durchführung des Verfahrens zur Feststellung der Gleichwertigkeit einer im Ausland erworbenen Berufsqualifikation zu erlassen. Das Verfahren zur Feststellung der vorhandenen Berufsqualifikationen nach diesem Kapitel bleibt unberührt.

Kapitel 3
Gemeinsame Vorschriften

§ 14 Sonstige Verfahren zur Feststellung der Gleichwertigkeit bei fehlenden Nachweisen

(1) Kann die Antragstellerin oder der Antragsteller die für die Feststellung oder Bewertung der Gleichwertigkeit erforderlichen Nachweise nach § 5 Absatz 1, 4 und 5 oder § 12 Absatz 1, 4 und 5 aus nicht selbst zu vertretenden Gründen nicht oder nur teilweise vorlegen oder ist die Vorlage der entsprechenden Unterlagen mit einem unangemessenen zeitlichen und sachlichen Aufwand verbunden, stellt die zuständige Stelle die für einen Vergleich mit der entsprechenden inländischen Berufsbildung maßgeblichen be-

ruflichen Fertigkeiten, Kenntnisse und Fähigkeiten der Antragstellerin oder des Antragstellers durch sonstige geeignete Verfahren fest. Die Antragstellerin oder der Antragsteller hat die Gründe glaubhaft zu machen, die einer Vorlage der entsprechenden Unterlagen entgegenstehen. Die zuständige Stelle ist befugt, eine Versicherung an Eides statt zu verlangen und abzunehmen.

(2) Sonstige geeignete Verfahren zur Ermittlung der beruflichen Fertigkeiten, Kenntnisse und Fähigkeiten im Sinne des Absatzes 1 sind insbesondere Arbeitsproben, Fachgespräche, praktische und theoretische Prüfungen sowie Gutachten von Sachverständigen.

(3) Die Feststellung oder Bewertung der Gleichwertigkeit nach den § 4 oder 9 erfolgt auf der Grundlage der Ergebnisse der in Absätzen 1 und 2 vorgesehenen sonstigen Verfahren.

§ 14a Beschleunigtes Verfahren im Fall des § 81a des Aufenthaltsgesetzes

(1) Im Fall des § 81a des Aufenthaltsgesetzes erfolgt die Feststellung der Gleichwertigkeit nach den §§ 4 und 9 auf Antrag bei der dafür zuständigen Stelle. Antragsberechtigt ist jede Person, die im Ausland einen Ausbildungsnachweis im Sinne des § 3 Absatz 2 erworben hat. Die Zuleitung der Anträge erfolgt durch die zuständige Ausländerbehörde nach § 71 Absatz 1 des Aufenthaltsgesetzes.

(2) Die zuständige Stelle bestätigt der antragstellenden Person innerhalb von zwei Wochen den Eingang des Antrags einschließlich der nach § 5 Absatz 1 oder § 12 Absatz 1 vorzulegenden Unterlagen. In der Empfangsbestätigung ist das Datum des Eingangs bei der zuständigen Stelle mitzuteilen und auf die Frist nach Absatz 3 und die Voraussetzungen für den Beginn des Fristlaufs hinzuweisen. Sind die nach § 5 Absatz 1 oder § 12 Absatz 1 vorzulegenden Unterlagen unvollständig, teilt die zuständige Stelle innerhalb der Frist des Satzes 1 mit, welche Unterlagen nachzureichen sind. Die Mitteilung enthält den Hinweis, dass der Lauf der Frist nach Absatz 3 erst mit Eingang der vollständigen Unterlagen beginnt. Der Schriftwechsel erfolgt über die zuständige Ausländerbehörde nach § 71 Absatz 1 des Aufenthaltsgesetzes.

(3) Die zuständige Stelle soll innerhalb von zwei Monaten über die Gleichwertigkeit entscheiden. Die Frist beginnt mit Eingang der vollständigen Unterlagen. Sie kann einmal angemessen verlängert werden, wenn dies wegen der Besonderheiten der Angelegenheit gerechtfertigt ist. Die Fristverlängerung ist zu begründen und rechtzeitig mitzuteilen. Der Schriftwechsel und die Zustellung der Entscheidung erfolgen über die zuständige Ausländerbehörde nach § 71 Absatz 1 des Aufenthaltsgesetzes.

(4) In den Fällen des § 5 Absatz 4 oder 5 oder § 12 Absatz 4 oder 5 ist der Lauf der Frist nach Absatz 3 bis zum Ablauf der von der zuständigen Stelle festgelegten Frist gehemmt. In den Fällen des § 14 ist der Lauf der Frist nach Absatz 3 bis zur Beendigung des sonstigen geeigneten Verfahrens gehemmt.

(5) Die Entscheidung der zuständigen Stelle richtet sich nach dem jeweiligen Fachrecht. Das beschleunigte Verfahren kann über eine einheitliche Stelle nach den Vorschriften des Verwaltungsverfahrensgesetzes abgewickelt werden.

(6) Der Antrag auf Feststellung nach § 4 soll abgelehnt werden, wenn die Gleichwertigkeit im Rahmen anderer Verfahren oder durch Rechtsvorschrift bereits festgestellt ist.

§ 15 Mitwirkungspflichten

(1) Die Antragstellerin oder der Antragsteller ist verpflichtet, alle für die Ermittlung der Gleichwertigkeit notwendigen Unterlagen vorzulegen sowie alle dazu erforderlichen Auskünfte zu erteilen.

(2) Kommt die Antragstellerin oder der Antragsteller dieser Mitwirkungspflicht nicht nach und wird hierdurch die Aufklärung des Sachverhalts erheblich erschwert, kann die zuständige Stelle ohne weitere Ermittlungen entscheiden. Dies gilt entsprechend, wenn die Antragstellerin oder der Antragsteller in anderer Weise die Aufklärung des Sachverhalts erheblich erschwert.

(3) Der Antrag darf wegen fehlender Mitwirkung nur abgelehnt werden, nachdem die

Antragstellerin oder der Antragsteller auf die Folge hingewiesen worden ist und der Mitwirkungspflicht nicht innerhalb einer angemessenen Frist nachgekommen ist.

§ 16 Rechtsweg

Für Streitigkeiten nach diesem Gesetz ist der Verwaltungsrechtsweg gegeben.

Teil 3 Schlussvorschriften

§ 17 Statistik

(1) Über die Verfahren zur Feststellung der Gleichwertigkeit nach diesem Gesetz und nach anderen berufsrechtlichen Gesetzen und Verordnungen wird eine Bundesstatistik durchgeführt.

(2) Die Statistik erfasst jährlich für das vorausgegangene Kalenderjahr folgende Erhebungsmerkmale:

1. Staatsangehörigkeit, Geschlecht, Datum der Antragstellung, Wohnort des Antragstellers,
2. Ausbildungsstaat, deutscher Referenzberuf oder deutsche Referenzausbildung,
3. Datum der Entscheidung, Gegenstand und Art der Entscheidung,
4. Meldungen und Entscheidungen betreffend die Dienstleistungsfreiheit nach Artikel 7 Absatz 1 und 4 der Richtlinie 2005/36/EG des Europäischen Parlaments und des Rates vom 7. September 2005 über die Anerkennung von Berufsqualifikationen (ABl. L 255 vom 30. 9. 2005, S. 22, L 271 vom 16. 10. 2007, S. 18, L 93 vom 4. 4. 2008, S. 28, L 33 vom 3. 2. 2009, S. 49), die zuletzt durch die Verordnung (EG) Nr. 279/2009 (ABl. L 93 vom 7. 4. 2009, S. 11) geändert worden ist, in ihrer jeweils geltenden Fassung,
5. eingelegte Rechtsbehelfe und Entscheidungen darüber.

(3) Hilfsmerkmale sind

1. Name und Anschrift der Auskunftspflichtigen,
2. Name und Telefonnummer sowie Adresse für elektronische Post der für Rückfragen zur Verfügung stehenden Person.

(4) Für die Erhebung besteht Auskunftspflicht. Die Angaben nach Absatz 3 Nummer 2 sind freiwillig. Auskunftspflichtig sind die nach diesem Gesetz und nach anderen berufsrechtlichen Gesetzen und Verordnungen für die Verfahren zur Feststellung der Gleichwertigkeit zuständigen Stellen.

(5) Die Angaben sind elektronisch an die statistischen Ämter der Länder zu übermitteln.

(6) Die Bundesregierung wird ermächtigt, durch Rechtsverordnung mit Zustimmung des Bundesrates

1. die Erhebung einzelner Merkmale auszusetzen, die Periodizität zu verlängern sowie den Kreis der zu Befragenden einzuschränken, wenn die Ergebnisse nicht mehr oder nicht mehr in der ursprünglich vorgesehenen Ausführlichkeit oder Häufigkeit benötigt werden;
2. einzelne neue Merkmale einzuführen, wenn dies zur Deckung eines geänderten Bedarfs für den in § 1 genannten Zweck erforderlich ist und durch gleichzeitige Aussetzung anderer Merkmale eine Erweiterung des Erhebungsumfangs vermieden wird; nicht eingeführt werden können Merkmale, die besondere Arten personenbezogener Daten nach § 3 Absatz 9 des Bundesdatenschutzgesetzes betreffen;
3. die Erhebung von Merkmalen anzuordnen, soweit dies zur Umsetzung oder Durchführung von Rechtsakten der Europäischen Gemeinschaft erforderlich ist.

(7) Zur kontinuierlichen Beobachtung der Verfahren zur Feststellung der Gleichwertigkeit nach diesem Gesetz und nach anderen berufsrechtlichen Gesetzen und Verordnungen sind die von den statistischen Ämtern der Länder und dem Statistischen Bundesamt nach Absatz 2 und nach Rechtsverordnungen gemäß Absatz 6 erhobenen Angaben nach Abschluss der Datenprüfungen als Summendatensätze an das Bundesinstitut für Berufsbildung zu übermitteln. Das umfasst diejenigen Angaben, die seit dem Inkrafttreten

dieses Gesetzes erhoben wurden. Für die Übermittlung findet § 88 Absatz 4 Satz 2 bis 6 des Berufsbildungsgesetzes entsprechend Anwendung.

§ 18 Evaluation und Bericht

(1) Auf der Grundlage der Statistik nach § 17 überprüft die Bundesregierung nach Ablauf von vier Jahren nach Inkrafttreten dieses Gesetzes seine Anwendung und Auswirkungen.

(2) Über das Ergebnis ist dem Deutschen Bundestag und dem Bundesrat zu berichten.

§ 19 Ausschluss abweichenden Landesrechts

Von den in § 5 Absatz 1, 3, 4 und 6, in § 6 Absatz 1 bis 3, 4 bis 5, in den §§ 7, 10 und 12 Absatz 1, 4 und 6, in § 13 Absatz 1 bis 4 sowie in den §§ 14 und 15 getroffenen Regelungen des Verwaltungsverfahrens kann durch Landesrecht nicht abgewichen werden.

Stichwortverzeichnis

Sie finden das jeweilige Stichwort über die fettgedruckte Angabe der Leitziffer gefolgt durch die Vorschriftenabkürzung. Beispiel: II.7/AsylG weist auf die Leitziffer II.7; hier im Abschnitt II in der Ordnungsziffer 7 wurde das Asylgesetz eingeordnet. Im angegebenen Paragraphen bzw. Artikel finden Sie den gesuchten Begriff.

Findex

Findex

Findex

Findex

Findex

Findex

Findex

Findex

Findex

Findex

Schnellübersicht